Hier finden Sie die Formulare (ohne Anmerkungen) zum Download:

http://ch.beck.de/BeckFormB_ZV

Geben Sie bitte in das dafür vorgesehene Eingabefeld diesen persönlichen Freischaltcode ein:

Pq8zIJasL0qjFz0jid$BWA[[

Bei Fragen stehen wir Ihnen gerne zur Verfügung. Sie erreichen uns per E-Mail unter hotline@beck.de.

Beck'sches Formularbuch
Zwangsvollstreckung

Beck'sches Formularbuch Zwangsvollstreckung

Herausgegeben von

Dr. Fabian Urs Dieter Hasselblatt, LL.M.

Rechtsanwalt in Berlin und Magbdeburg

und

Werner Sternal

Vorsitzender Richter am Oberlandesgericht Köln

Bearbeitet von:

Dr. Antje Baumann, LL.M., Rechtsanwältin in Hamburg, Attorney-at-law (New York); *Annette Benner*, LL.M., Assessorin und Dipl. Rechtspflegerin (FH), Director Legal in Frankfurt am Main; *Jörg Eckert*, Rechtsanwalt und Steuerberater in Frankfurt am Main und Marburg; *Dr. Alfred Göbel*, Richter am Bundesgerichtshof in Karlsruhe; *Dr. Fabian Urs Dieter Hasselblatt*, LL.M., Rechtsanwalt in Berlin und Magdeburg; *Dr. Frank-Walter Hülsenbeck*, Rechtsanwalt in Potsdam; *Wilhelm Heinz Jennissen*, Vorsitzender Richter am Oberlandesgericht Köln a.D.; *Christiane Maria Knabben-Krause*, Assessorin in Düsseldorf; *Dr. Rolf Leithaus*, Rechtsanwalt in Köln; *Daniel Müller*, Dipl.-Rechtspfleger (FH) in Leipzig; *Dr. Thomas Peppersack*, LL.M., Rechtsanwalt und Syndikus in München; *Werner Sternal*, Vorsitzender Richter am Oberlandesgericht Köln; *Hubertus Thoholte*, LL.M., Rechtsanwalt in Münster; *Dr. Markus Weber*, Vizepräsident des Landgerichts Bonn

3., überarbeitete und erweiterte Auflage 2016

C.H.BECK

Zitiervorschlag:
BeckFormB ZV/*Bearbeiter* Form. A. I. 1 (Formularzitat)
BeckFormB ZV/*Bearbeiter* Form. A. I. 1 Anm. 1 (Anmerkungszitat)

www.beck.de

ISBN 978 3 406 67978 0

Wilhelmstraße 9, 80801 München
Satz: Reemers Publishing Services GmbH, Krefeld
Druck und Bindung: Druckerei C.H. Beck, Wilhelmstraße 9, 80801 München
Umschlaggestaltung: Bruno Schachtner Grafik-Werkstatt

Gedruckt auf säurefreiem, alterungsbeständigem Papier
(hergestellt aus chlorfrei gebleichtem Zellstoff)

Vorwort zur 3. Auflage

Vor zehn Jahren haben wir uns entschlossen, mit dem Verlag C.H. Beck ein umfassendes Formularhandbuch zu dem brisanten Thema der Vollstreckung zu verfassen. Seitdem hat sich Einiges für die Praxis und alle in den Vollstreckungsprozess eingebundenen Beteiligten, Gläubiger und Schuldner, Rechtsanwälte, Vollstreckungsgerichte und Gerichtsvollzieher, geändert. Mit Vorlage der dritten Auflage wird den Veränderungen Rechnung getragen.

Die ersten Auflagen wurden sehr positiv aufgenommen, was dem grundsätzlichen Bedürfnis nach mehr Rechtssicherheit zu dem komplexen Thema der Vollstreckung geschuldet war. Deutlich wird ein immer größer werdender Bezug zur Vollstreckung im Ausland. Der Gesetzgeber hat dies erkannt und ist bemüht, bestimmte Abläufe zu vereinfachen, standardisierte Verfahren und „elektronische Vorgaben" per Internet anzubieten. Die Regelungen sind überwiegend zwingend und insofern für eine ordnungsgemäße Vollstreckung zu beachten. Die Vielzahl an Gesetzesänderungen und (höchst-) richterlichen Entscheidungen haben die Herausgeber berücksichtigt. Steuerrecht und Arbeitsrecht sowie wichtige Änderungen bspw. zum FamFG, dem ESUG oder und die Reform des Kontopfändungsschutzes wurden bereits in die zweite Auflage aufgenommen. Mit Hilfe aller Autoren wurde die dritte Auflage aktualisiert und sinnvoll erweitert.

Literatur und Rechtsprechung sind grundsätzlich auf dem Stand April 2016. Berücksichtigt und vollständig eingearbeitet sind insbesondere die Änderungen der Zwangsvollstreckungsformularverordnung, die gesetzlichen Neuregelungen des Restschuldbefreiungs- sowie des Verbraucherinsolvenzverfahrens, die Änderungen des Prozesskostenhilfe- und Beratungshilfegesetzes, das **zum 1.4.2016 verbindliche Formular für die Beauftragung des Gerichtsvollziehers** zur Vollstreckung von Geldforderungen, das SEPA-Verfahren und die Regelungen betreffend den elektronischen Rechtsverkehr. Berücksichtigt sind auch die Neuregelungen zu den Vollstreckungsverfahren mit Auslandsbezug, insbesondere die EuGVVO 2015, das Verfahren nach der VO (EG) zur Einführung eines europäischen Vollstreckungstitels, das Verfahren nach der VO (EG) zur Vollstreckung von Entscheidungen in Erbsachen sowie die erstmals am **18.1.2017** in Kraft tretende VO (EG) zur Einführung eines europäischen Beschlusses zur Kontopfändung.

Die Formulare sind nach wie vor auf die Anforderungen des Falles ausgerichtet. Mit verständlichen, zum Teil weiterführenden Erläuterungen soll der Leser in die Lage versetzt werden, allen Fragen zur Vollstreckung von Beginn an in kompetenter Weise zu begegnen und stets planvoll den richtigen nächsten Schritt tun zu können.

Wir möchten uns nochmals besonders bei den Autoren bedanken, die einmal mehr mit hohem Arbeitseinsatz dazu beigetragen haben, dass die dritte Auflage jetzt erscheinen konnte. Wir danken aber auch Herrn Schröder und Frau Schelper und ihren vielen Mitarbeitern vom Verlag C.H. Beck, die uns stets zur Seite standen und bei schwierigen Fragen souverän geholfen haben. Schließlich danken wir unserer Leserschaft und freuen uns wie in der Vergangenheit auf Ihre Anregungen und kritischen Anmerkungen. Genau so werden wir dem stetigen Wandel in konstruktiver und hilfreicher Weise weiter begegnen.

Berlin/Köln, im April 2016

Fabian Hasselblatt
Werner Sternal

Aus dem Vorwort zur 1. Auflage

Das vorliegende Vollstreckungsformularbuch unterscheidet sich wesentlich von vielen anderen Formularbüchern, Kommentaren oder Fachbüchern, die sich mit der komplexen und weitgespannten Thematik Zwangsvollstreckung befassen. Das Buch wendet sich nicht alleine an den Rechtsanwalt, sondern an alle in den jeweiligen Vollstreckungsprozess eingebundenen Beteiligten, also insbesondere Gläubiger, Schuldner sowie deren Vertreter, aber auch an die Vollstreckungsorgane, die mit der Vollstreckung beschäftigten Richter, Rechtspfleger und Gerichtsvollzieher. Die Autoren sind erfahrene Richter, Rechtspfleger, Juristen und Rechtsanwälte aus international anerkannten Sozietäten sowie aus Großunternehmen der Kredit- und Versicherungswirtschaft.

Immer mehr Unternehmen und Menschen werden mit Vollstreckungsfragen konfrontiert, von deren Lösung nicht selten die Existenz oder das Überleben der Firma abhängen. Die Zahl der Insolvenzen, Zwangsversteigerungen und sonstigen Vollstreckungsmaßnahmen nimmt beständig zu, weshalb das vorliegende Formularbuch von den Herausgebern in erster Linie so konzipiert wurde, dass es den Anwendern (Lesern) helfen soll, praktische Vollstreckungsfälle zeit- und praxisnah wirtschaftlich sinnvoll lösen zu können. Anhand der jeweiligen Formulare soll den Lesern ein geeignetes Instrument an die Hand gegeben werden, um auch schnellstmöglich das gewünschte Ziel zu erreichen.

Die den Formularen zugrunde liegenden rechtlichen und praktischen Erwägungen erschließen sich jeweils aus den Anmerkungen. Der Leser wird neben den praxisrelevanten Hinweisen auf wesentliche rechtliche Risiken ebenso aufmerksam gemacht wie auf Wechselwirkungen mit anderen Regelungen. Es liegt den Herausgebern am Herzen, dass der Leser in die Lage versetzt wird, zu erkennen, dass in vielen Fällen eine gezielte und bewusste Zusammenarbeit zwischen den Beteiligten, trotz konträrer Interessenlage, angestrebt werden sollte, da vor allem auf diesem Wege bessere Ergebnisse erreicht werden. Das gilt vor allem mit Blick auf die verschiedenen Vollstreckungsorgane sowie deren jeweilige, besondere Funktion für das Vollstreckungsverfahren.

Wegen des unmittelbaren Praxisbezuges wurden die Hinweise zu praktischen Problemlösungen in den Vordergrund gestellt, rechtstheoretische und dogmatische oder systematische Ansätze in Bezug auf einzelne Rechtsfragen werden nur insoweit behandelt, als dies unerlässlich ist. Für den interessierten Leser gibt es vorangestellte, zielführende Literaturhinweise.

Da das Vollstreckungsrecht, obwohl als Spezialgebiet vielen immer noch unbekannt, einem starken und stetigen Wandel unterliegt, sind die Herausgeber, die Autoren und der Verlag dankbar für Berichte über Erfahrungen im Umgang mit den Formularen und deren Anmerkungen. Das gleiche gilt für weiterführende Anmerkungen, Anregungen, Verbesserungsvorschläge oder Hinweise.

Die Herausgeber, Herr Werner Sternal und Herr Dr. Fabian Hasselblatt, möchten es nicht unterlassen, abschließend den Autoren einen riesigen Dank abzustatten. Sie haben oftmals im Wege einer Gratwanderung im Hinblick auf ihr Privat- oder Familienleben nahezu übermenschlichen Einsatz geleistet und so dazu beigetragen, dass das Werk in dieser Form und in kürzester Zeit erstellt werden konnte.

Berlin/Köln, im März 2008

Fabian Hasselblatt
Werner Sternal

Inhaltsverzeichnis

A. Vorbereitung der Zwangsvollstreckung

B. Allgemeine Voraussetzungen der Zwangsvollstreckung

C. Titel als Voraussetzung der Zwangsvollstreckung

D. Klausel

E. Zustellung

F. Vollstreckungsverfahren

G. Zwangsvollstreckung wegen Geldforderungen in bewegliche Sachen (§§ 803–827 ZPO)

H. Zwangsvollstreckung wegen Geldforderungen in Forderungen und andere Vermögenswerte, §§ 828–863 ZPO (Grundzüge)

I. Zwangsvollstreckung wegen Geldforderungen in Forderungen und andere Vermögenswerte, §§ 828–863 ZPO (Einzelfälle)

J. Zwangsvollstreckung wegen Geldforderungen in das unbewegliche Vermögen (§§ 864-871 ZPO; §§ 1 ff. ZVG)

K. Verteilungsverfahren (§§ 872–882 ZPO)

L. Zwangsvollstreckung zur Erwirkung der Herausgabe von Sachen und Personen

M. Zwangsvollstreckung zur Erwirkung von Handlungen oder Unterlassungen/Duldungen

N. Zwangsvollstreckung bei Abgabe einer Willenserklärung

O. Rechtsbehelfe im Klauselverfahren

P. Rechtsbehelfe im Zusammenhang mit dem Zwangsvollstreckungsverfahren

Q. Sonstige (außerordentliche) Rechtsbehelfe

R. Vollstreckungsverfahren mit Auslandsbezug

Verzeichnis der Bearbeiter

Im Einzelnen haben bearbeitet:

Dr. Antje Baumann, LL.M CORINIUS LLP Hamburg	B. I; C
Annette Benner, LL.M. HATFIELD PHILIPS DEUTSCHLAND GMBH Frankfurt am Main	D; E
Jörg Eckert KANZLEI ECKERT Marburg und Frankfurt am Main	A. II. 10; B. IV; F. I, II. 1-7
Dr. Alfred Göbel BUNDESGERICHTSHOF Karlsruhe	O; P; Q
Dr. Fabian Urs Dieter Hasselblatt, LL.M. DR. HASSELBLATT RECHTSANWÄLTE Berlin und Magdeburg	A. I., J. I, III–VII, VIII. 1-17, IX. 3, 5, 7, 9-13, 18, 19, 22, XII
Dr. Frank-Walter Hülsenbeck TEUBNER & HÜLSENBECK RECHTSANWÄLTE Potsdam	B. V
Wilhelm Heinz Jennissen Aachen	R
Christiane Maria Knabben-Krause ERGO VERSICHERUNGSGRUPPE AG Düsseldorf	A. II. 1-9, A. II. 11-A. VI. 2; B. III, VI; F. II. 8-13
Dr. Rolf Leithaus CMS HASCHE SIGLE Köln	B. II
Daniel Müller AMTSGERICHT Leipzig	J. II, VIII. 18-20, IX. 1, 2, 4, 6, 8, 14-17, 20, 21, 23, 24, X, XI, XIII; K
Dr. Thomas Peppersack, LL.M. DEUTSCHE BAHN AG München	L; M. I, II; N

Werner Sternal OBERLANDESGERICHT Köln	H; I
Hubertus Thoholte, LL.M RECHTSANWÄLTE THOHOLTE & FINCKE Münster	M. III, IV, V
Dr. Markus Weber LANDGERICHT Bonn	G.

Abkürzungs- und Literaturverzeichnis

aA	andere(r) Ansicht
aaO	am angegebenen Ort
Abel	Datenschutz in Anwaltschaft, Notariat und Justiz, 2. Aufl. 2003
Abs.	Absatz
AcP	Archiv für civilistische Praxis
aE	am Ende
AG	Aktiengesellschaft, Die Aktiengesellschaft (Zeitschrift)
AGB	Allgemeine Geschäftsbedingungen
AGBGB	Ausführungsgesetz zum Bürgerlichen Gesetzbuch
AktG	Aktiengesetz
Althaus Stämpfli	Kundendaten von Banken und Finanzdienstleistern: Datenschutz und Bankgeheimnis versus Offenlegungspflicht und Outsourcing, 2. Aufl. 2009
aM	anderer Meinung
AnfG	Gesetz betreffend die Anfechtung von Rechtshandlungen eines Schuldners außerhalb des Insolvenzverfahrens (Anfechtungsgesetz)
Anders/Gehle/Kunze	Streitwert-Lexikon, 4. Aufl. 2002
Anm.	Anmerkung
AO	Abgabenordnung
AP	Arbeitsrechtliche Praxis, Nachschlagewerk des Bundesarbeitsgerichts
ArbG	Arbeitsgericht
Art.	Artikel
Aufl.	Auflage
BAG	Bundesarbeitsgericht
Bach	Grenzüberschreitende Vollstreckung in Europa, 2008
Badura/v. Danwitz/Herdegen/Sedemund/Stern	Beck'scher PostG-Kommentar, 2. Aufl. 2004
Balser/Bögner/Ludwig	Vollstreckung im Grundbuch, 10. Aufl. 1994
Bamberger/Roth	Kommentar zum Bürgerlichen Gesetzbuch, 3. Aufl. 2012
BAnz.	Bundesanzeiger
Baumann	Die Anerkennung und Vollstreckung ausländischer Entscheidungen in Unterhaltssachen, 1989
Baumbach/Hopt	Handelsgesetzbuch, Kommentar, 36. Aufl. 2013
Baumbach/Hueck	GmbH-Gesetz, Kommentar, 20. Aufl. 2013
Baumbach/Lauterbach/Albers/Hartmann	Zivilprozessordnung, Kommentar, 74. Aufl. 2016
Baur/Stürner/Bruns	Zwangsvollstreckungsrecht, 13. Aufl. 2006
BauFordSiG	Bauforderungen-Sicherungsgesetz
BausparkG	Bausparkassengesetz
BayObLG	Bayerisches Oberstes Landesgericht
BayObLGZ	Entscheidungen des Bayerischen Obersten Landesgerichts in Zivilsachen
BB	Betriebs-Berater

Bd.	Band
Becker-Eberhard	Grundlagen der Kostenerstattung bei der Verfolgung zivilrechtlicher Ansprüche, 1985
Beckmann/Matusche-Beckmann	Versicherungsrechts-Handbuch 3. Aufl. 2015
BEEG	Bundeselterngeld- und Elternzeitgesetz
Berger/Becker-Eberhard/Boemke	Einstweiliger Rechtsschutz im Zivilrecht, 2006
BErzGG	Bundeserziehungsgeldgesetz
Beschl.	Beschluss
BetrVG	Betriebsverfassungsgesetz
BFH	Bundesfinanzhof
BFHE	Sammlung der Entscheidungen des Bundesfinanzhofes
BGB	Bürgerliches Gesetzbuch
BGBl.	Bundesgesetzblatt
BGH	Bundesgerichtshof
BGHReport	Schnelldienst zur Zivilrechtsprechung des Bundesgerichtshofs (Zeitschrift)
BGHZ	Entscheidungen des Bundesgerichtshofs in Zivilsachen
Bier	„Willenabhängigkeit" unvertretbarer Handlungen und Beugezwang (§ 888 Abs. 1 ZPO), 1997
Blaas/Conradi/Elmendorff	Handbuch REIT Aktiengesellschaft, 2008
BMF	Bundesminister(ium) der Finanzen
Böttcher ZVG	ZVG-Kommentar, 6. Aufl. 2016
Böttcher	Zwangsvollstreckung im Grundbuch, 2. Aufl. 2002
Both	Praxis der Zwangsvollstreckung, 2004
Braun	Grundfragen der Abänderungsklage, 1994
Brögelmann	Titelumschreibung, Diss. 1999
BStBl.	Bundessteuerblatt
Burmann/Heßl/Jahnke/Janker	Straßenverkehrsrecht, Kommentar, 24. Aufl. 2016
BVerfG	Bundesverfassungsgericht
BVerfGE	Entscheidungen des Bundesverfassungsgerichts
BVerwG	Bundesverwaltungsgericht
BVG	Bundesversorgungsgesetz
bzw.	beziehungsweise
cic	culpa in contrahendo
Dassler/Schiffhauer/Hintzen/Engels/Rellermeyer	Zwangsversteigerungsrecht, 14. Aufl. 2013
DB	Der Betrieb
Depré/Mayer	Die Praxis der Zwangsverwaltung, 7. Aufl. 2013
Demharter	Grundbuchordnung, Kommentar, 29. Aufl. 2014
Detterbeck	Handwerksordnung, Kommentar, 4. Aufl. 2008
dh	das heißt
DNotZ	Deutsche Notar-Zeitschrift
Dörndorfer Streitwert	Der Streitwert für Anfänger, 5. Aufl. 2009
Dörndorfer	Taktik in der Vollstreckung (Bd. 1), 6. Aufl. 2002
DStZ	Deutsche Steuerzeitung
Dunkl/Feldmeier/Moeller/Baur	Handbuch des vorläufigen Rechtsschutzes, 3. Aufl. 1999
DV/DVO	Durchführungsverordnung

EA .... Einstweilige Anordnung
Ebmeier/Schöne .... Der einstweilige Rechtsschutz, Handbuch zu Arrest und Einstweiliger Verfügung, 1997
EG .... Europäische Gemeinschaft
EGBGB .... Einführungsgesetz zum Bürgerlichen Gesetzbuch
EGInsO .... Einführungsgesetz zur Insolvenzordnung
v. Eicken/Hellstab/Lappe/ Madert/Mathias .... Die Kostenfestsetzung, 22. Aufl. 2015
Eickmann/Böttcher .... Zwangsversteigerungs- und Zwangsverwaltungsrecht, 3. Aufl. 2013
Emmert/Huber .... Anwaltshandbuch Forderungsmanagement, 2003
Enders/Börstighaus .... Einstweiliger Rechtsschutz, 2. Aufl. 2010
Erman .... BGB, Handkommentar zum Bürgerlichen Gesetzbuch, 14. Aufl. 2014
EStG .... Einkommensteuergesetz
EStR .... Einkommensteuerrichtlinien
EU .... Europäische Union
EV .... Eidesstattliche Versicherung
EWIV .... Europäische Wirtschaftliche Interessenvereinigung

FA .... Finanzamt
FamRB .... Der Familien-Rechts-Berater (Zeitschrift)
FamRZ .... Zeitschrift für das gesamte Familienrecht
Farr .... Vollstreckungsschutz, Stundung, Erlass – sowie weitere Wege zur Wahrung steuerlicher Rechte, 2008
Fernandes .... Informationssuche im Internet, 2012
f./ff. .... folgende (Seite)
FG .... Finanzgericht
FGPrax .... Praxis der Freiwilligen Gerichtsbarkeit (Zeitschrift)
FinMin .... Finanzministerium
Firsching/Graf .... Nachlassrecht, 10. Aufl. 2014
Fischer .... Bezugnahmen – insbesondere pauschale Bezugnahmen – in Tatbeständen und Schriftsätzen im Zivilprozess sowie damit zusammenhängende Fragen, 1994
Foerste .... Grenzen der Durchsetzung von Verfügungsbeschränkung und Erwerbsverbot, 1986
Form. .... Formular
FS .... Festschrift

Ganslmayer .... Die einstweilige Verfügung im Zivilverfahren, 1991
GBO .... Grundbuchordnung
GbR .... Gesellschaft bürgerlichen Rechts
GBV .... Grundbuchverfügung
Geimer .... Internationales Zivilprozessrecht, 7. Aufl. 2014
Geimer/Schütze .... Europäisches Zivilverfahrensrecht, Kommentar, 3. Aufl. 2010
Gerold/Schmidt .... RVG, Kommentar, 22. Aufl. 2015
Geßler .... Aktiengesetz, Kommentar, Loseblatt, 73. EL, Stand: 10/2015
GewO .... Gewerbeordnung
GewStG .... Gewerbesteuergesetz
GG .... Grundgesetz
GmbH .... Gesellschaft mit beschränkter Haftung
GmbHG .... Gesetz betreffend die Gesellschaften mit beschränkter Haftung

GmbHR	GmbH-Rundschau
Goebel	AnwaltFormulare Zwangsvollstreckung, 5. Aufl. 2016
Gottwald/Mock	Zwangsvollstreckung, 7. Aufl. 2015
GrstVG	Grundstückverkehrsgesetz
GrEStG	Grunderwerbsteuergesetz
Groll	Praxis-Handbuch Erbrechtsberatung, 4. Aufl. 2015
Groß	Die Bauhandwerkersicherungshypothek, 1982
GroßKomm	Großkommentar
GRUR	Gewerblicher Rechtsschutz und Urheberrecht (Zeitschrift)
Gustavus	Handelsregister-Anmeldungen, 8. Aufl. 2013
GVO	Grundstückverkehrsordnung
GWB	Gesetz gegen Wettbewerbsbeschränkungen
Haarmeyer/Hintzen	Handbuch zur Zwangsverwaltung, 3. Aufl. 2012
Haarmeyer/Wutzke/Förster/Hintzen	Zwangsverwaltung, Kommentar, 5. Aufl. 2011
Habermeier	Die Zwangshypothek der ZPO, 1988
Habersack/Holznagel/Lübbig	Behördliche Auskunftsrechte und besondere Missbrauchsaufsicht im Postrecht, 2002
Haller/Conzen	Das Strafverfahren, 7. Aufl. 2014
Harbauer	Rechtsschutzversicherung, Kommentar, 8. Aufl. 2010
Hartmann	Kostengesetze, Kommentar, 46. Aufl. 2016
Hartung/Schons/Enders	RVG, Kommentar, 2. Aufl. 2013
Henssler/Prütting	Bundesrechtsanwaltsordnung, Kommentar, 4. Aufl. 2014
Hentschel/König/Dauer	Straßenverkehrsrecht, Kommentar, 43. Aufl. 2015
Hepting	Deutsches und internationales Familienrecht im Personenstandsrecht, 2010
Hepting/Gaaz	Personenstandsrecht, 2. Aufl. 2010
Hess	Europäisches Zivilprozessrecht, 2010
Heussen/Damm	Zwangsvollstreckung für Anfänger, 11. Aufl. 2014
HGB	Handelsgesetzbuch
HHSp	*Hübschmann/Hepp/Spitaler*, Abgabenordnung – Finanzgerichtsordnung, Kommentar, Loseblatt, 236. EL, Stand: 02/16
Hilsbos	Die Mitwirkungspflicht von Personenstandsbehörden im Nachlassverfahren, 2005
Hinne/Klees/Müllerschön/Teubel/Winkler	Vereinbarungen mit Mandanten, 3. Aufl. 2015
Hintzen	Handbuch der Immobiliarvollstreckung, 3. Aufl. 1999
Hintzen Forderung	Forderungspfändung, 3. Aufl. 2008
Hintzen GV	Gerichtsvollzieher, Vollstreckung durch den Gerichtsvollzieher, 3. Aufl. 2008
Hintzen/Wolf ZV	Zwangsvollstreckung, Zwangsversteigerung und Zwangsverwaltung, 2006
Hintzen/Wolf	Handbuch der Mobiliarvollstreckung, 2. Aufl. 1999
hM	herrschende Meinung
Hock/Bohner/Hilbert/Deimann	Immobiliarvollstreckung, 6. Aufl. 2015
Hock/Mayer/Hilbert	Immobiliarvollstreckung Teil 1: Zwangsversteigerungsbuch, 2. Aufl. 2004
Honig/Knörr	Handwerksordnung, Kommentar, 4. Aufl. 2008
Hrsg.	Herausgeber
Huber	Anfechtungsgesetz, Kommentar, 10. Aufl. 2006
Hügel	Grundbuchordnung, Kommentar, 3. Auflage 2016

idF	in der Fassung
InsO	Insolvenzordnung
InVo	Insolvenz und Vollstreckung (Zeitschrift)
Jansen	Geheimhaltungsvorschriften im Prozessrecht, 1989
Jungbauer/Blaha/Heinrichsberger	Mobiliarzwangsvollstreckung, 2. Aufl. 2013
JurBüro	Das Juristische Büro (Zeitschrift)
JW	Juristische Wochenschrift
JZ	Juristenzeitung
Kalkbrenner/Koch	Bankgeheimnis und Datenschutz, 2009
Kap.	Kapitel
Keidel	FamFG, Kommentar, 18. Aufl. 2014
Keller	Grundstücke in Vollstreckung und Insolvenz, 1998
Keller/Steder	Praxis in der Vollstreckung (Bd. 2), 2002
KG	Kommanditgesellschaft
KGaA	Kommanditgesellschaft auf Aktien
Kilian/Offermann-Burckart/vom Stein	Praxishandbuch Anwaltsrecht, 2. Aufl. 2010
Kilian/vom Stein	Praxishandbuch für Anwaltskanzlei und Notariat, 2. Aufl. 2011
Klein	Abgabenordnung, Kommentar, 12. Aufl. 2014
Kleine-Moeller/Merl	Handbuch des privaten Baurechts, 5. Aufl. 2014
Knees	Zwangsversteigerung und Zwangsverwaltung, 7. Aufl. 2013
Kniffka/Koeble	Kompendium des Baurechts, 4. Aufl. 2014
KO	Konkursordnung
Komm.	Kommentar
Krafka/Willer/Kühn	Registerrecht, Handbuch der Rechtspraxis, 9. Aufl. 2013
Kropholler/v. Hein	Europäisches Zivilprozessrecht, 9. Aufl. 2015
KSchG	Kündigungsschutzgesetz
KStG	Körperschaftsteuergesetz
KTS	Konkurs-, Treuhand- und Schiedsgerichtswesen, Fortsetzung der Zeitschrift Konkurs- und Treuhandwesen
Lackmann	Zwangsvollstreckungsrecht, 10. Aufl. 2013
Langenbucher/Bliesener/Spindler	Bankrechts-Kommentar, 2013
LAG	Landesarbeitsgericht
Leible/Freitag	Forderungsbeitreibung in der EU, 2008
Linke/Hau	Internationales Zivilverfahrensrecht, 6. Aufl. 2015
Lissner/Dietrich/Eilzer/German/Kessel	Beratungshilfe mit Prozess- und Verfahrenskostenhilfe, 2. Aufl. 2014
LM	Nachschlagewerk des Bundesgerichtshofs in Zivilsachen, begründet von Lindenmaier und Möhring, fortgeführt und herausgegeben von Nirk und Odersky
Ludovisy/Eggert/Burhoff	Praxis des Straßenverkehrsrechts, 6. Aufl. 2015
Madert/v. Seltmann	Der Gegenstandswert in bürgerlichen Rechtsangelegenheiten, 5. Aufl. 2008
MAH VergütungsR	Münchener Anwaltshandbuch Vergütungsrecht, 2. Aufl. 2010
Martin	Pfändungspfandrecht und Widerspruchsklage im Verteilungsverfahren, 1963

Mauch	Die Sicherungsvollstreckung gem. Art. 47 EuGVVO, Art. 39 EuGVÜ und Art. 39 Luganer Übereinkommen, 20. Aufl. 2003
Mayer/Kroiß	Rechtsanwaltsvergütungsgesetz, Kommentar, 6. Aufl. 2013
MDR	Monatsschrift des Deutschen Rechts
Meikel	Grundbuchordnung, 11. Aufl. 2015
Mertens	Das gesetzliche Veräußerungsverbot, 1974
Metzger	Wertermittlung von Immobilien und Grundstücken, 5. Aufl. 2013
Meyer-Goßner/Schmitt	StPO, Kommentar, 58. Aufl. 2015
Mohrbutter/Drischler/ Radtke/Thiedemann	Die Zwangsversteigerungs- und Zwangsverwaltungspraxis, Bd. 1, 7. Aufl. 1986, Bd. 2, 7. Aufl. 1990
Müller-Christmann	Arrest und einstweilige Verfügung, Rechtspfleger-Studien, 1997
MüKoAktG	Münchener Kommentar zum Aktiengesetz, 4. Aufl. 2016
MüKoBGB	Münchener Kommentar zum BGB, 7. Aufl. 2015 ff.
MüKoHGB	Münchener Kommentar zum HGB, 3. Aufl. 2013 ff.
MüKoInsO	Münchener Kommentar zur InsO, 3. Aufl. 2013 ff.
MüKoZPO	Münchener Kommentar zur ZPO, 4. Aufl. 2012 ff.
MuSchG	Gesetz zum Schutze der erwerbstätigen Mutter (Mutterschutzgesetz)
Musielak/Voit	ZPO, Kommentar zur Zivilprozessordnung, 12. Aufl. 2014
Muth	Zwangsversteigerungspraxis, 1989
mwN	mit weiteren Nachweisen
MwSt	Mehrwertsteuer
Nachw.	Nachweis(e)
Nagel/Gottwald	Internationales Zivilprozessrecht, 7. Aufl. 2013
Nebe	Die Ausbietungsgarantie bei Zwangsversteigerungen, 1936
NJW	Neue Juristische Wochenschrift
NJW-RR	NJW Rechtsprechungs-Report Zivilrecht
Nr.	Nummer
NZA	Neue Zeitschrift für Arbeits- und Sozialrecht
NZG	Neue Zeitschrift für Gesellschaftsrecht
NZI	Neue Zeitschrift für das Recht der Insolvenz und Sanierung
oa	oben angegeben(en)
OHG	Offene Handelsgesellschaft
OLG	Oberlandesgericht
OLGR	Schnelldienst zur Zivilrechtsprechung des Oberlandesgerichte (Zeitschrift)
OLGZ	Entscheidungen der Oberlandesgerichte in Zivilsachen
OVG	Oberverwaltungsgericht
pa	per annum
Pahlke/Koenig	Abgabenordnung, 3. Aufl. 2014
Palandt	Bürgerliches Gesetzbuch, 75. Aufl. 2016
PartGG	Gesetz über Partnerschaftsgesellschaften Angehöriger Freier Berufe (Partnerschaftsgesellschaftsgesetz)
Prause	Das Recht des Schiffskredits, 3. Aufl. 1979
Prütting/Gehrlein	ZPO Kommentar, 7. Aufl. 2015
RA	Rechtsanwalt
Rabe	Seehandelsrecht, 4. Aufl. 2000

Rauscher	Europäisches Zivilprozess- und Kollisionsrecht, 4. Aufl. 2015
Rdschr.	Rundschreiben
Remien	Rechtsverwirklichung durch Zwangsgeld, 1991
RGRK	Kommentar, herausgegeben von Reichsgerichtsräten und Bundesrichtern
RIW	Recht der Internationalen Wirtschaft (Zeitschrift)
Rn.	Randnummer
Rosenberg/Gaul/Schilken	Zwangsvollstreckungsrecht, 12. Aufl. 2010
Rothenbacher/Dörndorfer	Anwaltsstrategien in der Zwangsvollstreckung, 2007
Rpfleger	Der Rechtspfleger (Zeitschrift)
RPflG	Rechtspflegergesetz
Rz.	Randziffer
s.	siehe
S.	Satz, Seite(n)
Salten/Gräve	Gerichtliches Mahnverfahren und Zwangsvollstreckung, 5. Aufl. 2013
Schack	Internationales Zivilverfahrensrecht, 6. Aufl. 2014
Schäfer/Conzen	Praxishandbuch der Immobilien-Investitionen, 2. Aufl. 2013
Schmitz/Bornhofen	Personenstandsgesetz, 15. Aufl. 2013
Schneider/Herget	Streitwertkommentar, 14. Auflage 2015
Schneider/Mock	Das neue Gebührenrecht für Anwälte, 2004
Groß	Beratungshilfegesetz, Prozesskostenhilfegesetz, Verfahrenskostenhilfe, 13. Aufl. 2015
Schröder-Kay	Das Kostenwesen der Gerichtsvollzieher, 13. Aufl. 2014
Schroeder/Verrel	Strafprozessrecht, 6. Aufl. 2014
Schütze Int. ZPR	Deutsches Internationales Zivilprozessrecht unter Einschluss des Europäischen Zivilprozessrechts, 2. Aufl. 2005
Schütze	Schiedsgericht und Schiedsverfahren, 5. Aufl. 2012
Schulte-Bunert/Weinreich	FamFG, Kommentar, 4. Aufl. 2014
Schuschke/Walker	Vollstreckung und vorläufiger Rechtsschutz, 6. Aufl. 2016
Schwab/Walter	Schiedsgerichtsbarkeit, 7. Aufl. 2005
SGB	Sozialgesetzbuch
Siegburg	Bauhandwerkersicherungshypothek, 1989
Soergel	Kommentar zum Bürgerlichen Gesetzbuch, 13. Aufl. 1999 ff.
Staudinger	Kommentar zum Bürgerlichen Gesetzbuch, 14. Aufl. 2015
StB	Steuerberater
Stein/Jonas	Kommentar zur ZPO, 22. Aufl. 2002 ff.
Steiner	Zwangsversteigerung und Zwangsverwaltung, Bd. 2, 9. Aufl. 1986
Steiner/Storz	Zwangsversteigerung und Zwangsverwaltung, Bd. 1, 9. Aufl. 1986
Steinerl/Theede/Knop	Zwangsvollstreckung in das bewegliche Vermögen, 9. Aufl. 2013
StGB	Strafgesetzbuch
Stöber	Forderungspfändung, 16. Aufl. 2013
Stöber ZVG	ZVG, Kommentar 21. Aufl. 2016
Stöber ZVG-Hdb.	ZVG-Handbuch, 9. Aufl. 2010
Stollfuß	Steuerberater Handbuch 2015, 23. Auflage 2015
Storz/Kiderlen Teilung	Praxis der Teilungsversteigerung, 5. Aufl. 2011
Storz/Kiderlen	Praxis des Zwangsversteigerungsverfahrens, 12. Aufl. 2014

StPO .... Strafprozessordnung
str. .... streitig
Stratmann .... Die Zwangsvollstreckung in anfechtbar veräußerte Gegenstände, 1998
Streit/Heyder .... Ausländerzentralregistergesetz, 1997
Sudergat .... Kontopfändung und P-Konto, 3. Aufl. 2013

Tettinger/Wank/Ennuschat .... Gewerbeordnung, Kommentar, 8. Aufl. 2011
Teubel .... Gebührenmanagement in der Anwaltskanzlei, 1996
Teufel .... Zwangsversteigerung und Zwangsverwaltung, Bd. 3, 4. Aufl. 2005
Theimer/Theimer .... Mustertexte zum Zivilprozess, 8. Aufl. 2012
Thomas/Putzo .... ZPO, Kommentar zur Zivilprozessordnung, 36. Aufl. 2015
Tipke/Kruse .... Abgabenordnung, Kommentar, Loseblatt, 142. EL, Stand: 11/2015
TVG .... Tarifvertragsgesetz
Tz. .... Textziffer

UmwG .... Umwandlungsgesetz
UmwStG .... Umwandlungssteuergesetz
UrhG .... Urheberrechtsgesetz
Urt. .... Urteil
UStG .... Umsatzsteuergesetz

v. .... vom
VerbrKrG .... Verbraucherkreditgesetz
VerglO .... Vergleichsordnung
VersR .... Versicherungsrecht
vgl. .... vergleiche
VO .... Verordnung
Vor .... Vorbemerkung
Vortisch/Bemm .... Sammlung Guttenberg, Binnenschifffahrtsrecht, Kommentar, 4. Aufl. 1991
VwGO .... Verwaltungsgerichtsordnung
VwVfG .... Verwaltungsverfahrensgesetz

Walker .... Der einstweilige Rechtsschutz im Zivilprozess und im arbeitsgerichtlichen Verfahren, 1993
v. Wedelstedt .... Abgabenordnung und Finanzgerichtsordnung, Kommentar, Loseblatt, 21. Aufl. 2015
WEG .... Wohnungseigentumsgesetz
Weichert .... Kommentar zum Ausländerzentralregister, 1998
Weißmann/Riedel .... Aktuelle Muster und Entscheidungshilfen zur Zwangsvollstreckungspraxis, Loseblatt
Weißmann/Riedel/Wastl .. Handbuch der internationalen Zwangsvollstreckung, Loseblatt, 23. EL, Stand: 2001
Werner/Pastor .... Der Bauprozess, 15. Auflage 2015
WiB .... Wirtschaftsrechtliche Beratung (Zeitschrift)
WohnGG .... Wohngeldgesetz (auch abgek. WoGG)
Wolfsteiner .... Die vollstreckbare Urkunde, 3. Aufl. 2011
WM .... Zeitschrift für Wirtschaft und Bankrecht (Wertpapier-Mitteilungen Teil IV)

WP	Wirtschaftsprüfer
WuM	Wohnungswirtschaft und Mietrecht
Xante	Praxiskommentar zum Straßenverkehrsrecht, 2009
zB	zum Beispiel
ZEV	Zeitschrift für Erbrecht und Vermögensnachfolge
ZGR	Zeitschrift für Unternehmens- und Gesellschaftsrecht
ZHR	Zeitschrift für das gesamte Handels- und Wirtschaftsrecht
ZInsO	Zeitschrift für das gesamte Insolvenzrecht
ZIP	Zeitschrift für Wirtschaftsrecht
Zöller	ZPO, Kommentar, 31. Aufl. 2016
ZPO	Zivilprozessordnung
zT	zum Teil
ZVG	Gesetz über die Zwangsversteigerung und Zwangsverwaltung
ZVI	Zeitschrift für Verbraucher- und Privat-Insolvenzrecht
zzt	zurzeit

A. Vorbereitung der Zwangsvollstreckung

I. Vorbemerkungen

1. Allgemeine Anmerkungen zur Zwangsvollstreckung

Die Zwangsvollstreckung ist terminologisch nicht gesetzlich definiert. Das erstaunt zunächst, da die zwangsweise Beitreibung von Vermögenswerten einen wirtschaftlichen Faktor hohen Ranges darstellt und ohne deren erfolgreiche Durchführung alle vorhergehenden Ereignisse im Grunde als sinnlos betrachtet werden müssen. Die Zwangsvollstreckung als die mit den Machtmitteln des Staates erzwungene Befriedigung eines privatrechtlichen Anspruchs und notwendige Konsequenz daraus, dass das Vollstreckungsmonopol dem Staat zusteht (keine Selbstjustiz), ergibt sich daraus, dass die einzelnen am Rechtsverkehr Beteiligten gegenüber dem Staat unmittelbar einen Justizgewährungsanspruch haben. So ist der Staat verpflichtet, dem Vollstreckungssuchenden ausreichend effiziente Möglichkeiten der Vollstreckung zu ermöglichen und damit einen geeigneten Apparat bereitzuhalten (BVerfG NJW 1988, 31 (41)).

Im Zivilprozess steht das Vollstreckungsverfahren als **selbständiges Verfahren** (§§ 704 ff. ZPO) neben dem Erkenntnisverfahren (§§ 253 ff. ZPO) **mit eigenen Rechtsmitteln** (BGH NJW 2002, 754).

Der Zwangsvollstreckung kommt eine **hohe Präventionswirkung** zu, da die Erfahrung fast aller am Wirtschaftsleben Beteiligter mit den besonderen Härten der Vollstreckung meist dazu führt, dass auf (vollstreckbare) Titel hin geleistet wird. Neben dieser faktischen Präventionswirkung kommt der Zwangsvollstreckung gleichermaßen eine unmittelbar wertmäßige **wirtschaftliche Bedeutung** zu. Im Jahr 2003 waren in der Bundesrepublik Deutschland ca. 4.750 Gerichtsvollzieher tätig, in ca. 13.600 Fällen kam es zu Versteigerungen, wobei insgesamt 1,6 Milliarden EUR an Gerichtsvollzieher gezahlt wurden (Statistik DGVZ 2004, 143); im Jahr 2004 waren es ca. 4.800 Gerichtsvollzieher bei ca. 14.000 Versteigerungen, wobei insgesamt 1,62 Milliarden EUR an die Gerichtsvollzieher gezahlt wurden (Statistik DGVZ 2005, 143) und im Jahr 2005 waren wiederum ca. 4.800 Gerichtsvollzieher tätig, es gab ca. 12.200 Fälle an Versteigerungen, wobei insgesamt ca. 1,5 Milliarden EUR an die Gerichtsvollzieher gezahlt wurden (Statistik DGVZ 2006, 143).

Arten der Zwangsvollstreckung

- Geldforderung
  - ☐ wegen Geldforderung
    - ☐ in bewegliches Vermögen §§ 803 bis 863 ZPO
      durch Pfändung von
      - beweglichen Sachen §§ 808 bis 827 ZPO
      - Forderungen und anderen Vermögensrechten §§ 828 bis 863 ZPO
    - ☐ in unbewegliches Vermögen §§ 864 bis 871 und §§ 1 ff. ZVG
      durch:
      - Eintragung einer Zwangshypothek § 867 ZPO
      - Zwangsversteigerung § 867 ZPO §§ 1 ff. ZVG
      - Zwangsverwaltung §§ 146 ff. ZVG
- Individualvollstreckung
  - ☐ wegen Ansprüchen
    - auf Herausgabe und Leistung von Sachen §§ 883 bis 886 ZPO
    - auf vertretbare und unvertretbare Handlungen §§ 887, 888 ZPO
    - auf Unterlassungen § 890 ZPO
    - auf Abgabe einer Willenserklärung §§ 894–898 ZPO

2. Grundsatz der Parteidisposition und Parteiherrschaft

Die Zwangsvollstreckung wird (nur) auf **Antrag des Gläubigers** durchgeführt (im Einzelnen §§ 724 Abs. 2, 753, 834, 845, 866 Abs. 2, 867 ZPO, 15, 16, 31 ZVG, 887, 888, 890 ZPO; vgl. dazu Baur/Stürner/*Bruns* S. 57 f.). Insoweit führt die Rücknahme des Antrages grundsätzlich zur Aufhebung der Vollstreckungsmaßnahme; der Verzicht des Gläubigers auf ein Pfandrecht führt zum Erlöschen oder zur Aufhebung der Pfändung (§§ 843 ZPO, 120 Nr. 2 GVGA). Darüber hinaus geht das positive Vollstreckungsrecht im Grundsatz von der sehr weit gefassten und freien Disposition des Gläubigers über Vollstreckungsart und Vollstreckungsgegenstand aus. Der Gläubiger hat sozusagen eine „Pascha-Stellung" inne (*Baur/Stürner/Bruns* S. 61 Rn. 6.14).

Das Vollstreckungsverhältnis:

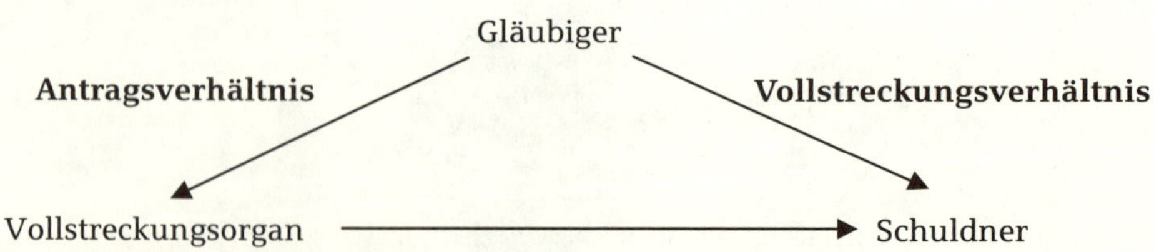

Aus dem Eingriffsverhältnis, der Ausübung staatlicher Zwangsgewalt, greifen die jeweils zuständigen Vollstreckungsorgane, die der Staat bereitstellen muss, in die grundrechtlich geschützte Rechtssphäre des Vollstreckungsschuldners. Ob dabei der Grundsatz der Verhältnismäßigkeit anzuwenden ist, darf bezweifelt werden, da es bei der Vollstreckung um die Durchsetzung der Rechte des Gläubigers geht und dieser, anders als der Staat bei der Durchsetzung seiner Rechte, grundsätzlich nicht an den für das Verhältnis zwischen Staat und Bürger geltenden Grundsatz der Verhältnismäßigkeit gebunden ist. Es gilt insoweit nicht zwingend der Grundsatz des geringsten Eingriffs und auch bei Fragen von Grundrechtskollisionen ist immer darauf zu achten, dass bei allen Vollstreckungsmaßnahmen der Dualismus zwischen den Rechten des Schuldners (Grundrechtsschutz und/oder Persönlichkeitsschutz) gegenüber dem Recht auf Eigentum (und den daraus abgeleiteten Rechten etwaiger Sicherungsnehmer) und der Rechtsstaatsgarantie abzuwägen ist. Hier kommt es darauf an, dass der Vollstreckungsgläubiger einen Anspruch auf eine wirkungsvolle Zwangsvollstreckung hat (so und *Vollkommer* Rpfleger 1982, 1; *Wieser* ZZP 1998, 50) Das sog. Eingriffsverhältnis stellt dabei die Beziehung zwischen Vollstreckungsorganen und Schuldner dar. Daneben gibt es das sog. Vollstreckungsverhältnis (Beziehung zwischen Gläubiger und Schuldner) und das Antragsverhältnis, das sich zwischen Gläubiger und Vollstreckungsorgan aufbaut (vgl. dazu *Baur/Stürner/Bruns* S. 46 ff. Rn. 5.1 ff. und Übersicht 3; *Lippross* S. 3 ff.; zum Vollstreckungsverhältnis BGH NJW 1985, 3080).

Die **vier Vollstreckungsorgane** sind der **Gerichtsvollzieher,** das **Vollstreckungsgericht,** das **Prozessgericht** und das **Grundbuchamt.** Das Berufsbild des Gerichtsvollziehers hat sich im Verlaufe der Zeit bis hin in die Gegenwart wesentlich geändert. Dieser ist meist kein Jurist oder Rechtspfleger und hat in der Regel eine Verwaltungsausbildung. Dabei wird er durch zusätzliche Lehrgänge speziell auf die komplexen Aufgaben der Vollstreckung vorbereitet. Insoweit verfügt er meist nur über Grundkenntnisse des Rechts. Dem Gedanken des **Formalisierungsgrundsatzes** entspricht, dass der Gerichtsvollzieher – ebenso wie die anderen Vollstreckungsorgane – letztlich eng an die Durchführung des Auftrages gebunden ist und dabei kein oder nur wenig Ermessen hat. Maßgebend ist für ihn bei der Durchführung des Vollstreckungsauftrags die Gerichtsvollziehergeschäftsanweisung (GVGA), deren Kenntnis für den rechtsuchenden Gläubiger, ebenso aber auch den Schuldner, hilfreich ist. Dem Formalisierungsgrundsatz folgend ist das Erkenntnis- und Vollstreckungsverfahren zweigeteilt, weshalb als Ergebnis der Spezialisierung zwischen dem erkennenden Gericht und den Vollstreckungsorganen diesen die Würdigung der Rechtsmäßigkeit des Titels verwehrt ist. Das gilt in Grenzen auch für die Rechtmäßigkeit des Vollstreckungstitels (*Baur/Stürner/Bruns* S. 73 f. Rn. 6.53). Selbstverständlich wird der weitestgehend anerkannte Grundsatz des formalisierten Vollstreckungsverfahrens an einigen Stellen durchbrochen. Das wird an den jeweiligen Stellen dann sichtbar und zeigt sich beispielsweise daran, dass Vollstreckungsorgane Handlungsermessen haben, beispielsweise bei der Auswahl des Pfandobjektes, sofern mehrere gleichartige Sachen vorgefunden werden oder bei der Auswahl des Spediteurs bei einer Zwangsräumung oder möglichen, unterschiedlichen Investigativen, zB Wohnungsdurchsuchungen; vgl. dazu Baur/Stürner/*Bruns* S. 74 Rn. 6.54 ff.).

Richter und Rechtspfleger sind bei ihren Entscheidungen (weitestgehend) unabhängig und nur dem Gesetz unterworfen (§§ 9 ff. DRiG, 9 RPflG). Der Vollstreckungsantrag darf nicht verweigert werden, zumindest nicht, bis die Zwecklosigkeit der Vollstreckung endgültig feststeht (*Baur/Stürner/Bruns* S. 75 Rn. 6.56). Die Vollstreckungsorgane können und sollten (§ 139 ZPO) gegenüber dem Gläubiger Bedenken bzgl. der Erfolgsaussichten äußern. Die Rechtspfleger sind ist vor allem zuständig bei Zwangsvollstreckungen wegen Geldforderungen ua Vermögensrechte sowie wegen Geldforderungen in das unbewegliche Vermögen (§§ 828 ff. ZPO, 1 ff. ZVG). Dem Richter sind letztlich nur wenige Entscheidungen vorbehalten, zB die Vollstreckung nach §§ 887 ff. ZPO durch das Prozessgericht sowie der Erlass einer Durchsuchungsanordnung oder eines Haftbefehls.

Soweit das Vollstreckungsorgan bei der Vornahme der Vollstreckungsmaßnahme gegen zwangsvollstreckungsrechtliche Vorschriften verstößt, ist das Verhalten des Vollstreckungsorgans rechtswidrig. Wenn dabei ein Schaden verursacht wird, kommen zB Ansprüche aus dem Recht öffentlich-rechtlicher Ersatzleistungen ebenso wie Ansprüche aus Amtshaftung in Betracht. Für die Praxis und die Wirksamkeit der Vollstreckungsmaßnahmen von deutlich größerer Bedeutung ist jedoch, dass ein Verstoß des Vollstreckungsorgans gegen rechtliche Vorschriften oder eine fehlerhafte Durchführung oder ein sonstiger Fehler in dem Vollstreckungsprozess in den wenigsten Fällen zur automatischen Nichtigkeit des Vollstreckungsaktes führt. Die Maßnahme wird allenfalls angreifbar (vgl. beispielsweise § 766 ZPO). Nur einige wenige extreme Verstöße gegen besonders wichtige Vorschriften machen die Maßnahme insgesamt unwirksam nichtig, zB bei der Verletzung der funktionellen Zuständigkeit.

Anmerkungen zu Fragen der Vorbereitung und Durchführung von Vollstreckungsmaßnahmen: Die Zwangsvollstreckung steht, wie kaum ein anderer Bereich unseres Lebens, unter dem Aspekt der Zeit. Das zeigt sich nicht nur in diesem Abschnitt „Vorbereitung der Zwangsvollstreckung". Der Gedanke wird jeden begleiten, der sich mit dem „Zwang" auseinandersetzt. Denn dieser ist im Grunde die ultima ratio, das letzte Mittel, welches ergriffen werden muss, so dass sich alleine daraus der erhöhte Erfolgsdruck ableiten lässt, zumal mit zunehmendem Zeitablauf die Chancen rapide sinken, denn in der Einzelvollstreckung gilt grundsätzlich gem. § 804 Abs. 3 ZPO das Prinzip, wer zuerst kommt, mahlt zuerst (*Baumbach/Lauterbach/Albers/Hartmann* § 804 Rn. 12). Zudem besteht bei Zwangsvollstreckungsmaßnahmen im unmittelbaren Vorfeld der Insolvenz ein erhöhtes Anfechtungsrisiko, so dass ein zu langes Abwarten auch im Nachhinein noch bestraft werden kann.

Der These „Zeit ist Geld" (Thomas Edison) unter dem Ansatz, dass es gilt, die zur Verfügung stehende Zeit möglichst sinnvoll und effizient zu nutzen, wird man durch eine qualifizierte Vorbereitung und einer raschen Durchführung der angestrebten Maßnahmen am ehesten gerecht.

II. Das Mandat im Rahmen der Zwangsvollstreckung

1. Checkliste: Mandatsannahme Gläubigermandat

Gläubigermandat Az.[1] . . . . .

Gläubigerdaten:[2]

Name	
Straße	
PLZ und Ort	
Telefonnummer	
Faxnummer	
Handy-Nummer	
E-Mail	
Bankverbindung	

Schuldnerdaten:[3]

Soweit Ihnen diese Daten bekannt sind, bitte so genau wie möglich angeben:

Name	
Straße	
PLZ und Ort	
Geburtsdatum, Geburtsort	
Telefonnummer	
Faxnummer	
Handy-Nr.	
E-Mail[4]	
Bankverbindung	
Internetdomain	
Sonstiges	

Weitere Wohnsitze/Aufenthalt:[5]

Zweitwohnsitz, gemeldet	
Dauerhafter Aufenthalt bei einer dritten Person	

Familienverhältnisse:[6]

Soweit Ihnen diese bekannt sind, bitte so genau wie möglich angeben:

Familienstand	☐ ledig ☐ verheiratet ☐ verwitwet ☐ geschieden ☐ getrennt lebend ☐ in Partnerschaft
Güterstand	☐ Gütergemeinschaft ☐ Gütertrennung ☐ keine güterrechtliche Vereinbarung (gesetzlicher Güterstand)
Geburtsdatum, vollständiger Name des Ehepartners, Anschrift, Lebenspartners, Kinder, Eltern, etc	
Sonstiges	

Vermögensverhältnisse/Einkommen:[7]

Soweit Ihnen diese bekannt sind, bitte so genau wie möglich angeben:

Art der Ansprüche/ Drittschuldner	Höhe der Einkünfte	Genaue Anschrift der auszahlenden Stelle, Ansprechpartner
Arbeitgeber		
Arbeitsentgelt monatlich, netto		
Eigenes Gewerbe		
Eigene GmbH		
Gesellschaftsanteile		
Freiberufler		
Miete/Pacht monatlich, kalt		
Krankengeld		
Rente, auch private Rente		
Hartz IV		
Kindergeld		
Ansprüche aus Lebensversicherung		
Sonstige Leistungen		
Wenn keine Einkünfte: wovon wird der Lebensunterhalt bestritten?		
Sonstige Einnahmen		

Vermögenswerte:[8]

Art der Vermögenswerte	Geschätzter Wert des Vermögens	Unterlagen, soweit vorhanden
Steuererstattungsansprüche		
Lebensversicherung		
Sonstige Versicherung, wie zB Rentenversicherung		
Bankverbindung/en		
Sparbuch/Sparkonto, Schließfach, etc		
Werthaltige Aktien		
Grundeigentum, Nießbrauch, Pachtrecht, etc		

. . . . .

[Datum, Unterschrift Gläubiger]

Wiedervorlage beim Rechtsanwalt[9]

Frist	zu ergreifende Maßnahmen

Anmerkungen

1. Mit dieser Checkliste kann **detailliertes Wissen vom Gläubigermandanten** abgefragt werden. Oft werden wichtige Informationen in Gesprächen vergessen. Anhand der Checkliste kann der Mandant sein Wissen abfragen und niederschreiben. Dadurch wird die Gefahr gebannt, dass durch emotionales Erzählen wesentliche Fakten untergehen. Durch die einzelnen Punkte wird das Augenmerk des Mandanten auf besondere Umstände des Schuldners gelenkt. Es ist sinnvoll, diese Checkliste als Datenbank der Mandantenakte anzufügen, da sie so immer wieder ergänzt werden kann und auch die zu Beginn der Beratung überreichte Checkliste immer wieder ergänzen zu lassen, zB indem zwei Blankoausfertigungen überreicht werden oder regelmäßig die aktuelle Version zur Überprüfung übersandt wird. Die Checkliste ist nur eine Informationsquelle über Aufenthalt und Vermögen des Schuldners. Soweit die Beratung bereits bei Vertragsverhandlungen bzw. im Erkenntnisverfahren erfolgte, sind alle damit im Zusammenhang stehenden Akten auf Informationen zu durchsuchen, wie zB Bankverbindung im Schriftwechsel. Sehr häufig finden sich bei Unternehmen im Briefkopf bzw. in der Fußzeile eine oder mehrere Bankverbindungen, Eintragungen im Handelsregister, Vorstandsmitglieder, etc. Hier ist zu überprüfen, ob die Angaben auf dem Briefbogen mit den Eintragungen im Handelsregister übereinstimmen, da bei fehlerhafter Angabe die persönliche Haftung des Gesellschafters in Frage kommt (*Bruns* BauRB 2004, 117). Ebenso sind bei registrierten Firmen die Handelsregisternummer und eventuelle Zweigniederlassungen angegeben. Im Schriftwechsel selbst können sich wesentliche Informationen verbergen, wie zB Reiseziele,

Wohnort, Geschäftspartner, etc. Es ist von großer Bedeutung, hier schnell alle Informationen zusammen zu tragen, da die Zwangsvollstreckung ein schnelles Geschäft ist und bei langem Zuwarten Rangverluste drohen. Oft hat ein Schuldner mehrere Gläubiger, die versuchen, erfolgreich zu vollstrecken. Siehe vertiefend auch *Wertenbruch* DGVZ 2001, 65. Eine Anfrage beim bekannten Arbeitgeber kann zum Erfolg führen, wenn dargelegt werden kann, dass das Auskunftsinteresse dem Datenschutzinteresse des Schuldners vorgeht, zB, dass der Arbeitgeber eine Pfändungsbearbeitung vermeiden kann, wenn der Schuldner kein pfändbares Einkommen bezieht.

2. Soweit die **Gläubiger-/Mandantendaten** bereits vorliegen, können sie vor Übergabe des Bogens entsprechend übernommen werden; im Übrigen sollen sie entsprechend dem Muster ergänzt werden. Die Bankverbindung des Gläubigers wird spätestens bei der Abrechnung der erfolgreichen Zwangsvollstreckung benötigt.

3. Hier sollte der Mandant gründlich forschen, über welche Informationen er verfügt. Die Adresse kann von Bedeutung sein bei der Abfrage des Einwohneramtes; die Telefonnummer/Faxnummer kann ebenfalls Aufschluss über den Aufenthalt geben. Zum einen gibt die Vorwahl Auskunft über den Ort, aber auch die persönliche Telefonnummer kann in vielen Fällen einem Stadtteil zugeordnet werden.

4. Soweit eine **E-Mail-Adresse** bekannt ist, kann im Internet geprüft werden, ob der Schuldner über eine eigene Domain verfügt. Dies ist möglich ua über „*www.denic.de*". Dieser Internetanbieter ist eine deutsche Registrierungsstelle, die sich an dem grundlegenden Standardisierungsdokument RFC1 „Domain Name System Structure and Delegation" von 1994 orientiert. Weitere Suchdienste vorhandener Domains finden sich im Internet. Die Domain ist pfändbar (BGH BB 2005, 2658; → Form. I. VII. 56). Eventuell kommuniziert der Schuldner im Internet (Chat, Mail, Foren etc), so dass darüber weitere Informationen gewonnen werden können. Hier sind die aktuellen Foren, wie zB Faceboock, Xing, Instergram etc. als gute Informationsquelle zu nennen. Ebenso kann die E-Mail-Adresse Aufschluss über den Aufenthalt geben. Unter www.email-verzeichnisse.de kann dies überprüft werden. Es gibt weitere Suchmaschinen, die jedoch entweder kostenpflichtig sind und/oder eine Mitgliedschaft verlangen.

5. Soweit dem Mandanten **weitere Wohnsitze des Schuldners** bekannt sind, kann auch dort versucht werden zu vollstrecken, insbesondere, wenn der Schuldner nicht gemeldet ist, es aber bekannt ist, dass er bei einem Dritten wohnt.

6. Die **Familienverhältnisse** sind für die Berechnung des pfändbaren Einkommens von Bedeutung. Hinzu kommt, dass über die Familienangehörigen, wie zB geschiedene Ehepartner, eine Vielzahl von Informationen eingeholt werden können. Weiterhin können die Familienverhältnisse zB auf Erbschaften und Schenkungen hindeuten. Daneben ist es nicht selten, dass der Schuldner durch Vermögensübertragung versucht, selbiges in Sicherheit zu bringen. Insoweit sollte auf diesen Punkt ein besonderes Augenmerk gelegt werden.

7. Bei den Vermögensverhältnissen stellt sich meist heraus, ob Zwangsvollstreckungsmaßnahmen ohne Abgabe der Vermögensauskunft überhaupt sinnvoll sind. Auch wenn das monatliche Einkommen der Höhe nach unpfändbar ist, ist die Information, wer die auszahlende Stelle ist, von Bedeutung. Soweit der Schuldner bei einer Familien-GmbH angestellt ist, ist zu prüfen, ob eine Einkommensverschiebung oder Einkommensverschleierung vorliegt. Erhält der Schuldner Geld von den Sozialbehörden, kann dort eventuell der Aufenthalt erfragt werden, wenn dieser unbekannt ist. Dabei kann sich auf eine allgemeine Akteneinsicht berufen werden. Ein Anspruch besteht allerdings nicht.

8. **Umfassende Angaben** sind besonders wichtig, damit so schnell wie möglich auf alle pfändbaren Vermögenswerte zugegriffen werden kann. Da es üblicherweise mehrere Gläubiger gibt, ist der möglichst schnelle Zugriff von großer Bedeutung. Auch die Pfändung von Mieteinnahmen eines Objektes, auf dem Grundschulden lasten, kann sinnvoll sein, da der Grundpfandrechtsgläubiger im Hinblick auf seine dingliche Sicherung oft zunächst keine Veranlassung zur Vollstreckung in die Mieteinnahmen sieht und gegebenenfalls erst später die Zustellung des Titels veranlasst. Im Rahmen des Risikobegrenzungsgesetzes ist mit § 1193 BGB für jede Grundschuld, die nach dem 19.8.2008 bestellt wurde, eine Kündigung mit einer Frist von 6 Monaten erforderlich, so dass der Grundschuldgläubiger zunächst nicht an die Mieten aus dem dinglichen Titel kommt. Soweit der Grundschuldgläubiger über eine Mietabtretung verfügt, muss er diese in den meisten Fällen den Mietern erst offen legen. Da ist sicherlich immer eine Monatsmiete durch die Pfändung verstrickt. Auch in diesen Fällen ist vor allem schnelles Handeln geboten. Ergibt die Ermittlung der Vermögenswerte, dass Steuererstattungsansprüche bestehen, ist zu beachten, dass immer nur die in der Vergangenheit liegenden Ansprüche gepfändet werden können. Die bislang wirksamsten Pfändungen: Arbeitseinkommen und Bank nebeneinander, hat aufgrund des eingeführten P-Kontos (→ Form. I. II. 9) seine Wirkung verloren. Allerdings sollte weiterhin sowohl die Gehaltspfändung als auch die Bankpfändung nebeneinander beantragt werden, da die Rangsicherung bei beiden Pfändungen für die Befriedigung von Bedeutung ist.

9. Die **Wiedervorlage der Akte** ist selbstverständlich. Hier wird empfohlen, neben der Wiedervorlagefrist auch die dann zu ergreifenden Maßnahmen zu notieren. Das erspart das erneute Durchblättern und Lesen der Akte. Auch ein Dritter, Referendar oder Urlaubsvertreter, kann so schnell handeln und muss nicht erst die gesamte Akte studieren. Zwangsvollstreckung ist ein schnelles Geschäft, das hat seine Gültigkeit nicht nur für den Gläubiger, auch der Schuldner kann durch schnelles Reagieren auf Gläubigeranfragen die Vollstreckung verhindern. Es ist sehr sinnvoll, zu notieren, welche Maßnahme als Nächstes ergriffen werden soll. Die Vollstreckungsstrategie muss nicht immer wieder von neuem entwickelt oder aus der Akte „rekonstruiert" werden. Ein Blick in die Wiedervorlage ergibt den nächsten Schritt. In einigen umfangreichen Fällen ist es auch sinnvoll, ausführlich zu vermerken, was wann eingeleitet werden soll. So spart man sehr viel Zeit in der folgenden Bearbeitung.

2. Checkliste: Mandatsannahme Schuldnermandat (nicht selbstständig)[1]

Az. . . . . .

Schuldnerdaten:[2]

Name	
Straße	
PLZ und Ort	
Telefonnummer	
Faxnummer	
E-Mail	

Familienverhältnisse	☐ ledig ☐ verheiratet ☐ verwitwet ☐ geschieden ☐ getrennt lebend ☐ in Partnerschaft
Güterstand	☐ Gütergemeinschaft ☐ Gütertrennung ☐ keine güterrechtliche Vereinbarung (gesetzlicher Güterstand)
Unterhaltspflichtige Personen, zB Ehepartner, Kinder, Eltern	

Einkommen:[3]

Art der Einkünfte	Höhe der Einkünfte	Auszahlende Stelle	Unterlagen
Arbeitsentgelt monatlich, netto			
Arbeitsentgelt jährlich, netto			
Miete/Pacht monatlich, kalt			
Miete/Pacht jährlich, kalt			
Krankengeld			
Rente			
Hartz IV			
Kindergeld			
Sonstige Leistungen			
Wenn keine Einkünfte: wovon wird der Lebensunterhalt bestritten?			
Sonstige Einnahmen			
Gesamteinkünfte			

Ausgaben, regelmäßige:[4]

Art	Höhe der Ausgaben	Grundlage	Unterlagen
Miete inkl. Nebenkosten			
Raten für Kredite			
Telefonkosten			
Handy-Kosten			
Unterhaltszahlungen			
Schulgeld/Kindergartenbeitrag			

Lebenshaltungskosten			
Versicherungsbeiträge: Lebens-, Rentenversicherung, Bausparverträge			
Kfz-Kosten, öffentliche Verkehrsmittel			
Bei Grundvermögen: Gebäudeversicherung, Grundsteuern, Darlehensbelastungen, etc			
TV-Gebühren			
Zeitschriften, Internet			
Sonstige Ausgaben			
Gesamtausgaben			

Vermögenswerte:[5]

Art des Vermögens	Wert des Vermögens	Abtretungen/Verpfändungen	Unterlagen
Steuererstattungsansprüche			
Lebensversicherung			
Sonstige Versicherung, wie zB Rentenversicherung			
Sparbuch/Sparkonto			
Werthaltige Aktien			
Grundeigentum, Nießbrauch, Pachtrecht, etc			

Gläubigerdaten:[6]

Name	Anschrift	Grundlage der Forderung, zB Kreditvertrag, Verkehrsunfall, etc	Höhe der Forderung	Unterlagen

Vollstreckungsmaßnahmen gegen den Schuldner:[7]

Art	Grundlage, zB Vollstreckungsbescheid, Grundschuld, Urteil, Anerkenntnis, etc	Az.	Gläubiger	Unterlagen
Mobiliarvollstreckung				
Vermögensauskunft				
Pfändung				
Zwangsversteigerung				
Zwangsverwaltung				
Regelinsolvenz/Verbraucherinsolvenz				

.....

(Datum, Unterschrift Schuldner)

Wiedervorlage beim Rechtsanwalt:[8]

Frist	zu ergreifende Maßnahmen

Anmerkungen

1. Das Formular dient der Vorbereitung der **Entschuldung, Vergleichsanbahnung oder Insolvenz**. Die Aufstellung sollte so detailliert und vollständig wie möglich sein. Gläubiger sind eher bereit, sich auf eine Entschuldungs- bzw. Vergleichsvereinbarung einzulassen, wenn eine Übersicht der wirtschaftlichen Verhältnisse nebst vollständigen Unterlagen vorgelegt und hieraus ersichtlich wird, dass der Vorschlag den wirtschaftlichen Verhältnissen des Schuldners entspricht. Sind die Informationen unvollständig, sodass mehrfaches Nachfragen erforderlich wird, führt dies oft zu einer ablehnenden Haltung. Neben den allgemeinen Informationen für die Akte sind die Familienverhältnisse wichtig für die Berechnung der Pfändungsgrenzen.

2. Die **Schuldnerdaten** dienen der Vervollständigung der Akte und schnellen Erreichbarkeit für den Fall, dass rasches und präzises Reagieren erforderlich ist.

3. Höhe und Art des Einkommens geben zum einen Aufschluss über das, was pfändbar ist, aber auch, welches Ziel die Beratung haben kann. Bei einem geringen Einkommen, hohen Unterhaltszahlungen und hohen Verbindlichkeiten bleibt oft nur der Weg in die Insolvenz. Ist das Einkommen jedoch so hoch, dass neben eventuellen Unterhaltszahlungen wesentliche Verbindlichkeiten bedient werden können, so kann die Beratung auf Vergleiche mit den Gläubigern gerichtet werden, um den übersteigenden Teil der Verbindlichkeiten, wie zB hohe Verzugszinsen, erlassen zu bekommen, oder auch um Ratenzahlungen zu erreichen und so langfristig die Verbindlichkeiten zu tilgen.

4. Die Höhe der Ausgaben ist ausschlaggebend für die **Feststellung der Überschuldung**. Neben der Höhe der Ausgaben ist auch die Art der Ausgaben entscheidend. Oft zeigt sich, dass Doppelversicherungen vorliegen oder auch eine Überversicherung bei Auto oder privater Haftpflicht besteht. Es zeigt sich Einsparpotential, wie zB hohe Telefonkosten, Handykosten, die dem Schuldner nicht so bewusst sind. Soweit ganz offensichtlich eine Überschuldung vorliegt, obwohl alle Positionen auf Einsparpotential geprüft wurden, kann der Weg nur über die Entschuldung führen, sei es durch Vergleiche mit den einzelnen Gläubigern, sei es durch ein Insolvenzverfahren.

5. Soweit neben dem Einkommen noch Vermögenswerte vorhanden sind, stellt sich die **Frage der Verwertbarkeit**. Sind Veräußerungen, wie zB Verkauf der Immobilie, Lebensversicherung oder Aktien, nicht sinnvoll, da sie zu einem wirtschaftlich hohen Verlust führen würden, ist die Beleihbarkeit zu prüfen. Die zuvor genannten Vermögenswerte können bei entsprechender Absicherung (zB durch Sicherungsabtretung) beliehen bzw. abgetreten werden. Gleiches gilt für noch nicht durchgesetzte Ansprüche, wie zB Steuererstattungsansprüche, Versicherungen oder Honoraransprüche des Mandanten gegen Dritte.

6. Die **Anzahl der Gläubiger**, auch die der regelmäßigen Gläubiger, wie zB Vermieter, Telefonanbieter, etc geben Aufschluss über die Verschuldenssituation. Stets sollte auch geprüft werden, ob der Schuldner zu Recht in Anspruch genommen wird, ob der Anspruch des Gläubigers also tatsächlich besteht (oder ob zB die vom Ehegatten übernommene Bürgschaft sittenwidrig und daher unwirksam ist). Mit der Umsetzung der Wohnimmobilienkreditrichtlinie zum 16.3.2016 wird für Kreditgeber die Pflicht der Kreditwürdigkeitsprüfung und Beratungspflichten für Überziehungskredite eingeführt. Bei Verstoß gegen die sorgfältige Kreditwürdigkeitsprüfung oder Beratungspflichten können sich neben Kreditvertragsänderungen auch Ansprüche aus fehlerhafter Beratung ergeben.

7. Soweit bereits Zwangsvollstreckungstitel vorliegen, sind diese ebenfalls auf ihre Rechtmäßigkeit zu prüfen, ebenso eventuell eingeleitete Zwangsvollstreckungsmaßnahmen. Soweit bereits ein Insolvenzantrag, vom Schuldner selbst oder einem Gläubiger, gestellt wurde, ist auf der Grundlage der Begründung des Antrags zu prüfen, ob die Voraussetzungen der Insolvenz vorlagen. Ist bereits die Vermögensauskunft abgegeben, ist auch diese unverzüglich beizuziehen, um zu prüfen, ob noch verwertbares Vermögen, auf das die Gläubiger noch nicht zugegriffen haben, vorhanden ist, aber auch, um festzustellen, welche Angaben der Schuldner gemacht hat und ob eine Ergänzung oder Wiederholung der Vermögensauskunft droht. **Die Sachaufklärung im Rahmen der Zwangsvollstreckung** ist systematisch an den Anfang der Zwangsvollstreckung gelegt und mit einer Vielzahl von Auskunftsrechten über den Gerichtsvollzieher ausgestattet worden. Weiterhin wurde die Eintragungen in das Vermögensverzeichnis geändert. Zu den Einzelheiten → Form. A. V.

8. Die **Wiedervorlage der Akte** ist selbstverständlich. Hier wird empfohlen, neben der Wiedervorlagefrist auch die dann zu ergreifenden Maßnahmen zu notieren. Das erspart das erneute Durchblättern und Lesen der Akte. Auch ein Dritter, Referendar oder Urlaubsvertreter, kann so schnell handeln und muss nicht erst die gesamte Akte studieren. Zwangsvollstreckung ist ein schnelles Geschäft, das gilt nicht nur für den Gläubiger, auch der Schuldner kann durch schnelles Reagieren auf Gläubigeranfragen die Vollstreckung verhindern.

3. Checkliste: Mandatsannahme Schuldnermandat (selbstständig)

Schuldnerdaten:[1, 2]

Name	
Straße	
PLZ und Ort	
Telefonnummer	
Faxnummer	
E-Mail	
Familienverhältnisse	☐ ledig ☐ verheiratet ☐ verwitwet ☐ geschieden ☐ getrennt lebend ☐ in Partnerschaft
Güterstand	☐ Gütergemeinschaft ☐ Gütertrennung ☐ keine güterrechtliche Vereinbarung (gesetzlicher Güterstand)
Unterhaltspflichtige Personen, zB Ehepartner, Kinder, Eltern	

Unternehmen:[3]

Art	Sitz mit Niederlassungen	Gesellschafter/Beteiligte	Registriert	Unterlagen
Gewerbe ohne HR-Eintragung				
AG				
GmbH, Familien-GmbH				
oHG, KG, GbR				
Einzelhandelskaufmann				
Freiberufler, zB Architekt, Rechtsanwalt, etc				

Einkommen:[4]

Art der Einkünfte	Höhe der Einkünfte	Auszahlende Stelle	Unterlagen
Regelmäßige, monatliche Einnahmen des Unternehmens (eventuell auf gesonderten Blatt)			
Sonstige monatliche Einkünfte, netto			

Sonstige jährliche Einkünfte, netto			
Miete/Pacht monatlich, kalt			
Miete/Pacht jährlich, kalt			
Krankengeld			
Rente			
Hartz IV			
Kindergeld			
Sonstige Leistungen			
Wenn keine Einkünfte: wovon wird der Lebensunterhalt bestritten?			
Sonstige Einnahmen			
Gesamteinkünfte			

Ausgaben, regelmäßige:[5]

Art	Höhe der Ausgaben	Grundlage	Unterlagen
Laufende Ausgaben des Unternehmens (eventuell auf gesonderten Blatt)			
Miete inkl. Nebenkosten			
Raten für Kredite			
Telefonkosten			
Handykosten			
Unterhaltszahlungen			
Schulgeld, Kindergartenbeitrag			
Lebenshaltungskosten			
Versicherungsbeiträge: Lebens-, Rentenversicherung, Bausparverträge			
Kfz-Kosten, öffentliche Verkehrsmittel			
Bei Grundvermögen: Gebäudeversicherung, Grundsteuern, Darlehensbelastungen			
TV-Gebühren			

Zeitschriften, Internet			
Sonstige Ausgaben			
Gesamtausgaben			

Vermögenswerte:[6]

Art des Vermögens	Wert des Vermögens	Abtretungen/Verpfändungen	Unterlagen
Unternehmensvermögen (eventuell auf gesonderten Blatt)			
Steuererstattungsansprüche			
Lebensversicherung			
Sonstige Versicherungen, wie zB Rentenversicherung			
Sparbuch/Sparkonto			
Werthaltige Aktien			
Grundeigentum, Nießbrauch, Pachtrecht, etc			

Forderungen/Gläubiger:[7]

Name	Anschrift	Grundlage der Forderung, zB Kreditvertrag, Verkehrsunfall, etc.	Höhe der Forderung	Unterlagen
Finanzamt				

Ansprüche/Schuldner:[8]

Name	Anschrift	Grundlage der Ansprüche, zB Bau-, Kauf-, Werkvertrag	Höhe der Ansprüche	Unterlagen

Vollstreckungsmaßnahmen:[9]

Art	Grundlage, zB Grundschuld, Urteil, notarielles Schuldanerkenntnis mit ZV – Unterwerfung, etc	Az.	Gläubiger	Unterlagen
Mobiliarvollstreckung				
Eidesstattliche Versicherung/Vermögensauskunft				
Pfändung				
Zwangsversteigerung				
Zwangsverwaltung				
Insolvenz				

.....

[Datum, Unterschrift Schuldner]

Wiedervorlage beim Rechtsanwalt:[10]

Frist	zu ergreifende Maßnahmen

Anmerkungen

1. Der **selbständige Schuldner** unterliegt der Besonderheit bzw. Schwierigkeit, dass er nicht über regelmäßige Einnahmen, dafür aber über regelmäßige Ausgaben verfügt. Das kann zu unübersichtlichen Einkommens- und Vermögensverhältnissen führen. Ebenso ist bei selbständigen Schuldnern oft festzustellen, dass sie ihre Buchhaltung unvollständig führen. In vielen Fällen haben sie keinen oder nur einen schlechten Überblick über ihre Einnahmen und Ausgaben, ebenso wenig über ihre Außenstände. Vor der Beratung ist es insoweit besonders wichtig, eine Übersicht über die Einnahmen und Ausgaben sowie Außenstände zu erhalten. Soweit der Mandant einen Steuerberater beauftragt hatte, ist dieser jetzt hinzuziehen, um alle Informationen, auch der Vergangenheit, zu erhalten. Der Steuerberater kann oft eine schnelle und sichere Einschätzung der Liquidität geben. Bei Personengesellschaften oder Einzelhandelsunternehmen ist die Einnahmen-/Ausgabenübersicht heranzuziehen, ebenso die vergangenen Umsätze und Steuererklärungen. Anhand dieser kann dann überschlagen werden, was aktuell zu erwirtschaften ist. Bei Gesellschaften liegt häufig eine Bilanzpflicht vor, so dass die vergangenen Bilanzen, aber auch BWAs herangezogen werden sollten; wegen der Bilanzpflicht → Form. A. VI. 1 Anm. 1

2. → Form. A. II. 2 Anm. 2.

3. Es ist von Bedeutung, festzustellen, in welcher **rechtlichen Form der Mandant seiner selbständigen Tätigkeit** nachgeht, insbesondere, ob er im Handelsregister eingetragen und verpflichtet ist, Bilanzen zu erstellen (→ Form. A. VI. 1 Anm. 1) und ob für die Gesellschaftsverbindlichkeiten noch weitere Personen haften (Mitgesellschafter). Die Angaben können Aufschluss über Einsparpotential geben, zB wenn die Inanspruchnahme von Mitgesellschaftern in Betracht kommt. Die Prüfung des Gesellschaftsvertrags sollte besondere Aufmerksamkeit zuteilwerden. Insbesondere die Regelungen des Gesellschaftsvertrages zum Schicksal des Gesellschafteranteils, wenn in diesen hinein gepfändet wird, sind zu untersuchen. Dies ist ein häufig beschrittener Weg der Gläubiger. Selten wird im Anschluss an die Pfändung der Gesellschaftsanteile die Gesellschaft auseinander gesetzt.

4. → Form. A. II. 2 Anm. 3. Bei den **Einnahmen** sind zunächst die Einnahmen aus der selbständigen Tätigkeit aufzunehmen, eventuell auf einem gesonderten Blatt. Daneben sollten alle sonstigen, nicht aus der selbständigen Tätigkeit herrührenden Einnahmen, wie zB Kindergeld, aufgenommen werden. Nur so wird eine Gesamtübersicht über die Einkommenssituation geschaffen.

5. → Form. A. II. 2 Anm. 4. Bei den **Ausgaben** ist auch an die laufenden Kosten der selbständigen Tätigkeit zu denken. Diese geben neben der Verschuldung der Privatperson auch Aufschluss über die Verschuldung des Unternehmens. Ein besonderes Augenmerk ist auf die Ansprüche der Finanzverwaltung zu legen. Zum einen können rechtskräftige Bescheide bis hin zum Titel bereits vorliegen, ohne dass es dem Mandanten bewusst ist. Zum anderen können durch fehlende Steuerklärungen Ansprüche drohen, die zur endgültigen Zahlungsunfähigkeit führen können. Insoweit wird empfohlen, immer das Finanzamt sowohl zur Privatperson als auch zum Unternehmen anzuschreiben und eventuelle Ansprüche benennen zu lassen.

6. → Form. A. II. 2 Anm. 3. Auch hier ist wieder zu unterscheiden zwischen **Privatvermögen und Unternehmensvermögen.** Besonderes Augenmerk ist hier auf die Haftung der Privatperson für die Unternehmensverbindlichkeiten zu legen. Eine Entschuldung des Unternehmens unter Missachtung der privaten Haftung führt nicht zum Ziel, würde sich sogar als Beratungsfehler darstellen und könnte folglich zu entsprechenden Regressansprüchen führen. Gerade im Eigentum des Unternehmensinhabers/Gesellschafters persönlich stehende Immobilien haften oft auch für Verbindlichkeiten des Unternehmens (zB aus Krediten). Ebenso ist die Bürgschaft der Gesellschafter für Verbindlichkeiten der Gesellschaft üblich.

7. → Form. A. II. 2 Anm. 6. Die Unterscheidung zwischen **Gläubigern der Person** und **Gläubigern des Unternehmens/der Gesellschaft** ist für die Feststellung, ob die Privatperson und das Unternehmen überschuldet sind, von Bedeutung. Häufig haften beide als Gesamtschuldner, zumindest bei der Beleihung von Immobilien. Da sollte ein besonderes Augenmerk auf die Entschuldung beider Rechtspersonen geachtet werden. Eine Entschuldungsvereinbarung muss also beide Schuldner, Privatperson und Unternehmen, umfassen. Es ist auch immer an den Ehegatten zu denken. Soweit auch dieser haftet, ist zu prüfen, ob die Beratung auf diesen ausgeweitet wird. Zumindest muss der Mandant darauf hingewiesen werden, dass sich, sofern der möglicherweise mithaftende Ehepartner nicht in die Entschuldungsvereinbarung einbezogen wird, auch für ihn selbst negative Auswirkungen ergeben können, zB im Rahmen eines späteren Zugewinnausgleichs.

8. Die Aufstellung der **eigenen Ansprüche des Mandanten** lässt Rückschlüsse darauf zu, ob die Zahlungsunfähigkeit/Zahlungsstockung eingetreten ist, weil zu hohe Außenstände vorhanden sind, oder ob die Auftragslage zu der Krise geführt hat. Bei sehr hohen Außenständen ist zu prüfen, ob diese werthaltig sind. Soweit dies der Fall ist, können diese Forderungen an Gläubiger des Unternehmens zur Einziehung abgetreten werden. Dadurch können beträchtliche Beitreibungskosten eingespart werden. Zudem eröffnet die

Abtretung der Forderungen Verhandlungsspielräume dem Gläubiger gegenüber. Möglicherweise akzeptiert er die Abtretung als Leistung an Erfüllungs statt (§ 364 BGB).

9. → Form. A. II. 2 Anm. 7. Diese Ermittlungen haben insbesondere den Sinn zu klären, ob eingeleitete bzw. in Aussicht gestellte **Vollstreckungsmaßnahmen** durch den zugrunde liegenden Titel, der Grundbucheintragung etc gedeckt sind, ob gegen diesen selber Einwendungen bestehen, und ob diese noch geltend gemacht werden können (gegebenenfalls auch noch nach Rechtskraft des Urteils etc). Bei den Vollstreckungsmaßnahmen sind die zugrunde liegenden Titel genau zu prüfen, ob es sich bei der titulierten Forderung auch um Forderungen handelt, für die der Schuldner haftet. Es ist bei Handwerkern üblich, dass sie ihre Handwerkersicherungshypothek in das Grundbuch eintragen lassen, an dessen Objekt sie gearbeitet haben. Dabei wird häufig übersehen, dass der Eigentümer der Immobilie nicht identisch ist mit dem Auftraggeber und damit die Eintragung rechtswidrig ist. Ebenso sind Vollstreckungsbescheide aus Unwissenheit häufig falsch und die darauf beruhenden Maßnahmen auf ihre Rechtmäßigkeit zu prüfen. Beim selbständigen Schuldner, der Verbraucher im Sinne des § 13 BGB ist, sollten alle Verträge dahingehend geprüft werden, ob die einschlägigen Verbraucherschutzvorschriften beachtet wurden. Wenn ein Verstoß gegen Verbraucherschutzvorschriften, wie zB vorvertragliche Informationspflichten, Widerrufsrecht, festgestellt werden kann, kann dies zu einem Wegfall des Vertrags führen bzw. kann sich die Forderung reduzieren. Die Verhandlungsposition für einen Entschuldungsvergleich wird dadurch gestärkt.

10. → Form. A. II. 2 Anm. 8.

4. Prozessvollmacht (allgemeine Vollmacht, Geldempfangsvollmacht, Schufa-Auskunft und Einholung von Registerauszügen)

Ich/wir erteile/n dem[1]

. . . . .

wegen:[2] . . . . .

Vollmacht, meine/unsere Interessen wahrzunehmen, insbesondere Erklärungen abzugeben und in Empfang zu nehmen, auch einseitige Erklärungen, zB Kündigungserklärungen.

Ich/Wir erteile/n ihm/ihr insbesondere Prozessvollmacht nach Maßgabe der §§ 81 ff. ZPO, auch zum Prozess über das Interesse nach § 893 ZPO, zur Empfangnahme des Streitgegenstandes oder anderer mit der Sache zusammenhängender Leistungen, zum Vergleich, Verzicht und Anerkenntnis, auch außerhalb eines Rechtsstreites. Die Vollmacht gilt auch für die Vertretung in Familien- und Kindschaftssachen, ferner für Nichtigkeitsklagen, Restitutionsklagen, Vollstreckungsklagen und ähnliche mit dem Auftrag zusammenhängende weitere Verfahren.

Sofern die im Betreff genannte Sache eine Strafsache ist oder mit einer Strafsache zusammenhängt, bestelle/n ich/wir den/die Rechtsanwalt/Rechtsanwältin zu meinem/unseren Vertreter und Verteidiger, insbesondere mit der Befugnis, gegebenenfalls auch in einem Wiederaufnahmeverfahren tätig zu sein, Strafantrag zu stellen, Privatklage, Nebenklage, Widerklage zu erheben und zurückzunehmen, und zu allen damit zusammenhängenden Tätigkeiten, auch als Vertreter des abwesenden Angeklagten.

Die Vollmacht gilt auch für alle Zustellungen. Der Rechtsanwalt wird hiermit zum Empfang von Geld und Geldeswert sowie zur Quittungslegung, ferner zur Abgabe und Entgegennahme von Aufrechnungserklärungen, bevollmächtigt und ist von den Beschränkungen des § 181 BGB befreit. Der/Die Mandant/in verpflichtet sich, auf Verlangen des Rechtsanwaltes einen Vorschuss auf die Kosten und das Honorar zu leisten.[3]

Der Rechtsanwalt ist berechtigt, persönliche Daten zu speichern, zu verarbeiten und an Dritte, insbesondere an einen oder mehrere Gläubiger weiterzugeben sowie ihm/ihnen die Einkommens- und Vermögensverhältnisse nebst Unterlagen offen zu legen.[4]

Der/Die Unterzeichner sind darüber belehrt und haben mit dem Rechtsanwalt vereinbart:

1. **Der Rechtsanwalt hat mich/uns vor der Übernahme des Mandates gemäß § 49b Abs. 5 BRAO darüber aufgeklärt, dass die rechtsanwaltliche Vergütung sich nach dem Gegenstandswert gemäß RVG richtet, sofern keine gesonderte Honorarvereinbarung getroffen wird.[5]**
2. **Neben der Auslagenpauschale werden zusätzliche Ausgaben wie Bonitätsprüfung (Schufa-Anfragen), Registeranfragen, Akteneinsicht und sonstige kostenpflichtige Tätigkeiten gegen Nachweis vergütet.[6]**
3. **Der/Die Unterzeichner erhalten von allen Maßnahmen eine Durchschrift, sowie Kopien der die Angelegenheit betreffenden Schreiben des Gerichts oder sonstiger Beteiligter.**
4. **Die Parteien kommen überein, dass die Haftung des Rechtsanwalts nur aus grobem Berufsversehen besteht und aus allen zwischen ihnen bestehenden Mandatsverhältnissen auf höchstens 500.000,– EUR beschränkt wird.[7]**
5. **Die Ansprüche aus diesem Rechtsanwaltsvertrag verjähren in 3 Jahren.[8]**

. . . . .

[Datum und Unterschrift Mandant/-in]

Anmerkungen

1. Die §§ 78 ff. ZPO regeln die Vertretung vor den Gerichten. Hier sind in den letzten Jahren einige Änderungen eingetreten. Es wird insoweit auf die allgemeinen Grundsätze der Prozessvertretung hingewiesen. § 78 Abs. 3 ZPO nennt Ausnahmen vom Anwaltszwang, darunter fallen ua die Anträge auf Prozesskostenhilfe, Arreste und einstweilige Verfügungen sowie für Erklärungen, die zu Protokoll der Geschäftsstelle gegeben werden. Die Zwangsvollstreckungsmaßnahmen sind nach der Gesetzessystematik dem Parteiprozess zuzuordnen, dh, eine Anwaltspflicht entfällt (BGH NJW 2011, 929). § 79 ZPO (Parteiprozess) regelt, in welchen Angelegenheiten die Vertretung möglich ist. Gläubiger zB können sich durch Mitarbeiter vor Gericht vertreten lassen, volljährige Familienangehörige (§ 79 Abs. 2 Nr. 2 ZPO), Verbraucherzentralen und Inkassodienstleisten gemäß Rechtsdienstleistungsgesetz sind im Umfang des § 79 Abs. 2 Nr. 3 und 4 ZPO zur Vertretung berechtigt. § 79 ZPO regelt nicht abschließend, wer zur Vertretung vor Gericht berechtigt ist. Es wird auf § 43 Nr. 1, 4, 5 WEG sowie § 27 Abs. 2 Nr. 2, 3 WEG als lex spezialis zu § 79 Abs. 2 ZPO hingewiesen.

Wegen der **Haftung** wird noch einmal ausdrücklich auf § 87 ZPO hingewiesen. Die Vollmacht erlischt erst, wenn dies dem Gegner angezeigt ist bzw. im Anwaltsprozess erst, wenn ein neuer Anwalt bestellt ist.

In Zwangsvollstreckungsverfahren tauchen immer wieder **Sanierungsberater** auf, die auch vor Gericht auftreten. § 90 ZPO (Beistand) lässt dies eingeschränkt auch zu. Beistände können immer nur in Parteiprozessen neben der gleichzeitigen Anwesenheit der Partei auftreten. Auch die Beistände unterliegen den Beschränkungen des § 79 Abs. 3 ZPO. Soweit es sich bei dem Beistand um „Verfahrensstörer und Verfahrensverhinderer" handelt – was immer wieder in den Zwangsversteigerungsterminen auftritt –, ist hier ein sachdienlicher Antrag zu stellen.

Die **schriftliche Vollmacht des Mandanten** sollte in jedem Fall eingeholt werden. Dies auch, wenn (noch) nicht abzusehen ist, dass einseitige Rechtsgeschäfte Dritten gegenüber vorzunehmen sein werden, so dass die Unwirksamkeit dieser Handlungen nach § 174 BGB zu befürchten ist. Denn jedenfalls Verhandlungen mit Dritten (zB mit Gläubigern über eine Entschuldung des Mandanten) werden in der Regel nur auf der Grundlage eines Vollmachtsnachweises zu führen sein. Und generell erfordert jede Handlung im Namen eines Dritten eine ausreichende Legitimation (wegen der Haftung: BGH NJW 1994, 1472). Wer sich nicht legitimieren kann, stößt bereits zu Beginn der Beratung auf erhebliche Schwierigkeiten. Jeder Gläubiger, mit dem Verhandlungen aufgenommen werden, verlangt als erstes eine Vollmacht. Diese sollte also bei der ersten Kontaktaufnahme dem Schreiben beigefügt werden. Für die rechtliche Wirksamkeit ist das Original vorzulegen (BGH NJW 1994, 1472; NJW 1994, 2298; NJW 1981, 1210). Daher sollte der Anwalt sich eine ausreichende Zahl von Vollmachten unterzeichnen lassen, insbesondere bei der Vorbereitung der Insolvenz bzw. eines Entschuldungsvergleichs mit einer Vielzahl von Gläubigern. Es ist für den Gläubiger ärgerlich, die Legitimation gesondert anzufordern. Im Fachhandel (zB Dreske & Krüger; Hans Soldan GmbH) können Vollmachtsformulare auch in zwei Sprachen (deutsch/türkisch; deutsch/spanisch, deutsch/englisch, etc) erworben werden. Dies ist für die überwiegend ausländischen Mandanten sicherlich sinnvoll.

Im Rahmen der Bevollmächtigung, also vor Auftragserteilung, sollte in jedem Fall ermittelt werden, welches **Ziel der Mandant verfolgt.** Es kommt insoweit zunächst darauf an, ob es sich bei dem Mandanten um einen Schuldner oder Gläubiger handelt. Der Schuldner wird oft zum Ziel haben, eine Entschuldung zu erhalten. Dabei ist dann ein besonderes Augenmerk auf die Anzahl der Gläubiger zu legen. Es wird an dieser Stelle darauf hingewiesen, dass bei einer Vielzahl von Gläubigern die Entschuldungsverhandlungen in der Regel sehr schwierig und umfangreich sind. Der Weg in die Insolvenz (Verbraucher- oder Regelinsolvenz) lässt sich dann oft nicht vermeiden. Insoweit ist dann möglichst früh, am Besten im Rahmen der ersten Kontaktaufnahme zu dem Mandanten, zu entscheiden, ob dieses Mandat in den Beratungsumfang der Kanzlei passt bzw. angenommen oder zB an einen Fachanwalt für Insolvenzrecht abgegeben werden sollte. Handelt es sich um ein Gläubigermandat, sind ebenfalls umgehende Ermittlungen zum Schuldner erforderlich. Ist der Schuldner zahlungsfähig, aber nicht zahlungswillig, oder entzieht er sich sogar der Zwangsvollstreckung, ist auch hier der Umfang der Bearbeitung zu beachten. Auch die Erfolgsaussichten sollten in diesem Fall dem Mandanten sehr deutlich gemacht werden, insbesondere die mit der Titulierung und Zwangsvollstreckung der Forderung verbundenen Kosten, deren Erstattung ebenfalls zweifelhaft bleibt. Handelt es sich um einen Schuldner, der zwar zahlungswillig, aber zahlungsunfähig ist, so sind auch hier die Kosten der Titulierung und Zwangsvollstreckung zu beachten, jedoch sind in einem solchen Fall vielfach Ratenzahlungsvereinbarungen oder Vergleiche möglich. Neben den materiell-rechtlichen Erfolgsaussichten der Rechtsverfolgung, die mit der Mandatserteilung beabsichtigt sind, sind auch weitere denkbare Einwendungen und Einreden (zB die Verjährung) in die Prüfung einzubeziehen, damit der Mandant sich möglichst umgehend, jedenfalls bevor erhebliche Kosten ausgelöst werden, Klarheit darüber verschaffen kann, ob sich eine Titulierung lohnt. Die Checklisten → Form. A. II. 1 bis → Form. A. II. 3 dienen der entsprechenden Sachverhaltsaufklärung des Zwangsvollstreckungsmandats. Im Zuge der Sachverhaltsaufklärung ist neben detaillierten Fragen zur Zielrichtung insbesondere über die Kosten und die Beweislast aufzuklären. Im Anschluss erfolgt dann die rechtliche Bewertung.

2. Die Angelegenheit, in der beraten werden soll, ist genau zu bezeichnen. Der Anwalt sollte von der **Erteilung einer Blanko-Vollmacht** absehen. Dies trägt nicht zu einem vertrauensvollen Zusammenarbeiten bei, da sich der Mandant durch die Blanko-Vollmacht verunsichert fühlen kann. Hinzu kommt, dass der Anwalt gerade in der Zwangsvollstreckung den Umfang seiner Beauftragung klar herausstellen sollte. Handelt es sich um mehrere Angelegenheiten, sollte der Mandant im Zweifel mehrere Vollmachten erteilen. Handelt es sich um ein Schuldnermandat, so kommt es darauf an, welche Zielrichtung die Beratung hat (zB Vergleichsabschluss mit allen Gläubigern; gesonderte Vereinbarung mit einem von mehreren Gläubigern). Dementsprechend sollte die Angelegenheit in der Vollmacht bezeichnet werden. Soll nur mit einem Gläubiger verhandelt werden, so ist dies entsprechend zu vermerken. Beim Gläubigermandat verhält es sich gleich. Sollen zB alle oder nur einzelne Schuldner in Anspruch genommen werden? In der Praxis kommt es häufig vor, dass die Bezeichnung des Gegenstandes in den Vollmachten ungenau oder unvollständig ist. Wenn der Gegner die Vollmacht aus diesem Grund zu Recht bemängelt, kann dies zu Zeitverlusten, und gegebenenfalls auch zur Unwirksamkeit von Erklärungen führen. Auch die Gläubiger- bzw. Schuldnerbezeichnung muss richtig sein. Nur eine Vollmacht auf den richtigen Gläubiger bzw. Schuldner entfaltet in der Sache ihre Wirksamkeit. Eine falsche Bezeichnung führt zur Zurückweisung mangels Vertretungsbefugnis und damit wieder zu Zeitverlusten, die im Zwangsvollstreckungsmandat über Erfolg oder Misserfolg entscheiden können. Hinzu kommt, dass unnötiger zusätzlicher Arbeitsaufwand verursacht wird. Daher ist auf diesen Punkt besonderer Wert zu legen.

3. Die **allgemeine Prozessvollmacht** sollte möglichst weit gefasst werden, auch wenn sich die Beauftragung auf die Beratung für die Zwangsvollstreckung beschränkt. Neben eventuellen Vollstreckungsgegenklagen können zB auch Strafanzeigen sinnvoll sein. Aber auch die Abwehr von Strafanzeigen ist gerade in diesem Beratungsgebiet von Bedeutung. Es ist nicht selten, dass ein Gläubiger zur „Ausforschung der Vermögensverhältnisse" Strafanzeige stellt. Von großer Bedeutung ist die Vorschusspflicht des Mandanten gemäß § 9 RVG. Gerade bei der Beratung von Schuldnern ist auf das eigene Honorar zu achten und Vorschuss zu fordern. Bei Fälligkeit gemäß § 8 RVG kann es sein, dass der Mandant zahlungsunfähig ist. Weiterhin ist die Beratung über Prozesskostenhilfe zu prüfen (→ Form. A. II. 11 und → Form. A. II. 12). Ansonsten ist auf die allgemeinen Pflichten des Rechtsanwalts im Innen- und Außenverhältnis hinzuweisen.

4. Es ist unter **Datenschutzgesichtspunkten** nicht unproblematisch, die anvertrauten persönlichen Daten an einen Dritten weiter zu leiten, sofern der Mandant sich hiermit nicht, wie in diesem Muster vorgesehen, ausdrücklich einverstanden erklärt. Aus diesem Grund sollte dieser Passus aufgenommen werden. Damit ist sichergestellt, dass der Rechtsanwalt nicht wegen Datenschutzverletzung in Anspruch genommen wird. Außerdem soll dem Mandanten damit deutlich vor Augen geführt werden, dass die persönlichen Daten einem Dritten zugänglich gemacht werden, er also bei den Angaben entsprechend sorgfältig sein muss. Hier ist auch die Aufklärungspflicht nach BRAO zu beachten. Ohnehin treffen den Anwalt umfangreiche Aufklärungspflichten dem Mandanten gegenüber. Gerade im Rahmen der Vorbereitung der Zwangsvollstreckung fallen verschiedene Kosten an, mit denen der Mandant möglicherweise gar nicht rechnet, wie zB Anschriftenprüfung, Einwohneramtsanfrage, Registerauskünfte, Akteneinsicht, Schufa-Abfrage, Anfordern des Vermögensverzeichnisses, etc. Um nicht im Nachhinein Diskussionen über die Kosten führen zu müssen und eventuell selbst auf diesen Kosten sitzen zu bleiben, sollte auf die anfallenden Kosten gesondert hingewiesen werden. Auf diesen Umstand sollte aus einer Vielzahl von Gründen sehr deutlich schon bei Mandatserteilung hingewiesen werden. Wenn sich herausstellt, dass höhere Kosten als üblich anfallen, wie zB durch einen Detekteiauftrag, sollte vor Auftragserteilung auf diese gesondert schriftlich hingewiesen werden.

5. Soweit **gesetzliche Gebühren** abzurechnen sind, weil keine abweichende Honorarvereinbarung (beachte § 3a RVG) getroffen wird, ist über die Höhe dieser Gebühren aufzuklären, §§ 49 ff. RVG, siehe auch BGH NJW 2008, 371. Im Rahmen eines Beratungsmandates ist § 34 RVG zu beachten. Es wird auf die allgemeinen Beratungspflichten des Rechtsanwaltes verwiesen.

6. Gerade auch im Rahmen der Zwangsvollstreckung ist die **umfassende und zügige Unterrichtung des Mandanten** von großer Bedeutung. Nur so wird er in die Lage versetzt, die zur erfolgreichen Mandatsbearbeitung auch seinerseits erforderlichen Mitwirkungshandlungen zu erbringen, da der Mandant durch die laufende Unterrichtung und Übersendung aller Schriftstücke seine Mitwirkung entsprechend ausgestalten kann. Eine Unterrichtung des Mandanten kann auch per E-Mail erfolgen. Dafür sollte sich der Anwalt von seinem Mandanten eine ausdrückliche Erlaubnis zum Austausch von Daten per E-Mail erteilen lassen. In der Regel enthalten die Schreiben des Anwalts vertrauliche Daten, die bei einer ungesicherten E-Mail Verbindung von Dritten gelesen werden können.

Der Anwalt ist auf umfassende Information durch den Mandanten angewiesen, wobei erfahrungsgemäß vielfach wesentliche Umstände erst zu einem späteren Zeitpunkt vom Mandanten mitgeteilt werden. Durch das regelmäßige und unverzügliche Übersenden von Schriftstücken und Information über alle eingeleiteten Maßnahmen bleibt der Mandant auf dem Laufenden und kann so auch seinerseits überprüfen, ob der von ihm beauftragte Anwalt weitere Informationen benötigt.

7. Eine **schriftliche Haftungsbegrenzungsvereinbarung** sollte immer in den Fällen mit erhöhtem Risiko, zumindest aber dann getroffen werden, wenn von vorneherein ein erhöhtes Risiko der anwaltlichen Tätigkeit absehbar ist. Dabei ist § 51, 51a BRAO zu beachten; insbesondere kann die Haftung danach der Höhe nach nicht auf einen Betrag unterhalb der Mindestversicherungssumme beschränkt werden. Haftungsrisiken können sich sowohl aus dem Gegenstandswert, der besonderen Schwierigkeit oder Komplexität der Sach- und Rechtslage ergeben. Daneben kann auch die Nachlässigkeit des Mandanten bei seiner Mitwirkungspflicht zu einem erhöhten Risiko führen. Gerade in der Zwangsvollstreckung kann schnell ein „falscher", also erfolgloser Weg eingeschlagen werden. Im Rahmen der Vereinbarung im Einzelfall kann die Haftungsbegrenzung auf die Mindestversicherungssumme beschränkt werden. Hier ist darauf zu achten, dass neben der Unterschrift des Vollmachtgebers auch die Unterschrift des Anwalts auf dem Formular gesetzt wird. Nur die schriftliche Vereinbarung der Haftungsbegrenzung ist wirksam. Vereinbarungen zu Verjährungsfristen sind sinnvollerweise nur dann zu treffen, wenn von den gesetzlichen Fristen abgewichen werden soll.

8. Zur vollständigen Vereinbarung gehört auch der **Hinweis auf die allgemeinen Verjährungsfristen.**

5. Einfache Vollmacht

Ich/wir bevollmächtigen[1] Herrn/Frau/Firma

.....

mich/uns gegenüber der Bank[2] (Versicherung, Handwerker, sonstige Gläubiger) in meiner/unserer Darlehensangelegenheit[3] (Versicherungsangelegenheit, Auftrag, etc) zu vertreten.

Die Vollmacht berechtigt, umfassende Auskünfte, insbesondere Kontoauszüge, Mitteilungen, etc (Abrechnungsschreiben) anzufordern.[4]

Eine Untervollmacht darf nicht erteilt werden. Die Vollmacht kann jederzeit von mir/uns schriftlich widerrufen werden. Sie erlischt spätestens mit meinem/unserem Tod.[5]

.....

[Datum und Unterschrift Vollmachtgeber][6]

Anmerkungen

1. Die §§ 164 ff. BGB regeln die Arten, die Form und den Umfang einer Vollmacht. Soweit eine Prozessvollmacht (→ Form. A. II. 4) nicht erforderlich ist, da es nicht um gerichtliche Auseinandersetzungen geht bzw. kein Anwalt bevollmächtigt werden soll, ist **eine einfache Vollmacht** zu erteilen. Diese ist in schriftlicher Form abzufassen, erfüllt die Voraussetzungen des § 172 BGB und erleichtert die Kontaktaufnahme mit den Gläubigern. Die Gläubiger verlangen immer häufiger Originalvollmachten, auch um sich selbst abzusichern, weshalb empfohlen wird, die Vollmacht zum einen in Kopie und als Original mit der Bitte, dieses nach Prüfung unverzüglich zurückzureichen, zu übersenden.

2. Der Vollmachtgeber ist so genau wie möglich zu bezeichnen: zB Vor- und Zuname, Anschrift, Geburtsdatum, bei Firmen den Sitz, die genaue Firmierung, eventuell HR-Nr. Der Vollmachtgeber kann – im Unterschied zu einer Generalvollmacht (→ Form. A. II. 6) – die Angelegenheit, in der er sich vertreten lassen will, genau bezeichnen. Hier ist als Beispiel die Bank, die in der Zwangsvollstreckung ein sehr häufiger Gläubiger ist, gewählt worden. Weitere Gläubiger können Versicherungen, Bausparkassen, Handwerker, Telekommunikationsunternehmen, etc. sein. Je nach Auftrag ist die Vollmacht entsprechend zu ändern.

3. Der Vollmachtgeber kann neben dem Gläubiger auch die **Angelegenheit genau bezeichnen,** zB eine Bankverbindung, eine Darlehensangelegenheit oder – wie hier gewählt – für alle Geschäfte mit der Bank.

4. Der **Umfang der Vollmacht** richtet sich zum einen nach der vorher bezeichneten Angelegenheit. Entweder sind umfassende Auskünfte in der Vollmacht enthalten oder sie wird eingeschränkt auf bestimmte Handlungen.

5. Bei dem sehr sensiblen Bereich der Zwangsvollstreckung, hier insbesondere der Bank als Gläubiger, sollte die Erteilung von Untervollmachten ausdrücklich ausgeschlossen sein. Die **Dauer der Vollmacht** muss nicht zwingend aufgenommen werden, schafft für die beteiligten Parteien allerdings Klarheit, wie lange die Vollmacht gilt.

6. Die **Unterschrift des Vollmachtgebers** sollte die sonst im Rechtsverkehr übliche sein. Auf diese wird bei der Berechtigung besonderes Augenmerk gelegt. Es wird empfohlen, neben der handschriftlichen Unterzeichnung den Namen noch einmal lesbar darunter zu setzen.

6. Generalvollmacht

[Notarielle Eingangsformel]

Ich/wir bestellen Herrn/Frau/Firma[1, 2]

. . . . .

zu meinem Generalbevollmächtigten. Der Generalbevollmächtigte ist berechtigt, mich in allen gesetzlich zugelassenen persönlichen und vermögensrechtlichen Angelegenheiten gerichtlich und außergerichtlich zu vertreten. Er ist von den Beschränkungen des § 181 BGB befreit.[3]

Die Vollmacht erstreckt sich auf Angelegenheiten gegenüber Banken, Versicherungen, Gerichten und Behörden, insbesondere den Finanzbehörden.

Sie erstreckt sich auf den Erwerb und die Veräußerung von beweglichen und unbeweglichen Sachen und Rechten, der Bestellung, Aufgabe und Kündigung von dinglichen Rechten an Grundstücken.

Weiterhin ist der Bevollmächtigte berechtigt, Zahlungen entgegen zu nehmen und Quittungen auszustellen sowie Gesellschafterrechte auszuüben.[4]

Der vorgenannte Umfang der Vollmacht ist nicht abschließend, sondern beispielhaft zu verstehen.[5]

Soweit erforderlich, darf der Vollmachtgeber eine oder mehrere Untervollmachten ausstellen, wobei diese als Untervollmacht zu kennzeichnen sind und auf einzelne Handlungen beschränkt sein müssen. Eine Befreiung von § 181 BGB des Unterbevollmächtigten ist nicht zulässig.[6]

Diese Vollmacht wirkt über meinen Tod hinaus, sie bleibt gegenüber meinen Erben wirksam. Sie kann jederzeit in der gleichen Schriftform von mir oder meinen Erben widerrufen werden.[7]

Der Generalbevollmächtigte erhält eine Ausfertigung dieser Urkunde.[8]

. . . . .

[Datum, Unterschrift Vollmachtgeber]

[Notarielle Schlussformel][9]

Anmerkungen

1. Vollmachten, auch Generalvollmachten, sind grundsätzlich formfrei. Es wird wegen der Bedeutung und der Aufklärungspflichten empfohlen, die Generealvollmacht **grundsätzlich notariell** erteilen zu lassen. Eine mündliche Generalvollmacht führt nicht zu dem bezweckten Ziel, alle Rechtsgeschäfte selbständig vornehmen zu können. Die notarielle Form zu wählen, erfüllt zum einen die Warnfunktion, da der Notar über die Auswirkungen einer solchen Vollmacht umfassend aufklären muss und zum anderen, dass auch die formbedürftigen Rechtsgeschäfte von der Vollmacht erfasst werden, wie zB Grundstückgeschäfte, Verbraucherdarlehen, etc. Die Generalvollmacht ist keine Vorsorgevollmacht im Sinne des § 1896 BGB.

2. Der Generalbevollmächtige sollte **genau bezeichnet** werden mit Vor- und Zuname, Geburtsdatum, Anschrift, Personalausweisnummer. Neben der Aufnahme der Personalausweisnummer sollte auch eine Kopie des Personalausweises des Vertretenen zur Vollmacht genommen werden, da in einer Vielzahl von Rechtsgeschäften aufgrund des Geldwäschegesetzes dieser vorzulegen ist. Soweit eine Firma bevollmächtigt werden soll, ist hier auch die genaue Bezeichnung, wie Firmierung, Anschrift, HR-Nr. anzugeben.

3. Die Generalvollmacht zeichnet sich dadurch aus, dass alle **zulässigen Rechtsgeschäfte** durch einen Dritten vorgenommen werden können. Die Errichtung eines Testaments als höchstpersönliche Angelegenheit ist somit weiterhin ausgeschlossen, ebenso die Eheschließung. Die Befreiung von § 181 BGB ist hier erweiternd aufgenommen worden, damit der Generalbevollmächtigte sowohl In-Sich-Geschäfte schließen kann als auch Geschäfte für einen Dritten, den er auch vertritt.

4. Die folgende **Aufzählung von einzelnen Rechtsgeschäften** ist bei einer Generalvollmacht nicht zwingend erforderlich, macht jedoch deutlich, dass die Generalvollmacht gerade die sehr sensiblen Bereiche, wie Bankgeschäfte, Finanzamtsangelegenheiten und Grundstückangelegenheiten, umfassen soll.

5. Damit ist noch einmal klargestellt, dass die Vollmacht wirklich alle zulässigen Rechtsgeschäfte umfassen soll.

6. Um die Vollmacht im Rechtsverkehr auch nutzen zu können, ist die Erteilung von Untervollmachten erforderlich. Diese sollen allerdings auf einzelne Rechtsgeschäfte beschränkt sein. Der Umkehrschluss ist, dass eine Generaluntervollmacht ausgeschlossen ist. Ebenso soll der Unterbevollmächtigte ausdrücklich nicht von § 181 BGB befreit werden.

7. Die **Dauer der Vollmacht** wird nicht durch den Tod des Vollmachtgebers beschränkt, sondern wirkt über den Tod hinaus. Sie bleibt bedingungslos jederzeit widerruf bar. Ob eine Generalvollmacht unwiderruflich erteilt werden kann, ist umstritten. Daher wird davon abgeraten. Dies allerdings in notarieller Form, dh, auf die Vollmacht kann bis zum notariellen Widerruf vertraut werden.

8. Der Generalbevollmächtigte muss seine Legitimation jederzeit nachweisen können, weshalb ihm eine Ausfertigung auszuhändigen ist.

9. Neben der Unterschrift des Vollmachtgebers wird der Notar seine Schlussformel auf die Urkunde setzen.

7. Mandatsabrechnung (erfolgreiche Zwangsvollstreckung)

An

. . . . . (Mandant)

Az. . . . . .

Sehr geehrte(r) . . . . ,

in vorgenannter Angelegenheit übersende ich Ihnen eine Ablichtung des Pfändungsprotokolls des (Ober)Gerichtsvollziehers . . . . . vom . . . . . zur Kenntnisnahme. Wie Sie den Unterlagen entnehmen können, hat der/die Schuldner/in Ihre Forderung nebst titulierten Kosten sowie unserer Inanspruchnahme beglichen.

Es ergibt sich damit folgende Abrechnung:[1]

Zahlung Schuldner/in an (Ober)Gerichtsvollzieher:	**. . . . . EUR**[2]
In diesem Betrag sind die Kosten meiner Inanspruchnahme für die Zwangsvollstreckung enthalten:	**. . . . . EUR**[3]
Ihr Einverständnis vorausgesetzt, habe ich die außergerichtlich, nicht vom/von der Schuldner/in zu tragenden Kosten, verrechnet:	**. . . . . EUR**[4]
Ihr Guthaben:	**. . . . . EUR**

Dieses Guthaben werde ich auf das Konto IBAN. . . . . bei der . . . . . überweisen.[5]

Die Angelegenheit ist damit vollständig erledigt und ich schließe den Vorgang. Anliegend überreiche ich Ihnen den Originalvollstreckungstitel (. . . . . Az. . . . . . vom . . . . .) und die weiteren Vollstreckungsunterlagen zu meiner Entlastung zurück.[6]

Ich bedanke mich für die Übertragung des Mandats.

. . . . .

Rechtsanwalt

Anmerkungen

1. Jedes Mandat ist mit einer abschließenden Abrechnung zu beenden. Die Abrechnung weist Besonderheiten in dem hier zugrunde gelegten Fall auf, dass die Zwangsvollstreckung erfolgreich war. Die Schlussrechnung ist dem Einzelfall anzupassen. Dem Muster liegt die Annahme einer Zwangsvollstreckung durch den Gerichtsvollzieher zugrunde.

2. Bei der Abrechnung ist immer der Grund der Erledigung, wie zB durch Zahlung, anzugeben. Ebenso ist anzugeben, durch wen und in welcher Weise die Zahlung erfolgte, zB Einziehung im Wege der Zwangsvollstreckung durch den Gerichtsvollzieher, Zahlung durch Drittschuldner oder durch den Schuldner selbst aufgrund einer Ratenzahlungsvereinbarung.

3. Bei allen Vollstreckungsaufträgen sollten auch die **Kosten des Anwaltes** mit enthalten sein, sodass im Falle der erfolgreichen Zwangsvollstreckung auch diese Kosten erstattet werden. Darüber ist dann abzurechnen. Es ist zur Wahrung der Übersichtlichkeit sinnvoll, die Anwaltsabrechnung in der Anlage anzufügen (→ Form. A. II. 9). Daraus ergibt sich dann die Zusammensetzung des Betrages.

4. Soweit Kosten verursacht wurden, die nicht vom Schuldner zu tragen sind, sind diese vom Guthaben abzusetzen.

5. Wenn bekannt, sollte in der abschließenden Gebührenberechnung angegeben werden, wohin das Geld überwiesen wird. Soweit keine Bankverbindung bekannt ist, sollte der Mandant aufgefordert werden, seine Bankverbindung mitzuteilen. Die Formulierung könnte wie folgt lauten:
Bitte teilen Sie mir in den nächsten Tagen zwecks Überweisung des Guthabens Ihre Bankverbindung mit.

6. Mit der Schlussrechnung sollten alle **Vollstreckungsunterlagen** zurückgesandt werden. Dies entlastet zum einen die Anwaltsakte, zum anderen hat der Mandant seine Originale wieder, die er eventuell für weitere Zwecke, zB Steuererklärung, benötigt, zurück. Ein langes Suchen im Archiv im Einzelfall entfällt damit.

8. Mandatsabrechnung (erfolglose Zwangsvollstreckung)

An

. . . . . (Mandant)

Az. . . . . .

Sehr geehrte(r) . . . . .,

in vorgenannter Angelegenheit übersende ich Ihnen eine Ablichtung des Pfändungsprotokolls des (Ober)Gerichtsvollziehers . . . . . vom . . . . . zur Kenntnisnahme. Wie Sie den Unterlagen entnehmen können, hat der/die Schuldner/in Ihre Forderung nicht beglichen. Die Prüfung der Vermögensauskunft ergab, dass keine weiteren Vollstreckungsmöglichkeiten vorhanden sind.[1]

Ich sende Ihnen Ihre seinerzeit freundlicherweise zur Verfügung gestellten Originalunterlagen zu meiner Entlastung zurück. Ferner überreiche ich Ihnen den Vollstreckungstitel (. . . . . vom . . . . .) sowie die Vollstreckungsunterlagen im Original mit dem Hinweis, dass der titulierte Anspruch/die titulierten Ansprüche in 30 Jahren verjähren. So lange können Sie daher aus dem Titel/den Titeln gegen den/die Schuldner/in vollstrecken.[2]

Abschließend erlaube ich mir die Kosten meiner Inanspruchnahme gemäß der anliegenden Kostennote zu liquidieren[3] und bitte um Überweisung auf eines der Geschäftskonten.[4]

Soweit Sie eine erneute Zwangsvollstreckung durch mich durchführen lassen wollen, bitte ich um Übersendung der/des Zwangsvollstreckungstitel/s nebst Zwangsvollstreckungsunterlagen. Ich empfehle eine Zwangsvollstreckung bei gleich bleibender Kenntnis der Vermögenslage des/der Schuldners/in in frühestens 3 Jahren.[5]

Ich bedanke mich für die Übertragung des Mandats.

. . . . .

Rechtsanwalt

Anmerkungen

1. Wie schon unter → Form. A. II. 7 Anm. 1 dargestellt, ist jedes Mandat mit einer abschließenden Abrechnung zu beenden. Bei der erfolglosen Zwangsvollstreckung sind neben den Kosten der Zwangsvollstreckung auch die eigenen Kosten (Rechtsanwaltsgebühren) in Rechnung zu stellen. Auch hier wird empfohlen, die Rechtsanwaltsgebühren in einem separaten Schreiben abzurechnen (→ Form. A. II. 9).

2. Im Sinne der umfassenden Unterrichtung des Mandanten und zur Vermeidung von Nachfragen sollte immer der Grund der Beendigung angegeben werden. Soweit neben dem Auftrag zur Abgabe der Vermögensauskunft und Vorlage des Vermögensverzeichnisses weitere Zwangsvollstreckungsmaßnahmen vorgesehen waren, sollten diese kurz dargestellt werden. Ebenso, warum sie erfolglos verliefen (zB vorrangige Pfändung des Arbeitsentgeltes durch einen anderen Gläubiger mit erheblichen Forderungen), und dass (gegebenenfalls auch warum) Zahlungen in absehbarer Zeit nicht zu erwarten sind.

3. Bei der Mandatsbeendigung im Falle der erfolglosen Vollstreckung sollten auch immer alle Unterlagen, insbesondere die Vollstreckungstitel, zurückgesandt werden. Dabei ist der Hinweis, diese aufzubewahren, besonders wichtig. Soweit die Vollstreckungsunterlagen aus der Hand gegeben werden, besteht das Risiko, dass der Mandant den nächsten Auftrag an einen anderen Rechtsanwalt gibt, dies ist jedoch im Vergleich zur Pflicht der Archivierung zu vernachlässigen.

4. Wie schon unter → Anm. 1 dargestellt, sollte die Abrechnung der Anwaltstätigkeit gesondert erfolgen; → Form. A. II. 9. Es sollte in jedem Fall darauf geachtet werden, dass die Bankverbindung auf dem Abrechnungsschreiben enthalten ist.

5. Eine allgemeine Empfehlung dazu abzugeben, innerhalb welchen Zeitraumes weitere Zwangsvollstreckungsversuche unternommen werden sollten, ist schwierig und risikobehaftet. Im Normalfall kommt ein Schuldner, der die Vermögensauskunft abgegeben hat, nicht so schnell zu Vermögen. Jedoch kann es immer sein, dass er eine Erbschaft macht, eine neue Arbeitsstelle erhält, etc. Dann ist die Zwangsvollstreckung vor Ablauf von 3 Jahren sinnvoll. Im Muster ist daher die Empfehlung, weitere Zwangsvollstreckungsversuche (aus Kostengründen) frühestens nach Ablauf von drei Jahren zu unternehmen, mit der Einschränkung verbunden worden, dass dies nicht gilt, sofern sich Anhaltspunkte für eine veränderte Vermögenssituation des Schuldners ergeben.

9. Liquidationsschreiben

An[1]

. . . . . (Mandant)

Az. . . . . .

Sehr geehrte(r) . . . . .,

hiermit erlaube ich mir, meine anwaltliche Tätigkeit wie folgt zu liquidieren:

Rechnung Nr.[2]

(Berechnet nach dem Rechtsanwaltsvergütungsgesetz (RVG))

Abrechnungszeitraum vom . . . . .[3]

Gegenstandswert: [4]

	Höhe	Betrag
Gerichtliches Mahnverfahren: Wert:[5]		
Verfahrensgebühr (Antrag auf Erlass MB) gem. §§ 2 Abs. 2, 13 RVG Nr. 3305 VV RVG	1,0	EUR .....
Verfahrensgebühr (Antrag auf Erlass VB) gem. §§ 2 Abs. 2, 13 RVG Nr. 3308 VV RVG	0,5	EUR .....
Post- u. Telekommunikationsentgelte gem. §§ 2 Abs. 2, 13 RVG Nr. 7002 VV RVG		EUR .....
ZV-Auftrag vom ..... Wert:[6]		
Verfahrensgebühr (ZVA) gem. §§ 2 Abs. 2, 13, 18 III RVG Nr. 3309 VV RVG	0,3	EUR .....
Post- u. Telekommunikationsentgelte gem. §§ 2 Abs. 2, 13 RVG Nr. 7002 VV RVG		EUR .....
Antrag auf Abnahme der Vermögensauskunft vom ..... Wert:[7]		
Verfahrensgebühr (Vermögensauskunft) gem. §§ 2 Abs. 2, 13, 18 XVIII RVG Nr. 3309 VV RVG	0,3	EUR .....
Post- u. Telekommunikationsentgelte gem. §§ 2 Abs. 2, 13 RVG Nr. 7002 VV RVG		EUR .....
Zwischensumme netto:		EUR .....
USt. Nr. 7008 VV RVG 19 %[8]		EUR .....
Zwischensumme brutto:		EUR .....
Einwohneramtsanfrage[9]		EUR .....
Gerichtsvollzieherkosten		EUR .....
Gerichtskosten		EUR .....
Detekteikosten		EUR .....
Rechnungsendbetrag brutto		EUR .....

Ich bitte höflich um Überweisung des vorstehenden Betrages unter Angabe des Az. ..... sowie der Rechnung Nr. ..... auf eines der angegebenen Bankkonten.[10]

....

Rechtsanwalt

Anmerkungen

1. Nach § 18 Nr. 1 RVG ist jede Zwangsvollstreckungsmaßnahme zusammen mit den durch diese vorbereiteten weiteren Vollstreckungshandlungen bis zur Befriedigung des Gläubigers eine **besondere gebührenrechtliche Angelegenheit**, dh, der Anwalt kann die Zwangsvollstreckung gesondert abrechnen. Dabei kommt es darauf an, welche Honorarvereinbarung der Tätigkeit des Anwalts zugrunde lag. Gab es eine Honorarvereinbarung, ist diese zu beachten. Hier werden die Gebühren nach dem RVG angenommen, da dies der überwiegende Teil der Abrechnungen betreffen wird. Die Gebühren sind in Teil 3 Abschn. 3 VV RVG geregelt. Nach Nr. 3309 VV RVG kann in der Zwangsvollstreckung eine 0,3 Verfahrensgebühr für jede Zwangsvollstreckungsmaßnahme entstehen. Diese fällt mit dem ersten Tätig werden des Rechtsanwaltes an. Dabei kommt es nicht darauf an, ob er einen Zwangsvollstreckungsauftrag erteilt hat oder nicht. Sie entsteht mit der Entgegennahme der Informationen zur Vorbereitung der Zwangsvollstreckung. Neben der Verfahrensgebühr sind Auslagen und Umsatzsteuer abzurechnen. Für weitere Informationen der Gebühren des Rechtsanwaltes → Form. A. II. 10.

2. Bei dem Liquidationsschreiben ist unbedingt auf die Angabe des **Az. der Buchhaltung und der Rechnungsnummer** zu achten.

3. In jeder Abrechnung ist auch der **Zeitraum der Abrechnung** anzugeben. Gerade in Zwangsvollstreckungssachen ist dies von Bedeutung, da der Abrechnungszeitraum in der Regel auch den Zeitraum der in den Gegenstandswert der Zwangsvollstreckung einzubeziehenden Zinsen bestimmt.

4. In der Rechnung ist der Gegenstandswert der Zwangsvollstreckungsmaßnahme anzugeben.

5. Soweit das Erkenntnisverfahren noch nicht abgerechnet ist, sollte dies hier nachgeholt und die entsprechende Abrechnung vorangestellt werden. Andernfalls entfällt dieser Teil des Formulars. Wegen der Abrechnung **der anwaltlichen Tätigkeit** im Erkenntnisverfahren wird auf die allgemeine Literatur und das Prozessformularbuch verwiesen.

6. Da für die Zwangsvollstreckung pro Zwangsvollstreckungsmaßnahme eine Verfahrensgebühr abgerechnet werden kann, ist **jede Maßnahme gesondert aufzuführen.** Dabei ist der Gegenstandswert entsprechend des Auftrages anzugeben. Soweit ein Gegenstandswert fehlt, wird auf → Form. A. II. 24 verwiesen.

7. Der Antrag auf Abnahme der Vermögensauskunft ist hier beispielhaft als zweite Vollstreckungsmaßnahme angenommen worden.

8. Die **Umsatzsteuer** ist für alle umsatzsteuerpflichtigen Positionen zu berechnen. Soweit bekannt ist, dass der Mandant vorsteuerabzugsberechtigt ist, ist dieser Punkt entsprechend zu streichen.

9. Die ausgelegten Kosten sind dann nicht umsatzsteuerpflichtig, wenn sie erkennbar für einen Dritten angefallen sind. Dies gilt nach ständiger Rechtsprechung des BFH für Gebühren und Auslagen, die Rechtsanwälte vorstrecken, wenn diese Kosten nach verbindlichen Gebühren- oder Kostenordnungen berechnet werden, die den Mandanten als Kostenschuldner bestimmen (BFH NJW 1968, 423; BFH/NV 1989, 744; DAR 2008, 114; Rpfleger 2011, 563) Soweit es sich um Pauschalen, zB Aktenversendungspauschalen handelt, unterliegen die Auslagen der Umsatzsteuer. Die Rechnungen sollten im Original dem Liquidationsschreiben beigefügt werden.

10. Ganz wichtig ist der Hinweis, auf welches Konto die Gebühren und Kosten überwiesen werden sollen. Es wird empfohlen, das Konto gesondert mit dem Zeichen der Buchhaltung anzugeben. Damit hat jeder Mandant die erforderlichen Angaben auf einen Blick.

10. Kosten der Zwangsvollstreckung

1. Überblick

Im Folgenden wird dargestellt, welche Kosten in welcher Höhe im Rahmen der Zwangsvollstreckung anfallen können. Das sind insbesondere die Kosten der einzelnen Vollstreckungsorgane, der beauftragten Bevollmächtigten, des Gläubigers, des Schuldners und des Drittschuldners. Darüber hinaus wird kurz darauf eingegangen, wie die notwendigen Kosten der Zwangsvollstreckung gegenüber dem Schuldner gelten gemacht werden können. S. vertiefend *Meyer,* Zum Anfall und zur Festsetzung von Zwangsvollstreckungskosten nach § 788 ZPO, JurBüro 2003, 74; *Volpert,* Zwangsvollstreckungsverfahren – Der Gegenstandswert in der Zwangsvollstreckung, RVG-Report 2005, 10.

2. Kosten der Zwangsvollstreckung nach § 788 ZPO

Nach § 788 Abs. 1 S. 1 ZPO hat der Schuldner die **notwendigen Kosten** der Zwangsvollstreckung zu tragen. Sie sind notwendig, wenn der Gläubiger eine Vollstreckungsmaßnahme im Zeitpunkt ihrer Vornahme zur Durchsetzung seines Anspruchs objektiv für erforderlich halten durfte. Dem Schuldner muss allerdings eine angemessene Zeit zur freiwilligen Leistung eingeräumt werden (BGH NJW 2005, 2460). Nicht erstattungsfähig sind zB die Kosten einer Vollstreckung, die vor dem Vorliegen der gesetzlichen Voraussetzungen oder dem Ablauf einer gesetzlichen Schonfrist durchgeführt wird (MüKoZPO/*Schmidt/Brinkmann* § 788 Rn. 22a mwN). Gleiches gilt für solche Kosten, die nur aus Anlass der Zwangsvollstreckung entstehen. Ebenso wenig erstattungsfähig sind die Kosten erkennbar aussichtsloser Vollstreckungsmaßnahmen (BGH NJW 2005, 2460, (2462)). Zu den notwendigen Kosten der Zwangsvollstreckung gehören auch die Kosten der Vorbereitung der Zwangsvollstreckung (zB Ermittlung Aufenthaltsort Schuldner, Erlangung Bankbürgschaft für Sicherheitsleistung).

Sind mehrere Schuldner als Gesamtschuldner verurteilt, haften sie auch nach § 788 Abs. 1 S. 3 ZPO gesamtschuldnerisch.

Nach § 788 Abs. 2 ZPO hat der Gläubiger die Möglichkeit, die Kosten der Zwangsvollstreckung festsetzen zu lassen und dann wegen der Kosten aus dem Kostenfestsetzungsbeschluss zu vollstrecken. Dieses Verfahren ist insbesondere bei unklaren oder schwierig zu belegenden Vollstreckungskosten zu empfehlen. (MüKoZPO/*Schmidt/Brinkmann* § 788 Rn. 34). Das Kostenfestsetzungsverfahren bestimmt sich nach §§ 103 Abs. 2, 104, 107 ZPO. Die entstandenen Kosten und das Vorhandensein eines Vollstreckungstitels sind glaubhaft zu machen (insgesamt dazu *Baur/Stürner/Bruns* S. 593 f. Rn. 49.2, 49.5, 49.8). Gegen die Festsetzung der Vollstreckungskosten nach § 788 Abs. 2 ZPO findet die sofortige Beschwerde statt, §§ 788 Abs. 2 S. 1, 104 Abs. 3 ZPO.

3. Gerichtsvollzieherkosten

a) Einleitung. Die Kosten des Gerichtsvollziehers als Vollstreckungsorgan sind in dem am 19.4.2001 in Kraft getretenen (BGBl. 2001 I 623) **Gerichtsvollzieherkostengesetz (GVKostG)** geregelt. Das Gesetz wird ergänzt durch landesrechtliche Verwaltungsbestimmungen, die aber lediglich für den Gerichtsvollzieher und für Verwaltungsstellen, nicht aber für das Gericht bindend sind.

Kosten im Sinne dieses Gesetzes sind Gebühren und Auslagen; § 1 GVKostG. Das GVKostG ersetzt die zuvor relevanten Wertgebühren durch feste Gebührensätze und die bisherigen verschiedenen Kleinauslagen durch eine Auslagenpauschale. Die Bemessung der Gebühren durch den Gesetzgeber trägt dem Umstand Rechnung, dass ein Gerichtsvollzieher zum einen ein festes Grundgehalt erhält und zum anderen eine vom tatsächlichen Arbeitsanfall abhängige zusätzliche Vergütung. Daraus soll insgesamt eine leistungs- und verantwortungsgerechte Vergütung der Gerichtsvollzieher resultieren, die einerseits oberflächliche Wahrnehmung der Gläubigerinteressen verhindert und andererseits dem Gläubiger, der wegen § 4 Abs. 1 S. 2 GVKostG oft Vorschuss leisten muss, ein überschaubares Kostenrisiko aufbürdet und damit die Wahrnehmung der Gläubigerinteressen nicht rein faktisch verhindert (vgl. dazu *Hartmann* Grdz vor § 1 GVKostG Rn. 9).

Das GVKostG regelt lediglich das Verhältnis zwischen der Staatskasse und dem Kostenschuldner. Gläubiger der aus der Tätigkeit des Gerichtsvollziehers resultierenden öffentlich-rechtlichen Gebühren ist die Staatskasse (BGH DGVZ 2001, 75). Das Gesetz regelt weder das Verhältnis des Gerichtsvollziehers zur Staatskasse noch das Verhältnis des Gerichtsvollziehers zum Auftraggeber. Der Gerichtsvollzieher ist somit weder aktiv- noch passivlegitimiert.

Für die Beantwortung der Frage, ob und gegebenenfalls in welcher Höhe eine Kostenpflicht besteht, sind zum einen der Begriff des Auftrags und zum anderen der Begriff der „Tätigkeit" bzw. „Amtshandlung" bzw. „Vollstreckungshandlung von entscheidender Bedeutung. Aus der Formulierung in § 1 Abs. 1 GVKostG – „nur" – wird allgemein eine restriktive Auslegung und ein Analogieverbot gefolgert. Kosten aus dem Tätigwerden eines Gerichtsvollziehers fallen also nur dann an, wenn hierfür eine ausdrückliche Regelung herangezogen werden kann. Zentrale Vorschriften für die Kostenbemessung dem Grunde und der Höhe nach sind § 3 GVKostG und § 9 GVKostG in Verbindung mit dem Kostenverzeichnis zum GVKostG und § 10 GVKostG.

Nach § 3 Abs. 1 S. 1 GVKostG umfasst ein Auftrag alle Amtshandlungen, die zu seiner Durchführung erforderlich sind, auch wenn dem mehrere Vollstreckungstitel zugrunde liegen. Dies ist insofern von zentraler Bedeutung, weil nach § 10 Abs. 1 S. 1 GVKostG bei Durchführung **desselben Auftrags** eine Gebühr nach derselben Nummer des Kostenverzeichnisses **nur einmal** erhoben wird. In § 3 GVKostG wird daher im Detail geregelt, nach welchen Kriterien mehrere Amtshandlungen des Gerichtsvollziehers auf **denselben** oder **besonderen** Aufträgen beruhen. Von besonderer Relevanz sind folgende Fallgruppen:

Wird ein Auftrag (im tatsächlichen Sinne) erteilt, so handelt es sich grundsätzlich auch um einen Auftrag im Sinne des § 3 GVKostG, unabhängig davon, ob ein oder mehrere Gerichtsvollzieher tätig werden und unabhängig davon, ob diesem ein oder mehrere Vollstreckungstitel zugrunde liegen. Das folgt aus § 3 Abs. 1 S. 1 GVKostG.

Werden allerdings verschiedene Gerichtsvollzieher tätig, die ihren Amtssitz in verschiedenen Amtsgerichtsbezirken haben, dann gilt jeder dieser Gerichtsvollzieher als besonders beauftragt im Sinne des § 3 GVKostG, obwohl das Tätigwerden dieser Gerichtsvollzieher nur auf einen Auftrag im tatsächlichem Sinne beruht, § 3 Abs. 1 S. 2 GVKostG.

Jeweils **besondere Aufträge** sind:

- die Zustellung auf Betreiben der Partei,
- Vollstreckung einschließlich der Verwertung,
- besondere Geschäfte nach dem 4. Abschnitt des Kostenverzeichnisses (zB Entgegennahme einer Zahlung), es sei denn, es handelt sich um ein Nebengeschäft,
- Vollziehung des Haftbefehls.

Um **denselben Auftrag** handelt es sich, wenn der Gerichtsvollzieher **gleichzeitig** beauftragt wird,

- einen oder mehrere Vollstreckungstitel zuzustellen und hieraus gegen den Zustellungsempfänger zu vollstrecken,
- mehrere Zustellungen an denselben Zustellungsempfänger zu bewirken,
- mehrere Zustellungen an Gesamtschuldner zu bewirken,
- mehrere Vollstreckungshandlungen gegen denselben Vollstreckungsschuldner auszuführen,
- mehrere Vollstreckungshandlungen gegen Gesamtschuldner auszuführen,
- Vollstreckungsauftrag und Auftrag zur Abnahme der Vermögensauskunft, es sei denn der Gerichtsvollzieher nimmt die Vermögensauskunft mangels Anwesenheit des Schuldners nicht ab. Damit wird auch der sog. Kombiauftrag als ein Auftrag im Sinne des § 3 GVKostG behandelt, es sein denn der Gläubiger widerspricht im Auftragsschreiben der Sofortabnahme der Vermögensauskunft ausdrücklich. Widerspricht der Schuldner, handelt es sich um denselben Auftrag.

Der Auftrag gilt nach § 3 Abs. 3 S. 1 GVKostG mit Zugang beim Gerichtsvollzieher bzw. bei der Geschäftsstelle des Amtsgerichts als erteilt. Nach § 3 Abs. 4 S. 1 GVKostG gilt der Auftrag grundsätzlich als durchgeführt, wenn er zurückgenommen wird oder seiner (weiteren) Durchführung Hinderungsgründe entgegenstehen (zu Ausnahmen vgl. § 3 Abs. 4 S. 2 ff. GVKostG). Das hat zur Konsequenz, dass die Gebührenpflicht eintritt, was ansonsten grundsätzlich erst bei ordnungsgemäßer Durchführung der notwendigen Vollstreckungshandlungen der Fall ist, vgl. § 14 GVKostG. Besonders hervorzuheben ist insoweit die Möglichkeit des Gerichtsvollziehers, die gesetzliche Fiktion der Durchführung des Auftrags nach § 3 Abs. 4 S. 4 GVKostG herbeizuführen, indem er dem Gläubiger mitteilt, er betrachte den Auftrag wegen zu erwartender Fruchtlosigkeit der Zwangsvollstreckung als erledigt. Will der Gläubiger diese Rechtsfolge vermeiden, muss er bis zum Ablauf des auf die Mitteilung des Gerichtsvollziehers folgenden Monats widersprechen. Darüber hinaus gilt der Auftrag auch dann als durchgeführt, wenn der vom Gerichtsvollzieher angeforderte notwendige Vorschuss nicht bis zum Ablauf des auf die Absendung der Vorschussanforderung folgenden Kalendermonats beim Gerichtsvollzieher eingegangen ist, § 3 Abs. 4 S. 5 GVKostG.

b) Vorschusspflicht und Abhängigmachen. Nach § 14 sind die Gebühren fällig, wenn der Auftrag durchgeführt ist oder länger als zwölf Kalendermonate ruht. Auslagen werden sofort nach ihrer Entstehung fällig. Nach § 4 Abs. 1 S. 1 GVKostG ist der Aufraggeber allerdings zur Zahlung eines Vorschusses verpflichtet, der die voraussichtlich entstehenden Kosten deckt. Gemäß § 4 Abs. 1 S. 2 GVKostG kann der Gerichtsvollzieher die Durchführung des Auftrags von der Zahlung des Vorschusses abhängig machen. Das Gesetz sieht hierzu einige Ausnahmen vor. Auch über diese gesetzlich vorgesehenen Ausnahmen steht das Abhängigmachen aber nicht im Belieben, sondern im pflichtgemäßen Ermessen des Gerichtsvollziehers.

Eine Vorschusspflicht und damit die Möglichkeit des Gerichtsvollziehers, die Durchführung des Auftrags von der Zahlung des Vorschusses durch den Gläubiger abhängig zu machen, besteht insbesondere in folgenden Fallgruppen nicht:

- Bewilligung von Prozess-/Verfahrenskostenhilfe für den Auftraggeber, § 4 Abs. 1 S. 3 GVKostG,
- Bezüglich der Gebühren (nicht der Auslagen): Vollstreckung aus Entscheidung eines Gerichts für Arbeitssachen oder aus einem vor einem solchen Gericht geschlossenen Vergleich § 4 Abs. S. 4 GVKostG,
- Auftraggeber ist eine Behörde, Körperschaft, Anstalt oder Stiftung des öffentlichen Rechts (soweit nicht ohnehin schon kostenfrei nach § 2 GVKostG); vgl. Nr. 3 Abs. 1a der DB der Länder zum GVKostG,
- eine Verzögerung würde dem Auftraggeber einen unersetzlichen Nachteil bringen, vgl. Nr. 3 Abs. 1b der DB der Länder zum GVKostG,

- Auftrag an Gerichtsvollzieher zur Erhebung eines Wechsel- oder Schenkprotests, vgl. Nr. 3 Abs. 1c der DB der Länder zum GVKostG.

Macht der Gerichtsvollzieher die Durchführung eines Vollstreckungsauftrags von der Zahlung eines Vorschusses abhängig und erachtet der Gläubiger einen Ausnahmetatbestand als erfüllt, ist die Erinnerung nach § 5 Abs. 2 S. 1 Hs. 2 GVKostG iVm § 766 Abs. 2 ZPO der richtige Rechtsbehelf. Für die gegen die Entscheidung des Vollstreckungsgerichts einschlägige Beschwerde ist der Wert des Beschwerdegegenstandes (vgl. § 567 Abs. 2 ZPO) nach der Höhe des zu Unrecht angeforderten Vorschusses zu bestimmen.

c) **Nichterhebung der Gerichtsvollzieherkosten wegen unrichtiger Sachbehandlung.** § 7 GVKostG ordnet die Nichterhebung der Gerichtsvollzieherkosten wegen unrichtiger Sachbehandlung an. Eine unrichtige Sachbehandlung im Sinne dieser Vorschrift liegt nur dann vor, wenn es sich um einen **schweren** (AG Rastatt DGVZ 2000, 31), **stets offensichtlichen** und **eindeutigen** Fehler (AG Blieskastel DGVZ 2000, 94) handelt. Auf Verschulden des Gerichtsvollziehers kommt es nicht an (*Hartmann* GVKostG § 7 Rn. 7). Ein offensichtliches Versehen genügt (*Hartmann* GVKostG § 7 Rn. 7). Eine unrichtige Sachbehandlung kommt in folgenden Fallgestaltungen in Betracht:

- versehentliche doppelte Zustellung eines Pfändungs- und Überweisungsbeschlusses (unrichtige Sachbehandlung bezüglich der zweiten Zustellung), AG Überlingen JurBüro 2003, 385,
- Pfändung einer unpfändbaren Sache,
- Gerichtsvollzieher gibt Hinweis nach § 3 Abs. 4 S. 5 DB zum GVKostG der Länder und führt die Zwangsvollstreckung dann dennoch ohne Vorschusszahlung aus (vgl. Nr. 3 S. 2 DB zum GVKostG der Länder),
- die durch die Nachbesserung des Vermögensverzeichnisses anfallenden Kosten dürfen nicht erhoben werden, wenn dazu die Verhaftung des Schuldners erforderlich ist und der Gerichtsvollzieher dem Schuldner zuvor eine erkennbar unvollständige eidesstattliche Versicherung abgenommen hat.

§ 7 GVKostG findet auch Anwendung auf unrichtige Sachbehandlung durch das Gericht (Richter, Rechtspfleger, Urkundsbeamten usw), soweit dadurch höhere Gerichtsvollzieherkosten entstanden sind.

Über den Antrag auf Nichterhebung von Gerichtsvollzieherkosten entscheidet nach § 7 Abs. 2 S. 1 GVKostG der Gerichtsvollzieher. Dieser ordnet entweder an, dass die Mehrkosten nicht zu erheben sind oder er teilt dem Kostenschuldner mit, dass er dem Antrag nicht abhilft. Daneben kann eine Entscheidung über die Nichterhebung von Gerichtsvollzieherkosten auch im Verwaltungswege erfolgen, § 7 Abs. 2 S. 3 GVKostG. Zuständig ist dann der unmittelbare Dienstvorgesetzte des Gerichtsvollziehers, regelmäßig der Direktor/Präsident des Amtsgerichts. Gegen die ablehnende Entscheidung des Gerichtsvollziehers ist gemäß §§ 7 Abs. 2, 5 Abs. 2 S. 1 Hs. 2, § 766 ZPO die Erinnerung statthaft. Ist diese erfolglos, kann der Gläubiger die sofortige Beschwerde einlegen. Eine im Verwaltungswege getroffene Anordnung kann gemäß § 7 Abs. 2 S. 4 GVKostG nur im Verwaltungswege getroffen werden.

d) **Höhe der Kosten.** Nach § 9 GVKostG werden die Kosten nach Maßgabe des Kostenverzeichnisses der Anlage zum GVKostG erhoben. Danach können die nachfolgend aufgelisteten Gebühren erhoben werden, die Nummerierung entspricht der Nummerierung in der Anlage zum Kostenverzeichnis.

Nr.	Gebührentatbestand	Gebühr in EUR
	1. Zustellung	
100	Persönliche Zustellung durch den Gerichtsvollzieher	10,00
101	Sonstige Zustellung	3,00
102	Beglaubigung eines Schriftstückes, das dem Gerichtsvollzieher zum Zwecke der Zustellung übergeben wurde (§ 192 Abs. 2 ZPO), je Seite Jede angefangene Seite wird voll berechnet.	Gebühr in Höhe der Dokumentenpauschale
	2. Vollstreckung	
200	Amtshandlung nach § 845 I 2 ZPO (Vorpfändung)	16,00
205	Bewirkung einer Pfändung (§§ 808 Abs. 1, 2 S. 2, 809, 826 oder 831 ZPO). Neben dieser Gebühr wird gegebenenfalls ein Zeitzuschlag nach Nr. 500 erhoben.	26,00
206	Übernahme beweglicher Sachen zum Zwecke der Verwertung in den Fällen der §§ 847 und 854 ZPO	16,00
207	Versuch einer gütlichen Erledigung der Sache (§ 802b ZPO) Die Gebühr entsteht auch im Fall der gütlichen Erledigung. Sie entsteht nicht, wenn der Gerichtsvollzieher gleichzeitig mit einer auf eine Maßnahme nach § 802a Abs. 2 S. 1 Nr. 2 und 4 ZPO gerichteten Amtshandlung beauftragt ist.	16,00
210	Übernahme des Vollstreckungsauftrags von einem anderen Gerichtsvollzieher, wenn der Schuldner unter Mitnahme der Pfandstücke in einen anderen Amtsgerichtsbezirk verzogen ist.	16,00
220	Entfernung von Pfandstücken, die im Gewahrsam des Schuldners, des Gläubigers oder eines Dritten belassen waren. Die Gebühr wird auch dann nur einmal erhoben, wenn die Pfandstücke aufgrund mehrerer Aufträge entfernt werden. Neben dieser Gebühr wird gegebenenfalls ein Zeitzuschlag nach Nr. 500 erhoben.	16,00
221	Wegnahme oder Entgegennahme beweglicher Sachen durch den zur Vollstreckung erschienenen Gerichtsvollzieher. Neben dieser Gebühr wird gegebenenfalls ein Zeitzuschlag nach Nr. 500 erhoben.	26,00

Nr.	Gebührentatbestand	Gebühr in EUR
230	Wegnahme oder Entgegennahme einer Person durch den zur Vollstreckung erschienenen Gerichtsvollzieher. Neben dieser Gebühr wird gegebenenfalls ein Zeitzuschlag nach Nr. 500 erhoben. Sind mehrere Personen wegzunehmen, werden die Gebühren für jede Person gesondert erhoben	52,00
240	Entsetzung aus dem Besitz unbeweglicher Sachen oder eingetragener Schiffe oder Schiffsbauwerke und die Einweisung in den Besitz (§ 885 ZPO) Neben dieser Gebühr wird gegebenenfalls ein Zeitzuschlag nach Nr. 500 erhoben.	98,00
241	In dem Protokoll sind die frei ersichtlichen beweglichen Sachen zu dokumentieren und der Gerichtsvollzieher bedient sich elektronischer Bildaufzeichnungsmittel (§ 885a Abs. 2 ZPO): Die Gebühr 240 erhöht sich auf	108,00
242	Wegnahme ausländischer Schiffe, die in das Schiffsregister eingetragen werden müssten, wenn sie deutsche Schiffe wären, und ihre Übergabe an den Gläubiger. Neben dieser Gebühr wird gegebenenfalls ein Zeitzuschlag nach Nr. 500 erhoben.	130,00
243	Übergabe unbeweglicher Sachen an den Verwalter im Falle der Zwangsversteigerung oder Zwangsverwaltung. Neben dieser Gebühr wird gegebenenfalls ein Zeitzuschlag nach Nr. 500 erhoben.	98,00
250	Zuziehung zur Beseitigung des Widerstandes (§ 892 ZPO) oder zur Beseitigung einer andauernden Zuwiderhandlung gegen eine Anordnung nach § 1 GewSchG (§ 96 Abs. 1 FamFG) sowie Anwendung von unmittelbarem Zwang auf Anordnung des Gerichts im Fall des § 90 FamFG . . . . .): Neben dieser Gebühr wird gegebenenfalls ein Zeitzuschlag nach Nr. 500 erhoben.	52,00
260	Abnahme der Vermögensauskunft nach den §§ 802c, 802d Abs. 1 oder nach § 807 ZPO	33,00
261	Übermittlung einer mit eidesstattlicher Versicherung abgegebenen Vermögensverzeichnisses an einen Drittgläubiger (§ 802d Abs. 1 Satz 2, Abs. 2 ZPO)	33,00
262	Abnahme der eidesstattlichen Versicherung nach § 836 Abs. 3 oder § 883 Abs. 2 ZPO	38,00
270	Verhaftung, Nachverhaftung, zwangsweise Vorführung	39,00

Nr.	Gebührentatbestand	Gebühr in EUR
	3. Verwertung	
300	Versteigerung, Verkauf oder Verwertung in anderer Weise nach § 825 ZPO von • beweglichen Sachen • Früchten, die noch nicht vom Boden getrennt sind • Forderungen oder anderen Vermögensrechten Neben dieser Gebühr wird gegebenenfalls ein Zeitzuschlag nach Nr. 500 erhoben. Dies gilt nicht bei einer Versteigerung im Internet.	52,00
301	Öffentliche Verpachtung an den Meistbietenden. Neben dieser Gebühr wird gegebenenfalls ein Zeitzuschlag nach Nr. 500 erhoben.	52,00
302	Anberaumung eines neuen Versteigerungs- oder Verpachtungstermins oder das nochmalige Angebot bei einer Versteigerung im Internet. (1) Die Gebühr wird für die Anberaumung eines neuen Versteigerungs- oder Verpachtungstermins nur erhoben, wenn der vorherige Termin auf Antrag des Gläubigers oder des Antragstellers oder nach den Vorschriften der §§ 765a, 775, 802b ZPO nicht stattgefunden hat oder wenn der Termin infolge des Ausbleibens von Bietern oder wegen ungenügender Gebote erfolglos geblieben ist. (2) Die Gebühr wird für das nochmalige Ausgebot bei einer Versteigerung im Internet nur erhoben, wenn das vorherige Ausgebot auf Antrag des Gläubigers oder des Antragstellers oder nach den Vorschriften der §§ 765a, 775, 802b ZPO abgebrochen worden ist oder wenn das Ausgebot infolge des Ausbleibens von Geboten oder wegen ungenügender Gebote erfolglos geblieben ist.	10,00
310	Mitwirkung bei der Versteigerung durch einen Dritten (§ 825 Abs. 2 ZPO) Neben dieser Gebühr wird gegebenenfalls ein Zeitzuschlag nach Nr. 500 erhoben.	16,00
	4. Besondere Geschäfte	
400	Bewachung und Verwahrung eines Schiffes, eines Schiffsbauwerks oder eines Luftfahrzeugs (§§ 165, 170, 170a, 171, 171c, 171g, 171h ZVG, § 99 Abs. 2, § 106 Abs. 1 Nr. 1 des Gesetzes über Rechte an Luftfahrzeugen) Neben dieser Gebühr wird gegebenenfalls ein Zeitzuschlag nach Nr. 500 erhoben.	98,00

Nr.	Gebührentatbestand	Gebühr in EUR
401	Feststellung der Mieter oder Pächter von Grundstücken im Auftrag des Gerichts je festgestellte Person. Die Gebühr wird auch erhoben, wenn die Ermittlungen nicht zur Feststellung eines Mieters oder Pächters führen	7,00
410	Tatsächliches Angebot einer Leistung (§§ 293, 294 BGB) außerhalb der Zwangsvollstreckung	16,00
411	Beurkundung eines Leistungsangebotes. Die Gebühr entfällt, wenn die Gebühr nach Nr. 410 zu erheben ist.	7,00
420	Entfernung von Gegenständen aus dem Gewahrsam des Inhabers zum Zwecke der Versteigerung oder Verwahrung außerhalb der Zwangsvollstreckung	16,00
430	Entgegennahme einer Zahlung, wenn diese nicht ausschließlich auf Kosten nach diesem Gesetz entfällt, die bei der Durchführung des Auftrags entstanden sind. Die Gebühr wird auch erhoben, wenn der Gerichtsvollzieher einen entgegengenommenen Scheck selbst einzieht oder einen Scheck aufgrund eines entsprechenden Auftrags des Auftraggebers an diesen weiterleitet. Die Gebühr wird nicht bei Wechsel- oder Scheckprotesten für die Entgegennahme der Wechsel- oder Schecksumme (Art. 84 des Wechselgesetzes, Artikel 55 Abs. 3 des Scheckgesetzes) erhoben.	3,00
440	Einholung einer Auskunft bei einer in den §§ 755, 802 I ZPO genannten Stellen Die Gebühr entsteht nicht, wenn die Auskunft nach § 882c Abs. 3 S. 2 ZPO eingeholt wird.	13,00
	5. Zeitzuschlag	
500	Zeitzuschlag, sofern dieser bei der Gebühr vorgesehen ist, wenn die Erledigung der Amtshandlung nach dem Inhalt des Protokolls mehr als 3 Stunden in Anspruch nimmt, für jede weitere angefangene Stunde Maßgebend ist die Dauer der Amtshandlung vor Ort.	20,00
	6. Nicht erledigte Amtshandlungen	
600	– Zustellung (Nummern 100 und 101)	3,00
601	– Wegnahme einer Person (Nummer 230)	26,00
602	– Entsetzung aus dem Besitz (Nummer 240) oder Wegnahme ausländischer Schiffe (Nummer 242) oder Übergabe an den Verwalter (Nummer 243)	32,00

Nr.	Gebührentatbestand	Gebühr in EUR
603	– Beurkundung eines Leistungsangebotes (Nummer 411)	6,00
604	Nicht erledigte Amtshandlung der in den Nummern 205 bis 221, 250 bis 301, 310, 400, 410 und 420 genannten Art. Die Gebühr für die nicht abgenommene Vermögensauskunft wird nicht erhoben, wenn diese deshalb nicht erhoben wird, weil der Schuldner sie innerhalb der letzten zwei Jahre bereits abgegeben hat (§ 802d Abs. 1 Satz 1 ZPO)	15,00
	7. Auslagen	
700	Pauschale für die Herstellung und Überlassung von Dokumenten: 1. Abschriften, a) die auf Antrag angefertigt oder per Telefax übermittelt werden, b) die angefertigt worden sind, weil der Auftraggeber es unterlassen hat, einem zuzustellenden Schriftstück die erforderliche Zahl von Abschriften beizufügen; für die ersten 50 Seiten je Seite für jede weitere Seite für die ersten 50 Seiten in Farbe je Seite 1,00 für jede weitere Seite in Farbe 0,30	 0,50 0,15
	2. Überlassung von elektronisch gespeicherten Dateien oder deren Bereitstellung zum Abruf anstelle der in Nr. 1 genannten Kopien und Ausdrucke je Datei für die in einem Arbeitsgang überlassenen, bereitgestellten oder in einem Arbeitsgang auf denselben Datenträger übertragenen Dokumente insgesamt höchstens . . . . .5,00 (1) Die Höhe der Dokumentenpauschale nach Nummer 1 ist bei Durchführung eines jeden Auftrags und für jeden Kostenschuldner nach § 13 Abs. 1 Nr. 1 GvKostG gesondert zu berechnen; Gesamtschuldner gelten als ein Schuldner. (2) Werden zum Zweck der Überlassung von elektronisch gespeicherten Dateien Dokumente zuvor auf Antrag von der Papierform in die elektronische Form übertragen, beträgt die Dokumentenpauschale nach Nummer 2 nicht weniger als die Dokumentenpauschale im Fall der Nummer 1 betragen würde. (3) § 191a Abs. 1 Satz 2 GVG bleibt unberührt.	1,50

Nr.	Gebührentatbestand	Gebühr in EUR
	(4) Eine Dokumentenpauschale für die erste Kopie oder den ersten Ausdruck des Vermögensverzeichnisses und der Niederschrift über die Abgabe der Vermögensauskunft wird von demjenigen Kostenschuldner nicht erhoben, von dem die Gebühr 260 oder 261 zu erheben ist. Entsprechendes gilt, wenn anstelle der in Satz 1 genannten Kopien oder Ausdrucke elektronisch gespeicherte Dateien überlassen werden (§ 802d Abs. 2 ZPO).	1,50
701	Entgelte für Zustellungen mit Zustellungsurkunde	in voller Höhe
702	Auslagen für öffentliche Bekanntmachungen und Einstellung eines Ausgebots auf einer Versteigerungsplattform zur Versteigerung im Internet . . . . . Auslagen werden nicht erhoben für die Bekanntmachung oder Einstellung in einem elektronischen Informations- und Kommunikationssystem, wenn das Entgelt nicht für den Einzelfall oder nicht für ein einzelnes Verfahren berechnet wird.	in voller Höhe
703	Nach dem JVEG an Zeugen, Sachverständige, Dolmetscher und Übersetzer zu zahlende Beträge (1) Die Beträge werden auch erhoben, wenn aus Gründen der Gegenseitigkeit, der Verwaltungsvereinfachung oder aus vergleichbaren Gründen keine Zahlungen zu leisten sind. (2) Auslagen für Gebärdensprachdolmetscher (§ 186 Abs. 1 GVG) und für Übersetzer, die zur Erfüllung der Rechte blinder oder sehbehinderter Personen herangezogen werden (§ 191a Abs. 1 GVG), werden nicht erhoben.	in voller Höhe
704	An die zum Öffnen von Türen und Behältern sowie an die zur Durchsuchung von Schuldnern zugezogenen Personen zu zahlende Beträge	in voller Höhe
705	Kosten für die Umschreibung eines auf den Namen laufenden Wertpapiers oder für die Wiederinkurssetzung eines Inhaberpapiers	in voller Höhe
706	Kosten, die von einem Kreditinstitut erhoben werden, weil ein Scheck des Vollstreckungsschuldners nicht eingelöst wird	in voller Höhe
707	An Dritte zu zahlende Beträge für die Beförderung von Personen, Tieren und Sachen, das Verwahren von Tieren und Sachen, das Füttern von Tieren, die Beaufsichtigung von Sachen sowie das Abernten von Früchten	in voller Höhe

Nr.	Gebührentatbestand	Gebühr in EUR
708	An deutsche Behörden für die Erfüllung von deren eigenen Aufgaben zu zahlende Gebühren sowie diejenigen Auslagen, die diesen Behörden, öffentlichen Einrichtungen oder deren Bediensteten als Ersatz für Auslagen der in den Nummern 700 und 701 bezeichneten Art zustehen	in voller Höhe
709	Kosten für Arbeitshilfen	in voller Höhe
710	Pauschale für die Benutzung von eigenen Beförderungsmitteln des Gerichtsvollziehers zur Beförderung von Personen und Sachen je Fahrt	6,00
711	Wegegeld je Auftrag für zurückgelegte Wegstrecken, wenn sich aus einer Rechtsverordnung nach § 12a GvKostG nichts anderes ergibt,	
	• Stufe 1: 1 bis zu 10 Kilometer	3,25
	• Stufe 2: von mehr als 10 Kilometer bis 20 Kilometer	6,50
	• Stufe 3: von mehr als 20 Kilometer bis 30 Kilometer	9,75
	• Stufe 4: von mehr als 30 Kilometer bis 40 Kilometer	13,00
	• Stufe 5: von mehr als 40 Kilometer 16,25	
	(1) Das Wegegeld wird erhoben, wenn der Gerichtsvollzieher zur Durchführung des Auftrags Wegstrecken innerhalb des Bezirks des Amtsgerichts, dem der Gerichtsvollzieher zugewiesen ist, oder innerhalb des dem Gerichtsvollzieher zugewiesenen Bezirks eines anderen Amtsgerichts zurückgelegt hat.	
	(2) Maßgebend ist die Entfernung von dem Amtsgericht, dem der Gerichtsvollzieher zugewiesen ist, zum Ort der Amtshandlung, wenn nicht die Entfernung vom Geschäftszimmer des Gerichtsvollziehers geringer ist. Werden mehrere Wege zurückgelegt, ist der Weg mit der weitesten Entfernung maßgebend. Die Entfernung ist nach der Luftlinie zu messen.	
	(3) Wegegeld wird nicht erhoben für 1. die sonstige Zustellung (Nummer 101) 2. die Versteigerung von Pfandstücken, die sich in der Pfandkammer befinden und 3. im Rahmen des allgemeinen Geschäftsbetriebes zurückzulegende Wege, insbesondere zur Post und zum Amtsgericht	

Nr.	Gebührentatbestand	Gebühr in EUR
	(4) In den Fällen des § 10 Abs. 2 S. 1 und 2 GVKostG wird das Wegegeld für jede Vollstreckungshandlung, im Falle der Vorpfändung für jede Zustellung an einen Drittschuldner gesondert erhoben. Zieht der Gerichtsvollzieher Teilbeträge ein (§§ 806b ZPO), wird das Wegegeld für den Einzug des zweiten und sodann jedes weiteren Teilbetrages je einmal gesondert erhoben. Das Wegegeld für den Einzug einer Rate entsteht bereits mit dem ersten Versuch, die Rate einzuziehen.	
712	Bei Geschäften außerhalb des Bezirks des Amtsgerichts, dem der Gerichtsvollzieher zugewiesen ist, oder außerhalb des dem Gerichtsvollziehers zugewiesenen Bezirks eines anderen Amtsgerichts, Reisekosten nach den für den Gerichtsvollzieher geltenden beamtenrechtlichen Vorschriften	in voller Höhe
713	Pauschale für die Dokumentation mittels geeigneter elektronischer Bildaufzeichnungsmittel (§ 885a Abs. 2 S. 2 ZPO Mit der Pauschale sind insbesondere die Aufwendungen für die elektronische Datenaufbewahrung abgegolten.	5,00
714	An Dritte zu zahlende Beträge für den Versand oder den Transport von Sachen oder Tieren im Rahmen der Verwertung an den Ersteher oder an einen von diesem benannten Dritten und für eine von dem Ersteher beantragte Versicherung für den Versand oder den Transport	in voller Höhe
715	Kosten für die Verpackung im Fall der Nummer 714	in voller Höhe – mindestens 3,00
716	Pauschale für sonstige bare Auslagen je Auftrag	20 % der zu erhebenden Gebühren – mindestens 3,00 höchstens 10,00

Gemäß § 11 GVKostG verdoppeln sich die Gebühren, wenn der Gerichtsvollzieher auf Verlangen zur Nachtzeit oder an einem Sonnabend, Sonntag oder Feiertag tätig wird.

e) **Rechtsbehelfe gegen den Kostenansatz.** Gemäß § 5 Abs. 2 S. 1 Hs. 2 GVKostG iVm § 766 ZPO ist gegen den Kostenansatz des Gerichtsvollziehers die Erinnerung der richtige Rechtsbehelf, wenn der Gerichtsvollzieher im Rahmen der Zwangsvollstreckung tätig ist. Erinnerungsbefugt ist sowohl der Gläubiger, weil er aufgrund seines Auftrags für die Gerichtsvollzieherkosten haftet als auch der Schuldner wegen § 788 ZPO, aber auch die Staatskasse (LG Gießen JurBüro 1990, 114). Mit der Erinnerung kann nur die Verletzung von Kostenrecht geltend gemacht, nicht jedoch materiell-rechtliche Einwendungen erhoben werden. Ausschließlich (§ 802 ZPO) zuständig ist das Vollstreckungsgericht, § 764 Abs. 1 ZPO. Gegen die Entscheidung des Vollstreckungsgerichts ist die sofortige Beschwerde gegeben. Nach hM (OLG Karlsruhe DGVZ 1974, 114) ist auch der Gerichtsvollzieher beschwerdebefugt.

4. Kosten des Vollstreckungsgerichts und des Prozessgerichts in der Zwangsvollstreckung

Die Kosten des Vollstreckungsgerichts bestimmen sich nach dem GKG, § 1 GKG. Gleiches gilt, wenn das Prozessgericht als Vollstreckungsorgan in Anspruch genommen wird. Dabei regelt das GKG ausschließlich das Verhältnis des Kostenschuldners zur Staatskasse, die kostenrechtliche Beziehung der Beteiligten untereinander ergeben sich aus den einschlägigen Prozessordnungen. Die Höhe der anfallenden Kosten bestimmt sich nach § 3 GKG in Verbindung mit Teil 2, 1. und 2. Hauptabschnitt des KV GKG. Die Kosten des Vollstreckungsgerichts bzw. des Prozessgerichts in der Zwangsvollstreckung sind bei der Erläuterung der einzelnen Formulare jeweils dargestellt, so dass an dieser Stelle auf diese Erläuterungen verwiesen werden kann.

5. Gebühren des Rechtsanwalts in der Zwangsvollstreckung

Das RVG unterscheidet bei der Gebührenbemessung zwischen der Mobiliarzwangsvollstreckung und der Zwangsvollstreckung im Wege der Eintragung einer Zwangshypothek auf der einen sowie der Zwangsverwaltung und Zwangsversteigerung von Grundstücken auf der anderen Seite. Besondere Bedeutung kommt jeweils der Frage zu, inwieweit es sich bei der Tätigkeit des Rechtsanwaltes um eine bzw. verschiedene oder besondere Tätigkeiten handelt, warum nachfolgend im Detail eingegangen wird.

a) **Verfahrensgebühr.** Der Rechtsanwalt erhält für seine Tätigkeit im Rahmen der Mobiliarvollstreckung bzw. im Verfahren der Eintragung einer Zwangshypothek eine 0,3 Verfahrensgebühr nach Nr. 3309 VV RVG, wobei die Mindestgebührenhöhe gemäß § 13 Abs. 2 RVG 15,– EUR beträgt. Der Gegenstandswert bestimmt sich nach § 25 RVG. Für die Tätigkeit des Rechtsanwalts in der Zwangsversteigerung oder Zwangsverwaltung beträgt die Verfahrensgebühr 0,4 nach Nr. 3311 VV RVG.

b) **Terminsgebühr.** Die Terminsgebühr nach Nr. 3310 VV RVG für die Teilnahme an einem gerichtlichen Termin oder dem Termin zur Abnahme der Vermögensauskunft beträgt 0,3. Für die Teilnahme an einer Mobiliarvollstreckung durch den Gerichtsvollzieher erhält der Rechtsanwalt daher keine Termingebühr. Für die Wahrnehmung eines Versteigerungstermins erhält der Rechtsanwalt eine 0,4 Terminsgebühr.

c) **Einigungsgebühr, Erhöhungsgebühr.** Des Weiteren kommen auch im Rahmen der Zwangsvollstreckung eine 1,0 oder 1,5 Einigungsgebühr nach Nr. 1000, 1003 VV RVG und eine 0,3 Erhöhungsgebühr nach Nr. 1008 VV RVG in Betracht, insofern gelten die allgemeinen Grundsätze.

d) **Besondere Angelegenheiten im Rahmen der Mobiliarvollstreckung bzw. der Zwangsvollstreckung im Wege der Eintragung einer Zwangshypothek.** Wie bereits dargelegt, kommt der Frage, ob bestimmte Zwangsvollstreckungsmaßnahmen eine oder mehrere Angelegenheiten im Sinne des RVG darstellen, besondere Bedeutung zu, denn die jeweils einschlägigen Gebühren fallen für jede Angelegenheit gesondert an. Zentrale Vorschrift ist insofern § 18 RVG. Nach § 18. sind besondere Vollstreckungsmaßnahmen:

- jede Vollziehungsmaßnahme bei der Vollziehung eines Arrests oder einer einstweiligen Verfügung (§§ 928 bis 934 und 936 ZPO), die sich nicht auf die Zustellung beschränkt, § 18 Nr. 2 RVG,
- jedes Beschwerdeverfahren und jedes Verfahren über eine Erinnerung gegen eine Entscheidung des Rechtspflegers in Angelegenheiten, in denen sich die Gebühren nach Teil 3 des Vergütungsverzeichnisses richten, soweit sich aus § 16 Nr. 12 RVG nichts anderes ergibt, § 18 Nr. 3 RVG,

- das Verfahren über Einwendungen gegen die Erteilung der Vollstreckungsklausel, auf das § 732 der ZPO anzuwenden ist, § 18 Nr. 4 RVG,
- das Verfahren auf Erteilung einer weiteren vollstreckbaren Ausfertigung, § 18 Nr. 5 RVG,
- jedes Verfahren über Anträge nach den §§ 765a, 813b, 851a oder 851b ZPO und jedes Verfahren über Anträge auf Änderung oder Aufhebung der getroffenen Anordnungen sowie jedes Verfahren über Anträge nach § 1084 Abs. 1 ZPO; § 18 Nr. 6 RVG,
- das Verfahren auf Zulassung der Austauschpfändung (§ 811a der ZPO), § 18 Nr. 7 RVG,
- das Verfahren über einen Antrag nach § 825 ZPO § 18 Nr. 8 RVG,
- die Ausführung der Zwangsvollstreckung in ein gepfändetes Vermögensrecht durch Verwaltung (§§ 857 Abs. 4 ZPO), 18 Nr. 9 RVG,
- das Verteilungsverfahren (§§ 858 Abs. 5, 872 bis 877, 882 ZPO), § 18 Nr. 10 RVG,
- das Verfahren auf Eintragung einer Zwangshypothek (§§ 867, 870a ZPO), § 18 Nr. 11 RVG,
- das Verfahren zur Ausführung der Zwangsvollstreckung auf Vornahme einer Handlung durch Zwangsmittel (§ 888 ZPO), § 18 Nr. 13 RVG,
- jede Verurteilung zu einem Ordnungsgeld gemäß § 890 Abs. 1 ZPO, § 18 Nr. 14 RVG,
- das Verfahren zur Anordnung von Zwangsmaßnahmen durch Beschluss nach § 35 FamFG, § 18 Nr. 21 RVG,

e) **Gesonderte Verfahrensgebühr bei Zwangsversteigerung und Zwangsverwaltung.** Auch bei der Tätigkeit des Rechtsanwalts bei Zwangsversteigerung und Zwangsverwaltung ist bedeutsam, welche Tätigkeiten er gesondert abrechnen kann. In Nr. 3311 VV RVG ist insoweit bestimmt, in welchen Fallgruppen die Gebühr gesondert entsteht.

Die Gebühr entsteht jeweils gesondert

- für die Tätigkeit im Zwangsversteigerungsverfahren bis zur Einleitung des Verteilungsverfahrens,
- im Zwangsversteigerungsverfahren für die Tätigkeit im Verteilungsverfahren, und zwar auch für eine Mitwirkung an einer außergerichtlichen Verteilung,
- im Verfahren der Zwangsverwaltung für die Vertretung des Antragstellers im Verfahren über den Antrag auf Anordnung der Zwangsverwaltung oder auf Zulassung des Beitritts,
- im Verfahren der Zwangsverwaltung für die Vertretung des Antragstellers im weiteren Verfahren einschließlich des Verteilungsverfahrens,
- im Verfahren der Zwangsverwaltung für die Vertretung eines sonstigen Beteiligten im ganzen Verfahren einschließlich des Verteilungsverfahrens,
- für die Tätigkeit im Verfahren über Anträge auf einstweilige Einstellung oder Beschränkung der Zwangsvollstreckung und einstweilige Einstellung des Verfahrens sowie für Verhandlungen zwischen Gläubiger und Schuldner mit dem Ziel der Aufhebung des Verfahrens.

f) **Gegenstandswert in der Zwangsvollstreckung nach RVG.** Die Höhe der anwaltlichen Gebühren, die keine Festgebühren sind, berechnet sich nach dem Gegenstandswert. Nach § 23 RVG folgen die Gegenstandswerte für die anwaltliche Vergütung grundsätzlich den Gegenstandswerten nach dem GKG. Für die Mobiliarvollstreckung bestehen mit § 25 RVG und für die Immobiliarvollstreckung mit §§ 26, 27 von den Bestimmung der Gegenstandswerte nach dem GKG abweichende Regelungen.

In § 25 RVG sind die Gegenstandswerte für die Mobiliarzwangsvollstreckung geregelt. Diese Vorschrift ist lex specialis zu § 23 RVG. Während die Gerichtsgebühren im Zwangsvollstreckungsverfahren entsprechend einer Festgebühr bestimmt werden (vgl. § 3 Abs. 2 GKG in Verbindung mit Nr. 2110 ff. KV GKG), ist die Anwaltsgebühr für jede Angelegenheit jeweils gesondert zu berechnen.

Der Gegenstandswert der zu vollstreckenden Geldforderung bemisst sich nach § 25 Abs. 1 Nr. 1 Hs. 1 RVG nach dem Betrag der zu vollstreckenden Geldforderung einschließlich der Nebenforderung. Anders als bei § 4 Abs. 1 2 ZPO und § 43 GKG wirken sich die Zinsen und die Kosten der Zwangsvollstreckung daher streitwerterhöhend aus. Es ist daher darauf zu achten, dass der Gegenstandswert sich bei jeder weiteren Vollstreckungsmaßnahme im Hinblick auf weitere Kosten und Zinsen ändern kann und daher erneut zu berechnen ist. Die Kosten der laufenden Vollstreckungsmaßnahme sind nach hM allerdings nicht dazuzurechnen (*Mayer/Kroiß* § 25 Rn. 7). Die zu vollstreckende Forderung ist nicht zwingend die titulierte Forderung, sondern die Forderung, die vollstreckt werden soll (OLG München NJW 1958, 1687).

Durch § 25 Abs. 1 Nr. 1 Hs. 2 RVG wird der Hs. 1 insofern modifiziert, als bei der Vollstreckung in einen bestimmten Gegenstand nicht der Betrag der Geldforderung anzusetzen ist, sondern der Wert des Gegenstandes den Höchstwert bildet. Gegenstand im Sinne dieser Vorschrift sind alle Sachen und Rechte inklusive Forderungen (Gerold/Schmidt/*Müller-Rabe* § 25 Rn. 8).

Bei der sog. Vorratspfändung ist das noch nicht fällige Arbeitseinkommen nach § 42 Abs. 1 und 2 GKG zu bewerten, § 25 Abs. 1 Nr. 1 Hs. 3 RVG.

Im Verteilungsverfahren ist höchstens der zu verteilenden Geldbetrag maßgebend, § 25 Abs. 1 Nr. 1 Hs. 4 RVG.

Gegenstandswert bei Zwangsvollstreckung wegen Herausgabe oder Leistung ist grundsätzlich der Wert der herauszugebenden bzw. zu leistenden Sache, allerdings begrenzt auf den Wert eines Herausgabe- oder Räumungsanspruchs, sofern ursprünglich ein Nutzungsverhältnis bestand und ein schuldrechtlicher Herausgabe- oder Leistungsanspruch sich auch aus der Beendigung des Nutzungsverhältnisses ergibt, § 25 Abs. 1 Nr. 2 RVG.

Bei Zwangsvollstreckung zur Erwirkung einer Handlung, Duldung oder Unterlassung § 25 Abs. 1 Nr. 3 RVG ist der Wert maßgebend, den die Handlung, Duldung oder Unterlassung für den Schuldner hat. Der Wert ist zu schätzen und wird in der Regel dem Wert der Hauptsache entsprechen (*Mayer/Kroiß* § 25 Rn. 19).

Im Verfahren über den Antrag auf Abnahme der eidesstattlichen Versicherung entspricht der Gegenstandswert nach § 25 Abs. 1 Nr. 4 RVG dem Wert der noch offenen Forderung aus dem Vollstreckungstitel einschließlich Nebenforderung, maximal indes 2.000,– EUR.

Nach § 25 Abs. 2 RVG ist bei Anträgen des Schuldners der Wert nach dem Interesse des Antragstellers nach billigem Ermessen zu bestimmen.

Der Gegenstand der Zwangsversteigerung bestimmt sich nach § 26 RVG, der Gegenstandswert der Zwangsverwaltung nach § 27 RVG. Beide Vorschriften sind lex specialis zu § 23 RVG. Nach § 26 Abs. 1 RVG bestimmt sich der Gegenstandswert in der Zwangsversteigerung bei der Vertretung des Gläubigers oder eines anderen Beteiligten im Sinne des § 9 Nr. 1 und 2 ZVG nach dem Wert des dem Gläubiger bzw. Beteiligten zustehenden Rechts. Bei Teilforderung ist der Teilbetrag maßgebend, sofern es sich um einen nach § 10 ZVG zu befriedigenden Anspruch handelt. Nebenforderungen sind hinzuzurechnen. Wertmäßig begrenzt ist der Gegenstandswert durch den festgesetzten Verkehrswert. Bei der Vertretung eines anderen Beteiligten, insbesondere des Schuldners, ist der Gegenstandswert nach § 26 Nr. 2 RVG anhand des Wertes des Gegenstandes der Zwangsversteigerung zu bestimmen, im Verteilungsverfahren nach dem zur Verteilung kommenden Erlös. Bei der Vertretung des Antragstellers im Zwangsverwaltungsverfahren bestimmt sich der Gegenstandswert nach der Höhe der Vollstreckungsforderung, die der Anordnung der Zwangsverwaltung zugrunde liegt, § 27 RVG. Kosten und Zinsen sind hinzuzurechnen. Bei Ansprüchen aus wiederkehrenden Leistungen ist der Wert einer Jahresleistung maßgebend. Bei der Vertretung des Schuldners bestimmt sich der Gegenstandswert gemäß § 27 S. 2 RVG nach dem zusammengerechneten Wert aller Ansprüche, wegen derer das Verfahren beantragt ist. Bei der Vertretung eines sonstigen Beteiligten ist nach §§ 27 S. 3, 23 Abs. 3 S. 2 RVG der Gegenstandswert nach billigem Ermessen zu bestimmen.

6. Kosten des Drittschuldners

Die Kosten des Drittschuldners (insbesondere Personal- und Sachaufwand) kann dieser mangels einer gesetzlichen Grundlage sich nicht vom Gläubiger erstatten lassen (hM BGH NJW 1999, 2276; BAG InVo 2007, 197; *Stöber* Rn. 647 mwN). Derartige Kosten können auch nicht durch Allgemeine Geschäftsbedingungen auf den Schuldner abgewälzt werden, weil eine solche Klausel gegen § 307 BGB verstoßen würde (BGH NJW 1999, 2276). Im Ergebnis muss der Drittschuldner seine Kosten daher regelmäßig selbst tragen; siehe dazu auch die Anm. zu → Form. H. III. 4.

11. Antrag auf Prozesskostenhilfe für die Zwangsvollstreckung in das bewegliche Vermögen unter Beiordnung eines Rechtsanwalts

An das

Amtsgericht

. . . . .

– Vollstreckungsgericht –[1, 2]

Antrag auf Bewilligung von Prozesskostenhilfe für die Zwangsvollstreckung in das bewegliche Vermögen

In der Zwangsvollstreckungssache

des/der . . . . .

– Gläubiger/in –

Verfahrensbevollmächtigte: . . . . .

gegen

. . . . .

– Schuldner/in –

Verfahrensbevollmächtigte: . . . . .

wegen Zwangsvollstreckung

überreiche ich anliegend:

die Erklärung des/der Gläubigers/in über seine/ihre persönlichen und wirtschaftlichen Verhältnisse vom . . . . . nebst Anlagen,[3]

die vollstreckbare Ausfertigung des . . . . . des Amtsgerichts . . . . . – Geschäftsnummer – vom . . . . .[3]

und beantrage:

dem/der Gläubiger/in Prozesskostenhilfe für die Zwangsvollstreckung in das bewegliche Vermögen unter Beiordnung des/der Unterzeichners/in als Verfahrensbevollmächtigte/n zu bewilligen.[4]

Begründung:

Der/Die Schuldner/in schuldet dem/der Gläubiger/in gemäß Vollstreckungstitel des Amtsgerichts . . . . . vom . . . . . Unterhalt/Schadenersatz/Zahlung in Höhe von . . . . . EUR.

Der/Die Schuldner/in hat trotz Aufforderung und Mahnung keine Zahlung geleistet. Auch Teilbeträge wurden nicht erbracht. Der/Die Schuldner/in befindet sich mit der gesamten titulierten Forderung in Verzug.

Glaubhaftmachung: Vorlage der Forderungsabrechnung.

Der/Die Gläubiger/in beabsichtigt daher, gegen den/die Schuldner/in die persönliche Zwangsvollstreckung einzuleiten. Die Zwangsvollstreckung birgt insoweit Erfolgsaussichten, da spätestens nach Vorlage des Protokolls der Vermögensauskunft weitere Maßnahmen ergriffen werden können, zB Pfändung des Arbeitseinkommens/Pfändung von Gesellschaftsansprüchen.[5]

Die Zwangsvollstreckung in diesem Fall ist kompliziert gelagert, da sich der/die Schuldner/in versucht, der Zwangsvollstreckung zu entziehen/Vermögensverwerte verschoben werden/wurden.[6]

Glaubhaftmachung: Vorlage der Anfrage des Einwohneramtes, Abtretungserklärung.

Aus diesem Grund ist dem/der Gläubiger/in hier Prozesskostenhilfe zu gewähren. Weiter ist eine ständige Überwachung des Verfahrensstandes sowie des Ergebnisses der einzelnen Zwangsvollstreckungshandlungen erforderlich, insbesondere die Prüfung des Protokolls des Vermögensverzeichnisses auf weitere Vollstreckungsmöglichkeiten und die Abgabe der Drittschuldnererklärung, die hier aufgrund der Drittschuldner fraglich ist. Der Drittschuldner der Pfändungsmaßnahme ist laut Auskunft des Personenstandsregisters die Ehefrau des Schuldners.

Derartige Tätigkeiten dürften über die seitens der Rechtsantragsstelle des Amtsgerichts durchzuführenden Hilfe- und Unterstützungsmaßnahmen hinausgehen. Neben der Schwierigkeit der zu bewältigenden Rechtsmaterie müssen hier auch die persönlichen Fähigkeiten und Kenntnisse des/der Gläubigers/in berücksichtigt werden. So wird eine juristisch nicht ausgebildete Person auch mit Hilfe der Rechtsantragsstelle nicht in der Lage sein, einen korrekten Antrag bzw. Folgeantrag zu stellen.

Ohne die Gewährung von Prozesskostenhilfe und Beiordnung des/der Unterzeichners/in ist der/die Gläubiger/in nicht in der Lage, seine/ihre berechtigten Ansprüche im Wege der Zwangsvollstreckung geltend zu machen. Es wird daher um antragsgemäße Bewilligung gebeten.

Nur für den Fall, dass dem/die Gläubiger/in Prozesskostenhilfe für die Zwangsvollstreckung unter Beiordnung des/der Unterzeichners/in bewilligt wird, wird um Weitergabe des beigefügten Zwangsvollstreckungsauftrages an die Gerichtsvollzieherverteilerstelle gebeten.[7]

. . . . .

Rechtsanwalt[8]

Anlage:

PKH-Formular und Unterlagen

Anmerkungen

1. Prozesskostenhilfe als eine besondere Form der Sozialhilfe wird nur auf Antrag bewilligt. Dabei werden die Gerichtkosten, Gebühren und Anwaltskosten gestundet, ggf. auch dauerhaft. Die Prozesskostenhilfe kann auch als **Ratenzahlung** bewilligt werden und sie steht unter dem Vorbehalt der Änderung im Falle einer wesentlichen Veränderung der wirtschaftlichen Verhältnisse, § 120a ZPO. (S. vertiefend auch *Engelhardt* Rpfleger 2006, 661; *Friedrich* NJW 1995, 617; *Fischer* Rpfleger 2004, 190; *Hellstab* Rpfleger 2006, 246; *Hintzen* Rpfleger 2005, 336; *Nickel* MDR 2006, 495).

§ 114 ZPO regelt die Voraussetzungen der Prozesskostenhilfe im persönlichen und sachlichen Anwendungsbereich. Prozesskostenhilfe erhalten bedürftige natürliche Personen sowie juristische Personen und Parteien kraft Amtes unter den engen Voraussetzungen des § 116 ZPO. Die Bedürftigkeit ist durch die **Erklärung über die persönlichen und wirtschaftlichen Verhältnisse** nachzuweisen. Dabei sind sämtliche Einkunftsarten im Sinne des Einkommenssteuerrecht anzugeben, dazu gehören zB Einkünfte aus selbständiger, gewerblicher oder freiberuflichen Tätigkeit, aus unselbständiger Tätigkeit, aus Vermietung und Verpachtung, aus sonstigen Einkommen, wie zB Renten. Von dem Einkommen sind die Abzüge vorzunehmen, wie Einkommens- und Lohnsteuer, Pflichtbeiträge zur Renten- und Krankenversicherung, Versicherungsbeiträge für private Versicherungen, Altersvorsorgebeiträge, berufsbedingte Ausgaben. Ebenso sind unterhaltspflichtige Personen anzugeben, für die ein Freibetrag abzusetzen ist. Liegen besondere Belastungen vor, sind diese anzugeben, da auch hier Anrechnungen vorgenommen werden können. Welches Einkommen und Vermögen anzugeben ist, bestimmt § 115 ZPO. Welches Vermögen noch einzusetzen ist bzw. nicht angerechnet wird, ist der einschlägigen Kommentarliteratur zu § 115 ZPO zu entnehmen.

Der **sachliche Anwendungsbereich** erstreckt sich auf inländische, staatliche Gerichte, nicht auf Schiedsgerichtsverfahren und außergerichtliche Mediation.

Wegen der Voraussetzungen der Prozesskostenhilfe allgemein wird ergänzend auf die Kommentierung zu den §§ 114 ff. ZPO in den einschlägigen Kommentaren verwiesen. Das FamFG regelt in den §§ 76 ff. FamFG eigenständig die **Verfahrenskostenhilfe** (vgl. *Götsche* FamRZ 2009, 383). Die Regelungen sind an die §§ 114 ff. ZPO angelehnt. Ausnahme sind bei der Beiordnung des Rechtsanwaltes gemacht worden (§ 78 FamFG); → Form. A. II. 16.

Kommt ein Antrag auf Prozesskostenhilfe nicht in Betracht, ist noch ein Antrag auf Stundung der Gerichtskosten gemäß § 14 Nr. 3 GKG möglich, siehe hierzu *Hartmann* Teil VII Abschnitt D.

Prozesskostenhilfe kann auch für die Zwangsvollstreckung beantragt werden; spezielle Regelungen hierzu enthalten die §§ 117, 119 Abs. 2 ZPO. Gemäß § 114 ZPO besteht generell Anspruch auf Bewilligung der Prozesskostenhilfe für denjenigen, der persönlich und wirtschaftlich nicht in der Lage ist, die Kosten der Zwangsvollstreckung zu tragen. Bei den Kosten ist zwischen Gerichts- und Anwaltskosten zu unterscheiden. Der einfache Prozesskostenhilfeantrag ist auf die Übernahme der Gerichtskosten gerichtet. Sollen darüber hinaus auch Anwaltskosten übernommen werden, muss ein Antrag auf Beiordnung des unterzeichnenden Rechtsanwalts gestellt werden. Bei der Beratung ist auch darauf hinzuweisen, dass die bewilligte Prozesskostenhilfe sich bei Veränderung der persönlichen und wirtschaftlichen Verhältnisse erhöhen kann oder auch bis zu 4 Jahre nach Vollstreckungsende ganz oder teilweise zurück gefordert werden kann. Die Prozesskostenhilfe wird nur bewilligt, wenn dem Antrag die **Erklärung über die persönlichen und wirtschaftlichen Verhältnisse** (Familienverhältnisse, Beruf, Vermögen, Einkommen und Lasten, § 117 Abs. 2, 4 ZPO) sowie entsprechende Belege beigefügt sind. Für diese Erklärung muss das nach der Anlage zur PKHFV v.

6.1.2014 (BGBl. 2014 I 34) vorgeschriebene aktuelle Formular benutzt werden, das bei jedem Gericht erhältlich ist bzw. im Internet aufgerufen werden kann. Ist der Antrag unvollständig, so wird das Gesuch entweder zurückgewiesen oder es wird zeitaufwendig nachgefragt. Dies widerspricht dem Ziel der Zwangsvollstreckung. Der Rechtsanwalt unterliegt beim Prozesskostenhilfeantrag einer Vielzahl von Beratungspflichten. Er muss zunächst über die Möglichkeit der Prozesskostenhilfe aufklären, sofern für ihn erkennbar ist, dass sie in Betracht kommen kann. Im Rahmen der Feststellung der persönlichen und wirtschaftlichen Verhältnisse hat er darauf hinzuweisen, dass alle Belastungen aufgenommen werden müssen, um die Höhe der zu zahlenden Raten möglichst gering zu halten. Hier wird auf die einschlägige Literatur verwiesen. Der Prozesskostenhilfeantrag hat auch in der Zwangsvollstreckung alle notwendigen Angaben zu enthalten, insbesondere darf der Antrag nicht mutwillig sein. Der relevante Sachverhalt muss vollständig dargestellt sein; strittige Tatsachen müssen glaubhaft gemacht werden. Wird der Antrag allgemein, wie hier vorgeschlagen, für die persönliche Zwangsvollstreckung gestellt, so sollte die Prozesskostenhilfe für alle Maßnahmen der Zwangsvollstreckung in das bewegliche Vermögen im Zuständigkeitsbereich des Vollstreckungsgerichts beantragt werden (*Baumbauch/Lauterbach/Albers/Hartmann* § 119 Rn. 68; BeckOK ZPO/*Reichling* § 119 Rn 40). Es sei ausdrücklich darauf hingewiesen, dass die Zwangsvollstreckung ein gesondertes Verfahren ist und die eventuell im Erkenntnisverfahren bewilligte Ratenzahlung hier erneut greifen kann. Siehe auch wegen der Kosten *Fischer* Rpfleger 2004, 190 (193).

Grundsätzlich wird für die „einfache" Zwangsvollstreckung keine Beiordnung eines Rechtsanwaltes erforderlich sein (*Baumbach/Lauterbach/Albers/Hartmann* § 121 Rn. 50). Einfache Zwangsvollstreckung bedeutet zB Mobiliarvollstreckung, Eintragung einer Sicherungshypothek. Ist die Gegenseite anwaltlich vertreten, so ist die Beiordnung unter dem Gesichtspunkt der Waffengleichheit zu beantragen. Sind rechtliche Probleme, wie Vollstreckungsgegenklage oder eine Erinnerung, zu befürchten, so kann die Beiordnung auf diesen Gesichtspunkt gestützt werden. Für Pfändungsmaßnahmen wird die Erforderlichkeit der Beiordnung angenommen (BGH NJW 2003, 3136; LG Heidelberg AnwBl. 1986, 211), ebenso bei der Abnahme der Vermögensauskunft (vgl. BGH Rpfleger 2006, 207 noch zur Abgabe der eidesstattlichen Versicherung). Die Bewilligung der Prozesskostenhilfe führt dazu, dass der Antragsteller nicht vorschusspflichtig ist; der Rechtsanwalt hat keinen Gebührenanspruch gegen den Antragsteller sondern gegen die Staatskasse. Bei Vorliegen einer Rechtsschutzversicherung für den zu vollstreckenden Sachverhalt ist eine Bewilligung nicht zu erwarten; auch nicht, wenn die Rechtsschutzversicherung die Deckungszusage wegen fehlender Erfolgsaussichten verneint (BGH NJW-RR 1987, 1343; BGH NJW 1991, 109). Gleiches gilt in arbeitsgerichtlichen Verfahren soweit gewerkschaftlicher Rechtsschutz besteht (LAG Hamm NJW 1988, 1358).

2. Örtlich zuständig für den Antrag ist das Vollstreckungsgericht, bei dem die erste Zwangsvollstreckungsmaßnahme beantragt werden muss; funktional ist der Rechtspfleger für diesen Antrag zuständig, §§ 117 Abs. 1 S. 3, 119 Abs. 2, 764, 802 ZPO. Eine Ausnahme besteht bei einer Vollstreckung nach §§ 887 ff. ZPO; zuständig ist das Prozessgericht erster Instanz. Die Zuständigkeit richtet sich nach der Art der Vollstreckungsmaßnahme und dem allgemeinen Gerichtsstand, §§ 12, 13 ZPO. Zuständig für die Beantragung der persönlichen Zwangsvollstreckungsmaßnahmen ist das Amtsgericht am Wohnort des Schuldners bzw. sein letzter Wohnsitz. Sollte hier Unklarheit über den Wohnort des Schuldners vorliegen – was bei einem längeren Erkenntnisverfahren mit anwaltlicher Vertretung auftreten kann – sollte immer ein Verweisungsantrag an das zuständige Gericht mit aufgenommen werden. Dies verkürzt die Bearbeitungszeit erheblich, da die Gericht üblicherweise direkt an das zuständige Gericht verweisen und nicht erst nachfragen bzw. den Antrag wegen Unzuständigkeit zurückschicken müssen. Wegen der Zuständigkeit bei der Vermögensauskunft wird auf Abschnitt A.V verwiesen. Wegen der Zuständigkeit für dingliche Zwangsvollstreckungsmaßnahmen wird auf das → Form. A. II. 12 verwiesen.

3. Zur Glaubhaftmachung der Vermögenssituation muss dem Antrag auf Prozesskostenhilfe die Erklärung über die persönlichen und wirtschaftlichen Verhältnisse vollständig ausgefüllt einschließlich der die Angabe belegenden Unterlagen beigefügt werden (das Formular kann unter „www.justiz.de/formularezwi_bund/zp1a.pdf" heruntergeladen werden), ebenso der Vollstreckungstitel zur Glaubhaftmachung des Zwangsvollstreckungsanspruchs. Wird hier nicht sorgfältig gearbeitet, führt dies zu Verzögerungen bzw. zur Ablehnung des Prozesskostenhilfegesuchs, was dem Ziel des Antrags im Rahmen der Zwangsvollstreckung widerspricht.

4. Neben dem Antrag auf Bewilligung der Prozesskostenhilfe ist auch der **Antrag auf Beiordnung des Rechtsanwaltes** zu stellen. Die Zwangsvollstreckung ist kein Anwaltsprozess, so dass einen Beiordnung immer beantragt werden muss. Gerade in der Zwangsvollstreckung ist es nicht zwingend erforderlich, dass ein Rechtsanwalt tätig wird. In einfach gelagerten Fällen, die von den auf der Geschäftsstelle des Vollstreckungsgerichtes vorgehaltenen Formularen vollständig erfasst werden, genügt es, die Unterstützung durch den Urkundsbeamten der Geschäftsstelle in Anspruch zu nehmen. Daher ist es zwingend erforderlich, die Beiordnung gesondert zu begründen (s. auch Rechtsprechung → Anm. 1 aE).

5. Die Erforderlichkeit der Prozesskostenhilfe ist **glaubhaft zu machen**. Dafür reicht es häufig aus, wenn an Eides statt erklärt wird, dass die titulierte Forderung nicht oder nicht vollständig beglichen wurde. Es wird geraten, eine vollständige Forderungsabrechnung dem Antrag beizufügen und nicht nur die Gesamtsumme anzugeben. Neben der Glaubhaftmachung des Vollstreckungsanspruchs ist auch das Erfordernis der Beiordnung glaubhaft zu machen. Das ist im Rahmen der Zwangsvollstreckung nicht immer einfach. Soweit die Abgabe der Vermögensauskunft erfolgen soll, kann zur Begründung auf die Erforderlichkeit der Auswertung des Protokolls verwiesen werden. Die Auswertung ist für einen juristischen Laien schwierig und auch die daran anschließenden weiteren Zwangsvollstreckungsmaßnahmen erfordern oft juristischen Rat, der über die Hilfe des Urkundsbeamten der Geschäftsstelle hinausgeht. Der Zwangsvollstreckungsantrag **darf nicht mutwillig sein**. Mutwillig handelt diejenige Partei, die davon abweicht, was bei der erlaubten und notwendigen – lediglich vorläufigen – Prüfung eine verständige ausreichend bemittelte Partei in einem identischen Fall tun würde (BVerfG Rpfleger 2002, 213). Mutwilligkeit bei der Zwangsvollstreckung kann vorliegen, wenn der Schuldner Ratenzahlungen in nennenswertem Umfang leistet oder wenn die Maßnahme amtsbekannt keine Aussicht auf Erfolg hat (vgl. *Baumbauch/Lauterbach/Albers/Hartmann* §§ 114 ff. mit Einzelfällen) oder wenn eine Vielzahl von Vollstreckungsversuchen erfolglos waren. Ein weiterer Antrag kann mutwillig sein. Die Erfolgsaussichten spielen hier auch eine sehr große Rolle. In der Zwangsvollstreckung ist hier ein sehr großzügiger Maßstab anzulegen, da die Erfolgsaussichten sehr schwer zu ermitteln sind.

6. Hier ist der Antrag allgemein formuliert, dh es wird ein Antrag auf Prozesskostenhilfe und Beiordnung **für alle Zwangsvollstreckungsmaßnahmen** in das bewegliche Vermögen gestellt. Je nach Vollstreckungsmaßnahme ist die Begründung der Beiordnung entsprechend zu ändern. Soll ein Pfändungs- und Überweisungsbeschluss gestellt werden, genügt es, den Antrag mit Hilfe des Urkundsbeamten der Geschäftsstelle zu stellen, sofern der Drittschuldner bekannt ist. Muss dieser erst ausfindig gemacht werden, zB durch Recherche im Internet oder durch Befragung weiterer Personen, ist ein juristischer Laie damit oft überfordert. Bei besonderen Schuldner und Drittschuldnerkonstellationen kann die Beiordnung sinnvoll sein, zB wenn der Schuldner eine GmbH ist und der Geschäftsführer gleichzeitig auch Gesellschafter ist oder Schuldner und Drittschuldner in einem persönlichen Näheverhältnis (Eheleute, Eltern) stehen. Hinzu kommt, dass die Drittschuldner, soweit es nicht große Banken, Versicherungen oder große Arbeitgeber sind, häufig keine Drittschuldnererklärungen abgeben werden und dann eine Drittschuldnerklage erforderlich wird.

7. Aus Zeitgründen ist zu empfehlen, den Antrag auf Bewilligung der Prozesskostenhilfe mit dem Antrag auf Durchführung der Zwangsvollstreckungsmaßnahme selbst zu verbinden, dies allerdings mit der Maßgabe, dass der auf die Durchführung der Zwangsvollstreckungsmaßnahme gerichtete Antrag nur unter der Bedingung der Bewilligung der Prozesskostenhilfe gestellt wird.

8. Gegen die Versagung der Bewilligung der Prozesskostenhilfe ist die **sofortige Beschwerde** gemäß §§ 127 Abs. 3, 569 ZPO binnen einer Frist von 1 Monat zulässig. Die Beschwerde wird entweder beim entscheidenden Gericht oder beim Beschwerdegericht eingelegt. Wurde der Prozesskostenhilfeantrag wegen fehlender Bedürftigkeit abgelehnt, so ist eine sofortige Beschwerde in jedem Fall, auch ohne Erreichen eines Beschwerdewertes statthaft. → Form. A. II. 14 und → Form. A. II. 15.

12. Antrag auf Prozesskostenhilfe für die dingliche Zwangsvollstreckung unter Beiordnung eines Rechtsanwalts

An das

Amtsgericht

.....

– Vollstreckungsgericht –[1, 2]

Antrag auf Bewilligung von Prozesskostenhilfe für die dingliche Zwangsvollstreckung

In der Zwangsvollstreckungssache

des/der .....

– Gläubiger/in –

Verfahrensbevollmächtigte: .....

gegen

.....

– Schuldner/in –

Verfahrensbevollmächtigte: .....

wegen dinglicher Zwangsvollstreckung

überreiche ich anliegend:

die Erklärung des/der Gläubigers/in über seine/ihre persönlichen und wirtschaftlichen Verhältnisse vom . . . . . nebst Anlagen,[3]

die vollstreckbare Ausfertigung des Amtsgerichts . . . . . – Geschäftsnummer – vom . . . . .[3]

und beantrage:

dem/der Gläubiger/in Prozesskostenhilfe für die dingliche Zwangsvollstreckung unter Beiordnung des/der Unterzeichners/in als Verfahrensbevollmächtigte/n zu bewilligen.[4]

Begründung:

Der/Die Schuldner/in schuldet dem/der Gläubiger/in gemäß Vollstreckungstitel des Amtsgerichts . . . . . vom . . . . . Unterhalt/Schadenersatz/Zahlung in Höhe von . . . . . EUR.

Der/Die Schuldner/in hat trotz Aufforderung und Mahnung keine Zahlung geleistet. Auch Teilbeträge wurden nicht erbracht. Der/Die Schuldner/in befindet sich mit der gesamten titulierten Forderung in Verzug.

Glaubhaftmachung: Vorlage der Forderungsabrechnung und Titel.

Der/Die Gläubiger/in beabsichtigt daher, gegen den/die Schuldner/in die dingliche Zwangsvollstreckung einzuleiten. Aus dem beigefügten Antrag soll im Grundbuch vom . . . . . eine Sicherungshypothek in Höhe der titulierten Forderung zur Rangsicherung eingetragen werden. Das Grundbuch ist laut anliegendem Grundbuchauszug lastenfrei.

Glaubhaftmachung: Vorlage beglaubigter Grundbuchauszug.

Sollte diese Maßnahme den/die Schuldner/in nicht zur Zahlung veranlassen, soll anschließend die Zwangsversteigerung beantragt werden. Dies führt nach Einschätzung des Unterzeichners auch zur Befriedigung des/der Gläubigers/in, da Objekte in der Lage alleine einen Bodenwert von . . . . . EUR (siehe Bodenrichtwerttabelle) haben.[5]

(Variante 1:

Sollte diese Maßnahme den/die Schuldner/in nicht zur Zahlung veranlassen, soll im Anschluss die Zwangsverwaltung beantragt werden. Gemäß anliegender Fotodokumentation handelt es sich um ein Mehrfamilienhaus in guter Lage. Gemäß Mietspiegel ist mit einer monatlichen Kaltmiete in Höhe von . . . . . EUR zu rechnen.[6])

(Variante 2:

Sollte diese Maßnahme den/die Schuldner/in nicht zur Zahlung veranlassen, soll im Anschluss die Zwangsversteigerung und Zwangsverwaltung beantragt werden. Beide Verfahren sind zur Befriedigung des/der Gläubigers/in erforderlich. Der Bodenwert deutet auf einen nur geringen Wert des Objektes hin. Berücksichtigt man die bekannten Zwangsversteigerungsergebnisse (nicht mehr als 50 % des Verkehrswertes), führt die Zwangsversteigerung nicht zum Erfolg. Die anliegende Fotodokumentation zeigt, dass das Objekt vermietet ist und diese Mieteinnahmen über die Zwangsverwaltung zu sichern sind. Eine Pfändung der Mieteinnahmen ist wenig erfolgsversprechend, da bei einem Mehrfamilienhaus die Nebenkostenverwaltung bei Pfändung aller Mieten vom Schuldner meistens eingestellt wird und das zu Kündigung der Mietverhältnisse führt. Nur die Zwangsverwaltung kann dies ausreichend absichern.[7])

Die Zwangsvollstreckung in diesem Fall ist kompliziert gelagert. Das Grundbuch weist Besonderheiten auf, die die Hilfestellung der Geschäftsstelle übersteigt. Hier sind verschiedene Flurstücke mit unterschiedlicher Nutzung zu beachten. Der Antrag auf Eintragung der Sicherungshypothek ist vorliegend kein einfacher Antrag.[8]

Glaubhaftmachung: Vorlage des Grundbuchauszuges, Flurkarte, Fotos, etc.

Der anschließende Antrag auf Anordnung der Zwangsversteigerung soll nur gestellt werden, wenn der/die Schuldner/in durch die Eintragung der Sicherungshypothek nicht zur Zahlung veranlasst wird. Auch dieser Antrag ist aufgrund der Grundbuchsituation kompliziert gelagert. Es ist weiterhin mit Vollstreckungsschutzanträgen des/der Schuldners/in zu rechnen.[9]

Glaubhaftmachung: Grundbuchauszug,

Schreiben des/der Schuldners/in.

Aus diesem Grund ist dem/der Gläubiger/in hier Prozesskostenhilfe unter Beiordnung des Unterzeichners für die Eintragung der Sicherungshypothek und anschließenden Antrag auf Anordnung der Zwangsversteigerung zu bewilligen. Die Bewilligung ist ausnahmsweise für das gesamte Zwangsversteigerungsverfahren zu bewilligen. Der/die Schuldner/in wird die Vollstreckungsmaßnahmen nicht unwidersprochen hinnehmen.

Nur durch juristischen Rat im gesamten Verfahren (Stellungnahmen zu Beschwerden, Anordnung, Bestellung Gutachter, Verkehrswert, Zuschlag) ist gewährleistet, dass die Zwangsvollstreckungsmaßnahme zum Erfolg führt.[9]

Glaubhaftmachung: Schreiben des/der Schuldners/in, Versicherung an Eides statt.

(Variante 1:

Der anschließende Antrag auf Anordnung der Zwangsverwaltung soll nur gestellt werden, wenn der/die Schuldner/in durch die Eintragung der Sicherungshypothek nicht zur Zahlung veranlasst wird. Auch dieser Antrag ist aufgrund der Grundbuchsituation kompliziert gelagert. Es ist mit Vollstreckungsschutzanträgen des/der Schuldners/in zu rechnen.

Glaubhaftmachung: Grundbuchauszug, Schreiben des/der Schuldners/in, Versicherung an Eides statt.

Aus diesem Grund ist dem/der Gläubiger/in hier Prozesskostenhilfe unter Beeidung des Unterzeichners für die Eintragung der Sicherungshypothek und anschließenden Antrag auf Anordnung der Zwangsverwaltung zu bewilligen. Die Bewilligung ist ausnahmsweise für das gesamte Zwangsverwaltungsverfahren zu bewilligen. Der Inbesitznahmebericht ist auf Richtigkeit zu prüfen, insbesondere, da nach anliegender Fotodokumentation alles darauf hindeutet, dass Familienmitglieder/Firmen des/der Schuldners/in dort ansässig sind und eventuell Einwendungen gegen die Mietzahlungen im Rahmen der Zwangsverwaltung erheben werden. Die Praxis der Zwangsverwaltungen zeigt, dass in solchen Fällen nur Klageweise die Mieteinnahmen durchgesetzt werden können. Da die/der Antragsteller/in hier vorschusspflichtig ist (soweit keine sonstigen Mieteinnahmen erzielt werden können), sind die Aussichten der einzuleitenden Maßnahmen des Zwangsverwalters umfassend zu prüfen. Eine Durchsetzung der Forderung im Wege der Mietpfändung ist wenig erfolgsversprechend, da in dieser Mieterkonstellation (Familienmitglieder) mit Zahlungen nicht zu rechnen ist und nur durch aufwendige Klagen der Anspruch eventuell durchgesetzt werden kann.[10])

(Variante 2:

Der anschließende Antrag auf Anordnung der Zwangsversteigerung und Zwangsverwaltung soll nur gestellt werden, wenn der/die Schuldner/in durch die Eintragung der Sicherungshypothek nicht zur Zahlung veranlasst wird. Auch dieser Antrag ist aufgrund der Grundbuchsituation kompliziert gelagert.

Glaubhaftmachung: Grundbuchauszug.

Nur beide Verfahren nebeneinander führen zu einer Realisierung der Forderung. (Begründung wie Variante 1 und 2 im konkreten Fall).[11]*)*

Derartige Tätigkeiten dürften über die seitens der Rechtsantragsstelle des Amtsgerichts durchzuführenden Hilfe- und Unterstützungsmaßnahmen hinausgehen. Neben der Schwierigkeit der zu bewältigenden Rechtsmaterie müssen hier auch die persönlichen Fähigkeiten und Kenntnisse des/der Gläubigers/in berücksichtigt werden. So wird eine juristisch nicht ausgebildete Person auch mit Hilfe der Rechtsantragsstelle nicht in der Lage sein, einen korrekten Antrag zu stellen.

Ohne die Gewährung von Prozesskostenhilfe und Beiordnung des/der Unterzeichners/in ist der/die Gläubiger/in nicht in der Lage, seine/ihre berechtigten Ansprüche im Wege der Zwangsvollstreckung geltend zu machen. Es wird daher um antragsgemäße Bewilligung gebeten.

Nur für den Fall, dass dem/die Gläubiger/in Prozesskostenhilfe für die Zwangsvollstreckung unter Beiordnung des/der Unterzeichners/in bewilligt wird, wird um Weitergabe des beigefügten Zwangsvollstreckungsauftrages an die Zwangsvollstreckungsabteilung gebeten.[12]

. . . . .

Rechtsanwalt[13]

Anlage:

PKH-Formular und Unterlagen

Anmerkungen

1. Wegen der Voraussetzungen der Prozesskostenhilfe und weiterführende Literatur allgemein wird auf die Kommentierung zu den §§ 114 ff. ZPO in den einschlägigen Kommentaren sowie auf → Form. A. II. 11 Anm. 1 verwiesen. Der Antrag auf Prozesskostenhilfe und Beiordnung eines Rechtsanwaltes bei der dinglichen Zwangsvollstreckung ist ausführlich im konkreten Fall zu begründen. Für die Prozesskostenhilfe müssen die persönlichen und wirtschaftlichen Voraussetzungen der §§ 114 ff. ZPO vorliegen. Daneben müssen die dinglichen Zwangsvollstreckungsmaßnahmen Aussicht auf Erfolg versprechen. Ein „bis unters Dach" beliehenes Objekt mit einer Zwangssicherungshypothek zu versehen verspricht wenig Aussicht auf Erfolg. Allerdings ist hier der Umstand zu beachten, dass bei einem freihändigen Verkauf eine Lästigkeitsprämie abfallen kann. Bei einem überschuldeten Schuldner werden die Verhandlungen über die Lästigkeitsprämie schwierig. Dies ist dann umfassend darzulegen.

Soweit das Grundbuch lastenfrei ist oder nur mit geringen Grundschulden belastet, ist zur Rangwahrung eine Zwangssicherungshypothek einzutragen. Die Erfolgsaussichten sind dann gegeben. Die anschließenden Verfahren (Zwangsversteigerung/Zwangsverwaltung) sind vom Objekt abhängig zu machen. Hier ist Ortskenntnis wichtig. Das Internet bietet eine Vielzahl von Informationen zum Wert eines Objektes. Bodenrichtwerte der Städte und Gemeinden sind teilweise im Internet veröffentlicht, der Mietspiegel ist überwiegend im Internet abzufragen. Aber auch die einschlägigen Immobilienseiten (zB „www.immoscout.de") geben Richtwerte über den Wert eines Objektes. Diese Umstände sind genau zu recherchieren, bevor an eine solche Zwangsvollstreckungsmaßnahme gedacht wird. Die Bearbeitungsreihenfolge ist, (wenn kein Objekt im Eigentum des Schuldners bekannt ist, aber die Wahrscheinlichkeit auf Grundbesitz hindeutet, zB aufgrund von Gesprächen mit nahestehenden Personen des Schuldners) die Eigentümerkartei am Wohnsitz des Schuldners abzufragen (→ Form. A. IV. 8), Einholung eines Grundbuchauszuges (→ Form. A. IV. 7), Objektbesichtigung mit Fotodokumentation (insbesondere Klingelschild), um die Objektart (soweit sie sich nicht aus dem Grundbuch ergibt) und die Nutzungsart festzustellen. Anschließende „Einwertung" durch Ermittlung der Werte (Bodenwert, Mietspiegel). Auf diese Unterlagen kann dann ein umfassender PKH-Antrag gestellt werden.

2. Die **Zuständigkeit** richtet sich hier nach der Zuständigkeit der Zwangsvollstreckungsmaßnahme (§ 117 ZPO). Dies ist bei Immobilien das Gericht der belegenen Sache.

3. Wegen der **persönlichen Verhältnisse** wird auf → Form. A. II. 11 Anm. 3 verwiesen.

4. Wegen der **allgemeinen Voraussetzung der Beiordnung,** → Form. A. II. 11 Anm. 4. Zu den besonderen Voraussetzungen siehe im Folgenden.

5. Der Antrag auf Beiordnung eines Anwalts ist bei einem Antrag auf Eintragung einer Sicherungshypothek grundsätzlich nicht erforderlich. Bei einer einfachen Angelegenheit und einem übersichtlichen Grundbuch kann die Antragstelle dem Gläubiger Unterstützung leisten. Es ist die Angelegenheit dahingehend zu prüfen, wie kompliziert ein solcher Antrag ist. Bei einem unübersichtlichen Grundbuch (viele Flurstücke mit verschiedenen Belastungen, viele Löschungen, Änderungen, mehrere Grundbücher für eine Gesamtzwangssicherungshypothek) deuten auf einen komplizierteren Fall hin. Die anschließende Zwangsversteigerung ist so lange eine einfache Angelegenheit, soweit das Grundbuch übersichtlich ist. Gleiches gilt auch für einen eventuellen Beitritt zur Zwangsversteigerung, wenn bekannt ist, dass ein solches Verfahren bereits anhängig ist.

6. Für den **Antrag auf Anordnung der Zwangsverwaltung** gilt das vorher gesagte. Bei einem einfachen Grundbuch kann die Antragsstelle dem Gläubiger Unterstützung leisten.

7. Bei der Antragstellung beider dinglichen Vollstreckungsmaßnahmen ist der Fall schon komplizierter gelagert. Neben der Rechtskunde zu beiden Anträgen ist auch eine Objekteinwertung vorzunehmen, die viele Gläubiger überfordern wird. Es ist abzuwägen, ob nur eine dingliche Zwangsvollstreckungsmaßnahme oder beide sinnvoll sind. Daher ist hier im Einzelfall noch einmal genau zu prüfen.

8. Eine Beiordnung des Rechtsanwaltes erfordert in jedem Fall gemäß § 121 ZPO die Erforderlichkeit. Ist der Schuldner durch einen Rechtsanwalt vertreten, sieht § 121 Abs. 2 ZPO die Beiordnung für den Gläubiger ebenfalls vor. Dies ist nicht immer bekannt, so dass auf die Erforderlichkeit der anwaltlichen Hilfe eingegangen werden muss. Grundsätzlich sind Anträge auf Eintragung einer Zwangssicherungshypothek, Antrag auf Anordnung der Zwangsversteigerung und/oder Zwangsverwaltung ohne anwaltliche Hilfe möglich. Die Anträge sind einfach gestaltet und erfordern nur eine geringe Unterstützung der Antragsstelle. Im Einzelfall kann dies anders gelagert sein. Wie bereits unter → Anm. 5 ausgeführt, kommt es immer auf die Grundbuchsituation an. Kommen Zwangsvollstreckungsmaßnahmen für mehrere Flurstücke in Frage, ist bereits zu entscheiden, ob über alle Flurstücke die Zwangsverwaltung (Wege, Zufahrten) beantragt wird oder ob diese aus Kostengründen vernachlässigt werden können. Diese Beurteilung ist im Zwangsverwaltungsverfahren anders zu betrachten als in der Zwangsversteigerung. Eine Zuwegung muss nicht zwingend unter Zwangsverwaltung gestellt werden. Sie bringt keine Erträge, verursacht mindestens Honorarkosten. Bei der Zwangsversteigerung ist die Zuwegung für den Zugang zum Objekt von immenser Bedeutung. Hier eine Fehleinschätzung zu treffen, kann zur Unverwertbarkeit des Objektes in dem beantragten Verfahren führen.

9. Die Beiordnung eines Rechtsanwalts für einen **Antrag auf Zwangsversteigerung** ist gesondert zu begründen. Wie unter → Anm. 5 und → Anm. 8 ausgeführt, gibt es verschiedene Umstände im Objekt/Grundbuch, die eine Beiordnung erforderlich machen. Es ist weiterhin der Schuldner zu betrachten. Ist aus vergangenem Schriftwechsel bekannt, dass er gegen jede Zwangsvollstreckungsmaßnahme Rechtsmittel einlegt, ist auch hier damit zu rechnen. Auf die Beschwerde auf den Anordnungsbeschluss als Rechtsunkundiger Stellung zu nehmen, überfordert die meisten Gläubiger. Daher ist ein renitenter Schuldner konkret darzustellen. Sollte es sich bei dem Gläubiger um einen Ausländer handeln, so sind auch eine mögliche fehlende Kenntnis des deutschen Zwangsvollstreckungsrechts und die eventuell fehlenden Sprachkenntnisse aufzunehmen.

Grundsätzlich wird die Beiordnung nur **für einen Verfahrensabschnitt** bewilligt. Die Beiordnung für das gesamte Zwangsversteigerungsverfahren zu erhalten, bedarf besonderer Umstände. Es könnte ein besonders kompliziertes Grundbuch zur Beiordnung für den Anordnungsantrag helfen, der renitente Schuldner für den weiteren Verlauf, da die weiteren Beschlüsse alle mit einem Rechtsmittel angreifbar sind. Spätestens im Versteigerungstermin sollte die Beiordnung wieder beantragt werden. Eine Argumentation ist, dass bei einem „normal" verlaufenden Zwangsversteigerungsverfahren eine Tätigkeit des Rechtsanwaltes entfällt und damit auch keine Gebühren für Anträge, Stellungnahme, Terminsvertretungen anfallen.

10. Was für die Anordnung der Zwangsversteigerung unter → Anm. 9 gesagt wurde, gilt auch für die **Anordnung der Zwangsverwaltung.** Bei einem einfach gelagerten Fall ist die Beiordnung nicht erforderlich. Handelt es sich um ein Mehrfamilienhaus, mit Mietverhältnissen aus der Familie des Schuldners, ist mit Schwierigkeiten zu rechnen und es ist umfassender Schriftwechsel zwischen Gläubiger und Zwangsverwalter zu erwarten. Bei einem Einfamilienhaus, das von einem Familienangehörigen des Schuldners bewohnt wird, gilt das gleiche, da in solchen Fällen alles versucht wird, dass der „Mieter" keine Zahlungen im Rahmen der Zwangsverwaltung vornehmen muss. Da der Gläubiger und damit die Staatskasse (soweit die Prozesskostenhilfe bewillig ist) vorschusspflichtig ist, besteht ein erhöhtes Interesse, die einzelnen Schritte des Zwangsverwalters umfassend beurteilen zu können, die Berichte zu prüfen und eventuell eine Stellungnahme abgeben zu können. Die Anmeldung zum Verteilungstermin ist für den „normalen" Schuldner auch nicht immer einfach. Da grundsätzlich nur die Zinsen im Rahmen der Zwangsverwaltung geltend gemacht werden können und gesonderte Anträge erforderlich sind, soweit auch eine Kapitaltilgung erfolgen soll, ist hier auch umfassender Rat erforderlich. Allein die Prüfung des Teilungsplans auf Richtigkeit ist für einen juristischen Laien nicht möglich. Auch hier gilt, es fallen für das laufende Verfahren keine gesonderten Gebühren an, soweit eine Tätigkeit in der Sache nicht geboten ist. Bei einem „einfachen" Zwangsverwaltungsverfahren wird es von Seiten des Gläubigers keine Veranlassung geben, Tätigkeiten zu entwickeln. Neben dem Anordnungsantrag ist eine Anmeldung zum Teilungstermin erforderlich sowie Zahlungen auf den Teilungsplan zu prüfen. Sobald die Forderung aufgrund der Zahlungen aus der Zwangsverwaltung beglichen ist, ist die Rücknahme des Antrages zu prüfen und ggf. zu stellen.

11. Wenn es erforderlich ist, beide Verfahren (Zwangsverwaltung und Zwangsversteigerung) nebeneinander zu beantragen, bedarf dies auch einer konkreten, auf den Fall bezogenen Begründung. Es gelten die Ausführungen zu → Anm. 10 und → Anm. 11.

12. Den konkreten Zwangsvollstreckungsantrag dem Antrag auf Bewilligung von Prozesskostenhilfe und Beiordnung des Rechtsanwaltes beizufügen ergänzt den Antrag. Die Weiterleitung für den Fall der Bewilligung des gesamten Antrages erspart dann Zeit.

13. **Rechtsmittel.** Gegen die Versagung der Bewilligung der Prozesskostenhilfe für ein Zwangsvollstreckungsverfahren ist stets die **sofortige Beschwerde** gemäß §§ 127 Abs. 3, 569 ZPO binnen einer Frist von 1 Monat statthaft (vgl. auch § 567 Abs. 2 ZPO). Die Beschwerde wird entweder beim entscheidenden Gericht oder beim Beschwerdegericht eingelegt. → Form. A. II. 14 und → Form. A. II. 15

13. Antrag auf Änderung der Ratenzahlungsanordnung

An das

Amtsgericht

. . . . .

– Vollstreckungsgericht –[1, 2]

Az.

Antrag auf Änderung der Ratenzahlungsanordnung

In der Zwangsvollstreckungssache

des/der . . . . .

– Antragsteller/in –

Verfahrensbevollmächtigte: . . . . .

gegen

. . . . .

– Antragsgegner/in –

Verfahrensbevollmächtigte: . . . . .

wegen Zwangsvollstreckung

wird beantragt,

den Bewilligungsbeschluss vom . . . . . mit Wirkung zum . . . . ., dahingehend zu ändern, dass keine Raten mehr zu zahlen sind.[3]

Begründung:

Mit dem vorgenannten Beschluss hat das Gericht dem/der Antragssteller/in die Zahlung von monatlich . . . . . EUR auferlegt. Die wirtschaftlichen Verhältnisse des/der Antragstellers/in haben sich seit dem . . . . . wesentlich geändert.

Seit dem . . . . . ist der/die Antragsteller/in arbeitslos und bezieht ein Arbeitslosengeld in Höhe von . . . . . EUR.

Glaubhaftmachung: Vorlage des Arbeitslosenbescheides.

Weiterhin ist der Antragsteller am ..... erneut Vater geworden, so dass er einer weiteren Person unterhaltpflichtig ist.

Glaubhaftmachung: Vorlage der Geburtsurkunde.

Aufgrund dieser Änderungen in den persönlichen und wirtschaftlichen Verhältnisse bei sonst gleichbleibenden Belastungen hat er keine Ratenzahlungen mehr zu leisten.

Der/Die Antragsteller/in geht davon aus, dass bis zur Entscheidung über diesen Antrag keine Raten zu leisten sind. Sollte das Gericht anderer Auffassung sein, bittet der Unterzeichner um unverzügliche Benachrichtigung zur Vermeidung von weiteren Nachteilen.

Soweit eine erneute Erklärung gemäß § 117 ZPO für erforderlich gehalten wird, bittet der Unterzeichner ebenfalls um unverzügliche Benachrichtigung.[3]

.....

Rechtsanwalt

Anlage:

Unterlagen

Anmerkungen

1. Soweit sich die wirtschaftlichen Verhältnisse des Antragstellers verändern, ist ein Änderungsantrag der Prozesskostenbewilligung möglich, § 120a ZPO. Eine Änderung ist grundsätzlich nur für die Zukunft möglich, so dass ein Änderungsantrag unverzüglich nach Eintritt der Änderung der Vermögensverhältnisse zu stellen ist, um Nachteile vom Mandanten abzuwenden. Hier wird auf die einschlägige Literatur zu § 120a ZPO verwiesen.

2. Zuständig für den Antrag ist das Gericht, das die Prozesskostenhilfe bewilligt hat.

3. Der Antrag ist konkret zu begründen und mit Unterlagen zu belegen. Soweit es Änderungsbescheide der Arbeitsagentur gibt, sind diese einzureichen, oder wenn ein neuer Arbeitsvertrag geschlossen worden ist, der ein geringes Entgelt beinhaltet, etc.

14. Beschwerde gegen die Ablehnung der Prozesskostenhilfe und Ablehnung der Beiordnung

An das

Amtsgericht

.....

– Vollstreckungsgericht –[1, 2]

Az. .....

Beschwerde

des/der .....

– Antragsteller/in –

Verfahrensbevollmächtigte: .....

gegen

.....

– Antragsgegner/in –

Verfahrensbevollmächtigte: .....

wegen Zwangsvollstreckung

wird für den/die Antragsteller/in gegen die Entscheidung des Gerichts vom .....

sofortige Beschwerde

mit dem Antrag eingelegt,

1. dem/der Antragsteller/in für die Zwangsvollstreckung rückwirkend auf den Zeitpunkt der Antragstellung Prozesskostenhilfe zu bewilligen,
2. den Unterzeichnenden als Rechtsanwalt beizuordnen.

Begründung:

Die Prozesskostenhilfe ist zu Unrecht versagt worden. Die Versagung ist damit begründet worden, dass die Zwangsvollstreckung kaum Aussicht auf Erfolg bietet. Dies mag für eine Vielzahl von Zwangsvollstreckungsmaßnahmen gelten, im konkreten Fall stellt sich die Situation jedoch anders dar. Es ist bekannt, dass der/die Antragsgegner/in über ein Sparvermögen verfügt.

Glaubhaftmachung: Vorlage der Schreiben .....

Wo sich allerdings dieses Vermögen befindet, ist nur im Wege der Zwangsvollstreckung zu erfahren. Wie der Erklärung über die wirtschaftlichen und persönlichen Verhältnisse zu entnehmen ist, kann der/die Antragsteller/in die Kosten für die Zwangsvollstreckungsmaßnahme nicht alleine aufbringen.[3]

Die Prozesskostenhilfe hätte daher nicht versagt werden dürfen.

Die Beiordnung des Unterzeichners ist in dieser Sache geboten, da die Ermittlungen zur Forderung umfassende Kenntnisse der Zwangsvollstreckung erfordern, die über die Beratung der Rechtsantragsstelle hinausgeht.

.....

Rechtsanwalt[4]

Anlage:

Unterlagen

Anmerkungen

1. Gegen die Ablehnung der Prozesskostenhilfe für ein Vollstreckungsverfahren ist stets gemäß § 569 Abs. 1 ZPO sofortige Beschwerde binnen einer Notfrist von einem Monat (§ 127 Abs. 2 S. 3 iVm § 569 Abs. 1, S. 1 ZPO) statthaft (arg. aus § 567 Abs. 2 ZPO). Es besteht kein Anwaltszwang zur Einlegung der sofortigen Beschwerde (§ 569 Abs. 3 Nr. 2 ZPO).

2. Gemäß § 569 Abs. 1 ZPO ist die sofortige Beschwerde bei dem Gericht einzulegen, das die Entscheidung getroffen hat. Dies sollte auch immer deshalb gemacht werden, um dem Gericht die Gelegenheit zu geben, die Entscheidung gemäß § 572 ZPO abzuändern. Bei Nichtabhilfe hat es der übergeordneten Instanz die Entscheidung zwecks Entscheidung vorzulegen. Das Beschwerdegericht kann in seiner Entscheidung bindend für das Rechtsbeschwerdegericht die Rechtsbeschwerde zulassen, soweit dies zur Sicherung der einheitlichen Rechtsprechung oder der Fortbildung des Rechts erforderlich ist (§ 574 Abs. 2 Nr. 2 ZPO). Bei der Prozesskostenhilfe kommt dies allerdings nur in Betracht, wenn Fragen des Prozesskostenhilfeverfahrens zu entscheiden sind oder über die persönlichen Voraussetzungen (BGH NJW 2003, 1126; NJW-RR 2003, 1001 f.; NJOZ 2007, 908).

3. Der Antrag ist konkret zu begründen und mit Unterlagen zu belegen. Soweit weitere Umstände bekannt sind, sind diese umfassend darzulegen. Wurde die Prozesskostenhilfe bewilligt, aber die Beiordnung des Anwalts versagt, ist auch dagegen die sofortige Beschwerde zulässig. Dabei kommt dem Anwalt grundsätzlich kein eigenes Beschwerderecht zu. Dies liegt allein bei dem Antragsteller (BGHZ 109, 163; NJW 1990, 836; OLG Celle MDR 2012, 1196).

4. Kosten und Gebühren. Die Kosten für die sofortige Beschwerde beträgt gemäß Nr. 1812 KV GKG 60,00 EUR, wenn die sofortige Beschwerde zurückgewiesen wird; wird sie teilweise zurück gewiesen, so kann das Gericht die Gebühr nach billigem Ermessen reduzieren. Der Rechtsanwalt erhält eine 0,5-fache Verfahrensgebühr gemäß Nr. 3500 VV RVG.

15. Beschwerde gegen die Ablehnung der Prozesskostenhilfe wegen der wirtschaftlichen Verhältnisse

An das

Amtsgericht

. . . . .

– Vollstreckungsgericht –[1, 2]

Az. . . . . .

Beschwerde

des/der . . . . .

– Antragsteller/in –

Verfahrensbevollmächtigte: . . . . .

gegen

. . . . .

– Antragsgegner/in –

Verfahrensbevollmächtigte: . . . . .

wegen Zwangsvollstreckung

wird für den/die Antragsteller/in gegen die Entscheidung des Gerichts vom . . . . .

sofortige Beschwerde

mit dem Antrag eingelegt,

1. **dem/der Antragsteller/in für die Zwangsvollstreckung rückwirkend auf den Zeitpunkt der Antragstellung Prozesskostenhilfe zu bewilligen,**
2. **den Unterzeichnenden als Rechtsanwalt beizuordnen.**

Begründung:

Die Prozesskostenhilfe wurde versagt, da das entscheidende Gericht davon ausgeht, dass die voraussichtlichen Gerichtskosten vier Monatsraten unter Anwendung des § 115 ZPO nicht übersteigen werden. Bei der Entscheidung ist nicht gewürdigt worden, dass der/die Antragsteller/in dem Kind ..... unterhaltspflichtig ist. Diese Unterhaltspflicht ergibt sich aus ..... Als weitere außergewöhnliche Belastung kommt die Pflege dieses Kindes hinzu. Dafür sind monatlich mindestens 150,00 EUR zusätzlich aufzubringen. Dies ergibt sich aus der amtlichen Bescheinigung vom .....[3]

Die Prozesskostenhilfe hätte daher nicht versagt werden dürfen.

.....

Rechtsanwalt[4]

Anlage:

Unterlagen

Anmerkungen

1. Gegen die Ablehnung der Prozesskostenhilfe ist gemäß § 569 Abs. 1 ZPO sofortige Beschwerde binnen einer Notfrist von einem Monat (§ 127 Abs. 2 S. 3 iVm § 569 Abs. 1 S. 1 ZPO) zulässig. Es besteht kein Anwaltszwang zur Einlegung der sofortigen Beschwerde (§ 569 Abs. 3 Nr. 2 ZPO). Soweit die Prozesskostenhilfe zurückgewiesen wurde, da die persönlichen und wirtschaftlichen Verhältnisse nicht vollständig erklärt wurden, kann dies im Rahmen der sofortigen Beschwerde nachgeholt werden. Beachte hier § 204 Abs. 2 BGB und die verjährungshemmende Wirkung eines Prozesskostenhilfeantrages.

2. Gemäß § 569 Abs. 1 ZPO ist die sofortige Beschwerde bei dem Gericht einzulegen, das die Entscheidung getroffen hat. Dies sollte auch immer deshalb gemacht werden, dass das Gericht seine Entscheidung gemäß § 672 ZPO selbst abhelfen kann. Bei Nichtabhilfe hat es der übergeordneten Instanz die Entscheidung zwecks Entscheidung vorzulegen. Das Beschwerdegericht kann in seiner Entscheidung bindend für das Rechtsbeschwerdegericht die Rechtsbeschwerde zulassen, soweit dies zur Sicherung der einheitlichen Rechtsprechung oder der Fortbildung des Rechts erforderlich ist (§ 574 Abs. 2 Nr. 2 ZPO). Bei der Prozesskostenhilfe kommt dies allerdings nur in Betracht, wenn Fragen des Prozesskostenhilfeverfahrens zu entscheiden sind oder über die persönlichen Voraussetzungen (BGH NJW 2003, 1126).

3. Der Antrag ist konkret zu begründen und mit Unterlagen zu belegen. Soweit weitere Umstände bekannt sind, sind diese umfassend darzulegen.

4. Kosten und Gebühren. Die Kosten für die sofortige Beschwerde beträgt gemäß Nr. 1812 KV GKG 60,00 EUR, wenn die sofortige Beschwerde zurückgewiesen wird; wird sie teilweise zurück gewiesen, so kann das Gericht die Gebühr nach billigem Ermessen reduzieren. Der Rechtsanwalt erhält eine 0,5-fache Verfahrensgebühr gemäß Nr. 3500 VV RVG.

16. Antrag auf Verfahrenskostenhilfe für die Zwangsvollstreckung in Familiensachen

An das

Amtsgericht

. . . . .

– Vollstreckungsgericht/Familiengericht –[1, 2]

Antrag auf Bewilligung von Verfahrenskostenhilfe für die Zwangsvollstreckung

In der Zwangsvollstreckungssache

des/der . . . . .

– Antragsteller/in –

Verfahrensbevollmächtigte: . . . . .

gegen

. . . . .

– Antragsgegner/in –

Verfahrensbevollmächtigte: . . . . .

wegen Zwangsvollstreckung

überreiche ich anliegend:

die Erklärung des/der Antragsstellers/in über seine/ihre persönlichen und wirtschaftlichen Verhältnisse vom . . . . . nebst Anlagen,[3]

die vollstreckbare Ausfertigung des . . . . . Amtsgerichts . . . . . – Geschäftsnummer – vom . . . . .[3]

und beantrage:

dem/der Antragsteller/in Verfahrenskostenhilfe für die persönliche Zwangsvollstreckung unter Beiordnung des/der Unterzeichners/in als Verfahrensbevollmächtigte/n zu bewilligen.

Begründung:

Der/Die Antragsgegner/in schuldet dem/der Antragsteller/in gemäß Vollstreckungstitel des Amtsgerichts . . . . . vom . . . . . Unterhalt in Höhe von . . . . . EUR.

Der/Die Antragsgegner/in hat trotz Aufforderung und Mahnung keine Zahlung geleistet. Auch Teilbeträge wurden nicht erbracht. Der/Die Antragsgegner/in befindet sich mit der gesamten titulierten Forderung in Verzug.

Glaubhaftmachung: Vorlage der Forderungsabrechung.

Der/Die Antragsteller/in beabsichtigt daher, gegen den/die Antragsgegner/in die persönliche Zwangsvollstreckung einzuleiten. Die Zwangsvollstreckung birgt insoweit Erfolgsaussichten, da spätestens nach Vorlage des Protokolls der Vermögensauskunft weitere

Maßnahmen ergriffen werden können, zB Pfändung des Arbeitseinkommens/Pfändung von Gesellschaftsansprüchen.

Die Zwangsvollstreckung in diesem Fall ist kompliziert gelagert, da sich der/die Antragsgegner/in versucht, der Zwangsvollstreckung zu entziehen/Vermögensverwerte verschoben werden/wurden.

Glaubhaftmachung: Vorlage der Anfrage des Einwohneramtes, Abtretungserklärung.

Aus diesem Grund ist dem/der Antragsteller/in hier Verfahrenskostenhilfe zu gewähren. Weiter ist eine ständige Überwachung des Verfahrensstandes sowie des Ergebnisses der einzelnen Zwangsvollstreckungsmaßnahmen erforderlich, insbesondere die Prüfung des Protokolls der Vermögensauskunft auf weitere Vollstreckungsmöglichkeiten und die Überwachung der Abgabe der Drittschuldnererklärung, die hier aufgrund des Drittschuldners fraglich ist. Der Drittschuldner der Pfändungsmaßnahme ist laut Auskunft des Personenstandsregisters die Ehefrau des Schuldners.

Glaubhaftmachung: Vorlage Kopie des Personenstandsregisters.

Derartige Tätigkeiten dürften über die seitens der Rechtsantragsstelle des Amtsgerichts durchzuführenden Hilfe- und Unterstützungsmaßnahmen hinausgehen. Neben der Schwierigkeit der zu bewältigenden Rechtsmaterie müssen hier auch die persönlichen Fähigkeiten und Kenntnisse des/der Antragstellers/in berücksichtigt werden. So wird eine juristisch nicht ausgebildete Person auch mit Hilfe der Rechtsantragsstelle nicht in der Lage sein, einen korrekten Antrag bzw. Folgeantrag zu stellen.

Ohne die Gewährung von Verfahrenskostenhilfe und Beiordnung des/der Unterzeichners/in ist der/die Antragsteller/in nicht in der Lage, seine/ihre berechtigten Ansprüche im Wege der Zwangsvollstreckung geltend zu machen. Es wird daher um antragsgemäße Bewilligung gebeten.

Nur für den Fall, dass dem/der Gläubiger/in Verfahrenskostenhilfe für die Zwangsvollstreckung unter Beiordnung des/der Unterzeichners/in bewilligt wird, wird um Weitergabe des beigefügten Zwangsvollstreckungsauftrages an die Gerichtsvollzieherverteilerstelle gebeten.[4]

.....

Rechtsanwalt[5]

Anlage:

Verfahrenskosten-Formular und Unterlagen

Anmerkungen

1. Das FamFG wurde zur Vereinfachung der Verfahrensregelungen im Bereich der freiwilligen Gerichtsbarkeit und der Familiensachen eingeführt. Die familienrechtlichen Verfahren, die früher in der ZPO, dem FGG und der HausratsVO zu finden waren, sind nun einheitlich im FamFG zusammengefasst. Alle Zwangsvollstreckungsangelegenheiten, die aus einem Titel erfolgen, der in einem FamFG-Verfahren ergangen ist, werden nach dem FamFG vollstreckt (§§ 86 ff., 95 ff., 102 FamFG). Die §§ 76 ff. FamFG iVm §§ 114 ff. ZPO regeln die Verfahrenskostenhilfe und Beiordnung eines Rechtsanwaltes. Der persönliche Anwendungsbereich der Verfahrenskostenhilfe gemäß §§ 76 ff. FamFG wird über den Begriff des Beteiligten definiert. Wer Beteiligter des Verfahrens ist, regelt

§ 7 FamFG allgemein. Weitere, vorgehende Regelungen sieht das FamFG bei den einzelnen Verfahrensarten vor, zB in § 188 FamFG für Adoptionssachen.

Der **sachliche Anwendungsbereich** der Verfahrenskostenhilfe ist gemäß § 76 ff. FamFG dem der Prozesskostenhilfe angelehnt. § 76 Abs. 1 FamFG verweist auf die §§ 114 ff. ZPO, soweit in den nachfolgenden Vorschriften (§§ 76 Abs. 2, 77, 78 FamFG) nichts anderes bestimmt ist. Also kommt die Bewilligung der Verfahrenskostenhilfe immer dann in Betracht, wenn die Rechtsverfolgung bzw. Rechtsverteidigung ausreichende Aussicht auf Erfolg hat, nicht mutwillig ist und die persönlichen Voraussetzungen der Verfahrenskostenhilfe bezüglich der Bedürftigkeit vorliegen. Die Vorschrift betreffend die Zwangsvollstreckung (§ 77 Abs. 2 FamFG) entspricht im Wesentlichen dem § 119 Abs. 2 ZPO.

Gleiches gilt für die **Erklärung über die persönlichen und wirtschaftlichen Verhältnisse,** hier ist aufgrund der Verweisung des § 76 FamFG § 117 ZPO anwendbar. Es wird insoweit auf die allgemeine Kommentierung zu § 117 ZPO verwiesen, sowie auf die → Form. A. II. 11 und → Form. A. II. 12. Bei der Beiordnung eines Rechtsanwaltes ist § 78 FamFG zu beachten. Er ist an den § 121 ZPO angelehnt, allerdings in einem wesentlichen Punkt anders: § 121 Abs. 2 ZPO (Waffengleichheit herstellen) ist ausdrücklich nicht übernommen worden. Die Beiordnung eines Rechtsanwaltes in Verfahren ohne Anwaltszwang ist nach objektiven Kriterien zu begründen und zu entscheiden. Siehe vertiefend *Büte* FPR 2009, 10; *ders.* FPR 2011, 17; *Büttner* FF 2009, 242; *Götsche* FamRZ 2009, 383; *Schürmann* FamRB 2009, 58.

2. Zuständig ist das Gericht, in dessen Bezirk die Zwangsvollstreckungsmaßnahme erfolgen soll.

3. Dem Antrag ist die Erklärung gemäß § 117 ZPO sowie der Vollstreckungstitel beizufügen. Weitere Unterlagen ergeben sich aus der Begründung zum konkreten Fall.

4. In der Begründung der Verfahrenskostenhilfe sind die Voraussetzungen konkret zu benennen. Also ist die konkrete Zwangsvollstreckungsmaßnahme (hier wird auf die → Form. A. II. 11 und → Form. A. II. 12 verwiesen) zu benennen, warum sie Aussicht auf Vollstreckungserfolg hat und dass die Zwangsvollstreckungsmaßnahme nicht mutwillig ist. Weiterhin ist die Bedürftigkeit vollständig darzulegen.

5. Rechtsmittel. Soweit der Verfahrenskostenhilfeantrag abgewiesen wird, kann sofortige Beschwerde gemäß § 76 Abs. 2 FamFG iVm § 127 Abs. 2–4, §§ 567 ff. ZPO eingelegt werden. Wegen der sofortigen Beschwerde siehe auch die Ausführungen bei → Form. A. II. 15.

17. Deckungsanfrage an Rechtsschutzversicherung zur Übernahme der Kosten der Zwangsvollstreckung

An die

. . . . .

Rechtsschutzversicherung[1, 2]

Versicherungs-Nr. . . . . .

Versicherungsnehmer: . . . . .

Schaden-Nr.[3] . . . . .

Sehr geehrte(r) . . . . .,

anliegend zeige ich an, dass der Unterzeichner vor dem . . . . . gericht einen vollstreckungsfähigen Titel erwirkt hat.

Eine Zahlungsaufforderung habe ich an die Gegenseite unter Fristsetzung übersandt, Zahlungen sind nicht erfolgt. Es ist zur Durchsetzung des Titels die Einleitung von Zwangsvollstreckungsmaßnahmen erforderlich.[4]

Ich bitte um eine kurzfristige Deckungszusage und Mitteilung, dass sich der Kostenschutz auch auf die Durchführung der Zwangsvollstreckung erstreckt.

[Alternative Ergänzung:

Ich bitte, mir mitzuteilen, ob die Deckungszusage von einer Selbstbeteiligung des Versicherungsnehmers abhängig ist. Sollten Sie Besonderheiten in diesem Rechtsschutzversicherungsvertrag vereinbart haben, bitte ich auch hier um einen Hinweis.][5]

. . . . .

Rechtsanwalt

Anmerkungen

1. Bei der Beratung über die Kosten im Rahmen der Zwangsvollstreckung ist die Rechtsschutzversicherung ein wichtiger Punkt. Den einzelnen Vertragsverhältnissen der Rechtsschutzversicherung liegen die Allgemeinen Rechtsschutzbedingungen (kurz: ARB) zugrunde. Diese wurden immer wieder geändert. Vielen Verträgen liegen die ARB 2012 und 2008 zugrunde. Diese dürften noch eine nachrangige Bedeutung haben. Die überwiegenden Verträge werden noch die ARB 2000, ARB 1994 oder ARB 1975 als maßgelbliche Vertragsgrundlage haben. Hier ist jede Rechtsschutzversicherungspolice des Mandanten auf die gültigen ARBen zu prüfen. Weiterhin haben einzelne Gesellschaften eigene Bedingungen, die erheblich von den allgemeinen ARBen abweichen können. Das Internet bietet eine Vielzahl von Quellen, um sich über Rechtsschutzversicherung und Zwangsvollstreckung zu informieren. Siehe auch *Obarowski* NJW 2011, 2014; BGH NJW 1991, 2644; *Rex* VersR 1995, 505.

Voraussetzungen für die Eintrittspflicht aller Versicherungen ist der **Versicherungsfall.** Im Rahmen der Zwangsvollstreckung ist dies der dem Erkenntnisverfahren vorgelagerte Rechtsstreit. Insoweit sollte dies unstreitig feststellbar sein. Die Eintrittspflicht ist weiterhin von der **Leistungsart** (§ 2 ARB) abhängig, also welcher Rechtsschutzfall versichert ist, Erbrecht, Wohnungs-, Grundstücks-, Vertragsrechts-, Verwaltungs-, Verkehrsrechtsschutz einschließlich Verwaltungsverfahren. Bei dem Verkehrsrechtsschutz ist noch einmal genau zu prüfen, ob es sich um eine Fahrzeugrechtsschutz- oder Fahrerrechtsschutzversicherung handelt. Zwangsvollstreckungsmaßnahmen als einzelnen Baustein versichern die wenigsten Rechtsschutzversicherungen separat, sie sind den einzelnen Sparten angeschlossen. Streitigkeiten aus dem Rechtsschutzversicherungsvertrag sind nicht Gegenstand des Versicherungsvertrages, § 3 Abs. 2h ARB.

In den meisten Fällen war der Anwalt bereits im Erkenntnisverfahren beauftragt und hat mit der Rechtsschutzversicherung korrespondiert. Der Fall ist dann bereits ein Schadensvorgang. Die Zwangsvollstreckung gilt als eigene Angelegenheit, daher erstreckt sich die Deckungszusage des Erkenntnisverfahrens nicht auf die Zwangsvollstreckung.

Werden durch Maßnahmen der Zwangsvollstreckung **Rechte Dritter betroffen** (Drittschuldner, fremdes Eigentum), so kann dies für den Dritten eine eigene Angelegenheit sein. Für den Gläubiger sind die eingelegten Rechtsmittel, wie Drittwiderspruchsklage von der Deckungszusage für die einzuleitenden Zwangsvollstreckungsmaßnahmen mit umfasst. Auch Anfechtungen nach dem Anfechtungsgesetz können zu einer Deckungszusage führen, da dies auch eine Form der Zwangsvollstreckungsmaßnahme ist.

Die Einholung der Deckungszusage löst eine gesonderte Gebühr gemäß § 15 Abs. 1 RVG, Nr. 2300 VV RVG aus. Über diesen Umstand ist der Mandant vorab aufzuklären (→ Form. A. II. 18), da er die Deckungszusage auch selbst einholen kann. Diese Information schützt vor unnötigen Diskussionen. Zu unterscheiden ist allerdings, wenn der Mandant ausdrücklich die Einholung der Deckungszusage beauftragt, ohne dass ein Auftrag für die weitere Bearbeitung bzw. vergangene Bearbeitung vorliegt.

Die konkrete Versicherungspolice nebst ARB gibt Aufschluss über die **Anzahl der gedeckten Zwangsvollstreckungsmaßnahmen**. Die meisten Versicherungen decken 3 Vollstreckungsversuche ab (§ 5 Abs. 3d ARB). Die gesetzlichen Gebühren für Rechtsanwalt, Kosten des Gerichts und des Gerichtsvollziehers sind gedeckt. Um aber hier nicht unnötige Kosten auszulösen, sind die ARB zu prüfen. Besteht Unsicherheit, ist eine zusätzliche Frage bei der Rechtsschutzversicherung zu empfehlen.

In der konkreten Versicherungspolice ist auch zu prüfen, ob **Wartefristen** vorliegen und ob der Versicherungsnehmer alle Beiträge pünktlich gezahlt hat. Dies kann zur Ablehnung der Deckung führen. Die meisten Versicherungen haben in ihren ARBen verankert, dass nur dann Zwangsvollstreckungsmaßnahmen vom Vollstreckungsschutz umfasst sind, wenn die Rechtskraft des Titels nicht älter als 5 Jahre ist (§ 5 Abs. 3e ARB). Auch hier sollten immer die ARBen geprüft werden.

Die Rechtsschutzversicherung prüft gem. § 18 Abs. 1b ARB, ob hinreichend Aussicht auf Erfolg besteht. Bei Zwangsvollstreckungsdeckungszusagen ist diese Abwägung sicherlich immer sehr schwierig. Weiterhin kann die Rechtsschutzversicherung bei einem groben Missverhältnis zwischen Kosten und angestrebten Erfolg (§ 18 Abs. 1a der überwiegenden ARB) die Deckung ablehnen. Dann ist der Schiedsgutachter anzurufen. Bei einer Ablehnung nach Eintritt eines Rechtschutzfalles kann der Versicherungsnehmer die Versicherung gemäß § 13 Abs. 1 ARB kündigen, wenn eine Leistungspflicht bestand.

Dem Versicherungsnehmer bleibt die Möglichkeit, Deckungsklage einzureichen (bzw. ein Schiedsgutachtenverfahren einleiten, ARB 1994), wenn dem Rechtsschutzbegehren nicht entsprochen wird. Die Deckungsklage kann nur innerhalb von 6 Monaten nach Ablehnung der Deckung erhoben werden, wenn der Versicherungsnehmer im Ablehnungsschreiben auf diese Frist und die mit ihrem Ablauf verbundenen Rechtsfolgen (endgültiger Verlust des Rechtschutzanspruchs) hingewiesen wurde (§ 19 ARB) (siehe auch vertiefend: *Harbauer*, Rechtsschutzversicherung, 8. Aufl. 2010).

2. Die „richtige" Rechtsschutzversicherung um Deckungszusage zu ersuchen, erspart viel Arbeit. Vom Mandanten sollte nicht nur eine Versicherungsnummer übergeben werden, mit dem Hinweis, er ist bei XY versichert, sondern er sollte immer die Versicherungspolice vorlegen. Zum einen kann dort der Umfang der Rechtsschutzversicherung festgestellt werden, Besonderheiten, wie zB Selbstbeteiligung und auch, ob Wartefristen aufgrund des Vertragsschlusses vorliegen. Besondere Obacht ist zu geben, wenn der Mandant seine Rechtsschutzversicherung gewechselt hat. Hier ist zu prüfen, welche Versicherung für den konkreten Fall zuständig ist. Es kommt auf den Schadenszeitpunkt an. **Zuständig** ist das Schadenbüro oder die Schadenabteilung der Rechtsschutzversicherung. Sind diese aus den Unterlagen des Versicherungsnehmers nicht ersichtlich, ist die Rechtsschutzversicherung an ihrem Hauptsitz anzuschreiben.

3. Die Betreffzeile sollte – wie in jedem Schriftwechsel mit Banken oder Versicherungen – immer zwei Daten enthalten: Die Versicherungsnummer und den Versicherungsnehmer. Beim Versicherungsnehmer sollte – gerade bei älteren Verträgen – neben Vor- und Zuname und Anschrift auch das Geburtsdatum angegeben werden, da über diese Daten der Vertrag gesucht werden kann. In den Fällen der Deckungsschutzanfrage für

Zwangsvollstreckungsmaßnahmen liegt häufig bereits eine Deckungszusage zum Erkenntnisverfahren vor. Dann sollte diese Schadennummer auch mit angegeben werden.

4. Um die Erfolgsaussichten der Zwangsvollstreckungsmaßnahmen – zumindest formal – prüfen zu können, ist es erforderlich, den Titel in Kopie sowie weitere Unterlagen, wie die Zahlungsaufforderung, eventuell weiteren Schriftwechsel dem Schreiben beizufügen.

5. Die meisten Rechtsschutzversicherungen sehen eine **Selbstbeteiligung** vor. Ist diese in der Police nicht erkennbar bzw. erinnert sich der Mandant nicht, sollte noch einmal ausdrücklich nachgefragt werden. Da die Kosten der üblichen Zwangsvollstreckungsmaßnahmen gering sind, reicht die Selbstbeteiligung oft für die Deckung der Kosten aus. Dies sollte dann vom Mandanten angefordert werden.

18. Schreiben an Mandant mit Hinweis der gesonderten Gebühr (§ 19 Abs. 1 RVG, Nr. 2300 VV RVG)

An

..... [Name und Adresse des/der Mandanten/in][1, 2]

Sehr geehrte(r) .....,

zwischenzeitlich liegt das rechtskräftige Urteil des Amtsgerichts ..... vor. Die Gegenseite ist unter Fristsetzung zur Zahlung aufgefordert worden. Die Schreiben fügen wir zur Kenntnisnahme bei.[3]

Der nächste sinnvolle Schritt ist die Einleitung von Zwangsvollstreckungsmaßnamen. Diese sind mit Kosten und Risiken verbunden. Bekanntlich haben Sie eine Rechtsschutzversicherung, die in der Regel drei Zwangsvollstreckungsversuche abdeckt.

Ich bitte Sie, mir kurzfristig zu bestätigen, ob ich eine Deckungszusage bei der Rechtsschutzversicherung einholen soll. Dies löst eine Gebühr gemäß Nr. 2300 VV RVG in Höhe von ..... EUR aus. Zur Vermeidung der Gebühr können Sie die Deckungszusage auch selbst einholen.[4]

.....

Rechtsanwalt

Anmerkungen

1. Die Einholung der Deckungszusage bei den Rechtsschutzversicherungen stellt eine besondere Angelegenheit gem. § 19 Abs. 1 RVG, Nr. 2300 VV RVG dar. Allerdings sei darauf hingewiesen, dass der BGH in seiner aktuellen Entscheidung zur Erstattungsfähigkeit der Anwaltsgebühr für die Einholung der Deckungszusage dies ausdrücklich nicht entschieden hat (BGH NJW 2011, 1222). Da je nach Höhe des Streitwertes diese Geschäftsgebühr durchaus einen beträchtlichen Betrag ausmachen kann, ist der Mandant auf diesen Umstand vorab hinzuweisen. Zu Information hinsichtlich der Deckung für Zwangsvollstreckungsmaßnahmen wird auf → Form. A. II. 17 Anm. 1 verwiesen. Siehe auch vertiefend: *Bauer* NJW 2015, 1329.

2. Angeschrieben werden muss der Mandant bzw. die Mandanten, die das vorherige Verfahren beauftragt hatten.

3. Es bietet sich an, den Sachstand kurz zu schildern, vielleicht auch konkrete Zwangsvollstreckungsmaßnahmen zu benennen, wenn aus dem konkreten Mandat sinnvolle Zwangsvollstreckungsmaßnahmen ersichtlich sind. Sollte der Mandant die Deckungszusage selbst einholen wollen, hat er auch diese Information und Unterlagen bereits vorliegen.

4. Hier ist er aufzuklären, dass eine gesonderte Geschäftsgebühr anfällt. Diese sollte konkret berechnet werden, sodass der Mandant über die Höhe der Gebühr nicht im Unklaren ist. Weiterhin ist er darauf hinzuweisen, dass er zur Vermeidung der Gebühr die Deckungszusage auch selbst einholen kann. Gerade vor dem Hintergrund, dass diese anfallende Gebühr nicht immer als Verzugsschaden beim Schuldner durchgeholt werden kann, ist der Mandant aufzuklären. Der BGH hat in einer Entscheidung noch einmal ausdrücklich darauf hingewiesen, dass die gesonderte Gebühr für die Einholung der Deckungszusage nur dann einen Verzugsschaden darstellt, wenn es keine einfache Angelegenheit ist (BGH NJW 2011, 1222; NJW 2011, 296).

19. Sachstandsinformation an die Rechtsschutzversicherung

An die

. . . . .

Rechtsschutzversicherung[1]

Versicherungs-Nr. . . . . .

Versicherungsnehmer: . . . . .

Schaden-Nr.[2] . . . . .

Sehr geehrte(r) . . . . .,

anliegend übersende ich das Gerichtsvollzieherprotokoll nebst Kostenrechnung zur Kenntnisnahme. Wie Sie dem Gerichtsvollzieherprotokoll entnehmen können, bestehen Bankverbindungen bei verschiedenen Banken. Dort werden Pfändungsmaßnahmen ausgebracht, um eventuell Bankguthaben zu verstricken. Über das Ergebnis der Maßnahme werde ich unverzüglich berichten.[3]

. . . . .

Rechtsanwalt

Anmerkungen

1. Wegen der allgemeinen Ausführungen zu den Rechtsschutzversicherungen wird auf → Form. A. II. 17 Anm. 1 verwiesen.

2. → Form. A. II. 17 Anm. 3.

3. Die Rechtsschutzversicherungen sind gemäß der ARB laufend über das Verfahren zu unterrichten. Dies sollte der Anwalt immer auch im eigenen Interesse zur Sicherung seines Honorars tun.

20. Schreiben an Rechtsschutzversicherung wegen Kostenvorschuss

An die

. . . . .

Rechtsschutzversicherung[1]

Versicherungs-Nr. . . . . .

Versicherungsnehmer: . . . . .

Schaden-Nr.[2]. . . . .

Sehr geehrte Damen und Herren,

ich nehme Bezug auf die Deckungszusage vom . . . . . Es ist erforderlich, die Wohnung durch einen Gerichtsvollzieher räumen zu lassen. Die erforderlichen Anträge sind gestellt. Der Gerichtsvollzieher beantragt für die Räumung einen Kostenvorschuss in Höhe von . . . . . EUR. Ich bitte Sie, diesen Kostenvorschuss unmittelbar an den Gerichtsvollzieher anzuweisen, damit er schnellstens räumen kann.

Ich füge diesem Schreiben das Gerichtsvollzieherprotokoll nebst Kostenvorschussantrag bei.[3]

. . . . .

Rechtsanwalt

Anmerkungen

1. Wegen der allgemeinen Ausführungen zur Rechtsschutzversicherung wird auf → Form. A. II. 17 Anm. 1 verwiesen. Soweit ein Räumungsfall vorliegt, der von der Rechtsschutzversicherung gedeckt ist, geht es üblicherweise um sehr hohe Kosten. Hier ist es sinnvoll, die Rechtsschutzversicherung über den Kostenvorschuss unmittelbar zu informieren und zur Zahlung aufzufordern.

2. → Form. A. II. 17 Anm. 3.

3. Die Rechtsschutzversicherung ist grundsätzlich über das laufende Verfahren zu informieren (→ Form. A. II. 19). Bei den Räumungsvollstreckungen ist die Besonderheit der sehr hohen Kosten, die oft nicht vom Schuldner einzutreiben sind. Hier empfiehlt sich, den Kostenvorschuss unmittelbar von der Rechtsschutzversicherung an den Gerichtsvollzieher anzufordern. Zum einen ist das der schnellere Weg, zum anderen müssen die Kosten nicht ausgelegt werden. Selbstverständlich ist, dass alle erforderlichen Unterlagen, die die Rechtsschutzversicherung braucht, beizufügen sind.

21. Anfrage Deckungszusage für weiteren Vollstreckungsversuch (Kulanz)

An die

.....

Rechtsschutzversicherung[1]

Versicherungs-Nr. .....

Versicherungsnehmer: .....

Schaden-Nr.[2] .....

Sehr geehrte Damen und Herren,

ich nehme Bezug auf die Deckungszusage vom ..... Ich habe in dieser Angelegenheit drei Zwangsvollstreckungsmaßnahmen erfolglos durchführen lassen. Der Versicherungsnehmer hat jetzt den Anspruch des Schuldners gegen eine Lebensversicherung ermittelt, die – trotz sorgfältiger Recherche meinerseits – bislang nicht ersichtlich war. Die von dem Gerichtsvollzieher übersandte Vermögensauskunft war an dieser Stelle unvollständig. Es ist geboten, die Lebensversicherung zu pfänden und die Forderung auf diesem Wege einzutreiben. Aufgrund der Aussage des Versicherungsnehmers sind die Aussichten sehr positiv, ein letztes Risiko verbleibt dennoch.

Die von Ihnen gedeckten drei Zwangsvollstreckungsversuche sind verbraucht und ich ersuche Sie, auf dem Kulanzwege eine Deckungszusage für die vorgenannte vierte Zwangsvollstreckungsmaßnahme zu erteilen. Bekanntlich sind Sie dazu nicht verpflichtet, jedoch besteht Aussicht, neben der Hauptforderung, nunmehr auch die Kosten zu erhalten, sodass Sie letztendlich von einer Kostentragung befreit werden.[3]

Für Rückfragen stehe ich Ihnen gerne zur Verfügung.

.....

Rechtsanwalt

Anmerkungen

1. Es wird wegen der allgemeinen Ausführungen zu den Rechtsschutzversicherungen auf → Form. A. II. 17 Anm. 1 verwiesen. Dort ist auch ausgeführt, dass die Rechtsschutzversicherungen in ihren allgemeinen Bedingungen die Deckung für die Zwangsvollstreckungsmaßnahmen auf drei beschränkt haben. Dies wird vor dem Hintergrund einer unkalkulierbaren Kostentragung durch die Rechtsschutzversicherung vereinbart. Allerdings sind die Rechtsschutzversicherungen in Einzelfällen bereit, auf Kulanzbasis weitere Zwangsvollstreckungsmaßnahmen zu finanzieren. Dabei spielen verschiedene Gesichtspunkte eine Rolle: Dauer des Vertrages, Anzahl der Inanspruchnahmen der Rechtsschutzversicherung, Kundenverbindung allgemein, besondere Härte beim Versicherungsnehmer. Im Einzelfall ist darauf einzugehen. Dieses Kulanzschreiben sollte nur in Ausnahmefällen verwandt werden. Wie der Begriff Kulanz schon sagt, besteht keine Verpflichtung der Rechtsschutzversicherung zur Kostentragung und nur in Ausnahmefällen wird über die vertragliche Pflicht hinaus Deckung erteilt. Wird die Kulanz zu „oft in Anspruch“ genommen, kann es passieren, dass es keine Kulanzentscheidungen mehr gibt.

2. → Form. A. II. 17 Anm. 3.

3. Der Rechtsschutzversicherung ist der konkrete Einzelfall zu schildern. Dabei ist auf die Besonderheit der vierten Zwangsvollstreckungsmaßnahme ausführlich einzugehen. Dabei kann es sich um Informationen handeln, die bis dahin nicht bekannt sein konnten oder Erkenntnisse aus der dritten Zwangsvollstreckungsmaßnahme. Weiterhin ist darauf einzugehen, warum es vorher nicht erkennbar war.

22. Schreiben an GDV wegen Kündigung Rechtsschutzversicherung

An den

Gesamtverband der Deutschen Versicherungswirtschaft e. V.[1]

– Hinweis- und Informationssystem –

Wilhelmstr. 43/43G

10117 Berlin[2]

Auskunft aus HIS Datei

Statusmeldung[3]

Sehr geehrte Damen und Herren,

ich bitte Sie, mir einen Auszug aus dem Hinweis und Informationssystem (HIS) zur Prüfung der Versicherungskündigung zu übersenden. Insbesondere bitte ich um die Einträge der Rechtsschutzversicherung . . . . ., Versicherungs-Nr . . . . ., gemeldeten Schadensfälle.[4]

Diesem Schreiben füge ich eine Kopie meines Personalausweises bei. Gerne können Sie mir die Information auf elektronischen Wege unter der E-Mail Adresse . . . . . übersenden.[5]

. . . . .

[Unterschrift Mandant][6]

Anmerkungen

1. Wegen der allgemeinen Ausführungen zur Rechtsschutzversicherung wird auf → Form. A. II. 17 Anm. 1 verwiesen. Sollte der Mandant eine Kündigung seiner Rechtsschutzversicherung ohne erkennbaren Grund erhalten, ist diese zu prüfen. Dies kann anhand der vom Gesamtverband der deutschen Versicherungswirtschaft e. V. eingerichteten Hinweis- und Informationssystem erfolgen. Diese – kurz genannt HIS – Datenbank enthält alle aus der Versicherungsgesellschaft gemeldeten „schwarze Schafe“. HIS ist eine Auskunftei im Sinne des Bundesdatenschutzgesetzes. Jeder Versicherte erhält bei Vertragsschluss die Information, wann ein Eintrag erfolgt. Sollte der Mandant versehentlich dort als Risikokunde eingestuft worden sein, kann aufgrund der Auskunft und der Kenntnis aus der HIS Datenbank weiterführende Korrespondenz mit der Rechtsschutzversicherung mit dem Ziel geführt werden, den Versicherungsschutz wieder herzustellen.

Beachte im Zusammenhang mit einem ungerechtfertigten Verhalten der Versicherung die Änderungen des Versicherungsaufsichtsrechts sowie das Urteil des VG Frankfurt NJW 2011, 2747.

2. In der Betreffzeile ist das Auskunftsverlangen zu bezeichnen.

3. Neben dem konkreten Auskunftsverlangen ist der Grund für die Auskunft kurz zu benennen. Es ist auch möglich, über alle Meldungen in der HIS Datenbank Auskunft zu erhalten. Soweit das von Interesse ist, ist das Schreiben entsprechend abzuändern.

4. Die erbetene Auskunft gibt Aufschluss darüber, was eventuell zu einer Kündigung des Rechtschutzvertrages geführt haben könnte.

5. Die Auskunft kann nur schriftlich unter Beifügung einer Kopie des Personalausweises (Vorder- und Rückseite) verlangt werden. Die Auskunft wird per Brief oder auf elektronischen Weg erteilt. Wenn nur die Auskunft per Brief verlangt wird, muss dies entsprechend abgeändert werden. Allerdings ist die Auskunft auf dem elektronischen Weg schneller.

6. Das Schreiben sollte der Mandant selbst verschicken. Es fällt zum einen keine Gebühr für ihn an und es werden eventuelle Diskussionen wegen der Vollmacht mit dem Gesamtverband der Versicherungswirtschaft vermieden.

23. Abrechnungsschreiben an Rechtsschutzversicherung

An die

. . . . .

Rechtsschutzversicherung[1]

Versicherungs-Nr. . . . . .

Versicherungsnehmer: . . . . .

Schaden-Nr.[2]. . . . .

Sehr geehrte Damen und Herren,

ich nehme Bezug auf die Deckungszusage vom . . . . . Ich habe in dieser Angelegenheit drei Zwangsvollstreckungsmaßnahmen durchgeführt. Die entsprechenden Unterlagen habe ich Ihnen bereits übersandt. Aus den Maßnahmen konnte ein Betrag in Höhe von . . . . . EUR erzielt werden. Diesen habe ich auf meine Rechtsanwaltskosten angerechnet. Ich bitte Sie, die weiteren Kosten, Rechtsanwaltskosten, Auslagen, Gebühren Dritter und angefallen Pauschalen gemäß Abrechnung auf das im Briefkopf genannte Konto zu überweisen.[3]

. . . . .

Rechtsanwalt

Anmerkungen

1. Wegen der allgemeinen Ausführungen zu den Rechtsschutzversicherungen wird auf → Form. A. II. 17 Anm. 1 verwiesen. Am Ende der rechtsanwaltlichen Tätigkeit ist der

Vorgang vollständig abzurechnen. Bei kleinen Mandaten wird das sicherlich nur einmal sein. Bei umfangreicheren, eventuell mit hohen Kostenvorschüssen verbundenen Mandaten – wie das Räumungsmandat – ist sicherlich zwischenzeitlich ein Kostenvorschussanschreiben erfolgt. Es sind alle Kosten, Gebühren, Pauschalen anzugeben, ebenso eventuelle Erträge aus Zwangsvollstreckungsmaßnahmen.

2. → Form. A. II. 17 Anm. 3.

3. Bei kleinen Mandaten wird das Abrechnungsschreiben am Ende der Tätigkeit stehen. Soweit die Rechtsschutzversicherung laufend vom Verfahren informiert war, ist bei der Abrechnung nur noch darauf Bezug zu nehmen. Handelt es sich um ein kurzes Verfahren, sind mit der Abrechnung auch alle Unterlagen mit zu übersenden. Bei umfangreicheren, eventuell mit hohen Kostenvorschüssen verbundenen Mandaten – wie das Räumungsmandat – ist sicherlich zwischenzeitlich ein Kostenvorschussanschreiben erfolgt. Dies ist dann entsprechend zu berücksichtigen. Es sind alle Kosten, Gebühren, Pauschalen anzugeben, ebenso eventuelle Erträge aus Zwangsvollstreckungsmaßnahmen.

24. Antrag auf Festsetzung des Gegenstandswertes (§§ 33, 25 RVG)

An das

Amtsgericht/Familiengericht/Landgericht[1]

– Vollstreckungsgericht/Prozessgericht –[2]

. . . . .

In der Zwangsvollstreckungssache

. . . . .

– Gläubiger/in –

gegen

. . . . .

– Schuldner/in –

wird gemäß § 33 RVG beantragt, den Gegenstandswert für meine Tätigkeit festzusetzen.

Der/Die Gläubiger/in hat gegen den/die Schuldner/in gemäß Vollstreckungstitel vom . . . . ., AG . . . . ., Az. . . . . ., eine titulierte Forderung in Höhe von . . . . . EUR. Nach der Zustellung des Titels wurde in voller Höhe ausweislich des anliegenden Vollstreckungsprotokolls vollstreckt.[3]

(Alternative 1:

Es wird beantragt, den Gegenstandswert auf . . . . . EUR festzusetzen. Die Vollstreckung erfolgte in . . . . . Dieser Gegenstand hatte zum Zeitpunkt der Vollstreckung einen objektiven Verkehrswert von . . . . . EUR.)

(Alternative 2:

Bei der Vollstreckung des Räumungstitels/Unterhaltstitels ist die Jahresmiete/Jahresunterhalt in Höhe von . . . . . EUR zugrunde zu legen.[4])

(Alternative 1:

Im Rahmen der Zwangsversteigerung wurde der Gläubiger/Schuldner/sonstige Beteiligte vertreten. Dabei ist die vollstreckte Forderung/Verkehrswert in Höhe von ..... EUR bei der Bestimmung des Gegenstandswertes zu Grunde zu legen.[5])

(Alternative 2:

Im Rahmen der Zwangsverwaltung wurde der Gläubiger/Schuldner/sonstige Beteiligte vertreten. Dabei ist die vollstreckte Forderung in Höhe von ..... EUR bei der Bestimmung des Gegenstandswertes zu Grunde zu legen.[6])

(Alternative 3:

Es wurde ein Antrag auf Abgabe der Vermögensauskunft gestellt. Dabei wurde eine Forderung in Höhe von ..... EUR vollstreckt. Der Gegenstandswert ist in Höhe von ..... EUR festzusetzen.[7])

Der Antrag ist zulässig, da die anwaltliche Vergütung seit dem ..... fällig ist.[8]

.....

Rechtsanwalt[9]

Anmerkungen

1. Gemäß § 33 RVG findet eine **gesonderte Festsetzung des Gegenstandswertes** für die Anwaltsgebühren immer dann statt, wenn der Gegenstand der anwaltlichen Tätigkeit nicht mit dem des gerichtlichen Verfahrens identisch ist und somit der Gegenstandswert für die Gerichtsgebühren nicht für die Anwaltsgebühren übernommen werden kann, oder wenn zur Berechnung der Gerichtsgebühren kein Gegenstandswert erforderlich ist, weil es sich bei den anfallenden Gerichtsgebühren um Fest- oder Betragsrahmengebühren handelt, oder wenn das gerichtliche Verfahren gebührenfrei ist, also keine Gerichtsgebühren anfallen. Schließlich ist die gesonderte Festsetzung des Gegenstandswertes auch dann erforderlich, wenn sich der Gegenstandswert für die Anwaltsgebühren nach besonderen Wertvorschriften richtet, also die Wertvorschriften für den Gegenstandswert für die Gerichtskosten nicht für den Anwaltsgebührenwert anzuwenden sind. **Antragsberechtigt** ist der Anwalt, sein Auftraggeber, ein erstattungspflichtiger Gegner und im Falle der Prozesskostenhilfe die Bundes- bzw. Landeskasse. Die §§ 25–29 RVG bestimmen, nach welchen Grundsätzen der Gegenstandswert bei der Zwangsvollstreckung festzusetzen ist. Dabei regelt § 25 RVG die Vollstreckung in das bewegliche Vermögen. § 26 RVG bestimmt, wie der Gegenstandswert der Zwangsversteigerung ermittelt wird, § 27 RVG den der Zwangsverwaltung, § 28 RVG den des Insolvenzverfahrens und § 29 RVG den des Verteilungsverfahrens nach der Schifffahrtsrechtlichen Verteilungsverordnung. Weiterhin werden die Bestimmungen des GKG für die Festsetzung des Gegenstandswertes herangezogen.

2. Zuständig für den Antrag nach § 33 RVG ist das Gericht, bei dem der Rechtsstreit anhängig war, also das Prozessgericht. Wurde bereits eine Vollstreckungsmaßnahme beantragt, besteht die Zuständigkeit des für die Vollstreckung zuständigen Gerichts.

3. Soweit der **Gegenstandswert mit dem vollstreckten Anspruch identisch** ist, ist keine weitere Ausführung erforderlich. Für den Gegenstandswert in der Zwangsvollstreckung sind gemäß § 25 Abs. 1 Nr. 1 RVG die titulierte Forderung, die angelaufenen Zinsen bis zu dem Tag, an dem die Zwangsvollstreckung ausgeführt bzw. der Auftrag zurückgenommen wird, die titulierten vorgerichtlichen Kosten, die festgesetzten Kosten des gerichtlichen Mahnverfahrens und die Kosten der bisherigen Vollstreckungsmaßnahmen entscheidend. Alle diese Beträge – soweit sie im konkreten Fall angefallen sind – werden addiert und als Gegenstandswert zugrunde gelegt. Soweit wegen einer Teilforderung vollstreckt wird, ist diese zugrunde zu legen. Wird die Zwangsvollstreckung in einen bestimmten Gegenstand betrieben, und hat dieser Gegenstand einen geringeren Wert als die titulierte Forderung, ist der geringere Wert des Gegenstandes maßgeblich (→ Anm. 4).

4. Wurde die **Vollstreckung in einen bestimmten Gegenstand** beantragt und weicht der Wert des Gegenstandes von der Forderung ab, ist der Wert des Gegenstandes zum Zeitpunkt der Vollstreckung, nicht der Verwertung, maßgebend. Weichen beide Werte voneinander ab, ist eine gesonderte Begründung erforderlich. Es ist nicht entscheidend, was der Gegenstand bei der Verwertung eingebracht hat. Üblicherweise wird aber beantragt, wegen der gesamten Forderung bzw. Teilforderung in das gesamte Vermögen des Schuldners zu vollstrecken. Dann ist der Forderungswert gemäß → Anm. 3 entscheidend. Anderes gilt bei der Vollstreckung in eine genau bezeichnete einzelne Forderung des Schuldners. Dies ist eine Vollstreckung in einen bestimmten „Gegenstand" gemäß § 25 Abs. 1 Nr. 1 RVG. Es gilt dann wieder, dass, wenn der Wert der Forderung, in die vollstreckt wird, geringer ist als der Wert der Forderung, wegen derer die Zwangsvollstreckung betrieben wird, der geringere Wert entscheidend ist. Ist die Pfändung allerdings erfolglos, gibt es Stimmen, die den Wert auf 0,00 EUR festsetzen und den Rechtsanwalt auffordern, den Pfändungs- und Überweisungsbeschluss hinsichtlich der Kosten zu korrigieren (AG Hamburg Beschl. v. 1.5.2007 – 325 T 41/07, BeckRS 2011, 13778; anders OLG Neustadt JurBüo 1964, 601). Für das Verfahren zur Abgabe der Vermögensauskunft gilt der Höchstwert von 2.000 EUR gemäß § 25 Abs. 1 Nr. 4 RVG. Bei der Räumung/Herausgabe einer Wohnung darf der Gegenstandswert der Zwangsvollstreckung nicht höher sein als der des Erkenntnisverfahrens. In der Regel ist auch in der Zwangsvollstreckung eines Räumungstitels die Miete für ein Jahr anzunehmen. Beachte für weitere Fälle auch § 42 GKG. Bei der Herausgabevollstreckung gemäß §§ 883 ff. ZPO ist der Wert des herauszugebenden Gegenstandes entscheidend, § 25 Abs. 1 Nr. 2 RVG; Ausnahme die Räumungsvollstreckung (so). Bei der Vollstreckung einer vertretbaren oder unvertretbaren Handlung gemäß §§ 887, 888 ZPO wird der Gegenstandswert nach billigem Ermessen geschätzt. Dabei sind die Grundsätze des § 3 ZPO zugrunde zu legen. Es wird auf die einschlägige Kommentierung verwiesen.

5. Bei der **Zwangsversteigerung** ist zu unterscheiden, für wen der Rechtsanwalt tätig war. War er für den Gläubiger oder einen anderen Beteiligten im Sinne des § 9 Nr. 1 und 2 ZVG tätig, dann bestimmt sich der Gegenstandswert nach der Höhe zugunsten des Mandanten titulierten Forderung inklusive der Nebenforderungen. Der Verkehrswert gemäß § 74a Abs. 5 ZVG oder der zu verteilende Erlös begrenzt die Bestimmung des Gegenstandswertes nach oben. Soweit der Schuldner oder ein anderer Beteiligter vertreten wird, bestimmt sich der Gegenstandswert nach dem Grundstückswert, §§ 66 Abs. 1, 74a Abs. 5, 162 ZVG bzw. des zu verteilenden Erlöses. Soweit der Rechtsanwalt eine Termingebühr für die Teilnahme am Versteigerungstermin gemäß Nr. 3311, 3312 VV RVG geltend machen kann, kann der Gegenstandswert unterschiedlich ausfallen. Vertritt der Anwalt einen nicht beteiligten Bieter, so bestimmt sich die Gebühr nach dem höchsten von ihm abgegebenen Gebot. Wird kein Gebot abgegeben, so bestimmt sich der Wert nach dem Verkehrswert. Auch im Falle der Zwangsverwaltung (→ Anm. 6) ist gemäß § 27 RVG der Gegenstandswert unterschiedlich zu bestimmen, je nachdem, auf welcher Seite der Anwalt tätig geworden ist.

6. Wird der Antragsteller des **Zwangsverwaltungsverfahrens** vertreten, so bestimmt sich der Gegenstandswert nach der zu vollstreckenden Forderung inklusive aller Nebenforderungen. Soweit die vollstreckbare Forderung aus einer wiederkehrenden Leistung besteht, ist der Jahreswert der Leistung als Gegenstandswert anzusetzen. Wird der Schuldner der Zwangsverwaltung vertreten, sind alle Forderungen der betreibenden Gläubiger zusammengerechnet zugrunde zu legen. Wird ein sonstiger Beteiligter vertreten, bestimmt sich der Gegenstandswert gemäß § 23 Abs. 3 S. 2 RVG nach billigem Ermessen.

7. Soweit der Schuldner **Schutzanträge** stellt, ist der Gegenstandswert für den Gläubiger und den Schuldner gemäß § 25 Abs. 2 RVG nach billigem Ermessen festzusetzen.

8. Zulässig ist der Antrag erst mit Fälligkeit der Anwaltsgebühren. Sie sind fällig, wenn der Auftrag erledigt oder die Angelegenheit beendet ist.

9. Das Gericht setzt den Gegenstandswert durch Beschluss fest. Gegen diesen Beschluss kann binnen 2 Wochen seit Zustellung des Wertfestsetzungsbeschlusses **Beschwerde** eingelegt werden, § 33 Abs. 3 S. 3 RVG. Sie ist nur zulässig, wenn der Beschwerdewert 200 EUR übersteigt oder die Beschwerde durch das Gericht zugelassen wurde.

25. Anwaltliche Ankündigung der Zwangsvollstreckung gegenüber dem Schuldner

An

. . . . . [Schuldner][1]

. . . . . [nähere Bezeichnung des Titels]; hier: Androhung der Zwangsvollstreckung

Sehr geehrte(r) . . . . . ,

in der oben bezeichneten Angelegenheit vertreten wir, wie Ihnen bereits bekannt ist, den/die [Gläubiger] anwaltlich. Die uns erteilte Vollmacht erstreckt sich auch auf Maßnahmen der Zwangsvollstreckung. Ferner berechtigt die Vollmacht uns auch zur Entgegennahme von Geldbeträgen für unsere Mandantin/unseren Mandanten. Eine schriftliche Vollmachtsurkunde füge ich vorsorglich bei.[2]

Durch . . . . . [nähere Bezeichnung des Zahlungstitels] sind Sie zur Zahlung von . . . . . EUR verurteilt worden, Zug-um-Zug gegen Beseitigung der im Tenor des Urteils im einzelnen bezeichneten Mängel.[3]

In diesem Verfahren sind Sie anwaltlich von Rechtsanwalt . . . . . vertreten worden. Da ich nicht mit Gewissheit beurteilen kann, ob Rechtsanwalt . . . . . Sie auch im Zwangsvollstreckungsverfahren vertritt, erlaube ich mir, mich mit diesem Schreiben unmittelbar an Sie zu wenden. Ihrem seinerzeitigen Prozessbevollmächtigten lasse ich ein gleich lautendes Schreiben zukommen.[4]

Die vollstreckbare Ausfertigung des Urteils liegt mir seit dem . . . . . vor. Die im Tenor bezeichneten Mängel sind beseitigt. Sie haben die Mängelbeseitigungsarbeiten am . . . . . abgenommen und die Beseitigung sämtlicher Mängel mit Schreiben vom . . . . . ausdrücklich bestätigt.[5]

Damit ist der zugunsten unseres Mandanten titulierte Anspruch spätestens seit dem . . . . ., dh seit mehr als zwei Wochen, fällig. Der Sachverhalt ist Ihnen bekannt. Dennoch haben Sie die Forderung unseres Mandanten/unserer Mandantin bis heute nicht ausgeglichen.

Ich setze Sie daher insoweit hiermit in Verzug.[6] Zugleich setze ich Ihnen für den Ausgleich der Forderung unseres Mandanten/unserer Mandantin – zuzüglich kalendertäglich anfallender Zinsen in Höhe von . . . . . EUR – nunmehr letztmalig eine Frist bis zum

. . . . .

Nach Ablauf der Frist werden wir die Zwangsvollstreckung gegen Sie betreiben, ohne eine erneute Ankündigung.[7]

Durch dieses Schreiben entstehen unserem Mandanten/unserer Mandantin weitere Kosten, da dieses Schreiben der Vorbereitung der Zwangsvollstreckung dient.[8] Diese beziffern sich wie folgt:

. . . . . [nähere Berechnung der Anwaltskosten][9]

Da der Zahlungsanspruch unseres Mandanten/unserer Mandantin fällig ist, die vollstreckbare Ausfertigung vorliegt und Sie den Anspruch in angemessener Frist nicht erfüllt haben, sind Sie zur Erstattung dieser Kosten verpflichtet.[10] Für die Erfüllung dieses Erstattungsanspruchs durch Überweisung auf eines unserer Geschäftskonten gilt auch die vorstehend genannte Frist.

Sollten Sie zur Erfüllung des titulierten Anspruchs durch einmalige Zahlung wirtschaftlich nicht in der Lage sein und den Abschluss einer Ratenzahlungsvereinbarung anstreben, bitte ich Sie, sich umgehend mit mir in Verbindung zu setzen. Auf den Abschluss einer derartigen Vereinbarung würde unser Mandant/unsere Mandantin sich unter Umständen einlassen.[11]

. . . . .

Rechtsanwalt

Anmerkungen

1. Wenn der Schuldner **nicht anwaltlich vertreten** ist, ist die Zahlungsaufforderung selbstverständlich an ihn persönlich zur richten. Dies ist aber auch dann zu empfehlen, wenn die anwaltliche Vertretung des Schuldners – wie auch für das vorliegende Formular unterstellt – nicht restlos sicher ist. Sicherheitshalber kann dann ein gleich lautendes Schreiben an den mutmaßlichen anwaltlichen Vertreter, zB einen früheren Prozessbevollmächtigten, gerichtet werden.

2. Die **Beifügung einer schriftlichen Vollmacht** ist nicht zwingend erforderlich, zumal wenn der mit der Zwangsvollstreckung und ihrer Vorbereitung beauftragte Anwalt den Gläubiger bereits im Klageverfahren anwaltlich vertreten hat. Um einer etwaigen „Verzögerungsstrategie" des Schuldners vorzubeugen (zB hinsichtlich der Frage der Geldempfangsvollmacht) ist es aber sinnvoll, nach Möglichkeit eine schriftliche Vollmacht beizufügen.

3. Hier wird eine Zug-um-Zug Verurteilung angenommen, da die Androhung der Zwangsvollstreckung die Erfüllung der Gläubigerleistung voraussetzt und somit ein zusätzlicher Punkt beachtet werden muss. Die Voraussetzungen der Zwangsvollstreckung bei einer Zug-um-Zug Verurteilung ergeben sich aus den §§ 756, 765 ZPO. Sie sind sehr unangenehm und führen nicht selten dazu, dass zunächst Feststellungsklage erhoben werden muss, weil nur so die Erfüllung der vom Gläubiger zu erbringenden Gegenleistung in der erforderlichen Form (dh durch öffentliche Urkunde) nachzuweisen ist.

4. → Anm. 1.

5. Sofern der Schuldner die Erbringung der Gegenleistung durch den Gläubiger – hier: Mängelbeseitigung – anerkennt, soll entsprechend § 288 ZPO der Nachweis durch öffentliche Urkunde entbehrlich sein (vgl. hierzu Zöller/*Stöber* ZPO § 756 Rn. 9). Von dieser zwangsvollstreckungsrechtlichen Frage ist die zivilrechtliche Beurteilung zu unterscheiden: Unabhängig von dem Nachweis durch öffentliche Urkunde tritt die Fälligkeit des titulierten Anspruchs bereits durch die Erfüllung der Gegenforderung (hier Mängelbeseitigung) durch den Gläubiger ein.

6. **Verzug** muss in diesem Fall erst herbeigeführt werden, und zwar nach allgemeinen Regeln durch Mahnung (§ 284 BGB). Gegebenenfalls sollte dies mit dem anwaltlichen Mahnschreiben zur Vorbereitung der Zwangsvollstreckung nachgeholt werden.

7. Die Frage, ob es sinnvoll ist, die Zwangsvollstreckung zunächst vorher anzukündigen, lässt sich nicht pauschal und für jeden Fall in gleicher Weise beantworten (vgl. zu dieser Frage zB Hintzen/*Wolf* Rn. 1.30). Dagegen kann vor allem ein durch die Zwangsvollstreckung beabsichtigter Überraschungseffekt sprechen. Außerdem können durch die Zahlungsaufforderung zusätzliche Kosten entstehen (→ Anm. 8, 9), die unter Umständen zuvor ebenfalls vom Schuldner zu erstatten sind (→ Anm. 10), wobei jedoch die faktische Durchsetzbarkeit eines Erstattungsanspruchs offen bleibt. Auf der anderen Seite ist zu berücksichtigen, dass in bestimmten Fällen die Aussicht bestehen kann, den Schuldner durch das Aufforderungsschreiben zur freiwilligen Erfüllung des titulierten Anspruchs zu bewegen. Auf diese Weise würden zugunsten des Mandanten Zeit und Kosten gespart. Unter Umständen kann die vorherige Zahlungsaufforderung auch zum Abschluss einer sinnvollen Ratenzahlungsvereinbarung führen (→ Anm. 11). Das Gebühreninteresse des Anwalts darf selbstverständlich nicht den Ausschlag geben.

8. Diese Frage ist jedenfalls für die Praxis durch die Entscheidung des BGH vom 18.7.2003 (NJW–RR 2003, 1581) geklärt. Das Zahlungsaufforderungsschreiben bereitet die Zwangsvollstreckung vor (vgl. auch KG JurBüro 1983, 242; *Göttlich/Mümmler* S. 1257; *Schneider/Wolf* Nr. 3309, 3310 VV Rn. 14). Die Entstehung der Gebühr ist grundsätzlich unabhängig von der Frage der Erstattungsfähigkeit (→ Anm. 10) zu betrachten. Sofern die Kosten nicht erstattungsfähig sind, dürfte aber eine Aufklärungspflicht des Anwalts bestehen, deren Verletzung ein Regressrisiko begründet.

9. Es entsteht eine 0,3 Verfahrensgebühr nach Nr. 3309 VV RVG; die Auslagenpauschale nach Nr. 7002 VV RVG ist gesondert zu berechnen. Der Gegenstandswert ergibt sich aus der Höhe der Vollstreckungsforderung (vgl. § 25 Nr. 1 RVG).

10. Die Erstattungsfähigkeit der Kosten des Aufforderungsschreibens hängt davon ab, ob es sich um **notwendige Kosten im Sinne von § 788 Abs. 1 ZPO** iVm § 91 ZPO handelt. Durch die Entscheidung des BGH vom 18.7.2003 (NJW-RR 2003, 1581; *Schneider* NJW–Spezial 2011, 347; aA Stein/Jonas/*Münzberg* § 788 Rn. 17) ist geklärt, dass die durch ein Zahlungsaufforderungsschreiben zur Vorbereitung der Zwangsvollstreckung ausgelösten Kosten nur dann nicht notwendig sind, wenn ein Zwangsvollstreckungsauftrag im gleichen Zeitpunkt den Vollstreckungsbeginn noch nicht ermöglicht hätte. Das wiederum ist dann der Fall, wenn es an solchen Zwangsvollstreckungsvoraussetzungen fehlt, die auch nicht zugleich mit dem Beginn der Vollstreckung hergestellt werden können. Das bedeutet: Der Gläubiger muss eine vollstreckbare Ausfertigung des Titels in Händen halten. Die vollstreckbare Ausfertigung muss dem Schuldner aber noch nicht zugestellt worden zu sein, da die Zustellung der vollstreckbaren Ausfertigung gleichzeitig mit dem Beginn der Vollstreckung genügt. Die Notwendigkeit der Kosten (und damit ihre Erstattungsfähigkeit) ist außerdem dann zu verneinen, wenn die Wartefrist nach § 750 Abs. 3 ZPO bzw. § 798 ZPO noch nicht abgelaufen war, oder wenn der Schuldner sich nach einer Zug-um-Zug-Verurteilung noch nicht in Verzug befunden hat (§§ 756, 765 ZPO; vgl. hierzu auch OLG Hamm JurBüro 1992, 406). Richtigerweise kann es allerdings nicht darauf ankommen, ob sich der Schuldner zum Zeitpunkt der Zahlungsaufforderung bereits im Verzug befunden hat. Fälligkeit (wie im vorliegend gebildeten Fall) muss genügen. Es bleibt hier allerdings ein gewisses Risiko bestehen, dass die Kosten im Ergebnis als nicht erstattungsfähig angesehen werden könnten, weil zum einen der Schuldner erst mit dem Aufforderungsschreiben selbst in Verzug gesetzt wird, und weil zum anderen die Erfüllung der Gegenleistung des Gläubigers (hier: Mängelbeseitigung) nicht durch öffentliche Urkunde nachgewiesen werden kann, der Gläubiger sich vielmehr entsprechend § 288 ZPO auf ein „Anerkenntnis" berufen muss. Auf dieses Risiko sollte der Mandant auf jeden Fall hingewiesen werden. Streitig ist schließlich die Frage der Notwendigkeit (Erstattungsfähigkeit) der Kosten in dem praktisch relevanten Fall, in dem eine für die Vollstreckung erforderliche Sicherheit noch nicht geleistet worden ist (vgl. hierzu ausführlich *Schneider/Wolf* Nr. 3309, 3310 VV Rn. 17). Zusätzlich ist die Erstattungsfähigkeit in jedem Fall aber davon abhängig, dass dem Schuldner eine angemessene Frist zur freiwilligen Leistung eingeräumt worden sein muss. Eine Frist von zwei Wochen reicht aber jedenfalls aus (BGH NJW-RR 2003, 1581).

11. Im Einzelfall kann es sinnvoll sein, dem Schuldner von vorneherein den Abschluss einer Ratenzahlungsvereinbarung in Aussicht zu stellen, wenn zu vermuten ist, dass der Schuldner grundsätzlich leistungsbereit ist, sich aber in wirtschaftlichen Schwierigkeiten befindet, die ihm die sofortige Erfüllung der ganzen Forderung unmöglich machen.

III. Informationsbeschaffung über den Aufenthalt des Schuldners

1. Vorbemerkungen

1. Ermittlung des Aufenthaltsorts des Schuldners

Drei Dinge sind beim Erfolg der Zwangsvollstreckung von Bedeutung: Das Wissen um den Aufenthaltsort des Schuldners, seine Vermögenswerte und die richtige Vollstreckungsmaßnahme. Im nachfolgenden Kapitel geht es um die **Ermittlung des Aufenthaltsortes des Schuldners**. Allerdings sind das alles Maßnahmen, die immer schon möglich waren und im vorliegenden Formularhandbuch Zwangsvollstreckung durch Muster ausführlich dargelegt werden. Insoweit wird auf die einzelnen Muster und die dort gemachten Ausführungen verwiesen. Der Aufenthalt kann aber auch durch weitere – nicht schriftliche – Maßnahmen ermittelt werden. Dabei sind insbesondere das Internet gemeint, aber auch Informationen aus der Akte, Rückschlüsse aus der Akte, Wissen des Gläubigers und Telefonate. Es wird noch einmal ausdrücklich auf die → Form. A. II. 1 bis → Form. A. II. 1 (Checklisten) verwiesen. Soweit diese bislang vom Gläubiger/Mandanten nicht ausgefüllt wurden, sollte es jetzt nachgeholt werden.

Die Aufenthaltsermittlung beginnt anhand der vorliegenden Akte. Meist ist dies die Akte des Erkenntnisverfahrens, eventuell mit vorgelagertem Mahnverfahren. In der Akte ist zu ermitteln, wo sich der Schuldner aufhält. Ein durch einen Anwalt vertretener Schuldner kann schon lange seinen Wohnsitz verlegt haben. Hier ist eine einfache Zahlungsaufforderung an die letzte bekannte Anschrift zu versenden. Dabei sollte allerdings darauf geachtet werden, dass der Brief den Hinweis enthält, dass bei Umzug der Brief nicht einfach an die neue Adresse weitergeleitet wird, sondern dass der Brief mit der neuen Anschrift an den Absender zurück geschickt wird. Bringt dies keinen Erfolg, ist Recherche gefragt. Hier bietet das Internet die schnellste und kostengünstigste Möglichkeit:

2. Personensuche im Internet

Die **Personensuche im Internet** kann zum einen vom Gläubiger selbst vorgenommen werden. Dabei kann er verschiedene Suchmaschinen nutzen: zB deutschetelekom.de, klicktel.de, stayfriends.de, passado.de, keplerEX.de, wobistdu.com, etc. Hier ist Fantasie gefragt und eventuell Geduld. Nicht zu vergessen sind ebay.de und facebook.de. Hier ist auch an Fantasienamen zu denken, wenn gesucht wird. Eventuell kann über bekannte Hobbys oder Interessen bei facebook der Schuldner gefunden werden, zB Sammeln von ausgefallenden Tassen etc.

Weiterhin bietet „www.supercheck.de" für Anwälte den Service, im Internet professionell eine Personensuche durchführen zu lassen. Dieser schnelle und vergleichsweise günstige Service ist für Anwälte im Vollstreckungsrecht durchaus zu bedenken, da neben der Personensuche weitere Daten erfragt werden können. Es kann zB eine einfache Personensuche bis hin zur Einwohnermeldeamtsanfrage beauftragt werden. Dieser Service kostet derzeit zwischen 4,70–9,30 EUR. Weiterhin wird ein Service der Anschriftenermittlung „vor Ort" angeboten. Hier wird – ausgehend vom alten Wohnort – die Nachbarschaft befragt, Kostenpunkt: 34,00 EUR. Weitere Servicepunkte – wie auch Bonitätsermittlung – können beauftragt werden. Ebenso kann eine „Langzeitüberwachung" beauftragt werden, die nur bei Erfolg kostenpflichtig ist. Hier sind der Nutzen und die Höhe der Forderung ins Verhältnis zu setzen.

Neben dieser Internetrecherche ist auch an die bekannten Wirtschaftsauskünfte, wie Creditreform und Bürgel zu denken, die neben der Aufenthaltsermittlung gleichzeitig eine Vermögensermittlung durchführen. Weiterhin ist an die SCHUFA zu denken, die eine Vielzahl von Informationsmöglichkeiten bietet (→ Form. A. IV. 1). Auch die Deutsche Post bietet einen Service zur Ermittlung von Adressen, zum einen die einfache Anschriftenprüfung per Postkarte, aber auch eine regelmäßige Datenerneuerung unter Postadress-Move. Hier ist allerdings besondere Software zu installieren. Für Anwälte mit regelmäßigen Zwangsvollstreckungsmandaten ist dies sicherlich überlegenswert. Die deutsche Post bietet seit längeren den Service der **E-Post.** Hierbei ist eine E-Mail-Adresse an eine Postadresse gekoppelt. Zum einen kann über diesen Weg Post an den Empfänger gesandt werden, dies aber nur, wenn man selbst E-Post Nutzer ist. Zum anderen kann auf diesem Weg auch eine aktuelle Anschrift erfragt werden.

3. Personensuche

Die **Personensuche** kann weiterhin mit den Telefon-DVDs durchgeführt werden. Dort können ganze Straßenzüge, Häuser abgefragt werden. Das ist immer dann von Bedeutung, wenn der Schuldner nicht selbst eingetragen ist sondern Familienangehörige, etc. Weiterhin ist es manchmal sinnvoll, bei einem Nachbarn telefonisch nachzufragen. Der weiß eventuell von dem Wegzug und wohin er gezogen ist bzw., ob „nur" der Briefkasten geändert wurde, um den Eindruck zu erwecken, er sei verzogen. Neben der Suche nach der postalischen Anschrift ist es auch immer wieder sinnvoll, das Internet nach einer eigenen **Domain** des Schuldners zu durchsuchen. Da hilft Internetservice denic.de mit der Funktion whois – Suche nach Domainnamen- weiter. Darüber kann dann in Erfahrung gebracht werden, wer die Domain angemeldet hat. Neben der Pfändung der Internetdomain können auch eventuell Geschäftsverbindungen ersichtlich werden, die Pfändungsmöglichkeiten bieten. Weitere Quellen sind die örtlichen Tageszeitungen, die zwischenzeitlich überwiegend auch online abrufbar sind. Gerade kleine Gewerbetreibende werben noch immer in den örtlichen Tageszeitungen und Wochenblätter. Hier ist eine gründliche Recherche oft erfolgreich. Bei der Suche sollte auch immer an den Namen der Ehefrau gedacht werden, unter dem ein Gewerbe angemeldet werden kann.

4. Telefon

Ein wichtiges Mittel zur Durchsetzung der Forderung ist das **Telefon.** Ein überraschender Anruf kann erfolgreicher sein als ein Mahnschreiben. Allerdings sollten der „Mahnanruf" gut vorbereitet sein. Was wird gemahnt, warum wurde bislang nicht gezahlt, wohin soll gezahlt werden. Alle Daten sollten griffbereit am Telefon liegen. Ein dauerhaft zahlungsunfähiger Schuldner wird dies schnell sagen, keine Ausreden erfinden und eventuell direkt auflegen. Da bleibt nur noch der Weg der Zwangsvollstreckung bis hin zur Vermögensauskunft. Ein nur vorübergehend zahlungsunfähiger Schuldner wird mit Ausreden und Zahlungsversprechen versuchen, Zeit zu gewinnen. Dies kann genutzt werden, um verbindliche Zahlungsvereinbarungen zu treffen, die im Anschluss direkt schriftlich fixiert werden. Ein Telefonat kann auch dazu führen, dass die „unwissende" Ehefrau anfängt zu plaudern und so Informationen für Pfändungsmöglichkeiten bekannt gibt. Daher sollte immer auch an die **Telefonmahnung** bzw. das **Telefoninkasso** gedacht werden. (Vertiefend siehe: Hk-ZV/*Sternal* § 802c ZPO Rn 17 ff; *App,* Die Suche nach pfändbaren Forderungen – Spuren, die sich verfolgen lassen, InVo 1998, E 3; *Behr,* Die

Informationsbeschaffungsmöglichkeiten des Gläubigers, JurBüro 1990, 673; *Bruns,* Informationsbeschaffung der Gläubiger bei insolventer GmbH, MDR 2006, 904; *Hintzen,* Informationsbeschaffung, InVo 1996, 5; *Rendels,* Insolvenzrechtliche Fallbeispiele zu den Informationsmöglichkeiten für Gläubiger und Vollstreckungschancen bei Verfahrensbeendigung mangels Masse, WIB 1994, 886; *Wertenbruch,* Die Auskunftspflicht des Schuldners bei Forderungs- und Rechtspfändung, DGVZ 2001, 65 *Würdinger,* Die Sachaufklärung in der Einzelzwangsvollstreckung, JZ 2011, 177).

5. Grenzüberschreitende Durchsetzung

Die **grenzüberschreitende Durchsetzung** von Ansprüchen gewinnt immer mehr an Bedeutung, dh es sind auch Auskünfte in anderen Ländern einzuholen. Jedes europäische Land hat eigene Regelungen und Vorschriften, den Personenstand festzustellen und darüber Auskunft zu geben. Das erschwert die Durchsetzung einer Forderung im Ausland. Das Problem ist erkannt und soll gelöst werden. Wie diese Lösung aussehen soll, ist noch unklar, es wird dabei an eine einheitliche Registerführung innerhalb der EU gedacht, Amtshilfeverfahren zwischen den Vollstreckungsbehörden, etc. Eine einheitliche Regelung ist noch nicht geschaffen, ist aber in Arbeit. In jedem Fall sollte ein Antrag auf Amtshilfe gestellt werden, wenn es Anhaltspunkte für einen Aufenthalt und Vermögen im Ausland gibt.

2. Anschriftenprüfung

An das[1, 2]

. . . . . .

[Zustellungspostamt (Ort)][3]

. . . . . .

[Name und Adresse des/der Schuldners/in][4]

Sehr geehrte(r) . . . . .,

oben genannte Person, an die eine wichtige Zustellung zu erfolgen hat, ist in Ihrem Zustellgebiet gemeldet.[5]

Bitte teilen Sie mir mit, ob Sie unter der oben genannten Wohnanschrift Zustellungen bewirken können. Sollte Ihnen eine andere Anschrift bekannt sein, unter der Sie zustellen, geben Sie mir diese bitte bekannt. Für die persönliche Zustellung ist von großem Interesse, in welchem Stockwerk und gegebenenfalls in welcher Wohnung die oben genannte Person wohnt.[6]

Bitte teilen Sie eine eventuelle E-Post E-Mail-Adresse und die dort hinterlegte postalische Anschrift für die schnellere Bearbeitung per E-Post mit.[7]

Zur Vereinfachung stelle ich anheim, die erbetene Auskunft unter Verwendung beiliegender Rückantwort zu erteilen.

Für Ihre Bemühungen danke ich Ihnen im Voraus.[8]

……

Rechtsanwalt

Rückantwort[9]

……

Zustellungspostamt …… [Ort]

……

Rechtsanwalt

Sehr geehrte(r) ……,

zu Ihrer Anfrage vom …… wird Folgendes mitgeteilt:

☐ Anschrift wie angefragt
☐ verzogen nach: ……
☐ unbekannt verzogen

Stockwerk der Wohnung:[10] ……

Zur Untermiete bei:[10] ……

Sonstige Informationen:[11] ……

Anmerkungen

1. Die Anschriftenprüfung kann jedes Unternehmen durchführen, das Dienstanbieter im Sinne der Postdienste-Datenschutzverordnung ist (zB WestMail, CityPost oder die Deutsche Post AG; der Postmarkt wird zunehmend liberalisiert). Die zuerst genannten sind derzeit nur regional tätig und nehmen keine Anschriftenprüfung vor. Die Deutsche Post AG hat bspw. verschiedene Verfahren, die Anschriftenprüfung durchführen zu lassen, im Angebot. Die formgebundene **Anschriftenprüfkarte** der Post AG ist der klassische Weg; häufig wird auch ein formloser Brief aufgesetzt. Für häufige Anschriftenprüfungen empfiehlt sich jedoch entweder der Datei Check oder der Website-Check der Post AG. Bei allen vier Verfahren wird die gleiche Leistung erbracht. Die schnellste Auskunft wird üblicherweise per Internet erteilt. Die Post AG überprüft bei allen Verfahren die vollständige Anschrift auf ihre Richtigkeit und nimmt gegebenenfalls eine Korrektur der Anschrift vor. Sie überprüft Name und Vorname von Einzelpersonen bzw. Firmenname, Straße und Hausnummer bzw. Postfach sowie Postleitzahl und Ort. Ist die Anschrift nicht vollständig, so kann keine Überprüfung vorgenommen werden. Es werden keine Sammelanschriften überprüft oder eingetragene Titel, Namen von Personen in Firmen oder Institutionen (Arbeitsplatzanschrift), Telefon- oder Telefax-Nummern, E-Mail-Adressen, Untermiet-/Wohnverhältnisse. Bei nicht existierenden Straßennamen wird nur bedingt eine Anschriftenprüfung vorgenommen. Soweit der Adressat umgezogen ist und einen Nachsendeauftrag erteilt hat, wird bedingt Auskunft gegeben. Hat der Adressat der Anschriftenbekanntgabe widersprochen, so wird diese nicht bekannt gegeben, sondern nur mitgeteilt, dass der Adressat verzogen ist. Hat er der Anschriftenbekanntgabe nicht widersprochen, so wird die neue Anschrift bekannt gegeben. Hat er keinen Nachsendeantrag gestellt, so wird der Adressat als unbekannt verzogen gemeldet. Die Überprüfung soll in der Regel innerhalb von 8 Tagen abgeschlossen sein. Die Post AG hat sich 17 Werktage als längsten Überprüfungszeitraum gesetzt. Spätestens nach Ablauf von 17 Tagen wird ein Prüfstatus mitgeteilt. Die Anschriftenprüfung erfolgt, indem der Zusteller den Auftrag bekommt, die angefragte Anschrift zu überprüfen. Er gibt an, ob der Adressat an dieser Anschrift noch einen Postkasten hat. Ob er dort wohnhaft ist, prüft er nicht. Sollte der Adressat verzogen sein (das ist dann der Fall, wenn kein Postkasten mehr vorhanden ist und die Briefe dort nicht mehr zugestellt werden können) und einen Nachsendeantrag gestellt haben, kommt es darauf an, ob er der Weitergabe seiner Adresse widersprochen hat oder nicht (so).

Neben dem formlosen Schreiben (nach aktuellem Stand mit 2,20 EUR die teuerste Variante), kann die Anschriftenprüfkarte der Deutschen Post AG verwandt werden. Diese kann unter „www.anschrifenpruefung.de" im 10er Set zu je 10,00 EUR (inklusive Umsatzsteuer) bestellt werden. Die Karten müssen dann bei der Anfrage mit dem üblichen Porto frei gemacht werden. Dieser Weg wird empfohlen, soweit nur vereinzelt Anschriftenprüfungen durchgeführt werden. Die Anschriftenprüfkarte kann auch bei der Hotline der Deutschen Post AG bestellt werden (zzt. Tel. 01802/3333, 6 ct. pro Anruf im Festnetz). Die Auskunft kann wahlweise per Prüfkartenrücksendung oder per E-Mail erfolgen. Bei dem so genannten Datei-Check muss sich der Anwender bei der Post AG auf der Internetseite „www.deutschepost.de/anschriftenpruefung" anmelden und die entsprechende Software downloaden. Mit Hilfe dieser Software können 20 und mehr Anschriften per Datei zur Prüfung verschickt werden. Die Benachrichtigung über die Anschriftenprüfung erfolgt ebenfalls per E-Mail (die Abrechnung erfolgt per Rechnung). Der Weg empfiehlt sich für die, die regelmäßig Anschriften überprüfen müssen (der Mindestauftragswert liegt zzt. bei ca. 12,00 EUR). Als weitere Möglichkeit steht der Website-Check der Post AG zur Verfügung. Hier kann im Internet auf der Seite der Post AG („www. deutschepost.de/anschriftenpruefung") das entsprechende Formular ausgefüllt werden und an die Anschriftenprüfstelle übermittelt werden. Die Abrechnung erfolgt dann per Kreditkarte. Es kann zzt. noch nicht über alle Kreditkarten abgerechnet werden. Die Rechtsgrundlage der Auskunft ergibt sich aus § 7 Abs. 5 Postdienste-Datenschutzverordnung sowie den Allgemeinen Geschäftsbedingungen der Deutschen Post AG Brief national. Danach kann nur Auskunft gegeben werden, wenn die Anschriftenprüfung zum Zwecke des Postverkehrs erfolgt.

2. Neben den üblichen Absenderdaten kann auch die **Antwort per E-Mail** erfolgen. Dann ist eine entsprechende E-Mail-Adresse bekannt zu geben.

3. Soweit die **Anfrage per Anschriftenprüfkarte** oder formlosen Brief erfolgt, ist das Postverteilerzentrum in Mannheim (Deutsche Post AG, Postfach 999003, 69999 Mannheim) zentral für die Auskunft zuständig. Es kann auch das örtliche Zustellungspostamt per formlosen Brief angeschrieben werden. Ob dieses dann Auskunft gibt, liegt im Ermessen des zuständigen Zustellungspostamtes.

4. Im Adressfeld ist der Name, Vorname bzw. Firma mit allen bekannten Besonderheiten anzugeben. Wenn kundenspezifische Daten, wie zB Aktenzeichen, Kundennummer oder Titel bekannt sind, so sollte dies ebenfalls mit angegeben werden. Ganz wichtig ist es, die zu überprüfende Zustellanschrift und, wenn bekannt, die Postfachnummer bzw. die Postfachanschrift anzugeben. Soweit vermutet wird, dass es ein Postfach gibt, sollte um Mitteilung der Postfachanschrift sowie die dort hinterlegte Anschrift gebeten werden.

5. Nach den Allgemeinen Geschäftsbedingungen der Deutschen Post AG Brief national erhält nur derjenige Auskunft, der für Zwecke des Postverkehrs eine Anfrage vornimmt. Deshalb ist anzugeben, warum die Anfrage erfolgt.

6. Es wird grundsätzlich keine Recherche durchgeführt. Die Zusteller greifen nur auf bekannte Sachverhalte zurück, wie zB Hausbriefkasten- oder Klingelbeschriftung, ebenso, ob bislang die Auslieferung von Sendungen unbeanstandet möglich war. Gerade in kleineren Orten kennt der Zusteller noch eine Vielzahl anderer Umstände, wie zB das Stockwerk, die genaue Wohnung. Soweit die Anfrage durch formlosen Brief erfolgt, sollte immer auch um die Bekanntgabe weiterer Hinweise gebeten werden. Ist es örtlich möglich, kann eine Vielzahl von Informationen vom Zusteller persönlich eingeholt werden. Er ist zu keiner Auskunft verpflichtet, aber häufig dennoch bereit.

7. Die Post hat mit dem E-Post-Verfahren eine neue Form der Postversendung geschaffen. Im E-Post-Verfahren werden Briefe nicht mehr per Postboten an den Empfänger versandt, sondern per E-Mail weiter geleitet. Bei der Registrierung hat der Nutzer seine Anschrift bekannt zu geben und sich zu legitimieren. Hier hat der Schuldner also letztmalig seine aktuelle Anschrift hinterlegt. Soweit er aktiv an dieser Form des Postversandes teilnimmt, muss er auch regelmäßig die Anschrift aktualisieren. Damit kann auch über diese Quelle Korrespondenz geführt werden. Ob gerichtliche Zustellung zukünftig auch über diese Form des Postversandes möglich sein wird, wird sich noch herausstellen. Derzeit sieht weder das Gesetz noch eine Verordnung diesen Weg vor.

8. Die Kosten der Anfragen richten sich nach der Form der Anfrage. Unter www.deutschepost.de können die jeweils aktuellen Kosten und Verfahrenswesen abgefragt werden.

9. Dem formlosen Schreiben kann ein **Rückantwortschreiben** mit entsprechenden Feldern beigefügt werden. Dies erleichtert die Arbeit der Postmitarbeiter und trägt üblicherweise zur beschleunigten und vollständigen Bearbeitung bei. Das Rückantwortschreiben ist jedoch entbehrlich, wenn die Antwort per E-Mail erfolgen soll.

10. Die hier erbetenen Auskünfte müssen nicht, werden aber häufig trotz fehlender Verpflichtung erteilt. Es ist daher sinnvoll, sie im Muster „abzufragen".

11. Sollte eine Auskunft nicht erteilt werden, so sind Rechtsmittel hiergegen nicht gegeben. In Betracht kommt aber eine formlose Eingabe beim Vorgesetzten bzw. beim Vorstand.

3. Postfachinhaberanfrage

An das

. . . . . .

Zustellungspostamt (Ort)[1, 2]

Name und bekannte Adresse des/der Schuldners/in[3]

Sehr geehrte(r) . . . . . .,

oben genannte Person, an die eine wichtige Zustellung zu erfolgen hat,[4] unterhält bei Ihrer Geschäftsstelle ein Postfach. Bitte geben Sie mir die bei Ihnen hinterlegte Anschrift zum Zwecke der förmlichen Zustellung/Zwangsvollstreckung bekannt.[5, 6]

. . . . . .

Rechtsanwalt

Anmerkungen

1. Eine Vielzahl von Firmen, aber auch Privatpersonen, unterhalten ein Postfach. Auf Briefköpfen verschiedener Unternehmen ist nur ein Postfach als Anschrift angegeben.

Dort können keine förmlichen Zustellungen bewirkt werden und es kann keine Zwangsvollstreckung erfolgen, wie zB ein Gerichtsvollzieherauftrag. Es ist insoweit von Bedeutung, die hinter dem Postfach stehende Anschrift zu kennen. In welcher Form die Anfrage gestellt wird, ist dem Antragsteller überlassen. Es wird auf → Form. A. III. 2 Anm. 1–10 verwiesen.

2. **Örtlich zuständig** ist die Geschäftsstelle der Deutschen Post AG, bei dem der Schuldner das Postfach unterhält. Üblicherweise ist das das Zustellungspostamt des Ortes des Schuldners.

3. Die Deutsche Post AG kann nur dann umfassend Auskunft geben, wenn die bisher bekannte Schuldneranschrift vollständig angegeben wird, → Form. A. III. 2 Anm. 4.

4. Das berechtigte Interesse an dieser Auskunft ergibt sich aus der rechtlich vorgegebenen Form der förmlichen Zustellung und der Natur der Zwangsvollstreckung.

5. Hinsichtlich der Kosten wird auf → Form. A. III. 2 Anm. 7 verwiesen.

6. Auch hier kann eine Rückantwort beigefügt werden. Es wird auf → Form. A. III. 2 Anm. 9 verwiesen.

4. Einfache Einwohneramtsanfrage

An das

Einwohneramt/Bürgerservice[1, 2]

. . . . . .

Anfrage wegen: Anschrift des/der Schuldners/in[3]

Sehr geehrte(r) . . . . . .,

nach meiner Kenntnis soll vorstehende Adresse nicht mehr zutreffen. Ich bitte Sie daher um Prüfung und Mitteilung der aktuellen Anschrift. Die Auskunft wird nicht für gewerbliche Zwecke verlangt.[4]

Zur Vereinfachung stelle ich anheim, die erbetene Auskunft unter Verwendung beiliegender Rückantwort zu erteilen.[5] Sie können auch gerne die im Briefkopf angegebene E-Mail-Adresse für eine Rückantwort verwenden.[6]

Die entstehende Gebühr bitte ich mir per Rechnung aufzugeben. Aus organisatorischen Gründen kann ich keinen Verrechnungsscheck beilegen.[7]

Vielen Dank für Ihre Bemühungen.

. . . . . .

Rechtsanwalt

Rückantwort

. . . . . .

Einwohneramt/Bürgerservice

. . . . . .

Rechtsanwalt

Mein Zeichen . . . . . .

Anfrage wegen: Schuldnerdaten

Sehr geehrte(r) . . . . . „

auf Ihre Anfrage vom . . . . . . wird folgendes mitgeteilt:

( ) gemeldet wie angegeben

( ) neue Adresse wie folgt:

. . . . . .

. . . . . .

. . . . . .

( ) Adresse unbekannt

. . . . . .

[Unterschrift/Stempel]

Anmerkungen

1. Im deutschen Recht bestehen zahlreiche Meldepflichten. Mit der Meldepflicht obliegt dem Bürger gegenüber dem Staat die Pflicht, einen bestimmten Vorgang der jeweils zuständigen Behörde anzuzeigen, wie zB seinen neuen Wohnsitz anzumelden. Die Nichtbeachtung der Meldepflicht stellt regelmäßig eine Ordnungswidrigkeit dar, teilweise jedoch auch eine Straftat. Die einfache Einwohneramtsanfrage kann jedermann stellen, ohne ein berechtigtes Interesse darzulegen. Rechtsgrundlagen sind § 44 Bundesmeldegesetz sowie die Ausführungsgesetze der Länder. Seit dem 1.11.2015 gelten das Bundesmeldegesetz und die Ausführungsgesetze der Länder. Die einfache Melderegisterauskunft richtet sich jetzt nach § 44 BMG. Auf die einfache Einwohneramtsanfrage werden Vor- und Familiennamen, akademischer Grad sowie die aktuelle Anschrift mitgeteilt. Umfassender ist die erweiterte Einwohneramtsanfrage gemäß § 4545 BMG (→ Form. A. III. 5) Für diese ist ein berechtigtes Interesse nachzuweisen.

2. Örtlich zuständig ist das Einwohneramt des bisherigen Wohnsitzes. § 1 BMG überlässt den Ländern die Regelungen zur Zuständigkeit, sodass bei der Zuständigkeit nach dem 1.11.2015 noch Änderungen eintreten können. Das Einwohneramt (umgangssprachlich Einwohnermeldeamt) ist eine kommunale Behörde, die sich früher hauptsächlich mit der im Meldewesen verankerten Meldepflicht zu befassen hatte. Um schnell und einfach die Adresse des zuständigen Einwohneramtes zu finden, kann die Internetseite „www.meinestadt.de“ empfohlen werden. Dort kann bundesweit jede Stadt eingegeben werden. Auf den dann angezeigten städtischen Internetseiten sind die Adressen des Rathauses oder des Bürgerzentrums oder der einzelnen Behörden einfach zu finden. Zum Teil wurden eine Vielzahl von Ämtern zu einer größeren Einheit („Bürgerservice“) zusammengefasst. Die Zuständigkeit der Einwohnerämter ist in den Landesgesetzen geregelt und damit je nach Bundesland verschieden. In der Mehrzahl von Fällen sind die Einwohnerämter für folgende Sparten zuständig: An-, Ab- und Ummeldungen, Führungszeugnisse, amtliche Beglaubigungen, Haushaltsbescheinigungen für das Kindergeld, Kinderausweise, Totenscheine, Lohnsteuerkarten, Namensänderungen, Passangelegenheiten, Personalausweise, Bevölkerungsstatistiken, Anträge für Aufenthaltsgenehmigungen, Auskünfte aus dem Melderegister, Aufenthalts- und Meldebescheinigungen, Fahrzeugscheinänderungen, Auszüge aus dem Gewerbezentralregister, Hundeanmeldungen, Einladung von visumpflichtigen Ausländern, Wehrerfassung.

Ist der **bisherige Wohnsitz des Schuldners** nicht bekannt, stellt sich das Problem, wo angefragt werden soll. Die Personalausweis ausstellende Behörde ist in jedem Fall über den damaligen Aufenthalt informiert. Auch wenn sich ein Einwohner bei seinem letzten Wohnort nicht abgemeldet hat, so wird diese Behörde über die Anmeldung im neuen Wohnort informiert. Welche Behörde die Personalausweis ausstellende Behörde ist, ergibt sich aus den ersten vier Ziffern der Personalausweisnummer. Insoweit ist es sinnvoll, zu Beginn einer Geschäftsanbahnung/Mandatsbetreuung zu versuchen, eine Kopie des Personalausweises des Schuldners/der Gegenpartei zu erhalten. Aufgrund des Geldwäschegesetzes besteht in vielen Geschäftsbeziehungen die Pflicht, eine Kopie des Personalausweises zum Vorgang zu nehmen, zB für den Abschluss von Bankverträgen und beim Notar. Welche Behörde das ist, kann bei der Bundesdruckerei in Erfahrung gebracht werden. So ist in jedem Fall eine Aufenthaltsermittlung möglich, wenn der Schuldner sich angemeldet hat. Auch wenn der Schuldner seinen Wohnsitz nicht angemeldet hat, so hat er eventuell ein Auto oder einen Hund angemeldet oder eine Lohnsteuerkarte beantragt. Alle diese Anträge führen zu einer Aktualisierung der Wohnanschrift. Aus der Gesamtheit dieser Erfassungen ergibt sich eine Vielzahl von Informationen, die mit der erweiterten Einwohneranfrage zum Teil abgefragt werden können. (→ Form. A. III. 5)

3. Die Daten der gesuchten Anschrift bzw. Person müssen so genau und vollständig wie möglich sein. Nur wenn die angefragte Person eindeutig identifiziert werden kann, wird eine Auskunft erteilt. Soweit bekannt, sollte immer das Geburtsdatum angegeben werden, da dies zu einer eindeutigen Identifizierung führt. Bei der einfachen Einwohneramtsanfrage werden Name, Vorname, eventuelle akademische Titel und die aktuelle Anschrift mitgeteilt.

4. Bei der **einfachen Einwohneramtsanfrage** muss kein berechtigtes Interesse nachgewiesen werden. Diese Auskunft erhält jeder, der wegen einer bestimmten Person anfragt. Aus diesem Grund sollte auch immer daran gedacht werden, eine nahe stehende Person, wie Kinder oder Ehepartner abzufragen, da gerade Kinder aufgrund der Schulpflicht meistens gemeldet sind. Gem. § 49 BMG kann die Auskunft auch elektronisch erteilt werden. Die Ausführung ist den einzelnen Bundesländern zugewiesen und von Land zu Land unterschiedlich geregelt. Soweit eine einfache Einwohneramtsanfrage gewählt wird, wird empfohlen, im Internet zu prüfen, ob dies für den gesuchten Ort bereits elektronisch möglich ist. Das BMG sieht eine Zweckbindung der Auskunft vor, § 47 BMG.

5. Für die schnellere Bearbeitung der Anfrage ist es sinnvoll, eine vorgefertigte Rückantwort mit eigenem Zeichen beizufügen.

6. Ein Verweis auf die E-Mail-Adresse kommt immer nur dann in Betracht, wenn es eine solche gibt und diese regelmäßig abgerufen wird. Der Weg über die Auskünfte per E-Mail wird aus Kostengründen immer häufiger gegangen und sollte aufgrund der schnellen Antwort auch gewählt werden. § 49 BMG lässt Melderegisterauskünfte über Datenträger oder durch Abruf im Internet zu.

7. Die **Höhe der Kosten** variieren von Bundesland zu Bundesland. Sie liegen im Schnitt bei 5,00 EUR. Die Einwohnerämter wollen zur einfacheren Bearbeitung die Kosten per Scheck mit der Anfrage erhalten. Es ist insoweit sinnvoll, für das jeweilige Bundesland die entsprechenden Kosten herauszufinden. Dies ist schnell und einfach über die Internetseite „www.meinestadt.de" möglich. Dort ist die gesuchte Stadt einzugeben und die Anschrift des Rathauses, Bürgerzentrums oder der Behörde können ermittelt werden. Viele Behörden sind bereits per E-Mail erreichbar, so dass man eine schnelle Kostenanfrage starten kann. Dann ist der letzte Satz aus dem Musterschreiben zu streichen. Eine Rechnung wird selten übersandt, es sei denn, man kann glaubhaft machen, dass ein Scheck nicht möglich ist, wie zB in großen Banken und Versicherungen. Die Kosten, ob für eine oder mehrere Anfragen, können zum einen gem. §§ 91 ff. ZPO im Erkenntnisverfahren mit festgesetzt werden, zum anderen sind es gem. § 788 ZPO Kosten der Zwangsvollstreckung. Der BGH hat entschieden, dass kein eigener Gebührenanspruch entsteht, also die Anfrage beim Einwohneramt keine besondere Angelegenheit ist (NJW 2004, 1101).

5. Erweiterte Einwohneramtsanfrage

An das

Einwohneramt/Bürgerservice[1, 2]

. . . . . .

Anfrage wegen: Anschrift des/der Schuldners/in[3]

Sehr geehrte(r) . . . . . .,

in der Zwangsvollstreckungssache

. . . . . . (Gläubiger/in)/. . . . . . (Schuldner/in)

hat an die oben genannte Person eine wichtige Zustellung zu erfolgen.

Ich bitte Sie, mir gem. § 45 BMG alle gespeicherten Daten, insbesondere die aktuelle Anschrift, bekannt zu geben. Mir ist lediglich die vorgenannte Adresse bekannt. Leider fehlt mir die Information, bei wem der/die Genannte möglicherweise zur Untermiete wohnt und in welchem Stockwerk sich die Wohnung befindet. Zur Glaubhaftmachung des berechtigten Interesses füge ich den Vollstreckungstitel/die Nachricht des Gerichtsvollziehers bei.[4]

Gleichzeitig beantrage ich, den/die Schuldner/in nicht über die Anfrage der erweiterten Meldeauskunft zu unterrichten. Gegen den/die Schuldner/in soll die Zwangsvollstreckung betrieben werden. Es steht zu befürchten, dass der/die Schuldner/in bei Bekanntwerden der Anfrage Vermögenswerte beseitigt. Zur Glaubhaftmachung wird auf den anliegenden Vollstreckungstitel verwiesen.[5]

Zur Vereinfachung stelle ich anheim, die erbetene Auskunft unter Verwendung beiliegender Rückantwort zu erteilen oder die im Briefkopf angegebene E-Mail-Adresse zu verwenden. Die Auskunft erfolgt ausschließlich zum Zwecke der Zwangsvollstreckung und nicht zu gewerblichen Zwecken.[6]

Die entstehende Gebühr bitte ich mir per Rechnung aufzugeben. Aus organisatorischen Gründen kann ich keinen Verrechnungsscheck beilegen.[7]

. . . . . .

Rechtsanwalt

Rückantwort

. . . . . .

Einwohneramt/Bürgerservice

. . . . . .

Rechtsanwalt

Mein Zeichen: . . . . . .

Anfrage wegen: Schuldnerdaten

Sehr geehrte(r) . . . . . .,

auf Ihre Anfrage vom . . . . . . wird Folgendes mitgeteilt:

Geburtstag: . . . . . .

Geburtsort: . . . . . .

Frühere Vor- und Familiennamen: . . . . . .

Familienstand: . . . . . .

Staatsangehörigkeit: . . . . . .

Frühere Anschriften: . . . . . .

Tag des Ein-/Auszugs: . . . . . .

Gesetzlicher Vertreter: . . . . . .

Sterbetag: . . . . . .

Sterbeort: . . . . . .

Stockwerk der Wohnung: . . . . . .

. . . . . .

. . . . . .

Zur Untermiete bei: . . . . . .

. . . . . .

. . . . . .

Sonstige Informationen: . . . . . .

. . . . . .

. . . . . .

. . . . . .

[Unterschrift/Stempel/Dienstsiegel]

Anmerkungen

1. Auf die Ausführungen zu → Form. A. III. 4 Anm. 1 wird verwiesen. Insbesondere wird auf die Gesetzesänderung durch das BMG ab dem 1.11.2015 verwiesen. Wie dort bereits dargestellt, ist die erweiterte Einwohneramtsanfrage die ausführlichere und zur Vorbereitung der Zwangsvollstreckung die besser geeignete Anfrage. Hier wird eine Vielzahl von Auskünften erteilt: Tag und Ort der Geburt, frühere Vor- und Familiennamen, Familienstand (beschränkt auf die Angabe, ob verheiratet oder nicht), Staatsangehörigkeit, frühere Anschriften, Tag des Ein- und Auszuges, gesetzlicher Vertreter, Sterbetag und -ort. Mit diesen Daten kann eine Vielzahl von Rückschlüssen auf vollstreckbares Vermögen gezogen werden. Der Geburtsort kann auf Grundvermögen (Elternhaus) hindeuten. Hier ist bei der Vermutung einer Immobilie eine Anfrage beim Grundbuchamt zu stellen (→ Form. A. IV. 8). Andere Familiennamen können auf Unterhaltspflichten oder Unterhaltsansprüche hindeuten; die Staatsangehörigkeit, soweit nicht deutscher Staatsangehöriger, kann auf Vermögen im Ausland hindeuten. Soweit der Schuldner verstorben ist, kann mit dieser Auskunft ein Auszug aus dem Familienstammbuch beantragt werden, der dann Aufschluss über eventuelle Erben geben kann. Aus diesem Grund ist es sinnvoll, die erweiterte Einwohneramtsanfrage zu stellen, obwohl der Aufenthalt bekannt ist.

2. → Form. A. III. 4 Anm. 2.

3. → Form. A. III. 4 Anm. 3.

4. Die Auskunft gem. § 45 BMG ergibt eine Vielzahl von Informationen, wie bereits unter → Anm. 1 dargestellt. Soweit die angefragte Person nicht gemeldet, der Aufenthalt jedoch bekannt ist, zB bei der Untermiete, kann an eine Anzeige bei den Sozialbehörden gedacht werden, soweit der Verdacht besteht, dass Sozialleistungen erschlichen werden. In diesem Fall wird in den meisten Fällen die Sozialbehörde den Aufenthalt ermitteln. Das Auskunftsrecht gegenüber den Sozialbehörden ist weitaus größer als das eines Gläubigers. Es empfiehlt sich, nach geraumer Zeit gegebenenfalls eine nochmalige Anfrage beim Einwohneramt zu stellen. Ebenso von Bedeutung ist der Familienstand. Soweit der Schuldner sich nicht angemeldet hat, jedoch verheiratet ist, liegt der Schluss nahe, dass der Schuldner sich beim Ehepartner aufhält. Es sollte in diesem Fall der Ehepartner angefragt werden, da dieser potentielle Drittschuldner für eine Pfändung ist und damit das berechtigte Interesse an dieser Anfrage dargelegt werden kann. Das berechtigte Interesse ist glaubhaft zu machen. Dies kann durch Erklärung einer eidesstattliche Versicherung erfolgen oder dadurch, dass der Vollstreckungstitel, eine Nachricht des Gerichtsvollziehers, dass der Schuldner verzogen ist, beigefügt wird.

5. Von Bedeutung ist dieser Zusatz, vgl. § 45 Abs. 2 BMG. Um die Zwangsvollstreckung nicht zu gefährden, zB durch Umzug, Abmeldung, Vermögensverschiebung, ist es wichtig, den Antrag zu stellen, die angefragte Person nicht von der Anfrage zu informieren. Bei der erweiterten Einwohneramtsanfrage ist immer ein berechtigtes Interesse darzulegen und glaubhaft zu machen. Das berechtigte Interesse an der Auskunft liegt immer dann vor, wenn bei vernünftiger Abwägung der Sachlage das Interesse an der Auskunft größer ist als der Schutzbereich des Einzelnen an seinen persönlichen Daten. Das Interesse kann auch rein wirtschaftlicher Natur sein. Ein titulierter Zahlungsanspruch ist ein solches wirtschaftliches Interesse. S. auch vertiefend → Form. A. III. 9 Anm. 1. Dies kann durch Beifügung des Vollstreckungstitels glaubhaft gemacht werden. Soweit es bereits um die Zustellung einer Klageschrift geht, ist der Anspruch glaubhaft zu machen und dem Schreiben ist gegebenenfalls eine Abschrift der zuzustellenden Klageschrift beizufügen.

6. → Form. A. III. 4 Anm. 5. Soweit eine E-Mail-Adresse im Briefkopf bekannt gegeben wird und diese regelmäßig abgefragt wird, ist ein Verweis auf diese sinnvoll, da die Antwort schnell und einfach zur Verfügung gestellt werden kann.

7. → Form. A. III. 4 Anm. 6.

6. Einwohneramtsanfrage wegen Namensänderung

An das

Einwohneramt/Bürgerservice[1, 2]

. . . . .

Anfrage wegen: Daten des/der Schuldners/in[3]

Sehr geehrte(r) . . . . .,

in der Zwangsvollstreckungssache

. . . . . (Gläubiger/in)/. . . . . (Schuldner/in)

betreibt der/die Gläubiger/in ausweislich des in der Anlage in Kopie beigefügten Vollstreckungstitels des . . . . ., vom . . . . ., Az. . . . . ., gegen den/die Schuldner/in die Zwangsvollstreckung.

Nach mir zugegangener Information führt er/sie nunmehr den Familiennamen

. . . . .

Ich bitte um Übersendung einer erweiterten Auskunft aus dem Melderegister, aus welcher sich die Namensänderung ergibt.[4] Zur Vereinfachung stelle ich anheim, die erbetene Auskunft unter Verwendung beiliegender Rückantwort zu erteilen.

Das berechtigte Interesse an dieser Auskunft ergibt sich aus dem anliegenden Vollstreckungstitel. Die Anfrage erfolgt nicht zu gewerblichen Zwecken.[5]

Die entstehende Gebühr bitte ich mir per Rechnung aufzugeben. Aus organisatorischen Gründen kann ich keinen Verrechnungsscheck beilegen.[6]

Vielen Dank für Ihre Bemühungen.

. . . . .

Rechtsanwalt

Rückantwort[7]

. . . . .

Einwohneramt/Bürgerservice

. . . . .

Rechtsanwalt

Mein Zeichen: . . . . .

Anfrage wegen: Schuldnerdaten

Sehr geehrte(r) . . . . .,

auf Ihre Anfrage vom . . . . . wird Folgendes mitgeteilt:

Herrn/Frau . . . . .

Straße . . . . .

PLZ . . . . . Ort . . . . .

Geboren am . . . . .

trägt seit dem . . . . . den Familiennamen

. . . . .

[Unterschrift/Dienstsiegel]

Anmerkungen

1. Grundvoraussetzung der Zwangsvollstreckung ist ein Titel gegen den Schuldner. Ändert dieser seinen Namen, ist der Nachweis der Namensänderung für das Vollstreckungsorgan, das ohne Weiteres aus dem Titel heraus erkennen muss, wer Vollstreckungsschuldner ist, zu erbringen (vgl. *Baumbach/Lauterbach/Albers/Hartmann* § 750 Rn. 4 mwN). Soweit der Schuldner seinen Namen geändert hat – egal aus welchem Grund: ob Heirat, Scheidung, Änderung nach dem Namensänderungsgesetz – ist der Titel umzuschreiben bzw. mit dem Vollstreckungsantrag der Nachweis der Namensänderung der Vollstreckungsmaßnahme zu erbringen. Der Nachweis kann insbesondere durch die erweiterte Einwohneramtsauskunft erbracht werden (Musielak/Voit/*Lackmann* § 750 Rn. 5); die erweiterte Einwohneramtsauskunft stellt eine für diesen Nachweis geeignete öffentliche Urkunde dar. Die Erteilung der erweiterten Auskunft setzt ein berechtigtes Interesse des Antragstellers an der Auskunft voraus. Der Begriff des berechtigten Interesses geht weiter als derjenige des rechtlichen Interesses, das bei einer Auskunft aus dem Personenstandsbuch glaubhaft gemacht werden muss (BGH NJW-RR 1994, 381; → Form. A. III. 7 Anm. 5).

2. → Form. A. III. 4 Anm. 2.

3. Um zeitraubende Nachfragen zu vermeiden, sollte bereits in der Betreffzeile der angefragte Schuldner so genau wie möglich bezeichnet werden. Ist der alte und neue Name bekannt, Geburtsdatum, Geburtsort, bisheriger Wohnort, aktueller Wohnort, so sollten diese Daten angegeben werden, um die Identifizierung sicher zu stellen.

4. → Form. A. III. 5 Anm. 5. Zur Darlegung des berechtigten Interesses an der Mitteilung der Namensänderung genügt es, wenn die Vollstreckung eines titulierten Anspruchs den Nachweis der Namensänderung voraussetzt.

5. Das berechtigte Interesse muss auch glaubhaft gemacht werden. Die Glaubhaftmachung erfolgt durch Beifügung einer Kopie des Vollstreckungstitels.

6. → Form. A. III. 4 Anm. 6.

7. Wegen der Rückantwort → Form. A. III. 4 Anm. 5.

7. Personenstandsanfrage wegen Namensänderung

An das/die

Stadtverwaltung/Standesamt[1, 2]

. . . . .

Anfrage wegen: Schuldners/in[3]

Sehr geehrte(r) . . . . .,

in der Zwangsvollstreckungssache

. . . . . (Gläubiger/in)/. . . . . (Schuldner/in)

betreibt der/die Gläubiger/in ausweislich des in der Anlage in Kopie beigefügten Vollstreckungstitels des . . . . ., vom . . . . ., Az. . . . . ., gegen den/die Schuldner/in die Zwangsvollstreckung.

Nach mir zugegangener Information führt er/sie nunmehr den Familiennamen

. . . . .

Ich bitte um Übersendung einer beglaubigten Abschrift des Familienbuches bzw. einer entsprechenden Bescheinigung, aus welcher sich die Namensänderung ergibt.[4]

Das rechtliche Interesse an dieser Auskunft ergibt sich aus dem anliegenden Vollstreckungstitel.[5]

Die entstehende Gebühr bitte ich mir per Rechnung aufzugeben. Aus organisatorischen Gründen kann ich keinen Verrechnungsscheck beilegen.[6]

Vielen Dank für Ihre Bemühungen

. . . . .

Rechtsanwalt[7]

Anmerkungen

1. § 750 ZPO bestimmt die allgemeinen Voraussetzungen der Zwangsvollstreckung (Titel, Klausel, Zustellung). Die Person, gegen die vollstreckt wird, muss im Titel oder in der ihm beigefügten Vollstreckungsklausel namentlich bezeichnet sein, der Vollstreckungstitel muss bereits zugestellt sein oder gleichzeitig zugestellt werden. Das Vollstreckungsorgan muss ohne Weiteres erkennen können, wer Vollstreckungsschuldner ist (LG Dresden JurBüro 2001, 604; LG Koblenz FamRZ 2000, 1166; *Baumbach/Lauterbach/Albers/Hartmann* § 750 Rn. 4, 5). Daraus folgt, dass im Falle einer Namensänderung, zB durch Eheschließung oder Ehescheidung, der Titel umgeschrieben werden muss. Gem. den Regeln der Titelumschreibung (§§ 727, 729, 742, 744–745, 749 ZPO) ist die Namensänderung in öffentlicher oder öffentlich beglaubigter Form dem zuständigen Gericht/Notar nachzuweisen. Dies kann zum einen durch die Vorlage eines Auszuges aus dem Melderegister erfolgen (Musielak/Voit/*Lackmann* § 750 Rn. 5; → Form. A. III. 6), zum anderen durch einen Auszug aus dem Personenstandsregister.

Die **Namensänderung**, die nur in wenigen Fällen möglich ist (Ehescheidung, Eheschließung, § 1355 BGB, bei Minderjährigen unter bestimmten Voraussetzungen gem. §§ 1616 ff. BGB, Änderungen von Familiennamen und Vornamen nach dem Namensänderungsgesetz) wird typischerweise beim Standesamt vorgenommen, sodass der von dort beigebrachte Nachweis der schnellste ist. Ist die Anfrage beim Einwohneramt jedoch wegen der Anschrift erforderlich, so kann dieser Nachweis auch zur Titelumschreibung mit versandt werden.

Die Namensänderung beim Standesamt kann unter den Voraussetzungen des § 62 PStG bei Vorliegen des rechtlichen Interesses in Form einer beglaubigten Abschrift des Familienbuches bzw. der Bescheinigung der Namensänderung abgefragt werden. § 62 PStG bestimmt immer dann ein Auskunftsrecht, wenn die anfragende Person ein rechtliches Interesse hat und dieses glaubhaft machen kann. Durch das Erfordernis des rechtlichen Interesses schränkt § 62 PStG den Kreis der berechtigten Personen ein und schließt unbeteiligte Dritte von der Möglichkeit zu Nachforschungen über persönliche Daten aus. Das rechtliche Interesse liegt immer dann vor, wenn der Anfrage ein rechtliches Verhältnis zugrunde liegt. Beim Vorliegen eines Vollstreckungstitels wird das rechtliche Interesse angenommen (→ Anm. 5). Die Glaubhaftmachung des rechtlichen Interesses wird durch die Übersendung einer Kopie/Abschrift des Vollstreckungstitels dargelegt.

Die Voraussetzungen des § 750 ZPO sind nicht zu eng auszulegen. Ist die Namensänderung durch andere Urkunden nachzuweisen, wie zB durch eine Einwohneramtsanfrage, ist diese zur Umschreibung beizulegen. Dabei ist die Umschreibung wegen eines Umzuges nicht erforderlich (Musielak/Voit/*Lackmann* § 750 Rn. 5).

2. Die Anfrage ist an das für die **Namensänderung zuständige Standesamt** zu richten. Zuständig ist das Standesamt des Wohnortes des Schuldners bzw. des bisherigen Wohnortes, vgl. § 13 PStG. Beachte auch § 67 PStG, der bestimmt, dass die Länder ein zentrales Personenstandsregister einrichten können.

3. Um zeitraubende Nachfragen zu vermeiden, sollte bereits in der Betreffzeile der angefragte Schuldner so genau wie möglich bezeichnet werden. Ist der alte und neue Name bekannt, Geburtsdatum, Geburtsort, bisheriger Wohnort, aktueller Wohnort, so sollten diese Daten angegeben werden, um die Identifizierung sicherzustellen.

4. Eine einfache Abschrift reicht für die Umschreibung eines Titels nicht aus. Das zuständige Gericht bzw. der Notar kann die Umschreibung eines Titels wegen Namensänderung nur vornehmen, wenn ihm die Namensänderung durch öffentliche bzw. durch öffentlich beglaubigte Urkunden nachgewiesen wird. Deshalb ist eine **beglaubigte Abschrift** anzufordern.

5. § 62 Abs. 1 S. 3 PStG bestimmt, dass Dritte nur **Einsicht in die Personenstandsbücher** und Erteilung von Personenstandsurkunden erhalten, wenn sie ein rechtliches Interesse nachweisen. Nach allgemeinem Verständnis ist der Begriff des rechtlichen Interesses weiter als der des (subjektiven) Rechts, aber enger als der des berechtigten Interesses (vgl. BGH NJW-RR 1994, 381, siehe auch *Zuck* NJW 2010, 2913 ff.). Ein rechtliches Interesse im Sinne von § 62 Abs. 1 S. 3 PStG ist immer dann gegeben, wenn die Kenntnis von Personenstandsdaten eines anderen zur Verfolgung von Rechten oder Abwehr von Ansprüchen erforderlich ist (vgl. OLG Frankfurt a. M. StAZ 1995, 138 mwN). Das rechtliche Interesse des Gläubigers ergibt sich aus dem Vollstreckungstitel und dem diesen zugrunde liegenden Anspruch gegen die angefragte Person. Der Vollstreckungstitel sollte immer in Kopie beigefügt werden. Ebenso sollte immer die erteilte Anwaltsvollmacht glaubhaft gemacht werden; zB durch Beifügung zumindest einer Kopie der schriftlich erteilten Vollmacht (*Bous* Rpfleger 2006, 357; OLG Hamm FamRZ 1992, 586; OLG Jena StAZ 1994, 351), weil andernfalls schon hieran die Glaubhaftmachung des rechtlichen Interesses des Mandanten scheitern kann. Betrifft die Anfrage den Ehegatten des Schuldners, so ergibt sich das berechtigte Interesse aus der Drittschuldnereigenschaft. Diese sollte dann gesondert dargelegt werden.

6. Für die Auskunft und die Fertigung der beglaubigten Abschriften aus dem Personenstandsbuch werden unterschiedlich hohe **Gebühren** fällig. Dies ist von Bundesland zu Bundesland bzw. Gemeinde unterschiedlich.

7. Rechtsmittel. Lehnt der Standesbeamte die Auskunft ab, so kann über **§ 49 PStG** das zuständige Gericht angerufen werden. Örtlich zuständig ist das Amtsgericht am Sitz des Landgerichts, in dessen Bezirk das Standesamt seinen Sitz hat, § 50 PStG. Auf das gerichtliche Verfahren finden die Vorschriften des FamFG Anwendung.

8. Auskunft aus dem Sterberegister/Einsicht in das Personenstandsbuch (§ 62 PStG)

An das/die

Stadtverwaltung/Standesamt[1, 2]

. . . . .

Anfrage wegen: Schuldner/in[3]

Geboren am: . . . . .

Verstorben am: . . . . .

Ihr Zeichen: . . . . .

Sehr geehrte(r) . . . . .,

in der Zwangsvollstreckungssache

. . . . . (Gläubiger/in)/. . . . . (Schuldner/in)

hat der/die Gläubiger/in gegen den/die Verstorbene/n einen Vollstreckungstitel des . . . . ., vom . . . . ., Az. . . . . .. Die dort titulierte Forderung ist noch nicht erfüllt. Zur Glaubhaftmachung füge ich den Vollstreckungstitel nebst Forderungsabrechnung bei.

Zur Fortsetzung der Zwangsvollstreckung ist es erforderlich, den gegen den Verstorbenen vorliegenden Vollstreckungstitel auf die Erben gem. §§ 750, 727 ZPO umschreiben zu lassen.

Ein Vorgang beim Nachlassgericht liegt nicht vor, da bislang weder ein Erbschein beantragt wurde, noch ein Testament vorliegt. Dies wird anwaltlich versichert.

Daraus folgt, dass die gesetzliche Erbfolge eingetreten ist und der Gläubiger ein berechtigtes Interesse hat, eventuelle Erben durch Einsichtnahme in das Personenstandsbuch festzustellen.[4]

Ich bitte um Übersendung eines Auszugs aus dem Familienbuch zwecks Feststellung von Erben wie zB Eltern, Geschwister, Kinder.

Die entstehende Gebühr bitte ich mir per Rechnung aufzugeben. Aus organisatorischen Gründen kann ich keinen Verrechnungsscheck beilegen.[5]

. . . . .

Rechtsanwalt[6]

Anmerkungen

1. Vergleiche wegen der Notwendigkeit des Nachweises der Rechtsnachfolge → Form. D. 3. Anm. 4. Gem. § 727 ZPO kann die vollstreckbare Ausfertigung eines Vollstreckungstitels auf den Rechtsnachfolger umgeschrieben werden, soweit die Rechtsnachfolge in öffentlich oder öffentlich beglaubigter Form nachgewiesen wird. Jeder Todesfall wird im Personenstandsbuch, konkret im Sterbebuch, vermerkt. Die Personenstandsbücher werden bei den Standesämtern geführt. Ist der Schuldner verstorben, kann bei seinem letzten Wohnort eine Anfrage gem. § 62 PStG wegen einer beglaubigten Abschrift des Sterbebuches erfolgen. Es wird auf die Ausführungen → Form. A. III. 7 Anm. 5 verwiesen.

2. → Form. A. III. 7 Anm. 2.

3. → Form. A. III. 7 Anm. 3.

4. → Form. A. III. 7 Anm. 5. Die Auskunft gem. § 62 PStG ist nachrangig nach einem anhängigen Nachlassverfahren bzw. Erbscheinverfahren. Soweit bekannt ist, dass keines der beiden Verfahren anhängig ist, was immer als erstes beim zuständigen Gericht abgefragt werden sollte, ist die Auskunft unter den Voraussetzungen des § 62 PStG zu erteilen. Das rechtliche Interesse ergibt sich aus der Notwendigkeit, den Titel auf den Erben umschreiben zu müssen oder auch ein Erbscheinverfahren einzuleiten. (OLG Frankfurt NJW-RR 1995, 846 mwN). Weiterhin wird wegen des rechtlichen Interesses auf → Form. A. III. 7 Anm. 5 verwiesen.

5. Für die Auskunft und die Fertigung der beglaubigten Abschriften aus dem Personenstandsbuch werden unterschiedlich hohe **Gebühren** fällig. Dies ist von Bundesland zu Bundesland bzw. Gemeinde unterschiedlich.

6. **Rechtsmittel.** Lehnt der Standesbeamte die Auskunft ab, so kann über § 49 PStG das zuständige Gericht angerufen werden. Örtlich zuständig ist das Amtsgericht am Sitz des Landgerichts, in dessen Bezirk das Standesamt seinen Sitz hat, § 50 PStG. Auf das gerichtliche Verfahren finden die Vorschriften des FamFG Anwendung.

9. Erbenermittlung beim Nachlassgericht durch Akteneinsicht (§§ 13, 357 FamFG)

An das

Amtsgericht

– Nachlassgericht –[1, 2]

. . . .

Anfrage wegen: Name und Adresse[3]

Sehr geehrte(r) . . . .,

in der Zwangsvollstreckungssache

. . . . . (Gläubiger/in)/. . . . . (Schuldner/in)

betreibt der/die Gläubiger/in ausweislich des in der Anlage in Kopie beigefügten Vollstreckungstitels des . . . ., vom . . . ., Az. . . . . ., gegen den/die Schuldner/in die Zwangsvollstreckung.

Gem. der mir vorliegenden Information ist er/sie am . . . . . verstorben.

Ich beantrage gem. §§ 13, 357 FamFG Einsicht in die Nachlassakte. Soweit ein Erbschein vorliegt, beantrage ich bereits jetzt eine beglaubigte Abschrift gem. § 357 Abs. 2 FamFG.[4]

Aufgrund des Todes des Schuldners ist es erforderlich, den Vollstreckungstitel gem. § 727 ZPO umzuschreiben, um die Zwangsvollstreckung in den Nachlass sowie gegebenenfalls in das Vermögen der Erben fortzusetzen.[5] Zur Glaubhaftmachung des berechtigten Interesses ist eine Kopie des Zwangsvollstreckungstitels beigefügt.[6]

Sollte ein Erbschein noch nicht vorliegen, bitte ich um entsprechende Mitteilung, um gegebenenfalls einen solchen zu beantragen.[7]

Die entstehende Gebühr bitte ich mir per Rechnung aufzugeben.[8]

Vielen Dank für Ihre Bemühungen.

. . . . .

Rechtsanwalt[9]

Anmerkungen

1. Der Anwendungsbereich des § 13 FamFG erstreckt sich auf die allgemeine Akteneinsicht in Nachlassakten und Erteilung von Abschriften aus den Akten (§ 13 Abs. 5 FamFG). Ergänzend sind die §§ 299 Abs. 3 ZPO, soweit Akten als elektronische Dokumente und 299a ZPO anzuwenden, soweit Akten auf Bild- oder anderen Datenträger übertragen sind. Gegenstand der Akteneinsicht sind nur Gerichtsakten und Beiakten; waren Akten anderer Behörden beigezogen und hat die übersendende Behörde die Einsichtnahme nicht gestattet, darf diese nicht gewährt werden; der Inhalt darf dann bei der Entscheidung über die Akteneinsicht nicht berücksichtigt werden (Keidel/*Sternal* § 13 Rn 26). Sondervorschriften bestehen für Nachlasssachen (§ 357 FamFG), öffentliche Register (§ 9a HGB, § 156 GenG, § 11 GeschMG, § 79 BGB Vereinsregister, § 1563 BGB Güterrechtsregister, § 12 GBO und §§ 43–46 GBVfG, Grundbuchsachen) und Personenstandssachen (§§ 62 ff. PStG iVm §§ 61 ff. AVO PStG).

§ 13 Abs. 1 FamFG bestimmt die Einsicht in die Nachlassakten für Verfahrensbeteiligte und § 13 Abs. 2 FamFG für Dritte; Voraussetzung ist ein **berechtigtes Interesse.** Daneben kann nach § 357 FamFG das Nachlassgericht nach pflichtgemäßem Ermessen Einsicht in eine Verfügung von Todes wegen gewähren, wenn ein **rechtliches Interesse** glaubhaft gemacht wird (OLG Karlsruhe FamRZ 1966, 268). Der Ermessensspielraum ist nur eröffnet, wenn der Antragsteller ein rechtliches Interesse darlegen und glaubhaft machen kann. Im Rahmen der Ausübung des Ermessens ist sodann insbesondere das Grundrecht auf informationelle Selbstbestimmung zu beachten, demgemäß ein Verfahrensbeteiligter grundsätzlich die Befugnis hat, selbst über die Preisgabe und Verwendung seiner persönlichen Daten zu bestimmen (BVerfG NJW 1988, 3009; KG NJW 2002, 223). Das Recht zur Akteneinsicht umfasst auch den Anspruch auf Übersendung einer Abschrift (Haußleiter/*Gomille* § 13 Rn. 16).

2. Funktionell zuständig für die Gewährung der Akteneinsicht und Erteilung von Abschriften ist der Richter; der Rechtspfleger in den ihm übertragenen Angelegenheiten, § 4 Abs. 1 RPflG. Örtlich zuständig ist die Geschäftsstelle des Gerichts, bei dem die Akten geführt werden. Es liegt im Ermessen des Gerichts, die Akten an einen anderen Ort als den Ort, an dem sie geführt werden, zu versenden, um dort die Einsichtnahme zu ermöglichen (OLG Dresden Rpfleger 1997, 27). In der Regel erfolgt keine Versendung (Keidel/*Sternal* § 13 Rn. 59 f.). Bei der Notwendigkeit umfangreichen Aktenstudiums können die Akten in ganz besonderen Ausnahmefällen in die Kanzlei oder die Wohnung eines Rechtsanwalts ausgehändigt werden; ein Rechtanspruch hierauf besteht jedoch nicht (Keidel/*Sternal* § 13 Rn. 59).

3. Um die Auskunft schnell zu erhalten, ist es von großer Bedeutung, den vollständigen Namen und Adresse anzugeben. Eventuell Geburtsdatum und Sterbedatum sollten direkt mit angeben werden.

4. Es ist sinnvoll, den Antrag auf Erteilung einer beglaubigten Abschrift des Erbscheins gem. § 357 FamFG zu stellen. Soweit dieser vorliegt, ist kein erneuter Antrag nötig.

5. Die Darlegung des berechtigten Interesses ist das Kernstück des Antrags. Ohne berechtigtes Interesse wird keine Akteneinsicht gewährt. Das berechtigte Interesse ist ein nach vernünftiger Erwägung durch die Sachlage gerechtfertigtes Interesse, das auch tatsächlicher (wirtschaftlicher) Art sein kann (Keidel/*Sternal* § 13 Rn. 41). Ein solches Interesse dürfte im Falle einer Zwangsvollstreckung immer vorliegen. Die Einsichtnahme muss aber bedeutsam sein für die dann folgenden Handlungen; das Interesse kann auch außerhalb des Verfahrens der freiwilligen Gerichtsbarkeit liegen (OLG Oldenburg Rpfleger 1968, 120). Für Nachlassgläubiger ist das rechtliche Interesse in der Regel zumindest hinsichtlich der Einsichtnahme des in den Vormundschaftsakten befindlichen Nachlassinventars gegeben (Keidel/*Sternal* § 13 Rn. 32).

6. Das berechtigte Interesse ist glaubhaft zu machen (Keidel/*Sternal* § 13 Rn. 41). Die Glaubhaftmachung muss das Gericht von der hohen Wahrscheinlichkeit der Richtigkeit der vorgetragenen Tatsachen überzeugen. Sofern vorhanden, besteht das einfachste und „wirksamste" Mittel der Glaubhaftmachung in der Beifügung des Zwangsvollstreckungstitels. Liegt dieser noch nicht vor, kann unter Umständen auch die Vorlage der Klageschrift oder sogar eines Klageentwurfes genügen.

7. Nach § 357 FamFG kann die Ausfertigung eines Erbscheins verlangt werden. Dies setzt die Glaubhaftmachung eines **rechtlichen Interesses** voraus, wobei das hier geforderte rechtliche Interesse mit dem für den Akteneinsichtsantrag nach § 13 FamFG erforderliche rechtliche Interesse gleich zu setzen ist. Das rechtliche Interesse geht weiter als das berechtigte Interesse. Es muss auf einem rechtlichen Verhältnis beruhen. Dies dürfte regelmäßig bei Vorliegen eines Zwangsvollstreckungstitels der Fall sein (→ Form. A. III. 7 Anm. 5). Es wird an dieser Stelle empfohlen, keinen Erbschein (§ 2353 BGB) zu beantragen, da das Verfahren für einen Dritten aufwendig ist und oft die erforderlichen Unterlagen nicht beigebracht werden können. Hier wird empfohlen, dann einen Antrag auf Bestellung eines Nachlasspflegers (→ Form. F. I. 2) zu stellen. Damit kann die Zwangsvollstreckung, bis auf persönliche Maßnahmen wie zB die Abgabe der Vermögensauskunft oder Mobiliarvollstreckung, fortgeführt werden (s. LG Zweibrücken Rpfleger 2006, 658). Zu der Beantragung eines Erbscheins durch den Gläubiger → Form. I. IV. 7, → Form. I. IV. 8.

8. Die Kosten richten sich nach Nr. 31000 KV GNotKG; die Einsicht in öffentliche Register ist gebührenfrei, nicht jedoch die Übersendung von Abschriften.

9. Rechtsmittel. Gegen die Entscheidung ist die befristete Beschwerde gem. § 58 FamFG zum Beschwerdesenat des Oberlandesgerichts, § 119 Abs. 1 Nr. 1b GVG und nach § 70 FamFG auch die Rechtsbeschwerde zum Bundesgerichtshof – soweit sie zugelassen ist – möglich. → Form. A. III. 10

10. Beschwerde bei Verweigerung der Einsicht in die Nachlassakten (§ 58 FamFG)

An das

Amtsgericht/Nachlassgericht[1, 2]

. . . . .

Az. . . . . .

Beschwerde gem. § 58 FamFG

In der Zwangsvollstreckungssache

des/der . . . . .

– Gläubiger/in/Beschwerdeführer/in –

Verfahrensbevollmächtigter: . . . . .

gegen

. . . . .

– Schuldner/in/Beschwerdegegner/in –

Verfahrensbevollmächtigter: . . . . .

lege ich hiermit Namens und in Vollmacht des/der Gläubigers/in gegen die Entscheidung des Amtsgerichts – Nachlassgerichts – vom . . . . . Az. . . . . .

Beschwerde

ein.

Es wird beantragt,

unter Aufhebung der angefochtenen Entscheidung dem diesseitigen Antrag vom . . . . . zu entsprechen.[3]

Begründung:[4]

Der/die Gläubiger/in hat gegen den/die Schuldner/in eine Forderung, die in dem rechtskräftigen Vollstreckungstitel des . . . . ., vom . . . . ., Az. . . . . ., für vollstreckbar erklärt wurde. Dieser Titel wurde dem Verstorbenen ausweislich des Zustellungsvermerks am . . . . . zugestellt. Der/die Gläubiger/in hat mit Schreiben vom . . . . . beantragt, Akteneinsicht zur Feststellung der Erben zu erhalten. Dieser Antrag wurde mit Beschluss des Amtsgerichts . . . . . vom . . . . . ohne Begründung zurückgewiesen. Die beantragte Akteneinsicht gem. § 13 FamFG wurde zu Unrecht verweigert. Gem. § 13 FamFG erhält jedermann Akteneinsicht, der ein berechtigtes Interesse nachweist. Dieses Interesse an der Einsicht in die Nachlassakte ergibt sich hier aus dem og Vollstreckungstitel. Der/die Antragsteller/in hat gegen den Verstorbenen einen rechtskräftigen Titel. Die Forderung wurde nicht beglichen, so dass ein rechtliches Interesse an der Bekanntgabe der Erben und auch des Nachlassvermögens besteht. Die Einsicht ist somit zu gewähren.

. . . . .

Rechtsanwalt[5]

Anmerkungen

1. § 58 FGG bestimmt, dass gegen Entscheidungen des Gerichts in FamFG-Sachen die Beschwerde statthaft ist. Die Beschwerde führt zu einer umfänglichen sachlichen und rechtlichen Nachprüfung. Die Beschwerde ist gemäß § 63 FamFG binnen eines Monats nach Bekanntgabe des Beschlusses einzulegen. Die Beschwerde kann nicht allein darauf gestützt werden, dass die Übersendung der Akten an einen anderen Ort als denjenigen, an dem die Akte geführt wird, verweigert wurde, sofern im Übrigen die Akteneinsicht gewährt wurde. Zu den Einzelheiten zu dem Rechtsmittel bei der Verweigerung der Akteneinsicht siehe die umfangreichen Ausführungen bei Keidel/*Sternal* § 13 Rn. 64–73.

2. Gemäß § 64 FamFG ist die Beschwerde bei dem Gericht einzulegen, dessen Beschluss angefochten wird, bei der Verweigerung der Akteneinsicht in Nachlasssachen das Nachlassgericht/Amtsgericht.

3. Der Antrag ist zu konkretisieren, sofern sich die angefochtene Entscheidung nicht in der Ablehnung des Antrags erschöpft.

4. Die Beschwerde ist inhaltlich zu begründen. Dabei ist eine Auseinandersetzung mit den Gründen der angefochtenen Entscheidung erforderlich, sofern diese überhaupt begründet wurde. Es ist darzulegen, warum der Beschwerdeführer in seinen Rechten eingeschränkt ist, da nur dieser beschwerdeberechtigt ist, § 59 FamFG.

5. **Rechtsmittel.** Gegen die Beschwerde ist die Rechtsbeschwerde gemäß § 70 FamFG statthaft, soweit das Beschwerdegericht diese zugelassen hat.

11. Antrag auf Bestellung eines Vertreters (§ 779 Abs. 2 ZPO)

→ Form. F. I. 3.

12. Antrag auf Bestellung eines Nachlasspflegers (§§ 1960, 1961 BGB)

→ Form. F. I. 2.

13. Auskunft von der Kfz-Zulassungsstelle (§ 39 StVG)

An das

Straßenverkehrsamt[1, 2]

. . . . .

Anfrage wegen: Anschrift des/der Schuldners/in, amtliches Kennzeichen/betreffende Fahrzeug-Identifizierungsnummer[3]

Sehr geehrte(r) . . . . .,

in der Zwangsvollstreckungssache

. . . . . (Gläubiger/in)/. . . . . (Schuldner/in)

betreibt der/die Gläubiger/in ausweislich des in der Anlage in Kopie beigefügten Vollstreckungstitels des . . . . ., vom . . . . ., Az. . . . . ., gegen den/die Schuldner/in die Zwangsvollstreckung.

Der/Die Schuldner/in soll nach meiner Kenntnis das Fahrzeug . . . . . mit dem amtlichen Kennzeichen . . . . . führen. Zum Zwecke der Verwertung dieses Fahrzeuges beantrage ich, mir Auskunft gem. § 39 Abs. 2 StVG über den Aufenthalt des/der Schuldners/in zu erteilen.[4]

Eventuell anfallende Kosten bitte ich mir per Rechnung aufzugeben.

. . . . .

Rechtsanwalt[5, 6]

Anmerkungen

1. § 39 StVG bestimmt, dass Halterdaten zur Verfolgung von Rechtsansprüchen gespeichert werden und diese an Personen herausgegeben werden, die die Daten zur Geltendmachung, Sicherung oder Vollstreckung, zur Befriedigung oder Abwehr von Rechtsansprüchen im Zusammenhang mit der Teilnahme am Straßenverkehr, etc benötigen. Es werden von der Straßenverkehrsbehörde folgende Daten gespeichert: Familienname (bei juristischen Personen, Behörden oder Vereinigungen: Name oder Bezeichnung), Vorname, Ordens- und Künstlername, Anschrift, Fahrzeugart, Hersteller und Typ des Fahrzeugs, Name und Anschrift des Versicherers, Nummer des Versicherungsscheins, oder, falls diese noch nicht gespeichert ist, Nummer der Versicherungsbestätigung, gegebenenfalls Zeitpunkt der Beendigung des Versicherungsverhältnisses, gegebenenfalls Befreiung von der gesetzlichen Versicherungspflicht, Zeitpunkt der Zuteilung oder Ausgabe des Kennzeichens für den Halter sowie das Kraftfahrzeugkennzeichen. Aus diesen Angaben ergibt sich bei der Pfändung des Fahrzeugs und anschließender Verwertung der Pfändungsanspruch gegen die Kraftfahrzeugversicherung (eventuelle Rückerstattungsansprüche) und die Rückerstattung der Kraftfahrzeugsteuer. Soweit also an die Verwertung des Fahrzeuges gedacht wird, sollten diese Ansprüche vorweg gepfändet werden.

Die **Auskunft der Kfz-Zulassungsstelle** wird nur bei Vorliegen des berechtigten Interesses erteilt. Das berechtigte Interesse besteht immer dann, wenn dem Vollstreckungstitel Ansprüche aus einem Verkehrsunfall zugrunde liegen. Soweit dies nicht der Fall ist, besteht immer dann ein berechtigtes Interesse an der Auskunft, wenn das Fahrzeug vom Gerichtsvollzieher gepfändet wurde und im Rahmen der Verwertung abgemeldet werden soll. Um an die erforderliche Information zu kommen, besteht die Möglichkeit, die eigene Kfz-Haftpflichtversicherung zu bitten, eine Anfrage bei der Kfz-Zulassungsstelle zu stellen, sofern die Versicherung hierzu bereit ist. In jedem Fall ist an diesen Weg zu denken, wenn es um die Durchsetzung von Schadenersatzansprüchen aus einem Verkehrsunfall geht. Ein berechtigtes Interesse an der Auskunft wird auch dann angenommen, wenn dem Vollstreckungstitel übergegangene öffentliche Forderungen oder Unterhaltsvorschüsse zugrunde liegen, § 39 Abs. 3 StVG.

2. Zuständig für die Auskunft ist das Straßenverkehrsamt bzw. die Kfz-Zulassungsbehörde des Ortes, an dem das Fahrzeug zugelassen ist. Auf der Internetseite „www.wikipedia.org7wiki/Liste_aller_KfZ_Kennzeichen_der_Bundesrepublik_Deutschland“

sind sämtliche deutsche – auch auslaufende – Autokennzeichen mit der entsprechenden Stadt aufgeführt. Da Kennzeichnen zwischenzeitlich ortübergreifend gelten, kann ein Verweis an die dann zuständige Kfz-Zulassungsstelle sinnvoll sein.

3. Die Anfrage kann nur bearbeitet werden, wenn entweder das **amtliche Kennzeichen** des Fahrzeugs oder die **Fahrzeugidentifizierungsnummer** angegeben wird. Nur mit einer dieser Angaben kann die Kfz-Zulassungsstelle Auskunft zum Halter und Versicherer geben.

4. § 39 StVG schränkt den Auskunftsanspruch von jedermann dahingehend ein, dass ein **besonderes berechtigtes Interesse** vorliegen muss. Das berechtigte Interesse im Sinne des § 39 StVG muss zur Geltendmachung, Sicherung, Vollstreckung, Befriedigung oder Abwehr von Rechtsansprüchen im Zusammenhang mit der Teilnahme am Straßenverkehr oder zur Erhebung einer Privatklage wegen im Straßenverkehr begangener Verstöße benötigt werden bzw. nach Abs. 3. Dieses Interesse liegt immer dann vor, wenn die Vollstreckung von Ansprüchen aus einem Verkehrsunfall erfolgen soll. Das berechtigte Interesse liegt aber auch vor, wenn das Fahrzeug durch den Gerichtsvollzieher im Rahmen einer Mobiliarvollstreckung beschlagnahmt wurde und es nunmehr verwertet werden soll. Soweit bekannt ist, dass der Schuldner ein Fahrzeug führt, sollte dieses beschlagnahmt werden, um dann die Anfrage beim Straßenverkehrsamt mit einem nachweisbaren berechtigten Interesses stellen zu können. Aber auch ohne die Beschlagnahme kann die Anfrage gestellt werden, soweit glaubhaft gemacht wird, dass die Vollstreckung in das Fahrzeug nur möglich ist, wenn die Anfrage beantwortet wird. Der Antrag muss die Begründung des rechtlichen Interesses in der einen oder anderen Weise enthalten.

5. Rechtsmittel. Grundsätzlich ist gegen behördliche Entscheidungen der Widerspruch zulässig. Einige Bundesländer haben das Widerspruchsverfahren (Vorverfahren) abgeschafft. Diese Möglichkeit räumt § 68 Abs. 1 S. 2 VwGO ein. Es kommt also darauf an, in welchem Bundesland die Auskunft verweigert wird. In Baden-Württemberg, Berlin, Brandenburg, Hamburg, Hessen, Rheinland-Pfalz, Saarland, Schleswig-Holstein und Thüringen ist grundsätzlich der Widerspruch einzulegen; Bayern hat grundsätzlich das Widerspruchsverfahren abgeschafft, so dass nur die Klage auf Auskunft vor dem zuständigen Verwaltungsgericht möglich ist. Gleiches gilt für das Land Niedersachsen, mit Ausnahme der in § 8a Abs. 3 Nds. AG VwGO NI aufgeführten Fällen; in Mecklenburg-Vorpommern ist die Durchführung des Widerspruchsverfahrens in bestimmten Rechtsgebieten fakultativ weiterhin möglich, überwiegend ist es abgeschafft; in Nordrhein-Westfalen ist das Widerspruchsverfahren überwiegend abgeschafft. In Sachsen-Anhalt entfällt immer dann das Widerspruchsverfahren, wenn die den Bescheid erlassende Behörde auch über den Widerspruch entscheiden müsste.

6. Kosten und Gebühren. Die Auskunft ist kostenpflichtig. Die Kosten variieren von Bundesland zu Bundesland; sie bewegen sich zwischen 5,00 EUR und 25,00 EUR.

14. Auskunft aus dem Ausländerzentralregister (§ 27 AZRG)

An das

Bundesverwaltungsamt[1]

. . . . .

– Ausländerzentralregister –

Barbarastraße 1

50992 Köln[2]

Anfrage wegen Auskunft aus dem Ausländerzentralregister

Sehr geehrte(r) . . . . .,

in der Zwangsvollstreckungssache

. . . . . (Gläubiger/in)/. . . . . (Schuldner/in)

bitte ich um Auskunft aus der Ausländerzentralkartei über den/die Schuldner/in . . . . ., geb. am . . . . ., in . . . . ., Staatsangehörigkeit . . . . .[3] Die Anfrage bei der zuletzt zuständigen Meldebehörde ist erfolglos geblieben. Zur Glaubhaftmachung füge ich das Antwortschreiben des Einwohneramtes vom . . . . . in Kopie bei.[4]

Das berechtigte Interesse an dieser Anfrage ergibt sich aus dem Vollstreckungstitel des Amtsgerichts . . . . ., vom . . . . ., Az. . . . . ., den ich ebenfalls in Kopie beifüge.[5]

Gleichzeitig beantrage ich, den/die Schuldner/in nicht über die Anfrage der Auskunft aus dem Ausländerzentralregister zu unterrichten. Gegen den/die Schuldner/in soll die Zwangsvollstreckung betrieben werden. Es steht zu befürchten, dass der/die Schuldner/in bei Bekanntwerden der Anfrage Vermögenswerte beiseiteschafft bzw. seinen/ihren Wohnort wechselt. Zur Glaubhaftmachung wird auf den anliegenden Vollstreckungstitel verwiesen.[6]

Zur Vereinfachung stelle ich anheim, die erbetene Auskunft unter Verwendung beiliegender Rückantwort zu erteilen.[7]

. . . . .

Rechtsanwalt

Rückantwort

Bundesverwaltungsamt

– Ausländerzentralregister –

Barbarastraße 1

50992 Köln

Rechtsanwalt[8, 9]

. . . . .

Mein Zeichen: . . . . .

Anfrage wegen Auskunft aus dem Ausländerzentralregister

Sehr geehrte(r) . . . . .,

auf Ihre Anfrage vom . . . . . wird folgendes mitgeteilt:

Geburtsname: . . . . .

Vorname: . . . . .

Schreibweise des Namens nach deutschem Recht: . . . . .

Geburtstag: . . . . .

Geburtsort-, -bezirk: . . . . .

Frühere Vor- und Familiennamen: .....

Geschlecht: .....

Familienstand: .....

Staatsangehörigkeit: .....

Aktueller Wohnort: .....

Letzter Wohnort im Herkunftsland: .....

Angaben zum Zuzug: .....

Angaben zum Fortzug: .....

Aufenthaltsrechtlicher Status: .....

Zustimmung der Agentur für Arbeit: .....

Staatsangehörigkeit des Ehegatten: .....

Gesetzlicher Vertreter: .....

Sterbetag: .....

Sterbeort: .....

Sonstige Informationen: .....

.....

Mit freundlichen Grüßen

.....

[Unterschrift/Stempel/Dienstsiegel]

Anmerkungen

1. Soweit es sich beim Schuldner um einen ausländischen Staatsbürger handelt, ist beim Aufenthalt, aber auch bei der Suche nach Vollstreckungsmöglichkeiten immer an das Ausländerzentralregister zu denken. Die Aufgabe des Ausländerzentralregisters ist es, im allgemeinen Datenbestand Daten von Ausländern zu speichern, die nicht nur vorübergehend ihren Aufenthalt in der Bundesrepublik Deutschland haben. In bestimmten Fällen werden solche Daten aber auch gespeichert, ohne dass diese Voraussetzungen vorliegen, zB wenn ein Asylantrag gestellt wird, bei Ausweisung oder Abschiebung, bei Einreisebedenken oder bei der Ausschreibung zur Festnahme oder Aufenthaltsermittlung. In der Visadatei des Bundesverwaltungsamtes werden die Daten von Ausländern gespeichert, die ein Visum beantragt haben. Die Visadatei enthält im Wesentlichen Angaben zur Person des Visumantragstellers und über die zuständige Auslandsvertretung. Darüber hinaus führen die deutschen Auslandsvertretungen eigenständige Visadateien über die von ihnen erteilten Sichtvermerke (Visa und Transitvisa). § 27 AZRG bestimmt, dass bei Antragstellung Auskunft über den Zuzug, den Fortzug oder über das Sterbedatum des Betroffenen erteilt wird. Der Inhalt der Auskunft ist dürftig, jedoch kann versucht werden, durch das umfassende Rückantwortschreiben weitere Auskünfte zu erhalten. Verpflichtend ist aber nur die Mitteilung der vorstehend genannten Daten.

2. Zuständig ist das Bundesverwaltungsamt, Ausländerzentralregister wie im Anschriftenfeld angegeben. Dies gilt bundesweit. Telefonisch ist das Ausländerzentralregister unter 02 21/7 58–0, per Fax unter 02 21/7 58–28 23 erreichbar. Sollte eine Anfrage per E-Mail gestellt werden, kann dies unter „azr@bva.bund.de" erfolgen. Das ist aufgrund einer ausreichenden Glaubhaftmachung nur bedingt empfehlenswert.

3. Die **Angaben zum Schuldner** müssen so detailliert wie möglich sein. Sind neben Namen, Vornamen, Geburtsdatum weitere Daten, wie zB Alias-Namen bekannt, sollten diese mit angegeben werden.

4. Die Anfrage beim Ausländerzentralregister setzt eine **erfolglose Anfrage beim zuständigen Einwohneramt** voraus. Dies hat den Hintergrund, dass jedermann in Deutschland beim Einwohneramt gemeldet sein soll. Nur wenn diese Anfrage erfolglos geblieben ist, erteilt das Bundesamt Auskunft. Dafür ist es erforderlich, eine Kopie der Anfrage beim Einwohneramt nebst Rückantwort beizulegen.

5. Ohne ein **berechtigtes Interesse** erteilt das Bundesamt keine Auskunft. § 27 AZRG bestimmt in Abs. 1, dass ein berechtigtes Interesse immer dann vorliegt, wenn ein nach deutschem Recht gültiger Vollstreckungstitel vorliegt. Insoweit ist dieser der Anfrage in Kopie beizulegen.

6. § 27 Abs. 2 AZRG bestimmt, dass vor jeder Auskunft der Betroffene gehört werden soll, es sei denn, die Anhörung liefe dem Zweck der Übermittlung der Daten zuwider. Es muss also zwingend beantragt werden, dass eine Anhörung nicht erfolgen darf, da ansonsten die Gefahr der Vollstreckungsvereitelung besteht.

7. Zur schnelleren Bearbeitung ist es sinnvoll, eine Rückantwort beizulegen. Diese ist bewusst umfangreich gehalten, obwohl die Auskunftsansprüche auf die Aufenthaltsdaten, Zuzug und Fortzug sowie Sterbedatum beschränkt sind. Es kommt immer wieder vor, dass weitere Angaben in der Rückantwort ausgefüllt werden und damit eine Vielzahl von weiteren Informationen bekannt wird, wie zB die Zustimmung der Agentur für Arbeit, ob der Betroffene eine Arbeitserlaubnis erhalten hat oder nicht; oder die Angaben, wo er zuletzt im Herkunftsland gewohnt hat. Diese Angaben lassen Rückschlüsse auf Vollstreckungsmöglichkeiten im Ausland zu.

8. Kosten und Gebühren. Die Auskunft ist bislang kostenfrei.

9. Rechtsmittel. Soweit eine Auskunft nicht erteilt wird, sollte über eine Untätigkeitsbeschwerde nachgedacht werden. Sie kann das richtige Rechtsmittel sein (das Rechtsmittel ist allerdings streitig in seinem Umfang, der Anwendung; siehe dazu die besonderen Ausführungen im → Form. Q. II. 4).

15. Einsicht in die Strafakte (§§ 475, 406e StPO)

An das

Amtsgericht[1]

. . . . .

– Staatsanwaltschaft/Strafgericht –[2]

Sehr geehrte(r) . . . . .,

in der Zwangsvollstreckungssache

. . . . . (Gläubiger/in)/. . . . . (Schuldner/in)

betreibt der/die Gläubiger/in, den/die ich anwaltlich vertrete, ausweislich des in der Anlage in Kopie beigefügten Vollstreckungstitels des ....., vom ....., Az. ....., gegen den/die Schuldner/in die Zwangsvollstreckung.

Nach meiner Information ist gegen den Schuldner ein Strafverfahren, Az. ....., anhängig.

(Alternative:

Aufgrund meines Strafantrags vom ..... ist ein Strafverfahren, Az. ....., anhängig.[3])

Es wird namens und in Vollmacht des/der Gläubiger/in beantragt, ihm/ihr Einsicht in die Strafakte zu gewähren. Das berechtigte Interesse ergibt sich aus dem Vollstreckungstitel. Das Akteneinsichtsrecht ergibt sich aus §§ 475, 406e StPO.[4]

Soweit der Akteneinsicht Hindernisse entgegenstehen, bitte ich um Bekanntgabe der aktuellen Anschrift des Schuldners bzw. um Mitteilung der Hindernisse.[5]

Die entstehenden Kosten bitte ich mir per Rechnung aufzugeben.[6]

.....

Rechtsanwalt[7]

Anmerkungen

1. Gem. § 475 StPO hat jedermann über einen Rechtsanwalt ein Akteneinsichtsrecht, der ein berechtigtes Interesse darlegen kann. § 406e StPO gewährt dem Verletzten ein Akteneinsichtsrecht. Hat also der Gläubiger, weil er im Verhalten des Schuldners ein strafbares Verhalten erblickt hat (zB nach § 263 StGB – Stichwort: „Eingehungsbetrug" – oder nach § 170 StGB – „Verletzung der Unterhaltspflicht" –), einen Strafantrag gestellt, so kann er über einen Rechtsanwalt Einsicht in die Strafakte nehmen. Mit der Einsichtnahme können verschiedene Informationen der Akte entnommen werden. Das betrifft den Aufenthalt des Schuldners. Dieser wird üblicherweise von der Staatsanwaltschaft zuerst ermittelt. Da die Staatsanwaltschaft über mehr Informationsquellen verfügt als der Gläubiger, ist es vielfach möglich, den Aufenthalt zu ermitteln.

Soweit nur der Aufenthalt ermittelt werden muss, kann auch eine kurze telefonische Anfrage bereits zum Erfolg führen. In der Praxis erteilen die Staatsanwaltschaften über den Aufenthalt eines Schuldners auch telefonisch Auskunft. Aus der können sich aber auch Pfändungsmöglichkeiten ergeben. Bei Vermögensdelikten belegt die Staatsanwaltschaft das Vermögen des Schuldners häufig mit einem Arrest. Der arrestierte Anspruch sollte in jedem Fall gepfändet werden, da der Arrest dann aufgehoben wird, wenn das Strafverfahren eingestellt wird. Auch die Information über bestimmte pfändbare Gegenstände, wie zB ein Auto, wertvolle Möbel, etc können sich aus der Akte ergeben. Insoweit ist es von großem Interesse, Einsicht in die Akte zu nehmen. Der Rechtsanwalt kann neben der bloßen Einsichtnahme beantragen, dass ihm die Akten an seine Kanzlei übersandt werden. Ob diesem Antrag stattgegeben wird, liegt im Ermessen der Staatsanwaltschaft; gegen die ablehnende Entscheidung der Staatsanwaltschaft ist kein Rechtsmittel möglich.

2. Bis zur Erhebung der öffentlichen Anklage sowie nach Abschluss des Verfahrens ist gem. §§ 406e, 478 StPO die Staatsanwaltschaft zuständig. Während der Dauer des Strafverfahrens ist das mit der Strafsache befasste Gericht zuständig.

3. Soweit ein Strafverfahren anhängig ist, kann die Akteneinsicht gem. § 475 StPO beantragt werden. Es ist hilfreich, soweit bekannt, das Aktenzeichen anzugeben. Wird nur vermutet, dass ein Strafverfahren anhängig ist, sollte in jedem Fall der vollständige Name, das Geburtsdatum (soweit bekannt) und die letzte bekannte Anschrift des Schuldners angegeben werden.

4. Grundsätzlich hat jeder, der einen Antrag auf Akteneinsicht stellt, ein **berechtigtes Interesse** darzulegen. Zu den Voraussetzungen → Form. A. III. 9 Anm. 1. Nur der Verletzte, der als Nebenkläger auftreten kann (§ 395 StPO), muss sein berechtigtes Interesse nicht zusätzlich darlegen. Zur Darlegung des berechtigten Interesses müssen entsprechende Tatsachen schlüssig vorgetragen werden (OLG Stuttgart NStZ-RR 2000, 349; *Hilger* NStZ 1984, 541). Die Vorlage des Vollstreckungstitels und gegebenenfalls der Forderungsabrechnung sollte in der Regel genügen.

5. Die **Einsicht kann immer dann verweigert** werden, wenn schutzwürdige Belange der angefragten Person dem berechtigten Interesse des Gläubigers vorgehen. Ebenso kann die Einsicht verweigert werden, wenn die Gewährung der Einsicht den Ermittlungsinteressen zuwider laufen würde, zB weil der Gläubiger noch selbst als Zeuge befragt werden soll, und zwar ohne Kenntnis des Akteninhalts. In diesem Fall sollte zumindest versucht werden, an die Anschrift des Schuldners zu kommen, da diese Information auch ohne Akteneinsicht weiter gegeben werden kann, § 475 Abs. 4 StPO.

6. Kosten und Gebühren. Die Einsichtnahme ist kostenlos; Abschriften werden nach Nr. 9000 KV GKG in Rechnung gestellt.

7. Rechtsmittel. Gegen die Verweigerung der Akteneinsicht durch das Gericht ist kein Rechtsmittel möglich. Gegen die Entscheidung der Staatsanwaltschaft kann gem. §§ 478 Abs. 3, 162 StPO die Entscheidung des Gerichts eingeholt werden, die dann ihrerseits aber wiederum nicht angreifbar ist.

16. Akteneinsicht (§ 299 ZPO)/Einsicht in die Insolvenzakte (§§ 4 InsO, 299 ZPO)

An das

Amtsgericht

– Insolvenzgericht–[1, 2, 3]

. . . . .

Sehr geehrte(r) . . . . .,

in der Zwangsvollstreckungssache

. . . . . (Gläubiger/in)/. . . . . (Schuldner/in)

betreibt der/die Gläubiger/in, den/die ich anwaltlich vertrete, ausweislich des in der Anlage in Kopie beigefügten Vollstreckungstitels des . . . . ., vom . . . . ., Az. . . . . ., gegen den/die Schuldner/in die Zwangsvollstreckung.

Nach meiner Information wurde über das Vermögen des Schuldners ein Antrag auf Eröffnung des Insolvenzverfahrens (Az. . . . . .) gestellt. Dieser Antrag wurde mangels Masse abgelehnt.

Es wird namens und in Vollmacht des/der Gläubigers/in beantragt, ihm/ihr Einsicht in die Insolvenzakte zu gewähren. Das Akteneinsichtsrecht ergibt sich aus § 4 InsO iVm § 299 ZPO. Soweit ein Vermögensverzeichnis erstellt wurde, bitte ich um Übersendung einer Abschrift.[4]

Die entstehenden Kosten bitte ich mir per Rechnung aufzugeben.[5]

Sollten dem Antrag Hindernisse entgegenstehen, bitte ich um einen kurzen Hinweis.

.....

Rechtsanwalt[6]

Anmerkungen

1. Die allgemeine **Einsicht in Gerichtsakten** aller Verfahren der ZPO ist in § 299 ZPO geregelt. Neben § 299 ZPO enthalten eine Vielzahl weiterer Vorschriften Bestimmungen zum Einsichtsrecht (zB §§ 299a, 760 ZPO, §§ 13, 459 Abs. 2, 464, 477, 482 Abs. 2, 483 FamFG, die AktO, § 29 VwVfG).

Über das allgemeine Akteneinsichtsrecht kann in verschiedene Prozess- und Verfahrensakten Einsicht genommen werden. Da ist zunächst an die Prozesskostenhilfeakte zu denken. Es besteht grundsätzlich kein Anspruch, das **PKH-Beiheft** mit den Einkommensunterlagen einzusehen (vgl. mit ausführlicher Begründung OLG Brandenburg FamRZ 2011, 125), allerdings wird es bei einer Einsichtnahme auf der Geschäftsstelle des Gerichts oft nicht vorab entfernt. So kann Einsicht in die zu Beginn des Klageverfahrens bestehende Vermögenssituation genommen werden. Der Akte können auch Bankverbindungen, Versicherungen, etc entnommen werden. Hier ist wieder Kombinationsvermögen gefragt. Liegt eine private Haftpflichtversicherung und zB eine private Krankenversicherung bei der gleichen Versicherungsgesellschaft vor, so liegt der Verdacht nahe, dass dort eventuell weitere Versicherungen abgeschlossen sind. Gleiches gilt für Bankdaten, Arbeitgeber, Wohnort, etc.

Eine weitere Möglichkeit über § 299 ZPO ist es, in **laufende Prozessakten** zu schauen. Ist bekannt oder konnte durch Anfrage beim Gericht in Erfahrung gebracht werden, dass der Schuldner vermögensrechtliche Klagen führt, zB ein Gewerbetreibender, Handwerker, etc, dann kann das berechtigte Interesse, in diese Akten Einsicht zu nehmen, damit begründet werden, dass der Beklagte eventuell Drittschuldner einer Pfändung sein kann. Verschiedene Entscheidungen bejahen dieses Recht, vgl. KG NJW 2008, 1748; OLG Brandenburg JurBüro 2005, 434. Vertiefend auch *Zuck* NJW 2010, 2913.

2. Über § 4 InsO ist § 299 ZPO auch auf die **Einsichtnahme in die Insolvenzakte** entsprechend anwendbar. Das Einsichtsrecht umfasst die gesamten Akten des Gerichts (beigezogene Akten, wie zB die Handelsregisterakte oder die Grundbuchakte gehören jedoch nicht dazu). Die Einsicht in diese Akten muss gesondert beantragt werden. Ist es wahrscheinlich, dass Akten anderer Gerichte und Zuständigkeiten beigezogen wurden, ist es sinnvoll, den Antrag auf Akteneinsicht auch in diese Akten schon bei erster Antragstellung entsprechend zu erweitern (das kann auch später noch gemacht werden). Es sollte auf die gesonderte Zuständigkeit hingewiesen werden. Das aktenführende Gericht kann die Zustimmung der anderen Gerichte einholen, so dass umfassend Einsicht in die Akten genommen werden kann. Wird die Akte an einem anderen Gerichtsort geführt, als der Anwalt seine Kanzlei hat, so kann der Antrag um den Passus ergänzt werden, dass die Akten an die Kanzlei zur Einsichtnahme übersandt werden. Dritte, nicht am Verfahren Beteiligte, haben kein allgemeines Akteneinsichtsrecht (umstritten, weshalb über – weitere – Maßnahmen im Einzelfall nachgedacht werden sollte); → Anm. 4. Der Gerichtsvorstand entscheidet im Rahmen seines Ermessens. Dabei hat er das rechtliche Interesse des Antragstellers gegen das Geheimhaltungsinteresse des Schuldners abzuwägen. Die Problematik der Einsicht in die Insolvenzakten ist anschaulich im Hamburger Kommentar zur Insolvenzordnung dargestellt (§ 4 Rn. 30 ff. InsO).

3. **Zuständig** für den Antrag auf Akteneinsicht ist das aktenführende Gericht, bei Zivilprozessakten das Amts- oder Landgericht, ebenso bei Strafakten. Bei verwaltungsgerichtlichen Akten die zuständigen Verwaltungsgerichte, entsprechend die Arbeits- und Sozialgerichte sowie die Finanzgerichte. Zuständig ist das Insolvenzgericht, bei dem das Insolvenzverfahren anhängig ist. Für die Entscheidung, ob die Akte in die Kanzlei des antragstellenden Anwalts übersandt wird, ist der Gerichtsvorstand zuständig.

4. Parteien des Gerichtsverfahrens haben immer ein Einsichtsrecht in die Gerichtsakten. Anders sieht es bei Dritten aus, also Antragstellern, die nicht am Verfahren beteiligt sind. Diese haben immer ein rechtliches Interesse im Sinne § 299 Abs. 2 ZPO darzulegen. Ein rechtliches Interesse hat jeder, dessen Rechtskreis der Prozess oder die einzusehende Urkunde oder Erklärung auch nur mittelbar berühren. Es muss ein auf Rechtsnormen beruhendes, gegenwärtiges Verhältnis einer Person zu einer anderen oder zu einer Sache vorliegen (*Baumbach/Lauterbach/Albers/Hartmann* § 299 Rn. 24 mwN; *Zuck* NJW 2010, 2913; → Form. A. III. 7 Anm. 5). Der Nachweis des Vollstreckungstitels nebst Forderungsabrechnung wird als ausreichend angesehen.

5. **Kosten und Gebühren.** Die reine Einsicht in die Gerichtsakte ist grundsätzlich kostenfrei. Die Auslagen für das Erstellen von Abschriften oder das Übersenden der Akte werden je nach Verfahrensart nach dem GKG, FamGKG bzw. dem GNotKG in Rechnung gestellt.

6. **Rechtsmittel.** Wird einem Beteiligten während des noch nicht abgeschlossen Verfahrens die Akteneinsicht versagt oder nicht unbeschränkt gewährt (= Fall des § 299 Abs. 1 ZPO), ist dagegen bei einer Entscheidung des Urkundsbeamten der Geschäftsstelle die Erinnerung gemäß § 573 ZPO), bei einer Entscheidung des Rechtspflegers die Erinnerung nach § 11 Abs. 2 RpflG und bei Entscheidungen des Richters die Beschwerde gemäß § 567 Abs. 1 Nr. 2 ZPO möglich. In den Fällen des § 299 Abs. 2 ZPO ist gegen die Entscheidung des Vorstands des Gerichts beim OLG ein Antrag auf gerichtliche Entscheidung gem. §§ 23 ff. EGGVG zu stellen.

17. Auskunft aus dem Schuldnerverzeichnis (§ 882f ZPO)

→ Form. A. V. 14.

IV. Informationsbeschaffung über das Vermögen des Schuldners

1. Vorbemerkungen

Bei **der Informationsbeschaffung über das Vermögen eines Schuldners** ist neben den herkömmlichen Wegen auch an die Suche im Internet, an Internetdienste und Wirtschafsauskünften zu denken. Der Phantasie der Suche sind keine Grenzen gesetzt bzw. bei der Suche ist viel Phantasie gefragt. Wegen der Internetrecherche wird auf die Ausführungen bei → Form. A. III. 1 verwiesen. Was dort zur Aufenthaltsermittlung ausgeführt wurde, gilt auch für die Vermögensermittlung. Schildert ein Schuldner sein kostspieliges und vielleicht sogar wertvolles Hobby auf Facebook, dann sind neben der Aufenthaltsermittlung auch Informationen über pfändbares Vermögen zu finden. Ebenso bei Ebay. Bei der Suche nach pfändbaren Ansprüchen, zB bei den Internetauktionshäusern, ist der Nickname von großer Bedeutung. Dieser kann zB über Facebook oder andere Chatrooms ermittelt werden. Die Suchfunktionen auf den Internetseiten, zB mit Hilfe von E-Mail-adressen, Nickname, Name sollte immer versucht werden. Weiterhin ist bei einem Schuldner an die Schuldnerforen des Internets zu denken. Es gibt eine Vielzahl von Schuldnerforen, so dass diese systematisch durchsucht werden müssen. Wegen der Domainsuche wird auf → Form. A. III. 1 verwiesen. Zur Unterstützung der Suche kann auch auf herkömmliche Literatur zurückgegriffen werden (zB *Rainer Kolbeck*, Erfolgreiche Internetsuche, Informationen gezielt suchen und finden).

Die im Internet angebotenen **Wirtschaftsauskünfte** sind eine weitere Quelle, um Vermögen aufzuspüren. Die für Anwälte konzipierte Wirtschaftsauskunft „www.supercheck.de" bietet eine Vielzahl von Möglichkeiten, bis hin in das europäische Ausland. Weiterhin ist an die herkömmlichen Wirtschaftsauskünfte, wie Creditreform, Bürgel, etc zu denken. Neben den Wirtschaftsauskünften ist noch an die **SCHUFA** (Schutzgemeinschaft der allgemeinen Kreditsicherung) zu denken. Wie der Name schon sagt: die SCHUFA ist eine Schutzgemeinschaft. Sie soll bei Geschäftsanbahnung verhindern, mit einem insolventen Geschäftspartner, Finanzgeschäfte einzugehen. Bei der Durchsetzung von Forderungen ist es eigentlich zu spät für eine Auskunft. Allerdings gibt die SCHUFA-Auskunft Hinweise auf den Zeitpunkt der Zahlungsprobleme, was eventuell zum Nachweis eines Eingehungsbetruges (§ 263 StGB) führt. Daraus resultierende Schadenersatzansprüche können in der Zwangsvollstreckung und in der Insolvenz Vorrang vor anderen Ansprüchen genießen. Eine SCHUFA-Auskunft erhält nicht Jedermann, nur die der Gemeinschaft angeschlossenen Partner mit einer Auskunftsermächtigung des Schuldners. Hier sollte der Gläubiger seine Hausbank ersuchen, eine Auskunft einzuholen. Das erforderliche Interesse leitet sich aus dem Eigeninteresse der Bank ab, die Bonität ihres Kunden zu sichern. Ein weiterer Service wird von der SCHUFA angeboten: Für einen Betrag von derzeit 28,50 EUR kann über Unternehmen eine Wirtschaftsauskunft von Jedermann eingeholt werden, dort sind zB Sitz der Firma, Registrierung im Handelsregister, Umsatzzahlen, Mitarbeiter, etc angegeben. Auch hier ist der Zugriff über das Internet möglich.

Eine weitere Informationsquelle sind auch immer **Familienangehörige** und **Freunde** sowie **Geschäftspartner**. Ein ausführliches Telefonat mit der Ehefrau oder geschiedenen Ehefrau bringt oft interessante Informationen zu Tage. Auf ein solches Telefonat sollte man sich ausführlich vorbereiten, → Form. A. III. 1.

Bei der Suche nach Vermögen sind die **Tageszeitungen und Wochenblätter** des Wohnortes des Schuldners zu durchsuchen. Telefon- und Branchenbücher können hier Auskunft über ein Unternehmen geben, das unter dem Familiennamen des Schuldners geführt wird.

Weiterhin ist der Gerichtsvollzieher eine Quelle zur Ermittlung von Vermögensauskünften. Nach §§ 802c ff., 802 ZPO kann der Gerichtsvollzieher beauftragt werden, über die Arbeitsstätte, Bankverbindungen und Aufenthalt Ermittlungen anzustellen. Dabei kann eine Pfändung eventueller Ansprüche direkt mit beauftragt werden, siehe dazu die Ausführungen bei → Form. A. V. Es kann über § 760 ZPO auch Einsicht in die Akte des Gerichtsvollziehers genommen werden, wenn bekannt ist, dass der Gerichtsvollzieher bereits für andere Gläubiger tätig war. Zum Antrag auf Akteneinsicht → Form. G. IV. 10

Gemäß § 74 SGB X können **Sozialbehörden** Auskünfte an Gläubiger erteilen, wenn es zur Durchsetzung eines Unterhaltsanspruchs erforderlich ist.

2. Handels-, Partnerschafts- und Unternehmensregisterauskunft

An das

Amtsgericht[1]

. . . . . .

– Registergericht –[2]

Sehr geehrte(r) . . . . . .,

in der Zwangsvollstreckungssache

. . . . . . (Gläubiger/in)/. . . . . . (Schuldner/in)

betreibt der/die Gläubiger/in, den/die ich anwaltlich vertrete, ausweislich des in der Anlage in Kopie beigefügten Vollstreckungstitels des . . . . . ., vom . . . . . ., Az. . . . . . ., gegen den/die Schuldner/in die Zwangsvollstreckung.

Ich bitte um Auskunft, ob der/die Schuldner/in . . . . . . im Handelsregister eingetragen ist. Soweit eine Eintragung vorliegt, bitte ich um eine beglaubigte[3] Abschrift. Sollten die Abschrift mehr als 20 Seiten ergeben, bitte ich um eine entsprechende Mitteilung. In diesem Fall werde ich mir die Informationen durch Einsichtnahme in das Handelsregister verschaffen.[4]

Zur Vereinfachung stelle ich anheim, die erbetene Auskunft – die in der Rückantwort konkretisiert ist – unter Verwendung des beiliegenden Rückantwortschreibens zu erteilen.[5]

Die Kosten bitte ich mir per Rechnung aufzugeben.[6]

. . . . . .

Rechtsanwalt[7]

Rückantwort

. . . . . .

Rechtsanwalt

. . . . . .

Mein Zeichen: . . . . . .

Anfrage wegen: Eintragung im Handelsregister/Partnerschaftsregister/Genossenschaftsregister

Sehr geehrte(r) . . . . . .,

zu Ihrer Anfrage vom . . . . . . wird Folgendes mitgeteilt:

Der Schuldner ist als

☐ Einzelhandelskaufmann
☐ Gesellschafter einer Personenhandelsgesellschaft
☐ Gesellschafter einer Kapitalgesellschaft
☐ Partner einer Partnerschaftsgesellschaft
☐ Mitglied einer eingetragenen Genossenschaft

eingetragen.

Eine Abschrift eines

☐ beglaubigten Handelsregisterauszugs/Partnerschafts- oder Genossenschaftsregisterauszugs
☐ der Gesellschafterliste,
☐ des Gesellschaftervertrages/Partnerschaftsvertrages
☐ der letzten Bilanz, Gewinn- und Verlustrechnung oder sonstiger Abrechnungen
☐ sonstige Unterlagen

werden beigefügt.

Anmerkungen

1. Die **Einsichtnahme in das Handelsregister** kann für die Zwangsvollstreckung unter verschiedenen Aspekten von Bedeutung sein: Zum einen geht es um die Klärung, in welcher Weise der Schuldner an einer Gesellschaft beteiligt ist: Ist er Geschäftsführer, ist er Gesellschafter, gegebenenfalls mit welchem Anteil? Dies ergibt sich bereits aus dem Handelsregisterauszug. Ist die Gesellschaft selbst Schuldnerin, sind die Vermögenswerte der Gesellschaft anhand der Bilanzen und Gewinn- und Verlustrechnung zu prüfen. Diese können durch Einsichtnahme in die Handelsregisterakte festgestellt werden. In Abteilung A sind die eingetragenen Einzelhandelskaufleute und handelsrechtlichen Personengesellschaften eingetragen, in Abteilung B die Kapitalgesellschaften. Soweit der Schuldner Gesellschafter und Geschäftsführer der Gesellschaft ist, ist in jedem Fall das Geschäftsführergehalt zu pfänden (→ Form. I. III. 16).

Mit § 8b HGB hat der Gesetzgeber die Grundlage für das **elektronische Unternehmensregister** geschaffen. Seit dem 1.1.2007 hat das Unternehmensregister seinen Betrieb aufgenommen. Damit wurde die Unternehmenspublizität erheblich verbessert. Jedermann kann die veröffentlichungspflichtigen Unternehmensdaten zentral im Internet unter „www.unternehmensregister.de" abfragen. Die abzufragenden Informationen sind weit gefasst (§ 8b Abs. 2 HGB). Ein großer Vorteil ist, dass es nunmehr weder auf den Ort, noch die Uhrzeit ankommt. Abgefragt werden können: Eintragungen/Informationen im Handels-, Genossenschafts- und Partnerschaftsregister und deren Bekanntmachung sowie die zum Handelsregister eingereichten Dokumente, Unterlagen der Rechnungslegung nach den §§ 325 und 339 HGB und deren Bekanntmachung, gesellschaftsrechtliche Bekanntmachungen im elektronischen Bundesanzeiger, im Aktionärsforum veröffentlichte Eintragungen nach § 127a AktG, Veröffentlichungen von Unternehmen nach dem WpHG im elektronischen Bundesanzeiger, von Bietern, Gesellschaften, Vorständen und Aufsichtsräten nach dem Wertpapiererwerbs- und Übernahmegesetz im elektronischen Bundesanzeiger sowie Veröffentlichungen nach der Börsenzulassungs-Verordnung im elektronischen Bundesanzeiger, Bekanntmachungen und Veröffentlichungen inländischer Kapitalanlagegesellschaften und Investmentaktiengesellschaften nach dem

Investmentgesetz und dem Investmentsteuergesetz im elektronischen Bundesanzeiger, Veröffentlichungen und sonstige der Öffentlichkeit zur Verfügung gestellte Informationen, sofern die Veröffentlichung nicht bereits über Nr. 4 oder Nr. 7 in das Unternehmensregister eingestellt wird. Mitteilungen über kapitalmarktrechtliche Veröffentlichungen an die Bundesanstalt für Finanzdienstleistungsaufsicht, Bekanntmachungen der Insolvenzgerichte nach § 9 der InsO (ausgenommen Verbraucherinsolvenzverfahren).

Das bedeutet für das vorliegende Muster, dass es spätestens mit Ablauf der Übergangszeit, in der alle Registergerichte die Register onlinefähig gemacht haben müssen, nicht mehr für eine einfache Auskunft gebraucht wird. Es können bereits jetzt fast alle Angaben der Registergerichte abgefragt werden. Für den Gläubigeranwalt bedeutet dies: er kann unverzüglich den im Handels-, Genossenschafts- oder Partnerschaftsregister eingetragenen Schuldner suchen und die erforderlichen Daten verwenden. Eine zeitaufwendige Postlauf- und Bearbeitungszeit entfällt. Auch die Kosten der Anfrage sind erheblich gesunken.

Wie bisher können alle Informationen **ohne Nachweis eines berechtigten Interesses** eingesehen werden. Das Abrufen der Handelsregistereintragungen ist jedoch kostenpflichtig (su). Weiterhin zuständig für die Führung der Register bleiben die Amtsgerichte. Die Bekanntmachungen erfolgen seit dem 1.1.2007 in elektronischer Form. Für die einzureichenden Jahresabschlüsse ist der Betreiber des elektronischen Bundesanzeiger zuständig (§ 325 HGB). Veröffentlicht werden sie auf der Seite des Bundesanzeigers („www.bundesanzeiger.de") und auch auf „www.unternehmensregister.de".

Eine wesentliche Änderung ist bei der Einführung des elektronischen Unternehmensregisters vorgenommen worden. Bislang galt, dass Zwangsmaßnahmen zur Vorlage von Bilanzen nur auf Antrag verhängt wurden. Von diesem Antragsverfahren hat sich der Gesetzgeber verabschiedet und bestimmt, dass von Amts wegen die Bilanzvorlage sowie die weiteren Unterlagen verlangt werden. Das neue Verfahren sieht so aus, dass der Betreiber, die Bundesanzeiger Verlags GmbH, nach § 329 Abs. 1 S. 1 HGB zu prüfen hat, ob die einzureichenden Unterlagen fristgemäß und vollständig eingereicht worden sind. Ergibt die Prüfung, dass die einzureichenden Unterlagen nicht oder nicht vollständig eingereicht wurden, muss dies gem. § 329 Abs. 2 HGB an das Bundesamt für die Justiz in Bonn gemeldet werden. Diese droht gem. § 335 Abs. 1 S. 1 und Abs. 2 HGB gegen die Mitglieder des vertretungsberechtigten Organs der Kapitalgesellschaften oder gegen die Kapitalgesellschaft selbst ein Ordnungsgeld an sowie die Übernahme der entsprechenden Kosten des Verfahrens (vertiefend *Liebscher/Scharff* NJW 2006, 3745 ff.; vertiefend *Jeep/ Wiedemann* NJW 2007, 2439).

Die Abfrage der Register ist jetzt benutzerfreundlicher und schneller geworden. Insbesondere ist dies für die Zwangsvollstreckung von großem Nutzen, da so auch schnell recherchiert werden kann, ob der Ehepartner oder Lebensgefährte unter seinem Namen eine Firma führt. Eine weitere wesentliche Änderung ist eingeführt worden: Zweigniederlassungen werden beim gleichen Registergericht geführt wie die Hauptniederlassung. Damit ist das Anfordern verschiedener Registerauszüge entbehrlich. Die GmbH-Reform aus 2008 führte dazu, dass auch ausländische GmbHs eine inländische Geschäftsanschrift haben müssen, diese ist dem Handelsregister zu melden, § 8 Abs. 4 GmbHG (siehe auch OLG München Rpfleger 2009, 236).

Wird zum Nachweis, zB zur Umschreibung der Vollstreckungsklausel, ein beglaubigter Handelsregisterauszug benötigt, ist das Registergericht anzuschreiben und eine Abschrift anzufordern.

2. Gemäß § 376 Abs. 1 FamFG, § 23a Abs. 1 Nr. 3 GVG sind die Amtsgerichte für die Handelsregistersachen zuständig, das dem Landgericht angeschlossen ist. **Zuständig** sind die Handelsregister für den gesamten Landgerichtsbezirk. Allerdings können die Länder andere Zuständigkeiten durch Verordnung bestimmen. Soweit durch einen kurzen Anruf die Zuständigkeit nicht abschließend geklärt werden kann, sollte immer auch ein Verweisungsantrag an das zuständige Gericht mit aufgenommen werden. Funktionell ist der Rechtspfleger für die Auskunft zuständig (§§ 3 Nr. 2d, 17 RPflG). Ergänzend wird auf die Handelsregisterverordnung verwiesen, in der die Zuständigkeit, insbesondere die Zeiten für die Einsichtnahme, geregelt sind.

3. Der Gesetzgeber hat in § 9 HGB als Regel vorgesehen, dass eine **beglaubigte Abschrift** übersandt wird. Soweit kein anders lautender Antrag gestellt wird, wird immer die beglaubigte Abschrift übersandt. Diese ist wesentlich teurer als die unbeglaubigte, die für die Ermittlung von Vermögenswerten regelmäßig ausreicht. → Anm. 1.

4. Aus **Kostengründen** sollte der Antrag dem Umfang nach begrenzt werden. Soweit Bilanzen oder sonstige umfangreiche Unterlagen eingesehen werden sollen, ist es sinnvoll, zu beantragen, die Akte an das Amtsgericht des Kanzleisitzes zu versenden und direkt Einsicht zu nehmen. Es ist nicht erforderlich, ein berechtigtes Interesse nachzuweisen. Trotzdem wird empfohlen, den Vollstreckungstitel in Kopie beizulegen, da so zeitintensives Nachfragen unterbleibt, denn das Registergericht darf prüfen, ob mit dem Antrag rechtswidrige Zwecke verfolgt werden.

5. Soweit dieser Weg der Anfrage gewählt wird, wird empfohlen, eine Rückantwort, in der die gewünschten Unterlagen angekreuzt sind, mit zu übersenden. Sehr häufig ist die Bearbeitung schneller und die Information umfangreicher. ZB ist die Partnerschaftsgesellschaft nicht verpflichtet, ihren Partnerschaftsvertrag zum Register einzureichen. Sollte dies doch erfolgt sein, so kann darin eine Vielzahl von wichtigen Informationen enthalten sein. Es wird empfohlen, jeden verfügbaren Gesellschaftsvertrag des Schuldners einzusehen, da dort zahlreiche Informationen enthalten sind: beteiligte Gesellschafter, mit Name, Vorname, Anschrift, Geburtsdatum, Wohnort und Höhe der Einlage. Auch Erstattungsansprüche untereinander sind dort geregelt; auch ein solcher Erstattungsanspruch kann ggf. gepfändet werden.

6. Kosten und Gebühren. Die Kosten für die Registerauskunft richten sich nach Nr. 17000 ff. KV GNotKG und Nr. 1140, 1141 KV JVKostG. Das Recherchieren nach einzelnen Firmen oder Kaufleuten ist kostenlos. Ein aktueller Ausdruck aus dem online Handelsregister kostet 4,50 EUR. Jedes weitere Dokument, zB chronologischer Ausdruck, historischer Ausdruck und Unternehmensträger sowie Dokumentenansicht kostet jeweils 4,50 EUR.

7. Rechtsmittel. Soweit der Urkundsbeamte die Erteilung der Auskunft bzw. der Abschriften verweigert, entscheidet hierüber der Richter (§ 29 Abs. 2 HRV). Wird der Rechtspfleger tätig, ist gegen dessen Entscheidung die Beschwerde nach §§ 58 ff. FamFG gegeben.

3. Auskunft aus dem Gewerberegister (§ 14 Abs. 7 GewO)

An das/die

Stadtverwaltung/Ordnungsamt

– Gewerberegister –[1, 2]

. . . . .

Anfrage wegen: Eintrag vom/von Schuldner/in[3]

Sehr geehrte(r) . . . . .,

in der Zwangsvollstreckungssache

. . . . . (Gläubiger/in)/. . . . . (Schuldner/in)

betreibt der/die Gläubiger/in ausweislich des in der Anlage in Kopie beigefügten Vollstreckungstitels des . . . . ., vom . . . . ., Az. . . . . ., gegen den/die Schuldner/in die Zwangsvollstreckung. Mit der Beifügung des Vollstreckungstitels ist das rechtliche Interesse gem. § 14 Abs. 7 GewO an der umfassenden Auskunft glaubhaft gemacht.

Zur Durchsetzung des titulierten Anspruchs benötigt der/die Gläubiger/in die Auskunft aus dem Gewerberegister. Ich bitte gem. § 14 Abs. 7 GewO, soweit ein Eintrag vorliegt, um folgende Auskünfte:[5]

Genaue Firmenbezeichnung mit Anschrift: . . . . .

Rechtsform: . . . . .

Gewerberegisternummer: . . . . .

Inhaber bzw. gesetzlicher Vertreter (mit Vorname und Adresse): . . . . .

Betriebsverlegung in den letzten zwei Jahren: . . . . .

angezeigte Tätigkeit: . . . . .

Änderungen des Betriebsgegenstandes in den letzten zwei Jahren: . . . . .

Eventuelle Betriebsaufgabe, auch anderer Betriebe des/der gleichen Schuldners/in: . . . . .

Bitte erteilen Sie die Auskünfte auf diesem Schreiben und geben Sie mir dieses anschließend zurück.[4]

Die entstehende Gebühr geben Sie mir bitte per Rechnung auf.[6]

. . . . .

Rechtsanwalt[7]

Anmerkungen

1. Auch solche Unternehmen, die nicht im Handelsregister eingetragen sind, sind möglicherweise doch als „stehendes Gewerbe" **im Gewerberegister eingetragen.** Gem. § 14 Abs. 7 GewO kann hier jede auch nicht öffentliche Stelle, die ein berechtigtes Interesse nachweist, Auskunft erhalten. Berechtigt ist jedes wirtschaftliche und ideelle Interesse, das auf sachlichen Erwägungen beruht und mit der Rechtsordnung im Einklang steht; Neugier rechtfertigt die Übermittlung nicht (Landmann/Rohmer/*Mercks* § 14 Rn. 84 mwN; → Form. A. III. 9 Anm. 1). Das Bestehen eines Vollstreckungstitels reicht für ein berechtigtes Interesse jedenfalls aus. Das berechtigte Interesse ist glaubhaft zu machen. Zum Begriff der Glaubhaftmachung s. § 294 ZPO und die einschlägige Kommentierung. Zur Glaubhaftmachung des berechtigten Interesses genügt in der Regel die Beifügung einer Kopie des Vollstreckungstitels. Liegt ein Vollstreckungstitel noch nicht vor, kann trotzdem ein berechtigtes Interesse bestehen; dieses ist dann aber in anderer Weise glaubhaft zu machen. Nach herrschender Auffassung reicht dafür die schlichte Erklärung aus (Landmann/Rohmer/*Marcks* § 14 Rn. 84 mwN).

Die Auskunft aus dem Gewerberegister gibt Aufschluss darüber, ob der Schuldner ein Gewerbe betreibt, welcher Art es ist und unter welcher Anschrift das Gewerbe betrieben wird. Diese Informationen lassen Rückschlüsse auf Betriebsvermögen sowie potentielle Drittschuldner (Kunden) zu. Weiterhin kann anhand dieser Auskunft überprüft werden, ob eine bereits abgegebene Vermögensauskunft vollständig ist. Im laufenden Verfahren zur Vermögensauskunft können zu diesem Gewerbe entsprechende Zusatzfragen gestellt werden. Grundsätzlich erteilt das Gewerberegister nur Auskunft über Name, betriebliche Anschrift und angezeigte Tätigkeit (**kleine Auskunft**). Das Gewerbeamt registriert neben diesen Daten jedoch auch eine Betriebsverlegung, eine Änderung des Gewerbeinhaltes und die Aufgabe eines Gewerbebetriebes. Gem. § 14 Abs. 7 aE GewO können auch zusätzliche Daten bekannt gegeben werden, wenn ein rechtliches Interesse an dieser Auskunft besteht (**große Auskunft**). An das Vorliegen eines „rechtlichen Interesses" sind höhere Anforderungen zu stellen als an das bloße „berechtigte Interesse". Ein rechtliches Interesse liegt immer dann vor, wenn der Anfragende sein Auskunftsrecht auf einen Rechtsanspruch stützt (→ Form. A. III. 7 Anm. 5). Dieses dürfte bei Vorliegen eines Vollstreckungstitels regelmäßig vorliegen. Die umfassende Auskunft wird weiterhin dadurch eingeschränkt, dass das rechtliche Interesse an den Informationen höher zu bewerten ist als ein schutzwürdiges Interesse des Gewerbetreibenden.

Die **Erteilung der kleinen und großen Auskunft** liegt im Ermessen der zuständigen Behörde. Ein Anspruch auf die Auskunft gibt es nicht, da das Gewerberegister kein öffentliches Register ist. Jedoch muss das Ermessen fehlerfrei ausgeübt werden. Die zusätzlichen Informationen der großen Auskunft lassen zB Rückschlüsse zu, ob Vermögen vor dem Zugriff der Gläubiger auf die Seite gebracht wurde, zB durch eine Betriebsstilllegung. Grundsätzlich wird die Auskunft nur erteilt, wenn der Gewerbetreibende dem Auskunftsersuchen nicht widersprochen hat. Dies ist nur selten der Fall.

Als **weitere Informationsquelle** ist das Internet zu nennen. Dort präsentieren viele Unternehmen sich selbst bzw. die jeweiligen Städte werben für und mit den einzelnen Gewerbetreibenden auf ihren Internetseiten. Eine Abfrage der „städtischen" Internetseite ist in jedem Fall zu empfehlen. Es wird die Internetseite „www.meinestadt.de" empfohlen. Dort kann die gesuchte Stadt eingegeben werden und die Suche nach dem Schuldner beginnen. Weiterhin kann im Internet abgefragt werden, welche Gewerberegister bereits online sind. Eine bundesweite Suche nach Firmen kann unter der Internetseite „www.gewerbe-register.net" nach Ländern unterteilt gestartet werden. Soweit ein Gewerbe auf den Namen des Schuldners gefunden wird, ist an umfangreiche Vollstreckungsmaßnahmen zu denken: Kundenverbindungen können auf ihre Pfändbarkeit untersucht werden, Bankverbindung des Gewerbebetriebes, eventuell eine Zustellung durch den Gerichtsvollzieher im Gewerbebetrieb zur Stoßzeit des Geschäftszweiges, dies bewegt einen zahlungsunwilligen, aber zahlungsfähigen Schuldner sehr häufig zur sofortigen Zahlung. Es ist auch an den Pfändungsanspruch gegenüber einem oder mehreren Kreditkartenunternehmen zu denken, soweit der Gewerbebetrieb Kreditkartenzahlungen zulässt. Soweit der Schuldner kein eigenes Gewerbe betreibt, ist an den Ehegatten oder Lebensgefährten zu denken; → Form. A. IV. 4.

2. Gem. § 155 Abs. 2 GewO haben die Länder bestimmt, welche Behörde sachlich für die Durchführung des § 14 GewO **zuständig** ist. Das sind regelmäßig die Gemeinden, Ordnungsbehörden, Bezirksämter, Ortspolizeibehörden oder örtliche Ordnungsbehörden. Auch hier ist die konkrete Anschrift unter „www.meine-stadt.de" schnell zu finden. Gleichzeitig kann dabei geprüft werden, ob das zuständige Gewerberegister bereits online verfügbar ist und eine Anfrage online erfolgen kann. Örtlich zuständig ist die Ordnungsbehörde der Stadt bzw. Gemeinde, in der das Gewerbe betrieben wird. Ist dies nicht ohne weiteres erkennbar, wird auch hier empfohlen, im Internet im Umkreis der vermuteten Stadt nach dem Schuldner bzw. dessen Gewerbe zu suchen.

3. Die angefragte Person sollte so konkret wie möglich benannt werden. Neben Vor- und Zunamen möglichst auch das Geburtsdatum, um die Identifizierung zu ermöglichen. Sind Künstlernamen oder Alias-Namen bekannt, sollten auch diese mit angegeben werden.

4. Das **berechtigte Interesse** an der kleinen und das rechtliche Interesse an der großen Auskunft aus dem Gewerberegister ist gem. § 14 Abs. 7 GewO **glaubhaft zu machen** (→ Anm. 1). Ist ein Vollstreckungstitel vorhanden, so ist das berechtigte/rechtliche Interesse an der Auskunft ohne weiteres gegeben. Soll der Vollstreckungstitel erst erstritten werden, so ist das rechtliche Verhältnis darzulegen und glaubhaft zu machen. Soweit es zunächst nur um die richtige Bezeichnung des Schuldners geht, sollte dies im Antrag formuliert werden.

5. Die Auskunft aus dem Gewerberegister sieht grundsätzlich nur den Namen, die Anschrift und den Inhalt der Tätigkeit vor. Weitere Auskünfte werden nur bei Vorliegen eines rechtlichen Interesses an der weiteren Auskunft erteilt (→ Anm. 1). Bei Vorliegen eines Vollstreckungstitels ist das rechtliche Interesse an der umfassenden Auskunft gegeben. Hat der Schuldner eine Sitzverlegung in den letzten zwei Jahren vorgenommen, können Anfechtungstatbestände erfüllt sein. Gleiches gilt bei einer inhaltlichen Änderung des Gewerbes und Aufgabe des Gewerbes. Es sollte in jedem Fall immer auch gefragt werden, ob der Schuldner unter einem anderen Namen zwischenzeitlich ein Gewerbe angemeldet hat.

6. Kosten und Gebühren. Die Auskunftskosten sind von Bundesland zu Bundesland verschieden. Sie bewegen sich zwischen 5,00 EUR und 40,00 EUR.

7. Rechtsmittel. → Form. A. III. 13 Anm. 5.

4. Auskunft aus dem Gewerberegister (§ 14 Abs. 7 GewO) für den Ehegatten

An die/das

Stadtverwaltung/Ordnungsamt

– Gewerberegister –[1, 2]

. . . .

Anfrage wegen: Eintrag von . . . .[3]

Sehr geehrte(r) . . . .,

in der Zwangsvollstreckungssache

. . . . (Gläubiger/in)/. . . . (Schuldner/in)

betreibt der/die Gläubiger/in ausweislich des in der Anlage in Kopie beigefügten Vollstreckungstitels des . . . ., vom . . . ., Az. . . . ., gegen den/die Schuldner/in die Zwangsvollstreckung. Ich bitte gem. § 14 Abs. 7 GewO, soweit ein Eintrag vorliegt, um Auskunft über . . . .

Das berechtigte Interesse an dieser Anfrage ergibt sich daraus, dass die angefragte Person der Ehegatte des/der Schuldners/in ist, und sich möglicherweise ein Pfändungsanspruch aus dem og Titel gegen den Ehegatten aus einem bestehenden Arbeitsverhältnis ergibt. Ob ein solcher Pfändungsanspruch besteht, kann erst nach Abgabe der Drittschuldnererklärung gem. § 840 ZPO bzw. dem Einziehungsverfahren geklärt werden. Dafür ist der Name, die Anschrift und die Art des Gewerbes des Ehegatten zu ermitteln.[4]

Ich bitte um Angabe folgender Auskünfte:

Genaue Firmenbezeichnung mit Anschrift: . . . . .

Rechtsform: . . . . .

Gewerberegisternummer: . . . . .

Inhaber bzw. gesetzlicher Vertreter (mit Vorname und Adresse): . . . . .

angezeigte Tätigkeit: . . . . .

Eventuelle Betriebsaufgabe, auch anderer Betriebe des/der gleichen Schuldners/in: . . . . .

Bitte erteilen Sie die Auskünfte auf diesem Schreiben und geben Sie mir dieses anschließend zurück.[5]

Die entstehende Gebühr geben Sie mir bitte per Rechnung auf.

. . . . .

Rechtsanwalt[6]

Anmerkungen

1. Viele Schuldner „schieben" ihre Ehegatten vor und lassen unter dessen Namen ein Gewerbe betreiben, um sich der Zahlungspflicht zu entziehen. Soweit der Schuldner in diesem Gewerbebetrieb tätig ist, kann an die Pfändung des Arbeitseinkommens gedacht werden. Bei unentgeltlicher Tätigkeit ist unter dem Gesichtspunkt des § 850h ZPO zu prüfen, ob eine Lohnverschiebung oder Lohnverschleierung vorliegt (→ Form. I. I. 4 sowie → Form. I. I. 5). Ob dies der Fall ist, kann erst nach Abschluss der Pfändung und Vorliegen der Drittschuldnererklärung bzw. im Rahmen der Drittschuldnerklage geklärt werden. → Form. A. IV. 3.

2. → Form. A. IV. 3 Anm. 2.

3. → Form. A. IV. 3 Anm. 3. Die Angaben sollten so konkret wie möglich sein. Wurde eine Einwohneramtsanfrage gestellt, die das Familienverhältnis zur angefragten Person wieder gibt, sollte diese der Anfrage beigefügt werden.

4. Auch an der Auskunft über den Ehegatten des Schuldners oder auch sonstigen Dritten muss ein berechtigtes Interesse glaubhaft gemacht werden. Soweit ein Vollstreckungstitel vorliegt, der dazu berechtigt, Arbeitseinkommen zu pfänden, liegt das berechtigte Interesse vor und kann glaubhaft gemacht werden. Soll erst ein Titel erstritten werden, wird es schwierig, das berechtigte Interesse in diesem Stadium glaubhaft zu machen. In diesem Fall wird auf die Auskunft im Internet verwiesen. → Form. A. IV. 3 Anm. 1.

5. → Form. A. IV. 3 Anm. 5. Die Glaubhaftmachung des rechtlichen Interesses an der umfassenden Auskunft wird in dem Fall der Ehegattenabfrage schwierig. Insoweit sollte die „kleine" Auskunft gem. § 14 Abs. 7 GewO gewählt werden.

6. Kosten und Gebühren/Rechtsmittel. → Form. A. IV. 3.

5. Antrag auf Auskunft der IHK und Handwerkskammer

An die
Industrie- und Handelskammer/Handwerkskammer[1, 2]

.....

Anfrage wegen: Eintrag des/der Schuldners/in[3]

Sehr geehrte(r) .....,

in der Zwangsvollstreckungssache

..... (Gläubiger/in)/..... (Schuldner/in)

betreibt der/die Gläubiger/in ausweislich des in der Anlage in Kopie beigefügten Vollstreckungstitels des ....., vom ....., Az. ....., gegen den/die Schuldner/in die Zwangsvollstreckung. Mit der Beifügung des Vollstreckungstitels ist das berechtigte Interesse gem. § 6 HandwO/§ 9 Abs. 4 IHKG nachgewiesen.

Zur Durchsetzung des titulierten Anspruchs benötigt der/die Gläubiger/in die Auskunft aus der Handwerksrolle/der IHK. Ich bitte um Erteilung der Auskunft ohne vorherige Mitteilung an den/die Schuldner/in, dass ihm/ihr ein Widerspruchsrecht zusteht. Es steht zu befürchten, dass dann die Zwangsvollstreckung vereitelt wird.[4]

1. Genaue Firmenbezeichnung mit Anschrift:
   .....
2. Rechtsform:
   .....
3. Inhaber bzw. gesetzlicher Vertreter (mit Vorname und Adresse):
   .....
4. Betriebsverlegung in den letzten zwei Jahren:
   .....
5. Eingetragenes Handwerk/Gewerbe:
   .....

Bitte erteilen Sie die Auskünfte auf diesem Schreiben und geben Sie mir dieses anschließend zurück.[4]

Die entstehende Gebühr geben Sie mir bitte per Rechnung auf.[5]

.....

Rechtsanwalt

Anmerkungen

1. Neben der Registrierung im Gewerberegister sind Handwerksbetriebe auch in der Handwerksrolle oder bei der Industrie- und Handelskammer eingetragen. Soweit ein rechtliches Interesse an der Auskunft des Gewerberegisters nicht glaubhaft gemacht werden kann, kann die Auskunft bei der Handwerkskammer oder der Industrie- und Handelskammer erfolgen. Gem. § 6 HandwO wird eine Auskunft aus der Handwerksrolle jedem erteilt, der ein berechtigtes Interesse glaubhaft macht. Diese Auskunft umfasst den Namen des Handwerkers, die Anschrift des Inhabers des Betriebes, die Anschrift des Betriebssitzes und den Inhalt des Handwerks. Gem. § 9 Abs. 4 IHKG werden Name des Inhabers, die Firma nebst Anschrift und der Wirtschaftszweig mitgeteilt. Vor Erteilung der Auskunft erhält das Kammermitglied der IHK die Möglichkeit, dem Auskunftsersuchen zu widersprechen. Wer bei der IHK Kammermitglied ist, ergibt sich aus den §§ 1 und 2 IHKG.

2. **Zuständig** für die Auskunft ist die Handwerkskammer bzw. die IHK der Betriebsstätte. Welche dies ist, lässt sich im Internet in den allgemeinen Suchmaschinen herausfinden.

3. Die **Schuldnerdaten** sollte so genau und umfangreich wie möglich angegeben werden.

4. Das **berechtigte Interesse** an der Auskunft ist **glaubhaft zu machen.** Dies erfolgt bei Vorliegen eines Vollstreckungstitels durch Übersendung einer Kopie. Liegt ein solcher nicht vor, ist das berechtigte Interesse im Einzelfall darzulegen und mit entsprechenden Unterlagen glaubhaft zu machen. Soweit keine Unterlagen zur Verfügung stehen, sollte eine Erklärung an Eides Statt abgegeben werden. In § 9 Abs. 3 IHKG behält sich die IHK vor, vor Erteilung der Auskunft das Kammermitglied über das Auskunftsersuchen zu informieren. Im Falle der Zwangsvollstreckung ist da mit einem Widerspruch zu rechnen. Deshalb sollte der Zusatz gewählt werden, dass eine Aufklärung über das Widerspruchsrecht unterbleiben soll, um den Vollstreckungserfolg nicht zu gefährden. Ein Recht dazu gibt es jedoch nicht.

5. **Kosten und Gebühren.** Die Kosten der Auskunft variieren von Kammer zu Kammer, sie bewegen sich zwischen 5,00 EUR und 25,00 EUR.

6. Auskunft der Anwaltskammer/Steuerberaterkammer

An die

Rechtsanwaltskammer/Steuerberaterkammer[1, 2]

. . . . .

Anfrage wegen: Zulassung vom Schuldner

Sehr geehrte(r) . . . . .,

in der Zwangsvollstreckungssache

. . . . . (Gläubiger/in)/. . . . . (Schuldner/in)

betreibt der/die Gläubiger/in ausweislich des in der Anlage in Kopie beigefügten Vollstreckungstitels des . . . . ., vom . . . . ., Az. . . . . ., gegen den/die Schuldner/in die Zwangsvollstreckung.

Ich bitte um Mitteilung, ob der/die Schuldner/in bei Ihrer Anwaltskammer/Steuerberaterkammer Mitglied und unter welcher Privat- und Büroanschrift der/die Schuldner/in bei Ihnen gemeldet ist. Ebenso bitte ich um Mitteilung, bei welcher Berufshaftpflichtversicherung Ihr Kammermitglied versichert ist. Das berechtigte Interesse an dieser Auskunft ergibt sich aus dem anliegenden Titel, dem ein Schadenersatzanspruch aus beruflicher Tätigkeit zugrunde liegt.[3]

Soweit Kosten entstehen, bitte ich, mir diese per Rechnung aufzugeben.[4]

. . . . .

Rechtsanwalt[5]

Anmerkungen

1. In den Rechtsanwalts- und Steuerberaterkammern sind Personen nach ihrer Berufszugehörigkeit vereinigt. Die Rechtsanwalts- und Steuerberaterkammern haben jeweils in den einzelnen Bundesländern Kammern sowie eine Dachorganisation: die Bundesrechtsanwalts- und Bundessteuerberaterkammer. Die Aufgabe der Kammern besteht darin, über die Zulassung und das Berufsrecht zu wachen sowie Streitigkeiten zwischen Anwalt/Steuerberater und Mandanten zu vermitteln. Aus diesem Aufgabengebiet ergibt sich, dass alle Rechtsanwälte und Steuerberater in den Kammern gemeldet sind. Ist also ein Rechtsanwalt oder Steuerberater Schuldner, so kann über die Verzeichnisse der Anwalts- und Steuerberaterkammern die Büroanschrift sowie die Zweigniederlassung gesucht werden. Dies ist heute bereits ohne Probleme über die Rechtsanwalts- und Steuerberatersuche im Internet möglich. Auf diesem Weg kann die Büroanschrift eines Anwalts herausgefunden werden. Ist der Rechtsanwalt Angestellter einer Kanzlei, so kann dann das Gehalt gepfändet werden, in jedem Fall ist an die Pfändung der Versorgungsbezüge zu denken, die bei den Versorgungswerken der einzelnen Bundesländer zu erfolgen hat (→ Form. I. I. 26; → Form. I. I. 27; → Form. I. I. 28).

Ein **explizites Auskunftsrecht** gegenüber der Kammer über den Aufenthalt oder das Vermögen des Kammermitgliedes besteht nicht. Jedoch kann analog § 16 Abs. 1 BDSG eine Auskunft verlangt werden. Dafür ist ein berechtigtes Interesse an der Auskunft glaubhaft zu machen. Hinsichtlich des berechtigen Interesses und der Glaubhaftmachung wird auf → Form. A. III. 8 Anm. 1 verwiesen. Das Vorliegen eines Vollstreckungstitels dürfte das berechtigte Interesse an der Privatanschrift und eventuell weiterer Informationen glaubhaft darlegen.

Gemäß § 51 Abs. 6 S. 2 BRAO kann die Rechtsanwaltskammer zur Durchsetzung von Vermögensschadensansprüchen **Auskunft über die Vermögensschadenshaftpflichtversicherung** erteilen, wenn es um Schadenersatzansprüche gegenüber dem Anwalt geht. Es wird empfohlen, in jedem Fall eine Anfrage bei der Anwalts- und Steuerberaterkammer über den Aufenthalt des Kammermitgliedes zu stellen, soweit der Aufenthalt unbekannt ist. Da die Kammern ua über das Berufsrecht wachen, ist von Interesse, dass der Anwalt sich in Vermögensangelegenheiten der Zwangsvollstreckung aussetzt. Ebenso kann die Kammer als Anstalt des öffentlichen Rechts weitergehende Auskünfte einholen als einem Gläubiger zustehen. Insoweit ist eine Anfrage mit dem Hinweis, dass der Anwalt/Steuerberater unbekannten Aufenthalts ist, immer sinnvoll. Es sollte dann aber auch eine Wiedervorlage für eine erneute Anfrage notiert werden.

Eine **Anzeige bei der Kammer**, dass der Anwalt/Steuerberater seiner Zahlungsverpflichtung nicht nachkommt, kann zu einer Untersuchung der Kammer führen. Dies ist für den Schuldner unangenehm und es kann ihn bewegen, Zahlungen zu leisten. Diese Maßnahme als Druckmittel einzusetzen sollte sehr gründlich überlegt werden, da die Kammern bei Vermögensverfall die Zulassung zur Rechtsanwaltschaft bzw. Steuerberatertätigkeit entziehen können. Dies führt dann zur Zahlungsunfähigkeit, da die Berufsgrundlage entzogen wurde.

Die Suche nach dem Aufenthalt des Anwalts oder Steuerberater über die einzelnen Kammern ist über das **Internet** möglich. Ist nicht bekannt, in welcher Kammer der Schuldner gemeldet ist, ist über die Bundesrechtsanwalts- bzw. Bundessteuerberaterkammer zu suchen. Aufgrund der Gesetzesänderungen sind die Kammern gehalten, ein Verzeichnis aller Anwälte in elektronischer Form zu führen. Damit ist der Weg frei, einen Anwalt mit seiner Büroanschrift anhand dieses Verzeichnisses schnell zu finden.

2. Zuständig für die Auskunft ist die örtlich zuständige Kammer. Die Rechtsanwaltskammern sind nach Oberlandesgerichtsbezirken organisiert, dh in jedem Oberlandesgerichtsbezirk ist eine Rechtsanwaltskammer angesiedelt. Die Steuerberaterkammern sind nach Bundesländern organisiert. Sie sind in den Landeshauptstädten zu finden. Ist der Ort der Tätigkeit bzw. der Aufenthalt des Schuldners nicht bekannt und besteht die Vermutung, dass er als Anwalt oder Steuerberater tätig ist, ist auch eine Anfrage bei der Bundesrechtsanwalts- bzw. Bundessteuerberaterkammer in Berlin möglich.

3. Es empfiehlt sich, nach der **Privatanschrift** zu fragen. Ein Anspruch auf diese Auskunft ist nicht gegeben, es kann aber sein, dass darüber Auskunft erteilt wird, wenn die Kammer es für angebracht hält. Die Büroanschrift, die auch über den Anwaltssuchdienst erfolgen kann, kann die Kammer ohne Bedenken herausgeben. Hier empfiehlt es sich, aus Zeitgründen die Suche zuerst über das Internet durchzuführen. Angestellte und selbständige Anwälte und Steuerberater können so gefunden werden. Es ist zu beachten, dass eine Vielzahl von Anwälten ihre Kanzlei entweder im eigenen Haus oder in der Wohnung führt, so dass Dienst- und Wohnanschrift zusammenfallen.

Soweit um die **Auskunft der Vermögensschadenshaftpflichtversicherung** gebeten wird, wird diese nur erteilt, wenn es sich bei dem zugrunde liegenden Anspruch um einen Schadenersatzanspruch aus beruflicher Tätigkeit handelt. Dies ist entsprechend darzulegen. Ein angefügter Vollstreckungstitel reicht für die Darlegung aus.

4. Kosten und Gebühren. Bislang erfolgen die Auskünfte kostenlos.

5. Rechtsmittel. Soweit die Kammer die Auskunft verweigert, kann eine Eingabe bei der Bundesrechtsanwalts- bzw. Bundessteuerberaterkammer eingelegt werden. Ein Anspruch auf Auskunft über den Aufenthalt des Schuldners besteht nicht, so dass es auch kein „echtes“ Rechtsmittel dagegen gibt.

7. Antrag auf Übersendung eines Grundbuchauszuges/Auskunft Grundbuchamt

An das

Amtsgericht

. . . . .

– Grundbuchamt –[1, 2]

Sehr geehrte(r) . . . . .,

in der Zwangsvollstreckungssache

. . . . . (Gläubiger/in)/. . . . . (Schuldner/in)

betreibt der/die Gläubiger/in, den die ich anwaltlich vertrete, ausweislich des in der Anlage in Kopie beigefügten Vollstreckungstitels des . . . . ., vom . . . . ., Az. . . . . ., gegen den/die Schuldner/in die Zwangsvollstreckung.

Namens und in Vollmacht meines/er Mandanten/in beantrage ich die Übersendung eines aktuellen Auszuges aus dem Grundbuch von . . . . ., Amtsgericht . . . . ., Blatt . . . . ., Abteilungen I bis III. Das berechtigte Interesse an der Übersendung des gesamten Grundbuchauszuges ergibt sich aus dem anliegenden Vollstreckungstitel.[3]

Sollte das Grundstück, dessen katastermäßige Bezeichnung hier nicht bekannt ist, nicht in Ihren Zuständigkeitsbereich fallen, bitte ich um Weiterleitung an das zuständige Gericht; hilfsweise um einen entsprechenden Hinweis.[4]

Die entstehenden Kosten bitte ich, mir per Rechnung aufzugeben.[5]

.....

Rechtsanwalt[6]

Anmerkungen

1. Alle Grundstücke und Eigentumswohnungen werden in Grund- bzw. Wohnungseigentumsbüchern durch das Grundbuchamt erfasst. Damit kann über dieses Amt das Grundvermögen eines Schuldners ermittelt werden. Ist die grundbuchliche Bezeichnung bekannt, kann das zuständige Amtsgericht unmittelbar angeschrieben und um Übersendung eines Grundbuchauszuges gebeten werden. Das Grundbuch ist nicht öffentlich, wie das Handels- und Genossenschaftsregister und setzt daher ein berechtigtes Interesse an der Einsichtnahme voraus, das üblicherweise mit der Vorlage des Vollstreckungstitels vorliegen dürfte. Ist nicht bekannt, ob der Schuldner über Grundvermögen verfügt, kann eine Auskunft aus der Eigentümerkartei gem. § 12a GBO beantragt werden. Ein Einsichtsrecht in diese Kartei gibt es nicht (KG VIZ 1997, 486), lediglich einen Auskunftsanspruch unter den gleichen Voraussetzungen wie die Einsichtnahme ins Grundbuch. → Form. A. IV. 8.

Neben dem Antrag auf Übersendung eines Grundbuchauszuges ist zu prüfen, ob auch Einsicht in die Grundakten genommen werden soll. Auch für diese Einsicht ist ein berechtigtes Interesse darzulegen. Es muss sich auf die Einsichtnahme in die Grundakten beziehen. Dies ist zB der Fall, wenn der Schuldner kurz vor der Zwangsvollstreckung sein Grundstück verkauft hat. So kann geprüft werden, ob eine zur Gläubigeranfechtung (§§ 1 ff. AnfG) berechtigte Veräußerung stattgefunden hat. Auch die Belastungen, die erst kurz vor Beginn der Zwangsvollstreckung vorgenommen wurden, sollten unter diesem Gesichtspunkt geprüft werden. Ist der Erwerb aufgrund eines Testamentes erfolgt, ist es von großem Interesse, das Testament auf weiteres verwertbares Vermögen zu prüfen. Das berechtigte Interesse muss sich aus dem Antrag ergeben. Reine Neugier am Grundbuchinhalt reicht nicht aus (OLG Schleswig MietRB 2011, 186).

Das Grundbuchamt führt die Register und die Grundbuchblätter zwischenzeitlich elektronisch und die eigentlichen Grundakten noch als Papierakte. Das Einsichtsrecht bleibt sowohl in die Grundbuchblätter als auch die Grundakten im vollen Umfang möglich. Hier sind Öffnungszeiten und eventuell Arbeitszeiten zu berücksichtigen und ein Termin zu vereinbaren. Soweit der Berechtigte von dem Bildschirm ein Foto erstellt, fällt dies nicht unter die Auskunft, sondern ist gleichzustellen mit einer eigenhändigen Abschrift (KG Rpfleger 2011, 266).

Für einen eingeschränkten Personenkreis ist die Einsichtnahme in das Grundbuch auch über das **Internet** möglich. Zu diesem Personenkreis gehören Behörden, Gerichte, Notare und öffentlich bestellte Vermessungsingenieure. Sie haben ein uneingeschränktes Einsichtsrecht. Ein eingeschränktes Einsichtsrecht haben die dinglich Berechtigten, also Grundschuldgläubiger, Versorgungsunternehmen und jeder vom Eigentümer Bevollmächtigte. Dieser Personenkreis muss vor jeder Abfrage das berechtigte Interesse der Einsichtnahme darlegen. Es wird für die weiteren Voraussetzungen auf „www.justiz.de/Onlinedienste/Grundbucheinsicht/index.php" verwiesen (siehe auch DNotZ 2014, 16; ZfR 2011, 812; MDR 2013, 433; FamRZ 2014, 11).

Der **Umfang des Einsichtsrechts** entscheidet über das, was eingesehen werden kann, zB nur die Grundakten oder nur das Grundbuch. Es kann nicht nur in die aktuellen Grundbuchblätter, sondern auch in die geschlossenen Blätter eingesehen werden (*Wolfsteiner* Rpfleger 1993, 273). Daneben können alle Urkunden, auf die im Grundbuchblatt Bezug genommen wird, eingesehen werden, ebenso in die unerledigten Eintragungsanträge. Wie oben bereits dargestellt, umfasst das Einsichtsrecht auch die Einsichtnahme in die Grundakten. Neben dem Einsichtsrecht besteht ein Anspruch auf Erteilung von Abschriften. Dieses eigenständige Recht gem. § 12 GBO unterliegt den gleichen Voraussetzungen wie die Einsichtnahme in das Grundbuch. Nach allgemeiner Meinung ist das Grundbuchrecht ein Teil der freiwilligen Gerichtsbarkeit und unterliegt daher grundsätzlich den Regelungen des FamFG. Das allgemeine Akteneinsichtsrecht des § 13 FamFG wird von den §§ 12 ff. GBO verdrängt. Das FamFG ist immer dann anwendbar, wenn die Vorschriften der GBO nicht abschließend sind.

2. **Zuständig** für die Auskunft, Einsicht und Übersendung des Grundbuchblattes ist das Grundbuchamt der belegenen Sache, also das Grundbuchamt, in dessen Bezirk das Grundstück katastermäßig erfasst ist. Das Grundbuch wird gem. § 1 GBO bei den Amtsgerichten geführt. Die Landesjustizverwaltungen sind ermächtigt, die Grundbuchämter zusammenzufassen, so dass nicht immer an jedem Amtsgericht ein Grundbuchamt geführt wird. Welches Amtsgericht für die Anfrage zuständig ist, kann entweder über das Internet herausgefunden werden oder durch einen Anruf im zuständigen Justizministerium. Funktionell zuständig für die Auskunft ist der Urkundsbeamte der Geschäftsstelle gem. § 12c GBO.

3. Um einen **umfassenden Einblick** in das Grundbuch des Schuldners zu erhalten, sollten Abschriften aller drei Abteilungen beantragt werden, da nur so beurteilt werden kann, wie die dinglichen Rechtsverhältnisse am Grundstück sind. In Abteilung I sind die Eigentumsverhältnisse, insbesondere auch Auflassungsvormerkungen, verzeichnet sowie der Erwerbsgrund, zB Auflassung durch Bewilligung, Testament, Zwangsversteigerung. In Abteilung II sind alle beschränkten dinglichen Rechte eingetragen, die das Grundstück belasten, mit Ausnahme der Grundpfandrechte. Dies sind zB Nießbrauch, Wohnungsrecht, Zwangsverwaltung, Zwangsversteigerung, Überleitungs- oder Unterleitungsrechte. Diese Rechte können den Wert des Grundstücks erheblich beeinflussen. In Abteilung III sind alle Grundpfandrechte, dh Hypothek, Grundschuld oder Rentenschuld, nach Inhalt und Berechtigten eingetragen. Nur wenn alle drei Abteilungen geprüft werden, kann beurteilt werden, ob der Zugriff auf das Grundstück einen Vollstreckungserfolg verspricht. Sind die eingetragenen Grundpfandrechte im Verhältnis zum Wert des Grundstücks sehr hoch, ist die Eintragung einer Sicherungshypothek unter dem Kostengesichtspunkt genau zu prüfen.

Soweit es um die Prüfung des vollstreckungsfähigen Vermögens geht, reicht ein **unbeglaubigter Grundbuchauszug** aus. Ein beglaubigter Auszug ist gesondert zu beantragen und nur dann erforderlich, wenn dieser zur Vorlage bei öffentlichen Stellen gebraucht wird. Mit dem Antrag ist auch das berechtigte Interesse darzulegen. Der Begriff des **berechtigten Interesses** ist enger als der des bloßen Interesses, aber weiter als das des rechtlichen Interesses, da er auch wirtschaftliche Interessen mit umfasst (BayObLG Rpfleger 1975, 361; OLG Hamm Rpfleger 1971, 107; *Meikel/Imhof/Riedel* § 12 Rn. 16; → Form. A. III. 9 Anm. 1). Das berechtigte Interesse des § 12 GBO wird zT sehr großzügig von der Rechtsprechung ausgelegt (vgl. *Melchers* Rpfleger 1993, 309). Einige Stimmen sehen diese Auslegung als zu weit an. Das Grundbuch ist kein öffentliches Register, auf das jedermann Zugriff haben darf. Nach der Rechtsprechung hat der Gläubiger bei Vorliegen eines Vollstreckungstitels immer ein berechtigtes Interesse, ein Grundpfandrechtsgläubiger bereits in der Phase der Kreditanbahnung. Weiterhin haben enge Familienangehörige, wie Ehegatten, Eltern, Kinder unter dem Gesichtspunkt des § 1365 BGB ein Einsichtsrecht zur Prüfung der Erhaltung der wirtschaftlichen Grundlage der Familie. Das berechtigte Interesse wird auch für den Bauhandwerker, der gem. § 648 BGB jederzeit die Eintragung einer Sicherungshypothek verlangen kann, angenommen; beim Erben ist es jedoch wieder umstritten, ob er ein berechtigtes Interesse aufgrund seiner Erbenstellung hat. Ebenso bei Mietern und Mietinteressenten ist es umstritten, ob ein berechtigtes Interesse aufgrund ihrer Eigenschaft als Mieter ausreicht, Einsicht ins Grundbuch zu nehmen (OLG Schleswig MietRB 2011, 180).

Soweit kein Titel vorliegt, ist das berechtigte Interesse entsprechend darzulegen. Kann dies nicht überzeugen, wird die Einsicht verweigert. Jedoch kann dann versucht werden, eine Auskunft vom Grundbuchamt zu erhalten, da diese im Ermessen des Urkundsbeamten der Geschäftsstelle liegt. Der Umfang der Einsichtnahme richtet sich nach dem Umfang des berechtigten Interesses. ZB hat ein Bauhandwerker nicht ohne Weiteres ein berechtigtes Interesse an der Einsichtnahme der Abteilung II und III.

4. Die **örtliche Zuständigkeit** des Grundbuchamtes ist nicht immer einfach herauszufinden. Um keine Rückweisung wegen Unzuständigkeit zu erhalten, ist ein Weiterleitungsantrag in jedem Fall rein vorsorglich zu stellen.

5. Kosten und Gebühren. Ein unbeglaubigter Grundbuchauszug kostet derzeit 10,00 EUR, eine beglaubigte Abschrift 20,00 EUR, Abschriften von den Grundakten je kopierte Seite 0,50 EUR (vgl. Nr. 17000, 17001, 31000 KV GNotKG). Die Grundbucheinsicht per Internet für die oben darstellten Berechtigten ist wesentlich günstiger. Es wird auf die entsprechende Information auf der zitierten Internetseite verwiesen.

6. Rechtsmittel. Gegen die Entscheidung des Urkundsbeamten der Geschäftsstelle ist die Erinnerung möglich, über die gem. § 12c Abs. 4 GBO der Grundbuchrichter (str. aA Rechtspfleger OLG Rostock FGPrax 2010, 180) entscheidet. Hat der Rechtspfleger in der Funktion des Urkundsbeamten der Geschäftsstelle gehandelt, ist die Beschwerde gem. § 71 GBO zulässig (*Demharter* § 71 Rn. 5 und 6 mwN). → Form. P. VI. 1.

8. Antrag auf Auskunft aus der Eigentümerkartei

An das

Amtsgericht

. . . . .

– Grundbuchamt –[1, 2]

Sehr geehrte(r) . . . . .,

in der Zwangsvollstreckungssache

. . . . . (Gläubiger/in) ./. . . . . . (Schuldner/in)

betreibt der/die Gläubiger/in, den/die ich anwaltlich vertrete, ausweislich des in der Anlage in Kopie beigefügten Vollstreckungstitels des . . . . ., vom . . . . ., Az. . . . . ., gegen den/die Schuldner/in die Zwangsvollstreckung.

Namens und in Vollmacht des/der Gläubigers/in wird gem. § 12a GBO beantragt, mitzuteilen, ob der/die Schuldner/in über Eigentum in Ihrem Gerichtsbezirk verfügt und ob er/sie Eigentümer/in des Grundstücks . . . . . ist. Das berechtige Interesse an dieser Auskunft ergibt sich aus dem anliegenden Vollstreckungstitel.[3]

Soweit der/die Schuldner/in Eigentümer des og Grundstücks ist, bitte ich um Übersendung eines unbeglaubigten Grundbuchauszuges. Das berechtigte Interesse daran ergibt sich ebenfalls aus dem anliegenden Vollstreckungstitel.[4]

Eventuelle Kosten bitte ich mir per Rechnung aufzugeben.[5]

. . . . .

Rechtsanwalt

Anmerkungen

1. Vielen Gläubigern ist nicht bekannt, ob der Schuldner über Grundvermögen verfügt. Wohnt der Schuldner bekannterweise in einer Einfamilienhaussiedlung (es wird bspw. auf Google-Earth verwiesen um dies herauszufinden), kann davon ausgegangen werden, dass der Schuldner im Eigenheim wohnt. Wohnt der Schuldner in einem Mehrfamilienhaus, so kann er entweder Eigentümer des gesamten Hauses sein oder auch nur einer Wohnung, soweit das Haus nach Wohnungseigentumsrecht aufgeteilt ist. Ob dies der Fall ist, kann durch das Auskunftsersuchen aus der **Eigentümerkartei** herausgefunden werden. Die Grundbuchämter führen eine Grundstückseigentümerkartei nach Eigentümern sortiert. Anhand des Namens des Schuldners kann herausgefunden werden, ob dieser über Eigentum verfügt. Neben dieser Kartei führen die Grundbuchämter auch ein Grundstücksverzeichnis, das nach Adressen sortiert ist. Damit kann nach Namen oder Anschrift gesucht werden. Es wird insoweit empfohlen, zum einen den Namen als Suchkriterium anzugeben, aber auch die Wohn- bzw. Betriebsanschrift des Schuldners. Bei der Suche nach Grundeigentum sollte nicht nur an die aktuelle Anschrift gedacht werden, auch ererbtes Vermögen am Geburtsort ist möglich, ebenso eine frühere Anschrift. Bei ererbten Grundstücken ist zu beachten, dass Erben, die ihr Vermögen der Zwangsvollstreckung entziehen wollen, dieses nicht auf sich umtragen lassen, sondern der Erblasser weiterhin als Eigentümer eingetragen bleibt. Ist also bekannt, dass der Schuldner eine Erbschaft gemacht hat und ist nicht ausgeschlossen, dass dabei Grundvermögen vererbt wurde, sollte auch eine Anfrage über den Erblasser getätigt werden. Das berechtigte Interesse ist durch den Vollstreckungstitel und einem Auszug aus dem Personenstandsbuch darzulegen, aus dem sich die Erbenstellung ergibt.

2. S. wegen der Zuständigkeit → Form. A. IV. 7 Anm. 2.

3. Wie in → Anm. 1 bereits dargestellt, führt das Grundbuchamt die Karteien zum einen nach Namen und zum anderen nach Grundstücken. Beide Anträge sollten gestellt werden, da eventuell aufgrund einer falschen Schreibweise des Namens die Auskunft nicht erteilt wird. Auch beim Antrag auf Auskunft aus der Eigentümerkartei ist das berechtigte Interesse wie bei der Einsicht in das Grundbuch darzulegen. Wegen des berechtigten Interesses wird auf → Form. A. IV. 7 Anm. 3 verwiesen.

4. Dieser Antrag ist aus verfahrenstaktischen Gründen mit zustellen, da ansonsten bei positiver Auskunft ein weiterer Antrag auf Übersendung eines Grundbuchauszuges gestellt werden muss. Soweit der Schuldner Eigentümer des angefragten Grundstücks ist, wird auch der Grundbuchauszug zur Prüfung des Grundvermögens benötigt.

5. Kosten und Gebühren/Rechtsmittel. → Form. A. IV. 6.

9. Bankauskunft/Versicherungsauskunft

An die

Bank/Versicherung[1, 2]

.....

Kundenname/Kundennummer

Sehr geehrte Damen und Herren,

bitte geben Sie mir im Rahmen Ihrer allgemeinen Geschäftsbedingungen Auskunft über og Kunden. Zur schnellen und einfachen Bearbeitung können Sie die beiliegende Rückantwort verwenden.[3]

Für Ihre Bemühungen bedanke ich mich im Voraus.

.....

Rechtsanwalt

Rückantwort

.....

Bank/Versicherung

.....

Rechtsanwalt

Streng vertraulich!!!

Auskunft über

.....

1. Geschäftskonto
2. Privatkonto
   Rechtsform ....., Firma ist eingetragen im Handelsregister beim Amtsgericht .....,
   HR-Nr .....
   Geschäftsverbindung bei uns seit .....
3. Das Konto wird auf Guthabenbasis geführt ☐
4. Wir stehen mit Kredit/Darlehn zur Verfügung ☐
5. Wir haben Kredit/Darlehn gegen Sicherheit eingeräumt ☐
6. Das Konto wird absprachegemäß geführt ☐
7. Die Gesamtverhältnisse machen einen geordneten Eindruck ☐
8. Über uns geleitete Verbindlichkeiten wurden bislang pünktlich erfüllt ☐
9. Nachteiliges ist uns nicht bekannt ☐
10. Näheren/aktuellen Einblick haben wir nicht ☐
11. Überziehungen werden vorübergehend beansprucht ☐
12. Überziehungen werden laufend beansprucht ☐
13. Die liquiden Mittel könnten reichlicher sein ☐
14. Die Verhältnisse sind angespannt ☐
15. Scheck-/Rücklastschriftrückgabe ließen sich nicht vermeiden ☐
16. Wir beobachten Wechselproteste ☐
17. Wir raten zur Vorsicht ☐
18. Das bei uns unterhaltene Konto ist unbedeutend und lässt keine Schlüsse auf die finanziellen Verhältnisse zu ☐
19. Über Privatkunden, zu denen auch Freiberufler und nicht im Handelsregister eingetragene Gewerbetreibende zählen, erteilen wir nach allgemeiner Übung im Kreditgewerbe ohne Zustimmung des Kunden grundsätzlich keine Auskunft ☐
20. Aus rechtlichen Gründen ist uns eine Auskunftserteilung nicht möglich ☐

Anmerkungen

1. Bank- und Versicherungsauskünfte in Deutschland werden von Kreditinstituten und Versicherungsunternehmen in einem standardisierten Verfahren über ihre Kunden erteilt. Die Auskunft enthält allgemeine Feststellungen über Zahlungsfähigkeit, Kreditwürdigkeit und wirtschaftliche Verhältnisse des Kunden. Die **Bank- und Versicherungsauskunft** enthält keine genauen Zahlen über Kontostände, monatliche Verpflichtungen oder Ähnliches. Unterschieden werden muss zwischen Privat- und Geschäftskunden sowie nach dem Empfänger der Auskunft. Unter Banken werden Auskünfte über beide Kundengruppen erteilt, sofern die anfragende Bank ein berechtigtes Interesse vorbringen kann. Daten von Privatkunden dürfen nicht ohne deren Zustimmung an Dritte herausgegeben werden. Ausnahmen bilden behördliche Anfragen, wie Steuer- oder Strafverfahren, die gerichtlich angeordnet sind. Auskünfte über Geschäftsleute (mit Handelsregistereintrag) dürfen regelmäßig erteilt werden. Dies wird als Service am Kunden gesehen. Hat der Geschäftskunde jedoch ausdrücklich gegenüber der auskunftsgebenden Bank erklärt, dass er dies nicht wünscht, so wird die Bank nur Auskunft erteilen, soweit der Geschäftskunde ausdrücklich seine Zustimmung erteilt. Das Bankgeheimnis wird in Deutschland sehr groß geschrieben. Das hat zur Folge, dass nur ein sehr eingeschränkter Kreis berechtigt ist, eine Auskunft einzuholen. Das Bankgeheimnis schützt vor dem „gläsernen Menschen“ und ist in Deutschland eine vertragliche Zusicherung der Banken. Daraus folgt, dass der Gläubiger mit einem Titel keine Auskunft bei einer Bank erhält. Er kann über seine eigene Bank eine Bankauskunft einholen. Das geforderte berechtigte Interesse ergibt sich aus der eigenen Bonität, die gefährdet ist, wenn der Kunde zahlungsunfähig ist.

2. Bei welcher Bank oder Versicherung angefragt werden soll, ist abhängig vom Wissensstand über den Schuldner. Ist eine Bankverbindung bekannt, so kann diese angeschrieben werden. Ist lediglich eine Bankleitzahl bekannt, so kann unter „www.bankleitzahlen.de“ die entsprechende Bank herausgesucht werden. Häufig kann die eigene Bank anhand der vergangenen Umsätze herausfinden, wo der Schuldner eine Bankverbindung hat. Dies setzt voraus, dass der Schuldner eine Überweisung getätigt hat. Soweit keine Bankverbindung bekannt ist, kann eine „Blindsuche“ bei den großen bekannten Banken sowie Sparkassen versucht werden. Gleiches gilt für die Versicherung. Hier wird noch einmal auf die BGH Rechtsprechung zur Verdachtspfändung hingewiesen: NJW 2004, 2096.

3. Es wird empfohlen, einen einfachen Antrag mit der Bitte zu stellen, die anliegende Rückantwort zu verwenden. Es kann dann zu Auskünften kommen, die die Bank oder Versicherung in ihren eigenen Standardformularen nicht vorsieht. Ob sie jedoch die Rückantwort tatsächlich verwendet, ist von Unternehmen zu Unternehmen unterschiedlich.

10. Detekteiauftrag

An die

Detektei[1, 2]

. . . . .

Sehr geehrte(r) . . . . .,

in der Zwangsvollstreckungssache

. . . . . (Gläubiger/in)/. . . . . (Schuldner/in)

betreibt der/die Gläubiger/in, den/die ich anwaltlich vertrete, ausweislich des in der Anlage in Kopie beigefügten Vollstreckungstitels des . . . . ., vom . . . . ., Az. . . . . ., gegen den/die Schuldner/in die Zwangsvollstreckung.

Ich bitte Sie, die Einkommens- und Vermögensverhältnisse des/der Schuldners/in zu ermitteln. Ferner bitte ich herauszufinden, ob der/die Schuldner/in unter der Anschrift . . . . . wohnhaft ist und sich auch dort aufhält.

Nachfolgende Informationen liegen mir vor (die Informationen können eventuell falsch oder veraltet sein):[3]

geboren am . . . . ., in . . . . .,

☐ deutscher Staatsangehöriger ☐ andere Staatangehörigkeit . . . . .

☐ verheiratet ☐ ledig

☐ Kinder, Anzahl: . . . . .

☐ Bankverbindung mit angeblichem Kontostand: . . . . .

☐ Auf ihn zugelassenes Fahrzeug . . . . ., amtliches Kennzeichen . . . . .

☐ Geschäftsbeziehungen zu: . . . . .

☐ Diverse Haftbefehle ☐ Abgabe der Vermögensauskunft Az. . . . . .

☐ An der Wohnanschrift soll der/die Schuldner/in Eigentum haben.

☐ Er/Sie soll kürzlich eine Erbschaft angetreten haben.

☐ Er/Sie hat kürzlich ein Gewerbe/Firma angemeldet/abgemeldet

Sollten Sie weitere Informationen oder Unterlagen benötigen, bitte ich um einen kurzen Hinweis. Ich gehe davon aus, dass sich die Ermittlungskosten für diesen Auftrag auf ca. 45,00 EUR zzgl. gesetzlicher Mehrwertsteuer belaufen. Anderenfalls bitte ich um einen entsprechenden vorherigen Hinweis.[4]

. . . . .

Rechtsanwalt

Anmerkungen

1. Die bislang dargestellten Auskunftsquellen sind alle die, bei denen mit dem Vollstreckungstitel das berechtigte bzw. rechtliche Interesse nachwiesen werden konnte und musste. Oft geben die Auskünfte nichts Neues her, sodass der Vollstreckungserfolg ausbleibt. Die Beauftragung eines Detektives ist die Möglichkeit, über den Schuldner weitere Informationen einzuholen. Eine Vielzahl von großen Wirtschaftsdetekteien hat sich darauf spezialisiert, Schuldner und ihr Vermögen ausfindig zu machen. Gerade bei größeren Schuldnern kann dies erfolgreich sein. Welche Detektei ausgewählt wird, ist einzelfallbezogen zu entscheiden. Die Detektei kann eine Vielzahl von Quellen nutzen, die für den Anwalt oder Gläubiger zu aufwendig oder problematisch sind. ZB können Auskünfte naher Angehöriger einholt werden, ebenso von Freunden, geschiedenen Ehepartnern, ehemaligen Vermietern usw. Die Auswertung solcher Quellen ist sehr zeitintensiv und oft fehlt die Erfahrung des Befragens. Eine Möglichkeit ist es, im Internet einen solcher Dienste zielgenau zu beauftragen (zB www.supercheck.de), die sich von

Anwälten für einzelne Tätigkeiten beauftragen lassen. Dieser Internetdienst ermittelt zB neben dem Aufenthalt auch die Bonität des Schuldners, wo er arbeitet, ob die bekannten Konten Guthaben aufweisen, welche Bankverbindung er hat. Die Preise richten sich nach dem Umfang der Auskunft, sie beginnen bei der einfachen Bonitätsauskunft bei rund 6,00 EUR bis hin zur ausführlichen Bonitätsauskunft von rund 30,00 EUR. Die Beauftragung eines Detektives kann individueller gestaltet werden und ist nicht auf die allgemeinen Bonitätsquellen beschränkt.

2. Welche Detektei beauftragt wird, ist eine Einzelfallentscheidung. Sie sind entweder im Branchenbuch oder im Internet zu finden. Es empfiehlt sich, mit einer Detektei vor Ort zusammen zu arbeiten. Zum einen kann man so einen Festpreis für bestimmte Aufträge aushandeln und zum anderen sind die Arbeitsweise und die Zuverlässigkeit bekannt. Auch hier bietet das Internet Hilfe auf der Seite des Bundesverbandes deutscher Detektive unter „www.bdd.de".

3. Im Auftrag sollten alle Informationen angegeben werden, die bereits vorab bekannt sind. Dies senkt zum einen den Ermittlungspreis und zum anderen brauchen bisher bekannte Informationen nicht mühselig und zeitaufwendig ermittelt zu werden. Sind Verdachtsumstände bekannt, die auf eine Vermögensverschiebung hindeuten, so sollten diese mit angegeben werden. Umso mehr Informationen die Detektei erhält, umso erfolgreicher kann sie arbeiten.

4. Kosten und Gebühren. Die Kosten der Detektei sind Zwangsvollstreckungskosten im Sinne des § 788 ZPO und insoweit vom Schuldner zu tragen (OLG Koblenz Rpfleger 2011, 350; LG Berlin JurBüro 1985, 628; LG Koblenz Rpfleger 2004, 183). Die Kosten können nur im Sinne des § 788 ZPO angenommen werden, wenn vorher alles versucht wurde, an die einzelnen Auskünfte zu kommen, wie zB Handelsregisterauszug, Einwohneramt, etc. Der hier angenommene Betrag ist für kleinere, regelmäßige Aufträge. Der Gläubiger muss zunächst die Kosten für den Auftrag vorstrecken, weshalb es sich empfiehlt, einen Festbetrag auszuhandeln. Ob die Kosten erfolgreich festgesetzt und vollstreckt werden können, ist ungewiss.

V. Sachaufklärung in der Zwangsvollstreckung und Abnahme der Vermögensauskunft

1. Vorbemerkungen

Am 18.6.2009 hat der Deutsche Bundestag zur **Modernisierung der Sachaufklärung in der Zwangsvollstreckung** die Vorschriften ua über die eidesstattliche Versicherung (§§ 899 ff. ZPO aF) neu geregelt (§§ 802a ff. ZPO). Diese Regelungen traten am 1.1.2013 in Kraft. Der Gläubiger wurde in seinen Rechten zur Vermögensermittlung gestärkt; bereits zu Beginn der Zwangsvollstreckung sind umfassende Auskünfte über das Vermögen des Schuldners einzuholen. Der Gerichtsvollzieher kann vom Schuldner eine Vermögensauskunft (vormals eidesstattliche Versicherung) ohne vorherigen Vollstreckungsversuch verlangen. Verweigert der Schuldner die Angaben zur Vermögensauskunft bzw. lassen die Angaben eine Befriedigung des Schuldners nicht erwarten, so kann der Gerichtsvollzieher Fremdauskünfte einholen (§ 802l ZPO). Bei den Fremdauskünften handelt es sich um Anfragen bei den Trägern der Rentenversicherungen über Arbeitsverhältnisse, beim Bundeszentralamt für Steuern, Konten, Depots, beim Kraftfahrzeug-Bundesamt über Fahrzeuge. Diese Fremdauskünfte sollen eine erfolgreichere Zwangsvollstreckung ermöglichen. Der Verordnungsgeber hat von seinem Recht gemäß § 753 Abs. 3 ZPO Gebrauch gemacht und die „Verordnung über das Formular für den Vollstreckungsauftrag an den Gerichtsvollzieher (Gerichtsvollzieherformular-Verordnung-GVFV)" v. 28.9.2015 (BGBl. 2015 I 2258) erlassen. Ab dem 1.4.2016 sind oben genannte Vollstreckungsaufträge wegen Geldforderungen **nur noch** mit diesem verbindlichen Formular möglich. Das Formular ist abgedruckt unter → Form. G. II. 1.

In jedem Bundesland ist ein **zentrales Vollstreckungsgericht**, bei dem das **Schuldnerverzeichnis** geführt wird, bestimmt worden. Die Einsicht ist jedem gestattet, der einen Grund gemäß § 882f ZPO darlegen kann. Die Einsichtnahme kann per Internet über eine bundesweite länderübergreifende Internetplattform erfolgen. Nähere Einzelheiten, insbesondere über die technische Ausstattung enthält die Verordnung über die Führung des Schuldnerverzeichnisses (SchuFV). Zudem werden bei dem zentralen Vollstreckungsgericht auch die von dem Schuldner abgegebenen **Vermögensverzeichnisse** geführt. Zugriff auf diese Daten haben der Gerichtsvollzieher, die Vollstreckungsbehörden und weitere staatliche Stellen, wie die Strafverfolgungsbehörden (§ 802k Abs. 2 aE ZPO). Weitere Einzelheiten sind geregelt in der Verordnung über das Vermögensverzeichnis (VermVV). **Übergangsrecht:** Für Vollstreckungsaufträge, die vor dem 1.1.2013 beim Gerichtsvollzieher eingingen, galten die Vorschriften der ZPO in der bis zum 31.12.2012 geltenden Fassung. Somit richtete sich die Vollstreckung insgesamt nach dem alten Recht. Auch die Eintragungen im Schuldnerverzeichnis erfolgten nach § 915 ZPO aF (§ 39 Nr. 1–3 EGZPO). Das bisherige Schuldnerverzeichnis wird hinsichtlich der nach dem alten Verfahrensrecht erfolgten Eintragungen fortgeführt, bis der letzte Schuldner gelöscht ist. Bei der Eintragung eines Schuldners in das neue Schuldnerverzeichnis erfolgt eine Löschung der Eintragung im alten Verzeichnis (§ 39 Nr. 5 EGZPO; vgl. auch Hk-ZV/*Sternal* Vorbem. §§ 882b-882h ZPO Rn. 3). Siehe vertiefend *Bruns*, Vom Forderungseinzug zum Forderungsmanagement – Neue Aufgaben für den Gerichtsvollzieher?, DGVZ 2009, 24; *Dierck/Griedl*, Das neue Vollstreckungsmanagement, NJW 2013, 3201; *Fischer*, Welche prozessualen und materiellen Neuregelungen zur Vermeidung und Verminderung von Mietausfällen sind rechtsstaatlich sinnvoll? – Neuregelungen im Bereich der Zwangsvollstreckung, WuM 2007, 239 und DGVZ 2007, 111; *ders.*, Die

Reform der Sachaufklärung im Lichte der Vollstreckungsmodernisierung – Anmerkung zu einer reformbedürftigen Reform, DGVZ 2010, 113; *Gaul*, Grundüberlegungen zur Neukonzipierung und Verbesserung der Sachaufklärung in der Zwangsvollstreckung, ZZP 108 (1995), 3; *Gietmann*, Die neuen Reformgesetze in der Zwangsvollstreckung, DGVZ 2009, 157; *Hergenröder*, Vom Forderungseinzug zum Forderungsmanagement – Zwangsvollstreckung im 21. Jahrhundert und soziale Wirklichkeit, DGVZ 2010, 201; *Hess*, Rechtspolitische Perspektiven der Zwangsvollstreckung, DGVZ 2010, 201; *Jäger/Schatz*, Etwas Licht und viel Schatten – Der Entwurf eines Gesetzes zur Reform der Sachaufklärung in der Zwangsvollstreckung, ZVI 2008, 143; *Mroß*, Grundzüge der Reform der Sachaufklärung, DGVZ 2010, 181; *Schilken*, Zur Reform der Sachaufklärung in der Zwangsvollstreckung, Rpfleger 2006, 629; *Schmidt*, Die Reform der Sachaufklärung in der Zwangsvollstreckung – Umsetzung und Folgen, ZVI 2007, 57; *Schwörer/Heßler*, Vom Offenbarungseide zur nachprüfbaren Schuldnerauskunft, ZVI 2007, 589; *Seip*, Zum Entwurf eines Gesetzes zur Reform der Sachaufklärung in der Zwangsvollstreckung, DGVZ 2006, 1; *ders.*, Anmerkungen zum Gesetzesentwurf zur Sachaufklärung in der Zwangsvollstreckung, JurBüro 2006, 567; *ders.*, Vermögensoffenbarung und Minderung des Schuldnerschutzes, ZRP 2007, 23; *ders.*, Zur geplanten Reform der Sachaufklärung in der Zwangsvollstreckung – Eine Betrachtung zum gegenwärtigen Sachstand, DGVZ 2008, 38; *Sternal* in Wolf ua, Zwangsvollstreckungsrecht aktuell, 2010, § 6; *Würdinger*, Die Sachaufklärung in der Einzelzwangsvollstreckung, JZ 2011, 177.

2. Androhung der Zwangsvollstreckung

An

. . . . .

[Schuldner/in][1, 2]

Sehr geehrte(r) . . . . .,

in der Zwangsvollstreckungssache

. . . . . (Gläubiger/in)/. . . . . (Schuldner/in)

zeige ich an, dass ich den/die Gläubiger/in anwaltlich vertrete. Eine auf mich lautende Vollmacht füge ich in Kopie bei. Ich nehme Bezug auf den in der Vergangenheit geführten Schriftwechsel, insbesondere mein Schreiben vom . . . . ., in dem ich eine einvernehmliche Rückführung der Forderung angeboten habe.

Auf dieses Schreiben habe ich trotz Vorliegens des Vollstreckungstitels keine Antwort erhalten. Mir liegt bis heute kein Ratenzahlungsangebot vor. Daher fordere ich Sie auf, bis spätestens zum . . . . . auf eines der aufgeführten Konten die Forderung inklusive der für meine Tätigkeit anfallenden Gebühren zu überweisen. Daneben sehe ich mich veranlasst, die Zwangsvollstreckung unverzüglich gegen Sie einzuleiten. Diese Maßnahmen können nur ruhend gestellt werden, wenn eine einvernehmliche Regelung mit Ihnen getroffen werden kann.[3]

Mein Mandant bedauert die Entwicklung der Angelegenheit.

. . . . .

Rechtsanwalt[4]

Anmerkungen

1. Ein Gläubiger erstreitet sich im Erkenntnisverfahren über einen langen Zeitraum einen Vollstreckungstitel und kann es nicht erwarten, nunmehr im Wege der Zwangsvollstreckung zu seinem Recht zu kommen. Die Zwangsvollstreckung führt – dies zeigt die Praxis – oft nicht zum erhofften Erfolg. Der Gesetzgeber hat den Schuldnern eine Vielzahl von Schutzvorschriften an die Seite gestellt, die dazu führen, dass der Gläubiger keinen Zugriff auf die Vermögenswerte nehmen kann bzw. die Vollstreckungsmaßnahmen mit hohen Kosten (Austauschpfändung) und hohen Risiken verbunden sind. Soweit sich nicht bereits während des Erkenntnisverfahrens die Möglichkeit ergab, die Zahlungsmodalitäten auszuhandeln, ist es sinnvoll, vor Beginn der Zwangsvollstreckung den Schuldner aufzufordern, eine einvernehmliche Regelung zu treffen. Für den Gläubiger hat das den Vorteil, dass er die Kosten der Zwangsvollstreckung nicht auslegen muss und auch das Risiko nicht eingeht, das mit der Zwangsvollstreckung verbunden ist.

Wie bereits unter → Form. A. I. dargestellt, ist die Zwangsvollstreckung ein schnelles Geschäft und es gilt für den Gläubiger keine Zeit zu verlieren, da er oft nicht der einzige ist, der versucht, seine Forderung durchzusetzen. Unter diesem Aspekt ist die Androhung der Zwangsvollstreckung unter verschiedenen Gesichtspunkten sinnvoll. Der Schuldner erhält die Gelegenheit, eine einvernehmliche Regelung zu schließen und kann bei einem Vollstreckungsschutzantrag nicht vortragen, er könne in Raten zahlen. Dieser Schutzbehauptung, auf die sich viele Schuldner berufen, ist insoweit der Boden entzogen, da der Gläubiger nachweisen kann, dass der Schuldner auf ein solches Angebot bislang nicht eingegangen ist und der im Vollstreckungsschutzantrag vorgebrachte Einwand der Ratenzahlung nur der Verzögerung der Zwangsvollstreckung dient. Wurde über eine Ratenzahlung in der Vergangenheit nicht gesprochen, so kann diese angeboten werden, zB mit der Formulierung:

> **„Mein Mandant ist gerne bereit, mit Ihnen eine Ratenzahlungsvereinbarung mit angemessenen monatlichen Raten zu schließen. Bitte setzen Sie sich deshalb unverzüglich mit mir in Verbindung."**

Der Gläubiger kann **parallel** zu diesem Schreiben die Zwangsvollstreckung vorbereiten, zB Auskünfte einholen; → Form. A. II. 1 ff. bzw. A. III. 1 ff.

2. Soweit der Schuldner im Erkenntnisverfahren von einem Anwalt vertreten wurde, muss dieser angeschrieben werden (vgl. § 172 Abs. 1 S. 2 ZPO). Es ist aber oft effektiv, wenn der Schuldner ohne begleitende Beratung mit der Androhung der Zwangsvollstreckung konfrontiert wird. Es wird insoweit empfohlen – soweit es der Einzelfall zulässt – den Schuldner direkt anzuschreiben.

3. Die Androhung der Zwangsvollstreckung muss **nicht begründet** werden. Es ist aber sinnvoll, bereits in dieser Phase darauf hinzuweisen, dass Zwangsvollstreckungsmaßnahmen nicht zurückgenommen, sondern lediglich ruhend gestellt werden. Soweit der Gläubiger die Kosten der Zwangsvollstreckungsmaßnahme bereits verauslagt hat, sollte er seinen einmal erlangten Rang nicht wieder aufgeben. Dies ist bei Abschluss einer Ratenzahlungsvereinbarung ein gutes Druckmittel, dass diese auch eingehalten wird. Bei diesem Schreiben sollte neben der allgemeinen Prozessvollmacht auch immer eine Geldempfangsvollmacht beigelegt werden (→ Form. A. II. 4).

4. Kosten und Gebühren. Mit der Zahlungsaufforderung an den Schuldner entsteht bereits eine anwaltliche Gebühr im Sinne von Nr. 3309 VV RVG nebst Auslagen und Umsatzsteuer. Die Zahlungsaufforderung mit Vollstreckungsandrohung zählt zu den Vollstreckungsmaßnahmen, die der Anwalt in Rechnung stellen kann (BGH NJW-RR 2003, 1581).

3. Antrag auf Abnahme der Vermögensauskunft (§ 802c ZPO)

Seit dem 1.4.2016 ist das amtliche Formular (→ Form. G. II. 1 bis → Form. G. II. 7) für den Antrag auf Abnahme der Vermögensauskunft[1] zwingend zu verwenden. Das in Module eingeteilte Formular lässt verschiedene Möglichkeiten des Auftrags an den Gerichtsvollzieher zu.

In dem amtlichen Formular „Vollstreckungsauftrag an die Gerichtsvollziehern/den Gerichtsvollzieher[2,7] sind die dortigen Module „A", „B" und „C"[3] (ggf. „D") entsprechend auszufüllen.

In dem Modul „C" ist die Forderung unter Verwendung der Anlage 1 genau zu bezeichnen.[4] Im Modul „P1" kann der Gläubiger zwischen der Übersendung des Protokolls seines Vollstreckungsauftrages oder des Gesamtprotokolls für mehrere Gläubiger[5] wählen oder mit Modul „P4" das bereits vorliegende Protokoll anfordern.[8]

Im Modul „E" kann der Gläubiger den Gerichtsvollzieher anweisen, wie er sich die gütliche Einigung vorstellt.[6] Mit den Modulen „H" und „I" können Anträge zur Verhaftung des Schuldners gestellt werden.[9]

Der Antrag ist hinsichtlich des jeweils gestellten Antrages vollständig einzureichen; es müssen indes unter Ausfüllen des Moduls „B" nur die Seiten beim Gerichtsvollzieher eingereicht werden, die für den Antrag maßgeblich sind.[10]

Das Modul „Q" befasst sich mit den Anwaltskosten.[11, 12]

Anmerkungen

1. § 802c ZPO regelt die Voraussetzungen und den Umfang der Vermögensauskunft. Es ist das Äquivalent zu dem bis zum 31.12.2012 geltenden § 807 ZPO aF. Mit der Schaffung der **Regelungen zur Vermögensauskunft** können Gläubiger von Geldforderungen vor Einleitung von Zwangsvollstreckungsmaßnahmen Informationen über das Vermögen des Schuldners von ihm selbst (§ 802c ZPO) erhalten bzw. Fremdauskünfte gemäß § 802l ZPO über den Gerichtsvollzieher erhalten, ohne dass vorab ein fruchtloser Vollstreckungsauftrag durchgeführt werden musste. Für diese Anträge sind die allgemeinen Voraussetzungen der Zwangsvollstreckung erforderlich. Es ist für den Antrag das Formular „Vollstreckungsauftrag an die Gerichtsvollzieherin/Gerichtsvollzieher" (→ Form. G. II. 1 bis → Form. G. II. 7) ab dem 1.4.2016 verbindlich zu verwenden. Dort kann das individuelle Vollstreckungsziel des Gläubigers durch Auswahl der einzelnen Module verfolgt werden. Das Verfahren zur Vermögensauskunft ist dem Verfahren über die eidesstattliche Versicherung entlehnt. Die Rechtsprechung zu der eidesstattlichen Versicherung kann weiterhin entsprechend herangezogen werden. Wesentliche Änderungen sind: die **Eintragung in das Schuldnerverzeichnis** erfolgt nicht unmittelbar mit der Abnahme der Vermögensauskunft. Gemäß § 882c ZPO ordnet der Gerichtsvollzieher die Eintragung immer dann an, wenn der Schuldner die Abgabe der Vermögensauskunft verweigert, die Vollstreckung nach dem Inhalt der Vermögensauskunft offensichtlich nicht zur Befriedigung des Gläubigers führt, oder der Schuldner dem Gerichtsvollzieher nicht binnen einem Monat nachweist, dass der Gläubiger vollständig befriedigt ist. Diese Regelung schützt zum einen den Schuldner, da die Abgabe der Vermögensauskunft nicht zwingend zur Eintragung in das Schuldnerregister führt und zum anderen den Gläubiger, da dieser durch die Auskunft Rückgriffmöglichkeiten auf Vermögenswerte ermitteln kann. Dem Gläubiger wird die Vermögensauskunft bereits nach Abgabe übersandt. Lediglich die Eintragung in das Schuldnerregister kann später oder gar nicht erfolgen; vgl. zu den Voraussetzungen § 882c ZPO.

Zudem sind die Voraussetzungen und der Zeitablauf für die erneute Abgabe der Vermögensauskunft geändert worden. Der Schuldner ist gemäß § 802d ZPO zur erneuten Abgabe der Vermögensauskunft **innerhalb von zwei Jahren** nur verpflichtet, wenn der Gläubiger Tatsachen glaubhaft macht, die auf eine wesentliche Veränderung der Vermögensverhältnisse schließen lassen. Nach zwei Jahren bzw. bei Eingang eines neuen Verzeichnisses wird das Vermögensverzeichnis gelöscht (§ 802k Abs. 1 S. 3 ZPO). Dagegen erfolgt die Löschung des Schuldners im Schuldnerverzeichnis nach 3 Jahren. Dies gilt seit der Neufassung des § 882e ZPO zum 1.7.2014 auch für die Eintragung nach § 26 InsO.

Das alte schriftliche Verfahren ist durch ein elektronisches Verfahren abgelöst worden. Der Gerichtsvollzieher nimmt die mündlichen Angaben des Schuldners in elektronischer Form auf, liest die Angaben vor und lässt diese durch den Schuldner an Eides statt versichern (§ 802f ZPO). Eine Unterschrift des Schuldners unter die Vermögensauskunft gibt es nicht mehr; dies ändert nichts an der Strafbarkeit einer falschen Versicherung an Eides statt. Die inhaltlichen Angaben der Vermögensauskunft (§ 802c ZPO) sind die gleichen wie bei der bisherigen eidesstattlichen Versicherung. Die dazu ergangene Rechtsprechung, was der Schuldner offenbaren muss, kann entsprechend herangezogen werden.

Der Auftrag an den Gerichtsvollzieher, dem Schuldner die Vermögensauskunft abzunehmen, sollte nunmehr eine der ersten Maßnahmen sein, da in der Auskunft alle Vermögenswerte angegeben werden, die einen eventuellen Pfändungsanspruch begründen. Neben den Angaben kann der Gerichtsvollzieher gemäß § 802l ZPO Auskunft bei den Trägern der gesetzlichen Rentenversicherung über ein eventuelles Arbeitsverhältnis, beim Bundeszentralamt für Steuern über Bankverbindungen, Depots, etc und beim Kraftfahrzeug-Bundesamt über einen auf den Schuldner zugelassenen PKW einholen. Mit diesen Auskünften können Gläubiger schneller auf das Vermögen des Schuldners zugreifen, das der Schuldner eventuell nicht bzw. nicht vollständig angibt. Hier ist schnelles Reagieren gefragt. Der Schuldner wird innerhalb von 4 Wochen über die Einholung der Fremdauskünfte informiert, § 802l Abs. 3 ZPO.

Ein zahlungsfähiger, aber zahlungsunwilliger im Geschäftsleben stehender Schuldner wird spätestens mit der Ladung zum Termin zur Abgabe der Vermögensauskunft versuchen, eine Einigung mit dem Gläubiger zu erzielen. Der zahlungsunfähige Schuldner wird die Abnahme der Vermögensauskunft nicht verhindern können, so dass die Zahlungsunfähigkeit mit der Abgabe des Vermögensverzeichnisses dokumentiert wird. Insoweit sollte immer auch der Auftrag zur Abgabe des Vermögensverzeichnisses als Druckmittel eingesetzt werden.

Für den Auftrag zur Abgabe der Vermögensauskunft sind die **allgemeinen Vollstreckungsvoraussetzungen** (Titel, Klausel, Zustellung) erforderlich, → Form. B. I. Soweit nicht bereits der Titel auf den betreffenden Schuldner lautet, zB im Falle der Rechtsnachfolge, ist die Klausel umzuschreiben und dann an den Rechtsnachfolger des im Titel genannten Schuldners eventuell erneut zuzustellen. An dieser Stelle wird ausdrücklich auf die Möglichkeit hingewiesen, dass auch im Rahmen der Sicherungsvollstreckung gemäß § 720a ZPO die Abgabe der Vermögensauskunft beantragt werden kann (Hk-ZV/*Sternal* ZPO § 802c Rn. 3). Neben den allgemeinen Vollstreckungsvoraussetzungen müssen die besonderen Vollstreckungsvoraussetzungen vorliegen. Zudem muss die Vollstreckung wegen einer titulierten Geldforderung erfolgen. Für das Tätigwerden des Gerichtsvollziehers in Zwangsvollstreckungssachen nach der ZPO beachte auch die §§ 67 ff. GVGA.

2. Zuständig für den Antrag ist gemäß § 802c ZPO der Gerichtsvollzieher am Wohnort des Schuldners. Im Kopf des amtlichen Formulars (→ Form. G. II. 1) ist anzukreuzen, bei wem der Antrag gestellt wird, idR beim Amtsgericht; wenn der zuständige Gerichtsvollzieher bekannt ist, zB durch die vorherigen Zwangsvollstreckungsmaßnahmen, kann der Antrag auch direkt an die/den Gerichtsvollzieherin/Gerichtsvollzieher gesandt werden. Ansonsten ist die Gerichtsvollzieherverteilerstelle des zuständigen Amtsgerichts anzuschreiben, § 753 Abs. 2 S. 1 ZPO. Das zuständige Amtsgericht ergibt sich aus der örtlichen Zuständigkeit und bestimmt sich nach dem Wohnsitz, nur ausnahmsweise nach dem Aufenthaltsort bei Auftragserteilung. Wurde versehentlich der unzuständige Gerichtsvollzieher beauftragt, ist dieser auf einen Verweisungsantrag des Gläubigers verpflichtet, den Antrag an den zuständigen Gerichtsvollzieher weiterzuleiten, §§ 802e Abs. 2 ZPO (Modul „P5“).

Soweit es sich bei dem Schuldner um einen „Sonderfall“ handelt, gilt Folgendes: Für den unbekannten Erben ist der Nachlasspfleger verpflichtet, die Vermögensauskunft abzugeben; für die Handelsgesellschaft ist der Gerichtsvollzieher am Sitz der Gesellschaft örtlich zuständig, gleiches gilt für die Partnerschaftsgesellschaft und das Unternehmen. Bei ausländischen Gesellschaften ist der Sitz der Niederlassung entscheidend. Bei Personen, die unter Betreuung oder Vormundschaft stehen, ist der Wohnsitz des Betreuten bzw. des Mündels entscheidend, anders dagegen bei minderjährigen Schuldnern, da ist der Wohnsitz der Erziehungsberechtigten entscheidend.

3. In den Modulen „A“, mit den Untermodulen „A1“ bis „A8“ sind die **Parteien genau zu bezeichnen**, insbesondere die gesetzlichen Vertreter; zB bei Minderjährigen die Erziehungsberechtigen; bei einer Betreuung mit Vermögenssorge den Betreuer und Schuldner; bei der Erbengemeinschaft alle Miterben bezüglich ihres gesamten Vermögens; bei der GmbH der Geschäftsführer, der zum Zeitpunkt der Auftragserteilung bestellt war. Ist der Geschäftsführer zur Vermeidung der Abgabe der Vermögensauskunft abberufen worden, kann auch der bisherige Geschäftsführer zur Abgabe der Vermögensauskunft für die GmbH verpflichtet sein (OLG Köln JurBüro 2000, 599; LG Bochum DGVZ 2002, 22); bei einer gelöschten GmbH ist der Liquidator genau zu benennen, s. auch mit Beispielen *Baumbach/Lauterbach/Albers/Hartmann* § 807 Rn. 53–58.

4. Das Formular verlangt unter Modul „C“ die Angaben zum Titel, eventuelle Angaben zu Vollmachten und Kosten. Im Modul „C“ wird auf die Anlage 1 des Formulars verwiesen. In der Anlage hat der Gläubiger die Forderung detailliert darzustellen. Dabei unterscheidet die Anlage zwischen Hauptforderung, Restforderung, Teilforderung, Zinsen, Säumniszuschlägen sowie verschiedenen Kosten. Soweit die Umsatzsteuer geltend gemacht wird, ist das Modul „P6“ zu beachten. Ist der Gläubiger vorsteuerabzugsberechtigt, ist dies in der Forderungsaufstellung aufzunehmen.

5. Der Gerichtsvollzieher hat einen Termin zur Abnahme der Vermögensauskunft zeitnah zu bestimmen, wie sich aus dem in § 802a Abs. 1 ZPO geregelten Grundsatz der zügigen Vollstreckung ergibt. Die Verpflichtung des Gerichtsvollziehers zur Übersendung der Vermögensauskunft folgt aus § 802f Abs. 2 ZPO. Mit dem Modul „P1“ kann das Protokoll der Vermögensauskunft angefordert werden. Der Gerichtsvollzieher, der den Termin zur Abnahme der Vermögensauskunft bestimmt, hat den Schuldner persönlich zu laden. Die Ladungsfrist beträgt mindestens 15 Tage, da der Gerichtsvollzieher dem Schuldner eine letzte Zahlungsfrist einräumen muss. Eine förmliche Ladung des Gläubigers erfolgt nicht. Dieser wird über den Termin formlos informiert, § 802f Abs. 4 ZPO.

Der Gläubiger bzw. sein Vertreter sind berechtigt, am Termin zur Abgabe der Vermögensauskunft teilzunehmen, zB um weitere Fragen zu stellen (siehe Modul „P6“). Es ist in einzelnen Fällen sinnvoll, als Gläubiger bzw. dessen Vertreter persönlich am Termin teilzunehmen, um diese Möglichkeit wahrzunehmen. Zumindest sollten weitere Fragen schriftlich mit der Antragstellung übersandt werden, damit der Gerichtsvollzieher bei der Abnahme der Vermögensauskunft entsprechende Fragen an den Schuldner richten kann.

Die Fragen haben ihre Grenzen in der Ausforschung der Lebensverhältnisse des Schuldners (LG Konstanz JurBüro 1996, 330). Soweit der Gläubiger darlegen kann, dass sich durch die Beantwortung der Frage weitere Vollstreckungsmöglichkeiten ergeben, ist dies zulässig. Die Rechtsprechung des BGH ist in diesem Punkt nicht eindeutig; tendiert jedoch dazu, dass der Schuldner alles tun muss, um die Forderung zu befriedigen (BGH NJW 2004, 2979). *Baumbach/Lauterbach/Albers/Hartmann* § 807 Rn. 17–35 zählt die Ansprüche und Informationen auf, über die ein Schuldner Auskunft geben muss. Soweit aufgrund der besonderen Umstände oder der Höhe der Forderung die Überlegung angestellt wird, am Termin zur Abgabe der Vermögensauskunft teilzunehmen, ist zu empfehlen, den Katalog der zulässigen Fragen in *Baumbach/Lauterbach/Albers/Hartmann* für den konkreten Fall zu prüfen. Die Terminteilnahme hat den Vorteil, dass Fragen zu den Vermögensverhältnissen, die noch in ihrer Zulässigkeit umstritten sind, eher beantwortet werden, als wenn diese schriftlich gestellt werden. Werden Fragen schriftlich mit Auftragserteilung gestellt, ist es sinnvoll, die einschlägige Rechtsprechung anzugeben. Lässt der Gerichtsvollzieher Fragen nicht zu bzw. äußert er Bedenken, kann er auf das dann wahrscheinliche Nachbesserungsverfahren hingewiesen werden. Dies bringt ihm viel Arbeit ohne zusätzliche Vergütung und bewegt ihn eventuell, eine umstrittene Frage zuzulassen. Kann am Termin nicht teilgenommen werden oder hat ein anderer Gläubiger den Antrag auf Abgabe der Vermögensauskunft gestellt, so ist bei offensichtlicher Unvollständigkeit in jedem Fall die Vervollständigung der Auskunft zu verlangen.

6. In den Modulen „E“, „E1“ bis „E5“ kann der Gläubiger dem Gerichtsvollzieher den Umfang einer gütlichen Einigung vorgeben. Dabei kann zwischen dem Zahlungsaufschub (Modul „E1“), Auswahl der Modalitäten einer Zahlungsvereinbarung (Modul „E2“), Einräumung eines Ermessensspielraums (Modul „E3), sonstigen Weisungen (Modul „E4)“ und Beschränkung des Vollstreckungsauftrages auf eine gütliche Einigung (Modul „E5“) gewählt werden. Soweit der Gläubiger keine gütliche Einigung wünscht, muss er von dem Modul „F“ Gebrauch machen.

7. Es wird empfohlen, das Modul „P5“ **„vorsorglichen Verweisungsantrag“** anzukreuzen. Mit diesem Antrag ist der Gerichtsvollzieher gemäß § 802e Abs. 2 ZPO verpflichtet, den Antrag an den zuständigen Gerichtsvollzieher weiter zu leiten. Eine Zurückweisung des Antrages wegen Unzuständigkeit wird damit gleichzeitig vermieden.

8. Mit dem Modul „P4“ kann der „Hilfsantrag“ gestellt werden, dass die Vermögensauskunft übersandt wird, soweit der Schuldner diese bereits in den letzten 2 Jahren abgegeben hat.

9. Es ist effizient, den **Antrag auf Erlass eines Haftbefehls** bereits mit dem Auftrag zur Abnahme der Vermögensauskunft zu stellen. Der Antrag kann dann bei Vorliegen der Voraussetzungen für den Erlass des Haftbefehls vom Gerichtsvollzieher unmittelbar an das zuständige Gericht weiter geleitet werden. Dies kann durch Auswahl des Moduls „H“ erfolgen. Dies spart Zeit. Hinsichtlich der Voraussetzungen für den Erlass des Haftbefehls → Form. A. V. 8. Ein Haftbefehl zur Nachtzeit (§ 758a Abs. 4 S. 2 ZPO, → Form. A. V. 9) ist immer dann zu beantragen, wenn bereits bei der Erteilung des Auftrages zur Abnahme der Vermögensauskunft abzusehen ist, dass der Gerichtsvollzieher den Schuldner nur zur Nachtzeit antrifft. Dieser Antrag ist weiter manuell bei Gericht zu stellen. Neben dem Antrag der Erzwingungshaft sollte auch ein Antrag auf Einholung der Fremdauskünfte gestellt werden, Module „L“, „L1“ bis „L7“.

10. Die Einführung des amtlichen Formulars soll ua dazu führen, dass die Gerichtsvollzieher wegen eines missverständlichen Antrages beim Gläubiger zeitintensiv nachfragen müssen. Dieses Ziel kann mit dem amtlichen Vordruck auch nur dann erreicht werden, wenn der Gläubiger die angeführten **Anlagen** vollständig beifügt. Es zahlt sich aus, alle für den konkreten Fall erforderlichen Anlagen sorgfältig zu prüfen, da so Nachfragen oder sogar eine Zurückweisung des Antrags vermieden werden. Folgende Nachweise können möglich sein: Vollstreckbare Ausfertigung des Titels, Zustellungsnachweis auch hinsichtlich der Klausel (§ 750 Abs. 2 ZPO), Nachweis der Sicherheitsleistung bei vorläufig vollstreckbaren Titeln, Forderungsaufstellung, Nachweis über erbrachte Gegenleistungen im Falle des § 756 ZPO.

11. Kosten und Gebühren. Die Kosten des Auftrags zur Abgabe der Vermögensauskunft werden vom Gerichtsvollzieher erhoben, vertiefend→ Form. A. II. 8. Für die Anwaltskosten sieht das amtliche Formular das Modul „Q" vor. Dort kann der beauftrage Anwalt seine Kosten vollständig eintragen.

12. Rechtsmittel. Gegen die Abnahme der Vermögensauskunft kann der Schuldner **Erinnerung** gemäß § 766 ZPO einlegen. Der vormals in § 900 ZPO aF geregelte Widerspruch ist ersatzlos gestrichen. Soweit der Gerichtsvollzieher von der Abnahme der Vermögensauskunft absieht, kann sich der Gläubiger mit der **Erinnerung** gemäß § 766 ZPO wehren, → Form. P. II. 1.

4. Schreiben des Gläubigers wegen Teilnahme am Termin

Soweit ein Gläubiger an dem Termin zur Abgabe der Vermögensauskunft teilnehmen möchte, ist im amtlichen Vordruck zusätzlich das Modul „P6" anzukreuzen. Ergänzend → Form. A. V. 3.

5. Antrag auf erneute Vermögensauskunft (§ 802d ZPO)

An das

Amtsgericht

. . . . .

– Gerichtsvollzieherverteilerstelle –[1, 2]

Sehr geehrte(r) . . . . .,

in der Zwangsvollstreckungssache

. . . . . (Gläubiger/in)/. . . . . (Schuldner/in)[3]

ist gegen den/die Schuldner/in folgende Forderung tituliert (Zwangsvollstreckungstitel des AG . . . . ., vom . . . . ., Az. . . . . .):

Forderung gemäß anliegender Forderungsabrechung: . . . . . EUR

Weiterhin kann der/die Gläubiger/in die Kosten des folgenden Antrags wie folgt beanspruchen:

0,3 Verfahrensgebühr gemäß Nr. 3309 VV RVG

aus der Forderungsabrechung in Höhe von: . . . . . EUR

Auslagenpauschale gemäß Nr. 7002 VV RVG:	..... EUR
19 % Umsatzsteuer gemäß Nr. 7008 VV RVG:	..... EUR
Gerichtskosten gemäß Nr. 2110 VV RVG:	..... EUR
Gesamtbetrag:	..... EUR

Soweit Teilzahlungen geleistet wurden, sind diese in der Forderungsaufstellung berücksichtigt; der/die Gläubiger/in ist nicht zum Vorsteuerabzug berechtigt.[4]

Namens und in Vollmacht des/der Gläubigers/in beantrage ich wegen der vorgenannten Forderung nebst Kosten

die erneute Abnahme der Vermögensauskunft gemäß § 802d ZPO sowie[5]
die Übersendung der Vermögensauskunft.[6]

Die erneute Abgabe der Vermögensauskunft ist erforderlich. Die wirtschaftlichen Verhältnisse des Schuldners haben sich nach Kenntnis des Gläubigers wesentlich geändert:

Der Schuldner ist zwischenzeitlich verzogen und es ist deshalb davon auszugehen, dass er bei dem neuen Vermieter eine Mietkaution hinterlegt hat. Mit der Hinterlegung der Mietkaution hat er neues Vermögen erworben. Zur Glaubhaftmachung wird die Auskunft des Einwohnermeldeamtes beigefügt. Weiterhin besteht der begründete Verdacht, dass der Schuldner einer regelmäßigen Arbeit nachgeht und so über pfändbare Bezüge verfügt. Zur Glaubhaftmachung wird die an Eides statt versicherte Erklärung des Gläubigers, in dem er darlegt, aus welchen Umständen dies geschlossen wird, beigefügt.[7]

(Variante 1:

In der letzten Vermögensauskunft hat der Schuldner angegeben, einen Antrag auf Arbeitslosengeld/Hartz IV/Wohngeld gestellt zu haben, einen Bewilligungsbescheid konnte er bis jetzt nicht vorlegen. Daraus kann geschlossen werden, dass er über anderweitige regelmäßige Einkünfte verfügt.[8])

(Variante 2:

Der Schuldner hat in seiner letzten Vermögensauskunft angegeben, Einkünfte in Höhe von ..... aus einem selbständigen Gewerbebetrieb/Handelsgesellschaft zu erzielen. Die wirtschaftliche Lage hat sich in dieser Branche so erheblich verbessert, dass von einer erhöhten Auftragslage und damit wesentlichen Veränderung der wirtschaftlichen Verhältnisse ausgegangen werden muss. Zur Glaubhaftmachung wird der Wirtschaftsbericht der IHK in ..... beigefügt.[9])

(Variante 3:

Der Schuldner hat in der Zeit von ..... bis ..... Zahlungen geleistet. Glaubhaftmachung: .....[10])

(Variante 4:

In seiner letzten Vermögensauskunft hat der Schuldner angegeben, dass er arbeitslos sei. Aufgrund seines Alters, Berufsstandes, etc, ist davon auszugehen, dass er nach Ablauf von ..... einen neuen Arbeitsvertrag geschlossen hat.[11])

(Variante 5:

Das zuständige Sozialamt/Arbeitsamt teilte mit Schreiben vom ..... mit, dass der Schuldner aus dem Bezug der Leistungen ausgeschieden ist. Zur Glaubhaftmachung liegt das Schreiben des Sozialamtes/Arbeitsamtes bei.[12])

(Variante 6:

Mit Schreiben vom . . . . . hat der Schuldner angegeben, dass er sein geringfügiges Beschäftigungsverhältnis, das er in seiner letzten Vermögensauskunft angegeben hat, aufgegeben hat. Zur Glaubhaftmachung liegt das Schreiben vom . . . . . bei.[13]*)*

(Variante 7:

Aufgrund meiner Lohnpfändung vom . . . . . beim ehemaligen Arbeitgeber, den der Schuldner in seiner letzten Vermögensauskunft angegeben hat, teilte dieser in seiner Drittschuldnererklärung mit, dass der Schuldner bei ihm ausgeschieden sei. Zur Glaubhaftmachung wird auf die anliegende Drittschuldnererklärung verwiesen.[14]*)*

(Variante 8:

Bei dem Versuch der Pfändung der Gesellschafteransprüche wurde festgestellt, dass die vom Schuldner in der letzten Vermögensauskunft angegebene Handelsgesellschaft im Handelsregister gelöscht wurde. Zur Glaubhaftmachung wird der Auszug aus dem Handelsregister, Blatt . . . . . beigefügt.[15]*)*

Sollte der/die Schuldner/in nicht mehr in diesem Gerichtsbezirk wohnhaft sein, so bitte ich um Weiterleitung an das zuständige Gericht. Sollten andere förmliche Hindernisse diesem Antrag entgegenstehen, so bitte ich um einen entsprechenden Hinweis.[16]

Für den Fall, dass der/die Schuldner/in nicht erscheint oder die Abgabe der Vermögensauskunft unbegründet verweigert, beantrage ich bereits jetzt,

Fremdauskünfte gemäß § 802l ZPO einzuholen und

gemäß §§ 802g ZPO den Erlass eines Haftbefehls und Übersendung einer Ausfertigung an mich. Auch wenn bereits Haftbefehle vorliegen, wird um Durchführung des Verfahrens gebeten.[17]

Entstehende und vom/von der Schuldner/in nicht beizutreibende Kosten für diesen Auftrag bitte ich mir per Rechnung aufzugeben.[18]

. . . . .

Rechtsanwalt[19]

Anlagen:[20]

Forderungsabrechnung

Zugestellter Vollstreckungstitel (Klausel lautet auf den Schuldner)

Geldempfangsvollmacht

Anmerkungen

1. Die erneute Abgabe der Vermögensauskunft ist **vor Ablauf von 2 Jahren** immer dann gemäß 802d ZPO möglich, wenn eine wesentliche Änderung der Vermögensverhältnisse eingetreten ist und diese vom Gläubiger glaubhaft gemacht wird. An die Glaubhaftmachung sind keine erhöhten Anforderungen zu stellen. Zu den einzelnen Vermögenserwerben s. unten sowie auch einzelne Beispiele in *Baumbach/Lauterbach/Albers/Hartmann* § 903 Rn. 10 noch zur Abgabe der eidesstattlichen Versicherung. Die Abgabe einer erneuten Vermögensauskunft ist von der Möglichkeit der **Vervollständigung einer bereits abgegebenen Vermögensauskunft** zu unterscheiden; → Form. A. V. 6

2. **Örtlich zuständig** ist der Gerichtsvollzieher des Wohnortes, den der Schuldner bei Antragstellung innehat. Hinsichtlich weiterer Ausführungen der Zuständigkeit wird auf → Form. A. V. 3 Anm. 2 verwiesen (*Baumbach/Lauterbach/Albers/Hartmann* § 802d Rn. 28).

3. Hinsichtlich der **Parteibezeichnung** → Form. A. V. 3 Anm. 3.

4. Hinsichtlich der **Forderungsaufstellung** → Form. A. V. 3 Anm. 4.

5. Um eine Verwechslung mit einem Antrag auf Vervollständigung der Vermögensauskunft ist der Antrag auf erneute Abgabe gemäß § 802d ZPO zu stellen.

6. Hinsichtlich dieses Antrages → Form. A. V. 3.

7. Hat der Schuldner einen **Wohnungswechsel** vorgenommen, ist aufgrund der allgemeinen Lebenserfahrung davon auszugehen, dass er bei der Anmietung einer neuen Wohnung eine Kaution hinterlegen musste. Damit ist ein „neuer" Pfändungsanspruch entstanden: Kautionsrückzahlungsanspruch. Auch wenn die Auszahlung dieses Anspruchs ungewiss ist, wurde neues Vermögen erworben (LG Kassel Rpfleger 2005, 39). Zur Glaubhaftmachung ist die Melderegisterauskunft beizulegen, aus der sich der Umzug ergibt. Soweit weitere Unterlagen vorliegen, die die Anmietung einer neuen Wohnung nachweisen, zB ein Detekteibericht, sollten auch diese Unterlagen beigefügt werden. Ein Wohnungswechsel in eine gleichwertige Wohnung ist nicht zwingend ein Grund zur Erneuerung der Vermögensauskunft.

8. Konnte der Schuldner einen Bescheid über Sozialleistungen in der ersten Vermögensauskunft nicht vorlegen und wurde der Anspruch vorsorglich gepfändet, gibt die Drittschuldnererklärung Auskunft über die Bezugsrechte. Für den Fall, dass der Drittschuldner mitteilt, dass keine Ansprüche bestehen, liegt der Schluss nahe, dass der Antrag nicht oder nicht richtig gestellt wurde und der Schuldner seinen Lebensunterhalt anderweitig bestreitet. Gleiches gilt, wenn der Drittschuldner mitteilt, dass der Schuldner keinen Folgeantrag gestellt hat bzw. die Leistungen eingestellt wurden. Zur Glaubhaftmachung ist die Drittschuldnererklärung beizulegen (*Baumbach/Lauterbach/Albers/Hartmann* § 802d Rn. 28).

9. Ist der Schuldner selbständig und führt er ein Gewerbe/Handwerk/Unternehmen, ist davon auszugehen, dass er im laufenden Geschäftsverkehr neues Vermögen erwirbt. Dabei ist die reine Fortsetzung des Gewerbetriebes für die Annahme der Änderung der Vermögensverhältnisse allein nicht ausreichend. Es müssen weitre Umstände, zB Erweiterung der Gewerbeerlaubnis, wirtschaftlicher Aufschwung in dieser Branche, etc vorliegen. Als Nachweis ist ein aktueller Auszug des Handelsregisters, Gewerberegisters, Auszug der Handwerksrolle beizulegen. Der Erwerb neuer Ansprüche sollte dabei auf den individuellen Unternehmenszweck abgestellt werden. Bei dem selbständigen Unternehmen ist auch daran zu denken, dass das Gewerbe abgemeldet bzw. angemeldet wurde. Dies kann dann durch Vorlage der jeweiligen Registerauszüge glaubhaft gemacht werden (*Baumbach/Lauterbach/Albers/Hartmann* § 802d Rn. 28).

10. Hat der Schuldner Ratenzahlungen geleistet und diese dann eingestellt, liegt die Vermutung nahe, dass er seine Arbeitsstelle aufgegeben bzw. gewechselt hat. Als Nachweis zur Glaubhaftmachung sind die Einzahlungsbelege über die Raten beizufügen.

11. Bei dieser Begründung des Antrages ist die Glaubhaftmachung schwierig. Es wird auf die allgemeine Lebenserfahrung und die wirtschaftlichen Umstände abgestellt (siehe auch *Baumbach/Lauterbach/Albert/Hartmann* § 802d Rn. 21. Es ist also detailliert darzustellen, warum der Schuldner eine neue Arbeit angetreten haben könnte. Dies kann zB in der Form von Zeitungsannoncen geschehen, die die regionale Arbeitsmarktlage für den

Beruf des Schuldners darstellen. Auch das Internet bietet eine entsprechende Informationsquelle. Ob dieser Grund ausreicht, die erneute Abgabe der Vermögensauskunft zu beantragen, muss sorgfältig geprüft werden. Alternativ kann ein Auskunftsanspruch bei den Trägern der gesetzlichen Rentenversicherungen versucht werden.

12. Wurden Ansprüche gepfändet und hat der Drittschuldner die Veränderung schriftlich mitgeteilt, ist immer die erneute Abgabe der Vermögensauskunft zu prüfen. Dies gilt neben den Sozialstellen insbesondere für Arbeitgeber, Bankansprüche etc (*Baumbach/Lauterbach/Albers/Hartmann* ZPO § 802d Rn. 28, 33).

13. Teilt der Schuldner selbst die Veränderung mit, ist die Veränderung entsprechend darzulegen und glaubhaft zu machen.

14. → Anm. 12.

15. Wie bereits unter → Anm. 9 dargestellt, kann neues pfändbares Vermögen dadurch erworben werden, dass der Schuldner seine im Handelsregister eingetragene Firma löschen ließ bzw. diese durch Dritte gelöscht wurde. Der Schuldner wird dann entweder eine neue Arbeitsstelle angetreten haben oder Sozialbezüge beziehen. Beides kann zu pfändbaren Ansprüchen führen. Die Glaubhaftmachung wird durch Vorlage des jeweiligen Registerauszuges dargelegt.

16. Hinsichtlich **Verweisungsantrag** → Form. A. V. 3.

17. Hinsichtlich des **Antrags auf Erlass eines Haftbefehls** → Form. A. V. 8.

18. Wegen der **Kosten** → Form. A. V. 3.

19. Hinsichtlich der **Anlagen** → Form. A. V. 3.

20. **Rechtsmittel.** Der **Schuldner** kann sich gegen die Verpflichtung zur erneuten Abgabe der Vermögensauskunft mit der Erinnerung gemäß § 766 ZPO wehren. Der **Gläubiger** kann gegen die Entscheidung des Gerichtsvollziehers, die erneute Abnahme der Vermögensauskunft nicht durchzuführen, mit der Erinnerung gem. § 766 ZPO wehren (→ Form. P. I. 1).

6. Antrag auf Vervollständigung der Vermögensauskunft

An das

Amtsgericht

. . . . .

– Gerichtsvollzieherverteilerstelle –[1, 2]

Sehr geehrte(r) . . . . .,

in der Zwangsvollstreckungssache

. . . . . (Gläubiger/in) ./. . . . . . (Schuldner/in)[3]

übersende ich das amtliche Formular „Vollstreckungsauftrag an die Gerichtsvollzieherin/ den Gerichtsvollzieher"[4] **mit dem hier ergänzenden Antrag und beantrage namens und in Vollmacht des/der Gläubigers/in**

den Schuldner zur Vervollständigung der bereits am . . . . . abgegebenen Vermögensauskunft zu laden.

Die Voraussetzungen für eine Vervollständigung der vom Schuldner am . . . . . abgegebenen Vermögensauskunft liegen vor. Der Schuldner hat in der Auskunft mitgeteilt, ... (nähere Darlegung, zB er verfüge über kein Grundeigentum). Mittlerweile hat sich herausgestellt, dass der Schuldner Miteigentümer einer Immobilie ist . . . . . Damit ist auch davon auszugehen, dass die Angaben in der bisherigen Vermögensauskunft unvollständig sind.

Entstehende und vom/von der Schuldner/in nicht beizutreibende Kosten für diesen Auftrag bitte ich mir per Rechnung aufzugeben.

. . . . .

Rechtsanwalt[5, 7]

Anlagen:[6]

Anmerkungen

1. Wie in → Form. A. V. 3 dargestellt, ist grundsätzlich das amtliche Formular bei der Gerichtsvollzieherbeauftragung zu verwenden, wenn es um die Zwangsvollstreckung aus Geldforderungen geht. Das Formular sieht die Möglichkeit einer Nachbesserung einer bereits erteilten Vermögensauskunft nicht ausdrücklich vor. Es wird daher angeregt, das amtliche Formular mit den allgemeinen Angaben (→ Form. A. V. 3) auszufüllen und bei der konkreten Beauftragung das Modul „G4" anzukreuzen und auf den hier formulierten Antrag als Anlage zu verweisen. Von der Abgabe einer erneuten Vermögensauskunft nach § 802d ZPO ist die jederzeit bestehenden Möglichkeit zu unterscheiden, die Anberaumung eines neuen **Termins zur Vervollständigung** einer bereits abgegebenen Vermögensauskunft zu verlangen. Voraussetzung ist, dass die bisher abgegebene Erklärung unvollständig, ungenau oder widersprüchlich ist; eine wesentliche Änderung der Vermögensverhältnisse ist nicht erforderlich (zu den Einzelheiten Hk-ZV/*Sternal* ZPO § 802d Rn. 16 ff.). Bei der Vervollständigung handelt es sich um die Fortsetzung des noch nicht beendeten ursprünglichen Abnahmeverfahrens.

2. Örtlich zuständig ist der Gerichtsvollzieher, bei dem der Schuldner die ursprüngliche Vermögensauskunft abgegeben hat (Hk-ZV/*Sternal* ZPO § 802d Rn. 19)

3. Hinsichtlich der **Parteibezeichnung** → Form. A. V. 3 Anm. 3.

4. Hinsichtlich der **Forderungsaufstellung** → Form. A. V. 3 Anm. 4.

5. Wegen der **Kosten** → Form. A. V. 3 Anm. 11

6. Hinsichtlich der **Anlagen** → Form. A. V. 3 Anm. 10.

7. Rechtsmittel. Der **Schuldner** kann sich gegen die Vervollständigung der Vermögensauskunft mit der Erinnerung gemäß § 766 ZPO wehren. Der **Gläubiger** kann gegen die Entscheidung des Gerichtsvollziehers, eine Vervollständigung nicht durchzuführen mit der Erinnerung gem. § 766 ZPO vorgehen (→ Form. P. I. 1).

7. Widerspruch des Schuldners gegen Terminsladung (§ 802f Abs. 2 ZPO)

An den

Ober-/Gerichtsvollzieher-[1, 2]

. . . . .

Sehr geehrte(r) . . . . .,

in der Zwangsvollstreckungssache

. . . . . (Gläubiger/in)/. . . . . (Schuldner/in)

Namens und in Vollmacht des/der Schuldners/in lege ich gegen die Terminsladung vom . . . . .

Widerspruch gemäß § 802f Abs. 2 ZPO

ein.

Begründung:

Sie bestimmen in Ihrer Terminladung den Termin zur Abnahme der Vermögensauskunft in den Räumen des Schuldners. Dies ist nicht erforderlich. Der Schuldner hat eine geordnete Buchführung und kann alle Belege geordnet zu Ihnen mitbringen. Der Termin in den Räumlichkeiten des Schuldners führt zu einem erheblichen wirtschaftlichen Schaden des Schuldners. Aufgrund der Zusammenlegung der Privatwohnung und des Geschäftsbetriebes ist davon auszugehen, dass von diesem Termin Kunden erfahren und ihre Aufträge abziehen.

Ich beantrage daher einen neuen Termin in Ihren Räumlichkeiten.[3]

. . . . .

Rechtsanwalt

Anmerkungen

1. Grundsätzlich soll der Termin in den **Geschäftsräumen des Gerichtsvollzieher** abgehalten werden. Liegen Gründe vor, die den Gerichtsvollzieher von dieser Entscheidung abweichen lassen, kann er den Termin gemäß § 802f Abs. 2 ZPO in den **Räumlichkeiten des Schuldners** abhalten. Mögliche Gründe sind gesundheitliche Beeinträchtigungen des Schuldners oder der Schuldner kann den Weg zum Gerichtsvollzieher nicht zurücklegen, da öffentliche Verkehrsmittel zwischen der Wohnung des Schuldners und den Geschäftsräumen des Gerichtsvollziehers nicht vorhanden sind. Weiterhin kann diese Entscheidung vom Gerichtsvollzieher getroffen werden, wenn die Auskünfte nicht ordnungsgemäß erbracht werden können, da Belege nur unvollständig vorhanden sind und er sich vor Ort ein Bild von der wirtschaftlichen Situation machen möchte.

2. Zuständig für den Antrag ist der Gerichtsvollzieher, der die Ladung zum Termin zur Abgabe der Vermögensauskunft übersandt hat. Die Frist von einer Woche zur Einlegung des Widerspruches ist in jedem Fall zu wahren. Erscheint der Schuldner nicht zum Termin bzw. ist er in seinen Räumlichkeiten nicht anzutreffen, gilt der Termin als pflichtwidrig versäumt und es kann ein Haftbefehl – je nach Antrag – beantragt werden und Fremdauskünfte eingeholt werden.

3. Die Verlegung der Örtlichkeit ist kurz zu begründen. Soweit die Privaträume und Geschäftsräume an einer Adresse sind, ist dies schnell begründet. Die Gefahr eines wirtschaftlichen Schadens ist vorhanden.

8. Antrag auf Erlass eines Haftbefehls (§ 802g ZPO)

An das

Amtsgericht

–Vollstreckungsgericht–[1, 2]

. . . . .

Sehr geehrte(r) . . . . .,

in der Zwangsvollstreckungssache

. . . . .

– Gläubiger/in –

gegen

. . . . .

– Schuldner/in –[3]

übersende ich das amtliche Formular „Vollstreckungsauftrag an die Gerichtsvollzieherin/den Gerichtsvollzieher"–mit dem hier ergänzenden Antrag und beantrage namens und in Vollmacht des/der Gläubigers/in gegen den/die Schuldner/in

einen Haftbefehl gemäß § 802d ZPO zu erlassen.[4, 5]

Begründung:

Aufgrund meines Antrags vom . . . . . hat der zuständige Gerichtsvollzieher den/die Schuldner/in am . . . . . zum Termin am . . . . . in . . . . . zur Abgabe der Vermögensauskunft geladen.

Beweis: Vorlage der Mitteilung der Ladung des Gerichtsvollziehers . . . . . vom . . . . .

Der/die Schuldner/in ist trotz ordnungsgemäßer Ladung zum Termin nicht erschienen.[6]

[Ergänzung:

Er/Sie hat sich nicht entschuldigt.]

(Variante 1:

Er/Sie hat sich mit der Begründung entschuldigt, ... Diese Gründe rechtfertigen das Fernbleiben beim Termin zur Abgabe der Vermögensauskunft nicht.[8])

(Variante 2:

Der/Die Schuldner/in hat im Termin zur Abgabe der Vermögensauskunft diese grundlos verweigert.[7]*)*

..... Damit liegen die Voraussetzungen des § 802g ZPO vor und der Haftbefehl ist zu erlassen.

.....

Rechtsanwalt[9, 10]

Anlagen

Anmerkungen

1. Die Erzwingungshaft ist in § 802g ZPO geregelt. Die Vorschrift ist dem § 901 ZPO aF angelehnt. Die dazu ergangene Rechtsprechung kann entsprechend herangezogen werden. § 802g ZPO bestimmt, unter welchen Voraussetzungen die Erzwingungshaft möglich ist. Zum einen ist ein Haftbefehl zu erlassen, wenn der Schuldner unentschuldigt dem Termin, zu dem ordnungsgemäß geladen wurde, fernbleibt; zum anderen, wenn er im Termin grundlos die Abgabe der Vermögensauskunft verweigert. Wie in → Form. A. V. 3 bereits ausgeführt, kann dieser Antrag bereits **mit dem Antrag der Vermögensauskunft** mit dem Modul „H" des amtlichen Formulars gestellt werden. Der Antrag kann auch gesondert – ebenfalls unter zwingender Benutzung des amtlichen Formulars – gestellt werden. In diesem Fall sind die Module „A", „B" und „H" auszufüllen.

Der Richter prüft vor Erlass des Haftbefehls nicht alle Voraussetzungen der Zwangsvollstreckung, sondern nur die formelle Zulässigkeit des Haftantrags (LG Lübeck DGVZ 2005, 141). Für seine Entscheidung hat der Richter die Sachlage im Termin zu beachten (*Baumbach/Lauterbach/Albers/Hartmann* § 802g Rn. 8). Umstände, die später eintreten oder Gründe, die später vorgebracht werden, sind unbeachtlich. Soweit der Haftbefehl erlassen ist, erhält der Gläubiger die Urschrift, es sei denn, er hat direkt die Weitergabe an den Gerichtsvollzieher beantragt. Eine Zustellung an den Schuldner erfolgt nicht. Ihm ist erst im Termin zur Verhaftung eine beglaubigte Abschrift des Haftbefehls zu übergeben.

Sobald der Gerichtsvollzieher den Haftbefehl in der Urschrift nebst allen sonstigen Vollstreckungsunterlagen erhalten hat, hat er zu verschiedenen Zeiten, auch zwischen 17:00 und 22:00 Uhr, den Haftbefehl zu vollstrecken. Vergebliche Versuche werden im Protokoll festgehalten. Ist eine Verhaftung erfolglos, ist ein Haftbefehl zur Nachtzeit zu beantragen (→ Form. A. V. 9).

Nach der Verhaftung kann der Schuldner jederzeit die Vermögensauskunft leisten, § 802i Abs. 1 ZPO. Dies kann auch vor dem für den Haftort zuständigen Gerichtsvollzieher geschehen. Nach Abgabe der Vermögensauskunft ist der Schuldner sofort aus der Haft zu entlassen, § 802i Abs. 2 ZPO. Verweigert er sechs Monate lang die Abgabe der Vermögensauskunft, ist er ebenfalls aus der Haft zu entlassen, § 802j ZPO. Der Haftbefehl ist gemäß § 802j Abs. 2 ZPO verbraucht. Er kann nur von einem anderen Gläubigern unter den Voraussetzungen des § 802d ZPO mit allen Folgen erneut zur Abnahme der Vermögensauskunft geladen werden.

2. **Örtlich zuständig** ist das Vollstreckungsgericht des Wohnsitzes des Schuldners bei Auftragserteilung (LG Köln Rpfleger 1999, 549), funktional ist der Richter zuständig (§ 4 Abs. 2 Nr. 2 RPflG).

3. Auch hier ist die Parteibezeichnung genau vorzunehmen; insbesondere, wenn der Schuldner unter Vermögenssorge steht oder minderjährig ist. → Form. A. V. 3.

4. Das gesetzliche Verfahren zum Haftbefehl sieht vor, dass die Urschrift des Haftbefehls an den Gläubiger geht. Die Urschrift wird nicht von Amts wegen zugestellt. Der Gläubiger kann dann einen separaten Auftrag (→ Form. A. V. 11) zur Vollstreckung des Haftbefehls an den Gerichtsvollzieher erteilen. Dies ist immer dann sinnvoll, wenn der Gläubiger Verhandlungen mit dem Schuldner aufgenommen hat. Hierbei ist die Frist des 802h ZPO zu beachten. Der Haftbefehl verliert seine Wirkung nach Ablauf von 2 Jahren.

5. Um Zeit zu gewinnen, ist es sinnvoll, im Antrag auf Erlass des Haftbefehls zu beantragen, die Urschrift an den zuständigen Gerichtsvollzieher zur Vollziehung zu übersenden. Der Haftbefehl muss zur Vollstreckung nicht zugestellt werden. Dies wird trotzdem empfohlen, da mit der Zustellung die Notfrist (§ 224 Abs. 2 S. 2 ZPO) für die sofortige Beschwerde gemäß § 567 Abs. 1 Ziff. 2 ZPO läuft.

6. Der Erlass des Haftbefehls mit der Begründung des Fernbleibens setzt eine förmliche Zustellung durch den Gerichtsvollzieher zum Termin zur Abnahme der Vermögensauskunft voraus, § 218 ZPO (→ Form. A. V. 3 Anm. 1). Ist die förmliche Zustellung fehlerhaft oder ist sie nicht erfolgt, ist der Haftantrag unzulässig. Soweit sich der Schuldner schriftlich vor dem Termin vor dem Gerichtsvollzieher entschuldigt hat, ist das unbeachtlich (*Baumbach/Lauterbach/Albers/Hartmann* § 802g Rn. 4a). Es wird erwartet, dass der Schuldner vor dem Gerichtsvollzieher erscheint und persönlich seine Erinnerung einlegt. Ausnahme: § 802f Abs. 2 ZPO.

7. Erscheint der Schuldner im Termin, verweigert aber grundlos die Abgabe der Vermögensauskunft, ist er ebenfalls zu verhaften. Eine grundlose Verweigerung liegt immer dann vor, wenn er im Termin Erinnerung ohne oder mit unzureichender Begründung einlegt (LG Berlin Rpfleger 1998, 167). Grundlosigkeit liegt auch immer dann vor, wenn die gleichen Gründe bereits in einem Erinnerungsverfahren zurückgewiesen wurden.

8. Die Begründung des Haftbefehlsantrags ist je nach Fall weiter auszuführen.

9. **Kosten und Gebühren.** Gemäß Nr. 270 KV GVKostG fällt für die Vollziehung des Haftbefehls eine Gebühr in Höhe von 39,00 EUR zzgl. Auslagen und Wegegeld an.

10. **Rechtsmittel.** Der **Schuldner** kann gegen den Erlass des Haftbefehls die sofortige Beschwerde gemäß § 793 ZPO unter Beachtung der Notfrist ab Zustellung des Haftbefehls einlegen. Der **Gläubiger**, der sich gegen die Entscheidung des Gerichts wehren möchte, kann ebenfalls die sofortige Beschwerde einlegen (→ Form. P. II. 3). Es muss immer ein Beschwerdegrund vorliegen.

9. Antrag auf Erlass eines Haftbefehls zur Nachtzeit (§ 758a Abs. 4 ZPO)

An das

Amtsgericht

– Vollstreckungsgericht –[1, 2]

. . . . .

Sehr geehrte(r) . . . . .,

in der Zwangsvollstreckungssache

. . . . .

– Gläubiger/in –

gegen

. . . . .

– Schuldner/in –[3]

beantrage ich namens und in Vollmacht des/der Gläubigers/in den Vollzug des Haftbefehls des erkennenden Gerichts vom . . . . ., Az. . . . . . zur Nachtzeit von 21:00 bis 6:00 Uhr und an Sonn- und Feiertagen zu gestatten.[4]

Begründung:

Mit Beschluss vom . . . . . wurde der Haftbefehl nach § 802g ZPO erlassen. Dieser wurde dem zuständigen Gerichtsvollzieher zur Zustellung und Vollziehung übersandt. Der Gerichtsvollzieher hat wiederholt an verschiedenen Tagen und zu verschiedenen Zeiten versucht, den Haftbefehl zu vollziehen.

Beweis: Vorlage der Mitteilung des Gerichtsvollziehers vom . . . . .

Nur die Vollziehung des Haftbefehls zur Nachtzeit stellt sicher, den Auftrag zur Abgabe der Vermögensauskunft durchführen zu können. Die Vollziehung des Haftbefehls zur Nachtzeit bedarf der ausdrücklichen richterlichen Anordnung entsprechend § 758a Abs. 4 ZPO. (BGH NJW-RR 2005, 146). Die Vollstreckung zur Nachtzeit stellt für den/die Schuldner/in keine unbillige Härte dar. Sie steht nicht in einem Missverhältnis von Eingriff und Erfolg. Der/die Gläubiger/in hat aus dem Vollstreckungstitel des Amtsgerichts . . . . ., Az. . . . . ., vom . . . . ., einen Anspruch in Höhe von . . . . . EUR nebst Zinsen von . . . . . % aus . . . . . EUR seit dem . . . . . sowie der Vollstreckungskosten gemäß § 788 ZPO.

Beweis: Vorlage der Vollstreckungsunterlagen nebst Forderungsabrechnung

Die Abgabe der Vermögensauskunft ist auch geboten, da die bisherige Zwangsvollstreckung fruchtlos verlaufen ist. Verhandlungen über eine mögliche Ratenzahlung wurden nicht aufgenommen. Eine andere Auskunftsmöglichkeit über weitere vollstreckbare Ansprüche steht dem/der Gläubiger/in nicht zur Seite.[5]

Damit liegen die Voraussetzungen des § 758a Abs. 4 ZPO vor.[6]

. . . . .

Rechtsanwalt[7]

Anmerkungen

1. Der Haftbefehl zur Vollziehung zur Nachtzeit und an Sonn- und Feiertagen ist immer dann zu beantragen, wenn der Haftbefehl gemäß § 802g ZPO nicht vollstreckt werden kann, da der Schuldner zu den üblichen Zeiten nicht anzutreffen ist. Insoweit wird der Haftbefehl gemäß § 802g ZPO um die Erlaubnis, diesen zu den besonderen Zeiten zu vollstrecken, ergänzt. Die Nachtzeit ist die Zeit von 21:00 bis 6:00 Uhr (Legaldefinition in § 758a Abs. 4 S. 2 ZPO). Für die in ganz Deutschland geltenden

Feiertage (Neujahr, Karfreitag, Ostermontag, 1. Mai, Himmelfahrt, Pfingstmontag, 3. Oktober, 1. und 2. Weihnachtsfeiertag (nicht aber der 24.12., OVG Heidelberg NJW 1993, 1941) erfolgt die Vollstreckung des Haftbefehls ebenfalls gemäß § 758a Abs. 4 ZPO. Dies gilt ebenso für eine Vollstreckung an den jeweiligen landesrechtlichen Feiertagen, wobei lokale Besonderheiten zu berücksichtigen sind. Beachte auch *Fischer/Weinert* DGVZ 2005, 33; *Goebel* DGVZ 1998, 161.

Soweit im Rahmen der Reform der Sachaufklärung das BMJV aufgrund der Ermächtigung gem. § 758a Abs. 6 ZPO ein verbindliches Formular für die Anordnung der Durchsuchung eingeführt hat, bezieht sich dieses nicht auf den Antrag auf Gestattung des Betretens der Wohnung zwecks Verhaftung des Schuldners zur Nachtzeit bzw. an Sonn- und Feiertagen (§ 758a Abs. 4 ZPO). Gem. § 756a Abs. 6 ZPO gilt die Formularpflicht nur für Anträge auf Erlass richterlicher Durchsuchungsanordnungen nach § 758a Abs. 1 ZPO, nicht aber auf Anordnungen nach § 758a Abs. 4 ZPO. Entsprechend ist in dem Formular auch kein entsprechender Antrag vorgesehen (LG Verden DGVZ 2015, 169 mwN).

2. → Form. A. V. 8 Anm. 2.

3. → Form. A. V. 8 Anm. 3.

4. Der Antrag auf Erlass des Haftbefehls zur Nachtzeit ist konkret zu stellen, damit eine Verwechslung mit einem Antrag eines Haftbefehls gemäß § 802g ZPO vermieden wird.

5. Die Begründung ist im Einzelfall zu ergänzen.

6. Kosten und Gebühren. Gemäß § 11 GVKostG sind die anfallenden Gerichtsvollziehergebühren für die Verhaftung bei der Vollstreckung zur Nachtzeit oder an Samstagen, Sonn- und Feiertagen zu verdoppeln.

7. Rechtsmittel. Gegen den Erlass des Haftbefehls zur Nachtzeit ist die **sofortige Beschwerde** gemäß § 793 ZPO zulässig, → Form. P. III. 6.

10. Erwiderung des Schuldners auf Haftbefehlsantrag

An das

Amtsgericht

– Vollstreckungsgericht –[1, 2]

. . . . .

Sehr geehrte(r) . . . . .,

in der Zwangsvollstreckungssache

. . . . .

– Gläubiger/in –

gegen

. . . . .

– Schuldner/in –

beantrage ich namens und in Vollmacht des/der Schuldners/in keinen Haftbefehl zu erlassen.

Begründung:

Der/Die Schuldner/in war aus gesundheitlichen Gründen gehindert, den Termin vor dem Gerichtsvollzieher wahrzunehmen. Dies hat er/sie ihm schriftlich mitgeteilt. Der/Die Gläubiger/in ist ebenfalls darüber informiert worden. Trotzdem ist ein Haftbefehl ergangen. Der/Die Schuldner/in verweigert nicht die Abgabe der Vermögensauskunft, sondern ist aus gesundheitlichen Gründen gehindert, die Angaben zu machen. Der/Die Schuldnerin leidet an .....

Glaubhaftmachung: Vorlage des ärztlichen Attestes.

.....

Rechtsanwalt[3]

Anmerkungen

1. Gemäß § 802g Abs. 1 ZPO darf ein Haftbefehl nur erlassen, wenn der Schuldner in dem Termin zur Abgabe der Vermögensauskunft unentschuldigt fernbleibt oder die Abgabe ohne Grund verweigert.

2. Zur Zuständigkeit → Form. A. V. 8 Anm. 2.

3. Die Begründung ist dem Einzelfall anzupassen. Die gesundheitliche Gefährdung ist durch geeignete Unterlagen darzulegen. Ein Attest eines Sportmediziners wird nicht geeignet sein, eine psychische Erkrankung des Schuldners hinreichend darzulegen.

11. Antrag auf Verhaftung (§ 802g Abs. 2 ZPO)

An das

Amtsgericht

– Gerichtsvollzieherverteilerstelle –[1, 2]

.....

Sehr geehrte(r) .....,

in der Zwangsvollstreckungssache

.....

– Gläubiger/in –

gegen

.....

– Schuldner/in –[3]

übersende ich das amtliche Formular „Vollstreckungsauftrag an die Gerichtsvollzieherin/den Gerichtsvollzieher" mit dem hier ergänzenden Antrag, anliegenden Haftbefehl des Amtsgerichts ....., vom ....., Az. ....., dem/der Schuldner/in zuzustellen und zu

vollziehen und dem/die Schuldner/in zum Zwecke der Abnahme der Vermögensauskunft gemäß § 802c ZPO zu verhaften.[4]

Im Übrigen wird Bezug genommen auf den anliegenden Antrag auf Abnahme Vermögensauskunft nebst Anlagen.[5]

. . . . .

Rechtsanwalt[6, 7]

Anmerkungen

1. Soweit der Haftbefehl in der Urschrift an den Gläubiger geschickt wurde, ist – unter Benutzung des amtlichen Formulars – in gesonderter Auftrag zur Vollstreckung an den Gerichtsvollzieher notwendig (→ Form. A. V. 8). In diesem Fall sind die Module „A", „B" und „I" auszufüllen. Zudem kann in dem amtlichen Formular „Vollstreckungsauftrag an die Gerichtsvollzieherin/den Gerichtsvollzieher" kann dieser Antrag bereits mit dem Antrag der Vermögensauskunft durch Auswahl des Moduls „I" gestellt werden. Dann ist ein gesonderter Antrag, wie hier vorliegend formuliert, nicht erforderlich.

2. Für die Vollstreckung des Haftbefehls ist der Gerichtsvollzieher des Wohnortes des Schuldners der Auftragserteilung zuständig. (→ Form. A. V. 3).

3. → Form. A. V. 3.

4. → Form. A. V. 3.

5. → Form. A. V. 3.

6. Kosten und Gebühren. Es fallen keine gesonderten Gebühren an. Es bleibt bei der Kostenregelung des Auftrags zur Abgabe der Vermögensauskunft. (→ Form. A. V. 3).

7. Rechtsmittel. Gegen die Vollstreckung des Haftbefehls durch den Gerichtsvollzieher findet die **Erinnerung** gemäß § 766 ZPO statt, → Form. P. III. 1).

12. Haftverschonungsantrag des Schuldners (§ 802h ZPO)

An das

Amtsgericht

– Gerichtsvollzieherverteilungsstelle/Gerichtsvollzieher –[1, 2]

. . . . .

In der Zwangsvollstreckungssache

. . . . .

– Gläubiger/in –

gegen

. . . . .

– Schuldner/in –

beantrage ich namens und in Vollmacht des/der Schuldners/in den Haftbefehl vom . . . . ., Az. . . . . ., für die Dauer von . . . . . auszusetzen.

Begründung:

Gegen den Schuldner ist durch Beschluss des Amtsgerichts . . . . . vom . . . . . auf Antrag des Gläubigers ein Haftbefehl erlassen worden. Der Gläubiger hat die Vollziehung des Haftbefehls beantragt. Eine Vollstreckung des Haftbefehls scheidet derzeit aus gesundheitlichen Gründen aus. Der/Die Schuldnerin leidet an . . . . .

Glaubhaftmachung: Vorlage des ärztlichen Attestes.

. . . . .

Rechtsanwalt[3]

Anmerkungen

1. § 802h Abs. 2 ZPO bestimmt, dass ein Haftbefehl immer dann nicht ausgeführt werden darf, wenn eine gesundheitliche Gefahr durch die Vollstreckung des Haftbefehls droht. Wie schwerwiegend diese Gründe sein müssen, ist im Einzelfall darzulegen. Anhaltspunkte gibt die Rechtsprechung zum Vollstreckungsschutz gemäß § 765a ZPO.

2. Zuständig für den Antrag ist der vollstreckenden Gerichtsvollzieher.

3. Zur Begründung → Form. A. V. 10 Anm. 3.

13. Löschungsantrag des Schuldners (§ 802k ZPO)

An das

Amtsgericht[1]

– zentrales Vollstreckungsgericht –

. . . . .

In der Zwangsvollstreckungssache

. . . . .

– Gläubiger/in –

gegen

. . . . .

– Schuldner/in –

beantrage ich namens und in Vollmacht des/der Schuldners/in das beim zentralen Vollstreckungsgericht hinterlegte Vermögensverzeichnis gem. § 802k Abs. 1 S. 4 ZPO zu löschen.

Begründung:

Der/Die Schuldner/in hat am . . . . ., vor dem Gerichtsvollzieher . . . . ., Az. . . . . ., die Vermögensauskunft abgegeben mit der Folge, dass diese beim zentralen Vollstreckungs-

gericht hinterlegt wurde. Das Vermögensverzeichnis ist zu löschen, da zwischenzeitlich die 2-Jahresfrist des § 802k Abs. 1 S. 3 ZPO abgelaufen ist.

. . . . .

Rechtsanwalt

Anmerkungen

Grundsätzlich wird die Vermögensauskunft nach Ablauf von zwei Jahren gelöscht (§ 802k Abs. 1 S. 3 ZPO; § 6 Abs. 1 VermVV). Diese Frist entspricht der zweijährigen Sperrfrist des § 802d Abs. 1 S. 1 ZPO bzw. des § 284 Abs. 4 S. 1 AO (Hk-ZV/*Sternal* ZPO § 802k Rn. 8). Die Frist beginnt mit dem Zeitpunkt der Abnahme der Vermögensauskunft. Eine vorzeitige Löschung erfolgt nur bei Eingang eines neuen Vermögensverzeichnisses. Die Löschung erfolgt von Amts wegen. Ein entsprechender Löschungsantrag des Schuldners ist als Anregung zu betrachten (Hk-ZV/*Sternal* ZPO § 802k Rn. 10).

14. Antrag auf Einsicht in das Schuldnerverzeichnis (§ 882f ZPO)

An das

– zentrale Vollstreckungsgericht –[1, 2]

Sehr geehrte(r) . . . . .,

in der Zwangsvollstreckungssache

. . . . .

– Gläubiger/in –

gegen

. . . . .

– Schuldner/in –

betreibt der/die Gläubiger/in, den/die ich anwaltlich vertrete, ausweislich des in der Anlage in Kopie beigefügten Vollstreckungstitels des . . . . ., vom . . . . ., Az. . . . . ., gegen den/die Schuldner/in –wohnhaft in . . . . ., geb. am . . . . .–[3] die Zwangsvollstreckung. Namens und in Vollmacht des/der Gläubigers/in beantrage ich,

> mir Auskunft über den/die Schuldner/in aus dem Schuldnerverzeichnis gemäß § 882f ZPO zu erteilen.

Die Auskunft ist für die Vorbereitung der Zwangsvollstreckung erforderlich.

(Alternative:

hat der/die Gläubiger/in eine fällige Forderung aus . . . . . gegen den/die Schuldner/in, die bislang unbezahlt ist. Zur Prüfung der Eintreibbarkeit im Wege der Zwangsvollstreckung und eventuellen Verfolgung einer Straftat beantrage ich Namens und in Vollmacht des/der Gläubigers/in Auskunft aus dem Schuldnerverzeichnis gemäß § 882f ZPO. Zur Glaubhaftmachung füge ich die den Anspruch begründenden Unterlagen bei.)[4]

Die Kosten bitte ich, mir per Rechnung aufzugeben.

.....

Rechtsanwalt[5, 6]

Anmerkungen

1. Nunmehr ist pro Bundesland nur ein **zentrales Vollstreckungsgericht** für die **Auskunft aus dem Schuldnerregister** landesweit zuständig (§ 882h Abs. 1 ZPO). In diesem Schuldnerverzeichnis werden Personen geführt, für die gemäß § 882c ZPO der Gerichtsvollzieher die Eintragung der Abgabe der Vermögensauskunft unter bestimmten Voraussetzungen angeordnet hat (vgl. § 882b Abs. 1 Nr. 1 ZPO), die Vollstreckungsbehörde die Eintragung nach Maßgabe des § 284 Abs. 6 AO angeordnet hat (vgl. § 882b Abs. 1 Nr. 2 ZPO), oder deren Eintragung das Insolvenzgericht nach § 26 Abs. 2 InsO angeordnet hat (vgl. § 882b Abs. 1 Nr. 3 ZPO); zu den Einzelheiten siehe Hk-ZV/*Sternal* ZPO § 882 Rn. 2 ff.)

Eine Auskunft aus dem Schuldnerverzeichnis kann **über das Internet** erfolgen (§ 882h Abs. 1 S. 2, 6 Abs. 2 SchuFV). Der Anfragende muss sich registrieren lassen (§ 6 Abs. 2 SchuFV), die näheren Einzelheiten des Verfahren sind in der SchuFV geregelt. Die Internetabfrage ist der schriftlichen Anfrage vorzuziehen, da diese schneller ist und die Möglichkeit besteht, die Auskunft über eine länderübergreifende bundeseinheitliche Plattform zu erhalten. Soweit kein Zugriff auf das Internet besteht, schließt jedenfalls der Wortlaut des § 882h Abs. 1 S. 2 ZPO „der Inhalt kann . . . . eingesehen werden" nicht die Möglichkeit **eines schriftlichen Antrages** beim zentralen Vollstreckungsgericht aus. Ob diese Möglichkeit tatsächlich im Sinne des Gesetzgebers ist, wird in Zukunft die Rechtsprechung entscheiden müssen.

Das Schuldnerverzeichnis kann bei Vorliegen der in § 882f ZPO abschließend aufgeführten Gründe eingesehen werden. Diese sind: (1.) für Zwecke der Zwangsvollstreckung, (2.) um gesetzliche Pflichten zur Prüfung der wirtschaftlichen Zuverlässigkeit zu erfüllen, (3.) um Voraussetzungen für die Gewährung von öffentlichen Leistungen zu prüfen, (4.) um wirtschaftliche Nachteile abzuwenden, die daraus entstehen können, dass Schuldner ihren Zahlungsverpflichtungen nicht nachkommen, (5.) für Zwecke der Strafverfolgung und der Strafvollstreckung, (6.) zur Auskunft über ihn selbst betreffende Eintragungen (vgl. auch Hk-ZV/*Sternal* ZPO § 882f Rn. 3).

In dem **Schuldnerverzeichnis** werden gemäß § 882f Abs. 2 ZPO der Name, Vorname und Geburtsname des Schuldners bzw. die Firma und deren Nummer des Registerblatts im Handelsregister, sowie das Geburtsdatum und der Geburtsort des Schuldners, der Wohnsitz des Schuldners oder Sitz des Schuldners einschließlich abweichender Personendaten aufgenommen. Durch die Einsichtnahme in das Schuldnerverzeichnis kann die Bonität eines Schuldners geprüft werden.

2. Das Schuldnerverzeichnis wird zentral von einem Vollstreckungsgericht für ein Bundesland geführt. Es ist also nicht mehr erforderlich, Umzüge innerhalb eines Bundeslandes zu prüfen und bei dem Amtsgericht des vorherigen Wohnsitzes eine Anfrage zu stellen. Allerdings ist ein Wohnortwechsel immer dann von Bedeutung, wenn der Schuldner das Bundesland gewechselt hat. Insoweit muss ein schriftlicher Antrag an das zuständige zentrale Vollstreckungsgericht gesandt. Dagegen besteht bei einer **Internetabfrage** die Möglichkeit einer zentralen länderübergreifenden Abfrage (Hk-ZV/*Sternal* ZPO § 882f Rn. 5).

Die **Anschriften der zentralen Vollstreckungsgerichte** der einzelnen Länder lauten wie folgt:

Baden-Württemberg:
Amtsgericht Karlsruhe
– Zentrales Vollstreckungsgericht des Landes Baden-Württemberg –
Schlossplatz 23
76131 Karlsruhe
Postfach 100206, 76232 Karlsruhe
Tel.: 0721/9260, Fax: 0721/9266647
Internet: http.//www.agkarlsruhe.de/ E-Mail: poststelle@agkarlsruhe.justiz.bwl.de
Bayern:
Amtsgericht Hof
– Zentrales Vollstreckungsgericht des Freistaats Bayern –
Berliner Platz 1
95030 Hof
Postfach 1149, 95010 Hof
Tel.: 09281/600-0, Fax: 09281/600-372
Internet: http://www.justiz.bayern.de/gericht/ag/hof//E-Mail: poststelle@ag-ho.bayern.de
Berlin:
Amtsgericht Berlin Mitte
– Zentrales Vollstreckungsgericht des Landes Berlin –
Littenstr. 12–17
10179 Berlin
Großkunden-PLZ 10174
Tel.: 030/9023-0, Fax: 030/9023-2223
Internet: www.Berlin.de/slen/justiz/gerichte/ag/mitte/
Brandenburg:
Amtsgericht Nauen
– Zentrales Vollstreckungsgericht des Landes Brandenburg –
Paul-Jerchel-Str. 9
14641 Nauen
Tel.: 03321/4452-0, Fax: 03321/455347
Internet: www.ag-nauen.brandenburg.de, E-Mail: verwaltung@agnau-brandenburg.de
Bremen:
Amtsgericht Bremerhaven
– Zentrales Vollstreckungsgericht des Landes Bremen –
Nordstr. 10
27580 Bremerhaven
Tel.: 0471 5961368, Fax: 0471 596 13696
Internet: www.amtsgericht.bremerhaven.de, E-Mail: office@amtsgericht-bremerhaven.bremen.de
Hamburg:
Amtsgericht Hamburg
– Zentrales Vollstreckungsgericht des Landes Hamburg –
Sievekingplatz 1
20355 Hamburg
Tel.: 040/42828-0, Fax: 040/42843-2874
Internet: http://justziz-hamburg.de/
Hessen:
Amtsgericht Hünfeld
– Zentrales Vollstreckungsgericht des Landes Hessen –
Stiftstr. 6
36088 Hünfeld
Großkunden-PLZ 36084

Tel.: 06652/600-01, Fax: 06652/600-222
Internet: http://www.ag-huenfeld.justiz.hessen.de, E-Mail: poststelle@ag-huenfeld.justiz.hessen.de
Mecklenburg-Vorpommern:
Amtsgericht Neubrandenburg
– Zentrales Vollstreckungsgericht des Landes Mecklenburg-Vorpommern –
Friedrich-Engels-Ring 16–18
17033 Neubrandenburg
Tel.: 0395/54440, Fax: 0395/544425
Internet: www.mv-justiz.de/pagend/ordent-gerichte/ag_nb.htm; E-Mail: verwaltung@ag-neubrandenburg.mv-justiz.de
Niedersachsen:
Amtsgericht Goslar
– Zentrales Vollstreckungsgericht des Landes Niedersachsen –
Hoher Weg 9
38640 Goslar
Postfach 1180, 38601 Goslar
Tel.: 05321/705-0, Fax: 05321/705-110
Internet: http://www.amtsgericht-goslar.niedersachsen.de; E-Mail: aggs-poststelle@justiz.niedersachsen.de
Nordrhein-Westfalen:
Amtsgericht Hagen
– Zentrales Vollstreckungsgericht des Landes Nordrhein-Westfalen –
Heinistzstraße 42
58097 Hagen
Großkunden-PLZ 58081
Tel.: 02331/967-5, Fax: 02331/967-700
Internet: http://www.ag-hagen.nrw.de; E-Mail: poststelle.zema@haben.nrw.de
Rheinland-Pfalz:
Amtsgericht Kaiserslautern
– Zentrales Vollstreckungsgericht des Landes Rheinland-Pfalz –
Bahnhofstr. 24
67655 Kaiserslautern
Postfach 3520, 67623 Kaiserslautern
Tel.: 0631/3721-0; Fax: 0631/3721-307
Internet: www.agkl.jusitz.rlp.de; E-Mail: agkl@zw.jm.rlp.de
Saarland:
Amtsgericht Saarbrücken
– Zentrales Vollstreckungsgericht des Landes Saarland –
Franz-Josef-Röder-Str. 13
66119 Saarbrücken
Tel.: 0681/501 – 05 ,
Fax: 0681/501 – 5600
E-Mail: poststelle@agsb.justiz.saarland.de
Sachsen:
Amtsgericht Zwickau
– Zentrales Vollstreckungsgericht des Landes Sachsen –
Platz der Deutschen Einheit 1
08056 Zwickau
Postfach: 20 01 53, 08001 Zwickau
Tel.: 0375/5092-0, Fax: 0375/291684
Internet: http://www.justiz.sachsen.de/agz/, E-Mail: verwaltung@agt.justiz.sachsen.de

Sachsen-Anhalt:
Amtsgericht Dessau-Roßlau
– Zentrales Vollstreckungsgericht des Landes Sachsen-Anhalt –
Willy-Lohmann-Str. 33
06844 Dessau-Roßlau
Postfach 18 21, 06815 Dessau
Tel.: 0340/2020, Fax: 0340/2021289
Internet: http://www.justiz-sachsen-anhalt.de/index.phg?id=14266; E-Mail: poststelle@ag-de.justiz-sachsen-anhalt.de
Schleswig-Holstein:
Amtsgericht Schleswig
– Zentrales Vollstreckungsgericht des Landes Schleswig-Holstein –
Lollfuß 78
24837 Schleswig
Tel.: 04621/8150; Fax: 04621/815311
Internet: http://www.schleswig-holstein.de/LGFL/DE/Landgerichtsberzirk7 Amtsgerichte/AmtsgerichtSchleswig_node.html; E-Mail: verwaltung@ag-schleswig-holstein.de
Thüringen:
Amtsgericht Meiningen
– Zentrales Vollstreckungsgericht des Freistaates Thüringen –
Lindenallee 15
98617 Meiningen
Postfach 100301, 09603 Meinigen
Tel.: 03693/5090, Fax: 03693/509540
Internet: http://www.thueringen.de/amtsgericht.meiningen/; E-Mail: poststelle@lqmqn.thueringen.de.

3. Die Daten des Schuldners sollten so genau wie möglich sein. Ist das Geburtsdatum bekannt, sollte dieses immer angegeben werden, da dies bei Namensgleichheit zu einer eindeutigen Identifizierung führt.

4. Bei der schriftlichen Antragstellung ist zu unterscheiden, ob bereits ein Vollstreckungstitel vorhanden ist oder dieser erst erstritten werden muss. § 882f Nr. 1 ZPO bestimmt, dass Auskunft zum Zwecke der Zwangsvollstreckung erteilt wird. Soweit dies der Antragsgrund ist, kann der Vollstreckungstitel eingereicht werden. Ein berechtigtes Interesse muss nur dargelegt, indes nicht nachgewiesen werden. An die Darlegung werden keine besonderen Anforderungen gestellt; insbesondere ist keine Glaubmachung erforderlich (Hk-ZV/*Sternal* ZPO § 802f Rn. 2).

Der **Katalog des § 882f ZPO** lässt sehr früh eine Auskunft zu, insbesondere bei der Prüfung, ob ein Anspruch kostenintensiv tituliert werden soll, da auch das Abwenden von wirtschaftlichen Nachteilen als Auskunftsgrund genannt wird. Das Abwenden von wirtschaftlichen Nachteilen liegt immer dann vor, wenn die Vollstreckbarkeit des zu titulierenden Anspruchs geprüft wird. Der Anwalt hat den Mandanten im Falle der Abgabe der Vermögensauskunft über das erhöhte Kostenrisiko aufzuklären. Im Zweifel erhält der Mandant weder seine titulierte Forderung, noch die Gerichts- und Anwaltskosten. Diesem wirtschaftlichen Nachteil trägt § 882f Nr. 4 ZPO Rechnung. Weiterhin ist die Strafbarkeit nach § 263 StGB zu prüfen, soweit bereits zum Zeitpunkt der Geschäftsanbahnung die Vermögensauskunft abgegeben wurde. Gerade im Falle der Vermutung einer Straftat ist die Titulierung und anschließende Vollstreckung von Bedeutung, soweit der Anspruch ausdrücklich auch auf eine vorsätzlich unerlaubte Handlung gestützt wird. Die §§ 850f Abs. 2 ZPO, 89 Abs. 2 S. 2, 302 Nr. 1 InsO bevorrechtigen diese Forderung. Soweit es sich bei dem Schuldner um einen selbständigen Handwerker oder Gewerbetreibenden handelt, kann auch versucht werden, die Auskunft über die Handwerkskammer oder die IHK zu erhalten. Beide Vereinigungen können auf Antrag regelmäßig Abdrucke aus dem Schuldnerverzeichnis erhalten (§ 882g ZPO); vgl. dazu auch die Schuldnerverzeichnisabdruckverordnung (SchuVAbdrV), abgedruckt bei Hk-ZV/*Sternal* ZPO § 882g Rn. 15).

Dagegen haben weder der Gläubiger noch die Handwerkskammern bzw. die IHK das Recht, eine Kopie eines bei dem zentralen Vollstreckungsgericht hinterlegten **Vermögensverzeichnisses** des Schuldners zu beantragen. Beide gehören nicht zu dem Kreis der Einsichtsberechtigten nach § 802k Abs. 2 ZPO (vgl. Hk-ZV/*Sternal* ZPO § 802k Rn. 10 ff. Kenntnis von dem Inhalt des Vermögensverzeichnisses erhält der Gläubiger nur über den Gerichtsvollzieher, sofern er die Vollstreckung gegen den Schuldner betreibt, vgl. §§ 820d Abs. 1, 802f ZPO.

5. Kosten und Gebühren. Bislang wird für die Erteilung von Auskünften keine Gerichtsgebühr erhoben. Den Ländern ist es überlassen, für die Einsichtnahme eine Gebühr zu erheben.

6. Rechtsmittel. Soweit die Auskunft aus dem Schuldnerregister im Rahmen eines **schriftlichen Antrages** verweigert wird, dürfte es sich – entgegen der missverständlichen Formulierung in § 882h Abs. 2 S. 3 ZPO – nicht um eine Angelegenheit der Justizverwaltung, sondern um einen Akt der Rechtsprechung handeln. Daher kommen in entsprechender Anwendung der Rechtsbehelfe bei Ablehnung einer Löschung (§ 882e ZPO) bei einer Tätigkeit des Urkundsbeamten der Geschäftsstelle die Erinnerung nach § 573 ZPO und bei einer Tätigkeit des Rechtspflegers die sofortige Beschwerde nach § 793 ZPO in Betracht. Bei der **Internetabfrage** findet keine Prüfung über die Gewährung im Einzelfall statt, so dass kein Rechtsmittel gegeben ist.

15. Widerspruch des Schuldners (§ 882d Abs. 1 ZPO)

An das

Amtsgericht

– Vollstreckungsgericht –[1, 2]

. . . . .

In der Zwangsvollstreckungssache

. . . . .

– Gläubiger/in –

gegen

. . . . .

– Schuldner/in –

lege ich namens und in Vollmacht des/der Schuldners/in Widerspruch gegen die Eintragungsanordnung des Gerichtsvollziehers vom . . . . . ein.

Begründung:[3]

Der/Die Schuldner/in hat am . . . . . vor dem AG . . . . ., Az. . . . . ., die Vermögensauskunft abgegeben. Am . . . . . hat der Gerichtsvollzieher die Eintragung des Schuldners in das Schuldnerverzeichnis mit der Begründung . . . . . [nähere Ausführungen zu der

Begründung des Gerichtsvollziehers] angeordnet. Die Voraussetzungen für eine Eintragung liegen indes nicht vor ..... [nähere Darlegung, zB der Schuldner hat binnen eines Monats durch Vorlage einer Quittung den Nachweis der vollständigen Befriedigung des Gläubigers erbracht]. Unzutreffend ist die Auffassung des Gläubigers, er könne die erhaltenen Beträge auf andere nicht titulierte Forderungen verrechnen. Der Schuldner hat seine Leistung mit einer ausdrücklichen Tilgungsbestimmung erbracht .....]

.....

Rechtsanwalt[4]

Anmerkungen

1. Gemäß § 882d Abs. 1 ZPO kann der Schuldner gegen die Anordnung der Eintragung **Widerspruch** einlegen. Mit dem Widerspruch kann der Schuldner geltend machen, es fehle der Eintragungsgrund gem. § 882c ZPO, es liege ein Eintragungshindernis vor oder der Inhalt der angeordneten Eintragung sei falsch (Hk-ZV/*Sternal* ZPO § 882d Rn. 2). Der Widerspruch muss binnen 2 Wochen schriftlich oder zu Protokoll der Geschäftsstelle eingelegt werden; die Frist beginnt mit der Bekanntgabe der Anordnung nach § 882c Abs. 2 S. 2 (Hk-ZV/*Sternal* ZPO § 882d Rn. 3).

2. Zuständig für die Entscheidung über den Widerspruch ist das örtlich zuständige Vollstreckungsgericht (Hk-ZV/*Sternal* ZPO § 882d Rn. 5). Funktionell zuständig ist der Rechtspfleger (§ 20 Nr. 17 RPflG).

3. → Anm. 1.

4. Rechtsmittel. Gegen die Entscheidung des Rechtspflegers über den Widerspruch findet die sofortige Beschwerde nach § 793 ZPO statt. Da der Widerspruch keine aufschiebende Wirkung hat, ist ein Antrag auf einstweilige Aussetzung der Eintragung in das Schuldnerverzeichnis zu stellen (→ Form. A. V. 16).

16. Antrag des Schuldners auf einstweilige Aussetzung der Eintragung in das Schuldnerverzeichnis (§ 882d Abs. 2 ZPO)

An das

Amtsgericht

– Vollstreckungsgericht –[1, 2]

.....

In der Zwangsvollstreckungssache

.....

– Gläubiger/in –

gegen

.....

– Schuldner/in –

beantrage ich namens und in Vollmacht des/der Schuldners/in die Eintragung des/der Schuldners/in in das Schuldnerverzeichnis einstweilen bis zur Entscheidung über den Widerspruch auszusetzen.

Begründung:

Der/Die Schuldner/in hat am . . . . . vor dem AG . . . . ., Az. . . . . ., die Vermögensauskunft abgegeben. Am . . . . . hat der Gerichtsvollzieher die Eintragung des Schuldners in das Schuldnerverzeichnis mit der Begründung . . . . . [nähere Ausführungen zu der Begründung des Gerichtsvollziehers] angeordnet. Die Voraussetzungen für eine Eintragung liegen indes nicht vor. Insoweit habe ich für den/die Schuldner/in mit Schriftsatz vom . . . . . Widerspruch eingelegt. Zudem bedarf es einer einstweiligen Aussetzung der Eintragung, falls der Widerspruch Erfolg hat. Es wird vollinhaltlich auf den Widerspruch Bezug genommen. Die Eintragung in das Schuldnerverzeichnis ist für den Mandanten mit einem erheblichen wirtschaftlichen Schaden verbunden . . . . . [nähere Darlegung]

. . . . .

Rechtsanwalt[3]

Anmerkungen

1. Auf Antrag des Schuldners kann gem. § 882d Abs. 2 ZPO angeordnet werden, dass die Eintragung in das Schuldnerverzeichnis einstweilen ausgesetzt wird. Dieser Antrag sollte immer dann gestellt werden, wenn ein Widerspruch gegen die Eintragung in das Schuldnerverzeichnis gemäß § 882d Abs. 1 ZPO eingelegt wurde. Die Widerspruchsgründe können noch einmal ausführlich dargelegt werden bzw. es kann Bezug genommen werden. Der Einstellungsantrag hat keine aufschiebende Wirkung. Erfolgte bereits vor Entscheidung über den Einstellungsantrag eine Eintragung in das Schuldnerverzeichnis, so hat das zentrale Vollstreckungsgericht diese wieder zu löschen (Hk-ZV/*Sternal* ZPO § 882d Rn. 5).

2. Zuständig für diesen Antrag ist das örtlich zuständige Vollstreckungsgericht. Dieses hat seine Entscheidung unmittelbar an das zentrale Vollstreckungsgericht weiter zu leiten (vgl. § 882d Abs. 3 S. 2 ZPO).

3. Rechtsmittel. Gegen die Entscheidung des Rechtspflegers über die Einstellung (Stattgabe bzw. Ablehnung) ist kein Rechtsmittel möglich.

17. Löschungsantrag des Schuldners gem. § 882e ZPO

An das

Amtsgericht

– Vollstreckungsgericht –[1, 2]

. . . . .

In der Zwangsvollstreckungssache

. . . . .

– Gläubiger/in –

gegen

. . . . .

– Schuldner/in –

beantrage ich namens und in Vollmacht des/der Schuldners/in diese/n aus dem Schuldnerverzeichnis gemäß § 882e ZPO zu löschen.[3]

Begründung:

Der/Die Schuldner/in ist auf Anordnung des Gerichtsvollzieher vom . . . . . in das Schuldnerverzeichnis eingetragen worden.

- **Die Eintragung ist gemäß § 882e ZPO zu löschen, da zwischenzeitlich seit dem Tag der Eintragungsanordnung die 3-Jahres-Frist abgelaufen ist.[4]**
- **Obwohl die 3-Jahres-Frist des § 882e ZPO noch nicht abgelaufen ist, ist die Löschung vorzunehmen,**
  - **da der damals antragstellende Gläubiger nachweislich beiliegender Quittungen vollständig befriedigt wurde.[5]**
  - **mittlerweile das Fehlen/der Wegfall des Eintragungsgrundes bekannt geworden ist . . . . .**
  - **eine Ausfertigung einer vollstreckbaren Ausfertigung vorgelegt werden kann, aus der sich ergibt, dass die Eintragungsanordnung aufgehoben/einstweilen ausgesetzt ist . . . . .[6]**

. . . . .

Rechtsanwalt[7]

Anmerkungen

1. Grundsätzlich wird die Eintragung im Schuldnerverzeichnis nach **Ablauf von drei Jahren bzw. von fünf Jahren** (Eintragung nach § 26 Abs. 2 InsO) von Amts wegen gelöscht (vgl. § 882e Abs. 1 ZPO). Die Frist ist anders geregelt als in dem vormals geltenden § 915a ZPO, der das Ende des Jahres, in dem die eidesstattliche Versicherung abgegeben wurde, als Fristbeginn bestimmt hat. Jetzt ist der Eintragungstag der Anordnung gemäß § 882e Abs. 1 ZPO entscheidend. Ist der Schuldner an der Löschung vor Ablauf der in § 882e Abs. 1 ZPO genannten Frist interessiert, kann er dies beantragen, um zB seine Kreditwürdigkeit wieder herzustellen. Eine **vorzeitige Löschung** kann nur unter engen Voraussetzungen erfolgen, → Anm. 5, 6.

2. Zuständig für den Löschungsantrag ist das Vollstreckungsgericht, dass das Vermögensverzeichnis führt, also das zentrale Vollstreckungsgericht (→ Form. A. V. 4). Funktional zuständig ist für die Löschung nach Ablauf der Frist der Urkundsbeamte der Geschäftsstelle. Die vorzeitige Löschung wird ebenfalls von dem Urkundsbeamten vorgenommen. Es bedarf indes zuvor einer ausdrücklichen Anordnung seitens des Rechtspflegers. Dieser entscheidet durch Beschluss (Hk-ZV/*Sternal* ZPO § 882e Rn. 8).

3. Die regelmäßig und die vorzeitige Löschungen erfolgen von Amts wegen. Jedoch ist das Gericht nicht verpflichtet, das Vorliegen eines vorzeitigen Löschungsgrundes von Amts wegen zu ermitteln. Nur bei Bestehen konkreter Anhaltspunkte für den Wegfall ist für die Vorlage entsprechender Unterlagen zu sorgen. Daher sollte der Schuldner, wenn die Voraussetzungen für eine vorzeitige Löschung vorliegen, eine Löschung unter Beifügung der erforderlichen Nachweise anregen (Hk-ZV/*Sternal* ZPO § 882e Rn. 19).

4. → Anm. 1.

5. Die Löschung im Schuldnerverzeichnis ist immer dann möglich, wenn der Gläubiger, der die Abgabe der Vermögensauskunft beantragt hat, vollständig befriedigt wurde. Dies ist dann durch Vorlage einer Quittung, eines Vollstreckungsprotokolls oder sonstiger Unterlagen, die den Nachweis der Befriedigung bringen, glaubhaft zu machen.

6. Neben der Befriedigung der Forderung kann auch ein **sonstiger Löschungsgrund** vorliegen. Ein Löschungsgrund liegt immer dann vor, wenn der Eintragungsgrund entfallen ist. Dies ist insbesondere der Fall, wenn der der Zwangsvollstreckung zugrunde liegende Titel aufgehoben wurde. Ebenso ist die Löschung vorzunehmen, wenn sich der Schuldner erfolgreich gegen die Abgabe der Vermögensauskunft mit einem Rechtsmittel gewehrt hat und diese Entscheidung rechtskräftig ist. Da die Eintragung von Amts wegen erfolgt, ist eine Löschung auch dann nicht möglich, wenn sich der Schuldner mit dem Gläubiger geeinigt und dieser die Löschung bewilligt hat (Hk-ZV/*Sternal* ZPO § 882e Rn. 7).

7. Rechtsmittel. Über Einwendungen gegen die regelmäßige Löschung (§ 882 Abs. 1 ZPO) entscheidet zunächst der Urkundsbeamte (§ 882 Abs. 2 S. 1 ZPO). Gegen seine Entscheidung findet die Erinnerung nach § 573 ZPO statt (§ 882 Abs. 2 S. 2 ZPO); → Form. A. V. 18. Der Beschluss, durch den der Rechtspfleger des zentralen Vollstreckungsgerichts (§ 882h Abs. 1) nach § 882e Abs. 3 ZPO die vorzeitige Löschung anordnet oder ablehnt, ist mit der sofortigen Beschwerde gem. § 793 ZPO anfechtbar (Hk-ZV/*Sternal* ZPO § 882e Rn. 16); → Form. P. II. 6 , → Form. P. III. 6, → Form. P. III. 4).

18. Erinnerung des Schuldners (§§ 882e iVm § 573 ZPO)

An das

Amtsgericht

– zentrales Vollstreckungsgericht –[1, 2]

. . . . .

In der Zwangsvollstreckungssache

. . . . .

– Gläubiger/in –

gegen

. . . . .

– Schuldner/in –

lege ich namens und in Vollmacht des/der Schuldners/in gegen die Ablehnung der Löschung des Schuldners im Schuldnerverzeichnis durch den Beschluss des Urkundsbeamten der Geschäftsstelle

Erinnerung gemäß §§ 882e, 573 ZPO

ein.

Es wird beantragt,

den Urkundsbeamten der Geschäftstelle anzuweisen, die Löschung des Schuldners im Schuldnerverzeichnis gemäß § 882e ZPO vorzunehmen.

Begründung:

Die Löschung der Vermögensauskunft hätte erfolgen müssen. Die Voraussetzungen für eine Löschung des Schuldners im Schuldnerverzeichnis gem. § 882e Abs. 1 ZPO liegen vor, da die Frist von drei Jahren abgelaufen ist.

. . . . .

Rechtsanwalt[3]

Anmerkungen

1. Verweigert der Urkundsbeamte der Geschäftsstelle, den Schuldner nach Ablauf der dreijährigen bzw. fünfjährigen Frist im Schuldnerverzeichnis zu löschen, kann gemäß §§ 882e, 573 ZPO die Erinnerung eingelegt werden. Die Erinnerung ist innerhalb einer Notfrist von 2 Wochen schriftlich oder zu Protokoll der Geschäftsstelle einzulegen. Es besteht für das gesamte Verfahren kein Anwaltszwang, § 78 Abs. 3 ZPO. Eine vorzeitige Löschung des Schuldners erfolgt nur auf entsprechende Anweisung des Rechtspflegers.

2. Örtlich zuständig ist das zentrale Vollstreckungsgericht; funktionell zuständig für die Entscheidung über die Erinnerung ist der Rechtspfleger.

3. Rechtsmittel. Gegen die Entscheidung des Rechtspflegers findet die sofortige Beschwerde nach § 793 ZPO statt (Hk-ZV/*Sternal* ZPO § 882e Rn. 16), → Form. P. II. 6, → Form. P. III. 6 ,→ Form. P. III. 4.

19. Anfrage beim Finanzamt wegen eines eventuellen Antrages (§ 284 AO)

An das

– Finanzamt –[1, 2]

Sehr geehrte(r) . . . . .,

in der Zwangsvollstreckungssache

. . . . .

– Gläubiger/in –

gegen

. . . . .

– Schuldner/in –

betreibt der/die Gläubiger/in, den/die ich anwaltlich vertrete, ausweislich des in der Anlage in Kopie beigefügten Vollstreckungstitels des . . . . ., vom . . . . ., Az. . . . . ., gegen den/die Schuldner/in –wohnhaft in . . . . ., geb. am . . . . .,[3] die Zwangsvollstreckung. Namens und in Vollmacht des/der Gläubigers/in frage ich an, ob Sie gemäß § 284 AO

einen Antrag auf Abgabe der Vermögensauskunft bereits gestellt haben. Liegt Ihnen eine Vermögensauskunft bereits vor, bitte ich um Übersendung einer Abschrift.

Die Kosten geben Sie mir bitte per Rechnung auf.

.....

Rechtsanwalt[3]

Anmerkungen

1. Die Abgabenordnung hat in § 248 AO der Finanzverwaltung die Möglichkeit gegeben, ebenfalls die Abgabe der Vermögensauskunft zu verlangen. Die Finanzverwaltung, die mit einer Titelhoheit für ihre Forderungen ausgestattet ist, ist oftmals schneller mit der Zwangsvollstreckung als andere Gläubiger. Eine Anfrage beim zuständigen Finanzamt kann Klarheit darüber geben, ob bereits ein Verfahren eingeleitet ist. Die Finanzverwaltung ist grundsätzlich nicht auskunftspflichtig. Durch die Darlegung des berechtigen Interesses, das einer allgemeinen Akteneinsicht zugrunde liegen muss, können die Finanzämter nach freiem Ermessen die Auskunft erteilen.

2. Zuständig ist das Finanzamt des Schuldners. Dieses herauszufinden, ist nicht immer einfach. Durch telefonische Nachfrage kann das zuständige Finanzamt für einen Wohnbezirk erfragt werden.

3. Die Auskunft ist im Zweifel kostenpflichtig, da Auslagen durch Vervielfältigen der Vermögensauskunft anfallen. Deshalb sollte immer um Rechnungsstellung geben werden.

VI. Vorpfändung gemäß § 845 ZPO

1. Auftrag an Gerichtsvollzieher, die Zustellung an Drittschuldner zu bewirken

An das

Amtsgericht

– Gerichtsvollzieherverteilerstelle –[1, 2]

. . . . .

In der Zwangsvollstreckungssache

. . . . .

– Gläubiger/in –

gegen

. . . . .

– Schuldner/in –

ist gegen den/die Schuldner/in folgende Forderung tituliert (Zwangsvollstreckungstitel des AG . . . . . vom . . . . ., Az. . . . . .):

Ich beauftrage Namens und in Vollmacht des/der Gläubigers/in hiermit den Gerichtsvollzieher, folgende Vorpfändung an den Drittschuldner . . . . .[3] wegen des Anspruchs auf Zahlung von . . . . . EUR (Hauptforderung) nebst . . . . . % Zinsen seit dem . . . . . zuzustellen.

Wegen dieses Anspruches und . . . . . EUR des Pfändungsverfahrens steht die Pfändung der angeblichen Forderung des Schuldners gegen Sie als Drittschuldner auf Zahlung von . . . . . EUR aus der Rechnung vom . . . . . zu Rechnungsnummer . . . . . bevor.[4, 5]

Hierdurch benachrichtige ich Sie als Drittschuldner von der bevorstehenden Pfändung, verbunden mit der Aufforderung, nicht mehr an den Schuldner zu zahlen.

Zugleich benachrichtige ich hierdurch den Schuldner, verbunden mit der Aufforderung, sich jeder Verfügung über die Forderung – insbesondere deren Einziehung – zu enthalten.

Ich bitte zur Vermeidung weiterer Kosten schon jetzt die Auskunft gemäß § 840 ZPO zu erteilen.[6]

. . . . .

Rechtsanwalt[7, 8]

Anmerkungen

1. Zweck. Die Vorpfändung dient dem Schutz des Gläubigers vor den Folgen von Verzögerungen bei dem Erlass und der Zustellung eines Pfändungsbeschlusses. Die Vorpfändung ist demnach nur in denjenigen Fällen zulässig, in denen in der Folge die

Zwangsvollstreckung mittels eines Pfändungsbeschlusses des Vollstreckungsgerichtes erfolgt, sonach also bei der Zwangsvollstreckung in Geldforderungen (§ 829 ZPO) oder Ansprüchen auf Herausgabe oder Leistung körperlicher Sachen (§§ 846 ff. ZPO). Die Vorpfändung ist eine private Zwangsvollstreckungsmaßnahme des Gläubigers, mithin dessen Angelegenheit (Thomas/Putzo/*Seiler* § 845 Rn. 1; aber beachte § 845 Abs. 1 S. 2 ZPO – dazu u. Ziffer 4). Nicht zulässig ist die Vorpfändung bei der beabsichtigten Pfändung von Wertpapieren (§§ 808 Abs. 2, 831 ZPO) und der Forderung aus einem Wechsel sowie anderen indossablen Papieren (§ 831 ZPO), da diese durch den Gerichtsvollzieher selbst erfolgt.

Voraussetzungen. Bei Zustellung der Vorpfändung muss ein vollstreckbarer Schuldtitel wegen einer Geldforderung vorliegen (§ 845 Abs. 1 S. 1 ZPO), bei prozessualen Kostenerstattungsansprüchen mithin ein Kostenfestsetzungsbeschluss. Für Kosten der Zwangsvollstreckung gilt § 788 Abs. 1 S. 1 Hs. 2 ZPO. Ferner muss ein Bedingungseintritt (§ 726 ZPO), der Ablauf eines Kalendertages (§ 751 Abs. 1 ZPO – allerdings mit Ausnahme in § 850d Abs. 3 ZPO) oder ein Angebot der Gegenleistung bei Zug-um-Zug Verurteilung (§ 765 ZPO) vorliegen. Gem. § 845 Abs. 1 S. 3 ZPO sind **nicht** erforderlich die Erteilung einer vollstreckbaren Ausfertigung oder die Zustellung des Vollstreckungstitels. Entbehrlich ist auch die Einhaltung von Wartefristen gem. § 798 ZPO (BGH NJW 1982, 1150) oder § 750 Abs. 3 ZPO (KG MDR 1981, 412). Ebenso wenig bedarf es der Vorlage oder Zustellung von Beweisurkunden für oder gegen den Rechtsnachfolger gem. § 727 ZPO, einer Sicherheitsleistung oder einer Zustellung von Titel oder Vollstreckungsklausel. Siehe auch *Schöler* MDR 2009, 184.

2. Örtlich zuständig ist der Gerichtsvollzieher des Amtsgerichts am Wohnsitz des Schuldners. Soweit der zuständige Gerichtsvollzieher aus vorherigen Zwangsvollstreckungsmaßnahmen bekannt ist, sollte dieser direkt angeschrieben werden, da so Zeit gewonnen werden kann. Ist die Zuständigkeit nicht eindeutig, ist es immer sinnvoll, einen Verweisungsantrag an die zuständige Gerichtsvollzieherverteilerstelle zu stellen bzw. diese bekannt zu geben. Siehe wegen der Zuständigkeit auch → Form. A. V. 3.

3. Durchführung. Die Vorpfändung erfolgt durch Zustellung einer vom Gläubiger oder seinem Vertreter gefertigten privaten schriftlichen Benachrichtigung der bevorstehenden Pfändung an Drittschuldner und Schuldner. Verbunden hiermit wird die Aufforderung an den Drittschuldner, nicht an den Schuldner zu zahlen, und mit der Aufforderung an den Schuldner, sich jeder Verfügung über die Forderung, insbesondere deren Einziehung, zu enthalten (§ 845 Abs. 1 ZPO). In der Benachrichtigung muss die Forderung, deren Pfändung angekündigt wird, so bestimmt oder bestimmbar bezeichnet werden, dass über die Identität der späteren Pfändung mit der Vorpfändung Gewissheit besteht (BGH NJW 2001, 2976). Eine Auslegung über den Wortlaut hinaus ist nicht möglich (OLG Düsseldorf MDR 1974, 409).

Auch bei der Vorpfändung ist für die Praxis, wie bei der Pfändung in das Konto oder mehrere Konten des Schuldners darauf zu achten, dass tatsächlich nur die Konten des Kontoinhabers erfasst werden. Bei Pfändungen wegen (angeblicher) Forderungen gegen Personen, die kraft Amtes fremde Vermögensinteressen wahrnehmen (bspw. der Insolvenzverwalter über das Vermögen der Firma Mustermann 1), sind stets nur diese verwaltete Vermögensmasse und die gegen diese gerichteten Pfändungen erfasst, (→ Form. I. II. 1 Anm. 5). Der Drittschuldner hat bereits im Vorfeld die Vollstreckung insoweit sorgfältig zu prüfen und die Interessen Dritter zu beachten. Dritter ist jeder andere und auch der Insolvenz- oder Zwangsverwalter, der in dieser Funktion Konten für unterschiedliche Verfahren unter seinem Namen eröffnet und führt.

Die Vorpfändung ist im **Parteibetrieb durch Gerichtsvollzieher** zuzustellen (§§ 191 ff. ZPO). Dem Gerichtsvollzieher sind die Urschrift der zuzustellenden Benachrichtigung nebst etwaig erforderlicher Abschriften verbunden mit der Aufforderung zu übergeben, zunächst an den Drittschuldner und nachfolgend an den Schuldner zuzustellen. War der Schuldner im Rechtsstreit durch einen Prozessbevollmächtigten vertreten, hat Zustellung ausschließlich an diesen zu erfolgen, § 172 ZPO. Öffentliche Zustellung an den Drittschuldner ist möglich. Bei der beabsichtigten Vollstreckung in drittschuldnerlosen Rechten (§ 857 Abs. 2 ZPO) hat Zustellung allein an den Schuldner zu erfolgen. Auch hier ist eine öffentliche Zustellung möglich. Diese hat dann allein gegenüber dem Schuldner stattzufinden (AG Flensburg JurBüro 1981, 464). Ob eine Übermittlung mittels Telefax-Kopie an den Gerichtsvollzieher ausreichend ist, ist streitig. Überwiegend wird dies verneint (Zöller/*Stöber* ZPO § 845 Rn. 3; aA *Müller* DGVZ 1996, 85).

Die Vorpfändung wird mit Zustellung an den Drittschuldner wirksam (§ 845 Abs. 2 S. 1 ZPO). Eine ohne Mitwirkung des Gerichtsvollziehers übersandte Pfändungsankündigung ist unheilbar unwirksam (OLG Koblenz DGVZ 1984, 58).

4. Anfertigung der Benachrichtigung durch den Gerichtsvollzieher. Ab dem 1.4.2016 besteht Formularzwang für Aufträge an den Gerichtsvollzieher gemäß dem „Vollstreckungsauftrag an die Gerichtsvollzieherin/den Gerichtsvollzieher" (→ Form. G. II. 1) für Zwangsvollstreckungsaufträge wegen Geldforderungen. Unter Modul „J" ist die Vorpfändung gemäß § 845 ZPO vorgesehen, soweit der Gerichtsvollzieher beauftragt wird, die Benachrichtigung über die Vorpfändung anzufertigen und die Zustellung dieser Benachrichtigung.

Auftrag kann bei allen Geldforderungen (§ 829 ZPO) unter Einschluss von Hypothekenforderungen (§§ 830, 830a ZPO), Sachansprüchen (§§ 846–848 ZPO), Arbeitseinkommen, Sozialleistungen und bei Geldleistungen für Kinder erteilt werden, nicht allerdings bei sonstigen Vermögensrechten, da § 857 Abs. 7 ZPO die Regelung des § 845 Abs. 1 S. 2 ZPO insoweit für unanwendbar erklärt. Der Auftrag beinhaltet zugleich auch einen Zustellungsauftrag, ohne dass dies ausdrücklich erwähnt werden muss. Auftrag an den Gerichtsvollzieher setzt nicht dessen sonstige Befassung im Vollstreckungsverfahren voraus.

Der mit **einem Vollstreckungsantrag verbundene Auftrag** zur Anfertigung einer Vorpfändung muss mit dem Formular „Vollstreckungsauftrag an die Gerichtsvollzieherin/den Gerichtsvollzieher" erfolgen. Sind pfändbare Ansprüche bekannt, können diese in dem Formular angegeben werden. Es kann der Gerichtsvollzieher aber auch allgemein aufgefordert werden, die ihm bekannten oder bekannt werdenden Ansprüche zu pfänden. Die Zwangsvollstreckung soll so durch einen schnellen Zugriff auf Forderungen ausgedehnt werden, von denen der Gerichtsvollzieher erst nach Erteilung eines Auftrages aus Anlass der Vollstreckung in die bewegliche Schuldnerhabe Kenntnis erlangt.

Außerhalb eines laufenden Vollstreckungsauftrages muss der dem Gerichtsvollzieher erteilte Auftrag zur Anfertigung der Vorpfändung diejenigen Anforderungen erfüllen, die generell an den Inhalt der Benachrichtigung zu stellen sind. Insbesondere bedarf es hier der Benennung der Forderung und des Drittschuldners.

5. Wirkung. Die wirksame Vorpfändung hat die Wirkung einer zeitlich begrenzten Forderungspfändung auf Grund eines Arrestbefehls. Sie führt zur Beschlagnahme im Wege der Zwangsvollstreckung und begründet ein Pfandrecht, jedoch ohne Einziehungsermächtigung. Gleiches gilt bei einer Sicherungsvollstreckung nach § 720a ZPO. Bei nachfolgender rechtzeitiger und wirksamer Pfändung gem. § 829 Abs. 3 ZPO hat das aus der Vorpfändung resultierende Pfandrecht zur Folge, dass sich sämtliche Pfändungswirkungen (Beschlagnahme und Pfändungspfandrecht und damit auch der Pfändungsrang) nach dem Zeitpunkt der Vorpfändung bestimmen und dass alle vom Schuldner nach der Vorpfändung getroffenen Verfügungen über die Forderung und jede Leistung des Drittschuldners an den Schuldner gegenüber dem Gläubiger unwirksam sind.

Die Wirkung entfällt, wenn nicht innerhalb **eines Monats** eine nach § 829 Abs. 3 ZPO wirksame Forderungspfändung bewirkt wird. Maßgeblich für die **Monatsfrist ist die**

Zustellung an den Drittschuldner, berechnet nach Maßgabe der §§ 222 ZPO, 187 BGB. Die Frist beginnt mit dem Tage der Zustellung, wobei der Zustellungstag selbst nicht mitberechnet wird.

Eine **Wiederholung der Vorpfändung** ist zulässig. Die erneute Zustellung einer Vorpfändung löst die Wirkungen des § 845 ZPO allerdings nur erneut aus. Die erneute Vorpfändung kann die Wirksamkeit der ersten Pfändung nicht verlängern, so dass die erste Vorpfändung mit Ablauf der Monatsfrist erlischt. Eine weitere Vorpfändung führt sonach nicht zu einer Rangwahrung, so dass der Gläubiger ggf. nach Erlass der ersten Vorpfändung eingetretene Zwischenverfügungen sich bei einer weiteren Vorpfändung gegen sich gelten lassen muss.

6. Eine **Drittschuldnerauskunft** im Sinne von § 840 ZPO ist bei einer Vorpfändung nicht geschuldet. Allerdings kann die Bitte ausgesprochen werden. Viele Banken, Versicherungen und sonstige größere Unternehmen geben bereits auf die Vorpfändung eine Drittschuldnererklärung ab.

7. Gebühren und Kosten. Für den **Gerichtsvollzieher** entsteht eine Gebühr von 16,00 EUR nach Nr. 200 KV GVKostG. Die Gebühr entsteht – unabhängig von der Anzahl der Benachrichtigungen und Aufforderungen – nur einmal. Dazu kommen Nebenauslagen. Die Zustellung fällt unter Nr. 100, 101 KV GVKostG.

Für den **Rechtsanwalt** entsteht eine Vollstreckungsgebühr nach Nr. 3309 VV RVG. Die Vorpfändung und der Antrag auf Erlass eines Pfändungs- und Überweisungsbeschlusses sind eine einheitliche Vollstreckungsmaßnahme iSv § 18 Nr. 3 RVG. Hier wird auch auf die Ausführungen zu → Form. A. V. 3 verwiesen.

Die Kosten der Vorpfändung sind **Zwangsvollstreckungskosten iSv § 788 ZPO** und damit bei Notwendigkeit der Vollstreckungsmaßnahme erstattungsfähig. Eine Notwendigkeit in dem vorgenannten Sinne dürfte immer dann zu bejahen sein, wenn der Gläubiger bei Beantragung der Vorpfändung begründeten Anlass zur Sorge hatte, dass er ohne Ausbringung einer Vorpfändung in einem Zwangsvollstreckungsverfahren nicht erfolgreich sein werde (OLG Frankfurt a. M. MDR 1994, 834), ganz gleich, ob er nachfolgend die Zwangsvollstreckung weiter betreibt oder nicht.

8. Rechtsmittel. Für den **Gläubiger** ist gegen den Gerichtsvollzieher, der die Anfertigung oder Zustellung der Vorpfändung verweigert, die Erinnerung gem. § 766 ZPO eröffnet, → Form. P. II. 1 (nachfolgend: sofortige Beschwerde, § 793 ZPO). Für Schuldner und Drittschuldner kann bei Verfahrensverstößen ebenfalls die Erinnerung gem. § 766 ZPO erhoben werden, → Form. P. III. 1 (nachfolgend: sofortige Beschwerde gem. § 793 ZPO). Für Schuldner und Drittschuldner entfällt Rechtschutzinteresse, sofern Vorpfändung infolge Ablaufs der Monatsfrist ihre Wirksamkeit verliert. Nach wirksamer Forderungspfändung gem. § 829 Abs. 3 ZPO wäre Vorpfändung nur dann noch angreifbar, sofern diese gegenüber Forderungspfändung isolierte Beschwer (beispielsweise rangsichernde Wirkung) enthält und der Rechtsmittelführer deren Beseitigung erstrebt.

2. Nachfrage beim Drittschuldner, dass die Vorpfändung vermerkt ist

Rechtsanwalt

.....

Drittschuldner

Az.[1].....

Sehr geehrte(r) .....,

mit Auftrag vom ..... an die Gerichtsvollzieherverteilerstelle/an den Gerichtsvollzieher ..... wurde Ihnen eine Vorpfändung mit der Aufforderung zugestellt, nicht mehr an den Schuldner zu leisten.

Bitte teilen Sie mir unter dem vorgenannten Aktenzeichen mit, ob Sie die Vorpfändung vermerkt haben bzw. kontaktieren Sie mich telefonisch bzw. per E-Mail.

Ich bedanke mich bereits jetzt für eine schnelle Antwort.[2]

.....

Rechtsanwalt

Anmerkungen

1. Auf eine Vorpfändung muss der Drittschuldner keine Auskunft erteilen, insbesondere muss er keine Drittschuldnererklärung abgeben. Für die anschließende Pfändung, soweit diese nicht gleichzeitig ausgebracht wurde, ist es durchaus von Interesse, ob der Drittschuldner die Vorpfändung vermerkt hat. Große Banken und Versicherungen geben auf eine Vorpfändung bereits eine Drittschuldnererklärung ab. Davon kann dann eine weitere Pfändung abhängig gemacht werden. Ein Telefonat mit dem Drittschuldner kann auch zu der Erkenntnis führen, dass eine Pfändung nur Kosten verursacht, da zB bereits eine Vielzahl von Pfändungsgläubigern vorrangig vermerkt ist.

2. Es ist im Einzelfall entscheidend, beim Drittschuldner nachzuhaken. Soweit ein Ansprechpartner bekannt ist, ist es sinnvoll, telefonisch nachzufragen, ob die Vorpfändung eingegangen ist, vermerkt wurde und eventuell eine Forderung besteht.

B. Allgemeine Voraussetzungen der Zwangsvollstreckung

I. Vorbemerkungen: Titel, Klausel, Zustellung

1. Titel

Bei einem **Titel** handelt es sich um eine öffentliche Urkunde, welche den vollstreckbaren Anspruch verbrieft. Aus ihr darf kraft ausdrücklicher gesetzlicher Anordnung die Zwangsvollstreckung betrieben werden. Der Regelungsgehalt eines Titels lässt sich mit den Schlagwörtern „Wer? Was? Von wem?" umschreiben: Er bestimmt die (jedenfalls ursprünglichen) Parteien des Vollstreckungsverfahrens, den Inhalt des Anspruchs und den Umfang der Zwangsvollstreckung. Zu den Titeln gehören insbesondere Endurteile (§ 704 ZPO) sowie die in § 794 Abs. 1 ZPO aufgezählten Urkunden. Zu den verschiedenen Arten von Vollstreckungstiteln im Einzelnen vgl. die Anm. unter → Form. C. I

Der Vollstreckungstitel muss den Vollstreckungsanforderungen genügen, also einen vollstreckungsfähigen Inhalt haben und inhaltlich hinreichend bestimmt sein. Ein vollstreckungsfähiger Inhalt liegt vor, wenn der Schuldner zu einer Leistung (Geld, Herausgabe, Leistung vertretbarer Sachen, Vornahme von vertretbaren und unvertretbaren Handlungen, Abgabe von Willenserklärungen und eidesstattlichen Versicherungen, Duldung oder Unterlassung) verurteilt wird. Feststellungs- und Gestaltungsurteile sind, ebenso wie klageabweisende Urteile, nicht vollstreckungsfähig. Weitere Besonderheiten bestehen in Ehe- und Familienstreitsachen (§ 120 FamFG).

Inhaltlich hinreichend bestimmt ist der Titel, wenn er aus sich heraus verständlich ist und ein beliebiger Dritter erkennen kann, was der Gläubiger vom Schuldner verlangen darf. Eine Auslegung des Titels durch das Vollstreckungsorgan ist zulässig. Bei der Auslegung eines Urteils können Tatbestand und Entscheidungsgründe zur Auslegung herangezogen werden. Außerhalb der Urkunde liegende Umstände dürfen grundsätzlich nicht berücksichtigt werden. Führt die Auslegung des Titels nicht zu einem eindeutigen Ergebnis, ist die Vollstreckung ausgeschlossen. In diesem Fall muss der Gläubiger den Inhalt des Titels im Wege der Feststellungsklage klären lassen.

Gem. § 750 Abs. 1 S. 1 ZPO müssen die Personen, für und gegen welche die Zwangsvollstreckung stattfinden soll, in dem Vollstreckungstitel namentlich bezeichnet sein. Eine Vollstreckung für und gegen andere Parteien ist nur nach einer Titelumschreibung (§ 727 ZPO) zulässig (vgl. hierzu die entsprechenden Form. in Kapitel D.). Vor der Einleitung von Zwangsvollstreckungsmaßnahmen muss sich das Vollstreckungsorgan von der Identität der Parteien überzeugen. Maßgeblich sind der Titel- bzw. ein anders lautender Klauselinhalt. Bloße Mängel der Parteibezeichnung (Schreibfehler, fehlender Vorname oÄ) sind unschädlich. Grundsätzlich unzulässig sind Sammelbezeichnungen auf Gläubiger- oder Schuldnerseite, da eine Identifizierung der einzelnen Personen schwierig sein und der betroffene Personenkreis sich ändern kann. Eine Ausnahme von diesem Grundsatz ist dann zuzulassen, wenn das Vollstreckungsorgan anhand öffentlicher Urkunden die Schuldner zweifelsfrei identifizieren kann und gewährleistet ist, dass sich der Kreis der Schuldner bis zum Beginn der Zwangsvollstreckung nicht verändert hat (BayObLG NJW-RR 1986, 564). Liegt ein Titel gegen einen Einzelkaufmann vor, in dem nur dessen Firma angegeben ist, der bürgerliche Name aber fehlt, ist nach überwiegender Ansicht eine Vollstreckung in das Geschäfts- und Privatvermögen des Kaufmanns zulässig (Zöller/

Stöber § 750 Rn. 10 mwN). Das Vollstreckungsorgan hat in diesem Fall den Inhaber der Einzelfirma im Zeitpunkt des Titelerlasses erforderlichenfalls zu ermitteln.

2. Klausel

Notwendiger Inhalt einer vollstreckbaren Ausfertigung (§ 724 ZPO) ist die Klausel. Diese wird in § 725 ZPO wie folgt definiert: *„Vorstehende Ausfertigung wird dem usw. (Bezeichnung der Partei) zum Zwecke der Zwangsvollstreckung erteilt."* Die Klausel bestätigt die Vollstreckbarkeit des Titels.

Grundsätzlich bedarf jeder Titel zu seiner Vollstreckbarkeit einer **Klausel.**

Entbehrlich ist eine Klausel zB in den folgenden Fällen:

- Vollstreckungsbescheid (§ 796 ZPO), sofern für oder gegen die im Vollstreckungsbescheid genannten Personen vollstreckt werden soll,
- Arrest und einstweilige Verfügung, wenn für und gegen die in ihnen bezeichneten Personen vollstreckt werden soll (§§ 929 Abs. 1, 936 ZPO; ebenso für die einstweilige Verfügung in FamFG-Sachen, § 53 Abs. 1 FamFG),
- Kostenfestsetzungsbeschluss, der auf das Urteil gesetzt ist (§§ 105, 795a ZPO),
- Haftbefehl (§ 802g ZPO),
- Pfändungsbeschluss als Titel für die Wegnahme eines Hypothekenbriefs (§ 830 Abs. 1 S. 2 ZPO),
- Überweisungsbeschluss als Titel für die Wegnahme einer Urkunde über die gepfändete Forderung (§ 836 Abs. 3 S. 3 ZPO),
- Vorpfändung (§ 845 Abs. 1 S. 3 ZPO),
- Europäischer Vollstreckungstitel, der in einem anderen Mitgliedstaat der Europäischen Union nach der VO (EG) Nr. 805/2004 („Europäischer Vollstreckungstitel für unbestrittene Forderungen") bestätigt worden ist (§ 1082 ZPO),
- Europäischer Zahlungsbefehl, der nach der VO (EG) Nr. 1896/2006 („Europäisches Mahnverfahren") erlassen und für vollstreckbar erklärt worden ist (§ 1093 ZPO),
- Titel, der in einem Mitgliedstaat der Europäischen Union nach der VO (EG) Nr. 861/2007 („Europäisches Verfahren für geringfügige Forderungen") ergangen ist (§ 1107 ZPO),
- Beschlüsse in FamFG-Sachen (§ 86 Abs. 2 FamFG),
- Sonstige Vollstreckungstitel in FamFG-Sachen, soweit die Vollstreckung durch das Gericht erfolgt, das den Titel erlassen hat (§ 86 Abs. 3 FamFG; Verhältnis zu § 53 FamFG umstr.).

Zu unterscheiden ist zwischen „einfachen" und „qualifizierten" Klauseln. Eine **„einfache" Klausel** wird erteilt, wenn der Titel oder die Vollstreckung aus ihm nicht bedingt sind und keine Umschreibung auf eine im Titel nicht genannte Person erforderlich ist. Eine einfache Klausel ist ferner in den folgenden Fällen zu erteilen:

- Vollstreckung hängt von der Leistung einer Sicherheit ab, § 726 Abs. 1 ZPO,
- Vollstreckung hängt vom Eintritt eines Kalendertages ab, § 751 Abs. 1 ZPO,
- Vollstreckung hängt von einer Zug um Zug zu bewirkenden Leistung des Gläubigers ab, § 726 Abs. 2 ZPO (Ausnahme: Leistung des Schuldners besteht in der Abgabe einer Willenserklärung, § 894 Abs. 1 S. 2 ZPO).

Ob die jeweilige Bedingung eingetreten ist, wird in diesen Fällen nicht vor Erteilung der Klausel, sondern erst durch das Vollstreckungsorgan geprüft. Zuständig für die Erteilung der Klausel ist der Urkundsbeamte der Geschäftsstelle (§ 724 Abs. 2 ZPO) bzw. der die notarielle Urkunde verwahrende Notar (§ 797 Abs. 2 ZPO).

In anderen Fällen bedingter Titel oder bei Umschreibungen eines Titels bedarf es der Erteilung einer **„qualifizierten" Klausel** (§§ 726–729 ZPO). Diese können in **„titelergänzende"** (§ 726 Abs. 1 ZPO) oder **„titelumschreibende" Klauseln** (§§ 727–729, 738, 742, 744, 745 Abs. 2, 749 ZPO) unterteilt werden. Eine titelergänzende Klausel liegt vor, wenn die Vollstreckung aus einem Titel oder der Titel selbst bedingt oder befristet ist und der Gläubiger nach allgemeinen Beweislastregeln die Beweislast für den Eintritt des ungewissen Ereignisses trägt. Eine titelumschreibende Klausel liegt vor, wenn ein Urteil oder ein anderer Titel (§ 795 ZPO) nach §§ 325–327 ZPO auch für und andere Parteien wirkt oder gem. § 729 ZPO umzuschreiben ist. In diesen Fällen wird vor Erteilung der Klausel in einem formalisierten Verfahren geprüft, ob die Bedingung oder die Rechtsnachfolge eingetreten ist. Zuständig für die Erteilung der qualifizierten Klausel ist der Rechtspfleger (§ 20 Nr. 12 RPflG) oder der die Urkunde verwahrende Notar (§ 797 Abs. 2 ZPO). Das Vollstreckungsorgan ist an die erteilte qualifizierte Klausel gebunden und darf den Eintritt der Bedingung oder der Rechtsnachfolge nicht selbst prüfen.

3. Zustellung

Grundsätzlich muss schließlich jeder Titel vor Beginn der Zwangsvollstreckung dem Vollstreckungsschuldner **zugestellt** werden, §§ 750 Abs. 1 S. 1, 795 ZPO bzw. § 87 Abs. 2 FamFG. Die vorherige **Zustellung** ist in den folgenden Fällen entbehrlich:

- Arrest und einstweilige Verfügungen (§§ 929 Abs. 3 S. 1, 936 ZPO), aber Nachholung der Zustellung binnen zwei Wochen (§ 929 Abs. 3 S. 2 ZPO),
- Vorpfändung (§ 845 Abs. 1 S. 3 ZPO), aber innerhalb eines Monats nach der Zustellung der Benachrichtigung an den Drittschuldner muss die Pfändung der Forderung bewirkt werden (§ 845 Abs. 2 ZPO),
- bei oder nach Vornahme der Vollstreckungshandlung verzichtet der Schuldner auf die Zustellung bzw. eine entsprechende Rüge,
- Einstweilige Anordnungen in Gewaltschutzsachen sowie in weiteren, besonderen Fällen bei entsprechender Anordnung des Gerichts (§ 53 Abs. 2 FamFG).

Gegenstand der Zustellung ist grundsätzlich nur der Titel selbst. Ausreichend ist die Zustellung der einfachen Titelausfertigung. Die vollstreckbare Ausfertigung (dh der mit Klausel versehene Titel) muss nur im Fall einer qualifizierten Klausel zugestellt werden (§ 750 Abs. 2 ZPO). Urteile und Beschlüsse, die einen Vollstreckungstitel darstellen, sind von Amts wegen zuzustellen (§§ 317 Abs. 1, 329 Abs. 3 iVm §§ 166 ff. ZPO), andere Titel, zum Beispiel vollstreckbare Urkunden, Prozessvergleiche, Arrest- und Verfügungsbeschlüsse, im Wege der Parteizustellung (§§ 191 – 195 ZPO). Gem. § 750 Abs. 1 S. 2 ZPO reicht es für die Zwangsvollstreckung jedoch auch aus, wenn der Gläubiger das Urteil zur Beschleunigung im Wege der Parteizustellung zustellen lässt. Die Zustellung ist in der Zustellungsurkunde festzuhalten.

Der Titel ist an den in ihm genannten Schuldner, im Fall der Prozessunfähigkeit an dessen gesetzlichen Vertreter oder den Prozessvertreter zuzustellen (vgl. § 750 Abs. 1 S. 1 ZPO; § 87 Abs. 2 FamFG). Der Schuldner, der gesetzliche Vertreter bzw. der Prozessvertreter ist Zustellungsadressat. Möglich ist eine Ersatzzustellung gem. § 178 ZPO. In diesem Fall erfolgt die Zustellung „an den Schuldner im Wege der Ersatzzustellung". Der Zeitpunkt der Zustellung wird durch die Geschäftsstelle bescheinigt, vgl. § 169 Abs. 2 ZPO. Mit der maschinellen Bearbeitung der Beglaubigung befasst sich seit Neuestem § 169 Abs. 3 – 5 ZPO (BeckOK ZPO/*Dörndorfer* § 169 Rn. 6–8).

Die Vollstreckung kann gleichzeitig mit der Zustellung des Titels beginnen. In der Praxis erfolgt die Zustellung zumeist unmittelbar durch den Gerichtsvollzieher beim Vollstreckungsversuch. Ausnahmsweise sind Wartefristen zwischen Zustellung und Vollstreckungsversuch einzuhalten:

- Bei Kostenfestsetzungsbeschlüssen und bei vollstreckbaren Urkunden darf die Vollstreckung erst zwei Wochen nach der Zustellung beginnen (§ 798 ZPO).
- Auch die Sicherungsvollstreckung (§ 720a ZPO) darf erst zwei Wochen nach der Zustellung des Titels beginnen (§ 750 Abs. 3 ZPO).
- Die Zwangsvollstreckung gegen den Bund oder ein Land sowie gegen Körperschaften, Anstalten und Stiftungen des öffentlichen Rechtes wegen einer Geldforderung darf grundsätzlich erst vier Wochen nach einer entsprechenden Anzeige des Gläubigers beginnen (§ 882a Abs. 1 S. 1, Abs. 3 ZPO).

Liegen Mängel der Zustellung vor, so führt dies nach überwiegender Ansicht nicht zur Nichtigkeit des nachfolgenden Vollstreckungsaktes, sondern nur zu dessen Anfechtbarkeit (BGHZ 66, 79, 82; Thomas/Putzo/*Seiler* § 750 Rn. 13). Auch im Vollstreckungsverfahren sind Zustellungsmängel grundsätzlich gem. § 189 ZPO **ex nunc** heilbar.

II. Vollstreckung und Insolvenz

1. Vorbemerkungen

Die Einzelzwangsvollstreckung mündet in der Praxis häufig in die Insolvenz des Vollstreckungsschuldners, also in ein Gesamtvollstreckungsverfahren. Beide Verfahrensarten sind grundverschieden. Während die Einzelzwangsvollstreckung auf (vollständige) Befriedigung eines einzelnen, die Zwangsvollstreckung betreibenden Gläubigers gerichtet ist, stehen in der Insolvenz die gemeinschaftliche (wenn auch regelmäßig nur quotale) Befriedigung aller Gläubiger und die Abwicklung des gesamten Schuldnervermögens im Vordergrund. Im Einzelzwangsvollstreckungsverfahren gilt das Windhundprinzip („wer zuerst kommt, mahlt zuerst"), während im Insolvenzverfahren das Prinzip der Gläubigergleichbehandlung *(par conditio creditorum)*, zumindest in Bezug auf ungesicherte Insolvenzgläubiger, gilt. Wird etwa ein Insolvenzverfahren nacheinander von mehreren Gläubigern beantragt, werden doch alle Antragsteller – ebenso wie diejenigen Gläubiger, die keinen Insolvenzantrag gestellt haben – gleich behandelt.

a) Wechselwirkungen zwischen Insolvenzverfahren und Zwangsvollstreckungsrecht

Es gibt – neben der einleitend angesprochenen faktischen Wirkung der Zwangsvollstreckung auf das Schuldnervermögen – zahlreiche Wechselwirkungen zwischen Insolvenz und Zwangsvollstreckung, welche hier nur angeschnitten werden können:

aa) Vollstreckungsverbot in der Insolvenz und Rückschlagsperre. Nach Stellung eines Insolvenzantrags (sei es durch den in der Zwangsvollstreckung gescheiterten oder einen dritten Gläubiger, sei es durch den der Zwangsvollstreckung ausweichenden Schuldner) und Anordnung der vorläufigen Sicherungsmaßnahme des § 21 Abs. 2 Nr. 3 InsO, spätestens aber nach Eröffnung des Insolvenzverfahrens (§ 89 InsO), können die Insolvenzgläubiger keinerlei Zwangsvollstreckungsmaßnahmen in das Schuldnervermögen mehr einleiten oder fortsetzen. Das Vollstreckungsverbot des § 89 InsO erstreckt sich auch auf das „sonstige Vermögen" des Schuldners, also insbesondere auf vom Insolvenzverwalter freigegebene Vermögensgegenstände (BGH NZI 2009, 382; vgl. auch *Schmidberger* Rpfleger 2006, 430). Sicherungen, die aufgrund einer bereits eingeleiteten Zwangsvollstreckungsmaßnahme aus dem letzten Monat bzw. in Verbraucherinsolvenzverfahren in den letzten drei Monaten vor Insolvenzantragstellung erlangt wurden, werden automatisch unwirksam (sog. Rückschlagsperre – § 88 InsO).

bb) Vollstreckungsschutz vor dem Insolvenzverwalter. In der Insolvenz steht das Verwertungsrecht in Bezug auf das gesamte unbelastete Schuldnervermögen sowie auf das wesentliche mit Sicherungsrechten belastete (pfändbare) Vermögen des Schuldners (vgl. § 166 InsO) dem Insolvenzverwalter zu. Dieser übernimmt damit die Rolle der einzelnen Gläubiger bei der Verwertung des Schuldnervermögens. Der Insolvenzverwalter hat dabei aber auch gegenüber dem Schuldner die Vollstreckungsschutzvorschriften der §§ 850 ff. ZPO zu beachten, da das Insolvenzverfahren (weitgehend) nur das pfändbare Schuldnervermögen betrifft (vgl. § 36 InsO, welcher wiederum weitgehend auf die §§ 850 ff. ZPO verweist).

cc) **Schuldnersanierung durch Restschuldbefreiung oder Insolvenzplan.** Gleichrangig neben der Verwertung des Schuldnervermögens zur (quotalen) Befriedigung der Gläubiger hat die Insolvenzordnung nach § 1 auch die Entschuldung des redlichen Schuldners zum Ziel. Das kann bereits im Insolvenzverfahren selbst durch den Abschluss eines Insolvenzplans (§§ 217 ff. InsO) erfolgen. Soweit der Schuldner eine natürliche Person ist, steht ihm weiterhin die Möglichkeit einer Restschuldbefreiung (§§ 286 ff. InsO) nach Beendigung des Insolvenzverfahrens offen. Auch dies kann Auswirkungen auf die Einzelzwangsvollstreckung haben (vgl. unten: taktische Überlegungen).

b) Allgemeines zum Gesamtvollstreckungsverfahren im Gegensatz zum Einzelvollstreckungsverfahren (Insolvenz als Zäsur)

aa) **Übergang der Verwaltungs- und Verfügungsbefugnis.** Mit der Eröffnung des Insolvenzverfahrens, ggf. auch schon vorher mit der Anordnung eines allgemeinen Verfügungsverbots (§ 21 Abs. 2 Nr. 2 Alt. 1 InsO) und der Einsetzung eines „starken" vorläufigen Insolvenzverwalters (§ 22 Abs. 1 InsO), geht die Verwaltungs- und Verfügungsbefugnis über das gesamte (pfändbare) Schuldnervermögen auf den vom Insolvenzgericht eingesetzten (bzw. den vorläufigen starken) Insolvenzverwalter über. Das allgemeine Verfügungsverbot führt zu einem absoluten Schutz vor Beeinträchtigungen des schuldnerischen Vermögens, sei es durch Verfügungen des Schuldners selbst, sei es durch Zwangsvollstreckungsmaßnahmen Dritter.

bb) **Abgrenzung Insolvenzforderungen/Masseforderungen.** Forderungen aus der Zeit vor Anordnung des allgemeinen Verfügungsverbots können im Insolvenzverfahren nur noch als **einfache Insolvenzforderungen nach § 38 InsO** geltend gemacht werden mit der Folge, dass auf solche Forderungen nur noch eine (zumeist geringe) Quote entfällt. Hingegen sind Forderungen, die nach Erlass eines allgemeinen Verfügungsverbots durch Rechtshandlungen des **starken vorläufigen Insolvenzverwalters** begründet wurden oder die nach Eröffnung des Insolvenzverfahrens neu entstehen, nach § 55 InsO in voller Höhe aus der Insolvenzmasse zu befriedigen. Dies gilt, soweit die Insolvenzmasse zur Befriedigung aller Masseverbindlichkeiten ausreicht (vgl. §§ 208 ff. InsO). Sofern Masseverbindlichkeiten nicht vollständig befriedigt werden, kommt eine persönliche Haftung des Insolvenzverwalters nach § 61 InsO in Betracht, was jedoch an dieser Stelle nicht vertieft werden soll.

c) Insbesondere Anfechtung von Druckzahlungen aus der Zwangsvollstreckung

aa) **Anfechtungsregeln der Insolvenzordnung.** Ein wesentliches Hilfsmittel zur Durchsetzung des Gläubigergleichbehandlungsgrundsatzes stellt die Insolvenzanfechtung der §§ 129 ff. InsO dar. Die Anfechtung erlaubt es dem Insolvenzverwalter, Rechtshandlungen aus der Zeit vor der Insolvenzeröffnung, die die übrigen Insolvenzgläubiger benachteiligen, anzufechten und damit rückgängig zu machen. Gläubigerbenachteiligende Rechtshandlungen können nicht unbegrenzt angefochten werden. Es müssen zusätzlich bestimmte Voraussetzungen vorliegen, welche in den §§ 130 ff. InsO genauer beschrieben werden. Je näher die Rechtshandlung in zeitlicher Hinsicht am Insolvenzereignis liegt und je „verdächtiger" sich die Rechtshandlung aus Sicht des Anfechtungsgegners darstellt, desto einschneidender sind für diesen die Anfechtungsvorschriften. Die Anfechtung durch den Insolvenzverwalter findet ihre gesetzliche Alternative in der Einzelvollstreckung durch das Anfechtungsgesetz in der Fassung vom 5.10.1994.

bb) Rechtsprechung zu besonders zeitnahen Maßnahmen der (Einzel-) Zwangsvollstreckung, sog. Druckzahlung. Nach ständiger Rechtsprechung des Bundesgerichtshofes (BGH NJW 2003, 3347; NJW 2004, 1385; NZI 2013, 492) sind Vollstreckungsmaßnahmen gegen den Schuldner im Vorfeld des Insolvenzantrags als besonders auffällig anzusehen. Sofern Vollstreckungsmaßnahmen in den letzten drei Monaten vor Insolvenzantragstellung sowie im Zeitraum zwischen Antragstellung und Insolvenzeröffnung stattgefunden haben, können diese mit großer Sicherheit durch den späteren Insolvenzverwalter nach § 131 InsO angefochten werden. Auch außerhalb des 3-Monats-Zeitraums des § 131 InsO ist eine Insolvenzanfechtung möglich, wobei in diesem Fall aber die deutlich strengeren Voraussetzungen des § 133 InsO zu beachten sind. Der BGH hat entschieden, dass die Sicherung eines Anspruchs im Wege der Zwangsvollstreckung außerhalb der Dreimonatsfrist nicht inkongruent ist (BGH NZI 2004, 87; vgl. auch MüKoInsO/*Kayser* § 133 Rn. 9), was aus Sicht des Insolvenzverwalters die Anfechtung erschwert. Trotzdem beeinträchtigt die beschriebene Rechtsprechung insgesamt die Rechtsverfolgung gegenüber säumigen Schuldnern im Einzelzwangsvollstreckungsweg in erheblicher Weise, da durch sie viele Insolvenzverwalter ermutigt werden, jegliche Zwangsvollstreckungsmaßnahme im Vorfeld der Insolvenzantragstellung sehr genau auf eine mögliche Anfechtbarkeit zu prüfen.

Es ist darauf hinzuweisen, dass nach dem am 29.9.2015 vorgelegten Entwurf eines Gesetzes zur Verbesserung der Rechtssicherheit bei Anfechtungen nach der Insolvenzordnung und nach dem Anfechtungsgesetz § 131 Abs. 1 InsO dergestalt geändert werden soll, dass eine Leistung nicht allein deshalb inkongruent ist, weil sie im Rahmen oder zur Abwendung einer Zwangsvollstreckung erfolgt. Sofern diese Gesetzesänderung in Kraft tritt, kommt eine Anfechtung solcher Rechtshandlungen nur noch als kongruente Deckung nach § 130 InsO oder als vorsätzliche Benachteiligung der Gläubiger nach § 133 InsO in Betracht. Damit werden die Anfechtungshürden für erfolgreich betriebene Einzelzwangsvollstreckungsmaßnahmen höher. Es verbleibt jedoch jedenfalls bei Einzelzwangsvollstreckungsmaßnahmen im 3-Monats-Zeitraum vor dem Insolvenzantrag ein erhebliches Anfechtungsrisiko, da das Erfordernis der Zwangsvollstreckung einen Umstand darstellen kann, der eine Zahlungsunfähigkeit des Schuldners indiziert.

d) Taktische Überlegungen bei der Stellung eines Insolvenzantrags

Es gibt zahlreiche Gründe, die für oder gegen die Stellung eines Insolvenzantrags sprechen können. Diese Gründe sind sorgfältig gegeneinander abzuwägen, sofern nicht eine Insolvenzantragspflicht eingreift (vgl. nachfolgend bb) (1).

aa) **Aus Sicht des Schuldners (natürliche Person).**

(1) Sofern der Schuldner die Einzelzwangsvollstreckung erdulden muss, weil er aus wirtschaftlichen Gründen nicht mehr in der Lage ist, eine titulierte Forderung zu begleichen, bietet sich die Stellung eines Insolvenzantrags als möglicher Ausweg an. Wenn der Schuldner auch auf absehbare Zeit nicht in der Lage sein wird, seine Schulden zu begleichen, wenn sich vielleicht auch schon andere Gläubiger gerichtlicher Hilfe bedienen oder wenn bereits ein Gläubiger wegen der fruchtlosen Zwangsvollstreckung einen (Fremd-)Insolvenzantrag gestellt hat, dann gewährt ein **Eigenantrag auf Eröffnung eines Insolvenzverfahrens** die Möglichkeit einer umfassenden Schuldenbereinigung. Die Insolvenz führt dann auch kurzfristig zu einer Beendigung von Zwangsvollstreckungsmaßnahmen und bietet dem Schuldner somit eine „Atempause".

(2) Allerdings ist in bestimmten Fällen eine **außergerichtliche Schuldenbereinigung** denkbar. Sie ist gesetzlich einem Verbraucherinsolvenzverfahren zwingend vorgeschaltet (vgl. § 305 Abs. 1 Nr. 1 InsO). Eine außergerichtliche Schuldenbereinigung ist etwa dann angezeigt, wenn nur wenige Gläubiger vorhanden sind und der Schuldner ohne oder mit

geringem Verschulden (etwa wegen Arbeitslosigkeit oder der Insolvenz wichtiger Kunden) in wirtschaftliche Schwierigkeiten geraten ist. Dann lassen sich häufig die eigenen Gläubiger auf eine quotale Befriedigung außerhalb eines Insolvenzverfahrens ein, wenn gewährleistet ist, dass die Vermögensverhältnisse des Schuldners (etwa durch eine eidesstattliche Versicherung) transparent gemacht werden. Als vertrauensbildende Maßnahme bietet sich ein „Besserungsschein" an, der die Gläubiger an einer zukünftigen Besserung der Vermögenslage teilhaben lässt.

(3) Die Durchführung eines Insolvenzverfahrens mit dem Ziel der Restschuldbefreiung kann ggf. dann abzuraten sein, wenn ein nennenswerter Teil der Verbindlichkeiten des Schuldners solche sind, die von der Restschuldbefreiung ausgenommen sind. Hierzu gehören Verbindlichkeiten aus vorsätzlicher unerlaubter Handlung, Geldstrafen etc (§ 302 InsO, vgl. zur „Durchsetzung von Deliktsforderungen bei der Forderungspfändung und im Insolvenzverfahren" *Behr* Rpfleger 2003, 91). In diesem Fall empfiehlt sich eine außergerichtliche Schuldenbereinigung in erster Linie mit den insoweit privilegierten Gläubigern. Ist von diesen keine Zustimmung zu erlangen, dürfte die Durchführung eines Restschuldbefreiungsverfahrens insgesamt keinen Sinn machen.

bb) Aus Sicht des Schuldners (Organ einer juristischen Person).

(1) **Zwingender Insolvenzantrag:** Für juristische Personen des Privatrechts (GmbH, AG, Genossenschaft etc) sowie für umfassend in der Haftung beschränkte Personenhandelsgesellschaften (zB GmbH & Co. KG) ordnet § 15a Abs. 1 und 2 InsO bei Vorliegen einer Zahlungsunfähigkeit und/oder einer Überschuldung an, dass das zuständige Organ einen Insolvenzantrag stellen muss. Das Unterlassen oder die verspätete Stellung des Antrags ist mit einer persönlichen Haftung des Organs (zB nach § 15a InsO iVm § 823 Abs. 2 BGB für Alt- und Neugläubiger oder nach § 64 GmbHG für Auszahlungen nach Insolvenzreife) und zusätzlich mit Strafbarkeit (§ 15a Abs. 4 und 5 InsO) bedroht. Ist das Organ nicht innerhalb der gesetzlichen Frist von 3 Wochen in der Lage, den Insolvenzgrund zu beseitigen, bleibt daher keine andere Wahl, als den Insolvenzantrag zu stellen.

(2) Aber auch ohne zwingenden Insolvenzgrund kommt eine Insolvenzantragstellung unter bestimmten Umständen als Handlungsalternative in Betracht.

(a) So kann nach § 18 InsO auch bei Vorliegen einer nur drohenden Zahlungsunfähigkeit ein (vorbeugender) Insolvenzantrag über das Vermögen einer juristischen Person gestellt werden. Drohende Zahlungsunfähigkeit liegt vor, wenn der Schuldner zu einem späteren Zeitpunkt „voraussichtlich nicht in der Lage sein wird, die bestehenden Zahlungspflichten im Zeitpunkt der Fälligkeit zu erfüllen". In der Praxis dürfte eine drohende Zahlungsunfähigkeit bejaht werden, wenn diese nach den Liquiditätsplanungen der Gesellschaft innerhalb der nächsten Monate eintreten wird (vgl. Andres/*Leithaus* InsO § 18 Rn. 5 mwN).

(b) Seit Inkrafttreten des Gesetzes zur weiteren Erleichterung der Sanierung von Unternehmen (ESUG) bieten sich weitere Möglichkeiten: Das sogenannte Schutzschirmverfahren nach § 270b InsO ermöglicht es dem Schuldner, in einem bis zu drei Monate währenden Zeitraum zwischen Stellung des Insolvenzantrags und Eröffnung des Verfahrens weitgehend ungestört einen Insolvenzplan auszuarbeiten. Dabei wird er lediglich von einem vorläufigen Sachwalter überwacht und kann nur in beschränktem Umfang gerichtlich angeordneten Sicherungsmaßnahmen unterworfen werden (vgl. zu Sicherungsmaßnahmen im Antragsverfahren allgemein *Laroche* NZI 2010, 965; zur Einzelermächtigung im Schutzschirmverfahren vgl. AG Köln NZI 2012, 375; zur Unanfechtbarkeit der Ablehnung einer Ermächtigung zur Begründung von Masseverbindlichkeiten im Antragsverfahren vgl. BGH NZI 2013, 342 mAnm *Vallender* und *Weissinger*).

Auch „unterhalb" der vergleichsweise hohen Hürden eines Schutzschirmantrags nach § 270b InsO kann ein Antrag auf Eigenverwaltung nach § 270a InsO gestellt werden. Auch im Rahmen eines solchen „einfachen" Antragsverfahrens vor Eröffnung eines

Insolvenzverfahrens in Eigenverwaltung wird ein vorläufiger Sachwalter mit begrenzten Befugnissen eingesetzt.

(c) Ziele einer geplanten Insolvenz können sein

- Beseitigung bzw. Abschneiden von zukünftigen Haftungs- oder Verlustrisiken aus dem Betrieb des schuldnerischen Unternehmens;
- vorzeitige Beendigung von bestimmten wirtschaftlich ungünstigen Dauerschuldverhältnissen (zB Mietverträge, Leasingverträge, Arbeitsverhältnisse);
- Möglichkeit der Ausübung eines Wahlrechts des Insolvenzverwalters nach § 103 InsO bezüglich wirtschaftlich günstiger Verträge („cherry picking");
- Rettung und „Auffangen" von Betriebsteilen und/oder sonstigen Vermögenswerten, die sich für eine gesonderte Fortführung eignen;
- Durchführung eines Insolvenzplans bei Aufrechterhalten der bisherigen Gesellschaftsstruktur oder, etwa nach Durchführung eines sog. Debt-Equity-Swaps unter (teilweiser) Beteiligung neuer Gesellschafter.

Dabei kann es sich empfehlen, bereits vor Stellung des Insolvenzantrags oder im Rahmen eines Schutzschirmverfahrens nach § 270b InsO oder eines Eigenverwaltungs-Antragsverfahrens nach § 270a InsO eine mögliche Auffanglösung oder einen Insolvenzplan vorzubereiten. So kann zB bereits vor Antragstellung einem später einzusetzenden (und zu diesem Zeitpunkt noch unbekannten) Insolvenzverwalter ein unbedingtes Kaufangebot für das schuldnerische Unternehmen („asset deal") von einem möglichen Investor unterbreitet werden. Es besteht allerdings keine Garantie, dass sich ein späterer Insolvenzverwalter/Sachwalter hierauf einlässt. Ein Verwalter wird sich im Interesse einer bestmöglichen Gläubigerbefriedigung möglicherweise auch noch nach konkurrierenden Investoren umsehen.

(d) Die Stellung eines Insolvenzantrags ist regelmäßig mit unwägbaren Risiken verbunden:

- Die Insolvenz wird vielfach noch als Makel betrachtet. Geschäftsführung und Gesellschafter schrecken daher häufig vor der (geplanten) Insolvenz zurück.
- Nach Stellung eines Insolvenzantrags besteht das Risiko, dass Vertragspartner von Sonderkündigungsrechten Gebrauch machen, Zurückbehaltungsrechte geltend machen und bei zukünftigen Lieferungen und Leistungen auf Vorkasse umstellen.
- Es steht grundsätzlich im Ermessen des Insolvenzgerichtes (§§ 27, 56 InsO), wer als (vorläufiger) Insolvenzverwalter/Sachwalter bestellt wird. Die Ungewissheit über die Person des Verwalters wird vielfach als negativ bewertet. Der Gesetzgeber hat diesen Bedenken im Rahmen des ESUG zwar in gewissem Umfang Rechnung getragen: § 56 Abs. 1 S. 3 InsO sieht nunmehr vor, dass die erforderliche Unabhängigkeit des Verwalters nicht schon dadurch ausgeschlossen wird, dass die Person vom Schuldner vorgeschlagen worden ist (Nr. 1), oder sie den Schuldner vor Eröffnungsantrag in allgemeiner Form über den Ablauf des Insolvenzverfahrens beraten hat (Nr. 2). Gleiches gilt gemäß § 56 Abs. 1 S. 3 Nr. 1 InsO allerdings auch für den von einem Gläubiger vorgeschlagenen Verwalter. Außerdem ist dem nach Maßgabe des § 22a Abs. 1 InsO einzusetzenden vorläufigen Gläubigerausschuss Gelegenheit zu geben, sich zu den an den Verwalter zu stellenden Anforderungen und zu der Person des Verwalters zu äußern. Die vom vorläufigen Gläubigerausschuss beschlossenen Anforderungen hat das Gericht nach § 56a Abs. 2 S. 2 InsO bei der Auswahl des Verwalters zugrunde zu legen. Ein vom vorläufigen Gläubigerausschuss einstimmig nominierter Insolvenzverwalter kann vom Gericht nur dann zurück gewiesen werden, wenn er für das konkrete Verfahren offensichtlich ungeeignet ist (vgl. aber AG Stendal ZIP 2012, 1875).
- Auf den (starken vorläufigen) Insolvenzverwalter geht die Verwaltungs- und Verfügungsbefugnis über, was zu einem entsprechenden Kontrollverlust bei Geschäftsführung und Gesellschaftern des Schuldners führt. Dieser Kontrollverlust kann aller-

dings durch einen Antrag auf Eigenverwaltung verringert werden. Das Institut der Eigenverwaltung ist im Zuge des ESUG erheblich gestärkt worden: Gemäß § 270a Abs. 1 InsO soll das Gericht im Falle der nicht offensichtlichen Aussichtslosigkeit des Antrags auf Eigenverwaltung im Eröffnungsverfahren davon absehen, dem Schuldner ein allgemeines Verfügungsverbot aufzuerlegen (Nr. 1) oder anzuordnen, dass alle Verfügungen nur mit Zustimmung eines vorläufigen Insolvenzverwalters zulässig sind (Nr. 2). Sieht das Gericht die Voraussetzungen der Eigenverwaltung schließlich als doch nicht gegeben an und hat der Schuldner den Eröffnungsantrag bei nur drohender Zahlungsunfähigkeit gestellt, hat das Gericht dem Schuldner gemäß § 270a Abs. 2 InsO außerdem Gelegenheit zu geben den Eröffnungsantrag zurück zu nehmen.

- Es ist nicht garantiert, dass der Insolvenzverwalter den „gewünschten" Vorstellungen des Antragstellers und effektiven Rechtsschutz Suchenden entspricht, auch wenn die Gerichte nach ihrem pflichtgemäßen Ermessen solche Verwalter einzusetzen haben, die den Anforderungen zur gesetzesmäßigen Durchführung eines Verfahrens genügen.
- Der Insolvenzverwalter macht gegen Geschäftsführung und Gesellschafter möglicherweise Haftungsansprüche aus verbotener Rückgewähr von Einlagen und/oder Insolvenzanfechtungsansprüche nach §§ 129 ff InsO, insbes. § 135 InsO, geltend.
- Im Rahmen eines Insolvenzverfahrens können durch den Verwalter bisher auch nicht entdeckte „Leichen" ans Tageslicht gebracht werden.
- Es gibt keine Garantie, dass ein angedachter Insolvenzplan auch die erforderlichen Mehrheiten und die Bestätigung durch das Insolvenzgericht erhält.

cc) **Aus Sicht des die Einzelzwangsvollstreckung betreibenden Gläubigers.**

(1) **Für eine Antragstellung.**

(a) **Fruchtlose eigene Zwangsvollstreckung.** Ziel der Einzelzwangsvollstreckung ist es, eine möglichst vollständige Befriedigung der eigenen Forderung einschließlich der Vollstreckungskosten zu erlangen. Eine fruchtlose Vollstreckung mündet regelmäßig in eine eidesstattliche Versicherung des Schuldners über dessen Vermögensverhältnisse. In den meisten Fällen hat sich dann das Ziel des Gläubigers „erledigt". Der Gläubiger mag aber an den Angaben des Schuldners in der eidesstattlichen Versicherung zweifeln. Er kann auch ein Interesse daran haben, dass das Schuldnervermögen vollständig abgewickelt wird. Letzteres wird insbesondere dann der Fall sein, wenn der Gläubiger eine „Bereinigung des Marktes" anstrebt und sicher gehen möchte, dass der Schuldner (jedenfalls für eine gewisse Zeit) keine weiteren Schulden generiert. Die fehlende Aussicht der Befriedigung der eigenen Forderung steht dem Rechtsschutzbedürfnis für einen Insolvenzantrag dabei nicht entgegen (BGH NZI 2011, 58; Uhlenbruck/*Wegener* § 14 Rn. 88).

(b) **Erfolgreiche Zwangsvollstreckung eines anderen Gläubigers.** Wenn der Gläubiger – etwa nach Abgabe einer eidesstattlichen Versicherung des Schuldners oder auch aus anderer Quelle – erfährt, dass andere Gläubiger vor kurzem erfolgreich gegen den Schuldner vollstreckt haben, kann ein Insolvenzantrag gegen den Schuldner mit dem Ziel gestellt werden, die vorangegangenen Vollstreckungen über ein Insolvenzverfahren der Anfechtung nach §§ 129 ff. InsO und/oder der Rückschlagsperre des § 88 InsO auszusetzen. Ein Insolvenzverwalter könnte die Zwangsvollstreckungen anfechten und das anfechtbar Weggegebene zur Masse ziehen (→ Form. B. II. 3 Anm. 1). Auf diese Weise kann der Antragsteller wenigstens einen Teil seiner Forderung als Insolvenzquote vereinnahmen. Hat ein anderer Gläubiger im Wege der Zwangsvollstreckung bereits ein Pfändungspfandrecht an einem Vermögensgegenstand des Schuldners erlangt, führt eine Insolvenz nach § 88 InsO zur Unwirksamkeit der Pfändungen aus dem letzten Monat vor Antragstellung. Auch solche belasteten Gegenstände können durch die Antragstellung mit in die Haftungsmasse gezogen werden.

(2) **Gegen eine Antragstellung.**

(a) **Kostentragungspflicht als Zweitschuldner.** Auch dann, wenn der Insolvenzantrag des Gläubigers begründet war, trifft ihn das Risiko, dass das Schuldnervermögen noch nicht einmal ausreicht, um die Kosten des Verfahrens abzudecken. Es kommt dann zu einer Abweisung des Insolvenzantrags mangels einer die Verfahrenskosten deckenden Masse (§ 26 InsO). Die Gerichtskosten hierfür werden zwar dem Schuldner auferlegt, der sie aber regelmäßig nicht aufbringen kann. Das Gericht kann dann dem Antrag stellenden Gläubiger die Kosten des Verfahrens auferlegen (§ 23 Abs. 1 S. 2 GKG; vgl. MüKoInsO/*Schmahl/Vuia* § 13 Rn. 161), nicht aber die entstandenen Auslagen (OLG Köln NZI 2005, 683; OLG Köln NZI 2010, 302; vgl. OLG Koblenz NZI 2007, 743).

(b) **Rückschlagsperre und Anfechtung.** Die oben unter aa) (2) geschilderten Gründe können beim Antrag stellenden Gläubiger dazu führen, dass Zwangsvollstreckungsmaßnahmen aus der Vergangenheit durch den eigenen Insolvenzantrag unwirksam werden oder der Anfechtung unterliegen. Daher sollte im Falle einer zwangsweisen Teilbefriedigung des Antragstellers in der Vergangenheit ein Insolvenzantrag besonders vorsichtig abgewogen werden.

(3) **Gegen eine Antragstellung für eine Eigenverwaltung/ein Schutzschirmverfahren.**

Seit Inkrafttreten des ESUG im März 2012 kommt es vermehrt zu Insolvenzanträgen auf Eröffnung eines Insolvenzverfahrens in Eigenverwaltung nach § 270 ff. InsO. Nach § 270a InsO soll das Gericht im Eröffnungsverfahren davon absehen, einen vorläufigen Insolvenzverwalter einzusetzen und Verfügungsbeschränkungen nach § 21 Abs. 2 Nr. 2 InsO anzuordnen, wenn „der Antrag des Schuldners auf Eigenverwaltung nicht offensichtlich aussichtslos“ ist. Stattdessen ist lediglich ein vorläufiger Sachwalter einzusetzen, welcher im Vergleich zu einem vorläufigen Insolvenzverwalter nur beschränkte Einwirkungsmöglichkeiten auf die Geschäftsführung des Schuldners im Antragsverfahren hat. Liegen die Voraussetzungen des § 270b InsO vor, so gilt Entsprechendes. In diesem Fall hat das Gericht darüber hinaus den vom antragstellenden Schuldner vorgeschlagenen vorläufigen Sachwalter einzusetzen.

In der Praxis zeigt sich, dass im Einzelfall ein Antrag auf Einleitung eines Antragsverfahrens in Eigenverwaltung nur unzureichend vorbereitet wird und damit möglicherweise keine Aussicht auf Erfolg hat oder – vereinzelt – sogar missbräuchlich gestellt wird. Aufgrund der lediglich begrenzten Prüfungsmöglichkeiten des Insolvenzgerichts zum Zeitpunkt der Antragstellung, ordnet das Gericht auch in solchen Fällen regelmäßig zunächst eine vorläufige Sachwaltung an. Eine nachträgliche Aufhebung der Eigenverwaltung kann dann nur unter den Voraussetzungen des § 270b Abs. 4 InsO im Schutzschirmverfahren sowie nach Eröffnung unter den Voraussetzungen des § 272 InsO erfolgen.

Ist für den Gläubiger absehbar, dass der Schuldner einen Antrag nach § 270a/b InsO vorbereitet und bestehen Anhaltspunkte dafür, dass die Voraussetzungen für die Einleitung eines Antragsverfahrens in Eigenverwaltung nicht gegeben sind, kann der betroffene Gläubiger in Erwägung ziehen, das Insolvenzgericht vor der geplanten Insolvenzantragstellung auf die gegen eine Anordnung der Eigenverwaltung sprechenden Gründen hinzuweisen. Insoweit entspricht es der Praxis, bei den (mutmaßlich) zuständigen Insolvenzgerichten Schutzschriften einzureichen (→ Form. B. II. 12).

e) Insolvenz und Vollstreckung aus Sicht des Gläubigers

Wie schon vorstehend unter 5c) bb) dargelegt, können für den Gläubiger gute Gründe gegen die Stellung eines Insolvenzantrags sprechen. Es kann stattdessen auf Veranlassung des Gläubigers zu einer außergerichtlichen Stundung oder Vollstreckungseinstellung bzw. Vollstreckungsvermeidung kommen. Ein solches Vorgehen ist insbesondere dann anzuraten, wenn der Gläubiger ein Interesse am wirtschaftlichen Fortbestehen des Schuldners hat und wenn dieses Interesse den Verlust eines Teils der Forderung oder die Verzögerung des Forderungseinzugs überwiegt. Abzuwägen sind aber auch immer die Chancen einer schonenden Forderungsrealisierung mit den Risiken, die dadurch entstehen, dass beim Scheitern der schonenden Vorgehensweise später eine verzögerte Zwangsvollstreckung zu einem erhöhten Anfechtungsrisiko führt (→ Form. B. II. 3 Anm. 1).

2. Stundungsvereinbarung zwischen Gläubiger und Schuldner zur Vermeidung eines Insolvenzantrags

An den

...... [Schuldner]

Sehr geehrte Damen und Herren,

wir nehmen Bezug auf das am ...... geführte Gespräch. Bedauerlicherweise ist es Ihnen zurzeit offenbar nicht möglich, unsere fälligen und von Ihnen nicht bestrittenen Forderungen zu bezahlen. Wir haben daher, wie in unserem Gespräch abgestimmt, über unsere Gesamtforderung in Höhe von ...... EUR (zuzüglich Kosten und Verzugszinsen in Höhe von 8 % über dem Basiszins seit dem ......) zur ordnungsgemäßen Feststellung unserer Forderung und zur Wahrung unserer Interessen Antrag auf Erlass des Mahnbescheides beim zuständigen Amtsgericht gestellt.[1, 2]

Um die Angelegenheit einvernehmlich und für beide Seiten verträglich zu gestalten, schlagen wir folgende Vorgehensweise vor:

(1) Die vorstehende Forderung wird durch Vollstreckungsbescheid tituliert, welcher Ihnen automatisch vom Mahngericht zugestellt wird. Das bedeutet, dass Sie gegen den beantragten Mahnbescheid und den anschließend ergehenden Vollstreckungsbescheid keine Rechtsmittel einlegen werden.

(2) Wir erklären ausdrücklich, dass wir solange von gerichtlichen Vollstreckungsmaßnahmen aus dem uns später vorliegenden und Ihnen zugestellten Vollstreckungsbescheid Abstand nehmen, wie die nachstehende Ratenzahlungsvereinbarung erfüllt wird.
Auf die vorstehende Forderung zahlen Sie wiederkehrende Raten – jeweils zum 1. eines Kalendermonats, beginnend mit dem ...... – in Höhe von ...... EUR. Selbstverständlich sind Sie berechtigt, die Forderung vorzeitig zurückzuführen.
Kommen Sie mit der Zahlung einer Rate – ohne dass dies zuvor mit uns vereinbart worden wäre – mit mehr als ...... [zB 14 Tagen] in Verzug, so wird die gesamte Restforderung sofort zur Zahlung fällig. Wir würden dann, jedoch erst nach erneuter Fristsetzung,[1] **die Zwangsvollstreckung aus dem Vollstreckungsbescheid einleiten.**

(3) Sie bestätigen – wie in unserem Gespräch ausführlich besprochen – ausdrücklich, dass Sie nach Ihrer jetzigen Kenntnis und Ihrer vorliegenden Liquiditätsplanung in der Lage sind und sein werden, die Raten gem. der vorstehenden Ziff. (2) pünktlich zu erbringen und auch sämtliche übrigen Gläubiger fristgerecht und innerhalb der üblichen Fälligkeitstermine zu befriedigen.[2]

Die beigefügte Zweitschrift bitten wir Sie gegenzuzeichnen und bis spätestens zum ...... an uns zurückzusenden, um damit Ihr Einverständnis mit der getroffenen Regelung zu dokumentieren. Ein frankierter Rückumschlag liegt diesem Schreiben bei.

......

[Gläubiger]

gesehen und akzeptiert

...... den ......

......

[Schuldner]

Anmerkungen

1. Nach der Rechtsprechung des BGH ist eine freiwillige Zahlung des Schuldners auch dann kongruent im Sinne von § 130 InsO (weil **nicht unter Vollstreckungsdruck** erfolgt), wenn dem Schuldner ein Vollstreckungsbescheid zugestellt wurde, aber eine Zwangsvollstreckung durch den Gläubiger noch nicht eingeleitet oder angedroht wurde (BGH NZI 2007, 161; NZI 2011, 140; so auch BAG NZI 2014, 559). Daher empfiehlt es sich, eine Vollstreckung in der Vergleichsvereinbarung noch nicht unmittelbar anzudrohen.

2. Eine solche Erklärung kann aus Sicht des Gläubigers nützlich sein, wenn der Vergleich teilweise erfüllt wird und der Insolvenzverwalter sämtliche Ratenzahlungen aus der Vergangenheit anfechten möchte. Da es sich bei den Zahlungen auf fällige Raten um kongruente Deckungen im Sinne von § 130 InsO handelt, müsste der Insolvenzverwalter die Kenntnis des Gläubigers von der Zahlungsunfähigkeit beweisen. Wenn der Schuldner aber ausdrücklich die Zahlungsfähigkeit erklärt, wird dies, wenn nicht andere Indizien für eine Zahlungsunfähigkeit vorliegen, zu entsprechenden Beweisschwierigkeiten beim Verwalter führen. Diese Auffassung wird auch durch die Rechtsprechung des BGH bestätigt (BGH NZI 2012, 142; vgl. auch LG Frankfurt a. M. GWR 2015, 303). Nach dem am 29.9.2015 vorgelegten Entwurf eines Gesetzes zur Verbesserung der Rechtssicherheit bei Anfechtungen nach der Insolvenzordnung und nach dem Anfechtungsgesetz besteht bei Abschluss einer Ratenzahlungsvereinbarung sogar eine Vermutung zugunsten des Gläubigers, dass dieser eine etwaige Zahlungsunfähigkeit des Schuldners nicht kannte. Dadurch würde sich das Anfechtungsrisiko bei einer geschäftsüblichen Zahlungserleichterung weiter verringern.

3. Anschreiben Gläubiger an Schuldner zur Androhung eines Insolvenzantrags

An den

..... [Schuldner]

Sehr geehrte Damen und Herren,

wie Sie wissen, haben wir aus einem gegen Sie ergangenen Vollstreckungsbescheid die Zwangsvollstreckung betrieben. Aufgrund der insoweit fruchtlos gebliebenen Zwangsvollstreckung, die in der Abgabe der eidesstattlichen Versicherung durch Sie mündete, gehen wir davon aus, dass Sie zahlungsunfähig sind. Damit liegt ein Grund für die Eröffnung eines Insolvenzverfahrens vor.

Wir geben Ihnen hiermit letztmalig die Möglichkeit, unsere titulierte Forderung zu befrieden. Wir fordern Sie letztmalig auf, den sich aus der beigefügten Forderungsaufstellung ergebenden Betrag bis spätestens zum ..... auf das Ihnen bekannte Konto zu überweisen. Bitte geben Sie dabei das im Betreff genannte Zeichen an.[1] Sollten Sie dieser

Aufforderung nicht nachkommen, werden wir umgehend und ohne weitere Ankündigung einen Insolvenzantrag stellen.[1]

[Ergänzung für den Fall einer juristischen Person als Schuldner:

Wir machen Sie nach Rücksprache mit unserem Rechtsberater darauf aufmerksam, dass Sie als Geschäftsführer einer GmbH verpflichtet sind, bei Vorliegen einer Zahlungsunfähigkeit unverzüglich, spätestens aber innerhalb von 3 Wochen, einen Insolvenzantrag zu stellen. Bei nicht bzw. nicht rechtzeitig erfolgter Insolvenzantragstellung setzen Sie sich einer persönlichen Haftung und einer Strafbarkeit aus. Wir behalten uns vor, gegen Sie eine Strafanzeige wegen Insolvenzverschleppung zu stellen.[2]]

. . . . .

[Gläubiger]

Anmerkungen

1. Die Durchsetzung einer Forderung mittels Androhung oder gar Stellung eines Insolvenzantrags führt zu einem **erheblichen Anfechtungsrisiko.** Nach der Rechtsprechung des Bundesgerichtshofes kommt in solchen Fällen eine Anfechtung nach § 133 InsO in Betracht. Nach dieser Norm können Gläubiger benachteiligende Rechtshandlungen aus den letzten 10 Jahren vor Stellung des Insolvenzantrags angefochten werden (vgl. BGH NJW 2003, 3347; NZI 2013, 492; NZI 2004, 201). Diese Rechtslage würde sich auch nach Inkrafttreten der geplanten Gesetzesänderungen durch den am 29.9.2015 vorgelegten Entwurf eines Gesetzes zur Verbesserung der Rechtssicherheit bei Anfechtungen nach der Insolvenzordnung und nach dem Anfechtungsgesetz nicht ändern.

2. Die Drohung mit einer Strafanzeige wegen Insolvenzverschleppung nach § 15a Abs. 4 und 5 InsO stellt keine widerrechtliche Drohung dar (BayObLGSt 1956, 282).

4. Insolvenzantrag des Gläubigers (natürliche Person als Schuldnerin)

An das

Amtsgericht

. . . . .

– Insolvenzgericht –

Insolvenzantrag

Ordnungsgemäße Bevollmächtigung anwaltlich versichernd zeigen wir an, dass wir die rechtlichen Interessen der . . . . . AG, vertreten durch den Vorstand,

– Antragstellerin –

vertreten durch: . . . . .

wahrnehmen.

Namens und in Vollmacht der Antragstellerin stellen wir den Antrag, über das Vermögen des . . . . .

– Schuldner –

das Insolvenzverfahren zu eröffnen.

Begründung

Der Schuldner ist Kunde der Antragstellerin, die ihrerseits Lieferantin von Scherzartikeln ist. Der Schuldner betreibt als Einzelhändler den . . . . . in . . . . . Der Antragstellerin stehen gegen den Schuldner offene Forderungen in Höhe von insgesamt EUR . . . . . gem. der als

Anlage 1

überreichten Aufstellung zu.

Die Antragstellerin ist im Besitz eines Vollstreckungsbescheides des Amtsgerichts . . . . . gegen den Schuldner vom . . . . . über einen Betrag in Höhe von . . . . . EUR.

Unter dem . . . . . hat die Antragstellerin beim Amtsgericht . . . . . einen Antrag auf Erlass eines Pfändungs- und Überweisungsbeschlusses gestellt. Der Pfändungs- und Überweisungsbeschluss wurde antragsgemäß am . . . . . erlassen und der X-Bank als Drittschuldnerin zugestellt. Unter dem . . . . . teilte die X-Bank mit, dass sie selbst fällige Forderungen gegen den Schuldner habe und von ihrem Recht der Aufrechnung bzw. Einziehung Gebrauch mache. Eine Zahlungsunfähigkeit ist somit offenkundig.

Die restlichen – nicht titulierten – Forderungen der Antragstellerin gegen den Schuldner stehen außer Streit und beziehen sich auf erfolgte Warenlieferungen.

Der Schuldner hat außerdem seine Zahlungen eingestellt, da er offenbar keine oder nur noch vereinzelte Zahlungen an Gläubiger vornimmt [Anmerkung: ggf. weiter ausführen]. Dies führt zur gesetzlichen Vermutung der Zahlungsunfähigkeit (§ 17 Abs. 2 S. 2 InsO).[1] Ein Grund für die Eröffnung eines Insolvenzverfahrens liegt vor.

Zur Glaubhaftmachung[2] des Antrags werden folgende Anlagen überreicht:

Kopie des Vollstreckungsbescheides vom . . . . ., Anlage 2

Kopie des Pfändungs- und Überweisungsbeschlusses vom . . . . ., Anlage 3

Kopie der Drittschuldnererklärung vom . . . . ., Anlage 4

Sollte das Gericht eine weitere Glaubhaftmachung der Forderung und/oder des Insolvenzgrundes für erforderlich halten, wird um entsprechenden richterlichen Hinweis gebeten.

. . . . .

Rechtsanwalt

Anmerkungen

1. Ein starkes Indiz für eine **Zahlungsunfähigkeit** stellen fruchtlose Vollstreckungsversuche sowie Wechsel- und Scheckproteste dar. Weitere Indizien können beträchtliche Zahlungsrückstände, jahrelange Nichtbegleichung von Sozialversicherungsbeiträgen oder Nichtzahlung bzw. schleppende Zahlung von Steuerforderungen sein (BGH NZI 2011, 589; NZI 2013, 932, 934). Auch können eigene Äußerungen des Schuldners, wonach dieser zB nicht in der Lage ist, eine nennenswerte Forderung zu begleichen und er deshalb um einen Zahlungsaufschub bittet, für eine Zahlungsunfähigkeit sprechen (MüKoInsO/*Eilenberger* § 17 Rn. 29; vgl. BGH NZI 2007, 36, 37).

2. Nach § 14 Abs. 1 InsO muss der Gläubiger seine Forderung sowie den Insolvenzgrund **glaubhaft machen.** Hierzu kann er sich den Mitteln des § 294 ZPO, der über § 4 InsO Anwendung findet, bedienen. Der Gläubiger kann also zB selbst eine eidesstattliche Versicherung abgeben, in der er bekundet, dass der Schuldner ihm mündlich mitgeteilt hat, dass er sich in Liquiditätsschwierigkeiten befindet (vgl. MüKoInsO/*Schmahl/Vuia* § 14 Rn. 66).

5. Insolvenzantrag des Gläubigers (juristische Person als Schuldnerin)

An das

Amtsgericht

. . . . .

– Insolvenzgericht –

Insolvenzantrag

Ordnungsgemäße Bevollmächtigung anwaltlich versichernd zeigen wir an, dass wir uns für die Fa . . . . ., vertreten durch ihre persönlich haftende Gesellschafterin . . . . ., diese wiederum vertreten durch ihren Geschäftsführer . . . . . ,

– Antragstellerin,

bestellen.

Namens und im Auftrag der Antragstellerin beantragen wir hiermit, das Insolvenzverfahren über das Vermögen der Firma . . . . ., vertreten durch ihren Geschäftsführer . . . . .

– Schuldnerin –

zu eröffnen.

Begründung:

Die Antragstellerin vermietet an die Schuldnerin gem. Mietvertrag vom . . . . . ein Lager sowie eine Büroraumteilfläche in dem Objekt . . . . . in . . . . .

Glaubhaftmachung:[1] Mietvertrag, Anlage 1

Die Schuldnerin betreibt einen Großhandel für Stofftiere, welche sie aus China einführt und an deutsche und ausländische Vertragspartner ausliefert. Zum Zwecke der Zwischenlagerung unterhält die Schuldnerin das erwähnte, bei der Antragstellerin gemietete Lager.

Aufgrund des Mietvertrages schuldet die Schuldnerin der Antragstellerin einen monatlichen Mietzins in Höhe von . . . . . EUR.

Glaubhaftmachung:	(1) Kontoauszug aus der Buchhaltung der Antragstellerin, Anlage 2 (2) Eidesstattliche Versicherung des Geschäftsführers der Antragstellerin, Anlage 3

Bereits in der Vergangenheit hat die Schuldnerin die Mietzinsen immer verspätet, wenn auch „regelmäßig", beglichen. Allerdings hat die Schuldnerin die Mietzinsen seit Januar (einschließlich) nicht bezahlt. Es stehen somit zum heutigen Tage die Mietzinsen für die Monate Januar bis Juni 2015, also insgesamt ..... EUR, aus.

Glaubhaftmachung: wie vor

In mehreren persönlichen Gesprächen bat der Geschäftsführer der Schuldnerin die Antragstellerin um Zahlungsaufschub, da er sich nicht in der Lage sah, die offenen Mieten zu begleichen. In einem Gespräch am ..... in den Geschäftsräumen der Antragstellerin äußerte der Geschäftsführer der Schuldnerin erneut, die vorhandenen flüssigen Mittel reichten nicht aus, um die fälligen Mietzinsen zu begleichen. Allerdings erwarte er innerhalb kürzester Zeit Zahlungen aus einer Lieferung an einen französischen Abnehmer. Mit diesen wolle die Schuldnerin die Mietzinsen gegenüber der Antragstellerin begleichen.

Glaubhaftmachung: eidesstattliche Versicherung des Geschäftsführers der Schuldnerin, Anlage A 3

Entgegen den Ankündigungen des Geschäftsführers der Schuldnerin hat jedoch der französische Abnehmer die offenen Rechnungen bislang nicht beglichen. Auch ist unbekannt, wann mit einem Zahlungseingang zu rechnen ist.

Glaubhaftmachung: wie vor

Nach eigenem Bekunden ihres Geschäftsführers ist die Schuldnerin somit zum heutigen Tage akut zahlungsunfähig. Den fälligen Verbindlichkeiten in Höhe von insgesamt mindestens ..... EUR stehen keinerlei liquide Zahlungsmittel gegenüber. Soweit die Gesellschaft noch über Lagerbestand verfügt, kann dieser offenkundig nicht kurzfristig veräußert und zu flüssigen Zahlungsmitteln gemacht werden.

Glaubhaftmachung: wie vor

Das Insolvenzverfahren ist daher zu eröffnen.[2]

Namens und in Vollmacht der Antragstellerin regen wir außerdem an, möglichst kurzfristig Sicherungsmaßnahmen im Sinne von § 21 InsO anzuordnen und insbesondere einen vorläufigen Insolvenzverwalter zu bestellen. Insofern ist Eile geboten.

Es lagern in dem von der Schuldnerin angemieteten Lager nennenswerte Bestände an ....., welche grob auf einen Einkaufswert von ..... EUR geschätzt werden können. Ein nicht unerheblicher Teil davon (wenn nicht der Gesamtbestand) steht im Eigentum der Schuldnerin. Dementsprechend besteht hieran ein Vermieterpfandrecht zugunsten der Antragstellerin.[3] Die Geschäftsführer der Antragstellerin haben beobachtet, dass die Schuldnerin täglich mit LKWs 3 bis 4 Paletten der Lagerbestände abholt bzw. abholen lässt.

Glaubhaftmachung: wie vor

Auf diese Weise wird einerseits das Schuldnervermögen verringert, andererseits aber auch das Absonderungsrecht der Antragstellerin beeinträchtigt. Um dem weiteren Abschmelzen des Schuldnervermögens entgegenzuwirken, ist umgehend die vorstehend erwähnte Sicherungsmaßnahme seitens des Gerichts anzuordnen.

Der Unterzeichner steht für weitere Rückfragen gerne zur Verfügung. Das Gericht wird höflich ersucht, einen etwaig einzusetzenden Gutachter/vorläufigen Verwalter zu bitten, sich umgehend mit dem Unterzeichner telefonisch in Verbindung zu setzen.

. . . . .

Rechtsanwalt

Anmerkungen

1. Zur **Glaubhaftmachung** → Form. B. II. 4 Anm. 2.

2. Das **rechtliche Interesse des Gläubigers** an der Eröffnung eines Insolvenzverfahrens wird grundsätzlich anzunehmen sein, stellt jedoch in der Regel auch kein Problem dar (vgl. dazu BGH NJW-RR 2006, 1482; *Schmerbach* NZI 2003, 421). Das rechtliche Interesse des Gläubigers einer fälligen Forderung wird von der Rechtsprechung nur ausnahmsweise dann verneint, wenn der Gläubiger zweifelsfrei vollständig dinglich gesichert ist (BGH NZI 2008, 182; NZI 2010, 225; vlg. auch AG Köln NZI 2015, 552).

3. Das Vermieterpfandrecht sichert als Absonderungsrecht in der Insolvenz **nicht** Mietrückstände, die früher als 12 Monate vor Insolvenzantragstellung entstanden sind sowie den aufgrund einer Kündigung nach § 109 Abs. 1 InsO entstehenden Schadensersatzanspruch. Im Hinblick auf das an dem Lagerbestand bestehende Absonderungsrecht steht dem Insolvenzverwalter nach § 166 InsO das Verwertungsrecht zu und es fallen nach §§ 170, 171 InsO Feststellungs- und Verwertungskosten für die Insolvenzmasse an.

6. Außergerichtliche Schuldenbereinigung (juristische Person als Schuldnerin)

Anschreiben des Schuldners an die Gläubiger

An alle Gläubiger der Fa. . . . . .

Außergerichtliches Moratorium, Teilverzicht mit Besserungsschein sowie Ratenzahlungsvergleich mit den Gläubigern der Fa. . . . . .

Sehr geehrte Damen und Herren,

sehr geehrte(r) [Ansprechpartner],

ich wende mich als Geschäftsführer und Gesellschafter der Fa. . . . . . an Sie als Gläubiger dieser Gesellschaft. Nach unseren Buchhaltungsunterlagen haben Sie zurzeit eine Forderung gegen die Gesellschaft in Höhe von . . . . . EUR.

Die Fa. . . . . . ist aufgrund der Beantragung eines Insolvenzverfahrens über das Vermögen der ehemaligen Muttergesellschaft in eine akute Liquiditätskrise geraten. Die Gesellschaft verfügt zurzeit über Verbindlichkeiten in Höhe von insgesamt . . . . . EUR. Aufgrund dessen ist absehbar, dass die Fa. . . . . . nicht mehr sämtliche bestehenden Verbindlichkeiten – darunter auch Ihre oben angegebene Verbindlichkeit – fristgerecht und vollumfänglich wird zurückführen können.[6]

Obwohl ich als Geschäftsführer der Fa. . . . . . und Mitgesellschafter der ehemaligen Muttergesellschaft in der Vergangenheit bereits erhebliche finanzielle Einlagen in die Gesellschaft erbracht habe und obwohl ich schon seit einiger Zeit auf mein Geschäftsführergehalt verzichte, um die Fa. . . . . . zu unterstützen, konnte der finanzielle Engpass nicht beseitigt werden. Zwar bemühe ich mich zurzeit immer noch fieberhaft darum, weitere Liquidität zu schaffen. Aufgrund der Insolvenz der ehemaligen Muttergesellschaft steht aber zu befürchten, dass dies jedenfalls kurz- bis mittelfristig nicht gelingen wird.

Ich habe mich daher dazu entschlossen, mich an Sie als aktuelle Gläubiger der Gesellschaft mit dem nachstehenden Anliegen zu wenden, um eine sonst unumgängliche Insolvenz der Fa. . . . . . zu vermeiden. In einem solchen Falle ist damit zu rechnen, dass auf Sie als ungesicherter Gläubiger nur eine geringe oder auch gar keine Insolvenzquote entfällt. Dies ist dadurch begründet, dass im Falle einer Insolvenz die noch vorhandenen Vermögensgegenstände (im Wesentlichen Debitoren) nicht oder nur zum Teil realisiert werden und damit die einzige verwertbare Masse wegfiele. Ohne einen Beitrag seitens der bestehenden Gläubiger kann ein Forderungseinzug jedoch nicht zum Erfolg führen.

Sämtlichen Gläubigern der Fa. . . . . . wird daher der folgende Vorschlag unterbreitet:[1]

> Sämtliche Gläubiger mit einer Gesamtforderung von bis zu 500,00 EUR (Gruppe 0) einschließlich werden zu 100 % befriedigt. Die Fälligkeit dieser Zahlung läge . . . . . Wochen im Anschluss an eine Zustimmung sämtlicher Gläubiger zu diesem Vergleichsvorschlag.

Die nach der Vorabbefriedigung noch verbleibenden Gläubiger werden in 3 Gruppen aufgeteilt, welchen folgendes Angebot unterbreitet werden soll:

- Gläubiger mit einer Forderung von über 500,00 EUR bis zu 4.999,99 EUR (Gruppe 1)

Diese Gläubiger sollen eine Quote auf ihre Hauptforderung in Höhe von 50 % erhalten. Die Forderung ist in . . . . . gleichen Monatsraten, beginnend mit dem . . . . ., fällig jeweils am . . . . . eines Monats, zurückzuführen. Die Forderung bleibt bei pünktlicher Ratenzahlung unverzinslich. Nach der jeweiligen Fälligkeit wird die Forderung mit 5 % pa verzinst.

- Gläubiger mit einer Forderung von 5.000,00 EUR bis zu 9.999,99 EUR (Gruppe 2)

Diese Gläubiger sollen eine Quote von 25 % erhalten, höchstens aber soviel wie die Gläubiger der Gruppe 1. Im Übrigen gelten dieselben Bedingungen wie bei der Gruppe 1.

- Gläubiger mit einer Hauptforderung von 10.000,00 EUR und darüber (Gruppe 3)

Diese Gläubiger sollen eine Quote von 20 % auf ihre Hauptforderung erhalten, höchstens aber soviel wie die Gläubiger der Gruppe 2. Im Übrigen gelten dieselben Bedingungen wie bei den anderen Gläubigern.

Alle an diesem Vergleich partizipierenden Gläubiger erklären mit der Annahme dieses Vergleiches einen – aufschiebend bedingten – Teilerlass bezüglich des verbleibenden Restbetrages ihrer Hauptforderung sowie etwaiger hierauf zwischenzeitlich anfallender Kosten und Zinsen. Der Forderungsverzicht wird dann wirksam, wenn die letzte Rate des vorstehenden Vergleichsvorschlages fristgerecht bezahlt worden ist.[2] Die mit der Zustimmung zu diesem Vergleichsvorschlag gleichzeitig erklärte Stundung der einleitend angegebenen Forderung wird aufschiebend dadurch erklärt, dass die Ratenzahlungen nicht spätestens 21 Tage nach der jeweiligen Fälligkeit überwiesen werden.

Der Teilverzicht wird weiterhin teilweise auflösend bedingt erklärt. Die Fa. . . . . . gewährt den an diesem Vergleich partizipierenden Gläubigern danach einen Besserungsschein gem. den nachstehenden Bedingungen:

Soweit die Gläubiger im Rahmen dieses Vergleichs teilweise auf ihre Forderungen verzichtet haben, leben diese bis zu einer Quote von insgesamt ..... [zB 75 %, bezogen auf die (unverzinste) Hauptforderung] wieder auf, sobald und soweit die Fa. ..... zukünftig wieder Bilanzgewinne erzielt (nachdem etwaige Verluste aus vorangegangenen Jahren wieder aufgefüllt wurden). Die Forderungen der Gläubiger der 3. Gruppe leben zuerst auf; die der 2. Gruppe leben dann wieder auf, wenn die Gläubiger der 3. Gruppe in Höhe von 75 % befriedigt sind. Entsprechendes gilt für die Gläubiger der 1. Gruppe, wenn die Gläubiger der 2. Gruppe zu 75 % befriedigt sind.[3] Der Besserungsschein ist befristet bis zum ..... [zB 5 Jahre], mit der Maßgabe, dass etwaige Bilanzgewinne zum ..... ebenfalls noch für die Erfüllung des Besserungsscheins herangezogen werden müssen.

Aufgrund der sehr strengen Insolvenzantragspflichten nach deutschem GmbH-Recht[4] muss ich als Geschäftsführer der Gesellschaft jetzt sehr kurzfristig Klarheit über die Frage haben, ob alle Gläubiger dem vorstehenden Moratorium zustimmen können. Der Vergleich kann nur dann zustande kommen, wenn alle beteiligten Gläubiger diesem zustimmen. Angesichts des drohenden Ablaufs der Frist, in welcher ein Insolvenzantrag über das Vermögen der Gesellschaft gestellt werden kann und muss, muss ich Sie bitten, Ihre Annahme durch Gegenzeichnung und Rücksendung dieses Schreibens (bitte vorab per Fax) bis spätestens zum

.....

zu erklären. Sollte nur ein Gläubiger dem Vergleich nicht zustimmen können, muss ein Insolvenzantrag gestellt werden, mit der Folge, dass die ungesicherten Gläubiger nur Aussicht auf eine geringe Insolvenzquote haben.

Selbstverständlich bemühe ich mich jedoch weiterhin darum, ausreichende Mittel zu beschaffen, um sämtliche Gläubiger in voller Höhe zu befriedigen. Dies erscheint jedoch zum jetzigen Zeitpunkt faktisch ausgeschlossen.

Ich darf Sie weiterhin bitten, mir – ebenfalls innerhalb der oben genannten Frist – verbindlich zu erklären, dass die einleitend genannte Hauptforderung den Tatsachen entspricht.[5] Andernfalls bitte ich um Übermittlung einer verbindlichen Forderungsaufstellung, damit Ihre Forderung entsprechend berücksichtigt werden kann.

Ich bedauere, dass ich diesen Schritt gehen muss und bitte Sie erneut – im Interesse aller – Ihre Zustimmung zu dem Vergleich innerhalb der genannten Frist zu erklären. Bei Annahme des Vergleichsangebots durch sämtliche Gläubiger ist sichergestellt, dass die Firma ..... nicht zahlungsunfähig ist. Die angebotenen Zahlungen sind zudem so bemessen, dass sie aus der vorhandenen und planmäßig zukünftig entstehenden Liquidität geleistet werden können, ohne dass eine Beeinträchtigung des laufenden Geschäftsbetriebs zu befürchten ist.[6]

Zu dem gesamten Vorstehenden stehe ich Ihnen gerne wegen weiterer Rückfragen zur Verfügung.

.....

Geschäftsführer

Anmerkungen

1. Auf die taktischen Hinweise (→ Form. B. II. 1) wird verwiesen. Zur „Einstellung der Zwangsvollstreckung in der außergerichtlichen Schuldenbereinigung" s. *Winter* Rpfleger 2002, 119; vgl. auch AG Elmshorn NZI 2000, 329.

Bei einem außergerichtlichen Vergleich muss der Schuldner die Gläubiger grundsätzlich gleich behandeln. Allerdings kann es sinnvoll sein, Gruppen zu bilden, welche unterschiedlich behandelt werden. Gerade dann, wenn es zahlreiche kleine Gläubiger gibt, sollten diese ganz oder zu einem großen Teil befriedigt werden, damit eine Zustimmung aller Gläubiger besser erreicht werden kann. Eine **Gläubiger-Ungleichbehandlung** bei mehreren Gruppen ist jedenfalls dann zulässig, wenn alle Gläubiger, insbesondere diejenigen, die schlechter behandelt werden, ihr zustimmen.

2. Die Bedingung ist wichtig, da der Gläubiger den Verzicht nur für den Fall erklären möchte, dass er und alle übrigen Gläubiger auch entsprechend dem Vergleichsvorschlag befriedigt werden.

3. Sowohl bei der Gruppenbildung als auch beim Besserungsschein sind die Besonderheiten des Einzelfalls zu berücksichtigen. In Betracht kommt zB auch eine Gleichbehandlung aller Gläubiger, ein Besserungsschein zu 100 % unter Einschluss der inzwischen angefallenen Zinsen, eine Verlängerung oder Verkürzung der Zeiträume etc. Es empfiehlt sich, die Eckdaten vorab mit den größten Gläubigern abzustimmen.

4. → Vorb. B. II. 1 d) bb).

5. Dies führt zu einer Selbstbindung des jeweiligen Gläubigers, aber auch zu Rechtssicherheit beim Schuldner.

6. Nach der Rechtsprechung des BGH kann ein Indiz für das Vorliegen einer Zahlungsunfähigkeit (hier der deutliche Hinweis des Geschäftsführers, die fälligen Zahlungspflichten nicht erfüllen zu können) dadurch entkräftet werden, dass ein ernsthafter und in Ansätzen umgesetzter Sanierungsvergleich durchgeführt wird. Um zu verhindern, dass Gläubiger einem erhöhten Anfechtungsrisiko (§ 129 ff. InsO) ausgesetzt werden, sollte daher sichergestellt und dokumentiert werden, dass ein „schlüssiges, von den tatsächlichen Gegebenheiten ausgehendes Sanierungskonzept vorliegen, das mindestens in den Anfängen schon in die Tat umgesetzt worden ist und beim Schuldner die ernsthafte und begründete Aussicht auf Erfolg rechtfertigt" (BGH NZI 2012, 142 Rn. 11 mwN).

Formulierungsvorschlag Annahmeerklärung des Gläubigers:

„Annahmeerklärung:

1. **Wir bestätigen, dass wir gegen die Fa. . . . . . eine Forderung in Höhe von . . . . . EUR haben. Eine aktuelle Forderungsaufstellung fügen wir bei, wenn diese Summe von der oben genannten abweicht.**
2. **Wir nehmen hiermit ausdrücklich das oben angebotene Stundungs-, Ratenzahlungs- und Teilerlassangebot sowie die Besserungsscheinabrede an.**

. . . . . den . . . . .

. . . . .

[Unterschrift, Stempel]

7. Außergerichtliche Schuldenbereinigung (natürliche Person als Schuldnerin)

Es kann inhaltlich auf → Form. B. II. 6 verwiesen werden. Es gelten aber folgende Besonderheiten:

Bei der außergerichtlichen Schuldenbereinigung einer natürlichen Person sind die Besonderheiten der §§ 305 ff. InsO zu beachten. Wenn ein Verbraucher im Sinne der §§ 305 ff. InsO ein Insolvenzverfahren mit dem Ziel einer Restschuldbefreiung anstrebt, so hat er nach § 305 Abs. 1 Nr. 1 InsO bei Gericht eine Bescheinigung vorzulegen, die von einer geeigneten Person oder Stelle ausgestellt ist und aus der sich ergibt, dass eine außergerichtliche Einigung mit den Gläubigern über die Schuldenbereinigung auf der Grundlage eines Plans innerhalb der letzten sechs Monate vor dem Eröffnungsantrag erfolglos versucht worden ist. Neben Rechtsanwälten kann auch anderen Personen und Einrichtungen vom zuständigen Justizministerium die „Geeignetheit" im Sinne der Vorschrift bescheinigt werden (vgl. hierzu ausführlich Uhlenbruck/*Sternal* InsO § 305 Rn. 45 ff.; *Becker* KTS 2000, 157; vgl. VG Düsseldorf 2000, 157). Wird nach dem Beginn der Verhandlungen über eine außergerichtliche Schuldenbereinigung von einem Gläubiger (dennoch) ein Vollstreckungsversuch unternommen, so ist das Vorlegen einer solchen Bescheinigung nach § 305a InsO entbehrlich.

Bei einer natürlichen Person als Schuldnerin gilt die strenge Insolvenzantragspflicht des § 15a InsO nicht. Daher steht für Verhandlungen mit den Gläubigern ein längerer Zeitraum zur Verfügung. Gleichwohl sollte eine – großzügig bemessene – Frist zur Abgabe der Annahmeerklärung gesetzt werden, um dem Angebot Nachdruck zu verleihen.

8. Schuldnerinsolvenzantrag-Verbraucherinsolvenz (natürliche Person als Schuldnerin)

Wenn der Schuldner ein Verbraucher im Sinne der §§ 305 ff. InsO ist, dann besteht für die Insolvenzantragstellung ein Formularzwang. Die Formulare können im Internet abgerufen werden zB unter „http://www.justiz.nrw.de/BS/formulare/insolvenz/index.php". Dabei ist insbesondere darauf zu achten, dass das Scheitern der außergerichtlichen Schuldenbereinigung durch eine zuständige Stelle oder Person bescheinigt wird.

9. Schuldnerinsolvenzantrag – natürliche Person, die nicht unter die Regelung der Verbraucherinsolvenz fällt

An das

Amtsgericht

. . . . . .

– Insolvenzgericht –[1]

Insolvenzantrag

über das Vermögen des . . . . . .

– nachstehend „Schuldner" –

Unter Beifügung einer auf uns lautenden Originalvollmacht (Anlage 1) zeigen wir an, dass wir die rechtlichen Interessen des Schuldners vertreten. Namens und in Vollmacht des Schuldners stellen wir hiermit den Antrag

über sein Vermögen das Insolvenzverfahren (Regelinsolvenzverfahren) zu eröffnen.

Des Weiteren fügen wir diesem Schreiben einen vom Schuldner bereits unterzeichneten Antrag auf Restschuldbefreiung nach § 287 InsO und eine Abtretung seiner laufenden Bezüge auf einen Treuhänder bei (Anlage 2). Unser Mandant behält sich vor, einen Antrag auf Verfahrenskostenstundung zu stellen, falls das Gericht zur Erkenntnis gelangen sollte, dass die vorhandenen Mittel nicht ausreichen, um die Verfahrenskosten zu decken.

Der Schuldner hat aus seiner ehemaligen Tätigkeit als Einzelunterunternehmer erhebliche Verbindlichkeiten angehäuft, welche er aus seinen laufenden Einkünften nicht zurückführen kann. Ein Verzeichnis der Gläubiger und ihrer Forderungen fügen wir diesem Schreiben bei (Anlage 3).[2] Die Bilanzsumme des letzten Geschäftsjahres betrug . . . . . . EUR. Der Schuldner erzielte im letzten Geschäftsjahr Umsatzerlöse in Höhe von . . . . . . EUR. Die durchschnittliche Zahl der Arbeitnehmer lag im letzten Geschäftsjahr bei . . . . . .[3] Eine vom Schuldner unterzeichnete Erklärung über die Richtigkeit und Vollständigkeit der vorstehenden sowie der in Anlage 3 gemachten Angaben fügen wir diesem Schreiben als Anlage 4 bei.[4] Zwei Gläubiger unternehmen zurzeit die gerichtliche Geltendmachung ihrer Ansprüche gegen den Schuldner. Es sind Klagen der A-Bank und der B-Bank gegen den Schuldner vor dem Landgericht . . . . . . anhängig, und es steht zu befürchten, dass die Banken aus etwaigen im Prozess erlangten Titeln gegen den Schuldner die Zwangsvollstreckung betreiben.

Wir gehen davon aus, dass aufgrund der ehemaligen selbständigen Tätigkeit vorliegend die Voraussetzungen eines Regelinsolvenzverfahrens gegeben sind. Der Schuldner hat seine selbständige Tätigkeit zwar inzwischen eingestellt, aber es werden – ausweislich der beigefügten Gläubigerliste – Ansprüche der Berufsgenossenschaft wegen nicht gezahlter Beiträge geltend gemacht. Des Weiteren ergibt sich aus der Gläubigerliste, dass der Schuldner insgesamt 27 verschiedene Gläubiger hat.

Vorsorglich weisen wir aber darauf hin, dass die beiden vorerwähnten Banken ein Angebot des Schuldners auf außergerichtliche Schuldenbereinigung zurückgewiesen haben (vgl. § 305 Abs. 1 Nr. 1 InsO). Den Banken, die eine Forderung gegen den Schuldner iHv insgesamt rd. 1.000.000,00 EUR haben, wurde außergerichtlich eine Einmalsumme von 53.000,00 EUR angeboten, welche quotal auf die Banken zu verteilen gewesen wäre. Den Betrag hätte der Schuldner als Darlehen aufgenommen. Da er keine wesentlichen anderen Verbindlichkeiten hatte und hat, hätte die Voraussetzung eines außergerichtlichen Schuldenbereinigungsplans nach § 305 Abs. 1 Nr. 1 InsO vorgelegen. Kurz nach dem Scheitern des Vergleichsversuchs haben die Banken die Ansprüche gerichtlich geltend gemacht (vgl. § 305a InsO, welcher analog heranzuziehen wäre).[5]

Sollte das Gericht noch weiteren Vortrag für erforderlich halten, bitten wir um einen entsprechenden Hinweis.[6]

Einen etwaig vom Gericht bestellten Gutachter bitten wir, zwecks Vereinbarung eines Termins unmittelbar mit uns Kontakt aufzunehmen.

. . . . . .

Rechtsanwalt

Anmerkungen

1. Für die Einschlägigkeit der Regelungen über die Verbraucherinsolvenz kennt § 304 InsO eine komplizierte Regel. Danach fallen nicht unter die Verbraucherinsolvenzvorschriften solche natürliche Personen, die

- entweder zum Zeitpunkt der Antragstellung eine selbständige wirtschaftliche Tätigkeit ausüben;
- **oder** in der Vergangenheit eine selbständige wirtschaftliche Tätigkeit ausgeübt haben und gegen die zum Zeitpunkt der Antragstellung noch Forderungen aus Arbeitsverhältnissen bestehen (zu diesen gehören auch unbezahlte Sozialversicherungsbeiträge);
- **oder** in der Vergangenheit eine selbständige wirtschaftliche Tätigkeit ausgeübt haben und zum Zeitpunkt der Antragstellung noch 20 oder mehr Gläubiger haben.

In solchen Fällen hat der Schuldner einen „normalen" Insolvenzantrag zu stellen (zur Abgrenzung BGH NJW 2003, 591; *Graf-Schlicker/Remmert* NZI 2001, 569; vgl. auch BT-Drs. 14/5680, 30):

2. Seit Inkrafttreten des ESUG sieht § 13 Abs. 1 S. 3 InsO vor, dass dem Antrag des Schuldners ein Verzeichnis der Gläubiger und ihrer Forderungen beizufügen ist. Wenn der Schuldner einen Geschäftsbetrieb hat, der nicht eingestellt ist, **sollen** in dem Verzeichnis besonders kenntlich gemacht werden die höchsten Forderungen (Nr. 1), die höchsten gesicherten Forderungen (Nr. 2), die Forderungen der Finanzverwaltung (Nr. 3), die Forderungen der Sozialversicherungsträger (Nr. 4) sowie die Forderungen aus betrieblicher Altersversorgung (Nr. 5). Diese Angaben **müssen** gemäß § 13 Abs. 1 S. 6 InsO gemacht werden, wenn der Schuldner Eigenverwaltung beantragt (Nr. 1), der Schuldner die Merkmale des § 22a Abs. 1 InsO erfüllt (Nr. 2) oder die Einsetzung eines vorläufigen Gläubigerausschusses beantragt wurde (Nr. 3)

3. Wenn der Schuldner einen Geschäftsbetrieb hat, der nicht eingestellt ist, hat der Schuldner gemäß § 13 Abs. 1 S. 5 InsO auch Angaben zur Bilanzsumme, zu den Umsatzerlösen und zur durchschnittlichen Zahl der Arbeitnehmer des vorangegangenen Geschäftsjahres zu machen. Im Falle der – wie hier – bereits erfolgten Einstellung des Geschäftsbetriebes sind solche Angaben nicht zwingend erforderlich, erleichtern aber die Beurteilung des Insolvenzantrags durch das Gericht, insbes. die Einordnung des Verfahrens als Regelinsolvenzverfahren.

4. Gemäß § 13 Abs. 1 S. 7 InsO ist dem Verzeichnis über die Gläubiger und ihre Forderungen sowie den Angaben zur Bilanzsumme, den Umsatzerlösen und zur durchschnittlichen Zahl der Arbeitnehmer des vorangegangenen Geschäftsjahres eine Erklärung beizufügen, dass die enthaltenen Angaben richtig und vollständig sind.

5. Der Hinweis auf die Vorschriften der §§ 305 ff. InsO dürfte zwar entbehrlich sein, er vermeidet aber ggf. weitere Nachforschungen des Insolvenzgerichts und verhindert damit unnötigen Zeitverlust. → Anm. 1.

6. Zu dem für die Zulässigkeit des Eigenantrags notwendigen Vortrag vgl. BGHZ 153, 205; AG Köln NZI 2008, 315.

10. Insolvenzantrag bei juristischer Person als Schuldner ohne Antrag auf Einleitung eines Schutzschirmverfahrens (§ 270b InsO)

An das

Amtsgericht

. . . . . .

– Insolvenzgericht –

Insolvenzantrag[1]

über das Vermögen der Fa. . . . . . .

– nachstehend „Schuldnerin" –

Sehr geehrte Damen und Herren,

unter Beifügung einer auf uns lautenden Vollmacht (Anlage 1) zeigen wir an, dass wir die rechtlichen Interessen der Schuldnerin in obiger Angelegenheit vertreten. Namens und in Vollmacht der Schuldnerin stellen wir hiermit den Antrag,

das Insolvenzverfahren über ihr Vermögen zu eröffnen.

Die Gesellschaft ist im Handelsregister des Amtsgerichts . . . . . . unter HRB . . . . . . eingetragen. Geschäftsführer ist Herr . . . . . ., welcher auch die beifügte Vollmacht unterzeichnet hat. Eine Kopie des Handelsregisterauszuges (vom . . . . . .) fügen wir diesem Antrag bei (Anlage 2). Der Auszug ist auf dem aktuellen Stand.

Die Gesellschaft wurde am . . . . . . gegründet. Sitz der Gesellschaft ist . . . . . . Die Adresse lautet: . . . . . .

Die Schuldnerin ist zahlungsunfähig. Die am . . . . . . fällig gewordenen Sozialversicherungsbeiträge iHv ca. . . . . . . EUR hätten zwar aus der von der Hausbank zur Verfügung gestellten Kontokorrentlinie noch gezahlt werden können. Eine entsprechende Überweisung wurde auch in Auftrag gegeben. Allerdings hat die Hausbank die Überweisung nicht ausgeführt, ohne dass eine ausdrückliche Kündigung der Linie erfolgt wäre. Aufgrund des faktischen Handelns der Bank sowie der Äußerungen der für die Schuldnerin zuständigen Mitarbeiter der Bank muss davon ausgegangen werden, dass diese die Linie entweder bereits konkludent „eingefroren" hat oder aber in den nächsten Tagen kündigen wird.

Intensive Sanierungsversuche aus der Vergangenheit blieben ebenfalls ohne Erfolg. Daher musste die Geschäftsführung jetzt in Ansehung der gesetzlichen Insolvenzantragspflichten einen Insolvenzantrag stellen.

Eine die Kosten des Verfahrens deckende verfügbare Masse dürfte angesichts des vorhandenen unbelasteten Vermögens (Lagerbestände, Debitoren) gegeben sein.

Die Gesellschaft beschäftigt . . . . . . Arbeitnehmer. Die Gehälter für . . . . . . wurden bezahlt. Zur Sicherstellung einer Fortführung des Geschäftsbetriebes erscheint aber jedenfalls wegen der Ende des Monats . . . . . . fällig werdenden Gehälter eine Insolvenzgeldvorfinanzierung angezeigt. Zu diesem Zweck wird angeregt, möglichst kurzfristig einen vorläufigen Insolvenzverwalter einzusetzen. Eine wenigstens vorübergehende Fortführung des Geschäftsbetriebs erscheint möglich und wünschenswert. Des Weiteren haben schon Gespräche über eine mögliche Auffanglösung stattgefunden, sodass nach jetziger Einschätzung der Erhalt eines erheblichen Teils der Arbeitsplätze nicht ausgeschlossen ist.

Ein Verzeichnis der Gläubiger und ihrer Forderungen fügen wir diesem Schreiben bei (Anlage 3). Die Bilanzsumme des letzten Geschäftsjahres betrug . . . . . . EUR. Der Schuldner erzielte im letzten Geschäftsjahr Umsatzerlöse iHv . . . . . . EUR. Die durchschnittliche Zahl der Arbeitnehmer lag im letzten Geschäftsjahr bei . . . . . . Eine vom Schuldner unterzeichnete Erklärung über die Richtigkeit und Vollständigkeit der vorstehenden sowie der in Anlage 3 gemachten Angaben fügen wir diesem Schreiben als Anlage 4 bei. Wir bitten das Gericht bzw. einen vom Gericht eingesetzten Gutachter/vorläufigen Insolvenzverwalter, sich zur Abstimmung eines Gesprächstermins unmittelbar mit dem Unterzeichner in Verbindung zu setzen.

. . . . . .

Rechtsanwalt

Anmerkungen

→ Form. B. II. 9 Anm. 2–4.

11. Insolvenzantrag bei juristischer Person mit Antrag auf Einleitung des Schutzschirmverfahrens (§ 270b InsO)

An das

Amtsgericht

. . . . .

– Insolvenzgericht –

Insolvenzantrag[1]

über das Vermögen der Fa. . . . . .

– nachstehend „Schuldnerin“ –

Sehr geehrte Damen und Herren,

unter Beifügung einer auf uns lautenden Vollmacht (Anlage 1) zeigen wir an, dass wir die rechtlichen Interessen der Schuldnerin in obiger Angelegenheit vertreten. Namens und in Vollmacht der Schuldnerin stellen wir hiermit den Antrag,

1. das Insolvenzverfahren über ihr Vermögen zu eröffnen,
2. die Eigenverwaltung anzuordnen (§§ 270 ff. InsO),
3. der Schuldnerin eine Frist von [höchstens drei Monaten] zur Vorlage eines Insolvenzplans zu setzen (§ 270b Abs. 1 S. 1 und 2 InsO),
4. Maßnahmen der Zwangsvollstreckung gegen die Schuldnerin zu untersagen und bereits begonnene Maßnahmen einstweilen einzustellen, soweit nicht unbewegliche Gegenstände betroffen sind (§§ 270b Abs. 2, 21 Abs. 2 S. 1 Nr. 3 InsO),
5. anzuordnen, dass die Schuldnerin Masseverbindlichkeiten begründen kann, § 270b Abs. 3 InsO,
6. Herrn RA Dr. . . . . . als vorläufigen Sachwalter zu bestellen.

Die Gesellschaft ist im Handelsregister des Amtsgerichts . . . . . unter HRB . . . . . eingetragen. Geschäftsführer ist Herr . . . . ., welcher auch die beifügte Vollmacht unterzeichnet hat. Eine Kopie des Handelsregisterauszuges (vom . . . . .) fügen wir diesem Antrag bei (Anlage 2). Der Auszug ist auf dem aktuellen Stand.

Die Gesellschaft wurde am . . . . . gegründet. Sitz der Gesellschaft ist . . . . . Die Adresse lautet: . . . . .

Der Wirtschaftsprüfer der Schuldnerin hat nach Einsichtnahme in die vorläufigen Planzahlen für die Geschäftsjahre . . . . . und . . . . . in der vergangenen Woche erklärt, dass er der Schuldnerin voraussichtlich keine positive Fortführungsprognose wird testieren können. Es ist bereits jetzt absehbar, dass die vorhandene Liquidität voraussichtlich nicht ausreichen wird, um die Ende Dezember . . . . . fällig werdenden Gehaltsforderungen zu erfüllen. Der Schuldnerin droht mithin die Zahlungsunfähigkeit im Sinne des § 18 Abs. 2 InsO. Das unter Liquidationsgesichtspunkten bewertete Vermögen der Schuldnerin beträgt . . . . . EUR. Dem stehen Verbindlichkeiten in Höhe von . . . . . EUR gegenüber. Die Schuldnerin ist daher auch überschuldet im Sinne des § 19 Abs. 2 InsO. Sie ist indessen noch nicht zahlungsunfähig im Sinne des § 17 Abs. 2 InsO, wie sich aus der als Anlage 3 beigefügten Bescheinigung des Wirtschaftsprüfers und Steuerberaters . . . . . ergibt.[2]

Ein Verzeichnis der Gläubiger und ihrer Forderungen fügen wir diesem Schreiben als Anlage 4 bei. Die Bilanzsumme des letzten Geschäftsjahres betrug . . . . . EUR. Der Schuldner erzielte im letzten Geschäftsjahr Umsatzerlöse in Höhe von . . . . . EUR. Die durchschnittliche Zahl der Arbeitnehmer lag im letzten Geschäftsjahr bei . . . . . Eine vom Schuldner unterzeichnete Erklärung über die Richtigkeit und Vollständigkeit der vorstehenden sowie der in Anlage 4 gemachten Angaben fügen wir diesem Schreiben als Anlage 5 bei.

Die Schuldnerin erfüllt die Voraussetzung der Anordnung der Eigenverwaltung nach § 270 Abs. 2 InsO. Insbesondere liegen keine Umstände vor, die erwarten lassen, dass die Anordnung zu Nachteilen für die Gläubiger führen wird (§ 270 Abs. 2 Nr. 2 InsO). Insofern gilt es insbesondere zu berücksichtigen, dass die Schuldnerin nicht durch Fehler des eigenen Managements, sondern vielmehr durch die Insolvenz ihres größten Kunden in wirtschaftliche Schieflage und letztlich in die materielle Insolvenz geraten ist.

Die beantragte Frist von [höchstens drei Monaten] zur Vorlage eines Insolvenzplans ist angemessen. In kürzerer Zeit wird es der Schuldnerin nicht gelingen, einen Konsens über die erforderlichen Sanierungsmaßnahmen mit den maßgeblichen Gläubigern herbeizuführen.

Die beabsichtigte Sanierung ist nicht offensichtlich aussichtslos (§ 270b Abs. 1 S. 1 InsO). Stattdessen hat eine Sanierung, wie sich aus der als Anlage 3 beigefügten Bescheinigung des Wirtschaftsprüfers und Steuerberaters . . . . . ergibt, sehr gute Aussicht auf Erfolg. Herr . . . . . ist in Insolvenzsachen in besonderem Maße erfahren. Seine Expertise gründet sich auf eine langjährige Erfahrung als Insolvenzverwalter.

Eine die Kosten des Verfahrens deckende verfügbare Masse dürfte angesichts des vorhandenen unbelasteten Vermögens (Lagerbestände, Debitoren) gegeben sein.

Um eine nahtlose Fortführung des Geschäftsbetriebs zu gewährleisten wird angeregt, eine Anordnung nach § 270b Abs. 3 InsO zu treffen und anzuordnen, dass die Schuldnerin im Antragsverfahren Masseverbindlichkeiten begründet werden können. Die X-Bank hat sich ausweislich des Schreibens Anlage 6 bereit erklärt, einen Massekredit zu gewähren, der ausreichend bemessen ist um die Fortführung im Antragsverfahren aufrecht erhalten zu können.[3]

Das Gericht wird ersucht, Herrn RA Dr. . . . . . als vorläufigen Sachwalter zu bestellen. Dr. . . . . . ist als überregional tätiger Insolvenzverwalter bekannt. Als Referenzverfahren sind zu nennen . . . . .. Er ist personenverschieden von dem vorstehend genannten Ersteller der Bescheinigung nach § 270b Abs. 1 S. 1 InsO. Es gibt keinerlei Anhaltspunkte dafür, dass Dr. . . . . . nicht für die Übernahme des Amtes als Sachwalter geeignet ist.[4]

. . . . .

Rechtsanwalt

Anmerkungen

1. In Fällen drohender Zahlungsunfähigkeit oder Überschuldung besteht für den Schuldner die Möglichkeit der Durchführung eines Schutzschirmverfahrens nach § 270b InsO, wenn eine angestrebte Sanierung nicht offensichtlich aussichtslos ist. Dazu muss der Schuldner zusätzlich zum Insolvenzantrag einen Antrag auf Bestimmung einer Frist zur Vorlage eines Insolvenzplans sowie einen Antrag auf Eigenverwaltung stellen.

2. Mit dem Antrag hat der Schuldner eine mit Gründen versehene Bescheinigung eines in Insolvenzsachen erfahrenen Steuerberaters, Wirtschaftsprüfers oder Rechtsanwalts oder einer Person mit vergleichbarer Qualifikation vorzulegen, aus der sich ergibt, dass drohende Zahlungsunfähigkeit oder Überschuldung, aber keine Zahlungsunfähigkeit vorliegt und die angestrebte Sanierung nicht offensichtlich aussichtslos ist. Sofern eine solche Bescheinigung nicht vorliegt bzw. nicht rechtzeitig zur Antragstellung erstellt werden kann, ist es möglich, einen Eröffnungsantrag nach § 270a InsO zu stellen.

3. Nach § 270b Abs. 3 InsO kann das Gericht anordnen, dass der Schuldner im Antragsverfahren Masseverbindlichkeiten begründen kann. § 55 Abs. 2 InsO gilt insoweit entsprechend (vgl. OLG Naumburg NZI 2014, 454). Diese Möglichkeit stärkt die Eigenverwaltung im Antragsverfahren, da zum einen die Aufnahme von Massekrediten erleichtert wird und zum Lieferanten auch aus der späteren Insolvenzmasse befriedigt werden können. Daher kann vermieden werden, dass Lieferanten nur gegen Vorkasse liefern, was die Liquidität des Unternehmens im Antragsverfahren schont. Eine solche Anordnung sollte nur erfolgen, wenn eine ausreichende Finanzierung gesichert ist. Die Verweigerung der Anordnung kann nicht mit der sofortigen Beschwerde angegriffen werden, § 6 Abs. 1 InsO (vgl. BGH NZI 2013, 342 mAnm *Vallender* und *Weissinger*).

4. Nach § 270b Abs. 2 InsO darf der Antragsteller einen durch das Gericht zu bestellenden Sachwalter vorschlagen. Das Gericht ist grundsätzlich an den Vorschlag des Schuldners gebunden. Von dem Vorschlag darf das Gericht nur abweichen, wenn die vorgeschlagene Person „offensichtlich für die Übernahme des Amtes nicht geeignet" ist (vgl. AG Stendal ZIP 2012, 1875). Eine abweichende Entscheidung hat das Gericht außerdem zu begründen. Allerdings kann gegen die Bestellung eines anderen Sachwalters kein Rechtsmittel eingelegt werden, § 6 Abs. 1 InsO.

12. Schutzschrift zur Verhinderung einer Eigenverwaltung

Amtsgericht . . . . .

– Insolvenzgericht –
Musterplatz 1

01234 Musterstadt

SCHUTZSCHRIFT

in einem etwaigen Insolvenzantragsverfahren

der im Handelsregister des Amtsgerichts . . . . . unter Nr. HRB . . . . . eingetragenen . . . . . GmbH, vertreten durch den Geschäftsführer . . . . .

– mögliche Schuldnerin –

Wir bestellen uns für die

. . . . . GmbH, eingetragen im Handelsregister des Amtsgerichts . . . . . unter Nr. HRB . . . . ., vertreten durch den Geschäftsführer . . . . .,

– Antragstellerin –

Namens und in Vollmacht der Antragstellerin regen wir für den etwaigen Fall einer Insolvenzantragstellung der möglichen Schuldnerin an,

einen Antrag auf Eröffnung des Insolvenzverfahrens in Eigenverwaltung gem. §§ 270a, 270b InsO abzulehnen;
vorläufige Maßnahmen anzuordnen, um eine nachteilige Veränderung in der Vermögenslage der Schuldnerin zu verhindern, insbesondere einen vorläufigen Insolvenzverwalter gemäß § 21 Abs. 2 Nr. 1 InsO zu bestellen sowie der Schuldnerin ein allgemeines Verfügungsverbot gemäß § 21 Abs. 2 Nr. 2 InsO aufzuerlegen,

hilfsweise,

vor einer Entscheidung über den Eröffnungsantrag und Einleitung etwaiger Sicherungsmaßnahmen nach § 21 InsO die Antragstellerin anzuhören und ihr Gelegenheit zu geben, zum Insolvenzantrag Stellung zu nehmen.

Begründung:

I.

Das Amtsgericht – Insolvenzgericht – [. . . . .] wäre für einen etwaigen Insolvenzantrag der möglichen Schuldnerin §§ 2 Abs. 1, 3 Abs. 1 S. 1 InsO zuständig, da diese ihren Registersitz[1] im Gerichtsbezirk hat.

II.

Die Antragstellerin steht mit der möglichen Schuldnerin in längerer Geschäftsbeziehung und ist deren Hauptlieferant für Rohmaterialien. Die Antragstellerin hat derzeit fällige und unbeglichene Forderungen in Höhe von . . . . .. Es befinden sich nach Kenntnis der Antragstellerin noch erhebliche von ihr unter Eigentumsvorbehalt gelieferte Materialien im Lager der möglichen Schuldnerin.

Glaubhaftmachung: Eidesstattliche Versicherung des Geschäftsführers der Antragstellerin, Anlage 1

Die Antragstellerin ist damit nach Kenntnis der Antragstellerin die mit Abstand größte Gläubigerin der Schuldnerin.

Glaubhaftmachung: wie vor

Die mögliche Schuldnerin trat über ihren Geschäftsführer am . . . . . telefonisch an den Geschäftsführer der Antragstellerin heran und versuchte, diesen zu einem weitgehenden Forderungsverzicht bei Aufrechterhaltung der Lieferbeziehung zu bewegen. Die mögliche Schuldnerin hänge von der Weiterbelieferung durch die Antragstellerin ab, eine anderweitige Finanzierung und die Umstellung auf einen anderen Hauptlieferanten sei der möglichen Schuldnerin kurzfristig nicht möglich.

Glaubhaftmachung: wie vor

Der Geschäftsführer der Antragstellerin machte dem Geschäftsführer der möglichen Schuldnerin im Rahmen des Telefonates deutlich, dass er nicht bereit ist, auf das Ansinnen einzugehen.

Glaubhaftmachung: wie vor

Der Geschäftsführer der möglichen Schuldnerin erklärte daraufhin gegenüber dem Geschäftsführer der Antragstellerin, dass er zusammen mit seinem Berater kurzfristig einen Insolvenzantrag zur Einleitung eines Eigenverwaltungsverfahrens vorbereiten und ggf. auch stellen werde. Dann werde die Antragstellerin „schon sehen was sie davon habe“.[2]

Glaubhaftmachung: wie vor

Für den Fall, dass die mögliche Schuldnerin tatsächlich einen Antrag auf Eigenverwaltung stellen sollte, ist bereits jetzt davon auszugehen, dass eine Anordnung der Eigenverwaltung zu erheblichen Nachteilen für die Antragstellerin, aber auch für andere Gläubiger der möglichen Schuldnerin führen wird. Eine Fortsetzung der Lieferbeziehung mit der möglichen Schuldnerin erscheint ausgeschlossen, da die Vertrauensbasis für eine solche Weiterbelieferung in Frage gestellt wurde.

Darüber hinaus besteht das Risiko, dass bei Anordnung einer Eigenverwaltung ohne gleichzeitige Anordnung von Sicherungsmaßnahmen die Lagerbestände der Schuldnerin, welche im Wesentlichen im Vorbehaltseigentum der Antragstellerin stehen, bei Seite geschafft werden.

III.

Aufgrund des bisherigen Verhaltens der Vertreter der möglichen Schuldnerin erscheint die Anordnung vorläufiger Maßnahmen im Sinne des § 21 Abs. 2 Nr. 1u. 2 InsO auch für die Schuldnerin daher unerlässlich, um eine weiterer nachteilige Veränderung in der Vermögenslage zu verhindern.

Vorsorglich regen wir abschließend an, dass ein etwaiger Insolvenzantrag über das Vermögen der Schuldnerin der Antragstellung zur sehr kurzfristigen Kenntnis- und Stellungnahme übermittelt wird, bevor weitere gerichtliche Maßnahmen eingeleitet werden. Sofern zur Aufklärung des Sachverhalts weitere als die diesem Schriftsatz beigefügten Informationen benötigt werden, bitten wir um entsprechenden Hinweis des Gerichts.

IV.

Abschließend stellen wir klar, dass in diesem Schriftsatz kein Antrag auf Eröffnung eines Insolvenzverfahren über das Vermögen der möglichen Schuldnerin zu sehen ist. Wir behalten uns hingegen vor, zu einem späteren Zeitpunkt einen solchen Insolvenzantrag zu stellen.[3]

. . . . .

Rechtsanwalt

Anmerkungen

1. Sofern es Anhaltspunkte gibt, dass die Schuldnerin den Mittelpunkt ihrer selbstständigen wirtschaftlichen Tätigkeit an einem anderen Ort als dem des allgemeinen Gerichtsstandes hat (vgl. § 3 Abs. 1 S. 2 InsO), so empfiehlt es sich, die Schutzschrift sowohl beim für den Registersitz zuständigen Insolvenzgericht als auch beim dem Insolvenzgericht einzureichen, welcher für den tatsächlichen Sitz der Schuldnerin zuständig wäre.

2. Eine Schutzschrift zur Verhinderung einer Eigenverwaltung sollte nicht leichtfertig und auf Verdacht eingereicht werden, da das Bekanntwerden einer solchen Schutzschrift nachteilige Folgen für den Schuldner haben kann. Daher sollte eine Schutzschrift nur dann eingereicht werden, wenn es konkrete Hinweise darauf gibt, dass ein Insolvenzantrag bald gestellt wird und es nachteilige Folgen für die Gläubiger eintreten können. Es ist im Übrigen auf die Ausführungen → Form. B. II. 1 zu verweisen.

3. Der Hinweis ist vorsorglich und soll verhindern, dass ein Insolvenzantragsverfahren bei Gericht in Gang gesetzt und dem Schuldner die Schutzschrift zur Kenntnisnahme zugeleitet wird, vgl. § 14 Abs. 2 InsO.

13. Antrag auf Aufhebung des Insolvenzverfahrens nach § 212 InsO (natürliche Person)

An das

Amtsgericht

. . . . .

– Insolvenzgericht –

Az. Amtsgericht . . . .

In dem Insolvenzverfahren über das Vermögen des . . . . .

beantrage ich,

das Insolvenzverfahren über mein Vermögen gem. § 212 InsO einzustellen.

Ich rege an,

den Insolvenzverwalter aufzufordern, die Insolvenzverwaltervergütung kurzfristig zu beantragen.[1] Weiterhin rege ich an, dass das Insolvenzgericht kurzfristig die Gerichtskosten festsetzt.

Begründung:

Das Insolvenzverfahren ist auf meinen Antrag hin einzustellen, wenn gewährleistet ist, dass nach der Einstellung in Bezug auf mein Vermögen weder eine Zahlungsunfähigkeit noch eine drohende Zahlungsunfähigkeit, noch eine Überschuldung vorliegt. Mein Antrag ist zulässig, wenn das Fehlen der Eröffnungsgründe glaubhaft gemacht wird. Die Einstellung des Insolvenzverfahrens ist unabhängig davon möglich, ob von vornherein ein Eröffnungsgrund fehlte oder ob der Eröffnungsgrund nachträglich weggefallen ist.

Nach der Einstellung des Insolvenzverfahrens wird bei mir weder Zahlungsunfähigkeit noch drohende Zahlungsunfähigkeit vorliegen.

Meine Lebensgefährtin, ..., hat Rechtsanwalt . . . . . im Rahmen eines Treuhandvertrages auf einem Treuhandkonto unwiderruflich einen Betrag in Höhe von . . . . . EUR mit der Maßgabe zur Verfügung gestellt, dass vor Einstellung des Insolvenzverfahrens sämtliche Gläubiger vollständig befriedigt werden.[2] Die Gerichtskosten und die Insolvenzverwaltervergütung konnten noch nicht abschließend berechnet werden, da die Teilungsmasse bzw. die Insolvenzmasse als Berechnungsgrundlage noch nicht abschließend bekannt waren. Es wurde insoweit eine vorsichtige Schätzung vorgenommen. Die Gerichtskosten und die Insolvenzverwaltervergütung werden, sobald diese abschließend bekannt sind, gleichfalls in voller Höhe durch den Treuhänder befriedigt oder können aus der Insolvenzmasse entnommen werden.

Glaubhaftmachung: . . . . . Kopie des Treuhandvertrages, Anlage A 1

Die Forderungen meiner Gläubiger sind durch Überweisung am . . . . . in folgender Höhe vollständig befriedigt worden:

[Aufstellung der Gläubiger mit zugehöriger Forderung]

Glaubhaftmachung: . . . . . Kopie der Kontoauszüge des Treuhänders, Anlage A 2

Meine Gläubiger haben vorsorglich der Einstellung des Insolvenzverfahrens gem. § 212 InsO ausweislich der in Anlagen A 3 bis A 7 im Original beigefügten Erklärungen zugestimmt.[3] Eine Zahlungsunfähigkeit ist durch Befriedigung aller Gläubiger und durch Sicherstellung der Verfahrenskosten sowie der Verwaltervergütung ausgeschlossen.

Die Schulden, die zur Eröffnung des Insolvenzverfahrens geführt haben, stammen aus einer selbständigen Tätigkeit [ggf. weiter ausführen]. Inzwischen habe ich diese Tätigkeit aber aufgegeben und habe eine auskömmliche abhängige Beschäftigung angenommen [ggf. weiter ausführen]. Daher ist bei normalem Gang der Dinge ausgeschlossen, dass ich erneut in finanzielle Schwierigkeiten gerate. Eine Zahlungsunfähigkeit droht daher auch nicht.

Da für mich als natürliche Person der Insolvenzgrund der Überschuldung nicht einschlägig ist, wird insoweit von einer Glaubhaftmachung abgesehen.

Aus diesem Grunde bitte ich antragsgemäß zu entscheiden. Soweit weiterer Sachvortrag für erforderlich gehalten wird, wird ausdrücklich um einen entsprechenden Hinweis gebeten.

. . . . .

[Schuldner]

Anmerkungen

1. Bis zur Eröffnung des Insolvenzverfahrens kann ein Insolvenzantrag nach § 13 Abs. 2 InsO vom jeweiligen Antragsteller noch zurückgenommen werden. Das Insolvenzgericht hat danach keine Befugnisse mehr, das Verfahren zu eröffnen. Sobald das Insolvenzverfahren (rechtskräftig) eröffnet wurde, kommt eine Antragsrücknahme nicht mehr in Betracht. Stellt sich nach Insolvenzeröffnung heraus, dass ein Insolvenzgrund nicht (mehr) vorliegt oder gelingt es dem Schuldner, sich mit seinen Gläubigern auf eine Aufhebung des Insolvenzverfahrens zu einigen, so kommt eine Aufhebung nach §§ 212 und 213 InsO in Betracht.

Da die Verwaltervergütung abgedeckt werden muss, sollte der Antragsteller möglich frühzeitig Klarheit haben. Es empfiehlt sich, mit dem Verwalter eine Einigung dahingehend zu erzielen, dass er seinen Antrag auf eine bestimmte Höhe der Vergütung beschränkt.

2. Alternativ ist denkbar, dass sich im Laufe der Fortführung des schuldnerischen Unternehmens im Insolvenzverfahren herausstellt, dass das vorhandene Vermögen so groß ist oder inzwischen insoweit verwertet und liquidiert werden konnte, dass der Insolvenzgrund der Zahlungsunfähigkeit weggefallen ist. Schließlich kann auch im laufenden Insolvenzverfahren jederzeit ein Insolvenzplan mit dem Ziel der Aufhebung des Insolvenzverfahrens nach (teilweiser oder) vollständiger Befriedigung aller Gläubiger eingereicht werden. Nach erfolgreicher Abstimmung durch die Gläubigerversammlung und Bestätigung des Insolvenzplans durch das Gericht sowie nach erfolgter Auszahlung der Quoten an die Gläubiger kann das Insolvenzverfahren aufgehoben werden.

3. Wenn eine Zustimmung aller Gläubiger vorliegt, kommt auch eine Einstellung nach § 213 InsO in Betracht (→ Form. B. II. 14).

14. Antrag auf Aufhebung des Insolvenzverfahrens nach § 213 InsO (juristische Person)

An das

Amtsgericht

. . . . .

– Insolvenzgericht –

Az. Amtsgericht . . . . .

In dem Insolvenzverfahren über das Vermögen der Fa . . . . .

– nachstehend „Schuldnerin“ –

bestellen wir uns für den Vorstand der Schuldnerin.

Namens und in Vollmacht der Schuldnerin stellen wir hiermit den Antrag,

das Insolvenzverfahren gem. § 213 InsO einzustellen.

Wir regen an,

den Insolvenzverwalter aufzufordern, die Insolvenzverwaltervergütung zu beantragen.

Weiterhin regen wir an,

die Vergütung des Insolvenzverwalters in beantragter Höhe und die Gerichtskosten kurzfristig festzusetzen.

Begründung:[1]

Das Insolvenzverfahren ist auf Antrag der Schuldnerin einzustellen, wenn die Schuldnerin nach Ablauf der Anmeldefrist die Zustimmung aller Insolvenzgläubiger beibringt, die Forderungen angemeldet haben.

Die schriftliche Zustimmung aller Gläubiger, die nach Ablauf der Anmeldefrist eine Forderung zur Insolvenztabelle angemeldet haben, füge ich als Anlagen A 1 bis A 7 bei.

Aus diesem Grunde bitte ich, antragsgemäß zu entscheiden. Soweit weiterer Sachvertrag für erforderlich gehalten wird, wird ausdrücklich um einen entsprechenden Hinweis gebeten.

. . . . .

Rechtsanwalt

Anmerkungen

1. vgl. Anm. → Form. B. II. 13

15. Sofortige Beschwerde des Gläubigers gegen die Abweisung des Insolvenzantrags

An das

Landgericht

. . . . .

Az. Amtsgericht . . . . .

In dem Insolvenzantragsverfahren über das Vermögen der Fa. . . . . .

– nachstehend „Schuldnerin" –

bestelle ich mich hiermit für die Antragstellerin . . . . .

In deren Namen und Auftrag lege ich gegen den Beschluss des Insolvenzgerichts . . . . . über die Abweisung des Insolvenzantrags wegen Unbegründetheit frist- und formgerecht[1]

sofortige Beschwerde

ein.

Begründung:

Die Abweisung des Insolvenzantrags erfolgte zu Unrecht. Zwar geht das Insolvenzgericht zu Recht von einer Zulässigkeit des Insolvenzantrags aus. Dementsprechend hat das Gericht auch den Sachverständigen RA Dr. . . . . . mit der Erstellung eines Insolvenzgutachtens beauftragt. Der Sachverständige, auf dessen Urteil sich das Insolvenzgericht vollumfänglich stützt, gründet jedoch sein Gutachten zum einen auf falsche Tatsachenannahmen und kommt zum anderen auch zu falschen rechtlichen Schlüssen.

Im Einzelnen:

1.

Der Sachverständige verneint fälschlich eine Überschuldung der Schuldnerin, da er im Vermögensstatus ein Grundstück mit einem Wert . . . . . ausweist und somit zu einem positiven Eigenkapital gelangt. Hierbei hat der Gutachter jedoch nicht berücksichtigt (worauf der Antragsteller diesen mit Schreiben vom . . . . . ausdrücklich hingewiesen hatte), dass das Grundstück einerseits schon einen viel geringeren als den angenommenen Verkehrswert aufweist und zum anderen schon vor einiger Zeit festgestellt wurde, dass das Grundstück wegen umweltgefährdender Verunreinigung einer Sanierung bedarf. Hierbei entstehen Kosten im Umfang von wenigstens . . . . ., welche den Wert des Grundstücks weiter mindern.

Beweis (für das gesamte Vorstehende):
1) Schreiben des Antragstellers an den Gutachter vom . . . . ., Anlage 1
2) Altlastengutachten vom . . . . ., Anlage 2

Daraus ergibt sich, dass die Summe der Passiva der Schuldnerin die Aktiva deutlich übersteigt. Die Schuldnerin ist damit überschuldet im Sinne des § 19 InsO.[2]

2.

Weiterhin ist der Gutachter unzutreffender Weise der Auffassung, der Schuldner sei zahlungsfähig.

Nach der Rechtsprechung des BGH liegt eine Zahlungsunfähigkeit jedenfalls dann vor, wenn der Schuldner nicht in der Lage ist, wenigstens 90 % seiner Verbindlichkeiten mit den vorhandenen flüssigen Zahlungsmitteln (zu denen auch die kurzfristig eingehenden Debitorenzahlungen gezählt werden dürfen) zu begleichen (BGH NJW 2005, 3062). Ein Indiz für das Vorliegen einer Zahlungsunfähigkeit ist außerdem gegeben, wenn größere Forderungen für einen längeren Zeitraum nicht beglichen werden (BGH NZI 2007, 36). Beide Voraussetzungen lagen ausweislich des Gutachtens des Sachverständigen zum Zeitpunkt des Stichtags der Entscheidung des Insolvenzgerichts vor. Der Sachverständige sieht in der Tatsache, dass der Hauptabnehmer der Schuldnerin „kurzfristig" eine größere Zahlung leisten soll, einen Grund, von der zitierten Rechtsprechung abzuweichen. Er nimmt einen Ausnahmefall an, der zu dem Schluss berechtige, es liege nur eine Zahlungsstockung, aber keine Zahlungsunfähigkeit vor. Diese Schlussfolgerung ist hingegen nicht zutreffend. Zum einen ist überhaupt nicht sicher, ob und wann der Hauptabnehmer seine schon seit 12 Wochen fällige Zahlung erbringen wird. Die Forderung gegen die . . . . . GmbH ist im Übrigen mit einem einfachen Eigentumsvorbehalt nicht ausreichend besichert (zumal die Lieferung von der Fa. . . . . . schon von der Schuldnerin längst weiter veräußert wurde).

Zum anderen ist der Geschäftsbetrieb der Schuldnerin auch sonst nicht so aufgestellt, dass er nach Eingang der erwarteten Zahlung ungestört weiterlaufen könnte. Die Schuldnerin hängt ganz offenbar wirtschaftlich von der . . . . . GmbH ab. Die unpünktliche Zahlung im vorliegenden Fall stellt ein Indiz dafür dar, dass sich auch der Hauptabnehmer in Zahlungsschwierigkeiten befindet. Darüber hinaus ergab eine Auskunft der Kreditreform, dass der Bonitätsindex des Hauptabnehmers sehr bedenklich ist.

Beweis: Kopie der Creditreform-Auskunft über die . . . . . GmbH, Anlage 4.

Das Insolvenzverfahren ist daher zu eröffnen. Es wird beantragt, das Insolvenzgericht anzuweisen, das Insolvenzverfahren über das Vermögen der Schuldnerin zu eröffnen.

Hilfsweise wird angeregt, das Insolvenzgericht anzuweisen, einen anderen Gutachter mit der Erstellung eines Gegengutachtens zu beauftragen.

.....

Rechtsanwalt

Anmerkungen

1. Nach § 34 Abs. 1 InsO steht dem Antragsteller bei der Abweisung des Insolvenzantrags die sofortige Beschwerde gem. § 6 InsO zu. Die sofortige Beschwerde kann innerhalb einer Notfrist von 2 Wochen nach Bekanntgabe der Entscheidung beim Insolvenzgericht oder beim Beschwerdegericht (regelmäßig das Landgericht vgl. *Andres/Leithaus* § 6 Rn. 11, 19 mwN) eingereicht werden.

2. Zur Feststellung einer Überschuldung im Sinne von § 19 InsO sind die tatsächlichen Werte des Anlage- und Umlaufvermögens heranzuziehen. Es können daher auch stille Reserven „aufgedeckt" oder von Rangrücktrittsvereinbarungen im Sinne des § 39 Abs. 2 InsO erfasste Forderungen vernachlässigt werden. Dabei können die Werte aus einer vorliegenden Handels- oder Steuerbilanz nur als Anhaltspunkte dienen (BGH NZI 2001, 202; NZI 2001, 300; vgl. auch BGH NZI 2014, 232; NZG 2009, 550).

Auf Grundlage des § 19 InsO ist das Schuldnervermögen nach Liquidationswerten zu bewerten, sofern die Fortführung des Unternehmens nicht überwiegend wahrscheinlich ist. Im Falle einer positiven Fortführungsprognose ist eine Überschuldung von vornherein ausgeschlossen.

Die Darlegungs- und Beweislast für das Vorliegen einer positiven Fortführungsprognose obliegt der Geschäftsleitung (BGH NZG 2010, 1393; NZI 2007, 44).

16. Sofortige Beschwerde des Schuldners gegen die Eröffnung des Insolvenzverfahrens

An das

Landgericht

.....

Az. Amtsgericht .....

In dem Insolvenzverfahren über das Vermögen des .....

– nachstehend „Schuldner" –

bestelle ich mich hiermit für den Schuldner.

In dessen Namen und Auftrag lege ich gegen den Beschluss des Insolvenzgerichts ..... über die Eröffnung des Insolvenzverfahrens gegen den Schuldner frist- und formgerecht

sofortige Beschwerde

ein.

Begründung:

Der Insolvenzantrag des Finanzamtes . . . . . ist unzulässig und unbegründet. Die Eröffnung des Verfahrens erfolgte daher zu Unrecht. Im Einzelnen:

1. Zur Zulässigkeit

Das Finanzamt hat keinen Insolvenzgrund glaubhaft gemacht. Es hat dem Insolvenzantrag vom . . . . . lediglich einen nicht aussagekräftigen und aus sich heraus nicht verständlichen Kontoauszug, nicht jedoch den Bescheid, beigefügt, aus dem sich die angeblichen Steuerverbindlichkeiten des Schuldners ergeben sollen. Bereits aus diesem Grunde hätte das Insolvenzgericht den Insolvenzantrag gar nicht zulassen und den vorläufigen Insolvenzverwalter und Gutachter RA Dr. . . . . . nicht einsetzen dürfen. Die Insolvenzeröffnung beruht damit auf einem unzulässigen Insolvenzantrag und ist bereits aus diesem Grunde aufzuheben (vgl. BGH NZI 2004, 587; OLG Naumburg NZI 2000, 263).

2. Zur Begründetheit

Der Schuldner ist nicht zahlungsunfähig. Eine Zahlungsunfähigkeit liegt nur dann vor, wenn die vorhandenen Zahlungsmittel des Schuldners nicht ausreichen, um seine fälligen Verbindlichkeiten zu begleichen. Diese Voraussetzungen liegen aus zwei Gründen nicht vor:

a) Die Umsatzsteuer-Verbindlichkeiten gegenüber dem Finanzamt folgen aus einem Schätzbescheid.

Beweis: Vorlage des Bescheids des Finanzamts . . . . . vom . . . . . , Anlage 1

Der Schätzbescheid beruht auf aus der Luft gegriffenen Annahmen über angebliche Umsätze des Schuldners aus dem Jahr . . . . . Der Schuldner hatte dem Finanzamt mit Schreiben vom . . . . . mitgeteilt, dass er seinen Geschäftsbetrieb krankheitsbedingt aufgeben musste. Daher hatte er im Jahr . . . . . so gut wie keine Umsätze mehr erzielt.

Beweis: Betriebswirtschaftliche Auswertung für . . . . . mit kumulierten Zahlen für das gesamte Jahr . . . . .

Aus den BWA folgt, dass im Jahr . . . . . Umsätze in Höhe von . . . . . erzielt wurden, während in den Vorjahren etwa 10 mal so hohe Umsätze erzielt wurden.

Da der Schuldner wegen einer schweren Krankheit im Jahr . . . . . mehrfach für längere Zeit stationär im Krankenhaus aufgenommen werden musste, war er nicht in der Lage, entsprechende „Null-Meldungen" für die nicht erzielten Umsätze beim Finanzamt einzureichen. Daraufhin ergingen die entsprechenden Schätzbescheide.

Inzwischen hat der Schuldner die entsprechenden Steuererklärungen nachgereicht.

Beweis: Vorlage der berichtigten Umsatzsteuer-Erklärung für . . . . ., Anlage 3

Das Finanzamt muss kurzfristig einen neuen Umsatzsteuerbescheid erlassen. Aus diesem wird sich ergeben, dass der Schuldner sogar noch einen Erstattungsanspruch gegen das Finanzamt hat.

b) Die Insolvenzeröffnung gründet sich auf einen zwischen Antragsteller und Schuldner strittigen Anspruch. Weitere nennenswerte Verbindlichkeiten hat der Schuldner nicht. Die zum Zeitpunkt der Insolvenzeröffnung vorhandenen Mittel des Schuldners reichten im Übrigen aus, um die weiteren fälligen Verbindlichkeiten zu begleichen. Dies hat auch der Sachverständige . . . . . in seinem Gutachten bestätigt. Allerdings hat der Sachverständige fälschlich angenommen, die Steuerschulden des Schuldners seien unbestritten. Der Grund für diese falsche Annahme liegt offenbar darin, dass der Sachverständige den Schuldner, der vom ..... bis zum ..... wieder in stationärer Behandlung war

Beweis: Vorlage des ärztlichen Attests, Anlage 4,

vor Einreichung des Gutachtens nicht angehört hat.

3. Das Insolvenzverfahren wurde daher zu Unrecht eröffnet. Der sofortigen Beschwerde ist stattzugeben.

.....

Rechtsanwalt

Anmerkungen

→ Form. B. II. 14.

17. Schutzschrift des Geschäftsführers einer GmbH im Hinblick auf den von einem Mitgeschäftsführer angekündigten Insolvenzantrag

Schutzschrift

Az.. .....

betreffend einen möglichen Insolvenzantrag über das Vermögen der Fa. ....., eingetragen im Handelsregister des AG ..... unter HRB .....

– nachstehend „Gesellschaft" –

Unter Beifügung einer auf uns lautenden Vollmacht des Geschäftsführers A der GmbH bestellen wir uns für diesen. In seinem Namen und mit seiner Vollmacht stellen wir den Antrag,

einen etwaigen Insolvenzantrag des Mitgeschäftsführers B als unzulässig und unbegründet zurückzuweisen.

Begründung:

I.

Die Gesellschaft ist ein Joint Venture zwischen der C-GmbH auf der einen und der D-GmbH auf der anderen Seite. Einen Handelsregisterauszug der Gesellschaft fügen wir als Anlage 1 anbei.

Die vorerwähnten Gesellschaften haben mit jeweils 50 %-iger Beteiligung die Gesellschaft gegründet und in diese die vormals selbstständigen operativen Gesellschaften E-GmbH auf der einen Seite sowie F-GmbH auf der anderen Seite wirtschaftlich eingebracht. Entsprechend der jeweils 50 %-igen Gesellschafterbeteiligung waren die Gesellschafter berechtigt, jeweils einen Geschäftsführer der Gesellschaft zu bestellen. Diese Geschäftsführer waren und sind nur gemeinschaftlich vertretungsbefugt. Zwischen den Parteien des Joint Venture kam es zu gesellschaftsrechtlichen Auseinandersetzungen.

II.

Am . . . . . kündigte der Rechtsanwalt des Herrn B an, dass sein Mandant kurzfristig einen Insolvenzantrag stellen wolle, da angeblich ein Wertberichtigungsbedarf in Bezug auf eine Beteiligung vorliege. Der von Herrn B behauptete Insolvenzgrund liegt hingegen – wie noch auszuführen sein wird – nicht vor. Herr A bot daraufhin an, den hälftigen Geschäftsanteil an der Gesellschaft zu übernehmen, Herrn B als Geschäftsführer abzuberufen und ihm Entlastung zu erteilen. Das Angebot wurde von Herrn Rechtsanwalt . . . . . zurückgewiesen.

Glaubhaftmachung: eidesstattliche Versicherung des Herrn A, Anlage 2

III.

Ein Insolvenzantrag über das Vermögen der Gesellschaft wäre unzulässig und unbegründet.

1. Nach § 15 Abs. 2 InsO ist ein Insolvenzantrag, der nicht von allen Mitgliedern des Vertretungsorgans gestellt wird, nur zulässig, wenn der Eröffnungsgrund glaubhaft gemacht wird. Es liegt weder eine ausdrückliche noch eine konkludente Zustimmung des Mitgeschäftsführers A zur Stellung des Insolvenzantrags vor. Eine Glaubhaftmachung des Insolvenzgrundes durch den Antrag stellenden Geschäftsführer B kann nicht erfolgt sein, da die Gesellschaft weder zahlungsunfähig noch überschuldet ist. Dies wird nachstehend noch näher dargelegt werden.
2. Der Mitgeschäftsführer A wurde bislang vom Insolvenzgericht nicht gehört (§ 15 Abs. 2 S. 2 InsO).
3. Sollte der Insolvenzantrag auf Überschuldung und/oder Zahlungsunfähigkeit im Sinne von § 17 bzw. § 19 InsO gestützt werden, so liegen diese Gründe nicht vor.
   a) Die Gesellschaft ist nicht zahlungsunfähig. Es bestehen zurzeit keine nennenswerten fälligen Verbindlichkeiten. Dementsprechend kann auch dahinstehen, ob die Gesellschaft über eine nennenswerte Liquidität verfügt. Soweit in einem etwaigen Insolvenzantrag vom Geschäftsführer B behauptet werden sollte, dass trotzdem in erheblichem Umfang fällige Verbindlichkeiten der Gesellschaft bestehen, ist dies unzutreffend und wird vom Mitgeschäftsführer und 50 %-igen Gesellschafter A bestritten [ggf. weiter auszuführen]. Jedenfalls wurde Herr A niemals von einer etwaigen (auch nur drohenden) Zahlungsunfähigkeit in Kenntnis gesetzt, geschweige denn aufgefordert, eine Zahlungsunfähigkeit zu beseitigen.
   b) Allerdings besteht zwischen den Gesellschaftern der Gesellschaft, vertreten durch Herrn A auf der einen und Herrn B auf der anderen Seite, eine streitig geführte Auseinandersetzung über angeblich von der C-GmbH noch nicht erbrachte Kapitaleinlagen. Hierzu ist aber noch keine abschließende Regelung getroffen worden. Auch wurde kein gerichtliches Verfahren anhängig gemacht. Solange aber eine Zahlungsunfähigkeit von einer bestrittenen Forderung anhängig gemacht wird, ist ein darauf gestützter Insolvenzantrag erst dann zuzulassen, wenn über das Vorliegen der Forderung der Vollbeweis zur Überzeugung des Insolvenzgerichts geführt wurde.
   Die Gesellschaft ist außerdem nicht überschuldet. Ausweislich des in Kopie als Anlage beigefügten Bilanzentwurfs zum Stichtag . . . . . verfügt die Gesellschaft über ein Eigenkapital in Höhe von . . . . . EUR. Ein Wertberichtigungsbedarf besteht nicht [ggf. weiter auszuführen]

IV.

Abschließend und zusammenfassend ist darauf hinzuweisen, dass ein etwaiger Insolvenzantrag von Seiten des Herrn B ausschließlich zur Erreichung zweckwidriger Ziele eingesetzt würde. Der Antrag wäre daher schon aus diesem Grund nach § 14 InsO mangels Rechtsschutzinteresses zurückzuweisen.

Der Geschäftsführer A behält sich ausdrücklich vor, den vorstehenden Sachvortrag zu ergänzen, sofern das Gericht dies nach Sichtung eines eventuellen Insolvenzantrages für erforderlich hält. Der Unterzeichner ist für die Anhörung in einem etwaigen Insolvenzantragsverfahren von Herrn A zustellungsbevollmächtigt.

.....

Rechtsanwalt

Anmerkungen

Vgl. Baumbach/Hueck/*Haas* § 64 Rn. 34c und Rn. 52.

Die Begründung der vorliegenden Schutzschrift eignet sich in weiten Teilen auch für die Begründung einer sofortigen Beschwerde gegen die Eröffnung in Folge eines Insolvenzantrags.

18. Sofortige Beschwerde des Schuldners gegen Zwangsmaßnahmen des Insolvenzgerichts (zB Postsperre)

An das

Landgericht

.....

Az. Amtsgericht .....

In dem Insolvenzverfahren über das Vermögen des .....

– nachstehend „Schuldner" –

bestelle ich mich hiermit für den Schuldner. In dessen Namen und Auftrag lege ich gegen den Beschluss des Insolvenzgerichts Köln vom ..... über die Anordnung einer Postsperre gegen den Schuldner frist- und formgerecht

sofortige Beschwerde

ein.

Begründung:

Das Amtsgericht ..... – Insolvenzgericht – hat auf Antrag des Insolvenzverwalters ..... am ..... gegen den Schuldner ohne vorherige Anhörung nach § 99 Abs. 1 S. 2 InsO eine unbefristete Postsperre verhängt. Die Postsperre ist aus formellen und materiellen Gründen fehlerhaft und damit aufzuheben.

Im Einzelnen:

1. Das Insolvenzgericht hat den Schuldner vor Erlass der Postsperre nicht angehört. Dies ist nach § 99 Abs. 1 S. 3 InsO zwar grundsätzlich möglich, muss aber vom Insolvenzgericht gesondert begründet werden. Im angefochtenen Beschluss findet sich aber keine den gesetzlichen Anforderungen entsprechende Begründung, sondern nur eine formelhafte Wiedergabe des Gesetzeswortlauts ohne eine entsprechende Anwendung

der Gesetzesnorm auf einen konkreten Sachverhalt (vgl. OLG Celle NZI 2000, 583, 585; LG Bonn NZI 2009, 652).

2. Auch materiell ist die Anordnung der Postsperre fehlerhaft. Eine Postsperre darf wegen der starken Grundrechtsbeschränkung nur dann angeordnet werden, wenn konkrete Gründe vorliegen, die ihre Verhängung rechtfertigen (vgl. OLG Celle NZI 2000, 583; LG Bonn NZI 2009, 652; vgl. auch BGH NJW 2002, 2945). Dass der Insolvenzverwalter eine vage Vermutung hat, wonach der Schuldner in der Vergangenheit Gläubiger benachteiligende Rechtshandlungen vorgenommen haben könnte, reicht für die – zudem überraschende – Verhängung einer Postsperre nicht aus. Im vorliegenden Fall hat der Schuldner dem Verwalter zu jeder Zeit Zugang zu seinen Unterlagen gewährt und ist allen Aufforderungen zur Übermittlung von Unterlagen zeitnah nachgekommen. Dies hat der Insolvenzverwalter in seinem Gutachten auch ausdrücklich erwähnt.

Die Postsperre ist damit vom Landgericht aufzuheben.

. . . . .

Rechtsanwalt

Anmerkungen

Nach § 99 Abs. 3 InsO steht dem Schuldner gegen die Anordnung der Postsperre die sofortige Beschwerde gem. § 6 InsO zu. Die sofortige Beschwerde kann innerhalb einer Notfrist von 2 Wochen nach Bekanntgabe der Entscheidung beim Insolvenzgericht oder beim Beschwerdegericht (dies ist regelmäßig das Landgericht vgl. Andres/Leithaus/*Andres* § 6 Rn. 11, 19 mwN) eingereicht werden.

19. Antrag des (vorläufigen) Insolvenzverwalters auf einstweilige Einstellung der Zwangsversteigerung nach § 30d ZVG

An das

Amtsgericht

. . . . .

– Vollstreckungsgericht –

Az. . . . . .

In dem Zwangsversteigerungsverfahren

. . . . .

zeige ich an, dass ich ausweislich des in der Anlage A1 beigefügten Beschlusses des Amtsgerichts . . . . . – Insolvenzgericht – (Az. . . . . .) zum vorläufigen Insolvenzverwalter[1] über das Vermögen des . . . . . bestellt wurde.

Antragsgemäß hat das Amtsgericht . . . . . – Insolvenzgericht – ausweislich des in der Anlage A2 beigefügten Schreibens bei den zuständigen Grundbuchämtern die Eintragung eines Zustimmungsvorbehaltes beantragt.

Es wird beantragt,

die Zwangsversteigerung einstweilen einzustellen.

Begründung:

Nach § 30d Abs. 4 ZVG ist die beantragte Zwangsversteigerung einzustellen, wenn vor Eröffnung des Insolvenzverfahrens ein vorläufiger Insolvenzverwalter bestellt worden ist und wenn glaubhaft gemacht wird, dass die einstweilige Einstellung zur Verhinderung nachteiliger Veränderungen der Vermögenslage des Schuldners erforderlich ist.[2, 3]

Der Schuldner hat angekündigt, das Objekt in Eigenleistung unter Einsatz der bereits auf dem Grundstück vorhandenen Baumaterialien spätestens in einem Zeitraum von 6 Monaten fertig zu stellen. Der freihändige Verkauf des Grundstücks dürfte zu einem Erlös deutlich oberhalb des vom Vollstreckungsgericht festgesetzten Verkehrswertes von 250.000,00 EUR führen. Eine freihändige Verwertung hätte zur Folge, dass im eröffneten Verfahren nach Befriedigung der absonderungsberechtigten Gläubiger ein nicht unerheblicher Erlös zugunsten der Insolvenzmasse erzielt werden könnte. Demgegenüber ist im Zwangsversteigerungsverfahren damit zu rechnen, dass allenfalls 70 % des Verkehrswertes zu erzielen sind. Hierdurch würde aber nur die Antrag stellende erstrangige Bank (zum großen Teil) befriedigt werden. Sämtliche weiteren Absonderungsgläubiger und die spätere Insolvenzmasse würden hingegen ausfallen.

Es wurden bereits Bemühungen zum freihändigen Verkauf eingeleitet. Mir sind bislang 3 Interessenten bekannt, die bereit sind, das Objekt zu einem Preis deutlich über 250.000,00 EUR zu erwerben. Hier wird es kurzfristig zu ernsthaften Verkaufsverhandlungen kommen. Weiterhin werde ich gemeinsam mit dem Schuldner einen Makler mit der marktgerechten Verwertung des Objekts beauftragen. Dies versichere ich anwaltlich.

Es ist nicht ersichtlich, dass der betreibende Gläubiger durch eine Verzögerung der Versteigerung wirtschaftlich benachteiligt würde und ihm eine solche nicht zuzumuten wäre. Eine schlechte Vermögenslage bzw. Zahlungsschwierigkeiten lassen sich daher seitens des betreibenden Gläubigers nicht als Gegenargument für eine Fortsetzung des Verfahrens anführen. Vielmehr dürften die Interessen der Insolvenzgläubiger in ihrer Gesamtheit aufgrund der Möglichkeit, zusätzlich einen nicht unerheblichen Erlös zugunsten der Insolvenzmasse (nach Befriedigung der absonderungsberechtigten Gläubiger) zu erzielen, das größere Gewicht haben.

Die zeitweilige Verfahrenseinstellung soll also die bestmögliche und ungestörte Verwertung der Insolvenzmasse ermöglichen. Die Versteigerung würde die angemessene Verwertung der Insolvenzmasse wesentlich erschweren.[4]

(Alternative:[5]

Aufgrund der Belastungen des Objekts (die sich darstellen wie folgt . . . . .) ist in einer vorausschauenden Betrachtung nicht davon auszugehen, dass der Gläubiger aus dem Versteigerungserlös befriedigt würde. Insoweit wird beantragt, den Einstellungsbeschluss ohne eine Zahlungsauflage gem. § 30e Abs. 3 ZVG zu erlassen.)

. . . . .

Rechtsanwalt als vorläufiger Insolvenzverwalter[6]

Anmerkungen

1. Der Einstellungsantrag kann sowohl vom vorläufigen Insolvenzverwalter, als auch nach Insolvenzeröffnung vom Insolvenzverwalter gestellt werden. Bei einem bis zum Berichtstermin eingereichten Antrag reicht es aus, dass der Insolvenzverwalter dem Einstellungsantrag den Beschluss des Insolvenzgerichts auf seine Einsetzung als Insolvenzverwalter beifügt (dazu *Hintzen* Rpfleger 1999, 256). Ansonsten sind die im Gesetz benannten Einstellungsgründe glaubhaft zu machen. Die Motivation der Neuregelungen für den Insolvenzverwalter (parallel zu dem Inkrafttreten der Insolvenzordnung zum 1.1.1999) folgt aus den Regelungen der Insolvenzordnung. Bis zur ersten Gläubigerversammlung, dem Berichtstermin, sollen dem Insolvenzverwalter für die weitere Durchführung des Insolvenzverfahrens alle Optionen offen gehalten werden (§ 30d Abs. 1 Nr. 1 sowie Abs. 4 ZVG), die sich aus der Nutzung bzw. der Verfügbarkeit der Immobilie für den Insolvenzverwalter ergeben. Die mit dem Inkrafttreten der Insolvenzordnung geschaffene Neuregelung bewirkt im Ergebnis eine rechtlich sicherere und wirtschaftlich ausgewogenere Regelung als zuvor. So wurden für den Insolvenzverwalter die Möglichkeiten einer einstweiligen Einstellung generell erleichtert, §§ 30d bis 30f ZVG. Der Insolvenzverwalter kann auch eine parallel angeordnete Zwangsverwaltung einstweilen einststellen zu lassen, §§ 153b, 153c ZVG. Im Versteigerungsverfahren kann der Insolvenzverwalter, ebenso aber auch der Schuldner, den Antrag gemäß § 30d ZVG bis zur Verkündung der Zuschlagsentscheidung stellen, da § 30b Abs. 1 ZVG nicht gilt (dies ergibt sich aus § 30d Abs. 3 ZVG). Die Grundpfandrechtsgläubiger brauchen nicht mehr zu befürchten, dass der Insolvenzverwalter längere Zeit die Verwertung des Objektes verhindert, ohne dass diese Ersatz für Zinsschäden oder evtl. Wertverluste erhielten (dazu Storz/*Kiderlen*, Praxis des Zwangsversteigerungsverfahrens, B 312; *Stöber* ZVG-Handbuch Rn. 180; vgl. *Wenzel* NZI 1999, 101).

2. Nach dem Berichtstermin ist bei der gerichtlichen Entscheidung über den Einstellungsantrag in erster Linie darauf abzustellen, ob die zu versteigernde Immobilie für eine Fortführung des Unternehmens oder die Vorbereitung der Veräußerung eines Betriebes oder einer anderen Gesamtheit von Gegenständen benötigt wird (§ 30d Abs. 1 Nr. 2 ZVG). Erforderlich ist die Vorlage eines entsprechenden Beschlusses der Gläubigerversammlung aus dem Berichtstermin gemeinsam mit der Antragstellung (vgl. *Hintzen* Kölner Schrift zur InsO S. 632, 661; *Böttcher* § 30d Rn. 6).

Weiterer Grund für eine Antragstellung ist die mögliche Gefährdung der Durchführung eines vorgelegten Insolvenzplanes durch die Versteigerung oder aber der Umstand, dass durch die Versteigerung eine angemessene Verwertung der Insolvenzmasse wesentlich erschwert würde (§ 30d Abs. 1 Nr. 3, 4 ZVG). Entsprechend kann auch der Schuldner einen Antrag stellen (§ 30d Abs. 2 ZVG), wenn auch er einen Insolvenzplan vorgelegt hat (§ 218 Abs. 1 InsO). Bei der Eigenverwaltung (§ 270 Abs. 1 S. 1 InsO) sowie bei einem Schutzschirmverfahren und Einsetzung eines vorläufigen Sachwalters (§ 270b InsO) hat der verwaltungs- und verfügungsbefugte Schuldner Rechte wie ein Insolvenzverwalter, also auch das Recht auf Beantragung der einstweiligen Einstellung nach § 30d Abs. 1 ZVG. Sofern nachteilige Veränderungen der Vermögenslage des Schuldners drohen, kann schon der vorläufige Verwalter einen entsprechenden Antrag stellen (§ 30d Abs. 4 ZVG); allerdings muss dieser auch hier die Umstände glaubhaft machen. Angesichts der vereinfachten Einstellung zwischen Insolvenzeröffnung und Berichtstermin nach § 30d Abs. 1 Nr. 1 ZVG sollten an die Gründe für eine Einstellung nach Abs. 4 keine großen Anforderungen gestellt werden.

3. Für die vorgenannten Anträge ist eine Frist nicht bestimmt (§ 30b Abs. 1 ZVG gilt gem. § 30d Abs. 3 ZVG nicht. Somit müssen auch Hinweise durch das Vollstreckungsgericht nicht zugestellt werden. Der Antrag ist bis zur Erteilung des Zuschlages möglich und erst nach Wirksamwerden des Zuschlages ausgeschlossen. Für die Fälle, in denen das Insolvenzverfahren unmittelbar vor dem Versteigerungstermin noch eröffnet wurde, ist dem Insolvenzverwalter anzuraten, sofern die Gründe dafür sprechen, auch hier den Einstellungsantrag zu stellen, da der Versteigerungstermin in geeigneten Fällen gem. § 227 ZPO oder ggf. im Wege einer einstweiligen Anordnung zu verlegen ist (*Stöber* ZVG-Hdb. Rn. 180a; *Böttcher* § 30d Rn. 15).

4. Zum Einstellungsverfahren: Die Entscheidung ergeht durch Beschluss (§§ 30d Abs. 3, 30b Abs. 2 S. 1 ZVG), der vom Gericht zu begründen ist. Für den Fall der Einstellung ist von Amts wegen die Auflage anzuordnen, dass dem betreibenden Gläubiger nach dem Berichtstermin laufende Zinsen aus der Insolvenzmasse zu zahlen sind (§ 30e Abs. 1 S. 1 ZVG). Soweit die Verfahrenseinstellung schon vor Eröffnung des Insolvenzverfahrens angeordnet wurde, ist die Zinszahlungspflicht spätestens von dem Zeitpunkt an anzuordnen, der 3 Monate nach der ersten einstweiligen Einstellung liegt (§ 30e Abs. 1 S. 2 ZVG). Die Höhe der Zinsen orientiert sich nicht an den dinglichen Zinsen, sondern richtet sich nach den Zinsen, die der Gläubiger aufgrund seines Rechtsverhältnisses mit dem Schuldner beanspruchen kann (vgl. dazu §§ 288 BGB, 352 HGB). Das Gericht muss den Einstellungsbeschluss mit der Auflage der Zinszahlung aus der Insolvenzmasse versehen, da durch die einstweilige Einstellung der Zwangsversteigerung der wirtschaftliche Wert des Rechtes des das Versteigerungsverfahren betreibenden Gläubigers nicht vermindert werden darf.

5. Eine Zahlungsauflage ist (nur dann) nicht aufzunehmen, wenn in einer vorausschauenden Betrachtung mit einer Befriedigung des Gläubigers aus dem Versteigerungserlös nicht zu rechnen ist (§ 30e Abs. 3 ZVG). Falls das Vollstreckungsgericht davon ausgeht, dass nur eine Teilbefriedigung des Gläubigers zu erwarten ist, hat es die Zahlungsauflage entsprechend herabzusetzen (vgl. dazu *Stöber* ZVG-Hdb. § 30e Rn. 4; vgl. *Böttcher* § 30e Rn. 8).

6. Rechtsmittel. Gem. § 30d Abs. 3 gelten die Abs. 2 bis 4 des § 30b ZVG entsprechend mit der Maßgabe, dass an die Stelle des Schuldners ggf. der Insolvenzverwalter tritt. Damit ist der Rechtsbehelf der **sofortigen Beschwerde** gegeben. Die sofortige Beschwerde ist auch möglich gegen die Anordnung oder Unterlassung von (Zahlungs-)auflagen nach § 30e ZVG. Letztlich ist die sofortige Beschwerde auch gegen die mögliche Aufhebung der einstweiligen Einstellung (§ 30f ZVG) möglich (§ 30f Abs. 3 S. 2 ZVG).

III. Zwangsvollstreckung in besondere Vermögen

1. Vollstreckung in das Vermögen eines Vereins

1. **Zweck.** Das Vereinsrecht unterscheidet zwischen rechtsfähigen sowie nichtrechtsfähigen Vereinen. Die Rechtsfähigkeit des Vereins wird begründet durch die Gründung durch mindestens sieben Mitglieder (§ 56 BGB), welche eine Satzung beschließen, die Namen, Sitz und Zweck beinhaltet (§ 57 BGB), und aus der sich ergibt, dass der Verein in das Vereinsregister eingetragen werden soll. Auf Vereine, die nicht rechtsfähig sind, finden die Vorschriften über die Gesellschaft bürgerlichen Rechts Anwendung, § 54 S. 1 BGB. Der Verein haftet als juristische Person selbst, über § 31 BGB auch für Pflichtverletzungen seiner Organe.

2. **Voraussetzungen.** Zur Zwangsvollstreckung in das Vermögen eines rechtsfähigen Vereins genügt ein gegen den Verein ergangenes Urteil; entsprechendes gilt über § 735 ZPO auch für die Zwangsvollstreckung in das Vermögen eines nicht rechtsfähigen Vereins. Sind fällige Vereinsbeiträge noch nicht gezahlt worden, so sind sie als Forderungen des Vereins als Schuldner gegen das Mitglied als Drittschuldner Teil des Vereinsvermögens und unterliegen mithin der Forderungspfändung. Hat ein Anspruch einen körperlichen Gegenstand zum Inhalt, erfolgt die Pfändung über die Regeln der Zwangsvollstreckung in Herausgabeansprüche, §§ 846 ff. ZPO.

3. Zur Zwangsvollstreckung in das Vermögen eines Schuldners, der seinerseits Ansprüche gegen den Verein als Drittschuldner hat, wird auf die Ausführungen bei → Form. I. III. 30 verwiesen.

2. Vollstreckung in das Vermögen einer juristischen Person des öffentlichen Rechts

1. **Zweck.** Die Zwangsvollstreckung gegen die öffentliche Hand wegen einer Geldforderung richtet sich nach § 882a ZPO. § 882a ZPO gilt aber nur insoweit, als dass nicht dingliche Rechte verfolgt werden. Die Zwangsvollstreckung in körperliche Sachen des Bundes oder eines Landes ist in § 882a Abs. 2 ZPO normiert.

2. **Voraussetzungen.** Gemäß § 882a ZPO darf die Zwangsvollstreckung gegen den Bund oder ein Land wegen einer Geldforderung nur betrieben werden, wenn der Gläubiger seine Absicht, die Zwangsvollstreckung zu betreiben, vier Wochen vorher der zur Vertretung des Schuldners berufenen Behörde und, sofern die Zwangsvollstreckung in ein von einer anderen Behörde verwaltetes Vermögen erfolgen soll, auch dem zuständigen Minister der Finanzen angezeigt hat. Diese Anzeige ist auch bei der Vollstreckung von Zwangsgeld erforderlich (vgl. LG Freiburg DGVZ 1993, 11).

Die Anzeige ist eine Prozesshandlung (vgl. Stein/Jonas/*Münzberg* ZPO § 882a Rn. 8). Aus ihr muss hervorgehen, dass die Zwangsvollstreckung betrieben werden soll. Zudem muss der zu vollstreckende Titel, der Gläubiger, der Schuldner sowie die von der Vollstreckung betroffene Forderung bezeichnet werden. Die Vollstreckungsanzeige lautet wie folgt:

(Briefkopf des Gläubigers/Rechtsanwalt)

An . . . . . (genaue Bezeichnung und Anschrift der Behörde bzw. des zuständigen Ministers der Finanzen)

Überschrift: Vollstreckungsanzeige

Hiermit zeige ich, ... (Name und Anschrift des Gläubigers), an, dass ich nach Ablauf der vierwöchigen Frist des § 882a Abs. 1 ZPO die Zwangsvollstreckung gegen . . . . . (genaue Bezeichnung des Schuldners und der den Schuldner vertretenden Behörde bzw. des zuständigen Ministers der Finanzen) aufgrund des vollstreckbaren Titels . . . . . (genaue Bezeichnung des Titels) bezüglich einer Forderung in Höhe von . . . . . (genaue Bezeichnung der Gläubigerforderung) betreiben werde.

. . . . .

Gläubiger/Rechtsanwalt

Es müssen bei der Vollstreckungsankündigung sowohl eine vollstreckbare Ausfertigung, §§ 724 ff. ZPO, als auch die Zustellung nach den §§ 750 ff. ZPO vorliegen. Adressat der Vollstreckungsankündigung ist die den Bund oder das Land vertretende Behörde beziehungsweise, falls die Zwangsvollstreckung in ein von einer anderen Behörde verwaltetes Vermögen erfolgen soll, der zuständige Minister der Finanzen. Bei Prozessbevollmächtigung ist die Anzeige an den Prozessbevollmächtigten zu erteilen. Gem. § 882a Abs. 1 S. 2 ZPO ist dem Gläubiger auf Verlangen der Empfang der Anzeige zu bestätigen.

Auf Antrag des Gläubigers ist der Gerichtsvollzieher durch das Vollstreckungsgericht zu bestimmen, § 882a Abs. 1 S. 3 ZPO. Gem. § 882a Abs. 2 ZPO ist die Zwangsvollstreckung unzulässig in Sachen, die für die Erfüllung öffentlicher Aufgaben des Schuldners unentbehrlich sind oder deren Veräußerung ein öffentliches Interesse entgegensteht. Unentbehrlich sind Sachen für die Erfüllung öffentlicher Aufgaben, wenn die öffentlichen Aufgaben auf andere Weise nicht erfüllt werden können (vgl. Zöller/*Stöber* § 882a Rn. 6). Damit ist eine besondere Dringlichkeit des Bedarfs zur Erfüllung öffentlicher Aufgaben vorausgesetzt (Stein/Jonas/*Münzberg* § 882a Rn. 19). Der Vollstreckungsanzeige und der damit einhergehenden Wartefrist bedarf es dann nicht, wenn es sich um den Vollzug einer einstweiligen Verfügung handelt, § 882a Abs. 5 ZPO.

3. **Rechtsmittel.** Kommt es bezüglich der Zwangsvollstreckung in Sachen nach § 882a Abs. 2 ZPO zum Streitfall, ist die Erinnerung nach § 766 ZPO statthaft. Vor der Entscheidung ist der zuständige Minister zu hören.

3. Vollstreckung in das Vermögen einer Personengesellschaft

Bei einer Pfändung in das Vermögen einer Personengesellschaft (BGB-Gesellschaft, oHG und KG) als Schuldnerin reicht ebenfalls das Vorliegen eines Titels gegen die Gesellschaft aus. Insoweit hat der BGH (NJW 2001, 1056) entschieden, dass auch bei der Pfändung in das Vermögen der Gesellschaft des bürgerlichen Rechts kein Titel iSd § 736 ZPO gegen alle Gesellschafter erforderlich ist. Zu beachten ist dabei, dass der Gerichtsvollzieher eindeutig das Vermögen der Gesellschaft ermitteln können muss. Ein gegen die Gesellschaft ergangener Titel berechtigt indes nicht zur Vollstreckung in das Vermögen der Gesellschafter. Zur Zwangsvollstreckung bei einem Anspruch eines Schuldners gegen die Gesellschaft als Drittschuldnerin bei → Form. I. III. 10, → Form. I. III. 15 sowie → Form. I. III. 20 ff.

IV. Zwangsvollstreckung im Steuerrecht

1. Vorbemerkungen

Während die in der ZPO geregelte Zwangsvollstreckung der Verwirklichung gerichtlich festgestellter oder förmlich dokumentierter Gläubigerrechte dient (Pahlke/*Fritsch* Vor §§ 249 bis 346 AO), regelt der 6. Teil der Abgabenordnung in den §§ 249 ff. AO die Vollstreckung durch die Finanzverwaltung. Es handelt sich um Eingriffsverwaltung mit dem Ziel der Verwirklichung von Verwaltungsakten, die den Steuerpflichtigen bestimmte Pflichten auferlegen. Für die Vollstreckung nach der AO benötigen die Finanzbehörden weder einen vollstreckbaren Titel noch eine Klausel. Rechtsbehelfe haben grundsätzlich keine aufschiebende Wirkung. Vielmehr obliegt es dem Steuerpflichtigen, durch einen entsprechenden Antrag auf Aussetzung der Vollziehung eine entsprechende aufschiebende Wirkung zu erreichen. Daraus folgt vereinfacht ausgedrückt – und das ist aus praktischer Sicht wahrscheinlich der größte Unterschied zur zivilrechtlichen Vollstreckung – dass es im Steuerrecht oft nur eine Frage weniger Wochen ist, bis aus einem Steuerschuldner ein Vollstreckungsschuldner wird. Die §§ 249 ff. AO werden durch Ausführungsbestimmungen konkretisiert, die allerdings keine Rechtsnormen, sondern verwaltungsinterne Anweisungen darstellen. Zum einen ist die VollStrA zu nennen, die für das Vollstreckungsverfahren der Bundes- und Landesbehörden gilt, zum anderen existiert eine VollzA, welche nähere Bestimmungen für die Ausführung der Vollstreckung durch Vollzugsbeamte der Vollstreckungsbehörden im Sinne des § 285 Abs. 1 AO beinhaltet.

Die §§ 249 ff. AO stellen gegenüber der ZPO eigenständige Vollstreckungsregelungen dar, welche die Anwendung des zivilrechtlichen Vollstreckungsrechts ausschließen, soweit die AO eigene Regelungen enthält (BFH BStBl. II 1996, 511). Daraus folgt auch eine grundsätzliche Allzuständigkeit der Vollstreckungsbehörden, die nur in Ausnahmefällen nicht greift. Als wichtige Ausnahme ist die Zwangsvollstreckung in das unbewegliche Vermögen zu nennen. Hier gelten gemäß § 322 Abs. 1 AO die Vorschriften für die gerichtliche Vollstreckung, namentlich §§ 864 bis 871 ZPO und das Gesetz über die Zwangsversteigerung und die Zwangsverwaltung. Trotz der formalen Eigenständigkeit der Vollstreckung nach der AO ergeben sich weitgehende Gemeinsamkeiten zur ZPO, was zum einen auf entsprechende Verweise und zum anderen auf inhaltliche Übereinstimmungen zurückzuführen ist.

Im vierten Abschnitt (§§ 337 AO bis 346 AO) des sechsten Teils der AO sind die Kosten der Zwangsvollstreckung geregelt. Gemäß § 337 Abs. 1 S. 1 AO werden Kosten erhoben. Kostenschuldner ist gemäß § 337 Abs. 1 S. 2 AO der Vollstreckungsschuldner. Zu den Kosten gehören Gebühren und Auslagen. Bei den Gebühren wird gemäß § 338 AO zwischen Pfändungsgebühren (§ 339 AO), Wegnahmegebühren (§ 340 AO) und Verwertungsgebühren (§ 341 AO) unterschieden. Der Ersatz von Auslagen ist in § 344 AO bestimmt. Reisekosten des Vollziehungsbeamten und Auslagen, die durch Aufwandsentschädigungen abgegolten werden, sind von dem Vollstreckungsschuldner gemäß § 345 AO nicht zu erstatten. Gemäß § 346 Abs. 1 AO sind Kosten, die bei richtiger Behandlung der Sache nicht entstanden wären, nicht zu erheben.

2. Antrag auf einstweilige Einstellung der Zwangsvollstreckung (§ 258 AO)

An das

Finanzamt

. . . . .

Steuernummer . . . . .

Antrag auf einstweilige Einstellung der Zwangsvollstreckung gemäß § 258 AO

Sehr geehrte(r) . . . . .,[1, 2]

namens und in Vollmacht meines Mandanten beantrage[3] ich hiermit,

die Vollstreckung wegen der rückständigen Umsatzsteuervorauszahlung für die Monate Februar und März . . . . . gemäß § 258 AO einstweilen einzustellen.

Begründung:

Aufgrund der Umsatzsteuervoranmeldungen für die vorgenannten Monate ergab sich eine USt-Zahllast in Höhe von insgesamt 14.327,22 EUR. Für den Monat Februar zahlte mein Mandant bereits eine Teilzahlung iHv 2.000,00 EUR, sodass er noch Umsatzsteuer in Höhe von 12.327,22 EUR schuldet.

Mein Mandant hat bereits einen Stundungsantrag[4] gestellt, der mit Schreiben vom . . . . . abgelehnt wurde. Es ist zudem bereits eine Vollstreckungsankündigung ergangen.[5]

Mein Mandant kann die verbleibende Umsatzsteuerschuld aktuell nicht begleichen, weil zwei seiner Großkunden ebenfalls erheblich in Zahlungsrückstand geraten sind. Mit diesen Kunden hat er nunmehr allerdings entsprechende Zahlungspläne vereinbart, vgl. die Vereinbarungen in Kopie anbei. Aufgrund der Liquiditätsplanung meines Mandanten unter Berücksichtigung der vorstehend beschriebenen Zahlungsvereinbarungen ist mit an Sicherheit grenzender Wahrscheinlichkeit gewährleistet, dass mein Mandant die rückständige Umsatzsteuer in 5 Monatsraten – 4 Monatsraten à 2.000,00 EUR und eine Schlussrate iHv 4.327,22 EUR – begleichen kann.[6] Ich verweise auf die Liquiditätsplanung in der Anlage.

Nach VollstrA Nr. 7 Abs. 2 ist eine Unbilligkeit[7] der Vollstreckung anzunehmen, wenn die Vollstreckung oder einzelne Vollstreckungsmaßnahmen dem Vollstreckungsschuldner einen unangemessenen Nachteil bringen würde, der durch kurzfristiges Zuwarten oder durch eine andere Vollstreckungsmaßnahme vermieden werden könnte. Die Zahlungsschwierigkeiten meines Mandanten sind hier allein dem Umstand geschuldet, dass einerseits seine Großkunden Zahlungsschwierigkeiten haben und er andererseits umsatzsteuerlich zur Soll-Versteuerung verpflichtet ist. Mein Mandant verhandelt zudem gerade mit seiner Hausbank einen zusätzlichen Betriebsmittelkredit, dessen Gewährung für das Unternehmen meines Mandanten von existenzieller Bedeutung ist. Die Kreditverhandlungen stehen kurz vor dem positiven Abschluss. Die unmittelbare Vollstreckung, insbesondere eine Kontopfändung, würden diese Kreditverhandlungen erheblich gefährden. Ich bitte daher, Vollstreckungsaufschub und Ratenzahlung wie dargelegt zu gewähren.[8, 9]

. . . . .

Rechtsanwalt

Anmerkungen

1. In **Abgrenzung zu anderen Vorschriften** stellt § 258 eine Billigkeitsregelung allein für das Vollstreckungsverfahren nach der AO dar. Einerseits ist Vollstreckungsaufschub daher auch möglich, wenn Aussetzung der Vollziehung nach § 361 AO oder § 69 FGO mangels ernstlicher Zweifel an der Rechtmäßigkeit des Verwaltungsakt oder mangels unbilliger Härte der Vollziehung nicht in Betracht kommt (*Koenig/Fritsch* AO § 258 Rn. 2). Andererseits ist ein Antrag nach § 258 AO unbegründet, wenn er ausschließlich mit der Rechtswidrigkeit der unanfechtbaren Steuerfestsetzung begründet wird. Während für § 258 AO die vorübergehende Unbilligkeit der Vollstreckung genügt, kommt ein Erlass nach § 227 AO nur in Betracht, wenn die Einziehung der Steuer schlechthin unbillig ist. Eine Stundung kommt bei Unbilligkeit der Einziehung zu einem bestimmten Zeitpunkt in Frage, die Gewährung von Vollstreckungsaufschub hat die Unbilligkeit der zwangsweisen Durchsetzung des Steueranspruchs zur Voraussetzung. Dabei kommen nur vorläufige Maßnahmen der Vollstreckungsbehörde, keine endgültige Einstellung der Zwangsvollstreckung, in Betracht.

2. Der Antrag ist an die Vollstreckungsbehörde zu richten, welche die Vollstreckung im konkreten Einzelfall durchführt.

3. Die Vollstreckungsbehörde (intern die Vollstreckungsstelle) kann Vollstreckungsaufschub – dh (jeweils einstweilige) Einstellung, Beschränkung oder Aufhebung von Vollstreckungsmaßnahmen – gewähren, wenn die Vollstreckung im Einzelfall unbillig ist. Es handelt sich um eine auf einem unbestimmten Rechtsbegriff basierende Ermessensentscheidung. Die Gewährung von Vollstreckungsaufschub ist nicht antragsgebunden (*Klein* AO § 258 Rn. 10), wird aber in der Praxis – als (mitgeteilter) Verwaltungsakt – regelmäßig nur auf Antrag gewährt. Der Antrag ist zwar formlos möglich; es ist aber empfehlenswert, ihn schriftlich einzureichen. Gewährt die Vollstreckungsbehörde (zB für einen sehr kurzen Zeitraum aufgrund telefonischer Anfrage des Steuerberaters oder aufgrund eines innerdienstlichen Vorgangs) stillschweigend Vollstreckungsaufschub, so handelt es sich nicht um einen Verwaltungsakt.

4. Es ist häufig ratsam, vorab oder parallel einen Stundungsantrag zu stellen, → Form. B. IV. 5.

5. Für eine Einstellung/Beschränkung der Vollstreckung ist bereits begrifflich nur Raum, wenn die Vollstreckung wenigstens angeordnet (*Koenig/Fritsch* AO § 258 Rn. 3) und insgesamt noch nicht beendet worden ist (BFH/NV 1986, 611). Die bloße Möglichkeit einer Vollstreckung, weil zB ein vollstreckbarer Verwaltungsakt vorliegt und gemäß § 254 AO ein Leistungsgebot ergangen ist, reicht für eine Anwendung von § 258 AO nicht aus (*Beermann/Gosch-Neumann* AO § 258 Rn. 5). Andererseits müssen aber auch noch keine konkreten Vollstreckungsmaßnahmen eingeleitet worden sein (BFH/NV 1989,766; *Tipke/Kruse* AO § 258 Rn. 3 HHR-*Beermann* AO § 258 Rn. 10).

6. Bietet der Vollstreckungsschuldner Ratenzahlung an und ist mit an Sicherheit grenzender Wahrscheinlichkeit damit zu rechnen, dass der Vollstreckungsschuldner seine Zusage einhält, kann daraus die Unbilligkeit der Vollstreckung resultieren (BFH BStBl 92, 742; *Klein* AO § 258 Rn. 9). Das gilt aber nur, wenn nach der Höhe der angebotenen Raten mit einer kurzfristigen Rückzahlung zu rechnen ist. Denn nur eine vorübergehende Unbilligkeit ist geeignet, einen Vollstreckungsaufschub nach § 258 AO zu rechtfertigen (BFH/NV1989, 566). Für den Begriff der Kurzfristigkeit sind noch keine festen Maßstäbe entwickelt worden, was im Sinne der im jeden Einzelfall notwendigen Abwägung auch zu begrüßen ist. Wer Anträge nach 258 AO mit mehrjährigen Ratenzahlungen stellt, muss allerdings mit einer Ablehnung rechnen. Eine pauschale Beschränkung auf weniger als ein Jahr Aufschub ist hingegen abzulehnen (vgl. *Klein* AO § 258 Rn. 1), wobei darauf hinzuweisen ist, dass die Finanzgerichte teilweise schon ein Zuwarten von mehr als 6 Monaten nicht mehr als kurzfristig ansehen (zu Einzelfallentscheidungen vgl. HHSp-*Beermann* AO § 258 Rn. 18). Damit der Finanzbeamte in die Lage versetzt wird, eine einzelfallgerechte Ermessensentscheidung zugunsten des Antragsstellers zu treffen, muss er davon überzeugt werden, warum die Raten auch mit an Sicherheit grenzender Wahrscheinlichkeit pünktlich gezahlt werden. Bescheide, die Vollstreckungsaufschub nach § 258 AO gewähren, beinhalten ohnehin regelmäßig Verfallsklauseln, wonach die Ratenzahlung als widerrufen gilt, wenn eine der Bedingungen – ua die fristgerechte Zahlung der vereinbarten Raten – nicht erfüllt wird. Der Steuerpflichtige sollte zudem unbedingt darauf achten, dass die sonstigen Betriebssteuern, die nicht Gegenstand des Vollstreckungsaufschubs sind, pünktlich gezahlt werden. Für die praktischen „Verhandlungen" mit dem Finanzamt ist der Empfehlung von *Farr* (S. 85) zu folgen, möglichst realistische Raten mit einer höheren Schlussrate anzustreben. Die Schlussrate selbst kann dann unter Umständen Gegenstand eines weiteren Vollstreckungsaufschubs sein, wobei der Vollsteckungsschuldner sodann bereits auf die bisherige pünktliche Ratenzahlung und den kontinuierlichen Abbau der Schulden verweisen kann (*Farr* S. 85).

7. **Unbilligkeit** ist nach ständiger Rspr. des BFH anzunehmen, wenn die Vollstreckung oder eine einzelne Vollstreckungsmaßnahme dem Vollstreckungsschuldner einen unangemessenen Nachteil bringen würde, der durch kurzfristiges Zuwarten oder durch eine andere Vollstreckungsmaßnahme vermieden werden könnte (BFH/NV 2003, 738). Nachteile bzw. Härten, die üblicher Weise mit einer Vollstreckung verbunden sind und jeden Vollstreckungsschuldner treffen, genügen daher nicht für einen Vollstreckungsaufschub (vgl. auch VollstrA Nr. 7 Abs. 2 S. 2). Ist damit zu rechnen, dass das durch die Vollstreckung Erlangte alsbald zurückzugewähren ist, kann daraus die Unangemessenheit des Nachteils resultieren. Ein Antrag auf Stundung/Aussetzung der Vollziehung/Erlass spricht daher für die Unangemessenheit des Nachteils, wenn mit einer gewissen Wahrscheinlichkeit damit gerechnet werden kann, dass dem Antrag stattzugeben ist (bzgl. des Aussetzung der Vollziehungsantrages allerdings str., vgl. HHSp-*Beermann* AO § 258 Rn. 15). Wenn der Vollstreckungsschuldner einen gerichtlichen Antrag auf vorläufigen Rechtsschutz stellt, wird die Vollstreckungsstelle hierüber unterrichtet und bis zum Ergehen der gerichtlichen Entscheidung regelmäßig keine weiteren Vollstreckungsmaßnahmen ergreifen. Unbilligkeit der Vollstreckung kann auch daraus resultieren, dass die Vollstreckung existenzgefährdend wäre oder ähnlich schwerwiegende Nachteile verursachen würde (Verlust des Arbeitsplatzes) und dies bereits durch kurzes Zuwarten vermieden werden kann.

Insgesamt ist für die Ermittlung der Unbilligkeit eine Abwägung der widerstreitenden Interessen durchzuführen, wobei das Interesse an der Verwirklichung des Steueranspruchs dem betroffenen Rechtsgut des Schuldners gegenüberzustellen ist.

8. Die Vollstreckung ist nur in dem Maße – „soweit" – einzustellen oder zu beschränken, wie die Unbilligkeit reicht. Daher können einstweilige Einstellung, Beschränkung und Aufhebung als Maßnahmen nebeneinander in Betracht kommen, es ist aber auch denkbar, dass die Aufhebung einer einzelnen Maßnahme (Kontopfändung) ausreichend ist, um die Unbilligkeit zu beseitigen. Die Maßnahmen sind nicht an eine bestimmte Form gebunden und bedürfen keiner Bekanntgabe. Erfolgt eine (auch mündliche) Erklärung, wird es sich regelmäßig um einen Verwaltungsakt handeln. Die Finanzämter sind allerdings angewiesen, eine einstweilige Einstellung gegen Ratenzahlung schriftlich mitzuteilen (vgl. *Farr* S. 84). Regelmäßig werden Ratenzahlungen nur unter der auflösenden Bedingung gewährt, dass sowohl die Raten, als auch die sonstigen Betriebssteuern pünktlich beglichen werden. Eine Maßnahme nach § 258 AO kann auch von der

Gestellung von Sicherheiten abhängig gemacht werden. Trotz gewährten Vollstreckungsaufschubs nach § 258 AO fallen weiterhin Säumniszuschläge an, da die Fälligkeit des Steueranspruchs nicht hinausgeschoben wird (BFH BStBl. II 1991, 864), wobei ein (teilweiser) Erlass der Säumniszuschläge geboten sein kann (Koenig/*Fritsch* AO § 258 Rn. 17).

9. Gegen die Ablehnung des Antrags nach § 258 AO kann **Einspruch** eingelegt werden. Bleibt dieser erfolglos, kann Verpflichtungsklage erhoben werden. Praktisch relevanter ist allerdings wegen der Eilbedürftigkeit ein Antrag auf einsteilige Anordnung gemäß § 114 Abs. 1 FGO (→ Form. B. IV. 4). Wird begleitend zum Einspruchsverfahren Aussetzung der Vollziehung gemäß § 69 Abs. 3 FGO beantragt, so steht dies einem Antrag nach § 114 Abs. 1 FGO nicht nach § 114 Abs. 5 FGO im Wege, weil beide Anträge unterschiedliche Rechtsschutzziele verfolgen (*Farr* S. 86). Die Subsidiaritätsklausel gemäß § 114 Abs. 5 FGO greift aber, wenn der Steuerpflichtige sich (nur) gegen einzelne Vollstreckungsmaßnahmen wendet, dh für eine einstweilige Anordnung ist in solchen Fällen kein Raum (BFH/NV 1993, 709).

3. Antrag auf Aussetzung der Vollziehung (§ 361 AO)

An das

Finanzamt

. . . . .

Steuernummer . . . . .

Sehr geehrte(r) . . . . .,[9]

mit Schreiben vom . . . . . haben wir gegen die Bescheide über Einkommensteuer und Solidaritätszuschlag für . . . . . Einspruch eingelegt.

Hiermit beantragen[1, 2] wir namens und im Auftrag des Mandanten,

> **die Vollziehung der angefochtenen[3] Steuerbescheide ab Fälligkeit bis zur rechtskräftigen Entscheidung in der Hauptsache in Höhe von EUR . . . . .[4] ohne Sicherheiten[5] auszusetzen.[6] Außerdem bitten wir um stillschweigende zinslose Stundung bis zur Entscheidung über den Aussetzungsantrag.[7]**

Begründung:

Den Antrag auf Aussetzung der Vollziehung begründen[8] wir wie folgt:

Nach § 361 Abs. 2 S. 2 AO soll dem Antrag auf Aussetzung der Vollziehung stattgegeben werden, wenn ernstliche Zweifel an der Rechtmäßigkeit des angefochtenen Verwaltungsaktes bestehen. Ernstliche Zweifel sind anzunehmen, wenn gewichtige Gründe jedenfalls eine Unentschiedenheit oder Unsicherheit in der Beurteilung der Rechtsfragen oder Unklarheit in der Beurteilung der Tatfragen bewirken, wobei der Erfolg des Steuerpflichtigen nicht wahrscheinlicher sein muss als sein Misserfolg, vgl. AEAO zu § 361 AO Nr. 2.5.

Es ist ernstlich zweifelhaft,[9] ob Auffälligkeiten beim Chi-Quadrat-Test zur Beanstandung der Buchführung des Mandanten und damit zur Zuschätzungsbefugnis des Finanzamtes berechtigen, wenn ansonsten keine weiteren Mängel der Buchführung gegeben sind.

Der im Rahmen der steuerlichen Außenprüfung durchgeführte Chi-Quadrat-Test führte nach Auffassung des Prüfers zu dem Ergebnis der Manipulationswahrscheinlichkeit der Buchführung des Mandanten von 100 %. Obwohl keine weiteren Beweise für eine Manipulation gefunden worden, erhöhte das Finanzamt, dem Prüfer folgend, den Gewinn für die Jahre ..... um jeweils ..... Dabei verkennt das Finanzamt, dass der Chi-Quadrat-Test alleine nicht geeignet ist, den Beweis für eine nicht ordnungsgemäße Buchführung zu erbringen, vgl. FG Rheinland-Pfalz Urt. v. 24.8.2011 – 2 K 1277/1. Hinzu kommt, dass die Anwendung dieses Tests angesichts der Preisliste des Mandanten (15,00 EUR; 25,00 EUR .....) gänzlich ungeeignet erscheint, denn die Zahlungen 0,1,4,5 treten naturgemäß überdimensional häufig auf. Das Finanzamt hatte daher keine Zuschätzungsbefugnis.[10]

.....

Rechtsanwalt

Anmerkungen

1. Gemäß § 251 Abs. 1 S. 1 AO können Verwaltungsakte vollstreckt werden, soweit nicht nach §§ 361 AO, 69 FGO ihre Vollziehung ausgesetzt oder durch die Einlegung eines Rechtsbehelfs gehemmt ist. Ein Antrag auf **Aussetzung der Vollziehung** (AdV) bezweckt daher zum einen, Vollstreckungsmaßnahmen zu verhindern. Zum anderen kann das Anfallen von Säumniszuschlägen vermieden werden. Daraus folgt aber für die Praxis nicht, dass ein AdV-Antrag stets „rechtsmittelbegleitend" in Verbindung mit einem Einspruch oder einer Klage gestellt werden sollte. Denn soweit ein Einspruch oder eine Anfechtungsklage gegen einen Steuerbescheid endgültig keinen Erfolg hat, ist der Betrag, hinsichtlich dessen AdV gewährt worden war, gemäß §§ 237, 238 AO mit 0,5 vH/Monat zu verzinsen. Dem gegenüber werden Erstattungsbeträge gemäß § 236 mit 0,5 vH/Monat ab Rechtshängigkeit oder (späterer) Zahlung verzinst. Im Hinblick auf die regelmäßig zu erwartende Verfahrensdauer ist ausgehend von der wirtschaftlichen Situation des Steuerpflichtigen und unter realistischer Einschätzung der Erfolgsaussichten des Rechtsmittels daher in jedem Einzelfall abzuwägen, ob ein AdV-Antrag ratsam ist (vgl. ausführlich *Kamps* DStR 2007, 1154).

2. Der Antrag ist gemäß §§ 361 Abs. 2 S. 1, 367 Abs. 1 S. 2 AO bei der Finanzbehörde, die den Verwaltungsakt erlassen hat, oder bei der nachträglich zuständig gewordenen Finanzbehörde zu stellen. Das gilt auch bei bereits anhängigen Finanzgerichtsverfahren, das wegen § 69 Abs. 2 FGO die Möglichkeit einer Vollziehungsaussetzung durch die Finanzbehörde nicht ausschließt. Im Klageverfahren besteht zudem die Möglichkeit einer AdV durch das Finanzgericht, vgl. § 69 Abs. 3,4,6,7 FGO.

3. Grundvoraussetzung für einen AdV-Antrag ist die Anfechtung des Verwaltungsakts, dessen Vollziehung ausgesetzt werden soll. Die AdV kann befristet werden, zB bis zum Abschluss des Einspruchsverfahrens (*Klein* AO § 371 Rn. 9). Daher muss ggf. nach Einspruchsentscheidung erneut AdV beantragt werden. AdV kann nur bezüglich eines vollziehbaren Verwaltungsaktes beantragt werden. Dazu zählen insbesondere Steuerbescheide, die eine positive Steuer festsetzen, Vorauszahlungsbescheide; dagegen sind erstmalige Steuerbescheide über 0 EUR nicht vollziehbar – anders, wenn es sich einen Änderungsbescheid bei zuvor negativer Steuerfestsetzung handelt (vgl. *Koenig* AO § 361 Rn. 6). AdV kann auch bezüglich eines Grundlagenbescheids beantragt werden, wird dem AdV-Antrag stattgegeben, ist auch die Verfolgung der Folgebescheide auszusetzen. Trotz AdV des Grundlagenbescheides bleibt es allerdings zulässig, Folgebescheide zu erlassen.

4. Im Aussetzungsantrag ist die Höhe der auszusetzenden Steuer grundsätzlich zu beziffern. Ausnahmen bestehen, wenn die AdV zur Abwendung wesentlicher Nachteile nötig erscheint, § 361 Abs. 2 S. 4 Hs 2 AO.

5. Die AdV kann gemäß § 361 Abs. 2 S. 5 AO von einer Sicherheitsleistung abhängig gemacht werden. Es handelt sich um eine Ermessensentscheidung und stellt eine nicht selbständig anfechtbare Nebenentscheidung dar.

6. Ist der angefochtene Verwaltungsakt bereits vollzogen, eröffnet § 361 Abs. 2 S. 3 AO die Möglichkeit, die (auch rückwirkende) Aufhebung der Vollziehung zu beantragen. Das gilt auch dann, wenn die Steuer bereits entrichtet wurde. Der Antrag sollte die Formulierung „Aufhebung der Vollziehung" und ggf. „rückwirkend" beinhalten. Die Sachentscheidungsvoraussetzungen entsprechen denen des AdV-Antrages.

7. Häufig ist es ratsam, hilfsweise einen Antrag auf Vollstreckungsaufschub zu stellen, um eine Vollstreckung unmittelbar nach Ablehnung des AdV-Antrages zu verhindern.

8. Die Entscheidung über den AdV-Antrag ergeht in einem summarischen Verfahren. Die Prüfung ist in tatsächlicher Hinsicht auf den Akteninhalt und das Vorbringen des Antragsstellers beschränkt. Nicht präsente Beweismittel werden nicht berücksichtigt. Der AdV-Antrag sollte daher sorgfältig – und rechtzeitig – begründet werden. Wer Einspruch und AdV-Antrag gleichzeitig und lediglich mit dem Hinweis einreicht, die Begründung würde nachfolgen, läuft Gefahr, dass der AdV-Antrag formularmäßig mangels Begründung abgelehnt wird. Während Vollstreckungsmaßnahmen nach Verwaltungsanweisung unterbleiben sollen, solange über einen AdV-Antrag noch nicht entschieden wurde (vgl. AEAO zu § 361 Tz 3.1), steht nach Ablehnung des AdV-Antrages mangels Begründung einer Vollstreckung auch die Selbstbindung der Verwaltung durch interne Anweisungen nichts mehr im Wege (zum „richtigen Timing" und taktischen Erwägungen beim AdV-Antrag vgl. *Kamps* DStR 2007 1154 ff).

9. Die Definition im Formular entspricht der ständigen höchstrichterlichen Rechtsprechung. Zu unterscheiden ist zwischen Unklarheiten im Sachverhalt (vgl. im Detail *Koenig* AO § 361 Rn. 52 f.) und rechtlichen Zweifeln (vgl. im Detail *Koenig* AO § 361 Rn. 54 ff.). Ernstliche Zweifel begründende Unklarheiten im Sachverhalt liegen auch vor, wenn die Richtigkeit einer vom Steuerpflichtigen behaupteten Tatsache im Aussetzungsverfahren nicht abschließend geklärt werden kann, aber möglich erscheint; wenn die Feststellungslast beim Finanzamt liegt und der Steuerpflichtige seinen Mitwirkungspflichten nachgekommen ist. Die Rechtmäßigkeit eines Schätzungsbescheides ist ua dann ernstlich zweifelhaft, wenn die nach Erlass des Schätzungsbescheides eingereichte ordnungsgemäße Steuererklärung zu einer geringeren Steuer führt (BFH NV 1995, 1039). Rechtliche Zweifel liegen vor allem bei divergierenden Entscheidungen oberster Gerichte vor oder bei kontroverser Diskussion in der Fachliteratur und der Rechtsprechung der Finanzgerichte, wenn der BFH diese Rechtsfrage noch nicht geklärt hat. Zur AdV bei verfassungsrechtlichen Bedenken gegen eine Rechtsnorm und der gebotenen Interessenabwägung zwischen den individuellen Interessen des Steuerpflichtigen einerseits und einer Gefährdung der öffentlichen Haushaltsführung andererseits vgl. *Koenig* AO § 361 Rn. 56 ff.

Der AdV-Antrag kann auch darauf gestützt werden, dass die Vollziehung für den Betroffenen eine unbillige, nicht durch überwiegende öffentliche Interessen gebotene Härte zur Folge hätte.

10. Bei Ablehnung des AdV-Antrages hat der Steuerpflichtige zum einen die Möglichkeit, gegen den ablehnenden Bescheid **Einspruch** einzulegen. Der Einspruch ist bei der Finanzbehörde einzulegen. Zum anderen kann – kumulativ oder alternativ – gemäß § 69 Abs. 3 AO AdV beim Finanzgericht beantragt werden, wobei das Prozesskostenrisiko zu beachten ist. Zur Entlastung der Finanzgerichte setzt ein gerichtliches Aussetzungsverfahren gemäß § 69 Abs. 4 S. 1 FGO voraus, dass die Finanzbehörde einen bei ihr gestellten AdV-Antrag ganz oder teilweise abgelehnt haben muss (lt. BFH BStBl. II 1986, 68 Zugangsvoraussetzung). Dies gilt gemäß § 69 Abs. 4 S. 2 FGO nicht, wenn die Finanzbehörde über den Antrag ohne Mitteilung eines zureichenden Grundes in angemessener Zeit sachlich nicht entschieden hat oder eine Vollstreckung droht.

4. Antrag auf einstweilige Anordnung (§ 114 FGO)

An das

Finanzgericht

. . . . .

Antrag auf einstweilige Anordnung nach § 114 FGO

In Sachen

. . . . .

– Antragsteller –

Prozessbevollmächtigter: . . . . .

gegen

Finanzamt . . . . ., vertreten durch seinen Vorsteher, ...

– Antragsgegner –

wegen Erlass einer einstweiligen Verfügung

beantrage[1] ich namens und im Auftrag des Antragstellers unter Vollmachtsvorlage

1. Der Antragsgegner wird im Wege einer einstweiligen Anordnung verpflichtet, dem Antragsteller bis zum 30. Juni . . . . . Vollstreckungsaufschub[2] zu gewähren.[3]
2. Der Antragsgegner trägt die Kosten des Verfahrens.

Begründung:[4]

Der Antragsteller schuldet eine Umsatzsteuernachzahlung in Höhe von . . . . . Der Antragsgegner hat bereits die Vollstreckung angekündigt.[5] Gemäß § 258 AO kann die Zwangsvollstreckung einstweilen eingestellt werden, wenn im Einzelfall die Vollstreckung unbillig ist. Nach der Rechtsprechung des BFH ist die Vollstreckung unbillig, wenn diese oder einzelne Vollstreckungsmaßnahmen dem Vollstreckungsschuldner einen unangemessenen Nachteil bringen würden, der durch kurzfristiges Zuwarten oder durch eine andere Vollstreckungsmaßnahme vermieden werden kann.

Der Antragsteller ist wegen eines erheblichen Forderungsausfalls in Zahlungsschwierigkeiten gekommen. Ein Stundungsantrag wurde abgelehnt. Der Vollstreckungssachbearbeiter hat es im Rahmen eines entsprechenden Telefonats abgelehnt, Vollstreckungsaufschub zu gewähren. Aufgrund der Liquiditätsplanung steht mit an Sicherheit grenzender Wahrscheinlichkeit fest, dass der Antragsteller die Steuerrückstände inklusive sämtlicher bis dahin anfallender weiteren betrieblichen Steuern bis zum 30. Juni bezahlen kann. Zur Glaubhaftmachung[6] wird auf die entsprechende Liquiditätsplanung und die Saldenbestätigungen mehrerer Großkunden in der Anlage verwiesen. Die unmittelbar bevorstehende Vollstreckung, insbesondere eine Kontopfändung, würde die Fortführung des Unternehmens meines Mandanten ernsthaft gefährden, da das Kreditengagement ernsthaft gefährdet wäre. Zur Glaubhaftmachung wird auf das Schreiben des Kreditinstituts verwiesen. Damit droht meinem Mandanten die Existenzvernichtung. Zur Glaubhaftmachung wird auf die entsprechende Aufstellung in der Anlage verwiesen, welche die Vermögensverhältnisse meines Mandanten umfassend darstellen. Sowohl die Voraussetzungen für einen Anordnungsanspruch[7] als auch für ein Anordnungsgrund[8] sind damit erfüllt.[9]

.....

Rechtsanwalt

Anmerkungen

1. Um eine einstweilige Anordnung nach § 114 FGO zu erlangen, ist ein Antrag an das Finanzgericht erforderlich, der gegen die Finanzbehörde zu richten ist, deren Vollstreckungsstelle die Vollstreckung betreibt.

2. Durch eine einstweilige Anordnung des Gerichts wird der Antragsgegner (Finanzbehörde) im Allgemeinen verpflichtet, eine konkrete (hoheitliche) Handlung vorzunehmen oder zu unterlassen (HHSp-*Lange* FGO § 114 Rn. 160). Zu den inhaltlichen Voraussetzungen des § 258 AO vgl. die Anm. im → Form. B. IV. 3.

3. Wird vorläufiger Rechtsschutz gesucht in Fällen, in denen der Schutz nach § 258 AO in der Hauptsache durch Verpflichtungsklage durchzusetzen ist, ist § 114 FGO einschlägig und nicht AdV nach § 69 FGO (vgl. HHSp-*Beermann* AO § 258 Rn. 47, *ders.* zu den inhaltlichen Grenzen eines solchen Antrags). Liegt dagegen bereits ein Vollstreckungsverwaltungsakt vor und richtet sich der Antrag gegen die Rechtmäßigkeit dieser konkreten Vollstreckungsmaßnahme, ist § 114 FGO wegen § 114 Abs. 5 FGO subsidiär gegenüber der AdV nach § 69 FGO (BFH/NV 1991, 393).

4. Der Antrag bedarf der Begründung. Die Anforderungen an die Gewährung eines vorläufigen Rechtsschutzes sind bei § 114 FGO deutlich strenger als bei § 69 FGO. Das ist verfassungsrechtlich unbedenklich (BFH BStBl. II 1991, 643).

5. Ausreichend für einen Antrag nach § 114 FGO ist, dass eine Vollstreckungsmaßnahme droht (BFH/NV 1989, 75, 76).

6. Anordnungsgrund und Anordnungsanspruch müssen glaubhaft gemacht werden, dh die Darlegungen müssen Anordnungsanspruch und Anordnungsgrund schlüssig ergeben und durch präsente Beweismittel in dem für die Glaubhaftmachung erforderlichem Maße nachgewiesen werden.

7. Der Anordnungsanspruch ist davon abhängig, dass die Vollstreckung gemäß § 258 AO unbillig ist und eine einstweilige Maßnahme zur Vermeidung der Unbilligkeit ausreicht (BFH/NV 1993, 660).

8. An das Vorliegen eines Anordnungsgrundes sind strenge Voraussetzungen zu stellen. Es müssen Gründe dargelegt werden, die so schwerwiegend sind, dass sie eine einstweilige Anordnung unabweisbar machen (BFH/NV 1989, 565 (567). Wer drohende Existenzvernichtung geltend macht, muss diese auch entsprechend nachvollziehbar darlegen und belegen.

9. Entscheidet das Gericht über den Antrag, so kann das Gericht nach seinem Ermessen bestimmen, welche Anordnungen erforderlich sind, um den mit dem Antrag angestrebten Zweck zu erreichen, § 114 Abs. 3 FGO. Str. ist allerdings, ob das Gericht eigenes (Interims-)Ermessen hat oder lediglich das nach § 258 AO der Vollstreckungsbehörde eingeräumte Ermessen auf Ermessenfehler und ordnungsgemäßen Gebrauch überprüfen darf (zum Streitstand vgl. HHSp-*Beermann* AO § 258 Rn. 59).

5. Antrag auf Einstellung der Zwangsvollstreckung (§ 257 Abs. 1 AO) und auf Aufhebung von Vollstreckungsmaßnahmen (§ 257 Abs. 2 S. 1 AO)

Sehr geehrte Damen und Herren,

namens und in Vollmacht meines Mandanten beantrage[1, 2] ich,

die Zwangsvollstreckung wegen der Rückstände meines Mandanten zur Einkommensteuer 2008 bis 2011 gemäß § 257 Abs. 1 Nr. 3 AO einzustellen.[3]

Weiterhin beantrage ich,

gemäß § 257 Abs. 2 S. 1 AO die bereits getroffenen Vollstreckungsmaßnahmen aufzuheben, wobei die an den antiken Möbelstücken meines Mandanten angebrachten Pfandzeichen abzunehmen sind.[4]

Begründung:

Mein Mandant, ein selbständiger Unternehmensberater, ist mit seinen Zahlungsverpflichtungen zur Einkommensteuer 2008 bis 2011 in Rückstand geraten, nachdem im Rahmen einer steuerlichen Außenprüfung der ebenfalls von ihm betriebene und Verluste erwirtschaftende Landgasthof inklusive Brauerei und landwirtschaftlichem Betriebs als Liebhaberei eingestuft wurde. Einspruch und Klageverfahren waren insoweit erfolglos. Allerdings hat mein Mandant bereits diverse Zahlungen mit entsprechenden Tilgungsbestimmungen geleistet und dadurch die Rückstände zur Einkommensteuer 2001 bis 2004 vollständig getilgt.[5] Ich verweise insoweit auf die detaillierte Aufstellung in der Anlage sowie die Kopien der entsprechenden Bankauszüge.

.....

Rechtsanwalt

Anmerkungen

1. Das Formular beinhaltet einen Antrag auf Einstellung der Zwangsvollstreckung, wobei sich der Steuerpflichtige darauf beruft, dass der Anspruch auf die Leistung erloschen ist, weil er die entsprechenden Steuerrückstände bereits getilgt hat. Es wird zudem der Antrag gestellt, bereits getroffene Vollstreckungsmaßnahmen nach § 257 Abs. 2 S. 1 AO aufzuheben. Bei Vorliegen der in § 257 Abs. 1 Nr. 1 bis 4 AO genannten Voraussetzungen ist die Vollstreckungsbehörde verpflichtet, die Vollstreckung einzustellen oder zu beschränken. Es handelt sich nicht um eine Ermessensentscheidung, BFH/NV 1986, 749. Die Entscheidung erfolgt von Amts wegen, wenn der Vollstreckungsbehörde die Voraussetzungen für die Einstellung oder Beschränkung der Zwangsvollstreckung bekannt sind, vgl. *Klein* AO § 257 Rn. 9. Ein entsprechender Antrag des Steuerpflichtigen ist daher an sich entbehrlich, aber dennoch zulässig (vgl. BFH/NV 2006, 2227) und je nach Sachverhalt auch zu empfehlen, → Anm. 2.

2. Die Einstellung nach § 257 AO ist, wie in → Anm. 1 bereits ausgeführt, nicht antragsgebunden. Ein entsprechender Antrag ist jedenfalls immer dann ratsam, wenn der Steuerpflichtige damit rechnen muss, dass der Vollstreckungsbehörde das Vorliegen der Vorausaussetzungen nach § 257 Abs. 1 AO aus tatsächlichen Gründen nicht bekannt ist oder sie hierzu eine andere Auffassung vertritt (zur Möglichkeit, einen Abrechnungsbescheid nach § 218 Abs. 2 AO zu beantragen, → Anm. 3. Durch einen entsprechenden Antrag eröffnet sich der Steuerpflichtige nämlich die Möglichkeit des Einspruchs. Das gilt einerseits im Falle der Ablehnung seines Antrags, denn eine solche Ablehnung durch Verwaltungsentscheidung ist ein rechtsfeststellender Verwaltungsakt im Sinne von § 118 AO, gegen den der Einspruch gegeben ist, vgl. HHSp-*Beermann* AO § 257 Rn. 39. Ergeht andererseits keine Entscheidung, dann hat der Vollstreckungsschuldner nach wohl hM ebenfalls die Möglichkeit des Einspruchs, wenn er gemäß § 347 Abs. 1 S. 2 AO geltend machen kann, dass über seinen Antrag ohne Mitteilung eines zureichenden Grundes nicht binnen angemessener Frist sachlich entschieden wurde, vgl. HHSp-*Beermann* AO § 257 AO Rn. 55. Nach anderer Auffassung kann der Vollstreckungsschuldner sich in einem solchen Fall der Untätigkeit unter gleichzeitiger Fortsetzung der Vollstreckung nur und erst gegen die getroffene Vollstreckungsmaßnahe wehren, *Schwarz/Dißars* Rn. 23.

3. In § 257 Abs. 1 AO setzt die Einstellung oder Beschränkung der Vollstreckung voraus, dass mindestens einer von vier alternativen Tatbeständen verwirklicht ist. Nach § 257 Abs. 1 Nr. 1 AO ist erforderlich, dass die Vollstreckbarkeitsvoraussetzungen des § 251 AO weggefallen sind. Gemäß § 251 Abs. 1 S. 1 AO können Verwaltungsakte vollstreckt werden, soweit nicht ihre Vollziehung ausgesetzt oder die Vollziehung durch Einlegung eines Rechtsbehelfs gehemmt ist. Daraus folgt, dass nicht bereits der Antrag auf AdV, sondern erst die Gewährung von AdV die Voraussetzungen nach § 257 Abs. 1 Nr. 1 erfüllt. Wurde die AdV von einer Sicherheitsleistung abhängig gemacht, so muss diese erbracht sein. Die Vollstreckungsbehörden sind angehalten, bei AdV-Anträgen mit der zuständigen Stelle bzw. dem Gericht (vgl. § 69 Abs. 3 FGO, § 114 FGO) in Verbindung zu treten und die Erfolgsaussichten des AdV-Antrages in Erfahrung zu bringen. Ist der AdV-Antrag nicht aussichtslos, verfolgt dieser nicht offensichtlich den Zweck der Verzögerung und besteht keine Gefahr in Verzug, kann die Vollstreckungsbehörde bereits den AdV-Antrag zum Anlass nehmen, die Vollstreckung (vorläufig) einzustellen oder zu beschränken, vgl. VollstrA Nr. 5 Abs. 4 S. 4. Nach § 257 Abs. 1 Nr. 2 AO bedingt die Einstellung oder Beschränkung der Vollstreckung die Aufhebung des Verwaltungsaktes, aus dem vollstreckt wird. Nach Sinn und Zweck der Vorschrift ist unter Aufhebung jede Maßnahme bzw. gerichtliche Entscheidung zu subsumieren, die den zu vollstreckenden Verwaltungsakt vollinhaltlich und endgültig beseitigt (vgl. BFH/NV 2002, 567, *König* AO § 257 Rn. 3, was nicht nur bei der Aufhebung nach §§ 172 ff. AO, sondern auch bei Rücknahme nach § 130 AO bzw. Widerruf nach § 131 AO der Fall ist. Die Feststellung der Nichtigkeit ist dem ebenfalls gleichzustellen, BFH/NV 1993, 349; HHSp/*Beermann* AO § 257 Rn. 14. Eine Aufteilung der Gesamtschuld nach §§ 268 ff. AO genügt dagegen nicht; *König* AO § 258 Rn. 3. Die Vollstreckung ist weiterhin dann einzustellen bzw. zu beschränken, wenn der Anspruch auf die Leistung erloschen ist. Der Anspruch erlöscht insbesondere durch Zahlung (§§ 224 ff. AO), Erlass (§§ 163, 227 AO), Verjährung (§§ 169–171 AO, §§ 228–232 AO) sowie den Eintritt einer auflösenden Bedingung. Im Formular wird davon ausgegangen, dass anhand der dem Antragsschreiben beigefügten Aufstellung über die geleisteten Zahlungen mit der Behörde Einvernehmen über das Erlöschen des Steueranspruchs erzielt werden kann. Fraglich ist, welche Konsequenzen es hat, wenn streitig bleibt, ob der Anspruch erloschen ist. Fest steht, dass der Steuerpflichtige die Möglichkeit hat, einen Abrechnungsbescheid nach § 218 Abs. 2 AO zu beantragen. Streitig ist, ob die Behörde für eine Einstellung nach § 257 Abs. 1 Nr. 3 AO einen entsprechenden Abrechnungsbescheid zur Bedingung erheben darf oder selbständig ermitteln muss, ob der Anspruch erloschen ist, zum Streitstand vgl. HHSp/*Beermann* AO § 257 Rn. 19 ff. Rechnet der Vollstreckungsschuldner damit, dass über das Erlöschen des Anspruchs kein Einvernehmen erzielt werden kann, so ist regelmäßig zu empfehlen (vgl. BFH/NV 2006, 2227), parallel zum Antrag nach § 257 AO einen Abrechnungsbescheid zu beantragen. Der Schuldner hat weiterhin die Möglichkeit, vorläufigen gerichtlichen Rechtschutz nach § 114 FGO zu erlangen, wobei das Erlöschen des Anspruchs gemäß §§ 114 Abs. 3 FGO, 920 Abs. 2 ZPO von ihm glaubhaft zu machen ist, HHSp/*Beermann* AO § 257 Rn. 21. Die Vollstreckung ist außerdem gemäß § 257 Abs. 1 Nr. 4 AO einzustellen oder zu beschränken, wenn die Leistung gestundet ist.

4. Gemäß § 257 Abs. 2 S. 1 AO sind in den Fällen des Abs. 1 Nr. 2 und 3 AO die bereits getroffene Vollstreckungsmaßnahmen aufzuheben, dh die Vollstreckungsmaßnahme muss beseitigt oder ihr muss jedenfalls jede Wirkung genommen werden, *König* AO § 257 Rn. 6, vgl. im Detail Nr. 6 VollStrA. Nach § 257 Abs. 2 S. 2 AO gilt dies bei einer Aufhebung durch gerichtliche Entscheidung nur bei deren Unanfechtbarkeit und wenn nicht aufgrund der Entscheidung ein neuer Verwaltungsakt zu erlassen ist. Gemäß § 257 Abs. 2 S. 3 AO bleiben im Übrigen die Zwangsvollstreckungsmaßnahmen bestehen, wenn ihre Aufhebung nicht ausdrücklich angeordnet wird. Im Formular ist § 257 Abs. 2 S. 1 iVm § 257 Abs. 1 Nr. 3 AO einschlägig.

5. Zur Möglichkeit der Tilgungsbestimmung des Steuerpflichtigen bei freiwilligen Zahlungen vgl. § 225 Abs. 1 AO; wobei die Zahlung auch dann noch als freiwillige behandelt wird, wenn eine unmittelbar bevorstehende Vollstreckungsmaßnahme abgewendet wird, *Klein* AO § 225 Rn. 2. Bei erzwungenen Zahlungen hat gemäß § 225 Abs. 3 AO die Behörde das Recht der Tilgungsbestimmung.

6. Antrag auf Stundung (§ 222 AO)

An das

Finanzamt

. . . . .

Steuernummer . . . . .

Antrag auf Stundung gemäß § 222 AO

Sehr geehrte(r) . . . . .,[3]

zum 10. Dezember ist die Einkommensteuervorauszahlung meines Mandanten für das 4. Kalendervierteljahr in Höhe von 120.000,00 EUR zur Zahlung fällig. Namens und in Vollmacht beantrage[4] ich hiermit,

> die Einkommensteuervorauszahlung für das 4. Quartal in Höhe von 90.000,00 EUR[5] bis zur Bekanntgabe des Einkommensteuerbescheides für das Jahr . . . . . zu stunden und bitte um Verrechnung dieser Vorauszahlung mit dem Erstattungsbetrag für . . . . .

Ich beantrage zudem,

> die Stundung ohne Sicherheitsleistung und unter Verzicht auf Stundungszinsen zu gewähren.[6]

Begründung:

Die Voraussetzungen für eine Stundung sind erfüllt, denn die Einziehung der Vorauszahlungen zum 10. Dezember würde für meinen Mandanten eine erhebliche Härte[7] bedeuten und eine Stundung gefährdet[8] den Steueranspruch nicht. Mein Mandant betreibt ein Einzelunternehmen, das sich auf den Handel mit speziellen hochwertigen Stoffen für die Polstermöbelindustrie spezialisiert hat, welche mein Mandant ganz überwiegend aus China bezieht. Aufgrund eines entsprechenden Handelsbrauchs in dieser Branche sieht mein Mandant sich regelmäßig veranlasst, die Ware gegen Vorkasse zu beziehen. Obwohl mein Mandant bereits die vereinbarten Vorauszahlungen geleistet hat, befindet sich ein chinesischer Großlieferant aktuell erheblich in Lieferverzug, sodass mit einer entsprechenden Lieferung frühestens Ende Februar ..... zu rechnen ist. Aufgrund dieser Verzögerung im Wareneinkauf ist mein Mandant nunmehr selbst in Lieferverzug geraten – mit entsprechenden negativen Auswirkungen auf die Liquidität. Dadurch ergibt sich ein Liquiditätsengpass meines Mandanten in Höhe von ca. 90.000,00 EUR. Ich verweise auf die Ertrags- und Liquiditätsplanung anbei. Sämtliche Großkunden meines Mandanten haben aber zugesagt und sind zudem entsprechend vertraglich verpflichtet, die Ware trotz der Verspätung abzunehmen, so dass es sich mit überwiegender Wahrscheinlichkeit nur um eine vorübergehende Liquiditätslücke handelt.

Meinem Mandanten ist es so kurzfristig nicht möglich, die Vorauszahlung durch Bankkredit zu finanzieren. Die Kreditlinien sind bereits in vollem Umfang ausgeschöpft, als Sicherheit dient insoweit das Warenlager. Daher ist – weil die entsprechende Ware schlicht fehlt – auch eine Aufstockung dieses Kontokorrents nicht möglich.

Darüber hinaus erwartet mein Mandant eine ESt-Erstattung für den VZ ..... in Höhe von 90.000,00 EUR. Ich verweise auf die entsprechende Steuerberechnung anbei. Die Steuerklärung wurde aufgrund der bevorzugten Anforderung bereits am ..... abgegeben.

Aufgrund der vorstehenden Ausführungen ist die Realisierung des Steueranspruch in keiner Weise gefährdet. Ich beantrage daher auch im Hinblick auf die kurze Laufzeit der begehrten Stundung, von der Bestimmung einer Sicherheitsleistung abzusehen und auf die Festsetzung von Stundungszinsen[9] aus Billigkeitsgründen zu verzichten.[10, 1, 2]

.....

Rechtsanwalt

Anmerkungen

1. Die in § 222 AO normierte Möglichkeit der Stundung von Steueransprüchen ist keine Vorschrift des Vollstreckungsrechts. Stundungsanträge haben allerdings eine große praktische Relevanz und verfolgen – ebenso wie regelmäßig beantragter Vollstreckungsaufschub nach § 258 AO – das wirtschaftliche Ziel, einen (hoffentlich) kurz- bis mittelfristigen Liquiditätsengpass zu überbrücken. Darüber hinaus ist gemäß § 257 Abs. 1 Nr. 4 AO die Zwangsvollstreckung einzustellen, wenn die Leistung gestundet ist und die Vollstreckungsstelle entscheidet bei Kenntnis von Stundungsanträgen über die vorübergehende Einstellung von Vollstreckungsmaßnahmen, vgl. VollstrA 5 Abs. 4. Zwischen Stundung und Vollstreckung besteht daher praktisch eine große Sachnähe, so dass dieses Formular zur Stundung mit aufgenommen wurde.

2. Gemäß § 222 AO können die Finanzbehörden Ansprüche aus dem Steuerschuldverhältnis ganz oder teilweise stunden, wenn die Einziehung bei Fälligkeit eine erhebliche

Härte für den Schuldner bedeuten würde und der Steueranspruch nicht gefährdet erscheint, wobei die Stundung in der Regel nur auf Antrag und nur gegen Sicherheitsleistung gewährt werden soll. Erhebliche Härte und keine Gefährdung des Steueranspruchs sind demnach zwei tatbestandliche Voraussetzungen, die kumulativ erfüllt sein müssen. Bei lebensnaher Betrachtung sind allerdings wenige Argumente denkbar, die einerseits dafür sprechen, dass die Einziehung eine erhebliche Härte für den Schuldner bedeutet, ohne dass diese Argumente nicht gleichzeitig vermuten lassen, dass der Steueranspruch dadurch gefährdet wird. Insofern verbleiben theoretisch noch die Fälle des späteren Liquiditätszuflusses, zB aufgrund eines Unternehmensverkaufs, eines Lotteriegewinns, einer Versicherungsleistung oÄ. Die Rechtsprechung des BFH macht die Stundungsbedürftigkeit allerdings davon abhängig, dass es dem Steuerpflichtigen nicht möglich ist, die Liquiditätslücke mittels eines Bankkredits zu überbrücken. Eine Zwischenfinanzierung dürfte aber einem Steuerpflichtigen, der einen werthaltigen Zahlungsanspruch, zB aufgrund eines Unternehmensverkaufs, als Sicherheit anbieten kann, nicht schwerfallen. Dass die Stundung dennoch praktische Relevanz hat, liegt vielleicht daran, dass Rechtsprechung und Verwaltung zwar die einzelnen Tatbestandsmerkmale des § 222 AO durchaus streng auslegen, die tatbestandlichen Wechselwirkungen der einzelnen Merkmale dagegen zugunsten des Steuerpflichtigen nicht immer hinterfragt werden. Beim Formulieren eines Stundungsantrages sollte man Rechtsprechung und Verwaltungsmeinung unbedingt kennen. So mag ein Hinweis auf zukünftige Unterhaltsverpflichtungen des Steuerpflichtigen zwar durchaus die erhebliche Härte einer fristgerechten Einziehung der Steuer untermauern, andererseits läuft man Gefahr, dass gerade der Hinweis auf eine solche zusätzliche Zahlungsverpflichtungen als Gefährdung des Steueranspruchs angesehen werden. Einen Antrag auf Stundung und Ratenzahlung mit zB 36 Monatsraten wird die Finanzverwaltung unter Umständen schon mit dem Hinweis auf die der Verzögerung immanenten Gefährdung des Steueranspruchs ablehnen.

3. Der Antrag ist an die Vollstreckungsbehörde zu richten, welche die Vollstreckung im konkreten Einzelfall durchführt.

4. Der Stundungsantrag sollte bereits vor Fälligkeit gestellt werden, um das Entstehen von Säumniszuschlägen zu vermeiden.

5. Die Bemessung des Stundungsbetrages orientiert sich am Liquiditätsbedürfnis des Steuerpflichtigen. Man sollte allerdings die im aktuell relevanten gleichlautenden Ländererlass vom 15.4.2008 aufgestellten Zuständigkeitsregelungen beachten. Danach können Finanzämter zB in eigener Zuständigkeit über zeitlich unbefristete Stundungen bis 100.000,00 EUR entscheiden.

6. Gemäß dem Wortlaut des § 222 S. 2 AO ist eine Stundung gegen Sicherheitsleistung der gesetzliche Normalfall. In der Praxis wird eine Stundung, insbesondere bei kleineren Beträgen, aber häufig ohne Sicherheiten gewährt.

7. Ob die Einziehung eine erheblich Härte darstellt, ist durch eine Einzelfallabwägung der Interessen des Steuerschuldners an einem Hinausschieben der Fälligkeit und dem Interesse des Steuergläubigers an einer vollständigen und gleichmäßigen Besteuerung festzustellen, vgl. BFH BStBl. II 1974, 307; *Farr* S. 54. Die jeder Steuerzahlung immanente allgemeine Härte ist keine erhebliche Härte nach § 222 AO. Nach der Rechtsprechung ist, wie auch bei § 227 AO, zwischen sachlicher und persönlicher Härte zu unterscheiden. Die sachlichen Gründe beziehen sich allein auf objektive Kriterien, die Lebensumstände des Steuerpflichtigen finden keine Berücksichtigung. Grundsätzlich hat der Steuerpflichtige dafür zu sorgen, dass er seine Steuern termingerecht bezahlen kann. Ist aufgrund einer vom ihm eingereichten Steuererklärung mit einer Abschlusszahlung zu rechnen, so hat er sicherzustellen, dass er zum Fälligkeitstermin zahlungsfähig ist. Entsteht eine Nachzahlungsverpflichtung dagegen unerwartet (zB unerwarteter Zeitpunkt durch Erhöhung der ESt-Vorauszahlung oder dem Grunde/der Höhe nach unerwartet durch abweichende Rechtsauffassung des Außenprüfers), kann dies eine erhebliche Härte begründen. Eine erhebliche Härte liegt auch vor, wenn alsbald eine Steuererstattung zu erwarten ist. Dieser Fallgruppe der sog. Verrechnungsstundung oder auch technischen Stundung liegt der Rechtsgedanke der dolo agit – Einrede zugrunde. Voraussetzung ist einschränkend, dass eine Steuererstattung mit an Sicherheit grenzender Wahrscheinlichkeit erwartet werden kann. Die Verrechnungsstundung kann daher versagt werden, wenn der Erstattungsanspruch Gegenstand eines Einspruchs- oder Klageverfahrens ist. Das gilt selbst dann, wenn das vor dem Finanzgericht unterlegene Finanzamt noch die Möglichkeit der Revision hat (vgl. BFH/NV 1987, 558).

Eine Stundung aus persönlichen Gründen setzt Stundungsbedürftigkeit und Stundungswürdigkeit voraus. Die Bedürftigkeitslage ist anhand einer Gegenüberstellung der flüssigen und kurzfristig realisierbaren Vermögenswerte einerseits und der überfälligen und kurzfristig fällig werdenden Verpflichtungen andererseits festzustellen. Hinzukommen muss, dass der Steuerpflichtige nachweislich nicht in der Lage ist, einen Kredit aufzunehmen oder auf andere Art Liquidität generieren kann. Stundungswürdig ist nach der Rechtsprechung nur derjenige, der die Stundungsbedürftigkeit nicht zu vertreten hat und dessen Verhalten nicht in eindeutiger Weise gegen die Interessen der Allgemeinheit verstoßen hat, BFH/NV 1987, 696.

8. Die beantragte Stundung darf den Steueranspruch zudem nicht gefährden. Im Rahmen einer Gesamtabwägung sind hier alle Umstände zu berücksichtigen. Wie bereits dargelegt, kann allein aus der Dauer der beantragten Stundung die Gefährdung resultieren.

9. Auf Stundungszinsen, vgl. § 238 Abs. 1 AO, kann das Finanzamt aus Billigkeitsgründen verzichten, § 234 Abs. 2 AO.

10. Wird Stundung abgelehnt oder widerrufen oder für eine kürzere Laufzeit gewährt als beantragt, kann der Steuerpflichtige Einspruch nach § 347 AO einlegen. Bei Widerruf einer Stundung ist sodann die Anfechtungsklage nach § 40 Abs. 1 AO, bei teilweiser oder vollständiger Ablehnung der Stundung die Verpflichtungsklage einschlägig. Einstweiliger Rechtsschutz kann durch eine einstweilige Anordnung nach § 114 Abs. 1 S. 2 AO erlangt werden, was jedoch voraussetzt, dass schwerwiegende Gründe eine einstweilige Anordnung unabweisbar machen (vgl. FG Düsseldorf EFG 1998, 713; *Farr* S. 72).

7. Einspruch gegen die Anordnung der Abgabe der Vermögensauskunft (§ 284 AO)

An das

Finanzamt

. . . . .

Steuernummer . . . . .

Einspruch gegen Anordnung zur Abgabe der Vermögensauskunft nach § 284 AO[1]

Sehr geehrte(r) . . . . .,

namens und in Vollmacht meines Mandanten lege ich hiermit Einspruch ein gegen die Anordnung vom ..... zur Abgabe der Vermögensauskunft nach Maßgabe des § 284 AO und beantrage

die Aussetzung der Vollziehung.[2]

Begründung:

Mein Mandant ist mit der Zahlung der Einkommensteuer für die VZ ..... im Rückstand. Mit Schreiben vom ..... forderte das Finanzamt meinen Mandanten unter Hinweis auf die Verpflichtung zur Abgabe der Vermögensauskunft[3] gemäß § 284 AO zur Zahlung binnen einer Frist von zwei Wochen auf. Mit Schreiben vom ..... forderte das Finanzamt meinen Mandanten zur Vermögensauskunft inklusive eidesstattlicher Versicherung nach Maßgabe des § 284 AO auf und bestimmte den Termin zur Abgabe der Vermögensauskunft auf den[4]. .... Die Anordnung zur Abgabe eines Vermögensverzeichnisses und damit verbunden zur Abgabe einer eidesstattlichen Versicherung[5] ist in das Ermessen der Behörde gestellt, das pflichtgemäß auszuüben ist. Diese Anordnung ist jeweils ermessensfehlerhaft,[6] wenn dem Finanzamt die Vermögensverhältnisse hinlänglich bekannt sind. Aufgrund der Aktenlage sind die Vermögensverhältnisse meines Mandanten vollständig transparent ..... (näher auszuführen). Ich rege alternativ die Abgabe einer eidesstattlichen Versicherung gemäß § 95 AO an.

.....

Rechtsanwalt

Anmerkungen

1. Mit Wirkung zum 1.1.2013 wurde § 284 AO durch das ZwVollstrÄndG v. 29.7.2009 (BGBl. 2009 I 2258) völlig neu gefasst. Damit wurde die inhaltliche Nähe zur ZPO gewahrt, denn durch das ZwVollstrÄndG wurden auch Vorschriften der ZPO über die Vorlage eines Vermögensverzeichnisses (einer Vermögensauskunft) und der eidesstattlichen Versicherung reformiert. Wesentlich für den Vollstreckungsschuldner nach AO ist vor allem die Vorverlagerung seiner vollstreckungsrechtlichen Mitwirkungspflicht in Gestalt seiner Auskunftspflicht auf den Beginn des Vollstreckungsverfahrens. Andererseits ist die Eintragung in das Schuldnerverzeichnis nicht mehr zwingende Folge seiner Auskunftserteilung.

2. Gemäß § 284 Abs. 6 S. 3 AO hat ein Rechtsbehelf gegen die Anordnung der Abgabe der Vermögensauskunft keine aufschiebende Wirkung. Der Termin zur Abgabe der Vermögensauskunft soll nicht vor Ablauf eines Monats nach Zustellung der Ladung bestimmt werden, § 284 Abs. 6 S. 2 AO.

3. Der Vollstreckungsschuldner hat das gesamte Aktivvermögen anzugeben. Bei den Angaben nach § 284 Abs. 2 S. 2 AO ist ausgehend von der Gesetzesbegründung zu § 802c Abs. 2 ZPO auch die Bezeichnung der Drittschuldner mit Namen und Anschrift sowie andere zur Identifikation erforderlichen Daten erforderlich (*Klein/Brockmeyer* AO § 284 Rn. 26b.

4. Nach § 284 Abs. 6 S. 1 AO kann die Ladung zu dem Termin zur Abgabe der Vermögensauskunft mit der Fristsetzung nach § 284 Abs. 1 S. 1 AO verbunden werden.

5. Die Vermögensauskunft ist in der Neufassung des § 284 AO stets eidesstattlich zu versichern.

6. Es handelt sich auch nach der Neufassung des § 284 AO um eine Ermessensentscheidung. Als Konsequenz der vom Gesetzgeber explizit gewollten zentralen Mitwirkungspflicht des Vollstreckungsschuldners ist allerdings zu befürchten, dass für den Steuerpflichtigen zukünftig im Rahmen einer Einspruchsbegründung im Hinblick auf denkbare Ermessensfehler kaum noch Argumentationsmöglichkeiten verbleiben, zumal der mit erheblichen Nachteilen verbundene Eintrag in das Schuldnerverzeichnis anders als bisher nicht mehr zwingend ist, sondern nach § 284 Abs. 9 AO von einer gesonderten Ermessensentscheidung abhängt. Ermessensfehler sind jedenfalls noch denkbar und sollten vorgetragen werden, wenn die Behörde die Vermögensverhältnisse des Vollstreckungsschuldners zuverlässig kennt (vgl. *Klein/Brockmeyer* AO § 284 Rn. 26a). Es bleibt abzuwarten, in welchem Umfang die Verwaltung zukünftig von § 284 AO Gebrauch macht. Ein Schwerpunkt der Beratertätigkeit dürfte sein, jedenfalls eine Maßnahme nach § 284 Abs. 9 AO zu verhindern. Insofern hat ein Rechtsbehelf gemäß § 284 Abs. 10 S. 1 AO keine aufschiebende Wirkung. Allerdings gilt dies nicht, wenn ein Antrag auf Aussetzung der Vollziehung anhängig ist, der Aussicht auf Erfolg hat, § 284 Abs. 10 S. 3 AO.

8. Antrag auf Aufteilung (§ 268 AO)

An das

Finanzamt

.....

Steuernummer .....

Antrag auf Aufteilung gemäß § 268 AO

Sehr geehrte(r) .....,

Namens und in Vollmacht meines Mandanten[1, 2] beantrage[3] ich hiermit

gemäß § 268 AO die Vollstreckung wegen der Einkommensteuer 2010 jeweils auf den Betrag zu beschränken, der sich nach Maßgabe der §§ 269 bis 278 AO bei Aufteilung der Steuer ergibt.

Begründung:

Mein Mandant und seine Ehefrau schulden aufgrund der Zusammenveranlagung zur Einkommensteuer 2010 eine am ..... fällige Abschlusszahlung in Höhe von 8.000,00 EUR. Aus der Steuererklärung ergeben sich sämtliche für eine Aufteilung erforderlichen Angaben.[4] Auf meinen Mandanten entfallen insoweit 4.700,00 EUR, die er fristgerecht entrichten wird.[5, 6]

Anmerkungen

1. Gemäß § 268 AO können Personen, die Gesamtschuldner sind, weil sie zusammen zur Einkommensteuer veranlagt werden, einen Antrag auf Beschränkung der Vollstreckung stellen. Beschränkt wird insoweit die Steuerforderung, die Grundlage einer Vollstreckung sein kann. Gegenstand der Vollstreckung ist indes weiterhin das gesamte Vermögen (HHSp/*Müller-Eiselt* AO § 268 Rn. 2). Der Antrag nach § 268 AO hat zur

Folge, dass gemäß § 277 AO bis zur unanfechtbaren Entscheidung Vollstreckungsmaßnahmen nur insoweit erfolgen dürfen, wie dies zur Sicherung des Anspruchs erforderlich ist. Damit hat der Aufteilungsantrag einen vorläufigen Suspensiveffekt. Der Zeitpunkt der Antragstellung entscheidet über die Höhe des aufzuteilenden Betrages. Zahlungen nach Antragstellung werden dem Gesamtschuldner angerechnet, der sie geleistet hat, § 276 Abs. 6 S. 1 AO. Ergibt sich dabei eine Überzahlung, ist diese gemäß § 276 Abs. 6 S. 2 AO zu erstatten. Eine nach § 268 AO gewährte Vollstreckungsbeschränkung schließt nach der Rechtsprechung des BFH allerdings eine Inanspruchnahme dieses Gesamtschuldners als Haftungsschuldners nicht aus. In Betracht kommt ua eine Inanspruchnahme als Haftungsschuldner wegen einer Beteiligung an der Steuerhinterziehung des anderen Gesamtschuldners (Ehegatten). Der dem Steuerrecht immanente Grundsatz, dass Steuerschuldner und Haftungsschuldner regelmäßig nicht personenidentisch sein können, stehe dem nicht entgegen, da dieser Grundsatz nur gelte, wenn der Steuerschuldner auch Zahlungsverpflichteter ist (BFHE 212, 398). Der Antragsteller nach § 268 AO sei aber im Hinblick auf den auf den anderen Gesamtschuldner entfallenden Zahlungsbetrag gerade nicht mehr zur Zahlung verpflichtet, so dass die Inanspruchnahme als Haftungsschuldner keine doppelte Inanspruchnahme bedeutet. Mit dieser ergebnisorientierten Argumentation (so HHSp/*Müller-Eiselt* AO § 268 Rn. 6) hat der BFH eine Möglichkeit gefunden, in Fällen der Steuerhinterziehung die Wirkung der §§ 268 ff. AO zu relativieren. Darauf muss der Berater ggf. hinweisen.

2. Den Aufteilungsantrag kann jeder Gesamtschuldner stellen. Den übrigen Gesamtschuldnern, die keine Antragsteller sind, ist nach § 91 AO rechtliches Gehör zu verschaffen.

3. Für eine Aufteilung ist ein schriftlicher Antrag zwingend erforderlich, der bei dem für die Besteuerung zuständigen Finanzamt zu stellen ist. Der Antrag kann vor Fälligkeit gestellt werden, allerdings frühestens mit Bekanntgabe des Leistungsgebots. Gemäß § 269 Abs. 2 S. 2 AO ist ein Antrag nach vollständiger Tilgung der Steuern unzulässig.

4. Einer Begründung des Antrages bedarf es nicht. Aus dem Antrag müssen sich aber alle Informationen ergeben, die für eine Aufteilung der Steuer erforderlich sind. Ergeben sich diese Angaben (wie im Formular vorausgesetzt) bereits aus der Steuererklärung, sollte jedenfalls kurz auf diese verwiesen werden. Fehlen Angaben, ist die Behörde zur Schätzung der Aufteilungsgrundlagen berechtigt. Zunächst treffen allerdings den Antragsteller gesteigerte Mitwirkungspflichten (HHSp *Müller-Eiselt* AO § 269 Rn. 15). Fehlende Angaben haben demnach zwar nicht die Unwirksamkeit des Antrags zur Folge, können die Aufteilungsgrundlagen aber letztlich nicht ermittelt werden, kann der Antrag zurückgewiesen werden.

5. Über den Antrag auf Beschränkung der Vollstreckung ist gemäß § 279 Abs. 1 S. 1 AO nach Einleitung der Vollstreckung durch schriftlichen Bescheid (Aufteilungsbescheid) zu entscheiden. Einer Entscheidung bedarf es wegen § 279 Abs. 1 S. 2 AO nicht, wenn keine Vollstreckungsmaßnahmen ergriffen worden oder bereits ergriffene Vollstreckungsmaßnahmen wieder aufgehoben werden.

6. Der Aufteilungsbescheid sowie die Ablehnung eines Antrags nach § 268 AO kann mit dem Einspruch angegriffen werden. Wenn nur ein Adressat des Bescheids Einspruch einlegt (bzw. ggf. Klage erhebt), muss der andere Adressat nach § 360 Abs. 3 AO (im Klageverfahren nach § 60 Abs. 3 FGO) notwendig beigeladen werden.

9. Widerspruchsklage Dritter (§ 262 AO)

An das

Amtsgericht/Landgericht[1, 2, 3]

.....

Klage

des .....

– Kläger[4] –

Prozessbevollmächtigter: .....

gegen

das Land[5] ....., vertreten durch .....

– Beklagte –

wegen Unzulässigkeit der Zwangsvollstreckung

namens und in Vollmacht des Klägers erhebe ich Klage und werde beantragen:

> Die Pfändung des Notstromaggregats, Marke ....., Fabrikationsnummer ....., durch das Finanzamt ..... aufgrund des Steuerbescheids über Einkommensteuer für ..... v .....; Steuernummer ....., wird für unzulässig erklärt.[6]

Vorab beantrage ich:

> Die vom Beklagten betriebene Zwangsvollstreckung aufgrund des Urteils des ..... Steuerbescheids über Einkommensteuer für ..... v .....; Steuernummer ....., wird einstweilig eingestellt.[7]

Begründung:

Der Beklagte betreibt gegen ..... die Zwangsvollstreckung. Am ..... pfändete der Vollziehungsbeamte der Beklagten das Notstromaggregats, Marke ....., Fabrikationsnummer ..... Das Notstromaggregat steht jedoch im Eigentum des Klägers.[8] Durch Kaufvertrag vom ..... erwarb der Kläger das streitgegenständliche Notstromaggregat von der Firma ..... Der Kläger zahlte den Kaufpreis in bar, das Gerät wurde ihm unmittelbar übergeben und übereignet.

Beweis: Kaufvertrag vom inklusive der Allgemeinen Geschäftsbedingungen des Verkäufers

> Rechnung vom .....
> Übergabeprotokoll vom .....

Der Kläger vermietete das Gerät sodann an ..... Als der Kläger erfuhr, dass die Beklagte gegen den Mieter die Zwangsvollstreckung betreibt und das streitgegenständliche Notstromaggregat gepfändet hat, teilte der Kläger der Vollstreckungsstelle des Finanzamtes die vorstehend beschriebenen Eigentumsverhältnisse zunächst mündlich und mit Schreiben vom ..... nochmals schriftlich mit.[9] Das Finanzamt erklärte mit Schreiben vom ....., dass das zur Veräußerung hindernde Recht nicht ausreichend glaubhaft gemacht worden sei und dass daher die Zwangsvollstreckung fortgesetzt werden müsse, so dass Klage geboten ist.[10]

Zur Vermeidung des Eigentumsverlusts des Klägers wird beantragt, alsbald über den Antrag auf einstweilige Anordnung zu entscheiden.

.....

Rechtsanwalt

Anmerkungen

1. Inhaltlich übernimmt § 262 AO die Funktion des § 771 ZPO bei der Vollstreckung nach der ZPO. Es handelt sich um eine Schutzvorschrift für in die Vollstreckung hineingezogene Dritte und gilt sowohl im Vollstreckungsverfahren für das bewegliche als auch für das unbewegliche Vermögen und darüber hinaus bei der Vollstreckung wegen anderer Leistungen als Geldleistungen (§ 328 ff. AO), im Sicherungsverfahren (§§ 324 ff. AO) und im Verfahren zur Verwertung von Sicherheiten (§ 327 AO) (HHSp/*Müller-Eiselt* AO § 268 Rn. 5).

2. Eine ähnliche Schutzrichtung hat auch die Klage auf vorzugsweise Befriedigung, allerdings muss bei § 293 AO die Vollstreckung geduldet werden und gewährt nur das Recht, sich aus dem Erlös zu befriedigen. Die Klage nach § 293 AO ist daher ein Minus gegenüber der Drittwiderspruchsklage nach § 262 AO. Regelmäßig wird zu empfehlen sein, nach § 262 AO vorzugehen. Will sich der Dritte gegen die Art und Weise der Vollstreckung wenden, hat er die Möglichkeit des Einspruchs nach § 347 AO.

3. Sachlich und örtlich ausschließlich zuständig ist das ordentliche Gericht, in dessen Bezirk vollstreckt wird, also – je nach Streitwert – das Amtsgericht oder Landgericht. Forderungen gelten als dort gepfändet, wo die Vollstreckungsbehörde ihren Sitz hat.

4. Kläger ist der Dritte im Sinne von § 262 AO, dh derjenige, der ein die Veräußerung hinderndes Recht behauptet.

5. Gemäß § 262 Abs. 3 S. 2 AO ist die Klage gegen die Körperschaft zu richten, der die Vollstreckungsbehörde angehört. Beim Hauptzollamt ist dies der Bund, vertreten durch den Vorsteher des HZA, beim Finanzamt das jeweilige Land. Für die Länder gelten deren unterschiendliche Vertretungsordnungen.

6. Ziel der Widerspruchsklage ist der Ausspruch der Unzulässigkeit der Zwangsvollstreckung. Es handelt sich demnach um eine prozessuale Gestaltungsklage. Eine materielle Leistungsklage auf Freigabe nach § 985 BGB oder § 1004 BGB wäre unzulässig, weil das Gesetz ihn gerade auf die Widerspruchsklage verweist (König/*Fritsch* AO § 262 Rn. 39).

7. Die Widerspruchsklage hemmt die Fortsetzung der Zwangsvollstreckung nicht. Nach § 262 AO besteht daher die Möglichkeit, vorläufigen Rechtsschutz in Anspruch zu nehmen. Die Anordnung kann entweder vor dem Urteil im Beschlussverfahren nach § 769 ZPO oder im Urteil nach § 770 AO ergehen. § 114 FGO kommt schon deshalb nicht in Betracht, weil für das ordentliche Gericht nicht anwendbar (HHSp/*Mülller-Eiselt* AO § 262 Rn. 51).

8. Das Eigentum als das stärkste dingliche Recht ist der Hauptanwendungsfall von § 262 AO. Bezüglich der Veräußerung hindernden Rechte kann ansonsten auf die Ausführungen in den Formularen zu § 771 ZPO verwiesen werden. Die Widerspruchsklage gemäß § 262 AO ermöglicht zudem die Einwendungen nach § 772 ZPO (Drittwiderspruchsklage bei Veräußerungsverbot), § 773 ZPO (Drittwiderspruchsklage des Nacherben) und § 773 ZPO (Drittwiderspruchsklage des Ehegatten).

9. Dass der Widerspruch nach dem Wortlaut des § 262 AO „erforderlichenfalls" durch Klage geltend zu machen ist, bedeutet keinesfalls, dass vorab ein irgendwie geartetes Rechtsbehelfsverfahren durchzuführen ist. Insbesondere ist ein Widerspruch (bzw. Einspruch) keine Zulässigkeitsvoraussetzung für die Klageerhebung. In der Praxis sollte natürlich – schon um die Folgen des § 93 ZPO zu vermeiden – mit der Behörde Kontakt aufgenommen und die eigene Rechtsposition dargelegt werden. Die Vollstreckungsstelle ist angewiesen, über die Einwendungen des Dritten unverzüglich zu entscheiden (Abschn. 13 Abs. 1 VollstrA).

10. Rechtsmittel sind, soweit die entsprechenden Voraussetzungen erfüllt werden, die Berufung und die Revision.

10. Einspruch gegen Pfändung (§ 281 AO)

An das

Finanzamt

. . . . .

Steuernummer . . . . .

Einspruch gegen Pfändung gemäß § 281 AO

Sehr geehrte(r) . . . . .,

gegen die Pfändung des Lkws, Typ . . . . . mit dem amtlichen Kennzeichen . . . . ., lege ich hiermit Einspruch[1, 2] ein und beantrage

Aussetzung der Vollziehung.

Begründung:

Mein Mandant ist selbständig tätiger Schrotthändler und besitzt nur diesen einen Lkw. Er benötigt diesen daher zur Durchführung seiner persönlichen Arbeitsleistung. Der Lkw ist näher wegen § 811 Abs. 1 Nr. 5 ZPO nicht pfändbar. Die Pfändung ist demnach rechtswidrig. Für die Entfernung des Pfandsiegels habe ich mir den . . . . . vorgemerkt.

. . . . .

Rechtsanwalt

Anmerkungen

1. Gemäß § 281 Abs. 1 AO erfolgt die Vollstreckung in das bewegliche Vermögen durch Pfändung. Zum beweglichen Vermögen gehören Sachen, Forderungen und andere Vermögensrechte, soweit sie nicht nach § 322 AO der Vollstreckung in das unbewegliche Vermögen unterliegen. Die Vollstreckung in bewegliche Sachen und Forderungen sowie andere Vermögensrechte ist grundsätzlich gleichrangig nebeneinander zulässig (BFH/NV 2007, 2229; Koenig/*Fritsch* AO § 281 Rn. 3). Die Pfändung als staatlicher Hoheitsakt entspricht der Beschlagnahme nach § 20 ZVG und bewirkt, dass ein Gegenstand des beweglichen Vermögens kraft staatlichen Zwangs mit dem Zwecke der Verwertung und der Befriedigung aus dem Verwertungserlös der Verfügungsbefugnis des Berechtigten entzogen wird. Die Pfändung ist ein Verwaltungsakt, und zwar unabhängig davon, ob durch Wegnahme der Sache (§ 286 Abs. 1 AO), Anbringung des Pfandsiegels (§ 286 Abs. 2 AO) oder durch Pfändungsverfügung bei Forderungen (§ 309 AO) oder sonstigen Vermögensrechten (§ 321 AO) bewirkt. Die Pfändung bewirkt die sog. staatliche Verstrickung nebst Verfügungsverbot und lässt gemäß § 282 ein Pfändungspfandrecht entstehen. Gemäß § 281 Abs. 2 AO besteht ein Verbot der Überpfändung und gemäß § 281 Abs. 3 AO ein Verbot der zwecklosen Pfändung. Die Pfändung ist gemäß § 339 AO gebührenpflichtig.

2. Die Pfändung ist ein Verwaltungsakt und kann mit dem Einspruch angefochten werden. Zudem besteht die Möglichkeit eines Antrages auf Aussetzung der Vollziehung gemäß § 361 AO und § 69 FGO (str. für Sachpfändung: nach aA ist insoweit § 114 FGO einschlägig, vgl. *Klein* AO § 281 Rn. 3).

11. Antrag auf besondere Verwertung (§ 305 AO)

An das

Finanzamt

. . . . .

Steuernummer . . . . .

Antrag auf besondere Verwertung nach § 305 AO

Sehr geehrte(r) . . . . .,

im Auftrag meines Mandanten beantrage ich gemäß § 305 AO

die besondere Verwertung[1] der gepfändeten Sache. Konkret beantrage[2] ich, die gepfändeten Sachen aus freier Hand durch den Vollziehungsbeamten zu verkaufen.

Begründung:

Bei den gepfändeten Gegenständen handelt es sich um spezielle, auf die besonderen Bedürfnisse bestimmter Tulpenzüchtungen zugeschnittene, mobile Wasseraufbereitungsanlagen. Die insofern eingesetzte Technik ist so neu, dass für derartige Geräte kein richtiger Markt und damit auch kein Marktpreis existiert. Sowohl eine öffentliche Versteigerung vor Ort als auch die Internetversteigerung über www.zoll-auktion.de würde daher nicht dem Prinzip der bestmöglichen Verwertung entsprechen. Dem gegenüber verfügt mein Mandant zum einen über die entsprechenden Kundenkontakte und zum anderen über das entsprechende Fachwissen, um den Vollstreckungsbeamten bei der gezielten Ansprache potentieller Käufer bestmöglich helfen zu können. Mein Mandant erklärt sich zur umfassenden Unterstützung bei der Verwertung bereit.

Alternativ wäre mein Mandant auch bereit, im Rahmen einer besonderen Verwertung nach § 305 AO selbst als Veräußerer aufzutreten,[3] wobei er den Verkauf so transparent gestalten würde, dass er vom Vollstreckungsbeamten umfassend überwacht werden kann . . . . . [näher auszuführen].

. . . . .

Rechtsanwalt

Anmerkungen

1. § 305 AO regelt die besondere Verwertung einer gepfändeten Sache als Alternative zu den gesetzlich vorgesehenen und in den §§ 296 ff. AO näher ausgestalteten Verwertungsformen der Versteigerung vor Ort durch den Vollziehungsbeamten oder der Internetversteigerung über die Plattform www.zoll-auktion.de. Es leuchtet ein, dass eine öffentliche Versteigerung vor Ort durch den Vollziehungsbeamten häufig nicht geeignet ist, die gepfändete Sache bestmöglich zu verwerten. Die Erweiterung von § 296 Abs. 1 AO mit Wirkung zum 5.8.2009 um die Möglichkeit der Internetversteigerung über www.zoll-auktion.de ist insbesondere für die Verwertung gängiger Gebrauchsgüter wie Pkw, Büromöbel etc. eine reale Alternative. Es wird aber nach wie vor Konstellationen geben, in denen die gesetzlichen Verwertungsmöglichkeiten nicht zufriedenstellend sind und daher auf § 305 AO zurückgegriffen werden sollte.

2. § 305 AO räumt dem Vollstreckungsschuldner ein entsprechenden Antragsrecht ein. Gemäß Nr. 18 Abs. 1 der DV-Verwertung entscheidet der Sachgebietsleiter, gemäß Abschn. 39 S. 4 VollStrA steht die Entscheidung im pflichtgemäßem Ermessen der Behörde. Nach Nr. 18 Abs. 1 der DV-Verwertung ist dem Antrag stattzugeben, wenn mindestens derselbe Verwertungserlös zu erwarten ist, die Verwertung nicht verzögert wird, keine höheren Kosten entstehen und keine bestimmten Personen begünstigt werden. Im Rahmen der Anordnung werden dann dem Vollziehungsbeamten oder ggf. der anderen mit der Verwertung beauftragten Person konkrete Anweisungen gegeben, wie die Verwertung durchzuführen ist. Sowohl die Anordnung als auch die Ablehnung des Antrags auf besondere Verwertung ist ein Verwaltungsakt, der mit dem Einspruch gemäß § 347 AO angefochten werden kann.

3. Eine solche Möglichkeit besteht, kommt aber nur dann in Betracht, wenn der Vollstreckungsschuldner besonderes Vertrauen genießt und die Verwertung überwacht werden kann (HHSp/*Müller-Eiselt* AO § 305 Rn. 41).

12. Einspruch gegen Androhung von Zwangsmitteln (§ 332 AO)

An das

Finanzamt

. . . . .

Steuernummer . . . . .

Einspruch gegen Androhung von Zwangsmitteln nach § 332 AO

Sehr geehrte(r) . . . . .,

gegen die Androhung der Festsetzung von Zwangsgeld[1] durch amtliches Schreiben[2] vom . . . . . lege ich hiermit Einspruch[3] ein und beantrage zudem

Aussetzung der Vollziehung.[4]

Begründung:

Mein Mandant wurde mit Schreiben vom 23. März . . . . . zur Abgabe der Einkommensteuererklärung zum 1. Juni . . . . . aufgefordert (bevorzugte Anforderung). Dagegen

wurde mit Schreiben vom 30. März . . . . . Einspruch eingelegt und Aussetzung der Vollziehung beantragt.[5] Zur Begründung wurde dargelegt, dass mein Mandant von Mitte April bis Ende Mai . . . . . aufgrund eines geschäftlich bedingten, zwingend erforderlichen und unaufschiebbaren Auslandsaufenthalts erst im Juni in der Lage sein wird, die für Erstellung von Jahresabschluss und Steuererklärungen seinerseits erforderlichen Tätigkeiten zu erledigen. Anhand einer BWA für das Einzelunternehmen meines Mandanten zum 31. Dezember des Vorjahres und einer Aufstellung der angearbeiteten Aufträge zum 31. Dezember wurde zudem dargelegt, dass angesichts der geleisteten Vorauszahlungen nicht mit größeren Steuernachzahlungen zu rechnen ist. Daher wurde im vorgenannten Einspruchsschreiben beantragt, die Abgabefrist für die Einkommensteuererklärung mindestens bis zum 31. August zu verlängern. Weder über den Einspruch noch über den AdV-Antrag wurde bisher überhaupt entschieden. Nach alledem ist die Androhungsverfügung aufzuheben.

. . . . .

Rechtsanwalt

Anmerkungen

1. Die in § 332 AO geregelte Androhung eines Zwangsmittels ist die erste Stufe im Rahmen des Zwangsmittelverfahrens. Sie hat eine gewisse Mahnfunktion und fungiert als Bindeglied zwischen der Anordnungsverfügung und der Festsetzung des Zwangsmittels. Einerseits setzt die Androhung nach § 332 AO voraus, dass eine wirksame und vollstreckbare Anordnungsverfügung ergangen ist, welche der Pflichtige nicht erfüllt hat. Andererseits muss zwingend ein konkretes Zwangsmittel angedroht werden, bevor es nach § 333 AO festgesetzt werden darf. Fehlt eine den Anforderungen des § 332 genügende Androhung, ist eine spätere Festsetzung des Zwangsmittels schon deshalb rechtswidrig und aufzuheben (HHSp/*Hohrmann* AO § 332 Rn. 5).

2. Gemäß § 332 Abs. 1 S. 1 AO müssen Zwangsmittel grundsätzlich schriftlich angedroht werden und sind demnach gemäß § 121 AO auch zu begründen. In § 332 Abs. 1 S. 2 AO sind eng begrenzte Ausnahmen von der Schriftform vorgesehen, die aber insbesondere für die Androhung von Zwangsgeld keine größere praktische Relevanz haben dürften. Zur Erfüllung der Verpflichtung ist in der Zwangsgeldandrohung gemäß § 332 Abs. 1 S. 3 AO eine angemessene Frist zu bestimmen. Eine unangemessen kurze Frist hat die Rechtswidrigkeit der Androhung zur Folge, fehlt eine Fristsetzung, ist die Androhung unwirksam.

3. Die Androhung eines Zwangsmittels nach § 332 AO ist ein selbständiger Verwaltungsakt, welcher mit dem Einspruch angefochten werden kann. Wird dem Einspruch nicht stattgegeben, kann der Betroffene Anfechtungsklage nach § 40 Abs. 1 FGO erheben. Der Streitwert wird regelmäßig auf die Hälfte des angedrohten Betrages geschätzt (vgl. *Hess* FG EFG 1993, 811).

4. Die Androhung des Zwangsmittels ist ein – durch die Festsetzung nach § 333 AO – vollziehbarer Verwaltungsakt. Der Einspruch selbst hat wegen § 361 Abs. 1 AO keine vollziehungshemmende Wirkung. Daher ist stets zu überlegen, ob begleitend auch AdV nach § 361 AO bzw. 69 FGO beantragt werden soll (zum AdV-Antrag vergleiche ausführlich → Form. B. IV. 2).

5. Anders als in dem im Formular abgebildeten Sachverhalt kann gemäß § 332 Abs. 2 S. 1 die Anordnung der Handlung, Duldung oder Unterlassung bereits mit der Androhung des Zwangsmittels verbunden werden, was häufig anzutreffen ist, wenn die

Anordnung sich auf eine bereits gesetzlich bestimmte Pflicht wie der Pflicht zur fristgerechten Abgabe von Steuererklärungen bezieht. Ist eine getrennt ergangene Anordnungsverfügung bereits bestandskräftig, können Einwendungen gegen diese wegen § 256 AO nicht mehr im Rahmen des Einspruchsverfahrens gegen die Androhungsverfügung berücksichtigt werden. Liegt noch keine Bestandskraft vor, so ist im Zweifel zu prüfen, ob sich das Rechtsmittel gegen die Androhungsverfügung auch gegen die Anordnungsverfügung richten soll, vgl. BFH v. 11.8.1992 – VII R 90/91, BFH/NV 1993, 334; HHR/*Hohrmann* AO § 332 Rn. 26.

13. Einspruch gegen Festsetzung von Zwangsmitteln (§ 333 AO)

An das

Finanzamt

.....

Steuernummer .....

Einspruch gegen Festsetzung von Zwangsmitteln nach § 333 AO

Sehr geehrte(r) .....,

gegen die Festsetzung[1] von Zwangsgeld[2] in Höhe von 300,00 EUR sowie gegen die erneute Androhung von Zwangsgeld[3] in Höhe von 500,00 EUR durch amtliches Schreiben vom 5. August lege ich hiermit jeweils Einspruch[4] ein und beantrage zudem jeweils

Aussetzung der Vollziehung.

Begründung:

Mein Mandant wurde mit Schreiben vom 23. März ..... zur Abgabe der Einkommensteuererklärung zum 1. Juni ..... aufgefordert (bevorzugte Anforderung). Dagegen wurde mit Schreiben vom 30. März ..... Einspruch eingelegt und Aussetzung der Vollziehung beantragt. Zur Begründung wurde dargelegt, dass mein Mandant von Mitte April bis Ende Mai aufgrund eines geschäftlich bedingten und zwingend erforderlichen sowie unaufschiebbaren Auslandsaufenthalts erst im Juni in der Lage sein wird, die für Erstellung von Jahresabschluss und Steuererklärungen seinerseits erforderlichen Tätigkeiten zu erledigen. Anhand einer betriebswirtschaftlichen Auswertung des Einzelunternehmens meines Mandanten zum 31. Dezember des Vorjahres wurde zudem dargelegt, dass angesichts der geleisteten Vorauszahlungen nicht mit größeren Steuernachzahlungen zu rechnen ist. Daher wurde im vorgenannten Einspruchsschreiben beantragt, die Abgabefrist für die Einkommensteuererklärung –mindestens bis zum 31. August .....– zu verlängern. Mit Schreiben vom 14. Juli ..... wurden Einspruch und AdV gegen die bevorzugte Anforderung zurückgewiesen und eine Fristverlängerung abgelehnt. Der sich gegen die Zwangsgeldandrohung richtende Einspruch und AdV wurden mit gleichem Schreiben ebenfalls zurückgewiesen. Die Belange meines Mandanten, der bisher seinen steuerlichen Erklärungspflichten stets pünktlich nachgekommen ist und aufgrund einer ausführlich erläuterten Ausnahmesituation nicht in der Lage ist, der gesonderten Anforderung pünktlich nachzukommen, wurden bisher noch in keiner Weise berücksichtigt.

.....

Rechtsanwalt

Anmerkungen

1. Die in § 333 AO geregelte Festsetzung eines Zwangsmittels ist die zweite Stufe im Rahmen des Zwangsmittelverfahrens. Sie setzt eine wirksame Androhung nach § 332 AO voraus. Fehlt eine den Anforderungen des § 332 AO genügende Androhung, ist eine spätere Festsetzung des Zwangsmittels schon deshalb rechtswidrig und aufzuheben (vgl. HHSp/*Hohrmann* AO § 332 Rn. 5). Es ist zulässig, ein niedrigeres als das angedrohte Zwangsgeld festzusetzen, allerdings kein höheres.

2. Eine rechtmäßige Zwangsgeldfestsetzung setzt sowohl eine wirksame und vollziehbare Anordnungsverfügung als auch eine wirksame und vollziehbare Androhung des Zwangsmittels voraus. Hinzu kommen muss, dass die dem Betroffenen in der Anordnungsverfügung auferlegte Pflicht bis zum Ablauf der hierfür im Rahmen der Androhung gesetzten Frist nicht erfüllt wurde, obwohl ihm dies noch möglich ist. Besondere Formvorschriften beinhaltet § 333 AO nicht, allerdings muss die Festsetzung von Zwangsgeld schon wegen § 254 AO schriftlich erfolgen (HHSp/*Hohrmann* AO § 333 Rn. 11) Die Festsetzung ist eine Ermessensentscheidung, erfordert also einen erneuten Entschluss der Vollstreckungsbehörde.

3. Da die Festsetzung eines Zwangsmittels gemäß § 333 AO den fruchtlosen Ablauf der bei der Androhung des Zwangsmittels gesetzten Frist voraussetzt, können Androhungs- und Festsetzungsverfügung für dasselbe Zwangsmittel nie zusammen ergehen. Eine andere (strittige) Frage ist, ob nach erfolglosem Ablauf der für eine erste Zwangsgeldandrohung festgesetzten Frist zusammen mit der daraus resultierenden Zwangsgeldfestsetzung nach § 233 AO ein weiteres Zwangsgeld nach § 332 AO angedroht werden kann (zum Streitstand vgl. HHSp/*Hohrmann* AO § 332 Rn. 20). Hintergrund ist § 332 Abs. 3. S. 1 AO, wonach eine neue Androhung wegen derselben Verpflichtung erst ergeht, wenn das zunächst angedrohte Zwangsmittel erfolglos war. Lässt man für Erfolglosigkeit genügen, dass der Pflichtige seine Pflicht nicht erfüllt hat, kann eine solche Verknüpfung von Festsetzung und weiterer Androhung erfolgen. Von der Gegenmeinung wird allerdings zu Recht darauf verwiesen, dass der eindeutige Gesetzeswortlaut die Erfolglosigkeit des Zwangsmittels, nicht (nur) die Erfolglosigkeit der Androhung verlangt. Die Erfolglosigkeit des Zwangsmittels ist aber erst gegeben, wenn auch erfolglos vollstreckt wurde. Demnach spricht einiges dafür, dass das Zwangsmittel auch erfolglos vollstreckt worden sein muss, bevor erneut ein Zwangsmittel angedroht werden kann. Der den sicheren Weg wählende Praktiker sollte allerdings berücksichtigen, dass viele Finanzgerichte die Verknüpfung von Festsetzung und weiterer Androhung für zulässig erachten.

4. Die Festsetzung eines Zwangsmittels nach § 333 AO ist ein selbständiger Verwaltungsakt, welcher mit dem Einspruch angefochten werden kann. Bei erfolglosem Einspruch kann der Betroffene Anfechtungsklage nach § 40 Abs. 1 FGO erheben. Der Streitwert der Klage entspricht gemäß § 52 Abs. 3 GKG dem festgesetztem Zwangsgeld. Der Einspruch selbst hat wegen § 361 Abs. 1 AO keine vollziehungshemmende Wirkung. Daher ist stets zu überlegen, ob begleitend auch AdV nach § 361 AO bzw. § 69 FGO beantragt werden soll.

V. Zwangsvollstreckung im Arbeitsrecht

1. Vorbemerkungen: Vollstreckung nach dem Arbeitsgerichtsgesetz

a) Einreichung von Schutzschriften

Für die Zwangsvollstreckung privatrechtlicher Ansprüche aus dem Arbeitsverhältnis einschließlich des Arrestes und der einstweiligen Verfügung gelten gem. § 62 Abs. 2 S. 1 ArbGG grundsätzlich die Vorschriften des 8. Buches der ZPO und somit die §§ 704–945b ZPO. Mit Wirkung ab dem 1.1.2016 werden die Vorschriften über den einstweiligen Rechtsschutz durch die neuen §§ 945a, 945b ZPO über die **Einreichung von Schutzschriften ergänzt.** Ab diesem Zeitpunkt führen die Länder ein zentrales, länderübergreifendes, elektronisches **Schutzschriftenregister.** Eine dort eingestellte Schutzschrift gilt gem. § 945a Abs. 2 ZPO als bei allen ordentlichen Gerichten der Länder eingereicht. Sie ist gem. § 945a Abs. 2 S. 2 ZPO sechs Monate nach ihrer Einstellung zu löschen. Für Rechtsanwälte sieht § 94c BRAO ab dem 1.1.2017 die Verpflichtung vor, Schutzschriften ausschließlich zum Schutzschriftenregister nach § 945a ZPO einzureichen.

Ab dem 1.1.2016 gilt der in § 62 Abs. 2 ArbGG neu eingefügte S. 3, wonach eine in das Schutzschriftenregister eingestellte Schutzschrift auch als bei allen Arbeitsgerichten der Länder eingereicht gilt. Können mehrere Arbeitsgerichte für den Antragsgegner eines erwarteten Arrest- oder Verfügungsantrages zuständig sein, braucht die Schutzschrift nur einmal über das Register eingereicht zu werden, um bei allen in Betracht kommenden Gerichten anhängig zu werden, da bei dem zu erwartenden Eilantrag jedes Arbeitsgericht vor einer Entscheidung nach § 937 Abs. 2 ZPO prüfen muss, ob eine Schutzschrift in dieser Sache beim Register eingestellt ist.

Darüber hinaus enthält § 945a Abs. 1 S. 2 ZPO eine Legaldefinition. Schutzschriften sind danach vorbeugende Verteidigungsschriftsätze gegen erwartete Anträge auf Arrest oder einstweilige Verfügung. Die Gerichte sind gem. Art. 103 Abs. 1 GG rechtlich **verpflichtet,** Schutzschriften wegen des Grundrechts auf vorheriges rechtliches Gehör zu berücksichtigen. Das Gericht hat für seine Entscheidung zudem den vorliegenden schriftlichen Vortrag beider Parteien zugrunde zu legen, um eine falsche Entscheidung zu vermeiden.

b) Vorläufige Vollstreckbarkeit arbeitsgerichtlicher Entscheidungen

Gem. § 62 Abs. 1 S. 1 ArbGG sind alle End- und Teilurteile der Arbeitsgerichte und LAG, gegen die Einspruch oder Berufung zulässig ist, vorläufig vollstreckbar, selbst wenn sie noch nicht rechtskräftig sind. § 62 Abs. 1 ArbGG trifft eine von der ZPO insoweit abweichende Regelung über die vorläufige Vollstreckbarkeit, über deren Ausschluss und über die Einstellung der Zwangsvollstreckung. Gem. § 64 Abs. 7 ArbGG gilt dies auch für Urteile der Landesarbeitsgerichte, die mit dem Einspruch oder der Revision anfechtbar sind. § 74 Abs. 7 ArbGG verweist insoweit auf die Vorschrift des § 62 ArbGG.

Die Einstellung der Zwangsvollstreckung aus vorläufig vollstreckbaren arbeitsgerichtlichen Urteilen ist gem. § 62 Abs. 1 S. 3 ArbGG iVm §§ 719 Abs. 1, 707 Abs. 1 ZPO nur zulässig, wenn der Schuldner glaubhaft macht, dass ihm die Vollstreckung einen nicht zu ersetzenden Nachteil bringen werde (LAG Hamm Beschl. v. 27.2.2015 – 13 Sa 166/15, BeckRS 2015, 66654). Die Einstellung der Zwangsvollstreckung kommt hiernach nur in eng begrenzten Ausnahmefällen als letztes Hilfsmittel des Vollstreckungsschuldners in Betracht. Den Interessen des Gläubigers gilt idR der Vorrang.

Für Revisionsurteile des BAG gilt dies nicht, da § 72 Abs. 6 ArbGG nicht auf § 62 ArbGG verweist. Dies ist jedoch unschädlich, da Revisionsurteile mit ihrer Verkündung rechtskräftig werden und somit die Voraussetzungen für eine nur vorläufige Vollstreckbarkeit entsprechend § 62 Abs. 1 ArbGG schon nicht gegeben sind. Im Übrigen richtet sich die Vollstreckung von Revisionsurteilen ebenfalls nach dem 8. Buch der ZPO.

Im Beschlussverfahren gilt für die Zwangsvollstreckung in der ersten Instanz § 85 ArbGG. Gem. § 85 Abs. 1 S. 2 ArbGG sind auch Beschlüsse der Arbeitsgerichte in vermögensrechtlichen Streitigkeiten schon vor Rechtskraft vorläufig vollstreckbar. Das sind solche, die auf Geldzahlung oder Sachleistung gerichtet sind. Der Ausspruch der **vorläufigen Vollstreckbarkeit** ist **von Amts wegen in den Tenor aufzunehmen,** anderenfalls auf Antrag nachträglich durch das Prozessgericht zu ergänzen. Für die Zwangsvollstreckung wird auf die Vorschriften des 8. Buches der ZPO verwiesen. Gem. § 87 Abs. 2 S. 1 ArbGG gilt § 85 ArbGG im zweiten Rechtszug und gem. § 92 Abs. 2 S. 1 ArbGG im dritten Rechtszug des Beschlussverfahrens entsprechend.

c) Vollstreckung ohne Sicherheitsleistung

Gem. § 62 Abs. 1 S. 4 ArbGG darf die **Vollstreckung** aus den in § 62 Abs. 1 ArbGG genannten arbeitsgerichtlichen Titeln – anders als § 709 ZPO bei Urteilen der ordentlichen Gerichtsbarkeit – **nicht von einer Sicherheitsleistung abhängig** gemacht werden. Folglich kann der Schuldner die Vollstreckung auch nicht durch Sicherheitsleistung abwenden.

d) Vollstreckungseignung

Neben den allgemeinen Voraussetzungen für die Zwangsvollstreckung (Titel, Klausel, Zustellung) muss der arbeitsgerichtliche Titel auch zur Vollstreckung geeignet sein. Dies ist dann nicht der Fall, wenn die Leistungspflicht des Schuldners nicht **eindeutig bestimmt** ist (LAG Nürnberg Beschl. v. 20.11.2014 – 5 Ta 141/14). Ein vollstreckungsfähiger Titel liegt vor, wenn das, was der Schuldner zu leisten hat, aus dem Titel selbst eindeutig bestimmt werden kann (BAG Beschl. v. 28.2.2003 – 1 AZB 53/02, BeckRS 2003, 40491). Der Maßstab für die Bestimmtheit einer vollstreckungsfähigen Leistung deckt sich mit den Anforderungen nach § 253 Abs. 2 ZPO. Aufgabe des Vollstreckungsverfahrens ist es, zu klären, ob der Schuldner einer festgelegten Verpflichtung nachgekommen ist, nicht aber, worin die Verpflichtung besteht (BAG Beschl. v. 15.4.2009 – 3 AZB 93/08, BeckRS 2009, 6842). Dabei ist der Titel grundsätzlich unter Heranziehung des Tatbestandes und der Entscheidungsgründe auslegungsfähig (BAG Beschl. v. 15.4.2009 – 3 AZB 93/08, BeckRS 2009, 68462). Ein Titel, der den Arbeitgeber zur **Weiterbeschäftigung** des Arbeitnehmers verpflichtet, ist ausreichend bestimmt und damit vollstreckungsfähig, wenn das, was der Arbeitgeber zu leisten hat, aus dem Titel selbst eindeutig bestimmt werden kann. Der Titel ist grundsätzlich unter Heranziehung des Tatbestandes und der Entscheidungsgründe auslegungsfähig. Voraussetzung ist allerdings, dass zwischen den Parteien Art und Umfang der Arbeitsbedingungen außer Streit steht. Besteht zwischen den Parteien Streit darüber, mit welchen anderen Arbeitnehmern der Arbeitnehmer im Rahmen einer Sozialauswahl vergleichbar ist, liegt darin nicht zugleich ein Streit über die vertraglichen Arbeitsbedingungen vor (LAG Hamm Beschl. v. 8.8.2014 – 12 Ta 301/14, BeckRS 2014, 72948). Im Verfahren der Zwangsvollstreckung kann nicht geklärt werden, zu welchen Arbeitsbedingungen eine Beschäftigung zu erfolgen hat, wenn diese Bedingungen nicht ausdrücklich tituliert sind (LAG Berlin-Brandenburg Beschl. v. 2.7.2014 – 10 Ta 1276/14 BeckRS 2014, 71620). Es ist erforderlich, aber auch ausreichend, wenn die Art der ausgeurteilten Beschäftigung aus dem Titel ersichtlich ist. Einzelheiten hinsichtlich der Art der Beschäftigung oder sonstigen Arbeitsbedingungen muss der Titel dem gegenüber nicht enthalten. Dafür reicht es aus, wenn das Berufsbild, mit dem der Kläger beschäftigt werden soll, sich aus dem Titel ergibt oder sich in vergleichbarer Weise ergibt, worin die Tätigkeit bestehen soll (BAG Beschl. v. 15.4.2009 – 3 AZB 93/08, BeckRS 2009, 68462). Im Übrigen kann die Verurteilung zur **Weiterbeschäftigung** bis zum rechtskräftigen Abschluss des Verfahrens vom Arbeitnehmer durch Zwangsmittel nach § 888 ZPO durchgesetzt werden (ErfK/*Koch* ArbGG § 62 Rn. 8 mwN).

Für die Auslegung eines Prozessvergleichs als Vollstreckungstitel ist allein der protokollierte Inhalt des Vergleichs maßgebend. Ein Prozessvergleich, mit dem sich der Arbeitgeber verpflichtet, ein „pflichtgemäßes" qualifiziertes Zeugnis entsprechend einem vom Arbeitnehmer noch anzufertigenden Entwurf zu erstellen, hat einen vollstreckbaren Inhalt (BAG Beschl. v. 9.9.2011 – 3 AZB 35/11, BeckRS 2011, 77049).

e) Ausschluss der vorläufigen Vollstreckbarkeit

Macht der Beklagte gem. § 62 Abs. 1 S. 2 ArbGG glaubhaft, dass die Vollstreckung ihm einen **nicht zu ersetzenden Nachteil** bringen würde, so hat das Arbeitsgericht auf seinen Antrag die vorläufige Vollstreckbarkeit im Urteil auszuschließen, → Form. B. V. 2. Hat er die Antragstellung versäumt oder war der Antrag nicht erfolgreich, kann er die Einstellung der Zwangsvollstreckung auch nachträglich beantragen (§ 62 Abs. 1 S. 3 ArbGG) → Form. B. V. 3. Will der Arbeitgeber dem titulierten **Weiterbeschäftigungsanspruch Einwendungen** entgegensetzen, die erst nach dem Ende der mündlichen Verhandlung erster Instanz entstanden sind, hat er die Wahl, ob er diese Einwendungen im Rahmen einer Vollstreckungsabwehrklage gem. § 767 ZPO oder im Rahmen des Berufungsverfahrens vorbringen will. Die Zwangsvollstreckung aus dem Urteil des Arbeitsgerichts zur **Durchsetzung eines Weiterbeschäftigungsanspruchs** ist in dem Fall auf die von dem beklagten Arbeitgeber eingelegte Berufung bei einem entsprechenden Antrag einzustellen, ohne dass der Arbeitgeber auf den Weg über die Vollstreckungsabwehrklage zu verweisen ist. § 62 Abs. 1 S. 3 ArbGG erfährt insoweit eine teleologische Reduktion, wonach in diesem Fall die Wertung der gesetzlichen Vorschrift des § 769 ZPO zu berücksichtigen ist, die für die Einstellung der Zwangsvollstreckung aufgrund nachträglich entstandener materieller Einwendungen gerade keinen nicht ersetzbaren Nachteil verlangt (vgl. LAG Hamburg Beschl. v. 20.3.2014 – 3 Sa 2/14, BeckRS 2014, 72828).

Soweit der Arbeitnehmer einen **titulierten Anspruch auf vorläufige Weiterbeschäftigung** im Kündigungsschutzprozess geltend macht, kann er gem. § 888 Abs. 1 ZPO den Arbeitgeber als Schuldner durch Beantragung einer **Zwangsgeldfestsetzung** dazu anhalten, die vom Vollstreckungsschuldner abhängige Handlung vorzunehmen → Form. B. V. 5. Das zum Pflichtenkreis des Arbeitgebers gehörende allgemeine Rücksichtnahmegebot ist auch im Vollstreckungsverfahren zu beachten, so dass dem Arbeitnehmer objektiv vermeidbare Belastungen möglichst zu ersparen sind. Hat etwa der Arbeitnehmer einen Weiterbeschäftigungsanspruch tituliert erhalten und der Arbeitgeber mehrere Filialen zur Erfüllung desselben zur Auswahl, kann der Arbeitnehmer durch Zwangsgeldfestsetzung sicherstellen, nicht in einer wohnortfernen Filiale weiterbeschäftigt zu werden, falls der Arbeitgeber über wohnortnähere Beschäftigungsmöglichkeiten verfügt.

Wendet sich der Arbeitgeber mit der sofortigen Beschwerde gegen einen Beschluss des Arbeitsgerichts, mit der er durch Zwangsgeld, ersatzweise Zwangshaft, als Schuldner angehalten worden ist, den Gläubiger beispielsweise als Kurator in der Abteilung/Sachgebiet Museum in Vollzeit zu beschäftigen, ist die gem. § 569 Abs. 1 ZPO innerhalb der normierten Zwei-Wochen-Frist eingelegte sofortige Beschwerde gem. § 62 Abs. 2 ArbGG iVm § 793 ZPO an sich statthaft. Bei der Verurteilung zur Weiterbeschäftigung handelt es sich um die Verurteilung zur Vornahme einer unvertretbaren Handlung gem. § 888 ZPO. Macht der Gläubiger den **Einwand der Unmöglichkeit** geltend, ist dieser im Zwangsvollstreckungsverfahren nach § 888 ZPO grundsätzlich zu beachten. Im Fall eines Titels auf Beschäftigung kann Unmöglichkeit eintreten, wenn der Arbeitsplatz, auf den die Beschäftigung geschuldet ist, nach Urteilserlass weggefallen ist oder objektive Umstände in der Person des Gläubigers einer Weiterbeschäftigung entgegenstehen. Der Schuldner kann sich aber **nicht auf objektive** Umstände in der Person des Gläubigers, die eine vertragsgemäße Beschäftigung unmöglich machen sollen, berufen, wenn diese Gründe **aus der Zeit vor Erlass des arbeitsgerichtlichen Urteils** stammen und im Erkenntnisverfahren vor dem Arbeitsgericht bereits vorgebracht worden sind (Hessisches LAG Beschl. v. 22.1.2014 – 12 Ta 366/13, BeckRS 2014, 72378). Nicht zu überprüfen ist in dem Verfahren nach § 888 ZPO die materielle Richtigkeit des arbeitsgerichtlichen Urteils. Nach dem Grundsatz der Trennung von Erkenntnis- und Zwangsvollstreckungsverfahren ist in dem Zwangsvollstreckungsverfahren kein Raum zur Korrektur der Entscheidungen im Erkenntnisverfahren. Es hat allein zum Gegenstand, die Zulässigkeit der Zwangsvollstreckung auf der Grundlage des vorliegenden vollstreckbaren Titels zu überprüfen (BAG Beschl. v. 15.4.2009 – 3 AZB 93/08, BeckRS 2009, 68462).

Gem. § 62 Abs. 1 S. 1 ArbGG und §§ 935, 940 ZPO kann ein Arbeitnehmer bei Vorliegen einer besonderen Eilbedürftigkeit seinen **Urlaubsanspruch** für einen von ihm gewünschten Zeitraum im Wege der **einstweiligen Verfügung** durchsetzen, es sei denn, dass der Urlaubsgewährung dringende betriebliche Belange oder Urlaubswünsche anderer Arbeitnehmer, die unter sozialen Gesichtspunkten den Vorrang verdienen, entgegenstehen (LAG Hessen Urteil v. 7.5.2013 – 19 Sa 461/13). Insoweit ist der Verfügungskläger nicht verpflichtet, sich auf die Geltendmachung von Schadensersatzansprüchen verweisen zu lassen.

Die **Vollstreckung des Zeugnisanspruchs** richtet sich nach § 888 ZPO. Bei Nichterteilung des Zeugnisses, wie in einem Prozessvergleich vereinbart, handelt es sich um eine unvertretbare Handlung, zu der der Vollstreckungsschuldner, wenn er sie nicht vornimmt, durch **Zwangsgeld und Zwangshaft** angehalten werden kann (BAG Beschl. v. 9.9.2011 – 3 AZB 35/11, BeckRS 2011, 77049) → Form. B. V. 5.

Betreibt ein Arbeitnehmer die Zwangsvollstreckung aus einem erstinstanzlich titulierten Anspruch auf ein **Zeugnis** mit einem **bestimmten Wortlaut**, stellt der Einwand des Arbeitgebers, es liege ein Verstoß gegen den Grundsatz der Zeugniswahrheit vor, keinen **nicht ersetzbaren Nachteil** im Sinne des § 62 Abs. 1 S. 3 ArbGG dar. Der Umstand, dass die Vollstreckung das Prozessergebnis vorwegnimmt, entspricht gerade dem Sinn und Zweck der vorläufigen Vollstreckbarkeit und begründet für sich allein keinen unersetzlichen Nachteil (BGH Urteil v. 4.9.2012 – II ZR 207/12, BeckRS 2012, 19152). Der behauptete Verstoß gegen den Grundsatz der Zeugniswahrheit stellt keinen nicht ersetzbaren Nachteil dar. Dies gilt jedenfalls dann, wenn der Arbeitgeber sich auf eine mögliche Schadensersatzpflichtigkeit beruft, soweit sich der Mitarbeiter mit dem Zeugnis bei anderen Arbeitgebern bewirbt, solange dieser Nachteil finanziell ausgeglichen werden kann, ohne dass der Arbeitgeber hierzu nicht in der Lage wäre (LAG Rheinland-Pfalz Urt. v. 22.7.2014 – 5 Sa 357/14, BeckRS 2014, 71148).

f) Zwangsgeldfestsetzung

Das **Zwangsgeld** nach § 888 ZPO ist **in einem einheitlichen Betrag** zu beantragen und festzusetzen (*Baumbach/Lauterbach/Albers/Hartmann* § 888 Rn 15). Ein Antrag dahingehend, etwa zur Erzwingung eines Weiterbeschäftigungsanspruchs, „der Schuldnerin

Zwangsgeld iHv mindestens 1.000,00 EUR **täglich,** für den Fall einer nicht möglichen Beitreibung derselben Zwangshaft, aufzuerlegen", verbunden mit der Aufforderung, den Kläger bis zum rechtskräftigen Abschluss des Rechtsstreits zu unveränderten Arbeitsbedingungen gem. Arbeitsvertrag weiter zu beschäftigen, ist schon **unzulässig,** da ein Zwangsgeld nach § 888 ZPO nur in einem einheitlichen Betrag und nicht für jeden Tag der Nichtbeschäftigung festgesetzt werden darf. Aus Gründen der Bestimmtheit ist es bereits unzulässig, für den jeden Tag der Nichtbeschäftigung (Zuwiderhandlung) ein Zwangsgeld zu verhängen. Die Vorschrift des § 890 ZPO kann in diesem Fall nicht entsprechend angewendet werden (LAG Baden-Württemberg Beschl. v. 19.9.2013 – 13 Ta 15/13) → Form. B. V. 5.

Die Zwangsgeldfestsetzung setzt voraus, dass die Beschäftigungspflicht noch möglich ist. Unmöglichkeit ist anzunehmen, wenn ein Unternehmen sein gesamtes operatives Geschäft auf dem deutschen Markt eingestellt und alle Arbeitnehmer gekündigt hat (LAG Hessen Beschl. v. 28.5.2014 – 12 Ta 104/14, BeckRS 2015, 67888).

g) Antrag auf Ausschluss der vorläufigen Vollstreckbarkeit

Der **Ausschluss der vorläufigen Vollstreckbarkeit** stellt gem. § 62 Abs. 1 S. 2 ArbGG die **Ausnahme** dar. Der Ausschluss der vorläufigen Vollstreckbarkeit im Urteil setzt zum einen einen ausdrücklichen **Antrag** und zum anderen den **ausdrücklichen Ausspruch im** Urteil voraus. Der Antrag kann in jeder Phase des Verfahrens bis zum Schluss der mündlichen Verhandlung, auf die das Urteil ergeht, in entsprechender Anwendung des § 714 Abs. 1 ZPO gestellt werden. Eine Nachholung nach Schluss der mündlichen Verhandlung ist nicht möglich. Antragsberechtigt ist nach dem Gesetzeswortlaut zwar nur der Beklagte, dies kann aber auch der Kläger als Widerbeklagter sein, da die gesetzliche Regelung sich an den Vollstreckungsschuldner wendet → Form. B. V. 2.

Weitere Voraussetzung ist, dass dem Beklagten ein nicht zu ersetzender Nachteil droht. Gem. § 294 ZPO kommen zur Glaubhaftmachung alle Beweismittel in Betracht, insbesondere die Versicherung an Eides statt.

h) Abgekürzte Ausfertigung

Soweit § 62 Abs. 1 S. 1 ArbGG eine zügige und reibungslose Zwangsvollstreckung zugunsten des Vollstreckungsgläubigers sicherstellen will, steht dem in der Praxis entgegen, dass zwischen Urteilsverkündung, Protokollübersendung und Übersendung des vollständigen Urteils mit dem Tatbestand und den Entscheidungsgründen in der Regel mehrere Wochen liegen können. Der Gläubiger kann und sollte daher zeitnah, spätestens am Ende der mündlichen Verhandlung einen **Antrag auf Erteilung einer abgekürzten vollstreckbaren Urteilsausfertigung** stellen und diesen **Antrag zu Protokoll** nehmen lassen. Die Ausfertigung kann dann im Parteibetrieb zugestellt und daraus sodann gem. § 750 Abs. 1 ZPO vollstreckt werden → Form. B. V. 4.

i) Vollstreckungsorgan

Über die Anträge nach §§ 887, 888, 890 ZPO entscheiden die Arbeitsgerichte als Prozessgericht gem. § 891 ZPO durch Beschluss.

Die **funktionelle und sachliche Zuständigkeit** für die Zwangsvollstreckung liegt beim Gerichtsvollzieher, soweit sie nicht dem Amtsgericht oder Arbeitsgericht als Prozessgericht zugewiesen ist, § 753 Abs. 1 ZPO. Die wichtigsten Fälle der Zwangsvollstreckung durch den Gerichtsvollzieher sind in den §§ 808, 883–885 ZPO geregelt (Beitreibung von Geldforderungen durch Pfändung in das bewegliche Vermögen, Durchsetzung von Herausgabeansprüchen durch die Wegnahme von Gegenständen).

Das Arbeitsgericht wird als Prozessgericht als Vollstreckungsgericht in den Fällen der §§ 887, 888 ZPO tätig und ist somit insbesondere zuständig, wenn die Verurteilung zu einer vertretbaren Handlung, zu einer unvertretbaren Handlung oder einer Unterlassung vollstreckt werden muss (§ 890 ZPO).

Ansonsten ist grundsätzlich auch im arbeitsgerichtlichen Verfahren das Amtsgericht als Vollstreckungsgericht für alle sonstigen den Gerichten zugewiesenen Anordnungen im Rahmen des Vollstreckungsverfahrens gem. § 764 ZPO zuständig, also insbesondere, wenn Forderungen gepfändet werden sollen oder der Erlass eines Pfändungs- und Überweisungsbeschlusses von Arbeitseinkommen erwirkt werden soll → Form. I. I.

2. Ausschluss der vorläufigen Vollstreckbarkeit (§ 62 Abs. 1 S. 2 ArbGG)

An das

Arbeitsgericht . . . . .

In dem Rechtsstreit

. . . . .

– Kläger –

gegen

. . . . .

– Beklagter –

Az. . . . . .

wird für den Beklagten beantragt,

die Klage abzuweisen.

Hilfsweise wird beantragt,[1, 2]

die vorläufige Vollstreckbarkeit des Urteils gem. § 62 Abs. 1 S. 2 ArbGG auszuschließen.

Begründung:

I.

. . . . . [Begründung des Hauptantrags]

II.

. . . . . [Glaubhaftmachung der den Ausschluss der vorläufigen Vollstreckbarkeit begründenden Tatsachen][2]

.....

Rechtsanwalt

Anmerkungen

1. Zweck. Mit dem Hilfsantrag kann der unterlegene Beklagte sicherstellen, dass die grundsätzlich kraft Gesetzes gegebene vorläufige Vollstreckbarkeit des arbeitsgerichtlichen Urteils **ohne Sicherheitsleistung** abgewendet wird. Der Beklagte hat somit die Möglichkeit, durch seinen Hilfsantrag und die entsprechende Glaubhaftmachung sicherzustellen, dass gegen ihn nicht vollstreckt wird, falls der gegen ihn gerichteten Klage stattgeben und sein Hauptantrag auf Klageabweisung abgewiesen werden sollte. Es handelt sich also um einen Hilfsantrag, nämlich nur für den Fall der Klagestattgabe.

2. Voraussetzungen. Das Arbeitsgericht hat gem. § 62 Abs. 1 S. 2 ArbGG auf Antrag des Beklagten die Vollstreckbarkeit des Urteils im Urteil auszuschließen, wenn dieser dies zum einen beantragt und zum anderen glaubhaft gemacht hat, dass die Vollstreckung ihm einen nicht zu ersetzenden Nachteil bringen würde. Der Antrag muss vor dem Schluss der mündlichen Verhandlung gestellt und darüber im Urteil im Fall der Klagestattgabe entschieden werden. Er sollte vorsorglich mit der Klageerwiderung schriftsätzlich angekündigt werden. Das Gericht muss über den Antrag zusammen mit dem Klageantrag im Urteil entscheiden.

Die Gründe, warum die vorläufige Vollstreckbarkeit dem Beklagten einen nicht zu ersetzenden Nachteil bringen würde, sind glaubhaft zu machen, § 294 ZPO. Ein nicht zu ersetzender Nachteil ist mehr als ein schwer zu ersetzender Nachteil und liegt vor, wenn er nicht abgewendet und bei Wegfall des Vollstreckungstitels nicht durch Geld oder andere Mittel ausgeglichen werden kann. Durch die vorläufige Vollstreckbarkeit sollen keine endgültigen Verhältnisse geschaffen werden (vgl. ErfK/*Koch* ArbGG § 62 Rn. 2). Die Voraussetzungen iSd § 62 Abs. 1 S. 2 ArbGG sind nicht deshalb erfüllt, weil der Inhaber eines vorläufig vollstreckbaren Titels sich in einem anderen Mitgliedstaat der EG als Arbeitnehmer betätigen und deshalb seinen Wohnsitz dorthin verlegen will (LAG Schleswig-Holstein Beschl. v. 12.6.1998 – 3 Sa 213 a/98, BeckRS 1998, 30468665).

3. Ausschluss der vorläufigen Vollstreckbarkeit (§ 62 Abs. 1 S. 3 ArbGG)

An das

Arbeitsgericht

.....

In dem Rechtsstreit

.....

– Kläger –

gegen

.....

– Beklagter –

Az. . . . . .

wird beantragt,

die Zwangsvollstreckung aus dem Urteil/Versäumnisurteil des Arbeitsgerichts . . . . . vom . . . . ., Az. . . . . ., gem. § 62 Abs. 1 S. 3 ArbGG einzustellen.[1, 2]

Begründung:

Nach dem Urteil des Arbeitsgerichts vom . . . . . ist der Beklagte zur Zahlung eines Betrages iHv . . . . . verurteilt worden. Der Beklagte hat gegen das Urteil Berufung/gegen das Versäumnisurteil Einspruch eingelegt.

Die Vollstreckung des Klägers aus dem nach § 62 Abs. 1 S. 1 ArbGG vorläufig vollstreckbaren Urteil/Versäumnisurteil würde dem Beklagten einen nicht ersetzen Nachteil[3] bringen. Der Kläger ist ersichtlich vermögenslos. Er hat die eidesstattliche Versicherung abgegeben.

Glaubhaftmachung: Eidesstattliche Versicherung des Klägers, abgegeben am . . . . . vor dem Gerichtsvollzieher . . . . .

Darüber hinaus hat der Beklagte Kenntnis, dass der Kläger sich bei seinem Wohnort abgemeldet hat, um ins Ausland zu verziehen. Dies hat er seinem Arbeitskollegen . . . . . am . . . . . mitgeteilt.

Glaubhaftmachung: Eidesstattliche Versicherung des Arbeitskollegen des Klägers vom . . . . .

Im Falle der Klageabweisung/Aufhebung des Versäumnisurteils und Abweisung der Klage ist daher davon auszugehen, dass der Kläger einen im Wege der Zwangsvollstreckung von dem Beklagten erhaltenen Geldbetrag nicht zurückzahlen können wird.

. . . . .

Rechtsanwalt

Anmerkungen

1. Hat der Beklagte es versäumt, einen Antrag nach § 62 Abs. 1 S. 2 ArbGG zu stellen oder war dieser nicht erfolgreich, kann er auch nach Verkündung des Urteils die Einstellung der Zwangsvollstreckung und diese insoweit nachträglich beantragen, soweit die Fälle des § 707 Abs. 1 ZPO und des § 719 Abs. 1 ZPO vorliegen. Die nachträgliche Einstellung der Zwangsvollstreckung kann erfolgen bei einem Wiedereinsetzungsantrag in den vorherigen Stand gegen eine rechtskräftige Entscheidung, bei einer Verfahrenswiederaufnahme oder im Falle der Berufung oder des Einspruchs gegen ein vorläufig vollstreckbares Urteil. Der Antrag kann unabhängig davon gestellt werden, ob ein Antrag nach § 62 Abs. 1 S. 2 ArbGG zuvor gestellt wurde.

2. Wird dem Antrag stattgegeben, erfolgt die Einstellung der Zwangsvollstreckung ohne Sicherheitsleistung, § 62 Abs. 1 S. 4 ArbGG. Die Entscheidung kann ohne mündliche Verhandlung getroffen werden, dem Antragsgegner ist jedoch zuvor gem. Art. 103 Abs. 1 GG rechtliches Gehör zu gewähren. Das Gericht kann seine Entscheidung abändern oder wiederholen, wenn sich der zugrundeliegende Sachverhalt zwischenzeitlich geändert hat.

3. § 62 Abs. 1 S. 3 ArbGG stellt jedoch klar, dass die Zwangsvollstreckung nur unter denselben Voraussetzungen eingestellt werden kann, die der vorhergehende Satz 2 benennt. Die nachträgliche Einstellung der Zwangsvollstreckung kann also ebenfalls nur erfolgen, wenn der Vollstreckungsschuldner und Beklagte glaubhaft macht, dass die Vollstreckung ihm einen nicht zu ersetzenden Nachteil bringt; → Form. B. V. 2.

4. Antrag auf Erteilung einer abgekürzten Urteilsausfertigung (§ 750 Abs. 1 S. 1 iVm § 317 Abs. 2 S. 1 ZPO)

An das

Arbeitsgericht .....

In dem Rechtsstreit

.....

– Kläger –

gegen

.....

– Beklagter –

Az. .....

wird beantragt,

dem Kläger eine abgekürzte Urteilsausfertigung mit einfacher Vollstreckungsklausel zum Zwecke der umgehenden Einleitung von Zwangsvollstreckungsmaßnahmen gem. § 708 ZPO mit Vollstreckungsklausel zu erteilen.[1]

Begründung:

Der Kläger nimmt Bezug auf das in der mündlichen Verhandlung vom ..... verkündete klagestattgebende Urteil. Dieses ist gem. § 62 Abs. 1 S. 1 ArbGG ohne Sicherheitsleistung vorläufig vollstreckbar. Der Kläger ist auf die Erteilung einer Ausfertigung des abgekürzten Urteils ohne Tatbestand und Entscheidungsgründe sowie der dazugehörigen Vollstreckungsklausel angewiesen, um umgehend die Zwangsvollstreckung zu betreiben und einen Pfändungs- und Überweisungsbeschluss begründet beantragen zu können.

Die Zustellung an den Beklagten wird im Parteibetrieb gem. § 750 ZPO vorgenommen. Zur Beschleunigung wird das Gericht um telefonische Mitteilung gebeten, wann die antragsgemäße Urteilsausfertigung zur Abholung bereitliegt.[2]

.....

Rechtsanwalt

Anmerkungen

1. Zweck. Musste der Kläger ihm zustehende Zahlungsansprüche schon gerichtlich durchsetzen, spricht dies in aller Regel dafür, dass der Beklagte zahlungsunwillig und der Kläger auf die Zahlungen angewiesen ist. Insoweit hat der Kläger ein Interesse, die Vollstreckung schnellstmöglich einzuleiten. Die Erteilung einer abgekürzten Urteilsausfertigung versetzt den Gläubiger dazu in die Lage.

2. Voraussetzung. Das abgekürzte Urteil ist ausreichend, aber auch erforderlich, um die Vorpfändung gem. § 845 ZPO zu bewirken und damit sicherzustellen, dass der Vollstreckungsgläubiger vor den Folgen einer Vollstreckungsverzögerung geschützt wird. Die Zustellung des abgekürzten Urteils muss der Antragsteller und Vollstreckungsgläubiger im Parteibetrieb selbst bewirken. Damit wird dem Drittschuldner und dem Schuldner mitgeteilt, dass eine Pfändung auf der Grundlage des Titels aus dem gewonnenen Prozess bevorsteht. Die Benachrichtigung hat, wenn die Pfändung der Forderung innerhalb eines Monats bewirkt wird, die Wirkung eines Arrestes, dh der Arrestvollziehung mit Forderungspfändung, § 845 Abs. 2 S. 1 ZPO. Über die Beantragung eines abgekürzten Urteils, die Zustellung des abgekürzten Urteils innerhalb eines Monats und der ausgebrachten Vorpfändung kann sich der Gläubiger dagegen absichern, dass der Schuldner ihm sein Vermögen entzieht.

5. Zwangsgeldfestsetzung bei tituliertem Weiterbeschäftigungsanspruch

An das

Arbeitsgericht

. . . . .

In dem Rechtsstreit

. . . . .

– Gläubiger –

gegen

. . . . .

– Schuldner –

Az. . . . . .

beantragen wir für den Gläubiger:

> **Gegen den Schuldner wird wegen Nichterfüllung der im Urteil vom . . . . . titulierten Verpflichtung, den Gläubiger bis zum rechtskräftigen Abschluss des Kündigungsschutzverfahrens zu den bisherigen Bedingungen gem. dem Arbeitsvertrag vom . . . . . als . . . . . weiterzubeschäftigen, ein Zwangsgeld festgesetzt, dessen Höhe in das Ermessen des Gerichts gestellt wird und 5.000,00 EUR nicht unterschreiten sollte.[1]**

Begründung:

Der Schuldner wurde durch Urteil vom . . . . . des Arbeitsgerichts . . . . . verurteilt, den Gläubiger und Antragsteller bis zum rechtskräftigen Abschluss des Kündigungsschutzverfahrens zu den bisherigen Bedingungen als . . . . . weiterzubeschäftigen. Der Schuldner kommt dieser Verpflichtung nicht nach. Dem Vollstreckungsantrag ist durch Festsetzung eines Zwangsgeldes zu entsprechen.

Nach § 888 Abs. 1 ZPO, der gem. § 62 Abs. 1 S. 1 ArbGG bzw. § 62 Abs. 2 S. 1 ArbGG iVm §§ 704 ff. ZPO im arbeitsgerichtlichen Verfahren entsprechend anzuwenden ist, kann der Schuldner auf Antrag des Gläubigers zur Vornahme einer Handlung durch Zwangsgeld oder Zwangshaft angehalten werden, wenn die betreffende Handlung aus-

schließlich vom Willen des Schuldners abhängt. Die Vorschrift ist zur Durchsetzung eines titulierten Anspruchs auf vorläufige Weiterbeschäftigung im Kündigungsschutzprozess anwendbar. Der Schuldner hat seine Verpflichtungen aus dem Beschäftigungstitel bisher nicht erfüllt.[2]

. . . . .

Rechtsanwalt

Anmerkungen

1. Zweck. Die Beantragung eines Zwangsgeldes oder Zwangshaft ist geeignet, den Schuldner anzuhalten, eine von seinem Willen allein abhängende Handlung, zu der er verurteilt wurde, vorzunehmen.

2. Voraussetzungen. Der zu vollstreckende Anspruch muss zu einer Handlung verpflichten, die durch einen Dritten nicht vorgenommen werden kann. Es bedarf des Gläubigerantrages. Im Übrigen müssen die übrigen allgemeinen Zwangsvollstreckungsvoraussetzungen erfüllt sein.

VI. Vollstreckung ohne Sicherheitsleistung

1. Zustellung der vollstreckbaren Ausfertigung an den Rechtsanwalt des Schuldners

An

. . . . .

Sehr geehrte(r) . . . . .,[1]

in Sachen

. . . . . (Gläubiger)/. . . . . (Schuldner) (Az. . . . . .)

stelle ich Ihnen die vollstreckbare Ausfertigung des Urteils vom . . . . . des . . . . . gerichts nebst qualifizierter Vollstreckungsklausel[2] und die dieser zugrunde liegenden Urkunden zu.

Das vorbereitete Empfangsbekenntnis bitte ich umgehend unterzeichnet zurück zu reichen.

. . . . .

Rechtsanwalt[3]

Anmerkungen

1. § 720a ZPO gewährt dem Gläubiger ein Vollstreckungsrecht immer in den Fällen, in denen er einen auf eine Geldforderung gerichteten Titel gegen Sicherheitsleitung für vorläufig vollstreckbar (§§ 709, 712 ZPO) in Händen hält. Soweit der Gläubiger die Sicherheitsleistung nicht erbringen kann, muss er nicht wehrlos zusehen, wie der Schuldner über sein Vermögen zu Lasten der Gläubiger verfügt. Gleichzeitig hält die Sicherungsvollstreckung den Schuldner davon ab, erfolglose Rechtsmittel nur einzulegen, um Zeit zu gewinnen. Der Titel ist nebst Klausel vor Beginn der Zwangsvollstreckung dem Schuldner bzw. dessen Anwalt zuzustellen. Weiterhin ist eine Frist von 2 Wochen gemäß § 750 Abs. 3 ZPO abzuwarten. Danach kann sowohl in das bewegliche Vermögen – Sachen und Forderungen – als auch in das unbewegliche Vermögen vollstreckt werden. Auf die jeweiligen Vollstreckungsmaßnahmen in das bewegliche Vermögen und in Forderungen sowie in das unbewegliche Vermögen wird verwiesen. Der Gläubiger kann im Wege der Sicherungsvollstreckung sogar die Abnahme der Vermögensauskunft nach §§ 802c, 802f ZPO verlangen (Hk-ZV/*Sternal* ZPO § 802c Rn. 2; BGH NJW-RR 2007, 416 noch für die Abgabe der Eidesstattliche Versicherung). Entscheidend ist, dass dem Antrag ausdrücklich zu entnehmen ist, dass es sich um eine Sicherungszwangsvollstreckung gemäß § 720a ZPO handelt.

2. Das gegen Sicherheitsleistung vorläufig vollstreckbare Urteil ist mit einer Vollstreckungsklausel dem gegnerischen Anwalt zuzustellen. Gibt es keinen Anwalt, ist dem Schuldner das Urteil direkt zuzustellen, → Form. B. VI. 2. Die Zustellung der Klausel ist nur in den Fällen des § 750 Abs. 2 ZPO erforderlich (BGH MDR 2005, 1433). Liegt ein solches Urteil mit einer qualifizierten Vollstreckungsklausel vor, so fertigt der Anwalt eine beglaubigte Abschrift nebst aller erforderlichen Urkunden und stellt diese zu.

3. **Kosten und Gebühren.** Für diese Tätigkeit fallen gemäß § 19 Abs. 2, S. 2 Nr. 16 RVG keine Anwaltsgebühren an, da die Zustellung noch zum ersten Rechtszug gehört.

2. Zustellung der vollstreckbaren Ausfertigung an den Schuldner

An das Amtsgericht

– Gerichtsvollzieherverteilerstelle –

Sehr geehrte Damen und Herren,

in Sachen

. . . . . (Gläubiger)/. . . . . (Schuldner, ...)

bitte ich Sie, die beglaubigte Abschrift des Urteils vom . . . . . des Amtsgerichts . . . . . mit der qualifizierten Klausel versehen an den Schuldner . . . . ., wohnhaft in . . . . ., zuzustellen.

Diesem Schreiben sind zwei beglaubigte Abschriften sowie zwei Kopien nebst allen erforderlichen Urkunden beigefügt.

Die Kosten bitte ich mir per Rechnung zusammen mit der Urkunde und dem Zustellungsvermerk zu übersenden.

. . . . .

Rechtsanwalt[1, 2]

Anmerkungen

1. Ist der Schuldner nicht anwaltlich vertreten, ist die Zustellung des Urteils nebst Klausel dem Schuldner über den Gerichtsvollzieher zuzustellen. Dem Antrag sind zwei beglaubigte Ausfertigungen und zwei Kopien beizufügen.

2. **Kosten und Gebühren.** Für diese Tätigkeit fallen gemäß § 19 Abs. 2 S. 2 Nr. 16 RVG keine Anwaltsgebühren an, da die Zustellung noch zum ersten Rechtszug gehört.

3. Auftrag zur Sicherungsvollstreckung (§ 720a ZPO)

An das

. . . . . [Vollstreckungsgericht am Wohn-/Geschäftssitz des Schuldners][1, 2, 3]

In Sachen

. . . . .

– Gläubiger/in –

gegen

. . . . .

– Schuldner/in –

beantrage ich – im Wege der Sicherungsvollstreckung nach § 720a ZPO – den Erlass nachfolgenden Pfändungsbeschlusses:[3, 4, 5]

> **Wegen der Forderung des . . . . . [Gläubigers] in Höhe von . . . . . EUR aus der vollstreckbaren Urkunde des Notars . . . . . in . . . . . zu dessen UR-Nr . . . . . wird der angebliche Anspruch des . . . . . [Schuldners] gegen den . . . . . [Drittschuldner] gepfändet.**

[Im Übrigen bestehen keine Besonderheiten zum Pfändungsantrag nach § 829 ZPO → Form. H. I. 1 und die dortigen Anmerkungen]

. . . . .

Rechtsanwalt[6, 7, 8]

Anmerkungen

1. Zweck: Die Sicherungsvollstreckung dient dem Schutz einer erstinstanzlich siegreichen Prozesspartei. Bei Erlass eines gegen Sicherheitsleistung für vorläufig vollstreckbar erklärten Urteiles ist es dem Gläubiger häufig aus wirtschaftlichen Gründen nicht möglich, die festgesetzte Sicherheit – sei es durch Hinterlegung oder Beibringung einer Bankbürgschaft – aufzubringen. § 720a ZPO ermöglicht dem Gläubiger trotz der Festsetzung einer Sicherheitsleistung auch ohne Sicherheitsleistungen – beschränkt auf die Ausbringung von Pfändungsmaßnahmen – gleichwohl Zwangsvollstreckungsmaßnahmen einzuleiten.

2. Voraussetzungen: Das Urteil muss auf eine Geldforderung lauten. Das zu vollstreckende Urteil muss weiter entweder nur gegen Sicherheitsleistung des Gläubigers für vorläufig vollstreckbar erklärt worden sein oder – nach Schuldnerschutzantrag – gem. § 712 Abs. 1 S. 2 ZPO auf die Maßregeln des § 720a Abs. 1 und 2 ZPO beschränkt worden sein. Aus einem Kostenfestsetzungsbeschluss oder einem Minderjährigenunterhaltsbeschluss findet die Sicherungsvollstreckung statt, wenn Grundlage ein für vorläufig vollstreckbar erklärtes Urteil ist (§ 795 S. 2 ZPO).

Es müssen – ausgenommen der Nachweis einer Sicherheitsleistung – die **sonstigen üblichen Vollstreckungsvoraussetzungen** gegeben sein, mithin also eine vollstreckbare Ausfertigung (§ 724 Abs. 1 ZPO) nebst Vollstreckungsklausel (§ 725 ZPO) vorliegen und eine Zustellung des Titels an den Schuldner erfolgt sein (§ 750 Abs. 1 ZPO). Ferner sind die besonderen Vollstreckungsvoraussetzungen, wie beispielsweise Ablauf eines Kalendertages (§ 751 Abs. 1 ZPO) oder Nachweis des Annahmeverzuges bei Zug-um-Zug Leistung (§ 756 ZPO) nachzuweisen.

Ergänzend verlangt § 750 Abs. 3 ZPO den Ablauf einer **Wartefrist** von zwei Wochen, gerechnet nach Zustellung von Urteil und etwaigen qualifizierten Vollstreckungsklauseln. Hierdurch soll dem Schuldner die Gelegenheit gegeben werden, eine nach § 720a Abs. 1 ZPO ohne Sicherheitsleistung statthafte Vollstreckung abzuwenden, § 720a Abs. 3 ZPO. Neben der von Amts wegen erfolgten Zustellung gem. § 317 Abs. 1 ZPO ist gesonderte Zustellung im Parteibetrieb nicht erforderlich (BGH DGVZ 2005, 138).

Der Zustellung der **Vollstreckungsklausel** bedarf es nur bei qualifizierten Vollstreckungsklauseln, mithin also in den besonderen Fällen des § 750 Abs. 2 ZPO (BGH MDR 2005, 1433). Erfordert der Vollstreckungsbeginn gem. § 750 Abs. 2 ZPO die Zustellung der qualifizierten Klausel, dann bedingt dies Zustellung mit Wartefrist auch der erforderlichen öffentlichen oder öffentlich-beglaubigten Urkunden, da erst mit Kenntnis der weiteren Urkunden der Schuldner Kenntnis von der Vollstreckungsreife des Titels gegen ihn als Rechtsnachfolger des Titelschuldners oder für den erst durch die Klausel ausgewiesenen Gläubiger erhält.

3. Inhalt: Im Wege der Sicherungs-Zwangsvollstreckung kann die Pfändung beweglichen Vermögens mit Pfändung körperlicher Sachen (§ 808 ZPO) bewirkt werden, auch soweit diese sich im Drittgewahrsam (§ 809 ZPO) befinden. Gepfändet werden können ferner Forderungen und andere Vermögensrechte (§§ 829 ff. ZPO) sowie das unbewegliche Vermögen mit Eintragung einer Sicherungshypothek (§§ 866 Abs. 1, 867 ZPO) durch Eintragung einer Sicherungshypothek (nicht Höchstbetragshypothek) oder einer Schiffshypothek (§ 870a Abs. 1 ZPO). Die im Wege der Sicherungsvollstreckung zu stellenden Pfändungsanträge können hierbei mit **Anträgen auf Abnahme der Vermögensauskunft** nach Maßgabe der §§ 802c, 802f ZPO kombiniert werden (sog. **Kombiauftrag;** s. Hk-ZV/*Sternal* ZPO § 807 Rn. 2).

4. Kosten: Die Kosten der Sicherungs-Zwangsvollstreckung sind nach § 788 ZPO auch im Rahmen der Sicherungsvollstreckung berücksichtigungsfähig (KG JurBüro 1984, 1572).

5. Verwertung: Eine Verwertung oder Gläubigerbefriedigung sind erst nach Rechtskraft oder Sicherheitsleistung durch den Gläubiger und nachfolgender Beantragung möglich. Bei der Vollstreckung in unbewegliches Vermögen verbietet sich insoweit ebenfalls die Zwangsversteigerung oder Zwangsverwaltung.

6. Abwendungsbefugnis: § 720a Abs. 3 ZPO ermöglicht dem Schuldner durch eigene Sicherheitsleistung die Sicherungszwangsvollstreckung des Gläubigers abzuwenden. Hierzu bedarf es eines gesonderten Ausspruches des Gerichtes im Urteil nicht. Die Art der Sicherheitsleistung bestimmt sich nach § 108 ZPO und ist insoweit also auch durch Bankbürgschaft (§ 108 Abs. 1 S. 2 ZPO) möglich (vgl. OLG München DGVZ 1990, 185). Hat der Schuldner Sicherheit geleistet, ist die Sicherungszwangsvollstreckung des Gläubigers nicht weiter zulässig und kann erst dann – dies allerdings als gewöhnliche Zwangsvollstreckung – fortgesetzt werden, wenn der Gläubiger nun seinerseits Sicherheit leistet. Die Zwangsvollstreckung bestimmt sich dann insgesamt nach den allgemeinen Vorschriften. Für die von dem Schuldner zwischenzeitlich geleistete Sicherheit entfällt dann deren Veranlassung, so dass diese nach § 109 ZPO zurückzugeben ist (OLG München DGVZ 1990, 185)

7. Kosten und Gebühren. Für die anwaltliche Tätigkeit entstehen die üblichen Kosten im Vollstreckungsverfahren nach Nr. 3309 VV RVG.

8. Rechtsmittel. Nach Sicherheitsleistung des Schuldners im Rahmen der Abwendungsbefugnis (§ 720a Abs. 3 ZPO) kann bei fortgeführter Zwangsvollstreckung durch den Gerichtsvollzieher Erinnerung gem. § 766 ZPO erhoben werden.

C. Titel als Voraussetzung der Zwangsvollstreckung

I. Vorbemerkungen: Arten von Vollstreckungstiteln

Eine Vollstreckung findet aus Endurteilen (§ 704 Abs. 1 ZPO), Prozessvergleichen und Vergleichen, die vor einer staatlich anerkannten Gütestelle geschlossen wurden (§ 794 Abs. 1 Nr. 1 ZPO), notariellen Urkunden (§ 794 Abs. 1 Nr. 5), aus den weiteren in § 794 ZPO aufgezählten Urkunden sowie aus sonstigen Titeln statt.

Zu den Endurteilen im Sinne des § 704 Abs. 1 ZPO gehören:

- „normale" Urteile im Sinne des § 300 ZPO,
- Teilurteile nach § 301 ZPO,
- Verzichtsurteile nach § 306 ZPO,
- Anerkenntnisurteile nach § 307 ZPO,
- Versäumnisurteile nach §§ 330, 331 ZPO,
- Vorbehaltsurteile nach §§ 302 Abs. 3, 599 Abs. 3 ZPO.

Diese **Endurteile** müssen rechtskräftig oder im Erkenntnisverfahren für vorläufig vollstreckbar erklärt worden sein (§§ 708 ff. ZPO). Rechtskraft bedeutet formelle Rechtskraft im Sinne des § 705 ZPO, also Ablauf der Rechtsmittel- oder Einspruchsfrist. Über deren Ablauf wird auf Antrag ein Zeugnis erteilt (→ Form. C. V. 1, → Form. C. V. 2). Entbehrlich ist ein Ausspruch über die vorläufige Vollstreckbarkeit bei Urteilen, die bereits kraft Gesetzes vorläufig vollstreckbar sind, wie zum Beispiel Urteile, die einen Arrest oder eine einstweilige Verfügung anordnen oder einen entsprechenden Beschluss bestätigen sowie Urteile der Arbeitsgerichte (§ 62 Abs. 1 ArbGG).

Zu den in § 794 Abs. 1 ZPO aufgezählten Titeln gehören:

- Prozessvergleiche (Nr. 1),
- Kostenfestsetzungsbeschlüsse (Nr. 2),
- Beschlüsse, die in einem vereinfachten Verfahren den Unterhalt Minderjähriger festsetzen, einen Unterhaltstitel abändern oder den Antrag zurückweisen (Nr. 2a),
- mit der Beschwerde anfechtbare Entscheidungen (Nr. 3),
- einstweilige Anordnungen des Familiengerichts (Nr. 3a),
- Vollstreckungsbescheide (Nr. 4),
- Entscheidungen, die Schiedssprüche oder Anwaltsvergleiche für vollstreckbar erklären (Nr. 4a, b),
- notarielle Urkunden (Nr. 5).

Damit ein **Prozessvergleich** nach § 794 Abs. 1 Nr. 1 ZPO Vollstreckungstitel sein kann, muss er die folgenden Voraussetzungen erfüllen: Der Prozessvergleich muss in einem vor einem deutschen Gericht anhängigen Streitverfahren (dh kontradiktorischen Verfahren) zur Beilegung des Rechtsstreits (bzw. eines Teils des Streitgegenstands) geschlossen worden sein. Die Prozesshandlungsvoraussetzungen müssen vorliegen, ebenso die materiell-rechtlichen Voraussetzungen (übereinstimmende Willenserklärungen rechts- und geschäftsfähiger Parteien, gegenseitiges Nachgeben). Eine gegebenenfalls erforderliche notarielle Beurkundung wird durch die Aufnahme des Vergleichs in das gerichtliche Verhandlungsprotokoll ersetzt. Ein Abschluss unter Widerrufsvorbehalt ist zulässig.

Dem Prozessvergleich gleichgestellt werden Vergleiche, die vor einer durch die Landesjustizverwaltung eingerichteten oder anerkannten Gütestelle abgeschlossen werden. Dieser setzt gleichermaßen voraus, dass er zur (vollständigen oder teilweisen) Beilegung eines

Rechtsstreits geschlossen wurde. Bei Einleitung des Güteverfahrens muss ein Rechtsstreit zwischen den Parteien bestanden haben. Eine Anrufung der Gütestelle allein zur Beurkundung eines bereits geschlossenen Vergleichs ist nicht zulässig. Der Wirksamkeit des Vergleichs steht die Unzuständigkeit der Gütestelle nicht entgegen (MüKoZPO/*Wolfsteiner* § 794 Rn. 112 ff.).

Bei einem Titel im Sinne des § 794 Abs. 1 Nr. 5 ZPO muss es sich um eine von einem deutschen Gericht (§ 62 BeurkG) oder einem deutschen Notar innerhalb der Grenzen seiner Amtsbefugnisse (§ 20 Abs. 1 S. 1 BNotO) in der vorgeschriebenen Form aufgenommene Urkunde handeln. Gegenstand der Urkunde kann grundsätzlich jeder Anspruch sein, der einer vergleichsweisen Regelung zugänglich ist (Ausnahme: Ansprüche auf Abgabe einer Willenserklärung oder Ansprüche, die den Bestand eines Wohnraummietverhältnisses betreffen). Der Anspruch muss inhaltlich bestimmt, kann bedingt oder ein zukünftiger sein. Der Schuldner muss sich in der Urkunde der sofortigen Zwangsvollstreckung unterwerfen, wobei sich die Unterwerfungserklärung auf den bestimmt bezeichneten Anspruch beziehen muss. Eine zeitliche, örtliche oder gegenständliche Beschränkung der Zwangsvollstreckung durch den Schuldner ist zulässig, ebenso wie ein Verzicht auf den Nachweis des Entstehens des Anspruchs und der Fälligkeit. Unzulässig ist es jedoch, anstelle der in § 726 Abs. 1 ZPO genannten Urkunden andere Nachweise für ausreichend zu erklären (MüKoZPO/*Wolfsteiner* § 794 Rn. 206).

Beispiele **sonstiger Vollstreckungstitel** sind:
- Auszug aus der Insolvenztabelle (§ 201 Abs. 2 InsO),
- Insolvenzplan (§ 257 Abs. 1, 2 InsO),
- Schuldenbereinigungsplan (§ 308 InsO),
- Zuschlag in der Zwangsversteigerung (§§ 93, 118, 132, 134 ZVG),
- ausländische Urteile oder andere Titel, die von deutschen Gerichten nach § 722 Abs. 1 ZPO oder aufgrund Staatsvertrages für vollstreckbar erklärt worden sind,
- Entscheidungen der Freiwilligen Gerichtsbarkeit (zB §§ 38, 86 FamFG)
- vermögensrechtliche Entscheidungen im Strafverfahren (§§ 406, 406b, 464b StPO),
- Entscheidungen und Vergleiche des Arbeitsgerichts (§§ 62, 64 Abs. 7, 85 ArbGG),
- verwaltungs- und finanzgerichtliche Titel (§ 167 VwGO, § 151 Abs. 1 FGO).

II. Anträge zum Urteil, §§ 319, 320, 321 ZPO

1. Antrag auf Berichtigung des Urteils (§ 319 ZPO)

An das

Amts-/Land-/Oberlandesgericht

. . . . .[1]

Antrag auf Berichtigung des Urteils gem. § 319 ZPO[2, 3, 4]

In dem Rechtsstreit

. . . . .

– Kläger –

gegen

. . . . .

– Beklagter –

Az. . . . . .

beantragt der Kläger,

das Urteil vom . . . . . wegen der nachstehend aufgeführten offenbaren Unrichtigkeiten[5] gem. § 319 ZPO ohne mündliche Verhandlung[6] zu berichtigen.

Begründung:

1. Der Tenor des Urteils lautet fälschlicherweise auf . . . . . EUR. Den Entscheidungsgründen ist jedoch zu entnehmen, dass das Gericht dem Kläger die Summe der verschiedenen Teilansprüche vollständig zusprechen wollte. Das Gericht hat folglich . . . . . EUR gemeint. Es liegt offensichtlich ein Additionsfehler vor. Der Tenor ist deshalb wie folgt zu berichtigen: . . . . .

2. Ferner hat das Gericht den Kostenausspruch nicht in den Tenor aufgenommen. Nach den Entscheidungsgründen soll der Beklagte gem. § 91 ZPO die Kosten des Rechtsstreits tragen. Die versehentliche Auslassung[7] der Kostenentscheidung im Tenor ist gem. § 319 ZPO zu berichtigen.

3. Schließlich findet sich auf Seite . . . . . des Urteils im ersten Absatz ein Schreibfehler: Der Kläger hat in seiner Klage vom . . . . . vorgetragen, dass . . . . . Ebenso hat der Beklagte in der Klageerwiderung ausgeführt, dass . . . . . Wenn das Gericht nunmehr versehentlich von . . . . . spricht, handelt es sich hierbei um einen Schreibfehler und damit eine offenbare Unrichtigkeit.

Zur Beseitigung dieser Unrichtigkeit ist das Urteil vom . . . . . (Datum) durch Beschluss gem. § 319 ZPO entsprechend zu berichtigen.

Der Kläger reicht die ihm erteilte vollstreckbare Ausfertigung in der Anlage zurück mit der Bitte, eine neue vollstreckbare Ausfertigung des berichtigten Urteils zu erteilen oder die Berichtigung auf der Ausfertigung zu erteilen und diese zurückzusenden.[8]

.....

Rechtsanwalt[9, 10, 11]

Anmerkungen

1. Grundsätzlich ist der Antrag auf Urteilsberichtigung gem. § 319 ZPO an das Gericht zu richten, das die zu berichtigende Entscheidung erlassen hat. **Zuständig** für die Berichtigung ist derselbe Spruchkörper, der das Urteil erlassen hat, wobei dieselbe Besetzung des Spruchkörpers nicht erforderlich ist. Sofern ein Rechtsmittel eingelegt wurde, ist für die Berichtigung ferner das Rechtsmittelgericht zuständig, solange der Rechtsstreit dort schwebt (BGH NJW 1964, 1858; Thomas/Putzo/*Reichold* § 319 Rn. 5 mwN).

2. Gegenstand der Berichtigung gem. § 319 ZPO können Urteile, Mahn- und Vollstreckungsbescheide (OLG Düsseldorf NJW-RR 1998, 1077) und Beschlüsse sein. Zu den berichtigungsfähigen Beschlüssen gehören auch Verweisungsbeschlüsse (vgl. BGH NJW-RR 1993, 700) sowie Berichtigungsbeschlüsse (BGH NJW-RR 1988, 407). Beweisbeschlüsse (§ 360 ZPO) können außerhalb des Verfahrens nach § 319 ZPO geändert werden. Auf gerichtliche Vergleiche ist § 319 ZPO nicht anwendbar, da hier die materiellrechtlichen Bestimmungen über rechtsgeschäftliche Vereinbarungen gelten, sodass das tatsächlich Gewollte sich gegen den protokollierten Vergleichstext durchsetzt (BAG NJW 2009, 1161). Gerichtliche Vergleiche können zudem im Wege der Protokollberichtigung gem. § 164 ZPO geändert werden, sollten die Erklärungen nicht richtig beurkundet worden sein (OLG Frankfurt MDR 1986, 152; Musielak/Voit/*Musielak* § 319 Rn. 2).

3. Da offenbare Unrichtigkeiten von Urteilen und Beschlüssen im Sinne des § 319 Abs. 1 ZPO häufig vorkommen, sollte jede Partei unmittelbar nach Erhalt der Entscheidung prüfen, ob solche Unrichtigkeiten zu ihrem Nachteil enthalten sind, und gegebenenfalls einen Antrag auf Berichtigung stellen. Der von dem Fehler Betroffene kann, wenn sich der Fehler auf den Tenor oder die Identität der Partei bezieht, auch Rechtsmittel einlegen (Thomas/Putzo/*Reichold* § 319 Rn. 1).

4. Die **Rechtsmittelfrist** gegen die zu berichtigende Entscheidung wird grundsätzlich durch den Berichtigungsbeschluss nicht berührt. Maßgeblich für die Rechtsmittelfrist ist die Zustellung der ursprünglichen Entscheidung (BGH NJW-RR 2009, 1443; BGH NJW 1984, 1041). Eine neue Rechtsmittelfrist wird durch die Zustellung des Berichtigungsbeschlusses nur dann in Gang gesetzt, wenn das Urteil nicht klar genug war, um Grundlage für die Entschließungen und das weitere Handeln der Parteien und für die Entscheidung des Rechtsmittelgerichts zu bilden (BGH NJW-RR 2009, 1443; BGHZ 127, 74; BGH NJW 1995, 1033). Dies ist unter anderem dann der Fall, wenn sich erst aus der Berichtigung ergibt, dass die erlassene Entscheidung einem Rechtsmittel zugänglich ist (BGHZ 17, 149; BGH NJW 1999, 646).

5. Eine **Unrichtigkeit gem. § 319 ZPO** liegt vor, wenn die gerichtliche Willenserklärung von der Willensbildung versehentlich abweicht. Unrichtigkeiten, die auf rechtlicher Willensbildung beruhen, können mit Ausnahme von Rechenfehlern (BGH NJW 1995, 1033) nicht über § 319 ZPO beseitigt werden (BGH ZIP 1994, 1388). Kostenentscheidungen werden nur dann berichtigt oder ergänzt, wenn das Fehlen einer Kostenentscheidung auf einem offenkundigen Versehen beruht, nicht aber, wenn der Ausspruch über Kosten bewusst unterblieben ist (BGH Beschl. v. 10.2.2011 – IX ZR 110/09; BGH

Beschl. v. 1.4.2015 – IV ZR 370/12). Wird der Streitwert nach Eintritt der Rechtskraft geändert und führt dies zu einer rechnerischen Unrichtigkeit der Kostenquoten, können diese nicht gem. § 319 ZPO (auch nicht in analoger Anwendung) geändert werden (BGH FamRZ 2008, 1925). Ausreichend für eine Unrichtigkeit ist es aber, wenn eine Ungenauigkeit im Ausdruck vorliegt (OLG Zweibrücken MDR 1994, 831). § 319 ZPO wird von der Praxis weit ausgelegt (vgl. Zöller/*Vollkommer* § 319 Rn. 4). Die Unrichtigkeit kann das Rubrum, den Tenor, den Tatbestand oder die Entscheidungsgründe betreffen. Sie ist offenbar, wenn sie sich ohne Weiteres aus dem Urteil selbst oder den Vorgängen bei seiner Verkündung ergibt (BGH NJW 1980, 2813; Thomas/Putzo/*Reichold* § 319 Rn. 4). Auch der Ausspruch über die Zulassung eines Rechtsmittels kann über § 319 ZPO im Wege eines Berichtigungsbeschlusses nachgeholt werden, wenn das Gericht das Rechtsmittel zulassen wollte und dies nur versehentlich unterblieben ist (BGH NJW 2005, 156).

6. Die Durchführung einer mündlichen Verhandlung ist freigestellt, § 319 Abs. 2 ZPO. In der Praxis wird auf sie in der Regel verzichtet.

7. Soweit es um offenbare Auslassungen geht, ist die Abgrenzung zwischen § 319 ZPO und § 321 ZPO mitunter schwierig. Grundsätzlich fallen auch versehentliche Auslassungen im Urteilstenor unter § 319 ZPO, wenn das Gericht den betreffenden Punkt in den Entscheidungsgründen eindeutig entschieden hat (BGH NJW 1964, 1858), zB bei einer Teilabweisung der Klage oder fehlendem Kostenausspruch im Tenor (OLG Hamm NJW-RR 1986, 1447). Sofern das Gericht den Punkt jedoch übersehen und auch in den Gründen nicht behandelt hat, bleibt lediglich der Rechtsbehelf nach § 321 ZPO (→ Form. C. II. 4). Solange die Zwei-Wochen-Frist des § 321 Abs. 2 ZPO noch nicht abgelaufen ist, sollte daher aus Gründen anwaltlicher Sorgfalt in Zweifelsfällen hilfsweise der Antrag gem. § 321 ZPO mit dem Antrag auf Urteilsberichtigung gem. § 319 ZPO verbunden werden.

Liegt keine Abweichung des Gewollten vom gerichtlich geäußerten Willen, sondern ein Fehler in der zutreffenden Erfassung des Tatsachenstoffs vor, kommen nur eine Tatbestandsberichtigung gem. § 320 ZPO oder eine Anhörungsrüge gem. § 321a ZPO in Betracht (BGH Beschl. v. 2.12.2010 – IX ZB 127/10).

8. Sofern eine **vollstreckbare Ausfertigung** bereits erteilt wurde, wird das Gericht sie zur Berichtigung in der Regel zurückfordern (Zöller/*Vollkommer* § 319 Rn. 23 mwN). Aus diesem Grund ist es ratsam, zur Beschleunigung des Verfahrens die Ausfertigung bereits mit dem Antrag zu übersenden. Wird eine neue vollstreckbare Ausfertigung erteilt, kann die Zwangsvollstreckung nur noch aus dieser betrieben werden. Gegen die Zwangsvollstreckung aus der unberichtigten Fassung ist der Rechtsbehelf gem. § 766 ZPO gegeben (Thomas/Putzo/*Reichold* § 319 Rn. 8).

9. Im Anwaltsprozess besteht Anwaltszwang gem. § 78 ZPO auch für den Antrag auf Urteilsberichtigung; vor dem Amtsgericht gilt § 496 ZPO.

10. Kosten und Gebühren. Für den Antrag auf Urteilsberichtigung entstehen weder Gerichts- noch Rechtsanwaltsgebühren (§ 19 Abs. 1 Nr. 6 RVG). Der Berichtigungsbeschluss enthält aus diesem Grund keine Kostenentscheidung.

11. Fristen und Rechtsmittel. Der Antrag auf Urteilsberichtigung ist nicht fristgebunden. Er kann jederzeit gestellt werden, selbst noch nach Rechtskraft des Urteils (OLG Hamm NJW-RR 1987, 187). Allerdings sind unter Umständen die Grundsätze der Verwirkung beachtlich (OLG München OLGZ 1983, 368).

Gegen den Beschluss, der eine **Berichtigung des Urteils** ausspricht, steht dem Gegner gem. § 319 Abs. 3 ZPO das Rechtsmittel der sofortigen Beschwerde (§ 567 ZPO) zu. Wird bei einem gerichtlichen Vergleich eine Berichtigung vorgenommen (zur Unzulässigkeit so), so ist diese Berichtigung nicht gem. § 319 Abs. 3 ZPO anfechtbar, da bereits

§ 319 Abs. 1 ZPO nicht anwendbar ist (BAG NJW 2009, 1161). Gegenstand der Beschwerde ist nicht die inhaltliche Richtigkeit der Berichtigung, sondern ihre Zulässigkeit (Zöller/*Vollkommer* § 319 Rn. 26). Berichtigungsbeschlüsse des Oberlandesgerichts sind mit der zugelassenen Rechtsbeschwerde anfechtbar (§ 574 Abs. 1 Nr. 2, Abs. 3 ZPO). Dasselbe gilt für Berichtigungsbeschlüsse des Landgerichts im Berufungs- und Beschwerdeverfahren. Gegen Berichtigungsbeschlüsse des Rechtspflegers (zB in Bezug auf Kostenfestsetzungsbeschlüsse oder Vollstreckungsbescheide) ist die sofortige Beschwerde statthaft (§ 11 Abs. 1 RPflG, §§ 319 Abs. 3, 567 ZPO). Dieser kann der Rechtspfleger gem. § 572 Abs. 1 ZPO abhelfen.

Gegen den die Berichtigung **ablehnenden Beschluss** ist kein Rechtsmittel gegeben. Dies gilt selbst in den Fällen, in denen die Berichtigung ohne sachliche Prüfung aus prozessualen Gründen abgelehnt wird, in denen sie greifbar gesetzeswidrig ist oder wesentliche Verfahrensrechte des Beschwerdeführers verletzt, da nach dem ZPO-ReformG seit 2002 für außerordentliche Rechtsbehelfe kein Raum mehr ist (BGHZ 150, 133; BGH BB 2004, 1247). Die frühere Rechtsprechung, wonach in gewissem Umfang Ausnahmen anerkannt waren, ist überholt. Seit dem 1.1.2005 kann jedoch § 321a ZPO Anwendung finden (Musielak/Voit/*Musielak* § 319 Rn. 21; Zöller/*Vollkommer* § 319 Rn. 27).

Gegen **ablehnende Beschlüsse** des Rechtspflegers ist die befristete Erinnerung statthaft, welcher der Rechtspfleger abhelfen kann (§ 11 Abs. 2 RPflG). Bei Nichtabhilfe entscheidet der Richter (§§ 11 Abs. 2 S. 3, 28 RPflG).

2. Antrag auf Berichtigung der Parteibezeichnung (§ 319 ZPO)

An das

Amts-/Land-/Oberlandesgericht

. . . . .

Antrag auf Berichtigung der Parteibezeichnung gem. § 319 ZPO[1]

In dem Rechtsstreit

. . . . .

– Klägerin –

gegen

. . . . .

– Beklagter –

Az. . . . . .

beantragt die Klägerin,

das Rubrum des Urteils vom . . . . . gem. § 319 ZPO in folgenden Punkten zu berichtigen:

1. Die Firma der Klägerin lautet nicht X GmbH, sondern X GbR, vertreten durch den geschäftsführenden Gesellschafter Herrn Y.[2]
2. Gesellschafter der GbR sind nicht nur die Herren X. und Y., sondern auch Herr Z. (unter gleicher Anschrift).
3. Die Klägerin wird in dem Rechtsstreit durch die Unterzeichnende Frau Rechtsanwältin Dr. A., nicht durch Herrn Rechtsanwalt B., als Prozessbevollmächtigte vertreten.

Begründung:

Zu 1: Bei der Klägerin handelt es sich um eine GbR und nicht, wie von dem Gericht versehentlich im Rubrum aufgeführt, um eine GmbH. Auf diesen Umstand hatte die Klägerin in der Klageschrift vom . . . . . hingewiesen. Auch in dem Protokoll der mündlichen Verhandlung vom . . . . . wird in zutreffender Weise die GbR als Klägerin genannt. Da die GbR als Partei am Verfahren beteiligt war, ist eine Berichtigung des Urteils gem. § 319 ZPO zulässig und geboten.[3]

Zu 2: Gesellschafter der Klägerin war sowohl im Zeitpunkt der Klageerhebung als auch zum Schluss der mündlichen Verhandlung neben den Herren X. und Y. auch Herr Z. Herr Z. wurde versehentlich in der Klageschrift nicht als Gesellschafter aufgeführt.[4] Da der geschäftsführende Gesellschafter Y. den Klageantrag namens aller Gesellschafter gestellt hat, handelt es sich lediglich um einen Fall eines unvollständigen Rubrums, welches gem. § 319 ZPO zu berichtigen ist.

Zu 3: Mit Schriftsatz vom . . . . . hat Herr Rechtsanwalt B. sein Mandat niedergelegt. Die unterzeichnende Rechtsanwältin hat sich sodann mit Schriftsatz vom . . . . . als Prozessbevollmächtigte legitimiert und vertritt die Klägerin seitdem.[5]

Zur Beseitigung dieser Unrichtigkeit sollte das Rubrum des Urteils vom . . . . . durch Beschluss ohne mündliche Verhandlung entsprechend berichtigt werden.

. . . . .

Rechtsanwalt

Anmerkungen

1. Der Antrag auf Berichtigung der Parteibezeichnung stellt einen Unterfall des Urteilsberichtigungsantrages gem. § 319 ZPO dar. Auf die allgemeinen Anmerkungen des Formulars → Form. C. II. 1 wird verwiesen. Der Berichtigung der Parteibezeichnung kommt große praktische Bedeutung zu, da von der richtigen Parteibezeichnung die Vollstreckungsfähigkeit des Urteils abhängt.

2. Die **Parteibezeichnung** kann berichtigt werden, wenn die betreffende Person Partei geworden ist (OLG Stuttgart NJW-RR 1999, 216) und ihre Identität unverändert bleibt (BGH NJW 2007, 518; OLG Koblenz NJW-RR 1997, 1352). Entscheidend ist, dass die richtige Partei trotz ihrer falschen Bezeichnung am Rechtsstreit beteiligt war. So kann die Bezeichnung einer nicht existierenden verklagten GmbH in eine OHG (BGHZ 22, 240) oder in eine natürliche Person (OLG Frankfurt MDR 1990, 639) berichtigt werden. Ebenso ist es zulässig, fehlende Mitglieder einer GbR nachträglich zu ergänzen (BGH NJW 1997, 1236). Eine Parteiberichtigung ist nicht möglich, wenn vormals gesamtschuldnerisch haftende Einzelpersonen nun aufgrund einer Rechtsprechungsänderung als Gesellschaft haften sollen. Hier ist ein Parteiwechsel notwendig (BGH NJW 2011, 1453).

3. Von § 319 ZPO wird der Fall nicht erfasst, in dem die falsche Partei am Rechtsstreit beteiligt war. Verklagt also zum Beispiel der Kläger versehentlich den Beklagten X, obwohl er einen Anspruch gegen Y hat, kann dieser Fehler nicht im Wege der Parteiberichtigung geheilt werden. Stattdessen hat das Gericht die Klage gegen X als unbegründet abzuweisen und der Kläger eine Klage gegen Y zu erheben.

4. Abgesehen von den Fällen der Divergenz zwischen der vom Gericht gewollten und der zum Ausdruck gekommenen Entscheidungsfassung sind Berichtigungen der Parteibezeichnung über § 319 ZPO auch dann möglich, wenn die Falschbezeichnung durch die Parteien selbst veranlasst wurde, zum Beispiel durch unzutreffende Angaben in der Klageschrift (BGH NJW 1988, 1585; Thomas/Putzo/*Reichold* § 319 Rn. 3).

5. Auch eine Berichtigung in Bezug auf die **Person des Prozessbevollmächtigten** ist im Wege eines Antrags nach § 319 ZPO zulässig. Die Berichtigung ist für das weitere Verfahren (Kostenfestsetzung, Vollstreckung, Rechtsmittel) bedeutsam.

3. Antrag auf Berichtigung des Tatbestandes (§ 320 ZPO)

An das

Amts-/Land-/Oberlandesgericht

. . . . .[1]

Antrag auf Tatbestandsberichtigung[2, 3] **gem. § 320 ZPO**

In dem Rechtsstreit

. . . . .

– Klägerin –

gegen

. . . . .

– Beklagter –

Az. . . . . .

weist die Klägerin nach Durchsicht des Urteils vom . . . . . (zugestellt am . . . . .) darauf hin, dass dieses Unrichtigkeiten enthält und beantragt,

den Tatbestand[4, 5] **gem. § 320 ZPO dahin zu berichtigen,**[6, 7, 8]

1. **dass die Behauptung des Beklagten, es sei mündlich eine Abänderung des schriftlichen Vertrages besprochen worden, nicht im unstreitigen Parteivortrag wiedergegeben wird, sondern als streitige Behauptung des Beklagten;**[9]
2. **dass in den streitigen Klägervortrag zusätzlich die Behauptung des Beklagten aufgenommen wird, die Leistung der Dunstabzugshaube sei für den von der Klägerin beabsichtigten Gebrauch ausreichend;**[10]
3. **dass die Klägerin auch beantragt hat, den Beklagten zur Zahlung von Zinsen in Höhe von 5 % über dem Basiszinssatz der Europäischen Zentralbank seit dem . . . . . zu verurteilen.**[11]

Begründung:

Zu 1: Im Tatbestand des Urteils findet sich auf Seite 4 im zweiten Absatz der Urteilsausfertigung und damit im unstreitigen Vorbringen der Parteien die Feststellung:

„Am . . . . . besprachen die Parteien anlässlich eines Telefonats, dass entgegen der im Vertrag vom . . . . . niedergelegten Angaben von 1,20m die Installationsarbeiten für den Elektroherd in einer Entfernung von 1,50m von der Wand erstellt werden sollte."

Diese Feststellung ist nicht zutreffend. Tatsächlich hat die Klägerin in der mündlichen Verhandlung auf ihren Schriftsatz vom . . . . . Bezug genommen (§ 137 Abs. 3 ZPO). In

diesem Schriftsatz hatte sie auf Seite 8 oben klargestellt, dass ein Telefonat am . . . . . nicht stattgefunden habe. Darin liegt ein eindeutiges Bestreiten der Behauptung des Beklagten, wonach der schriftliche Vertrag durch mündliche Vereinbarung abgeändert worden sei.

Zu 2: Mit Schriftsatz vom . . . . ., auf den die Klägerin in der mündlichen Verhandlung Bezug genommen hat, hat die Klägerin vorgetragen, dass der Beklagte in einem Gespräch am . . . . . auf ihre Nachfrage mehrfach erklärt habe, dass die Leistung der Dunstabzugshaube für den professionellen Einsatz ausreichend sei. Diese Behauptung ist nicht in den Tatbestand aufgenommen worden. Sie ist jedoch entscheidungserheblich. Trifft sie zu, liegt eine Beschaffenheitsvereinbarung vor, deren Fehler einen Sachmangel begründet (§ 434 Abs. 1 BGB) und die hilfsweise Rücktrittserklärung der Klägerin rechtfertigt (§ 437 Nr. 2 BGB).

Zu 3: Dem Protokoll der mündlichen Verhandlung vom . . . . . ist zu entnehmen, dass die Klägerin den Antrag aus der Klageschrift vom . . . . . gestellt hat. In dieser hatte die Klägerin beantragt, den Beklagten zur Zahlung von . . . . . EUR nebst 2 % Zinsen über dem Basiszinssatz der Europäischen Zentralbank seit dem . . . . . zu verurteilen. Diesen Zinsantrag hat das Gericht bei Wiedergabe der Anträge im Tatbestand versehentlich übergangen. Dementsprechend ist der Tatbestand gem. § 320 ZPO zu berichtigen.

Die Klägerin hält eine mündliche Verhandlung über den Antrag für entbehrlich.[12] Für den Fall, dass der Beklagte gem. § 320 Abs. 3 ZPO die Durchführung einer mündlichen Verhandlung beantragt, bittet die Beklagte das Gericht[13] um die Bestimmung eines baldigen Termins.[14]

. . . . .

Rechtsanwalt[15, 16]

Anmerkungen

1. Der Antrag ist an das erstinstanzliche Gericht zu richten. Im Anwaltsprozess besteht Anwaltszwang, beim Amtsgericht reicht die Erklärung zu Protokoll der Geschäftsstelle durch die Partei (§ 496 ZPO). Ausnahmsweise kann auch eine Berichtigung von Berufungsurteilen über § 320 ZPO in Betracht kommen (Zöller/*Vollkommer* § 320 Rn. 5).

2. Da dem Tatbestand Beweiskraft für das mündliche Vorbringen der Parteien in erster Instanz zukommt (§ 314 ZPO), ist der Tatbestandsberichtigungsantrag von erheblicher praktischer Relevanz. Die im Tatbestand ausdrücklich (gegebenenfalls auch nur im Wege der Bezugnahme, § 313 Abs. 2 S. 2 ZPO) wiedergegebenen Umstände beweisen positiv, dass sie vorgetragen wurden. Der Platz bzw. die Form ihrer Darstellung belegen, ob diese Umstände zwischen den Parteien streitig oder unstreitig gewesen sind. Da in der Berufungsinstanz neuer Tatsachenvortrag nur eingeschränkt zugelassen wird (§ 531 Abs. 2 ZPO) und der Tatbestand des erstinstanzlichen Urteils gem. § 529 Abs. 1 Nr. 1 ZPO zugrunde zu legen ist, ist es wichtig, dass der Tatbestand den Vortrag erster Instanz vollständig und fehlerfrei wiedergibt. Eine Tatbestandsberichtigung eines Revisionsurteils kommt grundsätzlich nicht in Betracht (BGH Beschl. v. 28.4.2011 – V ZR 132/10), es sei denn, dass die tatbestandlichen Feststellungen widersprüchlich sind (BGH NJW 2011, 1513). Aus diesem Grund kommt dem Tatbestand des erstinstanzlichen Urteils und damit auch einer Tatbestandsberichtigung besondere Bedeutung zu. Deshalb empfiehlt es sich, den Tatbestand genau zu lesen und auch bei geringen Zweifeln einen Tatbestandsberichtigungsantrag zu stellen. Auch ein vom erstinstanzlichen Gericht zurückgewiesener Tatbestandsberichtigungsantrag macht das Verständnis des Antragstellers aktenkundig und kann deshalb ein wichtiger Anhaltspunkt für das Berufungsgericht zur Entscheidung über die Frage werden, ob Zweifel an der Richtigkeit und Vollständigkeit der entscheidungserheblichen Feststellungen begründet sind.

3. Da Nachteile aus einem falschen Tatbestand gleichermaßen die unterliegende wie die obsiegende Partei treffen können, wenn nämlich der Gegner Berufung einlegt, muss ein Berichtigungsantrag auch von der obsiegenden Partei geprüft und im Zweifel gestellt werden.

4. Tatbestand im Sinne des § 320 ZPO ist nicht nur der als solcher bezeichnete Teil des Urteils. Tatbestand ist vielmehr jeder Teil des Urteils, in dem Ansprüche der Parteien und die dazu vorgebrachten Angriffs- und Verteidigungsmittel mit Beweiskraft festgestellt werden. Auch in den Entscheidungsgründen findet sich oftmals Tatbestand. Der Tatbestand des Urteils sowie die tatbestandliche Darstellung in den Entscheidungsgründen unterliegen nur der Berichtigung, soweit ihnen eine urkundliche Beweiskraft nach § 314 ZPO zukommt (BGH Beschl. v. 28.4.2011 – V ZR 132/10).

5. Widersprüche können über § 320 ZPO nur beseitigt werden, wenn sie innerhalb der Tatbestandsfeststellung auftreten. Sofern sich Widersprüche zwischen dem Tatbestand und den Entscheidungsgründen finden, können diese nur mit der Berufung ausgeräumt werden (RGZ 80, 174). Trotzdem empfiehlt sich ein Tatbestandsberichtigungsantrag.

6. Der Antrag nach § 320 ZPO muss darauf gerichtet sein, den Tatbestand zu berichtigen, und muss erkennen lassen, welche Änderungen herbeigeführt werden sollen. Einer Vorformulierung der Änderung bedarf es nicht, wenngleich sie nützlich sein kann. Zur Klarstellung und aus Gründen anwaltlicher Sorgfalt ist diese deshalb zu empfehlen.

7. Sofern ein selbständiges Verteidigungsmittel sowohl im Tatbestand als auch in den Entscheidungsgründen ausgelassen wurde, kann über § 320 ZPO nur eine Vervollständigung des Tatbestandes erreicht werden. Eine Änderung der Entscheidungsgründe, also die materielle Berücksichtigung des Verteidigungsmittels, ist nur im Wege der Berufung möglich.

8. Ein Tatbestandsberichtigungsantrag kann auch erforderlich sein, um die Grundlage für eine Urteilsergänzung zu schaffen (LAG Berlin DB 1981, 592; Stein/Jonas/*Leipold* § 320 Rn. 1).

9. Eine Berichtigung ist erforderlich, wenn eine im Tatbestand aufgeführte Tatsache nicht vorgetragen wurde, wenn eine Tatsache fälschlich als streitig oder unstreitig dargestellt ist oder wenn eine vorgetragene Tatsache sich weder im Tatbestand noch im Protokoll wiederfindet. Bezüglich der zuletzt genannten Fallgruppe ist umstritten, ob dem Tatbestand eine negative Beweiskraft zukommt, sein Schweigen also beweist, dass Vorbringen nicht erfolgt ist. Trotzt der neueren Rechtsprechung des Bundesgerichtshofes wird diese Ansicht zum Teil noch vertreten (Thomas/Putzo/*Reichold* § 314 Rn. 1). Aus anwaltlicher Sorgfalt ist der „sicherste Weg" zu wählen und davon auszugehen, dass dem Urteilstatbestand möglicherweise negative Beweiskraft zukommen kann.

10. Eine Auslassung im Sinne des § 320 ZPO liegt nur dann vor, wenn entscheidungserhebliches Vorbringen der Parteien nicht berücksichtigt wurde. Ob der Tatbestand unvollständig oder unrichtig ist, kann mit dem Inhalt der Schriftsätze allein nicht bewiesen werden, da dieser erst mit dem Vortrag in der mündlichen Verhandlung zum Parteivortrag wird. Ob in dieser eine Bezugnahme auf die vorbereitenden Schriftsätze erfolgt ist, kann – wenn nicht durch den Tatbestand – allein durch das Protokoll der mündlichen Verhandlung bewiesen werden. Eine nicht protokollierte, aber im Tatbestand oder in den Entscheidungsgründen beurkundete Aussage kann gem. § 320 ZPO berichtigt werden (Zöller/*Vollkommer* ZPO § 320 Rn. 4). Auch im Wege der Berichtigung kann nur der „wesentliche Inhalt" des Vorbringens in den Tatbestand aufgenommen werden

(§ 313 Abs. 2 S. 1 ZPO). Die Entscheidungserheblichkeit ist aus Sicht des erstinstanzlichen Gerichts zu beurteilen. Selbst wenn der Vortrag der Parteien aus Sicht des erstinstanzlichen Gerichts nicht entscheidungserheblich war, kann ein Antrag auf Tatbestandsberichtigung in Zweifelsfällen dennoch sinnvoll sein, um mit der entsprechend begründeten Ablehnungsentscheidung die erstinstanzliche Unerheblichkeit zu dokumentieren. In der Praxis weisen die Gerichte Berichtigungsanträge zumeist mit der Begründung zurück, mit der Bezugnahme auf den Vortrag der Parteien sei der entscheidungserhebliche Tatbestand wiedergegeben. Aus vorgenannten Gründen empfiehlt sich trotzdem die Antragstellung.

11. Im Wege des Tatbestandsberichtigungsantrages können Unrichtigkeiten, die nicht unter § 319 ZPO fallen, Auslassungen, Dunkelheiten und Widersprüche berichtigt werden. Unter § 320 ZPO fallen diejenigen Unrichtigkeiten, die nicht auf einem Fehler in der Darstellung, sondern auf einem Fehler in der Willensbildung beruhen, bei denen sich Wille und Ausdruck decken. Anders als bei § 319 ZPO setzt ein Tatbestandsberichtigungsantrag keine „offenbare" Unrichtigkeit voraus.

12. Die früher obligatorische mündliche Verhandlung ist seit dem 1. Justizmodernisierungsgesetz vom 24.8.2004 gem. § 320 Abs. 3 ZPO nur noch auf Antrag einer Partei durchzuführen.

13. Über den Antrag auf Tatbestandsberichtigung entscheiden nur die an der ursprünglichen Entscheidung beteiligten Richter. Die Entscheidung ergeht allein auf der Grundlage ihrer persönlichen Erinnerung sowie etwaiger Notizen (RGZ 149, 312). Bei Verhinderung einzelner Richter werden diese nicht vertreten. Sofern alle Richter, die an der ursprünglichen Entscheidung mitgewirkt haben, verhindert sind, ist eine Berichtigung ausgeschlossen (BAG NJW 1970, 1624). In diesem Fall besteht nur eine eingeschränkte Bindungswirkung des Tatbestandes (BVerfG NJW 2005, 657). Eine Beweisaufnahme ist nicht durchzuführen. Über die Berichtigungsumstände kann durch die Parteien nicht verfügt werden (Nichtbestreiten, Geständnis).

14. Die **Entscheidung über den Berichtigungsantrag** ergeht in Form eines Beschlusses. Dieser spricht die Berichtigung aus oder weist den entsprechenden Antrag zurück. Das Berichtigungsverfahren und der Berichtigungsbeschluss haben auf den Lauf der Berufungsfristen keinen Einfluss. Selbst wenn die Berufung auf erst durch die Berichtigung in den Tatbestand gekommene Umstände gestützt werden soll, ist für den Beginn der Berufungsfrist auf die Zustellung des (nicht berichtigten) Urteils abzustellen. Demzufolge muss fristwahrend Berufung eingelegt werden, selbst wenn vor Ablauf der Berufungsfrist über den Antrag auf Tatbestandsberichtung noch nicht entschieden ist. Sofern die Berichtigungsentscheidung der Berufung den Boden entzieht, muss diese zurückgenommen oder für erledigt erklärt werden.

15. Kosten und Gebühren. Kosten entstehen durch das Verfahren auf Tatbestandsberichtigung nicht. Da es Bestandteil der Instanz ist, wird es durch die Gerichts- und die anwaltliche Verfahrensgebühr abgegolten. Eine Kostenentscheidung ergeht nicht.

16. Fristen und Rechtsmittel. Der Antrag auf Tatbestandsberichtigung ist fristgebunden. Die gesetzliche Frist beträgt **zwei Wochen** und beginnt mit der wirksamen Zustellung des in vollständiger Form abgefassten Urteils (§ 320 Abs. 2 S. 1 ZPO). Eine Verlängerung dieser Frist ist nicht möglich (§ 224 Abs. 2 ZPO). Bei Fristversäumnis kommt eine Wiedereinsetzung nach überwiegender Ansicht nicht in Betracht (BGH NJW 1960, 866; OLG Frankfurt OLGR 2002, 28; Thomas/Putzo/*Reichold* § 320 Rn. 4; Zöller/*Vollkommer* § 320 Rn. 7). Trotz fehlender wirksamer Zustellung ist eine Berichtigung ausgeschlossen, wenn seit der Verkündung des Urteils mehr als drei Monate vergangen sind (§ 320 Abs. 2 S. 3 ZPO).

Der Berichtigungsbeschluss ist **nicht anfechtbar**. Dies gilt unabhängig von der Frage, ob dem Antrag stattgegeben oder dieser abgelehnt wird (§ 320 Abs. 4 S. 4 ZPO). Die hM lässt von diesem Grundsatz jedoch eine Ausnahme zu, wenn sich die Entscheidung sachlich nicht mit dem Berichtigungsantrag auseinandersetzt (zB wegen prozessualen Gründen eine Entscheidung über den Antrag abgelehnt wird; BVerfG NJW 2005, 657; Musielak/Voit/*Musielak* § 320 Rn. 10; Thomas/Putzo/*Reichold* § 320 Rn. 6). Dem ist zuzustimmen, da die Entscheidung für die grundsätzliche Nichtanfechtbarkeit des Berichtigungsbeschlusses auf der Erwägung beruht, dass über die Berichtigung allein von den Richtern befunden werden kann, die bei dem Urteil mitgewirkt haben, und ein anderes Gericht, insbesondere das Rechtsmittelgericht, diese Entscheidung nicht fällen kann. Dieses kann jedoch prüfen, ob der Berichtigungsantrag ohne sachliche Prüfung aus verfehlten formalen Gründen zurückgewiesen worden ist. Aus diesem Grund ist eine ausnahmsweise Anfechtbarkeit auch dann anzunehmen, wenn der Beschluss unter Verletzung wichtiger Vorschriften über das Verfahren der Berichtigung zustande kam, wenn zB ein Richter mitgewirkt hat, der nicht das zu berichtigende Urteil fällte. Das Beschwerdegericht kann aber über den Berichtigungsantrag sachlich nicht entscheiden und muss nach Aufhebung des angefochtenen Beschlusses die Sache zur weiteren Entscheidung zurückverweisen (§ 572 Abs. 3 ZPO; Musielak/Voit/*Musielak* § 320 Rn. 10).

4. Antrag auf Ergänzung des Urteils (§ 321 ZPO)

An das

Amts-/Land-/Oberlandesgericht

. . . . .[1]

Antrag auf Ergänzung eines Urteils gem. § 321 ZPO[2, 3, 4]

In dem Rechtsstreit

. . . . .

– Klägerin –

gegen

. . . . .

– Beklagter –

Az. . . . . .

beantragt die Beklagte im Wege der Urteilsergänzung gem. § 321 ZPO über das am . . . . . verkündete Urteil (zugestellt am . . . . .) hinaus,

1. festzustellen, dass die Beklagte nicht verpflichtet ist, zukünftig entstehende Schäden aus dem Verkehrsunfall vom . . . . . zu ersetzen.[5]
2. dem Kläger in der Kostenentscheidung die Kosten für die Anrufung des örtlich unzuständigen Gerichts aufzuerlegen;[6]

Begründung:

Zu 1: Der Kläger hat in der Klageschrift zunächst nur den bezifferten Zahlungsantrag gestellt, über den im Tenor des Urteils vom . . . . . entschieden ist. In der mündlichen Verhandlung vom . . . . . hat der Kläger seine Klage um den zuvor genannten Fest-

stellungsantrag erweitert. Die Beklagte hat insoweit Klageabweisung beantragt. Beide Anträge sind im Tatbestand des Urteils[7] zutreffend aufgeführt, weder im Tenor noch in den Entscheidungsgründen findet sich jedoch eine Entscheidung des Gerichts hierüber. Diese ist deshalb nachzuholen.

Zu 2: Der Kläger hat die Kosten für die Anrufung des unzuständigen Gerichts zu tragen. Diese Kosten sind allein – wie im Tatbestand zutreffend ausgeführt – dadurch entstanden, dass der Kläger seine Klage zunächst beim Landgericht Y eingereicht hatte. Gem. § 281 Abs. 3 S. 2 ZPO sind dementsprechend die Mehrkosten von dem Kläger zu tragen.

Es wird beantragt,

> **das Urteil vom . . . . . in diesen Punkten[8] entsprechend zu ergänzen. Der Antrag rechtfertigt sich aus § 321 ZPO.[9, 10]**

Nach Ansicht der Beklagten kann vorliegend auf eine mündliche Verhandlung gem. § 321 Abs. 3 ZPO verzichtet werden.[11] Die Beklagte ist mit einer schriftlichen Entscheidung gem. § 128 Abs. 2 ZPO einverstanden. Sollte der Kläger dem nicht zustimmen, bitten wir um einen baldigen Termin zur mündlichen Verhandlung.

. . . . .

Rechtsanwalt[12, 13]

Anmerkungen

1. Der Antrag auf Urteilsergänzung ist beim erstinstanzlichen Gericht zu stellen. Beim Landgericht hat der Antrag schriftlich durch einen zugelassenen Rechtsanwalt zu erfolgen. Beim Amtsgericht ist die Erklärung zu Protokoll der Geschäftsstelle (§ 496 ZPO) ausreichend.

2. Sofern das Gericht einen geltend gemachten Anspruch übergangen hat, kommt eine Urteilsergänzung gem. § 321 ZPO in Betracht. Da in Bezug auf den übergangenen Anspruch keine rechtskraftfähige Entscheidung vorliegt, könnte dieser grundsätzlich auch mit einer neuen Klage geltend gemacht werden. Da eine solche jedoch mit zusätzlichen Kosten verbunden wäre, ist es vorzugswürdig, das erstinstanzliche Gericht zur Nachholung der übergangenen Entscheidung zu veranlassen. Desgleichen gilt für die grundsätzliche Möglichkeit, den übergangenen Anspruch erst in der Berufungsinstanz einzuführen. Da dieser aus vorgenannten Gründen nur als neuer Anspruch geltend gemacht werden könnte, müssten die Voraussetzungen einer Klageänderung in der zweiten Instanz (§ 533 ZPO) vorliegen. Da dies nicht ohne Weiteres der Fall ist, sollte aus Gründen der anwaltlichen Sorgfalt eine Urteilsergänzung gem. § 321 ZPO beantragt werden.

3. Auf Beschlüsse findet § 321 ZPO entsprechende Anwendung (BGH Beschl. v. 10.2.2011 – X ZR 110/09); in diesem Fall ergeht ein Ergänzungsbeschluss (OLG Hamm NJW-RR 2000, 1524; OLG Stuttgart MDR 1999, 116). Wenn und soweit im Verfahren der Freiwilligen Gerichtsbarkeit das Gericht an die von ihm erlassene Entscheidung gebunden ist, kommt eine Ergänzung des Beschlusses gem. § 43 FamFG (→ Form. C. III. 2) in Betracht.

4. Voraussetzung für eine Urteilsergänzung ist eine **Entscheidungslücke.** Diese liegt vor, wenn das erstinstanzliche Gericht versehentlich einen im (gegebenenfalls auch gem. § 320 ZPO nachträglich berichtigten) Tatbestand enthaltenen Anspruch oder einen (von Amts wegen zu berücksichtigenden) Nebenpunkt weder im Tenor noch in den Entscheidungsgründen beschieden hat. Sofern das Gericht über einen Anspruch bewusst nicht entschieden hat, scheidet eine Urteilsergänzung gem. § 321 ZPO aus (BGH Ergänzungsurteil vom 1.6.2011 – I ZR 80/09).

5. Eine Entscheidungslücke kann bezüglich des **Hauptanspruchs** vorliegen. Eine solche Entscheidungslücke ist nicht im Wege der Berufung zu rügen, da eine Beschwer nur in der getroffenen, nicht aber in der unterlassenen bzw. übersehenen Entscheidung des Gerichts liegen kann (BAG NJW 1994, 1429). Auf übergangene Angriffs- und Verteidigungsmittel findet § 321 ZPO demgegenüber keine Anwendung, da es sich hierbei um Fehler der Rechtsanwendung handelt. Diese müssen im Wege der Berufung gerügt werden (BGH NJW 2003, 1463; aA Thomas/Putzo/*Reichold* § 321 Rn. 7).

6. Ferner kann eine Entscheidungslücke bei Fehlen einer **erforderlichen Nebenentscheidung** vorliegen. Dies ist zum Beispiel der Fall, wenn ein Ausspruch über die Kosten vollständig oder teilweise fehlt (zB wenn der Kostenausspruch nach § 281 Abs. 3 S. 3 ZPO übersehen wurde, OLG Hamm NJW-RR 2000, 1524). Auch das Übergehen oder die Unvollständigkeit der Entscheidung zur vorläufigen Vollstreckbarkeit, zB die fehlende Entscheidung über einen Vollstreckungsschutzantrag, kann eine Ergänzung des Urteils rechtfertigen (§§ 716, 721 Abs. 1 S. 3 ZPO; → Form. C. II. 5). Da über beide Nebenentscheidungen von Amts wegen zu entscheiden ist, wird das Urteil durch den übergangenen Ausspruch inhaltlich unrichtig, so dass ein Berufungsgrund vorliegt. In diesen Fällen kommt deshalb sowohl eine Urteilsergänzung als auch eine Berufung in Betracht (BGH NJW-RR 1996, 1238). Da das Fehlen von Nebenentscheidungen im Berufungsurteil nachgeholt werden kann, ist eine vorherige Urteilsergänzung gem. § 321 ZPO nicht zwingend erforderlich. Sie ist jedoch in Bezug auf die Nebenentscheidungen möglich und ratsam (OLG Koblenz MDR 2004, 297; OLG München NJW-RR 2003, 1440; Stein/Jonas/*Leipold* § 321 Rn. 25; Zöller/*Vollkommer* § 321 Rn. 2). Von praktischer Relevanz ist dieses Wahlrecht insbesondere dann, wenn die Ergänzungsfrist des § 321 ZPO bereits abgelaufen, die Berufung aber noch möglich ist (Zöller/*Vollkommer* § 321 Rn. 2).

7. Im Einzelfall schwierig ist die **Abgrenzung des § 321 ZPO von den §§ 319, 320 ZPO**. Sofern ein Anspruch von der Partei ausweislich eines vorbereitenden Schriftsatzes zwar erhoben werden sollte, dies im Tatbestand aber nicht dokumentiert ist, so gilt er als nicht geltend gemacht (§§ 297, 314 ZPO). Erforderlich ist in diesem Fall zunächst ein Tatbestandsberichtigungsantrag nach § 320 ZPO (→ Form. C. II. 3). Erst in einem zweiten Schritt kommt die Urteilsergänzung gem. § 321 ZPO in Betracht. Sofern der Anspruch nur im Tenor oder nur in den Entscheidungsgründen, nicht jedoch an beiden Stellen des Urteils behandelt wird, handelt es sich nicht um eine Lücke, sondern lediglich um eine offenbare Unrichtigkeit des Urteils. Diese kann nach § 319 ZPO berichtigt werden (BGH VersR 1982, 70). Ebenso hat eine Urteilsberichtigung zu erfolgen, wenn der Fehler der Kostenentscheidung lediglich in einem Rechenfehler begründet ist.

8. Ob auch das Übergehen einer Entscheidung über die Zulassung eines Rechtsmittels im Wege der Urteilsergänzung gem. § 321 ZPO nachgeholt werden kann, ist umstritten (dagegen BGH NJW 2004, 779; OLG Celle OLGR 2002, 227; dafür Zöller/*Vollkommer* § 321 Rn. 5).

9. Die Entscheidung über den Urteilsergänzungsantrag ergeht durch Ergänzungsurteil. Da in Bezug auf den übergangenen Anspruch eine Entscheidung neu getroffen wird, können über den Antrag auf Urteilsergänzung auch ursprünglich am Verfahren nicht beteiligte Richter entscheiden. Der übergangene Anspruch unterliegt der Parteidisposition, dh die Entscheidung kann sowohl als Versäumnis- als auch als Anerkenntnisurteil ergehen. Sofern die Entscheidung eine Beweisaufnahme erforderlich macht, ist diese durchzuführen.

10. Mit der Zustellung des Ergänzungsurteils wird auch die Berufungsfrist für das zuerst ergangene, unvollständige Urteil neu in Gang gesetzt (§ 518 ZPO).

11. Über den Antrag auf Urteilsergänzung ist grundsätzlich mündlich zu verhandeln. Sofern die Parteien hierauf verzichten oder die Ergänzung nur noch die Kostenentscheidung betrifft, ist eine mündliche Verhandlung entbehrlich (§ 128 Abs. 2, 3 ZPO).

12. Kosten und Gebühren. Das Ergänzungsurteil enthält eine eigene Kostenentscheidung. Im Hinblick auf die Gerichtsgebühren sind Urteil und Ergänzungsurteil als Teilurteile (§ 21 GKG) zu behandeln. Für den Prozessbevollmächtigten entstehen keine gesonderten Gebühren (Zöller/*Vollkommer* § 321 Rn. 12), als Einzeltätigkeit Vergütung in Höhe von 0,8 nach Nr. 3403 VV RVG.

13. Fristen und Rechtsmittel. Der Antrag ist binnen einer Frist von zwei Wochen nach Zustellung des Urteils zu stellen. Die Zweiwochenfrist kann als gesetzliche Frist vom Gericht nicht verlängert werden. Die Antragsstellung ist auch schon vor Zustellung des Urteils zulässig (BGH Urt. v. 25.2.2010 – I ZR 46/07). Sofern die Frist versäumt ist, kommt eine Wiedereinsetzung nach überwiegender Ansicht nicht in Betracht (Thomas/Putzo/*Reichold* § 321 Rn. 4). Nach der hM soll durch eine Tatbestandsberichtigung der Lauf der Frist gem. § 321 Abs. 2 ZPO neu in Gang gesetzt werden und mit Zustellung des Berichtigungsbeschlusses beginnen (BGH NJW 1982, 1821; Thomas/Putzo/*Reichold* § 321 Rn. 4; Zöller/*Vollkommer* § 321 Rn. 7; aA *Baumbach/Lauterbach/Albers/Hartmann* § 321 Rn. 8). Aus Gründen anwaltlicher Sorgfalt sollte im Fall der Verbindung eines Tatbestandsberichtigungs- sowie eines Urteilsergänzungsantrages von einer Zweiwochenfrist nach Zustellung des ursprünglichen Urteils ausgegangen werden.

Das **Ergänzungsurteil kann durch Berufung oder Revision** angefochten werden (BGH NJW 2000, 3008). Die gesonderte Einlegung eines Rechtsmittels entweder nur gegen das Erst- oder das Ergänzungsurteil ist möglich (MüKoZPO/*Musielak* § 321 Rn. 13). Sofern gegen beide Urteile Berufung eingelegt wird, sind die Rechtsmittelverfahren gem. § 518 S. 2 ZPO zu verbinden (MüKoZPO/*Musielak* § 321 Rn. 14). Eine Rechtsbeschwerde gegen die Ergänzung ist jedoch – auch bei ihrer Zulassung durch das Berufungsgericht – immer unzulässig, wenn die Ausgangsentscheidung unanfechtbar ist (BGH NJW-RR 2009, 209).

5. Antrag auf Ergänzung des Urteils (§ 716 ZPO)

An das

Amts-/Land-/Oberlandesgericht

. . . . .

Antrag auf Ergänzung eines Urteils gem. § 716 iVm § 321 ZPO

In dem Rechtsstreit

. . . . .

– Klägerin –

gegen

. . . . .

– Beklagter –

Az. . . . . .

nach Durchsicht des Urteils des . . . . . gerichts . . . . . vom . . . . . (zugestellt am . . . . .) weisen wir namens und in Auftrag des Klägers darauf hin, dass der Tenor des Urteils gem. § 716 iVm § 321 ZPO der folgenden Ergänzung bedarf:

1. Das Gericht hat es entgegen § 709 ZPO unterlassen, die vorläufige Vollstreckbarkeit des Urteils vom . . . . . gegen Sicherheitsleistung auszusprechen.[1]
2. Ferner hat das Gericht übersehen, dass der Kläger einen Antrag gem. § 710 ZPO auf Unterbleiben der Gläubigersicherheit gestellt hat.[2]

Zur Begründung wird folgendes ausgeführt:

Mit Urteil vom . . . . . ist der Beklagte zur Zahlung von . . . . . EUR verurteilt worden. Gem. § 709 S. 1 ZPO ist in diesem Fall das Urteil von Amts wegen gegen Sicherheit als vorläufig vollstreckbar zu erklären. Dies hat das Gericht vorliegend unterlassen. Ferner hat es über den ausweislich des Tatbestandes gestellten Schutzantrag des Klägers gem. § 710 ZPO nicht entschieden, obwohl der Kläger dargelegt und glaubhaft gemacht hat, dass ihm die Aussetzung der Vollstreckung einen schwer zu ersetzenden Nachteil bringen würde.

Es wird daher beantragt, das Urteil vom . . . . . gem. § 716 iVm § 321 Abs. 1 ZPO entsprechend zu ergänzen. Der Kläger ist mit einer Entscheidung im schriftlichen Verfahren gem. § 128 Abs. 2 ZPO einverstanden.[3] Sollte der Beklagte dem widersprechen, wird um baldige Terminierung gebeten.

. . . . .

Rechtsanwalt[4, 5]

Anmerkungen

1. Ein Antrag auf Urteilsergänzung kann gem. § 716 ZPO gestellt werden, sofern das Gericht entgegen §§ 708, 709 ZPO nicht von Amts wegen über die vorläufige Vollstreckbarkeit oder entgegen § 711 ZPO nicht über die Abwendungsbefugnis entschieden hat. Gleichermaßen ist eine Urteilsergänzung möglich, wenn ein Schutzantrag des Gläubigers nach § 710 ZPO oder des Schuldners nach § 712 Abs. 1 ZPO übersehen wurde. Entsprechende Anwendung findet § 716 ZPO in dem Fall, dass das Gericht die Höhe der Sicherheitsleistung nicht festgesetzt hat (Thomas/Putzo/*Seiler* ZPO § 716 Rn. 1).

2. Sofern die Entscheidung nach §§ 708, 709, 711 S. 1 ZPO nachgeholt werden soll, können die Anträge nach §§ 710, 711 S. 2, 712 Abs. 1 ZPO entgegen § 714 ZPO noch gestellt werden.

3. Bezüglich der Einzelheiten des Urteilsergänzungsverfahrens gem. § 716 ZPO kann auf die Erläuterungen zu § 321 ZPO Bezug genommen werden (→ Form. C. II. 4).

4. Kosten und Gebühren. Bezüglich der Kosten und Gebühren wird auf die Erläuterungen zu § 321 ZPO verwiesen.

5. Fristen und Rechtsmittel. Es gilt die Zwei-Wochen-Frist des § 321 Abs. 2 ZPO (→ Form. C. II. 4). Wird diese Frist versäumt, bleibt nur die Berufung bzw. ein Vorgehen über § 718 ZPO. Sofern gegen das (unvollständige) erstinstanzliche Urteil Berufung eingelegt wurde und der Gegenstand des Ergänzungsurteils sich in der vorläufigen Vollstreckbarkeit erschöpft, bedarf es keiner gesonderten Anfechtung des Ergänzungsurteils. Auf die Berufung gegen das erstinstanzliche Urteil hin ist dieses bereits im Hinblick auf die Nebenentscheidungen von Amts wegen zu überprüfen. Aus diesem Grund ist die Einlegung eines hierauf beschränkten Rechtsmittels nicht erforderlich.

III. Anträge zu Beschlüssen nach dem FamFG (§§ 42 ff. FamFG)

1. Antrag auf Berichtigung des Beschlusses (§ 42 FamFG)

An das

Amts-/Familien-/Land-/Oberlandesgericht

. . . . .

Antrag auf Berichtigung des Beschlusses gem. § 42 FamFG[1, 2]

In der . . . . . sache

. . . . .

– Antragsteller –

gegen

. . . . .

– Antragsgegner –

Az. . . . . .

beantragt der Antragsteller,

den Beschluss vom . . . . . wegen der nachstehend aufgeführten offenbaren Unrichtigkeiten gem. § 42 FamFG ohne mündliche Verhandlung zu berichtigen.

Begründung:

1. Der Tenor des Beschlusses lautet fälschlicherweise auf . . . . . EUR. Den Gründen ist jedoch zu entnehmen, dass das Gericht dem Antragsteller die Summe der verschiedenen Teilansprüche vollständig zusprechen wollte. Das Gericht hat folglich . . . . . EUR gemeint. Es liegt offensichtlich ein Additionsfehler vor. Der Tenor ist deshalb wie folgt zu berichtigen: . . . . .
2. Schließlich findet sich auf Seite . . . . . des Urteils im ersten Absatz ein Schreibfehler: Der Antragsteller hat in seinem Antrag vom . . . . . vorgetragen, dass . . . . . Ebenso hat der Antragsgegner in seiner Erklärung vom . . . . . ausgeführt, dass . . . . . Wenn das Gericht nunmehr versehentlich von . . . . . spricht, handelt es sich hierbei um einen Schreibfehler und damit eine offenbare Unrichtigkeit.

Zur Beseitigung dieser Unrichtigkeit sind die Gründe zu I. des Beschlusses vom . . . . . durch Beschluss gem. § 42 FamFG entsprechend zu berichtigen.

Der Antragsteller reicht die ihm erteilte vollstreckbare Ausfertigung in der Anlage zurück mit der Bitte, eine neue vollstreckbare Ausfertigung des berichtigten Beschlusses zu erteilen oder die Berichtigung auf der Ausfertigung zu erteilen und diese zurückzusenden.

. . . . .

Rechtsanwalt[3, 4]

Anmerkungen

1. § 42 FamFG ist auf alle Entscheidungen in Verfahren der freiwilligen Gerichtsbarkeit anwendbar, auch auf Zwischen- und Nebenentscheidungen (Zöller/*Feskorn* FamFG § 42 Rn. 1). In Ehesachen sowie Familienstreitsachen iSd § 112 FamFG sind gem. § 113 Abs. 1 FamFG die §§ 43 ff. FamFG nicht anwendbar, somit sind für Berichtigungen § 319 ZPO unmittelbar anwendbar.

2. Vor Erlass des FamFG wurde nach einhelliger Ansicht § 319 ZPO entsprechend angewandt (zB BGH NJW 1989, 1281). Die Grundsätze zu § 319 ZPO gelten auch für § 42 FamFG, der – abgesehen von sprachlichen Anpassungen – § 319 ZPO entspricht. Es kann daher auf die Ausführungen zu § 319 ZPO verwiesen werden (→ Form. C. II. 1).

3. Kosten und Gebühren. Für den Antrag auf Beschlussberichtigung entstehen keine Gerichtskosten. Die Tätigkeit des Anwalts gehört zum Rechtszug und ist gem. den Nr. 3100 ff. VV RVG abgegolten. Nur wenn der Anwalt nicht Verfahrensbevollmächtigter war, erhält er eine Gebühr gem. Nr. 3403 VV RVG.

4. Fristen und Rechtsmittel. Eine Berichtigung gem. § 42 FamFG ist auch noch nach Einlegung eines Rechtsmittels und nach Eintritt der formellen Rechtskraft möglich (Musielak/*Borth* FamFG § 42 Rn. 1).

Gegen den Beschluss, der eine Berichtigung des Beschlusses ausspricht, steht dem Gegner gem. § 42 Abs. 3 FamFG das Rechtsmittel der **sofortigen Beschwerde** entsprechend den §§ 567–572 ZPO zu. Die Ablehnung der Berichtigung ist nicht anfechtbar. Wenn eine Berichtigung bei nachträglich eintretenden Umständen (zB bei einer Namensänderung einer Handelsgesellschaft) erforderlich ist und diese Berichtigung abgelehnt wird, kann gem. § 17 Abs. 5 HRV Beschwerde gegen die Ablehnung eingereicht werden (OLG Hamm NZG 2010, 631).

2. Antrag auf Ergänzung des Beschlusses (§ 43 FamFG)

An das

Amts-/Familien-/Land-/Oberlandesgericht

. . . . .

Antrag auf Ergänzung eines Beschlusses gem. § 43 FamFG[1, 2, 3]

In der . . . . . sache

. . . . .

– Antragsteller –

gegen

. . . . .

– Antragsgegner –

Az. . . . . .

weisen wir nach Durchsicht des Beschlusses des . . . . . gerichts . . . . . vom . . . . . (zugestellt am . . . . .) namens und in Auftrag des Antragstellers darauf hin, dass der Tenor des Beschlusses gem. § 43 Abs. 1 Alt. 2 FamFG der folgenden Ergänzung bedarf:

„Die Kosten des Verfahrens sind von dem Antragsgegner zu tragen."

Zur Begründung wird folgendes ausgeführt:

Das Gericht hat es entgegen § 81 Abs. 1 S. 3 FamFG versehentlich unterlassen, die Kostentragung festzusetzen. Der Antragsgegner ist in allen Punkten unterlegen und hat daher die Kosten des Verfahrens zu tragen.

Es wird daher beantragt, den Beschluss vom . . . . . gem. § 43 FamFG entsprechend zu ergänzen.

. . . . .

Rechtsanwalt[4, 5]

Anmerkungen

1. § 43 FamFG ist auf Entscheidungen nach dem FamFG anwendbar. Dies gilt auch bei Zwischen- und Nebenentscheidungen und unabhängig davon, ob der zu ergänzende Beschluss in einem Antrags- oder Amtsverfahren ergangen ist (Zöller/*Feskorn* FamFG § 43 Rn. 2). In Ehesachen sowie Familienstreitsachen iSd § 112 FamFG sind gem. § 113 Abs. 1 FamFG die allgemeinen Vorschriften der ZPO anwendbar, für Ergänzungen also unmittelbar § 321 ZPO.

2. Vor Erlass des FamFG wurde nach einhelliger Ansicht § 321 ZPO entsprechend angewandt (zB BayObLG NZM 2002, 708). § 43 FamFG greift die ersten beiden Absätze des § 321 ZPO auf und passt den Normtext an die Bedürfnisse des FamFG an. Entscheidend ist daher nach § 43 Abs. 1 FamFG, ob ein Antrag nach den gesamten Verfahrensakten übergangen oder die Kostenentscheidung vergessen wurde (vgl. zB LG Landau BeckRS 2011, 04847). Davon abgesehen sind die Grundsätze zu § 321 ZPO auch für § 43 FamFG anzuwenden.

3. Bezüglich der Einzelheiten des Beschlussergänzungsverfahrens gem. § 43 FamFG kann auf die Erläuterungen zu § 321 ZPO verwiesen werden (→ Form. C. II. 4).

4. Kosten und Gebühren. Bezüglich der Kosten und Gebühren wird auf die Erläuterungen zu § 42 FamFG verwiesen.

5. Fristen und Rechtsmittel. Es gilt die Zwei-Wochen Frist des § 43 Abs. 2 FamFG ab schriftlicher Bekanntgabe des Beschlusses gem. § 41 FamFG. Die Ergänzung des Beschlusses ist gem. §§ 58 ff., 70 ff. FamFG anfechtbar. Die Beschwerde ist aber nur zulässig, wenn durch den Ergänzungsbeschluss der gem. § 61 Abs. 2 FamFG erforderliche Beschwerdewert erreicht oder die Beschwerde zugelassen ist (Zöller/*Feskorn* FamFG § 43 Rn. 2).

3. Antrag auf Abänderung und Wiederaufnahme (§ 48 FamFG)

An das

Amtsgericht[1]

. . . . .

Antrag[2, 3] auf Abänderung der Entscheidung gem. § 48 FamFG

In der Familiensache

. . . . .

– Antragstellerin –

gegen

. . . . .

– Antragsgegner –

Az. . . . . .

beantragen wir nach Durchsicht des Beschlusses des . . . . . gerichts . . . . . vom . . . . . (zugestellt am . . . . .) namens und in Auftrag der Antragstellerin

1. die Entscheidung des Rechtsmittelgerichts vom . . . . . mit Aktenzeichen . . . . .[4] gem. § 48 Abs. 1 FamFG an die nachträglich veränderten Umstände anzupassen,
2. der Antragstellerin die gesamte Ehewohnung allein zuzuweisen.[5]

Zur Begründung wird folgendes ausgeführt:[6]

Die vorliegende Familiensache betrifft die Benutzung der Ehewohnung in der Zeit des Getrenntlebens. Der Beschluss, dass die Beteiligten das Haus aufteilen und beide dort weiter wohnen sollen, entfaltet nach wie vor Wirkung und ist als Endentscheidung mit Dauerwirkung anzusehen.

Die sachlichen Umstände haben sich seit dem Beschluss des Gerichts vom . . . . . wesentlich geändert:

1. Die Antragstellerin hat dem Antragsgegner seinen Anteil an dem Haus abkaufen können und er hat ihr auch sein Eigentum daran übertragen. Die Antragstellerin ist im Grundbuch am . . . . . als Alleineigentümerin eingetragen worden. Der Antragsgegner hat – spätestens durch Zahlung des Kaufpreises – die finanziellen Mittel und auch die faktische Möglichkeit, sich eine andere Wohnmöglichkeit in der unmittelbaren Umgebung zu suchen.
2. Die Aufteilung des Hauses zwischen Erd- und Obergeschoss benachteiligt die Antragstellerin in Anbetracht mutwilliger Lärmbelästigungen: Der Antragsgegner hört im ihm zugesprochenen Obergeschoss des Hauses in Abkehr von seinen früheren Gewohnheiten den ganzen Tag über extrem laut Musik. Außerdem hat er sich angewöhnt, nachts zu duschen und Filme anzuschauen, sowie abzuwaschen und die Waschmaschine mit ihrem Schleudergang anzustellen. Darüber hinaus hat er seine neuen Frauenbekanntschaften stets mit nach Hause genommen und sein sexuelles Privatleben lautstark ausgelebt, sodass die unter dem Schlafzimmer des Antragsgegners nächtigende Antragstellerin mehrfach aufgewacht ist.
3. Die Antragstellerin ist aufgrund der extrem stressigen Wohnsituation, den ständigen Lärmbelästigungen und persönlichen Beleidigungen durch den Antragsgegner körper-

lich erkrankt. Sie leidet unter Herzrasen und starken Verspannungen, wegen derer sie bereits in physiotherapeutischer Behandlung ist. Sie zeigt auch psychosomatischen Beschwerden, die als Anzeichen eines Burnouts zu deuten sind, wie extreme Stimmungsschwankungen, Antriebslosigkeit und Schlafbeschwerden. Ohne eine schnelle Änderung der Wohnumstände wird sie nicht die Ruhe finden, die sie zur Genesung dringend benötigt, und sich in psychologische Behandlung begeben müssen.

4. All diese Umstände waren bei der Aufteilung des Hauses nicht abzusehen. Dass der Antragsgegner sich derart rücksichtslos der Antragstellerin gegenüber verhalten würde, wurde von keinem der Beteiligten und auch vom Familiengericht nicht erwartet. Wäre die Antragstellerin bereits damals psychisch geschädigt und der Antragsgegner zur Rache entschlossen gewesen und hätte das Haus damals im Alleineigentum der Antragstellerin gestanden, so wäre die Entscheidung mit großer Wahrscheinlichkeit anders ausgefallen. Folglich liegen hier wesentliche Änderungen der Umstände vor.

Es wird daher beantragt, den Beschluss vom . . . . . gem. § 48 FamFG entsprechend zu ändern und der Antragstellerin das alleinige Wohnrecht in ihrem Haus einzuräumen.[7] Die Antragstellerin ist mit einer Entscheidung im schriftlichen Verfahren einverstanden. Sollte der Antragsgegner dem widersprechen, wird um baldige Terminierung gebeten.

. . . . .

Rechtsanwalt[8, 9]

Anmerkungen

1. Zuständig ist das Gericht des 1. Rechtszugs, zB das Familiengericht in Familiensachen, § 48 Abs. 1 S. 1 FamFG.

2. Ein Antrag ist nur erforderlich, wenn auch das Ausgangsverfahren nur auf Antrag verfolgt wird, § 48 Abs. 1 S. 1 FamFG. In Amtsverfahren kann das Gericht ein Abänderungsverfahren von Amts wegen einleiten, wozu man das Gericht anregen kann. Wird die Wiederaufnahme eines Verfahrens gem. § 48 Abs. 2 FamFG begehrt, so gelten die §§ 578 ff. ZPO und es ist stets ein Antrag erforderlich (Begr. RegE BT-Drs. 16/6308, 198; Zöller/*Feskorn* FamFG § 48 Rn. 10).

3. § 43 FamFG ist auf Entscheidungen in FamFG-Verfahren anwendbar. In Ehesachen sowie Familienstreitsachen iSd § 112 FamFG sind gem. § 113 Abs. 1 FamFG die allgemeinen Vorschriften der ZPO anwendbar. Es wird vertreten, § 48 FamFG auf Vergleiche analog anzuwenden (*Musielak/Borth* FamFG § 48 Rn. 9; aA wohl Keidel/*Engelhardt* § 48 Rn. 4).

4. Endentscheidungen (§ 38 Abs. 1 S. 1 FamFG), die formell rechtskräftig (§ 4b FamFG) sind, können an geänderte Sach- oder Rechtslagen angepasst werden. Nicht ausreichend sind faktische Verfahrensaussetzungen ohne Beschluss (OLG Stuttgart NJOZ 2010, 1815). Vorrangig sind die Sondervorschriften für Endentscheidungen in Kindschaftssachen (§ 166 FamFG), Adoption (§ 197 Abs. 3 FamFG), Abstammungssachen (§ 184 Abs. 1 S. 2 FamFG), Befreiung vom Eheverbot (§ 198 Abs. 3 FamFG) und in Unterhalts- sowie Versorgungsausgleichssachen (§§ 225 ff. FamFG) zu beachten. Einstweilige Anordnungen können in Abweichung von § 48 FamFG gem. § 54 FamFG abgeändert werden (zu den dort geltenden geringeren Voraussetzungen: Zöller/*Feskorn* FamFG § 54 Rn. 2 ff.).

Die abzuändernde Entscheidung muss Dauerwirkung besitzen, ihre Regelung muss unbegrenzt oder jedenfalls für einen Zeitraum gelten, der noch anhält. Häufig sind dies Duldungs-, Regelungs- und Unterlassungsanordnungen (Zöller/*Feskorn* FamFG § 48

Rn. 4b), zB die Ablehnung des Antrags auf Zuweisung der Ehewohnung nach § 1361b BGB (OLG Stuttgart FamRZ 2011, 976).

Unabänderlich sind gem. § 48 Abs. 3 Genehmigungen oder Versagungen, wenn sie einem Dritten gegenüber wirksam, also Voraussetzung für ein wirksames Handeln im Außenverhältnis geworden sind (Zöller/*Feskorn* FamFG § 48 Rn. 11–14). In diesen Fällen hat der Dritte ein schutzwürdiges Interesse am dauerhaften Bestand der Entscheidung.

5. Abänderungsgrund ist die nachträgliche wesentliche Änderung der Sach- oder Rechtslage. Die Sachlage hat sich geändert, wenn sich die der Entscheidung zugrundeliegenden Tatsachen ändern (Begr. RegE BT-Drs. 16/6308, 198). Dies gilt auch, wenn man von Tatsachen erst später Kenntnis erhält, nicht aber, wenn man bekannte Tatsachen unter Verstoß gegen die Mitwirkungspflicht im Verfahren nicht vorgebracht hat. Die Änderung muss zum Zeitpunkt des Abänderungsantrags bereits vorliegen. Die bloße Erwartung einer veränderten Sachlage ist nicht ausreichend (BGH NJW 2007, 1961). Die Rechtslage hat sich geändert, wenn sich das materielle Recht oder die höchstrichterliche Rechtsprechung (BGH NJW 2007, 1961) geändert hat. Wurden bekannte Umstände unzutreffend rechtlich bewertet oder gewichtet, kommt eine Abänderung nach § 48 Abs. 1 S. 1 FamFG jedoch nicht Betracht (OLG Stuttgart FamRZ 2011, 976). Die Änderung muss nachträglich, also nach Abschluss des vorangegangenen Verfahrens, eingetreten sein (Zöller/*Feskorn* FamFG § 48 Rn. 6). Entscheidend ist der Zeitpunkt des gerichtlichen Beschlusses, nicht der Eintritt der Rechtskraft der Entscheidung (*Musielak/Borth* FamFG § 48 Rn. 7).

Darüber hinaus sind nur wesentliche Änderungen beachtlich, also solche, die bedeutsam und bei der Entscheidungsfindung maßgeblich sind (vgl. Begr. RegE BT-Drs. 16/6308, 198). In Ehewohnungssachen kann die Wesentlichkeit anhand der aufgehobenen Vorschrift des § 17 HausratVO entwickelten Kriterien bestimmt werden, so dass eine wesentliche Änderung vorliegt, wenn unter Berücksichtigung der geänderten Umstände mit großer Wahrscheinlichkeit anders zu entscheiden gewesen wäre. Ob dann bei § 48 FamFG auch zu berücksichtigen ist, dass die Aufrechterhaltung der früheren Entscheidung eine unbillige Härte für den Antragssteller bedeuten würde, ist noch nicht entschieden (OLG Stuttgart FamRZ 2011, 976).

6. Das Gericht muss von Amts wegen ermitteln (§ 26 FamFG). Den Beteiligten obliegt aber eine Mitwirkungspflicht gem. § 27 FamFG, der erhebliche Bedeutung zukommt (Zöller/*Feskorn* FamFG § 48 Rn. 8). Zu den Einzelheiten siehe Keidel/*Sternal* § 27 Rn. 3 ff. Eine ausführliche Begründung ist daher anzuraten.

7. Bei Änderung der Sachlage ist ein Änderungsverfahren nach den Vorschriften des FamFG durchzuführen. Anders als im Zivilprozess besteht keine Bindung an die tatsächlichen Feststellungen im Erstverfahren. Bei der Entscheidung nach § 48 FamFG steht dem Gericht Ermessen zu, inwieweit es die Ausgangsentscheidung aufheben bzw. abändern will. Möglich ist auch die Aufhebung der Zwangsmittelentscheidung unter gleichzeitiger Aufrechterhaltung der Kostengrundentscheidung (LG Kassel FamRZ 2011, 829).

8. Kosten und Gebühren. Die Rechtsanwaltsgebühren berechnen sich nach Nr. 3100, 3104 VV RVG. Vor Rechtsmittelgerichten gelten die Nr. 3200 ff. und 3206 ff. VV RVG. In Verfahren der einstweiligen Anordnung gilt die Abänderung als dieselbe Angelegenheit (§ 16 Nr. 5 RVG).

Das Gericht iSv § 48 Abs. 1 FamFG erhebt in Familiensachen Gebühren für das besondere Verfahren iSv § 31 Abs. 2 S. 2 FamGKG; Ausnahmen sind zu beachten bei der Aufhebung oder Abänderung in Verfahren der einstweiligen Anordnung (§ 49 FamFG), bei der Abänderung und Überprüfung in Sorgerechtsverfahren (§ 166 FamFG, § 31 Abs. 2 S. 2 FamGKG). Die Wiederaufnahme nach § 48 Abs. 2 ist gebührenrechtliche eine neue Instanz (§ 578 ZPO). In den sonstigen Verfahren nach dem FamFG richten sich die Kosten nach der GNotKG.

9. Fristen und Rechtsmittel. Der Antrag auf Abänderung und Wiederaufnahme gem. § 48 FamFG ist zeitlich unbefristet möglich.

IV. Sicherheitsleistungen

1. Antrag auf Änderung der Sicherheitsleistung (§ 108 ZPO)

An das Amts-/Landgericht

.....

Antrag auf Änderung der Sicherheitsleistung gem. § 108 ZPO

In dem Rechtsstreit

.....

– Kläger –

gegen

.....

– Beklagter –

Az. .....

beantrage ich namens und in Vollmacht des Klägers,

> anstelle der bisher als Sicherheitsleistung zugelassenen unwiderruflichen, unbedingten und unbefristeten Bürgschaft[1] jeder deutschen Großbank nur diejenige der B-Bank als zulässige Sicherheit zu bestimmen.[2]

Begründung:

Der Kläger hat gegen die Beklagte am ..... ein Urteil auf Zahlung von ..... EUR nebst Zinsen erwirkt. Das Urteil wurde gegen Sicherheitsleistung für vorläufig vollstreckbar erklärt. Dabei wurde dem Kläger gestattet, Sicherheit durch eine unwiderrufliche, unbedingte und unbefristete Bürgschaft eines im Inland zum Geschäftsbetrieb befugten Kreditinstituts zu bewirken.

Der Kläger hat demzufolge der Beklagten am ..... eine Bürgschaft der A-Bank zugestellt. Nunmehr möchte der Kläger Sicherheit durch eine Bürgschaft der B-Bank leisten, da diese für ihn günstigere Avalzinsen verlangt und nicht auf die Absicherung der Bürgschaft durch eine Grundschuld besteht. Auch bei der Bürgschaft der B-Bank handelt es sich um eine unwiderrufliche, unbedingte und unbefristete Bürgschaft einer deutschen Großbank, so dass der Beklagten durch den Austausch keine Nachteile entstehen.

Da Anordnungen gem. § 108 ZPO Abs. 1 S. 1 ZPO über die Art der Sicherheitsleistung auf Antrag abgeändert werden können, hat das Gericht dem Antrag nach pflichtgemäßem Ermessen stattzugeben.[3] Die Bürgschaft der B-Bank ist folglich als alleinige Sicherheit zuzulassen.

.....

Rechtsanwalt[4, 5]

Anmerkungen

1. Das Gericht muss die Höhe der Sicherheit bestimmen. Über deren Art kann es nach **freiem Ermessen** entscheiden. Sofern dies entsprechend beantragt ist, bestimmt das Gericht bereits im Urteil die Art der Sicherheitsleistung. Es ist zulässig, eine Entscheidung über die Art der (prozessualen) Sicherheit gem. § 108 Abs. 1 ZPO nachträglich zu ergänzen oder abzuändern (BGH NJW 1994, 1351). Auf Antrag kann daher auch nach Urteilsverkündung noch ein Beschluss über die Art der Sicherheitsleistung erwirkt werden. Desgleichen ist es möglich, durch das Gericht eine „andere Art der Sicherheitsleistung" genehmigen zu lassen (→ Form. C. IV. 5).

2. Auch der **Austausch von Bankbürgschaften** kann über § 108 ZPO bewirkt werden. Ob im Anschluss an einen Beschluss nach § 108 ZPO, durch den der Austausch einer Bankbürgschaft zugelassen wird, die Rückforderung der ersten Bürgschaftsurkunde über § 109 ZPO (→ Form. C. IV. 4) statthaft und erforderlich ist, ist umstritten. Dafür spricht sich der Bundesgerichtshof aus (NJW 1994, 1351). Nach anderer Ansicht soll mit der formgerechten Zustimmung der dem neuen Beschluss entsprechenden (zweiten) Bürgschaft die erste Bürgschaft ohne weiteres erlöschen, da der ihr zugrunde liegende Sicherungszweck entfallen sei (vgl. *Pecher* WM 1986, 1513). Aus Gründen der Rechtsklarheit sprechen die besseren Argumente für eine entsprechende Anwendung des § 109 ZPO.

3. Über die Art der Sicherheitsleistung wird ohne mündliche Verhandlung durch Beschluss entschieden. Zuständig für eine nachträgliche Entscheidung über eine Änderung der Sicherheitsleistung ist das Gericht, das die zu ändernde bzw. zu ergänzende Entscheidung erlassen hat. Der Antrag auf Änderung der Sicherheit kann auch noch nach Einlegung eines Rechtsmittels gestellt werden. Die Anordnung des Gerichts kann jederzeit durch gerichtliche und außergerichtliche Parteivereinbarung ergänzt oder abgeändert werden (Zöller/*Herget* § 108 Rn. 3)

4. **Kosten und Gebühren.** Gerichtsgebühren für einen Antrag auf Änderung der Sicherheitsleistung entstehen nicht. Die Tätigkeit des Rechtsanwalts wird durch die Verfahrensgebühr abgegolten.

5. **Rechtsmittel.** Wird ein Antrag auf Gestattung einer besonderen Art der Sicherheitsleistung abgelehnt, steht dem Antragsteller die **sofortige Beschwerde** zu. Das Beschwerdegericht hat gem. § 108 Abs. 1 S. 1 ZPO Ermessensfreiheit bezüglich der zu bestimmenden Sicherheit (OLG Nürnberg MDR 1961, 61). Da der Antragsgegner durch die Gestattung einer besonderen Art der Sicherheit nicht beschwert ist, steht ihm ein Rechtsmittel nicht zu. Er kann jedoch selbst einen Abänderungsantrag gegen die Zulassung der Sicherheit in bestimmter Art stellen. Wird dieser Antrag zurückgewiesen, steht ihm nach hM die Erstbeschwerde zu (Zöller/*Herget* § 108 Rn. 16). Sofern kein Parteiantrag zur Art der Sicherheit gestellt wurde, ist die Entscheidung hierüber unanfechtbar.

2. Antrag auf Rückgabe einer Sicherheit (§ 715 ZPO)

An das Amts-/Land-/Oberlandesgericht

. . . . .[1]

Antrag auf Rückgabe einer Sicherheit gem. § 715 ZPO[2, 3]

In dem Rechtsstreit

. . . . .

– Kläger –

gegen

. . . . .

– Beklagter –

Az. . . . . .

beantrage ich namens und in Vollmacht des Klägers (Gläubiger),

die Rückgabe der in dem Verfahren geleisteten Sicherheit anzuordnen.[4]

Begründung:

Der Beklagte ist durch Urteil des . . . . . gerichts . . . . . vom . . . . ., Az. . . . . ., zur Zahlung eines Betrages von . . . . . verurteilt worden. Dieses Urteil war gegen Sicherheitsleistung in Höhe von . . . . . EUR vorläufig vollstreckbar. Diese Sicherheit hat der Kläger vor der Vollstreckung durch Hinterlegung des Geldbetrages von . . . . . bei der Hinterlegungsstelle des Amtsgerichts in . . . . . (Az. . . . . .) erbracht.

Der Beklagte hatte gegen das Urteil zunächst Berufung eingelegt, diese jedoch inzwischen zurückgenommen. Damit ist das Urteil vom . . . . . nunmehr rechtskräftig geworden. Als Nachweis fügen wir in der Anlage das Rechtskraftzeugnis des . . . . . gerichts . . . . . vom . . . . . bei.[5]

Gem. § 715 ZPO ist deshalb die Rückgabe der Sicherheit anzuordnen.

. . . . .

Rechtsanwalt[6, 7]

Anmerkungen

1. Der Antrag nach § 715 ZPO ist an das Gericht zu richten, welches die Sicherheitsleistung angeordnet hat. Zuständig für die Entscheidung über den Antrag ist der Rechtspfleger, § 20 Nr. 3 RPflG. Der Antrag ist schriftlich oder zu Protokoll der Geschäftsstelle zu erklären (§ 109 Abs. 3 ZPO) und unterliegt nicht dem Anwaltszwang (§ 78 Abs. 3 ZPO).

2. Die Vorschrift des § 715 ZPO ist bezüglich der von dem Gläubiger bzw. für ihn von einem Dritten geleistete Sicherheiten anwendbar, §§ 709 S. 1, 711, 712 Abs. 2 S. 2 ZPO. Daneben kann der Gläubiger grundsätzlich den Weg über § 109 ZPO beschreiten. Da dieser jedoch zeitaufwendiger und umständlicher ist, ist ein Vorgehen über § 715 ZPO empfehlenswert. Dem Schuldner steht zur Rückerlangung einer von ihm geleisteten Sicherheit nur der Weg über § 109 ZPO zur Verfügung (→ Form. C. IV. 4).

3. § 715 ZPO ist auch anwendbar bei Rechtskraft eines Vorbehaltsurteils, §§ 302, 599 ZPO (RGZ 47, 364). Entsprechende Anwendung findet § 715 ZPO in Fällen auflösend bedingter Endurteile (Zöller/*Herget* § 715 Rn. 1). Bei Beendigung des Verfahrens durch Vergleich oder Klagerücknahme ist die Anwendung von § 715 ZPO ausgeschlossen (Zöller/*Herget* § 715 Rn. 1). Nach überwiegender Ansicht ist § 715 ZPO bei Einstellungen gem. §§ 719 Abs. 1, 707 ZPO durch das Berufungsgericht ebenfalls nicht anwendbar (BGHZ 11, 304; Zöller/*Herget* § 715 Rn. 1).

4. Die Rückgabe der Sicherheit wird durch Beschluss angeordnet, sofern nicht der Antrag abgelehnt wird. Vor der Entscheidung ist der Gegner zu hören; eine mündliche Verhandlung findet nicht statt (§§ 715 Abs. 2, 109 Abs. 3 S. 2, 128 Abs. 4 ZPO).

5. Dem Antrag kann nur bei Vorlage des Rechtskraftzeugnisses (→ Form. C. V. 2) stattgegeben werden, sofern sich dieses nicht bereits aus der Gerichtsakte ergibt.

6. Kosten und Gebühren. Gerichtsgebühren entstehen nicht. Für den Prozessbevollmächtigten gehört der Antrag auf Rückgabe einer Sicherheit zum Rechtszug und ist deshalb durch die Verfahrensgebühr abgegolten (§ 19 Abs. 1 S. 2 Nr. 7 RVG). Als Einzeltätigkeit unterfällt die Antragstellung Nr. 3403 VV RVG.

7. Rechtsmittel. Gegen den stattgebenden Beschluss des Rechtspflegers, durch den die Rückgabe angeordnet wird, findet die befristete Erinnerung gem. § 11 Abs. 2 RPflG statt. Gegen die Ablehnung des Antrags kann sofortige Beschwerde gem. §§ 11 Abs. 1 RPflG, 567 Abs. 1 ZPO eingelegt werden. Sowohl der Erinnerung als auch der Beschwerde kann der Rechtspfleger selbst abhelfen (§§ 11 Abs. 2 S. 2 RPflG, 572 ZPO).

3. Antrag auf Erlöschen einer Bankbürgschaft (§ 715 ZPO)

An das Amts-/Land-/Oberlandesgericht

. . . . .

Antrag auf Erlöschen einer Bankbürgschaft gem. § 715 ZPO[1]

In dem Rechtsstreit

. . . . .

– Kläger –

gegen

. . . . .

– Beklagter –

Az. . . . . .

beantrage ich namens und in Vollmacht des Klägers (Gläubiger),

das Erlöschen der der Beklagten mit Schreiben vom . . . . . zugestellten Bürgschaft anzuordnen.[2]

Begründung:

Der Kläger hat vor dem ..... gericht ..... am ..... ein Urteil gegen die Beklagte erwirkt. Dieses Urteil, gegen das die Beklagte Berufung eingelegt hatte, ist gegen Sicherheitsleistung in Höhe von ..... EUR für vorläufig vollstreckbar erklärt worden. Vor der Vollstreckung hat der Kläger Sicherheit durch Zustellung einer selbstschuldnerischen, unbedingten und unbefristeten Bürgschaft der ..... Bank vom ..... in Höhe von ..... EUR (Bürgschafts-Nr .....) an die Beklagte erbracht. Eine Kopie des von dem Prozessbevollmächtigten der Beklagten unterzeichneten Empfangsbekenntnisses als Zustellungsnachweises wird als Anlage ..... überreicht.

Nach Abweisung der Berufung durch das ..... gericht vom ..... ist das Urteil nunmehr rechtskräftig geworden. Diesbezüglich beziehen wir uns auf das als Anlage ..... beigefügte Rechtskraftzeugnis des ..... gericht vom .....

Gem. § 715 ZPO ist deshalb das Erlöschen der Bürgschaft anzuordnen.

.....

Rechtsanwalt

Anmerkungen

1. Bezüglich der Anm. kann auf den Antrag auf Rückgabe einer Sicherheit (→ Form. C. IV. 2) verwiesen werden.

2. Wird dem Antrag des Gläubigers stattgegeben, ordnet der Beschluss unmittelbar das Erlöschen der Bürgschaft an (§ 715 Abs. 1 S. 2 ZPO). Die Rückgabe der Bürgschaftsurkunde wird nicht angeordnet und ist nicht zu beantragen.

4. Antrag auf Rückgabe einer Sicherheit (§ 109 ZPO)

An das Amts-/Land-/Oberlandesgericht

.....[1]

Antrag auf Rückgabe einer Sicherheit gem. § 109 ZPO[2, 3]

In dem Rechtsstreit

.....

– Kläger –

gegen

.....

– Beklagter –

Az. .....

beantragen wir namens und in Vollmacht des Beklagten (Schuldners),[4]

dem Kläger eine angemessene Frist zu setzen, in welcher er gegenüber dem Gericht die Einwilligung in die Rückgabe der in dem Verfahren ..... geleisteten Sicherheit[5] erklärt oder die Erhebung der Klage wegen seiner Ansprüche nachzuweisen hat.

Vorsorglich für den Fall, dass der Kläger diese Frist ungenutzt verstreichen lässt, beantragen wir,

die Rückgabe der in dem Verfahren . . . . . geleisteten Sicherheit . . . . . an . . . . . anzuordnen.

Begründung:

Der Beklagte hat zur Abwendung der von dem Kläger betriebenen Zwangsvollstreckung aus dem Vollstreckungsbescheid des Amtsgerichts . . . . . vom . . . . . Sicherheit durch Hinterlegung eines Betrages von . . . . . bei der Hinterlegungsstelle des Amtsgerichts . . . . . (Az. . . . . .) geleistet. Durch Urteil des . . . . . gerichts vom . . . . . ist der Vollstreckungsbescheid aufgehoben und die Klage in vollem Umfang abgewiesen worden.

Durch dieses Urteil ist die Veranlassung für die Bestellung der Sicherheitsleistung weggefallen, da die vorläufige Vollstreckbarkeit eines Vollstreckungsbescheides gem. § 717 Abs. 1 ZPO infolge der Abänderung des vorläufig vollstreckbaren Titels in der Hauptsache außer Kraft getreten ist.[6]

Gem. § 109 Abs. 1 ZPO ist folglich dem Kläger, zu dessen Gunsten die Sicherheit geleistet wurde, eine angemessene Frist[7] zur Erklärung zu setzen, in der er die Einwilligung in die Rückgabe der geleisteten Sicherheit erklärt oder die Erhebung der Klage wegen ihrer Ansprüche nachzuweisen hat. Für den Fall des ergebnislosen Verstreichens der Frist ist gem. § 109 Abs. 2 ZPO die Rückgabe der Sicherheit durch das Gericht anzuordnen.[8]

Es wird um baldmöglichste antragsgemäße Fristsetzung gebeten.[9]

. . . . .

Rechtsanwalt[10, 11]

Anmerkungen

1. Der Antrag ist **schriftlich oder zu Protokoll der Geschäftsstelle** zu erklären, § 109 Abs. 3 ZPO. Zuständig für die Fristbestimmung und die Rückgabeanordnung ist der Rechtspfleger des Gerichts, das die Sicherheit angeordnet oder zugelassen hat, § 20 Nr. 3 RPflG. Hat das Rechtsmittelgericht nur die Anordnung des Gerichts erster Instanz bestätigt, ist Letzteres zuständig. Sofern das Rechtsmittelgericht jedoch die Bestellung der Sicherheit erst angeordnet hat, entscheidet es auch über den Antrag nach § 109 ZPO. Für Arrestverfahren und einstweilige Verfügungsverfahren enthält § 943 ZPO eine Sonderregelung, wonach das Gericht der Hauptsache zuständig ist. Anwaltszwang besteht nicht (§ 78 Abs. 3 ZPO).

2. § 109 ZPO ist anwendbar auf prozessuale Sicherheitsleistungen, insbesondere also in den Fällen der §§ 89, 110, 707, 709 bis 712, 719, 732, 769, 771, 921 ZPO, nicht jedoch auf materiell-rechtliche.

3. Die Vorschrift des § 109 ZPO ist insbesondere für den Schuldner bedeutsam, der nach §§ 711 S. 1, 712 Abs. 1 S. 1 ZPO Sicherheit geleistet hat. Dieser kann Rückgabe seiner Sicherheit nur über § 109 Abs. 1, 2 ZPO erlangen. Für den Gläubiger, der Sicherheit im Fall der vorläufigen Vollstreckbarkeit gem. §§ 709 S. 1, 711, 712 Abs. 2 S. 2 ZPO geleistet hat, steht wahlweise das bedeutend einfachere Verfahren nach § 715 ZPO (→ Form. C. IV. 2) zur Verfügung.

4. Erforderlich ist ein **Antrag des Sicherungsverpflichteten.** Ein Dritter, der zugunsten der sicherungspflichtigen Partei die Sicherheit geleistet hat, ist nicht antragsberechtigt. Ob dies auch für den Bürgen gilt, ist umstritten (gegen ein Antragsrecht die hM MüKoZPO/*Belz* § 109 Rn. 18; *Baumbach/Lauterbach/Albers/Hartmann* § 109 Rn. 26; Thomas/Putzo/*Hüßtege* § 109 Rn. 2; BeckOK ZPO/*Jaspersen* § 109 Rn. 14; für ein Antragsrecht des Bürgen: Zöller/*Herget* § 109 Rn. 6).

5. § 109 ZPO gilt für alle Arten von Sicherheitsleistungen, insbesondere auch für Bürgschaften (nach BGH NJW 1994, 1351 auch für den beantragten Austausch von Bürgschaften). Soweit § 109 ZPO eingreift, fehlt einer Klage auf Einwilligung in die Rückgabe oder auf Feststellung des Erlöschens der Bürgschaft grundsätzlich das Rechtsschutzbedürfnis (Stein/Jonas/*Leipold* § 109 Rn. 3), es sei denn, es besteht zwischen den Parteien Streit über die Inanspruchnahme der Sicherheit.

6. Dem Antrag ist stattzugeben, wenn der Anlass der Sicherheitsleistung weggefallen ist, also der unsichere Zustand, der Grund der Sicherheitsleistung war, beendet ist. Dies ist dann der Fall, wenn der Anspruch, dessen Sicherung die Sicherheitsleistung bezweckt, nicht entstanden ist und auch nicht mehr entstehen kann (OLG Düsseldorf Rpfleger 1996, 165; Thomas/Putzo/*Hüßtege* § 109 Rn. 3). Soll diese zum Beispiel sicherstellen, dass ein Schuldner, der durch eine vorläufige Maßnahme einen Schaden erleiden könnte, diesen nach Aufhebung der Maßnahme liquidieren kann, entfällt die Veranlassung zur Sicherheitsleistung durch ein bestätigendes unanfechtbares Berufungsurteil oder den Eintritt der Rechtskraft. Das Verfahren nach § 109 ZPO ist auch eröffnet, wenn der Kläger, dem eine Sicherheitsleistung gem. § 110 Abs. 1 ZPO aufgegeben wurde, seinen gewöhnlichen Aufenthalt in einen Mitgliedstaat der Europäischen Union verlegt (BGH NJW-RR 2006, 710). Dem Antragsteller obliegt die Darlegungs- und Beweislast für den Wegfall der Veranlassung zur Sicherheitsleistung. Ist der Anlass zur Sicherheitsleistung nur für einen Teil des Streitgegenstandes weggefallen, so ist § 109 ZPO auf diesen Teil anwendbar (OLG München OLGR 1997, 23; Zöller/*Herget* ZPO § 109 Rn. 3).

7. Die Länge der nach Abs. 1 zu bestimmenden Frist steht im freien Ermessen des Gerichts. Fristverlängerung ist möglich (§ 224 Abs. 2 ZPO). Dem Gegner wird in dem Beschluss nach Abs. 1 aufgegeben, innerhalb der Frist dem Gericht die Einwilligung in die Rückgabe der Sicherheit bzw. die Lösung des Bürgschaftsverhältnisses zu erklären oder die Klageerhebung wegen seiner Ansprüche nachzuweisen.

8. Der Antrag auf Rückgabeanordnung kann als bedingter Antrag mit dem Antrag auf Fristbestimmung verbunden werden. Über den Hilfsantrag ist erst zu entscheiden, wenn die Auflage nach Abs. 1 nicht fristgemäß erfüllt wurde. Diesem ist stattzugeben, wenn die Voraussetzungen der Fristsetzung nach Abs. 1 vorliegen, der Fristsetzungsbeschluss ordnungsgemäß zugestellt wurde und die Frist ungenutzt verstrichen ist. Auch eine nach Fristablauf erfolgte Klageerhebung vermag die Rückgabeanordnung zu verhindern, solange der Beschluss nach Abs. 2 noch nicht von dem Gericht erlassen ist. Selbst eine Nachholung der Klageerhebung im Erinnerungs- und Beschwerdeverfahren verhindert die Rückgabe der Sicherheit (OLG München OLGZ 1966, 549). Die Einwilligung in die Rückgabe macht die Rückgabeanordnung nur dann hinfällig, wenn die Einwilligung die Form der Vorschriften der Hinterlegungsgesetze der Länder erfüllt (Thomas/Putzo/*Hüßtege* § 109 Rn. 8).

9. Über die Fristbestimmung und die Rückgabeanordnung ist durch Beschluss zu entscheiden, § 109 Abs. 3 S. 2 ZPO. In dem Beschluss sind die Sicherheit sowie der Empfänger, an den diese zurückzugeben ist, genau zu bezeichnen (OLG Frankfurt NJW-RR 1987, 447). Es empfiehlt sich daher, beide Angaben bereits in den Antrag aufzunehmen. Wurde als Sicherheit eine Bürgschaft geleistet, ist im Beschluss deren Erlöschen anzuordnen. Die Rückgabe der Bürgschaftsurkunde ist nicht zu beantragen und wird im Beschluss nicht angeordnet, da der das Erlöschen anordnende Beschluss vollen Beweis erbringt. Wurde die Sicherheit hinterlegt, so erfolgt Herausgabe gem. den Vorschriften der Hinterlegungsgesetze der Länder. Der rechtskräftige Beschluss nach § 109 ZPO ist Nachweis im Sinne der Vorschriften der Hinterlegungsgesetze der Länder.

10. Kosten und Gebühren. Gerichtsgebühren für das Verfahren nach § 109 ZPO entstehen nicht. Für das Beschwerdeverfahren gilt Nr. 1811 KV GKG. Für den Prozessbevollmächtigten erfolgt Abgeltung über die Verfahrensgebühr (§ 19 Abs. 1 S. 2 Nr. 7 RVG). Bei Einzeltätigkeit gilt Nr. 3403 VV RVG; es entsteht eine 0,8 Gebühr. Im Erinnerungs- bzw. Beschwerdeverfahren ist Nr. 3500 VV RVG anwendbar; hinzu kommt ggf. eine Terminsgebühr nach Nr. 3513 VV RVG. Die Tätigkeit des Prozessbevollmächtigten gegenüber der Hinterlegungsstelle bzw. der Bank ist gesondert vergütungspflichtig. Es entsteht eine Geschäftsgebühr nach Nr. 2400 VV RVG (Zöller/*Herget* § 109 Rn. 12 mwN).

11. Fristen und Rechtsmittel. Gem. § 109 Abs. 4 ZPO ist der ablehnende Fristsetzungsbeschluss sowie der Beschluss über die Rückgabe der Sicherheit bzw. das Erlöschen der Bürgschaft mit der **sofortigen Beschwerde** anfechtbar (§§ 11 Abs. 1 RPflG, 567 Abs. 1 ZPO). Gegen den stattgebenden Fristsetzungsbeschluss steht der Rechtsbehelf der **Erinnerung** gem. § 11 Abs. 2 RPflG zur Verfügung. Unter den Voraussetzungen des § 574 ZPO kann Rechtsbeschwerde gegen die Entscheidung des Beschwerdegerichts eingelegt werden.

5. Antrag auf Zulassung sonstiger Sicherungsmittel (§ 108 ZPO)

An das Amts-/Landgericht[1]

. . . . .

Antrag[2] auf Zulassung sonstiger Sicherungsmittel gem. § 108 ZPO

In dem Rechtsstreit

. . . . .

– Kläger –

gegen

. . . . .

– Beklagter –

Az. . . . . .

beantrage ich namens und in Vollmacht des Klägers,

> **die Hinterlegung des Goldschmucksets „Aurora" bestehend aus einem Armreif, einer Halskette und einem Paar Ohrringe mit einem Gesamtwert von . . . . . als Sicherheit zu bestimmen.[3]**

Begründung:

Der Kläger möchte in dem Fall, dass der Beklagte in der Hauptsache zur Zahlung verurteilt wird, das Urteil gegen Sicherheitsleistung vollstrecken. Da er für diese Art der Sicherheitsleistung keine Avalzinsen zu leisten hat, möchte der Kläger die Sicherheit durch Hinterlegung eines geerbten Schmucksets, für das er derzeit keine Verwendung hat, leisten. Die Werthaltigkeit des Schmucksets wird durch das Gutachten des Auktionators

. . . . . vom . . . . . , das als Anlage K . . . . . eingereicht wird, bestätigt. Dem Beklagten entstehen daher durch die Zulassung keine Nachteile.

Da über die Art der Sicherheitsleistung gem. § 108 ZPO Abs. 1 S. 1 ZPO nach pflichtgemäßem Ermessen zu entscheiden ist, ist die Hinterlegung des Schmucksets als Sicherheit zuzulassen.[4]

. . . . .

Rechtsanwalt[5, 6]

Anmerkungen

1. Zuständig für die Bestimmung der Art einer Sicherheit ist das Gericht, das auch über die Erbringung einer Sicherheit als solcher zu befinden hat. Das ist in aller Regel das Gericht, das die Sicherheitsleistung auferlegt hat (BGH MDR 1966, 501; OLG Köln MDR 1997, 392). In Ausnahmefällen kann auch das Gericht höherer Instanz zuständig sein (BGH NJW 1966, 1028). Aber auch das Vollstreckungsgericht kann zur Bestimmung berufen sein (§§ 707, 719, 732 Abs. 2, 769 Abs. 2).

2. Trifft das Gericht keine Entscheidung über die Art der Sicherheit, ist die Sicherheit mit den in § 108 Abs. 1 S. 2 ZPO genannten Sicherungsmitteln zu erbringen. Das Gericht kann aber von Amts wegen oder auf Antrag andere Arten der Sicherheitsleistung zulassen. Da eine Entscheidung von Amts wegen nur in Ausnahmefällen ergeht, ist es ratsam, einen Antrag zu stellen, wenn eine Sicherheit mit anderen als den in § 108 Abs. 1 S. 2 ZPO genannten Mitteln geleistet werden soll. Dabei ist die beabsichtigte Art der Sicherheitsleistung genau zu bezeichnen (FG Berlin-Brandenburg EFG 2009, 33). Sofern dies entsprechend beantragt ist, bestimmt das Gericht bereits im Urteil die Art der Sicherheitsleistung. Das Gericht kann eine Entscheidung über die Art der (prozessualen) Sicherheit gem. § 108 Abs. 1 ZPO aber auch nachträglich ergänzen oder abändern (BGH NJW 1994, 1351). Auf Antrag kann daher auch nach Urteilsverkündung noch ein Beschluss über die Art der Sicherheitsleistung erwirkt werden.

3. Wenn keine abweichende Parteivereinbarung besteht, kann das Gericht die Art der Sicherheit nach freiem Ermessen bestimmen. Dabei ist aber stets der gesetzliche Sicherungszweck, wie er sich aus §§ 234 Abs. 2, 235 BGB sowie § 69 ZVG ergibt, zu beachten. Solange die nachträglich beantragte Sicherheit uneingeschränkt diesen Sicherungszweck erfüllt, bestehen im Rahmen des richterlichen Ermessens nach § 108 Abs. 1 ZPO regelmäßig keine sachlichen Gründe, die für eine Partei günstige Art der Sicherheitsleistung abzulehnen. Das allgemeine Sicherheitsniveau, wie es in § 108 Abs. 1 S. 2 ZPO zum Ausdruck kommt, darf aber nicht signifikant unterschritten werden. Die gesicherte Partei darf nicht schlechter gestellt werden als sie bei einer Hinterlegung von Geld oder Wertpapieren stünde (LG Düsseldorf MDR 2004, 114).

Danach kann zum Beispiel als Sicherheit zugelassen werden: die Hinterlegung von Geld auf ein Anderkonto eines Notars oder Rechtsanwalts, die Verpfändung von Sparguthaben (Musielak/Voit/*Foerste* § 108 Rn. 15), die Hinterlegung von anderen als den in § 234 BGB aufgeführten Wertpapieren, Devisen, sonstigen Urkunden oder Kostbarkeiten (einschränkend: FG Berlin-Brandenburg EFG 2009, 33), die Bestellung dinglicher Sicherheiten (OLG Frankfurt MDR 1977, 409) und die Bürgschaft anderer als der in § 108 Abs. 1 S. 2 ZPO genannten Personen (stark einschränkend: OLG Köln WM 1993, 1111, mit ablehnender Anmerkung *Beuthien/Jöstingmeier* NJW 1994, 2070; LG Darmstadt NJOZ 2009, 44).

4. Über die Art der Sicherheitsleistung wird ohne mündliche Verhandlung durch **Beschluss** entschieden. Der Antrag auf Änderung der Sicherheit kann auch noch nach Einlegung eines Rechtsmittels gestellt werden. Die Anordnung des Gerichts kann jederzeit durch gerichtliche und außergerichtliche Parteivereinbarung ergänzt oder abgeändert werden (Zöller/*Herget* § 108 Rn. 3).

5. Kosten und Gebühren. Gerichtsgebühren für einen Antrag auf Zulassung sonstiger Sicherungsmittel entstehen nicht. Die Tätigkeit des Rechtsanwalts wird durch die Verfahrensgebühr abgegolten (OLG Frankfurt MDR 1977, 760; OLG Koblenz Beschl. v. 10.10.1989 – 14 W 674/89).

6. Rechtsmittel. Gegen den einen Abänderungsantrag ablehnenden Beschluss ist nach umstrittener Ansicht kein isolierter Rechtsbehelf gegeben (OLG München MDR 1984, 321; für die Statthaftigkeit der sofortigen Beschwerde: Zöller/*Herget* § 108 Rn. 16). Der Schuldner könne aber nach Einlegung der Berufung im Rahmen einer Vorabentscheidung des Berufungsgerichts über die vorläufige Vollstreckbarkeit gemäß § 718 Abs. 1 ZPO auch die Art der Sicherheitsleistung überprüfen lassen (OLG Frankfurt MDR 1981, 677; OLG München OLGR 1998, 191). Das OLG Nürnberg will eine Beschwerde nur zulassen, wenn der Antrag auf neue Umstände gestützt war (OLG Nürnberg MDR 1986, 241).

Dem Gegner der Partei, die Sicherheit zu leisten hat, steht gegen den Beschluss des Prozessgerichts, durch den die Art einer prozessualen Sicherheit bestimmt wird, die sofortige Beschwerde zu (OLG Frankfurt MDR 1975, 323; aA OLG München MDR 1969, 581).

V. Anträge auf Erteilung von Notfrist- und Rechtskraftzeugnissen

1. Antrag auf Erteilung eines Notfristzeugnisses (§ 706 Abs. 2 ZPO)

An das Land-/Oberlandesgericht

. . . . .[1]

Antrag auf Erteilung eines Notfristzeugnisses gem. § 706 Abs. 2 ZPO

In dem Rechtsstreit

. . . . .

– Kläger –

gegen

. . . . .

– Beklagter –

Az. . . . . .

überreichen wir namens und in Vollmacht des Klägers in der Anlage die Kurzausfertigung[2] des Urteils des . . . . . gerichts vom . . . . ., Az. . . . . ., mit Zustellungsbescheinigung und bitten,

ein Notfristzeugnis gem. § 706 Abs. 2 ZPO zu erteilen.

Ausweislich der Zustellungsbescheinigung wurde das Urteil dem Beklagten am . . . . . zugestellt. Die Frist zur Einlegung eines Rechtsmittels ist folglich abgelaufen.[3] Da ein solches bis heute nicht eingereicht wurde, ist ein Notfristzeugnis gem. § 706 Abs. 2 ZPO auszustellen.

. . . . .

Rechtsanwalt[4, 5]

Anmerkungen

1. Das Notfristzeugnis ist von der Geschäftsstelle des Rechtsmittelgerichts zu erteilen. Der Antrag kann formlos gestellt werden und unterliegt nicht dem Anwaltszwang (§ 78 Abs. 3 ZPO). Eine Begründung des Antrags oder ein Rechtsschutzbedürfnis sind nicht erforderlich.

2. Eine Urteilsausfertigung muss nicht vorgelegt werden. Für eine eventuelle Vollstreckung kann es zweckmäßig sein, die Kurzausfertigung gem. § 317 Abs. 2 S. 2 ZPO zu verwenden.

3. Das Notfristzeugnis dient dem Nachweis des ungenutzten Ablaufs von Rechtsmittel- und Einspruchsfristen und ist regelmäßig Grundlage für das Rechtskraftzeugnis (→ Form. C. V. 2). Ein vorzeitiger Antrag kann bis zum Ablauf der Rechtsmittel- bzw.

Einspruchsfrist zurückgestellt werden. Wurde ein Rechtsmittel zunächst eingelegt und später zurückgenommen, ist eine Erteilung eines Notfristzeugnisses ausgeschlossen.

4. Kosten und Gebühren. Eine Gerichtsgebühr fällt nicht an. Für den Rechtsanwalt gehört die Beantragung eines Notfristzeugnisses zum Rechtszug. Seine Tätigkeit ist aus diesem Grund mit der Verfahrensgebühr abgegolten (§ 19 Abs. 1 S. 2 Nr. 9 RVG).

5. Rechtsmittel. Sofern die Erteilung des Notfristzeugnisses durch den Urkundsbeamten des für das Rechtsmittel oder den Einspruch zuständigen Gerichts versagt wird, steht dem Antragsteller die **(befristete) Erinnerung** gem. § 573 Abs. 1 ZPO zu (BGH FamRZ 2010, 284). Gegen die im ersten Rechtszug ergangene Entscheidung des Gerichts über die Erinnerung findet die sofortige Beschwerde gem. § 573 Abs. 2 ZPO statt. Wird das Notfristzeugnis erteilt, stehen diese Rechtsbehelfe entsprechend dem Antragsgegner zu. Bei Zulassung ist die Rechtsbeschwerde gem. § 574 ZPO einzulegen.

2. Antrag auf Erteilung eines Rechtskraftzeugnisses (§ 706 Abs. 1 ZPO)

An das Amts-/Land-/Oberlandesgericht

. . . . .[1, 2, 3]

Antrag auf Erteilung eines Rechtskraftzeugnisses gem. § 706 Abs. 1 ZPO

In dem Rechtsstreit

. . . . .

– Kläger –

gegen

. . . . .

– Beklagter –

Az. . . . . .

überreichen wir namens und in Vollmacht des Klägers in der Anlage eine Kurzausfertigung[4] des Urteils des . . . . . gerichts . . . . . vom . . . . ., Az. . . . . ., mit Zustellungsbescheinigung und Notfristzeugnis[5] mit dem Antrag,

ein Rechtskraftzeugnis gem. § 706 Abs. 1 ZPO zu erteilen.

Der Kläger beabsichtigt, einen Antrag auf Rückgabe der Sicherheit gem. § 715 ZPO zu stellen. Aus diesem Grund beantragen wir die Ausstellung eines Rechtskraftzeugnisses gem. § 706 Abs. 1 ZPO.[6]

Wir bitten um kurzfristige antragsgemäße Entscheidung.

. . . . .

Rechtsanwalt[7, 8]

Anmerkungen

1. Das Rechtskraftzeugnis dient dem Nachweis der formellen Rechtskraft (zB gem. §§ 704 Abs. 1, 715, 586 ZPO). Zur Durchführung der Zwangsvollstreckung ist ein Rechtskraftzeugnis nicht erforderlich, da diese mit vollstreckbarer Ausfertigung gem. § 724 Abs. 1 ZPO erfolgt. Auf Antrag kann die Rechtskraft des Urteils ebenfalls auf dem Kostenfestsetzungsbeschluss bescheinigt werden, der aufgrund des zunächst vorläufig vollstreckbaren Urteils erlassen wurde (OLG Naumburg JurBüro 2002, 38).

2. Das Rechtskraftzeugnis kann für Urteile, Vollstreckungsbescheide und Beschlüsse, die der formellen Rechtskraft fähig sind, erteilt werden.

3. Das Rechtskraftzeugnis erteilt die Geschäftsstelle des Gerichts erster Instanz und, solange der Rechtsstreit in einem höheren Rechtszug anhängig ist, dessen Geschäftsstelle. Der Antrag kann formlos gestellt werden und unterliegt nicht dem Anwaltszwang (§ 78 Abs. 5 ZPO). Eine Begründung des Antrags oder ein Rechtsschutzbedürfnis sind nicht erforderlich.

4. Für eine eventuelle Vollstreckung ist es zweckmäßig, die Kurzausfertigung gem. § 317 Abs. 2 S. 2 ZPO zu verwenden.

5. Die Erteilung des Rechtskraftzeugnisses setzt grundsätzlich die Beibringung des Notfristzeugnisses durch den Antragsteller voraus. Ist ein Rechtsmittel bzw. Einspruch nicht statthaft, ist das Zeugnis ohne weiteres zu gewähren.

6. Bei Teilrechtskraft kann ein entsprechend beschränktes Rechtskraftzeugnis erteilt werden. Da jedoch die teilweise Anfechtung die Rechtskraft des gesamten Urteils hindert, ist dies erst möglich, wenn Rechtsmittelverzicht erklärt ist (BGH NJW 1989, 170) und ein Anschlussrechtsmittel nicht mehr eingelegt werden kann (Thomas/Putzo/*Seiler* ZPO § 705 Rn. 10).

7. **Kosten und Gebühren.** Gerichtsgebühren fallen nicht an. Die Beantragung eines Rechtskraftzeugnisses wird dem Rechtsanwalt mit der Verfahrensgebühr abgegolten (§ 19 Abs. 1 S. 2 Nr. 9 RVG).

8. **Rechtsmittel.** Bezüglich der Rechtsmittel kann auf die vorstehenden Anm. zum Notfristzeugnis verwiesen werden (→ Form. C. V. 1).

3. Antrag auf Erteilung eines (Teil-) Rechtskraftzeugnisses (§ 46 FamFG)

An das Amts-/Familien-/Land-/Oberlandesgericht

. . . . .[1]

Antrag auf Erteilung eines Rechtskraftzeugnisses gem. § 46 FamFG[2, 3]

In der Sache

. . . . .

– Antragsteller –

gegen

.....

– Antragsgegner –

Az. .....

1. überreichen wir namens und in Vollmacht des Antragstellers in der Anlage eine Ausfertigung des Beschlusses[4] des ..... gerichts ..... vom ....., Az. ....., mit Zustellungsbescheinigung mit dem Antrag, ein Rechtskraftzeugnis gem. § 46 S. 1 FamFG zu erteilen.[5, 6]

2. Außerdem beantragen wir, ein Teilrechtskraftzeugnis[7] über die Entscheidung des Versorgungsausgleichs des ..... gerichts ..... vom ....., Az. ...... gem. § 46 S. 3 FamFG für den vom Antragsgegner nicht angegriffen Verfahrensgegenstand des Ehezeitanteils zu erteilen.[8]

Wir bitten um kurzfristige antragsgemäße Entscheidung.

.....

Rechtsanwalt[9, 10]

Anmerkungen

1. Zuständig für die Erteilung eines Notfristzeugnisses ist die Geschäftsstelle des Gerichts erster Instanz, im Rechtsmittelzug des jeweiligen Gerichts. Den Notar trifft keine Nachprüfungspflicht (Musielak/Borth/*Grandel* FamFG § 46 Rn. 6).

2. Das Rechtskraftzeugnis gem. § 46 FamFG dient – in inhaltlicher Übereinstimmung mit § 706 Abs. 1 ZPO – dem Nachweis der **formellen Rechtskraft**. Es hat nur deklaratorische Bedeutung und zieht daher keine Gutglaubenswirkung nach sich (Musielak/Borth/*Grandel* FamFG § 46 Rn. 6).

3. Das Rechtskraftzeugnis kann für Beschlüsse, die in formelle Rechtskraft erwachsen können, beantragt werden. Voraussetzung ist demnach der Ablauf der Rechtsmittelfristen, bei der Sprungrechtsbeschwerde also der Ablauf eines Monats. § 46 FamFG ist nicht anwendbar auf einen gem. § 36 FamFG abgeschlossenen gerichtlichen Vergleich (Musielak/Borth/*Grandel* FamFG § 46 Rn. 1). § 46 S. 1 und 2 FamFG sind nicht anwendbar in Ehe- und Familienstreitsachen gem. § 113 Abs. 1 S. 1 FamFG. Anwendung findet § 46 S. 3 FamFG.

4. Das Rechtskraftzeugnis wird erst nach Eintritt der formellen Rechtskraft gem. § 40 Abs. 2 FamFG erteilt. Voraussetzung ist damit, dass die Entscheidung nicht mehr mit Rechtsmitteln angegriffen werden kann, § 45 S. 1 FamFG. Eine Ausfertigung des nach § 41 FamFG bekannt gemachten Beschlusses, auf dem der Rechtskraftvermerk anzubringen ist, sollte daher dem Antrag gem. § 46 S. 1 FamFG beigefügt werden (Musielak/Borth/*Grandel* FamFG § 46 Rn. 3).

5. Der Antrag kann **formlos** gestellt werden; antragsberechtigt sind die Verfahrensbeteiligten.

6. Das Rechtskraftzeugnis gem. § 46 S. 1 FamFG trifft eine Feststellung über die formelle Rechtskraft. Die Frage, ob das Rechtskraftzeugnis auch eine Aussage über eine eingelegte Sprungrechtsbeschwerde beim Rechtsmittelgericht (Notfristzeugnis) umfasst, wurde höchstrichterlich verneint. Es ist hier notwendig und ausreichend, sich vom Gericht des ersten Rechtzugs ein Zeugnis über die Rechtskraft des Beschlusses erteilen zu lassen (BGH FGPrax 2010, 53). Dem Notfristzeugnis des Rechtsmittelgerichts gem.

§ 706 Abs. 2 S. 2 ZPO kommt keine Außenwirkung zu, ist nicht anfechtbar und der BGH soll vor einer Flut von Anfragen zur Erteilung eines Notfristzeugnisses bewahrt werden. Zudem erscheint ein Notfristzeugnis nur selten erforderlich, da die Beschwerde gem. § 64 Abs. 1 FamFG beim erstinstanzlichen Gericht einzulegen ist, so dass dem erstinstanzlichen Gericht bekannt ist (vgl. Keidel/*Sternal* FamFG § 64 Rn. 4), ob innerhalb der Rechtsmittelfrist ein Rechtsmittel eingelegt wurde.

7. Im Rahmen des § 46 S. 3 FamFG kann auch ein **Teilrechtskraftzeugnis** ausgestellt werden. Voraussetzung hierfür ist ein teilbarer Verfahrensgegenstand. Ein solcher Fall liegt beispielsweise vor, wenn die Ehezeitanteile bei einer Entscheidung zum Versorgungsausgleich von beiden Seiten akzeptiert, um darüber hinaus gehende Anrechte aber weiter gestritten wird. Das Rechtskraftzeugnis wird gem. § 169 FamFG von Amts wegen erteilt und hat die Beweiskraft einer öffentlichen Urkunde (Musielak/Borth/*Grandel* FamFG § 46 Rn. 3).

8. Das Rechtskraftzeugnis gem. § 46 S. 3 FamFG wird in Ehesachen (§ 121 FamFG) und Abstammungssachen (§ 169 FamFG) von Amts wegen erteilt, eine Begründung des Antrags ist nicht erforderlich. Die Geschäftsstelle ermittelt selbst den Eintritt der Rechtskraft und hat im öffentlichen Interesse selbstständig das Standesamt über den Eintritt der Rechtskraft zu benachrichtigen (Zöller/*Feskorn* FamFG § 46 Rn. 2). § 46 S. 3 FamFG betrifft vor allem Entscheidungen zum Versorgungsausgleich mit der Folge, dass die Entscheidung durch die Versorgungsträger sofort umgesetzt werden kann, die Leistungen also begonnen werden müssen.

9. Kosten und Gebühren. Die Tätigkeit gehört für den Verfahrensbevollmächtigten zum Rechtszug (§ 19 Abs. 1 Nr. 9 RVG). Sie ist für den nur mit der Vollstreckung beauftragten Anwalt durch die Verfahrensgebühr für die Vollstreckungsmaßnahme abgegolten, § 18 Nr. 1 RVG. Gesonderte Gerichtsgebühren fallen nicht an.

10. Rechtsmittel. Gegen die Nichterteilung oder die fehlerhafte Erteilung eines Rechtskraftzeugnisses durch den Urkundsbeamten der Geschäftsstelle kann gem. § 46 S. 4 FamFG iVm § 573 Abs. 1 und 2 ZPO mit der **Erinnerung** vorgegangen werden. In Ehe- und Abstammungsverfahren kann die Erinnerung auch darauf gestützt werden, dass das in dem Rechtskraftzeugnis ausgewiesene Datum unrichtig ist (Zöller/*Feskorn* FamFG § 46 Rn. 2).

VI. Vollstreckung wegen der Kosten

1. Antrag auf Festsetzung der Vollstreckungskosten (§ 788 Abs. 2 ZPO)

An das Amts-/Landgericht

. . . . .[1]

Antrag auf Festsetzung der Vollstreckungskosten gem. § 788 Abs. 2 ZPO[2]

In der Vollstreckungssache

. . . . .

– Gläubiger –

gegen

. . . . .

– Schuldner –

Az. . . . . .

beantragen wir namens und in Vollmacht des Gläubigers,

> die nachfolgend bezeichneten und durch Nachweise belegten Kosten der bisher durchgeführten Zwangsvollstreckung gegen den Schuldner festzusetzen. Daneben bitten wir um die Feststellung der Verzinsung der Vollstreckungskosten iHv 5 % über dem Basiszinssatz der Europäischen Zentralbank ab Eingang dieses Antrags.[3]

Die Vollstreckungskosten setzen sich wie folgt zusammen:

1. Kosten für Einholung einer Auskunft aus dem Melderegister . . . . . EUR
2. Detektivkosten zur Ermittlung des unbekannten Aufenthalts des Schuldners . . . . . EUR
3. Anwalts- und Gerichtsvollzieherkosten der Mobiliarpfändung vom . . . . EUR
4. Kosten der Eintragung einer Sicherungshypothek in das Grundstück . . . . EUR
5. Kosten des Verfahrens auf Abnahme der eidesstattlichen Versicherung . . . . . EUR

Hieraus ergibt sich ein Gesamtbetrag von . . . . . EUR, nebst Zinsen. Zur Glaubhaftmachung sind die entsprechenden Kostenbelege als Anlage Gl 1 beigefügt.

Zur Notwendigkeit der einzelnen Vollstreckungskosten wird ergänzend auf Folgendes hingewiesen: . . . . .[4]

Der Gläubiger versichert mit der als Anlage Gl 2 beigefügten eidesstattlichen Versicherung, dass eine Festsetzung der zuvor bezeichneten Kosten der Zwangsvollstreckung durch ein anderes Gericht weder erfolgt ist noch abgelehnt wurde.[5]

. . . . .

Rechtsanwalt[6, 7]

Anmerkungen

1. Grundsätzlich kann der Gläubiger die Kosten der Zwangsvollstreckung gem. § 788 Abs. 1 S. 1 ZPO als Nebenforderung mit dem vollstreckbaren Anspruch auf Grund des für diesen bestehenden Hauptsachetitels beitreiben. Alternativ sieht § 788 Abs. 2 S. 1 ZPO die Möglichkeit der gesonderten Festsetzung der Zwangsvollstreckungskosten gem. §§ 103 Abs. 2, 104, 107 ZPO vor. Die gesonderte Festsetzung ist insbesondere dann vorteilhaft, wenn das Zwangsvollstreckungsorgan die Beitreibung ablehnt oder wenn die Festsetzung zu Beweiszwecken erforderlich ist (zB bei Fruchtlosigkeit der Vollstreckung, sofern ansonsten späterer Nachweis der Kosten erschwert ist oder die Kostennachweise bei Behörden eingereicht werden müssen).

2. Zuständig für die Entscheidung über die Kostenfestsetzung ist ausschließlich der **Rechtspfleger** (§ 21 Nr. 1 RPflG) des Vollstreckungsgerichts (§ 764 Abs. 2 ZPO), bei dem zum Zeitpunkt der Antragstellung eine Vollstreckungshandlung anhängig ist. Ist die Zwangsvollstreckung bereits beendet, entscheidet das Gericht, in dessen Bezirk die letzte Vollstreckungshandlung erfolgt ist (§ 788 Abs. 2 S. 1 ZPO). Im Fall einer Vollstreckung nach den Vorschriften der §§ 887, 888 und 890 ZPO ist nach § 788 Abs. 2 S. 2 ZPO der Rechtspfleger des Prozessgerichts des ersten Rechtszugs zuständig. Sofern mehrere Vollstreckungsverfahren nebeneinander betrieben werden, ist das nach dem jeweiligen Verfahren zu bestimmende Gericht für die einzelnen Festsetzungen zuständig. Möglich ist aber auch eine zusammengefasste Festsetzung der Kosten mehrerer Vollstreckungsverfahren. Beantragt der Gläubiger eine zusammengefasste Festsetzung der Kosten mehrerer Vollstreckungsverfahren, ist das Vollstreckungsgericht zuständig, in dessen Bezirk die letzte Vollstreckungshandlung vorgenommen wurde. Sind Vollstreckungshandlungen in einzelnen Vollstreckungsverfahren noch anhängig, steht dem Gläubiger gem. § 35 ZPO ein Wahlrecht zu. Nicht möglich ist es jedoch, die Festsetzung von Kosten für Vollstreckungsmaßnahmen nach §§ 887, 888, 890 ZPO sowie die Kosten für andere Vollstreckungsverfahren zusammen zu fassen. In diesen Fällen ist gesonderte Festsetzung bei dem Prozessgericht erster Instanz und dem Vollstreckungsgericht zu beantragen (Zöller/*Stöber* § 788 Rn. 19b). Das Vollstreckungsgericht ist auch für die vereinfachte Festsetzung von Kosten anwaltlicher Tätigkeit im Vollstreckungsverfahren gem. § 19 Abs. 1 BRAGO bzw. § 11 Abs. 1 RVG zuständig (BGH NJW 2005, 1273). Die Vorbereitungskosten einer unterbliebenen Zwangsvollstreckung sind vom Prozessgericht gem. §§ 103 ff. ZPO festzusetzen, nicht vom Vollstreckungsgericht (BGH NJW-RR 2008, 515).

3. Gem. §§ 788 Abs. 2 S. 1, 104 Abs. 1 S. 2 ZPO hat der Gläubiger Anspruch auf Verzinsung der Vollstreckungskosten. Der Zinsanspruch sollte demzufolge bei der Festsetzung geltend gemacht werden.

4. Eine Festsetzung erfolgt, wenn der Rechtspfleger die **Erstattungsfähigkeit der jeweiligen Vollstreckungskosten** bejaht. Kosten der Zwangsvollstreckung sind nur diejenigen Aufwendungen, deren Zweck darin besteht, die Befriedigung der titulierten Forderung zu erreichen (BGH NJW 2005, 2460). Hierzu können unter anderem die durch den Abschluss eines Teilzahlungsvergleichs entstandenen Anwaltskosten gehören, wenn der Schuldner diese Kosten in dem Vergleich ausdrücklich übernommen hat (LG Göttingen Rpfleger 2005, 550; AG Hamburg-St. Georg Beschl. v. 25.11.2015 – 904 M 2297/14). Die Kosten eines Vergleichs im Zwangsvollstreckungsverfahren können nach § 788 Abs. 1 ZPO beigetrieben werden, wenn der Schuldner die Kosten im Vergleich übernommen hat. Fehlt eine solche Vereinbarung, findet § 98 S. 1 ZPO entsprechende Anwendung (BGH NJW 2007, 1213). Wird ein Versäumnisurteil, aus dem die Zwangsvollstreckung betrieben worden ist, durch einen Prozessvergleich ersetzt, kann der Gläubiger die Vollstreckungskosten in der Höhe verlangen, in der sie angefallen wären, wenn er von vornherein die Vollstreckung auf den Vergleichsbetrag beschränkt hätte (BGH NJW-RR 2010, 1005). Notwendig sind Zwangsvollstreckungsmaßnahmen grundsätzlich erst dann, wenn bei deren Einleitung seit der Zustellung des Titels an den Schuldner mindestens zwei Wochen verstrichen sind (LG Koblenz Rpfleger 2005, 99). Die Kosten der Vorbereitung eines nicht von vornherein aussichtslosen Drittschuldnerprozesses sind notwendig, soweit sie bei dem Drittschuldner nicht beigetrieben werden können. Sie werden im Verfahren nach § 788 ZPO festgesetzt (BGH NJW 2010, 1674; BGH NJW 2006, 1141). Anwaltskosten, die dadurch entstehen, dass ein Drittschuldner die gemäß § 840 Abs. 1 ZPO geforderten Erklärungen nicht innerhalb der Zwei-Wochen-Frist abgibt und daher ein weiteres Mal zur Abgabe dieser Erklärungen aufgefordert wird, sind keine notwendigen Kosten der Zwangsvollstreckung gem. § 788 ZPO (BGH NJW 2010, 1674). Sofern Kosten festgesetzt wurden, findet die Vollstreckung aus dem Kostenfestsetzungsbeschluss (§ 794 Abs. 1 Nr. 2 ZPO) statt. Ob daneben weiterhin eine Beitreibung gem. § 788 Abs. 1 S. 1 ZPO zulässig ist, ist umstritten (dafür: Zöller/*Stöber* § 788 Rn. 18; dagegen: LG Bad Kreuznach Rpfleger 1990, 313; Stein/Jonas/*Münzberg* § 788 Rn. 32; Thomas/Putzo/*Seiler* § 788 Rn. 17).

5. Zur Vermeidung von Doppelfestsetzungen ist eine eidesstattliche Versicherung des Gläubigers erforderlich, dass noch keine Festsetzung erfolgt ist oder abgelehnt wurde. Es ist empfehlenswert, eingereichte Belege zu kennzeichnen.

6. Kosten und Gebühren. Die Festsetzung der Vollstreckungskosten erfolgt gerichtsgebührenfrei. Bezüglich der Gerichtsgebühren bei Einlegung eines Rechtsmittels gegen die Festsetzung vgl. die Anm. zum Rechtsbehelf bei Kostenfestsetzung (→ Form. C. VI. 3). Sofern der Rechtsanwalt Prozessbevollmächtigter war, ist seine Tätigkeit mit der Verfahrensgebühr abgegolten (§ 19 Abs. 1 S. 2 Nr. 13 RVG). Bei Einzeltätigkeit erwächst dem Rechtsanwalt eine 0,8 Gebühr gem. Nr. 3403 VV RVG. Bezüglich der Gebühren für eine anwaltliche Tätigkeit im Rechtsbehelfsverfahren bei Kostenfestsetzung s. Anm. zu → Form. C. VI. 3.

7. Rechtsmittel. Gegen die Festsetzung steht die **sofortige Beschwerde** gem. § 104 Abs. 3 ZPO zur Verfügung (→ Form. C. V. 3).

2. Kostenfestsetzung (§§ 103 ff. ZPO)

An das Amts-/Landgericht

. . . . .[1]

Antrag auf Kostenfestsetzung[2]

In dem Rechtsstreit

. . . . .

– Klägerin –

gegen

. . . . .

– Beklagter –

Az. . . . . .

beantragen wir namens und im Auftrag der Klägerin,[3] die ihr im durch das Urteil vom . . . . . beendeten Verfahren entstandenen und nachstehend berechneten Kosten gem. § 104 ZPO festzusetzen[4] und auszusprechen, dass der festgesetzte Betrag ab Eingang des vorliegenden Festsetzungsantrags bei Gericht gem. § 104 Abs. 1 S. 2 ZPO mit 5 % über dem Basiszinssatz der Europäischen Zentralbank zu verzinsen ist.[5]

1. Instanz:

Streitwert: . . . . . EUR

1,3 Verfahrensgebühr gem. §§ 2 Abs. 2, 13 RVG iVm Nr. 3100 VV RVG	. . . . . EUR
1,2 Terminsgebühr gem. §§ 2 Abs. 2, 13 RVG iVm Nr. 3104 VV RVG	. . . . . EUR
Reisekosten einer Bahnfahrt 2. Klasse zu dem Termin am	. . . . . EUR
Abwesenheitsgeld gem. Nr. 7005 VV RVG	. . . . . EUR
Auslagenpauschale gem. § 10 Abs. 2 RVG iVm Nr. 7002 VV RVG	20,00 EUR
Dokumentenpauschale gem. Nr. 7000 Nr. 1b) VV RVG	. . . . . EUR

2. Instanz[6]

Streitwert: . . . . . EUR

1,6 Verfahrensgebühr gem. §§ 2 Abs. 2, 13 RVG iVm Nr. 3200 VV RVG	. . . . . EUR
1,2 Terminsgebühr gem. §§ 2 Abs. 2, 13 RVG iVm Nr. 3202 VV RVG	. . . . . EUR
Reisekosten einer Bahnfahrt 2. Klasse zu dem Termin am	. . . . . EUR
Abwesenheitsgeld gem. Nr. 7005 VV RVG	. . . . . EUR
Auslagenpauschale gem. § 10 Abs. 2 RVG iVm Nr. 7002 VV RVG	20,00 EUR
Dokumentenpauschale gem. Nr. 7000 Nr. 1b) VV RVG	. . . . . EUR
Gesamtbetrag	. . . . . EUR

Zur Glaubhaftmachung übersenden wir in der Anlage die Fahrkarten der Deutschen Bahn zu den Terminen am . . . . . und am . . . . . sowie die Taxirechnungen . . . . .[7]

Die verauslagten Gerichtskosten bitten wir hinzuzusetzen.

Die Klägerin ist zum Vorsteuerabzug berechtigt.[8]

Wir bitten um Erteilung einer vollstreckbaren Ausfertigung des Kostenfestsetzungsbeschlusses mit Zustellungsnachweis.[9]

. . . . .

Rechtsanwalt[10, 11]

Anmerkungen

1. Zuständig für die Entscheidung über den Kostenfestsetzungsantrag ist das **Gericht des ersten Rechtszugs**, §§ 103 Abs. 2 S. 1, 104 Abs. 1 S. 1 ZPO. Dies gilt auch für die Kosten der zweiten und dritten Instanz. Die funktionelle Zuständigkeit liegt bei dem Rechtspfleger (§ 21 Abs. 1 Nr. 1 RPflG). Dieser prüft, ob die geltend gemachten Kosten glaubhaft gemacht wurden, ob sie tatsächlich angefallen sind und ob sie zweckentsprechend und notwendig waren. Den Rechtspfleger trifft eine Hinweispflicht gem. § 139

ZPO. Ihm stehen alle Aufklärungsmöglichkeiten zur Verfügung; faktisch gilt der Untersuchungsgrundsatz. Bei schwierigen Feststellungen darf gem. § 287 ZPO geschätzt werden. Der Rechtspfleger darf jedoch weder prüfen, ob die zugrunde liegende Kostenentscheidung unrichtig ist oder ob der geltend gemachte Kostenerstattungsanspruch durch Einwendungen erloschen ist (Einwendungen können nur im Fall der Vollstreckung aus dem Kostenfestsetzungsbeschluss über § 767 ZPO oder § 775 Nr. 4 und 5 ZPO geltend gemacht werden).

2. Die Kostengrundentscheidung der §§ 91 ff. ZPO bzw. in FamFG-Verfahren nach §§ 81 ff. FamFG trifft einen Ausspruch bezüglich der Frage, wer in welchem Umfang die Kosten des Verfahrens zu tragen hat, also dem Gegner erstattungspflichtig ist. Die Geltendmachung des prozessualen Kostenerstattungsanspruchs erfolgt sodann im Kostenfestsetzungsverfahren gem. §§ 103 ff. ZPO bzw. 85 FamFG iVm §§ 103 ff. ZPO. Erst in diesem Verfahren werden der Betrag bzw. die Höhe der zu erstattenden Kosten ermittelt und festgesetzt. Voraussetzung einer Kostenfestsetzung ist das Vorliegen eines zur Zwangsvollstreckung geeigneten Titels, dh insbesondere eines Urteils, einer Entscheidung oder Urkunde gem. § 794 Abs. 1 ZPO sowie eines Arrests oder einstweiligen Verfügung. Nicht ausreichend für die Zwangsvollstreckung zugunsten des Streithelfers ist ein Prozessvergleich, in dem von den Kosten des Streithelfers nicht die Rede ist (OLG München Beschl. v. 7.4.2011 – 5 W 602/11). Die §§ 103 ff. ZPO regeln nur die Erstattungsfähigkeit von Verfahrenskosten nach prozessualen Maßstäben und Maßgaben des Kostenrechts, nicht dagegen materiell-rechtliche Ansprüche (BAG NZW 2009, 1300).

3. Die Festsetzung erfordert einen Antrag (§ 103 Abs. 2 S. 1 ZPO). Antragsteller muss der aus dem Vollstreckungstitel Berechtigte sein. Die Rechtskraft eines Urteils tritt zwar gem. § 325 ZPO auch zugunsten des Rechtsnachfolgers ein, dieser benötigt aber eine Umschreibung des Titels gem. § 727 ZPO, um den Kostenerstattungsanspruch durchsetzen zu können. Die Glaubhaftmachung der Alleinerbenstellung reicht ebenso wenig wie die Vorlage einer Generalvollmacht der im Titel ausgewiesenen Kostengläubigerin (BGH NJOZ 2011, 152). Der Prozessbevollmächtigte kann nicht im eigenen Namen Festsetzung verlangen, es sei denn, er ist PKH-Anwalt. Aus diesem Grund ist der Hinweis auf die Vertretungsmacht des Prozessbevollmächtigten unerlässlich. Fehlt diese bzw. ist sie nicht aus dem Antrag erkennbar, ist die beantragte Kostenfestsetzung abzulehnen bzw. der Kostenfestsetzungsbeschluss mangels Antrags des Berechtigten aufzuheben (OLG München MDR 1981, 502).

4. Der Antrag auf Kostenfestsetzung kann zu Protokoll der Geschäftsstelle erklärt oder schriftlich mit eigenhändiger Unterschrift gestellt werden. Anwaltszwang besteht gem. § 78 Abs. 5 ZPO nicht. Der Antrag muss den zugrunde liegenden Rechtsstreit genau bezeichnen (Az. und Datum des Titels) und die Erklärung enthalten, dass Kostenfestsetzung begehrt wird.

5. Auf Antrag ist die Kostenforderung vom Eingang des Festsetzungsantrags bzw. im Fall des vereinfachten Kostenfestsetzungsbeschlusses gem. § 105 ZPO von der Verkündung des Urteils ab zu verzinsen, § 104 Abs. 1 S. 2 ZPO.

6. Gegenstand der Festsetzung sind nur die **Prozess- bzw. Verfahrenskosten**, welche in dem Rechtsstreit entstanden sind, den die Kostengrundentscheidung des zugrunde liegenden Vollstreckungstitels betrifft. Zu den Prozess- bzw. Verfahrenskosten im Sinne des § 104 ZPO gehören nach überwiegender Ansicht nicht die Kosten der vorprozessualen, außergerichtlichen Tätigkeit des Bevollmächtigten (OLG Frankfurt JurBüro 2003, 2001) und auch nicht eine vorprozessual zur Anspruchsabwehr angefallene Geschäftsgebühr (BGH NJW 2008, 1323; BGH NJW 2006, 2560). Von der Kostenfestsetzung werden die in allen Rechtszügen entstandenen Prozesskosten umfasst, nicht jedoch Vollstreckungskosten. Letztere sind im Verfahren gem. § 788 ZPO festzusetzen (→ Form. C. VI. 1). Nach BGH (WM 2008, 276) können die Kosten einer Aralbürgschaft, die geleistet wurde, um die Zwangsvollstreckung aus einem vorläufig vollstreckbaren Urteil zu ermöglichen, durch das Prozessgericht festgesetzt werden. Kosten der Abwehr von Zwangsvollstreckungsmaßnahmen können nach umstrittener Auffassung als Verfahrenskosten im Rahmen der Kostenfestsetzung nach § 104 ZPO durch das Prozessgericht festgesetzt werden (BGH NJW-RR 2006, 1001). Sofern die Kostengrundentscheidung nachträglich aufgehoben oder geändert wird, ist über §§ 104 ff. ZPO eine Rückfestsetzung möglich (OLG Düsseldorf Rpfleger 2005, 696; vgl. auch § 91 Abs. 4 ZPO).

7. Dem Antrag sind die in § 103 Abs. 2 S. 2 ZPO aufgeführten **Unterlagen** beizufügen. Erforderlich sind eine nach einzelnen Positionen aufgeschlüsselte Kostenberechnung, die Belege für die geltend gemachten Ansätze sowie eine Abschrift für den Gegner. Ferner ist der Vollstreckungstitel in einfacher Ausfertigung beizufügen, sofern er dem zuständigen Gericht nicht bereits vorliegt.

8. Die einzelnen Positionen der Kostenberechnung und deren Notwendigkeit sind glaubhaft zu machen, § 104 Abs. 2 iVm § 294 ZPO. Zur **Glaubhaftmachung** sind die entsprechenden Belege beizufügen, sofern sie sich nicht bereits bei der Prozessakte befinden. In der Kostenberechnung sind deshalb alle Aufwendungen nach Datum, Betrag und Grund aufzuschlüsseln. Jeder Ansatz ist grundsätzlich mit entsprechenden Belegen zu versehen. Ob die Gebühren des Prozessbevollmächtigten erwachsen sind, prüft der Rechtspfleger anhand der Gerichtsakte oder stellt dies durch Rückfrage bei dem Richter fest. Maßgebend für den Streitwert ist der von dem Gericht festgesetzte. Ist eine Festsetzung nicht erfolgt, nimmt entweder der Rechtspfleger selbständig den Wert an oder legt die Akte dem Richter zur Wertfestsetzung vor. Gem. § 104 Abs. 2 S. 2 ZPO genügt nur bezüglich der einem Rechtsanwalt erwachsenen Auslagen für Post- und Telekommunikationsdienstleistungen die Versicherung des Prozessbevollmächtigten, dass die Auslagen entstanden sind. Diese Versicherung bezieht sich allerdings nur auf das Entstehen der Auslagen, nicht auf deren Höhe. Wird die Höhe der Aufwendungen bzw. deren Notwendigkeit bestritten, ist ein Einzelnachweis erforderlich (Zöller/*Herget* § 104 Rn. 8). Bei den verauslagten Gerichtskosten ist der Antrag auf Hinzusetzung ausreichend, sofern sich die Zahlung der Akte entnehmen lässt. Bezüglich der **Berücksichtigung von Umsatzsteuerbeträgen** ist die Erklärung des Antragstellers ausreichend, dass er zum Vorsteuerabzug nicht berechtigt ist, § 104 Abs. 2 S. 3 ZPO. Der bloße Antrag, die Mehrwertsteuer festzusetzen, reicht nach umstrittener Auffassung als Erklärung zur Nichtabzugsfähigkeit als Vorsteuer nicht aus (*Hansens* JurBüro 1995, 173). Aus diesem Grund sollte eine ausdrückliche Erklärung zur Nichtabzugsfähigkeit bei Antragstellung aufgenommen werden. Nur wenn die Richtigkeit der Erklärung durch entsprechenden, vom Antragsgegner zu erbringenden Beweis bereits entkräftet ist oder sich eine offensichtliche Unrichtigkeit der Erklärung aus anderen, dem Gericht bekannten Umständen zweifelsfrei ergibt, können geltend gemachte Umsatzsteuerbeträge unberücksichtigt bleiben (BVerfG NJW 1996, 382; BGH NJW 2003, 1534). §§ 286, 138 Abs. 3 ZPO und in entsprechender Anwendung § 287 ZPO sind im Rahmen des Kostenfestsetzungsverfahrens zu berücksichtigen.

9. Der Kostenfestsetzungsbeschluss ist ein **selbständiger Titel** (§ 794 Abs. 1 Nr. 2 ZPO). Eine vollstreckbare Ausfertigung kann ab Erlass des Kostenfestsetzungsbeschlusses erteilt werden, auch wenn Zustellung an den Gegner nach § 104 Abs. 1 S. 3 ZPO noch nicht erfolgt ist. Auch wenn die Wartefrist des § 798 ZPO einzuhalten ist, sollte der Antrag auf Erteilung einer vollstreckbaren Ausfertigung zur Beschleunigung unmittelbar mit dem Antrag auf Kostenfestsetzung gestellt werden.

10. Kosten und Gebühren. Die Kostenfestsetzung erfolgt gerichtsgebührenfrei. Zu den Gerichtsgebühren bei Erinnerung oder sofortiger Beschwerde s. Anm. zu → Form. C. VI. 3. Auch dem Prozessbevollmächtigten entsteht für seine Tätigkeit im Kostenfestsetzungsverfahren keine zusätzliche Gebühr. Diese ist durch die Verfahrensgebühr abgegolten (§ 19 Abs. 1 S. 2 Nr. 13 RVG). Sofern der Rechtsanwalt nicht Prozessbevollmächtigter war, fällt eine 0,8 Gebühr gem. Nr. 3403 VV RVG an. Zu den Rechtsanwaltsgebühren bei Erinnerung und sofortiger Beschwerde s. Anm. zu → Form. C. VI. 3.

11. Fristen und Rechtsmittel. Der Antrag auf Kostenfestsetzung ist nicht fristgebunden, allerdings kann er der Verwirkung unterliegen. Der prozessuale Kostenerstattungsanspruch verjährt in 30 Jahren, da § 197 Abs. 1 Nr. 3 BGB auch die rechtskräftige Feststellung eines Erstattungsanspruchs dem Grunde nach umfasst (LG Zweibrücken Rpfleger 2006, 289).

Eine Nachfestsetzung von Kosten kann begehrt werden, wenn die entsprechenden Ansätze im ersten Gesuch nicht enthalten bzw. bei der Festsetzung versehentlich übergangen wurden. Eine solche Nachliquidation unterliegt nicht der Frist des § 321 Abs. 2 ZPO. Sie ist auch im Wege der Erinnerung (→ Form. C. VI. 3 Anm. 1 ff.) möglich. Anträge auf Berichtigung des Kostenfestsetzungsbeschlusses gem. § 319 ZPO (→ Form. C. II. 1) oder auf Ergänzung gem. § 321 ZPO (→ Form. C. II. 4) sind grundsätzlich statthaft. Wurde im Kostenfestsetzungsverfahren die beantragte Festsetzung eines Teils der Kosten allerdings vergessen, greift nicht das Berichtigungsverfahren nach § 319 ZPO, sondern die sofortige Beschwerde ein (OLG Zweibrücken Rpfleger 2003, 101).

Zu den Rechtsmitteln → Form. C. VI. 3 Anm. 1 ff.

3. Rechtsbehelf bei Kostenfestsetzung

An das Amts-/Land-/Oberlandesgericht[1]

. . . . .

In dem Rechtsstreit

. . . . .

– Kläger –

gegen

. . . . .

– Beklagter –

Az. . . . . .

legen wir namens und in Vollmacht des Beklagten[2] gegen den Beschluss des . . . . . vom . . . . . das Rechtsmittel der

sofortigen Beschwerde[3, 4, 5]

ein. Wir beantragen,

den Beschluss des . . . . . gerichts vom . . . . . aufzuheben.[6]

Begründung:

In dem Beschluss vom ..... sind die von dem Beklagten zu tragenden Kosten mit ..... EUR festgesetzt worden. In diesem Betrag ist eine Verfahrensgebühr des Prozessbevollmächtigten ..... enthalten, die dem Kläger im Zusammenhang mit der Tätigkeit des ursprünglichen Prozessbevollmächtigten vor dem Amtsgericht ..... entstanden ist. Diese Kosten hat jedoch – wie im Tenor des Urteils vom ..... zutreffend entschieden – gem. § 281 Abs. 3 S. 2 ZPO der Kläger selbst zu tragen, da sie einzig auf der Tatsache beruhen, dass dieser zunächst vor dem unzuständigen Gericht geklagt hat. Der Beklagte muss nur die Verfahrens- und die Terminsgebühr des Prozessbevollmächtigten tragen, die nach dem Anwaltswechsel für die Vertretung vor dem zuständigen Gericht entstanden sind.

Des Weiteren wurde eine Geschäftsgebühr nach Nr. 2400 VV RVG festgesetzt. Da es sich bei dieser Gebühr jedoch um vorprozessuale Kosten handelt, scheidet eine Festsetzung im Rahmen des Kostenfestsetzungsverfahrens nach §§ 103 ff. ZPO aus.[7] Die Gebühr nach Nr. 2400 VV RVG ist aus dem festgesetzten Betrag herauszurechnen.[8, 9, 10, 11]

Es wird um antragsgemäße Entscheidung gebeten.

.....

Rechtsanwalt[12, 13]

Anmerkungen

1. Die Entscheidung des Rechtspflegers über einen Antrag auf Kostenfestsetzung kann abhängig von dem Beschwerdewert mit der **Erinnerung** gem. § 11 Abs. 2 RPflG (Beschwerdewert bis zu 200,00 EUR) oder mit der sofortigen Beschwerde gem. § 104 Abs. 3 S. 1 iVm §§ 567 ff. ZPO bzw. § 85 FamFG iVm § 104 Abs. 3 S. 1 ZPO (Beschwerdewert über 200,00 EUR) angegriffen werden (OLG Köln FGPrax 2010, 267). Da die Zulässigkeit des einzulegenden Rechtsmittels von dem Erreichen des jeweiligen Beschwerdewerts abhängt, ist deutlich zu machen, in welchem Umfang die Entscheidung angegriffen wird. Ob der Beschwerdewert erreicht ist, bestimmt sich nicht nach der Kostenlast insgesamt, sondern ist abhängig von dem Differenzbetrag, um den sich der Beschwerdeführer verbessern will.

2. Erinnerung bzw. Beschwerde stehen nur der beschwerten Partei zu, nicht dem Prozessbevollmächtigten (OLG Brandenburg FamRZ 2002, 253), es sei denn, er ist PKH-Anwalt. Der Kostengläubiger kann ein Rechtsmittel also einlegen, wenn die verlangten Kosten nicht oder nur teilweise zugebilligt wurden; der Kostenschuldner dann, wenn die Kosten festgesetzt wurden. Ist Gegenstand der Rüge lediglich ein Rechenfehler, genügt ein Antrag auf Berichtigung des Kostenfestsetzungsbeschlusses gem. § 319 ZPO (→ Form. C. II. 1).

3. Übersteigt der Beschwerdewert 200,00 EUR, ist das Rechtsmittel der sofortigen Beschwerde statthaft (§ 104 Abs. 3 S. 1 ZPO iVm § 567 Abs. 2 ZPO, 11 Abs. 1 RPflG). Die sofortige Beschwerde ist innerhalb einer Beschwerdefrist von zwei Wochen einzulegen. Sie hat keine aufschiebende Wirkung. Ein „Nachschieben" von Kostenansätzen im Wege des Beschwerdeverfahrens ist nicht zulässig. Wurden Kostenansätze vergessen, ist eine Nachfestsetzung (→ Form. C. VI. 2) zu beantragen.

4. Anwaltszwang besteht im Beschwerdeverfahren nicht, obwohl das Land- bzw. das Oberlandesgericht Beschwerdegerichte sind. Gem. § 569 Abs. 3 Nr. 1 iVm § 78 Abs. 5 ZPO besteht kein Anwaltszwang im Verfahren der sofortigen Beschwerde, wenn der Rechtsstreit im ersten Rechtszug nicht als Anwaltsprozess zu führen war. Da das Kostenfestsetzungsverfahren gem. §§ 103 ff. ZPO der Rechtsstreit des ersten Rechtszugs in diesem Sinne ist und dies von der Partei selbst betrieben werden kann (s. Anm. zu → Form. C. V. 2), kann das Beschwerdeverfahren ebenfalls von dem Beschwerdeführer selbst geführt werden.

5. Sofern sofortige Beschwerde von einer Partei eingelegt wurde, kann die Gegenseite gem. § 567 Abs. 3 ZPO Anschlussbeschwerde einlegen. Die Statthaftigkeit der Anschlussbeschwerde ist vom Beschwerdewert unabhängig; § 567 Abs. 2 ZPO findet keine Anwendung. Alternativ zur Anschlussbeschwerde kann (befristete) Erinnerung eingelegt werden.

6. Der Rechtspfleger kann gem. § 572 Abs. 1 S. 1 ZPO der Beschwerde abhelfen. Die Beschwerde ist nicht dem Instanzrichter vorzulegen. Hilft der Rechtspfleger nicht ab, entscheidet das Beschwerdegericht. Dieses ist das Landgericht, wenn der Rechtspfleger des Amtsgerichts entschieden hat und das OLG, wenn der Rechtspfleger des Landgerichts zuständig war. Eine mündliche Verhandlung über die Beschwerde findet nicht statt, § 572 Abs. 4 iVm § 128 Abs. 4 ZPO. Der Gegner ist vor der Entscheidung anzuhören.

7. Die Geschäftsgebühr nach Nr. 2400 VV RVG wird nur teilweise auf die Verfahrensgebühr nach Nr. 3100 VV RVG angerechnet. Ob der übersteigende Teil im Rahmen des Kostenfestsetzungsverfahrens festgesetzt werden kann, ist umstritten. Die überwiegende Ansicht lehnt eine Festsetzung ab (noch zur Rechtslage zu §§ 20, 118 BRAGO: OLG Frankfurt JurBüro 2003, 201; OLG München MDR 2002, 237; *Wolf* Rpfleger 2005, 337).

8. Sofern der Beschwerdewert von 200,00 EUR nicht erreicht wird und eine sofortige Beschwerde somit unzulässig ist, kann gem. § 11 Abs. 2 S. 1 RPflG **Rechtspflegererinnerung** eingelegt werden. Die Erinnerung ist binnen einer Notfrist von **zwei Wochen** ab Zustellung des Kostenfestsetzungsbeschlusses einzulegen. Wurde der Festsetzungsbeschluss auf das Urteil gesetzt (§ 105 ZPO), ist Zustellung des Titels für den Fristbeginn maßgeblich. Eine Verlängerung der Frist ist nicht möglich, aber eine Wiedereinsetzung gem. §§ 233 ff. ZPO. Da die Erinnerung immer in derselben Instanz erledigt wird, ist die Einlegung der Erinnerung beim Beschwerdegericht nicht fristwahrend (OLG Hamm AnwBl 1995, 270).

9. Einer Mindestbeschwer bedarf es für die Statthaftigkeit der Erinnerung nicht. Die „Maximalbeschwer" liegt bei 200,00 EUR. Dies kann in Fällen zu Problemen führen, in denen die Erinnerung erweitert werden soll. Eine Erweiterung der Erinnerung über die Maximalbeschwer von 200,00 EUR hinaus ist möglich, sofern die zweiwöchige Notfrist noch läuft. Die erweiterte „Erinnerung" ist als Beschwerde zu behandeln. Wird allerdings nach Fristablauf die Erinnerung auf über 200,00 EUR erweitert, ist diese wegen Überschreitung der Maximalbeschwer unzulässig. Auch das an sich gegebene Rechtsmittel der sofortigen Beschwerde ist wegen Fristablaufs unzulässig (Zöller/*Herget* § 104 Rn. 15).

10. Auch im Anwaltsprozess kann die Erinnerung durch die Partei selbst eingelegt werden (§ 13 RPflG). Eine fehlerhafte Bezeichnung der Erinnerung, zB als „Beschwerde", ist grundsätzlich unschädlich. Durch Auslegung ist zu ermitteln, was der Beschwerdeführer gemeint hat.

11. Der Rechtspfleger kann gem. § 11 Abs. 2 S. 2 RPflG der Erinnerung abhelfen. Hilft der Rechtspfleger ab, steht der nunmehr beschwerten Partei gegen die Abhilfeentscheidung wiederum eine befristete Erinnerung zu, § 11 Abs. 2 S. 1 RPflG. Die Frist beginnt mit der Zustellung der Abhilfeentscheidung. Hilft der Rechtspfleger nicht ab, ist an den Instanzrichter vorzulegen, § 11 Abs. 2 S. 3 RPflG. Der Instanzrichter entscheidet sodann abschließend; seine Entscheidung ist unanfechtbar.

12. Kosten und Gebühren. Die Entscheidung über die Erinnerung ergeht gerichtsgebührenfrei. Bei der sofortigen Beschwerde entsteht die Festgebühr nach Nr. 1811 KV GKG in Höhe von 60,00 EUR, wenn die Beschwerde verworfen oder zurückgewiesen wird. Bei Teilerfolg kommt Ermäßigung auf die Hälfte oder vollständiges Unterbleiben der Erhebung in Betracht.

Dem Prozessbevollmächtigten entsteht im Erinnerungs-/Beschwerdeverfahren eine 0,5 Gebühr nach Nr. 3500 VV RVG. Theoretisch möglich ist zusätzlich eine Terminsgebühr nach Nr. 3513 VV RVG. Jede Erinnerung bzw. Beschwerde gilt als besondere Angelegenheit, § 18 Nr. 5 RVG (mit der Einschränkung aus § 16 Nr. 12 RVG).

13. Rechtsmittel. Eine Rechtsbeschwerde gegen die Beschwerdeentscheidung des Beschwerdegerichts ist unter den Voraussetzungen des § 574 ZPO statthaft und zulässig, dh wenn das Beschwerdegericht diese zugelassen hat (§ 104 Abs. 3 S. 1 iVm § 574 Abs. 1 Nr. 2 ZPO) (BGH NJW-RR 2004, 356). Eine „Nichtzulassungsbeschwerde" gibt es nicht. Der Beschwerdeführer muss sich durch einen beim BGH zugelassenen Rechtsanwalt im Rechtsbeschwerdeverfahren vertreten lassen.

VII. Exkurs: Titelbeschaffung im Wege des einstweiligen Rechtsschutzes

1. Antrag auf Erlass einer Einstweiligen Verfügung (§§ 935, 940 ZPO)

An das Amtsgericht/Landgericht

.....[1]

Antrag auf Erlass einer einstweiligen Verfügung[2, 3, 4]

Eilt sehr! Bitte der oder dem Vorsitzenden sofort vorlegen.

In dem Verfahren auf Erlass einer einstweiligen Verfügung

des .....

– Antragsteller –

Prozessbevollmächtigter: .....

gegen

.....

– Antragsgegner –

Prozessbevollmächtigter: .....

beantrage ich namens und im Auftrag der Antragstellerin wegen besonderer Dringlichkeit ohne mündliche Verhandlung[5] durch den Vorsitzenden allein[6] den Erlass folgender einstweiliger Verfügung:

1. **Der Antragsgegnerin wird aufgegeben, die Antragstellerin bis zum ..... mit ..... Frontzapfwellen des Modells Y 796 zum Einbau in den Traktor ..... pro Kalenderwoche zu den vereinbarten Preisen – hilfsweise Zug-um-Zug gegen Zahlung – zu beliefern.[7]**
2. **Verstößt die Antragsgegnerin gegen diese einstweilige Verfügung, kann sie bei jedem Verstoß mittels Zwangsgeld von bis zu 25.000,00 EUR, ersatzweise Zwangshaft von bis zu 6 Monaten (zu vollziehen an ihrem Geschäftsführer) zur Befolgung dieser einstweiligen Verfügung angehalten werden.[8, 9]**

Begründung:

1.

Beide Parteien sind als Zulieferunternehmen im Bereich der Landtechnik-Maschinen tätig. Zwischen der Antragsstellerin und der Antragsgegnerin besteht seit ..... ein Vertrag über die Belieferung mit Frontzapfwellen für das Traktor Modell ..... Die Antragsgegnerin stellt diese Metallteile als Subunternehmerin für die Antragsstellerin her, die diese wiederum an die Herstellerin ..... des Traktors ..... liefert.

Glaubhaftmachung:[10] Als Anlage AST . . . . . vorgelegte eidesstattliche Versicherung des Geschäftsführers der Antragstellerin vom . . . . .
Als Anlage AST . . . . . vorgelegte Kopien des Liefervertrages zwischen der Antragsgegnerin und der Antragstellerin vom . . . . .

Von den Frontzapfwellen benötigt die Antragstellerin pro Kalenderwoche . . . . . Stück, um ihrer Lieferverpflichtung gegenüber der Herstellerin . . . . . nachzukommen. Der Liefervertrag zwischen der Antragstellerin und der Antragsgegnerin wird in 2 Monaten, also am . . . . ., enden. Die Parteien verhandeln derzeit über eine Vertragsverlängerung. Da die Antragstellerin die von der Antragsgegnerin geforderte Vertragslaufzeit von 5 Jahren nicht akzeptieren kann und will, drohte die Antragsgegnerin mit Schreiben vom . . . . . einen sofortigen Lieferstopp an. Mit Schreiben vom . . . . . forderte zunächst die Antragstellerin, später die Prozessbevollmächtigten der Antragstellerin die Antragsgegnerin zur sofortigen Weiterbelieferung auf.

Glaubhaftmachung: Als Anlage AST . . . . . vorgelegte Kopien der Schreiben der Antragstellerin und deren Prozessbevollmächtigten an die Antragsgegnerin vom . . . . .
Als Anlage AST . . . . . vorgelegte eidesstattliche Versicherung des Geschäftsführers der Antragstellerin vom . . . . .

Entgegen dieser Aufforderung hat die Antragsgegnerin die Belieferung inzwischen vollständig eingestellt. Zur Wiederaufnahme der Belieferung ist sie nur gegen Abschluss eines Vertrages ohne Kündigungsmöglichkeit und längerer Laufzeit bereit.

Glaubhaftmachung: Als Anlage AST . . . . . vorgelegte Kopie eines Schreibens der Antragsgegnerin an die Antragstellerin vom . . . . .
Als Anlage AST . . . . . vorgelegte eidesstattliche Versicherung des Geschäftsführers der Antragstellerin vom . . . . .

Sofern die Antragsgegnerin nicht unverzüglich die Weiterbelieferung der Antragsstellerin aufnimmt, droht der Antragstellerin ein immenser Schaden. Da sie zur Belieferung der Herstellerin nicht mehr in der Lage ist und ein anderer Zulieferer nicht zur Verfügung steht, wird bei dieser spätestens ab Montag Vormittag die Produktion des Traktor Modells . . . . . zum Stillstand kommen.

Glaubhaftmachung: Als Anlage AST . . . . . vorgelegte eidesstattliche Versicherung des Geschäftsführers der Antragstellerin vom . . . . .
Als Anlage AST . . . . . vorgelegte Kopie eines Schreibens der Herstellerin . . . . . an die Antragstellerin vom . . . . .

Sollte es zu einem Produktionsstopp bei der Herstellerin infolge des Verhaltens der Antragsgegnerin kommen, droht ein Schaden in Millionenhöhe.

2.

Der Verfügungsanspruch ergibt sich aus dem zwischen den Parteien bestehenden Liefervertrag vom . . . . . über die Frontzapfwellen. Da diese Lieferbeziehung zwischen den Parteien nicht beendet wurde und noch bis zum . . . . . fortbesteht, kann die Antragstellerin bis zu diesem Zeitpunkt Weiterbelieferung verlangen. Einen Grund für den rechtswidrigen Lieferstopp oder eine Kündigung der Lieferbeziehung hat die Antragsgegnerin nicht geltend gemacht und ein solcher liegt auch nicht vor.

3.

Die Antragstellerin hat einen Verfügungsgrund für den Erlass der beantragten einstweiligen Verfügung auf Weiterbelieferung. Die besonderen Voraussetzungen der von der Antragstellerin begehrten Leistungsverfügung iSd §§ 935, 940 ZPO liegen vor.

Eine Leistungsverfügung ist dann zulässig, wenn der Antragsteller auf die sofortige Erfüllung seines Leistungsanspruchs dringend angewiesen ist und sonst so erhebliche wirtschaftliche Nachteile erleiden würde, dass ihm ein Zuwarten oder eine Verweisung auf die spätere Geltendmachung von Schadensersatzansprüchen nach Wegfall des ursprünglichen Erfüllungsanspruchs nicht zumutbar ist. Der Verfügungsgrund einer Leistungsverfügung kann auch in der Vermeidung eines unverhältnismäßigen Vermögensschadens liegen.

Diese Voraussetzungen sind vorliegend erfüllt. Die Antragstellerin ist auf die sofortige Weiterbelieferung mit den Frontzapfwellen durch die Antragsgegnerin dringend angewiesen. Wird die Weiterbelieferung von der Antragsgegnerin nicht unverzüglich wieder aufgenommen, droht der Antragstellerin ein enormer Vermögensschaden mit verheerenden wirtschaftlichen Folgen. Die Antragstellerin würde insbesondere wegen kostenträchtiger Produktionsstörungen der Herstellerin in Millionenhöhe haftbar gemacht werden.

Der Prozessbevollmächtigte bittet um telefonische Benachrichtigung; ebenfalls wird um einen Hinweis gebeten, falls aus Sicht des Vorsitzenden weiterer Vortrag oder Glaubhaftmachung erforderlich sind.

Der vorläufige Streitwert[11] wird mit . . . . . EUR angegeben.

. . . . .

Rechtsanwalt[12, 13, 14]

Anmerkungen

1. Gem. § 937 ZPO ist grundsätzlich für den Erlass der einstweiligen Verfügung das **Gericht der Hauptsache** (§ 943 ZPO) zuständig. In dringenden Fällen ist die Zuständigkeit des Amtsgerichts, in dessen Bezirk sich der Streitgegenstand befindet, gegeben (§ 942 ZPO). In diesem Fall bestimmt das Amtsgericht in dem die einstweilige Verfügung anordnenden Beschluss eine Frist zur Durchführung des Rechtfertigungsverfahrens beim Gericht der Hauptsache.

2. Voraussetzung für den Erlass einer einstweiligen Verfügung ist die Glaubhaftmachung eines **Verfügungsanspruchs** und eines **Verfügungsgrundes.**

3. Verfügungsanspruch bei einer Sicherungsverfügung (§ 935 ZPO) und deren Unterfall der Unterlassungsverfügung ist ein zu sicherndes, nicht auf Geld gerichtetes, subjektives Recht. Die Regelungsverfügung (§ 940 ZPO) dient der vorübergehenden Regelung eines Zustands oder eines streitigen Rechtsverhältnisses. An die Stelle eines bestimmten Individualanspruchs und der Sicherung seiner Verwirklichung tritt die einstweilige Zwischenregelung des streitigen Rechtsverhältnisses. Da die Abgrenzung zwischen beiden Verfügungsarten im Einzelfall schwierig ist und geringe praktische Relevanz hat, sollte eine Konkretisierung bei der Antragstellung im Zweifel unterbleiben. Allgemein anerkannt ist darüber hinaus die Leistungsverfügung für solche Fälle, in denen der Antragsteller auf die sofortige Erfüllung seines Anspruchs so dringend angewiesen ist, dass er ein ordentliches Verfahren nicht abwarten kann, ohne unverhältnismäßig großen oder gar irreparablen Schaden zu erleiden. Verfügungsanspruch ist ein Recht aus einem konkreten Streitverhältnis.

4. Ein **Verfügungsgrund** liegt vor, wenn zu besorgen ist, dass durch die Veränderung des bestehenden Zustands die Verwirklichung des Rechts vereitelt oder wesentlich erschwert werden könnte (§ 935 ZPO) bzw. wenn die einstweilige Regelung notwendig ist, um wesentliche Nachteile abzuwenden, drohende Gewalt zu verhindern oder aus anderen Gründen nötig erscheint (§ 940 ZPO). Für eine Leistungsverfügung ist ein Verfügungsgrund zu bejahen, wenn ein faktischer Vorgriff auf Befriedigung notwendig ist, um die zu erwartenden Dauerschäden an Gesundheit, Leib, Leben oder anderen Rechtsgütern abzuwenden. Eine Sonderregelung enthält § 940a ZPO in Bezug auf die Räumung von Wohnraum. Diese darf mittels einstweiliger Verfügung nur wegen verbotener Eigenmacht oder bei einer konkreten Gefahr für Leib oder Leben angeordnet werden. Ist Räumungsklage wegen Zahlungsverzugs erhoben, darf die Räumung durch einstweilige Verfügung überdies angeordnet werden, wenn einer Sicherheitsanordnung (§ 283a ZPO) im Hauptsacheverfahren nicht Folge geleistet wird (vgl. § 940a Abs. 3 ZPO). Die Anordnung kann auch gegen einen Dritten erfolgen (vgl. § 940a Abs. 2 ZPO).

5. In dringenden Fällen sowie dann, wenn der Antrag auf Erlass einer einstweiligen Verfügung zurückzuweisen ist (§ 937 Abs. 2 ZPO), kann die **Entscheidung ohne mündliche Verhandlung** ergehen. Es ist ratsam, die Notwendigkeit der Entscheidung ohne vorherige mündliche Verhandlung zu begründen. Die Dringlichkeit wird bei Wettbewerbssachen gem. § 12 Abs. 2 WUG widerleglich vermutet, wenn der Antrag auf einstweiligen Rechtsschutz innerhalb eines Monats ab Kenntniserlangung vom Wettbewerbsverhalten eingeht (OLG Koblenz NJW-RR 2001, 624).

6. Gem. § 944 ZPO kann in dringenden Fällen der Vorsitzende anstatt des Gerichts über den Antrag entscheiden, sofern deren Erledigung eine mündliche Verhandlung nicht erfordert.

7. Dem Gericht steht gem. § 938 ZPO ein freies Ermessen bezüglich der Maßnahmen zu, welche es zur Sicherung des bestehenden Zustands bzw. zur Abwendung wesentlicher Nachteile für geeignet hält. Bei der Antragstellung ist es empfehlenswert, eine konkrete Gebots- oder Verbotsverfügung aufzunehmen und hilfsweise das Gericht darauf zu verweisen, jedenfalls die Maßnahmen anzuordnen, welche es selbst als Mindestschutz für geeignet hält.

8. Dieser Antrag ist nicht zwingend erforderlich, da nach § 888 Abs. 2 ZPO eine Androhung der Zwangsmittel nicht stattfindet. Demgegenüber sollte bei einstweiligen Verfügungen auf Unterlassung oder Duldung einer Handlung der Antrag auf Androhung von Ordnungsgeld bis zu 250.000,00 EUR oder, für den Fall, dass dieses nicht beigetrieben werden kann, Ordnungshaft oder Ordnungshaft bis zu 6 Monaten, aufgenommen werden. Ordnungsgeld und Ordnungshaft sind gem. § 890 Abs. 2 ZPO zuvor anzudrohen. Die erforderliche Androhung kann bereits in den Beschluss bzw. das Urteil aufgenommen werden, durch welche die einstweilige Verfügung angedroht wird.

9. Der Antrag, dem Antragsgegner die **Kosten des Verfahrens** aufzuerlegen, ist in der Praxis häufig zu finden, jedoch entbehrlich. Über die Kostentragungspflicht gem. §§ 91 ff. ZPO wird im Verfügungsverfahren ebenso wie im Erkenntnisverfahren von Amts wegen entschieden.

10. Gem. § 936 iVm § 920 Abs. 2 ZPO sind der Verfügungsanspruch und der Verfügungsgrund glaubhaft zu machen. Zulässig ist jedes geeignete, präsente Beweismittel einschließlich der eidesstattlichen Versicherung (§ 294 ZPO).

11. Der Streitwert für das Verfahren auf Erlass einer einstweiligen Verfügung ist gem. §§ 20 GKG, 3 ZPO nach freiem Ermessen auf Grundlage des Interesses des Antragstellers zum Zeitpunkt der Antragstellung zu schätzen. In der Regel wird $^1/_3$ bis $^1/_2$ des Hauptsachestreitwerts für angemessen erachtet. Der Streitwert kann sich jedoch dem des Hauptsacheverfahrens annähern, wenn der Streit im Verfahren über den Erlass der einstweiligen Verfügung faktisch endgültig erledigt wird.

12. Am 1.1.2016 ist der neue § 945a ZPO zur **Einreichung von Schutzschriften** in Kraft getreten. Hierbei handelt es sich gemäß der Definition des § 945a Abs. 1 ZPO um vorbeugende Verteidigungsschriftsätze gegen erwartete Anträge auf Arrest oder einstweilige Verfügungen. Die Länder führen ein zentrales elektronisches Register für Schutzschriften ein. Gemäß § 945a Abs. 2 ZPO gilt eine Schutzschrift als bei allen ordentlichen Gerichten der Länder eingereicht, sobald sie in das Schutzschriftenregister eingestellt ist.

13. **Kosten und Gebühren.** Nach Nr. 1410 KV GKG entsteht für das Verfahren über den Antrag auf Erlass einer einstweiligen Verfügung eine 1,5 Verfahrensgebühr. Mit ihr ist das gesamte Verfahren abgegolten. Für das Verfahren nach einem Antrag auf Aufhebung oder Änderung (§§ 926 Abs. 2, 927 ZPO) werden Gebühren jeweils gesondert erhoben. Ein Gerichtskostenvorschuss ist nicht zu erbringen, da es sich bei dem Verfügungsverfahren nicht um eine Klage im Sinne des § 65 GKG handelt. Gem. Nr. 1411 KV GKG ermäßigt sich die Gebühr auf 1,0 im Fall der Verfahrensbeendigung vor dem Schluss der mündlichen Verhandlung durch Antragsrücknahme, Anerkenntnis- oder Verzichtsurteil, Urteil nach § 313a Abs. 2 ZPO oder gerichtlichen Vergleich sowie Erledigung. Die Verfahrensgebühr erhöht sich auf 3,0 im Fall eines streitigen Urteils. Diese Gebühren fallen ebenso an, sofern das Gericht eine streitige Kostenentscheidung zu treffen hat (§§ 269 Abs. 3 S. 3, 91a ZPO).

Für das **Berufungsverfahren** fallen 4,0 Gebühren an. Möglich ist eine Ermäßigung auf 1,0 (Nr. 1414 KV GKG), 2,0 (Nr. 1415 KV GKG) und 3,0 (Nr. 1416 KV GKG) Gebühren. Die Beschwerde gegen den Beschluss, mit dem der Antrag auf Erlass der einstweiligen Verfügung zurückgewiesen wurde, löst 1,5 Gebühren aus (Nr. 1417 KV GKG). Bei Rücknahme der Beschwerde ermäßigt sich die Gebühr auf 1,0 (Nr. 1418 KV GKG).

Für den Prozessbevollmächtigten entstehen für das Verfahren über den Antrag auf Erlass einer einstweiligen Verfügung die Gebühren nach Nr. 3100 ff. VV RVG. Das Verfahren über den Antrag bis zur Aufhebung stellt gebührenrechtlich dieselbe Angelegenheit dar (§ 16 Nr. 6 RVG). In Bezug auf die Hauptsache liegt jedoch eine andere Angelegenheit vor (§ 17 Nr. 4 RVG). Im Berufungsverfahren gelten Nr. 3200 ff. VV RVG, im Beschwerdeverfahren VV 3500 ff. RVG. Im Fall einer Einigung entstehen darüber hinaus Einigungsgebühren nach Nr. 1003 VV (bzw. Nr. 1004 VV RVG im Berufungsverfahren), ggf. auch Nr. 3104 Abs. 1 Nr. 1 VV RVG (im Fall des § 278 Abs. 6 ZPO bei Vergleich nach Widerspruch).

Die Vollziehung einer einstweiligen Verfügung (nicht die Zustellung allein) stellt ebenfalls eine gesonderte Angelegenheit dar (§ 18 Nr. 4 RVG). Anwendbar sind Nr. 3309 f. VV RVG.

14. **Rechtsmittel.** Gegen die Anordnung der einstweiligen Verfügung **durch Beschluss** kann der Antragsgegner Widerspruch einlegen (§ 924 iVm § 936 ZPO). Wurde die einstweilige Verfügung nach mündlicher Verhandlung **durch Endurteil** erlassen, ist diese mit dem Rechtsmittel der Berufung anzugreifen. Möglich ist des Weiteren ein Antrag auf Aufhebung der einstweiligen Verfügung wegen veränderter Umstände, §§ 936, 927 Abs. 1 ZPO, sowie ein Antrag auf Aufhebung, sofern nicht innerhalb der gerichtlich bestimmten Frist Hauptsacheklage erhoben wurde, §§ 936, 926 Abs. 2 ZPO.

Wurde der Antrag auf Erlass der einstweiligen Verfügung zurückgewiesen, steht dem Antragsteller die **sofortige Beschwerde** zu, §§ 567 Abs. 1 Nr. 2, 569 ZPO. Das Gericht kann der Beschwerde selbst abhelfen (§ 572 Abs. 1 ZPO). Ansonsten entscheidet das Beschwerdegericht. Sofern dieses die einstweilige Verfügung anordnet, ist hiergegen wiederum ein Widerspruch statthaft. Wenn auch das Beschwerdegericht den Antrag auf Erlass der einstweiligen Verfügung zurückweist, ist gegen diese Entscheidung keine Rechtsbeschwerde möglich.

Nach überwiegender Ansicht unterliegt das Beschwerdeverfahren nicht dem Anwaltszwang, selbst wenn der Antrag auf Erlass einer einstweiligen Verfügung durch ein Kollegialgericht zurückgewiesen wurde (OLG Köln NJW-RR 1988, 254 mwN; OLG Karlsruhe OLGR 1998, 130). Gem. § 920 Abs. 3 ZPO kann der Antrag auf Erlass einer einstweiligen Verfügung durch die Partei selbst gestellt werden. Diese Befreiung beschränkt sich nicht nur auf die Einleitung des Verfahrens, sondern gilt auch für die anschließende Beschwerde. Anwaltszwang gilt jedoch dann, wenn eine mündliche Verhandlung in erster Instanz stattgefunden hat (§ 569 Abs. 3 Nr. 1 ZPO).

Die **Einlegung des Widerspruchs** ist nicht fristgebunden. Die Grundsätze der Verwirkung finden jedoch Anwendung. Bei der Berufung gilt die Frist des § 517 ZPO.

2. Antrag auf Erlass eines dinglichen Arrests (§§ 917, 918 ZPO)

An das Amts-/Landgericht

. . . . .[1, 2]

Antrag auf Erlass eines dinglichen Arrestes

In dem Arrestverfahren

. . . . .

– Antragsteller –

Prozessbevollmächtigter: . . . . .

gegen

. . . . .

– Antragsgegner –

Prozessbevollmächtigter: . . . . .

beantrage ich namens und in Vollmacht des Antragstellers – wegen Dringlichkeit ohne mündliche Verhandlung[3] – den Erlass folgenden Arrestbefehls und Arrestpfändungsbeschlusses:

1. **Wegen einer Werklohnforderung des Antragstellers gegen den Antragsgegner in Höhe von . . . . . EUR nebst einer entsprechenden Kostenpauschale von mindestens 10 % der Hauptforderung wird der dingliche Arrest in das gesamte Vermögen des Antragsgegners angeordnet.[4]**
2. **Die Vollziehung des Arrests wird durch Hinterlegung durch den Antragsgegner in Höhe von . . . . . EUR gehemmt.[5]**
3. **In Vollziehung des Arrestes[6] wird die Forderung des Antragsgegners auf Darlehensrückzahlung nebst Zinsen aus dem Darlehensvertrag vom . . . . . gegen . . . . . bis zum Höchstbetrag von . . . . . EUR gepfändet.[7] Der Antragsgegner hat sich jeder Verfügung über die Forderung zu enthalten. Der Drittschuldner darf an den Antragsgegner nicht mehr leisten.[8]**

Begründung:

I. Arrestanspruch

Der Antragsteller hat sich gegenüber dem Antragsgegner gem. dem schriftlichen Werkvertrag vom ..... zur Errichtung eines Carports verpflichtet. Als vereinbarter Werklohn wurde ein Betrag von ..... EUR vereinbart. Am ..... hat der Antragsteller den Carport an den Antragsgegner übergeben, der Antragsgegner hat diesen abgenommen und die Parteien haben das Abnahmeprotokoll unterzeichnet. Gem. Ziff. ..... des Vertrages ist die Zahlung des Werklohns mit der Abnahme des Werks fällig.

Glaubhaftmachung: Als Anlage AST ..... beigefügter Werkvertrag vom .....
Als Anlage AST ..... beigefügte Abnahmeprotokoll vom .....

Eine Zahlung des Werklohns ist bisher nicht erfolgt.

Glaubhaftmachung: Als Anlage AST ..... beigefügte eidesstattliche Versicherung des Antragstellers vom .....

II. Arrestgrund

Es besteht ein Arrestgrund für die Sicherung der Arrestforderung: Laut Auskunft des Wohnungsvermieters hat der Antragsgegner sein Mietverhältnis zum ..... gekündigt. Der Antragsteller hat sich auf entsprechende Anfrage vom ..... geweigert, dem Antragsteller seine neue Anschrift mitzuteilen. Er hat insbesondere auch erklärt, er denke nicht daran, den Carport zu bezahlen, da dieser von ihm infolge des geplanten Umzugs nicht mehr genutzt werden könne.

Glaubhaftmachung: Als Anlage AST ..... beigefügtes Kündigungsschreiben vom .....
Als Anlage AST ..... beigefügte eidesstattliche Versicherung des Wohnungsvermieters .....
Als Anlage AST ..... beigefügte eidesstattliche Versicherung des Antragstellers vom .....

Es ist somit zu befürchten, dass ohne die Anordnung des dinglichen Arrestes die Vollstreckung eines Urteils vereitelt oder wesentlich erschwert würde.

Ein weiterer Arrestgrund liegt vor, weil .....

Glaubhaftmachung: .....

III. Arrestpfändung

Der Antragsgegner hat eine Forderung in Höhe von ..... EUR gegen ..... aus einem Darlehensvertrag ..... Diese Forderung soll bis zum Höchstbetrag von ..... EUR in Vollziehung des Arrestes gepfändet werden.

Der vorläufige Streitwert wird mit ..... angegeben.[9]

.....

Rechtsanwalt[10, 11]

Anmerkungen

1. Der **dingliche Arrest** bezweckt, einen Wert in Höhe der dem Arrest zugrunde liegenden Forderung vorläufig zu Gunsten des Gläubigers sicherzustellen. Voraussetzung für die Anordnung eines dinglichen Arrests ist die Glaubhaftmachung eines Arrestanspruchs und eines Arrestgrunds. Ein Arrestanspruch besteht in einer Geldforderung oder einer Forderung, die in eine solche übergehen kann (§ 916 Abs. 1 ZPO). Die durch das Arrestverfahren sowie die Vollstreckung des Arrests voraussichtlich entstehenden Kosten können durch eine Kostenpauschale zugleich gesichert werden. Ein Arrestgrund liegt vor, wenn zu besorgen ist, dass ohne dessen Verhängung die Vollstreckung des Urteils vereitelt oder wesentlich erschwert werden würde (§ 917 Abs. 1 ZPO). Die Praxis ist bei der Annahme eines Arrestgrundes eher zurückhaltend. Ein zureichender Arrestgrund liegt nach § 917 Abs. 2 ZPO aber jedenfalls dann vor, wenn ein Urteil im Ausland vollstreckt werden müsste und Gegenseitigkeit nicht verbürgt ist. Soll der Arrest zur Sicherung der Zwangsvollstreckung in ein Schiff stattfinden, bedarf es nach der seit 2013 geltenden Regelung des § 917 Abs. 2 keines Arrestgrundes.

2. **Zuständig** für den Erlass des dinglichen Arrests ist wahlweise das Gericht der Hauptsache oder das Amtsgericht, in dessen Bezirk sich der mit dem Arrest zu belegende Gegenstand befindet (§ 919 ZPO). Im Unterschied zur Zuständigkeit des Amtsgerichts für den Erlass einer einstweiligen Verfügung setzt die Zuständigkeit des Amtsgerichts im Arrestverfahren keine besondere Dringlichkeit voraus. Ausreichend ist, wenn sich einer der Vermögensgegenstände im Zeitpunkt der Antragstellung bzw. spätestens im Zeitpunkt der gerichtlichen Entscheidung im Gerichtsbezirk befindet. Der Arrest ist jedoch nicht auf diesen Gegenstand beschränkt.

3. Gem. § 921 Abs. 1 ZPO kann die **Entscheidung ohne mündliche Verhandlung** ergehen. Deren Durchführung ist in das freie Ermessen des Gerichts gestellt. Anders als bei dem Antrag auf Erlass einer einstweiligen Verfügung ist eine mündliche Verhandlung nicht nur bei besonderer Dringlichkeit (§ 937 Abs. 2 ZPO) entbehrlich. Ob das Gericht auch dann eine mündliche Verhandlung anordnen kann, wenn im Antrag deutlich gemacht wird, dass dieser nur für den Fall einer Entscheidung ohne mündliche Verhandlung aufrecht erhalten werden soll, ist umstritten (dafür die hM: Zöller/*Vollkommer* § 921 Rn. 1 mwN; dagegen Stein/Jonas/*Grunsky* § 921 Rn. 1).

4. Bezüglich der Kostenentscheidung gem. §§ 91 ff. ZPO s. Anm. zu → Form. C. VII. 1.

5. In dem Arrestbefehl ist nach § 923 ZPO ein Geldbetrag festzusetzen, durch dessen Hinterlegung die **Vollziehung des Arrests** gehemmt und der Schuldner zum Antrag auf Aufhebung des vollzogenen Arrests berechtigt wird. Die Höhe der Lösungssumme ist von Amts wegen festzusetzen. Sie muss die Arrest- sowie die Nebenforderungen abdecken. Der Antrag ist wegen der Entscheidung von Amts wegen nicht erforderlich, wird aber in der Praxis häufig gestellt. Übersieht das Gericht die Aufnahme der Lösungssumme in den Arrestbefehl, ist dieser trotzdem wirksam. Es kann jedoch die Ergänzung des Titels nach § 321 ZPO verlangt werden (→ Form. C. II. 4). An der hinterlegten Summe erlangt der Gläubiger ein Pfandrecht (§ 233 BGB). Sicherheit kann – wenn dies vom Gericht zugelassen wurde – auch durch andere Formen der Sicherheitsleistung, insbesondere durch Bürgschaft, erbracht werden. Die Sicherheitsleistung hemmt die Vollziehung des Arrests. Dies betrifft nicht die Kostenentscheidung.

6. Der **Vollziehungsantrag** sollte gleichzeitig mit dem Arrestantrag gestellt werden. Wegen § 930 Abs. 1 S. 3 ZPO sind Arrest- und Vollstreckungsgericht identisch. Die Höchstsumme umfasst die Arrest- sowie die Nebenforderungen, entspricht folglich der Lösungssumme.

7. Auf die Vollziehung des Arrests sind gem. § 928 ZPO die Vorschriften über die Zwangsvollstreckung entsprechend anwendbar. Die Vollziehung ist gem. § 929 Abs. 3 ZPO bereits vor der Zustellung an den Antragsgegner zulässig. Es kann also zum Beispiel bereits die Pfändung der Forderung durch Zustellung des Pfändungsbeschlusses an den Drittschuldner erfolgen, bevor der Arrestbefehl überhaupt dem Antragsgegner zugestellt wurde. Die Zustellung muss jedoch innerhalb einer Woche nach der Vollziehung nachfolgen (§ 929 Abs. 3 S. 2 ZPO). Die Vollziehung des Arrestbeschlusses erfordert zusätzlich zur Zustellung von Amts wegen die erneute Zustellung im Parteibetrieb (§ 922 Abs. 2 ZPO). Die Vollziehung ist unstatthaft, wenn seit Verkündung des Arrestbefehls bzw. dessen Zustellung an den Antragsteller ein Monat vergangen ist (§ 929 Abs. 2 ZPO). Eine Sonderregelung zur Arrestvollziehung in nicht eingetragene Seeschiffe enthält § 930 Abs. 4 ZPO: Diese ist unzulässig, wenn sich das Schiff auf der Reise befindet und nicht in einem Hafen liegt.

8. Die Vollziehung des Arrests erfolgt gem. § 928 ZPO entsprechend den Vorschriften der Zwangsvollstreckung, soweit nicht in §§ 929 ff. ZPO Sonderregeln enthalten sind. Vorliegend wird in Vollziehung des Arrests eine Forderungspfändung gem. §§ 930, 829 ZPO beantragt. Das Bestehen der zu pfändenden Forderung muss nicht glaubhaft gemacht werden. In diesem Fall wird die angeblich bestehende Forderung gegen den Drittschuldner gepfändet. Die Forderung muss aber so genau bezeichnet werden, dass sie zweifelsfrei identifiziert werden kann und eine bestimmte Fassung des Pfändungsbeschlusses möglich ist (Zöller/*Stöber* § 829 Rn. 3). Das Arrestatorium und das Inhibitorium sollten sogleich in den Antrag aufgenommen werden. Obwohl das Gericht hierüber von Amts wegen im Rahmen des Pfändungsbeschlusses zu entscheiden hat, ist die Aufnahme empfehlenswert. Die Arrestpfändung ist im Zweifel unwirksam, wenn der Beschluss ohne das entsprechende Ver- und Gebot an den Drittschuldner zugestellt wird.

9. Der **Streitwert** für die Anordnung, Bestätigung, Aufhebung des Arrests ist über §§ 20 GKG, 3 ZPO zu schätzen. In der Regel beläuft sich dieser auf $^1/_3$ bis $^1/_2$ der zu sichernden Forderung, es sei denn, der Arrest führt praktisch zur Befriedigung und mit einem Hauptsacheverfahren ist nicht mehr zu rechnen. Eine gem. § 930 ZPO verbundene Forderungspfändung bleibt unberücksichtigt.

10. Kosten und Gebühren. Bezüglich der Kosten und Gebühren eines dinglichen Arrests s. Anm. zu → Form. C. VII. 1. Der Arrestvollzug ist als selbständiges Vollstreckungsverfahren gebührenpflichtig. Wird wie im vorliegenden Beispiel der Arrest angeordnet und gleichzeitig eine Forderung gepfändet, kommen für das Arrestverfahren eine Verfahrensgebühr und für den Forderungspfändungsbeschluss eine Festgebühr von 15,00 EUR nach Nr. 2110 VV RVG zum Ansatz. Wird der Arrestantrag zurückgewiesen, entfällt die Gebühr für das Pfändungsverfahren, da der Pfändungsantrag durch die vorherige Anordnung des Arrests bedingt ist. Bei Ablehnung des Arrestantrags ist er deshalb als von Anfang an nicht gestellt anzusehen. Wird ein Forderungspfändungsbeschluss mit dem Arrest erlassen, so löst der Überweisungsbeschluss gem. § 835 ZPO, der nach Erlangung des vollstreckbaren Titels in der Hauptsache ergehen kann, keine Gebühr mehr aus.

Die Vollziehung des Arrests gilt gem. § 18 Nr. 4 RVG als besondere Angelegenheit, es sei denn, es geht nur um die Zustellung des Arrestbefehls. Es gelten die Gebührenbestimmungen der Nr. 3309, 3310 VV RVG. Eine Gebühr für den Pfändungsantrag fällt nur an, wenn der beantragte Arrest erlassen wird, nicht jedoch, wenn der Arrestantrag zurückgewiesen wird. In diesem Fall gilt der Pfändungsantrag gebührenrechtlich als nicht gestellt. Wird jedoch der Arrest erlassen, der Pfändungsantrag aber abgelehnt, erwächst dem Prozessbevollmächtigten eine Gebühr.

11. Rechtsmittel. → Form. C. VII. 1 Anm. 14.

3. Antrag auf Erlass eines persönlichen Arrests (§ 933 ZPO)

An das Amts-/Landgericht

. . . . .

Antrag auf Erlass eines persönlichen Arrestes

In dem Arrestverfahren

. . . . .

– Antragsteller –

Prozessbevollmächtigter: . . . . .

gegen

. . . . .

– Antragsgegner –

Prozessbevollmächtigter: . . . . .

beantrage ich namens und Vollmacht des Antragstellers – wegen Dringlichkeit ohne mündliche Verhandlung – den Erlass folgenden persönlichen Sicherheitsarrestes:

1. Wegen einer Forderung von . . . . . EUR sowie einer Kostenpauschale von . . . . . EUR wird der persönliche Sicherheitsarrest gegen den Antragsgegner angeordnet.[1]
2. Die Vollziehung des Arrestes erfolgt durch Verhängung der Haft gegen den Antragsgegner.[2]

Begründung:

I. Arrestanspruch

Der Antragsteller hat gegen den Antragsgegner eine Forderung in Höhe von . . . . . EUR aus dem Mietvertrag vom . . . . . über die Wohnung . . . . . Den Mietzins in Höhe von . . . . . EUR pro Monat hat der Antragsgegner für die letzten 4 Monate nicht bezahlt.

Glaubhaftmachung: Als Anlage AST . . . . . beigefügter Mietvertrag vom . . . . . Als Anlage AST . . . . . beigefügte eidesstattliche Versicherung des Antragstellers vom . . . . .

II. Arrestgrund

Der Antragsgegner hat seinen bisherigen Wohnsitz zum . . . . . aufgegeben; einen neuen Wohnsitz hat er nicht begründet.

Glaubhaftmachung: Als Anlage AST . . . . . beigefügte Auskunft des Einwohnermeldesamtes der Stadt . . . . . vom . . . . .
Als Anlage AST . . . . . beigefügte eidesstattliche Versicherung des Antragstellers vom . . . . .

Der Antragsgegner hat sich derzeit in der Pension . . . . . in . . . . . nach Auskunft des Pensionsinhabers lediglich bis . . . . . ein Zimmer gemietet.

Glaubhaftmachung: Als Anlage AST ..... beigefügte eidesstattliche Versicherung des Pensionsinhabers ..... vom .....

Er hat sowohl gegenüber dem Antragsteller als auch gegenüber dem Pensionsinhaber ..... geäußert, er beabsichtige, sich ins Ausland abzusetzen.

Glaubhaftmachung: Als Anlage AST ..... beigefügte eidesstattliche Versicherung des Antragstellers vom .....
Als Anlage AST ..... beigefügte eidesstattliche Versicherung des Pensionsinhabers vom .....

Der Antragsgegner hat dem Antragsteller gegenüber geäußert, er habe noch Außenstände aus dem Verkauf seines PKWs; Einzelheiten dieser Forderung sind dem Antragsteller nicht bekannt.

Glaubhaftmachung: Als Anlage AST ..... beigefügte eidesstattliche Versicherung des Antragstellers vom .....

Da somit ein dinglicher Arrest mit Pfändungsbeschluss zur Sicherung der Zwangsvollstreckung nicht ausreichend ist, ist der persönliche Arrest gegen den Antragsgegner erforderlich.

III. Vollziehung des persönlichen Arrestes

Zur Vollziehung des persönlichen Sicherheitsarrestes ist nach Auffassung des Antragstellers die Anordnung der Haft erforderlich. (Weitere Begründung der Erforderlichkeit der Haft)

.....

Rechtsanwalt[3]

Anmerkungen

1. Auch bei einem persönlichen Arrest sind Arrestanspruch und Arrestgrund glaubhaft zu machen. Der Arrestgrund setzt voraus, dass die Zwangsvollstreckung in das Vermögen des Antragsgegners gefährdet und die Herbeiführung persönlicher Freiheitsbeschränkung gegen den Schuldner zur Sicherung zukünftiger Zwangsvollstreckungsmaßnahmen erforderlich ist, um dieser Gefährdung zu begegnen. Gegenüber dem dinglichen Arrest ist der persönliche Arrest subsidiär. Letzterer ist als ultima ratio nur zulässig, wenn der dingliche Arrest zur Sicherung der gefährdeten Zwangsvollstreckung in das Vermögen des Schuldners nicht ausreicht (§ 918 ZPO). Im Rahmen des Arrestgrunds ist die Erforderlichkeit des persönlichen Arrests darzulegen und glaubhaft zu machen. Ein persönlicher Arrest kann auch angeordnet werden, um den Schuldner daran zu hindern, sich der Abgabe der eidesstattlichen Versicherung zu entziehen (OLG München NJW-RR 1988, 382). Möglich ist bei Vorliegen der Voraussetzungen die gleichzeitige Beantragung des dinglichen und des persönlichen Arrests (Stein/Jonas/*Grunsky* ZPO § 918 Rn. 6).

2. Die Vollziehung des Arrestbefehls wird durch das Amtsgericht entweder im Arrestbefehl selbst oder durch einen späteren Beschluss angeordnet. Die Anordnung von Haft oder anderen Freiheitsbeschränkungen liegt im Ermessen des Amtsgerichts. Der Grundsatz der Verhältnismäßigkeit ist zu beachten. Haft ist nur anzuordnen, wenn mildere Maßnahmen, zB Überwachung, Meldepflicht, Wegnahme der Ausweispapiere bzw.

Reiseverbot, Hausarrest, nicht ausreichend sind. Diese milderen Freiheitsbeschränkungsmaßnahmen können alternativ oder kumulativ angeordnet werden. Bei Haftanordnung ist Haftbefehl nach § 908 ZPO zu erlassen. Aufgrund der Haftanordnung kann der Antragsteller den Antragsgegner durch den Gerichtsvollzieher verhaften lassen (§§ 933, 909 ZPO). In den Haftbefehl ist gem. § 933 S. 2 ZPO die nach § 923 ZPO festgesetzte Lösungssumme aufzunehmen. Neben der Hinterlegung kommt eine Bürgschaft über die Lösungssumme des § 923 ZPO in Betracht.

3. Kosten und Gebühren/Rechtsmittel. → Form. C. VII. 1, → Form. C. VII. 2.

4. Antrag auf Erlass einer Einstweiligen Anordnung (§§ 49 ff. FamFG)

An das Amts-/Land-/Oberlandesgericht

. . . . .[1, 2, 3, 4]

Antrag[5] auf Erlass einer einstweiligen Anordnung

Eilt sehr! Bitte der oder dem Vorsitzenden sofort vorlegen.

In dem Verfahren auf Erlass einer einstweiligen Anordnung

. . . . .

– Antragstellerin –

Prozessbevollmächtigter: . . . . .

gegen

. . . . .

– Antragsgegner –

Prozessbevollmächtigter: . . . . .

beantrage ich namens und im Auftrag der Antragstellerin wegen besonderer Dringlichkeit ohne mündliche Verhandlung[6] den Erlass folgender einstweiliger Anordnung:

1. **Dem Antragsgegner wird aufgegeben, der Antragsstellerin bis zum . . . . . ihren Laptop des Herstellers . . . . . , den Computer des Herstellers . . . . ., den Drucker des Herstellers . . . . . sowie den Schreibtisch, den Schreibtischstuhl, den Besprechungstisch mit den 4 Stühlen, die 2 Sofas und den Ablagetisch sowie die 5 Bücherregale der Marke . . . . . ihres Arbeitszimmers herauszugeben.[7]**
2. **Verstößt der Antragsgegner gegen diese einstweilige Anordnung, kann er mittels Zwangsgeld von bis 25.000,00 EUR, ersatzweise Zwangshaft von bis zu 6 Monaten, zur Befolgung dieser einstweiligen Anordnung angehalten werden.[8, 9]**

Begründung:

1. Der Antragssteller und die Antragstellerin leben seit . . . . . in einer ehelichen Lebensgemeinschaft in . . . . . Sie haben keine Kinder. Am . . . . . ist die Antragstellerin ausgezogen und zunächst bei Freunden untergekommen. Es herrschte Einigkeit darüber, dass die selbstständige Antragstellerin, sobald sie eine neue Wohnung gefunden habe, ihre Büroeinrichtung abholen solle.

Glaubhaftmachung:[10] Eidesstattliche Erklärung der Antragsstellerin
Kopie des Mietvertrags der gemeinsamen 4-Zimmer-Wohnung in . . . . .
Kopie des Mietvertrags der neuen 4-Zimmer-Wohnung mit angeschlossenem Büro der Antragsstellerin in . . . . .

Der Antragsgegner verweigert nunmehr seit 2 Wochen die Herausgabe der gesamten Büroausstattung. Er möchte erreichen, dass die Antragstellerin wieder bei ihm einzieht und hält sich für berechtigt, die Möbel zurückzubehalten, um die Antragstellerin öfter zu sehen und sie so überreden zu können, zurück zu ziehen. Zudem meint er, dass ihm die in Frage stehenden Sachen jedenfalls hälftig gehören, da sie beide gemeinsam die Möbel und Computer ausgesucht und bezahlt haben. Er räumt dabei ein, dass der Raum ausschließlich von seiner Frau als Büro genutzt worden sei.

Glaubhaftmachung: Eidesstaatliche Erklärung des Antragsgegners

Die Antragstellerin ist selbstständig als freie Beraterin tätig. Dabei ist sie teilweise in Unternehmen selbst vor Ort. Teilweise coacht sie aber auch Führungskräfte und ist dabei auf eine ruhige und diskrete Beratung und damit auf eigene Räumlichkeiten angewiesen. Sie hat daher auch eine neue Wohnung gesucht, in der sie Kunden empfangen kann. Zurzeit ist die Antragstellerin mit zahlreichen parallelen Beratungsaufträgen beschäftigt und hat bereits diverse Gesprächstermine in ihren neuen Räumlichkeiten vereinbart. Um ihren Kundenstamm nicht zu verlieren, ist eine Verzögerung ihrer Arbeit unbedingt zu vermeiden.

Glaubhaftmachung: Kopie der Aufträge der Antragstellerin
Kopie des Kalenders der Antragstellerin mit einer Auflistung der Termine

2. Die Zuteilung des Hausrates wird im Scheidungsverfahren vorgenommen. Die Antragstellerin ist jedenfalls Miteigentümerin iSd § 903 BGB der Einrichtungsgegenstände, des Laptops, des Computers und des Druckers. Unter Berücksichtigung der Lebensumstände der Antragstellerin erscheint es billig, ihr die Sachen herauszugeben, da sie in besonderem Maße auf sie angewiesen ist, der Antragsgegner dagegen aber keinerlei Interesse an den Sachen hat, vgl. § 1568b Abs. 1 BGB. Es könnte daher allenfalls ein Ausgleichsanspruch des Ehegatten fällig werden, sofern dieser nicht aufgrund des ihm zuzuschlagenden Hausrats ausreichenden Ausgleich erfahren wird. Jedenfalls aber würde dem Hauptsacheverfahren in Bezug auf die Büroeinrichtung der Antragstellerin nicht vorgegriffen. Ein Anordnungsanspruch besteht.

3. Der Antragsgegner ist aufgrund seiner unzutreffenden Sichtweise und seinem Wunsch, die Antragstellerin zurück zu gewinnen, ein Hindernis für das berufliche Fortkommen der Antragstellerin. Sie läuft akute Gefahr, Kunden und ihren guten Ruf zu verlieren und damit als Selbstständige in finanzielle Schwierigkeiten zu geraten. Die Herausgabe der Gegenstände ist daher dringend erforderlich, so dass ein Regelungsbedürfnis und damit ein Anordnungsgrund vorliegt.

Der Prozessbevollmächtigte bittet um telefonische Benachrichtigung; ebenfalls wird um einen Hinweis gebeten, falls aus Sicht des Vorsitzenden weiterer Vortrag oder Glaubhaftmachung erforderlich sind.

Der vorläufige Streitwert[11] wird mit . . . . . EUR angegeben.

. . . . .

Rechtsanwalt[12, 13]

Anmerkungen

1. Voraussetzung für den Erlass einer einstweiligen Anordnung ist die Glaubhaftmachung eines **Anordnungsanspruchs** und eines **Anordnungsgrunds**. Der Erlass einer einstweiligen Anordnung ist – mit Ausnahme des § 248 Abs. 1 FamFG – in FamFG-Verfahren einschließlich Familiensachen nicht mehr davon abhängig, dass eine Hauptsache anhängig ist. Dies gilt auch bei späterer Anhängigkeit der Hauptsache, § 51 Abs. 3 S. 1 FamFG. Der Zustand ist daher vergleichbar mit einem Arrest/einer einstweiligen Verfügung und der Hauptsache.

Anwendbar sind die §§ 49 ff. FamFG auf alle FamFG-Verfahren einschließlich Familienstreitigkeiten, auch auf Ehe- und Familienstreitsachen, vgl. §§ 113 Abs. 1 S. 1, 119 Abs. 1 S. 1 FamFG. Bei Unterhaltssachen sind die teilweise abweichenden Regelungen der §§ 246 ff. FamFG zu beachten, die auch die Möglichkeit einer Leistungsverfügung bieten. Daneben bleiben die Vorschriften über den zivilprozessualen Arrest (§§ 916 ff. ZPO) entsprechend anwendbar, § 119 Abs. 2 FamFG.

2. Der **Anordnungsanspruch** setzt voraus, dass die einstweilige Anordnung nach den für das Rechtsverhältnis maßgebenden Vorschriften gerechtfertigt ist, das Gericht muss sich also weitmöglichst an den materiell-rechtlichen Vorschriften orientieren. Ist ausländisches Sachrecht betroffen, das aber in der Eile nicht ermittelt werden kann, darf vorläufig deutsches Sachrecht angewandt werden, sofern der in Frage stehende Anspruch auch nach ausländischem Recht bestehen könnte (OLG Karlsruhe IPRax 1985, 106; Zöller/*Geimer* § 293 Rn. 11, 19).

3. Der **Anordnungsgrund** setzt ein Regelungsbedürfnis, also gem. § 49 FamFG „ein dringendes Bedürfnis für ein sofortiges Tätigwerden" voraus. Dies wird regelmäßig der Fall sein, wenn ein Zuwarten bis zur Entscheidung in einer etwaigen Hauptsache nicht ohne Eintritt erheblicher Nachteile möglich wäre. Dagegen sind Zweifel am Regelungsbedürfnis angezeigt, wenn der Antragssteller seine Situation bereits eine Zeitlang hingenommen hat (OLG Saarbrücken BeckRS 2011, 14798). In Sorgerechtsverfahren ist das Kindeswohl das maßgebliche Kriterium für die Dringlichkeit (OLG Nürnberg NJW-RR 2011, 219). Ein Regelungsbedürfnis fehlt, wenn die elterliche Sorge bereits durch ein ausländisches Gericht geregelt wurde, dessen Entscheidung im Inland anzuerkennen ist (OLG Köln NJW-RR 2010, 1225).

Ein solch dringendes Bedürfnis ist in Unterhaltssachen nach der Spezialregelung des § 246 Abs. 1 FamFG nicht erforderlich. In Gewaltschutzsachen besteht gem. § 214 Abs. 1 S. 2 FamFG eine Vermutung für ein Regelungsbedürfnis, wenn die Voraussetzungen der Norm vorliegen. Im Umgangsverfahren besteht regelmäßig Eilbedürftigkeit, § 156 Abs. 3 FamFG.

Gem. § 49 Abs. 1 FamFG darf nur eine vorläufige Maßnahme getroffen werden, damit das Hauptsacheverfahren nicht vorweggenommen wird. Diese Beschränkung gilt jedoch nicht im Unterhaltsverfahren, denn hier soll der volle laufende Unterhalt zugesprochen werden können.

4. Die **Zuständigkeit des Gerichts** ist in § 50 FamFG geregelt und hängt davon ab, ob das Hauptsacheverfahren bereits anhängig ist oder ein besonders dringender Fall vorliegt.

Ist das Hauptsacheverfahren noch nicht anhängig, ist das Gericht für die einstweilige Anordnung zuständig, das nach einer fiktiven Zuständigkeitsprüfung für die Hauptsache zuständig wäre, § 50 Abs. 1 S. 1 FamFG. Ist ein Hauptsacheverfahren anhängig, ist das Hauptsachegericht – unabhängig davon, ob es tatsächlich zuständig ist – auch für die einstweilige Anordnung zuständig, sofern sich Verfahrensgegenstand der Anordnung und der Hauptsache entsprechen, § 50 Abs. 1 S. 2 FamFG. In 1. Instanz ist dies das Familiengericht, ab Anhängigkeit einer Beschwerde gem. § 68 Abs. 1 S. 1 FamFG das OLG. Wird daran anschließend eine Rechtsbeschwerde beim BGH eingelegt, so ist erneut das Gericht 1. Instanz zuständig. Problematisch sind häufig Kindschaftssachen, da es bei der einstweiligen Anordnung um den Umgang mit dem Kind (vgl. § 151 Nr. 2 FamFG), im Hauptsacheverfahren aber um das Sorgerecht (§ 151 Nr. 1 FamFG) geht. Hier liegen unterschiedliche Verfahrensgegenstände vor (OLG Rostock FamRZ 2004, 476).

In besonders **dringenden Fällen** ist das Amtsgericht zuständig, § 50 Abs. 2 FamFG, weil dort flächendeckend ein Bereitschaftsdienst eingerichtet ist. Ein dringender Fall liegt in Anlehnung an § 924 Abs. 1 ZPO vor, „wenn der Antragssteller durch die Anrufung des zuständigen Gerichts der Hauptsache einen nicht hinnehmbaren Rechtsverlust erleiden würde, der durch die dann eintretende zeitliche Verzögerung entstehen würde" (Zöller/*Feskorn* FamFG § 50 Rn. 6). Das Amtsgericht hat das einstweilige Anordnungsverfahren unverzüglich an das nach Abs. 1 zuständige Gericht abzugeben, § 50 Abs. 2 S. 2 FamFG. Ändern sich maßgebliche Verhältnisse, kommt eine Abgabe an das Gericht der Hauptsache gem. § 4 FamFG in Betracht.

5. Ein **Antrag** ist nur erforderlich, sofern es sich bei dem entsprechenden Hauptsacheverfahren um ein Antragsverfahren handelt, § 51 Abs. 1 S. 1 FamFG („Antragsverfahren"). Antragsverfahren sind ua Familienstreitsachen, deren Hauptsacheverfahren sich gem. § 113 Abs. 1 S. 1 FamFG richtet und Hausratssachen gem. § 203 Abs. 1 FamFG. Zu den Antragsverfahren siehe Keidel/*Sternal* FamFG § 23 Rn. 7 ff. Der Antrag muss gem. § 25 FamFG schriftlich oder zur Niederschrift der Geschäftsstelle gestellt werden. Er ist gem. § 51 Abs. 1 S. 2 FamFG zu begründen und die Voraussetzungen für die Anordnung sind glaubhaft zu machen, wobei in den nur auf Antrag einzuleitenden Verfahren und in Verfahren der freiwilligen Gerichtsbarkeit dem Antragssteller nur eine in § 51 Abs. 1 S. 2 FamFG konkretisierte Mitwirkungspflicht obliegt. Das Gericht bleibt zur Ermittlung der Tatsachen iSd § 26 FamFG verpflichtet. Es muss dabei die Bedeutung der Entscheidung für die Beteiligten berücksichtigen, die ua im Sorgerecht teils mit erheblichen Grundrechtseingriffen einhergeht und teils Tatsachen schafft, die kaum oder nur schwer rückgängig zu machen sind (BVerfG FamRZ 2009, 189). In Familienstreitsachen (§ 112 FamFG) gilt gem. § 113 Abs. 1 FamFG iVm § 294 ZPO dagegen der Beibringungsgrundsatz, wobei die Anforderungen aber angesichts des summarischen Eilverfahrens nicht zu hoch sein dürfen.

Eines Antrags auf Erlass einer einstweiligen Anordnung bedarf es nicht, wenn die Verfahren von Amts wegen eingeleitet werden („Rechtsfürsorgeverfahren"). Eine einstweilige Entscheidung kann hier nur angeregt werden. Amtsverfahren sind ua Betreuungssachen, §§ 300, 301 FamFG und Verfahren nach § 1666 BGB. Vorsicht ist bei der Übertragung des Sorgerechts geboten, denn ohne Antrag werden gem. § 1666 BGB nur Gefährdungen des Kindeswohls einstweilig geregelt. Wird darüber hinaus das Sorgerecht beansprucht, setzt dies gem. § 1671 Abs. 1 BGB iVm § 620 Nr. 1 ZPO einen Antrag voraus (vgl. OLG Brandenburg FamRZ 2001, 1230; zum Aufenthaltsbestimmungsrecht: OLG Saarbrücken BeckRS 2011, 14798; OLG Saarbrücken NJW 2011, 2372).

Das Gericht ist an die Anträge gebunden, soweit die Beteiligten über den Verfahrensgegenstand verfügen können, sowie in Familienstreitsachen (§ 113 Abs. 1 FamFG iVm § 308 Abs. 1 ZPO) und bei Verfahrenskostenzuschüssen (§ 246 Abs. 1 FamFG). In fG-Familiensachen ist dem Gericht ein Entscheidungsspielraum eingeräumt, der von dem anhängigen Verfahrensgegenstand begrenzt wird (Zöller/*Feskorn* FamFG § 51 Rn. 12).

Soweit ein Antrag nicht erforderlich ist, gilt allein der Amtsermittlungsgrundsatz gem. § 26 FamFG.

6. Ob eine **mündliche Verhandlung** stattfindet, liegt im Ermessen des Gerichts, § 51 Abs. 2 S. 2 FamFG. In besonders dringenden Fällen iSd § 50 Abs. 2 S. 1 FamFG widerspräche eine mündliche Verhandlung dem besonderen Eilbedürfnis. Das Familiengericht kann zur Beschleunigung selbst dann auf eine mündliche Verhandlung oder einen

Erörterungstermin verzichten, wenn dies nach den Vorschriften des Hauptsacheverfahrens erforderlich ist. Für Unterhaltssachen wird eine mündliche Verhandlung dagegen gem. § 246 Abs. 2 FamFG meist geboten sein. Zudem sind die besonderen Anhörungsvorschriften zu beachten, die jedenfalls eine schriftliche Stellungnahme des Antragsgegners verlangen und selbst in ganz besonders eiligen Fällen, in denen auf sie verzichtet wird, immer dazu führen, dass eine Anhörung unverzüglich nachzuholen ist (§§ 159 Abs. 3 S. 2, 160 Abs. 4, 205 Abs. 1, 213 Abs. 1 S. 2 FamFG). Anwaltszwang besteht nicht.

7. Dem Gericht steht trotz des Wortlauts „kann" kein Handlungsermessen, sondern nur eine Entscheidungskompetenz zu. Liegen die Voraussetzungen des § 49 FamFG vor, so hat das Gericht eine entsprechende Entscheidung zu erlassen (Stuttgart OLGR 2000, 72 zu § 644 ZPO aF; Zöller/*Feskorn* FamFG § 49 Rn. 6).

8. Die in Betracht kommenden gerichtlichen Maßnahmen sind die Sicherungsanordnung (§ 49 Abs. 2 S. 1 Alt. 1 FamFG), die Regelungsanordnung (§ 49 Abs. 2 S. 1 Alt. 2 FamFG) und verschiedene Ge- oder Verbote, insb. das Verfügungsverbot (§ 49 Abs. 2 S. 2 FamFG) und Durchführungsanordnungen (§ 49 Abs. 2 S. 3 FamFG). Maßnahmen nach § 49 Abs. 2 S. 3 FamFG müssen nicht gesondert beantragt werden, denn das Gericht entscheidet nach seinem Ermessen, ob und ggf. welche Maßnahmen es zur Durchführung der einstweiligen Anordnung, also welche flankierenden Maßnahmen, es für nötig hält.

9. Der Antrag, dem Gegner die Kosten aufzuerlegen, ist entbehrlich, da eine Entscheidung über die **Kostentragungspflicht** gem. §§ 80 ff. FamFG von Amts wegen getroffen wird.

10. Gem. § 51 Abs. 1 S. 2 FamFG sind der Anordnungsanspruch und der Anordnungsgrund glaubhaft zu machen. Die **Mittel der Glaubhaftmachung** folgen aus § 31 FamFG, der § 294 ZPO entspricht und für Familienstreitsachen aus § 113 Abs. 1 FamFG, der auf § 294 ZPO verweist. Möglich ist die Beibringung von Urkunden als Abschrift gemäß § 131 Abs. 1 ZPO oder eidesstattlichen Versicherungen der Beteiligten, soweit sie eigene Wahrnehmungen wiedergeben (BGH NJW 2004, 3491). Die Wahrscheinlichkeitsfeststellung unterliegt dem Grundsatz der freien Würdigung des gesamten Sachverhalts unter Berücksichtigung der Folgen der zu treffenden Entscheidung (zur Abwägung: OLG Saarbrücken NJW 2011, 2372). Glaubhaft gemacht ist eine Tatsache, wenn eine überwiegende Wahrscheinlichkeit besteht, dass sie zutrifft (stRspr zB BGH MDR 2007, 669).

11. Gem. § 41 FamGKG beträgt der Streitwert in Familiensachen grundsätzlich 50 % des vergleichbaren Hauptsachewertes. Er soll folglich grundsätzlich niedriger sein als der Wert für ein entsprechendes Klageverfahren, kann sich jedoch dem des Hauptsacheverfahrens annähern, wenn der Streit im Verfahren über den Erlass der einstweiligen Verfügung faktisch endgültig erledigt wird. Zum Geschäftswert in den sonstigen FamFG-Verfahren siehe § 30 Abs. 1, Abs. 2 KostO.

12. **Kosten und Gebühren.** Nach den §§ 80 ff. FamFG ist für die einstweilige Anordnung eine eigene Kostenentscheidung zu treffen. § 81 Abs. 1 S. 1 FamFG sieht eine Billigkeitsentscheidung vor. In Familiensachen kann gem. § 81 Abs. 1 S. 3 FamFG nicht von einer Kostenentscheidung abgesehen werden.

In 1. Instanz können für einen RA 2,5 Gebühren (Nr. 3100, 3104 VV RVG) zzgl. Auslagenpauschale und Mehrwertsteuer (Nr. 7002, 7008 VV RVG) anfallen. Jede einstweilige Anordnung ist ein selbstständiges Verfahren iSd § 15 RVG; Verfahren über Erlass und Abänderung oder Aufhebung (§ 54 FamFG) sind dieselbe Angelegenheit, § 16 Nr. 5 RVG. Zu unterscheiden ist hiervon aber das Hauptsacheverfahren (§ 17 Nr. 4b RVG). Es gibt keine Terminsgebühr nach Nr. 3104 Ans. 1 Ziffer 1 VV RVG, wenn ohne mündliche Verhandlung entschieden wird, weil die mündliche Verhandlung nicht vorgeschrieben ist.

Hinzu kommen **Gerichtskosten** gem. § 14 FamGKG bzw. des GNotKG (siehe dazu Keidel/*Giers* FamFG § 51 Rn. 26). Hierbei sind diverse Sonderregelungen zu beachten, zB sind Kindschaftssachen im Beschwerdeverfahren gebührenbegünstigt, Nr. 1410–1412 KV FamGKG. Für das Verfahren über den Erlass und die Aufhebung/Änderung der Anordnung gem. § 54 FamFG wird – als Ausnahme zu § 31 Abs. 2 S. 1 FamGKG – nur einmal eine Gebühr erhoben, Vorbem. 1, 4 S. 1 KV FamGKG und für die Arrestverfahren in S. 2. (Weitere Ausführungen bei Zöller/*Feskorn* FamFG § 49 Rn. 15, 26).

In Ehe- und Familienstreitsachen (§§ 112, 121 FamFG) sind gem. § 113 Abs. 1 FamFG nicht die §§ 80 ff. FamFG, sondern grds. die Kostenvorschriften §§ 91 ff. ZPO entsprechend anwendbar. In Unterhaltssachen ist die vorrangige Spezialvorschrift des § 243 FamFG zu beachten.

13. **Rechtsmittel.** Die gerichtliche Entscheidung ergeht als mit Begründung versehener Beschluss und stellt eine Endentscheidung iSd § 38 Abs. 1 FamFG dar. Die Regelungen können befristet werden, § 56 Abs. 1 S. 1 FamFG. Das Gericht kann auch gem. § 53 Abs. 2 S. 1 FamFG entscheiden, dass die Vollstreckung bereits vor Zustellung zulässig ist. Der Beschluss gem. §§ 49 ff. FamFG kann nur in formelle, nicht aber in materielle Rechtskraft erwachsen (KG Berlin FamRZ 1991, 1327). Die einstweilige Anordnung hemmt die Verjährung des geltend gemachten Anspruchs, § 204 Abs. 1 Nr. 9 BGB, lässt aber das Rechtsschutzbedürfnis für ein Verfahren in der Hauptsache nicht entfallen (BGH FamRZ 1982, 788 für Umgang mit Sorgerecht; BGH FamRZ 1979, 472 für Prozesskostenvorschuss).

Die Beteiligten können unmittelbar oder über § 52 FamFG ein Hauptsacheverfahren einleiten oder gem. § 54 Abs. 1 FamFG Abänderungen oder gar eine Aufhebung erwirken. Wurde die Entscheidung ohne mündliche Erörterung getroffen, so kann ein Antrag auf Durchführung der mündlichen Verhandlung und erneute Entscheidung, §§ 57, 54 Abs. 2 FamFG gestellt werden. Zudem sind auch im einstweiligen Rechtsschutz die Gehörsrüge gem. § 44 FamFG, die Entscheidungsabänderung, § 48 Abs. 1 FamFG und die Wiederaufnahme des Verfahrens nach § 48 Abs. 2 FamFG möglich (*Bruns* FamFR 2009, 8).

Die Beschwerde gem. § 58 FamFG ist dagegen nur eingeschränkt möglich, denn Entscheidungen im Verfahren der einstweiligen Anordnung sind grundsätzlich nicht anfechtbar, § 57 FamFG (OLG Stuttgart FGPrax 2010, 59; die hM begrenzt die Unanfechtbarkeit auf Familiensachen, so dass in Verfahren der freiwilligen Gerichtsbarkeit eine Anfechtung möglich bleibt, so ua *Sternal* FGPrax 2010, 59). Die Unanfechtbarkeit erfasst auch Nebenentscheidungen wie Beschlüsse über die Prozess- und Verfahrenskostenhilfe nach den §§ 76 ff. FamFG. Andere Neben- und Zwischenentscheidungen sind aber anfechtbar, so zB Entscheidungen zum Streitwert (KG FamRZ 1980, 1142) zu Verfahrensfragen (OLG Frankfurt FamRZ 1985, 409), die Kostenfestsetzung nach den § 85 FamFG (*Giers* FGPrax 2009, 47 (51)) oder zur Vollstreckung der einstweiligen Anordnung gem. § 87 Abs. 4 FamFG (OLG Stuttgart FamRZ 1999, 1094).

In **Familiensachen** sind nur die in § 57 S. 2 FamFG genannten Entscheidungen, die auf Grund einer mündlichen Erörterung vor Gericht ergangen sind, ausnahmsweise anfechtbar. Statthaftes Rechtsmittel ist die Beschwerde nach § 58 FamFG. Die Beschwerdefrist gegen eine erlassene einstweilige Anordnung beträgt gem. § 63 Abs. 2 Nr. 1 FamFG zwei Wochen; bei Ablehnung einer einstweiligen Anordnung einen Monat, § 73 Abs. 1 FamFG. Im Beschwerdeverfahren besteht kein Anwaltszwang, § 114 Abs. 4 Nr. 1 FamFG. Obgleich eine Beschwerdebegründung nicht gesetzlich zwingend vorgeschrieben ist, führt die verspätete oder mangelnde Begründung zu Zweifeln an der Eilbedürftigkeit der verlangten Maßnahme (OLG Brandenburg BeckRS 2010, 19864). Eine sich mit der Einstweiligen Anordnung auseinandersetzende Begründung der Beschwerde ist daher zu empfehlen.

D. Klausel

1. Antrag auf Erteilung einer vollstreckbaren Ausfertigung (§ 724 ZPO)

An das Amts-/Land-/Oberlandesgericht[1, 2]

. . . . .

In Sachen

. . . . .

– Gläubiger/in –

gegen

. . . . .

– Schuldner/in –

Az. . . . . .

überreiche ich in der Anlage die Ausfertigung des Urteils des . . . . . gerichts . . . . . vom . . . . .

und beantrage namens und in Vollmacht des/der Gläubigers/in[3]

eine vollstreckbare Ausfertigung gem. § 724 ZPO

zu erteilen.[4]

. . . . .

Rechtsanwalt[5, 6]

Anmerkungen

1. Die Vollstreckungsklausel ist Voraussetzung der Zwangsvollstreckung. Lediglich bei Vollstreckungsbescheiden (§ 796 Abs. 1 ZPO), beim Arrestbefehl (§ 929 Abs. 1 ZPO), bei einstweiligen Verfügungen (§ 936 ZPO), und einem Kostenfestsetzungsbeschluss gem. § 795a ZPO kann ohne Klausel vollstreckt werden, sofern die Vollstreckung nicht für oder gegen andere als die im Titel bezeichneten Personen stattfinden soll (→ Form. D. 3). Die „einfache" Klausel gem. § 724 ZPO ist zu beantragen, wenn der Titel oder die Vollstreckung aus ihm nicht bedingt sind und keine Umschreibung auf eine im Titel nicht genannte Person erforderlich ist, mithin kein Fall der §§ 726, 727 ff. ZPO vorliegt. Eine einfache Klausel ist auch in den Fällen zu beantragen, in denen die Vollstreckung von der Leistung einer Sicherheit (§ 726 Abs. 1 ZPO), dem Eintritt eines Kalendertages (§ 751 Abs. 1 ZPO), oder von einer Zug um Zug zu bewirkenden Leistung des Gläubigers abhängt (§ 726 Abs. 2 ZPO). Ob die jeweilige Bedingung eingetreten ist, wird in diesen Fällen nicht vor Erteilung der Klausel, sondern erst durch das Vollstreckungsorgan geprüft.

2. Der Klauselerteilungsantrag ist bei Urteilen, anderen gerichtlichen Entscheidungen und Prozessvergleichen (§§ 794, 795 ZPO), entweder an das Prozessgericht der ersten Instanz oder, sofern der Rechtsstreit infolge eines Rechtsmittels in einer höheren Instanz anhängig ist, an das Rechtsmittelgericht zu richten (§ 724 Abs. 2 ZPO). In Familiensachen ist der Antrag an das Familiengericht zu stellen (Keidel/*Giers* FamFG § 87 Rn. 18). Der Antrag kann formlos in der Klageschrift, in der letzten mündlichen Verhandlung oder nach Erhalt des Titels gestellt werden. Vollstreckbare Ausfertigungen gerichtlicher Urkunden werden vom verwahrenden Gericht erteilt, § 797 Abs. 1 ZPO. Zuständig für die Klauselerteilung zu einem Auszug aus der Insolvenztabelle ist das Insolvenzgericht, § 201 Abs. 2 InsO. Es besteht kein Anwaltszwang, § 78 Abs. 5 ZPO. Zuständig für die Erteilung der einfachen Klausel ist der Urkundsbeamte (Zöller/*Stöber* § 724 Rn. 9), sie kann aber auch vom Rechtspfleger erteilt werden, § 8 Abs. 5 RPflG.

3. Grundsätzlich ist der im Titel benannte Gläubiger berechtigt, die Klausel zu beantragen. Bei Gesamtgläubigerschaft gem. § 428 BGB kann jeder Gläubiger eine gemeinsame oder eine selbständige vollstreckbare Ausfertigung beantragen. Auch kann jeder Mitgläubiger einer unteilbaren Leistung gem. § 432 BGB neben der Erteilung einer vollstreckbaren Ausfertigung über diesen Anspruch an alle Gläubiger gemeinsam die Erteilung der vollstreckbaren – auf Leistung an alle Gläubiger bezeichneten – Ausfertigungen zu seinen Händen verlangen. Einzelne Teilausfertigungen zur Vollstreckung jeweils einzelner Beträge sind nicht möglich, sofern nicht jedem Gläubiger nur einzelne Teile zuerkannt wurden (Musielak/Voit/*Lackmann* § 724 Rn. 5, 8; Zöller/*Stöber* § 724 Rn. 3a mwN). Sofern bereits eine selbständige Ausfertigung an einen der Gesamt- oder Mitgläubiger erteilt wurde, müssen weitere selbständige vollstreckbare Ausfertigungen gem. § 733 ZPO und nicht nach § 724 ZPO beantragt werden (Zöller/*Stöber* § 724 Rn. 3a mwN; dagegen für Erteilung weiterer selbständiger Ausfertigungen gem. § 724 ZPO; Musielak/Voit/*Lackmann* § 733 Rn. 3 mwN). Gesamthandsgläubiger erhalten nur eine gemeinsame vollstreckbare Ausfertigung. Ein Gesamthandsgläubiger hat nur dann das alleinige Antrags- und Erteilungsrecht, wenn nur er als Partei das Urteil zur Leistung an alle erstritten hat, wie beispielsweise im Fall des § 2039 BGB. Bei gesamtschuldnerischer Verurteilung kann gegen jeden Schuldner eine vollstreckbare Ausfertigung beantragt werden (→ Form. D. 11).

Klauselantragsberechtigt bei gesetzlicher, wie beispielsweise gem. § 1629 Abs. 3 BGB, oder gewillkürter Prozessstandschaft auf Gläubigerseite ist lediglich der Prozessstandschafter, der nach Titelinhalt Leistung an sich oder einen Dritten verlangen kann, aber nicht der Dritte (vgl. zur möglichen Umschreibung auf den Dritten → Form. D. 3; BGH NJW 1991, 839; KG FamRZ 1984, 505; MüKoZPO/*Wolfsteiner* § 724 Rn. 24; Musielak/Voit/*Lackmann* § 724 Rn. 5; Zöller/*Stöber* § 724 Rn. 3; aA OLG Hamburg FamRZ 1985, 624).

4. Dem **Antrag auf Erteilung** der vollstreckbaren Ausfertigung wird nur stattgegeben, wenn die Voraussetzung für die Erteilung vorliegt. Dazu muss ein Vollstreckungstitel vorliegen, der dem äußeren Anschein nach wirksam ist, dh ein Urteil muss die Anforderungen des § 313 Abs. 1 Nr. 1 bis 4 ZPO erfüllen, unterschrieben, § 315 ZPO, und verkündet (§ 311 Abs. 2 ZPO) sein; ein Vergleich muss wirksam protokolliert sein, § 160 ZPO (vgl. zu den Anforderungen im Einzelnen Musielak/Voit/*Lackmann* § 724 Rn. 6; Zöller/*Stöber* § 724 Rn. 5). Des Weiteren muss der Titel einen vollstreckungsfähigen Inhalt haben, mithin ein inhaltlich bestimmtes, durchsetzbares Leistungsurteil sein, § 704 ZPO oder ein klageabweisendes Urteil (vgl. zu weiteren vollstreckbaren Titeln → Form. C. I.) Zudem muss der Titel rechtskräftig oder zum Antragszeitpunkt für vorläufig vollstreckbar erklärt sein. Demnach wird der Klauselantrag beispielsweise abgelehnt werden müssen, wenn die vorläufige Vollstreckbarkeit gem. § 717 Abs. 1 ZPO aufgehoben oder auch wenn und soweit die Vollstreckbarkeit nach erfolgreicher Vollstreckungsabwehrklage gem. § 767

ZPO für unzulässig erklärt wurde. Dagegen hindert die Einstellung der Zwangsvollstreckung gem. § 719 ZPO die Klauselerteilung nicht. Letztlich muss zur Klauselerteilung gem. § 724 ZPO negativ zu den Fällen der Erteilung der vollstreckbaren Ausfertigung gem. §§ 726, 727 ff. ZPO abgegrenzt werden. Geprüft wird, ob der Antragsteller und der Titelgläubiger identisch sind, nicht aber, ob der titulierte materiellrechtliche Anspruch besteht (OLG Frankfurt NJW- RR 1995, 703; OLG Oldenburg DNotZ 1995, 145; Musielak/Voit/*Lackmann* § 724 Rn. 6 mwN; dagegen Ablehnung bei Offenkundigkeit: OLG Frankfurt FGPrax 1997, 120; wenn Nichtbestehen zweifelsfrei feststeht: BayObLG NJW-RR 2000, 1663; Ablehnung bei positiver Kenntnis: LG Passau MittBayNot 1986, 99). Rechtliches Gehör wird dem Schuldner bei der Erteilung der Klausel gem. § 724 ZPO vom Gericht nicht gewährt, Umkehrschluss aus § 730 ZPO.

5. Kosten und Gebühren. Für das Klauselerteilungsverfahren entstehen weder für den Prozessbevollmächtigten noch für den die Zwangsvollstreckung betreibenden Rechtsanwalt gesonderte Rechtsanwaltsgebühren, §§ 19 Abs. 1 S. 2 Nr. 12, 18 Nr. 3 RVG. Es werden keine Gerichtskosten erhoben.

6. Rechtsmittel. Bei Versagung der Klauselerteilung kann der Gläubiger befristete Erinnerung gem. § 573 Abs. 1 ZPO gegen die Entscheidung des Urkundsbeamten der Geschäftsstelle (→ Form. O. II. 1) oder, sofern der Rechtspfleger anstelle des Urkundsbeamten entschieden hat, sofortige Beschwerde gem. §§ 567 Abs. 1 ZPO, 11 Abs. 1 RPflG einlegen (Zöller/*Stöber* § 724 Rn. 13); → Form. O. II. 3. Der Schuldner kann unabhängig davon, ob der Urkundsbeamte oder der Rechtspfleger die Klausel erteilt hat, seine Einwendungen mit Erinnerung gem. § 732 ZPO geltend machen. Eine Berichtigung der Klausel gem. § 319 ZPO ist möglich (Zöller/*Stöber* § 725 Rn. 5).

2. Antrag auf Erteilung einer vollstreckbaren Ausfertigung (§ 726 ZPO)

An das Amts-/Land-/Oberlandesgericht[1, 2]

. . . . .

– Geschäftsstelle-

In Sachen

. . . . .

– Gläubiger/in –

gegen

. . . . .

– Schuldner/in –

Az. . . . . .

überreiche ich in der Anlage die Ausfertigung des Vergleichs des . . . . . gerichts . . . . . vom . . . . . und

beantrage namens und in Vollmacht des/der Klägers/in[3]

eine vollstreckbare Ausfertigung gem. § 726 ZPO

zu erteilen.

Begründung:

Gem. Ziff. . . . . . des beigefügten Vergleichs hat sich der/die Beklagte verpflichtet, nach Abnahme der Sanierungsarbeiten durch die Baubehörde . . . . . EUR an den/die Kläger/in zu zahlen. Die Abnahme ist am . . . . . erfolgt. Als Nachweis dafür füge ich die öffentlich beglaubigte Abnahmebescheinigung der Baubehörde . . . . . vom . . . . . bei.[4]

. . . . .

Rechtsanwalt[5, 6]

Anmerkungen

1. Die Vollstreckungsklausel ist eine der Voraussetzungen der Zwangsvollstreckung. Vollstreckungsbescheide (§ 796 Abs. 1 ZPO), Arrestbefehle (§ 929 Abs. 1 ZPO), einstweilige Verfügungen (§ 936 ZPO) und Kostenfestsetzungsbeschlüsse gem. § 795a ZPO können ohne Klausel vollstreckt werden, sofern die Vollstreckung nicht für oder gegen andere als die im Titel bezeichneten Personen stattfinden soll (→ Form. D. 3); zur Notwendigkeit einer Klausel bei Entscheidungen nach dem FamFG siehe § 86 Abs. 3 FamFG. Die vollstreckbare Ausfertigung gem. § 726 ZPO, sog. qualifizierte oder titelergänzende Klausel, ist zu beantragen, wenn die Vollstreckung aus dem Titel nach seinem Inhalt vom Eintritt einer vom Gläubiger zu beweisenden Tatsache abhängig ist. Diese ist entweder der Eintritt einer aufschiebenden Bedingung (eines zukünftigen ungewissen Ereignisses) oder Tatsache, auch aus der zurückliegenden oder gegenwärtigen Zeit oder der Ablauf einer nicht nach dem Kalendertag bestimmten Frist (Zöller/*Stöber* § 726 Rn. 2 mit Bsp.). Die Vollstreckungsklausel wird in diesen Fällen erst erteilt werden, wenn der Nachweis des Eintritts der Tatsache durch öffentliche oder öffentlich beglaubigte Urkunden vom Gläubiger gegenüber dem Klauselerteilungsorgan geführt wurde. Keine Anwendungsfälle der Klauselerteilung gem. § 726 ZPO sind die Fälle der Abhängigkeit der Vollstreckung von der Leistung einer Sicherheit, § 726 Abs. 1 ZPO, dem Eintritt eines Kalendertages, § 751 Abs. 1 ZPO, oder von einer Zug um Zug zu bewirkenden Leistung des Gläubigers, § 726 Abs. 2 ZPO; dem steht gleich der Fall der Klauselerteilung bei Verurteilung zur Leistung nach Empfang der Gegenleistung bei Annahmeverzug des Schuldners gem. § 322 Abs. 2 ZPO; bei auflösenden Bedingungen gem. § 158 Abs. 1 ZPO, da insoweit den Schuldner die Beweislast trifft; bei Ersatzverurteilung gem. §§ 283 BGB, 259 ZPO, wenn der Schuldner zu mehreren – alternativen – Leistungen verurteilt wurde; Verurteilung zur Vornahme einer Handlung und für den Fall, dass die Handlung nicht binnen einer bestimmten Frist vorgenommen ist, zur Zahlung einer Entschädigung, § 510b ZPO; Leistung gegen Quittung, § 368 BGB; Vereinbarungen von Verfallklauseln (kassatorischen Klauseln), dh Abreden bei Ratenzahlung, dass der noch ausstehende Betrag sofort fällig wird, wenn eine fällige Rate nicht pünktlich bezahlt ist; da insoweit der Schuldner beweisbelastet ist; Rücktrittsklauseln; bei Wahlschuld gem. § 264 BGB, weil der Schuldner die Leistungen alternativ gleichwertig schuldet und in Fällen, in denen der Gläubiger von seiner Nachweispflicht befreit wurde (vgl. Zöller/*Stöber* ZPO § 726 Rn. 8a ff.). In diesen Fällen muss eine einfache Klausel gem. § 724 ZPO beantragt werden. Im Zweifel kann nicht angenommen werden, dass die Erteilung einer vollstreckbaren Ausfertigung nach § 726 Abs. 1 ZPO von einer Bedingung abhängig gemacht ist, deren Eintritt nicht durch öffentlich oder öffentlich beglaubigte Urkunden nachgewiesen werden kann (Zöller/*Stöber* § 726 Rn. 5 mit Bsp.).

2. Der **Klauselerteilungsantrag** ist bei Urteilen, anderen gerichtlichen Entscheidungen und Prozessvergleichen, §§ 794, 795 ZPO, entweder an das Prozessgericht der ersten Instanz oder, sofern der Rechtsstreit infolge eines Rechtsmittels in einer höheren Instanz anhängig ist, an das Rechtsmittelgericht zu richten, § 724 Abs. 2 ZPO. In Familiensachen ist der Antrag an das Familiengericht zu stellen (Zöller/*Philippi* § 621 Rn. 20). Vollstreckbare Ausfertigungen gerichtlicher Urkunden werden vom verwahrenden Gericht erteilt, § 797 Abs. 1 ZPO. Es besteht kein Anwaltszwang, § 78 Abs. 5 ZPO. Zuständig für die Erteilung der qualifizierten Klausel ist der Rechtspfleger gem. § 20 Nr. 12 RPflG. Sofern stattdessen der Urkundsbeamte die Klausel erteilt, ist diese zwar wirksam aber gem. § 732 ZPO im Wege der Klauselerinnerung anfechtbar (BGH NJW-RR 2012, 1146, 1148). Bei Prozessvergleichen die unter Widerrufsvorbehalt geschlossen wurden, ist nach der Neuregelung in § 795b ZPO der Urkundsbeamte zuständig. Damit hat sich die andere Auffassung des BGH (NJW 2006, 776) erledigt.

3. Grundsätzlich ist der im Titel benannte Gläubiger berechtigt, die Klausel zu beantragen (→ Form. D. 1).

4. Dem Antrag auf vollstreckbare Ausfertigung wird nur stattgegeben, wenn **die Voraussetzung für die Erteilung der Klausel** vorliegt. Dazu sind zunächst dieselben Anforderungen an den Titel wie bei Erteilung der einfachen Klausel (§ 724 ZPO, → Form. D. 3), zu stellen. Darüber hinaus hat der Gläubiger den Eintritt der Tatsache gem. § 726 ZPO durch öffentliche (§§ 415, 417, 418 ZPO) oder öffentlich beglaubigte Urkunden (§§ 129 BGB, 39, 40 BeurkG) zu beweisen, es sei denn, der Eintritt der Tatsache ist offenkundig, also allgemeinkundig oder gerichtskundig (§ 291 ZPO) oder wird im Rahmen der Anhörung zugestanden (§§ 288, 730 ZPO). Allgemeinkundig ist eine Tatsache, wenn sie zumindest am Gerichtsort der Allgemeinheit bekannt oder ohne besondere Fachkunde – auch durch Informationen aus allgemein zugänglichen, zuverlässigen Quellen – wahrnehmbar ist (Zöller/*Greger* § 291 Rn. 1), wie beispielsweise Bundesanzeiger oder Bundesgesetzblatt (BGH InVo 2005, 192), nicht aber Prozessakten (Hintzen/*Wolf* Rn. 3.85 m.w. Bsp.). Gerichtskundig ist eine Tatsache dann, wenn sie dem zur Entscheidung berufenen Organ aufgrund seiner jetzigen oder früheren amtlichen Tätigkeit bekannt ist, sofern die Kenntnis nicht erst aus den Akten oder Registern heraus gewonnen werden muss (Zöller/*Greger* § 291 Rn. 1) oder derart bekannt ist, dass das Gericht die Sachkunde aus ähnlichen Verfahren gewonnen haben will (BGH NJW 2004, 1163; Zöller/*Greger* § 291 mwN, dagegen BGH NJW 1998, 3498). Im Rahmen der Anhörung gem. § 730 ZPO zugestandene Tatsachen (§ 288 ZPO) bedürfen ebenfalls nicht mehr des urkundlichen Beweises (BGH InVo 2005, 503; OLG Stuttgart InVo 2005, 240; MüKoZPO/*Wolfsteiner* § 726 Rn. 50; Zöller/*Stöber* §§ 726 Rn. 6, 727 Rn. 20; dagegen OLG Hamburg InVo 1998, 105; OLG Oldenburg Rpfleger 1992, 490), dagegen gilt die Geständnisfiktion des Nichtbestreitens/Schweigens gem. § 138 Abs. 3 ZPO im Klauselerteilungsverfahren nicht (BGH InVo 2005, 503). Sofern weder Offenkundigkeit vorliegt, noch die im Rahmen des § 726 ZPO nachzuweisenden Tatsachen zugestanden werden, muss der Gläubiger den urkundlichen Nachweis führen. Der Nachweis kann durch Vorlage der Originalurkunden, Ausfertigungen oder beglaubigten Abschriften erfolgen, § 420 ZPO. Auf Akten, die dem Rechtspfleger vorliegen, kann Bezug genommen werden (Zöller/*Stöber* § 726 Rn. 6), ein Vorlegungsantrag gem. § 432 ZPO genügt nicht (MüKoZPO/*Wolfsteiner* § 726 Rn. 42). Der Gläubiger kann gem. § 792 ZPO, § 13 FamFG, § 12 Abs. 2 GBO, § 9 Abs. 2 HGB die erforderlichen Urkunden auch beantragen. Sofern auch dies nicht oder nicht ohne Weiteres möglich ist, bleibt dem Gläubiger noch die Möglichkeit, im Wege der Klauselklage gem. § 731 ZPO vorzugehen (→ Form. D. 12), bei der alle Beweismittel zulässig sind.

5. Kosten und Gebühren. Für das Klauselerteilungsverfahren entstehen weder für den Prozessbevollmächtigten noch für den die Zwangsvollstreckung betreibenden Rechtsanwalt gesonderte Rechtsanwaltsgebühren, §§ 19 Abs. 1 S. 2 Nr. 12 RVG, § 18 Nr. 3 RVG. Es werden keine Gerichtskosten erhoben.

6. Rechtsmittel. Bei Versagung der Klauselerteilung durch den Rechtspfleger kann der Gläubiger **sofortige Beschwerde** gem. §§ 567 Abs. 1 ZPO, 11 Abs. 1 RPflG einlegen (→ Form. O. II. 3) bei Ablehnung durch den Rechtspfleger des Berufungsgerichts oder eines OLG befristete Erinnerung nach § 11 Abs. 2 RPflG (→ Form. O. II. 4). Zudem besteht für den Gläubiger die Möglichkeit der Klage nach § 731 ZPO (vgl. Zöller/*Stöber* § 724 Rn. 13); → Form. O. II. 7. Der Schuldner kann seine Einwendungen mit Erinnerung gem. § 732 ZPO geltend machen; bestreitet er trotz Urkundennachweises den Bedingungseintritt, kann er Klauselgegenklage gem. § 768 ZPO erheben. Eine Berichtigung der Klausel gem. § 319 ZPO ist möglich (Zöller/*Stöber* § 725 Rn. 5).

3. Antrag auf Erteilung einer vollstreckbaren Ausfertigung (§ 727 ZPO)

An das

Amts-/Land-/Oberlandesgericht[1, 2]

. . . .

In Sachen

. . . . .

– Gläubiger/in –

gegen

. . . . .

– Schuldner/in –

Az. . . . . .

überreiche ich in der Anlage die vollstreckbare Ausfertigung des Urteils des . . . . . gerichts . . . . . vom . . . . . und beantrage namens und in Vollmacht des/der Titelgläubigers/in

(alternativ: von Herrn/Frau . . . . . (Alleinerbe/in))[3]

eine vollstreckbare Ausfertigung gegen Herrn/Frau . . . . . als Alleinerben/in des/der Titelschuldner/in gem. § 727 ZPO[4]

(alternativ: eine vollstreckbare Ausfertigung für Herrn/Frau . . . . . als Alleinerben/in des Titelgläubigers/in Herrn/Frau . . . . . gem. § 727 ZPO[5]*)*

zu erteilen.[6]

Begründung:

Der/die Titelschuldner/in ist am . . . . . gestorben

(alternativ: Der/die Titelgläubiger/in Herr/Frau . . . . . ist am . . . . . gestorben)

und von Herrn/Frau . . . . . allein beerbt worden. Als Nachweis überreiche ich den Erbschein des Nachlassgerichts . . . . . vom . . . . ., Az. . . . . .[7]

. . . . .

Rechtsanwalt[8]

Anmerkungen

1. Die Vollstreckungsklausel ist eine der Voraussetzungen der Zwangsvollstreckung. Die vollstreckbare Ausfertigung gem. § 727 ZPO (sog. qualifizierte, titelübertragende oder titelumschreibende Klausel), ist zu beantragen, wenn im Wege der Rechtsnachfolge der Schuldner und/oder Gläubiger gewechselt hat und nunmehr **für oder gegen diesen vollstreckt** werden soll. In diesen Fällen ist eine erneute Klausel, welche den Rechtsnachfolger ausweist, erforderlich, da gem. § 750 Abs. 1 ZPO die Personen für und gegen die die Vollstreckung durchgeführt werden soll, im Titel oder in der beigefügten Klausel namentlich bezeichnet sein müssen, sog. Parteiidentität. Auch bei Vollstreckungsbescheiden (§ 796 Abs. 1 ZPO), beim Arrestbefehl (§ 929 Abs. 1 ZPO), bei einstweiligen Verfügungen (§ 936 ZPO) und einem Kostenfestsetzungsbeschluss gem. § 795a ZPO bedarf es bei Rechtsnachfolge einer Klauselerteilung für bzw. gegen den Rechtsnachfolger, obgleich bei diesen Vollstreckungstiteln keine einfache vollstreckbare Ausfertigung erforderlich ist (→ Form. D. 1 Anm. 1).

2. → Form. D. 2 Anm. 2.

3. Antragsberechtigt ist der Titelgläubiger im Fall der Rechtsnachfolge auf Schuldnerseite oder dessen Zessionar bei Rechtsnachfolge des Gläubigers (→ Anm. 4, 5)

4. Rechtsnachfolge auf Schuldnerseite:
Im Erbfall: Nach Annahme der Erbschaft bzw. Ablauf der Ausschlagungsfrist ist Klauselumschreibung auf den Erben möglich. Die Klausel ist gem. § 727 ZPO umzuschreiben auf den Alleinerben; sofern in den ungeteilten Nachlass vollstreckt werden soll auf alle Miterben, § 747 ZPO; ansonsten Klauselumschreibung nur auf den Miterben, gegen den vollstreckt werden soll, vollstreckt werden kann dann in das gesamte Vermögen des Miterben, wozu auch der Nachlass gehört, §§ 2033 Abs. 1 BGB, 859 Abs. 2 ZPO, sofern keine Haftungsbeschränkung geltend gemacht wurde, §§ 781, 785, 767 ZPO; auf den Vorerben als Erben des Erblassers, wobei die Vollstreckung gegen ihn lediglich im Rahmen des § 2115 ZPO möglich ist; gegen Nacherben erst nach Eintritt des Nacherbfalls möglich (→ Form. D. 4). Sofern der Erbfall eintritt, nachdem die Vollstreckung gegen den Schuldner bereits begonnen hat, ist die Klausel nicht gem. § 727 ZPO umzuschreiben (§ 779 Abs. 1 ZPO), vielmehr wird die Vollstreckung in den Nachlass fortgesetzt (Ausnahme: §§ 887 ff. ZPO). Vor Annahme der Erbschaft ist die Vollstreckung in das (Eigen-)Vermögen des Erben unzulässig, § 778 Abs. 1 ZPO; die Vollstreckung in den Nachlass ist erst nach Umschreibung der Klausel auf einen vom Gläubiger zu bestellenden Nachlasspfleger oder gegen den Testamentsvollstrecker bzw. Nachlassverwalter (§§ 727 analog, 749 ZPO) möglich (LG Stuttgart Justiz 1994, 87; vgl. auch Hintzen/*Wolf* Rn. 3.143).

Bei Firmenfortführung → Form. D. 6.

Bei Insolvenz: Ist bereits eine Klausel gegen den Schuldner erteilt worden, ist keine Umschreibung auf den Insolvenzverwalter erforderlich (BGH InVo 2006, 111; BGH Rpfleger 2006, 423); sofern noch keine Klausel erteilt wurde, ist keine Klauselumschreibung für Insolvenzgläubiger gem. § 38 InsO möglich, vielmehr die Forderung zur Tabelle anzumelden, §§ 174 f. InsO (OLG München Rpfleger 2000, 76; *Kesseler* ZInsO 2005, 918; Zöller/*Stöber* § 727 Rn. 18; krit. MüKoZPO/*Wolfsteiner* § 727 Rn. 26). Betrifft die Klausel dagegen ein Aus – oder Absonderungsrecht, §§ 47, 49 f. InsO, zB bei einer Grundschuld, kann diese erteilt und die Vollstreckung gegen den Insolvenzverwalter betrieben bzw. fortgesetzt werden. Sofern die Klausel bereits auf den Insolvenzverwalter umgeschrieben ist und dieser anschließend den Gegenstand/das Grundstück aus der Insolvenzmasse freigibt bzw. sofern das Insolvenzgericht das Insolvenzverfahren mangels Masse einstellt, bedarf es keiner erneuten Umschreibung auf den Schuldner (vgl. Hintzen/

Wolf Rn. 3.161). War dem Insolvenzverwalter noch keine Klausel erteilt worden und gibt dieser frei, stellt das Insolvenzverfahren mangels Masse ein oder wird dieses beendet (BGH NJW 1992, 2159), kann die Klausel gegen den Schuldner erteilt werden, sofern Nachtragsverteilung (§ 203 InsO), ausscheidet (MüKoZPO/*Wolfsteiner* § 727 Rn. 18). Auch bei ausländischen Insolvenzverfahren ist der Titel vor Vollstreckung im Inland auf den ausländischen Insolvenzverwalter umzuschreiben (BGH NJW 2011, 1818).

Weitere Parteien kraft Amtes: Dazu zählen neben dem Insolvenzverwalter der Nachlass- und Zwangsverwalter.

Testamentsvollstrecker (→ Form. D. 8, → Form. D. 5).

Umwandlung: Rechtsnachfolge bei Verschmelzung durch Aufnahme §§ 2, 4 ff., 20 UmwG, Neugründung §§ 2, 20, 36 UmwG, Vermögensübertragung § 174 UmwG oder durch Sonderrechtsnachfolge bei Spaltung §§ 123, 131 UmwG, nicht aber bei bloßem Wechsel der Rechtsform § 190 UmwG (vgl. Hintzen/*Wolf* Rn. 3.171 mwN; BGH WM 2007, 664, 665).

Besitz: Besitzer der streitbefangenen Sache ist Rechtsnachfolger (vgl. zur Abgrenzung der Fälle, in denen eine Klauselumschreibung genügt oder ein eigener Vollstreckungstitel gegen den Besitzer erforderlich ist: Hintzen/*Wolf* Rn. 3.132 ff. und Zöller/*Stöber* § 727 Rn. 17).

Eigentümer: Der neue (dingliche) Eigentümer/Inhaber (Bucheigentümer genügt, RGZ 82, 35) ist Rechtsnachfolger. (Vgl. insgesamt zur Rechtsnachfolge auf Schuldnerseite Zöller/*Stöber* § 727 Rn. 14 ff. und Hintzen/*Wolf* Rn. 3.132 ff.).

GbR: Klauselumschreibung zulässig, wenn eine Änderung im Mitgliederbestand der GbR Gesellschaft eingetreten ist; erforderlich ist sie aber nur dann, wenn das Grundbuch bereits berichtigt wurde und der neue Gesellschafterbestand eingetragen ist (§ 1148 S. 1 BGB analog; *Reymann* NJW 2011, 1412).

5. Rechtsnachfolge auf Gläubigerseite:

Fälle des gesetzlichen Forderungsübergangs: § 268 Abs. 3 BGB (ablösungsberechtigter Dritter), § 426 Abs. 2 BGB (befriedigender Gesamtschuldner; dagegen OLG Düsseldorf NJW- RR 2000, 1596), § 774 Abs. 1 S. 1 BGB (Bürge), § 1143 Abs. 1 BGB (befriedigender Eigentümer), § 1150 BGB (ablösungsbereiter Dritter), § 1225 BGB (befriedigender Verpfänder), § 1249 BGB (Ablösung vor Pfandveräußerung), §§ 1607 Abs. 2 S. 2, 1615b BGB (Unterhalt leistender Verwandter), § 86 VVG (Übergang des Ersatzanspruchs an Versicherer), Übergang auf Bund/Land/Bundesagentur für Arbeit, Träger der Sozialhilfe (vgl. Auflistung bei Zöller/*Stöber* ZPO § 727 Rn. 8), Rechtsübergang von der Deutschen Bundespost auf die Deutsche Telekom AG; §§ 411 Abs. 2, 441 Abs. 2 HGB (Befriedigung im Speditions-/Frachtgeschäft).

Abtretung, § 398 BGB.

Fortgeltung der Eigentums- und Vermögensgemeinschaft, §§ 13 ff. FGB-DDR, und damit im Falle der Beendigung der Gütergemeinschaft gem. § 744 ZPO.

Erbschaft: Der Erbe ist Rechtsnachfolger; bei Miterben, §§ 2032, 2039 BGB, ist nur gemeinschaftliche Klauselerteilung möglich; an einzelnen Miterben nur mit der Maßgabe, dass Leistung nur an alle Erben gemeinschaftlich erfolgen kann; Klauselumschreibung auf Vorerben möglich, auf Nacherben erst nach Eintritt des Nacherbfalls (→ Form. D. 4).

Insolvenz: Klauselumschreibung gem. § 727 ZPO analog auf den Insolvenzverwalter, sofern der titulierte Anspruch der Verwaltungs- und Verfügungsbefugnis des Insolvenzverwalter (§§ 80, 35 InsO) unterliegt (K. Schmidt/*Sternal* § 80 Rn 60 mwN); auch schon auf den starken vorläufigen Insolvenzverwalter, auf den die Verwaltungs- und Verfügungsbefugnis übergegangen ist (LG Cottbus Rpfleger 2000, 465; aA LG Halle Rpfleger 2002, 89 mit abl. Anm. *Alff;* Hintzen/*Wolf* Rn. 3.119). Ein zugunsten des Insolvenzverwalters während des Insolvenzverfahrens ergangener Titel, welcher vollstreckbar ausgefertigt wurde, ist bei Freigabe des Gegenstandes/Grundstücks oder nach

Beendigung des Verfahrens (BGH NJW 1992, 2159), zumindest wenn eine Nachtragsverteilung gem. § 203 InsO ausscheidet (MüKoZPO/*Wolfsteiner* § 727 Rn. 18), auf den Schuldner umzuschreiben (Hintzen/*Wolf* Rn. 3.119).

Weitere **Parteien kraft Amtes** → Anm. 4.

Der **Pfändungspfandgläubiger** gem. §§ 829 Abs. 3, 857 Abs. 1 ZPO nach Überweisung an Zahlungs statt (Forderungsübergang gem. § 835 Abs. 2 ZPO) oder zur Einziehung (Zöller/*Stöber* § 727 Rn. 9 ZPO mwN und Erläuterungen).

Der **Prozessstandschafter** bleibt vollstreckungsbefugt (vgl. zur Möglichkeit der Umschreibung gem. § 727 ZPO auf Dritten Zöller/*Stöber* § 727 Rn. 13).

Testamentsvollstrecker (vgl. §§ 749, 728 Abs. 2 ZPO).

Umwandlung → Anm. 4. (Vgl. insgesamt zur Rechtsnachfolge auf Gläubigerseite Zöller/*Stöber* § 727 Rn. 3 ff. und Hintzen/*Wolf* Rn. 3.110 ff.).

6. Aus der Verweisung des § 727 ZPO auf § 325 ZPO ist zu folgern, dass Rechtsnachfolger im Sinne des § 727 ZPO nur derjenige sein kann, der nach Rechtshängigkeit des geltend gemachten Anspruchs oder der streitbefangenen Sache bzw. nach Errichtung des Titels/der Urkunde eine Rechtsstellung erlangt hat, durch die ihm statt des Klägers/Beklagten die Sachlegitimation zukäme, wenn jetzt Klage erhoben würde (RGZ 102, 179; RGZ 109, 48), §§ 253 Abs. 1, 261 Abs. 1, 2, 696 Abs. 3, 700 Abs. 2, 920, 936 ZPO. An einer Rechtsnachfolge fehlt es, wenn sich die Identität des Gläubigers/Schuldners nicht geändert hat, wie beispielsweise bei Namensänderung infolge Heirat (LG Hannover JurBüro 2005, 275) oder Änderung der Firmierung (LG Frankenthal DGVZ 1997, 75), Wechsel in der gesetzlichen Vertretung (KG NJW 1973, 2032), Wechsel in der Person des Insolvenzverwalters (LG Essen NJW-RR 1992, 576; Musielak/Voit/*Lackmann* § 727 Rn. 11; K. Schmidt/*Sternal* § 80 Rn. 60; vgl. auch BGH Rpfleger 2011, 677; dagegen für Rechtsnachfolge Zöller/*Stöber* § 727 Rn. 18 mwN), Wechsel in der Person des Verwalters einer Wohnungseigentümergemeinschaft (LG Darmstadt NJW- RR 1996, 398; dagegen OLG Düsseldorf NJW-RR 1997, 1035; offen gelassen BayObLG InVo 2000, 250), Erwerber einer Eigentumswohnung hinsichtlich Hausgeldforderungen (LG Stuttgart, ZMR 2012, 731) oder Wechsel der Zuordnung der titulierten Forderung zum Geschäftsbetrieb einer bestimmten Zweigniederlassung (OLG Hamm Rpfleger 2001, 190). Eine Titelumschreibung gem. § 727 ZPO ist in diesen Fällen nicht erforderlich. Es genügt vielmehr, einen sog. klarstellenden Klauselvermerk bei dem zuständigen Urkundsbeamten, Rechtspfleger oder Notar mittels eines Auszuges aus dem Familienbuch oder Handelsregister zu beantragen; die Formerfordernisse des § 727 ZPO (→ Anm. 7) sind nicht zu erfüllen (vgl. Zöller/*Stöber* § 727 Rn. 33).

7. Dem Antrag auf vollstreckbare Ausfertigung wird nur stattgegeben, wenn die **Voraussetzung für die Erteilung der Klausel** vorliegt. Dazu sind zunächst dieselben Anforderungen an den Titel wie bei Erteilung der einfachen Klausel § 724 ZPO (→ Form. D. 1 Anm. 4) zu stellen. Darüber hinaus hat der Gläubiger den Eintritt der Rechtsnachfolge gem. § 727 ZPO durch öffentliche (§§ 415, 417, 418 ZPO) oder öffentlich beglaubigte Urkunden (§§ 129 BGB, 39, 40 BeurkG) zu beweisen, es sei denn, die Rechtsnachfolge ist offenkundig, also allgemeinkundig oder gerichtskundig (§ 291 ZPO), oder wird im Rahmen der Anhörung zugestanden (§§ 288, 730 ZPO; → Form. D. 2 Anm. 4). Eine Gesamtrechtsnachfolge ist mittels der entsprechenden amtlichen Bescheinigungen, wie beispielsweise dem Erbschein, nachweisbar. Eine öffentlich beglaubigte Abschrift genügt dafür aber nicht (LG Stuttgart InVo 2005, 30; AG/LG Aachen Rpfleger 1990, 520). Einzelrechtsnachfolge durch Forderungsabtretung ist durch eine zumindest öffentlich beglaubigte Abtretungserklärung des Altgläubigers durch den Neugläubiger nachzuweisen, wobei der Nachweis des Zugangs dieser Erklärung und der Annahmeerklärung seitens des Neugläubigers nicht erforderlich ist, da dieser sich konkludent mit Stellung des Klauselantrags ergibt (BGH NJW 1976, 567; Zöller/*Stöber* § 727 Rn. 20). Bei Rechtsnachfolge auf den Insolvenzverwalter muss nicht nur dessen Bestellung, sondern auch der Fortbestand seiner Berechtigung als Rechtsnachfolger durch öffentliche oder öffentlich beglaubigte Urkunden (idR durch die Bestallungsurkunde) nachgewiesen werden; die Internetbekanntmachung gem. § 1 S. 1 InsNetV genügt nicht, da das Entlassen des Insolvenzverwalters nicht veröffentlicht wird (BGH Rpfleger 2005, 610). Vorlage einer beglaubigten Abschrift genügt nicht (LG Stuttgart Rpfleger 2008, 222). In der Praxis stellen die Geschäftsstellen der Insolvenzgerichte oftmals unter Hinweis auf diese Rechtsprechung entsprechende Nachweise aus. (Vgl. zu den weiteren Anforderungen in den jeweiligen Rechtsnachfolgefällen Zöller/*Stöber* § 727 Rn. 20 und Hintzen/*Wolf* Rn. 3.176 ff.). Im Klauselerteilungsverfahren gemäß § 727 ZPO nach Grundschuldzession ist der Eintritt des Zessionars in die zwischen Schuldner und Zedenten geschlossene Sicherungsvereinbarung nicht zu prüfen (BGH NJW 2011, 2803).

8. **Kosten und Gebühren/Rechtsmittel.** → Form. D. 2 Anm. 5

4. Antrag auf Erteilung der Vollstreckungsklausel für/gegen den Nacherben (§ 728 Abs. 1 ZPO)

An das

Amts-/Land-/Oberlandesgericht[1, 2]

. . . . .

In Sachen

. . . . .

– Gläubiger/in –

gegen

. . . . .

– Schuldner/in –

Az. . . . . .

überreiche ich in der Anlage die vollstreckbare Ausfertigung des Urteils des . . . . . gerichts . . . . . vom . . . . .

und beantrage namens und in Vollmacht des/der Nacherben/in

(alternativ: des/der Gläubigers/in[3])

eine vollstreckbare Ausfertigung für

(alternativ: gegen)

den/die . . . . . als Nacherben/in des/der im Titel benannten Vorerbe/in . . . . . zu erteilen.

Begründung:

Der/die Vorerbe/in ist am . . . . . verstorben und damit der Nacherbfall nach Rechtskraft des Urteils eingetreten. *(alternativ: Am . . . . . ist der Nacherbfall nach Rechtskraft des*

Urteils eingetreten).[4] Als Nachweis überreiche ich dazu den Erbschein des Nachlassgerichts ..... vom ....., Az. .....[5] und verweise auf das Rechtskraftzeugnis.[6]

.....

Rechtsanwalt[7]

Anmerkungen

1. Bei Eintritt des Nacherbfalls kann das Verfahren zur Erteilung von Rechtsnachfolgeklauseln gem. § 727 ZPO nicht direkt auf Urteile, welche für oder gegen den Vorerben ergangen sind, angewandt werden, da der Nacherbe kein Rechtsnachfolger des Vorerben, sondern des Erblassers ist. Insoweit ist zunächst § 326 ZPO maßgeblich, der die Rechtskrafterstreckung für und gegen den Nacherben in bestimmten Fällen ausdrücklich anordnet. Im Klauselerteilungsverfahren wird dann nach § 728 ZPO gem. den Vorgaben in § 326 ZPO entschieden, ob ein Urteil für/gegen den Vorerben für den Nacherben bindend ist. Relevant ist dieses Klauselerteilungsverfahren damit gem. § 326 ZPO für Urteile zwischen dem Vorerben und einem Dritten über Nachlassverbindlichkeiten, § 1967 BGB, bzw. wegen Nachlassgegenständen, welche bisher noch nicht zur Befriedigung des obsiegenden Vorerben bzw. Dritten geführt haben, wenngleich der Nacherbfall aber nunmehr eingetreten ist. §§ 326, 728 ZPO gilt auch bei mehrfacher Nacherbfolge, bei der der zunächst berufene Nacherbe dem nachfolgenden Nacherben als Vorerbe vorsteht.

2. → Form. D. 2 Anm. 2.

3. Die Klausel kann für den Nacherben gem. §§ 728, 326 Abs. 1 ZPO immer umgeschrieben werden, da ein obsiegendes Urteil für ihn wirkt. Gegen den Nacherben kann die Klausel nur dann umgeschrieben werden, wenn der Vorerbe berechtigt war, über den streitgegenständlichen Nachlassgegenstand ohne Zustimmung des Nacherben, §§ 2112, 2136 BGB, zu verfügen, sog. befreiter Vorerbe, §§ 728, 326 Abs. 2 ZPO, andernfalls nicht.

4. Eine weitere Voraussetzung, dass die Klausel für und gegen den Nacherben umgeschrieben werden kann, ist der Eintritt des Nacherbfalls nach Rechtskraft des Urteils, §§ 728, 326 Abs. 1 ZPO. Nach den testamentarischen Bestimmungen des Erblassers kann der Nacherbfall alternativ nach dem Tod des Vorerben oder zu einem vom Erblasser gewählten Zeitpunkt eintreten, § 2106 BGB.

5. → Form. D. 2 Anm. 7. Der Nachweis ist durch einen dem Nacherben auf den Nacherbfall erteilten Erbschein zu führen. Eine öffentlich beglaubigte Abschrift genügt dafür nicht (LG Stuttgart InVo 2005, 30; AG/LG Aachen Rpfleger 1990, 520). Dieser Erbschein kann ab Eintritt des Nacherbfalls vom Nacherben beantragt werden (vgl. Bamberger/Roth/*Siegmann/Höger* § 2363 Rn. 14). Sofern gegen den Nacherben die Klausel umgeschrieben werden soll und der Erbschein vom Nachlassgericht noch nicht erteilt wurde, kann dieser auch vom Gläubiger gem. § 792 ZPO beantragt werden. Dagegen ist als Nachweis für die Nacherbschaft der Erbschein des Vorerben und dessen Sterbeurkunde nicht ausreichend (BGHZ 84, 196 = NJW 82, 2499).

6. Der Antragsteller hat die einzelnen Voraussetzungen des § 326 ZPO für die Klauselumschreibung nachzuweisen, sofern diese wiederum nicht offenkundig sind. Der Nachweis des Eintritts der Rechtskraft wird durch den Rechtskraftvermerk geführt, der auf dem Urteil selbst angebracht ist, § 706 Abs. 1 ZPO (→ Form. C. V. 2). Sofern sich aus dem Urteil nicht ergibt, dass es sich um eine Nachlassverbindlichkeit oder um einen

Prozessgegenstand handelt, der der Nacherbfolge unterliegt, sowie dass der Vorerbe berechtigt war, über den Nachlassgegenstand zu verfügen (nur bei Klauselumschreibung gegen den Nacherben erforderlich), sind diese weiteren Voraussetzungen des § 326 ZPO zusätzlich noch urkundlich nachzuweisen. Beispielsweise kann dieser Nachweis durch einen beglaubigten Grundbuchauszug geführt werden, sofern für das betreffende Grundstück ein Nacherbenvermerk eingetragen wurde, oder durch den Erbschein des Vorerben, da dieser gem. § 2363 Abs. 1 BGB auch ggf. erfolgte Befreiungen des Vorerben beinhalten muss. Wenngleich dieser Erbschein mit Eintritt des Nacherbfalls unrichtig wird und deshalb gem. § 2361 BGB vom Nachlassgericht einzuziehen ist, kann ein Gläubiger des Nacherben gem. § 357 Abs. 2 FamFG eine beglaubigte Abschrift des Erbscheins des Vorerben beantragen (vgl. zur Möglichkeit des Ersetzens des urkundlichen Nachweises durch Zustimmung oder Schweigen bei Anhörung des Schuldners gem. § 730 ZPO oder bei Zugeständnis im Rahmen der Anhörung, §§ 288, 730 ZPO; → Form. D. 2 Anm. 4).

7. Kosten und Gebühren/Rechtsmittel. → Form. D. 2 Anm. 5.

5. Antrag auf Erteilung der Vollstreckungsklausel bei Testamentsvollstreckung (§ 728 Abs. 2 ZPO)

An das Amts-/Land-/Oberlandesgericht[1, 2]

. . . . .

In Sachen

. . . . .

– Gläubiger/in –

gegen

. . . . .

– Schuldner/in –

Az. . . . . .

überreiche ich in der Anlage die vollstreckbare Ausfertigung des Urteils des . . . . . gerichts vom . . . . ., Az. . . . . ., und beantrage namens und in Vollmacht des/der Erben/in . . . . .

> eine vollstreckbare Ausfertigung für Herrn/Frau . . . . . als Erbe/in des unter Testamentsvollstreckung stehenden Nachlasses des/der . . . . . [Erblasser/in] nach Beendigung der Testamentsvollstreckung gem. § 728 Abs. 2 S. 1 ZPO

zu erteilen.[3]

Begründung:

Mit . . . . . [Datum] wurde die Testamentsvollstreckung über den Nachlass des/der . . . . . [Erblasser/in] beendet. Damit ist zum Zwecke der Zwangsvollstreckung die Vollstreckungsklausel gem. § 728 Abs. 2 S. 1 ZPO auf den/die Erben/in des/der Erblassers/in . . . . . umzuschreiben. Als Nachweis über die Beendigung der Testamentsvollstreckung überreiche ich den Beschluss des Nachlassgerichts . . . . ., Az. . . . . ., vom . . . . . und zum Nachweis der Erbenstellung den Erbschein des Nachlassgerichts, ... Az. . . . . ., vom . . . . .[4]

(Alternative:

. . . . . überreiche ich in der Anlage die (vollstreckbare) Ausfertigung des Urteils des . . . . .gerichts vom . . . . ., Az. . . . . ., und beantrage namens und in Vollmacht des/der Gläubigers/in eine vollstreckbare Ausfertigung gegen den/die Erben/in des unter Testamentsvollstreckung stehenden Nachlasses des/der . . . . . [Erblasser/in]) gem. § 728 Abs. 2 S. 2 ZPO zu erteilen.[5]*)*

Begründung:

Der/die Gläubiger/in hat in dem vorbezeichneten Rechtsstreit gegen den/die Testamentsvollstrecker/in . . . . . obsiegt und begehrt nunmehr (Klauselerteilung) Klauselumschreibung auf den Erben des noch unter Testamentsvollstreckung stehenden Nachlasses des/der . . . . . gem. § 728 Abs. 2. S. 2 ZPO. Als Nachweis überreiche ich den Erbschein des Nachlassgerichts . . . . ., Az. . . . . ., vom . . . . .[4]

. . . . .

Rechtsanwalt[6]

Anmerkungen

1. § 728 Abs. 2 ZPO regelt die **Klauselumschreibung** für und gegen Erben für den Fall, dass ein Vollstreckungstitel für oder gegen den Testamentsvollstrecker über ein der Verwaltung des Testamentsvollstreckers unterliegendes Recht (§ 2212 BGB) oder einen gegen den Nachlass gerichteten Anspruch, sofern der Testamentsvollstrecker gem. § 2213 BGB zur Führung des Rechtsstreits berechtigt war, ergeht. Ein solcher Titel wirkt gem. § 327 Abs. 1 und 2 ZPO für und gegen die Erben.

2. → Form. D. 2 Anm. 2.

3. Die Umschreibung für den Erben darf erst nach Beendigung der Prozessführungsbefugnis des Testamentsvollstreckers, § 2212 BGB, mit der Beendigung der Testamentsvollstreckung oder in sonstiger Weise (zB Freigabe KG NJW-RR 1987, 3) erfolgen, § 728 Abs. 2 S. 1 ZPO (Zöller/*Stöber* § 728 Rn. 3).

4. Siehe dazu zunächst → Form. D. 2 Anm. 7. Nachzuweisen sind die Beendigung der Testamentsvollstreckung durch Beschluss des Nachlassgerichts und für die Voraussetzung des § 327 ZPO die Erbfolge für das von dem für oder gegen Testamentsvollstrecker gerichtlich geltend gemachte Recht, beispielsweise durch Erbschein.

5. Die Umschreibung des Vollstreckungstitels gegen den Erben ist zulässig, auch wenn die Testamentsvollstreckung noch besteht, § 728 Abs. 2 S. 2 ZPO. Diese Umschreibung bietet sich an, wenn die Vollstreckung in den Nachlass nicht zur Befriedigung des Gläubigers führen wird/geführt hat, da mit der Umschreibung der Vollstreckungsklausel gegen den Erben in dessen (Eigen-)Vermögen vollstreckt werden kann, sofern dieser nicht seine beschränkte Erbenhaftung geltend gemacht hat, §§ 780 Abs. 2, 767 ZPO.

6. Kosten und Gebühren; Rechtsmittel. → Form. D. 2 Anm. 5.

6. Antrag auf Erteilung der Vollstreckungsklausel bei Firmenübernahme (§§ 729 Abs. 2, 727 ZPO)

An das Amts-/Land-/Oberlandesgericht[1, 2]

.....

In Sachen

.....

– Gläubiger/in –

gegen

.....

– Schuldner/in –

Az. .....

überreiche ich in der Anlage die vollstreckbare Ausfertigung des Urteils des ..... gerichts ..... vom ..... und beantrage namens und in Vollmacht des/der Titelgläubigers/in

eine vollstreckbare Ausfertigung gegen Herrn/Frau ..... als Übernehmer der Firma des/der im Urteil benannten Beklagten gem. § 729 ZPO zu erteilen.[3]

Begründung:

Der/die Titelschuldner/in hat nach Rechtskraft des Urteils das Handelsgeschäft des/der Beklagten erworben und führt es unter der bisherigen Firmierung fort. Bei der titulierten Forderung handelt es sich um eine Verbindlichkeit, für die der/die Übernehmer/in gem. § 25 Abs. 1 S. 1, Abs. 2 HGB haftet.[4] Als Nachweis überreiche ich den beglaubigten Handelsregisterauszug HR ..... des Registergerichts ..... und verweise auf das Rechtskraftzeugnis.[5]

.....

Rechtsanwalt[6, 7]

Anmerkungen

1. Wird ein unter Lebenden erworbenes Handelsgeschäft unter der bisherigen Firma fortgeführt, haftet der Erwerber für alle im Betrieb des Geschäfts begründeten Verbindlichkeiten des früheren Inhabers (§ 25 Abs. 1 HGB), sofern keine abweichende Vereinbarung im Handelsregister eingetragen und bekannt gemacht worden (§ 25 Abs. 2 Alt. 1 HGB) oder von dem Erwerber oder Veräußerer dem Dritten mitgeteilt worden ist, § 25 Abs. 2 Alt. 2 HGB. Da insoweit keine Rechtsnachfolge im Sinne des § 727 ZPO vorliegt, ist über § 729 Abs. 2 ZPO die Möglichkeit eröffnet, die Klausel auf den Erwerber umschreiben zu lassen. Der bisherige Geschäftsinhaber haftet daneben gesamtschuldnerisch.

2. Die analoge Anwendung des § 729 Abs. 2 ZPO ist im Fall der Haftung des Erben bei Firmenfortführung, § 27 HGB, den in ein Geschäft eines Einzelkaufmanns Eintretenden im Hinblick auf § 128 HGB, den in eine bestehende OHG Eintretenden, § 130 HGB, und auf den in eine GbR Eintretenden, der für deren Verbindlichkeiten nach der Rechtsprechung des BGH haftet, umstritten (Hintzen/Wolf/*Wolf* Rn. 3.153).

3. → Form. D. 2 Anm. 2.

4. Der Titelgläubiger kann die Klausel allein gegen den Erwerber oder auch zu der (bereits erteilten) Klausel gegen den Veräußerer beantragen. Die Erteilung einer weiteren vollstreckbaren Ausfertigung gem. § 733 ZPO ist möglich (→ Form. D. 11). Das Gericht wird die Gesamtschuldnerschaft von Veräußerer und Erwerber in der Klausel feststellen.

5. Voraussetzung für die Umschreibung der Klausel auf den Erwerber gem. § 729 Abs. 2 ZPO ist der Erwerb des Handelsgeschäfts unter Fortführung der Firmierung nach Rechtskraft des Urteils. Ein eingetragener Haftungsausschluss gem. § 25 Abs. 2 S. 1 ZPO hindert die Klauselerteilung. Zudem muss die titulierte Forderung eine Geschäftsverbindlichkeit sein.

6. Siehe dazu zunächst → Form. D. 2 Anm. 7. Der Nachweis des Erwerbs des Handelsgeschäfts, die Fortführung der Firmierung und des Nichtbestehens einer abweichenden Vereinbarung gem. § 25 Abs. 2 Alt. 1 HGB nach Eintragung des Inhaberwechsels (§ 31 HGB), muss durch einen beglaubigten Handelsregisterauszug (§ 9 Abs. 2 HGB) oder, sofern das Handelsregister am gleichen Gericht belegen ist, durch Bezugnahme auf das Registerblatt belegt werden. Der Nachweis, dass kein Haftungsausschluss an den Dritten erfolgt ist (§ 25 Abs. 2 Alt. 2 HGB), muss nicht geführt werden, (Zöller/*Stöber* § 729 Rn. 9); diesbezügliche Einwendungen sind mit Klage gegen die Erteilung der Vollstreckungsklausel geltend zu machen, § 768 ZPO; → Form. O. III. 3 Der Zeitpunkt der Rechtskraft des Urteils kann durch das Rechtskraftzeugnis belegt werden (→ Form. C. V. 2). Der Nachweis, dass die Forderung eine Geschäftsverbindlichkeit ist, muss nur dann urkundlich bewiesen werden, wenn der Veräußerer nicht unter seiner Firma verklagt wurde, andernfalls liegt Offenkundigkeit vor, (Zöller/*Stöber* § 729 Rn. 9). Sofern die Nachweise nicht erbracht werden können, muss Klage gem. § 731 ZPO erhoben werden (→ Form. D. 12 und → Form. O. II. 7). Das über das Internet zugängliche Registerportal der Länder „Handelsregister.de" als Informationsmöglichkeit ersetzt nicht den für die Erteilung einer Vollstreckungsklausel als Rechtsnachfolger notwendigen Nachweis der Rechtsnachfolge durch Vorlage einer öffentlichen oder öffentlich beglaubigten Urkunde (OLG Naumburg Beschl. v. 14.12.2011 – 10 W 74/11, NJW-RR 2012, 638).

7. Kosten und Gebühren/Rechtsmittel. → Form. D. 2 Anm. 5

7. Antrag auf Erteilung der Vollstreckungsklausel gegen den Nießbraucher (§ 738 ZPO)

An das Amts-/Land-/Oberlandesgericht[1, 2]

. . . . .

In Sachen

. . . . .

– Gläubiger/in –

gegen

.....

– Schuldner/in –

Az. . . . . .

überreiche ich in der Anlage die vollstreckbare Ausfertigung des Urteils des . . . . . gerichts . . . . . vom . . . . . und beantrage namens und in Vollmacht des/der Titelgläubiger/in[3]

> **eine vollstreckbare Ausfertigung gegen Herrn/Frau . . . . . als Nießbraucher/in zur Duldung der Zwangsvollstreckung in die seinem/ihrem Nießbrauch unterliegenden, zum Vermögen des/der Beklagten gehörenden Gegenstände[4]**

zu erteilen.

Begründung:

Nach Rechtskraft des Urteils hat der/die Beklagte dem Herrn/Frau . . . . . einen Nießbrauch bestellt. Zum Nachweis der Nießbrauchbestellung füge ich die notarielle Urkunde UR-Nr . . . . . des Notars . . . . . mit Sitz in . . . . . vom . . . . . bei und verweise zudem auf das Rechtskraftzeugnis auf dem Urteil.[5]

.....

Rechtsanwalt[6]

Anmerkungen

1. Sofern ein Titelschuldner nach rechtkräftiger Feststellung seiner Schuld einen Nießbrauch an seinem Vermögen (§ 1085 BGB) bestellt hat, kann der Titelgläubiger gem. §§ 738 Abs. 1, 727 ZPO den Titel zur Duldung auf den Nießbraucher umschreiben lassen und damit die Vollstreckung in das vom Nießbrauch umfasste Vermögen betreiben. Das Gleiche gilt bei einem gegen den Erblasser ergangenen Urteil, wenn an dem Erbteil ein Nießbrauch bestellt ist, § 1089 BGB. Eines Duldungstitels wie bei § 737 ZPO bedarf es nicht. Dieser wird durch die Klausel ersetzt (Musielak/Voit/*Lackmann* § 738 Rn. 1).

2. → Form. D. 2 Anm. 2.

3. → Form. D. 3 Anm. 3.

4. Die einzelnen dem Nießbrauch unterliegenden Gegenstände sind nicht anzugeben. Die Zugehörigkeit zum Vermögen hat erst das Vollstreckungsorgan zu prüfen (Zöller/*Stöber* § 738 Rn. 2).

5. → Form. D. 7 Anm. 7. Nachzuweisen sind die Bestellung des Nießbrauchs (OLG Zweibrücken Rpfleger 2005, 612; Zöller/*Stöber* § 738 Rn. 3) und der Zeitpunkt und die Tatsache der Rechtskraft (Zöller/*Stöber* § 738 Rn. 3).

6. Kosten und Gebühren/Rechtsmittel. → Form. D. 2 Anm. 5

8. Antrag auf Erteilung der Vollstreckungsklausel für und gegen den Testamentsvollstrecker (§§ 749, 727 ZPO)

An das Amts-/Land-/Oberlandesgericht[1, 2]

.....

In Sachen

.....

– Gläubiger/in –

gegen

.....

– Schuldner/in –

Az. .....

überreiche ich in der Anlage die vollstreckbare Ausfertigung des Urteils des ..... gerichts ..... vom ..... und beantrage namens und in Vollmacht des/der Testamentsvollstreckers/in

(alternativ: des/der Titelgläubigers/in)

eine vollstreckbare Ausfertigung für

(alternativ: gegen)

Herrn/Frau ..... als Testamentsvollstrecker/in für den Nachlass

(alternativ: für den/die unter der Verwaltung des/der Testamentsvollstreckers/in stehenden Nachlassgegenstand/gegenstände .....[3])

des ..... zum Zwecke der Zwangsvollstreckung nach § 749 ZPO.

zu erteilen.

Begründung:

Der Titelgläubiger/in

(alternativ: Der/Die Titelschuldnerin)

ist am ..... gestorben. Der/Die Erblasser/in hat Testamentsvollstreckung angeordnet und Herrn/Frau ..... als Testamentsvollstrecker/in bestimmt.[4]

[ggf. zusätzlich: Der Vollstreckungsgegenstand unterliegt der Verwaltung des/der Testamentsvollstreckers/in.]

Als Nachweis überreiche ich dazu das Testamentsvollstrecker-Zeugnis des Nachlassgerichts ..... vom ....., Az. .....[5]

.....

Rechtsanwalt[6]

Anmerkungen

1. Hat die Vollstreckung beim Tod des Erblassers noch nicht begonnen (vgl. § 779 Abs. 1 ZPO), muss die Vollstreckungsklausel nach dessen Tod auf den Rechtsnachfolger umgeschrieben werden. Sofern Testamentsvollstreckung angeordnet wurde, ist für die Klauselerteilung § 749 ZPO zu beachten, der die §§ 727 und 748 ZPO ergänzt. Es ist zu differenzieren, ob die Rechtsnachfolgeklausel auf den Erben und/oder den Testamentsvollstrecker umzuschreiben ist. Insofern steht der Testamentsvollstrecker als Partei kraft Amtes praktisch dem Rechtsnachfolger gleich (vgl. Stein/Jonas/*Münzberg* § 749 Rn. 1). Sofern der Erblasser Titelgläubiger war, bedarf es der Umschreibung des Titels auf den Testamentsvollstrecker gem. § 749 ZPO, da der Erbe gem. §§ 2211, 2212 BGB keine Verfügungsbefugnis über den Nachlass hat. War der Erblasser dagegen Titelschuldner, kann der Titel sowohl zur Vollstreckung in das Vermögen des Erben gem. §§ 727, 728 Abs. 2 ZPO auf den Erben als auch zur Vollstreckung in den Nachlass gem. § 748 ZPO auf den Testamentsvollstrecker gem. § 749 ZPO umgeschrieben werden. Besonderheiten ergeben sich, wenn die Verwaltung des Testamentsvollstreckers auf nur einzelne Gegenstände vom Erblasser beschränkt wurde, § 2208 BGB (→ Anm. 3).

2. → Form. D. 2 Anm. 2.

3. Für den Testamentsvollstrecker kann ein von dem Erblasser erwirkter Titel umgeschrieben werden, wenn und soweit das titulierte Recht der Verwaltung des Testamentsvollstreckers unterliegt, § 749 ZPO. Bei einem gegen den Erblasser erwirkten Titel ist die Klauselumschreibung auf den Testamentsvollstrecker nur zulässig, wenn der gesamte Nachlass der Verwaltung des Testamentsvollstreckers unterliegt, §§ 748 Abs. 1, 749 Abs. 1 ZPO. Sofern sich die Verwaltung nur auf einzelne Nachlassgegenstände bezieht, muss der Titel gegen den Erben und den Testamentsvollstrecker umgeschrieben werden, §§ 748 Abs. 2, 749 Abs. 2 ZPO. In diesem Fall muss in der Klausel die Beschränkung vermerkt (Zöller/*Stöber* § 749 Rn. 11) und kann dementsprechend klarstellend beantragt werden.

4. Der Erbe kann einen oder mehrere Testamentsvollstrecker im Testament bestimmen (§ 2197 BGB), das Bestimmungsrecht einem Dritten überlassen (§ 2198 BGB) oder diesen/diese vom Nachlassgericht bestimmen lassen (§ 2200 BGB). Mehrere Testamentsvollstrecker üben dabei ihr Amt gemeinschaftlich aus, §§ 2197 Abs. 1, 2199 BGB.

5. Siehe dazu zunächst → Form. D. 2 Anm. 7. Sofern die Testamentsvollstreckung nicht offenkundig ist (was nur selten der Fall sein wird), bedarf es des Nachweises des Todes des Erblassers, der Ernennung des Testamentsvollstreckers, der Annahme seines Amtes und des Umfanges seiner Befugnisse in der Form gem. §§ 749 Abs. 1, 727 ZPO durch öffentliche oder öffentlich beglaubigte Urkunden. Sowohl Rechtskraft als auch die Annahme der Erbschaft, § 2213 Abs. 2 BGB, sind nicht erforderlich (Musielak/Voit/*Lackmann* § 749 Rn. 2; Zöller/*Stöber* § 749 Rn. 2 und 4). Der erforderliche Nachweis ist durch ein Testamentsvollstreckerzeugnis urkundlich belegbar. Eine öffentlich beglaubigte Abschrift genügt nicht (LG Stuttgart InVo 2005, 30; AG/LG Aachen Rpfleger 1990, 520). Der Testamentsvollstrecker kann gem. § 2368 Abs. 1 BGB das Testamentsvollstreckerzeugnis, welches ihn als Testamentsvollstrecker und die Beschränkungen, denen er ggf. unterliegt, ausweist (vgl. Palandt/*Weidlich* § 2368 Rn. 2), beantragen. In seinem Antrag auf Erteilung des Testamentsvollstreckerzeugnisses liegt auch spätestens die Annahme seines Amtes (BGH WM 1961, 479). Sofern gegen den Testamentsvollstrecker die Klausel umgeschrieben werden soll, kann der Gläubiger die Erteilung des Testamentsvollstreckerzeugnisses gem. § 792 ZPO beantragen (vgl. zur Möglichkeit des Ersetzens des urkundlichen Nachweises durch Zustimmung oder Schweigen bei Anhörung des Schuldners gem. § 730 ZPO oder bei Zugeständnis im Rahmen der Anhörung §§ 288, 730 ZPO, → Form. D. 2 Anm. 4.).

6. Kosten und Gebühren/Rechtsmittel. → Form. D. 2 Anm. 5

9. Antrag auf Vollstreckbarerklärung eines inländischen Schiedsspruchs

An das/den Oberlandesgericht ..... /Notar .....[1, 2]

In der Sache

.....

– Gläubiger/in –

gegen

.....

– Schuldner/in –

Az. .....

überreiche ich in der Anlage den (für vorläufig vollstreckbar erklärten) Vollstreckbarerklärungsbeschluss in der Schiedssache ..... gegen ..... vom ..... und beantrage namens und in Vollmacht des/der Titelgläubigers/in,

die Vollstreckungsklausel zu erteilen.[3]

.....

Rechtsanwalt[4, 5]

Anmerkungen

1. Sofern aus Schiedssprüchen und Schiedsvergleichen (§ 1053 ZPO) vollstreckt werden soll, sind diese zunächst für vollstreckbar erklären zu lassen (§§ 1060 ff. ZPO). Vollstreckungstitel ist der im Rahmen des Vollstreckbarerklärungsverfahrens ergehende Vollstreckbarerklärungsbeschluss (§§ 794 Abs. 1 Nr. 4a, 1063 ZPO), welcher anschließend zum Zwecke der Zwangsvollstreckung mit der Vollstreckungsklausel zu versehen ist (OLG Hamburg BB 2000, Beilage 12, 13).

2. Der Klauselerteilungsantrag ist an das Oberlandesgericht oder an den Notar – je nachdem, wer den Vollstreckbarerklärungsbeschluss erlassen hat (§§ 1062, 1053 Abs. 4, 795, 724 ZPO) – zu richten. Für das Vollstreckbarerklärungsverfahren steht die Zuständigkeit des Notars, § 1053 Abs. 4 ZPO, konkurrierend neben der des Oberlandesgerichts (Zöller/*Geimer* § 1062 Rn. 5). Es ist zweckmäßig, die Klausel zugleich mit der Vollstreckbarerklärung zu beantragen. Über § 795 ZPO gelten die funktionalen Zuständigkeiten der §§ 724 ff. ZPO (→ Form. D. 1 bis → Form. D. 3).

3. Die Voraussetzungen zur Erteilung der Vollstreckungsklausel entsprechen denen zur Erteilung der einfachen Klausel gemäß §§ 724, 795 ZPO, (→ Form. D. 1). Tritt Rechtsnachfolge nach der Vollstreckbarerklärung ein, so ist eine Rechtsnachfolgeklausel gemäß §§ 727 ff., 795 ZPO zu beantragen (Stein/Jonas/*Schlosser* § 1060 Rn. 14, Musielak/*Voit* § 1060 Rn. 7; OLG München Beschl. v. 12.11.2009 – 34 Sch 17/09, BeckRS 2011, 07470). Bei Rechtsnachfolge auf Gläubigerseite ist der Rechtsnachfolger antragsberechtigt. Die Rechtsnachfolge auf Schuldner- und/oder Gläubigerseite, §§ 795, 727 ff. ZPO, muss durch öffentliche (§§ 415, 417, 418 ZPO) oder öffentlich beglaubigte Urkunden (§§ 129 BGB, 39, 40 BeurkG), bewiesen werden, es sei denn, der Eintritt der Tatsache ist offenkundig, also allgemeinkundig oder gerichtskundig, § 291 ZPO, oder wird im Rahmen der Anhörung zugestanden §§ 288, 730 ZPO (→ Form. D. 2).

4. Kosten und Gebühren. Vgl. bei einfacher Vollstreckungsklausel → Form. D. 1, bei der Rechtsnachfolgeklausel → Form. D. 3 und bei Erteilung durch den Notar → Form. D. 10.

5. Fristen und Rechtsmittel. Vgl. bei einfacher Vollstreckungsklausel → Form. D. 1, bei der Rechtsnachfolgeklausel → Form. D. 3 und bei Erteilung durch den Notar → Form. D. 10.

10. Antrag auf Erteilung der Vollstreckungsklausel bei notariellen Urkunden und Anwaltsvergleichen

An

Notar .....[1, 2] (Adresse)

In Sachen

..... (Gläubiger/in) ./. .... (Schuldner/in)

Urkunden Nr.: ...../..... vom .....

überreiche ich in der Anlage die Ausfertigung der vorbezeichneten notariellen Urkunde vom ..... und beantrage namens und in Vollmacht des/der Titelgläubigers/in[3]

die Vollstreckungsklausel zu erteilen.[4]

(ggf. zusätzlich: Zum Nachweis der Rechtsnachfolge erhalten Sie den Abtretungsvertrages vom ..... mit notarieller Unterschriftsbeglaubigung vom ..... zur UR-Nr ..... des Notars ..... mit Sitz in .....[5])

.....

Rechtsanwalt[6, 7]

Anmerkungen

1. Gem. §§ 795, 724 Abs. 1 ZPO findet auch die Vollstreckung aus einer vollstreckbaren Urkunde oder einem Anwaltsvergleich nur aufgrund einer mit der Vollstreckungsklausel versehenen Ausfertigung der Urkunde bzw. des Vergleichs statt. Diese Vollstreckungsklausel unterscheidet sich nicht grundsätzlich von der Vollstreckungsklausel bei Urteilen. Über § 795 ZPO sind die Vorschriften über die Klauselerteilung bei Urteilen (§§ 724 ff. ZPO), im Wesentlichen anwendbar.

2. Vollstreckbare Ausfertigungen von notariellen Urkunden und Anwaltsvergleichen, welche notariell verwahrt und für vollstreckbar erklärt sind (§ 796c ZPO), erteilt der Notar, der die Urschrift der Urkunde verwahrt, §§ 797 Abs. 2 S. 1, Abs. 6, 800 ZPO. Das ist grundsätzlich der Notar, der die Urkunde errichtet hat, § 25 Abs. 1 BNotO. Ausnahmen davon bestehen dann, wenn ein anderer Notar, sog. Ersatznotar, oder das zuständige Amtsgericht die Urkunden gem. § 45 BNotO bei Abwesenheit oder Verhinderung des Notars verwahrt. In diesen Fällen ist dieser andere Notar oder der Urkundsbeamte oder Rechtspfleger des Amtsgerichts für die Erteilung vollstreckbarer Ausfertigungen zuständig. Eine solche Zuständigkeit kann sich auch gem. § 51 BNotO bei Tod des Notars, Verlegung seines Amtes in einen anderen Amtsgerichtsbezirk oder bei seiner Entlassung ergeben. Auch kann gem. § 56 BNotO ein Notariatsverwalter bestellt sein, der dann für die Klauselerteilung zuständig ist. Auskünfte über diese ggf. von § 25 Abs. 1 BNotO abweichende Zuständigkeiten erteilt die jeweils zuständige Notarkammer. Ein vorläufig seines Amtes enthobener Notar, für den ein Vertreter bestellt ist, bleibt weiter für die Erteilung der vollstreckbaren Ausfertigung zuständig. Allerdings wird die Klausel durch den Vertreter erteilt werden müssen, § 55 Abs. 2 BNotO. Die vollstreckbare Ausfertigung kann nicht von einem Rechtsanwalt beantragt werden, wenn dieser zugleich der zuständige Notar für die Erteilung der Klausel ist (RGZ 145, 199). Im Übrigen gelten die Ausschließungsgründe der §§ 16 Abs. 1 BNotO, 3 BeurkG, wobei diese unabhängig davon zu prüfen sind, ob der Notar bereits bei der Beurkundung ausgeschlossen war, da nachträglich die damals fremde Angelegenheit zu einer nunmehr eigenen Angelegenheit geworden sein kann (LG Darmstadt NJW 1967, 1570; *Wolfsteiner* § 36.5) und die Befangenheitsregelungen, gem. § 16 Abs. 2 BNotO für Selbstablehnung und kraft Rechtsprechung gem. Besorgnis der Befangenheit (BVerfG NJW 1967, 1123; Musielak/Voit/*Lackmann* § 767 Rn. 6). In diesen Fällen der Verhinderung des Notars richtet sich die Zuständigkeit der Klausel auch nach § 45 Abs. 1 S. 1 BNotO. Für die Entscheidung zur Ermächtigung des Notars zur Erteilung einer weiteren vollstreckbaren Ausfertigung gem. § 733 ZPO ist das Amtsgericht zuständig, in dessen Bezirk der Notar seinen Sitz hat, § 797 Abs. 3 ZPO (→ Form. D. 12). Erteilt wird die weitere vollstreckbare Ausfertigung dann durch den Notar (OLG Düsseldorf DNotZ 1977, 571).

3. Der Titelgläubiger oder dessen Rechtsnachfolger kann dann eine vollstreckbare Ausfertigung verlangen, wenn bereits eine Ausfertigung der Urkunde an den Gläubiger erteilt wurde oder der Gläubiger einen unentziehbaren Ausfertigungsanspruch erworben hat. Einen solchen unentziehbaren Ausfertigungsanspruch hat der Gläubiger dann, wenn er Beteiligter der Urkunde war und Erklärungen abgegeben hat (§ 51 Abs. 1 Nr. 1 BeurkG) oder wenn der Schuldner den Notar gem. § 51 Abs. 2 BeurkG in der Urkunde selbst oder gesondert ermächtigt hat, dem Gläubiger eine Ausfertigung zu erteilen und diese Anweisung nicht widerrufen wurde (vgl. *Wolfsteiner* §§ 11.52 bis 11.54 mwN).

4. Die Voraussetzungen zur Erteilung der Vollstreckungsklausel durch den Notar entsprechen denen zur Erteilung der Klausel durch den Urkundsbeamten gem. § 724 ZPO, (→ Form. D. 1). Es muss eine äußerlich wirksam scheinende Urkunde vorliegen, welche zur Vollstreckung geeignet ist. § 794 Abs. 1 Nr. 5 ZPO fordert insoweit eine Unterwerfungserklärung in notarieller Form (vgl. zahlreiche Beispiele bei *Wolfsteiner* §§ 19 ff.). Die materiell-rechtliche Wirksamkeit der Unterwerfungsklausel, wie das Bestehen oder das Erlöschen des Anspruchs, wird nicht geprüft (Musielak/Voit/*Lackmann* § 797 Rn. 4; Zöller/*Stöber* § 797 Rn. 5a mwN und zT gegenteiligen Auffassungen bei extremen Ausnahmefällen). Sofern die Unterwerfung in Vertretung für den Schuldner abgegeben wurde, muss die Vollmacht, sofern diese bei Beurkundung in der Form des § 12 BeurkG nicht vorlag, in der Form des § 726 ZPO, durch öffentliche oder öffentlich beglaubigte Urkunde, nachgewiesen werden (BGH NJW-RR 2004, 1718 mwN; Musielak/Voit/*Lackmann* § 797 Rn. 4; Zöller/*Stöber* § 794 Rn. 31a).

5. → Form. D. 2 Anm. 7.

6. Kosten und Gebühren. Für die Erteilung einer qualifizierten Klausel erhält der Notar eine 0,5 Gebühr gem. Nr. 23803 KV GNotKG, für die einfache Klausel aber nicht. Der Geschäftswert bestimmt sich gem. § 118 GNotKG nach den Ansprüchen, die Gegenstand der Vollstreckbarerklärung oder der vollstreckbaren Ausfertigung sind. Der Notar kann vor der Erteilung der vollstreckbaren Ausfertigung einen Kostenvorschuss anfordern. Für den Rechtsanwalt entstehen keine Gebühren, § 19 Abs. 1 S. 2 Nr. 12 RVG.

7. Rechtsmittel. Bei Versagung der Klauselerteilung kann der Gläubiger gem. § 54 BeurkG Beschwerde einlegen. Nach negativer Abhilfe durch den Notar entscheidet das Landgericht, in dessen Bezirk das Amtsgericht oder der Notar ansässig sind, § 54 Abs. 2 S. 2 BeurkG. Rechtsbeschwerde ist nach §§ 70 ff. FamFG möglich, § 54 Abs. 2 S. 1 BeurkG. Dem Schuldner stehen gegen die Klauselerteilung die Rechtsbehelfe zu, welche auch bei Erteilung der Klauseln gem. §§ 724, 726, 727 ff. ZPO anzuwenden sind. Für materiell-rechtliche Einwendungen gegen die Wirksamkeit des Titels ist Vollstreckungsabwehrklage gem. § 767 ZPO zu erheben (vgl. auch OLG Köln FGPrax 2006, 278).

11. Antrag auf Erteilung der Vollstreckungsklausel bei Gütestellenvergleichen (§ 797a ZPO)

An das Amtsgericht . . . . ./Gütestelle . . . . .[1, 2]

(Adresse)

In Sachen

. . . . .

– Gläubiger/in –

gegen

. . . . .

– Schuldner/in –

Az. . . . . .

überreiche ich in der Anlage die Ausfertigung den Gütestellenvergleich vom . . . . . und beantrage namens und in Vollmacht des/der Titelgläubigers/in

die Vollstreckungsklausel zu erteilen.[3]

(ggf. zusätzlich: Zum Nachweis der . . . . . erhalten Sie . . . . .[4])

. . . . .

Rechtsanwalt[5, 6]

Anmerkungen

1. Sofern aus Gütestellenvergleichen, welche Vollstreckungstitel gem. § 794 Abs. 1 Nr. 1 ZPO sind, vollstreckt werden soll, sind diese zunächst gem. § 797a ZPO für vollstreckbar erklären zu lassen.

2. Der **Klauselerteilungsantrag** ist entweder an das Amtsgericht, in dessen Bezirk die Gütestelle ihren Sitz hat (§ 797a Abs. 1 ZPO) oder, bei entsprechender Ermächtigung der Landesjustizverwaltung, an die Gütestelle selbst gem. § 797a Abs. 4 ZPO zu richten. Eine Übersicht über die landesrechtlich eingerichteten Gütestellen ist zusammengestellt bei Greger NJW 2011, 1478. Eine Ermächtigungsübersicht findet sich bei *Baumbach/Lauterbach/Albers/Hartmann* § 797a Rn. 2.

Zuständig für die Klauselerteilung ist der Urkundsbeamte der Geschäftsstelle gem. § 797a Abs. 1 ZPO bei einfacher Klausel → Form. D. 1 oder, bei entsprechender Ermächtigung, der Vorsteher der Gütestelle (§ 797a Abs. 4 ZPO); allerdings bei qualifizierter Klausel lediglich der Rechtspfleger → Form. D. 2 bis → Form. D. 8. Sofern eine Ermächtigung seitens der Landesjustizverwaltung erteilt ist, ist es zweckmäßig, die Klausel zugleich mit der Vollstreckbarerklärung zu beantragen.

3. Die Voraussetzungen zur Erteilung der Vollstreckungsklausel bei Gütestellenvergleichen entsprechen denen zur Erteilung der Klausel durch den Urkundsbeamten gem. § 724 ZPO, (→ Form. D. 1) bzw. Rechtspfleger §§ 726 ff. ZPO (→ Form. D. 2 bis → Form. D. 8).

4. Weiterer Vortrag zum Nachweis des Vorliegens der qualifizierten Klausel, → Form. D. 2 bis → Form. D. 8.

5. **Kosten und Gebühren.** Es werden keine Gerichtsgebühren erhoben. Der Anwalt erhält Gebühren gemäß Nr. 3309, 3310, 3500 VV RVG.

6. **Rechtsmittel.** → Form. D. 1, sofern der Urkundsbeamte oder der Vorsteher der Gütestelle die Klausel erteilt haben, → Form. D. 2 bis → Form. D. 8 in Fällen, in denen der Rechtspfleger erteilt. Die Zuständigkeit für Klagen aus §§ 731, 768, 769 ZPO ergibt sich aus §§ 797 Abs. 5, 797a Abs. 3 ZPO.

12. Antrag auf Erteilung einer weiteren vollstreckbaren Ausfertigung (§ 733 ZPO)

An das Amts-/Landgericht[2]

. . . . .

In Sachen

. . . . .

– Gläubiger/in –

gegen

. . . . .

– Schuldner/in –

Az. . . . . .

beantrage ich namens und in Vollmacht des/der Titelgläubigers/in

> **eine weitere vollstreckbare Ausfertigung[1] des Urteils des Amts-/Landgerichts . . . . . vom . . . . . zur Zwangsvollstreckung gegen Herrn/Frau . . . . . gem. § 733 ZPO zu erteilen.[3]**

Begründung:

Bereits mit Datum vom . . . . . wurde dem/der Titelgläubiger/in eine vollstreckbare Ausfertigung des Urteils erteilt. Zum Zwecke der Zwangsvollstreckung habe ich den Titel am . . . . . dem Gerichtsvollzieher . . . . . mit einfacher Post gesandt. Der Gerichts-

vollzieher hat bestätigt, dass der Titel bei ihm nicht eingegangen ist.[4] Zum Nachweis überreiche ich die diesbezügliche Erklärung des Gerichtsvollziehers . . . . . und versichere im Übrigen den beschriebenen Vorgang anwaltlich. Sofern weitere Nachweise für erforderlich erachtet werden, wird um Mitteilung gebeten.[5]

. . . . .

Rechtsanwalt[6, 7]

Anmerkungen

1. Bei § 733 ZPO handelt es sich um eine Ausnahmevorschrift, die dem Gläubiger unter engen Voraussetzungen die Möglichkeit eröffnet, über die ursprünglich erteilte vollstreckbare Ausfertigung hinaus zusätzliche vollstreckbare Ausfertigungen zu erhalten. Um eine weitere vollstreckbare Ausfertigung handelt es sich immer dann, wenn zu dem gleichen vollstreckbaren Anspruch bereits eine Vollstreckungsklausel erteilt wurde (KG OLGZ 1973, 122) oder wegen eines betragsmäßigen Teils davon (BayObLG JurBüro 1988, 1205). Daran fehlt es beispielsweise, wenn die ursprüngliche Klausel lediglich berichtigt werden soll (KG OLGZ 1973, 122; Rpfleger 1972, 264), wenn nur eine Teilklausel erteilt wurde und später wegen weiterer vollstreckbarer Teile des titulierten Anspruchs eine Klausel verlangt wird oder die ursprüngliche Klausel vor Neuerteilung, beispielsweise wegen Beschädigung, zurückgegeben wurde (Zöller/*Stöber* § 733 Rn. 2 und 3 mit weiteren Fällen der Abgrenzung zur Erteilung einer zunächst nur einfachen vollstreckbaren Ausfertigung gem. § 724 ZPO). Ist dagegen die erste vollstreckbare Ausfertigung nicht mehr auffindbar, ist das förmliche Verfahren zur Titelrekonstruktion einzuleiten (LG Leipzig, Rpfleger 2013, 351).

2. Der Antrag auf weitere vollstreckbare Ausfertigung ist an das Gericht, welches den Vollstreckungstitel erlassen hat, zu richten. Es besteht kein Anwaltszwang, § 78 Abs. 5 ZPO. Der Rechtspfleger des jeweiligen Gerichts ist gem. § 20 Nr. 12 RPflG für die Erteilung der weiteren vollstreckbaren Ausfertigung zuständig; landesrechtliche Übertragung auf den Urkundsbeamten gem. § 36b Abs. 1 Nr. 3 RPflG ist möglich. Für die Entscheidung, ob weitere vollstreckbare Ausfertigungen von notariellen Urkunden erteilt werden können, ist gem. § 797 Abs. 3 ZPO das Amtsgericht zuständig, in dessen Bezirk der Notar seinen Sitz hat. Gleichwohl ist die Klausel beim Notar zu beantragen, der von Amts wegen die Entscheidung des zuständigen Rechtspflegers einholt (Zöller/*Stöber* § 797 Rn. 7 mwN). Der Notar wird vom Rechtspfleger angewiesen, die Klausel zu erteilen oder den Antrag abzuweisen.

3. Eine weitere vollstreckbare Ausfertigung wird ausdrücklich als solche („weitere", „zweite", „dritte" . . . . .) bezeichnet, § 733 Abs. 3 ZPO. Diese zusätzliche Bezeichnung ist in der Klausel selbst und/oder in der Überschrift zu finden.

4. Für die Erteilung einer weiteren vollstreckbaren Ausfertigung müssen die Voraussetzung zur Erteilung einer einfachen Vollstreckungsklausel gem. § 724 ZPO (→ Form. D. 1) vorliegen, der Gläubiger ein berechtigtes Interesse an der zusätzlichen Ausfertigung haben und überwiegende Interessen des Schuldners dürfen nicht entgegenstehen (Musielak/Voit/*Lackmann* § 733 Rn. 6). § 733 ZPO steht – auch mit Einverständnis des Schuldners – nicht zur Parteidisposition (*Brambring* DNotZ 1977, 573). Ein berechtigtes Interesse des Gläubigers liegt – unabhängig vom Verschulden – vor, wenn die erste Ausfertigung (beispielsweise dem Gläubiger, Prozessvertreter, Notar, Gericht, auf dem Postweg) verloren gegangen ist, dem Schuldner versehentlich ausgehändigt oder entwertet zurückgegeben (OLG Düsseldorf Rpfleger 2013, 283) wurde, nicht aufklärbar ist, ob der Gläubiger die in den Akten vermerkte Ausfertigung erhalten hat oder wenn gleichzeitig an mehreren Orten oder mittels verschiedener Vollstreckungsarten vollstreckt werden soll (vgl. Musielak/Voit/*Lackmann* § 733 Rn. 6; Zöller/*Stöber* § 733 Rn. 6), sofern nicht parallel dazu das Verfahren zur Abgabe der eidesstattlichen Versicherung beantragt ist (OLG Karlsruhe Rpfleger 1977, 453; Zöller/*Stöber* § 733 Rn. 6; dagegen MüKoZPO/*Wolfsteiner* § 733 Rn. 15). Mitgläubiger und Gesamtgläubiger können nach bereits erteilter erster Ausfertigung an einen der Gläubiger Erteilung selbständiger (weiterer) Ausfertigungen für die übrigen gem. § 733 ZPO verlangen (Stein/Jonas/*Münzberg* ZPO § 725 Rn. 5; Zöller/*Stöber* §§ 724 Rn. 3a, 733 Rn. 7; dagegen für Erteilung der Ausfertigungen gem. § 724 ZPO Musielak/Voit/*Lackmann* § 733 Rn. 3 mwN); Gesamthandsgläubiger oder Gläubiger einer unteilbaren Leistung dagegen nicht (Zöller/*Stöber* § 724 Rn. 3a). Ebenso können mehrere Titel gegen Gesamtschuldner vollstreckbar gem. § 733 ZPO ausgefertigt werden, sofern der Gläubiger selbständige Vollstreckungen gegen die einzelnen Schuldner an verschiedenen Orten oder Maßnahmen durchführen will (Zöller/*Stöber* § 733 Rn. 8 mwN; dagegen MüKoZPO/*Wolfsteiner* § 724 Rn. 21 mwN für Ausfertigungen gem. § 724 ZPO gegen jeden Schuldner). Entgegenstehende Interessen des Schuldners liegen vor, wenn konkrete Tatsachen die Annahme rechtfertigen, dass unberechtigt doppelt vollstreckt werden soll (MüKoZPO/*Wolfsteiner* § 733 Rn. 16), beispielsweise wenn der Rechtsnachfolger eine weitere vollstreckbare Ausfertigung beantragt, da der ursprüngliche Gläubiger die erste vollstreckbare Ausfertigung nicht herausgibt (Musielak/Voit/*Lackmann* § 733 Rn. 6 mwN; Zöller/*Stöber* § 733 Rn. 9 f. mwN).

5. Der Gläubiger muss das Bedürfnis für die weitere vollstreckbare Ausfertigung glaubhaft machen, § 294 ZPO. Neben einer anwaltlichen Versicherung sind nach den Umständen des Einzelfalls ggf. weitere Nachweise erforderlich; bei substanziierten Einwendungen hiergegen ist voller Beweis zu führen (Zöller/*Stöber* § 733 Rn. 12 mwN). Das Gericht wird vor der Entscheidung den Schuldner schriftlich oder mündlich anhören, § 733 Abs. 1 ZPO, und auch von der Erteilung der weiteren vollstreckbaren Ausfertigung in Kenntnis setzen, § 733 Abs. 2 ZPO. Den Einwand der Erfüllung muss Schuldner im Wege der Vollstreckungsabwehrklage gem. § 767 ZPO geltend machen.

6. Kosten und Gebühren. Das Gericht erhebt eine Gebühr von 20,00 EUR für jede weitere vollstreckbare Ausfertigung, Nr. 2110 KV GKG. Es besteht Vorauszahlungspflicht, § 12 Abs. 5 GKG. Für die Erteilung einer weiteren vollstreckbaren Ausfertigung erhebt der Notar eine 0,5 Gebühr nach § 133 S. 1 KostO. Für den Rechtsanwalt handelt sich um eine besondere Angelegenheit, welche die 0,3 Gebühr der Nr. 3309 VV RVG auslöst, § 18 Nr. 7 RVG (vgl. *Schneider* JurBüro 2000, 632). Geht die Erstausfertigung auf dem Postweg zum Gläubiger verloren, ist die zu erteilende weitere Ausfertigung des Titels gebührenpflichtig (LG Bonn JurBüro 2010, 374).

7. Rechtsmittel. Bei Ablehnung der Erteilung der weiteren vollstreckbaren Ausfertigung durch den Rechtspfleger kann der Gläubiger gem. § 11 Abs. 1 RPflG sofortige Beschwerde gem. § 567 Abs. 1 ZPO erheben, bei Erteilung durch den **Urkundsbeamten der Geschäftsstelle** befristete Erinnerung gem. § 573 Abs. 1 ZPO. Sofern der Rechtspfleger den **Notar** nicht nach § 793 Abs. 3 ZPO ermächtigt, eine weitere vollstreckbare Ausfertigung einer notariellen Urkunde auszustellen, kann der Gläubiger Beschwerde gem. § 54 BeurkG einlegen (BayObLG Rpfleger 2000, 74). Der Notar ist insoweit nicht rechtsmittelbefugt (OLG Rostock OLGR 2001, 485; Musielak/Voit/*Lackmann* § 797 Rn. 8). Der Schuldner kann die Erteilung mit der Klauselerinnerung nach § 732 ZPO anfechten; ob er dagegen Klauselgegenklage gem. § 768 ZPO erheben kann, ist umstritten (dafür Zöller/*Stöber* § 733 Rn. 14; dagegen Musielak/Voit/*Lackmann* § 733 Rn. 9). Der Gläubiger kann keine Klauselklage gem. § 731 ZPO erheben, soweit die Klausel lediglich aus Gründen des § 733 ZPO versagt worden ist. Die Erteilung einer weiteren vollstreckbaren Ausfertigung schließt eine neue Leistungsklage aus, erneute Klage ist lediglich bei Verlust oder Vernichtung der Akten möglich (Zöller/*Stöber* § 733 Rn. 14, 15).

13. Klage auf Erteilung der Vollstreckungsklausel (§ 731 ZPO)

An das Amts-/Landgericht[2]

. . . . .

Klage auf Erteilung der Vollstreckungsklausel gem. § 731 ZPO[1]

des . . . . . -Kläger/in-

Prozessbevollmächtigte(r): . . . . .

gegen

. . . . .

-Beklagte/r-,[3]

Streitwert: . . . . . EUR[4]

namens und in Vollmacht des/der Klägers/in erhebe ich Klage und werde in der mündlichen Verhandlung beantragen:

festzustellen, dass dem/der Kläger/in zu dem Urteil des . . . . . gerichts vom . . . . ., Az. . . . . ., zum Zwecke der Zwangsvollstreckung die Vollstreckungsklausel

(ggf. zusätzlich: in Höhe eines Betrages von . . . . . EUR[5])

zu erteilen ist.

1. Der/die Beklagte hat die Kosten des Rechtsstreits zu tragen.[6]

Sofern das Gericht das schriftliche Vorverfahren anordnet, wird für den Fall der Fristversäumnis des/der Beklagten beantragt:

ein Versäumnisurteil ohne mündliche Verhandlung, § 331 Abs. 3 ZPO, zu erlassen.

Begründung:

Bereits mit Urteil des Gerichts vom . . . . ., Az. . . . . ., wurde Kaufmann . . . . . rechtskräftig verurteilt, ... EUR nebst . . . . . Zinsen über dem Basiszinssatz und Kosten an den/die Kläger/in zu zahlen. Die mit dem Rechtskraftvermerk versehene Ausfertigung des Urteil ist beigefügt (Anlage 1). Es wird Bezug genommen.

Nach Rechtskraft, am . . . . ., veräußerte Kaufmann . . . . . sein Unternehmen an den/die Beklagte(n), der/die es unter der bisherigen Firmierung . . . . . fortführt.

Beweis: 1. Briefkopf des/der Beklagten
2 . . . . .
als Anlagenkonvolut 2

Dadurch liegt ein Fall der Haftung des Erwerbers bei Firmenfortführung nach § 25 HGB vor, durch welche die Vollstreckungsklausel gem. §§ 729 Abs. 2, 727 ZPO auf den verklagten Erwerber zum Zwecke der Zwangsvollstreckung umzuschreiben ist.[7]

Der/die Beklagte leistete nicht, trotz der Zahlungsaufforderung des/der Klägers/in vom .....

Beweis: Schreiben des/der Klägervertreter/in vom ..... als Anlage 3

Die von dem/der Kläger/in bereits beantragte Rechtsnachfolgeklausel gem. §§ 729 Abs. 2, 727 ZPO ist vom Rechtspfleger mangels öffentlich bzw. öffentlich beglaubigter Urkunden und nicht erfolgter Stellungnahme des/der Beklagten im Rahmen der Anhörung gem. § 730 ZPO abgelehnt worden.

Beweis: Beschluss vom ..... als Anlage 4.

Die Durchführung eines offensichtlich aussichtslosen Rechtsmittelverfahrens ist dem Kläger nicht zumutbar.[8]

Klage war nunmehr geboten.

.....

Rechtsanwalt[9, 10]

Anmerkungen

1. Der Gläubiger hat die Möglichkeit, in den Fällen der qualifizierten Vollstreckungsklauseln gem. §§ 726, 727 ff. ZPO Klage auf Erteilung der Vollstreckungsklausel gem. § 731 ZPO zu erheben, wenn er den Beweis des Eintritts der Bedingung oder der Rechtsnachfolge nicht mit öffentlichen oder öffentlich beglaubigten Urkunden führen kann und auch keine Offenkundigkeit vorliegt. Die Klage ist als prozessuale Feststellungsklage gem. § 256 ZPO darauf gerichtet, dass die Klausel zu erteilen ist (Musielak/Voit/*Lackmann* § 731 Rn. 2; Thomas/Putzo/*Seiler* ZPO § 731 Rn. 1; Zöller/*Stöber* § 731 Rn. 4; dagegen für prozessuale Gestaltungsklage Stein/Jonas/*Münzberg* § 731 Rn. 8). Durch die Möglichkeit der Klage gem. § 731 ZPO entfällt nicht das Rechtschutzbedürfnis für eine völlig neue Klage aus dem zugrunde liegenden Rechtsverhältnis (BGH NJW 1987, 2863; Zöller/*Stöber* § 731 Rn. 7 mwN; dagegen: Stein/Jonas/*Münzberg* § 731 Rn. 6). Der Vorteil der Klauselklage gem. § 731 ZPO gegenüber einer erneuten Klage liegt aber in der Beschränkung des Streitgegenstandes dahingehend, dass nur noch die Bedingung oder Rechtsnachfolge im Streit ist und nicht die Forderung selbst. Sofern die Klage gem. § 731 ZPO erfolgreich ist, hat nach Rechtskraft des Urteils – bei Ausspruch der vorläufigen Vollstreckbarkeit gem. §§ 708 ff. ZPO auch schon früher – der Urkundsbeamte (Thomas/Putzo/*Seiler* § 731 Rn. 4; Zöller/*Stöber* § 731 Rn. 6 mwN; dagegen für Klauselerteilung durch Rechtspfleger gem. Wortlaut des § 20 Nr. 12 RPflG: LG Stuttgart Rpfleger 2000, 538; Musielak/Voit/*Lackmann* § 731 Rn. 8; MüKoZPO/*Wolfsteiner* § 731 Rn. 22; Stein/Jonas/*Münzberg* § 731 Rn. 16; Baumbach/Lauterbach/Albers/*Hartmann* § 731 Rn. 1; *Wüllenkemper* Rpfleger 2000, 538) die vollstreckbare Ausfertigung des Ersturteils gem. § 724 ZPO zu erteilen. Vgl. zu weiteren Varianten bei der Klauselklage die umfassende Darstellung bei → Form. O. II. 7.

2. Ausschließlich zuständig ist das Prozessgericht der ersten Instanz, unabhängig davon, von welcher Instanz das zu vollstreckende Urteil (§ 704 Abs. 1 ZPO), oder der Vergleich (§§ 794 Abs. 1 Nr. 1, 795 ZPO), erlassen worden ist (§§ 802, 731 ZPO); unabhängig vom Streitwert auch sachlich (Musielak/Voit/*Lackmann* § 731 Rn. 3, dagegen Thomas/Putzo/*Seiler* § 731 Rn. 4). Bei Vollstreckungsbescheiden ist dasjenige Gericht zuständig, welches für eine Entscheidung im streitigen Verfahren zuständig gewesen wäre (§ 796 Abs. 3 ZPO) und bei vollstreckbaren Urkunden das Gericht, bei dem der Schuldner im Inland seinen allgemeinen Gerichtsstand hat, § 797 Abs. 5 ZPO. Für vollstreckbare Urkunden, die ein Grundpfandrecht betreffen und in denen sich der Schuldner zudem der Zwangsvollstreckung mit dinglicher Wirkung gegen den jeweiligen Grundstückseigentümerunterworfen hat, ist das Gericht des dinglichen Gerichtsstandes zuständig, § 800 Abs. 3 ZPO (zur Zuständigkeit für sonstige Vollstreckungstitel vgl. Zöller/*Stöber* § 731 Rn. 3).

3. Passivlegitimiert ist der Schuldner bzw. sein Rechtsnachfolger; umstritten beim Prätendentenstreit (für Altgläubiger: Musielak/Voit/*Lackmann* § 731 Rn. 6 mwN; für Schuldner: Thomas/Putzo/*Seiler* § 731 Rn. 5; Zöller/*Stöber* § 731 Rn. 4).

4. Der Streitwert ist der Wert des noch beizutreibenden Anspruches (OLG Köln Rpfleger 1969, 247; Musielak/Voit/*Lackmann* § 731 Rn. 8).

5. Diese Einschränkung ist erforderlich, sofern bereits teilweise erfüllt wurde, oder anzuraten, wenn zur Reduzierung des Streitwertes nur eine Teilforderung für vollstreckbar erklärt werden soll.

6. Die Kostenentscheidung wird nach §§ 91 ff. ZPO getroffen. Ein Fall des § 788 ZPO liegt nicht vor (Zöller/*Stöber* § 731 Rn. 4).

7. Der Kläger muss darlegen, dass der Vollstreckungstitel grundsätzlich dazu geeignet ist, mit einer Klausel gem. den §§ 726, 727 bis 729 ZPO versehen zu werden, der dafür notwendige Urkundenbeweis aber nicht geführt werden kann, beispielsweise mangels Handelsregistereintragung, und zudem auch keine Offenkundigkeit vorliegt (vgl. Ziff. 7). Im Verfahren kann sich der Kläger aller zulässigen Beweismittel bedienen (Zöller/*Stöber* § 732 Rn. 4). Der Beklagte kann materielle Einwände, die sonst mit der Vollstreckungsabwehrklage gem. § 767 ZPO geltend zu machen sind (→ Form. O. VIII. 8), in den Grenzen des § 767 Abs. 2 ZPO entsprechend einbringen, andernfalls ist er damit später präkludiert (Musielak/Voit/*Lackmann* § 731 Rn. 7, 9 jew. mwN).

8. Der Kläger muss sein besonderes Rechtschutzinteresse gem. § 256 Abs. 1 ZPO und auch gem. dem Wortlaut des § 731 ZPO darlegen. Zum einen hat er darzutun, dass er nicht im Besitz von Urkunden gem. §§ 726, 727 ff. ZPO ist und sich diese auch nicht leicht beschaffen lassen, wie beispielsweise durch Akteneinsichtsrechte oder Rechte auf Erteilung von Urkunden an Gläubiger gem. §§ 792 ZPO, 13 FamFG, 12 Abs. 2 GBO oder 9 Abs. 2 HGB. Sofern ein Erbschein zur Klauselerteilung fehlt, soll das Rechtsschutzbedürfnis für die Klage nicht entfallen, da die Beantragung über § 792 ZPO einen mehr als geringfügigen Aufwand bedeuten soll (VGH Mannheim NJW 2003, 1203). Es wird auch verlangt, dass der Kläger vor Klageerhebung zunächst erfolglos den Klauselantrag gem. §§ 726, 727 ff. ZPO beim Rechtspfleger gestellt haben muss, damit der Antragsgegner des Klauselerteilungsverfahrens die Klage durch Geständnis der Rechtsnachfolge gem. § 730 ZPO erübrigen kann (VGH Mannheim, NJW 2003, 1203; Stein/Jonas/*Münzberg* § 731 Rn. 4, MüKoZPO/*Wolfsteiner* § 731 Rn. 16, Musielak/Voit/*Lackmann* § 731 Rn. 5; ein zusätzlich noch erfolglos durchlaufenes Beschwerdeverfahren verlangen *Baumbach/Lauterbach/Albers/Hartmann* § 731 Rn. 3; Thomas/Putzo/*Seiler* § 731 Rn. 3; kein erfolgloses Klauselantragsverfahren fordert *Brox/Walker* Rn. 133).

9. Kosten und Gebühren. Gerichtsgebühren werden nach den Bestimmungen für das Prozessverfahren erster Instanz erhoben, Nr. 1210, 1211 KV GKG. Rechtsanwaltsgebühren ergeben sich aus den Nr. 3100 ff. VV RVG gem. § 19 Abs. 1 Nr. 12 RVG.

10. Rechtsmittel. Wie bei jeder Klage kann innerhalb eines Monats ab Zustellung des Urteils gem. § 517 ZPO Berufung eingelegt werden. Die Statthaftigkeit der Berufung richtet sich nach § 511 ZPO.

E. Zustellung

1. Antrag auf Erteilung einer Zustellungsbescheinigung (§ 169 Abs. 1 ZPO)

An das Amts-/Landgericht[2]

. . . . .

In Sachen

. . . . .

– Gläubiger/in –

gegen

. . . . .

– Schuldner/in –[1]

Az. . . . . .

überreiche ich in der Anlage eine (vollstreckbare) Ausfertigung des Urteils vom . . . . . und beantrage namens und in Vollmacht des/der Klägers/in[3]

die Zustellung gem. § 169 Abs. 1 ZPO zu bescheinigen.[4]

. . . . .

Rechtsanwalt[5, 6]

Anmerkungen

1. Die Zwangsvollstreckung darf gem. § 750 Abs. 1 ZPO nur beginnen, wenn der Titel bereits zugestellt ist oder gleichzeitig zugestellt wird (Ausnahmen: Zweiwöchige Wartefristen ab Zustellung bei: Sicherungsvollstreckung, §§ 720a, 750 Abs. 3 ZPO; Kostenfestsetzungsbeschluss, der nicht auf das Urteil gesetzt worden ist, §§ 794 Abs. 1 Nr. 2, 798 ZPO; Anwaltsvergleiche gem. §§ 796a, 794, 798 Abs. 1 Nr. 4b ZPO und vollstreckbare Urkunden, §§ 794, 798 Abs. 1 Nr. 5 ZPO; Entbehrlichkeit der Zustellung bei: Vollziehung von Arrest und einstweiliger Verfügung, §§ 929 Abs. 3, 936 ZPO; Vorpfändung, § 845 Abs. 1 S. 3 ZPO; Verzicht auf Wartefrist bzw. Zustellung des Schuldners umstritten; dafür: LG Ellwangen Rpfleger 1966, 145; *Berner* Rpfleger 1966, 134; dagegen: LG Flensburg Rpfleger 1960, 303; *Rosenberg/Gaul/Schilken* § 33 IV 1b mwN auch insgesamt zum Streitstand). Eine mögliche Zustellungsform für Urteile und Beschlüsse (§§ 317 Abs. 1, 329 Abs. 3 ZPO), Anerkenntnis- und Versäumnisurteile, bei denen die Verkündung durch Zustellung ersetzt wird (§ 310 Abs. 3 ZPO) und Vollstreckungsbescheide (§ 699 Abs. 4 ZPO) ist die Zustellung von Amts wegen, §§ 166 ff. ZPO. Bei dieser Art der Zustellung kann durch den auf dem Vollstreckungstitel angebrachten Zustellungsvermerk gem. § 169 ZPO die Zustellung gegenüber dem Vollstreckungsorgan nachgewiesen werden (LG Dortmund InVo 2002, 199; LG Neubrandenburg Rpfleger 2005, 37).

Alternativ können vom Gericht geschaffene Titel, §§ 704, 795 ZPO, auch im Wege der Parteizustellung (→ Form. E. 2) oder, sofern möglich, von Anwalt zu Anwalt (→ Form. E. 3) zugestellt werden.

2. Der **Zustellungsvermerk** wird von dem Urkundsbeamten der Geschäftsstelle erteilt (§ 153 GVG), an dessen Gericht das Urteil erlassen wurde.

3. Die **Zustellungsbescheinigung** wird auf Antrag erteilt. Es besteht kein Anwaltszwang, § 78 Abs. 5 ZPO. Der Antrag ist aber auch bereits konkludent im Antrag auf Erteilung einer vollstreckbaren Ausfertigung gem. §§ 724, 795 ZPO (→ Form. D. 1) oder Erlass eines Vollstreckungsbescheides (§§ 699, 796 Abs. 1 ZPO) enthalten (Zöller/*Stöber* § 169 Rn. 2). Daher wird dem Gläubiger in der Gerichtspraxis der Zustellungsnachweis auch häufig ohne separaten Antrag hin auf der ihm zu erteilenden Ausfertigung des Vollstreckungstitels erteilt.

4. Auf der (vollstreckbaren) Ausfertigung des Urteils/Beschlusses bescheinigt der Urkundsbeamte das Datum der Zustellung, sog. Zustellungsvermerk (seltener in Form einer selbständigen Bescheinigung). Die Zustellungsart (öffentlich, Post, etc) und Ausführung der Zustellung (persönlich, Niederlegung, etc) wird dagegen in dem Zustellungsvermerk nicht angeführt (Zöller/*Stöber* § 169 Rn. 3). Zugestellt wird vom Gericht nur das Urteil oder der sonstige Titel mit denjenigen Anlagen, die Bestandteile des Tenors sind, nicht aber die Vollstreckungsklausel (OLG Saarbrücken OLGZ 1967, 34). In Fällen der Vollstreckung aus Titeln, welche einer qualifizierten Klausel gem. §§ 726, 727 ff. ZPO bedürfen, reicht die Zustellung des Vollstreckungstitels von Amts wegen aber für die Einleitung von Zwangsmaßnahmen nicht aus. Vielmehr muss gem. § 750 Abs. 2 ZPO zusätzlich vor oder zumindest bei Vollstreckungsbeginn noch die Zustellung der qualifizierten Vollstreckungsklausel und die Zustellung derjenigen öffentlichen oder öffentlich beglaubigten Urkunden erfolgen, aufgrund derer die qualifizierte Klausel erteilt worden ist (Ausnahmen: Rechtsnachfolger des Gläubigers eines Grundpfandrechts oder einer Schiffshypothek vollstreckt (§§ 799, 800a ZPO, oder Vollstreckung aus vollstreckbarer Urkunde gegen einen späteren Eigentümer eines Grundstücks, eingetragener Schiffe oder Schiffsbauwerke). Praktisch ist es kaum denkbar, dass die Klausel isoliert von dem Vollstreckungstitel zugestellt werden kann, da für den Schuldner feststehen muss, zu welchem Titel die Klausel erteilt wurde (Zöller/*Stöber* ZPO § 750 Rn. 19). Daher bietet es sich zur Zustellung auch von gerichtlich geschaffenen Vollstreckungstiteln, welche eine qualifizierte Klausel erfordern, an, eine beglaubigte Abschrift des Vollstreckungstitels mit aufgesetzter Klausel zusammen mit den beglaubigten Abschriften der sonstigen erforderlichen Urkunden im Sinne von § 750 Abs. 2 im Parteibetrieb (→ Form. E. 2) oder, sofern möglich, von Anwalt zu Anwalt (→ Form. E. 3) zuzustellen. Bestreitet der Schuldner die Ordnungsgemäßheit der Zustellung, muss der Nachweis mittels der Zustellungsurkunde bzw. Abschrift der Akte aus dem Erkenntnisverfahren geführt werden; der Zustellungsvermerk genügt dafür nicht (OLG Köln Rpfleger 1997, 31). Ist auf Grund einer Eintragung im Genossenschaftsregister dem Rechtsnachfolger des Gläubigers die Klausel gem. § 727 ZPO erteilt worden, muss ein Auszug aus dem Register zum Zeitpunkt der Klauselerteilung mit zugestellt werden (BGH Rpfleger 2013, 225).

5. Kosten und Gebühren. Die Tätigkeit des Rechtsanwalts wird durch die Verfahrensgebühr gem. Nr. 3100 VV RVG abgegolten, diejenige des Vollstreckungsanwalt durch die Gebühr gem. Nr. 3309 VV RVG. Gerichtskosten entstehen nicht.

6. Rechtsmittel. Fehlt die Zustellung des Vollstreckungstitels oder einer sonstigen gem. § 750 ZPO zuzustellenden Urkunde bzw. liegt ein sonstiger Verstoß gegen § 750 ZPO vor, können Schuldner und in eigenen Rechten betroffene Dritte mit der Erinnerung gem. § 766 ZPO bzw. der sofortigen Beschwerde gem. § 793 ZPO dagegen vorgehen.

2. Zustellungsauftrag an den Gerichtsvollzieher (§ 192 ZPO)

An das[1] Amtsgericht

.....

– Verteilungsstelle für Gerichtsvollzieheraufträge –[2]

In Sachen

.....

– Gläubiger/in –

gegen

.....

– Schuldner/in –

überreiche ich namens und in Vollmacht des/der Gläubigers/in in der Anlage

1. vollstreckbare Ausfertigung des notariellen Schuldanerkenntnisses UR-Nr ..... des Notars ..... mit Sitz in ..... vom .....
2. Abtretungsvertrag vom ..... mit notarieller Unterschriftsbeglaubigung vom ..... zur UR-Nr. ..... des Notars ..... mit Sitz in .....[3]
3. Fotokopien der Urkunden zu 1) und 2) zum Zwecke der Beglaubigung gem. § 192 Abs. 2 ZPO.[4]

mit der Bitte,

an Herrn/Frau ..... [Adresse] zuzustellen[5]

und die mit der Zustellungsurkunde[6] versehene Ausfertigung an mich zurückzusenden.

.....

Rechtsanwalt[7, 8]

Anmerkungen

1. Siehe dazu zunächst → Form. E. 1 Anm. 1. Der isolierte Antrag zur Zustellung ist von der Benutzung des eingeführten amtlichen Formulars für den Vollstreckungsauftrag an den Gerichtsvollzieher (→ Form. G. II. 1) ausgenommen (§ 1 Abs. 2 S. 1 GVFV). Allerdings sieht auch das amtliche Formular die Möglichkeit vor, dass auch für den isolierten Zustellungsauftrag das Formular genutzt werden kann. In diesem Fall sind die Module „A", „B" und „C" auszufüllen und das Modul „D" anzukreuzen.

Eine in der Praxis sehr häufig gewählte Zustellungsform ist die Zustellung durch den Gerichtsvollzieher im Wege des sog. Parteibetriebs. Jeder Vollstreckungstitel kann auf diesem Wege zugestellt werden, so auch Urteile, Beschlüsse und Vollstreckungsbescheide, für die alternativ die Zustellung von Amts wegen möglich ist (→ Form. E. 1). Bei Urteilen genügt für den Beginn der Zwangsvollstreckung den Titel ohne Tatbestand und Entscheidungsgründe durch den Gerichtsvollzieher zustellen zu lassen, sog. abgekürzte Ausfertigung gem. §§ 317 Abs. 2 S. 2 Hs. 1, 750 Abs. 1 S. 2 ZPO. Die Parteizustellung hat den Vorteil, dass nicht abgewartet werden muss, bis die Zustellung von Amts wegen erfolgt ist. Aufgrund der entstehenden Gerichtsvollzieherkosten ist sie jedoch teurer. Alternativ zur Zustellung durch den Gerichtsvollzieher kann auch, sofern beide Parteien anwaltlich vertreten sind, einfacher und Kosten sparender von Anwalt zu Anwalt zugestellt werden (→ Form. E. 3).

2. Für Zustellungen im Parteibetrieb ist der Gerichtsvollzieher zuständig, § 192 ZPO. Der Gerichtsvollzieher stellt entweder persönlich (§ 192 Abs. 1 ZPO) oder unter Zuhilfenahme des Postweges (§§ 194 ff. ZPO) zu. Persönlich erfolgt die Zustellung durch den Gerichtsvollzieher dann, wenn er örtlich in dem Gerichtsvollzieherbezirk zuständig ist. In allen anderen Fällen bedient sich der Gerichtsvollzieher der Zustellung durch die Post oder privater Zustelldienste. Sofern der zuständige Gerichtsvollzieher die Zustellung vornehmen soll, kann dieser entweder direkt beauftragt werden – einige Amtsgerichte haben aber bereits auf ihren Homepages Übersichten eingestellt, die einen schnellen Überblick über die zuständigen Gerichtsvollzieher am Wohnort bzw. Sitz des Schuldners geben – oder der Auftrag über die Gerichtsvollzieherverteilerstelle des zuständigen Amtsgerichts vermittelt werden. Es besteht kein Anwaltszwang.

3. Dem Gerichtsvollzieher müssen die Originale (Ausfertigungen oder öffentlich beglaubigte Abschriften der Urkunden) übergeben werden. Das ist üblicherweise der Vollstreckungstitel selbst, dem die Vollstreckungsklausel aufgesetzt ist. Die Vollstreckungsklausel bedarf daher keiner ausdrücklichen Erwähnung in der Auflistung der zuzustellenden Urkunden. Sofern ein Vollstreckungstitel, welcher eine qualifizierte Klausel enthält, zugestellt werden soll, muss gem. § 750 Abs. 2 ZPO auch noch die Zustellung derjenigen öffentlichen oder öffentlich beglaubigten Urkunden erfolgen, aufgrund derer die qualifizierte Klausel erteilt worden ist (Ausnahmen: Rechtsnachfolger des Gläubigers eines Grundpfandrechts oder einer Schiffshypothek vollstreckt, §§ 799, 800a ZPO, oder Vollstreckung aus vollstreckbarer Urkunde gegen einen späteren Eigentümer eines Grundstücks, eingetragener Schiffe oder Schiffsbauwerke). Sofern die Rechtsnachfolgeklausel aufgrund einer Ausfertigung erteilt wurde, muss die Ausfertigung auch bei der Zustellung übermittelt werden; eine beglaubigte Abschrift genügt nicht (LG Aachen Rpfleger 1990, 520).

4. Der Zustellungsempfänger erhält vom Gerichtsvollzieher nur beglaubigte Ablichtungen sämtlicher Zustellungsurkunden. Diese werden vom Gerichtsvollzieher auf Kosten des Gläubigers erstellt, § 192 Abs. 2 ZPO. Deshalb empfiehlt es sich, Fotokopien von den zuzustellenden Schriftstücken der Auftragserteilung beizufügen, insbesondere wenn mehreren Personen zugestellt werden soll (dann die entsprechende Anzahl pro Zustellungsempfänger). Die Fotokopien können vom Rechtsanwalt auch selbst beglaubigt werden, § 26 Nr. 3b GVGA.

5. Vom Gläubiger ist eine zustellfähige Anschrift anzugeben. Der Zustellungsempfänger ist grundsätzlich der Schuldner bzw. sein Prozessbevollmächtigter. Sofern der Schuldner im Prozess durch einen Prozessbevollmächtigten vertreten wurde, ist zur Einleitung als auch im weiteren Vollstreckungsverfahren zwingend an diesen zuzustellen, § 172 Abs. 1 und 2 ZPO (LG Rostock InVo 2003, 360; LG Gießen Rpfleger 1981, 26). Nach Mandatsniederlegung kann, da es sich bei der Zwangsvollstreckung um ein selbstständiges Nebenverfahren handelt, auch im Anwaltsprozess die Zustellung an den Schuldner erfolgen; § 87 Abs. 1 Hs. 2 ZPO gilt insofern nicht (LG Trier Rpfleger 1988, 29; Zöller/*Vollkommer* § 87 Rn. 3). Auch nach Mandatsniederlegung hat der Prozessbevollmächtigte die Pflicht, seinen Mandanten von der gem. §§ 87 Abs. 1 Hs. 2, 172 ZPO an ihn wirksamen Zustellung zu unterrichten (Hintzen/*Wolf* Rn. 3.275). Bei nicht prozessfähigen sowie juristischen Personen ist an deren gesetzlichen Vertreter zuzustellen (§ 170 Abs. 1 ZPO), bei Gesamtschuldnern demjenigen, der im Wege der Zwangsvollstreckung in Anspruch genommen werden soll und bei verstorbenen Schuldnern an die Erben bzw. einen auf Antrag bestellten Vertreter (§ 779 Abs. 2 ZPO). Bei Gemeinschaftsschuldnern (Gesamthand) und bei unteilbarer Leistung (§ 431 BGB), ist Zustellung an alle notwendig (Hintzen/*Wolf* Rn. 3276 mwN), außer bei der Gesellschaft bürgerlichen Rechts. Bei dieser muss zur Vollstreckung in das Gesellschaftsvermögen lediglich dem Geschäftsführer oder, wenn ein solcher nicht bestellt ist, an einen ihrer Gesellschafter zugestellt werden (BGH Rpfleger 2006, 478). Schreibfehler sind für die Zustellung unschädlich, wenn der Zustellungsempfänger dennoch identifiziert werden kann oder die Zustellung zutreffend erfolgt ist (BGH Rpfleger 2001, 505).

6. Der Gerichtsvollzieher erstellt über die Zustellung eine Zustellungsurkunde, welche zum Nachweis über Zeit und Art der Übergabe der zuzustellenden Schriftstücke und damit zum Nachweis der Zustellung selbst dient. Der Gerichtsvollzieher bescheinigt entweder auf den vorgelegten Urkunden die Zustellung gem. § 192 ZPO oder – weitaus häufiger in der Praxis – verbindet alle zugestellten Urkunden mit einem formularmäßigen Zustellungsvordruck. Die Zustellungsurkunde wird anschließend an die Partei bzw. deren Anwalt übermittelt, welche die Zustellung veranlasst hat.

7. Kosten und Gebühren. Der Rechtsanwalt erhält keine besondere Gebühr für die Zustellung, § 19 Abs. 1 Nr. 15 RVG. Sofern er allerdings nur die Zustellung ausführt, fällt bereits die 0,3 Gebühr gem. Nr. 3309 VV RVG an.

Für den Gerichtsvollzieher entstehen Gebühren nach Nr. 100 bis 102 KV GvKostG (insbesondere für die Zustellungen, persönliche 10,00 EUR und per Post 3,00 EUR) und Auslagen nach Nr. 700 und 701 KV GvKostG (insbesondere bei Erstellen der beglaubigten Abschriften, für jede beglaubigte Seite 0,50 EUR und ab der 51. Seite 0,15 EUR).

8. Rechtsmittel. Fehlt die Zustellung des Vollstreckungstitels oder einer sonstigen gem. § 750 ZPO zuzustellenden Urkunde bzw. liegt ein sonstiger Verstoß gegen § 750 ZPO vor, können Schuldner und in eigenen Rechten betroffene Dritte mit der Erinnerung gem. § 766 ZPO bzw. der sofortigen Beschwerde gem. § 793 ZPO dagegen vorgehen.

3. Zustellung von Anwalt zu Anwalt (§ 195 ZPO)

An

. . . . . [Rechtsanwalt/Rechtsanwältin][1, 2]

. . . . . [Adresse]

In Sachen

. . . . .

– Gläubiger/in –

gegen

. . . . .

– Schuldner/in –

Ihr Zeichen: . . . . .

Sehr geehrte(r) . . . . .,

gem. beigefügter Vollmacht[3] zeige ich die Vertretung von . . . . . an. Ich übersende Ihnen zum Zwecke der Zustellung von Anwalt zu Anwalt folgende Unterlagen:[4]

Beglaubigte Kopie der vollstreckbaren Ausfertigung des notariellen Schuldanerkenntnisses UR-Nr . . . . . des Notars . . . . . mit Sitz in . . . . . vom . . . . .[5]

Beglaubigte Kopie des Abtretungsvertrages vom . . . . . mit notarieller Unterschriftsbeglaubigung vom . . . . . zur UR-Nr . . . . . des Notars . . . . . mit Sitz in . . . . .[6]

Ich bitte um kurzfristige Rücksendung des von Ihnen im Original unterzeichneten Empfangsbekenntnisses[7] an meine Kanzlei.

. . . . .

Rechtsanwalt

Anlagen:

Beglaubigte Kopie des notariellen Schuldanerkenntnisses

Beglaubigte Kopie des Abtretungsvertrages

Empfangsbekenntnis

Empfangsbekenntnis[7]

In der Sache

. . . . .

gegen

. . . . .

wegen Zwangsvollstreckung aus der vollstreckbaren Ausfertigung des notariellen Schuldanerkenntnisses UR-Nr . . . . . des Notars . . . . . mit Sitz in . . . . . vom . . . . .

habe ich heute von dem/der Rechtsanwalt/Rechtsanwältin . . . . ., ... [Adresse], folgende Unterlagen von Anwalt zu Anwalt zugestellt erhalten:

Beglaubigte Kopie der vollstreckbaren Ausfertigung des notariellen Schuldanerkenntnisses UR-Nr . . . . . des Notars . . . . . mit Sitz in . . . . . vom . . . . .
Beglaubigte Kopie des Abtretungsvertrages vom . . . . . mit notarieller Unterschriftsbeglaubigung vom . . . . . zur UR-Nr . . . . . des Notars . . . . . mit Sitz in . . . . .

Ort, Datum

Stempel und Unterschrift des Empfängers

Urschriftlich zurück an

Rechtsanwalt

[Adresse]

Einreichen [wie Empfangsbekenntnis] Beglaubigungsvermerk[4]

Hiermit wird bescheinigt, dass das anliegende Schriftstück eine beglaubigte, mit dem Original vollständig übereinstimmende Abschrift der vollstreckbaren Ausfertigung des notariellen Schuldanerkenntnisses UR-Nr . . . . . des Notars . . . . . mit Sitz in . . . . . vom . . . . . (des Abtretungsvertrages vom . . . . . mit notarieller Unterschriftsbeglaubigung vom . . . . . zur UR-Nr . . . . . des Notars . . . . . mit Sitz in . . . . .) ist.

. . . . .

Rechtsanwalt[8, 9]

Anmerkungen

1. Siehe dazu zunächst → Form. E. 1 Anm. 1. Sofern beide Parteien (bereits) anwaltlich vertreten sind bzw. sich der Gläubiger ab dem Zeitpunkt der Zustellung ebenso wie der schon anwaltlich vertretene Schuldner anwaltlich vertreten lassen möchte, kann am einfachsten und billigsten von Anwalt zu Anwalt (§ 195 ZPO) zugestellt werden. Von anwaltlicher Vertretung ist auch auszugehen, wenn sich ein Anwalt in eigener Sache vertritt (§ 78 Abs. 4 ZPO) oder als Insolvenzverwalter, Testamentsvollstrecker, Zwangsverwalter, gesetzlicher oder organschaftlicher Vertreter einer Partei handelt. Der amtlich bestellte Vertreter (§ 53 BRAO) oder Abwickler (§ 55 BRAO) steht dem Rechtsanwalt gleich, auch dann, wenn dieser nicht selbst Rechtsanwalt ist. Die Zulassung des zustellenden und des empfangenden Anwalts beim Prozessgericht ist nicht erforderlich (BGHZ NJW 1959, 2307). Ebenso wenig erforderlich ist es, dass ggf. weitere Prozessbeteiligte (zB Mitbeklagte, Streithelfer, Nebenkläger) durch Anwälte vertreten sind (Zöller/*Stöber* § 195 Rn. 3). Alternativ zur Zustellung von Anwalt zu Anwalt können alle Vollstreckungstitel auch durch den Gerichtsvollzieher (→ Form. E. 2) zugestellt werden.

2. Zuzustellen ist dem Prozessbevollmächtigten oder Bevollmächtigten der gegnerischen Partei. Die Kündigung des Auftrags hindert die Zustellung nach § 195 ZPO solange nicht, bis das Erlöschen der Vollmacht dem gegnerischen Rechtsanwalt nach § 87 ZPO angezeigt wurde (BGHZ 31, 32). Dies gilt auch für ein Vertretungsverbot, da es die Vollmacht nicht berührt, § 155 Abs. 5 BRAO. Anders verhält es sich jedoch bei einem Berufsverbot (Zöller/*Stöber* § 195 Rn. 4). Die Anwälte können sich jeweils durch einen anderen Rechtsanwalt vertreten lassen. Auch ein beim Prozessbevollmächtigten angestellter Rechtsanwalt ist deswegen empfangsberechtigt. Bei Zweifeln an einer Ermächtigung werden die allgemeinen Grundsätze der Anscheinsvollmacht herangezogen (BGH NJW 1975, 1652). Das zu übergebende Schriftstück kann dem zuzustellenden Anwalt oder dessen Bevollmächtigten selbst ausgehändigt oder durch Fax gem. §§ 195 Abs. 1 S. 5, 174 Abs. 2 S. 1 ZPO, einfachen Brief, Aufgabe zur Post, Einlage ins Gerichtsfach oder durch einen Boten oder Gerichtsvollzieher übermittelt werden. Elektronische Übermittlung ist gem. §§ 195 Abs. 1 S. 5, 174 Abs. 3 S. 1, 3 ZPO möglich. Bei der Zustellung durch Telekopie soll die Übermittlung mit dem Hinweis „Zustellung gegen Empfangsbekenntnis" eingeleitet werden (Zöller/*Stöber* § 195 Rn. 8, 10) Bei einem Anwalt in Sozietät ist Empfangsvollmacht anzunehmen (BGH VersR 69, 887). Ersatzzustellung, §§ 178 ff. ZPO, ist ausgeschlossen (Zöller/*Stöber* § 195 Rn. 9).

3. Sofern sich der Gläubiger erst ab dem Zeitpunkt der Zustellung bzw. nur für die Zustellung anwaltlich vertreten lässt, bedarf es der Anzeige und des Nachweises der Vollmacht.

4. Sofern das Schriftstück in körperlicher Form übermittelt wird, werden lediglich anwaltlich beglaubigte Abschriften, welche üblicherweise mit einem Beglaubigungsvermerk des zustellenden Anwalts versehen sind, aber keine Originale, zugestellt. Diese verbleiben bei dem zustellenden Anwalt.

5. Soll ein Urteil zugestellt werden, genügt gem. § 750 Abs. 1 S. 2 ZPO die sog. abgekürzte Ausfertigung ohne Tatbestand und Entscheidungsgründe.

6. Soll der Vollstreckungstitel, welcher eine qualifizierte Klausel enthält, zugestellt werden, muss gem. § 750 Abs. 2 ZPO auch noch die Zustellung derjenigen öffentlichen oder öffentlich beglaubigten Urkunden erfolgen, aufgrund derer die qualifizierte Klausel erteilt worden ist (Ausnahmen: Rechtsnachfolger des Gläubigers eines Grundpfandrechts oder einer Schiffshypothek vollstreckt (§§ 799, 800a ZPO), oder Vollstreckung aus vollstreckbarer Urkunde gegen einen späteren Eigentümer eines Grundstücks, eingetragener Schiffe oder Schiffsbauwerke). Sofern die Rechtsnachfolgeklausel aufgrund einer Ausfertigung erteilt wurde, muss die Ausfertigung auch bei der Zustellung übermittelt werden; eine beglaubigte Abschrift genügt nicht (LG Aachen Rpfleger 1990, 520).

7. Das schriftliche Empfangsbekenntnis dient dem Nachweis der Zustellung, § 195 Abs. 2 ZPO. Es kann auch durch Telekopie oder als elektronisches Dokument (§ 130a ZPO) mit qualifizierter elektronischer Signatur zurückgesandt werden. Neben dem Datum der Zustellung (Stempel genügt) muss das zugestellte Dokument bezeichnet und das Empfangsbekenntnis vom Anwalt eigenhändig und handschriftlich unterschrieben sein (Zöller/*Stöber* § 195 Rn. 13). Der Vollstreckungstitel gilt ab dem Zeitpunkt der Unterzeichnung des Empfangsbekenntnisses des empfangenden Anwalts als zugestellt. Der Zugang in der Kanzlei ist nicht maßgeblich (BGH BGHR 2002, 951). Vgl. zur Wirksamkeit der Zustellung von Anwalt zu Anwalt auch OLG Hamm NJW 2010, 3380.

8. Kosten und Gebühren. Der Rechtsanwalt erhält keine besondere Gebühr für die Zustellung, § 19 Abs. 1 Nr. 15 RVG. Sofern er allerdings nur die Zustellung ausführt, fällt bereits die 0,3 Gebühr gem. Nr. 3309 VV RVG an.

9. Rechtsmittel. Siehe dazu die Anm. zu → Form. E. 1.

4. Antrag auf Bewilligung der öffentlichen Zustellung (§ 185 ZPO)

An das Amts-/Landgericht[1, 2]

. . . . .

In Sachen

. . . . .

– Gläubiger/in –

gegen

. . . . .

– Schuldner/in –

Az. . . . . .

beantrage ich namens und in Vollmacht des/der Gläubigers/in

die öffentliche Zustellung

der vollstreckbaren Ausfertigung der Grundschuldbestellungsurkunde UR-Nr . . . . . des Notars . . . . . mit Sitz in . . . . . vom . . . . . an die XY GmbH,[3] vertreten durch den Geschäftsführer Z . . . . ., zur Zeit unbekannten Aufenthalts, letzte Anschrift: Via . . . . ., ..., Italia.

Es wird um Entscheidung ohne mündliche Verhandlung gebeten.[4]

Begründung:[5]

Der Aufenthalt der Zustellungsadressatin ist unbekannt. Dabei steht der unbekannte Aufenthalt des Geschäftsführers einer GmbH dem der Gesellschaft gleich (vgl. BayObLG

MDR 1998, 365; beigefügt als Anlage 1, Zöller/*Stöber*, 29. Aufl. 2012, § 185 Rn. 2). Damit ist für das Vorliegen der Voraussetzungen der öffentlichen Zustellung allein auf die Person des Geschäftsführers abzustellen.

Zum Zwecke der Glaubhaftmachung überreiche ich:

Handelsregisterauszug der XY GmbH, HRB ....., der den Z als alleinigen Geschäftsführer der XY GmbH ausweist, als Anlage 2
Meldeamtsanfrage an die Gemeinde ....., Italia, vom ..... und deren Bestätigung vom ....., dass Z wegen Unauffindbarkeit aus dem dortigen Einwohnermeldeamt gelöscht wurde, zusammen mit deutscher Übersetzung als Anlage 3

Ich weise nur vorsorglich darauf hin, dass die öffentliche Zustellung nicht mit dem Verweis auf eine ggf. mögliche Notgeschäftsführerbestellung abgelehnt werden kann (vgl. BayObLG MDR 1998, 365; bereits beigefügt als Anlage 1)

Des Weiteren war auch ein kürzlich unternommener Zustellungsversuch an die Gesellschaft XY selbst erfolglos. Als Nachweis überreiche ich dazu eine Bestätigung des mit der Zustellung beauftragten Gerichtsvollziehers ..... vom ..... als Anlage 4. Wie ersichtlich ist, konnte unter der zuletzt bekannten Anschrift der Gesellschaft ..... weder Geschäftsräume noch ein Briefkasten gefunden werden.

Sollte das Gericht weitere Nachweise für erforderlich halten, wird um entsprechenden Hinweis gebeten.[6]

.....

Rechtsanwalt[7, 8]

Anmerkungen

1. Siehe dazu zunächst → Form. E. 1 Anm. 1. Sofern die Zustellung durch den Gerichtsvollzieher (→ Form. E. 2) oder von Anwalt zu Anwalt (→ Form. E. 3) im Inland oder die Auslandszustellung erfolglos war (OLG Hamm NJW 1980, 2203; auch bei übermäßiger Verzögerung von Rechtshilfeersuchen OLG Köln NJW-RR 1998, 1683, die den Parteien nicht zuzumuten ist BGH IPrax 2010, 247) bzw. aussichtlos ist oder bei exterritorialer Wohnung (Thomas/Putzo/*Hüßtege* § 185 Rn. 6), verbleibt als einzige Möglichkeit, den Vollstreckungstitel im Wege der öffentlichen Zustellung, §§ 185 ff. ZPO, zustellen zu lassen. Die Bewilligung der öffentlichen Zustellung durch das Gericht erfolgt durch Beschluss; den weiteren Ablauf bis zur Zustellung des Vollstreckungstitels regelt §§ 186 ff. ZPO.

2. Der Antrag auf öffentliche Zustellung ist an das Prozessgericht (§ 186 Abs. 1 S. 1 ZPO), welches das Urteil erlassen hat, oder an das für das Mahnverfahren zuständige Gericht beim Vollstreckungsbescheid (§ 699 Abs. 4 S. 3 ZPO), zu richten, da diese Zuständigkeit auch für die Zustellung der Vollstreckungstitel gem. § 750 Abs. 1 ZPO gelten soll (Zöller/*Stöber* § 186 Rn. 1). Bei notariellen Urkunden ist das Amtsgericht zuständig, in dessen Bezirk der Notar bzw. die verwahrende Behörde ihren Amtssitz hat (Zöller/*Stöber* § 797 Rn. 10). Die Bewilligung der öffentlichen Zustellung durch ein unzuständiges Gericht macht die Zustellung unwirksam. (Zöller/*Stöber* § 186 Rn. 1). Sofern die Zustellung durch die Geschäftsstelle (→ Form. E. 1) veranlasst werden muss, wird die öffentliche Zustellung von Amts wegen durchgeführt (Zöller/*Stöber* § 186 Rn. 2). Im Rahmen des § 78 Abs. 1, 2 ZPO besteht Anwaltszwang.

3. Die öffentliche Zustellung an eine GmbH kommt nur in Betracht, wenn sie auch dem Geschäftsführer an dessen Privatanschrift nicht zugestellt werden kann (OLG Stuttgart Rpfleger 2005, 268).

4. § 186 Abs. 1 S. 2 ZPO stellt die mündliche Verhandlung frei. In der Praxis ist diese meist entbehrlich.

5. Sehr unterschiedlich ist die Gerichtspraxis hinsichtlich der Voraussetzungen für die Bewilligung der öffentlichen Zustellung. Allein die Anfrage bei einem deutschen Einwohnermeldeamt genügt regelmäßig nicht. Verlangt werden vielmehr die Ermittlung des letzten Vermieters und Auskunftseinholung bei diesem (OLG Hamm JurBüro 1994, 630) oder bei ehemaligen Hausgenossen und bei etwa bekannten Verwandten (OLG Nürnberg FamRZ 1960, 2004). Verwertbare Erkenntnisse – oftmals auch in Form von Negativerklärungen oder protokollierten Telefongesprächen – lassen sich über Nachfragen beim Zustellpostamt, beim Nachmieter, bei den Nachbarn (OLG Frankfurt a. M. MDR 1999, 1402), beim letzten Arbeitgeber (KGR 1995, 273), auf der Polizeidienststelle oder bei der Sozialversicherungsbehörde (KGR 1995, 273) gewinnen. Im Zweifel sollten dem bewilligenden Gericht auch eidesstattliche Versicherungen angeboten werden. Oftmals genügt dem Gericht auch der Nachweis über gescheiterte Zustellungsversuche. Ein Rechtsanwalt, der Kenntnis von einer zustellungsfähigen Anschrift hat, gleichwohl aber die öffentliche Zustellung beantragt, handelt sittenwidrig (OLG Düsseldorf NJW-RR 2000, 875). Zudem wird die öffentliche Zustellung, sofern diese mit falschen Angaben erschlichen wurde, und ohne dass das Gericht dies hätte erkennen könnten, unwirksam (BGH NJW 2003, 1326). Die öffentliche Zustellung ist aber auch unwirksam, wenn die Voraussetzungen der öffentlichen Zustellung nicht vorliegen, und das die öffentliche Zustellung bewilligende Gericht dies hätte erkennen können (BGH NJW 2002, 827).

6. Der Satz ist im Hinblick auf die unterschiedliche Gerichtspraxis zur Vermeidung von Zurückweisungen empfehlenswert.

7. Kosten und Gebühren. Es fallen keine Gerichtsgebühren an. Die Auslagen des Gerichts für öffentliche Bekanntmachungen werden nach Nr. 9004 KV GKG erhoben. Für die Veröffentlichung im elektronischen Bundesanzeiger fallen indes keine Kosten an, KV 9004 Abs. 1 GKG nF.

Die Rechtsanwaltsgebühr ist durch die Verfahrensgebühr Nr. 3100 VV RVG abgegolten, sofern er nicht Verfahrensbevollmächtigter ist nach Nr. 3403 VV RVG.

8. Rechtsmittel. Der bewilligende Beschluss ist unanfechtbar; gegen den ablehnenden Beschluss kann sofortige Beschwerde gem. § 567 Abs. 1 Nr. 2 ZPO erhoben werden. Lagen die Voraussetzung für die Bewilligung der öffentlichen Zustellung nicht vor, kommt eine Wiedereinsetzung in Betracht, wenn die durch die Zustellung in Lauf gesetzte Frist versäumt wurde (OLG Köln NJW-RR 1993, 446), insbesondere wenn der Antragsteller die öffentliche Zustellung in Kenntnis des Aufenthaltsorts erwirkt hat (BGH NJW 1992, 2280).

5. Antrag auf Hinausschieben der Urteilszustellung (§ 317 Abs. 1 S. 3 ZPO)

An das Amts-/Landgericht[1, 2]

. . . . .

In Sachen

. . . . .

– Gläubiger/in –

gegen

. . . . .

– Schuldner/in –

Az. . . . . .

beantrage ich namens und in Vollmacht des/der Titelgläubigers/in/Titelschuldners/in,

die Zustellung des Urteils des Amts-/Landgerichts . . . . ., verkündet am . . . . ., gem. § 317 Abs. 1 S. 3 ZPO bis zum . . . . . hinauszuschieben.[1]

. . . . .

Rechtsanwalt[3, 4]

Anmerkungen

1. Der vorsitzende Richter kann bei übereinstimmendem Antrag der Parteien die Zustellung verkündeter Urteile bis zum Ablauf von fünf Monaten seit der Verkündung hinausschieben. Ein solches Hinausschieben kann angeraten sein, wenn sich die Parteien in Vergleichsverhandlungen befinden und der Beginn von Rechtsmittelfristen nicht gewünscht ist. Das Gericht ist an den beantragten Zeitraum gebunden. Bei unterschiedlichen Anträgen der Parteien ist im Zweifel der kürzere Zeitraum maßgebend.

2. Der Antrag ist an das Gericht, an welchem das Verfahren rechtshängig war, zu richten, kann formlos gestellt werden und bedarf keiner Begründung.

3. Kosten und Gebühren. Es entstehen keine Gerichtskosten oder Anwaltsgebühren, §§ 1 GKG, 19 Abs. 1 Nr. 2 Nr. 9 RVG.

4. Rechtsmittel. Gegen die Entscheidung des Gerichts ist die sofortige Beschwerde gem. §§ 567 ff. ZPO zulässig.

F. Vollstreckungsverfahren

I. Zwangsvollstreckung beim Tod des Schuldners

1. Beschränkung der Erbenhaftung

1. Mit dem Tod eines Schuldners verliert der Gläubiger die Person, die er in Anspruch nehmen könnte und dessen gesamtes Vermögen geht gemäß § 1922 BGB auf den Erben oder die Erben über. Insofern erscheint es zunächst interessengerecht, wenn § 1967 Abs. 1 BGB die Haftung des Erben für die Nachlassverbindlichkeiten anordnet. Allerdings würde bei Überschuldung des Nachlasses eine solche unbeschränkte Erbenhaftung ohne die Möglichkeit, eine Haftungsbeschränkung herbeizuführen, dazu führen, dass der Erbe letztlich durch die Erbschaft eine negative Vermögensbilanz zu verzeichnen hätte. Das wäre nicht nur für den Erben nachteilig, sondern unter Umständen auch für seine sonstigen Gläubiger. Einen endgültigen Interessenausgleich zwischen Erben, dessen Gläubigern und den Nachlassgläubigern schaffen die Regelungen der §§ 1967 bis 2017 BGB. Hinzu kommen mit den §§ 2058 bis 2063 BGB Regelungen für die Haftung der Miterben sowie mit §§ 2144 ff. BGB für die Haftung des Vorerben.

2. Vor der Annahme der Erbschaft kann gemäß § 1958 BGB ein sich gegen den Nachlass richtender Anspruch nicht gegen den Erben gerichtlich geltend gemacht werden. Ein Nachlassgläubiger hat allerdings die Möglichkeit, gemäß § 1961 Nachlasspflegschaft zu beantragen. Darüber hinaus kann der Nachlassgläubiger auch bereits vor der Annahme der Erbschaft die Nachlassverwaltung und das Nachlassinsolvenzverfahren beantragen, um den Nachlass vor dem Zugriff durch den Erben zu schützen. Vor der Annahme der Erbschaft ist die Zwangsvollstreckung wegen eines Anspruchs, der sich gegen den Nachlass richtet, gemäß § 778 Abs. 1 ZPO grundsätzlich nur in den Nachlass zulässig → Form. F. I. 11. Wegen § 1958 BGB muss gemäß § 1961 BGB Nachlasspflegschaft beantragt werden → Form. F. I. 2. Wegen eigener Verbindlichkeiten des Erben ist wegen § 778 Abs. 2 ZPO vor der Annahme der Erbschaft eine Zwangsvollstreckung in den Nachlass nicht zulässig. § 778 ZPO bewirkt also eine vollstreckungsverfahrensrechtliche Trennung der Haftungsmassen (vgl. Musielak/Voit/*Lackmann* § 778 Rn. 5.). Bei Verstößen gegen § 778 ZPO besteht die Möglichkeit der Vollstreckungserinnerung gemäß § 766 ZPO bzw. der sofortigen Beschwerde. Bei Vollstreckungen entgegen § 778 Abs. 1 ZPO in das persönliche Vermögen des Erben besteht zudem die Möglichkeit der Drittwiderspruchsklage gemäß § 771 ZPO. Wird entgegen § 778 Abs. 2 ZPO in den Nachlass vollstreckt, besteht ebenfalls die Möglichkeit des § 771 ZPO. Eine Zwangsvollstreckung, die zur Zeit des Todes des Schuldners bereits begonnen hat, wird gemäß § 779 Abs. 1 ZPO in seinen Nachlass fortgesetzt. Ist bei einer Vollstreckungshandlung die Hinzuziehung des Schuldners erforderlich, kann unter den Voraussetzungen des § 779 Abs. 2 ZPO die Bestellung eines einstweiligen besonderen Vertreters beantragt werden → Form. F. I. 3.

3. Bei überschuldetem Nachlass hat der Erbe die Möglichkeit der **Ausschlagung der Erbschaft** → Form. F. I. 4, was aber regelmäßig nur dann empfohlen werden kann, wenn auszuschließen ist, dass kein bisher unbekanntes Vermögen vorhanden ist. Zudem ist die Ausschlagungsfrist zu beachten, vgl. § 1944 BGB. Unabhängig von der Überschuldung des Nachlasses kommt die Ausschlagung der Erbschaft als Möglichkeit zur Abschirmung des Nachlasses – „Familienvermögens" – vor dem Zugriff der Gläubiger wegen eigener

Verbindlichkeiten des ausschlagenden Erben in Betracht. Das Recht zur Ausschlagung der Erbschaft ist als unübertragbares Recht wegen §§ 857 Abs. 1, 851 Abs. 1 ZPO nicht pfändbar; die Ausschlagungserklärung ist weder innerhalb noch außerhalb des Insolvenzverfahrens anfechtbar. Selbst eine bewusste Gläubigerbenachteiligung ist hinzunehmen.

4. Deutlich flexiblere Lösungen als die vorgenannte Ausschlagung der Erbschaft bietet das Recht der Haftungsbeschränkung auf den Nachlass, wobei man zwischen der zeitlich befristeten Verschonung und der endgültigen Haftungsbeschränkung auf den Nachlass – gegenüber allen oder nur gegenüber einzelnen Nachlassgläubigern – unterscheiden kann.

Der Erbe hat zunächst die Möglichkeit, eine **zeitlich befristete Haftungsverschonung** zu erreichen. Zum einen besteht die Möglichkeit der Dreimonatseinrede → Form. F. I. 5. Nach § 2014 BGB hat der Erbe nämlich in den ersten drei Monaten nach der Annahme der Erbschaft das Recht, die Berichtigung der Nachlassverbindlichkeiten zu verweigern. Zum anderen besteht die Möglichkeit der Einrede des Aufgebotsverfahrens gemäß § 2015 Abs. 1 BGB → Form. F. I. 5, wenn der Erbe innerhalb eines Jahres nach Annahme der Erbschaft einen Antrag auf Erlassung des Aufgebots stellt und der Antrag zugelassen wird. Die Miterben einer Erbengemeinschaft haben darüber hinaus die Möglichkeit der Einrede des ungeteilten Nachlasses → Form. F. I. 6, dh sie sind berechtigt, die Erfüllung der Nachlassverbindlichkeiten aus dem Eigenvermögen bis zur Teilung des Nachlasses zu verweigern.

4. Eine **dauerhafte Haftungsbeschränkung gegenüber allen Nachlassgläubigern** wird dagegen durch die Nachlassverwaltung → Form. F. I. 7 und durch das Nachlassinsolvenzverfahren → Form. F. I. 8 erreicht. Ist der Nachlass so überschuldet, dass auch eine die Verfahrenskosten einer Nachlassverwaltung oder eines Nachlassinsolvenzverfahrens deckende Masse nicht vorhanden ist, hat der Erbe die Möglichkeit, die Einreden nach § 1990 Abs. 1 BGB → Form. F. I. 9 zu erheben. Ist die Überschuldung des Nachlasses auf angeordnete Vermächtnisse und Auflagen zurückzuführen, hat der Erbe die Möglichkeit der sog. Überschwerungseinrede, was bedeutet, dass der Erbe berechtigt ist, die Befriedigung der Vermächtnisnehmer auf Auflagenberechtigen nach den Vorschriften der §§ 1990, 1991 BGB zu bewirken.

Weiterhin bestehen für den Erben auch Möglichkeiten, (nur) **gegenüber einzelnen Gläubigern eine Haftungsbeschränkung auf den Nachlass** zu erreichen. Dem Erben wird durch das Aufgebotsverfahren nach §§ 1970 BGB, §§ 433 bis 441, 454 bis 464 FamFG die Möglichkeit eröffnet, sich einen Überblick darüber zu verschaffen, mit welchen Verbindlichkeiten des Erblassers der Nachlass belastet ist. Bei einem unübersichtlichen Nachlass wird der Erbe durch das Aufgebotsverfahren überhaupt erst in die Lage versetzt, ein Inventar zu errichten oder die Notwendigkeit einer Nachlassverwaltung bzw. eines Nachlassinsolvenzverfahrens in Erfahrung zu bringen. Versäumen es die Nachlassgläubiger innerhalb der ihnen im Aufgebotsverfahren gesetzten Frist, ihre Forderung beim Nachlassgericht anzumelden, so haftet der Erbe für diese Verbindlichkeiten lediglich mit dem Nachlass, Einrede gemäß § 1973 Abs. 1 BGB. Gemäß § 454 Abs. 2 S. 1 FamFG ist mit der Durchführung des Aufgebotsverfahrens das Nachlassgericht betraut, wobei sich die örtliche Zuständigkeit nach § 342, 343 FamFG richtet. Das Aufgebotsverfahren wird nur auf Antrag (§ 434 Abs. 1 FamFG) „im Wege des Aufgebotsverfahrens die Nachlassgläubiger zur Anmeldung ihrer Forderungen aufzufordern" eingeleitet, wobei vor Annahme der Erbschaft lediglich der Nachlassverwalter bzw. Nachlasspfleger antragsberechtigt sind; nach Annahme der Erbschaft zudem der Erbe, jeder Miterbe sowie der Testamentsvollstrecker. Der Antrag als solcher ist nicht fristgebunden, allerdings sollte er unbedingt innerhalb eines Jahres nach Erbschaftsannahme gestellt werden, weil sonst die Möglichkeit der Einrede des Aufgebotsverfahrens nach § 2015 BGB entfällt.

Zu beachten ist, dass der Erbe den Schutz der §§ 1973–1975 BGB sowie der §§ 1989–1992 BGB verlieren kann. Gemäß § 2013 Abs. 1 BGB ist dies der Fall, wenn er innerhalb der ihm gesetzten Frist kein Inventar errichtet. Durch die Inventarerrichtung erhalten die Gläubiger einen Überblick über den Nachlass und die daraus resultierenden Vollstreckungsmöglichkeiten. Ein Antrag auf Inventarerrichtung durch den Gläubiger → Form. F. I. 10 mit dem Damoklesschwert des § 1994 Abs. 1 S. 1 BGB für den Erben ist daher ein probates Mittel des Gläubigerschutzes als Korrelat zur beschränkten Erbenhaftung. War der Erbe ohne sein Verschulden verhindert, das Inventar rechtzeitig zu errichten, kann er gemäß § 1996 Abs. 1 ZPO die Bestimmung einer neuen Inventarfrist beantragen. Liegt ein ordnungsgemäß errichtetes Inventar vor, haben die Nachlassgläubiger die Möglichkeit, die Abgabe einer eidesstattlichen Versicherung zur vollständigen Angabe des Nachlassinventars zu verlangen, wobei die Weigerung des Erben oder dessen Nichterscheinen seine unbeschränkte Haftung gegenüber diesem Nachlassgläubiger gemäß § 2006 Abs. 3 BGB zur Konsequenz hat.

2. Antrag auf Bestellung eines Nachlasspflegers (§ 1961 BGB)

An das Amtsgericht[1]

. . . . .

In der Nachlasssache

nach dem am . . . . . in . . . . . verstorbenen . . . . ., geboren am . . . . .,

beantrage[2] ich namens und in Vollmacht des Gläubigers,

gem. § 1961 BGB einen Nachlasspfleger zu bestellen.

Begründung:

Der Gläubiger hat gegen den Erblasser als Schuldner einen titulierten und vollstreckbaren Anspruch auf . . . . .

Glaubhaftmachung: Beglaubigte Anschrift des . . . . .[3]

Der Schuldner verstarb am . . . . .[4]

Glaubhaftmachung: Beiziehung der Nachlassakten des Amtsgerichts – Nachlassgerichts . . . . ., Az. . . . . .

Mit der Zwangsvollstreckung wurde bisher nicht begonnen,[5] sie soll aber nunmehr betrieben werden.[6] Die Erben sind nicht bekannt.

. . . . .

Rechtsanwalt

Anmerkungen

1. Sachlich zuständig ist das Amtsgericht als Nachlassgericht, § 23a Abs. 1 Nr. 2 GVG. Die örtliche Zuständigkeit richtet sich nach § 343 FamFG. Wegen § 344 Abs. 4 FamFG ist daneben jedes Amtsgericht zuständig, in dessen Bezirk ein Fürsorgebedürfnis auftritt.

2. Die Pflegschaft nach § 1961 BGB muss beantragt werden. Der Antrag nach § 1961 BGB bedarf keiner Form.

3. Ob die sonstigen Voraussetzungen für die Anordnung vorliegen, hat das Nachlassgericht von Amts wegen zu untersuchen (§ 26 FamFG). Das Gericht hat, soweit die Voraussetzung nach § 1961 BGB erfüllt sind, kein Ermessen. Die Pflegschaft muss vielmehr angeordnet werden. In Bezug auf das Rechtsschutzbedürfnis genügt es, wenn die Pflegerbestellung wegen § 778 Abs. 1 ZPO allein für die Durchführung der Zwangsvollstreckung erforderlich ist (Zöller/*Stöber* § 778 Rn. 6).

4. Stirbt der Schuldner vor Beginn der Zwangsvollstreckung, scheitert die notwendige Klauselerteilung gegen den Erben an der Annahme der Erbschaft (§ 1958 BGB). Die Pflegerbestellung nach § 1961 BGB ermöglicht in einer solchen Konstellation dem Gläubiger die Zwangsvollstreckung (LG Oldenburg Rpfleger 1982, 105).

5. Da bis zum Tode des Schuldners mit der Zwangsvollstreckung noch nicht begonnen wurde, ist § 779 ZPO nicht anwendbar. Nach dieser Vorschrift kann die begonnene Zwangsvollstreckung in dem gesamten Nachlass fortgesetzt werden.

6. Rechtsmittel. Gegen die Anordnung der Pflegschaft oder die Ablehnung der Anordnung der Pflegschaft ist das Rechtsmittel der Beschwerde einschlägig, §§ 58 ff. FamFG. Beschwerdeberechtigt ist im Fall der Anordnung der Nachlasspflegschaft jeder, der durch den Beschluss in seinen Rechten beeinträchtigt ist (§ 59 FamFG). Nachlassgläubiger haben daher nur dann ein Beschwerderecht, wenn ihr Antrag nach § 1961 BGB zurückgewiesen wird (vgl. § 59 Abs. 2 FamFG).

3. Antrag auf Bestellung eines besonderen Vertreters (§ 779 Abs. 2 ZPO)

An das Amtsgericht

. . . . .

– Vollstreckungsgericht –

In der Zwangsvollstreckungssache

des . . . . .

–Gläubiger –

Verfahrensbevollmächtigte: Rechtsanwalt . . . . .

gegen

. . . . .

– Schuldner –

beantrage ich namens und in Vollmacht des Gläubigers,

> **den Erben einen einstweiligen besonderen Vertreter gem. § 779 Abs. 2 ZPO zu bestellen.[1]**

Begründung:

Durch rechtskräftiges Urteil des LG . . . . . vom . . . . . war der Schuldner zur Zahlung von . . . . . EUR verurteilt worden. Der Gläubiger hat aus diesem Titel die Zwangsvollstreckung betrieben. Am . . . . . hat der Gerichtsvollzieher beim Schuldner Sachpfändungen

vorgenommen. Der Schuldner verstarb am . . . . . Wegen § 808 Abs. 3 ZPO ist der Schuldner von der erfolgten Pfändung in Kenntnis zu setzen.[2] Gem. § 779 Abs. 2 ZPO ist daher die Bestellung eines besonderen Vertreters erforderlich. Dem Gläubiger ist nicht bekannt, wer den Schuldner beerbt hat. Es wurde weder ein Nachlasspfleger bestellt noch Testamentsvollstreckung angeordnet.[3] Insofern bedarf es der Bestellung eines besonderen Vertreters.[4]

. . . . .

Rechtsanwalt

Anmerkungen

1. § 779 ZPO stellt eine Erleichterung gegenüber § 778 ZPO dar. Nach § 779 Abs. 1 ZPO wird die Zwangsvollstreckung durch den Tod des Schuldners nicht unterbrochen, wenn die Zwangsvollstreckung vor dem Tod des Schuldners bereits begonnen hatte. Die **begonnene Zwangsvollstreckung** kann in den gesamten Nachlass fortgesetzt werden. Es dürfen daher sowohl begonnene Vollstreckungsmaßnahmen zu Ende geführt werden, als auch neue Zwangsvollstreckungsmaßnahmen eingeleitet werden (hM Zöller/*Stöber* § 779 Rn. 4; LG München I MDR 1979, 853; aA LG Osnabrück JurBüro 1957, 86) sowie wegen die Kosten der Zwangsvollstreckung beigetrieben werden (§ 788 Abs. 1 ZPO). Die Vollstreckung eines anderen Titels – auch eines Kostenfestsetzungsbeschlusses – stellt einen neuen Beginn der Zwangsvollstreckung dar, insoweit ist § 779 ZPO nicht einschlägig.

2. Dem Erben ist auf Antrag des Schuldners dann ein besonderen Vertreter zu bestellen, wenn bei der Vollstreckungshandlung eine Zuziehung des Schuldners erforderlich ist, aber mangels Kenntnis des Erben (nicht: Aufenthaltsort des Erben, dann § 1911 BGB) oder mangels Annahme der Erbschaft nicht erfolgen kann. Die Zuziehung des Schuldners ist notwendig, wenn er bei der Zwangsvollstreckung mitwirken muss (zB §§ 808 Abs. 3, 826 Abs. 3, 829 Abs. 2 S. 2, 835 Abs. 3 S. 1 ZPO). Eine eidesstattliche Versicherung hat der Vertreter nicht zu leisten (Zuziehung für den Schuldner, nicht als Schuldner, vgl. Zöller/*Stöber* § 779 Rn. 4).

3. Nach § 779 Abs. 2 S. 2 ZPO hat die Bestellung eines besonderen Vertreters zu unterbleiben, wenn ein Nachlasspfleger (§§ 1960, 1961 BGB) bestellt ist oder wenn die Verwaltung einem Testamentsvollstrecker zusteht. Nach § 748 ZPO ist für die Zwangsvollstreckung ein gegen den Testamentsvollstrecker ergangenes Urteil erforderlich und genügend. Liegt bereits ein Titel gegen den Erblasser vor, kann dieser nach § 749 ZPO in Verbindung mit § 748 ZPO auf den Testamentsvollstrecker umgeschrieben werden.

4. Der Bestellte hat die Stellung eines gesetzlichen Vertreters, es besteht keine Verpflichtung zur Übernahme. Kann der Erbe als Schuldner (auch ein Nachlasspfleger, Nachlassverwalter, Testamentsvollstrecker) hinzugezogen werden, erlischt die Vertreterstellung nicht automatisch, sondern im Hinblick auf die notwendige Rechtssicherheit erst mit förmlicher Aufhebung der Vertreterbestellung durch das Vollstreckungsgericht (BGH NJW 2010, 157, 158; str.). Die Kosten des besonderen Vertreters unterfallen § 788 ZPO.

4. Ausschlagung der Erbschaft

An das Amtsgericht[1]

– Nachlassgericht[2] –

. . . . .

Nachlass des . . . . ., geb. am . . . . . . verstorben am . . . . . . Geschäfts-Nr . . . . . .

Hier: Ausschlagung der Erbschaft

Ich vertrete in der Nachlasssache des am . . . . . in verstorbenen Herrn . . . . . die Interessen des . . . . . Eine auf mich lautende notarielle Vollmacht[3] füge ich bei (Anlage 1).

Namens und in Vollmacht meines Mandaten schlage[6] ich die Erbschaft nach . . . . . . aus allen Berufungsgründen aus.[5]

Mein Mandant hat durch das Schreiben des Nachlassgerichts . . . . . . vom . . . . . . von dem Anfall der Erbschaft Kenntnis erlangt.[4] Verfügungen von Todes wegen sind nicht bekannt. Die nächsten gesetzlichen Erben sind . . . . . .

. . . . .

Rechtsanwalt[7]

Anmerkungen

1. Zur Systematik der beschränkten Erbenhaftung → Form. F. I. 1. Aus vollstreckungsrechtlicher Sicht kommt eine Ausschlagung der Erbschaft zum einen bei überschuldeten Nachlass in Betracht, ist insofern aber nur zu empfehlen, wenn der Ausschlagende einen vollständigen Überblick über die Vermögensverhältnisse des Erblassers hat. Eine Ausschlagung der Erbschaft ist zum anderen ein probates Mittel, um den Nachlass vor dem Zugriff der Gläubiger wegen eigener Verbindlichkeiten des Erben abzuschirmen, vgl. hierzu → Form. F. I. 1.

2. **Sachlich** zuständig ist gemäß § 23a Abs. 1 Nr. 2, Abs. 2 Nr. 2 GVG das Amtsgericht (Abteilung Nachlassgericht). Die **örtliche** Zuständigkeit bestimmt sich nach § 343 FamFG sowie nach § 344 Abs. 7 FamFG.

3. Das Recht zur Ausschlagung ist rechtsgeschäftlich nicht übertragbar. Eine gesetzliche oder gewillkürte Vertretung bei der Ausschlagung ist allerdings möglich. Wegen § 1945 Abs. 3 S. 1 BGB muss die Vollmacht öffentlich beglaubigt sein und gemäß § 1945 Abs. 3 S. 2 BGB zusammen mit der Ausschlagungserklärung eingereicht oder innerhalb der Ausschlagungsfrist nachgereicht werden.

4. Eine Ausschlagung der Erbschaft ist gemäß § 1943 BGB nicht mehr möglich, wenn er sie **angenommen** hat oder wenn die **Ausschlagungsfrist verstrichen** ist. Eine Annahme kann sowohl ausdrücklich als auch durch schlüssiges Verhalten erfolgen (vgl. OLG Köln NJW-RR 2015, 73). Die allgemeinen Auslegungsregeln für Willenserklärungen finden Anwendung. Die regelmäßige Ausschlagungsfrist beträgt gemäß § 1944 Abs. 1 BGB sechs Wochen und beginnt bei der gesetzlichen Erbfolge, sobald der Erbe vom Anfall der Erbschaft und dem Grund seiner Berufung Kenntnis erlangt, § 1944 Abs. 2 S. 1 BGB. Erforderlich ist positive Kenntnis der Tatsachen, aus denen sich der Erbfall ergibt. Es muss ein Informationsstand erreicht werden, bei dem vom Erben vernünftiger Weise erwartet werden kann, dass er in die Überlegungen über Annahme oder Ausschlagung eintritt (vgl. BGH LM § 2306 Nr. 4). Fahrlässige Unkenntnis ist unschädlich. Regelmäßig erfolgt eine solche Kenntnisnahme mit der Mitteilung des Nachlassgerichts über den Erbanfall und den Berufungsgrund. Im Formular wird dieser Zeitpunkt ausdrücklich benannt. Die Ausschlagungsfrist beträgt gemäß § 1944 Abs. 3 BGB sechs Monate, wenn der Erblasser seinen letzten Wohnsitz nur im Ausland gehabt hatte oder wenn sich der Erbe bei dem Beginn der Frist im Ausland aufhält. Bei gewillkürter Erbfolge setzt der Fristbeginn gemäß § 1944 Abs. 2. S. 2 BGB zudem die Bekanntgabe der Verfügung von Todes wegen durch das Nachlassgericht voraus.

5. Die Ausschlagung erfolgt gemäß § 1945 Abs. 1 BGB durch Erklärung gegenüber dem **Nachlassgericht**, wobei die Erklärung zur Niederschrift des Nachlassgerichts oder in öffentlich beglaubigter Form abzugeben ist. Eine Ausschlagung durch Anwaltsschriftsatz genügt daher nicht.

6. Die Ausschlagungserklärung setzt keine bestimmt Formulierung voraus. Die Verwendung des Begriffs „Ausschlagung" ist aber zu empfehlen, weil unklare Erklärungen im Zweifel nicht als Ausschlagung gelten. Im Zweifel erstreckt sich die Ausschlagung nur auf die dem Erben bekannten Berufungsgründe. Soll auf jeden Fall und unabhängig von einem bestimmten Berufungsgrund ausgeschlagen werden, sollte eine Formulierung wie im Formular vorgesehen verwendet werden.

7. Kosten. Für die notarielle Beurkundung oder Beglaubigung der Ausschlagungserklärung erhält der Notar eine 0,5-Gebühr gemäß Nr. 21201 KV GNotKG bzw. Nr. 24102 KVGotKG. Für die Abgabe der Ausschlagungserklärung gegenüber dem Nachlassgericht fällt keine Gebühr nach dem GNotKG an.

5. Einreden nach §§ 2014, 2015 BGB

[Antrag]

beantragen wir,[1]

für den Fall der ganzen oder teilweisen Stattgabe der Klage gemäß § 780 ZPO[2] **einen Haftungsvorbehalt mit dem Inhalt aufzunehmen, dass dem Beklagten als Erbe die Beschränkungen seiner Haftung für Hauptausspruch, Nebenforderungen und Kosten auf den Nachlass des . . . . . vorbehalten wird und für den Fall der ganzen oder teilweisen Stattgabe der Klage dem Beklagten die Geltendmachung seiner Rechte aus §§ 2014,**[3] **2015**[4] **BGB in Bezug auf Hauptforderung, Nebenforderung und Kosten vorzubehalten.**

Anmerkungen

1. Zur Systematik der beschränkten Erbenhaftung vgl. die Ausführungen bei → Form. F. I. 1 Mit der Annahme der Erbschaft entfällt die Abschirmung der Haftungsmassen durch § 1958 BGB und § 778 ZPO, die Nachlassgläubiger können gegen den Erben vorgehen, die Erbengläubiger sind berechtigt, in den Nachlass zu vollstrecken. Bevor der Erbe durch Beantragung des Nachlassinsolvenzverfahrens oder Nachlassverwaltung seine beschränkte Haftung erreichen kann, bedarf er einer Entscheidungsgrundlage. Einen Überblick über die vorhandenen Aktiva und Passiva erhält er durch Inventarerrichtung und das Aufgebot der Nachlassgläubiger. Die aufschiebenden Einreden der §§ 2014, 2015 BGB bezwecken, den Erben für diese weitrechende Entscheidung die notwendige

Zeit zu verschaffen. Durch § 783 ZPO wird dieser Schutz in Ansehung der Nachlassgegenstände auf die Eigengläubiger des Erben ausgedehnt.

2. Es ist dringend zu empfehlen, in den Fällen des §§ 2014, 2015 BGB – jedenfalls auch – ausdrücklich einen Antrag nach § 780 ZPO zu stellen. Die prozessuale Ausgestaltung der Einreden nach §§ 2014, 2015 ist im BGB nicht weiter geregelt. § 305 ZPO bestimmt, dass durch die Geltendmachung dieser Einreden eine unter dem Vorbehalt der beschränkten Erbenhaftung ergehende Verurteilung nicht ausgeschlossen ist. Insofern ist umstritten, ob bei Geltendmachung dieser Einreden stets ein Vorbehalt nach § 780 ZPO (vgl. zB MüKoBGB/*Küpper* § 2014 Rn. 4) oder lediglich ein Vorbehalt nach § 305 ZPO (vgl. zB MüKoZPO/*K. Schmidt/Brinkmann* § 780 Rn. 8) aufzunehmen ist. Bei der Formulierung der Einrede ist jedenfalls zu berücksichtigen, dass die aufschiebenden Einreden dem Erben lediglich eine Schonfrist zur Vorbereitung der gegenständlichen Haftungsbeschränkung verschaffen soll und es demnach an einem Sicherungsinteresse mangelt, wenn ein Vorbehalt nach § 780 ZPO im Titel fehlt (vgl. BeckOK ZPO/*Preuß* § 780 Rn. 7).

3. Der Erbe kann bereits vor der Annahme der Erbschaft die Einrede nach § 2014 BGB erheben. Bei der Überlegung, ob die Einrede geltend gemacht werden soll, ist § 1978 BGB zu beachten. Nach hM (vgl. bereits RGZ 79, 201; Palandt/*Weidlich* § 2014 Rn. 3) hat die Erhebung der Einrede keine materiellrechtliche Wirkung und verhindert insbesondere den Anfall von Verzugszinsen, Vertragsstrafen und Schadensersatz nicht. Mit der Berufung auf § 2014 BGB hat der Erbe – ebenso ein Nachlassverwalter, Nachlasspfleger, verwaltender Testamentsvollstrecker – die Möglichkeit, bis zum Ablauf der ersten drei Monate nach der Annahme der Erbschaft, jedoch nicht über die Errichtung des Inventars hinaus, die Berichtigung einer Nachlassverbindlichkeit zu verweigern. Gemäß § 2016 BGB entfällt die Einrede bei unbeschränkter Haftung und bei Nichterwirkung des Vorbehalts nach § 780 ZPO → Anm. 2.

4. Neben der Dreimonatseinrede nach § 2014 BGB gewährt § 2015 BGB während des laufenden Aufgebotsverfahrens dem Erben eine weitere Schonfrist, auf die er sich berufen kann. Voraussetzung ist, dass der Antrag auf Erlassung des Aufgebots der Nachlassgläubiger innerhalb eines Jahres nach der Annahme der Erbschaft gestellt wurde und der Erbe – wegen § 2016 BGB – nicht unbeschränkt haftet. § 2015 BGB verlangt für die Erhebung der Einrede zudem die Zulassung des Aufgebots, das nach § 785 ZPO angerufene Gericht kann allerdings gemäß §§ 769, 785 ZPO einstweilige Anordnungen treffen (vgl. MüKoBGB/*Küpper* § 2015 Rn. 2).

6. Einrede des ungeteilten Nachlasses

[Antrag]

1. . . . . . [Klageabweisung]

2. für den Fall der ganzen oder teilweisen Stattgabe der Klage gemäß § 780 ZPO einen Haftungsvorbehalt mit dem Inhalt aufzunehmen, dass dem Beklagten als Erbe die Beschränkungen seiner Haftung für Hauptausspruch, Nebenforderungen und Kosten auf den Nachlass[3] des . . . . . vorbehalten wird.

Begründung:

Der Beklagte wird in seiner Eigenschaft als Miterbe am Nachlass der . . . . .als Gesamtschuldner in Anspruch genommen. Der Nachlass ist noch nicht auseinandergesetzt.

Beweis: Zeugnis der Miterbin . . . . .

Gemäß § 2059[1] steht dem Beklagten deshalb die Einrede des ungeteilten Nachlasses nach § 2059 Abs. 1 BGB zu, weshalb im Falle einer Verurteilung der beantragte Haftungsbeschränkungsvorbehalt[2] aufzunehmen ist.

Anmerkungen

1. § 2059 BGB eröffnet dem als Gesamtschuldner in Anspruch genommenen Miterben bis zur Teilung eine Einrede zur Beschränkung seiner Haftung für Nachlassverbindlichkeiten auf seinen Nachlassanteil. Die Einrede besteht nur, wenn der Nachlass noch ungeteilt ist. Es handelt sich daher lediglich um eine Haftungsbeschränkung auf Zeit. Voraussetzung ist zudem, dass der Miterbe noch nicht unbeschränkt haftet, § 2059 Abs. 1. S. 2 BGB.

2. Die Haftungsbeschränkung gemäß § 2059 BGB muss gemäß § 780 ZPO im Urteil vorbehalten sein, ansonsten geht sie ihm im Verhältnis zum betreffenden Gläubiger verloren. Auf Grund des Vorbehalts hat der Miterbe bei einem in das Eigenvermögen des Miterben vollstreckenden Gläubiger die Möglichkeiten des §§ 781, 785,767 ZPO.

3. Nicht notwendig ist die Formulierung „auf den Anteil im Nachlass", vgl. MüKoBGB/*Ann* § 2059 Rn. 14.

7. Antrag auf Anordnung der Nachlassverwaltung

Antrag auf Anordnung der Nachlassverwaltung[1]

An das Amtsgericht

. . . . .

– Nachlassgericht –[2]

Nachlasssache des Herrn . . . . ., gestorben am . . . . . , zuletzt wohnhaft in . . . . .

Hier: Antrag[3] auf Anordnung der Nachlassverwaltung

Ich vertrete in der Nachlasssache des am . . . . . in . . . . . gestorbenen Herrn . . . . . die Interessen der Firma . . . . . Eine auf mich lautende Vollmacht füge ich bei (Anlage 1). Namens und in Vollmacht meines Mandanten beantrage ich,

die Nachlassverwaltung anzuordnen.

Begründung:

Mein Mandant hatte einen Anspruch gegen den Erblasser aus . . . . . Eine beglaubigte Abschrift des Kaufvertrages füge ich zur Glaubhaftmachung[4] bei (Anlage 2). Der Sohn des Erblassers ist Alleinerbe und finanziert mit dem durch die Erbschaft erworbenen Nachlassvermögen ein verschwenderisches Leben . . . . . (näher auszuführen). Dem gegenüber wurde die Rechnung meines Mandanten bisher nicht beglichen.

Glaubhaftmachung: . . . . .

Auch die folgenden Gläubiger wurden bisher nicht bezahlt . . . . . Zur Glaubhaftmachung verweise ich auf die Schreiben der Gläubiger anbei, welche den vorstehenden Sachverhalt

bestätigen ..... Dem gegenüber wurde die Rechnung von ..... vollständig bezahlt. Um zu verhindern, dass einzelne Gläubiger des Erblassers aus dem Nachlass befriedigt werden, bevor sichergestellt ist, dass der Nachlass für alle Gläubiger reicht, ist die Anordnung der Nachlassverwaltung erforderlich.[5]

.....

Rechtsanwalt

Anmerkungen

1. Zur Systematik der beschränkten Erbenhaftung vgl. die Ausführungen bei → Form. F. I. 1.

2. Nach §§ 1962 BGB, 344 Abs. 4 FamFG ist das Nachlassgericht zuständig, in dessen Bezirk das Bedürfnis für die Sicherung besteht.

3. Die Anordnung der Nachlassverwaltung ist antragsgebunden. Antragsberechtigt ist zunächst jeder Erbe, es sei denn (vgl. § 2013 Abs. 1 S. 1 BGB) er haftet endgültig unbeschränkt. Miterben können den Antrag nur vor Nachlassteilung und gemeinsam stellen, § 2062 BGB. Neben weiteren Personen ist auch der Nachlassgläubiger gemäß § 1981 Abs. 2 BGB – zeitlich begrenzt – antragsberechtigt, wenn Anhaltspunkt dafür sprechen, dass die Befriedigung der Nachlassgläubiger aufgrund des Verhaltens des Erben und/oder seiner Vermögenssituation gefährdet ist. Ein nach §§ 1960, 1961 BGB bestellter Nachlasspfleger ist dagegen nicht selbst antragsberechtigt (hM vgl. MüKoBGB/*Siegmann* § 1981 Rn. 14).

4. Die Nachlassgläubiger als Antragsteller müssen ihre Forderung und die Gefährdung der Forderung glaubhaft machen, § 31 FamFG. Daneben besteht allerdings wegen § 26 FamFG auch eine Ermittlungspflicht des Nachlassgerichts. Die dargelegte Gefährdung muss sich auf alle, nicht nur auf einzelne, Nachlassverbindlichkeiten beziehen, worauf bei der Formulierung des Antrags zu achten ist. Eine solche Gefährdung kann ua aus der Verschleuderung des Nachlasses, der voreiligen Gläubigerbefriedigung, aber auch mit der Vermögenssituation des Erben in Bezug auf sein sonstiges Vermögen resultieren.

5. Gemäß § 1982 BGB kann die Anordnung der Nachlassverwaltung abgelehnt werden, wenn eine den Kosten entsprechende Masse nicht vorhanden ist. Gegen die Ablehnung der Anordnung der Nachlassverwaltung besteht die Möglichkeit der Beschwerde nach §§ 58 ff. FamFG. Gegen die Anordnung der Nachlassverwaltung kann der Erbe (bzw. jeder einzelne Miterbe) sowie der Testamentsvollstrecker nach § 356 Abs. 2 FamFG Beschwerde einlegen. Das Nachlassverfahren endet durch einen entsprechenden Beschluss oder mit Eröffnung des Nachlassinsolvenzverfahrens.

8. Antrag auf Einleitung des Nachlassinsolvenzverfahrens

An das Amtsgericht

. . . . .

– Insolvenzgericht –[2]

Antrag[3] auf Einleitung des Nachlassinsolvenzverfahrens

Ich vertrete in der Nachlasssache des am . . . . . in . . . . . gestorbenen Herrn . . . . . die Interessen des Alleinerben . . . . . Eine auf mich lautende Vollmacht füge ich bei (Anlage 1). Namens und in Vollmacht meines Mandanten beantrage ich,

das Nachlassinsolvenzverfahren zu eröffnen.[1]

Nach dem Verzeichnis lt. Anlage des vorhandenen freien Nachlasses und einer detaillierten Aufstellung der Nachlassverbindlichkeiten ist der Nachlass überschuldet.[4] Freien Mitteln iHv . . . . . stehen Verbindlichkeiten iHv . . . . . gegenüber. Aus der Aufstellung ergibt sich zudem, dass eine hinreichende Masse[5] vorhanden ist, um das Insolvenzverfahren durchzuführen.[6]

. . . . .

Rechtsanwalt

Anmerkungen

1. Zur Systematik der beschränkten Erbenhaftung → Form. F. I. 1.

2. Die sachliche Zuständigkeit bestimmt sich nach § 2 InsO, die örtliche Zuständigkeit nach § 315 InsO.

3. Gemäß § 317 Abs. 1 InsO sind der Erbe, der Nachlassverwalter sowie ein anderer Nachlasspfleger, ein Testamentsvollstrecker sowie jeder Nachlassgläubiger antragsberechtigt.

4. Als Insolvenzgründe benennt § 320 Abs. 1 InsO die Überschuldung oder die Zahlungsunfähigkeit des Nachlasses. Das Insolvenzverfahren wird gemäß § 27 InsO durch einen entsprechenden Beschluss des Insolvenzgerichts eröffnet.

5. Das Insolvenzverfahren wird nach § 26 InsO nur eröffnet, wenn die Kosten des Insolvenzverfahrens durch das Aktivvermögen unter Berücksichtigung von Aus- und Absonderungsrechten Dritter gedeckt sind oder insoweit Vorschuss geleistet wurde.

6. Bei Ablehnung des Antrags hat der Antragsteller die Möglichkeit der sofortigen Beschwerde nach §§ 6, 34 InsO.

9. Dürftigkeitseinrede (§ 1990 BGB)

An das Landgericht

.....

Wegen .....

beantragen[2] wir,

für den Fall der ganzen oder teilweisen Stattgabe der Klage gemäß § 780 ZPO einen Haftungsvorbehalt in den Tenor des Urteils mit dem Inhalt aufzunehmen,[3] dass dem Beklagten als Erbe die Beschränkung seiner Haftung für Hauptanspruch, Nebenforderung und Kosten[4] auf den Nachlass des ..... vorbehalten wird.[1]

.....

Rechtsanwalt

Anmerkungen

1. Zur Systematik der beschränkten Erbenhaftung vgl. die Ausführungen bei → Form. F. I. 1.

2. Die Dürftigkeitseinrede kann auch in der Berufung nachgeholt werden. Es ist nach hM sogar zulässig, Berufung allein mit dem Ziel, nachträglich den Vorbehalt der Haftungsbeschränkung zu erreichen, einzulegen. Im Mahnverfahren muss der Vorbehalt mit dem Einspruch geltend gemacht werden.

3. Die Dürftigkeitseinrede nach § 1990 BGB kommt in Betracht, wenn die Aktiva des Nachlasses nicht ausreichen, um die Kosten der Nachlassverwaltung oder eines Nachlassinsolvenzverfahrens zu decken. Den Nachweis der Dürftigkeit hat der Erbe zu führen, wobei der Zeitpunkt der letzten mündlichen Verhandlung in der Tatsacheninstanz entscheidend ist. Wird die Nachlassverwaltung bzw. das Nachlassinsolvenzverfahren mangels kostendeckender Masse nicht eröffnet oder später eingestellt, so kann dieser Beschluss vorgelegt werden, da er für das Prozessgericht bindend ist.

4. Der Vorbehalt der Haftungsbeschränkung muss bezüglich der Hauptforderung, Nebenforderungen und der Prozesskosten erklärt werden. Bei rechtskräftiger Verurteilung kann der Vorbehalt nicht nachgeholt werden.

10. Antrag auf Fristsetzung zur Inventarerrichtung

An das Amtsgericht

. . . . .

– Nachlassgericht –[2]

Nachlasssache des Herrn . . . . ., gestorben am . . . . . , zuletzt wohnhaft in . . . . .

Antrag auf Inventarerrichtung[3]

Ich vertrete in der Nachlasssache des am . . . . . in . . . . . gestorbenen Herrn . . . . . die Interessen der Firma . . . . . Eine auf mich lautende Vollmacht füge ich bei (Anlage 1). Namens und in Vollmacht meines Mandanten beantrage ich,

dem Alleinerben nach § 1994 BGB[4] eine Frist zur Inventarerrichtung zu setzen.[1]

Begründung:

Mein Mandant hatte einen Anspruch gegen den Erblasser aus . . . . . Eine beglaubigte Abschrift des Kaufvertrages füge ich zur Glaubhaftmachung bei (Anlage 2). Der Sohn des Erblassers ist Alleinerbe. Auf den in den Nachlassakten befindlichen Erbschein wird insofern Bezug genommen. Auf Mahnungen meines Mandanten, der über keinen Vollstreckungstitel verfügt, hat er bisher nicht reagiert. Ich bitte, mir eine Abschrift des Beschlusses über die Fristsetzung zu überlassen.

. . . . .

Rechtsanwalt

Anmerkungen

1. Zur Systematik der beschränkten Erbenhaftung vgl. die Ausführungen bei → Form. F. I. 1.

2. Der Erbe selbst hat die Möglichkeit, die amtliche Aufnahme des Inventars zu beantragen. Der Antrag ist gemäß § 343 FamFG an das örtlich zuständige Nachlassgericht zu stellen. Die Errichtung eines Inventars selbst kann vom Gläubiger nicht erzwungen werden, allerdings kann er eine Fristsetzung nach § 1994 Abs. 1 S. 1 BGB beantragen. Einen solchen Antrag kann jeder Nachlassgläubiger stellen. Im Antrag sind alle Tatsachen glaubhaft zu machen, die eine Nachlassforderung begründen, § 1994 Abs. 2 S. 1 BGB iVm § 31 FamFG.

3. Das Inventar ist ein Verzeichnis der Nachlassgegenstände und der Nachlassverbindlichkeiten, § 2001 BGB. Diese Vorschrift regelt auch Einzelheiten zum Inhalt des Inventars. Es handelt sich allerdings lediglich um eine Ordnungsvorschrift, so dass Abweichungen hiervon weder zur Nichtigkeit des Inventars noch zum Verlust der Haftungsbeschränkung führen können.

4. Lässt der Erbe diese Frist fruchtlos verstreichen, verliert er nach § 1994 Abs. 2 S. 1 BGB sein Recht zur Haftungsbeschränkung.

11. Antrag auf Fortsetzung der Zwangsvollstreckung nach Tod des Schuldners (§ 779 Abs. 1 ZPO)

An den Gerichtsvollzieher

.....

In dem Zwangsvollstreckungsverfahren

.....

beziehe ich mich auf den Vollstreckungsauftrag vom ..... Die bisherigen Vollstreckungsmaßnahmen[1] führten zu keiner vollständigen Befriedigung der Vollstreckungsforderung. Der Schuldner ist am ..... verstorben. Die Zwangsvollstreckung gegen den Schuldner hatte bereits begonnen,[2] sodass gemäß § 779 Abs. 1 ZPO die Zwangsvollstreckung in den Nachlass des Schuldners fortzusetzen[3] ist. Namens und in Vollmacht des Mandanten beantrage ich,

die Zwangsvollstreckung in den Nachlass des Schuldners fortzusetzen.[4]

.....

Rechtsanwalt

Anmerkungen

1. Zur Systematik der beschränkten Erbenhaftung vgl. die Ausführungen bei → Form. F. I. 1. Gemäß § 778 Abs. 1 ZPO ist vor Annahme der Erbschaft die Zwangsvollstreckung wegen eines Anspruchs, der sich gegen den Nachlass richtet, nur in den Nachlass möglich. Grundsätzlich wäre hierfür eine Titelumschreibung nach § 727 ZPO notwendig, die allerdings vor Annahme der Erbschaft an § 1958 BGB scheitert. Um die Vollstreckung in den Nachlass zu ermöglichen, kann der Gläubiger die Bestellung eines Nachlasspflegers beantragen. Dem entgegen ist gemäß § 779 Abs. 1 ZPO die Vollstreckung in den Nachlass – auch ohne Bestellung eines Nachlasspflegers – möglich, wenn die Zwangsvollstreckung zur Zeit des Todes des Schuldners bereits begonnen hatte.

2. Im Formular ist unterstellt, dass der konkrete Gerichtsvollzieher auch vor dem Tode des Schuldners bereits mit der Zwangsvollstreckung beauftragt war und demnach der Umstand, dass die Zwangsvollstreckung bereits begonnen hatte, nicht im Detail dargelegt zu werden braucht. Die verfahrensrechtlichen Erleichterungen des § 779 Abs. 1 ZPO sind allerdings nicht darauf beschränkt, dass einzelne bereits begonnene Vollstreckungsmaßnahmen fortgesetzt werden können, sondern erlaubt alle gegen den Nachlass gerichtete Vollstreckungsakte, die sich auf den konkreten Titel stützen, aus dem die Zwangsvollstreckung begonnen wurden (BGH NJW 2010, 157). Daher kann die Vollstreckung auch auf Nachlassgegenstände erstreckt werden, die bislang noch nicht von der Vollstreckung erfasst waren (MüKoZPO/*K. Schmidt/Brinkmann* § 779 Rn. 6). Für die Zwangsvollstreckung aus einem Kostenfestsetzungsbeschluss zu einem Titel ist dagegen nicht ausreichend, dass aus dem Titel bereits vor dem Tode des Schuldners vollstreckt wurde (Zöller/*Stöber* § 779 Rn. 5).

3. Ist für eine Vollstreckungshandlung die Hinzuziehung des Schuldners erforderlich und wurde die Erbschaft noch nicht angenommen, so kann der Gläubiger gemäß § 779 Abs. 2

ZPO die Bestellung eines einstweiligen besonderen Vertreters beantragen. Gleiches gilt, wenn der Erbe nicht bekannt ist oder ungewiss ist, ob er die Erbschaft angenommen hat.

4. Wird dem Begehren des Vollstreckungsgläubigers auf Fortsetzung der Zwangsvollstreckung nicht stattgegeben, hat er die Möglichkeiten der Vollstreckungserinnerung gemäß § 766 Abs. 2 ZPO bzw. der sofortigen Beschwerde gemäß § 793 ZPO.

II. Vollstreckungsschutzanträge

1. Antrag auf einstweilige Einstellung der Zwangsvollstreckung (§ 707 ZPO)

An das Amtsgericht

. . . . .

In Sachen

. . . . .

– Kläger –

gegen

. . . . .

– Beklagter –

Az. . . . . .

wird beantragt,[1, 2]

die Zwangsvollstreckung aus[3] . . . . . gegen Sicherheitsleistung[4] des Beklagten iHv . . . . . einzustellen.

bereits eingeleitete Vollstreckungsmaßregeln gegen Sicherheitsleistung in Höhe von . . . . . aufzuheben.[5, 6, 7]

Begründung:

Der Gläubiger betreibt die Zwangsvollstreckung aus dem im Antrag bezeichneten, gegen Sicherheitsleistung vorläufig vollstreckbaren Titel. Er hat bereits eine Pfändung des Geschäftskontos des Schuldners erwirkt. Dem Schuldner ist es deshalb nicht möglich, fällige Rechnung von Baustofflieferanten zu bezahlen. Die betroffenen Lieferanten haben bereits angekündigt, unter diesen Umständen kein weiteres Baumaterial zu liefern, sodass bei vier konkreten Bauvorhaben des Schuldners der Baustopp und damit Kündigungen und Regressansprüche der Bauherren drohen. Der Schuldner kann daher unter diesen Voraussetzungen den Geschäftsbetrieb nicht aufrechterhalten.

Der Schuldner hat Wiedereinsetzung in den vorigen Stand gem. § 233 ZPO beantragt und die Einlegung der Berufung nachgeholt. Der Wiedereinsetzungsantrag ist begründet. Es wird auf die diesem Antrag als Abschrift beigefügten Wiedereinsetzungsantrag nebst Anlagen verwiesen.

. . . . .

Rechtsanwalt

Anmerkungen

1. Durch § 707 ZPO wird dem Schuldner die Möglichkeit eingeräumt, Vollstreckungsschutz zu beantragen, wenn, vereinfacht ausgedrückt, im Hinblick auf die prozessuale Situation zweifelhaft ist, ob der Vollstreckungstitel letztlich Bestand haben wird. Vollstreckungsschutz kann nach § 707 ZPO durch drei unterschiedliche Anordnungen gewährt werden: (1) einstweilige Einstellung der Zwangsvollstreckung, (2) Aufheben von Vollstreckungs-Maßregeln, (3) Sicherheitsleistung des Gläubigers.

Die Möglichkeit, nach § 707 ZPO eine Sicherheitsleistung des Gläubigers anzuordnen, ist ohne größere praktische Bedeutung, weil sie nur dann einschlägig ist, wenn der Gläubiger nicht ohnehin schon kraft Urteils Sicherheit leisten muss oder diese zu gering bemessen ist (RGZ 27, 364; Zöller/*Herget* § 707 Rn. 14). Diese Möglichkeit des Schuldnerschutzes nach § 707 ZPO wurde daher im Formular nicht berücksichtigt.

Im Hinblick auf eine mögliche Verzögerung der Zwangsvollstreckung divergieren die Interessen von Gläubiger und Schuldner. Während die unverzügliche Zwangsvollstreckung für den Schuldner sehr nachteilig sein kann, ist eine Verzögerung der Zwangsvollstreckung unter Umständen (zB bei drohenden Vermögensverfall des Schuldners) für den Gläubiger abträglich. § 707 ZPO wird dieser unterschiedlichen Interessenlage dadurch gerecht, dass ein Aufheben von Vollstreckungsmaßnahmen stets nur und eine einstweilige Einstellung der Zwangsvollstreckung regelmäßig nur gegen Sicherheitsleistung des Schuldners angeordnet werden kann.

2. Eine Anordnung nach § 707 ZPO setzt einen entsprechenden Antrag des Schuldners voraus. Zuständig ist das Gericht der Hauptsache, dh das Gericht, welches über den Hauptantrag (Wiedereinsetzung usw) zu entscheiden hat. Nach einem Urteil bleibt das Gericht zuständig, anschließend ist das Rechtsmittelgericht zuständig (OLG Hamm FamRZ 1985, 306, 307; Zöller/*Herget* § 707 Rn. 6). Der Antrag kann schriftlich oder in der mündlichen Verhandlung gestellt werden. Anwaltszwang besteht nach Maßgabe des § 78 ZPO. Der Antrag nach § 707 ZPO ist auch bei unzulässigem Hauptantrag zulässig, in der Regel aber mangels Erfolgsaussichten des Hauptantrags unbegründet (MüKoZPO/*Götz* § 707 Rn. 8; Zöller/*Herget* § 707 Rn. 8). Rechtsschutzbedürfnis besteht bereits vor Erteilung der Klausel (Musielak/*Lackmann* § 707 Rn. 5; aA *Gottwald* ZPO § 707 Rn. 9), weiterhin auch dann, wenn nur gegen Sicherheitsleistung vollstreckt werden kann, zudem auch, wenn der Schuldner die Möglichkeit nach § 711 ZPO hat (Musielak/*Lackmann* § 707 Rn. 5). Das Rechtsschutzbedürfnis entfällt erst dann, wenn der Schuldner jedenfalls gegenwärtig nicht mit einer Zwangsvollstreckung rechnen muss (Musielak/*Lackmann* ZPO § 707 Rn. 5).

3. Anwendbar ist § 707 ZPO zunächst in den in Abs. 1 S. 1 aufgezählten Fällen, nämlich wenn das Wiedereinsetzungsverfahren (§§ 233 ff. ZPO), das Wiederaufnahmeverfahren (§ 578 ZPO), das Anhörungsrügenverfahren (§ 321a ZPO) oder das Nachverfahren nach einem Vorbehaltsurteil (§§ 302, 600 ZPO) betrieben wird. Durch Bezugnahme findet § 707 ZPO zudem Anwendung bei Einspruch und Berufung (§ 719 ZPO), Widerspruch gegen Arrest (§ 924 Abs. 3 S. 2 ZPO) und einstweilige Verfügung (§§ 924 Abs. 3 S. 2, 936 ZPO) sowie Rechtsbeschwerden nach § 1065 ZPO (entgegen der scheinbaren Systematik ist § 707 ZPO auch auf die in § 1065 Abs. 1 ZPO genannten Rechtsbeschwerden anwendbar, vgl. näher *Musielak* § 1065 Rn. 2). Mit § 62 ArbGG existiert zudem eine Spezialnorm für das Arbeitsgerichtsverfahren.

Darüber hinaus findet § 707 ZPO ua analoge Anwendung bei Streit über die Wirksamkeit eines Prozessvergleichs (BGH NJW 1958, 1970); zu weiteren Fallgruppen der analogen Anwendung vgl. MüKoZPO/*Götz* § 707 Rn. 4; Zöller/*Herget* § 707 Rn. 3.

Bei Abänderungsklagen kommt nicht § 707 ZPO, sondern § 769 ZPO zur Anwendung (BGH NJW 1986, 2057). Str. ist, ob § 707 ZPO bei Klagen auf Unterlassen der Zwangsvollstreckung nach § 826 BGB einschlägig ist. Wegen der Möglichkeit des Antrags auf Erlass einer einstweiligen Verfügung auf zeitweises Unterlassen der Zwangsvollstreckung fehlt es allerdings an einer Regelungslücke, so dass sowohl eine analoge Anwendung von § 707 ZPO (OLG Frankfurt NJW-RR 1992, 511; Zöller/*Herget* § 707 Rn. 4; aA OLG Zweibrücken NJW 1991, 3041; Stein/Jonas/*Münzberg* § 707 Rn. 34) als auch eine analoge Anwendung von § 769 ZPO (OLG Stuttgart NJW-RR 1998, 70; Thomas/Putzo/*Seiler* § 769 Rn. 2a; Musielak/Voit/*Lackmann* § 769 Rn. 1; aA OLG Hamm FamRZ 2002, 618; MüKoZPO/*K. Schmidt/Brinkmann* § 769 Rn. 4) abzulehnen ist.

4. Eine einstweilige Einstellung der Zwangsvollstreckung **ohne Sicherheitsleistung** des Schuldners kommt praktisch kaum vor. Daher sollte im Regelfall gleich Sicherheitsleistung angeboten werden. Eine Einstellung ohne Sicherheitsleistung ist gem. § 707 Abs. 1 S. 2 ZPO nur dann möglich, wenn der Schuldner kumulativ glaubhaft machen kann, dass er zur Sicherheitsleistung nicht in der Lage ist und die Vollstreckung für ihn einen nicht zu ersetzenden Nachteil bringen würde. Dabei wird ein Glaubhaftmachen der fehlenden Möglichkeit zur Sicherheitsleistung häufig noch möglich sein, wobei zu beachten ist, dass die nachgewiesene Weigerung einer Bank, Bürgschaft zu stellen, insofern nicht genügt (OLG Hamm OLGR 1995, 167). An den Nachweis der drohenden unersetzlichen Nachteile ist dagegen ein strenger Maßstab anzulegen. Es gilt der Grundsatz, dass negative Folgen der Vollstreckung (Kreditgefährdung usw.) vom Schuldner grundsätzlich hinzunehmen sind. Materiell-rechtliche Einwände genügen im Rahmen des § 707 ZPO nicht (anders allerdings im Anwendungsbereich von § 719 Abs. 1 S. 2 ZPO). Der Zwang zur Abgabe einer Vermögensauskunft ist ebenfalls kein unersetzlicher Nachteil. Mit der Vollstreckung müssen vielmehr irreparable Folgen verbunden sein, zB der gerade auf der Vollstreckung beruhende Verlust der wirtschaftlichen Existenzgrundlage. Für ausreichend wurde erachtet, dass die einem Unterhaltsschuldnern abfließenden Beträge unwiederbringlich sind (OLG Hamm FamRZ 1996, 113; vgl. dagegen OLG Hamm FamRZ 1997, 1489). Im Rahmen der §§ 887, 888, 890 ZPO ist die gesetzliche Vorgabe „nicht zu ersetzender Nachteil" nicht nur im Sinne eines besonders empfindlichen Eingriffs in die Position des Schuldners auszulegen, sondern vielmehr auch unter dem Gesichtspunkt einer ansonsten drohenden teilweise Vorwegnahme der Hauptsache zu interpretieren (vgl. BGH NJW 1956, 1717 – Duldung des vorläufigen Tätigwerdens des Gläubigers als Geschäftsführers aufgrund eines vorläufig vollstreckbaren Titels als unwiederbringlicher, weil nicht zu korrigierender Nachteil für den Schuldner).

Aufgrund der vorgenannten Gründe sollte daher, wie im Formular vorgesehen, im Regelfall sogleich eine Sicherheit angeboten werden. Vom Gläubiger bereits gepfändete Gegenstände kommen als Sicherheit nicht in Frage, können aber für die Bemessung der Höhe der Sicherheit, die sich nach § 108 ZPO richtet, berücksichtigt werden (OLG Celle NJW 1959, 2268; Zöller/*Herget* § 707 Rn. 12).

5. Eine Aufhebung von Vollstreckungsmaßnahmen ist nur gegen Sicherheitsleistung möglich. Bei der Abwägung der gegensätzlichen Interessen muss das Gericht im Rahmen der Bemessung der Sicherheitsleistung darauf achten, dass der Gläubiger durch den Verlust des Pfändungspfandrechts (§§ 776 S. 2, 775 Nr. 2 ZPO) keine Nachteile erleidet.

6. Die Entscheidung ergeht nach § 707 Abs. 2 S. 2 ZPO durch unanfechtbaren Beschluss. Das gilt auch für die gesetzliche Verweisung auf § 707 ZPO und wird für die Fallgruppen der analogen Anwendung von der herrschenden Meinung ebenfalls bejaht. Die früher teilweise befürwortete Möglichkeit einer Beschwerde bei greifbarer Rechtswidrigkeit kommt nicht mehr in Betracht (vgl. Musielak/*Lackmann* § 707 Rn. 13; BAG NJW 2005, 3231). Allerdings ist im Hinblick auf den vorläufigen Charakter der Entscheidung eine Abänderung wegen veränderter Umstände möglich. Ausreichend ist insofern, dass sich aus Sicht des Gerichts die tatsächlichen oder rechtlichen Entscheidungsgrundlagen geändert haben. Nicht ausreichend ist insofern aber, wenn ein abgelehnter Entscheidungsantrag – ohne Mitteilung neuer Umstände oder rechtlicher Argumente – lediglich wiederholt wird.

7. Kosten und Gebühren. Als Annex zum Antrag in der Hauptsache ist das Verfahren gebührenfrei. Die Tätigkeit des Rechtsanwalts zählt zum ersten Rechtszug, § 19 Abs. 1 Nr. 11 RVG. Eine Ausnahme besteht dann, wenn gesondert mündlich verhandelt wird; dann 0,5 Verfahrensgebühr nach Nr. 3328 VV RVG und 0,5 Termingebühr nach Nr. 3332 VV RVG.

2. Antrag auf vorläufige Vollstreckbarkeit des Urteils ohne Sicherheitsleistung (§ 710 ZPO)

In Sachen

. . . . .

– Kläger –

gegen

. . . . .

– Beklagter –

Az. . . . . .

wird beantragt,[1]

das Urteil ohne Sicherheitsleistung für vorläufig vollstreckbar zu erklären.

Begründung:

Entsprechend dem Klageantrag ist das Urteil grundsätzlich nach § 709 S. 1 ZPO gegen Sicherheitsleistung[2] für vorläufig vollstreckbar zu erklären. Das Urteil ist indes nach § 710 ZPO ohne Sicherheitsleistungen für vorläufig vollstreckbar zu erklären. Der Kläger kann die Sicherheit nicht leisten, denn er hat keine Ersparnis und benötigt sein Arbeitseinkommen vollständig für seinen und den Lebensunterhalt seiner Familie. Der Kläger ist auch nicht in der Lage, einen entsprechenden Bürgen zu stellen. Darüber hinaus benötigt der Kläger auch die Leistung des Beklagten kurzfristig für seinen und den Lebensunterhalt seiner Familie. Zur Glaubhaftmachung wird auf die Vermögensaufstellung des Steuerberaters des Klägers und die eidesstattliche Erklärung des Klägers anbei verwiesen.

. . . . .

Rechtsanwalt

Anmerkungen

1. Erforderlich ist ein Antrag, der gem. § 714 ZPO nur vor dem Schluss der mündlichen Verhandlung gestellt werden kann. Die tatsächlichen Voraussetzungen sind glaubhaft zu machen, § 714 S. 2 ZPO. Unvermögen zur Sicherheitsleistung ist gegeben, wenn der Gläubiger weder eigene liquide Mittel zur Verfügung hat noch in der Lage ist, einen Bürgen zu stellen. Würde der Gläubiger durch die Sicherheitsleistung in seiner Berufsausübung oder seiner Lebenshaltung in unzumutbarer Weise beeinträchtigt, dann sind erhebliche Schwierigkeiten im Sinne von § 710 ZPO zu bejahen. Die Aussetzung der Vollstreckung muss für den Gläubiger zudem unbillig sein. Die in § 710 ZPO aufgezählten Fallgruppen – schwer zu ersetzender Nachteil/schwer abzusehender Nachteil/dringendes Benötigen der Leistung für den Lebensunterhalt/dringendes Bedürfnis der Leistung für die Erwerbstätigkeit – sind nicht abschließend, andere Fälle müssen aber ein vergleichbares Gewicht aufweisen.

Die Entscheidung ist im Urteil zu treffen und kann nur zusammen mit den Rechtsmitteln gegen das Urteil angefochten werden.

2. Durch § 710 ZPO wird der Gläubiger geschützt, der die Sicherheiten nach § 709 ZPO nicht oder nur unter erheblichen Schwierigkeiten zu leisten imstande ist. Eine entsprechende Schutzregelung für den Gläubiger beinhaltet § 711 S. 3 ZPO für §§ 708 Nr. 4 bis 11 ZPO.

3. Antrag auf Rückgabe der Sicherheit (§ 109 ZPO)

In Sachen

.....

– Antragstellerin –

gegen

.....

-Antragsgegnerin-

Az. .....

wird beantragt,[1]

dem Gläubiger aufzugeben, binnen 14 Tagen die Einwilligung in die Rückgabe der Sicherheit zu erklären oder die Erhebung der Klage wegen seiner angeblichen Ansprüche nachzuweisen.

Weiterhin wird bereits jetzt beantragt,[2]

das Erlöschen der Bürgschaft anzuordnen.[3]

Die Antragstellerin hat zur Abwendung der von dem Antragsgegner betriebenen Zwangsvollstreckung aus dem Vollstreckungsbescheid des Amtsgerichts ..... vom ..... die selbstschuldnerische, unbedingte und unbefristete Bürgschaft der ..... Bank vom ..... in Höhe von ..... dem Prozessbevollmächtigten des Antragsgegners zugestellt. Durch Urteil des Landgerichts ..... vom ..... ist der Vollstreckungsbescheid aufgehoben und die Klage abgewiesen worden. Damit endet – unabhängig von der Rechtskraft der Entscheidung – gem. § 717 ZPO die vorläufige Vollstreckbarkeit des Vollstreckungsbescheids. Die Voraussetzungen des § 109 Abs. 1 ZPO liegen daher vor.

.....

Rechtsanwalt

Anmerkungen

1. Begehrt der Schuldner Rückgabe der Sicherheit, so richtet sich das Verfahren nach § 109 ZPO. Gleiches gilt, wenn der Gläubiger vor Rechtskraft Rückgabe der Sicherheit begehrt. Ob § 109 ZPO neben § 715 ZPO Anwendung findet, ist strittig. Für den Gläubiger, der sich auf ein rechtskräftiges Urteil berufen kann, bietet § 715 ZPO jedenfalls den unkomplizierten Weg. Der Gläubiger/Schuldner als Antragsteller muss nachweisen, dass der Grund für die Stellung der Sicherheit weggefallen ist. Das ist bei Vollstreckungssicherheiten nach §§ 709, 719 S. 1, 732 Abs. 2, 769, 771 Abs. 3 ZPO der Fall, wenn der Gläubiger auf die vorläufige Vollstreckbarkeit verzichtet, bei Absehen von Vollstreckung wegen Aussichtslosigkeit oder nach Sicherungsvollstreckung (OLG München OLGZ 1985, 457, 459), in der Regel wegen § 708 Nr. 10 ZPO auch bei einem bestätigenden Berufungsurteil. Bei Abwendungssicherheiten des Schuldners, zB nach §§ 711 S. 1, 712, 720a Abs. 3 ZPO, ist der Grund für die Stellung der Sicherheit entfallen, wenn der Gläubiger seinerseits Sicherheit leistet, als Folge eines dem Gläubiger weniger als das erstinstanzliche Urteil zugestehenden Prozessvergleichs in höherer Instanz, ansonsten wegen § 717 Abs. 1 ZPO mit Verkündung eines klageabweisenden Urteils bzw. mit rechtskräftiger Abweisung des Rechtsmittels.

Bei Einstellungssicherheiten, zB nach §§ 707, 719, 732 Abs. 2, 769, 771 Abs. 3 ZPO, kann nach § 109 ZPO vorgegangen werden, wenn die Klage rechtskräftig abgewiesen wird oder bei Verkündung eines klageabweisenden zweitinstanzlichen Urteils (Musielak/Voit/*Foerste* § 109 Rn. 6).

2. Das Verfahren nach § 109 ZPO ist zweistufig. Zunächst bestimmt das Gericht eine Frist nach § 109 Abs. 1 ZPO, binnen derer die Partei, zu deren Gunsten die Sicherheit geleistet ist, die Einwilligung in die Rückgabe der Sicherheit zu erklären oder die Erhebung der Klage wegen ihrer Ansprüche nachzuweisen hat. Den Antrag muss durch die zur Sicherheitsleistung verpflichtete Partei gestellt werden, ein Antrag eines Prozessbürgen genügt nicht. Erst nach fruchtlosem Fristablauf hat das Gericht die Rückgabe der Sicherheit bzw. Erlöschen der Bürgschaft anzuordnen. Das Gericht hat insoweit auch (erneut) zu überprüfen, ob der Sicherungsanlass nach wie vor entfallen ist.

3. Der Antrag auf Fristsetzung zur Freigabe bzw. Erhebung der Klage auf Herausgabe der Sicherheitsleistung nach § 109 Abs. 1 ZPO kann zusammen mit dem Antrag auf Rückgabeanordnung/Erlöschen der Bürgschaft nach § 109 Abs. 2 ZPO gestellt werden, was zur Vereinfachung zu empfehlen ist. Für beide Anträge besteht wegen § 109 Abs. 3 S. 1 ZPO kein Anwaltszwang. Örtlich und sachlich zuständig ist das Gericht, welches die Bestellung der Sicherheit angeordnet hat oder infolge Verweisung zuständig geworden ist, funktionell der Rechtspfleger nach § 20 Nr. 3 RPflG.

4. Antrag auf Rückgabe der Sicherheit (§ 715 ZPO)

In Sachen

. . . . .

– Antragsteller –

gegen

.....

– Antragsgegner –

Az. .....

wird beantragt,[1]

die Rückgabe der Sicherheit anzuordnen.

(Alternative: das Erlöschen der Bürgschaft anzuordnen.)

Begründung:

Der Antragsteller hat, um aus dem vorläufig vollstreckbaren Urteil des Landgerichts ..... vom ....., Az. ....., gegen den Antragsgegner vollstrecken zu können, Sicherheit geleistet durch Hinterlegung eines Geldbetrages in Höhe von ..... bei der Hinterlegungsstelle des Amtsgericht ..... Wie sich aus dem anliegenden Rechtskraftzeugnis[2] ergibt, ist das angeführte Urteil nunmehr rechtskräftig. Die Voraussetzungen des § 715 ZPO liegen daher vor.

.....

Rechtsanwalt[3, 4]

Anmerkungen

1. Wer die Rückgabe einer Sicherheit begehrt, muss grundsätzlich das Verfahren nach § 109 ZPO wählen. Durch § 715 ZPO ist dem Gläubiger ein gegenüber § 109 ZPO leichterer Weg vorgezeigt, der nur im Falle der Prozessbeendigung durch rechtskräftig gewordenen Urteil gewählt werden kann. Nicht einschlägig ist § 715 ZPO dagegen bei Prozessbeendigung durch Klagerücknahme oder beim Prozessvergleich (MüKoZPO/*Götz* § 715 Rn. 1). Ein Beschluss nach § 715 ZPO ergeht nur auf Antrag, wegen § 715 Abs. 2 iVm § 109 Abs. 3 ZPO besteht kein Anwaltszwang.

2. Grundsätzlich ist die Vorlage des Rechtskraftzeugnisses (§ 706 ZPO) erforderlich, bei einem Urteil gegen Gesamtschuldner muss die Rechtskraft gegenüber allen Schuldnern nachgewiesen werden. Die Vorlage einer bestätigenden Rechtsmittelentscheidung ist ausreichend, wenn diese Entscheidung mit der Verkündung rechtskräftig wird (Musielak/Voit/*Lackmann* § 715 Rn. 2).

3. Kosten und Gebühren. Das Verfahren nach § 715 ZPO ist gerichtsgebührenfrei. Der Antrag gehört für den Anwalt zum Verfahren und ist mit den dort entstanden Gebühren abgegolten, es sei denn, er wird nur im Verfahren nach § 715 ZPO tätig. Dann erhält er eine 0,8 Verfahrensgebühr (Nr. 3403 VV RVG).

4. Rechtsmittel. Gegen einen ablehnenden Beschluss ist die sofortige Beschwerde nach §§ 11 Abs. 1 RPflG, 567 Abs. 1 S. 2 ZPO mit Abhilfebefugnis des Rechtspflegers möglich. Rechtsmittel gegen einen stattgebenden Beschluss ist die befristete Erinnerung nach § 11 Abs. 2 S. 1 RPflG.

5. Antrag auf Vorabentscheidung (§ 718 ZPO)

In Sachen

. . . . .

– Kläger –

gegen

. . . . .

– Beklagter –

Az. . . . . .

wird beantragt,

1. die erstinstanzliche Entscheidung zur vorläufigen Vollstreckbarkeit abzuändern und das erstinstanzliche Urteil nur gegen Sicherheitsleistung

   (Alternative: ohne Sicherheitsleistung)

   für vorläufig vollstreckbar zu erklären,[1] und

2. über diesen Antrag vorab zu verhandeln und zu entscheiden.[2]

Begründung:

Das Gericht hat das Urteil für vorläufig vollstreckbar erklärt und die für durch den Kläger zu erbringende Sicherheitsleistung auf . . . . . festgesetzt. Dem gegenüber handelt es sich im eine Streitigkeit zwischen Vermieter und Mieter von Wohnraum wegen Fortsetzung des Mietverhältnisses über Wohnraum gem. §§ 574 bis 574b BGB, wodurch die hier Voraussetzungen des § 708 Nr. 7 ZPO erfüllt sind.

. . . . .

Rechtsanwalt[3, 4]

Anmerkungen

1. Durch § 718 ZPO wird die Korrektur einer erstinstanzlichen Entscheidung in der Berufungsinstanz ermöglicht, ohne dass die Sachentscheidung des Berufungsgerichts abgewartet werden muss. Eine Korrektur nach § 718 ZPO kann bei jeder fehlerhaften erstinstanzlichen Entscheidung zur vorläufigen Vollstreckbarkeit beantragt werden, zB wenn eine notwendige Entscheidung zu §§ 708, 709, 711 S. 1 ZPO fehlt oder fehlerhaft ist, wenn Sicherheitsleistungen zu niedrig bzw. zu hoch festgelegt worden oder wenn über einen Antrag nach §§ 710, 711 S. 3, 712 ZPO fehlerhaft oder nicht entschieden wurde. Im Formular will der Beklagte, der davon ausgeht, dass die Voraussetzungen des § 708 ZPO nicht vorliegen, erreichen, dass Sicherheitsleistungen nach § 709 ZPO angeordnet werden. Nicht möglich ist es allerdings, mit dem Antrag nach § 718 ZPO einen in erster Instanz unterlassenen Antrag nach §§ 710, 711 S. 3, 712 ZPO nachzuholen.

2. Der Antrag nach § 718 ZPO ist nur statthaft, wenn das Urteil in der Hauptsache angegriffen wird, was bei einem isolierten Angriff der Vollstreckbarkeitsentscheidung gerade nicht der Fall ist (OLG Nürnberg NJW 1989, 842). Antragsbefugt sind dann allerdings beide Parteien, nicht nur der Rechtsmittelführer. Das Rechtsschutzinteresse für einen Antrag nach § 718 ZPO fehlt, wenn die Vollstreckung bereits beendet ist (OLG Köln MDR 1980, 764), sie muss allerdings noch nicht begonnen haben (Zöller/*Herget* § 718 Rn. 1). Ein Rechtsschutzbedürfnis besteht auch dann nicht mehr, wenn der Beklagte die Urteilssumme zur Abwendung der Vollstreckung geleistet hat, nachdem der Kläger die ihm erstinstanzlich auferlegte Sicherheitsleistung erbracht hatte. (OLG Hamburg VersR 1984, 895).

3. Kosten und Gebühren. Die Entscheidung ist gerichtsgebührenfrei und zählt für den Anwalt zum Berufungsverfahren (vgl. § 189 Abs. 1 S. 2 Nr. 11 RVG).

4. Rechtsmittel. Die Entscheidung des ist unanfechtbar.

6. Schutzantrag des Schuldners (§ 712 ZPO)

In Sachen

. . . . .

– Kläger –

gegen

. . . . .

– Beklagter –

Az. . . . . .

wird beantragt,

das Urteil gem. § 712 Abs. 1 S. 2 Alt. 1 ZPO nicht für vorläufig vollstreckbar zu erklären.[1]

Hilfsweise wird beantragt,[2]

die Vollstreckung auf die in § 720a Abs. 1, 2 ZPO bezeichneten Maßregeln zu beschränken.

Begründung:

Die Vollstreckung würde die wirtschaftliche Existenz des Beklagten vernichten, denn . . . . . Dem Beklagten würde dadurch ein nicht zu ersetzender Nachteil entstehen.

Der Beklagte ist auch zur Sicherheitsleistung nicht in der Lage. Er ist vermögenslos und nicht kreditwürdig.

Zur Glaubhaftmachung verweise ich auf die Vermögensaufstellung des Steuerberaters des Beklagten sowie die eidesstattliche Versicherung des Beklagten anbei.

Dem Antrag der Beklagten steht auch kein überwiegendes Interesse des Klägers entgegen, denn der Kläger verfügt über ausreichende Liquiditätsreserven, umfangreichen Immobilienbesitz und eine Kommanditbeteiligung an der mittelständischen Gesellschaft . . . . ., die jährlich beträchtliche Erträge erwirtschaftet.

Zur Glaubhaftmachung wird auf die eidesstattliche Versicherung von Herrn . . . . . sowie die von einem Wirtschaftsprüfer testierten Jahresabschlüsse anbei verwiesen.

. . . . .

Rechtsanwalt

Anmerkungen

1. Durch § 712 ZPO wird dem Schuldner die Möglichkeit eingeräumt, einen Schutzantrag zu stellen, wenn ihm durch die Vollstreckung ein nicht zu ersetzender Nachteil droht. Der Schuldnerschutz nach § 712 ZPO wird restriktiv gehandhabt, denn vor einer unberechtigten Vollstreckung ist der Schuldner grundsätzlich durch § 717 ZPO, im Falle des § 711 ZPO auch durch die vorangegangene Sicherheitsleistung des Gläubigers geschützt. Erforderlich sind irreparable Folgen der Vollstreckung, die so gut wie sicher zu erwarten sind (*Baumbach/Lauterbach/Albers/Hartmann* § 712 Rn. 3). Hat der Schuldner einen nicht zu ersetzenden Nachteil glaubhaft gemacht, dann hat das Gericht nach § 712 Abs. 2 S. 1 ZPO zu überprüfen, ob dem Schutzantrag des Schuldners überwiegende Interessen des Gläubigers entgegenstehen. Es müssen besondere, im Streitfall glaubhaft gemachte Umstände, vorgetragen werden (Musielak/Voit/*Lackmann* § 712 Rn. 2), die von ihrem Gewicht den Gründen nach § 710 ZPO entsprechen müssen (Zöller/*Herget* § 712 Rn. 2; MüKoZPO/*Götz* § 712 Rn. 6; aA *Baumbach/Lauterbach/Albers/Hartmann* § 712 Rn. 7).

2. Erforderlich ist ein Antrag, der gem. § 714 ZPO nur vor dem Schluss der mündlichen Verhandlung gestellt werden kann. Der Antragsteller hat seine Vermögensverhältnisse offen zu legen (BGH WM 1985, 1435). Der Antrag muss nicht auf eine bestimmt Schutzform des § 712 ZPO gerichtet sein. Grundsätzlich ist zu beantragen, dass dem Schuldner zu gestatten ist, die Vollstreckung durch Sicherheitsleitung oder Hinterlegung ohne Rücksicht auf eine Sicherheitsleistung des Gläubigers abzuwenden. Ist der Schuldner nicht zur Sicherheitsleitung in der Lage, so muss er beantragen, dass das Urteil nicht für vorläufig vollstreckbar erklärt wird oder nur eine Sicherheitsvollstreckung nach § 720a ZPO erfolgen darf. Der letztgenannte Antrag bietet sich als Hilfsantrag an, was im Formular auch so vorgesehen ist.

7. Antrag auf einstweilige Einstellung der Zwangsvollstreckung bei Rechtsmittel und Einspruch

An das Landgericht

.....

In der Sache

.....

– Kläger –

gegen

.....

– Beklagter –

Az. .....

wird gegen das am ..... verkündete und dem Beklagten am ..... zugestellte Versäumnisurteil Einspruch[1] eingelegt.

Es wird beantragt,

. . . . . (Sachanträge)

Zudem wird beantragt,[2]

die Zwangsvollstreckung aus dem Versäumnisurteil gegen Sicherheitsleistungen[4, 5] iHv . . . . . einstweilen einzustellen. Bereits eingeleitete Zwangsvollstreckungsmaßnahmen sind aufzuheben.

Begründung:

1.) . . . . . (Begründung der Sachanträge)

2.) . . . . . Der Antrag auf Einstellung der Zwangsvollstreckung aus dem Versäumnisurteil bestimmt sich nach §§ 719 Abs. 1, 707 ZPO. Die formalen Entscheidungsvoraussetzungen sind erfüllt. Im Rahmen des pflichtgemäßen Ermessen des Gerichts[3] ist zugunsten des Einstellungsinteresses des Schuldners zu berücksichtigen, dass unter Zugrundelegung der vorstehenden Begründung der Einspruch und die Sachanträge überwiegende Aussicht auf Erfolg haben und durch die Nichteinstellung der Vollstreckung dem Schuldner erhebliche Nachteile erwachsen würden . . . . . (näher auszuführen).

Anmerkungen

1. Wird gegen ein für vorläufig vollstreckbar erklärtes Urteil der Einspruch oder die Berufung eingelegt, dann besteht gemäß § 719 Abs. 1 S. 1 ZPO die Einstellungsmöglichkeit nach § 707 ZPO.

2. Die einstweilige Einstellung der Zwangsvollstreckung erfolgt nur auf Antrag. Voraussetzung für den Antrag nach §§ 719, 707 ZPO ist der Eingang der Einspruchs- oder Berufungsschrift. Das angefochtene Urteil muss zudem vorläufig vollstreckbar sein. Ein im Rahmen eines Rechtsbehelfsverfahrens gestellter Antrag nach §§ 707 Abs. 1, 719 ZPO ist nicht deshalb unzulässig, weil der Schuldner es in erster Instanz versäumt hat, einen Antrag nach § 712 ZPO zu stellen (hM, vgl. zB OLG Düsseldorf NJW-RR 1987, 702, aA OLG Frankfurt NZOZ 2012, 1209).

3. Das Gericht hat nach pflichtgemäßem Ermessen zu entscheiden und insofern die widerstreitenden Interessen von Schuldner und Gläubiger unter Berücksichtigung der gesetzlichen Wertung gegeneinander abzuwägen. Danach gebührt den Gläubigerinteressen im Ausgangspunkt der Vorrang, dh der Schuldner muss konkrete Umstände benennen, die so schwer wiegen, dass eine Abweichung vom gesetzlichen Ausgangspunkt gerechtfertigt erscheint (vgl. OLG Karlsruhe, GRUR 2012, 736). Grundvoraussetzung und vom Gericht summarisch zu prüfen ist insoweit, dass der zu sichernde Hauptrechtsbehelf überhaupt Aussicht auf Erfolg hat (BGH NJW-RR 2002, 1090. Die Erfolgsaussichten des Rechtsbehelfs sind auch darüber hinaus ein wesentliches Abwägungskriterium, sodass der Schuldner damit rechnen muss, dass eine Entscheidung über seinen Schutzantrag erst dann erfolgt, wenn die Berufungsbegründung eingegangen ist (vgl. Musielak/Voit/*Lackmann* § 719 Rn. 3).

4. Ein Antrag auf Einstellung ohne Sicherheitsleistungen wurde im Antrag nicht gestellt, da wegen § 719 Abs. 1 S. 2 ZPO die Einstellung der Zwangsvollstreckung ohne Sicherheitsleistungen nur erfolgen darf, wenn das Versäumnisurteil nicht in gesetzlicher Weise ergangen ist oder die säumige Partei glaubhaft macht, dass ihre Säumnis unverschuldet war. Unabhängig von den Einschränkungen des § 719 Abs. 1 S. 2 ZPO bei

Versäumnisurteilen liegen die Voraussetzungen für eine Einstellung ohne Sicherheitsleistung nur in den seltensten Fällen vor, sodass regelmäßig Sicherheitsleistung sogleich mit angeboten werden sollte. Ansonsten kann der Antrag lauten: „. . . . . . die Zwangsvollstreckung ohne Sicherheitsleistung, hilfsweise gegen Sicherheitsleistungen einstweilen einzustellen"

5. Str. ist, ob in den Fallgruppen des § 719 Abs. 1 S. 2 die Einstellung ohne Sicherheitsleistung zwingende Folge ist (OLG Stuttgart NJW-RR 2003, 713 (714); Musielak/Voit/*Lackmann* § 719 Rn. 6) oder ob die Voraussetzungen des § 707 Abs. 1 S. 2 ZPO zusätzlich erfüllt sein müssen (OLG Brandenburg NJW-RR 2002, 285).

8. Vollstreckungsschutzantrag des Schuldners (§ 765a ZPO)

An das

Amtsgericht

. . . . .

– Vollstreckungsgericht –[1, 2]

Sehr geehrte(r) . . . . .,

in der Zwangsvollstreckungssache

. . . . .

– Gläubiger/in –

gegen

. . . . .

– Schuldner/in –

zeige ich an, dass ich den/die Schuldner/in anwaltlich vertrete. Eine auf mich lautende Vollmacht füge ich in Kopie bei/habe ich bereits mit Schreiben vom . . . . . eingereicht.

Namens und in Vollmacht meines/meiner Mandanten/Mandantin beantrage ich,

die . . . . . einstweilen einzustellen/aufzuheben,[3]

1. im Wege der einstweiligen Anordnung ohne Anhörung des Gläubigers die oben genannte Zwangsvollstreckungsmaßnahme ohne Sicherheitsleistung, hilfsweise gegen Sicherheitsleistung, bis zur Entscheidung in der Hauptsache einzustellen (§§ 765a Abs. 2 iVm 732 Abs. 2 ZPO),[4]
2. dem Gläubiger die Kosten dieses Antrags gemäß § 788 Abs. 3 ZPO aufzuerlegen.[5]

Begründung:

Aufgrund des Vollstreckungstitels . . . . . beantragte der/die Gläubiger/in die Pfändung des einzigen geschäftlichen Bankkontos des/der Schuldners/Schuldnerin. Dies hatte zur Folge, dass die Drittschuldnerbank angedroht hat, die Bankverbindung zu kündigen und der/die Schuldner/in dann über kein Bankkonto mehr verfügt. Der/Die Schuldner/in ist selbständige/r . . . . . und ist auf den bargeldlosen Zahlungsverkehr angewiesen. Die Kündigung der Bankverbindung hat für ihn existenzbedrohende Auswirkungen, weil . . . . . Die Zwangsvollstreckungsmaßnahme wirkt sich aufgrund der besonderen Umstände des

Falles als besondere Härte, die mit den guten Sitten nicht mehr vereinbart ist, aus. Dem Gläubiger entsteht durch die Aufhebung der Kontopfändung kein Schaden. Es ist ihm wiederholt eine Ratenzahlungsvereinbarung angeboten worden, die zu keinem Zeitpunkt angenommen wurde.

Beweis/Glaubhaftmachung: Vorlage der Schreiben vom .....

Das Grundrecht auf freie Ausübung des Berufes ist in diesem Fall höher zu bewerten als das Grundrecht auf Eigentumsschutz, Art. 14 GG und wirksamen Rechtsschutz, Art. 19 Abs. 4 GG, des Gläubigers. Deshalb ist die Zwangsvollstreckungsmaßnahme nicht nur einstweilen einzustellen, sondern aufzuheben.[6]

(Alternative 1:

Aufgrund des Vollstreckungstitels beantragte der/die Gläubiger/in die Räumung der Wohnung ..... Mit Schreiben vom ..... kündigte der Gerichtsvollzieher ..... die Durchführung der Räumung an. Die Räumung der Wohnung stellt für den/die Schuldner/in eine mit den guten Sitten nicht zu vereinbarende Härte dar. Der/Die Schuldner/in ist seit Jahren schwer erkrankt und leidet unter .....

Beweis/Glaubhaftmachung: Vorlage des Attestes vom .....

Er/Sie hat versucht, einen neuen Wohnraum für sich und die Familie zu finden. Dies ist aufgrund des angespannten Wohnungsmarktes erfolglos geblieben.

Beweis/Glaubhaftmachung: Vorlage der Anzeigen, Telefonnotizen, etc

Die Räumung würde für den/die Schuldner/in und seiner/ihrer Familie bedeuten, obdachlos zu werden. Diese Folge steht in keinem Verhältnis zu den Rechten und Ansprüchen des/der Gläubigers/in. Dem/der Gläubiger/in entsteht kein wieder gutzumachender Schaden. Der/die Gläubiger/in ist auf den Wohnraum nicht angewiesen. Ebenso ist ihm/ihr mit Schreiben vom ..... ein Nutzungsentgelt sowie Nebenkosten für die Dauer der Einstellung angeboten worden.

Beweis/Glaubhaftmachung: Vorlage des Schreibens vom .....

Dieses Angebot hat der/die Gläubiger/in ohne Angabe von Gründen abgelehnt.

Beweise/Glaubhaftmachung: Vorlage des Schreibens vom .....

Insgesamt stellt die Räumungsvollstreckung zu diesem Zeitpunkt eine unbillige Härte dar.[7])

Aufgrund der in Kürze zu erwartenden Zwangsvollstreckung mit den oben genannten Folgen wird beantragt, die einstweilige Anordnung auf Einstellung der Zwangsvollstreckung ohne Anhörung des/der Gläubigers/in vorläufig ohne Sicherheitsleistung einzustellen. Eine Sicherheitsleistung ist nach hiesiger Ansicht nicht angemessen, da die vorgebrachten Gründe die Entscheidung über die einstweilige Einstellung/Aufhebung tragen.[8]

.....

Rechtsanwalt[9]

Anmerkungen

1. Die ZPO kennt an verschiedenen Stellen Antragsmöglichkeiten, die dem Schuldner vorübergehenden oder dauerhaften Vollstreckungsschutz gewährt. Dazu gehört zB die

Räumungsfrist des § 721 ZPO oder § 30a ZVG auf einstweilige Einstellung des Zwangsversteigerungsverfahrens. Auch die §§ 850 ff. ZPO sind in Teilen Schuldnerschutzvorschriften. Dies sind spezielle, dem Vollstreckungsziel zugeordnete Schutzvorschriften, die dem Anwendungsgebiet des § 765a ZPO vorgehen. § 765a ZPO ist eine „Auffangschutzvorschrift“, die für jede Art der Zwangsvollstreckung und zu jeder Zeit der Zwangsvollstreckung gilt. Aus diesem Anwendungskreis ergibt sich auch die enge Anwendbarkeit (BGH NJW 2004, 3636). Nicht jede unangenehme Folge einer Zwangsvollstreckungsmaßnahme soll damit ausgeschlossen werden können. Vielmehr ist § 765a ZPO immer dann anwendbar, wenn die Zwangsvollstreckung zu einem ganz untragbarem Ergebnis führt, dass dem allgemeinem Rechtsgefühl widerspricht (vgl. *Baumbach/Lauterbach/Albers/Hartmann* § 765a Rn. 2 mwN). Dabei ist die Grenze für den Schuldner, die er hinzunehmen hat, die Sittenwidrigkeit. Der Schuldner muss vortragen, dass die konkrete Vollstreckungsmaßnahme, verglichen mit anderen Schuldnern in der gleichen Situation, **eine besondere Härte** bedeutet. Allein die unangenehmen Folgen der Zwangsvollstreckung reichen für die Anwendbarkeit des § 765a ZPO nicht aus. Der Vortrag, der Schuldner werde bei Durchführung der Räumungsvollstreckung obdachlos, ist keine besondere Härte der Zwangsvollstreckung. Vielmehr realisiert sich darin eine Gefahr bei der Räumungsvollstreckung, die jeden Schuldner treffen kann. Anders sieht es aus, wenn der Schuldner alles getan hat, um eine Ersatzwohnung rechtzeitig zu bekommen und in Kürze mit einem Auszug zu rechnen ist (s. dazu die Ausführungen bei *Baumbach/Lauterbach/Albers/Hartmann* § 765a Rn. 26 mwN). § 765a ZPO soll den Schuldner auch nicht davor schützen, dass er im Falle einer Pfändung des Arbeitsentgeltes seinen Arbeitsplatz verliert und dann eventuell öffentliche Gelder (Hartz IV) in Anspruch nehmen muss (BGH NJW 2005, 681). Die Entscheidung des § 765a ZPO muss eine umfassende Abwägung der Interessen des Schuldners und der Interessen des Gläubigers vornehmen. Insoweit ist auch das Verhalten des Schuldners vor der konkreten Vollstreckungsmaßnahme von Bedeutung. Hat er alles getan, um die Zwangsvollstreckung zu vermeiden und sein gesamtes Vermögen eingesetzt, um seinen Gläubiger zu befriedigen, kann bei Vorliegen bestimmter Umstände ein besonderer Härtefall vorliegen. Insoweit sollte der Schuldner alles vortragen, was die Umstände einer besonderen Härte darlegt. Für die einzelnen Fälle vergleiche auch *Baumbauch/Lauterbach/Albers/Hartmann* § 765a Rn. 13–27 sowie die hier vorgeschlagenen Begründungen. Sie sind den häufigsten Vollstreckungsmaßnahmen angelehnt. § 765a ZPO sieht vor, dass bei Vorliegen einer besonderen Härte die Zwangsvollstreckung ganz oder teilweise eingestellt oder sogar aufgehoben werden kann. Dies bedeutet für den Gläubiger in jedem Fall eine Beeinträchtigung seines Grundrechts auf Eigentumsschutz, Art. 14 GG und wirksamen Rechtsschutz, Art. 19 Abs. 4 GG. Hier ist der Gläubiger bzw. dessen Vertreter gefordert, alles vorzutragen, weshalb die Einstellung oder sogar die Aufhebung der Zwangsvollstreckungsmaßnahme beim Gläubiger zu einer unbilligen Härte führt (weiteres → Form. F. II. 9). § 765a ZPO ist nicht generell als Vollstreckungsschutzvorschrift zur Vermeidung der Zwangsvollstreckung im Ganzen anwendbar. Vielmehr muss eine konkrete Zwangsvollstreckung bevorstehen, zB Wegnahme einer Sache, Anordnung einer Räumung. Bei der Wegnahme der Sache kann ein Vollstreckungsschutz auch für die Dauer von einer Woche vom Gerichtsvollzieher gemäß § 765a Abs. 2 ZPO gewährt werden. Dafür muss der Schuldner gegenüber dem Gerichtsvollzieher glaubhaft machen, dass er nicht rechtzeitig einen Antrag auf Vollstreckungsschutz bei Gericht stellen konnte. Bei der Räumungsvollstreckung ist auf Abs. 3 des § 765a ZPO zu achten. Hier ist eine Antragsfrist von 2 Wochen einzuhalten. Nur ausnahmsweise kann hier die Frist unterschritten werden, wenn besondere Umstände vorliegen, die erst innerhalb der Räumungsfrist aufgetreten sind.

Der Vollstreckungsschutzantrag des § 765a ZPO ist nur dann einzusetzen, wenn besondere Umstände des Einzelfalls vorliegen. Ein unbegründeter Vollstreckungsschutzantrag führt zur Abweisung und ggf. dann zur Durchführung der Zwangsvollstreckungsmaßnahme. Andererseits kann auch mit einem gut begründeten und mit Beweisen belegten Vollstreckungsschutzantrag kurz vor der Zwangsvollstreckungsmaßnahme bzw. kurz vor Ablauf der Frist des Abs. 2 im Falle der Räumungsvollstreckung der Druck auf den Rechtspfleger so erhöht werden, dass er die Zwangsvollstreckungsmaßnahme zunächst vorläufig einstellt. Dies kann er ohne Anhörung des Gläubigers tun, wenn er von der besonderen Härte des Einzelfalles überzeugt ist. Mit dieser Strategie kann zumindest Zeit gewonnen werden.

Ein Gläubiger, der von einem solch kurzfristigen Vollstreckungsschutzantrag nicht ohne Beteiligung ereilt werden möchte, kann rein vorsorglich beim Vollstreckungsgericht eine Schutzschrift einreichen, in der ausgeführt wird, dass mit einem Vollstreckungsschutzantrag zu rechnen sei und dieser Antrag aus den dann auszuführenden Gründen abzuweisen sei, da seine Interessen schutzwürdiger seien.

2. Die **sachliche Zuständigkeit** des Antrags richtet sich nach der zugrunde liegenden Zwangsvollstreckungsmaßnahme. Es ist also immer das Vollstreckungsgericht zuständig, dass die Zwangsvollstreckungsmaßnahme erlassen hat bzw. in dessen Bezirk die Zwangsvollstreckungsmaßnahme erfolgen soll (Gerichtsvollzieherauftrag). Damit ist immer das Amtsgericht gemäß § 764 Abs. 1 ZPO zuständig. **Örtlich zuständig** ist das Amtsgericht, in dessen Bezirk die Zwangsvollstreckungsmaßnahme durchgeführt werden soll bzw. durchgeführt wurde. Dabei handelt es sich gemäß § 802 ZPO um eine ausschließliche Zuständigkeit.

Jeder Antrag nach § 765a ZPO muss **schriftlich** oder **zu Protokoll der Geschäftsstelle** vom Schuldner oder einer von ihm bevollmächtigten Person gestellt werden. Das Gericht ist nicht von Amts wegen verpflichtet, die Voraussetzungen des § 765a ZPO zu prüfen. Ein mündlicher Antrag oder ein Antrag eines Dritten reicht für die Anwendbarkeit des § 765a ZPO nicht aus. Der konkrete Antrag des Schuldners richtet sich nach der zugrundeliegenden Zwangsvollstreckungsmaßnahme und dem mit diesem Antrag zu verfolgenden Ziel. Soweit ein Antrag auf einstweilige Einstellung gestellt wird, ist der Vollstreckungsschutz vorübergehend, also auf Zeit. Der Schuldner muss damit rechnen, dass nach Ablauf der Frist der einstweiligen Einstellung die Vollstreckung fortgeführt wird und damit die besondere Härte sich zu einem späteren Zeitpunkt realisiert. Daneben kann ein Antrag auch auf Aufhebung der Zwangsvollstreckungsmaßnahme gestellt werden. Dieser hat zur Folge, dass die konkret angegriffene Maßnahme zu einem späteren Zeitpunkt nur mit einem neuen Antrag des Gläubigers erfolgen kann. Bei dem Antrag auf Aufhebung einer Zwangsvollstreckungsmaßnahme ist ein besonderes Augenmerk auf die Darlegung der besonderen Härte des Einzelfalls zu legen. Da mit der Aufhebung einer Zwangsvollstreckungsmaßnahme in die Rechte des Gläubigers besonders schwer eingegriffen wird. Nur in absoluten Ausnahmefällen ist die Einstellung der Zwangsvollstreckung auf Dauer möglich (BVerfGE 52, 214 (220); BGH NJW 2005, 1895). Gemäß § 20 Nr. 17 RPflG entscheidet über den Vollstreckungsschutzantrag der Rechtspfleger.

3. Es ist sinnvoll, mit dem Antrag auf Einstellung oder Aufhebung der Zwangsvollstreckung gemäß § 765a ZPO auch einen **Antrag auf einstweilige Einstellung gemäß § 765a ZPO** in Verbindung mit § 732 Abs. 2 ZPO zu stellen, da die Zwangsvollstreckung so lange fortgesetzt wird, bis über den Antrag entschieden ist. Dieser Zeitraum kann für den Schuldner bereits eine besondere Härte realisieren. Für diesen Antrag sind die Umstände, die die Anwendbarkeit des § 765a ZPO tragen, glaubhaft zu machen. Im Zweifel hat der Schuldner eine eidesstattliche Versicherung abzugeben, in der er die einzelnen Umstände schildert. Dabei reicht es nicht aus, dass er sich auf den Schriftsatz seines rechtlichen Vertreters bezieht. Daneben kann das Gericht anordnen, dass die einstweilige Einstellung nur gegen Sicherheitsleistung erfolgt. Kann eine Sicherheitsleistung nicht erbracht werden, sollte dies bereits im Schuldnerschutzantrag dargestellt und glaubhaft gemacht werden, um effektiven Rechtschutz zu erhalten.

4. Steht eine Zwangsvollstreckungsmaßnahme des Gerichtsvollziehers unmittelbar bevor, ist es sinnvoll, neben dem Schuldnerschutzantrag gemäß § 765a ZPO beim Vollstreckungsgericht unter Vorlage dieses Antrages beim Gerichtsvollzieher eine Aufschiebung der Vollstreckung zu bewirken.

Grundsätzlich kann der Schuldnerschutzantrag nach § 765a ZPO in jeder Phase der Zwangsvollstreckung gestellt werden. § 100 ZVG schränkt die Beschwerdegründe gegen den Zuschlagbeschluss auf bestimmte, vor der Erteilung des Zuschlags liegenden Rechtsmängel ein. Ein Schuldnerschutzantrag nach § 765a ZPO in der Form der Zuschlagbeschwerde wurde bislang von den Gerichten abschlägig beschieden, da dies gemäß § 100 ZVG nicht Inhalt einer Zuschlagbeschwerde sein kann. Der Bundesgerichtshof hat in seiner Entscheidung vom 24.11.2005 (NJW 2006, 508) diesen Grundsatz aufgeweicht. Auch der Zuschlagbeschluss muss sich an den Grundsätzen der Verfassung messen lassen, insbesondere der Bedeutungsgehalt des Art. 2 Abs. 2 GG ist bei der Auslegung von Verfahrensvorschriften angemessen Rechnung zu tragen.

5. Zur vollständigen Antragstellung gehört auch ein Antrag zur Kostenentscheidung. Darüber wird jedoch auch ohne Antrag von Amts wegen entschieden. Soweit der Antrag nur teilweise Erfolg hat, kann das Gericht nach Ermessen die Kosten den Parteien auferlegen. Besteht Anlass, dass der Gläubiger auf besondere Umstände des Einzelfalles nicht eingeht, zB ist die Räumung für den 1.4. angesetzt und eine neue Wohnung ist für den 1.5. gefunden und dies ist dem Gläubiger auch mitgeteilt worden, kann der Kostenantrag auch dahingehend gestellt werden, dass der Gläubiger die Kosten zu tragen hat.

6. Mit dieser Begründung ist nur ein Beispiel eines Schuldnerschutzantrages aufgeführt. Die Begründung eines jeden Antrages ist im Einzelfall vorzunehmen. Die Kontopfändung an sich ist keine besondere Härte, ebenso wenig die damit verbundene Folge, wie erhöhtes Bearbeitungsentgelt der kontoführenden Bank oder die Androhung der Kündigung. Auch die Gefahr der Kündigung reicht nicht aus. Die Beschwerlichkeiten im Anschluss an eine Kontopfändung stellen keine besondere Härte im Sinne des § 765a ZPO dar. S. dazu die ausführliche Darstellung von *Meyer* (Rpfleger 2007, 513). Die Anwendung des § 765a ZPO ist letztlich durch die Einführungen des Pfändungsschutzkontos (§ 850k ZPO) sehr eingeschränkt worden. Die Regelungen zum Pfändungsschutzkonto (→ Form. I. II. 9) sehen regelmäßig einem Schutzantrag gemäß § 765a ZPO vor (→ Form. I. II. 17). Ein Antrag nach § 765a ZPO kommt daneben nur noch in **Ausnahmefällen** in Betracht. Liegt trotz Anwendung der Pfändungsschutzkontovorschriften eine unbillige Härte vor, ist diese ausführlich darzulegen.

Bei Geschäftskonten greifen die Regeln des Pfändungsschutzkontos in der Regel nicht, da ein entsprechendes Pfändungsschutzkonto nur einer natürlichen Person gewährt werden kann. Daher kann hier direkt der Vollstreckungsschutz gemäß § 765a ZPO beantragt werden. Es sollten die Grundsätze, die dem Pfändungsschutzkonto zugrundliegen, mindestens glaubhaft gemacht werden. Es ist immer der Einzelfall genau darzulegen, insbesondere auch das Verhalten des Schuldners vor der Zwangsvollstreckungsmaßnahme. Hat der Schuldner zB freiwillig Zahlungen vorgenommen, so kann die Pfändung des Bankkontos rechtsmissbräuchlich sein. Dabei sind jedoch in jedem Fall die Interessen des Gläubigers zu berücksichtigen, zB, wenn Pfändungen weiterer Gläubiger drohen und er sich einen Pfändungsrang sichern will, kann dies den Rechtsmissbrauch widerlegen. In diesem Fall ist es angebracht, dem Gläubiger zur Sicherung seines Ranges eine Abtretung der Ansprüche anzubieten. Der Vortrag, auf dem Konto gehen ausschließlich unpfändbare Beträge ein und die Zwangsvollstreckungsmaßnahme verursache lediglich Kosten, reicht für die Anwendbarkeit des § 765a ZPO nicht aus (vgl. *Meyer* Rpfleger

2007, 513). Eine Prognose in die Zukunft mit einer Wahrscheinlichkeitsüberlegung ist der Einzelzwangsvollstreckung fremd.

Soweit die **angedrohte Kontokündigung** als Hauptgrund des § 765a ZPO angeführt wird, ist der Antrag oftmals unbegründet, da dies keine besondere Härte ist. Hier sei der Hinweis erlaubt, dass einzelne Länder in ihren Sparkassengesetzen bzw. -verordnungen einen Kontrahierungszwang erklärt haben, so dass in diesen Fällen nicht mit einer Kündigung zu rechnen ist und damit diese Begründung in jedem Fall für die Anwendbarkeit des § 765a ZPO nicht ausreicht. Es müssen dann weitere, gravierende Gründe vorgetragen werden.

Ein besonderes Augenmerk ist auf die „**Oder-Konten**" zu legen. Soweit Beträge auf diesem Konto eines „Nichtschuldners" eingehen, kann dies nicht zur Anwendbarkeit des § 765a ZPO führen (vgl. zur Problematik *Meyer* Rpfleger 2007, 513 (516)). Die eingehenden Beträge wandeln sich mit der Gutschrift auf dem Oder-Konto in einen Auszahlungsanspruch gegenüber der Bank um und sind damit für jeden Gläubiger jedes Inhabers pfändbar. Anders sieht es dabei bei einem „**Und-Konto**" aus. Eine Pfändung gegen nur einen Kontoinhaber kann dann mit der Vollstreckungserinnerung gemäß § 766 ZPO angegriffen werden, (→ Form. P. IV. 2). § 765a ZPO ist dann nicht anwendbar.

7. Die **Räumungsvollstreckung** ist eine den Schuldner stark beeinträchtigende Vollstreckungsform. Der Gesetzgeber hat diesem Umstand in § 721 ZPO Rechnung getragen und den Gerichten die Möglichkeit eingeräumt, dem Schuldner eine angemessene Räumungsfrist zu gewähren. Diese Vorschrift ist vor § 765a ZPO anzuwenden. Nur wenn der Anwendungsbereich des § 721 ZPO nicht ausreicht, den erforderlichen Schuldnerschutz zu gewähren, ist § 765a ZPO anzuwenden. Dem Gericht ist zur Abwägung beider Interessen alles darzulegen. Es sollte ein besonderes Augenmerk auf die schutzwürdigen Interessen des Gläubigers gelegt werden. Diese sollten zum einen dargestellt und sodann begründet werden, warum diese hinter den schutzwürdigen Interessen des Schuldners zurückstehen. Unterlagen, die den Schutzantrag stützen, sollten sorgfältig geprüft werden. Besteht die Suizidgefahr, eine gesundheitliche Verschlechterung des Schuldners oder naher Angehöriger, so sind ärztliche Atteste vorzulegen. Allerdings ist auch da Sorgfalt anzuwenden, da ein Attest eines Mediziners mit Schwerpunkt „Sportmedizin" wenig geeignet ist, die psychische Belastung einer Räumung glaubhaft zu machen. Sind bereits Maßnahmen ergriffen worden, die Räumung für den Schuldner zu vermeiden, wie zB der Versuch, neuen Wohnraum zu beschaffen, so ist dies ausführlich darzulegen und zu dokumentieren.

Ein Antrag nach § 765a ZPO hat keine aufschiebende Wirkung und so kann die Zwangsvollstreckungsmaßnahme fortgeführt werden. Unter den Voraussetzungen des § 765a Abs. 1 S. 2 iVm § 732 Abs. 2 ZPO kann aufgrund des Schuldnerschutzantrages **einstweiliger Rechtsschutz** gewährt werden. Dieser Antrag sollte grundsätzlich gestellt werden, um sofort die einschneidende Maßnahme der Zwangsvollstreckung zu verhindern. Es wird im Weiteren auf → Anm. 4 verwiesen.

8. Kosten und Gebühren. Gemäß Nr. 2111 KV GKG entsteht für die Durchführung des Verfahrens gemäß § 765a ZPO eine gerichtliche Festgebühr in Höhe von derzeit 20,00 EUR sowie anfallenden Auslagen gemäß Nr. 9000 ff. KV GKG. Der Anwalt erhält gemäß § 18 Nr. 8 RVG eine 0,3 Verfahrensgebühr nach Nr. 3309 VV RVG sowie ggf. eine Terminsgebühr gemäß Nr. 3310 VV RVG. Die Auslagen sowie die Auslagenpauschale nach Nr. 7002 VV RVG sowie die Umsatzsteuer gemäß Nr. 7008 VV RVG fallen ebenfalls an. Der Gegenstandswert des Verfahrens gemäß § 765a ZPO richtet sich nach dem Gegenstandswert der Zwangsvollstreckungsmaßnahme. Es wird auf → Form. A. II. 11 verwiesen.

9. Rechtsmittel. Die Entscheidung über den Schutzantrag des § 765a ZPO erfolgt in Beschlussform. Gegen diesen Beschluss des Rechtspflegers kann innerhalb von 2 Wochen die sofortige Beschwerde gem. § 793 ZPO eingelegt werden (MüKoZPO/*Heßler* § 793 Rn 94; Thomas/Putzo/*Seiler* § 765a Rn. 23), → Form. P. II. 6 und → Form. P. III. 6 Gegen den Beschluss der sofortigen Beschwerde ist die Rechtsbeschwerde unter den Voraussetzungen der § 574 ff. ZPO möglich.

9. Erwiderung des Gläubigers auf den Vollstreckungsschutzantrag (§ 765a ZPO)

An das

Amtsgericht

. . . . .

– Vollstreckungsgericht –[1, 2]

Sehr geehrte(r) . . . . .,

in der Zwangsvollstreckungssache

. . . . .

– Gläubiger/in –

gegen

. . . . .

– Schuldner/in –

zeige ich an, dass ich den/die Gläubiger/in anwaltlich vertrete. Eine auf mich lautende Vollmacht füge ich in Kopie bei/habe ich bereits mit Schreiben vom . . . . . eingereicht. Es wird auf den Schuldnerschutzantrag vom . . . . . wie folgt Stellung genommen:

Namens und in Vollmacht meines/meiner Mandanten/Mandantin beantrage ich,

1. Den Antrag auf einstweilige Einstellung/Aufhebung der Zwangsvollstreckung zurückzuweisen.[3]
2. Die Kosten des Verfahrens dem/der Schuldner/in aufzuerlegen.[4]

Begründung:

Mit Antrag vom . . . . . hat der/die Gläubigerin beim Amtsgericht . . . . . einen Pfändungs- und Überweisungsbeschluss zur Pfändung des Bankkontos des/der Schuldners/Schuldnerin beantragt. Mit Beschluss vom . . . . . hat das Amtsgericht diesem Antrag entsprochen und der Pfändungs- und Überweisungsbeschluss ist dem/der Drittschuldnerin am . . . . . sowie dem/der Schuldnerin am . . . . . zugestellt worden.

Beweis: Vorlage des zugestellten Pfändungs- und Überweisungsbeschluss.

Aufgrund dieses Pfändungs- und Überweisungsbeschluss wurde eine Drittschuldnererklärung abgegeben, wonach keine vorrangigen Rechte an den gepfändeten Ansprüchen bestehen und mit Zahlungen zu rechnen ist.

Beweis: Vorlage der Drittschuldnererklärung

Der Schuldnerschutzantrag gemäß § 765a ZPO ist aus Sicht des Unterzeichners unbegründet. Es wurde in den letzten Monaten versucht, mit dem/der Schuldner/in eine Vereinbarung dahingehend zu treffen, dass die aufgelaufenen Verbindlichkeiten durch eine Ratenzahlungsvereinbarung zurückgeführt werden sollen.

Beweis: Vorlage verschiedener Angebote

Der/Die Schuldner/in hat von keinem dieser Angebote Gebrauch gemacht. Vielmehr ist aufgrund verschiedener Umstände der Eindruck entstanden, dass Vermögenswerte dem Zugriff der Gläubiger entzogen werden sollen. ZB wurden Lieferantenforderungen an die Tante des/der Schuldners/Schuldnerin abgetreten. Bei der Tante handelt es sich um eine 94-jährige gebrechliche Frau, bei der begründete Zweifel bestehen, dass eine Gegenleistung erbracht wurde.

Bei der Einstellung der Pfändung wird dem/der Schuldner/in die Möglichkeit eingeräumt, die eingehenden Gelder an die Seite zu bringen und damit dem Zugriff der Gläubiger zu entziehen. Es bestehen erhebliche Zweifel, ob der/die Schuldner/in bei Freigabe des Kontos bzw. Aufhebung der Pfändung die frei werdenden Mittel einsetzen wird, um die Verbindlichkeiten des/der Gläubigers/in zu begleichen. Zahlungen sind bis heute nicht angeboten worden.

Bei der Aufhebung der Pfändung erleidet der/die Gläubiger/in einen Rangverlust, der nicht wieder hergestellt werden kann. Alleine die Androhung der Kündigung der Bankverbindung reicht für die Aufhebung der Zwangsvollstreckungsmaßnahme nicht aus. Auch nicht in diesem besonderen Fall, weil .....

Weiterhin steht zu befürchten, dass durch die Aufhebung der Pfändung und der damit verbundene Rangverlust sowie dem entfallenden Zahlungsanspruch gegenüber dem/der Drittschuldner/in, dass der/die Gläubiger/in selbst in Zahlungsschwierigkeiten gerät. Der/Die Gläubiger/in ist dringend auf die Durchsetzung dieses Zahlungsanspruchs angewiesen, um eine eigene Insolvenz zu vermeiden.[5]

(Alternative:

Mit Antrag vom ..... hat der/die Gläubigerin beim Amtsgericht ..... nach einem langen Rechtsstreit wegen erheblicher Zahlungsrückstände des Mietzinses sowie der Nebenkosten einen Titel erstritten. Mit diesem Titel wurde der/die Schuldner/in aufgefordert, das Mietobjekt binnen zwei Monate zu räumen.

Beweis: Vorlage des Schreibens vom .....

Der/Die Schuldner/in hat keine Anstrengungen unternommen, die Wohnung zu räumen. Vielmehr wurden die Nachbarn durch erhebliche Lärmverursachung belästigt.

Beweis: Vorlage des Schreibens vom .....

Dieses Verhalten und die fehlende freiwillige Räumung veranlasste den/die Gläubiger/in, die zwangsweise Räumung zu beantragen. Ein Antrag gemäß § 721 ZPO, dem/der Schuldner/in eine angemessene Räumungsfrist zu gewähren, wurde gestellt und auch bewilligt. Diese Frist ließ der/die Schuldner/in ungenutzt.

Soweit behauptet wird, dass der/die Schuldner/in gebrechlich und nicht in der Lage sei, eine neue Wohnung zu suchen, ist dies bislang nicht vorgetragen worden. Diesbezüglich wird angeregt, die Schwere der Erkrankung durch einen Amtsarzt prüfen zu lassen, um sicher zu gehen, dass dies zutrifft.

Die angebotenen Zahlungen werden bezweifelt, da bislang keine Zahlungen eingegangen sind und daraus zu schließen ist, dass mit an Sicherheit grenzender Wahrscheinlichkeit auch in der Zukunft keine Zahlungen erfolgen werden. Es war ausreichend Zeit, eine Ersatzwohnung zu beschaffen. Die unternommenen Anstrengungen reichen für eine ernst zu nehmende Suche nicht aus.

Hinzu kommt, dass die zu befürchtende Obdachlosigkeit bei frühzeitiger und umfassender Suche einer Ersatzwohnung nicht zu befürchten stünde. Die Gefahr der Obdachlosigkeit in Folge einer berechtigten Räumung kann nicht zu Lasten des/der Gläubigers/in gehen.)

Insgesamt ist der Schuldnerschutzantrag gemäß § 765a ZPO unbegründet und zurückzuweisen.[6]

. . . . .

Rechtsanwalt[7]

Anmerkungen

1. Für die Voraussetzungen des Schuldnerschutzantrages nach § 765a ZPO wird auf → Form. F. II. 8 verwiesen. Soweit der Schuldner alle Voraussetzungen für die Anwendbarkeit des § 765a ZPO dargelegt hat, muss das Gericht eine **umfassende Interessenabwägung** zwischen den beeinträchtigten Interessen des Schuldners – der häufigste Fall ist da das Grundrecht auf körperliche Unversehrtheit und Leben des Art. 2 GG, und den Interessen des Gläubigers vornehmen. Diese sind durch Art. 14 und Art. 19 Abs. 4 GG geschützt. Um dem Gericht die Würdigung der Interessen des Gläubigers zu ermöglichen, sind diese umfassend darzustellen. Soweit ein Gläubiger zum Schuldnerschutzantrag keine Stellungnahme abgibt oder mangels Zeit keine geben kann, kann das Gericht nur auf die allgemeinen Umstände eingehen. Liegt jedoch ein besonders gelagerter Fall vor, kann das nicht berücksichtigt werden. Es sollte daher immer eine Stellungnahme zum Vollstreckungsschutzantrag abgegeben werden. Im Einzelfall wird sogar empfohlen, vorsorglich eine Schutzschrift an das Vollstreckungsgericht zu der konkreten Zwangsvollstreckungsmaßnahme zu übersenden, wenn zu befürchten ist, dass ein Vollstreckungsschutzantrag kurzfristig gestellt wird und das rechtliche Gehör des Gläubigers mangels Zeit nicht gewährt werden kann → Form. F. II. 10. Mit den vorliegenden Formulierungen sind Beispiele gewählt worden, die Interessen des Gläubigers dem Gericht umfassend darzustellen. Von Bedeutung ist auch die Grundlage des Vollstreckungstitels. Diese kann bei der Interessenabwägung herangezogen werden. Beruht der Vollstreckungstitel auf einem Schadenersatzanspruch in Folge einer Körperverletzung oder liegt ein Unterhaltsanspruch zugrunde, muss der Schuldner besonders schwerwiegende Gründe vortragen, um den Schuldnerschutz des § 765a ZPO zu erhalten. Ebenso kann von Bedeutung sein, wie viel Zeit verstrichen ist, um den zu vollstreckenden Anspruch zu titulieren.

2. Wegen der **Zuständigkeit** wird auf → Form. F. II. 8 Anm. 2 verwiesen.

3. Der **Antrag** ist grundsätzlich auf Zurückweisung des Schuldnerschutzantrages gestellt. Es kann jedoch auch ein Antrag auf einstweilige Einstellung der Zwangsvollstreckungsmaßnahme zugunsten des Schuldners gestellt werden. Dies ist immer dann sinnvoll, wenn zu befürchten ist, dass die vorgetragenen Gründe des Schuldners zu einer Aufhebung der Zwangsvollstreckungsmaßnahme führen.

4. Hinsichtlich der **Kostentragungspflicht** wird auf → Form. F. II. 8 Anm. 5 verwiesen.

5. Begehrt der Schuldner Vollstreckungsschutz aufgrund eines Pfändungs- und Überweisungsbeschluss, sind verschiedene gravierende Interessen des Gläubigers betroffen. Durch die Pfändung ist ein Rang besetzt worden, der gegenüber anderen Gläubigern eine bevorzugte Befriedigung ermöglicht. Gerade bei einer erfolgreichen Pfändung mit der ersten Rangstelle sollte diese nicht ohne Widerspruch aufgegeben werden. Dieser Rangverlust lässt sich auch nicht im Beschwerdeverfahren gegen die Entscheidung über den Schuldnerschutzantrag wieder herstellen. Weiterhin vollstreckt der redliche Gläubiger nicht, um den Schuldner zu ärgern, sondern um seine Ansprüche durchzusetzen. Hier kann der Gläubiger auch vorbringen, dass bei Aufhebung der erfolgversprechenden Pfändung zu befürchten ist, selbst in Zahlungsschwierigkeiten zu geraten. Dies ist ein gravierendes Argument gegen die Interessen des Schuldners. Ein besonderes Augenmerk sollte auf das Verhalten des Schuldners vor der Zwangsvollstreckungsmaßnahme gelegt werden. Kann belegt werden, dass er jegliche Zahlungsvereinbarung abgelehnt oder nicht erfüllt hat, sollte dies immer vorgetragen werden. Dies legt dem Gericht dar, dass der Schuldner an der Tilgung seiner Schuld nicht mitwirkt und kann zur Versagung des Schuldnerschutzantrages führen.

6. Bei dem **Schuldnerschutzantrag gegen die Räumung von Wohnraum** ist sehr häufig ein langer Rechtsstreit vorangegangen. Der Wohnraummieter genießt durch das Gesetz einen sehr hohen Schutz. Ist trotz Beachtung aller mietrechtlichen Schutzvorschriften ein Räumungstitel rechtskräftig geworden, soll der Gläubiger auch zu seinem Recht kommen. Gegen einen Schuldnerschutzantrag wegen Räumung eines Wohnraums kann zum einen vorgetragen werden, dass der Gläubiger selbst auf den Wohnraum angewiesen ist und zu befürchten steht, dass er obdachlos wird. Zum anderen kann vorgetragen werden, dass der Gläubiger auf die Zahlung des Mietzinses finanziell angewiesen ist, um nicht selbst in Vermögensverfall zu geraten. Bei diesem Vorbringen sollte auch das Zahlungsverhalten der Vergangenheit detailliert dargelegt und belegt werden. Das kann ein wesentlicher Umstand sein, der zur Versagung des Vollstreckungsschutzes führt.

7. Kosten und Gebühren/Rechtsmittel. → Form. F. II. 8 Anm. 8, 9.

10. Vorsorgliche Schutzschrift des Gläubigers zu § 765a ZPO

An das

Amtsgericht

. . . . .

– Vollstreckungsgericht –[1, 2]

Sehr geehrte(r) . . . . .,

in der Zwangsvollstreckungssache

. . . . .

– Gläubiger/in –

gegen

. . . . .

– Schuldner/in –

zeige ich an, dass ich den/die Gläubiger/in anwaltlich vertrete. Eine auf mich lautende Vollmacht füge ich in Kopie bei/habe ich bereits mit Schreiben vom ..... eingereicht.

Namens und in Vollmacht meines/meiner Mandanten/Mandantin beantrage ich vorsorglich,

1. Den noch eingehenden Antrag auf einstweilige Einstellung/Aufhebung der Zwangsvollstreckung des Schuldners zurückzuweisen.[3]
2. Die Kosten des Verfahrens dem/der Schuldner/in aufzuerlegen.[4] verwiesen

Begründung:

Der Gläubiger hat Grund zu der Annahme, dass der Schuldner kurz vor der Durchführung der Räumung einen Vollstreckungsschutzantrag bei Gericht unter Ausnutzung des zeitlichen Drucks der Eilbedürftigkeit einreicht. Deshalb nimmt der Gläubiger bereits heute vorsorglich Stellung unter Ausnutzung seines rechtlichen Gehörs zu einem eventuellen Vollstreckungsschutzantrages:

Mit Antrag vom ..... hat der/die Gläubigerin beim Amtsgericht ..... nach einem langen Rechtsstreit wegen erheblicher Zahlungsrückstände des Mietzinses sowie der Nebenkosten einen Titel erstritten.[5] Mit diesem Titel wurde der/die Schuldner/in aufgefordert, das Mietobjekt binnen zwei Monate zu räumen.

Beweis: Vorlage des Schreibens vom .....

Der/Die Schuldner/in hat keine Anstrengungen unternommen, die Wohnung zu räumen. Vielmehr wurden die Nachbarn durch erhebliche Lärmverursachung belästigt/der Schuldner auf die Aufforderung nicht reagiert.

Beweis: Vorlage des Schreibens vom .....

Dieses Verhalten und die fehlende freiwillige Räumung veranlasste den/die Gläubiger/in, die zwangsweise Räumung zu beantragen. Ein Antrag gemäß § 721 ZPO, dem/der Schuldner/in eine angemessene Räumungsfrist zu gewähren, wurde gestellt und auch bewilligt. Diese Frist ließ der/die Schuldner/in ungenutzt verstreichen.

Soweit behauptet wird, dass die Interessen des Gläubigers denen des Schuldners vorgehen, ist dies vorliegend nicht der Fall. Der Schuldner zahlt weder eine Nutzungsentschädigung noch die Nebenkostenvorauszahlungen. Er stellt keine Bemühungen an, eine für ihn angemessene Wohnung zu finden.

Soweit behauptet wird, dass der/die Schuldner/in gebrechlich und nicht in der Lage sei, eine neue Wohnung zu suchen, ist dies nicht glaubhaft. Der Schuldner ist ..... Jahre alt, geht regelmäßig in das Sportstudio ..../Die angebliche Gebrechlichkeit steht bei der Interessenabwägung von Gläubiger- und Schuldnerrechten zurück. Der Schuldner zahlt auf die Forderung nicht, noch unternimmt er Maßnahmen, die seinen Zustand verbessern.

Beweis: Zeugenaussage

Diesbezüglich wird angeregt, die Schwere der Erkrankung zum einen durch Inaugenscheinnahme des Schuldners und durch einen Amtsarzt prüfen zu lassen, um sicher zu gehen, dass die Gebrechlichkeit überhaupt zutrifft.

Soweit der Schuldner vorträgt, er habe sich immer ordnungsgemäß verhalten und ist seinen Zahlungsverpflichtungen nachgekommen, trifft dies nicht zu. Nach der Titulierung der fälligen Mietforderung hat der Schuldner weder die Forderung aus dem Titel

gezahlt noch eine Nutzungsentschädigung für die Zeit nach Kündigung der Wohnung geleistet.

Beweis: Eidesstattliche Versicherung des Gläubigers, Bankbestätigung.

Der Vortrag, dass die zu befürchtende Obdachlosigkeit ein so schwerer Eingriff in die Rechte des Schuldners darstellt, trifft nicht zu. Das Risiko, nach einer Räumung trotz aller Schuldnerschutzvorschriften aufgrund von Zahlungsrückständen obdachlos zu werden, ist das allgemeine Risiko und ist nicht Gegenstand des Vollstreckungsschutzes des § 765a ZPO. Die Untätigkeit des Schuldners, sich angemessenen Wohnraum zu suchen, darf nicht zu Lasten des/der Gläubigers/in gehen.

Insgesamt wird der Schuldnerschutzantrag gemäß § 765a ZPO unbegründet und zurückzuweisen sein.[6]

. . . . .

Rechtsanwalt

Anmerkungen

1. Für die Voraussetzungen einer vorsorglichen Schutzschrift § 765a ZPO wird auf → Form. F. II. 8 verwiesen.

2. Wegen der **Zuständigkeit** wird auf → Form. F. II. 8 Anm. 2 verwiesen.

3. Der **Antrag** ist grundsätzlich auf Zurückweisung des Schuldnerschutzantrages gestellt. Es kann jedoch auch ein Antrag auf einstweilige Einstellung der Zwangsvollstreckungsmaßnahme zugunsten des Schuldners gestellt werden. Dies ist immer dann sinnvoll, wenn zu befürchten ist, dass die vorgetragenen Gründe des Schuldners zu einer Aufhebung der Zwangsvollstreckungsmaßnahme führen.

4. Hinsichtlich der **Kostentragungspflicht** wird auf → Form. F. II. 8 Anm. 5 verwiesen.

5. Bei dem **Schuldnerschutzantrag gegen die Räumung von Wohnraum** ist sehr häufig ein langer Rechtsstreit vorangegangen. Der Wohnraummieter genießt durch das Gesetz einen sehr hohen Schutz. Ist trotz Beachtung aller mietrechtlichen Schutzvorschriften ein Räumungstitel rechtskräftig geworden, soll der Gläubiger auch zu seinem Recht kommen. Bei einem unredlichen Schuldner ist damit zu rechnen, dass er unter Ausnutzung der Schuldnerschutzvorschriften einen Vollstreckungsschutzantrag innerhalb der Frist des § 765a Abs. 2 ZPO stellt. In den Fällen ist geraten, einen Schutzschrift schon vor dem Bekanntwerden des Vollstreckungsschutzantrages zu verfassen und auf alle im Einzelfall in Betracht kommenden Antragsgründe einzugehen. Gegen einen Schuldnerschutzantrag wegen Räumung eines Wohnraums kann zum einen vorgetragen werden, dass der Gläubiger selbst auf den Wohnraum angewiesen ist und zu befürchten steht, dass er obdachlos wird. Zum anderen kann vorgetragen werden, dass der Gläubiger auf die Zahlung des Mietzinses finanziell angewiesen ist, um nicht selbst in Vermögensverfall zu geraten. Bei diesem Vorbringen sollte auch das Zahlungsverhalten der Vergangenheit detailliert dargelegt und belegt werden. Das kann ein wesentlicher Umstand sein, der zur Versagung des Vollstreckungsschutzes führt. Das Verhalten während des Erkenntnisverfahrens und der bereits eingeräumten Räumungsfrist ist ausführlich zu würdigen. Auch sonstiges Verhalten außerhalb des Rechtsverhältnisses, wie zB das Verhältnis zu den Nachbarn, etc. kann herangezogen werden.

6. Kosten und Gebühren/Rechtsmittel. → Form. F. II. 8 Anm. 8, 9.

11. Vollstreckungsvertrag

Zahlungsvereinbarung –[1]

In der Zwangsvollstreckungssache

. . . . .

– Gläubiger –

vertreten durch Rechtsanwalt . . . . .,

und

. . . . .

– Schuldner –

vertreten durch Rechtsanwalt . . . . .,

sowie

. . . . .

– Schuldner 2 –[2]

vertreten durch Rechtsanwalt . . . . .,

gemeinsam auch Schuldner genannt

schließen die Parteien folgende Zahlungsvereinbarung:

1. Vorbemerkung[3]
   Gegen den/die Schuldner ist vor dem . . . . .-gericht ein vollstreckbares Zahlungsurteil ergangen. Zur Vermeidung der Zwangsvollstreckung in das gesamte Vermögen des/der Schuldner/s wollen die Parteien durch regelmäßige Zahlungen die Forderung erledigen. Der/Die Schuldner hat/haben ausreichend dargelegt, dass er/sie zu regelmäßigen Zahlungen in der Lage ist/sind. Er/Sie hat/haben versichert, dass er/sie den folgenden Zahlungsverpflichtungen nachkommt/nachkommen kann und keinen Vollstreckungsschutz benötigt/benötigen.
2. Forderungsumfang[4]
   Der/die Schuldner erkennen an, dem Gläubiger aus dem Urteil einen Betrag in Höhe von . . . . . EUR zzgl. Zinsen in Höhe von 5 % über dem Basiszins seit dem . . . . . und die Kosten dieser Vereinbarung zu schulden. Mehrere Schuldner erkennen als Gesamtschuldner diese Forderung an. Anliegende Forderungsaufstellung ist Inhalt dieser Vereinbarung.
3. Zahlungsverpflichtung, –verrechnung und Bankverbindung[5]
   Der/Die Schuldner verpflichten sich die in Ziffer 2 genannte Forderung wie folgt zu zahlen:
   - Erstmalig zum . . . . . EUR,
   - am . . . . . weitere . . . . . EUR,
   - dann weitere monatliche Raten ab dem . . . . . in Höhe von . . . . . EUR.
   - Schlussrate am . . . . . in Höhe von . . . . . EUR.

   Die Zahlungen sind unter Angabe des Az. . . . . . auf das Konto des Rechtsanwalts . . . . . bei der . . . . ., IBAN . . . . ., zu zahlen. Eine Geldempfangsvollmacht ist nachgewiesen.

Die eingehenden Beträge werden wie folgt verrechnet: Sie werden zunächst auf die Kosten, dann auf die Zinsen und dann auf die Hauptforderung verrechnet.

(Alternative:
Die eingehenden Beträge werden wie folgt verrechnet: Sie werden zunächst auf die Kosten, dann auf die Hauptforderung und dann auf die Zinsen verrechnet.)

4. Pflichten des Schuldners[6]
Der/Die Schuldner wird/werden der hier festgeschriebenen Zahlungsmodalität nachkommen. Er/Sie verpflichtet/verpflichten sich, Einwendungen, die den Grund oder die Höhe der Forderung betreffen, nicht zu erheben. Er/Sie verzichten weiterhin auf die Vollstreckungsgegenklage, die Restitutionsklage und die Nichtigkeitsklage. Der Schuldner wird den Gläubiger unverzüglich schriftlich über die Zwangsvollstreckungsmaßnahmen Dritter informieren.
5. Pflichten des Gläubigers[7]
Der Gläubiger verpflichtet sich, bei Einhaltung dieser Zahlungsvereinbarung alle bislang ausgebrachten Zwangsvollstreckungsmaßnahmen ruhend zu stellen und keine weiteren auszubringen.
6. Sicherheiten[8]
Der/Die Schuldner verpflichten sich, zur Sicherung dieser Zahlungsvereinbarung sowie der gesamten Forderung aus dem Urteil das pfändbare Arbeitseinkommen in Höhe der Forderung gemäß Ziffer 2 abzutreten. Die Abtretungsvereinbarung wird gesondert vereinbart. Änderungen des Arbeitsgebers oder Pfändungen Dritter muss der/die Schuldner unverzüglich anzeigen. Diese Abtretung wird erst offen gelegt, wenn der/die Schuldner mit seinen hier vereinbarten Zahlungen länger als 14 Tage in Verzug gerät/geraten. Der Schuldner wird Änderungen sein Arbeitsentgelt betreffend unverzüglich dem Gläubiger in Textform mitteilen.
7. Folgen von Zwangsvollstreckungsmaßnahmen Dritter[9]
Werden Zwangsvollstreckungsmaßnahmen Dritter in das Arbeitseinkommen ausgebracht, ist der Gläubiger berechtigt, die Abtretung gemäß Ziffer 6 unverzüglich offen zu legen. Werden Zwangsvollstreckungsmaßnahmen Dritter ausgebracht, die die Erfüllung dieser Zahlungsvereinbarung betreffen, kann der Gläubiger diese fristlos kündigen. Die ruhenden Zwangsvollstreckungsmaßnahmen leben dann wieder auf und der Gläubiger darf weitere ausbringen.
8. Folgen eines Antrages auf Insolvenzeröffnung[10]
Wird über das Vermögen des/der Schuldner/s ein Antrag auf Eröffnung des Insolvenzverfahrens gestellt, kann der Gläubiger diese Zahlungsvereinbarung fristlos kündigen und die Abtretung des Arbeitseinkommens unverzüglich offen legen.
9. Schlussbemerkung[11]
Sämtliche Änderungen und Ergänzungen dieser Vereinbarung bedürfen zu ihrer Rechtswirksamkeit der Schriftform. Dies gilt auch für Änderung dieser Schriftformklausel.
10. Salvatorische Klausel
Sollte eine der Bestimmungen dieses Vertrages ganz oder teilweise rechtsunwirksam sein oder werden, so wird hierdurch die Gültigkeit der übrigeben Bestimmungen nicht berührt. Vielmehr sind in einem derartigen Fall der Vertrag seinem Sinn gemäß durchzuführen.

Ort, Datum Rechtsanwalt Schuldner[12]

Ort, Datum Rechtsanwalt Gläubiger

Anmerkungen

1. Gläubiger und Schuldner können zur Vermeidung von Zwangsvollstreckungsmaßnahmen sog. Vollstreckungsverträge zur Erfüllung einer Forderung schließen. Vollstreckungsverträge sind Vereinbarungen, die die Voraussetzungen, die Zulässigkeit und die Durchführung der Zwangsvollstreckung betreffen. Grundsätzlich ist ein Titel dafür nicht erforderlich; liegt jedoch einer vor, so kann der Vollstreckungsvertrag Auswirkungen auf eventuelle Vollstreckungsmaßnahmen des Gläubigers haben. Dabei ist umstritten, ob das Vollstreckungsorgan an die Vollstreckungsvereinbarung gebunden ist oder nicht. Der Gerichtsvollzieher ist nicht Vertreter des Gläubigers und sein Handeln ist dem Gläubiger nicht zuzurechnen. Das vorliegende Muster einer Vollstreckungsvereinbarung ist nicht zu verwechseln mit einer Ratenzahlungsvereinbarung des Gerichtsvollziehers gemäß § 802b ZPO. Diese Ratenzahlungsvereinbarung wird zwischen Gerichtsvollzieher und Schuldner geschlossen und obliegt den Besonderheiten des § 802b ZPO. Die hier kommentierte Zahlungsvereinbarung hat zum Ziele, dass dem Schuldner durch Zwangsvollstreckungsmaßnahmen, die zB in der Schufa gemeldet werden, ein wirtschaftlicher Schaden erwächst. Der Gläubiger kann mit einer solchen Zahlungsvereinbarung erhebliche Kosten der Zwangsvollstreckungsmaßnahmen sparen und kommt im Zweifel schneller zum Erfolg. Es kann auch eine Vereinbarung dahin gehend geschlossen werden, dass die Zwangsvollstreckung für einen bestimmten Zeitraum ausgeschlossen wird oder bestimmte Maßnahmen, wie zB die Vermögensauskunft, ausgeschlossen werden. Vereinbarungen über die Forderung an sich, wie Stundung oder Erlass werden nicht von den Vollstreckungsverträgen erfasst.

Die Zahlungsvereinbarung ist ihrer Rechtsnatur nach eine privatschriftliche Vereinbarung, die das Vollstreckungsrecht nicht kennt. Vollstreckungserweiternde Vereinbarungen sind unzulässig. Dh, der Schuldner kann nicht auf seinen gesetzlichen Vollstreckungsschutz verzichten. Dies vor dem Hintergrund, dass kein Schuldner der Allgemeinheit zur Last fallen soll, da er einem einzelnen Gläubiger gegenüber auf den Vollstreckungsschutz verzichtet hat. Vollstreckungsbeschränkende, wie die vorliegende, sind grundsätzlich zulässig (siehe BGH NJW 1991, 2295). Beachtet der Gläubiger zB die Zahlungsvereinbarung nicht, so stellt sich die Frage, was der Schuldner für Rechtsmittel ergreifen kann. Grundsätzlich ist kein Rechtsbehelf der ZPO passend. Die Rechtsprechung wendet entweder die Erinnerung gemäß§ 766 ZPO oder die Vollstreckungsgegenklage gemäß § 767 ZPO analog an. Zu den beiden Rechtsbehelfen grundsätzlich siehe → Form. P. II. 1 ff. bzw. → Form. P. III. 1 ff oder → Form. P. VIII. 9 Dabei vertreten der BGH und einzelne Instanzengerichte die Auffassung, dass § 767 ZPO analog anzuwenden sei, aber ohne die Beschränkung nach Abs. 2 (BGH NJW-RR 2002, 282; BGH NJW 1991, 2295; BGH NJW 1978, 700). Eine andere Meinung stellt darauf ab, ob es sich um einen vollstreckungsrechtlichen oder aber um einen materiell rechtlichen Vertrag handelt (OLG Frankfurt a. M. OLGZ 1112, Schuschke/Walker/*Walker* ZPO § 766 Rn. 9; Stein/Jonas/*Münzberg* § 766 Rn. 23; MüKoZPO/*K. Schmidt/Brinkmann* § 766 Rn. 34).

Eine Zwangsvollstreckungsmaßnahme des Gläubigers, die gegen einen Vollstreckungsvertrag verstößt, wird nicht unzulässig. Die Vollstreckungsverträge binden nicht die Vollstreckungsorgane. In einem solchen Fall können Ansprüche aus § 826 BGB begründet sein.

2. Wer Schuldnerpartei ist, hängt vom Einzelfall ab. Es können alle Schuldner aufgenommen werden, die im Titel genannt sind oder auch nur einzelne. Es ist insoweit auch auf die Haftungsverhältnisse der Schuldner, soweit gegen mehrere tituliert wurde, zu achten. Es kann auch daran gedacht werden, einen Schuldner aufzunehmen, der mit dem titulierten Anspruch nicht direkt in Verbindung steht, aber ein Interesse an der

Abwendung der Zwangsvollstreckung hat. Dies sollte dann in den Vorbemerkungen der Vereinbarung aufgenommen werden.

3. Grundsätzlich ist eine Vorbemerkung für eine wirksame Zahlungsvereinbarung nicht erforderlich. Soweit es aber zu einem späteren Zeitpunkt Fragen zur Zahlungsvereinbarung gibt, kann eine Vorbemerkung, die den Hintergrund der Zahlungsvereinbarung betrifft, für die Verständlichkeit und Auslegung herangezogen werden.

4. In der Zahlungsvereinbarung sollte immer der genaue Grund (Titel, etc) und die Höhe der Forderung aufgenommen werden. Nur so kann vermieden werden, dass im Nachhinein über die Höhe der Forderung gestritten wird. Insbesondere die Kosten der Beratung und des Abschluss des Vollstreckungsvertrages sollte aufgenommen werden, da ansonsten der Gläubiger diese Kosten selbst tragen muss. Hier kann auch daran gedacht werden, dass die jeweiligen Anwaltskosten gegeneinander aufgehoben werden. An dieser Stelle ist der Einzelfall entscheidend.

5. Kernpunkt der Vereinbarung ist die Höhe und der Zeitpunkt der monatlichen Zahlungen. Die Zahlungsintervalle können gleichbleibend, aber auch unregelmäßig sein. Hier ist der Einzelfall zu betrachten. Die Verrechnung des Geldeingangs richtet sich grundsätzlich nach § 367 BGB, kann aber – wie § 497 BGB vorsieht- auch abweichen. Die Variante 2 bezieht sich auf die Verrechnungsart des § 497 BGB, der immer dann zur Anwendung kommt, wenn dem Titel ein Verbraucherdarlehensvertrag zugrunde liegt. Zur Vollständigkeit wird empfohlen, die Bankverbindung in die Vereinbarung aufzunehmen, um so Zahlungsverzögerungen zu verhindern. Soweit die Bankverbindung des Rechtsanwalts gewählt wird, ist auf die Geldempfangsvollmacht zu verweisen.

6. Es empfiehlt sich, die einzelnen Pflichten des Schuldners neben der Zahlungspflicht in einem eigenen Abschnitt aufzunehmen. Hier können alle den Einzelfall betreffenden Verpflichtungen des Schuldners aufgenommen werden. Neben der Zahlungspflicht aus dem vorherigen Absatz sollte aufgenommen werden, dass der Schuldner nicht zum Nachteil des Gläubigers über sein Vermögen verfügt (zB Schenkungen vornimmt). Er sollte den Gläubiger immer unverzüglich über Zwangsvollstreckungsmaßnahmen Dritter informieren. Soweit es im Einzelfall darauf ankommt, sollte eventuell die Verpflichtung aufgenommen werden, dass der Schuldner regelmäßig über seine Vermögens- und Einkommenssituation aufklärt, zB durch Übersendung einer Selbstauskunft mit entsprechenden Unterlagen.

In welcher Form der Schuldner seiner Informationspflicht nachkommt, kann grundsätzlich frei gewählt werden. Es wird aber auf die gesetzlichen Regelungen verwiesen, in denen eine andere Formvorschrift, wie die Textform, gewählt wurde. Siehe zB §§ 556a Abs. 2, 556b Abs. 2, 557b Abs. 3, 558a Abs. 1, 559b, 560 Abs. 1 , 410, 438, 455 BGB; § 47 HGB; § 48 GmbHG; § 3a RVG.

Ob der Verzicht auf die Vollstreckungsgegenklage hier so vereinbart werden kann, ist umstritten. Auf Vollstreckungsschutz kann der Schuldner grundsätzlich nicht verzichten. Er soll aber nach Abschluss und Einhaltung der Zahlungsvereinbarung nicht gleichzeitig die Vollstreckungsgegenklage erheben. Dieser Verzicht soll nicht für den Fall gelten, dass sich der Gläubiger nicht an die Zahlungsvereinbarung hält.

7. Dem Gläubiger obliegen ebenfalls Pflichten aus der Zahlungsverpflichtung. Neben der grundsätzlichen Pflicht, das Geld entgegenzunehmen, ist Sinn der Zahlungsvereinbarung, zum einen, bestehende Zwangsvollstreckungsmaßnahmen ruhend zu stellen. Von einer Aufhebung der bereits ausgebrachten Zwangsvollstreckungsmaßnahmen wird abgeraten, da dann ein Rangverlust eintritt, der bei Scheitern der Zahlungsvereinbarung nicht mehr wiederherzustellen ist. Zum anderen hat der Gläubiger die Pflicht, keine weiteren Zwangsvollstreckungsmaßnahmen auszubringen. Dies ist Ziel der Vereinbarung. Als weitere Verpflichtung für den Gläubiger kann aufgenommen werden, dass er über diese Zahlungsvereinbarung Stillschweigen bewahrt.

8. Es wird empfohlen, neben der Zahlungsvereinbarung mit dem Schuldner eine Sicherheitenvereinbarung zu treffen. Der Gläubiger kommt dem Schuldner mit der Zahlungsvereinbarung entgegen und verzichtet auf Maßnahmen, die ihn gegenüber Drittgläubigern eventuell benachteiligen können, wie zB ein Pfändungsrang. Um diesen Nachteil auszugleichen, sollte versucht werden, eine Sicherheit für die titulierte Forderung zu erhalten, zB eine Abtretung des Arbeitsentgeltes, eine Sicherungsübereignung von Betriebsvermögen, Abtretung von Bankguthaben, Lebensversicherung, etc. Die Sicherheit kann vereinbart werden, um nur die Forderung für den Zeitraum der Zahlungsvereinbarung zu sicheren oder auch für die Forderung insgesamt, so dass bei Scheitern der Zahlungsvereinbarung auf die Sicherheit direkt zugegriffen werden kann. Hier muss auf eventuelle Anfechtungstatbestände im Rahmen des Insolvenzverfahrens hingewiesen werden, da die Hereinnahme einer Sicherheit zu diesem Zeitpunkt eventuell zu einer Gläubigerbenachteiligung führen könnte. Seit der Aufhebung des § 114 InsO verliert auch die Abtretung des Arbeitsentgelts mit Eröffnung des Insolvenzverfahrens über das Vermögen des Schuldners ihre Wirkungen.

9. Grundsätzlich ist die Zahlungsvereinbarung durch ihre Erfüllung beendet. Es sollte an die Möglichkeit gedacht werden, dass weitere Gläubiger die Zwangsvollstreckung betreiben und so eventuell in Rechtspositionen rücken, die den Gläubiger der Zahlungsvereinbarung benachteiligen können. Hier sollte der Gläubiger die Möglichkeit haben, die Zahlungsvereinbarung zu beenden, wenn er es für sachdienlich hält. Ein solch einseitiges Lösungsrecht ist rechtlich nicht immer unumstritten, sollte aber aufgenommen werden.

10. Wie bereits unter Punkt 9 für die Zwangsvollstreckung Dritter sollte der Gläubiger sich auch aus der Zahlungsvereinbarung lösen können, wenn ein Antrag auf Eröffnung des Insolvenzverfahrens gestellt wird.

11. Die Schlussbemerkung ist für einen Vertrag selbstverständlich und sollte dem Einzelfall angepasst werden.

12. Für einen vollständigen Vertrag gehört auch die Unterschriftenzeile für die beteiligten Parteien. Es sollte in der Unterschriftenzeile erkennbar sein, wer unterzeichnet hat.

12. Vollstreckungsvertrag (zeitliche Einschränkung)

Zahlungsvereinbarung –[1]

In der Zwangsvollstreckungssache

. . . . .

– Gläubiger –

vertreten durch Rechtsanwalt . . . . .,

und

. . . . .

– Schuldner –

vertreten durch Rechtsanwalt . . . . .,

sowie

.....

– Schuldner 2 –[2]

vertreten durch Rechtsanwalt .....,

gemeinsam auch Schuldner genannt

schließen die Parteien folgende Zahlungsvereinbarung:

1. Vorbemerkung[3]
   Gegen den/die Schuldner ist vor dem .....-gericht ein vollstreckbares Zahlungsurteil ergangen. Der/Die Schuldner hat/haben glaubhaft dargelegt, dass er/sie die Forderung binnen 6 Monaten begleichen kann/können. Er/Sie hat/haben versichert, dass er/sie den folgenden Zahlungsverpflichtungen nachkommt/nachkommen kann und keinen Vollstreckungsschutz benötigt/benötigen.
2. Forderungsumfang[4]
   Der/die Schuldner erkennen an, dem Gläubiger aus dem Urteil einen Betrag in Höhe von ..... EUR zzgl. Zinsen in Höhe von 5 % über dem Basiszins seitdem ..... und die Kosten dieser Vereinbarung zu schulden. Mehrere Schuldner erkennen als Gesamtschuldner diese Forderung an. Anliegende Forderungsaufstellung ist Inhalt dieser Vereinbarung.
3. Zahlungsverpflichtung, –verrechnung und Bankverbindung[5]
   Der/Die Schuldner verpflichten sich die in Ziffer 2 genannte Forderung wie folgt zu zahlen:
   Am ..... zahlt der Schuldner in zwei Raten von je ..... EUR die gesamte Forderung gemäß Ziffer 2.
   Die Zahlungen sind unter Angabe des Az. ..... auf das Konto des Rechtsanwalts ..... bei der ....., IBAN ....., zu zahlen. Eine Geldempfangsvollmacht ist nachgewiesen.
   Die eingehenden Beträge werden wie folgt verrechnet: Sie werden zunächst auf die Kosten, dann auf die Zinsen und dann auf die Hauptforderung verrechnet.

   (Alternative:
   Die eingehenden Beträge werden wie folgt verrechnet: Sie werden zunächst auf die Kosten, dann auf die Hauptforderung und dann auf die Zinsen verrechnet.)

4. Pflichten des Schuldners[6]
   Der/Die Schuldner wird/werden der hier festgeschriebenen Zahlungsmodalität nachkommen. Er/Sie verpflichtet/verpflichten sich, Einwendungen, die den Grund oder die Höhe der Forderung betreffen, nicht zu erheben. Er/Sie verzichten weiterhin auf die Vollstreckungsgegenklage, die Restitutionsklage und die Nichtigkeitsklage. Der Schuldner wird den Gläubiger unverzüglich schriftlich über die Zwangsvollstreckungsmaßnahmen Dritter informieren. Er verpflichtet sich weiterhin, in der Zeit der Vollstreckungsaussetzung keine Verfügungen über sein Vermögen vorzunehmen, die zu einer Gläubigerbenachteiligung führten könnte.
5. Pflichten des Gläubigers[7]
   Der Gläubiger verpflichtet sich, bei Einhaltung dieser Zahlungsvereinbarung alle bislang ausgebrachten Zwangsvollstreckungsmaßnahmen ruhend zu stellen und für die Zeit von 6 Monaten keine weiteren auszubringen.
6. Sicherheiten[8]
   Der/Die Schuldner treten zur Sicherung der Forderung gemäß Ziffer 2 alle Lieferentenforderungen von A-K durch gesonderte Erklärung an den Gläubiger ab. Diese wird erst offen gelegt, wenn der Schuldner seinen Verpflichtungen gemäß Ziffer 2 und 4 nicht nachkommt.

7. Folgen von Zwangsvollstreckungsmaßnahmen Dritter[9]
Werden Zwangsvollstreckungsmaßnahmen Dritter in den Forderungsbestand ausgebracht, ist der Gläubiger berechtigt, die Abtretung gemäß Ziffer 6 unverzüglich offen zu legen. Werden Zwangsvollstreckungsmaßnahmen Dritter ausgebracht, die die Erfüllung dieser Zahlungsvereinbarung betreffen, kann der Gläubiger diese fristlos kündigen. Die ruhenden Zwangsvollstreckungsmaßnahmen leben dann wieder auf und der Gläubiger darf weitere ausbringen.

8. Folgen eines Antrages auf Insolvenzeröffnung[10]
Wird über das Vermögen des/der Schuldner/s ein Antrag auf Eröffnung des Insolvenzverfahrens gestellt, kann der Gläubiger diese Zahlungsvereinbarung fristlos kündigen und die Abtretung der Forderung gemäß Ziffer 6 unverzüglich offen legen.

9. Schlussbemerkung[11]
Sämtliche Änderungen und Ergänzungen dieser Vereinbarung bedürfen zu ihrer Rechtswirksamkeit der Schriftform. Dies gilt auch für Änderung dieser Schriftformklausel.

10. Salvatorische Klausel
Sollte eine der Bestimmungen dieses Vertrages ganz oder teilweise rechtsunwirksam sein oder werden, so wird hierdurch die Gültigkeit der übrigen Bestimmungen nicht berührt. Vielmehr sind in einem derartigen Fall der Vertrag seinem Sinn gemäß durchzuführen.

.....	**.....**
Ort, Datum	**Rechtsanwalt Schuldner[12]**
.....	**.....**
Ort, Datum	**Rechtsanwalt Gläubiger**

Anmerkungen

1. Wegen der allgemeinen Ausführungen wird auf → Form. F. II. 11 Anm. 1 verwiesen.

2. Es wird auf → Form. F. II. 11 Anm. 2 verwiesen. Eine zeitliche Verschiebung der Zwangsvollstreckung kommt in Betracht, wenn der Schuldner zB eine Steuernachrückzahlung konkret erwartet. Dies ist dann sicherungshalber abzutreten. Ein anderer Grund könnte sein, dass der Schuldner aufgrund der guten Auftragslage mit hohen Forderungen gegen Drittschuldner rechnet. Auch diese sind dann sicherungshalber abzutreten. Bei der zeitlichen Verschiebung der Zwangsvollstreckung sollte beachtet werden, dass der Schuldner noch so liquide ist, dass nicht die Insolvenz droht und der Gläubiger leer ausgeht.

3. Es wird auf → Form. F. II. 11 Anm. 3 verwiesen.

4. Es wird auf → Form. F. II. 11 Anm. 4 verwiesen.

5. Es wird auf → Form. F. II. 11 Anm. 5 verwiesen. An dieser Stelle kann vom Gläubiger der genaue Zeitpunkt der Zahlungsverpflichtung des Schuldners aufgenommen werden. Auch bei der zeitlichen Verschiebung der Zwangsvollstreckung kann in mehreren Raten gezahlt werden. Hier ist der Einzelfall zu betrachten.

6. Es wird auf → Form. F. II. 11 Anm. 6 verwiesen.

7. Es wird auf → Form. F. II. 11 Anm. 7 verwiesen. Anders als bei der Zahlungsvereinbarung mit der Verpflichtung zur monatlichen Zahlung wird hier die Zwangsvollstreckung und die Erfüllung der Forderung für einen gewissen Zeitraum rausgeschoben. Für diesen Zeitraum verpflichtet sich der Gläubiger, keine weiteren Zwangsvollstreckungsmaßnahmen auszubringen. Gegen diese Verpflichtung müssen die Verpflichtungen des Schuldners abgewogen und die Sicherheiten angepasst werden.

8. Es wird auf → Form. F. II. 11 Anm. 8 verwiesen. Die Vereinbarung von Sicherheiten in einer solchen Vereinbarung hängt davon ab, ob der Schuldner noch über Sicherheiten verfügt. Es ist bei der Sicherheitenbestellung an alle möglichen Ansprüche zu denken, wie zB Sicherungshypotheken, Abtretungen von Forderungen, Lebensversicherungen, Bankguthaben, Depots, aber auch Sicherungsübereignungen von Fahrzeugen, Maschinen, etc.

9. Es wird auf → Form. F. II. 11 Anm. 9 verwiesen.

10. Es wird auf → Form. F. II. 11 Anm. 10 verwiesen.

11. Es wird auf → Form. F. II. 11 Anm. 11 verwiesen.

12. Es wird auf → Form. F. II. 11 Anm. 12 verwiesen.

13. Vollstreckungsvertrag (ausgenommen bestimmter Gegenstand)

Zahlungsvereinbarung –[1]

In der Zwangsvollstreckungssache

. . . . .

– Gläubiger –

vertreten durch Rechtsanwalt . . . . .,

und

. . . . .

– Schuldner –

vertreten durch Rechtsanwalt . . . . .,

sowie

. . . . .

– Schuldner 2 –[2]

vertreten durch Rechtsanwalt . . . . .,

gemeinsam auch Schuldner genannt

schließen die Parteien folgende Zahlungsvereinbarung:

1. Vorbemerkung[3]
Gegen den/die Schuldner ist vor dem . . . . .-gericht ein vollstreckbares Zahlungsurteil ergangen. Der/Die Schuldner hat/haben glaubhaft dargelegt, dass er/sie die Forderung binnen 12 Monaten begleichen kann/können, wenn sein Betriebsvermögen, bestehend aus Grundstück und Gebäude in . . . . . und Patente, erhalten bleibt. Er/Sie hat/haben versichert, dass er/sie den folgenden Zahlungsverpflichtungen nachkommt/nachkommen kann und keinen Vollstreckungsschutz benötigt.

2. Forderungsumfang[4]
Der/die Schuldner erkennen an, dem Gläubiger aus dem Urteil einen Betrag in Höhe von ..... EUR zzgl. Zinsen in Höhe von 5 % über dem Basiszins seitdem ..... und die Kosten dieser Vereinbarung zu schulden. Mehrere Schuldner erkennen als Gesamtschuldner diese Forderung an. Anliegende Forderungsaufstellung ist Inhalt dieser Vereinbarung.
3. Zahlungsverpflichtung, –verrechnung und Bankverbindung[5]
Der/Die Schuldner verpflichten sich, die in Ziffer 2 genannte Forderung wie folgt zu zahlen:
   - Erstmalig zum ..... EUR,
   - am ..... weitere ..... EUR,
   - dann weitere monatliche Raten ab dem ..... in Höhe von ..... EUR.
   - Schlussrate am ..... in Höhe von ..... EUR.

   Die Zahlungen sind unter Angabe des Az. ..... auf das Konto des Rechtsanwalts ..... bei der ....., IBAN ....., zu zahlen. Eine Geldempfangsvollmacht ist nachgewiesen.
   Die eingehenden Beträge werden wie folgt verrechnet: Sie werden zunächst auf die Kosten, dann auf die Zinsen und dann auf die Hauptforderung verrechnet.

   (Alternative:
   Die eingehenden Beträge werden wie folgt verrechnet: Sie werden zunächst auf die Kosten, dann auf die Hauptforderung und dann auf die Zinsen verrechnet.)

4. Pflichten des Schuldners[6]
Der/Die Schuldner wird/werden der hier festgeschriebenen Zahlungsmodalität nachkommen. Er/Sie verpflichtet/verpflichten sich, Einwendungen, die den Grund oder die Höhe der Forderung betreffen, nicht zu erheben. Er/Sie verzichten weiterhin auf die Vollstreckungsgegenklage, die Restitutionsklage und die Nichtigkeitsklage. Der Schuldner wird den Gläubiger unverzüglich schriftlich über die Zwangsvollstreckungsmaßnahmen Dritter informieren. Er verpflichtet sich weiterhin, in der Zeit der Vollstreckungsaussetzung keine Verfügungen über sein Vermögen vorzunehmen, die zu einer Gläubigerbenachteiligung führen könnte.
5. Pflichten des Gläubigers[7]
Der Gläubiger verpflichtet sich, bei Einhaltung dieser Zahlungsvereinbarung alle bislang ausgebrachten Zwangsvollstreckungsmaßnahmen ruhend zu stellen und für die Zeit von 12 Monaten keine weiteren auszubringen.
6. Sicherheiten[8]
Der/Die Schuldner treten zur Sicherung der Forderung gemäß Ziffer 2 alle Rechte aus dem Patent ..... in einer gesonderten Erklärung an den Gläubiger ab. Der Schuldner übereigen sicherungshalber in einer gesonderten Erklärung die Werksmaschinen mit der Maschinennummer ..... und der Maschinennummer .....
7. Folgen von Zwangsvollstreckungsmaßnahmen Dritter[9]
Werden Zwangsvollstreckungsmaßnahmen Dritter in die Sicherungsgegenstände gemäß Ziffer 6 oder in das Betriebsgrundstück ausgebracht, ist der Gläubiger berechtigt, die sicherungshalber übereigneten Werksmaschinen heraus zu verlangen und zu verwerten. Die Abtretung der Patentrechte kann dann offengelegt werden. Werden Zwangsvollstreckungsmaßnahmen Dritter ausgebracht, die die Erfüllung dieser Zahlungsvereinbarung betreffen, kann der Gläubiger diese fristlos kündigen. Die ruhenden Zwangsvollstreckungsmaßnahmen leben dann wieder auf und der Gläubiger darf weitere ausbringen.
8. Folgen eines Antrages auf Insolvenzeröffnung[10]
Wird über das Vermögen des/der Schuldner/s ein Antrag auf Eröffnung des Insolvenzverfahrens gestellt, kann der Gläubiger diese Zahlungsvereinbarung fristlos kündigen

und die sicherungshalber übereigneten Werksmaschinen veräußern und die Abtretung der Patente anzeigen.

9. **Schlussbemerkung**[11]

Sämtliche Änderungen und Ergänzungen dieser Vereinbarung bedürfen zu ihrer Rechtswirksamkeit der Schriftform. Dies gilt auch für Änderung dieser Schriftformklausel. Sollte eine der Bestimmungen dieses Vertrages ganz oder teilweise rechtsunwirksam sein oder werden, so wird hierdurch die Gültigkeit der übrigeben Bestimmungen nicht berührt. Vielmehr sind in einem derartigen Fall der Vertrag seinem Sinn gemäß durchzuführen.

.....	.....
Ort, Datum	**Rechtsanwalt Schuldner**[12]
.....	.....
Ort, Datum	**Rechtsanwalt Gläubiger**

Anmerkungen

1. Wegen der allgemeinen Ausführungen wird auf → Form. F. II. 11 Anm. 1 verwiesen.

2. Es wird auf → Form. F. II. 11 Anm. 2 verwiesen. In einem Vollstreckungsvertrag kann auch vereinbart werden, dass in bestimmte Gegenstände, wie Immobilien oder Betriebsvermögen, oder Arbeitsentgelt, die Zwangsvollstreckung nicht erfolgen soll. Bei einer solchen Vereinbarung sollte immer durch Abtretung, Sicherungsübereignungen oder Eintragung von Sicherungshypotheken sichergestellt werden, dass weitere Gläubiger ebenfalls keinen Zugriff auf diese Gegenstände erhalten.

3. Es wird auf → Form. F. II. 11 Anm. 3 verwiesen.

4. Es wird auf → Form. F. II. 11 Anm. 4 verwiesen.

5. Es wird auf → Form. F. II. 11 Anm. 5 verwiesen. Neben der Vereinbarung, nicht in bestimmte Gegenstände zu vollstrecken, kann auch eine Zahlungsvereinbarung geschlossen werden, soweit der Schuldner dazu in der Lage ist.

6. Es wird auf → Form. F. II. 11 Anm. 6 verwiesen.

7. Es wird auf → Form. F. II. 11 Anm. 7 verwiesen. Auch bei der Beschränkung der Zwangsvollstreckung, bestimmte Vermögenswerte nicht zu verstricken, kann vereinbart werden, dass auch keine weiteren Zwangsvollstreckungsmaßnahmen ausgebracht werden, soweit der Schuldner zahlt. Ist dieser Umstand nicht gewünscht, ist Ziffer 5 der Vereinbarung zu streichen.

8. Es wird auf → Form. F. II. 11 Anm. 8 verwiesen. Wenn bestimmt Gegenstände aus dem Vermögen des Schuldners nicht der Zwangsvollstreckung unterliegen sollen, so sind diese als Vermögensgegenstände privatschriftlich für den Gläubiger zu sichern. Andernfalls ist das Risiko des Gläubigers, dass ein weiterer Gläubiger auf diese Vermögenswerte zugreift, sehr hoch.

9. Es wird auf → Form. F. II. 11 Anm. 9 verwiesen.

10. Es wird auf → Form. F. II. 11 Anm. 10 verwiesen.

11. Es wird auf → Form. F. II. 11 Anm. 11 verwiesen.

12. Es wird auf → Form. F. II. 11 Anm. 12 verwiesen.

G. Zwangsvollstreckung wegen Geldforderungen in bewegliche Sachen (§§ 803–827 ZPO)

I. Vorbemerkungen

1. Rechtsgrundlagen

Dem Gerichtsvollzieher als Vollstreckungsorgan obliegt die Vollstreckung **wegen Geldforderungen in körperliche Sachen** (Mobiliarvollstreckung). Besondere Verfahrensvorschriften sind in **§§ 808 bis 827 ZPO** enthalten. Daneben beachtet er im Vollstreckungsverfahren selbstverständlich die allgemeinen Vorschriften, namentlich die Regelungen über die **allgemeinen** und **besonderen Vollstreckungsvoraussetzungen.**

Für die Praxis des Vollstreckungsverfahrens ist darüber hinaus die **Geschäftsanweisung für Gerichtsvollzieher** (GVGA) maßgeblich, die als ländereinheitliche Verwaltungsvorschrift die Vorgehensweise des Gerichtsvollziehers unter Anknüpfung an die gesetzlichen Regelungen ausgestaltet. Die von den Landesjustizverwaltungen beschlossene bundeseinheitliche Neuregelung der Geschäftsanweisung für Gerichtsvollzieher ist ab dem 1.9.2013 in Kraft. Die Vorschriften sind insoweit für die Beteiligten des Vollstreckungsverfahrens maßgeblich, als sie nähere Auskunft über das vom Gerichtsvollzieher im Einzelnen zu beachtende Verfahren geben. Die Gerichtsvollzieher werden sich grundsätzlich an diese Vorschriften halten, auch wenn sich in der einen oder anderen Frage verschiedene Handlungsmöglichkeiten ergeben sollten. In den nachfolgenden Vorschlägen für Formulare zur Gerichtsvollziehervollstreckung wird daher immer wieder auf diese Geschäftsanweisungen Bezug genommen.

Das **Dienstverhältnis** des Gerichtsvollziehers und seine **Zuständigkeit** sind in der **Gerichtsvollzieherordnung** (GVO) geregelt. Auch hierbei handelt es sich um von den Landesjustizverwaltungen beschlossene bundeseinheitliche Verwaltungsvorschriften (Neuregelung in Kraft seit dem 1.9.2013). Der Gerichtsvollzieher wird zwar vom Gläubiger beauftragt, übt seine Tätigkeiten aber in eigener Verantwortung aus. Das Gesetz hat ihm zudem in § 802b Abs. 1 ZPO Vermittleraufgaben zugewiesen, die auf eine gütliche Einigung von Gläubiger und Schuldner noch im Vollstreckungsverfahren hinwirken (zB Ratenzahlungen, Aufschub der Vollstreckung). Weitere Zuständigkeiten ergeben sich aus § 802a Abs. 2 ZPO. Eine wesentliche Zuständigkeit des Gerichtsvollziehers liegt in der Entgegennahme der **Vermögensauskunft des Schuldners** (§§ 802c ff. ZPO; nach früherem Recht: eidesstattliche Versicherung, §§ 899, 900 ZPO aF).

Soweit in den folgenden Erläuterungen Bestimmungen der GVGA und der GVO zitiert werden, entsprechen diese dem Stand bei Erscheinen des Werkes.

2. Übersicht über den Verfahrensablauf

Die Vollstreckung durch den Gerichtsvollzieher beginnt mit dem **Vollstreckungsauftrag** oder **Vollstreckungsantrag** des Gläubigers (vgl. §§ 753, 754 ZPO). Vollstreckungsanträge sind in verschiedener Form denkbar; sie können sich auf die Durchsetzung lediglich einer Teilforderung richten. Sie können die gesamte Forderung erfassen und neben oder anstelle der Vollstreckung einen Antrag auf Abnahme der Vermögensauskunft (§§ 802c, 802f ZPO) enthalten. Der Gläubiger muss bei der Antragstellung insbesondere die Zuständigkeitsvorschriften beachten und darüber hinaus dem Gerichtsvollzieher alle Unterlagen übermitteln, die zur Durchführung der Vollstreckung erforderlich sind. Hierzu gehören namentlich die vollstreckbaren Titel nebst Nachweisen über deren Zustellung. Der Gerichtsvollzieher hat die Vollstreckung schnell und nachdrücklich auszuführen (§ 802a Abs. 1 ZPO).

Der Gerichtsvollzieher prüft zunächst, ob die allgemeinen und besonderen **Vollstreckungsvoraussetzungen** erfüllt sind. Im Rahmen der besonderen Vollstreckungsvoraussetzungen sind insbesondere der Eintritt eines Kalendertages (§ 750 Abs. 1 ZPO), der Nachweis der Erbringung einer Sicherheitsleistung (§ 751 Abs. 2 ZPO) und die Feststellung des Annahmeverzuges bei einer Leistung Zug um Zug (§ 756 ZPO) zu beachten. Im Übrigen prüft der Gerichtsvollzieher, dass die Person, gegen die er vorgehen soll, im Titel auch genannt ist und ob der Titel bereits zugestellt ist oder noch zuzustellen ist (§ 750 Abs. 1 ZPO). Das Vollstreckungsverfahren stellt sich insgesamt als **formalisiertes Verfahren** dar. Hieraus folgt insbesondere, dass der Gerichtsvollzieher keine materiellrechtlichen Erwägungen anstellen muss, insbesondere muss er nicht prüfen, ob und inwieweit das Pfändungsgut im Eigentum des Schuldners oder eines Dritten, der sein Eigentum hieran behauptet, steht (Musielak/Voit/*Lackmann* § 766 Rn. 1).

Im **Vollstreckungsverfahren** handelt der Gerichtsvollzieher weitgehend selbständig, es bedarf jedoch in vielerlei Hinsicht einer Einwirkung oder auch Mitgestaltung des Gläubigers: Hervorzuheben sind etwa die gesetzlichen Ansätze, die auf eine **gütliche Abwicklung** der Vollstreckung zielen (vgl. etwa § 802b ZPO). Darüber hinaus können verschiedene Anträge des Gläubigers zum **Fortgang des Verfahrens** notwendig werden, so etwa der Antrag auf Erlass einer richterlichen Durchsuchungsanordnung oder einer Genehmigung zur Vollstreckung zur Nachtzeit bzw. an Sonn- und Feiertagen, § 758a ZPO. Der **Pfändungsakt** erfolgt durch Inbesitznahme der im Gewahrsam des Schuldners oder eines herausgabebereiten Dritten befindlichen Sachen (§§ 808 Abs. 1, 809 ZPO). Andere Sachen als Geld, Kostbarkeiten und Wertpapiere sind im Gewahrsam des Schuldners zu belassen. Hier wird die Pfändung regelmäßig durch Anbringung von Siegeln zum Ausdruck gebracht (§ 808 Abs. 2 ZPO). Gepfändetes Geld ist dem Gläubiger abzuliefern (§ 815 Abs. 1 ZPO). Derselbe Gegenstand kann im Wege der Anschlusspfändung (§ 826 ZPO) auch für mehrere Gläubiger gepfändet werden. Von wesentlicher Bedeutung für das Pfändungsverfahren sind darüber hinaus die Vorschriften über die **Unpfändbarkeit** (vgl. hierzu insbesondere § 811 ZPO). In bestimmten Fällen kann der Gläubiger der Unpfändbarkeit bestimmter Gegenstände durch eine Austauschpfändung nach Maßgabe der §§ 811a, 811b ZPO begegnen, indem er dem Schuldner für den zu pfändenden Gegenstand ein für den Verwendungszweck ebenso geeignetes Ersatzstück zur Verfügung stellt. Schließlich ist darauf hinzuweisen, dass es grundsätzlich keine **Mindestgrenze** für die Durchführung einer Pfändungsmaßnahme gibt (vgl. aber für die Ermittlung des Aufenthaltsortes des Schuldners durch den Gerichtsvollzieher § 755 Abs. 2 S. 4 ZPO). Auch der Gläubiger einer Minimalforderung hat ein Rechtsschutzinteresse an deren Durchsetzung im Wege staatlichen Zwangs (Musielak/Voit/*Lackmann* § 753 Rn. 13). Der Gerichtsvollzieher hat stets zu beachten, dass die Vollstreckung nicht weiter als erforderlich ausgedehnt wird (Verbot der Überpfändung, § 803 Abs. 1 S. 2 ZPO). Schließlich hat die Pfändung zu unterbleiben, wenn sie zwecklos ist, also bei einer Verwertung ein Überschuss über die Kosten der Zwangsvollstreckung nicht zu erwarten ist. Über jede Vollstreckungshandlung wird vom Gerichtsvollzieher ein **Protokoll** gefertigt, aus dem der Gang der Vollstreckung ersichtlich wird (§ 762 ZPO).

Die Pfändung durch den Gerichtsvollzieher bewirkt eine **Verstrickung** der gepfändeten Sache und lässt ein **Pfändungspfandrecht** des Gläubigers entstehen. Die Verstrickung begründet ein öffentlich-rechtliches Gewaltverhältnis über die gepfändete Sache und zieht für den Schuldner ein Veräußerungsverbot gemäß §§ 135, 136 BGB nach sich. Das Pfändungspfandrecht setzt nach der herrschenden sog. gemischten Theorie (RGZ 156, 395, 398; BGHZ 56, 339, 351; BGH NJW 1992, 2570, 2573; Musielak/Voit/*Becker* § 804 Rn. 5 ff.; MüKoZPO/*Gruber* § 804 Rn. 4 ff.) voraus, dass die gepfändete Sache im Eigentum des Schuldners steht. Fehlt es hieran, entsteht das Pfändungspfandrecht nicht, ebenso wie beim privatrechtlichen Pfandrecht, welches an schuldnerfremden Gegenständen auch nicht entstehen kann (im Gegensatz zur privatrechtlichen Verpfändung ist bei der Gerichtsvollziehervollstreckung auch kein gutgläubiger Erwerb nach § 1207 BGB möglich (Musielak/Voit/*Becker* § 804 Rn. 7). Nach der gemischten Theorie ist es als Grundlage der Verwertung jedoch ausreichend, dass eine formal wirksame Verstrickung vorliegt. Hieraus folgt, dass der Ersteher bei Versteigerung der schuldnerfremden Sache durch den Gerichtsvollzieher Eigentümer wird. Allerdings hat der Gläubiger mangels Pfändungspfandrecht kein Recht auf den Versteigerungserlös. Dieser steht vielmehr dem Eigentümer der versteigerten Sache zu.

Den Abschluss des Vollstreckungsverfahrens bildet die **Verwertung.** Diese erfolgt grundsätzlich durch **öffentliche Versteigerung** seitens des Gerichtsvollziehers, § 814 ZPO. Die öffentliche Versteigerung kann durch Versteigerung vor Ort oder im Internet unter einer Versteigerungsplattform erfolgen. Die Landesjustizverwaltungen sehen inzwischen eine derartige Möglichkeit vor und haben hierzu die Plattform „**www.justiz-auktion.de**" eingerichtet. Wesentliche Verfahrensvorschriften enthalten die §§ 816 bis 817a ZPO. Zu beachten hat der Gerichtsvollzieher namentlich die Vorschriften über das Mindestgebot. Dieses beträgt mindestens die Hälfte des gewöhnlichen Verkaufswerts der gepfändeten Sachen, wobei Gold- und Silbersachen nicht unter ihrem Gold- oder Silberwert zugeschlagen werden dürfen. Die Verwertung kann **abweichend** von §§ 814 ff. ZPO auf andere Art und Weise stattfinden – an einem anderem Ort oder durch eine andere Person als den Gerichtsvollzieher (§ 825 ZPO). Besondere Regelungen sieht das Gesetz für die Verwertung von Wertpapieren vor, die einen Börsen- oder Marktpreis haben. Sie sind durch freihändigen Verkauf zu veräußern (§ 821 ZPO). Durch Gebot und Zuschlag in der Versteigerung kommt ein **kaufrechtsähnlicher öffentlich-rechtlicher Vertrag** (OLG München DGVZ 1980, 122, 123) zustande. Dessen wesentliche Rechtswirkungen lassen sich wie folgt zusammenfassen: Eine Anfechtung des Gebots kommt wegen der Besonderheiten des Versteigerungsverfahrens nicht in Betracht. Gewährleistungsansprüche sind wegen § 806 ZPO ausgeschlossen. Der Gerichtsvollzieher überträgt das Eigentum an den Ersteher originär kraft privatrechtsgestaltendem Hoheitsakt. Wird der Zuschlag dem Gläubiger selbst erteilt, so ist dieser nach § 817 Abs. 4 ZPO von der Verpflichtung zur baren Zahlung insoweit befreit, als der Erlös nach Abzug der Vollstreckungskosten zu seiner Befriedigung zu verwenden ist.

Im Falle **mehrfacher Pfändungen** gilt das **Prioritätsprinzip,** § 804 Abs. 3 ZPO. Besteht zwischen mehreren Gläubiger ein Streit über die Verteilung des Erlöses, so hinterlegt der Gerichtsvollzieher diesen, § 827 Abs. 2 ZPO. Es schließt sich das Verteilungsverfahren an (§§ 872 ff. ZPO).

3. Kosten der Gerichtsvollziehervollstreckung

Nach **§ 788 Abs. 1 ZPO** fallen dem Schuldner die Kosten der Zwangsvollstreckung zur Last. Erstattungsfähig sind in diesem Rahmen die **notwendigen Kosten** (§ 91 ZPO). Dies sind alle Kosten, die zur Vorbereitung und Durchführung des Verfahrens angefallen sind (zB Gerichtsvollzieherkosten, Anwaltskosten). Diese Kosten **werden ohne besondere Festsetzung mit dem zu vollstreckenden Anspruch beigetrieben.** Gegen einen unrechtmäßigen Kostenansatz des Gerichtsvollziehers steht den Beteiligten die Vollstreckungserinnerung zu, § 766 Abs. 2 ZPO.

Gerichtsvollzieherkosten fallen nach Maßgabe des **GvKostG** an. Kostenschuldner nach diesem Gesetz sind gesamtschuldnerisch Gläubiger und Schuldner, § 13 GvKostG. Für den Gläubiger, der einen Vollstreckungsauftrag erteilen will, ist die in § 4 Abs. 1 GvKostG geregelte **Vorschusspflicht** zu beachten. Die gesetzlichen Gebühren für die Tätigkeit des Gerichtsvollziehers fallen jeweils für die Durchführung eines **Auftrags** an, siehe näher hierzu §§ 3, 10 Abs. 1 GvKostG. Sie fallen für jeden Auftrag nur einmal an. Zu beachten ist aber, dass bei wiederholter Vornahme der gleichen Vollstreckungshandlung im Rahmen eines Auftrags die jeweiligen Vollstreckungshandlungen gesondert in Rechnung gestellt werden können, § 10 Abs. 2 GvKostG. Die einzelnen **Gebührentatbestände** sind im Kostenverzeichnis zum GvKostG geregelt. Hervorzuheben sind etwa folgende Gebührentatbestände: Nr. 205 KV GvKostG, Bewirken einer Pfändung 26,– EUR; Nr. 221 KV GvKostG, Wegnahme beweglicher Sachen 26,– EUR; Nr. 300 KV GvKostG, Versteigerung oder Verkauf von beweglichen Sachen 52,– EUR. Hinzu tritt die Ersatzpflicht hinsichtlich der dem Gerichtsvollzieher entstandenen **Auslagen** gemäß Nr. 700 ff. KV GvKostG.

Für die Tätigkeit eines **Rechtsanwalts** im Zwangsvollstreckungsverfahren entsteht die 0,3-Verfahrensgebühr nach Nr. 3309 VV RVG. Für die Bestimmung des Gegenstandeswerts in der Zwangsvollstreckung gilt § 25 RVG.

Einzelheiten zu den Kosten der Vollstreckung folgen im Zusammenhang mit den einzelnen Vollstreckungsanträgen. Zu den Änderungen infolge des Gesetzes zur Reform der Sachaufklärung in der Zwangsvollstreckung: *Kessel*, Sachaufklärung in der Zwangsvollstreckung und die Kosten, DGVZ 2012, 213; *Enders*, Die Auswirkungen der Reform der Sachaufklärung auf die Anwaltsvergütung in der Zwangsvollstreckung, JurBüro 2012, 633.

4. Gesetz zur Reform der Sachaufklärung in der Zwangsvollstreckung

Grundlegende Neuerungen im Bereich der Gerichtsvollziehervollstreckung haben sich durch das in seinem wesentlichen Teil am 1.1.2013 in Kraft getretene Gesetz ergeben (*Vollkommer*, Die Reform der Sachaufklärung in der Zwangsvollstreckung – Ein Überblick, NJW 2012, 3681; *Wasser*, Reform der Sachaufklärung, DGVZ 2013, 85; *Hofmann*, Modernisierung der Zwangsvollstreckung – Das neue Gesetz zur Reform der Sachaufklärung in der Zwangsvollstreckung, BRAK-Mitteilungen 2013, 22; *Giers*, Rechtsprechungsübersicht zur Sachaufklärung in der Zwangsvollstreckung, DGVZ 2014, 252; *Schmidt*, Ein Jahr Reform der Sachaufklärung in der Zwangsvollstreckung, JurBüro 2014, 6). Das Vollstreckungsverfahren ist hiermit insgesamt zeitgemäßen Anforderungen angepasst worden. Für die Tätigkeit des Gerichtsvollziehers ist zunächst auf die frühzeitig bestehenden Möglichkeiten zur Beschaffung von Informationen über den Aufenthaltsort des Schuldners (§ 755 ZPO) sowie über das Vermögen des Schuldners hinzuweisen (§ 802 Abs. 1 ZPO). Eine grundlegende Neuregelung stellt das auf Abnahme der Vermögensauskunft gerichtete Verfahren, §§ 802c ff. ZPO, dar. Außerdem wurde das gesamte Verfahren an die Möglichkeiten der modernen Informationstechnologie angepasst, wobei insbesondere die zentrale Verwaltung des Vermögensverzeichnisses (§ 802k ZPO) bzw. die Eintragungen im Schuldnerverzeichnis einen schnelleren und zuverlässigen Einblick in die abgegebenen Vermögensauskünfte gewährleisten soll.

5. Einführung verbindlicher Formulare

§ 758a Abs. 6 und § 829 Abs. 4 ZPO sehen eine Ermächtigung vor, durch Rechtsverordnung mit Zustimmung des Bundesrates Formulare für die Durchführung der Zwangsvollstreckung einzuführen. Hiervon wurde erstmals mit der **Verordnung über Formulare für die Zwangsvollstreckung (Zwangsvollstreckungsformular-Verordnung ZVFV)** vom

23.8.2012 (BGBl. I, S. 1822) Gebrauch gemacht. Eingeführt wurden verbindliche Formulare zur **Erwirkung einer richterlichen Durchsuchungsanordnung** sowie zum **Erlass eines Pfändungs- und Überweisungsbeschlusses.** Diese Formulare sind zwingend ab dem **1.3.2013** zu verwenden.

Durch die weitere **Verordnung über das Formular für den Vollstreckungsauftrag an den Gerichtsvollzieher** (**Gerichtsvollzieherformular-Verordnung – GVFV**) vom 1.10.2015 wurde ein weiteres verbindliches Formular für den Vollstreckungsantrag an den Gerichtsvollzieher eingeführt. Dieses Formular ist ab dem **1.4.2016** verbindlich zu verwenden.

Dieses Formular betrifft weite Teile der Gerichtsvollziehervollstreckung. Die in den Vorauflagen dieses Buches enthaltenen Formulare für Vollstreckungsaufträge an den Gerichtsvollzieher werden damit teilweise obsolet. Aus diesem Grunde wird nunmehr das verbindliche Formular **grundsätzlich** herangezogen und als erstes kommentiert. § 2 GVFV bestimmt jedoch, dass neben dem Formular **zusätzliche Anlagen** verwendet werden können. Da das vorgeschriebene Formular die verschiedenen Vollstreckungssituationen nur unvollkommen abbildet, werden für diese Situationen Anlagen vorgeschlagen, die dem verbindlichen Formular beigefügt werden können.

Zur Verwendung des **Grundformulars** sind folgende Hinweise zum Gebrauch unbedingt zu beachten, welche sich aus der GVFV ergeben:

- Das Formular ist für alle **Vollstreckungsaufträge an den Gerichtsvollzieher zur Vollstreckung von Geldforderungen** verbindlich. Von der verbindlichen Nutzung ausgeschlossen sind Vollstreckungsaufträge zur Beitreibung von öffentlich-rechtlichen Forderungen (§ 1 Abs. 1, Abs. 2 GVFV).
- **Inhaltliche Abweichungen** von dem Formular und den Anlagen 1 und 2 sind **nicht zulässig.** Soweit das Formular jedoch keine zweckmäßige Möglichkeit zur Eintragung vorsieht, kann ein **Freitextfeld** oder eine **zusätzliche Anlage** verwendet werden. Der Antragsteller braucht nur die **Seiten bzw. Module des Formulars,** auf denen sich Angaben des Antragstellers befinden, einzureichen. Die eingereichten Teile müssen aber aus sich selbst heraus **verständlich** sein (§ 2 GVFV). Aus diesem Grunde behandeln die vorliegenden Erläuterungen das amtliche Formular nach **Modulen getrennt.** Dies trägt auch zur Übersichtlichkeit der Erläuterungen bei.
- Das Formular kann in **elektronischer Form** bereitgestellt werden. Der Antragsteller muss es sich ggf. ausdrucken und in Papierform ausgefüllt einreichen. Die Länder können zudem die Voraussetzungen für eine Einreichung in **elektronischer Form** schaffen.

II. Vollstreckungsanträge an den Gerichtsvollzieher

1. Adressierung, Parteien (Modul A, Modul B)

Vollstreckungsauftrag an die Gerichtsvollzieherin/den Gerichtsvollzieher
– zur Vollstreckung von Geldforderungen –

☐ Amtsgericht ________
☐ Verteilungsstelle für Gerichtsvollzieheraufträge
☐ Geschäftsstelle
☐ Frau/Herrn Haupt-/Ober-/Gerichtsvollzieher/in①

____

____
Straße, Hausnummer

____
Postleitzahl, Ort

Kontaktdaten des
☐ Gläubigers
☐ Gläubigervertreters②

Telefon	
Fax	
E-Mail	
Rechtsverbindliche elektronische Kommunikationswege (z. B. De-Mail, EGVP, besonderes Anwaltspostfach)	
Geschäftszeichen	

☐ Der Gläubiger beabsichtigt, für die Gerichtsvollzieherkosten ein SEPA-Lastschriftmandat zu erteilen.

In der Zwangsvollstreckungssache③

Module:

A **Parteien④**

Zutreffendes markieren ☒ bzw. ausfüllen

A 1 **Gläubiger**

Herrn/Frau/Firma	Straße, Hausnummer
Postleitzahl, Ort	Land (wenn nicht Deutschland)

A 2 **Gesetzlicher Vertreter des Gläubigers** (Angaben bei jeder Art der gesetzlichen Vertretung, z. B. durch Mutter, Vater, Vormund, Geschäftsführer)

Herrn/Frau/Firma	Straße, Hausnummer
Postleitzahl, Ort	Land (wenn nicht Deutschland)

A 3 **Bevollmächtigter des Gläubigers** (Angaben bei jeder Art der Bevollmächtigung, z. B. Rechtsanwalt, Inkassounternehmen)

Herrn/Frau/Firma	Straße, Hausnummer
Postleitzahl, Ort	Land (wenn nicht Deutschland)

1

GV 6 Vollstreckungsauftrag Gerichtsvollzieher(in) JVA Geldern Preisklasse 16 gen. 10.2015

A 4

Bankverbindung des[5]

☐ Gläubigers ☐ Gläubigervertreters ☐ abweichenden Kontoinhabers/der abweichenden Kontoinhaberin:

zur Überweisung eingezogener Beträge

IBAN:	BIC: (Angabe kann entfallen, wenn IBAN mit DE beginnt)
Verwendungszweck, ggf. Geschäfts- bzw. Kassenzeichen:	

gegen

A 5

Schuldner	
Herrn/Frau/Firma	Straße, Hausnummer
Postleitzahl, Ort	Land (wenn nicht Deutschland)
Geburtsname, -datum und -ort/Registergericht und Handelsregisternummer (soweit bekannt)	

A 6

Gesetzlicher Vertreter des Schuldners (Angaben bei jeder Art der gesetzlichen Vertretung, z. B. durch Mutter, Vater, Vormund, Geschäftsführer)	
Herrn/Frau/Firma	Straße, Hausnummer
Postleitzahl, Ort	Land (wenn nicht Deutschland)

A 7

Bevollmächtigter des Schuldners (Angaben bei jeder Art der Bevollmächtigung, z. B. Rechtsanwalt)	
Herrn/Frau/Firma	Straße, Hausnummer
Postleitzahl, Ort	Land (wenn nicht Deutschland)

A 8

Geschäftszeichen des Schuldners bzw. des gesetzlichen Vertreters oder des Bevollmächtigten des Schuldners

B

☐ Ich reiche nur die ausgefüllten Seiten[6] ______________________
(Bezeichnung der Seiten)
dem Gericht bzw. dem Gerichtsvollzieher/der Gerichtsvollzieherin ein.

Anmerkungen

1. Zuständigkeit. Der Gerichtsvollzieher ist für die Zwangsvollstreckung wegen Geldforderungen in bewegliche Sachen **sachlich zuständig** (§§ 753 Abs. 1, 808 Abs. 1 ZPO). Abgrenzungsprobleme ergeben sich insbesondere im Bereich der Zwangsvollstreckung in Gegenstände, die zu **Grundstücken** gehören. Für die Abgrenzung gilt § 865 Abs. 2 ZPO. Der Gerichtsvollzieher darf Zubehör (§§ 97, 98 BGB) nicht pfänden. Im Übrigen dürfen alle Gegenstände, die sich im Haftungsverband der Hypothek (§ 1120 BGB) befinden, solange gepfändet werden, wie nicht die Beschlagnahme im Wege der Zwangsvollstreckung in das unbewegliche Vermögen erfolgt ist. Die Beschlagnahme erfolgt durch Anordnung der Zwangsversteigerung (§ 20 ZVG; zum Wirksamwerden § 22 ZVG) oder der Zwangsverwaltung (§ 146 ZVG; zum Wirksamwerden § 151 ZVG). Eine Sonderregelung besteht für land- und forstwirtschaftliche Erzeugnisse gemäß §§ 21, 148 Abs. 1 ZVG. Diese unterliegen der Beschlagnahme nur, soweit die Erzeugnisse noch mit dem Boden verbunden oder Zubehör des Grundstücks sind. Gegenstände können ferner nach §§ 1120 bis 1123 BGB aus dem Haftungsverband der Hypothek ausscheiden und dann gegebenenfalls erneut dem Zugriffsbereich der Mobiliarvollstreckung unterliegen. Die Nichtbeachtung der funktionellen Zuständigkeit bei Pfändung von Grundstückszubehör führt zur Nichtigkeit der Pfändung (RGZ 135, 197, 206; OLG München MDR 1957, 428; aA Anfechtbarkeit nach § 766 ZPO: MüKoZPO/*Eickmann* § 865 Rn. 61).

Örtlich zuständig ist der Gerichtsvollzieher bei dem Amtsgericht, in dessen Bezirk die Zwangsvollstreckung stattfinden soll. Nach § 14 Abs. 1 GVO ist jeder Gerichtsvollzieher für einen ihm zugewiesenen Gerichtsvollzieherbezirk zuständig. In aller Regel sind bei den Amtsgerichten mehrere Gerichtsvollzieher tätig. Hier werden nach Maßgabe des § 10 Abs. 1 GVO einzelne Bezirke straßengenau zugewiesen. Soweit die Amtshandlung von einem nach der Geschäftsverteilung nicht zuständigen Gerichtsvollzieher vorgenommen wird, berührt dies deren Wirksamkeit nicht (§ 10 Abs. 4 GVO). Wenn die Amtshandlung von einem Gerichtsvollzieher außerhalb des Gerichtsvollzieherbezirks vorgenommen wird, bleibt sie wirksam, ist aber anfechtbar (Zöller/*Stöber* § 753 Rn. 3). Die Festlegung der jeweiligen Gerichtsvollzieherbezirke kann beim Amtsgericht nachgefragt werden. So ist es möglich, den Vollstreckungsantrag direkt an den zuständigen Gerichtsvollzieher zu richten. Empfehlenswert ist, den Auftrag an die **Gerichtsvollzieherverteilungsstelle** zu richten. Sie leitet die Anträge an den jeweils zuständigen Gerichtsvollzieher weiter (§ 22 Abs. 2 S. 1 GVO). Wird ein Antrag an den unzuständigen Gerichtsvollzieher gerichtet, so verweist er den Auftraggeber an den zuständigen Gerichtsvollzieher (§ 20 Abs. 1 GVO).

2. Gläubigerdaten. Die Absenderdaten des Gläubigers müssen angegeben werden. Entweder bedarf es der Kontaktdaten des Gläubigers oder des Gläubigervertreters. Weitere Angaben ergeben sich aus dem folgenden Formular. Daher bedarf es an dieser Stelle nur Angaben zur Erreichbarkeit. Ggf. vorhandene elektronische Kommunikationswege müssen angegeben werden. Schließlich soll ein Geschäftszeichen des Gläubigers aufgenommen werden.

3. Beauftragung des Gerichtsvollziehers. Die Zwangsvollstreckung findet nur auf Antrag des Gläubigers statt. In diesem Antrag liegt zugleich der „Auftrag" (§§ 753 Abs. 1, 754 ZPO), die Zwangsvollstreckung zu bewirken. Der Antrag wird **schriftlich** gestellt. Das **Auftragsverhältnis** zeichnet sich durch folgende Merkmale aus: Der Gerichtsvollzieher ist selbständiges Organ der Rechtspflege und wird aufgrund eines öffentlich-rechtlichen Rechtsverhältnisses zwischen ihm und dem Gläubiger tätig (herrschende Amtstheorie, vgl. BGH NJW 1985, 1714). Er wird nicht als Vertreter des Gläubigers tätig, auch nicht bei der Entgegennahme freiwilliger Leistungen (Zöller/*Stöber* § 753 Rn. 4; MüKoZPO/*Heßler* § 753 Rn. 13). Aus dem Auftragsverhältnis zwischen Gläubiger und Gerichtsvollzieher folgt jedoch eine Vermögensbetreuungspflicht gegenüber dem Gläubiger (BGH NJW 2011, 2149, 2150). Für den Gefahrübergang bei **freiwilliger Leistung** des Schuldners bedeutet dies, dass er erst eintritt, wenn die Leistung vom Gerichtsvollzieher an den Gläubiger übergeben wird (MüKoZPO/*Heßler* § 754 Rn. 43, 49; Schuschke/Walker/*Walker* § 754 Rn. 7, 8). Bei freiwilligen Leistungen findet zugunsten des Schuldners aber § 815 Abs. 3 ZPO Anwendung. Selbst wenn das Geleistete vor Übergabe an den Gläubiger abhandenkommt, wird der Schuldner frei (BGHZ 179, 298 = NJW 2009, 1085).

Im Übrigen ist der Gerichtsvollzieher **Beamter** und unterliegt der Dienstaufsicht des aufsichtsführenden Richters am Amtsgericht (§ 1 GVO). Seine fachliche Tätigkeit kann vom **Vollstreckungsgericht** im Rahmen der statthaften Rechtsbehelfe überprüft werden (vgl. § 766 ZPO). Als „Herr des Verfahrens" kann der Gläubiger dem Gerichtsvollzieher **Weisungen** erteilen. Der Gerichtsvollzieher hat sie zu befolgen, soweit sie nicht mit den Gesetzen oder der Geschäftsanweisung im Widerspruch stehen (§ 31 Abs. 2 GVGA). In der Ausführung des Auftrages handelt der Gerichtsvollzieher in dem vorbezeichneten Rahmen **selbstständig** und in **eigener Verantwortung.** Er unterliegt nicht der Leitung des Gerichts (§ 1 GVO; BGHZ 93, 287, 298).

4. Bezeichnung der Parteien. Die Parteien werden im Vollstreckungsverfahren als Gläubiger und Schuldner bezeichnet. Gläubiger und Schuldner sind unter Angabe der Anschrift genau zu bezeichnen. Soweit dem Gläubiger die Angaben des Schuldners vorliegen, wird er sie mitteilen. Sind der Wohnsitz oder die Anschrift des Schuldners nicht bekannt, kann der Gerichtsvollzieher auf Antrag des Gläubigers Ermittlungen gemäß § 755 ZPO vornehmen. Anzugeben sind auch ggf. vorhandene **gesetzliche Vertreter.** Auch die **Bevollmächtigten** der Beteiligten werden in das Formular aufgenommen.

5. Geldempfang. Der Gerichtsvollzieher wird angewiesen, wohin er eingezogene Geldbeträge überweisen soll. Dies kann das Konto des Gläubigers sein. Gibt der Verfahrensbevollmächtigte sein Konto an, so ist es notwendig, dass er seine **Bevollmächtigung** zum Geldempfang nachweist. Das amtliche Formular sieht hierzu im Modul C die Beifügung der Geldempfangsvollmacht als Anlage vor. Die Prozessvollmacht erstreckt sich nicht auf die Entgegennahme von Zahlungen oder des Streitgegenstandes im Zwangsvollstreckungsverfahren (RGZ 54, 276; OLG Frankfurt NJW-RR 1986, 1501). Eine Ausnahme besteht nach § 81 ZPO lediglich für die Empfangnahme der vom Gegner aus der Staatskasse zu erstattenden Prozess- und Verfahrenskosten. Die Geldempfangsvollmacht muss dem Gerichtsvollzieher also durch Vorlage der Originalvollmacht nachgewiesen werden. Alternativ kann der Gläubiger selbst die Geldempfangsvollmacht dem Gerichtsvollzieher gegenüber mündlich erklären (§ 31 Abs. 3 GVGA).

6. Eingereichte Seiten. Der Antragsteller kann nach § 2 Abs. 3 Nr. 1 und Nr. 2 GVFV die Einreichung des Antrages auf die Seiten bzw. Module beschränken, auf denen sich Angaben des Antragstellers befinden. Eine entsprechende Angabe ist beim **Modul B** vorgesehen. Hierbei sind zwei Dinge zu beachten: Zum einen muss die festgelegte Reihenfolge der Modulseiten eingehalten werden (§ 2 Abs. 3 S. 2 GVFV). Zum anderen muss der Antragsteller dafür Sorge tragen, dass das eingereichte Formular aus sich heraus für die Durchführung des Vollstreckungsauftrags durch einen Gerichtsvollzieher verständlich ist.

2. Anlagen (Modul C)

C	die Anlage/-n Dazu bitte die Hinweise zum Ausfüllen und Einreichen des Vollstreckungsauftrags (Anlage 2 des Formulars) beachten. ①
	☐ Vollstreckungstitel ② (Titel bitte nach Art, Gericht/Notar/Behörde, Datum und Geschäftszeichen bezeichnen)
	☐ Vollmacht ③
	☐ Geldempfangsvollmacht ④
	☐ Forderungsaufstellung gemäß der Anlage 1 des Formulars ⑤
	☐ Forderungsaufstellung gemäß sonstiger Anlage/-n des Gläubigers/Gläubigervertreters ______ ⑥
	☐ Anwaltskosten für weitere Vollstreckungsmaßnahmen gemäß zusätzlicher Anlage/-n ______ ⑦
	☐ Inkassokosten gemäß § 4 Absatz 4 des Einführungsgesetzes zum Rechtsdienstleistungsgesetz (RDGEG) gemäß Anlage/n ______ ⑧
	☐ ⑨ ______
	☐ ______

Anmerkungen

1. Ausfüllhinweise. Zur Beifügung von Anlagen verweist das Formular auf seine **Anlage 2.** Zu beachten sind die Hinweise zur Beifügung von zusätzlichen Anlagen. Die Beifügung weiterer Anlagen ist nur zulässig, wenn Angaben erforderlich werden, für die das Formular **keine ausreichende Eingabemöglichkeit** vorsieht. Derselbe Grundsatz gilt für die Beifügung von zusätzlichen Anlagen zur Ergänzung der **Forderungsaufstellung.** Wie zu zeigen sein wird, bildet das amtliche Formular verschiedene Vollstreckungssituationen entweder gar nicht ab oder es enthält nicht hinreichende Möglichkeiten, diese im Formular abzubilden. In **Teil G. III** dieses Buches werden daher verschiedene **Anlagen** vorgeschlagen, die zur Spezifizierung des allgemeinen Antrages notwendig werden können.

2. Vollstreckungstitel. Die Titel, aus denen vollstreckt wird, sind anzugeben. Gegebenenfalls müssen mehrere Titel angegeben werden, aus denen vollstreckt werden soll. Bei der Zwangsvollstreckung aus einer Urteilsausfertigung, auf die ein Kostenfestsetzungsbeschluss gesetzt ist (§§ 105, 795a ZPO), hat der Gläubiger zu bestimmen, ob aus beiden oder nur aus einem der beiden Schuldtitel vollstreckt werden soll. Hat der Gläubiger keine Bestimmung getroffen, so vollstreckt der Gerichtsvollzieher aus beiden Titeln.

3. Vollmacht. Soweit der Bevollmächtigte den Gläubiger bereits im Prozessverfahren vertreten hat, ermächtigt die **Prozessvollmacht** auch zur Beantragung von Zwangsvollstreckungsmaßnahmen, § 81 ZPO. Liegt eine solche Prozessvollmacht nicht vor, muss eine Vollmacht für das Vollstreckungsverfahren erteilt und dem Vollstreckungsantrag beigefügt werden. Der Gerichtsvollzieher ist verpflichtet, die Bevollmächtigung zu prüfen. Ist der Bevollmächtigte jedoch bereits im Vollstreckungstitel als Prozessbevollmächtigter angegeben, entfällt diese Prüfung im Hinblick auf § 81 ZPO. Tritt als Bevollmächtigter ein Rechtsanwalt auf, prüft der Gerichtsvollzieher die Bevollmächtigung lediglich auf Rüge des Gegners (§ 88 Abs. 2 ZPO). Vgl. zu den Einzelheiten auch § 31 Abs. 3 GVGA. Ist der Nachweis der Vollmacht erforderlich, hat dies durch Vorlage des Originals der Vollmachtsurkunde zu erfolgen (BGH NJW 1994, 2298).

4. Geldempfangsvollmacht. Insoweit kann auf → Form. G. II. 1 Anm. 5 zum Modul A verwiesen werden.

5. Forderungsaufstellung. Dem Formular ist zwingend die Forderungsaufstellung gemäß **Anlage 1** zum Formular beizufügen. Die Forderungsaufstellung soll an dieser Stelle nicht weiter kommentiert werden. Hierzu wird auf den folgenden Abschnitt verwiesen.

6. Forderungsaufstellung gemäß sonstiger Anlage. Diese Rubrik ist anzukreuzen, wenn neben der Forderungsaufstellung gemäß Anlage 1 zum amtlichen Formular eine **weitere Anlage** zur Spezifizierung der Forderung beigefügt wird. Die Anlage 1 sieht eine Reihe von Angaben vor. Dabei kann es aber sein, dass einzelne Angaben noch weiter aufgeschlüsselt oder erläutert werden müssen. So sieht die Anlage 1 etwa eine pauschale Angabe zu den Vollstreckungskosten vor. Bei aufwändigen Vollstreckungen kann dies näher erläuterungsbedürftig sein. Dann muss der Anlage 1 zum Zwecke dieser Erläuterung eine weitere Aufstellung beigefügt werden. Auf dem amtlichen Formular ist diese Rubrik entsprechend anzukreuzen, so dass neben der Anlage 1 eine weitere Anlage beigefügt werden kann. Das für die Anlage 1 vorgesehene Formular enthält eine entsprechende Angabe zu weiteren Anlagen in der vorletzten Rubrik.

7. Anwaltskosten für weitere Vollstreckungsmaßnahmen. Das amtliche Formular sieht in **Modul Q** die Aufnahme von Anwaltskosten vor, welche für den **gegenwärtigen Auftrag** anfallen. Es kann allerdings sein, dass für andere Vollstreckungsmaßnahmen bereits Anwaltskosten angefallen sind. Auch insoweit wird es der Beifügung einer weiteren Anlage bedürfen, in der diese Kosten spezifiziert sind.

8. Inkassokosten. Soweit im Zwangsvollstreckungsverfahren Kosten für eine Inkassodienstleistung angefallen sind, können diese in einer gesonderten Anlage ausgewiesen werden. § 4 Abs. 4 S. 1 des Einführungsgesetzes zum Rechtsdienstleistungsgesetz bestimmt, dass sich die Erstattung der Vergütung von Personen, die Inkassodienstleistungen erbringen (registrierte Personen nach § 10 Abs. 1 S. 1 Nr. 1 RDG) im Zwangsvollstreckungsverfahren nach § 788 ZPO richtet.

9. Weitere Anlagen. Hier können weitere Anlagen bezeichnet werden, die dem amtlichen Formular beigefügt werden. Insoweit wird auf die Beispiele bei den → Form. G. III. 1 ff. verwiesen. Mit den dort vorgeschlagenen Anlagen können besondere Anträge gestellt bzw. besondere Vollstreckungssituationen abgebildet werden.

3. Forderungsaufstellung (Anlage 1)

Anlage 1

Forderungsaufstellung ①

☐ Der Gläubiger kann von dem Schuldner die nachfolgend aufgeführten Beträge beanspruchen:

☐ ______
(zusätzliche Informationen, z. B. bei Vollstreckung in unterschiedlicher Höhe gegen mehrere Schuldner)

______ €	☐ Hauptforderung ②
______ €	☐ Restforderung
______ €	☐ Teilforderung ③
______ €	☐ nebst ______ % Zinsen daraus/aus ______ Euro seit dem ______ ☐ bis ______ ④
______ €	☐ nebst ______ % Zinsen daraus/aus ______ Euro ab Antragstellung
______ €	☐ nebst Zinsen in Höhe von ______ Prozentpunkten über dem jeweiligen Basiszinssatz daraus/aus ______ Euro seit dem ______ ☐ bis ______
______ €	☐ nebst Zinsen in Höhe von ______ Prozentpunkten über dem jeweiligen Basiszinssatz daraus/aus ______ Euro ab Antragstellung
______ €	☐ ______
______ €	☐ ______
______ €	☐ Säumniszuschläge gemäß § 193 Absatz 6 Satz 2 des Versicherungsvertragsgesetzes
______ €	☐ titulierte vorgerichtliche Kosten ☐ Wechselkosten
______ €	☐ Kosten des Mahn-/Vollstreckungsbescheides
______ €	☐ festgesetzte Kosten ⑤
______ €	☐ nebst ______ % Zinsen daraus/aus ______ Euro seit dem ______ ☐ bis ______
______ €	☐ nebst ______ % Zinsen daraus/aus ______ Euro ab Antragstellung
______ €	☐ nebst Zinsen in Höhe von ______ Prozentpunkten über dem jeweiligen Basiszinssatz daraus/aus ______ Euro seit dem ______ ☐ bis ______
______ €	☐ nebst Zinsen in Höhe von ______ Prozentpunkten über dem jeweiligen Basiszinssatz daraus/aus ______ Euro ab Antragstellung
______ €	☐ bisherige Vollstreckungskosten ⑥
______ €	**Summe I**
______ € (wenn Angabe möglich)	☐ gemäß sonstiger Anlage/-n des Gläubigers/Gläubigervertreters ______ (zulässig, wenn in dieser Aufstellung die erforderlichen Angaben nicht oder nicht vollständig eingetragen werden können)
______ € (wenn Angabe möglich)	**Summe II** (aus Summe I und Summe aus sonstiger Anlage/sonstigen Anlagen des Gläubigers/Gläubigervertreters)

Anmerkungen

1. Forderungsaufstellung. Die Forderungsaufstellung ist die wichtigste und zwingende Anlage zum amtlichen Formular. Aus ihr geht hervor, wegen welcher Beträge der Gläubiger die Zwangsvollstreckung betreibt. Anzugeben ist die Höhe der beizutreibenden **Forderung,** aufgeschlüsselt in Hauptforderung, Zinsen, Prozesskosten und Vollstreckungskosten. Im Wege der Zwangsvollstreckung können auch **Kleinforderungen** durchgesetzt werden. Der Gläubiger hat auch diesbezüglich ein Rechtsschutzbedürfnis; Gesichtspunkte der Verhältnismäßigkeit können einer solchen Vollstreckung nicht entgegen gehalten werden (Zöller/*Stöber* § 753 ZPO Rn. 8; vgl. aber die Einschränkungen in § 755 Abs. 2 S. 4 ZPO und in § 802l Abs. 1 S. 2 ZPO für die Aufenthaltsermittlung bzw. für die Einholung von Drittauskünften).

2. Hauptforderung. Die Hauptforderung ist einfach zu ermitteln. Sie ergibt sich ohne weiteres aus dem Vollstreckungstitel.

3. Restforderung, Teilforderung. Für die Vollstreckung einer Teil- oder Restforderung ist umstritten, ob und inwieweit der Gläubiger überhaupt für eine Spezifizierung des zu vollstreckenden Betrages Sorge tragen muss. Von einer wohl vorherrschenden Auffassung wird eine solche Verpflichtung grundsätzlich verneint. Die hierfür aufgeführten Gründe sind überzeugend. Der Gläubiger ist Herr des Verfahrens und kann daher frei bestimmen, inwieweit er eine Forderung geltend macht. Hinzu tritt, dass das Vollstreckungsorgan nicht verpflichtet ist zu prüfen, ob dem Gläubiger die geltend gemachte Forderung zusteht. Soweit der Schuldner die Auffassung vertritt, eine Forderung werde zu Unrecht durchgesetzt, obliegt es ihm, sich gegen die Vollstreckung mit den einschlägigen Rechtsbehelfen zur Wehr zu setzen (OLG Schleswig DGVZ 1976, 135; MüKoZPO/*Heßler* § 753 Rn. 27; Zöller/*Stöber* § 753 Rn. 7). Es ist aber nicht zu verkennen, dass eine beträchtliche Anzahl von Gerichtsvollziehern eine spezifizierte Forderungsaufstellung verlangt (vgl. OLG Köln DGVZ 1983, 9; OLG Stuttgart JurBüro 1987, 1813). Das amtliche Formular dürfte daher in vielen Fällen durch eine weitere Anlage zu ergänzen sein. Dies beschleunigt in jedem Falle das Verfahren und erspart Auseinandersetzungen mit dem Gerichtsvollzieher betreffend die diesbezüglichen Verpflichtungen des Gläubigers. Hinzuweisen ist in diesem Zusammenhang insbesondere auf § 80 Abs. 2 GVGA, der eine Berücksichtigung von Abschlagszahlungen bei der vom Gläubiger vorzulegenden Forderungsberechnung vorschreibt. Gerade bei Abschlagszahlungen kann der Gerichtsvollzieher aber vom Gläubiger eine detaillierte Berechnung fordern (§ 80 Abs. 3 GVGA). Schließlich muss berücksichtigt werden, dass eine detaillierte Aufstellung auch dem Zwecke dient, dem Schuldner den zu vollstreckenden Betrag zu erläutern. So wird die Vollstreckung für den Schuldner transparent, um ihn von der Einlegung vollstreckungsrechtlicher Rechtsbehelfe abzuhalten.

Wenn wegen eines **Restbetrages** vollstreckt wird, ist darzulegen, wie sich dieser unter Berücksichtigung der bisherigen Raten- oder Abschlagszahlungen des Schuldners errechnet. Für die Verrechnung gilt auch im Vollstreckungsverfahren **§ 367 Abs. 1 BGB** (BGH NJW 1956, 1595). Es gilt also die Tilgungsreihenfolge Kosten – Zinsen – Hauptforderung. Kosten sind alle Aufwendungen des Gläubigers, die im Zusammenhang mit der Rechtsverfolgung angefallen sind (Prozess- und Vollstreckungskosten). Sind die Kosten durch Zahlungen des Schuldners gedeckt, so werden weitere Leistungen auf die angefallenen Zinsen verrechnet. Erst danach kommt es zu einer Verrechnung mit der Hauptforderung. Bei einer Vollstreckung von mehreren Forderungen ist zunächst **§ 366 Abs. 2 BGB** zu beachten. Hiernach bestimmt sich die Reihenfolge der Forderungen, auf die jeweils nach Maßgabe von § 367 BGB verrechnet wird. In der Zwangsvollstreckung findet das Bestimmungsrecht des Schuldners nach § 366 Abs. 1 BGB keine Anwendung (BGH NJW 1999, 1704). Demgegenüber ist § 366 Abs. 2 BGB entsprechend anwendbar. In der Regel dürfte in der Zwangsvollstreckung das Alter der Verbindlichkeiten die Tilgungsreihenfolge bestimmen. Allerdings sind auch andere Reihenfolgen unter Beachtung der Vorgaben des § 366 BGB denkbar. Soweit es um die Durchsetzung einer Forderung aus einem **Verbraucherdarlehensvertrag** gemäß §§ 491 ff. BGB geht, ist **§ 497 Abs. 3 BGB** als spezielle Regelung zu beachten. Abweichend von § 367 Abs. 1 BGB bestimmt die Vorschrift die Tilgungsreihenfolge Kosten der Rechtsverfolgung – Hauptforderung – Zinsen. In der Darstellung von Art und Weise der **Verrechnung** ist darauf zu achten, dass diese für den Gerichtsvollzieher ohne weiteres nachvollziehbar ist. Es empfiehlt sich daher, jede einzelne Zahlung des Schuldners mit Datum und genauer Bezifferung anzugeben. Die im Folgenden vorgeschlagenen Tabellen weisen den gesamten Forderungsstand am Zahlungstag, getrennt nach Hauptforderung, Zinsen und Kosten aus und ermöglichen eine genaue Zuordnung der Zahlung zu der Position, mit der verrechnet wird. Aus einer solchen Aufstellung erschließt sich der zu vollstreckende Restbetrag, der am Ende nochmals beziffert werden sollte. Hierbei ist zu beachten, dass auf diesen Restbetrag weitere Zinsen anfallen können. Bei der Vollstreckung einer Restforderung wird also vorgeschlagen, der amtlichen Forderungsaufstellung eine **Anlage** nach folgendem Muster beizufügen:

„Der zu vollstreckende Restbetrag ergibt sich unter Berücksichtigung vom Schuldner bereits geleisteter Zahlungen aus folgender Aufstellung. Die Verrechnung erfolgt nach Maßgabe der §§ 366, 367 BGB/§ 497 Abs. 3 S. 1 BGB.

I. Zahlung des Schuldners am . . . . . [Datum] in Höhe von . . . . . [Betrag]:

		Forderungshöhe bei Zahlung	Verrechnung
1.	Hauptforderung	. . . . . EUR	. . . . . EUR
2.	Zinsen auf die Hauptforderung (. . . . . % seit dem . . . . .)	. . . . . EUR	. . . . . EUR
3.	Prozesskosten	. . . . . EUR	. . . . . EUR
4.	0,3 Verfahrensgebühr Nr. 3309 VV RVG aus Gegenstandswert	. . . . . EUR	. . . . . EUR
5.	Auslagenpauschale Nr. 7002 VV RVG	. . . . . EUR	. . . . . EUR
6.	Umsatzsteuer Nr. 7008 VV RVG auf Ziff. 4. und 5.	. . . . . EUR	. . . . . EUR
7.	Weitere Kosten aus diesem Verfahren	. . . . . EUR	. . . . . EUR

II. Zahlung des Schuldners am . . . . . [Datum] in Höhe von . . . . . [Betrag]:

		Forderungshöhe bei Zahlung	Verrechnung
1.	Hauptforderung	. . . . . EUR	. . . . . EUR
2.	Zinsen auf die Hauptforderung (. . . . . % seit dem . . . . .)	. . . . . EUR	. . . . . EUR
3.	Prozesskosten	. . . . . EUR	. . . . . EUR
4.	0,3 Verfahrensgebühr Nr. 3309 VV RVG aus Gegenstandswert	. . . . . EUR	. . . . . EUR
5.	Auslagenpauschale Nr. 7002 VV RVG	. . . . . EUR	. . . . . EUR
6.	Umsatzsteuer Nr. 7008 VV RVG auf Ziff. 4. und 5.	. . . . . EUR	. . . . . EUR
7.	Weitere Kosten aus diesem Verfahren	. . . . . EUR	. . . . . EUR

III. Zahlung des Schuldners am ..... [Datum] in Höhe von ..... [Betrag]:
.....
Unter Berücksichtigung der vorgenannten Zahlungen ergibt sich mithin zum heutigen Tag eine Restforderung in Höhe von ..... EUR. Hinzu kommen weitere Zinsen in Höhe von ..... EUR pro Tag.]"

Die Vollstreckung wegen eines **Teilbetrages** kann verschiedene Gründe haben. Obwohl diese **Gründe** grundsätzlich Sache des Gläubigers sind, kann es erforderlich werden, diese Gründe darzulegen. Da die Forderungsaufstellung dies nicht vorsieht, kann auch insoweit die Beifügung einer **Anlage** notwendig werden. Die Durchsetzung eines Teilbetrages kann insbesondere zum Zwecke der Kostenersparnis erfolgen. Für die Gerichtsvollziehergebühren spielt dieser Gesichtspunkt freilich keine Rolle, weil für die Vollstreckung lediglich Pauschalgebühren anfallen (vgl. § 9 GvKostG iVm dem Kostenverzeichnis zum GvKostG). Jedenfalls bestimmen sich aber die Gebühren für den Verfahrensbevollmächtigten nach dem Gegenstandswert, so dass insoweit eine Teilvollstreckung eine Kostenersparnis nach sich ziehen kann. Eine solche Vorgehensweise dürfte insbesondere dann angezeigt sein, wenn aufgrund bestimmter Umstände zu besorgen ist, dass der Schuldner lediglich in geringem Umfang leistungsfähig ist bzw. nur über wenig pfändbares Vermögen verfügt. Auch wenn wegen eines Teilbetrages vollstreckt wird und der Gläubiger die Gründe für diese Vorgehensweise offen legt, empfiehlt es sich zusätzlich, die Höhe der **Gesamtforderung** mitzuteilen. Dies bringt auch deshalb Sinn, weil dem Gerichtsvollzieher dann die Verrechnung einer vom Schuldner eventuell geleisteten Teilzahlung ohne weitere Nachfrage möglich ist.

4. Zinsen. Die Zinsen müssen im Antrag noch nicht ausgerechnet werden. Der Gerichtsvollzieher setzt die Zinsen gemäß dem Titel bis zum Tag, an dem die Zwangsvollstreckung erfolgt, an (§ 80 Abs. 1 Nr. 2 GVGA). Für die Forderungsaufstellung reicht daher die im Titel enthaltene Angabe zum Zinslauf und zur Zinshöhe aus.

5. Festgesetzte Kosten. Es handelt sich um die Angabe der Verfahrenskosten, soweit diese in einem **Kostenfestsetzungsbescheid** festgesetzt worden sind. In den folgenden Spalten des Formulars werden die Zinsen angegeben, welche auf diese festgesetzten Verfahrenskosten anfallen. **Prozesskosten** können nur insoweit berücksichtigt werden, als diese bereits festgesetzt sind, § 80 Abs. 1 Nr. 3 GVGA.

6. Vollstreckungskosten. Die **Vollstreckungskosten** werden sogleich mit dem Hauptsachetitel vollstreckt, eines gesonderten Titels bedarf es hierfür nicht, § 788 Abs. 1 ZPO. Der Gerichtsvollzieher prüft, ob und inwieweit die Vollstreckungskosten zu Recht angesetzt worden und die geltend gemachten Aufwendungen notwendig (§ 91 ZPO) sind. Zu diesem Zwecke sollten sowohl die Anwaltsgebühren genau aufgeschlüsselt als auch sonstige Kosten im Einzelnen angegeben und nachgewiesen werden. Hierzu kann es ggf. notwendig sein, die Forderungsaufstellung um eine weitere Anlage zu ergänzen. Die **Gerichtsvollzieherkosten** sind im GvKostG geregelt. Zu beachten ist, dass der Gläubiger nach § 4 GvKostG vor Beginn der Vollstreckung an den Gerichtsvollzieher einen **Vorschuss** zahlen muss, der die voraussichtlich entstehenden Kosten deckt. Der Gerichtsvollzieher kann die Durchführung der Vollstreckung von der Zahlung des Vorschusses abhängig machen. Zur raschen Durchsetzung des Vollstreckungsauftrages empfiehlt es sich für den Gläubiger daher, mit dem Vollstreckungsantrag zugleich die Zahlung des Kostenvorschusses zu veranlassen. Der Vorschuss kann dann sogleich der zu vollstreckenden Forderung hinzugesetzt werden.

Die einzelnen Tatbestände zu den **Gerichtsvollzieherkosten** finden sich im Kostenverzeichnis als Anhang zu § 9 GvKostG. Nach § 4 GvKostG ist der Auftraggeber zur Zahlung eines Vorschusses verpflichtet, der die voraussichtlich entstehenden Kosten abdeckt. Nach dem Kostenverzeichnis fallen zB an: Bewirkung einer Pfändung 26,– EUR (Nr. 205 KV GvKostG), persönliche Zustellung durch den Gerichtsvollzieher 10,–

EUR (Nr. 100 KV GvKostG), Versuch einer gütlichen Einigung 16,– EUR (Nr. 207 KV GvKostG), Wegnahme oder Entfernung beweglicher Sachen durch den Gerichtsvollzieher 26,– EUR (Nr. 221 KV GvKostG). Daneben fallen Auslagen des Gerichtsvollziehers an (Nr. 700 ff. KV). Die Gebühren sind für jeden Auftrag zu zahlen, § 3 GvKostG. Umstritten ist insbesondere, unter welchen Umständen der Gerichtsvollzieher eine Gebühr nach Nr. 207 KV GvKostG für den Versuch einer gütlichen Erledigung beanspruchen kann. Nach der Nachbemerkung zu Nr. 207 KV GvKostG entsteht die Gebühr nicht, wenn der Gerichtsvollzieher gleichzeitig mit einer auf eine Maßnahme nach § 802a Abs. 2 S. 1 Nr. 2 und Nr. 4 ZPO gerichteten Amtshandlung beauftragt ist. Die Auslegung dieser Bestimmung ist umstritten, insb. wenn eine isolierte gütliche Einigung bzw. Maßnahmen nach § 802a Abs. 2 S. 1 Nr. 2 und Nr. 4 ZPO bedingt beantragt sind oder der Gläubiger nur eine der genannten Maßnahmen beantragt (vgl. OLG Stuttgart DGVZ 2015, 85 f.; OLG Köln DGVZ 2014, 199 ff.; OLG Düsseldorf NJW-RR 2014, 960; *Kessel*, Sachaufklärung in der Zwangsvollstreckung und die Kosten, DGVZ 2012, 213, 216).

Der **Rechtsanwalt** erhält für seine Tätigkeit eine Verfahrensgebühr nach Nr. 3309 KV RVG. Sie bemisst sich in Höhe von 0,3 des Gebührensatzes nach § 13 RVG. Der Gegenstandswert bestimmt sich in der Zwangsvollstreckung grundsätzlich nach dem Wert des dem Gläubiger zustehenden Rechts, § 26 Nr. 1 RVG. Dem Rechtsanwalt stehen Entgelte für Post- und Telekommunikation nach Nr. 7001, 7002 KV RVG zu. Der Rechtsanwalt erhält seine Gebühren in jeder Angelegenheit der Zwangsvollstreckung nur einmal. Die Vollstreckungsangelegenheit definiert § 18 Abs. 1 Nr. 1 RVG als jede Vollstreckungsmaßnahme zusammen mit den durch diese vorbereiteten weiteren Vollstreckungshandlungen bis zur Befriedigung des Gläubigers (zu den Einzelheiten vgl. *Enders*, Die Auswirkungen der Reform der Sachaufklärung auf die Anwaltsvergütung in der Zwangsvollstreckung, JurBüro 2012, 633, 634 ff.).

4. Anträge an den Gerichtsvollzieher (Module D bis F)

D	☐ **Zustellung**①
E	**gütliche Erledigung (§ 802b der Zivilprozessordnung – ZPO)**②
E 1	☐ Ich bin einverstanden, dass die folgende Zahlungsfrist gewährt wird: ______________
E 2	☐ Mit der Einziehung von Teilbeträgen bin ich einverstanden. ☐ Ratenhöhe mindestens ______________ Euro ☐ monatlicher Turnus ☐ sonstiger Turnus: ______________
E 3	☐ Ich bin mit einer Abweichung von den Zahlungsmodalitäten nach dem Ermessen der Gerichtsvollzieherin/des Gerichtsvollziehers einverstanden.
E 4	sonstige Weisungen ☐ ______________
E 5	☐ Der Auftrag beschränkt sich auf die gütliche Erledigung.
F	**keine Zahlungsvereinbarung** ☐ Mit einer Zahlungsvereinbarung bin ich nicht einverstanden (§ 802b Absatz 2 Satz 1 ZPO).

Anmerkungen

1. Zustellung der Vollstreckungstitel. Eine Vollstreckung darf erst beginnen, wenn dem Schuldner sämtliche Urkunden zugestellt worden sind, welche die Grundlage der Vollstreckung bilden. Dies gilt insbesondere für die zu vollstreckenden **Titel.** Soweit diese nicht bereits vor Beginn der Vollstreckung zugestellt sind, müssen sie vom Gerichtsvollzieher spätestens bei Beginn der Vollstreckung zugestellt werden, § 750 Abs. 1 S. 1 ZPO (Ausnahmen: §§ 750 Abs. 3 ZPO, 720a, 798 ZPO).

Der Antrag auf Zustellung ist dann in den Vollstreckungsantrag aufzunehmen. Die **Vollstreckungsklausel** muss nur in den Ausnahmefällen gemäß § 750 Abs. 2 ZPO (qualifizierte und titelumschreibende Klauseln) zugestellt werden. In diesen Fällen müssen auch öffentliche oder öffentlich beglaubigte Urkunden beigefügt werden, aufgrund deren die Klausel erteilt worden ist. Bei allen Zustellungen ist zu beachten, dass in dem Falle, in welchem der Schuldner einen **Prozessbevollmächtigten** bestellt hat, die Zustellungen an diesen erfolgen müssen. Zu den Einzelheiten der Zustellung von Urkunden durch den Gerichtsvollzieher kann auf §§ 9 ff. GVGA verwiesen werden.

2. Anträge nach § 802b ZPO. § 802b Abs. 1 ZPO formuliert die Leitlinie, wonach der Gerichtsvollzieher in jeder Lage des Verfahrens auf eine gütliche Einigung bedacht sein soll. Das Gesetz weist dem Gerichtsvollzieher die Befugnis zu, dem Schuldner eine Zahlungsfrist einzuräumen oder eine Tilgung durch Teilleistungen zu gestatten. Eine solche Vorgehensweise muss der Gläubiger durch **ausdrückliche Erklärung ausschließen,** wenn er damit grundsätzlich nicht einverstanden ist. Die gesetzliche Regelung ist nämlich so konzipiert, dass das Einverständnis des Gläubigers vermutet wird, vgl. § 802b Abs. 2 S. 1 ZPO. Neben einer Verweigerung des Einverständnisses kann der Gläubiger Bedingungen formulieren, zB Mindestraten vorsehen oder bestimmte Zahlungsfristen vorgeben.

Der Gerichtsvollzieher ist in seiner Befugnis zur Herbeiführung einer gütlichen Erledigung nicht völlig frei. Er muss vielmehr prüfen, ob der Schuldner aller Voraussicht nach die festzusetzenden Zahlungen erbringen kann. Dazu bedarf es einer glaubhaften Darlegung des Schuldners. Dieser muss seine Zahlungsfähigkeit und -bereitschaft darlegen und ggf. belegen. Der Gerichtsvollzieher ist in der Bewertung dieses Vortrages frei. Er hat zudem die gesetzliche Vorgabe zu beachten, wonach die Tilgung binnen 12 Monaten abgeschlossen sein soll (§ 802b Abs. 2 S. 3 ZPO).

Die verfahrensrechtliche Folge der Einräumung einer Zahlungsfrist oder einer Ratenzahlung ist ein **Vollstreckungsaufschub** (§ 802b Abs. 2 S. 2 ZPO). Solange dieser gilt, dürfen keine weiteren Vollstreckungsmaßnahmen ergriffen werden. § 802b Abs. 3 ZPO verpflichtet den Gerichtsvollzieher, den Gläubiger unverzüglich über den festgesetzten Zahlungsplan und den Vollstreckungsaufschub zu unterrichten. Ebenso unverzüglich muss der Gläubiger diesen Vereinbarungen **widersprechen,** wenn er damit nicht einverstanden ist. Unverzüglich bedeutet ohne schuldhaftes Zögern, vgl. § 121 Abs. 1 S. 1 BGB. § 802b Abs. 3 ZPO bestimmt darüber hinaus, dass der Zahlungsplan hinfällig wird und der Vollstreckungsaufschub endet, wenn der Schuldner mit einer festgesetzten Zahlung ganz oder teilweise **länger als zwei Wochen in Rückstand gerät.** Der Herbeiführung eines Schuldnerverzuges bedarf es in diesen Fällen nicht mehr.

Nicht geregelt ist in § 802b ZPO die Problematik, die sich dann ergeben kann, wenn ein Teilzahlungsangebot des Schuldners vorliegt, der Gerichtsvollzieher aber darüber hinaus pfändbares Vermögen vorfindet. Unter diesen Umständen dürfte es dem Gerichtsvollzieher verwehrt sein, allein eine Zahlungsvereinbarung abzuschließen und von einer Pfändung abzusehen. Dies folgt aus dem in § 802a Abs. 1 ZPO geregelten Grundsatz der zügigen, vollständigen und Kosten sparenden Beitreibung von Geldforderungen. Der

Gerichtsvollzieher wird dabei bei einem Teilzahlungsangebot nur dann von einer Pfändung weiterer Gegenstände absehen können, wenn er entsprechend Rücksprache mit dem Gläubiger genommen hat. Stimmt der Gläubiger zu, besteht das Risiko, dass ein anderer Gläubiger in das verwertbare Vermögen vollstreckt und damit möglicherweise auch die wirtschaftliche Grundlage für die angebotenen Ratenzahlungen zerstört.

5. Abnahme der Vermögensauskunft, Verhaftung (Module G, H und I)

G	**Abnahme der Vermögensauskunft** (bitte Hinweise in der Anlage 2 des Formulars beachten) ① ⑧
G1	☐ nach den §§ 802c, 802f ZPO (ohne vorherigen Pfändungsversuch) ②
G2	☐ nach den §§ 802c, 807 ZPO (nach vorherigem Pfändungsversuch) ③ Sofern der Schuldner wiederholt nicht anzutreffen ist, ☐ bitte ich um Rücksendung der Vollstreckungsunterlagen. ☐ beantrage ich, das Verfahren zur Abnahme der Vermögensauskunft nach den §§ 802c, 802f ZPO einzuleiten.
G3	☐ erneute Vermögensauskunft nach § 802d ZPO (wenn der Schuldner bereits innerhalb der letzten zwei Jahre die Vermögensauskunft abgegeben hat) ④ Die Vermögensverhältnisse des Schuldners haben sich wesentlich geändert, weil __________ __________ __________ Zur Glaubhaftmachung füge ich bei: __________ __________ __________
G4	weitere Angaben im Zusammenhang mit der Vermögensauskunft ⑤ ☐ __________ __________
H	☐ **Erlass des Haftbefehls nach § 802g ZPO** ⑥ Bleibt der Schuldner dem Termin zur Abgabe der Vermögensauskunft unentschuldigt fern oder weigert er sich ohne Grund, die Vermögensauskunft zu erteilen, beantrage ich den Erlass eines Haftbefehls nach § 802g Absatz 1 ZPO. Die Gerichtsvollzieherin/den Gerichtsvollzieher bitte ich, den Antrag an das zuständige Amtsgericht weiterzuleiten und dieses zu ersuchen, nach Erlass des Haftbefehls diesen an ☐ den Gläubiger ☐ den Gläubigervertreter zu übersenden. ☐ die zuständige Gerichtsvollzieherin/den zuständigen Gerichtsvollzieher weiterzuleiten. Gegenüber der Gerichtsvollzieherin/dem Gerichtsvollzieher stelle ich den Antrag auf Verhaftung des Schuldners.
I	☐ **Verhaftung des Schuldners (§ 802g Absatz 2 ZPO)** ⑦ Haftbefehl des Amtsgerichts __________ Datum __________ Geschäftszeichen __________

Anmerkungen

1. Vermögensauskunft. Das Verfahren zur Erteilung einer Vermögensauskunft nach dem Gesetz zur Reform der Sachaufklärung in der Zwangsvollstreckung unterscheidet sich grundsätzlich von den früheren Regelungen zur Abgabe der **eidesstattlichen Versicherung.** Nach § 807 ZPO aF war der Gläubiger grundsätzlich verpflichtet, vor einem Antrag auf Abgabe der eidesstattlichen Versicherung zunächst einen Vollstreckungsversuch zu unternehmen oder zumindest die Unpfändbarkeit des Schuldners darzulegen. Erst danach konnte der Schuldner zur Abgabe der eidesstattlichen Versicherung verpflichtet werden. Diese Vorgehensweise ist unzweckmäßig, weil der Gläubiger vor allem an Informationen über die Vermögensverhältnisse des Schuldners interessiert ist. Mit diesen Informationen kann er sehr viel besser entscheiden, welche Vollstreckungsmaßnahmen zweckmäßig sind. Aus diesem Grunde sieht **§ 802c ZPO** entgegen der bisherigen Regelung eine Vermögensauskunft des Schuldners **ohne vorherigen Versuch einer fruchtlosen Fahrnisvollstreckung vor.** Auch nach der neuen Regelung kann der Gläubiger allerdings einen Vollstreckungsversuch mit dem Antrag auf Erteilung einer Vermögensauskunft verbinden. Er kann jedoch entscheiden, welche Vorgehensweise zweckmäßiger erscheint.

Das Gesetz zur Sachaufklärung in der Zwangsvollstreckung hat das gesamte Verfahren zur Erteilung der Vermögensauskunft neu gestaltet. Die Voraussetzungen zur Abgabe einer **erneuten oder wiederholten Vermögensauskunft** sind modifiziert in § 802d ZPO. Dem Gläubiger steht zudem die gegenüber der eigenen Vermögensauskunft des Schuldners subsidiäre Möglichkeit der **Einholung von Auskünften bei Dritten** offen (§ 802l ZPO). Darüber hinaus ist zu beachten, dass das Gesetz nunmehr eine zentrale Verwaltung der zu hinterlegenden Vermögensverzeichnisse vorsieht (§ 802k ZPO). Die Verzeichnisse werden bei dem für das jeweilige Bundesland zuständigen **zentralen Vollstreckungsgericht** geführt. Die Länderverzeichnisse werden in einem bundesweiten Portal bereitgestellt („**www.vollstreckungsportal.de**").

Die **Zuständigkeit** des angerufenen Gerichtsvollziehers folgt aus § 802e ZPO. Zuständig ist der Gerichtsvollzieher bei dem Amtsgericht, in dessen Bezirk der Schuldner im Zeitpunkt der Auftragserteilung seinen Wohnsitz oder in Ermangelung eines solchen seinen Aufenthaltsort hat. Ist der angerufene Gerichtsvollzieher nicht zuständig, so leitet er die Sache auf Antrag des Gläubigers an den zuständigen Gerichtsvollzieher weiter.

Der **Inhalt** der Vermögensauskunft ist durch § 802c Abs. 2 ZPO vorgegeben. Der Schuldner hat alle ihm gehörenden Vermögensgegenstände sowie Forderungen nach Grund und Beweismittel zu bezeichnen. Bei Forderungen soll der Gläubiger durch die Schuldnerangaben in die Lage versetzt werden, diese zu pfänden. Der Schuldner muss daher den Drittschuldner mit Namen und Anschrift bezeichnen. Grundsätzlich erstreckt sich die Auskunftspflicht des Schuldners nur auf gegenwärtige Vermögenswerte. Nur bei ihnen besteht die Möglichkeit des Zugriffs im Wege der Vollstreckung. Bloße Erwerbsmöglichkeiten muss der Schuldner nicht offenbaren. Die Auskunftsverpflichtung bezieht sich jedoch auch auf künftige Forderungen. Sie können Gegenstand der Vollstreckung sein, sofern der Rechtsgrund und der Drittschuldner im Zeitpunkt der Pfändung hinreichend bestimmt sind (BGH NJW-RR 2011, 851). Entsprechend § 807 Abs. 2 S. 1 ZPO aF sind auch solche Angaben von der Auskunftspflicht erfasst, die es dem Gläubiger ermöglichen sollen, von einem Anfechtungsrecht Gebrauch zu machen. Um zu gewährleisten, dass der Schuldner die Angaben vollständig und richtig gemacht hat, sieht § 802c Abs. 3 ZPO die **Versicherung an Eides statt** vor.

Grundsätzliche Regelungen zum **Verfahren** trifft § 802f ZPO. Hervorzuheben ist, dass der Gerichtsvollzieher dem Schuldner vor Abnahme der Vermögensauskunft eine letzte **Zahlungsfrist von zwei Wochen** einräumt. Grundsätzlich lädt der Gerichtsvollzieher den Schuldner zur Abgabe der Auskunft in seine Geschäftsräume. Auf Bestimmung des Gerichtsvollziehers kann die Abgabe der Auskunft aber auch in den Wohnräumen des Schuldners erfolgen (**Widerspruchsrecht des Schuldners**, § 802f Abs. 2 S. 2 ZPO). Der Termin zur Erteilung der Vermögensauskunft wird dem Gläubiger mitgeteilt, um diesem die Möglichkeit zur Teilnahme zu geben (§ 802f Abs. 4 S. 2 ZPO). Die Vermögensauskunft wird auf einem amtlichen Vordruck abgegeben. § 802f Abs. 5 ZPO sieht vor, dass die Angaben in einem elektronischen Dokument zu erfassen sind. Das Vermögensverzeichnis wird sodann bei dem zentralen Vollstreckungsgericht hinterlegt; der Gläubiger erhält einen Ausdruck des Verzeichnisses (§ 802f Abs. 6 ZPO).

Das Vermögensverzeichnis wird vom Gerichtsvollzieher als elektronisches Dokument errichtet, § 802f Abs. 5 ZPO. Es wird beim zentralen Vollstreckungsgericht hinterlegt. Ein Ausdruck dieses Vermögensverzeichnisses ist dem Gläubiger zuzuleiten, § 802f Abs. 6 ZPO. Darüber hinaus nimmt der Gerichtsvollzieher ein Protokoll des Termins zur Abgabe des Vermögensverzeichnisses auf, § 138 Abs. 2 GVGA.

Zu beachten ist, dass die Verwaltung der Vermögensverzeichnisse in den jeweiligen Bundesländern zentral erfolgt, § 802k ZPO. Die Verwaltung der elektronischen Dokumente wird bei **zentralen Vollstreckungsgerichten** vorgenommen. Gerichtsvollzieher und andere Vollstreckungsbehörden können jederzeit hierauf zugreifen. Zur Einsicht sind auch Insolvenzgerichte, Registergerichte und Strafverfolgungsbehörden im Rahmen ihrer Aufgaben befugt.

Die zentralen Vollstreckungsgerichte führen auch das **Schuldnerverzeichnis,** § 882h ZPO. Der Gerichtsvollzieher ordnet **von Amts wegen** die Eintragung in das Schuldnerverzeichnis an, wenn der Schuldner seiner Pflicht zur Abgabe der Vermögensauskunft nicht nachgekommen ist, die Vollstreckung nach dem Inhalt des Vermögensverzeichnisses offensichtlich nicht zu einer vollständigen Gläubigerbefriedigung ausreicht oder der Schuldner dem Gerichtsvollzieher nicht innerhalb eines Monates nach Abgabe der Vermögensauskunft die vollständige Befriedigung der Gläubiger nachweist, § 882c Abs. 1 ZPO. Die Löschung aus dem Schuldnerverzeichnis erfolgt grundsätzlich **nach drei Jahren,** § 882e Abs. 1 ZPO. Das Gesetz erlaubt ferner die Einsicht in das Schuldnerverzeichnis für Zwecke der Zwangsvollstreckung, § 882f ZPO, sowie den Bezug von Abdrucken aus dem Schuldnerverzeichnis, § 882g Abs. 1 ZPO.

2. Ohne vorherigen Pfändungsversuch. Der Gläubiger hat hier die Wahlmöglichkeit, ob er die Abnahme der Vermögensauskunft ohne vorherige Durchführung eines Pfändungsversuchs anstrebt. S. dazu bereits auch → Anm. 1.

3. Nach vorherigem Pfändungsversuch. In diesem Falle beantragt der Gläubiger, vor Abnahme der Vermögensauskunft einen Pfändungsversuch vorzunehmen. Ergänzende Anträge sieht das Formular für den Fall vor, dass der Schuldner **wiederholt nicht anzutreffen** ist. Hier kann der Gläubiger entscheiden, die Vollstreckungsunterlagen zurückzuschicken und den Versuch der Pfändung zu beenden oder dem Verfahren durch Abnahme der Vermögensauskunft Fortgang zu geben. Das Formular nimmt außerdem § 807 ZPO in Bezug. Nach dieser Vorschrift ergibt sich für den Gerichtsvollzieher die Möglichkeit, die Vermögensauskunft **sofort abzunehmen.** Dies stellt eine Ausnahme da, im Übrigen hat der Gerichtsvollzieher die Vorgehensweise nach § 802f ZPO zu beachten (Fristsetzung von 2 Wochen). Die sofortige Abnahme der Vermögensauskunft setzt jedoch voraus, dass 1) der Gläubiger die vorherige Durchführung einer Pfändung beantragt hat, 2) der Schuldner die Durchsuchung verweigert hat oder der Pfändungsversuch ergibt, dass voraussichtlich eine vollständige Befriedigung des Gläubigers nicht zu erwarten ist.

4. Erneute Vermögensauskunft, Sperrfrist, Ergänzungen. Hat der Schuldner innerhalb der letzten zwei Jahre bereits eine Vermögensauskunft abgegeben, so ist er zur erneuten Auskunft nicht verpflichtet. Im Vergleich zum früheren Recht (vgl. § 903 ZPO aF) ist die Frist, binnen derer der Schuldner keine neue Auskunft zu erteilen braucht, von drei auf zwei Jahre reduziert worden. Soweit der Schuldner binnen der vergangenen zwei Jahre eine Vermögensauskunft erteilt hat, lässt der Gerichtsvollzieher dem Gläubiger lediglich einen Ausdruck der letzten abgegebenen Vermögensauskunft zukommen. Die 2-Jahres-Frist berechnet sich nach § 222 ZPO ab Abnahme der Vermögensauskunft und deren eidesstattlichen Bekräftigung. Die Sperrfrist gilt auch, wenn die Vermögensauskunft nicht vor dem Gerichtsvollzieher, sondern nach § 284 AO abgegeben wurde.

Wenn der Schuldner eine **erkennbar unvollständige Auskunft** abgegeben hat, etwa indem er ungenaue oder widersprüchliche Angaben gemacht hat, kann das Verfahren zum Zwecke der **Vervollständigung** wieder aufgegriffen werden (BGH JurBüro 2011, 324, 325; BGH NJW 2004, 2979, 2980). Voraussetzung ist ein entsprechender **Antrag des Gläubigers**, in dem die fehlenden Angaben zu bezeichnen und glaubhaft zu machen sowie Vollstreckungstitel, Ablichtung der Vermögensauskunft, des Protokolls und ggf. weitere urkundliche Nachweise vorzulegen sind (§ 142 GVGA). Zulässig ist nach überwiegender Auffassung auch der Ergänzungsantrag durch einen anderen Gläubiger, der nicht selbst die Abgabe der Vermögensauskunft beantragt hat (OLG Frankfurt Rpfleger 1976, 320; BeckOK ZPO/*Fleck* § 802d Rn. 12). Einen solchen Antrag sieht das amtliche Formular nicht vor. Dieser Antrag kann beispielsweise im **Modul O** (weitere Aufträge) gestellt werden.

§ 802d Abs. 1 ZPO begründet eine Sperrwirkung jedoch nur hinsichtlich einer Selbstauskunft des Schuldners. Der Gläubiger ist hingegen nicht gehindert, die Einholung von Fremdauskünften gemäß § 802l Abs. 1 ZPO zu beantragen. Er wird diesen Weg gehen, wenn die Selbstauskunft unvollständig oder unergiebig bleibt.

Das amtliche Formular sieht die Abgabe einer **erneuten Vermögensauskunft** binnen 2 Jahren vor. Die Voraussetzungen für die erneute Abgabe einer Vermögensauskunft sind, dass Tatsachen vorliegen, die auf eine wesentliche **Änderung der Vermögensverhältnisse** des Schuldners schließen lassen. Die Änderung der Vermögensverhältnisse legt gegenüber den bisherigen Voraussetzungen zur Abgabe einer erneuten eidesstattlichen Versicherung (§ 903 ZPO aF: späterer Erwerb von Vermögen oder Auflösung eines bisher bestehenden Arbeitsverhältnisses) ein weites Verständnis nahe. Andererseits sind die Anforderungen an die Darlegung des Gläubigers erhöht worden, weil die erneute Erteilung einer Vermögensauskunft nur bei einer **wesentlichen Änderung** der Vermögensverhältnisse in Betracht kommt (*Giers*, Rechtsprechungsübersicht zur Sachaufklärung in der Zwangsvollstreckung, DGVZ 2014, 252, 254 mit Beispielen zum neuen Recht). Verfügt der Gläubiger über derartige Erkenntnisse, so wird er die Abgabe einer erneuten Vermögensauskunft beantragen, die maßgeblichen Umstände darlegen und diese glaubhaft machen (§ 294 ZPO).

5. Weitere Angaben. Unter dieser zusätzlichen Rubrik (G 4) Stelle kann der Gläubiger beispielsweise auf folgende Gesichtspunkte hinweisen bzw. weitere Anträge stellen:

So kann der Gläubiger sein **Teilnahmerecht** in Anspruch nehmen. Als „Herr des Verfahrens" kann der Gläubiger am Termin zur Abgabe der Vermögensauskunft teilnehmen. Er wird dies nur selten wahrnehmen, doch bietet sich hier die Möglichkeit, den Schuldner persönlich zu seinen Vermögensverhältnissen zu befragen. Nach § 802f Abs. 4 S. 2 ZPO hat der Gerichtsvollzieher dem Gläubiger die Terminsbestimmung mitzuteilen. Gleichwohl empfiehlt sich bereits im Antrag die Mitteilung, dass eine Teilnahme gewünscht wird. Der Gerichtsvollzieher kann seine Terminplanung dann besser mit dem Gläubiger abstimmen und sich auf die Teilnahme des Gläubigers im Termin einrichten. Zur Teilnahme des Gläubigers an einer Vermögensauskunft des verhafteten Schuldners s. § 802i Abs. 1 S. 3 ZPO.

Der Gläubiger kann zudem **ergänzende Fragen oder Informationen** anbringen. Zur Aufnahme des Vermögensverzeichnisses verfügt der Gerichtsvollzieher über amtliche **Vordrucke,** die dem Schuldner bereits mit der Terminsladung übermittelt werden (§ 136 Abs. 1 GVGA). Die Abnahme der Vermögensauskunft erfolgt durch Abfrage des Gerichtsvollziehers, der dann die Angaben des Schuldners in ein elektronisches Dokument einträgt. In der Regel ergibt sich hieraus ein vollständiges Bild der Vermögenssituation des Schuldners. Zu beachten ist auch, dass der Gerichtsvollzieher verpflichtet ist, für eine vollständige Beantwortung Sorge zu tragen. Gleichwohl kann es geboten sein, dass der Gläubiger auf bestimmte Umstände eigens hinweist. Sind ihm besondere Umstände bekannt, die für die Vermögenssituation des Schuldners Bedeutung haben können, so sollte der Gerichtsvollzieher angewiesen werden, hiernach zu fragen. Es kann sich um Hintergrundinformationen handeln, die einer Klarstellung bedürfen und möglicherweise allein aufgrund der Angaben im Vermögensverzeichnis nicht geklärt werden können.

6. Antrag auf Verhaftung des Schuldners. Der Haftbefehl dient der Durchsetzung der Verpflichtung zur Abgabe der Vermögensauskunft. Zuständig für den Erlass ist das Amtsgericht als Vollstreckungsgericht (§ 764 Abs. 1 ZPO), in dessen Bezirk der Schuldner im Zeitpunkt der Auftragserteilung seinen Wohnsitz oder seinen Aufenthaltsort hatte (vgl. § 802e ZPO). Der Antrag richtet sich also nicht an den Gerichtsvollzieher, sondern an das zuständige Vollstreckungsgericht. Beim Gerichtsvollzieher kann aber beantragt werden, diesen Antrag an das Gericht zu übermitteln (vgl. § 143 Abs. 1 GVGA). Voraussetzungen für den Erlass des Haftbefehls sind, dass der Schuldner dem Termin zur Abgabe der Vermögensauskunft unentschuldigt ferngeblieben ist oder die Abgabe grundlos verweigert hat. Der beim Vollstreckungsgericht zuständige Richter prüft das Vorliegen der allgemeinen und besonderen Vollstreckungsvoraussetzungen, das Nichteingreifen von Vollstreckungshindernissen, die Verpflichtung des Schuldners zur Abgabe der Vermögensauskunft nach § 802c ZPO (OLG Zweibrücken NJW-RR 1988, 696) und das (unentschuldigte) Nichterscheinen des Schuldners trotz ordnungsgemäßer Ladung bzw. die grundlose Verweigerung des Schuldners zur Abgabe. Zu beachten ist, dass die wiederholte Anordnung von Haft nur unter den engen Voraussetzungen des § 802j ZPO zulässig ist.

Der erlassene Haftbefehl wird dem Gläubiger ausgehändigt. Der Schuldner wird nicht benachrichtigt. Nach § 802j ZPO bedarf es Zustellung des Haftbefehls an den Schuldner vor Vollziehung des Haftbefehls nicht. Die Bekanntgabe erfolgt vielmehr erst mit der Vollziehung, vgl. § 802g Abs. 2 S. 2 ZPO.

7. Vollziehung des Haftbefehls. Der Gerichtsvollzieher vollzieht den Haftbefehl, dh er verhaftet den Schuldner, § 802g Abs. 2 S. 1 ZPO. Zum **Verfahren** bei Verhaftung finden sich detaillierte Regelungen in den §§ 145, 146 GVGA. Der Gerichtsvollzieher liefert den Schuldner in die nach den jeweiligen Vollstreckungsplänen zuständige Justizvollzugsanstalt für Schuldgefangene ein. Auch in diesem Rahmen soll der Gerichtsvollzieher dem Gläubiger die **Teilnahme** am Termin zur Abnahme der Vermögensauskunft ermöglichen, wenn dies vom Gläubiger **beantragt** worden ist, § 802i Abs. 1 S. 3 ZPO. Ergeben sich im Hinblick auf die Teilnahme Schwierigkeiten, nimmt der Gerichtsvollzieher gleichwohl die Vermögensauskunft ab. Wenn der Schuldner zur Vermögensauskunft bereit ist, genießt sein Freiheitsrecht Vorrang vor dem Teilnahmeinteresse des Gläubigers. Das Verfahren ist selbstverständlich mit besonderer Beschleunigung zu betreiben.

Wenn der Gerichtsvollzieher den Schuldner **nicht auffindet,** kommen Maßnahmen zur Aufenthaltsermittlung gemäß § 755 ZPO in Betracht, die jedoch vom Gläubiger beantragt werden müssen. Ggf. ist ein entsprechender Antrag in das Formular aufzunehmen. Ein isolierter Antrag nach § 755 ZPO wird für unzulässig erachtet (LG Heidelberg DGVZ 2014, 93; AG Leipzig DGVZ 2013, 245). Erfordert die Ergreifung des Schuldners eine Durchsuchung seiner Wohnung oder einen Zugriff zur Nachtzeit bzw. an Sonn- und Feiertagen, so ist zu beachten, dass zusätzlich zum Haftbefehl eine richterliche Anordnung nach § 758a ZPO ergehen muss.

Die Vollziehung eines Haftbefehls ist nicht mehr statthaft, wenn seit seinem Erlass **2 Jahre** vergangen sind (§ 802h Abs. 1 ZPO). Die **Haftdauer** beträgt maximal 6 Monate. Danach ist der Schuldner zu entlassen (§ 802i Abs. 1 ZPO).

8. Gebühren und Kosten. Die besonderen Gebühren des Gerichtsvollziehers für die Abnahme einer Vermögensauskunft ergeben sich aus Nr. 260 KV GVKostG. Für die Abnahme der Vermögensauskunft fallen hiernach 25,– EUR an. Für die Übermittlung eines Vermögensverzeichnisses an einen Drittgläubiger sind von diesem ebenso 25,– EUR zu zahlen (Nr. 261 KV GVKostG). Im Verfahren über den Antrag auf Erlass eines Haftbefehls nach § 802g Abs. 1 ZPO ergibt sich eine Gerichtsgebühr von 20,– EUR (Nr. 2113 KV GKG).

Für den Rechtsanwalt ist der Antrag auf Erteilung einer Vermögensauskunft eine besondere Angelegenheit, § 18 Nr. 16 RVG. Für dieses Verfahren fällt also eine eigene 0,3-Verfahrensgebühr nach Nr. 3309 KV RVG zzgl. Auslagen und Umsatzsteuer an. Der Gegenstandswert bestimmt sich nach § 25 Abs. 1 Nr. 4 RVG nach der Höhe des vom Schuldner noch geschuldeten Betrages, höchstens jedoch 2.000,– EUR.

6. Vorpfändung, § 845 ZPO (Modul J)

J

☐ **Vorpfändung (§ 845 ZPO)**
Anfertigung der Benachrichtigung über die Vorpfändung und Zustellung sowie unverzügliche Mitteilung über die Vorpfändung

☐ für pfändbare Forderungen, die der Gerichtsvollzieherin/dem Gerichtsvollzieher bekannt sind oder bekannt werden

☐ für die folgenden Forderungen:

____

____

____

Anmerkungen

Der Gläubiger kann eine **Vorpfändung** durch den Gerichtsvollzieher (vgl. § 802a Abs. 2 Nr. 5 ZPO) nach § 845 ZPO beantragen. Der Antrag auf Vornahme der Zwangsvollstreckung enthält eine entsprechende Weisung an den Gerichtsvollzieher, die Benachrichtigungen über die bevorstehende Pfändung an Schuldner und Drittschuldner zuzustellen. Wird ein solcher Auftrag bereits im Rahmen des Vollstreckungsantrages erteilt, so fertigt der Gerichtsvollzieher die Benachrichtigungen mit den Aufforderungen selbst an (§ 845 Abs. 1 S. 2 ZPO). Um das Verfahren zu beschleunigen, empfiehlt es sich jedoch, ein vom Gerichtsvollzieher nur noch zu ergänzendes Vorpfändungsformular dem Antrag als **Anlage** beizufügen. Eine Vorgehensweise nach § 845 ZPO dient der Beschleunigung der Vollstreckung und des schnellen, rangsichernden Zugriffs auf Forderungen des Schuldners gegen Dritte. Zu beachten ist in diesem Fall jedoch die zusätzlich anfallende Gebühr nach Nr. 200 KV GvKostG (16,– EUR).

7. Besondere Aufträge/Weisungen an den Gerichtsvollzieher (Module K bis P)

K	☐ **Pfändung körperlicher Sachen**①
K1	☐ Pfändung von Forderungen aus Wechseln und anderen Papieren, die durch Indossament übertragen werden können②
K2	☐ Taschenpfändung/Kassenpfändung ③
K3	☐ Pfändung soll nach Abnahme der Vermögensauskunft durchgeführt werden, soweit sich aus dem Vermögensverzeichnis pfändbare Gegenstände ergeben.④

K4	☐ Mit der Erteilung einer Fruchtlosigkeitsbescheinigung nach § 32 der Geschäftsanweisung für Gerichtsvollzieher (GVGA) bin ich **nicht** einverstanden.⑤
K5	Aufträge und Hinweise zur Pfändung und Verwertung, z.B. zu besonderen Gegenständen⑥ ☐ ______________________________ ______________________________

L	**Ermittlung des Aufenthaltsorts des Schuldners (§ 755 ZPO)** (bitte Hinweise in der Anlage 2 des Formulars beachten)⑦
L1	☐ Mir ist bekannt, dass der Schuldner unbekannt verzogen ist.
L2	☐ Negativauskunft des Einwohnermeldeamtes ist beigefügt.

	Ermittlung
L3	☐ der gegenwärtigen Anschriften sowie der Angaben zur Haupt- und Nebenwohnung des Schuldners durch Nachfrage bei der **Meldebehörde**
L4	☐ des Aufenthaltsorts durch Nachfragen beim **Ausländerzentralregister** und bei der aktenführenden **Ausländerbehörde**
L5	☐ der bekannten derzeitigen Anschrift sowie des derzeitigen oder zukünftigen Aufenthaltsorts des Schuldners bei den **Trägern der gesetzlichen Rentenversicherung**
L6	☐ der Halterdaten nach § 33 Absatz 1 Satz 1 Nummer 2 des Straßenverkehrsgesetzes (StVG) des Schuldners beim **Kraftfahrt-Bundesamt**

L7	Hinweise zur Reihenfolge der Ermittlungen (wenn Anfrage nach Modul L3 ergebnislos oder ein Fall des Moduls L1 gegeben ist) ☐ ______________________________

M	**Einholung von Auskünften Dritter (§ 802l ZPO)**⑧ (bitte Hinweise zur Einholung von Auskünften Dritter in der Anlage 2 des Formulars beachten)
M1	☐ Ermittlung der Namen, der Vornamen oder der Firma sowie der Anschriften der derzeitigen Arbeitgeber eines versicherungspflichtigen Beschäftigungsverhältnisses des Schuldners bei den **Trägern der gesetzlichen Rentenversicherung**
M2	☐ Ersuchen an das **Bundeszentralamt für Steuern,** bei den Kreditinstituten die in § 93b Absatz 1 der Abgabenordnung (AO) bezeichneten Daten abzurufen
M3	☐ Ermittlung der Fahrzeug- und Halterdaten nach § 33 Absatz 1 StVG zu einem Fahrzeug, als dessen Halter der Schuldner eingetragen ist, beim **Kraftfahrt-Bundesamt**
M4	☐ Die vorstehend ausgewählte/n Drittauskunft/Drittauskünfte sollen nur eingeholt werden, wenn der Schuldner seiner Pflicht zur Abgabe der Vermögensauskunft nicht nachkommt.

N	**Angaben zur Reihenfolge bzw. Kombination der einzelnen Aufträge**⑨
N1	☐ Die Aufträge ______________________ werden ohne Angabe einer Reihenfolge erteilt. (Bezeichnung der Module bitte angeben)
N2	☐ Der Pfändungsauftrag soll **vor** weiteren Aufträgen durchgeführt werden.
N3	☐ Der Pfändungsauftrag soll **nach** Abnahme der Vermögensauskunft durchgeführt werden.

N4 ☐ Die gestellten Aufträge sollen in folgender Reihenfolge durchgeführt werden:

zuerst Auftrag ______________________________ ,
(Bezeichnung des Moduls bitte angeben)

danach der Auftrag/die Aufträge ______________________________ .
(Bezeichnung des Moduls/der Module bitte angeben)

N5 sonstige Angaben zur Reihenfolge bzw. Kombination der einzelnen Aufträge

☐ ______________________________

____

____

O **weitere Aufträge**⑩

____

☐ ______________________________

____

☐ ______________________________

____

☐ ______________________________

____

P **Hinweise für die Gerichtsvollzieherin/den Gerichtsvollzieher**

P1 ☐ Ich bitte um Übersendung des ☐ Protokolls. ☐ Gesamtprotokolls (bei gleichzeitiger Pfändung für mehrere Gläubiger).⑪

P2 ☐ Hinweis zum Aufenthaltsort des Schuldners:⑫

____

P3 ☐ Prozesskostenhilfe/Verfahrenskostenhilfe wurde gemäß anliegendem Beschluss bewilligt.

P4 ☐ Ich bitte um Übersendung des Abdrucks des Vermögensverzeichnisses in elektronischer Form gemäß § 802d Absatz 2 ZPO auf dem in den Kontaktdaten bezeichneten rechtsverbindlichen elektronischen Kommunikationsweg.⑬

P5 ☐ Im Falle der Nichtzuständigkeit bitte ich um Weiterleitung des Vollstreckungsauftrags an die zuständige Gerichtsvollzieherin/den zuständigen Gerichtsvollzieher, wenn nicht bereits eine Weiterleitung von Amts wegen erfolgt.⑭

P6 Meine Teilnahme an dem Termin⑮

☐ zur Abnahme der Vermögensauskunft

☐ ______________________________

ist beabsichtigt.

P7 Zum Vorsteuerabzug ist der Gläubiger ☐ berechtigt. ☐ nicht berechtigt.⑯

P8 sonstige Hinweise

☐ ______________________________

☐ ______________________________

Anmerkungen

1. Pfändung körperlicher Sachen. Das Formular sieht im Modul K einige Einzelweisungen an den Gerichtsvollzieher im Zusammenhang mit der Pfändung körperlicher Sachen und deren Verwertung (K 5) vor. Es besteht nur eine sehr begrenzte Möglichkeit, in den vorgesehenen Feldern Einzelweisungen zu erteilen. Diese decken nicht annähernd im Einzelfall notwendige Anweisungen ab. Dasselbe gilt zur Verwertung. Hier sind eine Reihe von zusätzlichen Anträgen bzw. Hinweisen angebracht, die nur über die Beifügung von **Anlagen** abgedeckt werden können.

2. Pfändung von Wertpapieren. Der Gerichtsvollzieher muss zur Pfändung von Wertpapieren besonders angewiesen werden. Nach § 123 Abs. 2 S. 2 GVGA soll der Gerichtsvollzieher diese Papiere nur pfänden, wenn ihn der Gläubiger dazu **ausdrücklich angewiesen** hat. Es kommt nur eine Pfändung von Wertpapieren in Betracht, die durch **Indossament** übertragen werden können (§ 831 ZPO). Dies sind vor allem Wechsel und Schecks, aber auch kaufmännische Anweisungen und Verpflichtungsscheine, Konnossementen, Ladescheine und Lagerscheine, die an Order gestellt sind. Die **Verwertung** der gepfändeten Wechselforderung richtet sich nach §§ 835 ff. ZPO. Eine durch Wegnahme gepfändete Wechselforderung wird dem Gläubiger zur Einziehung oder an Erfüllungs Statt überwiesen. Nach § 106 GVGA ist zudem vorgesehen, dass der Gerichtsvollzieher eine **Hilfspfändung** solcher Papiere vornehmen darf, die nur eine Forderung beweisen, aber nicht Träger des Rechts sind (zB Sparbücher, Pfandscheine, Versicherungsscheine und Depotscheine, ferner Hypotheken- und solche Grundschuld- und Rentenschuldbriefe, die nicht auf den Inhaber lauten). Diese können zwar nicht gepfändet, aber vorläufig in Besitz genommen werden.

3. Taschenpfändung. Die Taschenpfändung richtet sich auf diejenigen Gegenstände, die der Schuldner bei sich führt. Soweit der Schuldner nicht zu einer freiwilligen Herausgabe dieser Gegenstände bereit ist, muss der Gerichtsvollzieher ihn körperlich durchsuchen. Dies wird er nur unternehmen, wenn der Gläubiger es ausdrücklich beantragt hat. Die Kassenpfändung kommt bei Geschäftsleuten in Betracht. Zu beachten ist, dass der Gerichtsvollzieher im Rahmen seines Auftrags befugt ist, den Schuldner zu durchsuchen. Taschen oder Behälter, die der Schuldner bei sich führt, können ebenso durchsucht werden, vgl. § 758 Abs. 2 ZPO. Zu beachten ist, dass eine richterliche Durchsuchungsanordnung nach § 758a ZPO erforderlich wird, wenn der Gerichtsvollzieher zur Durchsuchung ohne Einwilligung des Schuldners dessen Wohnräume oder Geschäftsräume betreten will.

4. Vermögensauskunft und Pfändung. Der Gläubiger stellt klar, dass solche Gegenstände gepfändet werden, von denen aufgrund einer Vermögensauskunft Kenntnis erlangt wird. Stellt sich bei der Abgabe der Vermögensauskunft heraus, dass der Schuldner über pfändbare Gegenstände verfügt, so sollen diese im Anschluss an die Vermögensauskunft gepfändet werden.

5. Fruchtlosigkeitsbescheinigung. Nach § 32 GVGA sendet der Gerichtsvollzieher dem Gläubiger unverzüglich den Schuldtitel sowie eine entsprechende Bescheinigung zurück, wenn er begründeten Anhalt dafür hat, dass die Zwangsvollstreckung fruchtlos verlaufen werde. Diese Erwartung kann insbesondere dann begründet sein, wenn gegen den Schuldner in den letzten 3 Monaten fruchtlos vollstreckt worden ist oder der Schuldner in den letzten 3 Monaten die Vermögensauskunft abgegeben hat. Wenn der Gläubiger das Modul K 4 ankreuzt, bringt er damit seinen unbedingten Wunsch zur Durchführung des Auftrages zum Ausdruck. Der Gerichtsvollzieher muss dann in jedem Fall einen Vollstreckungsversuch unternehmen.

6. Aufträge und Hinweise. Das amtliche Formular sieht eine – bescheidene – Möglichkeit vor, weitere Aufträge und Hinweise an den Gerichtsvollzieher zu richten – zur Vollstreckung und/oder zur Verwertung. Da das Formular nicht genügend Raum gibt, um besondere Weisungen in spezifischen Vollstreckungssituationen oder zur Verwertung hinreichend darzulegen, wird es erforderlich sein, ergänzende Aufträge als **Anlage** dem Formular beizufügen. Insoweit wird auf Teil G. III. dieses Buches verwiesen, in dem einzelne ergänzende Aufträge oder Hinweis in Form einer Anlage vorgeschlagen werden.

7. Aufenthaltsort des Schuldners. Zu Modul L sind zunächst die **Ausfüllhinweise** zum amtlichen Formular zu beachten.

§ 755 ZPO schreibt dem Gerichtsvollzieher die Aufgabe zu, den Aufenthaltsort des Schuldners zu ermitteln. Nach früherem Recht war dies Aufgabe des Gläubigers. Zur Aufenthaltsermittlung stehen dem Gerichtsvollzieher eine Reihe von Befugnissen zu, wobei vorrangig eine Auskunft der Meldebehörde einzuholen ist. Trotz der Übertragung der Ermittlungen auf den Gerichtsvollzieher liegt es im Interesse einer effektiven und zügigen Vollstreckung, dass der Gläubiger dem Gerichtsvollzieher jedenfalls die Anhaltspunkte mitteilt, die ihm über den letzten Aufenthaltsort des Schuldners zur Verfügung stehen. Die in § 755 Abs. 2 S. 1 Nr. 2 und Nr. 3 ZPO vorgesehenen Ermittlungen dürfen seitens des Gerichtsvollziehers nur erhoben werden, wenn die zu vollstreckenden Ansprüche **mindestens 500,– EUR** betragen (§ 755 Abs. 2 S. 2 ZPO). Hierbei kommt es auf den Wert der zu vollstreckenden Gesamtforderung an.

Obwohl § 755 ZPO die Aufenthaltsermittlung dem Gerichtsvollzieher zuschreibt, bedarf es zur Einleitung entsprechender Maßnahmen eines **Antrags** des Gläubigers (BT-Drs. 16/10069 S. 23). Das Formular enthält alle in Betracht kommenden Ermittlungshandlungen, wobei die in § 755 Abs. 2 ZPO vorgesehenen Maßnahmen nur bedingt für den Fall beantragt werden, dass der Aufenthaltsort über die Meldebehörde nicht ermittelt werden kann. Ggf. können einzelne weggelassen werden (zB Nachfrage bei dem Ausländerzentralregister oder die in § 755 Abs. 2 S. 1 Nr. 2 und Nr. 3 bezeichneten Maßnahmen, wenn die zu vollstreckende Forderung nicht mindestens 500,– EUR beträgt). Die Angabe der einzelnen Ermittlungshandlungen ist schon mit Rücksicht auf die für jede Handlung gemäß Nr. 440 KV GvKostG anfallende Gebühr von 13,– EUR erforderlich. Der Gerichtsvollzieher muss davon ausgehen können, dass der Gläubiger zur Übernahme dieser Kosten bereit ist.

Soweit der Aufenthaltsort des Schuldners ungewiss ist, ist unklar, welcher Gerichtsvollzieher **örtlich zuständig** ist. Anknüpfungspunkt für die Zuständigkeit kann nur der zuletzt bekannte Wohnsitz oder Aufenthaltsort des Schuldners sein. Auch hieran wird deutlich, dass es Aufgabe des Gläubigers sein muss, dem Gerichtsvollzieher insoweit bekannte Umstände mitzuteilen. Es fehlt ansonsten bereits an Anhaltspunkten für die Zuständigkeit des angerufenen Vollstreckungsorgans.

Ein **isolierter Antrag** zur **Aufenthaltsermittlung** ist unzulässig (LG Heidelberg DGVZ 2014, 93; *Giers*, Rechtsprechungsübersicht zur Sachaufklärung in der Zwangsvollstreckung, DGVZ 2014, 252, 255).

Für **Unionsbürger** ist betreffend die Nachfrage beim Ausländerzentralregister die Einschränkung nach § 755 Abs. 2 S. 2 ZPO zu beachten.

8. Auskünfte Dritter. Der Antrag eröffnet die Möglichkeit, Auskünfte nach § 802l ZPO einzuholen. Die Einholung von Drittauskünften ist gegenüber der Selbstauskunft des Schuldners **subsidiär**, kommt also nur in Betracht, wenn der Schuldner entweder die Auskunft verweigert oder die in einem Vermögensverzeichnis aufgeführten Vermögensgegenstände voraussichtlich nicht zu einer vollständigen Befriedigung des Gläubigers führen. S. hierzu auch den Ausfüllhinweis zum Formular. Die Einholung von Auskünften bei Dritten ist an einen entsprechenden **Antrag** des Gläubigers gebunden, sie liegt nicht im Ermessen des Gerichtsvollziehers. Ein solcher Antrag kommt allerdings nur in Betracht, wenn die zu vollstreckenden Ansprüche mindestens 500,– EUR betragen (§ 802l Abs. 1 S. 2 ZPO). Der Antrag ist nach Ablauf der 2-Jahres-Frist gemäß § 802d Abs. 1 ZPO nicht mehr zulässig. Wenn die Vermögensauskunft verlangt werden kann und möglich ist, sind die Voraussetzungen für die Einholung von Auskünften Dritter nicht (mehr) erfüllt (AG Schöneberg DGVZ 2014, 241). Dies beruht auf dem im Verhältnis von § 802c ZPO und § 802l ZPO maßgeblichen Grundgedanken, wonach die Selbstauskunft des Schuldners gegenüber der Drittauskunft immer vorrangig ist.

Über die Drittauskunft nach § 802l Abs. 1 Nr. 1 ZPO soll der Gläubiger in die Lage versetzt werden, beim **Arbeitgeber** des Schuldners eine Lohnpfändung anzubringen. Die Daten des Arbeitsverhältnisses sollen über eine Anfrage des Gerichtsvollziehers bei den Trägern der gesetzlichen Rentenversicherung ermittelt werden. Beim Träger der Rentenversicherung kann die für den Gesamtsozialversicherungsbeitrag zuständige Einzugsstelle ermittelt werden (vgl. §§ 28h, 28i SGB IV). Dort ist der Arbeitgeber des Schuldners bekannt. Nach § 802l Abs. 1 Nr. 2 ZPO soll der Gläubiger Informationen über **Konten** und **Depots** des Schuldners bei Kreditinstituten erlangen. Die Kreditinstitute sind nach § 24c KWG verpflichtet, Daten mit der Nummer von Konten und Depots sowie dem Namen von Inhaber und Verfügungsberechtigtem zu führen. Diese Daten können über das Bundeszentralamt für Steuern abgefragt werden. Auf diesem Wege erhält der Gläubiger aber keine Auskunft darüber, ob ein Konto als **Pfändungsschutzkonto** (§ 850k ZPO) geführt wird, da die Kreditinstitute nicht verpflichtet sind, diese Angaben zu speichern (BT-Drs. 16/13432 S. 45; Schuschke/Walker/*Walker* § 802f Rn. 8). Über die Abfrage nach § 802l Abs. 1 Nr. 3 ZPO erlangt bei dem Kraftfahrt-Bundesamt Informationen über die auf den Schuldner zugelassenen **Kraftfahrzeuge**.

9. Reihenfolge. Im Modul N kann der Gläubiger angeben, in welcher Reihenfolge er die in den anderen Modulen gestellten Anträge bearbeitet haben möchte. Maßgeblich dürfte die Entscheidung nach Ziff. N 2 und N 3 sein. Eine Angabe, ob der Pfändungsversuch vor weiteren Aufträgen, insb. der Abnahme der Vermögensauskunft oder der Einholung von Informationen bei Dritten stattfinden soll, ist empfehlenswert. Im Übrigen wird empfohlen, keine feste Reihenfolge der Anträge anzugeben und dies unter Ziff. N 1 zum Ausdruck zu bringen. Dies folgt daraus, dass der Gerichtsvollzieher aufgrund seiner beruflichen Erfahrung und etwaiger Kenntnis weiterer Umstände über die Person und die Vermögensverhältnisse des Schuldners im Zweifel eine zweckmäßige Ermessensentscheidung hinsichtlich der Durchführung der Vollstreckung trifft. Dies gilt freilich nicht, wenn besondere Umstände, die dem Gläubiger bekannt sind, eine bestimmte Reihenfolge rechtfertigen. Eine bestimmte Reihenfolge kann in Modul N 4 angegeben werden. Modul N 5 ermöglicht weitere Hinweise.

10. Weitere Aufträge. Ähnlich wie in Modul K 5 erhält der Gläubiger an dieser Stelle die Gelegenheit, weitere individuelle Aufträge/Weisungen zu erteilen. Insoweit wird auch an dieser Stelle auf die Form. im Kapitel G. III. dieses Buches verwiesen, in welchem solche weiteren Aufträge abgebildet sind.

11. Protokoll. Der Antrag auf Übersendung des Pfändungsprotokolls ist erforderlich, weil eine Übersendung von Amts wegen grundsätzlich nicht erfolgt. Das Protokoll ist **öffentliche Urkunde** gemäß §§ 415, 418 ZPO mit der entsprechenden Beweiskraft. Für die Wirksamkeit des Vollstreckungsakts spielt die Protokollierung – mit einer Ausnahme bei der Anschlusspfändung, vgl. § 826 Abs. 1 ZPO – keine Rolle.

Zum **Inhalt** des Protokolls im Einzelnen §§ 762, 763 ZPO, § 63 GVGA. Aus Gläubigersicht besteht das Interesse, möglichst umfassend über den Pfändungsvorgang unterrichtet zu werden. Hierzu dürfte regelmäßig auch die Kenntnis darüber zählen, welche Gegenstände und aus welchen Gründen vom Gerichtsvollzieher nicht gepfändet worden sind. Allerdings ist § 63 Abs. 2 GVGA zu beachten. Die Vorschrift lässt einen allgemeinen Hinweis im Protokoll genügen, dass der Gerichtsvollzieher alle zulässigen Mittel versucht hat, dass aber kein anderes Ergebnis zu erreichen war. Ob und inwieweit der Gerichtsvollzieher verpflichtet ist, auf entsprechenden Antrag des Gläubigers im Protokoll die nicht gepfändeten Sachen so zu bezeichnen, dass sich daraus für den Gläubiger ein Anhaltspunkt ergeben kann, ob die Pfändung zu Recht unterblieben ist, ist streitig. Nach richtiger Auffassung besteht eine über § 63 Abs. 2 GVGA hinausgehende Verpflichtung nicht (vgl. LG Bonn DGVZ 1993, 41, 43; Zöller/*Stöber* § 762 Rn. 3a).

12. Hinweis zum Aufenthaltsort. Der Gläubiger soll dem Gerichtsvollzieher Kenntnisse mitteilen, die er im Hinblick auf den Aufenthaltsort des Schuldners hat. In diesem Zusammenhang kann auf Anm. 7 zu diesem Formular verwiesen werden.

13. Abdruck Vermögensverzeichnis. Das Vermögensverzeichnis wird vom Gerichtsvollzieher als elektronisches Dokument errichtet, § 802f Abs. 5 ZPO. Es wird beim zentralen Vollstreckungsgericht hinterlegt. Ein Ausdruck dieses Vermögensverzeichnisses ist dem Gläubiger zuzuleiten, § 802f Abs. 6 ZPO. Darüber hinaus nimmt der Gerichtsvollzieher ein Protokoll des Termins zur Abgabe des Vermögensverzeichnisses auf, § 138 Abs. 2 GVGA. Das Ankreuzen des Moduls P 4 führt dazu, dass das Vermögensverzeichnis auf elektronischem Wege übermittelt wird.

14. Weiterleitung an zuständigen Gerichtsvollzieher. Zur Zuständigkeit des Gerichtsvollziehers wird auf die Anmerkung 1 zum Modul A verwiesen. Es wird empfohlen, das Modul P 5 in jedem Falle anzukreuzen, damit bei Unzuständigkeit des angerufenen Vollstreckungsorgans eine Weiterleitung an den zuständigen Gerichtsvollzieher erfolgen kann.

15. Teilnahme an Termin zur Vermögensauskunft. Als „Herr des Verfahrens“ kann der Gläubiger am Termin zur Abgabe der Vermögensauskunft teilnehmen. Er wird dies nur selten wahrnehmen, doch bietet sich hier die Möglichkeit, den Schuldner persönlich zu seinen Vermögensverhältnissen zu befragen. Nach § 802f Abs. 4 S. 2 ZPO hat der Gerichtsvollzieher dem Gläubiger die Terminsbestimmung mitzuteilen. Gleichwohl empfiehlt sich bereits im Antrag die Mitteilung, dass eine Teilnahme gewünscht wird. Der Gerichtsvollzieher kann seine Terminplanung dann besser mit dem Gläubiger abstimmen und sich auf die Teilnahme des Gläubigers im Termin einrichten. Zur Teilnahme des Gläubigers an einer Vermögensauskunft des verhafteten Schuldners s. § 802i Abs. 1 S. 3 ZPO.

16. Vorsteuerabzug. Die Angabe zur Vorsteuerabzugsberechtigung kann für die Bestimmung der Höhe der beizutreibenden Forderung relevant sein.

8. Kosten (Modul Q)

Q

Anwaltskosten gemäß Rechtsanwaltsvergütungsgesetz (RVG)① ②

für den oben stehenden Auftrag/die oben stehenden Aufträge, und zwar für

____

(Angabe der Vollstreckungsmaßnahme)

Gegenstandswert (§ 25 RVG) aus	________ €
1. Verfahrensgebühr (VV Nr. 3309, ggf. i. V. m. VV Nr. 1008)	________ €
2. ________ (VV Nr. ________)	________ €
3. Auslagen oder Auslagenpauschale (VV Nr. 7001 oder VV Nr. 7002)	________ €
4. weitere Auslagen (VV Nr. ________)	________ €
5. Umsatzsteuer (VV Nr. 7008)	________ €
Summe	________ €

Anwaltskosten gemäß Rechtsanwaltsvergütungsgesetz (RVG)

für den oben stehenden Auftrag/die oben stehenden Aufträge, und zwar für

____

(Angabe der Vollstreckungsmaßnahme)

Gegenstandswert (§ 25 RVG) aus	________ €
1. Verfahrensgebühr (VV Nr. 3309, ggf. i. V. m. VV Nr. 1008)	________ €
2. ________ (VV Nr. ________)	________ €
3. Auslagen oder Auslagenpauschale (VV Nr. 7001 oder VV Nr. 7002)	________ €
4. weitere Auslagen (VV Nr. ________)	________ €
5. Umsatzsteuer (VV Nr. 7008)	________ €
Summe	________ €

______________________ ______________________

(Datum) (Unterschrift, Auftraggeber)

Anmerkungen

1. Anwaltskosten für die Zwangsvollstreckung. Der **Rechtsanwalt** erhält für seine Tätigkeit eine Verfahrensgebühr nach Nr. 3309 KV RVG. Sie bemisst sich in Höhe von 0,3 des Gebührensatzes nach § 13 RVG. Der Gegenstandswert bestimmt sich in der Zwangsvollstreckung grundsätzlich nach dem Wert des dem Gläubiger zustehenden Rechts, § 26 Nr. 1 RVG. Dem Rechtsanwalt stehen Entgelte für Post- und Telekommunikation nach Nr. 7001, 7002 KV RVG zu. Der Rechtsanwalt erhält seine Gebühren in jeder Angelegenheit der Zwangsvollstreckung nur einmal. Die Vollstreckungsangelegenheit definiert § 18 Abs. 1 Nr. 1 RVG als jede Vollstreckungsmaßnahme zusammen mit den durch diese vorbereiteten weiteren Vollstreckungshandlungen bis zur Befriedigung des Gläubigers (zu den Einzelheiten vgl. *Enders*, Die Auswirkungen der Reform der Sachaufklärung auf die Anwaltsvergütung in der Zwangsvollstreckung, JurBüro 2012, 633, 634 ff.).

Für den Rechtsanwalt ist der **Antrag auf Erteilung einer Vermögensauskunft** eine besondere Angelegenheit, § 18 Nr. 16 RVG. Für dieses Verfahren fällt also eine eigene 0,3-Verfahrensgebühr nach Nr. 3309 KV RVG zzgl. Auslagen und Umsatzsteuer an. Der Gegenstandswert bestimmt sich nach § 25 Abs. 1 Nr. 4 RVG nach der Höhe des vom Schuldner noch geschuldeten Betrages, höchstens jedoch 2.000,– EUR. Die für die Vermögensauskunft entstehenden Gebühren und Kosten fallen aber nur an, soweit diese auch eingeleitet wird. Dies ist nicht der Fall, wenn sich der Vollstreckungsauftrag schon nach Durchführung der ersten Vollstreckungsmaßnahme erledigt (*Enders*, Die Auswirkungen der Reform der Sachaufklärung auf die Anwaltsvergütung in der Zwangsvollstreckung JurBüro 2012, 633, 639).

2. Gerichtsvollzieherkosten. Die an den **Gerichtsvollzieher** zu entrichtenden Gebühren bestimmen sich nach dem GVKostG. Die einzelnen Tatbestände finden sich im Kostenverzeichnis als Anhang zu § 9 GvKostG. Nach § 4 GvKostG ist der Auftraggeber zur Zahlung eines Vorschusses verpflichtet, der die voraussichtlich entstehenden Kosten abdeckt. Nach dem Kostenverzeichnis fallen zB an: Bewirkung einer Pfändung 26,– EUR (Nr. 205 KV GvKostG), persönliche Zustellung durch den Gerichtsvollzieher 10,– EUR (Nr. 100 KV GvKostG), Versuch einer gütlichen Einigung 16,– EUR (Nr. 207 KV GvKostG), Wegnahme oder Entfernung beweglicher Sachen durch den Gerichtsvollzieher 26,– EUR (Nr. 221 KV GvKostG). Daneben fallen Auslagen des Gerichtsvollziehers an (Nr. 700 ff. KV). Die Gebühren sind für jeden Auftrag zu zahlen, § 3 GvKostG. Umstritten ist insbesondere, unter welchen Umständen der Gerichtsvollzieher eine Gebühr nach Nr. 207 KV GvKostG für den Versuch einer gütlichen Erledigung beanspruchen kann. Nach der Nachbemerkung zu Nr. 207 KV GvKostG entsteht die Gebühr nicht, wenn der Gerichtsvollzieher gleichzeitig mit einer auf eine Maßnahme nach § 802a Abs. 2 S. 1 Nr. 2 und Nr. 4 ZPO gerichteten Amtshandlung beauftragt ist. Die Auslegung dieser Bestimmung ist umstritten, insb. wenn eine isolierte gütliche Einigung bzw. Maßnahmen nach § 802a Abs. 2 S. 1 Nr. 2 und Nr. 4 ZPO bedingt beantragt sind oder der Gläubiger nur eine der genannten Maßnahmen beantragt (vgl. OLG Stuttgart DGVZ 2015, 85 f.; OLG Köln DGVZ 2014, 199 ff.; OLG Düsseldorf NJW-RR 2014, 960; *Kessel*, Sachaufklärung in der Zwangsvollstreckung und die Kosten, DGVZ 2012, 213, 216).

Die besonderen Gebühren des Gerichtsvollziehers für die Abnahme einer Vermögensauskunft ergeben sich aus Nr. 260 KV GVKostG. Für die Abnahme der Vermögensauskunft fallen hiernach 25,– EUR an. Für die Übermittlung eines Vermögensverzeichnisses an einen Drittgläubiger sind von diesem ebenso 25,– EUR zu zahlen (Nr. 261 KV GVKostG). Im Verfahren über den Antrag auf Erlass eines Haftbefehls nach § 802g Abs. 1 ZPO ergibt sich eine Gerichtsgebühr von 20,– EUR (Nr. 2113 KV GKG).

III. Vollstreckungsanträge bei besonderen Verfahrensvoraussetzungen

1. Weitere Erkundigungen des Gerichtsvollziehers

[Antrag]

Der Gerichtsvollzieher wird um Mitteilung gemäß § 806a Abs. 1 ZPO und Befragung gemäß § 806a Abs. 2 ZPO gebeten.

Anmerkungen

§ 806a ZPO regelt Verpflichtungen des Gerichtsvollziehers anlässlich der Durchführung der Vollstreckung. Trotz dieser Verpflichtungen empfiehlt es sich, im Vollstreckungsantrag auf die Mitteilungen nach dieser Vorschrift hinzuweisen. Danach muss der Gerichtsvollzieher dem Gläubiger Namen und Anschriften von **Drittschuldnern** sowie den Grund der Forderungen und für diese bestehende Sicherheiten mitteilen, soweit der Gerichtsvollzieher anlässlich der Zwangsvollstreckung durch Befragung des Schuldners oder Einsicht in Schriftstücke von Forderungen des Schuldners gegen Dritte Kenntnis erlangt. Die Verpflichtung zur Nachfrage besteht jedoch nur, wenn eine Pfändung nicht bewirkt werden kann oder eine Pfändung voraussichtlich nicht auskömmlich sein wird (§ 806a Abs. 1 ZPO). Der Gerichtsvollzieher hat nachzufragen, die Angaben des Schuldners sind aber freiwillig. Wird der Schuldner nicht angetroffen, so kann der Gerichtsvollzieher die zum Hausstand des Schuldners gehörenden erwachsenen Personen nach dem **Arbeitgeber** des Schuldners befragen. Der Gerichtsvollzieher muss diese Personen darauf hinweisen, dass die Angaben freiwillig sind und eine Verpflichtung zur Auskunft nicht besteht (§ 806a Abs. 2 ZPO). Diese Auskunftsmöglichkeiten bestehen über die **Auskünfte nach § 802c ZPO und § 802l ZPO** hinaus. Die aus dieser Befragung resultierenden Erkenntnisse dienen der Vorbereitung einer Vollstreckung in diese Forderungen nach Maßgabe der §§ 829, 835 ZPO. Zu diesem Zwecke kann der Gläubiger eine **Vorpfändung** durch den Gerichtsvollzieher (vgl. § 802a Abs. 2 Nr. 5 ZPO) nach § 845 ZPO bewirken. Der Antrag auf Vornahme der Zwangsvollstreckung kann daher für diesen Fall bereits eine entsprechende Weisung an den Gerichtsvollzieher enthalten, die Benachrichtigungen über die bevorstehende Pfändung an Schuldner und Drittschuldner zuzustellen (→ Form. G. II. 6 zu Modul J nebst Erläuterungen). Wird ein solcher Auftrag bereits im Rahmen des Vollstreckungsantrages erteilt, so fertigt der Gerichtsvollzieher die Benachrichtigungen mit den Aufforderungen selbst an (§ 845 Abs. 1 S. 2 ZPO). Um das Verfahren zu beschleunigen, empfiehlt es sich jedoch, auch ein vom Gerichtsvollzieher nur noch zu ergänzendes Vorpfändungsformular dem Antrag beizufügen. Eine Vorgehensweise nach § 845 ZPO dient der Beschleunigung der Vollstreckung und des schnellen, rangsichernden Zugriffs auf Forderungen des Schuldners gegen Dritte. Zu beachten ist in diesem Fall jedoch die zusätzlich anfallende Gebühr nach Nr. 200 KV GvKostG (16,– EUR).

2. Abhängigkeit der Vollstreckung vom Eintritt eines Kalendertages (§ 751 Abs. 1 ZPO)

[Antrag]

Die Vollstreckung soll erst nach dem im Vollstreckungstitel bestimmten Zeitpunkt, nämlich am . . . . ., beginnen. Die weiteren Zahlungen sind jeweils nach dem . . . . . zu vollstrecken.

Anmerkungen

§ 751 Abs. 1 ZPO bringt den Grundsatz zum Ausdruck, dass eine Pfändung nur wegen **fälliger Ansprüche** zulässig ist. Hängt die Fälligkeit mithin vom Eintritt eines Kalendertages ab, muss dieser abgewartet werden. § 751 Abs. 1 ZPO ist beispielsweise einschlägig, soweit es die Verurteilung zu künftiger Leistung oder Räumung (§§ 257, 259 ZPO), zu regelmäßig wiederkehrenden Leistungen (§ 258 ZPO) oder zu einer Entschädigung nach Fristablauf (§ 510b ZPO) betrifft. Eine Ausnahme von § 751 Abs. 1 ZPO stellt die Vorratspfändung nach § 850d Abs. 3 ZPO dar, die jedoch im Bereich der Gerichtsvollziehervollstreckung ohne Belang ist.

Auch wenn § 751 Abs. 1 ZPO die Zulässigkeit der Vollstreckung vom Eintritt des Kalendertages abhängig macht, ist es dem Gläubiger selbstverständlich möglich, den Gerichtsvollzieher bereits rechtzeitig vorher zu **beauftragen,** so dass eine Vollstreckung dann auch tatsächlich unmittelbar nach dem Fälligkeitstermin beginnen kann.

Der Antrag sollte dem Gerichtsvollzieher den **Zeitpunkt** mitteilen, ab dem vollstreckt werden kann. Hinzuweisen ist zunächst darauf, dass § 751 Abs. 1 ZPO nur dann zur Anwendung kommt, wenn der Zeitpunkt, ab dem eine Vollstreckung zulässig ist, vom Gerichtsvollzieher problemlos ermittelt werden kann. Es muss also entweder ein konkretes Datum angegeben sein oder der Zeitpunkt muss nach dem Kalender ohne weiteres bestimmbar sein. Es reicht demgegenüber nicht, wenn der maßgebliche Termin erst unter Zuhilfenahme weiterer Informationen berechnet werden muss, zB zwei Wochen nach Kündigung, 1 Monat nach Rechtskraft. Streitig ist, ob § 751 Abs. 1 ZPO Anwendung findet, wenn die Fälligkeit in Abhängigkeit vom Zustellungsdatum des Vollstreckungstitels bestimmt ist (zB 2 Wochen nach Zustellung des Urteils, vgl. MüKoZPO/*Heßler* § 751 Rn. 12; aA Zöller/*Stöber* § 751 Rn. 2). In allen Fällen, in denen Berechnungen für die Fälligkeit erfolgen müssen, kann der Gläubiger diese Prüfung nicht dem Gerichtsvollzieher überlassen. Der Gläubiger ist dann auf die Erteilung einer qualifizierten Klausel nach § 726 Abs. 1 ZPO angewiesen.

Die Zwangsvollstreckung ist erst zulässig, wenn der Schuldner am Fälligkeitstermin nicht zahlt. Die Vollstreckung ist mithin erst am Tag **nach Fälligkeit** zulässig. Genau dieser Termin sollte dem Gerichtsvollzieher zur Vermeidung von Missverständnissen vorgegeben werden. Fällt der Fälligkeitszeitpunkt auf einen **Sonn- oder Feiertag,** so ist streitig, ob § 193 BGB zur Anwendung gelangt. Überwiegend wird dies bejaht (MüKoZPO/*Heßler* § 751 Rn. 13). Sonstige prozessuale Vollstreckungshindernisse (zB § 750 Abs. 3 ZPO) sind selbstverständlich zu beachten.

Beinhaltet der Vollstreckungstitel eine Verpflichtung zur Zahlung **wiederkehrender Leistungen** (zB monatlicher Raten) und geht der Gläubiger davon aus, dass er wegen aller Zahlungen die Vollstreckung betreiben muss, ist es ratsam, bereits mit dem ersten Vollstreckungsantrag auch die Durchführung der Vollstreckung wegen der **weiteren Leistungen** zu beantragen. Es macht keinen Sinn, den Gerichtsvollzieher für jede einzelne

Rate erneut zu beauftragen. Allerdings ist zu beachten, dass der Gerichtsvollzieher zu den einzelnen Fälligkeitsterminen auch nur in Höhe der dann fälligen Forderung vollstrecken kann. Der Gerichtsvollzieher weiß dann aber, dass er wegen regelmäßig zu erbringender Leistungen vollstrecken muss und kann seine Zugriffe entsprechend einrichten. Im Formular müssen die einzelnen Raten und die jeweiligen Fälligkeitszeitpunkte genau angegeben werden. Der Gerichtsvollzieher vermerkt in seinem Protokoll, ob und inwieweit die jeweils fälligen Beträge vom Schuldner bezahlt wurden.

3. Abhängigkeit der Vollstreckung von der Erbringung einer Sicherheitsleistung (§§ 751 Abs. 1 ZPO)

[Antrag]

(Alternative 1:

Es wird beantragt, dem Schuldner die anliegende Urkunde . . . . . (genaue Bezeichnung) über die Erbringung der Sicherheitsleistung zuzustellen.)[1]

(Alternative 2:

Soweit das Urteil nur gegen Sicherheitsleistung vollstreckt werden darf, ergibt sich deren Erbringung aus der anliegenden Urkunde. Diese wurde dem Schuldner gemäß dem ebenfalls anliegenden Nachweis bereits zugestellt.)[2]

(Alternative 3:

Von der im Vollstreckungstitel angegebenen Sicherheitsleistung ist abzusehen, weil . . . . .)[3]

(Alternative 4:

Die Vollstreckung erfolgt nur wegen eines Teilbetrages. Die Höhe der erbrachten Sicherheitsleistung bemisst sich nach dem Verhältnis des Teilbetrages zum Gesamtbetrag.)[4]

Anmerkungen

1. Sicherheitsleistung. Die Erbringung einer Sicherheitsleistung ist in erster Linie erforderlich, wenn aus vorläufig vollstreckbaren Urteilen vollstreckt werden soll (§ 709 ZPO). Die ZPO kennt aber auch an anderen Stellen die Notwendigkeit der Erbringung einer Sicherheitsleistung vor dem Beginn der Vollstreckung (vgl. §§ 707 Abs. 1, 769 Abs. 1, 771 Abs. 3 ZPO). Ist eine Sicherheitsleistung angeordnet, so darf mit der Vollstreckung erst begonnen bzw. diese fortgesetzt werden, wenn die Sicherheitsleistung durch eine öffentliche oder öffentlich beglaubigte Urkunde nachgewiesen und eine Abschrift dieser Urkunde bereits zugestellt ist oder gleichzeitig zugestellt wird (§ 751 Abs. 2 ZPO).

Art und Höhe der Sicherheitsleistung werden durch das Gericht festgelegt, § 108 Abs. 1 S. 1 ZPO. Das Gesetz geht, wenn keine andere Bestimmung getroffen wird, von der **Hinterlegung von Geld oder Wertpapieren** aus (§ 232 Abs. 1 BGB). In der Praxis üblich und am zweckmäßigsten ist jedoch die Sicherheitsleistung durch Erbringung einer **Bürgschaft.** Die Höhe der vom Gericht angeordneten Sicherheitsleistung orientiert sich daran, dass diese Sicherheit vor den Folgen einer ungerechtfertigten Zwangsvollstreckung bieten soll. Sie soll dafür Sorge tragen, dass ein im Wege der Zwangsvollstreckung beigetriebener Betrag zurückgewährt werden kann und der Schadensersatzanspruch nach § 717 Abs. 2 ZPO abgesichert ist, wenn der Titel im weiteren Verlauf des Rechtsstreits aufgehoben werden sollte.

Einzelheiten der Hinterlegung richten sich nach dem Hinterlegungsgesetz des jeweiligen Landes. Für die **Hinterlegung** von Wertpapieren ist nach § 234 Abs. 1 BGB darauf zu achten, dass nur Inhaber- oder mit Blankoindossament versehene Orderpapiere, die einen Kurswert haben und einer Gattung angehören, in der Mündelgeld angelegt werden darf, geeignet sind. Aus § 234 Abs. 3 BGB folgt ferner, dass mit Wertpapieren nur in Höhe von drei Vierteln des Kurswertes Sicherheit geleistet werden kann.

Bei der Sicherheitsleistung durch **Bürgschaft** muss auf die Einrede der Vorausklage verzichtet werden (§ 239 Abs. 2 BGB). Die Bürgschaft muss ferner unbefristet und unbedingt sein. Zulässig ist aber eine auflösende Bedingung für den Fall, dass die Bürgschaftsurkunde wieder in den Besitz des Bürgen gelangt, sofern sichergestellt ist, dass die Bürgschaft nicht ohne oder gegen den Willen des Bürgschaftsberechtigten (Schuldners) zum Erlöschen gebracht werden kann (BGH MDR 1971, 388). Eine auflösende Bedingung für den Fall der Vorlage einer das Ersturteil aufhebenden oder abändernden rechtskräftigen Entscheidung ist hingegen unzulässig (OLG Bamberg NJW 1975, 1664). Zulässig ist wohl auch der Vorhalt der Bank, jederzeit befreiend einen Geldbetrag hinterlegen zu dürfen (OLG Koblenz Rpfleger 1995, 32). Die Bürgschaft muss ferner durch eine deutsche Großbank oder ein öffentliches Kreditinstitut erbracht werden (BGH WPM 1966, 378). Entsprechend sind die Volksbanken und Raiffeisenbanken zu behandeln.

§ 751 Abs. 2 ZPO schreibt vor, dass eine öffentliche oder öffentlich beglaubigte Urkunde die **Sicherheitsleistung nachweisen und diese dem Schuldner zugestellt** werden muss.

Bei der **Hinterlegung** von Geld oder Wertpapieren wird der Nachweis durch den mit Unterschrift und Dienstsiegel versehenen Kassenvermerk auf der Durchschrift der Annahmeverfügung oder durch besondere Bescheinigung der Hinterlegungsstelle erbracht. Ein Postschein oder ein Überweisungsträger, welche Absendung oder Überweisung an die Hinterlegungsstelle nachweisen, genügt hingegen nicht.

Bei der **Bürgschaft** muss die Bürgschaftserklärung der Bank dem Schuldner gegenüber abgegeben werden. Dies erfolgt durch Vermittlung des Gerichtsvollziehers, der dem Schuldner das Original der Bürgschaftsurkunde vor dem Beginn der Zwangsvollstreckung übergibt (§ 132 Abs. 1 BGB, § 45 Abs. 3 GVGA). Die Zwangsvollstreckung wird nicht dadurch vereitelt, dass der Schuldner dieses Angebot nicht annimmt. Es reicht, dass dem Schuldner die Bürgschaftsurkunde übergeben wird. Eines darüber hinaus gehenden Zugangs der Annahmeerklärung bedarf es nicht, vgl. § 151 S. 1 BGB (*Baumbach/Lauterbach/Albers/Hartmann* § 751 Rn. 7). Wenn die Bürgschaftserklärung unmittelbar vor Beginn der Vollstreckung durch den Gerichtsvollzieher übergeben wird, erübrigt sich ein Nachweis der Zustellung durch öffentliche oder öffentlich beglaubigte Urkunde. Dies wäre reine Förmelei, denn die Nachweisform des § 751 Abs. 2 ZPO soll dem Gerichtsvollzieher eine rasche und zuverlässige Prüfung ermöglichen. Dieses Erfordernis entfällt, wenn der Gerichtsvollzieher die Urkunde selber übergibt (Zöller/*Stöber* § 751 Rn. 6).

2. Zustellung vor Beginn der Vollstreckung. Die schnellste und praktischste Vorgehensweise im Zusammenhang mit der Erbringung der Sicherheitsleistung ist ohne Zweifel, die Urkunde, aus der sich die Sicherheitsleistung ergibt, zugleich mit Beginn der Zwangsvollstreckung durch den Gerichtsvollzieher zustellen zu lassen. Der Gläubiger kann dies aber auch bereits im Vorfeld der Beauftragung des Gerichtsvollziehers erledigen. Hier muss er aber darauf achten, dass der **Nachweis** der Erbringung der Sicherheitsleistung durch öffentliche oder öffentlich beglaubigte Urkunde geführt wird. In diesen Fällen muss bei einer Bürgschaft die Erklärung der Bank dem Schuldner zugestellt werden. Die Zustellungsurkunde ist dann der geeignete und dem Gerichtsvollzieher vorzulegende Nachweis. Der nach dem missglückten Wortlaut des § 751 Abs. 2 ZPO darüber hinaus vorgesehene weitere Nachweis der Zustellung einer beglaubigten Abschrift der Zustellungsurkunde ist hingegen nicht erforderlich. Die Sicherheitsleistung ist dem Schuldner durch den Zugang der Bürgschaftserklärung bereits bekannt. Dies reicht aus (OLG Koblenz Rpfleger 1993, 355). Nach herrschender Auffassung kann die Zustellung der Bürgschaftserklärung nach § 198 ZPO auch von Anwalt zu Anwalt erfolgen (BGH NJW 1979, 417, 418; OLG Koblenz Rpfleger 1993, 355, 356). Grundsätzlich reicht eine Zustellung an den Schuldner. Eine Zustellung an dessen Prozessbevollmächtigten ist nicht erforderlich (BGH NJW 2008, 3220).

In den **Anlagen** sind die nach § 751 Abs. 2 ZPO notwendigen Unterlagen für den Gerichtsvollzieher beizufügen. Es handelt sich um die Urkunde, mit der die Erbringung der Sicherheit nachgewiesen wird. Hinzu tritt der Zustellnachweis, wenn die Urkunde über die Erbringung der Sicherheitsleistung bereits vor dem Beginn der Vollstreckung zugestellt worden ist.

3. Absehen von Sicherheitsleistung. Auch wenn der Vollstreckungstitel eine vorläufige Vollstreckbarkeit gegen Sicherheitsleistung aufweist, kann die Vollstreckung in Ausnahmefällen ohne Nachweis der Sicherheitsleistung erfolgen. Diese Ausnahmen sind in § 48 Abs. 2 GVGA aufgezählt. Eine Vollstreckung ohne Erbringung der Sicherheitsleistung ist möglich, wenn die Entscheidung zwischenzeitlich rechtskräftig geworden und auf dem Schuldtitel ein Rechtskraftvermerk (§ 706 Abs. 1 ZPO) angebracht worden ist. Ein weiterer Fall der Vollstreckung ohne Nachweis der Sicherheitsleistung liegt vor, wenn das Berufungsgericht die Berufung durch Urteil oder Beschluss gemäß § 522 Abs. 2 ZPO zurückgewiesen hat und ausgesprochen wird, dass das angefochtene Urteil ohne Sicherheitsleistung vorläufig vollstreckbar ist (§ 708 Nr. 10 S. 2 ZPO). Die Notwendigkeit der Sicherheitsleistung entfällt auch dann, wenn eine Entscheidung vorgelegt wird, nach der die vorläufige Vollstreckbarkeit ohne Sicherheitsleistung angeordnet wird (§ 718 ZPO). Schließlich muss die Sicherheitsleistung nicht nachgewiesen werden, wenn die Sicherungsvollstreckung betrieben wird (§§ 720a, 795 S. 2 ZPO).

4. Teilweise Sicherheitsleistung. § 752 ZPO bestimmt, dass bei Vollstreckung wegen eines **Teilbetrages** die Sicherheitsleistung nur nach dem Verhältnis des Teilbetrages zum Gesamtbetrag erbracht werden muss. Zur Berechnung der Teilsicherheitsleistung vgl. im Übrigen § 48 Abs. 1 GVGA. Es ist von der im Urteil angegebenen Gesamtsicherheit und von dem Gesamtbetrag der Vollstreckungsforderung zur Zeit der Auftragserteilung auszugehen. Die Höhe des zulässigen Betrages für eine Teilvollstreckung errechnet sich wie folgt:

$$\frac{\text{Teilsicherheitsleistung x Gesamtbetrag der zu vollstreckenden Forderung}}{\text{Gesamtsicherheitsleistung}}$$

Die Höhe der Teilsicherheitsleistung kann wie folgt errechnet werden:

$$\frac{\text{Zu vollstreckender Teilbetrag x Gesamtsicherheitsleistung}}{\text{Gesamtbetrag der zu vollstreckenden Forderung}}$$

Der Gesamtbetrag der zu vollstreckenden Forderung meint hierbei die Hauptforderung (hM, vgl. Thomas/Putzo/*Seiler* § 752 Rn. 6; Musielak/Voit/*Lackmann* § 752 Rn. 4). Sollen mehrere Teilbeträge vollstreckt werden, so ist eine entsprechende Teilsicherheitsleistung für jeden Forderungsteil nachzuweisen. Wird eine geringere als die erforderliche Teilsicherheit geleistet, so darf der Gerichtsvollzieher nur in der entsprechenden Höhe vollstrecken. Im Übrigen muss er den Vollstreckungsauftrag ablehnen.

Anlagen. In den Anlagen sind die nach § 751 Abs. 2 ZPO notwendigen Unterlagen für den Gerichtsvollzieher beizufügen. Es handelt sich um die Urkunde, mit der die Erbringung der Sicherheit nachgewiesen wird. Hinzu tritt der Zustellnachweis, wenn die

Urkunde über die Erbringung der Sicherheitsleistung bereits vor dem Beginn der Vollstreckung zugestellt worden ist.

4. Antrag bei Zug-um-Zug-Verurteilung (§ 756 ZPO)

[Antrag]

Die nach dem Titel vom Gläubiger zu erbringende Gegenleistung[1]

(Alternative 1:

soll bei Beginn der Zwangsvollstreckung vom Gerichtsvollzieher dem Schuldner übergeben oder in einer den Annahmeverzug begründenden Weise angeboten werden.)[2]

(Alternative 2:

ist dem Schuldner wörtlich anzubieten. Ein wörtliches Angebot genügt, weil . . . . .)[3]

(Alternative 3:

braucht dem Schuldner nicht mehr angeboten zu werden, weil sich der Schuldner bereits im Annahmeverzug befindet. Der Annahmeverzug ergibt sich aus . . . . . und wird nachgewiesen durch . . . . . Diese Urkunde ist dem Schuldner gemäß anliegendem Zustellungsnachweis bereits zugestellt worden/Der Gerichtsvollzieher wird gebeten, dem Schuldner diese Urkunde vor Beginn der Zwangsvollstreckung zuzustellen.)[4]

Der Gerichtsvollzieher wird angewiesen, folgende weitere Punkte bei der Durchführung der Vollstreckung zu beachten:

. . . . .

Diesem Antrag ist/sind beigefügt:

Urkunde betreffend den Nachweis des Annahmeverzuges/Zustellungsnachweis[5, 6]

Anmerkungen

1. Prüfungspflicht des Gerichtsvollziehers. Bei einer Zug-um-Zug-Verurteilung überantwortet das Gesetz dem Gerichtsvollzieher die Prüfung, ob der Gläubiger die ihm obliegende Leistung erbracht hat. Die Vollstreckungsklausel wird grundsätzlich ohne Prüfung der Gegenleistung erteilt. Entweder muss der Gerichtsvollzieher im Auftrag des Gläubigers diese Leistung anbieten, wobei uU ein wörtliches Angebot ausreichen kann, oder der Annahmeverzug des Schuldners muss bereits vor Beginn der Vollstreckung eingetreten sein und vom Gläubiger bei Vollstreckungsbeginn nachgewiesen werden.

Eine Vorgehensweise nach § 756 ZPO kommt nur in Betracht, wenn eine **echte Zug-um-Zug-Verurteilung** vorliegt. Hierunter fällt nicht, dass der Schuldner zur Zahlung nur gegen Aushändigung eines Wechsels, Schecks oder einer sonstigen den Gläubiger legitimierenden Urkunde verurteilt ist, mag die Zahlungspflicht in diesen Fällen auch Zug-um-Zug tituliert sein. Es handelt sich dann nämlich nicht um eine echte Zug-um-Zug-Verurteilung, sondern lediglich um die Klarstellung des Rechts auf eine Quittung (Zöller/*Stöber* § 756 Rn. 3). Streitig ist, ob § 1144 BGB (zB Herausgabe des Hypothekenbriefs) unter § 756 ZPO fällt. Dies wird von der herrschenden Meinung verneint (vgl. BGH NJW 1991, 1953; OLG Köln Rpfleger 1983, 307; aA OLG Hamm DGVZ 1979, 122).

2. Erbringung der Gegenleistung. Hat der Gläubiger nicht bereits im Vorfeld der Vollstreckung den Annahmeverzug herbeigeführt und kann dies durch öffentliche oder öffentlich beglaubigte Urkunden nachweisen, so muss er den Gerichtsvollzieher beauftragen, vor Beginn der Vollstreckung die Gläubigerleistung in einer Annahmeverzug begründenden Weise anzubieten. Die Leistung des Gläubigers sollte, obwohl sie sich aus dem Titel ergibt, nochmals für den Gerichtsvollzieher eindeutig bezeichnet werden. Soweit der Titel die Gegenleistung nicht hinreichend bestimmt (vgl. BGH Rpfleger 1993, 206), kann der Gläubiger im Übrigen auch die Hauptleistung nicht vollstrecken. Wenn zweifelhaft ist, ob die tatsächlich angebotene Gegenleistung der ausgeurteilten Leistung entspricht, kann dieser Umstand im Rahmen einer Feststellungsklage gerichtlich überprüft werden (BGH MMR 2011, 351, 352). In dem hier vorgeschlagenen Formular wird der Auftrag zunächst allgemein erteilt, eine Konkretisierung erfolgt später.

Der Gläubiger muss vor Beginn seiner Vollstreckung die ihm obliegende Leistung erbringen. Jedenfalls muss er diese Leistung gemäß §§ 299 ff. BGB in einer den Annahmeverzug begründenden Weise anbieten. Zur Begründung des Annahmeverzuges muss die Leistung vom Gläubiger grundsätzlich tatsächlich angeboten werden. Hierbei gilt der Grundsatz, dass die richtige Leistung zur rechten Zeit und am rechten Ort, vollständig sowie in der rechten Weise angeboten werden muss. Das Angebot, welches durch den Gerichtsvollzieher oder in dessen Gegenwart durch den Gläubiger erfolgt, muss so beschaffen sein, dass der Schuldner nur noch zuzugreifen braucht (BGH NJW 1984, 1679, 1680). Hierbei muss die vollständige Gläubigerleistung auch dann angeboten werden, wenn der Gläubiger zunächst nur wegen einer **Teilforderung** vollstrecken will (*Baumbach/Lauterbach/Albers/Hartmann* § 756 Rn. 9).

Wird ein **PKW** angeboten, gilt dies auch für den Kfz-Brief (AG Mannheim DGVZ 1971, 79). Bei der **Gattungsschuld** muss eine Sache von mittlerer Art und Güte (§§ 243 Abs. 1 BGB, 360 HGB) angeboten werden. Bei einer **Stückschuld** muss der konkret geschuldete Gegenstand übergeben werden (vgl. zur Gesamtproblematik BGH DGVZ 2005, 154; OLG Stuttgart DGVZ 1991, 8; LG Bonn DGVZ 1983, 187). Wird dem Schuldner ein Gegenstand angeboten, so ist es sein Recht, diesen auf Mängel zu untersuchen und ggf. Gewährleistungsansprüche geltend zu machen. Andernfalls würde es einem Gläubiger ermöglicht, seine Leistung voll durchzusetzen, ohne zur Erbringung der vertraglich geschuldeten Leistung in der Lage zu sein (BGH MMR 2011, 351, 352). Der Titel muss ggf. vom Gerichtsvollzieher ausgelegt werden. Die Bestimmung der geschuldeten Leistung wird damit dem Vollstreckungsverfahren überantwortet. Gegebenenfalls muss der Gerichtsvollzieher auch prüfen, ob die angebotene Sache mangelfrei ist (OLG Celle NJW-RR 2000, 828). Fehlt ihm die hinreichende Sachkunde, muss er einen Sachverständigen beiziehen (OLG Hamm DGVZ 1995, 182, 183; Zöller/*Stöber* § 756 Rn. 7). Besteht die Gläubigerleistung in einer **Nachbesserung,** muss der Gerichtsvollzieher deren Erbringung und Ordnungsmäßigkeit überprüfen und auch hier eventuell einen Sachverständigen hinzuziehen (BGH NJW 1973, 1792).

Im Vollstreckungsantrag sollten dem Gerichtsvollzieher schließlich Einzelheiten zur **Durchführung** des tatsächlichen Angebots mitgeteilt werden.

3. Wörtliches Angebot. Darüber hinaus reicht ein wörtliches Angebot der Leistung nach § 295 BGB stets, wenn der Schuldner bereits vor dem Angebot des Gläubigers und vor Beginn der Vollstreckung erklärt hat, er werde die Leistung **nicht annehmen** oder aber seine Leistung nicht erbringen (BGH NJW 1997, 581). Eine solche Weigerung des Schuldners vor Vollstreckungsbeginn muss vom Gläubiger aber durch öffentliche oder öffentlich beglaubigte Urkunden nachgewiesen werden. Ein wörtliches Angebot ist auch dann ausreichend, wenn zur Bewirkung der Leistung eine **Mitwirkungshandlung** des Schuldners erforderlich ist (zB Abholung bei der Holschuld, Abnahme bei der Werkleistung). In diesem Falle sollte der Gerichtsvollzieher angewiesen werden, dem Schuldner zunächst eine **Frist** zur Vornahme seiner Mitwirkungshandlung zu setzen.

4. Nachgewiesener Annahmeverzug. Der Gerichtsvollzieher darf nach § 756 Abs. 1 ZPO auch dann mit der Vollstreckung beginnen, wenn der Gläubiger durch öffentliche oder öffentlich beglaubigte Urkunden nachweisen kann, dass der Schuldner befriedigt oder im Annahmeverzug ist. Zur öffentlichen Urkunde vgl. §§ 415 ff. ZPO. Eine Abschrift dieser Urkunde muss dem Schuldner spätestens bei Beginn der Zwangsvollstreckung zugestellt werden.

Als Nachweis kommt eine **notariell beglaubigte Quittung** in Betracht. Ebenso kann ein **Protokoll** eines Gerichtsvollziehers über ein früheres tatsächliches Angebot vorgelegt werden (OLG Köln NJW-RR 1991, 383). Schließlich kann der Nachweis durch den **Tenor eines Urteils** geführt werden, aus dem sich der Annahmeverzug des Gläubigers ergibt. Dies kann der Vollstreckungstitel selber sein. Für den Gläubiger ist es daher empfehlenswert, bereits im Erkenntnisverfahren einen unechten Hilfsantrag auf Feststellung des Annahmeverzuges seitens des Schuldners zu stellen (OLG Köln NJW-RR 1991, 383). Nach der wohl hM reicht es, wenn sich der Annahmeverzug aus dem Tatbestand oder den Entscheidungsgründen ergibt (BGH NJW 1982, 1048, 1049; Musielak/Voit/*Lackmann* § 756 Rn. 10).

Steht dem Gläubiger keine öffentliche oder öffentlich beglaubigte Urkunde als Nachweis für die Erbringung seiner Leistung zur Verfügung, so ist ihm zu empfehlen, den Gerichtsvollzieher mit einer Befragung des Schuldners zur Erbringung der Gegenleistung zu beauftragen. In diesen Fällen kann der Gerichtsvollzieher ein **Zugeständnis** des Schuldners protokollieren. Dies reicht als Nachweis (Zöller/*Stöber* § 756 Rn. 9).

5. Anlagen. Kann der Gläubiger den Annahmeverzug des Schuldners oder die Erbringung der ihm obliegenden Leistung durch öffentliche oder öffentlich beglaubigte Urkunden nachweisen, so fügt er die entsprechenden Unterlagen dem Vollstreckungsantrag bei. Ist eine Zustellung einer Abschrift dieser Urkunden an den Schuldner bereits erfolgt, ist auch der Zustellungsnachweis beizufügen.

6. Gebühren und Kosten. Kosten, die im Zusammenhang mit dem Angebot der Gegenleistung anfallen, können als notwendige Kosten der Zwangsvollstreckung nach § 788 Abs. 1 S. 1 ZPO gegenüber dem Schuldner geltend gemacht werden. Hierzu zählen Gebühren und Aufwendungen des Gerichtsvollziehers sowie Anwaltskosten, die im Zusammenhang mit dem Angebot der Gegenleistung anfallen (BGH NJW 2014, 2508, 2509).

5. Antrag bei Sicherungsvollstreckung (§ 720a ZPO)

An das

Amtsgericht

– Gerichtsvollzieherverteilungsstelle –

. . . . .

Antrag auf Sicherungsvollstreckung[1]

In der Zwangsvollstreckungssache

des . . . . .,

[Name und Anschrift des Gläubigers]

Gläubigers,

– Verfahrensbevollmächtigter: . . . . . –
gegen

den . . . . .,

[Name und Anschrift des Schuldners]

Schuldner,

überreiche ich in der Anlage das Urteil . . . . . [genaue Bezeichnung des Vollstreckungstitels] nebst der hierzu erteilten Vollstreckungsklausel vom . . . . . sowie den Kostenfestsetzungsbeschluss vom . . . . . und beantrage namens und in Vollmacht des Gläubigers,

diese dem Schuldner zuzustellen und die Zustellung zu bescheinigen.[2]

Sodann wird beantragt,

nach Ablauf von zwei Wochen, gerechnet ab dem Datum der Zustellung, für den Gläubiger in das Vermögen des Schuldners wegen einer Forderung aus dem Urteil . . . . . [genaue Bezeichnung des Vollstreckungstitels] in Höhe von . . . . . [Bezifferung der Hauptforderung] nebst Zinsen in Höhe von . . . . . [Angabe des zu verzinsenden Betrages, des Zinslaufs und der Zinshöhe] sowie Kosten in Höhe von . . . . . [Bezifferung der Prozesskosten und der Vollstreckungskosten] die Sicherungsvollstreckung zu betreiben.[3]

Der nach § 4 Abs. 1 GvKostG zu zahlende Kostenvorschuss wird gedeckt durch . . . . .

Es wird beantragt,

gepfändetes Geld zu hinterlegen.[4]

Sollten bewegliche Sachen gepfändet werden, die der Gefahr einer beträchtlichen Wertminderung unterliegen oder deren Aufbewahrung unverhältnismäßige Kosten verursachen würde, so wird bereits jetzt bei dem zuständigen Vollstreckungsgericht die Anordnung beantragt,

diese Sachen alsbald zu versteigern und den Erlös zu hinterlegen.[5]

Der Gerichtsvollzieher wird um Mitteilung gemäß § 806a Abs. 1 ZPO und Befragung gemäß § 806a Abs. 2 ZPO gebeten. Falls sich hiernach Hinweise auf Geldforderungen des Schuldners gegen Dritte ergeben, wird um Vornahme einer Vorpfändungsbenachrichtigung nach § 845 Abs. 1 ZPO gebeten.[6] Sollten sich Papiere iSd § 106 GVGA beim Schuldner finden, so wird um Hilfspfändung gebeten.

Der Gerichtsvollzieher wird angewiesen, folgende weitere Punkte bei der Durchführung der Vollstreckung zu beachten:

. . . . .

Diesem Antrag ist/sind beigefügt:[7]

- die vollstreckbare Ausfertigung des Vollstreckungstitels nebst der hierzu erteilten Vollstreckungsklausel
  Kostenfestsetzungsbeschluss des . . . . . [genaue Bezeichnung unter Angabe von Gericht, Datum und Aktenzeichen]

- Vollmacht/Geldempfangsvollmacht
- Formular betreffend die Vorpfändung gemäß § 845 ZPO

.....

Rechtsanwalt[8]

Anmerkungen

1. Sicherungsvollstreckung. Es wird ein vollständiges Formular vorgeschlagen. Es ist nicht ersichtlich, dass ein Antrag auf Vornahme der Sicherungsvollstreckung im **amtlichen Formular** angemessen abgebildet werden kann. Sollte der Gerichtsvollzieher gleichwohl auf die Vorlage des amtlichen Formulars bestehen, müssten die Grunddaten in diesem ausgefüllt werden. Das hier vorgeschlagene Formular kann dann als Anlage eingereicht werden.

Die Sicherungsvollstreckung ist möglich bei gegen Sicherheitsleistung vorläufig vollstreckbaren Urteilen (§ 709 S. 1 ZPO). Sie dient dem Schutz des Gläubigers, der bei nicht rechtskräftigen Urteilen auch ohne Erbringung der ihm obliegenden Sicherheitsleistung Zugriff auf das Schuldnervermögen nehmen darf. Allerdings darf die Vollstreckung nur zu einer vorläufigen **Absicherung des Gläubigers** führen. Bei der Gerichtsvollziehervollstreckung kommt daher lediglich eine Pfändung beweglichen Vermögens in Betracht, nicht hingegen eine Verwertung.

Dem Schutz des Schuldners dient in diesem Zusammenhang aber § 750 Abs. 3 ZPO, wonach mit der Sicherungsvollstreckung nur begonnen werden darf, wenn Titel und Klausel mindestens 2 Wochen vor deren Beginn zugestellt sind. Hierdurch erhält der Schuldner die Möglichkeit, die Sicherungsvollstreckung seinerseits durch Leistung einer Sicherheit in Höhe des Hauptanspruchs abzuwenden, soweit nicht der Gläubiger vorher die ihm obliegende Sicherheit geleistet hat (§ 720a Abs. 3 ZPO). Sollte der Gläubiger in diesem Zusammenhang die Sicherheit leisten, so kann er allerdings von der Sicherungsvollstreckung Abstand nehmen und zur normalen Zwangsvollstreckung übergehen.

2. Zustellung von Titel und Klausel. Mindestens zwei Wochen vor Beginn der Sicherungsvollstreckung müssen Titel und Klausel dem Schuldner zugestellt werden. Der Anwendungsbereich der Sicherungsvollstreckung bezieht sich hierbei lediglich auf **Urteile,** die gegen Sicherheitsleistung vorläufig vollstreckbar sind, sowie auf **Kostenfestsetzungsbeschlüsse** und Beschlüsse im vereinfachten Verfahren über den **Unterhalt** Minderjähriger (§§ 795 S. 2, 794 Abs. 1 Nr. 2 ZPO), welche jeweils auf Urteilen beruhen, die nur gegen Sicherheitsleistung vorläufig vollstreckbar sind. Aus anderen Titeln findet eine Sicherungsvollstreckung nicht statt, auch dann nicht, wenn der Gläubiger nur deshalb zur Sicherheitsleistung veranlasst wird, weil der Schuldner von seiner Abwehrbefugnis Gebrauch macht.

Neben der Zustellung der Vollstreckungstitel muss auch die **Vollstreckungsklausel** dem Schuldner zugestellt werden. Hierbei ist zu beachten, dass sich das Zustellungserfordernis nach ganz herrschender Meinung auch auf die einfache Klausel iSv § 725 ZPO erstreckt (OLG Hamm NJW-RR 1998, 87, 88; OLG Düsseldorf DGVZ 1997, 42) und nicht nur auf die Fälle des § 750 Abs. 2 ZPO (so Schuschke/Walker/*Schuschke* § 720a Rn. 3).

Die **Zustellbescheinigung** wird zu den Vollstreckungsakten des Gerichtsvollziehers genommen.

3. Pfändung. Zwischen der Zustellung der vorgenannten Unterlagen und dem Beginn der Sicherungsvollstreckung muss ein Zeitraum von mindestens **zwei Wochen** liegen. Danach ist die Pfändung in die körperlichen Sachen des Schuldners zulässig. Dies gilt auch, soweit sich diese im Drittgewahrsam (§ 809 ZPO) befinden. Eine Verwertung findet hingegen nicht statt, solange der Gläubiger nicht die ihm obliegende Sicherheit erbracht hat oder das Urteil rechtskräftig geworden ist. Für den Fall, dass sich die Fruchtlosigkeit der Pfändung ergibt, kann mit dem Antrag auf Vorpfändung zugleich ein Antrag auf Abgabe der **Vermögensauskunft** gestellt werden (vgl. BGH DGVZ 2007, 15; Musielak/Voit/*Lackmann* § 720a Rn. 4).

4. Hinterlegung von Geld. Wird die Sicherungsvollstreckung in Geld betrieben, ist dieses nach Pfändung zu hinterlegen, §§ 720a Abs. 2, 930 Abs. 2 ZPO.

5. Ausnahmsweise Versteigerung. Wenn sich die Sicherungsvollstreckung in Gegenstände vollzieht, die einer raschen Wertminderung ausgesetzt sind, so können diese ausnahmsweise versteigert werden. Gedacht ist in erster Linie an verderbliche Waren. Vorausgesetzt ist aber eine entsprechende Anordnung durch das Vollstreckungsgericht, also das Amtsgericht, in dessen Bezirk sich die Sache befindet. Zuständig für die Anordnung ist der Rechtspfleger (§ 20 Nr. 17 RPflG). Der Versteigerungserlös wird dann vom Gerichtsvollzieher hinterlegt. In dem hier vorgeschlagenen Formular wird der Gerichtsvollzieher vorsorglich aufgefordert, im Falle einer Pfändung solcher Waren sogleich eine entsprechende Anordnung beim Vollstreckungsgericht für den Gläubiger zu erwirken. Eine Versteigerung ist schließlich möglich, wenn die Aufbewahrung der gepfändeten Sache unverhältnismäßige Kosten verursachen würde.

6. Vorpfändungsbenachrichtigung. Für den Fall, dass sich Hinweise auf Forderungen des Schuldners gegenüber Drittschuldnern ergeben, kann auch im Rahmen der Sicherungsvollstreckung eine Vorpfändung nach § 845 ZPO erfolgen. Die Vorpfändung setzt lediglich das Vorhandensein eines vollstreckbaren Schuldtitels voraus, über den der Gläubiger ja verfügt (KG MDR 1981, 412; Musielak/Voit/*Lackmann* § 720a Rn. 4).

7. Anlagen. Besonderheiten gelten bei der Sicherungsvollstreckung nur insoweit, als hier zum Zwecke der Zustellung nach § 750 Abs. 3 ZPO dem Gerichtsvollzieher das zu vollstreckende Urteil nebst Vollstreckungsklausel sowie der zu vollstreckende Kostenfestsetzungsbeschluss übergeben werden müssen.

8. Gebühren und Kosten. Es fällt – auch für den beschränkten Auftrag – die Anwaltsgebühr nach Nr. 3309 VV RVG an. Sicherungsvollstreckung und eine nachfolgende Befriedigung nach Erbringung der Sicherheitsleistung sind eine Angelegenheit.

6. Antrag bei möglichem Drittgewahrsam (§ 809 ZPO)

[Antrag]

Es wird namens und in Vollmacht des Gläubigers beantragt,[1]

> **für den Gläubiger in das Vermögen des Schuldners wegen einer Forderung aus dem ..... [genaue Bezeichnung des Vollstreckungstitels] in Höhe von ..... [Bezifferung der Hauptforderung] nebst Zinsen in Höhe von ..... [Angabe des zu verzinsenden Betrages, des Zinslaufs und der Zinshöhe] sowie Kosten in Höhe von ..... [Bezifferung der Prozesskosten und der Vollstreckungskosten] die Zwangsvollstreckung (Pfändung und Verwertung körperlicher Sachen) zu betreiben.**

(Alternative 1:

> ***Die Vollstreckung soll sich in das Schuldnervermögen auch insoweit erstrecken, als sich dieses derzeit im Gewahrsam eines Dritten, nämlich des ....., befindet.)[2]***

(Alternative 2:

Die Vollstreckung soll sich in das Schuldnervermögen auch insoweit erstrecken, als sich dieses derzeit im Gewahrsam des Gläubigers/Gerichtsvollziehers befindet.)[3]

Der Gerichtsvollzieher wird angewiesen, folgende weiteren Punkte bei der Durchführung der Vollstreckung zu beachten:

Soweit Schuldnervermögen sich im Gewahrsam des Dritten befindet, handelt es sich [vermutlich] um folgende Sachen: . . . . . Der Schuldner ist Eigentümer dieser Gegenstände . . . . . [Begründung].[4]

(Alternative 3:

Sollte der Dritte mit der Zwangsvollstreckung nicht einverstanden sein, wird darauf hingewiesen, dass es für die Zulässigkeit der Vollstreckung auf sein Einverständnis nicht ankommen dürfte. Die Verweigerung des Einverständnisses ist rechtsmissbräuchlich, weil . . . . . [Begründung].)[5]

(Alternative 4:

Sollte der Dritte mit der Zwangsvollstreckung nicht einverstanden sein, wird bereits jetzt beantragt, eine Vorpfändungsbenachrichtigung nach § 845 Abs. 1 ZPO vorzunehmen. Der Gläubiger beabsichtigt, in den Herausgabeanspruch des Schuldners gegen den Dritten zu vollstrecken.)[6]

Anmerkungen

1. Pfändung bei Drittgewahrsam. Die Pfändung von Gegenständen, welche sich im Gewahrsam eines Dritten befinden, ist nach § 809 ZPO nur zulässig, wenn der Dritte zur **Herausgabe** bereit ist. Ist er nicht einverstanden, kann grundsätzlich kein Zugriff durch den Gerichtsvollzieher erfolgen. Um auf die Sache zuzugreifen, müsste der Gläubiger in den schuldrechtlichen oder dinglichen Herausgabeanspruch vollstrecken, welcher dem Schuldner gegen den Dritten zusteht (§§ 829, 835 ZPO). Er müsste sich diesen Herausgabeanspruch nötigenfalls mit dem Ziel einer Herausgabe an den Gerichtsvollzieher (§ 847 Abs. 1 ZPO) titulieren lassen. Um diesen komplizierten Weg im Interesse des Gläubigers an einem raschen, rangwahrenden Zugriff abzukürzen, ist vorzuschlagen, den Antrag auf Pfändung in diesen Fällen bereits mit einem Antrag auf Vornahme einer **Vorpfändung** (§ 845 ZPO) des Herausgabeanspruchs zu kombinieren. Hierdurch erlangt der Gläubiger schnelle Sicherheit.

2. Drittgewahrsam. Der Antrag muss klarstellen, dass sich die Pfändung auf Gegenstände bezieht, die im Gewahrsam eines Dritten sind. Der Dritte muss selbstverständlich mit Name und Adresse angegeben werden, damit der Gerichtsvollzieher die Vollstreckung dort vornehmen kann. **Dritte** sind alle Personen, die nach Titel und Klausel nicht Gläubiger oder Schuldner sind und die nicht für Gläubiger oder Schuldner als Vertreter oder Organ Gewahrsam haben.

Für die Zulässigkeit der Pfändung kommt es auf die **Gewahrsamsverhältnisse** im Zeitpunkt des Zugriffs an. Wenn der Gegenstand erst nach der Pfändung in den Gewahrsam des Dritten gelangt, spielt dies für die Wirksamkeit der Pfändung keine Rolle. Der Dritte, welcher erst nach der Pfändung Gewahrsam erlangt, ist zur Herausgabe an den Gerichtsvollzieher verpflichtet. Nach hM hat der Gerichtsvollzieher in diesen Fällen aber **kein Verfolgungsrecht** (BGH NJW-RR 2004, 352). Dem Gläubiger bleibt hier nur die Möglichkeit, aufgrund seines Pfandrechts auf Herausgabe an den Gerichtsvollzieher zu klagen. Der Gerichtsvollzieher muss nach § 809 ZPO auch **Mitgewahrsam** beachten.

Besteht neben dem Gewahrsam des Schuldners auch ein Mitgewahrsam eines Dritten, so ist nach hM das Einverständnis des Mitgewahrsamsinhabers erforderlich (Stein/Jonas/*Münzberg* § 808 Rn. 17). Der Gerichtsvollzieher wird hierbei aber prüfen, ob sich dem äußeren Bild nach Anhaltspunkte für einen Alleingewahrsam des Schuldners ergeben.

3. Gewahrsam des Gläubigers. § 809 ZPO findet auch Anwendung, soweit sich die zu pfändende Sache bereits im Gewahrsam des **Gläubigers** befindet. Hier ist das Einverständnis des Gläubigers mit der Pfändung bereits im Antrag auf Vornahme der Zwangsvollstreckung zu sehen. Die Sache kann sich auch bereits im Gewahrsam des **Gerichtsvollziehers** befinden. Dies wird in der Regel dann vorliegen, wenn dieser den Gegenstand zuvor bereits für einen anderen Gläubiger gepfändet hat. Dann ist der Gerichtsvollzieher als Dritter anzusehen und muss der Pfändung zustimmen.

4. Information des Gerichtsvollziehers. Neben der Angabe von Namen und Anschrift des Drittgewahrsamsinhabers sollten dem Gerichtsvollzieher weitere Informationen an die Hand gegeben werden. Selbstverständlich müssen die im Gewahrsam des Dritten befindlichen **Gegenstände** möglichst genau angegeben werden, damit der Gerichtsvollzieher weiß, in welchen Teil des beim Dritten aufgefundenen Vermögens er vollstrecken soll. Es empfehlen sich zudem Erläuterungen, woraus sich das **Eigentum** des Schuldners ergeben soll. Auch wenn dem Gerichtsvollzieher bei Durchführung der Pfändung keine Prüfung der Eigentumsverhältnisse obliegt, empfehlen sich im Rahmen von § 809 ZPO entsprechende Angaben zur Plausibilisierung. Während bei der gewöhnlichen Pfändung allein der Gewahrsam des Schuldners die Vermutung für dessen Eigentum begründet, fehlt es beim Gewahrsam eines Dritten an einem Anknüpfungspunkt für diese Vermutung. Aus diesem Grunde muss – ohne an den Gerichtsvollzieher zu hohe Anforderungen zu stellen – das Eigentum des Schuldners vom Gläubiger zumindest dargelegt sein. Es empfiehlt sich etwa eine Angabe, wann und unter welchen Umständen der Dritte in den Gewahrsam der Gegenstände gelangt ist und dass eine Übereignung anlässlich des Gewahrsamswechsels gerade nicht stattgefunden hat (vgl. auch AG Brühl DGVZ 2010, 174).

5. Unbeachtliche Verweigerung des Dritten. Die fehlende Herausgabebereitschaft kann unbeachtlich sein, wenn der Dritte lediglich einen **Scheingewahrsam** begründet hat. Gemeint sind hiermit die Fälle des kollusiven Zusammenwirkens von Schuldner und Drittem. Die Sache wird dem Dritten lediglich übergeben, um diese dem Vollstreckungszugriff zu entziehen. Unter dieser Voraussetzung wird überwiegend die Auffassung vertreten, dass sich der Gerichtsvollzieher über die fehlende Herausgabebereitschaft des Dritten hinwegsetzen kann (LG Berlin DGVZ 1969, 71; Zöller/*Stöber* § 809 Rn. 5; aA LG Bochum DGVZ 1990, 73). Soweit sich Anhaltspunkte dafür ergeben, dass die Gewahrsamsbegründung durch den Dritten ausschließlich zum Zwecke der Entziehung einer Sache vor dem Gläubigerzugriff erfolgte, sollten diese dem Gerichtsvollzieher mitgeteilt werden.

6. Vorpfändungsbenachrichtigung. Verweigert der Dritte die Herausgabe, so muss der Gläubiger den Anspruch des Schuldners gegen den Dritten pfänden und sich überweisen lassen. Um hier schnell und rangwahrend zuzugreifen, sollte der Gerichtsvollzieher bezüglich der Pfändung dieses Herausgabeanspruchs sogleich mit der Vornahme einer **Vorpfändung** nach § 845 ZPO beauftragt werden. Wird ein entsprechender Auftrag erteilt, so fertigt der Gerichtsvollzieher die Benachrichtigungen mit den Aufforderungen selbst an (§ 845 Abs. 1 S. 2 ZPO). Um das Verfahren zu beschleunigen, empfiehlt es sich jedoch, ein vom Gerichtsvollzieher nur noch zu ergänzendes Vorpfändungsformular dem Antrag beizufügen. Zu beachten ist in diesem Fall jedoch die zusätzlich anfallende Gebühr nach Nr. 200 KV GvKostG.

7. Vornahme einer vorläufigen Austauschpfändung (§ 811b ZPO)

[Antrag]

Es wird namens und im Auftrag des Gläubigers beantragt,[1]

die Pfändung eines ..... [genaue Angabe des im Besitz des Schuldners befindlichen Gegenstandes] im Wege der vorläufigen Austauschpfändung vorzunehmen.[2]

Begründung:

Der Schuldner hat Gewahrsam an folgendem Gegenstand: ..... Die Pfändung dieses Gegenstandes durch den Gerichtsvollzieher ist, wie sich aus dem beigefügten Protokoll ergibt, wegen Unpfändbarkeit unterblieben. Nach § 811a Abs. 1 ZPO steht dem Gläubiger das Recht zu,[3]

(Alternative 1:

dem Schuldner ein Ersatzstück zur Verfügung zu stellen. Der Gläubiger bietet folgendes Ersatzstück an: ..... Es handelt sich um ein Ersatzstück, das geringwertiger als der zu pfändende Gegenstand ist, indes dem Verwendungszweck des Schuldners ebenso genügt.)

(Alternative 2:

dem Schuldner den zur Beschaffung eines Ersatzstücks notwendigen Geldbetrag zu überlassen. Hierzu ist ein Geldbetrag in Höhe von ..... aufzuwenden. Dieser Betrag ist zur Beschaffung eines geringwertigeren, aber ebenso zweckdienlichen Ersatzstücks ausreichend.)

(Alternative 3:

den Gegenstand zu pfänden, wobei dem Schuldner der zur Beschaffung eines Ersatzstückes notwendige Geldbetrag in Höhe von ..... aus dem Vollstreckungserlös zu belassen ist. Eine Ersatzbeschaffung ist dem Gläubiger nicht möglich/zuzumuten, weil ..... Der genannte Geldbetrag ist zur Beschaffung eines geringwertigeren, aber ebenso zweckdienlichen Ersatzstücks ausreichend.)

Es wird gebeten, den Gläubiger von der Pfändung zu unterrichten. Er wird sodann binnen einer Frist von 2 Wochen einen Antrag nach § 811a Abs. 2 ZPO bei dem Vollstreckungsgericht stellen.[4]

Diesem Antrag ist/sind beigefügt:[5]

.....

Rechtsanwalt[6]

Anmerkungen

1. Zuständigkeit, vorläufige Maßnahme. Die vorläufige Austauschpfändung wird vom Gerichtsvollzieher im Vorgriff auf eine zu erwartende Zulassung der Austauschpfändung nach § 811a ZPO bewirkt. Der Antrag ist daher an den jeweils zuständigen Gerichtsvollzieher zu richten.

Vorläufige Maßnahme. Die vorläufige Maßnahme bereitet die Austauschpfändung vor. Sie führt lediglich dazu, dass der Gerichtsvollzieher die betreffende Sache **pfändet.** Die Wegnahme der Sache bzw. der Austausch finden erst später statt (§ 811b Abs. 4 ZPO; § 75 Nr. 4 GVGA). Damit wird der der Austauschpfändung unterliegende Gegenstand vorübergehend festgehalten und dem Gläubiger die Möglichkeit eröffnet, eine gerichtliche Entscheidung herbeizuführen. Es handelt sich insoweit um eine Eilmaßnahme.

Der hier vorgeschlagene Antrag geht davon aus, dass ein **Vollstreckungsversuch** bereits stattgefunden hat, bei dem sich ergeben hat, dass der Schuldner über keine pfändbaren Gegenstände verfügt und lediglich eine Pfändung von nach § 811 Abs. 1 Nr. 1, 5 und 6 ZPO unpfändbaren Sachen in Betracht kommt. Der Gerichtsvollzieher ist folglich über den Vollstreckungsstand, die Vollstreckungsvoraussetzungen und die Vermögenssituation des Schuldners unterrichtet. Entsprechende Informationen bzw. Unterlagen müssen ihm nicht mehr mitgegeben werden.

2. Antrag. Der Antrag richtet sich auf die Pfändung eines (bestimmt anzugebenden) Gegenstandes.

3. Voraussetzungen der vorläufigen Austauschpfändung. Die vorläufige Austauschpfändung ist nur dann und insoweit zulässig, wie eine Zulassung durch das Gericht zu erwarten ist (§ 811b Abs. 1 S. 1 ZPO). Dies bedeutet, dass der Gläubiger in seinem Antrag die Zulässigkeitsvoraussetzungen darzulegen hat. Hierbei ist zu unterscheiden, welchen Fall der Austauschpfändung er beabsichtigt. Wird die Überlassung einer **Ersatzsache** angestrebt, so ist diese Sache zu bezeichnen. Nähere Angaben sind erforderlich, damit der Gerichtsvollzieher die Angemessenheit der angestrebten Maßnahme beurteilen kann, insb. ob der voraussichtliche Vollstreckungserlös den Wert der Ersatzsache erheblich übersteigen wird. Stellt der Gläubiger den zur Ersatzbeschaffung erforderlichen Geldbetrag zur Verfügung, so ist auch dieser Geldbetrag anzugeben. Nur so kann der Gerichtsvollzieher die Angemessenheit dieses Betrages beurteilen. Die Angabe des Betrages ist ferner in dem Fall geboten, in dem das Geld dem Schuldner erst aus dem Vollstreckungserlös überlassen werden soll.

4. Gerichtliche Entscheidung. Aufgrund des vorbereitenden Charakters ist der Gläubiger gehalten, den Antrag auf gerichtliche Entscheidung **binnen 2 Wochen** nach Bekanntgabe der Pfändung zu stellen. Unterlässt der Gläubiger dies, ist die Pfändung aufzuheben. Die Aufhebung der Pfändung erfolgt auch, wenn der Antrag durch das Vollstreckungsgericht zurückgewiesen wird. Die Mitteilung der Pfändung durch den Gerichtsvollzieher erfolgt von Amts wegen. Zugleich weist er den Gläubiger auf den Fristlauf hin (§ 75 Nr. 1 GVGA).

Lässt das Gericht die Austauschpfändung zu, so kann mit dem Erlass des gerichtlichen Beschlusses die Übergabe des Ersatzstücks oder des zu seiner Beschaffung erforderlichen Geldbetrages erfolgen (§ 811b Abs. 4 S. 1 ZPO). Die Austauschpfändung wird sodann vom Gerichtsvollzieher fortgesetzt. Eine Ausnahme besteht für den Fall, dass der Ersatzbetrag erst aus dem Vollstreckungserlös genommen werden soll. Hier darf der gepfändete Gegenstand erst nach Rechtskraft des gerichtlichen Beschlusses weggenommen werden (§ 811b Abs. 4 S. 2 iVm § 811a Abs. 4 ZPO).

5. Anlagen. Die Beifügung von Anlagen ist weitgehend entbehrlich, soweit der Gerichtsvollzieher infolge eines vorausgegangenen Vollstreckungsversuchs bereits über die Vollstreckungsunterlagen verfügt. Empfehlenswert sind aber stets Unterlagen, aus denen sich der Wert der Ersatzsache oder Informationen zur Höhe des für eine Ersatzbeschaffung aufzuwendenden Geldbetrages ergeben.

6. Kosten und Gebühren. Für die Gebühren des Gerichtsvollziehers gilt Nr. 205 KV GvKostG. Das Verfahren auf vorläufige Austauschpfändung begründet für den Bevollmächtigten keine besondere Angelegenheit (vgl. § 18 Abs. 1 Nr. 7 RVG).

8. Antrag bei Vorwegpfändung (§ 811d ZPO)

[Antrag]

Es wird namens und im Auftrag des Gläubigers beantragt,

die Pfändung eines ..... [genaue Angabe des im Besitz des Schuldners befindlichen Gegenstandes] im Wege der Vorwegpfändung vorzunehmen.[1]

Begründung:

Der Schuldner hat Gewahrsam an folgendem Gegenstand: ..... Die Pfändung dieses Gegenstandes durch den Gerichtsvollzieher ist derzeit wegen Unpfändbarkeit nicht zulässig. Allerdings kann dieser Gegenstand nach § 811d ZPO im Wege der Vorwegpfändung gepfändet werden. Dies ergibt sich aus folgendem: .....[2]

Über die Pfändbarkeit der Sache wird der Gerichtsvollzieher unverzüglich unterrichtet.[3]

Diesem Antrag ist/sind beigefügt:[4]

Anmerkungen

1. Vorbereitende Maßnahme. Die Vorwegpfändung wird vom **Gerichtsvollzieher** vorgenommen. Die Vorwegpfändung ermöglicht die Pfändung einer Sache, die derzeit nach § 811 ZPO **unpfändbar** ist, bei der die die Unzulässigkeit begründenden Umstände voraussichtlich aber in absehbarer Zukunft wegfallen werden. Die Vorwegpfändung kommt bei allen Fällen des § 811 ZPO in Betracht. Die Sache wird **gepfändet** und zunächst im Gewahrsam des Schuldners belassen. Damit können gefährdete Gläubigerinteressen gesichert werden.

Der **Antrag** soll den zu pfändenden Gegenstand möglichst genau bezeichnen.

2. Voraussetzungen der Vorwegpfändung. Der Gläubiger muss Umstände darlegen, aus denen sich die künftige Pfändbarkeit des Gegenstandes ergibt. Dies kann insbesondere bei Gegenständen, die für Berufsausübung benötigt werden, der Fall sein. Hier kann ein Berufswechsel oder der Wechsel des Berufsortes zu einer maßgeblichen Veränderung der Umstände begründen. Ein weiterer Anwendungsfall betrifft ein nach § 811c ZPO unpfändbares Tier, bei dem eine Zulassung der Pfändung durch das Vollstreckungsgericht (§ 811c Abs. 2 ZPO) in Betracht kommt. Da der Gerichtsvollzieher über die Zulässigkeit der Maßnahme entscheiden muss, sind nähere Darlegungen des Gläubigers erforderlich.

3. Eintritt der Pfändbarkeit. Wenn sich die Pfändbarkeit des Gegenstandes einstellt, wird die Vollstreckung fortgesetzt (§ 811d Abs. 1 S. 2 ZPO). Der Gerichtsvollzieher ist zu dem entsprechenden Zeitpunkt zu unterrichten. Allerdings hat er die Pfändung aufzuheben, wenn die Voraussetzungen der Pfändbarkeit nicht binnen eines Jahres herbeigeführt werden (§ 811d Abs. 2 ZPO).

4. Anlagen. Da die Vorwegpfändung in der Regel nach einem bereits durchgeführten Vollstreckungsversuch vorgenommen wird, bedarf es keiner Beifügung von Vollstreckungsunterlagen mehr. Der Gerichtsvollzieher hat diese bereits im Besitz. Empfehlenswert sind aber ggf. beim Gläubiger vorhandene Belege, aus denen sich die zukünftige Pfändbarkeit einer Sache ergeben kann.

9. Pfändung von Früchten auf dem Halm (§ 810 Abs. 1 ZPO)

[Antrag]

Es wird namens und im Auftrag des Gläubigers beantragt,

die Pfändung der vom Boden noch nicht getrennten ..... [Bezeichnung der zu pfändenden Früchte] beim Schuldner vorzunehmen.[1]

Begründung:

Der Schuldner ist Inhaber eines landwirtschaftlichen Betriebes. Er baut dort die im Antrag näher bezeichneten Früchte an, die noch nicht vom Halm getrennt sind. Die voraussichtliche Reife wird erst ab ..... [Angabe des Zeitpunktes der Reife] eintreten. Eine Beschlagnahme des Grundstücks im Wege der Immobiliarvollstreckung ist nach Kenntnis des Gläubigers bislang nicht bewirkt worden.

(Alternative:

Der Schuldner ist Pächter des Grundstücks, so dass es auf eine Beschlagnahme des Grundstücks nicht ankommt, § 21 Abs. 3 ZVG.)

Eine Unpfändbarkeit nach § 811 Abs. 1 Nr. 4 ZPO liegt nicht vor.[2]

Es wird zudem angeregt, einen Sachverständigen zu beauftragen. Dieser soll beurteilen,

- inwieweit diese Früchte dem Pfändungsverbot des § 811 Abs. 1 Nr. 4 ZPO unterliegen,
- ob und wann die gewöhnliche Reife der Früchte eintritt sowie
- ob eine Versteigerung der Früchte vor oder nach der Ernte der Früchte zweckmäßig erscheint[3]

Entsprechend den Feststellungen des Sachverständigen soll die Versteigerung vor bzw. nach der Ernte der Früchte erfolgen.

Anmerkungen

1. Die Pfändung von Früchten vor der Reife nach § 810 ZPO obliegt dem für das betroffene Grundstück örtlich zuständigen Gerichtsvollzieher.

Die Maßnahme richtet sich auf die Pfändung noch nicht abgeernteter Früchte. Sie bezieht sich auf Personen, die eine **Landwirtschaft** betreiben. Gegenstand der Pfändung können nur Bodenerzeugnisse sein, die in regelmäßigen Abständen anfallen. Hierzu zählen Getreide, Hackfrüchte und Obst. Nicht erfasst sind Holz auf dem Stamm, Torf, Kohle, Steine und sonstige Mineralien (vgl. § 101 Abs. 1 GVGA). Die zu pfändenden Früchte sollen in dem Antrag bezeichnet sein. Zum Verfahren, zur Vorgehensweise des Gerichtsvollziehers und zur Verwertung enthalten die §§ 101 bis 103 GVGA eine Reihe von Bestimmungen, die von Gläubigerseite im Auge behalten werden sollten.

2. Voraussetzungen der Pfändung. Selbstverständlich müssen die allgemeinen und besonderen Vollstreckungsvoraussetzungen erfüllt sein. Das vorgeschlagene Formular stellt nur eine Ergänzung zum amtlichen Formular dar.

Die besonderen Voraussetzungen, unter denen eine Pfändungsmaßnahme nach § 810 Abs. 1 ZPO erfolgen kann, sind darzulegen:

(1) Grundsätzlich darf noch **keine Beschlagnahme** erfolgt sein. Die Beschlagnahme umfasst nämlich nach §§ 21 Abs. 1 ZVG auch die landwirtschaftlichen Erzeugnisse eines Grundstückes, solange diese noch mit dem Boden verbunden sind. Anders verhält es sich

bei der Vollstreckung gegen einen **Pächter** des Grundstücks. Da die Beschlagnahme das Recht des Pächters am Fruchtgenuss unberührt lässt (§ 21 Abs. 3 ZVG), ist die Pfändung von Früchten, welche einem Pächter zustehen, trotz Beschlagnahme zulässig (Musielak/Voit/*Becker* § 810 Rn. 3).

(2) Die Pfändung ist unzulässig, wenn die Früchte nach § 811 Nr. 4 ZPO **unpfändbar** sind. Dies ist der Fall, wenn die Erzeugnisse zur Sicherung des Unterhalts des Schuldners, seiner Familie und seiner Arbeitnehmer oder zur Fortführung der Wirtschaft bis zur nächsten Ernte erforderlich sind.

(3) Schließlich darf eine Pfändung nach § 810 Abs. 1 S. 2 ZPO nicht früher als **einen Monat vor der gewöhnlichen Reife** erfolgen. Im Antrag sollte daher ein entsprechender Zeitpunkt angegeben werden. Selbstverständlich kann der Antrag bereits zu einem früheren Zeitpunkt gestellt werden. Der maßgebliche Zeitpunkt bestimmt sich nach der Zeit der gewöhnlichen Reife, nach Art der Frucht und den gewöhnlichen Verhältnissen (RGZ 42, 382). Es kommt nicht auf die Reifezeit im Jahr der Zwangsvollstreckung oder den Erntebeginn des Schuldners im konkreten Fall an (BGH NJW 1993, 1791, 1793).

3. Bestellung eines Sachverständigen. Nach § 102 Abs. 3 GVGA hat der Gerichtsvollzieher bei der Pfändung einen landwirtschaftlichen Sachverständigen hinzuzuziehen, wenn anzunehmen ist, dass der Wert der zu pfändenden Gegenstände 500,– EUR übersteigt. Bei einem geringeren Wert soll ein Sachverständiger hinzugezogen werden, wenn der Schuldner es verlangt und wenn dadurch die Zwangsvollstreckung weder verzögert wird noch unverhältnismäßige Kosten entstehen. Für den Gläubiger, der in einen landwirtschaftlichen Betrieb vollstreckt, wird daher empfohlen, sogleich die Hinzuziehung eines Sachverständigen anzuregen. Dies ist zweckmäßig, wobei insbesondere die Punkte vorgegeben werden sollten, zu denen er Stellung nehmen soll. Es handelt sich hierbei um die Fragen, zu denen sich der Gläubiger in aller Regel nicht in kompetenter Weise äußern können wird. Hierzu gehört zunächst die Aufklärung, ob und inwieweit Unpfändbarkeit der Erzeugnisse nach § 811 Abs. 1 Nr. 4 ZPO vorliegt. Gleiches gilt für die Bestimmung des Zeitpunktes der gewöhnlichen Reife. Die Stellungnahme des Sachverständigen ist schließlich mit Blick auf die **Verwertung** geboten. Nach § 824 ZPO ist die Versteigerung noch nicht getrennter Früchte erst nach der Reife zulässig. Hierbei kann sie vor oder nach der Trennung der Früchte erfolgen. Der Zeitpunkt richtet sich danach, auf welchem Weg voraussichtlich ein höherer Erlös erzielt werden kann. Dies wird letztlich zuverlässig einzig ein landwirtschaftlicher Sachverständiger bestimmen können (vgl. auch § 103 Abs. 1 ZVG).

10. Antrag bei Anschlusspfändung (§§ 826, 827 ZPO)

[Antrag]

Es wird namens und im Auftrag des Gläubigers beantragt,

die Pfändung des im Gewahrsam des Schuldners befindlichen . . . . . [Angabe des Gegenstandes] im Wege der Anschlusspfändung zu bewirken.[1]

(Alternative:

Zur Verwertung wird beantragt, den Gläubiger abweichend von der Reihenfolge der Pfändungen erstrangig zu befriedigen.)[2]

Begründung:

Der Schuldner ist im Gewahrsam des im Antrag bezeichneten Gegenstandes. Dieser Gegenstand ist bereits für einen anderen Gläubiger, nämlich für den . . . . . [Bezeichnung

des anderen Gläubigers] durch . . . . . [Bezeichnung der anderweitigen Vollstreckungsmaßnahme] gepfändet. Die Pfändung für den Antragsteller soll als Anschlusspfändung erfolgen. Die weitere Pfändung für den Antragsteller ist geboten, weil . . . . .[3] Der Gerichtsvollzieher soll anlässlich der zu bewirkenden Pfändung überprüfen, ob sich die zu pfändende Sache noch im Gewahrsam des Schuldners befindet.[4]

(Alternative:

Die Verwertung soll in einer anderen Reihenfolge als nach der Reihenfolge der Vornahme der Pfändungen erfolgen. Der Gläubiger ist vorrangig zu befriedigen, weil . . . . . Im Hinblick darauf soll der Versteigerungserlös hinterlegt werden.)[5, 6]

Anmerkungen

1. Zuständigkeit. Zu beachten ist § 827 Abs. 1 ZPO. Die Vorschrift gewährleistet, dass bei mehrfacher Pfändung derselben Sache **nur ein Gerichtsvollzieher** zuständig ist. Der Auftrag geht in diesen Fällen qua Gesetzes auf den Gerichtsvollzieher über, der die erste Pfändung bewirkt hat. § 116 Abs. 5 GVGA bestimmt insoweit, dass die nachfolgend mit der Sache befassten Gerichtsvollzieher dem Gerichtsvollzieher, der die Erstpfändung vorgenommen hat, den Schuldtitel nebst den sonstigen für die Vollstreckung erforderlichen Unterlagen auszuhändigen haben.

§ 827 Abs. 1 ZPO sieht allerdings die Möglichkeit vor, dass das **Vollstreckungsgericht** auf Antrag eines beteiligten Gläubigers oder des Schuldners anordnet, dass die Verrichtungen jenes Gerichtsvollziehers von einem anderen zu übernehmen sind.

Das vorgeschlagene Formular geht davon aus, dass der Antrag auf **Anschlusspfändung** im Rahmen eines bereits laufenden Vollstreckungsverfahrens gestellt wird. Es wird insbesondere davon ausgegangen, dass der Vollstreckungsauftrag bereits erteilt ist und dem Gerichtsvollzieher die erforderlichen Vollstreckungsunterlagen vorliegen.

Die Anschlusspfändung regelt § 826 ZPO. Sie ist in **verschiedener Hinsicht** denkbar. Typischer Fall ist, dass ein Gläubiger in eine von einem anderen Gläubiger bereits gepfändete Sache vollstreckt. Es kann aber auch derselbe Gläubiger in dieselbe Sache wegen verschiedener Forderungen mehrfach vollstrecken. Abzugrenzen hiervon ist die sog **Doppelpfändung.** Diese Pfändung ist immer Erstpfändung, nicht Anschlusspfändung. Sie kommt in Betracht, wenn die Vollstreckung einer Sache zunächst bei einem Schuldner und danach nochmals bei einem anderen Schuldner erfolgt (Musielak/Voit/*Becker* § 826 Rn. 1). Eine solche Konstellation kann zB bei einer Pfändung gegen Eheleute im Hinblick auf die Gewahrsamsvermutung des § 739 ZPO vorkommen (Zöller/*Stöber* § 826 Rn. 2). Vgl. zur Doppelpfändung auch § 116 Abs. 1 GVGA.

Anstelle der Anschlusspfändung ist für die weiteren Gläubiger auch eine **Erstpfändung** denkbar, vgl. § 116 Abs. 2 GVGA. Aus Praktikabilitätsgründen wird aber die Anschlusspfändung zu bevorzugen sein. Eine Erstpfändung hat für den später pfändenden Gläubiger keine ersichtlichen Vorteile. Sie kommt allenfalls in Betracht, wenn die Wirksamkeit der vorausgegangenen Pfändung zweifelhaft ist.

Die Anschlusspfändung dient in erster Linie der Verfahrensvereinfachung. Mit Rücksicht auf eine bereits bestehende Verstrickung ist die Wiederholung derselben entbehrlich. Es genügt vielmehr die **Erklärung des Gerichtsvollziehers,** dass er die schon gepfändete Sachen für seinen Auftraggeber gleichfalls pfände. Diese Erklärung ist unter genauer Bezeichnung der Zeit, zu der sie abgegeben wird, in das **Pfändungsprotokoll** aufzunehmen.

Die Anschlusspfändung begründet für den neuen Gläubiger ein eigenes, selbständiges **Pfändungspfandrecht.** Für die Verwertung gilt das Prioritätsprinzip (§ 804 Abs. 3 ZPO). Der später pfändende Gläubiger erhält also nur den Teil des Verwertungserlöses, der nach Befriedigung der zuvor pfändenden Gläubiger übrig bleibt.

Im Rahmen der Pfändung durch **mehrere Gläubiger** ist zu beachten, dass ein Gerichtsvollzieher, der von mehreren Gläubigern mit der Pfändung gegen denselben Schuldner beauftragt worden ist, diese Aufträge grundsätzlich zeitgleich auszuführen hat. Auf die Reihenfolge, in der die Vollstreckungsaufträge an den Gerichtsvollzieher gelangt sind, kommt es nur dann an, wenn eine frühere Pfändung schon vollzogen ist. Der **Eingang des Vollstreckungsantrages beim Gerichtsvollzieher** begründet für sich noch **kein Vorzugsrecht** des Gläubigers vor anderen Gläubigern.

Für die Verwaltungsvollstreckung nach der AO vgl. die Sonderregelungen in §§ 307, 308 AO.

2. Antrag zur Verwertung. Wie bereits ausgeführt, gilt für die Verteilung das **Prioritätsprinzip.** Bei der Verteilung des Erlöses ist zu beachten, dass aus dem Versteigerungserlös grundsätzlich zunächst die Kosten entnommen werden, die im Zusammenhang mit der Versteigerung oder dem Verkauf angefallen sind (§ 15 Abs. 1 GvKostG). Der Resterlös wird entsprechend der Reihenfolge der Pfändungen verteilt. Bei mehreren gleichzeitigen bzw. gleichrangigen Pfändungen wird der Erlös nach dem Verhältnis der beizutreibenden Forderungen verteilt (§ 117 Abs. 5 GVGA). Für die Fälle des zur Deckung der Versteigerungskosten unzulänglichen Erlöses s. § 16 GvKostG.

Widerspricht ein Gläubiger der Verteilung nach diesen Grundsätzen und verlangt ohne die Zustimmung der anderen beteiligten Gläubiger eine andere Verteilung als die nach der Reihenfolge der Pfändungen, so hat der Gerichtsvollzieher den Erlös zu **hinterlegen,** § 827 Abs. 2 S. 1 ZPO. Das nähere Verfahren ist in den Hinterlegungsgesetzen der Länder geregelt. In der Folge findet das Verteilungsverfahren nach §§ 872 ff. ZPO statt.

3. Darlegung der Voraussetzungen. Die Voraussetzungen der Anschlusspfändung sind darzulegen. Es geht in erster Linie um die Mitteilung, dass der Gegenstand bereits für einen anderen Gläubiger gepfändet ist, wobei nach Möglichkeit Einzelheiten dieser Pfändungsmaßnahme angegeben werden sollten. Weiterhin wird empfohlen, eine kurze Begründung anzuführen, warum die Anschlusspfändung erfolgen soll. Nach § 116 Abs. 4 S. 2 GVGA soll der Gerichtsvollzieher eine solche Pfändung nur vornehmen, wenn die Befriedigung des Gläubigers aus anderen Pfandstücken nicht erlangt werden kann oder wenn sie vom Gläubiger ausdrücklich verlangt wird oder aus besonderen Gründen zweckentsprechender erscheint als die Pfändung anderer, noch nicht gepfändeter Sachen.

4. Fortbestehen der Verstrickung. Die Anschlusspfändung setzt zu ihrer Wirksamkeit voraus, dass die Sache noch wirksam verstrickt, die Erstpfändung bei Vornahme der Anschlusspfändung also noch ersichtlich ist (Musielak/Voit/*Becker* § 826 Rn. 2). Der Gerichtsvollzieher hat zu diesem Zwecke zu prüfen, ob die Pfandstücke noch beim Schuldner oder im Gewahrsam eines Dritten sind und ob die Pfändung noch vorliegt (zur **Nachschau** § 116 Abs. 3 GVGA). Soweit der Gerichtsvollzieher die Nachschau nicht vornimmt, verletzt er hiermit seine durch Verwaltungsvorschrift vorgesehene Verpflichtung, indes macht dies die trotzdem vorgenommene Anschlusspfändung nicht unwirksam (Zöller/*Stöber* § 826 Rn. 3).

5. Begründung zur Reihenfolge der Verwertung. Sollte der Gläubiger einen Antrag auf eine vom Prioritätsprinzip abweichende Reihenfolge der Verwertung stellen, so sollte er die Gründe aufführen, aus denen diese andere Reihenfolge gewünscht wird. Sollten die anderen Gläubiger mit der anderen Art der Verwertung einverstanden sein, so muss dieses Einverständnis dargelegt werden, ggf. ergänzt durch entsprechende Nachweise. Auf ein Einverständnis des Schuldners kommt es nicht an.

6. Gebühren und Kosten. Es gelten die für die Erstpfändung maßgeblichen Grundsätze.

11. Gläubigerantrag: Akteneinsicht

[Antrag]

Es wird namens und im Auftrag des Gläubigers beantragt,

die Einsicht in die Gerichtsvollzieherakten betreffend den Vollstreckungsauftrag vom ..... [Az. .....] zu gewähren;[1]

eine Abschrift des ..... [Bezeichnung des Aktenstücks] zu erteilen.[2]

Die Einsichtnahme soll durch den Gläubiger/seinen Bevollmächtigten vorgenommen werden. Es wird gebeten, einen Termin mitzuteilen, zu dem die Einsicht wahrgenommen werden kann.[3]

Anmerkungen

1. Einsichtnahme. Das Akteneinsichtsrecht richtet sich nach § 760 ZPO. Dem Gläubiger, der Herr des Zwangsvollstreckungsverfahrens ist, steht es jederzeit zu. Es ist umfassend und bezieht sich auf die zum jeweiligen Vollstreckungsantrag bestehenden **Sonderakten** des Gerichtsvollziehers. Solche Sonderakten müssen für jeden im Dienstregister (DR) II einzutragenden Auftrag geführt werden (§§ 57, 65 GVO). Das Einsichtsrecht erstreckt sich auch in Belege über Kosten für mehrere Sachen und gemeinsame Belegblätter bei Sammelakten (§ 58 Nr. 4 GVO). Auf Quittungsblöcke und das Register selber erstreckt sich das Einsichtsrecht nicht, weil beides nur für das interne Dienstverhältnis des Gerichtsvollziehers bestimmt ist (MüKoZPO/*Heßler* § 760 Rn. 4).

Die Akteneinsicht ist nur dort geboten, wo der Gerichtsvollzieher aufgrund anderweitiger Bestimmungen nicht ohnehin die Verpflichtung hat, den Gläubiger zu **unterrichten.** Der Gläubiger muss über den Ausgang eines Vollstreckungsverfahrens unterrichtet werden (§ 34 GVGA; zur Informationspflicht des Gerichtsvollziehers s. BGH NJW-RR 2004, 788). In diesem Rahmen besteht weiterhin die Pflicht, dem Gläubiger eine Unpfändbarkeitsbescheinigung zu erteilen, wenn sich Anhaltspunkte für eine Fruchtlosigkeit der Vollstreckung ergeben (OLG Hamm DGVZ 1977, 40). Ein Akteneinsichtsbegehren bringt daher nur dort Sinn, wo sich der Gläubiger weitergehende Informationen über den Vollstreckungsvorgang aus den Gerichtsvollzieherakten erhofft. Holt der Gerichtsvollzieher nach § 802l ZPO im Rahmen eines Verfahrens auf Abgabe der Vermögensauskunft **Drittauskünfte** ein, erstreckt sich die Auskunftspflicht grundsätzlich auch auf die hierdurch erlangten Informationen. Soweit darin Daten enthalten sind, die nicht für die Zwecke der Zwangsvollstreckung erforderlich sind, hat der Gerichtsvollzieher diese zu anonymisieren oder zu schwärzen (AG Leipzig DGVZ 2015, 14).

2. Abschriften. Der Gläubiger kann nach § 760 ZPO ferner verlangen, dass ihm Abschriften aus den Gerichtsvollzieherakten erteilt werden. Es empfiehlt sich, das Schriftstück genau anzugeben, von dem eine Abschrift begehrt wird. Die Erteilung einer Abschrift wird namentlich hinsichtlich des **Protokolls** in Frage kommen. Hier ist zu beachten, dass die Verpflichtung des § 34 GVGA, den Gläubiger über das Ergebnis der Vollstreckung zu unterrichten, die Übersendung der Protokollabschrift nicht beinhaltet (vgl. BVerwG NJW 1983, 896; Zöller/*Stöber* § 760 Rn. 4). Die Unterrichtung über das Ergebnis der Vollstreckung kann auch in einer anderen Weise geschehen. Die Protokollabschrift wird nur auf ausdrücklichen Antrag erteilt (§§ 63 Abs. 6, 86 Abs. 5 Nr. 1 GVGA). Im Falle des § 61

Abs. 3 GVGA, in welchem die Vollstreckung nicht ohne Erlass einer Durchsuchungsanordnung stattfinden kann, wird ein entsprechender Antrag des Gläubigers unterstellt.

3. Vornahme der Einsicht. Zur Ausübung des Einsichtsrechts ist zunächst auf § 60 Nr. 1 GVO zu verweisen, wonach dieses nur in **Anwesenheit des Gerichtsvollziehers** erfolgen kann. Hieraus folgt, dass es regelmäßig im Büro des Gerichtsvollziehers wahrzunehmen sein dürfte. Der Gerichtsvollzieher sollte zur praktischen Durchführung daher gebeten werden, einen geeigneten Termin mitzuteilen. Wird die Akte des Gerichtsvollziehers **elektronisch** geführt, kommen die Erteilung von Ausdrucken, die Übermittlung von elektronischen Dokumenten oder die Wiedergabe auf dem Bildschirm in Betracht.

Die Akteneinsicht kann auch durch einen **Bevollmächtigten** ausgeübt werden. Eine Versendung der Akten, etwa in die Kanzlei des Verfahrensbevollmächtigten, kommt hingegen nicht in Betracht (Zöller/*Stöber* § 760 Rn. 1).

Für die Erteilung von Abschriften fallen **Auslagen nach Nr. 700 KV GvKostG** an.

12. Schuldnerantrag: Akteneinsicht

[Antrag]

Es wird namens und im Auftrag des Schuldners beantragt,

die Einsicht in die Gerichtsvollzieherakten betreffend den Vollstreckungsauftrag des Gläubigers . . . . . vom . . . . . [Az. . . . . .] zu gewähren;

eine Abschrift des . . . . . [Bezeichnung des Aktenstücks] zu erteilen.

Die Einsichtnahme soll durch den Schuldner/seinen Bevollmächtigten vorgenommen werden. Es wird gebeten, einen Termin mitzuteilen, zu dem die Einsicht wahrgenommen werden kann.

Anmerkungen

Grundsätzlich kann auf die Erläuterungen zum Einsichtsgesuch des Gläubigers verwiesen werden. Auch der Schuldner hat grundsätzlich ein **unbeschränktes Einsichtsrecht** als derjenige, der von der Vollstreckung betroffen ist. Neben der Einsichtnahme kann der Schuldner auch die Erteilung von Abschriften verlangen. Zu beachten ist § 763 Abs. 2 ZPO bzw. § 63 Abs. 5 GVGA. Danach muss der Gerichtsvollzieher dem Schuldner eine Abschrift des Protokolls übermitteln, wenn hierin zur Vollstreckungshandlung gehörende Aufforderungen und sonstige Mitteilungen enthalten sind, die dem Schuldner gegenüber mündlich nicht ausgeführt werden konnten.

13. Antrag eines Dritten: Akteneinsicht

[Antrag]

Es wird namens und im Auftrag des weiteren Beteiligten beantragt,

die Einsicht in die Gerichtsvollzieherakten betreffend den Vollstreckungsauftrag des Gläubigers . . . . . vom . . . . . [Az. . . . . .] zu gewähren;

eine Abschrift des . . . . . [Bezeichnung des Aktenstücks] zu erteilen.

Die Einsichtnahme soll durch den Antragsteller/seinen Bevollmächtigten vorgenommen werden. Es wird gebeten, einen Termin mitzuteilen, zu dem die Einsicht wahrgenommen werden kann.

Dem Antragsteller steht ein Recht zur Akteneinsicht/zur Erteilung von Abschriften aus der Gerichtsvollzieherakte zu, weil er von der Vollstreckung unmittelbar betroffen ist. Dies folgt daraus, dass . . . . . [Begründung].

Anmerkungen

Akteneinsicht bzw. die Erteilung von Abschriften aus den Gerichtsvollzieherakten kann auch von einem Dritten verlangt werden, der von der Vollstreckungsmaßnahme **betroffen** ist. Eine solche Betroffenheit kann sich bei Duldungspflichtigen nach §§ 737, 739, 748 Abs. 2 ZPO, bei Drittgewahrsam (§ 809 ZPO) oder bei Rechten Dritter ergeben (§§ 771, 805, 886 ZPO) ergeben. Davon zu unterscheiden ist ein Einsichtsgesuch eines Dritten, der selbst nicht von der Vollstreckung betroffen ist. Dieses richtet sich nach **§ 299 Abs. 2 ZPO** (Bewilligung durch den Vorstand des Gerichts) und setzt voraus, dass der Dritte ein rechtliches – nicht bloß tatsächliches – Interesse an der begehrten Einsicht geltend macht oder die Beteiligten an der Zwangsvollstreckung in die Akteneinsicht einwilligen.

Der Dritte soll in seinem Antrag **begründen,** woraus sich sein Recht ergibt, also die Umstände bezeichnen, aufgrund derer er von der Zwangsvollstreckung in eigenen Rechten betroffen wird.

Gegen die Verweigerung der Akteneinsicht durch den Gerichtsvorstand ist der **Antrag nach §§ 23 ff. EGGVG** statthaft. Eine gewährte Akteneinsicht unterliegt nicht der gerichtlichen Überprüfung.

14. Verwertung: Verlegung eines Versteigerungstermins (Gläubigerantrag)

[Antrag]

Es wird namens und im Auftrag des Gläubigers beantragt,

> **den für den . . . . . anberaumten Termin zur Versteigerung der beim Schuldner am . . . . . gepfändeten Sachen zu verlegen [und einen neuen Termin ab dem . . . . . vorzusehen].**

Begründung:

Der für den . . . . . anberaumte Termin zur Versteigerung des Pfändungsguts soll verlegt werden, weil . . . . . Ein neuer Termin soll nicht vor dem . . . . . stattfinden.

Anmerkungen

Grundsätzlich bestimmt der Gerichtsvollzieher sogleich mit der Pfändung den Termin zur öffentlichen Versteigerung des Pfändungsguts (§ 92 Abs. 1 GVGA). Der Gläubiger ist jedoch **Herr des Verfahrens,** so dass auf seinen Antrag (selbstverständlich) von der Fortführung des Verfahrens und damit auch vom Versteigerungstermin abzusehen ist. Der Gläubigerantrag genügt insoweit. Er muss nicht begründet werden, eine Begründung empfiehlt sich aber, damit der Gerichtsvollzieher über die Gründe der Verlegung und damit auch über den Fortgang des Verfahrens unterrichtet ist.

15. Verwertung: Verlegung eines Versteigerungstermins (Schuldnerantrag)

[Antrag]

Es wird namens und im Auftrag des Schuldners beantragt,

den für den . . . . . anberaumten Termin zur Versteigerung der beim Schuldner am . . . . . gepfändeten Sachen zu verlegen [und einen neuen Termin nicht vor dem . . . . . anzuberaumen].

Begründung:

Der für den . . . . . anberaumte Termin zur Versteigerung des Pfändungsguts soll verlegt werden.

(Alternative 1:

Der Gläubiger hat sich mit der Terminsverlegung einverstanden erklärt.)

(Alternative 2:

Die Durchführung des Versteigerungstermins ist nicht tunlich bzw. zweckdienlich. Dies ergibt sich aus folgenden Umständen . . . . . (Begründung))

Anmerkungen

Die Terminsverlegung auf Antrag des Schuldners kommt nur in wenigen Ausnahmefällen in Betracht. Am wenigsten problematisch ist hierbei die Terminsverlegung **mit Einverständnis** des Gläubigers. Der Schuldner wird sich in diesem Fall auf das Einverständnis berufen und es ggf. durch Vorlage entsprechender Erklärungen des Gläubigers nachweisen. Der Gerichtsvollzieher wird den Gläubiger zum Terminsverlegungsantrag noch anhören müssen.

Eine Terminsverlegung kommt aber auch dann in Betracht, wenn die Terminsbestimmung durch den Gerichtsvollzieher im Einzelfall **nicht tunlich** oder **nicht zweckmäßig** erscheint, zB weil Früchte auf dem Halm gepfändet sind und der Eintritt der Reife der Früchte noch nicht mit Sicherheit abgesehen werden kann oder weil eine andere Art,der Veräußerung oder Versteigerung an einem anderen Ort in Betracht kommt (s. § 92 Abs. 1 Nr. 2 GVGA). Hier muss der Schuldner die näheren Umstände darlegen und, soweit eine andere Art der Verwertung angestrebt wird, auch einen entsprechenden Antrag anbringen. Auch hier bedarf es der Anhörung des Gläubigers.

16. Verwertung: Anberaumung eines neuen Versteigerungstermins (§ 817a Abs. 2 S. 2 ZPO)

[Antrag]

Es wird namens und im Auftrag des Gläubigers beantragt,

zur Versteigerung der beim Schuldner am ..... gepfändeten Sachen einen neuen Versteigerungstermin anzuberaumen.[1]

Begründung:

Im Termin zur Versteigerung des Pfandguts am ..... [Datum] wurde kein Gebot abgegeben, welches das nach § 817a Abs. 1 ZPO vorgesehene Mindestgebot erreichte. Der Gläubiger bittet nunmehr um Anberaumung eines neuen Versteigerungstermins.

Sollte bei diesem Termin erneut kein ausreichendes Mindestgebot abgegeben werden, so[2]

(Alternative 1:

soll das Pfändungspfandrecht im Hinblick auf einen dann noch anzuberaumenden weiteren Versteigerungstermin bzw. eine dann in Betracht kommende andere Art der Verwertung [§ 825 ZPO] aufrechterhalten bleiben. Weitere Termine erscheinen aussichtsreich, weil .....)

(Alternative 2:

ist der Gläubiger mit einem Zuschlag auch unterhalb des Mindestgebotes einverstanden ..... [ggf. weitere Eingrenzung]. Der Gerichtsvollzieher wird gebeten abzuklären, ob seitens des Schuldners Einverständnis mit einer solchen Vorgehensweise besteht.)

(Alternative 3:

ist der Gläubiger mit einem Zuschlag auch unterhalb des Mindestgebotes einverstanden. Ein Einverständnis des Schuldners mit einer solchen Vorgehensweise ist nicht erforderlich, weil die Versteigerung zur Abwendung der Gefahr einer beträchtlichen Wertverminderung der zu versteigernden Sachen/zur Vermeidung unverhältnismäßiger Kosten für eine längere Aufbewahrung geboten ist.)

(Alternative 4:

soll die Pfändung aufgehoben werden.)

Anmerkungen

1. Anberaumung eines neuen Termins. § 817a Abs. 1 S. 1 ZPO schreibt vor, dass ein Zuschlag nur auf ein Gebot erteilt werden darf, das mindestens die Hälfte des gewöhnlichen Verkaufswertes der Sache erreicht (sog. **Mindestgebot**). Zur Ermittlung des gewöhnlichen Verkaufswerts einer Sache vgl. § 813 ZPO. Wird ein das Mindestgebot erreichendes Gebot nicht abgegeben, so darf der Zuschlag nicht erteilt werden. § 817a Abs. 2 S. 2 ZPO bestimmt jedoch, dass der Gerichtsvollzieher in diesen Fällen jederzeit auf Antrag des Gläubigers einen neuen Versteigerungstermin anzuberaumen hat. Alternativ kann der Gläubiger die Anordnung einer anderen Art der Verwertung nach § 825

ZPO beantragen. Eine Sonderregelung gilt nach § 817a Abs. 3 ZPO für Gold- und Silbersachen. Hierbei sind zum einen die Vorschriften über das Mindestgebot zu beachten. Darüber hinaus dürfen sie auch nicht unter dem Gold- oder Silberwert zugeschlagen werden. Wird ein ausreichendes Gebot hier nicht abgegeben, so kann der Gerichtsvollzieher den Verkauf aus freier Hand zu dem Preis bewirken, der den Gold- oder Silberwert erreicht, jedoch nicht unter der Hälfte des gewöhnlichen Verkaufswerts liegt.

2. Weitere Vorgehensweise. Es kann sein, dass auch in dem neu anzuberaumenden Termin ein auskömmliches Gebot nicht erreicht wird. Auch dann darf der Gerichtsvollzieher den Zuschlag nicht erteilen (*Baumbach/Lauterbach/Albers/Hartmann* § 817a Rn. 8). Der Gläubiger hat dann vier Möglichkeiten, wobei vorgeschlagen wird, dem Gerichtsvollzieher rechtzeitig mitzuteilen, welche Vorgehensweise angestrebt wird:

(1) Es besteht die Möglichkeit, **weitere Termine** zur Versteigerung vorzusehen. Aus einem Umkehrschluss folgt aus § 95 Abs. 4 S. 3 GVGA jedoch, dass neuerliche Termine nur in Betracht kommen, wenn sie Erfolg versprechen. Es wird empfohlen, diese Erfolgsaussicht – soweit möglich – näher zu begründen. Ansonsten kommt nur eine Vorgehensweise entsprechend den nachfolgend beschriebenen Wegen in Betracht.

(2) Ein Zuschlag unterhalb des Mindestgebots ist nur im **Einverständnis** aller Beteiligten, insb. auch des Schuldners, möglich. Der Gläubiger kann mithin sein Einverständnis zu einer solchen Vorgehensweise erklären. Er kann dieses näher eingrenzen, zB sich nur mit einem Zuschlag zu einem bestimmten, unter dem Mindestgebot liegenden Gebot einverstanden erklären. Der Gerichtsvollzieher kann aufgefordert werden, ggf. eine Erklärung des Schuldners einzuholen.

(3) Ein Einverständnis des Schuldners ist nur in eng begrenzten Ausnahmefällen entbehrlich, die § 95 Abs. 4 S. 5 GVGA beschreibt. Es sind die Fälle, in denen eine **sofortige Versteigerung erforderlich** ist, um die Gefahr einer beträchtlichen Wertminderung der zu versteigernden Sachen abzuwenden oder um unverhältnismäßige Kosten für eine längere Aufbewahrung zu vermeiden. Diese Voraussetzungen sind ggf. vom Gläubiger darzulegen.

(4) Letztlich bleibt die Möglichkeit einer **Aufhebung der Pfändungsmaßnahme.** Diesen Weg wird der Gläubiger wählen, wenn ein nennenswerter Versteigerungserlös der gepfändeten Sachen nicht mehr zu erwarten ist.

17. Verwertung: Antrag auf öffentliche Versteigerung im Internet (§ 814 Abs. 2 Nr. 2 ZPO)

[Antrag]

Es wird namens und im Auftrag des Gläubigers/Schuldners beantragt,

> **die Versteigerung folgender beim Schuldner am . . . . . gepfändeter Sachen im Wege der allgemein zugänglichen Versteigerung im Internet vorzunehmen: . . . . . [nähere Angabe der Gegenstände].**

Begründung:

Die Verwertung ist abweichend von § 814 Abs. 2 Nr. 1 ZPO nicht durch Versteigerung vor Ort, sondern gemäß § 814 Abs. 2 Nr. 2 ZPO durch Versteigerung der Pfandsache im Internet über eine Versteigerungsplattform geboten. Auf diese Weise wird voraussichtlich ein höherer Erlös erzielt werden. Dies ergibt sich aus den nachfolgenden Erwägungen:

Anmerkungen

Aufgrund der verstärkten Nutzung des Internets zur Abwicklung des Geschäftsverkehrs sieht das Gesetz in § 814 Abs. 2 ZPO neben der lange Zeit allgemein üblichen Präsenzversteigerung des Pfändungsguts nunmehr auch die Möglichkeit einer Versteigerung im Internet über eine Versteigerungsplattform vor. Die Wahl zwischen der Präsenz- und der Internetversteigerung obliegt dem Gerichtsvollzieher nach freiem **Ermessen.** Verfügen Gläubiger oder Schuldner jedoch über Anhaltspunkte, aufgrund derer sich eine Versteigerung im Internet als günstiger erweisen könnte, so sollte eine entsprechende Vorgehensweise beim Gerichtsvollzieher beantragt werden. Vorstellbar ist eine Internetversteigerung zum einen bei Geräten der Unterhaltungsindustrie, die zunehmend im Netz erworben werden. Sie ist aber ebenso denkbar bei seltenen Gegenständen oder Kostbarkeiten, weil über das Internet und die Internet-Suchmaschinen ein weitaus größeres Publikum angesprochen werden kann, als dies bei einer gewöhnlichen Versteigerung der Fall ist.

Einzelheiten der Internetversteigerung wurden durch die Landesregierungen per Rechtsverordnung bzw. die Landesjustizverwaltungen geregelt, vgl. § 814 Abs. 3 ZPO. Mehrere Bundesländer haben die Internetplattform „**www.justiz-auktion.de**" eingerichtet.

Für die Versteigerung fällt die **Gebühr** nach Nr. 300 KV GvKostG an. Kosten, die im Zusammenhang mit der öffentlichen Bekanntmachung entstehen, werden als **Auslagen** berücksichtigt (Nr. 702 KV GvKostG).

18. Verwertung: Versteigerung an anderem Ort (§ 825 Abs. 1 ZPO)

[Antrag]

Es wird namens und im Auftrag des Gläubigers/Schuldners beantragt,

> **die Versteigerung der beim Schuldner am ..... gepfändeten Sachen nicht in ....., sondern in ..... vorzunehmen.**
> **Soweit der danach festzulegende Versteigerungsort nicht mehr im Zuständigkeitsbereich des Gerichtsvollziehers liegen sollte, wird um Abgabe an den zuständigen Gerichtsvollzieher gebeten.[1]**

Begründung:

Die Versteigerung an dem vom Gläubiger vorgeschlagenen Ort ist abweichend von § 816 Abs. 2 ZPO sinnvoll, weil auf diese Weise voraussichtlich ein höherer Erlös erzielt werden kann. Dies ergibt sich aus den nachfolgenden Erwägungen: .....[2]

(Alternative:

Der Schuldner hat sich mit dieser Vorgehensweise einverstanden erklärt.)[3, 4]

Anmerkungen

1. Der Antrag auf Verwertung an einem anderen Ort ist an den **Gerichtsvollzieher** zu richten. Er entscheidet über die Verlegung der Versteigerung an einen von der Regel des § 816 Abs. 2 ZPO abweichenden Ort. Nach § 816 Abs. 2 ZPO erfolgt die Versteigerung in der Gemeinde, in der die Pfändung geschehen ist, oder an einem anderen Ort im Bezirk des Vollstreckungsgerichts. In diesem Rahmen kann die Versteigerung auch am Amtssitz des Gerichtsvollziehers erfolgen (s. dazu § 92 Abs. 2 GVGA). Der Ort der Versteigerung wird vom Gerichtsvollzieher frühzeitig mit der Anberaumung des Versteigerungstermins festgelegt. Der Antragsteller muss daher in seinem Antrag festlegen, an welchem Ort abweichend die Versteigerung stattfinden soll.

Geht mit der Verlegung des Versteigerungsorts ein Wechsel in der Zuständigkeit des Gerichtsvollziehers einher, so hat dieser die Sache an den dann zuständigen Gerichtsvollzieher **abzugeben.**

2. Begründung für andere Ortswahl. § 825 Abs. 1 ZPO verfolgt den Zweck, örtliche Besonderheiten zur schnellen Erzielung eines günstigen Verwertungserlöses auszunutzen (BGH NJW 1992, 2570). Der Antragsteller muss von daher begründen, warum er von seiner Ortswahl die Erzielung eines höheren Verwertungserlöses erwartet. Dies kann insbesondere der Fall sein, wenn Besonderheiten des Pfandgutes an einem bestimmten Ort (zB wegen einer dort stattfindenden Messe, die einen Bezug zu den gepfändeten Gegenständen aufweist) eine günstigere Veräußerungsmöglichkeit erwarten lassen.

3. Verfahren. Ist der Antragsgegner mit der abweichenden Ortswahl einverstanden, so hat der Gerichtsvollzieher dem Antrag stattzugeben (s. § 92 Abs. 2 GVGA). Ein Einverständnis des Antragsgegners sollte also stets mitgeteilt werden. Im Übrigen wird der Gerichtsvollzieher in der Regel diesem Gelegenheit zur Stellungnahme vor der Entscheidung über den Antrag geben. Er muss dies nicht tun. Aus § 825 Abs. 1 S. 2 ZPO folgt vielmehr, dass es ausreicht, wenn der Gerichtsvollzieher den Antragsgegner über seine Entscheidung rechtzeitig vor Durchführung der Verwertung unterrichtet (Zöller/*Stöber* § 825 Rn. 7). Ohne Zustimmung des Antragsgegners darf der Gerichtsvollzieher die Sache nicht vor Ablauf von zwei Wochen nach Zustellung der Unterrichtung verwerten (§ 825 Abs. 1 S. 3 ZPO). Der Gerichtsvollzieher trifft seine Entscheidung nach pflichtgemäßem Ermessen, wobei er die Gläubiger- und Schuldnerinteressen an der Versteigerung an einem bestimmten Ort berücksichtigen und abwägen muss.

4. Gebühren und Kosten. Für den Rechtsanwalt begründet das Verfahren eine besondere Angelegenheit (§ 18 Abs. 1 Nr. 8 RVG) neben der allgemeinen Vollstreckungsgebühr (Nr. 3309 VV RVG). Für den Gerichtsvollzieher fällt eine Gebühr nach Nr. 300 KV GvKostG an.

19. Verwertung: freihändiger Verkauf durch den Gerichtsvollzieher (§ 825 Abs. 1 ZPO)

[Antrag]

Es wird namens und im Auftrag des Gläubigers/Schuldners beantragt,[1]

die Versteigerung folgender beim Schuldner am ..... gepfändeter Sachen im Wege des freihändigen Verkaufs vorzunehmen: ..... [Angabe der Gegenstände].

(Alternative 1:

Hierbei soll ein Mindestpreis von EUR ..... erzielt werden.)

(Alternative 2:

Der Verkauf soll an den ..... [Angabe des Verkäufers] zu einem Preis von ..... EUR erfolgen.)

Begründung:

Die Verwertung ist abweichend von § 814 ZPO durch freihändigen Verkauf sinnvoll, weil auf diese Weise voraussichtlich ein höherer Erlös erzielt werden kann. Dies ergibt sich aus den nachfolgenden Erwägungen: . . . . .[2]

(Alternative:

Der Schuldner hat sich mit dieser Vorgehensweise einverstanden erklärt.) . . . . .[3, 4]

Anmerkungen

1. Die Entscheidung über eine Verwertung der Pfandsachen im Wege des freien Verkaufs wird durch den **Gerichtsvollzieher** getroffen. Der **Antrag** richtet sich auf Vornahme des freihändigen Verkaufs durch den Gerichtsvollzieher. Es empfiehlt sich, diejenigen **Gegenstände** klarzustellen, auf die sich die freihändige Veräußerung beziehen soll. Es muss sich hierbei nicht um das gesamte Pfandgut handeln, vielmehr kann im Hinblick auf eine günstigere Verwertung gerade ein besonderer Gegenstand für den freihändigen Verkauf in Frage kommen.

Der Antragsteller kann zudem einen **Mindestpreis** angeben, zu dem er eine freihändige Veräußerung anstrebt. Hierbei muss im Auge behalten werden, dass auch bei freihändiger Veräußerung die Vorschriften über das Mindestgebot (§ 817a ZPO) zu beachten sind. Der vom Antragsteller angegebene Mindestpreis bringt von daher nur Sinn, wenn er über die Höhe des gesetzlich vorgesehenen Mindestgebots hinausgeht.

Schließlich ist es denkbar, dass Gläubiger oder Schuldner bereits einen **Käufer** gefunden haben, der bereit ist, die Sache zu einem günstigen Kaufpreis zu erwerben. Dieser Käufer und der erwartete Preis sind dem Gerichtsvollzieher mitzuteilen. Der Antrag richtet sich dann darauf, die gepfändete Sache zu einem bestimmten Preis an eine bestimmte Person zu veräußern.

2. Begründung. Auch bei der Anordnung des freihändigen Verkaufs ist es selbstverständlich Ziel, einen höheren Veräußerungserlös zu erzielen, als dies bei einer öffentlichen Versteigerung nach § 814 ZPO der Fall sein würde. Dem Gerichtsvollzieher müssen daher zur Begründung diejenigen Umstände mitgeteilt werden, aus denen sich die **Erwartung eines höheren Veräußerungserlöses** rechtfertigt. Der Antragsteller wird sich vor allem von dem Gedanken leiten lassen, dass bei öffentlichen Versteigerungen regelmäßig lediglich das gesetzliche Mindestgebot erzielt wird. Er kann aber darlegen, dass auf dem „freien Markt“ für einen Gegenstand ein wesentlich höherer Preis erzielt werden kann. Zur Darlegung können etwa auch Ankaufsangebote beitragen, die über den Gegenstand bereits abgegeben worden sind. Es wird zudem empfohlen, dem Gerichtsvollzieher nähere Angaben zu einer günstigen Veräußerungsmöglichkeit zu machen. Oft sind die Beteiligten des Vollstreckungsverfahrens besser darüber unterrichtet, dass und inwieweit für einen bestimmten Gegenstand ein höherer Erlös erreicht werden kann. Hat sich bereits ein bestimmter Käufer zum Ankauf gefunden, muss dieser dem Gerichtsvollzieher ebenso mitgeteilt werden wie der Preis, zu dem der Erwerb beabsichtigt ist. Möchte der Antragsteller dem Gerichtsvollzieher einen bestimmten Mindesterlös vorgeben, sollte dieser nicht nur angegeben, sondern auch näher erläutert werden. Die Bedeutung des freihändigen Verkaufs durch den Gerichtsvollzieher dürfte durch die nunmehr ausdrücklich vorgesehene Möglichkeit der öffentlichen Versteigerung im Internet zurückgehen (§ 814 Abs. 2 Nr. 2 ZPO).

3. Verfahren. Insoweit wird auf das vorstehende Formular zur Versteigerung an einem anderen Ort verwiesen.

4. Gebühren und Kosten. Insoweit gelten dieselben Grundsätze wie bei der Versteigerung an einem anderen Ort.

20. Verwertung: Eigentumszuweisung an Gläubiger (§ 825 Abs. 1 ZPO)

[Antrag]

Es wird namens und im Auftrag des Gläubigers beantragt,

die beim Schuldner am . . . . . gepfändeten Gegenstände, nämlich . . . . ., an den Gläubiger zu veräußern und hierbei in Höhe von . . . . . EUR auf die Forderung des Gläubigers anzurechnen.

Begründung:

Die Verwertung ist abweichend von § 814 ZPO durch Veräußerung an den Gläubiger sinnvoll, weil auf diese Weise voraussichtlich ein höherer Erlös erzielt werden kann, als dies bei einer öffentlichen Versteigerung der Fall wäre. Der Gläubiger ist bereit, die gepfändeten Gegenstände zu einem Preis von . . . . . EUR zu erwerben. Dieser Preis liegt über dem Mindestgebot gemäß § 817a ZPO. Da bei der öffentlichen Versteigerung kein Gebot erwartet werden kann, welches das Mindestgebot wesentlich übersteigt, stellt die Eigentumszuweisung an den Gläubiger die günstigste Art der Verwertung dar.

(Alternative:

Der Schuldner hat sich mit dieser Vorgehensweise einverstanden erklärt.)

Anmerkungen

Bei der Veräußerung an den Gläubiger handelt es sich ebenfalls um eine von § 814 ZPO abweichende **andere Art der Verwertung.** Der Gläubiger, der sich vom Wert der gepfändeten Gegenstände überzeugt hat und diese entweder selbst behalten oder gar gewinnbringend veräußern will, entscheidet sich zum Ankauf des Pfandguts oder auch eines Teiles hiervon. Zu diesem Zwecke macht er dem Gerichtsvollzieher ein Angebot, zu welchem Preis er das Pfandgut erwerben möchte. Der Gerichtsvollzieher kann dann nach seinem Ermessen entscheiden, ob er diesem Antrag folgt oder entgegen der Auffassung des Gläubigers eine andere, günstigere Möglichkeit zur Verwertung des Pfandguts sieht. Ist der Schuldner mit der Eigentumszuweisung an den Gläubiger einverstanden, sollte dies mitgeteilt werden. Der Gerichtsvollzieher wird dann entsprechend dem Gläubigerantrag verfahren.

Der danach vom Gläubiger angebotene Kaufpreis wird auf die zu vollstreckende Forderung **verrechnet.** Die Verrechnung erfolgt auf die Kosten, die Zinsen und die Hauptforderung (vgl. § 367 BGB, § 118 Abs. 2 GVGA). Übersteigt der Kaufpreis die Forderung des Gläubigers, so muss der Gläubiger den übersteigenden Anteil an den Gerichtsvollzieher bezahlen.

IV. Anträge im Rahmen der Vollstreckung

1. Antrag auf richterliche Durchsuchungsanordnung

Raum für Eingangsstempel

Amtsgericht ______________________

Vollstreckungsgericht②

____

____

Antrag auf Erlass einer richterlichen Durchsuchungsanordnung①

1

Es wird beantragt, auf Grund der nachfolgenden Angaben③

☐ des anliegenden Schuldtitels/ der anliegenden Schuldtitel sowie der beiliegenden Unterlagen:

☐ Vollstreckungsprotokoll/-e

☐ Mitteilung/-en des Vollstreckungsorgans

☐ Akten des Vollstreckungsorgans④

☐ ______________________

____

____

entsprechend nachstehendem Entwurf die Anordnung zur Durchsuchung der Wohnung (Privatwohnung bzw. Arbeits-, Betriebs-, Geschäftsräume) **nach § 758a Absatz 1 der**⑤ **Zivilprozessordnung – ZPO – zu erlassen.**

Anhörung des Schuldners

Hinweise für den Antragsteller: Der Schuldner muss grundsätzlich vor Erlass einer Durchsuchungsanordnung angehört werden. Falls von einer vorherigen Anhörung des Schuldners aus Sicht des Antragstellers **ausnahmsweise** abgesehen werden muss, ist eine Begründung erforderlich.⑥

☐ Eine **Anhörung** des Schuldners vor Erlass der Durchsuchungsanordnung würde den Vollstreckungserfolg aus den nachstehenden Gründen gefährden:

Bitte darstellen,

(1) warum von einer vorherigen Anhörung abgesehen werden muss,

(2) welche gewichtigen Interessen durch eine vorherige Anhörung konkret gefährdet wären, die die Überraschung des Schuldners erfordern.

Die Angaben sind durch die Vorlage entsprechender Unterlagen, soweit vorhanden, nachzuweisen.

____

____

____

____

____

____

____

____

☐ Um direkte Weiterleitung an den zuständigen⑦ Gerichtsvollzieher wird gebeten.

Datum (Unterschrift Antragsteller/-in)

Hinweis:

Soweit für den Antrag eine zweckmäßige Eintragungsmöglichkeit in diesem Formular nicht besteht, können Anlagen genutzt werden.

2

Amtsgericht	______________________
Anschrift:	______________________
	______________________
Geschäftszeichen:	

BESCHLUSS ⑤

(Durchsuchungsermächtigung)

in der Zwangsvollstreckungssache

des/der Herrn/Frau/Firma	______________________ ______________________ ______________________	**– Gläubiger –**
vertreten durch Herrn/Frau/Firma	______________________ ______________________ ______________________	
Aktenzeichen des Gläubigervertreters	______________________	

gegen

Herrn/Frau/Firma	______________________ ______________________ ______________________	**– Schuldner –**
vertreten durch Herrn/Frau/Firma	______________________ ______________________ ______________________	
Aktenzeichen des Schuldnervertreters	______________________	

Auf Antrag des Gläubigers wird auf Grund des Vollstreckungstitels/der Vollstreckungstitel (den oder die Titel bitte nach Art, Gericht/Notar, Datum, Geschäftszeichen etc. bezeichnen)

____

____

____

____

☐ wegen der Gesamtforderung in Höhe von € ______________________

☐ wegen einer Teilforderung in Höhe von € ______________________

☐ wegen einer Restforderung in Höhe von € ______________________

der zuständige Gerichtsvollzieher ermächtigt, zum Zweck der Zwangsvollstreckung die Durchsuchung

☐ der Privatwohnung in (vollständige Anschrift)⑧

____

☐ der Arbeits-, Betriebs-, Geschäftsräume in (vollständige Anschrift)

____

des Schuldners durchzuführen (§ 758a Absatz 1 ZPO).

3

Die Ermächtigung ist auf die Dauer von ____ Monat/-en von heute an befristet und umfasst im Rahmen der angeordneten Durchsuchung die Befugnis, verschlossene Haustüren, Zimmertüren und Behältnisse öffnen zu lassen und Pfandstücke zum Zweck ihrer Verwertung an sich zu nehmen (Artikel 13 Absatz 2 des Grundgesetzes, § 758a Absatz 1 ZPO).

Die Ermächtigung gilt zugleich für das Abholen der Pfandstücke.

☐ Die Durchsuchung der Wohnung (Privatwohnung bzw. Arbeits-, Betriebs-, Geschäftsräume) wird

☐ auf folgende Zeiten beschränkt: ⑨

☐ zeitlich nicht beschränkt.

(Vom Gericht auszufüllen)

Gründe

(Datum)	(Unterschrift Richter am Amtsgericht)	(Datum)	(Unterschrift Urkundsbeamter der Geschäftsstelle)

Anmerkungen

1. Die **richterliche Durchsuchungsanordnung** ist einzuholen, wenn der Gerichtsvollzieher die Wohnung des Schuldners nach pfändbaren Sachen durchsuchen soll, soweit der Schuldner sich nicht freiwillig damit einverstanden erklärt oder Gefahr im Verzug ist. Mit Rücksicht auf den durch Art. 13 Abs. 2 GG garantierten grundrechtlichen Schutz ist der Begriff der **Wohnung** weit zu fassen. Hierzu gehören nicht nur Wohnräume, sondern auch Arbeits-, Betriebs- und Geschäftsräume (BVerfG NJW 1998, 1627, 1631). Gleiches gilt für Nebenräume und Zugänge (LG Wuppertal DGVZ 1980, 11). Geschützt sind ferner Wohnwagen, Wohnboote, Gast- und Hotelzimmer (BFH NJW 1989, 855). Zum geschützten Bereich zählen schließlich auch solche Räume, die dem Publikumsverkehr geöffnet sind. Begründet wird der Schutz damit, dass der Gewahrsamsinhaber zwar sein Einverständnis mit dem Publikumsverkehr erklärt hat, dieses sich aber nicht auf eine Durchsuchung zum Zwecke der Zwangsvollstreckung erstreckt (Zöller/*Stöber* § 758a Rn. 12).

§ 758a Abs. 6 ZPO sieht eine Ermächtigung des Bundesministeriums der Justiz vor, durch Rechtsverordnung mit Zustimmung des Bundesrates Formulare für den Antrag auf Erlass einer richterlichen Durchsuchungsanordnung einzuführen. Von dieser Ermächtigung hat das Bundesministerium der Justiz mit Verordnung über Formulare für die Zwangsvollstreckung (Zwangsvollstreckungsformular-Verordnung – ZVFV) vom 23.8.2012 (BGBl. 2012 I 1822) Gebrauch gemacht. Gem. § 758a Abs. 4 S. 2 ZPO iVm § 1 dieser Verordnung ist für den Antrag auf Erlass einer richterlichen Durchsuchungsanordnung das in der Anlage 1 bestimmte Formular verbindlich zu nutzen.

Benutzt der Gläubiger trotz entsprechender gerichtlicher Aufforderung nicht das Formular, ist der Antrag als **unzulässig** zurückzuweisen. Zudem sieht § 758a Abs. 6 S. 3 ZPO die Möglichkeit der Einführung abweichender Formulare für Verfahren vor, die durch das Gericht elektronisch bearbeitet werden. Hiervon hat der Verordnungsgeber noch keinen Gebrauch gemacht.

2. Zuständigkeit. Zuständig für die Erteilung der Durchsuchungsanordnung ist der **Richter bei dem Amtsgericht,** in dessen Bezirk die Durchsuchung erfolgen soll, § 758a Abs. 1 S. 1 ZPO. Es handelt sich um eine ausschließliche Zuständigkeit, § 802 ZPO.

Das gesetzlich vorgeschriebene Formular geht davon aus, dass sich der **Gläubiger selbst** und unmittelbar an das Amtsgericht wendet. Hiermit ist indes weiterhin die Frage nicht entschieden, ob der Gerichtsvollzieher für den Gläubiger diesen Antrag stellen kann. Nach einer Auffassung ist dies zulässig, wenn der Gerichtsvollzieher vom Gläubiger hiermit beauftragt wurde (Zöller/*Stöber* § 758a Rn. 23). Nach der Gegenauffassung ist ein Antrag durch den Gerichtsvollzieher auch dann unzulässig, wenn ein entsprechender Auftrag des Gläubigers vorliegt. Zur Begründung wird ausgeführt, dass dies nicht Aufgabe des Gerichtsvollziehers als unabhängigem Organ der Rechtspflege sei (MüKoZPO/*Heßler* § 758a Rn. 49). Probleme in diesem Bereich lassen sich dadurch vermeiden, dass der Gläubiger dem Gerichtsvollzieher mit dem Vollstreckungsantrag bereits den vorgefertigten und vom Gläubiger unterschriebenen Antrag auf Erlass einer Durchsuchungsanordnung aushändigt, der ggf. noch vom Gerichtsvollzieher zu ergänzen ist.

3. Anlagen. Dem Antrag müssen sämtliche für den Beginn der Zwangsvollstreckung erforderlichen **Urkunden** beigefügt werden. Hierzu gehören namentlich der Vollstreckungstitel nebst Klausel, der diesbezügliche Zustellnachweis, der Nachweis für die Erbringung der Sicherheitsleistung und auch eine Abschrift des Vollstreckungsprotokolls, aus dem die vergeblichen Vollstreckungsversuche hervorgehen.

Das Gericht kann eine Durchsuchungsanordnung nur dann erlassen, wenn die allgemeinen und besonderen Vollstreckungsvoraussetzungen gegeben sind. Die hierzu maßgeblichen Umstände müssen daher mitgeteilt werden. Hierzu muss zunächst der **Vollstreckungstitel** genau angegeben werden. Die vollstreckbare Ausfertigung ist dem Antrag beizufügen. Der Gläubiger muss zudem ggf. nachweisen, dass die allgemeinen und besonderen Vollstreckungsvoraussetzungen erfüllt sind. Entsprechende Nachweise sind dem Antrag beizufügen. Nach überwiegender Auffassung muss auch der Vollstreckungstitel vor Beantragung einer Durchsuchungsanordnung zugestellt sein (LG Berlin DGVZ 1988, 74; aA Stein/Jonas/*Münzberg* § 758a Rn. 15). Das Vollstreckungsgericht muss in die Lage versetzt werden, anhand der beigefügten Unterlagen beurteilen zu können, ob die Zwangsvollstreckung zulässig ist. Schließlich ist es auch geboten, dem Gericht die Höhe der zu vollstreckenden Forderung mitzuteilen und diese aufzuschlüsseln (OLG Köln InVo 1996, 102).

4. Rechtsschutzbedürfnis – vergebliche Vollstreckungsversuche. Ein Rechtsschutzbedürfnis des Gläubigers besteht jedenfalls dann, wenn der Gerichtsvollzieher den Schuldner angetroffen und der Schuldner die Durchsuchung der Wohnung ausdrücklich **verweigert** hat. Ausnahmsweise ist keine ausdrückliche Verweigerung erforderlich, wenn aufgrund konkreter Umstände feststeht, dass der Schuldner die Einwilligung verweigern wird (LG Darmstadt JurBüro 1980, 775). Dies muss aber der Ausnahmefall bleiben.

Wenn der Gerichtsvollzieher den Schuldner in der Wohnung nicht antrifft, wird grundsätzlich gefordert, dass vor Erlass einer Durchsuchungsanordnung ein **zweiter Vollstreckungsversuch** stattfinden muss. Dieser zweite Vollstreckungsversuch hat entweder nach Vorankündigung durch den Gerichtsvollzieher stattzufinden oder er muss zu einer Zeit erfolgen, zu der mit der Anwesenheit des Schuldners gerechnet werden kann (OLG Köln MDR 1995, 850; LG Aachen DGVZ 1993, 55). Ein Vollstreckungsversuch soll jedoch reichen, wenn der Gerichtsvollzieher beim ersten Mal eine schriftliche Nachricht hinterlässt mit der Aufforderung, sich mit ihm wegen eines Termins in Verbindung zu setzen, und der Schuldner sich dann nicht meldet (OLG Celle Rpfleger 1987, 73). Diese Vollstreckungsversuche hat der Gerichtsvollzieher im Vollstreckungsprotokoll niederzulegen.

5. Mit dem Antrag ist zugleich der **Entwurf der Durchsuchungsanordnung** einzureichen.

6. Verfahren – rechtliches Gehör. Grundsätzlich ist dem Schuldner vor Erlass der richterlichen Durchsuchungsanordnung rechtliches Gehör zu gewähren. Dies gilt nur dann nicht, wenn dadurch der Erfolg der Vollstreckungsmaßnahme vereitelt würde (BVerfG NJW 1981, 2112). Hierzu kann der Gläubiger in seinem Antrag nähere Umstände anführen.

7. Übermittlung an den Gerichtsvollzieher. Es empfiehlt sich, das Vollstreckungsgericht aufzufordern, den erlassenen Beschluss direkt an den Gerichtsvollzieher zu übermitteln. In diesem Falle ist der Übermittlungsweg kurz und eine rasche, schlagkräftige Vollstreckung gesichert. Andernfalls würde das Gericht den Beschluss zunächst an den Gläubiger übermitteln, der dann seinerseits an den Gerichtsvollzieher herantreten müsste.

8. Präzisierung des Antrages. Der Antrag auf Erlass einer Durchsuchungsanordnung muss so präzise wie möglich gestellt werden. Selbstverständlich ist die Angabe der Anschrift, an der durchsucht werden soll. Notwendig ist es darüber hinaus, die Räume genau zu bezeichnen, auf die sich die Durchsuchung erstrecken soll.

9. Zu beachten ist, dass § 758a Abs. 4 ZPO die Entscheidung, ob eine Vollstreckung zu diesen Zeiten stattfindet, in das **pflichtgemäße Ermessen** des Gerichtsvollziehers stellt. Er entscheidet, ob eine solche Maßnahme notwendig ist und die Erfordernisse des **Verhältnismäßigkeitsgrundsatzes** erfüllt sind, insbesondere die Vollstreckung zu unüblichen Zeiten für den Schuldner und die Mitgewahrsamsinhaber keine besondere Härte darstellt und auch nicht in einem Missverhältnis zu dem Eingriff steht. Soweit von der Maßnahme eine Wohnung betroffen sein soll, tritt das Erfordernis einer richterlichen Anordnung hinzu. Dies bedeutet, dass allein das Erwirken einer richterlichen Anordnung aus Gläubigersicht der maßgebliche Schritt zur Vorbereitung der Maßnahme ist, jedoch der Gerichtsvollzieher dann noch eine eigene Entscheidung trifft, ob die Voraussetzungen einer solchen Vollstreckung gegeben sind. Der Gläubiger wird also die Voraussetzungen einer Vollstreckung zur Nachtzeit oder an Sonn- und Feiertagen auch dem Gerichtsvollzieher gegenüber nochmals darlegen müssen. Vgl. insgesamt zum Verfahren des Gerichtsvollziehers § 61 GVGA.

10. **Gebühren und Kosten** entstehen nicht. Der Antrag auf Erlass einer richterlichen Durchsuchungsanordnung ist durch die Vollstreckungsgebühr nach Nr. 3309 VV RVG für den Rechtsanwalt mit abgegolten.

2. Vollstreckungshandlungen an Sonn- und Feiertagen sowie zur Nachtzeit (§ 758a Abs. 4 ZPO)

Antrag

An das

Amtsgericht

. . . . .

In der Zwangsvollstreckungssache[1]

des . . . . .,

[Name und Anschrift des Gläubigers]

Gläubigers,

– Verfahrensbevollmächtigter: . . . . . –

gegen

den . . . . .,

[Name und Anschrift des Schuldners]

Schuldner,

wird namens und im Auftrag des Gläubigers beantragt,

die Zwangsvollstreckung in der Wohnung/den Geschäftsräumen des Schuldners in . . . . . [Anschrift] während der Nachtzeit sowie an Sonn- und Feiertagen richterlich zu gestatten,[2]

Begründung:

Der Gläubiger betreibt gegen den Schuldner die Zwangsvollstreckung aus dem . . . . . [Angabe des Titels]. Er hat einen Anspruch in Höhe von . . . . . Dieser errechnet sich wie folgt:

. . . . .

Die Voraussetzungen für eine Vollstreckung zur Nachtzeit sowie an Sonn- und Feiertagen liegen vor:[3]

(Alternative 1:

Der Gerichtsvollzieher hat einen ersten Vollstreckungsversuch am ..... um ..... unternommen. Er hat den Schuldner nicht angetroffen. Der Gerichtsvollzieher hat einen erneuten Vollstreckungsversuch am ..... um ..... vorgenommen. Auch zu diesem Zeitpunkt hat der Gerichtsvollzieher den Schuldner nicht angetroffen. Es kann davon ausgegangen werden, dass der Schuldner beim ersten/zweiten Vollstreckungsversuch nicht angetroffen wurde, weil er zu einem Zeitpunkt erfolgte, zu dem sich der Schuldner üblicherweise nicht in seiner Wohnung aufhält.)[3]

(Alternative 2:

Eine Vollstreckung verspricht nur zur Nachtzeit oder an Sonn- und Feiertagen Erfolg, weil .....)[4]

Im Übrigen wird auf das anliegende Vollstreckungsprotokoll Bezug genommen.

Der Schuldner ist vor Erlass der Anordnung nicht zu hören. Eine Anhörung des Schuldners würde den Vollstreckungserfolg vereiteln .....[5]

Für den Fall des Erlasses der beantragten Anordnung wird gebeten, den Beschluss und die anliegenden Vollstreckungsunterlagen sogleich an den Gerichtsvollzieher ..... zu übermitteln.

Diesem Antrag ist/sind beigefügt:[6]

- die vollstreckbare Ausfertigung des Vollstreckungstitels nebst Zustellungsnachweis

Kostenfestsetzungsbeschluss des ..... [genaue Bezeichnung unter Angabe von Gericht, Datum und Aktenzeichen] nebst Zustellungsnachweis

- Vollmacht

Pfändungsprotokoll des ..... vom .....

.....

Rechtsanwalt[7]

Anmerkungen

1. Richterliche Anordnung. Eine Vollstreckung zur Nachtzeit oder an Sonn- und Feiertagen ist nach § 758a Abs. 4 ZPO in **Wohnungen** nur mit richterlicher Anordnung möglich.

Zu beachten ist, dass § 758a Abs. 4 ZPO die Entscheidung, ob eine Vollstreckung zu diesen Zeiten stattfindet, in das **pflichtgemäße Ermessen** des Gerichtsvollziehers stellt. Er entscheidet, ob eine solche Maßnahme notwendig ist und die Erfordernisse des **Verhältnismäßigkeitsgrundsatzes** erfüllt sind, insbesondere die Vollstreckung zu unüblichen Zeiten für den Schuldner und die Mitgewahrsamsinhaber keine besondere Härte darstellt und auch nicht in einem Missverhältnis zu dem Eingriff steht. Soweit von der Maßnahme eine Wohnung betroffen sein soll, tritt das Erfordernis einer richterlichen Anordnung hinzu. Dies bedeutet, dass allein das Erwirken einer richterlichen Anordnung aus Gläubigersicht der maßgebliche Schritt zur Vorbereitung der Maßnahme ist, jedoch der Gerichtsvollzieher dann noch eine eigene Entscheidung trifft, ob die Voraussetzungen einer solchen Vollstreckung gegeben sind. Der Gläubiger wird also die Voraussetzungen einer Vollstreckung zur Nachtzeit oder an Sonn- und Feiertagen auch dem Gerichtsvollzieher gegenüber nochmals darlegen müssen.

2. Wohnung, Nachtzeit/Sonn- und Feiertage. Der Wohnungsbegriff ist derselbe wie in § 758a Abs. 1 S. 1 ZPO. Die **Nachtzeit** ist legaldefiniert in § 758a Abs. 4 S. 2 ZPO, nämlich die Zeit von 21.00 Uhr bis 6.00 Uhr.

Sonn- und Feiertage erfassen nicht die arbeitsfreien Samstage. Bundeseinheitliche **Feiertage** sind: Neujahr, Karfreitag, Ostermontag, 1. Mai, Himmelfahrt, Pfingstmontag, 3. Oktober, 1. und 2. Weihnachtstag. Darüber hinaus sind weiter Feiertage in den Feiertagsgesetzen der Länder festgelegt (vgl. die Aufzählung bei *Baumbach/Lauterbach/Albers/Hartmann* § 758a Rn. 17).

3. Zweimaliger Vollstreckungsversuch. Die Vollstreckung zu unüblichen Zeiten ist die Ausnahme. Vorausgesetzt ist deshalb stets ein Vollstreckungsversuch zur normalen Zeit, zu der sich der Schuldner üblicherweise in seiner Wohnung aufhält. Darüber hinaus ist ein weiterer Vollstreckungsversuch zu normalen Zeiten geboten. Streitig ist, ob der Gerichtsvollzieher – wie bei der Wohnungsdurchsuchung nach § 758a ZPO – den zweiten Vollstreckungsversuch vorher ankündigen muss. Das vorgeschlagene Formular verzichtet auf einen solchen Zusatz. Es wird aber empfohlen, sich beim Gerichtsvollzieher nach der jeweiligen Praxis vor Ort zu erkundigen

4. Pfändung nur zur unüblichen Zeit. Es sind Fälle vorstellbar, in denen ohnehin eine Pfändung nur zur Nachtzeit oder an Sonn- und Feiertagen Erfolg verspricht (zB Geschäftseinnahmen eines Nachtclubs). Hierbei gilt das Erfordernis von mindestens zwei vorangegangenen Vollstreckungsversuchen zu gewöhnlichen Zeiten nicht. Dem Gericht müssen jedoch die entsprechenden Umstände vorgetragen und ggf. auch glaubhaft gemacht werden.

5. Anhörung. Dem Gerichtsvollzieher sollten Umstände mitgeteilt werden, aufgrund derer sich die Notwendigkeit einer Vollstreckung ohne vorherige Anhörung des Schuldners ergibt. Es muss dargelegt werden, dass nur so der Vollstreckungserfolg gewährleistet werden kann.

6. Anlagen. Hinzuweisen ist auch hier auf die Notwendigkeit der Beifügung der Vollstreckungsunterlagen. Der Richter muss beurteilen können, ob die Voraussetzungen der Zwangsvollstreckung erfüllt sind. Erforderlich ist auch die Beifügung einer Abschrift des Vollstreckungsprotokolls, aus dem sich insbesondere die vorangegangenen, vergeblichen Vollstreckungsversuche ergeben.

Im Rahmen des Antrags auf Erlass einer richterlichen Durchsuchungsanordnung wird von der überwiegenden Auffassung vertreten, dass der Titel bereits vor Beantragung der richterlichen Anordnung zugestellt sein muss. Dies wird für die Erlaubnis nach § 758a Abs. 4 ZPO teilweise als nicht erforderlich angesehen (hM vgl. LG Marburg DGVZ 1982, 30; aA Musielak/Voit/*Lackmann* § 758a Rn. 18). Jedoch muss der Gläubiger gleichwohl darauf achten, dass das zu vollstreckende Urteil vor dem zur unüblichen Zeit vorgesehenen Vollstreckungsversuch **zugestellt** wird. Eine gleichzeitige Zustellung mit Vollstreckungsbeginn ist möglich.

7. Gebühren und Kosten. Für die Tätigkeit des Gerichtsvollziehers zur Unzeit fallen doppelte Gebühren an, § 11 GvKostG.

3. Antrag auf Zulassung einer Austauschpfändung (§ 811a ZPO)

Antrag

An das

Amtsgericht[1]

– Vollstreckungsgericht –

. . . . .

Antrag auf Zulassung einer Austauschpfändung[2]

In der Zwangsvollstreckungssache

des . . . . .,

[Name und Anschrift des Gläubigers]

Gläubigers,

– Verfahrensbevollmächtigter: . . . . . –

gegen

den . . . . .,

[Name und Anschrift des Schuldners]

Schuldner,

wird namens und im Auftrag des Gläubigers beantragt,

die Pfändung eines . . . . . [genaue Angabe des im Besitz des Schuldners befindlichen Gegenstandes] gegen Überlassung eines . . . . . [Bezeichnung des vom Gläubiger zum Austausch angebotenen Gegenstandes] zuzulassen.[3]
und den Wert des vom Gläubiger überlassenen Gegenstandes festzustellen.[4]

(Alternative 1:

die Pfändung eines . . . . . gegen Überlassung eines Geldbetrages an den Schuldner zuzulassen.)[5]

(Alternative 2:

die Pfändung eines . . . . . zuzulassen und festzustellen, dass dem Schuldner aus dem Versteigerungserlös in einer vom Gericht festzulegenden Höhe zu befriedigen ist.)[6]

Begründung:

Der Gläubiger betreibt gegen den Schuldner die Zwangsvollstreckung aus der . . . . . [Angabe des Titels]. Er hat einen Anspruch in Höhe von . . . . . Dieser errechnet sich wie folgt:

. . . . .

Der Schuldner hat Gewahrsam an folgendem Gegenstand: . . . . . Die Pfändung dieses Gegenstandes durch den Gerichtsvollzieher ist, wie sich aus dem beigefügten Protokoll ergibt, wegen Unpfändbarkeit unterblieben. Nach § 811a Abs. 1 ZPO steht dem Gläubiger das Recht zu,[7] dem Schuldner ein Ersatzstück zur Verfügung zu stellen. Der Gläubiger bietet folgendes Ersatzstück an: . . . . . Es handelt sich um ein Ersatzstück, das geringwertiger als der zu pfändende Gegenstand ist, indes dem Verwendungszweck des Schuldners ebenso genügt.

(Alternative 1:

dem Schuldner den zur Beschaffung eines Ersatzstücks notwendigen Geldbetrag zu überlassen. Der hierzu erforderliche Geldbetrag ist in Höhe von . . . . . festzusetzen. Dieser Betrag ist zur Beschaffung eines geringwertigeren, aber ebenso zweckdienlichen Ersatzstücks ausreichend. Sollte das Gericht diesen Betrag als nicht angemessen ansehen, so bleibt die Festsetzung der Höhe in das Ermessen des Gerichts gestellt.)

(Alternative 2:

den Gegenstand zu pfänden, wobei dem Schuldner der zur Beschaffung eines Ersatzstückes notwendige Geldbetrag in Höhe von . . . . . aus dem Vollstreckungserlös zu belassen ist. Eine Ersatzbeschaffung ist dem Gläubiger nicht möglich/zuzumuten, weil . . . . . Der genannte Geldbetrag ist zur Beschaffung eines geringwertigeren, aber ebenso zweckdienlichen Ersatzstücks ausreichend. Sollte das Gericht diesen Betrag als nicht angemessen ansehen, so bleibt die Festsetzung der Höhe in das Ermessen des Gerichts gestellt.)

Dem Schuldner soll nach Möglichkeit kein rechtliches Gehör eingeräumt werden. Dies könnte den Vollstreckungserfolg gefährden, weil . . . . .[8]

Für den Fall der Zulassung wird gebeten, den Beschluss und die anliegenden Vollstreckungsunterlagen sogleich an den Gerichtsvollzieher . . . . . zu übermitteln.[9]

Diesem Antrag ist/sind beigefügt:[10]

- die vollstreckbare Ausfertigung des Vollstreckungstitels nebst Zustellungsnachweis
  Kostenfestsetzungsbeschluss des . . . . . [genaue Bezeichnung unter Angabe von Gericht, Datum und Aktenzeichen] nebst Zustellungsnachweis
  Pfändungsprotokoll des . . . . . vom . . . . .

. . . . .

Rechtsanwalt[11]

Anmerkungen

1. Zuständigkeit. Zuständig für die Zulassung der Austauschpfändung ist das **Vollstreckungsgericht** (§§ 764, 802 ZPO; ausschließliche Zuständigkeit). Es handelt sich um das Amtsgericht, in dessen Bezirk die Vollstreckung stattfinden soll. Die Entscheidung ist dem Rechtspfleger übertragen (§ 20 Nr. 17 RPflG). Die Entscheidung ergeht auf Antrag des Gläubigers durch Beschluss.

2. Zweck. Der Schuldner kann im Gewahrsam einer Sache sein, deren Verwertung für den Gläubiger ertragreich sein kann, die aber **unpfändbar** ist. Um auf diese Sache gleichwohl zugreifen zu können, sieht das Gesetz die Möglichkeit der Austauschpfändung vor. Der Gläubiger hat auf diesem Wege die Möglichkeit, dem Schuldner eine andere, minderwertigere Sache zur Verfügung zu stellen, die jedoch den Verwendungszweck aus Sicht des Schuldners ebenso erfüllen kann. Es besteht zudem die Möglichkeit, dem Schuldner einen Geldbetrag zu überlassen, mit dem er ein Ersatzstück anschaffen kann.

Die Austauschpfändung ist lediglich bei einem Teil der nach § 811 ZPO **unpfändbaren Gegenstände** zulässig. Sie gilt zunächst für die nach § 811 Abs. 1 Nr. 1 ZPO der Pfändung nicht unterworfenen Sachen. Es sind dies die vor allem die dem **persönlichen Gebrauch** oder dem **Haushalt** des Schuldners dienenden Gegenstände. Hierbei ist zu beachten, dass dem Schuldner nur die Sachen zu belassen sind, welcher er zu einer bescheidenen Lebens- und Haushaltsführung bedarf (Zöller/*Stöber* § 811 Rn. 13). Finden sich beim Schuldner also höherwertige Gegenstände, kann der Gläubiger diese durch einfache Gegenstände ersetzen. Nach herrschender Auffassung ist beispielsweise ein **Fernsehgerät** unpfändbar. Dies gilt auch für hochwertige Geräte und auch dann, wenn neben dem Fernsehgerät noch ein Rundfunkempfänger vorhanden ist (BFH NJW 1990, 1871; OLG Stuttgart NJW 1987, 196). Hier ist indes eine Austauschpfändung gegen ein minderwertiges Gerät zulässig (LG Berlin DGVZ 1991, 91). Die Austauschpfändung ist nach § 811 Abs. 1 Nr. 5 ZPO ferner bei Gegenständen möglich, die dem Schuldner zur Fortsetzung seiner **Erwerbstätigkeit** dienen. Für die Praxis relevant kann dies bei der Pfändung eines **PKW** sein, welchen der Schuldner für den Weg zur Arbeit ständig benutzt, soweit öffentliche Verkehrsmittel nicht zur Verfügung stehen. Auch hier ist die Austauschpfändung gegen einen kleineren bzw. einfacheren Wagen möglich. Für die Erwerbstätigkeit wichtig können auch technische Geräte, so etwa Computer oder Fotokopierer sein. Schließlich ist eine Austauschpfändung im Anwendungsbereich des § 811 Abs. 1 Nr. 6 ZPO möglich. Eine Anwendung des § 811a ZPO auf die weiteren Fälle der Unpfändbarkeit nach § 811 ZPO scheidet hingegen aus (vgl. aber OLG Köln NJW-RR 1986, 488, zur Zulässigkeit der Austauschpfändung bei einem nach § 811 Abs. 1 Nr. 12 ZPO unpfändbaren PKW).

3. Überlassung eines Austauschobjekts. Die erste vom Gesetz vorgesehene Variante der Austauschpfändung ist die Überlassung eines anderen Gegenstandes anstelle des unpfändbaren Objekts. Der Gläubiger muss dem Schuldner in diesem Rahmen ein **Ersatzstück** anbieten. Die Austauschpfändung muss zudem **angemessen** sein, dh sie kommt nur unter der Erwartung in Betracht, dass der Vollstreckungserlös den Wert des Ersatzstücks erheblich übersteigen wird. Nur dann lohnt sich – auch aus Gläubigersicht – der mit einer Austauschpfändung verbundene Aufwand. Schließlich muss als weitere Voraussetzung hinzutreten, dass das Ersatzstück dem **Verwendungszweck** der zu pfändenden Sache genügt. Hierzu sind die Gebrauchsvorteile der unpfändbaren Sache mit denjenigen des Ersatzstücks zu vergleichen. Hierbei ist zu beachten, dass ein höherwertiges Objekt gegen ein geringwertigeres ausgetauscht werden kann. Das Austauschobjekt muss jedoch dem gesetzlich geschützten Verwendungszweck genügen. Es muss nicht von gleicher Art und Güte sein (BGH NJW-RR 2011, 1366, 1367: Audi TT Roadster/Golf II). Im Antrag auf Zulassung der Austauschpfändung muss das Ersatzstück möglichst **genau bezeichnet** werden.

Das Ersatzstück muss dem Schuldner spätestens bei der Wegnahme des zu pfändenden Gegenstandes **überlassen** werden. Es ist dem Schuldner nach §§ 929 ff. BGB zu übereignen. Die Pfändung ist auch dann zulässig, wenn das Ersatzstück in entsprechender Anwendung des Grundgedankens aus § 756 ZPO dem Schuldner ordnungsgemäß angeboten worden ist (Stein-Jonas/*Münzberg* § 811a ZPO Rn. 26). Wegen eines Mangels des Ersatzstücks hat der Schuldner aus einem gesetzlichen Schuldverhältnis kaufrechtliche Ansprüche (Musielak/Voit/*Becker* § 811a Rn. 9).

Die Ersatzleistung ist stets **unpfändbar.**

4. Wert des Ersatzstücks. Nach § 811a Abs. 2 S. 3 ZPO hat das Gericht den Wert des Ersatzstücks von Amts wegen festzusetzen. Es empfiehlt sich gleichwohl, im Antrag hierauf gesondert hinzuweisen. Der so festgesetzte Geldbetrag ist dem Gläubiger aus dem Vollstreckungserlös zu erstatten. Er gehört zu den Kosten der Zwangsvollstreckung (§ 74 Abs. 2 GVGA).

5. Überlassung eines Geldbetrages. Alternativ zur Beschaffung eines Ersatzstückes kann der Gläubiger dem Schuldner auch den Geldbetrag zur Verfügung stellen, den der Schuldner selbst zur Beschaffung eines adäquaten Ersatzstücks aufwenden müsste. Problematisch ist, ob die **Höhe** des zur Ersatzbeschaffung aufzuwendenden Betrages angegeben werden sollte. Hierzu ist deshalb zu raten, um dem Gericht einen ungefähren Anhaltspunkt zu geben. Wenn es sich um weniger gängige Gegenstände handelt, sollte zudem eine nähere Erläuterung erfolgen, wie der Gläubiger zu dem Betrag kommt. Allerdings muss bedacht werden, dass das Gericht bei einer Festlegung des Gläubigers auf einen bestimmten Betrag wegen § 308 Abs. 1 ZPO an diesen Betrag gebunden ist. Kommt das Gericht mithin zu der Auffassung, dass der vom Gläubiger angegebene Betrag zu niedrig ist, wird es den Antrag auf Zulassung der Austauschpfändung ablehnen. Es wird daher vorgeschlagen, lediglich einen **Richtwert** anzugeben, die Festlegung eines höheren Betrages aber in das Ermessen des Gerichts zu stellen. Geht das Gericht deutlich über den vom Gläubiger angegebenen Betrag hinaus, mag dieser erwägen, ob er die Austauschpfändung zu diesen Bedingungen überhaupt durchführt.

Der Gläubiger muss grundsätzlich angeben, ob er die Austauschpfändung durch Überlassung eines **Ersatzstücks oder** des zur Beschaffung eines solchen notwendigen **Geldbetrages** durchführen will. Der Gläubiger kann aber auch beide Alternativen nebeneinander stellen und beantragen, dass die Austauschpfändung mit der Maßgabe eines **Wahlrechts** seitens des Gläubigers zugelassen wird (Stein/Jonas/*Münzberg* § 811a Rn. 13).

6. Befriedigung aus dem Versteigerungserlös. Als dritte Möglichkeit der Austauschpfändung sieht das Gesetz vor, dass dem Schuldner der zur Ersatzbeschaffung erforderliche Geldbetrag aus dem Versteigerungserlös zur Verfügung gestellt wird. Diese Variante kommt nur unter der Voraussetzung in Betracht, dass dem Gläubiger die rechtzeitige Ersatzbeschaffung **nicht möglich** oder **zuzumuten** ist. Sie dürfte vor allem dann eingreifen, wenn der Gläubiger finanziell nicht in der Lage ist, Ersatz zu beschaffen. Der Schuldner wird vor einer frühzeitigen Wegnahme seiner Sache dadurch geschützt, dass eine solche erst nach Rechtskraft des Zulassungsbeschlusses möglich ist (§ 811a Abs. 4 ZPO). Der Gerichtsvollzieher entnimmt den zur Ersatzbeschaffung notwendigen Betrag aus dem Versteigerungserlös und übergibt diesen dem Schuldner.

7. Begründung der Vorgehensweise. Nachdem der Gläubiger im Antrag klargestellt hat, welche der gesetzlich vorgesehenen Möglichkeiten einer Austauschpfändung er anstrebt, muss der Antrag die Voraussetzungen näher begründen. Wegen der Einzelheiten der notwendigen Begründung kann insoweit auf die Erläuterungen in → Anm. 3–6 zu diesem Formular verwiesen werden.

8. Verfahren. Das Vollstreckungsgericht entscheidet durch Beschluss. Vor der Entscheidung ist dem Schuldner grundsätzlich **rechtliches Gehör** zu gewähren (MüKoZPO/*Gruber* § 811a Rn. 9). Ohne rechtliches Gehör kann nur dann entschieden werden, wenn ein solches den Vollstreckungserfolg gefährden könnte (Zöller/*Stöber* § 811a Rn. 8). Die Gründe, weshalb dies der Fall sein könnte, müssen ggf. vom Gläubiger näher dargelegt werden.

Mit dem Erlass des Beschlusses ist die zunächst unpfändbare Sache beim Schuldner **pfändbar.** Einer Rechtskraft dieses Beschlusses bedarf es nur im Fall des § 811a Abs. 1 2. Hs. ZPO.

9. Übermittlung an Gerichtsvollzieher. Die hier vorgesehene Übermittlung des Beschlusses an den Gerichtsvollzieher bewirkt eine Beschleunigung des Vollstreckungsverfahrens.

10. Anlagen. Dem Antrag müssen sämtliche für den Beginn der Zwangsvollstreckung erforderlichen Unterlagen beigefügt werden. Das Vollstreckungsgericht muss vor Zulassung der Austauschpfändung prüfen, ob die allgemeinen und besonderen Vollstreckungsvoraussetzungen erfüllt sind. Gegebenenfalls sollten dem Antrag auch Unterlagen beigefügt werden, aus denen sich der Wert der Ersatzsache oder die Höhe des zu Ersatzbeschaffung erforderlichen Geldbetrages ergeben.

11. Gebühren und Kosten. Die gerichtliche Entscheidung ergeht gerichtsgebührenfrei. Die Gebühr des Gerichtsvollziehers berechnet sich nach Nr. 205 KV GvKostG. Das Verfahren auf Zulassung der Austauschpfändung nach § 811a ZPO gilt als besondere Angelegenheit iSd § 18 Nr. 7 RVG.

4. Pfändung von Haustieren (§ 811c Abs. 2 ZPO)

Antrag

An das Amtsgericht

– Vollstreckungsgericht –

.....

Es wird namens und im Auftrag des Gläubigers beantragt,[1]

die Pfändung des vom Schuldner gehaltenen ..... [Bezeichnung des Tieres] zuzulassen.[2]

Begründung:

Der Gläubiger betreibt gegen den Schuldner die Zwangsvollstreckung aus dem ..... [Angabe des Titels]. Er hat einen Anspruch in Höhe von ..... Dieser errechnet sich wie folgt:

Der Schuldner ist Gewahrsamsinhaber des im Antrag bezeichneten Tieres. Er hält dieses im häuslichen Bereich und nicht zu Erwerbszwecken. Die Pfändung dieses Tieres ist nach § 811c Abs. 2 ZPO zuzulassen, weil die Unpfändbarkeit für den Gläubiger eine besondere Härte bedeutet und Belange des Tierschutzes sowie die Interessen des Schuldners einer Pfändung nicht entgegenstehen. Dies ergibt sich aus folgenden Umständen: .....[3]

Dem Schuldner soll nach Möglichkeit kein rechtliches Gehör eingeräumt werden. Dies könnte den Vollstreckungserfolg gefährden, weil .....[4]

Für den Fall der Zulassung wird gebeten, den Beschluss und die anliegenden Vollstreckungsunterlagen sogleich an den Gerichtsvollzieher ..... zu übermitteln.[5]

Diesem Antrag ist/sind beigefügt:[6]

Anmerkungen

1. Zuständig für die Zulassung der Pfändung von Haustieren ist das **Vollstreckungsgericht** (§§ 764, 802 ZPO; ausschließliche Zuständigkeit). Es handelt sich um das Amtsgericht, in dessen Bezirk die Vollstreckung stattfinden soll. Die Entscheidung ist dem Rechtspfleger übertragen (§ 20 Nr. 17 RPflG). Die Entscheidung ergeht auf Antrag des Gläubigers durch Beschluss.

Von der Pfändung ausgenommen sind grundsätzlich alle **Haustiere,** die **nicht zu Erwerbszwecken** gehalten werden. Andere Tiere sind pfändbar. Pfändungsschutz kann sich hier nur nach § 811 Nr. 4, 5 oder 6 bzw. Nr. 12 (Blindenhunde) ergeben. Das Pfändungsverbot nach § 811c Abs. 1 ZPO dient dem Tierschutz. Es schützt die Beziehungen zwischen dem Schuldner und seinem Tier (*Baumbach/Lauterbach/Albers/Hartmann* § 811c Rn. 2).

Weitere Pfändungsverbote können sich bei lebenden Tieren (oder auch Pflanzen) ergeben, wenn es sich um besonders geschützte Arten handelt (Anhänge I und II des Washingtoner Artenschutzübereinkommens v. 3.3.1973 – BGBl. II 1975 S. 777, 799 ff.; Anhang C der VO [EWG] Nr. 3626/82 zur Anwendung des Übereinkommens über den internationalen Handel mit gefährdeten Arten freilebender Tiere und Pflanzen in der Gemeinschaft; Bundesartenschutzverordnung v. 18.9.1989, BGBl. I S. 1677, berichtigt BGBl. I S. 1989, 2011). Insbesondere bei exotischen Tieren und Pflanzen sollte sich der Gläubiger vor der Vollstreckung mit der zuständigen Naturschutzbehörde in Verbindung setzen und abklären, ob ein Tier einem Pfändungsverbot unterliegt, vgl. für den Gerichtsvollzieher die entsprechende Verpflichtung in § 76 GVGA.

2. Antrag. Im Antrag ist das Tier möglichst genau zu bezeichnen. Der Antrag richtet sich auf Zulassung der Pfändung durch das Vollstreckungsgericht.

3. Voraussetzungen der Pfändbarkeit. Die Pfändung eines nicht zu Erwerbszwecken gehaltenen Haustieres ist ausnahmsweise zulässig, wenn die Unpfändbarkeit für den Gläubiger eine besondere Härte bedeuten würde, die auch unter Würdigung der Belange des Tierschutzes und der berechtigten Interessen des Schuldners nicht zu rechtfertigen ist. Die Zulassung der Pfändung setzt mithin eine Abwägung der Gläubigerinteressen mit den Belangen des Tierschutzes und des Schuldners voraus. Die hierfür maßgeblichen Umstände muss der Gläubiger in seinem Antrag darlegen. Das besondere Interesse des Gläubigers kann namentlich durch einen besonders hohen Wert des Tieres und einen daraufhin zu erwartenden hohen Versteigerungserlös begründet sein (Bsp: BT-Drs. 11/5463, S. 7 f.; vgl. auch AG Paderborn DGVZ 1996, 44).

4. Verfahren. Das Vollstreckungsgericht entscheidet durch Beschluss. Vor der Entscheidung ist dem Schuldner grundsätzlich **rechtliches Gehör** zu gewähren. Ohne rechtliches Gehör kann nur dann entschieden werden, wenn dieses den Vollstreckungserfolg gefährden könnte. Die Gründe, weshalb dies der Fall sein könnte, müssen ggf. vom Gläubiger näher dargelegt werden.

5. Übermittlung an Gerichtsvollzieher. Die hier vorgesehene Übermittlung des Beschlusses an den Gerichtsvollzieher bewirkt eine Beschleunigung des Vollstreckungsverfahrens.

6. Anlagen. Dem Antrag müssen sämtliche für den Beginn der Zwangsvollstreckung erforderlichen Unterlagen beigefügt werden. Das Vollstreckungsgericht muss vor Zulassung der Pfändung prüfen, ob die allgemeinen und besonderen Vollstreckungsvoraussetzungen erfüllt sind. Gegebenenfalls sollten dem Antrag auch Unterlagen beigefügt werden, aus denen sich der Wert des Tieres ergibt oder die sonst zur Begründung des besonderen Gläubigerinteresses an der Vollstreckung in das Tier dienen können.

5. Verwertung: Schätzung des Pfandguts durch einen Sachverständigen (§ 813 Abs. 1 S. 3 ZPO)

Antrag

An das Amtsgericht

– Vollstreckungsgericht –[1]

. . . . .

In der Zwangsvollstreckungssache

des . . . . .,
[Name und Anschrift des Gläubigers]

Gläubigers,

– Verfahrensbevollmächtigter: . . . . . –

gegen

den . . . . .,

[Name und Anschrift des Schuldners]

Schuldner,

– Verfahrensbevollmächtigter: . . . . . –

wird namens und im Auftrag des Gläubigers/Schuldners beantragt,

die Schätzung des gewöhnlichen Verkaufswertes des/der folgenden, vom Gerichtsvollzieher . . . . . [Name] am . . . . . [Datum] zu DR-Nr . . . . . [Aktenzeichen] gepfändeten Gegenstandes/Gegenstände durch einen Sachverständigen anzuordnen:[2]
. . . . . [Bezeichnung der Gegenstände]

Begründung:

(Alternative Gläubigerantrag:

Der Gläubiger betreibt gegen den Schuldner die Zwangsvollstreckung aus dem in der Anlage beigefügten . . . . . [Angabe des Titels]. Er hat einen Anspruch in Höhe von . . . . . Dieser errechnet sich wie folgt:[3]
. . . . .)

(Alternative Schuldnerantrag:

Der Gläubiger betreibt gegen den Schuldner die Zwangsvollstreckung aus dem . . . . . [Angabe des Titels].[4])

Der Gerichtsvollzieher hat die im Antrag angegebenen Gegenstände gepfändet. Er hat hierfür einen gewöhnlichen Verkehrswert in Höhe von . . . . . [Angabe der vom Gerichtsvollzieher zu den einzelnen Gegenständen festgesetzten Verkehrswerte] festgesetzt. Hierzu wird auf das beigefügte Pfändungsprotokoll verwiesen. Diese Festsetzung ist nach hiesiger Auffassung unzutreffend. Dies ergibt sich aus den folgenden Erwägungen: . . . . . Zur Klärung des angemessenen Verkehrswertes ist daher die Begutachtung durch einen Sachverständigen geboten.[5]

Diesem Antrag ist beigefügt:[6]

Pfändungsprotokoll des . . . . . vom . . . . .

. . . . .

Rechtsanwalt[7]

Anmerkungen

1. Zuständigkeit. Der Antrag auf Begutachtung des Pfändungsguts durch einen Sachverständigen ist an das **Vollstreckungsgericht** zu richten. Ein solcher Antrag ist durch den **Gläubiger** oder den **Schuldner** statthaft, nicht jedoch durch einen am Vollstreckungsverfahren beteiligten Dritten. Beim Vollstreckungsgericht entscheidet nach § 20 Nr. 17 RPflG der Rechtspfleger. Nach § 813 Abs. 1 S. 2 ZPO obliegt dem Gerichtsvollzieher die Übertragung der Schätzung auf einen Sachverständigen nach pflichtgemäßem Ermessen. Der Gerichtsvollzieher bestimmt auch die Person des Sachverständigen.

2. Antrag. Der Antrag richtet sich auf Schätzung des **gewöhnlichen Verkaufswertes** der gepfändeten Gegenstände durch einen Sachverständigen. Der gewöhnliche Verkaufswert ist in der Vollstreckung aus verschiedenen Gründen wesentlich. Nach § 817a Abs. 1 ZPO darf der Zuschlag nicht erteilt werden, wenn ein **Gebot** nicht mindestens die Hälfte des gewöhnlichen Verkaufswertes der Sache erreicht. Der gewöhnliche Verkaufswert und das Mindestgebot sollen zudem beim Ausbieten bekannt gemacht werden. Der gewöhnliche Verkaufswert spielt zudem für die Beurteilung der Frage, ob eine **Überpfändung** vorliegt, eine Rolle. Im Antrag sind die **Vollstreckungsmaßnahme** sowie die **einzelnen Gegenstände,** auf die sich die Schätzung beziehen soll, zu bezeichnen.

Die Schätzung durch einen **bestimmten Sachverständigen** kann nicht verlangt werden, weil die Auswahl dem Vollstreckungsgericht obliegt (*Baumbach/Lauterbach/Albers/Hartmann* § 813 Rn. 6). Allerdings kann insoweit eine Anregung angebracht werden.

3. Vollstreckungsvoraussetzungen. Im Zuge der Prüfung eines **Gläubigerantrages** sind die Grundlagen der Vollstreckung anzugeben. Das Gericht überprüft insbesondere, ob die allgemeinen und besonderen Vollstreckungsvoraussetzungen vorliegen. Zur ordnungsgemäßen Darlegung gehört daher insbesondere die Bezeichnung des/der Vollstreckungstitel(s) sowie Angaben zur Höhe der zu vollstreckenden Forderung.

4. Schuldnerantrag. Beim Schuldnerantrag genügt demgegenüber die Bezeichnung der Vollstreckungsmaßnahme.

5. Begründung. Zunächst ist darauf hinzuweisen, dass § 813 Abs. 1 S. 1 ZPO grundsätzlich die Festlegung des gewöhnlichen Verkaufswertes durch den **Gerichtsvollzieher selber** vorsieht. Dieser hat sogleich nach dem Zugriff die Sachen zu schätzen und das Ergebnis seiner Schätzung im Protokoll zu vermerken (vgl. § 82 Abs. 6 GVGA).

Wenn die Schätzung bei der Pfändung nicht möglich ist, hat er sie unverzüglich nachzuholen. Bei der Pfändung von **Kostbarkeiten** sieht bereits das Gesetz die Schätzung durch einen Sachverständigen vor (§ 813 Abs. 1 S. 2 ZPO). In der Regel ist in diesen Fällen ein entsprechender Antrag der Beteiligten nicht veranlasst. Sofern es sich um **Gold-** oder **Silbersachen** handelt, sind sowohl der Gold- oder Silberwert als auch der gewöhnliche Verkaufswert zu ermitteln (vgl. § 817a Abs. 3 ZPO). Kostbarkeiten sind Gegenstände, deren Wert im Verhältnis zu ihrem Umfang besonders hoch ist, wie Gold, Silber, Platin, Edelsteine, echte Perlen, Münzen, Kunstwerke, Antiquitäten (OLG Köln Rpfleger 1998, 353). Ob Teppiche unter diesen Begriff fallen, ist streitig (vgl. KG NJW-RR 1986, 201).

Die Schätzung durch den Sachverständigen bringt daher in erster Linie Sinn, wenn Gläubiger oder Schuldner Gründe für die Annahme haben, die Festsetzung durch den Gerichtsvollzieher sei unzutreffend, weil **zu hoch** oder **zu niedrig,** und sie aus diesem Grund eine Überprüfung durch den Sachverständigen für geboten halten. Dies ist mithin Kern der vorgeschlagenen Begründung. Es müssen diejenigen Umstände angegeben – und wenn möglich – belegt werden, aus denen sich die unzutreffende Schätzung durch den Gerichtsvollzieher ergeben kann. Das Vollstreckungsgericht muss Anhaltspunkte dafür haben, dass die Schätzung durch den Sachverständigen **bessere Erkenntnisse** bietet und eine Kontrolle der Festsetzung des Gerichtsvollziehers angebracht ist. Das Vollstreckungsgericht entscheidet in diesem Rahmen nach **billigem Ermessen.**

6. Anlagen. Beigefügt werden sollten sowohl vom Gläubiger als auch vom Schuldner eine Abschrift des **Vollstreckungsprotokolls,** aus dem sich die Einzelheiten des Vollstreckungsversuchs ergeben. Soweit Unterlagen verfügbar sind, aus denen sich Anhaltspunkte für eine unzutreffende Schätzung durch den Gerichtsvollzieher ergeben, sollten auch diese beigefügt werden.

7. **Gebühren und Kosten.** Für den Rechtsanwalt begründet ein Antrag nach § 813 ZPO keine besondere Angelegenheit. Soweit der Gerichtsvollzieher von sich aus einen Sachverständigen beauftragt, sind die Kosten voll erstattungsfähig, Nr. 703 KV GVKostG. Die Kosten der Schätzung sind Kosten der Zwangsvollstreckung nach § 788 ZPO. Für den Antrag nach § 813 Abs. 1 S. 3 ZPO entstehen keine Gerichtsgebühren.

6. Antrag auf Versteigerung durch eine andere Person als den Gerichtsvollzieher (§ 825 Abs. 2 ZPO)

Antrag

An das

Amtsgericht

– Vollstreckungsgericht –[1]

. . . . .

In der Zwangsvollstreckungssache

des . . . . .,

[Name und Anschrift des Gläubigers]

Gläubigers,

– Verfahrensbevollmächtigter: . . . . . –

gegen

den . . . . .,

[Name und Anschrift des Schuldners]

Schuldner,

– Verfahrensbevollmächtigter: . . . . . –

wird namens und im Auftrag des Gläubigers/Schuldners beantragt,[2]

die Versteigerung der folgenden am . . . . . [Datum] vom Gerichtsvollzieher . . . . . [Name] zu DR-Nr . . . . . gepfändeten Gegenstände durch eine andere Person als den Gerichtsvollzieher anzuordnen: . . . . . [Angabe der Gegenstände];
Die Versteigerung soll durch . . . . . erfolgen.

Begründung:

Der Gläubiger vollstreckt gegen den Schuldner aufgrund . . . . . [Angabe des Vollstreckungstitels] eine Forderung in Höhe von . . . . . EUR nebst Zinsen und Kosten sowie Vollstreckungskosten. Der Gerichtsvollzieher hat am . . . . . beim Schuldner die im Antrag angegebenen Gegenstände gepfändet.

Diese Gegenstände sollen nach § 825 Abs. 2 ZPO nicht vom Gerichtsvollzieher, sondern von einer anderen/der im Antrag angegebenen Person versteigert werden. Diese Art der

Verwertung ist geboten, weil sie einen höheren Veräußerungserlös erwarten lässt. Dies ergibt sich im Einzelnen aus folgenden Erwägungen: .....[3]

(Alternative 1:

Die im Antrag genannte Person ist für die Versteigerung besonders geeignet, weil ..... Diese Person hat sich bereits bereit erklärt, die Versteigerung durchzuführen.)[4]

(Alternative 2:

Der Schuldner hat sich mit der vom Gläubiger vorgeschlagenen Verwertung einverstanden erklärt.)[5]

Diesem Antrag sind beigefügt:[6]

Pfändungsprotokoll des ..... vom .....

.....

Rechtsanwalt[7]

Anmerkungen

1. Zuständigkeit. Ausschließlich zuständig (§ 802 ZPO) für die Entscheidung über den Antrag ist das **Vollstreckungsgericht** (§ 764 ZPO), wobei die Entscheidung dem Rechtspfleger obliegt, § 20 Nr. 17 RPflG. Örtlich zuständig ist das Vollstreckungsgericht, in dessen Bezirk die Versteigerung der Gegenstände stattfinden müsste.

2. Antrag. Der Antrag nach § 825 Abs. 2 ZPO kann durch den **Gläubiger** oder durch den **Schuldner** gestellt werden. Er richtet sich auf **Versteigerung** der gepfändeten Sachen durch eine andere Person als den Gerichtsvollzieher. Diejenigen **Gegenstände**, die auf diese Weise einer anderweitigen Verwertung zugeführt werden sollen, sollten im Einzelnen bezeichnet werden. Dies muss zum einen zur Information des Vollstreckungsgerichts erfolgen. Zum anderen kann es auch sein, dass sich der Antrag auf Versteigerung durch eine andere Person nicht auf das gesamte Pfandgut bezieht, insb. wenn nur hinsichtlich einiger besonders wertvoller Gegenstände die Versteigerung durch eine sachkundige dritte Person geboten ist. In vielen Fällen dürfte der Antragsteller bereits eine konkrete Vorstellung haben, durch welche **Person** die Versteigerung anstelle des Gerichtsvollziehers stattfinden sollte. Diese Person ist dem Vollstreckungsgericht im Antrag mitzuteilen.

3. Begründung. Anzugeben sind zunächst die **Grunddaten** zur Vollstreckung, insb. Vollstreckungstitel, zu vollstreckende Forderung und die Pfändungsmaßnahme des Gerichtsvollziehers. Im Zusammenhang mit der Entscheidung über den Antrag hat das Vollstreckungsgericht nämlich die Voraussetzungen der Zwangsvollstreckung zu prüfen.

Die Anordnung der Verwertung nach § 825 Abs. 2 ZPO kommt nur in Betracht, wenn diese Art der Versteigerung vorteilhafter erscheint, also einen **höheren Versteigerungserlös** erwarten lässt (Zöller/*Stöber* § 825 Rn. 19). Die Gründe für diese Erwartung sind vom Antragsteller mitzuteilen. Hier kommt insbesondere in Betracht, dass eine besondere **Sachkunde** der Person, welche die Versteigerung durchführen soll, einen höheren Erlös nahe legt. So kann etwa bei der Versteigerung von Kunstgegenständen die besondere Sachkunde eines Kunsthändlers die anderweitige Verwertung rechtfertigen. Im Übrigen hat das Vollstreckungsgericht bei seiner Entscheidung die wechselseitigen Interessen von Antragsteller und Antragsgegner zu berücksichtigen.

4. Angaben zur Person. Verweist der Antragsteller bereits auf eine bestimmte Person, welche die Versteigerung ausführen soll, sollten Angaben erfolgen, woraus sich deren besondere Sachkunde ergibt. Nur so kann das Vollstreckungsgericht zuverlässig entscheiden, ob es dieser Person die Versteigerung übertragen kann. Es empfiehlt sich darüber hinaus, sich bereits vor der Antragstellung des **Einverständnisses** dieser Person zu vergewissern und dies dem Vollstreckungsgericht mitzuteilen. Es wäre misslich, wenn im Antrag ein Versteigerer vorgeschlagen würde, der sich später nicht zur Durchführung bereit findet. Alternativ kann die Auswahl der Person auch in das Ermessen des Gerichts gestellt werden.

5. Einverständnis des Antragsgegners. Ist der Antragsgegner mit der Versteigerung durch eine andere Person einverstanden, so ist dies dem Vollstreckungsgericht mitzuteilen. Das Vollstreckungsgericht hat zwar auch dann noch eine selbständige Ermessensentscheidung darüber zu treffen, ob die Verwertung durch eine andere Person in Betracht kommt, bei einer Übereinkunft zwischen Gläubiger und Schuldner ist aber nicht ersichtlich, warum dem Antrag nicht gefolgt werden sollte. Liegt ein Einverständnis bislang nicht vor, so kann das Vollstreckungsgericht den Antrag sofort zurückweisen, wenn er ersichtlich keine Erfolgsaussicht hat. Im Übrigen wird es den Antragsgegner vor der Entscheidung hören, unter Umständen kann auch mit mündlicher Verhandlung entschieden werden (vgl. § 764 Abs. 3 ZPO).

6. Anlagen. Beizufügen sind die kompletten Vollstreckungsunterlagen, aus denen das Vollstreckungsgericht die Voraussetzungen der Zwangsvollstreckung sowie Einzelheiten der Pfändungsmaßnahme entnehmen kann.

7. Gebühren und Kosten. Für die Tätigkeit des Vollstreckungsgerichts fallen keine Gebühren an. Für den Gerichtsvollzieher ist Nr. 310 KV GvKostG zu beachten.

7. Antrag auf Umschreibung von Namenspapieren (§ 822 ZPO)

Antrag

An das

Amtsgericht

– Vollstreckungsgericht –[1]

. . . . .

Antrag auf Umschreibung von Namenspapieren

In der Zwangsvollstreckungssache

des . . . . .,

[Name und Anschrift des Gläubigers]

Gläubigers,

– Verfahrensbevollmächtigter: . . . . . –

gegen

den . . . . .,

[Name und Anschrift des Schuldners]

Schuldner,

weiterer Beteiligter als Erwerber: . . . . .[2]

wird namens und im Auftrag des Gläubigers/weiteren Beteiligten beantragt,[3]

den Gerichtsvollzieher zu ermächtigen, die Umschreibung der vom Gerichtsvollzieher ..... [Name] am ..... [Datum] zu DR-Nr ..... gepfändeten und am ..... [Datum] verwerteten Wertpapiere, nämlich ....., auf den Namen des Erwerbes zu erwirken und die hierzu erforderlichen Erklärungen anstelle des Schuldners abzugeben.

Begründung:

Der Gerichtsvollzieher hat die im Antrag näher bezeichneten Wertpapiere gepfändet und sie anschließend im Wege der Versteigerung/des freihändigen Verkaufs verwertet. Der weitere Beteiligte hat die Papiere erworben. Wegen der weiteren Einzelheiten wird auf das beigefügte Pfändungsprotokoll und das ebenfalls beigefügte Verwertungsprotokoll verwiesen. Der Schuldner ist nicht bereit, die für die Verwertung notwendigen Erklärungen zur Übertragung des Wertpapiers auf den Erwerber abzugeben. Der Gerichtsvollzieher ist daher zu ermächtigen, diese Erklärungen für den Schuldner abzugeben.[4]

Diesem Antrag sind in der Anlage beigefügt:[5]

- vollstreckbare Ausfertigung des Vollstreckungstitels und

  Kostenfestsetzungsbeschluss des .....
- Pfändungsprotokoll
- Verwertungsprotokoll

.....

Rechtsanwalt[6]

Anmerkungen

1. Zuständigkeit. Die Ermächtigung des Gerichtsvollziehers zur Umschreibung von Namenspapieren erfolgt durch das **Vollstreckungsgericht** (§§ 764 Abs. 2, 802 ZPO), funktionell zuständig ist der Rechtspfleger (§ 20 Nr. 17 RPflG). Das hier vorgeschlagene Formular sieht eine Antragstellung durch den Gläubiger oder den Erwerber als weiteren Beteiligten vor.

2. Weiterer Beteiligter. In das Rubrum des Antrages ist neben Gläubiger und Schuldner auch der **Erwerber** der Papiere als weiterer Beteiligter aufzunehmen.

3. Antrag auf Umschreibung. Die Umschreibung wird für **Namenspapiere** erforderlich. Das sind solche Wertpapiere, bei denen das im Papier verkörperte Recht einer namentlich bestimmten Person zusteht. Eine Übertragung ist durch Indossament oder durch Abtretung und Übergabe möglich. Zu den Namenspapieren gehören beispielsweise die Namensaktie (§ 10 AktG), eine auf den Namen umgeschriebene Schuldverschreibung oder der auf eine bestimmte Person ausgestellte Scheck mit dem Vermerk „nicht an Order". Indossament oder Abtretung müssen bei diesen Papieren grundsätzlich vom Schuldner vorgenommen werden. Im Rahmen der Verwertung wird er dazu nicht bereit sein, so dass diese Erklärung an seiner Statt durch den Gerichtsvollzieher abgegeben werden muss. Hierzu muss er jedoch vom Vollstreckungsgericht ermächtigt werden. Die Mitwirkung des Vollstreckungsgerichts sichert die Rechtmäßigkeit der Maßnahme. Im Antrag sind die betroffenen Wertpapiere genau zu bezeichnen.

4. Voraussetzungen der Ermächtigung. Angaben zu den allgemeinen Voraussetzungen der Zwangsvollstreckung (insbesondere zu der zu vollstreckenden Forderung) sind nicht erforderlich. Der Schuldtitel sollte jedoch beigefügt werden. Die Ermächtigung zur

Abgabe der Übertragungserklärungen erfolgt in einem Zeitpunkt, zu dem die Verwertung bereits erfolgt ist und es nur noch um die Übertragung des Wertpapiers geht. Erforderlich ist daher nur eine Information darüber, dass die Papiere **gepfändet** worden sind und einer **Verwertung** zugeführt wurden.

Darüber hinaus muss mitgeteilt werden, dass der **Schuldner** zur Abgabe der Erklärungen **nicht bereit** ist. Nur in diesem Fall bedarf es überhaupt einer Ermächtigung durch das Vollstreckungsgericht.

5. Anlagen. Dem Antrag sind neben den zu vollstreckenden Titeln diejenigen Unterlagen beizufügen, aus denen sich Pfändung und Verwertung der Papiere ergeben.

6. Gebühren und Kosten. Besondere Gebühren des Gerichtsvollziehers und des Gerichts fallen nicht an. Der Antrag nach § 822 ZPO begründet für den Anwalt keine besondere Angelegenheit.

V. Zwangsvollstreckung gegen juristische Personen des öffentlichen Rechts (Anzeige der Vollstreckung nach § 882a Abs. 1 ZPO)

Antrag

An die

.....

[Bezeichnung der Behörde][1, 2]

Anzeige der bevorstehenden Zwangsvollstreckung des ..... [Bezeichnung des Gläubigers] aus dem ..... [Bezeichnung des Vollstreckungstitels]; dortiges Aktenzeichen .....[3]

Sehr geehrte Damen und Herren,

ich zeige die Vertretung des Vollstreckungsgläubigers gemäß anliegender Vollmacht an.[4]

Der Gläubiger beabsichtigt, gemäß § 882a Abs. 1 S. 1 ZPO aus dem oben genannten Titel die Zwangsvollstreckung zu betreiben. Den Titel füge ich zu Ihrer Unterrichtung bei.[5]

Zur Vermeidung der Zwangsvollstreckung fordere ich Sie hiermit auf, die zu vollstreckende Forderung in Höhe von ..... EUR auf das Konto des Gläubigers ..... /das Konto des Unterzeichners ..... bis zum ..... zu überweisen. Geldempfangsvollmacht liegt bei. Die Höhe der zu vollstreckenden Forderung ergibt sich aus folgender Aufstellung:[6]

.....

Hinzu treten weitere tägliche Zinsen in Höhe von ..... EUR.

Ich bitte, mir den Empfang der Anzeige aus anliegendem Empfangsbekenntnis zu bestätigen.[7]

Mit freundlichen Grüßen

.....

Rechtsanwalt[8]

Anlagen:

- Vollmacht/Geldempfangsvollmacht
- Empfangsbekenntnis
- Vollstreckungstitel/Zustellungsnachweis

Anmerkungen

1. Anzeige. Eine Zwangsvollstreckung kommt auch gegen juristische Personen des öffentlichen Rechts in Betracht. Sie wird in der Praxis selten vorkommen, weil Behörden in aller Regel ihre Zahlungsverpflichtungen bei Vorliegen eines Vollstreckungstitels freiwillig erfüllen. Dies zu erreichen ist auch Sinn und Zweck des **Fiskusprivilegs** nach § 882a ZPO. Die Anzeige der bevorstehenden Vollstreckung und die 4-wöchige Wartefrist sollen dazu beitragen, dass die Behörde ihren Verpflichtungen dem Gläubiger gegenüber nachkommen kann.

Zum **Zeitpunkt** der Anzeige ist anzumerken, dass bei deren Vornahme die allgemeinen und besonderen Vollstreckungsvoraussetzungen vorliegen müssen (OLG Frankfurt Rpfleger 1981, 158). Eine Ausnahme gilt für die Zustellung des Titels, die im Hinblick auf § 750 Abs. 1 ZPO auch noch mit Beginn der Vollstreckung durch den Gerichtsvollzieher erfolgen kann.

Die Anzeigeverpflichtung ist die maßgebliche Besonderheit bei der Vollstreckung gegen eine Behörde. Im Übrigen wird die Vollstreckung durch den Gerichtsvollzieher vorgenommen. Hierbei ist nur zu beachten, dass der **zuständige Gerichtsvollzieher** zunächst auf besonderen Gläubigerantrag durch das Vollstreckungsgericht (Rechtspfleger, vgl. § 20 Nr. 17 RPflG) zu bestimmen ist.

Das Fiskusprivileg gilt für die Vollstreckung gegen den **Bund** und die **Länder.** Es gilt ferner für die Vollstreckung gegen **Körperschaften, Anstalten und Stiftungen des öffentlichen Rechts,** damit auch für kirchliche Körperschaften des öffentlichen Rechts (Zöller/*Stöber* § 882a Rn. 7). Für Gemeinden und Gemeindeverbände sind gemäß § 15 Nr. 3 EGZPO landesrechtliche Sonderregelungen zu beachten. Die entsprechenden Regelungen des Kommunalrechts schreiben jedoch § 882a ZPO vergleichbare Anzeigepflichten vor. Für öffentlich-rechtliche Bank- oder Kreditanstalten gelten die Sonderregelungen nicht (§ 882a Abs. 3 S. 2 ZPO). Die Vorschrift findet auf ausländische juristische Personen des öffentlichen Rechts keine Anwendung (BGH NJW 2010, 769). § 882a ZPO findet zudem nur Anwendung auf Titel der ordentlichen Gerichtsbarkeit. Die Fachgerichtsordnungen enthalten besondere Bestimmungen (zB § 170 VwGO).

Wird der Gerichtsvollzieher mit der Vollstreckung beauftragt, gelten die allgemeinen Grundsätze. Im Rahmen des Vollstreckungsantrages ist dem Gerichtsvollzieher die Anzeige gemäß § 882a Abs. 1 S. 1 ZPO nachzuweisen.

2. Zuständige Behörde. Die Anzeige ist an die zur **Vertretung des Schuldners** zuständige Behörde zu richten. Hier ist vom Gläubiger besondere Sorgfalt zu beachten. Die Adressierung an die zuständige Behörde ist Voraussetzung für die Wirksamkeit der Anzeige. Sie ist zudem für eine rasche und zweckgerichtete verwaltungsinterne Bearbeitung unabdingbar. Ein Gläubiger darf nicht damit rechnen, dass eine unzuständige Behörde die Anzeige an die zuständige Behörde weiterleitet. Vielmehr kann es so sein, dass die unzuständige Behörde die Entgegennahme der Anzeige ablehnt und an den Gläubiger zurücksendet. Die zuständige Behörde wird sich in aller Regel bereits aus dem Vollstreckungstitel selbst ergeben. Im Übrigen folgt die Vertretung des Bundes und der Länder dem Ressortprinzip, so dass im Grundsatz das jeweils betroffene Fachministerium für seinen Geschäftsbereich zuständig ist. In diesem Rahmen gibt es für jedes Ministerium **Vertretungsordnungen,** aus denen die zuständige Behörde ersichtlich ist (vgl. dazu die Zusammenstellung bei Zöller/*Vollkommer* § 18 ZPO Rn. 5 ff.). Zu beachten ist, dass in allen Fällen, in denen in ein von der Behörde verwaltetes Vermögen vollstreckt werden soll, zusätzlich eine Anzeige an den jeweils zuständigen **Finanzminister** erforderlich ist. Dies gilt dann nicht, wenn die Vermögensverwaltung ohnehin schon in den Geschäftsbereich des Finanzministers fällt.

Bei Vollstreckungen gegen Körperschaften, Anstalten und Stiftungen des öffentlichen Rechts hat die Anzeige gegenüber deren Vertreter zu erfolgen (§ 882a Abs. 3 S. 1 ZPO).

3. Bezeichnung von Gläubiger und Vollstreckungstitel. Eine genaue Bezeichnung von Gläubiger und Vollstreckungstitel ist ebenso unerlässlich wie die Bezeichnung der zu vollstreckenden Forderung. Gläubiger und Vollstreckungstitel müssen zur Individualisierung der bevorstehenden Vollstreckung genannt werden. Tunlichst sollte auch ein bekanntes Aktenzeichen der Behörde angegeben werden. Nur so wird insbesondere bei größeren Einrichtungen eine rasche Zuordnung und zügige Erledigung der Angelegenheit ermöglicht. Dies liegt in erster Linie im eigenen Interesse des Gläubigers.

4. Vollmacht(en). Die Anzeige ist Zulässigkeitsvoraussetzung für die Durchführung der Zwangsvollstreckung. Sie ist als Prozesshandlung zu qualifizieren (Stein/Jonas/*Münzberg* § 882a Rn. 8). Der Bevollmächtigte hat daher seine Vollmacht für das Zwangsvollstreckungsverfahren nachzuweisen. Hinzu tritt ggf. der Nachweis der Geldempfangsvollmacht.

5. Anzeige. Aus dem Anschreiben muss unmissverständlich klar werden, dass die Zwangsvollstreckung durchgeführt werden soll. Nur dann erfüllt das Schreiben die Anzeigefunktion nach § 882a Abs. 1 S. 1 ZPO. Es wird empfohlen, eine Abschrift des Vollstreckungstitels beizufügen. Auch dies dient der Beschleunigung der Verfahrensabläufe. Der Behörde wird es dadurch erleichtert, die Berechtigung der geltend gemachten Forderung zu überprüfen.

6. Forderungsaufstellung. Auch wenn die Anzeige nur als Zulässigkeitsvoraussetzung für die Durchführung der Zwangsvollstreckung anzusehen ist und es von daher für ihre Wirksamkeit keiner Aufstellung über die zu vollstreckende Forderung bedarf, empfiehlt es sich in jedem Fall, eine solche beizufügen. Mehr als bei nahezu jedem anderen Schuldner kann bei einer Behörde davon ausgegangen werden, dass die Berechtigung der Forderung im Einzelnen geprüft wird und eine **freiwillige Leistung** zur Abwendung der Zwangsvollstreckung in Betracht kommt. Zu diesem Zwecke sollte die Forderung aufgelistet werden, um der Behörde eine rasche Prüfung ihrer Leistungspflicht zu ermöglichen. Aus diesem Grunde ist auch die Angabe der Kontoverbindung unerlässlich. Ebenfalls empfiehlt sich eine Fristsetzung, damit der Gläubiger zuverlässig weiß, ob er die Zwangsvollstreckung fortsetzen muss oder nicht. Die Fristsetzung sollte hierbei möglichst kürzer sein als die in § 882a Abs. 1 ZPO vorgesehene 4-Wochen-Frist. Nach deren fruchtlosem Ablauf weiß der Gläubiger ja ohnehin, dass eine freiwillige Leistung nicht erfolgt.

7. Empfangsbekenntnis. Nach § 882a Abs. 1 S. 2 ZPO kann der Gläubiger eine Empfangsbestätigung seiner Anzeige von der Behörde verlangen. Er sollte dies in jedem Falle anfordern, weil damit die Empfangsbestätigung dem Gerichtsvollzieher bei Beginn der Vollstreckung als Nachweis der Erfüllung des Anzeigeerfordernisses vorgelegt werden kann. Es empfiehlt sich zudem, ein vorformuliertes Empfangsbekenntnis sogleich der Vollstreckungsanzeige beizufügen. Dieses kann etwa folgenden Wortlaut haben:

„Der Empfang des Schreibens vom ..... (Datum), mit dem die Zwangsvollstreckung des Gläubigers aus dem ..... (Angabe des Vollstreckungstitels mit Datum und Aktenzeichen) angezeigt worden ist, wird hiermit bestätigt“.

Das Datum des Empfangsbekenntnisses ist zugleich maßgeblich für den Beginn der 4-Wochen-Frist.

8. Gebühren und Kosten. Für die Tätigkeit des Anwalts entsteht eine Vollstreckungsgebühr nach Nr. 3309 VV RVG. Es liegt keine besondere Angelegenheit vor. Für die Bestimmung des zuständigen Gerichtsvollziehers durch das Vollstreckungsgericht fallen keine Gebühren an.

H. Zwangsvollstreckung wegen Geldforderungen in Forderungen und andere Vermögenswerte, §§ 828–863 ZPO (Grundzüge)

I. Pfändungs- und Überweisungsbeschluss (§§ 829 ff. ZPO)

1. Antrag auf Erlass eines Pfändungs- und Überweisungsbeschlusses insbesondere wegen gewöhnlicher Geldforderungen (S. 1 des amtlichen Formulars)

Raum für Kostenvermerke und Eingangsstempel

Amtsgericht②

Vollstreckungsgericht③

④

Antrag auf Erlass eines Pfändungs- und Überweisungsbeschlusses insbesondere wegen gewöhnlicher Geldforderungen① 1

Es wird beantragt,⑤ den nachfolgenden Entwurf⑥ als Beschluss auf ☐ Pfändung ☐ und ☐ Überweisung zu erlassen.

☐ Zugleich wird beantragt, die Zustellung zu vermitteln⑦ (☐ mit der Aufforderung nach § 840 der Zivilprozessordnung – ZPO).⑧

☐ Die Zustellung wird selbst veranlasst.⑦

Es wird gemäß dem nachfolgenden Entwurf des Beschlusses Antrag gestellt auf

☐ Zusammenrechnung mehrerer Arbeitseinkommen (§ 850e Nummer 2 ZPO)⑨

☐ Zusammenrechnung von Arbeitseinkommen und Sozialleistungen (§ 850e Nummer 2a ZPO)⑩

☐ Nichtberücksichtigung von Unterhaltsberechtigten (§ 850c Absatz 4 ZPO)⑪

☐ ⑫

Es wird beantragt,

☐ Prozesskostenhilfe zu bewilligen⑬

☐ Frau Rechtsanwältin / Herrn Rechtsanwalt

beizuordnen.

☐ Prozesskostenhilfe wurde gemäß anliegendem Beschluss bewilligt.

Anlagen:

☐ Schuldtitel und ___ Vollstreckungsunterlagen⑭

☐ Erklärung über die persönlichen und wirtschaftlichen Verhältnisse nebst ___ Belegen

☐

☐ Verrechnungsscheck für Gerichtskosten⑮

☐ Gerichtskostenstempler

☐ Ich drucke nur die ausgefüllten Seiten⑯

(Bezeichnung der Seiten)

aus und reiche diese dem Gericht ein.

Datum (Unterschrift Antragsteller/-in)⑰

Hinweis:
Soweit für den Antrag eine zweckmäßige Eintragungsmöglichkeit in diesem Formular nicht besteht, können ein geeignetes Freifeld sowie Anlagen genutzt werden.⑥

Anmerkungen

1. Die Zwangsvollstreckung wegen einer Geldforderung in Forderungen des Schuldners gegen den Drittschuldner erfolgt nach näherer Maßgabe der §§ 828 ff. ZPO durch **Erlass eines Pfändungsbeschlusses** bzw. **Pfändungs- und Überweisungsbeschlusses**. Weitere Ausführungen zur Forderungspfändung finden sich beispielsweise bei: *App*, Überlegungen zur Zweckmäßigkeit der Übertragung der Forderungspfändung auf den Gerichtsvollzieher, DGVZ 2006, 53; *ders.*, Ein Konkurrenzproblem zwischen Forderungspfändung und Abtretung, KKZ 2003, 80; *ders.*, Abrechnungsansprüche des Schuldners bei der Forderungspfändung, JurBüro 2000, 349; *ders.*, Die Situation bei Todesfällen nach Wirksamwerden der Forderungspfändung, InVo 1999, Heft 4 E 3; *ders.*, Die Suche nach pfändbaren Forderungen – Spuren, die sich verfolgen lassen, InVo 1998, Heft 5 E 3; *Behr*, Verfahren der Forderungspfändung – Grundsätze und Einzelfragen –, JurBüro 1996, 626; *Brehm/Kleinheisterkamp*, Die Bestimmtheit des Pfändungsbeschlusses bei der Forderungspfändung, JuS 1998, 781; *Denck*, Drittschuldnerschutz nach § 836 II ZPO – BGHZ 66, 394, Jus 1979, 408; *Derleder*, Zur Unwirksamkeit einer Forderungspfändung wegen mangelhafter Schuldnerbezeichnung und ihrer Heilung, JurBüro 1995, 11; *ders.*, Zur Reduzierung des Vertrauensschutzes für den Drittschuldner nach § 836 Abs. 2 ZPO, JurBüro 1995, 122; *Dressel*, Zustellung des Pfändungsbeschlusses, Rpfleger 1993, 100; *Giers*, Änderung der Zwangsvollstreckungsformularverordnung (ZVFV), FamRB 2014, 318; *Hess*, Effektuierung der Forderungspfändung: Der BGH erleichtert Verdachtspfändungen, NJW 2004, 2350; *Hillebrand*, Zur Unpfändbarkeit zweckgebundener Forderungen, Rpfleger 1986, 464; *Hintzen/Wolf*, Zwangsvollstreckung, Zwangsversteigerung und Zwangsverwaltung, Rn. 6.1 ff.; *Hoeren*, Der Pfändungs- und Überweisungsbeschluss – Praktikabilität vor Verfassungsrecht?, NJW 1991, 410; *Hornung*, Die Zustellung an den Schuldner (im Ausland) bei Forderungspfändung, DGVZ 2004, 85; *Joost*, Risikoträchtige Zahlungen des Drittschuldners bei Forderungspfändung, WM 1981, 82; *Kahlke*, Nochmals: Der Pfändungs- und Überweisungsbeschluss – Praktikabilität vor Verfassungsrecht?, NJW 1991, 2688; *Lieb*, Bereicherungsrechtliche Fragen bei Forderungspfändung, ZIP 1982, 1153; *Meyer*, Zur Beitreibung von Zustellungskosten im Rahmen einer Forderungspfändung bei Zustellung des Pfändungs- und Überweisungsbeschlusses an mehrere Drittschuldner, JurBüro 2007, 297; *Müller*, Zustellungsort und unternehmensinterne Zuständigkeit beim Drittschuldner im Rahmen der Forderungspfändung, DGVZ 1996, 70; *Mümmler*, Gegenstandswert der anwaltlichen Zwangsvollstreckungsgebühren, JurBüro 1995, 395; *Münzberg*, Anhörung vor Überweisung an Zahlungs Statt, Rpfleger 1982, 329; *ders.*, Zur Pfändung titulierter Ansprüche, DGVZ 1985, 145; *Oerke*, Forderungspfändung und Zession, DGVZ 1993, 147; *Paulus*, Umfang der Beschlagnahme bei der Vorpfändung und Pfändung von Geldforderungen, DGVZ 1993, 129; *Rolletschke*, Nichtige Verdachtspfändung oder hinreichend bestimmte Pfändungsverfügung?, DStZ 1997, 19; *Sauer*, Angabe mehrerer Drittschuldner bei der Forderungspfändung, KTS 2004, 401; *Tiedtke*, Zwangsvollstreckung in die vom Schuldner vor der Pfändung anfechtbar abgetretene Forderung, JZ 1993, 73; *Schwörer*, Der lange Weg zur Forderungspfändung – Zu den Vorteilen einer Aufgabenübertragung auf den Gerichtsvollzieher und den Schwierigkeiten ihrer Umsetzung, DGVZ 2008, 95; *Seip*, Die Zustellung des Pfändungs- und Überweisungsbeschlusses an Drittschuldner und Schuld auf Betreiben des Gläubigers, DGVZ 2008, 73; *Zimmermann*, Pfändungs- und Überweisungsbeschluss – Mehrere Drittschuldner in einem Beschluss und Zustellung abweichend von § 173 GVGA, DGVZ 1997, 85.

2. Örtlich zuständig ist abweichend von § 764 Abs. 2 ZPO das Amtsgericht, bei dem der Schuldner zum Zeitpunkt des Beginns der Zwangsvollstreckungsmaßnahme (OLG

München JurBüro 2010, 497), mithin bei Erlass des Pfändungsbeschlusses seinen allgemeinen Gerichtsstand (§§ 13–19 ZPO) im Inland hat. Bei einer **natürlichen Person** bestimmt der Wohnsitz (§ 13 ZPO) bzw. bei **juristischen Personen** ihr Sitz (§ 17 ZPO) diesen Gerichtsstand. Ist eine **Partei kraft Amtes** (zB Insolvenzverwalter, Zwangsverwalter, Nachlassverwalter oder Testamentsvollstrecker) oder ein Nachlasspfleger (Zöller/*Stöber* § 828 Rn. 2) Vollstreckungsschuldner, so ist das Amtsgericht an deren Wohnsitz örtlich zuständig. Ist der Schuldner unbekannt verzogen ist, wird der allgemeine Gerichtsstand nach § 16 ZPO durch den letzten Wohnsitz bestimmt (OLG Zweibrücken NJW-RR 2000, 929). Hat der Schuldner im Inland keinen allgemeinen Gerichtsstand, greift hilfsweise für die Bestimmung des örtlich zuständigen Vollstreckungsgerichts § 23 ZPO. Es ist dann entweder das Gericht des Wohnsitzes des Drittschuldners oder (wahlweise) das Gericht der belegenen Sache, mit bzw. aus der für die Forderung gehaftet wird, zuständig. Keine Anwendung findet § 23 ZPO im Geltungsbereich der EuGVVO (s. dort Art. 3 Abs. 2 iVm Anhang I) und des EuGVÜ.

Bestehen **mehrere allgemeine Gerichtsstände** hat der Gläubiger ein Wahlrecht (§ 35 ZPO), wobei eine getroffene Wahl endgültig und unwiderruflich ist und die Möglichkeit einer späteren Abgabe ausschließt (OLG Zweibrücken NJW-RR 2000, 929). Die Bestimmung des zuständigen Vollstreckungsgerichts bei mehreren Schuldnern erfolgt in entsprechender Anwendung der §§ 36, 37 ZPO, → Form. H. I. 7.

Eine **spätere Änderung des allgemeinen Gerichtsstands** lässt nach dem auch im Vollstreckungsrecht herrschenden Grundsatz der **perpetuatio fori** die örtliche Zuständigkeit des Vollstreckungsgerichts unberührt (OLG München JurBüro 1985, 945). Dies gilt indes nicht für eine spätere neue selbständige Zwangsvollstreckungsmaßnahme, zB für die gesonderte Überweisung der vorher separat gepfändeten Forderung. In diesem Fall kommt es auf den allgemeinen Gerichtsstand des Schuldners zum Zeitpunkt der neuen Vollstreckungsmaßnahme an (OLG Karlsruhe JurBüro 2005, 553; OLG München JurBüro 2010, 497). Ein **Verstoß gegen die örtliche Zuständigkeit** macht die Pfändungsmaßnahme nicht nichtig, sondern nur anfechtbar.

3. Sachlich zuständig ist das **Amtsgericht als Vollstreckungsgericht** (§§ 828 Abs. 2, 764, 802 ZPO). Dies gilt auch für die Vollstreckung aus einem in einer Ehe- oder Familienstreitsache (§ 120 Abs. 1 FamFG) bzw. in einem sonstigen FamFG-Verfahren ergangenen Titel (§ 95 Abs. 1 FamFG) sowie aus Titeln der Arbeitsgerichte (§ 62 Abs. 2 ArbGG) oder Sozialgerichte. Für die Pfändung von Forderungen nach Erlass einer einstweiligen Verfügung ist ebenfalls das Amtsgericht als Vollstreckungsgericht zuständig. Dagegen obliegt die Vollziehung eines Arrestes durch Pfändung einer Forderung dem **Arrestgericht als Vollstreckungsgericht** (§§ 930 Abs. 1 S. 3, 919 ZPO). Für die Forderungspfändung aufgrund einer Entscheidung der Verwaltungsgerichte ist das **Verwaltungsgericht des ersten Rechtszuges** Vollstreckungsgericht (§ 167 Abs. 1 S. 2 VwGO).

4. Wird das Pfändungsgesuch bei einem örtlich **unzuständigen Gericht** angebracht, so erfolgt keine Abgabe von Amts wegen. Das Gericht muss das Pfändungsgesuch zurückweisen, wenn der Gläubiger nicht nach § 828 Abs. 3 ZPO die Abgabe beantragt. Dieser Abgabeantrag kann bereits hilfsweise mit dem Pfändungsantrag gestellt werden. Deswegen sollte folgender Antrag zusätzlich in dem Freifeld auf Seite 1 des amtlichen Formulars oder in einem gesonderten Anschreiben aufgenommen werden:

Für den Fall, dass das angerufene Vollstreckungsgericht seine Zuständigkeit zum Erlass des Beschlusses verneint, wird bereits jetzt hilfsweise die Verweisung an das örtlich zuständige Gericht beantragt.

Insoweit muss der Gläubiger nicht das Gericht bezeichnen, an das abgegeben werden soll. Die Abgabe des zuerst angerufenen Gerichts bindet das Gericht, an das abgegeben wird, nicht (§ 828 Abs. 3 S. 2 ZPO). Streitigkeiten über die Zuständigkeit sind nach § 36 Abs. 1 Nr. 6 ZPO zu entscheiden (vgl. OLG Zweibrücken NJW-RR 2000, 929).

5. Die Forderungspfändung setzt einen **Antrag** (Pfändungsgesuch) voraus. Der Antrag und der Entwurf des Pfändungs- und Überweisungsbeschlusses (→ Anm. 6) müssen **schriftlich** eingereicht werden.

Der Gläubiger kann sein Pfändungsgesuch jederzeit **wieder zurücknehmen**. Das **Rechtsschutzinteresse** für einen Pfändungs- und Überweisungsbeschluss kann nicht im Hinblick auf eine gerichtsbekannte eidesstattliche Versicherung des Schuldners und das ihr zugrunde liegende Vermögensverzeichnis (BGH NJW-RR 2003, 1650) bzw. einer abgegebenen Vermögensauskunft nach § 802c ZPO verneint werden.

Mit der **Eröffnung des Insolvenzverfahrens** über das Vermögen des Schuldners wird ein laufendes Zwangsvollstreckungsverfahren nicht nach § 240 ZPO unterbrochen. Insoweit kann im Rahmen eines Rechtsmittels weiterhin die Wirksamkeit einer ausgebrachten Pfändungsmaßnahme überprüft werden (BGHZ 172, 16 = NJW 2007, 3132). Die §§ 88, 89 InsO führen aber zur Unwirksamkeit der Zwangsvollstreckungsmaßnahme gegen den Schuldner (BGHZ 168, 339 = NJW 2006, 3356; BGHZ 172, 16 = NJW 2007, 3132).

6. Mit dem Antrag (= Seite 1 des amtlichen Formulars) ist zugleich der **Entwurf des Pfändungs- und Überweisungsbeschlusses** (= Seite 2 bis 9 des amtlichen Formulars) einzureichen; zum **Inhalt und Aufbau** → Form. H. I. 2.

§ 829 Abs. 4 ZPO sieht eine Ermächtigung des Bundesministeriums der Justiz vor, durch Rechtsverordnung mit Zustimmung des Bundesrates Formulare für den Antrag auf Erlass eines Pfändungs- und Überweisungsbeschlusses einzuführen. Von dieser Ermächtigung hat das Bundesministerium der Justiz mit Verordnung über Formulare für die Zwangsvollstreckung (Zwangsvollstreckungsformular-Verordnung – ZVFV) vom 23. August 2012 (BGBl. 2012 I 1822) Gebrauch gemacht. Gem. § 829 Abs. 4 S. 2 ZPO iVm § 3 dieser Verordnung waren seit dem 1.3.2013 für den Antrag auf Erlass eines Pfändungs- und Überweisungsbeschlusses nach § 829 ZPO das in der **Anlage 3** bestimmte Formular **verbindlich** zu nutzen, wenn die Pfändung wegen eines **gesetzlichen Unterhaltsanspruchs** nach § 850d ZPO erfolgen soll (§ 2 S. 1 Nr. 1 ZVFV) bzw. in allen anderen Fällen das in der **Anlage 2** bestimmte Formular (§ 2 S. 1 Nr. 2 ZVFV).

Insoweit hat der Bundesgerichtshof entschieden (BGHZ 200, 145 = NJW 2014, 3160; JurBüro 2014, 322; JurBüro 2014, 323; JurBüro 2014, 325), dass die den Formularzwang für Anträge auf Erlass eines Pfändungs- und Überweisungsbeschluss regelnden Rechtsnormen verfassungskonform dahingehend ausgelegt werden können, dass der Gläubiger vom Formularzwang entbunden ist, soweit das Formular unvollständig, unzutreffend, fehlerhaft oder missverständlich ist. Daher sei es nicht zu beanstanden, wenn der Gläubiger in dem Formular Streichungen, Berichtigungen oder Ergänzungen vornimmt oder das Formular nicht nutzt, sondern auf beigefügte Anlagen Bezug nimmt. Im Hinblick auf diese Entscheidung wurde sowohl die Verordnung als auch die Formulare durch die Verordnung zur Änderung der Zwangsvollstreckungsformular-Verordnung vom 16.6.2014 (BGBl. 2014 I 754) geändert, wobei die von dem Bundesgerichtshof in seiner Entscheidung (BGHZ 200, 145 = NJW 2014, 3160) aufgezeigten Mängel nur teilweise beseitigt worden sind. Insbesondere hat der Verordnungsgeber nicht der Kritik Rechnung getragen, dass dem Antragsteller keine genügende Auswahlmöglichkeit hinsichtlich der zu pfändenden Ansprüche eingeräumt werde. Daher bleibt abzuwarten, ob das jetzige geänderte Formular in allen Punkten der Rechtsprechung des Bundesgerichtshofes Stand hält.

Die neuen Formulare (→ Form. H. I. 2 bzw. → Form. H. I. 6) sind **seit dem 1.11.2014 verbindlich zu nutzen** (§ 6 ZVFV nF iVm § 5 ZVFV nF). Diese sind im Wesentlichen im Hinblick auf die Vorschriften zum SEPA-Verfahren sowie der Forderungsaufstellung angepasst worden. Zudem enthalten sie nunmehr einen Antrag auf Beiordnung eines Rechtsanwalts. Weiterhin sind grundsätzlich inhaltliche Abweichungen von den Formularen bzw. von deren formalen Gestaltung **nicht zulässig** (§ 3 Abs. 1, Abs. 2 S. 1 ZVFV nF). Erlaubt sind indes Anpassungen, die auf der Änderung von Rechtsvorschriften beruhen. Zudem darf der Gläubiger gem. § 3 Abs. 2, Abs. 3 ZVFV nF in dem Formular Streichungen, Berichtigung oder Ergänzungen vornehmen, soweit das Papierformat DIN A4 erhalten bleibt und die Reihenfolge und Anordnung der Formularfelder der einzelnen Seiten sowie die Seitenumbrüche nicht verändert werden. Zudem sind unwesentliche Änderungen der Schriftgröße, der sonstigen Formularelement sowie die ausschließliche Verwendung der Farben Schwarz und Weiß bzw. von Grautönen zulässig, soweit hierdurch die Lesbarkeit nicht beeinträchtigt wird. Besteht für den beabsichtigten Antrag **keine zweckmäßige Eintragungsmöglichkeit** in dem Formular, können ein oder mehrere geeignete Freifelder oder Anlagen genutzt werden (§ 3 Abs. 3 ZVFV nF). Benutzt der Gläubiger trotz entsprechender gerichtlicher Aufforderung nicht das Formular, ist der Antrag **als unzulässig zurückzuweisen** (Thomas/Putzo/*Seiler* § 829 Rn. 51a); gleiches gilt, wenn das Formular nicht ausschließlich genutzt wird, obwohl es eine vollständige Eintragungsmöglichkeit bietet (BGM MDR 2016, 52).

Keine Benutzungspflicht besteht für die **gesonderte Beantragung der Überweisung,** wenn die Forderung bereits durch einen Beschluss gepfändet worden ist (§ 2 S. 2 ZVFV nF). → Form. H. I. 3 und → Form. H. I. 4.

Zudem sieht § 829 Abs. 4 S. 3 ZPO die Möglichkeit der Einführung abweichender Formulare für Verfahren vor, die durch das Gericht **elektronisch** bearbeitet werden. Durch § 4 ZVFV nF hat der Verordnungsgeber den Ländern die Möglichkeit eingeräumt, Anpassung von den eingeführten Formularen zuzulassen, die es ohne den Inhalt zu verändern oder dessen Verständnis zu erschweren, ermöglichen, die Formulare in elektronischer Form auszufüllen und dem Gericht als strukturierten Datensatz zu übermitteln. Wann entsprechende elektronischen Formularen eingeführt werden, kann derzeit nicht eingeschätzt werden.

Soweit ein Rechtsverlust droht, kann eine Sicherung des Anspruchs im Wege der **Vorpfändung** geboten sein (→ Form. A. VI. 1). Eine bereits gepfändete, aber noch nicht eingezogene Forderung kann von dem Pfändungsgläubiger wegen einer weiteren Forderung oder von einem anderen Gläubiger erneut gepfändet werden. Das frühere Pfandrecht geht hierbei dem nachfolgenden vor (§ 804 Abs. 3 ZPO; sog Prioritätsprinzip). Zu dem Hinterlegungs- bzw. Herausgabeverlangen des Gläubigers gegenüber dem Drittschuldner bei mehrfacher Pfändung (§§ 853 ff. ZPO) → Form. H. IV. 6 ff. Die **Anschlusspfändung** erfolgt durch Erlass eines (neuen) Pfändungsbeschlusses, der mit der Zustellung an den Drittschuldner wirksam wird (§ 829 ZPO). Nach § 853 ZPO ist der Drittschuldner bei einer mehrfachen Pfändung zur Hinterlegung berechtigt.

7. Die **Zustellung** erfolgt durch den Gläubiger **im Parteibetrieb** (§ 829 Abs. 2 S. 1 ZPO), wobei er sich nach § 192 Abs. 3 ZPO der Vermittlung durch die Geschäftsstelle bedienen oder die Zustellung selbst veranlassen kann. Der Gläubiger sollte hierzu bereits mit dem Pfändungsgesuch eine entsprechende Erklärung abgeben. Zugestellt wird eine beglaubigte Abschrift der vom Vollstreckungsgericht erteilten Ausfertigung des Pfändungsbeschlusses/Pfändungs- und Überweisungsbeschlusses (vgl. BGH NJW 1981, 2256). Die Beglaubigung erfolgt durch den Gerichtsvollzieher (§ 192 Abs. 2 S. 2 ZPO) oder durch den Rechtsanwalt des Gläubigers. Für die Zustellung gelten die §§ 191 bis 195 ZPO und § 178 ZPO (BGH NJW 1981, 2256) sowie § 189 ZPO (BGH NJW 1980, 1754, 1755). Ausgeschlossen ist eine Heilung nach § 189 ZPO, wenn der Drittschuldner vom Pfändungsbeschluss/Pfändungs- und Überweisungsbeschluss nicht auf Betreiben des Gläubigers Kenntnis erlangt. In diesem Fall muss der Gläubiger noch eine Zustellung veranlassen.

Zuzustellen ist der Pfändungsbeschluss dem Drittschuldner (§ 829 Abs. 3 ZPO). Mit der Zustellung erwirbt der Gläubiger das Pfändungspfandrecht an der gepfändeten Forderung. Der Rang dieses Rechts wird durch den Zustellungszeitpunkt bestimmt. Bei der Pfändung einer künftigen Forderung wird das Pfandrecht erst mit der Entstehung der Forderung begründet (BGHZ 157, 350 = NJW 2004, 1444). Die Zustellung an einen von mehreren gesetzlichen Vertretern genügt (§ 170 Abs. 3 ZPO). Ebenfalls wird die Ersatzzustellung an den Schuldner für den Drittschuldner als zulässig angesehen (Zöller/*Stöber* § 829 Rn. 14; aA BAG NJW 1981, 1399). Da dies umstritten ist, sollte vorsorglich eine erneute Zustellung an den Drittschuldner persönlich veranlasst werden. Steht auf der Drittschuldnerseite eine Gesamthandsgemeinschaft, muss der Pfändungsbeschluss jedem Gesamthandsschuldner zugestellt werden; die Pfändung wird erst mit der letzten Zustellung wirksam (BGH NJW 1998, 2904). Eine **öffentliche Zustellung** des Pfändungsbeschlusses an den Drittschuldner ist unzulässig. Hat der Drittschuldner seinen allgemeinen Gerichtsstand in einem Mitgliedsstaat der Europäischen Union, so besteht die Möglichkeit einer Zustellung im Ausland auf der Grundlage der VO [EG] Nr. 1348/2000 des Rates v. 29.5.2000 (siehe dazu *Stöber* Rn. 39). In den anderen Fällen hat die Zustellung nach § 183 Abs. 1 ZPO zu erfolgen, wobei dies in vielen Fällen an der mangelnden Rechtshilfe scheitert.

Soweit für die konkrete Vollstreckungsmaßnahme **kein Drittschuldner** vorhanden ist, wird die Pfändung mit der Zustellung des im Pfändungsbeschlusses enthaltenen Verfügungsverbots an den Schuldner wirksam (§ 857 Abs. 2 ZPO).

Nach Zustellung an den Drittschuldner (vgl. § 121 Abs. 1 S. 2 GVGA) ist dem **Schuldner** bzw. dessen Prozessbevollmächtigten (§ 172 ZPO) sofort der Pfändungsbeschluss/Pfändungs- und Überweisungsbeschluss durch den Gerichtsvollzieher zuzustellen (§ 829 Abs. 2 S. 2, S. 3 ZPO). Die Versäumung dieser Zustellung hat keinen Ausfluss auf die Wirksamkeit der Pfändung (BGH NJW 2000, 730). Ist eine **öffentliche Zustellung** an den Schuldner notwendig, kann diese unterbleiben (§ 829 Abs. 2 S. 2 ZPO). Soll dennoch öffentlich zugestellt werden, genügt zum Nachweis der Voraussetzungen grundsätzlich die Vorlage aktueller Auskünfte des für den letzten bekannten Wohnort des Schuldners zuständigen Einwohnermeldeamts (BGH NJW 2003, 1530). Muss die Zustellung an den **Schuldner im Ausland** bewirkt werden, erfolgt die Zustellung durch Aufgabe zur Post (§ 829 Abs. 2 S. 3 ZPO).

Dem **Gläubiger** wird der Pfändungs- bzw. Pfändungs- und Überweisungsbeschluss nur **formlos** mitgeteilt (§ 829 Abs. 2 ZPO).

8. Zur Aufforderung nach § 840 ZPO zur **Abgabe der Drittschuldnererklärung** → Form. H. III. 2.

9. Zu den Einzelheiten des Antrages auf Zusammenrechnung mehrerer Arbeitseinkommen (**§ 850e Nr. 2 ZPO**) → Form. I. I. 7.

10. Zu den Einzelheiten des Antrages auf Zusammenrechnung von Arbeitseinkommen und Sozialleistungen (**§ 850e Nr. 2a ZPO**) → Form. I. I. 8.

11. Zu den Einzelheiten des Antrages auf Nichtberücksichtigung von Unterhaltsberechtigten (**§ 850c Abs. 4 ZPO**) → Form. I. I. 6.

12. Sollen andere Anträge gestellt werden, sind dieses Kästchen anzukreuzen und dort entsprechenden Angaben zu machen. Können die erforderlichen Angaben zu den Anträgen nicht oder nicht vollständig aufgeführt werden, kann dieses Kästchen angekreuzt und eine entsprechende Anlage beigefügt werden (vgl. auch § 3 Abs. 3 ZVFV nF).

13. Dem Gläubiger kann unter den Voraussetzungen der §§ 114 ff. ZPO bzw. § 76 Abs. 1 FamFG iVm §§ 114 ff. ZPO auf seinen gesonderten Antrag **Prozesskostenhilfe/Verfahrenskostenhilfe** für das Zwangsvollstreckungsverfahren bewilligt werden. Wegen der sich aus der Regelung des § 850d ZPO ergebenden rechtlichen Schwierigkeiten bei der Pfändung aus einem Unterhaltstitel kann es geboten sein, einem Unterhaltsgläubiger, dem Prozesskostenhilfe für die Stellung eines Antrags auf Erlass eines Pfändungs- und

Überweisungsbeschlusses gewährt wird, einen Rechtsanwalt beizuordnen (BGH FamRZ 2012, 1637). Zu den Einzelheiten der **Bewilligung von Prozesskostenhilfe/Verfahrenskostenhilfe** → Form. A. II. 11 bis → Form. A. II. 16. Hierfür bedarf es der Vorlage einer auf dem amtlichen Formblatt erstellten Erklärung gem. § 117 Abs. 2 und 4 ZPO über die persönlichen und wirtschaftlichen Verhältnisse unter Beifügung aller erforderlichen Unterlagen (vgl. BGH NJW 2002, 2180; BGH FamRZ 2006, 1522). Das Gericht darf im Umfang seiner Zuständigkeit pauschal Prozesskostenhilfe/Verfahrenskostenhilfe für alle Vollstreckungshandlungen in seinem Bezirk bewilligen (§ 119 Abs. 2 ZPO).

14. Für die Forderungspfändung müssen – wie bei jeder Vollstreckungsmaßnahme – von dem Gläubiger die allgemeinen Vollstreckungsvoraussetzungen (§ 750 ZPO) und gegebenenfalls auch die besonderen Vollstreckungsvoraussetzungen (siehe zB §§ 750 Abs. 2, 3, 720a, 751, 756, 765 ZPO) nachgewiesen werden. Daher sind mit dem Pfändungsgesuch der **Vollstreckungstitel** einschließlich der **Vollstreckungsklausel im Original** (OLG Köln NJW-RR 2000, 1580), der **Zustellungsnachweis** sowie etwaige **Nachweise über das Vorliegen der besonderen Vollstreckungsvoraussetzungen** dem Vollstreckungsgericht vorzulegen. Die materielle Richtigkeit der erteilten Vollstreckungsklausel wird im Rahmen des Erlasses des Pfändungs- und Überweisungsbeschlusses nicht vom Vollstreckungsgericht überprüft. Eine Nachprüfung erfolgt nur, ob eine Klausel vorhanden ist und ob sie ordnungsgemäß erteilt wurde (BGH NJW-RR 2012, 1146; BGH NJW-RR 2012, 1148). Die Vorlage einer Originalvollmacht ist nicht erforderlich, wenn der Gläubiger anwaltlich vertreten wird. Von Amts wegen erfolgt eine Prüfung der Vollmacht nur dann, wenn kein Rechtsanwalt als Bevollmächtigter auftritt. Auch wenn die Zustellung durch die Vermittlung des Gerichts erfolgen soll (§ 192 Abs. 3 ZPO), sind keine Abschriften beizufügen. Vielmehr sind in diesem Fall entsprechende Ausfertigungen des erlassenen Pfändungs- und Überweisungsbeschlusses durch das Vollstreckungsgericht anzufertigen. Dies löst keine Dokumentenpauschale nach Nr. 9000 KV GKG aus (vgl. Nr. 9000 Abs. 3 S. 1 Nr. 1 KV GKG). Im Falle der Zustellung durch den beauftragten Gerichtsvollzieher kann dieser die entsprechenden auslagepflichtigen Ausfertigung (AG Segeberg NJW-RR 2014, 510) herstellen. Zu der Möglichkeit der Erleichterung der Vollstreckung aus einem Vollstreckungsbescheid nach § 829a ZPO → Form. H. I. 8.

15. Hinsichtlich der **Kosten und Gebühren** für den Erlass des Pfändungs- und Überweisungsbeschlusses → Form. H. I. 2 Anm. 62.

16. Es reicht aus, wenn der Antragsteller nur **die Seiten des amtlichen Formulars** bei dem Gericht einreicht, auf den sich Angaben des Antragstellers befinden (**§ 3 Abs. 4 S. 1 ZVFV nF**). In diesem Fall sind auch die nicht eingereichten Formularseiten Teil des Antrages (§ 3 Abs. 4 S. 2 ZVFV nF).

17. Der Antrag **ist** von dem Antragsteller bzw. seinem Verfahrensbevollmächtigten zu unterzeichnen. Die Unterschrift muss handschriftlich erfolgen; ein Faksimilestempel genügt nicht (LG Aurichs Rpfleger 1984, 323; LG München DGVZ 1983, 57; LG Ingoldstadt JurBüro 1995, 51). Ausreichend soll auch ein Computerfax mit eingescannter Unterschrift sein (*Stöber* Rn. 469). Die Unterschrift muss die von der Rechtsprechung entwickelten Grundsätze an eine ordnungsgemäße Unterschrift unter einen bestimmenden Schriftsatz genügen; ein Handzeichen (Paraphe) genügt nicht (vgl. zB BGH NJW 2013, 1966; NJW 2013, 3451).

2. Entwurf eines Pfändungs- und Überweisungsbeschlusses insbesondere wegen gewöhnlicher Geldforderungen (S. 2–9 des amtlichen Formulars)

2

Amtsgericht	________ ① ②
Anschrift:	________
	________
Geschäftszeichen:	

☐ **Pfändungs-** ③ ☐ **und** ☐ **Überweisungs-Beschluss** ④
in der Zwangsvollstreckungssache

des/der Herrn/Frau/Firma	________		– **Gläubiger** ⑤ –
vertreten durch Herrn/Frau/Firma	________		
Aktenzeichen des Gläubigervertreters	________		
Bankverbindung	☐ des Gläubigers	☐ des Gläubigervertreters	
IBAN:	________		
BIC: Angabe kann entfallen, wenn IBAN mit DE beginnt.	________		

gegen

Herrn/Frau/Firma	________	– **Schuldner** ⑥ –
vertreten durch Herrn/Frau/Firma	________	
Aktenzeichen des Schuldnervertreters	________	

Nach dem Vollstreckungstitel/den Vollstreckungstiteln ⑦ (den oder die Titel bitte nach Art, Gericht/Notar, Datum, Geschäftszeichen etc. bezeichnen)
____

3

kann der Gläubiger von dem Schuldner nachfolgend aufgeführte Beträge beanspruchen:[8]	
€	☐ Hauptforderung ☐ Teilhauptforderung[9]
€	☐ Restforderung aus Hauptforderung
€	☐ nebst ____ % Zinsen[10] daraus/aus ____ Euro seit dem[10] ____ ☐ bis ____
€	☐ nebst Zinsen in Höhe von ☐ 5 Prozentpunkten ☐ 2,5 Prozentpunkten ☐ 8 Prozentpunkten ☐ ____ Prozentpunkten über dem jeweiligen Basiszinssatz daraus/aus ____ Euro seit dem ____ ☐ bis ____
€	☐ Säumniszuschläge gemäß § 193 Absatz 6 Satz 2 des Versicherungsvertragsgesetzes[11]
€	☐ titulierte vorgerichtliche Kosten ☐ Wechselkosten
€	☐ Kosten des Mahn-/Vollstreckungsbescheides
€	☐ festgesetzte Kosten
€	☐ nebst ☐ 4 % Zinsen ☐ ____ % Zinsen daraus/aus ____ Euro seit dem ____ ☐ bis ____
€	☐ nebst Zinsen in Höhe von ☐ 5 ☐ ____ Prozentpunkten über dem jeweiligen Basiszinssatz daraus/aus ____ Euro seit dem ____ ☐ bis ____
€	☐ bisherige Vollstreckungskosten[12]
€	**Summe I**
€ (wenn Angabe möglich)	☐ gemäß Anlage(n)[13] ____ (zulässig, wenn in dieser Aufstellung die erforderlichen Angaben nicht oder nicht vollständig eingetragen werden können)
€ (wenn Angabe möglich)	**Summe II** (aus Summe I und Anlage(n) ____)

Wegen dieser Ansprüche sowie wegen der Kosten für diesen Beschluss (vgl. Kostenrechnung) und wegen der Zustellungskosten für diesen Beschluss wird/werden die nachfolgend aufgeführte/-n angebliche/-n Forderung/-en des Schuldners gegenüber dem Drittschuldner – einschließlich der künftig fällig werdenden Beträge – so lange gepfändet, bis der Gläubigeranspruch gedeckt ist.

Drittschuldner (genaue Bezeichnung des Drittschuldners: Firma bzw. Vor- und Zuname, vertretungsberechtigte Person/-en, jeweils mit Anschrift; Postfach-Angabe ist nicht zulässig; bei mehreren Drittschuldnern ist eine Zuordnung des Drittschuldners zu der/den zu pfändenden Forderung/-en vorzunehmen)[14]

Herr/Frau/Firma

______

______

______

______

______

______

4

Forderung aus Anspruch⑮

- ☐ **A (an Arbeitgeber)** ⑯
- ☐ **B (an Agentur für Arbeit bzw. Versicherungsträger)**⑳
  Art der Sozialleistung: ____________________
  Konto-/Versicherungsnummer: ____________________
- ☐ **C (an Finanzamt)**㉒
- ☐ **D (an Kreditinstitute)**㉕
- ☐ **E (an Versicherungsgesellschaften)**㉞
  Konto-/Versicherungsnummer: ____________________
- ☐ **F (an Bausparkassen)**㊴
- ☐ **G**㊵
- ☐ **gemäß gesonderter Anlage(n)** ㊶ ____________________

Anspruch A (an Arbeitgeber)⑯

1. auf Zahlung des gesamten gegenwärtigen und künftigen Arbeitseinkommens (einschließlich des Geldwertes von Sachbezügen)⑰
2. auf Auszahlung des als Überzahlung jeweils auszugleichenden Erstattungsbetrages aus dem durchgeführten Lohnsteuer-Jahresausgleich sowie aus dem Kirchenlohnsteuer-Jahresausgleich für das Kalenderjahr ____________ und für alle folgenden Kalenderjahre⑱
3. auf⑲
   ____
   ____
   ____

Anspruch B (an Agentur für Arbeit bzw. Versicherungsträger)⑳

auf Zahlung der gegenwärtig und künftig nach dem Sozialgesetzbuch zustehenden Geldleistungen. Die Art der Sozialleistungen ist oben angegeben.

Anspruch A und B

Die für die Pfändung von Arbeitseinkommen geltenden Vorschriften der §§ 850 ff. ZPO in Verbindung mit der Tabelle zu § 850c Absatz 3 ZPO in der jeweils gültigen Fassung sind zu beachten.㉑

Anspruch C (an Finanzamt)㉒

auf Auszahlung

1. des als Überzahlung auszugleichenden Erstattungsbetrages bzw. des Überschusses, der sich als Erstattungsanspruch bei Abrechnung der auf die Einkommensteuer (nebst Solidaritätszuschlag) und Kirchensteuer sowie Körperschaftsteuer anzurechnenden Leistungen für das abgelaufene Kalenderjahr ____________ und für alle früheren Kalenderjahre ergibt㉓
2. des Erstattungsbetrages, der sich aus dem Erstattungsanspruch zu viel gezahlter Kraftfahrzeugsteuer für das Kraftfahrzeug mit dem amtlichen Kennzeichen ____________ ergibt ㉔
   Erstattungsgrund:
   ____
   ____
   ____

5

Anspruch D (an Kreditinstitute)㉕

1. auf Zahlung der zu Gunsten des Schuldners bestehenden Guthaben seiner sämtlichen Girokonten (insbesondere seines Kontos ______________________) bei diesem Kreditinstitut einschließlich der Ansprüche auf Gutschrift der eingehenden Beträge; mitgepfändet wird die angebliche (gegenwärtige und künftige) Forderung des Schuldners an den Drittschuldner auf Auszahlung eines vereinbarten Dispositionskredits („offene Kreditlinie"), soweit der Schuldner den Kredit in Anspruch nimmt㉖
2. auf Auszahlung des Guthabens und der bis zum Tag der Auszahlung aufgelaufenen Zinsen sowie auf fristgerechte bzw. vorzeitige Kündigung der für ihn geführten Sparguthaben und/oder Fest- 28
geldkonten, insbesondere aus Konto㉗ ________________________________
3. auf Auszahlung der bereitgestellten, noch nicht abgerufenen Darlehensvaluta aus einem Kreditgeschäft, wenn es sich nicht um zweckgebundene Ansprüche handelt㉘
4. auf Zahlung aus dem zum Wertpapierkonto gehörenden Gegenkonto, insbesondere aus Konto ______________________, auf dem die Zinsgutschriften für die festverzinslichen Wertpapiere gutgebracht sind㉙
5. auf Zutritt zu dem Bankschließfach Nr. ________________ und auf Mitwirkung des Drittschuldners bei der Öffnung des Bankschließfachs bzw. auf die Öffnung des Bankschließfachs allein durch den Drittschuldner zum Zweck der Entnahme des Inhalts㉚
6. auf ㉛

____

____

____

Hinweise zu Anspruch D:

Auf § 835 Absatz 3 Satz 2 ZPO (Zahlungsmoratorium von vier Wochen) und § 835 Absatz 4 ZPO wird der Drittschuldner hiermit hingewiesen.㉜

Pfändungsschutz für Kontoguthaben und Verrechnungsschutz für Sozialleistungen und für Kindergeld werden seit dem 1. Januar 2012 nur für Pfändungsschutzkonten nach § 850k ZPO gewährt.㉝

Anspruch E (an Versicherungsgesellschaften)㉞

1. auf Zahlung der Versicherungssumme, der Gewinnanteile und des Rückkaufwertes aus der Lebensversicherung/den Lebensversicherungen, die mit dem Drittschuldner abgeschlossen ist/sind㉟
2. auf das Recht zur Bestimmung desjenigen, zu dessen Gunsten im Todesfall die Versicherungssumme ausgezahlt wird, bzw. auf das Recht zur Bestimmung einer anderen Person an Stelle der von dem Schuldner vorgesehenen㊱
3. auf das Recht zur Kündigung des Lebens-/Rentenversicherungsvertrages, auf das Recht auf Umwandlung der Lebens-/Rentenversicherung in eine prämienfreie Versicherung sowie auf das Recht zur Aushändigung der Versicherungspolice㊲

Ausgenommen von der Pfändung sind Ansprüche aus Lebensversicherungen, die nur auf den Todesfall des Versicherungsnehmers abgeschlossen sind, wenn die Versicherungssumme den in § 850b Absatz 1 Nummer 4 ZPO in der jeweiligen Fassung genannten Betrag nicht übersteigt㊳

Anspruch F (an Bausparkassen)㊴

aus dem über eine Bausparsumme von (mehr oder weniger) ________________ Euro
abgeschlossenen Bausparvertrag Nr. ________________________________,
insbesondere Anspruch auf

1. Auszahlung des Bausparguthabens nach Zuteilung
2. Auszahlung der Sparbeiträge nach Einzahlung der vollen Bausparsumme
3. Rückzahlung des Sparguthabens nach Kündigung
4. das Kündigungsrecht selbst und das Recht auf Änderung des Vertrags
5. auf ____

6

Anspruch G[40]

(Hinweis: betrifft Anspruch an weitere Drittschuldner bzw. schon aufgeführte Drittschuldner, soweit Platz unzureichend)

Berechnung des pfändbaren Nettoeinkommens[42]

(betrifft Anspruch A und B)

Von der Pfändung sind ausgenommen:

1. Beträge, die unmittelbar auf Grund steuer- oder sozialrechtlicher Vorschriften zur Erfüllung gesetzlicher Verpflichtungen des Schuldners abzuführen sind, ferner die auf den Auszahlungszeitraum entfallenden Beträge, die der Schuldner nach den Vorschriften der Sozialversicherungsgesetze zur Weiterversicherung entrichtet oder an eine Ersatzkasse oder an ein Unternehmen der privaten Krankenversicherung leistet, soweit diese Beträge den Rahmen des Üblichen nicht übersteigen;
2. Aufwandsentschädigungen, Auslösegelder und sonstige soziale Zulagen für auswärtige Beschäftigungen, das Entgelt für selbstgestelltes Arbeitsmaterial, Gefahren-, Schmutz- und Erschwerniszulagen, soweit sie den Rahmen des Üblichen nicht übersteigen;
3. die Hälfte der für die Leistung von Mehrarbeitsstunden gezahlten Teile des Arbeitseinkommens;
4. die für die Dauer eines Urlaubs über das Arbeitseinkommen hinaus gewährten Bezüge, Zuwendungen aus Anlass eines besonderen Betriebsereignisses und Treuegelder, soweit sie den Rahmen des Üblichen nicht übersteigen;
5. Weihnachtsvergütungen bis zum Betrag der Hälfte des monatlichen Arbeitseinkommens, höchstens aber bis zur Höhe des in §850a Nummer 4 ZPO in der jeweiligen Fassung genannten Höchstbetrages;
6. Heirats- und Geburtsbeihilfen, sofern die Vollstreckung wegen anderer als der aus Anlass der Heirat oder der Geburt entstandenen Ansprüche betrieben wird;
7. Erziehungsgelder, Studienbeihilfen und ähnliche Bezüge;
8. Sterbe- und Gnadenbezüge aus Arbeits- und Dienstverhältnissen;
9. Blindenzulagen;
10. Geldleistungen für Kinder sowie Sozialleistungen, die zum Ausgleich immaterieller Schäden gezahlt werden.

7

☐ **Es wird angeordnet,** dass zur Berechnung des nach § 850c ZPO pfändbaren Teils des Gesamteinkommens zusammenzurechnen sind:(43)

☐ Arbeitseinkommen bei Drittschuldner (genaue Bezeichnung)

______________________________ und

☐ Arbeitseinkommen bei Drittschuldner (genaue Bezeichnung)

______________________________ .

Der unpfändbare Grundbetrag ist in erster Linie den Einkünften des Schuldners bei Drittschuldner (genaue Bezeichnung)

______________________________ zu entnehmen,

weil dieses Einkommen die wesentliche Grundlage der Lebenshaltung des Schuldners bildet.

☐ **Es wird angeordnet,** dass zur Berechnung des nach § 850c ZPO pfändbaren Teils des Gesamteinkommens zusammenzurechnen sind:(44)

☐ laufende Geldleistungen nach dem Sozialgesetzbuch von Drittschuldner (genaue Bezeichnung der Leistungsart und des Drittschuldners)

______________________________ und

☐ Arbeitseinkommen bei Drittschuldner (genaue Bezeichnung)

______________________________ .

Der unpfändbare Grundbetrag ist in erster Linie den laufenden Geldleistungen nach dem Sozialgesetzbuch zu entnehmen. Ansprüche auf Geldleistungen für Kinder dürfen mit Arbeitseinkommen nur zusammengerechnet werden, soweit sie nach § 76 des Einkommensteuergesetzes (EStG) oder nach § 54 Absatz 5 des Ersten Buches Sozialgesetzbuch (SGB I) gepfändet werden können.

☐ Gemäß § 850c Absatz 4 ZPO wird **angeordnet**, dass(45)

☐ der Ehegatte ☐ der Lebenspartner/die Lebenspartnerin ☐ das Kind/die Kinder

bei der Berechnung des unpfändbaren Teils des Arbeitseinkommens

☐ nicht ☐ nur teilweise

als Unterhaltsberechtigte/-r zu berücksichtigen sind/ist.

(Begründung zu Höhe und Art des eigenen Einkommens)

____

____

____

Vom Gericht auszufüllen

(wenn ein Unterhaltsberechtigter nur teilweise zu berücksichtigen ist):

Bei der Feststellung des nach der Tabelle zu § 850c Absatz 3 ZPO pfändbaren Betrages bleibt die Unterhaltspflicht des Schuldners gegenüber ______________________________

außer Betracht. Der pfändbare Betrag ist deshalb ausschließlich unter Berücksichtigung der übrigen Unterhaltsleistungen des Schuldners festzustellen.

Der nach der Tabelle unpfändbare Teil des Arbeitseinkommens des Schuldners ist wegen seiner teilweise zu berücksichtigenden gesetzlichen Unterhaltspflicht gegenübe

______________________________ um weitere

☐ ______________________________ € monatlich

☐ ______________________________ € wöchentlich

☐ ______________________________ € täglich

zu erhöhen.

Der dem Schuldner danach zu belassende weitere Teil seines Arbeitseinkommens darf jedoch den Betrag nicht übersteigen, der ihm nach der Tabelle des § 850c Absatz 3 ZPO bei voller Berücksichtigung der genannten unterhaltsberechtigten Person zu verbleiben hätte. 8

☐ **Es wird angeordnet, dass**(46)

☐ der Schuldner die Lohn- oder Gehaltsabrechnung oder die Verdienstbescheinigung einschließlich der entsprechenden Bescheinigungen der letzten drei Monate vor Zustellung des Pfändungs- und Überweisungsbeschlusses an den Gläubiger herauszugeben hat(47)

☐ der Schuldner das über das jeweilige Sparguthaben ausgestellte Sparbuch (bzw. die Sparurkunde) an den Gläubiger herauszugeben hat und dieser das Sparbuch (bzw. die Sparurkunde) unverzüglich dem Drittschuldner vorzulegen hat(48)

☐ ein von dem Gläubiger zu beauftragender Gerichtsvollzieher für die Pfändung des Inhalts Zutritt zum Schließfach zu nehmen hat(49)

☐ der Schuldner die Versicherungspolice an den Gläubiger herauszugeben hat und dieser sie unverzüglich dem Drittschuldner vorzulegen hat(50)

☐ der Schuldner die Bausparurkunde und den letzten Kontoauszug an den Gläubiger herauszugeben hat und dieser die Unterlagen unverzüglich dem Drittschuldner vorzulegen hat(51)

☐ (52)

____

____

____

____

____

☐ **Sonstige Anordnungen:**(53)

____

____

____

____

____

____

Der Drittschuldner darf, soweit die Forderung gepfändet ist, an den Schuldner nicht mehr zahlen.(54) Der Schuldner darf insoweit nicht über die Forderung verfügen, sie insbesondere nicht einziehen.(55)

☐ **Zugleich wird dem Gläubiger die zuvor bezeichnete Forderung in Höhe des gepfändeten Betrages**(56)

☐ **zur Einziehung überwiesen.**(57) ☐ an Zahlungs statt überwiesen.(58)

9

☐ (59)

Ausgefertigt:

(Datum,
Unterschrift Rechtspfleger (60) (61)

(Datum,
Unterschrift Urkundsbeamter der Geschäftsstelle)

I. Gerichtskosten (62)
Gebühr gemäß GKG KV Nr. 2111 €

II. Anwaltskosten gemäß RVG
Gegenstandswert: €

1. Verfahrensgebühr
VV Nr. 3309, ggf. i. V. m. Nr. 1008 €

2. Auslagenpauschale
VV Nr. 7002 €

3. Umsatzsteuer
VV Nr. 7008 €

Summe von II. €

Summe von I. und II.: €

☐ **Inkassokosten gemäß § 4 Absatz 4 des Einführungsgesetzes zum Rechtsdienstleistungsgesetz** (RDGEG) gemäß Anlage(n) (63)

Anmerkungen

1. Zu dem dazugehörigen Antrag (= Seite 1 des amtlichen Formulars) → Form. H. I. 1.

2. Zur örtlichen Zuständigkeit → Form. H. I. 1 Anm. 2.

3. Der Pfändungsbeschluss kann zusammen mit dem Überweisungsbeschluss, aber auch alleine beantragt werden. Er ergeht ohne Anhörung des Schuldners (§ 834 ZPO). In dem **Pfändungsbeschluss** (= Seite 2 bis 9 des amtlichen Formulars) müssen durch das Gericht das Vollstreckungsgericht, der Ort und die Datum des Erlasses des Beschlusses sowie das gerichtliche Aktenzeichen angegeben werden. Ferner sind bereits in dem Entwurf durch den Antragsteller aufzunehmen die Forderung des Gläubigers, unterschieden nach Hauptforderung, Zinsen, Nebenleistungen, Prozesskosten, Zwangsvollstreckungskosten sowie Kosten des Pfändungsbeschlusses, aus dem vollstreckt wird. Daneben bedarf es der Angabe der Parteien des Zwangsvollstreckungsverfahrens (Gläubiger, Schuldner und Drittschuldner) einschließlich ihrer Verfahrensbevollmächtigten. Weiterhin ist die gepfändete Forderung des Schuldners unter Bezeichnung des zugrunde liegenden Rechtsverhältnisses sowie des Grundes so hinreichend bestimmt anzugeben, dass die Identität des Anspruchs festgestellt werden kann. Da der Pfändungsbeschluss auslegungsfähig ist, schaden kleinere Ungenauigkeiten nicht. Ferner muss der Pfändungsbeschluss ausdrücklich das Zahlungsverbot an den Drittschuldner, das sog. Arrestatorium (§ 829 Abs. 1 S. 1 ZPO) enthalten. Zudem muss in dem Beschluss ein Gebot an den Schuldner aufgenommen werden, sich jeder Verfügung über die Forderung, insbes. ihrer Einziehung, zu enthalten, das sog. Inhibitorium (§ 829 Abs. 1 S. 2 ZPO). Zu den jeweiligen Einzelheiten siehe die nachstehenden Anmerkungen.

4. Eine Verwertung ist erst mit dem **Überweisungsbeschluss** (zu dem Antrag auf Erlass eines gesonderten Überweisungsbeschlusses → Form. H. I. 3 und zu dem Entwurf eines gesonderten Überweisungsbeschlusses → Form. H. I. 4) möglich. Die Überweisung muss ausdrücklich auf Antrag des Gläubigers durch Beschluss angeordnet werden. Der Überweisungsbeschluss kann gleichzeitig mit dem Pfändungsbeschluss, aber auch nachträglich erlassen werden. Der Erlass eines Überweisungsbeschlusses ist ausgeschlossen, wenn der Vollstreckungstitel nur die Sicherungsvollstreckung ermöglicht (vgl. BGH NJW 2014, 2732) bzw. wenn nur die Scherungsvollstreckung (§ 720a ZPO) betrieben wird. Wirksam wird der Überweisungsbeschluss erst mit Zustellung an den Drittschuldner (§§ 835 Abs. 3, 829 Abs. 3 ZPO). Die Überweisung erfolgt nach Wahl des Gläubigers zur Einziehung oder an Zahlungs statt, → Anm. 57, 58. Eine Auslegung des Überweisungsbeschlusses ist ebenso möglich wie die Auslegung des Pfändungsbeschlusses. Soweit einem erlassenen Überweisungsbeschluss keine Wirkung zukommt, zB bei einer aufgrund eines Arrestes gepfändeten Forderung, ist dieser nicht lediglich anfechtbar, sondern nichtig (BGHZ 121, 98 = NJW 1993, 735; NJW 2014, 2732).

5. Der **Gläubiger** ist der Inhaber des titulierten Anspruchs gegen den Schuldner. Der Anspruch kann auch mehreren Gläubigern (vgl. §§ 428, 432 BGB) zustehen. Mit der Zustellung des Pfändungsbeschlusses an den Drittschuldner wird die gepfändete Forderung beschlagnahmt; es tritt die Verstrickung ein. Für den Gläubiger wird ein Pfändungspfandrecht an der gepfändeten Forderung (§ 804 Abs. 1 ZPO) begründet. Dieses verschafft ihm die Rechtsstellung eines Rechtspfandgläubigers nach dem BGB vor Pfandreife. Aufgrund der **Pfändung** steht dem Gläubiger das Recht zur Erhaltung des Pfandrechts zu. Dazu zählt beispielsweise die Befugnis, die gepfändete Forderung in der Insolvenz des Drittschuldners zur Tabelle anzumelden oder im Falle des drohenden Eintritts der Verjährung eine Feststellungsklage zu erheben (RGZ 27, 345; RGZ 83,

116; MüKoZPO/*Smid* § 829 Rn. 46). Dagegen erlangt der Gläubiger allein mit dem Erlass des Pfändungsbeschlusses weder ein Recht zur Ausübung von Gestaltungsrechten (Kündigung, Widerruf) noch zur Befriedigung.

Erst mit der **Überweisung** (§ 835 ZPO) erlangt der Gläubiger die Berechtigung, sich aus der gepfändeten Forderung zu befriedigen. Er kann die gepfändete Forderung einschließlich der Nebenrechte im eigenen Namen geltend machen und einziehen. So ist der Gläubiger beispielsweise berechtigt, den Drittschuldner in Verzug setzen, die Forderung kündigen (BGHZ 82, 28 (31 ff.) = NJW 1982, 173 (174)) oder gegen die Forderung aufrechnen. Zudem darf er mit dem Drittschuldner Vereinbarungen über die Forderung treffen oder einen Insolvenzantrag stellen. Kein Recht besitzt der Gläubiger indes zu Handlungen, die nicht als Einziehungsmaßnahme angesehen werden. Beispielsweise darf er weder die Forderung stunden noch ganz oder teilweise erlassen (§ 397 ZPO) oder sie abtreten (§ 398 ZPO; vgl. Zöller/*Stöber* § 836 Rn. 4).

Die **Einziehungsbefugnis des Gläubigers** besteht in Höhe der eigenen Forderung gegenüber dem Schuldner im Zeitpunkt des Wirksamwerdens der Überweisung. Nur in diesem Umfang darf der Gläubiger die überwiesene Forderung einziehen. Für schuldhafte Verzögerung bei der Beitreibung der überwiesenen Forderungen haftet der Gläubiger nach § 842 ZPO. Soweit eine überwiesene Forderung bereits tituliert ist, besteht für den Gläubiger die Möglichkeit, die Umschreibung des Vollstreckungstitels gemäß § 727 ZPO zu beantragen; siehe dazu → Form. D. 3. Zudem kann er auf Leistung an sich oder an den Schuldner klagen oder einen Arrest erwirken.

Die **mit der Einziehung verbundenen Kosten** sind Kosten der Zwangsvollstreckung. Hierfür haftet der Schuldner nach § 788 ZPO (Zöller/*Stöber* § 835 Rn. 4). Dies gilt auch für die dem Gläubiger im Rahmen eines Einziehungsprozesses vor dem Arbeitsgericht entstandenen Rechtsanwaltskosten (BGH NJW 2006, 1141).

6. Schuldner ist derjenige, gegen den sich der titulierte Anspruch des Gläubigers richtet. Eine Anhörung des Schuldners vor Erlass des Pfändungs- und Überweisungsbeschlusses erfolgt nicht (§ 834 ZPO). Durch den Erlass des Pfändungsbeschlusses bleibt die Zuordnung der gepfändeten Forderung zum Vermögen des Schuldners unberührt. Der Schuldner hat sich aufgrund des mit der Beschlagnahme ausgesprochenen Inhibitoriums jeder Verfügung über die Forderung zu enthalten (§ 829 Abs. 1 S. 2 ZPO). Damit wird gegen den Schuldner ein relatives Verfügungsverbot verhängt. Beeinträchtigende Verfügungen des Schuldners sind gegenüber dem Gläubiger relativ unwirksam, §§ 135, 136 BGB. Dagegen behält der Schuldner auch nach der Pfändung das Recht, die zur Erhaltung der Forderung erforderlichen Maßnahmen zu ergreifen. Zudem kann er über die Forderung verfügen, sofern hiermit kein Nachteil für den Gläubiger verbunden ist. Beispielsweise kann er den Drittschuldner auf Erfüllung der gepfändeten Forderung an den Pfändungsgläubiger verklagen (BGH NJW 2001, 2178).

Bei der Vollstreckung in verschiedene Forderungen **mehrerer Schuldner** muss der Gläubiger grundsätzlich jeweils ein eigenständiges Pfändungsgesuch stellen. Wenn ein Titel gegen mehrere Schuldner vorliegt und der Gläubiger in das den Schuldnern nach Bruchteilen oder gesamthänderisch zustehende Recht im Wege der Forderungspfändung vorgehen möchte, hat er zwei Möglichkeiten. Er kann mehrere Pfändungs- und Überweisungsbeschlüsse beantragen. In diesem Falle tritt die Wirksamkeit der Pfändung erst ein, wenn der letzte Beschluss dem Drittschuldner zugestellt ist (§ 839 Abs. 3 ZPO). Um Verzögerung zu vermeiden, besteht auch die Möglichkeit einen **einheitlichen Pfändungsbeschluss/Pfändungs- und Überweisungsbeschluss** gegen alle Schuldner zu beantragen. In diesem Fall sind in dem Formular, bzw. in einer gesonderten Anlage (vgl. § 3 Abs. 3 ZVFV nF) sämtliche Schuldner aufzuführen.

Soweit die Schuldner keinen gemeinsam Gerichtsstand innerhalb des Bezirks eines Vollstreckungsgerichts haben, bedarf es zuvor in entsprechender Anwendung des § 36 Abs. 1 Nr. 3 ZPO der **Bestimmung des** für alle Schuldner **zuständigen Gerichts** durch das im Rechtszug zunächst höhere Gericht (OLG Karlsruhe OLGR 2005, 554; OLG Köln InVo 2006, 65). → Form. H. I. 7.

7. Zu den **Titeln,** aus denen eine Vollstreckung erfolgen kann, → Form. C. I.

8. Die **Forderung des Zwangsvollstreckungsgläubigers** muss nach der Hauptforderung, den Zinsen, gerichtlichen und außergerichtlichen Rechtsanwaltskosten sowie gerichtlichen Prozess- und Vollstreckungskosten **zumindest bestimmbar dargestellt** werden (BGH NJW-RR 2003, 1437; JurBüro 2008, 606). Eine dem Entwurf auf Erlass eines Pfändungs- und Überweisungsbeschlusses als Anlage beigefügte Forderungsaufstellung genügt (vgl. § 3 Abs. 3 ZVFV nF) → Anm. 13 (vgl. auch BGH JurBüro 2008, 606). Die Höhe der Forderung des Gläubigers ist unerheblich. Auch ein Gläubiger mit einer Bagatellforderung besitzt das notwendige Rechtsschutzinteresse für eine Forderungspfändung (LG Bochum Rpfleger 1994, 117; LG Oldenburg Rpfleger 1981, 492). Der Umstand, dass durch die Vollstreckung einer geringen Forderung Kosten entstehen, die die Forderung übersteigen, lässt die Zwangsvollstreckung nicht als rechtsmissbräuchlich anzusehen (LG Aachen JurBüro 1987, 924; LG Wuppertal NJW 1980, 297).

Zur Notwendigkeit der **konkreten Bezeichnung der gepfändeten Forderung** → Anm. 15.

9. Die Vollstreckung kann auf einen **Teilbetrag der titulierten Forderung** beschränkt werden. Erfolgt die Vollstreckung eines Teilbetrages aus einem Titel, der verschiedene Forderungen zum Gegenstand hat, muss der Pfändungs- und Überweisungsbeschluss erkennen lasse, wegen welcher dieser Forderungen vollstreckt werden soll (BGH NJW 2008, 3147).

Nach überwiegender Meinung bedarf es bei einer Pfändung wegen eines Teilbetrages oder eines Restbetrages **keiner Abrechnung** über die schon gezahlten Beträge und deren Verrechnung (OLG Schleswig DGVZ 1976, 135; LG Amberg DGVZ 1992, 157; LG Bremen JurBüro 2011, 607; LG Düsseldorf MDR 1986, 505; LG Stendal JurBüro 2000, 491; LG Stuttgart DGVZ 1993, 156; aA LG Aachen JurBüro 1984, 297 für Teilforderung; LG Lüneburg JurBüro 1987, 932 für Restforderung). Es obliegt dem Schuldner die Darlegungs- und Beweislast für etwaige weitergehende Zahlungen. Indes sollte man wegen der unterschiedlichen Handhabung der Vollstreckungsgerichte vorsorglich eine Abrechnung erstellen, sofern dies ohne größeren Aufwand möglich ist.

Zu der einer **Teilpfändung** → Anm. 15.

10. Die **Zinsen** fließen in die Berechnung des Gegenstandswertes für die Vollstreckung ein. Indes müssen die Zinsen nicht bis zum – dem Gläubiger meistens nicht bekannten – Tag des Erlasses des Pfändungsbeschlusses berechnet werden. Es reicht die Berechnung der rückständigen Zinsen bis zum Tag der Antragstellung. Im Übrigen kann die Pfändung wegen der ab diesem Zeitpunkt bis zur Befriedigung des Gläubigers fortlaufenden Zinsen angeordnet werden. Für die weitere Zinsberechnung bietet sich die Angabe eines **künftigen Tageszinssatzes** an.

11. Betrifft nur Forderungen der Versicherer nach § 193 Abs. 6 S. 2 VVG gegen den Versicherungsnehmer auf Zahlung eines Säumniszuschlages iHv 1 % des Prämienrückstandes für jeden angefangenen Monat an Stelle von Verzugszinsen.

12. Die **notwendigen Kosten der Zwangsvollstreckung** (→ Form. A. II. 10), einschließlich früherer Vollstreckungsmaßnahmen, fallen dem Vollstreckungsschuldner zur Last und können gem. § 788 ZPO mit dem zu vollstreckenden Anspruch beigetrieben werden. Hierzu bedarf es keines besonderen Vollstreckungstitels. Der Gläubiger muss diese Kosten glaubhaft machen. Insoweit sind die Kostenbelege der früheren Vollstreckungen, die Anwaltsrechnungen sowie die Belege über die sonstigen Vollstreckungskosten des Gläubigers (vgl. zu den erstattungsfähigen Kosten die Übersicht bei Zöller/*Stöber* § 788 Rn. 13) beizufügen. Die Gerichts- und Zustellungskosten (→ Anm. 62) des **nunmehr beantragten Pfändungs- und Überweisungsbeschlusses** werden von Amts wegen angesetzt.

Auf Antrag kann das Vollstreckungsgericht, bei dem zum Zeitpunkt der Antragstellung eine Vollstreckungshandlung anhängig ist, und nach Beendigung der Zwangsvollstreckung das Gericht, in dessen Bezirk die letzte Vollstreckungshandlung erfolgt ist, die **Kosten** gem. §§ 103 Abs. 2, 104, 107 ZPO in einem Kostfestsetzungsbeschluss gesondert **festsetzen** (§ 788 Abs. 2 S. 1 ZPO).

13. Können die erforderlichen Angaben zu den Ansprüchen des Gläubigers gegen den Schuldner nicht oder nicht vollständig aufgeführt werden, kann dieses Kästchen angekreuzt und eine entsprechende Anlage beigefügt werden (vgl. auch § 3 Abs. 3 ZVFV nF).

14. **Drittschuldner** ist zunächst der Schuldner des Vollstreckungsschuldners im technischen Sinne. Daneben hat die Rechtsprechung iRd § 857 ZPO als Drittschuldner in einzelnen Fällen nicht nur Schuldner von Ansprüchen im technischen Sinne anerkannt, sondern auch Inhaber von Rechten, die an dem gepfändeten Recht außer dem Vollstreckungsschuldner irgendwie beteiligt waren, so bei der Pfändung eines Miteigentumsanteils die übrigen Miteigentümer, bei der Pfändung eines Erbteils die übrigen Miterben sowie bei der Pfändung des Anwartschaftsrechts des Vorbehaltskäufers einer beweglichen Sache den Veräußerer (BGH NJW 1968, 493 (495)). Letztlich ist der Begriff des Drittschuldners weit auszulegen. Drittschuldner kann jeder Dritte sein, dessen Leistung zur Ausübung eines gepfändeten Rechts erforderlich ist oder dessen Rechtsstellung von der Pfändung sonst berührt wird. Drittschuldner kann **auch der Gläubiger** sein. Dies hat vor allem dann Bedeutung, wenn der Gläubiger aus materiell-rechtlichen Gründen oder wegen der Präklusionsvorschrift des § 767 Abs. 2 ZPO seine eigene titulierte Forderung gegenüber dem Schuldner nicht mehr aufrechnen kann (BGH NJW 2011, 2649; OLG Köln NJW-RR 1989, 190).

Bei der **Mehrheit von Drittschuldnern** ist zu unterscheiden, ob eine Teilschuld, eine Gesamtschuld oder eine Gesamthandsschuld vorliegt. Im Fall einer **Teilschuld** ist jeder Drittschuldner nur zu seinem Anteil (Kopfteils) zur Leistung verpflichtet (§ 420 BGB). In diesem Fall ist die von jeden einzelnen Drittschuldner zu leistende Teilforderung selbständig für sich pfändbar. Haften die Drittschuldner **gesamtschuldnerisch** (§ 421 BGB), so kann ein Pfändungsbeschluss gegen alle Drittschuldner oder gegen einen Drittschuldner ergehen. Erfolgt die Pfändung gegen alle Drittschuldner, wird die Pfändung jedem der einzelnen gesamtschuldnerisch haftenden Drittschuldner wirksam, sobald an diesen zugestellt worden ist. Mit der Zustellung an den letzten Drittschuldner besteht ein umfassendes Zahlungsverbot. Im Falle des Erlasses eines Pfändungsbeschlusses nur gegen einen Gesamtschuldner besteht nur für diesen Drittschuldner ein Zahlungsverbot (BGH NJW 1998, 2904). Die anderen Drittschuldner können weiterhin mit befreiender Wirkung an den Schuldner leisten, wobei auch der dem Zahlungsverbot unterliegende Drittschuldner befreit wird (§ 422 BGB). Bei einer **Gesamthandschuld** sind mehrere Drittschuldner zur Leistung aus einem ihnen gemeinschaftlich gehörenden Sondervermögen verpflichtet. Erforderlich ist ein Pfändungsbeschluss gegen alle Verpflichteten. Wirksam wird die Pfändung mit der Zustellung an den letzten Drittschuldner (BGH NJW 1998, 2904). Zu den weiteren Einzelheiten siehe bei der jeweiligen Pfändung.

Die **Bezeichnung des Drittschuldners** sollte im Pfändungsbeschluss so genau wie möglich erfolgen. Zumindest muss eine Auslegung eine genaue Festlegung der Person des Drittschuldners ergeben. Im Einzelfall, insbesondere hinsichtlich der Vertretung des Bundes, der Länder, der Körperschaften, Anstalten und Stiftungen des öffentlichen Rechts, kann die Bestimmung des maßgeblichen Drittschuldners erhebliche Schwierigkeiten bereiten. Eine Übersicht über die maßgeblichen Regelungen des Bundes bzw. der Länder findet sich bei sowie Zöller/*Vollkommer* § 18 Rn. 6 ff. Zu den Besonderheiten bei **ausländischen bzw. exterritorialen Drittschuldnern** siehe *Stöber* Rn. 38 ff.; MüKoZPO/*Smid* § 829 Rn. 86 f.

Mit dem Erlass des Pfändungsbeschlusses wird dem Drittschuldner verboten, an den Schuldner zu zahlen, sog. **Arrestatorium** (§ 829 Abs. 1 S. 1 ZPO) → Anm. 54; der Drittschuldner darf nur noch an den Gläubiger zahlen. Bei einer Zahlung an den Schuldner oder einen Dritten tritt im Verhältnis zum Gläubiger keine Erfüllung ein. Der Drittschuldner wird nur von seiner Leistungspflicht befreit, wenn er die Pfändung und Überweisung nicht kannte (vgl. § 407 BGB). Wird die Zwangsvollstreckung aus dem Vollstreckungstitel vorläufig oder endgültig eingestellt, darf der Drittschuldner, solange der Pfändungs- und Überweisungsbeschluss besteht, nur noch an den Gläubiger und den Schuldner gemeinsam leisten oder den Betrag zugunsten beider hinterlegen (BGHZ 140, 253 = NJW 1999, 953). Im Übrigen bleibt es hinsichtlich der Einzelheiten der Leistungserbringung (Ort, Zeit, Art) bei den im Verhältnis mit dem Schuldner bestehenden Regelungen.

Durch die Pfändung wird die **Rechtsstellung des Drittschuldners nicht verschlechtert.** Er kann dem Vollstreckungsgläubiger alle Einwendungen und Einreden entgegenhalten, die zum Zeitpunkt des Wirksamwerdens des Überweisungsbeschlusses gegenüber seinem Gläubiger bestanden (BGH NJW 1155, 1157). Beispielsweise kann er nach Maßgabe des § 406 BGB mit einer gegen seinen Gläubiger bestehenden Forderung sowie mit einer gegen den Vollstreckungsgläubiger bestehenden Forderung die Aufrechnung erklären (BGH NJW 1980, 584). Die Nichtigkeit des Pfändungs- und Überweisungsbeschlusses kann der Drittschuldner im Einziehungsverfahren geltend machen (BGH NJW 1976, 851). Die bloße Fehlerhaftigkeit des Beschlusses muss der Drittschuldner im Wege der Erinnerung (§ 766 ZPO) bzw. ausnahmsweise der sofortigen Beschwerde (§ 793 ZPO) verfolgen (Zöller/*Stöber* § 829 Rn. 29 ff.). Demgegenüber kann sich der Drittschuldner nicht auf Einwendungen gegen die der Vollstreckung zugrunde liegenden Forderungen des Vollstreckungsgläubigers gegenüber dem Vollstreckungsschuldner stützen. Geschützt wird der Drittschuldner durch § 836 Abs. 2 ZPO. Danach gilt im Verhältnis zu dem Drittschuldner ein zu Unrecht erlassener Überweisungsbeschluss so lange als rechtsbeständig, bis er aufgehoben wird und der Drittschuldner hiervon Kenntnis erlangt. Der Schutz gilt indes nicht bei einem offenkundig nichtigen Überweisungsbeschluss (BGHZ 127, 146 = NJW 1994, 3225 (3226)). Außerdem wird der Drittschuldner nicht von seiner Zahlungspflicht frei, wenn der Anspruch dem Vollstreckungsschuldner nie zugestanden hat (BGH NJW 1988, 495). In diesem Fall kann er den gezahlten Betrag vom Vollstreckungsgläubiger kondizieren (BGH NJW 2002, 2871).

15. Die gepfändete Forderung muss im Pfändungsbeschluss nach **Rechtsgrund und Gegenstand** so **konkret bezeichnet** werden, dass ihre Identität festgestellt und sie von anderen unterschieden werden kann (BGH NJW 2001, 2976; BGHZ 172, 16 = NJW 2007, 3132; NJW-RR 2008, 494; NJW-RR 2008, 1164). Dafür ist erforderlich, dass auch für einen Dritten erkennbar ist, welche Forderung von der Pfändung erfasst werden soll. In der Regel muss dafür der Rechtsgrund der gepfändeten angeblichen Forderung wenigstens in allgemeinen Umrissen angegeben werden (BGH NJW 1983, 886; BGH NJW 2001, 2976; jew. mwN). Allgemein gehaltene Bezeichnungen, wie *„sämtliche Ansprüche aus bestehender Bankverbindung"*, *„Zahlungsansprüche aus laufender Geschäftsbeziehung"* etc. genügen nicht. Übermäßige Anforderungen sollten allerdings bei der Bezeichnung der Forderung nicht gestellt werden, weil der Gläubiger in der Regel die Verhältnisse des Schuldners nur oberflächlich kennt. Zur näheren Bezeichnung kann auch auf eine beigefügte Anlage verweisen werden (vgl. § 3 Abs. 3 ZVFV nF; so auch schon BGH NJW-RR 2008, 1164).

Ungenauigkeiten bei der Bezeichnung sind unschädlich, wenn sie keinen Anlass zu Zweifeln geben, welche Forderung des Schuldners gegen den Drittschuldner bei der Pfändung gemeint ist (BGH NJW 1980, 584; BGH NJW 2001, 2976 (2977)). Der Gläubiger darf auch Tatsachen behaupten, über die er keine positive Kenntnis hat und im Regelfall auch nicht haben kann, die er aber nach Lage der Dinge für wahrscheinlich und möglich hält (zB das Bestehen eines Kontos). Eine Forderungspfändung auf Verdacht ist bis zur Grenze einer Ausforschungspfändung nicht rechtsmissbräuchlich (BGH NJW 2004, 2097 (2099)). Nur eine willkürlich aufgestellte Behauptung einer Forderung ohne jeden Anhaltspunkt für ihr Bestehen ist unbeachtlich.

Das Vollstreckungsgericht prüft nicht, ob und ggf. in welcher Höhe die Forderung des Schuldners gegen den Drittschuldner besteht. Diese Prüfung ist dem Einziehungsverfahren vorbehalten. Ausnahmsweise kann ein Antrag zurückgewiesen werden, wenn das Vollstreckungsgericht sichere Kenntnis davon hat, dass die zu pfändende Forderung nicht besteht (OLG Köln ZIP 1980, 578). Generell hat das Gericht indes nur eine **summarische Prüfung** vorzunehmen, ob die Forderung auf der Grundlage des Vortrages des Gläubigers nach irgendeiner vertretbaren Rechtsansicht (BGH NJW-RR 2008, 733) dem Schuldner gegen den Drittschuldner zustehen kann und ob diese nicht, was von Amts wegen zu prüfen ist, unpfändbar ist (BGH NJW-RR 2003, 1650; BGH NJW 2004, 2096 (2097) mwN). Der Sachvortrag des Gläubigers ist dabei als wahr zu unterstellen. Der Gläubiger muss seinen **Tatsachenvortrag nicht beweisen oder glaubhaft machen.** Da der zu pfändende Anspruch nicht begründet, sondern lediglich bezeichnet werden muss, darf der Antrag nur ausnahmsweise abgelehnt werden, wenn dem Schuldner der Anspruch aus tatsächlichen oder rechtlichen Gründen offenbar nicht zustehen kann oder ersichtlich unpfändbar ist (BGH NJW 2004, 2096 (2097)). Kann sich der Anspruch gegen mehrere Drittschuldner richten, kann der Gläubiger sämtliche Drittschuldner in Anspruch nehmen, wenn nicht geklärt ist, gegen wen sich der Anspruch tatsächlich richtet; eine Klärung hat im Einziehungsverfahren zu erfolgen (BGH NJW-RR 2008, 733).

Forderungen sind **nur pfändbar,** wenn sie abtretbar sind (§ 851 Abs. 1 ZPO). Eine Forderung, die aufgrund gesetzlicher Regelungen nicht übertragbar ist, kann nicht gepfändet werden. Dagegen hindern **vertraglich vereinbarte Abtretungsverbote** eine Pfändung nicht; gleiches gilt für in allgemeinen Geschäftsbedingungen enthaltene Abtretungsverbote. Die mit der Pfändung des Hauptrechts verbundene Beschlagnahme erstreckt sich auf alle **Nebenrechte,** die im Falle einer Abtretung nach §§ 412, 401 BGB auf den Gläubiger übergehen (BGH NJW-RR 2003, 1555 mwN), zB die Auskunfts-, Rechnungslegungs- und Kündigungsansprüche. Einer gesonderten Neben- oder Hilfspfändung bedarf es nicht. Das Vollstreckungsgericht kann jedoch auf Antrag des Gläubigers in dem das Hauptrecht pfändenden Beschluss die Mitpfändung der Nebenrechte ausdrücklich aussprechen (BGH NJW-RR 2003, 1555).

Weiterhin erfasst werden von der Pfändung die **Nebenansprüche.** Hierzu gehören die künftigen gesetzlichen oder vertraglichen **Zinsen** (OLG Düsseldorf WM 1984, 1431). Str. ist, ob sich das Pfändungspfandrecht auch auf die bereits fälligen und noch nicht beglichenen Zinsen erstreckt (bejahend sofern diese ausdrücklich bezeichnet sind OLG Düsseldorf Rpfleger 1984, 473; Musielak/*Becker* § 829 Rn. 21; verneinend *Stöber* Rn. 695). Sicherheitshalber sollten **rückständige Zinsen** in dem Pfändungsgesuch gesondert aufgeführt werden. Die Pfändung der Hauptforderung erfasst die zu Legitimationszwecken ausgestellten Urkunden. Soweit der Schuldner diese nicht freiwillig herausgibt, muss der Gläubiger diese im Wege der Hilfspfändung wegnehmen lassen (→ Form. H. II. 5). Dagegen werden sonstige Urkunden, die nicht unmittelbar zur Durchsetzung des Anspruchs erforderlich sind (wie zB ein Kaufvertrag), von der Pfändung nicht erfasst. Insoweit besteht allenfalls ein Auskunftsanspruch nach § 836 Abs. 3 S. 1 ZPO (→ Form. H. II. 2) hinsichtlich des Inhalts dieser Urkunden.

Die zu pfändende Forderung muss zum Zeitpunkt der Pfändung **noch nicht fällig sein.** Pfändbar sind auch **künftige Forderungen,** wenn schon eine Rechtsbeziehung zwischen Schuldner und Drittschuldner besteht, aus der die spätere Forderung nach ihrem Inhalt und der Person des Drittschuldners bestimmt werden kann (BGHZ 53, 29 (32) = NJW 1970, 241; BGH, NJW 2001, 1937 (1938)). Mit der Entstehung der Forderung erlangt die Pfändung ihre Wirksamkeit. **Bedingte, betagte oder von einer Gegenleistung abhängige Forderungen** sind ebenfalls pfändbar. Auch Naturalobligationen in Geld unterliegen grundsätzlich der Forderungspfändung. Der Gläubiger kann indes die Erfüllung der Forderung nicht gerichtlich durchsetzen.

Soweit der Gläubiger eine Forderung des Schuldners gegen den Drittschuldner pfänden lässt, die den Nennbetrag der eigenen Forderung übersteigt, liegt **keine Überpfändung** vor. Der Gläubiger kann die Pfändung auf mehrere Forderungen ausbringen, bzw. die Forderungspfändung neben anderen Vollstreckungsmaßnahmen betreiben, ohne dass das Pfändungsgesuch wegen einer Überpfändung unwirksam ist.

Die Pfändung kann auf einen Teil, der zur Befriedigung der Ansprüche des Gläubigers erforderlich ist, oder auf den noch offen stehenden Restbetrag beschränkt werden (**Teilpfändung**). Insoweit sollte für die Teilpfändung der angeblichen Forderung eine eindeutige Formulierung gewählt werden. Sofern der Pfändungs- und Überweisungsbeschluss keine eindeutige Einschränkung enthält, ist von einer Vollpfändung auszugehen (BGH NJW 1986, 977).

Soweit der gepfändete Teil der Forderung **Vorrang vor dem ungepfändeten Teil** haben soll, muss dies ausdrücklich im Pfändungsbeschluss angeordnet sein. Eine entsprechende Anordnung ist auf Seite 8 des amtlichen Formulars in der Rubrik „Sonstige Anordnungen" aufzunehmen. → Anm. 53.

16. Zu den Einzelheiten der **Pfändung von Arbeitseinkommen** → Form. I. I. 1.

17. → Form. I. I. 1 Anm. 2 ff.

18. Zu der Pfändung des Steuererstattungsanspruchs bei **Durchführung des Lohnsteuerjahresausgleichs durch den Arbeitgeber** → Form. I. I. 37.

19. Zu dem Begriff des „Arbeitseinkommens" und der insoweit in Betracht kommenden pfändbaren Ansprüche → Form. I. I. 1 Anm. 2.

20. Zu der Pfändung von **Leistungen nach dem Sozialgesetzbuch** und weiteren Gesetzen → Form. I. I. 19 (Pfändung von Elterngeld), → Form. I. I. 24 (Pfändung von Insolvenzgeld gem. §§ 188, 189 SGB III), → Form. I. I. 25 (Pfändung von Kindergeld), → Form. I. I. 32 f. (Pfändung laufender Geldleistungen gem. § 54 Abs. 4 SGB I), → Form. I. I. 34 (Pfändung von einmaligen Geldleistungen gem. § 54 Abs. 2 SGB I), → Form. I. I. 39 (Pfändung von Wohngeld).

21. → Form. I. I. 1 Anm. 5 ff.

22. Zu der **Pfändung der Steuererstattungsansprüche** gegenüber dem Finanzamt → Form. I. I. 35, → Form. I. I. 36 sowie → Form. I. I. 38.

23. Zu der Pfändung der Einkommensteuererstattungsansprüche → Form. I. I. 38.

24. Zu der Pfändbarkeit der Kraftfahrzeugsteuererstattungsansprüche → Form. I. I. 35.

25. Zu der Pfändung von **Ansprüche aus Bankverbindung** → Form. I. II. 1 und die dortigen Anm.

26. Zur Kontopfändung → Form. I. II. 6 und → Form. I. II. 9.

27. Zur Pfändung eines Sparkontos → Form. I. II. 19 und → Form. I. II. 20.

28. Zur Pfändung bei einem Darlehen → Form. I. II. 3, → Form. I. II. 4 und → Form. I. II. 5.

29. Zur Pfändung bei einem Wertpapierdepot → Form. I. II. 22 und → Form. I. II. 23.

30. Zur Pfändung bei einem Bankschließfach → Form. I. II. 19.

31. Zur Pfändung sonstiger Ansprüche aus einem Bankvertrag → Form. I. II. 1.

32. Zur Sperrfrist → Form. I. II. 5 Anm. 17.

33. Zum Pfändungsschutzkonto → Form. I. II. 9.

34. Zur **Pfändung von Versicherungsleistungen** → Form. I. VII. 120 bis → Form. I. VII. 129.

35. Zur Pfändung bei einer Lebensversicherung → Form. I. VII. 125.

36. Zur Pfändung der Rechte bei einer Lebensversicherung → Form. I. VII. 125.

37. Zur Pfändung der Rechte bei einer Lebensversicherung → Form. I. VII. 125.

38. Zum Pfändungsschutz → Form. I. VII. 125 Anm. 6.

39. Zur Pfändung von **Ansprüchen aus einem Bausparvertrag** → Form. I. VII. 16.

40. Zu den Einzelheiten der **Pfändung sonstiger Ansprüche** siehe die Ausführungen → Form. I. III. 1 bis → Form. I. VII. 142.

41. Soweit für den beabsichtigten Antrag keine zweckmäßige Eintragungsmöglichkeit in dem Formular besteht, kann eine Anlage benutzt werden (vgl. § 3 Abs. 3 ZVFV nF).

42. Das Vollstreckungsgericht hat den **dem Schuldner verbleibenden Betrag** (§ 850d Abs. 1 S. 2 ZPO) nach den konkreten Umständen des Einzelfalls (*Büttner* FamRZ 1994, 1433) nach Ermessen festzulegen. Dem Schuldner muss soviel belassen werden, als er für seinen notwendigen Unterhalt (s. dazu BGH NJW 2003, 2918; NJW-RR 2004, 506) und zur Erfüllung seiner laufenden Unterhaltspflichten gegenüber den dem Gläubiger vorgehenden Berechtigten oder zur gleichmäßigen Befriedigung der dem Gläubiger gleichstehenden Berechtigten benötigt (§ 850d Abs. 1 S. 2 ZPO). Der **notwendige Unterhalt** hat sich grundsätzlich an der individuellen Bedarfssituation des Schuldners zu orientieren, wobei für die Bemessung regelmäßig der sozialhilferechtliche Bedarf des Schuldners zu Grunde zu legen ist (s. dazu Zöller/*Stöber* § 850d Rn. 7). Im Einzelfall können die vollstreckungsrechtlichen Besonderheiten und auch überwiegende Belange des Gläubigers Berücksichtigung finden. Zur Ermittlung des sozialrechtlichen Bedarfs ist auf die Vorschriften des 3. und 11. Buches des SGB XII abzustellen (BGHZ 162, 234 = NJW 2005, 1279; BGH NJW-RR 2008, 733); die Unterhaltsrichtlinien der Oberlandesgerichte können nicht als Richtlinie herangezogen werden (BGHZ 156, 30 = NJW 2003, 2918; BGH NJW-RR 2004, 362); ebenso wenig kommt eine Verdopplung der nach SGB XII festgesetzten Regelsätze in Betracht (BGHZ 156, 30 = NJW 2003, 2918).

Nach **§ 850 Abs. 2 ZPO** sind bei der Pfändung mehrere Berechtigte mit ihren Ansprüchen in der Reihenfolge nach § 1609 BGB und § 16 LPartG zu berücksichtigen, wobei mehrere gleich nahe Berechtigte untereinander den gleichen Rang haben.

43. Zur Zusammenrechnung verschiedener Arbeitseinkommen → Form. I. I. 7.

44. Zur Zusammenrechnung von Arbeitseinkommen mit Sozialleistungen → Form. I. I. 8.

45. Zur Nichtberücksichtigung von Unterhaltsberechtigten → Form. I. I. 6.

46. Zur Herausgabe von Unterlagen → Form. H. II. 1.

47. Zur Herausgabe von Gehaltsabrechnungen → Form. H. II. 1 Anm. 4 sowie → Form. I. I. 1 Anm. 13.

48. Zur Herausgabe von Sparurkunden → Form. I. II. 20.

49. Zum Zutritt zum Schließfach → Form. I. II. 19 Anm. 3.

50. Zur Herausgabe der Versicherungspolice s. OLG Frankfurt JurBüro 1977, 855; → Form. I. VII. 120 ff.

51. Zur Herausgabe von Bausparurkunden → Form. I. VII. 16 Anm. 5.

52. Soweit für den beabsichtigten Antrag keine zweckmäßige Eintragungsmöglichkeit in dem Formular besteht, kann eine Anlage benutzt werden (vgl. § 3 Abs. 3 ZVFV nF).

53. An dieser Stelle können sonstige im Rahmen eines Pfändungs- und Überweisungsbeschlusses zulässige Anordnung eingetragen werden. So zB wenn bei einer Teilpfändung der gepfändete Teil der Forderung **Vorrang vor dem ungepfändeten Teil** haben soll (→ Anm. 15).

54. Das **Arrestatorium** = das Verbot an den Drittschuldner, an den Schuldner zu zahlen (§ 829 Abs. 1 S. 1 ZPO). Fehlt der Ausspruch des Arrestatoriums, ist der Pfändungsbeschluss unwirksam (Zöller/*Stöber* § 829 Rn. 7). Eine Heilung ist nicht möglich; es muss vielmehr ein neuer Pfändungsbeschluss erlassen werden. Kein Arrestatorium ist bei der Pfändung drittschuldnerloser Rechte (§ 857 Abs. 2 ZPO) auszusprechen. In diesem Fall könnte eine entsprechende Streichung in dem amtlichen Formular vorgenommen werden. Dies bietet sich indes nicht an, da nicht in allen Fällen das Fehlen eines Drittschuldners unstreitig ist.

55. Das **Inhibitorium** = das Gebot an den Schuldner, sich jeder Verfügung über die Forderung, insbes. ihrer Einziehung zu enthalten (§ 829 Abs. 1 S. 2 ZPO). Das Fehlen eines Inhibitoriums macht die Pfändung – anders als bei dem Arrestatorium – nicht unwirksam (RGZ 112, 351). Eine Ausnahme besteht im Fall Pfändung drittschuldnerloser Rechte (§ 857 Abs. 2 ZPO); in diesem Fall ist die Pfändung bei dem Fehlen eines Inhibitoriums unwirksam (KG JW 1936, 3335).

56. Eine Verwertung ist erst mit dem **Überweisungsbeschluss** (→ Anm. 4) möglich. Die Überweisung erfolgt nach Wahl des Gläubigers **zur Einziehung** oder **an Zahlungs statt**. Eine aufgrund eines Arrestes gepfändete Forderung kann nicht überwiesen werden; ein gleichwohl erlassener Überweisungsbeschluss ist nichtig (BGHZ 121, 98 = NJW 1993, 735; NJW 2014, 2732).

57. Die **Überweisung zur Einziehung** (§ 835 Abs. 1 Alt. 1 ZPO) ist die normale Überweisungsart. Sie führt dazu, dass die Zwangsvollstreckung erst beendet ist, wenn der Gläubiger vom Drittschuldner durch Zahlung befriedigt ist. Die Überweisung zur Einziehung nimmt die Forderung nicht aus dem Vermögen des Schuldners heraus. Vielmehr ist der Gläubiger nur ermächtigt, die gepfändete Forderung des Schuldners im eigenen Namen geltend zu machen und vom Drittschuldner die Erfüllung der geschuldeten Leistung anzunehmen. Zudem darf der Gläubiger zur Durchsetzung der Forderung die Rechte des Schuldners ausüben. Der Gläubiger kann nach der Überweisung zur Einziehung noch die Überweisung an Zahlungs statt beantragen. Eine Überweisung zur Einziehung kann sowohl für mehrere Gläubiger als auch zur Vollstreckung verschiedener Titel des Gläubigers erfolgen.

58. Die **Überweisung an Zahlungs statt** (§ 835 Abs. 1 Alt. 2 ZPO) entfaltet nach § 835 Abs. 2 ZPO die Wirkung einer Abtretung der gepfändeten Forderung zum Nennwert mit allen etwaigen Nebenrechten an den Gläubiger (§§ 398 ff. BGB). Der Übergang tritt mit dem Wirksamwerden der Überweisung ein. Damit scheidet das Recht aus dem Haftungsverband des Schuldners aus und es tritt die sofortige Befriedigung des Gläubigers ein. Die Forderung des Gläubigers erlischt. Ausschlaggebend ist nur der rechtliche Bestand der Forderung, nicht indes ihre Einbringbarkeit. Hierfür haftet auch nicht der Schuldner.

Eine **Anschlusspfändung** für einen weiteren Gläubiger oder für eine weitere Forderung ist nicht möglich, da die Forderung nicht mehr zum Schuldnervermögen gehört. Wegen der Risiken, die mit einer Überweisung an Zahlungs statt verbunden sind, ist eine solche Pfändung für den Regelfall nicht zu empfehlen. Praktische Bedeutung erlangt diese Überweisung nur bei der Pfändung langfristig dinglich gesicherter Forderungen.

59. Zu dem Antrag auf eine andere **Verwertung nach § 844 ZPO** → Form. H. IV. 5; zu einem eventuellen Herausgabeantrag → Form. H. II. 1.

60. Für die Entscheidungen im Forderungspfändungsverfahren ist nach § 20 Nr. 17 RPflG der **Rechtspfleger** zuständig.

61. Rechtsmittel. Ist der Pfändungs- und Überweisungsbeschluss – wie regelmäßig (vgl. § 834 ZPO) – ohne vorherige Anhörung ergangen, so ist für den Schuldner und die sonstigen Beteiligten die **Vollstreckungserinnerung** nach § 766 ZPO (→ Form. P. III. 3) gegeben (OLG Köln NJW-RR 2001, 69). Bei der Ablehnung der Pfändung hat der Gläubiger die Möglichkeit der **sofortigen Beschwerde** nach § 793 ZPO → Form. P. II. 6). Gleiches gilt für den Schuldner und die sonstigen Beteiligten im Falle des Erlasses eines Beschlusses nach vorheriger Anhörung (OLG Köln NJW-RR 2001, 69; Thomas/Putzo/*Seiler* § 829 Rn. 55). Maßgebend für die Beurteilung der Rechtmäßigkeit ist die Sach- und Rechtslage zum Zeitpunkt der Rechtsmittelentscheidung, nicht des Erlasses des Pfändungs- und Überweisungsbeschlusses (BGH NJW-RR 2009, 211).

62. Kosten und Gebühren. Für das **Gericht** wird in den Verfahren über Anträge auf gerichtliche Handlungen der Zwangsvollstreckung gem. §§ 829 Abs. 1, 835, 839, 846 bis 848, 857, 858 ZPO nach Nr. 2111 KV GKG eine vom Wert der zu vollstreckenden Forderung unabhängige **Festgebühr von 20 EUR** erhoben. Die Gebühr entsteht mit dem Antrag; insoweit besteht eine Vorauszahlungspflicht (§ 12 Abs. 6 S. 1 GKG), Ausnahmen bei Anträgen gem. § 829a ZPO. Die Gebühr fällt nur einmal an, wenn der Gläubiger auf Grund derselben Forderung einen Antrag auf Pfändung und Überweisung mehrerer Forderungen des Schuldners gegenüber verschiedenen Drittschuldnern stellt. Dagegen leitet ein neuer Antrag ein neues Verfahren ein. Soweit die Anträge denselben Anspruch betreffen (zB im Falle der gesonderten Pfändung sowie gesonderten Überweisung der Forderung), entsteht die Festgebühr nur einmal (*Hartmann* KV GKG Nr. 2111 Rn. 9). Schuldner der Gerichtsgebühr sind nach § 22 Abs. 1 S. 1 GKG der Gläubiger als Antragsteller sowie nach § 29 Nr. 4 GKG der Vollstreckungsschuldner. Die Fertigung von Ausfertigung und Kopien des Antrag durch das Vollstreckungsgericht löst keine Dokumentenpauschale nach Nr. 9000 KV GKG aus (vgl. Nr. 9000 Abs. 3 S. 1 Nr. 1 KV GKG)

Die Festgebühren für jede **Zustellung** belaufen sich auf **7,50 EUR** bei der persönlichen Zustellung durch den **Gerichtsvollzieher** (Nr. 100 GvKostG) bzw. **3,50 EUR** bei einer Zustellung durch das Gericht (Nr. 9002 KV GKG). Bei der Zustellung an mehrere Personen entstehen selbst dann mehrere Gebühren, wenn die Zustellungen auf Grund eines einheitlichen Auftrages erfolgen (*Hartmann* KVGv 100 Rn. 7). Dazu kommen noch die Schreibauslagen (zB bei der Erstellung von Ausfertigungen eines Pfändungs- und Überweisungsbeschlusses, AG Segeberg NJW-RR 2014, 510) sowie das Wegegeld (Nr. 700 ff., 711 f. GvKostG).

Für das Gesuch auf Forderungspfändung erhält der **Rechtsanwalt** nach Nr. 3309 VV RVG eine Verfahrensgebühr von **0,3 des Gebührensatzes** nach § 13 RVG. Der Mindestbetrag der Verfahrensgebühr beträgt 15 EUR (§ 13 Abs. 2 RVG). Die Verfahrensgebühr erhöht sich bei mehreren Auftraggebern nach Nr. 1108 VV RVG für jede Person um eine 0,3 Gebühr. Bei der Teilnahme an einem gerichtlichen Termin entsteht nach Nr. 3310 VV RVG eine weitere 0,3 Gebühr. Daneben kann der Rechtsanwalt noch die Entgelte für Post- und Telekommunikationsdienstleistungen nach Nr. 7001 VV RVG in voller, tatsächlich entstandener Höhe oder nach Nr. 7002 VV RVG pauschal mit 20 % der Gebühren, höchstens 20 EUR fordern. Zusätzlich steht ihm noch die Mehrwertsteuer von derzeit 19 % zu. Zu den Rechtsanwaltsgebühren, wenn in einen Pfändungs- und Überweisungsbeschluss verschiedene Forderungen gepfändet werden, LG Koblenz JurBüro 2010, 49.

Die Gebühren in der Zwangsvollstreckung entstehen in jeder Angelegenheit der Zwangsvollstreckung, § 15 Abs. 1 RVG, wobei in derselben Angelegenheit der Zwangsvollstreckung die Gebühren nur einmal anfallen, § 15 Abs. 2 RVG. Der Begriff der Angelegenheit der Zwangsvollstreckung ist in § 18 Nr. 1 RVG bestimmt. Danach bilden alle zu einer bestimmten Vollstreckungsmaßnahme gehörenden, miteinander in einem inneren Zusammenhang stehenden Handlungen gleicher Art,von der Vorbereitung bis zur Befriedigung des Gläubigers eine Vollstreckungsangelegenheit. Für eine **Forderungspfändung** erhält der Rechtsanwalt für sämtliche Tätigkeiten, die er im Zusammenhang mit der Pfändung derselben Forderung des Schuldners wegen der gleichen Forderung des Gläubigers entwickelt, nur eine Verfahrensgebühr nach Nr. 3309 VV RVG. Dazu gehören auch die Tätigkeiten nach §§ 836 Abs. 3, 840, 843, 844, 845, 850c Abs. 4, 850f, 850g, 850i, 850k ZPO (zu Einzelheiten siehe AnwK-RVG/*Schneider*/*Wolf* § 18 Rn. 60 ff.). **Besondere Angelegenheiten** sind Tätigkeiten in den Verfahren nach §§ 765a, 851a, 851b ZPO sowie jedes Verfahren über Anträge auf Änderung oder Aufhebung getroffener Anordnungen (§ 18 Nr. 6 RVG) und § 857 Abs. 4 ZPO (§ 18 Nr. 9 RVG).

Der **Gegenstandswert** für die Gebühr des Rechtsanwalts errechnet sich aus dem Gesamtbetrag der gepfändeten Forderung einschließlich der Nebenforderungen (**§ 25 Abs. 1 Nr. 1 Hs. 1 RVG**; *Hartmann* VV RVG Nr. 3309, 3310 Rn. 52; *ders.* RVG § 25 Rn. 5 f.). Begrenzt wird der Gebührenwert durch den Wert der Forderung, die gepfändet werden soll (§ 25 Abs. 1 Nr. 1 Hs. 2 RVG). Wird künftig fällig werdendes Arbeitseinkommen nach § 850d Abs. 3 ZPO gepfändet, sind die noch nicht fälligen Ansprüche nach § 51 Abs. 1 S. 1 FamGKG und § 9 ZPO zu bewerten (§ 25 Abs. 1 Nr. 1 Hs. 3 RVG; *Hartmann* GKG § 25 Rn. 7). Wenn der Erlass eines Pfändungs- und Überweisungsbeschlusses beantragt wird, mit dem Forderungen des Schuldners gegen mehrere Drittschuldner gepfändet und zur Einziehung überwiesen werden, kommt keine Zusammenrechnung des Gegenstandswertes in Betracht (BGH NJW-RR 2011, 933).

Zu der Möglichkeit der Bewilligung von **Prozesskostenhilfe/Verfahrenskostenhilfe** für das Zwangsvollstreckungsverfahren → Form. H. I. 1 Anm. 13 und → Form. A. II. 11 bis → Form. A. II. 16.

63. Die Erstattung der Vergütung von Personen, die Inkassodienstleitungen erbringen (sog. registrierte Personen, 10 Abs. 1 S. 1 Nr. 1 RDG) für die Vertretung im Zwangsvollstreckungsverfahren richtet sich nach § 788 Abs. 1 ZPO (§ 4 Abs. 4 RDGEG; BGBl. I 2007, S. 2840, 2846). Notwendige Kosten sind insbesondere die gesetzlichen Gebühren und Auslagen, für die das RVG gilt (§ 4 Abs. 1 RDGEG). Die entsprechenden Kosten können gem. § 788 Abs. 1 S. 1 ZPO zugleich mit dem zu vollstreckenden Anspruch beigetrieben werden; sie sind gesondert auf einer Anlage aufzuführen.

3. Antrag auf Erlass eines gesonderten Überweisungsbeschlusses

An das

Amtsgericht

– Vollstreckungsgericht[1] –

in . . . .[2]

Hiermit zeigen wir an, dass wir den/die Gläubiger/in vertreten. Namens und in Vollmacht unseres/er Mandanten/in beantragen[3] wir

ergänzend zu dem bereits von dem Amtsgericht am . . . . . Az. . . . . . erlassenen Pfändungsbeschlusses nunmehr den Erlass des nachstehenden Überweisungsbeschlusses.[4] Die vollstreckbaren Ausfertigungen des Titels sowie des Kostenfestsetzungsbeschlusses und die Zustellungsnachweise[5] sowie den erlassen Pfändungsbeschluss fügen wir im Original mit der Bitte um Rückgabe bei.

Wir bitten die Zustellung[6] an den/die Drittschuldner/in und den/die Schuldner/in zu vermitteln. Die erforderliche Anzahl beglaubigter Abschriften[7] ist beigefügt.

Für den Fall, dass das angerufene Vollstreckungsgericht seine Zuständigkeit zum Erlass des Beschlusses verneint, wird bereits jetzt hilfsweise die Verweisung an das örtlich zuständige Gericht beantragt.[8]

Die Gerichtsgebühren sowie die Gebühren für die Bewirkung der Zustellung werden per Gebührenstempler/Kostenmarken eingezahlt.

. . . . .

Rechtsanwalt[9]

Anmerkungen

1. **Zuständig** hierfür ist das **Amtsgericht als Vollstreckungsgericht** (§§ 828 Abs. 2, 764, 802 ZPO), → Form. H. I. 1 Anm. 3.

2. Zur **örtlichen Zuständigkeit**, → Form. H. I. 1 Anm. 2.

3. Der Erlass eines Überweisungsbeschlusses setzt einen **Antrag** voraus. Eine bestimmte Form ist hierfür nicht vorgeschrieben (vgl. § 2 S. 2 ZVFV nF).

4. Die Zwangsvollstreckung wegen einer Geldforderung in Forderungen des Schuldners gegen den Drittschuldner erfolgt nach näherer Maßgabe der §§ 828 ff. ZPO durch **Erlass eines Pfändungsbeschlusses** bzw. **Pfändungs- und Überweisungsbeschlusses.** Im Falle des Erlasses eines Pfändungsbeschlusses kann der Erlass eines Überweisungsbeschlusses gesondert erfolgen. Für die gesonderte Beantragung der Überweisung besteht keine Pflicht zur Benutzung des amtlichen Formulars (§ 2 S. 2 ZVFV nF), → Form. H. I. 1 Anm. 6. Zum **Inhalt und Aufbau** des Überweisungsbeschlusses → Form. H. I. 4.

5. Zu den vorzulegenden Unterlagen → Form. H. I. 1 Anm. 14

6. Zur **Zustellung** → Form. H. I. 1 Anm. 7.

7. Dem Antrag sind nach § 133 Abs. 1 S. 1 ZPO die erforderliche Anzahl der Abschriften beizufügen. Im Falle der Zustellung im Parteibetrieb reicht eine Abschrift. Sofern eine Zustellung durch Vermittlung des Gerichtsvollziehers erfolgen soll, müssen mindestens drei Abschriften und für jeden weiteren Drittschuldner eine weitere Abschrift beigefügt werden.

8. Wird das Pfändungsgesuch bei einem örtlich **unzuständigen Gericht** angebracht, so erfolgt keine Abgabe von Amts wegen. Das Gericht muss das Pfändungsgesuch zurückweisen, wenn der Gläubiger nicht nach § 828 Abs. 3 ZPO die Abgabe beantragt. Dieser Abgabeantrag kann bereits hilfsweise mit dem Pfändungsantrag gestellt werden. Insoweit muss der Gläubiger nicht das Gericht bezeichnen, an das abgegeben werden soll. Die Abgabe des zuerst angerufenen Gerichts bindet das Gericht, an das abgegeben wird, nicht

(§ 828 Abs. 3 S. 2 ZPO). Streitigkeiten über die Zuständigkeit sind nach § 36 Abs. 1 Nr. 6 ZPO zu entscheiden (vgl. OLG Zweibrücken NJW-RR 2000, 929).

9. Kosten und Gebühren. Hinsichtlich der Kosten und Gebühren für den Erlass des Pfändungs- und Überweisungsbeschlusses → Form. H. I. 2 Anm. 62.

4. Entwurf eines gesonderten Überweisungsbeschlusses

Amtsgericht .....[1] den .....

Aktenzeichen ..... (Datum des Erlasses des Beschlusses)

Überweisungsbeschluss[2]

in der Zwangsvollstreckungssache

des/der ..... (ladungsfähige Anschrift des/der Gläubigers/in),

Gläubigers/in,[3]

Verfahrensbevollmächtigte(r): .....

gegen

Herrn/Frau/Firma ..... (ladungsfähige Anschrift des/der Schuldners/in),

Schuldner/in,[4]

Verfahrensbevollmächtigte(r): .....

Nach der vollstreckbaren Ausfertigung des/der ..... vom ....., Aktenzeichen ..... (genaue Bezeichnung des Vollstreckungstitels,[5] zB Urteil, Vergleich, Urkunde), sowie des Kostenfestsetzungsbeschlusses des ..... vom ....., Az. ....., kann/können der/die Gläubiger/in von dem/der Schuldner/in beanspruchen:[6]

1. Hauptforderung	..... EUR
2. ..... Zinsen auf die Hauptforderung/aus ..... EUR seit dem ..... bis heute[7]	..... EUR
3. Vorgerichtliche Kosten des/der Gläubigers/in	..... EUR
4. Kosten des Mahn-/Vollstreckungsbescheides	..... EUR
5. Festgesetzte Kosten des/der Gläubigers/in	..... EUR
6. ..... Zinsen auf die festgesetzten Kosten seit dem ..... bis heute[7]	..... EUR
7. Kosten vorangegangener Vollstreckungsmaßnahmen (gem. Aufstellung)[8]	..... EUR
insgesamt	..... EUR
abzüglich des von dem/der Schuldner/in am ..... gezahlten Betrages von	..... EUR
insgesamt	..... EUR
zuzüglich der ab morgen anfallenden Zinsen, Tageszins in Höhe von	..... EUR

Wegen dieser Ansprüche sowie wegen der Kosten dieses Beschlusses und seiner Zustellung[9] und wegen der Kosten des Pfändungsbeschlusses

wird die durch den Beschluss des Amtsgerichts vom . . . . ., Aktenzeichen . . . . . (genaue Bezeichnung des Pfändungsbeschlusses) gepfändete angebliche Forderung des/der Schuldners/in gegen

. . . . . (ladungsfähige Anschrift des/der Drittschuldners/in),

Drittschuldner/in,[10]

aus . . . . . (nähere Angaben zu der gepfändeten Forderung sowie zu dem Rechtsgrund)[11] dem/der/den Gläubiger/in/n zur Einziehung überwiesen.[12]

. . . . .

Rechtspfleger[13, 14]

Kosten[15] dieses Vollstreckungsauftrages:

I. Anwaltskosten	
1. 0,3 Verfahrensgebühr gem. Nr. 3309 VV RVG aus einer Vollstreckungssumme von . . . . . EUR	. . . . . EUR
2. Auslagen gem. Nr. 7001 oder Nr. 7002 VV RVG	. . . . . EUR
3. 19 % Umsatzsteuer gem. Nr. 7008 VV RVG	. . . . . EUR
4. Summe	. . . . . EUR
II. Gerichtsgebühr gem. Nr. 2111 KV GKG	20,00 EUR
III. Zustellungskosten gem. Nr. 100 ff., 700 ff. KV GvKostG	
1. Zustellungskosten an Drittschuldner/in (100, 101 KV GvKostG)	. . . . . EUR
2. Zustellungskosten an Schuldner/in (100, 101 KV GvKostG)	. . . . . EUR
3. Auslagen für Zustellung (701 GvKostG)	. . . . . EUR
4. Auslagen für Nachnahme	. . . . . EUR
5. Beglaubigung (102 KV GvKostG)	. . . . . EUR
6. Schreibauslagen (700 KV GvKostG)	. . . . . EUR
7. Wegegeld (. . . . . km) (711 KV GvKostG)	. . . . . EUR
8. Sonstige bare Auslagen (713 KV GvKostG)	. . . . . EUR
9. Summe	. . . . . EUR
IV. Summe (insgesamt)	. . . . . EUR

Anmerkungen

1. Zur **sachlichen und örtlichen Zuständigkeit,** → Form. H. I. 1 Anm. 2, 3 .

2. In dem **Überweisungsbeschluss** müssen von dem Gericht das Vollstreckungsgericht, der Ort und das Datum des Erlasses des Beschlusses sowie das gerichtliche Aktenzeichen angegeben werden, → Form. H. I. 2 Anm. 3.

3. Zum Gläubiger, → Form. H. I. 2 Anm. 5.

4. Zum Schuldner, → Form. H. I. 2 Anm. 6

5. Siehe zu den **Titeln,** aus denen eine Vollstreckung erfolgen kann, die Ausführungen, → Form. C. I.

6. Zur Forderung des Zwangsvollstreckungsgläubigers, → Form. H. I. 2 Anm. 8, 9.

7. Zu den Zinsen, → Form. H. I. 2 Anm. 10.

8. Zu den notwendigen Kosten der Zwangsvollstreckung, → Form. H. I. 2 Anm. 12.

9. Zu den Gerichtsgebühren und den Kosten der Zustellung, → Form. H. I. 2 Anm. 62.

10. Zu dem Drittschuldner, → Form. H. I. 2 Anm. 14.

11. Zu der Bezeichnung der gepfändeten Forderung, → Form. H. I. 2 Anm. 15.

12. Zur Überweisung, → Form. H. I. 2 Anm. 56, 57.

13. Die Entscheidungen im Forderungspfändungsverfahren sind nach § 20 Nr. 17 RPflG auf den **Rechtspfleger** übertragen.

14. Zu den **Rechtsmitteln,** → Form. H. I. 2 Anm. 61.

15. Zu den **Kosten und Gebühren,** → Form. H. I. 2 Anm. 62.

5. Antrag auf Erlass eine Pfändungs- und Überweisungbeschlusses wegen Unterhaltsforderungen (S. 1 des amtlichen Formulars)

Raum für Kostenvermerke und Eingangsstempel

Amtsgericht ② ______________________

Vollstreckungsgericht ③

④ ______________________

____

Hinweis:
Soweit für den Antrag eine zweckmäßige Eintragungsmöglichkeit in diesem Formular nicht besteht, können ein geeignetes Freifeld sowie Anlagen genutzt werden.⑥

1

Antrag auf Erlass eines Pfändungs- und Überweisungsbeschlusses wegen Unterhaltsforderungen①

Es wird beantragt,⑤ den nachfolgenden Entwurf ⑥ als Beschluss auf ☐ Pfändung ☐ und ☐ Überweisung zu erlassen.

☐ Zugleich wird beantragt, die Zustellung zu vermitteln⑦ (☐ mit der Aufforderung nach § 840 der Zivilprozessordnung – ZPO).⑧

☐ Die Zustellung wird selbst veranlasst.⑦

Es wird gemäß dem nachfolgenden Entwurf des Beschlusses Antrag gestellt auf

☐ Zusammenrechnung mehrerer Arbeitseinkommen (§ 850e Nummer 2 ZPO) ⑨

☐ Zusammenrechnung von Arbeitseinkommen und Sozialleistungen (§ 850e Nummer 2a ZPO)⑩

☐ ⑪ ______________________

____

Es wird beantragt,

☐ Prozesskostenhilfe zu bewilligen⑫

☐ Frau Rechtsanwältin / Herrn Rechtsanwalt

____

beizuordnen.

☐ Prozesskostenhilfe wurde gemäß anliegendem Beschluss bewilligt.

Anlagen:

☐ Schuldtitel und ___ Vollstreckungsunterlagen⑬

☐ Erklärung über die persönlichen und wirtschaftlichen Verhältnisse nebst ___ Belegen

☐ ______________________

____

☐ Verrechnungsscheck für Gerichtskosten⑭

☐ Gerichtskostenstempler

☐ Ich drucke nur die ausgefüllten Seiten⑮

____

(Bezeichnung der Seiten)

aus und reiche diese dem Gericht ein.

Datum (Unterschrift Antragsteller/-in)⑯

Anmerkungen

1. Die Zwangsvollstreckung wegen Unterhaltsforderungen in Forderungen des Schuldners gegen den Drittschuldner erfolgt nach näherer Maßgabe der §§ 828 ff. ZPO durch **Erlass eines Pfändungsbeschlusses bzw. Pfändungs- und Überweisungsbeschlusses.** Zu den weiteren Ausführungen zur Forderungspfändung → Form. H. I. 1 Anm. 1.

2. **Örtlich zuständig** ist abweichend von § 764 Abs. 2 ZPO das Amtsgericht, bei dem der Schuldner zum Zeitpunkt des Beginns der Zwangsvollstreckungsmaßnahme (OLG München JurBüro 2010, 497), mithin bei Erlass des Pfändungsbeschlusses seinen allgemeinen Gerichtsstand (§§ 13–19 ZPO) hat. Bei einer **natürlichen Person** bestimmt der Wohnsitz (§ 13 ZPO) bzw. bei **juristischen Personen** ihr Sitz (§ 17 ZPO) diesen Gerichtsstand. Ist eine **Partei kraft Amtes** (zB Insolvenzverwalter, Zwangsverwalter, Nachlassverwalter oder Testamentsvollstrecker) oder ein Nachlasspfleger (Zöller/*Stöber* § 828 Rn. 2) Vollstreckungsschuldner, so ist das Amtsgericht an deren Wohnsitz örtlich zuständig. Zu den weiteren Einzelheiten → Form. H. I. 1 Anm. 2.

3. Sachlich zuständig ist das **Amtsgericht als Vollstreckungsgericht** (§§ 828 Abs. 2, 764, 802 ZPO). Dies gilt auch für die Vollstreckung aus einem Titel in Ehesachen oder Familienstreitsachen (§ 120 Abs. 1 FamFG) und in sonstigen FamFG-Verfahren (§ 95 Abs. 1 FamFG → Form. H. I. 1 Anm. 3.

4. Wird das Pfändungsgesuch bei einem örtlich **unzuständigen Gericht** angebracht, so erfolgt keine Abgabe von Amts wegen. Das Gericht muss das Pfändungsgesuch zurückweisen, wenn der Gläubiger nicht nach § 828 Abs. 3 ZPO die Abgabe beantragt. Dieser Abgabeantrag kann bereits hilfsweise mit dem Pfändungsantrag gestellt werden. Deswegen sollte folgender Antrag zusätzlich in dem Freifeld auf Seite 1 des amtlichen Formulars oder in einem gesonderten Anschreiben aufgenommen werden:

Für den Fall, dass das angerufene Vollstreckungsgericht seine Zuständigkeit zum Erlass des Beschlusses verneint, wird bereits jetzt hilfsweise die Verweisung an das örtlich zuständige Gericht beantragt.

Insoweit muss der Gläubiger nicht das Gericht bezeichnen, an das abgegeben werden soll. Die Abgabe des zuerst angerufenen Gerichts bindet das Gericht, an das abgegeben wird, nicht (§ 828 Abs. 3 S. 2 ZPO). Streitigkeiten über die Zuständigkeit sind nach § 36 Abs. 1 Nr. 6 ZPO zu entscheiden (vgl. OLG Zweibrücken NJW-RR 2000, 929).

5. Die Forderungspfändung setzt einen **Antrag** (Pfändungsgesuch) voraus. Der Antrag und der Entwurf des Pfändungs- und Überweisungsbeschlusses (→ Anm. 6) müssen **schriftlich** eingereicht werden.

Der Gläubiger kann sein Pfändungsgesuch jederzeit **wieder zurücknehmen**. Das **Rechtsschutzinteresse** für einen Pfändungs- und Überweisungsbeschluss kann nicht im Hinblick auf eine gerichtsbekannte eidesstattliche Versicherung des Schuldners und das ihr zugrunde liegende Vermögensverzeichnis (BGH NJW-RR 2003, 1650) bzw. einer abgegebenen Vermögensauskunft nach § 802c ZPO verneint werden.

Mit der **Eröffnung des Insolvenzverfahrens** über das Vermögen des Schuldners wird ein laufendes Zwangsvollstreckungsverfahren nicht nach § 240 ZPO unterbrochen. Insoweit kann im Rahmen eines Rechtsmittels weiterhin die Wirksamkeit einer ausgebrachten Pfändungsmaßnahme überprüft werden (BGHZ 172, 16 = NJW 2007, 3132). Die §§ 88, 89 InsO führen aber zur Unwirksamkeit der Zwangsvollstreckungsmaßnahme gegen den Schuldner (BGHZ 168, 339 = NJW 2006, 3356; BGHZ 172, 16 = NJW 2007, 3132).

6. Mit dem Antrag ist zugleich der **Entwurf des Pfändungs- und Überweisungsbeschlusses** (= Seite 2 bis 10 des amtlichen Formulars) einzureichen; zum **Inhalt und Aufbau** → Form. H. I. 6

Zu den weiteren Voraussetzungen → Form. H. I. 1 Anm. 6

7. Die **Zustellung** erfolgt durch den Gläubiger **im Parteibetrieb** (§ 829 Abs. 2 S. 1 ZPO), wobei er sich nach § 192 Abs. 3 ZPO der Vermittlung durch die Geschäftsstelle bedienen oder die Zustellung selbst veranlassen kann. Der Gläubiger muss hierzu bereits mit dem Pfändungsgesuch eine entsprechende Erklärung abgeben. Zu den weiteren Einzelheiten → Form. H. I. 1 Anm. 7.

8. Zur Aufforderung nach § 840 ZPO zur **Abgabe der Drittschuldnererklärung** → Form. H. III. 2.

9. Zu den Einzelheiten des Antrages auf Zusammenrechnung mehrerer Arbeitseinkommen (**§ 850e Nr. 2 ZPO**), → Form. I. I. 7.

10. Zu den Einzelheiten des Antrages auf Zusammenrechnung von Arbeitseinkommen und Sozialleistungen (**§ 850e Nr. 2a ZPO**), → Form. I. I. 8.

11. Sollen andere Anträge gestellt werden, sind dieses Kästchen anzukreuzen und dort entsprechenden Angaben zu machen. Können die erforderlichen Angaben zu den Anträgen nicht oder nicht vollständig aufgeführt werden, kann dieses Kästchen angekreuzt und eine entsprechende Anlage beigefügt werden (vgl. auch § 3 Abs. 3 ZVFV nF).

12. Dem Gläubiger kann unter den Voraussetzungen der §§ 114 ff. ZPO bzw. § 76 Abs. 1 FamFG iVm §§ 114 ff. ZPO auf seinen gesonderten Antrag **Prozesskostenhilfe/Verfahrenskostenhilfe** für das Zwangsvollstreckungsverfahren bewilligt werden. Wegen der sich aus der Regelung des § 850d ZPO ergebenden rechtlichen Schwierigkeiten bei der Pfändung aus einem Unterhaltstitel kann es geboten sein, einem Unterhaltsgläubiger, dem Prozesskostenhilfe für die Stellung eines Antrags auf Erlass eines Pfändungs- und Überweisungsbeschlusses gewährt wird, einen Rechtsanwalt beizuordnen (BGH FamRZ 2012, 1637). Zu den Einzelheiten der **Bewilligung von Prozesskostenhilfe/Verfahrenskostenhilfe** → Form. A. II. 11. Hierfür bedarf es der Vorlage einer auf dem amtlichen Formblatt erstellten Erklärung gemäß § 117 Abs. 2 und 4 ZPO über die persönlichen und wirtschaftlichen Verhältnisse unter Beifügung aller erforderlichen Unterlagen (vgl. BGH NJW 2002, 2180; BGH FamRZ 2006, 1522) → Form. A. II. 11 bis → Form. A. II. 16. Das Gericht darf im Umfang seiner Zuständigkeit pauschal Prozesskostenhilfe/Verfahrenskostenhilfe für alle Vollstreckungshandlungen in seinem Bezirk bewilligen (§ 119 Abs. 2 ZPO).

13. → Form. H. I. 1 Anm. 14

14. Hinsichtlich der **Kosten und Gebühren** für den Erlass des Pfändungs- und Überweisungsbeschlusses → Form. H. I. 2 Anm. 62.

15. Es reicht aus, wenn der Antragsteller nur **die Seiten des amtlichen Formulars** bei dem Gericht einreicht, auf den sich Angaben des Antragstellers befinden (**§ 3 Abs. 4 S. 1 ZVFV nF**). In diesem Fall sind auch die nicht eingereichten Formularseiten Teil des Antrages (§ 3 Abs. 4 S. 2 ZVFV nF).

16. Der Antrag **ist** von dem Antragsteller bzw. seinem Verfahrensbevollmächtigten zu unterzeichnen.

6. Entwurf eines Pfändungs- und Überweisungsbeschlusses wegen Unterhaltsforderungen (S. 2 – 10 des amtlichen Formulars)

Amtsgericht ① ②		2
Anschrift:		
Geschäftszeichen:		

☐ **Pfändungs-**③ ☐ **und** ☐ **Überweisungs-Beschluss**④
in der Zwangsvollstreckungssache

des/der Herrn/Frau			– Gläubiger⑤ –
geboren am (Angabe des Geburtsdatums bei Minderjährigen sinnvoll)			
gesetzlich vertreten durch Herrn/Frau			
vertreten durch Herrn/Frau/Firma			
Aktenzeichen des Gläubigervertreters			
Bankverbindung	☐ des Gläubigers	☐ des Gläubigervertreters	
IBAN:			
BIC: Angabe kann entfallen, wenn IBAN mit DE beginnt.			

gegen

Herrn/Frau		– Schuldner⑥ –
vertreten durch Herrn/Frau/Firma		
Aktenzeichen des Schuldnervertreters		

3

Nach dem Vollstreckungstitel / den Vollstreckungstiteln ⑦
(den oder die Titel bitte nach Art, Gericht / Notar / Jugendamt, Datum, Geschäftszeichen etc. bezeichnen)

____

____

____

____

____

kann der Gläubiger von dem Schuldner nachfolgend aufgeführte Beträge beanspruchen: ⑧

I. Unterhaltsrückstand ⑨

€	☐ Unterhaltsrückstand für die Zeit vom ________ ☐ bis ________
€	☐ nebst ____ % Zinsen ⑩ seit dem ________ ☐ bis ________
€	☐ nebst Zinsen ⑩ in Höhe von 5 Prozentpunkten über dem jeweiligen Basiszinssatz seit dem ________ ☐ bis ________
€ (wenn Angabe möglich)	☐ ⑪ gemäß Anlage(n) ________ (zulässig, wenn in dieser Aufstellung die erforderlichen Angaben nicht oder nicht vollständig eingetragen werden können)

II. Nur auszufüllen bei statischer Unterhaltsrente

Unterhalt für ⑫	☐ Kind ☐ Ehegatten ☐ Lebenspartner / -in ☐ Elternteil nach §1615l des Bürgerlichen Gesetzbuches (BGB) ☐ Eltern ☐ Enkel
	Der Unterhalt ist zu zahlen ☐ wöchentlich ☐ monatlich ☐ vierteljährlich
	☐ laufend ab ________ ☐ zahlbar am ________ (Wochentag bzw. bezifferten Tag des Monats oder des Jahres angeben) ☐ jeder Woche ☐ jeden Monats ☐ jeden Jahres ☐ bis ________
€	☐ ⑬ Unterhalt bis zur Vollendung des **sechsten** Lebensjahres des Kindes
€	☐ ⑬ Unterhalt von der Vollendung des **sechsten** Lebensjahres bis zur Vollendung des **zwölften** Lebensjahres des Kindes
€	☐ ⑬ Unterhalt von der Vollendung des **zwölften** Lebensjahres bis zur Vollendung des **achtzehnten** Lebensjahres des Kindes
€	☐ ⑬ Unterhalt von der Vollendung des **achtzehnten** Lebensjahres des Gläubigers an
€	☐ ⑬ Unterhalt vom ________ bis ________
€	☐ ⑬ Unterhalt vom ________ bis ________
€	☐ ⑬ Unterhalt vom ________ bis ________
€ (wenn Angabe möglich)	☐ gemäß Anlage(n) ⑪ ________ (vgl. Hinweis zu I.)

4

III. Nur auszufüllen bei dynamisierter Unterhaltsrente⑭

☐ **Unterhalt**, veränderlich gemäß dem Mindestunterhalt nach § 1612a Absatz 1 BGB, zahlbar am Ersten jeden Monats, laufend ab ______ ☐ bis ______

______ Prozent des Mindestunterhalts der **ersten Altersstufe**,

☐ abzüglich ☐ des hälftigen ☐ des vollen Kindergeldes für ein

☐ erstes/zweites ☐ drittes ☐ ______ Kind

☐ abzüglich Kindergeld in Höhe von ______ €

☐ abzüglich sonstiger kindbezogener Leistungen in Höhe von ______ €

(derzeitiger monatlicher Zahlbetrag des Unterhalts: ______ €) bis zur Vollendung des **sechsten** Lebensjahres des Kindes (Zeitraum vom ______ bis ______)

______ Prozent des Mindestunterhalts der **zweiten Altersstufe**,

☐ abzüglich ☐ des hälftigen ☐ des vollen Kindergeldes für ein

☐ erstes/zweites ☐ drittes ☐ ______ Kind

☐ abzüglich Kindergeld in Höhe von ______ €

☐ abzüglich sonstiger kindbezogener Leistungen in Höhe von ______ €

(derzeitiger monatlicher Zahlbetrag des Unterhalts: ______ €) vom **siebenten** bis zur Vollendung des **zwölften** Lebensjahres des Kindes (Zeitraum vom ______ bis ______)

______ Prozent des Mindestunterhalts der **dritten Altersstufe**,

☐ abzüglich ☐ des hälftigen ☐ des vollen Kindergeldes für ein

☐ erstes/zweites ☐ drittes ☐ ______ Kind

☐ abzüglich Kindergeld in Höhe von ______ €

☐ abzüglich sonstiger kindbezogener Leistungen in Höhe von ______ €

(derzeitiger monatlicher Zahlbetrag des Unterhalts: ______ €) ab dem **dreizehnten** Lebensjahr des Kindes (Zeit ab dem ______)

☐ gemäß Anlage(n) ⑪ ______
(vgl. Hinweis Seite 3 zu I.)

IV. Kosten⑮

€	☐ festgesetzte Kosten
€	☐ nebst ☐ 4 % Zinsen ☐ ____ % Zinsen daraus/aus ______ Euro seit dem ______ ☐ bis ______
€	☐ nebst Zinsen in Höhe von ☐ 5 ☐ ____ Prozentpunkten über dem jeweiligen Basiszinssatz daraus/aus ______ Euro seit dem ______ ☐ bis ______
€	☐ bisherige Vollstreckungskosten
€ (wenn Angabe möglich)	☐ gemäß Anlage(n) ______ (vgl. Hinweis Seite 3 zu I.)

Wegen dieser Ansprüche einschließlich der künftig fällig werdenden Beträge⑯ sowie wegen der Kosten für diesen Beschluss (vgl. Kostenrechnung) und wegen der Zustellungskosten für diesen Beschluss wird/werden die nachfolgend aufgeführte/-n angebliche/-n Forderung/-en des Schuldners gegenüber dem Drittschuldner – einschließlich der künftig fällig werdenden Beträge⑰ – so lange gepfändet, bis der Gläubigeranspruch gedeckt ist.

5

Drittschuldner (genaue Bezeichnung des Drittschuldners: Firma bzw. Vor- und Zuname, vertretungsberechtigte Person/-en, jeweils mit Anschrift; Postfach-Angabe ist nicht zulässig; bei mehreren Drittschuldnern ist eine Zuordnung des Drittschuldners zu der/den zu pfändenden Forderung/-en vorzunehmen)⑱

Herr/Frau/Firma

____

____

____

____

____

____

____

Forderung aus Anspruch ⑲

☐ **A (an Arbeitgeber)**⑳

☐ **B (an Agentur für Arbeit bzw. Versicherungsträger)** ㉔

Art der Sozialleistung: ______________

Konto-/Versicherungsnummer: ______________

☐ **C (an Finanzamt)** ㉖

☐ **D (an Kreditinstitute)**㉙

☐ **E (an Versicherungsgesellschaften)**㊲

Konto-/Versicherungsnummer: ______________

☐ **F (an Bausparkassen)**㊷

☐ **G**㊸

☐ **gemäß gesonderter Anlage(n)**㊹ ______________

Anspruch A (an Arbeitgeber) ⑳

1. auf Zahlung des gesamten gegenwärtigen und künftigen Arbeitseinkommens (einschließlich des Geldwertes von Sachbezügen) ㉑
2. auf Auszahlung des als Überzahlung jeweils auszugleichenden Erstattungsbetrages aus dem durchgeführten Lohnsteuer-Jahresausgleich sowie aus dem Kirchenlohnsteuer-Jahresausgleich für das Kalenderjahr ______________ und für alle folgenden Kalenderjahre㉒
3. auf㉓

____

____

____

Anspruch B (an Agentur für Arbeit bzw. Versicherungsträger) ㉔

auf Zahlung der gegenwärtig und künftig nach dem Sozialgesetzbuch zustehenden Geldleistungen. Die Art der Sozialleistungen ist oben angegeben.

Anspruch A und B

Die für die Pfändung von Arbeitseinkommen geltenden Vorschriften der §§ 850ff. ZPO in Verbindung mit der Tabelle zu § 850c Absatz 3 ZPO in der jeweils gültigen Fassung sind zu beachten.㉕

6

Anspruch C (an Finanzamt) ㉖

auf Auszahlung

1. des als Überzahlung auszugleichenden Erstattungsbetrages bzw. des Überschusses, der sich als Erstattungsanspruch bei Abrechnung der auf die Einkommensteuer (nebst Solidaritätszuschlag) und Kirchensteuer sowie Körperschaftsteuer anzurechnenden Leistungen für das abgelaufene Kalenderjahr ______________ und für alle früheren Kalenderjahre ergibt ㉗
2. des Erstattungsbetrages, der sich aus dem Erstattungsanspruch zu viel gezahlter Kraftfahrzeugsteuer für das Kraftfahrzeug mit dem amtlichen Kennzeichen ______________ ergibt ㉘

   Erstattungsgrund:

   ____

   ____

   ____

Anspruch D (an Kreditinstitute) ㉙

1. auf Zahlung der zu Gunsten des Schuldners bestehenden Guthaben seiner sämtlichen Girokonten (insbesondere seines Kontos ______________) bei diesem Kreditinstitut einschließlich der Ansprüche auf Gutschrift der eingehenden Beträge; mitgepfändet wird die angebliche (gegenwärtige und künftige) Forderung des Schuldners an den Drittschuldner auf Auszahlung eines vereinbarten Dispositionskredits („offene Kreditlinie"), soweit der Schuldner den Kredit in Anspruch nimmt ㉚
2. auf Auszahlung des Guthabens und der bis zum Tag der Auszahlung aufgelaufenen Zinsen sowie auf fristgerechte bzw. vorzeitige Kündigung der für ihn geführten Sparguthaben und/oder Festgeldkonten, insbesondere aus Konto ______________ ㉛
3. auf Auszahlung der bereitgestellten, noch nicht abgerufenen Darlehensvaluta aus einem Kreditgeschäft, wenn es sich nicht um zweckgebundene Ansprüche handelt ㉜
4. auf Zahlung aus dem zum Wertpapierkonto gehörenden Gegenkonto, insbesondere aus Konto ______________ , auf dem die Zinsgutschriften für die festverzinslichen Wertpapiere gutgebracht sind ㉝
5. auf Zutritt zu dem Bankschließfach Nr. ______________ und auf Mitwirkung des Drittschuldners bei der Öffnung des Bankschließfachs bzw. auf die Öffnung des Bankschließfachs allein durch den Drittschuldner zum Zweck der Entnahme des Inhalts ㉞
6. auf ㉟

   ____

   ____

   ____

Hinweise zu Anspruch D:

Auf § 835 Absatz 3 Satz 2 ZPO (Zahlungsmoratorium von vier Wochen) und § 835 Absatz 4 ZPO wird der Drittschuldner hiermit hingewiesen. ㊱

Pfändungsschutz für Kontoguthaben und Verrechnungsschutz für Sozialleistungen und für Kindergeld werden seit dem 1. Januar 2012 nur für Pfändungsschutzkonten nach § 850k ZPO gewährt. ㊱

Anspruch E (an Versicherungsgesellschaften) ㊲

1. auf Zahlung der Versicherungssumme, der Gewinnanteile und des Rückkaufwertes aus der Lebensversicherung/den Lebensversicherungen, die mit dem Drittschuldner abgeschlossen ist/sind ㊳
2. auf das Recht zur Bestimmung desjenigen, zu dessen Gunsten im Todesfall die Versicherungssumme ausgezahlt wird, bzw. auf das Recht zur Bestimmung einer anderen Person an Stelle der von dem Schuldner vorgesehenen ㊴
3. auf das Recht zur Kündigung des Lebens-/Rentenversicherungsvertrages, auf das Recht auf Umwandlung der Lebens-/Rentenversicherung in eine prämienfreie Versicherung sowie auf das Recht zur Aushändigung der Versicherungspolice ㊵

Ausgenommen von der Pfändung sind Ansprüche aus Lebensversicherungen, die nur auf den Todesfall des Versicherungsnehmers abgeschlossen sind, wenn die Versicherungssumme den in § 850b Absatz 1 Nummer 4 ZPO in der jeweiligen Fassung genannten Betrag nicht übersteigt. ㊶

7

Anspruch F (an Bausparkassen) (42)

aus dem über eine Bausparsumme von (mehr oder weniger) ______________ Euro

abgeschlossenen Bausparvertrag Nr. ____________________________,
insbesondere Anspruch auf

1. Auszahlung des Bausparguthabens nach Zuteilung
2. Auszahlung der Sparbeiträge nach Einzahlung der vollen Bausparsumme
3. Rückzahlung des Sparguthabens nach Kündigung
4. das Kündigungsrecht selbst und das Recht auf Änderung des Vertrags
5. auf ____

Anspruch G (43)
(Hinweis: betrifft Anspruch an weitere Drittschuldner bzw. schon aufgeführte Drittschuldner, soweit Platz unzureichend)

____

____

____

____

____

____

____

____

____

____

Berechnung des pfändbaren Nettoeinkommens (45)
(betrifft Anspruch A und B)

Von der Pfändung sind ausgenommen:

1. Beträge, die unmittelbar auf Grund steuer- oder sozialrechtlicher Vorschriften zur Erfüllung gesetzlicher Verpflichtungen des Schuldners abzuführen sind, ferner die auf den Auszahlungszeitraum entfallenden Beträge, die der Schuldner nach den Vorschriften der Sozialversicherungsgesetze zur Weiterversicherung entrichtet oder an eine Ersatzkasse oder an ein Unternehmen der privaten Krankenversicherung leistet, soweit diese Beträge den Rahmen des Üblichen nicht übersteigen;
2. Aufwandsentschädigungen, Auslösegelder und sonstige soziale Zulagen für auswärtige Beschäftigungen, das Entgelt für selbstgestelltes Arbeitsmaterial, Gefahren-, Schmutz- und Erschwerniszulagen, soweit sie den Rahmen des Üblichen nicht übersteigen;
3. ein Viertel der für die Leistung von Mehrarbeitsstunden gezahlten Teile des Arbeitseinkommens;
4. die Hälfte der nach § 850a Nummer 2 ZPO (z. B. Urlaubs- oder Treuegelder) gewährten Bezüge und Zuwendungen;
5. Weihnachtsvergütungen bis zu einem Viertel des monatlichen Arbeitseinkommens, höchstens aber bis zur Hälfte des in § 850a Nummer 4 ZPO in der jeweiligen Fassung genannten Höchstbetrages;
6. Heirats- und Geburtsbeihilfen, sofern die Vollstreckung wegen anderer als der aus Anlass der Heirat oder der Geburt entstandenen Ansprüche betrieben wird;
7. Erziehungsgelder, Studienbeihilfen und ähnliche Bezüge;

8. Sterbe- und Gnadenbezüge aus Arbeits- und Dienstverhältnissen;
9. Blindenzulagen;
10. Geldleistungen für Kinder sowie Sozialleistungen, die zum Ausgleich immaterieller Schäden gezahlt werden.

8

☐ **Es wird angeordnet,** dass zur Berechnung des nach §850c ZPO pfändbaren Teils des Gesamteinkommens zusammenzurechnen sind:(46)

☐ Arbeitseinkommen bei Drittschuldner (genaue Bezeichnung)

____ und

☐ Arbeitseinkommen bei Drittschuldner (genaue Bezeichnung)

____ .

Der unpfändbare Grundbetrag ist in erster Linie den Einkünften des Schuldners bei Drittschuldner (genaue Bezeichnung)

____ zu entnehmen, weil dieses Einkommen die wesentliche Grundlage der Lebenshaltung des Schuldners bildet.

☐ **Es wird angeordnet,** dass zur Berechnung des nach §850c ZPO pfändbaren Teils des Gesamteinkommens zusammenzurechnen sind:(47)

☐ laufende Geldleistungen nach dem Sozialgesetzbuch von Drittschuldner (genaue Bezeichnung der Leistungsart und des Drittschuldners)

____ und

☐ Arbeitseinkommen bei Drittschuldner (genaue Bezeichnung)

____ .

Ansprüche auf Geldleistungen für Kinder dürfen mit Arbeitseinkommen nur zusammengerechnet werden, soweit sie nach § 76 des Einkommensteuergesetzes (EStG) oder nach § 54 Absatz 5 des Ersten Buches Sozialgesetzbuch (SGB I) gepfändet werden können.

☐ Der erweiterte Pfändungsumfang gilt nicht für die Unterhaltsrückstände, die länger als ein Jahr vor Stellung des Pfändungsantrags vom __________________ fällig geworden sind, weil nach Lage der Verhältnisse nicht anzunehmen ist, dass der Schuldner sich seiner Zahlungspflicht absichtlich entzogen hat.(48)

Der Schuldner ist nach Angaben des Gläubigers(49)

☐ ledig.
☐ verheiratet/eine Lebenspartnerschaft führend.
☐ mit dem Gläubiger verheiratet/eine Lebenspartnerschaft führend.
☐ geschieden.

☐ Der Schuldner ist dem geschiedenen Ehegatten gegenüber unterhaltspflichtig

☐ ____

Der Schuldner hat nach Angaben des Gläubigers

☐ keine unterhaltsberechtigten Kinder.
☐ keine weiteren unterhaltsberechtigten Kinder außer dem Gläubiger.
☐ ____ unterhaltsberechtigtes Kind/unterhaltsberechtigte Kinder.
☐ ____ weiteres unterhaltsberechtigtes Kind/weitere unterhaltsberechtigte Kinder außer dem Gläubiger.
☐ ____

9

Vom Gericht auszufüllen

Pfandfreier Betrag㊿

Dem Schuldner dürfen von dem errechneten Nettoeinkommen bis zur Deckung des Gläubigeranspruchs für seinen eigenen notwendigen Unterhalt ________________ Euro monatlich verbleiben

☐ sowie ________________ Euro monatlich zur Erfüllung seiner laufenden gesetzlichen Unterhaltspflichten gegenüber den Berechtigten, die dem Gläubiger vorgehen

☐ sowie zur gleichmäßigen Befriedigung der Unterhaltsansprüche der berechtigten Personen, die dem Gläubiger gleichstehen, ______/______ Anteile des Nettoeinkommens, das nach Abzug des notwendigen Unterhalts des Schuldners verbleibt, bis zur Deckung der gesamten Unterhaltsansprüche dieser Personen von zusammen monatlich ________________ Euro. Gepfändet sind demzufolge ______/______ Anteile des ________________ Euro monatlich übersteigenden Nettoeinkommens und das nach Deckung der eben genannten Unterhaltsansprüche von zusammen monatlich ________________ Euro verbleibende Mehreinkommen aus den bezeichneten ______/______ Anteilen.

Der sich hieraus ergebende dem Schuldner zu belassende Betrag darf nicht höher sein als der unter Berücksichtigung der Unterhaltspflichten gemäß der Tabelle zu §850c ZPO (in der jeweils gültigen Fassung) pfandfrei verbleibende Betrag.

☐ Sonstige Anordnungen:

____

____

____

____

____

____

☐ **Es wird angeordnet, dass**[51]

☐ der Schuldner die Lohn- oder Gehaltsabrechnung oder die Verdienstbescheinigung einschließlich der entsprechenden Bescheinigungen der letzten drei Monate vor Zustellung des Pfändungs- und Überweisungsbeschlusses an den Gläubiger herauszugeben hat[52]

☐ der Schuldner das über das jeweilige Sparguthaben ausgestellte Sparbuch (bzw. die Sparurkunde) an den Gläubiger herauszugeben hat und dieser das Sparbuch (bzw. die Sparurkunde) unverzüglich dem Drittschuldner vorzulegen hat[53]

☐ ein von dem Gläubiger zu beauftragender Gerichtsvollzieher für die Pfändung des Inhalts Zutritt zum Schließfach zu nehmen hat[54]

☐ der Schuldner die Versicherungspolice an den Gläubiger herauszugeben hat und dieser sie unverzüglich dem Drittschuldner vorzulegen hat[55]

☐ der Schuldner die Bausparurkunde und den letzten Kontoauszug an den Gläubiger herauszugeben hat und dieser die Unterlagen unverzüglich dem Drittschuldner vorzulegen hat[56]

☐ [57]

____

____

____

____

____

____

Für die Pfändung der Kosten für den Unterhaltsrechtsstreit (das gilt nicht für die Kosten der Zwangsvollstreckung) sind bezüglich der Ansprüche A und B die gemäß §850c ZPO geltenden Vorschriften für die Pfändung von Arbeitseinkommen anzuwenden; bei einem Pfändungsschutzkonto gilt §850k Absatz 1 und 2 ZPO.

Der Drittschuldner darf, soweit die Forderung gepfändet ist, an den Schuldner nicht mehr zahlen.[58] **Der Schuldner darf insoweit nicht über die Forderung verfügen, sie insbesondere nicht einziehen.**[59] 10

☐ **Zugleich wird dem Gläubiger die zuvor bezeichnete Forderung in Höhe des gepfändeten Betrages**[60]

☐ **zur Einziehung überwiesen.**[61] ☐ an Zahlungs statt überwiesen.[62]

☐ [63] ______

______

______

______

______

______

Ausgefertigt:

(Datum, Unterschrift Rechtspfleger[64] [65]

(Datum, Unterschrift Urkundsbeamter der Geschäftsstelle)

I.	**Gerichtskosten**[66] Gebühr gemäß GKG KV Nr. 2111		€
II.	**Anwaltskosten gemäß RVG** Gegenstandswert: ______ €		
	1. Verfahrensgebühr VV Nr. 3309	€	
	2. Auslagenpauschale VV Nr. 7002	€	
	3. Umsatzsteuer VV Nr. 7008	€	
	Summe von II.		€
	Summe von I. und II.:		€

☐ **Inkassokosten gemäß § 4 Absatz 4 des Einführungsgesetzes zum Rechtsdienstleistungsgesetz** (RDGEG) gemäß Anlage(n)[67] ______

Anmerkungen

1. Zu dem dazugehörigen Antrag → Form. H. I. 5.

2. Zur **örtlichen Zuständigkeit**, → Form. H. I. 5 Anm. 2.

3. Die Zwangsvollstreckung wegen Unterhaltsforderungen in Forderungen des Schuldners gegen den Drittschuldner erfolgt nach näherer Maßgabe der §§ 828 ff. ZPO durch **Erlass eines Pfändungsbeschlusses** bzw. **Pfändungs- und Überweisungsbeschlusses**. Der Pfändungsbeschluss kann zusammen mit dem Überweisungsbeschluss, aber auch alleine beantragt werden. Er ergeht ohne Anhörung des Schuldners (§ 834 ZPO). In dem **Pfändungsbeschluss** (= Seite 2 bis 10 des amtlichen Formulars) müssen durch das Gericht das Vollstreckungsgericht, der Ort und die Zeit des Erlasses des Beschlusses sowie das gerichtliche Aktenzeichen angegeben werden. Ferner sind bereits in dem Entwurf durch den Antragsteller aufzunehmen die Forderung des Gläubigers, unterschieden nach Hauptforderung, Zinsen, Nebenleistungen, Prozesskosten, Zwangsvollstreckungskosten sowie Kosten des Pfändungsbeschlusses, aus dem vollstreckt wird. Daneben bedarf es der Angabe der Parteien des Zwangsvollstreckungsverfahrens (Gläubiger, Schuldner und Drittschuldner) einschließlich ihrer Verfahrensbevollmächtigten. Weiterhin ist die gepfändete Forderung des Schuldners unter Bezeichnung des zugrunde liegenden Rechtsverhältnisses sowie des Grundes so hinreichend bestimmt anzugeben, dass die Identität des Anspruchs festgestellt werden kann. Da der Pfändungsbeschluss auslegungsfähig ist, schaden kleinere Ungenauigkeiten nicht. Ferner muss der Pfändungsbeschluss ausdrücklich das Zahlungsverbot an den Drittschuldner, das sog Arrestatorium (§ 829 Abs. 1 S. 1 ZPO) enthalten. Zudem muss der Beschluss ein Gebot an den Schuldner beinhalten, sich jeder Verfügung über die Forderung, insbes. ihrer Einziehung, zu enthalten, das sog Inhibitorium (§ 829 Abs. 1 S. 2 ZPO). Zu den jeweiligen Einzelheiten siehe die nachstehenden Anmerkungen.

Weitere Einzelheiten zur Pfändung bei Unterhaltsansprüchen finden sich bei: *App*, Pfändungsprivileg von § 850d ZPO auch für übergeleitete Unterhaltsforderungen?, KKZ 2020, 85; *Baer*, Die Rechtsgrundlage der Vorratspfändung, NJW 1962, 574; *Behr*, Erweiterter Pfändungszugriff in Arbeitseinkommen gem. § 850d ZPO und § 850f Abs. 2 ZPO, Rpfleger 2005, 198; *Berner*, Dauerpfändungen und Vorzugs(Vorrats-)Pfändungen, Rpfleger 1962, 237; *Bethke*, Privilegierte Pfändung nach § 850d ZPO wegen übergeleiteter Unterhaltsansprüche, FamRZ 1991, 397; *Büttner*, Vielerlei Maß, FamRZ 1990, 459; *ders.*, Unterhalt und Zwangsvollstreckung, FamRZ 1994, 1433, 1580; *Deppe*, Neuerwerb in der Insolvenz – Teil 6, Vorrecht von Unterhaltsansprüchen, § 850d ZPO, Insbüro 2010, 173; *Ehlenz*, Pfändung von Bankguthaben wegen privilegierter Forderungen, insbesondere Unterhaltsansprüchen, JurBüro 2011, 342; *Foerste*, Pfändbarkeit von Unterhaltsansprüchen trotz § 850b ZPO, NJW 2006, 2947; *Freemann/Zimmermann* Neue Bescheinigung des „sozialrechtlichen Existenzminimums" nach SGB II und SGB XII, ZVI 2011, 153; *Kreutzkam*, Die Pfändung von Arbeitseinkommen unter Berücksichtigung der zum 1.1.2008 in Kraft getretenen Änderungen bei der Pfändung wegen Unterhaltsforderungen, JurBüro 2009, 60; *Landmann*, Die Pfändung wegen überjähriger Unterhaltsrückstände, Rpfleger 2005, 75; *Mümmler*, Vorratspfändung und Pfändungsankündigung, JurBüro 1993, 204; *Riedel*, Lohnpfändung wegen Unterhaltsansprüchen in der Insolvenz des Unterhaltsschuldners, ZVI 2009, 351; *Rudolph*, Zur Höhe des „notwendigen Unterhalts" bei der Pfändung, Rpfleger 1996, 490; *Wolf/Hintzen*, Probleme mit der Pfändung wegen Unterhaltsansprüche ab 1.1.2008, Rpfleger 2008, 337; *Zimmermann/Freeman*, Das sozial-rechtliche Existenzminimum für Schuldnerinnen und Schuldner nach § 850d, § 850f Abs. 1 und § 850f Abs. 2 ZPO ab 1.10.2005, ZVI 2005, 401, *dies.*, Die Gewährleistung des Existenzminimums bei der Forderungspfändung, ZVI 2008, 374.

4. Eine Verwertung ist erst mit dem **Überweisungsbeschluss** (zu dem Antrag auf Erlass eines gesonderten Überweisungsbeschlusses → Form. H. I. 3 und zu dem Entwurf eines gesonderten Überweisungsbeschlusses → Form. H. I. 4) möglich. Die Überweisung muss ausdrücklich auf Antrag des Gläubigers durch Beschluss angeordnet werden. Der Überweisungsbeschluss kann gleichzeitig mit dem Pfändungsbeschluss, aber auch nachträglich erlassen werden. Der Erlass eines Überweisungsbeschlusses ist ausgeschlossen, wenn der Vollstreckungstitel nur die Sicherungsvollstreckung ermöglicht (vgl. BGH NJW 2014, 2732) bzw. wenn nur die Scherungsvollstreckung (§ 720a ZPO) betrieben wird. Wirksam wird der Überweisungsbeschluss erst mit Zustellung an den Drittschuldner (§§ 835 Abs. 3, 829 Abs. 3 ZPO). Die Überweisung erfolgt nach Wahl des Gläubigers zur Einziehung oder an Zahlungs statt, → Anm. 61, 62. Eine Auslegung des Überweisungsbeschlusses ist ebenso möglich wie die Auslegung des Pfändungsbeschlusses. Soweit einem erlassenen Überweisungsbeschluss keine Wirkung zukommt, zB bei einer aufgrund eines Arrestes gepfändeten Forderung, ist dieser nicht lediglich anfechtbar, sondern nichtig (BGHZ 121, 98 = NJW 1993, 735; NJW 2014, 2732).

5. Der **Gläubiger** ist der Inhaber des titulierten Unterhaltsanspruchs gegen den Schuldner. Zu den weiteren Einzelheiten, → Form. H. I. 2 Anm. 5.

6. **Schuldner** ist derjenige, gegen den sich der titulierte Unterhaltsanspruch richtet. Eine Anhörung des Schuldners vor Erlass des Pfändungs- und Überweisungsbeschlusses erfolgt nicht (§ 834 ZPO). Zu den weiteren Einzelheiten, → Form. H. I. 2 Anm. 6.

7. Erforderlich ist nähere Bezeichnung des **Unterhaltstitels,** aus dem die Vollstreckung erfolgen soll. Zu den **Titeln,** aus denen eine Vollstreckung erfolgen kann, s. die Ausführungen bei → Form. C. I.

8. Die **Unterhaltsforderung des Zwangsvollstreckungsgläubigers** muss nach Hauptsache, Zinsen, Prozess- und Vollstreckungskosten **zumindest bestimmbar dargestellt** werden (BGH NJW-RR 2003, 1437; JurBüro 2008, 606). Eine dem Entwurf auf Erlass eines Pfändungs- und Überweisungsbeschlusses als Anlage beigefügte Forderungsaufstellung kann genügen (§ 3 Abs. 3 ZVFV nF), → Anm. 11 (vgl. auch BGH JurBüro 2008, 606).

Zur Notwendigkeit der **konkreten Bezeichnung der gepfändeten Forderung,** → Anm. 19.

9. Eine Vollstreckung ist wegen sämtlicher rückständiger Unterhaltsforderungen möglich. Sie kann aber auch auf einen **Teilbetrag der titulierten Forderung** beschränkt werden. Erfolgt die Vollstreckung eines Teilbetrages aus einem Titel, der verschiedene Forderungen zum Gegenstand hat, muss der Pfändungs- und Überweisungsbeschluss erkennen lassen, wegen welcher dieser Forderungen vollstreckt werden soll (BGH NJW 2008, 3147).

Nach überwiegender Meinung bedarf es bei einer Pfändung wegen eines Teilbetrages oder eines Restbetrages **keiner Abrechnung** über die schon gezahlten Beträge und deren Verrechnung (OLG Schleswig DGVZ 1976, 135; LG Amberg DGVZ 1992, 157; LG Bremen JurBüro 2011, 607; LG Düsseldorf MDR 1986, 505; LG Stendal JurBüro 2000, 491; LG Stuttgart DGVZ 1993, 156; aA LG Aachen JurBüro 1984, 297 für Teilforderung; LG Lüneburg JurBüro 1987, 932 für Restforderung). Es obliegt dem Schuldner die Darlegungs- und Beweislast für etwaige weitergehende Zahlungen. Indes sollte man wegen der unterschiedlichen Handhabung der Vollstreckungsgerichte vorsorglich eine Abrechnung erstellen, sofern dies ohne größeren Aufwand möglich ist.

Zu der Vollstreckung wegen Unterhaltsrückstände, die **länger als ein Jahr** vor dem Eingang des Antrags auf Erlass des Pfändungsbeschlusses fällig geworden sind, → Anm. 48.

10. Die **Zinsen** fließen in die Berechnung des Gegenstandswertes für die Vollstreckung ein. Indes müssen die Zinsen nicht bis zum – dem Gläubiger meistens nicht bekannten – Tag des Erlasses des Pfändungsbeschlusses berechnet werden. Es reicht die Berechnung der rückständigen Zinsen bis zum Tag der Antragstellung. Im Übrigen kann die Pfändung wegen der ab diesem Zeitpunkt bis zur Befriedigung des Gläubigers fortlaufenden Zinsen angeordnet werden. Für die weitere Zinsberechnung bietet sich die Angabe eines **künftigen Tageszinssatzes** an.

11. Können die erforderlichen Angaben zu den Ansprüchen des Gläubigers gegen den Schuldner nicht oder nicht vollständig aufgeführt werden, kann dieses Kästchen angekreuzt und eine entsprechende Anlage beigefügt werden (vgl. auch § 3 Abs. 3 ZVFV nF).

12. § 850d ZPO begünstigt die Gläubiger, denen **gesetzliche** oder an deren Stelle getretene **vertragliche Unterhaltsansprüche** zustehen. Zu den privilegierten Ansprüchen gehören nach § 850d Abs. 1 S. 1 ZPO die Unterhaltsansprüche der in gerader Linie Verwandten (§ 1601 BGB), des jetzigen und früheren Ehegatten (§§ 1360, 1361, 1569 BGB) und der Mutter eines nichtehelichen Kindes (§§ 1615l, 1615n BGB). Zur Sicherstellung dieser Ansprüche wird der pfändungsfreie Betrag für die Bezüge nach §§ 850, 850a Nr. 1, Nr. 2, Nr. 4, 850b und 850h ZPO verringert. Der Begriff des Unterhaltsanspruchs kann nicht erweitert werden. Zu den bevorrechtigten Forderungen zählen auch die Kosten der laufenden sowie früherer Vollstreckungen aus dem Unterhaltstitel, nicht indes die Kosten des Unterhaltsrechtsstreits (str.) bzw. die Ansprüche aus einem schuldrechtlichem Versorgungsausgleich (BGH FamRZ 2005, 1564). § 850d ZPO greift ebenfalls bei übergegangenen Unterhaltsansprüchen, zB zugunsten des Trägers der Sozialhilfe. § 850d ZPO findet auch auf die Vollstreckung der gem. § 7 Abs. 1 S. 1 UVG auf den Gläubigern übergegangenen Unterhaltsansprüche Anwendung (BGH FamRZ 2014, 1918; FamRZ 2015, 657). Insoweit ist die Privilegierung nicht davon abhängig, dass die Unterhaltsvorschusskasse das Fehlen der nach § 7 Abs. 3 S. 2 UVG vorrangig zu berücksichtigende Unterhaltsansprüche darlegt und ggf. beweist (BGH FamRZ 2014, 1918).

Der Gläubiger hat die **tatsächlichen Voraussetzungen des § 850d ZPO** mit dem Antrag auf Erlass des Pfändungs- und Überweisungsbeschlusses schlüssig darzulegen. Solange der Schuldner die Unterhaltspflicht nicht bestreitet, bedarf es weder einer Glaubhaftmachung noch eines Beweises. Es muss sich unmittelbar aus dem Vollstreckungstitel ergeben, dass ein Unterhaltsanspruch nach § 850d Abs. 1 ZPO vorliegt.

13. Bei der Pfändung wegen eines Anspruchs auf Zahlung einer **statischen Unterhaltsrente** sollte die Höhe des künftig fällig werdenden Anspruchs beziffert werden.

14. Eine Pfändung wegen eines Anspruchs auf Zahlung einer **dynamisierten Unterhaltsrente** ist grundsätzlich möglich. Problematisch ist, ob und in welchem Umfang aus einem Unterhaltstitel mit einer Dynamisierung des Zahlbetrages, zB *„laufenden Unterhalt ab dem 1. Januar 2012 in Höhe von 120 % des jeweiligen Regelbetrages gemäß § 2 Regelbetragsverordnung der jeweiligen Altersstufe unter Berücksichtigung des jeweiligen anrechenbaren anteiligen Kindergeldes monatlich im voraus“* (Beispiel nach LG Kassel FamRZ 2009, 1940), eine Vollstreckung möglich ist. Das LG Kassel (FamRZ 2009, 1940) bejaht die Möglichkeit der Vollstreckung aus diesem Titel ohne Aufnahme eines festen Zahlbetrages; die Ermittlung des zu zahlenden Betrages bei einem dynamisierten Titels obliege dem Drittschuldner (vgl. auch AG Hamburg-Altona JurBüro 2010, 157; ablehnende *Sudergat* Rn. 42 ff.).

15. Die **notwendigen Kosten der Zwangsvollstreckung** (→ Form. A. II. 10), einschließlich früherer Vollstreckungsmaßnahmen, fallen dem Vollstreckungsschuldner zur Last und können gem. § 788 ZPO mit dem zu vollstreckenden Anspruch beigetrieben werden. Hierzu bedarf es keines besonderen Vollstreckungstitels. Der Gläubiger muss diese Kosten glaubhaft machen. Insoweit sind die Kostenbelege der früheren Vollstreckungen, die Anwaltsrechnungen sowie die Belege über die sonstigen Vollstreckungskosten des Gläubigers (vgl. zu den erstattungsfähigen Kosten die Übersicht bei Zöller/*Stöber* § 788 Rn. 13) beizufügen. Die Gerichts- und Zustellungskosten (→ Anm. 66) des **nunmehr beantragten Pfändungs- und Überweisungsbeschlusses** werden von Amts wegen angesetzt.

Auf Antrag kann das Vollstreckungsgericht, bei dem zum Zeitpunkt der Antragstellung eine Vollstreckungshandlung anhängig ist, und nach Beendigung der Zwangsvollstreckung das Gericht, in dessen Bezirk die letzte Vollstreckungshandlung erfolgt ist, die **Kosten** gem. §§ 103 Abs. 2, 104, 107 ZPO in einem Kostfestsetzungsbeschluss gesondert **festsetzen** (§ 788 Abs. 2 S. 1 ZPO).

16. **§ 850d Abs. 3 ZPO** macht eine Ausnahme von § 751 Abs. 1 ZPO, wonach nur wegen einer bereits fälligen Forderung des Gläubigers die Zwangsvollstreckung betrieben werden darf. Wegen Unterhaltsansprüchen sowie wegen Rentenansprüchen aus Körperverletzung wird die Möglichkeit eröffnet, mit der Pfändung bereits fälliger Ansprüche des Gläubigers auch künftig fällig werdendes Arbeitseinkommen wegen der dann künftig jeweils fällig werdenden Ansprüche zu pfänden und zu überweisen (sog. **Vorratspfändung** bzw. **Vorzugspfändung**). Voraussetzung für eine Vorratspfändung ist, dass zum Zeitpunkt des Erlasses des Pfändungsbeschlusses zumindest ein Teilbetrag bereits fällig ist. Es reicht nicht, dass der Schuldner bisher seinen Zahlungsverpflichtungen nachgekommen ist und der Gläubiger nur für die Zukunft Zahlungsrückstände befürchtet (Zöller/*Stöber* § 850d Rn. 24). Bei der Vorratspfändung nach § 850d Abs. 3 ZPO entsteht das **Pfandrecht** mit der Zustellung des Pfändungsbeschlusses auch an künftig fällig werdendem Arbeitseinkommen (BGH NJW 2004, 369 (370)). Damit gehen weitere Gläubiger, die nach Erlass des Pfändungsbeschlusses, aber vor Fälligkeit der einzelnen Unterhaltsforderung pfänden, im Rang nach (Zöller/*Stöber* § 850d Rn. 26).

17. Zur Vermeidung von wiederholten Pfändungsgesuchen hat die Rechtsprechung die Möglichkeit einer die **Vorauspfändung bzw. Dauerpfändung** entwickelt (BGH NJW 2004, 369). Diese ist von der Vorratspfändung zu unterscheiden (→ Anm. 16). Wirksam wird die Dauerpfändung mit dem Tag der Fälligkeit des künftigen Anspruchs. Damit schafft sie im Unterschied zur Vorratspfändung keinen einheitlichen Pfändungsrang. Möglich ist die Dauerpfändung wegen sämtlicher fortlaufend fällig werdender Ansprüche, zB **Unterhaltsansprüche, Mietzinsforderungen, Kaufpreisraten** etc Gepfändet werden können mit Dauerwirkung künftiges Arbeitseinkommen, künftiges Kontoguthaben etc Sicherheitshalber sollte in dem Beschluss die genaue Fälligkeit des künftig fällig werden Anspruchs aufgenommen werden.

18. **Drittschuldner** sind zunächst die Schuldner des Vollstreckungsschuldners im technischen Sinne. Daneben hat die Rechtsprechung im Rahmen des § 857 ZPO als Drittschuldner in einzelnen Fällen nicht nur Schuldner von Ansprüchen im technischen Sinne anerkannt, sondern auch Inhaber von Rechten, die an dem gepfändeten Recht außer dem Vollstreckungsschuldner irgendwie beteiligt waren, so bei der Pfändung eines Miteigentumsanteils die übrigen Miteigentümer, bei der Pfändung eines Erbteils die übrigen Miterben sowie bei der Pfändung des Anwartschaftsrechts des Vorbehaltskäufers einer beweglichen Sache den Veräußerer (BGH NJW 1968, 493 (495)). Letztlich ist der Begriff des Drittschuldners weit auszulegen. Drittschuldner kann jeder Dritte sein, dessen Leistung zur Ausübung eines gepfändeten Rechts erforderlich ist oder dessen Rechtsstellung von der Pfändung sonst berührt wird. Drittschuldner kann **auch der Gläubiger** sein. Die **Bezeichnung des Drittschuldners** sollte im Pfändungsbeschluss so genau wie möglich erfolgen. Zumindest muss eine Auslegung eine genaue Festlegung der Person des Drittschuldners ergeben. Im Einzelfall, insbesondere hinsichtlich der Vertretung des Bundes, der Länder, der Körperschaften, Anstalten und Stiftungen des öffentlichen Rechts, kann die Bestimmung des maßgeblichen Drittschuldners erhebliche Schwierigkeiten bereiten.

Zu den weiteren Einzelheiten, → Form. H. I. 2 Anm. 14.

19. → Form. H. I. 2 Anm. 15

20. Zu den Einzelheiten der **Pfändung von Arbeitseinkommen,** → Form. I. I. 1

21. → Form. I. I. 1 Anm. 2 ff.

22. Zu der Pfändung des Steuererstattungsanspruchs bei **Durchführung des Lohnsteuerjahresausgleichs durch den Arbeitgeber,** → Form. I. I. 37.

23. Zu dem Begriff des „Arbeitseinkommens" und der insoweit in Betracht kommenden pfändbaren Ansprüche, → Form. I. I. 1 Anm. 2.

24. Zu der Pfändung von **Leistungen nach dem Sozialgesetzbuch** und weiteren Gesetzen, → Form. I. I. 19 (Pfändung von Elterngeld), → Form. I. I. 24 (Pfändung von Insolvenzgeld gem. §§ 188, 189 SGB III), → Form. I. I. 25 (Pfändung von Kindergeld), → Form. I. I. 32 f. (Pfändung laufender Geldleistungen gem. § 54 Abs. 4 SGB I), → Form. I. I. 34 (Pfändung von einmaligen Geldleistungen gem. § 54 Abs. 2 SGB I), → Form. I. I. 39 (Pfändung von Wohngeld).

25. → Form. I. I. 1 Anm. 5 ff.

26. Zu der **Pfändung der Steuererstattungsansprüche** gegenüber dem Finanzamt, → Form. I. I. 35, → Form. I. I. 36 sowie → Form. I. I. 38.

27. Zu der Pfändung der Einkommensteuererstattungsansprüche, → Form. I. I. 38.

28. Zu der Pfändbarkeit der Kraftfahrzeugsteuererstattungsansprüche, → Form. I. I. 35.

29. Zu der Pfändung von **Ansprüche aus Bankverbindung,** → Form. I. II. 1 und die dortigen Anm.

30. Zur Kontopfändung, → Form. I. II. 6 und → Form. I. II. 9.

31. Zur Pfändung eines Sparkontos, → Form. I. II. 19 und → Form. I. II. 20.

32. Zur Pfändung bei einem Darlehen, → Form. I. II. 3, → Form. I. II. 4 und → Form. I. II. 5.

33. Zur Pfändung bei einem Wertpapierdepot, → Form. I. II. 22 und → Form. I. II. 23.

34. Zur Pfändung bei einem Bankschließfach, → Form. I. II. 19.

35. Zur Pfändung sonstiger Ansprüche aus einem Bankvertrag, → Form. I. II. 1.

36. Zur Sperrfrist, → Form. I. II. 5 Anm. 17. und zum Pfändungsschutzkonto → Form. I. II. 9.

37. Zur **Pfändung von Versicherungsleistungen,** → Form. I. VII. 120 bis → Form. I. VII. 129.

38. Zur Pfändung bei einer Lebensversicherung, → Form. I. VII. 125.

39. Zur Pfändung der Rechte bei einer Lebensversicherung, → Form. I. VII. 125.

40. Zur Pfändung der Rechte bei einer Lebensversicherung, → Form. I. VII. 125.

41. Zum Pfändungsschutz, → Form. I. VII. 125 Anm. 6.

42. Zur Pfändung von **Ansprüchen aus einem Bausparvertrag,** → Form. I. VII. 16.

43. Zu den Einzelheiten der **Pfändung sonstiger Ansprüche,** s. die Ausführungen → Form. I. III. 1 bis → Form. I. VII. 142.

44. Soweit für den beabsichtigten Antrag keine zweckmäßige Eintragungsmöglichkeit in dem Formular besteht, kann eine Anlage benutzt werden (vgl. § 3 Abs. 3 ZVFV nF).

45. Wegen der **gesetzlichen Unterhaltsansprüche** sind auch die Mehrarbeitsentschädigung (§ 850a Nr. 1 ZPO), die Urlaubsbezüge, die Zuwendungen aus besonderem Anlass und die Treuegelder (§ 850a Nr. 2 ZPO) sowie die Weihnachtsvergütungen (§ 850a Nr. 4 ZPO) ohne die in § 850c ZPO bezeichneten Einschränkungen pfändbar (§ 850d Abs. 1 S. 1 ZPO). Dem Schuldner hat jedoch mindestens die Hälfte des nach § 850a ZPO unpfändbaren Betrages zu verbleiben).

46. Zur Zusammenrechnung verschiedener Arbeitseinkommen, → Form. I. I. 7.

47. Zur Zusammenrechnung von Arbeitseinkommen mit Sozialleistungen, → Form. I. I. 8.

48. Die **Privilegierung** greift für laufende sowie künftige Unterhaltsleistungen und für Unterhaltsrückstände, die nicht länger als 1 Jahr vor dem Antrag auf Erlass des Pfändungs- und Überweisungsbeschlusses fällig geworden sind. Für ältere Rückstände kann eine Privilegierung nur beansprucht werden, wenn nach Lage der Verhältnisse anzunehmen ist, dass der Schuldner sich der Zahlungspflicht absichtlich entzogen hat (§ 850d Abs. 1 S. 4 ZPO). Nähere Angaben zur Beschränkung des erweiterten Pfändungsumfang sind nicht zwingend erforderlich. Zwar sind **Unterhaltsrückstände,** die **länger als ein Jahr** vor dem Eingang des Antrags auf Erlass des Pfändungsbeschlusses fällig geworden sind, dann nicht nach § 850d Abs. 1 ZPO privilegiert, wenn nach Lage der Verhältnisse nicht angenommen werden kann, dass der Schuldner sich seiner Zahlungspflicht absichtlich entzogen hat (§ 850d Abs. 1 S. 4 ZPO). Absichtlich entzogen im Sinne dieser Vorschrift hat sich ein Schuldner seiner Zahlungsverpflichtung dann, wenn er durch ein zweckgerichtetes Verhalten (auch Unterlassen) die zeitnahe Realisierung der Unterhaltschuld verhindert oder zumindest wesentlich erschwert hat (vgl. BGHZ 105, 250 (257) = NJW 1989, 526; BGH NJW-RR 2005, 718, 719). Dies ist zB der Fall, wenn der Schuldner trotz Zahlungsfähigkeit keinen Unterhalt geleistet hat oder wenn er trotz bestehender Möglichkeit, ein angemessenes Einkommen zu erzielen, seine Arbeitskraft nicht voll eingesetzt hat. **Vollstreckungskosten** fallen nicht unter das Privileg des § 850d Abs. 1 ZPO (LG Krefeld FamRZ 2010, 1929); gleiches gilt für den **prozessualen Kostenerstattungsanspruch** (BGH NJW-RR 2009, 1441).

Nach der Rechtsprechung des BGH muss der Gläubiger jedoch keine Tatsachen für das Vorrecht nach § 850d Abs. 1 ZPO schlüssig vortragen. Vielmehr hat der Schuldner, der überjährige Rückstände von der Privilegierung ausschließen will, die Umstände darzulegen und beweisen, die die Annahme rechtfertigen, dass er sich seiner Zahlungspflicht **nicht absichtlich entzogen** hat (BGH NJW-RR 2005, 718). Wegen der teilweise in der Literatur und Rechtsprechung vertretenen anderen Ansicht (zB OLG Köln NJW-RR 1993, 1156 (1157)) sollte der Gläubiger vorsorglich entsprechende Angaben machen, sofern ihm dies möglich ist.

49. Zur Person des Unterhaltsschuldners können von dem Gläubiger nur dann weitere Angaben gefordert, wenn er hierzu überhaupt in der Lage ist.

50. Das Vollstreckungsgericht hat den **dem Schuldner verbleibenden Betrag** (§ 850d Abs. 1 S. 2 ZPO) nach den konkreten Umständen des Einzelfalls (*Büttner* FamRZ 1994, 1433) nach Ermessen festzulegen. Dem Schuldner muss soviel belassen werden, als er für seinen notwendigen Unterhalt (s. dazu BGH NJW 2003, 2918; NJW-RR 2004,

506) und zur Erfüllung seiner laufenden Unterhaltspflichten gegenüber den dem Gläubiger vorgehenden Berechtigten oder zur gleichmäßigen Befriedigung der dem Gläubiger gleichstehenden Berechtigten benötigt (§ 850d Abs. 1 S. 2 ZPO). Der **notwendige Unterhalt** hat sich grundsätzlich an der individuellen Bedarfsituation des Schuldners zu orientieren, wobei für die Bemessung regelmäßig der sozialhilferechtliche Bedarf des Schuldners zu Grunde zu legen ist (s. dazu Zöller/*Stöber* § 850d Rn. 7). Im Einzelfall können die vollstreckungsrechtlichen Besonderheiten und auch überwiegende Belange des Gläubigers Berücksichtigung finden. Zur Ermittlung des sozialrechtlichen Bedarfs ist auf die Vorschriften des 3. und 11. Buches des SGB XII abzustellen (BGHZ 162, 234 = NJW 2005, 1279; BGH NJW-RR 2008, 733); die Unterhaltsrichtlinien der Oberlandesgerichte können nicht als Richtlinie herangezogen werden (BGHZ 156, 30 = NJW 2003, 2918; BGH NJW-RR 2004, 362); ebenso wenig kommt eine Verdopplung der nach SGB XII festgesetzten Regelsätze in Betracht (BGHZ 156, 30 = NJW 2003, 2918).

Nach **§ 850 Abs. 2 ZPO** sind bei der Pfändung mehrere Berechtigte mit ihren Ansprüchen in der Reihenfolge nach § 1609 BGB und § 16 LPartG zu berücksichtigen, wobei mehrere gleich nahe Berechtigte untereinander den gleichen Rang haben.

51. Zur Herausgabe von Unterlagen → Form. H. II. 1.

52. Zur Herausgabe von Gehaltsabrechungen → Form. H. II. 1 Anm. 4 sowie → Form. I. I. 1 Anm. 13.

53. Zur Herausgabe von Sparurkunden → Form. I. II. 20.

54. Zum Zutritt zum Schließfach → Form. I. II. 19 Anm. 3.

55. Zur Herausgabe der Versicherungspolice s. OLG Frankfurt JurBüro 1977, 855; → Form. I. VII. 120 ff.

56. Zur Herausgabe von Bausparurkunden → Form. I. VII. 16 Anm. 5.

57. An dieser Stelle können sonstige im Rahmen eines Pfändungs- und Überweisungsbeschlusses zulässige Anordnungen eingetragen werden. So zB wenn bei einer Teilpfändung der gepfändete Teil der Forderung **Vorrang vor dem ungepfändeten Teil** haben soll (→ Anm. 9). Soweit für den beabsichtigten Antrag keine zweckmäßige Eintragungsmöglichkeit in dem Formular besteht, kann eine Anlage benutzt werden (vgl. § 3 Abs. 3 ZVFV nF).

58. Das **Arrestatorium** = das Verbot an den Drittschuldner, an den Schuldner zu zahlen (§ 829 Abs. 1 S. 1 ZPO). Fehlt der Ausspruch des Arrestatoriums, ist der Pfändungsbeschluss unwirksam (Zöller/*Stöber* § 829 Rn. 7). Eine Heilung ist nicht möglich; es muss vielmehr ein neuer Pfändungsbeschluss erlassen werden. Kein Arrestatorium ist bei der Pfändung drittschuldnerloser Rechte (§ 857 Abs. 2 ZPO) auszusprechen. In diesem Fall könnte eine entsprechende Streichung in dem amtlichen Formular vorgenommen werden. Dies bietet sich indes nicht an, da nicht in allen Fällen das Fehlen eines Drittschuldners unstreitig ist.

59. Das **Inhibitorium** = das Gebot an den Schuldner, sich jeder Verfügung über die Forderung, insbes. ihrer Einziehung zu enthalten (§ 829 Abs. 1 S. 2 ZPO). Das Fehlen eines Inhibitoriums macht die Pfändung – anders als bei dem Arrestatorium – nicht unwirksam (RGZ 112, 351). Eine Ausnahme besteht im Fall Pfändung drittschuldnerloser Rechte (§ 857 Abs. 2 ZPO); in diesem Fall ist die Pfändung bei dem Fehlen eines Inhibitoriums unwirksam (KG JW 1936, 3335).

60. Eine Verwertung ist erst mit dem **Überweisungsbeschluss** (→ Anm. 4) möglich. Die Überweisung erfolgt nach Wahl des Gläubigers **zur Einziehung** oder **an Zahlungs statt.**

61. Die **Überweisung zur Einziehung** (§ 835 Abs. 1 Alt. 1. ZPO) ist die normale Überweisungsart. Sie führt dazu, dass die Zwangsvollstreckung erst beendet ist, wenn der Gläubiger vom Drittschuldner durch Zahlung befriedigt ist. Die Überweisung zur Einziehung nimmt die Forderung nicht aus dem Vermögen des Schuldners heraus. Vielmehr ist der Gläubiger nur ermächtigt, die gepfändete Forderung des Schuldners im eigenen Namen geltend zu machen und vom Drittschuldner die Erfüllung der geschuldeten Leistung anzunehmen. Zudem darf der Gläubiger zur Durchsetzung der Forderung die Rechte des Schuldners ausüben. Der Gläubiger kann nach der Überweisung zur Einziehung noch die Überweisung an Zahlungs statt beantragen. Eine Überweisung zur Einziehung kann sowohl für mehrere Gläubiger als auch zur Vollstreckung verschiedener Titel des Gläubigers erfolgen.

62. Die **Überweisung an Zahlungs statt** (§ 835 Abs. 1 2. Alt. ZPO) entfaltet nach § 835 Abs. 2 ZPO die Wirkung einer Abtretung der gepfändeten Forderung zum Nennwert mit allen etwaigen Nebenrechten an den Gläubiger (§§ 398 ff. BGB). Der Übergang tritt mit dem Wirksamwerden der Überweisung ein. Damit scheidet das Recht aus dem Haftungsverband des Schuldners aus und es tritt die sofortige Befriedigung des Gläubigers ein. Die Forderung des Gläubigers erlischt. Ausschlaggebend ist nur der rechtliche Bestand der Forderung, nicht indes ihre Einbringbarkeit. Hierfür haftet auch nicht der Schuldner. Eine **Anschlusspfändung** für einen weiteren Gläubiger oder für eine weitere Forderung ist nicht möglich, da die Forderung nicht mehr zum Schuldnervermögen gehört. Wegen der Risiken, die mit einer Überweisung an Zahlungs statt verbunden sind, ist eine solche Pfändung für den Regelfall nicht zu empfehlen. Praktische Bedeutung erlangt diese Überweisung nur bei der Pfändung langfristig dinglich gesicherter Forderungen.

63. An dieser Stelle können sonstige im Rahmen eines Pfändungs- und Überweisungsbeschlusses zulässige Anordnungen eingetragen werden, zB zu einem Antrag auf eine andere **Verwertung nach § 844 ZPO,** → Form. H. IV. 5; zu einem eventuellen Herausgabeantrag → Form. H. II. 1.

64. Für die Entscheidungen im Forderungspfändungsverfahren ist nach § 20 Nr. 17 RPflG der **Rechtspfleger** zuständig.

65. Zu den **Rechtsmitteln,** → Form. H. I. 2 Anm. 61.

66. Zu den **Kosten und Gebühren,** → Form. H. I. 2 Anm. 62.

67. → Form. H. I. 2 Anm. 63.

7. Antrag auf Bestimmung des zuständigen Gerichts bei mehreren Schuldnern (§§ 36, 37 ZPO)

An das

Landgericht/Oberlandesgericht[1, 2]

. . . . .

In der

Zwangsvollstreckungssache

des . . . . . (ladungsfähige Anschrift des Gläubigers),

Gläubigers,

Verfahrensbevollmächtigte(r): . . . . .

gegen

1. Herrn/Frau/Firma . . . . . [ladungsfähige Anschrift des Schuldners],

Schuldner(in),

Verfahrensbevollmächtigte(r): . . . . .

2. Herrn/Frau/Firma . . . . . [ladungsfähige Anschrift des Schuldners],

Schuldner(in),

Verfahrensbevollmächtigte(r): . . . . .

zeigen wir unter Vollmachtsvorlage an, dass wir den Gläubiger anwaltlich vertreten. Namens und im Auftrag des Gläubigers beantragen wir

das Amtsgericht . . . . . als das zuständige Vollstreckungsgericht zu bestimmen.

Begründung

Der Gläubiger kann aufgrund des . . . . . (nähere Bezeichnung des Vollstreckungstitels) von den Schuldnern die Zahlung von . . . . . EUR nebst . . . . . Zinsen beanspruchen. Wegen dieser titulierten Ansprüche beabsichtigt der Gläubiger, den Erlass des als Entwurf beigefügten Pfändungsbeschlusses/Pfändungs- und Überweisungsbeschlusses gegen die Schuldner zu beantragen und die angebliche Forderung der Schuldner zu pfänden, zB den Schuldnern nach Bruchteilen/zur gesamten Hand gegen den Drittschuldner zustehende Forderung zu pfänden.[3] Da die Schuldner keinen einheitlichen allgemeinen Gerichtsstand im Bezirk eines Amtsgerichts haben, bedarf es der Bestimmung des zuständigen Gerichts nach §§ 36, 37 ZPO.

Es wird angeregt, das Amtsgericht . . . . . als das zuständige Vollstreckungsgericht zu bestimmen.

. . . . .

Rechtsanwalt[4, 5]

Anmerkungen

1. Liegt ein Titel gegen mehrere Schuldner mit verschiedenen allgemeinen Gerichtsständen (§ 828 Abs. 2 ZPO) vor und will der Gläubiger in das den Schuldnern nach Bruchteilen oder gesamthänderisch zustehende Recht im Wege der Forderungsvollstreckung auf Grund eines einheitlichen Beschlusses vollstrecken, kann er **in entsprechender Anwendung des § 36 Abs. 1 Nr. 3 ZPO** die Bestimmung eines für alle Schuldner zuständigen Amtsgerichts als Vollstreckungsgericht beantragen (OLG Köln InVo 2006, 65). Die Bestimmung des zuständigen Gerichts erfolgt auf Antrag (§ 37 Abs. 1 ZPO) des Gläubigers. Der **Antrag** kann schriftlich oder zu Protokoll der Geschäftsstelle erklärt werden. Eine Gerichtsstandsbestimmung **von Amts wegen** findet nur bei einem positiven oder negativen Kompetenzstreit auf Vorlage eines der beteiligten Gerichte statt (§§ 36 Abs. 1 Nr. 5, 6 ZPO; vgl. OLG Köln InVo 2006, 65).

2. Zuständig für die Bestimmung des zuständigen Gerichts ist grundsätzlich **das im Instanzenzug nächst höhere gemeinschaftliche Gericht** (§ 36 Abs. 1 S. 1 ZPO). Dies ist bei mehreren Amtsgerichten desselben Landgerichtsbezirks das gemeinsame Landgericht. Bei mehreren Amtsgerichten unterschiedlicher Landgerichtsbezirke innerhalb desselben Oberlandesgerichtsbezirks ist es das gemeinsame Oberlandesgericht und bei mehreren Amtsgerichten unterschiedlicher Oberlandesgerichtsbezirke das Oberlandesgericht, zu dessen Bezirk das zuerst mit der Sache befasste Gericht gehört (§ 36 Abs. 2 ZPO; OLG Köln InVo 2006, 65). Da in der Regel noch kein Gericht mit der Sache befasst ist, kann in diesen Fällen sofort das Oberlandesgericht zur Gerichtsstandsbestimmung angerufen werden. Zuständig ist das Oberlandesgericht, an das sich der Antragsteller zuerst wendet, soweit ein Schuldner in dessen Bezirk seinen allgemeinen Gerichtsstand hat. Der BGH wird nur auf Vorlage eines Oberlandesgerichts tätig (§ 36 Abs. 3 S. 1 ZPO).

3. Die Voraussetzungen für den Erlass eines einheitlichen Pfändungs- und Überweisungsbeschlusses müssen **schlüssig behauptet** sein. Jeder Schuldner muss im Inland seinen allgemeinen oder einen besonderen Gerichtsstand haben (BGH NJW 1988, 646) oder es muss Art. 6 Nr. 1 EuGVVO Anwendung finden. Es darf nur ein Gericht als zuständig bestimmt werden, bei dem einer der Schuldner seinen Gerichtsstand hat. Die Bestimmung des zuständigen Gerichts erfolgt nach Zweckmäßigkeitsgesichtspunkten und gemäß der Prozesswirtschaftlichkeit (Zöller/*Vollkommer* § 36 Rn. 18).

4. Rechtsmittel. Der stattgebende Beschluss ist **unanfechtbar** (§ 37 Abs. 2 ZPO). Gegen den zurückweisenden Beschluss des Landgerichts findet die **sofortige Beschwerde** nach § 567 Abs. 1 Nr. 2 ZPO zum Oberlandesgericht statt. Gegen den ablehnenden Beschluss des Oberlandesgerichts gibt es keine Rechtsbeschwerde; arg. aus § 36 Abs. 3 ZPO (BayObLG NJW 2002, 2888; aA OLG Stuttgart NJW-RR 2003, 1706).

5. Kosten und Gebühren. Für das Bestimmungsverfahren fallen keine **Gerichtsgebühren** an (§ 1 GKG); für die verworfene oder zurückgewiesene Beschwerde fällt eine Festgebühr in Höhe von 60,– EUR nach Nr. 1812 KV GKG an. Gesonderte **Rechtsanwaltsgebühren** entstehen bei einer Entscheidung nicht, da der Antrag zum Rechtszug gehört (vgl. auch § 16 Nr. 3a RVG). Dies gilt auch, wenn das Bestimmungsverfahren ohne eine Bestimmung endet. Wird der Rechtsanwalt ausschließlich im Bestimmungsverfahren tätig, erhält er eine 0,8 Gebühr nach Nr. 3403 VV RVG. Für die Tätigkeit im Beschwerdeverfahren entsteht eine 0,5 Gebühr nach Nr. 3500 VV RVG.

8. Vereinfachter Vollstreckungsauftrag bei Vollstreckungsbescheiden (§ 829a ZPO)

§ 829 Abs. 4 ZPO sieht die Möglichkeit vor, durch Rechtsverordnung Formulare für den Antrag auf Erlass eines Pfändungs- und Überweisungsbeschlusses einzuführen, die elektronisch bearbeitet werden können. Sobald entsprechende elektronische Formulare eingeführt worden sind, ist im Falle eines **elektronischen Auftrags zur Zwangsvollstreckung im Wege der Pfändung und Überweisung von Geldforderungen** auf der Grundlage von Vollstreckungsbescheiden die Übermittlung der Ausfertigung des Vollstreckungsbescheides in Papierform entbehrlich, wenn mit dem Auftrag eine Ausfertigung oder Ablichtung des Vollstreckungsbescheides nebst Zustellungsbescheid in elektronischer Form beigefügt ist (§ 829a Abs. 1 Nr. 3 ZPO). Weitere Voraussetzung ist, dass sich die aus dem Vollstreckungsbescheid ergebende fällige Geldforderung nicht mehr als 5.000 EUR beträgt (§ 829a Abs. 1 Nr. 1 ZPO). Die Kosten der Zwangsvollstreckung und Nebenforderungen sind bei der Berechnung der Forderungshöhe nur zu berücksichtigen, wenn sie allein Gegenstand des Vollstreckungsantrages sind. Insoweit bedarf es der Vorlage einer nachprüfbaren Aufstellung der Kosten und der entsprechenden Belege in elektronischer Form (§ 829a Abs. 1 S. 2 ZPO).

Weitere Voraussetzung für die Möglichkeit der Nutzung eines vereinfachten Vollstreckungsauftrages ist, dass gesetzlich nicht die Vorlage anderer Urkunden als der **Ausfertigung des Vollstreckungsbescheides** vorgeschrieben ist (§ 829a Abs. 1 Nr. 2 ZPO). Zudem muss der Gläubiger versichern, dass ihm eine Ausfertigung des Vollstreckungsbescheides und eine Zustellungsbescheinigung vorliegen und die Forderung in Höhe des Vollstreckungsantrages noch besteht (§ 829a Abs. 1 Nr. 4 ZPO). Zudem kann das Gericht nach § 829a Abs. 2 ZPO in Zweifelsfällen die Vorlage des Vollstreckungsbescheides oder den Nachweis der übrigen Vollstreckungsvoraussetzungen verlangen. Ab wann bei allen Gerichten die Möglichkeit der Erteilung eines elektronischen Auftrages zur Zwangsvollstreckung im Wege der Forderungspfändung besteht, kann derzeit noch nicht eingeschätzt werden.

II. Mitwirkungspflichten des Schuldners (§ 836 Abs. 3 ZPO)

1. Herausgabe der über die Forderung vorhandenen Unterlagen (§ 836 Abs. 3 S. 1 ZPO)

[Auf Seite 8 des amtlichen Formulars[1] (bzw. Seite 9 des amtliches Formulars[2]) ist das Feld „Es wird angeordnet, dass" anzukreuzen und entweder einer bzw. mehrere der angebotenen Alternativen'[3, 9, 10]

- **der Schuldner die Lohn- oder Gehaltsabrechnung oder die Verdienstbescheinigung einschließlich der entsprechenden Bescheinigungen der letzten drei Monate vor Zustellung des Pfändungs- und Überweisungsbeschlusses an den Gläubiger herauszugeben hat.[4]**
- **der Schuldner das über das jeweilige Sparguthaben ausgestellte Sparbuch (bzw. die Sparurkunde) an den Gläubiger herauszugeben hat und dieser das Sparbuch (bzw. die Sparurkunde unverzüglich dem Drittschuldner vorzulegen hat.[5]**
- **. . . . . .**
- **der Schuldner die Versicherungspolice an den Gläubiger herauszugeben hat und dieser sie unverzüglich dem Drittschuldner vorzulegen hat.[6]**
- **der Schuldner die Bausparurkunde und den letzten Kontoauszug an den Gläubiger herauszugeben hat und dieser die Unterlagen unverzüglich dem Drittschuldner vorzulegen hat.[7]**

oder das letzte (freie) Kästchen anzukreuzen und in das dortige freie Feld einzutragen:]

der Schuldner folgende Unterlagen[8]. . . . . [nähere Bezeichnung der Unterlagen] herauszugeben hat.

Anmerkungen

1. Pfändungs- und Überweisungsbeschluss wegen gewöhnlicher Geldforderungen, → Form. H. I. 2.

2. Pfändungs- und Überweisungsbeschluss wegen Unterhaltsforderungen, → Form. H. I. 6.

3. Der Schuldner ist aufgrund der Pfändung und Überweisung einer Forderung gem. § 836 Abs. 3 S. 1 ZPO verpflichtet, dem Gläubiger die zur Einziehung der Forderung nötige **Auskunft zu erteilen** und ihm die über die Forderung vorhandenen und in seinem Besitz befindlichen **Urkunden herauszugeben.** Die Vorschrift dient den Interessen des Gläubigers, die zur Durchsetzung der Forderung notwendigen Informationen zu erhalten. Der Gläubiger soll in die Lage versetzt werden, die Aussichten einer Drittschuldnerklage zu überprüfen und notfalls eine solche exakt beziffern zu können (BGH NJW 2012, 1081; NJW 2012, 1223). Aus diesem Grunde ist die Vorschrift weit auszulegen (BGH NJW 2007, 606). Die Herausgabepflicht des Schuldners betrifft Urkunden, die den Gläubiger als zur Empfangnahme der Leistung berechtigt legitimieren, sowie solche, die den Bestand der Forderung beweisen oder sonst der Ermittlung oder dem Nachweis ihrer Höhe, Fälligkeit oder Einredefreiheit dienen (BGH NJW 2007, 606; NJW 2012, 1081; NJW 2012, 1223). Allein die Pfändung der Forderung (zB bei einer Sicherungsvollstreckung gem. § 720a ZPO oder bei einer Arrestpfändung nach § 930 ZPO) löst diese Pflichten noch nicht aus.

Eine **besondere Herausgabeanordnung** ist zwar grundsätzlich nicht erforderlich. Jedoch kann der Gläubiger eine solche Anordnung verlangen, wenn hierdurch die vom Schuldner herauszugebenden Urkunden näher bezeichnet werden sollen. Die Aufnahme einer Herausgabeanordnung in den Pfändungs- und Überweisungsbeschluss ist nicht davon abhängig, dass der Gläubiger an der Herausgabe der über die Forderung vorhandenen Urkunden im Einzelfall ein besonderes Rechtsschutzinteresse darlegt (BGH NJW-RR 2006, 1576). Der Gläubiger kann ebenfalls nicht auf die Möglichkeit einer nachträglichen Ergänzung des Pfändungs- und Überweisungsbeschlusses oder auf eine Informationsbeschaffung über den Drittschuldner nach § 840 Abs. 1 ZPO verwiesen werden. Zur Wegnahme von Urkunden über die gepfändete Forderung s. auch § 122 Abs. 1 GVGA.

Siehe dazu ergänzend: *Behr*, Die Urkundenherausgabe gem. § 836 Abs. 3 ZPO, JurBüro 1994, 327; *ders.*, Herausgabe der Lohnabrechnung bei der Einkommenspfändung, JurBüro 1995, 626; *Scherer*, Herausgabe der Lohnabrechnung und Auskunft bei Lohnpfändungen, Rpfleger 1995, 446; *B. Schmidt*, Antragsrecht des Gläubigers auf Steuererstattung nach Wegnahme der Steuerkarte, JurBüro 1999, 403; *ders.*, Pflicht zur Herausgabe von Urkunden im Sinne des § 836 Abs. 3 ZPO, InVo 2000, 369; *Steder*, Auskunftsoffenbarung im Rahmen der Forderungspfändung, MDR 2000, 438; *Viertelhausen*, Kann die Lohnsteuerkarte im Wege der Herausgabevollstreckung oder der Hilfspfändung weggenommen werden?, DGVZ 2003, 134; *Walker*, Keine Herausgabe von EC-Karten als über die Forderung vorhandene Urkunden an den Pfändungsgläubiger, LMK 2003, 115.

Die Urkunden über die gepfändete Forderung sind regelmäßig **im Original herauszugeben**; bei einer Beweisurkunde genügt eine beglaubigte Abschrift oder Ablichtung. Nach der Geltendmachung der gepfändeten Forderung sind die Urkunden an den Schuldner zurückzugeben. Eine entsprechende Rückgabepflicht kann in der Herausgabeanordnung aufgenommen werden.

4. Zur Herausgabe von Lohn- und Gehaltsabrechnungen s. BGH NJW-RR 2006, 1576; NJW 2007, 606. **Kein Anspruch** besteht auf Herausgabe der **Lohnsteuerkarte** bzw. des Ausdrucks der elektronischen Lohnsteuerbescheinigung (LG Dortmund JurBüro 2000, 492; LG Frankenthal Rpfleger 2000, 462; LG Potsdam Rpfleger 2002, 530; Zöller/*Stöber* § 836 Rn. 13; → Form. I. I. 1 Anm. 13. Zur Pfändung des Arbeitseinkommens → Form. I. I. 1.

5. Zur Pfändung von Sparguthaben → Form. I. II. 20.

6. Zur Herausgabe von Versicherungsscheine s. OLG Frankfurt JurBüro 1977, 855. Zur Pfändung von Versicherungsleistungen → Form. I. VII. 120 ff.

7. Zur Pfändung von Bausparleistungen → Form. I. VII. 16.

8. Die **Herausgabepflicht** betrifft Urkunden, die den Gläubiger als zur Empfangnahme der Leistung berechtigt legitimieren, sowie solche, die den Bestand der Forderung beweisen oder sonst der Ermittlung oder dem Nachweis ihrer Höhe, Fälligkeit oder Einredefreiheit dienen (BGH NJW-RR 2006, 1576; BGH NJW 2007, 606). Dazu gehören zB: Vorrangige Abtretungsurkunden (LG Bremen JurBüro 2009, 441; AG Münster JurBüro 2014, 608; AG Soltau JurBüro 2015, 100), Kaufverträge, Leistungsbescheide (LG Essen JurBüro 2001, 153; LG Koblenz JurBüro 2010, 49), Leistungsverzeichnisse und Ausschreibungsunterlagen (OLG Hamm MDR 1976, 43), Mietverträge, Pfandscheine, schriftliche Rentenauskünfte (AG Linz JurBüro 2010, 215), Rentenbescheide (LG Koblenz JurBüro 2010, 49; AG Fürth JurBüro 2014, 440), Schriftwechsel, Schuldscheine, Vollstreckungstitel, Werkverträge. Streitig ist, ob **vorrangige Pfändungs- und Überweisungsbeschlüsse** herauszugeben sind (bejahend: LG Frankfurt/Main InVo 2002, 516; LG Stuttgart Rpfleger 1998, 166; verneinend: LG Aachen InVo 1997, 77; LG Münster InVo 2002, 342.

Kontoauszüge sind herauszugeben, soweit sie dem Gläubiger die Einziehung der gepfändeten Forderung erleichtern, wobei die Herausgabe von Kopie der Kontoauszüge genügt (BGH NJW 2012, 1081; NJW 2012, 1223). Dies gilt **ohne Einschränkungen** für alle Kontoauszüge, unabhängig davon, ob sie positive oder negative Salden ausweisen (BGH NJW 2012, 1081; NJW 2012, 1223; JurBüro 2013, 41). Der Schuldner kann sich insoweit nicht auf ein Geheimhaltungsinteresse berufen. Schwärzungen der Kontoauszüge kommen nicht in Betracht (BGH NJW 2012, 1081; NJW 2012, 1223); → Form. I. II. 1 Anm. 13.

Der Schuldner ist zur Herausgabe einer **P-Konto-Bescheinigung** sowie der bei ihm vorhandenen Nachweise, welche gem. § 850k Abs. 2, Abs. 5 S. 2 ZPO zur Erhöhung der Pfändungsfreibeträge führen können, verpflichtet (BGH NJW-RR 2013, 766 unter Abänderung der gegenteiligen Entscheidung des LG Koblenz ZVI 2011, 258; vgl. auch LG Dresden Beschl. v. 23.5.2011 – 2 T 383/11); → Form. I. II. 1 Anm. 14.

Kein Anspruch besteht auf Herausgabe einer EC-Karte oder einer sonstigen Scheckkarte (BGH NJW 2003, 1256).

9. Erfüllt der Schuldner nicht freiwillig, kann der Gläubiger die Verpflichtung im Wege der **Zwangsvollstreckung durch den Gerichtsvollzieher** nach § 883 Abs. 1 ZPO durchsetzen (§ 836 Abs. 3 S. 3 ZPO). Insoweit bildet der Überweisungsbeschluss den notwendigen Vollstreckungstitel (OLG Frankfurt Rpfleger 1977, 221). Der Erteilung einer Vollstreckungsklausel bedarf es nicht. Die vom Schuldner herauszugebenden Urkunden müssen im Pfändungs- und Überweisungsbeschluss so genau bezeichnet werden, dass eine Herausgabevollstreckung möglich ist. Soweit eine Urkunde im Überweisungsbeschluss nicht oder nur unzureichend aufgeführt ist, ist auf Antrag des Gläubigers eine Ergänzung der Herausgabeanordnung durch das Vollstreckungsgericht möglich (LG Koblenz DGVZ 1997, 126).

Wird die herauszugebende Urkunde beim Schuldner nicht vorgefunden, ist der Schuldner nach § 883 Abs. 2 ZPO verpflichtet, auf Antrag des Gläubigers zu Protokoll **an Eides statt zu versichern,** dass er die Urkunde nicht besitzt und auch nicht weiß, wo sie sich befindet.

Besitzt ein **nicht herausgabebereiter Dritter** die Urkunden, so kann eine Vollstreckung nach § 886 ZPO erfolgen; → Form. L. V. 1. Auf Antrag des Gläubigers wird der Anspruch des Schuldners auf Herausgabe der Unterlagen gepfändet und überwiesen. Verweigert der Drittschuldner nach der Überweisung die Herausgabe der Unterlagen, so muss der Gläubiger gegen diesen auf Herausgabe klagen und anschließend aus dem Urteil die Vollstreckung nach §§ 883 ff. ZPO betreiben; → Form. L. II. 1 und → Form. L. III. 1.

10. Rechtsbehelfe. Der Gerichtsvollzieher kann in entsprechender Anwendung des **§ 765a Abs. 2 ZPO** (→ Form. H. IV. 1.) die Herausgabe von Kontounterlagen an den Gläubiger um bis zu einer Woche aufschieben. Eine etwaige Verletzung des Rechts des Schuldners auf Geheimhaltung oder informationelle Selbstbestimmung durch Preisgabe der in den Kontoauszügen enthaltenen Informationen kann der Schuldner im Wege der **Erinnerung** gem. § 766 Abs. 1 ZPO (→ Form. P. II. 1.) geltend machen (BGH NJW 2012, 1081; NJW 2012, 1223).

2. Auskunfts- und Herausgabeverlangen an den Schuldner (§ 836 Abs. 3 S. 1 ZPO)

. . . . .

[Anschrift des Vollstreckungsschuldners][1]

Sehr geehrte(r) . . . . .,

hiermit zeigen wir an, dass wir den Gläubiger vertreten. Das Amtsgericht . . . . . hat auf unseren Antrag/Antrag des/er Mandanten/in am . . . . . [Datum des Beschlusses, Aktenzeichen] einen Pfändungs- und Überweisungsbeschluss erlassen und Ihre angebliche Forderung aus . . . . . [nähere Bezeichnung] gegen den Drittschuldner . . . . . [nähere Bezeichnung] gepfändet.

Gemäß § 836 Abs. 3 S. 1 ZPO sind Sie verpflichtet, die zur Geltendmachung der Forderung notwendigen Auskünfte zu erteilen.[2] Insoweit fordere ich Sie auf mitzuteilen, ob und in welchem Umfange die Forderung besteht sowie Angaben zu ihrer Durchsetzbarkeit gegenüber dem Dritten zu machen.[3]

Sollten Sie Ihrer Auskunftspflicht nicht bis zum . . . . . [Datum][4] nachkommen, werden wir einen Antrag auf Auskunftserteilung zu Protokoll des Gerichtsvollziehers und auf Abgabe der Eidesstattlichen Versicherung nach §§ 836 Abs. 3 S. 2 ZPO[5] stellen.

Weiterhin sind Sie nach § 836 Abs. 3 S. 1 ZPO verpflichtet, die zur Geltendmachung der gepfändeten Forderung notwendigen Unterlagen herauszugeben. Entsprechend ist in dem Pfändungs- und Überweisungsbeschluss die Verpflichtung aufgenommen worden, folgende Unterlagen herauszugeben, ...[6]

Daher fordern wir Sie auf, diese Unterlagen im Original/in beglaubigter Kopie an uns/ unmittelbar an den Vollstreckungsgläubiger herauszugeben. Sollten Sie dieser Verpflichtung nicht bis zum . . . . . [Datum][4] nachkommen, werden wir insoweit die Herausgabevollstreckung betreiben.[7]

. . . . .

Rechtsanwalt[8]

Anmerkungen

1. Die Aufforderung zur Auskunft und zur Herausgabe der Unterlagen kann unmittelbar an den Schuldner gerichtet werden, auch wenn dieser von einem Verfahrensbevollmächtigten vertreten wird. Es liegt kein Fall des § 172 Abs. 1 ZPO vor (*Stöber* MDR 2001, 301).

2. Beim Vorliegen eines wirksamen Pfändungs- und Überweisungsbeschlusses ist der Schuldner nach § 836 Abs. 3 S. 1 ZPO verpflichtet, dem Gläubiger die zur Geltendmachung der Forderung notwendigen **Auskünfte** zu erteilen. Eines gesonderten Ausspruchs dieser Verpflichtung im Pfändungs- und Überweisungsbeschluss bedarf es nicht. Der Anspruch des Gläubigers besteht neben dem des § 840 ZPO (Zöller/*Stöber* § 836 Rn. 11). Die alleinige Pfändung der Forderung (zB bei der Sicherungsvollstreckung gem. § 720a ZPO oder einer Arrestpfändung nach § 930 ZPO) begründet noch keine Auskunftsverpflichtung. Die Auskunftspflicht findet ihre Grenze in der beruflichen Schweigepflicht des

Schuldners (OLG Stuttgart NJW 1994, 2838). Siehe dazu weiter *Steder*, Auskunftsoffenbarung im Rahmen der Forderungspfändung, MDR 2000, 438; *Stöber*, Auskunftspflicht des Schuldners – Verfahren nach Forderungspfändung, MDR 2001, 301; *Wertenbruch*, Die Auskunftspflicht des Schuldners bei der Forderungs- und Rechtspfändung, DGVZ 2001, 65; *Wolf/Müller*, Nebenpflichtenkanon bei der Forderungspfändung, NJW 2004, 1775.

3. Die **Auskunft** soll den Gläubiger in die Lage versetzen, die gepfändete Forderung gegenüber dem Drittschuldner zu verfolgen. Der Gläubiger muss nicht die einzelnen Tatsachen oder Umstände näher bezeichnen, über die er Auskunft wünscht; vielmehr kann das Auskunftsbegehren allgemein gehalten sein. Der Schuldner muss alle für die Geltendmachung der Forderung erforderlichen Tatschen aufzeigen, wie zB Art und Betrag der Forderung, Zeitpunkt und Ort der Leistung, Name und Anschrift eines Bürgen (LG München II JurBüro 2000, 490), Bestehen von Unterhaltsansprüchen gegen den Schuldner (LG Hildesheim DGVZ 2001, 87), etwaige unpfändbare Beträge, sozialrechtliche Abzüge, Vorliegen von Abtretungen (LG Hildesheim DGVZ 2001, 87). Daneben besteht die Verpflichtung etwaige Beweis- bzw. Verteidigungsmittel gegen mögliche Einwendungen des Drittschuldners näher zu bezeichnen. Hierzu gehört auch die Mitteilung von Tatsachen, die erst nach der Pfändung eingetreten sind, zB Zahlungen an den Drittschuldner (Zöller/*Stöber* § 836 Rn. 10).

Der Umfang der Auskunftspflicht bestimmt sich letztlich nach dem Einzelfall. Bei der Pfändung von Arbeitseinkommen (→ Form. I. I. 1) stellt der **Anspruch auf Erteilung einer Lohnabrechnung** einen unselbständigen Nebenanspruch dar, sofern diese Abrechnung erforderlich ist, um den Anspruch auf Lohnzahlung geltend zu machen. Insoweit kann auf Antrag des Gläubigers die Mitpfändung dieses Anspruchs klarstellend in dem Pfändungs- und Überweisungsbeschluss ausgesprochen werden (BGH JurBüro 2013, 271).

Dagegen ist der **Schuldner nicht verpflichtet**, die zur Ermittlung von Forderungen notwendigen Umstände (wie zB das Bestehen weiterer Verträge; das Vorliegen anderer Konten) mitzuteilen. Ebenso wenig muss der Schuldner Auskunft darüber erteilen, warum die „angebliche Forderung" nicht (mehr) besteht. § 836 Abs. 3 S. 1 ZPO begründet keine Dauerverpflichtung des Schuldners, so dass dieser in der Regel nicht zur Ergänzung einer erteilten Auskunft verpflichtet ist. Der Auskunftsanspruch begründet auch kein Einsichtsrecht in die vom Schuldner in einem Prozess eingereichten Prozesskostenhilfeunterlagen (OLG Brandenburg FamRZ 2011, 125).

4. Die **Frist** muss angemessen sein. Dies richtet sich im Einzelfall nach dem Umfang der geforderten Auskunft. Eine Frist von 2 Wochen dürfte im Regelfall ausreichend bemessen sein.

5. Zur Eidesstattlichen Versicherung → Form. H. II. 3.

6. Die **Herausgabepflicht** des Schuldners besteht primär neben der Auskunftspflicht. Zu den Einzelheiten der Herausgabe → Form. H. II. 1 Anm. 3 ff.

7. Zur Herausgabevollstreckung → Form. H. II. 1 Anm. 9.

8. **Gebühren.** Das Auskunfts- und Herausgabeverlangen an den Schuldner bildet mit der Vollstreckungstätigkeit nach § 829 ZPO eine einheitliche Angelegenheit und löst **keine weitere Anwaltsgebühr** aus.

3. Antrag auf Bestimmung eines Termins zur Auskunftserteilung sowie Abnahme der Eidesstattlichen Versicherung nebst Antrag auf Erlass eines Haftbefehls (§ 836 Abs. 3 S. 2 ZPO)

An das

Amtsgericht .....

Verteilungsstelle für Gerichtsvollzieheraufträge[1]

In der Zwangsvollstreckungssache

....

zeigen wir an, dass wir den Gläubiger vertreten.

Namens und in Vollmacht des Gläubigers wird beantragt,

Termin zur Auskunftserteilung sowie zur Abgabe der Eidesstattlichen Versicherung (§ 836 Abs. 3 S. 2 ZPO) zu bestimmen, den Schuldner hierzu zu laden, uns eine Terminsnachricht sowie eine Abschrift des Terminsprotokolls zu übersenden.[2]

Weiterhin wird

die Abgabe der Sache an das zuständige Gericht des Wohnsitzes beantragt, sofern der Schuldner nicht in dem Bezirk des AG ..... wohnt.[3]

Zudem wird

der Erlass eines Haftbefehls und die Übersendung einer Ausfertigung des Haftbefehls für den Fall beantragt, dass der Schuldner im Termin ohne hinreichende Entschuldigung nicht erscheint oder ohne Grund die Abgabe der Eidesstattlichen Versicherung verweigert.

Begründung

Der Gläubiger hat aufgrund der beigefügten vollstreckbaren Ausfertigung des ..... [nähere Bezeichnung des Titels][4] einen Anspruch gegen den Schuldner auf Zahlung von ..... nebst ..... Zinsen. Durch den ebenfalls in der Anlage beigefügten Pfändungs- und Überweisungsbeschluss des Amtsgerichts ..... vom ....., Az. ....., wurde der Anspruch des Schuldners gegen den Drittschuldner ..... [genaue Bezeichnung] gepfändet und dem Gläubiger zur Einziehung überwiesen. Der Pfändungs- und Überweisungsbeschluss ist dem Schuldner entsprechend dem beigefügten Nachweis am ..... [Datum] zugestellt worden.

Mit dem in Abschrift beigefügten Schriftsatz vom ..... [Datum] ist der Schuldner zur Auskunftserteilung aufgefordert worden. Dieser Verpflichtung aus § 836 Abs. 3 S. 1 ZPO ist der Schuldner bisher nicht nachgekommen.

Der Schuldner sollte insbesondere Auskunft zu folgenden Punkten erteilen, ...[2]

Der Gläubiger bzw. sein Vertreter möchten an dem Termin teilnehmen/nicht teilnehmen.

Sollte der Schuldner trotz ordnungsgemäßer Ladung den Termin ohne hinreichende Entschuldigung nicht wahrnehmen oder sollte der Schuldner ohne Grund die Abgabe der Eidesstattlichen Versicherung verweigern, liegen die Voraussetzungen für den Erlass eines Haftbefehls vor.

.....

Rechtsanwalt[5]

Anmerkungen

1. **Zuständig** ist der **Gerichtsvollzieher** bei dem Amtsgericht, in dessen Bezirk der Schuldner im Zeitpunkt der Auftragserteilung seinen Wohnsitz bzw. in Ermangelung eines solchen seinen Aufenthaltsort hat (§ 836 Abs. 3 S. 3 iVm 802e ZPO).

2. Als **Voraussetzung** für die Bestimmung eines Termins für die Abnahme der Auskunft und die Entgegennahme der Versicherung an Eides statt ist das Vorliegen eines wirksamen, an den Drittschuldner zugestellten (vgl. § 829 Abs. 3 ZPO) Pfändungs- und Überweisungsbeschlusses sowie die Weigerung des Schuldners, die Auskunft freiwillig zu erteilen. Der Auftrag an den Gerichtsvollzieher kann allgemein gehalten sein. Es besteht keine Notwendigkeit, die Tatsachen und Umstände im Einzelnen zu bezeichnen, über die der Gläubiger Auskunft begehrt. Insbesondere muss er nach hM nicht etwa Fragen auflisten, zu denen der Schuldner Auskünfte erteilen soll (*Stöber* MDR 2001, 301 (303)). Da teilweise die Auffassung vertreten wird, der Gläubiger müsse mit seinem Antrag angeben, welche Auskünfte er konkret vom Schuldner begehrt, sollten vorsorglich Fragen an den Schuldner formuliert werden. Siehe dazu auch: *David*, Die drei eidesstattlichen Versicherungen vor dem Gerichtsvollzieher, MDR 2000, 19; *Kreutzkam*, Die etwas andere Versicherung an Eides Statt (§ 836 Abs. 3 ZPO) zur Vorbereitung der Durchsetzung gepfändeter Ansprüche, JurBüro 2008, 231; *B. Schmidt*, Das (neue) Verfahren zur Abgabe der eidesstattlichen Versicherung gem. § 836 Abs. 3 ZPO, InVo 1999, 201; *Stöber*, Auskunftspflicht des Schuldners – Verfahren nach Forderungspfändung, MDR 2001, 301.

3. Ist das angegangene Amtsgericht **örtlich** nicht zuständig, so erfolgt eine Abgabe der Sache an das zuständige Amtsgericht nur auf Antrag des Gläubigers. Zur Vermeidung unnötiger Verzögerungen empfiehlt es sich, den **Abgabeantrag** bereits vorsorglich zu stellen. Sofern der angerufene Gerichtsvollzieher unzuständig ist, indes der Wohnsitz oder Aufenthaltsort in dem Bezirk des angerufenen Amtsgerichts liegt, so hat dieser den Auftrag von Amts wegen formlos an den zuständigen Gerichtsvollzieher abzugeben.

4. Der Gläubiger muss mit dem Antrag auf Bestimmung des Termins die vollstreckbare Ausfertigung des Titels, den Pfändungs- und Überweisungsbeschluss sowie die sonstigen Unterlagen vorlegen, aus denen sich die Verpflichtung des Schuldners zur Abgabe der Eidesstattlichen Versicherung ergibt. Dafür ist auch erforderlich, das Aufforderungsschrieben vorzulegen und die Versendung dieses Schreibens durch Versicherung des Prozessbevollmächtigten oder Vorlage eines Beleges über die Absendung des Schreibens glaubhaft zu machen.

5. **Gebühren.** Der Antrag und das Verfahren auf Bestimmung eines Termins zur Auskunftserteilung sowie zur Abnahme der Eidesstattlichen Versicherung nach § 836 Abs. 3 ZPO ist zwar nicht ausdrücklich in § 18 Abs. 1 Nr. 16 RVG erwähnt. Insoweit hat der Gesetzgeber jedoch übersehen, dass es neben der Vermögensauskunft noch andere Fälle der eidesstattlichen Versicherung gibt. Daher ist eine analoge Anwendung gerechtfertigt (Zöller/*Stöber* § 836 Rn. 18), so dass gesonderte **Rechtsanwaltsgebühren** nach Nr. 3309, 3310 VV RVG anfallen. Durch die Abnahme der Eidesstattlichen Versicherung durch den Gerichtsvollzieher entsteht eine **Gerichtsvollziehergebühr** nach Nr. 262 KV GvKostG.

4. Antrag auf Bestimmung eines Termins zur Abnahme der Eidesstattlichen Versicherung (§ 836 Abs. 3 S. 5 ZPO iVm § 883 Abs. 2 ZPO)

An das

Amtsgericht .....

Verteilungsstelle für Gerichtsvollzieheraufträge[1]

In der Zwangsvollstreckungssache

....

zeigen wir an, dass wir den Gläubiger vertreten.

Namens und in Vollmacht des Gläubigers wird beantragt,

> Termin zur Abgabe der Eidesstattlichen Versicherung (§ 836 Abs. 3 S. 5 ZPO iVm § 883 Abs. 2 ZPO) zu bestimmen, den Schuldner hierzu zu laden, uns eine Terminsnachricht sowie eine Abschrift des Terminsprotokolls zu übersenden.[2]

Weiterhin wird

> die Abgabe der Sache an das zuständige Gericht des Wohnsitzes beantragt, sofern der Schuldner nicht in dem Bezirk des AG ..... wohnt.[3]

Zudem wird

> der Erlass eines Haftbefehls und die Übersendung einer Ausfertigung des Haftbefehls für den Fall beantragt, dass der Schuldner im Termin ohne hinreichende Entschuldigung nicht erscheint oder ohne Grund die Abgabe der Eidesstattlichen Versicherung verweigert.

Begründung

Der Gläubiger hat aufgrund der beigefügten vollstreckbaren Ausfertigung des ..... [nähere Bezeichnung des Titels][4] einen Anspruch gegen den Schuldner auf Zahlung von ..... nebst ..... Zinsen. Durch den ebenfalls in der Anlage beigefügten Pfändungs- und Überweisungsbeschlusses des AG ..... vom ..... [Datum, Aktenzeichen] wurde der Anspruch des Schuldners gegen den Drittschuldner ..... [genaue Bezeichnung] gepfändet und dem Gläubiger zur Einziehung überwiesen. Der Pfändungs- und Überweisungsbeschluss ist dem Schuldner entsprechend dem beigefügten Nachweis am ..... (Datum) zugestellt worden.

In dem Beschluss ist die Herausgabe folgender Urkunden ..... [nähere Bezeichnung der Urkunden] angeordnet worden. Der Schuldner ist seiner Verpflichtung aus § 836 Abs. 3 S. 1 ZPO bisher nicht nachgekommen. Die Herausgabevollstreckung des Gläubigers nach § 883 Abs. 1 ZPO verlief erfolglos. Eine beglaubigte Abschrift des Vollstreckungsprotokolls des Gerichtsvollziehers ..... vom ..... ist beigefügt.

Der Schuldner sollte sich zu dem Verbleib der in dem Pfändungs- und Überweisungsbeschluss bezeichneten Urkunden erklären und die Richtigkeit der Angaben versichern.

Der Gläubiger bzw. sein Vertreter wollen an dem Termin teilnehmen/nicht teilnehmen.

Sollte der Schuldner trotz ordnungsgemäßer Ladung den Termin ohne hinreichende Entschuldigung nicht wahrnehmen oder sollte der Schuldner ohne Grund die Abgabe der Eidesstattlichen Versicherung verweigern, liegen die Voraussetzungen für den Erlass eines Haftbefehls vor.

.....

Rechtsanwalt[5]

Anmerkungen

1. **Zuständig** ist der **Gerichtsvollzieher** bei dem Amtsgericht, in dessen Bezirk der Schuldner im Zeitpunkt der Auftragserteilung seinen Wohnsitz bzw. in Ermangelung eines solchen seinen Aufenthaltsort hat (§ 883 Abs. 2 S. 2 iVm § 802e ZPO).

2. Zu den Voraussetzungen für die Bestimmung eines Termins für die Abnahme der Auskunft und die Entgegennahme der Versicherung an Eides statt → Form. H. II. 3 Anm. 2.

3. → Form. H. II. 3 Anm. 3.

4. → Form. H. II. 3 Anm. 4.

5. → Form. H. II. 3 Anm. 5.

5. Hilfspfändung (§ 106 GVGA)

An das

Amtsgericht .....[1]

Verteilungsstelle für Gerichtsvollzieheraufträge

In der Zwangsvollstreckungssache

....

zeigen wir an, dass wir den Gläubiger vertreten.

Namens und in Vollmacht des Gläubigers wird beantragt,

im Wege der Hilfspfändung (§ 106 GVGA) das/der bei dem Schuldner befindliche ..... [genaue Bezeichnung des in Besitz zu nehmenden Papiers] vorläufig in Besitz zu nehmen und
dies unverzüglich dem Gläubiger unter Bezeichnung der Forderung und Übersendung einer Abschrift des Pfändungsprotokolls mitzuteilen.[2]

Begründung

Der Gläubiger hat aufgrund der beigefügten vollstreckbaren Ausfertigung des ..... [nähere Bezeichnung des Titels] einen Anspruch gegen den Schuldner auf Zahlung von ..... nebst ..... Zinsen. Er beabsichtigt, den angeblichen Anspruch des Schuldners aus dem dem Sparbuch zugrunde liegenden Sparvertrag gegen die ..... [genaue Bezeichnung der Drittschuldnerin] zu pfänden und überweisen zu lassen. Der Antrag auf Erlass eines entsprechenden Pfändungs- und Überweisungsbeschlusses wird noch heute gestellt/ist

heute gestellt worden. Zur Abwendung einer möglichen Vollstreckungsvereitelung bedarf es schon vor der Forderungspfändung eines vorläufigen Vollstreckungszugriffs auf das Sparbuch.

.....

Rechtsanwalt[3, 4]

Anmerkungen

1. **Zuständig** ist der **Gerichtsvollzieher** bei dem Amtsgericht, in dessen Bezirk der Schuldner im Zeitpunkt der Auftragserteilung seinen Wohnsitz bzw. in Ermangelung eines solchen seinen Aufenthaltsort hat.

2. **Legitimationsurkunden** und **Beweisurkunden**, die eine Forderung beweisen, ohne selbst Träger des Rechts zu sein, sind keine Wertpapiere und können nicht nach den Vorschriften über die Zwangsvollstreckung in bewegliche körperliche Sachen gepfändet werden. Hierzu gehören zB Anteilsscheine einer GmbH oder Genossenschaft, Depotscheine, Flugscheine (LG Frankfurt/Main DGVZ 1990, 170), Hypothekenbriefe (OLG Hamm OLGZ 1981, 19) sowie solche Grundschuldbriefe und Rentenschuldbriefe, die nicht auf den Inhaber lauten, Pfandscheine, Sparbücher (OLG Düsseldorf OLGR 1998, 423) und Versicherungsscheine (OLG Hamm NJW-RR 1995, 1434). Zur Herausgabe dieser Urkunden ist der Schuldner erst nach Erlass eines Pfändungs- und Überweisungsbeschlusses verpflichtet (§ 836 Abs. 3 S. 1 ZPO).

Findet der Gerichtsvollzieher im Rahmen der Vollstreckung in das bewegliche Vermögen entsprechende Unterlagen, kann er diese zur Vorbereitung und Sicherung einer Forderungspfändung bereits vor Erlass eines Pfändungsbeschlusses im Wege der **Hilfspfändung** (§ 106 GVGA) vorläufig in Besitz nehmen. Sofern der Gläubiger Kenntnis von der Existenz der Urkunden hat, kann er aufgrund eines vollstreckbaren Schuldtitels über eine Geldforderung direkt die Hilfspfändung beantragen, um so eine Vereitelung einer bevorstehenden Forderungsvollstreckung zu verhindern. Siehe dazu vertiefend: *Dohmen*, Die Hilfspfändung. Begriff, Verfahren und Kostenvorschriften, DGVZ 1961, 26; *Paschold*, Das Wesen der Hilfspfändung (§ 156 GVGA), zugleich eine Betrachtung über Probleme bei Aufträgen mehrerer Gläubiger und ihre gleichzeitige oder anschlussweise Erledigung, DGVZ 2002, 131.

3. Der Gerichtsvollzieher nimmt die Sache weg und verwahrt diese nach den Grundsätzen des § 90 GVGA. Er muss die in Besitz genommenen Urkunden im Pfändungsprotokoll genau bezeichnen. Zugleich hat er den Gläubiger über die vorläufige Wegnahme unverzüglich zu unterrichten und ihm die Forderungen mitzuteilen, auf die sich die Legitimationspapiere beziehen. Der Gläubiger muss alsbald, spätestens **innerhalb eines Monats** einen Pfändungs- und Überweisungsbeschluss über die Forderung vorlegen. Geschieht dies nicht, muss der Gerichtsvollzieher die Urkunde dem Schuldner zurückgeben. Allein der Nachweis der Beantragung eines Pfändungsbeschlusses reicht angesichts des eindeutigen Wortlauts des § 106 GVGA nicht aus.

4. **Kosten und Gebühren.** Der **Gerichtsvollzieher** erhält für die Hilfspfändung eine Wegnahmegebühr nach Nr. 221 KV GvKostG von 26 EUR oder im Falle eines erfolglosen Wegnahmeversuchs von 15 EUR (Nr. 604 KV GvKostG). Ggf. kann noch ein Zeitzuschlag (Nr. 500 KV GvKostG) anfallen. Auslagen, die durch die vorläufige Wegnahme entstanden sind, können sofort angesetzt und erhoben werden (§ 14 S. 2 GvKostG). Hinsichtlich der Kosten der Verwahrung gilt § 89 Abs. 2 S. 2 GVGA, wonach bei Wert- und anderen Papieren die durch die Drittverwahrung bei einer Bank oder Sparkasse bzw. bei gesonderten Sicherungsmaßnahmen entstehenden tatsächlichen Auslagen berechnet werden dürfen. Gesonderte **Anwaltsgebühren** entstehen neben der für die Maßnahme der Forderungspfändung anfallenden 0,3 Verfahrensgebühr nach Nr. 3309 VV RVG nicht.

III. Drittschuldnererklärung (§ 840 ZPO)

1. Beauftragung des Gerichtsvollziehers mit Zustellung des Pfändungs- und Überweisungsbeschlusses sowie der Aufforderung zur Drittschuldnererklärung

An das

Amtsgericht .....

– Verteilungsstelle für Gerichtsvollzieheraufträge[1] –

In der Zwangsvollstreckungssache

....

zeigen wir an, dass wir den Gläubiger vertreten. Namens und in Vollmacht unseres Mandanten wird beantragt,

> die anliegende beglaubigte Abschrift des Pfändungs- und Überweisungsbeschlusses/ des Pfändungsbeschlusses des Amtsgerichts ..... vom ....., Az. ....., an den/die Drittschuldner ..... [ladungsfähige Anschrift] zuzustellen.

Zugleich beantrage ich,

> die beigefügte Aufforderung[2] nach § 840 Abs. 2 ZPO in die Zustellungsurkunde aufzunehmen und dem Drittschuldner zuzustellen.[3, 4]

.....

Rechtsanwalt[5]

Anmerkungen

1. **Zuständig** ist der Gerichtsvollzieher bei dem Amtsgericht, in dessen Bezirk der Drittschuldner seinen Sitz hat.

2. Zu der Aufforderung zur Abgabe der Drittschuldnererklärung → Form. H. III. 2. Die Aufforderung kann bereits mit dem Antrag auf Erlass eines Pfändungs- und Überweisungsbeschlusses gestellt werden → Form. H. I. 1 Anm. 8.

3. Für die Begründung der materiellen öffentlich-rechtlichen **Auskunftspflicht nach § 840 Abs. 1 ZPO** bedarf es der Zustellung eines wirksamen Pfändungsbeschlusses; nicht notwendig ist ein Pfändungs- und Überweisungsbeschluss. Daher genügt auch eine Sicherungsvollstreckung (§ 720a ZPO) oder eine Arrestpfändung (§ 930 ZPO). Zudem muss der Drittschuldner zusätzlich durch den Gerichtsvollzieher auf Verlangen des Gläubigers zur Auskunft aufgefordert werden. Eine Aufforderung allein in dem Pfändungsbeschluss genügt nicht. Die Aufforderung kann nachträglich gesondert zugestellt werden, wobei auf den bereits zugestellten Pfändungsbeschluss Bezug genommen werden muss. Soweit der Gläubiger einen Pfändungsbeschluss gegen mehrere Drittschuldner erwirkt hat, kann er von jedem Drittschuldner eine gesonderte Auskunft verlangen.

4. Die Zustellung der Aufforderung muss **durch den Gerichtsvollzieher** persönlich erfolgen; eine Zustellung durch die Post genügt nicht (Thomas/Putzo/*Seiler* § 840 Rn. 3; Zöller/*Stöber* § 840 Rn. 3). Eine Aufforderung im Wege der Ersatzzustellung gegenüber einer dafür zuständigen Person ist möglich. Dagegen scheidet eine öffentliche Zustellung aus.

5. Kosten und Gebühren. Die Aufforderung an den Drittschuldner zur Erklärung nach § 840 Abs. 1 ZPO bildet mit der Vollstreckungstätigkeit nach § 829 ZPO eine einheitliche Angelegenheit und löst neben der Vollstreckungsgebühr nach Nr. 3309 VV RVG keine weitere **Rechtsanwaltsgebühr** aus (Zöller/*Stöber* § 840 Rn. 17). Dagegen wird die besondere gegen den Drittschuldner gerichtete anwaltliche Tätigkeit (zB Mahnung → Form. H. III. 3) nicht von der Gebühr abgedeckt und löst die gleichen Gebühren aus, wie für jeden Auftrag zur Mahnung oder Klageerhebung.

Für die Zustellung mit der Aufforderung nach § 840 Abs. 1 ZPO fällt für den **Gerichtsvollzieher** eine Gebühr von 10 EUR (Nr. 100 KV GvKostG) an; im Falle der Nichterledigung von 3 EUR (Nr. 600 KV GVKostG). Zusätzlich kann er etwaige Schreibauslagen und Wegegeld erstattet verlangen (siehe Nr. 700, 711 KV GvKostG).

2. Aufforderung zur Drittschuldnererklärung

An

. . . . .

(ladungsfähige Anschrift des Drittschuldners)

Sehr geehrte(r) . . . . .,

in der Zwangsvollstreckungssache . . . . ./. . . . . . zeigen wir an, dass wir den Gläubiger vertreten. Namens und in Vollmacht unseres Mandanten fordern wir Sie gemäß § 840 ZPO auf,[1] gegenüber dem Gerichtsvollzieher zwecks Aufnahme in die Zustellungsurkunde oder gegenüber dem Gläubiger binnen zwei Wochen von der Zustellung des Pfändungs- und Überweisungsbeschlusses des Amtsgerichts . . . . . vom . . . . ., Az. . . . . ., sowie dieses Schreiben an zu erklären:[2]

1. **ob und inwieweit Sie die Forderung als begründet anerkennen und ob Sie zur Zahlung an den Gläubiger bereit sind;[3]**
2. **ob und welche Ansprüche andere Personen an der Forderung geltend machen;[4]**
3. **ob und wegen welcher Ansprüche die Forderung bereits für andere Gläubiger gepfändet ist;[5]**
4. **ob innerhalb der letzten zwölf Monate im Hinblick auf das Konto, dessen Guthaben gepfändet worden ist, nach § 850l ZPO die Unpfändbarkeit des Guthabens angeordnet worden ist;[6]**
5. **ob es sich bei dem Konto, dessen Guthaben gepfändet worden ist, um ein Pfändungsschutzkonto im Sinne von § 850k Abs. 7 ZPO handelt.[7]**

Nur vorsorglich wird darauf hingewiesen, dass Sie nach § 840 Abs. 2 S. 2 ZPO unserem Mandanten für den aus der Nichterfüllung der Verpflichtung entstehenden Schaden haften.[8]

. . . . .

Rechtsanwalt[9]

Anmerkungen

1. Der Vollstreckungsgläubiger besitzt regelmäßig keine zuverlässigen Informationen über die gepfändete angebliche Forderung. § 840 ZPO will die Risiken des Gläubigers bei der Vollstreckung in eine schuldnerische Forderung mindern. Es werden zur Gewährleistung einer im Interesse der Allgemeinheit liegenden funktionsfähigen Forderungsvollstreckung **Auskunftspflichten von Drittschuldnern** begründet (BGH NJW 2000, 652 (653)). Der Anspruch besteht neben dem gegenüber dem Schuldner existierenden Auskunfts- und Herausgabeanspruch nach § 836 Abs. 3 ZPO. **§ 840 Abs. 1 ZPO** verpflichtet den Drittschuldner, **binnen zwei Wochen** von der Zustellung des Pfändungsbeschlusses an gerechnet, die Auskunft zu erteilen. Die Auskunftsverpflichtung setzt die wirksame Zustellung eines formell wirksamen Pfändungsbeschluss voraus. Nicht erforderlich sind der Bestand der Forderung (OLG Schleswig NJW-RR 1990, 448) bzw. der Erlass eines Überweisungsbeschlusses.

Weitere Voraussetzung ist die Zustellung einer **zusätzlichen Aufforderung** zur Abgabe der Erklärung. Diese erfolgt in der Regel bereits mit der Zustellung des Pfändungsbeschlusses bzw. Pfändungs- und Überweisungsbeschlusses, → Form. H. I. 1 Anm. 8. Ansonsten bedarf es der Zustellung einer gesonderten Aufforderung, → Form. H. III. 1. Mit deren Zustellung beginnt dann die Erklärungsfrist. Die Erfüllung der vollstreckungsrechtlichen Auskunftspflicht ist nicht einklagbar (BGH NJW 1999, 2276 (2278) mwN). Weitere vertiefende Ausführungen finden sich bei: *App*, Drittschuldnererklärung bei Gesamtgläubigerschaft, JurBüro 1990, 935; *Behr*, Zum Umfang der Drittschuldnerauskunft gem. § 840 ZPO, JurBüro 1994, 132; *ders.*, Ermittlungs- und Schadensersatzpflicht des Drittschuldners bei der Einkommenspfändung, JurBüro 1996, 340; *ders.*, Drittschuldnerschutz, JurBüro 1997, 68; *ders.*, Auskunftsverpflichtung des Kreditinstituts als Drittschuldner (§ 840 ZPO), JurBüro 1998, 62; *Brüne/Liebscher*, Die fehlende oder falsche Drittschuldnerauskunft durch den Arbeitgeber gemäß § 840 ZPO, BB 1996, 743; *Eckert*, Die Kostenerstattung bei der Drittschuldnererklärung nach § 840 Abs. 1 ZPO, MDR 1986, 799; *Foerste*, Die Pflichten zur Begründung der Drittschuldnererklärung, NJW 1999, 904; *Jakobs*, Kann die Aufforderung nach § 840 ZPO auch durch die Post zugestellt werden?, DGVZ 1987, 1; *Marly*, Kostenerstattung und Tätigkeitsvergütung für Auskünfte des Drittschuldners bei Pfändungs- und Überweisungsbeschlüssen, BB 1999, 1990; *Mümmler*, Betrachtungen zur Drittschuldnererklärung, JurBüro 1986, 333; *Petersen*, Erstattung von Rechtsanwaltskosten bei Abgabe der Drittschuldnererklärung nach § 840 ZPO, BB 1986, 188; *Scherer*, Herausgabe der Lohnabrechnung und Auskunft bei Lohnpfändungen, Rpfleger 1995, 446; *Selp*, Die Einholung der Drittschuldnererklärung gemäß § 840 ZPO im Auftrag der Gerichtskasse, DGVZ 1995, 112; *Wirges*, Das Verhältnis zwischen § 840 Abs. 1 Nr. 1 ZPO und § 43a BRAO, JurBüro 1997, 295.

2. Der **Umfang der Auskunft** richtet sich nach der Aufforderung durch den Gläubiger, reicht aber nicht weiter als in § 840 Abs. 1 Nr. 1 bis Nr. 5 ZPO bestimmt ist. Die Auskunftspflicht führt zu einer Durchbrechung des Bankgeheimnisses, des Sozialgeheimnisses sowie etwaiger beruflicher Schweigepflichten eines Rechtsanwalts, Steuerberaters, Notars oder Arztes (Zöller/*Stöber* § 836 Rn. 4). Verfassungsrechtliche Bedenken bestehen nicht (BGH NJW 2000, 651 _(652)). § 840 Abs. 1 ZPO begründet keine Pflicht des Drittschuldners zur Rechnungslegung bzw. zur Vorlage von Urkunden und Belege (wie zB Abschriften der Pfändungsbeschlüsse). Ein solcher Herausgabeanspruch besteht nur gegenüber dem Schuldner (§ 836 Abs. 3 ZPO).

3. Der Drittschuldner muss sich nach **§ 840 Abs. 1 Nr. 1 ZPO** dazu erklären, ob und inwieweit er die Forderung als begründet anerkennt und ob er zur Zahlung bereit ist. Hierzu gehören Angaben zu Rechtsgrund und Höhe der Forderung. Bei der Pfändung von Arbeitslohn sind die bereinigten Beträge, die Steuerklasse sowie die Zahl der Unterhaltsberechtigten (str.) mitzuteilen. Der Drittschuldner muss keine Erklärung zu bestehenden Einwendungen, Einreden und Gegenrechten (wie zB Rücktritt, Kündigung, Anfechtung) abgeben (Thomas/Putzo/*Seiler* § 840 Rn. 5). Wegen einer möglichen Schadensersatzverpflichtung nach § 840 Abs. 2 S. 2 ZPO kann es im Einzelfall geboten sein, vorsorglich auf bestehende oder möglich erscheinende Einwendungen hinzuweisen. Der Drittschuldner muss sich nicht näher dazu erklären, aus welchen Gründen eine Forderung nicht anerkannt wird. Insbesondere bedarf es keines Hinweises des Drittschuldners auf eine fehlende Zahlungsbereitschaft wegen des Vorbehalts der eigenen Aufrechnung (BGH NJW 2013, 539).

4. Weiterhin besteht nach **§ 840 Abs. 1 Nr. 2 ZPO** eine Erklärungspflicht dazu, ob und welche Ansprüche andere Personen an der Forderung geltend machen. Insoweit sind Namen und Anschriften der weiteren Gläubiger sowie Betrag und Rechtsgrund anzugeben.

5. Zudem ist der Drittschuldner nach **§ 840 Abs. 1 Nr. 3 ZPO** verpflichtet, Auskunft darüber zu erteilen, ob und inwieweit die Forderung bereits für andere Gläubiger gepfändet ist. Auch insoweit bedarf es einer näheren Bezeichnung der Pfändungsbeschlüsse sowie etwaiger Vorpfändungen. Eine Vorlage einer Kopie oder einer Abschrift hiervon ist nicht geboten.

6. Außerdem muss der Drittschuldner sich nach **§ 840 Abs. 1 Nr. 4 ZPO** über die Anordnung des Pfändungsschutzes nach § 850l ZPO erklären (siehe dazu die Anmerkungen → Form. I. II. 14). Hierdurch soll der Gläubiger Kenntnis von der Erfolglosigkeit des Vollstreckungsversuchs erhalten.

7. Schließlich muss sich der Drittschuldner nach **§ 840 Abs. 1 Nr. 5 ZPO** dazu erklären, ob es sich bei dem Konto, dessen Guthaben gepfändet worden ist, um ein Pfändungsschutzkonto im Sinne des § 850k Abs. 7 ZPO handelt (siehe dazu die Anmerkungen → Form. I. II. 9).

8. Schadensersatzpflicht. § 840 ZPO gewährt keinen einklagbaren Anspruch auf Auskunft gegen den Drittschuldner. Im Falle einer Nicht- oder Schlechterfüllung der Auskunftsverpflichtung haftet der Drittschuldner jedoch gem. § 840 Abs. 2 S. 2 ZPO dem Gläubiger auf Ersatz des zu vertretenen Schadens, insbesondere auch für unnötigerweise aufgewandte Prozesskosten (BGH NJW 1981, 990; NJW-RR 2006, 1566; NJW 2010, 1674). Die Verletzung muss kausal für den eingetretenen Schaden sein. Zudem muss den Drittschuldner ein Verschulden treffen. Zur Schadensersatzklage → Form. P. VII. 3.

9. Kosten und Gebühren → Form. H. I. 1 Anm. 5.

3. Nachfristsetzung zur Abgabe der Drittschuldnererklärung

An

. . . . .

[ladungsfähige Anschrift des Drittschuldners]

Sehr geehrte(r) . . . . .,

in der Zwangsvollstreckungssache . . . . ./. . . . . sind Sie mit Schreiben vom . . . . . über den zuständigen Gerichtsvollzieher aufgefordert worden, dem Gläubiger binnen zwei Wochen zu erklären,

1. ob und inwieweit Sie die Forderung als begründet anerkennen und ob Sie zur Zahlung an den Gläubiger bereit sind;
2. ob und welche Ansprüche andere Personen an die Forderung machen;
3. ob und wegen welcher Ansprüche die Forderung bereits für andere Gläubiger gepfändet ist.
4. ob innerhalb der letzten zwölf Monate im Hinblick auf das Konto, dessen Guthaben gepfändet worden ist, nach § 850l ZPO die Unpfändbarkeit des Guthabens angeordnet worden ist,
5. ob es sich bei dem Konto, dessen Guthaben gepfändet worden ist, um ein Pfändungsschutzkonto im Sinne von § 850k Abs. 7 ZPO handelt.

Bis heute sind Sie dieser Auflage nicht nachgekommen. Da die gesetzliche Frist von zwei Wochen abgelaufen ist, weise ich Sie darauf hin, dass Sie sich möglicherweise nach § 840 Abs. 2 S. 2 ZPO schadensersatzpflichtig machen, wenn Sie weiterhin untätig bleiben.

Ich setze Ihnen daher eine letzte Nachfrist[1] bis zum . . . . . Nach fruchtlosem Ablauf der Frist werde ich auftragsgemäß die Forderung bei Ihnen einklagen. Sollte sich im Prozess herausstellen, dass die Forderung nicht besteht oder ihr Einwendungen entgegenstehen, würden Sie zumindest die Kosten dieses dann überflüssigen Rechtsstreits zu ersetzen haben.

. . . . .

Rechtsanwalt[2]

[Kostennote des Anwalts beifügen]

Anmerkungen

1. Wenn der Drittschuldner seiner Verpflichtung nach § 840 Abs. 1 ZPO binnen zwei Wochen nicht nachkommt, kann dem Drittschuldner eine **letzte kurze Frist** gesetzt werden. Zugleich sollte er nochmals eindringlich auf die Schadensersatzverpflichtung nach § 840 Abs. 2 S. 2 ZPO hingewiesen werden. Nach Auffassung des Bundesgerichtshofes ist eine solche Aufforderung unter Berücksichtigung der berechtigten Interessen des Gläubigers indes nicht geboten (NJW 2010, 1674).

2. Gebühren. Die Mahnung wird als weitere Tätigkeit gegenüber dem Drittschuldner nicht mehr durch die Vollstreckungsgebühr abgegolten. Vielmehr kann der Anwalt die Gebühren wie bei jedem Auftrag zur Mahnung abrechnen. Der Drittschuldner hat die dem Gläubiger für ein weiteres Aufforderungsschreiben entstandenen Anwaltskosten des Gläubigers nicht zu erstatten (BGH NJW-RR 2006, 1566; NJW 2010, 1674). Diese Rechtsanwaltskosten können auch nicht als notwendige Kosten der Zwangsvollstreckung gem. § 788 ZPO festgesetzt werden. Zur Erstattung der Kosten der Zahlungsaufforderung als Vorstufe der gerichtlichen Geltendmachung des Anspruchs bei Nichtabgabe der Drittschuldnererklärung siehe OLG Dresden ZVI 2011, 173.

4. Drittschuldnererklärung (§ 840 ZPO)

An

. . . . . [Anschrift des Gläubigers oder seines Bevollmächtigten][1]

In der Sache

Pfändungs- und Überweisungsbeschluss/Pfändungsbeschluss des Amtsgerichts . . . . .

vom . . . . ., Az. . . . . .

Sehr geehrte(r) . . . . .,

der oben genannte Pfändungs- und Überweisungsbeschluss/Pfändungsbeschluss ist uns/mir am . . . . . zugestellt worden.[2] In Erfüllung meiner/unserer gesetzlichen Auskunftspflicht teilen ich/wir Ihnen mit:[3]

Im Zeitpunkt der Zustellung war auf dem bei uns geführten Sparkonto mit der Nr. . . . . . ein Guthaben von . . . . . EUR vorhanden. Vorrangige Rechte Dritter sind uns nicht bekannt. Pfändungen Dritter liegen nicht vor.

(Alternative für den Fall der Anordnung der Unpfändbarkeit nach § 850l ZPO:

Mit Beschluss vom . . . . . hat das Amtsgericht . . . . ., Az. . . . . . die Unpfändbarkeit des Kontoguthabens gem. § 850l ZPO angeordnet.)[4]

(Alternative für den Fall des Vorliegens eines Pfändungsschutzkontos:

Es handelt sich bei dem Konto, dessen Guthaben gepfändet worden ist, um ein/um kein Pfändungsschutzkonto im Sinne von § 850k Abs. 7 ZPO.)[5]

(Alternative 1:

Aus dem am . . . . . abgeschlossenen Vertrag über die Lieferung eines Fahrzeuges der Marke . . . . . besteht noch ein Anspruch des Schuldners in Höhe . . . . . EUR. Dieser Betrag ist am . . . . . fällig. Ich werde diesen Betrag nach Fälligkeit, vorbehaltlich etwaiger Gegenansprüche, überweisen. An dieser Forderung machen keine anderen Personen Ansprüche geltend. Die Forderung ist nicht für andere Gläubiger gepfändet.)

(Alternative 2:

Die gepfändete Forderung ist zwar begründet und fällig gewesen, aber durch eine Aufrechnung mit einer Forderung in Höhe von . . . . . EUR in voller Höhe erloschen. Die Pfändung künftiger Ansprüche haben wir für den Fall vorgemerkt, dass nach Abzug der uns nach unseren Allgemeinen Geschäftsbedingungen bevorrechtigt zustehenden Forderungen Guthaben entstehen sollte.)

(Alternative 3:

Die in der Pfändung erwähnten Ansprüche/Forderungen bestehen nicht./Im Zeitpunkt der Zustellung war auf dem bei uns geführten Konto nach Abzug der uns nach unseren Allgemeinen Geschäftsbedingungen bevorrechtigt zustehenden Forderungen kein pfändbares Guthaben vorhanden.
Die Pfändung künftiger Ansprüche haben wir für den Fall vorgemerkt, dass nach Abzug der uns nach unseren Allgemeinen Geschäftsbedingungen bevorrechtigt zustehenden Forderungen Guthaben entstehen sollte.)

(Alternative 4:

Mit den von Ihnen gemachten Angaben können wir keine Geschäftsverbindung mit dem Vollstreckungsschuldner feststellen. Das von Ihnen genannte Konto ..... wird für einen Dritten geführt/existiert nicht.)

Mit freundlichen Grüßen[6]

.....

[Drittschuldner]

Anmerkungen

1. Der Drittschuldner kann die Auskunft schriftlich gegenüber dem **Gläubiger** oder dessen angegebenen **Bevollmächtigten** abgeben. Zudem besteht die Möglichkeit, die Erklärung bei Zustellung des Pfändungsbeschlusses einschließlich der Aufforderung nach § 840 Abs. 1 ZPO bzw. bei einer nachträglichen Zustellung der Aufforderung gegenüber dem **Gerichtsvollzieher** abzugeben. In diesem Fall sind die Angaben in der Zustellungsurkunde aufzunehmen und von dem Drittschuldner zu unterzeichnen (§ 840 Abs. 3 S. 2 ZPO). Schließlich kann sich der Drittschuldner auch innerhalb der Frist gegenüber dem Gerichtsvollzieher erklären. Der Gerichtsvollzieher ist indes nicht verpflichtet, sich auf Weisung des Gläubigers nochmals zum Drittschuldner zu begeben, um die Erklärung entgegenzunehmen.

2. Die Auskunft muss, sofern sie nicht bereits bei der Zustellung gegenüber dem Gerichtsvollzieher erteilt wird, innerhalb von **zwei Wochen** zugehen (BGHZ 79, 275 = NJW 1981, 990); nach aA soll für die Fristwahrung die rechtzeitige Absendung der Erklärung genügen (MüKoZPO/*Smid* § 840 Rn. 10; Zöller/*Stöber* § 840 Rn. 9). Zur Berechnung der Frist siehe § 222 ZPO iVm §§ 187 ff. BGB. Vorsorglich sollte die Auskunft so rechtzeitig abgesandt werden, dass diese innerhalb der Zweiwochenfrist bei dem Gläubiger eingeht.

3. Das Gesetz sieht keine bestimmte Form bzw. keinen bestimmten Inhalt der Erklärung vor. Der Umfang der Auskunft richtet sich nach der Aufforderung durch den Gläubiger, geht aber nicht weiter als in § 840 Abs. 1 Nr. 1 bis Nr. 5 ZPO bestimmt. Hat der Drittschuldner die geforderte Auskunft erteilt, besteht keine Pflicht zur Ergänzung oder Wiederholung der Erklärung (BGHZ 86, 23 = NJW 1983, 687 (688)). Dies gilt auch bei einer unvollständigen oder unrichtigen Auskunft. Der Drittschuldner ist indes berechtigt, eine erteilte Auskunft zu berichtigen oder zu ergänzen, um etwaige Schadensersatzansprüche nach § 840 Abs. 2 S. 2 ZPO abzuwenden. Soweit eine Forderung als begründet anerkannt wird, liegt hierin **weder ein konstitutives noch ein deklaratorisches Schuldanerkenntnis.** Vielmehr handelt es sich um eine tatsächliche Auskunft, eine so genannte Wissenserklärung (BGHZ 69, 328 = NJW 1978, 44), die zu einer praktischen Umkehrung der Beweislast führt (Zöller/*Stöber* § 840 Rn. 5).

4. Außerdem muss der Drittschuldner sich nach **§ 840 Abs. 1 Nr. 4 ZPO** über die Anordnung des Pfändungsschutzes nach § 850l ZPO erklären (siehe dazu die Anmerkungen → Form. I. II. 14). Hierdurch soll der Gläubiger Kenntnis von der Erfolglosigkeit des Vollstreckungsversuchs erhalten.

5. → Anm. 4.

6. Kosten und Gebühren. Der **Drittschuldner** kann vom **Gläubiger** keine Erstattung der Kosten für die Erfüllung der Auskunftspflicht verlangen. Der Gesetzgeber ist davon ausgegangen, dass der Drittschuldner die in § 840 Abs. 1 ZPO verlangten Informationen in der Regel leicht und ohne größeren Aufwand erteilen kann. An der Pflicht, die durch den Arbeitsaufwand entstehenden Kosten selbst zu tragen, ändert sich auch dann nichts, wenn im Einzelfall (zB bei Kreditinstituten oder größeren Arbeitgebern) die Auskunftserteilung mit einem erheblichen Aufwand verbunden ist (BGH NJW 1999, 2276 (2278); BGH NJW 2000, 651 (652)).

Ebenfalls besteht kein gesetzlicher Vergütungsanspruch des **Drittschuldners** gegenüber dem **Schuldner** (BGH NJW 1999, 2276 (2278); BAG InVo 2007, 197). Eine im Arbeitsvertrag vorgesehene Individualregelung soll zulässig sein. Str. ist, inwieweit eine solche Regelung in einem AGB-Arbeitsvertrag aufgenommen werden kann. Das BAG verneint auf jeden Fall die Möglichkeit der Begründung eines Erstattungsanspruchs durch Betriebsvereinbarung (InVo 2007, 197).

Für die Abgabe der geforderten Erklärung erhält der **Anwalt des Drittschuldners** von seinem Mandanten eine Verfahrensgebühr von 0,3 des Gebührensatzes nach § 13 RVG (Nr. 3309 VV RVG).

IV. Sonstige Anträge und Erklärungen

1. Vollstreckungsschutzantrag des Schuldners (§ 765a ZPO)

Bei Erlass eines Pfändungs- und Überweisungsbeschlusses kann der Schuldner grundsätzlich einen **Antrag nach** § 765a ZPO stellen, wenn die Maßnahme unter Würdigung des Schutzbedürfnisses des Gläubigers wegen ganz besonderer Umstände eine Härte bedeutet, die mit den guten Sitten nicht vereinbar ist. Die Vorschrift ist als Ausnahmevorschrift eng auszulegen. Härten, die jede Zwangsvollstreckung mit sich bringt, sind unbeachtlich. So begründet die Gefahr bzw. die Ankündigung einer Kündigung einer Bankverbindung in der Regel keine Härte iSv § 765a ZPO (LG Oldenburg ZVI 2010, 310); insoweit wird zudem den Interessen des Schuldners durch § 850k ZPO ausreichend Rechnung getragen.

Zu den Einzelheiten eines Antrages nach § 765a ZPO → Form. III. 8 bis → Form. III. 10.

2. Beauftragung des Gerichtsvollziehers mit der Zustellung der Verzichtserklärung nach § 843 ZPO

An das

Amtsgericht . . . . .

– Verteilungsstelle für Gerichtsvollzieheraufträge –

In der Zwangsvollstreckungssache

. . . .

zeigen wir an, dass wir den Gläubiger vertreten. Namens und in Vollmacht unseres Mandanten wird beantragt,

> **die beigefügte Verzichtserklärung gemäß § 843 S. 2 ZPO an den Schuldner[1] und gemäß § 843 S. 3 ZPO an den Drittschuldner[2] zuzustellen.**

. . . . .

Rechtsanwalt[3]

Anmerkungen

1. Es ist das Schreiben entsprechend → Form. H. IV. 3 beizufügen.

2. Es sind sowohl das Schreiben entsprechend → Form. H. IV. 4 als auch eine beglaubigte Abschrift des Schreibens gem. → Form. H. IV. 3 beizufügen.

3. **Kosten und Gebühren.** → Form. H. IV. 3 Anm. 4.

3. Verzichtserklärung des Gläubigers – Schreiben an Schuldner (§ 843 S. 2 ZPO)

An

.....

[Anschrift des Vollstreckungsschuldners][1]

Sehr geehrte(r) .....,

hiermit zeigen wir an, dass wir den Gläubiger vertreten. Das Amtsgericht ..... hat auf unseren Antrag/Antrag des/er Mandanten/in am ....., Az. ....., einen Pfändungs- und Überweisungsbeschluss/Pfändungsbeschluss/Überweisungsbeschluss erlassen und Ihre angebliche Forderung aus ..... [nähere Bezeichnung] gegen ..... [genaue Bezeichnung des Drittschuldners] gepfändet.

Namens und in Vollmacht unseres Mandanten verzichten wir hiermit auf die durch den vorstehenden Pfändungs- und Überweisungsbeschluss/Pfändungsbeschluss/Überweisungsbeschluss erworbenen Rechte unbeschadet des Vollstreckungsanspruchs unseres Mandanten (§ 843 ZPO).[2, 3]

.....

Rechtsanwalt[4]

Anmerkungen

1. Der Gläubiger kann gem. § 843 ZPO auf die durch Pfändung und/oder Überweisung zur Einziehung erworbenen Rechte verzichten (§ 843 ZPO). Der **Verzicht** kann unter einer aufschiebenden Bedingung erklärt und bis zum Wirksamwerden der Erklärung jederzeit widerrufen werden. Der Gläubigerverzicht erstreckt sich sowohl auf sein Pfändungspfandrecht als auch auf seine Einziehungsbefugnis. Der Verzicht kann aber auch ausschließlich auf die durch Überweisung zur Einziehung erworbenen Rechte oder auf einen bestimmten von der Pfändung erfassten Betrages beschränkt werden. Kein Verzicht ist indes möglich, wenn bereits eine Überweisung an Zahlungs statt wirksam erfolgt ist. Der Verzicht führt nicht zum Erlöschen des titulierten Anspruchs; vielmehr kann der Gläubiger weiter vollstrecken.

2. Die Verzichtsleistung erfolgt durch eine dem Schuldner zuzustellende **Erklärung** (§ 843 S. 2 ZPO). Die Zustellung wird auf Betreiben des Gläubigers durch den Gerichtsvollzieher bewirkt (§§ 192 ff. ZPO). Mit der Zustellung an den Schuldner entfaltet der Verzicht seine Wirkung; eine Zustellung an den Drittschuldner ist hierfür nicht erforderlich. Auch ohne Einhaltung der in § 843 S. 2 ZPO vorgeschriebenen Form, die Beweisschwierigkeiten vermeiden soll, kann der Gläubiger auf die Rechte wirksam verzichten (BGH NJW 1983, 886 (887); NJW 2002, 1788 (1789)). Dem Verzicht auf die Rechte aus dem Pfändungs- und Überweisungsbeschluss entspricht die Rücknahme des Antrages auf Erlass des Pfändungs- und Überweisungsbeschlusses (OLG Köln OLGR 1995, 121; MüKoZPO/*Smid* § 843 Rn. 4).

3. Mit der Zustellung des Verzichts an den Schuldner erlöschen das Pfändungspfandrecht sowie die Rechte aus der Überweisung, ohne dass es einer ausdrücklichen Aufhebung des Pfändungs- und Überweisungsbeschlusses bzw. des Pfändungs- oder Überweisungsbeschlusses bedarf (BGH NJW 1983, 886 (887)). Der Schuldner kann jedoch zur Klarstellung die **Aufhebung des Beschlusses** beim Vollstreckungsgericht beantragen (BGH NJW 2002, 1788 (1789)).

4. Kosten und Gebühren. Die Erklärung des Verzichts bildet mit dem Antrag auf Erlass eines Pfändungs- und Überweisungsbeschluss eine einheitliche Angelegenheit, so dass keine zusätzliche Rechtsanwaltsgebühr anfällt, wenn bereits die Vollstreckungsgebühr nach Nr. 3309 VV RVG entstanden ist. Ist der **Rechtsanwalt** vorher im Vollstreckungsverfahren nicht tätig geworden, steht ihm gem. Nr. 3309 VV RVG eine 0,3 Gebühr des Gebührensatzes nach § 13 RVG zu (aA Zöller/*Stöber* § 843 Rn. 4 eine auf 0,3 begrenzte Gebühr nach Nr. 3403 VV RVG).

Der **Gerichtsvollzieher** erhält für die Zustellung eine Gebühr nach Nr. 100 KV GvKostG (10,– EUR) bzw. Nr. 101 KV GVKostG sowie die Erstattung der Auslagen nach Nr. 701 KV GvKostG. Bei einem nicht erledigten Auftrag fällt eine Gebühr von 3,– EUR an (Nr. 600 KV GvKostG.

4. Verzichtserklärung des Gläubigers – Schreiben an Drittschuldner (§ 843 S. 3 ZPO)

An

. . . . .

[Anschrift des Drittschuldners]

Sehr geehrte(r) . . . . .,

hiermit zeigen wir an, dass wir den Gläubiger vertreten. Das Amtsgericht . . . . . hat auf unseren Antrag/Antrag des/er Mandanten/in am . . . . ., Az. . . . . ., einen Pfändungs- und Überweisungsbeschluss/Pfändungsbeschluss/Überweisungsbeschluss erlassen und die angeblichen Forderung des . . . . . [genaue Bezeichnung des Schuldners] aus . . . . . [nähere Bezeichnung] gegen sie gepfändet. Namens und in Vollmacht unseres Mandanten haben wir mit dem in Abschrift beigefügten Schreiben vom heutigen Tage gegenüber dem Schuldner auf die durch den vorstehenden Pfändungs- und Überweisungsbeschluss/Pfändungsbeschluss/Überweisungsbeschluss erworbenen Rechte, unbeschadet des Vollstreckungsanspruchs unseres Mandanten, verzichtet (§ 843 ZPO). Gemäß § 843 S. 3 ZPO wird Ihnen hiermit die Erklärung zugestellt.[1]

. . . . .

Rechtsanwalt[2]

Anmerkungen

1. Nach § 843 S. 3 ZPO ist die Verzichtserklärung auch dem **Drittschuldner** zuzustellen. Die Zustellung erfolgt auf Betreiben des Gläubigers durch den Gerichtsvollzieher (§§ 192 ff. ZPO). Es handelt sich hierbei um eine reine Ordnungsvorschrift. Leistet der Drittschuldner nach Zugang der Erklärung an den Schuldner, obwohl diesem die Verzichtserklärung noch nicht zugestellt worden ist, greift zu seinem Gunsten § 409 BGB (Musielak/Voit/*Voit* § 843 Rn. 2). Der Drittschuldner kann beim Vollstreckungsgericht beantragen, den ergangenen Pfändungs- und Überweisungsbeschluss zur Klarstellung aufzuheben (BGH NJW 2002, 1788 (1789)).

2. Kosten und Gebühren. → Form. H. IV. 3 Anm. 4.

5. Antrag des Gläubigers/Schuldners auf andere Verwertung (§ 844 ZPO)

An das

Amtsgericht

– Vollstreckungsgericht

in . . . . .[1]

Antrag auf anderweitige Verwertung (§ 844 ZPO)

in der Zwangsvollstreckungssache

. . . .

Hiermit zeigen wir an, dass wir den Gläubiger/den Schuldner vertreten. Namens und in Vollmacht unseres Mandanten beantragen[2] wir

die Verwertung des durch Pfändungs- und Überweisungsbeschluss des Amtsgerichts . . . . . vom . . . . ., Az. . . . . ., gepfändeten Geschäftsanteils des Schuldners in Höhe von . . . . . EUR an der . . . . . [genaue Bezeichnung der Gesellschaft] im Wege der öffentlichen Versteigerung durch den Gerichtsvollzieher anzuordnen.[3]

(Alternative:

die Verwertung des durch Pfändungs- und Überweisungsbeschluss des Amtsgerichts . . . . . vom . . . . ., Az. . . . . ., gepfändeten . . . . . [nähere Bezeichnung] durch . . . . .[4] *anzuordnen.)*

Begründung

Der Gläubiger hat aufgrund der beigefügten vollstreckbaren Ausfertigung des . . . . . [nähere Bezeichnung des Titels] einen Anspruch gegen den Schuldner auf Zahlung von . . . . . nebst . . . . . Zinsen. Durch den ebenfalls in der Anlage beigefügten Pfändungs- und Überweisungsbeschlusses des Amtsgerichts . . . . . vom . . . . ., Az. . . . . ., wurde der Anspruch des Schuldners gegen den Drittschuldner . . . . . [genaue Bezeichnung] gepfändet und dem Gläubiger zur Einziehung überwiesen. Der Pfändungs- und Überweisungsbeschluss ist dem Schuldner entsprechend dem beigefügten Nachweis am . . . . . [Datum] zugestellt worden.

. . . . . [nähere Begründung für eine anderweitige Verwertung; zB:

Mittlerweile hat sich herausgestellt, dass dem Anspruch des Mandanten gegenüber der Gesellschaft von mehr als 700.000 EUR nur noch ein Restguthaben der Gesellschaft von etwas mehr als 400.000 EUR gegenüber steht. Unter diesen Umständen ist ein Restvermögen der Gesellschaft, das unter den Gesellschaftern zu verteilen wäre, nicht vorhanden. Der zu versteigernde Geschäftsanteil dürfte deshalb nur mit 0 EUR zu bewerten sein. Die Mandantin möchte daher die Zwangsversteigerung betreiben, um den Geschäftsanteil selbst ersteigern zu können und auf diese Weise ohne langwieriges Prozessverfahren die Gesellschaft endgültig liquidieren zu können.]

. . . . .

Rechtsanwalt[5, 6]

Anmerkungen

1. Zuständig für den Erlass der Anordnung ist das Vollstreckungsgericht, dessen örtliche Zuständigkeit zum Zeitpunkt der Antragstellung begründet ist (§ 828 Abs. 2 ZPO). Es entscheidet der Rechtspfleger (§ 20 Nr. 17 RPflG).

2. Die Anordnung ergeht auf nur auf **Antrag.** Dieser kann schriftlich oder zu Protokoll der Geschäftsstelle gestellt werden. Antragsberechtigt sind der Gläubiger, ein im Rang nachgehender Gläubiger, der Schuldner und der Schuldner des Pfandgegenstandes, sofern dieser nicht Drittschuldner ist (§ 857 Abs. 2 ZPO). Kein Antragsrecht besitzt der Drittschuldner. Zeitlich kann der Antrag sowohl vor als auch noch nach der Überweisung zur Einziehung gestellt werden. Sobald eine Überweisung an Zahlungs statt angeordnet worden ist, scheidet indes die Anordnung einer anderen Verwertung aus. Vor einer stattgebenden Entscheidung sind der Schuldner bzw. – bei einem Schuldnerantrag – der Gläubiger zu hören, sofern nicht eine Zustellung ins Ausland oder eine öffentliche Zustellung erforderlich wird. Eine Anhörung des Drittschuldners hat nach hM nicht zu erfolgen. Somit bietet es sich nicht an, den Antrag nach § 844 ZPO bereits mit dem Pfändungsantrag zu verbinden.

3. Wenn sich die Verwertung durch Überweisung der Forderung aufgrund der in § 844 Abs. 1 ZPO ausdrücklich genannten Umstände, nämlich wenn die Forderung bedingt, betagt oder ihre Einziehung von der Erbringung einer Gegenleistung abhängig ist, oder aufgrund anderer Umstände als schwierig (zB wegen der mit der Verwertung verbundenen Kosten oder Zahlungsunfähigkeit des Drittschuldners) erweist, kann nach Maßgabe des § 844 Abs. 1 ZPO eine andere Verwertung angeordnet werden. Der Antragsteller hat mit dem Antrag die Umstände aufzuzeigen, aus denen sich eine schwierige Verwertung iSd § 844 ZPO ergibt. Bei der Entscheidung sind die schutzwürdigen Interessen des Schuldners zu berücksichtigen.

4. In Betracht kommen beispielsweise eine Überweisung an Zahlungs statt zu einem unter dem Nennwert liegenden Schätzwert, die Versteigerung durch den Gerichtsvollzieher oder eine Privatperson, ein freihändiger Verkauf des gepfändeten Rechts oder Verkauf an eine bestimmte Person, eine Ermächtigung des Gläubigers, mit dem Drittschuldner Vereinbarungen über die Forderung abzuschließen (zB einen Vergleichsabschluss) oder die Ausübung des gepfändeten Rechts durch einen anderen, insbesondere die Verwaltung, die Verpachtung oder die Ausnutzung des Rechts (s. § 857 Abs. 3, 4 ZPO).

5. Rechtsmittel. Gegen die Anordnung der anderweitigen Verwertung bzw. deren Ablehnung besteht für den Schuldner bzw. den Gläubiger das Rechtsmittel der sofortigen Beschwerde nach § 793 ZPO (→ Form. P. II. 6 bzw. → Form. P. III. 6).

6. Kosten und Gebühren. Neben der Vollstreckungsgebühr nach Nr. 3309 VV RVG für die Pfändung erhält der **Rechtsanwalt** für den Antrag nach § 844 ZPO keine besondere Gebühr. Ist der Rechtsanwalt vorher im Vollstreckungsverfahren nicht tätig geworden, steht ihm gemäß Nr. 3309 VV RVG eine 0,3 Gebühr des Gebührensatzes nach § 13 RVG zu. Gesonderte **Gerichtsgebühren** entstehen nicht. Der **Gerichtsvollzieher** erhält für die Verwertung die Gebühren nach Nr. 300 bis 310 KV GVKostG.

6. Hinterlegungsverlangen des Gläubigers gegenüber dem Drittschuldner bei mehrfacher Pfändung einer Geldforderung (§ 853 ZPO)

An

. . . . .

[Anschrift des Drittschuldners][1]

Sehr geehrte(r) . . . . .,

hiermit zeigen wir an, dass wir den Gläubiger vertreten. Das Amtsgericht . . . . . hat auf unseren Antrag/Antrag des/er Mandanten/in am . . . . ., Az. . . . . ., einen Pfändungs- und Überweisungsbeschluss/Pfändungsbeschluss/Überweisungsbeschluss erlassen und die angebliche Forderung des Schuldners . . . . . [genaue Bezeichnung des Schuldners] aus . . . . . [nähere Bezeichnung der gepfändeten Forderung] gegen Sie zugunsten unseres/r Mandanten/in gepfändet.

Namens und in Vollmacht unseres/r Mandanten/in fordern wir Sie hiermit gemäß § 853 ZPO auf, unter Anzeige der Sachlage und unter Aushändigung der Ihnen zugestellten Beschlüsse den gepfändeten Betrag bei dem Amtsgericht . . . . .[2] zu hinterlegen, so dass dort ein Verteilungsverfahren nach §§ 872 ff. ZPO durchgeführt werden kann.[3, 4]

. . . . .

Rechtsanwalt

Anmerkungen

1. Im Falle der mehrfachen Pfändung einer Geldforderung des gleichen Schuldners für mehrere Gläubiger kann jeder Gläubiger gem. § 853 ZPO von dem Drittschuldner verlangen, dass dieser den mehrfach gepfändeten Geldbetrag bei dem Amtsgericht hinterlegt. Für den **erstpfändenden Gläubiger** ist das Hinterlegungsverlangen nur sinnvoll, wenn der Erlös zur Befriedigung aller pfändender Gläubiger nicht ausreicht und ernsthafte Bedenken bestehen, dass der Drittschuldner nicht nach § 804 Abs. 3 ZPO erst ihn vollständig befriedigen wird. Für die **später pfändenden Gläubiger** ist ein entsprechender Antrag sinnvoll, wenn Zweifel an der Wirksamkeit der vorrangigen Pfändung bestehen und der vorrangige Gläubiger nicht auf seinen besseren Rang verzichtet.

2. Zuständig ist die **Hinterlegungsstelle des Amtsgerichts**, dessen Pfändungs- und Überweisungsbeschluss zuerst zugestellt wurde

3. Auf entsprechende Aufforderung **muss** der Drittschuldner hinterlegen. Er muss nicht prüfen, ob die Pfändungen wirksam sind. Unzulässig ist eine Hinterlegung, wenn nur ein Gläubiger gepfändet hat. Zur Hinterlegungsanzeige des Drittschuldners → Form. K. I. 2.

Bei einer Unsicherheit über die Vorrangigkeit einer Forderungspfändung bzw. einer Forderungsabtretung, kann der Drittschuldner nur nach § 372 S. 2 BGB hinterlegen (BGH NJW-RR 2005, 712). Dies gilt ebenso, wenn mehrere Gläubiger die Zwangsvollstreckung gegen verschiedene Schuldner betreiben und die Forderung beanspruchen (OLG Köln OLGR 1998, 302). Verweigert der Drittschuldner die Hinterlegung, so kann jeder Gläubiger gegen ihn auf Hinterlegung (§ 856 ZPO) oder Zahlung an sich selbst klagen. Die Hinterlegung **wirkt als Zahlung** (§ 378 BGB), so dass der Drittschuldner frei wird. Analog § 1247 BGB tritt der hinterlegte Betrag an die Stelle der erloschenen gepfändeten Forderung und die Pfändungspfandrechte bestehen im Wege der **dinglichen Surrogation** an dem hinterlegten Betrag fort.

4. Zum Verteilungsverfahren → Form. K. II. 1 bis → Form. K. II. 18.

7. Herausgabeverlangen des Gläubigers gegenüber dem Drittschuldner bei mehrfacher Pfändung eines Anspruchs auf bewegliche Sachen (§ 854 ZPO)

An

. . . . .

[Anschrift des Drittschuldners][1]

Sehr geehrte(r) . . . . .,

hiermit zeigen wir an, dass wir den Gläubiger vertreten. Das Amtsgericht . . . . . hat auf unseren Antrag/Antrag des/er Mandanten/in am . . . . ., Az. . . . . ., einen Pfändungs- und Überweisungsbeschluss/Pfändungsbeschluss/Überweisungsbeschluss erlassen und den angeblichen Anspruch des Schuldners . . . . . [genaue Bezeichnung des Schuldners] auf Herausgabe des/der . . . . . [nähere Bezeichnung der Sache] gegen Sie zugunsten unseres/r Mandanten/in gepfändet.

Namens und in Vollmacht unseres/r Mandanten/in fordern wir Sie hiermit gemäß § 854 Abs. 1 ZPO auf, unter Anzeige der Sachlage und unter Aushändigung der Ihnen zugestellten Beschlüsse die Sache dem Gerichtsvollzieher[2] zur Verwertung und Verteilung des Erlöses auszuhändigen.[3]

. . . . .

Rechtsanwalt[4]

Anmerkungen

1. Im Falle der mehrfachen Pfändung des Anspruchs auf eine bewegliche Sache des gleichen Schuldners für mehrere Gläubiger kann jeder Gläubiger gem. § 854 Abs. 1 S. 1 ZPO von dem Drittschuldner verlangen, dass dieser die mehrfach gepfändete Sache an den Gerichtsvollzieher herausgibt, damit dieser die Sache gem. §§ 847 Abs. 2, 814 ZPO versteigert und anschließend den Erlös auskehrt. Zum eventuellen Verteilungsverfahren → Form. K. II. 1 bis → Form. K. II. 18.

Für die **später pfändenden Gläubiger** ist ein entsprechender Antrag an den Drittschuldner sinnvoll, damit der Gerichtsvollzieher Kenntnis von der Mehrfachpfändung erlangt und die weiteren Gläubiger bei der Erlösverteilung berücksichtigt.

2. Zuständig ist der **Gerichtsvollzieher**, der nach dem zuerst zugestellten Beschluss zur Empfangnahme der Sache ermächtigt ist. Hat der Gläubiger keinen entsprechenden Gerichtsvollzieher bezeichnet, so ist auf Antrag des Drittschuldners durch das Amtsgericht des Ortes, wo die Sache herauszugeben ist, ein entsprechender Gerichtsvollzieher zu bestimmen (§ 854 Abs. 1 S. 2 ZPO).

3. Auf entsprechende Aufforderung **muss** der Drittschuldner die Sache herausgeben.

4. Kosten und Gebühren. Für den **Rechtsanwalt** → Form. H. IV. 5 Anm. 6. Der **Gerichtsvollzieher** erhält für die Übernahme der Sachen zum Zwecke der Verwertung die Gebühr nach Nr. 206 KV GvKostG und für die Verwertung die Gebühren nach Nr. 300 bis 310 KV GvKostG.

8. Herausgabeverlangen des Gläubigers gegenüber dem Drittschuldner bei mehrfacher Pfändung eines Anspruchs auf eine unbewegliche Sache (§ 855 ZPO)

An

. . . . .

[Anschrift des Drittschuldners][1]

Sehr geehrte(r) . . . . .,

hiermit zeigen wir an, dass wir den Gläubiger vertreten. Das Amtsgericht . . . . . hat auf unseren Antrag/Antrag des/er Mandanten/in am . . . . ., Az. . . . . ., einen Pfändungs- und Überweisungsbeschluss/Pfändungsbeschluss/Überweisungsbeschluss erlassen und den angeblichen Anspruch des Schuldners . . . . . [genaue Bezeichnung des Schuldners] auf Herausgabe des . . . . . [nähere Bezeichnung des Grundstücks] gegen Sie zugunsten unseres/r Mandanten/in gepfändet.

Namens und in Vollmacht unseres/r Mandanten/in fordern wir Sie hiermit gem. § 855 ZPO auf, unter Anzeige der Sachlage und unter Aushändigung der Ihnen zugestellten Beschlüsse das Grundstück an den Sequester[2] herauszugeben.[3]

. . . . .

Rechtsanwalt[4]

Anmerkungen

1. Im Falle der mehrfachen Pfändung des Anspruchs auf eine unbewegliche Sache des gleichen Schuldners für mehrere Gläubiger kann jeder Gläubiger gem. § 855 ZPO von dem Drittschuldner verlangen, dass dieser die mehrfach gepfändete unbewegliche Sache an einen Sequester herausgibt.

2. Zuständig ist der von dem Amtsgericht der belegenen Sache ernannten bzw. noch zu ernennende **Sequester**.

3. Auf entsprechende Aufforderung **muss** der Drittschuldner die Sache herausgeben.

4. Kosten und Gebühren. → Form. H. IV. 5 Anm. 6.

9. Herausgabeverlangen des Gläubigers gegenüber dem Drittschuldner bei mehrfacher Pfändung eines Anspruchs auf ein Schiff (§ 855a ZPO)

An

.....

[Anschrift des Drittschuldners][1]

Sehr geehrte(r) .....,

hiermit zeigen wir an, dass wir den Gläubiger vertreten. Das Amtsgericht ..... hat auf unseren Antrag/Antrag des/er Mandanten/in am ....., Az. ....., einen Pfändungs- und Überweisungsbeschluss/Pfändungsbeschluss/Überweisungsbeschluss erlassen und den angeblichen Anspruch des Schuldners ..... [genaue Bezeichnung des Schuldners] auf Herausgabe des ..... [nähere Bezeichnung des Schiffs bzw. Schiffsbauwerks] gegen Sie zugunsten unseres/r Mandanten/in gepfändet.

Namens und in Vollmacht unseres/r Mandanten/in fordern wir Sie hiermit gemäß § 855a ZPO auf, unter Anzeige der Sachlage und unter Aushändigung der Ihnen zugestellten Beschlüsse das Schiff/Schiffsbauwerk an den Treuhänder herauszugeben.[2]

.....

Rechtsanwalt[3]

Anmerkungen

1. Im Falle der mehrfachen Pfändung des Anspruchs auf ein Schiff oder Schiffsbauwerk des gleichen Schuldners für mehrere Gläubiger kann jeder Gläubiger gem. § 855a ZPO von dem Drittschuldner verlangen, dass dieser das mehrfach gepfändete Schiff oder Schiffsbauwerk an einen Treuhänder herausgibt.

2. Zur Verwertung siehe § 847a ZPO.

3. Kosten und Gebühren → Form. H. IV. 5 Anm. 6.

I. Zwangsvollstreckung wegen Geldforderungen in Forderungen und andere Vermögenswerte, §§ 828–863 ZPO (Einzelfälle)

I. Pfändung von Arbeitseinkommen, Vergütungen, Sozialleistungen und ähnlichen Leistungen

Pfändung von Arbeitseinkommen

1. Pfändung von Arbeitseinkommen

[Das amtliche Formular „Pfändungs- und Überweisungsbeschluss[1]" ist entsprechend den dortigen Anmerkungen auszufüllen. Auf Seite 4 (bzw. Seite 5) des amtlichen Formulars ist das Feld „A (an Arbeitgeber)" anzukreuzen. Damit erfolgt eine umfassende Pfändung der auf Seite 4 (bzw. Seite 5) des amtlichen Formulars in dem Feld „Anspruch A (an Arbeitgeber)" unter Nr. 1[2, 3, 4, 5, 6, 7] und Nr. 2[8] aufgeführten Ansprüche. Das Feld Nr. 2 ist noch um die Angabe des Kalenderjahres zu ergänzen. Etwaige Pfändungen anderer Ansprüche können unter Nr. 3[9] in dem dortigen Leerfeld aufgenommen werden.][14]

[Auf Seite 7 (bzw. Seite 8) des amtlichen Formulars kann in dem Feld „Es wird angeordnet, dass zur Berechnung des nach § 850c ZPO pfändbaren Teils des Gesamteinkommens zusammenzurechnen sind" die entsprechenden Möglichkeiten der Zusammenrechnung verschiedener Arbeitseinkommen angekreuzt und ausgefüllt werden.[10]]

[Ebenfalls auf Seite 7 (bzw. Seite 8) des amtlichen Formulars kann in dem Feld „Es wird angeordnet, dass zur Berechnung des nach § 850c ZPO pfändbaren Teils des Gesamteinkommens zusammenzurechnen sind" die entsprechenden Möglichkeiten der Zusammenrechnung des Arbeitseinkommens mit laufenden Geldleistungen nach dem SGB angekreuzt und ausgefüllt werden.[10]]

[Bei einem Antrag nach § 850c Abs. 4 ZPO sind auf Seite 7 des amtlichen Formulars „Antrag auf Erlass eines Pfändungs- und Überweisungsbeschlusses insbesondere wegen gewöhnlicher Geldforderungen das dortige Feld „Gemäß § 850c Abs. 4 ZPO wird angeordnet, dass" anzukreuzen und dort vorgegebenen Varianten auszuwählen.[11] In dem amtlichen Formular „Antrag auf Erlass eines Pfändungs- und Überweisungsbeschlusses wegen Unterhaltsforderungen ist ein entsprechendes Feld nicht vorhanden.]

[Auf Seite 8 (bzw. Seite 9) des amtlichen Formulars ist in dem Feld „Es wird angeordnet, dass" das 1. Kästchen

„dass der Schuldner die Lohn- und Gehaltsabrechnung oder die Verdienstbescheinigung einschließlich der entsprechenden Bescheinigungen der letzten drei Monate vor Zustellung des Pfändungs- und Überweisungsbeschlusses an den Gläubiger herauszugeben hat."

anzukreuzen.[12]]

[Ergänzend kann auf Seite 8 (bzw. Seite 9) des amtlichen Formulars in dem Feld „Es wird angeordnet, dass" das freie Kästchen angekreuzt und dort eingetragen werden:]

der Schuldner an den Gläubiger die Lohnsteuerkarte für das Jahr ..... bzw. die elektronische Lohnsteuerbescheinigung für das Jahr ..... im Original sowie folgende Unterlagen ..... [nähere Bezeichnung weiterer steuerrechtlich relevanter Unterlagen] herauszugeben hat.[13]

Anmerkungen

1. → Form. H. I. 2 (bzw. → Form. H. I. 6 bei Unterhaltsforderungen). Hinsichtlich der weiteren Einzelheiten zum Pfändungs- und Überweisungsbeschluss wird auf die dortigen Anmerkungen Bezug genommen.

Mit der Pfändung von Arbeitseinkommen befassen sich ua vertieft: *Ahrens* NJW-Spezial 2007, 613; *ders.* NJW-Spezial 2011, 341; *ders.* NZI 2011, 440; *Bauer*, JurBüro 1975, 437; *Baur* Betrieb 1968, 251; *Behr* JurBüro 1995, 626; *Beetz* ZVI 2008, 244; *Bink* JurBüro 1967, 945; *Brill* Betrieb 1976, 1816; *Brüne/Liebscher* BB 1996, 743; *David* MDR 2000, 195; *Deppe,* Insbüro 2010, 130; *dies.* Insbüro 2010, 173; *dies.* Insbüro 2010, 256; *Ehlenz* JurBüro 2011, 342; *Faecks* NJW 1972, 1448; *Foerste* NJW 2006, 2947; *Giers* FamRB 2006, 307; *Harks* Rpfleger 2007, 588; *Heers* Betrieb 1971, 1525; *Helwich* JurBüro 2005, 174; *ders.* JurBüro 2015, 340; *Helwich/Frankenberg* Die Pfändung des Arbeitseinkommens und Verbraucherinsolvenz, einschließlich Pfändung der Sozialleistungen, Kontopfändung und Restschuldbefreiung, 6. Aufl. 2010; *Heyn* Insbüro 2009, 447; *Hohmeister* BB 1995, 2110; *Kohls* NVwZ 1984, 294; *Kreutzkam* JurBüro 2009, 60; *Lorscheider/Targan* NZI 2012, 741; *Meyer* JurBüro 2006, 522; *Najar* JurBüro 2013, 173; *Pfeifer* NZA 1996, 738; *Riedel* ZVI 2008, 420; *Scherer* Rpfleger 1995, 446; *Schmidt* InVo 2004, 215; *ders.* InVo 2007, 175; *Scholz-Löhnig* WM 2004, 1116; *Spix* BB 1981, 1151; *Ulbrich* JurBüro 2009, 509; *Wertenbruch* DGVZ 2001, 65; *Wiedemann* ZVI 2010, 291; *Wischemeyer* ZVI 2008, 238; *Zimmermann* ZVI 2005, 256; *Zimmermann/Freeman* ZVI 2008, 275.

2. Der Begriff des **Arbeitseinkommens** erfasst nach **§ 850 Abs. 2 ZPO** alle Dienst- und Versorgungsbezüge der Beamten, Arbeits- und Dienstlöhne, Ruhegelder und ähnliche nach dem einstweiligen oder dauernden Ausscheiden aus dem Dienst- oder Arbeitsverhältnis gewährte fortlaufende Einkünfte, ferner Hinterbliebenenbezüge sowie sonstige Vergütungen für Dienstleistungen aller Art, die die Erwerbstätigkeit des Schuldners vollständig oder zu einem wesentlichen Teil in Anspruch nehmen. Ohne Bedeutung ist, wie die Vergütung bezeichnet wird. Zu dem Arbeitseinkommen zählen auch Abfindungen nach §§ 9, 10 KSchG und aus § 112 BetrVG (BAG NJW 1992, 1664), aber auch Leistungen der Alterversorgung (BGH NJW 204, 3770 für die Ansprüche von Rechtsanwälten auf Altersversorgung). Ebenfalls fallen hierunter sonstige Vergütungen von Handelsvertretern, Ärzten, Zahnärzten, Rechtsanwälten, Steuerberatern, Wirtschaftsprüfern etc. sowie Lizenzgebühren (BGH NJW-RR 2004, 644). Die zum Ausgleich entgangener oder zu Unrecht vorenthaltenen Arbeitsvergütung gezahlten Schadensersatzleistungen werden wie Arbeitseinkommen behandelt (BAG NJW 2009, 2324).

Gem. **§ 850 Abs. 3 ZPO** sind ebenfalls Arbeitseinkommen **Entschädigungen**, die ein früherer Arbeitnehmer – auch der Geschäftsführer einer GmbH (OLG Rostock NJW-RR 1995, 173) – für die Beschränkung seiner Tätigkeit nach Beendigung des Dienstverhältnisses erhält (§ 850 Abs. 3 lit. a); zB Karenzentschädigung, Wettbewerbsrenten, Wartegelder, Ausgleichsanspruchs eines Handelsvertreters nach §§ 87, 89b, 90a HGB etc Gleiches gilt nach § 850 Abs. 3 lit. b ZPO für **Versicherungsrenten** früherer Arbeitnehmer oder unterhaltsberechtigter Angehöriger, die auf Versicherungsverträgen beruhen und bestimmungsgemäß Ruhegeld- oder Hinterbliebenenbezüge ersetzen oder ergänzen sollen. Hierzu zählen indes nicht die Versicherungsrenten freiberuflich tätig oder überhaupt nicht berufstätig gewesener Personen (BGH NJW-RR 2008, 496; NZI 2010, 777).

3. Gemäß **§ 85e Nr. 3 ZPO** sind die Sachbezüge mit den Geldleistungen zusammenzurechnen, → Form. I. I. 9.

4. Arbeitseinkommen werden grundsätzlich wie andere **Geldforderungen nach § 829 ZPO** gepfändet. Die §§ 850a ff. ZPO bestimmen Besonderheiten, die bei der Pfändung des laufenden bzw. künftigen Arbeitseinkommens zu beachten sind. So entzieht § 850a ZPO bestimmte dort im Einzelnen aufgeführte Bezüge der Pfändung. Nach § 850b Abs. 1 ZPO sind die dort bezeichneten Bezüge bedingt pfändbar. Hierzu zählen auch die Renten von Selbständigen (BGH NZI 2010, 777). § 850c ZPO regelt die Pfändungsgrenzen für das Arbeitseinkommen und § 850e ZPO das Verfahren für die Berechnung des pfändbaren Teils des Einkommens. Besonderheiten enthalten § 850d ZPO für die Vollstreckung von Unterhaltsforderungen sowie § 850f ZPO für die Vollstreckung einer Forderung aus vorsätzlich begangener unerlaubter Handlung.

Die im amtlichen Formular verwendete Bezeichnung **„Arbeitseinkommen"** im Pfändungsbeschluss genügt. Damit sind alle in Geld zahlbaren Vergütungen aus der Arbeits- oder Dienstleistung ohne Rücksicht auf ihre Benennung oder Berechungsart (§ 850 Abs. 4 ZPO) erfasst. Das durch die Pfändung erworbene Pfandrecht erstreckt sich nicht nur auf bestehende, erst künftig fällig werdende, sondern gem. **§ 832 ZPO** auch auf **künftige Bezüge** (vgl. BAG NJW 1993, 2699).

Zudem kann bereits vor Beginn eines Arbeitsverhältnisses die Zwangsvollstreckung in **das künftige Arbeitseinkommen** unter den Voraussetzungen der Pfändung künftiger Forderungen erfolgen, zB wenn bereits ein entsprechender Arbeitsvertrag abgeschlossen worden ist. Weiterhin wird von der Pfändung ein innerhalb von 9 Monaten mit dem Drittschuldner neu begründetes oder fortgesetztes Arbeitsverhältnis erfasst (§ 833 Abs. 2 ZPO). Bei einer Gesamtrechtsnachfolge, Fusion oder Umwandlung bleiben die Wirkungen eines Pfändungs- und Überweisungsbeschlusses bestehen. Gleiches gilt bei einem Betriebsübergang nach § 613a BGB (LAG Frankfurt MDR 2000, 232).

Zur **Dauerpfändung** und **Vorratspfändung** → Form. H. I. 6 Anm. 16, 17.

5. § 850c ZPO bestimmt den **zugriffsfreien Teil des Arbeitseinkommens.** Zu berücksichtigen sind auch Personen, denen der Schuldner in Erfüllung seiner gesetzlichen Unterhaltspflicht in Geld oder Natur Unterhalt gewährt. Der dem Schuldner pfändungsfrei zu belassende Teil des Arbeitseinkommens erhöht sich dann gem. § 850c Abs. 1, Abs. 2 ZPO, wenn der Schuldner auf Grund einer gesetzlichen Verpflichtung einem Verwandten zwar Unterhalt leistet, diesen aber nicht in voller Höhe erbringt (BGH NJW-RR 2007, 938). Die Pfändungsfreigrenzen des § 850c Abs. 1, Abs. 2 S. 2 ZPO werden jeweils zum 1. Juli eines jeden zweiten Jahres, erstmalig zum 1.7.2003 angepasst, wobei die maßgebenden Beträge im Bundesgesetzblatt bekannt gemacht werden (§ 850c Abs. 2 lit. a ZPO). Zahlungen, die nicht auf einer gesetzlichen Unterhaltsverpflichtung beruhen, werden nicht berücksichtigt (OLG Köln FamRZ 2009, 1697).

Die seit **1.7.2015** gültigen Beträge ergeben sich aus den als Anhang zur Pfändungsfreigrenzenbekanntmachung 2015 (BGBl. 2015 I 618) abgedruckten Tabellen. Für den Zeitraum vom 1.7.2015 bis 30.6.2017 beträgt der unpfändbare Grundbetrag monatlich **1.073,88 EUR** bei einem Pfändungsschuldner, den keine Unterhaltspflicht trifft. Dieser Betrag erhöht sich gem. § 850c Abs. 1 S. 2 ZPO um monatlich **404,16 EUR** für die erste und um monatlich jeweils weitere **225,17 EUR** für die zweite bis fünfte Person. Er beträgt somit monatlich **1.478,04 EUR** bei einem Pfändungsschuldner mit 1 Unterhaltsberechtigte

(Ehegatten, Lebenspartner oder 1 Kind; vgl. BGH NJW-RR 2004, 1370), **1.703,21 EUR** bei einem Pfändungsschuldner mit 2 Unterhaltsberechtigten (zB Ehegatten und 1 Kind), **1.928,38 EUR** bei einem Pfändungsschuldner mit 3 Unterhaltsberechtigten (zB Ehegatten und 2 Kinder), **2.153,55 EUR** bei einem Pfändungsschuldner mit 4 Unterhaltsberechtigten (zB Ehegatten und 3 Kinder) und **2.378,72 EUR** bei einem Pfändungsschuldner mit 5 und mehr Unterhaltsberechtigten (zB Ehegatten und 4 und mehr Kinder). Wenn der Schuldner mehr verdient als den so ermittelten pfändungsfreien Betrag, verbleibt ihm vom Mehrbetrag bis zu einer Obergrenze ebenfalls ein bestimmter Anteil. Der Grenzwert liegt seit dem 1.7.2015 bei **3.292,09 EUR**; der Mehrverdienst über diesen Betrag ist voll pfändbar. Die genauen Beträge – auch für wöchentliche und tägliche Zahlweise von Arbeitseinkommen – ergeben sich aus der Pfändungsfreigrenzenbekanntmachung 2015, als PDF abrufbar auf der Homepage des BMJV (www.bmjv.de).

Im Pfändungsbeschluss muss **keine Berechnung des pfändungsfreien Betrages** vorgenommen werden. Die Pfändung erfolgt vielmehr im Wege des **Blankettbeschlusses.** Hierbei genügt die Bezugnahme auf die Tabelle zu § 850c Abs. 3 ZPO. Die konkrete Berechnung muss der Drittschuldner vornehmen. Dieser hat von dem jeweiligen Nettoeinkommen entsprechend der Auszahlungsweise unter Berücksichtigung des § 850c ZPO den maßgeblichen Betrag zu ermitteln (siehe zu den Einzelheiten *Stöber* Rn. 1036 ff.). Ein Pfändungstabellen-Generator findet sich im Internet unter „www.justiz.nrw.de“ Im Falle von Unsicherheiten darüber, ob ein bestimmter Betrag von der Pfändung erfasst wird, kann eine Hinterlegung (vgl. § 372 BGB) durch den Drittschuldner erfolgen. Etwa nach §§ 850d, 850f Abs. 2 ZPO pfandfrei verbleibenden Teile des Arbeitseinkommens müssen ausdrücklich im Pfändungsbeschluss bezeichnet werden.

§ 850e ZPO schreibt vor, wie der pfändbare Teil des Arbeitseinkommens nach §§ 850c, 850d ZPO zu berechnen ist. Bei der Berechnung des pfändbaren Einkommens gem. § 850e Nr. 1 S. 1 ZPO ist str. ob die Brutto- oder die Nettomethode gilt (s. dazu BAG JurBüro 2013, 601 mwN). Bei mehreren Einkommen des Schuldners kommt es darauf an, ob diese zusammengerechnet werden können, um sie wie ein einziges Einkommen zu behandeln (s. § 850e Nr. 2 – Nr. 4 ZPO).

6. Bestimmte in **§ 850a ZPO** aufgezählte Bezüge sind unpfändbar. Dazu zählen die Hälfte der für die Leistung von Mehrarbeitsstunden gezahlten Teile des Arbeitseinkommens (**§ 850a Nr. 1 ZPO**). Dazu gehört nicht das zusätzliche Arbeitseinkommen eines Versorgungsempfängers (VG Wiesbaden ZInsO 2014, 796).

Unpfändbar sind die für die Dauer eines Urlaubs über das Einkommen hinaus gewähren Bezüge, soweit sie den Rahmen des Üblichen nicht übersteigen (**§ 850a Nr. 2 ZPO**). Die Unpfändbarkeit des Urlaubsgeldes ist aus sozialen Gründen angeordnet und folgt aus der Zweckgebundenheit der Leistung. Es wird aus besonderem Anlass gewährt und soll dem Arbeitnehmer zukommen. Daher kommt auch eine teilweise Pfändung nicht in Betracht (BGH NJW-RR 2012, 825). Dies gilt unabhängig davon, ob der Arbeitnehmer das Geld tatsächlich in entsprechender Höhe für urlaubsbedingte Mehraufwendungen benötigt (BGH NJW-RR 2012, 825). Die Üblichkeit ist anhand der Verhältnisse in gleichartigen Unternehmen zu prüfen (BGH NJW-RR 2012, 825; Zöller/*Stöber* § 850a Rn. 6); die Grenze von 500 EUR, die nach § 850a Nr. 4 ZPO gilt, findet keine entsprechende Anwendung (BGH NJW-RR 2012, 825).

Weiterhin unpfändbar sind Zuwendungen aus Anlass eines besonderen Betriebsereignisses und Treuegelder, soweit sie den Rahmen des Üblichen nicht übersteigen (**§ 850a Nr. 2 ZPO**), Aufwandsentschädigungen, Auslösungsgelder und sonstige soziale Zulagen für auswärtige Beschäftigungen, das Entgelt für selbstgestelltes Arbeitsmaterial, Gefahrenzulagen sowie Schmutz- und Erschwerniszulagen (LG Hannover VUR 2013, 32; VG Düsseldorf ZInsO 2012, 1900; VG Kassel JurBüro 2013, 599), soweit diese Beträge den Rahmen des Üblichen nicht übersteigen (**§ 850a Nr. 3 ZPO**), Weihnachtsvergütungen bis zum Betrage der Hälfte des monatlichen Arbeitseinkommens, höchstens aber bis zum Betrage von 500 EUR (**§ 850a Nr. 4 ZPO**), Heirats- und Geburtsbeihilfen, sofern die Vollstreckung wegen anderer als der aus Anlass der Heirat oder der Geburt entstandenen Ansprüche betrieben wird (**§ 850a Nr. 5 ZPO**), Erziehungsgelder, Studienbeihilfen und ähnliche Bezüge (**§ 850a Nr. 6 ZPO**), Sterbe- und Gnadenbezüge aus Arbeits- oder Dienstverhältnissen (**§ 850a Nr. 7 ZPO**) und Blindenzulagen (**§ 850a Nr. 8 ZPO**). Zu den nach **§ 850b ZPO** unpfändbaren bzw. bedingt pfändbaren Ansprüchen → Form. I. I. 2 Anm. 1.

Der **Drittschuldner** muss diese unpfändbaren Bezüge vom Arbeitseinkommen absetzen (§ 850e Nr. 1 ZPO). Die Arbeitnehmerbeiträge zur Pflichtversicherung bei der Versorgungsanstalt des Bundes und der Länder sind zum pfändbaren Arbeitseinkommen hinzuzurechnen (BGH NZI 2010, 118). Eine zusätzliche Nennung der einschlägigen Vorschriften, insbesondere des §§ 850e Nr. 1, Nr. 3 und 850a ZPO, ist zwar nicht unbedingt erforderlich, kann indes der Klarstellung dienen.

7. Mitarbeiter im Öffentlichen Dienst und bei Kirche und Diakonie erhalten nunmehr an Stelle des Weihnachts- und Urlaubsgeldes im November eine **Jahressonderzahlung.** Bei dieser Zahlung ist zumindest der Freibetrag von 500 EUR für die Weihnachtsvergütung in entsprechender Anwendung des § 850a Nr. 4 ZPO zu berücksichtigen (vgl. *Zimmermann/Freemann* ZVI 2008, 275). Der garantierte Anteil der **Sparkassensonderzahlung** unterfällt nicht der teilweise Unpfändbarkeit nach § 850a Nr. 4 ZPO (BAG JurBüro 2012, 493).

8. Zu der Pfändung des Steuererstattungsanspruchs bei **Durchführung des Lohnsteuerjahresausgleichs durch den Arbeitgeber** → Form. I. I. 37.

9. ZB bei einer betrieblichen Gewinnbeteiligung.

10. Zum Zusammenrechnen **mehrerer Arbeitseinkommen** → Form. I. I. 7 und zum Zusammenrechnen von **Arbeitseinkommen und Sozialleistungen** → Form. I. I. 8.

11. Zu dem Antrag nach § 850c Abs. 4 ZPO → Form. H. I. 2 Anm. 45 sowie → Form. I. I. 6.

12. Zu den herauszugebenden Urkunden → Form. H. I. 2 Anm. 46. Die gem. § 836 Abs. 3 ZPO herauszugebenden Urkunden sind auf Antrag des Gläubigers in den Pfändungs- und Überweisungsbeschluss aufzunehmen (BGH NJW-RR 2006, 1576). Bei der Pfändung von Arbeitseinkommen hat der Schuldner die vom Arbeitgeber erteilte **Lohn- oder Gehaltsabrechnung** herauszugeben (BGH NJW-RR 2006, 1576; aA OLG Zweibrücken, Rpfleger 1996, 36 mwN). Dem Gläubiger soll hierdurch die Nachprüfung ermöglicht werden, welche Ansprüche ihm aus der Pfändung erwachsen sind und ob der Drittschuldner die gepfändete und zur Einziehung überwiesene Forderung vollständig erfüllt. Der Herausgabeanspruch erfasst sowohl die laufenden Abrechnungen als auch die letzten drei Abrechnungen aus der Zeit vor Zustellung des Pfändungs- und Überweisungsbeschlusses (BGH NJW 2007, 606).

Bei der Lohnpfändung stellt der **Anspruch auf Erteilung einer Lohnabrechnung** einen unselbständigen Nebenanspruch, sofern diese Abrechnung erforderlich ist, um den Anspruch auf Lohnzahlung geltend zu machen. Insoweit kann auf Antrag des Gläubigers die Mitpfändung dieses Anspruchs klarstellend in dem Pfändungs- und Überweisungsbeschluss ausgesprochen werden (BGH JurBüro 2013, 271).

Zudem kann der Gläubiger auch die Herausgabe **vorrangiger Pfändungs- und Überweisungsbeschlüsse** sowie von Urkunden über der Pfändung vorgehende Abtretungen dieser Ansprüche verlangen (BGH NJW-RR 2006, 1576; aA Zöller/*Stöber* § 836 Rn. 13 für vorrangige Pfändungs- und Überweisungsbeschlüsse). Zur Vollstreckung der Herausgabeanordnung → Form. H. II. 1 Anm. 9.

13. Ein Anspruch des Gläubigers auf **Herausgabe der Lohnsteuerkarte** bzw. der **elektronischen Lohnsteuerbescheinigung** (vgl. § 41b EStG) sowie der weiteren steuerrechtlich erheblichen Unterlagen nach § 836 Abs. 3 S. 1 ZPO **besteht nach hM nicht,** zumal der Schuldner diese Unterlagen für die Abgabe der Steuererklärung und für das Steuerfestsetzungsverfahren benötigt (Zöller/*Stöber* § 836 Rn. 13). Wenn zusätzlich der Anspruch auf Erstattung von Einkommensteuern oder Lohnsteuer gepfändet und zur Einziehung überwiesen worden ist, kann der Vollstreckungsgläubiger aufgrund des Pfändungs- und Überweisungsbeschlusses weder einen Anspruch **auf Vornahme von Verfahrenshandlungen im Steuerfestsetzungsverfahren** (zB Abgabe der erforderlichen Steuererklärung) gem. § 888 Abs. 1 S. 1 durch Haftantrag gegen den Schuldner vollstrecken noch nach § 887 ZPO ermächtigt werden, Verfahrenshandlungen des Schuldners im Steuerfestsetzungsverfahrens selbst vorzunehmen (BGHZ 176, 79 = NJW 2008, 1675 unter ausdrücklicher Aufgabe von BGHZ 157, 195 = NJW 2004, 954). Das Antragsrecht ist höchstpersönlich und kann nur vom steuerpflichtigen Schuldner wahrgenommen werden (BFHE 191, 311 = NJW 2001, 462).

14. Zu den **Kosten und Rechtsmitteln** → Form. H. I. 2 Anm. 62 ff. Der **Drittschuldner** kann den finanziellen Aufwand bei der Bearbeitung der Lohnpfändung ohne besondere Vereinbarung nicht vom Arbeitnehmer erstattet verlangen. Eine im Arbeitsvertrag vorgesehene Individualregelung soll möglich sein. Strittig ist, inwieweit eine solche Regelung in einem AGB-Arbeitsvertrag aufgenommen werden kann. Das BAG verneint die Möglichkeit der Begründung eines Erstattungsanspruchs durch Betriebsvereinbarung (NJW 2007, 1302).

2. Bedingt pfändbare Ansprüche (§§ 850b, 851c, 851d ZPO)

1. Die in **§ 850b Abs. 1 ZPO aufgeführten Bezüge**, nämlich Renten (zB aus einer Berufungsunfähigkeitsversicherung, BGHZ 70, 206 = NJW 1978, 950; BGH NZI 2010, 141) infolge Verletzung des Körpers oder der Gesundheit (§ 850b Abs. 1 Nr. 1 ZPO), Unterhaltsrenten (§ 850b Abs. 1 Nr. 2 ZPO), fortlaufende Einkünfte aus Stiftungen oder sonst auf Grund der Fürsorge und Freigiebigkeit eines Dritten bzw. aus Altenteils- und Auszugsvertrag (§ 850b Abs. 1 Nr. 3 ZPO), aus Witwen-, Waisen-, Hilfs- und Krankenkassen oder aus Lebensversicherungsverträgen, sofern die Versicherung nur für den Todesfall abgeschlossen ist und die Versicherungssumme 3.579 EUR nicht übersteigt (§ 850b Abs. 1 Nr. 4 ZPO), sind grundsätzlich für alle Gläubiger, einschließlich der Unterhaltsgläubiger, **unpfändbar.**

Verletzungsrenten (**§ 850b Abs. 1 Nr. 1 ZPO**) sind wiederkehrende Geldleistungen, die bei Invalidität des Schuldners gezahlt werden. Erfasst werden neben gesetzliche Ansprüche auch die auf einer vertraglichen Grundlage beruhenden Ansprüche, wie zB Berufungsunfähigkeitsrenten oder Schmerzensgeldrenten. Keine Anwendung findet die Vorschrift auf gesetzliche Sozialversicherungsrenten, wie zB die Schwerstbeschädigtenzulage oder die Pflegezulage nach dem Bundesversorgungsgesetz; diese sind bereits nach § 54 Abs. 3 Nr. 3 SGB I unpfändbar. Gesetzliche Unterhaltsrenten (**§ 850b Abs. 1 Nr. 2 ZPO**) sind die auf Geld gerichteten Ansprüche des Schuldners, die er als getrennt lebender Ehegatte/Lebenspartner, als früherer Ehegatte/Lebenspartner, als eheliches oder nichteheliches Kind oder sonstiger Verwandter hat.

Der Begriff des Altenteils in **§ 850b Abs. 1 Nr. 3 ZPO** entspricht demjenigen in Art. 96 EGBGB (BGH NJW-RR 2007, 1390; → Form. I. VII. 1 Anm. 2). Zu den unter **§ 850b Abs. 1 Nr. 4 ZPO** zählenden Bezügen gehören auch einmalige Ansprüche des Schuldners gegen einen privaten Krankenversicherungsträger, die auf Erstattung der Kosten für ärztliche Behandlungsmaßnahmen im Krankheitsfall gerichtet sind (BGH

NJW-RR 2007, 1510 mwN). Dagegen fallen Bonusleistungen einer Krankenkasse für gesundheitsbewusstes Verhalten nicht hierunter; diese sind uneingeschränkt pfändbar (AG Hanau ZVI 2007, 368). Die **beschränkte Unpfändbarkeit von Lebensversicherungsverträgen** nach § 850b Abs. 1 Nr. 4 ZPO verletzt nicht Art. 3 Abs. 1 GG (BVerfG NJW 2006, 2585). Von § 850b Abs. 1 Nr. 4 ZPO wird auch eine **Todesfallversicherung** dann erfasst, wenn Begünstigter ein Dritter ist, dem die Bestattung des Versicherungsnehmers obliegt (BGH FamRZ 2009, 972). Übersteigt die Versicherungssumme den Betrag von 3.579 EUR, sind die Ansprüche insoweit unpfändbar, als sie sich auf der Grundlage einer diesen Betrag nicht übersteigenden Versicherungssumme ergeben (BGH NJW-RR 2008, 412).

Die in § 850b Abs. 1 ZPO aufgeführten Bezüge können unter bestimmten Voraussetzungen **nach § 850b Abs. 2 ZPO gepfändet werden**: Voraussetzung ist, dass die Zwangsvollstreckung in das sonstige bewegliche Vermögen des Schuldners zu keiner vollständigen Befriedigung des Gläubigers geführt hat oder voraussichtlich nicht führen wird **und** die Pfändung nach den Umständen des Falles, insbesondere der Art des beizutreibenden Anspruchs sowie der Höhe der Bezüge der Billigkeit entspricht. Ist dies der Fall, können die Bezüge nach den für Arbeitseinkommen geltenden Vorschriften gepfändet werden. Indes kommt eine Pfändung der Ansprüche des Schuldners auf Erstattung der Kosten für künftige ärztliche Behandlungsmaßnahmen gegen einen Krankenversicherer aufgrund von Billigkeitswägungen nach § 850b Abs. 2 ZPO grundsätzlich nicht in Betracht (BGH NJW-RR 2007, 1510).

Die **Voraussetzungen für die Zulassung** der Pfändung hat der Gläubiger substantiiert mit dem Antrag auf Erlass des Pfändungs- und Überweisungsbeschlusses darzulegen und ggf. zu beweisen. Insoweit muss das Pfändungsgesuch (→ Form. H. I. 2 bzw. → Form. H. I. 6 bei Unterhaltsforderungen) entsprechende Angaben enthalten (ggf. einzutragen in das Freifeld auf Seite 9 bzw. Seite 10 der amtlichen Formulare). Das Vollstreckungsgericht entscheidet über die Zulassung der Pfändung nach freier Überzeugung nach Anhörung der Beteiligten (§ 850b Abs. 3 ZPO).

Mit den bedingt pfändbaren Ansprüchen befassen sich näher (Auswahl): *Balthasar*, FamRZ 2005, 85; *Bauer* JurBüro 1966, 179; *Büttner* FamRZ 1994, 1433; *Deppe* Insbüro 2010, 222; *Foerste* NJW 2006, 2945; *Hülsmann* MDR 1994, 257; *ders.* NJW 1995, 1521; *ders.* VersR 1996, 308; *Kellner* VersR 1979, 17; *Neugebauer* MDR 2005, 376; *Rupp/Fleischmann* Rpfleger 1983, 377.

2. Früher bestand für **Kapitallebensversicherungen** und **private Rentenversicherungen** kein Pfändungsschutz (vgl. zB BGH ZInsO 2008, 40). Durch das Gesetz zum Pfändungsschutz der privaten Altersvorsorge Selbständiger vom 26.3.2007 (BGBl. 2007 I 368) wurde durch **§§ 851c und 851d ZPO** für Rentenzahlungen aus privatrechtlichen Versicherungsverträgen ein neuer Vollstreckungsschutz eingeführt. Der Schutz erfasst sowohl den **Aufbau einer Altersvorsorge** als auch die **Auszahlung der Renten**. Damit wird die Alterssicherung Selbständiger in gleicher Weise gegen Zwangsvollstreckungsmaßnahmen gesichert wie der gesetzliche Rentenanspruch abhängig Beschäftigter. Erfasst werden auch Leistungen ab Eintritt der Berufsunfähigkeit, wenn die Leistungen zwar nicht lebenslang erbracht, aber zusammen mit den sich unmittelbar anschließenden Leistungen zur Versorgung im Alter geschuldet werden und beide zusammen lebenslang in regelmäßigen Zeitabständen eine im Wesentlichen gleich bleibende Leistung erbringen (BGH NZI 2010, 777).

Um dem Selbständigen den **Aufbau einer angemessenen Alterssicherung** zu ermöglichen, kann er nach dem Lebensalter gestaffelt jeweils jährlich einen konkret im Gesetz genannten Betrag (vom 18. bis zum 29. Lebensjahr 2.000 EUR; vom 30. bis zum 39. Lebensjahr 4.000 EUR; vom 40. bis zum 47. Lebensjahr 4.500 EUR; vom 48. bis zum 53. Lebensjahr 6.000 EUR; vom 54. bis zum 59. Lebensjahr 8.000 EUR und vom 60. bis zum 67. Lebensjahr 9.000 EUR) als Versicherungsprämie beim Versicherer einzahlen, wobei die Gesamtsumme 256.000 EUR nicht übersteigen darf (§ 851c Abs. 2 ZPO). Geschützt wird in dem in § 851c Abs. 2 ZPO genannten Umfang das für eine private Altersvorsorge angesparte Deckungskapital und die nach Eintritt des Versicherungsfalls zu zahlenden Rentenbeträge. Ein Pfändungsschutz der zum Aufbau des Deckungskapitals erforderlichen Beträge ist mit der Vorschrift nicht verbunden; ein solcher ergibt sich auch nicht aus § 850f Abs. 1 lit. b ZPO (BGH NJW-RR 2011, 1617). § 851c Abs. 1 ZPO ist auch anwendbar, wenn der Schuldner nicht Versicherungsnehmer, sondern nur Pfandgläubiger bzgl. eines Pfandrechts an dem Anspruch auf Erlebnisfallleistungen ist (BGH NZI 2012, 809).

Der geschützte Betrag ist **unpfändbar**, ohne dass es eines gesonderten Antrages bedarf. Vielmehr sind die Pfändungsbeschränkungen von Amts wegen zu beachten. Voraussetzung ist, dass der zugrunde liegende Vertrag der detaillierten und sehr restriktiven **Ausgestaltung des Altersvorsorgevertrages** in § 851c Abs. 1 Nr. 1 bis 4 ZPO entspricht. Danach ist Voraussetzung für die Gewährung des Pfändungsschutzes, dass die Rente erst ab dem 60. Lebensjahr oder bei vorherigem Eintritt der Berufsunfähigkeit und ausschließlich lebenslang gewährt wird (Abs. Nr. 1), der Versicherungsnehmer nicht über die Rentenansprüche verfügen darf (Abs. 1 Nr. 2), eine Bezugsberechtigung Dritter mit Ausnahme der Hinterbliebenen (hierzu gehört nicht eine Lebensgefährtin, BGH NJW-RR 2011, 493) ausgeschlossen (Abs. 1 Nr. 3) und die Kapitalisierung der Rente für den Todesfall möglich ist (Abs. 1 Nr. 4). Die Voraussetzung müssen **kumulativ im Zeitpunkt der Pfändung** vorliegen; soweit der Vertrag Bestimmungen enthält, die einen späteren Eintritt der Voraussetzungen des § 851c Abs. 1 Nr. 3 ZPO endgültig sicherstellen, greift der Pfändungsschutz ab diesem späteren Zeitpunkt (BGH NJW-RR 2011, 493).

Der überschießende Betrag ist zu $^3/_{10}$ pfändbar, wenn der Rückkaufwert der Alterssicherung den unpfändbaren Betrag übersteigt (§ 851c Abs. 2 S. 3 ZPO). Soweit der Rückkaufwert den 3-fachen Wert der pfandfreien Versicherungssumme, mithin 714.000 EUR, übersteigt, unterliegt dieser weitergehende Betrag der uneingeschränkten Pfändung. Die (Renten-) Leistungen, die nach **Eintritt des Versicherungsfalls** ausgezahlt werden, dürfen nur wie Arbeitseinkommen gepfändet werden (§ 851c Abs. 1 ZPO). Damit finden die Pfändungstabelle zu § 850c ZPO und die §§ 850a ff. ZPO Anwendung (so *Stöber* Rn. 71d; aA Schuschke/Walker/*Kessal-Wulf* § 851c Rn. 6 unter Hinweis darauf, dass die in § 851c Abs. 1 ZPO auf § 851e Nr. 2 und Nr. 2a beschränkte Verweisung bedeutet, dass die weiteren Bestimmungen der §§ 850a ff. ZPO, insbesondere die §§ 850d, 850f und § 850g ZPO nicht herangezogen werden können). Bereits vor Beginn der Leistungen können die **Ansprüche auf künftige Leistungen** als zukünftige Forderungen gepfändet werden.

Verträge, die diese Kriterien nicht erfüllen, werden durch § 851c ZPO nicht geschützt, so zB ein Kapitallebensversicherungsvertrag, der die Möglichkeit vorsieht, statt einer fälligen Kapitalleistung eine Versorgungsrente zu wählen (BFH FamRZ 2007, 2068). Entsprechende Ansprüche aus dem Vertrag als auch die Prämienzahlungen durch den Schuldner unterliegen uneingeschränkt der Zwangsvollstreckung. Soweit ein Vertrag die Voraussetzungen der Neuregelung nicht erfüllt, kann der Versicherungsnehmer zur Erwirkung des Pfändungsschutzes jederzeit für den Schluss der laufenden Versicherungsperiode **die Umwandlung der Versicherung** in eine solche verlangen, die den Anforderungen des § 851c Abs. 1 ZPO entspricht (§ 167 VVG). Str. ist, ab welchem Zeitpunkt der Pfändungsschutz besteht, wenn die Umwandlung in einer laufenden Versicherungsperiode vor Wirksamwerden einer Pfändung beantragt worden ist (vgl. LG Stuttgart NZI 2014, 960). Der Bundesgerichtshof hat nunmehr entschieden (NZI 2015, 942), dass der Pfändungsschutz erst dann entsteht, wenn sämtliche der in § 851c ZPO geregelten Voraussetzungen im Zeitpunkt der Pfändung vorliegen. Auf jeden Fall dürfen durch die Umwandlung nicht die Rechte eines Gläubigers beeinträchtigt werden, der vor Antrag auf Umwandlung die Ansprüche aus dem Versicherungsvertrag bereits wirksam gepfändet hat (BFH FamRZ 2007, 2068).

Zum Pfändungsschutz siehe auch (Auswahl): *Ahrens* NJW-Spezial 2010, 597; *Deppe* Insbüro 2011, 178; *Ernst* VersR 2007, 870; *Hauß* FamRB 2007, 147; *Helwich* JurBüro 2007, 286; *Henning* VIA 2009, 17; *Holzer* DStR 2007, 767; *ders.* ZVI 2007, 113; *Kogel* FamRZ 2007, 870; *Schwarz/Facius* ZVI 2009, 188; *Stöber* NJW 2007, 1242; *Tavakoli* NJW 2008, 3259; *Wimmer* ZInsO 2007, 281; *Wollmann* ZInsO 2009, 2319.

3. **§ 851d ZPO** erweitert für Selbständige, Freiberufler und Nichterwerbstätige den Pfändungsschutz des § 851c ZPO für steuerlich gefördertes Altersvorsorgevermögen (**„Riester-Renten“** und **„Rürup-Renten“**). Insoweit sind monatliche Leistungen in Form einer lebenslangen Rente oder monatlicher Ratenzahlungen im Rahmen eines Auszahlungsplans aus steuerlich geförderten Altersvorsorgevermögen nur **wie Arbeitseinkommen pfändbar.** Das Altersvorsorgevermögen ist bei der „Riester-Rente“ (§§ 10a, 79 ff. EStG) bereits nach § 97 S. 1 EStG nicht übertragbar und damit **nicht pfändbar** (§ 851 Abs. 1 ZPO). Bei der „Rürup-Rente“ (§ 10 Abs. 1 Nr. 2 lit. b EStG) findet § 97 EStG keine Anwendung; das angesparte Deckungskapital unterliegt unter Umständen dem Pfändungszugriff (vgl. *Stöber* NJW 2007, 1242 (1246). Zum Pfändungsschutz siehe auch: *Elster* ZVI 2013, 369.

3. Pfändung wegen Forderung aus vorsätzlich begangener unerlaubter Handlung (§ 850f Abs. 2 ZPO)

[Das amtliche Formular „Pfändungs- und Überweisungsbeschluss[1]“ ist entsprechend den dortigen Anmerkungen auszufüllen und hinsichtlich der gepfändeten angeblichen Ansprüche des Schuldners das Feld „Anspruch A (an Arbeitgeber)“ anzukreuzen und ggf. zu ergänzen. Auf Seite 9 (bzw. Seite 10) des amtlichen Formulars ist das freie Kästchen anzukreuzen und in dem dortigen Leerfeld einzutragen:]

Die Pfändung erfolgt wegen einer Forderung aus vorsätzlich begangener unerlaubter Handlung (§ 850f Abs. 2 ZPO), wie sich aus dem Vollstreckungstitel ergibt, so dass das Arbeitseinkommen ohne die Beschränkung nach § 850c ZPO gepfändet wird.[2, 3]

Dem Schuldner sind jedoch monatlich für seinen notwendigen Unterhalt sowie zur Erfüllung seiner gesetzlichen Unterhaltspflichten . . . . . EUR zu belassen.[4]

Anmerkungen

1. → Form. H. I. 2 (bzw. → Form. H. I. 6 bei Unterhaltsforderungen). Hinsichtlich der weiteren Einzelheiten zum Pfändungs- und Überweisungsbeschluss wird auf die dortigen Anmerkungen Bezug genommen.

2. Gemäß **§ 850f Abs. 2 ZPO** werden Forderungen wegen vorsätzlich begangener unerlaubter Handlung privilegiert. Auf **Antrag des Gläubigers** kann das Vollstreckungsgericht den pfändbaren Anteil des Arbeitseinkommens ohne Rücksicht auf die in § 850c ZPO vorgesehenen Beschränkungen bestimmen. Erfasst werden von der Privilegierung auch die Prozesskosten der Geltendmachung des Anspruchs aus unerlaubter Handlung, die Kosten einer früheren oder laufenden Zwangsvollstreckung einschließlich der Zwangsvollstreckung wegen Verzugszinsen (BGH NJW-RR 2011, 791); nicht hingegen die mit der Strafverfolgung verbundenen gerichtlichen und außergerichtlichen Kosten (BGH NZI 2011, 64).

Die privilegierte Zwangsvollstreckung ist nur dann möglich, wenn sich der **Anspruchsgrund aus dem Vollstreckungstitel**, mindestens aus den Entscheidungsgründen ergibt. Ausreichend ist auch ein **Vergleich** (BGH NZI 2009, 612) oder eine **vollstreckbare Urkunde**, soweit sich hieraus auch der Anspruchsgrund ergibt. Nicht ausreichend ist ein **Anerkenntnis- oder Versäumnisurteil** (LG Frankenthal Rpfleger 2006, 29; aA BGH NJW-RR 2011, 791 für den Fall, dass im Tenor die vorsätzlich begangene unerlaubte Handlung ausgesprochen wird) oder ein **Vollstreckungsbescheid** (BGH NJW 2005, 1663; aA Zöller/*Stöber* § 850f Rn. 9). Das Vollstreckungsgericht ist an die Beurteilung des Prozessgerichts gebunden (BGHZ 152, 166, 168 = NJW 2003, 515). Ergeben sich aus dem Vollstreckungstitel nicht die Voraussetzungen für eine vorsätzlich begangene unerlaubte Handlung, muss der Gläubiger eine Feststellungsklage erheben. Anschließend kann der Gläubiger einen gesonderten Antrag nach § 850f Abs. 2 ZPO stellen.

Weitere Einzelheiten zur privilegierten Pfändung siehe bei (Auswahl): *Ahrens*, NJW 2003, 1371; *Behr* Rpfleger 2003, 389; *ders.* Rpfleger 2005, 198; *Gaul* NJW 2005, 2894; *Grote* ZInsO 2005, 540; *Freemann/Zimmermann* ZVI 2011, 153; *Grote* ZInsO 2005, 540; *Künzl* JR 1991, 91; *Neugebauer* MDR 2004, 1223; *Peters* KTS 2006, 127; *Zimmermann/Freeman* ZVI 2005, 401.

3. Den **Antrag** nach § 850f Abs. 2 ZPO kann der Gläubiger zugleich mit dem Pfändungsgesuch oder nachträglich stellen.

4. Die **Entscheidung über eine erweiterte Zwangsvollstreckung** liegt im Ermessen des Vollstreckungsgerichts. Insoweit hat das Gericht die Interessen des Gläubigers und des Schuldners abzuwägen. Gleiches gilt für die Bemessung des dem Schuldner zu belassenen Freibetrages. Dem Schuldner muss mindestens so viel belassen werden, wie er für seinen notwendigen Unterhalt und zur Erfüllung seiner laufenden gesetzlichen Unterhaltspflichten bedarf. Insoweit sind die Unterhaltsberechtigten vor dem Gläubiger zu berücksichtigen, höchstens aber mit den Beträgen nach § 850c ZPO. Dem Schuldner sind für seinen notwendigen Unterhalt auf jeden Fall die Regelsätze nach § 28 SGB XII zu belassen (BGH NJW-RR 2011, 706). Da dem Schuldner dasjenige belassen werden soll, das er zur Deckung des sozialhilferechtlichen Existenzminimums im Sinne des SGB XII benötigt, sind die dort für die Anrechnung von Einkommen und geldwerten Vorteilen maßgebenden Grundsätze auch bei der Ermittlung des ihm pfandfrei zu belassenden Betrages zu berücksichtigen. Dabei ist auch zu prüfen, ob der notwendige Bedarf des Schuldners ganz oder teilweise durch weitere Einnahmen oder geldwerte Naturalleistungen tatsächlich gedeckt ist. Zudem sind bei nicht getrennt lebenden Ehegatten auch die Einkünfte des Ehegatten in die Prüfung der Bedarfsdeckung einzubeziehen (BGHZ 195, 224 = NJW 2013, 1370).

4. Pfändung von verschobenen Arbeitseinkommen (§ 850h Abs. 1 ZPO)

[Das amtliche Formular „Pfändungs- und Überweisungsbeschluss[1]“ ist entsprechend den dortigen Anmerkungen auszufüllen. Auf Seite 4 (bzw. Seite 5) des amtlichen Formulars ist das Feld „A (an Arbeitgeber)“ anzukreuzen. Für die Pfändung des verschobenen Arbeitseinkommens sind auf Seite 4 (bzw. Seite 5) des amtlichen Formulars in dem Feld „Anspruch A (an Arbeitgeber)“ die Nr. 1 und Nr. 2 zu streichen und unter Nr. 3 in dem dortigen Leerfeld aufzunehmen:]

auf Zahlung des gesamten Arbeitseinkommens einschließlich des Geldwertes von Sachbezügen sowie der künftig fällig werdenden Ansprüche bis zur vollständigen Befriedigung der Ansprüche des Gläubigers nach § 850h Abs. 1 ZPO[2, 3, 4] gepfändet.[9]

[Auf Seite 7 (bzw. Seite 8) des amtlichen Formulars können in dem Feld „Es wird angeordnet, dass zur Berechnung des nach § 850c ZPO pfändbaren Teils des Gesamteinkommens zusammenzurechnen sind“ die entsprechenden Möglichkeiten der Zusammenrechnung verschiedener Arbeitseinkommen angekreuzt und ausgefüllt werden.[5]]

[Ebenfalls auf Seite 7 (bzw. Seite 8) des amtlichen Formulars können in dem Feld „Es wird angeordnet, dass zur Berechnung des nach § 850c ZPO pfändbaren Teils des Gesamteinkommens zusammenzurechnen sind“ die entsprechenden Möglichkeiten der Zusammenrechnung des Arbeitseinkommens mit laufenden Geldleistungen nach dem SGB angekreuzt und ausgefüllt werden.[5]]

[Bei einem Antrag nach § 850c Abs. 4 ZPO sind auf Seite 7 (bzw. Seite 8) des amtlichen Formulars das dortige Feld „Gemäß § 850c Abs. 4 ZPO wird angeordnet, dass“ anzukreuzen und die dort vorgegebenen Varianten auszuwählen.[6]]

[Ergänzend kann auf Seite 8 (bzw. Seite 9) des amtlichen Formulars das Feld „Es wird angeordnet, dass“ das 1. Kästchen

„der Schuldner die Lohn- oder Gehaltsabrechnung oder die Verdienstbescheinigung einschließlich der entsprechenden Bescheinigungen der letzten drei Monate vor Zustellung des Pfändungs- und Überweisungsbeschlusses an den Gläubiger herauszugeben hat“

angekreuzt werden:[7]]

[Ergänzend können auf Seite 8 (bzw. Seite 9) des amtlichen Formulars in dem Feld „Es wird angeordnet, dass“ das freie Kästchen angekreuzt und in dem dortigen Leerfeld eingetragen werden:]

der Schuldner an den Gläubiger die Lohnsteuerkarte für das Jahr . . . . . bzw. die elektronische Lohnsteuerbescheinigung für das Jahr . . . . . im Original sowie folgende Unterlagen . . . . . [nähere Bezeichnung weiterer steuerrechtlich relevanter Unterlagen] herauszugeben hat.[8]

Anmerkungen

1. → Form. H. I. 2 (bzw. → Form. H. I. 6 bei Unterhaltsforderungen). Hinsichtlich der weiteren Einzelheiten zum Pfändungs- und Überweisungsbeschluss wird auf die dortigen Anmerkungen Bezug genommen.

2. **§ 850h Abs. 1 ZPO** erfasst die **Lohnverschiebung.** Diese liegt vor, wenn eine Vereinbarung zwischen dem Schuldner und dem Drittschuldner besteht, wonach die Vergütung für die Arbeits- oder Dienstleistung ganz oder teilweise an einen Dritten (zB die Ehefrau des Schuldners) zu bewirken ist. Von § 850h Abs. 1 ZPO werden auch gelegentliche oder einmalige Arbeits- oder Dienstleistungen erfasst. Nicht erforderlich ist eine Benachteiligungsabsicht des Schuldners oder Drittschuldners. Es wird fingiert, dass dem Schuldner überhaupt ein Lohnanspruch oder in größerer Höhe als vereinbart zusteht. Die Fiktion wirkt indes nur im Verhältnis zu dem jeweils pfändenden Gläubiger.

Siehe dazu ergänzend (Auswahl): *Ahrens* NJW-Spezial 2009, 53; *Behr* JurBüro 1990, 1237; *Geißler* JurBüro 1986, 1295; *ders.* Rpfleger 1987, 5; *Menken* Betrieb 1993, 161; *Riedel* ZVI 2009, 91; *Schmidt* JurBüro 2010, 4.

3. Die **Pfändung bei einer Lohnverschiebung** erfolgt nach § 829 ZPO, wobei das Vollstreckungsgericht weder den Bestand der Forderung noch die materiellen Voraussetzungen des § 850h ZPO prüft. Ob tatsächlich eine Lohnverschiebung vorliegt, muss später das Prozessgericht im Einziehungsprozess prüfen. Die Pfändung des Vergütungsanspruchs des Schuldners umfasst ohne Weiteres den Anspruch des Drittberechtigten (§ 850h Abs. 1 S. 2 ZPO). Da es sich um Arbeitseinkommen handelt, kann eine Pfändung nur im Rahmen der §§ 850a, 850c, 850d, 850f Abs. 2 ZPO erfolgen.

4. Der Pfändungsbeschluss ist dem Schuldner sowie dem Drittberechtigten zuzustellen (§ 850h Abs. 1 S. 3 ZPO). Die Pfändung ist indes auch ohne die Zustellung an den Drittberechtigten wirksam (MüKoZPO/*Smid* § 850h Rn. 6). Die Zustellung kann nachgeholt werden, wenn der Gläubiger die Identität des Drittberechtigten erst im Rahmen der Auskunftserteilung durch den Drittschuldner bzw. Schuldner ermittelt.

5. → Form. H. I. 2 Anm. 43, 44.

6. → Form. H. I. 2 Anm. 45.

7. → Form. I. I. 1 Anm. 12.

8. → Form. I. I. 1 Anm. 13.

9. **Kosten und Gebühren/Rechtsmittel.** → Form. H. I. 2 Anm. 61 ff.

5. Pfändung von verschleiertem Arbeitseinkommen (§ 850h Abs. 2 ZPO)

[Das amtliche Formular „Pfändungs- und Überweisungsbeschluss[1]" ist entsprechend den dortigen Anmerkungen auszufüllen. Auf Seite 4 (bzw. Seite 5) des amtlichen Formulars ist das Feld „A (an Arbeitgeber)" anzukreuzen. Für die Pfändung des verschleiertem Arbeitseinkommen sind auf Seite 4 (bzw. Seite 5) des amtlichen Formulars in dem Feld „Anspruch A (an Arbeitgeber)" die Nr. 1 und Nr. 2 zu streichen und unter Nr. 3 in dem dortigen Leerfeld aufzunehmen:]

auf Zahlung des gesamten Arbeitseinkommens einschließlich des nach den ortsüblichen Sätzen zu berechnenden Geldwertes von Sachbezügen, in Höhe einer angemessenen Vergütung nach § 850h Abs. 2 ZPO sowie künftig fällig werdenden Ansprüche bis zur vollständigen Befriedigung der Ansprüche des Gläubigers nach § 850h Abs. 2 ZPO gepfändet.[2, 3, 8]

[Auf Seite 7 (bzw. Seite 8) des amtlichen Formulars können in dem Feld „Es wird angeordnet, dass zur Berechnung des nach § 850c ZPO pfändbaren Teils des Gesamteinkommens zusammenzurechnen sind" die entsprechenden Möglichkeiten der Zusammenrechnung verschiedener Arbeitseinkommen angekreuzt und ausgefüllt werden.[4]]

[Ebenfalls auf Seite 7 (bzw. Seite 8) des amtlichen Formulars können in dem Feld „Es wird angeordnet, dass zur Berechnung des nach § 850c ZPO pfändbaren Teils des Gesamteinkommens zusammenzurechnen sind" die entsprechenden Möglichkeiten der Zusammenrechnung des Arbeitseinkommens mit laufenden Geldleistungen nach dem SGB angekreuzt und ausgefüllt werden.[4]]

[Bei einem Antrag nach § 850c Abs. 4 ZPO ist auf Seite 7 (bzw. Seite 8) des amtlichen Formulars das dortige Feld „Gemäß § 850c Abs. 4 ZPO wird angeordnet, dass" anzukreuzen und die dort vorgegebenen Varianten auszuwählen.[5]]

[Ergänzend kann auf Seite 8 (bzw. Seite 9) des amtlichen Formulars das Feld „Es wird angeordnet, dass“ das 1. Kästchen

„der Schuldner die Lohn- oder Gehaltsabrechnung oder die Verdienstbescheinigung einschließlich der entsprechenden Bescheinigungen der letzten drei Monate vor Zustellung des Pfändungs- und Überweisungsbeschlusses an den Gläubiger herauszugeben hat“

angekreuzt werden:[6]]

[Ergänzend können auf Seite 8 (bzw. Seite 9) des amtlichen Formulars in dem Feld „Es wird angeordnet, dass“ das freie Kästchen angekreuzt und dort eingetragen werden:]

der Schuldner an den Gläubiger die Lohnsteuerkarte für das Jahr . . . . . bzw. die elektronische Lohnsteuerbescheinigung für das Jahr . . . . . im Original sowie folgende Unterlagen . . . . . [nähere Bezeichnung weiterer steuerrechtlich relevanter Unterlagen] herauszugeben hat.[7]

Anmerkungen

1. → Form. H. I. 2 (bzw. → Form. H. I. 6 bei Unterhaltsforderungen). Hinsichtlich der weiteren Einzelheiten zum Pfändungs- und Überweisungsbeschluss wird auf die dortigen Anmerkungen Bezug genommen.

2. **§ 850h Abs. 2 ZPO** regelt die Pfändung von Arbeitseinkommen im Falle einer **Lohnverschleierung.** Diese liegt vor, wenn der Schuldner von dem Drittschuldner für seinen Arbeits- oder Dienstleistungen nach der vertragliche Gestaltung oder den tatsächlichen Verhältnissen keine oder nur eine unangemessene geringe Vergütung erhält. § 850h Abs. 2 ZPO setzt ein andauerndes Arbeitsverhältnis voraus; eine einmalige Tätigkeit genügt nicht. Zudem muss die Arbeit nach Art und Umfang üblicherweise vergütet werden. Es wird fingiert, dass dem Schuldner überhaupt oder in größerer Höhe als vereinbart zusteht. Die Fiktion wirkt indes nur im Verhältnis zu dem jeweils pfändenden Gläubiger. Dazu näher (Auswahl): *Ahrens* NJW-Spezial 2009, 53; *Behr* JurBüro 1990, 1237; *Geißler* JurBüro 1986, 1295; *ders.* Rpfleger 1987, 5; *Menken* Betrieb 1993, 161; *Riedel* ZVI 2009, 91; *Schmidt* JurBüro 2010, 4.

Das Vollstreckungsgericht prüft **nicht die materiellen Voraussetzungen für eine Lohnverschleierung** nach § 850h Abs. 2 ZPO (BGH FamRZ 2013, 1970). Dies geschieht im späteren Einziehungsprozess. Dort trägt der Vollstreckungsgläubiger die Beweislast für Grund und Höhe des fingierten Zahlungsanspruchs sowie für die wirtschaftliche Leistungsfähigkeit des Drittschuldners. Dabei darf der Gläubiger nicht besser gestellt werden, als er bei tatsächlicher Auszahlung des Arbeitseinkommens stünde (BAG NJW 2008, 2606; OLG Karlsruhe JurBüro 2012, 264). Bei der Prüfung, ob die Bezüge unverhältnismäßig iSv § 850h Abs. 2 ZPO sind, kommt es auf die wirtschaftlichen Verhältnisse des Unternehmens und auf Art und Umfang der Tätigkeit an (OLG Karlsruhe JurBüro 2012, 264).

3. § 850h Abs. 2 ZPO ist entsprechend heranzuziehen, sofern der verheiratete Vollstreckungsschuldner nach der Pfändung seines Anspruchs auf Arbeitslohn ohne sachlichen Grund in eine **ungünstige Steuerklasse** (zB von IV auf V oder von III auf V) **wechselt**, um so Einkommensbeträge der Pfändung zu entziehen. In diesem Fall kann das Vollstreckungsgericht auf Antrag des Gläubigers anordnen, dass sich der Schuldner bei der Berechnung des pfändbaren Teils seines Einkommens so behandeln lassen muss, als werde er nach der günstigeren Steuerklasse besteuert (vgl. dazu OLG Köln FamRZ 2000, 1590; OLG Schleswig InVo 2000, 142). Mit seinem Antrag muss der Gläubiger die Tatsachen schlüssig vortragen und glaubhaft machen, aus denen sich der fehlende sachliche Grund für die Änderung der Steuerklasse ergibt (LG Münster InVo 2003, 414). Eine vor der Pfändung getroffene Wahl der Steuerklasse durch den Schuldner und dessen Ehegatten muss hingegen der Vollstreckungsgläubiger für das laufende Jahr gegen sich gelten lassen (OLG Köln FamRZ 2000, 1590).

4. → Form. H. I. 2 Anm. 43, 44.

5. → Form. H. I. 2 Anm. 45.

6. → Form. I. I. 1 Anm. 12.

7. → Form. I. I. 1 Anm. 13.

8. **Kosten und Gebühren/Rechtsmittel.** → Form. H. I. 2 Anm. 61. ff.

Anträge des Gläubigers auf Änderung des pfändbaren Betrages

6. Antrag auf Nichtberücksichtigung von Unterhaltsberechtigten (§ 850c Abs. 4 ZPO)

An das

Amtsgericht

Vollstreckungsgericht[1, 2]

in . . . . .

Antrag

gemäß § 850c Abs. 4 ZPO

in der Zwangsvollstreckungssache

. . . .

Hiermit zeigen wir an, dass wir den/die Gläubiger/in vertreten. Namens und in Vollmacht des/der Gläubiger/in beantragen wir

den Pfändungsbeschluss/Pfändungs- und Überweisungsbeschluss des Amtsgerichts . . . . . vom . . . . ., Az.. . . . . ., dahin zu ergänzen, dass ab dem . . . . . [Datum] die/der . . . . . [nähere Bezeichnung des Unterhaltsberechtigten, zB Ehefrau, Lebenspartner, Sohn, Tochter etc des Schuldners] bei der Berechnung des unpfändbaren Teils des Arbeitseinkommens ganz unberücksichtigt bleibt.

(Alternative/hilfsweise:

den Pfändungsbeschluss/Pfändungs- und Überweisungsbeschluss des Amtsgerichts . . . . . vom . . . . ., Az.. . . . . ., dahin zu ergänzen, dass ab dem . . . . . [Datum] die/der . . . . . [nähere Bezeichnung des Unterhaltsberechtigten, zB Ehefrau, Lebenspartner, Sohn, Tochter etc. des Schuldners] bei der Berechnung des unpfändbaren Teils des Arbeitseinkommens nur teilweise berücksichtigt wird, nämlich das der Unterhaltsberechtigte bei der Berechnung des unpfändbaren Einkommensanteils nach § 850c Abs. 1 S. 2 ZPO als erste Person nur mit . . . . . EUR und bei der Berechnung nach § 850c Abs. 2 ZPO als erste Person nur mit . . . . . des den nach § 850c Abs. 1 ZPO unpfändbaren Betrag überschießenden Einkommens zu berücksichtigten ist.)

Begründung

Der/Die Gläubiger/in hat/haben aufgrund der beigefügten vollstreckbaren Ausfertigung des . . . . . [nähere Bezeichnung des Titels] einen Anspruch gegen den/die Schuldner/in auf Zahlung von . . . . . nebst . . . . . Zinsen. Durch den ebenfalls in der Anlage beigefügten Pfändungsbeschluss/Pfändungs- und Überweisungsbeschluss des Amtsgerichts . . . . . vom . . . . ., Az.. . . . . ., wurde der Anspruch des Schuldners gegen den/die Drittschuldner/in . . . . . [genaue Bezeichnung] gepfändet und dem Gläubiger zur Einziehung überwiesen [ggf. bei fehlenden Überweisungsbeschluss streichen].

Der/Die Schuldner/in beruft sich darauf, er/sie gewähre der/den in seinem Haushalt lebenden . . . . . [nähere Bezeichnung des Unterhaltsberechtigten, zB Ehefrau, Lebenspartner, Kindern etc.] Unterhalt. Der . . . . . [nähere Bezeichnung des Unterhaltsberechtigten, zB Ehefrau, Lebenspartner, Sohn, Tochter etc] bezieht indes ein eigenes Einkommen als . . . . . [nähere Bezeichnung der Einkünfte, zB auch Mieteinnahmen/ Zinseinkünfte/Rentenzahlung etc] in Höhe von monatlich . . . . . EUR.

Beweis: Zeugnis des Arbeitgebers/der rentenzahlenden Stelle/des Mieters
Zeugnis des Unterhaltsberechtigten

Da dieser Betrag zur Deckung des Unterhalts des/der Unterhaltsberechtigten vollständig ausreicht, ist eine zusätzliche Berücksichtigung des/der Unterhaltsberechtigten im Rahmen der Pfändungsgrenzen des Arbeitseinkommens des Schuldners unbillig. Vielmehr muss die Unterhaltsberechtigte bei der Berechnung des unpfändbaren Teils des Lohns des/der Schuldners/in ganz unberücksichtigt bleiben.

Zumindest tragen die Einkünfte des/der Unterhaltsberechtigten in nicht unerheblicher Weise zu dem eigenen Unterhalt bei. Daher entspricht es der Billigkeit die . . . . . [nähere Bezeichnung des Unterhaltsberechtigten, zB Ehefrau, Lebenspartner, Sohn, Tochter etc] nur anteilig im Rahmen der Pfändungsgrenzen des/der Schuldners/in zu berücksichtigen.

Wir bitten um Rückgabe der im Original beigefügten Unterlagen.

. . . . .

Rechtsanwalt[3]

Anmerkungen

1. Bei der Ermittlung des pfändungsfreien Grundbetrages werden nach **§ 850c Abs. 1, Abs. 2 ZPO** grundsätzlich alle Unterhaltsberechtigten einbezogen, auch wenn diese eigene Einkünfte beziehen. Die Unterhaltsberechtigten sind auch dann in vollem Umfange gemäß § 850c Abs. 1, Abs. 2 ZPO zu berücksichtigen, wenn der Schuldner auf Grund einer gesetzlichen Verpflichtung einem Verwandten zwar Unterhalt leistet, diesen aber **nicht in voller Höhe** erbringt (BGH FamRZ 2010, 1654). Eine nur teilweise Berücksichtigung oder eine Herabsetzung der Pfändungsgrenzen hat nicht zu erfolgen (BGH NJW-RR 2007, 938). **Ausnahmsweise** kann eine Reduzierung der Pauschbeträge auf den tatsächlich geleisteten Unterhaltsbetrag in Betracht kommen, wenn sich die Inanspruchnahme der Freibeträge als unbillig erweist und deshalb die Verwirklichung des mit der Einführung der Pauschalbeträge verfolgten Zwecks ausnahmsweise hinter dem Vollstreckungsinteresses des Gläubigers zurücktreten muss (BGH FamRZ 2010, 2071). Leistet der Schuldner **keinen Unterhalt**, so ist der Unterhaltsberechtigte bei der Berechnung des pfändbaren Betrages nicht zu berücksichtigen (LG Amberg JurBüro 2011, 605; LG Kassel JurBüro 2004, 558).

§ 850c Abs. 4 ZPO ermöglicht es, auf **Antrag des Gläubigers** nach billigem Ermessen festzulegen, dass ein nach dem Gesetz unterhaltsberechtigte Angehörige mit eigenen Einkünften ganz oder teilweise bei der Berechnung des unpfändbaren Teils des Arbeitseinkommens unberücksichtigt bleibt. Ab welcher Höhe ein eigenes Einkommen des Unterhaltsberechtigten seine Berücksichtigung bei der Bestimmung des Pfandungsfreibetrages aus Arbeitseinkommen oder diesem gleichgestellten Bezügen des Unterhaltspflichtigen ausschließt, hat der Gesetzgeber bewusste nicht im Einzelnen geregelt, sondern der Rechtsprechung überlassen. Das Gericht hat seine Entscheidung **nach billigem Ermessen** unter Abwägung der wirtschaftlichen Lage des Gläubigers und des Schuldners sowie der von ihm unterhaltenen Angehörigen zu treffen; eine schematische Betrachtung verbietet sich (BGH NJW-RR 2005, 795; BGH ZIP 2012, 95). Zu den eigenen Einkünften des Unterhaltsberechtigten, die dessen Berücksichtigung bei der Berechnung des unpfändbaren Teils des Arbeitseinkommens einschränken oder ausschließen können, gehört auch der von anderen Unterhaltsverpflichteten gezahlte Barunterhalt (BGH NJW-RR 2009, 1279) sowie der von anderen Unterhaltsverpflichtete Naturalunterhalt (BGH NZI 2015, 561).

850c Abs. 4 ZPO findet keine Anwendung bei der Gewährung einer Sozialrente wegen Minderbedarf des nicht erwerbstätigen Schuldners (BGH NJW-RR 2004, 1439). Der Unterhaltsberechtigte muss zudem eigene fortlaufende Einkünfte haben, zB Arbeitseinkommen, Rentenzahlungen, Erziehungsgeld, Mieteinnahmen, Zinseinnahmen. Kein Einkommen in diesem Sinne sind das **Kindergeld** sowie andere **Geldleistungen für Kinder**. Diese dienen ausschließlich dem Ausgleich der aus dem Familienunterhalt folgenden Belastungen (BGH NJW-RR 2006, 568).

Den Antrag nach § 850c Abs. 4 ZPO kann der Gläubiger **bereits mit dem Pfändungsgesuch** stellen. In diesem Fall müssen die **maßgeblichen Tatsachen** schlüssig aufgezeigt werden. Nicht erforderlich ist, dass die Angaben bewiesen oder glaubhaft gemacht werden (Zöller/Stöber § 850c Rn. 13). Bei einem nach Erlass des Pfändungs- und Überweisungsbeschluss gestellten **gesonderten Antrag** bedarf es zusätzlich der Glaubhaftmachung der Angaben. Bestreitet der Schuldner, muss der Gläubiger die Voraussetzungen für eine Nichtberücksichtigung nach § 850c Abs. 4 ZPO beweisen (Zöller/Stöber § 850c Rn. 14). Insoweit besteht für den Gläubiger die Möglichkeit, vom Schuldner nach § 836 Abs. 3 ZPO die erforderlichen Informationen zu beschaffen (→ Form. H. II. 2).

Weitere Ausführungen finden sich bei (Auswahl): *Ahrens* NJW-Spezial 2007, 613; *Arnold* BB 1978, 1314; *Behr* Rpfleger 1981, 382; *ders.* JurBüro 1994, 705; *Bengelsdorf* NZA 1996, 176; *Henze* Rpfleger 1981, 32; *Hintzen* NJW 1995, 1861; *Mümmler* JurBüro 1981, 177; *ders.* JurBüro 1982, 833; *Schmidt* InVo 2004, 215; *ders.* InVo 2007, 175; *van Nahl* InVo 2004, 262.

2. Über den Antrag entscheidet das **Vollstreckungsgericht** durch den **Rechtspfleger** (§ 20 Nr. 17 RPflG) ohne Anhörung des Schuldners (§ 834 ZPO) sofern der Antrag gleichzeitig mit dem Antrag auf Erlass des Pfändungs- und Überweisungsbeschluss gestellt wird (hM LG Stade JurBüro 2000 378; *Stöber* Rn. 1065; aA MüKoZPO/*Smid* § 850c Rn. 27 Anhörung erforderlich). Bei einem nachträglichen gesonderten Antrag darf die Entscheidung regelmäßig erst nach Anhörung des Schuldners getroffen werden.

Liegen die Voraussetzungen vor, wird in dem Pfändungs- und Überweisungsbeschluss ausgesprochen, dass der Unterhaltsberechtigte nicht berücksichtigt wird oder es wird der pfändungsfreie Teilbetrag ausgeworfen. Der Beschluss wirkt ausschließlich für den Gläubiger, der den Antrag gestellt hat. Der Beschluss hat **keine Drittwirkung** für oder gegen andere Gläubiger. Die nach § 850c Abs. 4 ZPO getroffenen Bestimmungen können auf Antrag des Schuldners (→ Form. I. I. 14) oder des Gläubigers nach § 850g ZPO geändert werden (→ Form. I. I. 12).

3. **Kosten und Gebühren/Rechtsmittel.** Für das **Gericht** entstehen keine gesonderten Gebühren. Der **Rechtsanwalt** des Gläubigers erhält nur dann eine gesonderte Gebühr nach Nr. 3309 VV RVG, sofern er vorher nicht im Vollstreckungsverfahren tätig gewesen war (§ 18 Nr. 3 RVG).

Gegen die erlassene bzw. abgelehnte gesonderte Anordnung nach § 850c Abs. 4 ZPO steht dem Gläubiger bzw. dem Schuldner die **sofortige Beschwerde nach** § 793 ZPO zu (→ Form. P. II. 6 bzw. → Form. P. III. 6).

7. Antrag auf Zusammenrechnung mehrerer Arbeitseinkommen (§ 850e Nr. 2 ZPO)

An das

Amtsgericht

Vollstreckungsgericht[1, 2]

. . . . .

Antrag

gemäß § 850e Nr. 2 ZPO[3, 4]

in der Zwangsvollstreckungssache

. . . .

Hiermit zeigen wir an, dass wir den/die Gläubiger/in vertreten. Namens und in Vollmacht unseres/er Mandanten/in beantragen wir,

> die Zusammenrechnung des Arbeitseinkommens des/der Schuldners/in bei . . . . . [nähere Bezeichnung des Drittschuldners] mit den weiteren Einkünften des/der Schuldners/in bei . . . . . [nähere Bezeichnung] anzuordnen und zu bestimmen, dass der unpfändbare Grundbetrag sowie die weiteren nicht pfändbaren Einkommensteile aus dem Einkommen des/der Schuldners/in bei dem/der Drittschuldner/in zu entnehmen sind.

Begründung

Der/Die Gläubiger/in hat/haben aufgrund der beigefügten vollstreckbaren Ausfertigung des . . . . . [nähere Bezeichnung des Titels] einen Anspruch gegen den/die Schuldner/in auf Zahlung von . . . . . nebst . . . . . Zinsen. Durch den ebenfalls in der Anlage beigefügten Pfändungsbeschluss/Pfändungs- und Überweisungsbeschluss des Amtsgerichts . . . . . vom . . . . ., Az.. . . . . ., wurde der Anspruch des/der Schuldners/in gegen den/die Drittschuldner/in . . . . . [genaue Bezeichnung] gepfändet und dem Gläubiger zur Einziehung überwiesen [ggf. bei fehlendem Überweisungsbeschluss streichen].

Der/Die Schuldner/in verfügt über eine weitere Arbeitsstelle als . . . . . [nähere Bezeichnung]. Er/Sie bezieht aus dieser Tätigkeit eine monatliche Vergütung von . . . . . EUR.

Beweis: Zeugnis des Arbeitgebers . . . . .
Vorlage der Gehaltsabrechnung für den Monat . . . . .

Die Voraussetzungen für eine Zusammenrechnung nach § 850e Nr. 2 ZPO liegen vor. Der unpfändbare Grundbetrag ist in erster Linie aus dem Einkommen des Schuldners bei

..... [zB des Drittschuldners] entnehmen, da sich dieses auf monatlich ..... EUR beläuft und somit die wesentliche Grundlage der Lebenshaltung des/der Schuldners/in bildet.

Beweis: Zeugnis des Arbeitgebers .....
Vorlage der Gehaltsabrechnung für den Monat .....

Wir bitten um Rückgabe der im Original beigefügten Unterlagen.

.....

Rechtsanwalt[5]

Anmerkungen

1. Bezieht der Schuldner mehrere Arbeitseinkommen, so können diese nach **§ 850e Nr. 2 ZPO** für die Berechung des pfändbaren Einkommens auf Anordnung des Vollstreckungsgerichts zusammengerechnet werden. Eine Zusammenrechnung mit bedingt pfändbaren fortlaufenden Bezügen (§ 850b ZPO) ist nur unter den besonderen Voraussetzungen des § 850b Abs. 2 ZPO möglich. Die Möglichkeit der Zusammenrechnung setzt nicht voraus, dass der Gläubiger alle Arbeitseinkommen gepfändet hat. § 850e Nr. 2 ZPO findet entsprechende Anwendung bei dem **Pfändungsschutz bei Altersrenten** (§ 851c Abs. 3 ZPO). Zur Zusammenrechnung mit **ausländischen gesetzlichen Renten** s. BGH NZI 2014, 957). Siehe auch (Auswahl): *Bauckhage-Hoffer/Umnuß* NZI 2011, 745; *Behr* JurBüro 1996, 234; *Deppe* Insbüro 2010, 342; *Grunsky* ZIP 1983, 908; *Mertes* Rpfleger 1984, 453; *Wischemeyer* ZVI 2008, 238.

2. Zuständig ist das **Vollstreckungsgericht** (BGH NJW-RR 2004, 493) am Wohnsitz des Schuldners zum Zeitpunkt der Antragstellung. Die Entscheidung ergeht durch den **Rechtspfleger** (§ 20 Nr. 17 RPflG).

3. Die Anordnung ergeht nur auf **Antrag des Gläubigers** (Zöller/*Stöber* § 850e Rn. 4; aA MüKoZPO/*Smid* § 850e Rn. 17 auch auf **Antrag des Schuldners**). Der Antrag kann mit dem Pfändungsgesuch verbunden, aber auch nachträglich gestellt werden. Der Antragsteller hat in seinem Antrag die Voraussetzungen für eine Zusammenrechnung schlüssig darzulegen. Ggf. muss er die Voraussetzungen nachweisen.

4. Die Entscheidung ergeht in Form eines **Blankettbeschlusses.** Das Vollstreckungsgericht ordnet abstrakt die Zusammenrechnung an und bestimmt, welchem der Arbeitseinkommen der Grundfreibetrag zu entnehmen ist. Dabei soll der unpfändbare Grundfreibetrag (§ 850c Abs. 1 ZPO) in erster Linie dem Arbeitseinkommen entnommen werden, das die wesentliche Grundlage der Lebenshaltung des Schuldners bildet (§ 850e Nr. 2 S. 2 ZPO). Die konkrete Berechnung der pfändbaren und nicht pfändbaren Einkommensbeträge hat der Drittschuldner zu treffen (zur Berechnung siehe zB *Stöber* Rn. 1144 ff.).

5. Kosten und Gebühren/Rechtsmittel. Für das **Gericht** entstehen keine gesonderten Gebühren. Der **Rechtsanwalt** des Gläubigers erhält nur dann eine gesonderte Gebühr nach Nr. 3309 VV RVG, sofern er vorher nicht für den Gläubiger im Vollstreckungsverfahren tätig gewesen ist (§ 18 Nr. 3 RVG).

Gegen die erlassene bzw. abgelehnte Anordnung steht dem Gläubiger bzw. dem Schuldner die **sofortige Beschwerde nach § 793 ZPO** zu (→ Form. P. II. 6 bzw. → Form. P. III. 6).

8. Antrag auf Zusammenrechnung von Arbeitseinkommen und Sozialleistungen (§ 850e Nr. 2 lit. a ZPO)

An das

Amtsgericht

Vollstreckungsgericht[1, 2]

. . . . .

Antrag

gemäß § 850e Nr. 2 lit. a ZPO[3]

in der Zwangsvollstreckungssache

. . . .

Hiermit zeigen wir an, dass wir den/die Gläubiger/in vertreten. Namens und in Vollmacht unseres/er Mandanten/in beantragen wir,

die Zusammenrechnung des Arbeitseinkommens des/der Schuldners/in bei . . . . . [nähere Bezeichnung des Drittschuldners] mit der/den von der . . . . . [nähere Angabe der Zahlstelle, zB Deutsche Rentenversicherung Bund] monatlich fortlaufend gezahlten . . . . . [nähere Bezeichnung, zB Rente wegen Erwerbsunfähigkeit] anzuordnen und zu bestimmen, dass der unpfändbare Grundbetrag sowie die weiteren nicht pfändbaren Einkommensteile aus dem Arbeitseinkommen des/der Schuldners/in zu entnehmen sind.

[Ergänzung bei Rentenzahlungen:

Von der Zusammenrechnung mit dem Arbeitseinkommen ist der als Rentenbestandteil gewährte Kinderzuschlag [Kinderzuschuss oder -zulage] auszunehmen.[4]]

Begründung[5]

Der/Die Gläubiger/in hat/haben aufgrund der beigefügten vollstreckbaren Ausfertigung des . . . . . [nähere Bezeichnung des Titels] einen Anspruch gegen den/die Schuldnerin auf Zahlung von . . . . . nebst . . . . . Zinsen. Durch den ebenfalls in der Anlage beigefügten Pfändungsbeschluss/Pfändungs- und Überweisungsbeschluss des Amtsgerichts . . . . . vom . . . . ., Az.. . . . . ., wurde der Anspruch des Schuldners gegen den/die Drittschuldnerin . . . . . [genaue Bezeichnung] gepfändet und dem Gläubiger zur Einziehung überwiesen [ggf. bei fehlendem Überweisungsbeschluss streichen].

Der/die Schuldner/in erhält zudem . . . . . [nähere Bezeichnung, zB eine einen fortlaufende Rente wegen Erwerbsunfähigkeit] in Höhe von monatlich . . . . . EUR.

Beweis: Zeugnis des zuständigen Mitarbeiters der . . . . .
Vorlage des Bescheides der . . . . .

Die Voraussetzungen für eine Zusammenrechnung nach § 850e Nr. 2 lit. a ZPO liegen vor. Der unpfändbare Grundbetrag ist in erster Linie den laufenden Geldleistungen nach dem Sozialgesetzbuch zu entnehmen.

Wir bitten um Rückgabe der im Original beigefügten Unterlagen.

. . . . .

Rechtsanwalt[6]

Anmerkungen

1. **§ 850e Abs. 2 lit. a ZPO** bietet die Möglichkeit für die Berechnung des unpfändbaren Einkommens das Arbeitseinkommen des Schuldners **mit laufenden Geldleistungen nach dem Sozialgesetzbuch** zusammenzurechnen. Ein Zusammenrechnung ist auch mit **ausländischen gesetzlichen Renten** möglich (BGH NZI 2014, 957). Ausgeschlossen ist eine Zusammenrechnung mit Sozialleistungen, die nicht der Pfändung unterworfen sind (BGH NJW-RR 2005, 1010). Gleiches gilt auch für andere Leistungen, die aufgrund gesetzlicher Vorschriften unpfändbar sind. Nach § 54 Abs. 3 Nr. 2 lit. a SGB I ist eine Zusammenrechnung mit **Wohngeld** nicht mehr möglich, soweit nicht wegen Ansprüchen gepfändet wird, die Gegenstand der §§ 9, 10 WoGG sind. Eine Zusammenrechnung setzt nicht voraus, dass sowohl das Arbeitseinkommen als auch die Sozialleistungen gepfändet worden sind. § 850e Nr. 2 lit. a ZPO findet entsprechende Anwendung bei dem **Pfändungsschutz bei Altersrenten** (§ 851c Abs. 3 ZPO). Siehe dazu ergänzend (Auswahl): *Bauckhage-Hoffer/Umnuß* NZI 2011, 745; *Behr* JurBüro 1996, 234; *Deppe* Insbüro 2010, 342; *Grunsky* ZIP 1983, 908; *Mertes* Rpfleger 1984, 453; *Wischemeyer* ZVI 2008, 238.

2. → Form. I. I. 7 Anm. 2.

3. Eine Zusammenrechnung erfolgt nur auf **Antrag des Gläubigers** (Zöller/*Stöber* § 850e Rn. 4; aA MüKoZPO/*Smid* § 850e Rn. 17 auch auf **Antrag des Schuldners**). Der Antrag kann sowohl mit dem Pfändungsgesuch als auch gesondert gestellt werden, wenn zuvor nur das Arbeitseinkommen oder die Sozialleistung gepfändet worden ist (siehe auch Zöller/*Stöber* § 850e Rn. 17 ff.). Das Gericht ist an den Antrag gebunden. Insoweit besteht kein Entscheidungsermessen.

4. **Geldleistungen für Kinder** dürfen mit Arbeitseinkommen nur zusammengerechnet werden, soweit sie nach § 76 EStG oder nach § 54 Abs. 5 SGB I gepfändet werden können (§ 850e Abs. 2 lit. a S. 3 ZPO). Insoweit ist im Zusammenrechnungsbeschluss ausdrücklich ein entsprechender Hinweis aufzunehmen (Zöller/*Stöber* § 850e Rn. 21).

5. Der Antragsteller hat die Voraussetzungen für eine Zusammenrechnung dazulegen und ggf. zu beweisen. Es ergeht ein **Blankettbeschluss.** Das Vollstreckungsgericht ordnet abstrakt die Zusammenrechnung an und bestimmt, welchem Einkommen der nach dem Gesamtbezügen zu berechnende unpfändbare Grund- und Mehrbetrag zu entnehmen ist. Der unpfändbare Betrag ist in erster Linie den laufenden Geldleistungen nach dem Sozialgesetzbuch zu entnehmen (§ 850e Abs. 2 lit. a S. 2 ZPO). Die Berechnung der danach pfändbaren und nicht pfändbaren Einkommensbeträge obliegt dem Drittschuldner (zur Zusammenrechnung siehe *Stöber* Rn. 1163 ff.). Der Zusammenrechnungsbeschluss wirkt nur für den Gläubiger, der den entsprechenden Antrag gestellt hat.

6. **Kosten und Gebühren/Rechtsmittel.** → Form. I. I. 7 Anm. 5.

9. Antrag auf Zusammenrechnung von Arbeitseinkommen und Naturalleistungen (§ 850e Nr. 3 ZPO)

An das

Amtsgericht

Vollstreckungsgericht[1, 2]

. . . . .

Antrag

gemäß § 850e Nr. 3 ZPO[3]

in der Zwangsvollstreckungssache

. . . .

Hiermit zeigen wir an, dass wir den/die Gläubiger/in vertreten. Namens und in Vollmacht unseres/er Mandanten/in beantragen wir,

klarstellend den Wert der von dem/der Drittschuldner/in gewährten Naturalleistung, nämlich . . . . . [nähere Angabe zu der Naturalleistung, zB Firmenfahrzeug, freie Kost, freie Wohnung, Deputate] auf . . . . . EUR monatlich festzusetzen.

Begründung

Der/Die Gläubiger/in hat/haben aufgrund der beigefügten vollstreckbaren Ausfertigung des . . . . . [nähere Bezeichnung des Titels] einen Anspruch gegen den/die Schuldner/in auf Zahlung von . . . . . nebst . . . . . Zinsen. Durch den ebenfalls in der Anlage beigefügten Pfändungsbeschluss/Pfändungs- und Überweisungsbeschluss des Amtsgerichts . . . . . vom . . . . ., Az.. . . . . ., wurde der Anspruch des/der Schuldners/in gegen den/die Drittschuldner/in . . . . . [genaue Bezeichnung] gepfändet und dem/der Gläubiger/in zur Einziehung überwiesen [ggf. bei fehlendem Überweisungsbeschluss streichen].

Der/Die Schuldner/in erhält von dem/der Drittschuldner/in weiterhin . . . . . [nähere Angaben der Naturalleistung].

Beweis: Bescheinigung des Arbeitsgebers

Der Wert dieser Naturalleistungen bemisst sich auf . . . . . EUR monatlich . . . . . [nähere Begründung, zB: Ein entsprechender Mietzins muss ausweislich des in Kopie beigefügten Mietspiegels der Stadt . . . . . für eine vergleichbare Wohnung monatlich gezahlt werden.]

Beweis: . . . . .

Da der/die Drittschuldner/in von sich aus die gewährte Naturalleistung nicht bewertet, bedarf es einer klarstellenden Entscheidung des Vollstreckungsgerichts (vgl. Zöller/*Stöber* § 850e Rn. 26).[4]

Wir bitten um Rückgabe der im Original beigefügten Unterlagen.

. . . . .

Rechtsanwalt[5]

Anmerkungen

1. § 850e Abs. 3 ZPO schreibt die **Zusammenrechnung von Geldleistungen und Naturalleistungen** (wie zB Firmenfahrzeug, freie Arbeitskleidung, freie Kost, freies Wohnen, Deputate etc) vor, die der Schuldner von demselben Arbeitgeber erhält. Aus dem so ermittelten Gesamteinkommen ist der nach § 850c ZPO pfändbare Betrag zu berechnen. Dabei ist der unpfändbare Teil des Gesamteinkommens zunächst mit den dem Schuldner verbleibenden Naturalleistungen zu verrechnen (§ 850e Nr. 3 S. 2 ZPO). Die Frage, ob der Schuldner tatsächlich neben seinem Arbeitseinkommen noch Naturalleistungen erhält, muss das Prozessgericht im Einziehungsprozess klären. Werden Arbeitseinkommen und Naturalleistungen von **verschiedenen Arbeitgebern** gewährt, so greift § 850e Nr. 3 ZPO nicht. Vielmehr kann eine Zusammenrechnung nur nach § 850e Nr. 2 ZPO durch Bestimmung des Vollstreckungsgerichts erfolgen. Keine Zusammenrechnung erfolgt mit einer von dem Schuldner unentgeltlich genutzten eigenen Immobilie (BGH ZInsO 2013, 549). Zum Zusammenrechnen siehe ergänzend (Auswahl): *Bauckhage-Hoffer/Umnuß* NZI 2011, 745; *Behr* JurBüro 1996, 234; *Deppe* Insbüro 2010, 342; *Grunsky* ZIP 1983, 908; *Mertes* Rpfleger 1984, 453; *Wischemeyer* ZVI 2008, 238.

2. → Form. I. I. 7 Anm. 2.

3. → Form. I. I. 8 Anm. 3.

4. Einer ausdrücklichen Zusammenrechnungsanordnung des Vollstreckungsgerichts bedarf es nicht. Vielmehr hat der Drittschuldner die Zusammenrechnung vorzunehmen. Die **Ermittlung des Wertes der Sachbezüge** obliegt ebenfalls grundsätzlich dem Drittschuldner. Klarstellend kann eine Bewertung der Naturalleistungen durch das **Vollstreckungsgericht** verlangt werden (Zöller/*Stöber* § 850e Rn. 26). Einen bestimmten Maßstab für die Bewertung schreibt das Gesetz nicht vor. Der Geldwert ist nach den tatsächlichen Verhältnissen am Ort des Verbrauchers zu bestimmen. Im Zweifel können auch die Richtwerte des Sozialversicherungs- und Steuerrechts herangezogen werden. Im späteren Einziehungsprozess bindet die Festlegung nicht, vielmehr hat das Prozessgericht den maßgeblichen Wert eigenständig zu ermitteln.

5. Kosten und Gebühren/Rechtsmittel. → Form. I. I. 7 Anm. 5.

10. Antrag auf Verweisung des bevorrechtigten Gläubigers auf den Vorrechtsbereich (§ 850e Nr. 4 ZPO)

An das

Amtsgericht

Vollstreckungsgericht[1, 2]

. . . . .

Antrag

gemäß § 850e Nr. 4 ZPO[3]

in der Zwangsvollstreckungssache

. . . . .

Hiermit zeigen wir an, dass wir den/die Gläubiger/in vertreten. Namens und in Vollmacht unseres/er Mandanten/in beantragen wir,

den Pfändungsbeschluss/Pfändungs- und Überweisungsbeschluss des Amtsgerichts ..... vom ....., Az.. ....., mit dem für ..... [nähere Bezeichnung des Unterhaltsberechtigten] wegen rückständiger und laufender Unterhaltsansprüche das Arbeitseinkommen des Schuldners gepfändet worden ist, gemäß § 850e Nr. 4 ZPO dahingehend zu ergänzen, dass dem/der Schuldner/in als notwendiger Selbstbehalt ein Betrag von monatlich ..... EUR zu belassen ist.

Begründung

Der/Die Gläubiger/in hat/haben aufgrund der beigefügten vollstreckbaren Ausfertigung des ..... [nähere Bezeichnung des Titels] einen Anspruch gegen den/die Schuldner auf Zahlung von ..... nebst ..... Zinsen. Durch den in der Anlage beigefügten Pfändungsbeschluss/Pfändungs- und Überweisungsbeschluss des Amtsgerichts ..... vom ....., Az.. ....., haben die der/die Gläubiger/in den Anspruch des/der Schuldners/in gegen den/die Drittschuldner/in ..... [genaue Bezeichnung] gepfändet und sich zur Einziehung überweisen lassen [ggf. bei fehlendem Überweisungsbeschluss streichen].

Vorrangig wurde durch den im Antrag aufgeführten Pfändungsbeschluss/Pfändungs- und Überweisungsbeschluss, den wir ebenfalls in der Anlage als Kopie beifügen, das Arbeitseinkommen des Schuldners zugunsten ..... [nähere Bezeichnung des Unterhaltsberechtigten] wegen rückständiger und laufender Unterhaltsansprüche gepfändet. In diesem Beschluss ist keine Anordnung nach § 850d ZPO ist nicht ergangen.

Daher bedarf es nach § 850e Nr. 4 ZPO einer entsprechenden Anordnung des Vollstreckungsgerichts, dass auf die Unterhaltsansprüche zunächst die gemäß § 850d ZPO der Pfändung in erweitertem Umfang unterliegenden Teile des Arbeitseinkommens zu verrechnen sind.

Wir bitten um Rückgabe der im Original beigefügten Unterlagen.

.....

Rechtsanwalt[4]

Anmerkungen

1. Das Zusammentreffen von **Pfändungen privilegierter Gläubiger mit Pfändungen gewöhnlicher Gläubiger** regelt § 850e Nr. 4 ZPO. Hat der gewöhnliche Gläubiger zuerst gepfändet, so verbleibt nach dem Prioritätsgrundsatz (§ 804 Abs. 3 ZPO) dem Zugriff des bevorrechtigten Gläubigers nur die Differenz des nach § 850d ZPO pfändbaren Betrages und demjenigen nach § 850c ZPO. Hat ein unterhaltsberechtigter Gläubiger mit einem besseren Rang gepfändet, muss er nach § 850e Nr. 4 ZPO zuerst auf die Differenz zwischen dem notwendigen Unterhalt des Schuldners nach § 850d ZPO und dem allgemeinen Pfändungsfreibetrag nach § 850c ZPO zurückgreifen. Dies gilt auch dann, wenn er als erstpfändender Gläubiger sein Vorrecht aus § 850d ZPO nicht in Anspruch genommen und stattdessen nur im Rahmen des § 850c ZPO gepfändet hat. Diese Wirkung tritt schon kraft gesetzlicher Regelung mit der nachrangigen Pfändung eines nicht bevorrechtigten Gläubigers ein. Pfänden mehrere Unterhaltsgläubiger, sind die Freibeträge getrennt zu berechnen und die Beschlüsse nach § 850g ZPO zu ändern und entsprechend der Rangfolge nach § 850d Abs. 2 ZPO anzupassen. Weitere Ausführungen finden sich bei (Auswahl): *Bauckhage-Hoffer/Umnuß* NZI 2011, 745; *Behr* JurBüro 1996, 234; *Denck* Betrieb 1980, 1396; *Grunsky* ZIP 1983, 908; *Jauernig* NJW 1982, 268; *Mertes* Rpfleger 1984, 453; *Mümmler* JurBüro 1994, 459; *Welzel* MDR 1983, 722; *Wischemeyer* ZVI 2008, 238.

2. → Form. I. II. 7 Anm. 2.

3. Die mit der Verweisung des Unterhaltsgläubigers auf den privilegierten Bereich erforderliche Berechnung erfolgt nur auf **Antrag.** Antragsberechtigt (sind der erstpfändende Gläubigers, der zweitpfändende Gläubiger, der Schuldners oder der Drittschuldner (§ 850e Nr. 4 S. 2 ZPO).

4. Kosten und Gebühren/Rechtsmittel. → Form. I. II. 7 Anm. 7.

11. Antrag auf erhöhte Pfändbarkeit (§ 850f Abs. 3 ZPO)

An das

Amtsgericht

Vollstreckungsgericht[1, 2]

. . . . .

Antrag

gemäß § 850f Abs. 3 ZPO

in der Zwangsvollstreckungssache

. . . .

Hiermit zeigen wir an, dass wir den/die Gläubiger/in vertreten. Namens und in Vollmacht unseres/er Mandanten/in beantragen wir,

> gemäß § 850f Abs. 3 ZPO den Pfändungsbeschluss/Pfändungs- und Überweisungsbeschluss des Amtsgerichts . . . . . vom . . . . ., Az. . . . . ., mit dem für . . . . . [nähere Bezeichnung des Unterhaltsberechtigten] wegen rückständiger und laufender Unterhaltsansprüche das Arbeitseinkommen des/der Schuldners/in gepfändet worden ist, dahingehend zu ergänzen, dass über die nach § 850c ZPO pfändbaren Beträge hinaus, das Einkommen des Schuldners, soweit es den Betrag von 3.253,87 EUR netto monatlich/739,83 EUR netto wöchentlich/143,07 EUR netto täglich übersteigt, der Pfändung durch den Gläubiger unterliegt.

Begründung

Der/Die Gläubiger/in hat/haben aufgrund der beigefügten vollstreckbaren Ausfertigung des . . . . . [nähere Bezeichnung des Titels] einen Anspruch gegen den/die Schuldner/in auf Zahlung von . . . . . nebst . . . . . Zinsen. Durch den ebenfalls in der Anlage beigefügten Pfändungsbeschluss/Pfändungs- und Überweisungsbeschluss des Amtsgerichts . . . . . vom . . . . ., Az.. . . . . ., wurde der Anspruch des/der Schuldners/in gegen den/die Drittschuldner/in . . . . . [genaue Bezeichnung] gepfändet und dem/der Gläubiger/in zur Einziehung überwiesen [ggf. bei fehlendem Überweisungsbeschluss streichen]. Es handelt sich hierbei um nicht nach § 850d ZPO bzw. § 850f Abs. 2 ZPO privilegierte Forderungen.

Vorliegend ist es aufgrund besonderer Gründe des Einzelfalls gerechtfertigt, eine Anordnung nach § 850f Abs. 3 ZPO zu treffen ..... [nähere Darlegung der Gründe, zB erhebliche Forderungen, Bedürftigkeit des Gläubigers, erhebliche Vorpfändungen, kein weiteres Vermögen des Schuldners etc].

Beweis: .....

Ausgehend von dem Schuldnereinkommen und der Tabelle zu § 850c ZPO verbleibt dem Schuldner unter Berücksichtigung der bestehenden Unterhaltsverpflichtungen ein Betrag von ..... [hier muss der anhand der Tabelle berechnete Betrag aufgeführt werden]. Bei Zulassung der erweiterten Pfändung steht der Differenzbetrag zu 3.292,53 EUR netto monatlich/757,63 EUR netto wöchentlich/151,53 EUR netto täglich dem Gläubiger für seine Vollstreckung zur Verfügung.[3]

Wir bitten um Rückgabe der im Original beigefügten Unterlagen.

.....

Rechtsanwalt[4]

Anmerkungen

1. Außer in den Fällen nach § 850d ZPO und § 850f Abs. 2 ZPO kann das Vollstreckungsgericht eine **erweiterte Vollstreckung** in das ab 1.7.2015 monatlich netto **3.253,87 EUR.** (wöchentlich netto 739,83 EUR bzw. täglich netto 143,07 EUR) übersteigende Arbeitseinkommen nach freiem Ermessen anordnen. Bei der erforderlichen Abwägung der Belange des Gläubigers und der des Schuldners (vgl. OLG Köln FamRZ 1991, 1462) müssen die besonderen Gründe des Einzelfalls für eine erweiterte Vollstreckung sprechen.

2. → Form. I. II. 6 Anm. 2.

3. In der Praxis kommt dieser Vorschrift kaum Bedeutung zu, da seit dem 1.7.2015 das **3.292,09 EUR monatlich** (757,63 EUR wöchentlich bzw. 151,53 EUR täglich) übersteigende Einkommen ohne Einschränkung der Pfändung unterworfen ist (§ 850c Abs. 2 S. 2 ZPO; (→ Form. I. I. 1 Anm. 5).

4. Kosten und Gebühren/Rechtsmittel. Für das **Gericht** entstehen keine gesonderten Gebühren. Der **Rechtsanwalt** des Gläubigers erhält nur dann eine gesonderte Gebühr nach Nr. 3309 VV RVG, sofern er vorher nicht im Vollstreckungsverfahren tätig gewesen war (§ 18 Nr. 3 RVG).

Gegen die erlassene bzw. abgelehnte Anordnung steht dem Gläubiger bzw. dem Schuldner die **sofortige Beschwerde nach § 793 ZPO** zu (→ Form. P. II. 6 bzw. → Form. P. III. 6), da im Falle des § 850f Abs. 3 ZPO immer eine Entscheidung des Rechtspflegers vorliegt.

12. Antrag auf Änderung der Unpfändbarkeitsvoraussetzungen (§ 850g ZPO)

An das

Amtsgericht

Vollstreckungsgericht[1, 2]

. . . . .

Antrag[3]

gemäß § 850g ZPO

in der Zwangsvollstreckungssache

. . . .

Hiermit zeigen wir an, dass wir den/die Gläubiger/in vertreten. Namens und in Vollmacht unseres/er Mandanten/in beantragen wir,

den Pfändungsbeschluss/Pfändungs- und Überweisungsbeschluss des Amtsgerichts . . . . . vom . . . . ., Az.. . . . . ., dahin zu ergänzen, dass ab dem . . . . . [Datum] die/der . . . . . [nähere Bezeichnung, zB die Ehefrau/der Sohn/die Tochter . . . . . des Schuldners] bei der Berechnung des unpfändbaren Teils des Arbeitseinkommens unberücksichtigt bleibt,

(Variante/hilfsweise:

bzw. dass ab dem . . . . . [Datum] die/der . . . . . [nähere Bezeichnung, zB die Ehefrau/der Sohn/die Tochter . . . . . des Schuldners bei der Berechnung des unpfändbaren Teils des Arbeitseinkommens nur teilweise berücksichtigt wird, nämlich dass . . . . . bei der Berechnung des unpfändbaren Einkommensanteils nach § 850c Abs. 1 S. 2 ZPO als erste Person nur mit . . . . . EUR und bei der Berechnung nach § 850c Abs. 2 ZPO als erste Person nur mit . . . . . des den nach § 850c Abs. 1 ZPO unpfändbaren Betrag überschießenden Einkommens anzusetzen ist,)

und zugleich anzuordnen, dass die Änderung auf den Zeitpunkt der Änderung der tatsächlichen Verhältnisse zurückwirkt.[4]

Begründung

Der/Die Gläubiger(in) hat/haben aufgrund der beigefügten vollstreckbaren Ausfertigung des . . . . . [nähere Bezeichnung des Titels] einen Anspruch gegen den/die Schuldner/in auf Zahlung von . . . . . nebst . . . . . Zinsen. Durch den ebenfalls in der Anlage beigefügten Pfändungsbeschluss/Pfändungs- und Überweisungsbeschluss des Amtsgerichts . . . . . vom . . . . ., Az.. . . . . ., wurde der Anspruch des/der Schuldners/in gegen den/die Drittschuldner/in . . . . . [genaue Bezeichnung] gepfändet und dem/der Gläubiger/in zur Einziehung überwiesen [ggf. bei fehlendem Überweisungsbeschluss streichen].

Der/Die Schuldner/in hat sich darauf berufen, er/sie gewähre der/den in seinem Haushalt lebenden . . . . . [nähere Bezeichnung des Unterhaltsberechtigten, zB Ehefrau, Lebenspartner, Kindern etc] Unterhalt. Entsprechend ist der/die Unterhaltsberechtigte bei der Berechnung des unpfändbaren Einkommensanteils berücksichtigt worden.

Mittlerweile ist die Unterhaltsberechtigung weggefallen, da der/die Unterhaltsberechtigte seit dem ..... [Datum] ..... [nähere Darlegung der Umstände, die zum Wegfall seiner Berechtigung geführt haben, zB eigenes Einkommen, Wiederheirat, etc].

Beweis: .....

Daher darf ab dem Zeitpunkt der ..... [zB Aufnahme der Erwerbstätigkeit, Wiederheirat] eine zusätzliche Berücksichtigung des/der Unterhaltsberechtigten nicht mehr erfolgen. Vielmehr muss dieser/diese bei der Berechnung ganz unberücksichtigt bleiben.

Zumindest tragen die jetzigen Einkünfte des/der Unterhaltsberechtigten in nicht unerheblicher Weise zu dem eigenen Unterhalt bei. Daher entspricht es der Billigkeit, ab dem ..... die ..... [nähere Bezeichnung des Unterhaltsberechtigten] im Rahmen der Pfändungsgrenzen nur noch anteilig zu berücksichtigen.

Wir bitten um Rückgabe der im Original beigefügten Unterlagen.

.....

Rechtsanwalt[5]

Anmerkungen

1. Sofern sich nach Erlass des Pfändungsbeschlusses die **Voraussetzungen für die Bemessung des unpfändbaren Teils des Arbeitseinkommens** ändern (zB durch Tod des Unterhaltsberechtigten, Wegfall der Bedürftigkeit aufgrund eigenen Einkommens, Wiederverheiratung, Geburt eines weiteren Unterhaltsberechtigten, Anstieg der Lebenshaltungskosten, erhöhten Unterhaltsbedarfs wegen Krankheit etc), muss dies der Drittschuldner aufgrund des erlassenen Blankettbeschluss berücksichtigen. Siehe dazu auch (Auswahl): *Berner* Rpfleger 1964, 329; *Wischemeyer* ZVI 2008, 238.

Hat das Vollstreckungsgericht den unpfändbaren Teil des Arbeitseinkommens in den Fällen des §§ 850d, 85e Nr. 2, 850 Nr. 2 lit. a, 850e Nr. 3, 850 f, 850i Abs. 1, 850i Abs. 2 ZPO oder die für die Feststellung maßgeblichen Tatsachen festgelegt, so darf es eines ausdrücklichen **Änderungsbeschlusses nach § 850g ZPO.** Eine Änderung nach § 850g ZPO ist auch dann möglich, wenn bereits bei Erlass des Pfändungsbeschlusses die Voraussetzungen für die Pfändung unzutreffend (zB hinsichtlich der Anzahl der Unterhaltsberechtigten) festgestellt worden sind (Zöller/*Stöber* § 850g Rn. 2; zu dem insoweit bestehenden Verhältnis zwischen einem Änderungsantrag nach § 850g ZPO und einer Erinnerung nach § 766 ZPO siehe Zöller/*Stöber* § 850g Rn. 3). Zudem kann in entsprechender Anwendung des § 850g S. 2 ZPO der unpfändbare Teil des Arbeitseinkommens neu festgesetzt werden, wenn auf Grund einer erstmaligen höchstrichterlichen Grundsatzentscheidung teilweise geänderte Maßstäbe für die Berechnung gelten (BGH NJW-RR 2005, 222).

2. Zuständig ist das **Vollstreckungsgericht,** das den Pfändungsbeschluss erlassen hat (BGH Rpfleger 1990, 308; MüKoZPO/*Smid* § 850g Rn. 3; aA Zöller/*Stöber* § 850g Rn. 4, das Wohnsitzgericht des Schuldners bei Antragstellung). Es entscheidet der **Rechtspfleger** (§ 20 Nr. 17 RPflG).

3. Die Änderung erfolgt nur auf ausdrücklichen **Antrag.** Antragsberechtigt sind der Gläubiger, der Schuldner (→ Form. I. I. 14) und Dritte, denen der Schuldner gesetzlich zum Unterhalt verpflichtet ist, sofern diese mit der Abänderung einen Vorteil erwarten können. Der Antragsgegner ist im Regelfall zu hören.

4. Der Änderungsbeschluss entfaltet **keine Rückwirkung.** Vielmehr muss das Vollstreckungsgericht ausdrücklich anordnen, dass die Änderungen auf den Zeitpunkt der Änderung der tatsächlichen Verhältnisse zurückwirken sollen (OLG Köln JurBüro 1988, 933). Die Anordnung hat keine Wirkung mehr, wenn das Arbeitseinkommen bereits ausgezahlt ist.

5. Kosten und Gebühren/Rechtsmittel. Für das **Gericht** entstehen keine gesonderten Gebühren. Der **Rechtsanwalt** des Gläubigers erhält nur dann eine gesonderte Gebühr nach Nr. 3309 VV RVG, sofern er vorher nicht für den Gläubiger im Vollstreckungsverfahren tätig gewesen ist (§ 18 Nr. 3 RVG).

Ergeht die Anordnung nach Anhörung oder wird die Anordnung abgelehnt, so findet die **sofortige Beschwerde nach § 793 ZPO** statt (→ Form. P. II. 6 bzw. → Form. P. III. 6). Im Falle des Erlasses einer Anordnung ohne Anhörung, besteht die Möglichkeit einer Erinnerung nach § 766 Abs. 1 ZPO (→ Form. P. III. 3).

Schutzanträge des Schuldners

13. Antrag auf Erhöhung des Pfändungsfreibetrages (§ 850f Abs. 1 ZPO)

An das

Amtsgericht

Vollstreckungsgericht[1, 2]

. . . . .

Antrag

gemäß § 850f Abs. 1 ZPO

in der Zwangsvollstreckungssache

. . . .

Hiermit zeigen wir an, dass wir den/die Schuldner/in vertreten. Namens und in Vollmacht unseres/er Mandanten/in beantragen wir,

den Pfändungsbeschluss/Pfändungs- und Überweisungsbeschluss des Amtsgerichts . . . . . vom . . . . ., Az. . . . . ., gemäß § 850f Abs. 1 ZPO dahingehend zu ergänzen, dass dem/der Schuldner/in abweichend von § 850c Abs. 1 ZPO ein Betrag in Höhe von . . . . . EUR monatlich statt . . . . . EUR als unpfändbar zu belassen ist.

Begründung

Der/Die Gläubiger/in hat durch Pfändungsbeschluss/Pfändungs- und Überweisungsbeschluss des Amtsgerichts . . . . . vom . . . . ., Az. . . . . ., den Anspruch unseres/er Mandanten/in gegen den/die Drittschuldner/in gepfändet und sich zur Einziehung überweisen lassen [ggf. bei fehlendem Überweisungsbeschluss streichen].

Der/Die Schuldner/in leidet an . . . . . [nähere Darlegung der besonderen Härte,[3] zB einer Erkrankung].

Beweis: beigefügtes Attest des . . . . . [nähere Angaben des Arztes]

Er/Sie benötigt besondere Medikamente, deren Kosten nur teilweise von der gesetzlichen Krankenkasse übernommen werden.

Beweis: beigefügte Bestätigung der Krankenkasse vom .....

Hierdurch entstehen ihm monatliche Mehrkosten in Höhe von ..... EUR.

Beweis: beigefügte Bescheinigung der Krankenkasse vom .....

Der/Die Schuldner/in kann aus dem ihm pfändungsfrei verbleibenden Betrag diese Kosten nicht bestreiten. Daher bedarf es gemäß § 850f Abs. 1 lit. b ZPO einer entsprechenden Heraufsetzung des Pfändungsfreibetrages.

Besondere Belange des/der Gläubigers/in, die einer Erhöhung des Pfändungsfreibetrages entgegenstehen können, sind nicht gegeben.[4]

.....

Rechtsanwalt[5]

Anmerkungen

1. In den von **§ 850f Abs. 1 ZPO** erfassten Fällen kann der Schuldner oder ein Unterhaltsberechtigter beantragen, dass ihm ein Teil des nach den §§ 850c, 850d, 850i ZPO pfändbaren Teils seines Arbeitseinkommens belassen werden soll. Voraussetzung dafür ist, dass der Lebensbedarf nicht gedeckt ist (**§ 850f Abs. 1 lit. a ZPO**), dass durch persönliche oder berufliche Gründe besondere Bedürfnisse bestehen (**§ 850f Abs. 1 lit. b ZPO**) oder dass hohe Unterhaltsverpflichtungen des Schuldners (**§ 850f lit. c ZPO**) bestehen. Ansprüche aus einem schuldrechtlichen Versorgungsausgleich gehören nicht zu den Unterhaltsverpflichtungen (BGH FamRZ 2011, 1938). Ebenfalls sind Zahlungen an Lebensgefährtin oder Stiefkinder nicht zu berücksichtigen (OLG Köln FamRZ 2009, 1697; aA OLG Frankfurt ZVI 2008, 384). Mit der **Erhöhung des unpfändbaren Betrages** und nicht erst mit Rechtskraft der Entscheidung wird die Pfändung zu diesem Teil sofort aufgehoben (OLG Köln FamRZ 1992, 845). Eine Abänderung der Entscheidung ist bei veränderten Umständen auf Antrag nach § 850g ZPO möglich (→ Form. I. I. 12 und → Form. I. I. 14).

Zum Pfändungsschutz siehe auch *Becker* JuS 2004, 780; *Christmann* Rpfleger 1995, 99; *Freemann/Zimmermann* ZVI 2011, 153; *Goebel* ZVI 2008, 513; *Hornung* Rpfleger 1992, 331; *Stahlschmidt* ZInsO 2009, 1987; *Zimmermann/Freeman* ZVI 2005, 401; *dies.* ZVI 2008, 374; *Zimmermann/Zipf* ZVI 2008, 378.

2. → Form. I. I. 6 Anm. 2.

3. Eine **besondere Härte** kann zB bei einer langwierigen Erkrankung (zB Diabetes wegen Diätverpflegung bzw. erheblicher Selbstbehalt), besonderen medizinischen Therapien (nicht indes die fehlende Übernahme von medizinische Behandlungskosten durch die gesetzliche Krankenkasse, BGH NJW 2009, 2313), einer besonderen behindertengerechten Wohnung, überdurchschnittlichen Fahrtkosten zur Arbeitsstelle (nicht indes Anschaffungskosten, Steuer und Versicherung, LG Bonn JurBüro 2009, 550), erhöhten Aufwendungen für die Arbeitskleidung, besonderen Aufwendungen für die Ausbildung des Unterhaltsberechtigten vorliegen. Der **erweitere pfändungsfreie Teil gem. § 850f Abs. 1 lit. a ZPO** entspricht dem Betrag, der nach dem SGB XII an den Schuldner ergänzend als Sozialhilfe zum Lebensunterhalt zu leisten wäre. Die **Kosten für Unterkunft und Heizung** sind nach dem konkreten Bedarf zu ersetzen, soweit sie nicht den angemessenen Umfang übersteigen. Die Angemessenheit ist konkret anhand der örtlichen Gegebenheiten zu ermitteln, wobei vorrangig das ortsübliche Mietpreisniveau, wie es sich aus einem qualifizierten Mietspiegel (§ 558d BGB), einem Mietspiegel (§ 558c BGB) oder unmittelbar aus einer Mietdatenbank (§ 558e BGB) ableiten lässt, heranzuziehen (BGHZ 156, 30 (37) = NJW 2003, 2918; BGH NJW-RR 2009, 1459).

Die **Darlegungs- und Beweislast** für die Voraussetzungen einer Erhöhung treffen den Antragsteller. Der Schuldner kann durch Vorlage einer Bescheinigung der zuständigen Sozialbehörde den Nachweis führen, dass das Einkommen durch die Pfändung unter den Sozialhilfebedarf sinkt. Das Vollstreckungsgericht ist aber nicht an die Bescheinigung gebunden.

4. Im Rahmen der Entscheidung hat das Vollstreckungsgericht eine **Interessenabwägung** mit den besonderen Belangen des Gläubigers (zB seine wirtschaftliche Lage) vorzunehmen. Pfändungsschutz ist zu gewähren, wenn die Wahrung des Sozialhilfebedarfs oder besondere Bedürfnisse des Schuldners einen weiteren Freibetrag erfordern und nicht überwiegende Belange des Gläubigers entgegenstehen (BGH FamRZ 2004, 621 (622)). Sprechen indes die überwiegenden Belange des Gläubigers gegen eine Erhöhung des Pfändungsfreibetrages, dann muss sich der Schuldner auf Leistungen der Sozialhilfe verweisen lassen (BGH FamRZ 2004, 873).

5. Kosten und Gebühren/Rechtsmittel. Für das Gericht entstehen keine gesonderten Gebühren. Der Rechtsanwalt des Schuldners erhält eine gesonderte Gebühr nach Nr. 3309 VV RVG, sofern er vorher nicht im Vollstreckungsverfahren für den Schuldner tätig gewesen ist (§ 18 Nr. 3 RVG). Der Gläubigeranwalt erhält neben der 0,3 Pfändungsgebühr nach Nr. 3309 VV RVG keine weitere Gebühr.

Gegen die erlassene bzw. abgelehnte Anordnung steht dem Gläubiger bzw. dem Schuldner die **sofortige Beschwerde nach § 793 ZPO** zu (→ Form. P. II. 6 bzw. → Form. P. III. 6), da im Falle des § 850f Abs. 1 ZPO immer eine Entscheidung des Rechtspflegers vorliegt.

14. Antrag auf Änderung der Unpfändbarkeitsvoraussetzungen (§ 850g ZPO)

An das

Amtsgericht

Vollstreckungsgericht[1, 2]

. . . . .

Antrag

gemäß § 850g ZPO

in der Zwangsvollstreckungssache

. . . .

Hiermit zeigen wir an, dass wir den/die Schuldner/in vertreten. Namens und in Vollmacht unseres/er Mandanten/in beantragen wir,

den Pfändungsbeschluss/Pfändungs- und Überweisungsbeschluss des Amtsgerichts . . . . . vom . . . . ., Az. . . . . ., dahin zu ergänzen, dass ab dem . . . . . [Datum] die/den . . . . . [nähere Bezeichnung des Unterhaltsberechtigten, zB die Ehefrau/der Sohn/die Tochter etc.] bei der Berechnung des unpfändbaren Teils des Arbeitseinkommens zusätzlich berücksichtigt wird,

(Variante/hilfsweise:

bzw. ab dem . . . . . [Datum] die/den . . . . . [nähere Bezeichnung des Unterhaltsberechtigten, zB die Ehefrau/der Sohn/die Tochter etc] bei der Berechnung des

unpfändbaren Teils des Arbeitseinkommens zumindest teilweise berücksichtigt wird, nämlich dass . . . . . bei der Berechnung des unpfändbaren Einkommensanteils nach § 850c Abs. 1 S. 2 ZPO als erste Person nur mit . . . . . EUR und bei der Berechnung nach § 850c Abs. 2 ZPO als erste Person nur mit . . . . . des den nach § 850c Abs. 1 ZPO unpfändbaren Betrag überschießenden Einkommens anzusetzen ist.)

und zugleich anzuordnen, dass die Änderung auf den Zeitpunkt der Änderung der tatsächlichen Verhältnisse zurückwirkt.[3]

Begründung

Der/Die Gläubiger/in hat/haben durch Pfändungsbeschluss/Pfändungs- und Überweisungsbeschluss des Amtsgerichts . . . . . vom . . . . ., Az. . . . . ., den Anspruch des/der Schuldners/in gegen den/die Drittschuldner/in . . . . . [genaue Bezeichnung] gepfändet und sich zur Einziehung überweisen lassen [ggf. bei fehlendem Überweisungsbeschluss streichen].

Die Voraussetzungen für die Bemessung des unpfändbaren Teils des Arbeitseinkommens haben sich verändert. Unser/e Mandant/in ist nunmehr auch . . . . . [nähere Darlegungen der Änderungen, zB Geburt eines weiteren Unterhaltsberechtigten, oder Wegfall des Einkommens eines gesetzlichen Unterhaltsberechtigten etc.] unterhaltsverpflichtet.

Beweis: . . . . .

Entsprechend ist der/die Unterhaltsberechtigte bei der Berechnung des unpfändbaren Einkommensanteils zu berücksichtigen.

Zumindest tragen die jetzigen Einkünfte des/der Unterhaltsberechtigten nur noch teilweise zu dem eigenen Unterhalt bei. Daher entspricht es der Billigkeit, ab dem . . . . . die/ den . . . . . [nähere Bezeichnung des Unterhaltsberechtigten] im Rahmen der Pfändungsgrenzen nur anteilig zu berücksichtigen.

. . . . .

Rechtsanwalt[4]

Anmerkungen

1. Zu den Voraussetzungen eines Antrages nach § 850g ZPO → Form. I. I. 12 Anm. 1.

2. → Form. I. I. 6 Anm. 2.

3. Der Änderungsbeschluss entfaltet keine Rückwirkung. Vielmehr muss das Vollstreckungsgericht **ausdrücklich** anordnen, dass die Änderungen auf den Zeitpunkt der Änderung der tatsächlichen Verhältnisse zurückwirken sollen (OLG Köln JurBüro 1988, 933). Die Anordnung hat keine Wirkung mehr, wenn das Arbeitseinkommen bereits ausgezahlt ist. Dazu auch *Berner* Rpfleger 1964, 329.

4. Kosten und Gebühren/Rechtsmittel. → Form. I. I. 12 Anm. 5.

15. Antrag auf Pfändungsschutz für einmalige Bezüge (§ 850i Abs. 1 ZPO)

An das

Amtsgericht

Vollstreckungsgericht[1, 2]

. . . . .

Antrag[3]

gemäß § 850i Abs. 1 ZPO

in der Zwangsvollstreckungssache

. . . .

Hiermit zeigen wir an, dass wir den/die Schuldner/in vertreten. Namens und in Vollmacht unseres/er Mandanten/in beantragen wir,

den Pfändungsbeschluss/Pfändungs- und Überweisungsbeschluss des Amtsgerichts . . . . vom . . . . ., Az. . . . . ., gemäß § 850i ZPO dahingehend zu ändern, dass die Pfändung für einen Teilbetrag von . . . . . EUR aufgehoben und dieser Teilbetrag dem/der Schuldner/in belassen wird.

Begründung

Der/Die Gläubiger/in haben durch den oben genannten Pfändungsbeschluss/Pfändungs- und Überweisungsbeschluss die Ansprüche des/der Schuldners/in gegen den/die Drittschuldner/in . . . . . (genaue Bezeichnung) gepfändet und sich zur Einziehung überweisen lassen [ggf. bei fehlendem Überweisungsbeschluss streichen].

Die Pfändung betrifft den Honoraranspruch des/der Schuldners/in als Unternehmensberater. Der/die Schuldner/in hat ausweislich der Vereinbarung mit dem/der Drittschuldner/in vom . . . . . für seine/ihre Tätigkeit im Rahmen der Sanierungsberatung des/der Drittschuldners/in ein pauschal vereinbartes Honorar von . . . . . EUR erhalten.

Beweis: beigefügte beglaubigte Kopie der Vereinbarung vom . . . . .

Die Tätigkeiten haben den Schuldner rund 6 Monate, nämlich in der Zeit von . . . . . bis . . . . ., in Anspruch genommen.

Beweis: beigefügte beglaubigte Bescheinigung des/der Drittschuldners/in

Da derzeit der/die Schuldner/in über keinen weiteren Auftrag verfügt, ist es angemessen, für den Schuldner und . . . . . [nähere Bezeichnung der weiteren unterhaltsberechtigten Personen] von dem gepfändeten Pauschalhonorar den monatlichen Pfändungsfreibetrag gemäß § 850c ZPO für 6 Monate zu belassen.[4] Überwiegende Belange des Gläubigers stehen nicht entgegen.[5]

. . . . .

Rechtsanwalt[6]

Anmerkungen

1. § 850i Abs. 1 ZPO bietet einen **Pfändungsschutz für einmalige Bezüge** sowie für **alle Einkünfte, die kein Arbeitseinkommen sind,** von nicht abhängig beschäftigten Personen. Erfasst werden Leistungen persönlicher Dienste (BGH NJW 2003, 2167), zB durch Ärzte, Zahnärzte, Rechtsanwälte, Steuerberater, Wirtschaftsprüfer, Insolvenzverwalter, Zwangsverwalter, Künstler oder Handwerker. Die Rechtsgrundlage für die Dienstleistung, zB Geschäftsbesorgung, Dienstvertrag oder Werkvertrag ist unerheblich (BGH NJW-RR 2004, 644 (645). § 850i ZPO erfasst auch die Einkünfte selbständiger Schuldner, die nicht persönlicher Arbeits- oder Dienstleistung entstammen, sondern durch den Einsatz von Personal erbracht wurden (BT-Drs. 16/7615, 18). Daneben findet § 850i Abs. 1 ZPO auch Anwendung auf einmalige Zahlungen an Arbeitnehmer, zB bei Abfindungsansprüchen nach §§ 112 f. BetrVG (BAG NJW 1997, 1868 (1869) sowie nach §§ 9 f. KSchG, Dienstausfallentschädigungen, Entlassungsgeld des Wehrpflichtigen oder auch bei Zahlung einer Lizenzgebühr, wenn damit eine persönliche schöpferische Leistung abgegolten wird (BGH NJW-RR 2004, 644). Hierunter fallen auch **Einkünfte aus sog. kapitalistischer Tätigkeit,** wie etwa Kapitalvermögen, Einnahmen aus Vermietung und Verpachtung (BGH NZI 2015, 661 betr. die Einkünfte aus Untervermietung) sowie Verkaufserlöse (BGH NZI 2014, 772 betr. monatliche Einnahmen aus Nießbrauch). Ebenso die Einnahmen einer selbständigen Tätigkeit neben dem Bezug der Altersrente (BGH NZI 2014, 773). Siehe auch: *Ahrens* ZInsO 2010, 2357; *ders.* NJW-Spezial 2011, 341; sowie die Nachweise bei → Form. I. I. 1 Anm. 1.

2. Zuständig ist das **Vollstreckungsgericht** und dort der **Rechtspfleger** (§ 20 Nr. 17 RPflG).

3. Der Pfändungsschutz wird nur auf **Antrag** des **Schuldners** oder eines **unterhaltsberechtigten Angehörigen** gewährt. Das Vollstreckungsgericht hat den Gläubiger zu hören. Der Schuldner muss die Tatsachen zu beweisen, die seinen Antrag begründen. Den Gläubiger trifft die Beweislast hinsichtlich der von ihm geltend gemachten Belange sowie weiterer Arbeitseinkommen oder Verdienstmöglichkeiten des Schuldners. Die Entscheidung des Vollstreckungsverfahrens wirkt nur in dem Verfahren, in dem der Schuldner den Antrag nach § 850i Abs. 1 ZPO gestellt hat. Haben mehrere Gläubiger gepfändet, muss der Schuldner in jedem Vollstreckungsverfahren den Antrag stellen.

4. Der dem Schuldner zu belassene Betrag bemisst sich nach dem unpfändbaren Einkommen, das diesem verbleiben würde, wenn seine Einkünfte aus laufendem Arbeits- oder Dienstlohn bestünden. Bei der Bestimmung des dem Schuldner zu belassenen Freibetrages sind auch seine gesetzlichen Unterhaltspflichten zu berücksichtigen. Zudem sind bei der Entscheidung die wirtschaftlichen Verhältnisse des Schuldners, insbesondere seine sonstigen Verdienstmöglichkeiten, frei zu würdigen (§ 850i Abs. 1 S. 2 ZPO). Bei der Bemessung des Zeitraums ist zu berücksichtigen, wann der Schuldner mit weiteren Einnahmen rechnen kann, um seinen und den Unterhalt seiner Familie zu bestreiten. Mehrere nicht wiederkehrend zahlbare Vergütungsansprüche oder sonstige Einkünfte sind zusammenrechnen.

5. Stehen überwiegende Belange des Gläubigers entgegen, so ist der Antrag nach § 850i Abs. 1 S. 3 ZPO zurückzuweisen.

6. **Kosten und Gebühren/Rechtsmittel.** → Form. I. I. 7 Anm. 5.

16. Schutzantrag des Landwirts nach § 851a ZPO

An das

Amtsgericht

Vollstreckungsgericht[1, 2]

. . . . .

Antrag

gemäß § 851a ZPO[3]

in der Zwangsvollstreckungssache

. . . .

Hiermit zeigen wir an, dass wir den/die Schuldner/in vertreten. Namens und in Vollmacht unseres/er Mandanten/in beantragen wir,

den Pfändungsbeschluss/Pfändungs- und Überweisungsbeschluss des Amtsgerichts . . . . . vom . . . . ., Az. . . . . ., gemäß § 851a ZPO dahingehend zu ändern, dass die Pfändung für einen Teilbetrag von . . . . . EUR aufgehoben und dieser Teilbetrag dem Schuldner belassen wird.

Begründung

Der/Die Gläubiger/in haben durch den oben genannten Pfändungsbeschluss/Pfändungs- und Überweisungsbeschluss die Ansprüche des Schuldners gegen den Drittschuldner . . . . . [genaue Bezeichnung] gepfändet und sich zur Einziehung überweisen lassen [ggf. bei fehlendem Überweisungsbeschluss streichen]. Die Pfändung betrifft den Anspruch des/der Schuldners/in aus dem Verkauf seiner landwirtschaftlichen Erzeugnisse, nämlich . . . . . [nähere Bezeichnung].

Beweis: . . . . .

Der/Die Schuldner/in verfügt über keine weiteren Einkünfte und benötigt diese Einnahmen aus der Bewirtschaftung seines/ihres Hofes dazu, seinen/ihren, seiner/ihrer Familie und seiner/ihrer nichtgewerblichen wie gewerblichen Arbeitnehmer Unterhalt zu bestreiten. Die Familie des/der Schuldners/in besteht aus . . . . .

Beweis: . . . . .

Zudem hat der/die Schuldner/in folgende Arbeitnehmer beschäftigt . . . . .

Beweis: beglaubigte Kopien der Lohnabrechnungen

Zudem bedarf es der Einkünfte zur Sicherstellung der geordneten Weiterführung des Betriebes. Derzeit müssen . . . . . [zB Erwerb des Saatgutes für die nächste Aussaat] angeschafft werden.

Beweis: . . . . .

. . . . .

Rechtsanwalt[4]

Anmerkungen

1. § 851a ZPO schützt über § 811 Nr. 4 ZPO hinaus Forderungen aus dem **Verkauf landwirtschaftlicher Erzeugnisse.** Die Forderung muss dem Schuldner als haupt- oder nebenberuflicher Landwirt aus dem Verkauf seiner Erzeugnisse zustehen. Forderungen, die einen Kaufpreis ersetzen oder ergänzen, werden als Forderungen aus dem Verkauf von Erzeugnisses betrachtet (BGH NJW-RR 2009, 411); entsprechend geschützt werden können auch Zahlungen nach der Rinder- und Schafprämien-VO (LG Koblenz JurBüro 2003, 382), Milchgeldzahlung und produktionsspezifische landwirtschaftliche Beihilfen (LG Koblenz RdL 2006, 224) oder Ausgleichszahlungen im Rahmen der EWG-Getreidepreisharmonisierung (OLG Schleswig RdL 1969, 240). Ansprüche aus Weiterverkauf von erworbenen Erzeugnissen, Bankguthaben oder Barmitteln des Landwirts fallen dagegen **nicht** unter § 851a ZPO; ebenso wenig Zahlungen einer Betriebsprämie auf der Grundlage der VO (EG) Nr. 1782/2003 (BGH NJW-RR 2009, 411) bzw. einer Ausgleichszulage in benachteiligten Gebieten (BGH JurBüro 2012, 494). Zur Pfändbarkeit der einem Milcherzeuger zustehenden **Anlieferungs-Referenzmenge nach der Milchabgabenverordnung** siehe BGH NJW-RR 2007, 1219. Siehe auch *Funk* RdL 1951, 109; *Weimar* MDR 1973, 197.

2. → Form. I. I. 15 Anm. 2.

3. Die Aufhebung der Pfändung erfolgt nur auf **Antrag.** Der Gläubiger ist zu hören. Eine Anordnung nach § 851a ZPO setzt voraus, dass die vom Schuldner aus der Bewirtschaftung des Hofes erzielten Einkünfte gerade dazu dienen, seinen Unterhalt sowie den Unterhalt seiner Familie und seiner nichtgewerblichen bzw. gewerblichen Arbeitnehmer zu bestreiten oder die geordnete Weiterführung des Betriebes sicherzustellen. Zur geordneten Wirtschaftsführung gehören auch Anschaffungen und Reparaturen. Den Schuldner trifft hinsichtlich der tatsächlichen Voraussetzungen die **Darlegungs- und Beweislast.**

4. Kosten und Gebühren/Rechtsmittel. Für das **Gericht** entstehen keine Gebühren. Der **Rechtsanwalt** des Schuldners sowie des angehörten Gläubigers erhalten eine gesonderte 0,3 Verfahrensgebühr nach Nr. 3309 VV RVG, da es sich bei dem Antrag nach § 851a ZPO um eine besondere Angelegenheit der Zwangsvollstreckung handelt.

Gegen die erlassene bzw. abgelehnte Anordnung steht dem Gläubiger bzw. dem Schuldner die **sofortige Beschwerde nach § 793 ZPO** zu (→ Form. P. II. 6 bzw. → Form. P. III. 6).

Einzelne Einkommen, Vergütungen, Sozialleistungen etc

Beamte/Richter/Abgeordnete

17. Pfändung der laufenden Dienst-/Versorgungsbezüge

[Das amtliche Formular „Pfändungs- und Überweisungsbeschluss[1]“ ist entsprechend den dortigen Anmerkungen auszufüllen. Auf Seite 4 (bzw. Seite 5) des amtlichen Formulars ist das Feld „A (an Arbeitgeber)“ anzukreuzen. Für die Pfändung der laufenden Dienst-/Versorgungsbezüge sind auf Seite 4 (bzw. Seite 5) des amtlichen Formulars in dem Feld „Anspruch A (an Arbeitgeber)“ die Nr. 1 und Nr. 2 zu streichen unter Nr. 3 in dem dortigen Leerfeld aufzunehmen:]

auf Zahlung der fälligen sowie der künftig fällig werdenden . . . . . [nähere Bezeichnung der Dienst-/Versorgungsleistungen][2, 3, 4] bis zur vollständigen Befriedigung der Ansprüche des Gläubigers gepfändet.[9]

[Auf Seite 7 (bzw. Seite 8) des amtlichen Formulars können in dem Feld „Es wird angeordnet, dass zur Berechnung des nach § 850c ZPO pfändbaren Teils des Gesamteinkommens zusammenzurechnen sind" die entsprechenden Möglichkeiten der Zusammenrechnung verschiedener Arbeitseinkommen angekreuzt und ausgefüllt werden.[5]]

[Ebenfalls auf Seite 7 (bzw. Seite 8) des amtlichen Formulars können in dem Feld „Es wird angeordnet, dass zur Berechnung des nach § 850c ZPO pfändbaren Teils des Gesamteinkommens zusammenzurechnen sind" die entsprechenden Möglichkeiten der Zusammenrechnung des Arbeitseinkommens mit laufenden Geldleistungen nach dem SGB angekreuzt und ausgefüllt werden.[5]]

[Bei einem Antrag nach § 850c Abs. 4 ZPO sind auf Seite 7 (bzw. Seite 8) des amtlichen Formulars das dortige Feld „Gemäß § 850c Abs. 4 ZPO wird angeordnet, dass" anzukreuzen und die dort vorgegebenen Varianten auszuwählen.[6] In dem amtlichen Formular „Antrag auf Erlass eines Pfändungs- und Überweisungsbeschlusses wegen Unterhaltsforderungen ist ein entsprechendes Feld nicht vorhanden.]

[Ergänzend kann auf Seite 8 (bzw. Seite 9) des amtlichen Formulars das Feld „Es wird angeordnet, dass" das 1. Kästchen

„dass der Schuldner die Lohn- und Gehaltsabrechnung oder die Verdienstbescheinigung einschließlich der entsprechenden Bescheinigungen der letzten drei Monate vor Zustellung des Pfändungs- und Überweisungsbeschlusses an den Gläubiger herauszugeben hat."

angekreuzt werden.[7]]

[Ergänzend kann auf Seite 8 (bzw. Seite 9) des amtlichen Formulars in dem Feld „Es wird angeordnet, dass" das freie Kästchen angekreuzt und dort eingetragen werden:]

der Schuldner an den Gläubiger die Lohnsteuerkarte für das Jahr . . . . . bzw. die elektronische Lohnsteuerbescheinigung für das Jahr . . . . . im Original sowie folgende Unterlagen . . . . . [nähere Bezeichnung weiterer steuerrechtlich relevanter Unterlagen] herauszugeben hat.[8]

Anmerkungen

1. → Form. H. I. 2 (bzw. → Form. H. I. 6 bei Unterhaltsforderungen). Hinsichtlich der weiteren Einzelheiten zum Pfändungs- und Überweisungsbeschluss wird auf die dortigen Anmerkungen Bezug genommen.

2. Die **Dienst- und Versorgungsbezüge** der Beamten und Richter, die nach den Beamten-, Besoldungs- und Versorgungsgesetzen des Bundes bzw. der Länder geleistet werden, gilt § 850 ZPO ausdrücklich; diese sind wie Arbeitseinkommen pfändbar. Zu den Beamtenbezügen gehören auch die Ruhegelder pensionierter Beamter, die aufgrund eines Arbeits- oder Dienstvertrages gezahlt werden. Zu den pfändbaren Arbeitseinkommen zählen neben dem Grundgehalt die Amts- und Stellenzulagen, Familien- und sonstige Zuschläge sowie Leistungsbezüge. Bestimmte **zweckgebundene Ansprüche eines Beamten** unterliegen nach § 51 BeamtVG hingegen einem absoluten Pfändungsverbot. Dazu gehören die Ansprüche auf Erstattung der Kosten des Heilverfahrens (§ 33 BeamtVG) sowie der Pflege (§ 34 BeamtVG), auf Unfallausgleich (§ 35 BeamtVG), auf Sterbegeld, auf einmalige Unfallentschädigung (§ 43 BeamtVG) sowie auf Schadensersatz in besonderen Fällen (§ 43a BeamtVG). Dagegen ist das Unfallruhegehalt eines Beamten pfändbar (OVG Saarland InVo 2006, 396). Wie Beamtenbezüge werden ebenfalls die gegen die Notarkammer München bestehenden Ansprüche der Notare in Bayern sowie im Regierungsbezirk Pfalz in Rheinland Pfalz auf Zahlung von Dienst- und Versorgungsbezüge behandelt.

Die beamtenrechtlichen Ansprüche auf **Gewährung einer Beihilfe** in Krankheits-, Pflege-, Geburts- und Todesfällen sind nach ständiger Rechsprechung des Bundesverwaltungsgerichts (NJW 1997, 3256 mwN) höchstpersönlicher Natur und daher **weder abtretbar noch pfändbar** (§ 851 Abs. 1 BGB; s. auch § 850a Nr. 5 ZPO für die Heirats- und Geburtsbeihilfen). Eine Abtretung sowie Pfändung ist indes im Rahmen der Zweckbindung für den Fall anerkannt, in dem der Vollstreckungsgläubiger wegen einer Forderung pfändet, die als Aufwand des Beamten dem konkreten Beihilfeanspruch zugrunde liegt (sog. **Anlassforderung;** zB für das Arzthonorar, für die Kosten eines Krankenhausaufenthalts). Diese Gläubiger können den Beihilfeanspruch des Schuldners nur solange pfänden, als nach Rechnungsstellung und Einreichung des Beihilfeantrags der konkrete Beihilfeanspruch gegen den Dienstherrn noch besteht (BGH NJW-RR 2005, 720; BGH ZInsO 2007, 1348). Sofern ein Beihilfeantrag noch nicht gestellt ist, kann der Beihilfeanspruch als künftige Forderung gepfändet werden (*Stöber* Rn. 880a).

Wegen **gesetzlicher Unterhaltsansprüche** besteht für den Gläubiger nach § 850d ZPO die Möglichkeit der privilegierten Pfändung (→ Form. H. I. 6) sowie der **Vorratspfändung** (→ Form. H. I. 6 Anm. 17).

3. Die Pfändbarkeit der Bezüge von Bundestagsabgeordneten richtet sich nach dem AbgG. Der **Anspruch auf Abgeordnetenentschädigung** ist nach § 31 S. 3 AbgG nur zur Hälfte übertragbar und damit in diesem Umfang pfändbar. Unpfändbar sind hingegen nach § 31 S. 2 AbgG die Ansprüche auf Amtsausstattung und die Aufwandsentschädigung nach § 12 AbgG. Über § 31 S. 4 AbgG finden auf die Pfändung die §§ 850 ff. ZPO Anwendung. Bei Landtagsabgeordneten richtet sich nach den entsprechenden landesrechtlichen Bestimmungen (vgl. zB OLG Düsseldorf MDR 1985, 242; AG Bremerhaven MDR 1980, 504). Zu den weiteren Einzelheiten siehe *Stöber* Rn. 107. Str. ist, ob der **Ehrensold eines ehemaligen ehrenamtlichen Bürgermeisters** in Bayern pfändbar ist (s. dazu BGH Beschl. v. 12.1.2012 – VII ZB 14/10, BeckRS 2012, 03927).

4. Drittschuldner ist **die jeweils zahlende Stelle.**

5. Zum Zusammenrechnen **mehrerer Arbeitseinkommen** → Form. I. I. 7 und zum Zusammenrechnen von **Arbeitseinkommen und Sozialleistungen** → Form. I. I. 8.

6. Zu dem Antrag nach § 850c Abs. 4 ZPO → Form. H. I. 2 Anm. 45.

7. → Form. I. I. 1 Anm. 12.

8. → Form. I. I. 1 Anm. 13.

9. Kosten und Gebühren/Rechtsmittel. → Form. H. I. 2 Anm. 61 ff.

18. Pfändung der künftigen Dienst-/Versorgungsbezüge

[Das amtliche Formular „Pfändungs- und Überweisungsbeschluss[1]“ ist entsprechend den dortigen Anmerkungen auszufüllen. Auf Seite 4 (bzw. Seite 5) des amtlichen Formulars ist das Feld „A (an Arbeitgeber)“ anzukreuzen. Für die Pfändung der laufenden Dienst-/Versorgungsbezüge sind auf Seite 4 (bzw. Seite 5) des amtlichen Formulars in dem Feld „Anspruch A (an Arbeitgeber)“ die Nr. 1 und Nr. 2 zu streichen unter Nr. 3 in dem dortigen Leerfeld aufzunehmen:]

auf Zahlung der künftig fällig werdenden fortlaufenden ..... [nähere Bezeichnung der Leistungen][2, 3, 4] bis zur vollständigen Befriedigung der Ansprüche des Gläubigers gepfändet.[5]

Anmerkungen

1. → Form. H. I. 2 (bzw. → Form. H. I. 6 bei Unterhaltsforderungen). Hinsichtlich der weiteren Einzelheiten zum Pfändungs- und Überweisungsbeschluss wird auf die dortigen Anmerkungen Bezug genommen.

2. Zu den **Dienst- und Versorgungsbezüge** → Form. I. I. 17 Anm. 2 und → Form. I. I. 17 Anm. 3.

3. Die Pfändung **künftiger Dienstbezüge** des Schuldners ist ebenfalls möglich. Zudem können nach der Rechtsprechung des BGH (NJW 2003, 457) auch künftige Versorgungsansprüche wie Arbeitseinkommen gepfändet werden. Die Pfändung setzt nur das Bestehen eines Versorgungsleistungsverhältnisses voraus. Der Umstand, dass der Schuldner die Leistungen erst in mehreren bzw. vielen Jahren in Anspruch nehmen kann, steht einer Pfändung nicht entgegen, wie der BGH (NJW 2003, 1457) für die Pfändung der künftigen Rentenansprüche bei einem 47-jährigen Schuldner entschieden hat. Offen gelassen hat der Bundesgerichtshof in dieser Entscheidung die Frage, ob bei einem sehr jungen Schuldner für die Pfändung künftiger Ansprüche das Rechtsschutzbedürfnis fehlen kann.

4. Drittschuldner ist die jeweils zahlende Stelle.

5. Kosten und Gebühren/Rechtsmittel. → Form. H. I. 2 Anm. 61 ff.

Elterngeld/Betreuungsgeld

19. Pfändung von Elterngeld/Betreuungsgeld

Am 1.1.2007 trat das **Bundeselterngeldgesetz und Elternzeitgesetz** (BEEG) in Kraft (BGBl. 2006 I 2748). Es löste für die nach dem 31.12.2006 geborenen Kinder das Bundeserziehungsgesetz (BErzG) ab. In den Genuss von Elterngeld kommt für die Dauer von maximal 14 Monaten (§ 4 BEEG), wer ein ab dem 1.1.2007 geborenes Kind nach seiner Geburt selbst betreut und erzieht und in dieser Zeit keine volle Erwerbstätigkeit ausübt (§ 1 BEEG). Eine Teilzeitarbeit ist bis zu 30 Stunden in der Woche möglich (§ 1 Abs. 6 BEEG). Die Höhe des Elterngeldes ist progressiv nach der Höhe des Einkommens der Kindeseltern gestaffelt. Dies führt dazu, dass Familien mit hohen Einkommen ein höheres Elterngeld beziehen als Familien mit geringen Einkommen oder Erwerbslose. Das Elterngeld beträgt mindestens 67 % des Nettoeinkommens vor der Geburt; es werden mindestens 300,– EUR (§ 2 Abs. 4 BEEG) und höchstens 1.800,– EUR (§ 2 Abs. 1, Abs. 3 BEEG) gezahlt. Die Eltern können die Bezugsdauer des Elterngeldes frei untereinander aufteilen (§ 5 BEEG). Erforderlich ist ein Antrag bei den zuständigen Stellen (§ 7 BEEG). Dies sind die bisher nach dem Landesrecht für die Zahlung des Erziehungsgeldes bestimmten Stellen. Siehe dazu auch (Auswahl): *Ballof* EStB 2007, 115; *Brosius-Gersdorf* NJW 2007, 177; *Düwell* juris-ArbR 2/2007 Anm. 6; *Scholz* FamRZ 2007, 7.

Das Elterngeld ist grundsätzlich **wie Arbeitseinkommen pfändbar** (→ Form. I. I. 1). Es gelten damit auch die Pfändungsgrenzen nach § 850c ZPO. Pfändungsschutz besteht hinsichtlich eines Sockelbetrages von 300,– EUR. Im Falle einer zusätzliche Teilzeitbeschäftigung (§ 1 Abs. 6 BEEG) kann eine Zusammenrechnung der beiden Leistungen nach § 850e Nr. 2a ZPO erfolgen.

Die Pfändung folgt nach → Form. H. I. 2 bzw. bei Unterhaltsforderungen nach → Form. H. I. 6.

Drittschuldnerin ist die jeweils das Elterngeld zahlende Stelle.

Das seit dem 1.8.2010 eingeführte **Betreuungsgeld** war eine Sozialleistung, die ausschließlich für berufstätige Familien gewährt wurde, die ihre Kinder im zweiten und dritten Lebensjahr ohne Inanspruchnahme öffentlicher Angebote wie etwa Kindertagesstätten betreuten. Mit **Urteil vom 21.7.2015** (1 BvF 2/13, NJW 2015, 2399) stellte das Bundsverfassungsgericht fest, dass das Betreuungsgeld in der bisherigen Form mangels entsprechender Gesetzgebungskompetenz des Bundes gegen das Grundgesetz verstoße. Zwar seien Regelungen zum Betreuungsgeld dem Gebiet der öffentlichen Fürsorge im Sinne des Art. 74 Abs. 1 Nr. 7 GG zuzuordnen, jedoch seien die Voraussetzungen des Art. 72 Abs. 2 GG nicht erfüllt. Nach dieser Bestimmung ist eine Gesetzgebungskompetenz des Bundes nur dann gegeben, soweit die Herstellung gleichwertiger Lebensverhältnisse im Bundesgebiet oder die Wahrung der Rechts- oder Wirtschaftseinheit im gesamtstaatlichen Interesse eine bundesgesetzliche Regelung erforderlich macht. Diesen Anforderungen würden die Bestimmungen über ein bundeseinheitliches Betreuungsgeld nicht genügen. Es bleibt abzuwarten, ob die Länder entsprechende Regelungen erlassen.

Gefangene/Strafverfolgungsmaßnahmen

20. Pfändung der Ansprüche eines Gefangenen

[Das amtliche Formular „Pfändungs- und Überweisungsbeschluss[1]" ist entsprechend den dortigen Anmerkungen auszufüllen. Auf Seite 4 (bzw. Seite 5) des amtlichen Formulars ist das Feld „A (an Arbeitgeber)" anzukreuzen. Für die Pfändung sind auf Seite 4 (bzw. Seite 5) des amtlichen Formulars in dem Feld „Anspruch A (an Arbeitgeber)" die Nr. 1 und Nr. 2 zu streichen und unter Nr. 3 in dem dortigen Leerfeld aufzunehmen:]

[Pfändung von Arbeitsentgelt des Gefangenen:][2, 3]

auf Zahlung des gesamten Arbeitseinkommens, sowie künftig fällig werdender Ansprüche bis zur vollständigen Befriedigung der Ansprüche des Gläubigers gepfändet.[11]

[Auf Seite 7 (bzw. Seite 8) des amtlichen Formulars können in dem Feld „Es wird angeordnet, dass zur Berechnung des nach § 850c ZPO pfändbaren Teils des Gesamteinkommens zusammenzurechnen sind" die entsprechenden Möglichkeiten der Zusammenrechnung verschiedener Arbeitseinkommen angekreuzt und ausgefüllt werden.[4]]

[Ebenfalls auf Seite 7 (bzw. Seite 8) des amtlichen Formulars können in dem Feld „Es wird angeordnet, dass zur Berechnung des nach § 850c ZPO pfändbaren Teils des Gesamteinkommens zusammenzurechnen sind" die entsprechenden Möglichkeiten der

Zusammenrechnung des Arbeitseinkommens mit laufenden Geldleistungen nach dem SGB angekreuzt und ausgefüllt werden.[4]]

[Bei einem Antrag nach § 850c Abs. 4 ZPO sind auf Seite 7 (bzw. Seite 8) des amtlichen Formulars das dortige Feld „Gemäß § 850c Abs. 4 ZPO wird angeordnet, dass" anzukreuzen und die dort vorgegebenen Varianten auszuwählen.[5] In dem amtlichen Formular „Antrag auf Erlass eines Pfändungs- und Überweisungsbeschlusses wegen Unterhaltsforderungen ist ein entsprechendes Feld nicht vorhanden.]

[Ergänzend kann auf Seite 8 (bzw. Seite 9) des amtlichen Formulars das Feld „Es wird angeordnet, dass" das 1. Kästchen

„dass der Schuldner die Lohn- und Gehaltsabrechnung oder die Verdienstbescheinigung einschließlich der entsprechenden Bescheinigungen der letzten drei Monate vor Zustellung des Pfändungs- und Überweisungsbeschlusses an den Gläubiger herauszugeben hat."

angekreuzt werden.[6]]

[Ergänzend können auf Seite 8 (bzw. Seite 9) des amtlichen Formulars in dem Feld „Es wird angeordnet, dass" das freie Kästchen angekreuzt und dort eingetragen werden:]

der Schuldner an den Gläubiger die Lohnsteuerkarte für das Jahr . . . . . bzw. die elektronische Lohnsteuerbescheinigung für das Jahr . . . . . im Original sowie folgende Unterlagen . . . . . [nähere Bezeichnung weiterer steuerrechtlich relevanter Unterlagen] herauszugeben hat.[7]

(Variante bei Pfändung von Eigengeld und Überbrückungsgeld:[8, 10]

auf Auszahlung des gegenwärtigen und des künftig gutzuschreibenden Eigengeldes sowie auf Leistung des ihm bei der Entlassung auszuzahlenden Überbrückungsgeldes gepfändet.[11]

Von der Pfändung ausgenommen ist ein Betrag von . . . . . EUR, der dem Schuldner für seinen notwendigen Unterhalt sowie für die Erfüllung seiner gesetzlichen Unterhaltspflichten gegenüber . . . . . [nähere Bezeichnung der Unterhaltsberechtigten] für die Zeit bis zum Ablauf von 4 Wochen seit der Entlassung belassen wird.)

(Variante Pfändung von Eigengeld:[9, 10]

auf Auszahlung des ihm als Eigengeld bereits gutgeschriebenen und künftig noch gutzuschreibenden Geldes gepfändet.[11]

Von der Pfändung ausgenommen ist der nach § 51 Abs. 4 StVollzG unpfändbare Teil in Höhe des Unterschiedsbetrages zwischen dem nach § 51 Abs. 1 StVollzG zu bildenden und dem tatsächlich vorhandenen Überbrückungsgeld.)

Anmerkungen

1. → Form. H. I. 2 (bzw. → Form. H. I. 6 bei Unterhaltsforderungen). Hinsichtlich der weiteren Einzelheiten zum Pfändungs- und Überweisungsbeschluss wird auf die dortigen Anmerkungen Bezug genommen.

2. Dem Gefangenen kann eine **Reihe von Einkünften, Ansprüche, Beihilfen bzw. Leistungen** zustehen. Dazu gehört zB der Entgeltanspruch aus einem freien Beschäftigungsverhältnis (§ 39 StVollzG), der Entgeltanspruch aus einem Arbeitsverhältnis in der JVA (§ 43 StVollzG), der Anspruch auf Ausbildungsbeihilfe (§ 44 StVollzG), der Anspruch auf Taschengeld (§ 46 StVollzG), der Anspruch auf Hausgeld (47 StVollzG), der Anspruch auf Überbrückungsgeld (§ 51 StVollzG), der Anspruch auf Auszahlung des Eigengeldes (§ 52 StVollzG), der Anspruch aus Entlassungsbeihilfe (§ 75 StVollzG). Der in § 45 StVollzG geregelte Anspruch auf **Ausfallbeschädigung** besteht (noch) nicht, da diese Vorschrift bisher nicht durch besonderes Bundesgesetz in Kraft gesetzt worden ist (s. § 198 Abs. 3 StVollzG). Gleiches gilt für den in § 49 StVollzG vorgesehenen Anspruch des Gefangenen auf **Zahlung eines Unterhaltsbeitrages.**

Das StVollzG ist nur aufgrund Art. 125a Abs. 1 GG Bundesrecht. Die Länder können ergänzende oder abweichende Regelungen schaffen. Hiervon haben die Länder teilweise Gebrauch gemacht, zB durch das bayerische Gesetz über den Vollzug der Freiheitsstrafe und der Jugendstrafe (BayStVollzG) v. 10.12.2007 (GVBl. 2007, 866), das bremische Strafvollzugsgesetz v. 25.11.2014 (Brem.GBl. 2014, 639), das hamburgische Gesetz über den Vollzug der Freiheitsstrafe (HmbStVollzG) v. 14.7.2009 (HmbGvBl. 2009, 257), das hessisches Strafvollzugsgesetz (HStVollzG) v. 28.6.2010 (GVBl. I 2010, 185), das Gesetz über den Vollzug der Freiheitsstrafe in Mecklenburg-Vorpommern (StVollzG M-V) v. 7.5.2013 (GVBl. M-V 2013, 322), das Gesetz zur Regelung des Vollzuges der Freiheitsstrafe in Nordrhein-Westfalen (StVollzG NRW) v. 12.1.2015 (GV.NRW 2015, 76), das Gesetz über den Vollzug der Freiheitsstrafe im Saarland (SLStVollzG) v. 24.4.2013 (Amtsblatt I 2013, 116), das Gesetz über den Vollzug der Freiheitsstrafe und des Strafarrests im Freistaat Sachsen (SächsStVollzG) v. 16.5.2013 (SächsGVBl. 2013, 250).

Die Ansprüche des Gefangenen unterliegen teilweise ganz bzw. eingeschränkt dem Pfändungszugriff (→ Anm. 3 ff.). Die **Ausbildungsbeihilfen (§ 44 StVollzG),** die der Gefangene statt eines Arbeitsentgelts erhält, wenn er von seiner Arbeitspflicht freigestellt ist, ist nach ganz überwiegender Auffassung nicht pfändbar. Das **Taschengeld** (§ 46 StVollzG) erhält der bedürftige Gefangene, der weder Arbeitseinkommen, noch Ausbildungsbeihilfe oder Ausfallentschädigung erhalten kann. Dieses ist nicht pfändbar (*Stöber* Rn. 140). Der Gefangene darf nach § 47 StVollzG) von seinen Bezügen monatlich einen angemessenen Betrag als **Hausgeld** sowie das Taschengeld für den Einkauf oder anderweitig verwenden. Dieses Hausgeld ist nach hM (zB OLG Stuttgart NJW 1986, 1056; OLG Hamm OLGR 2001, 235) ebenfalls unpfändbar. AA ist *Stöber* Rn. 140, der von einer Unpfändbarkeit eines geringen monatlichen Grundbetrages und der Pfändbarkeit des darüber hinausgehenden Betrages ausgeht. Weiterhin kann auch der Anspruch auf **Entlassungsbeihilfe** (§ 75 StVollzG) nicht gepfändet werden (§ 75 Abs. 3 StVollzG). Unpfändbar ist der **Entschädigungsanspruch** des Strafgefangenen wegen menschenunwürdiger Haftbedingungen (BGH NJW-RR 2011, 959).

Weitere Ausführungen finden sich bei (Auswahl): *Ahrens* NJW-Spezial 2011, 725; *Behr* JurBüro 1996, 514; *Fluhr* NStZ 1994, 115; *Harig* VIA 2014, 1; *Jung* ZVI 2004, 77; *Kenter* Rpfleger 1991, 488; *Stange/Rillinger* Rpfleger 2002, 610.

3. Das **Arbeitsentgelt des Gefangenen** aus einem freien Beschäftigungsverhältnis außerhalb der JVA (§ 39 StVollzG) kann nach Auffassung von *Jung* (ZVI 2004, 77 (78)) nach §§ 850 ff. ZPO gepfändet werden. Die Möglichkeit einer Pfändung als Arbeitseinkommen vertritt das OLG Frankfurt (Rpfleger 1984, 425) auch für das **Arbeitsentgelt des Gefangenen nach § 43 StVollzG.** AA ist *Stöber* Rn. 137, der eine Zweckbindung, nämlich die Bildung eines Überbrückungsgeldes bzw. die Zuführung zum Eigengeldkonto, annimmt und von einer Unpfändbarkeit ausgeht. Wegen der Beschränkung der Pfändung unter Bezug auf die Tabelle zu § 850c Abs. 3 ZPO dürfte indes die Pfändung des Arbeitsentgelts des Strafgefangenen in der Praxis kaum Aussicht auf Erfolg bieten. Von dem Arbeitsentgelt steht für Unterhaltszwecke regelmäßig nur das Eigengeld zur Verfügung (BGH Beschl. v. 1.7.2015 – XII ZB 240/14, NJW 2015, 2493). Für die Bemessung des gegenüber minderjährigen und privilegiert volljährigen Kindern zu belassenden Selbstbehalts kann auf den ihm zustehenden Taschengeldsatz zurückgegriffen werden (BGH Beschl. v. 1.7.2015 – XII ZB 240/14, NJW 2015, 2493). Der Anspruch auf **Ausgleichsentschädigung des Gefangenen** (§ 43 Abs. 11 StVollzG), die dieser dafür erhält, dass eine Anrechnung der Freistellung auf den Entlassungszeitpunkt nicht möglich ist, entsteht mit der Entlassung und ist vorher weder abtretbar noch pfändbar.

4. Zum Zusammenrechnen **mehrerer Arbeitseinkommen** → Form. I. I. 7 und zum Zusammenrechnen von **Arbeitseinkommen und Sozialleistungen** → Form. I. I. 8.

5. Zu dem Antrag nach § 850c Abs. 4 ZPO → Form. H. I. 2 Anm. 45.

6. → Form. I. I. 1 Anm. 12.

7. → Form. I. I. 1 Anm. 13.

8. Das **Überbrückungsgeld** (§ 51 StVollzG) sichert den Unterhalt des Gefangenen für die Dauer von vier Wochen nach der Haftentlassung. Der Anspruch auf **Auszahlung des Überbrückungsgeldes** ist grundsätzlich nach § 51 Abs. 4 S. 1 StVollzG unpfändbar. Bei einer Pfändung für einen Unterhaltsberechtigten iSd § 850d Abs. 1 ZPO gilt die Pfändungsbeschränkung des § 51 Abs. 4 StVollzG nicht. Dem entlassenen Gefangenen ist so viel zu belassen, als er für seinen notwendigen Unterhalt und zur Erfüllung seiner sonstigen gesetzlichen Unterhaltspflichten für die Zeit von der Pfändung bis zum Ablauf von 4 Wochen nach der Entlassung bedarf. Zusätzlich kann gleichzeitig das Eigengeld gepfändet werden.

9. Das **Eigengeld** wird gemäß § 52 StVollzG aus den Bezügen des Gefangenen gebildet, die nicht als Hausgeld, Haftkostenbeitrag, Unterhaltsbeitrag oder Überbrückungsgeld in Anspruch genommen werden. Die Bezüge des Gefangenen setzen sich insbesondere zusammen aus dem Arbeitsentgelt als Freigänger nach § 39 StVollzG, dem Arbeitsentgelt für die Arbeitstätigkeit innerhalb der JVA (§ 43 StVollzG), der Ausbildungsbildungshilfe (§ 45 StVollzG) sowie den Beträgen, die der Gefangene während der Dauer der Haft von Dritten erhält und die er bereits bei Beginn der Haft mitgebracht hat (§ 83 Abs. 2 StVollzG). Die Beträge werden dem Eigengeldkonto des Gefangenen gutgeschrieben. Auf dieses Konto finden die Kontopfändungsschutzvorschriften gem. § 850k ZPO keine Anwendung, da es sich nicht um ein Pfändungsschutzkontoguthaben im Sinne dieser Vorschrift handelt; ebenfalls findet § 850c ZPO keine Anwendung (BGH NJW 2013, 3312; BGH Beschl. v. 1.7.2015 – XII ZB 240/14, NJW 2015, 2493). Der Anspruch des Gefangenen auf **Auszahlung des Eigengeldes** unterliegt grundsätzlich uneingeschränkt der Forderungspfändung, sofern das Überbrückungsgeld in angemessener Höhe angespart ist (vgl. § 51 Abs. 4 S. 2 StVollzG; BGH NZI 2013, 940). Auf das Eigengeld finden die Pfändungsschutzvorschriften der §§ 850 ff. ZPO selbst dann keine Anwendung, wenn dieses aus Arbeitsentgelt gebildet ist (BGHZ 160, 112 = NJW 2004, 3714 (3715)). Soweit ein Dritter einen Betrag mit einer bestimmten Zweckbindung (zB Durchführung einer Zahnbehandlung) einzahlt, ist der Geldbetrag unpfändbar (*Stöber* Rn. 136).

10. **Drittschuldner** ist die **Behörde**, die nach den landesrechtlichen Vorschriften die Auszahlung des Betrages anzuordnen hat. Dies sind in Baden-Württemberg, Brandenburg, Hessen, Mecklenburg-Vorpommern, Niedersachsen, Nordrhein-Westfalen, Rheinland-Pfalz, Sachsen, Sachsen-Anhalt, Schleswig-Holstein und Thüringen der Leiter der JVA, der die Auszahlung des Eigengeldes anzuordnen hat; im Saarland der Leiter der JVA, in der sich der Gefangene befindet; in Bayern der Leiter der Landesjustizkasse; in Berlin der Generalstaatsanwalt; in Bremen der Senat der Freien Hansestadt Bremen, vertreten durch den Justizsenator; in Hamburg die Justizbehörde.

11. **Kosten und Gebühren/Rechtsmittel.** → Form. H. I. 2 Anm. 61 ff.

21. Pfändung des Anspruchs auf Strafverfolgungsentschädigung

[Das amtliche Formular „Pfändungs- und Überweisungsbeschluss[1]" ist entsprechend den dortigen Anmerkungen auszufüllen. Auf Seite 4 (bzw. Seite 5) des amtlichen Formulars sind das Feld „G" anzukreuzen und auf Seite 6 (bzw. Seite 7) des amtlichen Formulars unter „Anspruch G" aufzunehmen:]

Es wird der angebliche Anspruch des Schuldners[2, 3] gegen den/die Drittschuldner/in[4] auf Zahlung einer Entschädigung für . . . . . [genaue Bezeichnung der Strafverfolgungsmaßnahme, zB Vollzug von Untersuchungshaft, Verurteilung im Strafverfahren, Anordnung einer Maßregel der Sicherung und Besserung etc.], die aufgrund der Entscheidung des . . . . . [genaue Bezeichnung]/Bescheid des . . . . . [genaue Bezeichnung] aus der Staatskasse zu leisten ist, gepfändet.[5, 6]

Anmerkungen

1. → Form. H. I. 2 (bzw. → Form. H. I. 6 bei Unterhaltsforderungen). Hinsichtlich der weiteren Einzelheiten zum Pfändungs- und Überweisungsbeschluss wird auf die dortigen Anmerkungen Bezug genommen.

2. Der **Entschädigungsanspruch** nach dem Gesetz über die Entschädigung für Strafverfolgungsmaßnahmen (StrEG) v. 8.3.1971 (BGBl. I 157) ist seiner Rechtsnatur nach ein Aufopferungsanspruch (BGHZ 72, 302 = NJW 1979, 425). Entschädigungsberechtigt ist der in einem Strafverfahren Beschuldigte, Angeschuldigte, Angeklagte oder Verurteilte sowie der jeweilige Unterhaltsberechtigte (§ 11 StrEG). Entsprechend anwendbar ist das StrEG auf Verfolgungsmaßnahmen nach dem OWiG. Eine Entschädigung wird für die Folgen einer strafgerichtlichen Verurteilung, einer Maßregel der Besserung und Sicherung oder einer Nebenfolge sowie für andere Strafverfolgungsmaßnahmen gewährt (siehe dazu §§ 1 f. StrEG). Gegenstand der Entschädigung ist der Vermögensschaden und die immaterielle Schaden (§ 7 StrEG). Die Entscheidung über den Anspruch trifft das Strafgericht (§ 8 StrEG), das Amtsgericht am Sitz der Staatsanwaltschaft (§ 9 StrEG) oder die Verwaltungsbehörde (§ 110 OWiG).

3. Der **Anspruch auf Leistung einer Entschädigung** ist bis zur rechtskräftigen Entscheidung über den Antrag nicht übertragbar (§ 13 Abs. 2 StrEG) und damit **nicht pfändbar** (§ 851 Abs. 1 ZPO). Die Pfändung eines künftigen Entschädigungsanspruchs oder eines Anspruchs auf Vorschuss ist nicht möglich (OLG Hamm NJW 1975, 2075). Die Pfändung eines noch nicht rechtskräftig festgestellten Anspruchs auf Haftentschädigung ist indes nicht unwirksam, sondern nur anfechtbar (OLG Koblenz NJW-RR 1999, 508).

4. Ersatzpflichtig und damit **Drittschuldner** ist **das Land**, bei dessen Gericht das Strafverfahren im ersten Rechtszug anhängig war oder, wenn das Verfahren bei Gericht noch nicht anhängig war, dessen Gericht nach § 9 Abs. 2 StrEG über die Entschädigungspflicht zu entscheiden hat (§ 15 Abs. 1 StrEG). Das Land wird jeweils durch die Leitung der Behörde vertreten, die die Auszahlung der geschuldeten Leistung anzuordnen hat.

5. Der Anspruch auf eine **besondere Zuwendung für Haftopfer** nach § 17a Abs. 1 des Gesetzes über die Rehabilitierung und Entschädigung von Opfern rechtsstaatswidriger Strafverfolgungsmaßnahmen im Beitrittsgebiet (StrRehaG) v. 17.12.1999 (BGBl. I

2664) ist nach § 17a Abs. 5 StrRehaG unpfändbar. Dagegen kann die auf der Grundlage des § 17 StrRehaG gewährte **Kapitalentschädigung** gepfändet werden (BGH NZI 2011, 979; ZInsO 2012, 147). Keiner Pfändung unterliegen nach **§ 25b Häftlingshilfegesetz** (BGBl. 1993 I 838) die Leistungen, die Personen gewährt werden, die aus politischen Gründen außerhalb der Bundesrepublik Deutschland in Gewahrsam genommen wurden. Unpfändbar sind ebenfalls die **Geldentschädigungsansprüche** des Strafgefangenen wegen immaterieller Schäden infolge menschenunwürdiger Haftbedingungen (BGHZ 182, 301 (304) = NJW-RR 2010, 167; NJW-RR 2011, 959). Dieses Pfändungsverbot erstreckt sich auch auf die aus der Rechtsverfolgung der Entschädigungsansprüche erwachsenen Ansprüche, insbesondere die Rechtsanwalts- und Gerichtskosten (BGH NJW-RR 2011, 959).

6. Kosten und Gebühren/Rechtsmittel. → Form. H. I. 2 Anm. 61 ff.

Heimarbeit

22. Pfändung des regelmäßigen Entgelts für Heimarbeit

[Das amtliche Formular „Pfändungs- und Überweisungsbeschluss[1]“ ist entsprechend den dortigen Anmerkungen auszufüllen. Auf Seite 4 (bzw. Seite 5) des amtlichen Formulars ist das Feld „A (an Arbeitgeber)“ anzukreuzen. Für die Pfändung des verschobenen Arbeitseinkommens sind auf Seite 4 (bzw. Seite 5) des amtlichen Formulars die Nr. 1 und Nr. 2 zu streichen und in dem Feld „Anspruch A (an Arbeitgeber)“ unter Nr. 3 in dem dortigen Leerfeld aufzunehmen:]

auf Zahlung der gesamten Heimarbeitervergütung,[2, 3] einschließlich des Geldwertes von Sachbezügen, sowie künftig fällig werdender Heimarbeitervergütung bis zur vollständigen Befriedigung der Ansprüche des Gläubigers gepfändet.[8]

[Auf Seite 7 (bzw. Seite 8) des amtlichen Formulars können in dem Feld „Es wird angeordnet, dass zur Berechnung des nach § 850c ZPO pfändbaren Teils des Gesamteinkommens zusammenzurechnen sind“ die entsprechenden Möglichkeiten der Zusammenrechnung verschiedener Arbeitseinkommen angekreuzt und ausgefüllt werden.[4]]

[Ebenfalls auf Seite 7 (bzw. Seite 8) des amtlichen Formulars können in dem Feld „Es wird angeordnet, dass zur Berechnung des nach § 850c ZPO pfändbaren Teils des Gesamteinkommens zusammenzurechnen sind“ die entsprechenden Möglichkeiten der Zusammenrechnung des Arbeitseinkommens mit laufenden Geldleistungen nach dem SGB angekreuzt und ausgefüllt werden.[4]]

[Bei einem Antrag nach § 850c Abs. 4 ZPO sind auf Seite 7 (bzw. Seite 8) des amtlichen Formulars das dortige Feld „Gemäß § 850c Abs. 4 ZPO wird angeordnet, dass“ anzukreuzen und die dort vorgegebenen Varianten auszuwählen.[5] In dem amtlichen Formular „Antrag auf Erlass eines Pfändungs- und Überweisungsbeschlusses wegen Unterhaltsforderungen ist ein entsprechendes Feld nicht vorhanden.]

[Ergänzend kann auf Seite 8 (bzw. Seite 9) des amtlichen Formulars das Feld „Es wird angeordnet, dass“ das 1. Kästchen

„dass der Schuldner die Lohn- und Gehaltsabrechnung oder die Verdienstbescheinigung einschließlich der entsprechenden Bescheinigungen der letzten drei Monate vor Zustellung des Pfändungs- und Überweisungsbeschlusses an den Gläubiger herauszugeben hat.“

angekreuzt werden:[6]*]*

[Ergänzend kann auf Seite 8 (bzw. Seite 9) des amtlichen Formulars in dem Feld „Es wird angeordnet, dass“ das freie Kästchen angekreuzt und dort eingetragen werden:]

der Schuldner an den Gläubiger die Lohnsteuerkarte für das Jahr ..... bzw. die elektronische Lohnsteuerbescheinigung für das Jahr ..... im Original sowie folgende Unterlagen ..... [nähere Bezeichnung weiterer steuerrechtlich relevanter Unterlagen] herauszugeben hat.[7]

Anmerkungen

1. → Form. H. I. 2 (bzw. → Form. H. I. 6 bei Unterhaltsforderungen). Hinsichtlich der weiteren Einzelheiten zum Pfändungs- und Überweisungsbeschluss wird auf die dortigen Anmerkungen Bezug genommen.

2. **Heimarbeiter** ist, wer in selbstgewählter Arbeitsstätte (eigener Wohnung oder selbstgewählter Betriebsstätte) allein oder mit seinen Familienangehörigen im Auftrag von Gewerbetreibenden oder Zwischenmeistern erwerbsmäßig arbeitet, jedoch die Verwertung der Arbeitsergebnisse dem unmittelbar oder mittelbar auftraggebenden Gewerbetreibenden überlässt (§ 2 Abs. 1 S. 1 HeimArbeitsG). Ohne Bedeutung ist, ob die Roh- oder Hilfsstoffe dem Heimarbeiter zur Verfügung gestellt werden, oder ob er diese selbst beschafft (§ 2 Abs. 1 S. 2 HeimArbeitsG). Heimarbeiter sind keine Arbeitnehmer, weil sie nicht persönlich abhängig sind, sondern wegen ihrer wirtschaftlichen Abhängigkeit arbeitnehmerähnliche Personen. Unter das Heimarbeitsgesetz fallen ferner die Hausgewerbetreibenden, die allein, mit Familienangehörigen oder mit nicht mehr als zwei Hilfskräften oder Heimarbeitern im Auftrag von Gewerbetreibenden oder Zwischenmeistern Waren herstellen, bearbeiten oder verpacken (§ 2 Abs. 2 HeimArbeitsG). Weiterhin gehören dazu die Personen, die durch den Heimarbeiterausschuss mit Zustimmung der obersten Arbeitsbehörde des Landes den Heimarbeitern gleichgestellt werden (§ 1 Abs. 2 bis Abs. 4 HeimArbeitsG).

3. Die **Vergütungsansprüche** der in Heimarbeit Beschäftigten sind gemäß § 850i Abs. 2 ZPO iVm § 27 HeimArbeitsG **wie Arbeitseinkommen pfändbar.** Anwendung finden damit bei laufenden Bezügen zB die §§ 850c, 850d, 850f Abs. 2 ZPO. Bei der Zahlung von Stücklohn ist dieser auf die Zeiteinheiten des § 850c Abs. 1 ZPO umzurechnen. Ebenfalls kann eine Zusammenrechnung nach § 850e Nr. 2 ZPO erfolgen, wenn der Heimarbeiter über mehrere Arbeitseinkommen verfügt. Pfändungsschutz kann auch nach §§ 850a Nr. 3, 850f Abs. 1 ZPO für die gezahlte Aufwandsentschädigung für das selbst angeschaffte Arbeitsmaterial gewährt werden. Wird mit dem Entgelt zugleich auch der Lohn für fremde Hilfskräfte gezahlt, so ist dieser von dem zu pfändenden Entgelt abzuziehen.

4. Zum Zusammenrechnen **mehrerer Arbeitseinkommen** → Form. I. I. 7 und zum Zusammenrechnen von **Arbeitseinkommen und Sozialleistungen** → Form. I. I. 8.

5. Zu dem Antrag nach § 850c Abs. 4 ZPO → Form. H. I. 2 Anm. 45.

6. → Form. I. I. 1 Anm. 12.

7. → Form. I. I. 1 Anm. 13.

8. **Kosten und Gebühren/Rechtsmittel.** → Form. H. I. 2 Anm. 61 ff.

23. Pfändung des einmaligen Entgelts für Heimarbeit

[Das amtliche Formular „Pfändungs- und Überweisungsbeschluss[1]" ist entsprechend den dortigen Anmerkungen auszufüllen. Auf Seite 4 (bzw. Seite 5) des amtlichen Formulars sind das Feld „G" anzukreuzen und auf Seite 6 (bzw. Seite 7) des amtlichen Formulars unter „Anspruch G" aufzunehmen:]

Es wird der angebliche Anspruchs des Schuldners gegen den/die Drittschuldner auf Zahlung der gesamten Heimarbeitervergütung,[2, 3] die der Schuldner aufgrund des mit dem Drittschuldner geschlossenen Vertrages vom ..... erhält, gepfändet.[5]

[Ergänzend kann auf Seite 8 (bzw. Seite 9) des amtlichen Formulars das Feld „Es wird angeordnet, dass" das 1. Kästchen

„dass der Schuldner die Lohn- und Gehaltsabrechnung oder die Verdienstbescheinigung einschließlich der entsprechenden Bescheinigungen der letzten drei Monate vor Zustellung des Pfändungs- und Überweisungsbeschlusses an den Gläubiger herauszugeben hat."

angekreuzt werden:[4]]

Anmerkungen

1. → Form. H. I. 2 (bzw. → Form. H. I. 6 bei Unterhaltsforderungen). Hinsichtlich der weiteren Einzelheiten zum Pfändungs- und Überweisungsbeschluss wird auf die dortigen Anmerkungen Bezug genommen.

2. Zu den Vergütungsansprüchen der in Heimarbeit Beschäftigten → Form. I. I. 22 Anm. 2, 3.

3. Eine **einmalige Vergütung** unterliegt der uneingeschränkten Pfändung. Der Schuldner kann indes einen Pfändungsschutzantrag nach § 850i Abs. 2 iVm § 850i Abs. 1 ZPO stellen (→ Form. I. I. 15).

4. → Form. I. I. 1 Anm. 12.

5. **Kosten und Gebühren/Rechtsmittel.** → Form. H. I. 2 Anm. 61 ff.

Insolvenzgeld

24. Pfändung von Insolvenzgeld (§§ 188, 189 SGB III)

[Das amtliche Formular „Pfändungs- und Überweisungsbeschluss[1]" ist entsprechend den dortigen Anmerkungen auszufüllen. Auf Seite 4 (bzw. Seite 5) des amtlichen Formulars ist das Feld „A (an Arbeitgeber)" anzukreuzen. Für die Pfändung des Insolvenzgeldes sind auf Seite 4 (bzw. Seite 5) des amtlichen Formulars die Nr. 1 und Nr. 2 zu streichen und in dem Feld „Anspruch A (an Arbeitgeber)" unter Nr. 3 in dem dortigen Leerfeld aufzunehmen:]

auf fortlaufende Zahlung von Insolvenzgeld[2, 3] gepfändet.[4, 8]

[Auf Seite 7 (bzw. Seite 8) des amtlichen Formulars kann in dem Feld „Es wird angeordnet, dass zur Berechnung des nach § 850c ZPO pfändbaren Teils des Gesamt-

einkommens zusammenzurechnen sind" die entsprechenden Möglichkeiten der Zusammenrechnung verschiedener Arbeitseinkommen angekreuzt und ausgefüllt werden.[5]*]*

[Ebenfalls auf Seite 7 (bzw. Seite 8) des amtlichen Formulars kann in dem Feld „Es wird angeordnet, dass zur Berechnung des nach § 850c ZPO pfändbaren Teils des Gesamteinkommens zusammenzurechnen sind" die entsprechenden Möglichkeiten der Zusammenrechnung des Arbeitseinkommens mit laufenden Geldleistungen nach dem SGB angekreuzt und ausgefüllt werden.[5]*]*

[Bei einem Antrag nach § 850c Abs. 4 ZPO ist auf Seite 7 (bzw. Seite 8) des amtlichen Formulars das dortige Feld „Gemäß § 850c Abs. 4 ZPO wird angeordnet, dass" anzukreuzen und dort vorgegebenen Varianten auszuwählen.[6] *In dem amtlichen Formular „Antrag auf Erlass eines Pfändungs- und Überweisungsbeschlusses wegen Unterhaltsforderungen ist ein entsprechendes Feld nicht vorhanden.]*

[Auf Seite 9 des amtliches Formulars ist in dem ersten Feld (bzw. auf Seite 10 in dem zweiten Feld) zusätzlich das freie Kästchen anzukreuzen und dort einzutragen:]

Der Anspruch auf Zahlung des Insolvenzgeldes ist pfändbar, weil . . . . .[7]

Anmerkungen

1. → Form. H. I. 2 (bzw. → Form. H. I. 6 bei Unterhaltsforderungen). Hinsichtlich der weiteren Einzelheiten zum Pfändungs- und Überweisungsbeschluss wird auf die dortigen Anmerkungen Bezug genommen.

2. Das **Insolvenzgeld** ist eine Ausgleichsleistung der Arbeitsförderung für ausgefallenes Arbeitsentgelt. Arbeitnehmer und ähnliche Personen haben bei Zahlungsunfähigkeit ihres Arbeitgebers für die Dauer von längstens drei Monaten (§ 165 Abs. 1 S. 1 SGB III) vor Eröffnung des Insolvenzverfahrens oder der Abweisung eines solchen Antrags mangels Masse oder bei Beendigung der Betriebstätigkeit ohne Insolvenzantrag, sofern ein Insolvenzverfahren mangels Masse offensichtlich nicht in Betracht kommt, einen Anspruch auf Insolvenzgeld in Höhe des letzten Arbeitsentgelts, vermindert um die gesetzlichen Abzüge (§ 167 SGB III). Das Insolvenzgeld wird auf Antrag von der zuständigen Agentur für Arbeit gewährt. Der Antrag muss vom Schuldner als Arbeitnehmer oder im Falle der Vorfinanzierung durch Dritte Gläubiger binnen einer Ausschlussfrist von 2 Monaten (§ 324 Abs. 3 SGB III) seit dem Insolvenzereignis gestellt werden (Zu den Einzelheiten s. Uhlenbruck/*Ries/Zobel* § 22 Rn. 101 ff.).

3. Drittschuldner ist die zuständige Agentur für Arbeit (§ 334 SGB III).

4. Die **Pfändung von Insolvenzgeld** ist in §§ 170, 171 SGB III geregelt. Die vor dem Antrag auf Insolvenzgeld vorgenommenen Pfändung des Anspruchs auf Arbeitsentgelt erfasst auch den Anspruch auf Insolvenzgeld (§ 170 Abs. 2 SGB III). Nachdem das Insolvenzgeld beantragt worden ist, kann der Anspruch auf Insolvenzgeld wie Arbeitseinkommen (§§ 829 ff., 850 ff. ZPO; s. Anm. zu → Form. I. I. 1) gepfändet werden (§ 171 S. 1 SGB III). Eine Pfändung des Anspruchs auf Insolvenzgeld **vor der Antragstellung** wird erst mit dem Insolvenzantrag wirksam (§ 171 S. 2 SGB III).

5. Zum Zusammenrechnen **mehrerer Arbeitseinkommen** → Form. I. I. 7 und zum Zusammenrechnen von **Arbeitseinkommen und Sozialleistungen** → Form. I. I. 8.

6. Zu dem Antrag nach § 850c Abs. 4 ZPO → Form. H. I. 2 Anm. 45.

7. Die Pfändbarkeit des Insolvenzgeldes muss im Pfändungsantrag schlüssig geltend gemacht werden. Vor Eröffnung des Insolvenzverfahrens bzw. Abweisung des Verfahrens mangels Masse muss aufgezeigt werden, dass der Anspruch mit vollständiger Beendigung der Betriebstätigkeit (§ 165 Abs. 1 Nr. 3 SGB III) und Antragstellung besteht.

8. Kosten und Gebühren/Rechtsmittel. → Form. H. I. 2 Anm. 61 ff.

Kindergeld

25. Pfändung des Kindergeldanspruchs

[Das amtliche Formular „Pfändungs- und Überweisungsbeschluss[1]" ist entsprechend den dortigen Anmerkungen auszufüllen. Auf Seite 4 (bzw. Seite 5) des amtlichen Formulars sind das Feld „G" anzukreuzen und auf Seite 6 (bzw. Seite 7) des amtlichen Formulars unter „Anspruch G" aufzunehmen:]

Es werden die angeblichen Ansprüche des Schuldners[2] gegen den/die Drittschuldner/in[3] auf fortlaufende Zahlung des Kindergeldes, einschließlich der künftig fällig werdenden Zahlungen[4] des Kindergeldes bis zur vollständigen Befriedigung der bestehenden sowie der dann fällig werdenden gesetzlichen Unterhaltsansprüche des Gläubigers, in Höhe des nach § 76 S. 2 Nr. 1 und Nr. 2 EStG[5]/§ 54 Abs. 5 S. 2 Nr. 1 und Nr. 2 SGB I[6] zu bemessenden Betrages gepfändet.[7, 8]

Anmerkungen

1. → Form. H. I. 2 (bzw. → Form. H. I. 6 bei Unterhaltsforderungen). Hinsichtlich der weiteren Einzelheiten zum Pfändungs- und Überweisungsbeschluss wird auf die dortigen Anmerkungen Bezug genommen. Anzukreuzen ist das Feld „G", da das Feld „B (an Agentur für Arbeit bzw. Versicherungsträger)" für die Eintragungen nicht ausreicht.

2. Der Anspruch auf Leistung von **Kindergeld** und anderen **Geldleistungen für Kinder** (zB Kinderzuschlag, Kinderzuschuss bzw. Kinderzulage) kann nach § 76 EStG (betr. Kindergeld nach §§ 31, 62 ff. EStG) bzw. nach § 54 Abs. 5 S. 1 SGB I (betr. Kindergeld nach dem Bundeskindergeldgesetz vom 28.1.2009; BGBl. I, 143) nur noch wegen gesetzlicher Unterhaltsansprüche eines Kindes gepfändet werden, das bei der Festsetzung von Kindergeld berücksichtigt wird. Privilegierte Gläubiger sind danach die Kinder, für die der Schuldner das Kindergeld erhält (sog. **Zahlkinder**) und die Kinder, für die der Schuldner zwar kein Kindergeld erhält, die aber bei der Berechnung des für die übrigen Kinder bezogenen Kindergeldes berücksichtigt werden (sog. **Zählkinder**). Sonstige Unterhaltsgläubiger neben den Kindern des Schuldners (zB dessen Ehegatte) können das Kindergeld nicht pfänden. Das Pfändungsprivileg wirkt auch nicht zugunsten Dritter, die an Stelle des verpflichteten Schuldners an dessen Kinder Unterhalt geleistet haben, auch nicht im Falle der Überleitung der Ansprüche. Siehe dazu auch (Auswahl): *Ehlers*, InVo 2006, 51; *Hornung* KKZ 1996, 193; *Schmitz-Pfeiffer* BB 1986, 458; *Steder* Amtsvormund 1996, 350.

Unpfändbar ist das **Eigenkindergeld,** das der Leistungsberechtigte für sich erhält.

3. Drittschuldner ist die **örtlich zuständige Familienkasse** (§ 70 Abs. 1 S. 1 EStG bzw. § 7 BKGG), die das Kindergeld auszahlt (zB die örtlich zuständigen Agenturen für Arbeit; bei Angehörigen des öffentlichen Dienstes die das Kindergeld auszahlende Körperschaft, Anstalt oder Stiftung des öffentlichen Rechts; siehe dazu Zöller/*Stöber* § 829 Rn. 39; § 850i Rn. 42).

4. Gepfändet werden kann in entsprechender Anwendung des § 832 ZPO auch der **künftige Anspruch.** Ebenfalls besteht die Möglichkeit einer **Vorratspfändung** (→ Form. H. I. 6 Anm. 16).

5. Beim Anspruch auf **Kindergeld als Teil des Familienlastenausgleichs** richten sich die Höhe der **pfändbaren Beträge** nach § 76 S. 2 Nr. 1 und Nr. 2 EStG. Der bisher nach § 76a EStG bestehende Schutz für das Kontoguthaben besteht nicht mehr, nachdem diese Vorschrift mit Wirkung vom 1.1.2012 an aufgehoben worden ist. Ein Schutz wird nunmehr über die Einrichtung eines Pfändungsschutzkontos nach § 850k ZPO gewährt (→ Form. I. II. 9).

6. Beim Anspruch auf **Kindergeld als Sozialleistung** nach §§ 1 ff. BKGG und anderen Geldleistungen für Kinder, die nicht auf §§ 31, 62 ff. EStG beruhen, richten sich die **pfändbaren Beträge** nach § 54 Abs. 5 S. 2 Nr. 1, Nr. 2 SGB I. Der bisher nach § 55 SGB I bestehende Schutz für das Kontoguthaben besteht nicht mehr, nachdem diese Vorschrift mit Wirkung vom 1.1.2012 an aufgehoben worden ist. Ein Schutz wird nunmehr über die Einrichtung eines Pfändungsschutzkontos nach § 850k ZPO gewährt (→ Form. I. II. 9).

7. Da die Höhe des pfändbaren Betrages in § 54 Abs. 5 S. 2 SGB I bzw. § 76 S. 2 EStG beschrieben wird, kann ein **Blankettbeschluss** ergehen. Die Berechnung des auszuzahlenden Betrages obliegt damit dem Drittschuldner. Zur Höhe der Pfändbarkeit bei dem Vorhandensein von Zahl- und/oder Zählkinder siehe Zöller/*Stöber* § 829 Rn. 36 ff.; zur Höhe der Pfändbarkeit beim Kinderzuschlag bzw. der Kinderzulage siehe Zöller/*Stöber* § 829 Rn. 40. Eine **Zusammenrechnung von Ansprüchen** auf Geldleistungen für Kinder erfolgt nur soweit, wie das Kindergeld und diesem gleichgestellte Leistungen gepfändet werden können (§ 850e Nr. 2a S. 4 ZPO).

8. Kosten und Gebühren/Rechtsmittel. → Form. H. I. 2 Anm. 61 ff.

Renten/Versorgungsansprüche

26. Pfändung von Renten- und Versorgungsansprüchen bei bereits laufenden Zahlungen

[Das amtliche Formular „Pfändungs- und Überweisungsbeschluss[1]" ist entsprechend den dortigen Anmerkungen auszufüllen. Auf Seite 4 (bzw. Seite 5) des amtlichen Formulars ist das Feld „A (an Arbeitgeber)" anzukreuzen. Für die Pfändung der Renten- und Versorgungsansprüche sind auf Seite 4 (bzw. Seite 5) des amtlichen Formulars die Nr. 1 und Nr. 2 zu streichen und in dem Feld „Anspruch A (an Arbeitgeber)" unter Nr. 3 in dem dortigen Leerfeld aufzunehmen:]

auf Zahlung der fälligen[2, 3, 4] sowie der künftig fällig werdenden[5]. . . . . (nähere Bezeichnung der Leistung, zB Altersrente, Leistungen der betrieblichen Altersversorgung, fortlaufende Versorgungsbezüge, Leistungen des berufsständigen Versorgungswerkes etc) bis zur vollständigen Befriedigung der Ansprüche des Gläubigers gepfändet.[10]

[Auf Seite 7 (bzw. Seite 8) des amtlichen Formulars kann in dem Feld „Es wird angeordnet, dass zur Berechnung des nach § 850c ZPO pfändbaren Teils des Gesamteinkommens zusammenzurechnen sind" die entsprechenden Möglichkeiten der Zusammenrechnung verschiedener Arbeitseinkommen angekreuzt und ausgefüllt werden.[6]]

[Ebenfalls auf Seite 7 (bzw. Seite 8) des amtlichen Formulars kann in dem Feld „Es wird angeordnet, dass zur Berechnung des nach § 850c ZPO pfändbaren Teils des Gesamteinkommens zusammenzurechnen sind" die entsprechenden Möglichkeiten der Zusam-

menrechnung des Arbeitseinkommens mit laufenden Geldleistungen nach dem SGB angekreuzt und ausgefüllt werden.[6]]

[Bei einem Antrag nach § 850c Abs. 4 ZPO ist auf Seite 7 (bzw. Seite 8) des amtlichen Formulars das dortige Feld „Gemäß § 850c Abs. 4 ZPO wird angeordnet, dass" anzukreuzen und dort vorgegebenen Varianten auszuwählen.[7] In dem amtlichen Formular „Antrag auf Erlass eines Pfändungs- und Überweisungsbeschlusses wegen Unterhaltsforderungen ist ein entsprechendes Feld nicht vorhanden.]

[Ergänzend kann auf Seite 8 (bzw. Seite 9) des amtlichen Formulars das Feld „Es wird angeordnet, dass" das 1. Kästchen

„dass der Schuldner die Lohn- und Gehaltsabrechnung oder die Verdienstbescheinigung einschließlich der entsprechenden Bescheinigungen der letzten drei Monate vor Zustellung des Pfändungs- und Überweisungsbeschlusses an den Gläubiger herauszugeben hat."

angekreuzt werden:[8]]

[Ergänzend kann auf Seite 8 (bzw. Seite 9) des amtlichen Formulars in dem Feld „Es wird angeordnet, dass" das freie Kästchen angekreuzt und dort eingetragen werden:]

der Schuldner an den Gläubiger die Lohnsteuerkarte für das Jahr . . . . . bzw. die elektronische Lohnsteuerbescheinigung für das Jahr . . . . . im Original sowie folgende Unterlagen . . . . . [nähere Bezeichnung weiterer steuerrechtlich relevanter Unterlagen] herauszugeben hat.[9]

Anmerkungen

1. → Form. H. I. 2 (bzw. → Form. H. I. 6 bei Unterhaltsforderungen). Hinsichtlich der weiteren Einzelheiten zum Pfändungs- und Überweisungsbeschluss wird auf die dortigen Anmerkungen Bezug genommen.

2. Die Ansprüche des Schuldners auf **laufende Rentenzahlungen als Teil der Sozialleistung** nach dem Sozialgesetzbuch (zB Altersrenten und Witwenrenten nach §§ 23 SGB I, 35 ff. SGB VI, Unfallrenten sowie Unfallhinterbliebenenrenten nach §§ 22 SGB I, 56 ff. SGB VII, Ausgleichsrenten nach §§ 30 ff. BVG) werden entsprechend der Grundsätze der Pfändung laufender Sozialleistung (§ 54 Abs. 1 SGB I) gepfändet, → Form. I. I. 32 und → Form. I. I. 33. Weitere Einzelheiten siehe auf bei (Auswahl): *Ahrens* NJW-Spezial 2010, 597; *David* MDR 2003, 14; *Diepenbrock* NZS 2004, 585; *Schmidt* JurBüro 2011, 284; *Schmidt/Lamatsch-Grund* JurBüro 1996, 404.

Leistungen der **betrieblichen Altersversorgung,** die ein Arbeitnehmer von seinem früheren Arbeitgeber oder aus einer Pensionskasse erhält, unterliegen als Arbeitseinkommen nach Maßgabe der §§ 850a ff. ZPO der Pfändung. Anspruch aus Auszahlung der Versicherungssumme aus einer Firmendirektversicherung ist bereits vor Eintritt des Versicherungsfalls als zukünftige Forderung pfändbar (BGH NJW-RR 2011, 283). Soweit der Arbeitgeber aufgrund eines Tarifvertrages oder einer entsprechende Vereinbarung seinem Arbeitnehmer **Vorruhestandsgelder** zahlt, sind diese Ansprüche des Schuldners wie Arbeitseinkommen pfändbar (§ 7 Abs. 3 VRG).

Der Pfändung unterliegen ebenfalls **Versorgungsrenten,** die einem ehemals abhängig Beschäftigten auf Grund eines **Versicherungsvertrages** gewährt werden. Diese sind dem Arbeitseinkommen gleichgestellt (§ 850 Abs. 3 lit. b ZPO). Soweit der Schuldner als Arbeitnehmer des öffentlichen Dienstes eine **zusätzliche Alters- und Hinterbliebenenversorgung** von der Versorgungsanstalt des Bundes und der Länder mit Sitz in Karlsruhe erhält, ist diese Leistung nach § 850 Abs. 3 lit. b ZPO wie Arbeitseinkommen nach Maßgabe der §§ 850a ff. ZPO pfändbar. Dagegen sind **Versorgungsrenten von Versicherungsnehmern**, die einen selbstständigen Beruf ausgeübt haben, nicht als Arbeitseinkommen im Sinne des § 850 Abs. 3 lit. b ZPO zu verstehen (BGH NZI 2008, 93 mwN; *Stöber* Rn. 892). Sie genießen damit nicht den Pfändungsschutz für Arbeitseinkommen.

Die **Versorgungsbezüge der Beamten, Richter und Berufssoldaten**, die nach den Beamten-, Besoldungs- und Versorgungsgesetzen des Bundes und der Länder geleistet werden, können wie Arbeitseinkommen gepfändet werden. Zu den Einzelheiten → Form. I. I. 17 und → Form. I. I. 18.

Die Forderung eines freiberuflichen Schuldners (zB Rechtsanwalt, Architekt, Bauingenieure, Ärzte, Zahnärzte, Tierärzte, Apotheker, Bezirksschornsteinfeger) gegen ein **berufsständiges Versorgungswerk** auf Zahlung von Versorgungsleistungen sind wie Arbeitseinkommen in den Grenzen des § 850c ZPO pfändbar. Insoweit ist § 54 SGB I entsprechend anwendbar (BGHZ 92, 339 = NJW 1985, 976), wobei die Satzungen der Versorgungswerke bzw. gesetzliche Regelungen üblicherweise eine Regelung in Anlehnung des § 54 SGB I enthalten; zB regelt § 10 des Gesetzes über die Rechtsanwaltsversorgung in NRW (RAVG) die Pfändung in Anlehnung an die Regelung in § 54 SGB I. Eine Pfändung ist auch dann möglich, wenn die Ansprüche aufgrund einer ausdrücklichen gesetzlichen oder satzungsmäßigen Bestimmung nicht abtretbar sind (BGH NJW 2004, 3770 für die Ansprüche gegen das Versorgungswerk der Rechtsanwälte; BGH FamRZ 2007, 1012 für die Ansprüche gegen die Versorgungsanstalt der deutschen Bezirksschornsteinfegermeister). Dagegen unpfändbar sind die **Mitgliedschaftsrechte** (BGH ZInsO 2008, 204).

3. Sofern wegen **gesetzlicher Unterhaltsansprüche** gepfändet wird, besteht für den Gläubiger die Möglichkeit der privilegierten Pfändung nach § 850d ZPO (→ Form. H. I. 6) sowie Vorratspfändung (→ Form. H. I. 6 Anm. 16).

4. Drittschuldner ist **die jeweils zahlende Stelle.**

Dies sind bei **Rentenzahlungen**: die Deutsche Rentenversicherung Bund, Ruhrstr. 2 10709 Berlin, bzw. die einzelnen Versicherungsanstalten: Deutsche Rentenversicherung Baden-Württemberg, Standort Karlsruhe, 76122 Karlsruhe; Deutsche Rentenversicherung Baden-Württemberg, Standort Stuttgart, 70429 Stuttgart; Deutsche Rentenversicherung Bayern Süd, Standort Landshut, 84024 Landshut; Deutsche Rentenversicherung Bayern Süd, Standort München, 81729 München; Deutsche Rentenversicherung Berlin-Brandenburg, Standort Frankfurt/Oder, Bertha-von-Suttner-Str. 1. 15236 Frankfurt/Oder; Deutsche Rentenversicherung Berlin-Brandenburg, Standort Berlin, Knobelsdorffstr. 92, 14059 Berlin; Deutsche Rentenversicherung Braunschweig-Hannover, Standort Laatzen, Lange Weihe 2, 30880 Laatzen; Deutsche Rentenversicherung Braunschweig-Hannover, Standort Braunschweig, Kurt-Schumacher-Str. 20, 38091 Braunschweig; Deutsche Rentenversicherung Hessen, Städelstraße 28, 60596 Frankfurt/Main; Deutsche Rentenversicherung Mitteldeutschland, Standort Leipzig, Georg-Schumann-Str. 146, 04159 Leipzig; Deutsche Rentenversicherung Mitteldeutschland, Standort Erfurt, Kranichfelder Str. 3, 99097 Erfurt; Deutsche Rentenversicherung Mitteldeutschland, Standort Halle, Paracelsusstr. 21, 06114 Halle; Deutsche Rentenversicherung Nord, Standort Lübeck, Ziegelstr. 150, 23556 Lübeck; Deutsche Rentenversicherung Nord, Standort Neubrandenburg, Platanenstr. 43, 17033 Neubrandenburg; Deutsche Rentenversicherung Nord, Standort Hamburg, Friedrich-Ebert-Damm 245, 22159 Hamburg; Deutsche Rentenversicherung Nordbayern, Standort Bayreuth, 95440 Bayreuth; Deutsche Rentenversicherung Nordbayern, Standort Würzburg, Friedenstr. 12/14, 97072 Würzburg; Deutsche Rentenversicherung Oldenburg-Bremen, Huntestr. 11, 26135 Oldenburg; Deutsche Rentenversicherung Rheinland, 40194 Düsseldorf; Deutsche Rentenversicherung Rheinland-Pfalz, Eichendorffstr. 4–6, 67346 Speyer; Deutsche Rentenversicherung Saarland, Martin-Luther-Str. 2–4, 66111 Saarbrücken; Deutsche Rentenversicherung Schwaben, Dieselstr. 9, 86154 Augsburg; Deutsche Rentenversicherung Westfalen, 48125 Münster; Deutsche Rentenversicherung Knappschaft-Bahn-See, Pieperstr. 14–28, 44789 Bochum.

Bei der Pfändung der **Versorgungsansprüche eines Rechtsanwalts** kommen folgende Drittschuldner in Betracht: Versorgungswerk der Rechtsanwälte in Baden-Württemberg, Hohe Str. 16, 70174 Stuttgart; Bayerische Versorgungskammer für Rechtsanwälte und Steuerberater, Denninger Str. 37, 81925; Versorgungswerk der Rechtsanwälte in Berlin, Schlüterstraße 42, 10707 Berlin; Versorgungswerk der Rechtsanwälte in Brandenburg, Grillendamm 2, 14776 Brandenburg; Hanseatische Rechtsanwaltsversorgung Bremen, Knochenhauerstr. 36/37, 28195 Bremen; Versorgungswerk der Rechtsanwältinnen und Rechtsanwälte in Hamburg, Jungfernstieg 44, 20354 Hamburg; Versorgungswerk der Rechtsanwälte im Lande Hessen, Bockenheimer Landstr. 23, 60325 Frankfurt; Versorgungswerk der Rechtsanwälte in Mecklenburg-Vorpommern, Schelfstr. 35, 19055 Schwerin; Rechtsanwaltsversorgung Niedersachsen, Bahnhofstr. 5 29221 Celle; Versorgungswerk der Rechtsanwälte in NRW, Breite Str. 67, 40213 Düsseldorf; Versorgungswerk der rheinland-pfälzischen Rechtsanwaltskammern, Löhrstr. 113, 56068 Koblenz; Versorgungswerk der Rechtsanwaltskammer des Saarlandes, Am Schlossberg, 66119 Saarbrücken; Sächsisches Rechtsanwaltsversorgungswerk, Wallgässchen 2a, 01097 Dresden; Versorgungswerk Sachsen-Anhalt, Breite Str. 67, 40123 Düsseldorf; Schleswig-Holsteinisches Versorgungswerk für Rechtsanwälte, Gottorfstr. 13, 24837 Schleswig; Versorgungswerk der Rechtsanwälte in Thüringen, Lange Brücke 21, 99084 Erfurt; zur jeweiligen aktuellen gesetzlichen Vertretung siehe die Internetauftritte der Versorgungswerke.

In Betracht können auch der (frühere) Arbeitgeber bzw. gesonderte Kassen, die Versorgungseinrichtungen, Versicherungsunternehmen etc kommen. Eine Übersicht der Anschriften der **Versorgungseinrichtungen für Ärzte, Zahnärzte und Tierärzte** findet sich im Internet. Die Ansprüche der **Bezirksschornsteinfeger** gegen die Versorgungsanstalt der deutschen Bezirksschornsteinfegermeister (Denninger Str. 37, 81925 München) sind wie Arbeitseinkommen pfändbar (BGH FamRZ 2007, 1012).

Vorsorglich sollte vor Einleitung konkreter Vollstreckungsmaßnahmen die **jeweilige Anschrift im Internet nochmals überprüft** werden. Nach **§ 802l Abs. 1 Nr. 1 ZPO** hat der Gerichtsgerichtsvollzieher die Möglichkeit, bei den Trägern der gesetzlichen Rentenversicherung Einzelheiten über ein versicherungspflichtiges Beschäftigungsverhältnis zu erfragen, wenn der Schuldner seiner Pflicht zur Abgabe der Vermögensauskunft nicht nachkommt oder eine Vollstreckung in die in der Vermögensauskunft aufgeführten Vermögensgegenstände voraussichtlich nicht zu einer vollständigen Befriedigung des Gläubigers führt.

5. Auch **künftige Renten- bzw. Versorgungsansprüche** (Renten, Pensionen, Alterversorgungsleistungen für Freiberufler) können grundsätzlich wie Arbeitseinkommen gepfändet werden pfändbar (BGH NJW 2003, 1457; NJW 2003, 3774). Die Pfändung setzt lediglich das Bestehen einer Rechtsbeziehung zwischen dem Schuldner und dem Drittschuldner voraus. Für die Pfändung sind das Lebensalter des Schuldners sowie der Umfang der bereits erworbenen Anwartschaften unerheblich (BGH NJW 2003, 1457 für die Pfändung der künftigen Rentenansprüche bei einem 47-jährigen Schuldner). Da der Leistungsanspruch gepfändet werden kann, bedarf es nicht zusätzlich der **Pfändung des Anwartschaftsrechts**. Offen gelassen hat der BGH bisher die Frage, ob ausnahmsweise bei einem sehr jungen Schuldner für die Pfändung künftiger Ansprüche das Rechtsschutzbedürfnis fehlen kann. Str. ist, ob mit der Pfändung des künftigen Rentenanspruchs auch der **Anspruch des Schuldners auf Rentenauskunft** (§ 109 SGB VI) mit gepfändet ist (verneinend OLG Celle JurBüro 1998, 54; aA LG Bochum JurBüro 2009, 270 zur Herausgabe eines Rentenbescheides); → Form. H. II. 1.

6. Zum Zusammenrechnen **mehrerer Arbeitseinkommen** → Form. I. I. 7 und zum Zusammenrechnen von **Arbeitseinkommen und Sozialleistungen** → Form. I. I. 8.

7. Zu dem Antrag nach § 850c Abs. 4 ZPO → Form. H. I. 2 Anm. 45.

8. → Form. I. I. 1 Anm. 12.

9. → Form. I. I. 1 Anm. 13.

10. **Kosten und Gebühren/Rechtsmittel.** → Form. H. I. 2 Anm. 61 ff.

27. Pfändung von Renten- und Versorgungsansprüchen bei künftigen Zahlungen

[Das amtliche Formular „Pfändungs- und Überweisungsbeschluss[1]" ist entsprechend den dortigen Anmerkungen auszufüllen. Auf Seite 4 (bzw. Seite 5) des amtlichen Formulars ist das Feld „A (an Arbeitgeber)" anzukreuzen. Für die Pfändung der Renten- und Versorgungsansprüche sind auf Seite 4 (bzw. Seite 5) des amtlichen Formulars die Nr. 1 und Nr. 2 zu streichen und in dem Feld „Anspruch A (an Arbeitgeber)" unter Nr. 3 in dem dortigen Leerfeld aufzunehmen:]

auf Zahlung der künftig fällig werdenden[2, 3, 4, 5] fortlaufenden . . . . . (nähere Bezeichnung der Leistung, zB Altersrente, Leistungen der betrieblichen Altersversorgung, fortlaufende Versorgungsbezüge, Leistungen des berufsständigen Versorgungswerkes etc) bis zur vollständigen Befriedigung der Ansprüche des Gläubigers gepfändet.[6]

Anmerkungen

1. → Form. H. I. 2 (bzw. → Form. H. I. 6 bei Unterhaltsforderungen). Hinsichtlich der weiteren Einzelheiten zum Pfändungs- und Überweisungsbeschluss wird auf die dortigen Anmerkungen Bezug genommen.

2. Zu den Ansprüche des Schuldners auf **laufende Rentenzahlungen als Teil der Sozialleistung** → Form. I. I. 26 Anm. 2.

3. Sofern wegen **gesetzlicher Unterhaltsansprüche** gepfändet wird, besteht für den Gläubiger die Möglichkeit der privilegierten Pfändung nach § 850d ZPO (→ Form. H. I. 6) sowie Vorratspfändung (→ Form. H. I. 6 Anm. 16).

4. **Drittschuldner** ist **die jeweils zahlende Stelle,** → Form. I. I. 26 Anm. 4.

5. Auch **künftige Renten- bzw. Versorgungsansprüche** (Renten, Pensionen, Alterversorgungsleistungen für Freiberufler) können grundsätzlich wie Arbeitseinkommen gepfändet werden pfändbar (BGH NJW 2003, 1457; NJW 2003, 3774). Die Pfändung setzt lediglich das Bestehen einer Rechtsbeziehung zwischen dem Schuldner und dem Drittschuldner voraus. Für die Pfändung sind das Lebensalter des Schuldners sowie der Umfang der bereits erworbenen Anwartschaften unerheblich (BGH NJW 2003, 1457 für die Pfändung der künftigen Rentenansprüche bei einem 47-jährigen Schuldner). Da der Leistungsanspruch gepfändet werden kann, bedarf es nicht zusätzlich der **Pfändung des Anwartschaftsrechts.** Offen gelassen hat der BGH bisher die Frage, ob ausnahmsweise bei einem sehr jungen Schuldner für die Pfändung künftiger Ansprüche das Rechtsschutzbedürfnis fehlen kann. Str. ist, ob mit der Pfändung des künftigen Rentenanspruchs auch der **Anspruch des Schuldners auf Rentenauskunft** (§ 109 SGB VI) mit gepfändet ist (verneinend OLG Celle JurBüro 1998, 54; aA LG Bochum JurBüro 2009, 270 zur Herausgabe eines Rentenbescheides); → Form. H. II. 1.

6. Kosten und Gebühren/Rechtsmittel. → Form. H. I. 2 Anm. 61 ff.

28. Pfändung der Ansprüche aus einem Versorgungswerk

Bei einer freiwilligen Mitgliedschaft in einem Versorgungswerk richtet sich die Pfändbarkeit der aus der Satzung eines Versorgungswerk ergebenden Ansprüche des Mitgliedes nach § 54 SGB I. Entsprechend ist das Recht des Mitglieds, die Mitgliedschaft zu beenden und die Rückerstattung gezahlter Beiträge zu verlangen, unpfändbar (BGH NZI 2008, 244). Die Leistungsansprüche gegen das Versorgungswerk sind trotz ihrer gesetzlichen Unabtretbarkeit in den Grenzen des § 850c ZPO pfändbar (BGH NJW 2004, 3770); zum Pfändungsschutz für Beiträge zum Architektenversorgungswerk siehe BGH NJW-RR 2009, 410. Zur Pfändung der Ansprüche Selbständiger → Form. I. I. 29.

Selbständige

29. Pfändung von Vergütungsansprüchen/Honorarforderungen

[Das amtliche Formular „Pfändungs- und Überweisungsbeschluss[1]" ist entsprechend den dortigen Anmerkungen auszufüllen. Auf Seite 4 (bzw. Seite 5) des amtlichen Formulars sind das Feld „G" anzukreuzen und auf Seite 6 (bzw. Seite 7) des amtlichen Formulars unter „Anspruch G" aufzunehmen:]

Es wird der angebliche Anspruch des Schuldners gegen den/die Drittschuldner auf Zahlung der Vergütung/des Honorars[2] für . . . . . (möglichst genaue Bezeichnung; zB

- **auf Zahlung der gesetzlichen bzw. vereinbarten Vergütung aufgrund der Tätigkeit des Schuldners für den Drittschuldner in der Sache/in dem Rechtsstreit/Verfahren . . . . .;[3, 4]**
- **auf Zahlung der gesetzlichen Vergütung aufgrund der Beiordnung des Schuldners im Wege der Prozesskosten-/Verfahrenskostenhilfe in dem Rechtsstreit/Verfahren . . . . .;[3, 4]**
- **auf Zahlung des Vergütungsanspruchs/auf Zahlung des vereinbarten Behandlungshonorars;[5]**
- **auf Zahlung des Werklohns für die Durchführung der Dachdeckerarbeiten an dem Haus . . . . .)**

gepfändet.[6, 7]

Anmerkungen

1. → Form. H. I. 2 (bzw. → Form. H. I. 6 bei Unterhaltsforderungen). Hinsichtlich der weiteren Einzelheiten zum Pfändungs- und Überweisungsbeschluss wird auf die dortigen Anmerkungen Bezug genommen.

2. Vergütungsansprüche oder **Honorarforderungen von Selbständigen** (wie zB Ärzte, Zahnärzte, Tierärzte, Rechtsanwälte, Steuerberater, Wirtschaftsprüfer, Unternehmensberater, Insolvenzverwalter, Zwangsverwalter, Architekten, Journalisten, Schriftsteller etc) sind grundsätzlich als Geldforderung pfändbar (BGHZ 141, 173 (176 ff.) = NJW 1999, 1544 für die Honorarforderungen eines Steuerberaters; BGH NJW-RR 2004, 54 sowie BGHZ 158, 212 = NJW 2004, 2015 für die Gebührenforderungen von Rechtsanwälten; BGHZ 162, 187 (188) = NJW 2005, 1505 (1505) für privatärztliche Honorarforderungen; BGH Beschl. v. 20.5.2015 – VII ZB 50/14, WM 2015, 1427 betr. Anspruch eines Hafenlotsen auf Zahlung anteiligen Lotsgeldes). Einer Pfändung steht nicht entgegen, dass im Einzelfall eine Abtretung der Forderung wegen eines Verstoßes gegen ein Verbotsgesetz (zB § 203 Abs. 1 StGB) unzulässig sein kann oder eingeschränkt (zB §§ 49b Abs. 4 S. 2 BRAO, 64 Abs. 1 S. 2 StBerG) ist. Der Schutz des Patienten- bzw. Mandantengeheimnisses kann eventuell zu einer Einschränkung der Auskunftspflicht des Schuldners nach § 836 Abs. 3 ZPO führen (BGH NJW 1999, 1544 (1547)). Siehe dazu auch (Auswahl): *Ahrens* ZInsO 2010, 2357; *ders.* NJW-Spezial 2011, 341; *Diepold* MDR 1993, 835; *Nebe* ZVI 2008, 467.

3. Bei einem **Rechtsanwalt** als Schuldner kann der durch Anwaltsvertrag begründete Vergütungsanspruch gegen den Mandanten gepfändet werden. Zwar kann nach § 49b Abs. 4 S. 1 BRAO ein Vergütungsanspruch uneingeschränkt – ohne Zustimmung des Mandanten (BGH NJW 2007, 1176) – nur an einen anderen Rechtsanwalt oder an rechtsanwaltliche Berufsausübungsgemeinschaften abgetreten werden; eine Abtretung an einen nicht als Rechtsanwalt zugelassenen Dritten ist nur dann möglich, wenn die Forderung rechtskräftig festgestellt, ein erster Vollstreckungsversuch fruchtlos ausgefallen und der Rechtsanwalt die ausdrückliche schriftliche Einwilligung des Mandanten eingeholt hat. Die nur eingeschränkte Abtretbarkeit führt indes nicht zu einer Beschränkung der Pfändbarkeit (BGH NJW-RR 2004, 54; BFH NJW 2005, 1308). Vielmehr sind die **Vergütungsansprüche grundsätzlich pfändbar** (BGHZ 158, 212 = NJW 2004, 2015; NJW 2010, 1380).

4. Pfändbar ist auch der bestehende oder künftige Anspruch eines im Rahmen der **Bewilligung von Prozesskostenhilfe** oder **Verfahrenskostenhilfe** bereits beigeordneten Rechtsanwalts (§§ 121 ZPO, 11a ArbGG, 78 FamFG) gegen die Staatskasse. Weiterhin pfändbar ist der Anspruch des Rechtsanwalts auf **Gewährung von Beratungshilfe** (§ 44 RVG), auf Zahlung einer Vergütung aufgrund einer **Beiordnung nach Gewährung einer Kostenstundung** im Insolvenzverfahren (§ 4a Abs. 2 InsO) oder auf Zahlung einer **Vergütung als Pflichtverteidiger.** Vor einer Beiordnung oder einer Bewilligung von Beratungshilfe kann noch keine Pfändung erfolgen, da noch keine Rechtsgrundlage für die Entstehung des Vergütungsanspruchs geschaffen worden ist (Musielak/Voit/*Becker* § 829 Rn. 6). Nach der Überweisung der gepfändeten Forderung besteht für den Vollstreckungsgläubiger die Möglichkeit, für den Schuldner einen Antrag auf Festsetzung und Erstattung der Rechtsanwaltsvergütung (§ 55 RVG) zu stellen.

Drittschuldner ist die nach **bundes- oder landesrechtlicher Vorschrift zur Vertretung des Fiskus bestimmte Behörde** (eine Übersicht findet sich bei *Stöber* Anhang 8 ff.).

5. Der **Kassenarzt** erbringt ärztliche Leistungen auf Grund eines Behandlungsvertrages mit dem jeweiligen Patienten (BGHZ 76, 259 (261) = NJW 1980, 1452; BGHZ 97, 273 (276) = NJW 1986 (2364)). Sein Vergütungsanspruch richtet sich zunächst gegen die Krankenkasse, welche gem. § 85 Abs. 1 SGB V nach Maßgabe des Gesamtvertrages für die gesamte vertragsärztliche Versorgung mit befreiender Wirkung eine Gesamtvergütung an die kassenärztliche Vereinigung entrichtet. Der einzelne Kassenarzt hat keinen betragsmäßig im Voraus definierten Vergütungsanspruch, sondern nur einen Anspruch auf Teilnahme an der Honorarverteilung (BGHZ 167, 363 = NJW 2006, 2485). Der **Vergütungsanspruch eines Kassenarztes gegen die kassenärztliche Vereinigung** unterliegt der Pfändung. Sofern seine Tätigkeit als Vertragsarzt seine Erwerbstätigkeit zu einem wesentlichen Teil in Anspruch nimmt, wird die Vergütung als Arbeitseinkommen im

Sinne des § 850 Abs. 2 ZPO behandelt; im Falle der Eröffnung des Insolvenzverfahrens findet indes § 114 Abs. 1 InsO keine Anwendung (BGHZ 167, 363 = NJW 2006, 2485).

Ebenfalls pfändbar sind die **Honoraransprüche eines Arztes** aus einem mit einem Privatpatienten abgeschlossenen **Behandlungsvertrag** sind grundsätzlich (BGHZ 162 (187) 188 = NJW 2005, 1505 (1506)). Pfändungsschutz kann nach § 850i ZPO gewährt werden.

6. Für die Vergütungen von Selbständigen kann **Pfändungsschutz** nach §§ 850a ff. ZPO gewährt werden, sofern es um Vergütungen für Dienste handelt, die die Existenzgrundlage des Dienstpflichtigen bilden, weil sie seine Erwerbstätigkeit ganz oder zu einem wesentlichen Teil in Anspruch nehmen (BGH NJW-RR 2004, 644). Bei einer nicht wiederkehrend zahlbaren Vergütung für persönlich geleistete Arbeit oder Dienste besteht die Möglichkeit eines Pfändungsschutzes nach § 850i ZPO.

7. Kosten und Gebühren/Rechtsmittel. → Form. H. I. 2 Anm. 61 ff.

Soldaten

30. Pfändung der Ansprüche eines Wehrpflichtigen

[Das amtliche Formular „Pfändungs- und Überweisungsbeschluss[1]" ist entsprechend den dortigen Anmerkungen auszufüllen. Auf Seite 4 (bzw. Seite 5) des amtlichen Formulars ist das Feld „A (an Arbeitgeber)" anzukreuzen. Für die Pfändung der Ansprüche eines Wehrpflichtigen sind auf Seite 4 (bzw. Seite 5) des amtlichen Formulars die Nr. 1 und Nr. 2 zu streichen und in dem Feld „Anspruch A (an Arbeitgeber)" unter Nr. 3 in dem dortigen Leerfeld aufzunehmen:]

auf Zahlung der gesamten sich aus dem Wehrdienstverhältnis des Schuldners ergebenden laufenden Bezüge, einschließlich künftig fällig werdender Ansprüche[2, 3, 4] bis zur vollständigen Befriedigung der Ansprüche des Gläubigers, ohne Rücksicht auf deren Benennung, insbesondere Wehrsold, Dienstgeld, Übungsgeld, Entlassungsgeld, einschließlich des Geldwertes der dem Schuldner gewährten Sachleistungen, wie Kleidung, Verpflegung und Unterkunft, die nach den ortsüblichen Sätzen zu berechnen sind, gepfändet.[5]

Anmerkungen

1. → Form. H. I. 2 (bzw. → Form. H. I. 6 bei Unterhaltsforderungen). Hinsichtlich der weiteren Einzelheiten zum Pfändungs- und Überweisungsbeschluss wird auf die dortigen Anmerkungen Bezug genommen.

2. An 15.12.2010 wurde durch das Bundeskabinett eine Aussetzung der Wehrpflicht zum 1.7.2011 beschlossen. Zum 1.1.2011 wurden zum letzten Mal alle Wehrpflichtigen zwangsweise einberufen; seit dem 1.3.2011 werden derzeit keine Wehrpflichtige mehr gegen ihren Willen einberufen.

3. Der **Wehrsold** und das **Dienstgeld der Wehrpflichtigen** werden pfändungsrechtlich wie Arbeitseinkommen behandelt und können entsprechend gepfändet werden. Die den Soldaten gewährten **Naturalleistungen** (Kleidung, Verpflegung und Unterkunft) können in entsprechende Anwendung des § 850e Rn. 3 ZPO den Bezügen hinzugerechnet werden (→ Form. I. I. 9). Einen Maßstab für die Bewertung der Naturalbezüge gibt die ZPO nicht. Zur Vereinheitlichung der Bewertung der Sachbezüge von Soldaten hat das Bundesministerium der Verteidigung den Geldwert durch Erlass v. 11.1.2006 (VMBl. 2006, 13) festgelegt (zu den Einzelheiten siehe *Stöber* Rn. 1171). Pfändbar ist auch das **Entlassungsgeld.** Die an den Wehrpflichtigen bei Wehrübungen geleistete **Verdienstausfallentschädigung** ist pfändbar, soweit die Pfändungsgrenze der §§ 850 ff. ZPO überschritten wird.

Die an den Wehrpflichtigen und dessen Familienangehörigen zur Unterhaltssicherung nach dem **Unterhaltssicherungsgesetz gewährten Leistungen** (wie zB allgemeine Leistungen, Überbrückungsgeld, besondere Zuwendungen, Geburtsbeihilfen, Einzelleistungen, Sonderleistungen, Mietbeihilfen, Wirtschaftsbeihilfen) sind zweckgebunden und damit nicht pfändbar. Ebenso sind als zweckgebundene Zahlungen die **Beihilfe für Ersatzkräfte, Betriebsausgaben** etc unpfändbar. Diese Leistungen sind auch nicht dem Einkommen des Wehrpflichtigen hinzuzurechnen.

Bei einer Wehrdienstbeschädigung (§ 80 Soldatenversorgungsgesetz) werden **Leistungen nach dem Bundesversorgungsgesetz** erbracht. Insoweit gelten die Pfändungsbeschränkungen des § 54 SGB I (→ Form. I. I. 32). Die infolge einer Wehrdienstbeschädigung gezahlte **Grundrente** sowie die **Schwerstbeschädigungszulage** sind nach §§ 85 Abs. 5, 86 Abs. 1 Soldatenversorgungsgesetz unpfändbar.

Dazu ergänzend (Auswahl): *Bauer* JurBüro 1964, 15; *Franke* NJW 1968, 830; *Mümmler* JurBüro 1988, 1123; *Rocke* NJW 1961, 2197 *Rohn* JurBüro 1963, 387; *Stehle* NJW 1962, 854; *Wagner* Rpfleger 1973, 206.

4. Drittschuldner ist bei einem im Inland dienenden Wehrpflichtigen der für den Soldaten zuständige Truppenteil, beim Auslandeinsatz das Bundesamt für Wehrverwaltung, Ermekeilstr. 27, 53113 Bonn (siehe die Verwaltungsordnung über die Vertretung im Bereich des Bundesministeriums der Verteidigung v. 30.6.1997, VMBl., 314).

5. Kosten und Gebühren/Rechtsmittel. → Form. H. I. 2 Anm. 61 ff.

31. Pfändung der Ansprüche eines Berufs-/Zeitsoldats

[Das amtliche Formular „Pfändungs- und Überweisungsbeschluss[1]" ist entsprechend den dortigen Anmerkungen auszufüllen. Auf Seite 4 (bzw. Seite 5) des amtlichen Formulars ist das Feld „A (an Arbeitgeber)" anzukreuzen. Für die Pfändung der Ansprüche eines Berufs-/Zeitsoldats sind auf Seite 4 (bzw. Seite 5) des amtlichen Formulars die Nr. 1 und Nr. 2 zu streichen und in dem Feld „Anspruch A (an Arbeitgeber)" unter Nr. 3 in dem dortigen Leerfeld aufzunehmen:]

auf Zahlung der gesamten sich aus dem Dienstverhältnis des Schuldners ergebenden laufenden Bezüge,[2, 3, 4] einschließlich künftig fällig werdender Ansprüche bis zur vollständigen Befriedigung der Ansprüche des Gläubigers, ohne Rücksicht auf deren Benennung, einschließlich der Übergangsgebührnisse sowie sonstiger einmaliger Zahlungen, der Versorgungsbezüge, sowie des Geldwertes der dem Schuldner gewährten Sachleistungen, wie Kleidung, Verpflegung und Unterkunft, die nach den ortsüblichen Sätzen zu berechnen sind, gepfändet.[9]

[Auf Seite 7 (bzw. Seite 8) des amtlichen Formulars kann in dem Feld „Es wird angeordnet, dass zur Berechnung des nach § 850c ZPO pfändbaren Teils des Gesamteinkommens zusammenzurechnen sind" die entsprechenden Möglichkeiten der Zusammenrechnung verschiedener Arbeitseinkommen angekreuzt und ausgefüllt werden.[5]]

[Ebenfalls auf Seite 7 (bzw. Seite 8) des amtlichen Formulars kann in dem Feld „Es wird angeordnet, dass zur Berechnung des nach § 850c ZPO pfändbaren Teils des Gesamteinkommens zusammenzurechnen sind" die entsprechenden Möglichkeiten der Zusam-

menrechnung des Arbeitseinkommens mit laufenden Geldleistungen nach dem SGB angekreuzt und ausgefüllt werden.[5]]

[Bei einem Antrag nach § 850c Abs. 4 ZPO ist auf Seite 7 (bzw. Seite 8) des amtlichen Formulars das dortige Feld „Gemäß § 850c Abs. 4 ZPO wird angeordnet, dass" anzukreuzen und dort vorgegebenen Varianten auszuwählen.[6] In dem amtlichen Formular „Antrag auf Erlass eines Pfändungs- und Überweisungsbeschlusses wegen Unterhaltsforderungen ist ein entsprechendes Feld nicht vorhanden.]

[Ergänzend kann auf Seite 8 (bzw. Seite 9) des amtlichen Formulars das Feld „Es wird angeordnet, dass" das 1. Kästchen

„dass der Schuldner die Lohn- und Gehaltsabrechnung oder die Verdienstbescheinigung einschließlich der entsprechenden Bescheinigungen der letzten drei Monate vor Zustellung des Pfändungs- und Überweisungsbeschlusses an den Gläubiger herauszugeben hat."

angekreuzt werden:[7]]

[Ergänzend kann auf Seite 8 (bzw. Seite 9) des amtlichen Formulars in dem Feld „Es wird angeordnet, dass" das freie Kästchen angekreuzt und dort eingetragen werden:]

der Schuldner an den Gläubiger die Lohnsteuerkarte für das Jahr . . . . . bzw. die elektronische Lohnsteuerbescheinigung für das Jahr . . . . . im Original sowie folgende Unterlagen . . . . . [nähere Bezeichnung weiterer steuerrechtlich relevanter Unterlagen] herauszugeben hat.[8]

Anmerkungen

1. → Form. H. I. 2 (bzw. → Form. H. I. 6 bei Unterhaltsforderungen). Hinsichtlich der weiteren Einzelheiten zum Pfändungs- und Überweisungsbeschluss wird auf die dortigen Anmerkungen Bezug genommen.

2. **Berufssoldaten** und **Bundeswehrsoldaten auf Zeit** erhalten Dienst- und Versorgungsbezüge nach beamtenrechtlichen Grundsätzen. Diese sind wie Arbeitseinkommen pfändbar (zur Pfändbarkeit der beamtenrechtlichen Bezüge → Form. I. I. 17 und → Form. I. I. 18). Die den Soldaten gewährten **Naturalleistungen** (Kleidung, Verpflegung und Unterkunft) können in entsprechender Anwendung des § 850e Nr. 3 ZPO den Bezügen hinzugerechnet werden (→ Form. I. I. 9). Einen Maßstab für die Bewertung der Naturalbezüge gibt die ZPO nicht. Zur Vereinheitlichung der Bewertung der Sachbezüge von Soldaten hat das Bundesministerium der Verteidigung den Geldwert durch Erlass v. 11.1.2006 (VMBl. 2006, 13) festgelegt (zu den Einzelheiten siehe *Stöber* Rn. 1171).

3. Die Ansprüche des Soldaten auf Übergangsbeihilfe, Sterbegeld, einmalige Unfallentschädigung, einmalige Entschädigung und auf Schadensausgleich in besonderen Fällen können nach § 48 Abs. 2 S. 1 SVG nicht gepfändet werden. Dagegen sind die Übergangsgebührnisse (§ 11 SVG) wie Arbeitseinkommen pfändbar.

4. **Drittschuldner** ist bei den Berufs- und Zeitsoldaten die für die Zahlung zuständige **Wehrbereichsverwaltung** und zwar Wehrbereichsverwaltung Nord, Hans-Böckler-Allee 16, 30173 Hannover; Wehrbereichsverwaltung Ost, Prötzeler Chaussee 25, 15344 Strausberg; Wehrbereichsverwaltung Süd, Heilbronner Str. 186, 70191 Stuttgart; Wehrbereichsverwaltung West, Wilhelm-Raabe-Str. 46, 40470 Düsseldorf (siehe die Verwaltungsordnung über die Vertretung im Bereich des Bundesministeriums der Verteidigung v. 30.6.1997, VMBl., S. 314).

5. Zum Zusammenrechnen **mehrerer Arbeitseinkommen** → Form. I. I. 7 und zum Zusammenrechnen von **Arbeitseinkommen und Sozialleistungen** → Form. I. I. 8.

6. Zu dem Antrag nach § 850c Abs. 4 ZPO → Form. H. I. 2 Anm. 45.

7. → Form. I. I. 1 Anm. 12.

8. → Form. I. I. 1 Anm. 13.

9. **Kosten und Gebühren/Rechtsmittel.** → Form. H. I. 2 Anm. 61 ff.

Sozialleistungen

32. Pfändung laufender Geldleistungen (§ 54 Abs. 4 SGB I) wegen einer nicht privilegierten Geldforderung

[Das amtliche Formular „Pfändungs- und Überweisungsbeschluss[1]" ist entsprechend den dortigen Anmerkungen auszufüllen. Auf Seite 4 (bzw. Seite 5) des amtlichen Formulars sind das Feld „B (an Agentur für Arbeit bzw. Versicherungsträger)" anzukreuzen und das dortige Leerfeld auszufüllen. Reicht der dort vorhandene Platz nicht, sind auf Seite 4 (bzw. Seite 5) des amtlichen Formulars das Feld „G" anzukreuzen und auf Seite 6 (bzw. Seite 7) des amtlichen Formulars unter „Anspruch G" aufzunehmen:]

Es wird der angebliche Anspruch des Schuldners[2] gegen . . . . . [genaue Bezeichnung des Leistungsträgers] als Drittschuldner[3] auf Zahlung der fälligen sowie der künftig fällig werdenden[4]. . . . . (nähere Bezeichnung der Sozialleistung)[5] bis zur vollständigen Befriedigung der Ansprüche des Gläubigers gepfändet.[6, 9, 10]

Ausgenommen von der Pfändung sind die nach §§ 850a ZPO, 54 Abs. 3 SGB I unpfändbaren Leistungen.

Mehrere Sozialleistungen sind in entsprechender Anwendung des § 850e Nr. 2a ZPO zusammenzurechnen.

[Ergänzung bei der Pfändung von Rentenansprüchen:[7]

sowie der nach § 54 Abs. 5 SGB I unpfändbare Kindergeldzuschuss.]

Zudem wird die Pfändung unter Bezug auf die Tabelle zu § 850c Abs. 3 ZPO beschränkt.[8]

Anmerkungen

1. → Form. H. I. 2 (bzw. → Form. H. I. 6 bei Unterhaltsforderungen). Hinsichtlich der weiteren Einzelheiten zum Pfändungs- und Überweisungsbeschluss wird auf die dortigen Anmerkungen Bezug genommen.

2. § 54 SGB I regelt abschließend die Möglichkeit der **Pfändung von Sozialleistungen.** Ergänzende Sondervorschriften ergeben sich aus den Einzelgesetzen, zB §§ 188, 189 SGB III für das Insolvenzgeld (→ Form. I. I. 24), § 17 Abs. 1 S. 2 SGB XII für die Sozialhilfe. Siehe auch (Auswahl): *Behr* JurBüro 1994, 521; *ders.* JurBüro 1996, 234; *Harks* Rpfleger 2007, 588; *Hornung* Rpfleger 1994, 442; *Kothe* Rpfleger 1990, 9; *ders.* NJW 1992, 393; *ders.* VuR 2007, 117; *Mümmler* JurBüro 1980, 1149; *ders.* JurBüro 1983, 489; *Riedel* NJW 1994, 2812.

Gemäß § 54 Abs. 1 SGB I sind die nach § 53 Abs. 1 SGB I unübertragbaren Sozialleistungsansprüche des Schuldners auf **Dienst- und Sachleistungen** unpfändbar. Dazu gehören laufende Ansprüche auf Inanspruchnahme von Pflege- und Hilfsdiensten bzw. der Anspruch auf medizinische Hilfsmittel oder Medikamente. Eine Ausnahme hiervon erlaubt § 54 Abs. 2 SGB I. Hiernach können einmalige Geldleistungen für die Anschaffung von Sachmitteln oder für die Bezahlung von Dienstleistungen gepfändet werden, wenn dies der Billigkeit entspricht; zB kann unter Umständen die Forderung auf Bezahlung eines Rollstuhls für den Kaufkreisanspruch des Lieferanten gepfändet werden. Zur Pfändung von Ansprüchen auf einmalige Sozialleistungen → Form. I. I. 34.

Nach **§ 54 Abs. 3 SGB** I sind die dort aufgeführten Leistungen grundsätzlich unpfändbar. Dazu gehören das Erziehungsgeld und vergleichbare Leistungen der Länder sowie das Elterngeld bis zur Höhe der nach § 10 BEEG anrechnungsfreien Beträge (§ 54 Abs. 3 Nr. 1 SGB I), das Mutterschaftsgeld nach § 13 Abs. 1 MuSchG, soweit dieses nicht aus einer Teilzeitbeschäftigung während der Elternzeit herrührt, bis zur Höhe des Erziehungsgeldes nach § 5 Abs. 1 BErzGG oder des Elterngeldes nach § 2 BEEG, soweit es die anrechnungsfreien Beträge nach § 10 BEEG nicht übersteigt, bis zur Höhe des Erziehungsgeldes nach § 5 Abs. 1 BErzGG (§ 54 Abs. 3 Nr. 2 SGB I), das Wohngeld, außer für Ansprüche nach §§ 9, 10 WoGG (§ 54 Abs. 3 Nr. 2a SGB I; zur Pfändung → Form. I. I. 39) sowie Geldleistungen, die dafür bestimmt sind, den durch einen Körper- oder Gesundheitsschaden bedingten Mehraufwand auszugleichen (§ 54 Abs. 3 Nr. 3 SGB I).

Ansprüche des Schuldners auf **laufende Sozialleistungen** unterliegen nach §§ 828 ff. ZPO wie Arbeitseinkommen der Pfändung (§ 54 Abs. 4 SGB I).

3. **Drittschuldner** ist regelmäßig die Behörde, Anstalt etc., die die jeweilige Leistung nach dem Gesetz schuldet. Diese muss nicht mit der jeweiligen Zahlstelle identisch sein. Eine nähere Bezeichnung der jeweils zuständigen Leistungsträger, und damit des **Drittschuldners,** ergibt sich aus §§ 18 ff. SGB I. Zur Drittschuldnerstellung bei Errichtung einer ArGe nach § 44b SGB II siehe BGH NJW-RR 2008, 733.

4. Die Pfändung laufender **auf Geld gerichteter Sozialleistungsansprüche** erfolgt nach §§ 850c ff. ZPO, ohne vorherige Anhörung des Schuldners. Gepfändet werden kann sowohl für privilegierte als auch nicht bevorrechtigte Gläubiger. Pfändbar sind auch Nachzahlungen für einen bestimmten Zeitraum (LG Bielefeld ZVI 2005, 138 für eine Rentennachzahlung), Leistungen für mehrere Zeitabschnitte sowie **künftig fällig werdende Ansprüche** auf Sozialleistungen (vgl. § 832 ZPO). Eine Pfändung künftiger Ansprüche setzt bereits das Bestehen eines Sozialversicherungsverhältnisses voraus, wobei das noch nicht rentennahe Alter des Schuldners einer solchen Pfändung nicht entgegen steht (BGH NJW 2003, 1457 für die Pfändung der künftigen Rentenansprüche bei einem 47-jährigen Schuldner; die Frage, ob bei einem relativ jungen Schuldner für eine Pfändung das Rechtsschutzbedürfnis fehlen kann, hat der Bundesgerichtshof offen gelassen). Die Pfändung zukünftiger Rentenansprüche erfasst nicht den Rentenauskunftsanspruch (§ 109 SGB VI). Dieser Anspruch kann auch nicht selbständig gepfändet werden (Zöller/*Stöber* § 850i Rn. 27a mwN).

5. In dem Pfändungsantrag muss die gepfändete Forderung näher bezeichnet werden. Allgemeine Angaben wie „alle Ansprüche auf Sozialleistungen“ etc genügen nicht (Zöller/*Stöber* § 850e Rn. 33 mwN). Eine Aufzählung der **wichtigsten Sozialleistungen** enthalten die §§ 18 ff. SGB I. Hierzu gehören zB die **Ausbildungsförderung** (§ 18 SGB I, §§ 1 ff. BAföG), das **Arbeitslosengeld** (§§ 117 ff. SGB III), das **Teilarbeitslosengeld** (§ 150 SGB III), das **Arbeitslosengeld II** (§§ 19 SGB II ff.), die **Grundsicherung für Arbeitssuchende** (§§ 19a SGB I, 19 ff. SGB II), das **Kurzarbeitergeld** (§§ 169 ff. SGB III), das **Krankengeld** (§§ 21 SGB I, 44 ff. SGB V), die **Altersrenten** und **Witwenrenten** (§§ 23 SGB I, 35 ff. SGB VI), die **Unfallrenten** sowie **Unfallhinterbliebenenrenten** (§§ 22 SGB I, 56 ff. SGB VII), die

Ausgleichsrenten (§§ 30 ff. BVG), das **Kindergeld** (§ 25 SGB I; zur Pfändung → Form. I. I. 25) und das Wohngeld (§ 26 SGB I; zur Pfändung → Form. I. I. 39). Zur Pfändbarkeit der Ansprüche auf Versorgungsleistungen gegen berufsständige Versorgungswerke → Form. I. I. 28 sowie BGH, NJW 2004, 3770. Unpfändbar sind nach § 17 Abs. 1 S. 2 SGB XII die Sozialhilfeansprüche (§ 28 SGB I). Keine Sozialleistungen sind Bonusleistungen von Krankenkassen für ein gesundheitsbewusstes Verhalten (AG Hanau ZVI 2007, 358).

6. Bei der Pfändung der Sozialleistungsansprüche kann ebenfalls ein **Blankettbeschluss** erlassen werden. Die Ermittlung des jeweils pfändbaren Betrages obliegt dem Drittschuldner.

7. Der nach § 54 Abs. 5 SGB I **unpfändbare Kinderzuschlag** gehört nicht zu den „wie Arbeitseinkommen" pfändbaren Renten. Dies ist bei der Pfändung von Rentenansprüchen im Pfändungsbeschluss zum Ausdruck zu bringen. Der Drittschuldner hat diese Beschränkung auch ohne ausdrückliche Anordnung im Pfändungsbeschluss zu beachten (Zöller/*Stöber* § 850i Rn. 34).

8. Durch die Verweisung in § 54 Abs. 4 SGB I auf die Pfändung der Sozialleistungsansprüche „wie Arbeitseinkommen" ist sicher gestellt, dass auch die **Pfändungsschutzvorschriften** der §§ 850a ff. ZPO uneingeschränkt Anwendung finden. Entsprechend sind zB laufende Geldleistungen zur Sicherung des Lebensunterhalts nach dem SGB II (Arbeitslosengeld II) wie Arbeitseinkommen nach Maßgabe der Vorschriften in §§ 850c ff. ZPO pfändbar (BGH NZI 2013, 194). § 55 SGB I ist mit Wirkung ab dem 1.1.2012 aufgehoben, so dass Pfändungsschutz bei Auszahlung auf ein Konto nur noch über die Einrichtung eines Pfändungsschutzkontos gewährleistet ist (→ Form. I. II. 9).

9. Bei der Pfändung im Rahmen der Überweisung zur Einziehung ist der Gläubiger zu allein im Recht des Schuldners begründeten, der Befriedigung dienenden Maßnahmen ermächtigt. Dazu gehört das Antragsrecht des Schuldners, zB das Recht zur Beantragung der Rente (LG Wiesbaden NJW-RR 1996; aA SG Frankfurt/Main NJW-RR 2002, 1213) oder das Recht zur Beantragung von Krankengeld (LG Stendal JurBüro 2011, 323).

10. **Kosten und Gebühren/Rechtsmittel.** → Form. H. I. 2 Anm. 61.

33. Pfändung laufender Geldleistungen (§ 54 Abs. 4 SGB I) wegen gesetzlicher Unterhaltsansprüche

[Das amtliche Formular „Pfändungs- und Überweisungsbeschluss[1]" ist entsprechend den dortigen Anmerkungen auszufüllen. Auf Seite 4 (bzw. Seite 5) des amtlichen Formulars sind das Feld „B (an Agentur für Arbeit bzw. Versicherungsträger)" anzukreuzen und das dortige Leerfeld auszufüllen. Reicht des dort vorhandene Platz nicht, sind auf Seite 4 (bzw. Seite 5) des amtlichen Formulars das Feld „G" anzukreuzen und auf Seite 6 (bzw. Seite 7) des amtlichen Formulars unter „Anspruch G" aufzunehmen:]

Es wird der angebliche Anspruch des Schuldners[2] den/die Drittschuldner,[3] auf Zahlung der fälligen sowie der künftig fällig werdenden[4]. . . . . (nähere Bezeichnung der Sozialleistung)[5] bis zur vollständigen Befriedigung der Ansprüche des Gläubigers gepfändet.[6, 9, 10, 11]

Ausgenommen von der Pfändung sind die nach §§ 850a ZPO, 54 Abs. 3 SGB I unpfändbaren Leistungen.

Mehrere Sozialleistungen sind in entsprechender Anwendung des § 850e Nr. 2a ZPO zusammenzurechnen.

[Ergänzung bei der Pfändung von Rentenansprüchen:[7]

sowie der nach § 54 Abs. 5 SGB I unpfändbare Kindergeldzuschuss.]

Wegen der Unterhaltsansprüche erfolgt die Pfändung ohne die Beschränkung des § 850c ZPO.[8] Dem Schuldner sind jedoch monatlich mindestens ..... EUR zu belassen.

Anmerkungen

1. → Form. H. I. 2 (bzw. → Form. H. I. 6 bei Unterhaltsforderungen). Hinsichtlich der weiteren Einzelheiten zum Pfändungs- und Überweisungsbeschluss wird auf die dortigen Anmerkungen Bezug genommen.

2. Zur Pfändung von Sozialleistungen → Form. I. VII. 32 Anm. 2.

3. **Drittschuldner** ist regelmäßig die Behörde, Anstalt etc., die die jeweilige Leistung nach dem Gesetz schuldet. Diese muss nicht mit der jeweiligen Zahlstelle identisch sein. Eine nähere Bezeichnung der jeweils zuständigen Leistungsträger, und damit des **Drittschuldners**, ergibt sich aus §§ 18 ff. SGB I. Zur Drittschuldnerstellung bei Errichtung einer ArGe nach § 44b SGB II siehe BGH NJW-RR 2008, 733.

4. Zur Pfändung künftiger Leistungen → Form. I. VII. 32 Anm. 4.

5. Zu den Anforderungen an die Bezeichnung der gepfändeten Ansprüche → Form. I. VII. 32 Anm. 5.

6. Bei der Pfändung der Sozialleistungsansprüche kann ebenfalls ein **Blankettbeschluss** erlassen werden. Die Ermittlung des jeweils pfändbaren Betrages obliegt dem Drittschuldner.

7. → Form. I. VII. 32 Anm. 7.

8. → Form. I. VII. 32 Anm. 8.

9. Der Gläubiger eines **gesetzlichen Unterhaltsanspruchs** kann nach § 850d ZPO privilegiert pfänden. Die Voraussetzungen muss er mit dem Pfändungsantrag aufzeigen, → Form. H. I. 6 und die dortigen Anmerkungen. Zugleich kann bereits wegen **künftiger Unterhaltsansprüche** gepfändet und überwiesen werden (sog Vorratspfändung; → Form. H. I. 6 Anm. 16).

10. Bei der Pfändung im Rahmen der Überweisung zur Einziehung ist der Gläubiger zu allein im Recht des Schuldners begründeten, der Befriedigung dienenden Maßnahmen ermächtigt. Dazu gehört das Antragsrecht des Schuldners, zB das Recht zur Beantragung der Rente (LG Wiesbaden NJW-RR 1996; aA SG Frankfurt/Main NJW-RR 2002, 1213) oder das Recht zur Beantragung von Krankengeld (LG Stendal JurBüro 2011, 323).

11. **Kosten und Gebühren/Rechtsmittel.** → Form. H. I. 2 Anm. 61 ff.

34. Pfändung von einmaligen Geldleistungen (§ 54 Abs. 2 SGB I)

[Das amtliche Formular „Pfändungs- und Überweisungsbeschluss[1]*" ist entsprechend den dortigen Anmerkungen auszufüllen. Auf Seite 4 (bzw. Seite 5) des amtlichen Formulars sind das Feld „B (an Agentur für Arbeit bzw. Versicherungsträger)" anzukreuzen und das dortige Leerfeld auszufüllen. Reicht des dort vorhandene Platz nicht, sind auf*

Seite 4 (bzw. Seite 5) des amtlichen Formulars das Feld „G“ anzukreuzen und auf Seite 6 (bzw. Seite 7) des amtlichen Formulars unter „Anspruch G“ aufzunehmen:]

Es wird der angebliche Anspruch des Schuldners gegen den/die Drittschuldner auf Zahlung der . . . . . (nähere Bezeichnung der einmaligen Sozialleistung,[2] zB Sterbegeld nach § 64 SGB VII) gepfändet.[4]

[Auf Seite 9 des amtliches Formulars ist in dem ersten Feld (bzw. auf Seite 10 in dem zweiten Feld) zusätzlich das freie Kästchen anzukreuzen und dort einzutragen:]

Die Pfändung entspricht der Billigkeit, weil . . . . . [nähere Begründung, zB Pfändung wegen eines Anspruchs des Gläubigers auf Bezahlung der Bestattungskosten].[3]

Anmerkungen

1. → Form. H. I. 2 (bzw. → Form. H. I. 6 bei Unterhaltsforderungen). Hinsichtlich der weiteren Einzelheiten zum Pfändungs- und Überweisungsbeschluss wird auf die dortigen Anmerkungen Bezug genommen.

2. Nach § 54 Abs. 2 SGB I ist die Pfändung von **Ansprüchen auf einmalige Sozialleistungen** möglich. Eine einmalige Leistung liegt vor, wenn diese für einen einmaligen Zweck (zB für eine einmalige Anschaffung) gewährt wird. Nicht ausreichend ist, dass die Zahlung in einem Betrag vorgenommen wird. Daher liegt keine einmalige Sozialleistung im Sinne des § 54 Abs. 2 SGB I bei einer Rentennachzahlung für einen längeren Zeitraum vor (LG Bielefeld ZVI 2005, 138).

3. Einmalige Leistungen können gepfändet werden, sofern dies nach den Umständen des Falles, insbesondere nach den Einkommens- und Vermögensverhältnissen des Leistungsberechtigten, der Art des beizutreibenden Anspruchs sowie der Höhe und der Zweckbestimmung der Geldleistung der Billigkeit entspricht. Pfändbar sind insoweit auch künftige Ansprüche. Für die erforderliche **Billigkeitsabwägung** durch das Vollstreckungsgericht sollte der Gläubiger mit seinem Antrag die Umstände vortragen, die bei der konkreten und individuellen Abwägung für eine Pfändung sprechen. Eine Darlegungspflicht besteht indes nicht, vielmehr hat das Vollstreckungsgericht von Amts wegen die Pfändungsvoraussetzungen zu prüfen (BGH NJW 1985, 976; OLG Köln NJW 1989, 2956).

4. Kosten und Gebühren/Rechtsmittel. → Form. H. I. 2 Anm. 61 ff.

Steuererstattungsansprüche

35. Pfändung des Anspruchs auf Steuererstattung

[Das amtliche Formular „Pfändungs- und Überweisungsbeschluss[1]“ ist entsprechend den dortigen Anmerkungen auszufüllen. Auf Seite 4 (bzw. Seite 5) des amtlichen Formulars ist das Feld „C“ anzukreuzen. Damit erfolgt eine umfassende Pfändung der auf Seite 4 (bzw. Seite 6) des amtlichen Formulars in dem Feld „Anspruch C (an Finanzamt)“ unter Nr. 1[2] und Nr. 2[3] aufgeführten Ansprüche. Die Felder müssen entsprechend um das Kalenderjahr bzw. das Kraftfahrzeugkennzeichen ergänzt werden.]

[Ist eine Pfändung anderer Ansprüche gegen das Finanzamt beabsichtigt, auf Seite 4 (bzw. Seite 5) des amtlichen Formulars sind das Feld „G“ anzukreuzen und auf Seite 6 (bzw. Seite 7) des amtlichen Formulars unter „Anspruch G“ aufzunehmen:]

Es wird der angebliche Anspruch des Schuldners[4] gegen den Drittschuldner[5] auf Erstattung der . . . . . (nähere Bezeichnung des Erstattungsbetrages sowie des Erstattungsgrundes),[6] gepfändet.[8, 9]

[Auf Seite 9 des amtliches Formulars ist in dem ersten Feld (bzw. auf Seite 10 in dem zweiten Feld) das freie Kästchen anzukreuzen und dort einzutragen:]

Der Erstattungsanspruch ist pfändbar, weil . . . . . (nähere Darlegung zur Pfändbarkeit des Erstattungsanspruchs).[7]

Anmerkungen

1. → Form. H. I. 2 (bzw. → Form. H. I. 6 bei Unterhaltsforderungen). Hinsichtlich der weiteren Einzelheiten zum Pfändungs- und Überweisungsbeschluss wird auf die dortigen Anmerkungen Bezug genommen.

2. Zur Pfändung des Anspruchs auf **Lohnsteuerjahresausgleich** → Form. I. I. 36.

3. Zur Pfändung des **Erstattungsbetrages bei Kraftfahrzeugsteuer** → Anm. 8.

4. Ansprüche auf Erstattung von Steuern (§ 37 Abs. 1, Abs. 2 AO), Haftungsbeträgen, steuerlichen Nebenleistungen sowie auf Zahlung einer Investitionszulage nach dem Investitionszulagengesetz 2010 (BGBl. 2008 I, 2350; vgl. *Stöber* Rn. 393) können grundsätzlich gepfändet werden (§ 46 Abs. 1 AO). Diese Ansprüche sind nicht Bestandteil des Arbeitseinkommens des Vollstreckungsschuldners und unterliegen nicht den Pfändungsschutzvorschriften der §§ 850 ff. ZPO. Dazu ergänzend (Auswahl): *Alisch/Voigt*, Rpfleger 1980, 10; *Behr/Spring* NJW 1994, 3257; *Buciek* Betrieb 1985, 1428; *David* MDR 1993, 412; *Giers* FamRB 2005, 375; *Globig* NJW 1982, 915; *Halaczinsky* ZIP 1985, 1442; *Lenke/Widera* Betrieb 1985, 1367; *Mümmler* JurBüro 1979, 1599; *Riedel* Rpfleger 1996, 275; *Röder* DGVZ 2009, 178; *Schmidt* InVo 2004, 317; *Urban* DGVZ 1994, 101; *Viertelhausen* DGVZ 2004, 161.

5. Drittschuldner ist grundsätzlich die Finanzbehörde, die über den Anspruch entschieden oder zu entscheiden hat (§ 46 Abs. 7 AO); eine Ausnahme besteht bei einem vom Arbeitgeber durchgeführten Lohnsteuerjahresausgleich (→ Form. I. I. 37). Die Pfändung wird nur mit der Zustellung an das örtlich und sachlich zuständige Finanzamt (vgl. dazu §§ 16 ff. AO) bewirkt. Daher muss insbesondere bei Großstädten mit mehreren Finanzämtern sorgfältig das richtige Finanzamt ermittelt werden. Notfalls muss die Pfändung gegenüber mehreren Finanzämtern zugleich beantragt werden.

6. Im Pfändungsgesuch müssen die **Steuerart sowie Erstattungsgrund** konkret dargetan werden. Es können alle in Betracht kommenden Ansprüche gepfändet werden. Diese müsse indes im Einzelnen bezeichnet werden. Allgemeine Angabe, wie zB *„alle Steuererstattungsansprüche"* oder *„Erstattungsansprüche für das Jahr. . . . ."* genügen nicht (BFH NJW 1990, 2645). Nähere Angaben zu dem Erstattungszeitraum sind nicht notwendig, vielmehr erfasst der Pfändungsbeschluss alle bereits entstandenen Erstattungsansprüche (BFH InVo 2002, 151). Da teilweise in der Literatur auch die Angabe des Steuerjahres gefordert wird, sollte vorsorglich der Erstattungszeitraum näher bestimmt werden. Die Angabe der Steuernummer ist nicht erforderlich.

7. Die Pfändung und Überweisung führt nicht dazu, dass der Gläubiger an dem Steuerfestsetzungsverfahren beteiligt wird (BFHE 187, 1); dieser kann insoweit auch keine Rechte des Steuerpflichtigen wahrnehmen (BFHE 187, 1; BGHZ 176, 79 (84) = NJW 2008, 1675 unter ausdrücklicher Aufgabe von BGHZ 157, 195 (202) = NJW 2004, 954 (956)). Der Gläubiger kann grundsätzlich **nur im anschließenden Erhebungsverfah-**

ren (§§ 218 ff. AO) Zahlung an sich verlangen. In diesem Verfahren kann die Finanzbehörde bei Streitigkeiten über die Wirksamkeit der Pfändung durch Verwaltungsakt (§ 218 Abs. 2 AO) entscheiden (BFH NJW 1988, 1998). Gegen diesen Bescheid stehen dem Pfändungsgläubiger die Rechtsmittel nach der FGO zu.

8. Eine Pfändung des Erstattungsanspruchs ist erst ab dem **Zeitpunkt der Entstehung des Anspruchs** möglich. Vor seiner Entstehung darf nach § 46 Abs. 6 S. 1 AO kein Pfändungs- und Überweisungsbeschluss erlassen werden. Ein entgegen diesem Verbot erwirkter Beschluss ist nichtig (§ 46 Abs. 6 S. 2 AO) und kann damit keinen Pfändungsrang wahren. Ebenso ist eine Vorpfändung erst ab Entstehung des Steuererstattungsanspruchs möglich. Der Erstattungsanspruch entsteht, sobald der Tatbestand verwirklicht ist, an den das Gesetz die Leistungspflicht knüpft (§ 38 AO). Dies richtet sich nach den einzelnen Steuergesetzen, zB nach §§ 14, 18 BierStG für die **Biersteuer**, nach §§ 25 Abs. 1, 36 Abs. 1 EStG für die **Einkommensteuer**, nach § 9 Abs. 1 ErbStG für die **Erbschaftssteuer**, nach § 18 GewStG für die **Gewerbesteuer**, nach § 14 GrEStG für die **Grunderwerbsteuer**, nach §§ 11, 15 KaffeeStG für die **Kaffeesteuer**, nach §§ 7 Abs. 3, 30 Nr. 3 KStG für die **Körperschaftssteuer**, nach §§ 6, 11 Abs. 1 KraftStG für die **Kraftfahrzeugsteuer**, nach § 9 MinöStG für die **Mineralölsteuer**, nach §§ 15, 21 TabStG für die **Tabaksteuer**, nach § 13 UStG für die **Umsatzsteuer**; der Vorsteuererstattungsanspruch ist nicht selbständig abtretbar und damit auch nicht pfändbar (BFH BB 1983, 1518). Bereits mit der Verwirklichung des Steuertatbestandes kann vor Abgabe der erforderlichen Steuererklärungen bzw. vor Festsetzung der Steuern ein möglicher Erstattungsanspruch gepfändet werden.

9. **Kosten und Gebühren/Rechtsmittel.** → Form. H. I. 2 Anm. 61 ff.

36. Pfändung des Anspruchs auf Lohnsteuerjahresausgleich bei Durchführung des Verfahrens durch das Finanzamt

[Das amtliche Formular „Pfändungs- und Überweisungsbeschluss[1]" ist entsprechend den dortigen Anmerkungen auszufüllen. Auf Seite 4 (bzw. Seite 5) des amtlichen Formulars sind das Feld „G" anzukreuzen und auf Seite 6 (bzw. Seite 7) des amtlichen Formulars unter „Anspruch G" aufzunehmen:]

Es wird der angebliche Anspruch des Schuldners[2] gegen den Drittschuldner[3] auf Auszahlung des Erstattungsbetrages, der sich nach Durchführung des Lohnsteuerjahresausgleichs für das abgelaufene Kalenderjahr sowie für alle folgenden Kalenderjahre[4] ergibt, gepfändet.[5, 6, 7]

Anmerkungen

1. → Form. H. I. 2 (bzw. → Form. H. I. 6 bei Unterhaltsforderungen). Hinsichtlich der weiteren Einzelheiten zum Pfändungs- und Überweisungsbeschluss wird auf die dortigen Anmerkungen Bezug genommen.

2. Zur Pfändung von Steuererstattungsansprüchen → Form. I. I. 35 Anm. 4.

3. **Drittschuldner** ist die **Finanzbehörde**, die über den Anspruch entschieden oder zu entscheiden hat (§ 46 Abs. 7 AO). Dies ist das örtlich zuständige Wohnsitzfinanzamt des Vollstreckungsschuldners (§ 19 AO). Die Pfändung wird nur mit der Zustellung an das örtlich und sachlich zuständige Finanzamt (vgl. dazu §§ 16 ff. AO) bewirkt.

4. Eine Pfändung kann nur Erstattungsansprüche betreffend das bereits abgelaufene bzw. frühere Kalenderjahre erfolgen. Denn die Pfändung ist erst ab dem **Zeitpunkt der Entstehung des Anspruchs** möglich. Vor seiner Entstehung und damit Ablauf des Veranlagungszeitraums (§ 36 Abs. 1 EStG) darf nach § 46 Abs. 6 S. 1 AO kein Pfändungs- und Überweisungsbeschluss erlassen werden. Ein entgegen diesem Verbot erwirkter Beschluss ist nichtig (§ 46 Abs. 6 S. 2 AO) und kann damit keinen Pfändungsrang wahren. Ebenso scheidet eine Vorpfändung vor Entstehung des Steuererstattungsanspruchs aus.

5. Die Pfändung und Überweisung führt nicht dazu, dass der Gläubiger an dem Steuerfestsetzungsverfahren beteiligt wird (BFHE 187, 1). Der Gläubiger kann grundsätzlich nur im anschließenden Erhebungsverfahren (§§ 218 ff. AO) Zahlung an sich verlangen.

6. Wenn der Anspruch auf Erstattung von Einkommensteuern gepfändet und zur Einziehung überwiesen worden ist, kann der Vollstreckungsgläubiger aufgrund des Pfändungs- und Überweisungsbeschlusses weder einen Anspruch **auf Vornahme von Verfahrenshandlungen im Steuerfestsetzungsverfahren** (zB Abgabe der erforderlichen Steuererklärung) gemäß § 888 Abs. 1 S. 1 durch Haftantrag gegen den Schuldner vollstrecken noch nach § 887 ZPO ermächtigt werden, Verfahrenshandlungen des Schuldners im Steuerfestsetzungsverfahrens selbst vorzunehmen (BGHZ 176, 79 = NJW 2008, 1675 unter ausdrücklicher Aufgabe von BGHZ 157, 195 = NJW 2004, 954). Das Antragsrecht ist höchstpersönlich und kann nur vom steuerpflichtigen Schuldner wahrgenommen werden (BFHE 191, 311 = NJW 2001, 462). Da der Vollstreckungsgläubiger kein eigenes Antragsrecht besitzt, kann er nicht nach § 836 Abs. 3 ZPO die Herausgabe der Lohnsteuerkarte bzw. des Ausdrucks der elektronischen Lohnsteuerbescheinigung verlangen (Zöller/*Stöber* § 836 Rn. 13).

7. Kosten und Gebühren/Rechtsmittel. → Form. H. I. 2 Anm. 61 ff.

37. Pfändung des Anspruchs auf Lohnsteuerjahresausgleich bei Durchführung des Verfahrens durch den Arbeitgeber

[Das amtliche Formular „Pfändungs- und Überweisungsbeschluss[1]" ist entsprechend den dortigen Anmerkungen auszufüllen. Auf Seite 4 (bzw. Seite 5) des amtlichen Formulars sind das Feld „G" anzukreuzen und auf Seite 6 (bzw. Seite 7) des amtlichen Formulars unter „Anspruch G" aufzunehmen:]

Es wird der angebliche Anspruch des Schuldners[2] gegen den/die Drittschuldner/in[3] auf Auszahlung des Erstattungsbetrages, der sich nach Durchführung des Lohnsteuerjahresausgleichs für das abgelaufene Kalenderjahr sowie für alle folgenden Kalenderjahre[4] ergibt, gepfändet.[5]

Anmerkungen

1. → Form. H. I. 2 (bzw. → Form. H. I. 6 bei Unterhaltsforderungen). Hinsichtlich der weiteren Einzelheiten zum Pfändungs- und Überweisungsbeschluss wird auf die dortigen Anmerkungen Bezug genommen.

2. Ein **Arbeitgeber,** der mindestens 10 Arbeitnehmer beschäftigt, ist nach § 42b Abs. 1 S. 1 EStG berechtigt, seinen unbeschränkt einkommensteuerpflichtigen Arbeitnehmern, die während des abgelaufenen Kalenderjahres ständig in einem Dienstverhältnis gestanden haben, die für das Ausgleichsjahr einbehaltene Lohnsteuer insoweit zu erstatten, als diese die auf den Jahresarbeitslohn entfallende Jahreslohnsteuer übersteigt (Lohnsteuer-Jahresausgleich).

3. **Drittschuldner** ist der **Arbeitgeber**, der gemäß § 42b EStG den Lohnsteuerjahresausgleich durchführt.

4. Insoweit gilt die Pfändungsbeschränkung des § 46 Abs. 6 AO nicht, so dass **der künftige Anspruch** (§ 832 ZPO) gepfändet werden kann (*Stöber* Rn. 383 mwN; aA LG Aachen Rpfleger 1988, 418). Die Pfändung kann in voller Höhe erfolgen. Der Erstattungsbetrag ist nicht Teil des Arbeitseinkommens. Damit finden die Pfändungsschutzvorschriften der §§ 850a ff. ZPO keine Anwendung.

5. **Kosten und Gebühren/Rechtsmittel.** → Form. H. I. 2 Anm. 61 ff.

38. Pfändung der Ansprüche auf Einkommensteuererstattung

[Das amtliche Formular „Pfändungs- und Überweisungsbeschluss[1]" ist entsprechend den dortigen Anmerkungen auszufüllen. Auf Seite 4 (bzw. Seite 5) des amtlichen Formulars sind das Feld „C" anzukreuzen und auf Seite 4 (bzw. Seite 6) des amtlichen Formulars in dem Feld „Anspruch C (an Finanzamt)" die Nr. 2 zu streichen. Das Feld Nr. 1 ist noch um die Angabe des Kalenderjahres zu ergänzen.][2, 3, 4, 5, 6, 7, 8]

Anmerkungen

1. → Form. H. I. 2 (bzw. → Form. H. I. 6 bei Unterhaltsforderungen). Hinsichtlich der weiteren Einzelheiten zum Pfändungs- und Überweisungsbeschluss wird auf die dortigen Anmerkungen Bezug genommen.

2. Zur Pfändung von Steuererstattungsansprüche → Form. I. I. 35.

3. **Drittschuldner** ist die **Finanzbehörde**, die über den Anspruch entschieden oder zu entscheiden hat (§ 46 Abs. 7 AO). Die Pfändung wird nur mit der Zustellung an das örtlich und sachlich zuständige Finanzamt (vgl. dazu §§ 16 ff. AO) bewirkt.

4. Eine Pfändung kann nur Erstattungsansprüche betreffen das bereits abgelaufene bzw. frühere Kalenderjahre erfolgen. Denn die Pfändung ist erst ab dem **Zeitpunkt der Entstehung des Anspruchs** möglich. Vor seiner Entstehung darf nach § 46 Abs. 6 S. 1 AO kein Pfändungs- und Überweisungsbeschluss erlassen werden. Ein entgegen diesem Verbot erwirkter Beschluss ist nichtig (§ 46 Abs. 6 S. 2 AO) und kann damit keinen Pfändungsrang wahren. Ebenso scheidet eine Vorpfändung vor Entstehung des Steuererstattungsanspruchs aus.

5. Bei **zusammenveranlagten Ehegatten** kann der Gläubiger eines Ehegatten dessen Anspruch auf den anteiligen Erstattungsbetrag pfänden. Nicht pfändbar ist der Anspruch des Schuldners gegenüber seinem Ehegatten auf Zusammenveranlagung, da es sich insoweit um ein höchstpersönliches Recht handelt.

6. Die Pfändung und Überweisung führt nicht dazu, dass der Gläubiger an dem **Steuerfestsetzungsverfahren** beteiligt wird (BGH DStR 1999, 16). Der Gläubiger kann grundsätzlich nur im anschließenden Erhebungsverfahren (§§ 218 ff. AO) Zahlung an sich verlangen.

7. Wenn der Anspruch auf Erstattung von Einkommensteuern gepfändet und zur Einziehung überwiesen worden ist, kann der Vollstreckungsgläubiger aufgrund des Pfändungs- und Überweisungsbeschlusses weder einen Anspruch **auf Vornahme von Verfahrenshandlungen im Steuerfestsetzungsverfahren** (zB Abgabe der erforderlichen Steuererklärung) gemäß § 888 Abs. 1 S. 1 durch Haftantrag gegen den Schuldner vollstrecken noch nach § 887 ZPO ermächtigt werden, Verfahrenshandlungen des Schuldners im Steuerfestsetzungsverfahrens selbst vorzunehmen (BGHZ 176, 79 = NJW 2008, 1675 unter ausdrücklicher Aufgabe von BGHZ 157, 195 = NJW 2004, 954). Das Antragsrecht ist höchstpersönlich und kann nur vom steuerpflichtigen Schuldner wahrgenommen werden (BFHE 191, 311 = NJW 2001, 462). Da der Vollstreckungsgläubiger kein eigenes Antragsrecht besitzt, kann er nicht nach § 836 Abs. 3 ZPO die Herausgabe der Lohnsteuerkarte bzw. des Ausdrucks der elektronischen Lohnsteuerbescheinigung verlangen (Zöller/*Stöber* § 836 Rn. 13).

8. Kosten und Gebühren/Rechtsmittel. → Form. H. I. 2 Anm. 61 ff.

Wohngeld

39. Pfändung von Wohngeld

[Das amtliche Formular „Pfändungs- und Überweisungsbeschluss[1]" ist entsprechend den dortigen Anmerkungen auszufüllen. Auf Seite 4 (bzw. Seite 5) des amtlichen Formulars sind das Feld „G" anzukreuzen und auf Seite 6 (bzw. Seite 7) des amtlichen Formulars unter „Anspruch G" aufzunehmen:]

Es wird die angebliche Forderung des Schuldners[2] gegen die Drittschuldnerin[3] auf Zahlung des Wohngeldes, einschließlich der künftig fällig werdenden Ansprüche bis zur vollständigen Befriedigung der Ansprüche des Gläubigers gepfändet.[5]

[Auf Seite 9 des amtliches Formulars ist in dem ersten Feld (bzw. auf Seite 10 in dem zweiten Feld) zusätzlich das freie Kästchen anzukreuzen und dort einzutragen:]

Die Ansprüche des Gläubigers beruhen auf Mietzinsansprüche auf Grund des Mietvertrages vom . . . . .[4]

Anmerkungen

1. → Form. H. I. 2 (bzw. → Form. H. I. 6 bei Unterhaltsforderungen). Hinsichtlich der weiteren Einzelheiten zum Pfändungs- und Überweisungsbeschluss wird auf die dortigen Anmerkungen Bezug genommen.

2. Wohngeld wird auf Antrag (§ 22 Abs. 1 WoGG) zur wirtschaftlichen Sicherung eines angemessenen und familiengerechten Wohnens als laufender Miet- oder Lastenzuschuss zu den Aufwendungen für den selbst genutzten Wohnraum geleistet (§ 1 Abs. 2 WoGG). Die Höhe des Zuschusses errechnet sich nach einer feststehenden Formel (§ 19 Abs. 1 WoGG) unter Berücksichtigung der Miethöhe oder monatlichen Belastung, des Einkommens und der Haushaltsgröße.

3. Drittschuldner ist die nach dem jeweiligen Landesrecht bestimmte **wohngeldzahlende Stelle.** Durch die Vorschriften über die Pfändung von Arbeitseinkommen (§ 54 Abs. 4 SGB I) ist die Pfändung des Wohngeldes nicht eingeschränkt.

4. Der Anspruch auf Zahlung von Wohngeld ist nach § 54 Abs. 3 Nr. 2a SGB I grundsätzlich unpfändbar. Pfändbar ist das Wohngeld nach §§ 829, 835 ZPO jedoch wegen der Ansprüche, die Gegenstand der §§ 9 und 10 WoGG sind, nämlich Mietzinsforderungen einschließlich Belastungen aus dem Kapitaldienst und aus der Bewirtschaftung. Hierzu bedarf es nähere Angabe in dem Pfändungs- und Überweisungsbeschluss.

5. Kosten und Gebühren/Rechtsmittel. → Form. H. I. 2 Anm. 61 ff.

Vermögenswirksame Leistungen/Eigenheimzulagen

40. Pfändung von vermögenswirksamen Leistungen/Eigenheimzulagen

Die **vermögenswirksamen Leistungen** nach dem 5. Vermögensbildungsgesetz sind Bestandteile des Lohnes bzw. des Gehalts. Der Anspruch auf die vermögenswirksamen Leistungen ist nicht übertragbar und damit auch **nicht pfändbar** (§§ 2 Abs. 7 S. 2 des 5. VermBG, 851 ZPO). Entsprechende Leistungen bleiben bei der Berechnung des pfändbaren Einkommens außer Betracht. Die Unpfändbarkeit beschränkt sich nicht auf den Betrag, für den noch ein Anspruch auf Zahlung der Arbeitnehmersparzulage besteht (*Stöber* Rn. 923). Der Anspruch auf Arbeitnehmersparzulagen nach § 13 des 5. VermBG ist ebenfalls nicht übertragbar und damit unpfändbar. **Pfändbar** ist jedoch dass aus den vermögenswirksamen Leistungen gebildete Sparguthaben (Zöller/*Stöber* § 850 Rn. 13). Siehe dazu auch (Auswahl): *Borrmann* Betrieb 1974, 382, 2057; *Brych* Betrieb 1974, 2054; *Hauger* Betrieb 1975, 1147; *Mümmler* Betrieb 1979, 1118: *Ottersbach* Rpfleger 1990, 57.

Eine **gewährte Eigenheimzulage** unterliegt als Steuervergünstigung ab der Entstehung der Pfändung (§ 46 AO). Eine Pfändung kommt nur noch für die am 31.12.2005 geförderten Objekte in Betracht, da seit dem **1.1.2006** eine neue Zulage nicht mehr gewährt wird.

41. Pfändungen bei Zivildienstleistenden/Ableistenden eines freiwilligen ökologischen oder sozialen Jahres/Bundesfreiwilligendienst

1. Wegen der Aussetzung des Wehrdienstes zum 1.7.2011 wurden ab Oktober 2010 Zivildienstleistende nur noch auf eigenen Wunsch einberufen. Diese freiwillige Art der Einberufung war nur bis zum **1.7.2011** möglich, so dass auch bei freiwillig längerer Dienstverpflichtung die letzten Zivildienstverhältnisse am 31.12.2011 endeten. Als Ersatz wurde für den derzeit ausgesetzten Zivildienst der Bundesfreiwilligendienst eingeführt. Auf den **Zivildienstleistenden** finden, soweit das Zivildienstgesetz keine andere Regelung enthält, in Fragen der Geld- und Sachbezüge die Bestimmungen entsprechende Anwendung, die für ein Soldaten des untersten Mannschaftsdienstgrades, der auf Grund der Wehrpflicht Wehrdienst leistet, gelten (§ 35 Abs. 1 ZDG). Die Bezüge sind daher pfändungsrechtlich Arbeitseinkommen und entsprechend nach §§ 850 ff. ZPO pfändbar. → Form. I. I. 30.

2. Pfändbar sind auch die bei der **Ableistung eines freiwilligen ökologischen oder sozialen Jahres** geleisteten Entschädigungen (Zöller/*Stöber* § 850 Rn. 5). Unpfändbar sind die Ausgleichszahlungen, die aufgrund einer Zivildienstbeschädigung geleistet werden (§ 50 Abs. 5 ZDG).

3. Der Bundesfreiwilligendienst ist als Initiative zur freiwilligen, gemeinnützigen und unentgeltlichen Arbeit als Reaktion auf die Aussetzung der Wehrpflicht und damit auch des Zivildienstes eingeführt worden. Der Dienst steht auch Erwachsenen über 27 Jahre offen. Die Geld- und Sachleistungen der Dienstleistenden im Bundesfreiwilligendienst (Bundesfreiwilligendienstgesetz v. 28.4.2011, BGBl. I 681) sind ebenfalls pfändungsrechtlich Arbeitseinkommen und damit nach §§ 850 ff. ZPO pfändbar.

II. Pfändung von Ansprüchen aus Bankverbindung („Anspruch D" des amtlichen Formulars)

Bankvertrag

1. Pfändung aller Ansprüche aus Bankverbindung

[Das amtliche Formular „Pfändungs- und Überweisungsbeschluss[1]" ist entsprechend den dortigen Anmerkungen auszufüllen. Auf Seite 4 (bzw. Seite 5) des amtlichen Formulars sind das Feld „D (an Kreditinstitute)" anzukreuzen und auf Seite 6 (bzw. Seite 7) des amtlichen Formulars in dem Feld „Anspruch D (an Kreditinstitute)"[2, 3, 4] – so gut wie möglich[5, 6] – die in den unter Nr. 1,[7] Nr. 2,[8] Nr. 3,[9] Nr. 4[10] und Nr. 5[11] aufgezählten Pfändungsmöglichkeiten vorhandenen Leerfelder auszufüllen sowie unter Nr. 6 ergänzend aufzunehmen:]

a) Herausgabe der in Sonderverwahrung oder Drittverwahrung für den Schuldner aufbewahrten Wertpapiere und auf Zahlung, Gutschrift und Auskehrung der eingezogenen oder künftig einzuziehenden Erträge, Erlöse oder sonstigen Ausschüttungen und der Rückzahlungsbeträge bzw. der fälligen und künftig fällig werdenden Ansprüche und Rechte des Schuldners gegen die Drittschuldnerin aus Wertpapierdepotverträgen auf Zahlung, Gutschrift und Auskehrung der eingezogenen oder künftig einzuziehenden Erträge, Erlöse oder sonstige Ausschüttung und der Rückzahlungsbeträge einschließlich des Miteigentumsanteils des Schuldners an den in Sammeldepots bei der Drittschuldnerin verwahrten Wertpapiere sowie des Anspruchs auf Auslieferung der dem Schuldner gebührenden Anzahl der Wertpapiere aus dem Sammeldepot,[10]
b) Freigabe bzw. Herausgabe freigewordener bzw. noch freiwerdender Sicherheiten einschließlich der Ansprüche auf Auszahlung von Übererlösen nach Verwertung von Sicherheiten,
c) Rückzahlung des nicht verbrauchten Vorschusses (Chipguthaben) seiner Geldkarte,[12]

gepfändet.[16, 17, 18, 19]

[Auf Seite 8 (bzw. Seite 9) des amtlichen Formulars sind in dem Feld „Es wird angeordnet, dass" das freie Kästchen anzukreuzen und dort einzutragen:]

1. der Schuldner die in seinem Besitz befindlichen Sparbücher, Sparurkunden, Sparverträge, Kontoverträge, Kontoauszüge,[13] Bescheinigungen über eine erweiterten Pfändungsschutz nach § 850k Abs. 2, Abs. 5 ZPO[14] sowie sonstigen Urkunden bzw. Legitimationspapiere an den Gläubiger herauszugeben hat,[15]
2. diejenigen Sachen, bezüglich derer die Herausgabeansprüche gepfändet sind, an einen von dem Gläubiger zu beauftragenden Gerichtsvollzieher herauszugeben sind,
3. der Schuldner die Geldkarte, die einzig den nicht verbrauchten Vorschuss belegen kann und zur Entladung des Guthaben vorzulegen ist, an den Gläubiger herauszugeben hat.[12]

Anmerkungen

1. → Form. H. I. 2 (bzw. → Form. H. I. 6 bei Unterhaltsforderungen). Hinsichtlich der weiteren Einzelheiten zum Pfändungs- und Überweisungsbeschluss wird auf die dortigen Anmerkungen Bezug genommen.

2. Aus den vertraglichen Beziehungen zu einem Kreditinstitut können dem Kunden eine Vielzahl von Ansprüchen und Rechte zustehen. In einem Pfändungsbeschluss können grundsätzlich diese **Ansprüche und Rechte umfassend gepfändet** werden. Dies bietet sich regelmäßig nur an, wenn erhebliche Forderungen gegen den Vollstreckungsschuldner bestehen bzw. der Umfang der Geschäftsbeziehungen des Schuldners zu der Drittschuldnerin nicht bekannt ist. Ansonsten sollten nur die tatsächlich bestehenden bzw. einzelnen Ansprüche gepfändet werden (→ Form. I. II. 2 ff.), um dem Vorwurf einer Überpfändung (§ 803 Abs. 1 S. 2 ZPO), der Gefahr der Zurückweisung des Antrages wegen mangelnder Bestimmtheit bzw. einer unzulässigen Austauschpfändung zu begegnen. Zutreffend weist *Stöber* Rn. 468b darauf hin, dass ein Schuldner, dessen Guthaben (beispielsweise) auf einem P-Konto gepfändet werden soll, nicht auch noch ein Wertpapierkonto mit einem dazu gehörigen Gegenkonto und dazu noch ein Bankschließfach haben wird, zu dem zugleich ein Anspruch auf Zutritt zur Öffnung und Entgegennahme des Inhalts zu pfänden ist. Die Pfändung von Konten des Schuldners bei einer inländischen Haupt- oder Zweigniederlassung erfasst nicht die **Kontoguthaben bei einer Auslandsniederlassung** (*Sudergat* Rn. 75). In den meisten Fällen handelt es sich zudem bei den ausländischen Niederlassungen um ein selbständiges Kreditinstitut.

Weitere Einzelheiten zur Kontopfändung finden sich bei (Auswahl): *App* InVo 2003, 357; *Baßlsperger* Rpfleger 1985, 177; *Behr* JurBüro 1999, 458; *ders.* InVo 1999, 129; *Buser* AcP 156, 418; *David* MDR 1993, 108; *Ehlenz* JurBüro 2011, 342; *Fink* MDR 1998, 749; *Fischer* DZWIR 2002, 143; *ders.* InVo 2002, 213; *Gaul* KTS 1989, 3; *Häuser* WM 1990, 129; *Hintzen* InVo 2001, 270; *Hofmann*, Rpfleger 2001, 113; *Hök* MDR 2005, 306; *Jungmann* ZInsO 1999, 64; *Klose* MDR 2002, 186; *Löhnig* JR 2007, 75; *Luther* BB 1985, 1886; *Rath* ZVI 2004, 386; *Röder* DGVZ 1995, 110; *Schuschke* ZIP 2001, 1084; *Stöber* Rpfleger 1995, 277; *Sudergat* Kontopfändung und P-Konto, 3. Aufl. 2013; *Vallender* InVo 1996, 283; *Zimmermann* ZVI 2004, 286.

3. Der Europäische Gesetzgeber hat am 15.5.2014 die VO (EU) Nr. 655/2014 zur Einführung eines Europäischen Beschlusses zur **vorläufigen grenzüberschreitenden Kontenpfändung** (EuKoPfVO) verabschiedet. Die Verordnung tritt am 18.1.2017 in Kraft. Das BMJV hat am 9.12.2014 den Entwurf eines Durchführungsgesetzes vorgelegt, wonach die entsprechenden Regelungen aufgrund des systematischen Zusammenhangs mit dem Zwangsvollstreckungsrecht und dem Arrestverfahren im 8. Buch der ZPO eingefügt werden sollen. Zu den Einzelheiten siehe → Form. R. XX.

Weitere Einzelheiten zur vorläufigen Kontopfändung finden sich bei (Auswahl): *Cranshaw* DZWIR 2012, 401; *Fawzy* DGVZ 2015, 141; *Harbeck* ZInsO 2012, 805; *Hess/Raffelsieper* IPRax 2015, 46; *Skamels/Wilhelm* ZInsO 2014, 1789.

4. **Drittschuldner** ist das **Kreditinstitut**, bei dem der Schuldner seine Bankverbindung hat. Der Drittschuldner muss so bezeichnet werden, dass seine Identität auch für Dritte ohne Zweifel erkennbar ist (BGH NJW 1980, 584). Eine fehlerhafte Bezeichnung schadet nicht, wenn die Identität des Drittschuldners zweifelsfrei ist. Die gleichzeitige Forderungspfändung auf Verdacht bei bis zu drei Banken am Wohnsitz des nicht gewerblich tätigen Schuldners ist nicht rechtsmissbräuchlich (BGH NJW 2004, 2097). Die Zustellung kann sowohl an die **Hauptniederlassung des Kreditinstituts** als auch an die **Nebenstelle** erfolgen, bei der der Schuldner sein Konto hat. Die **Zweigniederlassung** ist als Unternehmensteil zwar nicht selbständig, nimmt aber am Rechtsverkehr teil (vgl. § 15 Abs. 4 HGB).

5. Das **Bestimmtheitserfordernis** gebietet es, die gepfändete Forderung und ihren Rechtsgrund in dem Pfändungsbeschluss so genau zu bezeichnen, dass bei verständiger Auslegung unzweifelhaft der Gegenstand der Zwangsvollstreckung feststeht (OLG Köln NJW-RR 1999, 1224). Undifferenzierte Angaben wie *„alle Ansprüche des Schuldners gegen die Drittschuldnerin, gleich auf welchem Rechtsverhältnis sie beruhen"* (BGH WM 1973, 892), *„aus Bankverbindung"* (OLG Frankfurt OLGZ 1981, 109) oder *„aus Geschäftsverbindung"* (OLG Oldenburg JurBüro 1982, 620) genügen nicht. Andererseits ist für die Wirksamkeit einer Pfändung die genaue Bezeichnung des Kontos unter **Angabe der Kontonummer** nicht notwendig (OLG Köln NJW-RR 1999, 1224). Soweit diese bekannt ist, sollte sie zur Klarstellung mitgeteilt werden. Die Angabe einer Kontonummer lässt bei einer Pfändung *„sämtlicher Konten"* nicht den Schluss zu, es solle nur das auf diesem Konto vorhandene Guthaben gepfändet werden (BGH NJW 1988, 2543). Hinreichend bestimmt sind die Bezeichnungen *„alle Ansprüche auf Auszahlung der Guthaben aus Sparverträgen"* bzw. *„die gegenwärtigen und alle künftigen Guthaben aus Girovertrag"* (OLG Köln NJW-RR 1999, 1224). In der Praxis ist darauf zu achten, dass nur die Konten des Kontoinhabers erfasst werden. Bei Pfändungen wegen (angeblicher) Forderungen gegen Personen, die kraft Amtes fremde Vermögensinteressen wahrnehmen (bspw. der Insolvenzverwalter über das Vermögen der Firma A), sind stets nur diese verwaltete Vermögensmasse und die gegen diese gerichteten Pfändungen erfasst. Nicht erfasst sind dagegen die Vermögensmassen, die die Person des Verwalters „als Insolvenzverwalter über das Vermögen der Firma B" außerdem noch zu verwalten und zu verwerten hat.

6. Die Pfändung des Zahlungsanspruchs aus dem Kontovertrag erfasst ohne Weiteres alle **Nebenrechte,** die im Falle einer Abtretung des Hauptrechts nach §§ 412, 410 BGB auf den Gläubiger übergehen. Dazu gehören auch die **Ansprüche des Kontoinhabers gegen das Kreditinstitut auf Auskunft und Rechnungslegung** nach § 666 BGB. Einer gesonderten Neben- oder Hilfspfändung bedarf es nicht. Das Vollstreckungsgericht kann jedoch auf Antrag des Gläubigers ausdrücklich die Mitpfändung aussprechen (BGH NJW-RR 2003, 1555). Der **Anspruch des Schuldners gegen das Kreditinstitut auf Erteilung von Kontoauszügen und Rechnungsabschlüssen** ist dagegen nicht pfändbar (BGH NJW 2006, 217), da der Gläubiger hierdurch auch Informationen über andere – nicht gepfändete – Vermögenswerte erhalten könnte. Zum Anspruch des Gläubigers gegenüber dem Schuldner auf Herausgabe von Kontoauszügen → Anm. 13, 14.

7. Die Pfändung des Kontoguthabens bei einem Kreditinstitut umfasst das am Tag der Zustellung des Pfändungsbeschlusses bestehende Guthaben sowie die Tagesguthaben der auf die Pfändung folgende Tage (**§ 833a ZPO**). Daher braucht **die Pfändung künftiger Kontoguthaben** und Sparguthaben nicht ausdrücklich in dem Pfändungsbeschluss aufgenommen zu werden. Es bietet sich indes an, vorsorglich weiterhin auf die Pfändung künftiger Guthaben hinzuweisen. Guthaben eines Kontos ist auch das Sparbuchguthaben.

Möglich ist auch die **Pfändung künftiger Ansprüche** aus einer bereits bestehenden Bankverbindung, nicht indes die Ansprüche **aus einer künftigen Bankverbindung.** Zum Zeitpunkt der Pfändung muss bereits das Rechtsverhältnis oder die Rechtsgrundlage für die Möglichkeit des Entstehens des zukünftigen Anspruchs vorhanden sein.

8. Zur Pfändung bei Sparkonten → Form. I. II. 20 f.

9. Zur Pfändung bei Krediten → Form. I. II. 3 ff.

10. Zur Pfändung bei Wertpapieren → Form. I. II. 22 f.

11. Zur Pfändung bei einem Schließfach → Form. I. II. 19.

12. Gepfändet werden kann im Wege der Forderungspfändung (*Sudergat* Rn. 261) auch das **auf einer Geldkarte vorhandene Guthaben.**

13. **Kontoauszüge** sind herauszugeben, soweit sie dem Gläubiger die Einrechnung der gepfändeten Forderung erleichtern, wobei die Herausgabe von Kopien der Kontoauszüge genügt (BGHZ 192, 314 = NJW 2012, 1081; NJW 2012, 1223; JurBüro 2013, 41). Dies gilt **ohne Einschränkungen** für alle Kontoauszüge, unabhängig davon, ob sie positive oder negative Salden ausweisen (BGHZ 192, 314 = NJW 2012, 1081; NJW 2012, 1223; JurBüro 2013). Der Schuldner kann sich insoweit nicht auf ein Geheimhaltungsinteresse berufen. Schwärzungen der Kontoauszüge kommen nicht in Betracht (BGHZ 192, 314 = NJW 2012, 1081; NJW 2012, 1223).

14. Der Schuldner ist zur Herausgabe einer **P-Konto-Bescheinigung** sowie der bei ihm vorhandenen Nachweise, welche gemäß § 850k Abs. 2, Abs. 5 S. 2 ZPO zur Erhöhung der Pfändungsfreibeträge führen können, verpflichtet (BGH NJW-RR 2013, 766 unter Abänderung der gegenteiligen Entscheidung des LG Koblenz ZVI 2011, 258; vgl. auch LG Dresden Beschl. v. 23.5.2011 – 2 T 383/11).

15. Die gemäß § 836 Abs. 3 ZPO herauszugebenden Urkunden sind auf Antrag des Gläubigers bereits in den Pfändungs- und Überweisungsbeschluss aufzunehmen (BGH NJW-RR 2006, 1576).

16. Der Schuldner darf die **Bankverbindung kündigen**, um so weitere Zahlungseingänge zu verhindern. Das Inhibitorium verhindert nicht die Vornahme von Handlungen, die den Gläubiger nicht beeinträchtigen. Mit der Kündigung des Kontos ist keine Beeinträchtigung verbunden, weil die Pfändung nicht dieses Rechts des Schuldners erfasst. Zudem besteht trotz des Inhibitoriums nach § 850k Abs. 1 S S. 4 ZPO die Möglichkeit der **Umwandlung eines Girokontos in ein Pfändungsschutzkonto** (→ Form. I. II. 9).

17. Zu der Leistungssperre für die **Auskehrung des Guthabens** → Form. I. II. 6 Anm. 17.

18. **Kosten und Gebühren.** → Form. H. I. 2 Anm. 62 f. Das Kreditinstitut als Drittschuldner kann vom **Gläubiger** keine Erstattung der Kosten für die **Erfüllung der nach § 840 ZPO bestehenden Auskunftspflicht** verlangen. Der Gesetzgeber ist davon ausgegangen, dass der Drittschuldner die mit der Drittschuldnererklärung verlangten Informationen in der Regel leicht und ohne größeren Aufwand erteilen kann. An der Pflicht, die durch den Arbeitsaufwand entstehenden Kosten selbst zu tragen, ändert sich auch dann nichts, wenn im Einzelfall (zB bei Kreditinstituten oder größeren Arbeitgebern) die Auskunftserteilung mit einem erheblichen Aufwand verbunden ist (BGH NJW 1999, 2276 (2278); BGH NJW 2000, 651 (652)). Ebenfalls besteht kein gesetzlicher Vergütungsanspruch des **Drittschuldners** gegenüber dem **Schuldner** (BGH NJW 1999, 2276 (2278); BAG InVo 2007, 197). Eine im Arbeitsvertrag vorgesehene Individualregelung soll zulässig sein. Str. ist, inwieweit eine solche Regelung in einem AGB-Arbeitsvertrag aufgenommen werden kann. Das BAG verneint auf jeden Fall die Möglichkeit der Begründung eines Erstattungsanspruchs durch Betriebsvereinbarung (NJW 2007, 1302).

19. **Rechtsmittel.** Ist der Pfändungs- und Überweisungsbeschluss **ohne vorherige Anhörung** ergangen (vgl. § 834 ZPO), so ist für den **Schuldner** und die sonstigen Beteiligten die **Vollstreckungserinnerung** nach § 766 ZPO (→ Form. P. III. 3) gegeben (OLG Köln NJW-RR 2001, 69). Bei der Ablehnung der Pfändung hat der **Gläubiger** die Möglichkeit der **sofortigen Beschwerde** nach § 793 ZPO (→ Form. P. II. 6). Gleiches gilt für den Schuldner und die sonstigen Beteiligten im Falle des Erlasses eines Beschlusses **nach Anhörung** (Thomas/Putzo/*Seiler* § 829 Rn. 55). Maßgebend für die Beurteilung der Rechtmäßigkeit ist die Sach- und Rechtslage zum Zeitpunkt der Rechtsmittelentscheidung, nicht des Erlasses des Pfändungs- und Überweisungsbeschlusses (BGH NJW-RR 2009, 211).

Einzelne Verträge Akkreditiv

2. Pfändung des Zahlungsanspruchs einschließlich der Forderung aus dem dem Akkreditiv zugrunde liegenden Vertrag

[Das amtliche Formular „Pfändungs- und Überweisungsbeschluss[1]" ist entsprechend den dortigen Anmerkungen auszufüllen. Auf Seite 4 (bzw. Seite 5) des amtlichen Formulars sind das Feld „D (an Kreditinstitute)" anzukreuzen und auf Seite 6 (bzw. Seite 7) des amtlichen Formulars in dem Feld „Anspruch D (an Kreditinstitute)"die Nr. 1 bis 5 streichen sowie unter Nr. 6[2] aufzunehmen:]

Es werden

1. der angebliche – auch künftige[3] – Anspruch des Schuldners gegen das Kreditinstitut als Drittschuldnerin zu 1)[4] aus dem von der Drittschuldnerin für . . . . . . [genaue Bezeichnung des Rechtsgeschäfts] erteilten Akkreditiv[5] und

2. der angebliche Anspruch des Schuldners gegen den aus dem Rechtsgeschäft Verpflichteten als Drittschuldner zu 2) auf . . . . . . [nähere Bezeichnung, zB Zahlung des Kaufpreises] aus dem . . . . . . (nähere Angaben zu dem Rechtsgeschäft)[6]

gepfändet.[8]

[Auf Seite 8 (bzw. Seite 9) des amtlichen Formulars sind in dem Feld „Es wird angeordnet, dass" das freie Kästchen anzukreuzen und dort einzutragen:]

der Schuldner die in seinem Besitz befindlichen Urkunden bzw. Unterlagen zu dem Akkreditiv an den Gläubiger herauszugeben hat.[7]

Anmerkungen

1. → Form. H. I. 2 (bzw. → Form. H. I. 6 bei Unterhaltsforderungen). Hinsichtlich der weiteren Einzelheiten zum Pfändungs- und Überweisungsbeschluss wird auf die dortigen Anmerkungen Bezug genommen.

2. Grundsätzlich können auch einzelnen Ansprüche gegenüber einem Kreditinstitut gepfändet werden. Dies kann sich insbesondere dann anbieten, wenn sichere Kenntnis hinsichtlich eines entsprechenden (werthaltigen) Anspruchs des Schuldners besteht. In diesem Fall bietet es sich an, die in dem Feld „Anspruch D (an Kreditinstitute)" aufgeführten Pfändungsmöglichkeiten Nr. 1–5 zu streichen und stattdessen unter Nr. 6 die beabsichtigte Einzelpfändung aufzuführen.

3. Zur Pfändung eines künftigen Anspruchs → Form. I. II. 1 Anm. 7.

4. **Drittschuldner** ist das zur Zahlung verpflichtete Kreditinstitut (OLG Hamburg WM 1978, 338). Zu den Einzelheiten → Form. I. II. 1 Anm. 4.

5. Unter einem **Dokumenten-Akkreditiv** wird ein Zahlungsversprechen verstanden, das ein Kreditinstitut auf Veranlassung des Auftraggebers dem Begünstigten gegenüber abgibt und in dem das Kreditinstitut sich verpflichtet, gegen Vorlage bestimmter Dokumente

Zahlung zu leisten. Es handelt sich um ein selbständiges, abstraktes Zahlungsversprechen des Kreditinstituts gegenüber dem Begünstigten (BGHZ 108, 348 (350) = NJW 1990, 255 mwN). Der bestehende bzw. der künftige Anspruch aus einem Akkreditiv ist als Geldforderung nach § 829 ZPO pfändbar. Der Gläubiger kann nach § 836 Abs. 3 S. 1 und S. 3 ZPO die notwendigen Dokumente (zB Transportpapiere) beschaffen und anschließend diese beim Kreditinstitut einreichen, um damit das Zahlungsversprechen auszulösen.

6. Zusätzlich empfiehlt es sich, auch die **Forderung aus dem dem Akkreditiv** zugrunde liegenden Vertrag zu pfänden. Der Gläubiger kann insoweit seine Befriedigung aus diesem Vertrag erlangen, wenn der gepfändete Anspruch aus dem Akkreditiv nicht oder nicht mehr besteht. **Drittschuldner** ist der aus dem zugrundeliegenden Vertrag verpflichtete Vertragspartner.

7. Zur Anordnung der **Herausgabe** der über die Forderung vorhandenen Unterlagen (§ 836 Abs. 3 S. 1 ZPO) → Form. H. II. 1.

8. Kosten und Gebühren/Rechtsmittel. → Form. I. II. 1 Anm. 61 ff.

Darlehen/Kredit

3. Pfändung des Anspruchs auf Gewährung eines Darlehens/Kredits

[Das amtliche Formular „Pfändungs- und Überweisungsbeschluss[1]" ist entsprechend den dortigen Anmerkungen auszufüllen. Auf Seite 4 (bzw. Seite 5) des amtlichen Formulars sind das Feld „D (an Kreditinstitute)" anzukreuzen und auf Seite 6 (bzw. Seite 7) des amtlichen Formulars in dem Feld „Anspruch D (an Kreditinstitute)"die Nr. 1 bis 5 zu streichen sowie unter Nr. 6[2]aufzunehmen:]

Es wird der angebliche Anspruch des Schuldners[3] gegen den Darlehensgeber/das Kreditinstituts als Drittschuldner[4] auf Gutschrift[5] und Auszahlung der gegenwärtig oder künftig bereitgestellten und noch nicht abgerufenen Darlehensvaluta gemäß dem Vertrag vom . . . . . .[6] über die Gewährung eines Darlehens in Höhe von . . . . . . EUR gepfändet.[7, 8]

Anmerkungen

1. → Form. H. I. 2 (bzw. → Form. H. I. 6 bei Unterhaltsforderungen). Hinsichtlich der weiteren Einzelheiten zum Pfändungs- und Überweisungsbeschluss wird auf die dortigen Anmerkungen Bezug genommen.

2. → Form. I. II. 2 Anm. 2.

3. Die Ansprüche aus dem Darlehensvertrag sind abtretbar (vgl. nur BGHZ 82, 182 (184 ff.) = NJW 1982, 431). Die Abtretung ist nach § 399 Alt. 1 BGB ausgeschlossen soweit hinsichtlich der Verwendung der Darlehensvaluta eine Zweckbindung vereinbart wurde; es sei denn, die Valuta wird auch nach der Abtretung dem vereinbarten Zweck zugeführt. Wegen seiner grundsätzlichen Abtretbarkeit ist der Anspruch des Darlehensnehmers nach § 488 Abs. 1 S. 1 BGB auf **Auszahlung der Darlehensvaluta pfändbar**; die Pfändung erfasst den Darlehensbetrag als solchen und nicht nur die zeitweilige Nutzung des Kapitals (BGHZ 147, 193 (196) = NJW 2001, 1937). Eine **Zweckbindung** des Darlehens führt zu einer Unpfändbarkeit, soweit die Pfändung nicht für den vereinbarten Zweck erfolgt. Wegen der Regelung in § 490 BGB bzw. den in den allgemeinen Geschäftsbedingungen der Banken enthaltenem Vorbehalt der fristlosen Kündigung der Geschäftsbeziehungen, führt eine Pfändung des Darlehensauszahlungsanspruchs in der Praxis kaum zum Erfolg. Siehe dazu ergänzend (Auswahl): *Bitter* WM 2001, 889; *ders.* WM 2003, 1109; *ders.* WM 2004, 1109; *Felke* WM 2002, 1632; *Fischer* DZWIR 2002, 143; *Gaul* KTS 1989, 3; *Hintzen* InVo 2001, 270; *Klose* MDR 2002, 186; *Olzen* ZZP 97 (1984), 1; *Peckert* ZIP 1986, 1232; *Ploch* Der Betrieb 1986, 1961; *Schuschke* ZIP 2001, 1084; *Wagner* ZIP 1985, 849; *ders.* WM 1998, 1657; *Weidner/Walter* Jur-Büro 2005, 177.

4. **Drittschuldner** ist der **Darlehens-/Kreditgeber.** Zu den weiteren Einzelheiten → Form. I. II. 1 Anm. 4.

5. Der **Anspruch auf Gutschrift der auf dem Konto eingehenden Beträge** ist ebenfalls pfändbar (BGH WM 1973, 892 (893); BGHZ 93, 315 = NJW 1985, 1218 (1219)). Mit der Pfändung erhält der Vollstreckungsgläubiger keinen Anspruch auf unmittelbare Auszahlung an sich. Die Pfändung ist eine Hilfspfändung, die die weitere Pfändung des Anspruchs auf Auszahlung des Geldbetrages erfordert. Sie führt nur dazu, dass die eingehenden Beträge auf dem Konto gutgeschrieben werden müssen und der Vollstreckungsschuldner hierüber nicht anderweitig verfügen kann (BGHZ 93, 315 = NJW 1985, 1218 (1219)).

6. Der Anspruch muss im Antrag des Gläubigers sowie im Pfändungsbeschluss hinreichend bestimmt bezeichnet und schlüssig dargestellt werden. Eine allgemein gehaltene Bezeichnung, wie zB aus „*Ansprüche aus Darlehen*" genügt nicht, → Form. I. II. 1 Anm. 5.

7. Sofern der Gläubiger keine sicheren Erkenntnisse darüber hat, inwieweit ein Darlehensvertrag oder ein Dispositionskreditverhältnis besteht, empfiehlt es sich, → Form. I. II. 3 und → Form. I. II. 4 zu verbinden.

8. **Kosten und Gebühren/Rechtsmittel.** → Form. H. I. 2 Anm. 61 ff. und → Form. I. II. 1 Anm. 18.

4. Pfändung des Anspruchs auf Gewährung eines Dispositionskredits

[Das amtliche Formular „Pfändungs- und Überweisungsbeschluss[1]" ist entsprechend den dortigen Anmerkungen auszufüllen. Auf Seite 4 (bzw. Seite 5) des amtlichen Formulars sind das Feld „D (an Kreditinstitute)" anzukreuzen und auf Seite 6 (bzw. Seite 7) des amtlichen Formulars in dem Feld „Anspruch D (an Kreditinstitute)"die Nr. 1 bis 5 streichen sowie unter Nr. 6[2] aufzunehmen:]

Es werden die angeblichen gegenwärtigen und künftigen Ansprüche des Schuldners[3] gegen die Drittschuldnerin[4] auf Gutschrift[5] und Auszahlung des in Rahmen der bestehenden Geschäftsverbindung auf dem Konto ..... vereinbarten Dispositionskredits,[6, 7] soweit der Schuldner diesen Kredit in Anspruch nimmt, gepfändet.[8, 9]

Anmerkungen

1. → Form. H. I. 2 (bzw. → Form. H. I. 6 bei Unterhaltsforderungen). Hinsichtlich der weiteren Einzelheiten zum Pfändungs- und Überweisungsbeschluss wird auf die dortigen Anmerkungen Bezug genommen.

2. → Form. I. II. 2 Anm. 2.

3. Zu den Ansprüchen aus dem Darlehensvertrag → Form. I. II. 3 Anm. 3.

4. **Drittschuldner** ist der **Darlehens-/Kreditgeber.** Zu den weiteren Einzelheiten → Form. I. II. 1 Anm. 4.

5. Der **Anspruch auf Gutschrift der auf dem Konto eingehenden Beträge** ist ebenfalls pfändbar (BGH WM 1973, 892 (893); BGHZ 93, 315 = NJW 1985, 1218 (1219)). Mit der Pfändung erhält der Vollstreckungsgläubiger keinen Anspruch auf unmittelbare Auszahlung an sich. Die Pfändung ist eine Hilfspfändung, die die weitere Pfändung des Anspruchs auf Auszahlung des Geldbetrages erfordert. Sie führt nur dazu, dass die eingehenden Beträge auf dem Konto gutgeschrieben werden müssen und der Vollstreckungsschuldner hierüber nicht anderweitig verfügen kann (BGHZ 93, 315 = NJW 1985, 1218 (1219)).

6. Hinsichtlich der Möglichkeit der Pfändung des Anspruchs des Schuldners gegen das Kreditinstitut aus einem vereinbarten **Dispositionskredit** (sog. **offene Kreditlinie**; vgl. auch § 504 BGB) ist zu differenzieren:

- **Vor Abruf des eingeräumten Kredits** durch den Kontoinhaber besteht kein Anspruch auf Auszahlung gegen die Bank, der einem Pfändungsgläubiger das Recht geben könnte, sich ohne Mitwirkung des Kontoinhabers Kreditmittel auszahlen zu lassen. Ob ein entsprechender Anspruch begründet wird, hängt allein von der persönlichen Entscheidung des Vollstreckungsschuldners als Kunde des Kreditinstituts ab. Diese Befugnis kann der Vollstreckungsgläubiger nicht durch Pfändung des Abrufrechts auf sich übertragen und den Schuldner so zur Begründung einer neuen Verbindlichkeit zwingen (BGHZ 147, 193 (195) = NJW 2001, 1937; BGHZ 157, 350 (355) = NJW 2004, 1444). Bei dem Recht, den Kredit abzurufen, handelt es sich um ein höchstpersönliches Recht, welches weder selbständig abtretbar noch pfändbar ist (BGHZ 157, 350 (355) = NJW 2004, 1444; vgl. auch BGH ZIP 2011, 1324).
- **Mit dem Abruf des Kredits** durch den Vollstreckungsschuldner entsteht ein Auszahlungsanspruch, der der Pfändung durch den Vollstreckungsgläubiger unterliegt (BGHZ 170, 276 = NJW 2007, 1357; BGH Urt. v. 14.6.2012 – IX ZR 145/09, NJW 2013, 53; Beschl. v. 3.12.2015 – IX ZR 131/15). Dieser Auszahlungsanspruch ist weder aufgrund eines von dem Schuldner mit dem Abruf bestimmten Zweck unpfändbar noch wird er von dem bankrechtlichen Pfandrecht berührt (BGHZ 147, 193 (195) = NJW 2001, 1937). Wird ein **zweckgebundener Dispositionskredit** eingeräumt, so kann dieser nach Abruf nur im Rahmen der Zweckgebundenheit gepfändet werden.
- Den Anspruch des Schuldners gegen die Bank auf Auszahlung der Darlehensvaluta kann der Gläubiger eines Darlehensnehmers schon als **künftige Forderung** pfänden, wenn bereits eine Rechtsbeziehung zwischen Schuldner und Drittschuldner besteht, aus der die spätere Forderung nach ihrem Inhalt und der Person des Drittschuldners bestimmt werden kann (BGHZ 147, 193 (195) = NJW 2001, 1937; BGHZ 157, 350 (355) = NJW 2004, 1444).

Der Anspruch muss im Antrag des Gläubigers sowie im Pfändungsbeschluss hinreichend bestimmt bezeichnet und schlüssig dargestellt werden. Eine allgemein gehaltene Bezeichnung, wie zB aus *„Ansprüche aus Dispositionskredit"* genügt nicht. → Form. I. II. 1 Anm. 5.

7. Die bloße **Duldung einer Kontoüberziehung** (vgl. auch § 505 BGB) gibt dem Kunden gegen das Kreditinstitut noch keinen Anspruch auf Kredit und schafft damit keine pfändbare gegenwärtige oder künftige Forderung (BGHZ 93, 315, 325 = NJW 1985, 1218; BGHZ 170, 276 = NJW 2007, 1357). Die Position des Kontoinhabers kann sich durch längerfristiges Tolerieren einer Kontoüberziehung, zB durch andauernde Zulassung von Abbuchungen bei bestehendem Sollstand, in einer Weise verfestigen, dass die Bank zur entsprechenden Kreditgewährung verpflichtet ist (BGH NJW 2007, 1357). Diese **konkludente Vereinbarung einer (erhöhten) Kreditlinie** begründet einen pfändbaren Anspruch (OLG Saarbrüchen ZIP 2006, 2029).

8. Sofern der Gläubiger keine sicheren Erkenntnisse darüber hat, inwieweit ein Darlehensvertrag oder ein Dispositionskreditverhältnis besteht, empfiehlt es sich, → Form. I. II. 3 und → Form. I. II. 4 zu verbinden.

9. Kosten und Gebühren/Rechtsmittel. → Form. H. I. 2 Anm. 61 ff. . und → Form. I. II. 1 Anm. 18.

5. Pfändung des Anspruchs auf Rückzahlung eines Darlehens/Kredits

[Das amtliche Formular „Pfändungs- und Überweisungsbeschluss[1]" ist entsprechend den dortigen Anmerkungen auszufüllen. Auf Seite 4 (bzw. Seite 5) des amtlichen Formulars sind das Feld „D (an Kreditinstitute)" anzukreuzen und auf Seite 6 (bzw. Seite 7) des amtlichen Formulars in dem Feld „Anspruch D (an Kreditinstitute)"die Nr. 1 bis 5 streichen sowie unter Nr. 6[2] aufzunehmen:]

Es wird der angebliche Anspruch des Schuldners/der Schuldnerin gegen den/die Drittschuldner/in[3] auf Rückzahlung des mit Vertrag vom ...... in Höhe von ...... EUR gewährten Darlehens sowie auf Zahlung der rückständigen und künftigen Darlehenszinsen sowie sonstiger Nebenleistungen gepfändet.[4, 6]

[Ergänzend für den Fall, dass ein Schuldschein erteilt worden ist, sind auf Seite 8 (bzw. Seite 9) des amtlichen Formulars in dem Feld „Es wird angeordnet, dass" das freie Kästchen anzukreuzen und dort einzutragen:]

der Schuldner verpflichtet ist, folgende Unterlagen herauszugeben, ... (nähere Bezeichnung der Unterlagen).[5]

Anmerkungen

1. → Form. H. I. 2 (bzw. → Form. H. I. 6 bei Unterhaltsforderungen). Hinsichtlich der weiteren Einzelheiten zum Pfändungs- und Überweisungsbeschluss wird auf die dortigen Anmerkungen Bezug genommen.

2. → Form. I. II. 2 Anm. 2.

3. **Drittschuldner** ist der **Darlehens-/Kreditgeber**. Zu den weiteren Einzelheiten Form.

4. Der **Darlehensrückzahlungsanspruch** (vg. § 488 Abs. 1 S. 2 BGB) unterliegt als Geldforderung der Pfändung und Überweisung nach §§ 829, 835 ZPO (BGH NJW 2001, 287). Ist für die Rückerstattung des Darlehens keine Zeit bestimmt, so hängt die Fälligkeit nach § 488 Abs. 3 BGB davon ab, dass der Darlehensnehmer oder der Darlehensgeber den Vertrag kündigt. Die Kündigungsfrist beträgt 3 Monate, wobei die Parteien auch eine abweichende Regelung treffen können. Zudem können die Parteien nach §§ 489, 490 BGB den Vertrag unter den dort näher geregelten Voraussetzungen kündigen. **Das vertraglich vereinbarte bzw. gesetzliche Kündigungsrecht** kann der Gläubiger des Darlehensnehmers nicht pfänden (*Stöber* Rn. 113). Nach der Überweisung der Forderung kann der Gläubiger dieses Recht jedoch aufgrund seiner Einziehungsbefugnis ausüben. Bei der Sicherung des Darlehens **durch eine Hypothek** muss die Pfändung nach § 830 ZPO erfolgen; → Form. I. VI. 1 – → Form. I. VI. 8.

5. Sofern über das **Darlehen eine Urkunde** existiert, kann der Gläubiger deren Herausgabe nach § 836 Abs. 3 S. 3 ZPO verlangen (→ Form. H. II. 1).

6. **Kosten und Gebühren/Rechtsmittel.** → Form. H. I. 2 Anm. 61 ff. und → Form. I. II. 1 Anm. 18.

Kontopfändung

6. Pfändung des Kontoguthabens

[Das amtliche Formular „Pfändungs- und Überweisungsbeschluss[1]“ ist entsprechend den dortigen Anmerkungen auszufüllen. Auf Seite 4 (bzw. Seite 5) des amtlichen Formulars sind das Feld „D (an Kreditinstitute)“ anzukreuzen und auf Seite 6 (bzw. Seite 7) des amtlichen Formulars in dem Feld „Anspruch D (an Kreditinstitute)“die Nr. 1 bis 5 streichen sowie unter Nr. 6[2] aufzunehmen:]

Es werden die angeblichen Ansprüche des Schuldners gegen Drittschuldner/in[3] aus Kontoverbindung jeder Art, einschließlich eventueller Festgeldkonten,[4] insbesondere aus dem IBAN . . . . . .,[5] sowie aus weiteren Konten, die für den Schuldner bei der Drittschuldnerin geführt werden, gepfändet.[6, 7, 17, 18, 19]

Die Pfändung erstreckt sich insbesondere

1. auf alle gegenwärtigen und künftigen[8] Guthaben aus Konten und Salden, insbesondere aus der in laufender Rechnung (Kontokorrent) bestehenden Geschäftsverbindung,[9]
2. auf Gutschriften künftiger Zahlungseingänge,[10]
3. auf fortlaufende Auszahlung des Guthabens, einschließlich der Auszahlung der Überschüsse bei den jeweiligen Rechnungsabschlüssen und auf fortlaufende Auszahlung der sich zwischen den Rechnungsabschlüssen ergebenden Tagesguthaben,[11]
4. auf Durchführung von Überweisungen an Dritte[12] und
5. auf die sich aus der Geschäftsverbindung ergebenden sonstigen Ansprüche und Rechte, insbesondere auf Kündigung des Vertrages sowie auf Auskunftserteilung und Rechnungslegung.[13]

[Auf Seite 8 (bzw. Seite 9) des amtlichen Formulars sind in dem Feld „Es wird angeordnet, dass“ das freie Kästchen anzukreuzen und dort einzutragen:]

der Schuldner die in seinem Besitz befindlichen Kontoverträge, Kontounterlagen einschließlich der Kontoauszüge,[14] Bescheinigungen über einen erweiterten Pfändungsschutz nach § 850k Abs. 2, Abs. 5 ZPO[15] und sonstige das Konto/die Konten betreffenden Unterlagen an den Gläubiger herauszugeben hat.[16]

Anmerkungen

1. → Form. H. I. 2 (bzw. → Form. H. I. 6 bei Unterhaltsforderungen). Hinsichtlich der weiteren Einzelheiten zum Pfändungs- und Überweisungsbeschluss wird auf die dortigen Anmerkungen Bezug genommen.

2. → Form. I. II. 2 Anm. 2.
Zur Kontopfändung siehe auch (Auswahl): *App* MDR 1990, 892; *Baßlsperger* Rpfleger 1985, 177; *Behr* JurBüro 1995, 119; *ders.* InVo 1999, 129; *Bitter* WM 2004, 1109; *Ehlenz* JurBüro 2010, 62; *Fischer* InVo 2003, 301; *ders.* InVo 2002, 213; *ders.* DZWIR 2002, 143; *Gröger* BB 1984, 25; *Häuser* WM 1990, 129; *Hintzen* InVo 2001, 270; *Hök* MDR 2005, 306; *Löhnig* JR 2007, 75; *Mümmler* JurBüro 1985, 1135; *Scholl* DZWIR 2005, 353; *Schultheiß* JuS 2014, 516; *Wagner* ZIP 1995, 849; *Zwecker* DB 1984, 1713.

3. **Drittschuldner** ist das **Kreditinstitut**, bei dem der Schuldner seine Konten führt. Zugestellt werden kann sowohl bei der Haupt- als auch der Zweigstelle des Kreditinstituts. Nach Rechtsprechung des Bundesgerichtshofes (NJW 2004, 2097) ist die gleichzeitige Pfändung bei bis zu drei Banken am Wohnsitz eines nicht gewerblich tätigen Schuldners nicht rechtsmissbräuchlich.

4. Pfändbar sind auch die **Ansprüche aus Festgeldkonten**, da § 833a ZPO die Pfändung des Guthabens eines Kontos erfasst. Hierzu zählen alle Arten von Konten bei Kreditinstituten (BT-Drs. 16/7615, 16).

5. Die Angabe der **Kontonummer** ist nicht erforderlich (OLG Köln NJW-RR 1999, 1224), indes zur Klarheit zweckdienlich. Wird im Pfändungsbeschluss eine konkrete Kontonummer aufgeführt, so ist die Pfändung nicht auf das näher bezeichnete Konto beschränkt, sofern aus der Angabe der zu pfändenden Ansprüche zu entnehmen ist, dass die Guthaben sämtlicher von dem Drittschuldner geführten Konten des Vollstreckungsschuldners der Pfändung unterworfen sein sollen (BGH NJW 1988, 2543). Zulässig ist auch die **Vorauspfändung** von Kontoguthaben für künftig fällig werdende Unterhaltsansprüche (BGH NJW 2004, 369).

6. Zur Pfändung des vereinbarten **Dispositionskredites** → Form. I. II. 4 Anm. 6.

7. Bei einem **„Oder-Konto"** ist jeder Kontoinhaber berechtigt, über das jeweilige Guthaben selbständig und unbeschränkt zu verfügen. Daher unterliegen die Forderungen der Kontoinhaber auch der Zwangsvollstreckung aus Titeln, die sich nur gegen einen von ihnen richtet (BGHZ 93, 315 = NJW 1985, 1218). Insoweit bestehen bei der Pfändung keine Besonderheiten. Es kann aus dem Titel gegen den Vollstreckungsschuldner in das gesamte Konto vollstreckt werden. Strittig ist, ob in diesem Falle die Mitinhaber des Kontos gegen den Vollstreckungsgläubiger aufgrund eines Ausgleichsanspruchs die Herausgabe ihrer Anteile an dem Kontoguthaben beanspruchen können (so OLG Koblenz NJW-RR 1990, 1385; dagegen spricht, dass der Vollstreckungsgläubiger nicht auf Kosten der Kontomitinhaber ungerechtfertigt bereichert ist, da er die Zwangsvollstreckung in das gesamte Konto betreiben darf).

Bei einem **„Und-Konto"** bedarf es zur Pfändung des Kontos eines gegen alle Kontoinhaber gerichteten Vollstreckungstitels. Ansonsten kann nur der Anspruch des Vollstreckungsschuldners gegen die übrigen Kontoinhaber auf Auseinandersetzung gepfändet und überwiesen werden.

8. Werden künftige Guthaben auf einem **Pfändungsschutzkonto** im Sinne von § 850k Abs. 7 ZPO gepfändet und dem Gläubiger überwiesen, darf der Drittschuldner erst nach Ablauf des nächsten auf jeweilige Gutschrift von eingehenden Zahlungen folgenden Kalendermonats an den Gläubiger leisten oder den Betrag hinterlegen (§ 835 Abs. 4 S. 1 ZPO). Auf Antrag des Gläubigers kann das Vollstreckungsgericht eine **abweichende Anordnung** treffen (→ Form. I. II. 12).

9. Soweit ein Konto in laufender Rechnung (**Kontokorrent**) geführt wird, können nicht die einzelnen Gutschriften gepfändet werden. Diese Einzelforderungen als solche sind als reine Rechnungsposten kontokorrentgebunden (BGHZ 80, 172 (176) = NJW 1981, 1611; BGHZ 93, 315 = BGH NJW 1985, 1218 (1219)). Die **Pfändung des Guthabens in laufender Rechnung** gemäß § 357 HGB erstreckt sich auf den sog. **Zustellungssaldo** und nicht – unter Ausschluss neuer Schuldposten – auf den nächsten periodisch fällig werdenden Abschlusssaldo (BGH NJW 1981, 1611). Es muss mit Eingang des Pfändungsbeschlusses ein Saldo gezogen werden, wobei spätere Buchungen unberücksichtigt bleiben. Die Pfändung allein dieses Anspruchs verschafft dem Gläubiger keine Befriedigung. Pfändbar nach § 829 ZPO sind auch der **gegenwärtige Saldo am**

Ende der laufenden Rechnungsperiode sowie **die künftigen** (BGHZ 135, 140 (142) = NJW 1997, 1857) **Saldoforderungen.** Zusätzlich kommt die Pfändung des sich zwischen den Rechnungsabschlüssen ergebenden **Tagessaldos** (BGHZ 84, 325 = NJW 1982, 2192; BGHZ 84, 371 = NJW 1982, 2193) und der **künftigen Saldenguthaben** in Betracht (BGH NJW 1981, 1611). Eine entsprechende Pfändung war bis zum 1.7.2010 bzw. 31.12.2011 ausdrücklich in dem Pfändungs- und Überweisungsbeschluss aufzunehmen (BGH NJW 1981, 1611).

§ 833a ZPO regelt den Umfang der Pfändung. Die **Pfändung des Guthabens eines Kontos** bei einem Kreditinstitut umfasst das am Tag der Zustellung des Pfändungsbeschlusses an den Drittschuldner (§ 829 Abs. 3 ZPO) bestehende Guthaben sowie die Tagesguthaben der auf die Pfändung folgenden Tage. Guthaben eines Kontos ist auch das Sparbuchguthaben. Die Pfändung schließt somit automatisch auch sämtliche künftige Salden ein. Daher braucht die Pfändung künftiger Kontoguthaben und Sparguthaben nicht ausdrücklich in dem Pfändungsbeschluss aufgenommen werden. Es bietet sich indes an, zumindest für eine Übergangszeit weiterhin auf die Pfändung des Tagessaldos sowie der künftigen Guthaben hinzuweisen.

Nach der Pfändung des **gegenwärtigen Kontokorrentsaldos,** kann die Bank nur noch mit bereits bestehenden, nicht mit künftigen eigenen Gegenansprüchen verrechnen (vgl. BGH NJW 1997, 2322). Zusätzlich muss sich der Vollstreckungsgläubiger nach § 357 S. 2 HGB eine Verrechnung mit den Schuldposten anrechnen lassen, die aufgrund eines schon vor der Pfändung entstandenen Rechts oder einer schon vor diesem Zeitpunkt bestehenden Verpflichtung des Drittschuldners erwachsen. Dies sind zB Rückbelastungen für nicht eingelöste Schecks oder Kontoführungs- und Abschlussgebühren.

10. Selbständig gepfändet werden kann auch der **Anspruch auf Gutschrift der auf dem Konto eingehenden Beträge.** Hierdurch werden die Fälle erfasst, in denen ein Kontoguthaben deshalb nicht entsteht, weil die Zahlungseingänge dem Konto überhaupt nicht gutgeschrieben werden. Der Gläubiger erlangt mit der Pfändung noch keinen unmittelbaren Anspruch auf Auszahlung der eingehenden Beträge. Vielmehr hat die Pfändung nur die tatsächliche Gutschrift der Zahlungseingänge auf dem Konto zur Folge, so dass der Schuldner als Kontoinhaber hierüber nicht anderweitig verfügen kann. Erst mit der tatsächlichen Gutschrift erlangt der Kontoinhaber einen der Pfändung unterliegenden Anspruch auf Zahlung eines Geldbetrages (BGHZ 93, 315 = NJW 1985, 1218 (1219)).

11. Zugleich sollte auch stets der **Auszahlungsanspruch** gepfändet werden.

12. Der Anspruch auf **Durchführung von Überweisungen an Dritte** ist eine neben dem eigentlichen Zahlungsanspruch bestehende Verpflichtung der Bank aus dem Girovertrag. Er ist gesondert pfändbar (BGHZ 83, 23 (26) = NJW 1983, 687). Diese Pfändung kann nur rechtliche Bedeutung erlangen, wenn für die Überweisungsaufträge eine Deckungsgrundlage vorhanden ist, sei es in Form eines Guthabens oder eines Kredites (BGHZ 83, 23, 26 = NJW 1983, 687; BGHZ 93, 315 = NJW 1985, 1218 (1219)). Da § 833a ZPO den Anspruch auf Auszahlung der Tagessalden erfasst, sind „Soll-Verfügungen" des Schuldners nicht mehr möglich. Vorsorglich sollte – zumindest für eine Übergangszeit – weiterhin zusätzlich eine entsprechende Pfändung beantragt werden.

13. Die Pfändung des Zahlungsanspruchs aus dem Kontovertrag erfasst ohne Weiteres alle **Nebenrechte,** die im Falle einer Abtretung des Hauptrechts nach §§ 412, 410 BGB auf den Gläubiger übergehen. Dazu gehören auch die **Ansprüche des Kontoinhabers gegen das Kreditinstitut auf Auskunft und Rechnungslegung** nach § 666 BGB. Einer gesonderten Neben- oder Hilfspfändung bedarf es nicht. Das Vollstreckungsgericht kann jedoch auf Antrag des Gläubigers ausdrücklich die Mitpfändung aussprechen

(BGH NJW-RR 2003, 1555). Der **Anspruch des Schuldners gegen das Kreditinstitut auf Erteilung von Kontoauszügen und Rechnungsabschlüssen** ist hingegen nicht pfändbar (BGH NJW 2006, 217). Zum Anspruch gegenüber dem Schuldner auf Herausgabe von Kontoauszügen → Anm. 13.

14. → Form. I. II. 1 Anm. 13.

15. → Form. I. II. 1 Anm. 14.

16. Zur Herausgabe der sonstigen über die Forderung vorhandenen Unterlagen (§ 836 Abs. 3. S. 1 ZPO) Form. **EC-Karten** bzw. andere **Konto- bzw. Scheck-Karten** sind keine Urkunden im Sinne des § 836 Abs. 3 S. 1 ZPO. Daher kann der Gläubiger nicht deren Herausgabe nach § 836 Abs. 3 S. 3 ZPO vollstrecken (BGH NJW 2003, 1256).

17. Für die **Auskehrung des Guthabens** ist die Leistungssperre des **§ 835 Abs. 3 S. 2 ZPO** zu beachten. Die Leistung des gepfändeten Guthabens einer natürlichen Person als Schuldner an den Gläubiger oder eine Hinterlegung des Guthabens darf erst **4 Wochen nach der Zustellung** des Überweisungsbeschlusses erfolgen. Damit wird dem Schuldner Gelegenheit gegeben, Schutzanträge zu stellen oder das Girokonto auf ein Pfändungsschutzkonto umzustellen (§ 850k Abs. 7 ZPO). Die Sperrfrist berechnet sich ab der Zustellung des Pfändungs- und Überweisungsbeschlusses (§ 829 Abs. 3 ZPO). Im Falle der Pfändung **künftiger Gutschriften bzw. des künftigen Guthabens** besteht keine Sperrfrist. Auf Antrag des Schuldners (→ Form. I. II. 7) kann das Vollstreckungsgericht anordnen, dass erst vier Wochen nach der Gutschrift von eingehenden Zahlungen an den Gläubiger geleistet oder der Betrag hinterlegt werden darf (§ 835 Abs. 3 S. 2 Hs. 2 ZPO).

Werden **künftiges Guthaben bzw. künftige Gutschriften** auf einem **Pfändungsschutzkonto** im Sinne von § 850k Abs. 7 ZPO gepfändet und dem Gläubiger überwiesen, darf der Drittschuldner erst nach Ablauf des nächsten auf jeweilige Gutschrift von eingehenden Zahlungen folgenden Kalendermonats an den Gläubiger leisten oder den Betrag hinterlegen (§ 835 Abs. 4 S. 1 ZPO); insoweit gilt § 835 Abs. 3 S. 2 Hs. 2 ZPO nicht. Diese zum 16.4.2011 neu gefasste Regelung entschärft die sog. **„Monatsanfangsproblematik“**. Gingen am Monatsende auf dem Pfändungsschutzkonto Gutschriften ein, die erst für den nächsten Monat bestimmt waren, dann wurden diese Zahlungen nicht von dem für den nächsten Monat bestehenden Pfändungsschutz erfasst. Insoweit war streitig, ob die Bank in diesem Fall die Gutschrift an den Gläubiger auszahlen durfte, so dass dem Schuldner der Lebensunterhalt für den nächsten Monat entzogen wurde. Durch die Neufassung des § 835 Abs. 4 ZPO erhält der Schuldner einen Monat Zeit, um zu klären welche Beträge ihm nach den Regeln des § 850k Abs. 1–4 ZPO pfändungsfrei zur Verfügung stehen (BT-Drs. 17/4776, 8). Diese Regelung erfasst nicht nur die den Lebensunterhalt sichernden Zahlungen, **sondern alle auf dem Pfändungsschutzkonto eingehenden Gutschriften.**

§ 835 **Abs. 4 S. 2 ZPO** sieht die Möglichkeit vor, auf Antrag des Gläubigers eine abweichende Anordnung treffen, wenn die Regelung in Abs. 4 S. 1 ZPO unter Würdigung des Schutzbedürfnisses des Schuldners für den Gläubiger eine unzumutbare Härte verursacht (→ Form. I. II. 8).

18. Kosten und Gebühren. → Form. I. II. 1 Anm. 18 und → Form. H. I. 2 Anm. 62 ff.

19. Rechtsmittel. → Form. I. II. 1 Anm. 19 und → Form. H. I. 2 Anm. 61.

7. Antrag des Schuldners auf Pfändungsschutz für künftiges Kontoguthaben (§ 835 Abs. 3 S. 2 Hs. 2 ZPO)

An das

Amtsgericht ......

Vollstreckungsgericht[1, 2]

Antrag nach § 835 Abs. 3 S. 2 Hs. 2 ZPO
in der Vollstreckungssache

......

Hiermit zeigen wir an, dass wir den/die Schuldner/in vertreten. Namens und in Vollmacht unseres/er Mandanten/in beantragen wir,

anzuordnen, dass jede auf dem bei der ...... [nähere Bezeichnung des Kreditinstituts] geführten IBAN ...... künftig eingehende Zahlung erst vier Wochen nach Gutschrift an den/die Gläubiger/in ausgezahlt oder der Betrag hinterlegt werden darf.

Gründe:[3]

Der/Die Gläubiger/in hat/haben auf der Grundlage eines Pfändungsbeschlusses/Pfändungs- und Überweisungsbeschlusses des Amtsgerichts vom ...... Az. ...... das Konto des Schuldners bei der ...... [nähere Bezeichnung der Bank] mit der Nr ...... einschließlich des künftigen Guthabens gepfändet. Hierbei handelt es sich weder um ein Pfändungsschutzkonto im Sinne des § 850k ZPO noch verfügt der/die Schuldner/in über ein anderes Pfändungsschutzkonto.

Der/Die Schuldner/in beabsichtigt, ein entsprechendes Konto einzurichten ......

(Variante:

Der/Die Schuldner/in erwartet am ...... eine einmalige Zahlung aus ...... Insoweit beabsichtigt der/die Schuldner/in, einen Antrag nach § 850i Abs. 1 ZPO zu stellen ......)

Zur Sicherung der Reche des/der Schuldners/in ist die Anordnung einer Leistungssperre nach § 835 Abs. 3 S. 2 Hs. 2 ZPO geboten.

Wir bitten um Rückgabe der im Original beigefügten Unterlagen.

......

Rechtsanwalt[4, 5]

Anmerkungen

1. Bei der Pfändung des Kontoguthabens einer natürlichen Person sieht § 835 Abs. 3 S. 2 ZPO für die **Auskehrung des Guthabens** eine Leistungssperre vor. Die Leistung des gepfändeten Guthabens einer natürlichen Person als Schuldner an den Gläubiger oder eine Hinterlegung des Guthabens darf erst **4 Wochen nach der Zustellung** des Überweisungsbeschlusses erfolgen. Damit wird dem Schuldner Gelegenheit gegeben, Schutzanträge zu stellen oder das Girokonto auf ein Pfändungsschutzkonto umzustellen (§ 850k Abs. 7 ZPO). Die Sperrfrist berechnet sich ab der Zustellung des Pfändungs- und Überweisungsbeschlusses (§ 829 Abs. 3 ZPO). Im Falle der Pfändung **künftiger Gutschriften bzw. des künftigen Guthabens** besteht hingegen keine Sperrfrist. Insoweit kann das Vollstreckungsgericht auf Antrag des Schuldners anordnen, dass erst vier Wochen nach der Gutschrift von eingehenden Zahlungen an den Gläubiger geleistet oder der Betrag hinterlegt werden darf (**§ 835 Abs. 3 S. 2 Hs. 2 ZPO**). Der Schuldner kann in dieser Zeit über das Konto nicht verfügen, so dass das Geld nicht abfließen kann.

2. Zuständig ist das **Vollstreckungsgericht.** Die Entscheidung ergeht durch den Rechtspfleger (§ 20 Nr. 17 RPflG); in der Regel wegen der Dringlichkeit ohne Anhörung des Gläubigers.

3. Besondere Voraussetzung für die Anordnung der Auszahlungssperre sieht das Gesetz nicht vor. Der Schuldner besitzt für einen entsprechenden Antrag das erforderliche Rechtsschutzbedürfnis, wenn er aufzeigt, dass er beabsichtigt, hinsichtlich der künftigen Zahlungseingänge Pfändungsschutz, zB nach § 850k ZPO oder nach § 850i Abs. 1 ZPO, zu beantragen.

4. Kosten und Gebühren. Das **Gericht** erhält für die Entscheidung über den Antrag keine Gebühren. Der Rechtsanwalt erhält ebenfalls keine gesonderte Gebühr (§ 18 Nr. 3 RVG). Nur für den Fall, dass er bisher im Zwangsvollstreckungsverfahren nicht tätig geworden ist, fällt eine 0,3 Verfahrensgebühr nach Nr. 3309 VV RVG an.

5. Rechtsmittel. Gegen die Entscheidung kann der **Schuldner** bei Ablehnung des Antrages sofortige Beschwerde gem. § 793 ZPO einlegen (→ Form. P. III. 6). Dieser Rechtsbehelf steht auch dem **Gläubiger** bei einer durchgeführten Anhörung zu. Erfolgte die Anordnung ohne Anhörung kann der Gläubiger Erinnerung nach § 766 Abs. 1 ZPO einlegen (→ Form. P. II. 6).

8. Antrag des Gläubigers auf abweichende Anordnung (§ 835 Abs. 4 S. 2 ZPO)

An das

Amtsgericht . . . . . .

Vollstreckungsgericht[1, 2]

Antrag nach § 835 Abs. 4 S. 2 ZPO

in der Vollstreckungssache

. . . . . .

Hiermit zeigen wir an, dass wir den/die Gläubiger/in vertreten. Namens und in Vollmacht unseres/er Mandanten/in beantragen wir,

> **anzuordnen, dass die auf dem bei der . . . . . . [nähere Bezeichnung des Kreditinstituts] geführten IBAN . . . . . . künftig eingehenden Zahlungen schon vor Ablauf der Auszahlungssperre unmittelbar/. . . . . . Tage/. . . . . . Woche(n) nach Gutschrift an den/die Gläubigerin ausgezahlt/der Betrag hinterlegt werden dürfen.**

Gründe:[3]

Der/Die Gläubiger/in hat/haben auf der Grundlage eines Pfändungsbeschlusses/Pfändungs- und Überweisungsbeschlusses des Amtsgerichts vom . . . . . . Az. . . . . . . das

Konto des Schuldners bei der ...... [nähere Bezeichnung der Bank] mit der Nr ...... einschließlich des künftigen Guthabens gepfändet. Hierbei handelt es sich um ein Pfändungsschutzkonto im Sinne des § 850k ZPO. Entsprechend der Regelung in § 835 Abs. 4 S. 1 ZPO werden künftige Guthaben erst nach Ablauf des nächsten auf die jeweilige Gutschriften von eingehenden Zahlungen folgenden Kalendermonats an unsere (n) Mandanten/in ausgezahlt. Diese ist indes dringend auf die Auszahlung der gepfändeten Beträge angewiesen, da ...... [nähere Darlegung der unzumutbaren Härte].

Wir bitten um Rückgabe der im Original beigefügten Unterlagen.

......

Rechtsanwalt[4, 5]

Anmerkungen

1. Werden künftiges Guthaben bzw. künftige Gutschriften auf einem Pfändungsschutzkonto im Sinne von § 850k Abs. 7 ZPO gepfändet und dem Gläubiger überwiesen, darf der Drittschuldner erst nach Ablauf des nächsten auf jeweilige Gutschrift von eingehenden Zahlungen folgenden Kalendermonat an den Gläubiger leisten oder den Betrag hinterlegen (§ 835 Abs. 4 S. 1 ZPO). Auf Antrag des Gläubigers kann das Vollstreckungsgericht nach **§ 835 Abs. 4 S. 2 ZPO eine abweichende Anordnung** treffen.

2. Zuständig ist das **Vollstreckungsgericht.** Die Entscheidung ergeht durch den Rechtspfleger (§ 20 Nr. 17 RPflG); der Schuldner ist anzuhören.

3. Der Gläubiger muss darlegen und glaubhaft machen, dass die Regelung in § 835 Abs. 4 S. 1 unter voller Würdigung des Schutzbedürfnisses des Schuldners für ihn **eine unzumutbare Härte darstellt.** Ein solcher Ausnahmefalle dürfte immer dann gegeben sein, wenn die Gutschriften auf dem Pfändungsschutzkonto die von der Pfändung nicht erfassten Beträge erkennbar deutlich übersteigen (Schuschke/Walker/*Schuschke* § 835 Rn. 17a). Nach anderer Ansicht (BT-Drs. 17/4776, 8) soll ein Härtefall nur vorliegen, wenn es sich bei den Eingängen auf dem Schuldnerkonto um staatliche Transferleistungen handelt, die der Existenzsicherung des Gläubigers dienen. Insoweit soll das Interesse des Schuldners im Zweifel stets vorrangig sein.

4. Kosten und Gebühren. → Form. I. II. 7 Anm. 4.

5. Rechtsmittel. Gegen die Entscheidung kann der **Gläubiger** bei Ablehnung des Antrages sofortige Beschwerde gem. § 793 ZPO einlegen (→ Form. P. II. 6.). Dieser Rechtsbehelf steht auch dem **Schuldner** bei einer erlassenen Anordnung (→ Form. P. III. 6)

9. Pfändung bei einem Pfändungsschutzkonto (§ 850k ZPO)

Nach **§ 850k Abs. 7 S. 1 ZPO** besteht für den Schuldner, der eine natürliche Person ist, die Möglichkeit, mit einem Kreditinstitut die Einrichtung eines **Pfändungsschutzkontos** zu vereinbaren. Das Pfändungsschutzkonto kann nur als Einzel- nicht als Gemeinschaftskonto eingerichtet werden. Ein gesetzlicher Anspruch gegen das Kreditinstitut auf Eröffnung eines Pfändungsschutzkontos besteht nicht. Der Schuldner kann indes jederzeit verlangen, ein bereits bestehendes **Girokonto in ein Pfändungsschutzkonto umzuwandeln** (§ 850k Abs. 7 S. 2 ZPO). Der Antrag ist an die Bank zu richten, das Vollstreckungsgericht ist bei der Umwandlung nicht beteiligt (BGH NZI 2014, 414). Eine Umwandlung ist auch noch möglich, wenn auf einem Girokonto das Guthaben bereits gepfändet worden ist. In diesem Fall wird das Girokonto zu Beginn des vierten auf die Erklärung des Schuldners folgenden Geschäftstages als Pfändungsschutzkonto geführt (§ 850k Abs. 7 S. 3 ZPO). Daher besteht bei der Pfändung des Kontoguthabens auf einem Girokonto Pfändungsschutz wie bei einem Pfändungsschutzkonto, wenn auf Antrag des Schuldners vor Ablauf von vier Wochen seit Zustellung des Überweisungsbeschlusses an den Drittschuldner das Konto in ein Pfändungsschutzkonto umgewandelt wird. § 850k Abs. 1 S. 4 ZPO sieht ausschließlich die Möglichkeit der Umwandlung eines Girokontos vor. Die Umwandlung eines anderen Kontos, zB Sparkonto oder Festgeldkonto, scheidet aus. Jeder Schuldner darf nur **ein Pfändungsschutzkonto** unterhalten (§ 850k Abs. 8 S. 1 ZPO). Die Geldinstitute können für die Einrichtung eines Pfändungsschutzkontos keine erhöhten Kontoführungsgebühren beanspruchen (vgl. BGH ZInsO 2013, 264; KG NJW 2012, 395; OLG Dresden ZVI 2015, 250; OLG Frankfurt NJW 2012, 2121; OLG Nürnberg VuR 2012, 157; OLG Schleswig NZI 2012, 923, aA LG Frankfurt ZVI 2012, 32; ZIP 2012, 114; aA Bitter ZIP 2011, 149 (151)).

Sofern der Schuldner **mehrere Pfändungsschutzkonten** unterhält, ordnet das Vollstreckungsgericht **auf Antrag des Gläubigers** an, dass nur das vom Gläubiger bezeichnete Girokonto dem Schuldner als Pfändungsschutzkonto verbleibt (§ 850k Abs. 9 S. 1 ZPO); → Form. I. II. 13. Über § 36 Abs. 1 S. 2 InsO finden die Regelungen über das Pfändungsschutzkonto auch im Rahmen des Insolvenzverfahrens über das Vermögen des Schuldners Anwendung. Bei der Eröffnung des Insolvenzverfahrens über das Vermögen des Kontoinhabers erlischt das Pfändungsschutzkonto nicht (LG Verden NZI 2014, 36).

Weitere Einzelheiten zu dem Pfändungsschutzkonto siehe bei (Auswahl): *Ahrens* NJW 2010, 2001; *ders.* NJW-Spezial 2011, 85; *ders.* NJW-Spezial 2011, 341; *Bitter* ZIP 2011, 149; *Büchel* BKR 2009, 358; *ders.* ZInsO 2010, 20; *Busch* VIA 2010, 57; *Casse* Insbüro 2014, 459; *ders* ZInsO 2015, 1033; *Dörndorfer* JurBüro 2009, 626; *Du Carrois* ZInsO 2009, 1801; *ders.* ZInsO 2010, 2276; *Deppe* InsBüro 2011, 50; *Dörndörfer* JurBüro 2009, 626; *Eggert* ZRP 2008, 66; *Ehlenz/Joeres* JurBüro 2010, 62; *Ernst* JurBüro 2011, 452; *Graf-Schlicker/Linder* ZIP 2009, 989; *Griesche* FÜR 2010, 170; *Günther* ZInsO 2013, 859; *Homann* ZVI 2010, 365; *ders.* ZVI 2010, 405; *ders.* ZVI 2013, 6; *ders.* ZVI 2015, 242; *Jäger* ZVI 2010, 325; *Jaquemoth/Zimmermann* ZVI 2010, 113; *Jungmann* ZVI 2009, 1; *Knobloch* VuR 2008, 364; *Köppen* ZVI 2010, 339; *Kothe* VuR 2010, 257; *ders.* VIA 2010, 49; *ders.* VuR 2011, 81; *Krüger* ZVI 2010, 458; *Langenbahn/Zimmermann/Zipf* ZVI 2010, 440; *Niels-Knees* ZInsO 2011, 511; *Nolte/Schumacher* ZVI 2011, 45; *Obermüller* Insbüro 2013, 180; *Remmert* NZI 2008, 70; *Richter* VIA 2015, 25; *Richter/Zimmermann* ZVI 2010, 359; *Romeyko* FamRZ 2012, 349; *Ruch* ZVI 2011, 288; *Saager* ZVI 2010, 332; *ders.* ZVI 2015, 317; *R. Schmidt* Insbüro 2013, 14; *Schumacher* ZVI 2009, 313, ZVI 2010, 12; *Schröder* ZVI 2009, 400; *Seier* ZFE 2009, 296; *Singer* ZAP Fach 14, 613; *Somberg* ZVI 2010, 169; *Staufenbiel/Karlstedt* InsBüro 2011, 173; *Stritz* Insbüro 2012, 207; *Strunk* ZVI 2010, 335; *Sudergat* ZVI 2010, 445; *ders.*, Kontopfändung und P-Konto, 2. Aufl. 2012; *ders.* ZVI 2013, 169; *Weber/Wellmann/Zimmermann* ZVI 2011, 241; *Weiland* VIA 2015, 89; *Zimmermann/Zipf* ZVI 2011, 37.

Bei einer Pfändung des Guthabens auf einem Pfändungsschutzkonto kann der Schuldner jeweils bis zum Ende des Kalendermonats in **Höhe des monatlichen Freibetrages** nach §§ 850c Abs. 1 S. 1, 805c Abs. 2a ZPO verfügen (§ 850k Abs. 1 S. 1 ZPO). Dieser Betrag wird nicht von der Pfändung erfasst. Der Pfändungsschutz ist nicht auf Arbeitseinkommen oder Sozialleistungen beschränkt, sondern umfasst **sämtliche auf dem Pfändungsschutzkonto eingehenden Zahlungen**, unabhängig von ihrer Herkunft und dem Zeitpunkt der Gutschrift (BGH ZInsO 2012, 146). Geschützt werden nicht nur laufende, sondern auch einmalige Zahlungen, selbst wenn diese an sich keinem Pfändungsschutz unterliegen, wie zB Steuererstattungen, Verkaufserlöse etc.

Der Pfändungsschutz erfasst nach § 850k Abs. 1 S. 2 ZPO auch das Guthaben, das bis zum Ablauf der Frist des § 835 Abs. 4 ZPO nicht an den Gläubiger geleistet oder hinterlegt werden darf. Soweit der Schuldner in dem jeweiligen Kalendermonat nicht über das pfändungsfreie Guthaben in voller Höhe verfügt, so erhöht gem. **§ 850k Abs. 1 S. 3 ZPO** dieses Guthaben den Pfändungsfreibetrag und wird in dem folgenden Kalendermonat zusätzlich zu dem nach Abs. 1 S. 1 geschützten Guthaben nicht von der Pfändung erfasst (BGH NJW-RR 2015, 254). Es wird indes nur das nicht verbrauchte Guthaben, nicht ein nicht verbrauchter Pfändungsfreibetrag übertragen. Diese Grundsätze gelten ebenfalls, wenn das Guthaben auf einem Girokonto des Schuldners gepfändet ist, das vor Ablauf von vier Wochen seit der Zustellung des Überweisungsbeschlusses an den Drittschuldner in ein Pfändungsschutzkonto umgewandelt wird (§ 850k Abs. 1 S. 4 ZPO).

Seit dem 1.7.2015 ist ein Betrag von **1.073,88 EUR** monatlich kraft Gesetzes pfändungsfrei. Gewährt der Schuldner **weiteren Personen Unterhalt** oder nimmt er für diese **Leistungen nach dem SGB II bzw. SGB XII entgegen**, so wird dieser Freibetrag um die nach § 850c Abs. 1 S. 2 ZPO geltenden Beträge erhöht (vgl. BGH ZInsO 2012, 145); derzeit um **404,16 EUR** monatlich für die erste unterhaltsberechtigte Person und um weitere **225,17 EUR** monatlich für die zweite bis fünfte unterhaltsberechtigte Person (§ 850k Abs. 2 S. 1 Nr. 1 ZPO). Höchstens wird seit dem 1.7.2015 ein Betrag von **2.378,72 EUR** geschützt. Eine Änderung der Beträge ist wieder zum 1.7.2017 möglich.

Von der Pfändung ebenfalls nicht erfasst **sind einmalige Geldleistungen im Sinne des § 54 Abs. 2 SGB I** und **Geldleistungen zum Ausgleich des durch einen Körper- oder Gesundheitsschaden bedingten Mehraufwandes** im Sinne des § 54 Abs. 3 Nr. 3 SGB I (§ 850k Abs. 2 S. 1 Nr. 2 ZPO) sowie das **Kindergeld** oder andere **Geldleistungen für Kinder**; es sei denn, es wird wegen einer Unterhaltsforderung eines Kindes gepfändet, für das die Leistungen gewährt oder bei dem es berücksichtigt wird (§ 850k Abs. 2 S. 1 Nr. 3 ZPO). Durch § 850k Abs. 2 S. 2 ZPO hat der Gesetzgeber klargestellt, dass auch das nicht verbrauchte Guthaben, welches sich aus den Erhöhungsbeträgen ergibt, auf die Folgemonat übertragen wird.

Bei der **Ermittlung des pfändungsfreien Grundbetrages** werden grundsätzlich alle Unterhaltsberechtigten einbezogen, auch wenn diese eigene Einkünfte beziehen. Die Unterhaltsberechtigten sind auch dann in vollem Umfange zu berücksichtigen, wenn der Schuldner auf Grund einer gesetzlichen Verpflichtung einem Verwandten zwar Unterhalt leistet, diesen aber **nicht in voller Höhe** erbringt (BGH FamRZ 2010, 1654). Eine nur teilweise Berücksichtigung oder eine Herabsetzung der Pfändungsgrenzen hat nicht zu erfolgen (BGH NJW-RR 2007, 938). **Ausnahmsweise** kann eine Reduzierung der Pauschbeträge auf den tatsächlich geleisteten Unterhaltsbetrag in Betracht kommen, wenn sich die Inanspruchnahme der Freibeträge als unbillig erweist und deshalb die Verwirklichung des mit der Einführung der Pauschalbeträge verfolgten Zwecks ausnahmsweise hinter dem Vollstreckungsinteresses des Gläubigers zurücktreten muss (BGH FamRZ 2010, 2071). Leistet der Schuldner **keinen Unterhalt**, so ist der Unterhaltsberechtigte bei der Berechnung des pfändbaren Betrages nicht zu berücksichtigen (LG Amberg JurBüro 2011, 605; LG Kassel JurBüro 2004, 558).

Die Berechnung übernimmt **das Kreditinstitut** auf der Grundlage einer **vom Schuldner vorzulegenden Bescheinigung** (vgl. § 850k Abs. 5 ZPO). Insoweit muss der Schuldner sich eine entsprechende Bescheinigung ausstellen lassen und diese dem Kreditinstitut vorlegen. Berechtigt zur Ausstellung der Bescheinigung sind der Arbeitgeber, die Familienkasse, der Sozialleistungsträger oder eine geeignete Person oder Stelle im Sinne des § 305 Abs. 1 Nr. 1 InsO. Die Leistung des Kreditinstituts an den Schuldner hat befreiende Wirkung, wenn ihm die Unrichtigkeit einer vorgelegten Bescheinigung weder bekannt noch infolge grober Fahrlässigkeit unbekannt war (§ 850k Abs. 5 S. 3 ZPO). Kann der Schuldner nicht den Nachweis mit einer Bescheinigung führen, so hat **das Vollstreckungsgericht** nach

§ 850k Abs. 5 S. 4 ZPO **auf Antrag des Schuldners auf Bestimmung des Sockelbetrages** nach § 850k Abs. 2 ZPO (→ Form. I. II. 10).

§ 850d ZPO begünstigt die Gläubiger, denen gesetzliche oder an deren Stelle getretene vertragliche Unterhaltsansprüche zustehen. Zu den privilegierten Ansprüchen gehören nach § 850d Abs. 1 S. 1 ZPO die Unterhaltsansprüche der in gerader Linie Verwandten (§ 1601 BGB), des jetzigen und früheren Ehegatten (§§ 1360, 1361, 1569 BGB) und der Mutter eines nichtehelichen Kindes (§§ 1615l, 1615n BGB). Zur Sicherstellung dieser Ansprüche wird der pfändungsfreie Betrag für die Bezüge nach §§ 850, 850a Nr. 1, Nr. 2, Nr. 4, 850b und 850h ZPO verringert. Der Begriff des Unterhaltsanspruchs kann nicht erweitert werden. Zu den bevorrechtigten Forderungen zählen auch die Kosten der laufenden sowie früherer Vollstreckungen aus dem Unterhaltstitel, nicht indes die Kosten des Unterhaltsrechtsstreits (str.) bzw. die Ansprüche aus einem schuldrechtlichem Versorgungsausgleich (BGH FamRZ 2005, 1564). § 850d ZPO greift ebenfalls bei übergegangenen Unterhaltsansprüchen, zB zugunsten des Trägers der Sozialhilfe. Der Gläubiger hat die **tatsächlichen Voraussetzungen** des § 850d ZPO mit dem Antrag auf Erlass des Pfändungs- und Überweisungsbeschlusses schlüssig darzulegen. Solange der Schuldner die Unterhaltspflicht nicht bestreitet, bedarf es weder einer Glaubhaftmachung noch eines Beweises. Es muss sich unmittelbar aus dem Vollstreckungstitel ergeben, dass ein Unterhaltsanspruch nach § 850d Abs. 1 ZPO vorliegt.

Das Vollstreckungsgericht hat den **dem Schuldner verbleibenden Betrag** (§ 850d Abs. 1 S. 2 ZPO) nach den konkreten Umständen des Einzelfalls (*Büttner* FamRZ 1994, 1433) nach Ermessen festzulegen. Dem Schuldner muss soviel belassen werden, als er für seinen notwendigen Unterhalt (siehe dazu BGH NJW 2003, 2918; NJW-RR 2004, 506) und zur Erfüllung seiner laufenden Unterhaltspflichten gegenüber den dem Gläubiger vorgehenden Berechtigten oder zur gleichmäßigen Befriedigung der dem Gläubiger gleichstehenden Berechtigten benötigt (§ 850d Abs. 1 S. 2 ZPO). Zu den weiteren Einzelheiten → Form. H. I. 6. **§ 850k Abs. 3 ZPO** übernimmt diese Regelung für den Kontopfändungsschutz. Der von dem Vollstreckungsgericht in dem Pfändungs- und Überweisungsbeschluss festgelegte unpfändbare Betrag ist **für das Kreditinstitut bindend**. Das Vollstreckungsgericht kann nach § 850k Abs. 4 ZPO auf Antrag abweichende Beträge festlegen; → Anm. 7.

Das Vollstreckungsgericht kann gem. **§ 850k Abs. 4 ZPO** abweichend den Grund- und Sockelbetrag nach **§ 850k Abs. 1 ZPO**, den Mehr- oder Aufstockungsbetrag bei Erfüllung gesetzlichern Unterhaltspflichten nach **§ 850k Abs. 2 S. 1 Nr. 1 ZPO** und den Freibetrag bei Unterhaltsvollstreckung nach **§ 850k Abs. 3 ZPO** abweichend zu bestimmen. Erforderlich ist ein entsprechender Antrag des Schuldners (→ Form. I. II. 11) oder des Gläubigers (→ Form. I. II. 12). Insoweit finden entsprechende Anwendung:

§ 850a ZPO zur Freistellung der unpfändbaren Bezüge (→ Form. I. I. 1); **§ 850b ZPO** zur Wahrung der nur bedingt pfändbaren Bezüge (→ Form. I. I. 2); **§ 850c ZPO** zur pfandfreien Belassung eines Teils des Mehrverdienstes und bargeldlos ausgezahlten unpfändbaren Arbeitseinkommens (→ Form. I. I. 1); **§ 850c Abs. 4 ZPO** zur Bestimmung, das für unterhaltsberechtigte Angehörige mit eigenen Einkünften ganz oder teilweise keine Erhöhung des Freibetrages gewährt wird (→ Form. I. I. 6); **§ 850e Nr. 1 ZPO** für Bestimmung über die Berechnung des pfandfreien Betrages (→ Form. I. I. 1 Anm. 5); **§ 850e Nr. 2 ZPO** zur Zusammenrechnung mit Einkünften, die nicht auf das Pfändungsschutzkonto überwiesen werden (→ Form. I. I. 7); **§ 850e Nr. 2a ZPO** zur Zusammenrechnung mit Sozialleistungen, die nicht auf das Pfändungsschutzkonto überwiesen werden (→ Form. I. I. 8); **§ 850e Nr. 3 ZPO** zur Zusammenrechnung mit Naturalleistungen (→ Form. I. I. 9); **§ 850e Nr. 4 ZPO** bei Zusammentreffen von Unterhalts- und anderen Gläubiger (→ Form. I. I. 10); **§ 850f Abs. 1 ZPO** zur Belassung eines weiteren Teils des Kontoguthabens zur Sicherung des individuellen Bedarfs (→ Form. I. I. 13); **§ 850f Abs. 2 ZPO** zur Bemessung des pfandfreien Guthabenanteils bei einer Zwangsvollstreckung wegen einer Forderung aus einer vorsätzlich begangenen unerlaubten

Handlung (→ Form. I. I. 3); § 850g ZPO zur Anpassung des Pfändungsbeschlusses an geänderte Umstände (→ Form. I. I. 14); § 851c ZPO zur Sicherung des Pfändungsschutzes bei Altersrenten (→ Form. I. I. 2); § 851d ZPO zur Sicherung des Pfändungsschutzes bei Altersrenten (→ Form. I. I. 2); die Regelungen über die Anordnung zum Schutz unpfändbarer Leistungen nach **§§ 54 Abs. 1, Abs. 2 Nr. 1 bis 3, Abs. 4, Abs. 5 SGB I, 17 Abs. 1 S. 2 SGB XII** und **§ 76 EStG.**

Das Vollstreckungsgericht kann nach § 850k Abs. 4 S. 3 ZPO die in § 732 Abs. 2 ZPO bezeichneten **einstweiligen Anordnungen** erlassen. Zudem findet bei Kontopfändungen und auch bei einem P-Konto **§ 765a ZPO** weiterhin Anwendung. Insoweit kann der Schuldner zur Sicherung seines Lebensunterhalts einen Antrag auf Vollstreckungsschutz nach § 765a ZPO stellen (BGH NZI 2014, 414 mAnm *Richter*) → Form. I. II. 17.

10. Antrag des Schuldners auf Bestimmung des Freibetrages (§ 850k Abs. 5 S. 4 ZPO)

An das

Amtsgericht

Vollstreckungsgericht[1, 2]

in . . . . . .

Antrag

gemäß § 850k Abs. 5 S. 4 ZPO

in der Zwangsvollstreckungssache

. . . . . .

Hiermit zeigen wir an, dass wir den/die Schuldner/in vertreten. Namens und in Vollmacht des/der Mandanten/in beantragen wir

auf dem mit der IBAN . . . . . . bei dem/der Drittschuldner/in . . . . . . [nähere Bezeichnung des Kreditinstituts] geführten Pfändungsschutzkonto des/der Schuldners/in einen weiteren Freibetrag

für die erste Person, der der/die Schuldner/in aufgrund Gesetzes Unterhalt gewährt, in Höhe von derzeit . . . . . . EUR,

(Variante 1:

für die der/die Schuldner/in Leistungen nach SGB II oder SGB XII in Höhe von derzeit . . . . . . EUR entgegennimmt,)

für weitere . . . . . . Personen, der/denen der/die Schuldner/in aufgrund Gesetzes Unterhalt gewährt, in Höhe von derzeit . . . . . . EUR,)

(Variante 2:

für die der/die Schuldner/in Leistungen nach SGB II oder SGB XII in Höhe von derzeit . . . . . . EUR entgegennimmt.)

festzusetzen.

Begründung[3]

Unser/e Mandant/in unterhält bei der ...... [nähere Bezeichnung Drittschuldner] ein Pfändungsschutzkonto mit der Konto-Nr ......

Beweis: Kontoeröffnungsantrages ......
Antrag auf Umwandlung des Girokontos ......

Der/Die Schuldner/in hat beim ...... [nähere Bezeichnung der nach § 850k Abs. 2 S. 2 ZPO für die Erteilung der Bescheinigung zuständigen Stelle, zB Arbeitgeber/Familienkasse/Sozialleistungsträger etc.] die Ausstellung einer Bescheinigung nach § 850k Abs. 5 ZPO beantragt, woraus sich ergibt, dass der/die Mandant/in der/den in seinem Haushalt lebenden ...... [nähere Bezeichnung des Unterhaltsberechtigen, zB Ehefrau, Lebenspartner, Kindern etc] Unterhalt gewährt, so dass diese Person/en bei der Bestimmung des Pfändungsfreibetrages auf dem bei dem/der Drittschuldner/in geführten Pfändungsschutzkonto nach § 850k Abs. 1 S. 1a iVm § 850c Abs. 1 S. 2 ZPO zu berücksichtigen ist/sind. Die zuständige Stelle hat die Erteilung einer entsprechenden Bescheinigung verweigert, weil nach ihrer Auffassung der Nachweis einer entsprechenden Unterhaltsverpflichtung des Schuldners nicht geführt ist ...... (weitere Darlegungen der Gründe)

Daher ist nach § 850k Abs. 5 S. 4 ZPO eine Bestimmung des Pfändungsfreibetrages nach § 850k Abs. 2 ZPO durch das Vollstreckungsgericht erforderlich. Die Unterhaltsverpflichtung des/der Mandanten/in gegenüber ...... [nähere Bezeichnung des Unterhaltsberechtigten] ergibt sich aus ...... [nähere Darlegung]

Beweis: ......

Wir bitten um Rückgabe der im Original beigefügten Unterlagen.

......

Rechtsanwalt[4, 5]

Anmerkungen

1. Die Berechnung des unpfändbaren Betrages hat das Kreditinstitut auf der Grundlage einer **vom Schuldner vorzulegenden Bescheinigung** (vgl. § 850k Abs. 5 ZPO) vorzunehmen. Insoweit muss sich der Schuldner eine entsprechende Bescheinigung ausstellen lassen und diese dem Kreditinstitut vorlegen. Berechtigt zur Ausstellung der Bescheinigung sind der Arbeitgeber, die Familienkasse, der Sozialleistungsträger oder eine geeignete Person oder Stelle im Sinne des § 305 Abs. 1 Nr. 1 InsO. Die Leistung des Kreditinstituts an den Schuldner hat befreiende Wirkdung, wenn ihm die Unrichtigkeit einer vorgelegten Bescheinigung weder bekannt noch infolge grober Fahrlässigkeit unbekannt war (§ 850k Abs. 5 S. 3 ZPO). Kann der Schuldner nicht den Nachweis mit einer Bescheinigung führen (zu den Anforderungen an den Nachweis gegenüber dem Kreditinstitut siehe LG Essen ZVI 2011, 64), so hat das Vollstreckungsgericht nach **§ 850k Abs. 5 S. 4 ZPO auf Antrag des Schuldners** den pfändungsfreien Betrag nach § 850k Abs. 2 ZPO festzulegen. Siehe dazu auch (Auswahl): *Köppen* ZVI 2010, 339; *Langenbahn/Zimmermann/Zipf* ZVI 2010, 440; *Somberg* ZVI 2010, 169.

2. Zuständig ist das **Vollstreckungsgericht.** Die Entscheidung ergeht durch den Rechtspfleger (§ 20 Nr. 17 RPflG) nach Anhörung des Gläubigers (Zöller/*Stöber* § 850k Rn. 14).

3. Der Schuldner muss die Voraussetzungen für eine entsprechende Festsetzung des unpfändbaren Betrages darlegen und beweisen.

4. Kosten und Gebühren. → Form. I. II. 7 Anm. 4.

5. Rechtsmittel. Gegen die Anordnung kann der Gläubiger sofortige Beschwerde gem. § 793 ZPO einlegen (→ Form. P. II. 6). Dieser Rechtsbehelf steht dem Schuldner bei Ablehnung einer entsprechenden Bestimmung zu (→ Form. P. III. 6)

11. Antrag des Schuldners auf Änderung des Freibetrages (§ 850k Abs. 4 S. 1 ZPO)

An das

Amtsgericht

Vollstreckungsgericht[1, 2]

in .....

Antrag

gemäß § 850k Abs. 4 S. 1 ZPO

in der Zwangsvollstreckungssache

....

Hiermit zeigen wir an, dass wir den/die Schuldner/in vertreten. Namens und in Vollmacht unseres/er Mandanten/in beantragen wir,

> den Freibetrag auf dem Pfändungsschutzkonto des Schuldners mit der IBAN ..... bei dem/der Drittschuldner/in ..... abzuändern und auf ..... EUR festzusetzen.

Weiterhin wird vorab beantragt,[3]

> im Wege der einstweiligen Anordnung den Freibetrag auf dem Pfändungsschutzkonto des Schuldners einstweilen ohne Sicherheitsleistung – äußerst hilfsweise mit Sicherheitsleistung – auf ..... EUR festzusetzen.

Begründung[4]

Der/Die Mandant/in unterhält bei der ..... [nähere Bezeichnung Drittschuldner] ein Pfändungsschutzkonto mit der IBAN .....

Beweis: Kontoeröffnungsantrages .....
Antrag auf Umwandlung des Girokontos .....

Der/Die Schuldner/in leidet an ..... [nähere Darlegung der besonderen Härte, zB einer Erkrankung].

Beweis: beigefügtes Attest des ..... [nähere Angaben des Arztes]

Er/Sie benötigt besondere Medikamente, deren Kosten nur teilweise von der gesetzlichen Krankenkasse übernommen werden.

Beweis: beigefügte Bestätigung der Krankenkasse vom .....

Hierdurch entstehen ihm monatliche Mehrkosten in Höhe von ..... EUR.

Beweis: beigefügte Bescheinigung der Krankenkasse vom .....

Der/Die Schuldner/in kann unter Berücksichtigung seiner sonstigen Lebenshaltungskosten diese Kosten aus dem ihm auf dem oben näher bezeichneten Pfändungsschutzkonto pfändungsfrei verbleibenden Betrag nicht bestreiten. Daher bedarf es gemäß § 850k Abs. 4 S. 1 ZPO iVm § 850f Abs. 1 lit. b ZPO einer entsprechenden Heraufsetzung des monatlichen Freibetrages auf dem Pfändungsschutzkonto.

Besondere Belange des/der Gläubigers/in, die einer Erhöhung des Pfändungsfreibetrages entgegenstehen können, sind nicht gegeben.

Zudem bedarf es des Erlasses einer entsprechenden einstweiligen Anordnung nach § 850k Abs. 4 S. 3 ZPO iVm § 732 Abs. 2 ZPO, da der/die Schuldner/in wegen seiner akuten Erkrankung dringend auch die Einnahme der Medikamente angewiesen ist. Zur Leistung einer Sicherheit ist der/die Schuldner/in aufgrund seiner/ihrer finanziellen Situation nicht in der Lage.

Wir bitten um Rückgabe der im Original beigefügten Unterlagen.

. . . . .

Rechtsanwalt[5]

Anmerkungen

1. **§ 850k Abs. 4 S. 1 ZPO** ermöglicht es, auf **Antrag des Schuldners** abweichend den Grund- und Sockelbetrag nach **§ 850k Abs. 1 ZPO**, den Mehr- oder Aufstockungsbetrag bei Erfüllung gesetzlichern Unterhaltspflichten nach **§ 850k Abs. 2 S. 1 Nr. 1 ZPO** und den Freibetrag bei Unterhaltsvollstreckung nach **§ 850k Abs. 3 ZPO** abweichend zu bestimmen. Insoweit finden **§ 850a ZPO** zur Freistellung der unpfändbaren Bezüge (→ Form. I. I. 1 Anm. 6), **§ 850b ZPO** zur Wahrung der nur bedingt pfändbaren Bezüge (→ Form. I. I. 2), **§ 850c ZPO** zur pfandfreien Belassung eines Teils des Mehrverdienstes und bargeldlos ausgezahlten unpfändbaren Arbeitseinkommens (→ Form. I. I. 1 Anm. 5), **§ 850c Abs. 4 ZPO** zur Bestimmung, das für unterhaltsberechtigte Angehörige mit eigenen Einkünften ganz oder teilweise keine Erhöhung des Freibetrages gewährt wird (→ Form. I. I. 6), **§ 850e Nr. 1 ZPO** für Bestimmung über die Berechnung des pfandfreien Betrages (→ Form. I. I. 1 Anm. 5), **§ 850e Nr. 2 ZPO** zur Zusammenrechnung mit Einkünften, die nicht auf das Pfändungsschutzkonto überwiesen werden (→ Form. I. I. 7), **§ 850e Nr. 2a ZPO** zur Zusammenrechnung mit Sozialleistungen, die nicht auf das Pfändungsschutzkonto überwiesen werden (→ Form. I. I. 8), **§ 850e Nr. 3 ZPO** zur Zusammenrechnung mit Naturalleistungen (→ Form. I. I. 9), **§ 850e Nr. 4 ZPO** bei Zusammentreffen von Unterhalts- und anderen Gläubiger (→ Form. I. I. 10), **§ 850f Abs. 1 ZPO** zur Belassung eines weiteren Teils des Kontoguthabens zur Sicherung des individuellen Bedarfs (→ Form. I. I. 13), **§ 850f Abs. 2 ZPO** zur Bemessung des pfandfreien Guthabenanteils bei einer Zwangsvollstreckung wegen einer Forderung aus einer vorsätzlich begangenen unerlaubten Handlung (→ Form. I. I. 3), **§ 850g ZPO** zur Anpassung des Pfändungsbeschlusses an geänderte Umstände (→ Form. I. I. 14), **§ 851c ZPO** zur Sicherung des Pfändungsschutzes bei Altersrenten (→ Form. I. I. 2), **§ 851d ZPO** zur Sicherung des Pfändungsschutzes bei Altersrenten (→ Form. I. I. 2) sowie die Regelungen über die Anordnung zum Schutz unpfändbarer Leistungen nach **§§ 54 Abs. 1, Abs. 2 Nr. 1 bis 3, Abs. 4, Abs. 5 SGB I, 17 Abs. 1 S. 2 SGB XII** und **§ 76 EStG** entsprechende Anwendung. **Ohne vorausgehende Pfändung** des Konto fehlt einem entsprechenden Antrag des Schuldners bereits das Rechtsschutzinteresse (AG Plön Beschl. v. 16.6.2011 – 19 M 63/11 BeckRS 2011, 21811; aA *Sauer* ZVI 2012, 365).

2. → Form. I. I. 10 Anm. 2.

3. Das Vollstreckungsgericht kann nach § 850k Abs. 4 S. 3 ZPO die in § 732 Abs. 2 ZPO bezeichneten **einstweiligen Anordnungen** erlassen.

4. Der Schuldner muss die Voraussetzungen für eine entsprechende abweichende Festsetzung des unpfändbaren Betrages **darlegen und beweisen.** Möglich ist beispielsweise die Anordnung der Belassung eines weiteren Teils des Kontoguthabens zur Sicherung besonderer persönlicher Bedürfnisse (§ 850f Abs. 1 ZPO). Liegen die Voraussetzungen vor, muss das Vollstreckungsgericht **einen konkret bezifferten Betrag,** der zusätzlich pfändungsfrei bleibt, festsetzen. Die nach getroffenen Anordnungen können auf Antrag des Schuldners oder des Gläubigers wieder geändert werden. Weicht der auf dem Konto eingehende unpfändbare Betrag ständig in unterschiedlichem Maße von dem Sockelbetrag des § 850k Abs. 1, Abs. 2 S. 1 Nr. 1, und Abs. 3 ZPO auf, dann kann das Vollstreckungsgericht den Freibetrag gem. § 850k Abs. 4 ZPO durch Bezugnahme auf das vom Arbeitgeber monatlich überwiesene pfändungsfreie Arbeitseinkommen festsetzen (BGH ZVI 2011, 450).

5. Kosten und Gebühren/Rechtsmittel. Für das **Gericht** entstehen keine gesonderten Gebühren. Der **Rechtsanwalt** des Gläubigers erhält nur dann eine gesonderte Gebühr nach Nr. 3309 VV RVG, sofern er vorher nicht im Vollstreckungsverfahren tätig gewesen war (§ 18 Nr. 3 RVG).

Gegen den Beschluss stehen dem Gläubiger (→ Form. P. II. 6) und die Schuldner (→ Form. P. III. 6) die **sofortige Beschwerde** (§ 793 ZPO) zu.

12. Antrag des Gläubigers auf Änderung des Freibetrages (§ 850k Abs. 4 S. 1 ZPO)

An das

Amtsgericht

Vollstreckungsgericht[1, 2]

in . . . . .

Antrag

gemäß § 850k Abs. 4 S. 1 ZPO

in der Zwangsvollstreckungssache

. . . .

Hiermit zeigen wir an, dass wir den/die Gläubiger/in vertreten. Namens und in Vollmacht unseres/er Mandanten/in beantragen wir

> **den Freibetrag auf dem Pfändungsschutzkonto des Schuldners mit der IBAN . . . . . bei dem/der Drittschuldner/in . . . . . abzuändern und auf . . . . . EUR zu reduzieren.**

Weiterhin wird vorab beantragt,[3]

> **im Wege der einstweiligen Anordnung den Freibetrag auf dem Pfändungsschutzkonto des Schuldners einstweilen ohne Sicherheitsleistung – äußerst hilfsweise gegen Sicherheitsleistung – auf . . . . . EUR festzusetzen.**

Begründung[4]

Der/Die Gläubiger/in hat/haben aufgrund der beigefügten vollstreckbaren Ausfertigung des ..... [nähere Bezeichnung des Titels] einen Anspruch gegen den/die Schuldner/in auf Zahlung von ..... nebst ..... Zinsen. Durch den ebenfalls in der Anlage beigefügten Pfändungsbeschluss/Pfändungs- und Überweisungsbeschluss des Amtsgerichts ..... vom ....., Az. ....., wurde der Anspruch des Schuldners gegen den/die Drittschuldner/in ..... [genaue Bezeichnung] aus der bestehenden Bankverbindung/aus dem bestehenden Kontoverhältnis gepfändet und dem Gläubiger zur Einziehung überwiesen [ggf. bei fehlendem Überweisungsbeschluss weglassen].

Nach der erteilten Drittschuldnererklärung handelt es sich bei dem im Antrag bezeichneten Konto um ein Pfändungsschutzkonto im Sinne des § 850k ZPO. Zudem hat der Schuldner eine Bescheinigung nach § 850k Abs. 5 ZPO vorgelegt, woraus sich ergibt, dass der er/die Schuldner/in der/den in seinem Haushalt lebenden ..... (nähere Bezeichnung des Unterhaltsberechtigen, zB Ehefrau, Lebenspartner, Kindern etc) Unterhalt gewährt, so dass diese Person/en bei der Bestimmung des Pfändungsfreibetrages auf dem bei dem/der Drittschuldner/in geführten Pfändungsschutzkonto nach § 850k Abs. 2 S. 1a ZPO iVm § 850c Abs. 1 S. 2 ZPO zu berücksichtigen ist/sind.

Der ..... [nähere Bezeichnung des Unterhaltsberechtigten, zB Ehefrau, Lebenspartner, Sohn, Tochter etc] bezieht indes ein eigenes Einkommen als ..... [nähere Bezeichnung der Einkünfte, zB auch Mieteinnahmen/Zinseinkünfte/Rentenzahlung etc] in Höhe von monatlich ..... EUR.

Beweis: Zeugnis des Arbeitgebers/der rentenzahlenden Stelle/des Mieters
Zeugnis des Unterhaltsberechtigten

Da dieser Betrag zur Deckung des Unterhalts des/der Unterhaltsberechtigten vollständig ausreicht, ist eine zusätzliche Berücksichtigung des/der Unterhaltsberechtigten im Rahmen der Pfändungsgrenzen des Arbeitseinkommens des Schuldners unbillig. Vielmehr muss die Unterhaltsberechtigte bei der Bestimmung des Pfändungsfreibetrages des Pfändungsschutzkontos des/der Schuldners/in ganz unberücksichtigt zu lassen.

(Variante 1:

Zumindest tragen die Einkünfte des/der Unterhaltsberechtigten in nicht unerheblicher Weise zu dem eigenen Unterhalt bei. Daher entspricht es der Billigkeit die ..... (nähere Bezeichnung des Unterhaltsberechtigten, zB Ehefrau, Lebenspartner, Sohn, Tochter etc) nur anteilig im Rahmen der Bestimmung des Pfändungsfreibetrages auf dem Pfändungsschutzkonto des/der Schuldners/in zu berücksichtigen.)

(Variante 2:

Der Schuldner leistet an den Unterberechtigten weder Natural- noch Barunterhalt.

Beweis: Zeugnis .....)

Es bedarf des Erlasses einer entsprechenden einstweiligen Anordnung nach § 850k Abs. 4 S. 3 ZPO iVm § 732 Abs. 2 ZPO, da der/die Gläubiger/in dringend zur Deckung seines Lebensunterhalts auch die Zahlungen angewiesen ist. Zur Leistung einer Sicherheit ist der/die Gläubiger/in aufgrund seiner/ihrer finanziellen Situation nicht in der Lage.

Wir bitten um Rückgabe der im Original beigefügten Unterlagen.

.....

Rechtsanwalt[5]

Anmerkungen

1. **§ 850k Abs. 4 S. 1 ZPO** ermöglicht es, auf **Antrag des Gläubigers** abweichend den Grund- und Sockelbetrag nach **§ 850k Abs. 1 ZPO**, den Mehr- oder Aufstockungsbetrag bei Erfüllung gesetzlichern Unterhaltspflichten nach **§ 850k Abs. 2 S. 1 Nr. 1 ZPO** und den Freibetrag bei Unterhaltsvollstreckung nach **§ 850k Abs. 3 ZPO** abweichend zu bestimmen. Insoweit finden **§ 850a ZPO** zur Freistellung der unpfändbaren Bezüge (→ Form. I. I. 1 Anm. 6), **§ 850b ZPO** zur Wahrung der nur bedingt pfändbaren Bezüge (→ Form. I. I. 2), **§ 850c ZPO** zur pfandfreien Belassung eines Teils des Mehrverdienstes und bargeldlos ausgezahlten unpfändbaren Arbeitseinkommens (→ Form. I. I. 1 Anm. 5), **§ 850c Abs. 4 ZPO** zur Bestimmung, das für unterhaltsberechtigte Angehörige mit eigenen Einkünften ganz oder teilweise keine Erhöhung des Freibetrages gewährt wird (→ Form. I. I. 6), **§ 850e Nr. 1 ZPO** für Bestimmung über die Berechnung des pfandfreien Betrages (→ Form. I. I. 1 Anm. 5), **§ 850e Nr. 2 ZPO** zur Zusammenrechnung mit Einkünften, die nicht auf das Pfändungsschutzkonto überwiesen werden (→ Form. I. I. 7), **§ 850e Nr. 2a ZPO** zur Zusammenrechnung mit Sozialleistungen, die nicht auf das Pfändungsschutzkonto überwiesen werden (→ Form. I. I. 8), **§ 850e Nr. 3 ZPO** zur Zusammenrechnung mit Naturalleistungen (→ Form. I. I. 9), **§ 850e Nr. 4 ZPO** bei Zusammentreffen von Unterhalts- und anderen Gläubiger (→ Form. I. I. 10), **§ 850f Abs. 1 ZPO** zur Belassung eines weiteren Teils des Kontoguthabens zur Sicherung des individuellen Bedarfs (→ Form. I. I. 13), **§ 850f Abs. 2 ZPO** zur Bemessung des pfandfreien Guthabenanteils bei einer Zwangsvollstreckung wegen einer Forderung aus einer vorsätzlich begangenen unerlaubten Handlung (→ Form. I. I. 3), **§ 850g ZPO** zur Anpassung des Pfändungsbeschlusses an geänderte Umstände (→ Form. I. I. 14), **§ 851c ZPO** zur Sicherung des Pfändungsschutzes bei Altersrenten (→ Form. I. I. 2), **§ 851d ZPO** zur Sicherung des Pfändungsschutzes bei Altersrenten (→ Form. I. I. 2) sowie die Regelungen über die Anordnung zum Schutz unpfändbarer Leistungen nach **§§ 54 Abs. 1, Abs. 2 Nr. 1 bis 3, Abs. 4, Abs. 5 SGB I, 17 Abs. 1 S. 2 SGB XII** und **§ 76 EStG** entsprechende Anwendung.

2. → Form. I. II. 10 Anm. 2.

3. → Form. I. II. 11 Anm. 3.

4. Der Gläubiger muss die Voraussetzungen für eine entsprechende abweichende Festsetzung des unpfändbaren Betrages **darlegen und beweisen.** Möglich ist beispielsweise ein Antrag des Gläubigers ein nach dem Gesetz unterhaltsberechtigte Angehörige mit eigenen Einkünften ganz oder teilweise bei der Berechnung des unpfändbaren Teils des Kontoguthabens unberücksichtigt bleibt (→ Form. I. II. 9 Anm. 6). Liegen die Voraussetzungen vor, muss das Vollstreckungsgericht **einen konkret bezifferten Betrag**, der zusätzlich pfändbar ist, festsetzen. Die nach getroffenen Anordnungen können auf Antrag des Schuldners oder des Gläubigers wieder geändert werden.

5. **Kosten und Gebühren/Rechtsmittel.** → Form. I. II. 11 Anm. 5.

Gegen den Beschluss stehen dem Gläubiger (→ Form. P. II. 6) und die Schuldner (→ Form. P. III. 6) **die sofortige Beschwerde** (§ 793 ZPO) zu.

13. Antrag des Gläubigers auf Bestimmung des Pfändungsschutzkontos (§ 850k Abs. 9 S. 1 ZPO)

An das

Amtsgericht .....

Vollstreckungsgericht[1, 2]

Antrag nach § 850k Abs. 9 S. 1 ZPO
in der Vollstreckungssache

....

Hiermit zeigen wir an, dass wir den/die Gläubiger/in vertreten. Namens und in Vollmacht unseres/unserer Mandanten/in beantragen wir,

das bei der ..... [nähere Bezeichnung des Kreditinstituts] geführte Konto mit der Nr. ..... als das Pfändungsschutzkonto des Schuldners zu bestimmen.

Gründe:[3]

Der/Die Gläubiger/in hat/haben aufgrund der beigefügten vollstreckbaren Ausfertigung des ..... [nähere Bezeichnung des Titels] einen Anspruch gegen den/die Schuldner/in auf Zahlung von ..... nebst ..... Zinsen. Durch den ebenfalls in der Anlage beigefügten Pfändungsbeschluss/Pfändungs- und Überweisungsbeschluss des Amtsgerichts ..... vom ....., Az. ....., wurde der Anspruch des Schuldners gegen den/die Drittschuldner/in ..... [genaue Bezeichnung] aus der bestehenden Bankverbindung/aus dem bestehenden Kontoverhältnis gepfändet und dem Gläubiger zur Einziehung überwiesen [Hinweis auf Einziehung bei fehlendem Überweisungsbeschluss streichen].

Beweis: Drittschuldnerauskunft .....

Nach der erteilten Drittschuldnererklärung handelt es sich bei dem im Antrag bezeichneten Konto um ein Pfändungsschutzkonto im Sinne des § 850k ZPO. Zudem verfügt der Schuldner über ein weiteres Pfändungsschutzkonto bei ..... [nähere Bezeichnung des Kreditinstituts] mit der IBAN .....

Beweis: weitere Drittschuldnerauskunft
Zeugnis des .....

Da der/die Schuldner/in nach § 850k Abs. 8 S. 1 ZPO nur über ein Pfändungsschutzkonto verfügen darf, macht der/die Gläubiger/in von der nach § 850k Abs. 9 S. 1 ZPO bestehenden Möglichkeit Gebrauch und bestimmt das bei der ..... (nähere Bezeichnung des Kreditinstituts) mit der IBAN ..... zum Pfändungsschutzkonto.

Wir bitten um Rückgabe der im Original beigefügten Unterlagen.

.....

Rechtsanwalt[4]

Anmerkungen

1. Jeder Schuldner darf nur **ein Pfändungsschutzkonto** unterhalten (§ 850k Abs. 8 S. 1 ZPO). Sofern der Schuldner mehrere Pfändungsschutzkonten unterhält, ordnet das Vollstreckungsgericht auf Antrag des Gläubigers an, dass nur das vom Gläubiger bezeichnete Girokonto dem Schuldner als Pfändungsschutzkonto verbleibt (§ 850k Abs. 9 S. 1 ZPO).

2. Zuständig ist das **Vollstreckungsgericht** am Wohnsitz des Schuldners. Die Entscheidung ergeht durch den **Rechtspfleger** (§ 20 Nr. 17 RPflG).

3. Der Gläubiger hat die Voraussetzungen seines Antrages durch Vorlage entsprechender Erklärungen der Drittschuldner glaubhaft zu machen (§ 850k Abs. 9 S. 2 ZPO). Die Entscheidung ergeht ohne Anhörung des Schuldners (§ 850k Abs. 9 S. 3 ZPO). Der Beschluss ist allen Drittschuldnern zuzustellen (§ 850k Abs. 9 S. 4 ZPO). Mit der Zustellung an diejenigen Kreditinstitute, deren Girokonten nicht zum Pfändungsschutzkonto bestimmt sind, entfallen die Wirkungen des Pfändungsschutzkontos (§ 850k Abs. 9 S. 5 ZPO). Ungeklärt ist, was geschieht, wenn verschiedene Gläubiger unterschiedlich das maßgebliche Pfändungsschutzkonto bestimmen. Maßgeblich dürfte die erste Bestimmung durch einen Gläubiger sein.

4. **Kosten und Gebühren/Rechtsmittel.** Für das **Gericht** entstehen keine gesonderten Gebühren. Der **Rechtsanwalt** des Gläubigers erhält nur dann eine gesonderte Gebühr nach Nr. 3309 VV RVG, sofern er vorher nicht im Vollstreckungsverfahren tätig gewesen war (§ 18 Nr. 3 RVG).

Ergeht die Anordnung oder die Ablehnung der Anordnung findet die **sofortige Beschwerde** des Schuldners (→ Form. P. III. 6) oder des Gläubigers nach § 793 ZPO statt (→ Form. P. II. 6), da es sich in beiden Fälle auch bei einer fehlenden Anhörung des Schuldners (vgl. § 850k Abs. 9 S. 3 ZPO) um eine Entscheidung handeln dürfte; der Rechtspfleger muss in die Prüfung des Sache einsteigen und sich mit den Ausführungen des Gläubigers zu den verschiedenen Pfändungsschutzkonten befassen.

14. Antrag des Schuldners auf Pfändungsschutz für künftiges Kontoguthaben (850l S. 1 ZPO)

An das

Amtsgericht . . . . .

Vollstreckungsgericht[1, 2]

Antrag nach § 850l ZPO

in der Vollstreckungssache

. . . .

Hiermit zeigen wir an, dass wir den/die Schuldner/in vertreten. Namens und in Vollmacht unseres/er Mandanten/in beantragen wir,

> anzuordnen, dass das Guthaben auf dem bei der . . . . . [nähere Bezeichnung des Kreditinstituts] geführten Pfändungsschutzkonto mit Nr. . . . . . für die Dauer von bis zu 12 Monaten nicht der Pfändung unterworfen ist.

Begründung[3]

Der/Die Mandant/in unterhält bei der ..... [nähere Bezeichnung Drittschuldner] ein Pfändungsschutzkonto mit der IBAN .....

Beweis: Kontoeröffnungsantrages .....
Antrag auf Umwandlung des Girokontos .....

Diesem Konto sind in den letzten sechs Monaten vor Antragstellung ganz überwiegend nur nicht pfändbare Beträge gutgeschrieben worden, nämlich im Wesentlichen das monatliche Arbeitseinkommen des/der Schuldners/in in Höhe von ..... EUR sowie das Kindergeld. Über weitere Einkünfte verfügt der/die Schuldner nicht.

Beweis: Kontoauszüge für die Monate ..... bis .....
Gehaltsabrechnungen für die Monate ..... bis .....

In den nächsten 12 Monaten ist mit einer Änderung der Zahlungseingänge nicht zu rechnen. Vielmehr erwartet der/die Schuldner/in nur den Eingang von nicht pfändbaren Beträgen. Insoweit wird zur Glaubhaftmachung auf die beigefügte eidesstattliche Versicherung des/der Schuldner/in verwiesen.

Besondere Belange des/der Gläubigers/in, die einer Anordnung entgegenstehen könnten, sind nicht gegeben.[4]

Wir bitten um Rückgabe der im Original beigefügten Unterlagen.

.....

Rechtsanwalt[5]

Anmerkungen

1. § 850l S. 1 ZPO sieht die Möglichkeit einer **befristeten Freistellung eines Kontos** von der Pfändung vor. Auf Antrag des Schuldners kann das Vollstreckungsgericht anordnen, dass das Guthaben des Kontos für die Dauer von **bis zu zwölf Monaten** der Pfändung aus dem konkreten Pfändungs- und Überweisungsbeschluss nicht unterworfen ist, wenn der Schuldner nachweist, dass dem Konto in den letzten sechs Monaten vor Antragstellung ganz überwiegend nur unpfändbare Beträge gutgeschrieben worden sind, und er glaubhaft macht, dass auch innerhalb der nächsten zwölf Monate nur ganz überwiegend nicht pfändbare Beträge zu erwarten sind. § 850l ZPO ist lex spezialis zu § 765a ZPO. Der Schuldner kann den Antrag auch mehrfach zeitlich hintereinander stellen.

2. Zuständig ist das **Vollstreckungsgericht**. Die Entscheidung ergeht durch den **Rechtspfleger** (§ 20 Nr. 17 RPflG).

3. Der Schuldner muss **für die Vergangenheit darlegen und beweisen**, dass dem Konto in den letzten sechs Monaten ganz überwiegend überwiegend unpfändbare Beträge (zB Arbeitseinkommen in unpfändbarer Höhe, Kindergeld, Sozialleistungen) gutgeschrieben worden sind. Der Nachweis kann durch Vorlage einer entsprechenden Kontoverdichtung oder von Kontoauszügen geführt werden. Insoweit muss der Schuldner auch aufzeigen, aufgrund welcher Vorschriften sich für die Vergangenheit die Unpfändbarkeit ergab. Es kommt nicht auf die Unpfändbarkeit des Kontoguthabens, sondern der auf dem Konto eingehenden Beträge an. Für die **künftigen Zahlungseingänge reicht die Glaubhaftmachung** (§ 294 ZPO). Die Aufhebung bezieht sich auf den konkreten Pfändungs- und

Überweisungsbeschluss. Für einen weiteren Pfändungs- und Überweisungsbeschluss bedarf es eines separaten Antrages.

4. Stehen **überwiegende Belange des vollstreckenden Gläubigers** entgegen, kann die Anordnung versagt werden (§ 850l S. 2 ZPO). Ein überwiegendes Interesse des Gläubigers kann beispielsweise bei einer Vollstreckung nach § 850d ZPO wegen Unterhaltsansprüchen oder nach § 850f ZPO wegen einer Forderung aus einer vorsätzlich begangenen unerlaubten Handlung vorliegen. Die Anordnung ist auf **Antrag des Gläubigers nach § 850l S. 3 ZPO** aufzuheben, wenn ihre Voraussetzungen nicht mehr vorliegen oder die Anordnung den überwiegenden Belangen dieses Gläubigers entgegensteht (→ Form. I. II. 15).

5. Kosten und Gebühren/Rechtsmittel. Für das **Gericht** entstehen keine gesonderten Gebühren. Der **Rechtsanwalt** des Gläubigers erhält nur dann eine gesonderte Gebühr nach Nr. 3309 VV RVG, sofern er vorher nicht im Vollstreckungsverfahren tätig gewesen war (§ 18 Nr. 3 RVG).

Ergeht die Anordnung **nach Anhörung** oder wird die Anordnung abgelehnt, so findet die sofortige Beschwerde nach § 793 ZPO statt (→ Form. P. II. 6 bzw.→ Form. P. III. 6). Im Falle des Erlasses einer Anordnung **ohne Anhörung des Gläubigers,** besteht die Möglichkeit einer Erinnerung nach § 766 Abs. 1 ZPO (→ Form. P. II. 1).

15. Antrag des Gläubigers (§ 850l S. 3 ZPO) auf Aufhebung eines Beschlusses nach § 850l ZPO

An das

Amtsgericht . . . . .

Vollstreckungsgericht[1, 2]

Antrag nach § 850l S. 2 ZPO
in der Vollstreckungssache

. . . .

Hiermit zeigen wir an, dass wir den/die Gläubiger/in vertreten. Namens und in Vollmacht unseres/er Mandanten/in beantragen wir,

den Beschluss des Vollstreckungsgerichts . . . . . vom . . . . . Az. . . . . . über die Freistellung des Guthabens auf dem IBAN . . . . . des/der Schuldners/in bei der . . . . . (Drittschuldner/in) für die Dauer von . . . . . Monaten aufzuheben.

Gründe:

Der/Die Gläubiger/in hat auf der Grundlage des oben genannten Pfändungsbeschluss/ Pfändungs- und Überweisungsbeschlusses das Konto des/der Schuldners/in bei der . . . . . (nähere Bezeichnung der Bank) gepfändet und zur Einziehung überwiesen lassen [Hinweis auf Einziehung bei fehlendem Überweisungsbeschluss streichen]. Durch Beschluss vom . . . . . hat das Vollstreckungsgericht nach § 850l S. 1 ZPO den unpfändbaren Anteil des Arbeitseinkommens auf dem gepfändeten Konto, Nr. . . . . ., bei dem/der Drittschuldner/in freigestellt.

Nach § 850l S. 3 ZPO ist eine nach § 850l S. 1 ZPO getroffenen Anordnung aufzuheben, wenn ihre Voraussetzungen nicht mehr vorliegen oder die Anordnung den überwiegenden Belangen des Gläubigers entgegenstehen.

[1. Variante:[3]

Nach § 850l S. 1 ZPO kann die Pfändung des Guthabens auf einem Konto für die Dauer bis zu zwölf Monaten aufgehoben werden, wenn der Schuldner nachweist, dass dem Konto in den letzten sechs Monaten vor der Antragstellung ganz überwiegend nur unpfändbare Beträge gutgeschrieben worden sind und er glaubhaft macht, dass auch innerhalb der nächsten zwölf Monate nur ganz überwiegend nicht pfändbare Beträge zu erwarten sind.

Die Voraussetzungen für die von dem Gericht getroffene Anordnung liegen nicht (mehr) vor.

[Alternative:

Der Schuldner hat insoweit unzutreffende Angaben gemacht. Er hat verschweigen, dass er in den letzten sechs Monaten neben dem unpfändbaren Anteil des Arbeitseinkommens auch noch in erheblichen Umfang Mieteinnahmen erzielt hat, die auf dieses Konto geflossen sind . . . . .]

[Alternative:

Der Schuldner erzielt mittlerweile aufgrund einer neue Arbeitsstelle ein erhebliches höheres Arbeitseinkommen, welches im Wesentlichen pfändbar ist . . . . .

Beweis: . . . . .]

[Alternative:

Bei der Freistellung hat das Vollstreckungsgericht zwei unterhaltspflichtige Personen berücksichtigt. Dies verfügen mittlerweile über ein eigenen ausreichendes Einkommen in Höhe von . . . . . EUR, so dass sich die Unterhaltsverpflichtung des Schuldners reduziert hat . . . . .

Beweis: . . . . .]

[2. Variante:][4]

Vorliegend kann sich der/die Gläubiger/Gläubigerin auf entsprechende entgegenstehende Belange berufen.

[Alternative:

Er/Sie ist auf die Durchsetzung der titulierten Forderung zur Bestreitung des eigenen Lebensunterhalts angewiesen. Der/Die Gläubiger/in erzielt lediglich ein Einkommen in Höhe von . . . . . EUR . . . . .

Beweis: . . . . .]

[Alternative:

Er/Sie vollstreckt wegen Unterhaltsforderungen nach § 850d ZPO. Insoweit ist/sind der/die Gläubiger/in auf die Durchsetzung seines/ihres titulierten Anspruchs zur Deckung seines/ihres eigenen Unterhalts angesehen. Insoweit sieht die gesetzgeberische Wertung in § 850d ZPO vor, dass der/die Schuldner/in im Rahmen der Forderungspfändung auf seinen eigenen notwendigen Unterhalt beschränkt. Daher kommt eine Freistellung des Kontoguthabens nicht in Betracht . . . . .]

[Alternative:

Er/Sie vollstreckt wegen einer Forderung aus vorsätzlich unerlaubter Handlung. Insoweit sieht bereits die gesetzgeberische Wertung in § 850f ZPO vor, dass die dem/der Schuldner/in zu gewährenden Pfändungsfreigrenzen auf den notwendigen Unterhalt beschränkt sind . . . . .]

Daher ist es vorliegend gerechtfertigt, die Anordnung vom . . . . . aufzuheben.

Wir bitten um Rückgabe der im Original beigefügten Unterlagen.

. . . . .

Rechtsanwalt[5]

Anmerkungen

1. Die auf Antrag des Schuldners nach § 850l S. 1 ZPO vom Vollstreckungsgericht getroffene Anordnung ist auf **Antrag des Gläubigers nach § 850l S. 3 ZPO** aufzuheben, wenn ihre Voraussetzungen nicht mehr vorliegen oder die Anordnung den überwiegenden Belangen dieses Gläubigers entgegensteht.

2. → Form. I. II. 13 Anm. 2.

3. Liegen die Voraussetzungen für die Anordnung nach § 850l S. 1 ZPO nicht mehr vor, so kann der Beschluss aufgehoben werden.

4. Ein überwiegendes Interesse des Gläubigers kann beispielsweise bei einer Vollstreckung nach § 850d ZPO wegen Unterhaltsansprüchen oder nach § 850f ZPO wegen einer Forderung aus einer vorsätzlich begangenen unerlaubten Handlung vorliegen. Diese Umstände können auch bereits nach § 850l S. 2 ZPO zu einer Zurückweisung des schuldnerischen Antrages nach § 850l S. 1 ZPO führen.

5. Kosten und Gebühren/Rechtsmittel. Für das **Gericht** entstehen keine gesonderten Gebühren. Der **Rechtsanwalt** des Gläubigers erhält nur dann eine gesonderte Gebühr nach Nr. 3309 VV RVG, sofern er vorher nicht im Vollstreckungsverfahren tätig gewesen war (§ 18 Nr. 3 RVG).

Ergeht die Aufhebung nach Anhörung des Schuldners oder wird die Aufhebung abgelehnt, so findet die **sofortige Beschwerde** nach § 793 ZPO statt (→ Form. P. II. 6 oder → Form. P. III. 6). Im Falle der Aufhebung ohne Anhörung des Schuldners, besteht die Möglichkeit einer **Erinnerung** nach § 766 Abs. 1 ZPO (→ Form. P. III. 3).

16. Antrag des Gläubigers auf Aufhebung der Altbeschlüsse (§§ 850k, 850l ZPO aF)

An das

Amtsgericht . . . . .

Vollstreckungsgericht[1, 2]

In der Vollstreckungssache

. . . .

zeigen wir hiermit an, dass wir den/die Gläubiger/in vertreten. Namens und in Vollmacht unseres/er Mandanten/in beantragen wir,

den Beschluss des Vollstreckungsgerichts ..... vom ..... Az. ..... über die Freistellung des unpfändbaren Anteils des Arbeitseinkommens des/der Schuldners/in nach § 850k ZPO aF/850l ZPO aF auf dem gepfändeten IBAN ..... bei der ..... (Drittschuldner/in) aufzuheben.

Gründe:

Der/Die Gläubiger/in hat auf der Grundlage des oben genannten Pfändungsbeschluss/ Pfändungs- und Überweisungsbeschlusses das Konto des/der Schuldners/in bei der ..... (nähere Bezeichnung der Bank) gepfändet und zur Einziehung überwiesen lassen [Hinweis auf Einziehung bei fehlendem Überweisungsbeschluss streichen]. Durch Beschluss vom ..... hat das Vollstreckungsgericht nach § 850k ZPO aF/§ 850l ZPO aF den unpfändbaren Anteil des Arbeitseinkommens auf dem gepfändeten Konto, Nr. ....., bei dem/der Drittschuldner/in freigestellt.

Diese Vorschrift ist mit Ablauf des 31.12.2011 außer Kraft getreten. Pfändungsschutz wird nunmehr ausschließlich über ein Pfändungsschutzkonto gewährt (§ 850k Abs. 1, 7 ZPO). Damit hat sich der Beschluss des Gerichts vom ..... erledigt. Es bedarf zumindest aus den Gesichtspunkten der Rechtsklarheit und Rechtssicherheit einer ausdrücklichen Aufhebung des Beschlusses durch das Vollstreckungsgericht.

Wir bitten um Rückgabe der im Original beigefügten Unterlagen.

.....

Rechtsanwalt[3]

Anmerkungen

1. Der nach § 850k ZPO aF/§ 850l ZPO aF § 55 SGB I, § 76a EStG bestehende Vollstreckungsschutz lief zum 31.12.2011 aus; die Vorschriften sind außer Kraft getreten. Entsprechende Schutzanträge sind nicht mehr möglich. Keine Regelung hat der Gesetzgeber über die Folgen für die **vor dem 1.1.2012 ergangenen Altbeschlüsse** getroffen. Unklar ist damit, ob diese fortgelten (so zB AG Altenkirchen ZVI 2010, 355), mit Ablauf des Stichtages automatisch ihre Wirkungen verlieren (so anscheinend AG Dülmen ZVI 2011, 340; ZVO 2011, 341; AG Hannover ZVI 2011, 342) oder es einer ausdrücklichen Aufhebung (so AG Altenkirchen ZVI 2010, 355;) von Amts wegen bzw. auf Antrag bedarf.

Enthalten die Altbeschlüsse keine Befristung (dies wurde vom AG Altenkirchen ZVI 2010, 355 gefordert), sollte vorsorglich die **Aufhebung dieser Altbeschlüsse** beantragt werden. Der Gesetzgeber hat mit der Neuschaffung des Pfändungsschutzkontos zum Ausdruck gebracht, dass der Schuldnerschutz insoweit nunmehr ausschließlich über dieses Konto gewährleistet werden soll. Damit haben letztlich sämtliche Beschlüsse nach § 850k ZPO aF bzw. § 850l ZPO aF spätestens seit dem 1.1.2012 ihre Wirkungen verloren. Dies gilt auch, wenn ein Girokonto zwischenzeitlich in ein Pfändungsschutzkonto umgewandelt worden ist (vgl. AG Altenkirchen ZVI 2010, 355; AG Hannover ZVI 2011, 342).

2. → Form. I. II Anm. 2.

3. **Kosten und Gebühren/Rechtsmittel.** → Form. I. II. 15 Anm. 5.

17. Antrag des Schuldners auf Pfändungsschutz (§ 765a ZPO)

An das

Amtsgericht .....

Vollstreckungsgericht[1, 2]

Antrag nach § 765a ZPO[3]
in der Vollstreckungssache

....

Hiermit zeigen wir an, dass wir den/die Schuldner/in vertreten. Namens und in Vollmacht unseres/er Mandanten/in beantragen wir,

die Zwangsvollstreckung aus dem Pfändungsbeschluss/Pfändungs- und Überweisungsbeschluss des Amtsgerichts vom ..... Az. ..... in das Konto des/der Schuldner/in bei der ..... [nähere Bezeichnung des Kreditinstituts] mit der IBAN ..... einstweiligen einzustellen/aufzuheben.

Gründe:

Der/Die Gläubiger/in hat auf der Grundlage des oben genannten Pfändungsbeschluss/Pfändungs- und Überweisungsbeschlusses das Konto des/der Schuldners/in bei der ..... [nähere Bezeichnung der Bank] gepfändet und zur Einziehung überwiesen lassen [Hinweis auf Einziehung bei fehlendem Überweisungsbeschluss streichen]. Dies hat zur Folge, dass die Drittschuldnerbank angedroht hat, die Bankverbindung zu kündigen und der/die Schuldner/in dann über kein Bankkonto mehr verfügt. Der/Die Schuldnerin ist selbständige/r ..... und ist auf den bargeldlosen Zahlungsverkehr angewiesen. Die Kündigung der Bankverbindung hat für ihn existenzbedrohende Auswirkungen, weil .....

Die Zwangsvollstreckung wirkt sich aufgrund der besonderen Umstände des Falles als besondere Härte aus, die mit den guten Sitten nicht mehr vereinbar ist. Dem Gläubiger entsteht durch die Aufhebung der Kontopfändung kein Schaden .....

Beweis/Glaubhaftmachung: .....

Wir bitten um Rückgabe der im Original beigefügten Unterlagen.

.....

Rechtsanwalt[4]

Anmerkungen

1. § 850l S. 1 ZPO sieht die Möglichkeit einer befristeten Freistellung des Kontos von der Pfändung vor. Auf Antrag des Schuldners kann das Vollstreckungsgericht anordnen, dass das Guthaben des Kontos für die Dauer von bis zu zwölf Monaten der Pfändung nicht unterworfen ist, wenn der Schuldner nachweist, dass dem Konto in den letzten sechs Monaten vor Antragstellung ganz überwiegend nur unpfändbare Beträge gutgeschrieben worden sind, und er glaubhaft macht, dass auch innerhalb der nächsten zwölf Monate nur ganz überwiegend nicht pfändbare Beträge zu erwarten sind. § 850l ZPO ist lex spezialis zu § 765a ZPO. Daneben kommt ein **Antrag nach § 765a ZPO** in besonders gelagerten Fällen in Betracht, wenn im Einzelfall die Zwangsvollstreckung unter voller Würdigung des

Schutzbedürfnisses des Gläubigers zu einem ganz untragbaren Ergebnis führen würde, das mit den guten Sitten nicht vereinbar ist und moralisch zu beanstanden wäre. Insoweit kann der Schuldner zur Sicherung seines Lebensunterhalts einen Antrag auf Vollstreckungsschutz nach § 765a ZPO stellen (BGH NZI 2014, 414 mAnm *Richter*) oder wenn der Schuldner zunächst über mehrere Pfändungsschutzkonten verfügt und die Kreditinstitute sämtliche Konten kündigen, so dass der Schuldner ohne Pfändungsschutz dasteht (*Sudergat* Rn. 478).

Die Anwendbarkeit des § 765a ZPO auf die sog. **Monatsanfangsproblematik** (→ Form. I. II. 5 Anm. 17) scheidet aus, da der Gesetzgeber mit der am 16.4.2011 in Kraft getretene Neufassung des § 850k Abs. 2 S. 2 ZPO diese Problematik nunmehr ausdrücklich gesetzlich geregelt hat (vgl. auch BGH NZI 2011, 717 (718)).

2. → Form. I. II. 1 Anm. 2.

3. Zu den weiteren Einzelheiten für die Voraussetzungen eines Antrages nach § 765a ZPO → Form. F. III. 8.

4. Kosten und Gebühren/Rechtsmittel. → Form. I. II. 15 Anm. 5.

18. Pfändungsschutz bei ausgezahlten Sozialleistungsansprüchen (§ 55 SGB I aF)

§ 55 SGB I aF gewährleistete Pfändungsschutz für Sozialleistungen in Geld, die bereits auf das Konto des Vollstreckungsschuldners bei einem Kreditinstitut überweisen worden sind. Die Vorschrift ist mit Wirkung ab dem **1.1.2012** aufgehoben. Der Pfändungsschutz für die auf einem Konto überwiesenen Sozialleistungen wird nunmehr ausschließlich über die Einrichtung eines Pfändungsschutzkontos gewährleistet (→ Form. I. II. 9).

Schließfach

19. Pfändung eines Schließfachs

[Das amtliche Formular „Pfändungs- und Überweisungsbeschluss[1]" ist entsprechend den dortigen Anmerkungen auszufüllen. Auf Seite 4 (bzw. Seite 5) des amtlichen Formulars sind das Feld „D (an Kreditinstitute)" anzukreuzen und auf Seite 6 (bzw. Seite 7) des amtlichen Formulars in dem Feld „Anspruch D (an Kreditinstitute)"die Nr. 1 bis 5 streichen sowie unter Nr. 6[2] aufzunehmen:]

Es werden die angeblichen Ansprüche und Rechte des Schuldners als Inhaber eines Schließfaches[3] gegen Drittschuldner/in[4] auf Zutritt zu dem Schließfach . . . . . (genaue Bezeichnung) und auf Mitwirkung des Drittschuldners bei dessen Öffnung oder Öffnung durch die Drittschuldnerin selbst, wobei für die Pfändung des Inhalts ein vom Gläubiger zu beauftragender Gerichtsvollzieher den Zutritt nehmen kann.

[Auf Seite 8 (bzw. Seite 10) des amtlichen Formulars sind die Rubrik „Arrestatorium" und „Inhibitatorium" nicht auszufüllen und stattdessen auf Seite 9 (bzw. Seite 10) des amtlichen Formulars das freie Feld anzukreuzen und dort einzutragen:]

Dem Drittschuldner wird verboten, an den Schuldner zu leisten, insbesondere, ihm Zutritt zu dem Schließfach zu gewähren.

Der Schuldner hat sich jeder Verfügung über die gepfändeten Ansprüche und Rechte, insbesondere der Öffnung des Schließfachs, zu enthalten.

Zugleich werden die gepfändeten Ansprüche und Rechte dem Gläubiger zur Einziehung überwiesen.[5, 6]

Anmerkungen

1. → Form. H. I. 2 (bzw. → Form. H. I. 6 bei Unterhaltsforderungen). Hinsichtlich der weiteren Einzelheiten zum Pfändungs- und Überweisungsbeschluss wird auf die dortigen Anmerkungen Bezug genommen.

2. → Form. I. II. 2 Anm. 2.

3. Bei der Unterbringung von Sachen in einem **Bankschließfach** liegt regelmäßig trotz gewisser von der Bank übernommener Sicherungspflichten ein Mietvertrag hinsichtlich des Stahlfaches, nicht aber eine Verwahrung vor. Der Inhalt des Schließfaches befindet sich im alleinigen Gewahrsam des Mieters. Dies gilt selbst dann, wenn die Öffnung des Schließfaches nur gemeinsam von der Bank und dem Mieter möglich ist. Damit steht dem Mieter gegen das Kreditinstitut kein Anspruch auf Herausgabe des Inhalts des Schließfaches zu, der von dem Gläubiger des Mieters nach §§ 846 ff. ZPO gepfändet werden könnte.

Der Mieter hat vielmehr einen **Anspruch auf Gewährung des Zutritts zu dem Schließfach** und auf Mitwirkung bei dessen Öffnung. Die Gläubiger des Mieters können diese Ansprüche zur Geltendmachung durch den Gerichtsvollzieher nach § 857 ZPO pfänden und sich überweisen lassen. Es handelt sich um eine **Hilfspfändung,** die erst die Durchführung der Zwangsvollstreckung in den Inhalt des Schließfaches nach § 808 Abs. 1 ZPO durch den Gerichtsvollzieher ermöglicht. Mit der Hilfspfändung wird noch kein Pfändungspfandrecht an den im Schließfach vorhandenen Sachen begründet (*Stöber* Rn. 1755). Dazu ergänzend (Auswahl): *Quardt* DGVZ 1958, 69; *ders.* JurBüro 1959, 390; *Röder* KKZ 1991, 192.

4. Drittschuldner ist das **Kreditinstitut,** bei dem sich das Schließfach befindet.

5. Auf der Grundlage des Pfändungs- und Überweisungsbeschlusses kann der Gläubiger die Vollstreckung gegen den Schuldner auf **Herausgabe des Schlüssels** zu dem Schließfach betreiben (§ 836 Abs. 3 ZPO). Verweigert das Kreditinstitut den Zutritt zum Schließfach und die Öffnung des Fachs, dann muss der Gläubiger die gepfändeten Ansprüche gegen die Bank im Wege der Klage verfolgen.

6. Kosten und Gebühren/Rechtsmittel. → Form. H. I. 2 Anm. 61 ff. und → Form. I. II. 1 Anm. 18 f.

Sparkonto

20. Pfändung des Anspruchs auf Auszahlung einer Spareinlage (Schuldner besitzt Sparurkunde)

[Das amtliche Formular „Pfändungs- und Überweisungsbeschluss[1]" ist entsprechend den dortigen Anmerkungen auszufüllen. Auf Seite 4 (bzw. Seite 5) des amtlichen Formulars sind das Feld „D (an Kreditinstitute)" anzukreuzen und auf Seite 6 (bzw. Seite 7) des amtlichen Formulars in dem Feld „Anspruch D (an Kreditinstitute)"die Nr. 1 bis 5 streichen sowie unter Nr. 6[2] aufzunehmen:]

Es werden die angeblichen Ansprüche des Schuldners[3] gegen den/die Drittschuldner/in[4] aus Sparkonten, insbesondere dem Sparbuch zu IBAN . . . . ., einschließlich des Anspruchs auf Auskehrung aller gegenwärtigen und künftigen[5] Guthaben, auf Rückzahlung der Einlage, Zahlung von Zinsen und auf Kündigung der Guthaben[6] gepfändet.[8, 9]

[Auf Seite 8 (bzw. Seite 9) des amtlichen Formulars ist in dem Feld „Es wird angeordnet, dass" das freie Kästchen anzukreuzen und dort einzutragen:]

der Schuldner das über das gepfändete Sparguthaben ausgestellte Sparbuch bzw. sonstige Sparurkunden an den Gläubiger herauszugeben hat.[7]

Anmerkungen

1. → Form. H. I. 2 (bzw. → Form. H. I. 6 bei Unterhaltsforderungen). Hinsichtlich der weiteren Einzelheiten zum Pfändungs- und Überweisungsbeschluss wird auf die dortigen Anmerkungen Bezug genommen.

2. → Form. I. II. 2 Anm. 2.

3. Ein **Sparguthaben** ist wie jede Forderung nach § 829 ZPO zu pfänden. Pfändbar sind auch die nach dem aufgehobenen Spar-Prämiengesetz noch begünstigten Sparverträge (Zöller/*Stöber* § 829 Rn. 33 Stichwort „Sparguthaben"). Der Besitz bzw. die Vorlage des Sparbuches oder der Sparurkunde ist nicht Voraussetzung für den Erlass des Pfändungs- und Überweisungsbeschlusses. Ebenso wenig verhindert die Vereinbarung eines Kennwortes, eines Sperrvermerks oder von Kündigungsfristen eine Pfändung. Das **Sparbuch** als reines Legitimationspapier ist nicht Gegenstand des Pfandrechts, da es nicht selbständig Träger des Rechts aus der Spareinlage ist (BGHZ 28, 368 = NJW 1959, 622). Für eine Pfändung der Spareinlage muss der Inhaber der Forderung nicht notwendigerweise der im Sparbuch bzw. in der Sparurkunde benannte Berechtigte sein.

Ist das **Sparguthaben auf den Todesfall** des Sparers einem Dritten zugewendet (§ 331 BGB), so hindert dies nicht eine Pfändung durch die Gläubiger des Sparers zu dessen Lebzeiten. In diesem Fall sollte der Vollstreckungsgläubiger das Bezugsrecht des Dritten sofort widerrufen. Ansonsten tritt mit dem Tod des Sparers der unbelastete Anfall beim Dritten ein. Besteht ein **gemeinschaftliches Sparguthaben** mit Einzelverfügungsberechtigung (zB bei Eheleute), so kann der Gläubiger eines Berechtigten die Zwangsvollstreckung in das gesamte Guthaben betreiben. Strittig ist, ob der Pfändungsgläubiger bei einer Zwangsvollstreckung nur gegen einen der Gesamtgläubiger von der im Wege der Vollstreckung erhaltenen vollen Spareinlage den im Innenverhältnis auf den Mitinhaber entfallenden Anteil an diesen herausgeben muss (siehe dazu *Stöber* Rn. 339 mwN).

4. Drittschuldnerin ist das **Kreditinstitut**, das dem Schuldner die Forderung aus der Spareinlage schuldet. → Form. I. II. 1 Anm. 4. Die Pfändung wird mit der Zustellung des Beschlusses an die Drittschuldnerin wirksam (§ 829 Abs. 3 ZPO).

5. Die Pfändung des Guthabens eines Kontos bei einem Kreditinstitut umfasst das am Tag der Zustellung des Pfändungsbeschlusses bestehende Guthaben sowie die Tagesguthaben der auf die Pfändung folgende Tage (**§ 833 ZPO**). Daher braucht die Pfändung künftiger Kontoguthaben und Sparguthaben nicht ausdrücklich in dem Pfändungsbeschluss aufgenommen werden. Es bietet sich indes an, vorsorglich weiterhin auf die Pfändung künftiger Guthaben hinzuweisen. Guthaben eines Kontos ist auch das Sparbuchguthaben.

6. Diese **Nebenrechte** sind im Zweifel auch ohne besondere Erwähnung mitgepfändet. Zur Sicherheit sollten indes die Ansprüche ausdrücklich mitgepfändet werden.

7. Zur Herausgabe der über die Forderung vorhandenen Unterlagen nach § 836 Abs. 1 S. 1 ZPO → Form. H. II. 1.

8. Nach der **Überweisung** muss der Schuldner das über die Spareinlage ausgestellte Sparbuch oder die Sparurkunde an den Vollstreckungsgläubiger herausgeben. Die Herausgabe kann der Gläubiger im Wege der Zwangsvollstreckung durchsetzen. Der Beschluss ist ein Titel für die Wegnahme des Sparbuches bzw. der Sparurkunde nach § 836 Abs. 3 ZPO.

9. **Kosten und Gebühren/Rechtsmittel.** → Form. I. I. 1 Anm. 18 f. und → Form. H. I. 2 Anm. 61 ff.

21. Pfändung des Anspruchs auf Auszahlung einer Spareinlage (Dritter besitzt Sparurkunde)

[Das amtliche Formular „Pfändungs- und Überweisungsbeschluss[1]" ist entsprechend den dortigen Anmerkungen auszufüllen. Auf Seite 4 (bzw. Seite 5) des amtlichen Formulars sind das Feld „D (an Kreditinstitute)" anzukreuzen und auf Seite 6 (bzw. Seite 7) des amtlichen Formulars in dem Feld „Anspruch D (an Kreditinstitute)"die Nr. 1 bis 5 streichen sowie unter Nr. 6[2] aufzunehmen:]

Es werden

1. die angeblichen Ansprüche des Schuldners[3] gegen den/die Drittschuldner/in[4] aus Sparkonten, insbesondere dem Sparbuch zu IBAN . . . . ., einschließlich des Anspruchs auf Auskehrung aller gegenwärtigen und künftigen[5] Guthaben, auf Rückzahlung der Einlage, Zahlung von Zinsen und auf Kündigung der Guthaben[6]

2. und der angebliche Anspruch des Schuldners gegen den/die Besitzer der Sparurkunde/des Sparbuchs als weitere(r) Drittschuldner auf Herausgabe des über das Sparguthaben ausgestellten Sparbuches bzw. der über das Sparguthaben ausgestellten sonstigen Urkunden[7]

gepfändet.[8]

Anmerkungen

1. → Form. H. I. 2 (bzw. → Form. H. I. 6 bei Unterhaltsforderungen). Hinsichtlich der weiteren Einzelheiten zum Pfändungs- und Überweisungsbeschluss wird auf die dortigen Anmerkungen Bezug genommen.

2. → Form. I. II. 2 Anm. 2.

3. Zur Pfändung von Sparguthaben → Form. I. II. 20 Anm. 3.

4. **Drittschuldnerin** ist das **Kreditinstitut**, das dem Schuldner die Forderung aus der Spareinlage schuldet. → Form. I. II. 1 Anm. 4. Die Pfändung wird mit der Zustellung des Beschlusses an die Drittschuldnerin wirksam (§ 829 Abs. 3 ZPO).

5. Zum Umfang der Pfändung → Form. I. II. 20 Anm. 5.

6. Zum Umfang der Pfändung → Form. I. II. 20 Anm. 5.

7. Soweit sich das Sparbuch oder die Sparurkunde im **Besitz eines Dritten** befindet, kann der Vollstreckungsgläubiger zusätzlich den **Herausgabeanspruch** pfänden und sich überweisen lassen (§§ 846 ff. ZPO; → Form. I. VII. 47). Gibt der Dritte die Urkunde nicht freiwillig heraus, muss der Gläubiger den Anspruch gegen den Dritten im Klagewege titulieren lassen und anschließend die Herausgabevollstreckung betreiben.

8. Kosten und Gebühren/Rechtsmittel. → Form. H. I. 2 Anm. 61 ff. und → Form. I. II. 1 Anm. 18 f.

Treuhandkonto

22. Pfändung des Rückgabeanspruchs

[Das amtliche Formular „Pfändungs- und Überweisungsbeschluss[1]" ist entsprechend den dortigen Anmerkungen auszufüllen. Auf Seite 4 (bzw. Seite 5) des amtlichen Formulars sind das Feld „G" anzukreuzen und auf Seite 6 (bzw. Seite 7) des amtlichen Formulars unter „Anspruch G" aufzunehmen:]

Es wird der angeblich bestehende und künftige Anspruch des Schuldners[2] gegen den Treuhänder als Drittschuldner[3] auf Herausgabe des auf dem Konto des Treuhänders Nr. . . . . . bei der . . . . . (nähere Bezeichnung des Kreditinstituts) vorhandenen Betrages, der sich bei Beendigung des Treuhandverhältnisses ergibt, gepfändet.[4, 5]

Anmerkungen

1. → Form. H. I. 2 (bzw. → Form. H. I. 6 bei Unterhaltsforderungen). Hinsichtlich der weiteren Einzelheiten zum Pfändungs- und Überweisungsbeschluss wird auf die dortigen Anmerkungen Bezug genommen.

2. Auch Forderungen und damit auch Bankkonten können Gegenstand einer Treuhandabrede sein. In der Praxis kommen **Treuhandkonten** zB als Fremdgeldkonto eines Notars oder Rechtsanwalts, als Verwalterkonto von Wohnungseigentümergemeinschaftsverwaltern (§ 27 Abs. 4 WEG) oder auch als Kautionskonto des Vermieters (§ 551 Abs. 3 S. 3 BGB) vor. Charakteristisch für ein Treuhandverhältnis ist, dass dem Treuhänder im Außenverhältnis mehr Rechte übertragen werden, als er im Innenverhältnis nach Maßgabe seiner schuldrechtlichen Abrede mit dem Treugeber ausüben darf (BGH NJW 2004, 1382 (1383)). Wirtschaftlich sind Treuhandkonten dem Treugeber zuzurechnen. Die sich aus der Treuhandabrede ergebende schuldrechtliche Pflicht wird dinglich durch eine Separierung des Treuguts vom Eigenvermögen des Treuhänders hergestellt, zB durch Einrichtung eines Treuhandkontos oder eines Unterkontos.

3. Drittschuldner ist der **jeweilige Treuhänder**, zB ein Rechtsanwalt oder Notar. Im Falle der Vollstreckung steht dem Treuhänder kein Drittwiderspruchsrecht nach § 771 ZPO zu (BGH NJW 1954, 190) zu.

4. Im Rahmen einer **Vollstreckung in das Konto** ist zu unterscheiden, zwischen der Zwangsvollstreckung gegen den Treuhänder und den Treugeber:

- Vollstreckt ein **Gläubiger des Treuhänders** nach §§ 829 ff. ZPO in ein Konto (zur Vollstreckung → Form. I. II. 6), welches wirtschaftlich indes dem Treugeber zusteht, so ist die Pfändung zunächst wirksam. Der Treugeber kann sich indes mit der Drittwiderspruchsklage gem. § 771 ZPO (→ Form. P. IX. 1) gegen die Zwangsvollstreckung wehren, so dass die Zwangsvollstreckung – bei einer ordnungsgemäßen Trennung zwischen Treugut und Eigenvermögen – im Ergebnis keinen Erfolg hat. Die Beweislast für das Vorliegen eines Treuhandverhältnisses trägt derjenige, der aus dem Treuhandverhältnis eine günstige Rechtsfolge für sich herleitet (*Lange* NJW 2007, 2513 (2516)).

- Die **Gläubiger des Treugebers** können nicht unmittelbar in ein Treuhandkonto vollstrecken, das der Treugeber zwar wirtschaftlicher aber nicht formaler Inhaber der Forderung gegen das Kreditinstitut ist. Die Bank darf aufgrund einer gegen den Treugeber gerichteten Pfändung des Guthabens auf dem Treuhandkonten nicht auszahlen, weil sie die Leistungen nur dem Treuhänder schuldet. Eine Möglichkeit der Zwangsvollstreckung für die Gläubiger des Treugebers besteht im Wege der **Pfändung des Rückgabeanspruchs** an den Treuhänder zu pfänden.

5. Kosten und Gebühren/Rechtsmittel. → Form. H. I. 2 Anm. 61 ff.

Wertpapierdepot

23. Pfändung der Ansprüche bei einem Wertpapiersonderdepot

[Das amtliche Formular „Pfändungs- und Überweisungsbeschluss[1]“ ist entsprechend den dortigen Anmerkungen auszufüllen. Auf Seite 4 (bzw. Seite 5) des amtlichen Formulars sind das Feld „D (an Kreditinstitute)“ anzukreuzen und auf Seite 6 (bzw. Seite 7) des amtlichen Formulars in dem Feld „Anspruch D (an Kreditinstitute)“die Nr. 1 bis 5 streichen sowie unter Nr. 6[2] aufzunehmen:]

Es werden die fälligen und künftig fällig werdenden Ansprüche und Rechte des Schuldners aus dem Wertpapierdepotvertrag[3, 4] gegen den/die Drittschuldner/in,[5]

1. **auf Herausgabe der in Sonderverwahrung oder Drittverwahrung für den Schuldner aufbewahrten Wertpapiere,[6]**
2. **auf Zahlung, Gutschrift und Auskehrung der eingezogenen oder künftig einzuziehenden Erträge, Erlöse oder sonstige Ausschüttungen und der Rückzahlungsbeträge[7]**

gepfändet.[9]

[Auf Seite 8 (bzw. Seite 9) des amtlichen Formulars sind in dem Feld „Es wird angeordnet, dass“ das freie Kästchen anzukreuzen und dort einzutragen:]

die Wertpapiere an einen vom Gläubiger zu beauftragenden Gerichtsvollzieher herauszugeben sind.[8]

Anmerkungen

1. → Form. H. I. 2 (bzw. → Form. H. I. 6 bei Unterhaltsforderungen). Hinsichtlich der weiteren Einzelheiten zum Pfändungs- und Überweisungsbeschluss wird auf die dortigen Anmerkungen Bezug genommen.

2. → Form. I. II. 2 Anm. 2.

3. Aktien, Kuxe, Zwischenscheine, Zins-, Gewinnanteil- und Erneuerungsscheine, auf den Inhaber lautende oder durch Indossament übertragbare Schuldverschreibungen, ferner andere **Wertpapiere**, wenn diese abtretbar sind, mit Ausnahme von Banknoten und Papiergeld (vgl. § 1 Abs. 1 DepotG) können im Rahmen eines **Depotgeschäfts** bei einem Kreditinstitut hinterlegt werden. Meist werden die Wertpapiere dem Verwahrer unverschlossen übergeben (**offenes Depot**). Vgl. auch (Auswahl): *Erk* Rpfleger 1991, 236; *Hezel* Rpfleger 2006, 105; *Kümpel* WM 1980, 422; *Röder* DGVZ 1995, 110.

4. Bewahrt der Verwahrer die Stücke gesondert von seinen eigenen Beständen und von den Wertpapieren Dritter (sog. **Sonderdepot**, § 2 DepotG), so geschieht dies in der Regel durch Einlegen der Wertpapiere in ein Streifband unter Angabe des Inhalts und des Inhabers (**Streifbanddepot**). Zudem ist der Verwahrer berechtigt, die Wertpapiere einem Dritten zur Verwahrung anzuvertrauen (sog. Drittverwahrung; § 3 DepotG). Die Einlagerung im Sonderdepot oder bei einer Drittverwahrung ändert nicht die Eigentumslage. Alleineigentum und Miteigentum an den eingelagerten Papieren besteht fort, wie es vorhanden war (MüKoBGB/*Schmidt* § 1008 Rn. 27).

5. Drittschuldner ist das **Kreditinstitut**. Zu den weiteren Einzelheiten → Form. I. II. 1 Anm. 4. Bei der Drittverwahrung ist Drittschuldner der Zwischenverwahrer, der in unmittelbarer Rechtsbeziehung zum Schuldner steht, und nicht der Drittverwahrer.

6. Der Gläubiger des Hinterlegers kann die Ansprüche des Schuldners gegen das Kreditinstitut auf **Herausgabe der im Sonderdepot** bzw. in Drittverwahrung **aufbewahrten Wertpapiere** nach §§ 829, 846 ZPO unter Berücksichtigung der in §§ 847, 849 ZPO bestimmten Besonderheiten pfänden. Strittig ist, welche Anforderungen an die hinreichende Bezeichnung der herausverlangten Wertpapiere zu stellen sind. Nach Auffassung des LG Münster (Rpfleger 2000, 506) ist die Pfändung der Herausgabe sämtlicher in Sonderverwahrung für den Schuldner als Hinterleger aufbewahrter Wertpapiere abzulehnen, wenn die herauszugebenden Papiere nicht im Einzelnen benannt werden. Da ein Gläubiger in der Praxis regelmäßig über keine Detailkenntnisse verfügt, dürfen jedoch nicht zu strenge Anforderungen an die Bezeichnung der Gegenstände gestellt werden. Auf jeden Fall sollten die Wertpapiere so genau bezeichnet werden, wie dies möglich ist. Nach der Rechtsprechung des BGH (NJW-RR 2008, 494) bedarf es keiner näheren Bezeichnung der Wertpapiere oder Nennung der betroffenen Depotnummern.

7. Bei einer offenen Verwahrung kann zusätzlich vereinbart werden, dass das Kreditinstitut neben der reinen Verwahrung noch weitere Handlungen vorzunehmen hat, zB die Einziehung von Zinsen und Dividenden etc. Insoweit besteht ein **zusätzlicher Geschäftsbesorgungsvertrag.** Diese Ansprüche des Schuldners aus dem Geschäftsbesorgungsvertrag, insbesondere auf Auszahlung der Wertpapiererlöse etc sind als Geldforderung pfändbar. Die Pfändung erfasst auch künftige Forderungen, wenn sich die Pfändung ausdrücklich darauf erstreckt (OLG Karlsruhe NJW-RR 1993, 242).

8. Hinsichtlich des gepfändeten Herausgabeanspruchs erfolgt die **Verwertung** gemäß § 847 Abs. 2 ZPO entsprechend den Vorschriften über die Verwertung der beim Schuldner gepfändeten Sachen nach §§ 814–825 ZPO.

9. Kosten und Gebühren/Rechtsmittel. → Form. H. I. 2 Anm. 61 ff. und → Form. I. II. 1 Anm. 18 f.

24. Pfändung der Ansprüche bei einem Wertpapiersammeldepot

[Das amtliche Formular „Pfändungs- und Überweisungsbeschluss[1]" ist entsprechend den dortigen Anmerkungen auszufüllen. Auf Seite 4 (bzw. Seite 5) des amtlichen Formulars sind das Feld „D (an Kreditinstitute)" anzukreuzen und auf Seite 6 (bzw. Seite 7) des amtlichen Formulars in dem Feld „Anspruch D (an Kreditinstitute)"die Nr. 1 bis 5 streichen sowie unter Nr. 6[2] aufzunehmen:]

Es werden

1. der angebliche Miteigentumsanteil des Schuldners an den im Sammeldepot[3, 4] bei dem/ der Drittschuldner/in[5] verwahrten Wertpapiere einschließlich des Anspruchs auf Auslieferung der ihm gebührenden Anzahl der Wertpapiere aus dem Sammeldepot[6] und

2. die fälligen und künftig fällig werdenden Ansprüche und Rechte des Schuldners gegen die Drittschuldnerin aus dem Wertpapierdepotvertrag auf Zahlung, Gutschrift und Auskehrung der eingezogenen oder künftig einzuziehenden Erträge, Erlöse oder sonstigen Ausschüttungen und der Rückzahlungsbeträge

gepfändet.[8]

[Auf Seite 8 (bzw. Seite 9) des amtlichen Formulars ist in dem Feld „Es wird angeordnet, dass" das freie Kästchen anzukreuzen und dort einzutragen:]

die Wertpapiere an einen vom Gläubiger zu beauftragenden Gerichtsvollzieher herauszugeben sind.[7]

Anmerkungen

1. → Form. H. I. 2 (bzw. → Form. H. I. 6 bei Unterhaltsforderungen). Hinsichtlich der weiteren Einzelheiten zum Pfändungs- und Überweisungsbeschluss wird auf die dortigen Anmerkungen Bezug genommen.

2. → Form. I. II. 2 Anm. 2.

3. Zu Wertpapiere → Form. I. II. 23 Anm. 3.

4. Weiterhin besteht die Möglichkeit, Wertpapiere ein und derselben Art ungetrennt von eigenen Beständen derselben Art aufzubewahren (sog. **Sammeldepot,** § 5 DepotG). Voraussetzung hierfür ist eine ausdrückliche schriftliche Ermächtigung des Hinterlegers. Bei der Sammelverwahrung entsteht Miteigentum nach Bruchteilen zwischen Verwahrer und Hinterleger im Verhältnis des jeweiligen Nennbetrages bzw. der Stückzahl (§ 6 Abs. 1 DepotG). Der Hinterleger hat einen Anspruch auf Herausgabe einer entsprechenden Anzahl von Wertpapieren aus dem Sammelbestand (§ 7 Abs. 1 DepotG). Es besteht indes kein Anspruch auf Aufhebung der Miteigentümergemeinschaft und auf Auszahlung eines anteiligen Erlöses. Beide Alternativen können, insbesondere bei fehlender Kenntnis über die Art der Verwahrung, kombiniert werden (vgl. BGH NJW-RR 2008, 494).

5. **Drittschuldner** ist der **Verwahrer**, nicht die Miteigentümer an dem Sammelbestand. Bei der Drittverwahrung ist der Drittschuldner der Zwischenverwahrer, der in unmittelbarer Rechtsbeziehung zum Schuldner steht, und nicht der Drittverwahrer.

6. Der **Anteil am Bruchteilseigentum** aller Anleger stellt ein anderes Vermögensrecht iSd § 857 Abs. 1 ZPO dar (BGH NJW 2004, 3340 (3341)). Die **Anteile am Sammeldepot**

sind wegen einer titulierten Geldforderung nach den Grundsätzen der Rechtspfändung (§§ 857, 829, 835, 836 ZPO) pfändbar (BGH NJW 2004, 3340; NJW-RR 2008, 494; MüKoBGB/*Schmidt* § 1008 Rn. 31). Es bedarf keiner näheren Bezeichnung der Wertpapiere oder Nennung der betroffenen Depotnummern (BGH NJW-RR 2008, 494). Auf jeden Fall sollten die Wertpapiere und das Depot so genau bezeichnet werden, wie dies möglich ist. Dagegen erfolgt die Zwangsvollstreckung aus einem Titel, der auf die Übertragung von Aktien gerichtet ist, die sich in Sammelverwahrung befinden, nach § 886 ZPO durch Pfändung und Überweisung des dem Schuldner gegen die Bank zustehenden Herausgabeanspruchs (→ Form. I. VII. 47). Der Gläubiger kann anschließend diesen Anspruch gegen die Bank im Einziehungsprozess durchsetzen (BGH NJW 2004, 3340). Zu den Eigentumsverhältnissen an einem **Oder-Wertpapierdepot** sowie zu dessen Pfändung siehe BGH NJW 1997, 1434; OLG Düsseldorf NJW-RR 1998, 918; OLG Frankfurt NJW-RR 2005, 87).

7. Nach der Überweisung des Anteils am Sammeldepot zur Einziehung kann der Gläubiger die **Herausgabe der Wertpapiere** an einen Gerichtsvollzieher verlangen (§ 847 ZPO), damit dieser die Wertpapiere verwertet. Zudem ist eine Verwertung des gepfändeten Anteils nach § 857 Abs. 1 iVm § 844 ZPO auf andere Art und Weise möglich. Zu dem Antrag auf Verwertung nach § 844 ZPO → Form. H. II. 5.

8. Kosten und Gebühren/Rechtsmittel. → Form. H. I. 2 Anm. 61 f. und → Form. I. II. 1 Anm. 18 f.

III. Pfändung von gesellschaftlichen Ansprüchen („Anspruch G" des amtlichen Formulars)

Aktiengesellschaft (AG)/REIT-AG

1. Pfändung der Rechte des Aktionärs

[Das amtliche Formular „Pfändungs- und Überweisungsbeschluss[1]" ist entsprechend den dortigen Anmerkungen auszufüllen. Auf Seite 4 (bzw. Seite 5) des amtlichen Formulars sind das Feld „G" anzukreuzen und auf Seite 6 (bzw. Seite 7) des amtlichen Formulars unter „Anspruch G" aufzunehmen:]

Es werden[2, 3, 4]

1. der angeblich bestehende sowie der künftige persönliche Bezugsanspruch[5] des Schuldners als Aktionär gegen die Drittschuldnerin,[6] auf Zuteilung neuer Aktien nach einem wirksam gefassten Kapitalerhöhungsbeschluss bzw. auf Zuteilung von Wandelschuldverschreibungen, Gewinnschuldverschreibungen oder Genussrechten,

2. der angeblich bestehende und der künftige Anspruch des Schuldners als Aktionär gegen die Drittschuldnerin auf Auszahlung des Bilanzgewinns (§ 58 Abs. 4 AktG) sowie[7]

3. der angeblich bestehende und der künftige Anspruch des Schuldners als Aktionär gegen die Drittschuldnerin auf Zahlung des in dem Beherrschungs- und Gewinnabführungsvertrag vom . . . . . [genaue Bezeichnung] vorgesehenen angemessenen Ausgleichs (§ 304 AktG)[8]

gepfändet.[10]

[Auf Seite 8 (bzw. Seite 9) des amtlichen Formulars ist in dem Feld „Es wird angeordnet, dass" das freie Kästchen anzukreuzen und dort einzutragen:]

die Aktien, Wandelschuldverschreibungen, Gewinnschuldverschreibungen bzw. Urkunden über die Genussrechte nach ihrer Ausstellung an einen vom Gläubiger zu beauftragenden Gerichtsvollzieher herauszugeben sind.[9]

Anmerkungen

1. → Form. H. I. 2 (bzw. → Form. H. I. 6 bei Unterhaltsforderungen). Hinsichtlich der weiteren Einzelheiten zum Pfändungs- und Überweisungsbeschluss wird auf die dortigen Anmerkungen Bezug genommen.

2. Die **Aktiengesellschaft** ist eine Kapitalgesellschaft mit eigner Rechtspersönlichkeit, bei der die Aktionäre für die Verbindlichkeiten der Gesellschaft nicht persönlich haften. Den Gläubigern der Gesellschaft steht nur das Gesellschaftsvermögen als Haftungsobjekt zur Verfügung. Die Gesellschaft weist ein in Aktien zerlegtes Grundkapital auf und ist von ihrem Mitgliederbestand unabhängig. Die Gründung einer Aktiengesellschaft bestimmt sich nach näherer Maßgabe des Aktiengesetzes. Die Organe der Aktiengesellschaft sind die Hauptversammlung, der Aufsichtsrat und der Vorstand, wobei die Aktionäre ihre Rechte und ihren Einfluss in der Aktiengesellschaft im Allgemeinen in der Hauptversammlung ausüben. Dazu ergänzend (Auswahl): *Bauer* JurBüro 1976, 869; *Rieder/Ziegler* ZIP 2004, 481; *Seit/Conradi*, Handbuch REIT Aktiengesellschaft, 2008.

3. Die **REIT (Real Estate Investment Trust) AG** ist eine börsennotierte Aktiengesellschaft, auf die die Bestimmungen des Aktiengesetzes und des HGB Anwendung finden. Besonderheiten sind im REIT-Gesetz vom 28.5.2007 (BGBl. I 914) geregelt. Nach § 1 Abs. 1 REITG beschränkt sich der Unternehmensgegenstand auf den Erwerb, das Halten, das Verwalten und die Veräußerung von in- und ausländischen Immobilien. Zudem können Anteile an Immobiliengesellschaften erworben, gehalten und veräußert werden. Neben der Börsennotierung müssen die Aktiengesellschaften noch weitere im REITG geregelte Voraussetzungen erfüllen: Pflicht zu Volleinzahlung (§ 10 REITG), Mindeststreuung der REIT-Aktien (§ 11 REITG), Schwerpunkt bei der Immobilienanlage (§ 12 REITG); Mindestausschüttung (§ 13 REITG), Ausschluss des Immobilienhandels (§ 14 REITG) und Mindesteigenkapitalquote von 45 % darf nicht unterschritten werden (§ 14 REITG). Auf die Zwangsvollstreckung in die Rechte des Aktionärs gelten die Grundsätze der Zwangsvollstreckung bei einer Aktiengesellschaft.

4. Eine Zwangsvollstreckung ist für die **Gläubiger der Aktionäre** in die Ansprüche des Schuldners als Aktionär gegen die Aktiengesellschaft möglich. Die **Aktienurkunden** (Inhaber- und Namensaktien, § 10 Abs. 1 AktG) bzw. die vor der Ausgabe der Aktien erteilten Zwischenscheine (§ 8 Abs. 6 AktG) können wie Wertpapiere durch den Gerichtsvollzieher gepfändet werden. Eine Verwertung erfolgt anschließend im Wege der Veräußerung aus freier Hand zum Tageskurs oder der Versteigerung (§ 808 ZPO iVm § 821 ZPO). Die von der Aktiengesellschaft ausgegebenen **Wandelschuldverschreibungen** (§ 221 Abs. 1 Alt. 1 AktG), **Gewinnschuldverschreibungen** (§ 221 Abs. 1 Alt. 2 AktG), **Genussscheine** (§ 221 Abs. 3 AktG) und **Gewinnanteilsscheine** werden ebenfalls wie körperliche Sachen durch den Gerichtsvollzieher gepfändet und verwertet.

Sind keine Aktien ausgegeben worden, kann das **Anteilsrecht des Aktionärs** nach § 857 ZPO gepfändet werden. **Vor der Eintragung** der Aktiengesellschaft ins Handelsregister ist das Anteilsrecht noch nicht übertragbar (§ 41 Abs. 4 AktG) und damit auch nicht pfändbar (§ 851 ZPO).

5. Das **allgemeine Bezugsrecht** ist die nach § 186 Abs. 1 S. 1 AktG jedem Aktionär zustehende Berechtigung, im Fall einer Kapitalerhöhung an den neuen Aktien nach Maßgabe seines Anteils an dem bisherigen Grundkapital beteiligt zu werden. Dieses Recht ist nach hM wie das Stimmrecht, das Auskunftsrecht und das allgemeine Gewinnbezugsrecht ein untrennbarer Bestandteil des Mitgliedschaftsrechts jedes Aktionärs. Es kann daher nur als Bestandteil der Aktie mit dieser, nicht aber für sich allein übertragen und **gepfändet werden** (Zöller/*Stöber* § 859 Rn. 12).

Hiervon zu unterscheiden ist der **konkrete Bezugsanspruch** des Aktionärs. Er entsteht mit dem rechtswirksamen Kapitalerhöhungsbeschluss der Hauptversammlung und richtet sich gegen die Aktiengesellschaft. Gegenstand dieses Rechts ist der Abschluss eines Zeichnungsvertrages im Rahmen der beschlossenen Kapitalerhöhung. Dieser persönliche Bezugsanspruch ist selbständig und **nach §§ 857, 847 ZPO pfändbar.** Es unterliegt bereits vor dem Kapitalerhöhungsbeschluss als künftiger Anspruch der Pfändung (*Stöber* Rn. 1607). Gleiches gilt für den konkreten Bezugsanspruch des Aktionärs nach § 221 Abs. 4 AktG auf Zuteilung einer Wandelschuldverschreibung, Gewinnschuldverschreibung oder eines Genussrechts.

6. Drittschuldner ist die **Aktiengesellschaft.** (bzw. die **REIT AG**). Bei einem mittelbaren Bezugsrecht (vgl. § 186 Abs. 5 AktG) ist Drittschuldnerin das Kreditinstitut bzw. das nach §§ 53 Abs. 1 S. 1, 53b Abs. 1 S. 1, Abs. 7 KWG tätige Unternehmen, welches die Aktien nach dem Kapitalerhöhungsbeschluss die Aktien übernommen hat, um sie den Aktionären anzubieten.

7. Der Anspruch des Aktionärs auf den **Bilanzgewinn** (**§ 58 Abs. 4 AktG**) entsteht mit dem Beschluss der Hauptversammlung über eine Gewinnausschüttung sowie die Festsetzung des Gewinnanteils. Dieser Anspruch ist selbständig **nach § 857 ZPO pfändbar**; auch bereits als künftige Forderung. Soweit für die Geltendmachung des Anspruchs die Aktien vorzulegen sind, kann der Gläubiger diese von dem Schuldner nach § 836 Abs. 3 ZPO herausverlangen (→ Form. H. II. 1).

8. Pfändbar ist weiterhin der bei Beherrschungs- und Gewinnabführungsverträgen vorgesehene angemessene **Ausgleich für die außenstehenden Aktionäre** (vgl. § 304 AktG). Die Pfändung des Dividendenanspruchs des außenstehenden Aktionärs erstreckt sich nicht auf diesen Ausgleichsanspruch. Insoweit bedarf es einer gesonderten Pfändung, denn die Ausgleichszahlung ist weder identisch noch Ausfluss aus dem Dividendenanspruch. Zudem können auch die Gläubiger der Aktiengesellschaft den vertraglich zustehenden Ausgleichsanspruch bei dieser pfänden. Die Verpflichtung der Gesellschaft schützt diese nicht vor einer Pfändung.

9. Die **Verwertung** der Aktien, Wandelschuldverschreibungen, Gewinnschuldverschreibungen bzw. der Urkunden über die Genussrechte erfolgt durch den Gerichtsvollzieher.

10. Kosten und Gebühren/Rechtsmittel. → Form. H. I. 2 Anm. 61 ff.

2. Pfändung der Einlageforderung der Aktiengesellschaft

[Das amtliche Formular „Pfändungs- und Überweisungsbeschluss[1]" ist entsprechend den dortigen Anmerkungen auszufüllen. Auf Seite 4 (bzw. Seite 5) des amtlichen Formulars sind das Feld „G" anzukreuzen und auf Seite 6 (bzw. Seite 7) des amtlichen Formulars unter „Anspruch G" aufzunehmen:]

Es wird der angebliche Anspruch der Schuldnerin gegen den/die Drittschuldner auf Zahlung der von ihm zu leistenden Einlagen (§§ 54, 65, 66 AktG) gepfändet.[2, 3]

Anmerkungen

1. → Form. H. I. 2 (bzw. → Form. H. I. 6 bei Unterhaltsforderungen). Hinsichtlich der weiteren Einzelheiten zum Pfändungs- und Überweisungsbeschluss wird auf die dortigen Anmerkungen Bezug genommen.

2. Die **Einlageforderung der Aktiengesellschaft** gegen ihre Aktionäre (vgl. §§ 54, 65, 66 AktG) ist unter der Voraussetzung abtretbar und **nach § 829 ZPO pfändbar**, dass der Aktiengesellschaft dafür eine vollwertige Gegenleistung zufließt (*Stöber* Rn. 1609). Damit ist in der Praxis die Pfändung einer Einlageforderung kaum möglich, da sich eine Aktiengesellschaft, die es zur Zwangsvollstreckung und Pfändung ihrer rückständigen Einlageforderung kommen lässt, immer in Zahlungsschwierigkeiten befindet. In einem solchen Fall wird die Forderung des pfändenden Gläubigers regelmäßig nicht gleichwertig sein. Weitere Ausführungen finden sich bei: *Bauer* JurBüro 1976, 869; *Müller* AG 1971, 1. Siehe zu der gleichgelagerten Problematik bei der Pfändung der Stammeinlage einer GmbH → Form. I. III. 17 Anm. 2.

3. Kosten und Gebühren/Rechtsmittel. → Form. H. I. 2 Anm. 61 ff.

Bruchteilsgemeinschaft (§§ 741 ff. BGB)

3. Pfändung des Anspruchs des Schuldners auf Aufhebung der Bruchteilsgemeinschaft (unbewegliches Vermögen)

[Das amtliche Formular „Pfändungs- und Überweisungsbeschluss[1]" ist entsprechend den dortigen Anmerkungen auszufüllen. Auf Seite 4 (bzw. Seite 5) des amtlichen Formulars sind das Feld „G" anzukreuzen und auf Seite 6 (bzw. Seite 7) des amtlichen Formulars unter „Anspruch G" aufzunehmen:]

Es werden die angeblichen Ansprüche des Schuldners[2] gegen den/die Drittschuldner[3]

1. **auf Aufhebung der Gemeinschaft an dem im Grundbuch des Amtsgerichts ..... Band ..... Blatt ..... eingetragenen Grundstück ..... [nähere Bezeichnung],[4]**
2. **auf Teilung des Verwertungserlöses[4] sowie**
3. **auf Auszahlung des dem Schuldner gebührenden anteiligen Verwertungserlöses sowie der anteiligen Einnahmen[4]**

gepfändet.[5, 6, 7]

Anmerkungen

1. → Form. H. I. 2 (bzw. → Form. H. I. 6 bei Unterhaltsforderungen). Hinsichtlich der weiteren Einzelheiten zum Pfändungs- und Überweisungsbeschluss wird auf die dortigen Anmerkungen Bezug genommen.

2. Die Zwangsvollstreckung kann bei der **Bruchteilsgemeinschaft** sowohl in den Anteil als auch in den gemeinschaftlichen Gegenstand betrieben werden. Die Vollstreckung in den **gemeinschaftlichen Gegenstand** ist nur auf Grund eines gegen alle Teilhaber bestehenden Gesamtschuldtitels zulässig (Palandt/*Sprau* § 747 Rn. 4). Für die **Vollstreckung in einen Anteil** bedarf es eines gegen den Teilhaber gerichteten Titels. Vollstreckt der Gläubiger des Teilhabers insoweit in den gemeinschaftlichen Gegenstand, können die anderen Teilhaber eine Drittwiderspruchsklage nach § 771 ZPO erheben (BGH FamRZ 1972, 363 (364); BGH NJW 1993, 935 (937)). Siehe dazu auch (Auswahl): *Furtner* NJW 1957, 1620; *ders.* NJW 1969, 871; *K. Schmidt* JR 1979, 317.

3. Drittschuldner bei der Pfändung des Anspruchs auf Auseinandersetzung und Teilung sowie Auskehrung des Erlöses sind die **übrigen Miteigentümer**, so dass eine Zustellung des Pfändungs- und Überweisungsbeschluss an diese erforderlich ist.

4. Der **Miteigentumsanteil an einem Grundstück** oder grundstücksgleichen Recht, an einem Schiff/Schiffsbauwerk oder einem Luftfahrzeug unterliegt grundsätzlich der **Immobiliarvollstreckung** (§ 864 Abs. 2 ZPO). Die Zwangsvollstreckung erfolgt insoweit durch Zwangsversteigerung, Zwangsverwaltung oder Eintragung einer Zwangshypothek (*Stöber* Rn. 1543). Auch bei einer unbeweglichen Sache kann der Miteigentümer nach Bruchteilen jederzeit nach § 749 Abs. 1 BGB die Aufhebung der Gemeinschaft verlangen. Die Auseinandersetzung erfolgt im Wege der Teilung in Natur (§ 752 BGB) und – sofern dies nicht möglich ist – durch Aufhebung der Gemeinschaft an dem gesamten Grundstück durch Zwangsversteigerung und Teilung des Erlöses (§ 753 Abs. 1 BGB iVm §§ 180 ff. ZVG), → Form. J. XI. 1 bis → Form. J. XI. 9.

Den **Anspruch des Schuldners auf Aufhebung der Gemeinschaft** sowie auf eine den Bruchteilen entsprechende Teilung und **Auskehrung des Erlöses** können die Gläubiger des Teilhabers nach §§ 857, 829 ZPO pfänden und sich überweisen lassen (§ 835 ZPO). Dem steht nach der st. Rechtsprechung des BGH nicht entgegen, dass der Anspruch auf Aufhebung der Gemeinschaft allein ohne den Miteigentumsanteil nicht abtretbar und damit nach §§ 857 Abs. 1, 851 Abs. 1 ZPO nicht pfändbar ist (BGHZ 90, 207 (215) = NJW 1984, 1968 (1970); Zöller/*Stöber* § 857 Rn. 12a mwN; aA MüKoBGB/*K. Schmidt* § 749 Rn. 24). Denn der Anspruch auf Auseinandersetzung kann jedenfalls dem zur Ausübung überlassen werden (§ 857 Abs. 3 ZPO), dem auch das übertragbare künftige Recht auf den dem Miteigentumsanteil entsprechenden Teil des Versteigerungserlöses abgetreten worden ist. Deshalb kann der Aufhebungsanspruch zwar nicht allein, aber zusammen mit dem künftigen Anspruch auf eine den Anteilen entsprechende Teilung und Auskehrung des Versteigerungserlöses gepfändet und überwiesen werden (so BGHZ 90, 207 (215) = NJW 1984, 1968 (1970); BGH NJW 2006, 849; NZI 2014, 565).

5. Ein **vertraglicher Ausschluss der Auseinandersetzung** hindert die Pfändung nicht, sofern die Vollstreckung aus einem nicht nur vorläufig vollstreckbaren Schuldtitel erfolgt (§ 751 S. 2 BGB). Auch eine vereinbarte Kündigungsfrist braucht der Gläubiger nicht einzuhalten. Die Pfändung führt nicht zu einer Änderung der Rechte des Teilhabers an der Bruchteilsgemeinschaft. Daher kann die Pfändung der Anspruchs auf Auseinandersetzung nicht in das Grundbuch eingetragen werden (Zöller/*Stöber* § 857 Rn. 12a mwN). Dem Schuldner steht mit der Pfändung indes nicht mehr das Recht zu, einen Antrag auf Aufhebung der Gemeinschaft zu stellen. Dies kann nur noch der Vollstreckungsgläubiger für den Schuldner beantragen.

6. Die **Verwertung** erfolgt durch Veräußerung der Anteils oder – dies ist in der Praxis der Regelfall – durch Herbeiführung der Auseinandersetzung der Gemeinschaft (§ 751 S. 2 ZPO). Das Pfändungspfandrecht setzt sich am Erlös fort.

7. Kosten und Gebühren/Rechtsmittel. → Form. H. I. 2 Anm. 61 ff.

4. Pfändung des Miteigentumsanteils des Schuldners (bewegliche Sache)

[Das amtliche Formular „Pfändungs- und Überweisungsbeschluss[1]" ist entsprechend den dortigen Anmerkungen auszufüllen. Auf Seite 4 (bzw. Seite 5) des amtlichen Formulars sind das Feld „G" anzukreuzen und auf Seite 6 (bzw. Seite 7) des amtlichen Formulars unter „Anspruch G" aufzunehmen:]

Es werden

1. der angebliche Miteigentumsanteil des Schuldners[2] an dem ..... [möglichst genaue Bezeichnung der Sache], dessen Eigentümer er zusammen mit den/die Drittschuldner[3] ist, sowie

2. die angeblichen Ansprüche des Schuldners gegen den Drittschuldner/die Drittschuldner

a) auf Aufhebung der Gemeinschaft an der vorbezeichneten Sache,
b) auf Teilung des Verwertungserlöses und
c) auf Aufzahlung des dem Schuldner gebührenden anteiligen Verwertungserlöses sowie der anteiligen Einnahmen[4]

gepfändet.[5]

Anmerkungen

1. → Form. H. I. 2 (bzw. → Form. H. I. 6 bei Unterhaltsforderungen). Hinsichtlich der weiteren Einzelheiten zum Pfändungs- und Überweisungsbeschluss wird auf die dortigen Anmerkungen Bezug genommen.

2. Der **Bruchanteil eines Gemeinschafters** an einer beweglichen Sache kann nach allgemeiner Meinung (BGH NJW 1993, 935; Palandt/*Bassenge* § 1008 Rn. 7) gepfändet werden. Die Pfändung erfolgt als Rechtspfändung nach § 857 Abs. 1 ZPO (BGH NJW 1993, 935 (937)). Eine Pfändung scheidet indes aus, wenn eine Bruchteilsgemeinschaft an einem nach § 811 ZPO unpfändbaren Gegenstand besteht. Nicht pfändbar ist das Recht auf Teilnahme an der Verwaltung, da dieses höchstpersönlich und daher unübertragbar (§ 399 BGB) ist.

3. **Drittschuldner** sind die **weiteren Mitglieder der Bruchteilsgemeinschaft.**

4. Die **Pfändung des Anteils an der Bruchteilsgemeinschaft** erfasst nach hM auch die Ansprüche auf Aufhebung des Gemeinschaft (§ 749 Abs. 1 ZPO), auf Teilung des Verwertungserlöses sowie auf Auszahlung des anteiligen Erlöses. Es empfiehlt sich indes, vorsorglich den Aufhebungs-, Teilungs- und Auszahlungsanspruch ausdrücklich mitzupfänden.

5. **Kosten und Gebühren/Rechtsmittel.** → Form. H. I. 2 Anm. 61 ff.

5. Pfändung des Anteils des Schuldners an einer Forderung

[Das amtliche Formular „Pfändungs- und Überweisungsbeschluss[1]“ ist entsprechend den dortigen Anmerkungen auszufüllen. Auf Seite 4 (bzw. Seite 5) des amtlichen Formulars sind das Feld „G“ anzukreuzen und auf Seite 6 (bzw. Seite 7) des amtlichen Formulars unter „Anspruch G“ aufzunehmen:]

Es werden

1. der angebliche Anteil des Schuldners[2] an der ..... [möglichst genaue Bezeichnung der Forderung], die ihm gemeinschaftlich mit dem/die Drittschuldner[3] zusteht, sowie

2. die angeblichen Ansprüche des Schuldners gegen den Drittschuldner/die Drittschuldner

a) auf Aufhebung der Gemeinschaft an der vorbezeichneten Forderung,
b) auf Teilung des auf diese Forderung eingehenden Betrages und
c) auf Aufzahlung des dem Schuldner daran gebührenden Anteils[4]

gepfändet.[5, 6]

Anmerkungen

1. → Form. H. I. 2 (bzw. → Form. H. I. 6 bei Unterhaltsforderungen). Hinsichtlich der weiteren Einzelheiten zum Pfändungs- und Überweisungsbeschluss wird auf die dortigen Anmerkungen Bezug genommen.

2. Eine Bruchteilsgemeinschaft (§§ 741 ff. BGB) kann auch an einer Forderung bestehen. Der Anteil des Schuldners an der Forderungsgemeinschaft nach Bruchteilen kann nach den für die Pfändung der ganzen Forderung geltenden Vorschriften (§ 829 ZPO) erfolgen.

3. **Drittschuldner** sind die weiteren Teilhaber der Forderung.

4. Die **Pfändung des Anteils an der Bruchteilsgemeinschaft** an einer Forderung erfasst nach hM auch die Ansprüche auf Aufhebung der Gemeinschaft (§ 749 Abs. 1 ZPO), auf Teilung der auf die Forderung eingehenden Beträge sowie auf Auszahlung des anteiligen Betrages. Es empfiehlt sich indes, vorsorglich den Aufhebungs-, Teilungs- und Auszahlungsanspruch ausdrücklich mitzupfänden.

5. Die gepfändeten Ansprüche werden dadurch realisiert, dass der Gläubiger von den übrigen Gemeinschaftern die Mitwirkung bei der Einziehung der Forderung und anschließend die Teilung und Auszahlung des auf den Schuldner entfallenden Anteils verlangt. Diesen Anspruch muss der Gläubiger notfalls gegen die Drittschuldner im Wege einer Klage durchsetzen.

6. **Kosten und Gebühren/Rechtsmittel.** → Form. H. I. 2 Anm. 61 ff.

Europäische Gesellschaften

6. Pfändung bei einer Europäischen Aktiengesellschaft (SE)

Die **Europäische Aktiengesellschaft (Societas Europaea)**, abgekürzt SE, ist eine rechtsfähige Kapitalgesellschaft, die auf der am 8.10.2004 in Kraft getretenen VO (EG) Nr. 2157/2001 vom 8.10.2001 beruht. Ergänzend hierzu hat der deutsche Gesetzgeber das SE-Ausführungsgesetz (SE-AG) vom 22.12.2004 (BGBl. I 3675) erlassen. Die SE besitzt ein in Aktien zerlegtes Grundkapital in Höhe von mindestens 120.000,– EUR (Art. 1 Abs. 1, Abs. 2 S. 1, Art. 4 Abs. 1 und 2 VO). Die Gesellschaft muss ihren Sitz in einem Staat der EU oder des EWR haben. Rechtsfähigkeit erlangt die SE mit Eintragung im Register (Art. 16 Abs. 1, 12 VO). Zu den Organen der Gesellschaft zählt die Hauptversammlung (Art. 52 ff. VO) sowie die Verwaltung, die eine monoistische (Art. 43 ff. VO) oder dualistische (Art. 39 ff., 46 ff. VO) Verwaltungsstruktur aufweisen kann. Soweit nicht anderes bestimmt ist, wird die SE wie eine nach dem nationale Recht ihres Sitzes gegründete Aktiengesellschaft behandelt (Art. 10 VO). So richten sich die Regeln über die Kapitalaufbringung und –erhaltung sowie für die Emissionen von Wertpapieren nach dem jeweiligen Recht des Sitzstaates (Art. 5 VO). Den Gläubigern der Gesellschaft steht als Haftungsmasse nur das Gesellschaftsvermögen zur Verfügung. Jeder Aktionär haftet bis zur Höhe des von ihm gezeichneten Kapitals (Art. 1 Abs. 2 S. 2 VO).

Für eine **Pfändung** bei einer in Deutschland sitzenden SE gelten die gleichen Grundsätze, wie bei einer Aktiengesellschaft. → Form. I. III. 1 sowie → Form. I. III. 2. Dazu vertiefend (Auswahl): *Bezzenberger* Jura 2003, 229; *Brandt* BB-Spezial 2005, 1; *Brandt/Scheifele* DStR 2002, 547; *Früchtl* NotBZ 2005, 244; *Hirte* DStR 2005, 653; *Horn* DB 2005, 147; *Jahr/Herfs-Röttgen* DB 2001, 631; *Leuering/Simon* NJW-Spezial 2005, 75; *Lingl* JA 2006, 304; *Lutter* BB 2002, 1; *Spitzbarth* RNotZ 2006, 369; *Thoma/Leuering* NJW 2002, 1449; *Wicke* MittBayNot 2006, 196.

7. Pfändung bei einer Europäischen Genossenschaft (SCE)

1. Die **Europäische Genossenschaft** (Societas Cooperativa Europaea), abgekürzt SCE, ist eine Genossenschaft mit eigener Rechtspersönlichkeit, die auf der VO (EG) Nr. 1435/2003 vom 22.7.2003 beruht. Ergänzend hierzu hat der deutsche Gesetzgeber das Gesetz zur Einführung der Europäischen Genossenschaft und zur Änderung des Genossenschaftsrechts (SCE-AG) vom 14.8.2006 (BGBl. I 1911) erlassen. Die SCE besitzt ein in Geschäftsanteile zerlegtes Grundkapital von mindestens 30.000,– EUR.

2. Hinsichtlich der **Pfändung** bei einer in Deutschland sitzenden SCE gelten die gleichen Grundsätze, wie bei einer Genossenschaft. → Form. I. III. 13 und → Form. I. III. 14. Weiterführend: *Geschwandtner* NZG 2006, 691.

8. Pfändung bei einer Europäischen wirtschaftlichen Interessenvereinigung (EWIV)

1. Die **Europäische Wirtschaftliche Interessenvereinigung** (VO [EG] 2137/85 v. 25.7.1985, ABl. 1985 L 199, 1; EWIV-Ausführungsgesetz v. 14.4.1988, BGBl. I 514) ist der OHG weitgehend gleichgestellt. Die Gläubiger eines Mitglieds der Vereinigung können dessen Anteil am Gesellschaftsvermögen nach §§ 859 Abs. 1, 857, 829 ZPO pfänden. Die Pfändung erfolgt wie bei der OHG. Zu den Einzelheiten der **Pfändung** → Form. I. III. 24 bis → Form. I. III. 26. Pfändbar sind für die Gläubiger des Mitglieds – wie bei der OHG – auch dessen Einzelansprüche gegenüber der Vereinigung. Siehe dazu auch (Auswahl): Europäische wirtschaftliche Interessenvereinigung (EWIV) BWNotZ 1990, 129; *Müller-Gugenberger* BB 1989, 1922; *Ziegler* Rpfleger 1989, 261.

2. **Drittschuldner** ist die Gesamthand und damit **die Gesellschaft** (BGHZ 97, 392 (396) = NJW 1986, 1991; aA Zöller/*Stöber* § 859 Rn. 9b die übrigen Gesellschafter). Die Zustellung hat an den oder die Geschäftsführer der Vereinigung zu erfolgen (Art. 19 VO [EG] 2137/85). Nach § 170 Abs. 3 ZPO genügt die Zustellung an einen Gesellschafter. Zu dem Umfang und der Wirkung der Pfändung wird auf die Anmerkungen zur Pfändung bei der OHG verwiesen. Dem Pfändungsgläubiger steht ein Kündigungsrecht zu (§ 1 EWIV-AusführungsG iVm § 135 HGB). Die Kündigung führt nur zum Ausscheiden des Mitglieds aus der Vereinigung.

9. Pfändung bei einer Europa-GmbH (SPE) bzw. Europäischen Einpersonengesellschaft (SPU)

1. Geplant war die Einführung einer **Europa-GmbH (Societas Privata Europaea)**, abgekürzt **SPE**. Diese Gesellschaftsform war für kleinere oder mittlere Unternehmen gedacht. Dieses 2009 initiierte Projekt wurde wegen anhaltender Widerstände von der EU-Kommission am 2.10.2013 zu Gunsten der Projekte der Schaffung einer Societas Unius Personae (SUP) aufgegeben.

2. Bei der geplanten **Europäischen Einpersonengesellschaft (Societas Unius Personae)**, abgekürzt **SUP**, handelt es sich um eine Gesellschaft mit einem einzigen Gesellschafter, bei der die Haftung auf das Gesellschaftsvermögen beschränkt ist. Eine Pfändung ist entsprechend der Pfändung von Ansprüchen gegen eine GmbH möglich. Wann eine entsprechende europäische Verordnung in Kraft tritt, steht derzeit noch nicht fest.

Gesellschaft bürgerlichen Rechts (GbR)

10. Pfändung des Geschäftsanteils des Schuldners an einer GbR

[Das amtliche Formular „Pfändungs- und Überweisungsbeschluss[1]" ist entsprechend den dortigen Anmerkungen auszufüllen. Auf Seite 4 (bzw. Seite 5) des amtlichen Formulars sind das Feld „G" anzukreuzen und auf Seite 6 (bzw. Seite 7) des amtlichen Formulars unter „Anspruch G" aufzunehmen:]

Es wird der angebliche Geschäftsanteil des Schuldners als Gesellschafter[2, 3] der Drittschuldnerin,[4]

[Alternative für den Fall, dass keine aussagekräftige Bezeichnung der Gesellschaft existiert:

an der zwischen ihm und den Mitgesellschaftern bestehenden Gesellschaft bürgerlichen Rechts als Drittschuldnerin[4]]

gepfändet.[5, 6, 7]

Anmerkungen

1. → Form. H. I. 2 (bzw. → Form. H. I. 6. bei Unterhaltsforderungen). Hinsichtlich der weiteren Einzelheiten zum Pfändungs- und Überweisungsbeschluss wird auf die dortigen Anmerkungen Bezug genommen.

2. Die **Gesellschaft bürgerlichen Rechts** ist eine auf Gesellschaftsvertrag beruhende Vereinigung von mindestens zwei Personen zur Förderung eines von ihnen gemeinsam verfolgten Zwecks (§ 705 BGB). Die Gesellschaft besitzt nach der Rechtsprechung des Bundesgerichtshofes (BGHZ 146, 341 = NJW 2001, 1056; NJW 2006, 3716; BGHZ 179, 102 = NJW 2009, 594), soweit sie als Träger der in ihrem Namen begründeten Rechte und Pflichten anzusehen und als solche nicht nur eine bloße Innengesellschaft ist, sondern auch nach außen auftritt, sowohl die **Rechts- und Grundbuchfähigkeit** als auch die aktive und passive Parteifähigkeit. Sie kann damit unter ihrem Namen klagen sowie verklagt werden. Die Gesellschafter haben die im Gesetz (§§ 706 ff. BGB) näher bestimmte Pflichten und Rechte. Die Geschäftsführung steht grundsätzlich allen Gesellschaftern gemeinschaftlich zu, wobei für jedes Geschäft die Zustimmung aller Gesellschafter erforderlich ist (§ 709 Abs. 1 Hs. 2 BGB). Im Gesellschaftsvertrag kann eine hiervon abweichende Regelung aufgenommen werden (vgl. § 709 Abs. 2 BGB). Das Gesellschaftsvermögen steht den Gesellschaftern zur gesamten Hand zu (§ 719 Abs. 1 BGB). Der Gesellschafter besitzt damit einen Anteil am Gesellschaftsvermögen, nicht an einzelnen Gegenständen des Gesellschaftsvermögens. Für Verbindlichkeiten der Gesellschaft haften die Gesellschafter als Gesamtschuldner mit ihrem gesamten privaten Vermögen. Ein Gesellschafter kann aus der Gesellschaft ausscheiden, wenn der Gesellschaftsvertrag dies vorsieht oder die übrigen Gesellschafter hiermit einverstanden sind. Daneben besteht die Möglichkeit des Ausschlusses des Gesellschafters aus wichtigem Grund (§ 737 BGB). Zur Auflösung der Gesellschaft siehe §§ 723 ff. BGB. Weitere Ausführungen zur Vollstreckung bei einer GbR finden sich bei (Auswahl): *Behr* NJW 2000, 1137; *ders.* InVo 2001, 357; *Eickmann* Rpfleger 1970, 113; *Müller* ZIP 1994, 342; *Mümmler* JurBüro 1982, 1607; *ders.* JurBüro 1990.308; *Noack* MDR 1974, 811; *Pohlmann* WM 2002, 1421; *Reymann* NJW 2011, 1412; *Roth* ZGR 2000, 187; *Rupp/*

Fleischmann Rpfleger 1984, 223; *Schiller* MittRhNotZ 1980, 97; *Scherer* NJW 2009, 3063; *Wertenbruch* NJW 2002, 324; *ders.* DGVZ 2001, 97.

3. Der **Anteil eines Gesellschafters an dem Gesellschaftsvermögen,** nämlich die Mitgliedschaft mit allen Rechten und Pflichten, kann gepfändet werden (§ 859 Abs. 1 S. 1 ZPO).

Die **Pfändung des Gesellschaftsanteils** erfasst die selbständig abtretbaren und pfändbaren Gesellschafterrechte des Schuldners, insbesondere den Auseinandersetzungsanspruch sowie den Anspruch nach § 721 ZPO auf den Gewinnanteil (BGH NJW 1992, 830 (832)). Einer gesonderten Pfändung dieser einzelnen Ansprüche bedarf es neben der Pfändung des Geschäftsanteils nicht. Eine Mitpfändung ist möglich und bietet sich zur Klarstellung an. In diesem Falle sind → Form. I. III. 10 und → Form. I. III. 11 zu verbinden. Die **übertragbaren Einzelansprüche** (zB der Auseinandersetzungsanspruch, der Gewinnanteil) können aber auch selbständig gepfändet werden; → Form. I. III. 11. Da der Gesellschafter über einzelne zum Gesellschaftsvermögen gehörende Gegenstände nicht verfügen kann (vgl. § 719 BGB), ist der Anteil des Gesellschafters an den zu dem Gesellschaftsvermögen gehörenden Gegenständen nicht der Pfändung unterworfen (§ 859 Abs. 1 S. 2 ZPO).

Die Pfändung des Geschäftsanteils erfolgt **stets nach § 857 ZPO**, auch wenn die Gesellschaft ein Grundstück besitzt. Der Umstand, dass im Gesellschaftsvertrag die Übertragung des Geschäftsanteils von der Zustimmung der übrigen Gesellschafter abhängig gemacht wird, hindert eine Pfändung nicht (OLG Köln NJW-RR 1994, 1517 (1518)).

4. **Drittschuldner** ist nach hM die **Gesellschaft als Gesamthand** (BGHZ 97, 392 (396) = NJW 1986, 1991). Dies muss nunmehr erst recht gelten, seitdem der BGH die Rechtsfähigkeit der (Außen-)Gesellschaft bürgerlichen Rechts bejaht hat (BGHZ 146, 341 = NJW 2001, 1056). Damit reicht die aussagekräftige Bezeichnung der Gesellschaft als Drittschuldnerbezeichnung anstelle der Nennung aller Gesellschafter aus. Sofern keine aussagekräftige Bezeichnung bekannt ist oder existiert, sollte die Gesellschaft unter Nennung aller Gesellschafter bezeichnet werden.

Der Pfändungs- und Überweisungsbeschluss **ist der Gesellschaft**, vertreten durch die oder den (geschäftsführenden) Gesellschafter **zuzustellen** (BGHZ 97, 392 (395) = NJW 1986, 1991). Gemäß § 170 Abs. 3 ZPO reicht die Zustellung an einen geschäftsführenden Gesellschafter (BGH NJW 2006, 2191; BGH NJW 2007, 995), sofern dieser nicht Vollstreckungsschuldner ist (OLG Celle NZG 2004, 613). Die Zustellung an alle Gesellschafter – außer dem Vollstreckungsschuldner – empfiehlt sich, sofern der oder die geschäftsführende Gesellschafter nicht bekannt sind. In diesem Falle wird die Pfändung aber erst mit der Zustellung an den letzten Gesellschafter wirksam (§ 829 Abs. 3 ZPO).

5. Mit der Pfändung **wird** der Gläubiger **nicht Gesellschafter**. Er kann daher auch die dem Gesellschafter zustehenden Verwaltungs-, Auskunfts- und Kontrollrechte nicht wahrnehmen (BGH NJW 1992, 830 (832)). Außerdem hindert die Pfändung die Gesellschaft nicht, weiter über einzelne Gegenstände des Gesellschaftsvermögens zu verfügen.

Der Gläubiger kann, sofern er im Besitz eines rechtskräftigen Vollstreckungstitels ist, die Gesellschaft nach Maßgabe des § 725 Abs. 1 BGB ohne Einhaltung einer Kündigungsfrist **kündigen** und anschließend den dem Schuldner gebührenden Anteil am Auseinandersetzungsguthaben (§ 734 BGB) beanspruchen. Ein Ausschluss des Kündigungsrechts im Gesellschaftsvertrag wirkt nicht gegenüber dem Gläubiger. Mit der Kündigung wird die Gesellschaft aufgelöst, sofern der Gesellschaftsvertrag nichts anderes bestimmt. Das Pfändungspfandrecht setzt sich in dem Anspruch des Gesellschafters auf Durchführung der Auseinandersetzung der Gesellschaft und auf Auszahlung des Auseinandersetzungsguthabens fort.

Im Falle der **Auseinandersetzung durch Ausscheiden des Schuldners** aus der Gesellschaft, sind die übrigen Gesellschafter nach § 738 BGB verpflichtet, dem Schuldner denjenigen Betrag zu zahlen, den er im Falle einer vollständigen Auseinandersetzung erhalten hätte. An diesem Zahlungsanspruch besteht das Pfändungspfandrecht weiter.

6. Der **gepfändete Anteil kann nur zur Einziehung** und nicht an Zahlungs statt überwiesen werden. Die Überweisung ermächtigt den Gläubiger gemäß § 836 Abs. 1 ZPO zu allein im Recht des Schuldners begründeten, der Befriedigung dienenden Maßnahmen (BGH NJW 1992, 830 (832)). Die **Verwertung** kann durch Einziehung des Gewinnanteils oder des Auseinandersetzungsguthabens erfolgen. Sofern der Gesellschaftsanteil übertragen werden kann, ist auch eine Veräußerung nach §§ 857 Abs. 5, 844 ZPO durch Versteigerung oder freihändigen Verkauf möglich. Verwaltet die Gesellschaft als einziges Vermögensgut ein Grundstück kann der Gläubiger zudem die Teilungsversteigerung des Grundstücks verlangen (BGH NJW 1992, 830 (832) mwN). Zu dem Antrag auf anderweitige Verwertung → Form. H. IV. 5.

7. Kosten und Gebühren/Rechtsmittel. → Form. H. I. 2 Anm. 61 ff.

11. Pfändung der Einzelansprüche des Schuldners gegen die GbR

[Das amtliche Formular „Pfändungs- und Überweisungsbeschluss[1]" ist entsprechend den dortigen Anmerkungen auszufüllen. Auf Seite 4 (bzw. Seite 5) des amtlichen Formulars sind das Feld „G" anzukreuzen und auf Seite 6 (bzw. Seite 7) des amtlichen Formulars unter „Anspruch G" aufzunehmen:]

Es werden die angeblichen Ansprüche des Schuldners – einschließlich der künftig fällig werdenden Ansprüche – als Gesellschafter[2] der Drittschuldnerin[3]

[Alternative für den Fall, dass keine aussagekräftige Bezeichnung der Gesellschaft existiert:

an der zwischen ihm und den Mitgesellschaftern bestehenden Gesellschaft bürgerlichen Rechts als Drittschuldnerin[3]]

1. **auf Zahlung der dem Schuldner für seine Tätigkeit in der Gesellschaft, insbesondere als geschäftsführender Gesellschafter, zustehenden Vergütungen und Auslagen, wobei die Pfändung unter Bezug auf die Tabelle zu § 850c Abs. 3 ZPO beschränkt wird,[4]**
2. **auf fortlaufende Zahlung des Gewinnanteils,[5]**
3. **auf Zahlung des Auseinandersetzungsguthabens, der Abfindung sowie sonstiger Vergütungen und auf Herausgabe der ihm bei der Auseinandersetzung zufallenden Gegenstände sowie Rechte,[6]**
4. **auf Rückzahlung von Darlehen und auf deren Verzinsung bzw. auf Rückzahlung der aufgrund sonstiger Vereinbarung der Gesellschaft gegebenen bzw. belassenen Beträge und**
5. **auf Herausgabe bzw. Rückübertragung der der Gesellschaft zur Nutzung überlassenen Sachen bzw. Rechte einschließlich der für die Überlassung zu leistenden Vergütung**

gepfändet.[7]

[Ergänzung für den Fall, dass auch der Herausgabeanspruch gepfändet wird, auf Seite 8 (bzw. Seite 9) des amtlichen Formulars in dem Feld „Es wird angeordnet, dass" das freie Kästchen anzukreuzen und dort einzutragen:]

die herauszugebenden Sachen an einen vom Gläubiger zu beauftragenden Gerichtsvollzieher zu übergeben sind.]

Anmerkungen

1. → Form. H. I. 2 (bzw. → Form. H. I. 6. bei Unterhaltsforderungen). Hinsichtlich der weiteren Einzelheiten zum Pfändungs- und Überweisungsbeschluss wird auf die dortigen Anmerkungen Bezug genommen.

2. Zur Pfändung bei der GbR → Form. I. III. 9 Anm. 2, 3. Die **übertragbaren Einzelansprüche** der Gesellschafter (zB der Auseinandersetzungsanspruch, der Gewinnanteil) können selbständig gepfändet werden.

3. Zur Drittschuldnerin → Form. I. III. 10 Anm. 4.

4. Der **Vergütungsanspruch des Schuldners** für seine Tätigkeit als Geschäftsführer (§ 713 BGB iVm § 670 BGB) oder als Angestellter der Gesellschaft kann gepfändet werden. Soweit er Zahlungen für ausgeübte Dienstleistungen enthält, kann es sich um Arbeitseinkommen handeln, das dem Pfändungsschutz der §§ 850 ff. ZPO unterliegt.

5. Das aus dem Geschäftsanteil des Schuldners fließende **Gewinnbezugsrecht** kann verpfändet (BGH NJW-RR 2010, 924) und damit auch gepfändet werden.

6. Der Anspruch des Gesellschafters auf **Auszahlung des Auseinandersetzungsguthabens** kann selbständig abgetreten und damit gepfändet werden. Eine Pfändung des Anspruchs als künftige Forderung ist bereits vor seiner Entstehung mit Auflösung der Gesellschaft oder dem Ausscheiden des Gesellschafters möglich (BGH NJW 1989, 453; BGH NJW 1997, 3370 (3371)). Die Pfändung des Auseinandersetzungsguthabens schließt das Recht ein, die Auseinandersetzung durch Kündigung herbeizuführen.

7. Kosten und Gebühren/Rechtsmittel. → Form. H. I. 2 Anm. 61 ff.

12. Pfändung des Anspruchs der GbR gegen einen Gesellschafter

[Das amtliche Formular „Pfändungs- und Überweisungsbeschluss[1]" ist entsprechend den dortigen Anmerkungen auszufüllen. Auf Seite 4 (bzw. Seite 5) des amtlichen Formulars sind das Feld „G" anzukreuzen und auf Seite 6 (bzw. Seite 7) des amtlichen Formulars unter „Anspruch G" aufzunehmen:]

Es werden die angeblichen Ansprüche[2] der Gesellschaft bürgerlichen Rechts

[Alternative für den Fall, dass keine aussagekräftige Bezeichnung der Gesellschaft existiert:

der zwischen den Gesellschaftern bestehenden Gesellschaft bürgerlichen Rechts gegen den Drittschuldner[3]]

1. auf Zahlung des von ihm geschuldeten Gesellschafterbeitrages,
2. auf Zahlung der von ihm aufgrund des Beschlusses der Gesellschafter/des Gesellschaftsvertrages vom . . . . . geschuldeten Nachschussleistungen

gepfändet.[4]

[Für den Fall einer Sacheinlage ist ergänzend auf Seite 8 (bzw. Seite 9) des amtlichen Formulars in dem Feld „Es wird angeordnet, dass" das freie Kästchen anzukreuzen und dort einzutragen:]

die der Schuldnerin zukommenden Sachen an einen vom Gläubiger zu beauftragenden Gerichtsvollzieher zum Zweck der Verwertung herausgegeben werden.]

Anmerkungen

1. → Form. H. I. 2 (bzw. → Form. H. I. 6 bei Unterhaltsforderungen). Hinsichtlich der weiteren Einzelheiten zum Pfändungs- und Überweisungsbeschluss wird auf die dortigen Anmerkungen Bezug genommen.

2. Die Gläubiger der Gesellschaft bürgerlichen Rechts können in das **Gesellschaftsvermögen** oder in das **Privatvermögen** der Gesellschafter vollstrecken. Die **Zwangsvollstreckung in das Gesellschaftsvermögen** erfordert – unter Berücksichtigung der Rechtsprechung des Bundesgerichtshofes zur Parteifähigkeit der Gesellschaft (BGHZ 146, 341 = NJW 2001, 1056) – einen Vollstreckungstitel gegen die (Außen-)Gesellschaft oder gegen alle Gesellschafter (vgl. § 736 ZPO; BGH NJW 2007, 1813). Zu den Anforderungen an einen Titel bei einer Vollstreckung ins Grundbuch BGH NJW 2011, 615. Aus einem nur **gegen die Gesellschaft lautenden Titel** kann nicht die Zwangsvollstreckung in das Privatvermögen der Gesellschafter erfolgen, da der Schuldner nicht im Titel bezeichnet ist und eine Vollstreckungsklausel gegen ihn nicht erteilt werden kann (LG Bonn DGVZ 2004, 75). Insoweit bedarf es zusätzlich eines Titels gegen den bzw. die Gesellschafter.

Bejaht man in Übereinstimmung mit der Rechtsprechung des BGH die Rechtsfähigkeit der Gesellschaft bürgerlichen Rechts, so stehen der Gesellschaft auch **eigenständig Rechte gegen ihre Gesellschafter zu**, so zB auf Zahlung des im Gesellschaftsvertrag vorgesehenen Gesellschafterbeitrages (vgl. § 706 BGB) oder auf Zahlung eines vereinbarten Nachschusses (vgl. § 707 BGB). Diese Ansprüche sind für die Gläubiger der Gesellschaft nach § 829 ZPO pfändbar.

3. Drittschuldner ist der **Mitgesellschafter**, der die Leistungen schuldet.

4. Kosten und Gebühren/Rechtsmittel. → Form. H. I. 2 Anm. 61 ff.3p?>

Genossenschaft

13. Pfändung der Ansprüche des Schuldners gegen die Genossenschaft

[Das amtliche Formular „Pfändungs- und Überweisungsbeschluss[1]" ist entsprechend den dortigen Anmerkungen auszufüllen. Auf Seite 4 (bzw. Seite 5) des amtlichen Formulars sind das Feld „G" anzukreuzen und auf Seite 6 (bzw. Seite 7) des amtlichen Formulars unter „Anspruch G" aufzunehmen:]

Es werden die angeblich bestehenden und künftigen Ansprüche des Schuldners[2] als Mitglied der Genossenschaft gegen die Drittschuldnerin[3]

1. **auf Aufzahlung des Geschäfts-[4] bzw. Auseinandersetzungsguthabens,[5]**
2. **auf fortlaufende Auszahlung des Gewinns,[6]**
3. **auf Zahlung der Vergütungsansprüche, die dem Mitglied aus Mitgliedergeschäften zustehen (Warenrückvergütung),[6]**

4. auf Aufzahlung seines Anteils am Reservefond[6] und
5. auf Auszahlung des Liquidationsguthabens im Falle der Auflösung der Genossenschaft[6]

gepfändet.[7]

Anmerkungen

1. → Form. H. I. 2 (bzw. → Form. H. I. 6 bei Unterhaltsforderungen). Hinsichtlich der weiteren Einzelheiten zum Pfändungs- und Überweisungsbeschluss wird auf die dortigen Anmerkungen Bezug genommen.

2. Eine **Genossenschaft** ist ein Verein mit nicht geschlossener Mitgliederzahl, dessen Zweck darauf gerichtet ist, den Erwerb und die Wirtschaft der Mitglieder oder deren soziale oder kulturelle Belange durch gemeinschaftlichen Geschäftsbetrieb zu fördern (§ 1 GenG). Die Zahl der Mitglieder muss mindestens 3 betragen (§ 4 GenG). Die Genossenschaft ist einer juristische Person und einer Handelsgesellschaft gleichgestellt (§ 17 GenG). Für die Verbindlichkeiten der Genossenschaft haftet den Gläubigern nur das Vermögen der Genossenschaft (§ 2 GenG). Die Genossenschaft hat mit dem Vorstand (§ 24 GenG), dem Aufsichtsrat (§ 36 GenG) und der Generalversammlung (§ 43 GenG) drei Organe. Die Mitgliedschaft in einer Genossenschaft setzt die Teilnahme an der Gründung oder eine unbedingte schriftliche Beitrittserklärung voraus (§ 15 GenG). Die Mitgliedschaft kann nicht übertragen, wohl vererbt werden (§ 77 GenG). Die Mitgliedschaftsrechte eines Mitglieds, der früher auch Genosse genannt wurde, umfasst den Geschäftsanteil, das Geschäftsguthaben (§ 73 GenG), das Recht auf Mitverwaltung, den Anspruch auf einen Anteil am Reingewinn (§§ 19, 20 GenG) und das Recht zur Benutzung von genossenschaftlichen Einrichtungen. Daneben treffen das Mitglied im Rahmen seiner Mitgliedschaft auch Pflichten. Bei dem Ausscheiden eines Mitgliedes durch Tod (§ 77 GenG), Austritt (§§ 65, 66 GenG), Abtretung des Geschäftsguthabens (§ 76 GenG) oder durch Ausschluss (§ 68 GenG) findet die Auseinandersetzung mit dem Mitglied in der Weise statt, dass das Geschäftsguthaben des Mitglieds auf Grund der Bilanz errechnet und ausgezahlt wird (§ 73 GenG).

3. **Drittschuldner** ist die **Genossenschaft**, vertreten durch den Vorstand.

4. Da die **Mitgliedschaft** als solche nicht übertragen werden kann, scheidet deren Pfändung aus. Der **Geschäftsanteil des Mitglieds** einer Genossenschaft ist nur eine rechnerische Größe, nämlich der Betrag bis zu welchem sich die einzelnen Mitglieder mit Einlagen beteiligen können (§ 7 Nr. 1 GenG); er ist unpfändbar. Gepfändet werden kann nach § 857 ZPO der **Anspruch auf das Geschäftsguthaben** (§ 73 GenG). Mit der Pfändung und Überweisung des Anspruchs kann der Gläubiger, dessen Schuldtitel nicht nur vorläufig vollstreckbar ist, das Kündigungsrecht seines Schuldners (§ 65 GenG) als Mitglied der Genossenschaft ausüben, wenn er zuvor innerhalb der letzten sechs Monate eine Zwangsvollstreckung in das Vermögen des Mitglieds fruchtlos versucht hat (§ 66 Abs. 1 GenG). Das Vollstreckungsgericht muss bei Erlass des Pfändungsbeschlusses die Voraussetzungen für die Ausübung des Kündigungsrechts nicht prüfen. Möglich ist auch eine Verwertung durch Verkauf des Anteils (§§ 857, 844 ZPO). Zu dem Antrag auf anderweitige Verwertung → Form. H. IV. 5.

5. Der Pfändung nach § 829 ZPO unterliegt ebenfalls das **Auseinandersetzungsguthaben.** Hierbei handelt es sich vor Beendigung der Mitgliedschaft des Genossen um eine zukünftige Forderung, deren Rechtsgrund jedoch mit Wirksamwerden des Gesellschaftsvertrages durch den Betritt des Gesellschafters gelegt sein kann (BGHZ 160, 1 (4); BGH NJW-RR 2009, 755 (756)).

6. **Pfändbar** sind auch die fortlaufenden Ansprüche eines Genossen auf **Auszahlung des Gewinns** (§ 19 GenG), auf Auszahlung des **Anteils am Reservefond** (§ 73 Abs. 3 GenG) und die **Ansprüche aus Warengeschäften.** Daneben kann der Anspruch des Schuldners auf Zahlung des im Falle der Auflösung der Genossenschaft bestehenden **Liquidationsguthabens** (§ 91 GenG) gepfändet werden. Die Pfändung und Überweisung dieser Ansprüche erfolgt jeweils nach §§ 829, 835 ZPO.

7. **Kosten und Gebühren/Rechtsmittel.** → Form. H. I. 2 Anm. 61 ff.

14. Pfändung des Anspruchs der Genossenschaft auf Zahlung eines Genossenschaftsanteils

[Das amtliche Formular „Pfändungs- und Überweisungsbeschluss[1]" ist entsprechend den dortigen Anmerkungen auszufüllen. Auf Seite 4 (bzw. Seite 5) des amtlichen Formulars sind das Feld „G" anzukreuzen und auf Seite 6 (bzw. Seite 7) des amtlichen Formulars unter „Anspruch G" aufzunehmen:]

Es wird der angebliche Anspruch der Schuldnerin gegen ..... (ladungsfähige Anschrift des Mitglieds der Genossenschaft) als Drittschuldner auf Zahlung des von ihm zusätzlich zu der Einzahlung auf den Geschäftsanteil zu leistenden Aufnahmegebühr gepfändet.[2, 3]

Anmerkungen

1. → Form. H. I. 2 (bzw. → Form. H. I. 6 bei Unterhaltsforderungen). Hinsichtlich der weiteren Einzelheiten zum Pfändungs- und Überweisungsbeschluss wird auf die dortigen Anmerkungen Bezug genommen.

2. Die Einzahlungsansprüche der Genossenschaft auf den Geschäftsanteil (§ 7 Nr. 1 GenG) und der Anspruch auf Zahlung des auf seinen Anteil entfallenden Fehlbetrages (§ 73 Abs. 2 GenG) sind unpfändbar (RGZ 135, 5). Gepfändet werden kann indes der **Anspruch auf Zahlung eines zusätzlichen Betrages,** den die Genossenschaft neben der Einzahlung auf den Geschäftsanteil erhebt. Die Pfändung erfolgt im Wege der Forderungspfändung (§ 829 ZPO).

3. **Kosten und Gebühren/Rechtsmittel.** → Form. H. I. 2 Anm. 61 ff.

Gesellschaft mit beschränkter Haftung (GmbH)/Unternehmergesellschaft (UG)/Gemeinnützige Gesellschaft mit beschränkter Haftung (gGmbH)

15. Pfändung des Geschäftsanteils des Schuldners an einer GmbH/UG/gGmbH

[Das amtliche Formular „Pfändungs- und Überweisungsbeschluss[1]" ist entsprechend den dortigen Anmerkungen auszufüllen. Auf Seite 4 (bzw. Seite 5) des amtlichen Formulars sind das Feld „G" anzukreuzen und auf Seite 6 (bzw. Seite 7) des amtlichen Formulars unter „Anspruch G" aufzunehmen:]

Es werden[2, 3]

1. der angebliche Geschäftsanteil,[4] soweit es mehrere sind,[5] alle Geschäftsanteile des Schuldners an der . . . . . [genaue Bezeichnung der GmbH], vertreten durch . . . . . [ladungsfähige Anschrift des Geschäftsführers], Drittschuldnerin[6] und die

2. angeblichen Forderungen des Schuldners gegen die Drittschuldnerin auf Auszahlung des fälligen Anteils sowie des fortlaufenden Anteils am Gewinn[7]

gepfändet.[8, 11]

[Auf Seite 8 des amtliches Formulars ist in dem letzten Feld (bzw. auf Seite 10 das erste Feld) kein Kästchen „zu der Möglichkeit der Überweisung" anzukreuzen. Stattdessen ist auf Seite 9 des amtliches Formulars in dem ersten Feld (bzw. auf Seite 10 in dem zweiten Feld) das freie Kästchen anzukreuzen und dort einzutragen:]

Zugleich werden die gepfändeten Ansprüche und Rechte – nicht der gepfändete Geschäftsanteil/die gepfändeten Geschäftsanteile – dem Gläubiger zur Einziehung überwiesen.[9]

Zudem wird angeordnet, dass der gepfändete Geschäftsanteil/die gepfändeten Geschäftsanteile im Wege der Versteigerung durch den vom Gläubiger zu beauftragenden Gerichtsvollzieher/durch einen freihändigen Verkauf zu verwerten ist/sind.

[Alternative für den Fall, dass die Gesellschaft durch Kündigung aufgelöst werden kann:[10]

Zugleich werden die gepfändeten Ansprüche und Rechte einschließlich des gepfändeten Geschäftsanteils/der gepfändeten Geschäftsanteile dem Gläubiger zur Einziehung überwiesen.]

Anmerkungen

1. → Form. H. I. 2 (bzw. → Form. H. I. 6 bei Unterhaltsforderungen). Hinsichtlich der weiteren Einzelheiten zum Pfändungs- und Überweisungsbeschluss wird auf die dortigen Anmerkungen Bezug genommen.

2. Eine **GmbH** ist eine Kapitalgesellschaft, bei der die Gesellschafter für die Verbindlichkeiten der Gesellschaft nicht persönlich haften; es haftet die GmbH als juristische Person (§ 13 Abs. 2 GmbHG) mit ihrem Gesellschaftsvermögen. Eine GmbH kann durch eine oder mehrere Personen durch einen Gesellschaftsvertrag gegründet werden. Der Mindestinhalt dieses Gesellschaftsvertrages ergibt sich aus § 3 GmbHG. Daneben besteht nach § 2 GmbHG die Möglichkeit der vereinfachten Gründung eines gesetzlichen Musterprotokolls für die Errichtung einer Einpersonen- oder einer Mehrpersonen-GmbH mit bis zu drei Gesellschaftern. Das **Mindeststammkapital** einer GmbH beträgt **25.000,– EUR** (§ 5 Abs. 1 GmbHG); eine Ausnahme besteht für die **haftungsbeschränkte Unternehmergesellschaft** (→ Anm. 3). Das Stammkapital kann durch satzungsändernden Beschluss der Gesellschafter erhöht werden (§§ 55 ff. GmbHG). Daneben besteht die Möglichkeit, unter gesetzlich näher geregelten Voraussetzungen das Stammkapital bis zum gesetzlich vorgesehenen Mindestbetrag von 25.000,– EUR herabzusetzen (§§ 58 ff. GmbHG).

Die Entstehung der GmbH setzt neben der Aufbringung des Mindeststammkapitals die Anmeldung (§§ 7, 8 GmbH) und die **Eintragung in das Handelsregister** (§ 10 GmbH) voraus. Informationen über die Gesellschaft kann durch Einsichtnahme in das Handels- und Unternehmensregister durch elektronischen Abruf unter „www.handelsregister.de" bzw. „www.unternehmensregister.de" eingeholt werden (§§ 9, 9a HGB). Als Organ hat die GmbH mindestens einen Geschäftsführer als gesetzlichen Vertreter der Gesellschaft (§ 35 GmbHG) sowie die Gesellschafterversammlung (§ 48 GmbHG). Der Geschäftsführer kann gleichzeitig Gesellschafter sein. Er vertritt die Gesellschaft außergerichtlich und gerichtlich. Bei der Verletzung der Pflichten haftet der Geschäftsführer der Gesellschaft auf Schadensersatz (§§ 40 Abs. 2, 43 Abs. 2 GmbHG). Die Auflösung der Gesellschaft kann aufgrund der im Gesellschaftsvertrag bestimmten oder den gesetzlich vorgesehenen Gründen erfolgen (§ 60 GmbHG; vgl. auch Baumbach/Hueck/*Haas* § 60 Rn. 13 ff.). Siehe dazu auch (Auswahl): *Baumann* MittRhNotK 1991, 271; *Bayer* JurBüro 1995, 286; *Behr* JurBüro 1995, 286; *Bischoff* GmbHR 1984, 61; *Heuer* ZIP 1998, 405; *Koch* DZWIR 2010, 441; *Lux* GmbHR 2003, 938; *Marotzke* ZIP 1988, 1509; *Michalski* ZIP 1991, 147; *Noack* MDR 1970, 890; *ders.* JurBüro 1976, 1603; *Rieder/Ziegler* ZIP 2004, 481; *Röder* DGVZ 2007, 81; *Roth* ZGR 2000, 187.

3. Zudem besteht die Möglichkeit der Gründung einer GmbH mit einem Stammkapital von weniger als 25.000,– EUR. Insoweit ist kein Mindeststammkapital vorgeschrieben; möglich ist eine Kapitalausstattung von 1,– EUR. Die Gesellschaft muss die Bezeichnung **„Unternehmergesellschaft (haftungsbeschränkt)"** oder **„UG (haftungsbeschränkt)"** führen. Das Stammkapital muss in voller Höhe eingezahlt (§ 5a Abs. 2 GmbHG) und ein Viertel des Jahresüberschusses als Rücklage in die Bilanz eingestellt werden (§ 5a Abs. 3 GmbHG). Diese Rücklage ist zweckbestimmt und damit letztlich nicht pfändbar. Wird das Mindeststammkapital der GmbH erreicht, so wird die Gesellschaft zu einer GmbH (§ 5a Abs. 5 GmbHG).

Eine **gemeinnützige GmbH (gGmbH)** ist eine Gesellschaft mit beschränkter Haftung, deren Erträge für gemeinnützige, mildtätige oder kirchlichen Zwecke verwendet werden (zB um einen Kindergarten zu betreiben). Auf die gemeinnützige Betätigung wird durch die Verwendung der Bezeichnung „gGmbH" oder „gemeinnützige GmbH" hingewiesen (§ 4 S. 2 GmbHG). Die Gesellschaft ist von bestimmten Steuern ganz bzw. teilweise befreit, sofern ihre Satzung und Geschäftsführung den Anforderungen der Gemeinnützigkeit entsprechen, zB nach § 55 Abs. 1 Nr. 1 S. 2 AO von Körperschaftssteuer und Gewerbesteuer. Die gGmbH ist keine gesonderte Rechtsform, sondern eine besondere Ausprägung der GmbH und unterliegt daher – wie die GmbH – den Vorschriften des GmbHG.

4. Der **Geschäftsanteil eines jeden Gesellschafters** bestimmt sich nach dem Betrag der von ihm übernommenen Stammeinlage (§ 14 GmbHG). Der GmbH-Geschäftsanteil ist als Mitgliedschafts- und Beteiligungsrecht gemäß § 15 Abs. 1 GmbHG veräußerlich sowie vererblich (§ 15 Abs. 1 GmbHG) und kann somit gemäß § 857 Abs. 1 iVm §§ 829 ff. ZPO **gepfändet werden** (Thomas/Putzo/*Seiler* § 857 Rn. 2). Zur Pfändung bei einer **GmbH & Co. KG** → Form. I. III. 20 bis → Form. I. III. 22.

Die Satzung der Gesellschaft kann die **Pfändbarkeit des Geschäftsanteils nicht ausschließen** (BGHZ 32, 151 (155) = NJW 1960, 1053 (1054); BGHZ 65, 22 (24) = NJW 1975, 1835 (1836)). Der Gesellschaftsvertrag kann jedoch vorsehen, dass der GmbH-Geschäftsanteil für den Fall der Pfändung eingezogen wird (§ 34 GmbHG) und der Gesellschafter eine Abfindung erhält. Diese kann unter bestimmten Voraussetzungen unter dem Verkehrswert des GmbH-Anteils liegen, sofern eine entsprechende Entschädigungsregelung auch für den Fall der Ausschließung des Gesellschafters aus wichtigem Grund gilt (BGHZ 65, 22 (26) = NJW 1975, 1835 (1837); BGH NJW 2000, 2819). Zudem kann der Gesellschaftsvertrag vorsehen, dass die Gesellschafter das Recht haben, den pfändenden Gläubiger zu befriedigen und sodann den Gesellschaftsanteil unentgeltlich, gegen nicht vollwertiges Entgelt oder zum Nennwert einzuziehen (Baumbach/Hueck/*Fastrich* § 15 Rn. 61).

Durch die Pfändung erhält der Gläubiger ein **Pfändungspfandrecht am Gesellschafteranteil.** Dieses ändert nichts an der Rechtsstellung des Schuldners als Gesellschafter. Das Verfügungsverbot hindert den Gesellschafter nur an solchen Verfügungen, die die Stellung des Gläubigers beeinträchtigen. Der Schuldner kann weiterhin den Geschäftsanteil veräußern, da das Pfandrecht bestehen bleibt (Baumbach/Hueck/*Fastrich* § 15 Rn. 62). Ebenso wenig hindert die Pfändung den Schuldner an dem Austritt aus der Gesellschaft bzw. seinen Ausschluss. In diesem Fall setzt sich das Pfandrecht an dem Abfindungsanspruch oder dem Auseinandersetzungsguthaben fort. Die Pfändung beschränkt den Schuldner nicht in der Ausübung der Verwaltungsrechte, insbesondere des Stimmrechts (Baumbach/Hueck/*Fastrich* § 15 Rn. 62). In der Zustimmung des Schuldners als Gesellschafter zu der Einziehung des Geschäftsanteils kann aber eine beeinträchtigende Verfügung liegen.

5. **Mehrere Geschäftsanteile** können gleichzeitig gepfändet werden. Wegen der Teilbarkeit eines Geschäftsanteils (§ 17 GmbHG) ist auch die Pfändung eines Teils eines Geschäftsanteils möglich (Baumbach/Hueck/*Fastrich* § 15 Rn. 60), selbst wenn die Teilung der Geschäftsanteile durch den Gesellschaftsvertrag ausgeschlossen ist. Zusätzlich ist die Pfändung eines Bruchteils des Geschäftsanteils möglich. In diesem Falle müssen nach der Veräußerung des Bruchteils die Mitgliedschaftsrechte vom Erwerber und Schuldner gemeinsam ausgeübt werden.

6. **Drittschuldner** ist die **GmbH,** weil an ihrem Vermögen das Anteilsrecht besteht (Thomas/Putzo/*Seiler* § 857 Rn. 10; Zöller/*Stöber* § 859 Rn. 13). Zur Bewirkung der Pfändung (§ 829 Abs. 3 ZPO) ist die Zustellung an den Geschäftsführer als gesetzlicher Vertreter erforderlich.

7. Str. ist, ob die Pfändung des Geschäftsanteils zugleich den **Gewinnanspruch** umfasst (bejahend Baumbach/Hueck/*Fastrich* § 15 Rn. 62 mwN). Vorsorglich sollte dieser Anspruch gesondert gepfändet werden. Ansprüche des Gesellschafters auf Zahlung einer **Vergütung als Geschäftsführer** oder **sonstige Leistungen der Gesellschaft** werden von der Pfändung des Geschäftsanteils nicht erfasst und müssen gesondert gepfändet werden (→ Form. I. III. 16).

8. Die **Pfändung des Geschäftsanteils** erfasst alle Ansprüche eines Schuldners aus dem Gesellschaftsverhältnis. Hierzu gehören alle Einzelrechte aus dem Gesellschaftsvertrag sowie die Ansprüche, die als **Surrogate** des Anteils anzusehen sind, wie der Abfindungsanspruch bei Austritt oder Ausschluss aus der Gesellschaft, das Entgelt für die Einziehung des Geschäftsanteils (§ 34 GmbHG), das Liquidationsguthaben oder der Anspruch auf (teilweise) **Rückzahlung der Stammeinlage** im Falle der Kapitalherabsetzung. Diese Ansprüche sind auch selbständig pfändbar (→ Form. I. III. 16). Nicht von der Pfändung des Geschäftsanteils werden Ansprüche nach § 51a GmbHG erfasst. Diese sind Ausfluss der Gesellschafterstellung und können von dieser nicht getrennt werden; sie sind daher unpfändbar (BGH ZInsO 2013, 1144).

9. Die **Verwertung** eines gepfändeten GmbH-Anteils erfolgt in der Regel – insbesondere, wenn eine Auflösung der Gesellschaft durch Kündigung in der Satzung nicht vorgesehen ist – nach §§ 857 Abs. 5, 844 ZPO durch eine Veräußerung des Geschäftsanteils durch den Gerichtsvollzieher im Wege der öffentlichen Versteigerung gemäß § 814 ZPO (→ Form. G. V. 2 ff.) oder des freihändigen Verkaufs (zu dem Antrag auf anderweitige Verwertung → Form. H. IV. 5. Zur Notwendigkeit der Einhaltung der notariellen Form siehe § 15 Abs. 3 GmbHG. Eine Überweisung an Zahlungs statt scheidet aus, da dem Gesellschaftsanteil kein Nennwert zukommt.

Mit der Überweisung ist der Schuldner verpflichtet, dem Gläubiger **die erforderlichen Auskünfte** über die Höhe der Beteiligung an der GmbH und das Verhältnis zum aktuellen Geschäftsvermögen, über die Gewinnbeteiligung und die Höhe der in den letzten Geschäftsjahren gezahlten Gewinne und über etwaige nach dem Gesellschaftsvertrag bestehende Einziehungsregelungen zu erteilen (§ 836 Abs. 3 S. 1 ZPO). Zudem kann der Gläubiger von dem Schuldner die Herausgabe des über einen GmbH-Anteil ausgestellten Anteilsschein verlangen. Im Fall der Weigerung kann die Herausgabe der Urkunden von dem Gläubiger im Wege der Zwangsvollstreckung erwirkt werden (§ 836 Abs. 3 S. 3 ZPO).

10. Eine **Überweisung zur Einziehung** ist dann möglich, wenn im Gesellschaftsvertrag die Kündigung als Auflösungsgrund (§ 60 Abs. 2 GmbHG) vorgesehen ist. In diesem Falle kann der Gläubiger das Kündigungsrecht als Nebenrecht nach der Überweisung zur Einziehung ausüben. Eine Anordnung der Verwertung zur Überweisung zur Einziehung darf aber nur dann erfolgen, wenn feststeht, dass eine Verwertung durch Veräußerung oder in sonstiger Weise nach § 844 ZPO nicht möglich bzw. nicht günstiger ist (LG Berlin MDR 1987, 592). Diese Voraussetzung muss mit dem Antrag auf Erlass des Pfändungs- und Überweisungsbeschlusses dargelegt sowie glaubhaft gemacht werden. Das Kündigungsrecht kann in diesem Fall auch ausdrücklich mitgepfändet werden.

11. Kosten und Gebühren/Rechtsmittel. → Form. H. I. 2 Anm. 61 ff.

16. Pfändung einzelner Ansprüche des Schuldners gegenüber der GmbH/UG/gGmbH

[Das amtliche Formular „Pfändungs- und Überweisungsbeschluss[1]" ist entsprechend den dortigen Anmerkungen auszufüllen. Auf Seite 4 (bzw. Seite 5) des amtlichen Formulars sind das Feld „G" anzukreuzen und auf Seite 6 (bzw. Seite 7) des amtlichen Formulars unter „Anspruch G" aufzunehmen:]

Es werden[2] die angeblichen Ansprüche des Schuldners[3] gegen ..... [genaue Bezeichnung der GmbH], vertreten durch ..... [ladungsfähige Anschrift des Geschäftsführers], Drittschuldnerin,

1. **auf Zahlung der dem Schuldner als Geschäftsführer zustehenden Vergütung und Auslagen, wobei die Pfändung unter Bezug auf die Tabelle zu § 850c Abs. 3 ZPO beschränkt wird,[4]**
2. **auf fortlaufende Zahlung des Gewinnanteils,**
3. **auf Zahlung des Auseinandersetzungsguthabens, der Abfindung sowie sonstiger Vergütungen,**
4. **auf Rückzahlung von Darlehen und auf deren Verzinsung bzw. auf Rückzahlung sonstiger der Gesellschaft gegebener bzw. belassener Beträge,**
5. **auf Herausgabe bzw. Rückübertragung der der Gesellschaft zur Nutzung überlassenen Sachen bzw. Rechte einschließlich der für die Überlassung zu leistenden Vergütung und**
6. **auf Kündigung der Gesellschaft[5]**

gepfändet.[6, 7]

[Für den Fall, dass zusätzlich der Herausgabeanspruch gepfändet wird, ist auf Seite 8 (bzw. Seite 9) des amtlichen Formular in dem Feld „Es wird angeordnet, dass" das freie Kästchen anzukreuzen und dort einzutragen:]

die herauszugebenden Sachen an einen vom Gläubiger zu beauftragenden Gerichtsvollzieher zu übergeben sind.]

Anmerkungen

1. → Form. H. I. 2 (bzw. → Form. H. I. 6 bei Unterhaltsforderungen). Hinsichtlich der weiteren Einzelheiten zum Pfändungs- und Überweisungsbeschluss wird auf die dortigen Anmerkungen Bezug genommen.

2. Zur GmbH → Form. I. III. 15 Anm. 2.

3. Die gesetzlich bzw. im Gesellschaftsvertrag bestimmten **Vermögensrechte des Schuldners** als Gesellschafter, wie zB der Gewinnanspruch, der Rückzahlungsanspruch aus einbezahlten Nachschüssen, soweit sie nicht zur Deckung des Verlustes am Stammkapital erforderlich sind, der fällige oder künftige Anspruch auf Abfindung oder auf Auszahlung des Auseinandersetzungsguthabens (vgl. dazu Zöller/*Stöber* § 859 Rn. 13), bzw. die sonstigen Surrogationsansprüche des Gesellschafters können auch einzeln gepfändet werden. Die Pfändung erfolgt nach §§ 828 ff. ZPO. Zweckmäßig ist indes regelmäßig die Pfändung des Geschäftsanteils. Unzulässig ist die Pfändung der **Verwaltungsrechte des Gesellschafters,** insbesondere des Stimmrechts (Zöller/*Stöber* § 859 Rn. 13 mwN).

4. Die dem Schuldner als Geschäftsführer zustehende **Vergütung** unterliegt als Arbeitseinkommen dem Pfändungsschutz der §§ 850 ff. ZPO. Sie ist daher nach den für Arbeitseinkommen geltenden Vorschriften zu pfänden.

5. Das Kündigungsrecht kann als Nebenrecht gesondert gepfändet werden, sofern im Gesellschaftsvertrag die **Kündigung** als Auflösungsgrund vereinbart ist.

6. Nicht pfändbar sind hingegen Ansprüche nach § 51a GmbHG. Diese sind Ausfluss der Gesellschafterstellung und können von dieser nicht getrennt werden (BGH ZInsO 2013, 1144).

7. Kosten und Gebühren/Rechtsmittel. → Form. H. I. 2 Anm. 61 ff.

17. Pfändung des Anspruchs der GmbH auf Einzahlung der Stammeinlage

[Das amtliche Formular „Pfändungs- und Überweisungsbeschluss[1]“ ist entsprechend den dortigen Anmerkungen auszufüllen. Auf Seite 4 (bzw. Seite 5) des amtlichen Formulars sind das Feld „G“ anzukreuzen und auf Seite 6 (bzw. Seite 7) des amtlichen Formulars unter „Anspruch G“ aufzunehmen:]

Es wird der angebliche Anspruch der Schuldnerin[2] gegen den/die Drittschuldner[3] auf Zahlung der von ihm gemäß dem . . . . . [zB Erhöhungsbeschluss der Gesellschafterversammlung vom . . . . .] auf das Stammkapital zu leistenden Einlagen gepfändet.[4, 5]

Anmerkungen

1. → Form. H. I. 2 (bzw. → Form. H. I. 6 bei Unterhaltsforderungen). Hinsichtlich der weiteren Einzelheiten zum Pfändungs- und Überweisungsbeschluss wird auf die dortigen Anmerkungen Bezug genommen.

2. Einlageansprüche einer GmbH sind nach stRspr unter der Voraussetzung abtretbar und **nach § 829 ZPO pfändbar,** dass der Gesellschaft dafür eine vollwertige Gegenleistung zufließt (BGHZ 53, 71 (72 ff.) = NJW 1970, 469; BGH NJW 1992, 2229). Sobald die Gesellschaft in das Handelsregister eingetragen worden ist, gilt dies auch für den Teil der Stammeinlage, der nach § 7 Abs. 2 GmbHG vor der Anmeldung zwingend eingezahlt werden muss (BGH NJW 1992, 2229). Zur Möglichkeit der Leistung der Stammeinlage siehe § 19 GmbHG, der durch das MoMiG neu gefasst worden ist.

Für den Fall, dass die Gesellschaft ihren **Geschäftsbetrieb eingestellt hat** und ihr Vermögen sich in der Einlageforderung erschöpft, kann eine Einlageforderung auch dann gepfändet werden, wenn die Forderung des Gläubigers nicht vollwertig ist (BGH NJW 1992, 2229). Weitere Voraussetzung ist, dass entweder keine weiteren Gläubiger vorhanden sind, oder dass diese ihre Ansprüche nicht weiter verfolgen und die Gesellschaft die Mittel für einen Prozess gegen den Einlageschuldner weder besitzt noch von einem dieser Gläubiger vorgeschossen erhält. Gleiches gilt nach Ablehnung der Eröffnung des Insolvenzverfahrens mangels Masse und Löschung der Gesellschaft bzw. in ähnlicher Situation, wenn mit anderweitiger Geltendmachung der Einlageforderung nicht mehr zu rechnen ist (sa OLG Köln NJW-RR 1996, 939).

Bei einer **Unternehmergesellschaft** (UG) kommt letztlich eine Pfändung der Stammeinlagenforderung kaum in Betracht, da die Eintragung der Gesellschaft erst erfolgen darf, wenn das festgelegte Stammkapital voll eingezahlt ist (§ 5a Abs. 2 GmbHG).

Mit dem Antrag auf Erlass des Pfändungsbeschlusses muss die **Vollwertigkeit der Gegenleistung** schlüssig vorgetragen und glaubhaft gemacht werden. Den vollständigen Nachweis muss der Gläubiger erst im Einziehungsprozess führen (OLG Köln NJW-RR 1996, 939 (940)).

3. **Drittschuldner** ist der zur Einzahlung der Stammeinlage verpflichtete Gesellschafter.

4. Die Pfändung lässt die **Rechtsstellung des Einlageschuldners** im Wesentlichen unberührt. Die Fälligkeit der Einlage richtet sich weiterhin nach den satzungsmäßigen Bestimmungen. Der Schuldner als Gesellschafter kann dem Pfändungsgläubiger indes nicht entgegen halten, die Einziehung der Forderung verstoße gegen den Gleichbehandlungsgrundsatz des § 19 Abs. 1 GmbHG (BGH NJW 1980, 2253).

5. **Kosten und Gebühren/Rechtsmittel.** → Form. H. I. 2 Anm. 61 ff.

18. Pfändung des Ausfallanspruchs nach § 24 GmbHG

[Das amtliche Formular „Pfändungs- und Überweisungsbeschluss[1]“ ist entsprechend den dortigen Anmerkungen auszufüllen. Auf Seite 4 (bzw. Seite 5) des amtlichen Formulars sind das Feld „G“ anzukreuzen und auf Seite 6 (bzw. Seite 7) des amtlichen Formulars unter „Anspruch G“ aufzunehmen:]

Es wird der angebliche Anspruch der Schuldnerin[2] gegen den/die Drittschuldner auf Zahlung des Fehlbetrages, den der Drittschuldner gemäß § 24 GmbHG nach Verhältnis seines Geschäftsanteils aufzubringen hat, gepfändet.[3]

Anmerkungen

1. → Form. H. I. 2 (bzw. → Form. H. I. 6 bei Unterhaltsforderungen). Hinsichtlich der weiteren Einzelheiten zum Pfändungs- und Überweisungsbeschluss wird auf die dortigen Anmerkungen Bezug genommen.

2. Der **Ausfallanspruch gegen Mitgesellschafter** auf einen nach dem Verhältnis der Geschäftsanteile aufzubringenden Fehlbetrag (§ 24 GmbHG) ist übertragbar und nach hM pfändbar (Baumbach/Hueck/*Fastrich* § 24 Rn. 9 mwN).

3. **Kosten und Gebühren/Rechtsmittel.** → Form. H. I. 2 Anm. 61 ff.

19. Pfändung der Erstattungsansprüche der GmbH/UG/gGmbH gegen Geschäftsführer bzw. Gesellschafter

[Das amtliche Formular „Pfändungs- und Überweisungsbeschluss[1]“ ist entsprechend den dortigen Anmerkungen auszufüllen. Auf Seite 4 (bzw. Seite 5) des amtlichen Formulars sind das Feld „G“ anzukreuzen und auf Seite 6 (bzw. Seite 7) des amtlichen Formulars unter „Anspruch G“ aufzunehmen:]

Es werden die angeblichen Ansprüche der Schuldnerin[2] gegen . . . . . [ladungsfähige Anschrift des Geschäftsführers/des Gesellschafters] als Drittschuldner,

1. auf Rückzahlung des dem Drittschuldner mit Vertrag vom . . . . . gewährten Darlehens in Höhe von . . . . . EUR sowie auf Auszahlung der fortlaufenden Darlehenszinsen,
2. auf Ersatz des Schadens, der aufgrund der Verletzung der dem Drittschuldner obliegenden gesetzlichen und vertraglichen Geschäftsführerpflichten (§ 43 GmbHG) entstanden ist,
3. auf Ersatzleistungen nach § 9a GmbHG,
4. auf Schadensersatz, weil der Drittschuldner entgegen dem Auszahlungsverbot des § 30 Abs. 1 GmbHG Zahlungen an die Gesellschaft erbracht hat,[3]
5. auf Schadensersatz, weil der Drittschuldner entgegen § 33 GmbHG den Erwerb eigener Geschäftsanteile der Gesellschaft veranlasst hat,
6. auf Ersatz des Schadens, der durch die verspätete Insolvenzantragstellung entstanden ist (§ 64 Abs. 1 GmbHG)
7. auf Ersatz der Zahlungen, die nach Eintritt der Zahlungsunfähigkeit der Gesellschaft oder nach Feststellung ihrer Überschuldung geleistet worden sind (§ 64 Abs. 2 GmbHG),

gepfändet.[4, 5]

Anmerkungen

1. → Form. H. I. 2 (bzw. → Form. H. I. 6. bei Unterhaltsforderungen). Hinsichtlich der weiteren Einzelheiten zum Pfändungs- und Überweisungsbeschluss wird auf die dortigen Anmerkungen Bezug genommen.

2. Der Gesellschaft kann gegen den Geschäftsführer bzw. einen Gesellschafter eine **Vielzahl von Ansprüche** zustehen. So zB Rückzahlungsansprüche gegen den Geschäftsführer oder den Gesellschafter wegen eines gewährten Darlehens (vgl. BGH NJW 2001, 287), Schadensersatz- und Erstattungsansprüche gegen den Geschäftsführer wegen der Verletzung der ihm obliegenden vertraglichen oder gesetzlichen Pflichten (§ 43 GmbH), Ansprüche gegen den Geschäftsführer oder den Gesellschafter nach § 9a GmbH wegen falscher Angaben bei der Errichtung der Gesellschaft, Ansprüche wegen eines Verstoßes gegen das Auszahlungsverbot nach § 30 Abs. 1 GmbHG bzw. wegen eines Verstoßes gegen § 33 GmbHG, Ansprüche gegen den Geschäftsführer wegen der verspäteten Insolvenzanmeldung (§ 64 Abs. 1 GmbHG) bzw. nach § 64 Abs. 2 GmbHG auf Ersatz der Zahlungen, die nach Eintritt der Zahlungsunfähigkeit der Gesellschaft oder nach Feststellung der Überschuldung geleistet worden sind (vgl. zB BGH NJW 2001, 304). Die Aufzählung in dem Formular ist nicht abschließend. Die **Ansprüche der Gesellschaft gegen den Geschäftsführer bzw. den Gesellschafter** können einzeln gepfändet werden.

3. Der Erstattungsanspruch der GmbH gegen den Geschäftsführer bzw. den Gesellschafter wegen eines Verstoßes gegen das Auszahlungsverbot des § 30 Abs. 1 GmbHG unterliegt der Pfändung. Da der Anspruch der Erhaltung der Kapitalgrundlage dient, kann wie bei der Pfändung der Stammeinlage eine Pfändung nur bei Vollwertigkeit der Gegenleistung erfolgen (*Stöber* Rn. 349).

4. Im **Pfändungsbeschluss** müssen die zu pfändenden Ansprüche möglichst genau bezeichnet werden. Allgemeine Angaben, wie *„alle Ansprüche gegen den Geschäftsführer"* reichen nicht. Der Pfändungs- und Überweisungsbeschluss kann auch dann dem **Drittschuldner** wirksam **zugestellt** werden, wenn dieser zugleich alleiniger Geschäftsführer der Schuldnerin ist.

5. Kosten und Gebühren; Rechtsmittel. → Form. H. I. 2 Anm. 61 ff.

Kommanditgesellschaft (KG)/GmbH Co. KG

20. Pfändung des Gesellschaftsanteils des Schuldners an einer KG/GmbH Co. KG

[Das amtliche Formular „Pfändungs- und Überweisungsbeschluss[1]" ist entsprechend den dortigen Anmerkungen auszufüllen. Auf Seite 4 (bzw. Seite 5) des amtlichen Formulars sind das Feld „G" anzukreuzen und auf Seite 6 (bzw. Seite 7) des amtlichen Formulars unter „Anspruch G" aufzunehmen:]

Es werden

1. der angebliche Anteil des Schuldners am Vermögen der ..... [ladungsfähige Anschrift der KG],[2, 3] Drittschuldnerin,[4] und

2. der angebliche Anspruch des Schuldners gegen die Drittschuldnerin auf sein Auseinandersetzungsguthaben[5]

gepfändet.[7]

[Auf Seite 8 des amtliches Formulars ist in dem letzten Feld (bzw. auf Seite 10 das erste Feld) kein Kästchen „zu der Möglichkeit der Überweisung" anzukreuzen. Stattdessen ist auf Seite 9 des amtliches Formulars in dem ersten Feld (bzw. auf Seite 10 in dem zweiten Feld) das freie Kästchen anzukreuzen und dort einzutragen:]

Zugleich werden der gepfändete Gesellschaftsanteil sowie die gepfändeten Ansprüche und Rechte dem Gläubiger zur Einziehung überwiesen.[6]

Anmerkungen

1. → Form. H. I. 2 (bzw. → Form. H. I. 6 bei Unterhaltsforderungen). Hinsichtlich der weiteren Einzelheiten zum Pfändungs- und Überweisungsbeschluss wird auf die dortigen Anmerkungen Bezug genommen.

2. Eine **Kommanditgesellschaft** ist eine handelsrechtliche Personengesellschaft, die sich von der OHG dadurch unterscheidet, dass bei einem oder bei einigen von den Gesellschaftern die Haftung gegenüber den Gesellschaftsgläubigern auf den Betrag einer bestimmten Vermögenseinlage beschränkt ist (§ 161 Abs. 1 HGB). Im Übrigen müssen die Voraussetzungen einer OHG vorliegen. Die Vorschriften über die OHG finden entsprechende Anwendung, soweit nicht in §§ 161 ff. HGB Abweichendes bestimmt ist. Persönlich haftender Komplementär kann auch eine Personengesellschaft oder eine juristische Person sein; zB eine GmbH, in diesem Falle besteht eine **GmbH Co. KG.** Die Rechtsverhältnisse der KG entsprechen mit gewissen Abweichungen denen der OHG. So sind die Kommanditisten von der Geschäftsführung ausgeschlossen; diese steht allein den Komplementären zu (§ 164 HGB). Eine Ausnahme hiervon kann im Gesellschaftsvertrag vorgesehen werden. Am Verlust nimmt der Kommanditist nur bis zum Betrag seines Kapitalanteils und seiner noch rückständigen Einlage teil. Zur Pfändung siehe auch (Auswahl): *Durchlaub* BB 1979, 143; *Noack* Betrieb 1973, 1157.

3. Im Hinblick auf die Möglichkeit einer Pfändung bestehen keine Besonderheiten. Es können sowohl die Gläubiger des Komplementärs als auch des Kommanditisten in deren Ansprüche gegenüber der Gesellschaft vollstrecken. Pfändbar ist **Geschäftsanteil** des persönlich haftenden Gesellschafters, wie auch derjenige des Kommanditisten. Hinsichtlich der Einzelheiten → Form. I. III. 24. Diese Grundsätze gelten auch für die Vollstreckung bei einer **GmbH Co. KG.**

4. Drittschuldner ist die **Gesellschaft.** Die Pfändung wird durch die Zustellung des Pfändungsbeschlusses an die Gesellschaft, vertreten durch den bzw. die geschäftsführenden Gesellschafter (= Komplementäre) wirksam. Gemäß § 170 Abs. 3 ZPO reicht die Zustellung an eine der geschäftsführenden Gesellschafter aus. Die Kommanditisten sind zur Vertretung der Gesellschaft nicht berechtigt (§ 170 HGB).

5. Die Pfändung erfasst die selbständig abtretbaren und pfändbaren Gesellschafterrechte des Schuldners, einschließlich des Auseinandersetzungsanspruchs. Sicherheitshalber sollte jedoch der Anspruch auf das **Auseinandersetzungsguthaben** ausdrücklich mitgepfändet werden, weil § 135 HGB die Ausübung des Kündigungsrechts von der Pfändung und Überweisung des Auseinandersetzungsanspruchs abhängig macht.

6. Die **Überweisung** kann nur zur Einziehung, nicht an Zahlungs statt erfolgen. → Form. I. III. 24 Anm. 6.

7. Kosten und Gebühren/Rechtsmittel. → Form. H. I. 2 Anm. 61 ff.

21. Pfändung einzelner Ansprüche des Schuldners gegenüber der KG/GmbH Co. KG

[Das amtliche Formular „Pfändungs- und Überweisungsbeschluss[1]" ist entsprechend den dortigen Anmerkungen auszufüllen. Auf Seite 4 (bzw. Seite 5) des amtlichen Formulars sind das Feld „G" anzukreuzen und auf Seite 6 (bzw. Seite 7) des amtlichen Formulars unter „Anspruch G" aufzunehmen:]

Es werden die angeblichen – einschließlich der künftig fällig werdenden – Ansprüche des Schuldners[2] gegen die Drittschuldnerin[3]

1. **auf Zahlung der dem Schuldner für seine Tätigkeit in der Gesellschaft, insbesondere als geschäftsführender Gesellschafter, zustehenden Vergütung und Auslagen, wobei die Pfändung unter Bezug auf die Tabelle zu § 850c Abs. 3 ZPO beschränkt wird,**
2. **auf fortlaufende Zahlung des Gewinnanteils,**
3. **auf Zahlung des Auseinandersetzungsguthabens, der Abfindung sowie sonstiger Vergütungen und auf Herausgabe der ihm bei der Auseinandersetzung zufallenden Gegenstände sowie Rechte,**

4. auf Rückzahlung von Darlehen und auf deren Verzinsung bzw. auf Rückzahlung sonstiger der Gesellschaft gegebener bzw. belassener Beträge, und auf Rückzahlung sonstiger Guthaben des Schuldners, gleich auf welchem Konto sie gebucht sind,

5. auf Herausgabe bzw. Rückübertragung der der Gesellschaft zur Nutzung überlassenen Sachen bzw. Rechte einschließlich der für die Überlassung zu leistenden Vergütung,

gepfändet.[5]

[Auf Seite 8 des amtliches Formulars ist in dem letzten Feld (bzw. auf Seite 10 das erste Feld) kein Kästchen „zu der Möglichkeit der Überweisung" anzukreuzen. Stattdessen ist auf Seite 9 des amtliches Formulars in dem ersten Feld (bzw. auf Seite 10 in dem zweiten Feld) das freie Kästchen anzukreuzen und dort einzutragen:]

Zugleich werden der gepfändete Gesellschaftsanteil sowie die gepfändeten Ansprüche und Rechte dem Gläubiger zur Einziehung überwiesen.[4]

[Ergänzend für den Fall, dass auch der Herausgabeanspruch gepfändet wird, ist auf Seite 8 (bzw. Seite 9) des amtlichen Formular in dem Feld „Es wird angeordnet, dass" das freie Kästchen anzukreuzen und dort einzutragen:]

die herauszugebenden Sachen an einen vom Gläubiger zu beauftragenden Gerichtsvollzieher zu übergeben sind.]

Anmerkungen

1. → Form. H. I. 2 (bzw. → Form. H. I. 6 bei Unterhaltsforderungen). Hinsichtlich der weiteren Einzelheiten zum Pfändungs- und Überweisungsbeschluss wird auf die dortigen Anmerkungen Bezug genommen.

2. Die **übertragbaren Einzelansprüche des Gesellschafters**, wie zB der bestehende oder künftige Auseinandersetzungsanspruch (BGH NJW 1982, 2773) oder der Gewinnanteil, können **selbständig gepfändet** werden. Die für einen Gesellschafter auf dem Privatkonto gebuchten Beträge gehören nicht zu den gesellschaftsrechtlichen Ansprüchen. Diese können als Forderungen ohne Einschränkung gepfändet werden (BGH NJW 1973, 328 (329)). Ebenfalls unterliegt der Vergütungsanspruch des Schuldners für seine Tätigkeit als Geschäftsführers oder als Angestellter der Gesellschaft der Pfändung. Soweit er Zahlungen für ausgeübte Dienstleistungen erhält, kann es sich um Arbeitseinkommen handeln, für das der Pfändungsschutz des §§ 850 ff. ZPO Anwendung findet.

Die **Kommanditisten** sind von der Geschäftsführung ausgeschlossen, so dass insoweit keine Ansprüche des Schuldners bestehen. Im Gesellschaftsvertrag kann eine Teilnahme des Kommanditisten an der Geschäftsführung vorgesehen sein. Zudem kann der Kommanditist mit der Gesellschaft ein Arbeitsverhältnis begründet haben.

Diese Grundsätze gelten auch für die Vollstreckung bei einer **GmbH Co. KG.**

3. Drittschuldner ist die **Gesellschaft,** → Form. I. III. 20 Anm. 4.

4. Die **Überweisung** kann nur zur Einziehung, nicht an Zahlung statt erfolgen. → Form. I. III. 24 Anm. 6.

5. Kosten und Gebühren/Rechtsmittel. → Form. H. I. 2 Anm. 61 ff.

22. Pfändung der Ansprüche der KG/GmbH Co. KG gegen den Gesellschafter

[Das amtliche Formular „Pfändungs- und Überweisungsbeschluss[1]*" ist entsprechend den dortigen Anmerkungen auszufüllen. Auf Seite 4 (bzw. Seite 5) des amtlichen Formulars sind das Feld „G" anzukreuzen und auf Seite 6 (bzw. Seite 7) des amtlichen Formulars unter „Anspruch G" aufzunehmen:]*

Es werden die angebliche Forderung der Schuldnerin[2] gegen den/die Drittschuldner/in[3]

1. auf Zahlung der von ihm geschuldeten Kommanditeinlage,

2. auf . . . . . [nähere Darlegung des Anspruchs der Gesellschaft gegen ihren Gesellschafter, zB aus der Gewährung eines Darlehens, aus Bereicherungsrecht],

gepfändet.[5]

[Auf Seite 8 des amtlichen Formulars ist in der letzten Rubrik die Alternative „Einziehung" anzukreuzen:][4]

[Alternative für den Fall, dass eine Sacheinlage gepfändet wird, ist auf Seite 8 (bzw. Seite 9) des amtlichen Formular ist in dem Feld „Es wird angeordnet, dass" das freie Kästchen anzukreuzen und dort einzutragen:]

die der Schuldnerin zukommenden Sachen an einen vom Gläubiger zu beauftragenden Gerichtsvollzieher zum Zwecke der Verwertung herauszugeben sind.]

Anmerkungen

1. → Form. H. I. 2 (bzw. → Form. H. I. 6 bei Unterhaltsforderungen). Hinsichtlich der weiteren Einzelheiten zum Pfändungs- und Überweisungsbeschluss wird auf die dortigen Anmerkungen Bezug genommen.

2. Der Anspruch einer Kommanditgesellschaft auf Zahlung der Kommanditeinlage kann auf den Erwerber der Einlageforderung übertragen werden, wenn und soweit der Gegenwert in das Vermögen der Gesellschaft geflossen ist (BGH NJW 1982, 35). Die Gläubiger einer Kommanditgesellschaft können daher auch den **Anspruch der Gesellschaft** gegen einen ihrer Kommanditisten **auf Zahlung der noch ausstehenden Kommanditeinlage** pfänden (OLG Hamm GmbHR 1985, 61). Daneben sind auch andere selbständige Ansprüche der Gesellschaft gegen ihren Gesellschafter pfändbar, so zB der Rückzahlungsanspruch der Gesellschaft gegen den Gesellschafter aus Darlehen oder ein Bereicherungsanspruch. Diese Grundsätze gelten auch für die Vollstreckung bei einer **GmbH Co. KG.**

3. Drittschuldner ist die **Gesellschaft,** → Form. I. III. 20 Anm. 4.

4. Die **Überweisung** kann nur zur Einziehung, nicht an Zahlungs statt erfolgen. → Form. I. III. 24 Anm. 6.

5. Kosten und Gebühren/Rechtsmittel. → Form. H. I. 2 Anm. 61 ff.

Kommanditgesellschaft auf Aktien (KGaA)

23. Pfändung bei einer Kommanditgesellschaft auf Aktien (KGaA)

Eine **Kommanditgesellschaft auf Aktien** (KGaA) ist nach der Legaldefinition in § 278 Abs. 1 AktG eine juristische Person mit eigener Rechtspersönlichkeit, bei der mindestens ein Gesellschafter den Gesellschaftsgläubigern unbeschränkt haftet (= der **Komplementär**) und die übrigen an dem in Aktien zerlegten Grundkapital beteiligt sind, ohne persönlich für die Verbindlichkeiten der Gesellschaft zu haften (= **Kommanditaktionäre**). Der Komplementär kann auch zugleich Kommandit-Aktionär sein, so dass eine Ein-Mann-Gründung möglich. Als persönlich haftender Gesellschafter kommt auch eine GmbH in Betracht (§ 279 Abs. 2 AktG). Die Rechtsverhältnisse der persönlich haftenden Gesellschafter untereinander und gegenüber der Gesamtheit der Kommanditaktionäre sowie gegenüber Dritten, und die Befugnis der persönlich haftenden Gesellschafter zur Geschäftsführung und zur Vertretung der Gesellschaft bestimmen sich gem. § 278 Abs. 2 AktG nach den Vorschriften über die Kommanditgesellschaft (§§ 161–177a HGB). Im Übrigen gelten die Vorschriften über die AktG, soweit nicht in §§ 278–290 AktG etwas Besonderes geregelt ist.

Die **Gläubiger der Kommanditaktionäre** können die Aktien wie bei einer Aktiengesellschaft pfänden (→ Form. I. III. 1). Sie sind nicht zur Kündigung der Gesellschaft berechtigt (§ 289 Abs. 3 AktG). **Gläubiger des persönlich haftenden Gesellschafters** haben die Möglichkeit der Pfändung des Anteils am Gesellschaftsvermögen unter Einschluss des Auseinandersetzungsguthabens, des Anspruchs des Schuldners aus Auszahlung der der Gesellschaft darlehensweise oder aufgrund anderer Vereinbarung gegebenen oder belassenen Beträge bzw. unter Beachtung der §§ 850 ff. ZPO der Ansprüche des Schuldners aus Geschäftsführung oder einer sonstigen Tätigkeit für die Gesellschaft. Die Pfändung der fällig bzw. künftig fällig werdenden Ansprüche erfolgt entsprechend der Pfändung der Ansprüche des Gesellschafters einer Kommanditgesellschaft (→ Form. I. III. 21). Die Gläubiger haben nach § 289 Abs. 1 AktG iVm § 135 HGB ein **Kündigungsrecht**.

Offene Handelsgesellschaft (OHG)

24. Pfändung des Gesellschaftsanteils des Schuldners an einer OHG

[Das amtliche Formular „Pfändungs- und Überweisungsbeschluss[1]" ist entsprechend den dortigen Anmerkungen auszufüllen. Auf Seite 4 (bzw. Seite 5) des amtlichen Formulars sind das Feld „G" anzukreuzen und auf Seite 6 (bzw. Seite 7) des amtlichen Formulars unter „Anspruch G" aufzunehmen:]

Es werden

1. der angebliche Geschäftsanteil des Schuldners[2, 3] an der Drittschuldnerin[4] und

2. der Anspruch des Schuldners gegen die Drittschuldnerin auf sein Auseinandersetzungsguthaben[5]

gepfändet.[7]

[Auf Seite 8 des amtliches Formulars ist in dem letzten Feld (bzw. auf Seite 10 das erste Feld) kein Kästchen „zu der Möglichkeit der Überweisung" anzukreuzen. Stattdessen

sind auf Seite 9 des amtliches Formulars in dem ersten Feld (bzw. auf Seite 10 in dem zweiten Feld) das freie Kästchen anzukreuzen und dort einzutragen:]

Zugleich werden der gepfändete Gesellschaftsanteil sowie die gepfändeten Ansprüche und Rechte dem Gläubiger zur Einziehung überwiesen.[6]

Anmerkungen

1. → Form. H. I. 2 (bzw. → Form. H. I. 6 bei Unterhaltsforderungen). Hinsichtlich der weiteren Einzelheiten zum Pfändungs- und Überweisungsbeschluss wird auf die dortigen Anmerkungen Bezug genommen.

2. Eine **Offene Handelsgesellschaft** (OHG) ist eine Gesellschaft, deren Zweck auf den Betrieb eine Handelsgewerbes unter gemeinschaftlicher Firma gerichtet ist und bei der alle Gesellschafter den Gläubigern der Gesellschaft unbeschränkt haften (§ 128 HGB). Die OHG ist keine juristische Person. Sie ist ihr indes angenähert, da sie unter ihrer Firma Rechte erwerben, Verbindlichkeiten eingehen, vor Gericht klagen sowie verklagt werden kann (§ 124 Abs. 1 HGB). Die OHG entsteht durch Abschluss eines formlos wirksamen Gesellschaftsvertrages. Der Eintritt und das Ausscheiden eines Gesellschafters bestimmen sich mit Modifizierungen nach den Vorschriften über die Gesellschaft bürgerlichen Rechts. Die Geschäftsführung steht grundsätzlich allen Gesellschaftern zu, und zwar jedem für sich allein (§§ 114, 115 HGB), sofern nicht im Gesellschaftsvertrag eine andere Regelung getroffen worden ist. Die Vertretungsmacht der Gesellschafter ist unbeschränkt und grundsätzlich unbeschränkbar (§ 126 HGB). Jeder Gesellschafter hat neben seinem Anteil am Gesellschaftsvermögen (= Geschäftsanteil) einen Kapitalanteil. Dieser wird zunächst vom Wert der geleisteten Einlage aus errechnet und kann sich durch weitere Einlagen, Gewinngutschriften oder Entnahmen verändern. Der Gesellschafter kann nicht über seinen Anteil an dem Gesellschaftsvermögen und an den einzelnen dazu gehörenden Gegenständen verfügen (§ 105 HGB iVm § 719 Abs. 1 BGB). Zur Pfändung bei einer OHG siehe auch (Auswahl): *Muth* DB 1984, 1761; *Roth* ZGR 2000, 187.

Die **Zwangsvollstreckung in das Gesellschaftsvermögen** findet aus einem gegen die Gesellschaft gerichteten Schuldtitel statt (§ 124 Abs. 2 HGB). Aus diesem Titel ist nicht zugleich eine Vollstreckung in das Vermögen der persönlich haftenden Gesellschafter möglich (§ 129 Abs. 4 HGB). Auch eine Titelumschreibung kommt nicht in Betracht, vielmehr ist eine eigenständige Titulierung der Ansprüche gegen den persönlichen Gesellschafter erforderlich.

3. Der **Anteil eines Gesellschafters an dem Gesellschaftsvermögen,** nämlich die Mitgliedschaft mit allen Rechten und Pflichten, ist zwar nicht übertragbar, er kann jedoch wie der Anteil an einer Gesellschaft bürgerlichen Rechts nach §§ 859 Abs. 1, 857, 829 ZPO gepfändet werden (Zöller/*Stöber* § 859 Rn. 6). Eine Pfändung ist bereits aufgrund eines vorläufig vollstreckbaren Titels möglich (BGH NJW 1982, 2773). Zudem können die übertragbaren Einzelansprüche des Schuldners als Gesellschafter (zB der Auseinandersetzungsanspruch, der Gewinnanteil) selbständig gepfändet werden. → Form. I. III. 25. Es können auch der Geschäftsanteil und die Einzelansprüche zugleich gepfändet werden. In diesem Fall sind → Form. I. III. 24 und → Form. I. III. 25 zu verbinden.

Mit der Pfändung wird der Gläubiger **nicht Gesellschafter.** Er kann daher auch die dem Gesellschafter zustehenden Verwaltungs-, Auskunfts- und Kontrollrechte nicht wahrnehmen. Von der Pfändung des Geschäftsanteils wird auch nicht der Kapitalentnahmeanspruch (§ 122 Abs. 1 HGB) erfasst. Dieser Anspruch ist nicht abtretbar und kann daher auch nicht selbständig gepfändet werden.

4. **Drittschuldner** ist nach hM die Gesamthand und damit **die Gesellschaft** (BGHZ 97, 392 (396) = NJW 1986, 1991). **Zuzustellen** ist der Gesellschaft, vertreten durch die oder den geschäftsführenden Gesellschafter (BGHZ 97, 392 (395) = NJW 1986, 1991). Gemäß § 170 Abs. 3 ZPO reicht die Zustellung an einen geschäftsführenden Gesellschafter aus, sofern dieser nicht der Vollstreckungsschuldner ist (vgl. auch OLG Celle NZG 2004, 613). Die Zustellung an alle Gesellschafter außer dem Vollstreckungsschuldner empfiehlt sich, sofern die Person des geschäftsführenden Gesellschafters nicht bekannt ist. In diesem Falle wird die Pfändung aber erst mit der Zustellung an den letzten Gesellschafter wirksam. Die Vertretungsverhältnisse ergeben sich aus dem Handelsregister (vgl. § 106 Abs. 2 Nr. 4 HGB).

5. Die Pfändung erfasst die **selbständig abtretbaren und pfändbaren Gesellschafterrechte** des Schuldners, insbesondere den Auseinandersetzungsanspruch, den Anspruch auf den Gewinnanteil, den Gewinnentnahmeanspruch (§ 122 Abs. 1 HGB). Da § 135 HGB die Ausübung des Kündigungsrechts ausdrücklich von der Pfändung und Überweisung des Auseinandersetzungsanspruchs abhängig macht, sollte sicherheitshalber dieser Anspruch ausdrücklich mitgepfändet werden.

6. Der gepfändete Anteil kann zur **Einziehung**, aber nicht an Zahlungs statt überwiesen werden. Die Pfändung und Überweisung ermächtigt den Gläubiger zu einer Kündigung der Gesellschaft (§ 135 HGB). Voraussetzung für das **Recht zur Kündigung** ist jedoch, dass der Gläubiger zum Zeitpunkt der Kündigung einen **rechtskräftigen Vollstreckungstitel** besitzt und innerhalb der **letzten sechs Monate einmal erfolglos** die Zwangsvollstreckung in das bewegliche Vermögen des Schuldners versucht hat, § 135 HGB (BGH NJW 1982, 2773; BGH NJW-RR 2009, 1698). Der Ausgang weiterer Vollstreckungsversuche muss nicht abgewartet werden. § 135 HGB trägt dem Umstand Rechnung, dass der Gläubiger sonst mit der Vollstreckung in das Auseinandersetzungsguthaben warten müsste, bis die Gesellschaft früher oder später aus einem anderen Grund aufgelöst oder der Gesellschafter aus ihr ausscheiden würde. Str. ist, ob für die **Sechsmonatsfrist** die Zustellung des Pfändungsbeschlusses (so MüKoHGB/*K. Schmidt* § 135 Rn. 19), die Zustellung des Überweisungsbeschlusses oder die Fälligkeit der Forderung maßgebend ist (offen gelassen von BGH NJW-RR 2009, 1698). Ausgesprochen werden muss die **Kündigung** gegenüber allen Gesellschaftern einschließlich des Vollstreckungsschuldners (BGHZ 97, 392 (395) = NJW 1986, 1991). Mit der Kündigung scheidet der Gesellschafter aus der Gesellschaft aus (§ 131 Abs. 3 Nr. 4 HGB). Der ausgeschiedene Gesellschafter hat einen Anspruch auf das Auseinandersetzungsguthaben. Hieran setzt sich das Pfändungspfandrecht des Vollstreckungsgläubigers fort.

7. **Kosten und Gebühren/Rechtsmittel.** → Form. H. I. 2 Anm. 61 ff.

25. Pfändung einzelner Ansprüche des Schuldners gegenüber der OHG

[Das amtliche Formular „Pfändungs- und Überweisungsbeschluss[1]" ist entsprechend den dortigen Anmerkungen auszufüllen. Auf Seite 4 (bzw. Seite 5) des amtlichen Formulars sind das Feld „G" anzukreuzen und auf Seite 6 (bzw. Seite 7) des amtlichen Formulars unter „Anspruch G" aufzunehmen:]

Es werden die angeblichen – einschließlich der künftig fällig werdenden – Ansprüche des Schuldners[2] gegen die Drittschuldnerin[3]

1. auf Zahlung der dem Schuldner für seine Tätigkeit in der Gesellschaft, insbesondere als geschäftsführender Gesellschafter, zustehenden Vergütung und Auslagen, wobei die Pfändung unter Bezugnahme auf die Tabelle zu § 850c Abs. 3 ZPO beschränkt wird,
2. auf fortlaufende Zahlung des Gewinnanteils,
3. auf Zahlung des Auseinandersetzungsguthabens, der Abfindung sowie sonstiger Vergütungen und auf Herausgabe der ihm bei der Auseinandersetzung zufallenden Gegenstände sowie Rechte,
4. auf Rückzahlung von Darlehen und auf deren Verzinsung bzw. auf Rückzahlung sonstiger der Gesellschaft gegebener bzw. belassener Beträge und auf Rückzahlung sonstiger Guthaben, gleich auf welchem Konto diese gebucht sind,
5. auf Herausgabe bzw. Rückübertragung der der Gesellschaft zur Nutzung überlassenen Sachen bzw. Rechte einschließlich der für die Überlassung zu leistenden Vergütung,

gepfändet.[4]

[Ergänzend für den Fall, dass auch der Herausgabeanspruch gepfändet wird, ist auf Seite 8 (bzw. Seite 9) des amtlichen Formulars in dem Feld „Es wird angeordnet, dass" das freie Kästchen anzukreuzen und dort einzutragen:]

die herauszugebenden Sachen an einen vom Gläubiger zu beauftragenden Gerichtsvollzieher zu übergeben sind.]

Anmerkungen

1. → Form. H. I. 2 (bzw. → Form. H. I. 6 bei Unterhaltsforderungen). Hinsichtlich der weiteren Einzelheiten zum Pfändungs- und Überweisungsbeschluss wird auf die dortigen Anmerkungen Bezug genommen.

2. Zur Pfändung bei der OHG → Form. I. III. 24 Anm. 2, 3. Die **übertragbaren Einzelansprüche der Gesellschafters,** wie zB der bestehende oder künftige Auseinandersetzungsanspruch (BGH NJW 1982, 2773) oder der Gewinnanteil, können selbständig gepfändet werden. Ebenfalls wie eine Geldforderung pfändbar ist der Vergütungsanspruch des Schuldners für seine Tätigkeit als Geschäftsführer oder als Angestellter der Gesellschaft. Soweit er Zahlungen für ausgeübte Dienstleistungen erhält, kann es sich um Arbeitseinkommen handeln, für das der Pfändungsschutz der §§ 850 ff. ZPO besteht. Die für einen Gesellschafter auf dem Privatkonto gebuchten Beträge gehören nicht zu den gesellschaftsrechtlichen Ansprüchen. Diese unterliegen der uneingeschränkten Pfändung nach § 829 ZPO (BGH NJW 1973, 328, 329).

3. Zur Drittschuldnerin → Form. I. III. 24 Anm. 4.

4. **Kosten und Gebühren/Rechtsmittel.** → Form. H. I. 2 Anm. 61 ff.

26. Pfändung der Ansprüche der OHG gegen den Gesellschafter

[Das amtliche Formular „Pfändungs- und Überweisungsbeschluss[1]" ist entsprechend den dortigen Anmerkungen auszufüllen. Auf Seite 4 (bzw. Seite 5) des amtlichen Formulars sind das Feld „G" anzukreuzen und auf Seite 6 (bzw. Seite 7) des amtlichen Formulars unter „Anspruch G" aufzunehmen:]

Es wird die angebliche Forderung der Schuldnerin gegen den/die Drittschuldner/in[2]

1. auf Zahlung des von ihm geschuldeten Gesellschaftsbeitrages,
2. auf Zahlung der von ihm aufgrund des Beschlusses der Gesellschafter/des Gesellschaftsvertrages vom ..... geschuldeten Nachschussleistungen,

gepfändet.[3, 4]

[Ergänzend für den Fall, dass auch eine Sacheinlage gepfändet wird, ist auf Seite 8 (bzw. Seite 9) des amtlichen Formulars in dem Feld „Es wird angeordnet, dass" das freie Kästchen anzukreuzen und dort einzutragen:]

die der Schuldnerin zukommenden Sachen an einen vom Gläubiger zu beauftragenden Gerichtsvollzieher zum Zweck der Verwertung herauszugeben sind.]

Anmerkungen

1. → Form. H. I. 2 (bzw. → Form. H. I. 6 bei Unterhaltsforderungen). Hinsichtlich der weiteren Einzelheiten zum Pfändungs- und Überweisungsbeschluss wird auf die dortigen Anmerkungen Bezug genommen.

2. Der Gläubiger der Gesellschaft kann aus einem gegen die Gesellschaft gerichteten Titel etwaige **Ansprüche der Gesellschaft gegen die Gesellschafter** auf Zahlung des im Gesellschaftsvertrag vorgesehenen Gesellschafterbeitrages (§ 105 HGB iVm § 706 BGB) oder auf Zahlung eines vereinbarten Nachschusses (vgl. § 707 BGB) nach § 829 ZPO pfänden.

3. Drittschuldner ist der Gesellschafter.

4. Kosten und Gebühren/Rechtsmittel. → Form. H. I. 2 Anm. 61 ff.

Partnerschaft/Partnerschaft mbB

27. Pfändung bei einer Partnerschaft/Partnerschaft mbB

[Das amtliche Formular „Pfändungs- und Überweisungsbeschluss[1]" ist entsprechend den dortigen Anmerkungen auszufüllen. Auf Seite 4 (bzw. Seite 5) des amtlichen Formulars sind das Feld „G" anzukreuzen und auf Seite 6 (bzw. Seite 7) des amtlichen Formulars unter „Anspruch G" aufzunehmen:]

Es werden

1. der angebliche Anteil des Schuldners[2, 3, 4] an der Drittschuldnerin[5] und

2. der Anspruch des Schuldners gegen die Drittschuldnerin auf sein Auseinandersetzungsguthaben

gepfändet.[6, 7]

[Auf Seite 8 des amtliches Formulars ist in dem letzten Feld (bzw. auf Seite 10 das erste Feld) kein Kästchen „zu der Möglichkeit der Überweisung" anzukreuzen. Stattdessen ist auf Seite 9 des amtliches Formulars in dem ersten Feld (bzw. auf Seite 10 in dem zweiten Feld) das freie Kästchen anzukreuzen und dort einzutragen:]

Zugleich werden der gepfändete Anteil sowie die gepfändeten Ansprüche und Rechte dem Gläubiger zur Einziehung überwiesen.

Anmerkungen

1. → Form. H. I. 2 (bzw. → Form. H. I. 6 bei Unterhaltsforderungen). Hinsichtlich der weiteren Einzelheiten zum Pfändungs- und Überweisungsbeschluss wird auf die dortigen Anmerkungen Bezug genommen.

2. Eine **Partnerschaft** ist eine rechtsfähige Personengesellschaft, in der sich Angehörige freier Berufe, die in § 1 Abs. 2 PartGG näher aufgezählt sind, zur Berufsausübung zusammenschließen können. Sie trägt einen Namen (vgl. § 2 PartGG) und kann hierunter Rechte erwerben und Pflichten eingehen. Für die Verbindlichkeiten der Partnerschaft haften grundsätzlich neben deren Vermögen alle Partner persönlich als Gesamtschuldner (§ 8 Abs. 1 PartGG). Die Geschäftsführung, die Vertretung innerhalb der Partnerschaft und deren Auflösung bestimmen sich nach dem Partnerschaftsvertrag. Ersatzweise bzw. ergänzend sind die Vorschriften über die OHG heranzuziehen (vgl. §§ 6 Abs. 3 S. 2, 9, 10 PartGG). Im Übrigen finden die Vorschriften über die Gesellschaft bürgerlichen Rechts Anwendung (§ 1 Abs. 4 PartGG). Zur **Zwangsvollstreckung in das Vermögen der Partnerschaft** ist ein gegen diese gerichteter Schuldtitel erforderlich (§ 7 Abs. 2 PartGG iVm § 124 Abs. 2 HGB). Hieraus findet keine Zwangsvollstreckung gegen die Partner statt (§ 8 Abs. 1 S. 2 PartGG iVm § 129 Abs. 4 HGB). Hierzu bedarf es eines gesonderten Titels.

3. § 8 Abs. 4 PartGG in der Fassung des Gesetzes zur Einführung einer Partnerschaftsgesellschaft mit beschränkter Berufshaftung und zur Änderung des Berufsrechts der Rechtsanwälte, Patentanwälte, Steuerberater und Wirtschaftsprüfer v. 15.7.2013 (BGBl. I S. 2386) sieht neben der Partnerschaftsgesellschaft mit Haftungskonzentration auf den Handelnden auch eine **Partnerschaftsgesellschaft mit beschränkter Berufshaftung (PartmbB)** vor (siehe auch *Lieder/Hoffmann*, Die Part mbB – Rechtstatsachen und Rechtsprobleme, NJW 2015, 897). Voraussetzung für die Gründung einer solchen Gesellschaft ist der Abschluss einer angemessenen Berufshaftpflichtversicherung. Zudem muss ein entsprechender Namenszusatz „mit beschränkter Berufshaftung" bzw. „mdB" geführt werden (vgl. § 8 Abs. 4 PartGG). Es handelt sich hierbei nicht um eine andere Rechtsform, sondern nur um eine Rechtsformvariante (OLG Nürnberg FGPrax 2014, 127). Hinsichtlich der Zwangsvollstreckung gelten die vorstehenden Grundsätze mit der Maßgabe der beschränkten Haftung der Partner für die Verbindlichkeiten der Partnerschaft, wie zB Miete, Lohn etc.

4. Die **Gläubiger eines Partners** können seinen **Anteil am Vermögen der Partnerschaft** wie einen OHG-Anteil nach §§ 859 Abs. 1, 857, 829 ZPO pfänden. → Form. I. III. 24. Pfändbar sind für den Gläubiger des Partners – wie bei der OHG – auch dessen Einzelansprüche gegenüber der Partnerschaft. → Form. I. III. 24.

5. **Drittschuldner** ist die Gesamthand (vgl. BGHZ 97, 392 = NJW 1986, 1991) und damit die **Partnerschaft.** Die Pfändung wird mit der Zustellung des Pfändungsbeschlusses an den oder die geschäftsführenden Gesellschafter wirksam. Nach § 170 Abs. 3 ZPO genügt die Zustellung an einen Gesellschafter. Zu dem Umfang und der Wirkung der Pfändung und dem **Kündigungsrecht** → Form. I. III. 24 Anm. 6 verwiesen.

6. Zudem können die Gläubiger der Partnerschaft – wie bei der OHG – etwaige **Ansprüche der Partnerschaft gegen einen Partner** auf Zahlung der im Partnerschaftsvertrag vereinbarten Beiträge oder Nachschüsse gem. § 829 ZPO pfänden. → Form. I. III. 26.
Drittschuldner ist in diesem Fall der **Partner.**

7. **Kosten und Gebühren/Rechtsmittel.** → Form. H. I. 2 Anm. 61 ff.

Stille Gesellschaft

28. Pfändung des dem Schuldner als stiller Gesellschafter zustehenden Anspruchs auf fortlaufende Zahlung des Gewinnanteils

[Das amtliche Formular „Pfändungs- und Überweisungsbeschluss[1]" ist entsprechend den dortigen Anmerkungen auszufüllen. Auf Seite 4 (bzw. Seite 5) des amtlichen Formulars sind das Feld „G" anzukreuzen und auf Seite 6 (bzw. Seite 7) des amtlichen Formulars unter „Anspruch G" aufzunehmen:]

Es werden die angeblichen – auch künftigen – Ansprüche des Schuldners[2, 3] aus seiner Beteiligung als stiller Gesellschafter an dem von dem Drittschuldner unter der Firma ..... betriebenen Handelsgewerbe gegen Inhabers des Handelsgeschäftes als Drittschuldner,[4]

1. **auf fortlaufende Zahlung des Gewinnanteils und**
2. **auf das bei der Auseinandersetzung der stillen Gesellschaft zukommende Guthaben in Geld oder in Sachwerten**

gepfändet.[5, 6]

Anmerkungen

1. → Form. H. I. 2 (bzw. → Form. H. I. 6 bei Unterhaltsforderungen). Hinsichtlich der weiteren Einzelheiten zum Pfändungs- und Überweisungsbeschluss wird auf die dortigen Anmerkungen Bezug genommen.

2. Eine **Stille Gesellschaft** (**§§ 230 ff. HGB**) ist eine Gesellschaft, bei der sich ein stiller Teilhaber an dem Handelsgewerbe eines Kaufmannes mit einer Einlage beteiligt, die in das Vermögen des tätigen Teilhabers übergeht (§ 230 Abs. 1 HGB). Es wird kein gemeinsames Gesellschaftsvermögen gebildet. Es kann jedoch vereinbart werden, dass der stille Teilhaber bei der Auflösung der Gesellschaft und bei der Auseinandersetzung einen schuldrechtlichen Anspruch erhält, durch den er so gestellt wird, als ob das Geschäftsvermögen den Gesellschaftern gemeinsam gehören würde. Die Geschäftsführung steht ausschließlich dem tätigen Teilhaber zu. Dieser wird aus den in dem Betrieb geschlossenen Geschäften allein berechtigt und verpflichtet (§ 230 Abs. 2 HGB). Der stille Teilhaber haftet nicht. Er hat indes Kontrollrechte (§ 233 HGB) und wird am Gewinn und Verlust beteiligt. Eine stille Gesellschaft wird aus denselben Gründen wie eine Gesellschaft bürgerlichen Rechts aufgelöst. Nach der Auflösung der Gesellschaft steht dem stillen Teilhaber ein Auseinandersetzungsguthaben zu.

3. Da der stille Gesellschafter vor Auflösung des Gesellschaftsverhältnisses nur ein Mitgliedsrecht, nicht indes einen Vermögensanspruch hat (BGHZ 51, 350, 353 = NJW 1969, 1211, 1212; BGH NJW 1997, 3370) besteht **kein pfändbarer Anteil am Gesellschaftsvermögen**. Auch die Kontrollrechte des stillen Gesellschafters sind nicht abtretbar und damit pfändbar. Die Gläubiger des stillen Gesellschafters können aber die Ansprüche auf den **Gewinnanteil** und auf das (künftige) **Auseinandersetzungsguthaben** vollstrecken (BGH NJW 1976, 189). Die Ansprüche sind Geldforderungen und nach § 829 ZPO zu pfänden (Zöller/*Stöber* § 859 Rn. 11).

4. **Drittschuldner** ist der **Inhaber des Handelsgeschäfts.**

5. Mit der Pfändung und Überweisung des Anspruchs auf das Auseinandersetzungsguthaben kann der Gläubiger die **Kündigung der Gesellschaft** aussprechen (§ 234 HGB iVm § 135 HGB). Voraussetzung für das **Recht zur Kündigung** ist jedoch, dass der Gläubiger zum Zeitpunkt der Kündigung einen **rechtskräftigen Vollstreckungstitel** besitzt und innerhalb der **letzten sechs Monate einmal erfolglos** die Zwangsvollstreckung in das bewegliche Vermögen des Schuldners versucht hat, § 135 HGB (BGH NJW 1982, 2773; BGH NJW-RR 2009, 1698). Der Ausgang weiterer Vollstreckungsversuche muss nicht abgewartet werden. § 135 HGB trägt dem Umstand Rechnung, dass der Gläubiger sonst mit der Vollstreckung in das Auseinandersetzungsguthaben warten müsste, bis die Gesellschaft früher oder später aus einem anderen Grund aufgelöst oder der Gesellschafter aus ihr ausscheiden würde. Str. ist, ob für die **Sechsmonatsfrist** die Zustellung des Pfändungsbeschlusses (so MüKoHGB/*K. Schmidt* § 135 Rn. 19), die Zustellung des Überweisungsbeschlusses oder die Fälligkeit der Forderung maßgebend ist (offen gelassen von BGH NJW-RR 2009, 1698). Ausgesprochen werden muss die **Kündigung** gegenüber allen Gesellschaftern einschließlich des Vollstreckungsschuldners (BGHZ 97, 392, 395 = NJW 1986, 1991). Mit der Kündigung scheidet der Gesellschafter aus der Gesellschaft aus (§ 131 Abs. 3 Nr. 4 HGB). Der ausgeschiedene Gesellschafter hat einen Anspruch auf das Auseinandersetzungsguthaben. Hieran setzt sich das Pfändungspfandrecht des Vollstreckungsgläubigers fort.

6. **Kosten und Gebühren/Rechtsmittel.** → Form. H. I. 2 Anm. 61 ff.

29. Pfändung der der Gesellschaft gegenüber dem stillen Gesellschafter zustehenden Ansprüche

[Das amtliche Formular „Pfändungs- und Überweisungsbeschluss[1]“ ist entsprechend den dortigen Anmerkungen auszufüllen. Auf Seite 4 (bzw. Seite 5) des amtlichen Formulars sind das Feld „G“ anzukreuzen und auf Seite 6 (bzw. Seite 7) des amtlichen Formulars unter „Anspruch G“ aufzunehmen:]

Es wird die angebliche Forderung des Schuldners gegen den/die Drittschuldner/in[2] auf Zahlung der im Vertrag über eine Stille Gesellschaft vom . . . . . vereinbarten Einlage gepfändet.[3, 4]

Anmerkungen

1. → Form. H. I. 2 (bzw. → Form. H. I. 6. bei Unterhaltsforderungen). Hinsichtlich der weiteren Einzelheiten zum Pfändungs- und Überweisungsbeschluss wird auf die dortigen Anmerkungen Bezug genommen.

2. **Drittschuldner** ist der **stille Gesellschafter.**

3. Für die Gläubiger des Inhabers des Handelsgewerbes besteht die Möglichkeit, nach § 829 ZPO dessen Anspruch gegen den stillen Gesellschafter auf **Leistung der vereinbarten Einlage** zu pfänden und sich nach § 835 ZPO überweisen zu lassen.

4. **Kosten und Gebühren/Rechtsmittel.** → Form. H. I. 2 Anm. 61 ff.

Verein

30. Pfändung bei einem Verein

Die **Mitgliedschaft** in einem eingetragenen oder nicht eingetragenen Verein ist grds. gem. § 38 S. 1 BGB nicht übertragbar (gem. § 40 BGB sind aber abweichende Satzungsbestimmungen möglich) und damit für den Gläubiger des Schuldners nicht pfändbar (§ 851 Abs. 1 ZPO). Bei einem **eingetragenen Verein** sind aber die Forderungen pfändbar, die der Mitgliedschaft entspringen, zB der Gewinnanteil oder der Anspruch auf Anteil am Vereinsvermögen. Die Pfändung erfolgt nach §§ 829 ZPO (→ Form. H. I. 2). Nach § 850a Nr. 3 ZPO unpfändbar ist hingegen ein dem Schuldner als Vereins- oder Vorstandsmitglied zustehender Anspruch auf Aufwandsentschädigung.

Bei einem **nicht eingetragenen Verein** ist der Anteil des einzelnen Mitglieds am Vermögen des Vereins weder übertragbar noch pfändbar (BGHZ 50, 325, 329 = NJW 1968, 1830).

Ist der **Verein Schuldner** erfolgt die Zwangsvollstreckung in das Vereinsvermögen. Erforderlich ist ein gegen den Verein gerichteter Schuldtitel. Dieser genügt auch bei einem nicht rechtsfähigen Verein (§ 735 ZPO), da auch dieser parteifähig ist (vgl. § 50 Abs. 2 ZPO). Vertreten wird der nicht rechtsfähige Verein durch den Vorstand; an diesen sind die Zustellungen für den Verein zu bewirken (§ 171 Abs. 1 ZPO). Auch bei einem nicht rechtsfähigen Verein können die Forderungen des Vereins gepfändet und überwiesen werden. So unterliegen die nicht entrichteten Mitgliedsbeiträge als Bestandteil des Vereinsvermögens der Forderungspfändung (§§ 828 ff. ZPO) durch die Gläubiger des Vereins (RGZ 76, 276, 278); zur Pfändung → Form. H. I. 2.

Wohnungseigentümergemeinschaft (WEG)

31. Pfändung der Ansprüche des Wohnungseigentümers gegen die WEG

[Das amtliche Formular „Pfändungs- und Überweisungsbeschluss[1]" ist entsprechend den dortigen Anmerkungen auszufüllen. Auf Seite 4 (bzw. Seite 5) des amtlichen Formulars sind das Feld „G" anzukreuzen und auf Seite 6 (bzw. Seite 7) des amtlichen Formulars unter „Anspruch G" aufzunehmen:]

Es werden die angeblichen Ansprüche des Schuldners – einschließlich der künftig fällig werdenden Ansprüche – als Wohnungseigentümer[2] der . . . . . (aussagekräftige Bezeichnung der Wohnungseigentümergemeinschaft) gegen . . . . . (aussagekräftige Bezeichnung der Wohnungseigentümergemeinschaft), vertreten durch den Verwalter . . . . . (ladungsfähige Anschrift), als Drittschuldnerin[3] auf Auszahlung des Abrechnungsguthabens, welches sich zugunsten des Schuldners aus der Jahresabrechnung . . . . . betreffend die Wohnungs-/Sondereinheit . . . . . ergibt, gepfändet.[4]

Anmerkungen

1. → Form. H. I. 2 (bzw. → Form. H. I. 6 bei Unterhaltsforderungen). Hinsichtlich der weiteren Einzelheiten zum Pfändungs- und Überweisungsbeschluss wird auf die dortigen Anmerkungen Bezug genommen.

2. Die Gläubiger der einzelnen Wohnungseigentümer können nicht den dem einzelnen Wohnungseigentümer aus § 16 Abs. 1 WEG gebührenden Anteil an den Gemeinschaftsgeldern pfänden (Bärmann/*Becker* § 16 Rn. 18). Dem Wohnungseigentümer steht ein Anspruch auf Auszahlung des Betrages zu, der sich als Überschuss aus der genehmigten Jahresabrechnung ergibt (vgl. § 28 Abs. 3, 5 WEG), sofern die Eigentümergemeinschaft keine Verrechnung mit den künftigen Wohngeldzahlungen beschließt (§ 21 Abs. 7 WEG). Dieser **Anspruch des einzelnen Wohnungseigentümers** ist pfändbar (Bärmann/*Becker* § 16 Rn. 18). Als künftige Forderung kann er auch schon vor Beschluss der Gemeinschaft über die Abrechnung gepfändet werden. Unpfändbar ist der Anspruch des Wohnungseigentümers auf Abrechnung der geleisteten Vorauszahlungen (Bärmann/*Becker* § 16 Rn. 18; aA Riecke/Schmid/*Elzer* § 16 Rn. 143). Zur Durchsetzung von Hausgeldansprüchen durch die Eigentümergemeinschaft s. *Dötsch* ZWE 2015, 157).

3. **Drittschuldner** ist die **Gemeinschaft der Wohnungseigentümer**, vertreten durch den Verwalter.

4. **Kosten und Gebühren/Rechtsmittel.** → Form. H. I. 2 Anm. 61 ff.

IV. Pfändung von Ansprüchen aus dem Erbrecht („Anspruch G" des amtlichen Formulars)

Erbrechtliche Ansprüche

1. Erbenstellung

Erbe ist diejenige Person, auf die mit dem Erbfall alle vererblichen Rechte und Verbindlichkeiten übergehen. Der Übergang der Erbschaft erfolgt unmittelbar und in einem einzigen Erwerbsvorgang als Ganzes (Universalsukzession, § 1922 Abs. 1 BGB). Der Erbe erlangt mit dem Erbfall kein einheitliches sachenrechtliches Recht am Nachlass (Staudinger/*Marotzke* § 1922 Rn. 94). Vielmehr erwirbt er eine Vielzahl von Rechten und Pflichten. Der Nachlass verschmilzt mit dem Eigenvermögen des Erben zu einer Einheit. Daher scheidet eine **Pfändung der Rechtstellung als Erbe** oder **des Alleinerbrechts** als solche grundsätzlich aus. Vielmehr kann die Zwangsvollstreckung in die einzelnen zum Nachlass oder sonst dem Schuldner gehörenden Gegenstände, Forderungen und Rechte erfolgen. Entsprechend unterliegen die Ansprüche des Erben gegen den Nachlasspfleger (§§ 1960 ff. 1915, 1890 BGB), Nachlassverwalter (§ 1986 Abs. 1 BGB) oder Testamentsvollstrecker (§ 2217 BGB) auf Herausgabe des Nachlasses bzw. der Nachlassgegenstände der Pfändung. Hierbei richtet sich die Vollstreckung nach den jeweils für das Vollstreckungsobjekt maßgeblichen Vorschriften; bei einer auf Geldzahlung lautenden Forderung nach § 829 ZPO; bei einem Anspruch auf Herausgabe einer beweglichen oder unbeweglichen Sache nach §§ 846 ff. ZPO. Siehe dazu auch: *Behr*, Zwangsvollstreckung in den Nachlass, Rpfleger 2002, 2. Soweit der Erbe für die **Verwaltung des Nachlasses haftet** (vgl. §§ 1991 Abs. 1, 1978 Abs. 1 BGB), kann der Gläubiger diese Ansprüche bereits schon kraft Gesetzes aus eigenem Recht geltend machen; einer Pfändung und Überweisung der Ansprüche gegen den Erben bedarf es nicht (BGH NJW-RR 1989, 1226).

Das Erbrecht entsteht **mit dem Zeitpunkt des Erbfalls**, mit dem Tode des Erblassers (vgl. § 1922 Abs. 1 BGB). Zu Lebzeiten des Erblassers besitzt weder der gesetzlich noch der testamentarisch berufene Erbe eine rechtlich gesicherte Anwartschaft (RGZ 67, 425, 428). Die **Erberwartung** kann weder übertragen noch als Recht gepfändet werden. Dies gilt selbst dann, wenn der Erblasser zu Lebzeiten den Schuldner durch eine bindende Verfügung von Todes wegen (zB Erbvertrag) eingesetzt hat.

Unpfändbar ist ebenfalls das Recht auf **Annahme** oder **Ausschlagung einer Erbschaft** (OLG München FGPrax 2015, 89); insoweit handelt es sich um höchstpersönliche Rechte (BGH NJW 2011, 2291). Eine entsprechende Pfändung ist nichtig, da diese „Rechte" weder eine Forderung iSd §§ 829 ff. ZPO noch ein Vermögensrecht iSd § 857 Abs. 1 ZPO darstellen. Einem gleichwohl erlassenen Überweisungsbeschluss kommt keine Wirkung zu (vgl. BGH NJW 2014, 2732). Gleiches gilt für das Recht auf **Geltendmachung der Erbunwürdigkeit** durch Anfechtung des Erbschaftserwerbs (vgl. §§ 2340 ff. BGB).

Vom Erben zu unterscheiden sich der **Pflichtteilsberechtigte** und der **Vermächtnisnehmer,** weil diese nicht Inhaber des Nachlasses werden, sondern Ansprüche gegen den Erben erlangen. Diese Ansprüche unterliegen der Pfändung (→ Form. I. IV. 15 bis → Form. I. IV. 22).

2. Auflage (§§ 1940, 2192 ff. BGB)

Der Erblasser kann mit einer **Auflage** (§§ 1940, 2192 bis 2196 BGB) seinem Erben oder Vermächtnisnehmer als Beschwerten ein bestimmtes Tun oder Unterlassen aufgeben. Zudem kann dem Begünstigten hierdurch auch ein Vermögensvorteil in Form von Geld- oder Sachleistungen zugewendet werden. Indes hat ein Auflagenbegünstigter kein einklagbares Recht, von dem Beschwerten die Leistung zu verlangen. Damit **scheidet** eine Zwangsvollstreckung in das Recht **aus.**

3. Geltendmachung der Erbunwürdigkeit (§§ 2339 ff. BGB)

Die Regelung über die Erbunwürdigkeit (§ 2339 BGB) trägt dem Umstand Rechnung, dass ein Erbe, der sich bestimmter im Gesetz geregelter schwerer Verfehlungen gegen den Erblasser schuldig gemacht hat, von der Erbfolge ausgeschlossen sein soll. Der Anwendungsbereich dieser Vorschrift wird über § 2345 BGB auf Vermächtnisse und die Pflichtteilsansprüche erweitert. Die Erbunwürdigkeit wird nicht von Amts wegen geprüft, sondern muss durch Anfechtungsklage geltend gemacht werden. Anfechtungsberechtigt ist jeder, dem der Wegfall des Erbunwürdigen auch nur mittelbar zustatten kommt (§ 2341 BGB). Dieses Recht auf Geltendmachung der Erbunwürdigkeit ist höchstpersönlicher Natur und kann weder **übertragen** noch **gepfändet** werden (MüKoBGB/*Helms* § 2341 Rn. 3).

Miterbenanteil

4. Pfändung des Miterbenanteils am Nachlass

[Das amtliche Formular „Pfändungs- und Überweisungsbeschluss[1]" ist entsprechend den dortigen Anmerkungen auszufüllen. Auf Seite 4 (bzw. Seite 5) des amtlichen Formulars sind das Feld „G" anzukreuzen und auf Seite 6 (bzw. Seite 7) des amtlichen Formulars unter „Anspruch G" aufzunehmen:]

Es werden

1. **der angebliche Miterbenanteil des Schuldners an dem Nachlass[2] des am ..... in ..... verstorbenen ..... [Name des Erblassers][3] und**
2. **die angeblichen Ansprüche des Schuldners gegen den/die Miterben bzw. den Nachlasspfleger als Drittschuldner[4] auf Auseinandersetzung des Nachlasses**

gepfändet.[5, 9]

[Gehören zu dem Nachlass möglicherweise auch bewegliche Sachen ist auf Seite 8 (bzw. Seite 9) des amtlichen Formular in dem Feld „Es wird angeordnet, dass" das freie Kästchen anzukreuzen und dort einzutragen:]

die dem Schuldner bei der Auseinandersetzung zukommenden beweglichen Sachen an einen vom Gläubiger zu beauftragenden Gerichtsvollzieher zum Zwecke der Verwertung durch öffentliche Versteigerung herauszugeben sind.[6]

[Auf Seite 8 des amtliches Formulars ist in dem letzten Feld (bzw. auf Seite 10 das erste Feld) kein Kästchen „zu der Möglichkeit der Überweisung“ anzukreuzen. Stattdessen ist auf Seite 9 des amtliches Formulars in dem ersten Feld (bzw. auf Seite 10 in dem zweiten Feld) das freie Kästchen anzukreuzen und dort einzutragen:]

Zugleich werden der gepfändete Erbteil und die gepfändeten Ansprüche dem Gläubiger zur Einziehung überwiesen.[7]

[Gehört zu dem Nachlass auch ein Grundstück und wird die Eintragung der Pfändung ins Grundbuch beantragt, sind auf Seite 3 (bzw. Seite 4 unter „ IV. Kosten“) des amtlichen Formulars das Feld „gemäß Anlage(n)“ anzukreuzen und dort die Eintragungskosten – ggf. unter Beifügung einer Anlage – einzutragen:]

Kosten der Eintragung ins Grundbuch[8]

Anmerkungen

1. → Form. H. I. 2 (bzw. → Form. H. I. 6 bei Unterhaltsforderungen). Hinsichtlich der weiteren Einzelheiten zum Pfändungs- und Überweisungsbeschluss wird auf die dortigen Anmerkungen Bezug genommen.

2. Sofern der Erblasser mehrere Erben hinterlässt, so wird der Nachlass gemeinschaftliches Vermögen der Erben. Der Miterbe erwirbt mit dem Erbfall einen Anteil am Gesamtnachlass (§§ 2032 f. BGB). Bis zur Nachlassteilung sind die Miterben als Erbengemeinschaft in **gesamthänderischer Verbundenheit** am Nachlass berechtigt. Der einzelne Miterbe hält kein Bruchteilseigentum an einzelnen Nachlassgegenständen. Sein persönliches Vermögen und sein in der Erbengemeinschaft gebundener Nachlassanteil bleiben bis zum Abschluss der Nachlassteilung grundsätzlich getrennt. Jeder Miterbe kann über seinen gesamten Anteil am Nachlass verfügen (§ 2033 Abs. 1 S. 1 BGB). Dagegen ist keine Verfügung über einzelne Anteile am Nachlass möglich (§ 2033 Abs. 2 BGB).

Die **Erbengemeinschaft** ist als solche weder rechts- noch parteifähig (BGH NJW 2002, 3389). Bei einer Vollstreckung wegen einer Nachlassverbindlichkeit (§ 1967 BGB) oder eines anderen Anspruchs, für den die Erben aus demselben Rechtsgrund als Gesamtschuldner haften, in den einer Erbengemeinschaft gehörenden Nachlass ist bis zur Teilung ein gegen alle Miterben ergangenes Urteil erforderlich (§ 747 ZPO), wobei nicht notwendigerweise ein einheitlicher Titel vorliegen muss. Ausreichend ist auch ein § 727 ZPO umgeschriebener Titel, der sich ursprünglich gegen den Erblasser richtete. Siehe dazu weiter (Auswahl): *Bauer*, Die Zwangsvollstreckung in einen Nachlassanteil, JurBüro 1958, 95; *Behr*, Pfändung und Verwertung des Miteigentumsanteils, JurBüro 1995, 233; *ders.*, Zwangsvollstreckung in den Nachlass, Rpfleger 2002, 2; *Drischler*, Die Aufhebung der ungeteilten Erbengemeinschaft durch Zwangsversteigerung des Nachlassgrundstücks, JurBüro 1963, 241, JurBüro 1963, 501; *Eickmann*, Die Versteigerung eines Erbanteils durch den Gerichtsvollzieher, DGVZ 1984, 65; *Liermann*, Zweifelsfragen bei Verwertung eines gepfändeten Miterbenanteils, NJW 1962, 2189; *Mümmler*, Pfändung eines Miterbenanteils, JurBüro 1983, 817; *Roth*, Die Pfändung des Miterbanteils und spätere Ausschlagung, NJW-Spezial 2010, 487; *Stöber*, Grundbucheintragung der Erben nach Pfändung des Erbanteils, Rpfleger 1976, 197.

3. Im Falle eines Titels gegen einen Miterben scheidet eine Zwangsvollstreckung in einzelne Nachlassgegenstände bzw. in Anteile des Schuldners an Nachlassgegenständen aus. Gepfändet werden kann das **Recht des einzelnen Miterben** am gesamten Nachlass als Inbegriff von Rechten und Pflichten. Die Pfändung erfasst auch den Anspruch auf Auseinandersetzung der Erbengemeinschaft und Auszahlung des Auseinandersetzungsguthabens. Dagegen scheidet eine selbständige Pfändung der Ansprüche auf Auseinandersetzung oder Auszahlung des Auseinandersetzungsguthabens aus (MüKoBGB/*Heldrich* § 2033 Rn. 15). Entsprechende Pfändungen können indes als Pfändung des Anteils am Nachlass ausgelegt werden.

Vor dem Erbfall kann keine Pfändung erfolgen, da eine Erberwartung noch keine Anwartschaft begründet (RGZ 67, 425, 428). Dagegen ist **nach dem Erbfall** eine Pfändung vor der Annahme der Erbschaft durch den Schuldner als Miterben möglich. Nach vollständiger Auseinandersetzung der Erbengemeinschaft oder Ausscheiden aller Miterben im Wege der Abschichtung ist eine Vollstreckung in den Nachlassanteil nicht mehr möglich. In diesem Falle muss in die einzelnen dem Schuldner gehörenden Gegenstände, Rechte und Forderungen vollstreckt werden.

Soweit der **Schuldner als Miterbe** nur eine **Vorerbenstellung** besitzt, kann sein Anteil am Nachlass ebenfalls gepfändet werden. Drittschuldner sind die Miterben, nicht der Nacherbe. Der Gläubiger unterliegt in diesem Fall den Verfügungsbeschränkungen des §§ 2112 ff. BGB. Er kann den gepfändeten Miteigentumsanteil nur mit der Maßgabe verwerten, dass die Rechte des Nacherben nicht beeinträchtigt werden.

4. **Drittschuldner** sind die **übrigen Miterben** (RGZ 86, 294; OLG Frankfurt a. M. Rpfleger 1979, 205). Ist ein **Testamentsvollstrecker** bestellt, dem auch die Nachlassteilung obliegt, so ist dieser und nicht die anderen Miterben Drittschuldner; ebenso der **Nachlasspfleger** bei unbekannten Erben oder der **Nachlassverwalter** (Zöller/*Stöber* § 859 Rn. 16). Wirksam wird die Pfändung mit der Zustellung an den letzten Drittschuldner.

5. Die **Pfändung** erfolgt nach **§§ 857, 829 ZPO** durch Erlass eines Pfändungsbeschlusses, auch wenn zum Nachlass ein Grundstück oder ein grundstücksgleiches Recht gehört (BGHZ 52, 99 = NJW 1969, 1347). In diesem Falle kann die Pfändung berichtigend im Grundbuch als Verfügungsbeschränkung des Miterben eingetragen werden (BGHZ 52, 99, 102, 105 = NJW 1969, 1347, 1348). → Form. I. IV. 6. Mit der Pfändung erlangt der Gläubiger ein Pfandrecht an dem Miterbenanteil (Palandt/*Weidlich* § 2033 Rn. 15). Er wird nicht Mitglied der Erbengemeinschaft (BayObLG MDR 1973, 1029) und erlangt auch kein Pfandrecht an den Nachlassgegenständen (BGH NJW 1967, 200, 201; OLG Köln FamRZ 2015, 441). Das Pfändungspfandrecht erfasst jedoch die Nebenrechte des Erben auf Auskunft und Rechnungslegung.

Die Pfändung hindert indes den Schuldner nicht daran, **die Erbschaft auszuschlagen.** In diesem Fall erlangt der Nächstberufene den Erbteil pfandfrei, da mit der Ausschlagung der Erbanfall des Schuldners als nicht erfolgt gilt und der Nächstberufene die Erbschaft unmittelbar erlangt (§ 1953 BGB). Die Ausschlagung der Erbschaft ist der Anfechtung nach §§ 1 ff. AnfG entzogen (*Huber* § 1 Rn. 26).

6. Bei der Pfändung beweglicher Sachen ist es zweckmäßig, eine Anordnung nach § 847 BGB hinsichtlich solcher Sachen zu beantragen, die bei der Auseinandersetzung auf den Schuldner entfallen.

7. Die Überweisung des gepfändeten Miterbenanteils kann ist nur zur Einziehung und nicht an Zahlungs statt möglich. Die Überweisung berechtigt den Gläubiger, die **Auseinandersetzung der Erbengemeinschaft** zu betreiben. Dies kann durch Auseinandersetzungsvertrag zwischen den Miterben (siehe dazu Palandt/*Weidlich* § 2042 Rn. 4), durch amtliche Vermittlung nach § 363 FamFG (→ Form. I. IV. 9; Palandt/*Weidlich* § 2042 Rn. 19) oder durch Erbteilungsklage (siehe dazu Palandt/*Weidlich* § 2042 Rn. 20 ff.) erfolgen. Diese Rechte kann der Pfändungsgläubiger auch dann geltend machen, wenn eine Auseinandersetzung der Erbengemeinschaft durch den Erblasser (§ 2044 BGB) oder durch Vereinbarung der Miterben ausgeschlossen ist. Ein Ablöserecht der Miterben besteht nicht.

Eine **Verwertung** kann nach § 857 Abs. 5 iVm § 844 ZPO auch durch Veräußerung des Nachlassanteils im Wege des freihändigen Verkaufs oder der Versteigerung erfolgen. Zum Antrag auf anderweitige Verwertung nach § 844 ZPO → Form. I. IV. 9.

8. Zur Eintragung der Pfändung ins Grundbuch → Form. I. IV. 6.

9. Kosten und Gebühren/Rechtsmittel. → Form. H. I. 2 Anm. 61 ff.

5. Pfändung des Miterbenanteils am Nachlass bei Bestehen einer Testamentsvollstreckung/Nachlassverwaltung

[Das amtliche Formular „Pfändungs- und Überweisungsbeschluss[1]" ist entsprechend den dortigen Anmerkungen auszufüllen. Auf Seite 4 (bzw. Seite 5) des amtlichen Formulars sind das Feld „G" anzukreuzen und auf Seite 6 (bzw. Seite 7) des amtlichen Formulars unter „Anspruch G" aufzunehmen:]

Es werden

1. der angebliche Miterbenanteil des Schuldners an dem Nachlass[2] des am ..... in ..... verstorbenen ..... [Name des Erblassers][3] und

2. die angeblichen Ansprüche des Schuldners gegen den/die Miterben bzw. den Nachlasspflegers als Drittschuldner[4] und gegen den/die Testamentsvollstrecker/Nachlassverwalter als weitere(r) Drittschuldner/in[4] auf Auseinandersetzung des Nachlasses auf Auseinandersetzung des Nachlasses

gepfändet.[5, 9]

[Gehören zu dem Nachlass möglicherweise auch bewegliche Sachen ist auf Seite 8 (bzw. Seite 9) des amtlichen Formular in dem Feld „Es wird angeordnet, dass" das freie Kästchen anzukreuzen und dort einzutragen:]

die dem Schuldner bei der Auseinandersetzung zukommenden beweglichen Sachen an einen vom Gläubiger zu beauftragenden Gerichtsvollzieher zum Zwecke der Verwertung durch öffentliche Versteigerung herauszugeben sind.[6]]

[Auf Seite 8 des amtliches Formulars ist in dem letzten Feld (bzw. auf Seite 10 das erste Feld) kein Kästchen „zu der Möglichkeit der Überweisung" anzukreuzen. Stattdessen ist auf Seite 9 des amtliches Formulars in dem ersten Feld (bzw. auf Seite 10 in dem zweiten Feld) das freie Kästchen anzukreuzen und dort einzutragen:]

Zugleich werden der gepfändete Erbteil und die gepfändeten Ansprüche dem Gläubiger zur Einziehung überwiesen.[7]

[Gehört zu dem Nachlass auch ein Grundstück und wird die Eintragung der Pfändung ins Grundbuch beantragt, ist auf Seite 3 (bzw. Seite 4 unter „ IV. Kosten") des amtlichen Formulars das Feld „gemäß Anlage(n)" anzukreuzen, dort die Eintragungskosten einzutragen und ggf. unter Beifügung einer Anlage aufzunehmen:]

Kosten der Eintragung ins Grundbuch[8]

Anmerkungen

1. → Form. H. I. 2 (bzw. → Form. H. I. 6 bei Unterhaltsforderungen). Hinsichtlich der weiteren Einzelheiten zum Pfändungs- und Überweisungsbeschluss wird auf die dortigen Anmerkungen Bezug genommen.

2. → Form. I. IV. 4 Anm. 2.

3. → Form. I. IV. 4 Anm. 3.

4. **Drittschuldner** sind die **übrigen Miterben** (RGZ 86, 294), der bestellte **Nachlasspfleger** bei unbekannten Erben, der **Testamentsvollstrecker** oder der **Nachlassverwalter** (Zöller/*Stöber* § 859 Rn. 16). Wirksam wird die Pfändung mit der Zustellung an den letzten Drittschuldner.

5. → Form. I. IV. 4 Anm. 5.

6. Bei der Pfändung beweglicher Sachen ist es zweckmäßig, eine Anordnung nach § 847 BGB hinsichtlich solcher Sachen zu beantragen, die bei der Auseinandersetzung auf den Schuldner entfallen.

7. → Form. I. IV. 4 Anm. 6.

8. Zur Eintragung der Pfändung ins Grundbuch → Form. I. IV. 6.

9. **Kosten und Gebühren/Rechtsmittel.** → Form. H. I. 2 Anm. 61 ff.

6. Antrag auf Eintragung der Pfändung des Miterbenanteils ins Grundbuch

An das

Amtsgericht . . . . .[1]

Grundbuchamt

In der Zwangsvollstreckungssache

. . . .

Hiermit zeigen wir an, dass wir den Gläubiger vertreten. Namens und in Vollmacht unseres Mandanten überreichen wir die Ausfertigung des Pfändungs- und Überweisungsbeschlusses/Pfändungsbeschlusses des Amtsgerichts . . . . . vom . . . . ., Az. . . . . ., nebst Zustellungsnachweis[2] sowie eine Ausfertigung des Erbscheins des Amtsgerichts . . . . . vom . . . . ., Az. . . . . ./eine amtlich beglaubigte Abschrift des notariellen Testaments/ Erbvertrages vom . . . . . mit Eröffnungsniederschrift des Amtsgerichts . . . . . vom . . . . .

Wir beantragen,

> **die Pfändung des Miterbenanteils des Vollstreckungsschuldners an dem ungeteilten Nachlass ins Grundbuch einzutragen[3] und – sofern erforderlich – das Grundbuch des Amtsgerichts . . . . . Blatt . . . . . Band . . . . . durch Eintragung der Miterben in Erbengemeinschaft als Eigentümer[4] zu berichtigen.**

(Alternative für den Fall, dass ein Erbscheinsantrag nach § 792 ZPO gestellt worden ist:[5]

> ***Ein Erbscheinsantrag mit folgendem Inhalt . . . . . ist bereits am . . . . . beim Nachlassgericht . . . . . gestellt worden. Zugleich ist die unmittelbare Übersendung des Erbscheins an das Grundbuchamt beantragt worden.)***

Wir bitten anschließend um die Rücksendung der Vollstreckungsunterlagen. Gleichzeitig bitten wird darum, uns die Gebühren der Eintragung aufzugeben sowie die Eintragungsnachricht zu übersenden.

. . . . .

Rechtsanwalt[6]

Anmerkungen

1. **Örtlich** zuständig ist das Amtsgericht als Grundbuchamt, in dem das Grundbuch für das Grundstück geführt wird (vgl. § 1 GBO).

2. Erforderlich ist die Vorlage des Zustellnachweises an alle Miterben (OLG Düsseldorf FGPrax 2013, 57).

3. Die Pfändung des Miterbenanteils kann auf formlosen Antrag **berichtigend** im Grundbuch eingetragen werden. Für die Eintragung muss die Wirksamkeit der Pfändung nachgewiesen werden. Dazu gehört die Vorlage des Pfändungs-/Pfändungs- und Überweisungsbeschlusses sowie der Urkunden über die Zustellung an die Miterben, nicht an den Schuldner. Die Eintragung hindert nicht weitere Eintragungen auf Bewilligung der Verfügungsberechtigten. Sie sind gegenüber dem Pfändungsgläubiger relativ unwirksam (§ 136 BGB), soweit sie ihn beeinträchtigen. Zum Verhältnis zwischen Vertragspfandrecht und Pfändungspfandrecht am Miterbenanteil siehe BGHZ 52, 99 = NJW 1969, 1347.

4. Voraussetzung für die Eintragung ist die **Voreintragung der Miterben** in Erbengemeinschaft als Eigentümer im Grundbuch (§ 39 GBO). Der Pfändungsgläubiger kann als mittelbarer Berechtigter berichtigend die Eintragung der Erbengemeinschaft veranlassen (§ 13 Abs. 1 S. 2 GBO). Den Nachweis der Unrichtigkeit (§ 22 GBO) kann er durch Vorlage eines Erbscheins (§ 35 Abs. 1 S. 1 GBO) oder Vorlage einer in öffentlicher Urkunde enthaltenen Verfügung von Todes wegen mit Eröffnungsniederschrift (§ 35 Abs. 1 S. 2 GBO) führen.

5. → Form. I. IV. 7.

6. **Kosten und Gebühren.** Das **Gericht** erhält gemäß Nr. 14130 KV GNotKG iVm der Vorbemerkung 1.4.1.2 KV GNotKG bei der Eintragung eine $^1/_2$-Gebühr (Tabelle B) nach dem Wert des § 53 Abs. 2 GNotKG. Die Tätigkeit des **Rechtsanwalts** ist mit der 0,3 Gebühr nach VV 3309 RVG abgedeckt.

7. Antrag auf Erteilung eines Erbscheins für Grundbuchzwecke (§ 792 ZPO)

An das

Amtsgericht . . . . .[1]

Nachlassgericht

Antrag auf Erteilung eines Erbscheins

nur für Grundbuchzwecke

Hiermit zeigen wir an, dass wir den Gläubiger . . . . . vertreten. Namens und in Vollmacht unseres Mandanten überreichen wir die Ausfertigung des Pfändungs- und Überweisungsbeschlusses/Pfändungsbeschlusses des Amtsgerichts . . . . . vom . . . . ., Az. . . . . ., nebst Zustellungsnachweis.

Namens und in Vollmacht unseres Mandanten beantragen wir,[2]

die Erteilung eines Erbscheins/Teilerbscheins[3] nach dem am . . . . . in . . . . . verstorbenen . . . . ., in dem Herr/Frau . . . . . als Alleinerbe/die . . . . . als Miterben zu je

..... aufgrund gesetzlicher Erbfolge/aufgrund testamentarischer Verfügung/aufgrund Erbvertrag vom ..... ausgewiesen wird/werden.[4]

Der Erbschein soll nur zur Berichtigung des Grundbuches verwendet werden. Wir beantragen daher,

den Erbschein unmittelbar an das zuständige Grundbuchamt zu übersenden.[5]

Hilfsweise beantragen wir für den Fall, dass dem/den Erben bereits ein Erbschein erteilt worden ist,

die Erteilung einer weiteren Ausfertigung des Erbscheins an den Gläubiger.[6]

Gründe

Ausweislich der beigefügten Sterbeurkunde des Standesamtes ..... vom ..... ist in ..... Herr/Frau ..... verstorben.

Beweis: Sterbeurkunde des Standesamtes ..... vom .....

Der/Die Erblasser/in war ..... Staatsangehörige(r) und hatte seinen/ihren letzten Wohnsitz in .....

Beweis: Meldeauskunft der ..... vom .....

Mit beigefügten Pfändungs- und Überweisungsbeschluss/Pfändungsbeschuss des Amtsgerichts ..... vom ....., Az. ....., hat unser Mandant den Miterbenanteil/Nacherbenanteil des Schuldners an dem Nachlass und die Ansprüche des Schuldners gegen die übrigen Mitglieder der Erbengemeinschaft auf Auseinandersetzung des Nachlasses gepfändet und zur Einziehung überweisen lassen [bei fehlendem Überweisungsbeschluss ist der Hinweis auf die Einziehung zu streichen].[7]

Beweis: Pfändungs- und Überweisungsbeschluss/Pfändungsbeschluss des Amtsgerichts ..... vom .....

Zum Nachlass gehört folgender Grundbesitz ..... [nähere Bezeichnung]. Der Grundbesitz ist noch auf den Namen des Erblassers im Grundbuch eingetragen.

Beweis: Grundbuchauszug

Entsprechende Unterlagen fügen wir in Kopie anbei. Zur Eintragung der Pfändung ins Grundbuch bedarf es der Vorlage eines Erbscheins, der hiermit in Anwendung des § 792 ZPO beantragt wird.

Nach dem durch das Amtsgericht ..... am ..... zu Az. ..... eröffneten Testament/notariellen Testament/notariellen Erbvertrag ist der Erblasser von dem Schuldner und ..... beerbt worden/ist der Schuldner Nacherbe .....[8]

Beweis: Kopie des Eröffnungsprotokolls
Beweis: Kopien der letztwilligen Verfügung/Erbvertrages vom .....
Beweis: Beiziehung der Nachlassakten

(Alternativ:

Der Erblasser hat keine letztwillige Verfügung hinterlassen. Der Schuldner ist als Kind/Ehegatte/Eltern gesetzlicher Allein-/Miterbe [..... nähere Darlegung der gesetzlichen Erbfolge].

Beweis: Kopie der Geburtsurkunde
Beweis: Kopie des Familienbuches)

Die als Erben bezeichneten Personen haben die Erbschaft nach Kenntnis des Mandanten angenommen.

Der Antragsteller hat keine Kenntnis von weiteren letztwilligen Verfügungen des Erblassers/von anderen gesetzlichen Erben.

Beschränkungen der Erbfolgen durch testamentarische Anordnungen und Rechtsstreitigkeit über das Erbrecht sind dem Mandanten nicht bekannt.

Es wird zusätzlich beantragt,

> **unter Bezugnahme auf die beigefügten Anlagen die eidesstattliche Versicherung nach § 352 Abs. 3 S. 4 FamFG zu erlassen, da der Mandant als Vollstreckungsgläubiger keine weiteren Angaben machen kann.**[9]

. . . . .

Rechtsanwalt[10]

Anmerkungen

1. **Sachlich** zuständig für die Erteilung des Erbscheins ist das Amtsgericht – Nachlassgericht (§§ 23a Abs. 2 Nr. 2 GVG, 342 Abs. 1 Nr. 6 FamFG); in Baden-Württemberg wird bis zum 1.1.2018 die Aufgabe noch durch das staatliche Notariat wahrgenommen (§§ 1 Abs. 2, 38 LFGG; Art. 147 EGBGB). Die **örtliche Zuständigkeit** ergibt sich aus § 343 FamFG.

2. Das Nachlassgericht erteilt einen Erbschein nur **Antrag** (§ 2353 BGB). Dieser kann schriftlich gestellt werden oder zu Protokoll des Nachlassgerichts (§ 23 FamFG). Der Erbscheinsantrag kann auch von einem in §§ 10, 11 FamFG aufgeführten gewillkürten Vertreter gestellt werden.

3. Möglich ist auch, falls dies für die Grundbuchberichtigung ausreicht, die Beantragung eines **Teilerbscheins**, welches ausschließlich das Erbrecht des Schuldners ausweist. Dieser Erbschein ist in der Regel auch kostengünstiger.

4. Der Antrag muss **Angaben zur beanspruchten Erbquote** (Alleinerbe, Miterbe), zum Berufungsgrund (Testament, Erbvertrag, gesetzliche Erbfolge) und zu Verfügungsbeschränkungen (Vor- und Nacherbschaft, Testamentsvollstreckung) enthalten.

5. Der Erbschein wird bei einem entsprechenden Antrag **lediglich für Grundbuchberichtigungszwecke** erteilt. Er wird nur dem Grundbuchamt übersandt.

6. Ist dem Erben bereits ein Erbschein erteilt worden, so kann der Gläubiger gem. § 357 Abs. 2 FamFG eine Ausfertigung des Erbscheins verlangen, wenn er sein rechtliches Interesse glaubhaft darlegt (§ 896 ZPO iVm § 792 ZPO).

7. Der Gläubiger des Erben ist nach **§ 792 ZPO** berechtigt, einen Antrag auf Erteilung eines Erbscheins zu stellen, wenn er den Erbschein zum Zwecke der Zwangsvollstreckung braucht (Keidel/*Zimmermann* § 352 Rn. 29). Der Gläubiger muss bereits im Besitz eines zur Zwangsvollstreckung geeigneten Titels sein.

8. Der Antragsteller hat die **Tatsachen, die sein Erbrecht** begründen, durch öffentliche Urkunden, durch eidesstattliche Versicherung sowie durch sonstige Unterlagen nachzuweisen. Der Gläubiger hat entsprechend die Tatsachen aufzuzeigen, die das Erbrecht des Vollstreckungsschuldners begründen.

9. Bestimmte Tatsachen hat der Antragsteller **eidesstattlich zu versichern** (vgl. § 352 Abs. 3 S. 3 FamFG). Die eidesstattliche Versicherung kann nur zu Protokoll des Nachlassgerichts oder eines Notars abgegeben. Eine von einem Rechtsanwalt angefertigte eidesstattliche Versicherung genügt nicht (OLG Frankfurt FamRZ 1996, 1441; Keidel/*Zimmermann* § 352 Rn. 58). Die eidesstattliche Versicherung **kann gem. § 352 Abs. 3 S. 4 FamFG erlassen werden,** wenn der Antragsteller ersichtlich nichts weiß (zu den Einzelheiten siehe Keidel/*Zimmermann* § 352 Rn. 60 ff.)

10. Kosten und Gebühren. Das **Gericht** erhält gemäß Nr. 12210 und 23300 KV GNotKG Gebühren. Die Höhe der Gebühren richtet sich nach dem Wert des Nachlasses, der sich nach § 40 Abs. 1 GNotKG errechnet; zu einem reduzierten Geschäftswert bei einem beschränkten Erbschein siehe § 40 Abs. 2 bzw. Abs. 3 GNotKG. Die Rechtsanwaltsgebühren bestimmen sich nach Nr. 3100, 3104 VV RVG und im Beschwerdeverfahren nach Nr. 3200 VV RVG (vgl. auch Keidel/*Zimmermann* § 352 Rn. 159 ff.).

8. Antrag auf Erteilung eines Erbscheins zum Zwecke der Vollstreckung (§ 792 ZPO)

An das

Amtsgericht . . . . .[1]

Nachlassgericht

Antrag auf Erteilung eines Erbscheins

Hiermit zeigen wir an, dass wir den Gläubiger . . . . . vertreten. Namens und in Vollmacht unseres Mandanten überreichen wir die Ausfertigung des Pfändungs- und Überweisungsbeschlusses/Pfändungsbeschlusses des Amtsgerichts . . . . . vom . . . . ., Az. . . . . ., nebst Zustellungsnachweis.

Namens und in Vollmacht unseres Mandanten beantragen wir,[2]

die Erteilung eines Erbscheins/Teilerbscheins[3] nach dem am . . . . . in . . . . . verstorbenen . . . . ., in dem Herr/Frau . . . . . als Alleinerbe/die . . . . . als Miterben zu je . . . . . aufgrund gesetzlicher Erbfolge/aufgrund testamentarischer Verfügung/aufgrund Erbvertrag vom . . . . . ausgewiesen wird/werden.[4]

Hilfsweise beantragen wir für den Fall, dass dem/den Erben bereits ein Erbschein erteilt worden ist,

die Erteilung einer weiteren Ausfertigung des Erbscheins an den Gläubiger.[5]

Gründe

Ausweislich der beigefügten Sterbeurkunde des Standesamtes . . . . . vom . . . . . ist in . . . . . Herr/Frau . . . . . verstorben.

Beweis: Sterbeurkunde des Standesamtes . . . . . vom . . . . .

Der/Die Erblasser/in war . . . . . Staatsangehörige(r) und hatte seinen/ihren letzten Wohnsitz in . . . . .

Beweis: Meldeauskunft der . . . . . vom . . . . .

Unser Mandant ist Gläubiger einer durch . . . . ., Az. . . . . . [nähere Bezeichnung des Titels] titulierten Forderung in Höhe von . . . . . .

Beweis: Urteil/Beschluss/Vergleich des . . . . . vom . . . . .

Vor Beginn der Zwangsvollstreckung/Während der laufenden Zwangsvollstreckung verstarb der Erblasser am . . . . . .

Beweis: Sterbeurkunde des . . . . .

Zur Fortsetzung der Zwangsvollstreckung in den Nachlass des Erblassers bedarf es gem. § 727 Abs. 1 ZPO der Titelumschreibung gegen den/die Erben. Der Mandant benötigt hierfür der Vorlage eines Erbscheins, der hiermit in Anwendung des § 792 ZPO beantragt wird.

Nach dem durch das Amtsgericht . . . . . am . . . . . zu Az. . . . . . eröffneten Testament/ notariellen Testament/notariellen Erbvertrag ist der Erblasser von dem Schuldner und . . . . . beerbt worden/ist der Schuldner Nacherbe . . . . .[6]

Beweis: Kopie des Eröffnungsprotokolls
Beweis: Kopien der letztwilligen Verfügung/Erbvertrages vom . . . . .
Beweis: Beiziehung der Nachlassakten

(Alternativ:

Der Erblasser hat keine letztwillige Verfügung hinterlassen. Der Schuldner ist als Kind/ Ehegatte/Eltern gesetzlicher Allein-/Miterbe [. . . . . nähere Darlegung der gesetzlichen Erbfolge].

Beweis: Kopie der Geburtsurkunde
Beweis: Kopie des Familienbuches)

Die als Erben bezeichneten Personen haben die Erbschaft nach Kenntnis des Mandanten angenommen.

Der Antragsteller hat keine Kenntnis von weiteren letztwilligen Verfügungen des Erblassers/von anderen gesetzlichen Erben.

Beschränkungen der Erbfolgen durch testamentarische Anordnungen und Rechtsstreitigkeit über das Erbrecht sind dem Mandanten nicht bekannt.

Es wird zusätzlich beantragt,

unter Bezugnahme auf die beigefügten Anlagen die eidesstattliche Versicherung nach § 352 Abs. 3 S. 4 FamFG zu erlassen, da der Mandant als Vollstreckungsgläubiger keine weiteren Angaben machen kann.[7]

. . . . .

Rechtsanwalt[8]

Anmerkungen

1. Sachlich zuständig für die Erteilung des Erbscheins ist das Amtsgericht – Nachlassgericht (§§ 23a Abs. 2 Nr. 2 GVG, 342 Abs. 1 Nr. 6 FamFG); in Baden-Württemberg wird bis zum 1.1.2018 die Aufgabe noch durch das staatliche Notariat wahrgenommen (§§ 1 Abs. 2, 38 LFGG; Art. 147 EGBGB). Die **örtliche Zuständigkeit** ergibt sich aus § 343 FamFG.

2. Das Nachlassgericht erteilt einen Erbschein nur **Antrag** (§ 2353 BGB). Dieser kann schriftlich gestellt werden oder zu Protokoll des Nachlassgerichts (§ 23 FamFG). Der Erbscheinsantrag kann auch von einem in §§ 10, 11 FamFG aufgeführten gewillkürten Vertreter gestellt werden.

3. Der Gläubiger des Erben ist nach **§ 792 ZPO** berechtigt, einen Antrag auf Erteilung eines Erbscheins zu stellen, wenn er den Erbschein zum Zwecke der Zwangsvollstreckung braucht (Keidel/*Zimmermann* § 352 Rn. 29). Der Gläubiger muss bereits im Besitz eines zur Zwangsvollstreckung geeigneten Titels sein. Möglich ist auch die Beantragung eines **Teilerbscheins,** welches ausschließlich das Erbrecht des Schuldners ausweist. Dieser Erbschein ist in der Regel auch kostengünstiger.

4. Der Antrag muss **Angaben zur beanspruchten Erbquote** (Alleinerbe, Miterbe), zum Berufungsgrund (Testament, Erbvertrag, gesetzliche Erbfolge) und zu Verfügungsbeschränkungen (Vor- und Nacherbschaft, Testamentsvollstreckung) enthalten.

5. Ist dem Erben bereits ein Erbschein erteilt worden, so kann der Gläubiger gem. § 357 Abs. 2 FamFG eine Ausfertigung des Erbscheins verlangen, wenn er sein rechtliches Interesse glaubhaft darlegt (§ 896 ZPO iVm § 792 ZPO).

6. Der Antragsteller hat die **Tatsachen, die sein Erbrecht** begründen, durch öffentliche Urkunden, durch eidesstattliche Versicherung sowie durch sonstige Unterlagen nachzuweisen. Der Gläubiger hat entsprechend die Tatsachen aufzuzeigen, die das Erbrecht des Vollstreckungsschuldners begründen.

7. Bestimmte Tatsachen hat der Antragsteller **eidesstattlich zu versichern** (vgl. § 352 Abs. 3 S. 3 FamFG). Die eidesstattliche Versicherung kann nur zu Protokoll des Nachlassgerichts oder eines Notars abgegeben. Eine von einem Rechtsanwalt angefertigte eidesstattliche Versicherung genügt nicht (OLG Frankfurt FamRZ 1996, 1441; Keidel/*Zimmermann* § 352 Rn. 58). Die eidesstattliche Versicherung **kann gem. § 352 Abs. 3 S. 4 FamFG erlassen werden,** wenn der Antragsteller ersichtlich nichts weiß (zu den Einzelheiten siehe Keidel/*Zimmermann* § 352 Rn. 60 ff.)

8. Kosten und Gebühren. Das **Gericht** erhält gemäß Nr. 12210 und 23300 KV GNotKG Gebühren. Die Höhe der Gebühren richtet sich nach dem Wert des Nachlasses, der sich nach § 40 Abs. 1 GNotKG errechnet; zu einem reduzierten Geschäftswert bei einem beschränkten Erbscheins s. § 40 Abs. 2 bzw. Abs. 3 GNotKG. Die Rechtsanwaltsgebühren bestimmen sich nach Nr. 3100, 3104 VV RVG und im Beschwerdeverfahren nach Nr. 3200 VV RVG (vgl. auch Keidel/*Zimmermann* § 352 Rn. 159 ff.).

9. Antrag auf Auseinandersetzung des Nachlasses (§ 363 FamFG)

An das

Notariat . . . . .[1]

In der Zwangsvollstreckungssache

. . . .

Hiermit zeigen wir an, dass wir den Gläubiger vertreten. Namens und in Vollmacht unseres Mandanten überreichen wir die Ausfertigung des Pfändungs- und Überweisungsbeschlusses des Amtsgerichts . . . . . vom . . . . ., Az. . . . . ., nebst Zustellungsnachweis sowie eine Ausfertigung des Erbscheins des Amtsgerichts . . . . . vom . . . . ., Az. . . . . ./eine

amtlich beglaubigte Abschrift des notariellen Testaments/des Erbvertrages vom ..... mit Eröffnungsniederschrift des Amtsgerichts ..... vom .....

Namens und in Vollmacht unseres Mandanten beantragen wir,

> **die Auseinandersetzung der Erbengemeinschaft nach dem am ..... in ..... verstorbenen ..... zu vermitteln.**

Gründe

Am ..... ist in ..... Herr/Frau ..... verstorben. Der/Die Erblasser/in hatte seinen/ihren letzten Wohnsitz in ..... Nach dem durch das Amtsgericht ..... am ..... zu Az. ..... erteilten Erbschein ist der/die Erblasser/in von dem Vollstreckungsschuldner sowie ..... beerbt worden. Mit beigefügten Pfändungs- und Überweisungsbeschlusses des Amtsgerichts ..... vom ....., Az. ....., hat unser Mandant den Miterbenanteil des Schuldners an dem Nachlass und die Ansprüche des Schuldners gegen die übrigen Mitglieder der Erbengemeinschaft auf Auseinandersetzung des Nachlasses gepfändet und zur Einziehung überweisen lassen.

Der Nachlass besteht aus ..... [nähere Bezeichnung der zum Nachlass gehörenden Aktiva und Passiva]. Entsprechende Unterlagen fügen wir in Kopie anbei.

Da sich die Erben über eine Auseinandersetzung des Nachlasses nicht einigen können, bedarf es der Vermittlung der Auseinandersetzung durch den Notar (§ 363 FamFG). Streitige Rechtsfragen, die nur vor dem Prozessgericht geklärt werden können, bestehen nicht.[2] Eine Testamentsvollstreckung ist ebenfalls nicht angeordnet.

.....

Rechtsanwalt[3, 4]

Anmerkungen

1. Hinterlässt der Erblasser mehrere Erben, kann die Auseinandersetzung des Nachlasses im Verfahren nach § 363 FamFG vermittelt werden. Seit dem 1.9.2013 ist für die Vermittlung der Auseinandersetzung des Nachlasses ausschließlich der Notar sachlich zuständig (§ 23a Abs. 2 GVG). Die **örtliche Zuständigkeit** richtet sich nach § 344 Abs. 4a FamFG. Zuständig ist jeder Notar, der seinen Amtssitz im Bezirk des letzten gewöhnlichen Aufenthaltsortes des Erblassers hatte; bei ausländischem gewöhnlichen Aufenthalt jeder Notar, in dessen Bezirk sich Nachlassgegenstände befinden (vgl. auch Keidel/*Zimmermann* § 344 Rn. 24a). Eine Auseinandersetzung erfolgt nur auf **Antrag** (§ 363 Abs. 1 FamFG). Antragsberechtigt ist unter anderem derjenige, dem ein Pfandrecht an einem Erbteil zusteht, gleich ob es durch Vertrag oder durch Pfändung des Erbteils erworben ist (§ 363 Abs. 2 FamFG). Der Inhalt des Antrages bestimmt sich nach § 363 Abs. 3 FamFG.

2. Ein Antrag ist **unzulässig**, wenn streitige Rechtsfragen auftreten, da diese nur vor dem Prozessgericht zu klären sind (OLG Düsseldorf FGPrax 2002, 231; Keidel/*Zimmermann* § 363 Rn. 26). Im Falle der Anordnung einer Testamentsvollstreckung mit dem Ziel der Auseinandersetzung der Erbengemeinschaft, scheidet ebenfalls eine Vermittlung der Auseinadersetzung nach § 363 Abs. 1 2. Hs. FamFG aus (siehe dazu Keidel/*Zimmermann* § 363 Rn. 27).

3. Kosten und Gebühren. Die Gebühren des **Notars** richten sich nach Nr. 23900 bis 23903 KV GNotKG; der **Geschäftswert** bestimmt sich nach § 118a GNotKG (Keidel/*Zimmermann* § 363 Rn. 95). Der **Rechtsanwalt** erhält für das Verfahren die sich aus dem RVG in bürgerlichen Streitigkeiten ergebenden Gebühren.

4. Rechtsmittel. Gegen die Ablehnung des Antrages kann der Antragsteller die **befristete Beschwerde** nach §§ 58, 59 Abs. 2 FamFG erheben. Das Rechtsmittel ist beim Nachlassgericht einzulegen; die Beschwerdefrist beträgt 1 Monat, § 63 FamFG. Soweit der Notar das Verfahren einleitet, können die Verfahrensbeteiligten kein Rechtsmittel einlegen, da noch keine Endentscheidung vorliegt (Keidel/*Zimmermann* § 363 Rn. 92); zur Möglichkeit der Einlegung der Erinnerung s. § 492 Abs. 2 FamFG (Keidel/*Engelhardt* § 492 Rn. 1, 4).

Nacherbschaft (§§ 2100 ff. BGB)

10. Pfändung gegenüber dem Vorerben

Mit der Einsetzung von **Vor- und Nacherben** (§ 2100 BGB) kann der Erblasser das Schicksal seines Nachlasses durch eine Verfügung von Todes wegen über einen längeren Zeitraum festlegen. Der Vorerbe ist als Nachfolger des Erblassers Erbe auf Zeit und rückt umfänglich in die Rechtsstellung des Erblassers ein. Der Nachlass bildet ein vom übrigen Vermögen des Erben getrenntes Sondervermögen. Die Verfügungsbefugnis des Vorerben erstreckt sich auf dem gesamten Nachlass. Er kann sein Erbrecht übertragen oder verpfänden. Die Wirksamkeit dieser Verfügung im Nacherbfall bestimmt sich nach §§ 2113–2115 BGB. Verfügungen, die der Gläubiger gemeinsam mit dem Schuldner und seinen Mitvorerben über einzelne zum Nachlass gehörende Gegenstände oder Rechte trifft, sind unwirksam, soweit sie das Rechts des Nacherben vereiteln oder beeinträchtigen; zur Ausnahme s. § 2136 BGB.

Die **Gläubiger des Vorerben** können sowohl in den Nachlass als auch in das übrige Vermögen des **Vorerben** vollstrecken. Es genügt ein gegen den Vorerben gerichtetes Urteil. Zur Wirksamkeit der Pfändung ist die Zustellung an den Nacherben nicht erforderlich. **Drittschuldner** sind nur die **übrigen Mitvorerben**. Der Gläubiger unterliegt den Verfügungsbeschränkungen nach den § 2112 ff. BGB. Der Nacherbe kann die **Widerspruchsklage nach § 773 ZPO** erheben, sofern die Veräußerung oder Überweisung im Falle des Eintritts der Nacherbfolge nach § 2115 BGB unwirksam ist; → Form. P. IX. 5). Für den Gläubiger besteht die Möglichkeit, den gepfändeten Miterbenanteil zur Einziehung überweisen zu lassen oder nach §§ 844, 857 Abs. 5 ZPO mit der Maßgabe zu verwerten, dass dadurch das Recht des Nacherben nicht berührt wird. Zu dem Antrag auf anderweitige Verwertung → Form. H. IV. 5.

11. Pfändungsbeschränkung bei Erbschaftsnutzung (§ 863 ZPO)

§ 863 Abs. 1 ZPO nimmt die Nutzungen des Vorerben an der Vorerbschaft in gewissem Umfang vom Zugriff der persönlichen Gläubigers aus. Voraussetzung für die Freistellung der Nutzung ist, dass es sich beim Schuldner um einen pflichtteilsberechtigten Abkömmling des Erblassers nach §§ 2303 ff., 2338a BGB handelt. Zudem muss die Nacherbfolge aufgrund Verschwendung oder Überschuldung als Enterbung in guter Absicht (§ 2338 BGB) oder bezüglich des Anteils an der fortgesetzten Gütergemeinschaft angeordnet sein. § 863 ZPO ist vom Vollstreckungsgericht von Amts wegen zu beachten. Ein Verstoß gegen die Pfändungsbeschränkung kann von dem Schuldner, Nacherben oder Testamentsvollstrecker (OLG Bremen JurBüro 1983, 1572) im Wege der **Erinnerung nach § 766 ZPO** geltend gemacht werden.

Nach § 863 **Abs. 2 ZPO** besteht die Pfändungsbeschränkung nicht gegenüber Nachlassgläubigern (§§ 1967 ff. BGB); ebenso nicht, wenn ein auch dem Nacherben gem. §§ 2112 ff. BGB bzw. dem Testamentsvollstrecker gem. §§ 2209 ff. BGB gegenüber wirksames Recht geltend gemacht wird.

§ 863 Abs. 1 und Abs. 2 gelten entsprechend, wenn der Anteil eines Abkömmlings am **Gesamtgut der fortgesetzten Gütergemeinschaft** nach § 1513 Abs. 2 BGB einer Beschränkung unterworfen ist (**§ 863 Abs. 3 ZPO**).

12. Pfändung des Nacherbenanteils bei Mitnacherbschaft

[Das amtliche Formular „Pfändungs- und Überweisungsbeschluss[1]" ist entsprechend den dortigen Anmerkungen auszufüllen. Auf Seite 4 (bzw. Seite 5) des amtlichen Formulars sind das Feld „G" anzukreuzen und auf Seite 6 (bzw. Seite 7) des amtlichen Formulars unter „Anspruch G" aufzunehmen:]

Es werden

1. das angebliche Anwartschaftsrecht des Schuldners als Nacherbe,[2] nach dem am ..... in ..... verstorbenen ..... (Namen des Erblassers) und

2. der angebliche Anspruch gegen den/die Vorerben als Drittschuldner[3] auf Herausgabe des Nachlasses an den Gerichtsvollzieher/Treuhänder/Sequester

[Ergänzung im Falle der Anordnung der Testamentsvollstreckung/Nachlassverwaltung]
und den/die Testamentsvollstreckers/Nachlassverwalters als weitere(r) Drittschuldner

gepfändet.[7]

[Zudem ist auf Seite 8 (bzw. Seite 9) des amtlichen Formular in dem Feld „Es wird angeordnet, dass" das freie Kästchen anzukreuzen und dort einzutragen:]

die Erbschaft an einen vom Gläubiger zu beauftragenden Gerichtsvollzieher/einen vom Vollstreckungsgericht zu bestellenden Treuhänder/einen auf Antrag des Gläubigers vom Amtsgericht der belegenen Sache zu bestellenden Sequester herauszugeben ist.[4]]

[Auf Seite 8 des amtliches Formulars ist in dem letzten Feld (bzw. auf Seite 10 das erste Feld) kein Kästchen „zu der Möglichkeit der Überweisung" anzukreuzen. Stattdessen ist auf Seite 9 des amtliches Formulars in dem ersten Feld (bzw. auf Seite 10 in dem zweiten Feld) das freie Kästchen anzukreuzen und dort einzutragen:]

Zugleich werden der gepfändete Erbteil und die gepfändeten Ansprüche dem Gläubiger zur Einziehung überwiesen.[5]

[Gehört zu dem Nachlass auch ein Grundstück und wird die Eintragung der Pfändung ins Grundbuch beantragt, ist auf Seite 3 (bzw. Seite 4 unter „ IV. Kosten") des amtlichen Formulars das Feld „gemäß Anlage(n)" anzukreuzen, dort die Eintragungskosten einzutragen und ggf. unter Beifügung einer Anlage aufzunehmen:]

Kosten der Eintragung ins Grundbuch[6]

Anmerkungen

1. → Form. H. I. 2 (bzw. → Form. H. I. 6 bei Unterhaltsforderungen). Hinsichtlich der weiteren Einzelheiten zum Pfändungs- und Überweisungsbeschluss wird auf die dortigen Anmerkungen Bezug genommen.

2. Der **Nacherbe** hat bis zum Eintritt des Erbfalls nur eine unsichere Aussicht auf den Erwerb der Erbschaft. Diese Rechtsstellung ist nicht pfändbar. Mit dem **Eintritt des Vorerbfalls** erlangt der Nacherbe eine unentziehbare gesicherte Rechtsposition. Dieses **erbrechtliche Anwartschaftsrecht** ist übertragbar und durch die Gläubiger des Nacherben **nach § 857 ZPO pfändbar** (BGHZ 37, 319, 326 = NJW 1962, 1910, gleichzeitig zum fehlenden Anwartschaftsrecht eines Schlusserben im Falle eines Berliner Testaments; BGHZ 87, 367, 369). **Gegenstand der Pfändung** ist das Anwartschaftsrecht als solches, nicht die einzelnen Befugnisse, wie zB der künftige Herausgabeanspruch. Der Gläubiger kann mit der Pfändung die dem Nacherben zustehenden Rechte nach §§ 2121 ff., 2127 ff. BGB ausüben. Die Pfändung kann ins Grundbuch eingetragen werden (→ Form. I. IV. 14). Die Pfändung hindert den Nacherben nicht, die Nacherbschaft auszuschlagen und die Pfändung damit gegenstandslos zu machen. Die Ausschlagung der Erbschaft ist der Anfechtung nach den §§ 1 ff. AnfG entzogen (*Huber* § 1 Rn. 26).

3. Drittschuldner sind die **anderen Mitnacherben,** sofern solche vorhanden sind. Dagegen ist der Vorerbe nach hM nicht als Drittschuldner iSd § 857 Abs. 2 ZPO anzusehen, so dass die Pfändung bereits mit der Zustellung an den Nacherben wirksam ist (Staudinger/*Avenarius* § 2100 Rn. 79; aA LG Stuttgart ZEV 2010, 578; MüKoBGB/*Grunsky* § 2100 Rn. 41). Sicherheitshalber sollte ebenfalls der Vorerbe als Drittschuldner aufgeführt und auch an diesen zugestellt werden.

4. Mit dem Pfändungs- und Überweisungsbeschluss kann auf Antrag des Gläubigers bereits die **Herausgabe** an einen Gerichtsvollzieher (§ 847 ZPO), Treuhänder (§ 847a ZPO) oder Sequester (§ 848 ZPO) angeordnet werden. Auch eine nachträgliche Anordnung ist möglich. Der **Herausgabeanspruch** ist nach dem Eintritt des Vorerbfalls für Gläubiger des Nacherben als künftiges Recht gesondert pfändbar.

5. Die **Verwertung** erfolgt vor Eintritt des Nacherbfalls nach §§ 857 Abs. 5, 844 ZPO durch Versteigerung oder freihändigen Verkauf des Anwartschaftsrechts. Zu dem Antrag gem. § 844 ZPO → Form. H. IV. 5. Weder für den Vorerben noch für den Mitnacherben besteht ein Vorkaufsrecht (BGH NJW 1977, 37). Mit dem **Eintritt des Nacherbfalls** setzt sich das Pfandrecht an dem Herausgabeanspruch nach § 2130 BGB sowie an den zum Nachlass gehörenden Forderungen, aber nicht an den in den Nachlass fallenden Sachen fort. Der Gläubiger kann die Herausgabe nach §§ 846 ff. ZPO verlangen.

6. Zur Eintragung der Pfändung ins Grundbuch → Form. I. IV. 14.

7. Kosten und Gebühren/Rechtsmittel. → Form. H. I. 2 Anm. 61 ff.

13. Pfändung des Nacherbenanteils bei Alleinnacherbschaft

[Das amtliche Formular „Pfändungs- und Überweisungsbeschluss[1]" ist entsprechend den dortigen Anmerkungen auszufüllen. Auf Seite 4 (bzw. Seite 5) des amtlichen Formulars sind das Feld „G" anzukreuzen und auf Seite 6 (bzw. Seite 7) des amtlichen Formulars unter „Anspruch G" aufzunehmen:]

Es werden

1. das angebliche Anwartschaftsrecht des Schuldners als Nacherbe,[2] nach dem am . . . . . in . . . . . verstorbenen . . . . . (Namen des Erblassers) und

2. der angebliche Anspruch gegen den/die Miterben/Nachlasspfleger[3] als Drittschuldner[4]

[Ergänzung im Falle der Anordnung der Testamentsvollstreckung/Nachlassverwaltung]
und den/die Testamentsvollstreckers/Nachlassverwalters als weitere(r) Drittschuldner

auf Auseinandersetzung des Nachlasses

gepfändet.[8]

[Zudem ist auf Seite 8 (bzw. Seite 9) des amtlichen Formulars in dem Feld „Es wird angeordnet, dass" das freie Kästchen anzukreuzen und dort einzutragen:]

die dem Schuldner bei der Auseinandersetzung der Nachlasses zukommenden Sachen an einen vom Gläubiger zu beauftragenden Gerichtsvollzieher/einen vom Vollstreckungsgericht zu bestellenden Treuhänder/einen auf Antrag des Gläubigers vom Amtsgericht der belegenen Sache zu bestellenden Sequester zum Zwecke der Verwertung herauszugeben ist.[5]

[Auf Seite 8 des amtliches Formulars ist in dem letzten Feld (bzw. auf Seite 10 das erste Feld) kein Kästchen „zu der Möglichkeit der Überweisung" anzukreuzen. Stattdessen ist auf Seite 9 des amtliches Formulars in dem ersten Feld (bzw. auf Seite 10 in dem zweiten Feld) das freie Kästchen anzukreuzen und dort einzutragen:]

Zugleich werden der gepfändete Erbteil und die gepfändeten Ansprüche dem Gläubiger zur Einziehung überwiesen.[6]

[Gehört zu dem Nachlass auch ein Grundstück und wird die Eintragung der Pfändung ins Grundbuch beantragt, ist auf Seite 3 (bzw. Seite 4 unter „ IV. Kosten") des amtlichen Formulars das Feld „gemäß Anlage(n)" anzukreuzen, dort die Eintragungskosten einzutragen und ggf. unter Beifügung einer Anlage aufzunehmen:]

Kosten der Eintragung ins Grundbuch[7]

Anmerkungen

1. → Form. H. I. 2 (bzw. → Form. H. I. 6 bei Unterhaltsforderungen). Hinsichtlich der weiteren Einzelheiten zum Pfändungs- und Überweisungsbeschluss wird auf die dortigen Anmerkungen Bezug genommen.

2. → Form. I. IV. 12 Anm. 2.

3. Gepfändet werden kann auch das **Anwartschaftsrecht des Nacherben an einem Miteigentumsanteil.** Die Pfändung erfolgt nach § 859 Abs. 2 ZPO.

4. **Drittschuldner** sind die anderen Mitnacherben. Sind diese noch nicht bekannt, reicht die Zustellung an den Vorerben. Mit dem Eintritt des Nacherbfalls setzt sich das Pfandrecht an dem Nachlassanteil des Miterben fort.

5. Mit dem Pfändungs- und Überweisungsbeschluss kann auf Antrag des Gläubigers bereits die **Herausgabe** an einen Gerichtsvollzieher (§ 847 ZPO), Treuhänder (§ 847a ZPO) oder Sequester (§ 848 ZPO) angeordnet werden. Auch eine nachträgliche Anordnung ist möglich. Der **Herausgabeanspruch** ist nach dem Eintritt des Vorerbfalls für Gläubiger des Nacherben als künftiges Recht gesondert pfändbar.

6. Die **Verwertung** erfolgt vor Eintritt des Nacherbfalls nach §§ 857 Abs. 5, 844 ZPO durch Versteigerung oder freihändigen Verkauf des Anwartschaftsrechts. Zu dem Antrag gem. § 844 ZPO → Form. H. IV. 5. Weder für den Vorerben noch für den Mitnacherben besteht ein Vorkaufsrecht (BGH NJW 1977, 37). Mit dem **Eintritt des Nacherbfalls** setzt sich das Pfandrecht an dem Herausgabeanspruch nach § 2130 BGB sowie an den zum

Nachlass gehörenden Forderungen, aber nicht an den in den Nachlass fallenden Sachen fort. Der Gläubiger kann die Herausgabe nach §§ 846 ff. ZPO verlangen.

7. Zur Eintragung der Pfändung ins Grundbuch → Form. I. IV. 14.

8. Kosten und Gebühren/Rechtsmittel. → Form. H. I. 2 Anm. 61 ff.

14. Antrag auf Eintragung der Pfändung des Nacherbenanteils ins Grundbuch

An das

Amtsgericht . . . . .[1]

Grundbuchamt

In der Zwangsvollstreckungssache

. . . .

Hiermit zeigen wir an, dass wir den Gläubiger vertreten. Namens und in Vollmacht unseres Mandanten überreichen wir die Ausfertigung des Pfändungs- und Überweisungsbeschlusses/Pfändungsbeschlusses des Amtsgerichts . . . . . vom . . . . ., Az. . . . . ., nebst Zustellungsnachweise.

Wir beantragen,

die Pfändung des (Mit-)Nacherbenanteils an dem ungeteilten Nachlass ins Grundbuch einzutragen[2] und – sofern erforderlich – das Grundbuch des Amtsgerichts . . . . . Blatt . . . . . Band . . . . . durch Eintragung des Nacherbenvermerks (§ 51 GBO) zu berichtigen.[3]

Wir bitten anschließend um die Rücksendung der Vollstreckungsunterlagen. Gleichzeitig bitten wird darum, uns die Gebühren der Eintragung aufzugeben sowie die Eintragungsnachricht zu übersenden.

. . . . .

Rechtsanwalt[4]

Anmerkungen

1. Örtlich zuständig ist das Amtsgericht als Grundbuchamt, in dem das Grundbuch für das Grundstück geführt wird (vgl. § 1 GBO).

2. Die Pfändung des Nacherbenrechts kann auf Antrag **berichtigend im Grundbuch** eingetragen werden, wenn zum Nachlass ein Grundstück gehört (RGZ 83, 434 für das rechtsgeschäftliche Pfandrecht). Für die Eintragung muss die Wirksamkeit der Pfändung nachgewiesen werden (§ 22 GBO). Dazu gehört die Vorlage des Pfändungs-/Pfändungs- und Überweisungsbeschlusses sowie der Urkunden über die Zustellung an die Miterben bzw. an den Schuldner.

3. Voraussetzung für die Eintragung ist die **Voreintragung des Nacherbenvermerks** (§ 51 GBO). Der Pfändungsgläubiger ist befugt, die Eintragung des Nacherbenvermerks zu beantragen (§ 14 GBO). Den Nachweis der Nacherbschaft kann er durch Vorlage eines entsprechenden Erbscheins (§ 35 Abs. 1 S. 1 GBO) oder Vorlage einer in öffentlicher

Urkunde enthaltenen Verfügung von Todes wegen mit Eröffnungsniederschrift (§ 35 Abs. 1 S. 2 GBO) führen.

4. Kosten und Gebühren. Das **Gericht** erhält gemäß Nr. 14130 KV GNotKG iVm der Vorbemerkung 1.4.1.2 KV GNotKG bei der Eintragung eine $^1/_2$-Gebühr (Tabelle B) nach dem Wert des § 53 Abs. 2 GNotKG. Die Tätigkeit des **Rechtsanwalts** ist mit der 0,3 Gebühr nach Nr. 3309 VV RVG abgedeckt.

Pflichtteilsansprüche (§§ 2303 ff. BGB)

15. Pfändung des Anspruchs auf Zahlung des Pflichtteils

[Das amtliche Formular „Pfändungs- und Überweisungsbeschluss[1]“ ist entsprechend den dortigen Anmerkungen auszufüllen. Auf Seite 4 (bzw. Seite 5) des amtlichen Formulars sind das Feld „G“ anzukreuzen und auf Seite 6 (bzw. Seite 7) des amtlichen Formulars unter „Anspruch G“ aufzunehmen:]

Es wird der angebliche Anspruch des Schuldners[2] gegen den/die Drittschuldner[3] auf Zahlung des Pflichtteils nach dem am . . . . . in . . . . . verstorbenen . . . . . [Name des Erblassers] gepfändet.[4, 6]

[Auf Seite 9 des amtliches Formulars ist in dem ersten Feld (bzw. auf Seite 10 in dem zweiten Feld) das freie Kästchen anzukreuzen und dort einzutragen:]

Eine Verwertung darf erst erfolgen, wenn der Pflichtteilsanspruch vertraglich anerkannt ist oder Rechtshängigkeit des Anspruchs vorliegt.[5]

Anmerkungen

1. → Form. H. I. 2 (bzw. → Form. H. I. 6 bei Unterhaltsforderungen). Hinsichtlich der weiteren Einzelheiten zum Pfändungs- und Überweisungsbeschluss wird auf die dortigen Anmerkungen Bezug genommen.

2. Das **Pflichtteilsrecht** sichert Abkömmlingen (§ 2303 Abs. 1 BGB), Eltern, dem Ehepartner oder dem eingetragenen Lebenspartner (§§ 2303 Abs. 2 BGB, 10 Abs. 6 LPartG) eine Beteiligung in Höhe des Wertes der Hälfte des gesetzlichen Erbteils an dem Nachlass für den Fall, dass sie von dem Erblasser durch Verfügung von Todes wegen von der Erbfolge ausgeschlossen sind. Zu dem Pflichtteil gehören auch der Anspruch auf den Zusatzpflichtteil (§ 2305 BGB), der Pflichtteilsergänzungsanspruch (§ 2325 BGB), der Anspruch gegen den Beschenkten (§ 2329 BGB) sowie der Anspruch des ausgeschlossenen Abkömmlings nach § 1511 Abs. 2 BGB (zu den Einzelheiten des Pflichtteilsrechts siehe die Darstellung bei Burandt/Rojahn/*Müller* § 2303 Rn. 1 ff.). Zur Pfändung des Pflichtteil siehe auch (Auswahl): *Behr*, Pfändung des Pflichtteils, JurBüro 1996, 65; *Enzensberger/Roth*, Der Pflichtteilsanspruch in der Pfändung und in der Insolvenz, NJW-Spezial 2009, 263; *Greve*, Zur Pfändung des Pflichtteils nach § 852 ZPO, ZIP 1996, 699; *Keim*, Die unergiebige Pfändung des Pflichtteilsanspruchs, ZEV 1998, 123; *Klumpp*, Der Pflichtteilsanspruch als Gegenstand des Rechtsverkehrs und als Vollstreckungsobjekt, ZEV 1998, 123; *Kuchinke*, Der Pflichtteilsanspruch als Gegenstand des Gläubigerzugriffs, NJW 1994, 1769; *Perau*, Zur Pfändung eines Pflichtteilsanspruchs, ZEV 2009, 243; *Schneider*, Die Zwangsvollstreckung des Wertermittlungsanspruchs im Pflichtteilsrecht, ZEV 2011, 353; *Zeranski*, Die „vertragliche Anerkennung“ im Sinne des § 852 ZPO, NotBZ 2001, 19.

3. **Drittschuldner** ist der Erbe.

4. Der **Pflichtteilsanspruch** im Sinne des §§ 2303 bis 2338 BGB unterliegt erst der Pfändung, wenn **er durch Vertrag anerkannt oder rechtshängig geworden** ist (§ 852 Abs. 1 ZPO). Hierdurch soll eine Geltendmachung des Anspruchs gegen den Willen des Berechtigten verhindert werden. Die Anerkennung oder Rechtshängigkeit braucht der Gläubiger nicht im Pfändungsantrag als Pfändungsvoraussetzung darzulegen (BGH NJW-RR 2009, 997). Im Hinblick auf die Formulierung in § 852 Abs. 1 ZPO empfiehlt der BGH (NJW-RR 2009, 997) den Vollstreckungsgerichten, bis zu einer gesetzlichen Regelung in den Pfändungsbeschluss den Hinweis aufzunehmen, dass die Verwertung des Anspruchs erst erfolgen darf, wenn die Voraussetzungen des § 852 Abs. 1 ZPO vorliegen. Krit. *Stöber* Rn. 273b; dieser schlägt folgende Fassung des Überweisungsbeschlusses vor: **„Die Pfändung begründet ein vollwertiges Pfandrecht (§ 804 Abs. 1 ZPO) nur für den Fall, dass der Pflichtteilsanspruch durch Vertrag anerkannt oder rechtshängig geworden ist oder wird (§ 852 Abs. 1 ZPO). Erst damit erlangt der Gläubiger durch die Überweisung der gepfändeten Pflichtteilsforderung die uneingeschränkte Einziehungsbefugnis."**

Durch Vertrag anerkannt ist der Pflichtteilsanspruch dann, wenn zwischen dem Pflichtteilsberechtigten und dem Erben Einigung über das Bestehen des Pflichtteilsanspruchs besteht. Die Einhaltung einer Schriftform oder die Abgabe eines Schuldanerkenntnisses nach § 781 BGB ist nicht erforderlich (OLG Düsseldorf FamRZ 2000, 367, 368). Es reicht schlüssiges Verhalten, wobei im Einzelfall auch in der (Sicherungs-) Abtretung, Verpfändung oder sonstigen Belastung des Pflichtteilsanspruchs eine vertragliche Anerkennung gesehen werden kann (Burandt/Rojahn/*Müller* § 2317 Rn. 40). **Rechtshängig** ist der Anspruch im Falle der prozessualen Anhängigkeit (§§ 261 Abs. 1, Abs. 2, 700 Abs. 2 ZPO; siehe dazu auch Thomas/Putzo/*Reichold* § 261 Rn. 1 ff.). Ausreichend ist auch eine Feststellungsklage (BGH NJW 1973, 620). Mahnantrag, Prozesskostenhilfegesuch, Arrest bzw. einstweilige Verfügungen genügen indes nicht. Eine Rücknahme der Klage hat keine Auswirkungen mehr auf eine wirksame Pfändung des Pflichtteilsanspruchs.

Nach der Rechtsprechung des Bundesgerichtshofes (BGHZ 123, 183 = NJW 1993, 2876; NZI 2009, 191; NJW-RR 2009, 997) kann der Pflichtteilsanspruch schon vor vertraglicher Anerkennung oder Rechtshängigkeit als in seiner zwangsweisen Verwertbarkeit **aufschiebend bedingter Anspruch** gepfändet werden. In diesem Falle erwirbt der Pfändungsgläubiger bei Eintritt der Verwertungsvoraussetzungen ein vollwertiges Pfandrecht, dessen Rang sich nach dem Zeitpunkt der Pfändung bestimmt. Voraussetzung ist jedoch, dass zum Zeitpunkt der Pfändung bereits der Pflichtteilsanspruch mit dem Erbfall entstanden ist (§ 2317 Abs. 1 BGB). Vor dem Erbfall besteht kein pfändbares Anwartschaftsrecht (Zöller/*Stöber* § 852 Rn. 3).

Die **Pfändung** des Pflichtteilsanspruchs erfolgt **als Geldforderung nach § 829 ZPO**. Im Falle der Pfändung eines Anspruchs des Pflichtteilsberechtigten gegen einen Beschenkten (§ 2329 BGB) muss unter Umständen nach §§ 846, 847 ZPO vollstreckt werden (→ Form. I. VII. 47 ff.). Im Pfändungsantrag braucht der Vollstreckungsgläubiger die Voraussetzungen einer Anerkennung oder Rechtshängigkeit noch nicht darzulegen; hierzu ist er auch in der Praxis selten in der Lage. Sofern noch nicht feststeht, ob der Schuldner Miterbe oder Pflichtteilsberechtigter ist, können sowohl der **Pflichtteilsanspruch** als auch die **Miterbenstellung** gepfändet werden (Zöller/*Stöber* § 852 Rn. 4). Insoweit sind die → Form. I. IV. 4 und → Form. I. IV. 15 zu verbinden. Mit der Pfändung erwirbt der Vollstreckungsgläubiger auch die Nebenrechte des Pflichtteilsberechtigten auf Auskunft und Rechnungslegung. Daher bedarf es keiner gesonderten Pfändung dieser Ansprüche.

5. Die **Verwertung** erfolgt im Wege der Überweisung zur Einziehung. Diese ist nach Auffassung des BGH (NJW-RR 2009, 997) erst zulässig, wenn die Voraussetzungen des § 852 Abs. 1 ZPO vorliegen. Der Gläubiger kann in entsprechender Anwendung von

§ 836 Abs. 3 ZPO Auskunft vom Schuldner verlangen, ob die Voraussetzungen des § 852 Abs. 1 ZPO vorliegen und die Überweisung beim Vollstreckungsgericht beantragt werden kann (BGH NJW-RR 2009, 997, 999). Nach aA (Zöller/*Stöber* § 852 Rn. 3) kann der Überweisungsbeschluss unmittelbar ergehen; der Gläubiger muss erst im Rahmen der späteren Einziehung des Pflichtteils die in § 852 Abs. 1 ZPO bestimmten Voraussetzungen für eine Pfändung des Pflichtteilsanspruchs darlegen und gegebenenfalls beweisen.

6. Kosten und Gebühren/Rechtsmittel. → Form. H. I. 2 Anm. 61 ff.

16. Pfändung des Anspruchs auf Zahlung des Pflichtteils bei Testamentsvollstreckung/Nachlassverwaltung

[Das amtliche Formular „Pfändungs- und Überweisungsbeschluss[1]“ ist entsprechend den dortigen Anmerkungen auszufüllen. Auf Seite 4 (bzw. Seite 5) des amtlichen Formulars sind das Feld „G“ anzukreuzen und auf Seite 6 (bzw. Seite 7) des amtlichen Formulars unter „Anspruch G“ aufzunehmen:]

Es wird der angebliche Anspruch des Schuldners[2] gegen den/die Erben als Drittschuldner[3] und den/die Testamentsvollstrecker als weiteren(r) Drittschuldner[4] auf Zahlung des Pflichtteils nach dem am . . . . . in . . . . . verstorbenen . . . . . [Name des Erblassers] gepfändet.[5, 7]

[Auf Seite 9 des amtliches Formulars ist in dem ersten Feld (bzw. auf Seite 10 in dem zweiten Feld) das freie Kästchen anzukreuzen und dort einzutragen:]

Eine Verwertung darf erst erfolgen, wenn der Pflichtteilsanspruch vertraglich anerkannt ist oder Rechtshängigkeit des Anspruchs vorliegt.[6]

Anmerkungen

1. → Form. H. I. 2 (bzw. → Form. H. I. 6 bei Unterhaltsforderungen). Hinsichtlich der weiteren Einzelheiten zum Pfändungs- und Überweisungsbeschluss wird auf die dortigen Anmerkungen Bezug genommen.

2. → Form. I. IV. 15 Anm. 2.

3. Drittschuldner ist der Erbe.

4. Im Falle des Bestehens einer Testamentsvollstreckung ist der **Testamentsvollstrecker** nicht Drittschuldner und braucht an sich nicht im dem Pfändungsbeschluss aufgeführt zu werden, da der Pflichtteilsanspruch nur gegen die Erben geltend gemacht werden kann (§ 2213 Abs. 1 S. 3 ZPO). Da teilweise eine andere Auffassung vertreten wird, sollte der Testamentsvollstrecker vorsorglich als Drittschuldner bezeichnet werden. Gegebenenfalls bedarf es noch eines Duldungstitels gegen den Testamentsvollstrecker (vgl. § 2213 Abs. 3 ZPO).

5. → Form. I. IV. 15 Anm. 4.

6. → Form. I. IV. 15 Anm. 5.

7. Kosten und Gebühren/Rechtsmittel. → Form. H. I. 2 Anm. 61 ff.

Vermächtnisse (§§ 1939, 2147 ff. BGB)

17. Pfändung des Anspruchs auf Erfüllung eines (Geld-) Vermächtnisses

[Das amtliche Formular „Pfändungs- und Überweisungsbeschluss[1]" ist entsprechend den dortigen Anmerkungen auszufüllen. Auf Seite 4 (bzw. Seite 5) des amtlichen Formulars sind das Feld „G" anzukreuzen und auf Seite 6 (bzw. Seite 7) des amtlichen Formulars unter „Anspruch G" aufzunehmen:]

Es wird der angebliche Forderung des Schuldners[2] gegen den/die Drittschuldner[3] auf Auszahlung des ihm von dem am ..... in ..... verstorbenen ..... (Bezeichnung des Erblassers) durch letztwillige Verfügung vom ..... zugewandten (Geld-) Vermächtnisses in Höhe von ..... EUR gepfändet.[4, 5]

Anmerkungen

1. → Form. H. I. 2 (bzw. → Form. H. I. 6 bei Unterhaltsforderungen). Hinsichtlich der weiteren Einzelheiten zum Pfändungs- und Überweisungsbeschluss wird auf die dortigen Anmerkungen Bezug genommen.

2. Ein **Vermächtnis** ist die Zuwendung eines Vermögensvorteils von Todes wegen, durch die der Erblasser dem Bedachten einen Anspruch auf eine Leistung gegen den beschwerten Erben oder einen Vermächtnisnehmer zuwendet (§§ 1939, 2147 bis 2191 BGB). Vermacht werden kann alles, was durch Leistung übertragen bzw. begründet werden kann, zB ein Geldbetrag, das Eigentum an einer unbeweglichen oder beweglichen Sache, der Nießbrauch, ein Gesellschaftsanteil etc. Zu den verschiedenen Vermächtnisarten siehe die Übersicht bei NK-BGB/*Mayer* § 1939 Rn. 12). Der schuldrechtliche Anspruch auf Leistung des vermachten Gegenstandes (§ 2174 BGB) entsteht mit dem Erbfall (§ 2176 BGB) und setzt die Kenntnis des Bedachten vom Erbfall nicht voraus. Siehe auch (Auswahl): *Gutbell*, Zum Pfändungsschutz von Vorerben und Vermächtnisnehmern, ZEV 2001, 157; *Kellbach*, Die Auskunftsrechte des Vermächtnisnehmers, FamRZ 1996, 1191.

3. Drittschuldner ist **der jeweils beschwerte Erbe** bzw. bei einem Untervermächtnis **der Hauptvermächtnisnehmer.**

4. Mit seiner **Entstehung** kann der Vermächtnisanspruch abgetreten (RGZ 67, 425) und auch **gepfändet** werden (MüKoBGB/*Rudy* § 2174 Rn. 15). Die Pfändung bei einem **Geldvermächtnis** erfolgt nach § 829 ZPO. Soweit als Vermächtnis dem Schuldner fortlaufende Einkünfte ausgesetzt worden sind, können diese Leistungen auf Grund der Fürsorge und Freigiebigkeit des Erblassers dem **besonderen Pfändungsschutz des § 850b Abs. 1 Nr. 3 ZPO** unterliegen. Die mit der Pfändung verbundene Beschlagnahme erstreckt sich auch auf alle Nebenrechte, die im Falle einer Abtretung des Hauptrechts nach §§ 412, 401 BGB auf den Gläubiger übergehen (BGH NJW-RR 2003, 1555). Hierzu gehören auch etwaige Auskunfts- und Rechnungslegungsansprüche des Vermächtnisnehmers, so dass es keines gesonderten Ausspruchs bedarf.

Solange der Bedachte das Vermächtnis noch nicht angenommen hat, kann er dieses ausschlagen (§ 2180 BGB). Eine Frist hierfür besteht nicht und kann auch nicht vom Beschwerten gesetzt werden; siehe aber § 2307 Abs. 2 BGB, wenn ein Pflichtteilsberechtigter mit einem Vermächtnis bedacht ist. Der Erblasser kann das Vermächtnis unter der aufschiebenden Bedingung anordnen, dass der Bedachte binnen bestimmter Frist die Annahme erklärt (BGH NJW 1979, 917). Im Falle einer späteren Ausschlagung läuft eine bereits ausgebrachte Pfändung ins Leere. **Vor dem Erbfall** hat der Vermächtnisnehmer noch **kein Anwartschaftsrecht.** Dies gilt selbst bei einer bereits bindend erfolgten erbvertraglichen Einsetzung. Damit scheidet eine Pfändung vor dem Erbfall aus. Ist das Vermächtnis unter einer **aufschiebenden Bedingung** oder **Bestimmung eines Anfangstermins** angeordnet, die bis zum Erbfall noch nicht eingetreten ist, so fällt es erst mit deren Eintritt an (§ 2177 BGB). Dem aufschiebend bedingt oder befristet eingesetzten Vermächtnisnehmer steht in der Zeit zwischen dem Erbfall und dem späteren Anfall des Vermächtnisses bereits eine geschützte Anwartschaft zu (§ 2179 BGB). Dieses **Anwartschaftsrecht** ist übertragbar und kann gepfändet werden (MüKoBGB/*Rudy* § 2179 Rn. 7). Zur Pfändung eines Anwartschaftsrechts → Form. I. VII. 6.

Dem beim **Erbfall noch nicht Erzeugten** fällt das Vermächtnis mit seiner Geburt an (§ 2178 Alt. 1 BGB). Bestimmt ein nach dem Erbfall eintretendes Ereignis den Bedachten (§ 2178 Alt. 2 BGB), so fällt das Vermächtnis mit dem Eintritt dieses Ereignisses an. Auch insoweit findet § 2179 BGB Anwendung.

5. Kosten und Gebühren/Rechtsmittel. → Form. H. I. 2 Anm. 61 ff.

18. Pfändung des Anspruchs auf Erfüllung eines (Geld-) Vermächtnisses bei Testamentsvollstreckung

[Das amtliche Formular „Pfändungs- und Überweisungsbeschluss[1]" ist entsprechend den dortigen Anmerkungen auszufüllen. Auf Seite 4 (bzw. Seite 5) des amtlichen Formulars sind das Feld „G" anzukreuzen und auf Seite 6 (bzw. Seite 7) des amtlichen Formulars unter „Anspruch G" aufzunehmen:]

Es wird der angebliche Forderung des Schuldners[2] gegen den/die Beschwerten als Drittschuldner[3] und den/die Testamentsvollstrecker als weitere(r) Drittschuldner[4] auf Auszahlung des ihm von dem am ..... in ..... verstorbenen ..... (Bezeichnung des Erblassers) durch letztwillige Verfügung vom ..... zugewandten (Geld-) Vermächtnisses in Höhe von ..... EUR gepfändet.[5, 6]

Anmerkungen

1. → Form. H. I. 2 (bzw. → Form. H. I. 6 bei Unterhaltsforderungen). Hinsichtlich der weiteren Einzelheiten zum Pfändungs- und Überweisungsbeschluss wird auf die dortigen Anmerkungen Bezug genommen.

2. → Form. I. IV. 17 Anm. 2.

3. Drittschuldner ist der jeweils beschwerte Erbe bzw. bei einem Untervermächtnis **der Hauptvermächtnisnehmer.**

4. Im Falle der Anordnung einer Testamentsvollstreckung kann der **Testamentsvollstrecker** als weiterer Drittschuldner in den Pfändungs- und Überweisungsbeschluss aufgeführt werden. Mit der Überweisung erhält der Vollstreckungsgläubiger das Recht, eine Befriedigung durch Einziehung des Geldvermächtnisses in Höhe seiner Forderung zu erlangen.

5. → Form. I. IV. 16 Anm. 4.

6. **Kosten und Gebühren/Rechtsmittel.** → Form. H. I. 2 Anm. 61 ff.

19. Pfändung des Anspruchs auf Erfüllung eines Stückvermächtnisses an einer beweglichen Sache

[Das amtliche Formular „Pfändungs- und Überweisungsbeschluss[1]" ist entsprechend den dortigen Anmerkungen auszufüllen. Auf Seite 4 (bzw. Seite 5) des amtlichen Formulars sind das Feld „G" anzukreuzen und auf Seite 6 (bzw. Seite 7) des amtlichen Formulars unter „Anspruch G" aufzunehmen:]

Es wird der angebliche Forderung des Schuldners[2] gegen den/die Beschwerten als Drittschuldner[3]

> *[Ergänzung für den Fall der Anordnung einer Testamentsvollstreckung:]*
> **und den/die Testamentsvollstrecker als weitere(r) Drittschuldner[4]**

auf Übergabe und Übereignung des Eigentums an dem ihm von dem am . . . . . in . . . . . verstorbenen . . . . . (Bezeichnung des Erblassers) durch letztwillige Verfügung vom . . . . . als Vermächtnis zugewandten . . . . . (nähere Bezeichnung der Sache) gepfändet.[5, 6]

[Auf Seite 8 (bzw. Seite 9) des amtlichen Formular ist in dem Feld „Es wird angeordnet, dass" das freie Kästchen anzukreuzen und dort einzutragen:]

die Sache an einen vom Gläubiger zu beauftragenden Gerichtsvollzieher herauszugeben ist.

Anmerkungen

1. → Form. H. I. 2 (bzw. → Form. H. I. 6 bei Unterhaltsforderungen). Hinsichtlich der weiteren Einzelheiten zum Pfändungs- und Überweisungsbeschluss wird auf die dortigen Anmerkungen Bezug genommen.

2. Zum **Vermächtnis** → Form. I. IV. 17 Anm. 2.

3. **Drittschuldner ist der jeweils beschwerte Erbe** bzw. bei einem Untervermächtnis der **Hauptvermächtnisnehmer.**

4. Im Falle der Anordnung einer Testamentsvollstreckung kann der **Testamentsvollstrecker** als weiterer Drittschuldner in den Pfändungs- und Überweisungsbeschluss aufgeführt werden. Mit der Überweisung erhält der Vollstreckungsgläubiger das Recht, eine Befriedigung durch Einziehung des Geldvermächtnisses in Höhe seiner Forderung zu erlangen.

5. Die Pfändung eines Vermächtnisanspruchs auf **Leistung einer beweglichen Sache** erfolgt nach §§ 846, 847 iVm §§ 829, 835 ZPO. In dem Pfändungsbeschluss muss die Sache identifizierbar bezeichnet werden. Sofern der Erbe die Herausgabe verweigert, muss der Vollstreckungsgläubiger diesen im Wege der Leistungsklage auf Herausgabe in Anspruch nehmen. Die Vollstreckung aus dem Herausgabetitel erfolgt nach §§ 883 ff. ZPO. Zu den weiteren Einzelheiten der Vollstreckung nach §§ 846, 847 ZPO → Form. I. VII. 47 ff.

6. **Kosten und Gebühren/Rechtsmittel.** → Form. H. I. 2 Anm. 61 ff. sowie → Form. I. VII. 47 Anm. 7 für die mit der Herausgabe der beweglichen Sache verbundenen Kosten.

20. Pfändung des Anspruchs auf Erfüllung eines Wahlvermächtnisses an einer beweglichen Sache

[Das amtliche Formular „Pfändungs- und Überweisungsbeschluss[1]“ ist entsprechend den dortigen Anmerkungen auszufüllen. Auf Seite 4 (bzw. Seite 5) des amtlichen Formulars sind das Feld „G“ anzukreuzen und auf Seite 6 (bzw. Seite 7) des amtlichen Formulars unter „Anspruch G“ aufzunehmen:]

Es werden

1. die angeblichen Ansprüche des Schuldners[2] gegen den/die Beschwerten als Drittschuldner[3]

   [Ergänzung für den Fall der Anordnung einer Testamentsvollstreckung:]
   und den/die Testamentsvollstrecker als weitere(r) Drittschuldner[4]

auf Übergabe und Übereignung des Eigentums an der ihm von dem am ..... in ..... verstorbenen ..... (Bezeichnung des Erblassers) durch letztwillige Verfügung vom ..... als Vermächtnis zugewandten ..... (nähere Bezeichnung der Sache) oder ..... (nähere Bezeichnung der Sache) und

2. das Recht des Schuldners, die Wahl des Vermächtnisses auszuüben,[5]

gepfändet.[6]

[Auf Seite 8 (bzw. Seite 9) des amtlichen Formulars ist in dem Feld „Es wird angeordnet, dass“ das freie Kästchen anzukreuzen und dort einzutragen:]

die zu verschaffende Sache an einen vom Gläubiger zu beauftragenden Gerichtsvollzieher herauszugeben ist.

Anmerkungen

1. → Form. H. I. 2 (bzw. → Form. H. I. 6 bei Unterhaltsforderungen). Hinsichtlich der weiteren Einzelheiten zum Pfändungs- und Überweisungsbeschluss wird auf die dortigen Anmerkungen Bezug genommen.

2. Zum **Vermächtnis** → Form. I. IV. 17 Anm. 2.

3. **Drittschuldner** ist **der jeweils beschwerte Erbe** bzw. bei einem Untervermächtnis **der Hauptvermächtnisnehmer.**

4. Im Falle der Anordnung einer Testamentsvollstreckung kann der **Testamentsvollstrecker** als weiterer Drittschuldner in den Pfändungs- und Überweisungsbeschluss aufgeführt werden. Mit der Überweisung erhält der Vollstreckungsgläubiger das Recht, eine Befriedigung durch Einziehung des Geldvermächtnisses in Höhe seiner Forderung zu erlangen.

5. Der Erblasser kann ein Vermächtnis auch in der Art anordnen, dass der Bedachte von mehreren Gegenständen alternativ nur einen erhalten soll, jedoch die Bestimmung des zu leistenden Gegenstands einem anderem überträgt (**Wahlvermächtnis,** § 2154 BGB). Die Gegenstände müssen nur der Gattung nach bestimmt sein. Das Wahlrecht kann von dem Erblasser dem Bedachten, einem Dritten oder dem Erben übertragen werden; siehe dazu auch §§ 262 bis 265 BGB). Der Vollstreckungsgläubiger muss alle wahlweise geschuldeten Gegenstände entsprechend der jeweils maßgeblichen Bestimmungen (§§ 829, 846 ff. ZPO) einschließlich das Wahlrecht pfänden. Nach Ausübung des Wahlrechts kann dann die Verwertungshandlung erfolgen. Der Erblasser kann den vermachten Gegenstand auch nur der Gattung nach bestimmen (**Gattungsvermächtnis,** § 2155 BGB). In diesem Fall ist eine den Verhältnissen des Bedachten entsprechende Sache zu leisten.

6. Kosten und Gebühren/Rechtsmittel. → Form. H. I. 2 Anm. 61 ff. sowie → Form. I. VII. 47 Anm. 7 für die mit der Herausgabe der beweglichen Sache verbundenen Kosten.

21. Pfändung des Anspruchs auf Erfüllung eines Verschaffungsvermächtnisses an einer beweglichen Sache

[Das amtliche Formular „Pfändungs- und Überweisungsbeschluss[1]“ ist entsprechend den dortigen Anmerkungen auszufüllen. Auf Seite 4 (bzw. Seite 5) des amtlichen Formulars sind das Feld „G“ anzukreuzen und auf Seite 6 (bzw. Seite 7) des amtlichen Formulars unter „Anspruch G“ aufzunehmen:]

Es wird der angebliche Anspruch des Schuldners[2] gegen den/die Beschwerten als Drittschuldner[3]

[Ergänzung für den Fall der Anordnung einer Testamentsvollstreckung:]
und den/die Testamentsvollstrecker als weitere(r) Drittschuldner[4]

auf Verschaffung des ihm von dem am ..... in ..... verstorbenen ..... (Bezeichnung des Erblassers) durch letztwillige Verfügung vom ..... als Vermächtnis zugewandten ..... (nähere Bezeichnung der Sache) oder Entrichtung ihres/seines Wertes[5] gepfändet.[6]

[Auf Seite 8 (bzw. Seite 9) des amtlichen Formulars ist in dem Feld „Es wird angeordnet, dass“ das freie Kästchen anzukreuzen und dort einzutragen:]

die zu verschaffende Sache an einen vom Gläubiger zu beauftragenden Gerichtsvollzieher herauszugeben ist.

Anmerkungen

1. → Form. H. I. 2 (bzw. → Form. H. I. 6 bei Unterhaltsforderungen). Hinsichtlich der weiteren Einzelheiten zum Pfändungs- und Überweisungsbeschluss wird auf die dortigen Anmerkungen Bezug genommen.

2. Zum **Vermächtnis** → Form. I. IV. 17 Anm. 2.

3. Drittschuldner ist der **jeweils beschwerte Erbe** bzw. bei einem Untervermächtnis **der Hauptvermächtnisnehmer.**

4. Im Falle der Anordnung einer Testamentsvollstreckung kann der **Testamentsvollstrecker** als weiterer Drittschuldner in den Pfändungs- und Überweisungsbeschluss aufgeführt werden. Mit der Überweisung erhält der Vollstreckungsgläubiger das Recht, eine Befriedigung durch Einziehung des Geldvermächtnisses in Höhe seiner Forderung zu erlangen.

5. Durch ein **Verschaffungsvermächtnis** (§ 2170 BGB) wird ein Anspruch des Vermächtnisnehmers auf Übereignung von Sachen und Rechten begründet, die nicht zum Nachlass gehören. Der Beschwerte muss dem Bedachten den vermachten Gegenstand verschaffen. Ist der Beschwerte zur Verschaffung außerstande, so hat er den Wert zu entrichten (§ 2170 Abs. 1 S. 1 BGB). Den Verschaffungsanspruch kann der Bedachte im Wege der Leistungsklage verfolgen. Eine Vollstreckung erfolgt in diesem Fall nach § 887 ZPO, wenn der Gegenstand einem Dritten gehört. Ist der Beschwerte selbst zur Leistung in der Lage, richtet sich die Vollstreckung nach § 894 ZPO (siehe dazu MüKoBGB/*Rudy* § 2170 Rn. 8).

6. Kosten und Gebühren/Rechtsmittel. → Form. H. I. 2 Anm. 61 ff. sowie → Form. I. VII. 47 Anm. 7 für die mit der Herausgabe der beweglichen Sache verbundenen Kosten.

22. Pfändung des Anspruchs auf Erfüllung eines Vermächtnisses an einer unbeweglichen Sache

[Das amtliche Formular „Pfändungs- und Überweisungsbeschluss[1]" ist entsprechend den dortigen Anmerkungen auszufüllen. Auf Seite 4 (bzw. Seite 5) des amtlichen Formulars sind das Feld „G" anzukreuzen und auf Seite 6 (bzw. Seite 7) des amtlichen Formulars unter „Anspruch G" aufzunehmen:]

Es werden die angeblichen Ansprüche des Schuldners[2] gegen den/die Drittschuldner[3]

> ***[Ergänzung für den Fall der Anordnung einer Testamentsvollstreckung:]***
> **und den/die Testamentsvollstrecker als weitere(r) Drittschuldner[4]**

1. auf Übertragung des Eigentums an dem ihm von dem am ..... in ..... verstorbenen ..... (Bezeichnung des Erblassers) durch letztwillige Verfügung vom ..... als Vermächtnis[2] zugewandten Grundstücks, welches im Grundbuch des Amtsgerichts ..... Band ..... Blatt ..... verzeichnet ist (genaue Bezeichnung des Grundstücks), und

2. auf Herausgabe des Besitzes an dem vorgenannten Grundstück[5]

gepfändet.[6]

[Auf Seite 8 (bzw. Seite 9) des amtlichen Formulars ist in dem Feld „Es wird angeordnet, dass" das freie Kästchen anzukreuzen und dort einzutragen:]

das Grundstück an einen auf Antrag des Gläubigers vom Amtsgericht ..... zu bestellenden Sequester herauszugeben und an ihn aufzulassen ist.

Anmerkungen

1. → Form. H. I. 2 (bzw. → Form. H. I. 6 bei Unterhaltsforderungen). Hinsichtlich der weiteren Einzelheiten zum Pfändungs- und Überweisungsbeschluss wird auf die dortigen Anmerkungen Bezug genommen.

2. Zum **Vermächtnis** → Form. I. IV. 17 Anm. 2.

3. Drittschuldner ist der **jeweils beschwerte Erbe** bzw. bei einem Untervermächtnis **der Hauptvermächtnisnehmer.**

4. Im Falle der Anordnung einer Testamentsvollstreckung kann der **Testamentsvollstrecker** als weiterer Drittschuldner in den Pfändungs- und Überweisungsbeschluss aufgeführt werden. Mit der Überweisung erhält der Vollstreckungsgläubiger das Recht, eine Befriedigung durch Einziehung des Geldvermächtnisses in Höhe seiner Forderung zu erlangen.

5. Die Pfändung eines Vermächtnisanspruchs auf **Leistung einer unbeweglichen Sache** erfolgt nach §§ 846, 848 iVm §§ 829, 835 ZPO. Die Herausgabe hat an einen auf Antrag vom Gläubiger vom Amtsgericht der belegenen Sache zu bestellenden Sequester zu erfolgen. An diesen ist das Grundstück als Vertreter des Schuldners aufzulassen (§ 848 Abs. 2 S. 1 ZPO). Zu den weiteren Einzelheiten siehe die → Form. I. VII. 50).

6. Kosten und Gebühren/Rechtsmittel. → Form. H. I. 2 Anm. 61 ff. sowie → Form. I. VII. 41 Anm. 8 für die mit der Herausgabe des Grundstücks und der Anordnung der Sequestration verbundenen Kosten.

Vorzeitiger Erbausgleich/Erbersatzanspruch

23. Pfändung bei vorzeitigem Erbausgleich/Erbersatzanspruch

Zur Pfändung des Anspruchs des nichtehelichen Kindes gegenüber seinem Vater auf **vorzeitigen Erbausgleich** (§ 1934d BGB idF bis zum 1.4.1998), wenn der Vater vor dem 1.4.1998 verstorben oder über den Erbausgleich eine wirksame Vereinbarung getroffen oder der Erbausgleich durch rechtskräftiges Urteil zuerkannt ist (Art. 227 Abs. 1 EGBGB), siehe die Ausführungen bei *Stöber* Rn. 123.

Zur Pfändung des mit dem **vor dem 1.4.1998** eingetretenen Erbfall entstandenen **Erbersatzanspruchs** (Art. 227 Abs. 1 EGBGB) des nichtehelichen Kindes, seiner Abkömmlinge, des nichtehelichen Vaters oder seiner Verwandten (§ 1934a BGB idF bis zum 1.4.1998), siehe *Stöber* Rn. 123a.

V. Pfändung von familienrechtlichen Ansprüchen/Ansprüchen bei Lebenspartnerschaft („Anspruch G" des amtlichen Formulars)

Ehebezogene Zuwendung

1. Pfändung bei ehebezogenen Zuwendungen

Bei den **ehebezogenen Zuwendungen** handelt es sich um ein Rechtsgeschäft eigener Art zwischen Ehegatten. Wesentliches Merkmal ist, dass die Leistungen des einen Ehegatten an den anderen nicht auf einem bestimmten schuldrechtlichen Vertrag, wie zB Schenkung, Darlehen, Dienstvertrag oder Gesellschaftsvertrag, beruhen, sondern um der Ehe willen und als Beitrag zur Verwirklichung und Ausgestaltung, Erhaltung oder Sicherung der ehelichen Lebensgemeinschaft zu dienen bestimmt sind, wobei der Leistende die Vorstellung oder Erwartung hegt, dass die eheliche Lebensgemeinschaft Bestand haben und er innerhalb dieser Gemeinschaft am Vermögenswert und dessen Früchten weiter teilhaben wird (stRspr BGH NJW 2006, 2330 mwN). Zur Abgrenzung zwischen ehebezogener unbestimmter Zuwendung und Ehegatteninnengesellschaft siehe BGHZ 142, 137 = NJW 1999, 2962; zur Abgrenzung ehebedingte Zuwendung und Schenkung BGH NJW 2006, 2330.

Derartige Zuwendungen können im Ausnahmefall bei der **endgültigen Trennung** der Ehegatten (BGH NJW 2007, 1744) nach den Regeln über den Wegfall der Geschäftsgrundlage (§ 313 BGB) zu Ausgleichs- oder Rückforderungsansprüchen führen, wenn einem Ehegatten die Beibehaltung der durch seine Zuwendung an den anderen herbeigeführten Vermögensverhältnisse nicht zuzumuten ist (stRspr BGHZ 127, 48 = NJW 1994, 2544, 2545). Ein solcher Ausgleichs- oder Rückforderungsanspruch kann nicht nur bei der Übertragung von Vermögenssubstanz sondern auch dann bestehen, wenn ein Ehegatte bei Gütertrennung durch erhebliche Arbeitsleistungen für den Ausbau der im Eigentum des anderen Ehegatten stehenden Immobilie (BGHZ 84, 361, 364 ff. = NJW 1982, 2236) oder durch eine über den üblichen Rahmen der ehelichen Mitarbeit hinausgehende Tätigkeit im Erwerbsgeschäft des Ehepartners dessen Vermögens vermehrt hat (BGHZ 127, 48 = NJW 1994, 2544, 2545).

Der **Ausgleichsanspruch** entsteht erst mit dem Scheitern der Ehe. Er stellt vorher eine reine Hoffnung oder Erwartung dar; eine Pfändung eines **künftigen Ausgleichs- oder Rückforderungsanspruchs** scheidet aus. Nach der endgültigen Trennung der Eheleute unterliegt der Anspruch der Pfändung, bei einem Ausgleichsanspruch in Geld erfolgt die Zwangsvollstreckung nach **§ 829 ZPO** (→ Form. H. I. 2), bei einem Herausgabeanspruch nach **§§ 846 ff. ZPO** (→ Form. I. VII. 47 ff.). *Stöber* (Rn. 121b) will die Regelung des § 852 Abs. 2 ZPO analog anwenden und eine Pfändung des Ausgleichsbzw. Rückforderungsanspruchs nur zulassen, wenn der Anspruch durch Vertrag anerkannt oder rechtshängig geworden ist. Dies ist indes abzulehnen, da § 852 Abs. 2 ZPO eine abschließende Regelung enthält und wegen der Formalisierung des Zwangsvollstreckungsverfahrens nicht auf andere Ansprüche anwendbar ist (vgl. auch BGHZ 154, 64, 69 = NJW 2003, 1858).

Gütergemeinschaft (§§ 1415 ff. BGB)

2. Zwangsvollstreckung in das Gesamtgut (§ 860 ZPO)

Die **Gütergemeinschaft** ist eine der im BGB gesetzlich vorgesehenen Güterstände. Sie entsteht durch Abschluss eines entsprechenden Ehevertrages (§ 1415 BGB). Mit der Vereinbarung der Gütergemeinschaft wird kraft Gesetz grundsätzlich das gesamte vorhandene Vermögen des Mannes und der Frau gemeinschaftliches Vermögen beider Ehegatten (sog. Gesamtgut). Zu dem **Gesamtgut** gehört auch das Vermögen, das der Mann oder die Frau während der Gütergemeinschaft erwirbt (§ 1416 Abs. 1 BGB). Ausgenommen bleiben das **Sondergut** (siehe dazu § 1417 BGB) sowie das **Vorbehaltsgut** eines Ehegatten (siehe dazu § 1418 BGB). Hinsichtlich des Gesamtguts entsteht zwischen den Ehegatten eine Gesamthandsgemeinschaft. Vor der Beendigung der Gütergemeinschaft kann kein Ehegatte über seinen Anteil am Gesamtgut und an den einzelnen Gegenständen verfügen (§ 1419 Abs. 1 BGB). Das Gesamtgut unterliegt entweder der Verwaltung eines der Ehegatten (§§ 1422 ff. BGB) oder der gemeinschaftlichen Verwaltung der Ehegatten (§§ 1450 ff. BGB).

Zur **Zwangsvollstreckung in das Gesamtgut** ist ein Titel gegen den Gesamtgutsverwalter erforderlich und ausreichend (§ 740 Abs. 1 ZPO). **Verwalten die Ehegatten das Gesamtgut gemeinschaftlich,** so ist die Zwangsvollstreckung in das Gesamtgut nur zulässig, wenn beide Ehegatten zur Leistung verurteilt sind (§ 740 Abs. 2 ZPO); nicht erforderlich ist eine Titulierung in einer einzigen Urkunde (OLG Zweibrücken FGPrax 2009, 107). Ein Leistungstitel gegen den einen und einen Duldungstitel gegen den anderen Ehegatten genügt indes nicht (LG Deggendorf FamRZ 1964, 49, 50; *Wassermann* FamRZ 1991, 507, 509, aA MüKoBGB/*Kanzleiter* § 1459 Rn. 10 mwN zu der gegenteiligen Auffassung). Aus einem Titel gegen einen der beiden Ehegatten kann nur im Fall des § 741 ZPO in das Gesamtgut vollstreckt werden. Eine Umschreibung des Titels ist nur nach § 742 ZPO möglich. Für den Fall der Beendigung der Gütergemeinschaft gilt bis zur Auseinandersetzung § 743 ZPO. Im Falle der fortgesetzten Gütergemeinschaft reicht zur Zwangsvollstreckung in das Gesamtgut ein gegen den überlebenden Ehegatten ergangenes Urteil (§ 745 Abs. 1 ZPO). Die Vollstreckung in das Gesamtgut richtet sich nach den **allgemeinen Vorschriften.**

Sondergut der Ehegatten sind Gegenstände, die nicht durch Rechtsgeschäft übertragen werden können (§ 1417 Abs. 2 BGB). Damit scheidet in den meisten Fällen eine Zwangsvollstreckung in das Sondergut aus (§ 851 ZPO). In das **Vorbehaltsgut** des Ehegatten (§ 1418 BGB) kann uneingeschränkt nach den **allgemeinen Vorschriften** vollstreckt werden.

Während des **Bestehens der Gütergemeinschaft** kann der **Anteil der Ehegatten an dem Gesamtgut** und an einzelnen dazu gehörenden Gegenständen nicht gepfändet werden (§ 860 Abs. 1 S. 1 ZPO). Ebenso wenig ist eine Pfändung als künftiges Recht möglich. Zur Möglichkeit der Pfändung des Anteils **nach Beendigung der Gütergemeinschaft** (§ 860 Abs. 2 ZPO) → Form. I. V. 3 und zur **Pfändung bei einer beendeten fortgesetzten Gütergemeinschaft** → Form. I. V. 4.

Kosten und Gebühren/Rechtsmittel. → Form. H. I. 2 Anm. 61 ff.

3. Pfändung des Anteils an der beendeten Gütergemeinschaft

[Das amtliche Formular „Pfändungs- und Überweisungsbeschluss[1]" ist entsprechend den dortigen Anmerkungen auszufüllen. Auf Seite 4 (bzw. Seite 5) des amtlichen Formulars sind das Feld „G" anzukreuzen und auf Seite 6 (bzw. Seite 7) des amtlichen Formulars unter „Anspruch G" aufzunehmen:]

Es werden

1. die angeblichen Ansprüche des Schuldners an dem Gesamtgut der durch ..... (nähere Bezeichnung des Beendigungsgrundes, zB Tod des Ehegatten, Ehevertrag, rechtskräftige Ehescheidung, rechtskräftigen Urteil auf Auseinandersetzung der Gütergemeinschaft) beendeten Gütergemeinschaft,[2] die zwischen dem Schuldner und seinem früheren Ehegatten als Drittschuldner[3] vereinbart war,

2. sowie der angebliche Anspruch des Schuldners auf Auseinandersetzung

gepfändet.[5]

[Auf Seite 8 des amtliches Formulars ist in dem letzten Feld (bzw. auf Seite 10 das erste Feld) kein Kästchen „zu der Möglichkeit der Überweisung" anzukreuzen. Stattdessen ist auf Seite 9 des amtliches Formulars in dem ersten Feld (bzw. auf Seite 10 in dem zweiten Feld) das freie Kästchen anzukreuzen und dort einzutragen:]

Zugleich werden der gepfändete Anteil sowie der gepfändete Auseinandersetzungsanspruch dem Gläubiger zur Einziehung überwiesen.[4]

Anmerkungen

1. → Form. H. I. 2 (bzw. → Form. H. I. 6 bei Unterhaltsforderungen). Hinsichtlich der weiteren Einzelheiten zum Pfändungs- und Überweisungsbeschluss wird auf die dortigen Anmerkungen Bezug genommen.

2. Zur Gütergemeinschaft → Form. I. V. 2 Anm. 1 Die **Gütergemeinschaft** endet durch Auflösung der Ehe durch Scheidungsurteil oder durch Tod des Ehegatten. Weiterhin kann die Gütergemeinschaft in einem Ehevertrag aufgehoben werden. Im Falle der Eheauflösung durch Tod wird der verstorbene Ehegatte nach den allgemeinen Vorschriften beerbt. Daneben besteht für jeden Ehegatten die Möglichkeit der Aufhebungsklage nach §§ 1447 ff. 1469 f. BGB. Der Anteil des verstorbenen Ehegatten am Gesamtgut gehört zum Nachlass (§ 1482 BGB). Nach der **Beendigung der Gütergemeinschaft** hat eine Auseinandersetzung über das Gesamtgut zu erfolgen. Es besteht nunmehr die Möglichkeit der Pfändung des Anteils (§§ 860 Abs. 2, 829 ff. ZPO). Sofern zum Gesamtgut ein Grundstück gehört, kann die Pfändung im Grundbuch eingetragen werden, → Form. I. V. 5. Nach der vollständigen Auseinandersetzung besteht die Möglichkeit der Zwangsvollstreckung in die dem Schuldner zugefallenen Gegenstände.

3. **Drittschuldner** ist der **andere Ehegatte** bzw. bei dessen Tod dessen Erben.

4. Die **Verwertung** erfolgt durch Überweisung zur Einziehung. Eine Überweisung an Zahlungs statt oder die Anordnung einer anderweitigen Verwertung (§§ 857 Abs. 5, 844 ZPO) ist nach hM **nicht** möglich (*Stöber* Rn. 1643 mwN). Die Überweisung zur Einziehung berechtigt den Vollstreckungsgläubiger, bei einem Notar ein Auseinandersetzungsverfahren gem. § 373 FamFG iVm § 363 FamFG zu beantragen → Form. I. IV. 9 oder im Wege der Klage die Auseinandersetzung (§§ 1471 ff. BGB) zu betreiben.

5. Kosten und Gebühren/Rechtsmittel. → Form. H. I. 2 Anm. 61 ff.

4. Pfändung des Anteils an der beendeten fortgesetzten Gütergemeinschaft

[Das amtliche Formular „Pfändungs- und Überweisungsbeschluss[1]" ist entsprechend den dortigen Anmerkungen auszufüllen. Auf Seite 4 (bzw. Seite 5) des amtlichen Formulars sind das Feld „G" anzukreuzen und auf Seite 6 (bzw. Seite 7) des amtlichen Formulars unter „Anspruch G" aufzunehmen:]

Es werden

1. der angebliche Anteil des Schuldners an der durch . . . . . (nähere Bezeichnung des Beendigungsgrundes, zB Aufhebung durch den überlebenden Ehegatten, Wiederheirat des überlebenden Ehegatten, Tod des überlebenden Ehegatten, rechtskräftiges Urteil auf Auseinandersetzung der Gütergemeinschaft) beendeten fortgesetzten Gütergemeinschaft,[2] die zwischen dem Schuldner und den übrigen an der Gütergemeinschaft Beteiligten als Drittschuldner[3] bestanden hat,

2. sowie der angebliche Anspruch des Schuldners auf Auseinandersetzung

gepfändet.[5]

[Auf Seite 8 des amtliches Formulars ist in dem letzten Feld (bzw. auf Seite 10 das erste Feld) kein Kästchen „zu der Möglichkeit der Überweisung" anzukreuzen. Stattdessen ist auf Seite 9 des amtliches Formulars in dem ersten Feld (bzw. auf Seite 10 in dem zweiten Feld) das freie Kästchen anzukreuzen und dort einzutragen:]

Zugleich werden der gepfändete Anteil und der gepfändete Auseinandersetzungsanspruch dem Gläubiger zur Einziehung überwiesen.[4]

[Gehört zu der Gütergemeinschaft ein Grundstück und wird die Eintragung der Pfändung ins Grundbuch beantragt, ist auf Seite 3 (bzw. Seite 4 unter „IV. Kosten") des amtlichen Formulars das Feld „gemäß Anlage(n)" anzukreuzen, dort die Eintragungskosten einzutragen und ggf. unter Beifügung einer Anlage aufzunehmen:]

Kosten der Eintragung ins Grundbuch]

Anmerkungen

1. → Form. H. I. 2 (bzw. → Form. H. I. 6 bei Unterhaltsforderungen). Hinsichtlich der weiteren Einzelheiten zum Pfändungs- und Überweisungsbeschluss wird auf die dortigen Anmerkungen Bezug genommen.

2. Zur Gütergemeinschaft → Form. I. V. 2 Anm. 1. Die Ehegatten können durch Ehevertrag vereinbaren, dass nach dem Tode des Erstversterbenden von ihnen das Gesamtgut nicht auseinandergesetzt, sondern die Gesamthandsgemeinschaft hinsichtlich des Gesamtguts von dem überlebenden Ehegatten mit den gemeinschaftlichen Abkömmlinge fortgesetzt wird (sog **fortgesetzte Gütergemeinschaft,** § 1483 Abs. 1 S. 1 BGB). Der überlebende Ehegatte erlangt die Stellung des Gesamtgutsverwalters, die gemeinschaftlichen

Abkömmlinge erhalten die Stellung eines nichtverwaltenden Ehegatten. Die fortgesetzte Gütergemeinschaft erstreckt sich auf das Gesamtgut, das in diesem Fall nicht zum Nachlass des verstorbenen Ehegatten gehört. Das Vorbehalts- und das Sondergut des vorverstorbenen Ehegatten werden nach den allgemeinen Grundsätzen vererbt. Der Anteil des überlebenden Ehegatten und jedes Abkömmlings an der fortgesetzten Gütergemeinschaft ist nicht der Pfändung unterworfen (§ 860 Abs. 1 S. 2 BGB).

Nach der **Beendigung der fortgesetzten Gütergemeinschaft** besteht die Möglichkeit der Pfändung des Anteils (§ 860 Abs. 2 ZPO). Die fortgesetzte Gütergemeinschaft endet mit der Wiederverheiratung (§ 1493 BGB) oder dem Tod (§ 1494 BGB) des überlebenden Ehegatten. Bei dem Tod eines Abkömmlings treten dessen Abkömmling ein oder es erfolgt eine Anwachsung (§ 1490 BGB). Zusätzlich kann die fortgesetzte Gütergemeinschaft durch Aufhebungsvertrag oder durch Aufhebungsklage eines Abkömmlings beendet werden (§ 1495 BGB). Nach der Beendigung hat eine Auseinandersetzung nach §§ 1497 ff. BGB zu erfolgen. Zur Eintragung der Pfändung im Grundbuch → Form. I. V. 5.

3. **Drittschuldner** sind die jeweils **übrigen Mitglieder der fortgesetzten Gütergemeinschaft.**

4. Die **Verwertung** erfolgt durch **Überweisung zur Einziehung.** Eine Überweisung an Zahlungs statt oder die Anordnung einer anderweitigen Verwertung (§§ 857 Abs. 5, 844 ZPO) ist nach hM **nicht** möglich (*Stöber* Rn. 1643 mwN). Die Überweisung zur Einziehung berechtigt den Vollstreckungsgläubiger, bei einem Notar ein Auseinandersetzungsverfahren gem. § 373 FamFG iVm § 363 FamFG zu beantragen → Form. I. IV. 9 oder im Wege der Klage die Auseinandersetzung (§§ 1471 ff. BGB) zu betreiben.

5. **Kosten und Gebühren/Rechtsmittel.** → Form. H. I. 2 Anm. 61 ff.

5. Antrag auf Eintragung der Pfändung des Anteils an dem Gesamtgut ins Grundbuch

An das

Amtsgericht . . . . .[1]

Grundbuchamt

In der Zwangsvollstreckungssache

. . . .

Hiermit zeigen wir an, dass wir den Gläubiger vertreten. Namens und in Vollmacht unseres Mandanten überreichen wir die Ausfertigung des Pfändungsbeschlusses/Pfändungs- und Überweisungsbeschlusses des Amtsgerichts . . . . . vom . . . . ., Az. . . . . ., nebst Zustellungsnachweis und . . . . . (nähere Angabe der Urkunde, zB Totenschein, rechtskräftiges Scheidungsurteil, notarieller Aufhebungsvertrag), aus sich die Beendigung der Gütergemeinschaft ergibt.

Wir beantragen,

> **die Pfändung des Anteils an dem Gesamtgut der Gütergemeinschaft im Grundbuch des Amtsgerichts . . . . . Band . . . . . Bl. . . . . . einzutragen[2] und – sofern erforderlich – das Grundbuch des Amtsgerichts . . . . . Bl. . . . . . Band . . . . . durch Eintragung des Schuldners und/oder der Abkömmlinge in beendeter/beendeter fortgesetzter Gütergemeinschaft zu berichtigen.[3]**

Wir bitten anschließend um die Rücksendung der Vollstreckungsunterlagen. Gleichzeitig bitten wird darum, uns die Gebühren der Eintragung aufzugeben sowie die Eintragungsnachricht zu übersenden.

.....

Rechtsanwalt[4]

Anmerkungen

1. **Örtlich** zuständig ist das Amtsgericht als Grundbuchamt, in dem das Grundbuch für das Grundstück geführt wird (vgl. § 1 GBO).

2. Gehört ein Grundstück zum Gesamtgut kann die Pfändung des Anteils im Wege der **Berichtigung im Grundbuch** eingetragen werden. Hierdurch wird der Vollstreckungsgläubiger gegenüber benachteiligenden Verfügungen geschützt. Die Eintragung erfolgt auf Antrag. Es muss die Wirksamkeit der Pfändung nachgewiesen werden (§ 22 Abs. 1 GBO). Dazu gehört die Vorlage des Pfändungs-/Pfändungs- und Überweisungsbeschlusses sowie der Urkunden über die Zustellung. Zudem bedarf es des Nachweises durch öffentlichen Urkunde (§ 29 Abs. 1 GBO), dass die Gütergemeinschaft beendet ist (zB Totenschein, rechtskräftiges Scheidungsurteil, notarielle Aufhebungsvereinbarung).

3. Der Gläubiger kann zudem die vorherige Grundbuchberichtigung durch **Eintragung des Schuldners** und/oder der Abkömmlinge als Miteigentümer in beendeter Gütergemeinschaft verlangen.

4. **Kosten und Gebühren.** Das **Gericht** erhält gemäß Nr. 14130 KV GNotKG iVm der Vorbemerkung 1.4.1.2 KV GNotKG bei der Eintragung eine $^1/_2$-Gebühr (Tabelle B) nach dem Wert des § 53 Abs. 2 GNotKG. Die Tätigkeit des **Rechtsanwalts** ist mit der 0,3 Gebühr nach Nr. 3309 VV RVG abgedeckt.

6. Pfändungsbeschränkung (§ 863 ZPO)

§ 863 Abs. 3 ZPO nimmt die Nutzungen des Abkömmlings am Gesamtgut der fortgesetzten Gütergemeinschaft nach § 1513 Abs. 2 BGB in gewissem Umfang vom Zugriff der persönlichen Gläubigers aus. → Form. IV. 11. Die **Pfändungsbeschränkung** kann der Schuldner im Wege der Erinnerung gem. § 766 ZPO (→ Form. P. III. 1 bzw. → Form. P. III. 3) geltend gemacht werden.

Taschengeldanspruch

7. Pfändung des Anspruchs auf Auszahlung eines Taschengeldes

[Das amtliche Formular „Pfändungs- und Überweisungsbeschluss[1]" ist entsprechend den dortigen Anmerkungen auszufüllen. Auf Seite 4 (bzw. Seite 5) des amtlichen Formulars sind das Feld „G" anzukreuzen und auf Seite 6 (bzw. Seite 7) des amtlichen Formulars unter „Anspruch G" aufzunehmen:]

Es wird der angebliche Anspruch des Schuldners gegen den Ehegatten/eingetragenen Lebenspartner als Drittschuldner auf fortlaufende Zahlung des als Teil des Unterhaltsanspruchs zu leistenden monatlichen Taschengeldes,[2] einschließlich der künftig fällig werdenden Beträge, und zwar unter Bezugnahme auf § 850c ZPO in Höhe von $^7/_{10}$ des als Taschengeld geschuldeten Betrages gepfändet.[3, 5, 6]

[Auf Seite 9 des amtliches Formulars ist in dem ersten Feld (bzw. auf Seite 10 in dem zweiten Feld) das freie Kästchen anzukreuzen und dort einzutragen:]

Die Pfändung entspricht nach den Umständen des Falles, insbesondere nach der Art des beizutreibenden Anspruchs und der Höhe der Bezüge, der Billigkeit, weil .....[4]

Anmerkungen

1. → Form. H. I. 2 (bzw. → Form. H. I. 6 bei Unterhaltsforderungen). Hinsichtlich der weiteren Einzelheiten zum Pfändungs- und Überweisungsbeschluss wird auf die dortigen Anmerkungen Bezug genommen.

2. Der haushaltsführende Ehegatte bzw. eingetragene Lebenspartner hat, sofern nicht das Familieneinkommen schon durch den notwendigen Grundbedarf der Familienmitglieder restlos aufgezehrt wird, **Anspruch auf Zahlung eines Taschengeldes** (BGH NJW 2004, 674, 675 f.). Dieser Anspruch ist Bestandteil des Familienunterhalts (§§ 1360, 1360a BGB, 5 S. 2 LPartG) und als solcher eine auf gesetzlicher Vorschrift beruhende Unterhaltsrente im Sinne des § 850b Abs. 1 Nr. 2 ZPO. Er ist ein auf Geld gerichteter Zahlungsanspruch. Seine Höhe richtet sich nach den im Einzelfall gegebenen Vermögensverhältnissen, dem Lebensstil und der Zukunftsplanung der Ehegatten und wird üblicherweise mit einer Quote von 5 % bis 7 % des zur Verfügung stehenden Nettogesamteinkommens bemessen (BGH NJW 1998, 1553, 1554 f.; NJW 2004, 2450, 2451). Da der Taschengeldanspruch aus dem Gesetz folgt, ist er nicht von einer entsprechenden Vereinbarung der Ehegatten abhängig (BGH NJW 1998, 1553, 1555). Siehe dazu auch (Auswahl): *Balthasar*, Die Pfändung des Taschengeldanspruchs des vermögenslosen Ehegatten, FamRZ 2005, 85; *Bauer*, Pfändbarkeit und Pfändungsumfang von Taschengeldansprüchen, JurBüro 2001, 15; *Behr*, Pfändung des Taschengeldanspruchs eines Ehegatten, JurBüro 1997, 121; *Braun*, Unterhalt für den Gläubiger des Ehegatten?, NJW 2000, 97; *Haumer*, Taschengeld unter Ehegatten – ein Anspruch ohne Grundlage, FamRZ 1996, 193; *Kokol*, Zur Pfändbarkeit des Taschengeldanspruchs, JurBüro 2002, 609; *Neugebauer*, Die Pfändung von Taschengeldansprüchen, MDR 2005, 376; *Smid*, Bedingte Pfändbarkeit des Taschengeldanspruchs des Ehegatten, JZ 2004, 1134.

3. Der fällige und auch der künftige (§ 832 ZPO) **Taschengeldanspruch** kann nach § 850b Abs. 2 ZPO bedingt gepfändet werden (BGH NJW 2004, 2450; OLG Frankfurt FamRZ 2009, 703). Eine ziffernmäßige Bestimmung des Taschengeldes ist in dem Pfändungsbeschluss nicht erforderlich, es kann vielmehr ein Blankettbeschluss ergehen (siehe auch BGH NJW-RR 2005, 869). Die Pfändung erfolgt nach den für **Arbeitseinkommen** maßgeblichen Vorschriften. Der Taschengeldanspruch bleibt pfändungsfrei, wenn er zusammen mit dem nach § 850e Nr. 3 ZPO in Natur zu leistenden Unterhalt die Pfändungsgrenze nach § 850c Abs. 1 ZPO (→ Form. I. I. 1 Anm. 5) nicht übersteigt. Eine Ausnahme besteht dann, sofern in den Taschengeldanspruch wegen eines Unterhaltsanspruchs (§ 850d ZPO) oder eines Anspruchs aus vorsätzlich begangener unerlaubter Handlung vollstreckt wird (§ 850 f ZPO). Sofern die Pfändungsgrenze überschritten wird, ist zudem nach der ständigen Rechtsprechung der sich aus § 850c Abs. 2 ZPO ergebende Gedanken des Schuldnerschutzes heranzuziehen. Damit ist der Taschengeldanspruch **stets nur zu** $^7/_{10}$ pfändbar (vgl. dazu Zöller/*Stöber* § 850b Rn. 21).

4. Eine Pfändung ist nur dann möglich, wenn die Vollstreckung in das sonstige bewegliche Vermögen des Schuldners nicht zu einer vollständigen Befriedigung geführt hat oder voraussichtlich nicht führen wird und wenn die Pfändung nach den Umständen des Falles, insbesondere nach der Art des beizutreibenden Anspruchs und der Höhe der Bezüge, der Billigkeit entspricht. Bei der Prüfung der **Billigkeit der Pfändung** hat das Vollstreckungsgericht eine Gesamtabwägung aller hier in Betracht kommenden Umstände des Einzelfalls vorzunehmen. Dabei sind neben der Höhe der zu vollstreckenden Forderung und der voraussichtlichen Dauer der Pfändung, der Höhe der Bezüge des Schuldners, insbesondere der Höhe des dem Schuldner im Falle der Pfändung verbleibenden Betrages, auch die Art und Umstände der Entstehung der beizutreibenden Forderung zu berücksichtigen. Zudem können eine besondere Notlage des Gläubigers, die wirtschaftliche Situation und der Lebensstil des Schuldners, das Verhalten der Beteiligten bei der Entstehung oder der Beitreibung der Forderung sowie mögliche Belastungen, die für die Ehe des Schuldners aufgrund der Pfändung entstehen könnten, von Bedeutung sein.

Die **Voraussetzungen der Billigkeit** muss der Vollstreckungsgläubiger darlegen und gegebenenfalls beweisen (BGH NJW 2004, 2450, 2452; Zöller/*Stöber* § 850b Rn. 20). Daher bedarf es bereits im Antrag einer näheren Darlegung und gegebenenfalls einer Glaubhaftmachung der Pfändungsvoraussetzungen. Kommt eine Pfändung eines Taschengeldanspruchs in Betracht, hat der Schuldner in dem Vermögensverzeichnis zur eidesstattlichen Versicherung die ihm zur Höhe des Einkommens seines Ehegatten möglichen Angaben zu machen (BGH NJW 2004, 2452). Als Ausnahme zu § 834 ZPO hat das Vollstreckungsgericht vor Erlass des Pfändungsbeschlusses den Schuldner und Drittschuldner zu hören (§ 850b Abs. 3 ZPO).

5. Die **Verwertung** erfolgt im Wege der Überweisung zur Einziehung. Im Rahmen der Einziehungsklage ist dann zu prüfen, ob und in welcher Höhe der gepfändete Taschengeldanspruch besteht.

6. Kosten und Gebühren/Rechtsmittel. → Form. H. I. 2 Anm. 61 ff.

Unterhaltsansprüche der Ehegatten/Lebenspartner/Kinder

8. Pfändung des Unterhaltsanspruchs

[Das amtliche Formular „Pfändungs- und Überweisungsbeschluss[1]“ ist entsprechend den dortigen Anmerkungen auszufüllen. Auf Seite 4 (bzw. Seite 5) des amtlichen Formulars sind das Feld „G“ anzukreuzen und auf Seite 6 (bzw. Seite 7) des amtlichen Formulars unter „Anspruch G“ aufzunehmen:]

Es wird der angebliche Anspruch des Schuldners gegen den/die Unterhaltsverpflichteten,[2] zB getrennt lebender Ehepartner/eingetragener Lebenspartner, geschiedener Ehepartner/ eingetragener Lebenspartner/Eltern des Schuldners) als Drittschuldner auf fortlaufende Zahlung der als Teil des Unterhaltsanspruchs zu leistenden monatlichen Unterhaltsrente, einschließlich der künftig fällig werdenden Beträge, unter Berücksichtigung der sich aus § 850c ZPO ergebenden Beschränkung gepfändet.[3, 4, 6, 7]

[Auf Seite 9 Seite 9 des amtliches Formulars ist in dem ersten Feld (bzw. auf Seite 10 in dem zweiten Feld) das freie Kästchen anzukreuzen und dort einzutragen:]

Die Pfändung entspricht nach den Umständen des Falles, insbesondere nach der Art des beizutreibenden Anspruchs und der Höhe der Bezüge, der Billigkeit, weil . . . . .[5]

Anmerkungen

1. → Form. H. I. 2 (bzw. → Form. H. I. 6 bei Unterhaltsforderungen). Hinsichtlich der weiteren Einzelheiten zum Pfändungs- und Überweisungsbeschluss wird auf die dortigen Anmerkungen Bezug genommen.

2. Die **zusammenlebenden Ehegatten** bzw. die eingetragenen Lebenspartner sind unabhängig vom Güterstand einander verpflichtet, durch ihre Arbeit und mit ihrem Vermögen in angemessener Weise zum Unterhalt der Familie beizutragen (§§ 1360 ff., 5 LPartG). Es besteht ein gegenseitiger einklagbarer Anspruch auf einen angemessenen Beitrag zum Familienunterhalt (§§ 1360 BGB, 5 LPartG). Der angemessene Unterhalt der Familie umfasst alles, was nach den Verhältnissen der Ehegatten erforderlich ist, um die laufenden Kosten des Haushalts zu bestreiten sowie die persönlichen Bedürfnisse der Ehegatten und den Lebensbedarf der gemeinsamen unterhaltsberechtigten Kinder zu befriedigen (§ 1360a BGB). Dazu gehört auch der Anspruch auf Gewährung eines Taschengeldes, → Form. I. V. 7) .

Bei **getrenntlebenden Eheleuten** kann ein Ehegatte von dem anderen den nach den Lebensverhältnissen und den Erwerbs- und Vermögensverhältnissen der Ehegatten angemessenen Unterhalt verlangen (§ 1361 BGB). Dieser Unterhalt ist durch Zahlung einer monatlich im Voraus zu leistenden Geldrente zu gewähren (§ 1361 Abs. 4 BGB). Entsprechendes gilt für den getrennt lebenden eingetragenen Lebenspartner (§ 12 LPartG). Nach der Scheidung obliegt es jedem Ehegatten, selbst für seinen Unterhalt zu sorgen (§ 1569 S. 1 BGB). Sofern er hierzu außerstande ist, hat er gegen den früheren Ehegatten einen Anspruch auf Unterhalt nach Maßgabe der §§ 1570 ff. BGB (§ 1569 S. 2 BGB). Der laufende Unterhalt ist durch Zahlung einer Geldrente monatlich im Voraus zu gewähren (§ 1585 BGB).

Im Falle der **Aufhebung der Lebenspartnerschaft** obliegt es jedem Lebenspartner, selbst für seinen Unterhalt zu sorgen. Ist er dazu außerstande, hat er gegen den früheren Lebenspartner einen Anspruch auf Unterhalt nach §§ 1570–1586b, 1609 BGB (§ 16 LPartG).

Daneben regelt § 1601 BGB eine **Unterhaltspflicht unter Verwandten** in gerader Linie. Voraussetzung ist die Bedürftigkeit des Berechtigten und die Leistungsfähigkeit des Verpflichteten (§§ 1602, 1603 BGB). Der Unterhalt ist in Form einer monatlich im Voraus zu entrichtenden Geldrente zu gewähren (§ 1612 Abs. 1 S. 1 BGB).

3. Der Familienunterhalt bei dem **Zusammenleben der Eheleute/Lebenspartner** ist grundsätzlich in Natur zu leisten. Soweit ausnahmsweise Geldbeträge gezahlt werden, handelt es sich um zweckgebundene Leistungen. Eine Leistung des Unterhalts an einen anderen als den Unterhaltsgläubiger bewirkt eine Inhaltsänderung des Unterhaltsanspruchs. Deswegen ist der **Unterhaltsanspruch** nach § 1360 BGB bzw. § 5 LPartG nach § 399 BGB grundsätzlich nicht abtretbar (LG München II NJW 1976, 1796) und daher nach hM gemäß § 851 ZPO **unpfändbar** (MüKoBGB/*Weber-Monecke* § 1360 Rn. 22). Eine Ausnahme wird für den zum Unterhalt gehörenden Anspruch auf Taschengeld gemacht (→ Form. I. V. 7).

4. Soweit an einen getrenntlebenden bzw. an einen geschiedenen Ehegatten oder an einen Verwandten eine **laufende Geldrente** zu zahlen ist, handelt es sich um eine Unterhaltsrente nach § 850b Abs. 1 Nr. 2 ZPO. Diese unterliegt der bedingten Pfändung nach den für Arbeitseinkommen geltenden Vorschriften (§ 850b Abs. 2 ZPO). Gegenüber dem unterhaltsberechtigten Ehegatten kann sich der unterhaltsverpflichtete Ehegatte nicht auf die Pfändungsfreigrenzen des § 850c ZPO berufen. Er haftet bis zur Grenze des notwendigen Selbstbehalts iSd § 850d Abs. 1 S. 2 ZPO) mit seinem gesamten Arbeitseinkommen.

5. Eine Pfändung ist nur dann möglich, wenn die Vollstreckung in das sonstige bewegliche Vermögen des Schuldners nicht zu einer vollständigen Befriedigung geführt hat oder voraussichtlich nicht führen wird und wenn die Pfändung nach den Umständen des Falles, insbesondere nach der Art des beizutreibenden Anspruchs und der Höhe der Bezüge, der Billigkeit entspricht. Bei der Prüfung der **Billigkeit der Pfändung** hat das Vollstreckungsgericht eine Gesamtabwägung aller hier in Betracht kommender Umstände des Einzelfalls vorzunehmen. Dabei sind neben der Höhe der zu vollstreckenden Forderung und die voraussichtliche Dauer der Pfändung, der Höhe der Bezüge des Schuldners, insbesondere der Höhe des dem Schuldner im Falle der Pfändung verbleibenden Betrages, auch die Art und Umstände der Entstehung der beizutreibenden Forderung zu berücksichtigen. Zudem können eine besondere Notlage des Gläubigers, die wirtschaftliche Situation und der Lebensstil des Schuldners, das Verhalten der Beteiligten bei der Entstehung oder der Beitreibung der Forderung sowie mögliche Belastungen, die für die Ehe des Schuldners aufgrund der Pfändung entstehen könnten, von Bedeutung sein (vgl. Zöller/*Stöber* § 850c Rn. 12).

Die **Voraussetzungen der Billigkeit** muss der Vollstreckungsgläubiger darlegen und gegebenenfalls beweisen (Zöller/*Stöber* § 850b Rn. 13). Daher bedarf es bereits im Antrag einer näheren Darlegung und gegebenenfalls einer Glaubhaftmachung der Pfändungsvoraussetzungen. Als Ausnahme zu § 834 ZPO hat das Vollstreckungsgericht vor Erlass des Pfändungsbeschlusses den Schuldner und Drittschuldner **zu hören** (§ 850b Abs. 3 ZPO).

6. Die **Verwertung** erfolgt im Wege der Überweisung zur Einziehung → Form. H. I. 2 Anm. 57.

7. Kosten und Gebühren/Rechtsmittel. → Form. H. I. 2 Anm. 61 ff.

Versorgungsausgleich

9. Pfändung beim Versorgungsausgleich

Das Gesetz sieht keine Regelung vor, wie die Ehegatten während des **Bestehens einer Ehe** die Versorgungsansprüche regeln. Damit bleibt es den Ehegatten überlassen, ob und inwieweit insbesondere die Versorgung eines nicht berufstätigen Ehegatten sichergestellt wird. Jeder Ehegatte behält seine Versorgungsansprüche. Im Leistungsfall steht dem anderen Ehegatten kein unmittelbarer Zahlungsanspruch gegen den Leistungsträger zu. Damit besteht für die Gläubiger des nicht anspruchsberechtigten Ehegatten auch **kein pfändbarer Anspruch.** Sofern ein Ehegatte während der Ehezeit verstirbt, erhält der überlebende Ehegatte eine Hinterbliebenenrente. Versorgungsansprüche des überlebenden Ehegatten können auch bestehen, wenn die Eheleute einen entsprechenden Versicherungsvertrag vereinbart haben.

Für **die Auflösung der Ehe durch Scheidung** bestimmt § 1587 BGB iVm VersAusglG (BGBl. 2009 I 700), dass die in der Ehezeit erworbenen Anwartschaften oder Aussichten auf eine Versorgung wegen Alters oder verminderter Erwerbsfähigkeit, die in der Ehe begründet oder aufrechterhalten worden sind, auszugleichen sind. Ziel des Versorgungsausgleichs ist es, dem Ausgleichsberechtigten eine eigenständige Alterssicherung zu schaffen. Nähere Einzelheiten bestimmen die §§ 1 ff. VersAusglG. Das Verfahren über den Wertausgleich bei der Scheidung wird vom Familiengericht von Amts wegen eingelegt. Im Fall eines Scheidungsantrages wird es im Verbund (§ 137 Abs. 2 S. 2 FamFG; vgl. Keidel/*Weber* § 137 Rn. 7), bei Eheaufhebung oder vorangegangener Scheidung im Ausland im isolierten Verfahren geführt. Der schuldrechtlichen Versorgungsausgleich (§§ 20 ff. VersAusglG) sowie die Abänderung der Entscheidungen erfolgen nur auf einen verfahrenseinleitenden Antrag (§§ 223, 225 Abs. 2, 227 Abs. 2 FamFG). Zu den Einzelheiten siehe die Kommentierung bei Keidel/*Weber* zu §§ 217 ff. FamFG.

Aus dem **Versorgungsausgleich** bestehen **keine pfändbaren Ansprüche** (*Stöber* Rn. 420). Die später an den Ehegatten vorgenommenen Zahlungen bzw. die Renten-/Versorungsanwartschaften sind wie Renten- und Versorgungsansprüche pfändbar (→ Form. I. I. 26 bzw. → Form. I. I. 27). Der **schuldrechtliche Versorgungsausgleich** (§ 20 VersAusglG) in der Form der Zahlung einer Ausgleichsrente begründet einen unterhaltsähnlichen Rentenanspruch, der nach § 850b Abs. 1 Nr. 2 ZPO nur **bedingt pfändbar** ist. Soweit Beiträge zur Abfindung künftiger Ansprüche nach § 23 VersAusglG gezahlt werden, können diese als zweckgebundene Leistungen von Gläubigern des ausgleichsberechtigten Ehegatten nicht gepfändet werden. Der Anspruch aus einem schuldrechtlichen Versorgungsausgleich stellt kein Unterhaltsanspruch dar, so dass § 850 f ZPO keine Anwendung findet (BGH FamRZ 2011, 1938).

Zugewinnausgleich

10. Pfändung des Anspruchs auf Ausgleichszahlung

[Das amtliche Formular „Pfändungs- und Überweisungsbeschluss[1]" ist entsprechend den dortigen Anmerkungen auszufüllen. Auf Seite 4 (bzw. Seite 5) des amtlichen Formulars sind das Feld „G" anzukreuzen und auf Seite 6 (bzw. Seite 7) des amtlichen Formulars unter „Anspruch G" aufzunehmen:]

Es wird der angebliche Anspruch des Schuldners gegen den bisherigen/früheren Ehegatten/Lebenspartners bzw. der Erben im Falle der güterrechtlichen Lösung als Drittschuldner auf Zahlung der Ausgleichsforderung,[2] die mit der Beendigung des Güterstandes der Zugewinngemeinschaft entstanden ist, gepfändet.[3, 5, 6]

Der Anspruch ist durch Vertrag vom . . . . . anerkannt/seit dem . . . . . in dem Verfahren . . . . . rechtshängig.[4]

Anmerkungen

1. → Form. H. I. 2 (bzw. → Form. H. I. 6 bei Unterhaltsforderungen). Hinsichtlich der weiteren Einzelheiten zum Pfändungs- und Überweisungsbeschluss wird auf die dortigen Anmerkungen Bezug genommen.

2. Sofern die Ehegatten in einem Ehevertrag keine anderen Vereinbarungen getroffen haben, leben die Ehepartner in dem **gesetzlichen Güterstand der Zugewinngemeinschaft.** Bei Beendigung dieses Güterstandes wird der in der Ehe erzielte Zugewinn ausgeglichen. Dabei ist der Zugewinn der Betrag, um den das Endvermögen eines Ehegatten bei Beendigung das Anfangsvermögen übersteigt (§ 1373 BGB; zur Berechnung siehe auch §§ 1374, 1373, 1376, 1384, 1390 BGB). Der Zugewinnausgleich erfolgt entweder bei Beendigung des Güterstandes durch den Tod des Ehegatten (§ 1371 BGB) oder in den anderen Fällen, zB Ehescheidung (§ 1384 BGB), Eheaufhebung (§§ 1313 ff. BGB), Nichtigkeit der Ehe, notarielle Vereinbarung eines anderen Güterstandes bzw. rechtskräftiges Urteil auf Zuerkennung eines vorzeitigen Zugewinnausgleichs (§ 1388 BGB). Die Partner einer eingetragenen Lebenspartnerschaft leben ebenfalls im Güterstand der Zugewinngemeinschaft, sofern sie nicht durch Vertrag die güterrechtlichen Verhältnisse gesondert regeln (§ 6 S. 1 LPartG). Die Vorschriften über den Zugewinnausgleich gelten entsprechend (§ 6 S. 2 LPartG)

Im **Falle des Todes** wird der Zugewinn des überlebenden Ehegatten ohne tatsächliche Berechnung durch die Erhöhung seines Erbteils um ¼ der Erbschaft ausgeglichen

(§ 1371 Abs. 1 BGB; sog. **erbrechtliche Lösung**), sofern er kraft Gesetzes – nicht kraft letztwilliger Verfügung – neben den anderen Miterben zum Erben berufen ist. In diesem Fall erbt er neben Verwandten der ersten Ordnung (Abkömmlingen) die Hälfte und neben Verwandten der zweiten Ordnung (Eltern des Erblassers und deren Abkömmlingen) sowie Großeltern ¾ des Nachlasswertes (zu den Einzelheiten siehe Palandt/*Weidlich* § 1931 Rn. 9 ff.). Das zusätzliche Viertel für den Zugewinn ist kein selbständiger Erbteil, sondern bildet mit dem gesetzlichen Erbteil aus § 1931 BGB eine Einheit. Eine gesonderte Pfändung des Anspruchs scheidet aus. Gläubiger des überlebenden Ehegatten können nur in den Erbteil bzw. Pflichtteil vollstrecken. Aus diesem Viertel hat der überlebende Ehegatte den vorhandenen Abkömmlingen des verstorbenen Ehegatten, die nicht aus der durch Tod aufgelösten Ehe stammen, bei Bedürftigkeit die Mittel zu einer angemessenen Ausbildung zu gewähren (§ 1371 Abs. 4 BGB). Dieser **Anspruch des Stiefabkömmlings** ist nach hM nach § 850a Nr. 6 ZPO **unpfändbar** (MüKoBGB/*Koch* § 1371 Rn. 83 mwN).

Soweit der überlebende Ehegatte weder Erbe ist noch mit einem Vermächtnis bedacht wurde, kann er einen Zugewinnausgleich nach §§ 1373 bis 1383, 1390 BGB beanspruchen (sog. **güterrechtliche Lösung**; § 1371 Abs. 2, 3 BGB). Die Höhe der Ausgleichsforderung entspricht grundsätzlich dem Betrag, der sich bei einem lebzeitigen Ausgleich ergeben hätte.

Im **Falle der Beendigung des Güterstandes auf andere Weise** wird der Zugewinn nach den Vorschriften der §§ 1373 bis 1390 BGB ausgeglichen (§ 1372 BGB). Dem Ehegatten, der keinen oder nur einen geringeren Zugewinn erzielt hat, steht eine schuldrechtliche Ausgleichsforderung in Höhe der Hälfte des Überschusses des anderen Ehegatten zu (§ 1378 Abs. 1 BGB). Wird durch unentgeltliche Verfügung eines Ehegatten an einen Dritten der Ausgleichsanspruch geschmälert, so ist dieser statt des Ehegatten dem anspruchsberechtigten Ehegatten zur Herausgabe des Erlangten nach den Vorschriften über die ungerechtfertigte Bereicherung verpflichtet (§ 1390 BGB).

3. Ab dem **Zeitpunkt dem Zeitpunkt der Beendigung des Güterstandes**, kann der Ausgleichsanspruch als Geldforderung (§§ 829, 835 ZPO) gepfändet werden (§ 852 Abs. 2 ZPO), wenn die **Ausgleichsforderung** durch Vertrag anerkannt oder rechtshängig geworden ist. Vorher ist die Pfändung des Ausgleichs des Zugewinns als in seiner zwangsweisen Verwertbarkeit aufschiebend bedingter Anspruch zulässig (Zöller/*Stöber* § 852 Rn. 5; BGHZ 123, 183 = NJW 1993, 2876; NJW 1997, 2384 für den Pflichtteilsanspruch). **Vor Beendigung des Güterstandes** (→ Anm. 2) ist die Zugewinnausgleichsforderung nach § 1378 Abs. 3 S. 1 BGB nicht abtretbar (BGH FamRZ 2008, 1435) und somit auch nicht pfändbar.

4. Da bereits die Pfändung des aufschiebend bedingten Anspruchs zulässig ist (→ Anm. 3), braucht der Gläubiger mit dem Pfändungsantrag nicht die Voraussetzungen für eine Anerkennung oder eine Rechtshängigkeit des Anspruchs aufzuzeigen. Soweit diese bekannt sind, können diese angegeben werden, um eine Zurückweisung des Vollstreckungsantrages unter Hinweis auf die frühere entgegenstehende Auffassung zu vermeiden. Mit der gerichtlichen Geltendmachung des Zugewinnausgleichsanspruchs oder der vertraglichen Anerkennung erstarkt die bedingt ausgebrachte Pfändung zum Vollrecht.

5. Zudem kann der **Herausgabeanspruch** eines Ausgleichsberechtigten gegen den Dritten (§ 1390 BGB) gepfändet werden. Das amtliche Formular ist dann entsprechend auf Seite 9 des amtliches Formulars ist in dem ersten Feld (bzw. auf Seite 10 in dem zweiten Feld) zu ergänzen.

6. Kosten und Gebühren/Rechtsmittel. → Form. H. I. 2 Anm. 61 ff.

VI. Pfändung von Grundpfandrechten („Anspruch G" des amtlichen Formulars)

Hypothek (§§ 1113 ff. BGB)

1. Pfändung einer Briefhypothek, wenn Schuldner im Besitz des Briefes

[Das amtliche Formular „Pfändungs- und Überweisungsbeschluss[1]" ist entsprechend den dortigen Anmerkungen auszufüllen. Auf Seite 4 (bzw. Seite 5) des amtlichen Formulars sind das Feld „G" anzukreuzen und auf Seite 6 (bzw. Seite 7) des amtlichen Formulars unter „Anspruch G" aufzunehmen:]

Es werden

1. die angebliche Forderung des Schuldners[2] gegen den/die persönlicher(n) Drittschuldner[3] auf . . . . . (genaue Bezeichnung der Forderung,[4] zB Zahlung des Kaufpreises für die Veräußerung eines Grundstücks gemäß notariellem Vertrag vom . . . . .) nebst . . . . . Zinsen seit dem . . . . . zusammen

2. mit der angeblich für diese Forderung im Grundbuch des Amtsgerichts . . . . . Band . . . . . Blatt . . . . . in Abt. III unter lfd. Nr. . . . . . auf dem Grundstück . . . . . [möglichst genaue Anschrift des Grundstücks] des/der dinglicher(n) Drittschuldner[3] eingetragenen Briefhypothek zu . . . . . EUR nebst . . . . . Zinsen seit dem . . . . .

gepfändet.[5, 7, 8, 9, 10]

[Auf Seite 8 (bzw. Seite 9) des amtlichen Formulars ist in dem Feld „Es wird angeordnet, dass" das freie Kästchen anzukreuzen und dort einzutragen:]

der Schuldner den über diese Hypothek erteilten Hypothekenbrief an den Gläubiger herauszugeben hat.[6]

[Auf Seite 9 (bzw. Seite 10) des amtlichen Formulars ist das freie Feld anzukreuzen und dort einzutragen:]

Die Überweisung der durch die Briefhypothek gesicherten Forderung wird nur gleichzeitig mit der Pfändung wirksam. Für diese ist außer dem Pfändungsbeschluss die Übergabe des Hypothekenbriefes an den Gläubiger oder im Falle der Wegnahme des Briefes durch den Gerichtsvollzieher die Besitznahme durch diesen erforderlich. Die Anordnung der Herausgabepflicht wird mit der Zustellung dieses Beschlusses an den Schuldner wirksam.[7]

[Auf Seite 3 (bzw. Seite 4 unter „IV. Kosten") des amtlichen Formulars ist das Feld „gemäß Anlage(n)" anzukreuzen, dort die Kosten der Eintragung ins Grundbuch sowie der Briefwegnahme ggf. unter Beifügung einer Anlage einzutragen.]

Anmerkungen

1. → Form. H. I. 2 (bzw. → Form. H. I. 6 bei Unterhaltsforderungen). Hinsichtlich der weiteren Einzelheiten zum Pfändungs- und Überweisungsbeschluss wird auf die dortigen Anmerkungen Bezug genommen.

2. Eine **Hypothek** ist eine Belastung eines Grundstücks oder eines Miteigentumsanteils in der Weise, dass zugunsten des Berechtigten eine bestimmte Geldsumme wegen einer diesem zustehenden (auch künftigen oder bedingten) Forderung aus dem Grundstück zu zahlen ist (§§ 1113, 1114 BGB). Forderung und Hypothek sind untrennbar verbunden. Das Grundstück haftet gem. §§ 1120 ff. BGB dem Hypothekengläubiger mit allen Bestandteilen, insbesondere Früchten bis zu einem Fruchterwerb durch einen Berechtigten, das dem Grundstückseigentümer gehörende Zubehör, Miet- oder Pachtforderungen, Forderungen gegen eine Versicherung.

Die Hypothek entsteht als **Buchhypothek** durch Einigung zwischen Gläubiger und Grundstückseigentümer und Eintragung des Gläubigers, der Höhe der Forderung, des Zinssatzes und, soweit andere Nebenleistungen zu entrichten sind, ihr Geldbetrag im Grundbuch (§ 1115 BGB). Wird über die Hypothek ein **Hypothekenbrief** erteilt (§ 1116 BGB), erwirbt der Gläubiger die Hypothek mit der Aushändigung des Briefes. Die Hypothek kann nur zusammen mit der durch sie gesicherten Forderung übertragen werden (§ 1153 BGB). Die Abtretung erfolgt bei der Briefhypothek durch eine Abtretung der Forderung in schriftlicher Form und die Übergabe des Hypothekenbriefes; die Buchhypothek wird durch Einigung und Eintragung im Grundbuch abgetreten (§ 1154 BGB). Zum Eintragungsantrag → Form. I. VI. 5.

3. **Drittschuldner** sind zum einen der Schuldner der durch die Hypothek gesicherten Forderung (**persönlicher Drittschuldner**) und zum anderen – bei Personenverschiedenheit – der Grundstückseigentümer (**dinglicher Drittschuldner**). Die Wirksamkeit der Pfändung hängt nicht von der Zustellung an den/die Drittschuldner ab, so dass eine ungenaue Bezeichnung nicht schadet.

4. Die Forderung als das zu pfändende Hauptrecht muss **hinreichend bestimmt** im Pfändungsbeschluss bezeichnet werden. Dagegen bedarf es für die Wirksamkeit der Pfändung keiner näheren Bezeichnung der von der Pfändung erfassten Hypothek. Die Wegnahme des Briefes kann indes nur bei einer ausreichenden Bezeichnung in dem Pfändungs- und Überweisungsbeschluss erfolgen. Weiterhin bedarf es der Angabe des Zeitpunkts, ab dem die **Hypothekenzinsen** von der Pfändung erfasst werden; ansonsten erstreckt sich die Pfändung nur auf die ab dem Zeitpunkt des Wirksamwerdens der Pfändung entstehenden Zinsen (*Stöber* Rn. 1807).

5. Die **Pfändung einer Brief- oder Buchhypothekenforderung** richtet sich gegen die Forderung und erfasst als Nebenrecht (§ 401 BGB) die Hypothek (§ 830 ZPO). Eine gesonderte Pfändung der Hypothek ist nicht möglich. Vor der Entstehung der Hypothek kann die Forderung nach § 829 ZPO gepfändet werden. § 830 ZPO findet keine Anwendung auf eine Sicherungshypothek für Inhaberpapiere (§§ 830 Abs. 3 ZPO, 1187 BGB). Diese wird nach §§ 831, 821 ZPO gepfändet. Ebenso gilt § 830 ZPO nicht für rückständige Nebenleistungen (§§ 830 Abs. 3, 1159 BGB) sowie für die Höchstbetragshypothek (§§ 830 Abs. 3 ZPO, 1190 BGB), für die § 829 ZPO anzuwenden ist.

Die **Pfändung einer Briefhypothek** erfolgt durch Erlass eines Pfändungsbeschlusses und die Übergabe des Hypothekenbriefes an den Vollstreckungsgläubiger, wobei die Übergabe an einen Besitzmittler ausreicht. Die Zustellung des Pfändungsbeschlusses an den Drittschuldner ist nicht erforderlich. Bis zur Übergabe des Briefes, bleibt die Pfändung wirkungslos (BGHZ 127, 146 = NJW 1994, 3225, 3226). Die Übergabe des Hypothekenbriefes an den Gerichtsvollzieher bzw. die Wegnahme des Briefes durch den Gerichtsvollzieher bewirkt bereits die Pfändung, da der Gerichtsvollzieher Besitzmittler des Gläubigers ist (§ 754 BGB). Ist der Vollstreckungsgläubiger bereits bei Erlass des Pfändungsbeschlusses im Besitz des Hypothekenbriefes, genügt für die Wirksamkeit der Pfändung die Aushändigung des Pfändungsbeschlusses an diesen.

Ist der Brief vor der Übergabe an den Gläubiger **verloren-** oder **untergegangen,** ist str., ob es zusätzlich einer Pfändung und Überweisung des Rechts des Schuldners auf Kraftloserklärung des alten Briefes im Wege des Aufgebotsverfahrens sowie auf Neuausstellung eines Hypothekenbriefes gem. §§ 1162 BGB, 67 f. GBO, 433 ff. FamFG bedarf (vgl. auch OLG Frankfurt a. M. NJW 1962, 640). Der BGH hat nunmehr für die Grundschuld entschieden, dass das Recht, den abhanden gekommenen bisherigen Brief für kraftlos erklären zu lassen, schon mit der Pfändung und Überweisung der Grundschuld auf den Pfändungsgläubiger übergeht (NJW-RR 2012, 782; so auch Zöller/*Stöber* § 830 Rn. 5). Um die Pfändung der Hypothekenforderung wirksam werden zu lassen, muss der Gläubiger dieses Recht ausüben. Siehe dazu ergänzend (Auswahl): *Hintzen/Wolf*, Pfändung von Hypothekenforderungen und Drittschuldnerschutz, Rpfleger 1995, 94; *Stöber*, Überweisung und Überweisungswirkungen bei Pfändung von Hypothekenforderung, NJW 1996, 1180.

Die **Wirkungen der Pfändung enden,** sobald der Gläubiger den Brief an den Schuldner zurückgibt oder diesen an einen Dritten übergibt (vgl. § 1278 BGB). Dabei ist ohne Bedeutung, ob bei der Weggabe die Absicht der Entstrickung bestand. Nur ein unfreiwilliger Verlust des Briefes führt nicht zum Erlöschen des Pfandrechts.

6. Sofern der Schuldner die Übergabe des Hypothekenbriefes verweigert, erfolgt eine **zwangsweise Wegnahme** des bei dem Schuldner befindlichen Briefes durch den Gerichtsvollzieher im Wege der Hilfsvollstreckung (§§ 830 Abs. 1, 836 Abs. 3, 883 ZPO). Insoweit dient der Pfändungsbeschluss als Titel der Hilfsvollstreckung (§ 830 Abs. 1 S. 2 ZPO; vgl. auch BGH NJW 1979, 2045). Mit der Wegnahme entsteht das Pfandrecht des Gläubigers. Wenn der Gerichtsvollzieher den Brief nicht bei dem Schuldner findet, ist der Schuldner auf Antrag des Gläubiges zur Abgabe der Versicherung an Eides statt verpflichtet (vgl. § 883 Abs. 2 ZPO).

7. Der BGH vertritt – in Abweichung der gefestigten jahrzehntelangen Praxis – die Auffassung (BGHZ 127, 146 = NJW 1994, 3225), mit dem Pfändungsbeschluss dürfe nicht gleichzeitig der **Überweisungsbeschluss** erlassen werden. Ein Verstoß mache die Überweisung unwirksam. Nach §§ 835, 837 BGB setze die Überweisung das Bestehen eines voll entstandenen Pfändungspfandrechts voraus. Die Überweisung einer nicht gepfändeten Forderung sei eine Verwertung ohne Verwertungsrecht. Daher könne der Überweisungsbeschluss erst nach dem Wirksamwerden der Pfändung durch Übergabe des Hypothekenbriefes bzw. Eintragung der Pfändung in das Grundbuch erlassen werden. Der BGH hat dabei vornehmlich auf den Schutz des Drittschuldners abgestellt. Diese Auffassung wird von der hM in der Literatur und Praxis (vgl. nur *Diepold* MDR 1995, 455; *Hintzen/Wolf* Rpfleger 1995, 94; *Riedel* Rpfleger 1995, 119; *Stöber* NJW 1996, 1180) mit der Begründung abgelehnt, die Überweisung sei bis zur Pfändungswirksamkeit aufschiebend bedingt und der Vertrauensschutz des § 836 Abs. 2 ZPO setze erst mit dem Wirksamwerden des Pfändungsbeschlusses ein (MüKoBGB/*Eickmann* § 1154 Rn. 43; *Stöber* NJW 1996, 1180). Es wird weiterhin der **gleichzeitige Erlass eines Pfändungs- und Überweisungsbeschlusses** für zulässig erachtet.

Dieser Auffassung ist zuzustimmen. Letztlich führt der getrennte Erlass eines Überweisungsbeschlusses zu einer Mehrbelastung der Gerichte und zu einer unnötigen Verzögerung des Verfahrens. Um dem vom BGH geforderten Drittschuldnerschutz gerecht zu werden, genügt die Aufnahme eines Wirksamkeitsvorbehalts in dem Pfändungs- und Überweisungsbeschluss (vgl. *Stöber* Rn. 1837c). Es sollte daher unter Hinweis auf die vorstehend zitierten Auffassungen in der Literatur der Erlass eines Pfändungs- und Überweisungsbeschlusses sowie hilfsweise eines Pfändungsbeschlusses beantragt werden. Sofern das Vollstreckungsgericht die Auffassung des BGH teilt, drohen durch die gleichzeitige Beantragung des Pfändungs- und Überweisungsbeschlusses keine Nachteile. Das

Vollstreckungsgericht wird in diesem Fall – sofern die übrigen Voraussetzungen vorliegen – einen Pfändungsbeschluss erlassen und den weitergehenden Antrag zurückweisen. Nach der Wirksamkeit der Pfändung kann dann erneut ein Überweisungsbeschluss beantragt werden.

8. Die **Verwertung** der gepfändeten Hypothekenforderung erfolgt durch Überweisung zur Einziehung oder an Zahlungs statt. Daneben kann auch eine Verwertung in sonstiger Weise erfolgen (vgl. § 844 ZPO). Die Überweisung wird bei einer Briefhypothek stets mit der Aushändigung des Überweisungsbeschlusses an den Gläubiger wirksam (§ 837 Abs. 1 S. 1 ZPO). Die Überweisung an Zahlungs statt kann im Wege der Grundbuchberichtigung in das Grundbuch eingetragen werden.

9. Kosten und Gebühren. → Form. H. I. 2 Anm. 62 f. Der **Gerichtsvollzieher** erhält für die Wegnahme des Briefes eine Gebühr nach Nr. 221 KV GvKostG in Höhe von 26,– EUR.

10. Rechtsmittel. → Form. H. I. 2 Anm. 61

2. Pfändung einer Briefhypothek, wenn Dritter im Besitz des Briefes ist

[Das amtliche Formular „Pfändungs- und Überweisungsbeschluss[1]" ist entsprechend den dortigen Anmerkungen auszufüllen. Auf Seite 4 (bzw. Seite 5) des amtlichen Formulars sind das Feld „G" anzukreuzen und auf Seite 6 (bzw. Seite 7) des amtlichen Formulars unter „Anspruch G" aufzunehmen:]

Es werden

1. die angebliche Forderung des Schuldners[2] gegen den/die persönlichen Drittschuldner[3] auf . . . . . (genaue Bezeichnung der Forderung,[4] zB Zahlung des Kaufpreises für die Veräußerung eines Grundstücks gemäß notariellem Vertrag vom . . . . .) nebst . . . . . Zinsen seit dem . . . . . zusammen

2. mit der angeblich für diese Forderung im Grundbuch des Amtsgerichts . . . . . Band . . . . . Blatt . . . . . in Abt. III unter lfd. Nr. . . . . . auf dem Grundstück . . . . . (möglichst genaue Anschrift des Grundstücks) des/der dinglichen Drittschuldner[3] eingetragenen Briefhypothek zu . . . . . EUR nebst . . . . . Zinsen seit dem . . . . . und

3. der angebliche Anspruch des Schuldners gegen den Besitzes des Hypothekenbriefs als weiteren Drittschuldner auf Herausgabe des über die gepfändete Hypothek erteilten Hypothekenbriefes[5]

gepfändet.[6]

[Auf Seite 8 (bzw. Seite 10) des amtlichen Formulars ist in dem Feld „Arrestatorium" und „Inhibitorium" die Möglichkeit der Überweisung nicht anzukreuzen und statt dessen auf Seite 9 (bzw. Seite 10) des amtlichen Formulars das freie Feld anzukreuzen und dort einzutragen:]

Zugleich werden die gepfändete Forderung und die Hypothek sowie der gepfändete Herausgabeanspruch dem Gläubiger zur Einziehung überwiesen.[7]

Die Überweisung der durch die Briefhypothek gesicherten Forderung wird nur gleichzeitig mit der Pfändung wirksam. Für diese ist außer dem Pfändungsbeschluss die Übergabe des Hypothekenbriefes an den Gläubiger oder im Falle der Wegnahme des Briefes durch den Gerichtsvollzieher die Besitznahme durch diesen erforderlich. Die

Pfändung des Herausgabeanspruchs wird mit Zustellung dieses Beschlusses an den weiteren Drittschuldner wirksam.[7]]

[Auf Seite 3 (bzw. Seite 4 unter „IV. Kosten") des amtlichen Formulars ist das Feld „gemäß Anlage(n)" anzukreuzen, dort die Kosten der Eintragung ins Grundbuch[8] sowie der Briefwegnahme ggf. unter Beifügung einer Anlage einzutragen.]

Anmerkungen

1. → Form. H. I. 2 (bzw. → Form. H. I. 6 bei Unterhaltsforderungen). Hinsichtlich der weiteren Einzelheiten zum Pfändungs- und Überweisungsbeschluss wird auf die dortigen Anmerkungen Bezug genommen.

2. → Form. I. VII. 1 Anm. 2.

3. → Form. I. VII. 1 Anm. 3.

4. → Form. I. VII. 1 Anm. 4.

5. Sofern der Schuldner die Übergabe des Hypothekenbriefes verweigert, erfolgt eine **zwangsweise Wegnahme** des bei dem Schuldner befindlichen Briefes durch den Gerichtsvollzieher im Wege der Hilfsvollstreckung (§§ 830 Abs. 1, 836 Abs. 3, 883 ZPO). Insoweit dient der Pfändungsbeschluss als Titel der Hilfsvollstreckung (§ 830 Abs. 1 S. 2 ZPO; vgl. auch BGH NJW 1979, 2045). Mit der Wegnahme entsteht das Pfandrecht des Gläubigers. Wenn der Gerichtsvollzieher den Brief nicht bei dem Schuldner findet, ist der Schuldner auf Antrag des Gläubiges zur Abgabe der Versicherung an Eides statt verpflichtet (vgl. § 883 Abs. 2 ZPO).

6. → Form. I. VII. 1 Anm. 5, 7, 8, 9, 10.

7. → Form. I. VII. 1 Anm. 7, 8.

8. Zur Eintragung ins Grundbuch → Form. I. VII. 5.

3. Pfändung einer Teilforderung bei einer Briefhypothek, wenn Schuldner im Besitz des Briefes ist

[Das amtliche Formular „Pfändungs- und Überweisungsbeschluss[1]" ist entsprechend den dortigen Anmerkungen auszufüllen. Auf Seite 4 (bzw. Seite 5) des amtlichen Formulars sind das Feld „G" anzukreuzen und auf Seite 6 (bzw. Seite 7) des amtlichen Formulars unter „Anspruch G" aufzunehmen:]

Es werden in Höhe eines Teils von . . . . . EUR nebst . . . . . % Zinsen aus diesem Teilbetrag seit dem . . . . .[2, 3]

1. die angebliche Forderung des Schuldners gegen den/die persönlichen Drittschuldner auf . . . . . (genaue Bezeichnung der Forderung, zB Zahlung des Kaufpreises für die Veräußerung eines Grundstücks gemäß notariellem Vertrag vom . . . . .) nebst . . . . . Zinsen seit dem . . . . . zusammen

2. mit der angeblich für diese Forderung im Grundbuch des Amtsgerichts . . . . . Band . . . . . Blatt . . . . . in Abt. III unter lfd. Nr. . . . . . auf dem Grundstück . . . . . des/der

dinglichen Drittschuldner(s) eingetragenen Briefhypothek zu . . . . . EUR nebst . . . . . Zinsen seit dem . . . . ., und

3. der angebliche Anspruch des Schuldners gegen den Besitzes des Hypothekenbriefes, weiterer Drittschuldner, auf Vorlage des Hypothekenbriefs zum Zwecke der Umschreibung und

4. der angebliche Anspruch des Schuldners auf Erteilung und Aushändigung eines Teilhypothekenbriefs

gepfändet.[4, 6, 7]

[Auf Seite 8 (bzw. Seite 9) des amtlichen Formulars ist in dem Feld „Es wird angeordnet, dass“ das freie Kästchen anzukreuzen und dort einzutragen:]

der gepfändete Teil der Forderung und der Hypothek Vorrang vor dem nicht gepfändeten Rest hat.[5]

[Auf Seite 9 (bzw. Seite 10) des amtlichen Formulars ist das freie Feld anzukreuzen und dort einzutragen:]

Die Überweisung der durch die Briefhypothek gesicherten Forderung wird nur gleichzeitig mit der Pfändung wirksam. Für diese ist außer dem Pfändungsbeschluss die Übergabe des Hypothekenbriefes an den Gläubiger oder im Falle der Wegnahme des Briefes durch den Gerichtsvollzieher die Besitznahme durch diesen erforderlich. Die Pfändung der Ansprüche des Schuldners auf Vorlage des Hypothekenbriefes zum Zwecke der Umschreibung sowie auf Erteilung und Aushändigung des Teilhypothekenbriefes werden mit der jeweiligen Zustellung wirksam.

[Auf Seite 3 (bzw. Seite 4 unter „IV. Kosten“) des amtlichen Formulars ist das Feld „gemäß Anlage(n)“ anzukreuzen, dort die Kosten der Eintragung ins Grundbuch sowie der Briefwegnahme ggf. unter Beifügung einer Anlage einzutragen.]

Anmerkungen

1. → Form. H. I. 2 (bzw. → Form. H. I. 6 bei Unterhaltsforderungen). Hinsichtlich der weiteren Einzelheiten zum Pfändungs- und Überweisungsbeschluss wird auf die dortigen Anmerkungen Bezug genommen.

2. Zur Pfändung einer Briefhypothek → Form. I. VI. 1 Anm. 5.

3. In dem Pfändungsbeschluss muss der zu pfändende Teilbetrag der Hypothek genau bezeichnet werden.

4. Die **Teilpfändung einer Forderung** wird bei einer Briefhypothek erst mit der Übergabe des Briefes wirksam. Es reicht nicht, dass der Schuldner den Hypothekenbrief zugleich für den Gläubiger als Fremdbesitzer besitzt (*Stöber* Rn. 1851). Bei der Pfändung einer Teilforderung kann der Vollstreckungsgläubiger nicht endgültig die Übergabe des Briefes an sich selbst verlangen, denn der Schuldner könnte in diesem Falle nicht mehr über den von der Pfändung nicht erfassten Restbetrag verfügen. Vielmehr bedarf es der Bildung eines Teilhypothekenbriefes (§ 1152 BGB) durch das Grundbuchamt (vgl. § 61 GBO) oder einen von dem Gläubiger zu benennenden Notar (vgl. § 20 Abs. 2 BNotO). Ein Teilbrief wird nur auf Antrag des Gläubigers erstellt. Zur Antragstellung ist der Gläubiger nach hM nur berechtigt, wenn er das Recht des Schuldners auf Beantragung einer Teilbriefbildung gepfändet und auf sich hat überweisen lassen (OLG Oldenburg Rpfleger 1970, 100).

5. Damit der gepfändete Teil der Forderung **Vorrang vor dem nicht gepfändeten Rest** erlangt, muss in dem Pfändungsbeschluss eine entsprechende Anordnung aufgenommen werden.

6. Kosten und Gebühren. → Form. H. I. 2 Anm. 62 f. Der **Gerichtsvollzieher** erhält für die Wegnahme des Briefes eine Gebühr nach Nr. 221 KV GvKostG in Höhe von 26,– EUR.

7. Rechtsmittel. → Form. H. I. 2 Anm. 61.

4. Pfändung einer Teilforderung bei einer Briefhypothek, wenn Dritter im Besitz des Briefes ist

[Das amtliche Formular „Pfändungs- und Überweisungsbeschluss[1]" ist entsprechend den dortigen Anmerkungen auszufüllen. Auf Seite 4 (bzw. Seite 5) des amtlichen Formulars sind das Feld „G" anzukreuzen und auf Seite 6 (bzw. Seite 7) des amtlichen Formulars unter „Anspruch G" aufzunehmen:]

Es werden in Höhe eines Teils von . . . . . EUR nebst . . . . . % Zinsen aus diesem Teilbetrag seit dem . . . . .[2, 3]

1. die angebliche Forderung des Schuldners gegen den/die persönlichen Drittschuldner auf . . . . . (genaue Bezeichnung der Forderung, zB Zahlung des Kaufpreises für die Veräußerung eines Grundstücks gemäß notariellem Vertrag vom . . . . .) nebst . . . . . Zinsen seit dem . . . . . zusammen

2. mit der angeblich für diese Forderung im Grundbuch des Amtsgerichts . . . . . Band . . . . . Blatt . . . . . in Abt. III unter lfd. Nr. . . . . . auf dem Grundstück . . . . . des/der dinglichen Drittschuldner(s) eingetragenen Briefhypothek zu . . . . . EUR nebst . . . . . Zinsen seit dem . . . . ., und

3. der angebliche Anspruch des Schuldners gegen den Besitzes des Hypothekenbriefes, weiterer Drittschuldner, auf Vorlage des Hypothekenbriefs zum Zwecke der Umschreibung und

4. der angebliche Anspruch des Schuldners auf Erteilung und Aushändigung eines Teilhypothekenbriefs

gepfändet.[4, 6, 7]

[Auf Seite 8 (bzw. Seite 9) des amtlichen Formulars ist in dem Feld „Es wird angeordnet, dass" das freie Kästchen anzukreuzen und dort einzutragen:]

der gepfändete Teil der Forderung und der Hypothek Vorrang vor dem nicht gepfändeten Rest hat.[5]

[Auf Seite 8 (bzw. Seite 10) des amtlichen Formulars ist die Rubrik „Arrestatorium" und „Inhibitorium" nicht auszufüllen und stattdessen auf Seite 9 (bzw. Seite 10) des amtlichen Formulars das freie Feld anzukreuzen und dort einzutragen:]

Den Drittschuldnern wird, soweit die Pfändung reicht, verboten an den Schuldner zu leisten.

Der Schuldner hat sich jeder Verfügung über den gepfändeten Teil der Forderung sowie über die Hypothek und über den gepfändeten Anspruch, insbesondere der Einziehung zu enthalten, soweit die Pfändung reicht.

Zugleich werden die gepfändete Forderung sowie die Hypothek und der gepfändete Anspruch dem Gläubiger zur Einziehung überwiesen.

Die Überweisung der durch die Briefhypothek gesicherten Forderung wird nur gleichzeitig mit der Pfändung wirksam. Für diese ist außer dem Pfändungsbeschluss die Übergabe des Hypothekenbriefes an den Gläubiger oder im Falle der Wegnahme des Briefes durch den Gerichtsvollzieher die Besitznahme durch diesen erforderlich. Die Pfändung der Ansprüche des Schuldners auf Vorlage des Hypothekenbriefes zum Zwecke der Umschreibung sowie auf Erteilung und Aushändigung des Teilhypothekenbriefes werden mit der jeweiligen Zustellung wirksam.]

[Auf Seite 3 (bzw. Seite 4 unter „IV. Kosten") des amtlichen Formulars ist das Feld „gemäß Anlage(n)" anzukreuzen, dort die Kosten der Eintragung ins Grundbuch sowie der Briefwegnahme ggf. unter Beifügung einer Anlage einzutragen.]

Anmerkungen

1. → Form. H. I. 2 (bzw. → Form. H. I. 6 bei Unterhaltsforderungen). Hinsichtlich der weiteren Einzelheiten zum Pfändungs- und Überweisungsbeschluss wird auf die dortigen Anmerkungen Bezug genommen.

2. Zur Pfändung einer Briefhypothek → Form. I. VI. 1 Anm. 5.

3. In dem Pfändungsbeschluss muss der zu pfändende Teilbetrag der Hypothek genau bezeichnet werden.

4. Die **Teilpfändung einer Forderung** wird bei einer Briefhypothek erst mit der Übergabe des Briefes wirksam. Es reicht nicht, dass der Schuldner den Hypothekenbrief zugleich für den Gläubiger als Fremdbesitzer besitzt (*Stöber* Rn. 1851). Bei der Pfändung einer Teilforderung kann der Vollstreckungsgläubiger nicht endgültig die Übergabe des Briefes an sich selbst verlangen, denn der Schuldner könnte in diesem Falle nicht mehr über den von der Pfändung nicht erfassten Restbetrag verfügen. Vielmehr bedarf es der Bildung eines Teilhypothekenbriefes (§ 1152 BGB) durch das Grundbuchamt (vgl. § 61 GBO) oder einen von dem Gläubiger zu benennenden Notar (vgl. § 20 Abs. 2 BNotO). Ein Teilbrief wird nur auf Antrag des Gläubigers erstellt. Zur Antragstellung ist der Gläubiger nach hM nur berechtigt, wenn er das Recht des Schuldners auf Beantragung einer Teilbriefbildung gepfändet und auf sich hat überweisen lassen (OLG Oldenburg Rpfleger 1970, 100).

5. Damit der gepfändete Teil der Forderung **Vorrang vor dem nicht gepfändeten Rest** erlangt, muss in dem Pfändungsbeschluss eine entsprechende Anordnung aufgenommen werden.

6. Kosten und Gebühren. → Form. H. I. 2 Anm. 62 f. Der **Gerichtsvollzieher** erhält für die Wegnahme des Briefes eine Gebühr nach Nr. 221 KV GvKostG in Höhe von 26,– EUR.

7. Rechtsmittel. → Form. H. I. 2 Anm. 61.

5. Antrag auf Eintragung der Pfändung der Briefhypothek ins Grundbuch

An das

Amtsgericht .....[1]

Grundbuchamt

In der Zwangsvollstreckungssache

....

Hiermit zeigen wir an, dass wir den Gläubiger vertreten. Namens und in Vollmacht unseres Mandanten überreichen wir die Ausfertigung des Pfändungsbeschlusses/Pfändungs- und Überweisungsbeschlusses des Amtsgerichts ..... vom ....., Az. ....., nebst Zustellungsnachweis und den Hypothekenbrief Nr. ..... über ..... EUR.

Wir beantragen,

> die Pfändung der im Grundbuch des Amtsgerichts ..... Band ..... Blatt ..... in Abt. III unter lfd. Nr. ..... auf dem Grundstück ..... (möglichst genaue Bezeichnung) eingetragene Briefhypothek[2] und – soweit erforderlich – vorab den Vollstreckungsschuldner (§ 39 GBO) im Grundbuch[3] einzutragen.

Die Pfändung ist durch Übergabe des Hypothekenbriefs an uns als Vertreter des Gläubigers (alternativ: an unseren Mandanten als Gläubiger/durch Wegnahme durch den Gerichtsvollzieher) bewirkt worden.

Wir bitten anschließend um die Rücksendung der Vollstreckungsunterlagen. Gleichzeitig bitten wird darum, uns die Gebühren der Eintragung aufzugeben sowie die Eintragungsnachricht zu übersenden.

.....

Rechtsanwalt[4]

Anmerkungen

1. Für die Eintragung ist das **Grundbuchamt** des Amtsgerichts des belegenen Grundstücks zuständig (§ 1 GBO). Der Antrag auf Eintragung kann formlos gestellt werden. Die spätere Löschung kann nur in der Form des § 29 GBO erfolgen.

2. Mit der Wegnahme des Hypothekenbriefes wird die Pfändung wirksam und zugleich das Grundbuch unrichtig. Der Gläubiger kann daher **Grundbuchberichtigung** (§ 894 BGB) durch Eintragung der Pfändung verlangen. Sie sollte stets beantragt werden, da sie gegenüber einem gutgläubigen Erwerb den Rang wahrt. Die Eintragung wird auf schriftlichen **Antrag** des Gläubigers vorgenommen (§ 13 Abs. 1 GBO). Für die Eintragung muss der Gläubiger das Wirksamwerden der Pfändung durch die Vorlage des Pfändungsbeschlusses sowie des Hypothekenbriefs nachweisen (§ 22 Abs. 1 GBO). Es bedarf keiner Eintragungsbewilligung des Schuldners. Ebenso wenig muss die Zustellung des Pfändungsbeschlusses an den Drittschuldner bzw. an den Schuldner nachgewiesen werden. Die Vorlage des Vollstreckungstitels ist nicht erforderlich.

3. Sofern der Schuldner nicht als Hypothekengläubiger eingetragen ist (zB weil er selbst die Hypothek durch Abtretung oder durch Erbfolge erworben hat), bedarf es zur Eintragung der Pfändung zunächst der **Voreintragung des Schuldners** (§ 39 Abs. 1 GBO). Eine entsprechende Eintragung kann von dem Gläubiger gleichzeitig beantragt werden.

4. Kosten und Gebühren. Das **Gericht** erhält gemäß Nr. 14130 KV GNotKG iVm der Vorbemerkung 1.4.1.2 KV GNotKG bei der Eintragung eine $^1/_2$-Gebühr (Tabelle B) nach dem Wert des § 53 Abs. 2 GNotKG. Die Tätigkeit des **Rechtsanwalts** ist mit der 0,3 Gebühr nach Nr. 3309 VV RVG abgedeckt.

6. Pfändung einer Buchhypothek

[Das amtliche Formular „Pfändungs- und Überweisungsbeschluss[1]" ist entsprechend den dortigen Anmerkungen auszufüllen. Auf Seite 4 (bzw. Seite 5) des amtlichen Formulars sind das Feld „G" anzukreuzen und auf Seite 6 (bzw. Seite 7) des amtlichen Formulars unter „Anspruch G" aufzunehmen:]

Es werden

1. die angebliche Forderung des Schuldners[2] gegen den/die persönlichen Drittschuldner auf . . . . . (genaue Bezeichnung der Forderung, zB Zahlung des Kaufpreises für die Veräußerung eines Grundstücks gemäß notariellem Vertrag vom . . . . .) nebst . . . . . Zinsen seit dem . . . . . zusammen mit

2. der angeblich für diese Forderung im Grundbuch des Amtsgerichts . . . . . Band . . . . . Blatt . . . . . in Abt. III unter lfd. Nr. . . . . . auf dem Grundstück . . . . . (möglichst genaue Anschrift des Grundstücks) des/der Grundstückseigentümer, dinglicher Drittschuldner, eingetragenen Buchhypothek zu . . . . . EUR nebst . . . . . Zinsen seit dem . . . . .

gepfändet.[3, 6]

[Auf Seite 9 (bzw. Seite 10) des amtlichen Formulars das freie Feld anzukreuzen und dort einzutragen:]

Die Überweisung der durch die Buchhypothek gesicherten Forderung wird nur gleichzeitig mit der Pfändung wirksam. Für diese ist außer dem Pfändungsbeschluss die Eintragung der Pfändung im Grundbuch erforderlich.[4, 5]

[Auf Seite 3 (bzw. Seite 4 unter „IV. Kosten") des amtlichen Formulars ist das Feld „gemäß Anlage(n)" anzukreuzen, dort die Kosten der Eintragung ins Grundbuch ggf. unter Beifügung einer Anlage einzutragen.]

Anmerkungen

1. → Form. H. I. 2 (bzw. → Form. H. I. 6 bei Unterhaltsforderungen). Hinsichtlich der weiteren Einzelheiten zum Pfändungs- und Überweisungsbeschluss wird auf die dortigen Anmerkungen Bezug genommen.

2. Zur **Hypothek** → Form. I. VI. 1 Anm. 2.

3. Für die **Pfändung einer Buchhypothek** bedarf es des Erlasses eines Pfändungsbeschlusses sowie der Eintragung der Pfändung ins Grundbuch (§ 830 Abs. 1 S. 3 ZPO). Die Eintragung der Pfändung im Grundbuch erfolgt nur auf Antrag des Vollstreckungsgläubigers (→ Form. I. VI. 8). Die Pfändung einer Forderung, für die eine Gesamtbuchhypothek besteht, wird erst mit Eintragung der Pfändung bei allen belasteten Grundstücken wirksam (Zöller/*Stöber* § 830 Rn. 9). Wie eine Buchhypothek werden auch die **Sicherungshypotheken** (§§ 1184, 1185 Abs. 1 BGB) einschließlich der **Zwangssicherungshypothek** (§ 866 Abs. 1 ZPO) bzw. die **Arrestsicherungshypothek** (§ 932 ZPO) und die **Höchstbetragshypothek** (§§ 1190, 1185 Abs. 1 BGB) gepfändet. Sofern bei einer Briefhypothek nachträglich – vor Erlass des Pfändungsbeschlusses – die Erteilung eines Briefes gemäß § 1116 Abs. 2 BGB ausgeschlossen wurde, erfolgt die Pfändung durch Eintragung ins Grundbuch.

4. Die **Überweisung zur Einziehung** wird gemäß § 837 Abs. 1 S. 1 ZPO mit der Aushändigung des Überweisungsbeschlusses an den Gläubiger wirksam. Mit der Überweisung ist der Gläubiger befugt, anstelle des Schuldners die Hypothekenforderung geltend zu machen. Für die Wirksamkeit einer Überweisung einer Forderung an Zahlungs statt bedarf es bei der Buchhypothek der Eintragung ins Grundbuch (§ 837 Abs. 1 S. 2 ZPO). Mit der Eintragung erhält der Gläubiger das volle Verfügungsrecht über die Forderung sowie die Hypothek.

5. Zur Pfändung → Form. I. VI. 1 Anm. 7.

6. **Kosten und Gebühren/Rechtsmittel.** → Form. H. I. 2 Anm. 61 ff.

7. Pfändung einer Teilforderung bei einer Buchhypothek

[Das amtliche Formular „Pfändungs- und Überweisungsbeschluss[1]“ ist entsprechend den dortigen Anmerkungen auszufüllen. Auf Seite 4 (bzw. Seite 5) des amtlichen Formulars sind das Feld „G“ anzukreuzen und auf Seite 6 (bzw. Seite 7) des amtlichen Formulars unter „Anspruch G“ aufzunehmen:]

Es werden in Höhe eines Teils von ..... EUR nebst den Zinsen aus diesem Teilbetrag seit dem .....

1. die angebliche Forderung des Schuldners[2] gegen den/die persönlichen Drittschuldner auf ..... (genaue Bezeichnung der Forderung,[3] zB Zahlung des Kaufpreises für die Veräußerung eines Grundstücks gemäß notariellem Vertrag vom .....) nebst ..... Zinsen seit dem ..... zusammen mit

2. der angeblich für diese Forderung im Grundbuch des Amtsgerichts ..... Band ..... Blatt ..... in Abt. III unter lfd. Nr. ..... auf dem Grundstück ..... (möglichst genaue Anschrift des Grundstücks) des/der Grundstückseigentümer(s), dinglicher Drittschuldner, eingetragenen Briefhypothek zu ..... EUR nebst ..... Zinsen seit dem .....

gepfändet.

[Auf Seite 8 (bzw. Seite 9) des amtlichen Formulars ist in dem Feld „Es wird angeordnet, dass“ das freie Kästchen anzukreuzen und dort einzutragen:]

der gepfändete Teil der Forderung und der Hypothek Vorrang vor dem nicht gepfändeten Rest hat.[4, 6]

[Auf Seite 8 (bzw. Seite 10) des amtlichen Formulars ist in dem Feld „Arrestatorium“ und „Inhibitorium“ die Möglichkeit der Überweisung nicht anzukreuzen und statt dessen auf Seite 9 (bzw. Seite 10) des amtlichen Formulars das freie Feld anzukreuzen und dort einzutragen:]

Den Drittschuldnern wird, soweit die Pfändung reicht, verboten, an den Schuldner zu leisten.

Der Schuldner hat sich jeder Verfügung über den gepfändeten Teil der Forderung sowie über die Hypothek und über den gepfändeten Anspruch, insbesondere der Einziehung zu enthalten, soweit die Pfändung reicht.

Zugleich werden die gepfändete Forderung sowie die Hypothek und der gepfändete Anspruch dem Gläubiger zur Einziehung überwiesen.

Die Überweisung der durch die Buchhypothek gesicherten Forderung wird nur gleichzeitig mit der Pfändung wirksam. Für diese ist außer dem Pfändungsbeschluss die Eintragung der Pfändung im Grundbuch erforderlich.[5]

[Auf Seite 3 (bzw. Seite 4 unter „IV. Kosten") des amtlichen Formulars ist das Feld „gemäß Anlage(n)" anzukreuzen, dort die Kosten der Eintragung ins Grundbuch ggf. unter Beifügung einer Anlage einzutragen.]

Anmerkungen

1. → Form. H. I. 2 (bzw. → Form. H. I. 6 bei Unterhaltsforderungen). Hinsichtlich der weiteren Einzelheiten zum Pfändungs- und Überweisungsbeschluss wird auf die dortigen Anmerkungen Bezug genommen.

2. Zur **Hypothek** → Form. I. VI. 1 Anm. 2.

3. Der gepfändete Teilbetrag muss hinreichend bestimmt bezeichnet werden. Sofern die Forderungshöhe unbestimmt ist, kann keine Eintragung der Pfändung ins Grundbuch erfolgen. Dies kann dann der Fall sein, wenn mit einer Teilpfändung zugleich die laufenden Zinsen gepfändet werden.

4. → Form. I. VI. 2 Anm. 5.

5. Zur Pfändung → Form. I. VI. 1 Anm. 7.

6. **Kosten und Gebühren/Rechtsmittel.** → Form. H. I. 2 Anm. 61 ff.

8. Antrag auf Eintragung der Pfändung der Buchhypothek ins Grundbuch

An das

Amtsgericht . . . . .[1]

Grundbuchamt

In der Zwangsvollstreckungssache

. . . .

Hiermit zeigen wir an, dass wir den Gläubiger vertreten. Namens und in Vollmacht unseres Mandanten überreichen wir die Ausfertigung des Pfändungsbeschlusses/Pfändungs- und Überweisungsbeschlusses des Amtsgerichts . . . . . vom . . . . . , Az. . . . . .

Wir beantragen,

die Pfändung der im Grundbuch des Amtsgerichts ..... Band ..... Blatt ..... in Abt. III unter lfd. Nr. ..... auf dem Grundstück ..... (möglichst genaue Bezeichnung) eingetragene Buchhypothek und – soweit erforderlich – vorab den Vollstreckunkschuldner (§ 39 GBO) im Grundbuch einzutragen.[2]

Wir bitten anschließend um die Rücksendung der Vollstreckungsunterlagen. Gleichzeitig bitten wird darum, uns die Gebühren der Eintragung aufzugeben sowie die Eintragungsnachricht zu übersenden.

.....

Rechtsanwalt[3]

Anmerkungen

1. Für die Eintragung ist das **Grundbuchamt** des Amtsgerichts des belegenen Grundstücks zuständig (§ 1 GBO). Der Antrag auf Eintragung kann formlos gestellt werden. Die spätere Löschung kann nur in der Form des § 29 GBO erfolgen.

2. Die **Eintragung der Pfändung** einer durch eine Buchhypothek gesicherten Forderung erfolgt nur auf Antrag des Gläubigers (§ 13 Abs. 1 GBO). Dem **Antrag** muss eine Ausfertigung des Pfändungsbeschlusses beigefügt werden. Da die Pfändung erst mit der Eintragung in das Grundbuch Wirksamkeit erlangt, ist die Vorlage eines Zustellungsnachweises nicht erforderlich. Mit dem Eingang des Eintragungsantrages kann der Schuldner nicht mehr wirksam über die Buchgrundschuld verfügen (§ 17 GBO). Der Vollstreckungsgläubiger kann auch die notwendige Voreintragung des Schuldners (§ 39 GBO) beantragen.

3. Kosten und Gebühren. Das **Gericht** erhält gemäß Nr. 14130 KV GNotKG iVm der Vorbemerkung 1.4.1.2 KV GNotKG bei der Eintragung eine $^1/_2$-Gebühr (Tabelle B) nach dem Wert des § 53 Abs. 2 GNotKG. Die Tätigkeit des **Rechtsanwalts** ist mit der 0,3 Gebühr nach Nr. 3309 VV RVG abgedeckt.

Eigentümerhypothek (§ 1177 Abs. 2 BGB)

9. Pfändung einer Eigentümerbriefhypothek

[Das amtliche Formular „Pfändungs- und Überweisungsbeschluss[1]" ist entsprechend den dortigen Anmerkungen auszufüllen. Auf Seite 4 (bzw. Seite 5) des amtlichen Formulars sind das Feld „G" anzukreuzen und auf Seite 6 (bzw. Seite 7) des amtlichen Formulars unter „Anspruch G" aufzunehmen:]

Es werden

1. die auf den Schuldner gemäß § 1143 BGB übergegangene, früher dem/den früheren Gläubiger(n), Drittschuldner zu 1), zustehende angebliche Forderung auf ..... [genaue Bezeichnung der Forderung, zB Zahlung des Kaufpreises für die Veräußerung eines Grundstücks gemäß notariellem Vertrag vom .....] nebst ..... Zinsen seit dem ..... gegen den/die früheren Schuldner, Drittschuldner zu 2), zusammen mit

2. der angeblich für diese Forderung auf dem Grundstück des Schuldners, eingetragen im Grundbuch des Amtsgerichts ..... Band ..... Blatt ..... in Abt. III unter lfd. Nr. .....

eingetragenen Hypothek,[2] die gem. § 1153 BGB auf den Schuldner übergegangen ist[3] und die

3. angeblichen Ansprüche des Schuldners gegen den Drittschuldner zu 1) auf Herausgabe des Hypothekenbriefs, auf Berichtigung des Grundbuchs sowie auf Aushändigung der für die Grundbuchberichtigung notwendigen Urkunden, insbesondere .....[4]

gepfändet.[7]

Soweit die Forderung des Drittschuldners zu 1) noch nicht voll befriedigt und die Hypothek noch nicht voll auf den Schuldner übergegangen ist, ergreift die Pfändung zudem die künftig Eigentümerhypothek bzw. Eigentümergrundschuld werdenden Hypothekenanteile.

Insoweit werden zusätzlich das Miteigentum des Schuldners an dem Hypothekenbrief, die Ansprüche des Schuldners gegen den Drittschuldner zu 1) auf Aufhebung der Gemeinschaft am Hypothekenbrief, auf Vorlage des Briefes an das Grundbuchamt bzw. einen Notar zwecks Bildung eines Teilbriefs sowie auf Aushändigung des Teilsbriefs gepfändet.[5]

[Auf Seite 8 (bzw. Seite 10) des amtlichen Formulars ist die Rubrik „Arrestatorium" und „Inhibitorium" nicht auszufüllen und stattdessen auf Seite 9 (bzw. Seite 10) des amtlichen Formulars das freie Feld anzukreuzen und dort einzutragen:]

Den Drittschuldnern wird verboten, an den Schuldner zu leisten.

Der Schuldner hat sich jeder Verfügung über die gepfändete Forderung, die gepfändeten Eigentümerpfandrechte einschließlich der weiter gepfändeten Ansprüche, insbesondere der Übertragung und Einziehung, zu enthalten.

Zugleich werden die gepfändete Forderung, die gepfändeten Eigentümerpfandrechte einschließlich der weiter gepfändeten Ansprüche dem Gläubiger zur Einziehung überwiesen.

Die Überweisung der Forderung einschließlich des Grundpfandrechts wird gleichzeitig mit der Pfändung wirksam. Für diese ist außer dem Pfändungsbeschluss die Übergabe des Hypothekenbriefes an den Gläubiger oder im Falle der Wegnahme des Briefes durch den Gerichtsvollzieher die Besitznahme durch diesen erforderlich. Die Pfändung und Überweisung der übrigen Ansprüche werden mit Zustellung wirksam.[6]

[Auf Seite 3 (bzw. Seite 4 unter „IV. Kosten") des amtlichen Formulars ist das Feld „gemäß Anlage(n)" anzukreuzen, dort die Kosten der Eintragung ins Grundbuch sowie der Briefwegnahme ggf. unter Beifügung einer Anlage einzutragen.]

Anmerkungen

1. → Form. H. I. 2 (bzw. → Form. H. I. 6 bei Unterhaltsforderungen). Hinsichtlich der weiteren Einzelheiten zum Pfändungs- und Überweisungsbeschluss wird auf die dortigen Anmerkungen Bezug genommen.

2. Vereinigen sich Eigentum und Hypothek in einer Person und steht dem Eigentümer auch die Forderung zu, so entsteht eine **Eigentümerbrief- oder Eigentümerbuchhypothek** (§ 1177 Abs. 2 BGB). Dies ist der Fall,

- wenn der nicht persönlich haftende Eigentümer den Gläubiger befriedigt (§ 1143 Abs. 1 BGB),
- wenn der Gläubiger die Forderung nebst Hypothek an den nicht persönlich haftenden Eigentümer abtritt,
- wenn der Eigentümer, der nicht persönlich haftet, den Gläubiger beerbt,

- wenn der Gläubiger das Eigentum am Grundstück von dem nicht persönlich haftenden Eigentümer rechtsgeschäftlich oder durch Erbgang erwirbt,
- bei Ausschluss des Gläubigers nach § 1171 BGB, sofern der Eigentümer nicht persönlich haftet und bei der Gesamthypothek,
- wenn der nicht persönlich haftende Eigentümer die Forderung erwirbt.

Sofern die Forderung nachträglich erlischt oder wenn die Hypothek nach § 1198 BGB umgewandelt wird, wird die Eigentümerhypothek zur Eigentümergrundschuld (§§ 1163 Abs. 1, 1177 Abs. 2 BGB). Solange die Eigentümerhypothek sich in der Hand des Eigentümers befindet, wird sie wie eine Grundschuld behandelt (§ 1177 Abs. 2 BGB). Für die Abtretung und Belastung der Eigentümerhypothek gilt § 1153 BGB. Regelmäßig kann der Eigentümer die Eigentümerhypothek nicht ohne die Forderung und die Forderung nicht ohne die Hypothek abtreten oder verpfänden (§ 1153 Abs. 2 BGB).

3. Die **Pfändung einer Eigentümerbriefhypothek** richtet sich gegen die Forderung als das Hauptrecht. Es findet damit § 830 ZPO Anwendung. Erforderlich ist ein Pfändungsbeschluss sowie die Übergabe des Briefes. Eine **Zustellung** an den Drittschuldner bedarf es nicht. Hinsichtlich der weiteren Einzelheiten der Pfändung wird auf die Ausführungen zu der Pfändung der Briefhypothek verwiesen (→ Form. I. VI. 1 Anm. 5). Soweit die Hypothek noch nicht vollständig auf den Schuldner als Eigentümer übergegangen ist, können auch die künftig Eigentümerhypothek bzw. Eigentümergrundschuld werdenden **Hypothekenanteile** bereits gepfändet werden.

4. Der Gläubiger kann auch den **Berichtigungsanspruch** des Vollstreckungsschuldners nach § 894 BGB pfänden und sich zur Einziehung überweisen lassen.

5. Dem Eigentümer steht das **Miteigentum am Brief** (§§ 952, 1008 BGB), ein Anspruch auf **Aufhebung der Gemeinschaft** (§§ 749 Abs. 1, 752 BGB) und ein Anspruch auf Vorlage des Briefes zum Zwecke der **Bildung eines Teilbriefes** sowie auf Aushändigung dieses Teilbriefes zu. Diese Ansprüche können ebenfalls gepfändet werden (MüKoBGB/*Eickmann* § 1154 Rn. 38, § 1163 Rn. 67a, § 1177 Rn. 13).

6. → Form. I. VI. 1 Anm. 7.

7. **Kosten und Gebühren/Rechtsmittel.** → Form. H. I. 2 Anm. 61 ff.

10. Pfändung einer Eigentümerbuchhypothek

[Das amtliche Formular „Pfändungs- und Überweisungsbeschluss[1]" ist entsprechend den dortigen Anmerkungen auszufüllen. Auf Seite 4 (bzw. Seite 5) des amtlichen Formulars sind das Feld „G" anzukreuzen und auf Seite 6 (bzw. Seite 7) des amtlichen Formulars unter „Anspruch G" aufzunehmen:]

Es werden

1. die auf den Schuldner gemäß § 1143 BGB übergegangene, früher dem/den früheren Gläubiger(n), Drittschuldner zu 1), zustehende angebliche Forderung auf . . . . . (genaue Bezeichnung der Forderung, zB Zahlung des Kaufpreises für die Veräußerung eines Grundstücks gemäß notariellem Vertrag vom . . . . .) nebst . . . . . Zinsen seit dem . . . . . (näher beschreiben) gegen den/die früheren Schuldner), Drittschuldner zu 2), zusammen mit

2. der für diese Forderung auf dem Grundstück des Schuldners, eingetragen im Grundbuch des Amtsgerichts . . . . . Band . . . . . Blatt . . . . . in Abt. III unter lfd. Nr. . . . . . angeblich eingetragenen Hypothek[2, 3] und

3. die angeblichen Ansprüche des Schuldners gegen den Drittschuldner zu 1) auf Berichtigung des Grundbuchs sowie auf Aushändigung der zur Grundbuchberichtigung notwendigen Urkunden, insbesondere . . . . .[4]

gepfändet.[6]

Soweit die Forderung des Drittschuldners zu 1) noch nicht voll befriedigt und die Hypothek noch nicht voll auf den Schuldner übergegangen sein sollte, ergreift die Pfändung auch die künftig Eigentümerhypothek bzw. Eigentümergrundschuld werdenden Hypothekenanteile.

[Auf Seite 8 (bzw. Seite 10) des amtlichen Formulars ist die Rubrik „Arrestatorium" und „Inhibitorium" nicht auszufüllen und stattdessen auf Seite 9 (bzw. Seite 10) des amtlichen Formulars das freie Feld anzukreuzen und dort einzutragen:]

Den Drittschuldnern wird verboten, an den Schuldner zu leisten.

Der Schuldner hat sich jeder Verfügung über die gepfändete Forderung, die gepfändeten Eigentümerrechte und die gepfändeten Ansprüche, insbesondere der Übertragung und Einziehung, zu enthalten.

Zugleich werden die gepfändete Forderung, die gepfändeten Eigentümerpfandrechte und die gepfändeten Ansprüche dem Gläubiger zur Einziehung überwiesen.

Die Überweisung der Forderung einschließlich des Grundpfandrechts wird nur gleichzeitig mit der Pfändung wirksam. Für diese ist außer dem Pfändungsbeschluss die Eintragung der Pfändung im Grundbuch erforderlich. Die Pfändung und Überweisung der übrigen Ansprüche werden mit Zustellung wirksam.[5]

[Auf Seite 3 (bzw. Seite 4 unter „IV. Kosten") des amtlichen Formulars ist das Feld „gemäß Anlage(n)" anzukreuzen, dort die Kosten der Eintragung ins Grundbuch ggf. unter Beifügung einer Anlage einzutragen.]

Anmerkungen

1. → Form. H. I. 2 (bzw. → Form. H. I. 6 bei Unterhaltsforderungen). Hinsichtlich der weiteren Einzelheiten zum Pfändungs- und Überweisungsbeschluss wird auf die dortigen Anmerkungen Bezug genommen.

2. Zur Eigentümerhypothek → Form. I. VI. 9 Anm. 2.

3. Die **Pfändung einer Eigentümerbuchhypothek** bestimmt sich nach § 830 ZPO. Die Pfändung erfolgt durch Erlass eines Pfändungsbeschlusses sowie Eintragung der Pfändung im Grundbuch. Soweit die Hypothek noch nicht vollständig auf den Schuldner als Eigentümer übergegangen ist, können auch die künftig Eigentümerhypothek bzw. Eigentümergrundschuld werdenden Hypothekenanteile bereits gepfändet werden.

4. Der Gläubiger kann auch den **Berichtigungsanspruch** des Vollstreckungsschuldners nach § 894 BGB pfänden und sich zur Einziehung überweisen lassen. Hat der Eigentümer die zur Grundbuchberichtigung erforderlichen Unterlagen bereits im Besitz, so kann der Gläubiger diese gemäß § 836 Abs. 3 ZPO herausverlangen. Die Herausgabe erfolgt im Wege der Zwangsvollstreckung durch den Gerichtsvollzieher aufgrund des Überweisungsbeschlusses. Im Übrigen kann der **Anspruch** des Schuldners **auf Herausgabe** mit dem Grundbuchberichtigungsanspruch gepfändet werden (MüKoBGB/*Eickmann* § 1163 Rn. 69; § 1177 Rn. 13).

5. Zur Überweisung → Form. I. VI. 1 Anm. 7.

6. Kosten und Gebühren/Rechtsmittel. → Form. H. I. 2 Anm. 61 ff.

Höchstbetragshypothek (§ 1190 BGB)

11. Pfändung des Gläubigerrechts bei einer Höchstbetragshypothek

[Das amtliche Formular „Pfändungs- und Überweisungsbeschluss[1]*" ist entsprechend den dortigen Anmerkungen auszufüllen. Auf Seite 4 (bzw. Seite 5) des amtlichen Formulars sind das Feld „G" anzukreuzen und auf Seite 6 (bzw. Seite 7) des amtlichen Formulars unter „Anspruch G" aufzunehmen:]*

Es werden

1. die angebliche Forderung des Schuldners[2] gegen den/die persönlichen Drittschuldner auf . . . . . (genaue Bezeichnung der Forderung, zB Zahlung des Kaufpreises für die Veräußerung eines Grundstücks gemäß notariellem Vertrag vom . . . . .) nebst . . . . . Zinsen seit dem . . . . . zusammen

2. mit der angeblich zur Sicherung dieser Forderung im Grundbuch des Amtsgerichts . . . . . Band . . . . . Blatt . . . . . in Abt. III unter lfd. Nr. . . . . . auf dem Grundstück . . . . . (möglichst genaue Anschrift des Grundstücks) des/der Grundstückseigentümer, dinglicher Drittschuldner, eingetragenen Höchstbetragshypothek[3] zu . . . . . EUR nebst . . . . . Zinsen seit dem . . . . .

gepfändet.[5]

[Auf Seite 8 (bzw. Seite 10) des amtlichen Formulars ist die Rubrik „Arrestatorium" und „Inhibitorium" nicht auszufüllen und stattdessen auf Seite 9 (bzw. Seite 10) des amtlichen Formulars das freie Feld anzukreuzen und dort einzutragen:]

Den Drittschuldnern wird verboten, an den Schuldner zu leisten.

Der Schuldner hat sich jeder Verfügung über die gepfändete Forderung und über die gepfändete Hypothek, insbesondere ihrer Einziehung zu enthalten.

Zugleich werden die gepfändete Forderung sowie die gepfändete Höchstbetragshypothek dem Gläubiger zur Einziehung überwiesen.

Die Überweisung der durch die Höchstbetragshypothek gesicherten Forderung wird nur gleichzeitig mit der Pfändung wirksam. Für diese ist außer dem Pfändungsbeschluss die Eintragung der Pfändung im Grundbuch erforderlich.[4]

[Auf Seite 3 (bzw. Seite 4 unter „IV. Kosten") des amtlichen Formulars ist das Feld „gemäß Anlage(n)" anzukreuzen, dort die Kosten der Eintragung ins Grundbuch ggf. unter Beifügung einer Anlage einzutragen.]

Anmerkungen

1. → Form. H. I. 2 (bzw. → Form. H. I. 6 bei Unterhaltsforderungen). Hinsichtlich der weiteren Einzelheiten zum Pfändungs- und Überweisungsbeschluss wird auf die dortigen Anmerkungen Bezug genommen.

2. Bei der **Pfändung des Gläubigerrechts** hat der Vollstreckungsgläubiger die Wahl, ob er die Forderung sowie die Hypothek oder nur die Forderung pfänden will. Die Pfändung und Überweisung der Forderung einschließlich der Höchstbetragshypothek erfolgt entsprechend den Grundsätzen der Pfändung einer Buchhypothek durch Grundbucheintragung (§ 830 Abs. 1 ZPO) und Überweisung gemäß § 837 Abs. 1 ZPO (→ Form. I. VI. 6 Anm. 3).

3. Die **Höchstbetragshypothek** (§ 1190 BGB) ist eine Sicherungshypothek, bei der nur der Höchstbetrag, bis zu dem das Grundstück haften soll, als Geldsumme im Grundbuch eingetragen ist. Der Umfang, für den die Hypothek tatsächlich haftet, entspricht der jeweiligen Forderungshöhe. In dem nicht valutierten Umfang steht die Hypothek dem Eigentümer des Grundstücks als Eigentümergrundschuld zu. Vor der Feststellung der Forderung, für die die Höchstbetragshypothek haftet, hat der Grundstückseigentümer insoweit jedoch nur ein durch das Entstehen der Forderung auflösend bedingtes sowie zugleich durch deren Erlöschen aufschiebend bedingtes Recht (RGZ 120, 110; RGZ 125, 136). Erst mit der Forderungsfeststellung entsteht die Eigentümergrundschuld endgültig. Die Forderungsfeststellung erfolgt durch Vertrag, einseitige Bestimmung oder Urteil. Bei der Höchstbetragshypothek ist die Erteilung eines Hypothekenbriefes ausgeschlossen (vgl. §§ 1190 Abs. 3, 1185 Abs. 1 BGB).

4. Zur Überweisung → Form. I. VI. 1 Anm. 7.

5. **Kosten und Gebühren/Rechtsmittel.** → Form. H. I. 2 Anm. 61 ff.

12. Ausschließliche Pfändung der Forderung bei einer Höchstbetragshypothek

[Das amtliche Formular „Pfändungs- und Überweisungsbeschluss[1]" ist entsprechend den dortigen Anmerkungen auszufüllen. Auf Seite 4 (bzw. Seite 5) des amtlichen Formulars sind das Feld „G" anzukreuzen und auf Seite 6 (bzw. Seite 7) des amtlichen Formulars unter „Anspruch G" aufzunehmen:]

Es wird die angebliche Forderung[2, 3] des Schuldners gegen den/die persönlichen Schuldner der gepfändeten Forderung, Drittschuldner, auf . . . . . (genaue Bezeichnung der Forderung, zB Zahlung des Kaufpreises für die Veräußerung eines Grundstücks gemäß notariellem Vertrag vom . . . . .) nebst . . . . . Zinsen seit dem . . . . . gepfändet.[5]

Die Pfändung der Forderung erfolgt ohne die zu ihrer Sicherung im Grundbuch des Amtsgerichts . . . . . Band . . . . . Blatt . . . . . in Abt. III unter lfd. Nr. . . . . . auf dem Grundstück . . . . . (möglichst genaue Anschrift des Grundstücks) des . . . . . (ladungsfähige Anschrift des Grundstückseigentümers) eingetragene Höchstbetragshypothek zu . . . . . EUR nebst . . . . . Zinsen seit dem . . . . .[4]

[Auf Seite 8 (bzw. Seite 10) des amtlichen Formulars ist die Rubrik „Arrestatorium" und „Inhibitorium" nicht auszufüllen und stattdessen auf Seite 9 (bzw. Seite 10) des amtlichen Formulars das freie Feld anzukreuzen und dort einzutragen:]

Den Drittschuldnern wird verboten, an den Schuldner zu leisten.

Der Schuldner hat sich jeder Verfügung über die gepfändete Forderung und über die gepfändete Hypothek, insbesondere ihrer Einziehung, zu enthalten.

Zugleich wird die gepfändete Forderung dem Gläubiger zur Einziehung überwiesen.]

Anmerkungen

1. → Form. H. I. 2 (bzw. → Form. H. I. 6 bei Unterhaltsforderungen). Hinsichtlich der weiteren Einzelheiten zum Pfändungs- und Überweisungsbeschluss wird auf die dortigen Anmerkungen Bezug genommen.

2. Zur Höchstbetragshypothek → Form. I. VI. 11 Anm. 3.

3. Bei der **Pfändung des Gläubigerrechts** kann der Gläubiger gemäß § 837 Abs. 3 ZPO auch die **Forderung isoliert mit der Maßgabe** pfänden, dass die Forderung dem Pfändgläubiger an Zahlungs statt überwiesen wird (§ 837 Abs. 3 ZPO). Die Pfändung erfolgt nach den allgemeinen Vorschriften über die Forderungspfändung (§§ 829, 835 ZPO). Sie wird wirksam mit der Zustellung des Beschlusses an den Drittschuldner. Im Falle der Pfändung wird die Forderung von der Hypothek getrennt. In Höhe der gepfändeten Forderung wird die Hypothek zur Eigentümergrundschuld.

4. Der **Überweisungsbeschluss** hat die Trennung von Forderung und Hypothek auszusprechen.

5. Kosten und Gebühren/Rechtsmittel. → Form. H. I. 2 Anm. 61 ff.

13. Antrag auf Eintragung der Pfändung der Höchstbetragshypothek ins Grundbuch

An das

Amtsgericht . . . . .

Grundbuchamt[1]

In der Zwangsvollstreckungssache

. . . .

Hiermit zeigen wir an, dass wir den Gläubiger vertreten. Namens und in Vollmacht unseres Mandanten überreichen wir die Ausfertigung des Pfändungsbeschlusses/Pfändungs- und Überweisungsbeschlusses des Amtsgerichts . . . . . vom . . . . . Az. . . . . .

Wir beantragen,

> **die Eintragung der Pfändung der Höchstbetragshypothek ins Grundbuch und – soweit notwendig – die Voreintragung des Vollstreckungsschuldners (§ 39 GBO) im Grundbuch.[2]**

Wir bitten anschließend um die Rücksendung der Vollstreckungsunterlagen. Gleichzeitig bitten wird darum, uns die Gebühren der Eintragung aufzugeben sowie die Eintragungsnachricht zu übersenden.

. . . . .

Rechtsanwalt[3]

Anmerkungen

1. Für die Eintragung ist das **Grundbuchamt** des Amtsgerichts des belegenen Grundstücks zuständig (§ 1 GBO). Der Antrag auf Eintragung kann formlos gestellt werden. Die spätere Löschung kann nur in der Form des § 29 GBO erfolgen.

2. Die **Eintragung der Pfändung** einer durch eine Buchhypothek gesicherten Forderung erfolgt nur auf Antrag des Gläubigers (§ 13 Abs. 1 GBO). Dem **Antrag** muss eine Ausfertigung des Pfändungsbeschlusses beigefügt werden. Da die Pfändung erst mit der Eintragung in das Grundbuch Wirksamkeit erlangt, ist die Vorlage eines Zustellungsnachweises nicht erforderlich. Der Vollstreckungsgläubiger kann auch die notwendige Voreintragung des Schuldners (§§ 39, 14 GBO) beantragen.

3. Kosten und Gebühren. Das **Gericht** erhält gemäß Nr. 14130 KV GNotKG iVm der Vorbemerkung 1.4.1.2 KV GNotKG bei der Eintragung eine $^1/_2$-Gebühr (Tabelle B) nach dem Wert des § 53 Abs. 2 GNotKG. Die Tätigkeit des **Rechtsanwalts** ist mit der 0,3 Gebühr nach Nr. 3309 VV RVG abgedeckt.

14. Pfändung des Eigentümerrechts bei einer Höchstbetragshypothek

[Das amtliche Formular „Pfändungs- und Überweisungsbeschluss[1]“ ist entsprechend den dortigen Anmerkungen auszufüllen. Auf Seite 4 (bzw. Seite 5) des amtlichen Formulars sind das Feld „G“ anzukreuzen und auf Seite 6 (bzw. Seite 7) des amtlichen Formulars unter „Anspruch G“ aufzunehmen:]

Es werden

1. die angebliche Eigentümergrundschuld[2, 3] des Schuldners, die aus der im Grundbuch des Amtsgerichts ..... Band ..... Blatt ..... in Abt. III unter lfd. Nr. ..... auf dem Grundstück ..... (möglichst genaue Anschrift des Grundstücks) des ..... (ladungsfähige Anschrift des Grundstückseigentümers) eingetragenen Höchstbetragshypothek zu ..... EUR nebst ..... Zinsen seit dem ..... entstanden ist, und

2. der Anspruch auf Grundbuchberichtigung[4]

gepfändet.[6]

[Auf Seite 8 (bzw. Seite 10) des amtlichen Formulars ist die Rubrik „Arrestatorium“ und „Inhibitorium“ nicht auszufüllen und stattdessen auf Seite 9 (bzw. Seite 10) des amtlichen Formulars das freie Feld anzukreuzen und dort einzutragen:]

Der Schuldner hat sich jeder Verfügung über die gepfändete Eigentümergrundschuld, insbesondere ihrer Aufhebung, und über den gepfändeten Grundbuchberichtigungsanspruch zu enthalten.

Zugleich werden die gepfändete Eigentümergrundschuld sowie der gepfändete Berichtigungsanspruchs dem Gläubiger zur Einziehung überwiesen.

Die Überweisung der durch die Höchstbetragshypothek gesicherten Forderung wird nur gleichzeitig mit der Pfändung wirksam. Für diese ist außer dem Pfändungsbeschluss die Eintragung der Pfändung im Grundbuch erforderlich.[5]

[Auf Seite 3 (bzw. Seite 4 unter „IV. Kosten") des amtlichen Formulars ist das Feld „gemäß Anlage(n)" anzukreuzen, dort die Kosten der Eintragung ins Grundbuch ggf. unter Beifügung einer Anlage einzutragen.]

Anmerkungen

1. → Form. H. I. 2 (bzw. → Form. H. I. 6 bei Unterhaltsforderungen). Hinsichtlich der weiteren Einzelheiten zum Pfändungs- und Überweisungsbeschluss wird auf die dortigen Anmerkungen Bezug genommen.

2. Zur Höchstbetragshypothek → Form. I. VI. 11 Anm. 3.

3. Bei einer Höchstbetragshypothek ist auch das Recht des Grundstückseigentümers pfändbar. Bereits die Pfändung des **vorläufigen Eigentümerrechts** ist möglich (§§ 857 Abs. 6, 830 Abs. 1 ZPO; vgl. RGZ 97, 223, 226; RGZ 120, 110, 112). Sie ist indes für den Vollstreckungsgläubiger wertlos, da die Pfändung nicht in das Grundbuch eingetragen und damit wirksam gemacht werden kann (vgl. § 830 Abs. 1 S. 3 ZPO). Insoweit kann der Forderungsgläubiger dem Eintragungsverlangen bis zur Beendigung des Vertragsverhältnisses die Einrede entgegenhalten, die Hypothek sichere auch die künftig noch entstehenden Forderungen (MüKoBGB/*Eickmann* § 1190 Rn. 10). Erst wenn mit der Forderungsfeststellung die **Eigentümergrundschuld endgültig entstanden ist,** kann eine Eintragung der Pfändung ins Grundbuch erfolgen.

4. Der Gläubiger kann zusätzlich den **Berichtigungsanspruch** des Vollstreckungsschuldners nach § 894 BGB pfänden und sich zur Einziehung überweisen lassen. Im Rahmen der Vollstreckung muss der Schuldner die erforderlichen Angaben dazu machen, in welcher Höhe die Höchstbetragshypothek in eine Eigentümergrundschuld umgewandet hat (vgl. § 838 Abs. 3 S. 1 ZPO) sowie etwaige Unterlagen herausgeben (§ 836 Abs. 3 S. 3 ZPO).

5. Zur Überweisung → Form. I. VI. 1 Anm. 7.

6. **Kosten und Gebühren/Rechtsmittel.** → Form. H. I. 2 Anm. 61 ff..

15. Antrag auf Eintragung der Pfändung des Eigentümerrechts bei einer Höchstbetragshypothek ins Grundbuch

An das

Amtsgericht . . . . .[1]

Grundbuchamt

In der Zwangsvollstreckungssache

. . . .

Hiermit zeigen wir an, dass wir den Gläubiger vertreten. Namens und in Vollmacht unseres Mandanten überreichen wir die Ausfertigung des Pfändungsbeschlusses/Pfändungs- und Überweisungsbeschlusses des Amtsgerichts . . . . . vom . . . . . Az. . . . . .

Wir beantragen,[2]

1. die Berichtigung des Grundbuches durch Umschreibung der im Grundbuch des Amtsgerichts ..... Band ..... Blatt ..... in Abt. III unter lfd. Nr. ..... auf dem Grundstück ..... (möglichst genaue Anschrift des Grundstücks) eingetragenen Höchstbetragshypothek zu ..... EUR nebst ..... Zinsen seit dem ..... in eine Eigentümergrundschuld und
2. die Eintragung der Pfändung ins Grundbuch und – soweit notwendig – die Voreintragung des Vollstreckungsschuldners (§§ 39, 14 GBO) im Grundbuch.

Der Gläubiger hat die Eigentümergrundschuld, die aus der in Abt. III unter lfd. Nr. ..... im vorstehend genannten Grundbuch eingetragene Höchstbetragshypothek entstanden ist, durch Pfändungs- und Überweisungsbeschluss des Amtsgerichts ..... vom ....., Az. ....., gepfändet und sich zur Einziehung überweisen lassen. Die dem Grundstückseigentümer zustehende Eigentümergrundschuld ist endgültig entstanden, nachdem die Forderung durch ..... (nähere Angaben zur Forderungsfeststellung, zB durch Vertrag, einseitige Bestimmung oder Urteil) bestimmt worden ist. Entsprechende Unterlagen in der Form des § 29 GBO[3] fügen wir bei.

Wir bitten anschließend um die Rücksendung der Vollstreckungsunterlagen. Gleichzeitig bitten wird darum, uns die Gebühren der Eintragung aufzugeben sowie die Eintragungsnachricht zu übersenden.

.....

Rechtsanwalt[4]

Anmerkungen

1. Für die Eintragung ist das **Grundbuchamt** des Amtsgerichts des belegenen Grundstücks zuständig (§ 1 GBO). Der Antrag auf Eintragung kann formlos gestellt werden. Die spätere Löschung kann nur in der Form des § 29 GBO erfolgen.

2. Die Pfändung einer durch die Forderungsfeststellung entstandenen **endgültigen Eigentümergrundschuld** kann in das Grundbuch eingetragen werden. Ist im Grundbuch noch nicht die Höchstbetragshypothek in die Eigentümergrundschuld umgeschrieben worden, so muss dem Grundbuchamt zusätzlich die Höhe des Eigentümerrechts nachgewiesen werden. Zudem muss der Nachweis geführt werden, dass keine weitere Valutierung mehr erfolgen wird. Der Nachweis kann durch eine einseitige Erklärung des Hypothekengläubigers erfolgen (KG HRR 1933, 199).

3. Der **Nachweis** muss durch öffentliche oder öffentlich beglaubigte Urkunden erfolgen (siehe dazu *Demharter* § 29 Rn. 23 ff.).

4. Kosten und Gebühren. Das **Gericht** erhält gemäß Nr. 14130 KV GNotKG iVm der Vorbemerkung 1.4.1.2 KV GNotKG bei der Eintragung eine $^1/_2$-Gebühr (Tabelle B) nach dem Wert des § 53 Abs. 2 GNotKG. Die Tätigkeit des **Rechtsanwalts** ist mit der 0,3 Gebühr nach Nr. 3309 VV RVG abgedeckt.

Grundschulden (§§ 1191 ff. BGB)

16. Pfändung einer Briefgrundschuld sowie der Forderung, wenn Schuldner Brief besitzt

[Das amtliche Formular „Pfändungs- und Überweisungsbeschluss[1]" ist entsprechend den dortigen Anmerkungen auszufüllen. Auf Seite 4 (bzw. Seite 5) des amtlichen Formulars sind das Feld „G" anzukreuzen und auf Seite 6 (bzw. Seite 7) des amtlichen Formulars unter „Anspruch G" aufzunehmen:]

Es werden

1. die angeblich für den Schuldner im Grundbuch des Amtsgerichts ..... Band ..... Blatt ..... in Abt. III unter lfd. Nr. ..... auf dem Grundstück ..... (möglichst genaue Bezeichnung) des/der Grundstückseigentümer(s), dinglicher Drittschuldner, eingetragene Briefgrundschuld in Höhe von ..... EUR nebst ..... % Zinsen seit dem ..... und den sonstigen Nebenleistungen,[2, 3]

2. die angebliche Forderung des Schuldners[4] gegen den/die persönlichen Schuldner der Forderung, persönlicher Drittschuldner, aus ..... [möglichst genaue Bezeichnung des Vertragsverhältnisses, zB aus Darlehensvertrag] auf Zahlung von ..... nebst Zinsen seit dem .....,

gepfändet.[8]

[Auf Seite 8 (bzw. Seite 9) des amtlichen Formulars in dem Feld „Es wird angeordnet, dass" das freie Kästchen anzukreuzen und dort einzutragen:]

der Schuldner den zugehörigen Grundschuldbrief an den Gläubiger herauszugeben hat.[5]

[Auf Seite 8 (bzw. Seite 10) des amtlichen Formulars ist in dem Feld „Arrestatorium" und „Inhibitorium" die Möglichkeit der Überweisung nicht anzukreuzen und statt dessen auf Seite 9 (bzw. Seite 10) des amtlichen Formulars das freie Feld anzukreuzen und dort einzutragen:]

Den Drittschuldnern wird verboten, an den Schuldner zu leisten.

Der Schuldner hat sich jeder Verfügung über die Grundschuld und über die Forderung, insbesondere der Einziehung, der Aufhebung und des Löschungsantrags, zu enthalten.

Zugleich werden die gepfändete Grundschuld und die gepfändete Forderung dem Gläubiger zur Einziehung überwiesen.[7]

Die Pfändung der Forderung sowie die Anordnung der Herausgabe des Grundschuldbriefes werden mit der Zustellung des Beschlusses an den persönlichen Drittschuldner wirksam. Die Pfändung und Überweisung der Briefgrundschuld wird wirksam, sobald der Gläubiger den Besitz an dem Grundschuldbrief oder der Gerichtsvollzieher den Besitz durch dessen Wegnahme erlangt hat.[6]

[Auf Seite 3 des amtlichen Formulars ist das Feld „gemäß Anlage(n)" anzukreuzen, dort die Kosten der Eintragung ins Grundbuch[8] sowie der Briefwegnahme einzutragen und ggf. unter Beifügung einer Anlage aufzunehmen.]

Anmerkungen

1. → Form. H. I. 2. (bzw. → Form. H. I. 6. bei Unterhaltsforderungen). Hinsichtlich der weiteren Einzelheiten zum Pfändungs- und Überweisungsbeschluss wird auf die dortigen Anmerkungen Bezug genommen.

2. Eine **Grundschuld** (§§ 1191 ff. BGB) ist ein beschränkt dingliches Grundstücksrecht. Sie belastet ein Grundstück in der Weise, dass dieses für die Zahlung einer bestimmten Geldsumme haftet. Rechtlich wird die Grundschuld nicht zur Sicherung einer Forderung bestellt; sie ist damit nicht akzessorisch. In der Praxis wird indes die Grundschuld hauptsächlich zur Sicherung einer Forderung bewilligt (sog. **Sicherungsgrundschuld**). Die Verbindung zwischen Grundschuld und Forderung erfolgt durch einen Sicherungsvertrag mit entsprechender Zweckabrede. Die sachenrechtliche Selbständigkeit der Grundschuld wird hierdurch nicht berührt. Nach § 1192 Abs. 1a BGB können jedoch die Einreden, die dem Eigentümer aufgrund des Sicherungsvertrages mit dem Gläubiger gegen die Grundschuld zustehen oder sich aus dem Sicherungsvertrag ergeben, auch dem Erwerber der Grundschuld entgegengesetzt werden; insoweit findet § 1157 S. 2 keine Anwendung. Diese Regelung durchbricht den Gutglaubensschutz und schließt den öffentlichen Glauben des Grundbuchs und der öffentlich beglaubigten Abtretungserklärungen aus. Die **isolierte Grundschuld,** bei der dem Gläubiger ein Verwertungsrecht ohne das Bestehen einer Forderung gewährt wird, hat in der Rechtspraxis nur geringe Bedeutung. Auf die Grundschulden finden die Vorschriften über die Hypothek entsprechende Anwendung. Ausgenommen sind die Vorschriften, die sich auf die Abhängigkeit der Hypothek von der Forderung beziehen.

3. Die **Grundschuld** wird gem. **§§ 857 Abs. 6, 830 ZPO** nach den Regeln für die Pfändung einer hypothekarisch gesicherten Forderung gepfändet. Für die Pfändung bedarf es eines Pfändungsbeschlusses. Zur Bestimmbarkeit des Grundpfandrechts muss in dem Pfändungsbeschluss das Grundstück näher bezeichnet werden (BGH NJW 1975, 980); sicherheitshalber sollte stets nicht nur die Postanschrift, sondern die genaue Grundbuchbezeichnung angegeben werden. **Drittschuldner** bei der Pfändung ist der **Grundstückseigentümer**. Dazu ergänzend (Auswahl): *Huber*, Die Pfändung der Grundschuld, BB 1965, 609; *Riedel*, Der rechtliche und wirtschaftliche Charakter der Grundschuld, JurBüro 1972, 945; *Stöber*, Pfändung einer Grundschuld und der durch sie gesicherte Forderung, BB 1964, 1457; *Tempel*, Zwangsvollstreckung in Grundpfandrechte, JuS 1967, 75, 117, 167, 215, 268; *Wilhelm*, Die Entwicklung des Zivilrechts aus seinen Grundsätzen am Beispiel des Anspruchs auf Rückgewähr der nicht valutierten Sicherungsgrundschuld in Zwangsversteigerung und Zwangsvollstreckung, JZ 1998, 18.

4. Die aufgrund der Sicherungsabrede durch die Grundschuld gesicherte **Forderung** kann nach **§ 829 ZPO** gepfändet werden. Insoweit besteht die Möglichkeit **Grundschuld und Forderung** gleichzeitig in einem Beschluss zu pfänden. Von dieser Möglichkeit sollte grundsätzlich Gebrauch gemacht werden. Bei einer alleinigen Pfändung der Briefgrundschuld besteht die Gefahr, dass der Vollstreckungsgläubiger wegen einer möglichen Verpflichtung zur Rückgewähr keine Befriedigung aus der gepfändeten Grundschuld erlangt. Wenn der Vollstreckungsgläubiger keine Kenntnis von der Zweckabrede und der Forderung hat, kann er zunächst nur die Grundschuld pfänden und sich anschließend nach § 840 ZPO vom Drittschuldner oder nach § 836 Abs. 3 S. 1 ZPO vom Schuldner die erforderlichen Auskünfte verschaffen. Bei einer einheitlichen Pfändung von Grundschuld und Forderung wird die Pfändung der Forderung mit der Zustellung des Beschlusses an den persönlichen Schuldner und die Pfändung der

Grundschuld mit der Briefübergabe wirksam. Soweit sich ein Drittschuldner gegenüber dem Schuldner zusätzlich noch persönlich aus einem **abstrakten Schuldanerkenntnis** (§ 780 BGB) verpflichtet hat, besteht die Möglichkeit der zusätzlichen Pfändung dieses Anspruchs (→ Form. I. VII. 37).

5. **Vollendet** ist die Pfändung trotz Überweisung (§ 837 ZPO) erst mit der **Übergabe des Grundschuldbriefes** an den Gläubiger oder den Gerichtsvollzieher gem. § 857 Abs. 6 iVm § 830 Abs. 1 S. 1 ZPO (BGH NJW 1961, 601; BGH NJW–RR 2012, 782). Der Briefübergabe steht nach § 830 Abs. 1 S. 2 ZPO die Wegnahme durch den Gerichtsvollzieher gleich. Die Wegnahme durch den Gerichtsvollzieher erfolgt nach §§ 883, 886 ZPO. Vollstreckungstitel ist der Pfändungsbeschluss. Bei der Anschlusspfändung reicht Mitbesitz aus, wenn er durch den vorangehenden Pfändgläubiger eingeräumt wird. Ist der Gläubiger bereits im Besitz des Briefes reicht die Aushändigung des Pfändungsbeschlusses aus. Für die Bewirkung der Pfändung bedarf es keiner Zustellung des Pfändungsbeschlusses.

Der Pfändungs- und Überweisungsbeschluss vermittelt die Berechtigung, im Falle eines verloren- oder untergegangenen Briefes anstelle des Grundschuldgläubigers **Kraftloserklärung** des alten Briefes im Wege des Aufgebotsverfahrens sowie auf **Neuausstellung** eines Grundschuldbriefes gem. §§ 1162 BGB, 67 f. GBO, 433 ff. FamFG zu beantragen (BGH NJW-RR 2012, 783; so auch Zöller/*Stöber* § 830 Rn. 5; aA MüKoZPO/*Smid* § 830 Rn. 19: es bedarf zusätzlich der Pfändung des Anspruchs auf Briefneuerteilung).

6. Zur Überweisung → Form. I. VI. 1 Anm. 7.

7. Soweit nicht der Schuldner sondern ein **Dritter im Besitz des Grundschuldbriefes** ist, kann der Herausgabeanspruch des Schuldners gesondert gepfändet werden.

8. **Kosten und Gebühren/Rechtsmittel.** → Form. H. I. 2 Anm. 61 ff.

17. Pfändung einer Briefgrundschuld sowie der Forderung, wenn Dritter Brief besitzt

[Das amtliche Formular „Pfändungs- und Überweisungsbeschluss[1]" ist entsprechend den dortigen Anmerkungen auszufüllen. Auf Seite 4 (bzw. Seite 5) des amtlichen Formulars sind das Feld „G" anzukreuzen und auf Seite 6 (bzw. Seite 7) des amtlichen Formulars unter „Anspruch G" aufzunehmen:]

Es werden

1. die angeblich für den Schuldner im Grundbuch des Amtsgerichts ..... Band ..... Blatt ..... in Abt. III unter lfd. Nr. ..... auf dem Grundstück ..... (möglichst genaue Bezeichnung) des/der Grundstückseigentümer(s), dinglicher Drittschuldner, eingetragene Briefgrundschuld in Höhe von ..... EUR nebst ..... % Zinsen seit dem ..... und den sonstigen Nebenleistungen,[2, 3]

2. die angebliche Forderung des Schuldners[4] gegen den/die persönlichen Schuldner der Forderung, persönlicher Drittschuldner, aus ..... [möglichst genaue Bezeichnung des Vertragsverhältnisses, zB aus Darlehensvertrag] auf Zahlung von ..... nebst Zinsen seit dem .....,

3. der angebliche Anspruch des Schuldners gegen Besitzes des Grundschuldbriefs, Drittschuldner zu 2), auf Herausgabe des Grundschuldbriefes[5, 6] für die im Grundbuch

des Amtsgerichts ..... Band ..... Blatt ..... in Abt. III unter lfd. Nr. ..... auf dem Grundstück ..... [möglichst genaue Bezeichnung] eingetragene Briefgrundschuld in Höhe von ..... EUR nebst ..... % Zinsen seit dem ..... und den sonstigen Nebenleistungen,

gepfändet.[8]

[Auf Seite 8 (bzw. Seite 10) des amtlichen Formulars ist in dem Feld „Arrestatorium" und „Inhibitorium" die Möglichkeit der Überweisung nicht anzukreuzen und statt dessen auf Seite 9 (bzw. Seite 10) des amtlichen Formulars das freie Feld anzukreuzen und dort einzutragen:]

Den Drittschuldnern wird verboten, an den Schuldner zu leisten.

Der Schuldner hat sich jeder Verfügung über die Grundschuld und über die Forderung, insbesondere der Einziehung, der Aufhebung und des Löschungsantrags, zu enthalten.

Zugleich werden die gepfändete Grundschuld und die gepfändete Forderung dem Gläubiger zur Einziehung überwiesen.[7]

Die Pfändung der Forderung wird mit der Zustellung des Beschlusses an den persönlichen Drittschuldner, die Pfändung des Herausgabeanspruchs mit der Zustellung des Beschlusses an den weiteren Drittschuldner wirksam. Die Pfändung und Überweisung der Briefgrundschuld wird wirksam, sobald der Gläubiger den Besitz an dem Grundschuldbrief oder der Gerichtsvollzieher den Besitz durch dessen Wegnahme erlangt hat.[7]

[Auf Seite 3 (bzw. Seite 4 unter „IV. Kosten") des amtlichen Formulars ist das Feld „gemäß Anlage(n)" anzukreuzen, dort die Kosten der Eintragung ins Grundbuch sowie der Briefwegnahme ggf. unter Beifügung einer Anlage einzutragen.]

Anmerkungen

1. → Form. H. I. 2 (bzw. → Form. H. I. 6 bei Unterhaltsforderungen). Hinsichtlich der weiteren Einzelheiten zum Pfändungs- und Überweisungsbeschluss wird auf die dortigen Anmerkungen Bezug genommen.

2. Zur Grundschuld → Form. I. VII. 16 Anm. 2.

3. Zur Pfändung bei der Grundschuld → Form. I. VII. 16 Anm. 3.

4. Zur Pfändung der Forderung → Form. I. VII. 16 Anm. 4.

5. Soweit nicht der Schuldner sondern ein **Dritter im Besitz des Grundschuldbriefes** ist, kann der Herausgabeanspruch des Schuldners gesondert gepfändet werden.

6. **Vollendet** ist die Pfändung trotz Überweisung (§ 837 ZPO) erst mit der **Übergabe des Grundschuldbriefes** an den Gläubiger oder den Gerichtsvollzieher gem. § 857 Abs. 6 iVm § 830 Abs. 1 S. 1 ZPO (BGH NJW 1961, 601; BGH NJW – RR 2012, 782). Der Briefübergabe steht nach § 830 Abs. 1 S. 2 ZPO die Wegnahme durch den Gerichtsvollzieher gleich. Die Wegnahme durch den Gerichtsvollzieher erfolgt nach §§ 883, 886 ZPO. Vollstreckungstitel ist der Pfändungsbeschluss. Bei der Anschlusspfändung reicht Mitbesitz aus, wenn er durch den vorangehenden Pfändgläubiger eingeräumt wird. Ist der Gläubiger bereits im Besitz des Briefes reicht die Aushändigung des Pfändungsbeschlusses aus. Für die Bewirkung der Pfändung bedarf es keiner Zustellung des Pfändungsbeschlusses.

Der Pfändungs- und Überweisungsbeschluss vermittelt auch die Berechtigung, im Falle eines verloren- oder untergegangenen Briefes anstelle des Grundschuldgläubigers **Kraftloserklärung** des alten Briefes im Wege des Aufgebotsverfahrens sowie auf **Neuausstellung** eines Grundschuldbriefes gem. §§ 1162 BGB, 67 f. GBO, 433 ff. FamFG zu beantragen (BGH NJW-RR 2012, 782; so auch Zöller/*Stöber* § 830 Rn. 5; aA MüKoZPO/*Smid* § 830 Rn. 19: es bedarf zusätzlich der Pfändung des Anspruchs auf Briefneuerteilung).

7. Zur Überweisung → Form. I. VI. 1 Anm. 7.

8. Kosten und Gebühren/Rechtsmittel. → Form. H. I. 2 Anm. 61 ff.

18. Antrag auf Eintragung der Pfändung einer Briefgrundschuld ins Grundbuch

An das

Amtsgericht . . . . .[1]

Grundbuchamt

In der Zwangsvollstreckungssache

. . . .

Hiermit zeigen wir an, dass wir den Gläubiger vertreten. Namens und in Vollmacht unseres Mandanten überreichen wir die Ausfertigung des Pfändungsbeschlusses/Pfändungs- und Überweisungsbeschlusses des Amtsgerichts . . . . . vom . . . . ., Az. . . . . ., nebst Zustellungsnachweis sowie den Grundschuldbrief Nr. . . . . . .

Wir beantragen,

in das Grundbuch von . . . . . Band . . . . . Blatt . . . . . die Pfändung der Briefgrundschuld, eingetragen in Abt. III unter der lfd. Nr. . . . . ., und – soweit notwendig – die Voreintragung des Vollstreckungsschuldners (§§ 39, 14 GBO) einzutragen.[2]

Wir bitten anschließend um die Rücksendung der Vollstreckungsunterlagen. Gleichzeitig bitten wird darum, uns die Gebühren der Eintragung aufzugeben sowie die Eintragungsnachricht zu übersenden.

. . . . .

Rechtsanwalt[3]

Anmerkungen

1. Für die Eintragung ist das **Grundbuchamt** des Amtsgerichts des belegenen Grundstücks zuständig (§ 1 GBO). Der Antrag auf Eintragung kann formlos gestellt werden. Die spätere Löschung kann nur in der Form des § 29 GBO erfolgen.

2. Die Eintragung der Pfändung im Grundbuch ist eine **Grundbuchberichtigung.** Sie setzt einen Antrag des Gläubigers (§ 13 GBO) und den Nachweis der Unrichtigkeit (§ 22 Abs. 1 ZPO) voraus. Dieser Nachweis kann durch Vorlage des Pfändungsbeschlusses und des Briefes geführt werden. Mit der Briefvorlage beweist der Gläubiger die Wirksamkeit der Pfändung, die durch die Übergabe des Briefes an den Gläubiger bewirkt worden ist.

3. Kosten und Gebühren. Das **Gericht** erhält gemäß Nr. 14130 KV GNotKG iVm der Vorbemerkung 1.4.1.2 KV GNotKG bei der Eintragung eine $^1/_2$-Gebühr (Tabelle B) nach dem Wert des § 53 Abs. 2 GNotKG. Die Tätigkeit des **Rechtsanwalts** ist mit der 0,3 Gebühr nach Nr. 3309 VV RVG abgedeckt.

19. Pfändung einer Buchgrundschuld sowie der Forderung

[Das amtliche Formular „Pfändungs- und Überweisungsbeschluss[1]" ist entsprechend den dortigen Anmerkungen auszufüllen. Auf Seite 4 (bzw. Seite 5) des amtlichen Formulars sind das Feld „G" anzukreuzen und auf Seite 6 (bzw. Seite 7) des amtlichen Formulars unter „Anspruch G" aufzunehmen:]

Es werden

1. die angeblich für den Schuldner im Grundbuch des Amtsgerichts . . . . . Band . . . . . Blatt . . . . . in Abt. III unter lfd. Nr. . . . . . auf dem Grundstück (möglichst genaue Bezeichnung) des/der Grundstückseigentümer(s), Drittschuldner zu 1), eingetragene Buchgrundschuld[2] in Höhe von . . . . . EUR nebst . . . . . % Zinsen seit dem . . . . . und den sonstigen Nebenleistungen und

2. die angebliche Forderung des Schuldners gegen den/die persönlichen Schuldner der Forderung, Drittschuldner zu 2), aus . . . . . (möglichst genaue Bezeichnung des Vertragsverhältnisses, zB aus Darlehensvertrag) auf Zahlung von . . . . . nebst Zinsen seit dem . . . . .„

gepfändet.[3, 5]

[Auf Seite 8 (bzw. Seite 10) des amtlichen Formulars ist in dem Feld „Arrestatorium" und „Inhibitorium" die Möglichkeit der Überweisung nicht anzukreuzen und statt dessen auf Seite 9 (bzw. Seite 10) des amtlichen Formulars das freie Feld anzukreuzen und dort einzutragen:]

Den Drittschuldnern wird verboten, an den Schuldner zu leisten.

Der Schuldner hat sich jeder Verfügung über die Grundschuld und über die gepfändete Forderung, insbesondere der Einziehung, zu enthalten.

Zugleich werden die gepfändete Grundschuld und die gepfändete Forderung dem Gläubiger zur Einziehung überwiesen.[4]

Die Pfändung der Forderung wird mit der Zustellung des Beschlusses an den persönlichen Drittschuldner wirksam. Die Pfändung und Überweisung der Buchgrundschuld wird mit der Eintragung ins Grundbuch wirksam.[4]

[Auf Seite 3 (bzw. Seite 4 unter „IV. Kosten") des amtlichen Formulars ist das Feld „gemäß Anlage(n)" anzukreuzen, dort die Kosten der Eintragung ins Grundbuch ggf. unter Beifügung einer Anlage einzutragen.]

Anmerkungen

1. → Form. H. I. 2 (bzw. → Form. H. I. 6 bei Unterhaltsforderungen). Hinsichtlich der weiteren Einzelheiten zum Pfändungs- und Überweisungsbeschluss wird auf die dortigen Anmerkungen Bezug genommen.

2. Zur Grundschuld → Form. I. VI. 16 Anm. 2.

3. Die **Buchgrundschuld** wird gemäß **§§ 857 Abs. 6, 830 Abs. 1 S. 2 ZPO** gepfändet durch Pfändungsbeschluss und Eintragung der Pfändung im Grundbuch. Buchgrundschuld und Forderung sollten ebenfalls zusammen in einem Beschluss gepfändet werden. Die Pfändung der Forderung wird mit der Zustellung des Beschlusses an den persönlichen Drittschuldner wirksam.

4. Zum **Überweisungsbeschluss** → Form. I. VI. 1 Anm. 7. Bei einer Buchgrundschuld ist für die Überweisung an Zahlungs statt die Eintragung der Überweisung in das Grundbuch erforderlich (§ 837 Abs. 1 S. 2 ZPO).

5. **Kosten und Gebühren/Rechtsmittel.** → Form. H. I. 2 Anm. 61 ff.

20. Antrag auf Eintragung der Pfändung einer Buchgrundschuld ins Grundbuch

An das

Amtsgericht . . . . .[1]

Grundbuchamt

In der Zwangsvollstreckungssache

. . . .

Hiermit zeigen wir an, dass wir den Gläubiger vertreten. Namens und in Vollmacht unseres Mandanten überreichen wir die Ausfertigung des Pfändungsbeschlusses/Pfändungs- und Überweisungsbeschlusses des Amtsgerichts . . . . . vom . . . . ., Az. . . . . ., nebst Zustellungsnachweis.

Wir beantragen,

> **in das Grundbuch von . . . . . Band . . . . . Blatt . . . . . die Pfändung der Buchgrundschuld, eingetragen in Abt. III unter lfd. Nr. . . . . ., und – soweit notwendig – die Voreintragung des Vollstreckungsschuldners (§§ 39, 14 GBO) im Grundbuch einzutragen.[2]**

Wir bitten anschließend um die Rücksendung der Vollstreckungsunterlagen. Gleichzeitig bitten wird darum, uns die Gebühren der Eintragung aufzugeben sowie die Eintragungsnachricht zu übersenden.

. . . . .

Rechtsanwalt[3]

Anmerkungen

1. Für die Eintragung ist das **Grundbuchamt** des Amtsgerichts des belegenen Grundstücks zuständig (§ 1 GBO). Der Antrag auf Eintragung kann formlos gestellt werden. Die spätere Löschung kann nur in der Form des § 29 GBO erfolgen.

2. Die Eintragung der Pfändung im Grundbuch hat **konstitutiven Charakter.** Sie setzt einen Antrag des Gläubigers voraus (§ 13 GBO). Weiterhin ist der Pfändungsbeschluss vorzulegen (§ 830 Abs. 1 S. 2 Hs. 2 ZPO). Der Vollstreckungstitel muss nicht vorgelegt werden, da das Eintragungsverfahren ein Grundbuch- und kein Vollstreckungsverfahren ist (MüKoBGB/*Eickmann* § 1154 Rn. 42).

3. Kosten und Gebühren. Das **Gericht** erhält gemäß Nr. 14130 KV GNotKG iVm der Vorbemerkung 1.4.1.2 KV GNotKG bei der Eintragung eine $^1/_2$-Gebühr (Tabelle B) nach dem Wert des § 53 Abs. 2 GNotKG. Die Tätigkeit des **Rechtsanwalts** ist mit der 0,3 Gebühr nach Nr. 3309 VV RVG abgedeckt.

21. Pfändung des Rückgewähranspruchs bei einer Briefgrundschuld

[Das amtliche Formular „Pfändungs- und Überweisungsbeschluss[1]“ ist entsprechend den dortigen Anmerkungen auszufüllen. Auf Seite 4 (bzw. Seite 5) des amtlichen Formulars sind das Feld „G“ anzukreuzen und auf Seite 6 (bzw. Seite 7) des amtlichen Formulars unter „Anspruch G“ aufzunehmen:]

Es werden die angeblichen Ansprüche des Schuldners[2] gegen den/die Drittschuldner/in[3]

1. auf Rückgewähr der Briefgrundschuld durch Übertragung, Aufhebung oder Verzicht der im Grundbuch des Amtsgerichts ..... Band ..... Blatt ..... in Abt. III unter lfd. Nr. ..... auf dem Grundstück des Schuldners ..... (möglichst genaue Bezeichnung) eingetragenen Briefgrundschuld in Höhe von ..... EUR nebst ..... % Zinsen seit dem ..... und den sonstigen Nebenleistungen,[4]

2. auf Auszahlung des Mehrerlöses bzw. auf Abtretung des Anspruchs auf Auszahlung des Mehrerlöses für den Fall, dass bei einer Verwertung der Briefgrundschuld ein Betrag erlöst wird, der die durch die Grundschuld gesicherten Ansprüche des Drittschuldners gegen den Schuldner übersteigt,[5]

3. auf Herausgabe des für die Grundschuld gebildeten Grundschuldbriefes, sofern die Grundschuld nicht valutiert, bzw. auf den Miteigentumsanteil des Schuldners am Grundschuldbrief einschließlich des Anspruchs auf Aufhebung der Gemeinschaft am Grundschuldbrief sowie des Anspruchs auf Vorlage des Briefes beim Grundbuchamt zwecks Bildung von Teilgrundschuldbriefen und des Anspruchs aus Aushändigung des Teilbriefes, soweit die Grundschuld teilweise valutiert,[6]

4. auf die dem Schuldner gegenwärtig oder zukünftig zustehende Eigentümergrundschuld,

5. auf Berichtigung des Grundbuchs,[7]

gepfändet.[9]

[Auf Seite 8 (bzw. Seite 10) des amtlichen Formulars ist in dem Feld „Arrestatorium“ und „Inhibitorium“ die Möglichkeit der Überweisung nicht anzukreuzen und statt-

dessen auf Seite 9 (bzw. Seite 10) des amtlichen Formulars das freie Feld anzukreuzen und dort einzutragen:]

Dem Drittschuldner wird verboten, an den Schuldner zu leisten.

Der Schuldner hat sich jeder Verfügung über die gepfändeten Ansprüche und die gepfändete Eigentümergrundschuld, insbesondere der Einziehung, der Aufhebung und des Löschungsantrags, zu enthalten.

Zugleich werden die gepfändeten Ansprüche sowie die gepfändete Eigentümergrundschuld dem Gläubiger zur Einziehung überwiesen.[8]

[Auf Seite 3 (bzw. Seite 4 unter „IV. Kosten") des amtlichen Formulars ist das Feld „gemäß Anlage(n)" anzukreuzen, dort die Kosten der Eintragung ins Grundbuch sowie der Briefwegnahme ggf. unter Beifügung einer Anlage einzutragen.]

Anmerkungen

1. → Form. H. I. 2 (bzw. → Form. H. I. 6 bei Unterhaltsforderungen). Hinsichtlich der weiteren Einzelheiten zum Pfändungs- und Überweisungsbeschluss wird auf die dortigen Anmerkungen Bezug genommen.

2. Sofern die der Grundschuld wirtschaftlich zugrunde liegende Forderung ganz oder teilweise getilgt und der Sicherungszweck weggefallen ist, besteht aufgrund des Sicherungsvertrages oder aus § 812 BGB ein Anspruch des Sicherungsgebers gegen den Grundschuldgläubiger auf teilweise oder vollständige Rückübertragung der bestellten oder abgetretenen Grundschuld (BGHZ 108, 237, 243 = NJW 1989, 2536, 2537). Der (schuldrechtliche) **Anspruch auf Rückgewähr** einer Grundschuld verschafft dem Berechtigten noch keine unmittelbaren Rechte an der Grundschuld (BGHZ 108, 237, 246 f. = NJW 1989, 2536; BGHZ 115, 241, 246 = NJW 1992, 110; BGH NJW 1993, 1919). Vielmehr ist der Anspruch wahlweise durch Übertragung (= Abtretung) der Grundschuld, Verzicht auf die Grundschuld (§§ 1192, 1168 BGB) oder Aufhebung der Grundschuld (§§ 1192, 1183, 875 BGB) zu erfüllen.

3. **Drittschuldner ist der zur Rückgewähr der Grundschuld Verpflichtete**; idR der Grundschuldgläubiger (OLG Düsseldorf FGPrax 2013, 16).

4. Der **Rückgewähranspruch** kann nach **§§ 857 Abs. 1, 829 ZPO** von den Gläubigern des Sicherungsgebers selbständig gepfändet werden (BGHZ 108, 237, 245 = NJW 1989, 2536, 2538; OLG Düsseldorf FGPrax 2013, 16). Der Gläubiger kann die wahlweise bestehenden Ansprüche auf Übertragung, Verzicht sowie Aufhebung gleichzeitig pfänden. Die Pfändung erfasst als Nebenrecht auch eine zugunsten des Vollstreckungsschuldners für die Rückübertragung eingetragene **Rückgewähr- und Löschungsvormerkung**. Sofern eine solche Vormerkung im Grundbuch eingetragen ist, kann die Pfändung im Wege der Grundbuchberichtigung vermerkt werden (OLG Düsseldorf FGPrax 2013, 16). Dagegen kann ohne eine bereits erfolgte Eintragung der Vormerkung die Pfändung des Rückgewähranspruchs nicht im Grund eingetragen werden, da es hier um die Pfändung eines schuldrechtlichen Anspruchs handelt (OLG Düsseldorf FGPrax 2013, 16).

Zur Pfändung des Rückgewähranspruchs bei **Gesamtgrundschuld** siehe *Stöber* Rn. 1902a f. Zur Pfändung des Rückgewähranspruchs des Schuldners, der **Grundstücksmiteigentümer zu einem Bruchteil** ist, siehe *Stöber* Rn. 1903 f.

5. Die Pfändung betrifft die dem Schuldner zustehenden Ansprüche, sofern in einer Zwangsversteigerung über das Schuldnergrundstück bereits der Zuschlag erteilt ist. In diesem Falle ist der auf die Grundschuld entfallende Versteigerungserlös dem eingetragenen Inhaber zuzuteilen.

6. Die Übertragung der Briefgrundschuld wird durch Übergabe des Grundschuldbriefes bewirkt. Im Falle der teilweisen Rückübertragung müssen Teilgrundschuldbriefe gebildet werden.

7. Der Vollstreckungsgläubiger kann auch den Anspruch auf Grundbuchberichtigung pfänden.

8. Die Pfändung und Überweisung des Rückgewähranspruchs zur Einziehung berührt nicht die Rechte des Grundschuldgläubigers. Dieser kann sich weiterhin aus der Grundschuld befriedigen. Der Vollstreckungsgläubiger kann die Erfüllung des Rückübertragungsanspruchs verlangen, sobald dieser fällig ist. Bei der **Erfüllung durch Übertragung** der Grundschuld setzt sich mit der Abtretung das Pfändungspfandrecht des Vollstreckungsgläubigers an der Grundschuld fort (§ 1287 BGB analog). Der Gläubiger kann die für die Abtretung erforderlichen Erklärungen an Stelle des Schuldners abgeben und aus eigenem Recht, im Grundbuch die Eintragung der Abtretung sowie seines Pfandrechts beantragen (*Stöber* Rn. 1896). Wird die Rückabtretung durch **Verzicht** bewirkt (§§ 1192, 1168 BGB), entsteht aus der Grundschuld eine Eigentümergrundschuld. Diese kann nach §§ 857 Abs. 6, 830 ZPO gepfändet werden (vgl. *Stöber* Rn. 1893). Bei der Erfüllung durch **Aufhebung** (§§ 1192, 1183, 875 ZPO) geht die Grundschuld unter, ohne dass der Vollstreckungsgläubiger befriedigt wird. Von dieser Möglichkeit ist nur dann Gebrauch zu machen, wenn der Vollstreckungsgläubiger gleichzeitig Gläubiger eines nachrangigen Rechts ist (*Stöber* Rn. 1894).

9. **Kosten und Gebühren/Rechtsmittel.** → Form. H. I. 2 Anm. 61 ff.

22. Antrag auf Eintragung der Pfändung des Rückgewähranspruchs ins Grundbuch

An das

Amtsgericht . . . . .[1]

Grundbuchamt

In der Zwangsvollstreckungssache

. . . .

Hiermit zeigen wir an, dass wir den Gläubiger vertreten. Namens und in Vollmacht unseres Mandanten überreichen wir die Ausfertigung des Pfändungsbeschlusses/Pfändungs- und Überweisungsbeschlusses des Amtsgerichts . . . . . vom . . . . ., Az. . . . . ., nebst Zustellungsnachweis, den Grundschuldbrief Nr. . . . . ., sowie die Abtretungserklärung des bisherigen Grundschuldgläubigers und die Annahmeerklärung des Vollstreckungsgläubigers, beide notariell beglaubigt.

Wir beantragen,

die Umschreibung der im Grundbuch von . . . . . Band . . . . . Blatt . . . . . in Abteilung III lfd. Nr. . . . . . eingetragenen Grundschuld in eine Eigentümergrundschuld, die

Eintragung der Pfändung und soweit notwendig, die Voreintragung des Vollstreckungsschuldners (§§ 39, 14 GBO) im Grundbuch.[2]

Wir bitten anschließend um die Rücksendung der Vollstreckungsunterlagen. Gleichzeitig bitten wird darum, uns die Gebühren der Eintragung aufzugeben sowie die Eintragungsnachricht zu übersenden.

. . . . .

Rechtsanwalt[3]

Anmerkungen

1. Für die Eintragung ist das **Grundbuchamt** des Amtsgerichts des belegenen Grundstücks zuständig (§ 1 GBO). Der Antrag auf Eintragung kann formlos gestellt werden. Die spätere Löschung kann nur in der Form des § 29 GBO erfolgen.

2. Die Pfändung kann deklaratorisch im Grundbuch eingetragen werden. Voraussetzung für die Eintragung ist, dass bereits eine Vormerkung zur Sicherung des schuldrechtlichen Anspruchs auf Rückübertragung der Grundschuld im Grundbuch vermerkt ist (OLG Düsseldorf FGPrax 2013, 16); → Form. I. VI. 21 Anm. 4.

3. Kosten und Gebühren. Das **Gericht** erhält gemäß Nr. 14130 KV GNotKG iVm der Vorbemerkung 1.4.1.2 KV GNotKG bei der Eintragung eine $^1/_2$-Gebühr (Tabelle B) nach dem Wert des § 53 Abs. 2 GNotKG. Die Tätigkeit des **Rechtsanwalts** ist mit der 0,3 Gebühr nach Nr. 3309 VV RVG abgedeckt.

23. Pfändung des Rückgewähranspruchs bei einer Buchgrundschuld

[Das amtliche Formular „Pfändungs- und Überweisungsbeschluss[1]" ist entsprechend den dortigen Anmerkungen auszufüllen. Auf Seite 4 (bzw. Seite 5) des amtlichen Formulars sind das Feld „G" anzukreuzen und auf Seite 6 (bzw. Seite 7) des amtlichen Formulars unter „Anspruch G" aufzunehmen:]

Es werden die angeblichen Ansprüche des Schuldners[2] gegen den/die zur Rückgewähr der Grundschuld Verpflichteten, Drittschuldner,

1. auf Rückgewähr der Buchgrundschuld durch Übertragung, Aufhebung oder Verzicht der im Grundbuch des Amtsgerichts . . . . . Band . . . . . Blatt . . . . . in Abt. III unter lfd. Nr. . . . . . auf dem Grundstück des Schuldners . . . . . (möglichst genaue Bezeichnung) eingetragenen Buchgrundschuld in Höhe von . . . . . EUR nebst . . . . . % Zinsen seit dem . . . . . und der sonstigen Nebenleistungen,

2. auf Auszahlung des Mehrerlöses bzw. auf Abtretung des Anspruchs auf Auszahlung des Mehrerlöses für den Fall, dass bei einer Verwertung der Buchgrundschuld ein Betrag erlöst wird, der die durch die Grundschuld gesicherten Ansprüche des Drittschuldners gegen den Schuldner übersteigt,

3. auf Berichtigung des Grundbuchs durch Umschreibung der Buchgrundschuld in eine Eigentümergrundschuld,[3]

4. auf die dem Schuldner gegenwärtig oder zukünftig zustehende Eigentümergrundschuld,

gepfändet.[4]

[Auf Seite 8 (bzw. Seite 10) des amtlichen Formulars ist in dem Feld „Arrestatorium“ und „Inhibitorium“ die Möglichkeit der Überweisung nicht anzukreuzen und stattdessen auf Seite 9 (bzw. Seite 10) des amtlichen Formulars das freie Feld anzukreuzen und dort einzutragen:]

Dem Drittschuldner wird verboten, an den Schuldner zu leisten.

Der Schuldner hat sich jeder Verfügung über die gepfändeten Ansprüche und die Eigentümergrundschuld, insbesondere der Einziehung, der Aufhebung und des Löschungsantrags, zu enthalten.

Zugleich werden die gepfändeten Ansprüche und die gepfändete Eigentümergrundschuld dem Gläubiger zur Einziehung überwiesen.

[Auf Seite 3 (bzw. Seite 4 unter „IV. Kosten“) des amtlichen Formulars ist das Feld „gemäß Anlage(n)“ anzukreuzen, dort die Kosten der Eintragung ins Grundbuch ggf. unter Beifügung einer Anlage einzutragen.]

Anmerkungen

1. → Form. H. I. 2 (bzw. → Form. H. I. 6 bei Unterhaltsforderungen). Hinsichtlich der weiteren Einzelheiten zum Pfändungs- und Überweisungsbeschluss wird auf die dortigen Anmerkungen Bezug genommen.

2. Zur Pfändung des Rückgewähranspruchs → Form. I. VI. 21 Anm. 4.

3. Der Vollstreckungsgläubiger kann auch den Anspruch auf Grundbuchberichtigung pfänden.

4. Kosten und Gebühren/Rechtsmittel. → Form. H. I. 2 Anm. 61 ff.

24. Antrag auf Eintragung der Pfändung des Rückgewähranspruchs ins Grundbuch

An das

Amtsgericht . . . . .[1]

Grundbuchamt

In der Zwangsvollstreckungssache

. . . .

Hiermit zeigen wir an, dass wir den Gläubiger vertreten. Namens und in Vollmacht unseres Mandanten überreichen wir die Ausfertigung des Pfändungsbeschlusses/Pfändungs- und Überweisungsbeschlusses des Amtsgerichts . . . . . vom . . . . ., Az. . . . . ., nebst Zustellungsnachweis sowie die Abtretungserklärung des bisherigen Grundschuldgläubigers und die Annahmeerklärung des Vollstreckungsgläubigers, beide notariell beglaubigt.

Wir beantragen,

die Umschreibung der im Grundbuch von . . . . . Band . . . . . Blatt . . . . . in Abteilung III lfd. Nr. . . . . . eingetragenen Grundschuld in eine Eigentümergrundschuld, die Eintragung der Pfändung und soweit notwendig, die Voreintragung des Vollstreckungsschuldners (§§ 39, 14 GBO) im Grundbuch.[2]

Wir bitten anschließend um die Rücksendung der Vollstreckungsunterlagen. Gleichzeitig bitten wir darum, uns die Gebühren der Eintragung aufzugeben sowie die Eintragungsnachricht zu übersenden.

Rechtsanwalt[3]

Anmerkungen

1. Für die Eintragung ist das **Grundbuchamt** des Amtsgerichts des belegenen Grundstücks zuständig (§ 1 GBO). Der Antrag auf Eintragung kann formlos gestellt werden. Die spätere Löschung kann nur in der Form des § 29 GBO erfolgen.

2. Zur Wirksamkeit der Pfändung bedarf es ihrer Eintragung im Grundbuch. Voraussetzung für die Eintragung ist, dass bereits eine Vormerkung zur Sicherung des schuldrechtlichen Anspruchs auf Rückübertragung der Grundschuld im Grundbuch vermerkt ist (OLG Düsseldorf FGPrax 2013, 16); → Form. I. VI. 21 Anm. 4.

3. Kosten und Gebühren. Das **Gericht** erhält gemäß Nr. 14130 KV GNotKG iVm der Vorbemerkung 1.4.1.2 KV GNotKG bei der Eintragung eine $^1/_2$-Gebühr (Tabelle B) nach dem Wert des § 53 Abs. 2 GNotKG. Die Tätigkeit des **Rechtsanwalts** ist mit der 0,3 Gebühr nach Nr. 3309 VV RVG abgedeckt.

Eigentümergrundschuld

25. Pfändung einer „offenen" Eigentümerbriefgrundschuld, wenn Schuldner im Besitz des Briefes ist

[Das amtliche Formular „Pfändungs- und Überweisungsbeschluss[1]" ist entsprechend den dortigen Anmerkungen auszufüllen. Auf Seite 4 (bzw. Seite 5) des amtlichen Formulars sind das Feld „G" anzukreuzen und auf Seite 6 (bzw. Seite 7) des amtlichen Formulars unter „Anspruch G" aufzunehmen:]

Es wird die angeblich für den Schuldner im Grundbuch des Amtsgerichts . . . . . Band . . . . . Blatt . . . . . in Abt. III unter lfd. Nr. . . . . . auf seinem Grundstück Flur Nr. . . . . . (genaue Bezeichnung) eingetragene Eigentümergrundschuld[2] mit Brief über . . . . . EUR nebst . . . . . % Zinsen seit dem . . . . . und sonstigen Nebenleistungen gepfändet.[3, 8]

[Auf Seite 8 (bzw. Seite 9) des amtlichen Formulars ist in dem Feld „Es wird angeordnet, dass" das freie Kästchen anzukreuzen und dort einzutragen:]

der Schuldner den über die gepfändete Eigentümergrundschuld gebildeten Grundschuldbrief an den Gläubiger herauszugeben hat.[4]

[Auf Seite 8 (bzw. Seite 10) des amtlichen Formulars ist in dem Feld „Arrestatorium" und „Inhibitorium" die Möglichkeit der Überweisung nicht anzukreuzen und statt dessen auf Seite 9 (bzw. Seite 10) des amtlichen Formulars das freie Feld anzukreuzen und dort einzutragen:]

Der Schuldner hat sich jeder Verfügung über die gepfändete Eigentümergrundschuld, insbesondere ihrer Aufhebung durch Bewirkung der Löschung oder der Abtretung an einen Dritten, zu enthalten.[5]

Zugleich wird die gepfändete Eigentümergrundschuld dem Gläubiger zur Einziehung überwiesen.[6]

Die Überweisung wird nur gleichzeitig mit der Pfändung wirksam. Für diese ist außer dem Pfändungsbeschluss die Übergabe des Grundschuldbriefes an den Gläubiger oder im Falle der Wegnahme des Briefes durch den Gerichtsvollzieher die Besitznahme durch diesen erforderlich.[7]

[Auf Seite 3 (bzw. Seite 4 unter „IV. Kosten") des amtlichen Formulars ist das Feld „gemäß Anlage(n)" anzukreuzen, dort die Kosten der Eintragung ins Grundbuch sowie der Briefwegnahme ggf. unter Beifügung einer Anlage einzutragen.]

Anmerkungen

1. → Form. H. I. 2 (bzw. → Form. H. I. 6 bei Unterhaltsforderungen). Hinsichtlich der weiteren Einzelheiten zum Pfändungs- und Überweisungsbeschluss wird auf die dortigen Anmerkungen Bezug genommen.

2. Eine **Eigentümergrundschuld** ist eine Grundschuld, die dem Eigentümer des belasteten Grundstücks zusteht. Sie kann von dem Grundstückseigentümer durch Erklärung gegenüber dem Grundbuchamt und Eintragung im Grundbuch bestellt werden (§ 1196 BGB). Ferner kann sie durch Umwandlung einer Eigentümerhypothek, der keine gesicherte Forderung mehr zugrunde liegt, entstehen. Eine **„offene" Eigentümergrundschuld** liegt vor, wenn das Grundbuch den Eigentümer als Berechtigten ausweist. Dagegen besteht eine **„verdeckte"** oder „verschleierte" **Eigentümergrundschuld,** sofern im Grundbuch noch oder schon der bisherige oder künftige Gläubiger eingetragen ist, obwohl das Recht noch oder schon dem Eigentümer zusteht (MüKoBGB/*Eickmann* § 1163 Rn. 6). Eine „verdeckte Eigentümergrundschuld" entsteht zB

- im Falle des § 1163 Abs. 1 S. 1 BGB, wenn die zu sichernde Forderung nicht entstanden, indes der Gläubiger bereits eingetragen ist,
- im Falle des §§ 1163 Abs. 1 S. 2, 1177 Abs. 1 BGB, wenn die gesicherte, zunächst entstandene Forderung später erlischt,
- im Falle des § 1163 Abs. 2 BGB, wenn feststeht, dass der Brief nicht mehr übergeben wird,
- im Falle des § 1168 BGB, wenn der Gläubiger auf sein dingliches Recht verzichtet,
- im Falle des § 1170 BGB bei Ausschluss eines unbekannten Gläubigers oder bei einer Konfusion im Sinne des § 889 BGB (vgl. dazu MüKoBGB/*Eickmann* § 1163 Rn. 7 f.).

3. Die **Pfändung der „offenen" Eigentümergrundschuld** erfolgt nach ständiger Rechtsprechung (RGZ 55, 378; BGH NJW 1979, 2045) und hM in der Literatur (*Stöber* Rn. 1929 mwN) nach § 857 Abs. 6 ZPO wie die Pfändung einer hypothekarisch gesicherten Forderung nach § 830 ZPO mit der Maßgabe, dass an Stelle der Forderung das dingliche Recht gepfändet wird. Zur Wirksamkeit der Pfändung ist bei einer **Briefgrundschuld** neben dem gerichtlichen Pfändungsbeschluss auch die Übergabe des Briefes erforderlich. Ein **Drittschuldner** ist nicht vorhanden. Der Pfändungsbeschluss muss die Eigentümergrundschuld als das **zu pfändende Recht** hinreichend bestimmt bezeichnen. Da die angebliche Eigentümergrundschuld gepfändet wird, kann deren Höhe im Pfändungsbeschluss offen bleiben. Auf künftige Eigentümergrundschulden erstreckt sich die

Pfändung nur dann, wenn die Pfändung der künftigen Rechte ausdrücklich im Pfändungsbeschluss ausgesprochen wird. Die Pfändung einer künftigen Briefeigentümergrundschuld wird mit der Briefentstehung und dem Entstehen des Eigentümerrechts wirksam.

4. Für den Fall, dass nicht bekannt ist, ob der Schuldner im Besitz des Grundschuldbriefes ist, kann zusätzlich noch folgende Formulierung aufgenommen werden:
„Für den Fall, dass der Schuldner bereits in den Besitz des Briefes gelangt ist oder noch gelangen wird, wird angeordnet, dass er den Brief an den Gläubiger herauszugeben hat."

5. Formulierung entsprechend dem Vorschlag von *Stöber* Rn. 1931.

6. Die **Überweisung** zur Einziehung berechtigt den Gläubiger, sich durch die Einziehung des Grundschuldanspruchs zu befriedigen. Dabei kann er die Zwangsvollstreckung in das Grundstück betreiben. Hierbei unterliegt er nicht den Beschränkungen des Eigentümers nach § 1197 Abs. 1 BGB (BGH NJW 1988, 1026; MünchKommBGB/*Eickmann* § 1197 Rn. 6). Zudem besteht die Möglichkeit der Überweisung an Zahlungs statt.

7. Zur Überweisung → Form. I. VI. 1 Anm. 7.

8. Kosten und Gebühren/Rechtsmittel. → Form. H. I. 2 Anm. 61 ff. Der **Gerichtsvollzieher** erhält für die Wegnahme des Briefes eine Gebühr nach Nr. 221 KV GvKostG in Höhe von 26,– EUR.

26. Pfändung einer „offenen" Eigentümerbriefgrundschuld, wenn Dritter im Besitz des Briefes ist

[Das amtliche Formular „Pfändungs- und Überweisungsbeschluss[1]" ist entsprechend den dortigen Anmerkungen auszufüllen. Auf Seite 4 (bzw. Seite 5) des amtlichen Formulars sind das Feld „G" anzukreuzen und auf Seite 6 (bzw. Seite 7) des amtlichen Formulars unter „Anspruch G" aufzunehmen:]

Es wird wegen dieser Ansprüche, wegen der Kosten dieses Beschlusses und seiner Zustellung sowie wegen der Kosten der Eintragung im Grundbuch

1. die angeblich für den Schuldner im Grundbuch des Amtsgerichts ..... Band ..... Blatt ..... in Abt. III unter lfd. Nr. ..... auf seinem Grundstück Flur Nr. ..... (genaue Bezeichnung) eingetragene Eigentümergrundschuld[2] mit Brief über ..... EUR nebst ..... % Zinsen seit dem ..... und sonstigen Nebenleistungen

2. der angebliche Anspruch des Schuldners gegen den Grundschuldbriefbesitzer, Drittschuldner, auf Herausgabe des über die gepfändete Eigentümergrundschuld gebildeten Grundschuldbriefs,[7, 8]

gepfändet.[3, 9]

[Auf Seite 8 (bzw. Seite 10) des amtlichen Formulars ist in dem Feld „Arrestatorium" und „Inhibitorium" die Möglichkeit der Überweisung nicht anzukreuzen und statt dessen auf Seite 9 (bzw. Seite 10) des amtlichen Formulars das freie Feld anzukreuzen und dort einzutragen:]

Dem Drittschuldner wird verboten, an den Schuldner zu leisten, insbesondere den Grundschuldbrief an den Schuldner herauszugeben.

Der Schuldner hat sich jeder Verfügung über die gepfändete Eigentümergrundschuld, insbesondere ihrer Aufhebung durch Bewirkung der Löschung oder der Abtretung an einen Dritten, zu enthalten.[4]

Zugleich werden dem Gläubiger die gepfändete Eigentümergrundschuld und der gepfändete Herausgabeanspruch zur Einziehung überwiesen.[5]

Die Pfändung des Herausgabeanspruchs wird mit Zustellung dieses Beschlusses an den Drittschuldner wirksam. Im Übrigen wird die Überweisung nur gleichzeitig mit der Pfändung wirksam. Für diese ist außer dem Pfändungsbeschluss die Übergabe des Grundschuldbriefes an den Gläubiger oder im Falle der Wegnahme des Briefes durch den Gerichtsvollzieher die Besitznahme durch diesen erforderlich.[6]]

[Auf Seite 3 (bzw. Seite 4 unter „IV. Kosten") des amtlichen Formulars ist das Feld „gemäß Anlage(n)" anzukreuzen, dort die Kosten der Eintragung ins Grundbuch ggf. unter Beifügung einer Anlage einzutragen.]

Anmerkungen

1. → Form. H. I. 2 (bzw. → Form. H. I. 6 bei Unterhaltsforderungen). Hinsichtlich der weiteren Einzelheiten zum Pfändungs- und Überweisungsbeschluss wird auf die dortigen Anmerkungen Bezug genommen.

2. Zur **Eigentümergrundschuld** → Form. I. VII. 25 Anm. 2.

3. Die **Pfändung der „offenen" Eigentümergrundschuld** → Form. I. VII. 25.

4. Formulierung entsprechend dem Vorschlag von *Stöber* Rn. 1931.

5. Die **Überweisung** zur Einziehung berechtigt den Gläubiger, sich durch die Einziehung des Grundschuldanspruchs zu befriedigen. Dabei kann er die Zwangsvollstreckung in das Grundstück betreiben. Hierbei unterliegt er nicht den Beschränkungen des Eigentümers nach § 1197 Abs. 1 BGB (BGH NJW 1988, 1026; MüKoBGB/*Eickmann* § 1197 Rn. 6). Zudem besteht die Möglichkeit der Überweisung an Zahlungs statt.

6. Zur Überweisung → Form. I. VI. 1 Anm. 7.

7. Besitzt ein Dritter den Grundschuldbrief, ohne dass ihm das Gläubigerrecht an der Grundschuld abgetreten ist, so kann auch der **Herausgabeanspruch** gepfändet werden.

8. Für den Fall, dass nicht bekannt ist, ob der Schuldner im Besitz des Grundschuldbriefes ist, kann zusätzlich auf Seite 8 (bzw. Seite 9) des amtlichen Formulars in dem Feld „Es wird angeordnet, dass" das freie Kästchen angekreuzt und dort folgende Formulierung aufgenommen werden:

„Für den Fall, dass der Schuldner bereits in den Besitz des Briefes gelangt ist oder noch gelangen wird, wird angeordnet, dass er den Brief an den Gläubiger herauszugeben hat."

9. Kosten und Gebühren/Rechtsmittel. → Form. H. I. 2 Anm. 61 ff.

27. Antrag auf Eintragung der Pfändung der Eigentümerbriefgrundschuld ins Grundbuch

An das

Amtsgericht . . . . .[1]

Grundbuchamt

In der Zwangsvollstreckungssache

. . . .

Hiermit zeigen wir an, dass wir den Gläubiger vertreten. Namens und in Vollmacht unseres Mandanten überreichen wir die Ausfertigung des Pfändungsbeschlusses/Pfändungs- und Überweisungsbeschlusses des Amtsgerichts . . . . . vom . . . . ., Az. . . . . ., und den Grundschuldbrief Nr. . . . . .

Wir beantragen,

zugunsten des Gläubigers die Pfändung der Eigentümerbriefgrundschuld ins Grundbuch einzutragen.[2]

Wir bitten anschließend um die Rücksendung der Vollstreckungsunterlagen. Gleichzeitig bitten wird darum, uns die Gebühren der Eintragung aufzugeben sowie die Eintragungsnachricht zu übersenden.

. . . . .

Rechtsanwalt[3]

Anmerkungen

1. Für die Eintragung ist das **Grundbuchamt** des Amtsgerichts des belegenen Grundstücks zuständig (§ 1 GBO). Der Antrag auf Eintragung kann formlos gestellt werden. Die spätere Löschung kann nur in der Form des § 29 GBO erfolgen.

2. Die Pfändung kann deklaratorisch im Grundbuch eingetragen werden.

3. Kosten und Gebühren. Das **Gericht** erhält gemäß Nr. 14130 KV GNotKG iVm der Vorbemerkung 1.4.1.2 KV GNotKG bei der Eintragung eine $^1/_2$-Gebühr (Tabelle B) nach dem Wert des § 53 Abs. 2 GNotKG. Die Tätigkeit des **Rechtsanwalts** ist mit der 0,3 Gebühr nach Nr. 3309 VV RVG abgedeckt.

28. Pfändung einer „offenen" Eigentümerbuchgrundschuld

[Das amtliche Formular „Pfändungs- und Überweisungsbeschluss[1]" ist entsprechend den dortigen Anmerkungen auszufüllen. Auf Seite 4 (bzw. Seite 5) des amtlichen Formulars sind das Feld „G" anzukreuzen und auf Seite 6 (bzw. Seite 7) des amtlichen Formulars unter „Anspruch G" aufzunehmen:]

Es wird die angeblich für den Schuldner im Grundbuch des Amtsgerichts . . . . . Band . . . . . Blatt . . . . . in Abt. III . . . . . unter lfd. Nr. . . . . . auf seinem Grundstück . . . . .

(genaue Bezeichnung) eingetragene Eigentümergrundschuld ohne Brief[2] über ..... EUR nebst ..... % Zinsen seit dem ..... und sonstigen Nebenleistungen gepfändet.[3, 6]

[Auf Seite 8 (bzw. Seite 10) des amtlichen Formulars ist in dem Feld „Arrestatorium“ und „Inhibitorium“ die Möglichkeit der Überweisung nicht anzukreuzen und statt dessen auf Seite 9 (bzw. Seite 10) des amtlichen Formulars das freie Feld anzukreuzen und dort einzutragen:]

Der Schuldner hat sich jeder Verfügung über die gepfändete Eigentümergrundschuld, insbesondere ihrer Aufhebung durch Bewirkung der Löschung oder der Abtretung an einen Dritten, zu enthalten.[4]

Zugleich wird dem Gläubiger die gepfändete Eigentümergrundschuld zur Einziehung überwiesen.[5]

Die Überweisung wird nur gleichzeitig mit der Pfändung wirksam. Für diese ist außer dem Pfändungsbeschluss die Eintragung der Pfändung im Grundbuch erforderlich.[5]

[Auf Seite 3 (bzw. Seite 4 unter „IV. Kosten“) des amtlichen Formulars ist das Feld „gemäß Anlage(n)“ anzukreuzen, dort die Kosten der Eintragung ins Grundbuch ggf. unter Beifügung einer Anlage einzutragen.]

Anmerkungen

1. → Form. H. I. 2 (bzw. → Form. H. I. 6 bei Unterhaltsforderungen). Hinsichtlich der weiteren Einzelheiten zum Pfändungs- und Überweisungsbeschluss wird auf die dortigen Anmerkungen Bezug genommen.

2. Zur **Eigentümergrundschuld** → Form. I. VI. 25 Anm. 2.

3. Die Pfändung der „offenen“ Eigentümergrundschuld erfolgt nach ständiger Rechtsprechung (RGZ 55, 378; BGH NJW 1979, 2045) und hM in der Literatur (*Stöber* Rn. 1929 mwN) nach § 857 Abs. 6 ZPO wie die Pfändung einer hypothekarisch gesicherten Forderung nach § 830 ZPO mit der Maßgabe, dass an Stelle der Forderung das dingliche Recht gepfändet wird. Zur Wirksamkeit der Pfändung ist bei einer Buchgrundschuld neben dem gerichtlichen Pfändungsbeschluss noch die Eintragung im Grundbuch erforderlich. Ein **Drittschuldner** ist nicht vorhanden.

Der Pfändungsbeschluss muss die Eigentümergrundschuld als das zu pfändende Recht hinreichend bestimmt bezeichnen. Da die angebliche Eigentümergrundschuld gepfändet wird, kann deren Höhe im Pfändungsbeschluss offen bleiben. Auf künftige Eigentümergrundschulden erstreckt sich die Pfändung nur dann, wenn die Pfändung der künftigen Rechte ausdrücklich im Pfändungsbeschluss ausgesprochen wird. Das Wirksamwerden der Pfändung einer künftigen Eigentümergrundschuld ohne Brief scheitert praktisch, weil die erforderliche Grundbucheintragung nicht herbeigeführt werden kann (RGZ 61, 374, 380; RGZ 120, 110).

4. Formulierung entsprechend dem Vorschlag von *Stöber* Rn. 1931.

5. Die Überweisung zur Einziehung berechtigt den Gläubiger, sich durch die Einziehung des Grundschuldanspruchs zu befriedigen. Dabei kann er die Zwangsvollstreckung in das Grundstück betreiben. Hierbei unterliegt er nicht der Beschränkung des Eigentümers nach § 1197 Abs. 1 BGB (BGH NJW 1988, 1026; MüKoBGB/*Eickmann* § 1197 Rn. 6). Zudem besteht die Möglichkeit der Überweisung an Zahlungs statt. Zum Wirksamwerden dieser Überweisung bedarf es der Eintragung ins Grundbuch (§ 837 Abs. 1 S. 2 ZPO).

6. Kosten und Gebühren/Rechtsmittel. → Form. H. I. 2 Anm. 61 ff.

29. Antrag auf Eintragung der Pfändung einer Eigentümerbuchgrundschuld ins Grundbuch

An das

Amtsgericht . . . . .[1]

Grundbuchamt

In der Zwangsvollstreckungssache

. . . .

Hiermit zeigen wir an, dass wir den Gläubiger vertreten. Namens und in Vollmacht unseres Mandanten überreichen wir die Ausfertigung des Pfändungsbeschlusses/Pfändungs- und Überweisungsbeschlusses des Amtsgerichts . . . . . vom . . . . ., Az. . . . . .

Wir beantragen,

> zugunsten des Gläubigers die Pfändung der Eigentümerbuchgrundschuld ins Grundbuch einzutragen.[2]

Wir bitten anschließend um die Rücksendung der Vollstreckungsunterlagen. Gleichzeitig bitten wird darum, uns die Gebühren der Eintragung aufzugeben sowie die Eintragungsnachricht zu übersenden.

. . . . .

Rechtsanwalt[3]

Anmerkungen

1. Für die Eintragung ist das **Grundbuchamt** des Amtsgerichts des belegenen Grundstücks zuständig (§ 1 GBO). Der Antrag auf Eintragung kann formlos gestellt werden. Die spätere Löschung kann nur in der Form des § 29 GBO erfolgen.

2. Die Pfändung der Eigentümerbuchgrundschuld wird erst **mit der Eintragung im Grundbuch** wirksam (§ 830 Abs. 1 S. 3 ZPO).

3. Kosten und Gebühren. Das **Gericht** erhält gemäß Nr. 14130 KV GNotKG iVm der Vorbemerkung 1.4.1.2 KV GNotKG bei der Eintragung eine $^1/_2$-Gebühr (Tabelle B) nach dem Wert des § 53 Abs. 2 GNotKG. Die Tätigkeit des **Rechtsanwalts** ist mit der 0,3 Gebühr nach Nr. 3309 VV RVG abgedeckt.

30. Pfändung einer „verdeckten" Eigentümerbriefgrundschuld

[Das amtliche Formular „Pfändungs- und Überweisungsbeschluss[1]" ist entsprechend den dortigen Anmerkungen auszufüllen. Auf Seite 4 (bzw. Seite 5) des amtlichen Formulars sind das Feld „G" anzukreuzen und auf Seite 6 (bzw. Seite 7) des amtlichen Formulars unter „Anspruch G" aufzunehmen:]

Es werden

1. die angebliche Eigentümerbriefgrundschuld[2] des Schuldners nebst Zinsen seit dem ..... und Nebenleistungen unter Einschluss der künftig Eigentümergrundschuld werdenden Hypothekenanteile, die aus der Hypothek mit Brief ganz oder teilweise entstanden sind oder noch entstehen werden, welche zugunsten des ..... (genaue Bezeichnung des Hypothekengläubigers) auf dem Grundstück des Schuldners ..... (nähere Bezeichnung) im Grundbuch des Amtsgerichts ..... Band ..... Blatt ..... in Abt. III unter lfd. Nr...... eingetragen sind;[3]

2. die angeblichen Ansprüche des Schuldners gegen den/die eingetragenen Berechtigten, Drittschuldner, auf Berichtigung des Grundbuchs hinsichtlich der Umschreibung der vorstehend genannten Hypothek in eine Eigentümergrundschuld und auf Herausgabe der notwendigen Urkunden, die zur Berichtigung des Grundbuchs erforderlich sind, insbesondere .....;

3. das Miteigentum des Schuldners an dem Hypothekenbrief;

4. der angebliche Anspruch des Schuldners gegen den Drittschuldner auf Aufhebung der Gemeinschaft am Hypothekenbrief, auf Vorlage des Briefes an das Grundbuchamt oder einen Notar zur Bildung eines Teilbriefes sowie auf Aushändigung des Teilbriefes[4]

gepfändet.[6]

[Auf Seite 8 (bzw. Seite 10) des amtlichen Formulars ist in dem Feld „Arrestatorium" und „Inhibitorium" die Möglichkeit der Überweisung nicht anzukreuzen und stattdessen auf Seite 9 (bzw. Seite 10) des amtlichen Formulars das freie Feld anzukreuzen und dort einzutragen:]

Der Drittschuldner darf nicht mehr an den Schuldner leisten.

Der Schuldner hat sich jeder Verfügung über die gepfändete Eigentümergrundschuld, insbesondere ihrer Aufhebung durch Bewirkung der Löschung oder der Abtretung an einen Dritten, und die übrigen gepfändeten Ansprüche zu enthalten.

Zugleich werden die gepfändeten Ansprüche und die Eigentümergrundschuld dem Gläubiger zur Einziehung überwiesen.

Die Überweisung der Eigentümergrundschuld wird nur gleichzeitig mit der Pfändung wirksam. Für diese ist außer dem Pfändungsbeschluss die Übergabe des Grundschuldbriefes an den Gläubiger oder im Falle der Wegnahme des Briefes durch den Gerichtsvollzieher die Besitznahme durch diesen erforderlich. Im Übrigen wird die Pfändung mit der Zustellung an den Drittschuldner wirksam.[5]

[Auf Seite 3 (bzw. Seite 4 unter „IV. Kosten") des amtlichen Formulars ist das Feld „gemäß Anlage(n)" anzukreuzen, dort die Kosten der Eintragung ins Grundbuch sowie der Briefwegnahme ggf. unter Beifügung einer Anlage einzutragen.]

Anmerkungen

1. → Form. H. I. 2 (bzw. → Form. H. I. 6 bei Unterhaltsforderungen). Hinsichtlich der weiteren Einzelheiten zum Pfändungs- und Überweisungsbeschluss wird auf die dortigen Anmerkungen Bezug genommen.

2. Zur Eigentümergrundschuld → Form. I. VI. 25 Anm. 2.

3. Die Pfändung einer **„verdeckten" Eigentümerbriefgrundschuld** wirft – wie auch die Pfändung einer „verdeckten" Eigentümerbuchgrundschuld – in der Praxis Probleme auf (siehe dazu MüKoBGB/*Eickmann* § 1163 Rn. 67 ff.; *Stöber* Rn. 1935 ff.). Wenn die

Hypothek oder die **Grundschuld in voller Höhe** endgültig zur **Eigentümergrundschuld** geworden ist, steht gemäß § 952 BGB dem Schuldner als Grundstückseigentümer das Eigentum an dem Brief zu. Ist der Schuldner im Besitz des Briefes, kann dieser durch den Gerichtsvollzieher weggenommen werden (§ 830 Abs. 1 S. 2 ZPO). Soweit der Brief im Besitz eines Dritten ist, kann der dingliche Herausgabegabeanspruch des Schuldners als Eigentümer (§ 985 BGB) im Wege der Hilfsvollstreckung gepfändet und vollstreckt werden. Die Pfändung wird mit der Übergabe des Briefes an den Vollstreckungsgläubiger oder mit der Besitznahme durch den Gerichtsvollzieher im Falle der Wegnahme des Briefes wirksam.

Daneben kann der Gläubiger von dem Schuldner die **Herausgabe** der für die Grundbucheintragung erforderlichen **Unterlagen** verlangen (§ 836 Abs. 3 ZPO) bzw. den Anspruch des Schuldners gegen den Dritten auf Herausgabe der Unterlagen pfänden und sich überweisen lassen.

4. Besteht die endgültige **Eigentümergrundschuld nur in Höhe eines Teilbetrages,** so kann der Schuldner von dem Dritten nicht die Herausgabe des Briefes verlangen (§ 1145 Abs. 1 S. 1 BGB). Ihm steht als Eigentümer das Miteigentum am Brief (§ 952 BGB iVm § 1008 BGB) zu. Weiterhin hat er einen Anspruch auf Aufhebung der Gemeinschaft an dem Brief (§§ 749 Abs. 1, 752 BGB), auf Vorlage des Briefes an das Grundbuchamt oder einen Notar zum Zwecke der Bildung eines Teilbriefes, auf Aushändigung dieses Teilbriefes sowie auf Berichtigung des Grundbuches gem. § 894 BGB (MüKoBGB/*Eickmann* § 1145 Rn. 10 ff.). Diese Ansprüche kann der Vollstreckungsgläubiger im Wege der Hilfspfändung pfänden und sich überweisen lassen. Anschließend muss er den Anspruch gegenüber dem Hypothekengläubiger, ggf. im Wege der Klage verfolgen. Mit dem Urteil kann er die Bildung eines Teilbriefes und dessen Aushändigung betreiben. Die Pfändung wird dann mit Aushändigung des Teilbriefes wirksam.

5. Zur Überweisung → Form. I. VI. 1 Anm. 7.

6. Kosten und Gebühren/Rechtsmittel. → Form. H. I. 2 Anm. 61 ff. Der **Gerichtsvollzieher** erhält für die Wegnahme des Briefes eine Gebühr nach Nr. 221 KV GvKostG in Höhe von 26,– EUR.

31. Antrag auf Eintragung der Pfändung einer „verdeckten" Eigentümerbriefgrundschuld ins Grundbuch

An das

Amtsgericht . . . . .[1]

Grundbuchamt

In der Zwangsvollstreckungssache

. . . .

Hiermit zeigen wir an, dass wir den Gläubiger vertreten. Namens und in Vollmacht unseres Mandanten überreichen wir die Ausfertigung des Pfändungsbeschlusses/Pfändungs- und Überweisungsbeschlusses des Amtsgerichts . . . . . vom . . . . ., Az. . . . . ., des Hypothekenbriefes Nr. . . . . . sowie . . . . . (Nachweis im Sinne des § 29 GBO aus der sich die endgültige Entstehung der Eigentümerbuchgrundschuld ergibt, zB löschungsfähige Quittung des eingetragenen Gläubigers[2]**).**

Wir beantragen,

1. die Berichtigung des Grundbuchs des Amtsgerichts . . . . . Band . . . . . Blatt . . . . . durch Umschreibung der in Abt. III unter lfd. Nr. . . . . . eingetragenen Hypothek mit Brief über . . . . . EUR nebst . . . . . % Zinsen seit dem . . . . . in eine Eigentümergrundschuld und
2. die Eintragung der Pfändung dieser Eigentümergrundschuld ins Grundbuch.

Der Gläubiger hat die Eigentümerbuchgrundschuld, die aus der in Abt. III unter lfd. Nr. . . . . . im vorstehend genannten Grundbuch eingetragenen Briefhypothek entstanden ist, durch Pfändungs- und Überweisungsbeschluss des Amtsgerichts . . . . . vom . . . . ., Az. . . . . ., gepfändet und sich zur Einziehung überweisen lassen. Die dem Grundstückseigentümer zustehende Eigentümerbriefgrundschuld ist endgültig entstanden, nachdem . . . . . (nähere Darlegung der Einzelheiten zu der Entstehung der Eigentümergrundschuld, zB Vereinigung von Forderung und Schuld in einer Person infolge eines Erbfalls[3]). Entsprechende Unterlagen in der Form des § 29 GBO[4] fügen wir bei.

Wir bitten anschließend um die Rücksendung der Vollstreckungsunterlagen. Gleichzeitig bitten wird darum, uns die Gebühren der Eintragung aufzugeben sowie die Eintragungsnachricht zu übersenden.

. . . . .

Rechtsanwalt[5]

Anmerkungen

1. Für die Eintragung ist das **Grundbuchamt** des Amtsgerichts des belegenen Grundstücks zuständig (§ 1 GBO). Der Antrag auf Eintragung kann formlos gestellt werden. Die spätere Löschung kann nur in der Form des § 29 GBO erfolgen. Für die Wirksamkeit der Pfändung der Eigentümerbriefgrundschuld bedarf es nicht der Eintragung ins Grundbuch. Dennoch ist eine entsprechende Eintragung der Pfändung ratsam, um den guten Glauben zu zerstören.

2. Zu den sonstigen Unterlagen → Form. I. VI. 32 Anm. 3.

3. Zu den weiteren möglichen Gründen für die endgültige Entstehung einer Eigentümergrundschuld → Form. I. VI. 25 Anm. 2.

4. Der Nachweis muss durch öffentliche oder öffentlich beglaubigte Urkunden erfolgen (siehe dazu *Demharter* § 29 Rn. 23 ff.).

5. Das **Gericht** erhält gemäß Nr. 14130 KV GNotKG iVm der Vorbemerkung 1.4.1.2 KV GNotKG bei der Eintragung eine 1/2-Gebühr (Tabelle B) nach dem Wert des § 53 Abs. 2 GNotKG. Die Tätigkeit des **Rechtsanwalts** ist mit der 0,3 Gebühr nach Nr. 3309 VV RVG abgedeckt.

32. Pfändung der „verdeckten" Eigentümerbuchgrundschuld

[Das amtliche Formular „Pfändungs- und Überweisungsbeschluss[1]" ist entsprechend den dortigen Anmerkungen auszufüllen. Auf Seite 4 (bzw. Seite 5) des amtlichen Formulars ist das Feld „G" anzukreuzen und auf Seite 6 (bzw. Seite 7) des amtlichen Formulars unter „Anspruch G" aufzunehmen:]

Es werden

1. die angebliche Eigentümerbuchgrundschuld des Schuldners[2] nebst Zinsen seit dem ..... und Nebenleistungen unter Einschluss der künftig Eigentümergrundschuld werdenden Hypothekenteile, die aus der Hypothek ohne Brief ganz oder teilweise entstanden sind oder noch entstehen werden, welche zugunsten des ..... (Bezeichnung des Hypothekengläubigers) auf dem Grundstück des Schuldners ..... (nähere Bezeichnung) im Grundbuch des Amtgerichts ..... Band ..... Blatt ..... in Abt. III unter lfd. Nr. ..... eingetragen sind,[3]

2. die angeblichen Ansprüche des Schuldners gegen den/die eingetragenen Hypothekengläubiger, Drittschuldner, auf Berichtigung des Grundbuchs hinsichtlich der Umschreibung der vorstehend genannten Hypothek in eine Eigentümergrundschuld und auf Herausgabe der notwendigen Urkunden, die zur Berichtigung des Grundbuchs erforderlich sind, insbesondere .....[4]

gepfändet.[6]

[Auf Seite 8 (bzw. Seite 10) des amtlichen Formulars ist in dem Feld „Arrestatorium" und „Inhibitorium" die Möglichkeit der Überweisung nicht anzukreuzen und statt dessen auf Seite 9 (bzw. Seite 10) des amtlichen Formulars das freie Feld anzukreuzen und dort einzutragen:]

Dem Drittschuldner wird verboten, an den Schuldner zu leisten.

Der Schuldner hat sich jeder Verfügung über die gepfändete Eigentümergrundschuld, insbesondere ihrer Aufhebung durch Bewirkung der Löschung oder der Abtretung an einen Dritten, und den gepfändeten Berichtigungsanspruch zu enthalten.

Zugleich werden dem Gläubiger das gepfändete Eigentümerpfandrecht und der gepfändete Berichtigungsanspruch zur Einziehung überwiesen.

Die Pfändung und Überweisung der Eigentümergrundschuld wird erst mit der Eintragung der Pfändung im Grundbuch wirksam. Die Pfändung des Berichtigungs- und des Herausgabeanspruchs werden mit der Zustellung an den Drittschuldner wirksam.[5]

[Auf Seite 3 (bzw. Seite 4 unter „IV. Kosten") des amtlichen Formulars ist das Feld „gemäß Anlage(n)" anzukreuzen, dort die Kosten der Eintragung ins Grundbuch ggf. unter Beifügung einer Anlage einzutragen.]

Anmerkungen

1. → Form. H. I. 2 (bzw. → Form. H. I. 6 bei Unterhaltsforderungen). Hinsichtlich der weiteren Einzelheiten zum Pfändungs- und Überweisungsbeschluss wird auf die dortigen Anmerkungen Bezug genommen.

2. Zur **Eigentümergrundschuld** → Form. I. VI. 25 Anm. 2.

3. Die **Pfändung der „verdeckten" Eigentümerbuchgrundschuld** wird durch Eintragung ins Grundbuch bewirkt (§ 830 Abs. 1 S. 3 ZPO). Der Pfändung steht nicht entgegen, dass der Eigentümer noch nicht im Grundbuch eingetragen ist. Gepfändet wird nur die angebliche Eigentümerbuchgrundschuld, deren Höhe der Pfändungsbeschluss offen lassen kann. Für die Eintragung der Pfändung ins Grundbuch ist der Nachweis erforderlich, dass die Eigentümerbuchgrundschuld ganz oder zu einem bestimmten Teil entstanden ist. Dieser Nachweis muss in der **Form des § 29 GBO** erfolgen, zB durch Vorlage einer löschungsfähigen Quittung (§§ 1163 Abs. 1, 1177

BGB), einer Berichtigungsbewilligung des eingetragenen Gläubigers, einer Verzichtserklärung des eingetragenen Gläubigers (§ 1168 BGB), eines Ausschlussurteils (§ 1170 Abs. 2 BGB), einer Erklärung des eingetragenen Hypothekengläubigers, dass die Hypothekenforderung nicht entstanden ist und nicht mehr entstehen wird oder des Nachweises, dass der Grundstückseigentümer den Hypothekengläubiger beerbt hat.

Soweit der Vollstreckungsschuldner als Eigentümer die zur Umschreibung der Hypothek in das endgültige Eigentümerrecht erforderlichen **Unterlagen** im Besitz hat, kann der Vollstreckungsgläubiger diese aufgrund des Überweisungsbeschlusses nach § 836 Abs. 3 S. 3 ZPO im Wege der Zwangsvollstreckung durch den Gerichtsvollzieher herausverlangen.

4. Befinden sich die für den Nachweis des Bestehens des Eigentümerrechts notwendigen Unterlagen noch im Besitz des Drittschuldners, so kann der **Herausgabeanspruch des Schuldners** zusammen mit dem **Grundbuchberichtigungsanspruch** (§ 894 BGB) und dem Anspruch auf Erteilung einer löschungsfähigen Quittung (§ 1144 BGB) gepfändet und überwiesen werden. Anschließend muss der Vollstreckungsgläubiger diese Ansprüche gegen den Hypothekengläubiger verfolgen.

5. Zur Überweisung → Form. I. VI. 1 Anm. 7.

6. **Kosten und Gebühren/Rechtsmittel.** → Form. H. I. 2 Anm. 61 ff.

33. Antrag auf Eintragung der Pfändung einer „verdeckten" Eigentümerbuchgrundschuld ins Grundbuch

An das

Amtsgericht . . . . .[1]

Grundbuchamt

In der Zwangsvollstreckungssache

. . . .

Hiermit zeigen wir an, dass wir den Gläubiger vertreten. Namens und in Vollmacht unseres Mandanten überreichen wir die Ausfertigung des Pfändungsbeschlusses/Pfändungs- und Überweisungsbeschlusses des Amtsgerichts . . . . . vom . . . . ., Az. . . . . ., sowie . . . . . (Nachweis im Sinne des § 29 GBO aus der sich die endgültige Entstehung der Eigentümerbuchgrundschuld ergibt, zB löschungsfähige Quittung des eingetragenen Gläubigers[2]).

Wir beantragen,

1. die Berichtigung des Grundbuchs des Amtsgerichts . . . . . Band . . . . . Blatt . . . . . durch Umschreibung der in Abt. III unter lfd. Nr. . . . . . eingetragenen Hypothek über . . . . . EUR nebst . . . . . % Zinsen seit dem . . . . . in eine Eigentümergrundschuld und
2. die Eintragung der Pfändung dieser Eigentümergrundschuld ins Grundbuch.

Der Gläubiger hat die Eigentümerbuchgrundschuld, die aus der in Abt. III unter lfd. Nr. . . . . . im vorstehend genannten Grundbuch eingetragenen Hypothek entstanden ist, durch Pfändungs- und Überweisungsbeschluss des Amtsgerichts . . . . . vom . . . . ., Az. . . . . ., gepfändet und sich zur Einziehung überweisen lassen. Die dem Grundstückseigentümer zustehende Eigentümerbuchgrundschuld ist endgültig entstanden, nachdem . . . . . (nähere Darlegung der Einzelheit zu der Entstehung der Eigentümerbuchgrund-

schuld, zB Vereinigung von Forderung und Schuld in einer Person infolge eines Erbfalls[3]). Entsprechende Unterlagen in der Form des § 29 GBO[4] fügen wir anbei.

Wir bitten anschließend um die Rücksendung der Vollstreckungsunterlagen. Gleichzeitig bitten wird darum, uns die Gebühren der Eintragung aufzugeben sowie die Eintragungsnachricht zu übersenden.

. . . . .

Rechtsanwalt[5]

Anmerkungen

1. Für die Eintragung ist das **Grundbuchamt** des Amtsgerichts des belegenen Grundstücks zuständig (§ 1 GBO). Der Antrag auf Eintragung kann formlos gestellt werden. Die spätere Löschung kann nur in der Form des § 29 GBO erfolgen.

Die Pfändung der Eigentümerbuchgrundschuld wird erst **mit der Eintragung** in das Grundbuch bewirkt (§ 830 Abs. 1 S. 3 ZPO). Ist der Schuldner noch nicht als Eigentümer eingetragen, bedarf es zusätzlich noch der Grundbuchberichtigung. Der Schuldner hat insoweit einen Anspruch auf Grundbuchberichtigung (§ 894 BGB), der hilfsweise von dem Vollstreckungsgläubiger gepfändet werden kann.

2. Zu den sonstigen **Unterlagen** → Form. I. VI. 32 Anm. 3.

3. Zu den weiteren möglichen Gründen für die endgültige Entstehung einer Eigentümergrundschuld → Form. I. VI. 25 Anm. 2.

4. Der Nachweis muss durch öffentliche oder öffentlich beglaubigte Urkunden erfolgen (siehe dazu *Demharter* § 29 Rn. 23 ff.).

5. Kosten und Gebühren. Das **Gericht** erhält gemäß Nr. 14130 KV GNotKG iVm der Vorbemerkung 1.4.1.2 KV GNotKG bei der Eintragung eine $^1/_2$-Gebühr (Tabelle B) nach dem Wert des § 53 Abs. 2 GNotKG. Die Tätigkeit des **Rechtsanwalts** ist mit der 0,3 Gebühr nach Nr. 3309 VV RVG abgedeckt.

34. Pfändung einer Eigentümerbriefgrundschuld bei Miteigentümer

[Das amtliche Formular „Pfändungs- und Überweisungsbeschluss[1]" ist entsprechend den dortigen Anmerkungen auszufüllen. Auf Seite 4 (bzw. Seite 5) des amtlichen Formulars sind das Feld „G" anzukreuzen und auf Seite 6 (bzw. Seite 7) des amtlichen Formulars unter „Anspruch G" aufzunehmen:]

Es werden

1. der angeblich dem Schuldner als Grundstücksmiteigentümer zu . . . . . (nähere Bezeichnung des Bruchteils) zustehende angebliche Anteil an der im Grundbuch des Amtsgerichts . . . . . Band . . . . . Blatt . . . . . in Abt. III unter lfd. Nr. . . . . . auf dem Grundstück Flur Nr. . . . . . (genaue Bezeichnung) eingetragene Eigentümergrundschuld[2] mit Brief[3] über . . . . . EUR nebst . . . . . % Zinsen seit dem . . . . . und sonstigen Nebenleistungen und

2. die angeblichen Ansprüche des Schuldners gegen den/die Grundstücksmiteigentümer, Drittschuldner,

auf Aufhebung der Gemeinschaft an der Eigentümergrundschuld, auf Teilung des Erlöses und Auszahlung des anteiligen Erlöses,[4]

auf Aufhebung der Gemeinschaft an dem Brief, auf Vorlage des Briefes an das Grundbuchamt oder einen Notar zur Bildung eines Teilbriefes, auf Aushändigung des Teilbriefes sowie auf Berichtigung des Grundbuches

sowie das Miteigentum des Schuldners an dem Grundschuldbrief

gepfändet.[4, 7]

[Auf Seite 8 (bzw. Seite 10) des amtlichen Formulars ist in dem Feld „Arrestatorium" und „Inhibitorium" die Möglichkeit der Überweisung nicht anzukreuzen und statt dessen auf Seite 9 (bzw. Seite 10) des amtlichen Formulars das freie Feld anzukreuzen und dort einzutragen:]

Dem/Den Drittschuldner/n wird verboten, an den Schuldner zu leisten.

Der Schuldner hat sich jeder Verfügung über den gepfändeten Teil der Eigentümergrundschuld, insbesondere ihrer Aufhebung durch Bewirkung der Löschung oder der Abtretung an einen Dritten, und die übrigen gepfändeten Ansprüche zu enthalten.

Zugleich werden die gepfändeten Ansprüche und der gepfändete Teil der Eigentümergrundschuld dem Gläubiger zur Einziehung überwiesen.[6]

Die Überweisung des gepfändeten Teils der Eigentümergrundschuld wird nur gleichzeitig mit der Pfändung wirksam. Für diese ist außer dem Pfändungsbeschluss die Übergabe des Grundschuldbriefes an den Gläubiger oder im Falle der Wegnahme des Briefes durch den Gerichtsvollzieher die Besitznahme durch diesen erforderlich. Im Übrigen wird die Pfändung mit der Zustellung an den/die Drittschuldner wirksam.[5]

[Auf Seite 3 (bzw. Seite 4 unter „IV. Kosten") des amtlichen Formulars ist das Feld „gemäß Anlage(n)" anzukreuzen, dort die Kosten der Eintragung ins Grundbuch sowie der Briefwegnahme ggf. unter Beifügung einer Anlage einzutragen.]

Anmerkungen

1. → Form. H. I. 2 (bzw. → Form. H. I. 6 bei Unterhaltsforderungen). Hinsichtlich der weiteren Einzelheiten zum Pfändungs- und Überweisungsbeschluss wird auf die dortigen Anmerkungen Bezug genommen.

2. Zur Eigentümergrundschuld → Form. I. VI. 25 Anm. 2..

3. Der Bruchteilseigentümer kann nach §§ 741 ff. BGB seinen Grundstücksanteil selbständig belasten (vgl. § 1114 BGB). Ausgeschlossen ist dagegen eine Belastung eines Anteils, der nicht Bruchteil eines Grundstücks ist, zB der Anteil an einer Erbengemeinschaft oder der eines Gesellschafters an einer Gesellschaft bürgerlichen Rechts. § 1114 BGB gilt auch uneingeschränkt für die Grundschuld, so dass der Grundstücksanteil eines Miteigentümers für diesen mit einer „offenen" oder „verdeckten" Eigentümerbuch- oder Eigentümerbriefgrundschuld belastet sein kann. In diesem Fall erstreckt sich die hypothekarische Haftung nur auf diesen Grundstücksanteil. Die Gläubiger des Miteigentümers können die **ausschließlich auf dem Bruchteil lastende Eigentümergrundschuld** wie jede Eigentümergrundschuld nach §§ 857 Abs. 6, 830 ZPO pfänden (*Stöber* Rn. 1964). → Form. I. VI. 21 für den Fall einer „offenen" Eigentümerbriefgrundschuld, → Form. I. VI. 23 für den Fall einer „offenen" Eigentümerbuchgrundschuld, → Form. I. VI. 25 für den Fall einer „verdeckten“ Eigentümerbriefgrundschuld und → Form. I. VI. 27 für den Fall einer „verdeckten“ Eigentümerbuchgrundschuld.

Daneben kann bei Bruchteilseigentümern (zB Eheleute) auch eine **Eigentümergrundschuld an dem gesamten Grundstück** bestehen (vgl. *Stöber* Rn. 1965). In diesem Falle steht die Eigentümergrundschuld in der Regel den Grundstückseigentümern entsprechend dem jeweiligen Eigentumsanteil am Grundstück zu. Die Gläubiger des Miteigentümers können die Zwangsvollstreckung in den Anteil an der gemeinschaftlichen Eigentümergrundschuld betreiben. Die Pfändung hat nach den für die Pfändung des ganzen Grundpfandrechts maßgeblichen Vorschriften zu erfolgen. Die **Zwangsvollstreckung in den Anteil** erfolgt damit nach §§ 857 Abs. 6, 830 ZPO durch Pfändungsbeschluss und Wegnahme des Briefes (bei der Eigentümerbriefgrundschuld) bzw. Eintragung ins Grundbuch (bei der Eigentümerbuchgrundschuld). Zusätzlich sollten gleichzeitig die Aufhebungs-, Erlösteilungs- und Erlösauszahlungsansprüche gegenüber den an anderen Gemeinschaftern gepfändet werden (*Stöber* Rn. 1966).

4. Wirksam wird die Pfändung an einer gemeinschaftlichen **Eigentümerbriefgrundschuld** erst mit der Übergabe des für das Recht ausgestellten Briefes. Insoweit kann der Anspruch auf Vorlage des Briefes an das Grundbuchamt oder einen Notar, auf Ausstellung eines Teilbriefes und dessen Aushändigung im Wege der Hilfspfändung gepfändet und überwiesen werden.

5. Bei einer **Eigentümerbuchgrundschuld** wird die Pfändung mit Eintragung ins Grundbuch wirksam. Sofern eine „verdeckte“ Eigentümergrundschuld erworben wurde, kann die Pfändung ins Grundbuch nur eingetragen werden, wenn der Vollstreckungsgläubiger die Unrichtigkeit des Grundbuches in der Form des § 29 GBO nachweist (→ Form. I. VI. 32 Anm. 3).

6. Zur Überweisung → Form. I. VI. 1 Anm. 7.

7. Kosten und Gebühren/Rechtsmittel. → Form. H. I. 2 Anm. 61 ff. Der **Gerichtsvollzieher** erhält bei einer **Eigentümerbriefgrundschuld** für die Wegnahme des Briefes eine Gebühr nach Nr. 221 KV GvKostG in Höhe von 26,– EUR.

35. Pfändung einer Eigentümerbuchgrundschuld bei Miteigentümer

[Das amtliche Formular „Pfändungs- und Überweisungsbeschluss[1]“ ist entsprechend den dortigen Anmerkungen auszufüllen. Auf Seite 4 (bzw. Seite 5) des amtlichen Formulars sind das Feld „G“ anzukreuzen und auf Seite 6 (bzw. Seite 7) des amtlichen Formulars unter „Anspruch G“ aufzunehmen:]

Es werden

1. der angeblich dem Schuldner als Grundstücksmiteigentümer zu . . . . . (nähere Bezeichnung des Bruchteils) zustehende angebliche Anteil an der im Grundbuch des Amtsgerichts . . . . . Band . . . . . Blatt . . . . . in Abt. III unter lfd. Nr. . . . . . auf dem Grundstück Flur Nr. . . . . . (genaue Bezeichnung) eingetragene Eigentümergrundschuld[2] ohne Brief[3] über . . . . . EUR nebst . . . . . % Zinsen seit dem . . . . . und sonstigen Nebenleistungen und

2. die angeblichen Ansprüche des Schuldners gegen den/die Grundstücksmiteigentümer, Drittschuldner,

auf Aufhebung der Gemeinschaft an der Eigentümergrundschuld, auf Teilung des Erlöses und Auszahlung des anteiligen Erlöses,[4]

gepfändet.[6, 7]

[Auf Seite 8 (bzw. Seite 10) des amtlichen Formulars ist in dem Feld „Arrestatorium“ und „Inhibitorium“ die Möglichkeit der Überweisung nicht anzukreuzen und statt dessen auf Seite 9 (bzw. Seite 10) des amtlichen Formulars das freie Feld anzukreuzen und dort einzutragen:]

Dem/Den Drittschuldner/n wird verboten, an den Schuldner zu leisten.

Der Schuldner hat sich jeder Verfügung über die gepfändete Eigentümergrundschuld, insbesondere ihrer Aufhebung durch Bewirkung der Löschung oder der Abtretung an einen Dritten, und die übrigen gepfändeten Ansprüche zu enthalten.

Zugleich werden dem Gläubiger die gepfändeten Ansprüche und der gepfändete Teil der Eigentümergrundschuld zur Einziehung überwiesen.

Die Überweisung des gepfändeten Teils der Eigentümergrundschuld wird nur gleichzeitig mit der Pfändung wirksam. Für diese ist außer dem Pfändungsbeschluss die Eintragung der Pfändung im Grundbuch erforderlich. Im Übrigen wird die Pfändung mit der Zustellung an den/die Drittschuldner wirksam.[5]

[Auf Seite 3 (bzw. Seite 4 unter „IV. Kosten“) des amtlichen Formulars ist das Feld „gemäß Anlage(n)“ anzukreuzen, dort die Kosten der Eintragung ins Grundbuch ggf. unter Beifügung einer Anlage einzutragen.]

Anmerkungen

1. → Form. H. I. 2 (bzw. → Form. H. I. 6 bei Unterhaltsforderungen). Hinsichtlich der weiteren Einzelheiten zum Pfändungs- und Überweisungsbeschluss wird auf die dortigen Anmerkungen Bezug genommen.

2. Zur Eigentümergrundschuld → Form. I. VI. 25 Anm. 2.

3. Der Bruchteilseigentümer kann nach §§ 741 ff. BGB seinen Grundstücksanteil selbständig belasten (vgl. § 1114 BGB). Ausgeschlossen ist dagegen eine Belastung eines Anteils, der nicht Bruchteil eines Grundstücks ist, zB der Anteil an einer Erbengemeinschaft oder der eines Gesellschafters an einer Gesellschaft bürgerlichen Rechts. § 1114 BGB gilt auch uneingeschränkt für die Grundschuld, so dass der Grundstücksanteil eines Miteigentümers für diesen mit einer „offenen“ oder „verdeckten“ Eigentümerbuch- oder Eigentümerbriefgrundschuld belastet sein kann. In diesem Fall erstreckt sich die hypothekarische Haftung nur auf diesen Grundstücksanteil. Die Gläubiger des Miteigentümers können die **ausschließlich auf dem Bruchteil lastende Eigentümergrundschuld** wie jede Eigentümergrundschuld nach §§ 857 Abs. 6, 830 ZPO pfänden (*Stöber* Rn. 1964). → Form. I. VI. 25 für den Fall einer „offenen“ Eigentümerbriefgrundschuld, → Form. I. VI. 28 für den Fall einer „offenen“ Eigentümerbuchgrundschuld, → Form. I. VI. 30 für den Fall einer „verdeckten“ Eigentümerbriefgrundschuld und → Form. I. VI. 32 für den Fall einer „verdeckten“ Eigentümerbuchgrundschuld.

Daneben kann bei Bruchteilseigentümern (zB Eheleute) auch eine **Eigentümergrundschuld an dem gesamten Grundstück** bestehen (vgl. *Stöber* Rn. 1965). In diesem Falle steht die Eigentümergrundschuld in der Regel den Grundstückseigentümern entsprechend dem jeweiligen Eigentumsanteil am Grundstück zu. Die Gläubiger des Miteigentümers können die Zwangsvollstreckung in den Anteil an der gemeinschaftlichen

Eigentümergrundschuld betreiben. Die Pfändung hat nach den für die Pfändung des ganzen Grundpfandrechts maßgeblichen Vorschriften zu erfolgen. Die **Zwangsvollstreckung in den Anteil** erfolgt damit nach §§ 857 Abs. 6, 830 ZPO durch Pfändungsbeschluss und Wegnahme des Briefes (bei der Eigentümerbriefgrundschuld) bzw. Eintragung ins Grundbuch (bei der Eigentümerbuchgrundschuld). Zusätzlich sollten gleichzeitig die Aufhebungs-, Erlösteilungs- und Erlösauszahlungsansprüche gegenüber den an anderen Gemeinschaftern gepfändet werden (*Stöber* Rn. 1966).

4. Wirksam wird die Pfändung an einer gemeinschaftlichen **Eigentümerbriefgrundschuld** erst mit der Übergabe des für das Recht ausgestellten Briefes. Insoweit kann der Anspruch auf Vorlage des Briefes an das Grundbuchamt oder einen Notar, auf Ausstellung eines Teilbriefes und dessen Aushändigung im Wege der Hilfspfändung gepfändet und überwiesen werden.

5. Bei einer **Eigentümerbuchgrundschuld** wird die Pfändung mit Eintragung ins Grundbuch wirksam. Sofern eine „verdeckte" Eigentümergrundschuld erworben wurde, kann die Pfändung ins Grundbuch nur eingetragen werden, wenn der Vollstreckungsgläubiger die Unrichtigkeit des Grundbuches in der Form des § 29 GBO nachweist (→ Form. I. VI. 32 Anm. 3).

6. Zur Überweisung → Form. I. VI. 1 Anm. 7.

7. Kosten und Gebühren/Rechtsmittel. → Form. H. I. 2 Anm. 61 ff. Der **Gerichtsvollzieher** erhält bei einer **Eigentümerbriefgrundschuld** für die Wegnahme des Briefes eine Gebühr nach Nr. 221 KV GvKostG in Höhe von 26,– EUR.

Rentenschuld (§§ 1199 ff. BGB)

36. Pfändung einer Briefrentenschuld, wenn Schuldner im Besitz des Briefes ist

[Das amtliche Formular „Pfändungs- und Überweisungsbeschluss[1]" ist entsprechend den dortigen Anmerkungen auszufüllen. Auf Seite 4 (bzw. Seite 5) des amtlichen Formulars sind das Feld „G" anzukreuzen und auf Seite 6 (bzw. Seite 7) des amtlichen Formulars unter „Anspruch G" aufzunehmen:]

Es werden

1. die angeblich für den Schuldner im Grundbuch des Amtsgerichts ..... Band ..... Blatt ..... in Abt. III unter lfd. Nr. ..... auf dem Grundstück ..... [möglichst genaue Bezeichnung] des/der Grundstückseigentümer, Drittschuldner, eingetragene Rentenschuld[2] mit Brief[3] und

2. die angeblichen Ansprüche des Schuldners gegen den Drittschuldner auf rückständige und künftig fällige Geldleistungen aus dem Grundstück sowie auf Zahlung der Ablösungssumme[4]

gepfändet.[6]

[Auf Seite 8 (bzw. Seite 9) des amtlichen Formulars ist in dem Feld „Es wird angeordnet, dass" das freie Kästchen anzukreuzen und dort einzutragen:]

der Schuldner den über die gepfändete Rentenschuld gebildeten Rentenschuldbrief an den Gläubiger herauszugeben hat.

[Auf Seite 8 (bzw. Seite 10) des amtlichen Formulars ist in dem Feld „Arrestatorium“ und „Inhibitorium“ die Möglichkeit der Überweisung nicht anzukreuzen und statt dessen auf Seite 9 (bzw. Seite 10) des amtlichen Formulars das freie Feld anzukreuzen und dort einzutragen:]

Dem Drittschuldner wird verboten, an den Schuldner zu leisten.

Der Schuldner hat sich jeder Verfügung über die gepfändete Rentenschuld und die gepfändeten Ansprüche, insbesondere der Einziehung, der Aufhebung und des Löschungsantrags, zu enthalten.

Zugleich werden die gepfändete Rentenschuld und die gepfändeten Ansprüche dem Gläubiger zur Einziehung überwiesen.

Die Pfändung und Überweisung der Briefrentenschuld und der nicht fälligen Leistungen unter Einschluss des Anspruchs auf die Ablösungssumme werden wirksam, sobald der Gläubiger den Besitz an dem Rentenschuldbrief oder der Gerichtsvollzieher den Besitz durch dessen Wegnahme erlangt hat. Die Pfändung der übrigen Ansprüche wird mit der Zustellung des Pfändungsbeschlusses an den Drittschuldner wirksam.[5]]

[Auf Seite 3 (bzw. Seite 4 unter „IV. Kosten“) des amtlichen Formulars ist das Feld „gemäß Anlage(n)“ anzukreuzen, dort die Kosten der Eintragung ins Grundbuch sowie der Briefwegnahme ggf. unter Beifügung einer Anlage einzutragen.]

Anmerkungen

1. → Form. H. I. 2 (bzw. → Form. H. I. 6 bei Unterhaltsforderungen). Hinsichtlich der weiteren Einzelheiten zum Pfändungs- und Überweisungsbeschluss wird auf die dortigen Anmerkungen Bezug genommen.

2. Die **Rentenschuld** ist eine Grundschuld, durch die das Grundstück nicht für eine feste Summe, sondern für fortlaufende Zahlungen an regelmäßig wiederkehrenden Terminen haftet (§ 1199 Abs. 1 BGB). Die Rentenschuld kann als Brief- oder Buchgrundschuld bestellt werden. Bei der Bestellung der Rentenschuld muss der Betrag bestimmt werden, durch dessen Zahlung die Rente abgelöst werden kann. Diese Ablösungssumme muss im Grundbuch eingetragen werden (§ 1199 Abs. 2 BGB). Das Ablösungsrecht steht dem Grundstückseigentümer, nicht indes dem Gläubiger zu (§ 1201 BGB). Auf die einzelnen Leistungen finden die für die Hypothekenzinsen und auf die Ablösungssumme die für ein Grundschuldkapital geltenden Vorschriften entsprechende Anwendung (§ 1200 BGB). Eine persönliche Haftung des Grundstückseigentümers für die Zahlungen besteht nicht.

3. Die **Pfändung einer Rentenschuld** erfolgt entsprechend der Zwangsvollstreckung in eine Forderung, für die eine Hypothek bestellt ist (§ 857 Abs. 6 ZPO). → Form. I. VI. 1 Anm. 5.

4. Die Ansprüche auf die rückständigen und künftigen Einzelleistungen sowie auf Zahlung des Ablösebetrages können gesondert gepfändet werden. Auf die einzelnen Leistungen finden die Hypothekenzinsen und auf das Ablösungskapital die für ein Grundschuldkapital geltenden Vorschriften entsprechende Anwendung (Zöller/*Stöber* § 857 Rn. 17).

5. Zur Überweisung → Form. I. VI. 1 Anm. 7. Die Pfändung nicht fälliger Leistungen und des Anspruchs auf Zahlung der Ablösesumme wird erst mit der Briefübergabe wirksam. Die Pfändung der rückständigen Leistungen erfolgt wie die Pfändungen der rückständigen Hypothekenleistungen in Wege der Forderungspfändung (§ 829 ZPO). Hierfür bedarf es keiner Briefübergabe (Zöller/*Stöber* § 857 Rn. 17).

6. Kosten und Gebühren/Rechtsmittel. → Form. H. I. 2 Anm. 61 ff. Der **Gerichtsvollzieher** erhält für die Wegnahme des Briefes eine Gebühr nach Nr. 221 KV GvKostG in Höhe von 26,– EUR.

37. Pfändung einer Briefrentenschuld, wenn Dritter im Besitz des Briefes ist

[Das amtliche Formular „Pfändungs- und Überweisungsbeschluss[1]" ist entsprechend den dortigen Anmerkungen auszufüllen. Auf Seite 4 (bzw. Seite 5) des amtlichen Formulars sind das Feld „G" anzukreuzen und auf Seite 6 (bzw. Seite 7) des amtlichen Formulars unter „Anspruch G" aufzunehmen:]

Es werden

1. die angeblich für den Schuldner im Grundbuch des Amtsgerichts ..... Band ..... Blatt ..... in Abt. III unter lfd. Nr...... auf dem Grundstück ..... [möglichst genaue Bezeichnung] des/der Grundstückseigentümer, Drittschuldner, eingetragene Rentenschuld[2] mit Brief[3] und

2. die angeblichen Ansprüche des Schuldners gegen den Drittschuldner auf rückständige und künftig fällige Geldleistungen aus dem Grundstück sowie auf Zahlung der Ablösungssumme[4]

3. der angebliche Anspruch des Schuldners gegen den Besitzer des Briefes, Drittschuldner zu 2), auf Herausgabe des über die gepfändete Rentenschuld gebildeten Rentenschuldbriefes

gepfändet.[6]

[Auf Seite 8 (bzw. Seite 10) des amtlichen Formulars ist in dem Feld „Arrestatorium" und „Inhibitorium" die Möglichkeit der Überweisung nicht anzukreuzen und statt dessen auf Seite 9 (bzw. Seite 10) des amtlichen Formulars das freie Feld anzukreuzen und dort einzutragen:]

Den Drittschuldnern wird verboten, an den Schuldner zu leisten.

Der Schuldner hat sich jeder Verfügung über die gepfändete Rentenschuld sowie die übrigen gepfändeten Ansprüche, insbesondere der Einziehung, der Aufhebung und des Löschungsantrages, zu enthalten.

Zugleich werden die gepfändete Rentenschuld sowie die übrigen gepfändeten Ansprüche dem Gläubiger zur Einziehung überwiesen.

Die Pfändung und Überweisung der Briefrentenschuld und der nicht fälligen Leistungen unter Einschluss des Anspruchs auf die Ablösungssumme werden wirksam, sobald der Gläubiger den Besitz an dem Rentenschuldbrief oder der Gerichtsvollzieher den Besitz durch dessen Wegnahme erlangt hat. Die Pfändung der übrigen Ansprüche wird mit der Zustellung des Pfändungsbeschlusses an den Drittschuldner wirksam.[5]]

[Auf Seite 3 (bzw. Seite 4 unter „IV. Kosten") des amtlichen Formulars ist das Feld „gemäß Anlage(n)" anzukreuzen, dort die Kosten der Eintragung ins Grundbuch ggf. unter Beifügung einer Anlage einzutragen.]

Anmerkungen

1. → Form. H. I. 2 (bzw. → Form. H. I. 6 bei Unterhaltsforderungen). Hinsichtlich der weiteren Einzelheiten zum Pfändungs- und Überweisungsbeschluss wird auf die dortigen Anmerkungen Bezug genommen.

2. Zur **Rentenschuld** → Form. I. VI. 36 Anm. 2

3. Die **Pfändung einer Rentenschuld** erfolgt entsprechend der Zwangsvollstreckung in eine Forderung, für die eine Hypothek bestellt ist (§ 857 Abs. 6 ZPO). → Form. I. VI. 1 Anm. 5.

4. Die Ansprüche auf die rückständigen und künftigen Einzelleistungen sowie auf Zahlung des Ablösebetrages können gesondert gepfändet werden. Auf die einzelnen Leistungen finden die Hypothekenzinsen und auf das Ablösungskapital die für ein Grundschuldkapital geltenden Vorschriften entsprechende Anwendung (Zöller/*Stöber* § 857 Rn. 17).

5. Zur Überweisung → Form. I. VI. 1 Anm. 7. Die Pfändung nicht fälliger Leistungen und des Anspruchs auf Zahlung der Ablösesumme wird erst mit der Briefübergabe wirksam. Die Pfändung der rückständigen Leistungen erfolgt wie die Pfändungen der rückständigen Hypothekenleistungen in Wege der Forderungspfändung (§ 829 ZPO). Hierfür bedarf es keiner Briefübergabe (Zöller/*Stöber* § 857 Rn. 17).

6. Kosten und Gebühren/Rechtsmittel. → Form. H. I. 2 Anm. 61 ff. Der **Gerichtsvollzieher** erhält für die Wegnahme des Briefes eine Gebühr nach Nr. 221 KV GvKostG in Höhe von 26,– EUR.

38. Antrag auf Eintragung der Pfändung einer Briefrentenschuld ins Grundbuch

An das

Amtsgericht . . . . .[1]

Grundbuchamt

In der Zwangsvollstreckungssache

. . . .

Hiermit zeigen wir an, dass wir den Gläubiger vertreten. Namens und in Vollmacht unseres Mandanten überreichen wir die Ausfertigung des Pfändungsbeschlusses/Pfändungs- und Überweisungsbeschlusses des Amtsgerichts . . . . . vom . . . . ., Az. . . . . ., sowie den Rentenschuldbrief Nr. . . . . .

Wir beantragen,

in das Grundbuch von . . . . . Band . . . . . Blatt . . . . . die Pfändung der Briefrentenschuld, eingetragen in Abt. III unter der lfd. Nr. . . . . ., und – soweit

notwendig – die Voreintragung des Vollstreckungsschuldners (§§ 39, 14 GBO) im Grundbuch einzutragen.[2]

Wir bitten anschließend um die Rücksendung der Vollstreckungsunterlagen. Gleichzeitig bitten wird darum, uns die Gebühren der Eintragung aufzugeben sowie die Eintragungsnachricht zu übersenden.

. . . . .

Rechtsanwalt[3]

Anmerkungen

1. Für die Eintragung ist das **Grundbuchamt** des Amtsgerichts des belegenen Grundstücks zuständig (§ 1 GBO). Der Antrag auf Eintragung kann formlos gestellt werden. Die spätere Löschung kann nur in der Form des § 29 GBO erfolgen.

2. Die Eintragung der Pfändung im Grundbuch ist **Grundbuchberichtigung.** Sie setzt einen Antrag des Gläubigers (§ 13 GBO) und den Nachweis der Unrichtigkeit (§ 22 Abs. 1 ZPO) voraus. Dieser Nachweis kann durch Vorlage des Pfändungsbeschlusses sowie des Briefes geführt werden. Mit der Briefvorlage beweist der Gläubiger die Wirksamkeit der Pfändung durch Übergabe des Briefes.

3. Kosten und Gebühren. Das **Gericht** erhält gemäß Nr. 14130 KV GNotKG iVm der Vorbemerkung 1.4.1.2 KV GNotKG bei der Eintragung eine $^1/_2$-Gebühr (Tabelle B) nach dem Wert des § 53 Abs. 2 GNotKG. Die Tätigkeit des **Rechtsanwalts** ist mit der 0,3 Gebühr nach Nr. 3309 VV RVG abgedeckt.

39. Pfändung einer Buchrentenschuld

[Das amtliche Formular „Pfändungs- und Überweisungsbeschluss[1]“ ist entsprechend den dortigen Anmerkungen auszufüllen. Auf Seite 4 (bzw. Seite 5) des amtlichen Formulars sind das Feld „G“ anzukreuzen und auf Seite 6 (bzw. Seite 7) des amtlichen Formulars unter „Anspruch G“ aufzunehmen:]

Es werden

1. die angeblich für den Schuldner im Grundbuch des Amtsgerichts . . . . . Band . . . . . Blatt . . . . . in Abt. III unter lfd. Nr. . . . . . auf dem Grundstück . . . . . [genaue Bezeichnung] des/der Grundstückseigentümer, Drittschuldner, eingetragene Rentenschuld ohne Brief[2] und

2. die angeblichen Ansprüche des Schuldners gegen den Drittschuldner auf rückständige und künftig fällige Geldleistungen aus dem Grundstück sowie auf Zahlung der Ablösungssumme

gepfändet.[3, 5]

[Auf Seite 8 (bzw. Seite 10) des amtlichen Formulars ist in dem Feld „Arrestatorium“ und „Inhibitorium“ die Möglichkeit der Überweisung nicht anzukreuzen und stattdessen auf Seite 9 (bzw. Seite 10) des amtlichen Formulars das freie Feld anzukreuzen und dort einzutragen:]

Dem Drittschuldner wird verboten, an den Schuldner zu leisten.

Der Schuldner hat sich jeder Verfügung über die gepfändete Rentenschuld und die gepfändeten Ansprüche, insbesondere der Einziehung, der Aufhebung und des Löschungsantrags, zu enthalten.

Zugleich werden die gepfändete Rentenschuld und die gepfändeten Ansprüche dem Gläubiger zur Einziehung überwiesen.

Die Pfändung und Überweisung der Buchrentenschuld und der nicht fälligen Leistungen unter Einschluss des Anspruchs auf die Ablösungssumme werden mit der Eintragung der Pfändung im Grundbuch wirksam. Die Pfändung der übrigen Ansprüche wird mit der Zustellung des Pfändungsbeschlusses an den Drittschuldner wirksam.[4]

[Auf Seite 3 (bzw. Seite 4 unter „IV. Kosten") des amtlichen Formulars ist das Feld „gemäß Anlage(n)" anzukreuzen, dort die Kosten der Eintragung ins Grundbuch ggf. unter Beifügung einer Anlage einzutragen.]

Anmerkungen

1. → Form. H. I. 2 (bzw. → Form. H. I. 6 bei Unterhaltsforderungen). Hinsichtlich der weiteren Einzelheiten zum Pfändungs- und Überweisungsbeschluss wird auf die dortigen Anmerkungen Bezug genommen.

2. Zur **Rentenschuld** → Form. I. VI. 36 Anm. 2.

3. Die **Pfändung einer Rentenschuld** erfolgt entsprechend der Zwangsvollstreckung in eine Forderung, für die eine Hypothek bestellt ist (§ 857 Abs. 6 ZPO). → Form. I. VI. 1 Anm. 5.

Die **Ansprüche** auf die **rückständigen und künftigen Einzelleistungen** sowie auf Zahlung des **Ablösebetrages** können gesondert gepfändet werden. Auf die einzelnen Leistungen finden die Hypothekenzinsen und auf das Ablösungskapital die für ein Grundschuldkapital geltenden Vorschriften entsprechende Anwendung (Zöller/*Stöber* § 857 Rn. 17).

4. Zur Überweisung → Form. I. VI. 1 Anm. 7. Die Pfändung nicht fälliger Leistungen und des Anspruchs auf Zahlung der Ablösesumme wird erst mit der Bucheintragung wirksam. Die Pfändung der rückständigen Leistungen erfolgt wie die Pfändungen der rückständigen Hypothekenleistungen im Wege der Forderungspfändung (§ 829 ZPO). Hierfür bedarf es keiner Grundbucheintragung (Zöller/*Stöber* § 857 Rn. 17).

5. Kosten und Gebühren/Rechtsmittel. → Form. H. I. 2 Anm. 61 ff.

40. Antrag auf Eintragung einer Pfändung der Buchrentenschuld ins Grundbuch

An das

Amtsgericht . . . . .[1]

Grundbuchamt

In der Zwangsvollstreckungssache

. . . .

Hiermit zeigen wir an, dass wir den Gläubiger vertreten. Namens und in Vollmacht unseres Mandanten überreichen wir die Ausfertigung des Pfändungsbeschlusses/Pfändungs- und Überweisungsbeschlusses des Amtsgerichts ..... vom ....., Az. .....

Wir beantragen,

in das Grundbuch von ..... Band ..... Blatt ..... die Pfändung der Buchrentenschuld, eingetragen in Abt. III unter lfd. Nr. ....., und – soweit notwendig – die Voreintragung des Vollstreckungsschuldners (§§ 39, 14 GBO) im Grundbuch einzutragen.[2]

Wir bitten anschließend um die Rücksendung der Vollstreckungsunterlagen. Gleichzeitig bitten wird darum, uns die Gebühren der Eintragung aufzugeben sowie die Eintragungsnachricht zu übersenden.

.....

Rechtsanwalt[3]

Anmerkungen

1. Für die Eintragung ist das **Grundbuchamt** des Amtsgerichts des belegenen Grundstücks zuständig (§ 1 GBO). Der Antrag auf Eintragung kann formlos gestellt werden. Die spätere Löschung kann nur in der Form des § 29 GBO erfolgen.

2. Die Eintragung der Pfändung im Grundbuch hat **konstitutiven Charakter.** Sie setzt einen Antrag des Gläubigers voraus (§ 13 GBO). Weiterhin ist der Pfändungsbeschluss vorzulegen (§ 830 Abs. 1 S. 2 Hs. 2 ZPO). Keiner Vorlage bedarf es des Vollstreckungstitels, da das Eintragungsverfahren ein Grundbuch- und kein Vollstreckungsverfahren ist (MüKoBGB/*Eickmann* § 1154 Rn. 42).

3. Kosten und Gebühren. Das **Gericht** erhält gemäß Nr. 14130 KV GNotKG iVm der Vorbemerkung 1.4.1.2 KV GNotKG bei der Eintragung eine $^1/_2$-Gebühr (Tabelle B) nach dem Wert des § 53 Abs. 2 GNotKG. Die Tätigkeit des **Rechtsanwalts** ist mit der 0,3 Gebühr nach Nr. 3309 VV RVG abgedeckt.

Schiffshypothek/Registerpfandrecht an einem Luftfahrzeug

41. Pfändung einer Schiffshypothek

[Das amtliche Formular „Pfändungs- und Überweisungsbeschluss[1]" ist entsprechend den dortigen Anmerkungen auszufüllen. Auf Seite 4 (bzw. Seite 5) des amtlichen Formulars sind das Feld „G" anzukreuzen und auf Seite 6 (bzw. Seite 7) des amtlichen Formulars unter „Anspruch G" aufzunehmen:]

Es werden

1. die angebliche Forderung des Schuldners[2] gegen den/die persönlichen Drittschuldner auf ..... (genaue Bezeichnung der Forderung, zB Zahlung des Kaufpreises für die Veräußerung eines Grundstücks gemäß notariellem Vertrag vom .....) nebst ..... Zinsen seit dem ..... zusammen mit

2. der angeblich für diese Forderung im Schiffsregister des Amtsgerichts ..... Band ..... Blatt ..... in Abt. III unter lfd. Nr...... auf dem Schiff ..... (möglichst genaue Anschrift des Grundstücks) des/der Grundstückseigentümer, dinglicher Drittschuldner, eingetragenen Buchhypothek zu ..... EUR nebst ..... Zinsen seit dem .....

gepfändet.[3, 4]

[Auf Seite 9 (bzw. Seite 10) des amtlichen Formulars das freie Feld anzukreuzen und dort einzutragen:]

Die Überweisung der durch die Buchhypothek gesicherten Forderung wird nur gleichzeitig mit der Pfändung wirksam. Für diese ist außer dem Pfändungsbeschluss die Eintragung der Überweisung im Schiffsregister erforderlich.

[Auf Seite 3 (bzw. Seite 4 unter „IV. Kosten") des amtlichen Formulars ist das Feld „gemäß Anlage(n)" anzukreuzen, dort die Kosten der Eintragung ins Grundbuch ggf. unter Beifügung einer Anlage einzutragen.]

Anmerkungen

1. → Form. H. I. 2 (bzw. → Form. H. I. 6 bei Unterhaltsforderungen). Hinsichtlich der weiteren Einzelheiten zum Pfändungs- und Überweisungsbeschluss wird auf die dortigen Anmerkungen Bezug genommen.

2. Die **Schiffshypothek** ist nach § 8 Abs. 1 SchRG als Sicherungshypothek immer Buchrecht. Die Pfändung erfolgt gem. § 830a ZPO durch Pfändungsbeschluss und Eintragung ins Schiffsregister bzw. Schiffsbauregister (siehe dazu §§ 24 ff. SchRG), → Form. I. VI. 42.

3. Die Überweisung richtet sich nach § 837a ZPO).

4. **Kosten und Gebühren/Rechtsmittel.** → Form. H. I. 2 Anm. 61 ff.

42. Antrag auf Eintragung der Pfändung der Schiffshypothek ins Schiffsregister

An das

Amtsgericht .....[1]

Schiffsregister

In der Zwangsvollstreckungssache

....

Hiermit zeigen wir an, dass wir den Gläubiger vertreten. Namens und in Vollmacht unseres Mandanten überreichen wir die Ausfertigung des Pfändungsbeschlusses/Pfändungs- und Überweisungsbeschlusses des Amtsgerichts ..... vom ....., Az. .....

Wir beantragen,

> **die Pfändung der im Schiffsregister des Amtsgerichts ..... Band ..... Blatt ..... in Abt. III unter lfd. Nr...... auf dem Schiff ..... (möglichst genaue Bezeichnung) eingetragene Buchhypothek und – soweit erforderlich – vorab den Vollstreckungsschuldner im Schiffsregister einzutragen.[2]**

Wir bitten anschließend um die Rücksendung der Vollstreckungsunterlagen. Gleichzeitig bitten wird darum, uns die Gebühren der Eintragung aufzugeben sowie die Eintragungsnachricht zu übersenden.

.....

Rechtsanwalt[3]

Anmerkungen

1. Für die Eintragung ist das **Schiffsregister** des Amtsgerichts des betroffenen Schiffs zuständig. Der Antrag auf Eintragung kann **formlos** gestellt werden.

2. Die **Eintragung der Pfändung** einer durch eine Buchhypothek gesicherten Forderung erfolgt nur auf Antrag des Gläubigers. Dem **Antrag** muss eine Ausfertigung des Pfändungsbeschlusses beigefügt werden. Da die Pfändung erst mit der Eintragung in das Schiffsregister Wirksamkeit erlangt, ist die Vorlage eines Zustellungsnachweises nicht erforderlich. Der Vollstreckungsgläubiger kann auch die notwendige Voreintragung des Schuldners beantragen. Zu den Einzelheiten der Eintragung s. §§ 24 ff. SchRG.

3. Kosten und Gebühren. Das **Gericht** erhält gemäß Nr. 14220 KV GNotKG bei der Eintragung eine 1,0 Gebühr (Tabelle B) nach dem Wert des § 53 Abs. 2 GNotKG. Die Tätigkeit des **Rechtsanwalts** ist mit der 0,3 Gebühr nach Nr. 3309 VV RVG abgedeckt.

43. Pfändung eines Registerpfandrechts an einem Luftfahrzeug

Das **Registerpfandrecht an einem Luftfahrzeug** ist seinem Wesen nach einer Schiffshypothek ähnlich. Die Pfändung erfolgt daher in ähnlicher Weise, § 99 Gesetz über die Rechte an Luftfahrzeugen. Zu den weiteren Einzelheiten der Pfändung eines Registerpfandrechts an einem Luftfahrzeug siehe *Stöber* Rn. 2007 ff.

VII. Pfändung weiterer Forderungen und Vermögensrechte („Anspruch G" des amtlichen Formulars)

Altenteil/Leibrente

1. Pfändung der Ansprüche aus einem Altenteilvertrag

[Das amtliche Formular „Pfändungs- und Überweisungsbeschluss[1]" ist entsprechend den dortigen Anmerkungen auszufüllen. Auf Seite 4 (bzw. Seite 5) des amtlichen Formulars sind das Feld „G" anzukreuzen und auf Seite 6 (bzw. Seite 7) des amtlichen Formulars unter „Anspruch G" aufzunehmen:]

Es werden die angeblichen Ansprüche des Schuldners gegen den/die Drittschuldner/in aus dem durch Vertrag des Notars ..... vom ...., Urkundenrollen-Nr. ....., begründeten Altenteil,[2] insbesondere der Anspruch auf Zahlung der rückständigen und künftigen Geldleistungen sowie auf den Geldwert der fortlaufenden Naturalleistungen als auch des Wohnrechts an den Räumen ..... (nähere Bezeichnung des Objektes)[3]

> ***[Ergänzung für den Fall des Bestehens einer Reallast:][4]***
> **sowie die angeblich für die Altenteilansprüche des Schuldners auf dem Grundstück des Drittschuldners im Grundbuch des Amtsgerichts ..... Band ..... Blatt ..... in Abt. II unter lfd. Nr. ..... eingetragene Reallast**

gepfändet.[8]

Die Pfändung der Forderung auf Zahlung wiederkehrender Geldbeträge wird unter Bezugnahme auf die Tabelle zu § 850c ZPO beschränkt.[5]

[Auf Seite 9 des amtliches Formulars ist in dem ersten Feld (bzw. auf Seite 10 in dem zweiten Feld) das freie Kästchen anzukreuzen und dort einzutragen:]

Die Pfändung des Altenteils entspricht der Billigkeit, weil ....[6]

[Auf Seite 3 (bzw. Seite 4 unter „ IV. Kosten") des amtlichen Formulars ist das Feld „gemäß Anlage(n)" anzukreuzen, dort die Kosten der Eintragung ins Grundbuch ggf. unter Beifügung einer Anlage einzutragen.][7]

Anmerkungen

1. → Form. H. I. 2 (bzw. → Form. H. I. 6 bei Unterhaltsforderungen). Hinsichtlich der weiteren Einzelheiten zum Pfändungs- und Überweisungsbeschluss wird auf die dortigen Anmerkungen Bezug genommen.

2. Der **Begriff des Altenteils** ist gesetzlich nicht definiert. Es handelt sich um einen historisch gewachsenen Rechtsbegriff, der in verschiedenen Bestimmungen als gegeben und bekannt vorausgesetzt wird (zB Art. 96 EGBGB, §§ 850b Abs. 1 Nr. 3 ZPO, 9 EGZVG, 49 GBO, 62 KostO aF, Vor 1.4.1.2 KV GNotKG). Ein Altenteilsvertrag hat in der Regel die Gewährung von Unterhalt zum Inhalt, wobei dem Altenteiler ein Wohnrecht an einem bestimmten Teil eines überlassenen Grundstücks gewährt wird. Dem Übernehmer soll ein Gut oder ein Grundstück überlassen werden, kraft dessen Nutzung er sich eine eigene Lebensgrundlage schaffen und gleichzeitig den dem Altenteiler geschuldeten Unterhalt gewinnen kann. Das wesentliche Merkmal eines Altenteils ist das Nachrücken der folgenden Generation in eine wenigstens teilweise existenzbegründende Wirtschaftseinheit. Erforderlich ist, dass ein Beteiligter einem anderen nach Art einer vorweggenommenen Erbfolge seine wirtschaftliche Lebensgrundlage überträgt, um dafür in die persönliche Gebundenheit eines abhängigen Versorgungsverhältnisses einzutreten, während der Übernehmer eine wirtschaftlich selbständige Stellung erlangt (BGHZ 53, 41, 43 = NJW 1970, 282, 283; BGH NJW-RR 2007, 1390 mwN). Ein Altenteil muss nicht notwendig aus einem Vertrag über landwirtschaftlichen Grundbesitz herrühren. Auch städtische Grundstücke können mit einem Altenteil belastet werden (BGHZ 53, 41 = NJW 1970, 282; OLG Frankfurt a. M. FGPrax 2012, 190 betr. die Übergabe eines Mehrfamilienhauses); dann kann sich der Unterhalt auf einen Teil des gesamten notwendigen Unterhalts des Altenteilers beschränken, etwa auf die Gewährung der Wohnung. Tritt dagegen bei einer Versorgungsvereinbarung der Charakter eines gegenseitigen Vertrags mit beiderseitigen etwa gleichwertig gedachten Leistungen in den Vordergrund, handelt es sich nicht um einen Altenteilsvertrag. Insbesondere wird eine Grundstücksübertragung noch nicht allein durch eine Wohnrechtsgewährung mit Pflege- und Versorgungsverpflichtungen zum Altenteilsvertrag (BGH NJW-RR 2007, 1390 mwN).

3. Ein Altenteil ist **kein eigenständiges dingliches Recht** (OLG Köln Rpfleger 1992, 431), sondern setzt sich aus zu einem Altenteil zusammengefassten beschränkt persönlichen Dienstbarkeiten (zB Wohnungsrecht) und Reallasten (zB Leistung von Geld, Kleidung oder Lebensmittel) zusammen (vgl. *Demharter* § 49 Rn. 4), die zugunsten eines Berechtigten unter einer einheitlichen Bezeichnung ins Grundbuch eingetragen werden können (§ 49 GBO). Wegen der Unpfändbarkeit der beschränkt persönlichen Dienstbarkeiten (zB Wohnrecht) kann das Altenteil **als Ganzes nicht gepfändet** werden. Pfändbar sind vielmehr nur die **Einzelansprüche des Schuldners**, aus den unter der Bezeichnung „Altenteil" zusammengefassten einzelnen Rechten. Zur Eintragung der Pfändung ins Grundbuch → Form. I. VII. 2.

Sind **mehrere Personen** altenteilsberechtigt, so bestimmt sich die Verbundenheit der Rechte nach dem zu Grunde liegenden Rechtsverhältnis (BGH NJW 1996, 2153, 2154). Insoweit können für die verschiedenen im Altenteil zusammengefassten Rechte unterschiedliche Berechtigungen (Gesamthandsgemeinschaft, Gesamtgläubigerschaft, Teilanspruch) vereinbart werden. Im Falle der Gesamtgläubigerschaft (§ 428 BGB) sind die Berechtigten im Verhältnis zueinander zu gleichen Anteilen berechtigt, sofern keine andere Regelung getroffen ist (§ 430 BGB). Der Schuldner kann indes mit befreiender Wirkung nach seinem Belieben an einen Gläubiger leisten. Im Falle einer Zahlung entsteht eine Ausgleichspflicht, sobald ein Gesamtgläubiger mehr als seinen Anteil eingezogen hat. Diesen **Ausgleichsanspruch** kann der Vollstreckungsgläubiger zugleich gesondert pfänden; → Form. I. VII. 38.

4. Zusätzlich sind **die im Grundbuch eingetragenen Rechte pfändbar**, zB Reallast. Soweit solche Rechte mitgepfändet werden sollen, muss ein entsprechender Zusatz im Pfändungs- und Überweisungsbeschluss aufgenommen werden. Zur Pfändbarkeit einer Reallast siehe auch die → Form. I. VII. 101. Zur einer Vollstreckung in weitere zu einem Altenteil zusammengefasste Einzelrechte, wie zum Beispiel die Dienstbarkeit, → Form. I. VII. 22 ff.

5. Die Einzelansprüche können nur in dem Umfang gepfändet werden, indem sie der Zwangsvollstreckung unterworfen sind. **Fortlaufende Zahlungsansprüche** aus dem Altenteil sind nach § 850b Abs. 1 Nr. 3, Abs. 2 ZPO nur nach den für Arbeitseinkommen geltenden Vorschriften beschränkt pfändbar (BGHZ 53, 41 = NJW 1970, 282); entsprechend sind die Pfändungsgrenzen des § 850c ZPO zu beachten.

6. Die Pfändung der Ansprüche aus einem Altenteilvertrag ist nur zulässig, wenn die Vollstreckung in das sonstige Vermögen des Schuldners nicht zu einer vollständigen Befriedigung geführt hat oder voraussichtlich nicht führen wird und sie nach den Umständen des Einzelfalles, insbesondere nach der **Art des beizutreibenden Anspruchs und der Höhe der Bezüge der Billigkeit** entspricht. Diese Voraussetzungen müssen in dem Antrag näher dargelegt werden.

7. Zur Eintrag der Pfändung ins Grundbuch → Form. I. VII. 2.

8. Kosten und Gebühren/Rechtsmittel. → Form. H. I. 2 Anm. 61 ff.

2. Antrag auf Eintragung der Pfändung des Altenteils ins Grundbuch

An das

Amtsgericht . . . . .[1]

Grundbuchamt

In der Zwangsvollstreckungssache

. . . .

Hiermit zeigen wir an, dass wir den Gläubiger vertreten. Namens und in Vollmacht unseres Mandanten überreichen wir die Ausfertigung des Pfändungsbeschlusses/Pfändungs- und Überweisungsbeschlusses des Amtsgerichts . . . . . vom . . . . ., Az. . . . . ., nebst Zustellungsnachweis.

Wir beantragen,

> **zugunsten des Gläubigers die Pfändung des Altenteils[2] im Grundbuch des Amtsgerichts . . . . . von . . . . . Band . . . . . Blatt . . . . . in Abteilung II und – soweit erforderlich – die Voreintragung des Vollstreckungsschuldners (§§ 39, 14 GBO) im Grundbuch einzutragen.**

Wir bitten anschließend um die Rücksendung der Vollstreckungsunterlagen. Gleichzeitig bitten wird darum, uns die Gebühren der Eintragung aufzugeben sowie die Eintragungsnachricht zu übersenden.

. . . . .

Rechtsanwalt[3]

Anmerkungen

1. Für die Eintragung ist das **Grundbuchamt** des Amtsgerichts des belegenen Grundstücks zuständig (§ 1 GBO). Der Antrag auf Eintragung kann formlos gestellt werden. Die spätere Löschung kann nur in der Form des § 29 GBO erfolgen.

2. Ein Altenteil kann gemäß § 49 GBO unter einer **einheitlichen Bezeichnung im Grundbuch** eingetragen werden (vgl. *Demharter* § 49 Rn. 8 ff.). Zur Pfändung der Ansprüche aus einem Altenteilvertrag → Form. I. VII. 1.

3. Kosten und Gebühren. Das **Gericht** erhält gemäß Nr. 14130 KV GNotKG iVm der Vorbemerkung 1.4.1.2 KV GNotKG bei der Eintragung eine $^1/_2$-Gebühr (Tabelle B) nach dem Wert des § 53 Abs. 2 GNotKG. Die Tätigkeit des **Rechtsanwalts** ist mit der 0,3 Gebühr nach Nr. 3309 VV RVG abgedeckt.

3. Pfändung einer Leibrente bei einem Berechtigen aus dem Leibrentenversprechen (§§ 759 ff. BGB)

[Das amtliche Formular „Pfändungs- und Überweisungsbeschluss[1]" ist entsprechend den dortigen Anmerkungen auszufüllen. Auf Seite 4 (bzw. Seite 5) des amtlichen Formulars sind das Feld „G" anzukreuzen und auf Seite 6 (bzw. Seite 7) des amtlichen Formulars unter „Anspruch G" aufzunehmen:]

Es werden die angeblichen Ansprüche des Schuldners gegen den Drittschuldner aus dem Leibrentenvertrag[2] vom . . . . . (nähere Bezeichnung; ggf. Angabe des Notars sowie der Urkundenrolle-Nr.) auf rückständige und laufende künftige Zahlungen[3]/auf Leistung von . . . . . (nähere Bezeichnung der vertretbaren Sache)[4]

[Ergänzung für den Fall des Bestehens einer Reallast:]

sowie die angeblich für die Altenteilansprüche des Schuldners auf dem Grundstück des Drittschuldners im Grundbuch des Amtsgerichts . . . . . Band . . . . . Blatt . . . . . in Abt. II unter lfd. Nr. . . . . . eingetragene Reallast[5]

gepfändet.[6]

[Für den Fall der Pfändung einer vertretbaren Sache ist auf Seite 8 (bzw. Seite 9) des amtlichen Formulars in dem Feld „Es wird angeordnet, dass" das freie Kästchen anzukreuzen und dort einzutragen:]

der Drittschuldner die als Leibrente zu leistenden Sachen an den vom Gläubiger beauftragten Gerichtsvollzieher herauszugeben hat.[4]

Anmerkungen

1. → Form. H. I. 2 (bzw. → Form. H. I. 6 bei Unterhaltsforderungen). Hinsichtlich der weiteren Einzelheiten zum Pfändungs- und Überweisungsbeschluss wird auf die dortigen Anmerkungen Bezug genommen.

2. Unter einer **Leibrente** versteht man ein einheitliches nutzbares Recht (sog. Grund- oder Stammrecht), das dem Berechtigten für seine Lebenszeit eingeräumt ist und dessen Erträge aus wiederkehrenden, gleichmäßigen und in gleichen Zeitabständen zu gewährenden Leistungen in Geld oder anderen vertretbaren Sachen bestehen (stRspr zB BGH WM 1966, 248; BGH WM 1980, 593; BGH NJW-RR 1991, 1035). Damit ist zwischen dem Grundgeschäft mit der Verpflichtung zur Abgabe eines abstrakten Leibrentenversprechens, dem in Erfüllung der Verpflichtung und von ihr losgelösten Leibrentenversprechen (sog Rentengrundrecht bzw. Rentenstammrecht) und den jeweiligen Rentenleistungen zu unterscheiden (aA sind dagegen Teile der Literatur, die in dem Versprechen der Leibrente zugleich das Versprechen der einzelnen Rentenleistungen sehen; siehe dazu die umfangreichen Nachweise bei MüKoBGB/*Habersack* § 759 Rn. 3 Fn. 15). Die Begründung einer Leibrentenverpflichtung bedarf der Schriftform.

3. Die **Leibrente in Geld** kann als selbständiges Recht nach den allgemeinen Regeln als Forderung **nach § 829 ZPO gepfändet werden**, und zwar nach § 832 ZPO auch mit Wirkung für die künftig fällig werdenden Beträge. § 850b ZPO findet nach hM bei der Pfändung einer Leibrente keine Anwendung (MüKoBGB/*Habersack* § 759 Rn. 38).

4. Die Pfändung einer **Leibrente, die in vertretbaren Sachen gewährt** wird, erfolgt nach § 829 ZPO iVm § 847 ZPO. Es muss die Anordnung hinzutreten, die Sache an den Gerichtsvollzieher herauszugeben. Unterbleibt diese Anordnung, ist die Pfändung trotzdem wirksam. Die Herausgabe kann vom Drittschuldner nicht auf Grund des Pfändungsbeschlusses erzwungen werden, sondern nur aufgrund eines neuen Titels über § 883 ZPO. Die Verwertung erfolgt nach §§ 814 ff. ZPO entsprechend einer beim Schuldner gepfändeten Sache (§ 847 Abs. 2 ZPO).

5. Es besteht die Möglichkeit einer dinglichen Absicherung durch die Bestellung einer **Reallast** (BGHZ 58, 191 = NJW 1972, 814). Die Leistungspflicht aus der Leibrente ist dabei gegenüber der Reallast unabhängig. Eine Verknüpfung erfolgt durch die Sicherungsabrede, wonach die Reallast die schuldrechtliche Leistungspflicht aus dem Leibrentenvertrag sichert. Der Gläubiger kann aus der Reallast zum einen gemäß den §§ 1105 Abs. 1, 1107, 1146 BGB den dinglichen Anspruch auf Duldung der Zwangsvollstreckung gegen den jeweiligen Eigentümer des belasteten Grundstücks, zum anderen nach § 1108 Abs. 1 BGB den persönlichen Anspruch auf Leistung geltend machen. → Form. I. VII. 101 ff.

6. Kosten und Gebühren/Rechtsmittel. → Form. H. I. 2 Anm. 61 ff. Für das **Gericht** und den **Rechtsanwalt** entstehen keine weiteren Gebühren für den Fall der Pfändung einer vertretbaren Sache. Der **Gerichtsvollzieher** erhält für die Übernahme beweglicher Sachen zum Zwecke der Verwertung in Falle des § 847 ZPO eine Gebühr von 16,– EUR (Nr. 206 KV GvKostG).

4. Pfändung einer Leibrente bei mehreren Berechtigen aus dem Leibrentenversprechen (§§ 759 ff. BGB)

[Das amtliche Formular „Pfändungs- und Überweisungsbeschluss[1]“ ist entsprechend den dortigen Anmerkungen auszufüllen. Auf Seite 4 (bzw. Seite 5) des amtlichen Formulars sind das Feld „G“ anzukreuzen und auf Seite 6 (bzw. Seite 7) des amtlichen Formulars unter „Anspruch G“ aufzunehmen:]

Es werden

1. der angebliche Anspruch des Schuldners gegen den/die Verpflichtete/n als Drittschuldner/in zu 1) aus dem Leibrentenvertrag[2] vom . . . . . (nähere Bezeichnung; ggf. Angabe des Notars sowie der Urkundenrolle-Nr.), auf rückständige und laufende Zahlungen[3]/auf Leistung von . . . . . (nähere Bezeichnung)[4]

[Ergänzung für den Fall des Bestehens einer Reallast:]

sowie die angeblich für die Altenteilansprüche des Schuldners auf dem Grundstück des Drittschuldners im Grundbuch des Amtsgerichts . . . . . Band . . . . . Blatt . . . . . in Abt. II unter lfd. Nr. . . . . . eingetragene Reallast[5]

2. der angebliche Anspruch des Schuldners gegen den/die Mitberechtigte/n [zB die Ehefrau] als Drittschuldner/in zu 2) auf Ausgleich,[6] der dadurch entsteht bzw. entstanden ist, dass der Drittschuldner zu 1) nicht an den Schuldner, sondern an den Drittschuldner zu 2) die Leistungen aus dem Leibrentenvertrag erbringt bzw. erbracht hat,

gepfändet.[7]

[Für den Fall der Pfändung einer vertretbaren Sache ist auf Seite 8 (bzw. Seite 9) des amtlichen Formular in dem Feld „Es wird angeordnet, dass" das freie Kästchen anzukreuzen und dort einzutragen:]

der Drittschuldner die als Leibrente zu leistenden Sachen an den vom Gläubiger beauftragten Gerichtsvollzieher herauszugeben hat.[4]

Anmerkungen

1. → Form. H. I. 2 (bzw. → Form. H. I. 6 bei Unterhaltsforderungen). Hinsichtlich der weiteren Einzelheiten zum Pfändungs- und Überweisungsbeschluss wird auf die dortigen Anmerkungen Bezug genommen.

2. → Form. I. VII. 3 Anm. 2.

3. → Form. I. VII. 3 Anm. 3.

4. → Form. I. VII. 3 Anm. 4.

5. → Form. I. VII. 3 Anm. 5.

6. Eine Leibrente kann mit **mehreren Berechtigten** selbständig oder in Rechtsgemeinschaft vereinbart werden. Im Falle einer Gesamtgläubigerschaft (§ 428 BGB) besteht eine Berechtigung im Verhältnis zueinander zu gleichen Anteilen, sofern keine andere Regelung getroffen worden ist (§ 430 BGB). Der Verpflichtete kann mit befreiender Wirkung nach seinem Belieben an einen Berechtigten leisten. Im Falle einer Zahlung entsteht eine Ausgleichspflicht, sobald ein Gesamtgläubiger mehr als seinen Anteil eingezogen hat. Diesen Ausgleichsanspruch kann der Vollstreckungsgläubiger zugleich gesondert pfänden. → Form. I. VII. 38.

7. Kosten und Gebühren/Rechtsmittel. → Form. H. I. 2 Anm. 61 ff. Für das **Gericht** und den **Rechtsanwalt** entstehen keine weiteren Gebühren für den Fall der Pfändung einer vertretbaren Sache. Der **Gerichtsvollzieher** erhält für die Übernahme beweglicher Sachen zum Zwecke der Verwertung in Falle des § 847 ZPO eine Gebühr von 16,– EUR (Nr. 206 KV GvKostG).

Anfechtungsansprüche bzw. Kündigungsrechte

5. Pfändung von Anfechtungsansprüchen (§§ 119 ff., 2340 ff. BGB; 1 ff. AnfG; 129 ff. InsO) bzw. Kündigungsrechten

Anfechtungsrechte nach §§ 119 ff. BGB, 1 ff. AnfG oder §§ 129 ff. InsO sind nicht selbständig und können daher **nicht gesondert gepfändet** werden (vgl. BGH NJW-RR 2007, 1219). Mit der Pfändung der Forderung bzw. des Anspruchs geht die Befugnis zur Anfechtung auf den Gläubiger über (Zöller/*Stöber* § 857 Rn. 3). Eines gesonderten Ausspruchs in dem Pfändungs- und Überweisungsbeschluss bedarf es nicht. Die Geltendmachung der **Erbunwürdigkeit durch Anfechtung** (vgl. §§ 2340 ff. BGB) ist höchstpersönlicher Natur und daher unpfändbar; → Form. I. IV. 1.

Die **Kündigungsrechte** sind Ausfluss der jeweiligen Rechtsstellung des Gläubigers oder Schuldners. Sie sind als Nebenrechte **nicht selbständig pfändbar** (BGH NJW-RR 2007, 1219; Zöller/*Stöber* § 857 Rn. 3).

Anwartschaftsrechte

6. Pfändung bei Eigentumsvorbehalt (Gegenstand befindet sich im Besitz des Schuldners)

[Das amtliche Formular „Pfändungs- und Überweisungsbeschluss[1]" ist entsprechend den dortigen Anmerkungen auszufüllen. Auf Seite 4 (bzw. Seite 5) des amtlichen Formulars sind das Feld „G" anzukreuzen und auf Seite 6 (bzw. Seite 7) des amtlichen Formulars unter „Anspruch G" aufzunehmen:]

Es wird das angebliche Anwartschaftsrecht[2] des Schuldners gegen den/die Drittschuldner,[3] auf Erwerb des Eigentums an dem unter Eigentumsvorbehalt gekauften ..... (genaue Bezeichnung des Gegenstandes) und der Zahlungsanspruch, der dem Schuldner im Falle der Aufhebung oder sonstigen Auflösung des Kaufvertrags gegen den Drittschuldner zusteht, gepfändet.[4, 5]

Anmerkungen

1. → Form. H. I. 2 (bzw. → Form. H. I. 6 bei Unterhaltsforderungen). Hinsichtlich der weiteren Einzelheiten zum Pfändungs- und Überweisungsbeschluss wird auf die dortigen Anmerkungen Bezug genommen.

2. Eine **Anwartschaft** ist ein dem Vollrecht wesensähnliches und selbständig verkehrsfähiges Recht, wobei von dem mehraktigen Entstehungstatbestand des Vollrechts schon so viele Erfordernisse erfüllt sein müssen, dass von einer gesicherten Rechtsposition des Erwerbes gesprochen werden kann, die der andere an der Entstehung des Rechts Beteiligte nicht mehr durch einseitige Erklärung zerstören kann (BGHZ 45, 197, 201 = NJW 1966, 1019; BGHZ 83, 395, 399 = NJW 1982, 1639, 1640). So erwirbt der Schuldner im Falle des Kaufs einer Sache unter Eigentumsvorbehalt eine Anwartschaft an der Sache. Dieses Anwartschaftsrecht unterliegt als Vermögensrecht der **Forderungspfändung nach §§ 829, 857 ZPO.**

Da mit der Zahlung des Restkaufpreises das Anwartschaftsrecht erlischt und auf die Pfändung einer beweglichen Sachen § 848 Abs. 2 S. 2 ZPO keine Anwendung findet, muss neben der Rechtspfändung eine Sachpfändung an der unter Eigentumsvorbehalt stehenden Sache vorgenommen werden (sog **Doppelpfändung;** vgl. BGH, NJW 1954, 1325). Die Mobiliarpfändung erfolgt durch den Gerichtsvollzieher nach §§ 808 ff. ZPO, die zur Befriedigung des Gläubigers führende Pfandverwertung nach §§ 814 ff. ZPO. Die Sachpfändung kann vor oder nach Pfändung des Anwartschaftsrechts erfolgen. Die **Rangverhältnisse** bestimmen sich nach der Zustellung des Pfändungs- und Überweisungsbeschlusses (hM Musielak/Voit/*Becker* § 857 Rn. 7 mwN; aA Zöller/*Stöber* § 857 Rn. 6 durch die Sachpfändung). Siehe dazu auch (Auswahl): *Frank*, Schutz von Pfandrechten an Eigentumsanwartschaften bei Sachpfändung durch Dritte, NJW 1974, 2211; *Geißler*, Das Anwartschaftsrecht des Vorbehaltskäufers mit seinen Berührungspunkten zur Mobiliarvollstreckung, DGVZ 1990, 81; *Hintzen*, Pfändung des Eigentumsverschaffungsanspruchs und des Anwartschaftsrechts, Rpfleger 1989, 439; *Hübner*, Zur dogmatischen Einordnung der Rechtsposition des Vorbehaltskäufers, NJW 1980, 729; *Lux*, Das Anwartschaftsrecht des bedingt Berechtigten in Einzelzwangsvollstreckung und Insolvenz, MDR 2008, 895; *Mümmler*, Pfändung des Anwartschaftsrechts bei Eigentumsvorbehalt, JurBüro 1979, 1775; *Raacke*, Zur „Pfandverstreckung" von Vorbehaltsware, NJW 1975, 248.

Bei einer **unpfändbaren Sache** (§§ 811, 811c ZPO) ist eine Sachpfändung nicht möglich. In diesem Falle scheidet auch eine Pfändung des Anwartschaftsrechts aus.

3. Drittschuldner, an den der Beschluss zugestellt werden muss (§§ 829 Abs. 3, 857 Abs. 1 ZPO), ist nach hM der **Vorbehaltsverkäufer** (BGH NJW 1954, 1325). Für die Auflassungsanwartschaft verneint der BGH die Drittschuldnereigenschaft des Verkäufers (NJW 1968, 493). Da Zweifel darüber bestehen, ob dies auch für Anwartschaften an beweglichen Sachen gilt, sollte zur Sicherheit die Zustellung sowohl an den Drittschuldner, als auch an den Schuldner (§ 857 Abs. 2 ZPO) bewirkt werden.

4. Mit der **Pfändung** erlangt der Gläubiger noch keine Rechtsposition, die ihm eine unmittelbare Befriedigung ermöglicht. Insbesondere hat er keinen Anspruch auf Erwerb des Eigentums. Er kann sich indes durch weitere Maßnahmen aus der Sache befriedigen und zB durch die Zahlung der noch offen stehenden Gegenleistung der für die Sachpfändung notwendigen Eigentumsübergang herbeiführen. In Falle der Zahlung hat der Drittschuldner kein Ablehnungsrecht (§ 267 Abs. 1 BGB). Der von dem Gläubiger bezahlte Restkaufpreis zählt nach hM zu den **notwendigen Kosten der Zwangsvollstreckung** im Sinne des § 788 Abs. 1 ZPO (Zöller/*Stöber* § 788 Rn. 13 Stichwort „Anwartschaft") und wird aus dem Verwertungserlös erstattet. Eine Zahlung lohnt sich indes in der Regel nur, wenn zu erwarten ist, dass die Pfandverwertung mehr als die Restzahlung zuzüglich Kosten erbringt.

5. Kosten und Gebühren/Rechtsmittel. → Form. H. I. 2 Anm. 61 ff. Weiterhin fallen noch **Gerichtsvollziehergebühren** und Auslagen für die Sachpfändung an. Zusätzliche **Rechtsanwaltsgebühren** für die Sachpfändung entstehen neben der 0,3 Gebühr nach VV 3309 RVG für den beantragten Pfändungs- und Überweisungsbeschluss nicht, da es sich um eine einheitliche Angelegenheit im Sinne des § 18 Nr. 3 RVG handelt.

7. Pfändung bei Eigentumsvorbehalt (Gegenstand befindet sich nicht im Besitz des Schuldners)

[Das amtliche Formular „Pfändungs- und Überweisungsbeschluss[1]" ist entsprechend den dortigen Anmerkungen auszufüllen. Auf Seite 4 (bzw. Seite 5) des amtlichen Formulars sind das Feld „G" anzukreuzen und auf Seite 6 (bzw. Seite 7) des amtlichen Formulars unter „Anspruch G" aufzunehmen:]

Es werden[2]

1. das angebliche Anwartschaftsrecht des Schuldner gegen den/die Drittschuldner zu 1)[3] auf Erwerb des Eigentums an dem unter Eigentumsvorbehalt gekauften . . . . . [genaue Bezeichnung des Gegenstandes] und der Zahlungsanspruch, der dem Schuldner im Falle der Aufhebung oder sonstigen Auflösung des Kaufvertrags gegen den Drittschuldner zusteht, sowie

2. der angebliche Anspruch des Schuldners gegen den/die Drittschuldner zu 2)[4] auf Herausgabe folgender Sache . . . . . [genaue Bezeichnung der Sache sowie des Rechtsgrundes]

gepfändet.[6]

[Auf Seite 8 (bzw. Seite 9) des amtlichen Formular ist in dem Feld „Es wird angeordnet, dass" das freie Kästchen anzukreuzen und dort einzutragen:]

der/die . . . . . [möglichst genaue Bezeichnung der gepfändeten Gegenstände, zB des gekauften Pkws der Marke . . . . ., Fahrgestellnummer . . . . .] an einen vom Gläubiger zu beauftragenden Gerichtsvollzieher herauszugeben ist/sind.

[Auf Seite 8 des amtliches Formulars ist in dem letzten Feld (bzw. auf Seite 10 das erste Feld) kein Kästchen „zu der Möglichkeit der Überweisung" anzukreuzen. Stattdessen ist auf Seite 9 des amtliches Formulars in dem ersten Feld (bzw. auf Seite 10 in dem zweiten Feld) das freie Kästchen anzukreuzen und dort einzutragen:]

Zugleich werden das gepfändete Anwartschaftsrecht und der gepfändete Herausgabeanspruch dem Gläubiger zur Einziehung überwiesen.[5]

Anmerkungen

1. → Form. H. I. 2 (bzw. → Form. H. I. 6 bei Unterhaltsforderungen). Hinsichtlich der weiteren Einzelheiten zum Pfändungs- und Überweisungsbeschluss wird auf die dortigen Anmerkungen Bezug genommen.

2. Zur Pfändung des Anwartschaftsrechts → Form. I. VII. 6 Anm. 2. Befindet sich die unter Eigentumsvorbehalt gekaufte Sache **nicht im Besitz des Schuldners,** so setzt die Sachpfändung das Einverständnis des Gewahrsamsinhabers gemäß § 809 ZPO voraus. Liegt kein Einverständnis vor, muss zusätzlich der Herausgabeanspruch des Schuldners gegen den Vorbehaltsverkäufer gemäß §§ 846 ff. ZPO gepfändet werden (*Stöber* Rn. 1497). Diese Pfändung dient der Sicherstellung des Anwartschaftsrechts. Beide Pfändungen können in einem Beschluss angeordnet werden.

3. → Form. I. VII. 6 Anm. 3.

4. Befindet sich die Sache im Besitz eines Dritten, so ist dieser als **Drittschuldner** in den Beschluss aufzunehmen. Es bedarf zudem einer gesonderten Zustellung an ihn.

5. → Form. I. VII. 6 Anm. 4.

6. Kosten und Gebühren/Rechtsmittel. → Form. H. I. 2 Anm. 61 ff. Weiterhin fallen noch **Gerichtsvollziehergebühren** und Auslagen für die Sachpfändung an. Zusätzliche **Rechtsanwaltsgebühren** für die Sachpfändung entstehen neben der 0,3 Gebühr nach Nr. 3309 VV RVG für den beantragten Pfändungs- und Überweisungsbeschluss nicht, da es sich um eine einheitliche Angelegenheit im Sinne des § 18 Nr. 3 RVG handelt.

8. Pfändung bei Sicherungsübereignung (Gegenstand befindet sich im Besitz des Vollstreckungsschuldners)

[Das amtliche Formular „Pfändungs- und Überweisungsbeschluss[1]" ist entsprechend den dortigen Anmerkungen auszufüllen. Auf Seite 4 (bzw. Seite 5) des amtlichen Formulars sind das Feld „G" anzukreuzen und auf Seite 6 (bzw. Seite 7) des amtlichen Formulars unter „Anspruch G" aufzunehmen:]

Es werden die angeblichen Rechte und Ansprüche des Schuldners gegen den/die Drittschuldner aus dem Vertrag vom . . . . . [möglichst genaue Bezeichnung des Sicherungsübereignungsvertrages], durch den der Schuldner dem Drittschuldner folgende Sache/n . . . . . [möglichst genaue Bezeichnung des sicherungsübereigneten Gegenstandes bzw. der sicherungsübereigneten Gegenstände] sicherungsübereignet hat, insbesondere der Anspruch auf Rückübertragung des Eigentums an dem dem Drittschuldner sicherungsübe-

reigneten Gegenstand/an den dem Drittschuldner sicherungsübereigneten Gegenstände[2] sowie auf Auszahlung des bei Verwertung des sicherungsübereigneten Gegenstandes/der sicherungsübereigneten Gegenstände verbleibenden Erlösüberschusses gepfändet.[3, 5]

[Auf Seite 8 (bzw. Seite 9) des amtlichen Formular ist in dem Feld „Es wird angeordnet, dass“ das freie Kästchen anzukreuzen und dort einzutragen:]

der/die . . . . . [möglichst genaue Bezeichnung der Gegenstände] an einen vom Gläubiger zu beauftragenden Gerichtsvollzieher herauszugeben ist/sind.[4]

Anmerkungen

1. → Form. H. I. 2 (bzw. → Form. H. I. 6 bei Unterhaltsforderungen). Hinsichtlich der weiteren Einzelheiten zum Pfändungs- und Überweisungsbeschluss wird auf die dortigen Anmerkungen Bezug genommen.

2. Im Falle der Übereignung einer beweglichen Sache an dem Sicherungsnehmer zur Sicherung (**Sicherungseigentum**) hat der Sicherungsgeber einen schuldrechtlichen Anspruch auf Rückübertragung bei Tilgung der gesicherten Verbindlichkeit. Befindet sich die sicherungsübereignete Sache weiterhin im Besitz des Schuldners als Sicherungsgeber, so ist der schuldrechtliche Anspruch auf Rückübertragung des Eigentums nach Wegfall des Sicherungszweckes nach § 857 ZPO und die im Schuldnergewahrsam befindliche Sache nach § 808 Abs. 1 ZPO zu pfänden (sog. **Doppelpfändung;** vgl. OLG Celle NJW 1960, 2196).

3. Verbleibt im Falle der Verwertung des Sicherungsguts durch den Sicherungsnehmer ein **Mehrerlös,** so steht dieser dem Sicherungsgeber zu. Str. ist, ob sich in diesem Fall das Pfändungspfandrecht am Erlösüberschuss fortsetzt. Sicherheitshalber sollte der Anspruch auf Auszahlung des bei Verwertung verbleibenden Mehrerlöses zusammen mit den übrigen Ansprüchen bei dem Sicherungseigentum gesondert gepfändet werden. Daneben ist der Anspruch auf Auszahlung des Überschusses als Geldforderung auch selbständig als Geldforderung pfändbar.

Eine Besonderheit besteht dann, wenn der Sicherungsnehmer mit dem Sicherungsgeber die laufende Geschäftsbeziehung im Rahmen eines **Kontokorrents** abwickelt, zB bei einer Bank. In diesem Falle kann der Schuldner bei der Verwertung des Sicherungsguts den verbleibenden Mehrerlös nur im Rahmen der Kontokorrentabrede beanspruchen. Damit unterliegt der Anspruch auf Mehrerlös nicht mehr der gesonderten Pfändung. Vielmehr bedarf es einer Pfändung des Kontokorrentanspruchs des Schuldners (BGH NJW 1982, 1150).

4. Zur **Stellung des Gläubigers** → Form. I. VII. 6 Anm. 4. Wie bei Vorbehaltskauf besteht auch kein Widerspruchsrecht des Sicherungsnehmers gegen die Leistung des Gläubigers.

5. **Kosten und Gebühren/Rechtsmittel.** → Form. H. I. 2 Anm. 61 ff.

9. Pfändung bei Sicherungsübereignung (Gegenstand befindet sich im Besitz des Sicherungsnehmers)

[Das amtliche Formular „Pfändungs- und Überweisungsbeschluss[1]“ ist entsprechend den dortigen Anmerkungen auszufüllen. Auf Seite 4 (bzw. Seite 5) des amtlichen Formulars sind das Feld „G“ anzukreuzen und auf Seite 6 (bzw. Seite 7) des amtlichen Formulars unter „Anspruch G“ aufzunehmen:]

Es werden[2]

1. die angeblichen Rechte und Ansprüche des Schuldners gegen den/die Sicherungsnehmer als Drittschuldner aus dem Vertrag vom . . . . . (möglichst genaue Bezeichnung des Sicherungsübereignungsvertrages), durch den der Schuldner dem Drittschuldner folgende Sache/n . . . . . (möglichst genaue Bezeichnung des sicherungsübereigneten Gegenstandes bzw. der sicherungsübereigneten Gegenstände) sicherungsübereignet hat, insbesondere der Anspruch auf Rückübertragung des Eigentums an dem dem Drittschuldner sicherungsübereigneten Gegenstand/an den dem Drittschuldner sicherungsübereigneten Gegenstände und auf Herausgabe des Gegenstandes/der Gegenstände sowie auf Auszahlung des bei Verwertung des sicherungsübereigneten Gegenstandes/der sicherungsübereigneten Gegenstände verbleibenden Erlösüberschusses[3] und

2. der angebliche Anspruch des Schuldners gegen den/die Drittschuldner auf Herausgabe des Gegenstandes/der Gegenstände . . . . . (genaue Bezeichnung der Sache sowie des Rechtsgrundes)[4]

gepfändet.[5, 6]

Anmerkungen

1. → Form. H. I. 2 (bzw. → Form. H. I. 6 bei Unterhaltsforderungen). Hinsichtlich der weiteren Einzelheiten zum Pfändungs- und Überweisungsbeschluss wird auf die dortigen Anmerkungen Bezug genommen.

2. Zur Pfändung bei einer Sicherungsübereignung → Form. I. VII. 8 Anm. 2.

3. → Form. I. VII. 6 Anm. 3

4. Befindet sich der Gegenstand im **Besitz des Sicherungsnehmer,** so muss zusätzlich der Herausgabeanspruch des Schuldners gegen den Sicherungsnehmer nach §§ 846, 847 ZPO gepfändet werden.

5. Zur **Stellung des Gläubigers** → Form. I. VII. 6 Anm. 4. Wie bei Vorbehaltskauf besteht auch kein Widerspruchsrecht des Sicherungsnehmers gegen die Leistung des Gläubigers.

6. Kosten und Gebühren/Rechtsmittel. → Form. H. I. 2 Anm. 61 ff.

10. Pfändung bei auflösend bedingter Sicherungsübereignung

[Das amtliche Formular „Pfändungs- und Überweisungsbeschluss[1]“ ist entsprechend den dortigen Anmerkungen auszufüllen. Auf Seite 4 (bzw. Seite 5) des amtlichen Formulars sind das Feld „G“ anzukreuzen und auf Seite 6 (bzw. Seite 7) des amtlichen Formulars unter „Anspruch G“ aufzunehmen:]

Es werden gepfändet die angeblichen Ansprüche des Schuldners gegen den/die Sicherungsnehmer als Drittschuldner aus dem Vertrag vom . . . . . (möglichst genaue Bezeichnung des Sicherungsübereignungsvertrages), durch den der Schuldner dem Drittschuldner folgende Sache(n) . . . . (möglichst genaue Bezeichnung der sicherungsübereigneten Gegenstände) sicherungsübereignet hat,[2] insbesondere das Anwartschaftsrecht auf Wiedererwerb des Eigentums an dem dem Drittschuldner sicherungsübereigneten Gegenstand/an den dem Drittschuldner sicherungsübereigneten Gegenständen[3] sowie auf

Auszahlung des bei Verwertung des sicherungsübereigneten Gegenstandes/der sicherungsübereigneten Gegenstände verbleibenden Erlösüberschusses[4] gepfändet.[5, 6]

Anmerkungen

1. → Form. H. I. 2 (bzw. → Form. H. I. 6 bei Unterhaltsforderungen). Hinsichtlich der weiteren Einzelheiten zum Pfändungs- und Überweisungsbeschluss wird auf die dortigen Anmerkungen Bezug genommen.

2. Zur Pfändung bei Sicherungsübereignung → Form. I. VII. 8 Anm. 2.

3. Im Falle der Vereinbarung einer **auflösend bedingten Sicherungsübereignung** fällt das Eigentum mit Wegfall des Sicherungszwecks automatisch an den Schuldner zurück. In diesem Fall hat der Sicherungsgeber ein echtes Anwartschaftsrecht auf den automatischen Rückfall des Eigentums an ihn und auf Herausgabe der Sache (BGH NJW 1984, 1184, 1185). Dieses Anwartschaftsrecht ist entsprechend der Anwartschaft beim Eigentumsvorbehalt pfändbar. Es bedarf einer Sach- sowie Rechtspfändung (Musielak/Voit/*Becker* § 857 Rn. 7).

4. → Form. I. VII. 8 Anm. 3.

5. Zur **Stellung des Gläubigers** → Form. I. VII. 6 Anm. 4. Wie bei Vorbehaltskauf besteht auch kein Widerspruchsrecht des Sicherungsnehmers gegen die Leistung des Gläubigers.

6. Kosten und Gebühren/Rechtsmittel. → Form. H. I. 2 Anm. 61 ff.

11. Pfändung von Anwartschaften an Grundstücken

Zur Pfändung von Anwartschaften an Grundstücken → Form. I. VII. 45.

Aufwendungsausgleich/Beihilfen/Entschädigungen/Prämien/ Subventionen/Sonstige Leistungen

12. Pfändung des Anspruchs auf Wohnungsbauprämie

[Das amtliche Formular „Pfändungs- und Überweisungsbeschluss[1]" ist entsprechend den dortigen Anmerkungen auszufüllen. Auf Seite 4 (bzw. Seite 5) des amtlichen Formulars sind das Feld „G" anzukreuzen und auf Seite 6 (bzw. Seite 7) des amtlichen Formulars unter „Anspruch G" aufzunehmen:]

Es werden die angeblichen Ansprüche des Schuldners[2] gegen

1 . . . . . [ladungsfähige Anschrift des Finanzamtes] als Drittschuldner zu 1),[3]

auf Zahlung der Wohnungsbauprämien für das Kalenderjahr . . . . . und für die vorangegangenen Jahre[4] und

2 . . . . . [ladungsfähige Anschrift der Bausparkasse] als Drittschuldnerin zu 2) auf Gutschrift und Auszahlung[5] der von dem Drittschuldner zu 1) an die Drittschuldnerin zu 2) für den Schuldner gezahlten Wohnungsbauprämien

gepfändet.[6]

Anmerkungen

1. → Form. H. I. 2 (bzw. → Form. H. I. 6 bei Unterhaltsforderungen). Hinsichtlich der weiteren Einzelheiten zum Pfändungs- und Überweisungsbeschluss wird auf die dortigen Anmerkungen Bezug genommen.

2. Nach § 1 des Wohnungsbau-Prämiengesetzes (WoPG) können unbeschränkt einkommensteuerpflichtige Personen für Aufwendungen zur **Förderung des Wohnungsbaus** eine **Prämie** erhalten. Voraussetzung ist, dass die Aufwendungen nicht vermögenswirksame Leistungen darstellen, für die ein Anspruch auf Arbeitnehmersparzulage besteht und das maßgebende Einkommen des Prämienberechtigten die in § 2a WoPG festgelegte Einkommensgrenze nicht überschreitet. Die prämienbegünstigten Aufwendungen sind in § 2 WoPG näher bestimmt. Die Wohnungsbauprämien gehören nicht zu den Einkünften im Sinne des Einkommenssteuergesetzes (§ 6 WoPG). Der Anspruch auf Prämie entsteht mit Ablauf des Sparjahres (§ 4 Abs. 1 S. 1 WoPG). Die Prämie ist bei dem Unternehmen zu beantragen, an das die prämienbegünstigten Aufwendungen geleistet worden sind (§ 4 Abs. 2 S. 1 WoPG).

3. **Drittschuldner** ist die Finanzbehörde, die über den Anspruch bereits entschieden oder zu entscheiden hat (§ 46 Abs. 7 AO). Örtlich ist das für die Besteuerung des Schuldners zuständige Finanzamt (§§ 17 ff. AO).

4. Streitig ist, ob der **Anspruch auf Zahlung einer Wohnungsbauprämie pfändbar** ist. Dafür spricht, dass das WoPG kein ausdrückliches Abtretungsverbot ausspricht. Vielmehr wird in § 8 Abs. 1 WoPG auf die entsprechende Anwendung der für Steuervergütungen geltenden Vorschriften der AO verwiesen. Insoweit ermöglicht § 46 AO ausdrücklich eine Pfändung (aA *Stöber* Rn. 424 unter Hinweis darauf, dass die Prämien zusammen mit den prämienbegünstigten Aufwendungen zu dem vertragsgemäßen Zweck zu verwenden sind).

5. Die Zahlung erfolgt auf Veranlassung des Finanzamtes an die Bausparkasse (§ 4a Abs. 2 S. 6 WoPG), die anschließend die Prämie dem Berechtigten gutschreibt (§ 4a Abs. 2 S. 7 WoPG). Daher muss zugleich der **Anspruch** des Schuldners gegen die Bausparkasse **auf Gutschrift und Auszahlung** der Wohnungsbauprämie gepfändet werden.

6. **Kosten und Gebühren/Rechtsmittel.** → Form. H. I. 2 Anm. 61 ff.

13. Pfändung sonstiger Leistungen

Zur Pfändbarkeit der Erstattung fälliger oder künftiger Arbeitgeberaufwendungen für Entgeltfortzahlung nach § 1 **Aufwendungsausgleichsgesetz** (AAG, BGBl. 2005 I 3886) siehe *Stöber* Rn. 79 f. Zu den Einzelheiten der Pfändbarkeit der Zahlungen nach dem **Bundesentschädigungsgesetz** (BEG, BGBl. I 1953, 1387) siehe *Stöber* Rn. 97 ff.; Zöller/*Stöber* § 829 Rn. 33 Stichwort „Bundesentschädigungsgesetz". Rückerstattungen nach dem **Bundesrückerstattungsgesetz** (BGBl. I 1957, 734) sind nach § 8 BRüG pfändbar (*Stöber* Rn. 294); zu der Pfändbarkeit des **Schadensausgleichs nach §§ 51 ff. BPolG** (BGBl. I 1994, 2978) siehe *Stöber* Rn. 295. Die Leistungen aus der **Conterganstiftung für behinderte Menschen** können nach § 13 Abs. 5 ContStifG nicht gepfändet werden (Zöller/*Stöber* § 829 Rn. 33 Stichwort „Conterganstiftung für behinderte Menschen"). Zur Pfändbarkeit **der EG-Ausfuhrerstattung, EG-Beihilfen** sowie **EG-Erzeugerprämien** etc siehe *Stöber* Rn. 120a ff. Zahlungen nach dem Gesetz über die **Heimkehrerstiftung** sind nach § 3 Abs. 6 HKStG bei dem Berechtigten nicht pfändbar. Ebenso unpfändbar sind nach § 17 Abs. 2 HIVHG Leistungen der **HIV-Hilfe-Stiftung** (*Stöber* Rn. 151b). Leistungen nach dem **Infektionsschutzgesetz** unterliegen nach § 67 Abs. 1 IfSG nach den für Arbeitseinkommen geltenden Vorschriften bzw. nach § 67 Abs. 2 IfSG nach den Vorschriften des Bundesversorgungsgesetz der Pfändung; zu den Einzelheiten siehe Zöller/*Stöber* § 829 Rn. 33 Stichwort „Infektionsschutzgesetz". Eine Übersicht der Pfändbarkeit von **sonstigen Entschädigungsleistungen** befindet sich bei *Stöber* Rn. 299 ff.; pfändbar sind insbesondere Entschädigungen nach dem Allgemeinen Gleichbehandlungsgesetz (AGG, BGBl. 2006 I 1897), vgl. § 15 Abs. 2 AGG.

Zur Pfändbarkeit der **landwirtschaftlichen Betriebsprämienzahlungen** nach der VO (EG) Nr. 1782/2003 des Rates vom 29.9.2003 siehe BGH NJW-RR 2009, 411 und zur Pfändbarkeit der **landwirtschaftlichen Milchreferenzmenge** als anderes Vermögensrecht im Sinne des § 857 Abs. 1 ZPO siehe BGH InVo 2007, 246. Zahlungen nach dem **Lastenausgleichsgesetz** sind teilweise (vgl. §§ 244, 262, 294 LAG); zu den Einzelheiten siehe *Stöber* Rn. 182 ff. Die vom Europäischen Gerichtshof für Menschenrechte zugesprochene **Entschädigung wegen der durch eine Menschenrechtsverletzung wegen überlanger Verfahrensdauer** erlittenen immateriellen Schäden ist nicht pfändbar (BGH NJW 2011, 2296). Unpfändbar ist auch der Entschädigungsanspruch eines Strafgefangenen wegen menschenunwürdiger Haftbedingungen (BGH NJW-RR 2011, 959). Die Leistungen kirchlicher Körperschaften auf der Grundlage Beschlusses der Deutschen Bischofskonferenz vom 2.3.2011 über **„Leistungen in Anerkennung des Leids, das Opfern sexuellen Missbrauchs zugefügt wurde"**, sind ebenfalls nicht pfändbar (BGH NZI 2014, 656). Ebenso sind Leistungen aus der **Stiftung Mutter und Kind** sind nach § 5 Abs. 1 des Gesetzes zur Errichtung einer Stiftung „Mutter und Kind – Schutz des ungeborenen Lebens" (BGBl. I 1993, 407) nicht pfändbar (Zöller/*Stöber* § 829 Rn. 33 Stichwort „Stiftung Mutter und Kind"; *Stöber* Rn. 267). Zur Pfändbarkeit des Anspruchs nach dem **Opferanspruchssicherungsgesetzes** siehe Zöller/*Stöber* § 829 Rn. 33 Stichwort „Opferanspruchssicherung" und zur Pfändung der Ansprüche nach dem **Opferentschädigungsgesetz (OEG)** siehe Zöller/*Stöber* § 829 Rn. 33 Stichwort „Opfer von Gewalttaten". Zur Pfändbarkeit der Ansprüche auf Rückerstattung der **Opfer des Nationalsozialismus** siehe *Stöber* Rn. 294; zur Pfändbarkeit des Schadensausgleiches nach dem **Bundesgrenzschutzgesetz** siehe *Stöber* Rn. 295; zur Pfändbarkeit von **Schadensersatzforderungen** bzw. **Enteignungsentschädigungen** siehe *Stöber* Rn. 296 ff. und zur Pfändbarkeit von **Stationierungsschäden** siehe *Stöber* Rn. 352. Der Anspruch auf besondere **Zuwendung für Haftopfer** aus **§ 17a Abs. 1 StrRehaG** ist nach § 17a Abs. 5 StrRehaG unpfändbar. Dagegen kann die auf der Grundlage des § 17 StrRehaG gewährte **Kapitalentschädigung** gepfändet werden (BGH NZI 2011, 979; ZInsO 2012, 147). Eine Übersicht der Pfändbarkeit von **Subventionszahlungen** befindet sich bei *Stöber* Rn. 395. Eine Reihe von früherer gewährten Beihilfen, Entschädigungen, Leistungen, Subventionen etc. mittlerweile gestrichen worden. So wird beispielsweise die **Eigenheimzulage** seit dem 1.1.2006 nicht mehr neu bewilligt.

Die **Zeugenentschädigung** sowie die **Vergütungen von Sachverständigen, Dolmetschern und Übersetzern** nach dem JVEG sind grundsätzlich mit dem Entstehen des jeweiligen Anspruchs pfändbar. Pfändungsbeschränkungen können sich aus § 850i ZPO ergeben. Dagegen kann der Anspruch eines Sachverständigen oder eines Zeugen auf Gewährung eines **Vorschusses** für erhebliche Fahrkosten oder sonstige Aufwendungen (§ 3 JVEG) nicht gepfändet werden, da es sich insoweit um zweckgebundene Zahlungen handelt (Zöller/*Stöber* § 851 Rn. 3). Die Entschädigung eines Verfahrensbeteiligten für den durch unangemessene **(überlange) Dauer eines Gerichtsverfahrens** erlittenen Nachteile ist bis zur rechtskräftigen Entscheidung über die Klage nicht übertragbar und damit nicht pfändbar (§§ 198 Abs. 5 S. 3 GVG, 851 Abs. 1 ZPO).

Baugeld/Baukostenvorschuss

14. Pfändung des Anspruchs auf Baugeld

[Das amtliche Formular „Pfändungs- und Überweisungsbeschluss[1]" ist entsprechend den dortigen Anmerkungen auszufüllen. Auf Seite 4 (bzw. Seite 5) des amtlichen Formulars sind das Feld „G" anzukreuzen und auf Seite 6 (bzw. Seite 7) des amtlichen Formulars unter „Anspruch G" aufzunehmen:]

Es wird die angebliche Forderung des Schuldners gegen den/die Drittschuldner/in aus . . . . . (möglichst genaue Bezeichnung des Vertrages, aus dem sich der Anspruch auf Baugeld[2] ergibt) gepfändet.[3, 4]

Anmerkungen

1. → Form. H. I. 2 (bzw. → Form. H. I. 6 bei Unterhaltsforderungen). Hinsichtlich der weiteren Einzelheiten zum Pfändungs- und Überweisungsbeschluss wird auf die dortigen Anmerkungen Bezug genommen.

2. Nach der Legaldefinition in § 1 Abs. 3 des Gesetzes über die Sicherung der Bauforderungen (BauFordSiG) sind solche Geldbeträge als **Baugeld** anzusehen, die zum Zweck der Bestreitung der Kosten eines Baues in der Weise gewährt werden, dass zur Sicherung der Ansprüche des Geldgebers eine Hypothek oder Grundschuld auf dem zu bebauenden Grundstück eingetragen wird oder die Übertragung des Eigentums an dem Grundstück erst nach gänzlicher oder teilweiser Herstellung des Baues erfolgen soll. Kein Baugeld sind die aus öffentlichen Mitteln gewährten **verlorenen Zuschüsse zur Finanzierung der Baukosten** (BGH NJW-RR 2000, 1261). Siehe auch (Auswahl): *Bauer*, Die Zwangsvollstreckung in Baugelder, JurBüro 1963, 65; *Drasdo*, Die Sicherung von Baugeldforderungen, NJW-Spezial 2006, 97.

3. Der Empfänger von Baugeld ist verpflichtet, dieses zur Befriedigung solcher Personen zu verwenden, die an der Herstellung des Baues auf Grund eines Werk-, Dienst- oder Lieferungsvertrages beteiligt sind (§ 1 Abs. 1 S. 1 BauFordSiG). Die Geldbeträge, die ein Baugeldempfänger in der Form des § 1 Abs. 3 BauFordSiG erhält, unterliegen dieser Verwendungspflicht unabhängig davon, ob sie getrennt vom sonstigen Vermögen verwahrt oder mit diesem vermischt werden. Damit sind die gewährten Baugelder zweckgebunden und grundsätzlich unpfändbar. Eine **Pfändung** ist nur im Rahmen der **Zweckbindung** für Baugläubiger (zB Werkunternehmer, Baustofflieferanten etc) möglich (Zöller/*Stöber* § 829 Rn. 33 Stichwort „Baugeldforderungen" mwN). Im Falle einer Abtretung der Ansprüche auf Baugeld fällt die Zweckbindung weg. Der **abgetretene Anspruch unterliegt** uneingeschränkt **der Pfändung.**

Eine **anderweitige Verwendung** des Baugeldes ist bis zu einem Betrag statthaft, in welchem der Empfänger aus anderen Mitteln seine Gläubiger befriedigt hat (§ 1 Abs. 1 S. 2 BauFordSiG). Im Falle von **Eigenleistungen** darf der Schuldner das Baugeld in Höhe der Hälfte des angemessenen Wertes seiner Leistungen für sich behalten (§ 1 Abs. 2 BauFordSiG). Insoweit entfällt jeweils die Zweckbindung der Baugelder und es kann in dieser Höhe uneingeschränkt eine Pfändung erfolgen. Gleiches gilt, wenn die Bauunternehmerforderung erst gar nicht entstanden ist.

4. Kosten und Gebühren/Rechtsmittel. → Form. H. I. 2 Anm. 61 ff.

15. Pfändung des Baukostenvorschusses

[Das amtliche Formular „Pfändungs- und Überweisungsbeschluss[1]" ist entsprechend den dortigen Anmerkungen auszufüllen. Auf Seite 4 (bzw. Seite 5) des amtlichen Formulars sind das Feld „G" anzukreuzen und auf Seite 6 (bzw. Seite 7) des amtlichen Formulars unter „Anspruch G" aufzunehmen:]

Es wird der angebliche Anspruch des Schuldners[2] gegen Vermieter als Drittschuldner auf Rückzahlung des [nicht abgewohnten Teils des] dem Drittschuldner für den Ausbau/die Modernisierung/die Renovierung gewährten Baukostenvorschusses gepfändet.[3]

Anmerkungen

1. → Form. H. I. 2 (bzw. → Form. H. I. 6 bei Unterhaltsforderungen). Hinsichtlich der weiteren Einzelheiten zum Pfändungs- und Überweisungsbeschluss wird auf die dortigen Anmerkungen Bezug genommen.

2. Ein **Baukostenvorschuss** ist eine Geld- oder Sachleistung, die der Mieter zugunsten des Vermieters zum Neubau, Wiederaufbau, Ausbau, zur Erweiterung, Wiederherstellungen oder Instandsetzung von Räumen erbringt (BGH NJW 1967, 555, 556; OLG Rostock OLGR 2006, 970). Die Leistung des Mieters muss sich zu einer Werterhöhung des Mietgrundstücks bzw. der Mieträume führen. Im Falle der vorzeitigen Beendigung des Mietverhältnisses muss der Vermieter den Baukostenvorschuss zumindest teilweise zurückerstatten. Bei einem sog. **abwohnbaren Baukostenvorschuss** ergibt sich die Rückzahlungsverpflichtung aus § 547 BGB (Palandt/*Weidenkaff* Einf. v. § 535 Rn. 111), während bei einem sog **verlorenen Baukostenvorschuss** der Vermieter diesen nach § 812 Abs. 1 S. 1 BGB zu erstatten hat (OLG Düsseldorf MDR 1990, 447). Diese **Rückzahlungsansprüche** unterliegen der Forderungspfändung. Dies gilt auch für andere Finanzierungsbeiträge des Mieters, wie die im Voraus gezahlte Miete, das Mieterdarlehen oder den Werkförderungsvertrag.

3. Kosten und Gebühren/Rechtsmittel. → Form. H. I. 2 Anm. 61 ff.

Bausparvertrag:

16. Pfändung der Ansprüche aus einem Bausparvertrag

[Das amtliche Formular „Pfändungs- und Überweisungsbeschluss[1]" ist entsprechend den dortigen Anmerkungen auszufüllen. Auf Seite 4 (bzw. Seite 5) des amtlichen Formulars sind das Feld „F (an Bausparkassen)"[2, 3] anzukreuzen und auf Seite 5 (bzw. Seite 7) des amtlichen Formulars unter „Anspruch F (an Bausparkassen)"[4] – so gut wie möglich – die dort vorhandenen Leerfelder auszufüllen sowie ggf. unter Nr. 5 ergänzend aufzunehmen:]

auf Auszahlung der Bausparprämien,

auf Teilung und Ermäßigung des Bausparvertrages,

sowie auf Auskunft über den Forderungsbestand,[5] gepfändet.[7]

[Zudem ist auf Seite 8 (bzw. Seite 9) des amtlichen Formulars in dem Feld „Es wird angeordnet, dass“ das 5. Kästchen „Herausgabe Bausparurkunde“ anzukreuzen][6]

Anmerkungen

1. → Form. H. I. 2 (bzw. → Form. H. I. 6 bei Unterhaltsforderungen). Hinsichtlich der weiteren Einzelheiten zum Pfändungs- und Überweisungsbeschluss wird auf die dortigen Anmerkungen Bezug genommen.

2. Die Bausparkassen nehmen Einlagen von Bausparern entgegen und gewähren aus den angesammelten Beträgen den Bausparern für wohnungswirtschaftliche Maßnahmen ein Gelddarlehen (§ 1 Abs. 1 BauSparkG; BGBl. 1991 I 454). Mit **Abschluss eines Bausparvertrages** über eine bestimmte Bausparsumme erwirbt der Bausparer gegenüber der Bausparkasse nach Leistung von Bauspareinlagen einen Rechtsanspruch auf Gewährung eines Bauspardarlehens (§ 1 Abs. 2 BauSparkG). Die Bausparsumme setzt sich zusammen aus dem Bausparguthaben (angespartes Eigenkapital des Bausparers, Zinsen auf die Einlage, sonstige gutgeschriebene Beträge) und dem Bauspardarlehen. Schließen Ehepartner **gemeinsam einen Bausparvertrag**, ist, sofern nichts anderes ausdrücklich vereinbart wird, davon auszugehen, dass ein Kontokorrentkonto, dass die Bausparkasse für sie führt, eine „Oder-Konto“ ist (BGH NJW 2009, 2054) und die Eheleute Gesamtgläubiger im Sinne des § 428 BGB der angesparten Bausparsumme sind (OLG München NJW-RR 1992, 498). Wird ein **Bausparvertrag auf fremden Namen** angelegt (zB Minderjährige), kommt es nicht entscheidend darauf an, wer in der Kontobezeichnung aufgeführt ist oder aus wessen Mitteln die eingezahlten Gelder stammen; maßgebend ist vielmehr, wer bei der Kontoerrichtung als Forderungsberechtigter aufgetreten ist (LG Koblenz NJW 1991, 2026).

3. Das **Bausparguthaben** unterliegt keiner Zweckbindung. Somit können nach Zuteilung des Bausparvertrages oder nach Einzahlung der vollen Bausparsumme der Anspruch auf Auszahlung des gesamten Bausparguthabens für alle Gläubiger als Geldforderung nach §§ 829, 835 ZPO gepfändet werden (LG Bremen NJW 1953, 1397). Gleiches gilt vor der Zuteilung nach Kündigung des Vertrages für die bis dahin angesparten Beträge. Die Kündigung des Bausparvertrages kann auch vom pfändenden Gläubiger ausgesprochen werden. Das Kündigungsrecht wird als Nebenrecht von dem Pfändungsbeschluss erfasst. Mit der Kündigung kann ein Verfall etwaiger gewährter Prämien verbunden sein. In diesem Falle werden die zu erstattenden Beträge von dem Sparguthaben abgezogen. Zudem besteht für den Vollstreckungsgläubiger die Möglichkeit den Vertrag, zB durch eine Teilkündigung, zu ändern; dieses Recht wird ebenfalls ohne ausdrückliche Anordnung von dem Pfändungsbeschluss erfasst. Zur Pfändbarkeit der Wohnbauprämie → Form. I. VII. 12.

Das von der Bausparkasse gewährte **Bauspardarlehen** ist Baugeld im Sinne § 1 Abs. 3 BauFordSiG und damit zweckgebunden. Es ist außerhalb der Zweckbestimmung „Verwendung von wohnungswirtschaftlichen Maßnahmen“ im Sinne des § 1 Abs. 3 BauSparkG nicht übertragbar und pfändbar. Es kann nur von Baugläubigern im Rahmen der Zweckbestimmung gepfändet werden (OLG Stuttgart BB 1956, 1012). Voraussetzung für eine Zahlung an den Baugläubiger ist, dass zwischen der Bausparkasse und dem Bausparer bereits ein Darlehensvertrag abgeschlossen worden ist. Einen Anspruch auf Abschluss eines Darlehensvertrages besitzt der Vollstreckungsgläubiger nicht. Insbesondere kann er nicht für den Schuldner den Vertrag abschließen; in diesem Fall bleibt dem Vollstreckungsgläubiger nur der Anspruch auf Rückzahlung des Bausparguthabens.

Soweit der Schuldner im Rahmen eines Bausparvertrages bereits **Grundpfandrechte** bestellt hat, können die Ansprüche auf (Rück-) Abtretung der Grundpfandrechte und auf

Bewilligung der Umschreibung der Rechte auf den Schuldner sowie auf Herausgabe eines etwaigen Grundschuldbriefes zusätzlich gepfändet werden; → Form. I. VI. 1 bzw. → Form. I. VI. 16).

4. **Drittschuldnerin** ist die Bausparkasse, bei der der Bausparvertrag geführt wird.

5. Die Pfändung erfasst auch die sich aus dem Bausparverhältnis ergebenden **Nebenrechte**, wie der Anspruch auf Auskunft, Kündigung und Vertragsänderung (zB Teilung des Bausparvertrages oder Ermäßigung der Bausparsumme). Vorsorglich sollte indes eine ausdrückliche Anordnung ergehen. Das Recht zur Vertragsänderung gibt dem Gläubiger die Möglichkeit, den Bausparvertrag zu teilen oder die Bausparsumme zu reduzieren. Dies ermöglicht unter Berücksichtigung der angesparten Beträge eine frühere Zuteilung des Vertrages. Das Recht auf Vertragsänderung kann auch von dem Gläubiger gesondert gepfändet und anschließend ausgeübt werden.

6. Der **Herausgabeanspruch** (§ 836 Abs. 3 S. 1 BGB) sollte ebenfalls ausdrücklich in dem Pfändungs- und Überweisungsbeschluss aufgenommen werden. → Form. H. II. 1.

7. **Kosten und Gebühren/Rechtsmittel.** → Form. H. I. 2 Anm. 61 ff.

Bürgschaft

17. Pfändung bei einer Bürgschaft

Die **Bürgschaft** ist gemäß den §§ 765, 767 BGB von dem Bestehen der Hauptforderung und deren Umfang abhängig. Bürgschaftsgläubiger kann kein anderer sein als der Gläubiger der Hauptforderung. Die Bürgschaft kann daher nicht ohne die Hauptforderung übertragen werden (zur Ausnahme bei Untergang des Hauptschuldners wegen Vermögensverfall siehe BGH NJW 1982, 875, 876). Die Abtretung der Hauptforderung führt gemäß § 401 BGB zum Erwerb der Bürgschaftsforderung (BGHZ 95, 88, 93 = NJW 1983, 2529; BGHZ 115, 177 = NJW 1991, 3025, 3027). Damit scheidet eine selbständige Pfändung der Bürgschaft aus; vielmehr erfasst die Pfändung der Hauptforderung auch die Rechte aus der Bürgschaft.

Dauerwohnrecht/Dauernutzungsrecht (§ 31 WEG)

18. Pfändung eines Dauerwohnrechts/Dauernutzungsrechts

[Das amtliche Formular „Pfändungs- und Überweisungsbeschluss[1]“ ist entsprechend den dortigen Anmerkungen auszufüllen. Auf Seite 4 (bzw. Seite 5) des amtlichen Formulars sind das Feld „G“ anzukreuzen und auf Seite 6 (bzw. Seite 7) des amtlichen Formulars unter „Anspruch G“ aufzunehmen:]

Es wird das angebliche Dauerwohnrecht/Dauernutzungsrechts[2] des Schuldners an der Wohnung . . . . . (möglichst genaue Bezeichnung)/an den nicht zu Wohnzwecken dienenden Räumen . . . . . (möglichst genaue Bezeichnung) auf dem Grundstück des Drittschuldner,[3] eingetragen im Grundbuch des Amtsgerichts . . . . . Band . . . . . Blatt . . . . . in Abt. II unter lfd. Nr. . . . . ., gepfändet.[5]

[Auf Seite 8 des amtliches Formulars ist in dem letzten Feld (bzw. auf Seite 10 das erste Feld) bei dem Kästchen „Überweisung zur Einziehung" anzukreuzen und auf Seite 9 des amtliches Formulars in dem ersten Feld (bzw. auf Seite 10 in dem zweiten Feld) das freie Kästchen anzukreuzen und dort einzutragen:]

Es wird angeordnet, dass das Dauerwohnrecht/Dauernutzungsrecht im Wege des freihändigen Verkaufs/der Versteigerung durch den vom Gläubiger zu beauftragenden Gerichtsvollzieher zu verwerten ist.[4]

[Auf Seite 3 (bzw. Seite 4 unter „ IV. Kosten") des amtlichen Formulars ist das Feld „gemäß Anlage(n)" anzukreuzen, dort die Kosten der Eintragung ins Grundbuch ggf. unter Beifügung einer Anlage einzutragen.]

Anmerkungen

1. → Form. H. I. 2 (bzw. → Form. H. I. 6 bei Unterhaltsforderungen). Hinsichtlich der weiteren Einzelheiten zum Pfändungs- und Überweisungsbeschluss wird auf die dortigen Anmerkungen Bezug genommen.

2. Das **Dauerwohnrecht** (§ 31 Abs. 1 WEG) bzw. das **Dauernutzungsrecht** (§ 31 Abs. 2 WEG) ist eine besondere Form der Dienstbarkeit und gewährt ein dingliches Recht am Grundstück, einem Grundstücksteil, an einem Erbbaurecht oder an einem Wohnungs- bzw. Teileigentum, das die ausschließliche Befugnis zur Nutzung bestimmter Räume in dem auf dem Grundstück errichteten oder zu errichtenden Gebäude oder auch des ganzen Gebäudes gewährt. Zur Pfändung eines Wohnrechts im Übrigen → Form. I. VII. 25.

Die Bestellung eines Dauerwohnrecht oder Dauernutzungsrechts erfolgt durch Einigung und Eintragung ins Grundbuch (§ 873 BGB). Dauerwohn- und Dauernutzungsrechte können einheitlich bestellt werden. Berechtigter kann jede natürliche oder juristische Person sein. **Das Recht** ist veräußerlich und vererblich (§ 33 Abs. 1 WEG) und **kann gepfändet** werden. Die Zwangsvollstreckung erfolgt nach § 857 ZPO. Die Pfändung wird nach hM erst mit der **Eintragung ins Grundbuch** wirksam (Palandt/*Bassenge* WEG § 33 Rn. 1). Zum Eintragungsantrag → Form. I. VII. 19.

Weiterhin sind als Geldforderung der Anspruch des Grundstückseigentümers auf das **Entgelt für ein Dauerwohnrecht** → Form. I. VII. 21 und die **Ansprüche aus einem Miet- oder Pachtverhältnis**, das der Inhaber des Dauerwohn- oder Dauernutzungsrecht mit einem Dritten geschlossen hat → Form. I. VII. 20 pfändbar.

3. **Drittschuldner** ist der Eigentümer des belasteten Grundstücks. Die Zustellung des Pfändungsbeschlusses an den Drittschuldner ist indes keine Voraussetzung für die Wirksamkeit der Pfändung, sondern verlegt nach § 830 Abs. 2 ZPO das Wirksamwerden diesem gegenüber auf den Zustellungszeitpunkt vor, sofern die Eintragung in das Grundbuch erst später erfolgt.

4. Das gepfändete Recht wird dem Gläubiger zur Einziehung überwiesen. Eine **Verwertung** erfolgt nach § 857 Abs. 5 ZPO oder § 844 ZPO durch Veräußerung, Versteigerung oder auf andere Weise. Die Art der Verwertung ist im Pfändungs- und Überweisungsbeschuss anzuordnen. Etwaige Veräußerungsbeschränkungen nach § 35 WEG müssen bei der Pfandverwertung beachtet werden (*Stöber* Rn. 1525). Wird das Recht im Wege der Zwangsvollstreckung veräußert, so steht dem Erwerber das gesetzliche Kündigungsrecht des Erstehers aus § 57a ZVG zu (§ 37 Abs. 3 S. 2 WEG). Zum Antrag auf anderweitige Verwertung nach § 844 ZPO → Form. H. IV. 5.

5. **Kosten und Gebühren/Rechtsmittel.** → Form. H. I. 2 Anm. 61 ff.

19. Antrag auf Eintragung der Pfändung eines Dauerwohnrechts/Dauernutzungsrechts ins Grundbuch

An das

Amtsgericht . . . . .[1]

Grundbuchamt

In der Zwangsvollstreckungssache

. . . .

Hiermit zeigen wir an, dass wir den Gläubiger vertreten. Namens und in Vollmacht unseres Mandanten überreichen wir die Ausfertigung des Pfändungsbeschlusses/Pfändungs- und Überweisungsbeschlusses des Amtsgerichts . . . . . vom . . . . . Az. . . . . ., nebst Zustellungsnachweis.

Wir beantragen,

> **die Eintragung der Pfändung des Dauerwohnrechts/Dauernutzungsrechts in das Grundbuch von . . . . . Band . . . . . Blatt . . . . . in Abteilung II und – soweit erforderlich – die Voreintragung des Schuldners (§§ 39, 14 GBO).**

Wir bitten anschließend um die Rücksendung der Vollstreckungsunterlagen. Gleichzeitig bitten wird darum, uns die Gebühren der Eintragung aufzugeben sowie die Eintragungsnachricht zu übersenden.

. . . . .

Rechtsanwalt[2]

Anmerkungen

1. Zuständig für die Eintragung der Pfändung eines Dauerwohn-/Dauernutzungsrechts (→ Form. I. VII. 18) ist das für das belegene Grundstück zuständige **Grundbuchamt.** Der Antrag auf Eintragung kann formlos gestellt werden. Die spätere Löschung kann nur in der Form des § 29 GBO erfolgen.

2. Kosten und Gebühren. Das Gericht erhält gemäß Nr. 14130 KV GNotKG iVm der Vorbemerkung 1.4.1.2 KV GNotKG bei der Eintragung eine $^1/_2$-Gebühr (Tabelle B) nach dem Wert des § 53 Abs. 2 GNotKG. Die Tätigkeit des **Rechtsanwalts** ist mit der 0,3 Gebühr nach Nr. 3309 VV RVG abgedeckt.

20. Pfändung des Anspruchs aus einem vom Berechtigten mit einem Dritten abgeschlossenen Miet- oder Pachtvertrag

[Das amtliche Formular „Pfändungs- und Überweisungsbeschluss[1]“ ist entsprechend den dortigen Anmerkungen auszufüllen. Auf Seite 4 (bzw. Seite 5) des amtlichen Formulars sind das Feld „G“ anzukreuzen und auf Seite 6 (bzw. Seite 7) des amtlichen Formulars unter „Anspruch G“ aufzunehmen:]

Es werden die angeblichen Ansprüche des Schuldners[2] gegen den/die Drittschuldner[3] auf Zahlung der rückständigen, fälligen und künftig fällig werdenden Miet-/Pachtzinsen aus der Vermietung der Wohnung . . . . . (möglichst genaue Bezeichnung)/Verpachtung der nicht zu Wohnzwecken dienenden Räume . . . . . (möglichst genaue Bezeichnung) sowie der sonstigen aus dem Miet-/Pachtverhältnis bestehenden Ansprüche, insbesondere auf Zahlung einer Nutzungsentschädigung bzw. auf Schadensersatz wegen verspäteter Rückgabe, gepfändet,[4] bis der Anspruch des Gläubigers gedeckt ist.

Anmerkungen

1. → Form. H. I. 2 (bzw. → Form. H. I. 6 bei Unterhaltsforderungen). Hinsichtlich der weiteren Einzelheiten zum Pfändungs- und Überweisungsbeschluss wird auf die dortigen Anmerkungen Bezug genommen.

2. Sofern der Inhaber des Dauerwohn- oder Dauernutzungsrechts mit einem Dritten einen **Miet- oder Pachtvertrag** geschlossen hat, sind die aus diesem Vertrag bestehenden Zahlungsansprüche als Geldforderungen wie Grundstücksmiet- oder Pachtzinsen nach § 829 ZPO gesondert pfändbar; siehe dazu auch die → Form. I. VII. 91. Die Pfändung kann auch zugleich mit der Pfändung des Anspruchs auf das Dauerwohn-/Dauernutzungsrecht erfolgen. In diesem Falle sind → Form. I. VII. 18 und → Form. I. VII. 20 zu verbinden.

3. Drittschuldner ist der (aktuelle bzw. frühere) Mieter oder Pächter

4. Kosten und Gebühren/Rechtsmittel. → Form. H. I. 2 Anm. 61 ff.

21. Pfändung des Anspruchs des Eigentümers auf Entgelt für das Dauerwohnrecht/Dauernutzungsrecht

[Das amtliche Formular „Pfändungs- und Überweisungsbeschluss[1]“ ist entsprechend den dortigen Anmerkungen auszufüllen. Auf Seite 4 (bzw. Seite 5) des amtlichen Formulars sind das Feld „G“ anzukreuzen und auf Seite 6 (bzw. Seite 7) des amtlichen Formulars unter „Anspruch G“ aufzunehmen:]

Es werden die angeblichen Ansprüche des Schuldners[2] gegen den/die Drittschuldner[3] auf Zahlung des rückständigen, fälligen und künftig fällig werdenden Entgelts für das dem Drittschuldner eingeräumte Dauerwohnrecht/Dauernutzungsrechts an der Wohnung . . . . . (möglichst genaue Bezeichnung)/an den nicht zu Wohnzwecken dienenden Räumen . . . . . (möglichst genaue Bezeichnung) auf dem Grundstück des Schuldners, eingetragen im Grundbuch des Amtsgerichts . . . . . Band . . . . . Blatt . . . . . in Abt. II unter lfd. Nr. . . . . ., gepfändet,[4] bis der Anspruch des Gläubigers gedeckt ist.

Anmerkungen

1. → Form. H. I. 2 (bzw. → Form. H. I. 6 bei Unterhaltsforderungen). Hinsichtlich der weiteren Einzelheiten zum Pfändungs- und Überweisungsbeschluss wird auf die dortigen Anmerkungen Bezug genommen.

2. Der schuldrechtliche Anspruch des Eigentümers auf **Zahlung eines Entgelts** für das gewährte Dauerwohnrecht bzw. das Dauernutzungsrecht ist als Geldforderung nach

§ 829 ZPO pfändbar. Der Anspruch unterliegt nur der Forderungspfändung, soweit noch nicht wegen einer dem Dauerwohnrecht/Dauernutzungsrecht vorgehenden bzw. gleichstehenden Hypothek, Grundschuld, Rentenschuld, Reallast oder wiederkehrende öffentliche Last die Beschlagnahme im Wege der Zwangsvollstreckung durch Anordnung der Zwangsverwaltung erfolgt ist (vgl. § 40 Abs. 1 S. 1 WEG).

3. **Drittschuldner** ist der jeweilige Nutzungsberechtigte.

4. **Kosten und Gebühren/Rechtsmittel.** → Form. H. I. 2 Anm. 61 ff.

Dienstbarkeiten (§§ 1018 ff. BGB)

22. Pfändung einer Grunddienstbarkeit

Die **Grunddienstbarkeit** (§§ 1018 ff. BGB) gewährt dem jeweiligen Eigentümer des herrschenden Grundstücks ein subjektiv-dingliches Recht, das dienende Grundstück in einzelnen Beziehungen unmittelbar oder mittelbar zu nutzen (MüKoBGB/*Joost* Vor § 1018 Rn. 4). Grunddienstbarkeiten werden vor allem für Wege-, Durchleitungs-, Gleisanschluss-, Garagen- und Parkplatzrechte bestellt. Die Grunddienstbarkeit ist gemäß § 96 BGB Bestandteil des herrschenden Grundstücks. Sie ist deshalb als solche nicht übertragbar und belastbar. Eine selbständige Überlassung der Ausübung an einen Dritten ist nicht möglich, so dass eine eigenständige **Pfändung** der Grunddienstbarkeit **ausscheidet** (§ 851 Abs. 1 ZPO). Die Grunddienstbarkeit wird von der **Vollstreckung in das unbewegliche Vermögen** (§§ 864 ff. ZPO) erfasst.

23. Pfändung eines Nießbrauchrechts

[Das amtliche Formular „Pfändungs- und Überweisungsbeschluss[1]" ist entsprechend den dortigen Anmerkungen auszufüllen. Auf Seite 4 (bzw. Seite 5) des amtlichen Formulars sind das Feld „G" anzukreuzen und auf Seite 6 (bzw. Seite 7) des amtlichen Formulars unter „Anspruch G" aufzunehmen:]

Es wird der angeblich zugunsten des Schuldners im Grundbuch des Amtsgerichts . . . . . Band . . . . . Blatt . . . . . in Abt. II unter lfd. Nr. . . . . . eingetragene Nießbrauch[2] an dem Grundstück des/der Drittschuldner/s[3] gepfändet.[4, 7]

[Auf Seite 9 des amtliches Formulars sind in dem ersten Feld (bzw. auf Seite 10 in dem zweiten Feld) das freie Kästchen anzukreuzen und dort einzutragen:]

Dem Gläubiger wird die Befugnis zur Ausübung der aus dem Nießbrauch folgenden Rechte überwiesen.[5]

[Ergänzung für den Fall der Anordnung der Verwertung:[6]]
Zum Zwecke der Verwertung des Nießbrauchrechts wird die Verwaltung des Nießbrauchs angeordnet. Zum Verwalter wird . . . . . bestellt.

[Alternative für den Fall der Bestellung des Verwalter durch ein anderes Gericht:]
Der Verwalter ist vom Amtsgericht . . . . . zu bestellen.

Der Verwalter hat den Nießbrauch entgeltlich an Dritte zu überlassen, bis aus den Entgelten die Ansprüche des Gläubigers befriedigt sein werden.

Der Verwalter wird ermächtigt, sich selbst den Besitz an der Sache zu verschaffen.

[Auf Seite 3 (bzw. Seite 4 unter „IV. Kosten") des amtlichen Formulars ist das Feld „gemäß Anlage(n)" anzukreuzen, dort die Kosten der Eintragung ins Grundbuch ggf. unter Beifügung einer Anlage einzutragen.]

Anmerkungen

1. → Form. H. I. 2 (bzw. → Form. H. I. 6 bei Unterhaltsforderungen). Hinsichtlich der weiteren Einzelheiten zum Pfändungs- und Überweisungsbeschluss wird auf die dortigen Anmerkungen Bezug genommen.

2. Der **Nießbrauch** ist als subjektiv-persönliches Recht ausgestaltet. Es gewährt ein umfassendes Nutzungsrecht an Grundstücken, an beweglichen Sachen oder Rechten. Der Nießbrauch ist unvererblich (§§ 1061, 1068 Abs. 2 BGB) und unübertragbar (§§ 1059 S. 1, 1068 Abs. 2 BGB; Ausnahmen: §§ 1059 a ff. BGB). Betreibt beim Grundstücksnießbrauch ein dem Nießbrauch nachrangiger Grundpfandgläubiger die Zwangsversteigerung des Grundstücks, bleibt das Recht des Nießbrauchers nach §§ 44 Abs. 1, 52 Abs. 1 S. 1 ZVG bestehen. Bei der Zwangsvollstreckung eines vorrangigen Gläubigers erlischt der Nießbrauch mit dem Zuschlag (§§ 51 Abs. 1 S. 2, 91 Abs. 1, 44 Abs. 1 ZVG). Dem Nießbraucher steht dann nach § 92 Abs. 2 ZVG Wertersatz zu. Dieser Anspruch unterliegt als Geldforderung der Pfändung.

Der Nießbrauch ist der **Pfändung** insoweit unterworfen (§ 857 Abs. 3 ZPO iVm § 1059 BGB), als die Ausübung einem anderen überlassen werden kann. Nach mittlerweile ganz einhelliger Auffassung ist der **Nießbrauch selbst** und nicht nur ein obligatorischer Anspruch auf seine Ausübung pfändbar (BGHZ 62, 133, 136 = NJW 1974, 796; BGH NJW 2006, 1124, 1125 mwN). Die Pfändung ist auch zulässig, wenn die Überlassung der Ausübung des Nießbrauchs **vertraglich** mit dinglicher Wirkung ausgeschlossen worden ist (BGH NJW 1985, 2827). Besteht gemäß § 1067 BGB ein **Nießbrauch an verbrauchbaren Sachen,** so erfolgt die Pfändung der Sachen durch den Gerichtsvollzieher nach §§ 803 ff. ZPO. Dazu ergänzend (Auswahl): *Eickmann*, Zur Pfändung der Nutzungsrechts in Abteilung II des Grundbuchs, NotBZ 2008, 257; *Mümmler*, Zur Pfändung eines Nießbrauchrechts, JurBüro 1984, 660; *Panz*, Besitzrechtliche Überlegungen im Zusammenhang mit Dienstbarkeiten, BWNotZ 1992, 43; *Rossak*, Pfändbarkeit, Pfändung und Pfandverwertung von Nießbrauch und Wohnungsrecht, MittBayNot 2000, 383; *Strutz*, Problem bei der Pfändung eines Grundstücksnießbrauchs, Rpfleger 1968, 145.

3. **Drittschuldner** ist der Eigentümer der mit dem Nießbrauch belasteten Sache bzw. des mit dem Nießbrauch belasteten Rechts. Bei der Pfändung des Nießbrauchs an einem Recht, kraft dessen eine Leistung gefordert werden kann (§ 1070 Abs. 1 S. 1 ZPO), ist der Gläubiger und Schuldner des Rechts Drittschuldner (*Stöber* Rn. 1710).

4. Die Pfändung wird mit der **Zustellung des Pfändungsbeschlusses** an den Drittschuldner bewirkt. Eine Eintragung in das Grundbuch ist für die Wirksamkeit der Pfändung nicht erforderlich (BGHZ, 62, 133, 139 f. = NJW 1974, 796; BayObLG NJW-RR 1998, 1168), aber ratsam (→ Form. I. VII. 24). Der Schuldner kann nach Pfändung die Ausübungsbefugnis einem Dritten nicht mehr überlassen oder übertragen. Ein Dritter kann die Ausübungsbefugnis selbst dann nicht gutgläubig erwerben, wenn die Pfändung nicht im Grundbuch eingetragen war (BGHZ 62, 133, 140 = NJW 1974, 796). Zu den Voraussetzungen der Eintragung eines Amtswiderspruchs im Fall der Pfändung eines Nießbrauchs OLG München FGPrax 2013, 202).

5. Der Vollstreckungsgläubiger darf den Nießbrauch nicht zu seiner Befriedigung **verwerten,** sondern nur zu diesem Zwecke ausüben. Nur in diesem Umfange erfolgt die Überweisung zur Einziehung. Dies schließt eine Herausgabe der dem Nießbrauch unterworfenen Sache aus, weil die Vorschrift des § 1065 BGB auf die Rechtsbeziehungen zwischen dem Nießbraucher und demjenigen, der die Ausübung des Nießbrauchs gepfändet hat, nicht anwendbar ist (BGH NJW 2006, 1124; BGH NJW 2007, 149). Eine Überweisung des Stammrechts selbst zur Einziehung bzw. an Zahlungs statt nach §§ 857 Abs. 1, 835 Abs. 1 ZPO kommt ebenso wenig in Betracht wie eine anderweitige Verwertung durch Versteigerung oder freihändigen Verkauf. Dagegen besteht die Möglichkeit der **Überweisung der Ausübungsbefugnis** (BGHZ 62, 133, 136 f. = NJW 1974, 796; BGH NJW 2006, 1124, 1125).

6. Das Vollstreckungsgericht kann für die **Ausübung des Rechts** besondere Anordnungen treffen (§ 857 Abs. 4 ZPO); insbesondere in Anlehnung an die Vorschriften der Zwangsverwaltung nach §§ 146 ff. ZVG eine Verwaltung anordnen (BGH ZVI 2007, 363). Eine solche Anordnung scheidet indes bei der Pfändung eines Nießbrauchs an einem ideellen Grundstücksteil (Bruchteilsnießbrauch) an einem als Ehewohnung genutzten Hausgrundstücks aus (BGH NJW 2007, 149). Dem Vollstreckungsgläubiger steht in diesem Fall der Weg offen, über eine Leistungsklage eine **andere Art der ordnungsgemäßen Nutzung** des Grundstücks zu erreichen, wenn diese der Billigkeit entspricht und sich im Rahmen des § 743 Abs. 2 BGB hält (BGH NJW 2007, 149).

7. Kosten und Gebühren/Rechtsmittel. → Form. H. I. 2 Anm. 61 ff.

24. Antrag auf Eintragung der Pfändung des Nießbrauchsrechts ins Grundbuch

An das

Amtsgericht . . . . .[1]

Grundbuchamt[1]

In der Zwangsvollstreckungssache

. . . .

Hiermit zeigen wir an, dass wir den Gläubiger vertreten. Namens und in Vollmacht unseres Mandanten überreichen wir die Ausfertigung des Pfändungsbeschlusses/Pfändungs- und Überweisungsbeschlusses des Amtsgerichts . . . . . vom . . . . . Az. . . . . ., nebst Zustellungsnachweis.

Wir beantragen,

> **die Pfändung des im Grundbuch des Amtsgerichts . . . . . Band . . . . . Blatt . . . . . in Abt. II unter lfd. Nr. . . . . . eingetragenen Nießbrauchs im Grundbuch einzutragen.[2]**

Wir bitten anschließend um die Rücksendung der Vollstreckungsunterlagen. Gleichzeitig bitten wird darum, uns die Gebühren der Eintragung aufzugeben sowie die Eintragungsnachricht zu übersenden.

. . . . .

Rechtsanwalt[3]

Anmerkungen

1. **Örtlich** zuständig ist das Amtsgericht als Grundbuchamt, in dem das Grundbuch für das Grundstück geführt wird (vgl. § 1 GBO).

2. Die Pfändung des Nießbrauchs → Form. I. VII. 20 kann nach ganz hM ins Grundbuch eingetragen werden (BayObLG Rpfleger 1998, 69; *Schöner/Stöber* Rn. 1389). Es handelt sich um eine Grundbuchberichtigung, da die Pfändung bereits mit der Zustellung an den Drittschuldner wirksam ist. Die Eintragung sollte stets beantragt werden, um so eine Aufhebung des Nießbrauchs, die bei Grundstücken erst mit der Löschung im Grundbuch eintritt (§ 875 BGB), zu verhindern. Für die Eintragung muss dem Grundbuchamt die Wirksamkeit der Pfändung nachgewiesen werden.

3. **Kosten und Gebühren.** Das **Gericht** erhält gemäß Nr. 14130 KV GNotKG iVm der Vorbemerkung 1.4.1.2 KV GNotKG bei der Eintragung eine $^1/_2$-Gebühr (Tabelle B) nach dem Wert des § 53 Abs. 2 GNotKG. Die Tätigkeit des **Rechtsanwalts** ist mit der 0,3 Gebühr nach Nr. 3309 VV RVG abgedeckt.

25. Pfändung einer beschränkt persönlichen Dienstbarkeit (§§ 1090 ff. BGB)

[Das amtliche Formular „Pfändungs- und Überweisungsbeschluss[1]" ist entsprechend den dortigen Anmerkungen auszufüllen. Auf Seite 4 (bzw. Seite 5) des amtlichen Formulars sind das Feld „G" anzukreuzen und auf Seite 6 (bzw. Seite 7) des amtlichen Formulars unter „Anspruch G" aufzunehmen:]

Es wird die angeblich zugunsten des Schuldners im Grundbuch des Amtsgerichts . . . . . Band . . . . . Blatt . . . . . in Abt. II unter lfd. Nr. . . . . . eingetragene beschränkt persönliche Dienstbarkeit . . . . . [möglichst genaue Bezeichnung der Dienstbarkeit,[2] zB Wohnrecht an der Wohnung Nr. . . . . .; Betreiben und Unterhalten einer Windkraftanlage], deren Ausübung einem Dritten übertragen werden kann,[3] an dem Grundstück des Drittschuldners[4] gepfändet.[5, 7]

[Auf Seite 8 des amtliches Formulars ist in dem letzten Feld (bzw. auf Seite 10 das erste Feld) kein Kästchen „zu der Möglichkeit der Überweisung" anzukreuzen. Stattdessen ist auf Seite 9 des amtliches Formulars in dem ersten Feld (bzw. auf Seite 10 in dem zweiten Feld) das freie Kästchen anzukreuzen und dort einzutragen:]

Dem Gläubiger wird die Befugnis zur Ausübung der gepfändeten Dienstbarkeit und zur Überlassung der Ausübung an Dritte zur Einziehung überwiesen.[6]

[Auf Seite 3 (bzw. Seite 4 unter „ IV. Kosten") des amtlichen Formulars ist das Feld „gemäß Anlage(n)" anzukreuzen, dort die Kosten der Eintragung ins Grundbuch ggf. unter Beifügung einer Anlage einzutragen.]

[Ergänzend für den Fall der Anordnung der Ausübung des Rechts ist auf Seite 8 (bzw. Seite 9) des amtlichen Formular das Feld „Sonstige Anordnungen" anzukreuzen und dort einzutragen:]

Zum Zwecke der Ausübung der Dienstbarkeit durch den Gläubiger wird die Verwaltung angeordnet. Zum Verwalter wird . . . . . bestellt

[Alternativ für den Fall der Bestellung des Verwalters durch ein anderes Gericht ist auf Seite 8 des amtlichen Formulars die Rubrik „Sonstige Anordnungen" anzukreuzen und dort einzutragen:]

Der Verwalter ist vom Amtsgericht . . . . . zu bestellen.

Der Verwalter hat die Dienstbarkeit entgeltlich an Dritte zu überlassen, bis aus den Entgelten die Ansprüche des Gläubigers befriedigt sein werden.

Der Verwalter wird ermächtigt, sich selbst den Besitz der Sache zu verschaffen.

Anmerkungen

1. → Form. H. I. 2 (bzw. → Form. H. I. 6 bei Unterhaltsforderungen). Hinsichtlich der weiteren Einzelheiten zum Pfändungs- und Überweisungsbeschluss wird auf die dortigen Anmerkungen Bezug genommen.

2. Die **beschränkt persönliche Dienstbarkeit** (§§ 1090 bis 1093 BGB) steht als „subjektiv-persönliches" Recht, beispielsweise Nutzungsrechte für Gewerbebetriebe, Leitungsrechte, das Recht zum Betreiben und Unterhalten einer Windkraftanlage (BGH InVo 2007, 114), Wettbewerbsverbote, Nutzungsrechte an einem Stellplatz, nicht dem jeweiligen Eigentümer des herrschenden Grundstücks, sondern einer bestimmten natürlichen oder juristischen Person zu. Eine besondere Art der beschränkten persönlichen Dienstbarkeit ist das **dingliche Wohnrecht** (§ 1093 BGB). Ein Unterfall davon ist das Dauerwohn-/Dauernutzungsrecht nach § 31 WEG (→ Form. I. VII. 18). Die Dienstbarkeit wird durch Einigung und Eintragung im Grundbuch begründet (§ 873 BGB). Betreibt ein Dritter die Zwangsversteigerung in das Grundstück, so bleibt eine vorrangige und in das geringste Gebot aufgenommene beschränkte persönliche Dienstbarkeit als Recht am Grundstück bestehen (§§ 44 Abs. 1, 45, 52 Abs. 1 S. 1 ZVG). Nachrangige oder nicht in das geringste Gebot aufgenommene Rechte erlöschen und werden bei der Verteilung mit einem Ersatzwert berücksichtigt (§§ 52 Abs. 1 S. 2, 92 ZVG). Dieser **Wertersatzanspruch** ist als Geldforderung unbeschränkt pfändbar (OLG Schleswig FGPrax 1997, 53; *Stöber* Rn. 1517) Dazu ergänzend (Auswahl): *Bassenge*, Die Übertragbarkeit von beschränkten persönlichen Dienstbarkeiten nach der Neuregelung durch Gesetz vom 17. Juli 1996, NJW 1996, 2777; *Bungert*, Die Übertragung beschränkter persönlicher Dienstbarkeiten bei der Spaltung, BB 1997, 897; *Eickmann*, Zur Pfändung der Nutzungsrechte in Abteilung II des Grundbuches, NotBZ 2008, 257; *Rossak*, Pfändbarkeit, Pfändung und Pfandverwertung von Nießbrauch und Wohnungsrecht, MittBayNot 2000, 383.

3. Eine beschränkt persönliche Dienstbarkeit ist nach § 1092 Abs. 1 S. 1 BGB nicht übertragbar (zu Ausnahmen siehe § 1092 Abs. 2, Abs. 3 BGB) und damit grundsätzlich nach §§ 857 Abs. 1, 851 Abs. 1 ZPO **nicht pfändbar**. (BGH ZVI 2007, 195 für ein Wohnungsrecht). Hat der Eigentümer einem Dritten das Recht zur Ausübung gestattet (vgl. § 1092 Abs. 1 S. 2 BGB), so kann das **Ausübungsrecht gepfändet werden** (§ 857 Abs. 3 ZPO). Die Gestattung kann nach den §§ 873, 874, 877 BGB zum dinglichen Rechtsinhalt gehören. Ebenfalls möglich ist eine schuldrechtliche Vereinbarung, die auch nachträglich getroffen werden kann (BGH WM 2006, 2226; ZVI 2007, 195). Die Aufhebung der Ausübungsgestattung lässt die Pfändbarkeit der beschränkten persönlichen Dienstbarkeit entfallen (BGH ZVI 2007, 195). Für die Pfändbarkeit muss die **Ausübungsgestattung nicht im Grundbuch** eingetragen sein; es genügt eine rechtsgeschäftliche Vereinbarung (BGH NJW 1962, 1392; ZIP 2006, 2321). Die Bezugnahme auf die Eintragungsbewilligung zur näheren Qualifizierung des Rechts reicht. Die Eintragung ist nur bedeutsam für die Frage, ob sich ein Grundstückserwerber die Befugnis zur Übertragung der Ausübung entgegenhalten lassen muss.

Gegenstand der Pfändung ist die Dienstbarkeit selbst (das Stammrecht) nicht nur der obligatorische Ausübungsanspruch (BGHZ 62, 133, 136 = NJW 1974, 796; BGH NJW 2006, 1124).

4. **Drittschuldner** ist der Eigentümer des Grundstücks.

5. Das **Wirksamwerden der Pfändung** hängt nicht von der **Eintragung ins Grundbuch** ab. Zum Schutz des Gläubigers gegen eine Löschung sollte indes stets eine Grundbucheintragung erfolgen (→ Form. I. VII. 24).

6. Da eine Verwertung der Dienstbarkeit ausscheidet, kann auch eine **Überweisung der Rechte** nicht angeordnet werden. Vielmehr ist die **Befugnis zur Ausübung** der Dienstbarkeit zur Einziehung zu überweisen. Die Geltendmachung kann das Vollstreckungsgericht durch besondere Anordnung näher regeln (§ 857 Abs. 4 ZPO). Es kann zB eine Verwaltung anordnen (§ 857 Abs. 4 S. 2 ZPO) und die Befugnisse einem Dritten gegen Entgelt überlassen. Soweit sich der Schuldner im Besitz der Sache befindet, ist er zur Besitzherausgabe verpflichtet und hat die Wegnahme und Übergabe an einen Verwalter durch den Gerichtsvollzieher zu dulden.

7. **Kosten und Gebühren/Rechtsmittel.** → Form. H. I. 2 Anm. 61 ff.

26. Antrag auf Eintragung der Pfändung der beschränkt persönlichen Dienstbarkeit ins Grundbuch

An das

Amtsgericht . . . . .[1]

Grundbuchamt

In der Zwangsvollstreckungssache

. . . .

Hiermit zeigen wir an, dass wir den Gläubiger vertreten. Namens und in Vollmacht unseres Mandanten überreichen wir die Ausfertigung des Pfändungsbeschlusses/Pfändungs- und Überweisungsbeschlusses des Amtsgerichts . . . . . vom . . . . . Az. . . . . ., nebst Zustellungsnachweis sowie eine beglaubigte Kopie der Urkunde, aus der sich ergibt, dass die Überlassung der Ausübung der Dienstbarkeit gestattet ist.

Wir beantragen,

die Pfändung der Dienstbarkeit in das Grundbuch einzutragen.[2]

Wir bitten anschließend um die Rücksendung der Vollstreckungsunterlagen. Gleichzeitig bitten wird darum, uns die Gebühren der Eintragung aufzugeben sowie die Eintragungsnachricht zu übersenden.

. . . . .

Rechtsanwalt[3]

Anmerkungen

1. Für die Eintragung der Pfändung einer beschränkt persönlichen Dienstbarkeit (→ Form. I. VII. 25) ist das **Grundbuchamt** des Amtsgerichts des belegenen Grundstücks zuständig (§ 1 GBO). Der Antrag auf Eintragung kann formlos gestellt werden. Die spätere Löschung kann nur in der Form des § 29 GBO erfolgen.

2. Eine **Eintragung ins Grundbuch** ist für das Wirksamwerden der Pfändung nicht erforderlich, aber berichtigend zulässig. Der Gläubiger wird durch Eintragung vor einer Löschung des Rechts geschützt (vgl. § 875 ZPO). Dem Grundbuchamt muss das Wirksamwerden der Pfändung nachgewiesen werden. Wenn die Gestattung nicht im Grundbuch eingetragen ist, gehört hierzu auch der Nachweis in grundbuchmäßiger Form (§ 29 GBO), dass die Überlassung einem Dritten zur Ausübung gestattet ist (§ 1092 Abs. 1 S. 2 BGB iVm § 22 GBO).

3. Kosten und Gebühren. Das **Gericht** erhält gemäß Nr. 14130 KV GNotKG iVm der Vorbemerkung 1.4.1.2 KV GNotKG bei der Eintragung eine $^1/_2$-Gebühr (Tabelle B) nach dem Wert des § 53 Abs. 2 GNotKG. Die Tätigkeit des **Rechtsanwalts** ist mit der 0,3 Gebühr nach Nr. 3309 VV RVG abgedeckt.

Einspeisevergütung (§ 19 EEG)

27. Pfändung der Einspeisevergütung

[Das amtliche Formular „Pfändungs- und Überweisungsbeschluss[1]" ist entsprechend den dortigen Anmerkungen auszufüllen. Auf Seite 4 (bzw. Seite 5) des amtlichen Formulars sind das Feld „G" anzukreuzen und auf Seite 6 (bzw. Seite 7) des amtlichen Formulars unter „Anspruch G" aufzunehmen:]

Es wird der angebliche Anspruch des Schuldners[2] gegen den/die Drittschuldner/in[3] auf Zahlung der bereits fälligen sowie der künftigen Einspeisevergütung, die an den Schuldner aufgrund der von ihm betriebenen Anlage zur Erzeugung von Strom aus erneuerbaren Energien oder Grubengas in . . . . . . [nähere Bezeichnung der Anlage] gezahlt werden, gepfändet.[4, 5]

Anmerkungen

1. → Form. H. I. 2 (bzw. → Form. H. I. 6 bei Unterhaltsforderungen). Hinsichtlich der weiteren Einzelheiten zum Pfändungs- und Überweisungsbeschluss wird auf die dortigen Anmerkungen Bezug genommen.

2. Betreibt der Schuldner einen Antrag zur Herstellung von Strom aus ausschließlich erneuerbaren Energien oder Grubengas hat er gegen den Netzbetreiber einen Anspruch auf Zahlung einer **Einspeisevergütung** (§ 19 EEG). Auf die zu erwartenden Zahlungen sind monatlich jeweils zum 15. Kalendertag für den Vormonat Abschläge in angemessenem Umfang zu leisten.

3. Drittschuldner ist der jeweils zuständige Netzbetreiber (s. § 5 Nr. 2, Nr. 27; 19 Abs. 1 S. 1 EEG).

4. Pfändbar sind bereits **entstandene und künftige Ansprüche** des Schuldners als Anlagebetreiber. Bei Pfändung wegen einer fälligen wiederkehrende Gläubigerforderung (§ 751 Abs. 1 ZPO) ist die Pfändung als **Dauerpfändung** (→ Form. H. I. 6 Anm. 17) auch wegen der erst künftig fällig werdenden Gläubigeransprüche aufschiebend bedingt zulässig. Nicht zulässig ist indes eine **Vorratspfändung** (→ Form. H. I. 6 Anm. 16).

5. Kosten und Gebühren/Rechtsmittel. → Form. H. I. 2 Anm. 61 ff.

Erbbaurechte

28. Pfändung des Erbbaurechts

Das **Erbbaurecht** ist nach der Legaldefinition in § 1 ErbbauRG als das veräußerliche und vererbliche Recht, auf oder unter der Oberfläche eines Grundstücks ein Bauwerk zu haben, mit welchem ein Grundstück belastet wird. Es besteht ein Recht am Grundstück verbunden mit Sondereigentum am Bauwerk (MüKoBGB/*v. Oefele/Heinemann* § 1 ErbbauRG Rn. 5). Das Erbbaurecht wird im Wesentlichen wie ein Grundstück behandelt (§ 11 ErbbauRG), wobei die sich auf Grundstücke beziehenden Vorschriften mit Ausnahme der §§ 925, 927, 928 ZPO sowie diejenigen über Ansprüche aus dem Eigentum entsprechende Anwendung finden. Die Zwangsvollstreckung in das Erbbaurecht selbst erfolgt daher im **Wege der Immobiliarvollstreckung** durch Eintragung einer Zwangshypothek → Form. J. II. 1 ff., durch Zwangsversteigerung → Form. J. IV. 1 ff. und durch Zwangsverwaltung → Form. J. IX. 1 ff. (§§ 864 Abs. 1, 866, 870 ZPO).

Weiterhin pfändbar sind der Anspruch des Erbbauberechtigten auf **Erteilung der Zustimmung** (§ 7 Abs. 3 ErbbauRG) → Form. I. VII. 29, der Anspruch des Grundstückseigentümers auf **Zahlung des Erbbauzinses** → Form. I. VII. 30, der **Entschädigungsanspruch des Erbbauberechtigten** (§§ 27, 28 ErbbauRG) → Form. I. VII. 31 und der **Vergütungsanspruch des Erbbauberechtigten bei Heimfall** (§ 32 ErbbauRG) → Form. I. VII. 33.

29. Pfändung des Anspruchs des Erbbauberechtigten auf Erteilung der Zustimmung (§ 7 Abs. 3 ErbbauRG)

[Das amtliche Formular „Pfändungs- und Überweisungsbeschluss[1]" ist entsprechend den dortigen Anmerkungen auszufüllen. Auf Seite 4 (bzw. Seite 5) des amtlichen Formulars sind das Feld „G" anzukreuzen und auf Seite 6 (bzw. Seite 7) des amtlichen Formulars unter „Anspruch G" aufzunehmen:]

Es wird der angeblich zugunsten des Schuldners als Erbbauberechtigten bestehende Anspruch auf Erteilung der Zustimmung des/der Drittschuldner/s als Grundstückseigentümer zur Veräußerung des im Erbbaugrundbuch des Amtsgerichts . . . . . Band . . . . . Blatt . . . . . in Abt. II unter lfd. Nr. . . . . . eingetragene Erbbaurechts gepfändet.[2, 3]

[Auf Seite 8 des amtliches Formulars ist in dem letzten Feld (bzw. auf Seite 10 das erste Feld) kein Kästchen „zu der Möglichkeit der Überweisung" anzukreuzen. Stattdessen ist auf Seite 9 des amtliches Formulars in dem ersten Feld (bzw. auf Seite 10 in dem zweiten Feld) das freie Kästchen anzukreuzen und dort einzutragen:]

Dem Gläubiger wird die Befugnis zur Ausübung der gepfändeten Zustimmung überwiesen.

Anmerkungen

1. → Form. H. I. 2 (bzw. → Form. H. I. 6 bei Unterhaltsforderungen). Hinsichtlich der weiteren Einzelheiten zum Pfändungs- und Überweisungsbeschluss wird auf die dortigen Anmerkungen Bezug genommen.

2. Gemäß § 5 ErbbauRG kann als Inhalt des Erbbaurechts vereinbart werden, dass der Erbbauberechtigte zur Veräußerung bzw. zur Belastung des Erbbaurechts der Zustimmung des Grundstückseigentümers bedarf. Eine ohne vorherige Zustimmung vorgenommene Verfügung ist gegenüber jedermann schwebend unwirksam (§ 6 ErbbauRG). § 7 ErbbauRG regelt den Zustimmungsanspruch des Erbbauberechtigten. Nach § 7 Abs. 3 ErbbauRG kann auf Antrag des Erbbauberechtigten die Zustimmung durch das Amtsgericht ersetzt werden, in dessen Bezirk das Grundstück belegen ist. Mit der Ausübung des **Anspruchs auf Erteilung der Zustimmung** kann ein Dritter ermächtigt werden. Dieser Anspruch unterliegt der Pfändung nach § 857 Abs. 3 ZPO (BGHZ 33, 76 = NJW 1960, 2039; siehe auch *Stöber* Rn. 1535). Der Gläubiger kann nach der Überweisung zur Einziehung einen Antrag nach § 7 Abs. 3 ErbbauRG stellen.

3. Kosten und Gebühren/Rechtsmittel. → Form. H. I. 2 Anm. 61 ff.

30. Pfändung des Anspruchs des Grundstückseigentümers auf Zahlung des Erbbauzinses

[Das amtliche Formular „Pfändungs- und Überweisungsbeschluss[1]“ ist entsprechend den dortigen Anmerkungen auszufüllen. Auf Seite 4 (bzw. Seite 5) des amtlichen Formulars sind das Feld „G“ anzukreuzen und auf Seite 6 (bzw. Seite 7) des amtlichen Formulars unter „Anspruch G“ aufzunehmen:]

Es wird der angebliche Anspruch des Schuldners als Eigentümer des Grundstücks ..... (genaue Bezeichnung)[2] gegen den/die Drittschuldner,[3] auf Zahlung der bereits fälligen Erbbauzinsen für das im Erbbaugrundbuch des Amtsgerichts ..... Band ..... Blatt ..... eingetragenen Erbbaurecht gepfändet.[4]

Anmerkungen

1. → Form. H. I. 2 (bzw. → Form. H. I. 6 bei Unterhaltsforderungen). Hinsichtlich der weiteren Einzelheiten zum Pfändungs- und Überweisungsbeschluss wird auf die dortigen Anmerkungen Bezug genommen.

2. Für die Bestellung eines Erbbaurechts kann als Gegenleistung die Zahlung eines Erbbauzinses entweder als reallastartiges Recht (**dinglicher Erbbauzins**) oder nur mit schuldrechtlicher Wirkung (**obligatorischer Erbbauzins**) vereinbart werden. Gemäß § 9 Abs. 1 S. 1 ErbbauRG ist die Vereinbarung eines Entgelts in wiederkehrenden Leistungen bei Fehlen gegenteiliger Anhaltspunkte stets als Begründung eines dinglichen Erbbauzinses aufzufassen.

Der **dingliche Erbbauzins** ist als Recht mit dem Eigentum am Grundstück verbunden und damit wesentlicher Bestandteil des Grundstücks. Der Anspruch auf den Erbbauzins kann nach § 9 Abs. 2 ZPO hinsichtlich **noch nicht fälliger Einzelleistungen** nicht vom Grundstückseigentum getrennt werden. Damit scheidet eine selbständige Pfändung aus (§ 851 ZPO). Dies gilt auch für eine Zwangsvollstreckung nach § 857 Abs. 6 ZPO (BayObLG

Rpfleger 1990, 507; MüKoBGB/*von Oefele/Heinemann* § 9 ErbbauRG Rn. 7). Ein Zugriff kann ausschließlich über die Zwangsvollstreckung in das Grundstück erfolgen. **Fällige und rückständige Erbbauzinsen** sind dagegen übertragbar (§§ 398, 1107, 1159, 1280 ff. BGB) und unterliegen der uneingeschränkten Pfändung nach §§ 829, 835 ZPO.

Auf den **schuldrechtlichen Erbbauzins** findet § 9 ErbbauRG keine Anwendung. Ein entsprechender Anspruch kann uneingeschränkt abgetreten und verpfändet werden. Er unterliegt für die Gläubiger des Grundstückseigentümers uneingeschränkt der Zwangsvollstreckung im Wege der Forderungspfändung nach § 829 ZPO (→ Form. H. I. 2). Siehe dazu auch (Auswahl): *Kalter*, Einige Rechtsfragen zur Zwangsvollstreckung im Erbbaurecht, KTS 1966, 137; *Pöschl*, Zwangsversteigerung von Erbbaurechten, BB 1961, 581; *Winkler*, Erbbauzins in der Zwangsversteigerung, DNotZ 1970, 390; *ders.*, Der Erbbauzins in der Zwangsversteigerung des Erbbaurechts, NJW 1985, 940.

3. **Drittschuldner** ist der **Erbbauberechtigte**. Mit der Zustellung des Pfändungsbeschlusses an diesen wird die Pfändung bewirkt (§§ 857 Abs. 6, 830 Abs. 3 ZPO).

4. **Kosten und Gebühren/Rechtsmittel.** → Form. H. I. 2 Anm. 61 ff.

31. Pfändung des Entschädigungsanspruchs des Erbbauberechtigten (§§ 27, 28 ErbbauRG)

[Das amtliche Formular „Pfändungs- und Überweisungsbeschluss[1]" ist entsprechend den dortigen Anmerkungen auszufüllen. Auf Seite 4 (bzw. Seite 5) des amtlichen Formulars sind das Feld „G" anzukreuzen und auf Seite 6 (bzw. Seite 7) des amtlichen Formulars unter „Anspruch G" aufzunehmen:]

Es werden

1. die angeblich an Stelle des Erbbaurechts zugunsten des Schuldners auf das Grundstück ..... (genaue Bezeichnung) des/der Drittschuldners/in,[3]

im Erbbaugrundbuch des Amtsgerichts ..... Band ..... Blatt ..... in Abt. II unter lfd. Nr. ..... eingetragene Entschädigungsforderung sowie

2. der angebliche Anspruch des Schuldners gegen den/die Drittschuldner auf Zahlung einer Entschädigung wegen des Erlöschens des im Erbbaugrundbuch des Amtsgerichts ..... Band ..... Blatt ..... in Abt. II unter lfd. Nr. ..... eingetragenen Erbbaurechts durch Zeitablauf

gepfändet.[2, 4]

[Auf Seite 3 (bzw. Seite 4 unter „IV. Kosten") des amtlichen Formulars ist das Feld „gemäß Anlage(n)" anzukreuzen, dort die Kosten der Eintragung ins Grundbuch ggf. unter Beifügung einer Anlage einzutragen.]

Anmerkungen

1. → Form. H. I. 2 (bzw. → Form. H. I. 6 bei Unterhaltsforderungen). Hinsichtlich der weiteren Einzelheiten zum Pfändungs- und Überweisungsbeschluss wird auf die dortigen Anmerkungen Bezug genommen.

2. Das Erbbaurecht erlischt mit Zeitablauf von selbst. Mit dem Erlöschen verliert der Erbbauberechtigte das Eigentum am Bauwerk. Insoweit bestimmt § 27 ErbbauRG, dass der Grundstückseigentümer dem Erbbauberechtigten eine Entschädigung für das Bauwerk zu leisten hat. Dieser **Entschädigungsanspruch** ist als wesentlicher Bestandteil des Erbbaurechts **bis zu seiner Fälligkeit** nicht abtretbar (§ 27 Abs. 4 ErbbauRG) und damit nicht pfändbar. Der Ausschluss der Abtretbarkeit gilt auch dann, wenn durch Vereinbarung (§ 27 Abs. 1 S. 2 ErbbauRG) die Fälligkeit des Entschädigungsanspruchs hinausgeschoben wird (MüKoBGB/*v. Oefele/Heinemann* § 27 ErbbauRG Rn. 7).

Mit seiner Fälligkeit kann der Entschädigungsanspruch abgetreten und gepfändet werden. Die Entschädigungsforderung haftet auf dem Grundstück an Stelle des Erbbaurechts und mit dessen Rang (§ 28 ErbbauRG). Es handelt sich um ein eintragungsfähiges dingliches Recht eigener Art, das auf Antrag des Erbbauberechtigten im Wege der Grundbuchberichtigung (§ 22 GBO) **im Grundbuch des Erbbaugrundstücks** eingetragen werden kann, → Form. I. VII. 32. Für die Übertragung und Pfändung gelten die Vorschriften über Reallasten (§§ 857 Abs. 6, 830 ZPO; → Form. I. VII. 101), da die dingliche Entschädigungsforderung diesen inhaltlich am nächsten kommt (MüKoBGB/*v. Oefele/Heinemann* § 28 ErbbauRG Rn. 1). Erforderlich ist der **Pfändungsbeschluss** und **Eintragung** ins Grundbuch.

3. **Drittschuldner** ist der **Grundstückseigentümer.**

4. **Kosten und Gebühren/Rechtsmittel.** → Form. H. I. 2 Anm. 61 ff.

32. Antrag auf Eintragung der Pfändung des Entschädigungsanspruchs ins Grundbuch

An das

Amtsgericht . . . . .[1]

Grundbuchamt

In der Zwangsvollstreckungssache

. . . .

Hiermit zeigen wir an, dass wir den Gläubiger vertreten. Namens und in Vollmacht unseres Mandanten überreichen wir die Ausfertigung des Pfändungsbeschlusses/Pfändungs- und Überweisungsbeschlusses des Amtsgerichts . . . . . vom . . . . ., Az. . . . . ., nebst Zustellungsnachweis.

Wir beantragen,

die Eintragung der Pfändung der Entschädigungsforderung im Grundbuch.

Wir bitten anschließend um die Rücksendung der Vollstreckungsunterlagen. Gleichzeitig bitten wird darum, uns die Gebühren der Eintragung aufzugeben sowie die Eintragungsnachricht zu übersenden.

. . . . .

Rechtsanwalt[2]

Anmerkungen

1. Zuständig für die Eintragung der Pfändung des Entschädigungsanspruchs (→ Form. I. VII. 31) ist das für das belegene Grundstück zuständige Grundbuchamt. Die Eintragung muss vom Gläubiger unter Vorlage des Pfändungsbeschlusses beim Grundbuchamt beantragt werden. Das Vollstreckungsgericht veranlasst die Eintragung nicht.

2. Kosten und Gebühren. Das **Gericht** erhält gemäß Nr. 14130 KV GNotKG iVm der Vorbemerkung 1.4.1.2 KV GNotKG bei der Eintragung eine $^{1}/_{2}$-Gebühr (Tabelle B) nach dem Wert des § 53 Abs. 2 GNotKG. Die Tätigkeit des **Rechtsanwalts** ist mit der 0,3 Gebühr nach Nr. 3309 VV RVG abgedeckt.

33. Pfändung des Vergütungsanspruchs des Erbbauberechtigten bei Heimfall (§ 32 ErbbauRG)

[Das amtliche Formular „Pfändungs- und Überweisungsbeschluss[1]" ist entsprechend den dortigen Anmerkungen auszufüllen. Auf Seite 4 (bzw. Seite 5) des amtlichen Formulars sind das Feld „G" anzukreuzen und auf Seite 6 (bzw. Seite 7) des amtlichen Formulars unter „Anspruch G" aufzunehmen:]

Es wird der angebliche Anspruch[2] des Schuldners als Erbbauberechtigter gegen den/die Drittschuldner[3] auf Zahlung einer Entschädigung wegen des Heimfalls des zugunsten des Schuldner im Erbbaugrundbuch des Amtsgerichts . . . . . Band . . . . . Blatt . . . . . eingetragenen Erbbaurechts gepfändet.[4]

Anmerkungen

1. → Form. H. I. 2 (bzw. → Form. H. I. 6 bei Unterhaltsforderungen). Hinsichtlich der weiteren Einzelheiten zum Pfändungs- und Überweisungsbeschluss wird auf die dortigen Anmerkungen Bezug genommen.

2. Der Grundstückseigentümer kann mit dem Erbbauberechtigten eine Vereinbarung darüber treffen, dass das Erbbaurecht beim Eintreten bestimmter Voraussetzungen auf den Grundstückseigentümer zu übertragen ist (§ 2 Nr. 4 ErbbauRG). Dieser **Heimfallanspruch** kann nicht von dem Eigentum an dem Grundstück getrennt werden. Er kann daher weder verpfändet noch gepfändet werden (§ 851 ZPO). Macht der Grundstückseigentümer von seinem Heinfallanspruch Gebrauch, so hat er dem Erbbauberechtigten eine angemessene Vergütung für das Erbbaurecht zu gewähren (§ 32 Abs. 1 S. 1 BGB). Der Anspruch entsteht erst mit wirksamer Ausübung des Heimfallrechts und dem dinglichen Vollzug des Heimfallsanspruchs durch Einigung und Eintragung im Grundbuch und wird zu diesem Zeitpunkt fällig (BGHZ 111, 154 = NJW 1990, 2067; BGH NJW 1992, 1454, 1455)

Der **Entschädigungsanspruch** ist schuldrechtlicher Natur und kann nicht im Grundbuch als solcher eingetragen werden. Der Anspruch kann als künftige Forderung ab dem Zeitpunkt abgetreten und gepfändet werden (§ 829 ZPO), in dem der Grundstückseigentümer seinen Heimfallanspruch geltend macht (*Stöber* Rn. 1534). Nach hM (BGH NJW 1976, 895) ist eine Pfändung bereits vor Fälligkeit möglich, da eine dem § 27 Abs. 4 ErbbauRG entsprechende Vorschrift fehlt.

3. Drittschuldner ist der Grundstückseigentümer.

4. Kosten und Gebühren/Rechtsmittel. → Form. H. I. 2 Anm. 61 ff.

Freistellungsanspruch

34. Pfändung bei einem Freistellungsanspruch

Eine auf Befreiung von einer Verbindlichkeit gerichtete Forderung ist im Allgemeinen nicht abtretbar (BGHZ 12, 136 = NJW 1954, 795). Damit ist der **Freistellungsanspruch** des Schuldners gem. § 851 ZPO auch nicht für dessen Gläubiger pfändbar (BGH NJW 1994, 49, 50).

Eine **Ausnahme** hiervon gilt dann, wenn die Schuldbefreiungsforderung an den Gläubiger abgetreten wird, dessen Forderung nach dem Inhalt des Anspruchs zu tilgen ist. In diesem Falle verwandelt sich nach st. Rspr. die abgetretene Forderung in eine solche auf die dem Gläubiger geschuldete Leistung, und damit ggf. in einen Zahlungsanspruch um (BGHZ 12, 136 = NJW 1954, 795; KG NJW 1980, 1341, 1342). Dasselbe gilt, wenn derjenige Gläubiger, dessen Forderung nach dem Inhalt des Schuldbefreiungsanspruchs zu tilgen ist, den Anspruch im Wege der Forderungspfändung pfändet und sich zur Einziehung überweisen lässt (KG NJW 1980, 1341, 1342).

Garantieerklärung/Patronatserklärung/Schuldversprechen

35. Pfändung der Garantievertragsforderung

[Das amtliche Formular „Pfändungs- und Überweisungsbeschluss"[1] ist entsprechend den dortigen Anmerkungen auszufüllen. Auf Seite 4 (bzw. Seite 5) des amtlichen Formulars sind das Feld „G" anzukreuzen und auf Seite 6 (bzw. Seite 7) des amtlichen Formulars unter „Anspruch G" aufzunehmen:]

Es wird der angebliche Anspruch des Schuldners[2] gegen den/die Drittschuldner[3] auf Zahlung der Garantiesumme in Höhe bis zu ..... EUR aus der durch Vertrag vom ..... übernommenen Garantie für die Sicherstellung des ..... (möglichst genaue Bezeichnung, zB Werklohnes aus dem Werkvertrag, Kaufpreises aus dem Kaufvertrag) gepfändet.[4]

Anmerkungen

1. → Form. H. I. 2 (bzw. → Form. H. I. 6 bei Unterhaltsforderungen). Hinsichtlich der weiteren Einzelheiten zum Pfändungs- und Überweisungsbeschluss wird auf die dortigen Anmerkungen Bezug genommen.

2. Durch einen **Garantievertrag** übernimmt jemand die eigenständige Verpflichtung für einen bestimmten Erfolg, eine Gefahr oder einen Schaden einzutreten (BGH NJW 1996, 2569, 2570; BGH NJW 1999, 1542, 1543). Der Garantievertrag sichert damit ein künftiges Risiko ab. Zwischen dem Garant und dem Schuldner besteht meist ein Vertragsverhältnis in Form eines Auftrags- oder Geschäftsbesorgungsverhältnis. Eine Abtretung der Forderung, die durch die Garantie gesichert ist, umfasst nicht den Garantieanspruch (MüKoBGB/*Habersack* Vor § 765 Rn. 21). Entsprechend wird bei einer Pfändung der durch eine Garantie gesicherten Forderung nicht zugleich die Garantieverpflichtung erfasst. Vielmehr muss der Anspruch aus einer Garantie **selbständig gepfändet** werden.

3. Drittschuldner ist der Garant.

4. Kosten und Gebühren/Rechtsmittel. → Form. H. I. 2 Anm. 61 ff.

36. Pfändung bei einer Patronatserklärung

Bei einer Patronatserklärung handelt es sich um eine Erklärung einer natürlichen oder juristischen Person, des Patrons, gegenüber dem Gläubiger eines Schuldners. In der Praxis wird unterschieden zwischen einer harten und einer weichen Patronatserklärung.

Bei einer **harten Patronatserklärung** übernimmt der Patron die vertragliche Verpflichtung, den Schuldner mit ausreichender Liquidität auszustatten (BGH NZI 2011, 536). Insoweit begründet die harte Patronatserklärung eine bürgschaftsähnliche Kapitalausstattungspflicht, wobei es dem Patron frei steht, auf welche Weise er dieser Verpflichtung nachkommt. Im Gegensatz zur Bürgschaft besteht keine unmittelbare Zahlungsverpflichtung an die Gläubiger des Schuldners (MüKoBGB/*Habersack* Vor § 765 Rn. 50 mwN). Problematisch ist die mangelnde Bestimmbarkeit der Leistungsverpflichtung des Patrons. Teilweise wird eine Klage „auf Ausstattung in Höhe der fälligen Kreditrestschuld" für zulässig und nach § 887 Abs. 1 ZPO für vollstreckbar erachtet. Die Patronatserklärung ist akzessorisch und setzt damit den Bestand einer zu sichernden Hauptforderung voraus. §§ 765 ff. BGB und § 401 BGB finden entsprechende Anwendung (MüKoBGB/*Habersack* Vor § 765 Rn. 51). Somit scheidet eine selbständige Pfändung der Ansprüche aus der harten Patronatserklärung für die Gläubiger des Schuldners aus. Erst in der Insolvenz des Schuldners verwandelt sich die Liquiditätsausstattungspflicht des Patrons in eine Verpflichtung zur Direktzahlung an die Gläubiger des Schuldners (BGH NZI 2011, 536; MüKoBGB/*Habersack* Vor § 765 Rn. 52).

Weiche Patronatserklärungen haben keinen bürgschafts- oder garantieähnlichen Charakter. Der Patron geht gegenüber der Tochtergesellschaft keine vertragliche Bindungswirkung ein, sondern gibt nur eine moralisch verpflichtende „good-will-Erklärung" ab (BGH NZI 2011, 536). Damit steht dem Gläubiger der Tochtergesellschaft auch kein pfändbarer Anspruch zu.

37. Pfändung des Anspruchs aus Schuldvertrag

[Das amtliche Formular „Pfändungs- und Überweisungsbeschluss"[1] ist entsprechend den dortigen Anmerkungen auszufüllen. Auf Seite 4 (bzw. Seite 5) des amtlichen Formulars sind das Feld „G" anzukreuzen und auf Seite 6 (bzw. Seite 7) des amtlichen Formulars unter „Anspruch G" aufzunehmen:]

Es wird der angebliche Anspruch des Schuldners[2] gegen den/die Drittschuldner[3] aus dem Schuldversprechen, das mit . . . . . [genaue Bezeichnung der Vereinbarung, zB Haftung für die Erfüllung eines Kaufvertrages] begründet wurde, gepfändet.[4]

Anmerkungen

1. → Form. H. I. 2 (bzw. → Form. H. I. 6 bei Unterhaltsforderungen). Hinsichtlich der weiteren Einzelheiten zum Pfändungs- und Überweisungsbeschluss wird auf die dortigen Anmerkungen Bezug genommen.

2. Soweit der Drittschuldner gegenüber dem Schuldner persönlich eine Verpflichtung aus einen abstrakten Schuldanerkenntnis (§ 780 BGB) eingegangen ist, unterliegt das

Schuldversprechen als Vermögensrecht des Schuldners der selbständigen Pfändung nach § 829 ZPO. **Drittschuldner** ist derjenige, der die Erklärung abgibt.

3. **Drittschuldner** ist derjenige, der die Erklärung abgibt.

4. **Kosten und Gebühren/Rechtsmittel.** → Form. H. I. 2 Anm. 61 ff.

Gesamtschuldnerausgleich (§ 426 BGB)

38. Pfändung des Anspruchs eines Gesamtschuldners gegen den/die Mitschuldner

[Das amtliche Formular „Pfändungs- und Überweisungsbeschluss“[1] ist entsprechend den dortigen Anmerkungen auszufüllen. Auf Seite 4 (bzw. Seite 5) des amtlichen Formulars sind das Feld „G“ anzukreuzen und auf Seite 6 (bzw. Seite 7) des amtlichen Formulars unter „Anspruch G“ aufzunehmen:]

Es werden die angeblichen Ansprüche des Schuldners gegen den/die Drittschuldner,

1. **auf Zahlung des Ausgleichs,[2, 3] den der Schuldner im Innenverhältnis gegenüber dem Drittschuldner als Gesamtschuldner nach der Befriedigung des . . . . . [möglichst genaue Bezeichnung des von dem Schuldner als Gesamtschuldner befriedigten Gläubigers] fordern kann, sowie**
2. **aus den auf ihn nach der Befriedigung des . . . . . [möglichst genaue Bezeichnung des von dem Schuldner als Gesamtschuldner befriedigten Gläubigers] kraft gesetzlicher Regelung übergegangenen Ansprüchen dieses Gläubigers gegen den Drittschuldner als Gesamtschuldner einschließlich der übergegangenen Nebenansprüche (§§ 412, 401 BGB)[4]**

gepfändet.[5]

Anmerkungen

1. → Form. H. I. 2 (bzw. → Form. H. I. 6 bei Unterhaltsforderungen). Hinsichtlich der weiteren Einzelheiten zum Pfändungs- und Überweisungsbeschluss wird auf die dortigen Anmerkungen Bezug genommen.

2. Der **Ausgleichsanspruch** nach § 426 Abs. 1 BGB entsteht als selbständiger Anspruch mit der Begründung der Gesamtschuld und nicht erst mit Befriedigung des Gläubigers (BGH ZIP 2007, 2313). Ab Fälligkeit der Gesamtschuld besteht ein wechselseitiger Anspruch der Gesamtschuldner auf Mitwirkung bei der Befriedigung des Gläubigers. Insoweit hat jeder Gesamtschuldner bereits vor der eigenen Leistung einen eigenständigen Anspruch auf Befreiung von dem Teil der Schuld, den der jeweils andere Gesamtschuldner im Innenverhältnis zu tragen hat (BGH NJW 1986, 3131, 3132). Der Gesamtschuldner kann diesen Befreiungsanspruch gegenüber den übrigen Gesamtschuldnern einklagen und im Wege der Zwangsvollstreckung nach § 887 ZPO durchsetzen. Insoweit besteht für die Vollstreckungsgläubiger des Gesamtschuldners **keine Vollstreckungsmöglichkeit** im Schuldbefreiungsanspruch.

3. **Nach Befriedigung** des Gläubigers – unabhängig, ob dies freiwillig oder im Wege einer gerichtlichen Inanspruchnahme geschehen ist – wandelt sich der Schuldbefreiungsanspruch in einen Ausgleichsanspruch um, soweit der Schuldner mehr geleistet hat, als er im Innenverhältnis zu tragen verpflichtet ist (BGH NJW 1986, 1097). Dieser

Ausgleichsanspruch ist als Geldforderung für die Gläubiger des leistenden Gesamtschuldners pfändbar (§ 829 ZPO).

4. In der Höhe, in der der leistende Gesamtschuldner nach § 426 Abs. 1 S. 1 BGB von den anderen Gesamtschuldnern Ausgleichung verlangen kann, geht die Forderung des Gläubigers einschließlich der akzessorischen Sicherungsrechte (§§ 401, 412 BGB) im Wege des **gesetzlichen Forderungsübergangs** auf den Schuldner über (§ 426 Abs. 2 BGB). Der übergegangene Anspruch steht neben dem Ausgleichsanspruch aus § 426 Abs. 1 S. 1 BGB (BGH NJW 1981, 861; OLG Köln NJW-RR 1993, 1475). Der Gesamtschuldner kann zwischen ihnen wählen, kann sie aber nur zusammen abtreten. Der nach **§ 426 Abs. 2 BGB übergehende Anspruch** ist in dem Umfang pfändbar, in dem er bis zum Forderungsübergang der Pfändung unterlag (*Stöber* Rn. 144b).

5. Kosten und Gebühren/Rechtsmittel. → Form. H. I. 2 Anm. 61 ff.

Grundbuchberichtigung/Löschungsanspruch

39. Pfändung des Anspruchs auf Zustimmung zur Grundbuchberichtigung

[Das amtliche Formular „Pfändungs- und Überweisungsbeschluss“[1] ist entsprechend den dortigen Anmerkungen auszufüllen. Auf Seite 4 (bzw. Seite 5) des amtlichen Formulars sind das Feld „G“ anzukreuzen und auf Seite 6 (bzw. Seite 7) des amtlichen Formulars unter „Anspruch G“ aufzunehmen:]

Es wird der angebliche Anspruch des Schuldners gegen den/die Drittschuldner auf Zustimmung zur Berichtigung des Grundbuchs des Amtsgerichts ..... von ..... Band ....., Blatt ....., (genaue Bezeichnung) durch ..... [nähere Bezeichnung des zu berichtigenden Rechts, zB Eintragung des Schuldners als Eigentümer des Grundstücks .....; Eintragung des Schuldners als Gläubiger der Eigentümergrundschuld der in Abt. III unter lfd. Nr...... noch eingetragenen .....(nähere Bezeichnung) in Höhe von ..... EUR] gepfändet.[2, 3]

Anmerkungen

1. → Form. H. I. 2 (bzw. → Form. H. I. 6 bei Unterhaltsforderungen). Hinsichtlich der weiteren Einzelheiten zum Pfändungs- und Überweisungsbeschluss wird auf die dortigen Anmerkungen Bezug genommen.

2. Der **Grundbuchberichtigungsanspruch** (§ 894 BGB) ist ein unselbständiger Ausfluss des Rechts, das durch die Eintragung in das Grundbuch betroffen ist. Als Teil dieses dinglichen Rechts kann der Berichtigungsanspruch nicht selbständig abgetreten werden. Damit ist auch eine Verpfändung des Anspruchs gemäß § 1274 Abs. 2 BGB und eine Pfändung nach § 851 Abs. 1 ZPO ausgeschlossen. Zulässig ist dagegen die Pfändung und Überweisung des **Grundbuchberichtigungsanspruchs zur Ausübung** (analog § 857 Abs. 3 ZPO), soweit dessen Ausübung einem anderen überlassen werden kann (BGHZ 33, 76, 83 = NJW 1960, 2093; BGH NJW 1996, 3147, 3148).

Mit der **Pfändung und Überweisung zur Einziehung** kann der Vollstreckungsgläubiger den Berichtigungsanspruch im eigenen Namen mit dem Ziel geltend machen, dass die Berichtigung auf den Namen des Schuldners erfolgen soll. Ein Pfandrecht an dem richtig eingetragenen Recht erwirbt er dadurch nicht. Eine Überweisung an Zahlungs statt ist nicht möglich. Die Pfändung des Berichtigungsanspruchs kann **nicht** im **Grundbuch eingetragen** werden (KG OLGE 31, 138, 142 ff.). Der Vollstreckungsgläubiger kann indes im Wege der einstweiligen Verfügung die Eintragung eines Widerspruchs nach § 899 ZPO gegen das Recht des Berichtigungsverpflichteten erwirken (MüKoBGB/*Kohler* § 894 Rn. 28).

3. Kosten und Gebühren/Rechtsmittel. → Form. H. I. 2 Anm. 61 ff.

40. Pfändbarkeit eines Löschungsanspruchs

Der **Berichtigungsanspruch mit dem Ziel der Löschung** eines nicht mehr bestehenden Rechts kann nach hM **nicht gepfändet** und überwiesen werden. Dieser Anspruch ist mit dem Eigentum verbunden und kann nicht gesondert ausgeübt sowie gepfändet werden (RG WarnR 1910 Nr. 239; OLG Dresden OLGE 235; Palandt/*Bassenge* § 894 Rn. 5 mwN; aA MüKoBGB/*Kohler* § 894 Rn. 27 unter Hinweis darauf, mit der Löschung gewinne das Grundstück als Haftungsobjekt an Wert und einem redlichen Erwerb Dritter am erloschenen Recht müsse vorgebeugt werden).

Grundstücksübertragung

41. Pfändung des Anspruchs auf Übertragung des Eigentums sowie des Rückabwicklungsanspruchs (Bestellung des Sequesters durch das Gericht)

[Das amtliche Formular „Pfändungs- und Überweisungsbeschluss“[1] ist entsprechend den dortigen Anmerkungen auszufüllen. Auf Seite 4 (bzw. Seite 5) des amtlichen Formulars sind das Feld „G“ anzukreuzen und auf Seite 6 (bzw. Seite 7) des amtlichen Formulars unter „Anspruch G“ aufzunehmen:]

Es werden die angeblichen Ansprüche des Schuldners gegen den/die Drittschuldner/in,[2]

1. auf Übertragung des Eigentums an dem aufgrund ..... (Darlegung des Rechtsgrundes in allgemeinen Umrissen, zB aufgrund des notariellen Vertrages vom ..... erworbenen) Grundstück ..... in ..... (nähere Bezeichnung), verzeichnet im Grundbuch des Amtsgerichts von ....., Band ....., Blatt .....,[3]

und auf Herausgabe des Besitzes aufgrund ..... (Darlegung des Rechtsgrundes) an dem vorgenannten Grundstück[4] sowie

2. auf Rückabwicklung des über das Grundstück abgeschlossenen Vertrages vom ....., Urkundenrolle-Nr. ....., des Notars ....., insbesondere auf Rückzahlung der bereits für das Grundstück gezahlten Beträge und auf Erstattung der für das Grundstück getätigten Aufwendungen,[5]

gepfändet.[6, 8, 9]

[Auf Seite 8 (bzw. Seite 9) des amtlichen Formular in dem Feld „Es wird angeordnet, dass“ das freie Kästchen anzukreuzen und dort einzutragen:]

das Grundstück an einen auf Antrag des Gläubiger vom Amtsgericht . . . . . noch zu bestellenden Sequester herauszugeben und an ihn als Vertreter des Schuldners aufzulassen ist.[7]

[Auf Seite 3 (bzw. Seite 4 unter „IV. Kosten") des amtlichen Formulars ist das Feld „gemäß Anlage(n)" anzukreuzen, dort die Kosten der Eintragung ins Grundbuch ggf. unter Beifügung einer Anlage einzutragen.]

Anmerkungen

1. → Form. H. I. 2 (bzw. → Form. H. I. 6 bei Unterhaltsforderungen). Hinsichtlich der weiteren Einzelheiten zum Pfändungs- und Überweisungsbeschluss wird auf die dortigen Anmerkungen Bezug genommen.

2. Drittschuldner ist der Verpflichtete.

3. Der **schuldrechtliche Eigentumsverschaffungsanspruch** (zB aus Kaufvertrag, Tauschvertrag, Schenkungsvertrag, aus ungerechtfertigter Bereicherung, Vermächtnis) ist nach §§ 829 ff., 848 ZPO durch Zustellung des Pfändungsbeschlusses an den Veräußerer als Drittschuldner pfändbar. Gepfändet werden muss der Anspruch auf Übertragung des Eigentums an dem Grundstück (vgl. BGH NJW 2014, 2732), nicht nur der „Anspruch auf Auflassung". Hierunter wird lediglich der Anspruch auf Erklärung der Auflassung, nicht indes der weitergehende Eigentumsverschaffungsanspruch verstanden (OLG Celle OLGR 1997, 88). Mit der Pfändung des Anspruchs auf Eigentumsübertragung wird zugleich als Nebenrecht der **Anspruch auf Einräumung einer Auflassungsvormerkung** (§§ 883, 885 BGB) gepfändet. Dieses Recht kann der Gläubiger geltend machen. Eine bereits eingetragene Auflassungsvormerkung wird von der Pfändung als Nebenrecht erfasst (siehe dazu *Stöber* Rn. 2048). Die Pfändung des Eigentumsübertragungsanspruchs erfasst nicht ohne Weiteres auch das Recht des Schuldners, das Vertragsangebot der Drittschuldnerin anzunehmen und den Anspruch dadurch zum Entstehen zu bringen (BGH NJW 2014, 2732). Im Falle der Verpfändung des Auflassungsanspruch bei Lage des Grundstücks in einem Sanierungsgebiet bedarf die Verpfändung nach § 144 Abs. 2 Nr. 2, Nr. 3 BauGB der Genehmigung der Sanierungsbehörde (BGH MDR 2015, 701).

Der Eigentumsverschaffungsanspruch besteht neben dem Anwartschaftsrecht des Auflassungsempfängers. Er erlischt nicht mit der Auflassung (BGH NJW 1994, 2947, 2948; MüKoBGB/*Kanzleiter* § 925 Rn. 43). Die **Pfändung der Anwartschaft** und des fortbestehenden Eigentumsübertragungsanspruchs können auch nach der Auflassung von dem Gläubiger wahlweise geltend gemacht werden (OLG Celle OLGR 1997, 88, 89; OLG München Rpfleger 2010, 365). Zur Pfändung des Anwartschaftsrechts an einem Grundstück → Form. I. VII. 45. Sofern der Vollstreckungsgläubiger keine genauen Kenntnisse hinsichtlich des Sachverhalts besitzt, kann er zugleich in dem Pfändungs- und Überweisungsbeschluss den schuldrechtlichen Anspruch auf Übertragung des Eigentums einschließlich des Rückabwicklungsanspruchs sowie das Anwartschaftsrecht pfänden. Insoweit sind die → Form. I. VII. 41 und → Form. I. VII. 45 zu verbinden.

Zur Pfändung siehe auch (Auswahl): *Amann*, Schutz des Zweitkäufers vor Zwangsvollstreckungsmaßnahmen gegen den Erstkäufer, DNotZ 1997, 113; *Hansmeyer*, Zwangsvollstreckungsmaßnahmen gegen Verkäufer oder Käufer während der Abwicklung eines notariellen Kaufvertrages, MittRhNotK 1989, 149; *Hintzen*, Pfändung des Eigentumsverschaffungsanspruchs und des Anwartschaftsrechtes aus der Auflassung, Rpfleger 1989, 439; *Jung*, Veränderungen der Vormerkung nach Pfändung des Eigentumsverschaffungsanspruchs, Rpfleger 1997, 96; *Koch/Mayer*, Zur Pfändbarkeit des

Rückerwerbsanspruchs – die Rechtsprechung des BGH und Gestaltungsmöglichkeiten, ZEV 2007, 55; *Mümmler*, Pfändung des Eigentumsverschaffungsanspruchs an einem Grundstück, JurBüro 1997, 265; *Stöber*, Verpfändung des Eigentumsübertragungsanspruchs und Grundbucheintragung, DNotZ 1985, 587.

4. Aufgrund der Pfändung ist das Grundstück an einen auf Antrag des Gläubigers zu bestellenden Sequester herauszugeben (§ 848 Abs. 1 ZPO). Für die Eintragung der Sicherungshypothek sowie die daran anschließende Möglichkeit der Anordnung der Zwangsversteigerung oder Zwangsverwaltung bedarf es nicht des Besitzes des Schuldners (vgl. § 17 Abs. 1 ZVG). Sein Besitz kann jedoch ein Scheitern der Zwangsverwaltung für den Fall verhindern, dass ein Dritter im Besitz des Grundstücks ist (*Stöber* Rn. 2041). Zudem ist der Besitz des Schuldners für die Pfändung der Früchte (§ 810 ZPO) oder des Zubehörs (§ 865 Abs. 2 ZPO) von Bedeutung. Bei der **Pfändung des Herausgabeanspruchs** muss im Pfändungsüberweisungsbeschluss die gepfändete angebliche Forderung wenigstens in allgemeinen Umrissen angegeben sein; allein die Benennung der herauszugebenden Sache genügt nicht (BGH JurBüro 2007, 383; aA *Stöber* Rn. 2016 der nicht die Darstellung des Rechtsgrundes verlangt, auf dem der Herausgabeanspruch beruht).

5. Da eine Unwirksamkeit der Übertragung oder eine Rückabwicklung des Verpflichtungsgeschäfts nicht ausgeschlossen werden kann (zB wenn eine erforderliche Genehmigung nicht erteilt wird), sollten zugleich mögliche **Rückabwicklungsansprüche** des Vollstreckungsschuldners gepfändet werden. Insbesondere bei Grundstückübertragungen im Wege der vorweggenommenen Erbfolge, aber auch bei Ehegattenzuwendungen, werden häufig **vertragliche Rückerwerbsrechte** vereinbart. Der Bundesgerichtshof (BGHZ 154, 64 = NJW 2003, 1858 zur Pfändung des Rückauflassungsanspruchs gegen die Ehefrau) hat die Pfändbarkeit eines jederzeit ausübaren Rückforderungsrechts bejaht. Dabei differenziert der BGH zwischen dem Recht, die Rückübertragung zu verlangen und dem aus seiner Geltendmachung erst entstehenden Anspruch auf Rückübereignung. Beide Ansprüche sind pfändbar. Auf die Geltendmachung des durch eine Vormerkung gesicherten Rückübertragungsanspruchs kann der in Insolvenz befindliche Gläubiger nicht verzichten (OLG München FGPrax 2009, 155; NZI 2010, 527). Der Pfändungs- und Überweisungsbeschluss muss sowohl das Recht, die Rückübertragung zu verlangen, wie auch das daraus entstehende Rückübereignungsrecht erfassen.

6. Mit der Eintragung des Schuldners als Eigentümer im Grundbuch erwirbt der Gläubiger eine **Sicherungshypothek** zur Sicherung seiner Forderung einschließlich der Kosten der Zwangsvollstreckung (§ 848 Abs. 2 S. 2 ZPO). Die Sicherungshypothek entsteht ohne Grundbucheintragung mit dem Rang des Zeitpunkts ihrer Entstehung. Der Sequester sollte indes stets gem. § 848 Abs. 2 S. 3 ZPO iVm §§ 13, 19 GBO deren Eintragung bewilligen, um den guten Glauben späterer Erwerber zu zerstören. Die Pfändung nach § 848 ZPO und damit auch der Erwerb der Sicherungshypothek ist nach hM (Zöller/*Stöber* § 848 Rn. 7; aA MüKoZPO/*Smid* § 848 Rn. 8) nicht davon abhängig, dass ein Betrag mehr als von 750 EUR erreicht wird. § 848 ZPO verweist nicht auf die Betragsgrenze in § 866 Abs. 3 S. 1 ZPO. Die Befriedigung des Gläubigers erfolgt über § 848 Abs. 3 ZPO nach § 866 Abs. 1 durch Zwangsversteigerung oder Zwangsverwaltung.

7. Nach der Pfändung hat die **Auflassung an den Sequester** zu erfolgen (§ 848 Abs. 2 S. 1 ZPO). Sofern der Drittschuldner nicht die Auflassung an den Sequester erklärt, können der Gläubiger oder der Schuldner diesen auf Auflassung an den Sequester verklagen (*Stöber* Rn. 2044). Die Einigung muss dahin gehen, dass der Schuldner Eigentümer werden soll. Die Vollstreckung des Urteils erfolgt nach § 894 ZPO. Sofern bei der Pfändung des Anspruchs auf Eigentumsübertragung bereits die Auflassung erklärt ist, bedarf es nicht der nochmaligen Auflassung an den Sequester. Vielmehr hat dieser für den Eintritt des Leistungserfolgs die bereits erklärte Aufrechnung zu genehmigen (OLG

Jena Rpfleger 1996, 100). Der Sequester kann neben dem Drittschuldner gemäß § 873 BGB die Eintragung des Schuldners als Eigentümer im Grundbuch beantragen. Str. ist, ob auch der Gläubiger selbst die Eintragung beantragen kann (bejahend KG Rpfleger 1965, 14; *Demharter* § 13 Rn. 47; verneinend *Stöber* Rn. 2045; Meikel/*Böttcher* § 13 Rn. 50).

Die **Bestellung des Sequesters** erfolgt auf Antrag des Gläubigers durch das Amtsgericht der belegenen Sache. Zu dem Antrag → Form. I. VII. 44. Ist das Vollstreckungsgericht nach § 828 Abs. 2 ZPO auch das Gericht der belegenen Sache, kann der Sequester bereits im Pfändungsbeschluss bestellt werden.

8. Kosten und Gebühren. → Form. H. I. 2 Anm. 62 f. Die Anordnung der Herausgabe an einen Sequester löst keine besondere **Gerichtsgebühr** aus. Die Bestellung des Sequesters ist für den Anwalt keine besondere Angelegenheit, § 19 Abs. 2 Nr. 2 RVG. Der **Sequester** erhält eine vom Gericht festzusetzende Vergütung (→ Form. I. VII. 44 Anm. 3). Die Vergütung des Sequesters sind notwendige Kosten der Zwangsvollstreckung im Sinne des § 788 ZPO.

9. Rechtsmittel. → Form. H. I. 2 Anm. 61.

42. Pfändung des Anspruchs auf Übertragung des Eigentums sowie des Rückabwicklungsanspruchs mit Benennung des Sequesters

[Das amtliche Formular „Pfändungs- und Überweisungsbeschluss"[1] ist entsprechend den dortigen Anmerkungen auszufüllen. Auf Seite 4 (bzw. Seite 5) des amtlichen Formulars sind das Feld „G" anzukreuzen und auf Seite 6 (bzw. Seite 7) des amtlichen Formulars unter „Anspruch G" aufzunehmen:]

Es werden die angeblichen Ansprüche des Schuldners gegen den/die Drittschuldner/in,[2]

1. auf Übertragung des Eigentums an dem aufgrund ..... (Darlegung des Rechtsgrundes in allgemeinen Umrissen, zB aufgrund des notariellen Vertrages vom ..... erworbenen) Grundstück ..... in ..... (nähere Bezeichnung), verzeichnet im Grundbuch des Amtsgerichts von ....., Band ....., Blatt .....,[3]

   und auf Herausgabe des Besitzes aufgrund ..... (Darlegung des Rechtsgrundes) an dem vorgenannten Grundstück[4] sowie

2. auf Rückabwicklung des über das Grundstück abgeschlossenen Vertrages vom ....., Urkundenrolle-Nr. ....., des Notars ....., insbesondere auf Rückzahlung der bereits für das Grundstück gezahlten Beträge und auf Erstattung der für das Grundstück getätigten Aufwendungen[5]

gepfändet.[6, 8, 9]

[Auf Seite 8 (bzw. Seite 9) des amtlichen Formular in dem Feld „Es wird angeordnet, dass" das freie Kästchen anzukreuzen und dort einzutragen:]

das Grundstück an einen Sequester herauszugeben und an ihn als Vertreter des Schuldners aufzulassen ist. Als Sequester wird hiermit ..... bestellt.[7]

[Auf Seite 3 (bzw. Seite 4 unter „IV. Kosten") des amtlichen Formulars ist das Feld „gemäß Anlage(n)" anzukreuzen, dort die Kosten der Eintragung ins Grundbuch ggf. unter Beifügung einer Anlage einzutragen.]

Anmerkungen

1. → Form. H. I. 2 (bzw. → Form. H. I. 6 bei Unterhaltsforderungen). Hinsichtlich der weiteren Einzelheiten zum Pfändungs- und Überweisungsbeschluss wird auf die dortigen Anmerkungen Bezug genommen.

2. Drittschuldner ist der Verpflichtete.

3. → Form. I. VII. 42 Anm. 3.

4. → Form. I. VII. 42 Anm. 4.

5. → Form. I. VII. 42 Anm. 5.

6. → Form. I. VII. 42 Anm. 6.

7. → Form. I. VII. 42 Anm. 7. Der Gläubiger kann bereits mit dem Antrag einen Sequester benennen.

8. Kosten und Gebühren. → Form. H. I. 2 Anm. 62 f.

9. Rechtsmittel. → Form. H. I. 2 Anm. 61.

43. Antrag auf Umschreibung des Eigentums und Eintragung einer Sicherungshypothek ins Grundbuch

An das Amtsgericht

. . . . .[1]

– Grundbuchamt –[1]

In der Zwangsvollstreckungssache

. . . . .

– Kläger –

gegen

. . . . .

– Beklagter –

Hiermit zeigen wir an, dass wir den Gläubiger vertreten. Namens und in Vollmacht unseres Mandanten überreichen wir die vollstreckbare Ausfertigung des . . . . . (genaue Bezeichnung des Vollstreckungstitels) nebst Zustellungsnachweis,

1. die Ausfertigungen des Pfändungsbeschlusses/Pfändungs- und Überweisungsbeschlusses des Amtsgerichts . . . . . vom . . . . ., Az.. . . . . ., nebst Zustellungsnachweis,
2. den Beschluss des Amtsgerichts . . . . . vom . . . . . über die Bestellung des Sequesters,
3. die Urkunde des Notars . . . . . vom . . . . ., Urkundenrolle-Nr. . . . . ., die die Auflassung des Grundstücks an den Sequester sowie die Bewilligung des Sequesters für die Eintragung einer Sicherungshypothek über . . . . . EUR enthält,
4. die Urkunde des Notars . . . . . vom . . . . ., Urkundenrolle-Nr. . . . . . (genaue Bezeichnung des Kaufvertrages zwischen dem Drittschuldner und dem Vollstreckungsschuldner),

5. die Genehmigungen zu dem Kaufvertrag vom . . . . . und
6. den Antrag des Sequesters auf Grundstücksumschreibung auf den Vollstreckungsschuldner.

Wir beantragen,

die Umschreibung des Eigentums an dem im Grundbuch des Amtsgerichts . . . . ., Band . . . . ., Blatt . . . . ., eingetragenen Grundstück auf den Vollstreckungsschuldner und zugleich die Eintragung einer Sicherungshypothek in Höhe von . . . . . EUR für den Vollstreckungsgläubiger.

Wir bitten anschließend um die Rücksendung der Vollstreckungsunterlagen. Gleichzeitig bitten wird darum, uns die Gebühren der Eintragung aufzugeben sowie die Eintragungsnachricht zu übersenden.

. . . . .

Rechtsanwalt[2]

Anmerkungen

1. Zuständig für die Eintragung ist das für das belegene Grundstück zuständige Grundbuchamt.

2. **Kosten und Gebühren.** Es entstehen für das **Gericht** und für den **Rechtsanwalt** die mit der Umschreibung eines Grundstücks verbundenen Gebühren nach dem GNotKG bzw. nach dem RVG.

44. Antrag auf Bestellung eines Sequesters

An das Amtsgericht

. . . . .[1]

– Vollstreckungsgericht –

In der Zwangsvollstreckungssache

. . . . .

– Kläger –

gegen

. . . . .

– Beklagter –

Hiermit zeigen wir an, dass wir den Gläubiger vertreten. Namens und in Vollmacht unseres Mandanten überreichen wir die Ausfertigung des Pfändungs- und Überweisungsbeschlusses des Amtsgerichts . . . . . vom . . . . ., Az.. . . . . .[2]

Wir beantragen,

die Bestellung eines Sequesters. Als Sequester schlagen wir . . . . . vor.[3]

Wir bitten anschließend um die Rücksendung der Vollstreckungsunterlagen.

.....

Rechtsanwalt[4]

Anmerkungen

1. Die **Bestellung des Sequesters** erfolgt auf Antrag des Gläubigers unter Vorlage des Pfändungs-/Pfändungs- und Überweisungsbeschlusses durch das Amtsgericht der belegenen Sache (§ 855 ZPO). Zuständig ist gemäß § 20 Nr. 11 RPflG der **Rechtspfleger.** Der Drittschuldner oder der Schuldner haben kein Antragsrecht. Der Bestellungsbeschluss ist im Parteibetrieb dem Schuldner und dem Drittschuldner zuzustellen (§ 829 Abs. 2 ZPO). Der Sequester kann formlos benachrichtigt werden. Davon zu unterscheiden ist die Bestellung des Sequesters gemäß § 25 ZVG, die ausschließlich Sicherungszwecken des Grundstücks dient und den Voraussetzungen des ZVG unterliegt.

2. Eine Zustellung des Pfändungs- und Überweisungsbeschlusses ist für die Bestellung eines Sequesters nicht erforderlich.

3. Der Rechtspfleger ist nicht an die Vorschläge des Gläubigers gebunden; er kann frei entscheiden. Die **Auswahl** erfolgt aus dem Kreis der für das Amt geeigneten und zur Ausübung bereiten natürlichen oder juristischen Personen. Es muss nicht ein Gerichtsvollzieher zum Sequester bestellt werden. Die **Vergütung des Sequesters** wird in entsprechender Anwendung des § 153 Abs. 1 ZVG von dem Gericht festgesetzt, das den Sequester bestellt hat. Die Vergütung ist hierbei in entsprechender Anwendung des § 152a S. 2 ZVG nach Art, Umfang und Leistung des Sequesters zu bestimmen. Dabei sind regelmäßig die für die Vergütung des Zwangsverwalters geltenden Regelungen zugrunde zu legen. Hierbei bestimmt sich die Vergütung in Anlehnung an § 19 ZwVwV nach dem Zeitaufwand (BGH NJW-RR 2005, 1283). Für die Kosten der Sequestration haftet zunächst der Gläubiger. Dieser kann sie als **notwendige Kosten der Zwangsvollstreckung** (§ 788 ZPO) von dem Vollstreckungsschuldner einfordern.

4. Kosten und Gebühren. Für die Vergütung des Sequesters ist von dem Gläubiger eine Vorauszahlung zu leisten, § 12 Abs. 5 GKG. Die Ernennung eines Sequesters löst keine gesonderte Gebühr des **Gerichts** aus. Eine gesonderte **Rechtsanwaltsgebühr** neben der bereits entstandenen Gebühr nach Nr. 3309 VV RVG entsteht nicht (§ 19 Abs. 2 Nr. 3 RVG).

45. Pfändung des Anwartschaftsrechts aus Auflassung

[Das amtliche Formular „Pfändungs- und Überweisungsbeschluss“[1] ist entsprechend den dortigen Anmerkungen auszufüllen. Auf Seite 4 (bzw. Seite 5) des amtlichen Formulars sind das Feld „G“ anzukreuzen und auf Seite 6 (bzw. Seite 7) des amtlichen Formulars unter „Anspruch G“ aufzunehmen:]

Es wird das angebliche Anwartschaftsrecht[2] des Schuldners aus der am ..... zu der Urkunde des Notar ....., Urkundenrolle-Nr. ....., durch den Grundstücksveräußerer ..... (nähere Bezeichnung) an ihn als Auflassungsempfänger erklärten Auflassung des Grundstücks ..... in ..... (genaue Bezeichnung), eingetragen im Grundbuch des Amtsgerichts ..... von ....., Band ....., Blatt ....., gepfändet.[3, 4]

[Da es vorliegend keinen Drittschuldner gibt, bedarf es keines Arrestatoriums. Daher sollte das entsprechende Feld gestrichen und auf Seite 9 (bzw. Seite 10) des amtlichen Formular das Kästchen in dem freien Feld angekreuzt und dort eingetragen werden:]

Der Schuldner hat sich jeder Verfügung über das gepfändete Anwartschaftsrecht zu enthalten.

Dem Gläubiger wird das gepfändete Anwartschaftsrecht zur Einziehung überwiesen.

Anmerkungen

1. → Form. H. I. 2 (bzw. → Form. H. I. 6 bei Unterhaltsforderungen). Hinsichtlich der weiteren Einzelheiten zum Pfändungs- und Überweisungsbeschluss wird auf die dortigen Anmerkungen Bezug genommen.

2. Hat der Drittschuldner die Auflassung an den Schuldner erklärt und hat der Schuldner den Umschreibungsantrag gestellt (BGH NJW 1954, 1325) oder ist der Anspruch auf Übereignung im Grundbuch vorgemerkt (BGHZ 83, 395 = NJW 1982, 1639, 1640), so steht dem Schuldner eine Anwartschaft am Grundstück (sog. **Auflassungsanwartschaft**) zu. Dieses Anwartschaftsrecht kann nach § 857 ZPO gepfändet werden. Ist hingegen noch keine Auflassungsvormerkung im Grundbuch eingetragen, ist der Umschreibungsantrag nur vom Veräußerer gestellt worden oder liegt überhaupt noch kein Antrag vor, so besitzt der Schuldner noch kein übertragbares und damit pfändbares Recht. Eine Pfändung des Anwartschaftsrechts für diesen Fall scheidet aus (BGHZ 106, 108, 111 = NJW 1989, 1093, 1094). Siehe dazu weiter: *Behr*, Anspruch und Anwartschaftsrecht auf Übertragung an einem Grundstück, JurBüro 1997, 458; *Hansmeyer*, Zwangsvollstreckungsmaßnahmen gegen Verkäufer und Käufer während der Abwicklung eines notariellen Kaufvertrages, MittRhNotK 1989, 149; *Hintzen*, Pfändung des Eigentumsverschaffungsanspruchs und des Anwartschaftsrechts, Rpfleger 1989, 439; *Tiedtke*, Das Anwartschaftsrecht des Auflassungsempfängers und die Formbedürftigkeit der Aufhebung eines Grundstückskaufvertrages, NJW 1982, 2281.

Vorsorglich sollte der **Eigentumsverschaffungsanspruch** des Schuldners nach § 848 ZPO (→ Form. I. VII. 41) und die **Auflassungsanwartschaft** nach § 857 Abs. 2 ZPO gleichzeitig gepfändet werden (BayObLG NJW-RR 1997, 1173; OLG Frankfurt NJW-RR 1997, 1308), um so Nachteile zu verhindern, die aufgrund Verfügungen des Veräußerers über das Grundstück entstehen können. Insoweit sind → Form. I. VII. 41 und → Form. I. VII. 45 zu verbinden.

3. Der Grundstücksveräußerer ist **nicht Drittschuldner,** sodass es keine Zustellung an diesen bedarf (BGHZ 128, 184, 188 = NJW 1995, 659, 660). Die Pfändung wird durch Zustellung des Pfändungsbeschlusses an den **Schuldner als Auflassungsempfänger** bewirkt (§ 857 Abs. 2 ZPO). Der Vollstreckungsgläubiger erlangt ein Pfandrecht an dem Anwartschaftsrecht, nicht am schuldrechtlichen Eigentumsverschaffungsanspruch. Das Anwartschaftsrecht wird dem Gläubiger auf Antrag zur Einziehung überwiesen. Eine anderweitige Verwertung (§§ 857 Abs. 3, 844 ZPO) ist nicht möglich. Die Pfändung des Anwartschaftsrechts kann erst im Grundbuch eingetragen werden, wenn die Auflassung in grundbuchmäßiger Form nachgewiesen ist (OLG Hamm FGPrax 2008, 9; OLG München NotBZ 2010, 469).

Es bedarf keiner Mitwirkung eines **Sequesters.** Mit der Eintragung des Schuldners als Eigentümer entsteht gemäß § 857 Abs. 1 ZPO entsprechend § 848 Abs. 2 S. 2 ZPO zugunsten des Gläubigers kraft Gesetzes eine **Sicherungshypothek** (BGH NJW 1954, 1325). Eine Eintragung der Sicherungshypothek kann auf Antrag des Schuldners oder des Gläubigers erfolgen.

Die Befriedigung des Gläubigers erfolgt gemäß § 848 Abs. 3 ZPO nach § 866 Abs. 1 ZPO durch Zwangsversteigerung oder Zwangsverwaltung.

4. **Kosten und Gebühren/Rechtsmittel.** → Form. H. I. 2 Anm. 61 ff.

46. Antrag auf Eigentumsumschreibung sowie auf Eintragung einer Sicherungshypothek

An das Amtsgericht

. . . . .[1]

-Grundbuchamt-

In der Zwangsvollstreckungssache

. . . . .

– Kläger –

gegen

. . . . .

– Beklagter –

Hiermit zeigen wir an, dass wir den Gläubiger vertreten. Namens und in Vollmacht unseres Mandanten überreichen wir die vollstreckbare Ausfertigung des . . . . . (genaue Bezeichnung des Vollstreckungstitels) sowie Ausfertigungen des Pfändungsbeschlusses/ Pfändungs- und Überweisungsbeschlusses des Amtsgerichts . . . . . vom . . . . . Az.. . . . . . nebst Zustellungsnachweisen.

Wir beantragen,

> unter Bezugnahme der bereits in den Grundakten befindlichen Unterlagen, nämlich des Kaufvertrages sowie der entsprechenden Genehmigungen, die Umschreibung des Eigentums an dem im Grundbuch des Amtsgerichts . . . . ., Band . . . . ., Blatt . . . . ., eingetragenen Grundstück auf den Vollstreckungsschuldner und zugleich die Eintragung einer Sicherungshypothek in Höhe von . . . . . EUR für den Vollstreckungsgläubiger.

Wir bitten anschließend um die Rücksendung der Vollstreckungsunterlagen. Gleichzeitig bitten wird darum, uns die Gebühren der Eintragung aufzugeben sowie die Eintragungsnachricht zu übersenden.

. . . . .

Rechtsanwalt[2]

Anmerkungen

1. Zuständig für die Eintragung ist das für das belegene Grundstück zuständige **Grundbuchamt.** Die Eintragung kann auf **Antrag des Gläubigers** oder des Schuldners bei Nachweis der Grundbuchunrichtigkeit durch Vorlage des Pfändungsbeschlusses mit Zustellungsnachweis erfolgen.

2. **Kosten und Gebühren.** Es entstehen für das **Gericht** sowie für den **Rechtsanwalt** die im Rahmen einer Grundbuchberichtigung anfallenden Kosten und Gebühren nach dem GNotKG bzw. dem RVG.

Herausgabe- oder Leistungsansprüche

47. Pfändung des Herausgabeanspruchs an einer beweglichen Sache (§§ 846, 847 ZPO)

[Das amtliche Formular „Pfändungs- und Überweisungsbeschluss“[1] ist entsprechend den dortigen Anmerkungen auszufüllen. Auf Seite 4 (bzw. Seite 5) des amtlichen Formulars sind das Feld „G“ anzukreuzen und auf Seite 6 (bzw. Seite 7) des amtlichen Formulars unter „Anspruch G“ aufzunehmen:]

Es wird der angebliche Anspruch des Schuldners gegen den/die Drittschuldner,[3] auf Herausgabe[2] der/des für den Schuldner/von dem Schuldner ..... (nähere Bezeichnung des Rechtsgrundes, zB verliehenen) ..... (nähere Bezeichnung der Sache) gepfändet.[4, 6, 7]

[Auf Seite 8 (bzw. Seite 9) des amtlichen Formular ist in dem Feld „Es wird angeordnet, dass“ das freie Kästchen anzukreuzen und dort einzutragen:]

der Drittschuldner die Sache an einen vom Gläubiger zu beauftragenden Gerichtsvollzieher herauszugeben hat.[5, 8]

Anmerkungen

1. → Form. H. I. 2 (bzw. → Form. H. I. 6 bei Unterhaltsforderungen). Hinsichtlich der weiteren Einzelheiten zum Pfändungs- und Überweisungsbeschluss wird auf die dortigen Anmerkungen Bezug genommen.

2. Herausgabeansprüche an einer beweglichen Sache (= Verschaffung des unmittelbaren Besitzes) kommen in Betracht, wenn der Schuldner die Sache vermietet (§ 546 BGB), verpachtet (§§ 581, 546 BGB), verliehen (§ 604 Abs. 1 BGB), einem Beauftragten überlassen (§§ 667, 681 BGB), in Verwahrung gegeben (§ 695 BGB) verpfändet (§ 1254 BGB) oder den Besitz an ihr verloren bzw. einen sonstigen Anspruch mit dem Eigentum durch Abtretung erworben hat (§§ 985, 931 BGB).

3. Drittschuldner ist derjenige, der zur Herausgabe verpflichtet ist. Die Pfändung wird mit der Zustellung an den Drittschuldner bewirkt (§ 829 Abs. 3 ZPO). Hierdurch erfolgt die Beschlagnahme des Anspruchs, und der Vollstreckungsgläubiger erwirbt hieran ein Pfändungspfandrecht.

4. Die **Pfändung** des Anspruchs auf **Herausgabe einer beweglichen körperlichen Sache** erfolgt gemäß § 846 ZPO nach den für Geldforderungen maßgeblichen Vorschriften (§§ 829 ff. ZPO iVm § 847 ZPO). Eine Pfändung scheidet indes bei unpfändbaren Sachen (§§ 811, 811c ZPO) oder bei Sachen ohne eigenen Vermögenswert (zB Sparkassenbücher, Hypothekenbriefe, Schuldschein, Kfz-Briefe) aus (*Stöber* Rn. 2015). Ebenso wenig kann der Herausgabeanspruch an Gegenständen gepfändet werden, die nach § 865 Abs. 2 ZPO der Zwangsvollstreckung in das unbewegliche Vermögen unterliegen. Für die Pfändung der Herausgabeansprüche ist ohne Bedeutung, ob der jeweilige Anspruch bereits fällig ist oder vom Drittschuldner derzeit bereits erfüllt werden muss. Siehe auch (Auswahl): *App*, Formulierung der Pfändung eines Herausgabeanspruchs, KKZ 2006, 257; *Noack*, Aktuelle Fragen zur Pfändung von Ansprüchen auf Herausgabe beweglicher Sachen gegen Dritte (§§ 847, 886 ZPO), DGVZ 1978, 97.

In dem Pfändungsbeschluss muss die herauszugebende Sache **hinreichend bestimmt bezeichnet** werden, da ansonsten eine Herausgabe nicht möglich ist. Pfändungsbeschlüsse, die diesen Anforderungen nicht genügen, sind unwirksam (BGH NJW 2000, 3218, 3219). Zudem muss der **Rechtsgrund der gepfändeten angeblichen Forderung** wenigstens in allgemeinen Umrissen angegeben sein (BGHZ 172, 16 = NJW 2007, 3132 für die Pfändung des Anspruchs auf Übertragung des Eigentums an einem Grundstück mwN; aA *Stöber* Rn. 2037a, der die Benennung der herauszugebenden Sache als ausreichend erachtet). Zur **mehrfachen Pfändung des Herausgabeanspruchs** siehe §§ 854, 856 ZPO.

5. Zur Vorbereitung der Verwertung ist nach § 847 Abs. 1 ZPO anzuordnen, dass die Sache an einen vom Gläubiger zu beauftragenden Gerichtsvollzieher herauszugeben ist. Diese **Anordnung** kann auch noch später in einem gesonderten Beschluss nachgeholt werden. Soweit dem Schuldner der Anspruch auf Herausgabe gemeinsam mit einem Dritten nach Bruchteilen an einer unteilbaren Sache zusteht, darf nur hinsichtlich des Anteils des Schuldners und seines Anspruchs auf Einräumung des Mitbesitzes gepfändet werden. Die Herausgabeanordnung muss in diesem Fall auf Herausgabe an den Gerichtsvollzieher und den Dritten lauten.

Mit der **Herausgabe** der Sache an den Gerichtsvollzieher erfüllt der Drittschuldner seine Verpflichtung gegenüber dem Schuldner und das Pfandrecht des Vollstreckungsgläubigers am Anspruch auf Herausgabe oder Leistung wandelt sich ohne erneute Pfändung in ein **Pfändungspfandrecht an der Sache** (BGHZ 67, 378, 383 = NJW 1977, 384; BGHZ 72, 334 = NJW 1979, 373) um. Etwaige ein Zurückbehaltungsrecht begründende Gegenforderungen des Drittschuldners darf der Vollstreckungsgläubiger befriedigen. Die dadurch entstandenen Kosten sind Kosten der Zwangsvollstreckung und können im Rahmen der Verwertung der Sache berücksichtigt werden (§ 788 ZPO). Im Falle der **Verschaffung des Eigentums** wird der Schuldner Eigentümer, wenn der Drittschuldner die Sache an den Gerichtsvollzieher herausgibt.

Der Pfändungs- und Überweisungsbeschluss und die Herausgabeanordnung ermächtigen den Gerichtsvollzieher nicht zur **Wegnahme der Sache.** Vielmehr muss der Anspruch gegebenenfalls gegen den Drittschuldner gesondert gerichtlich verfolgt werden.

6. Die nach den §§ 846 bis 848 ZPO gepfändeten Forderungen dürfen nur **zur Einziehung** an den Gläubiger überwiesen werden. Eine Überweisung an Zahlungs statt scheidet aus (§ 849 ZPO). Eine **Verwertung** erfolgt nach § 847 Abs. 2 ZPO entsprechend den allgemeinen Regelungen über die Verwertung gepfändeter Sachen (§§ 814 ff. ZPO).

7. Kosten und Gebühren/Rechtsmittel. → Form. H. I. 2 Anm. 61 f. Die Herausgabeanordnung löst weder eine gesonderte **Gerichtsgebühr** aus noch stellt sie für den **Rechtsanwalt** eine besondere Angelegenheit dar. Der **Gerichtsvollzieher** erhält eine Gebühr nach KV 206 GvKostG in Höhe von 16 EUR.

8. Rechtsmittel. → Form. H. I. 2 Anm. 61.

48. Pfändung des Leistungsanspruchs an einer beweglichen Sache (§§ 846, 847 ZPO)

[Das amtliche Formular „Pfändungs- und Überweisungsbeschluss“[1] ist entsprechend den dortigen Anmerkungen auszufüllen. Auf Seite 4 (bzw. Seite 5) des amtlichen Formulars sind das Feld „G“ anzukreuzen und auf Seite 6 (bzw. Seite 7) des amtlichen Formulars unter „Anspruch G“ aufzunehmen:]

Es wird der angebliche Anspruch des Schuldners[2] gegen den/die Drittschuldner[3] auf Leistung, nämlich Übergabe und Übertragung des Eigentums, an der vom Schuldner ..... (nähere Bezeichnung des Rechtsgrundes, zB gekauften) ..... (nähere Bezeichnung der Sache) gepfändet.[4, 6, 7, 8]

[Auf Seite 8 (bzw. Seite 9) des amtlichen Formular ist in dem Feld „Es wird angeordnet, dass" das freie Kästchen anzukreuzen und dort einzutragen:]

der Drittschuldner die Sache an einen vom Gläubiger zu beauftragenden Gerichtsvollzieher herauszugeben hat.[5]

Anmerkungen

1. → Form. H. I. 2 (bzw. → Form. H. I. 6. bei Unterhaltsforderungen). Hinsichtlich der weiteren Einzelheiten zum Pfändungs- und Überweisungsbeschluss wird auf die dortigen Anmerkungen Bezug genommen.

2. Leistungsansprüche (Verschaffung des Eigentums und des Besitzes) können sich aus obligatorischen Ansprüchen auf Übertragung des Eigentums (zB § 433 Abs. 1 BGB, §§ 651, 433 Abs. 1 BGB oder aus §§ 1939, 2147 ff. BGB) bzw. aus Rückübertragung einer sicherungsübereigneten Sache ergeben.

3. Drittschuldner ist **derjenige, der zur Leistung verpflichtet** ist. Die Pfändung wird mit der Zustellung an den Drittschuldner bewirkt (§ 829 Abs. 3 ZPO). Hierdurch erfolgt die Beschlagnahme des Anspruchs, und der Vollstreckungsgläubiger erwirbt hieran ein Pfändungspfandrecht.

4. Die **Pfändung** des Anspruchs auf **Leistung einer beweglichen körperlichen Sache** erfolgt gemäß § 846 ZPO nach den für Geldforderungen maßgeblichen Vorschriften (§§ 829 ff. ZPO iVm § 847 ZPO). Eine Pfändung scheidet indes bei unpfändbaren Sachen (§§ 811, 811c ZPO) oder bei Sachen ohne eigenen Vermögenswert (zB Sparkassenbücher, Hypothekenbriefe, Schuldschein, Kfz-Briefe) aus (*Stöber* Rn. 2015). Ebenso wenig kann der Herausgabe- oder Leistungsanspruch an Gegenständen gepfändet werden, die nach § 865 Abs. 2 ZPO der Zwangsvollstreckung in das unbewegliche Vermögen unterliegen. Für die Pfändung der Herausgabe- oder Leistungsansprüche ist ohne Bedeutung, ob der jeweilige Anspruch bereits fällig ist oder vom Drittschuldner derzeit bereits erfüllt werden muss. Siehe auch (Auswahl): *App*, Formulierung der Pfändung eines Herausgabeanspruchs, KKZ 2006, 257; *Noack*, Aktuelle Fragen zur Pfändung von Ansprüchen auf Herausgabe beweglicher Sachen gegen Dritte (§§ 847, 886 ZPO), DGVZ 1978, 97.

In dem Pfändungsbeschluss muss die herauszugebende bzw. zu leistende Sache **hinreichend bestimmt bezeichnet** werden, da ansonsten eine Herausgabe nicht möglich ist. Pfändungsbeschlüsse, die diesen Anforderungen nicht genügen, sind unwirksam (BGH NJW 2000, 3218, 3219). Zudem muss der **Rechtsgrund der gepfändeten angeblichen Forderung** wenigstens in allgemeinen Umrissen angegeben sein (BGHZ 172, 16 = NJW 2007, 3132 für die Pfändung des Anspruchs auf Übertragung des Eigentums an einem Grundstück mwN; aA *Stöber* Rn. 2037a, der die Benennung der herauszugebenden Sache als ausreichend erachtet). Zur **mehrfachen Pfändung des Herausgabeanspruchs** siehe §§ 854, 856 ZPO.

5. Zur Vorbereitung der Verwertung ist nach § 847 Abs. 1 ZPO anzuordnen, dass die Sache an einen vom Gläubiger zu beauftragenden Gerichtsvollzieher herauszugeben ist. Diese **Anordnung** kann auch noch später in einem gesonderten Beschluss nachgeholt werden. Soweit dem Schuldner der Anspruch auf Leistung gemeinsam mit einem Dritten nach Bruchteilen an einer unteilbaren Sache zusteht, darf nur hinsichtlich des Anteils des

Schuldners und seines Anspruchs auf Einräumung des Mitbesitzes gepfändet werden. Die Leistungsanordnung muss in diesem Fall auf Leistung an den Gerichtsvollzieher und den Dritten lauten.

Mit der **Leistung** der Sache an den Gerichtsvollzieher erfüllt der Drittschuldner seine Verpflichtung gegenüber dem Schuldner und das Pfandrecht des Vollstreckungsgläubigers am Anspruch auf Herausgabe oder Leistung wandelt sich ohne erneute Pfändung in ein **Pfändungspfandrecht an der Sache** (BGHZ 67, 378, 383 = NJW 1977, 384; BGHZ 72, 334 = NJW 1979, 373) um. Etwaige ein Zurückbehaltungsrecht begründende Gegenforderungen des Drittschuldners darf der Vollstreckungsgläubiger befriedigen. Die dadurch entstandenen Kosten sind Kosten der Zwangsvollstreckung und können im Rahmen der Verwertung der Sache berücksichtigt werden (§ 788 ZPO). Im Falle der **Verschaffung des Eigentums** wird der Schuldner Eigentümer, wenn der Drittschuldner die Sache an den Gerichtsvollzieher herausgibt.

Der Pfändungs- und Überweisungsbeschluss und die Herausgabeanordnung ermächtigen den Gerichtsvollzieher nicht zur **Wegnahme der Sache.** Vielmehr muss der Anspruch gegebenenfalls gegen den Drittschuldner gesondert gerichtlich verfolgt werden.

6. Die nach den §§ 846 bis 848 ZPO gepfändeten Forderungen dürfen nur **zur Einziehung** an den Gläubiger überwiesen werden. Eine Überweisung an Zahlungs statt scheidet aus (§ 849 ZPO). Eine **Verwertung** erfolgt nach § 847 Abs. 2 ZPO entsprechend den allgemeinen Regelungen über die Verwertung gepfändeter Sachen (§§ 814 ff. ZPO); → Form. G. V. 1 ff.

7. Kosten und Gebühren. → Form. H. I. 2 Anm. 62 f. Die Herausgabeanordnung löst weder eine gesonderte **Gerichtsgebühr** aus noch stellt sie für den **Rechtsanwalt** eine besondere Angelegenheit dar. Der **Gerichtsvollzieher** erhält eine Gebühr nach Nr. 206 KV GvKostG in Höhe von 16 EUR.

8. Rechtsmittel. → Form. H. I. 2 Anm. 61.

49. Pfändung des Herausgabe- oder Leistungsanspruchs an einem Luftfahrzeug bzw. an einem Schiff

Zu der Möglichkeit der Pfändung des Herausgabe- oder Leistungsanspruchs an einem **Luftfahrzeug** (§ 99 LuftfahrzeugrechteG) sowie an einem **Schiff** (§§ 846, 847a ZPO) siehe die Ausführungen bei *Stöber* Rn. 2008 bzw. Rn. 2033.

50. Pfändung des Herausgabeanspruchs auf eine unbewegliche Sache (§§ 846, 848 ZPO)

[Das amtliche Formular „Pfändungs- und Überweisungsbeschluss“[1] ist entsprechend den dortigen Anmerkungen auszufüllen. Auf Seite 4 (bzw. Seite 5) des amtlichen Formulars sind das Feld „G“ anzukreuzen und auf Seite 6 (bzw. Seite 7) des amtlichen Formulars unter „Anspruch G“ aufzunehmen:]

Es wird der angebliche Anspruch des Schuldners gegen den/die Drittschuldner[2] auf Herausgabe des Besitzes an dem Grundstück . . . . . in . . . . . (genaue Bezeichnung),[3]

verzeichnet im Grundbuch des Amtsgerichts von . . . . ., Band . . . . ., Blatt . . . . ., gepfändet.[5]

[Auf Seite 8 (bzw. Seite 9) des amtlichen Formular ist in dem Feld „Es wird angeordnet, dass“ das freie Kästchen anzukreuzen und dort einzutragen:]

das Grundstück an einen auf Antrag des Gläubigers vom Amtsgericht . . . . . zu bestellenden Sequester[4] herauszugeben und an ihn als Vertreter des Schuldners aufzulassen ist.

[Alternative für den Fall, dass zugleich ein Sequester bestellt wird]:

das Grundstück an einen Sequester[4] herauszugeben und an ihn als Vertreter des Schuldners aufzulassen ist. Als Sequester wird hiermit . . . . . bestellt.

Anmerkungen

1. → Form. H. I. 2 (bzw. → Form. H. I. 6. bei Unterhaltsforderungen). Hinsichtlich der weiteren Einzelheiten zum Pfändungs- und Überweisungsbeschluss wird auf die dortigen Anmerkungen Bezug genommen.

2. Drittschuldner ist **derjenige, der zur Herausgabe verpflichtet** ist. Die Pfändung wird mit der Zustellung an den Drittschuldner bewirkt (§ 829 Abs. 3 ZPO). Hierdurch erfolgt die Beschlagnahme des Anspruchs, und der Vollstreckungsgläubiger erwirbt hieran ein Pfändungspfandrecht.

3. Die Pfändung des Anspruchs auf Herausgabe einer unbeweglichen Sache (Grundstück, Miteigentumsanteil an einem Grundstück, Wohnungseigentum, Gebäudeeigentum, grundstücksgleiche Rechte) erfolgt nach §§ 829 ff. ZPO durch einen Pfändungsbeschluss unter Berücksichtigung der Besonderheiten nach §§ 846, 848 ZPO. Es muss der **Rechtsgrund der gepfändeten angeblichen Forderung** wenigstens in allgemeinen Umrissen angegeben sein (BGHZ 172, 16 = NJW 2007, 3132 für die Pfändung des Anspruchs auf Übertragung des Eigentums an einem Grundstück mwN; aA *Stöber* Rn. 2037a, der die Benennung der herauszugebenden Sache als ausreichend erachtet). Zu den weiteren Einzelheiten der Pfändung → Form. I. VII. 41. Siehe auch (Auswahl): *Amann*, Schutz des Zweitkäufers vor Zwangsvollstreckungsmaßnahmen gegen den Erstkäufer, DNotZ 1997, 113; *Hansmeyer*, Zwangsvollstreckungsmaßnahmen gegen Verkäufer oder Käufer während der Abwicklung eines notariellen Kaufvertrages, MittRhNotK 1989, 149; *Hintzen*, Pfändung des Eigentumsverschaffungsanspruchs und des Anwartschaftsrechtes aus der Auflassung, Rpfleger 1989, 439; *Jung*, Veränderungen der Vormerkung nach Pfändung des Eigentumsverschaffungsanspruchs, Rpfleger 1997, 96; *Mümmler*, Pfändung des Eigentumsverschaffungsanspruchs an einem Grundstück, JurBüro 1997, 265; *Stöber*, Verpfändung des Eigentumsübertragungsanspruchs und Grundbucheintragung, DNotZ 1985, 587.

4. → Form. I. VII. 41 Anm. 6. Die **Bestellung des Sequesters** erfolgt auf Antrag des Gläubigers durch das Amtsgericht der belegenen Sache. Zu dem Antrag → Form. I. VII. 44. Ist das Vollstreckungsgericht nach § 828 Abs. 2 ZPO auch das Gericht der belegenen Sache, kann der Sequester bereits im Pfändungsbeschluss bestellt werden.

5. Kosten und Gebühren/Rechtsmittel. → Form. H. I. 2 Anm. 61 ff. und → Form. I. VII. 41 Anm. 8.

51. Pfändung des Leistungsanspruchs auf eine unbewegliche Sache (§§ 846, 848 ZPO)

[Das amtliche Formular „Pfändungs- und Überweisungsbeschluss“[1] ist entsprechend den dortigen Anmerkungen auszufüllen. Auf Seite 4 (bzw. Seite 5) des amtlichen Formulars sind das Feld „G“ anzukreuzen und auf Seite 6 (bzw. Seite 7) des amtlichen Formulars unter „Anspruch G“ aufzunehmen:]

Es wird der angebliche Anspruch des Schuldners gegen den/die Drittschuldner[2] auf Übertragung des Eigentums[3] durch Auflassung und Eintragungsbewilligung an dem Grundstück . . . . . in . . . . . (genaue Bezeichnung), verzeichnet im Grundbuch des Amtsgerichts von . . . . ., Band . . . . ., Blatt . . . . ., gepfändet.[5]

[Auf Seite 8 (bzw. Seite 9) des amtlichen Formular ist in dem Feld „Es wird angeordnet, dass“ das freie Kästchen anzukreuzen und dort einzutragen:]

das Grundstück an einen auf Antrag des Gläubigers vom Amtsgericht . . . . . zu bestellenden Sequester[4] herauszugeben und an ihn als Vertreter des Schuldners aufzulassen ist.

[Alternative für den Fall, dass zugleich ein Sequester bestellt wird]:

> Zugleich wird angeordnet, dass das Grundstück an einen Sequester[4] herauszugeben und an ihn als Vertreter des Schuldners aufzulassen ist. Als Sequester wird hiermit . . . . . bestellt.

Anmerkungen

1. → Form. H. I. 2 (bzw. → Form. H. I. 6 bei Unterhaltsforderungen). Hinsichtlich der weiteren Einzelheiten zum Pfändungs- und Überweisungsbeschluss wird auf die dortigen Anmerkungen Bezug genommen.

2. **Drittschuldner** ist **derjenige, der zur Leistung verpflichtet** ist. Die Pfändung wird mit der Zustellung an den Drittschuldner bewirkt (§ 829 Abs. 3 ZPO). Hierdurch erfolgt die Beschlagnahme des Anspruchs, und der Vollstreckungsgläubiger erwirbt hieran ein Pfändungspfandrecht.

3. Die Pfändung des Anspruchs auf Leistung (= Übertragung des Eigentums) einer unbeweglichen Sache (Grundstück, Miteigentumsanteil an einem Grundstück, Wohnungseigentum, Gebäudeeigentum, grundstücksgleiche Rechte) erfolgt nach §§ 829 ff. ZPO durch einen Pfändungsbeschluss unter Berücksichtigung der Besonderheiten nach §§ 846, 848 ZPO. Es muss der **Rechtsgrund der gepfändeten angeblichen Forderung** wenigstens in allgemeinen Umrissen angegeben sein (BGHZ 172, 16 = NJW 2007, 3132 für die Pfändung des Anspruchs auf Übertragung des Eigentums an einem Grundstück mwN; aA *Stöber* Rn. 2037a, der die Benennung der herauszugebenden Sache als ausreichend erachtet). Zu den weiteren Einzelheiten der Pfändung → Form. I. VII. 41. Siehe auch (Auswahl): *Amann*, Schutz des Zweitkäufers vor Zwangsvollstreckungsmaßnahmen gegen den Erstkäufer, DNotZ 1997, 113; *Hansmeyer*, Zwangsvollstreckungsmaßnahmen gegen Verkäufer oder Käufer während der Abwicklung eines notariellen Kaufvertrages, MittRhNotK 1989, 149; *Hintzen*, Pfändung des Eigentumsverschaffungsanspruchs und des Anwartschaftsrechtes aus der Auflassung, Rpfleger 1989, 439; *Jung*, Veränderungen der Vormerkung nach Pfändung des Eigentumsverschaffungsanspruchs, Rpfleger 1997, 96; *Mümmler*, Pfändung des Eigentumsverschaffungsanspruchs an einem Grundstück, JurBüro 1997, 265; *Stöber*, Verpfändung des Eigentumsübertragungsanspruchs und Grundbucheintragung, DNotZ 1985, 587.

4. → Form. I. VII. 41 Anm. 6. Die **Bestellung des Sequesters** erfolgt auf Antrag des Gläubigers durch das Amtsgericht der belegenen Sache. Zu dem Antrag → Form. I. VII. 44. Ist das Vollstreckungsgericht nach § 828 Abs. 2 ZPO auch das Gericht der belegenen Sache, kann der Sequester bereits im Pfändungsbeschluss bestellt werden.

5. Kosten und Gebühren/Rechtsmittel. → Form. H. I. 2 Anm. 61 ff. und → Form. I. VII. 41 Anm. 8.

Hinterlegung

52. Pfändung des Anspruchs des Empfangsberechtigten auf Auszahlung eines hinterlegten Geldbetrages

[Das amtliche Formular „Pfändungs- und Überweisungsbeschluss"[1] ist entsprechend den dortigen Anmerkungen auszufüllen. Auf Seite 4 (bzw. Seite 5) des amtlichen Formulars sind das Feld „G" anzukreuzen und auf Seite 6 (bzw. Seite 7) des amtlichen Formulars unter „Anspruch G" aufzunehmen:]

Es wird der angebliche Anspruch des Schuldners[2, 3] gegen den/die Drittschuldner[4] auf Aufzahlung des auch zugunsten des Schuldners bei der Hinterlegungsstelle des Amtsgerichts . . . . . unter dem Az.. . . . .[5] in Sachen . . . . . hinterlegten Geldbetrages, auch bezüglich derjenigen Beträge, die erst künftig hinterlegt werden, gepfändet.[6, 7]

Anmerkungen

1. → Form. H. I. 2 (bzw. → Form. H. I. 6 bei Unterhaltsforderungen). Hinsichtlich der weiteren Einzelheiten zum Pfändungs- und Überweisungsbeschluss wird auf die dortigen Anmerkungen Bezug genommen.

2. Nach §§ 372 ff. BGB hat der Schuldner die Möglichkeit, sich von einer Verbindlichkeit zu befreien (§ 378 BGB), wenn er aus Gründen, die in der Person des Gläubigers liegen (Annahmeverzug, andere in der Person des Gläubigers liegende Leistungshindernisse, Ungewissheit über die Person des Gläubigers), die geschuldete Leistung nicht oder nicht mit Sicherheit bewirken kann. Er kann sich von seiner Schuld vorläufig (§ 379 BGB) oder endgültig befreien (§ 378 BGB). Zur **Hinterlegung** ist der Schuldner berechtigt, nicht verpflichtet (BGH NJW 1969, 1661, 1662). Hinterlegungsfähig sind Geld, Wertpapiere, sonstige Urkunden sowie Kostbarkeiten. Legitimationspapiere (§ 808 BGB), wie zB Sparbücher, Hypotheken- oder Grundschuldbriefe, können nicht als Urkunden hinterlegt werden.

Das Hinterlegungsverfahren war ursprünglich in der Hinterlegungsordnung in der bis zum 1.12.2010 geltenden Fassung geregelt. Die Hinterlegungsordnung ist mit Wirkung ab dem 1.12.2010 als Bundesrecht aufgehoben worden (Art. 17 Abs. 2, 80 des Zweiten Gesetzes über die Bereinigung von Bundesrecht im Zuständigkeitsbereich des Bundesministeriums der Justiz vom 23.11.2007, BGBl. 2007 I 2614). Die Länder haben mittlerweile eigene Regelungen geschaffen, zB das Hinterlegungsgesetz NRW

v. 16.3.2010 (GV NRW 2010, 192). Hinterlegt wird beim Amtsgericht als Hinterlegungsstelle (vgl. zB § 1 Abs. 2 HintG NRW). Mit der Hinterlegung kommt ein öffentlich-rechtliches Verwahrungsverhältnis zustande. Beteiligt am Hinterlegungsverfahren sind der Hinterleger, sofern er nicht auf die Rücknahme verzichtet hat, und alle Personen, die nach dem Hinterlegungsantrag als potentielle Empfangsberechtigte benannt sind. Der wahre Berechtigte muss gegebenenfalls, gestützt auf § 812 Abs. 1 S. 1 Alt. 2 BGB, die Einwilligung zur Auszahlung im Prätendentenstreit klageweise durchsetzen (MüKoBGB/*Fetzer* § 372 Rn. 29.

3. Gepfändet werden kann der **Anspruch** des potentiellen Empfangsberechtigten auf **Auszahlung des hinterlegten Geldbetrages.** Die Pfändung erfolgt im Wege der Forderungspfändung (§§ 829 ff. BGB). Sofern laufende Leistungen hinterlegt werden (zB Miet- oder Pachtzinsen) sollte auch die Pfändung der künftigen Leistungen in dem Pfändungsantrag aufgenommen werden.

4. Drittschuldner ist nicht die Hinterlegungsstelle beim Amtsgericht, sondern **das Land,** bei dessen Amtsgericht die Hinterlegungsstelle eingerichtet ist. Die Vertretung der Länder richtet sich nach den jeweiligen landesrechtlichen Vorschriften.

5. Der gepfändete Anspruch muss **hinreichend** bestimmt bezeichnet werden, damit eine eindeutige Zuordnung bei der Hinterlegungsstelle möglich ist. Dem Erfordernis der Bestimmtheit genügt nicht die Angabe, dass der Herausgabeanspruch aus sämtlichen den Schuldner betreffenden Hinterlegungsgeschäften gepfändet wird (KG OLGZ 1982, 75).

6. Auf Antrag (vgl. zB § 22 Abs. 1 HintG NRW) verfügt die Hinterlegungsstelle (§ 21 Abs. 1 HintG NRW) im Falle des Nachweises der Berechtigung des Empfängers (vgl. zB § 22 Abs. 1, 3 HintG NRW) die **Herausgabe des hinterlegten Geldes.** Der Gläubiger kann nach Überweisung zur Einziehung oder an Zahlungs statt die Forderung für den Schuldner als Hinterlegungsberechtigten einziehen.

7. Kosten und Gebühren/Rechtsmittel. → Form. H. I. 2 Anm. 61 ff.

53. Pfändung des Anspruchs des Empfangsberechtigten auf Herausgabe von Wertpapieren, Urkunden und Kostbarkeiten

[Das amtliche Formular „Pfändungs- und Überweisungsbeschluss“[1] ist entsprechend den dortigen Anmerkungen auszufüllen. Auf Seite 4 (bzw. Seite 5) des amtlichen Formulars sind das Feld „G“ anzukreuzen und auf Seite 6 (bzw. Seite 7) des amtlichen Formulars unter „Anspruch G“ aufzunehmen:]

Es wird der angebliche Anspruch des Schuldners[2, 3] gegen den/die Drittschuldner[4] auf Herausgabe der auch zugunsten des Schuldners bei der Hinterlegungsstelle des Amtsgerichts ..... unter dem Az.. .....[5] in Sachen ..... hinterlegten Sachen ..... (nähere Bezeichnung der Gegenstände), auch bezüglich derjenigen Sachen, die erst künftig hinterlegt werden, gepfändet.[6, 7]

[Auf Seite 8 (bzw. Seite 9) des amtlichen Formular ist in dem Feld „Es wird angeordnet, dass“ das freie Kästchen anzukreuzen und dort einzutragen:]

die hinterlegten Sachen zum Zweck der Verwertung an einen vom Gläubiger zu beauftragenden Gerichtsvollzieher herauszugeben sind

Anmerkungen

1. → Form. H. I. 2 (bzw. → Form. H. I. 6 bei Unterhaltsforderungen). Hinsichtlich der weiteren Einzelheiten zum Pfändungs- und Überweisungsbeschluss wird auf die dortigen Anmerkungen Bezug genommen.

2. Zur Hinterlegung → Form. H. I. 52 Anm. 2.

3. Gepfändet werden kann auch der Anspruch des potentiellen Empfangsberechtigten auf **Herausgabe von Wertpapieren, sonstigen Urkunden und Kostbarkeiten.** Die Pfändung erfolgt im Wege der Herausgabepfändung nach §§ 846, 847 BGB. Siehe dazu auch → Form. I. VII. 47. Auf Antrag verfügt die Hinterlegungsstelle (vgl. zB § 21 Abs. 1 HintG NRW) im Falle des Nachweises der Berechtigung des Empfängers (vgl. zB § 22 Abs. 1, Abs. 3 HintG NRW) die Herausgabe der hinterlegten Sache an den Gerichtsvollzieher (§ 847 Abs. 1 ZPO). Der Gläubiger kann nach Überweisung zur Einziehung oder an Zahlungs statt die Herausgabe an den Gerichtsvollzieher bewilligen.

4. **Drittschuldner** ist nicht die Hinterlegungsstelle beim Amtsgericht, sondern **das Land,** bei dessen Amtsgericht die Hinterlegungsstelle eingerichtet ist. Die Vertretung der Länder richtet sich nach den jeweiligen landesrechtlichen Vorschriften.

5. Der gepfändete Anspruch muss **hinreichend** bestimmt bezeichnet werden, damit eine eindeutige Zuordnung bei der Hinterlegungsstelle möglich ist. Dem Erfordernis der Bestimmtheit genügt nicht die Angabe, dass der Herausgabeanspruch aus sämtlichen den Schuldner betreffenden Hinterlegungsgeschäften gepfändet wird (KG OLGZ 1982, 75).

6. Auf Antrag (vgl. zB § 22 Abs. 1 HintG NRW) verfügt die Hinterlegungsstelle (§ 21 Abs. 1 HintG NRW) im Falle des Nachweises der Berechtigung des Empfängers (vgl. zB § 22 Abs. 1, 3 HintG NRW) die **Herausgabe der hinterlegten Wertpapiere, Urkunden und Kostbarkeiten.** Der Gläubiger kann nach Überweisung zur Einziehung oder an Zahlungs statt die Forderung für den Schuldner als Hinterlegungsberechtigten einziehen.

7. **Kosten und Gebühren/Rechtsmittel.** → Form. H. I. 2 Anm. 61 ff.

54. Pfändung des Anspruchs des Hinterlegers auf Herausgabe des hinterlegten Geldbetrages

[Das amtliche Formular „Pfändungs- und Überweisungsbeschluss“[1] ist entsprechend den dortigen Anmerkungen auszufüllen. Auf Seite 4 (bzw. Seite 5) des amtlichen Formulars sind das Feld „G“ anzukreuzen und auf Seite 6 (bzw. Seite 7) des amtlichen Formulars unter „Anspruch G“ aufzunehmen:]

Es wird der angebliche Anspruch des Schuldners gegen den/die Drittschuldner[2] auf Herausgabe der vom Schuldner bei der Hinterlegungsstelle des Amtsgerichts ..... unter Aktenzeichen ..... in Sachen ..... hinterlegten oder künftig hinterlegt werdenden Sachen ..... (nähere Bezeichnung), nachdem der Schuldner das Rücknahmerecht geltend gemacht hat, gepfändet.[3, 4, 5]

Anmerkungen

1. → Form. H. I. 2 (bzw. → Form. H. I. 6 bei Unterhaltsforderungen). Hinsichtlich der weiteren Einzelheiten zum Pfändungs- und Überweisungsbeschluss wird auf die dortigen Anmerkungen Bezug genommen.

2. Drittschuldner ist nicht die Hinterlegungsstelle beim Amtsgericht, sondern das Land, bei dessen Amtsgericht die Hinterlegungsstelle eingerichtet ist. Die Vertretung der Länder richtet sich nach den jeweiligen landesrechtlichen Vorschriften.

3. Zur Hinterlegung → Form. I. VII. 52 Anm. 2.

4. Der Hinterleger hat das Recht, die hinterlegten Sachen nach § 376 Abs. 1 BGB zurückzunehmen, wenn nicht die Rücknahme nach § 376 Abs. 2 BGB ausgeschlossen ist. Dieses **Rücknahmerecht des Schuldners** ist nach § 377 BGB nicht der Pfändung unterworfen. Damit soll die eingeleitete Tilgung auch bei einer Zwangsvollstreckung sichergestellt werden. Das Pfändungsverbot bezieht sich nur auf das Rücknahmerecht des § 376 Abs. 1 BGB. Von dem Pfändungsverbot des § 377 BGB nicht erfasst werden der **öffentlich-rechtliche Herausgabeanspruch des Hinterlegers** im Falle der Erklärung der Rücknahme gegenüber der Hinterlegungsstelle bzw. die Kondiktionsansprüche gegen den Gläubiger sowie das Rücknahmerecht des Schuldners nach § 382 Hs. 2 BGB nach dem Erlöschen des Gläubigerrechts (MüKoBGB/*Fetzer* § 377 Rn. 4). Dieser Herausgabeanspruch ist pfändbar.

5. Kosten und Gebühren/Rechtsmittel. → Form. H. I. 2 Anm. 61 ff.

55. Pfändung des Anspruchs des Hinterlegers auf Herausgabe der hinterlegten Wertpapiere, Urkunden und Kostbarkeiten

[Das amtliche Formular „Pfändungs- und Überweisungsbeschluss“[1] ist entsprechend den dortigen Anmerkungen auszufüllen. Auf Seite 4 (bzw. Seite 5) des amtlichen Formulars sind das Feld „G“ anzukreuzen und auf Seite 6 (bzw. Seite 7) des amtlichen Formulars unter „Anspruch G“ aufzunehmen:]

Es wird der angebliche Anspruch des Schuldners gegen den/die Drittschuldner[2] auf Herausgabe der vom Schuldner bei der Hinterlegungsstelle des Amtsgerichts . . . . . unter Aktenzeichen . . . . . in Sachen . . . . . hinterlegten oder künftig hinterlegt werdenden Sachen . . . . . (nähere Bezeichnung), nachdem der Schuldner das Rücknahmerecht geltend gemacht hat, gepfändet.[3, 4, 5]

[Auf Seite 8 (bzw. Seite 9) des amtlichen Formulars sind in dem Feld „Es wird angeordnet, dass“ das freie Kästchen anzukreuzen und dort einzutragen:]

die hinterlegten Sachen zum Zweck der Verwertung an einen vom Gläubiger zu beauftragenden Gerichtsvollzieher herauszugeben sind.

Anmerkungen

1. → Form. H. I. 2 (bzw. → Form. H. I. 6 bei Unterhaltsforderungen). Hinsichtlich der weiteren Einzelheiten zum Pfändungs- und Überweisungsbeschluss wird auf die dortigen Anmerkungen Bezug genommen.

2. **Drittschuldner** ist nicht die Hinterlegungsstelle beim Amtsgericht, sondern das Land, bei dessen Amtsgericht die Hinterlegungsstelle eingerichtet ist. Die Vertretung der Länder richtet sich nach den jeweiligen landesrechtlichen Vorschriften.

3. Zur Hinterlegung → Form. I. VII. 52 Anm. 2. Gepfändet werden kann auch der Anspruch des Hinterlegers auf **Herausgabe der von ihm hinterlegten Wertpapiere, sonstigen Urkunden oder Kostbarkeiten.** Die Pfändung erfolgt im Wege der Herausgabepfändung nach §§ 846, 847 BGB. → Form. I. VII. 47. Auf Antrag verfügt die Hinterlegungsstelle (vgl. zB § 21 Abs. 1 HintG NRW) im Falle des Nachweises der Berechtigung des Empfängers (vgl. zB § 22 Abs. 1, Abs. 3 HintG NRW) die Herausgabe der hinterlegten Sache an den Gerichtsvollzieher (§ 847 Abs. 1 ZPO). Der Gläubiger kann nach Überweisung zur Einziehung oder an Zahlungs statt die Herausgabe an den Gerichtsvollzieher bewilligen.

4. Zur Pfändung → Form. I. VII. 54 Anm. 4.

5. **Kosten und Gebühren/Rechtsmittel.** → Form. H. I. 2 Anm. 61 ff.

Internet-Domain

56. Pfändung einer Internet-Domain

[Das amtliche Formular „Pfändungs- und Überweisungsbeschluss“[1] ist entsprechend den dortigen Anmerkungen auszufüllen. Auf Seite 4 (bzw. Seite 5) des amtlichen Formulars sind das Feld „G“ anzukreuzen und auf Seite 6 (bzw. Seite 7) des amtlichen Formulars unter „Anspruch G“ aufzunehmen:]

Es werden die angeblichen Ansprüche und Rechte des Schuldners [2, 3] aus dem mit der DENIC eG, vertreten durch den Vorstand, Kaiserstraße 75–77, 60329 Frankfurt am Main, als Drittschuldnerin,[4] aufgeschlossenen Registrierungsvertrag über die Internet-Domain . . . . . (genaue Bezeichnung der Internet-Adresse) einschließlich aller sich aus dem Vertragsverhältnis ergebenden Nebenansprüche gepfändet.[6]

[Auf Seite 8 (bzw. Seite 10) des amtlichen Formulars ist das Feld „an Zahlungs statt“ überweisen anzukreuzen.][5]

Anmerkungen

1. → Form. H. I. 2 (bzw. → Form. H. I. 6 bei Unterhaltsforderungen). Hinsichtlich der weiteren Einzelheiten zum Pfändungs- und Überweisungsbeschluss wird auf die dortigen Anmerkungen Bezug genommen.

2. Eine **Domain** ist eine technische Adresse im Internet. Sie ist mittlerweile ein knappes und bei attraktiven Bezeichnungen wertvolles Wirtschaftsgut. Weltweit wird jede Domain nur einmal vergeben. In Deutschland waren im Juli 2015 rund 16.000.000 Domains registriert. Die Möglichkeit der Bildung von einprägsamen Namen wird zunehmend schwerer. Während Namen, Firmenbezeichnungen, Marken etc. nahezu in jeder Schreibweise gewählt werden können, ist dies bei einer Domain technisch nicht möglich. Eine Domain kann nur aus Ziffern, Bindestrichen, Buchstaben des lateinischen Alphabets ohne Umlaute bzw. anderen Sonderzeichen bestehen. Zwischen Groß- und Kleinschreibung wird nicht unterschieden. Der Domainname muss wenigstens einen Buchstaben enthalten und darf weder mit einem Bindestrich beginnen noch enden. Die Mindestlänge beträgt drei, die Höchstlänge 63 Zeichen (vgl. dazu im Einzelnen die Denic-Domainrichtlinien).

Mit Abschluss eines Vertrages über die Registrierung einer Internet-Domain erhält der Anmelder der Domain einen Anspruch auf Registrierung nach Maßgabe der DENIC-Registrierungsbedingungen und -richtlinien. Dieser Anspruch ist gerichtet auf die Eintragung der Domain in das DENIC-Register und den Primary Nameserver. Aus den Registrierungsbedingungen ergibt sich, dass der Vertrag auf Dauer geschlossen ist. Aufgrund dieses Dauerschuldverhältnisses schuldet die DENIC mit der Eintragung dem Anmelder nach der erfolgten Konnektierung die Aufrechterhaltung der Eintragung im Primary Nameserver als Voraussetzung für den Fortbestand der Konnektierung. Daneben bestehen weitere Ansprüche des Domaininhabers wie die Anpassung des Registers an seine veränderten persönlichen Daten oder ihre Zuordnung zu einem anderen Rechner durch Änderung der IP-Nummer (BGH NJW 2005, 3353).

3. Die **Internet-Domain** als solche ist kein anderes Vermögensrecht im Sinne des § 857 Abs. 1 ZPO. Der Domain kommt keine mit einem Patent-, Marken- oder Urheberrecht vergleichbare ausschließliche Stellung zu. Vielmehr ist die ausschließliche Stellung allein technisch bedingt. **Gegenstand der Pfändung** ist nach der Rechtsprechung des Bundesgerichtshofes (NJW 2005, 3353) als Vermögensgegenstand die **Gesamtheit der schuldrechtlichen Ansprüche** des Inhabers gegenüber der Vergabestelle aus dem Registrierungsvertrag. Damit sind die in der Instanzrechtsprechung und Literatur teilweise vertretenen anderen Auffassungen überholt (vgl. die Nachweise bei BGH NJW 2005, 3353). Gepfändet werden muss der **Anspruch des Schuldners** als Domaininhaber **aus dem Registrierungsvertrag** mit der Registrierungsstelle. Die dem Schuldner aus diesem Vertragsverhältnis weiter zustehenden Ansprüche sind nicht isoliert verwertbar und damit nicht einzeln pfändbar. Die Pfändung des Aufrechterhaltungsanspruchs umfasst auch alle weiteren sich aus dem Vertragsverhältnis ergebenden Nebenansprüche (BGH NJW 2005, 3353). Der Pfändung steht nicht entgegen, dass die Domain aus dem bürgerlichen Namen, der Firma des Nutzungsberechtigten, einer geschützten Marke, einer geschäftlichen Bezeichnung oder einer geographischen Herkunftsangabe gebildet worden ist (*Stöber* Rn. 1645c). Nach Auffassung des LG Mönchengladbach (NJW-RR 2005, 439) können Internet-Domains jedoch als Arbeitsmittel nach § 811 Abs. 1 Nr. 5 ZPO unpfändbar sein (s. auch *Boecker* MDR 2007, 1234).

Weitere Einzelhefte finden sich bei (Auswahl): *Berger*, Zwangsvollstreckung in „Internet-Domains“, Rpfleger 2002, 181; *Boecker*, „de-Domain“ – Praktische Probleme bei der Zwangsvollstreckung, MDR 2007, 1234; *Empting*, Die Internet-Domain in der Insolvenz, ZInsO 2006, 229; *Hanloser*, Die Pfändung deutscher Internet-Domains, Rpfleger 2000, 525; *Hoffmann*, NJW-Beil. 2001, Nr. 14, 25; *Kleespies*, Die Domain als selbständiger Vermögensgegenstand in der Einzelzwangsvollstreckung, GRUR 2002, 764; *Lwowski/Dahm*, Zu Übertragbarkeit und Pfändbarkeit von de- und eu-Domains, WM 2001, 1135; *Meier*, Zur Zulässigkeit der Pfändung einer Internet-Domain, KKZ 2001, 231; *Nägele*, Die Rechtsprechung des Bundesgerichtshofes zu Internet-Domains, WRP 2002, 138; *Plaß*, Die Zwangsvollstreckung in die Domain, WRP 2000, 1077; *Schmittmann*, Rechtsfragen bei Pfändung einer Domain und Aufnahme der Domain in das Vermögensverzeichnis, DGVZ 2001, 177; Stadler, Drittschuldnereigenschaft der DENIC bei der Domainpfändung, MMR 2007, 71; *Welzel*, Zwangsvollstreckung in Internet-Domains, MMR 2001, 131.

4. **Drittschuldner** ist die **zentrale Registrierungsstelle für alle Domains** unterhalb der Top Level Domain „.de“, die DENIC eG (LG Zwickau Rpfleger 2010, 34); zur Anschrift siehe den Internetauftritt der Drittschuldnerin unter „www.denic.de“. Die Pfändung wird durch die Zustellung an die Drittschuldnerin (§§ 857 Abs. 1, 829 Abs. 2 ZPO) bewirkt. Mit dem Verfügungsverbot wird eine Übertragung der Domain auf Dritte untersagt. Das

Leistungsverbot verwehrt der Drittschuldnerin eine Mitwirkung an dem Wechsel des Nutzungsberechtigten. Durch die Pfändung wird die Befugnis des Schuldners zur weiteren eigenen Nutzung der Domain bis zur Verwertung nicht eingeschränkt.

5. Die **Verwertung** der gepfändeten schuldrechtlichen Ansprüche des Schuldners gegenüber der Registrierungsstelle kann nach §§ 857 Abs. 1, 844 Abs. 1 ZPO durch Überweisung an Zahlungs statt zu einem Schätzwert (BGH NJW 2005, 3353) oder durch Versteigerung (LG Mönchengladbach NJW-RR 2005, 439) bzw. freihändige Veräußerung (§§ 844, 857 Abs. 5 ZPO) erfolgen (siehe auch *Boecker* MDR 2007, 1234). Es kann auch einem anderen gegen Entgelt die Ausübung überlassen werden (Zöller/*Stöber* § 857 Rn. 12c). Zu dem Antrag auf anderweitige Verwertung nach § 844 ZPO → Form. H. IV. 5.

6. Kosten und Gebühren/Rechtsmittel → Form. H. I. 2 Anm. 61 ff.

Kaufvertrag

57. Pfändung des kaufvertraglichen Erfüllungsanspruchs bei einer beweglichen Sache

[Das amtliche Formular „Pfändungs- und Überweisungsbeschluss“[1] ist entsprechend den dortigen Anmerkungen auszufüllen. Auf Seite 4 (bzw. Seite 5) des amtlichen Formulars sind das Feld „G“ anzukreuzen und auf Seite 6 (bzw. Seite 7) des amtlichen Formulars unter „Anspruch G“ aufzunehmen:]

Es wird der angebliche Anspruch des Schuldners[2] gegen den/die Drittschuldner/in[3] aus dem Kaufvertrag vom . . . . . auf Leistung, nämlich Übergabe und Übereignung des Eigentums an der vom Schuldner . . . . . (nähere Bezeichnung der Sache) gepfändet.[5]

[Auf Seite 8 (bzw. Seite 9) des amtlichen Formulars sind in dem Feld „Es wird angeordnet, dass“ das freie Kästchen anzukreuzen und dort einzutragen:]

der Drittschuldner die Sache an einen vom Gläubiger zu beauftragenden Gerichtsvollzieher zur Verwertung herauszugeben hat.[4]

Anmerkungen

1. → Form. H. I. 2 (bzw. → Form. H. I. 6 bei Unterhaltsforderungen). Hinsichtlich der weiteren Einzelheiten zum Pfändungs- und Überweisungsbeschluss wird auf die dortigen Anmerkungen Bezug genommen.

2. Die Pfändung des Anspruchs auf **Leistung einer beweglichen körperlichen Sache** erfolgt gemäß § 846 ZPO nach den für die Pfändung von Geldforderungen maßgeblichen Vorschriften (§§ 829 ff. ZPO) iVm § 847 ZPO. Im Pfändungsbeschluss muss die zu leistende Sache hinreichend bestimmt bezeichnet werden, da ansonsten eine Herausgabe nicht möglich ist. Pfändungsbeschlüsse, die diesen Anforderungen nicht genügen, sind unwirksam (BGH NJW 2000, 3218, 3219). Für die Pfändung des Leistungsanspruchs ist es ohne Bedeutung, ob der Anspruch bereits fällig ist bzw. vom Drittschuldner erfüllt werden muss. Eine Pfändung scheidet bei unpfändbaren Sachen (§§ 811, 811c ZPO) oder bei Sachen ohne eigenen Vermögenswert (zB Kfz-Brief) aus. Ebenso wenig kann der Leistungsanspruch an Gegenständen gepfändet werden, die nach § 865 Abs. 2 ZPO der Zwangsvollstreckung in das unbewegliche Vermögen unterliegen.

3. **Drittschuldner** ist **derjenige, der zur Erfüllung verpflichtet** ist. Die Pfändung wird mit der Zustellung an den Drittschuldner bewirkt (§ 829 Abs. 3 ZPO). Hierdurch erfolgt die Beschlagnahme des Anspruchs und der Vollstreckungsgläubiger erwirbt hieran ein Pfändungspfandrecht.

4. Zur Vorbereitung der Verwertung ist nach § 847 Abs. 1 ZPO anzuordnen, dass die Sache an einen vom Gläubiger zu beauftragenden Gerichtsvollzieher herauszugeben ist. Diese **Herausgabeanordnung** kann auch noch später in einem gesonderten Beschluss nachgeholt werden. Siehe dazu im Einzelnen → Form. I. VII. 47 Anm. 5.

5. **Kosten und Gebühren/Rechtsmittel.** → Form. H. I. 2 Anm. 61 ff.

58. Pfändung des kaufvertraglichen Erfüllungsanspruchs bei einer unbeweglichen Sache

[Das amtliche Formular „Pfändungs- und Überweisungsbeschluss“[1] ist entsprechend den dortigen Anmerkungen auszufüllen. Auf Seite 4 (bzw. Seite 5) des amtlichen Formulars sind das Feld „G“ anzukreuzen und auf Seite 6 (bzw. Seite 7) des amtlichen Formulars unter „Anspruch G“ aufzunehmen:]

Es wird der angebliche Anspruch des Schuldners[2] gegen den/die Drittschuldner[3] auf Übertragung des Eigentums durch Auflassung und Eintragungsbewilligung an dem Grundstück . . . . . in . . . . . (genaue Bezeichnung), verzeichnet im Grundbuch des Amtsgerichts von . . . . ., Band . . . . ., Blatt . . . . ., gepfändet.[5]

[Auf Seite 8 (bzw. Seite 9) des amtlichen Formulars sind in dem Feld „Es wird angeordnet, dass“ das freie Kästchen anzukreuzen und dort einzutragen:]

das Grundstück an einen auf Antrag des Gläubigers vom Amtsgericht . . . . . zu bestellenden Sequester herauszugeben und an ihn als Vertreter des Schuldners aufzulassen ist.[4]

Anmerkungen

1. → Form. H. I. 2 (bzw. → Form. H. I. 6 bei Unterhaltsforderungen). Hinsichtlich der weiteren Einzelheiten zum Pfändungs- und Überweisungsbeschluss wird auf die dortigen Anmerkungen Bezug genommen.

2. Zu den Einzelheiten siehe die Anmerkungen zu den → Form. I. VII. 41 und → Form. I. VII. 50.

3. **Drittschuldner** ist **derjenige, der zur Erfüllung verpflichtet** ist. Die Pfändung wird mit der Zustellung an den Drittschuldner bewirkt (§ 829 Abs. 3 ZPO). Hierdurch erfolgt die Beschlagnahme des Anspruchs und der Vollstreckungsgläubiger erwirbt hieran ein Pfändungspfandrecht.

4. Zur Vorbereitung der Verwertung ist nach § 847 Abs. 1 ZPO anzuordnen, dass die Sache an einen vom Gläubiger zu beauftragenden Gerichtsvollzieher herauszugeben ist. Diese **Herausgabeanordnung** kann auch noch später in einem gesonderten Beschluss nachgeholt werden. Siehe dazu im Einzelnen → Form. I. VII. 47 Anm. 5.

5. **Kosten und Gebühren/Rechtsmittel.** → Form. H. I. 2 Anm. 61 ff.

59. Pfändung des kaufvertraglichen Erfüllungsanspruchs bei einer unbeweglichen Sache mit Bestellung eines Sequesters

[Das amtliche Formular „Pfändungs- und Überweisungsbeschluss"[1] ist entsprechend den dortigen Anmerkungen auszufüllen. Auf Seite 4 (bzw. Seite 5) des amtlichen Formulars sind das Feld „G" anzukreuzen und auf Seite 6 (bzw. Seite 7) des amtlichen Formulars unter „Anspruch G" aufzunehmen:]

Es wird der angebliche Anspruch des Schuldners[2] gegen den/die Drittschuldner[3] auf Übertragung des Eigentums durch Auflassung und Eintragungsbewilligung an dem Grundstück . . . . . in . . . . . (genaue Bezeichnung), verzeichnet im Grundbuch des Amtsgerichts von . . . . ., Band . . . . ., Blatt . . . . ., gepfändet.[5]

[Auf Seite 8 (bzw. Seite 9) des amtlichen Formulars sind in dem Feld „Es wird angeordnet, dass" das freie Kästchen anzukreuzen und dort einzutragen:]

das Grundstück an einen auf Antrag des Gläubigers vom Amtsgericht . . . . . zu bestellenden Sequester herauszugeben und an ihn als Vertreter des Schuldners aufzulassen ist.[4]

Zum Sequester wird bestellt . . . . .

Anmerkungen

1. → Form. H. I. 2 (bzw. → Form. H. I. 6 bei Unterhaltsforderungen). Hinsichtlich der weiteren Einzelheiten zum Pfändungs- und Überweisungsbeschluss wird auf die dortigen Anmerkungen Bezug genommen.

2. Zu den Einzelheiten siehe die Anmerkungen zu den → Form. I. VII. 41 und → Form. I. VII. 50.

3. **Drittschuldner ist derjenige, der zur Erfüllung verpflichtet** ist. Die Pfändung wird mit der Zustellung an den Drittschuldner bewirkt (§ 829 Abs. 3 ZPO). Hierdurch erfolgt die Beschlagnahme des Anspruchs und der Vollstreckungsgläubiger erwirbt hieran ein Pfändungspfandrecht.

4. Zur Vorbereitung der Verwertung ist nach § 847 Abs. 1 ZPO anzuordnen, dass die Sache an einen vom Gläubiger zu beauftragenden Gerichtsvollzieher herauszugeben ist. Diese **Herausgabeanordnung** kann auch noch später in einem gesonderten Beschluss nachgeholt werden. Siehe dazu im Einzelnen → Form. I. VII. 47 Anm. 5.

5. **Kosten und Gebühren/Rechtsmittel.** → Form. H. I. 2 Anm. 61 ff.

60. Pfändung der Kaufpreisforderung bei einer beweglichen Sache

[Das amtliche Formular „Pfändungs- und Überweisungsbeschluss"[1] ist entsprechend den dortigen Anmerkungen auszufüllen. Auf Seite 4 (bzw. Seite 5) des amtlichen Formulars sind das Feld „G" anzukreuzen und auf Seite 6 (bzw. Seite 7) des amtlichen Formulars unter „Anspruch G" aufzunehmen:]

Es wird der angebliche Anspruch des Schuldners gegen den/die Drittschuldner/in auf Zahlung des (restlichen) Kaufpreises aus dem Vertrag vom . . . . . (möglichst genaue Bezeichnung des Kaufvertrages)[2] einschließlich aller weiteren Forderungen des Schuldners, insbesondere auch auf Schadensersatz wegen Nichterfüllung, aus diesem Vertrag[3] gepfändet.[4]

Anmerkungen

1. → Form. H. I. 2 (bzw. → Form. H. I. 6 bei Unterhaltsforderungen). Hinsichtlich der weiteren Einzelheiten zum Pfändungs- und Überweisungsbeschluss wird auf die dortigen Anmerkungen Bezug genommen.

2. Der Verkäufer kann aufgrund eines Kaufvertrages von dem Käufer die Zahlung des vereinbarten Kaufpreises verlangen (§ 433 Abs. 2 BGB). Dieser **Anspruch ist als Geldforderung** nach § 829 ZPO pfändbar. An die Bezeichnung der Forderung, die gepfändet werden soll, sind keine übermäßigen Anforderungen zu stellen, weil der Gläubiger in der Regel die Verhältnisse seines Schuldners nur oberflächlich kennt (BGH NJW 1983, 2773, 2774). Allgemeine Formulierungen wie „Forderungen aus Lieferungen" genügen nicht. Der Anspruch muss zumindest anhand der Angaben bestimmbar sein.

3. Da die Pfändung eines Kaufpreisanspruches nicht zugleich den **Anspruch auf Schadensersatz wegen Nichterfüllung** des Vertrages bzw. umgekehrt erfasst (BGH NJW 2000, 1268, 1269), sollten zugleich alle weiteren Ansprüche des Schuldners aus dem Lebenssachverhalt gepfändet werden.

4. **Kosten und Gebühren/Rechtsmittel.** → Form. H. I. 2 Anm. 61 ff.

61. Pfändung der Kaufpreisforderung bei einem notariellen Grundstückskaufvertrag

[Das amtliche Formular „Pfändungs- und Überweisungsbeschluss"[1] ist entsprechend den dortigen Anmerkungen auszufüllen. Auf Seite 4 (bzw. Seite 5) des amtlichen Formulars sind das Feld „G" anzukreuzen und auf Seite 6 (bzw. Seite 7) des amtlichen Formulars unter „Anspruch G" aufzunehmen:]

Es werden die angeblichen Ansprüche des Schuldners

1. gegen den/die Käufer/in als Drittschuldner/in zu 1)auf Zahlung des (restlichen) Kaufpreises aus dem Vertrag vom . . . . . (möglichst genaue Bezeichnung des Kaufvertrages)[2] einschließlich aller weiteren Forderungen des Schuldners, insbesondere auch auf Schadensersatz wegen Nichterfüllung, aus diesem Vertrag[3] und

2. gegen den/die Notar/in als Drittschuldner/in zu 2) auf Herausgabe des zugunsten des Schuldners aus dem notariellen Vertrag vom . . . . . (möglichst genaue Bezeichnung des Kaufvertrages) hinterlegten oder treuhänderisch gehaltenen Kaufpreises[4]

gepfändet.[5]

Anmerkungen

1. → Form. H. I. 2 (bzw. → Form. H. I. 6 bei Unterhaltsforderungen). Hinsichtlich der weiteren Einzelheiten zum Pfändungs- und Überweisungsbeschluss wird auf die dortigen Anmerkungen Bezug genommen.

2. Der Verkäufer kann aufgrund eines Kaufvertrages von dem Käufer die Zahlung des vereinbarten Kaufpreises verlangen (§ 433 Abs. 2 BGB). Dieser **Anspruch ist als Geldforderung** nach § 829 ZPO pfändbar. An die Bezeichnung der Forderung, die gepfändet werden soll, sind keine übermäßigen Anforderungen zu stellen, weil der Gläubiger in der Regel die Verhältnisse seines Schuldners nur oberflächlich kennt (BGH NJW 1983, 2773, 2774). Allgemeine Formulierungen wie „Forderungen aus Lieferungen" genügen nicht. Der Anspruch muss zumindest anhand der Angaben bestimmbar sein.

3. Da die Pfändung eines Kaufpreisanspruches nicht zugleich den **Anspruch auf Schadensersatz wegen Nichterfüllung** des Vertrages bzw. umgekehrt erfasst (BGH NJW 2000, 1268, 1269), sollten zugleich alle weiteren Ansprüche des Schuldners aus dem Lebenssachverhalt gepfändet werden.

4. Soweit der Kaufpreis beim Notar hinterlegt wird, tritt, vorbehaltlich einer entsprechenden ausdrücklichen Regelung der Parteien, keine schuldbefreiende Wirkung im Sinne des § 378 BGB ein (BGHZ 87, 156, 160 = NJW 1983, 1605; BGH NJW 1994, 1043, 1404). Der Gläubiger der Kaufpreisforderung hat gegen den Notar einen **öffentlich-rechtlichen, abtretbaren Auszahlungsanspruch.** Dieser ist ein Nebenrecht zur Hauptforderung (BGHZ 138, 179, 183 = NJW 1998, 2134) und kann mit diesem abgetreten und gepfändet werden. Insoweit sollte vorsorglich auch der Anspruch des Verkäufers gegen den Notar auf Auskehrung gepfändet werden. Zur Pfändung eines vom Notar treuhänderisch gehaltenen Betrages → Form. I. VII. 117

5. Kosten und Gebühren/Rechtsmittel. → Form. H. I. 2 Anm. 61 ff.

62. Pfändung des Ankaufsrechts bei einer beweglichen Sache (§§ 846, 847 ZPO)

[Das amtliche Formular „Pfändungs- und Überweisungsbeschluss"[1] ist entsprechend den dortigen Anmerkungen auszufüllen. Auf Seite 4 (bzw. Seite 5) des amtlichen Formulars sind das Feld „G" anzukreuzen und auf Seite 6 (bzw. Seite 7) des amtlichen Formulars unter „Anspruch G" aufzunehmen:]

Es wird das angeblich dem Schuldner gegen den/die Drittschuldner/in[2] aufgrund des Vertragsangebots vom . . . . . (möglichst genaue Bezeichnung) zustehende Ankaufsrecht[3] zum Erwerb des . . . . . (möglichst genaue Bezeichnung des Kaufgegenstandes) gepfändet.[4, 6]

[Auf Seite 8 (bzw. Seite 9) des amtlichen Formulars sind in dem Feld „Es wird angeordnet, dass" das freie Kästchen anzukreuzen und dort einzutragen:]

nach Zustandekommen des Kaufvertrags mit Ausübung des Ankaufsrechts das/der/die . . . . . (möglichst genaue Bezeichnung des Kaufgegenstandes) an einen vom Gläubiger zu beauftragenden Gerichtsvollzieher herauszugeben ist.[5]

Anmerkungen

1. → Form. H. I. 2 (bzw. → Form. H. I. 6 bei Unterhaltsforderungen). Hinsichtlich der weiteren Einzelheiten zum Pfändungs- und Überweisungsbeschluss wird auf die dortigen Anmerkungen Bezug genommen.

2. Drittschuldner ist der Verpflichtete.

3. Bei einem **Ankaufsrecht** (auch Option genannt) wird dem Berechtigten im Wege des Vorvertrages, des bedingten Kaufes oder eines bindenden Angebots die Befugnis eingeräumt, einen inhaltlich bereits festgelegten Kaufvertrag über eine bewegliche oder unbewegliche Sache durch eine einseitige Willenserklärung zustande zu bringen und damit die Rechtsstellung eines Käufers und den Anspruch auf Verschaffung des Eigentums zu erlangen (MüKoBGB/*Westermann* § 463 Rn. 5). Die Ausübung des Ankaufsrechts kann auch in den freien Willen beider Vertragsparteien gestellt werden (BGH NJW 1967, 153). Das Ankaufsrecht ist in der Regel übertragbar, sofern sich nicht aus dem Vertrag unmittelbar oder durch Auslegung ein entgegenstehender Parteiwille ergibt.

4. Das **Ankaufsrecht unterliegt**, soweit es übertragbar ist, **der Pfändung** nach § 857 Abs. 1 ZPO. Drittschuldner ist der Verpflichtete. Der Erlass eines Pfändungs- und Überweisungsbeschlusses berechtigt den Gläubiger indes **nicht zur Ausübung des Ankaufsrechts**, insbesondere kann er nicht für den Schuldner die für das Zustandekommen des Kaufvertrages erforderliche Willenserklärung abgeben. Dieser Anspruch auf Abschluss des Vertrages ist wegen der Inhaltsänderung im Sinne von § 399 Alt. 1 BGB nach § 851 ZPO nicht pfändbar (OLG Stuttgart NJW-RR 2009, 1312). Das **nicht übertragbare Ankaufsrecht** ist nicht pfändbar (§ 851 Abs. 1 ZPO). Es kann aber im Wege der Pfändung eines künftigen Anspruchs der **nach Ausübung des Ankaufsrechts** entstehende Anspruch nach §§ 846 ff. ZPO gepfändet werden (*Stöber* Rn. 1483a). Sobald der Schuldner selbst die für das Zustandekommen des Kaufvertrages erforderliche Willenserklärung abgibt, **setzt sich das Pfändungspfandrecht** an den mit Abschluss des Kaufvertrages entstandenen Rechten des Schuldners fort. Die Zwangsvollstreckung in den nach Ausübung des Rechts bestehenden **Anspruch auf Leistung** einer beweglichen Sache erfolgt nach §§ 846, 847 ZPO oder einer unbeweglichen Sache nach §§ 846, 848 ZPO.

5. Entsprechende Anordnungen können bereits mit der Pfändung des Ankaufsrechts ergehen, aber auch nachgeholt werden.

6. Kosten und Gebühren/Rechtsmittel. → Form. H. I. 2 Anm. 61 ff.

63. Pfändung des Ankaufsrechts bei einem Grundstück (§§ 846, 848 ZPO)

[Das amtliche Formular „Pfändungs- und Überweisungsbeschluss“[1] ist entsprechend den dortigen Anmerkungen auszufüllen. Auf Seite 4 (bzw. Seite 5) des amtlichen Formulars sind das Feld „G“ anzukreuzen und auf Seite 6 (bzw. Seite 7) des amtlichen Formulars unter „Anspruch G“ aufzunehmen:]

Es wird das angeblich dem Schuldner gegen den/die Drittschuldner[2] aufgrund des Vertragsangebots vom . . . . . (möglichst genaue Bezeichnung) zustehende Ankaufsrecht[3] zum Erwerb des . . . . . (möglichst genaue Bezeichnung des Kaufgegenstandes) gepfändet.[4, 6]

[Auf Seite 8 (bzw. Seite 9) des amtlichen Formulars sind in dem Feld „Es wird angeordnet, dass“ das freie Kästchen anzukreuzen und dort einzutragen:]

nach Zustandekommen des Kaufvertrags mit Ausübung des Ankaufsrechts das . . . . . (möglichst genaue Bezeichnung des Grundstücks) an einen auf Antrag des Gläubigers vom Amtsgericht . . . . . zu bestellenden Sequester herauszugeben und an ihn als Vertreter des Schuldners aufzulassen ist.[5]

Anmerkungen

1. → Form. H. I. 2 (bzw. → Form. H. I. 6 bei Unterhaltsforderungen). Hinsichtlich der weiteren Einzelheiten zum Pfändungs- und Überweisungsbeschluss wird auf die dortigen Anmerkungen Bezug genommen.

2. Drittschuldner ist der Verpflichtete.

3. Zum Ankaufsrecht → Form. I. VII. 62 Anm. 3. Die Einräumung erfordert bei einem Grundstück notarielle Beurkundung (§ 311b Abs. 1 BGB).

4. Zur Pfändung des Ankaufsrechts → Form. I. VII. 62 Anm. 4.

5. Entsprechende Anordnungen können bereits mit der Pfändung des Ankaufsrechts ergehen, aber auch nachgeholt werden.

6. Kosten und Gebühren/Rechtsmittel. → Form. H. I. 2 Anm. 61 ff.

64. Pfändung der Ansprüche bei vereinbartem Vorkaufsrecht

[Das amtliche Formular „Pfändungs- und Überweisungsbeschluss“[1] ist entsprechend den dortigen Anmerkungen auszufüllen. Auf Seite 4 (bzw. Seite 5) des amtlichen Formulars sind das Feld „G“ anzukreuzen und auf Seite 6 (bzw. Seite 7) des amtlichen Formulars unter „Anspruch G“ aufzunehmen:]

Es wird das angebliche, kraft ausdrücklicher Vereinbarung übertragbare Vorkaufsrecht[2] des Schuldners an dem Grundstück . . . . . in . . . . . (nähere Bezeichnung), verzeichnet im Grundbuch des Amtsgerichts von . . . . ., Band . . . . ., Blatt . . . . ., des/der derzeitigen Eigentümers/in als Drittschuldner/in[3] gepfändet.[5, 6]

[Auf Seite 8 des amtlichen Formulars sind in dem Feld „Sonstige Anordnungen“ das freie Kästchen (bzw. auf Seite 10 des amtlichen Formulars „wegen Unterhaltsforderung“ das dortige freie Kästchen) anzukreuzen und dort einzutragen:]

Der Drittschuldner hat das genannte Grundstück Zug um Zug gegen Zahlung des Kaufpreises an einen vom Amtsgericht . . . . . zu bestellenden Sequester herauszugeben und an diesen als Vertreter des Schuldners aufzulassen.[4]

Anmerkungen

1. → Form. H. I. 2 (bzw. → Form. H. I. 6 bei Unterhaltsforderungen). Hinsichtlich der weiteren Einzelheiten zum Pfändungs- und Überweisungsbeschluss wird auf die dortigen Anmerkungen Bezug genommen.

2. Das **Vorkaufsrecht** schafft eine Bindung des Eigentümers einer Sache für den Fall, dass er sich von der Sache trennen will, diese unter bestimmten Bedingungen einem anderen zu verkaufen (MüKoBGB/*Westermann* § 463 Rn. 1). Das Vorkaufsrecht kann durch Vertrag zwischen dem Berechtigten und dem Verpflichteten oder kraft gesetzlicher Bestimmung begründet werden, zB das Vorkaufsrecht des Miterben (§§ 2034 ff. BGB), des Mieters bei Verkauf von vermieteten Räumen im Zuge der Begründung von Wohnungseigentum (§ 577 BGB) oder öffentlich-rechtliche Vorkaufsrechte nach Bauplanungsrecht der Gemeinde (§§ 24 ff. BauGB). Ein vertragliches Vorkaufsrecht kann als schuldrechtliches (§§ 463 ff. BGB) oder als dingliches Vorkaufsrecht (§§ 1094 ff. BGB) vereinbart werden. Ein schuldrechtliches Vorkaufsrecht kann in Bezug auf bewegliche Sachen, Grundstücke und Rechte vereinbart werden. Das dingliche Vorkaufsrecht ist ein beschränktes Grundstücksrecht, das dem Berechtigten bei Vorliegen eines Vorkaufsfalls gem. den §§ 1098 Abs. 1 S. 1, 464 Abs. 1 BGB die Ausübung eines unbedingten Gestaltungsrechts auf Abschluss eines Kaufvertrages betreffend Grundstücke, Miteigentumsanteile (einschließlich Wohnungs- und Teileigentum) und grundstücksgleiche Rechte durch einseitige Erklärung gestattet.

Das Vorkaufsrecht ist grundsätzlich nicht übertragbar und geht nicht auf die Erben über, sofern nicht etwas anderes bestimmt ist (§ 473 BGB bzw. § 1098 Abs. 1 S. 1 BGB iVm § 473 BGB). Damit ist das persönliche oder dingliche **Vorkaufsrecht nicht pfändbar** (§ 851 Abs. 1 ZPO). Dies gilt auch für das subjektiv-persönliche Vorkaufsrecht einer juristischen Person oder rechtsfähigen Personenvereinigung (§ 1098 Abs. 3 iVm § 1059b BGB).

Nach der **Ausübung des Vorkaufsrechts** durch den Berechtigten sind die dadurch entstandenen Ansprüche aus dem Kaufvertrag abtretbar (RGZ 163, 153; Palandt/*Weidenkaff* § 473 Rn. 4) und damit **pfändbar.** Sofern der Schuldner Vorkaufsberechtigter war, kann sein Eigentumsverschaffungsanspruch nach §§ 846 ff. BGB gepfändet werden → Form. I. VII. 41. Sofern die Parteien ausdrücklich eine **Übertragbarkeit des Vorkaufsrechts** vereinbart haben, ist eine Pfändung bereits **vor Ausübung des Vorkaufsrechts** nach § 857 Abs. 1 ZPO möglich.

3. **Drittschuldner** ist der **aus der Vereinbarung Verpflichtete.**

4. Die nach §§ 847 Abs. 1, 847a Abs. 1 bzw. 848 Abs. 1 ZPO erforderlichen Anordnungen können noch nachgeholt werden.

5. Die Pfändung samt Überweisung berechtigt den Gläubiger nicht zur Ausübung des Vorkaufsrechts. Möglich ist die Veräußerung des übertragbaren Vorkaufsrechts (§ 857 Abs. 5 ZPO). Übt der Schuldner das **Vorkaufsrecht aus** (§ 464 BGB), dann setzt sich das Pfandrecht an den hierdurch entstandenen Rechten aus dem Kaufvertrag fort. Es gelten die §§ 846 ff. ZPO. Der Gläubiger kann die Herausgabe der Sache an den Gerichtsvollzieher oder die Auflassung des Grundstücks an den Sequester verlangen.

6. **Kosten und Gebühren/Rechtsmittel.** → Form. H. I. 2 Anm. 61 ff.

65. Pfändung der Ansprüche bei vereinbartem Vorkaufsrecht mit gleichzeitiger Bestellung eines Sequesters

[Das amtliche Formular „Pfändungs- und Überweisungsbeschluss"[1] ist entsprechend den dortigen Anmerkungen auszufüllen. Auf Seite 4 (bzw. Seite 5) des amtlichen Formulars sind das Feld „G" anzukreuzen und auf Seite 6 (bzw. Seite 7) des amtlichen Formulars unter „Anspruch G" aufzunehmen:]

Es wird das angebliche, kraft ausdrücklicher Vereinbarung übertragbare Vorkaufsrecht[2] des Schuldners an dem Grundstück ..... in ..... (nähere Bezeichnung), verzeichnet im Grundbuch des Amtsgerichts von ....., Band ....., Blatt ....., des/der derzeitigen Eigentümers/in als Drittschuldner/in[3] gepfändet.[6, 7]

[Auf Seite 8 des amtlichen Formulars sind in dem Feld „Sonstige Anordnungen" das freie Kästchen (bzw. auf Seite 10 des amtlichen Formulars „wegen Unterhaltsforderung" das dortige freie Kästchen) anzukreuzen und dort einzutragen:]

Der Drittschuldner hat das genannte Grundstück Zug um Zug gegen Zahlung des Kaufpreises an einen vom Amtsgericht ..... zu bestellenden Sequester herauszugeben und an diesen als Vertreter des Schuldners aufzulassen.[4]

Zum Sequester wird bestellt .....[5]

Anmerkungen

1. → Form. H. I. 2 (bzw. → Form. H. I. 6 bei Unterhaltsforderungen). Hinsichtlich der weiteren Einzelheiten zum Pfändungs- und Überweisungsbeschluss wird auf die dortigen Anmerkungen Bezug genommen.

2. Zum Vorkaufsrecht → Form. I. VII. 64 Anm. 2.

3. Drittschuldner ist der aus der Vereinbarung Verpflichtete.

4. Die nach §§ 847 Abs. 1, 847a Abs. 1 bzw. 848 Abs. 1 ZPO erforderlichen Anordnungen können noch nachgeholt werden.

5. Der Sequester kann gleichzeitig mit dem Erlass des Pfändungs- und Überweisungsbeschluss bestellt werden.

6. Die Pfändung samt Überweisung berechtigt den Gläubiger nicht zur Ausübung des Vorkaufsrechts. Möglich ist die Veräußerung des übertragbaren Vorkaufsrechts (§ 857 Abs. 5 ZPO). Übt der Schuldner das Vorkaufsrecht aus (§ 464 BGB), dann setzt sich das Pfandrecht an den hierdurch entstandenen Rechten aus dem Kaufvertrag fort. Es gelten die §§ 846 ff. ZPO. Der Gläubiger kann die Herausgabe der Sache an den Gerichtsvollzieher oder die Auflassung des Grundstücks an den Sequester verlangen.

7. Kosten und Gebühren/Rechtsmittel → Form. H. I. 2 Anm. 61 ff.

66. Pfändung des Wiederkaufsanspruchs des Schuldners (§§ 456 ff. BGB)

[Das amtliche Formular „Pfändungs- und Überweisungsbeschluss"[1] ist entsprechend den dortigen Anmerkungen auszufüllen. Auf Seite 4 (bzw. Seite 5) des amtlichen Formulars sind das Feld „G" anzukreuzen und auf Seite 6 (bzw. Seite 7) des amtlichen Formulars unter „Anspruch G" aufzunehmen:]

Es wird das dem Schuldner angeblich[2] gegen den/die Drittschuldner/in[3] nach dem Kaufvertrag vom ..... (möglichst genaue Bezeichnung des Vertrages) zustehende Recht zum Wiederkauf des ..... (möglichst genaue Bezeichnung der beweglichen oder unbeweglichen Sache, auf die sich das Wiederkaufsrecht bezieht) gepfändet.[5, 6]

[Für den Fall einer Sacheinlage ist ergänzend auf Seite 8 (bzw. Seite 9) des amtlichen Formulars in dem Feld „Es wird angeordnet, dass" das freie Kästchen anzukreuzen und dort einzutragen:]

der Drittschuldner bei Ausübung des Wiederkaufsrechts durch den Gläubiger die Sache an einen vom Gläubiger zu beauftragenden Gerichtsvollzieher herauszugeben hat/an den vom Amtsgericht . . . . zu bestellenden Sequester herauszugeben und an diesen als Vertreter des Schuldners aufzulassen hat.[4]

Anmerkungen

1. → Form. H. I. 2 (bzw. → Form. H. I. 6 bei Unterhaltsforderungen). Hinsichtlich der weiteren Einzelheiten zum Pfändungs- und Überweisungsbeschluss wird auf die dortigen Anmerkungen Bezug genommen.

2. Das **Wieder- bzw. Rückkaufsrecht** (§§ 456 ff. BGB) berechtigt einen Verkäufer zum Rückerwerb des Kaufgegenstandes. Mit der Ausübung des Wiederkaufsrechts entsteht ein neuer, eigenständiger Kaufvertrag. Das Wiederkaufsrecht ist übertragbar (BGH NJW 1991, 1948) und damit auch pfändbar. Eine Pfändbarkeit besteht nach hM auch bei einer Unübertragbarkeit nach § 399 BGB (vgl. MüKoBGB/*Westermann* § 456 Rn. 9). Die Pfändung erfolgt nach § 857 Abs. 1 ZPO.

3. Drittschuldner ist der Käufer.

4. Die nach §§ 847 Abs. 1, 847a Abs. 1 bzw. 848 Abs. 1 ZPO erforderlichen Anordnungen können noch nachgeholt werden.

5. Die Pfändung samt Überweisung berechtigt den Gläubiger nicht zur Ausübung des Wiederkaufsrechts. Möglich ist die Veräußerung des Wiederkaufsrechts (§ 857 Abs. 5 ZPO). Übt der Schuldner das Wiederkaufsrecht aus oder hat der Schuldner bereits das Wiederkaufsrecht ausgeübt, dann setzt sich das Pfandrecht an den hierdurch entstandenen Rechten aus dem Kaufvertrag fort. Es gelten die §§ 846 ff. ZPO. Der Gläubiger kann die Herausgabe der Sache an den Gerichtsvollzieher oder die Rückauflassung des Grundstücks an den Sequester verlangen.

6. Kosten und Gebühren/Rechtsmittel. → Form. H. I. 2 Anm. 61 ff.

67. Pfändung des Anspruchs aus einem Kontokorrentverhältnis

[Das amtliche Formular „Pfändungs- und Überweisungsbeschluss“[1] ist entsprechend den dortigen Anmerkungen auszufüllen. Auf Seite 4 (bzw. Seite 5) des amtlichen Formulars sind das Feld „G“ anzukreuzen und auf Seite 6 (bzw. Seite 7) des amtlichen Formulars unter „Anspruch G“ aufzunehmen:]

Es wird der angebliche Anspruch des Schuldners[2] gegen den/die Drittschuldner/in[3] auf alle gegenwärtigen sowie künftigen Guthaben aus der in laufender Rechnung (Kontokorrent) bestehenden Geschäftsverbindung auf Auszahlung der Überschüsse bei den jeweiligen Rechnungsabschlüssen und die sich aus der Geschäftverbindung ergebenden sonstigen Ansprüche und Rechte, insbesondere auf Auskunftserteilung und Rechnungslegung gepfändet.[4]

Anmerkungen

1. → Form. H. I. 2 (bzw. → Form. H. I. 6 bei Unterhaltsforderungen). Hinsichtlich der weiteren Einzelheiten zum Pfändungs- und Überweisungsbeschluss wird auf die dortigen Anmerkungen Bezug genommen.

2. Bei einem **Kontokorrent** (§ 355 HGB) wird eine Mehrheit von gegenseitigen Geldansprüchen aus der bestehenden Geschäftsverbindung durch Verrechnung auf eine Geldschuld zurückgeführt. Voraussetzung ist eine Vereinbarung mit einem Kaufmann, dass die gegenseitigen Ansprüche verrechnet werden und in bestimmten Perioden abgerechnet werden, sodass ein Saldo festgestellt wird. Pfändbar sind nur die gegenwärtigen sowie, wenn dies ausdrücklich angeordnet ist, die künftige **Saldoforderung**; nicht die in das Kontokorrent eingestellten Einzelforderungen (BGH NJW 1981, 1611; BGH NJW 1982, 1150). Die Pfändung bewirkt keine Kündigung bzw. bei Abhebung des fälligen Saldoguthabens Beendigung des Kontokorrentverhältnisses (RGZ 140, 219, 222). Mit der Pfändung erlangt der Gläubiger auch nicht das Recht zur Kündigung (RGZ 140, 219, 222).

3. Drittschuldner ist der aus dem Kontokorrent Verpflichtete.

4. Kosten und Gebühren/Rechtsmittel → Form. H. I. 2 Anm. 61 ff.

Konzession/Zulassungen

68. Pfändung bei Konzessionen oder Zulassungen

Eine **Konzession** ist eine Form der Gewerbezulassung, bei der bestimmte persönliche oder sachliche Voraussetzungen erfüllt sein müssen, zB besondere Befähigung, Zuverlässigkeit, bestimmte bauliche oder technische Einrichtungen, so zB für Apotheken (§§ 1, 2 ApothekenG), Privat-Krankenanstalten (§ 30 GewO), Schaustellungen (§ 33a GewO), Gaststätten, Milchhändler (§ 14 MilchG), Personenbeförderungen gegen Entgelt (§ 13 PBefG) etc. Diese Konzessionen unterliegen **nicht der Pfändung,** da es sich um eine höchstpersönliche Erlaubnis handelt. Gleiches gilt auch für die **Zulassung** als Vertragsarzt und den Praxissitz des Vertragsarztes (LSG Nordrhein-Westfalen NJW 1997, 2477).

Kostenerstattungs-/Prozesskostenvorschuss-/Schadensersatzansprüche etc

69. Pfändung des Anspruchs auf Kostenerstattung (§§ 91 ff. ZPO; 80 ff. FamFG)

[Das amtliche Formular „Pfändungs- und Überweisungsbeschluss“[1] ist entsprechend den dortigen Anmerkungen auszufüllen. Auf Seite 4 (bzw. Seite 5) des amtlichen Formulars sind das Feld „G“ anzukreuzen und auf Seite 6 (bzw. Seite 7) des amtlichen Formulars unter „Anspruch G“ aufzunehmen:]

Es wird[2] der angebliche gegenwärtige und künftige[3] Anspruch des Schuldners gegen den/die Drittschuldner/in[4] auf Zahlung der notwendigen Prozess-/Verfahrenskosten, die der/die Drittschuldner/in dem Schuldner aufgrund des beim . . . . . gericht unter dem Aktenzeichen . . . . . rechtshängigen Verfahrens (möglichst genaue Bezeichnung)/Urteils des . . . . . gericht vom . . . . ., Az.. . . . . ./Beschluss des . . . . . gerichts vom . . . . ., Az.. . . . . . (möglichst genaue Bezeichnung), zu erstatten hat bzw. noch zu erstatten haben wird, gepfändet.[5]

Anmerkungen

1. → Form. H. I. 2 (bzw. → Form. H. I. 6 bei Unterhaltsforderungen). Hinsichtlich der weiteren Einzelheiten zum Pfändungs- und Überweisungsbeschluss wird auf die dortigen Anmerkungen Bezug genommen.

2. Der **Kostenerstattungsanspruch** ist der Anspruch einer Partei oder eines Nebenintervenienten gegen die andere Partei oder einen Nebenintervenienten, die entstandenen Prozesskosten zu erstatten. Der prozessuale bzw. verfahrensrechtliche Kostenerstattungsanspruch beruht auf §§ 91 ff. ZPO bzw. §§ 80 ff. FamFG und kann nur in dem Rechtsstreit bzw. Verfahren, in dem er entsteht, im Kostenfestsetzungsverfahren und nicht in einem selbständigen Prozess verfolgt werden (BGHZ 28, 302, 308). Davon zu unterscheiden ist der **materiell-rechtliche Kostenerstattungsanspruch**, der auf einem Vertrag beruht oder als Aufwendungs- oder Schadensersatzanspruch bestehen kann. Die §§ 91 ff. ZPO/§§ 80 ff. FamFG sind nicht entsprechend anwendbar (BGH NJW 1988, 2032). Der **prozessuale/verfahrensrechtliche Kostenerstattungsanspruch** entsteht aufschiebend bedingt ab Rechtshängigkeit, wandelt sich mit Erlass des Kostenausspruchs zum auflösend Bedingten um und wird mit Eintritt der Rechtskraft oder in den Fällen der Rücknahme der Klage, des Antrages bzw. des Rechtsmittels kraft Gesetz unbedingt. Der Anspruch kann ab Rechtshängigkeit abgetreten (BGH NJW 1988, 3204, 3205), verpfändet und gepfändet werden (OLG Nürnberg MDR 2011, 322). Entsprechendes gilt für die FamFG-Verfahren für den Zeitpunkt der Anhängigkeit.

Der Gläubiger kann nach der Pfändung für den Schuldner die Festsetzung der Kosten (§ 103 Abs. 2 S. 1 ZPO bzw. § 85 FamFG iVm § 103 Ab. 2 S. 1 ZPO) beantragen. Dafür muss der Vollstreckungstitel ihn als Rechtsnachfolger legitimieren (§ 727 ZPO; vgl. Zöller/*Herget* §§ 103, 104 Rn. 3). Die Pfändung schließt eine Umschreibung des Kostenfestsetzungsbeschlusses nach § 126 ZPO auf den beigeordneten Rechtsanwalt aus (OLG Hamburg JurBüro 1983, 291).

3. Nach Einreichung der Klage kann der Kostenerstattungsanspruch vor Rechtshängigkeit **als künftiger Anspruch** gepfändet werden. Eine Pfändbarkeit vor Einreichung des Klage oder eines Verfahrensantrages scheidet aus.

4. **Drittschuldner** ist derjenige, der aufgrund der gerichtlichen Entscheidung (Urteil, Beschluss etc) dem Schuldner zur Erstattung der Kosten verpflichtet ist.

5. **Kosten und Gebühren/Rechtsmittel** → Form. H. I. 2 Anm. 61 ff.

70. Pfändung des Anspruchs auf Kostenerstattung (§§ 464 ff. StPO)

[Das amtliche Formular „Pfändungs- und Überweisungsbeschluss“[1] ist entsprechend den dortigen Anmerkungen auszufüllen. Auf Seite 4 (bzw. Seite 5) des amtlichen Formulars sind das Feld „G“ anzukreuzen und auf Seite 6 (bzw. Seite 7) des amtlichen Formulars unter „Anspruch G“ aufzunehmen:]

Es wird[2] der angebliche gegenwärtige und künftige[3] Anspruch des Schuldners gegen den/die Drittschuldner/in[4] auf Zahlung der notwendigen Verfahrenskosten, die der/die Drittschuldner/in dem Schuldner aufgrund des beim . . . . . gericht unter dem Aktenzeichen . . . . . geführten Verfahrens [möglichst genaue Bezeichnung]/Urteils des . . . . . gericht vom . . . . ., Az.. . . . . ./Beschluss des . . . . . gerichts vom . . . . ., Az.. . . . . . (möglichst genaue Bezeichnung), zu erstatten hat bzw. noch zu erstatten haben wird, gepfändet.[5]

Anmerkungen

1. → Form. H. I. 2 (bzw. → Form. H. I. 6 bei Unterhaltsforderungen). Hinsichtlich der weiteren Einzelheiten zum Pfändungs- und Überweisungsbeschluss wird auf die dortigen Anmerkungen Bezug genommen.

2. Der Anspruch des Schuldners im Strafverfahren gegen die Staatskasse auf **Erstattung der notwendigen Auslagen** eines Strafverfahrens nach Freispruch, Verfahrenseinstellung etc (§§ 467 ff. StPO) ist abtretbar (OLG Koblenz JurBüro 1974, 1556) und unterliegt damit als Geldforderung der Pfändung nach § 829 ZPO.

3. Der Anspruch kann bereits vor Erlass der Kostenentscheidung **als künftiger Anspruch** gepfändet werden.

4. Drittschuldner ist die Staatskasse, die aufgrund der gerichtlichen Entscheidung dem Schuldner zur Erstattung der Kosten verpflichtet ist (s. zur Vertretungsregelung *Stöber* Anhang 6 ff.)

5. Kosten und Gebühren/Rechtsmittel → Form. H. I. 2 Anm. 61 ff.

71. Pfändung des Anspruchs auf Erstattung der Gerichts-/ Verfahrenskosten und Auslagen

[Das amtliche Formular „Pfändungs- und Überweisungsbeschluss"[1] ist entsprechend den dortigen Anmerkungen auszufüllen. Auf Seite 4 (bzw. Seite 5) des amtlichen Formulars sind das Feld „G" anzukreuzen und auf Seite 6 (bzw. Seite 7) des amtlichen Formulars unter „Anspruch G" aufzunehmen:]

Es wird der angebliche gegenwärtige und künftige Anspruch des Schuldners[2] gegen den/ die Drittschuldner/in[3] auf Erstattung der von dem Schuldner in dem Verfahren . . . . . (möglichst genaue Bezeichnung des Verfahren, zB Klageverfahren, Verfahrens der freiwilligen Gerichtsbarkeit) gezahlten Gerichtskosten sowie der von ihm geleisteten sonstigen Vorschüsse gepfändet.[4]

Anmerkungen

1. → Form. H. I. 2 (bzw. → Form. H. I. 6 bei Unterhaltsforderungen). Hinsichtlich der weiteren Einzelheiten zum Pfändungs- und Überweisungsbeschluss wird auf die dortigen Anmerkungen Bezug genommen.

2. Der öffentlich-rechtliche **Anspruch auf Rückzahlung von Gerichts- oder Verfahrenskosten und Auslagen** entsteht nach überwiegender Auffassung in der Rechtsprechung (BayObLGZ 2000, 256; OLG Düsseldorf NJW-RR 1999, 296; OLG Bremen NJW-RR 2000, 1743) bereits mit der Zahlung der angeforderten Kosten (aA OLG Köln NJW-RR 1992, 1086, erst mit Aufhebung des Kostenansatzes oder der Kostenrechnung). Ab diesem Zeitpunkt kann der Erstattungsanspruch (als künftige Forderung) gepfändet werden (*Stöber* Rn. 172).

3. Drittschuldner sind die nach den landesrechtlichen Bestimmungen vorgeschriebenen Stellen (siehe auch die Übersicht der Vertretungen bei *Stöber* Anhang 6 ff.).

4. Kosten und Gebühren/Rechtsmittel → Form. H. I. 2 Anm. 61 ff.

72. Pfändung des Anspruchs auf Rückzahlung einer Sicherheitsleistung/Kaution

[Das amtliche Formular „Pfändungs- und Überweisungsbeschluss"[1] *ist entsprechend den dortigen Anmerkungen auszufüllen. Auf Seite 4 (bzw. Seite 5) des amtlichen Formulars sind das Feld „G" anzukreuzen und auf Seite 6 (bzw. Seite 7) des amtlichen Formulars unter „Anspruch G" aufzunehmen:]*

Es wird der angebliche Anspruch des Schuldners[2] **gegen den/die Drittschuldner/in**[3] **auf Rückzahlung bzw. Rückgabe der von ihm in dem Verfahren . . . . . (möglichst genaue Bezeichnung des staatsanwaltlichen Ermittlungsverfahrens des Strafverfahrens) zur Haftverschonung geleisteten Sicherheit gepfändet.**[4]

Anmerkungen

1. → Form. H. I. 2 (bzw. → Form. H. I. 6 bei Unterhaltsforderungen). Hinsichtlich der weiteren Einzelheiten zum Pfändungs- und Überweisungsbeschluss wird auf die dortigen Anmerkungen Bezug genommen.

2. In einem staatsanwaltlichen Ermittlungsverfahren oder in einem Strafverfahren kann der Vollzug eines Haftbefehls durch Leistung einer angemessenen Sicherheit ausgesetzt werden (§ 116 Abs. 1 Nr. 4 StPO) bzw. eine Freilassung gegen Sicherheitsleistung erfolgen (§ 127a Abs. 1 StPO). Daneben besteht die Möglichkeit, die Durchführung eines Strafverfahrens durch Anordnung einer Sicherheitsleistung zu sichern (§ 132 Abs. 1 StPO). Eine angeordnete Sicherheit kann durch Hinterlegung in barem Geld, in Wertpapieren, durch Pfandbestellung oder durch Bürgschaft geeigneter Personen erbracht werden. Der **Anspruch auf Rückzahlung oder Rückgabe** der Sicherheit unterliegt ab der Leistung der Sicherheit als künftiger Anspruch der Forderungspfändung (s. BGHZ 95, 109, 115 = NJW 1985, 2820; BGH NJW 2004, 3631, 3632; OLG Frankfurt NJW-RR 1988, 1408).

3. Drittschuldner sind die nach den landesrechtlichen Bestimmungen vorgeschriebenen Stellen. Siehe dazu die Übersicht bei *Stöber* Anhang 6 ff.

4. Kosten und Gebühren/Rechtsmittel → Form. H. I. 2 Anm. 61 ff.

73. Pfändung des Anspruchs auf Prozess-/Verfahrenskostenvorschuss (§ 1360a Abs. 4 BGB)

Wenn ein Ehegatte nicht in der Lage ist, die Kosten eines Rechtsstreits oder eines Verfahrens (zB nach dem FamFG) zu tragen, der eine persönliche Angelegenheit trifft, ist der andere Ehegatte verpflichtet, ihm diese Kosten vorzuschießen, soweit dies der Billigkeit entspricht (§ 1360a Abs. 4 S. 1 BGB). Das Gleiche gilt für die Kosten der Verteidigung in einem Strafverfahren, das gegen den Ehegatten gerichtet ist (§ 1360a Abs. 4 S. 2 BGB). Diesen unterhaltsrechtlichen Anspruch haben ebenfalls minderjährige Kinder (BGH FamRZ 2004, 1633; OLG Köln FamRZ 2003, 102) sowie volljährige Kinder ohne selbständige Lebensstellung gegenüber ihren Eltern (BGH FamRZ 2005, 883; OLG München FamRZ 2007, 911; MüKoBGB/*Weber-Monecke* § 1360a Rn. 21). Der **An-**

spruch aus Prozess- oder Verfahrenskostenvorschuss ist zweckgebunden und **weder abtretbar noch pfändbar** (§§ 399 BGB, 851 Abs. 1 ZPO), außer zugunsten des Prozessbevollmächtigten und des Gerichts (BGHZ 94, 316 = NJW 1985, 2263, 2264).

Kreditkartenverträge

74. Pfändung des Anspruchs des Kreditkartenkunden gegen das Kreditkartenunternehmen

[Das amtliche Formular „Pfändungs- und Überweisungsbeschluss"[1] ist entsprechend den dortigen Anmerkungen auszufüllen. Auf Seite 4 (bzw. Seite 5) des amtlichen Formulars sind das Feld „G" anzukreuzen und auf Seite 6 (bzw. Seite 7) des amtlichen Formulars unter „Anspruch G" aufzunehmen:]

Es wird der angeblichen Anspruch[2] des Schuldners gegen den/die Drittschuldner/in[3] auf Auszahlung des Guthabens,[4] das für den Schuldner bei Abwicklung der Geschäftsverbindung über Kreditkarten entstanden ist oder künftig entstehen wird sowie auf Abrechnung gepfändet.[5]

Anmerkungen

1. → Form. H. I. 2 (bzw. → Form. H. I. 6 bei Unterhaltsforderungen). Hinsichtlich der weiteren Einzelheiten zum Pfändungs- und Überweisungsbeschluss wird auf die dortigen Anmerkungen Bezug genommen.

2. Mit **Abschluss eines Kreditkartenvertrages** verpflichtet sich das Kreditkartenunternehmen gegenüber dem Karteninhaber im Wege einer Rahmenvereinbarung, dessen künftige Zahlungsverbindlichkeiten gegenüber den Vertragsunternehmen zu erfüllen. Der Karteninhaber kann bei den Vertragsunternehmen bargeldlos einkaufen bzw. Dienstleistungen in Anspruch zu nehmen, wobei zwischen dem Karteninhaber und dem Vertragsunternehmen mit der Ausstellung des Belastungsbelegs eine vorübergehende Stundungsvereinbarung getroffen wird. Zwischen dem Karteninhaber und dem Kreditkartenunternehmen kommt ein Geschäftsbesorgungsvertrag zustande. Das Kreditkartenunternehmen besitzt einen Anspruch auf Aufwendungsersatz (§§ 675 Abs. 1, 670 BGB), der in der Regel jährlich pauschal berechnet und von dem vereinbarten Girokonto des Karteninhabers im Wege der Lastschrift abgebucht wird.

3. Drittschuldnerin ist das Kreditkartenunternehmen.

4. Die aufgrund des Rahmenvertrages bestehende Möglichkeit des Schuldners als Karteninhaber, bei Vertragsunternehmen Waren zu erwerben sowie Dienstleistungen in Anspruch zu nehmen, begründet keine pfändbaren Ansprüche. Gepfändet werden kann indes der bei der Abwicklung der Geschäftsverbindung mit dem Kreditkartenunternehmen verbleibende **Guthabenanspruch des Schuldners.**

5. Kosten und Gebühren/Rechtsmittel → Form. H. I. 2 Anm. 61 ff.

75. Pfändung des Anspruchs des Vertragsunternehmens gegen das Kreditkartenunternehmen

[Das amtliche Formular „Pfändungs- und Überweisungsbeschluss“[1] ist entsprechend den dortigen Anmerkungen auszufüllen. Auf Seite 4 (bzw. Seite 5) des amtlichen Formulars sind das Feld „G“ anzukreuzen und auf Seite 6 (bzw. Seite 7) des amtlichen Formulars unter „Anspruch G“ aufzunehmen:]

Es werden die angeblichen gegenwärtigen und künftigen Ansprüche des Schuldners als Vertragsunternehmen[2] gegen den/die Drittschuldner/in[3] auf Zahlung der Kaufpreise für Warenverkäufe bzw. auf Vergütung für Dienstleistungen, die von dem Schuldner an die Inhaber von Kreditkarten des Drittschuldners erbracht worden sind bzw. noch erbracht werden, sowie auf Abrechnung gepfändet.[5]

Die gepfändeten Forderungen beruhen auf der vertraglich durch den Drittschuldner dem Schuldner gegenüber übernommenen Verpflichtung zur Zahlung der Vergütung für an Inhaber der Kreditkarten des Drittschuldners erbrachte Leistungen.

[Auf Seite 8 (bzw. Seite 9) des amtlichen Formulars sind in dem Feld „Es wird angeordnet, dass“ das freie Kästchen anzukreuzen und dort einzutragen:]

Es wird angeordnet, dass der Schuldner die zur Geltendmachung der Forderung erforderlichen Belege an den Gläubiger herauszugeben hat.[4]

Anmerkungen

1. → Form. H. I. 2 (bzw. → Form. H. I. 6 bei Unterhaltsforderungen). Hinsichtlich der weiteren Einzelheiten zum Pfändungs- und Überweisungsbeschluss wird auf die dortigen Anmerkungen Bezug genommen.

2. Zum Kreditkartenvertrag → Form. I. VII. 74 Anm. 2. Zwischen dem Kreditkartenunternehmen und dem Vertragsunternehmen besteht ebenfalls eine Rahmenvereinbarung. Das Vertragsunternehmen verpflichtet sich, Geschäfte mit dem Karteninhaber auf der Grundlage der vorgelegten Kreditkarte abzuwickeln. Das Kreditkartenunternehmen seinerseits übernimmt die Verpflichtung, ordnungsgemäß ausgestellte und vorgelegte Belastungsbelege unter Berücksichtigung eines Disagios einzulösen. Das Vertragsunternehmen erwirbt mit dem Rahmenvertrag je nach Ausgestaltung der Geschäftsbedingungen des Kreditkartenunternehmens einen Anspruch gegenüber dem Kreditunternehmen aus einer Erfüllungsübernahme (§ 329 BGB), einem Garantievertrag oder einem Forderungskauf (so BGH NJW 1990, 2880). Dieser **Anspruch des Vertragsunternehmens gegenüber dem Kreditkartenunternehmen** ist im Wege der Forderungspfändung (§ 829 ZPO) für Gläubiger des Vertragsunternehmens **pfändbar**.

3. Drittschuldner ist das **Kreditkartenunternehmen** oder die **jeweilige Abrechnungsstelle**, je nach Ausgestaltung der Abwicklung der Kreditkartengeschäfte.

4. Der Schuldner ist gem. § 836 Abs. 3 S. 1 ZPO verpflichtet, die für die Kreditkartenabrechnung erforderlichen Belege an den Vollstreckungsgläubiger herauszugeben. Eine entsprechende Anordnung kann in dem Beschluss aufgenommen werden. → Form. H. II. 1.

5. Kosten und Gebühren/Rechtsmittel → Form. H. I. 2 Anm. 61 ff.

Leasingvertrag

76. Pfändung für Gläubiger des Leasingnehmers

Ein **Leasingvertrag** liegt vor, wenn der Leasinggeber eine Sache oder Sachgesamtheit dem Leasingnehmer gegen ein in Raten gezahltes Entgelt zum Gebrauch überlässt, wobei die Gefahr oder Haftung für Instandhaltung, Sachmängel, Untergang und Beschädigung der Sache allein den Leasingnehmer trifft, der Leasinggeber dafür seinen Anspruch hieraus gegen Dritte dem Leasingnehmer überträgt (BGH NJW 1998, 1637 mwN; Palandt/*Weidenkaff* Einf. v. § 535 Rn. 37). Der Leasingvertrag ist wegen der entgeltlichen Gebrauchsüberlassung ein atypischer Mietvertrag (hM BGH NJW 1990, 1113). Zu den verschiedenen Erscheinungsformen eines Leasingverhältnisses siehe MüKoBGB/*Koch* Finanzierungsleasing Rn. 4 ff.).

Dem Leasingnehmer steht kein der Zwangsvollstreckung unterliegendes **Anwartschaftsrecht** am Leasinggegenstand zu. Der Erwerb des Vollrechts hängt vom Willen des Leasinggebers und nicht allein von demjenigen des Leassingnehmers ab. Das **Optionsrecht** des Leasingnehmers ist als unselbständiges und zudem nicht übertragbares Gestaltungsrecht unpfändbar (MünKoBGB/*Koch* Finanzierungsleasing Rn. 146 mwN).

Der Anspruch des Leasingnehmers auf Belassung des Leasinggutes, also das **Nutzungsrecht** ist nur dann als selbständiges Vermögensrecht pfändbar, wenn nach der Ausgestaltung des Leasingvertrages der Leasinggegenstand einem Dritten überlassen werden darf (§ 857 Abs. 3 ZPO); ansonsten ist das Nutzungsrecht unpfändbar (MüKoBGB/*Koch* Finanzierungsleasing Rn. 146; MüKoZPO/*Smid* § 857 Rn. 26). Die Pfändung erfolgt nach § 857 Abs. 1 iVm §§ 829 ff. ZPO (OLG Düsseldorf NJW 1988, 1676; str. vgl. hierzu MüKoBGB/*Koch* Finanzierungsleasing Rn. 146 mwN).

Drittschuldner ist der Leasinggeber.

Bei einem **Teilamortisationsvertrag** mit Aufteilung des Mehrerlöses hat der Leasingnehmer einen Anspruch auf Auskehrung seines **Anteils an einem etwaigen Mehrerlös** (vgl. dazu MüKoBGB/*Koch* Finanzierungsleasing Rn. 146 mwN). Dieser Anspruch des Leasingnehmers ist im Wege der Forderungspfändung pfändbar.

77. Pfändung der Zahlungsansprüche für Gläubiger des Leasinggebers

[Das amtliche Formular „Pfändungs- und Überweisungsbeschluss[1]" ist entsprechend den dortigen Anmerkungen auszufüllen. Auf Seite 4 (bzw. Seite 5) des amtlichen Formulars sind das Feld „G" anzukreuzen und auf Seite 6 (bzw. Seite 7) des amtlichen Formulars unter „Anspruch G" aufzunehmen:]

Es werden die angeblichen Ansprüche des Schuldners[2] gegen den/die Drittschuldner/in[3] auf Zahlung der Leasingraten, der Schlussrate, des Restwertes, des Ausgleichsanspruchs auf volle Amortisation, eines Ausgleichs im Falle der vorzeitigen Beendigung des Leasingvertrages sowie eines Schadensersatzes wegen der verspäteten Rückgabe des Gegenstandes für das/die nach dem Vertrag vom . . . . . geleaste . . . . . [möglichst genaue Bezeichnung des Leasinggegenstandes] gepfändet.[4, 5]

Gepfändet werden jeweils die rückständigen, fälligen und künftig fällig werdenden Ansprüche, bis der Anspruch des Gläubigers gedeckt ist.

Anmerkungen

1. → Form. H. I. 2 (bzw. → Form. H. I. 6 bei Unterhaltsforderungen). Hinsichtlich der weiteren Einzelheiten zum Pfändungs- und Überweisungsbeschluss wird auf die dortigen Anmerkungen Bezug genommen.

2. Zum Wesen eines **Leasingvertrages** → Form. I. VII. 76 Anm. 1.

3. **Drittschuldner** ist der Leasingnehmer.

4. Den Anspruch des Leasinggebers **auf Erbringung der Leasingraten** sowie auf **Zahlung der Schlusszahlung** kann der Gläubiger des Leasinggebers pfänden und sich zur Einziehung überweisen lassen. Da diese Ansprüche häufig an Refinanzierungsgesellschaften abgetreten sind, geht die Pfändung in der Praxis oft ins Leere (MüKoBGB/*Koch* Finanzierungsleasing Rn. 147). Weiterhin hat der Leasinggeber einen Anspruch auf Zahlung eines Restwertes, wenn der Leasingnehmer von der ihm eingeräumten Kaufoption Gebrauch macht. Dieser Anspruch kann als künftiger Anspruch bereits vor Ausübung der Option gepfändet werden. Der Pfändung unterliegt auch ein Schadensersatzanspruch wegen der verspäteten Rückgabe des Leasingobjektes. Der bei vorzeitiger Beendigung des Leasingverhältnisses bestehende Ausgleichsanspruch unterliegt als künftige Forderung der Forderungspfändung nach § 829 ZPO. Siehe zur Pfändung auch (Auswahl): *Behr*, Vollstreckung in Leasingansprüche, JurBüro 1995, 457; *Teubner/Lelley*, Die Pfändbarkeit und Verwertung von leasingvertraglichen Nutzungsrechten und Kaufoptionen, ZMR 1999, 151.

5. **Kosten und Gebühren/Rechtsmittel.** → Form. H. I. 2 Anm. 61 ff.

78. Pfändung des Herausgabeanspruchs für Gläubiger des Leasinggebers

[Das amtliche Formular „Pfändungs- und Überweisungsbeschluss[1] ist entsprechend den dortigen Anmerkungen auszufüllen. Auf Seite 4 (bzw. Seite 5) des amtlichen Formulars sind das Feld „G“ anzukreuzen und auf Seite 6 (bzw. Seite 7) des amtlichen Formulars unter „Anspruch G“ aufzunehmen:]

Es wird der angebliche Anspruch des Schuldners[2] gegen den/die Drittschuldner/in[3] auf Herausgabe[4] des von dem Drittschuldner von dem Schuldner geleasten . . . . . [nähere Bezeichnung des Leasinggegenstandes] gepfändet.[5]

[Auf Seite 8 (bzw. Seite 9) des amtlichen Formulars ist in dem Feld „Es wird angeordnet, dass“ das freie Kästchen anzukreuzen und dort einzutragen:]

der Schuldner die Sache an einen vom Gläubiger zu beauftragenden Gerichtsvollzieher herauszugeben hat.

Anmerkungen

1. → Form. H. I. 2 (bzw. → Form. H. I. 6 bei Unterhaltsforderungen). Hinsichtlich der weiteren Einzelheiten zum Pfändungs- und Überweisungsbeschluss wird auf die dortigen Anmerkungen Bezug genommen.

2. Zum Wesen eines **Leasingvertrages** → Form. I. VII. 76 Anm. 1.

3. **Drittschuldner** ist der Leasingnehmer.

4. Der Gläubiger des Leasinggebers kann den **Eigentumsherausgabeanspruch** des Leasinggebers gemäß § 985 BGB sowie den **vertraglichen Rückgabeanspruch** nach § 846 ZPO pfänden. Solange der Leasingnehmer berechtigt ist, das Leasinggut zu nutzen, kann er der Pfändung nach §§ 404, 412 BGB sein vertragliches Recht zum Besitz sowie die Ausübung einer Kaufoption entgegenhalten (MüKoBGB/*Koch* Finanzierungsleasing Rn. 147). Die Pfändung geht ins Leere, sobald der Leasingnehmer sein Optionsrecht ausübt. Dabei kommt es nicht auf den Zeitpunkt der Zustellung des Pfändungsbeschlusses an.

5. **Kosten und Gebühren/Rechtsmittel.** → Form. H. I. 2 Anm. 61 ff.

Lizenz-, Marken-, Patent-, Gebrauchsmuster-, Design- und Urheberrechte

79. Pfändung eines Lizenzrechts

[Das amtliche Formular „Pfändungs- und Überweisungsbeschluss[1]" ist entsprechend den dortigen Anmerkungen auszufüllen. Auf Seite 4 (bzw. Seite 5) des amtlichen Formulars sind das Feld „G" anzukreuzen und auf Seite 6 (bzw. Seite 7) des amtlichen Formulars unter „Anspruch G" aufzunehmen:]

Es werden die angeblichen Ansprüche des Schuldners[2] gegen den/die Drittschuldner/in[3, 4] aus dem Lizenzvertrag vom . . . . . auf die Nutzung des . . . . . [möglichst genaue Beschreibung des Rechts, an dem die Lizenz besteht] gepfändet.[7, 8]

[Auf Seite 8 (bzw. Seite 9) des amtlichen Formulars sind in dem Feld „Es wird angeordnet, dass" das freie Kästchen anzukreuzen und dort einzutragen:]

der Schuldner die Lizenzvertragsurkunde an einen vom Gläubiger zu beauftragenden Gerichtsvollzieher herauszugeben hat.[5]

[Auf Seite 9 oben (bzw. Seite 10) des amtlichen Formulars sind in dem freien Feld das freie Kästchen anzukreuzen und dort einzutragen:]

Zugleich wird angeordnet, dass die gepfändete Lizenz durch einen vom Gläubiger zu beauftragenden Gerichtsvollzieher versteigert wird.[6]

(Variante 1:

> *Zugleich wird angeordnet, dass die gepfändete Lizenz durch einen vom Gläubiger zu beauftragenden Gerichtsvollzieher im Wege des freihändigen Verkaufs verwertet wird.)*[5]

(Variante 2:

> *Zugleich wird die gepfändete Lizenz an . . . . . [ladungsfähige Anschrift] als Verwalter treuhänderisch übertragen, der die Beträge für die Nutzungen bis zur vollständigen Befriedigung des Gläubigers an diesen abzuführen hat.)*[6]

Anmerkungen

1. → Form. H. I. 2 (bzw. → Form. H. I. 6. bei Unterhaltsforderungen). Hinsichtlich der weiteren Einzelheiten zum Pfändungs- und Überweisungsbeschluss wird auf die dortigen Anmerkungen Bezug genommen.

2. Ein **Lizenzvertrag** ist ein Vertrag, durch den der Urheber oder der Inhaber eines Nutzungsrechts, Patents, Gebrauchsmusters, Geschmackmusters oder einer Marke eingeräumte Recht, sein Recht ganz oder zum Teil auf eine andere Person überträgt (§§ 31 ff. UrhG, 15 PatG, 22 GebrMG, 31 GeschmMG, 30 MarkenG). Die Lizenzen können auf bestimmte Personen, Gegenstände, Betriebe, Mengen und Benutzungsarten beschränkt (persönliche bzw. an einen Betrieb beschränkte Lizenz) oder ausschließlich, zeitlich oder räumlich begrenzt, (ausschließliche Lizenz) erteilt werden. Die **persönliche Lizenz** ist wegen ihrer engen Bindung an die Person oder den Betrieb unpfändbar (§§ 851 ZPO, 399 BGB). Die ausschließliche Lizenz unterliegt der **Rechtspfändung** nach § 857 ZPO. Übertragbar und pfändbar ist ebenfalls das **Recht zur Teilnahme mit Mannschaften am laufenden sportlichen Wettbewerb** in einer Liga, zB einer Bundesligalizenz (BGH NJW-RR 2001, 360). Siehe ergänzend: *Göttlich* MDR 1957, 11.

3. **Drittschuldner** ist der **Lizenzgeber**. Str. ist, ob die Pfändung mit der Zustellung des Pfändungsbeschlusses an den Drittschuldner (§ 829 Abs. 3 ZPO) oder an den Vollstreckungsschuldner (§ 857 Abs. 2 ZPO) wirksam wird (*Stöber* Rn. 1649). Sicherheitshalber sollte möglichst schnell an beide zugestellt werden.

4. Der Lizenznehmer ist regelmäßig zur Zahlung einer **Lizenzgebühr** verpflichtet. Dieser Vergütungsanspruch kann im Wege der Forderungspfändung nach §§ 829, 835 ZPO gepfändet und überwiesen werden (*Stöber* Rn. 1649a). **Drittschuldner** ist in diesem Falle der **Lizenznehmer**.

5. Die Herausgabe der **Lizenzurkunde** kann im Wege der Hilfspfändung geltend gemacht werden (§ 836 Abs. 3 ZPO); → Form. H. II. 1.

6. Bei der Pfändung des Lizenzrechts ist eine Verwertung durch **Überweisung** nicht möglich. Die **Verwertung** kann nur nach §§ 857 Abs. 5, 844 ZPO im Wege der Versteigerung, des freihändigen Verkaufs oder der Verwaltung erfolgen. Der Erwerber erlangt das Recht zur Benutzung der Lizenz. Zu dem Antrag auf anderweitige Verwertung → Form. H. IV. 5.

7. **Kosten und Gebühren/Rechtsmittel.** → Form. H. I. 2 Anm. 62 f. Bei der Anordnung der Verwaltung nach § 857 Abs. 4 ZPO, fällt für den **Anwalt** mit Ausführung der Verwaltung eine gesonderte 0,3 Gebühr nach Nr. 3309 VV RVG, § 18 Nr. 11 RVG an.

8. **Rechtsmittel.** → Form. H. I. 2 Anm. 61.

80. Pfändung eines Markenrechts

[Das amtliche Formular „Pfändungs- und Überweisungsbeschluss[1]" ist entsprechend den dortigen Anmerkungen auszufüllen. Auf Seite 4 (bzw. Seite 5) des amtlichen Formulars sind das Feld „G" anzukreuzen und auf Seite 6 (bzw. Seite 7) des amtlichen Formulars unter „Anspruch G" aufzunehmen:]

Es werden die Rechte des Schuldners an der für ihn unter Nr. . . . . . in dem beim Deutschen Patentamt eingetragenen Marke . . . . . [möglichst genaue Beschreibung der Marke] sowie an der durch die Benutzung im geschäftlichen Verkehr erworbenen Marke (§ 4 Nr. 2 MarkenG) . . . . . (möglichst genaue Bezeichnung der Marke) sowie an der durch notorische Bekanntheit erworbenen Marke (§ 4 Nr. 3 MarkenG) . . . . . [möglichst genaue Bezeichnung der Marke][2] gepfändet.[3, 5]

[Auf Seite 9 oben (bzw. Seite 10) des amtlichen Formulars sind in dem freien Feld das freie Kästchen anzukreuzen und dort einzutragen:]

Zugleich wird angeordnet, dass die gepfändeten Rechte durch einen vom Gläubiger beauftragten Gerichtsvollzieher freihändig zu verkaufen/öffentlich zu versteigern sind.[4]

Anmerkungen

1. → Form. H. I. 2 (bzw. → Form. H. I. 6 bei Unterhaltsforderungen). Hinsichtlich der weiteren Einzelheiten zum Pfändungs- und Überweisungsbeschluss wird auf die dortigen Anmerkungen Bezug genommen.

2. Als **Marken** können alle Zeichen, insbesondere Wörter einschließlich Namen, Abbildungen, Buchstaben (Firmen-)Abkürzungen, Zahlen, Symbole, Hörzeichen und dreidimensionale Gestaltungen, aber auch die Form oder Verpackung einer Ware und sonstige Aufmachungen in Form, Farbe etc sowie deren Ankündigung geschützt werden, die geeignet sind, Waren oder Dienstleistungen eines Unternehmens von denjenigen anderer Unternehmen zu unterscheiden (§ 3 Abs. 1 MarkenG). Der Schutz solcher Marken entsteht durch Eintragung in ein beim Deutschen Patentamt geführtes Markenregister, sofern sie nicht bereits durch Benutzung innerhalb beteiligter Verkehrskreise Verkehrsgeltung erworben haben oder sonst notorisch bekannt sind (§ 4 MarkenG). Bereits mit der Anmeldetag entsteht eine Anwartschaft auf Eintragung und beginnt der Markenschutz (§§ 32 ff. MarkenG). Zu geschäftlichen Bezeichnungen siehe § 5 MarkenG, zu Kollektivmarken §§ 97 ff. MarkenG und zu geographischen Herkunftsangaben §§ 126 ff. MarkenG. Der Erwerb des Markenschutzes gewährt dem Inhaber ein ausschließliches Recht. Der Inhaber kann Lizenzen gewähren (§ 30 MarkenG). Daneben ist auch eine schuldrechtliche Überlassung möglich.

3. Das **Markenrecht kann übertragen, verpfändet** (§ 29 Abs. 1 Nr. 1 MarkenG) sowie Gegenstand von Maßnahmen der Zwangsvollstreckung sein (§ 29 Abs. 1 Nr. 2 MarkenG). Die Pfändbarkeit der durch die Anmeldung begründeten **Anwartschaft** folgt aus § 31 MarkenG (LG Düsseldorf JurBüro 1998, 493). Die Zwangsvollstreckung in den nach § 4 MarkenG begründeten **Markenschutz** erfolgt im Wege der Rechtspfändung nach § 857 ZPO. Da die Rechte aus § 4 MarkenG nebeneinander bestehen können, sollte der Pfändungsbeschluss alle diese Markenrechte erfassen. Die Pfändung erstreckt sich auf etwaige nach der Pfändung entstandene Schadensersatz- oder Unterlassungsansprüche wegen der Verletzung des Markenrechts; dagegen wird der vor der Pfändung entstandene Schadensersatzanspruch nicht erfasst (*Stöber* Rn. 1651b). Zuständig für die Pfändung einer Marke ist nicht das Gericht für Kennzeichenstreitsachen, sondern das **Amtsgericht als Vollstreckungsgericht** (LG Düsseldorf JurBüro 1998, 493).

Es existiert **kein Drittschuldner,** insbesondere ist das Deutsche Patentamt nicht Drittschuldner. Wirksam wird die Pfändung mit der Zustellung des Beschlusses an den Schuldner (§ 857 Abs. 2 ZPO). Soweit das Markenrecht durch die **Eintragung in das vom Patentamt geführte Register** begründet worden ist (§ 4 Nr. 1 MarkenG), kann auf Antrag die Zwangsvollstreckung in das Recht in das Register eingetragen werden, wenn dem Patentamt die Pfändung nachgewiesen wird (§ 29 Abs. 2 MarkenG). Dies gilt auch für die durch die Anmeldung begründeten Rechte (§ 31 MarkenG). Die Eintragung verhindert eine Löschung der Marke ohne Zustimmung des Vollstreckungsgläubigers (§ 48 Abs. 2 MarkenG).

4. Die Verwertung kann durch **Überweisung zur Einziehung** erfolgen (§ 857 Abs. 5 ZPO); eine Überweisung an Zahlungs statt ist nicht möglich. Das Vollstreckungsgericht kann als andere Art der Verwertung (§ 844 ZPO) die Veräußerung des Markenrechts im

Wege der Versteigerung oder des freihändigen Verkaufs anordnen. Zu dem Antrag auf anderweitige Verwertung → Form. H. I. 5.

5. Kosten und Gebühren/Rechtsmittel. → Form. H. I. 2 Anm. 61 ff.

81. Pfändung eines nicht angemeldeten Patentrechts

[Das amtliche Formular „Pfändungs- und Überweisungsbeschluss[1]" ist entsprechend den dortigen Anmerkungen auszufüllen. Auf Seite 4 (bzw. Seite 5) des amtlichen Formulars sind das Feld „G" anzukreuzen und auf Seite 6 (bzw. Seite 7) des amtlichen Formulars unter „Anspruch G" aufzunehmen:]

Es werden das angebliche Recht des Schuldners als Erfinder auf das Patent[2] für einen noch nicht angemeldeten, als . . . . . beschriebenen Gegenstand/Verfahren[3] [nähere Bezeichnung des Gegenstandes/Verfahrens] gepfändet.[4, 6, 7]

Der Schuldner hat bereits mit der Verwertung des Gegenstandes/Verfahrens begonnen, indem er . . . . . (nähere Darstellung der Verwertungshandlung).

[Auf Seite 8 (bzw. Seite 10) des amtlichen Formulars sind das Feld „Arrestatorium" und „Inhibitorium" nicht auszufüllen und statt dessen auf Seite 9 (bzw. Seite 10) des amtlichen Formulars das freie Feld anzukreuzen und dort einzutragen:]

Der Schuldner hat sich jeder Verfügung über die gepfändeten Rechte und über das gepfändete Patent, insbesondere der Veräußerung, Verpfändung und Lizenzvergabe, zu enthalten.

Zugleich wird die Verwertung der gepfändeten Rechte und des gepfändeten Patents im Wege der öffentlichen Versteigerung durch einen vom Gläubiger zu beauftragenden Gerichtsvollzieher angeordnet.[5]

(Variante 1:

Zugleich wird die Verwertung der gepfändeten Rechte und des gepfändeten Patents durch Erteilung der ausschließlichen, für den Bereich der Bundesrepublik Deutschland geltenden Lizenz an den Gläubiger mit der Befugnis zur Erteilung von Unterlizenzen angeordnet,[5] solange bis die Vollstreckungsforderung befriedigt sein wird.[5])

(Variante 2:

Zugleich werden die gepfändeten Rechte an . . . . . [ladungsfähige Anschrift] als Verwalter treuhänderisch übertragen, der die Nutzungen bis zur vollständigen Befriedigung des Gläubigers an diesen abzuführen hat.[5])

Anmerkungen

1. → Form. H. I. 2 (bzw. → Form. H. I. 6 bei Unterhaltsforderungen). Hinsichtlich der weiteren Einzelheiten zum Pfändungs- und Überweisungsbeschluss wird auf die dortigen Anmerkungen Bezug genommen.

2. Ein **Patent** ist die einem Erfinder erteilte zeitlich begrenzte Befugnis, eine Erfindung ausschließlich zu benutzen. Dritten ist es grundsätzlich verboten, die patentierte Erfindung ohne Zustimmung des Patentinhabers zu nutzen (§ 9 PatG). Der Inhaber kann sein

Recht durch Lizenzvertrag ganz oder teilweise auf Dritte übertragen. Gegenstand eines Patents kann ein technisches Herstellungs- oder Anwendungsverfahren oder ein Erzeugnis und dessen Einrichtung sein. Soweit keine Patentfähigkeit besteht, kann die Erfindung als Gebrauchsmuster geschützt werden. Dieses kann hilfsweise zusätzlich gepfändet werden. Die Schutzdauer beträgt 20 Jahre, beginnend ab dem Tag, der dem der Anmeldung folgt (§ 16 PatG). Für die anschließende Zeit können unter Umständen ergänzende Schutzzertifikate beantragt werden (§ 16a PatG). Das Patent erlischt vor Ablauf der Schutzdauer, wenn der Patentinhaber auf das Patent verzichtet, die Patentgebühren nicht bezahlt bzw. bestimmte Erklärungen nicht abgibt (§ 20 PatG).

Der **Anspruch auf Erteilung des Patents** (§§ 7, 35 PatG) und das **Recht aus dem Patent** sind nach § 15 Abs. 1 S. 2 PatG übertragbar und unterliegen damit der Zwangsvollstreckung. Pfändbar sind im Wege der Rechtspfändung nach § 857 Abs. 1 ZPO das Recht des Erfinders auf das Patent, das Anwartschaftsrecht auf Erteilung eines angemeldeten Patents sowie das Recht aus dem Patent, das die alleinige Befugnis gibt, den Gegenstand der Erfindung gewerbsmäßig herzustellen, in Verkehr zu bringen, feilzuhalten oder zu gebrachen (BGHZ 125, 334 = NJW 1999, 3099, 3100). Siehe auch (Auswahl): *Göttlich*, Die Zwangsvollstreckung in Schutzrechte, MDR 1957, 11; *Schramm*, Pfändung und Sequestration ausländischer Patente, GRUR 1958, 480; *Schulte*, Pfändung eines Patentrechts, GRUR 1961, 527.

3. **Vor einer Anmeldung** kann ein künftiges Recht auf das Patent dann gepfändet werden, sofern der Schuldner eine wirtschaftliche Verwertung seiner Erfindung beabsichtigt (MüKoZPO/*Smid* § 857 Rn. 16). Dies kann zB durch Abschluss von Verträgen über die künftige Nutzung des Verfahrens geschehen. Die Pfändung gibt dem Gläubiger die Befugnis, das Patent anzumelden. Sein Pfandrecht wandelt sich mit der Anmeldung in ein Pfändrecht am Anwartschaftsrecht und mit der Erteilung des Patents an ein Pfandrecht hieran um (*Stöber* Rn. 1720).

4. Die Pfändung erfolgt durch die Zustellung an den Schuldner (§ 857 Abs. 2 ZPO). Es gibt **keinen Drittschuldner;** insbesondere ist das Deutsche bzw. Europäische Patentamt nicht Drittschuldner. Mit der Pfändung darf der Schuldner keine nachteiligen Verfügungen treffen. Indes berechtigt die Pfändung den Gläubiger nicht zur Nutzung des Patents oder der Erfindung. Vielmehr bleibt das Nutzungsrecht zum eigenen Gebrauch weiterhin beim Schuldner. Ebenso wenig schränkt die Pfändung die bereits vorher begründeten **Lizenzrechte** ein. Insoweit können die Lizenzgebühren gesondert gepfändet werden. Die nach der Pfändung bestehenden **Schadensersatzansprüche** aus einer Patentverletzung sind als Nebenanspruch von der Pfändung erfasst. Die vor der Pfändung bereits entstandenen Ersatzansprüche müssen gesondert gepfändet werden. **Drittschuldner** ist der Schadensersatzverpflichtete.

5. Die **Verwertung** kann nur nach §§ 857 Abs. 5, 844 ZPO erfolgen. Eine Überweisung zur Einziehung oder an Zahlungs statt ist nicht möglich. Die Verwertung kann im Wege der Versteigerung, des freihändigen Verkaufs, der Lizenzerteilung oder der Verwaltung erfolgen. Zu dem Antrag auf anderweitige Verwertung → Form. H. IV. 5. Mit der Veräußerung oder Versteigerung des Patents erlangt der Erwerber die volle Rechtsstellung des Patentinhabers. Auf Antrag des Erwerbers ist eine Umschreibung in der Patentrolle möglich (§ 30 Abs. 3 S. 1 PatG).

6. **Kosten und Gebühren.** → Form. H. I. 2 Anm. 62 f. Bei der Anordnung der Verwaltung nach § 857 Abs. 4 ZPO, fällt für den **Anwalt** mit Ausführung der Verwaltung eine gesonderte Gebühr von 0,3 nach Nr. 3309 VV RVG an, § 18 Nr. 11 RVG.

7. **Rechtsmittel.** → Form. H. I. 2 Anm. 61.

82. Pfändung eines angemeldeten Patentrechts

[Das amtliche Formular „Pfändungs- und Überweisungsbeschluss[1]“ ist entsprechend den dortigen Anmerkungen auszufüllen. Auf Seite 4 (bzw. Seite 5) des amtlichen Formulars sind das Feld „G“ anzukreuzen und auf Seite 6 (bzw. Seite 7) des amtlichen Formulars unter „Anspruch G“ aufzunehmen:]

Es wird der durch die Anmeldung beim Deutschen/Europäischen Patentamt begründete angebliche Anspruch des Schuldners als Erfinder auf Erteilung des Patents[2, 3] für einen als ..... beschriebenen Gegenstand/Verfahren [nähere Darstellung des Gegenstandes oder des Verfahrens] gepfändet.[6]

Die Pfändung umfasst den Schutz des § 16a PatG.

[Auf Seite 8 (bzw. Seite 9) des amtlichen Formulars sind in dem Feld „Es wird angeordnet, dass“ das freie Kästchen anzukreuzen und dort einzutragen:]

Es wird angeordnet, dass der Schuldner die Urkunden über die Patentanmeldung an den Gläubiger herauszugeben hat.[4]

[Auf Seite 8 (bzw. Seite 10) des amtlichen Formulars sind das Feld „Arrestatorium“ und „Inhibitorium“ nicht auszufüllen und statt dessen auf Seite 9 (bzw. Seite 10) des amtlichen Formulars das freie Feld anzukreuzen und dort einzutragen:]

Der Schuldner hat sich jeder Verfügung über die gepfändeten Rechte, insbesondere der Rücknahme, und über das gepfändete Patent, insbesondere der Veräußerung, Verpfändung und Lizenzvergabe, zu enthalten.

Zugleich wird die Verwertung der gepfändeten Rechte und des gepfändeten Patents im Wege der öffentlichen Versteigerung durch einen vom Gläubiger zu beauftragenden Gerichtsvollzieher angeordnet.[5]

(Variante 1:

> *Zugleich wird die Verwertung der gepfändeten Rechte und des gepfändeten Patents durch Erteilung der ausschließlichen, für den Bereich der Bundesrepublik Deutschland geltenden Lizenz an den Gläubiger mit der Befugnis zur Erteilung von Unterlizenzen angeordnet und zwar solange bis die Vollstreckungsforderung befriedigt sein wird.)[5]*

(Variante 2:

> *Zugleich werden die gepfändeten Rechte an ..... [ladungsfähige Anschrift] als Verwalter treuhänderisch übertragen, der die Nutzungen bis zur vollständigen Befriedigung des Gläubigers an diesen abzuführen hat.[5])*

Anmerkungen

1. → Form. H. I. 2 (bzw. → Form. H. I. 6 bei Unterhaltsforderungen). Hinsichtlich der weiteren Einzelheiten zum Pfändungs- und Überweisungsbeschluss wird auf die dortigen Anmerkungen Bezug genommen.

2. Zum Patent → Form. I. VII. 81 Anm. 2, 3.

3. Mit der **Anmeldung** des Patents kann der Anspruch auf Erteilung des Patents uneingeschränkt gepfändet werden. Die Pfändung umfasst sowohl die Rechte aus der Anmeldung als auch aus dem künftigen Patent (BGHZ 125, 334, 338 = NJW 1994, 3099, 3100). Das Patent darf nur noch auf den Namen des Anmelders sowie des Vollstreckungsgläubigers erteilt werden. Das Pfändungspfandrecht an der durch die Anmeldung gemäß § 6 PatG begründeten Anwartschaft setzt sich nach Erteilung des Patents an diesem fort.

4. Die **Herausgabe der Patenturkunde** bzw. der Urkunden über die Patentanmeldung können im Wege der Hilfspfändung geltend gemacht werden (§ 836 Abs. 3 ZPO), → Form. H. II. 1.

5. Die **Verwertung** kann nur nach §§ 857 Abs. 5, 844 ZPO erfolgen. Eine Überweisung zur Einziehung oder an Zahlungs statt ist nicht möglich. Die Verwertung kann im Wege der Versteigerung, des freihändigen Verkaufs, der Lizenzerteilung oder der Verwaltung erfolgen. Zu dem Antrag auf anderweitige Verwertung → Form. H. IV. 5. Mit der Veräußerung oder Versteigerung des Patents erlangt der Erwerber die volle Rechtsstellung des Patentinhabers. Auf Antrag des Erwerbers ist eine Umschreibung in der Patentrolle möglich (§ 30 Abs. 3 S. 1 PatG).

6. Rechtsmittel; Kosten und Gebühren. → Form. H. I. 2 Anm. 61 ff. Bei der Anordnung der Verwaltung nach § 857 Abs. 4 ZPO, fällt für den **Anwalt** mit Ausführung der Verwaltung eine gesonderte Gebühr von 0,3 nach Nr. 3309 VV RVG an, § 18 Nr. 11 RVG.

83. Pfändung eines eingetragenen Patentrechts

[Das amtliche Formular „Pfändungs- und Überweisungsbeschluss[1]" ist entsprechend den dortigen Anmerkungen auszufüllen. Auf Seite 4 (bzw. Seite 5) des amtlichen Formulars sind das Feld „G" anzukreuzen und auf Seite 6 (bzw. Seite 7) des amtlichen Formulars unter „Anspruch G" aufzunehmen:]

Es wird das angeblich unter Nr. . . . . . beim Deutschen/Europäischen Patentamt für den Schuldner eingetragene Patent[2, 3] betreffend . . . . . [möglichst genaue Bezeichnung] einschließlich aller Rechte aus diesem Patent gepfändet.[6]

Die Pfändung umfasst den Schutz des § 16a PatG.

[Auf Seite 8 (bzw. Seite 9) des amtlichen Formulars sind in dem Feld „Es wird angeordnet, dass" das freie Kästchen anzukreuzen und dort einzutragen:]

Es wird angeordnet, dass der Schuldner die Patenturkunde an den Gläubiger herauszugeben hat.[4]

[Auf Seite 8 (bzw. Seite 10) des amtlichen Formulars sind das Feld „Arrestatorium" und „Inhibitorium" nicht auszufüllen und statt dessen auf Seite 9 (bzw. Seite 10) des amtlichen Formulars das freie Feld anzukreuzen und dort einzutragen:]

Der Schuldner hat sich jeder Verfügung über die gepfändeten Rechte, insbesondere der Rücknahme, und über das gepfändete Patent, insbesondere der Veräußerung, Verpfändung und Lizenzvergabe, zu enthalten.

Zugleich wird die Verwertung der gepfändeten Rechte und des gepfändeten Patents im Wege der öffentlichen Versteigerung durch einen vom Gläubiger zu beauftragenden Gerichtsvollzieher angeordnet.[5]

(Variante 1:

Zugleich wird die Verwertung der gepfändeten Rechte und des gepfändeten Patents durch Erteilung der ausschließlichen, für den Bereich der Bundesrepublik Deutschland geltenden Lizenz an den Gläubiger mit der Befugnis zur Erteilung von Unterlizenzen angeordnet und zwar solange bis die Vollstreckungsforderung befriedigt sein wird.[5]*)*

(Variante 2:

Zugleich werden die gepfändeten Rechte an . . . . . [ladungsfähige Anschrift] als Verwalter treuhänderisch übertragen, der die Nutzungen bis zur vollständigen Befriedigung des Gläubigers an diesen abzuführen hat.[5]*)*

Anmerkungen

1. → Form. H. I. 2 (bzw. → Form. H. I. 6 bei Unterhaltsforderungen). Hinsichtlich der weiteren Einzelheiten zum Pfändungs- und Überweisungsbeschluss wird auf die dortigen Anmerkungen Bezug genommen.

2. Zum Patent → Form. I. VII. 81 Anm. 2, 3.

3. Mit der Anmeldung des Patents kann der Anspruch auf Erteilung des Patents uneingeschränkt gepfändet werden. Die Pfändung umfasst sowohl die Rechte aus der Anmeldung als auch aus dem künftigen Patent (BGHZ 125, 334, 338 = NJW 1994, 3099, 3100). Das Patent darf nur noch auf den Namen des Anmelders sowie des Vollstreckungsgläubigers erteilt werden. Das Pfändungspfandrecht an der durch die Anmeldung gemäß § 6 PatG begründeten Anwartschaft setzt sich nach Erteilung des Patents an diesem fort.

4. Die **Herausgabe der Patenturkunde** bzw. der Urkunden über die Patentanmeldung können im Wege der Hilfspfändung geltend gemacht werden (§ 836 Abs. 3 ZPO), → Form. H. II. 1.

5. Die **Verwertung** kann nur nach §§ 857 Abs. 5, 844 ZPO erfolgen. Eine Überweisung zur Einziehung oder an Zahlungs statt ist nicht möglich. Die Verwertung kann im Wege der Versteigerung, des freihändigen Verkaufs, der Lizenzerteilung oder der Verwaltung erfolgen. Zu dem Antrag auf anderweitige Verwertung → Form. H. IV. 5. Mit der Veräußerung oder Versteigerung des Patents erlangt der Erwerber die volle Rechtsstellung des Patentinhabers. Auf Antrag des Erwerbers ist eine Umschreibung in der Patentrolle möglich (§ 30 Abs. 3 S. 1 PatG).

6. Rechtsmittel; Kosten und Gebühren. → Form. H. I. 2 Anm. 61 ff. Bei der Anordnung der Verwaltung nach § 857 Abs. 4 ZPO, fällt für den **Anwalt** mit Ausführung der Verwaltung eine gesonderte Gebühr von 0,3 nach Nr. 3309 VV RVG an, § 18 Nr. 11 RVG.

84. Pfändung eines nicht angemeldeten Gebrauchsmusters

[Das amtliche Formular „Pfändungs- und Überweisungsbeschluss[1]*" ist entsprechend den dortigen Anmerkungen auszufüllen. Auf Seite 4 (bzw. Seite 5) des amtlichen Formulars sind das Feld „G" anzukreuzen und auf Seite 6 (bzw. Seite 7) des amtlichen Formulars unter „Anspruch G" aufzunehmen:]*

Es wird das angebliche Recht des Schuldners als Erfinder auf das Gebrauchsmuster[2, 3, 4] **für einen noch nicht angemeldeten, als . . . . . beschriebenen Gegenstand [nähere Bezeichnung des Gegenstandes] gepfändet.**[5]

Der Schuldner hat bereits mit der Verwertung des Gegenstandes begonnen, indem er . . . . . (nähere Darstellung der Verwertungshandlung).

[Auf Seite 8 (bzw. Seite 10) des amtlichen Formulars sind das Feld „Arrestatorium" und „Inhibitorium" nicht auszufüllen und statt dessen auf Seite 9 (bzw. Seite 10) des amtlichen Formulars das freie Feld anzukreuzen und dort einzutragen:]

Der Schuldner hat sich jeder Verfügung über die gepfändeten Rechte und über das gepfändete Gebrauchsmuster, insbesondere der Veräußerung, Verpfändung und Lizenzvergabe, zu enthalten.

Zugleich wird die Verwertung der gepfändeten Rechte und des gepfändeten Gebrauchsmusters im Wege der öffentlichen Versteigerung durch einen vom Gläubiger zu beauftragenden Gerichtsvollzieher angeordnet.[4]

(Variante 1:

> *Zugleich wird die Verwertung der gepfändeten Rechte und des gepfändeten Gebrauchsmusters durch Erteilung der ausschließlichen, für den Bereich der Bundesrepublik Deutschland geltenden Lizenz an den Gläubiger mit der Befugnis zur Erteilung von Unterlizenzen angeordnet, solange bis die Vollstreckungsforderung befriedigt sein wird.)*[4]

(Variante 2:

> *Zugleich werden die gepfändeten Rechte an . . . . . [ladungsfähige Anschrift] als Verwalter treuhänderisch übertragen, der die Nutzungen bis zur vollständigen Befriedigung des Gläubigers an diesen abzuführen hat.)*[4]

Anmerkungen

1. → Form. H. I. 2 (bzw. → Form. H. I. 6 bei Unterhaltsforderungen). Hinsichtlich der weiteren Einzelheiten zum Pfändungs- und Überweisungsbeschluss wird auf die dortigen Anmerkungen Bezug genommen.

2. Als **Gebrauchsmuster** schützbar ist eine Erfindung, die neu ist, auf einem erfinderischen Schritt beruht und gewerblich anwendbar ist (§ 1 GebrMG). Die Sachen müssen im Gegensatz zum Geschmacksmuster einen wirtschaftlichen oder technisch nutzbaren Zweck haben. Die Anmeldung eines Gebrauchsmusters geschieht bei der Gebrauchsmusterstelle des Patentamtes (§§ 4 ff. GebrMG). Schutzfähige Gebrauchsmuster werden in die Gebrauchsmusterrolle eingetragen (§ 8 GebrMG). Hierdurch steht dem Inhaber das Recht zu, das Gebrauchsmuster gewerblich unter Ausschluss Dritter zu nutzen. Die Schutzfrist beträgt 3 Jahre mit Verlängerungsmöglichkeit bis auf höchstens 10 Jahre (§ 23 GebrMG). Der Gebrauchsmusterschutz ist übertragbar (§ 22 GebrMG) und damit auch pfändbar. Voraussetzung ist, dass es sich bereits um ein vorhandenes Vermögensrecht handelt.

3. Die Pfändung erfolgt nach **§ 857 Abs. 2 ZPO.** Ein **Drittschuldner** ist nicht vorhanden; insbesondere ist das Patentamt nicht Drittschuldner. Die Pfändung wird mit der Zustellung an den Schuldner wirksam. Auf Antrag kann im Gebrauchsmusterregister eine Änderung der Person des Inhabers eingetragen werden (§ 8 GebrMG).

4. Im Übrigen, insbesondere zur Verwertung, siehe die Ausführungen zu der Pfändung des Patents → Form. I. VII. 81 Anm. 2 ff.

5. Kosten und Gebühren/Rechtsmittel. → Form. H. I. 2 Anm. 61 ff. sowie → Form. I. VII. 81 Anm. 6.

85. Pfändung eines angemeldeten Gebrauchsmusters

[Das amtliche Formular „Pfändungs- und Überweisungsbeschluss[1]" ist entsprechend den dortigen Anmerkungen auszufüllen. Auf Seite 4 (bzw. Seite 5) des amtlichen Formulars sind das Feld „G" anzukreuzen und auf Seite 6 (bzw. Seite 7) des amtlichen Formulars unter „Anspruch G" aufzunehmen:]

Es wird der durch die Anmeldung beim Deutschen/Europäischen Patentamt begründete angebliche Anspruch des Schuldners als Erfinder auf Erteilung des Gebrauchsmusters[2, 3, 4] für einen als . . . . . beschriebenen Gegenstand [nähere Darstellung des Gegenstandes] gepfändet.[5]

[Auf Seite 8 (bzw. Seite 9) des amtlichen Formulars sind in dem Feld „Es wird angeordnet, dass" das freie Kästchen anzukreuzen und dort einzutragen:]

Es wird angeordnet, dass der Schuldner die Urkunden über die Gebrauchsmusteranmeldung an den Gläubiger herauszugeben hat.

[Auf Seite 8 (bzw. Seite 10) des amtlichen Formulars sind das Feld „Arrestatorium" und „Inhibitorium" nicht auszufüllen und stattdessen auf Seite 9 (bzw. Seite 10) des amtlichen Formulars das freie Feld anzukreuzen und dort einzutragen:]

Der Schuldner hat sich jeder Verfügung über die gepfändeten Rechte, insbesondere der Rücknahme, und über das gepfändete Gebrauchsmuster, insbesondere der Veräußerung, Verpfändung und Lizenzvergabe, zu enthalten.

Zugleich wird die Verwertung der gepfändeten Rechte und des gepfändeten Gebrauchsmusters im Wege der öffentlichen Versteigerung durch einen vom Gläubiger zu beauftragenden Gerichtsvollzieher angeordnet.

(Variante 1:

Zugleich wird die Verwertung der gepfändeten Rechte und des gepfändeten Gebrauchsmusters durch Erteilung der ausschließlichen, für den Bereich der Bundesrepublik Deutschland geltenden Lizenz an den Gläubiger mit der Befugnis zur Erteilung von Unterlizenzen angeordnet, solange bis die Vollstreckungsforderung befriedigt sein wird.)

(Variante 2:

Zugleich werden die gepfändeten Rechte an . . . . . [ladungsfähige Anschrift] als Verwalter treuhänderisch übertragen, der die Nutzungen bis zur vollständigen Befriedigung des Gläubigers an diesen abzuführen hat.)

Anmerkungen

1. → Form. H. I. 2 (bzw. → Form. H. I. 6 bei Unterhaltsforderungen). Hinsichtlich der weiteren Einzelheiten zum Pfändungs- und Überweisungsbeschluss wird auf die dortigen Anmerkungen Bezug genommen.

2. → Form. I. VII. 84 Anm. 2.

3. → Form. I. VII. 84 Anm. 3.

4. Im Übrigen, insbesondere zur Verwertung, siehe die Ausführungen zu der Pfändung des Patents → Form. I. VII. 81 Anm. 2 ff.

5. Kosten und Gebühren/Rechtsmittel. → Form. H. I. 2 Anm. 61 ff. sowie → Form. I. VII. 81 Anm. 6.

86. Pfändung eines eingetragenen Gebrauchsmusters

[Das amtliche Formular „Pfändungs- und Überweisungsbeschluss[1]" ist entsprechend den dortigen Anmerkungen auszufüllen. Auf Seite 4 (bzw. Seite 5) des amtlichen Formulars sind das Feld „G" anzukreuzen und auf Seite 6 (bzw. Seite 7) des amtlichen Formulars unter „Anspruch G" aufzunehmen:]

Es wird das angeblich unter Nr. . . . . . beim Deutschen/Europäischen Patentamt für den Schuldner eingetragene Gebrauchsmuster[2, 3, 4] betreffend . . . . . [möglichst genaue Bezeichnung] einschließlich aller Rechte aus diesem Gebrauchsmuster gepfändet.[5]

[Auf Seite 8 (bzw. Seite 9) des amtlichen Formulars sind in dem Feld „Es wird angeordnet, dass" das freie Kästchen anzukreuzen und dort einzutragen:]

Es wird angeordnet, dass der Schuldner die Gebrauchsmusterurkunde an den Gläubiger herauszugeben hat.

[Auf Seite 8 (bzw. Seite 10) des amtlichen Formulars sind das Feld „Arrestatorium" und „Inhibitorium" nicht auszufüllen und statt dessen auf Seite 9 (bzw. Seite 10) des amtlichen Formulars das freie Feld anzukreuzen und dort einzutragen:]

Der Schuldner hat sich jeder Verfügung über die gepfändeten Rechte, insbesondere der Rücknahme, und über das gepfändete Gebrauchsmuster, insbesondere der Veräußerung, Verpfändung und Lizenzvergabe, zu enthalten.

Zugleich wird die Verwertung der gepfändeten Rechte und des gepfändeten Gebrauchsmusters im Wege der öffentlichen Versteigerung durch einen vom Gläubiger zu beauftragenden Gerichtsvollzieher angeordnet.

(Variante 1:

Zugleich wird die Verwertung der gepfändeten Rechte und des gepfändeten Gebrauchsmusters durch Erteilung der ausschließlichen, für den Bereich der Bundesrepublik Deutschland geltenden Lizenz an den Gläubiger mit der Befugnis zur Erteilung von Unterlizenzen angeordnet, solange bis die Vollstreckungsforderung befriedigt sein wird.)

(Variante 2:

Zugleich werden die gepfändeten Rechte an . . . . . [ladungsfähige Anschrift] als Verwalter treuhänderisch übertragen, der die Nutzungen bis zur vollständigen Befriedigung des Gläubigers an diesen abzuführen hat.)[4]

Anmerkungen

1. → Form. H. I. 2 (bzw. → Form. H. I. 6 bei Unterhaltsforderungen). Hinsichtlich der weiteren Einzelheiten zum Pfändungs- und Überweisungsbeschluss wird auf die dortigen Anmerkungen Bezug genommen.

2. → Form. I. VII. 84 Anm. 2.

3. → Form. I. VII. 84 Anm. 3.

4. Im Übrigen, insbesondere zur Verwertung, siehe die Ausführungen zu der Pfändung des Patents → Form. I. VII. 81 Anm. 2 ff.

5. Kosten und Gebühren/Rechtsmittel. → Form. H. I. 2 Anm. 61 ff. sowie → Form. I. VII. 81 Anm. 6.

87. Pfändung eines nicht angemeldeten Design

[Das amtliche Formular „Pfändungs- und Überweisungsbeschluss 1" ist entsprechend den dortigen Anmerkungen auszufüllen Auf Seite 4 (bzw. Seite 5) des amtlichen Formulars sind das Feld „G" anzukreuzen und auf Seile 6 (bzw, Seite 7) des amtlichen Formulars unter „Anspruch G" aufzunehmen:]

Es wird das angebliche Recht des Schuldners an einem Design[2, 3, 4] für einen noch nicht angemeldeten, als . . . . . beschriebenen Gegenstand [nähere Bezeichnung des Gegenstandes] gepfändet.[5]

Der Schuldner hat bereits mit das Muster im Sinne des § 5 DesignG offenbart, indem er . . . . . (nähere Darstellung der Offenbarungshandlung im Sinne des § 5 DesignG).

[Auf Seite 8 (bzw. Seite 10) des amtlichen Formulars sind das Feld „Arrestatorium" und „Inhibitorium" nicht auszufüllen und statt dessen auf Seite 9 (bzw. Seite 10) des amtlichen Formulars das freie Feld anzukreuzen und dort einzutragen:]

Der Schuldner hat sich jeder Verfügung über die gepfändeten Rechte und über das gepfändete Geschmacksmuster, insbesondere der Veräußerung, Verpfändung und Lizenzvergabe, zu enthalten.

Zugleich wird die Verwertung der gepfändeten Rechte und des gepfändeten Geschmacksmusters im Wege der öffentlichen Versteigerung durch einen vom Gläubiger zu beauftragenden Gerichtsvollzieher angeordnet.

(Variante 1:

> ***Zugleich wird die Verwertung der gepfändeten Rechte und des gepfändeten Geschmacksmusters durch Erteilung der ausschließlichen, für den Bereich der Bundesrepublik Deutschland geltenden Lizenz an den Gläubiger mit der Befugnis zur Erteilung von Unterlizenzen angeordnet, solange bis die Vollstreckungsforderung befriedigt sein wird.)***

(Variante 2:

> ***Zugleich werden die gepfändeten Rechte an . . . . . [ladungsfähige Anschrift] als Verwalter treuhänderisch übertragen, der die Nutzungen bis zur vollständigen Befriedigung des Gläubigers an diesen abzuführen hat.)[4]***

Anmerkungen

1. → Form. H. I. 2 (bzw. → Form. H. I. 6 bei Unterhaltsforderungen). Hinsichtlich der weiteren Einzelheiten zum Pfändungs- und Überweisungsbeschluss wird auf die dortigen Anmerkungen Bezug genommen.

2. Design iSd DesignG sind Muster und Modelle, die als neue und eigentümliche Erzeugnisse für den Berechtigten schutzfähig sind (§§ 1, 2 Abs. 1 DesignG). Das Recht auf das Geschmacksmuster steht dem Entwerfer oder seinem Rechtsnachfolger, bei Erstellung durch einen Arbeitnehmer im Rahmen seiner Dienstpflicht mangels abweichender Vereinbarung dem Arbeitgeber zu (§ 7 DesignG). Der Geschmacksmusterschutz wird durch die Eintragung des Geschmacksmusters in das Musterregister (§ 27 Abs. 1 DesignG) begründet. Die Schutzdauer beträgt maximal 25 Jahre ab dem Anmeldetag (§ 25 Abs. 2 DesignG). Das Recht an einem Geschmacksmuster ist vererblich und kann ganz oder teilweise übertragen werden (§ 29 DesignG).

3. Das Recht an einem Geschmacksmuster kann Gegenstand von **Maßnahmen der Zwangsvollstreckung** sein (§ 30 Abs. 1 Nr. 2 DesignG). Ein bereits vor Anmeldung bestehendes Recht kann ebenfalls schon gepfändet werden, wenn es im Sinne des § 5 DesignG offenbart ist (*Stöber* Rn. 1551). Die Pfändung erfolgt nach **§ 857 Abs. 2 ZPO.** Ein **Drittschuldner** ist nicht vorhanden; insbesondere ist das Patentamt nicht Drittschuldner. Die Pfändung wird mit der Zustellung an den Schuldner wirksam. Auf Antrag kann im Geschmacksmusterregister eine Änderung in der Person des Inhabers eingetragen werden (§ 30 Abs. 2 DesignG). Die Pfändung erstreckt sich auf einen nach der Pfändung des Rechts entstandenen **Schadens- und Gewinnherausgabeanspruchs** (§§ 42 Abs. 2, 45 DesignG) als Nebenanspruch. Vorher entstandene Ansprüche werden nicht erfasst, können aber gesondert gepfändet werden.

4. Im Übrigen, insbesondere zur Verwertung → Form. I. VII. 81 Anm. 2 ff.

5. Kosten und Gebühren/Rechtsmittel. → Form. H. I. 2 Anm. 61 ff. sowie → Form. I. VII. 81 Anm. 6.

88. Pfändung eines angemeldeten Design

[Das amtliche Formular „Pfändungs- und Überweisungsbeschluss[1]" ist entsprechend den dortigen Anmerkungen auszufüllen. Auf Seite 4 (bzw. Seite 5) des amtlichen Formulars sind das Feld „G" anzukreuzen und auf Seite 6 (bzw. Seite 7) des amtlichen Formulars unter „Anspruch G" aufzunehmen:]

Es wird der durch die Anmeldung beim Deutschen/Europäischen Patentamt begründete angebliche Anspruch des Schuldners an dem Design[2, 3, 4] für einen als . . . . . beschriebenen Gegenstand [nähere Darstellung des Gegenstandes] gepfändet.[5]

[Auf Seite 8 (bzw. Seite 9) des amtlichen Formulars sind in dem Feld „Es wird angeordnet, dass" das freie Kästchen anzukreuzen und dort einzutragen:]

Es wird angeordnet, dass der Schuldner die Urkunden über die Designanmeldung an den Gläubiger herauszugeben hat.

[Auf Seite 8 (bzw. Seite 10) des amtlichen Formulars sind das Feld „Arrestatorium" und „Inhibitorium" nicht auszufüllen und statt dessen auf Seite 9 (bzw. Seite 10) des amtlichen Formulars das freie Feld anzukreuzen und dort einzutragen:]

Der Schuldner hat sich jeder Verfügung über die gepfändeten Rechte, insbesondere der Rücknahme, und über das gepfändete Design, insbesondere der Veräußerung, Verpfändung und Lizenzvergabe, zu enthalten.

Zugleich wird die Verwertung der gepfändeten Rechte und des gepfändeten Design im Wege der öffentlichen Versteigerung durch einen vom Gläubiger zu beauftragenden Gerichtsvollzieher angeordnet.

(Variante 1:

Zugleich wird die Verwertung der gepfändeten Rechte und des gepfändeten Geschmacksmusters durch Erteilung der ausschließlichen, für den Bereich der Bundesrepublik Deutschland geltenden Lizenz an den Gläubiger mit der Befugnis zur Erteilung von Unterlizenzen angeordnet, solange bis die Vollstreckungsforderung befriedigt sein wird.)

(Variante 2:

Zugleich werden die gepfändeten Rechte an ..... [ladungsfähige Anschrift] als Verwalter treuhänderisch übertragen, der die Nutzungen bis zur vollständigen Befriedigung des Gläubigers an diesen abzuführen hat.)

Anmerkungen

1. → Form. H. I. 2 (bzw. → Form. H. I. 6 bei Unterhaltsforderungen). Hinsichtlich der weiteren Einzelheiten zum Pfändungs- und Überweisungsbeschluss wird auf die dortigen Anmerkungen Bezug genommen.

2. → Form. I. VII. 87 Anm. 2.

3. → Form. I. VII. 87 Anm. 3.

4. Im Übrigen, insbesondere zur Verwertung → Form. I. VII. 81 Anm. 2 ff.

5. Kosten und Gebühren/Rechtsmittel. → Form. H. I. 2 Anm. 61 ff. sowie → Form. I. VII. 81 Anm. 6.

89. Pfändung eines eingetragenen Design

[Das amtliche Formular „Pfändungs- und Überweisungsbeschluss[1]" ist entsprechend den dortigen Anmerkungen auszufüllen. Auf Seite 4 (bzw. Seite 5) des amtlichen Formulars sind das Feld „G" anzukreuzen und auf Seite 6 (bzw. Seite 7) des amtlichen Formulars unter „Anspruch G" aufzunehmen:]

Es wird das angeblich unter Nr. ..... beim Deutschen/Europäischen Patentamt für den Schuldner eingetragene Design[2, 3, 4] betreffend ..... [möglichst genaue Bezeichnung] einschließlich aller Rechte aus diesem Design gepfändet.[5]

[Auf Seite 8 (bzw. Seite 9) des amtlichen Formulars sind in dem Feld „Es wird angeordnet, dass" das freie Kästchen anzukreuzen und dort einzutragen:]

Es wird angeordnet, dass der Schuldner die Designurkunde an den Gläubiger herauszugeben hat.

[Auf Seite 8 (bzw. Seite 10) des amtlichen Formulars sind das Feld „Arrestatorium" und „Inhibitorium" nicht auszufüllen und statt dessen auf Seite 9 (bzw. Seite 10) des amtlichen Formulars das freie Feld anzukreuzen und dort einzutragen:]

Der Schuldner hat sich jeder Verfügung über die gepfändeten Rechte, insbesondere der Rücknahme, und über das gepfändete Geschmacksmuster, insbesondere der Veräußerung, Verpfändung und Lizenzvergabe, zu enthalten.

Zugleich wird die Verwertung der gepfändeten Rechte und des gepfändeten Design im Wege der öffentlichen Versteigerung durch einen vom Gläubiger zu beauftragenden Gerichtsvollzieher angeordnet.

[Alternative:

Zugleich wird die Verwertung der gepfändeten Rechte und des gepfändeten Design durch Erteilung der ausschließlichen, für den Bereich der Bundesrepublik Deutschland geltenden Lizenz an den Gläubiger mit der Befugnis zur Erteilung von Unterlizenzen angeordnet, solange bis die Vollstreckungsforderung befriedigt sein wird.]

[Alternative:

Zugleich werden die gepfändeten Rechte an . . . . . [ladungsfähige Anschrift] als Verwalter treuhänderisch übertragen, der die Nutzungen bis zur vollständigen Befriedigung des Gläubigers an diesen abzuführen hat.][4]

Anmerkungen

1. → Form. H. I. 2 (bzw. → Form. H. I. 6 bei Unterhaltsforderungen). Hinsichtlich der weiteren Einzelheiten zum Pfändungs- und Überweisungsbeschluss wird auf die dortigen Anmerkungen Bezug genommen.

2. → Form. I. VII. 87 Anm. 2.

3. → Form. I. VII. 87 Anm. 3.

4. Im Übrigen, insbesondere zur Verwertung → Form. H. VII. 81 Anm. 2 ff.

5. **Kosten und Gebühren/Rechtsmittel.** → Form. H. I. 2 Anm. 61 ff. sowie → Form. I. VII. 81 Anm. 6.

90. Pfändung eines Urheberrechts

[Das amtliche Formular „Pfändungs- und Überweisungsbeschluss[1]" ist entsprechend den dortigen Anmerkungen auszufüllen. Auf Seite 4 (bzw. Seite 5) des amtlichen Formulars sind das Feld „G" anzukreuzen und auf Seite 6 (bzw. Seite 7) des amtlichen Formulars unter „Anspruch G" aufzunehmen:]

[an einem bereits erschienen Werk:]

Es werden alle angeblichen Nutzungs- und Verwertungsrechte des Schuldners, insbesondere die Rechte zur Vervielfältigung, Verbreitung und Wiedergabe des Werkes, aus dem Urheberrecht[2] **an dem im Verlag . . . . .** [nähere Bezeichnung des Verlages] **bereits erschienenen Werk . . . . .** (möglichst genau benennen)

[Alternative: an einem noch nicht erschienenen Werk:]
an dem noch nicht erschienen Werk . . . . . [möglichst genau benennen]

gepfändet.[3, 6, 7]

Der Schuldner als Inhaber des Urheberrechts hat der Pfändung gemäß der in der Anlage beigefügten Einwilligung vom . . . . . zugestimmt.[4]

[Auf Seite 8 (bzw. Seite 10) des amtlichen Formulars sind das Feld „Arrestatorium" und „Inhibitorium" nicht auszufüllen und statt dessen auf Seite 9 (bzw. Seite 10) des amtlichen Formulars das freie Feld anzukreuzen und dort einzutragen:]

Der Schuldner hat sich jeder Verfügung über die gepfändeten Rechte, insbesondere der Vergabe von Verwertungs- und Nutzungsrechten an Dritte, zu enthalten.

Zugleich werden die gepfändeten Rechte dem Gläubiger zur Einziehung überwiesen.[5]

(Variante 1:

> ***Zugleich wird angeordnet, dass die gepfändeten Rechte durch einen vom Gläubiger beauftragten Gerichtsvollzieher freihändig zu verkaufen/öffentlich zu versteigern sind.***[5]*)*

(Variante 2:

> ***Zugleich werden die gepfändeten Rechte an . . . . . [ladungsfähige Anschrift] als Verwalter treuhänderisch übertragen, der die Nutzungen bis zur vollständigen Befriedigung des Gläubigers an diesen abzuführen hat.***[5]*)*

Anmerkungen

1. → Form. H. I. 2 (bzw. → Form. H. I. 6 bei Unterhaltsforderungen). Hinsichtlich der weiteren Einzelheiten zum Pfändungs- und Überweisungsbeschluss wird auf die dortigen Anmerkungen Bezug genommen.

2. Urheberrecht ist das eigentumsähnliche Recht des Werkschöpfers (Urhebers) an seinem individuellen geistigen Werk. Geschützte Werke sind solche der Literatur, Wissenschaft und Kunst. Dazu gehören Sprachwerke, wie Schriftwerke, Reden und Computerprogramme (§ 2 Abs. 1 Nr. 1 UrhG), Musikwerke (§ 2 Abs. 1 Nr. 2 UrhG), pantomimische Werke einschließlich Werke der Tanzkunst (§ 2 Abs. 1 Nr. 3 UrhG), Werke der bildenden Künste einschließlich Werke der Baukunst und der angewandten Kunst und Entwürfe solcher Werke (§ 2 Abs. 1 Nr. 4 UrhG), Lichtbildwerke, einschließlich ähnlicher Werke (§ 2 Abs. 1 Nr. 5 UrhG), Filmwerke, einschließlich ähnlicher Werke (§ 2 Abs. 1 Nr. 6) UrhG) und Darstellungen wissenschaftlicher oder technischer Art, wie Zeichnungen, Pläne, Karten, Skizzen, Tabellen und plastische Darstellungen. Das Urheberrecht ist nicht übertragbar, es sei denn, es wird in Erfüllung einer Verfügung von Todes wegen oder an Miterben im Wege der Erbauseinandersetzung übertragen (§ 29 Abs. 1 UrhG). Zulässig sind nach § 29 Abs. 2 UrhG die Einräumung von Nutzungsrechten (§ 31 UrhG), schuldrechtliche Einwilligungen und Vereinbarungen zu Verwertungsrechten sowie die Rechtsgeschäfte über die Änderung des Werkes und seines Titels (§ 39 UrhG).

3. Die **Zwangsvollstreckung in ein Urheberrecht** ist nach den allgemeinen Vorschriften unter Berücksichtigung der §§ 113 bis 119 UrhG möglich (§ 112 UrhG). Da das Urheberrecht nicht übertragbar ist, können nur die Nutzungsrechte des Urhebers Gegenstand der Zwangsvollstreckung sein (§§ 113, 118 UrhG iVm § 31 UrhG). Die Zwangsvollstreckung in Originale von Werken bestimmt sich nach § 114 UrhG. §§ 115 ff. UrhG regeln die Zwangsvollstreckung gegen den Rechtsnachfolger des Urhebers. Gepfändet wird nach § 857 ZPO.

Ein **Drittschuldner** ist nicht vorhanden. Die Pfändung wird mit der Zustellung an den Schuldner bewirkt (§ 857 Abs. 2 ZPO). Dies gilt auch bei der Zwangsvollstreckung gegen den Rechtsnachfolger. Siehe auch (Auswahl): *Berger*, Zwangsvollstreckung in urheberrechtliche Vergütungsansprüche, NJW 2003, 853; *Röder/App*, Pfändung und Verwertung von Nutzungsrechten nach dem Urheberrechtsgesetz (UrhRG) sowie von beweglichen Sachen, an denen ein Urheberrecht besteht, JurBüro 1996, 342.

Die Vergütungsansprüche des Urhebers gegen einen Verleger oder eine Verwertungsgesellschaft, wie GEMA oder VG Wort etc., werden wie Geldforderungen nach den allgemeinen Vorschriften gepfändet (§§ 828, 835 ZPO). Insoweit besteht für den Schuldner die Möglichkeit eines **Pfändungsschutzantrages nach § 850i ZPO**; → Form. I. I. 15.

4. Die Zwangsvollstreckung gegen den Urheber setzt stets die Einwilligung des Urhebers voraus. Diese muss bei Erlass des Pfändungsbeschlusses nachgewiesen werden. Die Einwilligung kann nur persönlich oder durch einen bevollmächtigten Vertreter, nicht indes durch einen gesetzlichen Vertreter des Urhebers erteilt werden (§ 113 S. 2 UrhG). Ebenso ist bei der Zwangsvollstreckung gegen einen Rechtsnachfolger des Urhebers seine Einwilligung erforderlich (§ 115 UrhG), es sei denn das Werk ist bereits erschienen (§ 115 S. 2 UrhG).

5. Die **Verwertung** kann nur durch Überweisung zur Einziehung erfolgen (§ 857 Abs. 4 ZPO); eine Überweisung an Zahlungs statt ist nicht möglich. Bis zur vollständigen Befriedigung darf der Gläubiger die Rechte des Urhebers ausüben. Das Vollstreckungsgericht kann als andere Art der Verwertung (§ 844 ZPO) die Veräußerung des Urheberrechts im Wege der Versteigerung oder des freihändigen Verkaufs anordnen. Daneben besteht die Möglichkeit der Verwaltung des Rechts.

6. Kosten und Gebühren. → Form. H. I. 2 Anm. 62 f. Wird eine Verwaltung nach § 857 Abs. 4 ZPO angeordnet, fällt für den **Anwalt** mit Ausführung der Verwaltung eine gesonderte Gebühr von 0,3 nach Nr. 3309 VV RVG an, § 18 Nr. 11 RVG.

7. Rechtsmittel. → Form. H. I. 2 Anm. 61.

Miet- und Pachtverträge

91. Pfändung des Anspruchs auf Zahlung der Miet- oder Pachtzinsen

[Das amtliche Formular „Pfändungs- und Überweisungsbeschluss[1]" ist entsprechend den dortigen Anmerkungen auszufüllen. Auf Seite 4 (bzw. Seite 5) des amtlichen Formulars sind das Feld „G" anzukreuzen und auf Seite 6 (bzw. Seite 7) des amtlichen Formulars unter „Anspruch G" aufzunehmen:]

Es werden die angeblichen Ansprüche des Schuldners[2] gegen den/die Drittschuldner/in[3] auf Zahlung der rückständigen, fälligen und künftig fällig werdenden Miet-/Pachtzinsen aus der Vermietung/Verpachtung der Wohnung/des Hauses/des Objekts . . . . [möglichst genaue Bezeichnung des Miet-/Pachtobjektes] sowie der sonstigen aus dem Miet-/ Pachtverhältnis bestehenden Ansprüche, insbesondere auf Zahlung einer Nutzungsentschädigung bzw. auf Schadensersatz wegen verspäteter Rückgabe, gepfändet, bis der Anspruch des Gläubigers gedeckt ist.[4, 5]

Anmerkungen

1. → Form. H. I. 2 (bzw. → Form. H. I. 6 bei Unterhaltsforderungen). Hinsichtlich der weiteren Einzelheiten zum Pfändungs- und Überweisungsbeschluss wird auf die dortigen Anmerkungen Bezug genommen.

2. Der Anspruch auf Zahlung von **Miet- und Pachtzinsen** ist als Geldforderung pfändbar (§ 829 ZPO). Gleiches gilt für die Ansprüche des Vermieters/Verpächters auf

Nutzungsentgelt bzw. Schadensersatz wegen verspäteter Rückgabe der Mietsache (§§ 546a, 571, 581 Abs. 2 BGB). Diese werden zwar von der Pfändung der Mietzinsen erfasst, sollten jedoch sicherheitshalber gesondert im Pfändungsbeschluss aufgeführt werden. Die **Einkünfte aus Vermietung und Verpachtung** unterliegen außerhalb des Anwendungsbereichs des § 851b ZPO (→ Form. I. VII. 98) grundsätzlich keiner Pfändungsbeschränkung. Insbesondere reicht der Umstand, dass ein Schuldner infolge der Zwangsvollstreckung Sozialhilfe beantragen müsste, nicht für die Anwendbarkeit des § 765a ZPO aus (BGHZ 161, 371 = NJW 2005, 681, 682).

Die Forderungen aus Vermietung und Verpachtung eines Grundstücks gehören zum **Haftungsverband der Hypothek** (§ 1123 BGB) und können daher der Zwangsvollstreckung in das unbewegliche Vermögen unterliegen. Eine Pfändung als Geldforderung ist bis zu einer Beschlagnahme (§ 865 Abs. 2 S. 2 ZPO möglich. Im Falle einer Beschlagnahme hat eine ausgebrachte Pfändung als Geldforderung nur für den zur Zeit der Beschlagnahme laufenden Monat bzw. den auf die Beschlagnahme folgenden Kalendermonat (s. § 1124 Abs. 2 BGB). Zur Pfändung von Miet- und Pachtzinsforderungen wegen Ansprüche aus öffentlichen Grundstückslasten siehe das Gesetz über die Pfändung von Miet- und Pachtzinsforderungen wegen Ansprüche aus öffentlichen Grundstückslasten vom 9.3.1934 (RGBl. I 1934, 181) idF vom 19.6.2001 (BGBl. 2001 I 1149 (1174)).

Gepfändet werden können die **rückständigen, die fälligen sowie die künftig fällig werdenden Miet-/Pachtzinsen.** Str. ist, ob es hinsichtlich der künftigen Beträge einer ausdrücklichen Anordnung im Pfändungsbeschluss bedarf (bejahend Zöller/*Stöber* § 829 Rn. 33 Stichwort „Miete", da § 832 ZPO keine Anwendung findet; verneinend unter Hinweis auf die Anwendbarkeit des § 832 ZPO Musielak/Voit/*Becker* § 832 Rn. 3). Sicherheitshalber sollten die **künftigen Ansprüche** ausdrücklich zusätzlich gepfändet werden.

Siehe weiter (Auswahl): *Behr*, Pfändung von Miet- und Pachtzinsforderungen, JurBüro 1998, 9; *Ernst*, Pfändungsschutz für Miet-/Pachtzinsen und Untermietforderungen, JurBüro 2005, 231; *Horst*, Die Beitreibung von Mietforderungen, MDR 2003, 1035; *Huken*, Zur Pfändung in einen Mietzinsanspruch, wenn mehrere Mieter (Drittschuldner) gesamtschuldnerisch haften, KKZ 1989, 112; *Lauer*, Die Pfändung der dinglichen Miet- und Pachtzinsansprüche, MDR 1984, 977; *Mylich*, Der Zugriff Dritter auf den künftigen Grundstücksmietzins, WM 2010, 1923.

3. Drittschuldner ist der **Mieter oder Pächter.** Bei mehreren Mietern oder Pächtern muss allen der Pfändungsbeschluss als Drittschuldner zugestellt werden. Anderenfalls kann der nicht vom Zahlungsverbot betroffene Mieter oder Pächter mit befreiender Wirkung an den Schuldner zahlen. Soweit vor Zustellung des Pfändungsbeschlusses die Zwangsverwaltung über das Grundstück angeordnet worden ist, geht die Pfändung ins Leere, da die die Beschlagnahme des Grundstücks in diesem Fall auch die Miet- und Pachtzinsen erfasst (§§ 21 Abs. 1, 148 ZVG).

4. Der Gläubiger kann sich die gepfändeten Forderungen **zur Einziehung überweisen** lassen. In diesem Falle hat der Mieter die Zahlungen unmittelbar an den Gläubiger zu erbringen.

5. Kosten und Gebühren/Rechtsmittel. → Form. H. I. 2 Anm. 61 ff.

92. Pfändung des Anspruchs auf Nebenkostenvorauszahlungen

[Das amtliche Formular „Pfändungs- und Überweisungsbeschluss[1]" ist entsprechend den dortigen Anmerkungen auszufüllen. Auf Seite 4 (bzw. Seite 5) des amtlichen Formulars sind das Feld „G" anzukreuzen und auf Seite 6 (bzw. Seite 7) des amtlichen Formulars unter „Anspruch G" aufzunehmen:]

Es wird der angebliche Anspruch des Schuldners gegen den/die Drittschuldner/in[2] auf Zahlung der rückständigen, fälligen und künftig fällig werdenden Nebenkostenvorauszahlungen aufgrund des Miet-/Pachtverhältnis über die Wohnung/das Haus/das Objekt . . . . . [möglichst genaue Bezeichnung des Miet-/Pachtobjektes] gepfändet, bis der Anspruch des Gläubiger gedeckt ist.

Der Gläubiger hat an den Schuldner im Rahmen des . . . . . [möglichst genaue Bezeichnung des Vertragsverhältnisses, zB Energieversorgungsvertrag] Leistungen erbracht, die von der Zweckbestimmung der Nebenkostenvorauszahlungen des Drittschuldners an den Schuldner erfasst werden.[3, 4]

Anmerkungen

1. → Form. H. I. 2 (bzw. → Form. H. I. 6 bei Unterhaltsforderungen). Hinsichtlich der weiteren Einzelheiten zum Pfändungs- und Überweisungsbeschluss wird auf die dortigen Anmerkungen Bezug genommen.

2. Drittschuldner ist der Mieter oder Pächter.

3. Zahlungen auf Nebenkosten sind in der Regel nicht Bestandteil des Mietzinses, sondern werden vertraglich als gesonderte Zahlung vereinbart. Die **Nebenkostenvorauszahlungen** erfolgten für bestimmte von dem Mieter/Pächter in Anspruch genommene Leistungen (Strom, Wasser, Heizung etc), die über den Vermieter/Verpächter abgerechnet werden. Der Anspruch des Vermieters/Verpächters auf Zahlung der Nebenkosten ist nach hM zweckgebunden und grundsätzlich nach §§ 851 Abs. 1 ZPO, 399 BGB nicht pfändbar. Dabei macht es keinen Unterschied, ob die Nebenkosten im Wege der Vorauszahlung oder aber erst nachträglich nach Vorlage der Jahresabrechnung entrichtet werden (OLG Celle NJW-RR 2000, 460). Eine Pfändung kann nur im Rahmen der Zweckbestimmung für einen Gläubiger des Vermieters erfolgen, der eine die Nebenkostenvorauszahlung erfasste Leistung erbracht hat (zB für das entsprechende Versorgungsunternehmen). Insoweit bedarf es einer gesonderten Darlegung der Pfändbarkeit. Siehe auch (Auswahl): *Behr*, Pfändung von Miet- und Pachtzinsforderungen, JurBüro 1998, 9; *Horst*, Die Beitreibung von Mietforderungen, MDR 2003, 1035; *Huken*, Zur Pfändung in einen Mietzinsanspruch, wenn mehrere Mieter (Drittschuldner) gesamtschuldnerisch haften, KKZ 1989, 112; *Lauer*, Die Pfändung der dinglichen Miet- und Pachtzinsansprüche, MDR 1984, 977.

4. Kosten und Gebühren/Rechtsmittel. → Form. H. I. 2 Anm. 61 ff.

93. Pfändung des Anspruchs auf Rückgabe der Miet- oder Pachtsache

[Das amtliche Formular „Pfändungs- und Überweisungsbeschluss[1]" ist entsprechend den dortigen Anmerkungen auszufüllen. Auf Seite 4 (bzw. Seite 5) des amtlichen Formulars sind das Feld „G" anzukreuzen und auf Seite 6 (bzw. Seite 7) des amtlichen Formulars unter „Anspruch G" aufzunehmen:]

Es wird der angebliche Anspruch des Schuldners gegen den/die Drittschuldner/in[2] auf Herausgabe des Besitzes an dem vom Drittschuldner gemieteten/gepachteten . . . . . [nähere Bezeichnung des Miet-/Pachtobjektes] gepfändet.[3, 4]

[Auf Seite 8 (bzw. Seite 9) des amtlichen Formular sind in dem Feld „Es wird angeordnet, dass" das freie Kästchen anzukreuzen und dort einzutragen:]

das Grundstück/die Wohnung an einen auf Antrag des Gläubigers vom Amtsgericht . . . . . zu bestellenden Sequester herauszugeben ist.

Anmerkungen

1. → Form. H. I. 2 (bzw. → Form. H. I. 6 bei Unterhaltsforderungen). Hinsichtlich der weiteren Einzelheiten zum Pfändungs- und Überweisungsbeschluss wird auf die dortigen Anmerkungen Bezug genommen.

2. Drittschuldner ist der Mieter oder Pächter.

3. Der Anspruch des Vermieters oder Verpächters auf **Rückgabe der gemieteten oder verpachteten Sache** nach Beendigung des Mietverhältnisses ist nach §§ 846 ff. ZPO pfändbar, auch schon vor Beendigung des Miet- oder Pachtverhältnisses. → Form. I. VII. 51.

Um zu verhindern, dass eine Räumungsvollstreckung wegen einen neuen Untermieters scheitert, kann sich für den Vermieter empfehlen, den Herausgabeanspruch des Mieters gegen den Untermieter zu pfänden und zur Einziehung überweisen zu lassen (*Herrlein/Volpert* IGZInfo 2006, 71, 73; *Paschke* GE 2004, 28; *Schuschke* NZM 1998, 58, 61)

4. Kosten und Gebühren/Rechtsmittel. → Form. H. I. 2 Anm. 61 ff.

94. Pfändung des Anspruchs auf Zahlung des Untermiet-/Unterpachtzinses

[Das amtliche Formular „Pfändungs- und Überweisungsbeschluss[1]" ist entsprechend den dortigen Anmerkungen auszufüllen. Auf Seite 4 (bzw. Seite 5) des amtlichen Formulars sind das Feld „G" anzukreuzen und auf Seite 6 (bzw. Seite 7) des amtlichen Formulars unter „Anspruch G" aufzunehmen:]

Es wird der angebliche Anspruch des Schuldners gegen den/die Drittschuldner/in[2] auf Zahlung der rückständigen, fälligen und künftig fällig werdenden Miet-/Pachtzinsen aus der Untervermietung/Unterverpachtung der Wohnung/des Hauses/des Objekts . . . . . [möglichst genaue Bezeichnung des Miet-/Pachtobjektes] gepfändet.[3, 4]

Anmerkungen

1. → Form. H. I. 2 (bzw. → Form. H. I. 6 bei Unterhaltsforderungen). Hinsichtlich der weiteren Einzelheiten zum Pfändungs- und Überweisungsbeschluss wird auf die dortigen Anmerkungen Bezug genommen.

2. Drittschuldner ist der Untermieter oder Unterpächter.

3. Der Untermiet-/Unterpachtvertrag ist ein echter Vertrag mit allen Rechten und Pflichten (BGHZ 71, 243, 250 = NJW 1978, 1483, 1484). Er ist von der Erteilung der Erlaubnis als auch vom Bestand des Hauptmiet-/Hauptpachtvertrages unabhängig. Für die Gläubiger des Mieters/Pächters sind dessen Forderungen gegenüber dem Untermieter/Unterpächter uneingeschränkt als Geldforderung (§ 829 ZPO) pfändbar. Dagegen bestehen in der Regel keine vertraglichen Beziehungen zwischen Hauptvermieter/Hauptverpächter und Untermieter/Unterpächter. Insbesondere besteht kein Anspruch auf Herausgabe der Untermietzinsen/Unterpachtzinsen (BGHZ 131, 297 = NJW 1996, 838), so dass insoweit auch kein pfändbarer Anspruch besteht. Zum Pfändungsschutz für Einkünfte aus Untervermietung → Form. I. I. 15 Anm. 1 (sa BGH, NZI 2015, 661). Zur Pfändung vgl. auch (Auswahl): *Becker*, Sind Untermietzinsforderungen pfändbar?, NJW 1954, 1595; *John*, Über die Pfändbarkeit von Untermietzinsforderungen, MDR 1954, 725; *Noack*, Zur Pfändbarkeit von Miet- und Pachtzinsen sowie von Untermieten, ZMR 1973, 290; *Schmid*, Unpfändbarkeit von Mietnebenkostenforderungen, ZMR 2000, 144.

4. Kosten und Gebühren/Rechtsmittel. → Form. H. I. 2 Anm. 61 ff.

95. Pfändung des Rechts auf Gebrauchsüberlassung

Der Anspruch des Mieters oder Pächters auf **Gebrauchsüberlassung** ist nur dann als selbständiges Vermögensrecht **pfändbar**, wenn nach der Ausgestaltung des Mietvertrages der Gebrauch einem Dritten überlassen werden darf (vgl. §§ 540 Abs. 1, 581 Abs. 2 BGB). Dieses Recht kann durch entgeltliche Überlassung der Mietsache an den Gläubiger oder einen Dritten eingeräumt werden.

96. Pfändung des Anspruchs auf Miet-/Pachtkaution

[Das amtliche Formular „Pfändungs- und Überweisungsbeschluss[1]" ist entsprechend den dortigen Anmerkungen auszufüllen. Auf Seite 4 (bzw. Seite 5) des amtlichen Formulars sind das Feld „G" anzukreuzen und auf Seite 6 (bzw. Seite 7) des amtlichen Formulars unter „Anspruch G" aufzunehmen:]

Es wird der angebliche Anspruch des Schuldners gegen den/die Drittschuldner/in[2] auf Rückzahlung der nach Beendigung des Mietverhältnis/Pachtverhältnis fällig werdenden Miet-/Pachtkaution aus der Vermietung/Verpachtung der Wohnung/des Hauses/des Objekts ..... [möglichst genaue Bezeichnung des Miet-/Pachtobjektes] gepfändet.[3, 4]

Anmerkungen

1. → Form. H. I. 2 (bzw. → Form. H. I. 6 bei Unterhaltsforderungen). Hinsichtlich der weiteren Einzelheiten zum Pfändungs- und Überweisungsbeschluss wird auf die dortigen Anmerkungen Bezug genommen.

2. **Drittschuldner** ist der Mieter oder Pächter.

3. Der Mieter oder Pächter hat regelmäßig zur Sicherung der künftigen Ansprüche des Vermieters bzw. Verpächters aus dem Vertragsverhältnis und dessen Abwicklung eine **Sicherheitsleistung** zu erbringen. Bei Wohnraum darf die Sicherheit drei Nettomonatsmieten nicht übersteigen (§ 551 Abs. 1 BGB). Die Kaution kann in verschiedenen Formen gestellt werden, zB durch Bargeld, Einzahlung auf ein Treuhandkonto des Vermieters/Verpächters, durch Einrichtung eines Sparkontos, durch Bürgschaft. Die Rückzahlung der Sicherheit hat grundsätzlich in der Form zu erfolgen, in der die Kaution geleistet wurde. Der Anspruch ist durch das Ende des Miet-/Pachtvertrages und die Rückgabe der Miet-/Pachtsache aufschiebend bedingt. Er wird fällig nach Ende des Vertragsverhältnisses und Ablauf einer angemessenen Prüfungs- und Überlegungszeit des Vermieters/Verpächters (BGH NJW 2006, 1422, 1423). Der **Anspruch auf Rückzahlung der Miet- oder Pachtkaution** kann von den Gläubigern des Mieters/Pächters mit der Stellung der Sicherheit gepfändet werden. Zur Pfändung der Mietkaution siehe auch *Goebel* FoVo 2015, 21.

Die Pfändung richtet sich nach der **Art der Sicherheitsleistung.** Im Falle einer Barkaution ist der Rückzahlungsanspruch als Geldforderung nach § 829 ZPO zu pfänden. Ist für die Sicherheit ein Kautionssparbuch auf den Namen des Mieters angelegt, der nur mit Zustimmung des Vermieters verfügen darf, so ist der Auszahlungsanspruch des Mieters an die Bank zu pfänden (*Stöber* Rn. 265).

4. **Kosten und Gebühren/Rechtsmittel.** → Form. H. I. 2 Anm. 61 ff.

97. Pfändung des Erstattungsanspruchs aus der Betriebskostenabrechnung

[Das amtliche Formular „Pfändungs- und Überweisungsbeschluss[1]“ ist entsprechend den dortigen Anmerkungen auszufüllen. Auf Seite 4 (bzw. Seite 5) des amtlichen Formulars sind das Feld „G“ anzukreuzen und auf Seite 6 (bzw. Seite 7) des amtlichen Formulars unter „Anspruch G“ aufzunehmen:]

Es wird der angebliche Anspruch des Schuldners gegen den/die Drittschuldner/in[2] auf Zahlung des nach Abrechnung der Betriebskosten für das Kalenderjahr für das Mietverhältnis/Pachtverhältnis betreffen die Wohnung/das Haus/das Objekts . . . . . [möglichst genaue Bezeichnung des Miet-/Pachtobjektes] ergebenden Guthabens gepfändet.[3, 4]

Anmerkungen

1. → Form. H. I. 2 (bzw. → Form. H. I. 6. bei Unterhaltsforderungen). Hinsichtlich der weiteren Einzelheiten zum Pfändungs- und Überweisungsbeschluss wird auf die dortigen Anmerkungen Bezug genommen.

2. **Drittschuldner** ist der Vermieter oder Verpächter.

3. Der Mieter oder Pächter hat einen Anspruch auf jährliche Abrechnung der von ihm geleisteten **Betriebskostenvorauszahlungen.** Dieser Erstattungsanspruch unterliegt grundsätzlich der Pfändung.

Unpfändbar ist dagegen der Erstattungsanspruch des Mieters, wenn dieser Arbeitslosengeld II bezieht und die Erstattung deshalb im Folgemonat die Leistungen der Agentur für Arbeit für Unterkunft und Heizung des Hilfeempfängers mindert (BGH ZInsO 2013, 1408; BSG NZS 2013, 273).

4. **Kosten und Gebühren/Rechtsmittel.** → Form. H. I. 2 Anm. 61 ff.

98. Schutzantrag des Schuldners nach § 851b ZPO

An das

Amtsgericht . . . . .[1],

Vollstreckungsgericht

Antrag gem. § 851b ZPO[2]

in der Zwangsvollstreckungssache

. . . .

Hiermit zeigen wir an, dass wir den Schuldner vertreten. Namens und in Vollmacht des Schuldners beantragen wir,

> den Pfändungs- und Überweisungsbeschluss/Pfändungsbeschluss des Amtsgerichts . . . . . vom . . . . . Aktenzeichen insoweit aufzuheben, als die monatliche Miete/Pacht bis zu einem Betrag von . . . . . EUR gepfändet bzw. beginnend ab dem . . . . . gepfändet wird.[3]

Begründung

Der/die Gläubiger/in hat/haben aufgrund der beigefügten vollstreckbaren Ausfertigung des . . . . . [nähere Bezeichnung des Titels] einen Anspruch gegen den Mandanten auf Zahlung von . . . . . nebst . . . . . Zinsen. Durch den ebenfalls in der Anlage beigefügten Pfändungs- und Überweisungsbeschluss/Pfändungsbeschluss des Amtsgerichts . . . . . vom . . . . ., Az. . . . . ., wurde der Anspruch des Mandanten gegen den Drittschuldner . . . . . [genaue Bezeichnung] auf Zahlung der rückständigen, fälligen und künftigen Mieten/Pachtzinsen gepfändet. Der Pfändungs- und Überweisungsbeschluss/Pfändungsbeschluss ist dem Mandanten entsprechend dem beigefügten Nachweis am . . . . . [Datum] zugestellt worden.

Die Pfändung der Miet-/Pachtzinsen ist in dem beantragten Umfange nach § 851b Abs. 1 ZPO aufzuheben,

> da für den Schuldner die Einkünfte zur laufenden Unterhaltung des Grundstücks unentbehrlich sind . . . . . [nähere Darlegung der Kosten der laufenden Unterhaltung, zB Anliegerbeiträge, Abfall- und Straßenreinigungsgebühren, Feuerversicherung, Strom- Wasser- und Gaskosten, etc];

(Variante 1:

> *da der Schuldner diese zur Vornahme notwendiger Instandsetzungsarbeiten benötigt . . . . . [nähere Darlegung der notwendigen Instandsetzungsarbeiten und deren Kosten);*

(Variante 2:

da der Schuldner diese zur Befriedigung von Ansprüchen benötigt, die bei einer Zwangsvollstreckung in das Grundstück dem Anspruch des Gläubiger nach § 10 ZVG vorgehen würden ..... [nähere Darlegung, welche vorrangigen Gläubiger zu befriedigen sind).

Dem Schuldner stehen keine anderweitigen Mittel zur Verfügung,

um den laufenden Grundstücksunterhalt zu bestreiten;

(Variante 1:

um die Kosten für die notwendigen Instandsetzungsarbeiten aufzubringen;)

(Variante 2:

um die vorrangigen Gläubiger zu befriedigen.
Zur Glaubhaftmachung der vorstehenden Angaben (§§ 851b Abs. 4 S. 2 ZPO) wird auf die beigefügten ..... [nähere Bezeichnung der Mittel der Glaubhaftmachung, zB eidesstattliche Versicherung gem. § 294 ZPO, Gebührenbescheide, Rechnungen, Kostenvoranschläge, Zahlungsaufforderungen der vorrangigen Gläubiger etc] Bezug genommen.)

.....

Rechtsanwalt[4]

Anmerkungen

1. Zuständig ist das **Vollstreckungsgericht** (§ 828 Abs. 2 ZPO). Dieses entscheidet durch den Rechtspfleger. Vor einer Entscheidung ist der Gläubiger zu hören, sofern keine erhebliche Verzögerung eintritt (§ 851b Abs. 4 S. 1 ZPO). Zugleich kann eine **einstweilige Anordnung** nach § 732 Abs. 2 ZPO ergehen. Der Antrag des Schuldners ist ohne sachliche Prüfung zurückzuweisen, wenn er nicht **binnen 2 Wochen nach Wirksamwerden der Pfändung** (§ 829 Abs. 3 ZPO) gestellt wird und das Vollstreckungsgericht der Überzeugung ist, der Antrag sei als Verschleppungsabsicht oder grober Nachlässigkeit nicht früher gestellt worden (§ 851b Abs. 2 ZPO). Gegen die Entscheidung des Vollstreckungsgerichts ist die sofortige Beschwerde (§ 793 ZPO) statthaft (→ Form. P. III. 6 bzw. → Form. P. III. 6).

2. Grundsätzlich sind Miet- und Pachtzinsen pfändbar. Der Schuldner hat jedoch bei der Vermietung/Verpachtung eines Grundstücks die Möglichkeit einen **Pfändungsschutzantrag nach § 851b ZPO** zu stellen. Danach ist die Pfändung der Miete oder Pacht aufzuheben, wenn diese Einkünfte zur laufenden Unterhaltung des Grundstücks, zur Vornahme notwendiger Instandsetzungsarbeiten und zur Befriedigung von Ansprüchen unentbehrlich sind, die bei einer Zwangsvollstreckung in das Grundstück dem Anspruch des Gläubigers nach § 10 ZVG vorgehen würden. Die Aufzählung ist abschließend, außerhalb des von § 851b ZPO umfassten Bereichs sind die Einkünfte aus Vermietung und Verpachtung uneingeschränkt pfändbar, §§ 850 ff. ZPO sowie § 765a ZPO finden keine Anwendung (BGZ 161, 371 = NJW 2005, 681). Zum Pfändungsschutz bei Zahlungen der Miet- und Pachtzinsen auf ein Pfändungsschutzkonto → Form. I. II. 9.

Zu den Kosten der laufenden Unterhaltung des Grundstücks gehören zB Anliegerbeiträge, Abfall- und Straßenreinigungsgebühren, Feuerversicherungsbeiträge, Beiträge zu öffentlich-rechtlichen Wiederaufbauversicherungen, Strom- und Gaskosten, Wassergeld, Kosten von Sammelheizungen, Kosten der Treppenbeleuchtung, Pförtnerlöhne, Kosten der Hausverwaltung (MüKoZPO/*Smid* § 851b Rn. 7). Anwendbar ist § 851b ZPO auf Miet- und Pachtforderungen. Str. ist ob § 851b ZPO auch auf **Untermiet- oder Unterpachtverhältnisse** Anwendung findet (bejahend Thomas/Putzo/*Seiler* § 851b Rn. 1; zweifelnd MüKoZPO/*Smid* § 851b Rn. 15; verneinend OLG Hamm NJW 1957, 68; *Stöber* Rn. 247).

3. Voraussetzung für die Gewährung des Schutzes nach § 851b ZPO ist ein Antrag des Schuldners. Es besteht kein Anwaltszwang (§ 78 Abs. 5 ZPO). In dem Antrag sind die tatsächlichen Verhältnisse glaubhaft zu machen (§§ 851b Abs. 4 S. 2 ZPO). Die Gewährung des Pfändungsschutzes setzt voraus, dass der Schuldner nicht mit anderen Mitteln die Unterhaltung, Instandsetzung oder Befriedigung der vorrangigen Gläubiger bewirken kann. Zu den Einzelheiten siehe MüKoZPO/*Smid* § 851b Rn. 6 ff. Ein begründeter Antrag führt zur Aufhebung der Pfändung in Höhe eines festen Betrages oder eines fortlaufenden Betrages.

4. Kosten und Gebühren. Durch den Antrag entstehen keine **Gerichtsgebühren.** Der **Anwalt** erhält für den Antrag Gebühren nach Nr. 3309, 3310 VV RVG, da es sich bei dem Schutzantrag gemäß § 18 Abs. 1 Nr. 6 RVG um eine gesonderte Angelegenheit handelt.

Nichteheliche Lebensgemeinschaft

99. Pfändung der Ansprüche bei Auflösung einer nichtehelichen Lebensgemeinschaft

[Das amtliche Formular „Pfändungs- und Überweisungsbeschluss[1]" ist entsprechend den dortigen Anmerkungen auszufüllen. Auf Seite 4 (bzw. Seite 5) des amtlichen Formulars sind das Feld „G" anzukreuzen und auf Seite 6 (bzw. Seite 7) des amtlichen Formulars unter „Anspruch G" aufzunehmen:]

Es wird der angebliche Anspruch des Schuldners gegen den/die Drittschuldner/in[2] auf Ausgleich, der von dem Schuldner/von der Schuldnerin aufgrund der Auflösung der zwischen ihm/ihr und der Drittschuldnerin/dem Drittschuldner bestehenden nichtehelichen Lebensgemeinschaft zusteht, insbesondere auf Zahlung eines Betrages von . . . . . aufgrund der . . . . . [möglichst nähere Darlegung des Ausgleichsanspruchs sowie des Rechtsgrundes], gepfändet.[3, 4, 5]

Anmerkungen

1. → Form. H. I. 2 (bzw. → Form. H. I. 6 bei Unterhaltsforderungen). Hinsichtlich der weiteren Einzelheiten zum Pfändungs- und Überweisungsbeschluss wird auf die dortigen Anmerkungen Bezug genommen.

2. Drittschuldner ist der frühere Lebenspartner.

3. Unter einer **nichtehelichen Lebensgemeinschaft** versteht man das gemeinsame Leben, Wohnen und Wirtschaften zweier nicht miteinander verheirateter Personen auf unbestimmte Zeit (MüKoBGB/*Wellenhofer* Anhang zu § 1302 Rn. 1; BGH NJW 1993, 999, 1001). Wesentliche Merkmale der nichtehelichen Lebensgemeinschaft ist ihre fehlende umfassende Rechtsverbindlichkeit und die Möglichkeit der jederzeitigen Beendigung der Partnerschaft ohne Einhaltung bestimmter Voraussetzungen. **Während des Bestehens einer nichtehelichen Lebensgemeinschaft** sind die einzelnen Leistungen der Lebenspartner nicht ausgleichspflichtig (BGH NJW 2008, 443). Es besteht damit für die

Gläubiger eines Lebenspartners auch kein pfändbarer Ausgleichsanspruch. Ebenso scheidet die Pfändung eines künftigen Ausgleichsanspruchs aus.

4. Im Falle der **Beendigung der nichtehelichen Lebensgemeinschaft** kommen wegen wesentlicher Beiträge eines Partners, mit denen Vermögenswerte von erheblicher wirtschaftlicher Bedeutung geschaffen wurden, Ausgleichsansprüche in Betracht (BGHZ 177, 193 = NJW 2009, 3277; BGH NJW 2008, 334). Die frühere gegenteilige Auffassung (zB BGH NJW-RR 1996, 1473; BGH FamRZ 2004, 94) hat der BGH nunmehr ausdrücklich aufgegeben (BGHZ 177, 193 = NJW 2009, 3277). Als Anspruchsgrundlagen kommen § 812 Abs. 1 S. 2 Alt. 2 BGB (zB BGH NJW 1992, 427), Wegfall der Geschäftsgrundlage nach § 313 BGB (zB BGHZ 177, 193 = NJW 2009, 3277; OLG Koblenz NJW 2001, 2480), Auftragsrecht (zB BGH NJW 1981, 1502, 1503) oder Gesellschaftsrecht (BGH NJW-RR 2005, 1089) in Betracht.

Dieser **Ausgleichsanspruch des Lebenspartners** ist pfändbar, wobei sich die Pfändung nach Art der Leistung und in Betracht kommenden Anspruchsgrundlage richtet; bei Geldforderungen Pfändung nach § 829 ZPO und bei Sachleistungen Pfändung nach §§ 846 ff. ZPO; zur Pfändung eines gesellschaftsrechtlichen Ausgleichsanspruchs → Form. I. III. 10). Es bestehen keine Pfändungsbeschränkungen; insbesondere findet § 852 Abs. 2 ZPO keine Anwendung (*Stöber* Rn. 267a; aA *Schlögel* MittBayNot 2009, 100, 102).

5. Kosten und Gebühren/Rechtsmittel. → Form. H. I. 2 Anm. 61 ff.

Rangvorbehalt (§ 881 BGB)

100. Pfändung bei einem Rangvorbehalt (§ 881 BGB)

Der Rangvorbehalt (§ 881 BGB) ist die dem Eigentümer bei einer rechtsgeschäftlichen Grundstücksbelastung vorbehaltene dingliche Befugnis, ein dem Umfang nach bestimmtes Recht mit Vorrang zu bestellen. Wegen seiner Zuordnung zum jeweiligen Eigentümer (§ 883 Abs. 3 BGB) ist der Rangvorbehalt **weder isoliert übertragbar noch pfändbar** (RGZ 117, 426, 431; BGHZ 12, 238, 245 = NJW 1954, 955). Auch eine Hilfspfändung kommt nach hM nicht in Betracht. Der Gläubiger des Eigentümers kann daher keine Zwangshypothek an der vorbehaltenen Rangstelle eintragen lassen (BGHZ 12, 238 = NJW 1954, 954).

Reallasten (§§ 1105 ff. BGB)

101. Pfändung einer Reallast einschließlich der Einzelleistungen

[Das amtliche Formular „Pfändungs- und Überweisungsbeschluss[1]“ ist entsprechend den dortigen Anmerkungen auszufüllen. Auf Seite 4 (bzw. Seite 5) des amtlichen Formulars sind das Feld „G“ anzukreuzen und auf Seite 6 (bzw. Seite 7) des amtlichen Formulars unter „Anspruch G“ aufzunehmen:]

Es werden

1. die angeblich zugunsten des Schuldners auf dem Grundstück ..... [genaue Bezeichnung des Grundstücks] des/der Drittschuldner/in[2] im Grundbuch des Amtsgerichts ..... Band ..... Blatt ..... in Abt. II unter lfd. Nr. ..... eingetragene Reallast,[3, 6]

2. die angebliche Forderung des Schuldners gegen den/die Drittschuldner/in auf Zahlung der bereits fälligen und künftige Einzelleistungen aus dieser Reallast,[4, 5, 7]

gepfändet.[9]

[Wird die Eintragung der Pfändung ins Grundbuch beantragt, sind auf Seite 3 (bzw. Seite 4 unter „IV. Kosten") des amtlichen Formulars das Feld „gemäß Anlage(n)" anzukreuzen und dort die Kosten der Eintragung ins Grundbuch ggf. unter Beifügung einer Anlage einzutragen:

Kosten der Eintragung ins Grundbuch[8]

Anmerkungen

1. → Form. H. I. 2 (bzw. → Form. H. I. 6 bei Unterhaltsforderungen). Hinsichtlich der weiteren Einzelheiten zum Pfändungs- und Überweisungsbeschluss wird auf die dortigen Anmerkungen Bezug genommen.

2. Drittschuldner ist der Eigentümer des mit der Reallast belasteten Grundstücks.

3. Eine **Reallast (§§ 1105 bis 1112 BGB)** ist die Belastung eines Grundstücks oder eines grundstücksgleichen Rechts in der Weise, dass an den Berechtigten wiederkehrenden Leistungen aus dem Grundstück zu entrichten sind (§ 1105 Abs. 1 S. 1 BGB). Diese können in Geld- oder Naturalleistungen sowie in einem Handeln bestehen. Die Leistungen müssen dauernd oder für einen bestimmten Zeitraum und nicht nur einmal zu entrichten sein. Regelmäßige Wiederkehr und gleiche Art und Höhe ist indes nicht notwendig. Wird die Leistung nicht erbracht, kann sie der Gläubiger im Wege der Zwangsvollstreckung aus dem Grundstück und/oder dem Haftungsverband in Geld entnehmen (§§ 1107, 1147, 1120 bis 1130 BGB). Für die Begründung, Übertragung, und Aufhebung gelten die Vorschriften über die Grundstücksrechte. Berechtigter einer Reallast kann eine natürliche oder juristische Person sein. In diesem Falle handelt es sich um eine **subjektiv-persönliche Reallast** (§§ 1105 Abs. 1, 1111 BGB). Eine **subjektiv-dingliche Reallast** liegt vor, wenn der Berechtigte der jeweilige Eigentümer eines anderen Grundstücks oder grundstücksgleichen Rechts ist (§§ 1105 Abs. 2, 1110 BGB).

4. Die **subjektiv-persönliche Reallast** ist übertragbar durch Einigung und Eintragung im Grundbuch (§ 873 BGB) und damit nach § 857 Abs. 5 ZPO wie eine Hypothekenforderung pfändbar. Die Pfändung erfolgt nach § 830 Abs. 1 S. 3, Abs. 2 ZPO **durch Eintragung ins Grundbuch.** Die Überweisung richtet sich nach §§ 835, 837 Abs. 1 S. 2 ZPO durch Eintragung der Überweisung in das Grundbuch. → Form. I. VII. 103.

5. Ansprüche auf **fällige Einzelleistungen** aus einer **subjektiv-persönlichen Reallast** sind wie Ansprüche auf Hypothekenzinsen grundsätzlich übertragbar (§ 1107 BGB). Eine Übertragbarkeit und damit Pfändbarkeit (§§ 857 Abs. 3, 851 Abs. 1 ZPO) der Einzelleistung scheidet aus, wenn die subjektiv-persönliche Reallast als Stammrecht nicht übertragen (§ 1111 Abs. 1 BGB) werden kann. Ob dies der Fall ist, richtet sich zunächst nach Landesrecht (Art. 113, 115 EGBGB; siehe dazu die Übersicht bei MüKoBGB/*Säcker* EGBGB Art. 113 Rn. 7, EGBGB Art. 115 Rn. 3). Daneben ist eine Übertragung ausgeschlossen, wenn die zu einer Veränderung des Inhalts der Leistung führen würde (§§ 399, 400, 413 BGB). Dies ist zB bei höchstpersönlichen Leistungen, wie zB bei einer Pflegeverpflichtung der Fall. Die Pfändung und Überweisung der übertragbaren Einzelleistungen aus einer subjektiv-persönlichen Reallast erfolgt gemäß §§ 857 Abs. 6, 830 Abs. 3, 837 Abs. 2 ZPO durch Zustellung eines Pfändungs- und

Überweisungsbeschlusses. Die Pfändung ist gesondert oder zusammen mit der Reallast möglich. Bei einem rechtsgeschäftlichen Abtretungsausschluss der Leistung (§ 399 Alt. 2 BGB), kann eine Pfändung nach § 851 Abs. 2 ZPO mit dem Ziel der Überweisung zur Einziehung erfolgen.

Inwieweit Ansprüche auf **künftige Einzelleistungen** selbständig pfändbar sind, ist str. (bejahend: *Stöber* Rn. 1739; aA: MüKoBGB/*Joost* § 1110 Rn. 4, § 1111 Rn. 3, weil Teil der Reallast). Die Pfändung künftiger Einzelleistung wird erst mit der Eintragung in das Grundbuch wirksam, während bei den fälligen Einzelleistungen für die Wirksamkeit die Zustellung des Pfändungsbeschlusses an den Drittschuldner erforderlich ist.

6. **Subjektiv-dingliche Reallasten** sind wesentlicher Bestandteil des Grundstücks, so dass sie das rechtliche Schicksal dieses Grundstücks teilen. Wegen der unlöslichen Verbindung von Grundstückseigentum und subjektiv-dinglicher Reallast ist eine selbständige Übertragung der Reallast nicht möglich. Eine selbständige Zwangsvollstreckung in das Recht durch Gläubiger des Berechtigten scheidet ebenfalls aus, da dies zu einer Trennung vom Grundeigentum führen würde (BayObLGZ 1990, 212, 215). Der Zugriff kann nur durch die Zwangsvollstreckung in das Grundstück erfolgen.

7. Die **Einzelansprüche** aus einer **subjektiv-dinglichen Reallast** sind nach der hM von dem Stammrecht unabhängig (Palandt/*Bassenge* § 1110 Rn. 1; aA MüKoBGB/*Joost* § 1110 Rn. 4 f.). Sie sind damit abtretbar und unterliegen entsprechend den Grundsätzen bei den Einzelansprüchen aus der subjektiv-persönlichen Reallast der Pfändung.

8. Zur Eintrag der Pfändung ins Grundbuch → Form. I. VII. 103.

9. **Kosten und Gebühren/Rechtsmittel.** → Form. H. I. 2 Anm. 61 ff.

102. Pfändung der Einzelleistung aus der Reallast

[Das amtliche Formular „Pfändungs- und Überweisungsbeschluss[1]“ ist entsprechend den dortigen Anmerkungen auszufüllen. Auf Seite 4 (bzw. Seite 5) des amtlichen Formulars sind das Feld „G“ anzukreuzen und auf Seite 6 (bzw. Seite 7) des amtlichen Formulars unter „Anspruch G“ aufzunehmen:]

Es wird der angebliche Anspruch des Schuldners gegen den/die Drittschuldner/in[2] auf die bereits fälligen und künftigen Einzelleistungen aus der Reallast, die angeblich für den Schuldner im Grundbuch des Amtsgerichts ..... Band ..... Blatt ..... in Abt. II unter lfd. Nr...... auf dem Grundstück des Drittschuldners eingetragen ist, gepfändet.[3, 5]

[Wird die Eintragung der Pfändung ins Grundbuch beantragt, sind auf Seite 3 des amtlichen Formulars das Feld „gemäß Anlage(n)“ anzukreuzen und dort die Eintragungskosten einzutragen und ggf. unter Beifügung einer Anlage aufzunehmen:]

Kosten der Eintragung ins Grundbuch[4]

Anmerkungen

1. → Form. H. I. 2 (bzw. → Form. H. I. 6 bei Unterhaltsforderungen). Hinsichtlich der weiteren Einzelheiten zum Pfändungs- und Überweisungsbeschluss wird auf die dortigen Anmerkungen Bezug genommen.

2. **Drittschuldner** ist der Grundstückseigentümer.

3. Die Ansprüche aus einer Einzelleistung aus der Reallast können auch gesondert gepfändet werden. Bei einer **subjektiv-dinglichen Reallast** ist nur die Pfändung der Einzelleistung möglich. → Form. I. VII. 101 Anm. 6 ff.

4. Zur Eintrag der Pfändung ins Grundbuch → Form. I. VII. 103.

5. **Kosten und Gebühren/Rechtsmittel.** → Form. H. I. 2 Anm. 61 ff.

103. Antrag auf Eintragung der Pfändung ins Grundbuch

An das

Amtsgericht . . . .[1]

Grundbuchamt

In der Zwangsvollstreckungssache

. . . .

Hiermit zeigen wir an, dass wir den Gläubiger vertreten. Namens und in Vollmacht unseres Mandanten überreichen wir die vollstreckbare Ausfertigung des . . . . . [genaue Bezeichnung des Vollstreckungstitels], sowie Ausfertigungen des Pfändungs- und Überweisungsbeschlusses/Pfändungsbeschlusses des Amtsgerichts . . . . . vom . . . . ., Az. . . . . ., nebst Zustellungsnachweise.

Wir beantragen,

die Pfändung in dem Grundbuch des Amtsgerichts . . . . . Band . . . . . Blatt . . . . . einzutragen.

Wir bitten anschließend um die Rücksendung der Vollstreckungsunterlagen. Gleichzeitig bitten wird darum, uns die Gebühren der Eintragung aufzugeben sowie die Eintragungsnachricht zu übersenden.

. . . .

Rechtsanwalt[2]

Anmerkungen

1. Die Eintragung muss vom Gläubiger unter Vorlage des Pfändungs- Und Überweisungsbeschlusses/Pfändungsbeschlusses beim Grundbuchamt beantragt werden. Das Vollstreckungsgericht veranlasst die Eintragung nicht.

2. **Kosten und Gebühren.** Das **Gericht** erhält gemäß Nr. 14130 KV GNotKG iVm der Vorbemerkung 1.4.1.2 KV GNotKG bei der Eintragung eine $^1/_2$-Gebühr (Tabelle B) nach dem Wert des § 53 Abs. 2 GNotKG. Die Tätigkeit des **Rechtsanwalts** ist mit der 0,3 Gebühr nach Nr. 3309 VV RVG abgedeckt.

Schenkungen

104. Pfändung des Anspruchs des Beschenkten

Eine Schenkung ist ein einseitig verpflichtender Vertrag, durch den jemand aus seinem Vermögen einem anderen unentgeltlich bereichert (sog. Handschenkung, § 516 BGB). Die Handschenkung besteht aus einem schuldrechtlichen und einem dinglichen Teil, die mit der Handschenkung zeitlich zusammen fallen. Demgegenüber stellt das formbedürftige Schenkungsversprechen einen einseitig verpflichtenden Vertrag dar (§ 518 BGB). Der durch das Versprechen begründete **Anspruch des Beschenkten** ist pfändbar. Wie die Pfändung zu erfolgen hat, richtet sich danach, was im Einzelnen versprochen worden ist (zB Sparguthaben, Wertpapiere, Grundstück, körperlicher Gegenstand). Beispielsweise hat die Pfändung des Anspruchs auf Leistung einer körperlichen Sachen nach §§ 846 ff. ZPO zu erfolgen (→ Form. I. VII. 47).

105. Pfändung des Rückforderungsanspruchs des Schenkers

[Das amtliche Formular „Pfändungs- und Überweisungsbeschluss[1]" ist entsprechend den dortigen Anmerkungen auszufüllen. Auf Seite 4 (bzw. Seite 5) des amtlichen Formulars sind das Feld „G" anzukreuzen und auf Seite 6 (bzw. Seite 7) des amtlichen Formulars unter „Anspruch G" aufzunehmen:]

Es wird der angebliche Anspruch des Schuldners[2] gegen den/die Drittschuldner/in[3] auf Rückübertragung und Herausgabe des . . . . . [möglichst genaue Bezeichnung der verschenkten Sache bzw. des verschenkten Rechts] . . . . . bzw. auf Zahlung des Abwendungsbetrages gepfändet.[4, 5, 6, 7, 8, 9]

[Auf Seite 8 (bzw. Seite 9) des amtlichen Formular sind in dem Feld „Es wird angeordnet, dass" das freie Kästchen anzukreuzen und dort einzutragen:]

die Sache an einen vom Gläubiger zu beauftragenden Gerichtsvollzieher herauszugeben ist.

Anmerkungen

1. → Form. H. I. 2 (bzw. → Form. H. I. 6 bei Unterhaltsforderungen). Hinsichtlich der weiteren Einzelheiten zum Pfändungs- und Überweisungsbeschluss wird auf die dortigen Anmerkungen Bezug genommen.

2. Zur Pfändung des Anspruchs des Beschenkten → Form. I. VII. 104.

3. **Drittschuldner ist der Beschenkte.**

4. Sofern der Schenker nachträglich bedürftig wird, kann er die Erfüllung eines Schenkungsversprechens verweigern (§ 519 BGB) oder eine bereits vollzogene Schenkung nach den Vorschriften über die ungerechtfertigte Bereicherung zurückverlangen (§§ 528 f. BGB). Ein solcher **Notbedarf** ist dann anzunehmen, wenn der Schenker nicht mehr seinen angemessenen Unterhalt bestreiten oder seinen gesetzlichen Unterhaltspflichten nachkommen kann. Bei regelmäßig wiederkehrendem Unterhaltsbedarf des

Schenkers richtet sich der Anspruch aus § 528 Abs. 1 S. 1 BGB auf wiederkehrende Leistungen des Beschenkten in einer dem angemessenen Unterhaltsbedarf entsprechenden Höhe, bis der Wert des Schenkungsgegenstandes erschöpft ist (BGH NJW 1996, 987).

5. Der **Schenkungsrückgewähranspruch** des Schenkers ist **nach § 852 Abs. 2 ZPO pfändbar**, wenn er durch Vertrag anerkannt oder rechtshängig geworden ist (BGHZ 169, 320, 327 = NJW 2007, 60). Eine Pfändung ist nicht nur zugunsten von Unterhaltsberechtigten des Schuldners, sondern im Falle der vertraglichen Anerkennung oder Rechtshängigkeit generell möglich. § 852 ZPO ist gegenüber § 851 ZPO die speziellere Vorschrift (BGHZ 169, 320, 327 = NJW 2007, 60) und verweist zudem nicht auf § 399 BGB. § 852 Abs. 2 ZPO ist nach hM einschränkend dahin auszulegen, dass er nur für Pfändungen durch solche Gläubiger des Schenkers gilt, die für die Sicherung seines Notbedarfs nichts geleistet haben. Gläubiger, die den Notbedarf sichergestellt haben, können gegen den Beschenkten ohne die Beschränkung aus § 852 Abs. 2 ZPO vollstrecken (MüKoBGB/*Koch* § 528 Rn. 20; *Kollhosser* ZEV 2001, 289, 292).

Zudem werden bei Grundstückübertragungen im Wege der vorweggenommenen Erbfolge, aber auch bei Ehegattenzuwendungen, vertragliche Rückerwerbsrechte vereinbart. Der Bundesgerichtshof (BGHZ 154, 64 = NJW 2003, 1858) hat für den Fall der unentgeltlichen Übertragung eines Grundstücks auf die Ehefrau, bei dem sich der Schenker das Recht der jederzeitigen Rückforderung vorbehalten hat, die Möglichkeit der Pfändung des Rechts des Schuldners zusammen mit dem künftigen oder aufschiebend bedingten und durch eine Vormerkung gesicherten Rückauflassungsanspruch bejaht.

6. Die Rechtsprechung des BGH zur Pfändbarkeit eines Pflichtteilsanspruchs vor Anerkennung und Rechtshängigkeit (BGHZ 123, 83 = NJW 1993, 2876; NJW 1997, 2384) dürfte auf den Widerruf der Schenkung wegen groben Undanks entsprechend anwendbar sein. Damit ist der Rückforderungsanspruch **vor Anerkennung und Rechtshängigkeit** als in seiner Verwertbarkeit **aufschiebend bedingter Anspruch pfändbar.** Der Vollstreckungsgläubiger erwirbt durch die Pfändung bei Eintritt der Vollstreckungsvoraussetzungen, nämlich der vertraglichen Anerkennung bzw. der Rechtshängigkeit, ein vollwertiges Pfandrecht, dessen Rang sich nach dem Zeitpunkt der Pfändung bestimmt. Im Pfändungsantrag braucht der Gläubiger die Voraussetzungen einer Anerkennung oder Rechtshängigkeit noch nicht darzulegen. In der Praxis ist er hierzu auch selten in der Lage.

7. Soweit der Beschenkte den Rückforderungsanspruch durch Zahlung des für den Unterhalt erforderlichen Betrages abwendet (§§ 760, 528 Abs. 1 S. 2 BGB), sind die dem Schuldner zufließenden einzelnen Raten weder nach § 852 Abs. 2 ZPO noch nach § 850b Abs. 1 Nr. 2 ZPO unpfändbar. Pfändungsschutz kann nach § 765a ZPO gewährt werden (*Stöber* Rn. 327); → Form. I. I. 17 bzw. → Form. F. II. 8. bis → Form. F. II. 10.

8. Die **Verwertung** erfolgt durch Überweisung zur Einziehung. Ggf. erfolgt die Anordnung einer anderen Verwertungsart (§ 844 ZPO). Zu dem Antrag auf anderweitige Verwertung → Form. H. IV. 5.

9. Kosten und Gebühren/Rechtsmittel. → Form. H. I. 2 Anm. 61 ff.

106. Pfändung des Rückforderungsanspruchs wegen groben Undanks bzw. Nichterfüllung einer Auflage

Eine Schenkung kann auch dann widerrufen werden, wenn sich der Beschenkte durch eine schwere Verfehlung gegen den Schenker oder einen nahen Angehörigen des **groben Undanks** schuldig gemacht hat (**§§ 530 ff. BGB**). Das Recht zum Widerruf ist höchstpersönlich, nicht abtretbar und damit unpfändbar. Pfändbar ist jedoch die nach der Erklärung des Widerrufs durch den Beschenkten zu erbringende Leistung (§ 531 Abs. 2 ZPO). Die Pfändung erfolgt bei einer Geldforderung nach **§ 829 ZPO** (→ Form. H. I. 2) bzw. bei einem Herausgabeanspruch nach **§§ 846 ff. ZPO** (→ Form. I. VII. 47). § 852 Abs. 2 ZPO ist nicht einschlägig, da die Vorschrift nur auf § 528 BGB verweist.

Das Rückforderungsrecht des Schenkers bei **Nichterfüllung einer Auflage** (§ 527 ZPO) ist ebenfalls höchstpersönlicher Natur. Auch dieser Anspruch ist **weder abtretbar noch pfändbar**. Nach der Geltendmachung des Rückforderungsrechts gelten die für den Widerruf einer Schenkung wegen groben Undanks aufgestellten Grundsätze entsprechend.

107. Pfändung des Anspruchs des beschenkten Schuldners auf Leistung einer beweglichen Sache

[Das amtliche Formular „Pfändungs- und Überweisungsbeschluss[1]“ ist entsprechend den dortigen Anmerkungen auszufüllen. Auf Seite 4 (bzw. Seite 5) des amtlichen Formulars sind das Feld „G“ anzukreuzen und auf Seite 6 (bzw. Seite 7) des amtlichen Formulars unter „Anspruch G“ aufzunehmen:]

Es wird der angebliche Anspruch des Schuldners[2] gegen den/die Drittschuldner/in[3] auf Leistung, nämlich Übergabe und Übertragung des Eigentums an der/dem von dem Drittschuldner an den Schuldner durch Schenkungsversprechen vom . . . . . [nähere Bezeichnung des Schenkungsvorgangs] geschenkten . . . . . [nähere Bezeichnung der Sache] gepfändet.[4, 6, 7, 8]

[Auf Seite 8 (bzw. Seite 9) des amtlichen Formular sind in dem Feld „Es wird angeordnet, dass“ das freie Kästchen anzukreuzen und dort einzutragen:]

der Drittschuldner die Sache an einen vom Gläubiger zu beauftragenden Gerichtsvollzieher herauszugeben hat.[5]

Anmerkungen

1. → Form. H. I. 2 (bzw. → Form. H. I. 6 bei Unterhaltsforderungen). Hinsichtlich der weiteren Einzelheiten zum Pfändungs- und Überweisungsbeschluss wird auf die dortigen Anmerkungen Bezug genommen.

2. Der durch **Schenkungsversprechen** entstandene Anspruch des beschenkten Schuldners (§ 518 BGB) ist pfändbar.

3. **Drittschuldner** ist der Beschenkte.

4. Die **Pfändung** des Anspruchs auf **Leistung einer beweglichen körperlichen Sache** erfolgt gemäß § 846 ZPO nach den für Geldforderungen maßgeblichen Vorschriften (§§ 829 ff. ZPO iVm § 847 ZPO). Eine Pfändung scheidet indes bei unpfändbaren Sachen (§§ 811, 811c ZPO) oder bei Sachen ohne eigenen Vermögenswert (zB Sparkassenbücher, Hypothekenbriefe, Schuldschein, Kfz-Briefe) aus. Ebenso wenig kann der Herausgabe- oder Leistungsanspruch an Gegenständen gepfändet werden, die nach § 865 Abs. 2 ZPO der Zwangsvollstreckung in das unbewegliche Vermögen unterliegen. Für die Pfändung der Herausgabe- oder Leistungsansprüche ist ohne Bedeutung, ob der jeweilige Anspruch bereits fällig ist oder vom Drittschuldner derzeit bereits erfüllt werden muss.

In dem Pfändungsbeschluss muss die herauszugebende bzw. zu leistende Sache **hinreichend bestimmt bezeichnet** werden, da ansonsten eine Herausgabe nicht möglich ist. Pfändungsbeschlüsse, die diesen Anforderungen nicht genügen, sind unwirksam (BGH NJW 2000, 3218, 3219). Zudem muss der **Rechtsgrund der gepfändeten angeblichen Forderung** wenigstens in allgemeinen Umrissen angegeben sein (BGHZ 172, 16 = NJW 2007, 3132 für die Pfändung des Anspruchs auf Übertragung des Eigentums an einem Grundstück mwN; aA *Stöber* Rn. 2037a, der die Benennung der herauszugebenden Sache als ausreichend erachtet). Zur **mehrfachen Pfändung des Herausgabeanspruchs** siehe §§ 854, 856 ZPO.

5. Zur Vorbereitung der Verwertung ist nach § 847 Abs. 1 ZPO anzuordnen, dass die Sache an einen vom Gläubiger zu beauftragenden Gerichtsvollzieher herauszugeben ist. Diese **Anordnung** kann auch noch später in einem gesonderten Beschluss nachgeholt werden. Soweit dem Schuldner der Anspruch auf Leistung gemeinsam mit einem Dritten nach Bruchteilen an einer unteilbaren Sache zusteht, darf nur hinsichtlich des Anteils des Schuldners und seines Anspruchs auf Einräumung des Mitbesitzes gepfändet werden. Die Leistungsanordnung muss in diesem Fall auf Leistung an den Gerichtsvollzieher und den Dritten lauten.

Mit der **Leistung** der Sache an den Gerichtsvollzieher erfüllt der Drittschuldner seine Verpflichtung gegenüber dem Schuldner und das Pfandrecht des Vollstreckungsgläubigers am Anspruch auf Herausgabe oder Leistung wandelt sich ohne erneute Pfändung in ein **Pfändungspfandrecht an der Sache** (BGHZ 67, 378, 383 = NJW 1977, 384; BGHZ 72, 334 = NJW 1979, 373). Etwaige ein Zurückbehaltungsrecht begründende Gegenforderungen des Drittschuldners darf der Vollstreckungsgläubiger befriedigen. Die dadurch entstandenen Kosten sind Kosten der Zwangsvollstreckung und können im Rahmen der Verwertung der Sache berücksichtigt werden (§ 788 ZPO). Im Falle der **Verschaffung des Eigentums** wird der Schuldner Eigentümer, wenn der Drittschuldner die Sache an den Gerichtsvollzieher herausgibt.

Der Pfändungs- und Überweisungsbeschluss und die Herausgabeanordnung ermächtigen den Gerichtsvollzieher nicht zur **Wegnahme der Sache.** Vielmehr muss der Anspruch gegebenenfalls gegen den Drittschuldner gesondert gerichtlich verfolgt werden.

6. Die nach den §§ 846 bis 848 gepfändeten Forderungen dürfen nur **zur Einziehung** an den Gläubiger überwiesen werden. Eine Überweisung an Zahlungs statt scheidet aus (§ 849 ZPO). Eine **Verwertung** erfolgt nach § 847 Abs. 2 ZPO entsprechend den allgemeinen Regelungen über die Verwertung gepfändeter Sachen (§§ 814 ff. ZPO).

7. Kosten und Gebühren/Rechtsmittel. → Form. H. I. 2 Anm. 62 f. Die Herausgabeanordnung löst weder eine gesonderte **Gerichtsgebühr** aus noch stellt sie für den **Rechtsanwalt** eine besondere Angelegenheit dar. Der **Gerichtsvollzieher** erhält eine Gebühr nach Nr. 206 KV GvKostG in Höhe von 16,– EUR.

8. Rechtsmittel. → Form. H. I. 2 Anm. 61.

108. Pfändung des Anspruchs des beschenkten Schuldners auf Leistung einer unbeweglichen Sache

[Das amtliche Formular „Pfändungs- und Überweisungsbeschluss[1]" ist entsprechend den dortigen Anmerkungen auszufüllen. Auf Seite 4 (bzw. Seite 5) des amtlichen Formulars sind das Feld „G" anzukreuzen und auf Seite 6 (bzw. Seite 7) des amtlichen Formulars unter „Anspruch G" aufzunehmen:]

Es wird der angebliche Anspruch des Schuldners aus dem notariell beurkundeten Schenkungsversprechen vom . . . . . [nähere Bezeichnung des Schenkungsvorgangs] gegen den/die Drittschuldner/in[2] auf Übertragung des Eigentums[3] durch Auflassung und Eintragungsbewilligung an dem Grundstück . . . . . in . . . . . [genaue Bezeichnung], verzeichnet im Grundbuch des Amtsgerichts von . . . . . Band . . . . . Blatt . . . . ., gepfändet.[5]

[Auf Seite 8 (bzw. Seite 9) des amtlichen Formular sind in dem Feld „Es wird angeordnet, dass" das freie Kästchen anzukreuzen und dort einzutragen:]

das Grundstück an einen auf Antrag des Gläubiger vom Amtsgericht . . . . . zu bestellenden Sequester[4] herauszugeben und an ihn als Vertreter des Schuldners aufzulassen ist.

[Alternative für den Fall, dass zugleich ein Sequester bestellt wird:]

Zugleich wird angeordnet, dass das Grundstück an einen Sequester[4] herauszugeben und an ihn als Vertreter des Schuldners aufzulassen ist. Als Sequester wird hiermit . . . . . bestellt.

Anmerkungen

1. → Form. H. I. 2 (bzw. → Form. H. I. 6 bei Unterhaltsforderungen). Hinsichtlich der weiteren Einzelheiten zum Pfändungs- und Überweisungsbeschluss wird auf die dortigen Anmerkungen Bezug genommen.

2. Drittschuldner ist der Schenker.

3. Die Pfändung des Anspruchs auf Leistung (= Übertragung des Eigentums) einer unbeweglichen Sache (Grundstück, Miteigentumsanteil an einem Grundstück, Wohnungseigentum, Gebäudeeigentum, grundstücksgleiche Rechte) erfolgt nach §§ 829 ff. ZPO durch einen Pfändungsbeschluss unter Berücksichtigung der Besonderheiten nach §§ 846, 848 ZPO. Es muss der **Rechtsgrund der gepfändeten angeblichen Forderung** wenigstens in allgemeinen Umrissen angegeben sein (BGHZ 172, 16 = NJW 2007, 3132 für die Pfändung des Anspruchs auf Übertragung des Eigentums an einem Grundstück mwN; aA *Stöber* Rn. 2037a, der die Benennung der herauszugebenden Sache als ausreichend erachtet). Zu den weiteren Einzelheiten der Pfändung → Form. I. VII. 41.

4. → Form. I. VII. 41 Anm. 6. Die **Bestellung des Sequesters** erfolgt auf Antrag des Gläubigers durch das Amtsgericht der belegenen Sache. Zu dem Antrag → Form. I. VII. 44. Ist das Vollstreckungsgericht nach § 828 Abs. 2 ZPO auch das Gericht der belegenen Sache, kann der Sequester bereits im Pfändungsbeschluss bestellt werden.

5. Kosten und Gebühren/Rechtsmittel. → Form. H. I. 2 Anm. 61 ff. und → Form. I. VII. 4 Anm. 8.

109. Pfändung des Anspruchs des Schenkers auf Rückübertragung einer beweglichen Sache

[Das amtliche Formular „Pfändungs- und Überweisungsbeschluss[1]" ist entsprechend den dortigen Anmerkungen auszufüllen. Auf Seite 4 (bzw. Seite 5) des amtlichen Formulars sind das Feld „G" anzukreuzen und auf Seite 6 (bzw. Seite 7) des amtlichen Formulars unter „Anspruch G" aufzunehmen:]

Es wird der angebliche Anspruch des Schuldners[2] gegen den/die Drittschuldner/in[3] auf Leistung, nämlich Rückgabe und Rückübertragung des Eigentums an der/dem von dem Schuldner an den Drittschuldner durch Schenkungsversprechen vom . . . . . [nähere Bezeichnung des Schenkungsvorgangs] geschenkten . . . . . [nähere Bezeichnung der Sache] gepfändet.[4, 6, 7, 8]

Der Schuldner hat den Rückübertragungsanspruch durch Erhebung der Klage beim . . . . . . [nähere Bezeichnung des Rechtsstreits] rechtshängig gemacht/Der Drittschuldner hat den Anspruch durch Vertrag vom . . . . . . [nähere Bezeichnung] anerkannt.[2]

[Auf Seite 8 (bzw. Seite 9) des amtlichen Formular sind in dem Feld „Es wird angeordnet, dass" das freie Kästchen anzukreuzen und dort einzutragen:]

der Drittschuldner die Sache an einen vom Gläubiger zu beauftragenden Gerichtsvollzieher herauszugeben hat.[5]

Anmerkungen

1. → Form. H. I. 2 (bzw. → Form. H. I. 6 bei Unterhaltsforderungen). Hinsichtlich der weiteren Einzelheiten zum Pfändungs- und Überweisungsbeschluss wird auf die dortigen Anmerkungen Bezug genommen.

2. Der Schenker kann von dem Beschenkte die Herausgabe des Geschenks verlangen, wenn er nach Vollziehung der Schenkung außerstande ist, seinen angemessenen Unterhalt zu bestreiten bzw. die ihm seinen Angehörigen gegenüber obliegenden gesetzliche Unterhaltspflicht zu erfüllt (**§ 528 Abs. 1 BGB**). Das Rückforderungsrecht wegen Verarmung ist ausgeschlossen, wenn der Schenker die Bedürftigkeit vorsätzlich oder grob fahrlässig selbst herbeigeführt hat (§ 529 Abs. 1 BGB) bzw. wenn der eigene Notbedarf des Beschenkten gefährdet ist (§ 529 Abs. 2 BGB). Ebenfalls ist der Rückforderungsanspruch ausgeschlossen bei Pflicht- und Anstandsschenkungen (§ 534 BGB). Der Rückforderungsanspruch ist nach § 852 Abs. 1 ZPO pfändbar, wenn er durch Vertrag anerkannt oder rechtshängig geworden ist (BGHZ 169, 320 = NJW 2007, 60). Dagegen ist das Rückforderungsrecht des Schenkers bei Nichterfüllung einer Auflage (**§ 527 BGB**) ein höchstpersönliches Recht und kann als solches nicht gepfändet und von dem Gläubiger ausgeübt werden. Pfändbar ist indes der Anspruch auf Leistung, nachdem der Schuldner von dem Rückforderungsrecht Gebrauch gemacht hat. Gleiches gilt für das Widerrufsrecht des Schenkers wegen groben Undanks (**§ 530 BGB**).

3. Drittschuldner ist der Beschenkte.

4. Die **Pfändung** des Anspruchs auf **Leistung einer beweglichen körperlichen Sache** erfolgt gemäß § 846 ZPO nach den für Geldforderungen maßgeblichen Vorschriften (§§ 829 ff. ZPO iVm § 847 ZPO) → Form. I. VII. 107 Anm. 4.

5. Zur Vorbereitung der Verwertung ist nach § 847 Abs. 1 ZPO anzuordnen, dass die Sache an einen vom Gläubiger zu beauftragenden Gerichtsvollzieher herauszugeben ist. Diese **Anordnung** kann auch noch später in einem gesonderten Beschluss nachgeholt werden. → Form. I. VII. 107 Anm. 5.

6. Die nach den §§ 846 bis 848 gepfändeten Forderungen dürfen nur **zur Einziehung** an den Gläubiger überwiesen werden. Eine Überweisung an Zahlungs statt scheidet aus (§ 849 ZPO). Eine **Verwertung** erfolgt nach § 847 Abs. 2 ZPO entsprechend den allgemeinen Regelungen über die Verwertung gepfändeter Sachen (§§ 814 ff. ZPO), → Form. G. V. 1 ff.

7. Kosten und Gebühren/Rechtsmittel. → Form. H. I. 2 Anm. 62 f. Die Herausgabeanordnung löst weder eine gesonderte **Gerichtsgebühr** aus noch stellt sie für den **Rechtsanwalt** eine besondere Angelegenheit dar. Der **Gerichtsvollzieher** erhält eine Gebühr nach Nr. 206 KV GvKostG in Höhe von 16,– EUR.

8. Rechtsmittel. → Form. H. I. 2 Anm. 61.

110. Pfändung des Anspruchs des Schenkers auf Rückübertragung einer unbeweglichen Sache

[Das amtliche Formular „Pfändungs- und Überweisungsbeschluss[1]" ist entsprechend den dortigen Anmerkungen auszufüllen. Auf Seite 4 (bzw. Seite 5) des amtlichen Formulars sind das Feld „G" anzukreuzen und auf Seite 6 (bzw. Seite 7) des amtlichen Formulars unter „Anspruch G" aufzunehmen:]

Es wird der angebliche Anspruch des Schuldners aus dem notariell beurkundeten Schenkungsversprechen vom ..... [nähere Bezeichnung des Schenkungsvorgangs] gegen den/die Drittschuldner/in[2] auf Rückübertragung des Eigentums[3] durch Auflassung und Eintragungsbewilligung an dem Grundstück ..... in ..... [genaue Bezeichnung], verzeichnet im Grundbuch des Amtsgerichts von ..... Band ..... Blatt ....., gepfändet.[5]

Der Schuldner hat den Rückübertragungsanspruch durch Erhebung der Klage beim ...... [nähere Bezeichnung des Rechtsstreits] rechtshängig gemacht/Der Drittschuldner hat den Anspruch durch Vertrag vom ...... [nähere Bezeichnung] anerkannt.[2]

[Auf Seite 8 (bzw. Seite 9) des amtlichen Formular sind in dem Feld „Es wird angeordnet, dass" das freie Kästchen anzukreuzen und dort einzutragen:]

das Grundstück an einen auf Antrag des Gläubiger vom Amtsgericht ..... zu bestellenden Sequester[4] herauszugeben und an ihn als Vertreter des Schuldners aufzulassen ist.

[Alternative für den Fall, dass zugleich ein Sequester bestellt wird:]

Zugleich wird angeordnet, dass das Grundstück an einen Sequester[4] herauszugeben und an ihn als Vertreter des Schuldners aufzulassen ist. Als Sequester wird hiermit ..... bestellt.

Anmerkungen

1. → Form. H. I. 2 (bzw. → Form. H. I. 6 bei Unterhaltsforderungen). Hinsichtlich der weiteren Einzelheiten zum Pfändungs- und Überweisungsbeschluss wird auf die dortigen Anmerkungen Bezug genommen.

2. **Drittschuldner** ist der Schenker.

3. Die Pfändung des Anspruchs auf Leistung (= Übertragung des Eigentums) einer unbeweglichen Sache (Grundstück, Miteigentumsanteil an einem Grundstück, Wohnungseigentum, Gebäudeeigentum, grundstücksgleiche Rechte) erfolgt nach §§ 829 ff. ZPO durch einen Pfändungsbeschluss unter Berücksichtigung der Besonderheiten nach §§ 846, 848 ZPO. Es muss der **Rechtsgrund der gepfändeten angeblichen Forderung** wenigstens in allgemeinen Umrissen angegeben sein (BGHZ 172, 16 = NJW 2007, 3132 für die Pfändung des Anspruchs auf Übertragung des Eigentums an einem Grundstück mwN; aA *Stöber* Rn. 2037a, der die Benennung der herauszugebenden Sache als ausreichend erachtet). Zu den weiteren Einzelheiten der Pfändung → Form. I. VII. 41.

4. → Form. I. VII. 41 Anm. 6. Die **Bestellung des Sequesters** erfolgt auf Antrag des Gläubigers durch das Amtsgericht der belegenen Sache. Zu dem Antrag → Form. I. VII. 44. Ist das Vollstreckungsgericht nach § 828 Abs. 2 ZPO auch das Gericht der belegenen Sache, kann der Sequester bereits im Pfändungsbeschluss bestellt werden.

5. **Kosten und Gebühren/Rechtsmittel.** → Form. H. I. 2 Anm. 61 ff. und → Form. I. VII. 41 Anm. 8.

Schiffspart

111. Pfändung einer Schiffspart (§ 858 ZPO)

[Das amtliche Formular „Pfändungs- und Überweisungsbeschluss[1]" ist entsprechend den dortigen Anmerkungen auszufüllen. Auf Seite 4 (bzw. Seite 5) des amtlichen Formulars sind das Feld „G" anzukreuzen und auf Seite 6 (bzw. Seite 7) des amtlichen Formulars unter „Anspruch G" aufzunehmen:]

Es wird der angebliche Anspruch des Schuldners am Vermögen der Reederei mit dem gemeinschaftlichen Schiff . . . . . [genaue Bezeichnung des Schiffs], verzeichnet im Schiffsregister des Amtsgerichts von . . . . . Band . . . . . Blatt . . . . ., gepfändet.[2, 4]

[Auf Seite 8 (bzw. Seite 10) des amtlichen Formulars sind das Feld „Arrestatorium" und „Inhibitatorium" nicht auszufüllen und statt dessen auf Seite 9 (bzw. Seite 10) des amtlichen Formulars das freie Feld anzukreuzen und dort einzutragen:]

Der Schuldner hat sich jeder Verfügung über die gepfändete Schiffspart einschließlich des Anspruchs auf Auszahlung der Gewinnanteile zu enthalten.

Zugleich wird die Verwertung der gepfändeten Schiffspart durch öffentliche Versteigerung durch einen vom Gläubiger zu beauftragenden Gerichtsvollzieher angeordnet.[3]

Der mitgepfändete Anspruch auf fortlaufende Auszahlung der Gewinnanteile wird dem Gläubiger zur Einziehung überwiesen.

Anmerkungen

1. → Form. H. I. 2 (bzw. → Form. H. I. 6 bei Unterhaltsforderungen). Hinsichtlich der weiteren Einzelheiten zum Pfändungs- und Überweisungsbeschluss wird auf die dortigen Anmerkungen Bezug genommen.

Zuständig für den Erlass des Pfändungs- und Überweisungsbeschlusses ist das Amtsgericht, in dessen Register das zu pfändende Schiff eingetragen ist.

2. Die **Schiffspart** ist der Eigentumsanteil des Mitreeders an einem Schiff (vgl. §§ 489 ff. HGB). Dieser ist gem. § 503 Abs. 1 HGB übertragbar und damit pfändbar. Die Pfändung erfasst den Anspruch gem. § 502 HGB auf Beteiligung am Gewinn entsprechend der Größe der Schiffspart. Die Mitreeder sind **nicht Drittschuldner**. Die Pfändung wird mit Eintragung ins Schiffsregister wirksam (§ 858 Abs. 3 S. 1 ZPO).

3. Die **Verwertung** der Schiffspart erfolgt durch Veräußerung (§ 858 Abs. 4 S. 1 ZPO)

4. Kosten und Gebühren/Rechtsmittel. → Form. H. I. 2 Anm. 61 ff.

Schmerzensgeld

112. Pfändung des Anspruchs auf Zahlung von Schmerzensgeld

[Das amtliche Formular „Pfändungs- und Überweisungsbeschluss[1]“ ist entsprechend den dortigen Anmerkungen auszufüllen. Auf Seite 4 (bzw. Seite 5) des amtlichen Formulars sind das Feld „G“ anzukreuzen und auf Seite 6 (bzw. Seite 7) des amtlichen Formulars unter „Anspruch G“ aufzunehmen:]

[Einmalzahlung:]

Es wird der angebliche Anspruch des Schuldners gegen den/die Drittschuldner/in[2] auf Zahlung von Schmerzensgeld aufgrund des . . . . . [nähere Darlegung des Vorfalls, zB Verkehrsunfall, Verletzung der Verkehrssicherungspflichten] gepfändet.[3, 4]

[Alternative bei Rentenzahlung:]

Es wird der angebliche Anspruch des Schuldners gegen den/die DrittschuldnerIn[2] auf Zahlung sowohl der rückständigen als auch der künftigen Schmerzensgeldrente aufgrund des . . . . . [nähere Darlegung des Vorfalls, zB Verkehrsunfall, Verletzung der Verkehrssicherungspflichten] gepfändet,[3, 4] solange, bis der Gläubiger befriedigt sein wird.

Anmerkungen

1. → Form. H. I. 2 (bzw. → Form. H. I. 6 bei Unterhaltsforderungen). Hinsichtlich der weiteren Einzelheiten zum Pfändungs- und Überweisungsbeschluss wird auf die dortigen Anmerkungen Bezug genommen.

2. Drittschuldner sind der oder die Schädiger bzw. Dritte, sofern ein unmittelbarer Anspruch des Geschädigten gegen Dritte besteht.

3. Ein Geschädigter kann wegen einer Verletzung des Körpers, der Gesundheit, der Freiheit oder der sexuellen Selbstbestimmung auch wegen eines Schadens, der nicht ein Vermögensschaden ist, eine billige Entschädigung in Geld fordern (§ 253 Abs. 2 BGB). Dieser **Schmerzensgeldanspruch** ist übertragbar und damit als Geldforderung nach § 829 ZPO **pfändbar.** Dies gilt auch für ein Schmerzensgeld, das in Form einer Rente gezahlt wird; die Pfändungsschutzvorschriften finden keine Anwendung. Die vom Europäischen Gerichtshof für Menschenrechte zugesprochene **Entschädigung wegen der durch eine Menschenrechtsverletzung wegen überlanger Verfahrensdauer** erlittenen immateriellen Schäden ist hingegen nicht pfändbar (BGH NJW 2011, 2296).

4. Kosten und Gebühren/Rechtsmittel. → Form. H. I. 2 Anm. 61 ff.

Sicherungsabtretung/-übereignung

113. Pfändung des Anspruchs auf Rückabtretung einer Geldforderung

[Das amtliche Formular „Pfändungs- und Überweisungsbeschluss[1]" ist entsprechend den dortigen Anmerkungen auszufüllen. Auf Seite 4 (bzw. Seite 5) des amtlichen Formulars sind das Feld „G" anzukreuzen und auf Seite 6 (bzw. Seite 7) des amtlichen Formulars unter „Anspruch G" aufzunehmen:]

Es werden die angeblichen Ansprüche des Schuldners gegen den/die Drittschuldner/in[2]

1. auf Rückabtretung der an den Drittschuldner aufgrund der Vereinbarung vom . . . . . [nähere Bezeichnung der Sicherungsvereinbarung] abgetretenen Forderung in Höhe von . . . . . gegen . . . . . [möglichst genaue Bezeichnung] aus dem am . . . . . [genaue Bezeichnung des Rechtsverhältnisses aus dem der abgetretene Anspruch des Schuldners herrührt],
2. auf Abrechnung und Auskehrung des Mehrerlöses im Falle eines Einzuges der Forderung bzw. der freiwilligen Zahlung durch den Forderungsschuldner sowie
3. auf Wert- oder Schadensersatz im Falle einer unmöglichen Leistung des Drittschuldners

gepfändet.[3, 4]

Anmerkungen

1. → Form. H. I. 2 (bzw. → Form. H. I. 6 bei Unterhaltsforderungen). Hinsichtlich der weiteren Einzelheiten zum Pfändungs- und Überweisungsbeschluss wird auf die dortigen Anmerkungen Bezug genommen.

2. **Drittschuldner** ist der Sicherungsnehmer.

3. Im Falle der Sicherungsabtretung ist der Sicherungsnehmer schuldrechtlich verpflichtet, nach Erfüllung des Sicherungszwecks die Forderung zurück zu übertragen. Dieser **schuldrechtliche Anspruch** des Sicherungsgebers gegen den Sicherungsnehmer auf **Rückabtretung der Forderung** kann bereits während des Laufs der Sicherungsvereinbarung nach § 829 Abs. 1 **ZPO gepfändet werden** (BGH NJW 1998, 2969). Die Pfändung des Rückgewähranspruchs hat keinen Einfluss auf die Rechte des Sicherungsnehmers. Er kann bei Eintritt des Sicherungsfalls sein Einziehungsrecht ungehindert ausüben (OLG Frankfurt JurBüro 1984, 109). Nach Überweisung des gepfändeten Anspruchs auf Rückabtretung zur Einziehung steht dem Gläubiger das Recht zu, Erfüllung des Anspruchs zu verlangen, sobald dieser fällig ist. Er kann die Abtretung der Forderung an den Vollstreckungsschuldner ohne dessen Mitwirkung betreiben (BGH NJW 1998, 2969). Mit der Rückabtretung wird der Vollstreckungsschuldner Inhaber der Forderung; der Vollstreckungsgläubiger erlangt kraft Gesetzes (§ 1287 BGB) ein Pfandrecht. Zur Befriedigung aus dem Pfandrecht siehe §§ 1282 ff. BGB. Das am Rückübertragungsanspruch erworbene Pfändungspfandrecht setzt sich am Mehrerlös fort. Vorsorglich sollte indes der **Anspruch auf Auszahlung des überschießenden Erlöses** zusätzlich gepfändet werden; ebenso ein eventueller Anspruch auf Wert- bzw. Schadensersatz (siehe dazu BGHZ 124, 298 = NJW 1994, 726).

4. **Kosten und Gebühren/Rechtsmittel.** → Form. H. I. 2 Anm. 61 ff.

114. Pfändung des Anspruchs des Sicherungsgebers auf Rückübertragung des Eigentums (Sicherungsgeber ist Besitzer der Sache)

[Das amtliche Formular „Pfändungs- und Überweisungsbeschluss[1]" ist entsprechend den dortigen Anmerkungen auszufüllen. Auf Seite 4 (bzw. Seite 5) des amtlichen Formulars sind das Feld „G" anzukreuzen und auf Seite 6 (bzw. Seite 7) des amtlichen Formulars unter „Anspruch G" aufzunehmen:]

Es werden die angeblichen Ansprüche des Schuldners[2] gegen den/die Drittschuldner/in[3]

1. auf Rückübertragung des Eigentums an der dem Drittschuldner zur Sicherheit übereigneten ..... [möglichst genaue Bezeichnung der Sache],
2. auf Auszahlung des bei Verwertung der sicherungsübereigneten Sache verbleibenden Mehrerlöses,

gepfändet.[4, 5, 6]

Anmerkungen

1. → Form. H. I. 2 (bzw. → Form. H. I. 6 bei Unterhaltsforderungen). Hinsichtlich der weiteren Einzelheiten zum Pfändungs- und Überweisungsbeschluss wird auf die dortigen Anmerkungen Bezug genommen.

2. Die **Sicherungsübereignung** ist eine Eigentumsübertragung mit der Abrede, die zur Sicherung übereignete Sache nur bei Nichterfüllung der gesicherten Forderung zu verwerten. Sie kann durch Einigung und Vereinbarung eines Besitzkonstituts (§ 930 BGB) zustande kommen, wobei das Besitzkonstitut auch schon vor Besitzerlangung durch den Schuldner als antizipiertes Besitzkonstitut begründet werden kann. In dieser Form erfolgt die Sicherungsübereignung in der weit überwiegenden Anzahl der Fälle, da das Sicherungseigentum primär aus dem wirtschaftlichen Bedürfnis entwickelt worden ist, dass der Sicherungsgeber den unmittelbaren Besitz an der Sache behält.

Daneben ist eine Übereignung nach § 929 S. 1 BGB durch Einigung oder gemäß § 929 S. 2 BGB durch bloße Einigung bei schon bestehendem Besitz des Sicherungsnehmers möglich.

Im Sicherungsvertrag kann auch vereinbart werden, dass die Sicherungsübereignung durch das Erlöschen der zu sichernden Forderung auflösend bedingt sein soll. Der Sicherungsgeber besitzt in diesem Fall ein Anwartschaftsrecht auf das Eigentum (BGH NJW 1984, 1184, 1185).

Die Rechte und Pflichten der Parteien richten sich nach dem Sicherungsvertrag. Mit Erledigung des Sicherungszwecks, idR mit Erfüllung der gesicherten Forderung, muss der Sicherungsnehmer das Sicherungseigentum an den Sicherungsgeber zurück übertragen. Dies geschieht bei einer Sicherungsübereignung in Form des § 930 BGB regelmäßig stillschweigend nach § 929 S. 2 BGB (BGH NJW 1986, 977 für eine sicherungsabgetretene Forderung).

3. Drittschuldner ist der Sicherungsnehmer.

4. Im Fall der Sicherungsübereignung durch **Vereinbarung eines Besitzkonstituts** (§ 930 BGB) kann der Gläubiger des Vollstreckungsschuldners die weiterhin in dessen

Besitz befindliche Sache nach §§ 808 ff. ZPO pfänden. Zugleich muss der Gläubiger den schuldrechtlichen Anspruch auf Rückübertragung des Eigentums pfänden, um hierdurch das Widerspruchsrecht des Sicherungsnehmers abzuwenden (*Stöber* Rn. 1504). Diesen Anspruch kann der Gläubiger des Sicherungsgebers auch schon vor Erledigung des Sicherungszwecks pfänden.

Sofern nach der Pfändung der Sicherungsfall eintritt und der Sicherungsnehmer die Sache verwertet, setzt sich das Pfändungspfandrecht an einem erzielten Mehrerlös fort. Dieser **Anspruch auf den Mehrerlös** sollte vorsorglich zusätzlich gesondert gepfändet werden.

Zur Pfändung des **Nutzungsrechts des Vollstreckungsschuldners** siehe BGH NJW 1984, 1184, 1185.

5. Zur Pfändung des Anwartschaftsrechts → Form. I. VII. 8.

6. Kosten und Gebühren/Rechtsmittel. → Form. H. I. 2 Anm. 61 ff.

115. Pfändung des Anspruchs des Sicherungsgebers auf Rückübertragung des Eigentums (Sicherungsnehmer ist Besitzer der Sache)

[Das amtliche Formular „Pfändungs- und Überweisungsbeschluss[1]" ist entsprechend den dortigen Anmerkungen auszufüllen. Auf Seite 4 (bzw. Seite 5) des amtlichen Formulars sind das Feld „G" anzukreuzen und auf Seite 6 (bzw. Seite 7) des amtlichen Formulars unter „Anspruch G" aufzunehmen:]

Es werden die angeblichen Ansprüche des Schuldners[2] gegen den/die Drittschuldner/in[3]

1. **auf Rückübertragung des Eigentums sowie auf Herausgabe des an den Drittschuldner zur Sicherheit übereigneten und übergebenen . . . . . [möglichst genaue Bezeichnung der Sache],**
2. **auf Auszahlung des bei Verwertung der sicherungsübereigneten Sache verbleibenden Mehrerlöses,**

gepfändet.[4, 5, 6]

[Auf Seite 8 (bzw. Seite 9) des amtlichen Formular sind in dem Feld „Es wird angeordnet, dass" das freie Kästchen anzukreuzen und dort einzutragen:]

der Drittschuldner die sicherungsübereigneten Sachen an den vom Gläubiger beauftragten Gerichtsvollzieher herauszugeben hat.

Anmerkungen

1. → Form. H. I. 2 (bzw. → Form. H. I. 6 bei Unterhaltsforderungen). Hinsichtlich der weiteren Einzelheiten zum Pfändungs- und Überweisungsbeschluss wird auf die dortigen Anmerkungen Bezug genommen.

2. Zur Sicherungsübereignung → Form. I. VII. 114 Anm. 2.

3. Drittschuldner ist der Sicherungsnehmer.

4. Soweit dem Sicherungsnehmer der **Besitz an dem sicherungsübereigneten Gegenstand** eingeräumt wird, hat der Sicherungsgeber einen schuldrechtlichen Anspruch auf

Rückübertragung des Eigentums nach Erledigung des Sicherungszwecks. Diesen Anspruchs kann ein Gläubiger des Sicherungsgebers bereits während des Bestehens der Sicherungsvereinbarung nach §§ 846, 847 ZPO pfänden. Ebenso sollte der Anspruch auf Auszahlung des überschüssigen Verwertungserlöses zusätzlich ausdrücklich gepfändet werden.

5. Zur Pfändung des Anwartschaftsrechts → Form. I. VII. 8.

6. Kosten und Gebühren/Rechtsmittel. → Form. H. I. 2 Anm. 61 ff.

Treuhandverhältnisse

116. Pfändung des Anspruchs gegen den Treuhänder in der Wohlverhaltensperiode

1. Die Ansprüche des Treugebers gegen den Treuhänder sind grundsätzlich pfändbar. Die Pfändung richtet sich nach der Art des Anspruchs, zB bei Geldforderungen nach **§§ 829, 835 ZPO** (Form. H. I. 2), bei Herausgabeansprüchen nach **§§ 846, 847 ZPO** (→ Form. I. VII. 47). Es bedarf **keines Titels gegen den Treuhänder**, wenn nicht das Treugut selbst, sondern der Anspruch des Treugebers gegen den Treuhänder aus dem Treuhandverhältnis, etwa auf Rückübertragung des Treuguts (BGHZ 11, 37, 43; BGH WM 1958, 1222) oder auf Herausgabe des Erlangten (BGHZ 124, 298, 300 = NJW 1994, 726) gepfändet werden soll. Es genügt ein Titel allein gegen den Treuhänder, zu dessen Vermögen diese Ansprüche gehören (BGH NJW 2010, 2346). Ist bei Beendigung eines Treuhandverhältnisses eine Geldforderung noch nicht erfüllt, ist der Treuhänder verpflichtet, die Forderung an den Schuldner als den früheren Gläubiger wieder zu übertragen. Der **schuldrechtliche Rückabtretungsanspruch** ist selbständig pfändbar (BGH NJW 1998, 2969); zu den Einzelheiten → Form. I. VII. 113. Für die Pfändung eines durch einen Rechtsanwalt als Treuhänder für seinen Auftraggeber eingezogenen Geldbetrages reicht nicht die allgemein gehaltene Bezeichnung *„eingezogene Gelder"*. Es muss vielmehr das Auftragsverhältnis und die Rechtssache in den wesentlichen Zügen näher umschrieben werden. Zur Doppeltreuhand in der Zwangsvollstreckung s. BAG NZA 2013, 1440 Rn.48 mwN.

2. Gläubiger der Insolvenzgläubiger können währen der laufenden Wohlverhaltensperiode den **Auszahlungsanspruch gegen den im Insolvenzverfahren bestellten Treuhänder** pfänden und sich zur Einziehung überweisen lassen. § 294 InsO findet insoweit keine Anwendung. Da der Auszahlungsanspruch und die Insolvenzforderung nicht verschiedenen Gläubigern zustehen dürfen, muss gleichzeitig die Insolvenzforderung gepfändet werden. Drittschuldner sind dann sowohl der Treuhänder als auch der Insolvenzgläubiger. Bei gleichzeitiger Pfändung hat der Schuldner den Treuhänder von der Pfändung in Kenntnis zu setzen, um eine Auszahlung der Tilgungsmittel an den nicht mehr einziehungsberechtigten Insolvenzgläubiger zu verhindern (Uhlenbruck/*Sternal* § 292 Rn 43).

3. Siehe auch (Auswahl): *Breuer*, Treuhandverhältnisse im Gesellschaftsrecht, MittRhNotK 1988, 79; *Canaris*, Inhaberschaft und Verfügungsbefugnis bei Bankkonten, NJW 1973, 825; *Mümmler*, Zur Pfändung von Einziehungsforderungen, JurBüro 1977, 311; *Schalhorn*, Ist die Pfändung eines Guthabens, das der Auftraggeber bei seinem Rechtsbeistand (Rechtsanwalt) hat, durch einen Gläubiger zulässig?, JurBüro 1975, 1315.

117. Pfändung des Anspruchs bei einem notariellen Verwahrgeschäft

[Das amtliche Formular „Pfändungs- und Überweisungsbeschluss[1]" ist entsprechend den dortigen Anmerkungen auszufüllen. Auf Seite 4 (bzw. Seite 5) des amtlichen Formulars sind das Feld „G" anzukreuzen und auf Seite 6 (bzw. Seite 7) des amtlichen Formulars unter „Anspruch G" aufzunehmen:]

Es wird der angebliche – auch künftige – Anspruch des Schuldners[2] gegen den/die Drittschuldner/in[3] auf Rückzahlung des von dem Schuldner bei dem Drittschuldner auf dem Anderkonto hinterlegten Geldbetrages/auf Auszahlung des von . . . . . [genaue Bezeichnung des Einzahlers] bei dem Drittschuldner auf dem Anderkonto zugunsten des Schuldners hinterlegten Geldbetrages gepfändet.[4]

Anmerkungen

1. → Form. H. I. 2 (bzw. → Form. H. I. 6 bei Unterhaltsforderungen). Hinsichtlich der weiteren Einzelheiten zum Pfändungs- und Überweisungsbeschluss wird auf die dortigen Anmerkungen Bezug genommen.

2. Im Falle eines **notariellen Verwahrgeschäfts** besteht ein Anspruch des Einzahlers oder eines sonstigen Beteiligten auf Rückzahlung bzw. Auszahlung des eingezahlten Betrages. Dieser Rückzahlungs- bzw. Auszahlungsanspruch gegen den Notar ist als Geldforderung nach § 829 ZPO pfändbar (BayObLG NJW-RR 2000, 945). Bei der Verwahrung von Wertpapieren oder Kostbarkeiten erfolgt die Pfändung des Herausgabeanspruchs nach §§ 846 ff. ZPO. Siehe zu der Pfändung → Form. I. VII. 47. Weitere Einzelheiten finden sich bei (Auswahl): *Brambring*, Kaufpreiszahlung über Notaranderkonto, DNotZ 1990, 615; *Ganter*, Notarielle Pflichten und Gläubigerschutz, DNotZ 2004, 421; *Hansmeyer*, Zwangsvollstreckungsmaßnahmen gegen Verkäufer oder Käufer während der Abwicklung eines notariellen Kaufvertrages, MittRhNotK 1989, 149; *Hoffmann*, Die Gefährdung der Abwicklung des Verkaufs eines grundpfandbelasteten Grundstücks durch Pfändung des Kaufpreisanspruchs, NJW 1987, 3153; *Lüke*, Das notarielle Anderkonto an der Schnittstelle von Privatrecht und öffentlichem Recht, ZIP 1992, 150; *Märker*, Vollstreckungszugriff bei Zahlung über Notaranderkonto, Rpfleger 1992, 150; *Mümmler*, Pfändung von Forderungen aus einem Notar-Anderkonto, JurBüro 1984, 1472, JurBüro 1993, 653; *Reithmann*, Erfüllungswirkung bei Kaufpreiszahlung auf Notaranderkonto, NJW 1996, 3327.

3. **Drittschuldner** ist der **zur Zahlung** bzw. **Herausgabe verpflichtete Notar**; selbst wenn die Einzahlung auf einem Notaranderkonto erfolgte (BayObLG NJW-RR 2000, 945).

4. **Kosten und Gebühren/Rechtsmittel.** → Form. H. I. 2 Anm. 61 ff.

118. Pfändung des Anspruchs bei einer treuhänderischen Abwicklung des Kaufvertrages

[Das amtliche Formular „Pfändungs- und Überweisungsbeschluss[1]" ist entsprechend den dortigen Anmerkungen auszufüllen. Auf Seite 4 (bzw. Seite 5) des amtlichen Formulars sind das Feld „G" anzukreuzen und auf Seite 6 (bzw. Seite 7) des amtlichen Formulars unter „Anspruch G" aufzunehmen:]

Es werden die Ansprüche des Schuldners[2] gegen

1. den/die Drittschuldner/in zu 1)[3] auf Zahlung des Kaufpreises – auch soweit er beim Notar zur treuhänderischen Abwicklung eingezahlt wurde oder noch einzuzahlen ist – für das am ..... durch notarielle Urkunde des Notars ..... vom ..... Urkundenrollen-Nr. ..... veräußerte Grundstück ..... (genaue Bezeichnung),

2. den/die Drittschuldner/in zu 2)[4] auf Auszahlung des diesem auf ein Anderkonto oder anderweit zur treuhänderischen Abwicklung auf den unter Ziffer 1 bezeichneten Vertrag einbezahlten oder einzuzahlenden Kaufpreises,

gepfändet.[5]

Anmerkungen

1. → Form. H. I. 2 (bzw. → Form. H. I. 6 bei Unterhaltsforderungen). Hinsichtlich der weiteren Einzelheiten zum Pfändungs- und Überweisungsbeschluss wird auf die dortigen Anmerkungen Bezug genommen.

2. Im Falle der Vereinbarung der **treuhänderischen Abwicklung des Kaufpreises** über ein Notaranderkonto entsteht mit Eingang des Geldes auf diesem Konto ein öffentlich-rechtlicher, abtretbarer Auszahlungsanspruch des Verkäufers gegen den Notar. Der Eingang des Kaufpreises beim Notar führt in der Regel noch nicht zum Erlöschen des Kaufpreisanspruches. In diesem Falle kann der Auszahlungsanspruch gegen den Notar weder isoliert abgetreten noch gepfändet werden (BGHZ 138, 179, 184 = NJW 1998, 2134, 2135; aA *Stöber* Rn. 1781 b). Der Gläubiger des Verkäufers kann dessen Kaufpreisanspruch (BGH NJW 1985, 1155, 1157) sowie den Auszahlungsanspruch gegen den Notar zugleich pfänden. → Form. I. VII. 60.

3. Drittschuldner des Anspruchs auf Kaufpreiszahlung ist der **Käufer**, nicht der Notar. Drittschuldner für die Pfändung des Anspruchs auf Auszahlung des hinterlegten Kaufpreises ist der Notar.

4. Bei der Vereinbarung einer **Kaufpreishinterlegung beim Notar** mit Erfüllungswirkung besteht ein eigenständig pfändbarer Auszahlungsanspruch gegen den Notar. **Drittschuldner** ist in diesem Fall der **Notar**.

5. Kosten und Gebühren/Rechtsmittel. → Form. H. I. 2 Anm. 61 ff.

Vermögensrückübertragung nach dem VermG

119. Pfändung des Anspruchs auf Rückübertragung oder Rückgabe eines Vermögenswertes

[Das amtliche Formular „Pfändungs- und Überweisungsbeschluss[1]" ist entsprechend den dortigen Anmerkungen auszufüllen. Auf Seite 4 (bzw. Seite 5) des amtlichen Formulars sind das Feld „G" anzukreuzen und auf Seite 6 (bzw. Seite 7) des amtlichen Formulars unter „Anspruch G" aufzunehmen:]

Es werden die Ansprüche des Schuldners gegen die Drittschuldnerin[2] auf Rückübertragung des Grundstücks ..... [nähere Bezeichnung], eingetragen im Grundbuch des Amtsgerichts von ..... Band ..... Blatt ....., auf Grund der Vorschriften des Vermögensgesetzes[3] sowie auf Grundbuchberichtigung durch Eintragung des Schuldners als Eigentümers gepfändet.[4, 5, 6]

Anmerkungen

1. → Form. H. I. 2 (bzw. → Form. H. I. 6 bei Unterhaltsforderungen). Hinsichtlich der weiteren Einzelheiten zum Pfändungs- und Überweisungsbeschluss wird auf die dortigen Anmerkungen Bezug genommen.

2. Drittschuldnerin ist die Bundesanstalt für vereinigungsbedingte Sonderaufgaben, Büro der Abwicklerin, Schönhauser Allee 120, 10437 Berlin, oder der Verfügungsberechtigte (§ 2 Abs. 3 VermG).

3. Vermögenswerte, die in der früheren DDR den Maßnahmen im Sinne des § 1 VermG unterlagen und in Volkseigentum übergegangen sind oder an Dritte veräußert wurden, sind nach § 3 VermG grundsätzlich an die Berechtigten zurückzuübertragen. Ist eine Rückübertragung des Vermögensgegenstands ausgeschlossen oder nicht mehr möglich, so erhält der Berechtigte eine Entschädigung. Ansprüche nach dem VermG sind innerhalb der nach §§ 30, 30a VermG bestimmten Ausschlussfristen bei den zuständigen Behörden mittels Antrag geltend zu machen. Die **Rückübertragungs-** bzw. die **Entschädigungsansprüche** eines Berechtigten sind abtretbar, verpfändbar und **pfändbar** (§ 3 Abs. 1 S. 2 VermG). Die Pfändung richtet sich nach dem zurückzugewährenden Vermögenswert. Bei einer Geldforderung erfolgt die Pfändung nach §§ 829, 835 ZPO; → Form. H. I. 2. Die Pfändung des Herausgabeanspruchs an einer beweglichen Sache geschieht nach §§ 846, 847 ZPO (→ Form. I. VII. 47) und die Pfändung eines Anspruchs auf ein dingliches Recht an einem Grundstück, auf ein Nutzungs- oder gewerbliches Schutzrecht nach §§ 857, 829.

4. Die **Pfändung des Herausgabe- oder Leistungsanspruchs** an einer unbeweglichen Sache richtet sich nach §§ 846, 848 ZPO, siehe dazu auch die → Form. I. VII. 50. Der Vollstreckungsgläubiger erwirbt mit der Pfändung ein Pfändungspfandrecht an dem Rückübertragungs- bzw. Entschädigungsanspruch.

5. Der Rückübertragungsanspruch wird durch **Einziehung** verwertet. Mit der Rückübertragung des Grundstücks erlangt der Vollstreckungsgläubiger eine Sicherungshypothek in Höhe seiner Forderung (§ 848 Abs. 2 S. 2 ZPO).

6. Kosten und Gebühren/Rechtsmittel. → Form. H. I. 2 Anm. 61 ff.

Versicherungsleistungen; Sachversicherung (§§ 88 ff. VVG)

120. Pfändung der Ansprüche und Rechte aus einem Sachversicherungsvertrag

[Das amtliche Formular „Pfändungs- und Überweisungsbeschluss[1]" ist entsprechend den dortigen Anmerkungen auszufüllen. Auf Seite 4 (bzw. Seite 5) des amtlichen Formulars sind das Feld „G" anzukreuzen und auf Seite 6 (bzw. Seite 7) des amtlichen Formulars unter „Anspruch G" aufzunehmen:]

Es werden die angeblichen Ansprüche des Schuldners[2] gegen den/die Drittschuldner/in[3] aus dem Hagelversicherungsvertrag[4]/Hausratsversicherungsvertrag[5]/Kaskoversicherungsvertrag[6]/Reisegepäckversicherungsvertrag[7]/Tierversicherungsvertrag[8]/Transportversicherungsvertrag[9]/Feuerversicherungsvertrag[10]. . . . . [genaue Bezeichnung des Schadensversicherungsvertrages einschließlich der Versicherungsnummer] gepfändet.[12]

[Auf Seite 8 (bzw. Seite 9) des amtlichen Formulars sind das Feld „Es wird angeordnet, dass" und das Feld

„der Schuldner die Versicherungspolice an den Gläubiger herauszugeben hat und dieser sie unverzüglich dem Drittschuldner vorzulegen hat"

anzukreuzen.[11]*]*

Anmerkungen

1. → Form. H. I. 2 (bzw. → Form. H. I. 6 bei Unterhaltsforderungen). Hinsichtlich der weiteren Einzelheiten zum Pfändungs- und Überweisungsbeschluss wird auf die dortigen Anmerkungen Bezug genommen. Das Feld „E (an Versicherungsgesellschaften)" ist nicht anzukreuzen, da dieses sich ausschließlich auf Lebensversicherungen bezieht.

2. Bei einer **Schadensversicherung** verpflichtet sich der Versicherer, nach dem Eintritt des Versicherungsfalls dem Versicherungsnehmer den dadurch verursachten Vermögensschaden nach Maßgabe des jeweiligen Versicherungsvertrages zu ersetzen. Der Versicherer haftet jedoch nur bis zur Höhe der vereinbarten Versicherungssumme. Begrenzungen der Haftung ergeben sich bei Überversicherung (§ 74 VVG), Unterversicherung (§ 75 VVG) und Mehrfachversicherung (§ 78 VVG). Den Versicherungsnehmer treffen im Rahmen des Versicherungsverhältnisses bestimmte Obliegenheitspflichten, deren Verletzung einen Schadensersatzanspruch ganz oder teilweise entfallen lassen können.

Der **Anspruch des Versicherungsnehmers auf Ersatzleistung** ist abtretbar und damit als Geldleistung **nach §§ 829 ff. ZPO pfändbar.** Soweit sich die Versicherung auf unpfändbare Sachen bezieht (zB Hausrat nach § 811 Abs. 1 Nr. 1 ZPO) kann die Forderung aus der Versicherung nur an solche Gläubiger übertragen werden, die diesem zum Ersatz der zerstörten oder beschädigten Sachen andere Sachen geliefert haben (§ 17 VVG). In diesem Umfang ist eine Pfändung der Versicherungsleistung möglich. Gleiches gilt für Versicherungsleistungen, die für eine Reparatur einer beschädigten Sache erbracht werden. Diese sind nur im Rahmen der Zweckbestimmung pfändbar.

3. **Drittschuldner** ist der jeweilige Versicherer.

4. Die **Hagelversicherung** leistet Ersatz für den Schaden, der an den versicherten Bodenerzeugnissen durch die Einwirkung von Hagelschlag entsteht. Die Leistungen aus der Hagelversicherung sind für die Gläubiger des Versicherers uneingeschränkt pfändbar.

5. Die **Hausratsversicherung** ist eine besondere Form der Schadensversicherung. Sie bietet Ersatz bei Schäden durch Feuer, Einbruchsdiebstahl, Raub, Sturm und Glasbruch (soweit gesondert abgeschlossen). Die Versicherungsleistungen unterliegen, sofern § 17 VVG nicht eingreift, uneingeschränkt der Forderungspfändung.

6. Die **Kaskoversicherung** ist eine freiwillige Versicherung, die zur Deckung von Schäden, insbesondere an Kraftfahrzeugen abgeschlossen wird. Bei Kraftfahrzeugen leistet die Vollkaskoversicherung Ersatz bei Beschädigung, Zerstörung und Totalverlust eines Fahrzeuges, unter Umständen unter Abzug einer Selbstbeteiligung. Die Teilkaskoversicherung deckt Schäden ab, die auf Diebstahl oder sonstige Entwendung, Brand, Unwetter oder Explosion zurückzuführen sind. Die Ersatzleistung richtet sich nach dem Zeitwert des Fahrzeuges am Schadenstage (vgl. §§ 12 ff. AKB).

7. Die **Reisegepäckversicherung** versichert nach näherer Maßgabe der jeweiligen Vertragsbedingungen das mitgeführte Gepäck bei einer Reise gegen Verlust, Beschädigung, Diebstahl etc.

8. Die **Tierversicherung** haftet für Schäden, die durch den Tod (Verenden, Nottötung) eines versicherten lebenden Tieres entstehen. Zudem kann die Versicherung auch für den Schaden abgeschlossen werden, der durch eine Krankheit oder einen Unfall des Tieres entsteht. Die Leistung des Versicherers unterliegt der uneingeschränkten Pfändung.

9. Bei einer abgeschlossenen **Transportversicherung** (§§ 130 bis 141 VVG) trägt der Versicherer die Gefahren der Beförderung von Gütern zu Lande oder auf Binnengewässern (§ 130 Abs. 1 VVG). Zudem können Schiffe gegen die Gefahren der Binnenschifffahrt versichert werden (§ 130 Abs. 2 VVG). Zu den Transportversicherungen gehören auch die Speditionsversicherung für die vom Spediteur verursachten Schäden. Für die Transportversicherung gelten über die allgemeinen Bestimmungen hinaus besondere Regelungen nach §§ 130 ff. VVG. Die Leistung des Versicherers unterliegt der uneingeschränkten Pfändung.

10. Die **Feuerversicherung** ist eine Sachversicherung, bei der der Versicherer Ersatz für den durch Brand, Explosion oder Blitzschlag entstehenden oder unmittelbar zusammenhängenden Schaden leistet. Sonderregelungen bestehen für die **Gebäudefeuerversicherung** (§§ 142 bis 149 VVG), zB besondere Anzeigepflichten, Verwendung der Versicherungssumme für den Wiederaufbau, Haftung des Versicherers gegenüber dem Hypothekengläubiger, da ein Grundpfandrecht sich auf die Versicherungsforderung erstreckt. Für Altverträge gelten die §§ 99 bis 107c VVG aF fort (*Langheid* NJW 2007, 3745). Die Leistungen aus einer Feuerversicherung können von den Gläubigern des Versicherungsnehmers gepfändet werden (§§ 829, 835 ZPO)

11. → Form. H. II. 1.

12. Kosten und Gebühren/Rechtsmittel. → Form. H. I. 2 Anm. 61 ff.

121. Pfändung der Ansprüche und Rechte aus einem Sachversicherungsvertrag bei Versicherung für fremde Rechnung

[Das amtliche Formular „Pfändungs- und Überweisungsbeschluss[1]" ist entsprechend den dortigen Anmerkungen auszufüllen. Auf Seite 4 (bzw. Seite 5) des amtlichen Formulars sind das Feld „G" anzukreuzen und auf Seite 6 (bzw. Seite 7) des amtlichen Formulars unter „Anspruch G" aufzunehmen:]

Es werden die angeblichen Ansprüche des Schuldners[2]

1. gegen den/die Drittschuldner/in zu 1)[3] aus dem Feuerversicherungs-/Hagelversicherungs-/Hausratsversicherung-/Kaskoversicherungs-/Reisegepächversicherungs-/Tierversicherungs-/Transportversicherungvertrag . . . . . [genaue Bezeichnung des Schadensversicherungsvertrages einschließlich der Versicherungsnummer] sowie

2. gegen den/die Drittschuldner/in zu 2)[3] auf Zustimmung in die Auszahlung der Entschädigungsforderung sowie auf Auslieferung des Versicherungsscheins und für den Fall der Einziehung der Versicherungsleistung auf Herausgabe der von dem/die Drittschuldner zu 2) eingezogenen Entschädigungsleistung

gepfändet.[4, 5, 6, 7]

Anmerkungen

1. → Form. H. I. 2 (bzw. → Form. H. I. 6 bei Unterhaltsforderungen). Hinsichtlich der weiteren Einzelheiten zum Pfändungs- und Überweisungsbeschluss wird auf die dortigen Anmerkungen Bezug genommen. Das Feld „E (an Versicherungsgesellschaften)" ist nicht anzukreuzen, da dieses sich ausschließlich auf Lebensversicherungen bezieht.

2. Im Falle einer **Versicherung für fremde Rechte** nach §§ 43 ff. VVG (zB Notarvertrauensschadensversicherung, BGH NJW 1991, 1055) stehen die Rechte aus dem Versicherungsvertrag dem Versicherten zu (§ 44 Abs. 1 S. 1 VVG). Der Versicherte kann ohne Zustimmung des Versicherungsnehmers über seine Rechte nur verfügen und diese Rechte nur gerichtlich geltend machen, wenn er im Besitz eines Versicherungsscheins ist (§ 44 Abs. 2 VVG). Der Versicherungsnehmer kann über die Rechte aus dem Versicherungsvertrag verfügen (§ 45 Abs. 1 VVG). Ist ein Versicherungsschein ausgestellt, so ist der Versicherungsnehmer ohne Zustimmung des Versicherten zur Annahme der Zahlung sowie zur Übertragung der Rechte des Versicherten nur befugt, wenn er im Besitz des Versicherungsscheins ist (§ 45 Abs. 2 VVG).

3. Drittschuldner sind für die Zahlung der Entschädigung der **Versicherer** und für den Anspruch auf Auskehr der **Versicherungsnehmer.**

4. Die **Gläubiger des versicherten Dritten** können nach § 829 ZPO den Anspruch ihres Schuldners gegen den Versicherer auf Entschädigung (§ 44 Abs. 1 S. 1 VVG) sowie seinen Anspruch gegen den Versicherungsnehmer auf Zustimmung in die Auszahlung der Entschädigungsleistung und auf Auslieferung des Versicherungsscheins bzw. nach der Einziehung der Forderung auf Herausgabe der Entschädigungsleistung pfänden.

5. Der pfändende Gläubiger erhält ein **Pfändungspfandrecht** am Entschädigungsanspruch. Er kann indes nicht die Rechte aus dem Versicherungsvertrag ausüben. Vielmehr verbleibt das Verfügungsrecht beim Versicherungsnehmer (vgl. hierzu auch OLG Düsseldorf NJW-RR 1997, 1051). Erst mit Zustimmung des Versicherungsnehmers oder mit Erlangung des Besitzes an dem Versicherungsschein kann der Vollstreckungsgläubiger den Entschädigungsanspruch geltend machen. Entsprechend sollte der Anspruch auf Herausgabe des Versicherungsscheins hilfsweise gepfändet werden. Die Herausgabevollstreckung erfolgt nach § 883 Abs. 1 ZPO durch den Gerichtsvollzieher. Insoweit muss sich der Gläubiger einen Herausgabetitel besorgen.

6. Zur umstrittenen Frage, inwieweit ein **Gläubiger des Versicherungsnehmers** pfänden kann, siehe *Stöber* Rn. 319.

7. Kosten und Gebühren/Rechtsmittel. → Form. H. I. 2 Anm. 61 ff.

Haftpflichtversicherung (§§ 100 bis 124 VVG)

122. Pfändung für die Gläubiger des Versicherungsnehmers

[Das amtliche Formular „Pfändungs- und Überweisungsbeschluss[1]" ist entsprechend den dortigen Anmerkungen auszufüllen. Auf Seite 4 (bzw. Seite 5) des amtlichen Formulars sind das Feld „G" anzukreuzen und auf Seite 6 (bzw. Seite 7) des amtlichen Formulars unter „Anspruch G" aufzunehmen:]

Es werden die angeblichen fälligen oder künftigen Forderungen des Schuldners gegen den/die Drittschuldner/in

1. aus dem ..... [möglichst genaue Bezeichnung des Haftpflichtversicherungsvertrages] auf die Zahlungen, die der/die Drittschuldner/in aufgrund des ..... [möglichst genaue Bezeichnung des Haftpflichtversicherungsereignisses] an den Schuldner zu leisten hat, einschließlich der außergerichtlichen und gerichtlichen Kosten des Rechtsschutzes, die dem Schuldner aus diesem Schadensereignis entstanden sind oder noch entstehen,[2, 3, 4] sowie

2. auf die aus dem Versicherungsvertrag ..... [möglichst genaue Bezeichnung] bestehenden Beitrags- und Prämienrückvergütungen[5]

gepfändet.[6]

Anmerkungen

1. → Form. H. I. 2 (bzw. → Form. H. I. 6 bei Unterhaltsforderungen). Hinsichtlich der weiteren Einzelheiten zum Pfändungs- und Überweisungsbeschluss wird auf die dortigen Anmerkungen Bezug genommen. Das Feld „E (an Versicherungsgesellschaften)" ist nicht anzukreuzen, da dieses sich ausschließlich auf Lebensversicherungen bezieht.

2. Bei einer **Haftpflichtversicherung** ist der Versicherer verpflichtet, dem Versicherungsnehmer den Schaden zu ersetzen, den dieser durch eine Leistung auf Grund seiner Verantwortlichkeit für einen während der Versicherungszeit eintretenden Umstand erleidet (§ 100 VVG). Der Versicherungsnehmer hat einen Anspruch auf Befreiung des Versicherten von der auf diesem lastenden Haftpflichtschuld (BGHZ 15, 154 = NJW 1955, 101). Daneben besteht auch ein Anspruch auf Rechtsschutz (§ 101 VVG). Die Haftpflichtversicherung umfasst insoweit die gerichtlichen und außergerichtlichen Kosten, die durch die Verteidigung gegen den von einem Dritten geltend gemachten Anspruch entstehen, auch wenn sich dieser als unbegründet erweist, sowie die Kosten einer Strafverteidigung im Zusammenhang mit dem Versicherungsfall. Hat der Versicherte die Schuld bereits aus anderen Mitteln getilgt, wandelt sich der Freistellungsanspruch in einen Zahlungsanspruch.

Für die Haftpflichtversicherung gelten über die allgemeinen Bestimmungen der Schadensversicherung (§§ 74 ff. VVG) hinaus die besonderen Regelungen der §§ 100 ff. VVG. Besondere Bestimmungen gelten zudem für die Haftpflichtversicherungen, für deren Abschluss eine gesetzliche Pflicht besteht, zB Kraftfahrzeughaftpflichtversicherung.

3. Der bereits bestehende oder der künftige **Entschädigungsanspruch des Versicherungsnehmers** im Falle der Befriedigung des Geschädigten aus eigenen Mitteln kann von den Gläubigern des Versicherungsnehmers als Geldforderung (§§ 829 ff. ZPO) gepfändet werden. Drittschuldner ist der Versicherer.

Demgegenüber unterliegt der dem Versicherungsnehmer gegenüber dem Versicherer zustehende **Freistellungsanspruch** bei den vor dem 1.1.2008 abgeschlossenen Verträgen nicht der Pfändung durch die Gläubiger des Versicherungsnehmers. Nur der Haftpflichtberechtigte kann wegen seines Zahlungsanspruchs den Anspruch auf Befreiung pfänden. → Form. I. VII. 123. Für die ab dem 1.1.2008 abgeschlossenen Verträge regelt § 108 Abs. 2 VVG, dass die Abtretung des in § 100 VVG normierten Freistellungsanspruchs an einen Dritten nicht durch AVB ausgeschlossen werden darf, wobei individualvertragliche Abreden weiterhin möglich sind. Mit der Abschaffung des Abtretungsverbots dürfte nunmehr bei den neuen Verträgen der Anspruch auf Freistellung von allen Gläubigern des Versicherungsnehmers gepfändet werden können.

4. Ein Erstattungsanspruch des Versicherungsnehmers gegen den Versicherer wegen der von ihm bereits aufgewendeten **Rechtsverfolgungskosten** ist als Geldforderung nach § 829 ZPO pfändbar. § 108 VVG findet Anwendung.

5. Der Forderungspfändung (§§ 829, 835 ZPO) durch die **Gläubiger des Versicherungsnehmers** unterliegt auch dessen fälliger bzw. künftiger **Anspruch auf Prämienrückerstattung oder Beitragsrückvergütung** (AG Sinzig NJW-RR 1986, 967). Die Überweisung zur Einziehung berechtigt indes den Pfändungsgläubiger nicht, die Rechte des Schuldners aus dem Versicherungsvertrag geltend zu machen. Insbesondere kann er den Vertrag nicht kündigen (*Stöber* Rn. 151 b). Ein Rückerstattungsanspruch kann indes dann entstehen, wenn der Versicherer aufgrund des Schadensereignisses von seinem Sonderkündigungsrecht Gebrauch macht.

6. Kosten und Gebühren/Rechtsmittel. → Form. H. I. 2 Anm. 61 ff.

123. Pfändung für den durch den Versicherungsnehmer geschädigten Gläubiger

[Das amtliche Formular „Pfändungs- und Überweisungsbeschluss[1]*" ist entsprechend den dortigen Anmerkungen auszufüllen. Auf Seite 4 (bzw. Seite 5) des amtlichen Formulars sind das Feld „G" anzukreuzen und auf Seite 6 (bzw. Seite 7) des amtlichen Formulars unter „Anspruch G" aufzunehmen:]*

Es werden die angeblichen fälligen oder künftigen Ansprüche des Schuldners gegen den/die Drittschuldner/in,

1. **aus dem ..... [möglichst genaue Bezeichnung des Haftpflichtversicherungsvertrages] auf Befreiung des Schuldners von den Leistungen, die dieser aufgrund seiner Verantwortlichkeit für den ..... [möglichst genaue Bezeichnung des Schadensfalles] an den Gläubiger zu bewirken hat.**[2, 3]
2. **aus dem ..... [möglichst genaue Bezeichnung des Haftpflichtversicherungsvertrages] auf Erstattung, der außergerichtlichen und gerichtlichen Kosten des Rechtsschutzes, die dem Schuldner aus diesem Schadensereignis entstanden sind oder noch entstehen,**[4]
3. **auf die aus dem Versicherungsvertrag ..... [möglichst genaue Bezeichnung des Haftpflichtversicherungsvertrages] resultierenden Beitrags- und Prämienrückvergütungen,**[5]

gepfändet.[6]

Anmerkungen

1. → Form. H. I. 2 (bzw. → Form. H. I. 6 bei Unterhaltsforderungen). Hinsichtlich der weiteren Einzelheiten zum Pfändungs- und Überweisungsbeschluss wird auf die dortigen Anmerkungen Bezug genommen. Das Feld „E (an Versicherungsgesellschaften)" ist nicht anzukreuzen, da dieses sich ausschließlich auf Lebensversicherungen bezieht.

2. → Form. I. VII. 122 Anm. 2 ff.

3. Den dem Versicherungsnehmer gegenüber dem Versicherer zustehende **Freistellungsanspruch** kann der Haftpflichtberechtigte wegen seines Zahlungsanspruchs pfänden. In diesem Falle setzt sich in seiner Person der Freistellungsanspruch in einen Zahlungsanspruch um (RGZ 158, 6, 12; BGHZ 7, 244 = NJW 1952, 1333). Dabei ist es ohne Bedeutung, ob der Geschädigte selbst, sein Rechtsnachfolger oder ein Sozialversicherungsträger die Haftpflichtansprüche gegen den Versicherungsnehmer geltend macht (BGHZ 7, 244 = NJW 1952, 1333).

Drittschuldner ist der Versicherer.

Nach der Pfändung kann der Gläubiger gegen den Versicherer Zahlungsklage erheben. § 108 Abs. 2 VVG nF regelt für die ab dem 1.1.2008 abgeschlossenen Verträge, dass die Abtretung des in § 100 VVG nF normierten Freistellungsanspruchs an einen Dritten nicht durch AVB ausgeschlossen werden darf, wobei individualvertragliche Abreden weiterhin möglich sind. Mit der Abschaffung des Abtretungsverbots dürfte nunmehr bei den neuen Verträgen der Anspruch auf Freistellung von allen Gläubigern des Versicherungsnehmers gepfändet werden können. Nach § 115 VVG steht dem geschädigten Dritten zudem ein **Direktanspruch gegen den Versicherer** zu, wenn es sich um einen Anspruch nach dem Pflichtversicherungsgesetz handelt, bzw. wenn über das Vermögen des Schädigers ein Insolvenzverfahren eröffnet, ein vorläufiger Insolvenzverwalter bestellt oder die Eröffnung eines Insolvenzverfahrens mangels Masse abgelehnt worden ist, oder wenn der Aufenthalt des Schädigers unbekannt ist (*Langheid* NJW 2007, 3745, 3747).

4. Ein Erstattungsanspruch des Versicherungsnehmers gegen den Versicherer wegen der von ihm bereits aufgewendeten **Rechtsverfolgungskosten** ist als Geldforderung nach § 829 ZPO pfändbar. § 108 VVG findet Anwendung.

5. Der Forderungspfändung (§§ 829, 835 ZPO) durch die Gläubiger des Versicherungsnehmers unterliegt auch dessen **fälliger bzw. künftiger Anspruch** auf **Prämienrückerstattung oder Beitragsrückvergütung** (AG Sinzig NJW-RR 1986, 967). Die Überweisung zur Einziehung berechtigt indes den Pfändungsgläubiger nicht, die Rechte des Schuldners aus dem Versicherungsvertrag geltend zu machen. Insbesondere kann der Pfändungsgläubiger den Vertrag nicht kündigen (*Stöber* Rn. 151 b).

6. **Kosten und Gebühren/Rechtsmittel.** → Form. H. I. 2 Anm. 61 ff.

Rechtsschutzversicherung (§§ 125 bis 129 VVG)

124. Pfändung des Anspruchs bei Befreiung des Kostengläubigers durch Versicherungsnehmer

[Das amtliche Formular „Pfändungs- und Überweisungsbeschluss[1]" ist entsprechend den dortigen Anmerkungen auszufüllen. Auf Seite 4 (bzw. Seite 5) des amtlichen Formulars sind das Feld „G" anzukreuzen und auf Seite 6 (bzw. Seite 7) des amtlichen Formulars unter „Anspruch G" aufzunehmen:]

Es werden die angeblichen fälligen oder künftigen Ansprüche des Schuldners gegen den/ die Drittschuldner/in,

1. **aus dem . . . . . [möglichst genaue Bezeichnung des Rechtsschutzversicherungsvertrages] auf die infolge des . . . . . [möglichst genaue Bezeichnung des Versicherungsfalls] zu bewirkende Leistung, die dem Schuldner aus dem Schuldbefreiungsanspruch mit der Befriedigung des Kostenschuldners als Zahlungsanspruchs zustehen,**
2. **auf die aus dem Versicherungsvertrag . . . . . [möglichst genaue Bezeichnung des Haftpflichtversicherungsvertrages] resultierenden Beitrags- und Prämienrückvergütungen,**

gepfändet.[2, 3]

Anmerkungen

1. → Form. H. I. 2 (bzw. → Form. H. I. 6 bei Unterhaltsforderungen). Hinsichtlich der weiteren Einzelheiten zum Pfändungs- und Überweisungsbeschluss wird auf die dortigen Anmerkungen Bezug genommen. Das Feld „E (an Versicherungsgesellschaften)" ist nicht anzukreuzen, da dieses sich ausschließlich auf Lebensversicherungen bezieht.

2. Die **Rechtsschutzversicherung** erstattet nach näherer Maßgabe des Versicherungsvertrages die gerichtlichen und außergerichtlichen Kosten, die durch die Beratung des Versicherten und die Geltendmachung eines eigenen Anspruchs oder die Verteidigung gegenüber dem von einem Dritten erhobenen Anspruch entstehen, sowie die Kosten einer mit dem Versicherungsfall zusammenhängenden Strafverteidigung. Der Anspruch gegenüber dem Versicherer geht in erster Linie auf Schuldbefreiung. Dieser ist **nicht pfändbar.** Soweit der Versicherungsnehmer den Kostengläubiger befriedigt hat, besteht ein Erstattungsanspruch. Dieser **Zahlungsanspruch** des Schuldners ist für alle Gläubiger des Versicherungsnehmers nach § 829 ZPO **pfändbar** (OLG Hamm ZIP 1984, 228).

Drittschuldner ist der Versicherer.

Pfändbar ist auch der Anspruch des Versicherungsnehmers auf Beitrags- bzw. Prämienrückerstattung. Siehe auch (Auswahl): *Bergmann*, Rechtsbeziehungen zwischen Rechtsanwalt, Mandanten und Rechtsschutzversicherung, VersR 1981, 512; *Kurzka*, Der Zugriff Dritter auf den Rechtsschutzversicherungsanspruch, VersR 1980, 12; Rex, Rechtsschutzversicherung und Drittschuldnerklage, VersR 1995, 505.

3. Kosten und Gebühren/Rechtsmittel. → Form. H. I. 2 Anm. 61 ff.

Lebensversicherung (§§ 150 bis 171 VVG)

125. Pfändung der Ansprüche und Rechte aus einem Lebensversicherungsvertrag

[Das amtliche Formular „Pfändungs- und Überweisungsbeschluss[1]" ist entsprechend den dortigen Anmerkungen auszufüllen. Auf Seite 4 (bzw. Seite 5) des amtlichen Formulars ist das Feld „E (an Versicherungsgesellschaften)" anzukreuzen. Hierdurch sind die auf Seite 6 (bzw. Seite 7) des amtlichen Formulars unter „Anspruch E (an Versicherungsgesellschaften)"aufgeführten Ansprüche gepfändet.[2, 3, 4, 5, 6, 8, 9]]

[Auf Seite 8 (bzw. Seite 9) des amtlichen Formulars sind das Feld „Es wird angeordnet, dass" und das Feld

„der Schuldner die Versicherungspolice an den Gläubiger herauszugeben hat und dieser sie unverzüglich dem Drittschuldner vorzulegen hat"

und das dortige Leerfeld anzukreuzen und dort einzutragen:[7]]

der Schuldner die letzte Prämienquittung an den Gläubiger herauszugeben hat.

Anmerkungen

1. → Form. H. I. 2 (bzw. → Form. H. I. 6 bei Unterhaltsforderungen). Hinsichtlich der weiteren Einzelheiten zum Pfändungs- und Überweisungsbeschluss wird auf die dortigen Anmerkungen Bezug genommen.

2. Die **Lebensversicherung** kann auf die Person des Versicherungsnehmers oder eines anderen genommen werden (§ 150 Abs. 1 VVG). Wird die Versicherung für den Fall des Todes eines anderen genommen und übersteigt die vereinbarte Leistung den Betrag der gewöhnlichen Beerdigungskosten, ist für die Wirksamkeit des Vertrages die schriftliche Einwilligung des anderen erforderlich; es sei denn, es handelt sich um eine Kollektivlebensversicherung im Bereich der betrieblichen Altersversorgung (§ 150 Abs. 2 S. 1 VVG). Die Versicherung kann in der Form der Erlebensversicherung (Fälligkeit der Versicherungssumme bei Erreichen eines bestimmten Lebensjahres) bzw. der Todesfallversicherung (Fälligkeit mit dem Tod) abgeschlossen werden. Zudem besteht die Möglichkeit, in dem Vertrag einen Dritten zum Bezugsberechtigten zu bestimmen (§ 159 VVG). Eine Lebensversicherung kann im Versicherungsfall die Auszahlung einer näher festgelegten Summe (Kapitalversicherung) oder eine laufende Rente (Rentenversicherung) vorsehen.

3. Drittschuldner ist die **Versicherungsgesellschaft.** Diese ist möglichst genau zu bezeichnen. Ungenaue Bezeichnungen sind nur unschädlich, wenn sie die Identität des Drittschuldners nicht beeinträchtigen. Problematisch ist, wenn als Drittschuldner nur eine Versicherungsgruppe angeführt wird, ohne die einzelne Gesellschaft der Gruppe zu bezeichnen. Zuzustellen ist an ihre **Haupt- oder an die zuständige Zweigniederlassung.** Eine Zustellung an eine Agentur oder an einen Vermittler reicht nicht. Insoweit liegen auch nicht die Voraussetzungen für eine Ersatzzustellung vor. Wird der Pfändungsbeschluss an den Versicherer weiter geleitet, so erfolgt eine Heilung zu dem Zeitpunkt, zu dem der Beschluss dem Drittschuldner tatsächlich zugegangen ist (§ 189 ZPO).

4. Die **Ansprüche aus einer Lebensversicherung** (Kapital- oder Rentenversicherung; Erlebens- oder Todesfallversicherung) sind grundsätzlich **vor und nach Eintritt des Versicherungsfalls** (OLG Celle NZI 2009, 389) pfändbar, sofern diese noch zum Vermögen des Schuldners gehören. Dies ist der Fall, wenn ein begünstigter Dritter im Versicherungsvertrag nicht genannt ist oder wenn die Bezugsberechtigung noch widerrufen werden kann. In diesem Fall erwirbt der Dritte den Anspruch aus dem Versicherungsvertrag erst mit dem Eintritt des Versicherungsfalls (§ 159 Abs. 2 VVG). Vorher kann der Versicherungsnehmer die Bezugsberechtigung jederzeit widerrufen (§§ 159 Abs. 1, Abs. 2 VVG). Eine Kapitallebensversicherung ist auch pfändbar, wenn dem Versicherungsnehmer das Recht eingeräumt wird, statt der Kapitalleistung eine Versorgungsrente zu wählen (BFH FamRZ 2007, 2068). Bei einer **verbundenen Kapitallebens- und Berufsunfähigkeitsversicherung** steht die Einheitlichkeit des Vertrages einer Abtretung der Ansprüche aus der Lebenssicherung nicht entgegen (BGH NJW 2010, 374); damit sind die Ansprüche auch pfändbar. Ebenso pfändbar als künftige Forderung ist der Anspruch des Arbeitnehmers auf Auszahlung der Versicherungssumme aus einer **Firmendirektversicherung** vor Eintritt des Versicherungsfalls (BGH NJW-RR 2011, 283).

Im Falle einer **unwiderruflichen Bezugsberechtigung** erwirbt der Berechtigte mit der Einräumung des unwiderruflichen Bezugsrechts die Ansprüche aus dem Versicherungsvertrag grundsätzlich sofort (§ 159 Abs. 3 VVG). Damit können die Gläubiger des begünstigten Dritten den Anspruch auf die Versicherungsleistung pfänden. Zudem können die Gläubiger des Versicherungsnehmers die Ansprüche für den Fall des Wegfalls des Begünstigten (§ 168 Abs. 3 VVG) pfänden. Zu einem Wegfall kann es bei dem Tod des Begünstigten vor Eintritt des Versicherungsfalls, bei einem zeitlich beschränkten unwiderruflichen Bezugsrecht oder bei der Anfechtung der Begünstigung nach §§ 1 ff. AnfG etc kommen.

Weitere Ausführungen zur Pfändung bei einer Lebensversicherung finden sich bei (Auswahl): *Castellvi*, Zuordnung des Anspruchs auf den Rückkaufswert bei geteiltem Bezugsrecht in der gemischten Lebensversicherung, VersR 1998, 410; *ders.*, Unwiderrufliches Bezugsrecht auf den Erlebensfall in der Kapitallebensversicherung, BGHReport 2003, 993; *David*, Tips zur Pfändung von Lebensversicherungsansprüchen, MDR

1996, 24; *Gutzeit*, Sicherungsabtretung von Ansprüchen aus Lebens- und Berufsunfähigkeitsversicherungen, NJW 2010, 1644; *Haegele*, Abtretung, Verpfändung und Pfändung einer Lebensversicherung, BWNotZ 1974, 141; *Hasse*, Zwangsvollstreckung in Kapitallebensversicherungen, VersR 2005, 15; *ders.*, Zur gemischten Lebensversicherung zugunsten Dritter, VersR 2005, 1175; *Hellwich*, Pfändungsschutz zur Alterssicherung Selbständiger, JurBüro 2007, 286; *Huken*, Zahlung fälliger Lebensversicherungsprämien anstelle des Vollstreckungsschuldners durch den Vollstreckungsgläubiger bzw. die -behörden, KKZ 1979, 8; *Kogel*, Die Einführung der §§ 851c ZPO, 173 VVG – teilweise ein gesetzgeberischer Fehlgriff?, FamRZ 2007, 870; *Mümmler*, Herausgabe des Versicherungsscheins bei Pfändung einer Lebensversicherung, JurBüro 1977, 1327; *ders.*, Pfändung und Überweisung von Ansprüchen aus Lebensversicherungsverträgen, JurBüro 1983, 335; *Prahl*, Eintrittsrecht und Anfechtung bei der Kapitallebensversicherung, VersR 2005, 1036; *Priebe*, Lebensversicherung und Insolvenz: Das eingeschränkt unwiderrufliche Bezugsrecht, ZInsO 2010, 2307; *Sachs*, Pfändung von unwiderruflich bezugsberechtigten Versicherungspolicen, KKZ 1981, 82.

5. Die **Pfändung erfolgt nach § 829 ZPO.** Sie ist auch möglich für den Drittschuldner wegen eigener Ansprüche gegen den Schuldner (OLG Celle NZI 2009, 389). Im Pfändungsbeschluss sollte der Versicherungsvertrag so genau wie möglich bezeichnet werden. In der Regel reicht die Angabe *„Rechte und Ansprüche aus Lebensversicherungen"* aus. Die Angabe der Vertragsnummer ist zwar nicht erforderlich, aber zweckmäßig, da diese unter Umständen hilft, die Pfändung einem bestimmten Schuldner bzw. Drittschuldner zuzuordnen.

Der Umfang der Pfändung richtet sich nach dem Inhalt des Pfändungs- und Überweisungsbeschluss. Pfändbar sind grundsätzlich **alle Forderungen und Rechte aus dem Versicherungsverhältnis**, so das Recht auf die Hauptleistung des Versicherers in jeder Erscheinungsform, d.h. auf Ablaufleistung, Rückkaufwert, Überschussbeteiligung etc. (OLG Celle NZI 2009, 389) Die Pfändung erfasst auch die **Nebenrechte** (OLG Celle NZI 2009, 389) wie das Recht zur Kündigung (§ 168 VVG) oder zur Umwandlung der Versicherung in eine prämienfreie Versicherung (§ 165 VVG) sowie die Berechtigung zum Widerruf (OLG Dresden OLGR 2007, 773; OLG Köln VersR 2002, 1544), Änderung und Bestimmung der Bezugsberechtigung. Besteht eine Kapitallebensversicherung mit dem Recht, statt einer fälligen Kapitalleistung eine Versorgungsrente zu wählen, so erfasst die Pfändung auch dieses Wahlrecht (BFH Rpfleger 2007, 672). Vorsorglich sollten diese Nebenrechte im Pfändungsbeschluss ausdrücklich aufgeführt werden. Eine selbständige Pfändung der Nebenrechte ist nicht möglich (BGH NJW 2003, 2679, 2680).

Sollen auch eventuelle **unwiderrufliche Bezugsrechte des Schuldners** aus Lebensversicherungsverträgen gepfändet werden, die mit anderen Versicherungsnehmer bestehen, muss dies ausdrücklich im Pfändungsbeschluss bezeichnet werden (*Benkel/Hirschberg* ALB § 13 Rn. 164 ff.).

6. Die Rechte und Ansprüche aus einer Lebensversicherung können unter Umständen nach **§ 850 Abs. 3 lit. b ZPO** eingeschränkt pfändbar sein, wenn die fälligen Renten der Versorgung des Versicherungsnehmers oder seiner unterhaltsberechtigten Angehörigen dienen. Bei nicht fälligen Rentenzahlungen besteht noch kein Pfändungsschutz. Nach **§ 850b Abs. 1 Nr. 4 ZPO** sind Rechte und Ansprüche aus Lebensversicherungen, die nur auf den Todesfall des Versicherungsnehmers abgeschlossen sind (Sterbegeldversicherungen) unpfändbar, sofern die Versicherungssumme 3.579,– EUR nicht übersteigt (BGH ZInsO 2012, 77). Ansprüche aus einer nur auf den Todesfall abgeschlossenen Lebensversicherung sind, auch wenn die Versicherungssumme 3.579,– EUR übersteigt, nach § 850b Abs. 1 Nr. 4 ZPO insoweit unpfändbar, als sie sich auf der Grundlage einer diesen Betrag nicht übersteigenden Versicherungssumme ergeben (BGH NJW-RR 2008, 412). Nach **§ 850b Abs. 1 Nr. 1 ZPO** ist eine Pfändung der

Rechte aus einer Berufsunfähigkeits-Zusatzversicherung nicht möglich, wenn alle Rechte und Ansprüche aus einer Lebensversicherung mit eingeschlossener Berufsunfähigkeitszusatzversicherung gepfändet werden (OLG München VersR 1997, 1520; OLG Köln VersR 1998, 222). Das Vollstreckungsgericht kann die Pfändung nach § 850b Abs. 2 ZPO zulassen.

Gemäß **§ 851 Abs. 1 ZPO iVm § 2 Abs. 2 S. 4 bis 6 BetrAVG** sind die Rechte und Ansprüche aus Direktversicherungen im Rahmen der betrieblichen Altersversorgung unpfändbar, sofern der ausgeschiedene Arbeitnehmer diese nicht abtreten darf (OLG Köln OLGR 2003, 54; a. A. OLG Stuttgart VersR 2001, 619, Pfändbarkeit für die gesetzlichen Ansprüche der Ehefrau auf Unterhalt und Zugewinnausgleich). Leistungen der betrieblichen Altersversorgung sind nach Eintritt des Versorgungsfalls sowie Rechte und Pflichten, die der Versicherungsnehmer zur Befreiung von der Rentenversicherungspflicht abgeschlossen hat, nur nach Maßgabe der **§§ 850a ff. ZPO** pfändbar. Weiterhin sind nach **§ 851c, d ZPO** bestimmte Kapitallebensversicherungen einem besonderen Schutz unterworfen; zur Anwendbarkeit dieser Vorschrift auf Lebensversicherungen siehe auch BGH ZInsO 2012, 77. Zu den weiteren Einzelheiten → Form. I. I. 2.

Unpfändbar ist nach § 97 EStG das die nach § 10a EStG oder Abschnitt XI des EStG geförderte Altersvorsorgevermögen einschließlich seiner Erträge, die geförderten laufenden Altersvorsorgebeiträge und der Anspruch auf Zulage; siehe dazu *Stöber* Rn. 70, 70a.

7. Der Vollstreckungsgläubiger kann von dem Schuldner die **Herausgabe des Versicherungsscheins** und der letzten **Prämienquittung** verlangen. Die Unterlagen sind für die Einziehung der Forderung beim Drittschuldner notwendig, da die Versicherung die Gewährung von Leistungen von der Vorlage des Versicherungsscheins abhängig machen kann (§ 11 ALB). Die Vollstreckung erfolgt **im Wege der Herausgabevollstreckung** nach § 836 Abs. 3 ZPO; Form. H. II. 1. Sofern die Unterlagen nicht auffindbar sind, muss das Aufgebotsverfahren durchgeführt werden (§§ 433 ff. FamFG).

8. Mit der **Überweisung** erlangt der Vollstreckungsgläubiger die Berechtigung, die von der Pfändung des Anspruchs auf die Versicherungsleistung erfassten Nebenrechte auszuüben. Da die Zustellung des Pfändungs- und Überweisungsbeschlusses nicht automatisch zu einem **Widerruf der bestehenden Bezugsrechte** führt, sollte der Vollstreckungsgläubiger stets nach der Überweisung der Rechte vom Bezugswiderrufsrecht Gebrauch machen (→ Form. H. I. VII. 127), um so die Wirkungen des § 159 Abs. 2 VVG zu verhindern. Dies gilt auch, wenn im Versicherungsschein kein Bezugsberechtigter bestimmt ist; eine Begünstigung kann auch nachträglich erfolgen. Es bedarf einer ausdrücklichen Widerrufserklärung oder zumindest ein Verhalten, aus dem sich ein entsprechende Wille ergibt (OLG Köln VersR 2002, 1544). Es genügt nicht allein die Anweisung an den Drittschuldner, die gepfändeten Beträge auf ein von der Gläubigerin benanntes Konto zu überweisen (OLG Dresden OLGR 2007, 773). Str. ist, ob der Widerruf nach Pfändung (*Stöber* Rn. 206) oder erst nach Überweisung (RGZ 153, 220) ausgesprochen werden kann.

Für den Fall der Pfändung sieht das Gesetz ein **Eintrittsrecht des namentlich bezeichneten Bezugsberechtigten** vor. Dieser kann mit Zustimmung des Versicherungsnehmers durch fristgebundene Anzeige an seiner Stelle in den Versicherungsvertrag eintreten (§ 170 Abs. 1 S. 1 VVG), wobei er die Forderungen des betreibenden Gläubigers bis zur Höhe des Betrages zu befriedigen hat, dessen Zahlung der Versicherungsnehmer im Falle der Kündigung des Versicherungsvertrages vom Versicherer verlangen kann (§ 170 Abs. 1 S. 2 VVG). Ist ein Bezugsberechtigter nicht oder nicht namentlich benannt, steht das gleiche Recht dem Ehegatten, Lebenspartner und/oder den Kindern des Versicherungsnehmers zu (§ 170 Abs. 2 VVG).

Der Vollstreckungsgläubiger kann die Lebensversicherung durch **Kündigung des Versicherungsvertrages** (→ Form. I. VII. 126) **verwerten**, um hierdurch den Rückkaufswert (§ 169 VVG) sowie die Überschussbeteiligung (§ 153 VVG) zu erlangen. Für den Vollstreckungsgläubiger besteht auch die Möglichkeit, **die Prämien weiter zu zahlen.** In diesem Fall erhält er nach Ablauf der Versicherungszeit die vereinbarte Versicherungssumme. Der Versicherer hat keine Möglichkeit, die Prämienzahlungen zurückzuweisen (§ 34 Abs. 1 VVG). Die von dem Vollstreckungsgläubiger erbrachten Prämienzahlungen können als Kosten der Zwangsvollstreckung nach § 788 ZPO mit dem vollstreckbaren Anspruch beigetrieben werden.

Zudem kann er im **Wege einer anderen Verwertung** (§ 844 ZPO) die Lebensversicherung an einen Dritten verkaufen. Insoweit existiert ein Markt, der sich mit dem Ankauf von entsprechenden Versicherungen befasst. Einzelheiten finden sich bei Google unter dem Stichwort „Ankauf Versicherungen". Der an das Vollstreckungsgericht zu richtende Antrag auf andere Verwertung nach § 844 ZPO (→ Form. H. IV. 5) kann auch noch nachträglich gestellt werden. Mit dem Antrag sollte ein konkretes Rückkaufangebot vorgelegt werden.

9. Kosten und Gebühren/Rechtsmittel. → Form. H. I. 2 Anm. 61 ff.

126. Kündigung des Versicherungsvertrages

An die

. . . . .

[ladungsfähige Anschrift der Drittschuldnerin]

Lebensversicherungsvertrag Nr. . . . . .,

Versicherungsnehmer . . . . . [Name des Schuldners]

Sehr geehrte Damen und Herren,

hiermit zeigen wir an, dass wir den Gläubiger vertreten. Das Amtsgericht . . . . . hat mit dem Ihnen am . . . . . zugestellten Pfändungs- und Überweisungsbeschluss vom . . . . ., Az. . . . . ., zugunsten unseres Mandanten die Rechte und Ansprüche des Versicherungsnehmers aus den bei Ihnen bestehenden Lebensversicherungsverträgen einschließlich der Nebenrechte gepfändet. Zugleich sind unserem Mandanten die Rechte und Ansprüche zur Einziehung überwiesen worden.

Namens und in Vollmacht des Gläubigers

kündigen wir hiermit den Versicherungsvertrag.[1]

Eine Vollmachtsurkunde fügen wir im Original anbei.[2] **Wir bitten um Mitteilung des Rückkaufswertes sowie Erstattung des Rückkaufswertes (§ 169 Abs. 1 VVG) auf das Konto . . . . .**

. . . . .

Rechtsanwalt

Anmerkungen

1. → Form. I. VII. 125 Anm. 5, 8.

2. Siehe § 174 BGB.

127. Widerruf der Bezugsberechtigung

An die

.....

[Anschrift der Drittschuldnerin]

Lebensversicherungsvertrag Nr. .....,

Versicherungsnehmer ..... [Namen des Schuldners]

Sehr geehrte Damen und Herren,

hiermit zeigen wir an, dass wir den Gläubiger vertreten. Das Amtsgericht ..... hat mit dem Ihnen am ..... zugestellten Pfändungs- und Überweisungsbeschluss vom ....., Az. ....., zugunsten unseres Mandanten die Rechte und Ansprüche des Versicherungsnehmers aus den bei Ihnen bestehenden Lebensversicherungsverträgen einschließlich der Nebenrechte gepfändet. Zugleich sind unserem Mandanten die Rechte und Ansprüche zur Einziehung überwiesen worden.

Namens und in Vollmacht des Gläubigers

widerrufen wir hiermit jede bisher mitgeteilte Bezugsberechtigung.[1]

Als neuen Bezugsberechtigten bestimmen wir ausschließlich

..... [ladungsfähige Anschrift des Gläubigers].

Eine Vollmachtsurkunde fügen wir im Original anbei.[2] Wir bitten um Bestätigung der neuen Bezugsberechtigung, um Angabe des derzeitigen Rückkaufswertes sowie um Mitteilung der voraussichtlichen Versicherungsleistung bei Ablauf des Versicherungsvertrages.

.....

Rechtsanwalt

Anmerkungen

1. → Form. I. VII. 125 Anm. 5, 8.

2. Siehe § 174 BGB.

Unfallversicherung (§§ 178 bis 191 VVG)

128. Pfändung der Ansprüche und Rechte aus einem Unfallversicherungsvertrag (Eigenversicherung des Schuldners)

[Das amtliche Formular „Pfändungs- und Überweisungsbeschluss[1]" ist entsprechend den dortigen Anmerkungen auszufüllen. Auf Seite 4 (bzw. Seite 5) des amtlichen Formulars sind das Feld „G" anzukreuzen und auf Seite 6 (bzw. Seite 7) des amtlichen Formulars unter „Anspruch G" aufzunehmen:]

Es werden die angeblichen Rechte und Ansprüche des Schuldners[2] gegen den/die Drittschuldner/in[3] aus den von dem Schuldner mit dem/die Drittschuldner/in abgeschlossenen Unfallversicherungsverträgen,[4] insbesondere aus dem Unfallversicherungsvertrag vom ..... Nr. ..... [möglichst genaue Bezeichnung], einschließlich der Ansprüche auf Zahlung der Versicherungssumme als Kapital oder Rente und auf Bewirkung sonstiger vereinbarter Leistungen, auf Rückgewähr von Prämien und auf Herausgabe des Versicherungsscheins gepfändet.[6]

[Auf Seite 8 (bzw. Seite 9) des amtlichen Formulars sind das Feld „Es wird angeordnet, dass" und das Feld

„der Schuldner die Versicherungspolice an den Gläubiger herauszugeben hat und dieser sie unverzüglich dem Drittschuldner vorzulegen hat"

anzukreuzen:[5]]

Anmerkungen

1. → Form. H. I. 2 (bzw. → Form. H. I. 6 bei Unterhaltsforderungen). Hinsichtlich der weiteren Einzelheiten zum Pfändungs- und Überweisungsbeschluss wird auf die dortigen Anmerkungen Bezug genommen. Das Feld „E (an Versicherungsgesellschaften)" ist nicht anzukreuzen, da dieses sich ausschließlich auf Lebensversicherungen bezieht.

2. Die **Unfallversicherung** ist eine Personenversicherung, die in der Form einer Kapitalversicherung oder einer Rentenversicherung die Schäden absichert, die mit dem dauernden oder zeitweiligen Wegfall der Erwerbstätigkeit durch einen Unfall (§ 178 Abs. 2 VVG) verbunden sind. Eine Unfallversicherung kann abgeschlossen werden für Unfälle, die dem Versicherungsnehmer (Eigenversicherung) oder für Unfälle, die einem Dritten zustoßen (Fremdversicherung, § 179 Abs. 1, 2 VVG). Die Eigenunfallversicherung und die Leistungen des Versicherers gehören zum Vermögen des Versicherungsnehmers. Die Fremdunfallversicherung zählt wirtschaftlich bereits zu dem Vermögen des Dritten. Bei der Unfallversicherung in der Form einer Kapitalversicherung zugunsten eines Dritten gelten für die Bezugsberechtigung die Vorschriften über die Lebensversicherung (§ 185 VVG). Der Bezugsberechtigte hat einen eigenen Anspruch auf Auszahlung der Versicherungsleistung.

3. **Drittschuldner** ist die **Versicherungsgesellschaft**. Diese ist möglichst genau zu bezeichnen. Ungenaue Bezeichnungen sind nur unschädlich, wenn sie die Identität des Drittschuldners nicht beeinträchtigen. Problematisch ist, wenn als Drittschuldner nur eine Versicherungsgruppe angeführt wird, ohne die einzelne Gesellschaft der Gruppe zu bezeichnen. Zuzustellen ist Pfändungsbeschluss an die **Haupt- oder an die zuständige Zweigniederlassung;** eine Zustellung an eine Agentur oder an einen Vermittler reicht nicht. Insoweit liegen auch nicht die Voraussetzungen für eine Ersatzzustellung vor. Wird der Pfändungsbeschluss an den Versicherer weiter geleitet, so erfolgt eine Heilung mit dem Zeitpunkt, zu dem der Beschluss dem Drittschuldner tatsächlich zugegangen ist (§ 189 ZPO).

4. Die Leistungen des Versicherungsnehmers aus einer **Eigenunfallversicherung** unterliegen der **Pfändung nach § 829 ZPO**. Die Rechte und Ansprüche aus einer Unfallversicherung können jedoch nach **§ 850 Abs. 3 lit. b ZPO** eingeschränkt pfändbar sein, wenn die fälligen Renten der Versorgung des Versicherungsnehmers oder seiner unterhaltsberechtigten Angehörigen dienen. Nach **§ 850b Abs. 1 Nr. 1, Abs. 2 ZPO** sind die Renten, die wegen einer Verletzung des Körpers oder der Gesundheit zu entrichten sind, nur bedingt pfändbar.

5. Der Vollstreckungsgläubiger kann von dem Schuldner die **Herausgabe des Versicherungsscheins** verlangen. Die Vollstreckung erfolgt im Wege der Herausgabevollstreckung nach § 836 Abs. 3 ZPO. Siehe dazu die → Form. H. II. 1. Sofern die Unterlagen nicht auffindbar sind, muss das Aufgebotsverfahren durchgeführt werden (§§ 433 ff. FamFG).

6. Kosten und Gebühren/Rechtsmittel. → Form. H. I. 2 Anm. 61 ff.

129. Pfändung der Ansprüche und Rechte aus einem Unfallversicherungsvertrag (Fremdversicherung für Schuldner)

[Das amtliche Formular „Pfändungs- und Überweisungsbeschluss[1]" ist entsprechend den dortigen Anmerkungen auszufüllen. Auf Seite 4 (bzw. Seite 5) des amtlichen Formulars sind das Feld „G" anzukreuzen und auf Seite 6 (bzw. Seite 7) des amtlichen Formulars unter „Anspruch G" aufzunehmen:]

Es werden die angeblichen Rechte und Ansprüche des Schuldners[2] gegen den/die Drittschuldner/in[3] aus den von ..... (Bezeichnung des Versicherungsnehmers) zugunsten des Schuldners mit dem/der Drittschuldner/in abgeschlossenen Unfallversicherungsverträgen,[4] insbesondere aus dem Unfallversicherungsvertrag vom ..... Nr. ..... (möglichst genaue Bezeichnung), einschließlich der Ansprüche auf Zahlung der Versicherungssumme als Kapital oder Rente und auf Bewirkung sonstiger vereinbarter Leistungen, auf Rückgewähr von Prämien und auf Herausgabe des Versicherungsscheins gepfändet.[6]

[Auf Seite 8 (bzw. Seite 9) des amtlichen Formulars sind das Feld „Es wird angeordnet, dass" und das Feld

„der Schuldner die Versicherungspolice an den Gläubiger herauszugeben hat und dieser sie unverzüglich dem Drittschuldner vorzulegen hat"

anzukreuzen:[5]]

Anmerkungen

1. → Form. H. I. 2 (bzw. → Form. H. I. 6. bei Unterhaltsforderungen). Hinsichtlich der weiteren Einzelheiten zum Pfändungs- und Überweisungsbeschluss wird auf die dortigen Anmerkungen Bezug genommen. Das Feld „E (an Versicherungsgesellschaften)" ist nicht anzukreuzen, da dieses sich ausschließlich auf Lebensversicherungen bezieht.

2. → Form. I. VII. 128 Anm. 2.

3. Drittschuldner ist die **Versicherungsgesellschaft.** → Form. I. VII. 128 Anm. 3.

4. Die **Ansprüche aus einer Fremdversicherung** auf Zahlung der Versicherungsleistungen oder – je nach Vertragsgestaltung – auf Auskehr der Leistungen an den Versicherungsnehmer kann der Gläubiger des Dritten pfänden, sofern dieser schon feststeht. Der Pfändungsantrag ist dann entsprechend zu formulieren. Siehe dazu auch *Stöber* Rn. 410 ff. Ist der Dritte noch nicht bekannt, dann zählt der Anspruch noch zum Vermögen des Versicherungsnehmers. Bei Eintritt des Versicherungsfalls kann der Begünstigte gegen eine bei Vollstreckung der Gläubiger des Versicherungsnehmers Drittwiderspruchsklage erheben.

5. Der Vollstreckungsgläubiger kann von dem Schuldner die **Herausgabe des Versicherungsscheins** verlangen. Die Vollstreckung erfolgt im Wege der Herausgabevollstreckung nach § 836 Abs. 3 ZPO. Siehe dazu die Form. H. II. 1. Sofern die Unterlagen nicht auffindbar sind, muss das Aufgebotsverfahren durchgeführt werden (§§ 433 ff. FamFG).

6. Kosten und Gebühren/Rechtsmittel. → Form. H. I. 2 Anm. 61 ff.

Versteigerungserlös

130. Pfändung des Erlösüberschusses aus Versteigerung

[Das amtliche Formular „Pfändungs- und Überweisungsbeschluss[1]" ist entsprechend den dortigen Anmerkungen auszufüllen. Auf Seite 4 (bzw. Seite 5) des amtlichen Formulars sind das Feld „G" anzukreuzen und auf Seite 6 (bzw. Seite 7) des amtlichen Formulars unter „Anspruch G" aufzunehmen:]

[Mehrerlösanspruch bei Versteigerung durch Gerichtsvollzieher:[2, 3]]

Es wird der angebliche Anspruch des Schuldners auf Auszahlung des Mehrerlöses aus der vom Gerichtsvollzieher vorgenommenen Versteigerung der Pfandstücke in der Zwangsvollstreckungssache ..... [nähere Bezeichnung, Aktenzeichen] gepfändet.[4]

[Mehrerlösanspruch bei Zwangsversteigerung eines Grundstücks:[2, 3]]

Es wird wegen dieser Ansprüche sowie wegen der Kosten dieses Beschlusses und seiner Zustellung wird der angebliche Anspruch des Schuldners auf Auszahlung des Mehrerlöses, der nach Erteilung des Zuschlages in dem Zwangsversteigerungsverfahren ..... [Aktenzeichen einfügen], betreffend das Grundstück ..... [nähere Bezeichnung des Grundstücks], eingetragen im Grundbuch des Amtsgerichts ..... Band ..... Blatt ..... gepfändet.[4]

Anmerkungen

1. → Form. H. I. 2 (bzw. → Form. H. I. 6 bei Unterhaltsforderungen). Hinsichtlich der weiteren Einzelheiten zum Pfändungs- und Überweisungsbeschluss wird auf die dortigen Anmerkungen Bezug genommen.

2. Das von dem Gläubiger des Schuldners erworbene **Pfändungspfandrecht** ist als Nebenrecht der Forderung **nicht selbständig pfändbar.** Auch der dem Pfändungspfandrecht entsprechende **Versteigerungserlös** unterliegt keiner Pfändung, da dieser an die Stelle des gepfändeten Gegenstandes tritt. Dagegen ist der Anspruch des Schuldners auf Auskehr des ihm aufgrund einer Versteigung durch den Gerichtsvollzieher oder nach Durchführung einer Zwangsversteigerung/Teilungsversteigerung eines Grundstücks verbleibenden **Mehrerlöses** nach Erteilung des Zuschlages selbständig für jeden Gläubiger des Schuldners **pfändbar.**

3. Der Gerichtsvollzieher bei der Mobiliarversteigerung bzw. der Rechtspfleger bei der Immobiliarversteigerung sind **nicht Drittschuldner,** da diese hoheitlich tätig werden (*Stöber* Rn. 130). Die Pfändung erfolgt nach § 857 Abs. 2 ZPO und ist mit der Zustellung des Pfändungsbeschlusses an den Schuldner wirksam.

4. Kosten und Gebühren/Rechtsmittel. → Form. H. I. 2 Anm. 61 ff.

Vormerkung (§ 883 BGB); Widerspruch (§ 899 BGB)

131. Pfändung bei einer Vormerkung (§ 883 BGB); Pfändung eines Widerspruchs (§ 899 BGB)

Die **Vormerkung** (§ 883 BGB) bewirkt die grundbuchmäßige Sicherung eines obligatorischen Anspruchs auf dingliche Zuordnungsänderung von Rechten an einem Grundstück. Als Sicherungsmittel für einen schuldrechtlichen Hauptanspruch ist die Vormerkung nicht selbständig übertragbar und damit auch **nicht pfändbar.** Gegenstand einer Pfändung kann nur das Recht aus dem gesicherten Anspruch sein.

Ein **Widerspruch** (§ 899 BGB) schützt den Inhaber eines im Grundbuch nicht oder unrichtig eingetragenen Rechts oder den durch eine Verfügungsbeschränkung Geschützten gegen den gutgläubig-lastenfreien Erwerb eines Dritten nach §§ 892 f. BGB. Der Anspruch auf Eintragung eines Widerspruchs ist gegenüber dem nicht oder nicht richtig eingetragenen Recht des Schuldners unselbständig und daher **nicht pfändbar.**

Wechsel und andere indossable Wertpapiere

132. Pfändung indossabler Wertpapiere (§ 831 ZPO)

[Es ist folgender gesonderter Überweisungsbeschluss zu beantragen:]:[1]

An das

Amtsgericht .....

Vollstreckungsgericht

Hiermit zeigen wir an, dass wir den/die Gläubiger/in vertreten. Namens und in Vollmacht des/der Gläubigers/in beantragen wir

> den Erlass des nachstehenden Überweisungsbeschlusses, wonach die Rechte aus dem vom Gerichtsvollzieher ..... gemäß dem Pfändungsprotokoll vom ..... gepfändeten Orderscheck Nr...... über ..... EUR, der von ..... [nähere Bezeichnung des Ausstellers] auf die ..... [nähere Bezeichnung des Kreditinstituts] ausgestellt worden ist, aufgrund des vollstreckbaren Titels ..... [genaue Bezeichnung des Vollstreckungstitels] dem/der Gläubiger/in zur Einziehung überwiesen wird.

Die vollstreckbare Ausfertigung des Titels, der Zustellungsnachweise sowie eine Ausfertigung des Protokolls des Gerichtsvollziehers über den Pfändungsvorgang fügen wir im Original mit der Bitte um Rückgabe bei.

Wir bitten die Zustellung[2] an den/die Drittschuldner/in und den/die Schuldner/in zu vermitteln; an den/die Drittschuldner/in mit der Aufforderung nach § 840 ZPO. Die erforderliche Anzahl beglaubigter Abschriften[3] ist beigefügt.

Für den Fall, dass das angerufene Vollstreckungsgericht seine Zuständigkeit zum Erlass des Beschlusses verneint, wird bereits jetzt hilfsweise die Verweisung an das örtlich zuständige Gericht beantragt.[4]

Die Gerichtsgebühren sowie die Gebühren für die Bewirkung der Zustellung werden per Gebührenstempler/Kostenmarken eingezahlt.

.....

Rechtsanwalt

[Muster des Überweisungsbeschlusses:][5]

Überweisungsbeschluss

in der Zwangsvollstreckungssache

des ..... [ladungsfähige Anschrift des/der Gläubigers/in],

Gläubigers/in,

Verfahrensbevollmächtigte/r: .....

gegen

Herrn/Frau/Firma ..... [ladungsfähige Anschrift des/der Schuldners/in],

Schuldner/in,

Verfahrensbevollmächtigte/r: .....

Nach der vollstreckbaren Ausfertigung des/der ..... vom ....., Aktenzeichen ..... (genaue Bezeichnung des Vollstreckungstitels), sowie des Kostenfestsetzungsbeschlusses des ..... vom ....., Aktenzeichen ..... [genaue Bezeichnung des Kostenfestsetzungsbeschlusses], kann/können der/die Gläubiger/in von dem/der Schuldner/in beanspruchen:

1.	Hauptforderung	..... EUR
2.	..... Zinsen auf die Hauptforderung/aus ..... EUR seit dem ..... bis heute	..... EUR
3.	Vorgerichtliche Kosten des Gläubigers	..... EUR
4.	Kosten des Mahn-/Vollstreckungsbescheides	..... EUR
5.	Festgesetzte Kosten des Gläubigers	..... EUR
6.	..... Zinsen auf die festgesetzten Kosten seit dem ..... bis heute	..... EUR
7.	Kosten vorangegangener Vollstreckungsmaßnahmen (gem. Aufstellung)	..... EUR
insgesamt		..... EUR
abzüglich der von dem/der Schuldner/in am ..... gezahlten Betrag von		..... EUR
insgesamt		..... EUR

zuzüglich der ab morgen anfallenden Zinsen, Tageszins in Höhe von ..... EUR

Wegen dieser Ansprüche sowie wegen der Kosten dieses Beschlusses und seiner Zustellung und wegen der Gerichtsvollzieherkosten für die Pfändung des Schecks in Höhe von ..... EUR wird die angebliche Forderung des Schuldners gegen

..... (ladungsfähige Anschrift des Ausstellers des Schecks),

Drittschuldner,

auf Zahlung von . . . . . EUR gegen Vorlage des auf die . . . . . (nähere Bezeichnung des Kreditinstituts) ausgestellten Orderschecks Nr. . . . . . vom . . . . . dem/der Gläubiger/in zur Einziehung überwiesen.[6, 7, 8]

Anmerkungen

1. Ein **Wertpapier** ist eine Urkunde, in der ein privates Recht in der Weise verbrieft ist, dass zur Geltendmachung des Rechts die Innehabung der Urkunde erforderlich ist (MüKoBGB/*Habersack* Vor § 793 Rn. 6 ff.). Die Zwangsvollstreckung von Wertpapieren erfolgt unterschiedlich, je nach Art des Papiers (s. dazu auch *M. Schmidt* DGVZ 2014, 77): Die **Inhaberpapiere,** die **mitgliedschaftlichen Orderpapiere** (zB Namensaktie oder Namensinvestmentanteil; vgl. MüKoZPO/*Smid* § 831 Rn. 5) und die **Rektapapiere** (vgl. MüKoZPO/*Smid* § 831 Rn. 4) mit Ausnahme der qualifizierten Legitimationspapiere unterliegen der Sachpfändung nach §§ 808, 821 ZPO. Der Gerichtsvollzieher nimmt die Papiere weg und verwertet diese durch freihändigen Verkauf.

Bei den **qualifizierten Legitimationspapieren** wird die Forderung nach §§ 829, 835 ZPO gepfändet (Musielak/Voit/*Becker* § 821 Rn. 4) und überwiesen. Gemäß § 836 Abs. 3 S. 1 ZPO kann der Gläubiger anschließend die Urkunde herausverlangen. Die Herausgabe kann ggf. im Wege der Hilfsvollstreckung (§ 836 Abs. 3 S. 3 ZPO) erzwungen werden; → Form. H. II. 2. Bereits vor der Pfändung kann der Gerichtsvollzieher das Papier im Wege der Hilfspfändung (§ 106 GVGA) wegnehmen; → Form. H. II. 5. Die Verwertung der gepfändeten Forderung erfolgt im Wege der Überweisung oder nach § 844 ZPO; zu dem Antrag auf anderweitige Verwertung → Form. H. IV. 5.

Die Pfändung von **Forderungen aus Wechseln** (auch Blankowechseln, vgl. *Schmalz* NJW 1964, 141) und **anderen Papieren,** die durch **Indossament** übertragen werden können, zB die kaufmännische Anweisung, der kaufmännische Verpflichtungsschein, Konnossemente der Verfrachter, Ladescheine der Frachtführer, Lagerscheine sowie Transportversicherungspolicen, die von einem Dritten auf den Schuldner zahlbar ausgestellten Schecks (Art. 14 Abs. 1 ScheckG; Zöller/*Stöber* § 831 Rn. 6), erfolgt nach **§ 831 ZPO** dadurch, dass der Gerichtsvollzieher das Papier dem Schuldner wegnimmt und selbst Besitz daran begründet. Dabei greifen die Vorschriften der §§ 808 ff. ZPO über die Pfändung beweglicher Sachen ein. Mit der Wegnahme des Papiers sind sowohl die Urkunde als Sache als auch die Forderung mit dem Eintritt der Wirkungen des § 829 ZPO (RGZ 61, 330, 331 f.) gepfändet. Einer Mitwirkung des Vollstreckungsgerichts bedarf es insoweit nicht. **Nicht pfändbar ist ein Scheck,** den der Schuldner ausgestellt, aber noch nicht begeben hat (*Stöber* Rn. 2093). Ob ein Inhaberscheck unter den Anwendungsbereich des § 831 ZPO fällt, ist umstritten (vgl. *Geißer* DGVZ 1986, 110). Die Verwertung des Inhaberschecks erfolgt nach §§ 821 bis 823 ZPO). Der auf eine bestimmte Person zahlbar ausgestellte Scheck mit dem Vermerk „nicht an Order" kann nicht indossiert werden und wird nach §§ 821 ff. ZPO verwertet (*Stöber* Rn. 2094). Siehe auch (Auswahl): *Becker*, Zwangsvollstreckung in Wertpapiere, JuS 2005, 232; *Feudner*, Die Zwangsvollstreckung in Blankowechsel, NJW 1963, 1239; *Geißler*, Die vollstreckungsrechtliche Behandlung der Order-Papiere des § 831 ZPO, DGVZ 1986, 110; *Hezel*, Zwangsvollstreckung in Wertpapiere unter Beachtung der Grundsätze des Vollstreckungs- sowie des materiellen Rechts, Rpfleger 2006, 105; *Kunst*, Zwangsvollstreckung in Wertpapiere, InVo 2004, 3; *Prost*, Die Pfändung und zwangsweise Verwertung von Schecks im Inlandverkehr, NJW 1958, 1618; *Schmalz*, Die Zwangsvollstreckung in Blankowechsel, NJW 1964, 141; *Weimar*, Die Zwangsvollstreckung in Wertpapiere und sonstige Urkunden, JurBüro 1982, 357.

Eine Pfändung nach § 831 ZPO durch den Gerichtsvollzieher erfolgt auch dann, wenn sich das Papier im Gewahrsam eines Dritten befindet. Ist der Dritte nicht zur Herausgabe bereit, bedarf es einer gesonderten Pfändung des **Herausgabeanspruchs nach §§ 846, 847** ZPO (→ Form. I. VII. 47).

2. → Form. H. I. 1 Anm. 6.

3. → Form. H. I. I Anm. 7.

4. → Form. H. I. I Anm. 8.

5. Hinsichtlich der Einzelheiten zum Überweisungsbeschluss wird auf die → Form. H. I. 2 Bezug genommen.

6. Die Verwertung indossabler Papiere erfolgt nach den §§ 835, 844 ZPO. Insoweit ist der **Erlass eines Überweisungsbeschlusses** bzw. die Anordnung einer anderen Art der Verwertung durch das Vollstreckungsgericht erforderlich. Mit dem Antrag sind die Voraussetzungen für eine Zwangsvollstreckung durch Vorlage der erforderlichen Unterlagen (vollstreckbare Ausfertigung des Titels, Zustellungsnachweise, Ausfertigung des Protokolls des Gerichtsvollziehers über die Pfändung des indossablen Papiers) gegeben.

7. **Kosten und Gebühren.** Für den Erlass eines Überweisungsbeschlusses erhält das **Gericht** eine Festgebühr nach Nr. 2111 KV GKG von 20,– EUR. Der **Rechtsanwalt** erhält neben einer durch seine Tätigkeit im Zwangsvollstreckungsverfahren bereits entstandenen 0,3 Verfahrensgebühr nach Nr. 3309 VV RVG keine zusätzliche Gebühr für die Beantragung des Überweisungsbeschlusses; ansonsten fällt die Gebühr nach Nr. 3309 VV RVG an. Der **Gerichtsvollzieher** erhält für die Bewirkung der Pfändung nach § 831 ZPO die Gebühren nach Nr. 205 KV GvKostG in Höhe von 26,– EUR bzw. Nr. 604 KV GvKostG von 15,– EUR.

8. **Rechtsmittel.** → Form. H. I. 2 Anm. 61.

133. Pfändung des Nießbrauchs an Inhaber- oder Orderpapieren (§ 1081 BGB)

[Das amtliche Formular „Pfändungs- und Überweisungsbeschluss[1]“ ist entsprechend den dortigen Anmerkungen auszufüllen. Auf Seite 4 (bzw. Seite 5) des amtlichen Formulars sind das Feld „G“ anzukreuzen und auf Seite 6 (bzw. Seite 7) des amtlichen Formulars unter „Anspruch G“ aufzunehmen:]

Es wird das angebliche Recht des Schuldners an dem ihm vom Drittschuldner bestellten Nießbrauch[2] an . . . . . . [genaue Bezeichnung des Nießbrauchsgegenstandes, wenn möglich Wertpapiernummer] gepfändet.[3, 4]

[Auf Seite 8 (bzw. Seite 9) des amtlichen Formulars sind in dem Feld „Es wird angeordnet, dass“ das freie Kästchen anzukreuzen und dort einzutragen:]

der Schuldner die zu den Wertpapieren gehörenden Kapitalerträge, insbesondere Zins-, Renten- oder Gewinnanteilscheine, an den Gläubiger herauszugeben hat.

Anmerkungen

1. → Form. H. I. 2 (bzw. → Form. H. I. 6 bei Unterhaltsforderungen). Hinsichtlich der weiteren Einzelheiten zum Pfändungs- und Überweisungsbeschluss wird auf die dortigen Anmerkungen Bezug genommen.

2. An Inhaber- oder Orderpapieren kann ein Nießbrauch nach Maßgabe der § 1068 ff. BGB eingeräumt werden. Nach § 1081 Abs. 1 BGB steht der Besitz am Wertpapier dem Nießbraucher und dem Eigentümer gemeinschaftlich zu. Der Besitz an den zum Papier gehörenden Zins-, Renten- und Gewinnanteilscheinen steht dem Nießbraucher erst mit Fälligkeit alleine zu (§ 1081 Abs. 1 S. 2 BGB).

3. Der Das Nießbrauchsrecht an den Wertpapieren ist gem. § 829 Abs. 1 ZPO pfändbar.

4. Kosten und Gebühren/Rechtsmittel. → Form. H. I. 2 Anm. 61 ff.

Werkverträge

134. Pfändung der Forderungen aus Werkvertrag

[Das amtliche Formular „Pfändungs- und Überweisungsbeschluss[1]" ist entsprechend den dortigen Anmerkungen auszufüllen. Auf Seite 4 (bzw. Seite 5) des amtlichen Formulars sind das Feld „G" anzukreuzen und auf Seite 6 (bzw. Seite 7) des amtlichen Formulars unter „Anspruch G" aufzunehmen:]

Es wird der angebliche Anspruch des Schuldners[2] gegen den/die Drittschuldner[3] auf Zahlung der Vergütung aus dem Vertragsverhältnis über die Errichtung/die Herstellung ..... [möglichst genaue Bezeichnung des Werkvertrages] gepfändet.[4]

Die Pfändung erfasst auch die noch nicht fällige sowie die künftige Vergütung.

Anmerkungen

1. → Form. H. I. 2 (bzw. → Form. H. I. 6 bei Unterhaltsforderungen). Hinsichtlich der weiteren Einzelheiten zum Pfändungs- und Überweisungsbeschluss wird auf die dortigen Anmerkungen Bezug genommen.

2. Der **Werklohnanspruch** des Werkunternehmers (§§ 631 ff. BGB) unterliegt der Pfändung nach §§ 829, 835 ZPO. Wichtig ist, dass die Werklohnforderung im Pfändungsbeschluss hinreichend bestimmt bezeichnet wird, zB *„Ansprüche aus Elektroinstallationsarbeiten auf der Baustelle ..... in .....".* Die Angabe *„Werklohnanspruch"* oder ähnliche Formulierungen genügen insbesondere bei größeren Bauvorhaben nicht. Die Pfändung erfasst sowohl Vorauszahlungen, Abschlagszahlungen und Schlusszahlungen. Der Bauhandwerker kann für seine Vorleistung eine **Sicherheit (§ 648a BGB)**, eine Garantie oder ein sonstiges Zahlungsversprechen verlangen. Die Pfändung dieser Sicherheiten erfolgt, soweit sie nicht nur akzessorisch sind (zB Bürgschaft), nach den für die jeweilige Art der Sicherheit geltenden Vorschriften. Zur Pfändung einer durch **Bauhandwerkersicherungshypothek** (§ 648 BGB) gesicherten Werklohnforderung → Form. I. VII. 135.

3. Drittschuldner ist der Auftraggeber.

4. Kosten und Gebühren/Rechtsmittel. → Form. H. I. 2 Anm. 61 ff.

135. Pfändung einer durch Bauhandwerkersicherungshypothek (§ 648 BGB) gesicherten Werklohnforderung

[Das amtliche Formular „Pfändungs- und Überweisungsbeschluss[1]" ist entsprechend den dortigen Anmerkungen auszufüllen. Auf Seite 4 (bzw. Seite 5) des amtlichen Formulars sind das Feld „G" anzukreuzen und auf Seite 6 (bzw. Seite 7) des amtlichen Formulars unter „Anspruch G" aufzunehmen:]

Es werden

1. die angebliche Forderung des Schuldners gegen den/die Drittschuldner/in[2] auf Zahlung der Vergütung aus dem Bauvertrag bezüglich des Bauvorhabens über die Errichtung/die Herstellung ..... [möglichst genaue Bezeichnung des Werkvertrages][3] und

2. die angeblich zur Sicherung dieser Forderung im Grundbuch des Amtsgerichts ..... Band ..... Blatt ..... in Abt. III unter lfd. Nr. ..... auf dem Grundstück des/der Drittschuldners/in eingetragene Bauhandwerkersicherungshypothek[4]

gepfändet.[5]

Die Pfändung erfasst auch die noch nicht fällige sowie die künftige Vergütung.

Anmerkungen

1. → Form. H. I. 2 (bzw. → Form. H. I. 6 bei Unterhaltsforderungen). Hinsichtlich der weiteren Einzelheiten zum Pfändungs- und Überweisungsbeschluss wird auf die dortigen Anmerkungen Bezug genommen.

2. **Drittschuldner** ist der Auftraggeber.

3. → Form. I. VII. 134 Anm. 2.

4. Ist die Forderung des Unternehmers eines Bauwerkes durch eine **Sicherungshypothek** (§ 648 Abs. 1 BGB) gesichert, bedarf es für die Wirksamkeit der Pfändung des Erlasses eines Pfändungsbeschlusses (§§ 830 Abs. 1, 837 ZPO) sowie der Eintragung der Pfändung ins Grundbuch. Ist nur eine **Vormerkung** zur Sicherung eines Anspruchs auf Eintragung einer Bauunternehmer-Sicherungshypothek eingetragen, hat die Pfändung der Werklohnforderung als Geldforderung nach §§ 829, 835 ZPO zu erfolgen.

5. **Kosten und Gebühren/Rechtsmittel.** → Form. H. I. 2 Anm. 61 ff.

Zwangsversteigerung

136. Pfändung des Auszahlungsanspruchs des betreibenden Vollstreckungsgläubigers

[Das amtliche Formular „Pfändungs- und Überweisungsbeschluss[1]" ist entsprechend den dortigen Anmerkungen auszufüllen. Auf Seite 4 (bzw. Seite 5) des amtlichen Formulars sind das Feld „G" anzukreuzen und auf Seite 6 (bzw. Seite 7) des amtlichen Formulars unter „Anspruch G" aufzunehmen:]

Es wird der angebliche Anspruch des Schuldners[2] gegen den/die Drittschuldner/in[3] auf Befriedigung seiner Ansprüche aus dem Versteigerungserlös aus dem von ihm beim Amtsgericht . . . . . Az. . . . . ., betriebenen Zwangsversteigerungsverfahren über das Grundstück . . . . . [möglichst genaue Bezeichnung], eingetragen im Grundbuch des Amtsgerichts . . . . . Band . . . . . Blatt . . . . . gepfändet.[5]

[War ein Hypotheken- oder Grundschuldbrief ausgestellt, sind ergänzend auf Seite 8 (bzw. Seite 9) des amtlichen Formular in dem Feld „Es wird angeordnet, dass" das freie Kästchen anzukreuzen und dort einzutragen:]

der Schuldner den über das durch den Zuschlag erloschene Recht ausgestellten Hypotheken-/Grundschuldbrief an den Gläubiger herauszugeben hat.[4]

Anmerkungen

1. → Form. H. I. 2 (bzw. → Form. H. I. 6 bei Unterhaltsforderungen). Hinsichtlich der weiteren Einzelheiten zum Pfändungs- und Überweisungsbeschluss wird auf die dortigen Anmerkungen Bezug genommen.

2. Der Anspruch des die Zwangsversteigerung betreibenden Vollstreckungsgläubigers auf Auszahlung des Versteigerungserlöses kann nach der Erteilung des Zuschlages nach §§ 829, 857 Abs. 1, 2 ZPO wie ein gewöhnliches Forderungsrecht gepfändet werden (BGHZ 58, 298, 302 = NJW 1972, 1135). Wirksam wird die Pfändung mit der Zustellung an den Drittschuldner bzw. bei Pfändung des auf eine Eigentümergrundschuld fallenden Erlösanspruch den Vollstreckungsschuldner (BGHZ 58, 298, 302 = NJW 1972, 1135).

Zu den näheren Einzelheiten der Pfändung siehe *Stöber* Rn. 1980 ff. Dazu ergänzend (Auswahl): *Densch*, Zur Frage der Pfändung des bei einem Gerichtsvollzieher befindlichen Versteigerungserlöses, DGVZ 1969, 81; *Flad*, Die Pfändung des Anspruchs des Schuldners auf Auszahlung des Übererlöses in der Zwangsvollstreckung, ZZP 54, 451; *Kabisch*, Zur Frage der Pfändbarkeit des Erlöses aus der Versteigerung von im Wege der Mobiliarvollstreckung durch den Gerichtsvollzieher gepfändeten Sachen, DGVZ 1961, 20; *Noack*, Der Erlös gepfändeter versteigerter körperlicher Sachen, MDR 1973, 988; *Stöber*, Pfändung eines Anspruchs auf die vom Zwangsverwalter zu verteilenden Nutzungen eines Grundstücks, Rpfleger 1962, 397.

3. Problematisch ist, wer als **Drittschuldner** zu betrachten ist. Weder das Vollstreckungsgericht noch der Ersteher sind Drittschuldner (BGHZ 58, 298, 302 = NJW 1972, 1135). Regelmäßig wird als Drittschuldner des an die Stelle einer Hypothek oder Grundschuld getretenen Erlösanspruchs der bisherige Grundstückseigentümer angesehen (aA *Stöber* Rn. 1982 f. im Falle einer Hypothek oder Eigentümergrundschuld der persönliche Schuldner der Forderung). Sicherheitshalber sollte sowohl der persönliche Schuldner als auch der vormalige Grundstückseigentümer als Drittschuldner aufgeführt werden.

Ist der Erlösanspruch hinterlegt worden, ist die Hinterlegungsstelle Drittschuldnerin, zur Pfändung des Anspruchs des Empfangsberechtigten → Form. I. VII. 52.

4. Die **Herausgabe** des über durch den Zuschlag erloschene Recht ausgestellten Hypothek-/Grundschuldbriefes ist zwar für das Wirksamwerden der Pfändung nicht von Bedeutung. Im Verteilungstermin muss jedoch den Brief vorgelegt werden. Ansonsten behandelt das Vollstreckungsgericht den Empfangsberechtigten als unbekannt (§§ 126, 135 ff. ZVG).

5. Kosten und Gebühren/Rechtsmittel. → Form. H. I. 2 Anm. 61 ff.

137. Pfändung des dem Grundstückseigentümer zustehenden Mehrerlöses

[Das amtliche Formular „Pfändungs- und Überweisungsbeschluss[1]" ist entsprechend den dortigen Anmerkungen auszufüllen. Auf Seite 4 (bzw. Seite 5) des amtlichen Formulars sind das Feld „G" anzukreuzen und auf Seite 6 (bzw. Seite 7) des amtlichen Formulars unter „Anspruch G" aufzunehmen:]

Es wird der angebliche Anspruch des Schuldners auf Auszahlung des Mehrerlöses,[2, 3] der nach Erteilung des Zuschlages in dem Zwangsversteigerungs-/Teilungsverfahren ..... (Aktenzeichen), betreffend das Grundstück ..... [nähere Bezeichnung des Grundstücks], eingetragen im Grundbuch des Amtsgerichts ..... Band ..... Blatt ..... gepfändet.[4]

Anmerkungen

1. → Form. H. I. 2 (bzw. → Form. H. I. 6 bei Unterhaltsforderungen). Hinsichtlich der weiteren Einzelheiten zum Pfändungs- und Überweisungsbeschluss wird auf die dortigen Anmerkungen Bezug genommen.

2. Das von dem Gläubiger des Schuldners erworbene **Pfändungspfandrecht** ist als Nebenrecht der Forderung **nicht selbständig pfändbar.** Auch der dem Pfändungspfandrecht entsprechende **Versteigerungserlös** unterliegt keiner Pfändung, da dieser an die Stelle des gepfändeten Gegenstandes tritt. Dagegen ist der Anspruch des Schuldners auf Auskehr des ihm aufgrund einer Versteigung nach Durchführung einer Zwangsversteigerung/Teilungsversteigerung eines Grundstücks verbleibenden **Mehrerlöses** nach Erteilung des Zuschlages selbständig für jeden Gläubiger des Schuldners **pfändbar.**

3. Der Gerichtsvollzieher bei der Mobiliarversteigerung sowie der Rechtspfleger bei der Immobiliarversteigerung sind **nicht Drittschuldner,** da diese hoheitlich tätig werden (*Stöber* Rn. 130). Die Pfändung erfolgt nach § 857 Abs. 2 ZPO und ist mit der Zustellung des Pfändungsbeschlusses an den Schuldner wirksam.

4. Kosten und Gebühren/Rechtsmittel. → Form. H. I. 2 Anm. 61 ff.

138. Pfändung des Erlösanspruchs für eine Eigentümergrundschuld

[Das amtliche Formular „Pfändungs- und Überweisungsbeschluss[1]" ist entsprechend den dortigen Anmerkungen auszufüllen. Auf Seite 4 (bzw. Seite 5) des amtlichen Formulars sind das Feld „G" anzukreuzen und auf Seite 6 (bzw. Seite 7) des amtlichen Formulars unter „Anspruch G" aufzunehmen:]

Es wird die angebliche Forderung des Schuldners gegen Drittschuldner[2] auf Befriedigung aus dem Versteigerungserlös, in den sich im Zwangsversteigerungsverfahren des Amtsgerichts ..... Az. ....., über das Grundstück ..... [genaue Bezeichnung des Grundstücks], eingetragen im Grundbuch des Amtsgerichts ..... von ..... Band ..... Blatt ..... mit der Erteilung des Zuschlages die in dem Grundbuch in Abt. III Nr...... eingetragene Eigentümergrundschuld, die für ein Grundschuldbrief erteilt war/ohne Brief in Höhe von ..... aufgelöst hat, gepfändet.[3, 4]

Anmerkungen

1. → Form. H. I. 2 (bzw. → Form. H. I. 6 bei Unterhaltsforderungen). Hinsichtlich der weiteren Einzelheiten zum Pfändungs- und Überweisungsbeschluss wird auf die dortigen Anmerkungen Bezug genommen.

2. Zum **Drittschuldner** → Form. I. VII. 136 Anm. 3.

3. Die **Ansprüche eines Inhabers eines eingetragenen Grundpfandrechts** können ab der Erteilung des Zuschlages nach § 857 Abs. 1 ZPO gepfändet und nach § 835 ZPO überwiesen werden. Zu den Einzelheiten der Pfändung sowie der Pfändung des Erlösanspruches für andere im Grundbuch eingetragene Rechte siehe *Stöber* Rn. 1977 ff.

4. Kosten und Gebühren/Rechtsmittel. → Form. H. I. 2 Anm. 61 ff.

139. Pfändung des Meistgebots

[Das amtliche Formular „Pfändungs- und Überweisungsbeschluss[1]" ist entsprechend den dortigen Anmerkungen auszufüllen. Auf Seite 4 (bzw. Seite 5) des amtlichen Formulars sind das Feld „G" anzukreuzen und auf Seite 6 (bzw. Seite 7) des amtlichen Formulars unter „Anspruch G" aufzunehmen:]

Es wird der angebliche Anspruch des Schuldners auf Erteilung des Zuschlages in den sich im Zwangsversteigerungsverfahren des Amtsgerichts . . . . ., Az. . . . . ., über das Grundstück . . . . . [genaue Bezeichnung des Grundstücks], eingetragen im Grundbuch des Amtsgerichts . . . . . von . . . . . Band . . . . . Blatt . . . . ., gepfändet.[2, 3, 4]

Anmerkungen

1. → Form. H. I. 2 (bzw. → Form. H. I. 6 bei Unterhaltsforderungen). Hinsichtlich der weiteren Einzelheiten zum Pfändungs- und Überweisungsbeschluss wird auf die dortigen Anmerkungen Bezug genommen.

2. Der Meistbietende hat nach § 81 Abs. 1 ZVG einen öffentlichrechtlichen Anspruch auf den Zuschlag, durch den nach § 90 Abs. 1 ZVG der Ersteher originär Eigentum an dem versteigerten Grundstück erwirbt. Dieses Recht aus dem Meistgebot in der Zwangsversteigerung stellt regelmäßig ein vermögenswertes Recht des Meistbietenden dar, das dem Zugriff seiner Gläubiger unterliegt. Das **Recht aus dem Meistgebot** kann abgetreten und gepfändet werden (BGHZ 111, 14, 16 = NJW 1990, 3141). Der Gläubiger kann sich so, gegebenenfalls nach Zahlung der Kosten für Zuschlag, Grundbucheintragung und Grunderwerbsteuer, aus dem von seinem Schuldner ersteigerten Grundstück oder Erbbaurecht befriedigen. Die Pfändung ist nur möglich bis zum Wirksamwerden des Zuschlages mit Verkündung (§ 89 ZVG) oder Zustellung bei Erteilung des Zuschlages durch das Beschwerdegericht (§ 104 ZVG).

3. Die Pfändung erfolgt nach § 857 Abs. 1, 2 ZPO. Das Vollstreckungsgericht ist nicht **Drittschuldner.** Mit dem Zuschlag erlangt der Gläubiger für sein Pfandrecht eine Sicherungshypothek an dem Grundstück im Rang nach den bestehen bleibenden Rechten (§ 52 ZVG). Die Sicherungshypothek ist auf Ersuchen des Vollstreckungsgerichts (§ 130 ZVG) zu erfolgen, wenn ihm die Pfändung zur Kenntnis gebracht worden ist. Siehe auch: *Krammer/Riedel* Rpfleger 1989, 144.

4. Kosten und Gebühren/Rechtsmittel. → Form. H. I. 2 Anm. 61 ff.

Zwangsverwaltung

140. Pfändung des Anspruchs des betreibenden Gläubigers

[Das amtliche Formular „Pfändungs- und Überweisungsbeschluss[1]" ist entsprechend den dortigen Anmerkungen auszufüllen. Auf Seite 4 (bzw. Seite 5) des amtlichen Formulars sind das Feld „G" anzukreuzen und auf Seite 6 (bzw. Seite 7) des amtlichen Formulars unter „Anspruch G" aufzunehmen:]

Es wird der angebliche Anspruch des Schuldners[2] gegen den/die Drittschuldner/in[3] auf Befriedigung seiner im Zwangsverwaltungsverfahren des Amtsgerichts . . . . ., Az. . . . . ., geltend gemachten Forderung gegen den Grundstückseigentümer . . . . . [ladungsfähige Anschrift] gepfändet.[4]

Anmerkungen

1. → Form. H. I. 2 (bzw. → Form. H. I. 6 bei Unterhaltsforderungen). Hinsichtlich der weiteren Einzelheiten zum Pfändungs- und Überweisungsbeschluss wird auf die dortigen Anmerkungen Bezug genommen.

2. Der Zwangsverwalter zahlt den im Rahmen der Zwangsverwaltung erzielten Erlöse aus dem Grundstück unter Abzug der nach §§ 155 ff. ZVG zu berücksichtigenden Ansprüche an die Berechtigten aus. Die Ansprüche des die Zwangsverwaltung betreibenden Vollstreckungsgläubigers sind als Geldforderung nach § 829 ZPO pfändbar.

3. Drittschuldner ist der Zwangsverwalter.

4. Kosten und Gebühren/Rechtsmittel. → Form. H. I. 2 Anm. 61 ff.

141. Pfändung des Anspruchs des Grundstückseigentümers auf Mehrerlös

[Das amtliche Formular „Pfändungs- und Überweisungsbeschluss[1]" ist entsprechend den dortigen Anmerkungen auszufüllen. Auf Seite 4 (bzw. Seite 5) des amtlichen Formulars sind das Feld „G" anzukreuzen und auf Seite 6 (bzw. Seite 7) des amtlichen Formulars unter „Anspruch G" aufzunehmen:]

Es wird der angebliche Anspruch des Schuldners[2] gegen den/die Drittschuldner/in[3] auf Auszahlung des ihm gebührenden Anteils an den Überschüssen aus der beim Amtsgericht . . . . ., Az. . . . . ., betriebenen Zwangsverwaltung über das Grundstück des Schuldners . . . . . [nähere Bezeichnung des Grundstücks], eingetragen im Grundbuch des Amtsgerichts . . . . . Band . . . . . Blatt . . . . ., gepfändet.[4]

Anmerkungen

1. → Form. H. I. 2 (bzw. → Form. H. I. 6 bei Unterhaltsforderungen). Hinsichtlich der weiteren Einzelheiten zum Pfändungs- und Überweisungsbeschluss wird auf die dortigen Anmerkungen Bezug genommen.

2. Der Anspruch des Grundstückseigentümers auf **Auskehrung des ihm gebührenden Anteils** an den aus der Zwangsverwaltung gebührenden Überschüssen kann nach § 829 ZPO gepfändet werden.

3. **Drittschuldner** ist der **Zwangsverwalter.**

4. **Kosten und Gebühren/Rechtsmittel.** → Form. H. I. 2 Anm. 61 ff.

142. Pfändung des Anspruchs des Grundpfandgläubigers

[Das amtliche Formular „Pfändungs- und Überweisungsbeschluss[1]“ ist entsprechend den dortigen Anmerkungen auszufüllen. Auf Seite 4 (bzw. Seite 5) des amtlichen Formulars sind das Feld „G“ anzukreuzen und auf Seite 6 (bzw. Seite 7) des amtlichen Formulars unter „Anspruch G“ aufzunehmen:]

Es wird der angebliche Anspruch des Schuldners[2] gegen den/die Drittschuldner/in[3] auf Auszahlung etwaiger Überschüsse aus der beim Amtsgericht . . . . ., Az. . . . . ., betriebenen Zwangsverwaltung über das Grundstück . . . . . [nähere Bezeichnung des Grundstücks], eingetragen im Grundbuch des Amtsgerichts . . . . . Band . . . . . Blatt . . . . ., aufgrund des ihm zustehenden Grundpfandrechts gepfändet.[4]

Anmerkungen

1. → Form. H. I. 2 (bzw. → Form. H. I. 6 bei Unterhaltsforderungen). Hinsichtlich der weiteren Einzelheiten zum Pfändungs- und Überweisungsbeschluss wird auf die dortigen Anmerkungen Bezug genommen.

2. Der Anspruch des Grundpfandgläubigers auf **Auszahlung etwaiger Überschüsse** unterliegt der Forderungspfändung (§ 829 ZPO).

3. **Drittschuldner** ist der **Zwangsverwalter.**

4. **Kosten und Gebühren/Rechtsmittel.** → Form. H. I. 2 Anm. 61 ff.

J. Zwangsvollstreckung wegen Geldforderungen in das unbewegliche Vermögen (§§ 864-871 ZPO; §§ 1 ff. ZVG)

I. Vorbemerkungen

Die Zwangsvollstreckung in die Immobilie nimmt innerhalb aller Vollstreckungsarten und -bereiche eine besondere Stellung ein. Das Wirtschaftsgut, in welches vollstreckt wird, stellt fast immer einen hohen Vermögenswert dar. Dies sowohl absolut betrachtet, als auch in Relation zu anderen Wirtschaftsgütern. Gemessen an dem Wert anderer Vermögensgüter sind Immobilien fast immer das Vermögensgut, welches den höheren und größeren Wert darstellt. Nicht zuletzt deshalb ist die Immobilie als Sicherungsgut so begehrt. Und die Immobilie nimmt, gemessen an dem Gesamtvermögen des Schuldners, regelmäßig den höchsten Stellenwert ein. Oftmals ist sie der einzig nachhaltig werthaltige Vermögensgegenstand des Schuldners, egal ob es sich um eine natürliche Person oder ein Unternehmen handelt.

Die Immobiliarvollstreckung ist grundsätzlich in dem achten Buch der ZPO (§§ 864 ff. ZPO) verankert, Zwangsversteigerung und Zwangsverwaltung werden durch ein besonderes Gesetz geregelt (§ 865 ZPO), dem Gesetz über die Zwangsversteigerung und Zwangsverwaltung (ZVG). Dieses enthält die wesentlichen Bestimmungen zur Immobiliarvollstreckung, die ZPO beschränkt sich auf allgemeine Vorschriften. Da das ZVG jedoch als Teil der ZPO zu behandeln ist, sind bei der Anwendung der Vorschriften des ZVG stets die Vorschriften der ZPO ergänzend heranzuziehen. Grundsätzlich existieren **drei Arten der Zwangsvollstreckung in ein Grundstück:** die Eintragung einer **Sicherungshypothek** für die Forderung (§ 867 ZPO), die **Zwangsversteigerung** und die **Zwangsverwaltung** (§ 866 Abs. 1 ZPO). Die drei Arten der Vollstreckung können allein oder neben den übrigen ausgeführt werden (§ 866 Abs. 2 ZPO). Das Überpfändungsverbot im Sinne des § 803 Abs. 2 ZPO gilt bei der Immobiliarvollstreckung nicht (die Pfändung als solche ist auch keine Verwertung wie zB die Versteigerung).

Die Immobiliarvollstreckung als Mittel zur Verwirklichung materiellen Rechts hat einen streng formalen Charakter. Die §§ 864 ff. ZPO und das ZVG setzen die Anlegung des Grundbuches voraus, dessen formale Anforderungen sind insoweit bereits von durchschlagender Relevanz. Zudem ist die formalistische Prägung notwendig, da unterschiedliche Themenkreise und Sachgebiete rechtlicher und tatsächlicher Art, ebenso stark divergierende und nicht selten konträre Interessenlagen, aufeinander treffen. Hinzu kommt die hohe Ausbildung und Entwicklung des Realkredits als Teil des Sachen-, Grundstücks- und Verkehrsrechts mit erheblichen vermögensrechtlichen Komponenten. Bei den Kreditsicherheiten nimmt die Belastung der Immobilie nach wie vor einen der führenden Ränge ein.

Frühzeitig ist **die eigene Zielsetzung** zu definieren: Was genau soll mit einer der drei speziellen Vollstreckungsarten erreicht werden. Dazu empfiehlt sich die genaue **Kenntnis** über die Rechte und Ziele weiterer Mitwirkender und deren Rechte. Diese können den Verfahrensablauf maßgeblich mitbestimmen und sind daher von hoher Relevanz.

Nimmt bei der Fahrnisvollstreckung der Gerichtsvollzieher eine zentrale Position ein, ist es hier der Rechtspfleger. **Vollstreckungsorgan ist das Vollstreckungsgericht. Zuständig ist der Rechtspfleger.** Dieser ist wie der Richter selbständiges, sachlich unabhängiges und eigenverantwortlich handelndes Organ der Rechtspflege. Der Rechtspfleger ist bei allen Entscheidungen an Recht und Gesetz gebunden und unterliegt den vom Bundesverfassungsgericht wiederholt aufgestellten Grundsätzen über die Gewährung eines effektiven Rechtsschutzes (zB BVerfGE 1981, 347 = Rpfleger 1990, 427). Die Rechtspflegerin bzw. der Rechtspfleger wird im Rahmen der durch das Gesetz übertragenen Aufgaben als Gericht tätig (§§ 802, 869 ZPO, 3 Nr. 1 lit. i RPflG, 1 Abs. 1, Abs. 2 ZVG iVm landesrechtlichen Vorschriften). Ihre Aufgabe ist es, das Verfahren zentral zu steuern und Aufsicht über die Ordnungsgemäßheit zu führen. Gleichzeitig sind sie wichtiger Informant für die Beteiligten und haben die Pflicht, diese umfassend aufzuklären und – natürlich ohne Verletzung der Neutralität – vor Fehlern zu schützen (§ 139 ZPO). Der Rechtspfleger ist derjenige, der den Geschäfts- und Verfahrensablauf maßgeblich beeinflusst. Er bestimmt nach pflichtgemäßem Ermessen die Zeitfolge aller Verfahrensschritte (zielführende Verfügungen und Beschlüsse). Der Rechtspfleger prüft die Voraussetzungen für die Eröffnung jedes Verfahrens, er beauftragt den Sachverständigen zu Ermittlung des Verkehrswertes, er entscheidet darüber, wer als Zwangsverwalter eingesetzt wird (oder der vorgeschlagene Institutsverwalter), er entscheidet über die Zuschlagserteilung, den Zeitpunkt der Verkündung oder die Verteilung des Erlöses. Der Rechtspfleger ist „Herr im Gerichtssaal" während des Versteigerungstermins und trägt durch seine Fach- und Sachkompetenz maßgeblich dazu bei, ob der Versteigerungstermin letztlich erfolgreich verläuft oder nicht. Oftmals kann der Rechtspfleger aufgrund spezifischer Kenntnisse über die Region (in der das in der Vollstreckung stehende Objekt liegt) konstruktiv dazu beitragen, dass verfahrensrelevante Informationen transparent in das Versteigerungsgeschehen einfließen.

Das ZVG bestimmt, dass außer dem Gläubiger und dem Schuldner all diejenigen, für welche zur Zeit der Eintragung des Vollstreckungsvermerks ein Recht im Grundbuch eingetragen oder durch Eintragung gesichert ist, **Beteiligte des Verfahrens** sind (§ 9 Abs. 1 ZVG). Beteiligte sind aber auch die, welche ein der Zwangsvollstreckung entgegenstehendes Recht, ein Recht an einem Grundstück oder dieses belastendes Recht, einen Anspruch mit dem Recht auf Befriedigung aus dem Grundstück oder ein Miet- oder Pachtrecht, aufgrund dessen ihnen das Grundstück überlassen ist, bei dem Vollstreckungsgericht anmelden (§ 9 Abs. 2 ZVG). Auf Verlangen des Gerichts oder eines (weiteren) Beteiligten sind die vorbenannten Rechte glaubhaft zu machen. Um die eigenen Ziele realistisch einschätzen zu können, sollte man frühzeitig die möglichen Ziele anderer Beteiligter (insbesondere Grundpfandrechtsgläubiger) in seine Überlegungen mit einbeziehen.

Da der Rechtspfleger nicht Beteiligter des Verfahrens ist, kann er ohne entsprechende Anträge der Beteiligten keine Änderungen der Versteigerungsbedingungen herbeiführen (von einigen Ausnahmen abgesehen, § 63 Abs. 1 S. 2 ZVG). Der Rechtspfleger hat durch eine neutrale, verbindlich-freundliche Funktionsgewalt (materielle Prozessleitungspflicht, § 139 ZPO) dafür zu sorgen, dass sich die Beteiligten über alle erheblichen Tatsachen vollständig erklären, ungenügende Angaben zu den geltend gemachten Tatsachen ergänzen und Anträge sachdienlich gestellt werden. Der Rechtspfleger hat auf wesentliche Punkte, die er übersehen oder für unerheblich gehalten hat (rechtzeitig) hinzuweisen. Dies vor allen Dingen dann, wenn es im Hinblick auf den Verfahrensfortgang auf diese Punkte ankommt und den Beteiligten Gelegenheit zur Äußerung gegeben wurde (§ 139 Abs. 2 S. 1 ZPO). Die Aufklärungspflicht des Rechtspflegers besteht auch dann, wenn einer der Beteiligten, auch ein verständiger und qualifizierter Beteiligter, von einem Rechtsanwalt im Termin vertreten wird. Die Aufklärungspflicht des Rechtspflegers geht sogar so weit, dass sie auch gegenüber im Termin nichtanwesenden Beteiligten besteht.

Grundsatz der Verfahrensautonomie: Der betreibende Gläubiger ist Herr des Verfahrens, der Rechtspfleger trägt dahingegen die Verantwortung für dessen ordnungsgemäßen Ablauf. Nur der Gläubiger kann damit bis zum rechtskräftigen Zuschlag frei darüber entscheiden, ob das Verfahren fortgesetzt, einstweilen eingestellt oder aufgehoben wird. Und erst mit dem rechtskräftigen Zuschlag tritt der endgültige Eigentumsverlust des Schuldners ein. Damit eröffnet sich eine große Bandbreite an Entwicklungs- und Handlungsmöglichkeiten, sachlich, rechtlich und zeitlich: Diese gilt es zu erkennen und sinnvoll zu nutzen.

Trotz ihrer Bedeutung unterlag die Immobiliarvollstreckung, insbesondere das Zwangsversteigerungsrecht, in den vergangenen Jahren keinen wesentlichen Reformen. Damit ist für die nächsten Jahre auch nicht zu rechnen. Nach einer Pressemitteilung des BMJV v. 13.2.2015 (einzusehen auf der Internetseite des Ministeriums) werden derzeit zwar umfassende rechtstatsächliche und rechtsvergleichende Untersuchungen zum Reformbedarf durchgeführt. Allerdings soll erst im März 2017 entschieden werden, ob und welche gesetzgeberischen Konsequenzen hieraus zu schließen sind.

II. Zwangshypothek

1. Antrag auf Eintragung einer Zwangssicherungshypothek

An das

Amtsgericht .....[1]

– Grundbuchamt –

In der Zwangsvollstreckungssache

.....

– Gläubigerin –

Verfahrensbevollmächtigte: .....

gegen

.....

– Schuldnerin –[2]

zeige ich an, dass wir die Gläubigerin anwaltlich[3] vertreten. Namens und in Vollmacht der Gläubigerin beantragen[4] wir gem. § 867 ZPO,

zugunsten der Gläubigerin eine Zwangshypothek als Sicherungshypothek (§ 1184 Abs. 2 BGB)[5] auf folgendem Grundstück einzutragen:

Amtsgericht .....
Grundbuch von .....
Blatt .....
Gemarkung .....
Flur .....
Flurstück .....[6]

und zwar wegen folgender Forderungen der Gläubigerin:[7]

Hauptforderung	..... EUR
Zinsen hieraus in Höhe von ..... Prozentpunkten über dem Basiszinssatz nach § 247 BGB für den Zeitraum vom ..... bis ..... gemäß anliegender Forderungsaufstellung (Anlage A 1)	..... EUR
Weitere Zinsen in Höhe von ..... Prozentpunkten über dem Basiszinssatz ab dem	
Kosten des Rechtsstreits gemäß Kostenfestsetzungsbeschluss des ..... vom	..... EUR
Zinsen hieraus in Höhe von ..... Prozentpunkten über dem Basiszinssatz für den Zeitraum vom ..... bis ..... gemäß anliegender Forderungsaufstellung (Anlage A 1)	..... EUR
Weitere Zinsen in Höhe von ..... Prozentpunkten über dem Basiszinssatz ab dem	
Kosten der bisherigen Zwangsvollstreckungsversuche gemäß beigefügter Forderungsaufstellung (Anlage A 2)	..... EUR

Begründung

1. Auf Grund des in vollstreckbarer Ausfertigung (mit Rechtskraftvermerk) als Anlage A 3 beigefügten, rechtskräftigen Titels des ..... vom ..... (Geschäftszeichen .....) steht der Gläubigerin gegen die Schuldnerin ein Anspruch auf Zahlung in Höhe von ..... EUR nebst Zinsen in Höhe von ..... Prozentpunkten über dem Basiszinssatz seit dem ..... zu, Zug um Zug gegen Beseitigung der im Tenor im Einzelnen bezeichneten Mängel. Der Titel ist der Schuldnerin am ..... zugestellt worden. Der Zustellungsnachweis (Zustellurkunde) ist beigefügt.[8]

2. Auf Grund des in Ausfertigung als Anlage A 4 beigefügten Feststellungsurteils des ..... vom ..... ist entsprechend § 765 Nr. 1 ZPO der Beweis erbracht, dass die im zugrunde liegenden Titel (Anlage A 3) aufgeführten Mängel beseitigt sind und damit der Nachbesserungsanspruch der Schuldnerin gegen die Gläubigerin erfüllt ist.[9]

3. Die Hauptforderung ist insgesamt zur Zahlung fällig. Der Mindestbetrag nach § 866 Abs. 3 S. 1 ZPO ist erreicht.[10] Die Vollstreckung ist nicht von weiteren Voraussetzungen abhängig, zB dem Eintritt eines Kalendertages oder der Leistung einer Sicherheit.[11]

4. Die Schuldnerin ist eingetragene Eigentümerin des im Antrag bezeichneten Grundstücks.[12]

5. Vollstreckungshindernisse stehen nicht entgegen. Die Einstellung der Zwangsvollstreckung ist nicht angeordnet worden.[13] Das Vollstreckungsverbot der §§ 88, 89 InsO ist nicht berührt, da ein Insolvenzverfahren über das Vermögen der Schuldnerin bislang nicht angeordnet ist. Das gem. §§ 21 Abs. 2 Nr. 2, 23 Abs. 3 InsO in Abt. II eingetragene Verfügungsverbot steht der Eintragung der Zwangshypothek nicht entgegen.[14]

6. Ich bitte, umgehend antragsgemäß zu entscheiden. Sollten Hinderungsgründe gegen die Eintragung bestehen, bitte ich, den Antrag nicht ohne Zwischenverfügung (soweit die Hinderungsgründe grundbuchrechtlicher Natur sind) bzw. ohne richterlichen Hinweis (soweit die Hinderungsgründe zwangsvollstreckungsrechtlicher Art sind) zurückzuweisen.[15]

7. Die gem. § 867 Abs. 1 S. 2 ZPO von Amts wegen zu berücksichtigenden Kosten der Eintragung berechnen sich wie folgt:[16]

.....

Rechtsanwalt[17]

Anmerkungen

1. Zuständigkeit. Die Eintragung einer Zwangshypothek gem. §§ 866, 867 ZPO stellt sich nach herrschender Meinung einerseits als eine Maßnahme der Zwangsvollstreckung, andererseits aber auch als ein Grundbuchgeschäft dar (BGH Beschl. v. 23.5.1958 – V ZB 12/58, BGHZ 27, 310; krit. hierzu zB MüKoZPO/*Eickmann* § 867 Rn. 5). Zuständiges Gericht ist gem. § 1 GBO das Amtsgericht, in dessen Bezirk das Grundstück liegt, für das die Zwangshypothek eingetragen werden soll. Dieses prüft sowohl die Voraussetzungen der Zwangsvollstreckung, als auch die Zulässigkeit der Grundbucheintragung nach den Vorschriften der GBO.

2. Parteibezeichnung. Die Parteien sind mit ihrem **vollen Rubrum** zu bezeichnen. Antragsteller ist der aus dem Titel sich ergebende Gläubiger, Antragsgegner der Schuldner. Weist der zugrunde liegende Titel mehrere Gläubiger aus, ist deren Gemeinschafts- oder Anteilsverhältnis zwingend anzugeben, § 47 GBO. Besteht eine Abweichung zur Bezeichnung im Titel, hat die Bezeichnung im Titel den Vorrang. Grundsätzlich kann auch ein einzelner von mehreren Gläubigern die Zwangsvollstreckung aus dem Titel betreiben, und zwar auch in Fällen gesamthänderischer Bindung der Gläubiger (KG Beschl. v. 10.1.1957 – 1 W 2673/56, NJW 1957, 1154 zu Miterben). Er kann jedoch nur die Leistung an alle (hier: Eintragung aller Gesamthandsberechtigten) verlangen. Bei der Gesellschaft bürgerlichen Rechts kann die Zwangsvollstreckung nur von den geschäftsführungsbefugten und vertretungsberechtigten Gesellschaftern betrieben werden. Wird die Eintragung der Zwangshypothek zulässigerweise nur von einem oder einzelnen von mehreren Gläubigern betrieben, muss § 47 GBO dennoch bei der Formulierung des Antrags beachtet werden. Ist Antragsteller oder Antragsgegner ein Einzelkaufmann, so ist der bürgerliche Name anzugeben, nicht dagegen die Firma. Eine GbR kann nunmehr unter der Bezeichnung in das Grundbuch eingetragen werden, die ihre Gesellschafter im Gesellschaftsvertrag für sie vorgesehen haben (BGH Beschl. v. 4.12.2008 – V ZB 74/08, NJW 2009, 594), seit Inkrafttreten des ERVGBG vom 11.8.2009 (BGBl. 2009 I 2713) sind gem. § 47 Abs. 2 GBO jedoch die Namen aller Gesellschafter mit anzugeben und einzutragen.

3. **Vollmacht.** Eine Bevollmächtigung ist nach dem Vollstreckungsrecht, somit durch schriftliche Vollmacht nachzuweisen (*Stöber* ZVG-Hdb. Einf. Rn. 16). Vorzulegen ist diese im Original. Prozessvollmacht und Bezeichnung im Vollstreckungstitel genügen. Das Grundbuchamt prüft die Vollmacht nur, wenn nicht ein Rechtsanwalt als Bevollmächtigter auftritt, § 88 Abs. 2 ZPO.

4. **Antrag.** Die Zwangssicherungshypothek wird gem. § 867 Abs. 1 S 1 ZPO nur auf Antrag des Gläubigers im Grundbuch eingetragen. Der Antrag ist Teil der Vollstreckungsmaßnahme, weshalb die Formvorschrift des § 29 GBO für ihn nicht gilt. Der Antrag kann schriftlich gestellt oder zur Niederschrift des Grundbuchamtes erklärt werden, § 13 GBO.

5. Die Zwangshypothek nach §§ 866, 867 ZPO ist eine **bloße Sicherungshypothek** (§ 1184 Abs. 2 BGB), die im Grundbuch auch entsprechend bezeichnet sein muss. Sie führt nicht zur Befriedigung, sondern dient nur der Sicherung von Ansprüchen. Wegen der damit verbundenen Rechtsfolgen (§ 868 ZPO) wird im Grundbuch auch vermerkt, dass die Eintragung im Wege der Zwangsvollstreckung erfolgt ist.

6. **Grundstücksbezeichnung.** Die Bezeichnung des Grundstücks muss den **Anforderungen des § 28 GBO** entsprechen. Ausreichend ist danach eine Bezeichnung entweder durch Angabe der Gemarkung und der Flurstücksnummer (vgl. § 2 Abs. 2 GBO) oder aber die Angabe von Grundbuchbezirk, Band- und Blattnummer. Im vorliegenden Formular sind beide Bezeichnungsweisen miteinander kombiniert worden, was an sich nicht erforderlich aber allgemein üblich ist.

7. **Zweck.** Die Eintragung einer Zwangssicherungshypothek ist neben der Zwangsversteigerung und der Zwangsverwaltung die dritte, gesetzlich zulässige Form der Zwangsvollstreckung in ein Grundstück, § 866 Abs. 1 ZPO. Anders als das Zwangsversteigerungs- und Zwangsverwaltungsverfahren, die eine Verwertung des Grundbesitzes bzw. seiner Nutzungen zum Ziel haben, dient die Zwangssicherungshypothek ausschließlich der **Sicherung von Zahlungsansprüchen** am Grundstück. Andere Ansprüche (zB Anspruch auf Abgabe einer Willenserklärung; Anspruch auf Vornahme vertretbarer oder unvertretbarer Handlungen) können nicht durch die Eintragung einer Zwangshypothek gem. § 867 ZPO gesichert werden. Es ist zu differenzieren zwischen der Hauptforderung (Bezeichnung entsprechend § 28 GBO) und zu vollstreckenden

Nebenforderungen. Bei letzteren wiederum sollte zwischen den bereits entstandenen, in Form einer Forderungsaufstellung zu beziffernden Zinsen, weiteren (laufenden) Zinsen, den durch Kostenfestsetzungsbeschluss festgesetzten, vom Schuldner zu erstattenden Kosten des Rechtsstreits, auch insoweit bereits angefallenen und laufenden weiteren Zinsen, sowie bisherigen Vollstreckungskosten unterschieden werden. Alle genannten Nebenforderungen sind eintragungsfähig. Nicht gesondert eintragungsfähig sind demgegenüber die gerichtlichen und außergerichtlichen Kosten des grundbuchlichen Verfahrens selbst. Dies ergibt sich aus § 867 Abs. 1 S. 3 ZPO. Danach haftet das Grundstück bereits kraft Gesetzes und ohne gesonderte Eintragung auch für die dem Schuldner zur Last fallenden Kosten der Eintragung. Hinsichtlich der einzutragenden Zinsen ist darauf hinzuweisen, dass die Anwendbarkeit von § 1118 BGB auf die Zwangshypothek teilweise verneint wird (Zöller/*Stöber* § 867 Rn. 10); in der Literatur wird zudem teils bezweifelt, ob § 1118 BGB überhaupt Verzugszinsen in gesetzlicher Höhe umfasst (MüKoBGB/*Eickmann* § 1118 Rn. 5). Insofern liegt es nahe, die Eintragung von Zinsen ausdrücklich zu beantragen. Wendet man allerdings mit der Gegenauffassung § 1118 BGB auch auf die Zwangshypothek an und sieht mit der Rechtsprechung Verzugszinsen in gesetzlicher Höhe von § 1118 BGB erfasst (BGH Beschl. v. 26.1.2006 – V ZB 143/05, NJW 2006, 1341), so ist die Eintragung von Zinsen zunächst zwar überflüssig und deshalb unzulässig, so dass der Antrag insoweit konsequenterweise zurückgewiesen werden müsste. In der Praxis ist der Antrag aber dennoch sinnvoll, weil ihm in aller Regel stattgegeben wird (MüKoBGB/*Eickmann* § 1118 Rn. 23). Soweit Zinsen nach einem gleitenden Zinssatz zu zahlen sind, braucht ein Höchstzinssatz (zB „in Höhe von 8 Prozentpunkten über dem Basiszinssatz, höchstens in Höhe von 20 Prozent“) auch im Hinblick auf die Bestimmtheit des Antrags zumindest dann nicht mehr angegeben zu werden, wenn sich der variable Zins aus der Bezugnahme auf eine gesetzlich bestimmte Bezugsgröße insbesondere wie im Falle des § 288 BGB ergibt (BGH Beschl. v. 26.1.2006 – V ZB 143/05, NJW 2006, 1341). Der BGH hat insoweit frühere Bedenken gegen die Bestimmtheit des Antrags bei fehlender Höchstzinsangabe (ua BGH Beschl. v. 7.4.1961 – V ZB 2/61, BGHZ 35, 22) aufgegeben. Zur Vermeidung von Haftungsrisiken ist es daher ratsam, eine insofern nunmehr unnötige Deckelung zu unterlassen.

8. Vollstreckungsvoraussetzungen. Die allgemeinen Voraussetzungen der Zwangsvollstreckung (Titel, Klausel, Zustellung, §§ 750, 751 ZPO) müssen erfüllt und in der Form des § 29 GBO nachgewiesen werden. Letzteres (Nachweis nach § 29 GBO) gilt nach herrschender Meinung (Zöller/*Stöber* § 867 Rn. 2; Stein/Jonas/*Münzberg* § 867 Rn. 45) nicht hinsichtlich der Kosten bisheriger Vollstreckungsmaßnahmen, weil insoweit § 788 ZPO vorgeht.

9. Zug-um-Zug-Leistungen. Dem Formular liegt die Annahme zugrunde, dass der Gläubiger gegen den Schuldner einen Titel auf Zahlung von Werklohn erwirkt hat, der Schuldner demgegenüber jedoch Mängel und einen daraus resultierenden Nachbesserungsanspruch geltend gemacht hat. Es erfolgt dann eine Verurteilung zur Zahlung Zug um Zug gegen Beseitigung der Mängel. Für die Vollstreckung gilt § 765 ZPO. Gem. § 765 Nr. 1 ZPO muss der Beweis, dass der Schuldner befriedigt ist oder sich im Annahmeverzug befindet, durch öffentliche oder öffentlich beglaubigte Urkunde geführt werden. Erforderlichenfalls muss – wie auch im Beispiel zugrunde gelegt – auf Feststellung der Mängelbeseitigung geklagt werden.

10. Mindestbetrag. Nach § 866 Abs. 3 ZPO darf eine Sicherungshypothek nur für einen Betrag von mehr als 750,– EUR eingetragen werden. Bei der **Berechnung des Betrages** sind die Hauptforderung einschließlich der als Hauptforderung geltend gemachten (= kapitalisierten) Zinsen sowie die zu erstattenden Kosten des Rechtsstreits, in dem der der Zwangsvollstreckung zugrunde liegende Titel erwirkt wurde, einzuberechnen, nicht dagegen Zinsen, die als Nebenforderungen geltend gemacht wurden, sowie die Kosten für das grundbuchliche Verfahren selbst (Zöller/*Stöber* § 866 Rn. 5). Verschiedene Ansprüche des Gläubigers aus mehreren Vollstreckungstiteln können zur Erreichung des Mindestbetrags ebenfalls zusammengerechnet werden.

11. Sicherungsvollstreckung, Wartefristen. Erfolgt die Eintragung der Zwangshypothek im Rahmen der Sicherungsvollstreckung nach § 720a ZPO ist die **zweiwöchige Wartefrist** gem. § 750 Abs. 3 ZPO zu beachten. Sicherheit ist grundsätzlich nicht zu leisten (§ 720a Abs. 1 ZPO), es sei denn, der Schuldner hat seinerseits zur Abwendung der Zwangsvollstreckung Sicherheit geleistet und die Zwangsvollstreckung soll trotzdem stattfinden. Weitere Wartefristen finden sich zB in § 798 ZPO.

12. Voreintragung. Der Schuldner muss gem. § 39 GBO als Eigentümer im Grundbuch eingetragen sein. Fehlt es an der Identität von Schuldner und Grundstückseigentümer, kann die Hypothek nicht eingetragen werden bzw. nicht entstehen, da im Zwangsvollstreckungsrecht kein Gutglaubensschutz besteht (MüKoZPO/*Eickmann* § 867 Rn. 49). Besteht Identität von Schuldner und Grundstückseigentümer, ergibt sich dies aber nicht aus dem Grundbuch, da dieses falsch ist, ist gegebenenfalls zunächst das Grundbuch gem. § 14 GBO zu berichtigen (→ Form. J. II. 5). Erforderliche Urkunden kann sich der Gläubiger über § 792 ZPO beschaffen (→ Form. I. IV. 7).

13. Vollstreckungshindernisse. Ein Vollstreckungshindernis besteht zB, wenn die Einstellung der Zwangsvollstreckung gerichtlich angeordnet wurde. Dies kommt in Betracht nach §§ 707, 719, 732, 766, 769, 771, 785, 795 ZPO, aber auch nach § 775 Nr. 4 und Nr. 5 ZPO. Besteht ein Vollstreckungshindernis und ist dieses dem Grundbuchamt bekannt, so wird die Sicherungshypothek nicht eingetragen. Rechtsfolge der nachträglich angeordneten Einstellung ist die Umwandlung der bereits eingetragenen Sicherungshypothek in eine Eigentümergrundschuld (§ 868 Abs. 1 und Abs. 2 ZPO).

14. Insolvenz. Von besonderer praktischer Bedeutung ist das Vollstreckungsverbot gem. § 89 InsO. Wird das Insolvenzverfahren nach Eintragung der Zwangshypothek eröffnet, ist die **„Rückschlagsperre"** nach § 88 InsO zu beachten. Wurde der Insolvenzantrag mehr als einen Monat (bei einem Verbraucherinsolvenzverfahren 3 Monate gemäß § 88 Abs. 2 InsO) nach Eintragung der Zwangshypothek gestellt, bleibt die Zwangshypothek „insolvenzfest". Andernfalls wird sie gem. § 88 Abs. 1 InsO mit Eröffnung des Verfahrens unwirksam. Die Eintragung eines Verfügungsverbotes als vorläufige Sicherungsmaßnahme vor Eröffnung des Insolvenzverfahrens gemäß §§ 21 Abs. 2 Nr. 2, 23 Abs. 3 InsO – im Formular als Sachverhaltsannahme zugrunde gelegt – steht der Eintragung der Zwangshypothek nicht entgegen (Stein/Jonas/*Münzberg* § 867 Rn. 8).

15. Eintragungshindernisse. Es ist zwischen grundbuchrechtlichen und vollstreckungsrechtlichen Hindernissen zu unterscheiden. Sind die Hindernisse bloß grundbuchrechtlicher Natur, zB weil erforderliche Nachweise nach § 29 GBO nicht geführt wurden oder weil es an der Voreintragung des Schuldners gem. § 39 GBO fehlt, ergeht eine rangwahrende Zwischenverfügung nach § 18 GBO. Es kann sich daher in Einzelfällen empfehlen, die Eintragung der Zwangshypothek schon zu beantragen, bevor sämtliche grundbuchrechtlichen Eintragungsvoraussetzungen erfüllt sind. Bei vollstreckungsrechtlichen Hindernissen besteht lediglich eine Hinweispflicht nach § 139 ZPO; insoweit wirkt die – verfrühte – Antragstellung nicht rangwahrend. Streitig ist, ob eine Zwischenverfügung nach § 18 GBO ergehen kann, wenn Vollstreckungsvoraussetzungen vorliegen, aber (noch) nicht in der erforderlichen Form nachgewiesen werden können (bejahend Mü-

KoZPO/*Eickmann* § 867 Rn. 31; verneinend Zöller/*Stöber* § 867 Rn. 4). Da zumindest ein Hinweis nach § 139 ZPO ergehen muss, sollte auch in diesen Fällen im Zweifel der Antrag frühzeitig gestellt werden. Zu berücksichtigen ist dabei auch, dass – ungeachtet insoweit bestehender dogmatischer Meinungsverschiedenheiten – Einigkeit darüber besteht, dass die Sicherungshypothek mit dem eingetragenen Rang entsteht, sofern sie trotz Fehlens von Vollstreckungsvoraussetzungen eingetragen wird und die Mängel später behoben werden (Zöller/*Stöber* § 867 Rn. 25; Stein/Jonas/*Münzberg* § 867 Rn. 15).

16. **Kosten.** Im Gegensatz zur rechtsgeschäftlich begründeten Hypothek haftet nach § 867 Abs. 1 S. 3 ZPO das Grundstück bereits kraft Gesetzes **dinglich für die Kosten.** Die Kosten sind von Amts wegen zu berücksichtigen; es empfiehlt sich jedoch trotzdem, vor allem die entstandenen Anwaltskosten im Antrag zu beziffern, wenngleich eine Eintragung im Grundbuch im Regelfall nicht erfolgt. Der Anwalt erhält eine 0,3 Verfahrensgebühr nach Nr. 3309 VV RVG, berechnet nach dem Betrag der zu vollstreckenden Geldforderung einschließlich der Nebenforderungen, § 25 Abs. 1 Nr. 1 RVG. Die Kosten der Grundbucheintragung richten sich nach Nr. 14121 KV GNotKG.

17. **Rechtsmittel.** Gegen die Eintragung bzw. Ablehnung der Zwangshypothek können Schuldner bzw. Gläubiger Beschwerde gem. § 71 Abs. 1 GBO (→ Form. P. VI. 1) einlegen. Bei Eintragung der Zwangshypothek kann nur Eintragung eines Widerspruchs oder Löschung verlangt werden, § 71 Abs. 1 GBO.

2. Antrag auf Eintragung einer Zwangshypothek an einem Erbbaurecht

An das

Amtsgericht . . . . .[1]

– Grundbuchamt –

In der Zwangsvollstreckungssache

. . . . .

– Gläubigerin –

Verfahrensbevollmächtigte: . . . . .

gegen

. . . . .

– Schuldnerin –[2]

zeige ich an, dass wir die Gläubigerin anwaltlich vertreten.[3]

Auf Grund des in vollstreckbarer Ausfertigung beigefügten, rechtskräftigen Urteils des . . . . . vom . . . . . (Geschäftszeichen . . . . .) steht der Gläubigerin gegen die Schuldnerin ein Zahlungsanspruch in Höhe von . . . . . EUR nebst Zinsen in Höhe von . . . . . Prozentpunkten über dem Basiszinssatz hieraus seit dem . . . . . zu. Der Titel ist der Schuldnerin ausweislich der Zustellurkunde am . . . . . zugestellt worden.

Namens und in Vollmacht der Gläubigerin beantrage[4] ich gem. § 867 ZPO, wegen folgender Ansprüche:

Hauptforderung[5]	..... EUR
Zinsen hieraus in Höhe von ..... Prozentpunkten über dem Basiszinssatz für den Zeitraum vom ..... bis ..... gemäß anliegender Forderungsaufstellung (Anlage A 1)	..... EUR
Weitere Zinsen in Höhe von ..... Prozentpunkten über dem Basiszinssatz ab dem	
Kosten des Rechtsstreits und der bisherigen Zwangsvollstreckungsversuche gemäß beigefügter Forderungsaufstellung (Anlage A 2)	..... EUR

zugunsten der Gläubigerin eine Zwangssicherungshypothek[6] auf folgendem Grundbesitz der Schuldnerin[7] einzutragen:[8]

Erbbaurechtsgrundbuch von .....[9]
Blatt .....
Erbbaurecht an dem Grundstück Gemarkung ....., Flur ....., Flurstück ....., eingetragen im Grundbuch von ....., Blatt ..... in Abt. II Nr. ..... für die Dauer von ..... Jahren gemäß Eintragungsbewilligung vom ......

Die öffentlich beglaubigte Zustimmungserklärung[10] des Eigentümers des mit dem Erbbaurecht belasteten Grundstücks nach §§ 8, 5 Abs. 2 ErbbauRG liegt im Original als Anlage A3 bei.

(Alternativ:

Die nach §§ 8, 5 Abs. 2 ErbbauRG erforderliche Zustimmung[11] des Eigentümers des mit dem Erbbaurecht belasteten Grundstücks ist durch beiliegenden, rechtskräftigen Beschluss des Amtsgerichts ..... vom ..... (Geschäftszeichen: .....) ersetzt worden.[12])

Ich bitte um antragsgemäße Entscheidung.[13]

Die gem. § 867 Abs. 1 S. 2 ZPO von Amts wegen zu berücksichtigenden Kosten der Eintragung berechnen sich wie folgt: .....[14]

.....

Rechtsanwalt[15]

Anmerkungen

1. Zuständigkeit. → Form. J. II. 1 Anm. 1.

2. Parteibezeichnung. → Form. J. II. 1 Anm. 2.

3. Vollmacht. → Form. J. II. 1 Anm. 3.

4. Antrag. → Form. J. II. 1 Anm. 4.

5. Mindestbetrag. → Form. J. II. 1 Anm. 10.

6. Zweck. → Form. J. II. 1 Anm. 7.

7. Voreintragung. → Form. J. II. 1 Anm. 12.

8. Vollstreckungsvoraussetzungen. → Form. J. II. 1 Anm. 8.

9. Grundstücksbezeichnung. → Form. J. II. 1 Anm. 6.

10. Zustimmung. Als Inhalt des Erbbraurechts kann gem. § 5 Abs. 2 ErbbauRG vereinbart werden, dass zur Belastung des Erbbaurechts mit einer Hypothek, Grund- oder Rentenschuld oder einer Reallast die Zustimmung des Grundstückseigentümers erforderlich ist. Hintergrund dieser Vereinbarung ist oft, dass der Grundstückseigentümer ein Interesse daran hat, eine überhöhte Belastung des Erbbaurechts zu vermeiden, da diese beim Heimfall von ihm gem. § 33 ErbbauRG zu übernehmen ist (MüKoBGB/*v. Oefele/Heinemann* ErbbauRG § 5 Rn. 1). Die gemäß § 5 vereinbarte Zustimmungspflicht gehört ab Eintragung im Grundbuch zum dinglichen Inhalt des Erbbaurechts und hat dingliche Wirkung, geht also kraft Gesetzes auf jeden Rechtsnachfolger über (MüKoBGB/*v. Oefele/Heinemann* ErbbauRG § 5 Rn. 1). Soll eine Zwangssicherungshypothek (auch Arresthypothek, Bauhandwerkersicherungshypothek, Sicherungshypothek nach § 848 ZPO) am Erbbaurecht im Wege der Zwangsvollstreckung eingetragen werden ist hierfür gem. § 8 ErbbauRG ebenfalls die Zustimmung des Grundstückseigentümers erforderlich. Das Grundbuchamt prüft von Amts wegen, ob die Zustimmung vorliegt, wenn nicht, kann die (Zwangs-)Sicherungshypothek nicht im Grundbuch eingetragen werden.

11. Form. Die Zustimmungserklärung ist eine einseitige, empfangsbedürftige Willenserklärung, die dem Grundbuchamt gem. § 15 ErbbauRG in der Form des § 29 GBO vorzulegen ist.

12. Ersetzung. Verweigert der Eigentümer ohne ausreichenden Grund die Zustimmung kann diese nach § 7 Abs. 3 ErbbauRG durch das Amtsgericht ersetzt werden, in dessen Bezirk das Grundstück belegen ist, § 40 Abs. 2 S. 2 und Abs. 3 S. 1, 3 FamFG. Mit Rechtskraft der gerichtlichen Entscheidung wird die Ersetzung der Zustimmung wirksam (§ 7 Abs. 3 S. 2 ErbbauRG, § 40 Abs. 3 S. 1 FamFG). Die Ersetzung ist dem Grundbuchamt durch Vorlage des mit Rechtskraftvermerk versehenen Beschlusses (§ 46 FamFG) nachzuweisen (MüKoBGB/*v. Oefele/Heinemann* ErbbauRG § 7 Rn. 16). Wer die Eintragung einer Zwangshypothek betreibt, kann nicht aus eigenem Recht die Ersetzung der Zustimmung zur Belastung beantragen; er kann nur den Zustimmungsanspruch des Erbbauberechtigten pfänden und sich überweisen lassen (OLG Hamm Beschl. v. 20.11.1992 – 15 W 309/91, Rpfleger 1993, 334; MüKoBGB/*v. Oefele/Heinemann* ErbbauRG § 7 Rn. 15; aA *Streuer* Rpfleger 1994, 59).

13. Eintragungshindernisse. → Form. J. II. 1 Anm. 15.

14. Kosten. → Form. J. II. 1 Anm. 16.

15. Rechtsmittel. → Form. J. II. 1 Anm. 17.

3. Antrag auf Eintragung einer Arresthypothek

An das

Amtsgericht .....[1]

– Grundbuchamt –

In dem Arrestverfahren

der .....

– Gläubigerin –

Verfahrensbevollmächtigte: .....

gegen

die . . . . .

– Schuldnerin –[2]

zeige ich an, dass wir die Gläubigerin anwaltlich vertreten.[3] Namens und in Vollmacht der Gläubigerin beantrage[4] ich gem. § 932 ZPO iVm § 867 ZPO,

zugunsten der Gläubigerin eine Arresthypothek auf folgendem Grundstück der Schuldnerin[5] einzutragen:

Grundbuch von . . . . .
Blatt . . . . .
Gemarkung . . . . .
Flur . . . . .
Flurstück . . . . .[6]

und zwar als Höchstbetragshypothek[7] im Sinne von § 1190 BGB bis zur Höhe des im Arrestbefehl des . . . . . vom . . . . . unter Einrechnung von Zinsen und Kosten berechneten Höchstbetrages in Höhe von . . . . . EUR.[8]

Begründung

1. Mit dem in Ausfertigung als Anlage A 1 beigefügten Beschluss vom . . . . . hat das . . . . . zugunsten der Gläubigerin den dinglichen Arrest gegen die Schuldnerin angeordnet und zwar unter Einrechnung von Zinsen bis zu einem Höchstbetrag von . . . . . EUR. Der Arrestbefehl ist der Schuldnerin am . . . . . zugestellt worden. Der Zustellungsnachweis (Zustellurkunde) ist als Anlage A 2 diesem Schriftsatz beigefügt.[9]

2. Das Gericht hat die Vollziehung des Arrestes von der Leistung einer Sicherheit[10] in Höhe von . . . . . EUR durch die Gläubigerin abhängig gemacht. Die Gläubigerin hat die Sicherheit durch Bankbürgschaft geleistet, die der Schuldnerin am . . . . . zugestellt worden ist. Bürgschaft und Zustellurkunde sind als Anlage A 3 beigefügt.

3. Mit dem vorliegenden Antrag auf Vornahme von Vollstreckungsmaßnahmen ist der Arrest vollzogen. Die Frist des § 929 Abs. 2 ZPO ist somit gewahrt.[11, 12]

4. Die gem. § 932 ZPO iVm § 867 Abs. 1 S. 2 ZPO von Amts wegen zu berücksichtigenden Kosten der Eintragung berechnen sich wie folgt:[13]

. . . . .

Rechtsanwalt[14, 15]

Anmerkungen

1. Zuständigkeit. Für die Arresthypothek finden über § 932 ZPO die Bestimmungen der §§ 866 Abs. 3 S. 1, 867 Abs. 1 und Abs. 2 sowie 868 ZPO Anwendung, so dass im Wesentlichen und auch hinsichtlich des anzurufenden Gerichts das gleiche wie zur Zwangshypothek gilt → Form. J. II. 1 Anm. 1.

2. Parteibezeichnung. → Form. J. II. 1 Anm. 2.

3. Vollmacht. → Form. J. II. 1 Anm. 3.

4. Antrag. → Form. J. II. 1 Anm. 4.

5. Voreintragung. → Form. J. II. 1 Anm. 12.

6. Grundstücksbezeichnung. → Form. J. II. 1 Anm. 6.

7. Besonderheiten. Weil beim Arrest der genaue Betrag der Forderung noch nicht feststeht, kann die Arresthypothek nur als **Höchstbetragshypothek** (Buchhypothek) im Sinne von § 1190 BGB eingetragen werden. In die Berechnung des Höchstbetrages sind Haupt- und Nebenforderungen einzubeziehen. Der Höchstbetrag ist identisch mit dem nach § 923 ZPO festzusetzenden Geldbetrag, durch dessen Hinterlegung der Schuldner die Vollziehung des Arrestes hemmen kann. Aus der Eigenschaft der Arresthypothek als Höchstbetragshypothek folgt gem. § 1190 Abs. 4 BGB, dass bei einer Abtretung der gesicherten Forderung der Übergang der Hypothek ausgeschlossen ist. Eine weitere Besonderheit der Arresthypothek (im Gegensatz zur Zwangshypothek im Sinne von § 867 ZPO) besteht darin, dass durch § 932 Abs. 1 S. 2 ZPO der **gesetzliche Löschungsanspruch** nach §§ 1179a, 1179b BGB **ausgeschlossen** ist. Es besteht somit kein Anspruch gegen den Schuldner auf Löschung einer vorrangigen Eigentümergrundschuld. § 868 ZPO ist auf die Arresthypothek entsprechend anzuwenden (→ Form. J. II. 1 Anm. 13).

8. Mindestbetrag. → Form. J. II. 1 Anm. 10.

9. Eintragungsvoraussetzungen. Wie sich aus dem Verweis in § 932 Abs. 2 ZPO auf die Regelungen der §§ 866 Abs. 3, 867 und 868 ZPO ergibt, gelten grundsätzlich dieselben Eintragungsvoraussetzungen wie für die Zwangshypothek. Da es sich um eine Maßnahme der Zwangsvollstreckung handelt, sind, obwohl auch ein Grundbuchgeschäft vorliegt, die grundbuchrechtlichen Besonderheiten der Antragstellung (insbesondere aus §§ 29 und 30 GBO) nicht zwingend zu beachten. Soweit dies ohne signifikante Zeitverzögerung möglich ist, ist dennoch zu empfehlen, Nachweise durch öffentliche Urkunden zu erbringen. Zusätzlich zu beachten ist, dass nur ein Arrestbefehl als Grundlage des Eintragungsantrages in Betracht kommt. Des Weiteren muss die Vollziehungsfrist gem. § 929 Abs. 2 ZPO eingehalten sein → Anm. 11).

10. Sicherheitsleistung. Bei diesem Formular ist als Sachverhaltsannahme zugrunde gelegt, dass das Gericht, das den Arrestbefehl erlassen hat, eine Sicherheitsleistung angeordnet hat. Dies ist gem. § 921 S. 2 ZPO – im Ermessen des Gerichts stehend – auch dann möglich, wenn Arrest- bzw. Verfügungsanspruch und Arrest- bzw. Verfügungsgrund glaubhaft gemacht sind.

11. Vollziehungsfrist. Die Vollziehungsfrist des § 929 Abs. 2 ZPO (1 Monat) ist mit Eingang des Antrags auf Eintragung der Arresthypothek gewahrt, § 932 Abs. 3 ZPO. Es ist dann allerdings sorgfältig auf die Vollständigkeit des Antrags zu achten, da ein unzulässiger Antrag die Vollziehungsfrist jedenfalls so lange nicht wahrt, wie die Eintragungshindernisse vollstreckungsrechtlicher Art sind (Stein/Jonas/*Grunsky* § 932 Rn. 1; OLG Frankfurt a. M. Vorlagebeschl. v. 24.6.2003 – 8 U 52/03, NJW 2003, 2688). Nach herrschender Meinung kommt es für die Berechnung der Monatsfrist bei der sog. **Rückschlagsperre** nach § 88 InsO (3 Monate im Fall des § 88 Abs. 2 InsO) nicht auf die Antragstellung an (wie teilweise in Analogie zu § 878 BGB vertreten wird), sondern auf die Eintragung der Arresthypothek, weil erst in diesem Augenblick der Gläubiger die Sicherheit „erlangt" hat. Aus anwaltlicher Sicht kann auch im Hinblick auf § 88 InsO nur empfohlen werden, zur Vermeidung von Haftungsrisiken den Antrag auf Eintragung der Arresthypothek – soweit er in Betracht kommt – so schnell wie möglich und so vollständig wie möglich zu stellen. Zusätzlich zur Vollziehung ist der Arrestbefehl zuzustellen. Um dem Schuldner keine „Reaktionsmöglichkeiten" zu eröffnen, ist es sinnvoll, zunächst zu vollziehen und erst dann zuzustellen. Dies erlaubt § 929 Abs. 3 ZPO. In diesem Fall muss die Zustellung innerhalb einer Frist von einer Woche nach Vollziehung erfolgen. Andernfalls verliert der Arrestbefehl seine Wirkung. Deshalb sollte die Erteilung von zwei Ausfertigungen des Arrestbefehls beantragt werden, um die Zustellungsfrist des

§ 929 Abs. 3 ZPO sicher einhalten zu können. Das Grundbuchamt prüft die Einhaltung der Wochenfrist des § 929 Abs. 3 ZPO nicht (Zöller/*Vollkommer* § 932 Rn. 7). Bei Nichteinhaltung ist die Eintragung der Arresthypothek wirkungslos.

12. **Eintragungshindernisse.** → Form. J. II. 1 Anm. 15.

13. **Kosten.** → Form. J. II. 1 Anm. 16.

14. **Zwangshypothek.** Erlangt der Gläubiger einen vollstreckbaren Titel (vorläufige Vollstreckbarkeit genügt – Zöller/*Vollkommer* § 932 Rn. 4, 5), der inhaltlich der durch die Arresthypothek gesicherten Forderung entspricht, kann der Gläubiger die Umwandlung in eine Zwangshypothek beantragen (§§ 867 ZPO, 1186, 1190 BGB); die Arresthypothek wandelt sich nicht „automatisch" in eine Zwangshypothek um. In diesen Fällen sichert die Arresthypothek die Rangstelle für die künftige Zwangshypothek.

15. **Rechtsmittel.** → Form. J. II. 1 Anm. 17.

4. Antrag auf Eintragung einer Zwangshypothek an mehreren Grundstücken

An das

Amtsgericht . . . . .[1]

– Grundbuchamt –

In der Zwangsvollstreckungssache

. . . . .

– Gläubigerin –

Verfahrensbevollmächtigte: . . . . .

gegen

. . . . .

– Schuldnerin –[2]

zeige ich an, dass wir die Gläubigerin anwaltlich vertreten.[3]

Auf Grund des in vollstreckbarer Ausfertigung beigefügten, rechtskräftigen Urteils des . . . . . vom . . . . . (Geschäftszeichen . . . . .) steht der Gläubigerin gegen die Schuldnerin ein Anspruch auf Zahlung in Höhe von . . . . . nebst Zinsen in Höhe von . . . . . Prozentpunkten über dem Basiszinssatz hieraus seit dem . . . . . zu. Der Titel ist der Schuldnerin ausweislich der Zustellurkunde am . . . . . zugestellt worden.

Namens und in Vollmacht der Gläubigerin beantrage[4] ich gem. § 867 ZPO,

zugunsten der Gläubigerin Zwangshypotheken als Sicherungshypotheken (§ 1184 Abs. 2 BGB)[5] auf folgenden Grundstücken (im Folgenden „Grundstück A" und „Grundstück B") der Schuldnerin[6] einzutragen:

Grundstück A:
Grundbuch von . . . . .[7]
Blatt . . . . .
Gemarkung . . . . .

Flur . . . . .
Flurstück . . . . .

Grundstück B:
Grundbuch von . . . . .
Blatt . . . . .
Gemarkung . . . . .
Flur . . . . .
Flurstück . . . . .

Ich beantrage,

die Forderung auf die vorstehend genannten Grundstücke wie folgt zu verteilen:[9]

Grundstück A:

Teilbetrag der Hauptforderung[10]	. . . . . EUR
Teilbetrag der Zinsen hieraus in Höhe von . . . . . Prozentpunkten über dem Basiszinssatz für den Zeitraum vom . . . . . bis . . . . . gemäß anliegender Forderungsaufstellung (Anlage A 1)	. . . . . EUR
Weitere Zinsen in Höhe von . . . . . Prozentpunkten über dem Basiszinssatz ab dem	

Grundstück B:

Teilbetrag der Hauptforderung	. . . . . EUR
Teilbetrag der Zinsen hieraus in Höhe von . . . . . Prozentpunkten über dem Basiszinssatz für den Zeitraum vom . . . . . bis . . . . . gemäß anliegender Forderungsaufstellung (Anlage A 2)	. . . . . EUR
Weitere Zinsen in Höhe von . . . . . Prozentpunkten über dem Basiszinssatz ab dem	
Kosten des Rechtsstreits und der bisherigen Zwangsvollstreckungsversuche gemäß beigefügter Forderungsaufstellung (Anlage A 3)	. . . . . EUR

Die gem. § 867 Abs. 1 S. 2 ZPO von Amts wegen zu berücksichtigenden Kosten der Eintragung berechnen sich wie folgt: . . . . .[11, 8]

. . . . .

Rechtsanwalt[12, 13]

Anmerkungen

1. Zuständigkeit. → Form. J. II. 1 Anm. 1.

2. Parteibezeichnung. → Form. J. II. 1 Anm. 2.

3. Vollmacht. → Form. J. II. 1 Anm. 3.

4. Antrag. → Form. J. II. 1 Anm. 4.

5. Zweck. → Form. J. II. 1 Anm. 7.

6. Voreintragung. → Form. J. II. 1 Anm. 12.

7. Grundstücksbezeichnung. → Form. J. II. 1 Anm. 6.

8. Vollstreckungsvoraussetzungen. → Form. J. II. 1 Anm. 8.

9. Aufteilung. Sowohl die **Zwangshypothek** als auch die **Arresthypothek** können nicht als Gesamthypothek auf mehreren Grundstücken des Schuldners eingetragen werden, § 932 Abs. 2 und § 867 Abs. 2 ZPO. Vielmehr ist die Verteilung der Beträge der Forderung auf mehrere Grundstücke zwingend vorgeschrieben. Der Schuldner soll so vor einer übermäßigen Belastung seiner Grundstücke geschützt werden. Zugleich sollen die mit einer Gesamthypothek verbundenen Schwierigkeiten in der Zwangsvollstreckung ausgeschaltet bleiben (*Stöber* ZVG-Hdb. Einl. Rn. 26). Die Aufteilung ist sowohl für die Hauptforderung als auch für die Nebenforderungen vorzunehmen, soweit deren Eintragung beantragt werden kann. Bei der Aufteilung der Forderungen sollte der Gläubiger (soweit zB aus der Grundakte oder einem Vermögensverzeichnis bekannt) die Werte der Einzelgrundstücke und die Höhe der vorrangigen Lasten berücksichtigen. Es macht zB wenig Sinn große Teile der Forderung an weit über den Verkehrswert des Grundstücks hinaus belasteten Grundstücken einzutragen. Durch eine geschickte Verteilung kann der Erlös in einer folgenden Zwangsversteigerung optimiert werden. Für jedes Grundstück ist der Mindestbetrag nach § 866 Abs. 3 ZPO zu beachten (→ Anm. 10). Verstößt der Antrag gegen § 867 Abs. 2 ZPO, handelt es sich nicht um einen bloß grundbuchrechtlichen, sondern um einen vollstreckungsrechtlichen Mangel, so dass eine rangwahrende Zwischenverfügung nach § 18 GBO nicht in Betracht kommt.

10. Mindestbetrag. Der Mindestbetrag von 750,01 EUR gem. § 866 Abs. 3 ZPO (→ Form. J. II. 1 Anm. 10) ist für jede einzelne Hypothek und damit bei der Aufteilung entsprechend zu beachten.

11. Kosten. → Form. J. II. 1 Anm. 16.

12. Eintragungshindernisse. → Form. J. II. 1 Anm. 15.

13. Rechtsmittel. → Form. J. II. 1 Anm. 15.

5. Grundbuchberichtigungsantrag nach § 14 GBO

An das

Amtsgericht . . . . .[1]

– Grundbuchamt –

In der Zwangsvollstreckungssache

. . . . .

– Gläubiger –

Verfahrensbevollmächtigte: . . . . .

gegen

. . . . .

– Schuldner –[2]

zeige ich an, dass der Gläubiger von uns anwaltlich vertreten wird. Namens und in Vollmacht des Gläubigers beantrage ich gem. § 14 GBO,

das Grundbuch hinsichtlich des nachfolgend bezeichneten Grundstücks in der Weise zu berichtigen, dass der Schuldner als Eigentümer eingetragen wird:

Grundbuch von .....
Blatt .....
Gemarkung .....
Flur .....
Flurstück .....[3]
Eingetragener Eigentümer: .....

Begründung:

1. Auf Grund der beigefügten vollstreckbaren Ausfertigung des vorläufig vollstreckbaren Urteils des ..... vom ..... (Geschäftszeichen .....) steht dem Gläubiger gegen den Schuldner ein Zahlungsanspruch in Höhe von ..... EUR nebst Zinsen in Höhe von ..... Prozentpunkten über dem Basiszinssatz nach § 247 BGB seit dem ..... zu.[4]

2. Der Gläubiger kann daher im Wege der Zwangsvollstreckung die Eintragung einer Zwangshypothek in das Grundbuch verlangen (§ 866 ZPO).[5] Voraussetzung hierfür ist, dass der Schuldner als Eigentümer im Grundbuch eingetragen ist, § 39 GBO.[6]

3. Das Grundbuch ist insofern unrichtig,[7] als dort als Grundstückseigentümer noch ..... ausgewiesen ist. Der Eigentümer ist am ..... verstorben und wurde ausweislich der ebenfalls beiliegenden Ausfertigung des Erbscheins des ..... vom ..... (Geschäftszeichen: .....) vom Schuldner allein beerbt.[8]

4. Tatsächlicher Eigentümer, aber (noch) nicht im Grundbuch eingetragen, ist somit der Schuldner.

5. Die Berichtigung ist notwendig, da die Ausnahmebestimmungen der §§ 39 Abs. 2, 40 GBO nicht einschlägig sind.[9]

.....

Rechtsanwalt[10]

Anmerkungen

1. Zuständigkeit. → Form. J. II. 1 Anm. 1.

2. Bezeichnung der Parteien mit vollem Rubrum. Antragsteller ist der Gläubiger des Titels, aus dem die Zwangsvollstreckung betrieben werden soll. Bei dem Antrag nach § 14 GBO handelt es sich nicht um einen Antrag im Rahmen des Vollstreckungsverfahrens, sondern um einen vorbereitenden Antrag. Der Schuldner ist im Rubrum zwar benannt, weil der Antrag darauf gerichtet ist, ihn als Berechtigten einzutragen. „Antragsgegner" im Verfahren nach § 14 GBO ist er aber nicht.

3. Grundstücksbezeichnung. → Form. J. II. 1 Anm. 6.

4. Antragsbefugt nach § 14 GBO ist der Gläubiger eines Zahlungstitels, aus dem die Zwangsvollstreckung zulässig ist (vorläufige Vollstreckbarkeit genügt). Die Zulässigkeit des Antrags setzt außerdem voraus, dass er auf Eintragung des Schuldners des Titels als des „wahren Berechtigten" gerichtet sein muss.

5. Die **Antragsbefugnis** nach § 14 GBO setzt voraus, dass zumindest die Möglichkeit der Vollstreckung in das Grundstück, auf das sich der Berichtigungsantrag bezieht, nach § 866 ZPO bestehen muss. Da andererseits der Antrag nach § 14 GBO noch nicht zur

Zwangsvollstreckung gehört, ist nicht Voraussetzung der Antragsbefugnis und damit der Zulässigkeit des Antrags, dass bereits sämtliche Zwangsvollstreckungsvoraussetzungen tatsächlich erfüllt sein müssen. Die Abgrenzung ist nicht immer eindeutig. Sicherheitshalber sollte deshalb – wie in diesem Formular vorgesehen – die Möglichkeit der Zwangsvollstreckung nach § 866 ZPO möglichst umfassend dargestellt werden.

6. Voreintragung. → Form. J. II. 1 Anm. 12.

7. Die **Unrichtigkeit des Grundbuchs** muss gerade in der Nichteintragung des Berechtigten bestehen, wobei ausschließlich die dingliche Berechtigung gemeint ist. Ein schuldrechtlicher Verschaffungsanspruch reicht nicht aus. Ebenso wenig reichen sonstige Unrichtigkeiten des Grundbuchs aus. Im Übrigen kommt es nur auf die („objektive") Unrichtigkeit des Grundbuches an, nicht auf die Gründe für die Unrichtigkeit.

8. Nachweis. Zur Begründung des Antrags nach § 14 GBO reichen die **Darlegung der Antragsbefugnis des Antragstellers** (Gläubigers) und der **objektiven Unrichtigkeit** des Grundbuchs nicht aus. Vielmehr muss die Unrichtigkeit gerade darin bestehen, dass der Schuldner tatsächlich Berechtigter und folglich als solcher auch einzutragen ist. Nachweise (hier: Ausfertigung des Erbscheins) kann sich der Gläubiger nach § 792 ZPO → Form. I. IV. 8 beschaffen.

9. Ausnahmen. Soweit die Voraussetzungen der §§ 39 Abs. 2, 40 GBO erfüllt sind, ist der streng formale Grundsatz der Voreintragung des Betroffenen (§ 39 GBO) durchbrochen. Die Grundbuchberichtigung ist unnötig und der Antrag nach § 14 GBO deshalb unzulässig bzw. unbegründet.

10. Kosten/Rechtsmittel. Kosten: Nr. 14110 KV GNotKG; Rechtsmittel: § 71 GBO.

6. Klage auf Duldung der Zwangsvollstreckung aus einer Zwangshypothek

An das

. . . . .[1]

Urkundsklage

der . . . . .

– Klägerin –

Prozessbevollmächtigte: . . . . .

gegen

. . . . .

– Beklagte –[2]

wegen Duldung der Zwangsvollstreckung aus einer Zwangshypothek

vorläufige Streitwertangabe: . . . . .

Namens und in Vollmacht der Klägerin erhebe ich hiermit Urkundsklage gegen die Beklagte mit folgenden Klageanträgen:

1. Die Beklagte wird verurteilt, wegen der in Abt. III lfd. Nr. . . . . . des Grundbuchs von . . . . . (Amtsgericht . . . . .), Band . . . . ., Blatt . . . . ., Gemarkung . . . . ., Flur . . . . ., Flurstück . . . . .,[3] eingetragenen Zwangshypothek in Höhe von . . . . . EUR nebst Zinsen in Höhe von . . . . . Prozentpunkten über dem Basiszinssatz nach § 247 BGB seit dem . . . . . die Zwangsvollstreckung in das Grundstück zu dulden.
2. Für den Fall der Anordnung des schriftlichen Vorverfahrens beantrage ich den Erlass eines Versäumnisurteils, sofern die Beklagte nicht rechtzeitig anzeigt, dass sie sich gegen die Klage verteidigen wolle.

Begründung

1. Die im Klageantrag bezeichnete Zwangshypothek ist in dem ebenfalls im Klageantrag näher bezeichneten Grundbuch zugunsten der Klägerin eingetragen.

Beweis: Grundbuch von . . . . ., Band . . . . ., Blatt . . . . .; beglaubigte Abschrift als Anlage K 1 anbei

2. Die Zwangshypothek ist ursprünglich am . . . . . gegen die Schuldnerin . . . . . im Grundbuch eingetragen worden. Die Beklagte als neue Eigentümerin wurde erst danach, infolge der Auflassung vom . . . . ., am . . . . . eingetragen.

Beweis: wie vor

3. Aufgrund der zu ihren Gunsten eingetragenen Zwangshypothek kann die Klägerin von der Grundstückseigentümerin Duldung der Zwangsvollstreckung verlangen (§ 1147 BGB). Der Anspruch richtete sich zunächst gegen die Schuldnerin; nach Eigentumsübergang richtet der Anspruch sich aber nunmehr gegen die Beklagte.

4. Der Klageanspruch ist der Beklagten gegenüber mit dem in Kopie als Anlage K 2 beigefügten Schreiben vom . . . . . geltend gemacht worden, wobei die Beklagte explizit auch auf die Möglichkeit hingewiesen wurde, die Zwangsvollstreckung durch Zahlung abzuwenden. Die Beklagte hat den Zugang des Schreibens mit Schreiben vom . . . . . bestätigt, die Erfüllung der Klageforderung jedoch ebenso abgelehnt wie Zahlung.[4]

Beweis: im Original beigefügtes Schreiben der Beklagten vom . . . . .

5. Die Klage ist (als Urkundsklage) zulässig. Sämtliche Anspruchsvoraussetzungen sind urkundlich nachgewiesen (§ 592 ZPO). Der Klägerin steht auch das erforderliche Rechtsschutzbedürfnis für die Erhebung der Klage zu. § 867 Abs. 3 ZPO ist einem erst nach Eintragung der Zwangshypothek eingetragenen neuen Grundstückseigentümer gegenüber nicht anzuwenden.[5]

6. Zur Begründetheit der Klage ist auf die Ausführungen weiter oben zu 3. zu verweisen.

Beglaubigte und einfache Abschrift anbei.

. . . . .

Rechtsanwalt

Anmerkungen

1. **Zuständigkeit.** Es gelten die allgemeinen Zuständigkeitsregeln nach §§ 12 ff. ZPO.

2. **Parteibezeichnung.** Angabe der vollständigen Parteibezeichnungen. Kläger ist der Inhaber der Zwangshypothek, Beklagter der Eigentümer des belasteten Grundstücks.

3. **Grundstücksbezeichnung.** → Form. J. II. 1 Anm. 6.

4. Es ist streitig, ob es zur **Vermeidung der Kostenfolge des § 93 ZPO** im Falle eines sofortigen Anerkenntnisses des Schuldners ausreicht, wenn der Gläubiger den Schuldner zur Zahlung aufgefordert hat oder ob er ihn zusätzlich und ausdrücklich auch zur Duldung der Zwangsvollstreckung aufgefordert haben muss (vgl. zu der Problematik Stein/Jonas/*Münzberg* § 867 Rn. 49). Da die Durchsetzung der Ansprüche des Gläubigers durch die Eintragung der Zwangshypothek schon gesichert ist, kommen taktische Erwägungen, den neuen Eigentümer nicht „vorzuwarnen" und ihm dadurch Gelegenheit zu geben, sich auf die drohende Zwangsvollstreckung einzustellen, nicht zum Tragen. Sicherheitshalber sollte daher vor Erhebung der Duldungsklage der Eigentümer ausdrücklich auch aufgefordert werden, die Zwangsvollstreckung freiwillig zu dulden und sich insoweit dinglich der Zwangsvollstreckung nach § 794 Abs. 1 Nr. 5 zu unterwerfen.

5. Ziel. Sind – wie im Regelfall – Schuldner und eingetragener Eigentümer des Grundstücks, in das die Zwangsvollstreckung betrieben werden soll, identisch, ist die Erhebung einer Duldungsklage wegen § 867 Abs. 3 ZPO **nicht** erforderlich. Würde sie dennoch erhoben, fehlte ihr aus diesem Grunde das notwendige Rechtsschutzbedürfnis. Fehlt es an der Identität von Schuldner und eingetragenem Eigentümer, ist diese aber durch einen Antrag nach § 14 GBO zu erreichen, muss dieser Antrag gestellt werden (→ Form. J. II. 5). Auch in diesem Fall wäre eine Duldungsklage (statt des Antrags nach § 14 GBO) unzulässig. § 867 Abs. 3 ZPO versagt aber, wenn – wie in dem Formular zugrunde gelegt – ein Dritter (dies kann unter Umständen auch der Insolvenzverwalter sein) das Grundstück nach Eintragung der Zwangshypothek erwirbt. In diesen Fällen ist die Duldungsklage erforderlich und daher auch zulässig. Wiederum anders zu beurteilen sind die Fälle der **Gesamtrechtsnachfolge.** Hierfür gelten die Sondervorschriften der §§ 779, 727 und 750 Abs. 2 ZPO.

7. Klage auf Eintragung einer Bauhandwerkersicherungshypothek

An das

. . . . .[1]

Urkundsklage

der . . . . .

– Klägerin –

Prozessbevollmächtigte: . . . . .

gegen

. . . . .

– Beklagte –[2]

wegen Zahlung und Eintragung einer Bauhandwerkersicherungshypothek[3]

vorläufige Streitwertangabe: . . . . . EUR[4]

Namens und in Vollmacht der Klägerin erhebe ich hiermit Urkundsklage gegen die Beklagte mit folgenden Klageanträgen:

1. **Die Beklagte wird verurteilt, an die Klägerin . . . . . EUR nebst Zinsen hieraus in Höhe von . . . . . Prozentpunkten über dem Basiszinssatz seit dem . . . . . zu zahlen.**
2. **Die Beklagte wird verurteilt, die Eintragung einer Bauhandwerkersicherungshypothek im Rang und unter Ausnutzung der aufgrund einstweiliger Verfügung des . . . . .**

vom . . . . . (Aktenzeichen . . . . .) eingetragenen Vormerkung an dem Grundstück der Beklagten (Amtsgericht . . . . ., Grundbuch von . . . . ., Blatt . . . . ., Gemarkung . . . . ., Flur . . . . ., Flurstück . . . . .)[5] zu bewilligen, und zwar wegen folgenden Anspruches der Klägerin: Zahlungsanspruch in Höhe von . . . . . EUR nebst Zinsen in Höhe von . . . . . Prozentpunkten über dem Basiszinssatz seit dem . . . . . aufgrund Schlussrechnung vom . . . . . betreffend das Bauvorhaben . . . . . (Bauvertrag vom . . . . .).[6]

3. Für den Fall der Anordnung des schriftlichen Vorverfahrens beantrage ich den Erlass eines Versäumnisurteils, sofern die Beklagte nicht rechtzeitig anzeigt, dass sie sich gegen die Klage verteidigen will.

Begründung:

1. Streitgegenständlich ist das Bauvorhaben . . . . .. Für dieses Bauvorhaben hat die Klägerin Arbeiten des Gewerkes . . . . . erbracht, und zwar auf der Grundlage des Bauvertrages vom . . . . .. In dieses Vertragsverhältnis war die VOB/B einbezogen.

Beweis: im Original beigefügter Bauvertrag (Anlage K 1)

2. Der Vertrag ist auf Seiten der Beklagten von deren im Rubrum genannten, geschäftsführenden Gesellschafter unterschrieben worden.[7]

Beweis: wie vor

3. Die Klägerin hat die vertraglich geschuldeten Leistungen erbracht. Abnahme hat stattgefunden; Mängel sind bei Abnahme nicht gerügt worden.[8]

Beweis: im Original beigefügtes Abnahmeprotokoll vom . . . . . (Anlage K 2)

4. Die Klägerin hat am . . . . . die in Kopie als Anlage K 3 beigefügte Schlussrechnung über einen Betrag in Höhe von . . . . . EUR erstellt. Die Rechnung ist von dem geschäftsführenden Gesellschafter der Beklagten am . . . . . geprüft und der Zahlungsanspruch durch den Rechnungsprüfungsvermerk, der der Klägerin zugesandt wurde, in Höhe von . . . . . EUR anerkannt worden.[9]

Beweis: im Original als Anlage K 3 beigefügte geprüfte Rechnung mit dem Prüfvermerk des geschäftsführenden Gesellschafters der Beklagten

5. Nachdem die Beklagte Zahlung nicht geleistet hatte, wurde sie von der Klägerin mit dem in Kopie als Anlage K 4 beigefügten Schreiben vom . . . . . unter Fristsetzung bis zum . . . . . zur Zahlung aufgefordert. Dieser Aufforderung ist die Beklagte nicht nachgekommen. Mit Schreiben vom . . . . . hat sie den Zugang der Mahnung der Klägerin bestätigt, zugleich aber unter Verweis auf angebliche Mängel der von der Klägerin erbrachten Leistung jegliche Zahlung verweigert.

Beweis: Vorlage des Schreibens der Beklagten vom . . . . . im Original (Anlage K 5)

6. Ihre Mängelrüge hat die Beklagte bis heute in keiner Weise konkretisiert. Das Vorliegen von Mängeln wird vorsorglich bestritten.[10]

7. Die Beklagte ist Alleineigentümerin des im Klageantrag genannten Grundstücks.

Beweis: Grundbuch; beglaubigte Abschrift als Anlage K 6 anbei

8. Aufgrund einstweiliger Verfügung des . . . . . vom . . . . . ist unter der laufenden Nummer . . . . . im Grundbuch eine Vormerkung zur Sicherung des Anspruchs der Klägerin auf Eintragung einer Bauhandwerkersicherungshypothek eingetragen worden.

Beweis: wie vor

9. Mit dem in Kopie als Anlage K 7 beigefügten Schreiben vom ..... ist die Beklagte aufgefordert worden, die Eintragung der Bauhandwerkersicherungshypothek, wie vorliegend beantragt, zu bewirken. Dies hat die Beklagte mit Schreiben vom ..... abgelehnt.[11]

Beweis: Vorlage des Schreibens der Beklagten vom ..... im Original (Anlage K 8)

10. Die hier streitgegenständlich gemachte Werklohnforderung ist identisch mit derjenigen, für die zugunsten der Klägerin die Vormerkung eingetragen wurde.[12]

Beweis:
1. Grundbuch wie vor;
2. beizuziehende Gerichtsakte zum Geschäftszeichen .....

11. Die Klage ist zulässig und begründet. Das angerufene Gericht ist sachlich und örtlich zuständig. Die Klägerin hat sämtliche Anspruchsvoraussetzungen urkundlich nachgewiesen (§ 592 ZPO).

12. Der Zahlungsanspruch der Klägerin resultiert aus § 631 Abs. 1 BGB. In Höhe der Klageforderung hat die Beklagte den Anspruch wie vorstehend ausgeführt anerkannt. Spätestens seit dem ....., dh mit Ablauf der im Schreiben vom ..... (Anlage K 4) gesetzten Frist, befindet die Beklagte sich in Verzug. Die Höhe des geltend gemachten Verzugszinssatzes ergibt sich aus § ..... des Bauvertrages (Anlage K 1). Der Anspruch auf Eintragung der Bauhandwerkersicherungshypothek resultiert aus § 648 BGB.[13]

Beglaubigte und einfache Abschrift anbei.

.....

Rechtsanwalt

Anmerkungen

1. Zuständigkeit. Die örtliche Zuständigkeit ergibt sich hier aus den allgemeinen Regeln der §§ 12 ff. ZPO. Die Klage kann im dinglichen Gerichtsstand des § 26 ZPO erhoben werden (OLG Braunschweig OLGZ 1974, 210).

2. Volles Rubrum, das den Anforderungen des § 253 ZPO entsprechen muss. Kläger muss Unternehmer eines Bauwerkes sein (→ Form. J. XIII. 1 Anm. 17). Beklagter ist Grundstückseigentümer und – jedenfalls in aller Regel – auch Auftraggeber. Als Sachverhalt ist bei diesem Formular zugrunde gelegt, dass bereits eine Vormerkung zur Sicherung des Anspruchs auf Eintragung der Bauhandwerkersicherungshypothek eingetragen worden ist und dass nunmehr die Eintragung der Sicherungshypothek selbst an gleicher Rangstelle erreicht werden soll. Dies ist nicht zwingend, aber in aller Regel der Fall. Aus anwaltlicher Sicht dürfte es geboten sein, ausnahmslos in allen Fällen, in denen die Eintragung der Bauhandwerkersicherungshypothek überhaupt in Betracht kommt, zunächst im Wege der Einstweiligen Verfügung die Eintragung der rangwahrenden Vormerkung zu beantragen (→ Form. J. XIII. 1). Des Weiteren liegt dem Formular die Annahme zugrunde, dass gleichzeitig auch der durch die Sicherungshypothek zu sichernde Werklohnanspruch selbst klageweise geltend gemacht wird.

3. Zahlungsklage. Es ist nicht zwingend erforderlich, die auf Eintragung der Bauhandwerkersicherungshypothek gerichtete Klage mit der Zahlungsklage zu verbinden. Dies ist auch dann nicht erforderlich, wenn eine Frist zur Erhebung der Hauptsacheklage gemäß § 926 ZPO gesetzt wurde, da Hauptsacheklage im Sinne des § 926 ZPO im Falle des § 648 BGB die Klage auf Eintragung der Bauhandwerkersicherungshypothek ist (OLG Celle Beschl. v. 10.7.2003 – 16 W 33/03, NJW-RR 2003, 1529; OLG Düsseldorf Urt. v.

5.11.1985 – 23 U 159/85, NJW-RR 1986, 322; OLG Frankfurt a. M. Urt. v. 23.2.1983 – 17 U 179/82, NJW 1983, 1129). In aller Regel ist die Verbindung mit der Zahlungsklage aber sinnvoll, zumal eine substantiierte und schlüssige Darlegung der Werklohnansprüche auch bei einer auf den Anspruch auf Einräumung der Sicherungshypothek beschränkten Klage erforderlich wäre.

4. Streitwert. Anders als bei dem Antrag auf Erlass einer einstweiligen Verfügung mit dem Ziel der Eintragung einer Vormerkung zur Sicherung des Anspruchs auf Einräumung der Bauhandwerkersicherungshypothek bemisst sich der Streitwert bei der Klage auf Einräumung der Sicherungshypothek nicht nach § 3 ZPO, sondern nach § 6 ZPO, dh nach dem vollen Wert der zu sichernden Forderung. Umstritten ist, ob sich der Gegenstandswert erhöht, wenn gleichzeitig mit dem Antrag auf Eintragung der Bauhandwerkersicherungshypothek die Zahlungsklage erhoben wird (dagegen wegen angenommener wirtschaftlicher Identität: OLG Jena Beschl. v. 18.2.2010 – 5 W 341/09; OLG Nürnberg Beschl. v. 2.7.2003 – 6 W 2019/03, JurBüro 2003, 594; OLG Stuttgart Beschl. v. 10.9.2002 – 12 W 42/02, BauR 2003, 131; Zöller/*Herget* § 3 Rn. 16, Stichwort „Bauhandwerkersicherungshypothek"; dafür wegen unterschiedlicher Streitgegenstände und der Möglichkeit unterschiedlicher Entscheidung OLG Düsseldorf Beschl. v. 2.12.2008 – I-5 W 48/08, BauR 2009, 1009; OLG München Beschl. v. 27.9.1999 – 28 W 2150/99, BauR 2000, 927). Zutreffend dürfte die zuletzt genannte Auffassung sein. Der Gegenstand einer auf Anspruchssicherung gerichteten Klage ist weder rechtlich noch wirtschaftlich identisch mit dem Gegenstandswert einer auf Zahlung gerichteten Klage.

5. Grundstücksbezeichnung. → Form. J. II. 1 Anm. 6. Es muss zudem ausdrücklich beantragt werden, dass die Bauhandwerkersicherungshypothek unter Ausnutzung der bereits eingetragenen Vormerkung eingetragen werden soll. Anderenfalls würde dies nicht geschehen, sondern die Hypothek an rangbereiter Stelle eingetragen werden.

6. Forderung. Zur exakten und differenzierten Bezeichnung der zu sichernden Forderung gilt das in → Form. J. II. 1 Anm. 7 Ausgeführte entsprechend.

7. Urkundenprozess. Im Urkundenprozess müssen sämtliche Anspruchsvoraussetzungen urkundlich nachgewiesen werden, soweit sie nicht unstreitig sind (§ 592 ZPO). In dem hier zugrunde gelegten Beispielsfall, der auf der Sachverhaltsannahme beruht, dass Beklagte eine BGB-Gesellschaft ist, für die ein geschäftsführender Gesellschafter handelt, müsste, sofern bestritten wird, dass der Vertrag vom geschäftsführenden Gesellschafter der Beklagten unterschrieben wurde und dies auch nicht urkundlich – zB durch den Gesellschaftsvertrag – nachgewiesen werden kann, vom Urkundenprozess Abstand genommen werden.

8. Abnahme. Zur Frage der Bedeutung der Abnahme und der Rüge von Mängeln durch den Auftraggeber im Zusammenhang mit § 648 BGB → Form. J. XIII. 1 Anm. 22 und → Form. J. XIII. 1 Anm. 23.

9. Nachweis. Auf dieser Grundlage lässt sich nach hM im Urkundenprozess die Höhe des Vergütungsanspruchs nachweisen, und zwar unabhängig davon, ob die Rechnungsprüfung rechtlich als (deklaratorisches) Schuldanerkenntnis anzusehen ist oder – wie in der Regel – nicht (vgl. zB OLG Karlsruhe Beschl. v. 4.8.2009 – 4 W 36/09; LG Frankfurt/Oder Urt. v. 10.10.2003 – 13 O 151/03).

10. Beweislast. Da die **Abnahme** – urkundlich – nachweislich stattgefunden hat, liegt die Darlegungs- und Beweislast hinsichtlich behaupteter Mängel bei der Beklagten (Auftraggeberin). Die Klägerin kann sich im Rahmen der Klageschrift darauf beschränken, das Vorliegen von Mängeln zu bestreiten.

11. Zur Vermeidung unnötiger Kostenrisiken im **Hinblick auf § 93 ZPO** sollte zumindest in der hier zugrunde gelegten Konstellation die Auftraggeberin vorprozessual nicht nur zur Zahlung, sondern auch zur Stellung der Sicherheit aufgefordert werden. Da die Vormerkung bereits eingetragen ist, spricht gegen diese Vorgehensweise auch nicht die taktische Überlegung der „Überraschung" des Auftraggebers/Grundstückseigentümers.

12. Forderungsidentität. Es ist darauf zu achten – und dies auch durch entsprechenden Sachvortrag zu belegen –, dass die durch die Sicherungshypothek zu sichernde Forderung mit derjenigen identisch ist, wegen derer die Vormerkung eingetragen ist. Fehlt es an der Identität, besteht zwar möglicherweise auch hinsichtlich der im Klageverfahren geltend gemachten Forderung der Anspruch auf Eintragung der Bauhandwerkersicherungshypothek, sofern die tatbestandlichen Voraussetzungen des § 648 BGB erfüllt sind. Es kann aber nicht die Rangstelle der Vormerkung in Anspruch genommen werden.

13. Rechtliche Würdigung ist hier gegebenenfalls zu ergänzen (→ Form. J. XIII. 1).

III. Vorbereitung der Zwangsversteigerung

1. Checkliste: grundsätzliche Überlegungen

Allgemeine Verfahrensvoraussetzungen:	
Deutsche Gerichtsbarkeit	
Zulässiger Rechtsweg	
Parteifähigkeit – Prozessfähigkeit	
Voraussetzung Zwangsvollstreckung:	
Titel (ggf. Anzeige Rechtsnachfolge)	
Klausel	
Zustellung (§§ 750, 798, 720a ZPO; s. Kap. E)	
Prüfung Alternativen/Möglichkeiten:[1, 2]	
Außergerichtliche Einigung (freihändiger Verkauf)	
Vollstreckungsmaßnahme als Druckmittel (rechtlich problematisch)	
Zwangssicherungshypothek	
Zwangsverwaltung	
Zwangsversteigerung	
Prüfung Möglichkeiten bestmöglicher Verwertung:[3, 4]	
Grundbuchlage (Rangstelle, ggf. Ablösung vorgehende Rechte, bestehen bleibende Rechte, entgegenstehende Rechte etc)[5, 6]	
Deckungsgrundsatz	
Übernahmegrundsatz	
Prüfung Aktualität vorhandenes Gutachten (Zuzahlungsbeträge etc)	
Kosten	
Gerichtskosten	
Rechtsanwalts- und Beratungskosten	

Anmerkungen

1. Der Erfolg des Immobiliarvollstreckungsverfahrens hängt in großem Maße davon ab, wie gut im Vorfeld recherchiert wird. **Vor** der Antragstellung sollte sich der Gläubiger ein Bild darüber machen, welche Informationen zusammenzutragen und auszuwerten sind. Dazu soll die Checkliste dienen. Welche Informationen kann ich **nach** Einleitung des Verfahrens durch Beteiligte oder aber dem zuständigen Vollstreckungsgericht erlangen? Der Aufwand, um an Informationen zu gelangen und diese auszuwerten, ist nicht zu unterschätzen. Die Erfahrung mit der Immobiliarvollstreckung lehrt jedoch, dass unzureichende Vorbereitungen sich im Verfahren fortsetzen und so sehr viel Zeit und Geld kosten können (bspw. bei Zurückweisung des Antrages aufgrund einfacher Formfehler). Daher lohnt sich der Aufwand einer gründlichen Vorbereitung allemal.

2. Die **Zwangsverwaltung** dient in erster Linie dazu, den Gläubiger aus den laufenden Erträgen des Grundstücks zu befriedigen. Die Funktion der Zwangsverwaltung erstreckt sich immer mehr auch auf ordnungspolitische – und Transparenzgesichtspunkte. Die Tendenz wurde ausgelöst durch sog. Schrottimmobilien im Osten Deutschlands, bei denen Ertragsgesichtspunkte zunächst schlichtweg unbedeutend sind. Ein Grund dafür, dass die bloße Objektsicherung als legitimes Ziel der Zwangsverwaltung in der amtlichen Begründung zu § 5 ZwVwV aufgenommen wurde. Der Gläubiger erhält oftmals nur über die Zwangsverwaltung genaue Auskünfte über den Zustand des Objektes, exakte Informationen über Zahlungsströme, über Vertragsverhältnisse etc Dieses Ziel ist in vielen Fällen auch einfacher oder ausschließlich nur durch die Zwangsverwaltung und nicht durch die Einleitung eines Insolvenzverfahrens zu erreichen. Viele Immobilien werden nicht zuletzt deshalb in das entsprechende Vollstreckungsverfahren geschickt, weil es zuvor an Transparenz und einer ausreichenden Steuerung jeglicher Prozesse mangelte.

Die **Zwangsversteigerung** bezweckt die Verwertung des zu versteigernden Objektes (§§ 90, 105 ZVG) und die Befriedigung aus dem Versteigerungserlös. Weitere wichtige Motive für den Gläubiger sind, Druck auf den Schuldner auszuüben, um diesen zur Offenlegung seiner Vermögensverhältnisse oder zur Darlegung weiterer „Geldquellen“ zu bewegen. In jedem Fall wird das hohe Sicherungsbedürfnis des Gläubigers, welches durch die Beschlagnahmewirkung in der Zwangsversteigerung abgedeckt wird (§§ 20, 21 ZVG, 1120 ff. BGB), befriedigt. Miet- oder Pachteinnahmen sind jedoch, anders als in der Zwangsverwaltung, im Versteigerungsverfahren vom Beschlag nicht erfasst (§ 21 Abs. 2 ZVG). Der Gläubiger kann im Zwangsversteigerungsverfahren das Objekt mit gesonderten Sicherungsmaßnahmen belegen lassen (§ 25 ZVG, Sicherungsverwaltung). Das empfiehlt sich, wenn die Besicherung des Objekts durch einfache Maßnahmen vom Sicherungsverwalter bewirkt werden kann.

Die **Zwangshypothek** verschafft dem Gläubiger (dem sog. persönlichen Gläubiger, der bislang dinglich nicht gesichert war) eine rangmäßige Absicherung seiner Forderung für die spätere Zwangsversteigerung oder Zwangsverwaltung (Vorteil des besseren Ranges). Mit der Zwangshypothek für den nunmehr derart (zusätzlich) gesicherten persönlichen Gläubiger bietet sich die Möglichkeit, auf die eigenständige Durchführung einer Zwangsversteigerung zu verzichten, da er nunmehr weiß, dass er in einem durch andere Gläubiger durchzuführenden Verfahren keine Rangverluste erleidet (→ Form. J. II. 1).

Die persönliche Forderung des Gläubigers wird regelmäßig durch Kreditvertrag begründet. Zur Kreditsicherung wird in der Regel eine zusätzliche Bestellung eines Grundpfandrechts mit persönlicher und dinglicher Unterwerfungsklausel vereinbart (§ 800 ZPO). Hypotheken und Grundschulden sind Pfandrechte an Grundstücken, die zu den so genannten dinglichen Rechten gehören. Ihr Wesen liegt in der Befugnis des berechtigten Gläubigers, unmittelbar auf die Sache einzuwirken. Das heißt, der Gläubiger kann, sofern alle weiteren Voraussetzungen vorliegen, wegen seines Anspruchs Befriedigung aus dem belasteten Grundbesitz suchen.

Die Praxis der vergangenen Jahre zeigt, dass die Immobiliarvollstreckung sehr viel mehr Zeit in Anspruch nehmen kann, als der Gesetzgeber dies vorausgesehen hat (die erste Fassung der ZVG stammt aus dem Jahre 1897). Ein Grund mehr für eine gute Vorbereitung und möglichst zügige und fehlerfreie Durchführung. Das mindert nicht zuletzt auch den Druck für den Schuldner zumindest die Dauer betreffend, reduziert aber auch etwaig beachtliche Einwendungsmöglichkeiten. Der BGH berücksichtigt den Umstand der Möglichkeiten für eine faire und angemessene Verfahrensgestaltung zunehmend mehr unter dem Blickwinkel des Schutzes des Schuldners, wie beispielsweise bei der Suizidgefahr. Das Vollstreckungsgericht hat selbst bei schicksalhaften Schlägen für den Schuldner wie einer lebensbedrohlichen Erkrankung (Krebs oder Parkinson oder Alzheimer) durch eine geeignete Verfahrensgestaltung zu vermeiden, dass die erfolgreiche Behandlung durch das Zwangsversteigerungsverfahren gefährdet oder gar verhindert wird (BGH NJW-RR 2011, 1452).

3. Wegen der alternativen Möglichkeiten ist der Gegenstand der Immobiliarvollstreckung exakt zu erfassen, vollstreckt werden kann ua in:

- Grundstücke und grundstücksgleiche Rechte (§ 864 Abs. 1 ZPO),
- Bruchteile von Grundstücken oder grundstücksgleichen Rechten (§ 864 Abs. 2 ZPO),
- das Gebäudeeigentum in den neuen Bundesländern (§§ 288 Abs. 4, 292 Abs. 3 ZGB-DDR),
- die Gegenstände, die bei Grundstücken und grundstücksgleichen Rechten vom Haftungsverband der Hypothek und der Grundschuld miterfasst werden (§ 865 ZPO iVm §§ 1120 ff. BGB),
- eingetragene Schiffe, Schiffsbauwerke und Luftfahrzeuge (§§ 864 Abs. 1 ZPO, 162, 171a ZVG).

4. Ablösung. Das Ablösungsrecht aus § 268 BGB besteht nur gegenüber Gläubigern, die die Zwangsversteigerung aus einem Vorzugsanspruch (Rangklasse 1–3), einem dinglichen (Rangklasse 4) oder einem persönlichen Anspruch (Rangklasse 5) betreiben (Staudinger/*Bittner* § 268 Rn. 2). Sinnvoll kann sein, Vorranggläubiger abzulösen (bspw. die Stadt mit öffentlichen Lasten). So erhält man im Verfahren unmittelbar einen guten – in jedem Fall besseren – Rang. Die Ablösung einer Grundschuld bietet sich dann an, wenn diese nicht voll valutiert, dinglich aber voll geltend gemacht werden könnte. Für eine derartige Ablösung muss die Zwangsvollstreckung schon begonnen haben.

Forderungskauf. → Form. J. V. 4.

5. Dem Bundesgerichtshof folgend verliert ein belastetes Grundstück durch Vereinigung mit einem anderen Grundstück die Selbständigkeit, so ruhen die Belastungen auf dem Teil des neuen Grundstücks, das vor der Vereinigung Belastungsgegenstand war (BGH NJW 2006, 1000). In einem solchen Fall ist der Gläubiger des Rechts, das auf dem früheren selbständigen Grundstück gelastet hat, nicht gehindert, einem Zwangsversteigerungsverfahren beizutreten, das das vereinigte neue Grundstück betrifft. Dabei ist es unerheblich, ob das frühere Grundstück, weil katastermäßig nicht verschmolzen, als Flurstück fortbesteht oder ob es auch als Flurstück nicht mehr existiert. Im letzteren Fall kann anhand der Genese der Flächenabschnitt ermittelt werden, auf den sich die Belastung mit welcher Rangfolge erstreckt (BGH NJW 2006, 1000).

6. Kosten und Gebühren. Verfahrenskosten/gerichtliche Auslagen. Diese werden gem. § 54 GKG in Verbindung mit den Nr. 2110 bis 2216 KV GKG geregelt. In der Zwangsversteigerung sind die Gebühren nach dem in § 74a Abs. 5 ZVG festgesetzten Verkehrswert zu berechnen. Fehlt ein solcher, bestimmen sich die Gebühren nach dem Einheitswert (§ 54 Abs. 1 S. 2 GKG). Ist eine offensichtliche Abweichung zwischen Verkehrswert und Einheitswert ersichtlich, so ist der nach den Grundsätzen der Einheitsbewertung geschätzte Wert maßgebend. Bei der Erteilung des Zuschlages richtet sich der Wert nach dem Gebot ohne Zinsen, einschließlich des Wertes der nach den Versteigerungsbedingungen bestehen bleibenden Rechte zuzüglich des Betrags, in dessen Höhe der Ersteher nach § 114a ZVG als aus dem Grundstück befriedigt gilt. Bei **Gesamthandseigentum** ist jeder Mitberechtigte wie ein Eigentümer nach dem Verhältnis seines Anteils zu sehen. Bei Zuschlägen an verschiedene Ersteher wird die Gebühr für die Erteilung des Zuschlags von jedem einzelnen Ersteher nach dem Wert der auf ihn entfallenden Gegenstände erhoben. Die Bietergemeinschaft gilt als ein Ersteher. Für das Verteilungsverfahren bestimmt sich der Gegenstandswert nach dem Gebot ohne Zinsen sowie einschließlich des Wertes der nach den Versteigerungsbedingungen bestehenbleibenden Rechte. Ein ggf. erzielter Erlös aus einer gesonderten Versteigerung oder sonstigen Verwertung (§ 65 ZVG) wird hinzuaddiert. Bei mehreren Gegenständen ist der Gesamtwert maßgeblich (§ 54 Abs. 4 GKG). Die Verfahrensgebühren über den Antrag auf Anordnung der Zwangsversteigerung und über den Beitritt werden mit deren Entscheidung fällig (§ 7 Abs. 1 S. 1 GKG). Bei der Zwangsverwaltung wird die Jahresgebühr mit Ablauf eines Kalenderjahres, die letzte Jahresgebühr mit Aufhebung des Verfahrens fällig. Die Gebühr für die Zuschlagserteilung wird mit der Verkündung, bei Zuschlag durch das Beschwerdegericht bei Zustellung des Zuschlagsbeschlusses an den Ersteher fällig (§ 7 Abs. 1 S. 2 GKG).

Die Gebühren für die Anordnung bzw. für den Beitritt werden für jeden Antragsteller gesondert erhoben. Die Gebühren werden zum Zeitpunkt der Durchführung des Verteilungstermins fällig, ansonsten bei Aufhebung der Vollstreckungsmaßnahme zum Zeitpunkt des Verteilungstermins. Bei mehreren Gegenständen wird die Gebühr nur einmal erhoben, wenn auch nur ein Beschluss hierüber ergeht. **Beim Vollstreckungsschutzverfahren wird keine Gebühr** erhoben. Beim Beschwerdeverfahren wird die Gebühr gem. Nr. 2240 KV GKG in Höhe von 120,– EUR im Falle der Zurückweisung oder Verwerfung des Rechtsmittels fällig. **Gerichtliche Auslagen** sind insbesondere Auslandszustellungskosten, Bekanntmachungskosten, Postgebühren bestimmter Art, Rechnungsgebühren (§ 70 GKG), Reisespesen, Sachverständigenentschädigung oder Schreibauslagen (Nr. 9000 ff. KV GKG). Die Gebühren werden mit der Kostenentscheidung fällig. Gleiches gilt bei der Aufhebung des Verfahrens. Schreibauslagen sind sofort nach der Entstehung fällig. Gem. § 22 GKG ist Kostenschuldner, wer das Verfahren beantragt hat. Ausnahmen zu dieser Vorschrift sind in § 29 GKG geregelt. Mehrere Kostenschuldner haften gem. § 31 GKG als Gesamtschuldner.

Rechtsanwaltskosten. Diese werden in den §§ 26, 27 RVG sowie gem. den Nr. 3309 bis 3312 VV RVG geregelt. Bei der rechtsanwaltlichen Vertretung eines Gläubigers/eines Beteiligten in der Zwangsversteigerung (gem. § 9 Nr. 1 und 2 ZVG) richtet sich der Gegenstandswert entweder nach dem Wert des jeweils zustehenden Rechtes zzgl. Nebenforderungen (bei Teilforderungen ist nur der Teilbetrag maßgebend) oder aber nach dem Wert des Gegenstandes der Zwangsversteigerung bzw. im Verteilungsverfahren nach dem zu verteilenden Erlös (§ 26 Nr. 1 RVG). Entscheidend für die Gebühr des Rechtsanwaltes ist der jeweils geringere Wert. Bei der Vertretung eines anderen Beteiligten, insbesondere hier des Schuldners, ist nur der Wert des Gegenstandes der Zwangsversteigerung bzw. im Verteilungsverfahren nach dem zu verteilenden Erlös zugrunde zu legen (bei Miteigentümern oder sonstigen Berechtigten ist der jeweilige Anteil maßgebend (§ 26 Nr. 2 RVG). Wird ein Bieter anwaltlich beraten, so wird das höchste abgegebene Gebot zugrunde gelegt (§ 26 Nr. 3 RVG). Wurde – aus welchen Gründen auch immer – kein Gebot abgegeben, so gilt der Wert des Gegenstands der Zwangsversteigerung als Gegenstandswert zur Berechnung der Rechtsanwaltsgebühren. Bei der rechtsanwaltlichen Vertretung eines Antragsstellers bei der Zwangsverwaltung bemessen sich die Gebühren anhand dessen, wegen dessen das Verfahren beantragt wurde zuzüglich Nebenkosten, bei Ansprüchen auf wiederkehrende Leistungen ist der Jahreswert maßgebend. Bei der Schuldnervertretung ist Gegenstandswert der zusammenaddierte Wert aller Ansprüche, wegen derer das Verfahren beantragt wurde. Bei der Vertretung eines sonstigen Beteiligten richtet sich der Gegenstandswert nach den allgemeinen Vorschriften (§ 23 Abs. 3 S. 2 RVG).

Für die Tätigkeit im gesamten Zwangsversteigerungsverfahren bis hin zur Einleitung des Verteilungsverfahrens erhält der Rechtsanwalt eine **Gebühr von 0,4** des Gebührensatzes (Nr. 3311 VV RVG). Darunter fallen alle Tätigkeiten und sonstigen Antragstellungen, nicht aber die Tätigkeit im Einstellungsverfahren, die Wahrnehmung des Versteigerungstermins oder die Tätigkeit im Verteilungsverfahren sowie im Erinnerungs- und Beschwerdeverfahren. Wird ein Bieter im Rahmen der Zwangsversteigerung betreut (Vorbereitung des Versteigerungstermins, Durchführung etc) erhält der Vertreter ebenfalls eine Gebühr 0,4. Hierunter fallen bspw. nicht Verhandlungen mit den dinglich Berechtigten (bspw. Ausbietungsverträge).

Bei der Vertretung eines sonstigen Beteiligten erhält der Rechtsanwalt nur eine Gebühr in Höhe von 0,4, die sämtliche Tätigkeiten umfasst.

Neben der Verfahrensgebühr erhält der Rechtsanwalt, als Vertreter des Gläubigers oder aber des Schuldners, eine **gesonderte Gebühr für das Tätigwerden in Einstellungsverfahren** (iHv 0,4 VV 3311 Nr. 6 RVG). Für die Wahrnehmung eines Versteigerungstermins erhält der Rechtsanwalt ebenfalls eine Gebühr, mit der jedoch alle Versteigerungstermine, die wahrgenommen werden, abgedeckt sind. Gem. § 15 Abs. 2 RVG kann der Rechtsanwalt die Gebühren in derselben Angelegenheit nur einmal fordern (Bischof/*Bräuer* RVG VV 3312 Rn. 3). Deshalb ist, auch angesichts der oftmals ergebnislos verlaufenden Termine und damit einer hohen Anzahl derselben, zu empfehlen, mit der Gläubigerin eine gesonderte Vergütungsvereinbarung abzuschließen, die sich an dem jeweiligen Termin ausrichtet. Ist der Rechtsanwalt nur mit der Terminsvertretung beauftragt, erhält er dennoch gesondert neben der Terminsgebühr auch die Verfahrensgebühr (*Stöber* ZVG Einl. Anm. 92).

Bei der Mitwirkung im – gerichtlichen und außergerichtlichen – Verteilungsverfahren erhält der Rechtsanwalt eine zusätzliche Gebühr von 0,4 des Gebührensatzes. Im Zwangsverwaltungsverfahren erhält der Rechtsanwalt jeweils gesondert eine 0,4 Gebühr für die Vertretung des Gläubigers im Anordnungsverfahren oder Zulassungsverfahren zum Beitritt, für die Vertretung eines Gläubigers des Gläubigers einschließlich des Verteilungsverfahrens, die Vertretung eines sonstigen Beteiligten im gesamten Verfahren einschließlich des Verteilungsverfahrens sowie für die Tätigkeit bei Einstellungsanträge sowie bei Verhandlungen zwischen Gläubiger und Schuldner mit dem Ziel der Aufhebung des Verfahrens. Neben diesen Gebühren kann der Rechtsanwalt noch weitere Gebühren geltend machen, die da wären die Einigungsgebühr gem. Nr. 1000 VV RVG in Höhe von 1,5, die Hebegebühr gem. Nr. 1009 VV RVG und außerdem noch Gebühren für außergerichtliche Tätigkeiten (Nr. 2100 bis 2608 VV RVG). Daneben erhält er auch noch den Ersatz seiner Auslagen (Umsatzsteuer, Entgelte für Post- und Telekommunikation, Dokumentenpauschale sowie Reisekosten).

2. Checkliste: Verfahrensablauf

Antrag auf Zwangsversteigerung/Beitritt[1, 2]	**Gläubiger**	
Eingang bei Gericht, Registrierung	**Gericht**	
Prüfen des Antrages	**Gericht**	
Beschlussfassung[3]	**Gericht**	
Zustellung des Beschlusses[4]	**Gericht**	
Eintragungsersuchen zum Grundbuchamt	**Gericht**	

Beschlagnahme		
Rechtsmittel gegen Anordnung/ § 30a ZVG/Vollstreckungsabwehrklage	Schuldner	
Ggf. Bestellung Zustellvertreter[5]	Gericht	
Ggf. Antrag auf Sicherung der ordnungsgemäßen Bewirtschaftung/Beschluss	Gläubiger/Gericht	
Wertfestsetzungsverfahren: • Auftrag an Gutachter zur Wertermittlung[6] • Anhörung erstmals aller Beteiligten[7] • Wertfestsetzungsbeschluss	Gericht	
Terminsbestimmung[8]	Gericht	
Bekanntmachung der Terminsbestimmung im Amtsblatt	Gericht	
Anmeldungen zum Termin: Ansprüche, Rechte, Vorschüsse, Kosten, gesetzliche Löschungsansprüche, abgetretene Rückgewährsansprüche[9]	Beteiligte	
weitere Beteiligte gem. § 9 ZVG/Verhalten/Störer[10]	Beteiligte	
Anträge zum Termin (abweichende Versteigerungsbedingungen etc)[11]	Beteiligte	
§ 41 Abs. 2 ZVG – Mitteilung an alle Beteiligten	Gericht	
Versteigerungstermine (Beispiel!):		
1. Versteigerungstermin – §§ 74a, 85a ZVG[12] Neuer Termin von Amts wegen	Gericht	
2. Versteigerungstermin – § 77 Abs. 1 ZVG[13] Zustellung Beschluss (nur Gläubiger/Schuldner) Antrag auf Fortsetzung des Verfahrens (Frist: 6 Monate)	Gericht Gläubiger	
3. Versteigerungstermin – § 30 Abs. 1 ZVG[14] Zustellung Beschluss (nur Gläubiger/Schuldner) Antrag auf Fortsetzung des Verfahrens (Frist: 6 Monate)	Gericht Gläubiger	
4. Versteigerungstermin – § 30 Abs. 1 ZVG Zustellung Beschluss (nur Gläubiger/Schuldner) Antrag auf Fortsetzung des Verfahrens (Frist: 6 Monate)	Gericht Gläubiger	
5. Versteigerungstermin Kein Gebot – Aufhebung des Verfahrens gem. § 77 Abs. 2 ZVG oder Gebot – Meistgebot – Zuschlag,[15] Zustellung Beschluss an alle Beteiligten, Hinterlegung	Gericht	
Ggf. Antrag auf gerichtliche Verwaltung gem. § 94 ZVG[16]	Gläubiger	
Bestimmung und Bekanntmachung des Verteilungstermins[17]	Gericht	
Vorbereitende Anmeldungen zum Verteilungstermin[18]	Gläubiger	
Aufstellung Teilungsplan	Gericht	
Feststellung der Teilungsmasse	Gericht	
Verteilung des Überschusses	Gericht	
Widerspruch gegen Teilungsplan	Beteiligte	
Verhandlung über den Widerspruch	Beteiligte	

Ausführung des Teilungsplanes:	**Gericht**	
• unbare Auszahlung an die Beteiligten	**Gericht**	
• Forderungsübertragung bei Nichtzahlung des Bargebots	**Gericht**	
Ersuchen um Berichtigung des Grundbuchs gem. § 130 ZVG	**Gericht**	

Anmerkungen

1. Checklisten und Übersichten dienen auch hier dazu, den Überblick nicht zu verlieren und an jeder Stelle des Verfahrens einen aktuellen Überblick/Einblick in das Verfahren zu erhalten. Diese Checkliste kann als Bl. 2 nach dem üblichen Handaktenvorblatt (Parteien, Forderung, Anschriften etc) zur Akte genommen werden.

2. → Form. J. IV. 5.

3. → Form. J. IV. 5.

4. Zustellungen: Alle Zustellungen in den Verfahren des ZVG erfolgen von Amts wegen (§ 3 ZVG). Erfasst sind die Beschlüsse und Verfügungen, soweit das ausdrücklich durch Gesetz bestimmt wird (§§ 22 Abs. 1, 30b Abs. 1, 31 Abs. 3, 32, 41 Abs. 1, 88, 105 Abs. 2 ZVG). Zugestellt wird darüber hinaus immer, soweit eine Terminsbestimmung enthalten oder eine Frist in Gang gesetzt wird oder die Entscheidung einen Vollstreckungstitel bildet oder der sofortigen Beschwerde unterliegt (§ 329 Abs. 2 S. 2 und Abs. 3 ZPO). Ohne eine wirksame Zustellung ist die Durchführung des Verfahrens unmöglich, zumindest erheblich erschwert. Dies ist vielleicht ein Grund dafür, dass viele Schuldner versuchen, sich bewusst dem Zugriff der Vollstreckung zu entziehen.

5. Zustellungsvertreter: Wenn der Aufenthalt desjenigen, welchem zugestellt werden soll, und/oder der Aufenthalt seines Zustellungsbevollmächtigten dem Vollstreckungsgericht nicht bekannt oder die Voraussetzungen für eine öffentliche Zustellung aus sonstigen Gründen (§ 185 ZPO) nicht gegeben sind, so hat das Gericht für denjenigen, welchem zugestellt werden soll, einen Zustellungsvertreter zu bestellen. Die Bestellung eines Zustellungsvertreters soll in der Immobiliarvollstreckung den ungehinderten und sicheren Gang des Verfahrens gewährleisten (§§ 6 ff. ZVG). Die Vorschriften gelten für alle Verfahren des ZVG.

Das gleiche gilt, wenn im Fall der Zustellung die Postsendung als unzustellbar zurückkommt. Diese ist dem Zustellungsvertreter auszuhändigen. Die Möglichkeit ist in ihrer Bedeutung nicht zu unterschätzen. Genannt sei nur der Fall, dass der Wohnsitz im Ausland ins Blaue hinein angegeben wird, obwohl der Schuldner in der Stadt des Vollstreckungsobjektes seinen Lebensmittelpunkt hat. Die Konstruktionen sind vielfältig, gerade deshalb gegenüber dem Vollstreckungsgericht vom Gläubiger nicht darstellbar. Von der Möglichkeit der öffentlichen Zustellung wird immer noch eher zurückhaltend Gebrauch gemacht; schnelle Entscheidungen sind oftmals nicht zu erwarten. Verzögerungen sind durch die Probleme mit der Zustellung für das Verfahren immer gegeben. Daher hat das Instrument des Zustellungsvertreters eine echte Daseinsberechtigung und wird vom Gericht gerne eingesetzt.

Grundsätzlich hat der Zustellungsvertreter die Aufgabe, den Vertreter (nach dessen Tod seine Erben) zu ermitteln und zu benachrichtigen, die ihm zugegangenen Schriftstücke sind auszuhändigen und schlussendlich ist die Ermittlung unverzüglich dem Gericht anzuzeigen. Der Vertreter erhält nahezu alle im Verfahren vorkommenden Zustellungen und Mitteilungen bis auf den Vollstreckungstitel (§ 750 ZPO) sowie die Zustellung des

Anordnungs- und Beitrittsbeschlusses (§ 8 ZVG). Für den Fall, dass Zweifel bestehen, soll an den Vertreter und den Ermittelten zugestellt werden. In der Praxis scheitern die Recherchebemühungen der Zustellungsvertreter meist, so dass sich seine Funktion auf den Empfang der vorbenannten Schriftstücke beschränkt. Mit dem Eingang der (erfolgreichen) Ermittlungsanzeige bei Gericht würde das Amt des Vertreters enden, ebenso wenn das Gericht auf andere Art die Anschrift des Beteiligten erfährt oder das Zwangsversteigerungsverfahren aufgehoben wird. Bei Tod des Schuldners ist der Rechtspfleger nicht verpflichtet, bezüglich der Erbfolge Nachforschungen anzustellen, insoweit erfolgt auch hier die Bestellung eines Zustellvertreters für den unbekannten Erben.

In der Praxis setzt das Gericht meistens eine Person ein, die sich in anderen Bereichen der Immobiliarvollstreckung in der Zusammenarbeit mit dem Gericht bereits bewährt hat (Zwangs- oder Insolvenzverwalter). Die zu bestellende Person muss zur Übernahme bereit sein. Der Zustellungsvertreter wird sodann formlos über die Bestellung informiert (§ 329 Abs. 2 ZPO). Anders als der Insolvenz- und Zwangsverwalter erhält der Zustellungsvertreter keine Bestallung. Gerichtskosten fallen nicht an. Der Zustellungsvertreter hat jedoch einen originären Erstattungsanspruch auf Auslagen und Vergütung gegenüber dem von ihm Vertretenden (§ 7 Abs. 2 S. 2 ZVG).

Gerichtskosten fallen für die Bestellung eines Zustellungsvertreters nicht an. Dieser hat jedoch einen Erstattungsanspruch auf Auslagen und Vergütung gegenüber dem von ihm Vertretenden (§ 7 Abs. 2 S. 2 ZVG). Wenn er von diesem Ersatz nicht erlangen kann, kann er seine Auslagen (nicht die Vergütung) von dem Gläubiger verlangen. Der wiederum kann sie als Kosten der Rechtsverfolgung, die die Befriedigung aus dem Grundstücke bezwecken, in dem Versteigerungs- oder Zwangsverwaltungsverfahren gelten machen (§ 7 Abs. 3 ZVG). Auf Antrag des Vertreters ist der Vergütungsanspruch vom Vollstreckungsgericht festzusetzen, das nach billigem Ermessen entscheidet (§ 7 Abs. 2 ZVG).

6. → Form. J. VII. 3.

7. → Form. J. VIII. 1. (→ Form. J. VII. 2)

8. → Form. J. VIII. 4. (→ Form. J. VIII. 1)

9. Grundsätzlich lässt sich festhalten, dass Beteiligte im Sinne des § 9 ZVG diejenigen sind, deren Interesse sich aus dem Grundbuch ergibt. Allein das macht es erforderlich, das Grundbuch im Vorfeld zur Anordnung eines Zwangsversteigerungsverfahrens gründlich zu studieren. Beteiligte haben eine Vielzahl an besonderen Rechten. Außer dem Gläubiger und dem Schuldner sind es diejenigen, für welche zur Zeit der Eintragung des Vollstreckungsvermerks ein Recht im Grundbuch eingetragen oder durch Eintragung gesichert ist (§ 9 Nr. 1 ZVG). Beteiligt ist weiterhin der, der ein der Zwangsvollstreckung entgegenstehendes Recht, ein Recht an dem Grundstück oder an einem Grundstück belastenden Rechte, einen Anspruch mit dem Rechte auf Befriedigung aus dem Grundstück oder ein Miet- oder Pachtrecht, aufgrund dessen ihnen das Grundstück überlassen ist, bei dem Vollstreckungsgericht anmeldet **und** auf Verlangen des Gerichts oder eines anderen Beteiligten glaubhaft macht (§ 9 Nr. 2 ZVG). Beteiligte können sich jederzeit Informationen über den Fortgang des Verfahrens einholen, ebenso werden sie zur Verkehrswertfestsetzung angehört. Sie können abweichende Versteigerungsbedingungen, ein Gesamtausgebot oder ein Gruppenausgebot oder Sicherheitsleistung verlangen. Beteiligten steht bei Vorliegen der Voraussetzungen zudem das Rügerecht (Zuschlagsversagung) gemäß § 74a Abs. 1 ZVG zu.

Das Maß an Einflussnahme ist nicht zu unterschätzen, letztlich wird der Verfahrensgang im Grunde ausschließlich von den Beteiligten bestimmt. Jeder Beteiligte kann verlangen, dass andere Beteiligte gem. § 9 Nr. 2 ZVG ihr Recht glaubhaft machen müssen, dass eine abgesonderte Versteigerung oder anderweitige Verwertung beantragt werden kann (§ 65 ZVG) oder der Zuschlag nach § 85 ZVG versagt wird (weitere Rechte aus den §§ 74, 88, 94, 97, 105, 115, 146 ZVG). Damit kann ein einzelner Beteiligter, notfalls gegen den

Willen anderer Beteiligter und gegen den Willen des Rechtspflegers, eine bestimmte Maßnahme durchsetzen, verhindern oder beeinflussen. Im Ergebnis kann dieser damit das gesamte Verfahren erheblich lenken (zum erweiterten Beteiligtenbegriff, hier Einbeziehung des Meistbietenden, BGH NJW 2006, 1733).

10. → Form. J. VIII. 6.

11. → Form. J. VI. 1.

12. → Form. J. VI. 1.

13. → Form. J. VI. 1.

14. → Form. J. VIII. 10.

15. → Form. J. VIII. 16.

16. → Form. J. VIII. 13.

17. → Form. J. VIII. 15.

18. → Form. K. I. 5.

3. Abforderung Grundbuchauszug

→ Form. A. IV. 7.

IV. Antrag auf Anordnung der Zwangsversteigerung

1. Antrag aus dinglicher/persönlicher Forderung

An das

Amtsgericht .....[1, 2]

– Vollstreckungsgericht –

Abteilung für Zwangsversteigerung

Zwangsversteigerungsantrag

In der Zwangsvollstreckungssache

..... [Gläubiger]

Antragsteller,

vertreten durch: .....

gegen

..... [Schuldner]

Antragsgegner,

beantragen wir die Anordnung der Zwangsversteigerung

des im Grundbuch von ....., Blatt ....., auf den Namen ....., wohnhaft ..... (Schuldner/Erbe) eingetragenen Grundbesitzes[3]

wegen folgender dinglicher und/oder persönlicher Forderung[4] aus der für den Gläubiger in Abt. III Nr., ... eingetragenen (brieflosen) Grundschuld in Höhe von ..... EUR nebst ..... % Zinsen (jährlich)

Kapitalforderung	..... EUR	(eventuell auch Teilforderung)
..... Zinsen seit dem	..... EUR	
Nebenleistungen	..... EUR	

sowie wegen der Kosten der (dinglichen) Rechtsverfolgung.

Die vollstreckbare Ausfertigung der Urkunde des Notars ..... mit Amtssitz in ....., UR-Nr. ..... vom ..... und die Belastungsvollmacht (Urkunde des Notars ..... mit Amtssitz in ....., UR-Nr. ..... vom .....) jeweils mit Zustellungsnachweis ist beigefügt.[5, 6]

Die vollstreckbare Ausfertigung der ..... erbitten wir nach Anordnung der Zwangsversteigerung zwecks Einleitung weiterer Vollstreckungsmaßnahmen schnellstmöglich zurück.

Rechtsanwalt

Anlage(n):

vollstreckbare Ausfertigung .....
Belastungsvollmacht[7, 8] .....

Anmerkungen

1. Korrekter und vollständiger Antrag (notwendige Angaben): Zwangsversteigerung und Zwangsverwaltung werden **nur** auf Antrag angeordnet (§ 15 ZVG). Zu Beginn der Einleitung des Immobiliarvollstreckungsverfahrens ist zentrales Anliegen des antragstellenden Gläubigers, dass das Verfahren mit erster Antragstellung von dem zuständigen Vollstreckungsgericht in Gang gesetzt wird. Das entspricht dem Anliegen des zuständigen Rechtspflegers, der das Verfahren bei Vorliegen der Voraussetzungen von Amts wegen in Gang zu setzen und durchzuführen hat. Bei der heutigen Arbeitsbelastung kommt es insbesondere für die, die mit der Immobiliarvollstreckung hauptberuflich befasst sind, mehr als je zuvor auf die korrekte und vollständige Antragstellung an. Anträge sollten daher formell und inhaltlich so gestaltet werden, dass diesen ohne weiteres nachgekommen werden kann bzw. nachzukommen ist. Der Rechtspfleger hat die Pflicht, das Verfahren einzuleiten, sofern die Voraussetzungen dafür vorliegen. Es lohnt sich, an dieser Stelle und zu diesem Zeitpunkt Zeit zu investieren. Bei Unsicherheiten, die sich nicht ohne Weiteres beseitigen lassen, ist es ratsam, persönlichen Kontakt mit dem Rechtspfleger aufzunehmen (nicht schriftlich, sondern zunächst gezielt fernmündlich). Das kann spätestens nach Zuteilung eines Geschäfts- und Aktenzeichens erfolgen und führt in der Folge meist dazu, sich rechtzeitig auf die Gepflogenheiten des zuständigen Amtsgerichts und Rechtspflegers in angemessener Form einstellen zu können. Der Rechtspfleger gibt im Übrigen gerne Hinweise (selbstverständlich nur im zulässigen Umfang, § 139 ZPO), da für das jeweilige Verfahren viel Zeit und Aufwand eingespart wird. Spiegelbildlich müsste der Rechtspfleger bei Mängeln im Antrag oder fehlenden Unterlagen mittels Aufklärungsverfügung den Gläubiger auffordern, die Mängel zu beseitigen oder die fehlenden Unterlagen nachzureichen. Oft handelt es sich um leicht zu beseitigende Mängel, fehlende Unterlagen etc, die ohne größeren Aufwand zur Beantragung hätten beigebracht werden können. Der ua mit der Aufklärungsverfügung einhergehende Zeitverlust kann durch geeignete Vorüberlegungen und präzise Vorarbeit vermieden werden.

Entsprechende Hinweise oder Verfügungen des Gerichts werden dem Gläubiger in der Regel nicht von Amts wegen zugestellt (§ 329 Abs. 3 ZPO), weshalb dem – mangelbehafteten – Antrag **keine rangwahrende Wirkung** im Sinne des § 18 GBO zukommt. Dem ursprünglich gestellten Antrag steht damit nicht das Vorrecht vor einem später gestellten, jedoch korrektem (und vollständigem), Antrag zu. Das ist bei persönlichen Ansprüchen von besonderer Bedeutung (*Stöber* Rn. 112; Mohrbutter/Drischler/*Radtke/Tiedemann* Bd. 1 S. 31). Schlimmstenfalls erfolgt die Zurückweisung per Beschluss, der zu begründen ist (das jedoch per Zustellung, § 329 Abs. 3 ZPO). Der Schuldner soll vor Zurückweisen des Antrages nicht gehört werden. Schmerzhaft ist überdies, dass die mit der Ablehnung verbundenen Kosten nicht als notwendige Zwangsvollstreckungskosten anzusehen und insoweit vom Antragsteller zu tragen sind (§ 788 ZPO). Diese Kostenentscheidung ergeht gesondert und wird nicht in den Ablehnungs- bzw. Aufhebungsbeschluss aufgenommen.

Der Antrag auf Zwangsversteigerung wird durch eine anhängige Zwangsverwaltung nicht gehindert (vgl. § 866 Abs. 2 ZPO). Grundsätzlich hat die Beschlagnahme in der Zwangsverwaltung die Bedeutung eines relativen Veräußerungsverbotes (§§ 135, 136 BGB, 772 ZPO). Das gilt jedoch dann nicht, wenn das Veräußerungsverbot gerade auf der Anordnung einer Zwangsvollstreckungsmaßnahme beruht und es um die Zulassung einer anderen Vollstreckungsmaßnahme geht, die gem. § 866 Abs. 2 ZPO gleichberechtigt ist (Mohrbutter/Drischler/*Radtke/Tiedemann* Bd. 1 S. 37). Die Besonderheiten bei parallelem Vorliegen von Zwangsversteigerung und Zwangsverwaltung, was in der Praxis oft vorkommt, ergeben sich insbesondere für das Verteilungsverfahren und werden dort erörtert.

2. Zuständigkeit. Zuständig für die Entscheidung über eine Anordnung der Zwangsversteigerung ist das Vollstreckungsgericht (funktionell der Rechtspfleger, § 20 Nr. 17 RPflG). Gem. § 1 ZVG ist das Vollstreckungsgericht das Amtsgericht, in dessen Bezirk sich das Grundstück befindet.

3. Der **Antrag** muss selbstverständlich die Parteien exakt bezeichnen. Die bloße Änderung des Namens oder der Firma einer Partei steht der Vollstreckung eines Titels dann nicht entgegen, wenn der Gläubiger die Personenidentität dem zuständigen Vollstreckungsorgan durch entsprechende Urkunden zweifelsfrei nachweist. Wenn die Namensänderung bzw. Umfirmierung einer Partei in der Vollstreckungsklausel nicht vermerkt wird, führt dies lediglich dazu, dass das zuständige Vollstreckungsorgan, das zu eigenen Ermittlungen hinsichtlich der Parteiidentität zwar berechtigt, aber nicht verpflichtet ist, die Durchführung der Vollstreckung mit der Begründung verweigern kann, diese Identität lasse sich nicht zweifelsfrei feststellen. Dies hat der Bundesgerichtshof im Falle der Umfirmierung der Bayerischen Hypo- und Vereinsbank AG in die Firma UniCredit Bank AG nochmals bestätigt (NJW-RR 2011, 1335).

Der Antrag soll das Grundstück, den Eigentümer, den Anspruch und den vollstreckbaren Titel bezeichnen. Das Grundstück sollte so genau wie möglich bezeichnet werden. Ratsam erscheint die Benennung der Gemarkung, Flur, Flurstück und Größe. Dies erfolgt in Übereinstimmung mit den grundbuchtechnischen Angaben, vgl. § 28 S. 1 GBO. Bei Wohnungs- oder Teileigentum sollte der Miteigentumsanteil iVm der Benennung des Sondereigentums angegeben werden. Das Grundstück muss grundsätzlich so angegeben werden, dass es als Eigentum des Schuldners mit Sicherheit aus dem Grundbuch festgestellt werden kann. Die Zwangsversteigerung darf nur angeordnet werden, wenn der Schuldner als Eigentümer des Grundstücks eingetragen oder aber Rechtsnachfolger des eingetragenen Eigentümers ist (§ 17 Abs. 1 ZVG). Dem liegt die Vermutung des § 891 BGB zugrunde, wonach bei dem Eingetragenen vermutet wird, dass er der Eigentümer sei. Der im Grundbuch Eingetragene kann gegenüber dem Versteigerungsgericht dann nicht einwenden, dass er nicht Eigentümer sei. Hier muss der tatsächliche, nicht im Grundbuch eingetragene Eigentümer über die Widerspruchsklage gem. den §§ 769, 771 ZPO darauf hinwirken, dass das Vollstreckungsverfahren nicht weiter gegen „falschen" Eigentümer betrieben wird.

Der Schuldner/Eigentümer ist ebenfalls genau zu bezeichnen, was die Nennung der zustellungsfähigen Anschrift des Schuldners erforderlich macht. Eine wichtige Ausnahme davon erfasst die so genannte echte Wiederversteigerung, bei der auch der noch nicht im Grundbuch eingetragene Ersteher als Eigentümer benannt werden kann (§ 133 S. 1 Hs. 2 ZVG). Wenn Vollstreckungsgericht und Grundbuchamt demselben Amtsgericht angehören, genügt zum Nachweis der Eintragung statt eines Zeugnisses des Grundbuchamtes die Bezugnahme auf dessen Grundbuch. Die für den Beginn der Zwangsvollstreckung erforderlichen Urkunden sind beizufügen (§ 16 ZVG). Die Erbfolge ist durch Urkunden glaubhaft zu machen, sofern sie bei dem Gericht nicht offenkundig ist (§ 17 ZVG). Vollmachten sind beizufügen, Prozessvollmachten wirken sowohl auf Gläubiger- wie auch auf Schuldnerseite (§ 81 ZPO). Es genügt dabei die Angabe im Titel. Auch im Zwangsversteigerungsverfahren wird der Mangel der Vollmacht von Amts wegen geprüft, wenn nicht als Bevollmächtigter ein Rechtsanwalt auftritt (§§ 81, 88 Abs. 2 ZPO).

Parteien kraft Amtes. Für die Vollstreckung gegen den Insolvenzverwalter bleibt es bei der Notwendigkeit, dass der Schuldner im Grundbuch eingetragen sein muss. Der Verwalter hat mit Insolvenzeröffnung lediglich die Befugnis, das Grundstück zu verwalten oder über dieses zu verfügen. Dabei muss der Titel in dinglicher Sicht auf den Insolvenzverwalter umgeschrieben und ihm zugestellt werden. Das gleiche gilt für den Nachlasspfleger oder Testamentsvollstrecker (vgl. § 748 ZPO). Will ein persönlicher Gläubiger gegen den Vollstreckungsschuldner die Zwangsversteigerung betreiben, auch wenn dieser nicht als Eigentümer des Grundstücks eingetragen ist, ist dies erst dann möglich, wenn das Grundbuch entsprechend berichtigt wurde. Hier kann der Gläubiger einen Antrag gem. § 14 GBO stellen, wenn der Eigentümer ohne Weiteres die Berichtigung bewilligt oder wenn der Gläubiger den Nachweis der Unrichtigkeit des Grundbuchs in grundbuchmäßiger Form führen kann (§§ 22, 29 GBO). Andernfalls muss der Gläubiger sich vor Beantragung der Zwangsversteigerung den Berichtigungsanspruch des Schuldners pfänden und überweisen lassen (→ Form. I. VII. 34). Der Anspruch ist dann im Klagewege durchzusetzen (§§ 857, 894 BGB, 857 ZPO).

4. Der Anspruch und der vollstreckbare Titel sind zu bezeichnen. Im Rahmen der Bezeichnung des so genannten dinglichen Anspruchs des Gläubigers, der auf Zahlung aus dem Grundstück gerichtet ist (§§ 1113, 1147, 1192 Abs. 1, 1200 Abs. 1 BGB), ist der Geldbetrag des Anspruchs nach Hauptsache, Zinsen und anderen Nebenleistungen sowie Kosten, und eben der Rechtsnatur des Anspruchs (dinglich und/oder persönlich) anzugeben. Für die Bestimmung der Rechtsnatur des Anspruchs genügt die Verweisung auf den Titel. Erfolgt diese nicht oder wird keine weitere Einschränkung angegeben, so umfasst der Antrag alle aus dem Titel sich ergebenen Ansprüche des Gläubigers (*Stöber* ZVG § 16 Anm. 3.4).

5. Die **Belastungsvollmacht** wird häufig bereits mit in den Grundstückskaufvertrag aufgenommen, um so die Finanzierung bis zu einem gewissen Betrag mit einer Grundschuld abzusichern. Hier wird der Verkäufer dadurch abgesichert, dass der Käufer seine Ansprüche auf Auszahlung der Kreditsumme gegen das Kreditinstitut unwiderruflich an ihn abtritt. Wenn es sich hierbei um die Finanzierung des Kaufpreises handelt, darf keinem Zweifel unterliegen, dass der Wert der Belastungsvollmacht sich neben dem Wert des Kaufvertrages nicht besonders auswirken kann (OLG Frankfurt a. M. DNotZ 1977, 503). Bei der Einleitung der Vollstreckung wird die Belastungsvollmacht dem Antrag mit beigefügt.

6. Ebenso ist der vollstreckbare Titel in dem Antrag als urkundliche Grundlage der Zwangsvollstreckung zu bezeichnen. Wegen der Vollstreckungskosten ist der Hauptsachetitel anzugeben, der für deren Beitreibung der Vollstreckungstitel ist (§ 788 Abs. 1 ZPO). Der dingliche Titel auf Duldung der Zwangsvollstreckung aus einem eingetragenen Recht in das angegebene Grundstück ist von dem Gläubiger genau zu bezeichnen. Dies sind entweder die notarielle Unterwerfungserklärung des Schuldners (§ 794 Abs. 1 Nr. 5 ZPO) oder aber die Klage auf Duldung mit anschließendem dinglichem Titel. Der persönliche und der dingliche Vollstreckungstitel mit Vollstreckungsklausel müssen Gläubiger und Schuldner namentlich bezeichnen (§ 750 Abs. 1 ZPO).

Zur Beschlagnahmewirkung → Form. J. V. 1 Anm. 5.

7. Kosten und Gebühren. Gerichtskosten werden nach Nr. 2210 bis 2216 KV GKG geltend gemacht. Das Vollstreckungsgericht erhält für die Entscheidung über den Antrag eine Gebühr iHv 100,00 EUR nach Nr. 2210 KV GKG. Für den Antrag auf Anordnung der Zwangsversteigerung erhält der Rechtsanwalt Gebühren insbesondere nach Nr. 3309 bis 3312, 3500 VV RVG, die Möglichkeit einer Vergütungsvereinbarung besteht gem. § 4 RVG. Der Rechtsanwalt erhält für die Vertretung des Gläubigers die Gebühr Nr. 3311 Nr. 1 VV RVG iHv 0,4 des Gebührensatzes.

8. Fristen und Rechtsmittel. Der Antrag auf Anordnung der Zwangsversteigerung ist nicht fristgebunden. Er kann jederzeit gestellt werden.

Beanstandungsverfügung. Weist der Antrag Mängel auf oder erforderliche Unterlagen fehlen, erlässt das Vollstreckungsgericht von Amts wegen eine Beanstandungsverfügung. Der Gläubiger kann die Beanstandungsverfügung mit der Vollstreckungserinnerung gem. § 766 ZPO anfechten. Dem Schuldner steht kein Rechtsmittel zu, da er nicht beteiligt auch nicht beschwert ist.

Zurückweisungsbeschluss. Gegen den Zurückweisungsbeschluss des Rechtspflegers steht dem Gläubiger das Rechtsmittel der sofortigen Beschwerde innerhalb einer Frist von 2 Wochen gem. § 95 ZVG iVm § 793 ZPO zu. Dem Schuldner steht kein Rechtsmittel zu, da er nicht beschwert ist.

2. Antrag betreffend die Versteigerung eines Erbbaurechts

An das

Amtsgericht . . . . .[1, 2]

Vollstreckungsgericht

Abteilung für Zwangsversteigerung

Zwangsversteigerungsantrag

In der Zwangsvollstreckungssache

. . . . . (Gläubiger)

Antragsteller,

– vertreten durch . . . . .

gegen

. . . . . (Schuldner)

Antragsgegner –

beantragen wir die Anordnung der Zwangsversteigerung

des im Erbbaugrundbuch von . . . . ., Blatt . . . . ., auf den Namen . . . . ., wohnhaft . . . . . (Erbbauberechtigter) eingetragenen Erbbaurechtes[3]

wegen folgender dinglicher Forderung[4] aus der für den Gläubiger in Abt. III Nr., ... eingetragenen (brieflosen) Grundschuld in Höhe von . . . . . EUR nebst . . . . . % Zinsen (jährlich)

Kapitalforderung	EUR	(eventuell auch Teilforderung)
. . . . . Zinsen seit dem	EUR	
Nebenleistungen	EUR	

sowie wegen der Kosten der (dinglichen) Rechtsverfolgung.

Die vollstreckbare Ausfertigung der Urkunde des Notars . . . . . mit Amtssitz in . . . . ., UR-Nr. . . . . . vom . . . . . und die Belastungsvollmacht (Urkunde des Notars . . . . . mit Amtssitz in . . . . ., UR-Nr. . . . . . vom . . . . .) jeweils mit Zustellungsnachweis ist beigefügt.[5]

Die vollstreckbare Ausfertigung der . . . . . erbitten wir schnellstmöglich nach Anordnung der Zwangsversteigerung zwecks Einleitung weiterer Vollstreckungsmaßnahmen zurück.

. . . . .

Antragsteller/Vertreter[6, 7, 8]

Anlage(n):

vollstreckbare Ausfertigung .....
Belastungsvollmacht .....

Anmerkungen

1. In der Theorie zu unterscheiden, in der Praxis nicht häufig vorkommend, ist die Behandlung bei der Unterscheidung zwischen altem Erbbaurecht (vor 22.1.1919) und neuem Erbaurecht (ab 22.1.1919). Generell handelt es sich bei einem Erbaurecht um ein grundstücksgleiches Recht, insoweit kann aus diesem die Zwangsvollstreckung betrieben werden. Wie bei einem „normalen" Antrag sollte auch hier das entsprechende Grundbuch (sog. Erbbaugrundbuch) gründlich studiert werden und sodann gemäß Bestandsverzeichnis in den Antrag auf Zwangsversteigerung übernommen werden. In dem Erbbaugrundbuch kann vereinbart sein, dass eine Veräußerung (und/oder Belastung) nur mit Zustimmung des Grundstückseigentümers erfolgen darf. Die Zustimmung als solche muss spätestens zum Zuschlagstermin eingeholt werden (worden sein). Die Zustimmung ist nicht formbedürftig, sie kann auch zu Protokoll (ggf. im Termin direkt) aufgenommen werden. Verweigert der Grundstückseigentümer die Zustimmung ohne hinreichenden Grund, kann diese ersetzt werden gen. § 7 Abs. 3 S. 1 ErbbauRG (vgl. zB OLG Frankfurt a. M. FGPrax 2012, 89; OLG Hamm FGPrax 2010, 319). Antragsberechtigt ist ua die verfahrensbetreibende Grundpfandrechtsgläubigerin. Ohne die Zustimmung bzw. den Ersatz der Zustimmung darf der Zuschlag nicht erteilt werden.

2. → Form. J. IV. 1 Anm. 2.

3. → Form. J. IV. 1 Anm. 2 sowie → Form. J. IV. 2 Anm. 1.

4. **Anspruch/Titel:** In Ergänzung zu Nr. 1 sei angeraten, dass der Gläubiger schon bei der Beleihung darauf hinwirken sollte, gleich die Zustimmung zur Veräußerung im Veräußerungsfall zu verlangen.

5. → Form. J. IV. 1 Anm. 5.

6. → Form. J. IV. 1 Anm. 6.

7. **Kosten und Gebühren.** → Form. J. IV. 1.

8. **Fristen und Rechtsmittel.** → Form. J. IV. 1.

3. Antrag betreffend die Versteigerung von Wohnungseigentum

An das

Amtsgericht ..... Vollstreckungsgericht

Abteilung für Zwangsversteigerung

Zwangsversteigerungsantrag

In der Zwangsvollstreckungssache

..... (Gläubiger)

Antragsteller –

(vertreten durch .....)

gegen

..... (Schuldner)

Antragsgegner –

beantragen wir die Anordnung der Zwangsversteigerung[1, 2]

des im Wohnungsgrundbuch von ....., Blatt ....., auf den Namen ....., wohnhaft ..... (Eigentümer) eingetragenen Miteigentumsanteil .....[3]

wegen folgender dinglicher/persönlicher Forderung[4] aus dem vorliegenden Vollstreckungstitel für den Gläubiger in Höhe von ..... EUR nebst ..... % Zinsen (jährlich)

Kapitalforderung ..... EUR (eventuell auch Teilforderung)

..... Zinsen seit dem ..... EUR

.....

Nebenleistungen ..... EUR

sowie wegen der Kosten der (dinglichen) Rechtsverfolgung.

Der vollstreckbare Titel des ..... gerichts vom ..... Aktenzeichen ..... jeweils mit Zustellungsnachweis ist beigefügt.[5, 6]

Die vollstreckbare Ausfertigung erbitten wir schnellstmöglich nach Anordnung der Zwangsversteigerung zwecks Einleitung weiterer Vollstreckungsmaßnahmen zurück.

Antragsteller/Vertreter

Anlage(n):

vollstreckbare Ausfertigung .....
Belastungsvollmacht .....

Anmerkungen

1. Seit der WEG-Novelle im Jahr 2007 (BGBl. 2007 I 375) können auch Hausgelder (sog. Wohngelder) im Rahmen der Zwangsversteigerung erleichtert geltend gemacht werden. Es ist darauf zu achten, ob die Teilungserklärung ggfs. eine im Wohnungsgrundbuch eingetragene Einschränkung vorsieht, dass bei Veräußerung des Eigentums die Zustimmung des Verwalters oder aber auch der anderen Wohnungseigentümer notwendig ist. Wie immer sollte vor Antragstellung das Grundbuch gründlich studiert werden. Soweit eine Zustimmung erforderlich ist, darf ohne derer ein Zuschlag nicht erfolgen.

Wohnungs- und Teileigentum sind als rechtlich selbständige Grundstücksbruchteile belastbar. Damit können diese auch eigenständig versteigert werden, §§ 3, 7 WEG. Bei der Vollstreckung in Wohnungseigentum ist auch das Teileigentum sowie Wohnungs- und Teilerbbaurecht erfasst, §§ 1 Abs. 6, 30 Abs. 3 S. 2 WEG. In der Rangklasse des § 10 Abs. 1 Nr. 2 ZVG werden seit der WEG-Novelle des Jahres 2007 (BGBl I S. 375) die so genannten Hausgeldforderungen (Wohngeldforderungen) bevorrechtigt befriedigt. Erfasst sind die „anteiligen" Beiträge der Lasten des gemeinschaftlichen Eigentums oder des Sondereigentums, wozu die Kosten der Instandhaltung, Instandsetzung und solche Beiträge zu der Instandhaltungsrückstellung gerechnet werden, § 21 Abs. 5 Nr. 4 WEG. Weiterhin zählen Kosten der sonstigen Verwaltung und eines gemeinschaftlichen Gebrauchs des gemeinschaftlichen Eigentums dazu, § 16 Abs. 2 WEG. In dem Versteigerungsverfahren über das

Wohnungs- und Teileigentum sind die übrigen Wohnungseigentümer ohne Weiteres Beteiligte, das ohne Anmeldung, wenn sie bereits vor Eintragung des Vollstreckungsvermerkes eingetragen waren. Andernfalls werden sie nur mit einer gesonderten Anmeldung als Beteiligte anerkannt (OLG Stuttgart NJW 1966, 1036).

Der bevorrechtigte Rang ermöglicht bei Vollstreckung in ein Wohnungseigentum die daraus fälligen Ansprüche auf Zahlung der Beiträge zu den Lasten und Kosten des gemeinschaftlichen Eigentums oder des Sondereigentums, die nach §§ 16 Abs. 2, 28 Abs. 2 und 5 WEG geschuldet werden, einschließlich der Vorschüsse und Rückstellungen sowie der Rückgriffansprüche einzelner Wohnungseigentümer im Range vor den nachfolgenden Gläubigern zu befriedigen. Das Vorrecht erfasst die laufenden und die rückständigen Beträge aus dem Jahr der Beschlagnahme und den letzten 2 Jahren, § 10 Abs. 1 Nr. 2 ZVG. Das Vorrecht einschließlich aller Nebenleistungen ist begrenzt auf Beträge auf Beträge in Höhe von nicht mehr als 5 % des gem. § 74a Abs. 5 ZVG festgesetzten Wertes. In der Rangklasse 2 werden nur „fällige" Ansprüche befriedigt. Der Anspruch auf (vorläufige oder endgültige) Lasten- und Kostentragung muss sonach durch Beschluss der Wohnungseigentümer vor dem Eigentumsübergang durch Zuschlag zur Entstehung gelangt sein, § 28 Abs. 5 WEG. Gemäß der Rechtsprechung soll es zulässig sein, dass die Wohnungseigentümer sogar nach dem Zuschlagsbeschluss beschließen, dass ein Rechtsnachfolger, beispielsweise im Wege der Zwangsversteigerung, für Nachforderungen aus Abrechnungen für frühere Wirtschaftsjahre haften soll (BGH Rpfleger 1994, 498; Rpfleger 1988, 1910; OLG Düsseldorf WM 1995, 215; *Storz,* Praxis des Zwangsversteigerungsverfahrens B 2.2.2, S. 122).

2. Antrag und Zustimmung: Die Anmeldung erfolgt durch die Gemeinschaft der Wohnungseigentümer, mithin durch den WEG-Verwalter. Rückgriffansprüche einzelner Wohnungseigentümer werden von diesen jeweils gesondert angemeldet. Bei dem Antrag ist darauf zu achten, dass der Wohnungseigentümer zur Veräußerung seines Wohnungseigentum der Zustimmung der übrigen Wohnungseigentümer oder des Verwalters bedarf, § 12 Abs. 1 WEG. Das gilt auch für die Zwangsversteigerung. Zwar handelt es sich nicht um ein der Zwangsversteigerung entgegenstehendes Recht, § 28 ZVG. Der Zuschlag kann jedoch ohne diese Zustimmung nicht erteilt werden. Im Zweifelsfall kann die Verkündung des Zuschlages ausgesetzt werden, §§ 87, 89 ZVG. Der Anspruch des Wohnungseigentümers auf Zustimmung kann überdies an den Gläubiger abgetreten oder gepfändet und dann überwiesen werden, §§ 857 ff. ZPO. Der Anspruch kann dann gegenüber dem Verwalter oder den übrigen Wohnungseigentümern durchgesetzt werden, wenn die Zustimmung aus sachfremden Gründen verweigert wird (BGH NJW 1960, 2093). In Bezug auf die Zustimmungspflicht des Verwalters oder der übrigen Wohnungseigentümer erscheint es ratsam, dass die Gläubiger bereits vor dem Termin um diese Zustimmung bemüht sind. Bei jeglicher Unsicherheit sollte der WEG-Verwalter zumindest in dem Termin vorhanden sein, um die Zustimmung in dem Termin noch erklären zu können. Die Teilnahme an einem Versteigerungstermin kann bei vernünftiger Auslegung und Abwägung der Gesamtumstände zu den Pflichten eines WEG-Verwalters gehören. Die zustimmende Erklärung kann auf einen konkreten Interessenten bezogen, ebenso aber allgemein gehalten, abgegeben werden.

3. Dauerwohnrecht: Bei der Zwangsversteigerung von Wohnungseigentum tritt des Öfteren die Frage der Belastung des Wohnungseigentums mit einem Dauerwohn- oder Dauernutzungsrecht auf, § 31 WEG. Dieses Recht bleibt bestehen, wenn es im Rang vor dem bestrangig betreibenden Gläubiger steht. Dazu ist zu beachten, dass der Erwerber bei der Veräußerung des Grundstücks an die Stelle des Veräußerers in die sich während der Dauer seines Eigentums aus dem Rechtsverhältnis aus dem Dauerwohnberechtigten ergebenen Rechte eintritt. Das gleiche gilt für den Erwerb aufgrund Zuschlages in der Zwangsversteigerung, wenn das Dauerwohnrecht durch den Zuschlag nicht erlischt, § 38 Abs. 2 WEG. Für das Dauerwohnrecht kann allerdings ausdrücklich vereinbart werden, dass es unabhängig von § 44 Abs. 1 ZVG (geringstes Gebot) bestehen bleibt. Eine solche Vereinbarung muss jedoch im Grundbuch eingetragen sein. Die Vereinbarung im Sinne des § 39 Abs. 1 WEG ist zudem nur wirksam für den Fall, dass der Dauerwohnberechtigte im Zeitpunkt der Feststellung der Versteigerungsbedingungen seine fälligen Zahlungsverpflichtungen gegenüber dem Eigentümer (vollständig) erfüllt hat. Das Fortbestehen des Dauerwohnrechts kann vom Vorliegen weiterer Voraussetzungen abhängig gemacht werden (*Bärmann/Pick* § 39 Rn. 1 ff., 20).

Falls das Gericht nicht zweifelsfrei ermitteln kann, ob die Voraussetzungen des § 39 Abs. 3 WEG in Bezug auf die Frage des Bestehenbleibens des Dauerwohnrechts gegeben sind, muss das Dauerwohnrecht als bedingtes Recht in das geringste Gebot mit aufgenommen werden (*Stöber* ZVG § 44 Anm. 5.27a). Problematisch ist dabei, dass der Bietinteressent ein relativ großes Risiko eingeht und seine Gebote entsprechend reduziert. Insgesamt im Ergebnis geht diese Unsicherheit dann zu Lasten der Gläubiger und des Wohnungseigentümers, was wiederum die Empfehlung nach sich zieht, sich auch in Bezug auf das Dauerwohnrecht vollumfänglich vor dem Termin ausreichend Sicherheit über die rechtliche Lage zu verschaffen.

4. Zur Vollstreckung mit dem Rang gemäß § 10 Abs. 1 Nr. 2 ZVG müssen die dort genannten Beträge die Höhe des Verzugsbetrages des Wohnungseigentumsgesetzes übersteigen, § 18 Abs. 2 Nr. 2 WEG. Hat ein Wohnungseigentümer sich einer schweren Verletzung dem gegenüber anderen Wohnungseigentümern obliegenden Verpflichtungen schuldig gemacht, können diese die Veräußerung des Wohnungseigentums erwirken. Die Voraussetzungen liegen auch dann vor, wenn der Wohnungseigentümer sich mit der Erfüllung seiner Verpflichtungen zur Lasten- und Kostentragung (§ 16 Abs. 2 WEG) in Höhe eines Betrages, der 3 % des Einheitswertes seines Wohnungseigentums übersteigt, länger als 3 Monate in Verzug befindet.

Hat die Wohnungseigentümergemeinschaft das Vorrecht der Zuordnung ihrer Forderungen zu der Rangklasse 2 des § 10 Abs. 1 ZVG in voller Höhe in Anspruch genommen, steht ihr nach der Ablösung der Forderungen dieses Vorrecht in demselben Zwangsversteigerungsverfahren nicht nochmals zu (BGH NJW 2010, 3169). Bei der Vollstreckung in ein Wohnungseigentum können die daraus fälligen Ansprüche auf Zahlung der Beiträge zu den Lasten und Kosten des gemeinschaftlichen Eigentums oder des Sondereigentums geltend gemacht werden. Das Vorrecht ist einschließlich aller Nebenleistungen begrenzt auf Beträge in Höhe von nicht mehr als 5 % des nach § 74a Abs. 5 ZVG festgesetzten Verkehrswert des Versteigerungsobjektes. Diese Ansprüche gehören in die Rangklasse 2. Anders verhält es sich jedoch mit solchen Ansprüchen, derentwegen erneut die Zulassung des Beitritts zum Zwangsversteigerungsverfahren beantragt wird. Zwar gehören solche Ansprüche gegebenenfalls in die Rangklasse 2. Wenn aber die jeweils berechtigte Beteiligte diese Rangklasse mit den früheren, später aber von anderen Beteiligten abgelösten Forderungen, bis zur zulässigen Höhe ausgenutzt hat, können die in dem gleichen Zwangsversteigerungsverfahren weitere Ansprüche der bereits befriedigten vorrangig berechtigten Beteiligten nur der Rangklasse 5 des § 10 zugeordnet werden (BGH NJW 2010, 3169).

Das Überschreiten der Wertgrenze des § 10 Abs. 3 S. 1 ZVG muss in der Form des § 16 Abs. 2 ZVG nachgewiesen werden. Dies geschieht regelmäßig durch Vorlage des Einheitswertbescheides. Die Wohnungseigentümergemeinschaft kann wegen Hausgeldrückstand in der Rangklasse 5 angeordneten Zwangsversteigerungsverfahren später in der Rangklasse 2 beitreten. Dies unter der Voraussetzung, dass die Finanzbehörde dem Vollstreckungsgericht auf sein zu stellendes Ersuchen nach § 54 Abs. 1 S. 1 GKG den Einheitswertbescheid vorlegt und sie die übrigen Voraussetzungen glaubhaft gemacht hat (BGH NJW 2010, 3169).

5. Kosten und Gebühren. → Form. J. IV. 1.

6. Fristen und Rechtsmittel. → Form. J. IV. 1.

4. Antragsrecht des Erben nach §§ 175, 176 ZVG

An das

Amtsgericht .....

Vollstreckungsgericht

Abteilung für Zwangsversteigerung

Zwangsversteigerungsantrag

In der Zwangsvollstreckungssache[1, 2, 3]

..... (Erbe)

– Antragsteller –

(vertreten durch .....)

gegen

..... (Schuldner)

– Eigentümer/Antragsgegner –

beantragen wir die Anordnung der Zwangsversteigerung

des im Grundbuch von ....., Blatt ....., auf den Namen des am ..... verstorbenen Erblassers ....., eingetragenen Grundstücks, Flurstücknummer ..... Wohnhaus, Hofraum, Garten zu ..... m^2

wegen folgender dinglicher/persönlicher Forderungen nebst Grundschuld aus der für den Gläubiger in Abt. III Nr., ... eingetragenen (brieflosen) Grundschuld in Höhe von ..... EUR nebst ..... % Zinsen (jährlich)

Kapitalforderung	EUR	(eventuell auch Teilforderung)
..... Zinsen seit dem	EUR	
Nebenleistungen	EUR	

sowie wegen der Kosten der (dinglichen) Rechtsverfolgung.

Die vollstreckbare Ausfertigung der Urkunde des Notars ..... mit Amtssitz in ....., UR-Nr. ..... vom ..... und die Belastungsvollmacht (Urkunde des Notars ..... mit Amtssitz in ....., UR-Nr. ..... vom .....) jeweils mit Zustellungsnachweis ist beigefügt.[4, 5]

Das Erbe wurde mit Erklärung vom ..... angenommen.

Der Nachlassgläubiger, (genaue Bezeichnung) ....., hat für seine Forderung ..... (genaue Bezeichnung) ein Recht auf Befriedigung aus dem zum Nachlasse gehörenden vorbezeichneten Grundstück.

Die vollstreckbare Ausfertigung der ..... erbitten wir schnellstmöglich nach Anordnung der Zwangsversteigerung zwecks Einleitung weiterer Vollstreckungsmaßnahmen zurück.

.....

[Unterschrift Erbe oder Vertreter]

Anlage(n):

Anmerkungen

1. Sinn der Vorschrift: Für ein zum Nachlass gehörendes Grundstück regelt § 175 ZVG die Voraussetzungen zum Antragsrecht. Ein Nachlassgläubiger kann für seine Forderung ein Recht auf Befriedigung aus einem zum Nachlass gehörenden Grundstück, so kann der Erbe nach der Annahme der Erbschaft die Zwangsversteigerung des Grundstücks beantragen. Antragsberechtigt ist grundsätzlich der Erbe; bei Miterben, jeder der Erben für sich allein. Zu dem Antrag ist jeder andere berechtigt, welcher das Aufgebot der Nachlassgläubiger beantragen kann, § 175 Abs. 1 ZVG. Neben den Erben ist zudem der Testamentsvollstrecker sowie der Nachlasspfleger sowie der Nachlassverwalter antragsberechtigt, wenn diesem die Verwaltung des Nachlassgrundstücks zusteht, § 455 Abs. 2 FamFG. Das Antragsrecht der Erben ist damit nicht ausgeschlossen (*Stöber* ZVG § 175 → Anm. 2). Der Ehegatte ist antragsberechtigt, wenn er nicht Erbe ist und das Nachlassgrundstück zum Gesamtgut einer Gütergemeinschaft gehört, sofern er das Gesamtgut alleine oder auch nur mitverwaltet. Der Ehegatte, der Erbe ist, ist jeweils ohne Zustimmung des Partners ohne Weiteres antragsberechtigt (vgl. § 462 FamFG). Da der Erbe das Ausmaß der persönlichen Erbenhaftung zunächst nicht genau bestimmen kann, solange nicht feststeht, in welcher Höhe Gläubiger aus dem Grundstück Befriedigung erlangen könnten, gewährt § 175 ZVG die Möglichkeit, die Zwangsversteigerung des Nachlassgrundstücks zu verlangen. Luftfahrzeuge unterliegen, ohne dass sie gesondert genannt sind, ebenfalls dem Verfahren gemäß § 175 ZVG.

2. Es muss eine **Nachlassverbindlichkeit** vorliegen. Der Erbe haftet grundsätzlich (persönlich und unbeschränkt) für die Nachlassverbindlichkeiten, § 1967 Abs. 1 BGB. Der erbrechtliche Erwerb tritt kraft Gesetzes mit dem Tode des Erblassers ein. Der Erbe tritt zunächst vorläufig in die gesamte Rechtsstellung des Erblassers ein, § 1942 Abs. 1 BGB. Er erwirbt gleichermaßen das Recht zur Annahme der Erbschaft. Die Annahme ist, anders als die Ausschlagung (§ 1945 Abs. 1 BGB), nicht formbedürftig. In Form einer ausdrücklichen rechtsgeschäftlichen Erklärung ist diese eher selten, meist vollzieht sie sich in Form des bewussten oder unbewussten Ablaufs der Ausschlagungsfrist von sechs Woche, § 1943 f. BGB. Dieser Fristablauf begründet die Fiktion einer Annahmeerklärung (Palandt/*Weidlich* § 1943 Rn. 3).

Der Erbe kann und sollte sich durch Aufgebot der Nachlassgläubiger Kenntnis über die Höhe der Schulden verschaffen, §§ 1979 bis 1974 BGB. Dem Vollstreckungsgericht sollten die Ergebnisse des Aufgebotsverfahrens durch geeignete Unterlagen Kenntnis gebracht werden.

Das Verfahren gemäß § 175 ZVG findet keine Anwendung, wenn der Erbe für die Nachlassverbindlichkeiten unbeschränkt haftet oder wenn der Nachlassgläubiger in dem Aufgebotsverfahren ausgeschlossen ist oder gemäß den §§ 1974, 1989 BGB einem ausgeschlossenen Gläubiger gleichsteht.

3. Für die Zwangsversteigerung nach § 175 ZVG finden die Vorschriften des 1. und 2. Abschnitts des ZVG sowie die §§ 173, 174 entsprechende Anwendung. Daneben gilt speziell für das Antragsrecht des Erben, dass der Antragsteller die Tatsachen, welche sein Recht zur Stellung des Antrags begründen, durch Urkunden glaubhaft zu machen hat, soweit sie nicht bei dem Gericht offenkundig sind, § 177 ZVG. Für die Nachlassinsolvenz soll die Zwangsversteigerung nicht angeordnet werden, wenn die Eröffnung derselben beantragt ist, § 178 Abs. 1 ZVG. Durch die Eröffnung des Nachlassinsolvenzverfahrens wird die Zwangsversteigerung nicht beendigt, für das weitere Verfahren gilt der Insolvenzverwalter als Antragsteller.

Der Beschluss, durch welchen das Verfahren angeordnet wird, gilt nicht als Beschlagnahme. Im Sinne der §§ 13, 55 ZVG ist jedoch die Zustellung des Beschlusses an den

Insolvenzverwalter als Beschlagnahme anzusehen. Das wird regelmäßig in die Beschlussfassung der Vollstreckungsgerichte aufgenommen.

Aufgrund der besonderen Funktion des Verfahrens nach § 175 ZVG wird in dem Anordnungsbeschluss von den Vollstreckungsgerichten meist aufgenommen, dass „die Rechte anzumelden und glaubhaft zu machen sind, falls der Erbe oder der Miterbe widerspricht".

In das geringste Gebot müssen sämtliche an dem Grundstück bestehende Rechte aufgenommen werden. Das entspricht dem Deckungsgrundsatz, §§ 44 ff. ZVG.

Ein Miterbe oder ein weiterer, gemäß § 175 ZVG Antragsberechtigter kann dem Verfahren beitreten. Dies ist grundsätzlich jeder, der das Aufgebotsverfahren der Nachlassgläubiger beantragen kann. Nicht beitreten kann dagegen ein Vollstreckungsgläubiger zu dieser Verfahrensart (*Stöber* ZVG-Hdb. Rn. 691).

4. Kosten und Gebühren. Die Kosten und Gebühren richten sich wie bei der Zwangsversteigerung von Grundstücken gemäß § 54 GKG. Bei der Zwangsversteigerung von Grundstücken sind die Gebühren für das Verfahren im Allgemeinen und für die Abhaltung des Versteigerungstermins nach dem gemäß § 74a Abs. 5 ZVG festgesetzten Wert zu berechnen. Ist ein solcher Wert nicht festgesetzt, ist der Einheitswert maßgebend. Weicht der Gegenstand des Verfahrens vom Gegenstand der Einheitsbewertung wesentlich ab oder hat sich der Wert infolge bestimmter Umstände, die nach dem Feststellungszeitpunkt der Einheitswerte eingetreten sind, wesentlich verändert oder ist ein Einheitswert noch nicht festgestellt, ist der nach den Grundsätzen der Einheitsbewertung geschätzte Wert maßgebend, § 54 Abs. 1 GKG. Falls der Einheitswert nicht nachgewiesen wird, ist das Finanzamt um Auskunft über die Höhe desselben zu ersuchen. § 30 AO steht dieser Auskunft nicht entgegen. Die Gebühr für die Erteilung des Zuschlags bestimmt sich nach dem Gebot ohne Zinsen, für das der Zuschlag erteilt ist. Im Übrigen gelten die grundsätzlichen Anforderungen an die Berechnung der Gerichtskosten.

5. Fristen und Rechtsmittel. → Form. J. IV. 1.

5. Antrag auf Beitritt zum Zwangsversteigerungsverfahren

An das

Amtsgericht . . . . .

– Vollstreckungsgericht –[1, 2]

Antrag auf Beitritt zum Zwangsversteigerungsverfahren

In der Zwangsversteigerungssache

. . . . .

Gläubiger,

vertreten durch: . . . . .

gegen

. . . . .

Schuldner,

Az. . . . . .

beantragen wir aufgrund unserer persönlichen/dinglichen Forderung aus der für den Gläubiger in Abt. III Nr., ... eingetragenen (brieflosen) Grundschuld in Höhe von . . . . . EUR nebst . . . . . % Zinsen (jährlich)

den BEITRITT zu dem oben bezeichneten Zwangsversteigerungsverfahren wegen folgender Ansprüche:

in Höhe von	. . . . . EUR
. . . . . Zinsen seit dem	. . . . . EUR
Nebenleistungen	. . . . . EUR

sowie die Kosten der (dinglichen) Rechtsverfolgung zuzulassen.

Die vollstreckbare Ausfertigung des . . . . . (Titel/Urkunde) mit Zustellungsnachweis ist beigefügt.

Die vollstreckbare Ausfertigung der . . . . . erbitten wir schnellstmöglich nach Zulassung des Beitritts zwecks Einleitung weiterer Vollstreckungsmaßnahmen zurück.

Rechtsanwalt[3, 4]

Anlage

vollstreckbare Ausfertigung . . . . .

Anmerkungen

1. Der Beitritt (§ 27 Abs. 1 ZVG). Wird nach der Anordnung der Zwangsversteigerung ein weiterer Antrag auf Zwangsversteigerung des Grundstücks gestellt, so erfolgt anstelle des Anordnungsbeschlusses die Anordnung der Zulassung des Beitritts des nachfolgenden Antragstellers zu dem Verfahren. Eine Eintragung dieser „Anordnung“ in das Grundbuch findet nicht statt (§ 27 Abs. 1 S. 2 ZVG). Der Beitritt wird daher (nur) mit der Zustellung des Beitrittsbeschlusses an den Schuldner wirksam. Für das Wirksamwerden gilt § 22 Abs. 1 S. 2 ZVG nicht, da es an einer eigenständigen Eintragung mangelt. **Achtung:** Zuzustellen ist auch an den Zwangsverwalter.

Der Beitrittsgläubiger hat dieselben Rechte wie derjenige, der den ersten Antrag gestellt hat (§ 27 Abs. 2 ZVG). Der Beitrittsantrag unterliegt daher den gleichen Anforderungen wie der Versteigerungsantrag. Allerdings muss der Eintragungsnachweis (§ 17 ZVG) nur dann geführt werden, wenn das Eigentum in der Zwischenzeit gewechselt hat (*Stöber* ZVG § 27 Anm. 3.2). Das ursprüngliche Verfahren mit allen Wirkungen (Beschlagnahme) bleibt bestehen und gilt zugunsten der später beitretenden Gläubiger fort, auch wenn das Verfahren des (ersten) Anordnungsgläubigers aufgehoben wird. Falls vor der Zustellung des Beitrittsbeschlusses eines nur persönlichen Gläubigers, jedoch nach der Eintragung des Zwangsversteigerungsvermerks, ein dingliches Recht neu in das Grundbuch eingetragen wird, so bleibt diese Eintragung dem persönlichen Gläubiger gegenüber wirksam (§ 10 Abs. 1 Nr. 4 ZVG). Liegen mehrere Beschlagnahmen vor, ist für die Abgrenzung laufender und rückständiger wiederkehrender Leistungen die Erste maßgebend (§ 13 Abs. 4 ZVG). Danach besteht die erste Beschlagnahme auch zugunsten des beitretenden Gläubigers. Falls vor der Anordnung der Zwangsversteigerung eine Zwangsverwaltung bis zum Zeitpunkt der Anordnung fortgedauert hat, gilt die für diese bewirkte Beschlagnahme als die Erste (§ 13 Abs. 4 S. 2 ZVG). Jeder weitere Versteigerungsbeschluss ist selbständig und unabhängig von dem Betreiben anderer Gläubiger in demselben Verfahren zu sehen (RGZ 125, 24, 30). Die Frage des Vollstreckungsschutzes ist jedem neuen Beitritt jeweils neu zu prüfen (§ 30a ZVG).

Mehrere selbständige Verfahren und der Einfluss auf die Einstellungsmöglichkeiten. Die Unabhängigkeit der einzelnen Verfahren verschiedener Gläubiger führt dazu, dass einstweilige Einstellungen oder Aufhebungen einzelner Verfahren die „anderen Verfahren“ und damit das Verfahren insgesamt nicht berühren. Dies gilt für die gesamte Dauer der Zwangsversteigerung und selbst für den gleichen Gläubiger, der beispielsweise aus einer dinglichen Forderungen und einer persönlichen Forderung das Zwangsversteigerungsverfahren betreibt. Trotz rechtskräftigen Wertfestsetzungsbeschlusses (§ 74a Abs.,V ZVG) kann dieser von dem (neuen) Beitrittsgläubiger mit der sofortigen Beschwerde angefochten werden. Daher muss eine besondere Zustellung erfolgen, damit die Beschwerdefrist zu laufen beginnt (§§ 574, 577 Abs. 2 S. 1 ZPO). Fraglich ist, ob derselbe Gläubiger aufgrund der gegenseitigen Unabhängigkeit der Verfahren nach dessen „zweiten“ Beitritt zu dem bereits festgesetzten Verkehrswert nochmals zu hören ist und ob er sogar eine zusätzliche Beschwerdemöglichkeit hat (vgl. *Storz* Anm. C 1.4.3).

Anordnungs- und Beitrittsbeschluss unterscheiden sich dahingehend, dass nach Anordnung einer weiteren Zwangsversteigerung nicht noch einmal ein Anordnungsbeschluss, sondern ein Beitrittsbeschluss erlassen wird. Für ein und dasselbe Grundstück ist kein zweites Verfahren zu eröffnen, weshalb für jede weitere Anordnung in ein bestehendes Verfahren nur ein Beitritt zum ersten Verfahren erfolgt. Der Antrag auf Beitritt kann von einem neuen, oder aber von dem bereits betreibenden Gläubiger, gestellt werden. Letzterer stellt den Antrag meist aus einem weiteren Recht, einem Teilbetrag oder aus Zinsansprüchen. Dies erfolgt in der Praxis meist dann, wenn das Erstverfahren kurz vor Aufhebung des Verfahrens steht, die Beschlagnahme bzw. das Recht dadurch nicht erloschen soll.

Der Gläubiger ist mit Beitritt sofort Beteiligter und fortan kontinuierlich an dem Verfahren von Amts wegen zu beteiligen (§ 9 ZVG). Damit kann er jederzeit aktiv eingreifen und sein Verfahren steuern. Zudem bleibt, auch wenn das ursprüngliche Verfahren aufgehoben wird, das Verfahren des Beitrittsgläubigers bestehen. Die dinglichen Gläubiger nehmen bei einem ausreichenden Erlös immer an der Erlösverteilung teil, so dass ein Beitritt zB für sie nicht erforderlich wäre, wenn das dingliche Recht ohne Beitritt innerhalb des geringsten Gebots bestehen bliebe und auch sonst kein Interesse an der Zwangsversteigerung bestünde. Nur wenn absolute Gewissheit darüber besteht, dass kein Ausfall entstehen kann, erübrigt sich damit der Beitritt (*Storz* Anm. C 1.4.3). Insbesondere bei einstweiligen Einstellungen, die für den Fall des Unterlassens der Antragstellung auf Fortsetzung innerhalb von 6 Monaten zur Aufhebung des Verfahrens führen (§§ 30, 31 ZVG), macht sich der nicht beigetretene Gläubiger in hohem Maße abhängig von den anderen verfahrensbetreibenden Gläubigern. Ohne den aktiven Eintritt in das Verfahren verjähren zudem die Zinsen. Das wird durch den Beitritt verhindert.

Im Ergebnis erscheint es meist besser, einem Verfahren beizutreten, zumal die Kostenfrage im Beitrittsfalle eine deutlich geringere Rolle spielt. Die Kosten stehen an gleicher Rangstelle wie der Hauptanspruch (§ 10 Abs. 2 ZVG) und können wie dieser geltend gemacht werden. Eine Ausnahme bilden Vorschüsse, die regelmäßig vorab der Masse entnommen werden.

Zum Rechtsschutzbedürfnis und eingeschränkten Befriedigungsaussichten. Bei der Beitrittsentscheidung müssen die gleichen Voraussetzungen vorliegen wie bei der erstmaligen Entscheidung über die Anordnung der Versteigerung. Das gilt auch für die Voraussetzungen des Rechtsschutzbedürfnisses. Oft werden Beitrittsanträge wegen persönlicher Forderungen gestellt, obwohl hinsichtlich dieser Forderungen angesichts der Vorlasten des Grundstücks keinerlei Aussichten auf Befriedigung bestehen. Es stellt sich die Frage, ob das Rechtsschutzbedürfnis trotz offensichtlicher Aussichtslosigkeit gegeben ist. Diese Frage stellt sich ebenso für den Fall, dass der Gläubiger eine bessere Alternative hat oder aber der Wert der Forderung (un-)verhältnismäßig gering ist. Nach herrschender Meinung hat der Gläubiger schon bei einer sehr geringen Forderung das Recht auf die Vollstreckung in die Immobilie (*Stöber* ZVG-Hdb. Rn. 111). Das Rechtsschutzbedürfnis leitet sich aus dem formal gestalteten Vollstreckungsrecht und dem Recht des Gläubigers auf Durchsetzung seiner durch den Vollstreckungstitel begründet ausgewiesenen Geldforderung ab. Zu bedenken ist, dass der in bedrängten Verhältnissen lebende Schuldner eine Bagatellforderung aufbringen kann, so dass die zwangsweise Durchsetzung des Gläubigeranspruchs gegen ihn möglich bleiben muss (OLG Düsseldorf NJW 1980, 1171). Bezogen auf die offensichtlich aussichtslosen Befriedigungsversuche persönlicher Forderungen bei entsprechend vorbelasteten Grundstücken fällt die Entscheidung deutlich schwerer. Viele Vollstreckungsgerichte neigen dazu, das Rechtsschutzbedürfnis zu verneinen, wenn die Aussichtslosigkeit offensichtlich ist. Oft kann das Vollstreckungsgericht, anders als zum Zeitpunkt der Anordnung, im Beitrittsstadium deutlicher einschätzen, wie die tatsächlichen Befriedigungschancen aussehen. Zu diesem Zeitpunkt ist oft schon der Verkehrswert festgesetzt, die meisten Anmeldungen liegen vor und ggfs. hat der Rechtspfleger weitere Informationen hinsichtlich des Versteigerungsobjektes.

Das Rechtsschutzbedürfnis ist für die Beurteilung aller Maßnahmen im Zwangsversteigerungsverfahren deutlich formaler zu sehen als an anderer Stelle. Das liegt an dem bereits benannten Prinzip, dass der Gläubiger gegenüber dem Staat den Anspruch hat, dass (nur) dieser seine Rechte durchsetzt. So kann einem Gläubiger an schlechter Rangstelle auch bei hohen Vorbelastungen des Objektes das Rechtsschutzbedürfnis nicht abgesprochen werden mit der Begründung, dass der Gläubiger voraussichtlich keine Befriedigung erlangen wird. Ein Versteigerungsantrag darf daher nicht abgelehnt werden. Ähnliche Überlegungen gelten, wenn für das Grundstück wegen etwaiger Baubeschränkung, Bauverbote oder aus anderen Gründen, auch bezogen auf die Lage des Objektes, alles dafür spricht, dass dieses derzeit nur schwer veräußerbar wäre. Zwar muss der Rechtspfleger das Vorliegen des Rechtsschutzbedürfnisses immer prüfen, allerdings dürfte seinem Ermessen dabei eine Grenze gesetzt sein, als dass er nicht darüber zu urteilen hat, wie die einzelnen Aspekte und Kriterien, die für eine Verwertung und eine Erlöserzielung des Objektes stets von Bedeutung sind, zusammenwirken. Schließlich fehlt das Rechtsschutzbedürfnis nicht deshalb, weil der Gläubiger sich möglicherweise aus anderen Objekten des Schuldners rascher befriedigen könnte. Zu bedenken ist auch, dass der Gläubiger durch die Möglichkeit der Anordnung der Zwangsversteigerung oder der Zulassung zu einem bereits bestehenden Zwangsversteigerungsverfahrens und der damit verbundenen Grundstücksbeschlagnahme aus dem Erstverfahren (§ 20 Abs. 1 ZVG) eine Befriedigungschance weit in die Zukunft hineinreichend, mit aussichtsreicherer Rangstelle zugesprochen bekommt (§§ 10 Abs. 1 Nr. 5, 11 Abs. 2 ZVG). Wer will für die Zukunft entscheiden, ob die heute anzustellenden Kriterien dann noch fortgelten? Zudem haben wir es mit einer Vollstreckungsmaßnahme zu tun, der bestimmte Lebenssachverhalte, das Erkenntnisverfahren ua Prozesse vorangegangen sind, an denen der Schuldner beteiligt war und für die er einzustehen hat. Nicht hinnehmbar ist es, wenn der Schuldner alle Vorteile der Rechtsgeschäfte bis zu etwaig negativen Entwicklungen genießen könnte, im Abwicklungs- und Vollstreckungsfalle die Verantwortung alleine die Gläubiger tragen müssten. Den Rechtspfleger treffen besondere Aufklärungspflichten gegenüber allen Beteiligten. Das Gericht muss dabei stets den Anschein der Parteilichkeit meiden. Zu einer rechtlichen Beratung ist es nicht verpflichtet oder berechtigt. Das hat der BGH in Bezug auf die unterlassene Aufklärung zur Zuschlagsaufhebung nochmals deutlich gemacht (BGH Beschl. v. 4.3.2010 – V ZB 143/09).

Zentrale Überlegungen für Vollstreckung und Beitritt. Die Erfahrung zeigt, dass der Schuldner oft erst nach Ausschöpfung aller vollstreckungsrechtlichen Maßnahmen Zahlungen leistet. Zumindest wird der Schuldner, der vorher erheblichen Widerstand gegen oftmals sinnvolle Maßnahmen (wie beispielsweise eine ordentliche Bewirtschaftung im Rahmen der Zwangsverwaltung), durch eine ordnungsgemäß eingeleitete gerichtliche Maßnahme wie der Versteigerung oder der Zwangsverwaltung dieser nicht weiter vehement und nachhaltig entgegentreten. Der Schwerpunkt der Prüfung seitens des Vollstreckungsgerichts liegt insoweit weniger auf der Frage, ob dem Vollstreckungsantrag des Gläubigers das Rechtsschutzbedürfnis fehlt. Vielmehr zeigt die Erfahrung, dass zweckwidrige und nicht schutzwürdige Ziele weniger von den Gläubigern, als oftmals von Schuldnern, die mit aller Kraft gegen den Verlust des Eigentums des lieb gewonnenen Objektes kämpfen, verfolgt werden. Der Schuldner erhält zudem immer noch durch die Möglichkeiten des Vollstreckungsschutzes Hilfe.

2. → Form. J. IV. 1 Anm. 2.

3. Kosten und Gebühren. Gerichtskosten werden nach Nr. 2210 bis 2216 KV GKG geltend gemacht. Das Vollstreckungsgericht erhält für die Entscheidung über den Antrag eine Gebühr iHv 100,00 EUR nach Nr. 2210 KV GKG. Der Rechtsanwalt, der einen weiteren Gläubiger (Beitrittsgläubiger) im Verfahren auf Zulassung des Beitritts zur Zwangsverwaltung vertritt, erhält die Gebühr gem. Nr. 3311 Nr. 1 VV RVG in Höhe von 0,4 des Gebührensatzes.

4. Fristen. Der Antrag auf Beitritt zum Zwangsversteigerungsverfahren kann nach Anordnung der Zwangsversteigerung bzw. nach Schluss der Versteigerung bis zur Erteilung des Zuschlags (§ 73 Abs. 2 ZVG) gestellt werden.

6. Antrag auf Wiederversteigerung

An das

Amtsgericht . . . . .

– Vollstreckungsgericht –[1, 2]

Antrag auf Wiederversteigerung

In der Zwangsversteigerungssache

. . . . .

Gläubiger,

vertreten durch: . . . . .

gegen

. . . . .

Schuldner,[3]

im Grundbuch noch eingetragener Eigentümer: . . . . .

Az. . . . . .

beantragen wir die Anordnung der Wiederversteigerung aus der uns im Verteilungstermin vom . . . . . übertragenen Forderung (persönlicher Anspruch) in Höhe von . . . . . EUR nebst . . . . . % Zinsen hieraus seit dem . . . . . und aus den hierfür noch einzutragenden Sicherungshypotheken (dinglicher Anspruch).

Begründung:

In dem oben benannten Zwangsversteigerungsverfahren wurde am . . . . . dem Ersteher . . . . . für sein Meistgebot in Höhe von . . . . . EUR der Zuschlag erteilt.

Der Meistbietende hat das Bargebot nicht belegt und bis heute keine Zahlungen an uns auf die übertragene Forderung geleistet, so dass nunmehr die Wiederversteigerung geboten ist.

Für eine umgehende Anordnung wären wir dankbar.

Nach Anordnung des Verfahrens bitten wir um Zusendung einer vollstreckbaren Ausfertigung des Zuschlagsbeschlusses für unsere Forderung.

.....

Rechtsanwalt[4]

Anmerkungen

1. Die **erneute Vollstreckung** (§ 133 ZVG) unterscheidet sich von der echten Zwangsversteigerung dadurch, dass der Gläubiger weniger Voraussetzungen gegenüber dem echten Versteigerungsverfahren zu beachten hat. Dieses vereinfachte Verfahren wird meist als **Wiederversteigerung** bezeichnet. Ein Begriff, der im ZVG nicht vorkommt, aber diesen Schritt als Konsequenz des vorangegangenen – fehlgeschlagenen – Verfahrens gut umschreibt. Die Wiederversteigerung ist ein neues, selbständiges Verfahren. Das alte Verfahren wird nicht fortgesetzt. Grundlage für die Wiedervollstreckung sind die gem. § 118 ZVG übertragenen Forderungen und Sicherungshypotheken gegen den Ersteher. Die Wiederversteigerung gilt für alle Versteigerungsverfahren des ZVG. Fristen unterliegt der Antrag auf Wiederversteigerung nicht, jedoch ist § 118 Abs. 2 S. 2 ZVG unbedingt zu beachten (su). Erforderlich für die Wiederversteigerung ist der mit der Klausel versehende Zuschlagsbeschluss (§§ 133 S. 1, 132 ZVG). Erleichterung ist vor allem darin zu sehen, dass die Zwangsvollstreckung in das Grundstück gegen den Ersteher ohne Zustellung des vollstreckbaren Titels oder der nach § 132 ZVG erteilten Vollstreckungsklausel zulässig ist und sie zudem erfolgen kann, ohne dass Ersteher als Eigentümer eingetragen ist (§ 133 S. 1 ZVG). Auch der Vorlage eines gem. § 17 Abs. 2 ZVG bezeichneten Zeugnisses bedarf es nicht, so lange das Grundbuchamt noch nicht um die Eintragung des Erstehers ersucht ist (§ 133 S. 2 ZVG).

Die **Übertragung der Forderung und Befriedigungswirkung** ist eine zwangsläufige Folge dessen, dass das Bargebot vom Ersteher nicht belegt wurde. Die Übertragung der Forderung ist weitere Folge der Ausführung des Teilungsplanes. Im Fall des § 69 Abs. 2 ZVG ist der für mithaftend erklärte Bürge zu berücksichtigen, so dass die Forderung gegen den Ersteher und gegen den Bürgen mitübertragen wird. Allerdings ist nicht der Bürge, sondern der Ersteher Schuldner im Wiederversteigerungsverfahren. Gegen den Bürgen kann nur persönlich vollstreckt werden. Hierzu ist eine entsprechende vollstreckbare Ausfertigung des Zuschlags gegen diesen und die Zustellung erforderlich.

Übertragung und Mitübertragung erfolgen durch Anordnung des Gerichtes (§ 118 Abs. 1 ZVG). Die Übertragung der Forderung gegen den Ersteher wirkt wie Befriedigung aus dem Grundstück durch die vorher erfolglos verlaufende Zwangsversteigerung (§ 118 Abs. 1 ZVG). Der Gläubiger muss beachten, dass die Befriedigungswirkung automatisch in Folge der Übertragung bewirkt wird. Nur, wenn vor dem Ablauf von **drei Monaten** der Berechtigte dem Gericht gegenüber den Verzicht auf die Rechte aus der Übertragung erklärt oder die Zwangsversteigerung beantragt, tritt diese Wirkung nicht ein (§ 118 Abs. 2 S. 2 ZVG).

Spätere Eintragung des Erstehers notwendig. Die vorbenannte Erleichterung, dass der Ersteher noch nicht eingetragener Grundstückseigentümer sein muss, auch nicht bei der Vollstreckung des dinglichen Anspruchs aus der Sicherungshypothek, gilt nur für die Anordnung der erneuten Versteigerung, nicht jedoch für den weiteren Verlauf des Verfahrens. Sie gilt damit nicht für die Bestimmung des Versteigerungstermins und die weitere Verfahrensdurchführung. Nach herrschender Meinung ist die Voreintragung des Erstehers für die weitere Versteigerung und einen späteren Zuschlag notwendig (Steiner/*Eickmann* § 133 Rn. 11). Bei der Wiederversteigerung als eigenständiges Verfahren muss, wie in anderen Fällen auch, die Unbedenklichkeitsbescheinigung des Finanzamtes beigebracht werden. Da der Ersteher, der schon das Bargebot nicht belegt hat, kaum Bemühungen zeigen wird, um als Eigentümer im Grundbuch eingetragen zu werden, will eine Mindermeinung die Zwangsversteigerung ohne Voreintragung zulassen (LG Frankenthal Rpfleger 1997, 35). Der herrschenden Meinung folgend kann das Versteigerungsgericht selbst um Erteilung der Unbedenklichkeitsbescheinigung beim Finanzamt ersuchen. Dabei ist diesem Ersuchen in der Regel stattzugeben (*Hintzen*/Wolf Rn. 11.1050). Dagegen ist nichts einzuwenden, da die Wiederversteigerung den Erwerb und die damit verbundene Steuerverpflichtung aus der vorausgegangenen Versteigerung rückgängig macht (BFH DB 1989, 206).

Erneute Beschlagnahme und Anmeldung. Das neue Verfahren ist selbständig, weshalb ein neuer Versteigerungsvermerk einzutragen ist. Ebenso stellt sich die Beschlagnahme neu ein, insoweit ist es auch einleuchtend, dass die Schuldnerbelehrung gem. § 30b ZVG erneut zuzustellen ist. Die Beteiligten im Sinne des § 9 ZVG sind nunmehr andere als zuvor. Der frühere Eigentümer und die im Teilungsplan nicht zum Zug gekommenen Berechtigten sind nicht mehr Beteiligte. Die Anmeldungen zu dem vorausgegangenen Versteigerungsverfahren haben jetzt keinerlei Wirkung mehr. Die Anmeldungen für das geringste Gebot (§ 45 ZVG) und für den Teilungsplan (§ 114 ZVG) sind erneut und rechtzeitig durchzuführen (§§ 37 Nr. 4, 110 ZVG). Auf das im Vorverfahren erstellte **Verkehrswertgutachten** kann, wenn es nicht zu alt ist (nicht zuletzt aus ökonomischen Gesichtspunkten) zurückgegriffen werden.

2. **Zuständigkeit.** → Form. J. IV. 1 Anm. 2.

3. Die Wiederversteigerung richtet sich gegen den Ersteher als den nunmehrigen Eigentümer des Grundstücks, nicht gegen den früheren Vollstreckungsschuldner (und vormaligen Eigentümer).

4. **Kosten und Gebühren.** Gerichtskosten werden nach Nr. 2210 bis 2218 KV GKG geltend gemacht. Das Vollstreckungsgericht erhält für die Entscheidung über den Antrag eine Gebühr iHv 100,00 EUR nach Nr. 2210 KV GKG. Für den Antrag auf Wiederversteigerung erhält der Rechtsanwalt Gebühren nach dem RVG, insbesondere Nr. 3309 bis 3312 VV RVG, insbesondere nach Nr. 3311 VV RVG iHv 0,4 des Gebührensatzes und für das Beschwerdeverfahren nach Nr. 3500 VV RVG.

Fristen

Es gibt keine Frist für die Einleitung einer Wiederversteigerung.

7. Antrag auf Verbindung von Zwangsversteigerungsverfahren gem. § 18 ZVG

An das

Amtsgericht . . . . .[1]

– Zwangsvollstreckungsabteilung –

Zwangsversteigerungsverfahren gegen . . . . .

Az. aller Zwangsversteigerungsverfahren . . . . .

Sehr geehrte Damen und Herren,

in vorbezeichneter Angelegenheit wird aus Gründen der Zweckmäßigkeit beantragt, die oben genannte Zwangsversteigerungsverfahren gem. § 18 ZVG zu verbinden.[2]

Begründung:

Die Verbindungsvoraussetzungen[3] sind gegeben, da die Zwangsversteigerung mehrerer Grundstücke wegen einer Forderung gegen denselben Schuldner betrieben wird.

Darüber hinaus ist die Verbindung der Verfahren zweckmäßig[4] und sachdienlich. So lässt die Versteigerung der Grundstücke in einem Verfahren mit möglichem Gesamtausgebot einen höheren Erlös erwarten.

Es wird daher höflich gebeten, dem Verbindungsantrag zu entsprechen.

Sollten Sie anderer Ansicht sein, wird freundlichst um kurze Angabe der Gründe gebeten.

Bei Fragen stehen wir selbstverständlich gern zur Verfügung.

. . . . .

Rechtsanwalt[5, 6]

Anmerkungen

1. Zuständigkeit. Gem. §§ 1 oder 2 ZVG ist unabdingbare Voraussetzung die gemeinsame Zuständigkeit des Vollstreckungsgerichts. Selbst wenn bei zu verbindenden Verfahren verschiedene Vollstreckungsgerichte zuständig sind, kann das höhere Gericht einerseits über die Zuständigkeit des Gerichts und sodann über die Verbindung entscheiden (§ 2 Abs. 2 ZVG; vgl. hierzu BayObLG Rpfleger 1990, 131).

2. Grundsätzlich sind einzelne Grundstücke oder Grundstücksbruchteile und grundstücksgleiche Rechte einzeln bzw. getrennt zu versteigern (das sog. Prinzip der Einzelversteigerung, § 63 ZVG). Die Möglichkeit einer Verbindung mehrerer Verfahren gem. § 18 ZVG stellt eine Ausnahme dar und muss beantragt werden. Die Verbindung erfolgt meist auf Wunsch des Gläubigers, hier aus verfahrensökonomischen Gründen. Der Antrag kann aber auch vom Schuldner oder einem sonstigen Beteiligten (gem. § 9 ZVG) gestellt werden. Zudem kann das Vollstreckungsgericht von Amts wegen die Verbindung mehrerer Verfahren veranlassen. Das Vollstreckungsgericht entscheidet über den Antrag nach Prüfung des Vorliegens der Voraussetzungen für die Verbindung nach pflichtgemäßem Ermessen unter Abwägung der Interessen aller Beteiligten. Die Abwägung sollte vor dem Hintergrund der Zweckmäßigkeit und Sachdienlichkeit vorgenommen werden, meist wird § 18 ZVG von den Gerichten eher restriktiv ausgelegt, so dass der Antrag nachvollziehbar begründet werden sollte.

3. Voraussetzungen. Die Verfahrensverbindung ist unter folgenden Voraussetzungen möglich:

- gleicher Schuldner (Schuldneridentität): Zwangsversteigerung von mehreren Grundstücken wird betreiben, bei denen der Schuldner identisch ist;
- gleiches Recht (Identität des Rechts): Zwangsversteigerung mehrerer Grundstücke wegen eines an jedem der Grundstücke bestehenden Rechts;
- Gesamtschuldner: wenn die Zwangsversteigerung gegen mehrere gesamtschuldnerisch haftende Schuldner vollstreckt wird.

4. Zweckmäßigkeit. Die Verbindung verschiedener Verfahren muss zweckmäßig sein. Zweckmäßig ist eine Verbindung hauptsächlich dann, wenn ein höherer Versteigerungserlös erzielt werden kann (hier nämlich ua auch die Möglichkeit, neben den Einzelausgeboten auch Gesamtausgebote zulassen zu können) und nebensächlich, dennoch nicht zu unterschätzen, vor dem Hintergrund der Kostenersparnis. Aber auch unter prozessökonomischen Gesichtspunkten sollte eine Verbindung mehrerer Verfahren geprüft werden.

Dem BGH folgend soll die zeitgleiche Versteigerung mehrerer Grundstücke durch das Vollstreckungsgericht auch dann zulässig sein, wenn die Voraussetzungen für eine Verbindung der Verfahren nach § 18 ZVG nicht vorliegen (BGH NJW 2007, 2995; krit. *Hasselblatt/Wojtkowiak* NJW 2007, 2998). Auf den ersten Blick scheint die Entscheidung des BGH erfreulich, vor allem ökonomische und prozessfördernde Aspekte (Verfahrensbeschleunigung oder Arbeitsentlastung der Gerichte) sprechen zunächst dafür. Die Hoffnung auf eine Prozessbeschleunigung kann die Zulässigkeit der Mehrfachversteigerungen nicht wirklich stützen, da das Gebot der Durchführung eines fairen Verfahrens und der Verhältnismäßigkeit außer Acht gelassen wird. Anders als der BGH argumentiert, wird durch zeitgleiche Versteigerung mehrerer „Immobilien" in einem Termin der Interessent mit sehr vielen, rechtlich erheblichen Informationen zu verschiedenen Sachverhalten, die alle zu dem Erwerb einer Immobilie durch einfachen Zuschlag führen können, konfrontiert. Gänzlich unbeachtet lässt der BGH, dass der Informationsaustausch im Gerichtssaal nahezu vollständig mündlich erfolgt. So sinnvoll eine Verbindung sein kann, umso gefährlicher ist die Überfrachtung eines Termins mit vielen Details zu verschiedenen Versteigerungsobjekten. Das Prinzip der Verfahrensökonomie ist angesichts der zunehmenden Anzahl von Versteigerungsverfahren und der notwendigen Entlastung der Gerichte wichtig. Dieses muss jedoch zurücktreten, wenn der transparente Ablauf des Verfahrens ernsthaft gefährdet sein kann. Eine Mehrfachterminierung unter weniger strengen Voraussetzungen (so der BGH) sollte restriktiv angewandt werden. Zudem kann der Rechtspfleger durch geschickte Terminierung den erhöhten Zeitaufwand, der durch mehrere Termine naturgemäß entsteht, kompensieren. Die Verkürzung der Bietzeit auf 30 Minuten (1998 wurde § 73 Abs. 1 S. 1 ZVG geändert) eröffnet, ebenso wie eine zutreffende Anwendung der Vorschriften des ZVG, ausreichend Möglichkeiten. Kritisch sind die Fälle, in denen eine Terminierung und gleichzeitige Abwicklung von Versteigerungen möglich wäre (weil Voraussetzungen des § 18 ZVG vorliegen), aber nicht erfolgt. Im Ergebnis sind Fingerspitzengefühl und Weitblick der Vollstreckungsgerichte gefragt. Bessere Versteigerungsergebnisse sind jedenfalls durch „einfaches" Verbinden nicht zu erwarten und angesichts schwerwiegender Verstöße eher gefährdet (dazu *Hasselblatt/Wojtkowiak* NJW 2007, 2998).

5. Kosten und Gebühren. Es fallen hier keine weiteren Gerichtsgebühren und Rechtsanwaltsgebühren an. Tätigkeiten des Rechtsanwaltes oder Terminvertreters sind bereits durch die Versteigerungsverfahrensgebühr (Gericht) sowie die Verfahrensgebühr für Rechtsanwälte abgegolten (§ 26 RVG iVm Nr. 3311, 3312 VV RVG).

6. Fristen und Rechtsmittel. In der Literatur ist es strittig, ob gegen Entscheidungen gem. § 18 ZVG (Anordnung oder Ablehnung des Antrages auf Verbindung; gilt auch bei Trennung der Verfahren) entweder die Erinnerung gem. § 766 ZPO (*Stöber* ZVG § 18 Anm. 3. 10) oder aber die sofortige Beschwerde gem. §§ 95 ZVG, 793 ZPO (Dassler/Schiffhauer/*Gerhardt/Muth* § 18 Rn. 14) anzuwenden ist. Nach heute herrschender Ansicht ist, da hiervon die Art und Weise der Zwangsvollstreckung betroffen ist, die **Erinnerung** gem. § 766 ZPO anzuwenden (*Storz* Anm. C 1.3.3.). Erst auf die nachfolgende Entscheidung durch den Richter findet die sofortige Beschwerde statt.

V. Anordnung der Zwangsversteigerung

1. Anordnungsbeschluss dinglich/persönlich

Amtsgericht . . . .[1, 2]

Az. . . . . .

Beschluss

in Sachen

. . . . .

Gläubiger,

vertreten durch Rechtsanwalt . . . . .

gegen

. . . . .

Schuldner,[3]

vertreten durch Rechtsanwalt . . . . .

wegen Zwangsversteigerung ergeht folgender

Beschluss

Aufgrund der vollstreckbaren Ausfertigung des . . . . .
wird wegen eines dinglichen Anspruchs im Betrage von . . . . .
und wegen der Kosten der gegenwärtigen Rechtsverfolgung die

Zwangsversteigerung

des im Grundbuch des Amtsgerichts . . . . .

von . . . . . Blatt . . . . .

auf den Namen . . . . .

eingetragenen Grundstücks:[4]. . . . .

in der Rangklasse des § 10 Abs. 1 Nr., ... ZVG angeordnet.

Dieser Beschluss gilt zugunsten des Gläubigers als Beschlagnahme des vorbezeichneten Grundstücks.[5]

. . . . .

Gegen diesen Beschluss steht dem Schuldner die Erinnerung (§ 766 Abs. 1 ZPO) zu. Diese ist bei dem Amtsgericht . . . . ., schriftlich in deutscher Sprache oder zur Niederschrift der Geschäftsstelle einzulegen. Die Rechtsbehelfsschrift sollte die Bezeichnung des angefochtenen Beschlusses sowie die Erklärung enthalten, dass Erinnerung eingelegt wird. Sie sollte begründet werden.

Rechtspfleger[6, 7, 8, 9]

Anmerkungen

1. Form/Prüfung durch das Gericht. Für die Form des Beschlusses gibt es keine gesetzliche Pflichtangabe. Es versteht sich von selbst, dass der Beschluss, nicht nur wegen der Zustellungspflichten, in schriftlicher Form abgefasst wird. Aus dem Beschluss sollte einerseits hervorgehen, dass die Zwangsversteigerung angeordnet wird, andererseits sollte er die Angaben nach § 16 ZVG enthalten: Grundstück (gem. Grundbuchangaben), Eigentümer (Schuldner), Vollstreckungstitel (Gericht, Aktenzeichen, Datum), Anspruch (Gläubiger, Art, und Höhe des Anspruchs). Der Beschluss ist zentrale Grundlage für das Versteigerungsverfahren und damit von wesentlicher Bedeutung.

2. Für Entscheidungen über die Anordnung der und/oder den Beitritt zur Zwangsversteigerung ist regelmäßig sachlich zuständig das jeweilige **Vollstreckungsgericht** (§ 15 ZVG) und örtlich dasjenige, in welchem das Grundstück belegen ist (§ 17 ZVG). Darüber hinaus gegebenenfalls auch das Beschwerdegericht, wenn zu diesem Zeitpunkt im Rahmen einer Beschwerde hier die notwendigen Vollstreckungsvoraussetzungen beigebracht werden. Das Vollstreckungsgericht (der Rechtspfleger) ordnet die Zwangsversteigerung an, wenn die allgemeinen und die weiteren besonderen Vollstreckungsvoraussetzungen vorliegen. Darüber hinaus dürfen keine aus dem Grundbuch ersichtlichen Rechte dagegen stehen. Das Vollstreckungsgericht prüft nur die formelle Zulässigkeit des Antrages sowie die formelle Ordnungsgemäßheit des Titels samt Klausel und Zustellung. Die Prüfung der Voraussetzungen bedarf der größten Sorgfalt des Rechtspflegers, da sich hier unter Umständen auch haftungsrechtliche Folgen ergeben können. Weiterhin ist an dieser Stelle der entsprechende Zeitfaktor zu berücksichtigen, da regelmäßig die Anträge mit größter Beschleunigung beschieden werden sollen. Dies ist insoweit von immenser Bedeutung, da einerseits bei einer Verzögerung für persönliche Gläubiger ein Rangnachteil entstehen kann, wenn so neue (dingliche) Gläubiger vor Entscheidung über den Antrag auch die Versteigerung beantragen und insoweit über alle Anträge gemeinsam entschieden wird und damit der persönliche Gläubiger einen Nachteil erleidet.

3. Der Schuldner muss der eingetragene Eigentümer oder aber Erbe (oder Rechtsnachfolger des im Grundbuch ersichtlichen Eigentümers) dessen sein. Bereits mit Zustellung des Anordnungsbeschlusses hat der Schuldner die Möglichkeit, sich der Einstellungsmöglichkeiten gem. § 30a ZVG zu bedienen. Weiterhin wird hingewiesen auf die Notwendigkeit, dass bei der Zustellung sämtlicher Anordnungs- oder Beitrittsbeschlüsse an den Schuldner eine entsprechende Belehrung über die Einstellungsmöglichkeiten beizufügen oder darauf hinzuweisen ist. Bei der Immobiliarvollstreckung geht die Initiative für fast alle Maßnahmen, vor allem aber das Ob für das Führen des Verfahrens, vom Gläubiger aus. **Der Anordnungsbeschluss wird dem Schuldner ohne vorherige Anhörung von Amts wegen zugestellt.** Das Gebot des rechtlichen Gehörs ist auch in dieser Vollstreckungsart oftmals eingeschränkt oder wird erst im Nachgang beachtet. Bei Abweichungen vom Antrag des Gläubigers erhält auch dieser den Beschluss über die in § 3 ZVG geregelte Zustellung. Ansonsten erhält der Gläubiger nur eine einfache Abschrift. Das Gericht ersucht zugleich das Grundbuchamt um Eintragungen des Versteigerungs- und/oder Zwangsverwaltungsmerks im Grundbuch §§ 119, 146 Abs. 2 ZVG.

4. Grundstücksbezeichnung. Die Grundstücksbezeichnung im Anordnungsbeschluss hat gem. den Angaben im Grundbuch zu erfolgen (*Stöber* ZVG § 15 Anm. 4.3). Während im Anordnungsantrag das Grundstück nur so bezeichnet werden muss, dass es mit Sicherheit festgestellt werden kann, erfordert der Anordnungsbeschluss exakte Angaben.

5. Wirkungen/Folgen der Anordnung. Durch den Anordnungsbeschluss tritt die Beschlagnahme als gesetzliche Folge ein. Sie müsste nicht gesondert erwähnt werden, gleichwohl ist dies in der Praxis üblich. Dem Schuldner wird der Beschluss formell zugestellt (§ 8 ZVG iVm § 329 ZPO), dem Gläubiger nur formlos mitgeteilt. Bei einer (auch teilweisen) Zurückweisung des Antrages wird dieser dem Gläubiger auch formell zugestellt. Die Beschlagnahme sichert den Erfolg des Verfahrens. Für das gesamte Verfahren wird fortan jede Rechtsänderung durch Rechtshandlungen des Schuldners ausgeschlossen. Die Beschlagnahme hat die Wirkung eines Veräußerungsverbots (§ 23 Abs. 1 S. 1 ZVG). Das erfasst auch ein Belastungsverbot. Jegliche rechtsgeschäftlichen oder auch sonstigen Verfügungen im Wege der Zwangsvollstreckung/Arrestvollziehung sind jedoch nicht absolut unwirksam, sondern nur dem betreibenden sowie etwaig weiteren beigetretenen Gläubigern gegenüber unwirksam, sog. **relative Unwirksamkeit** (weil das Verfahren dem Schutz nur des betreibenden Gläubigers dient; *Stöber* ZVG-Hdb. Rn. 141). Über bewegliche Sachen kann der Schuldner – auch gegenüber dem Gläubiger – weiter verfügen, selbst wenn diese von der Beschlagnahme erfasst sind, soweit dies innerhalb der Grenzen einer ordnungsgemäßen Wirtschaft geschieht (§ 23 Abs. 1 S. 2 ZVG).

Sobald der Anordnungsbeschluss dem Gläubiger zugeht, sollte er ihn unbedingt auf seine Vollständigkeit überprüfen: Nur was in diesem Beschluss steht, ist auch beschlagnahmt. Es kommt immer wieder vor, dass Antrag des Gläubigers und der Beschlagnahmebeschluss nicht übereinstimmen und man erst im Versteigerungstermin feststellt, dass zB die Zuwegung oder der Keller oder die Garage nicht mitversteigert wird. Dies ist in der Verwertung gegenüber den Interessenten nur schwer zu verkaufen. Eine Zustellung des Anordnungsbeschlusses an weitere Beteiligte erfolgt nicht. Gleichzeitig mit Übersendung des Beschlusses an den Schuldner wird das Vollstreckungsgericht das Grundbuchamt um Eintragung des Zwangsversteigerungsvermerkes ersuchen.

6. Unterzeichnung durch den Rechtspfleger. Der Anordnungsbeschluss muss von dem Rechtspfleger mit vollständigem Namen unterzeichnet sein. Ein nicht unterzeichneter Beschluss ist unwirksam. Eine Paraphe genügt nicht (vgl. hierzu § 329 Abs. 1 S. 2 iVm § 317 Abs. 2 S. 1 ZPO).

Alle Zustellungen in den Verfahren des ZVG erfolgen von Amts wegen (§ 3 ZVG). Erfasst sind die Beschlüsse und Verfügungen, soweit das ausdrücklich durch Gesetz bestimmt wird (§§ 22 Abs. 1, 30b Abs. 1, 31 Abs. 3, 32, 41 Abs. 1, 88, 105 Abs. 2 ZVG). Zugestellt wird darüber hinaus immer, soweit eine Terminbestimmung enthalten oder eine Frist in Gang gesetzt wird oder die Entscheidung einen Vollstreckungstitel bildet oder der sofortigen Beschwerde unterliegt (§ 329 Abs. 2 S. 2 und Abs. 3 ZPO). Zustellung und das Instrument des Zustellungsvertreters sind in ihrer Bedeutung nicht zu unterschätzen. Dies angesichts des Umstandes, dass viele Schuldner versuchen, sich bewusst dem Zugriff der Vollstreckung zu entziehen. Dies zB, dass Wohnsitze im Ausland ins Blaue hinein angegeben werden, obwohl der Schuldner in der Stadt des Vollstreckungsobjektes seinen Lebensmittelpunkt hat. Die Konstruktionen sind vielfältig, gerade deshalb gegenüber dem Vollstreckungsgericht vom Gläubiger nicht darstellbar. Von der Möglichkeit der öffentlichen Zustellung wird immer noch eher zurückhaltend Gebrauch gemacht, schnelle Entscheidungen sind oftmals nicht zu erwarten. Verzögerungen sind durch die Probleme mit der Zustellung für das Verfahren immer gegeben, weshalb das Instrument des Zustellungsvertreters absolute Daseinsberechtigung hat und vom Gericht auch gerne eingesetzt wird.

Die Bestellung eines Zustellungsvertreters soll in der Immobiliarvollstreckung den ungehinderten und sicheren Gang des Verfahrens gewährleisten (§§ 6 ff. ZVG). Die Vorschriften gelten für alle Verfahren des ZVG. Wenn der Aufenthalt desjenigen, welchem zugestellt werden soll, und/oder der Aufenthalt seines Zustellungsbevollmächtigten dem Vollstreckungsgericht nicht bekannt oder die Voraussetzungen für eine öffentliche Zustellung aus sonstigen Gründen (§ 185 ZPO) nicht gegeben sind, so hat das Gericht für denjenigen, welchem zugestellt werden soll, einen Zustellungsvertreter zu bestellen. Das gleiche gilt, wenn im Fall der Zustellung die Postsendung als unzustellbar zurückkommt. Diese ist dem Zustellungsvertreter auszuhändigen.

In der Praxis ist es meistens so, dass von Seiten des Gerichts oft dem Gericht bekannte und eingesetzte Zwangsverwalter als Zustellvertreter beauftragt werden. Diese kennen sich bereits im Vollstreckungswesen aus und können hier dem Vollstreckungsgericht einen nützlichen „Dienst" erweisen.

7. Das Gericht setzt meistens Personen ein, die sich schon in anderen Bereichen der Immobiliarvollstreckung in der Zusammenarbeit mit dem Gericht bewährt haben. Die zu bestellende Person muss zur Übernahme bereit sein. Der Zustellungsvertreter wird sodann formlos über die Bestellung informiert (§ 329 Abs. 2 ZPO). Anders als der Insolvenz- und Zwangsverwalter erhält der Zustellungsvertreter keine Bestallung. Gerichtskosten fallen nicht an. Der Zustellungsvertreter hat jedoch einen originären Erstattungsanspruch auf Auslagen und Vergütung gegenüber dem von ihm Vertretenden (§ 7 Abs. 2 S. 2 ZVG).

Grundsätzlich hat der Zustellungsvertreter die Aufgabe, den Vertreter (nach dessen Tod seine Erben) zu ermitteln und zu benachrichtigen, die ihm zugegangenen Schriftstücke sind auszuhändigen und schlussendlich ist die Ermittlung unverzüglich dem Gericht anzuzeigen. Der Vertreter erhält nahezu alle im Verfahren vorkommenden Zustellungen und Mitteilungen bis auf den Vollstreckungstitel (§ 750 ZPO) sowie die Zustellung des Anordnungs- und Beitrittsbeschlusses (§ 8 ZVG). Für den Fall, dass Zweifel bestehen, soll an den Vertreter und den Ermittelten zugestellt werden. In der Praxis scheitern die Recherchebemühungen der Zustellungsvertreter meist, so dass sich seine Funktion auf den Empfang der vorbenannten Schriftstücke beschränkt. Mit dem Eingang der (erfolgreichen) Ermittlungsanzeige bei Gericht würde das Amt des Vertreters enden, ebenso wenn das Gericht auf andere Art, die Anschrift des Beteiligten erfährt oder das Zwangsversteigerungsverfahren aufgehoben wird. Bei Tod des Schuldners ist der Rechtspfleger nicht verpflichtet, bezüglich der Erbfolge Nachforschungen anzustellen, insoweit erfolgt auch hier die Bestellung eines Zustellvertreters für den unbekannten Erben.

8. Kosten und Gebühren. → Form. J. IV. 1 Kosten und Gebühren.

9. Fristen und Rechtsmittel. Das Verfahren kann auf Antrag des Schuldners gem. den Voraussetzungen des § 30a ZVG einstweilen eingestellt werden; → Form. J. VI. 4. Die einstweilige Einstellung ist **binnen einer Notfrist von 2 Wochen** zu beantragen und gilt für höchstens 6 Monate. Die Frist beginnt mit der Zustellung des Hinweises. Der Antrag ist beim bezeichneten Gericht schriftlich oder zu Protokoll des Urkundsbeamten der Geschäftsstelle anzubringen. Ein schriftlicher Antrag muss vor Ablauf der Frist bei Gericht eingegangen sein. Der Antrag kann auch zu Protokoll des Urkundsbeamten beim Amtsgericht am Wohnsitz des Schuldners (des Antragsgegners), aber auch zu Protokoll des Urkundsbeamten eines jeden anderen Amtsgerichts gestellt werden, muss aber innerhalb der Notfrist von 2 Wochen bei dem umseitig bezeichneten Gericht eingehen. Nach Fristablauf ist ein Antrag auf einstweilige Einstellung (§ 30a ZVG) nicht mehr zulässig.

Dem Schuldner steht gegen den **Anordnungsbeschluss** und die **Beitrittszulassung** die unbefristete Vollstreckungserinnerung gem. § 766 ZPO zu, wenn er zuvor nicht gehört wurde. Über die Erinnerung entscheidet der Rechtspfleger, der dazu befugt ist (OLG Frankfurt a. M. Rpfleger 1979, 11). Wenn dieser nicht abhilft, entscheidet der Richter. Gegen die hierauf ergehende Entscheidung des Richters ist das Rechtsmittel der sofortigen Beschwerde innerhalb von 2 Wochen gem. § 793 ZPO gegeben.

2. Anzeige des Eintritts eines neuen Gläubigers (Rechtsnachfolge) in das Verfahren

An das

Amtsgericht .....[1, 2]

– Vollstreckungsgericht –

Anzeige

In der Zwangsversteigerungssache

..... [bisheriger Gläubiger].[3]/. .... [aktueller Gläubiger][4]

Gläubiger,

[vertreten durch .....]

gegen

.....

Schuldner,

Az. .....

teilen wir mit, dass wir die Forderung/Grundschuld des ehemaligen Gläubigers ..... erworben haben[5] und beantragen,

1. unsere Rechtsnachfolge nach der ..... (bisheriger Gläubiger) zu vermerken

2. den Titel bis auf weiteres zu den Akten zu nehmen

Zum Nachweis unserer Rechtsnachfolge nach der ..... (bisheriger Gläubiger) erhalten Sie anliegend:

die vollstreckbare Ausfertigung der Grundschuldbestellungsurkunde des Notars ..... aus ..... (UR-Nr. .....) vom ..... zzgl. Rechtsnachfolgeklausel.[6]

Gleichzeitig melden wir das eingetragene Kapital zzgl. eingetragener dinglicher Zinsen im Range der Grundpfandrechte, aus denen der bisherige Gläubiger die Zwangsversteigerung betreibt, an, zzgl. der geleisteten Kostenvorschüsse und teilen mit, dass wir das Verfahren an Stelle der ursprünglichen Gläubigerin fortführen.

.....

[Unterschrift]

Anlage

- vollstreckbare Ausfertigung Grundschuldbestellungsurkunde

Anmerkungen

1. Seit der Jahrtausendwende wurden notleidende Forderungen, nicht die Immobilien, in großen Paketen (sog. Portfolios) verkauft. Für die „neuen" Gläubiger, insbesondere die Vollstreckungsgerichte ergab sich oftmals das Problem, dass der Antragsteller selbst nicht ausreichend legitimiert ist oder ein geeigneter Nachweis im laufenden Verfahren nicht vorgelegt werden konnte. Nicht zuletzt deshalb hat der ausreichende Nachweis der Legitimation stark an Bedeutung gewonnen. Alternativ sollte man überlegen, ob nicht die Titelumschreibung vor jeglicher Antragstellung zu veranlassen ist (**Gläubigeridentität**, § 15 ZVG).

Der Altgläubiger hat seine Aktivlegitimation verloren. Durch den Gläubigerwechsel ist der bisherige Gläubiger (Altgläubiger/Zedent) materiell nicht mehr berechtigt, vom Schuldner Leistung zu verlangen. Das Vollstreckungsverfahren darf er als Gläubiger nicht mehr betreiben. Weiter ist er nicht berechtigt, den Versteigerungserlös in Empfang zu nehmen. Diese Rechte kann er auch nicht zu Gunsten des Rechtsnachfolgers ausüben. Eine Ausnahme besteht lediglich für den Fall, wenn er materiell rechtlich auf Grund einer Einziehungsermächtigung befugt ist, weiterhin Leistung an sich zu verlangen.

2. Das Vollstreckungsgericht teilt dem Schuldner den Gläubigerwechsel mit. Ausreichend ist eine Mitteilung anlässlich der nächsten Mitteilung oder Zustellung, spätestens vor einem weiteren Termin. Im Versteigungstermin sind die betreibenden Gläubiger jedenfalls dem Schuldner bekannt zu geben (§ 66 Abs. 1 ZVG).

3. Die mit der Beschlagnahme durch Anordnung der Zwangsversteigerung, der Zwangsverwaltung bzw. der Zulassung des Beitritts des Gläubigerwechsels begründete Rechtsstellung des Altgläubigers (Zedenten) geht mit der Forderung auf den neuen Gläubiger (Zessionar) über. Verfahrensrechtlich ist der Gläubigerwechsel vom Vollstreckungsgericht als Parteiwechsel nur unter gewissen Voraussetzungen zu berücksichtigen. Aus prozessrechtlicher Sicht ist Gläubiger und damit Partei ausschließlich der im Vollstreckungstitel bzw. in der Vollstreckungsklausel Benannte.

Der alte Gläubiger (Zedent) kann als durch Vollstreckungstitel und -klausel ausgewiesener Gläubiger den Versteigerungsantrag zurücknehmen oder die Einstellung des Verfahren bewilligen. Das Verfahren ist dann gem. § 29 ZVG aufzuheben oder einzustellen. Dies kann der neue Gläubiger als Zessionar nur verhindern, indem er im Verfahren vorher die Parteistellung als Gläubiger mit Titelvorlage einnimmt. Sofern der bisherige Gläubiger (Zedent) lediglich erklärt, er habe die eigenen Ansprüche an einen neuen Gläubiger (Zessionar) abgetreten und bleibt der neue Gläubiger daraufhin untätig, wird das Verfahren nicht eingestellt, kann jedoch als Einstellungsbewilligung nach § 30 ZVG angesehen werden. Das Gericht sollte jedoch sowohl dem alten, wie auch dem neuen Gläubiger die beabsichtigte Einstellung anzeigen. Es sollte zudem eine angemessene Frist zur Äußerung hinsichtlich der Einstellung setzen. Diese Verfügung ist zuzustellen. Werden die Nachweise seitens des neuen Gläubigers (Zessionar) nicht erbracht, wird das Verfahren einstweilen eingestellt und dem Zessionar die Möglichkeit zur Behebung dieses Mangels gegeben.

Bei einem teilweisen Gläubigerwechsel bleibt der bisherige Gläubiger (Zedent) mit dem restlichen Anspruch betreibender Gläubiger. Dies kann auch für den Fall gelten, bei einem hinsichtlich Zinsen und Kosten und einen noch bestehenden Forderungsanteil des Altgläubigers. In diesem Fall bedarf es für den Altgläubiger hinsichtlich des Forderungsrestes, sowie für den Neugläubiger hinsichtlich des auf ihn übergegangenen Forderungsteils, der jeweiligen Nachweise des Gläubigerrechts § 750 Abs. 1 S. 1 ZPO durch Vollstreckungstitel/-klausel, hinsichtlich des jeweiligen einzelnen Forderungsteils.

4. Die weitere Durchführung der Zwangsversteigerung/Zwangsverwaltung für den neuen Gläubiger findet nur statt, sofern der Gläubigerwechsel zum einen durch Vorlage des Vollstreckungstitels nachgewiesen wird, zum anderen eine auf den neuen Gläubiger (Zessionar) lautende Vollstreckungsklausel, die zugestellt wurde, beinhaltet. Erst zu diesem Zeitpunkt ist der alte Gläubiger (Zedent) aus dem Verfahren als Partei und damit auch als Beteiligter gem. § 9 ZVG entlassen. Der neue Gläubiger übernimmt sodann das

Verfahren im gegebenen Zustand. Dieser Parteiwechsel erfordert keinen Zulassungsbeschluss seitens des Vollstreckungsgerichtes.

Der neue Gläubiger (Zessionar) kann den Versteigerungsantrag zurücknehmen bzw. die Einstellung bewilligen (§§ 29, 30 ZVG). Dies setzt nicht voraus, dass der neue Gläubiger den Nachweis des Gläubigerrechts durch Vorlage des Vollstreckungstitels mit Rechtsnachfolgeklausel erbringt. Die Verfahrenshandlung des neuen Gläubigers ist jedoch nur wirksam, sofern er als Rechtsnachfolger des alten Gläubiger (Zedent) Beschlagnahmegläubiger/Beteiligter geworden ist (vgl. § 9 ZVG). Der neue Gläubiger wird aber erst mit Anmeldung des Rechtsübergangs und gegebenenfalls Glaubhaftmachung (§ 9 Nr. 2 ZVG) Beteiligter des Verfahrens. Sofern er die Fortsetzung des eingestellten Verfahrens rechtzeitig beantragt hat (in der Frist des § 31 ZVG), kann zur Vorlage der auf ihn lautenden Vollstreckungsunterlagen auch Gelegenheit über die Fortsetzungsfrist hinaus gewährt werden. Sofern keine derartigen Vollstreckungsunterlagen vorgelegt werden, ist das Vollstreckungsrecht und damit der rechtzeitige Fortsetzungsantrag nicht nachgewiesen. Das Verfahren wird demzufolge in Folge fruchtlosen Fristablaufes gem. § 31 ZVG aufgehoben (vgl. *Stöber* ZVG § 15 Anm. 20.24).

5. Die Rechtsnachfolge auf Gläubigerseite beinhaltet den Wechsel der im Urteil oder sonstigen Vollstreckungstitel als Gläubiger bezeichneten Person durch abgeleiteten Rechtserwerb, durch Rechtsgeschäft, Hoheitsakt oder kraft Gesetzes. Wenn die Zwangsvollstreckung für oder gegen einen anderen als die im Titel genannten Personen ausgesprochen werden soll, ist der Ausspruch einer titelübergreifenden Klausel erforderlich. Die Umschreibung des Titels ist möglich bei Urteilen (§ 704 Abs. 1 ZPO) und über § 795 ZPO auch für die anderen in der ZPO genannten Titel. Die Möglichkeit der Titelumschreibung schließt dabei das Rechtsschutzbedürfnis für eine erneute Klageerhebung aus.

Der Legitimationsnachweis für die Rechtsnachfolge ist ebenso wie im Falle des § 726 ZPO mittels öffentlicher oder öffentlich beglaubigter Urkunden zu erbringen. Zum Nachweis der Rechtsnachfolge sind insbesondere Erbscheine über die Nacherbenstellung des Nachlassgerichtes, Handelsregisterauszüge als Nachweis der Firmenübernahme und ihrer Fortführung bzw. Abtretungsurkunden vorzulegen. Ein bloßes Geständnis ohne Vorlage der entsprechenden Urkunden reicht nicht aus, da unter Umständen die Rechte des Altgläubigers betroffen sein könnten.

6. Die Zwangsvollstreckung richtet sich grundsätzlich nach dem Inhalt des Vollstreckungstitels, nicht jedoch nach der materiellen Rechtmäßigkeit des Anspruchs. Beginn und Fortsetzung der Zwangsvollstreckung erfolgen für die Person, die in dem Urteil/sonstigen Vollstreckungstitel oder der ihm beigefügten Vollstreckungsklausel als Gläubiger namentlich bezeichnet ist, § 750 Abs. 1 S. 1 ZPO. Das Vollstreckungsgericht prüft nicht die materiell rechtliche Berechtigung des Gläubigers, dies ist Sache des Erkenntnisverfahrens. Die Beendigung des Gläubigerrechts des im Vollstreckungstitels/in der Vollstreckungsklausel bezeichneten Gläubigers ist mit Übergang der Forderung auf den Zessionar (der neue Gläubiger) vom Schuldner als Einwendung gegen den durch Urteil/sonstigen Vollstreckungstitel festgestellten Anspruch im Klagewege geltend zu machen (§ 767 ZPO Vollstreckungsabwehrklage).

Im Vollstreckungsverfahren wird dies nur berücksichtigt, sobald eine Ausfertigung der vollstreckbaren Entscheidung gem. §§ 775 Nr. 1, 776 ZPO vorgelegt wird, mit der dem Schuldtitel die Vollstreckbarkeit entzogen ist bzw. wenn gem. §§ 775 Nr. 2, 769 Abs. 1 S. 2 ZPO die Zwangsvollstreckung eingestellt wurde.

Auf Antrag des Neugläubigers (§§ 15, 27 ZVG) bei Rechtsnachfolge nach Rechtshängigkeit wird die Zwangsversteigerung bzw. die Zwangsverwaltung sowie die Zulassung des Beitritts angeordnet, wenn dem neuen Gläubiger (Zessionar) eine vollstreckbare Ausfertigung des für ihn wirkenden Titels/sonstigen Vollstreckungstitel erteilt wurde, §§ 750 Abs. 1, 727, 797 ZPO.

VI. Einstellungen/Fortsetzung/Aufhebung

1. Übersicht

	Zuschlagsversagung	Einstweilige Einstellung auf Bewilligung	Einstweilige Einstellung
Gesetzliche Grundlage	§ 74a ZVG und § 85a ZVG	§ 30 ZVG[1]	§ 77 Abs. 1 ZVG[2, 3, 4]
Voraussetzungen/ Anwendbarkeit	• Bestehen der Grenzen • Gebot unter $^{5}/_{10}$ bzw. $^{7}/_{10}$ des Verkehrswertes • nur bis zur Erteilung des Zuschlages möglich • auf Antrag des Gläubigers bei § 74a ZVG, von Amts wegen bei § 85a ZVG	• jederzeit bis zur Verkündung des Zuschlags möglich • auf Bewilligung des betreibenden Gläubigers	• kein zulässiges Gebot im Termin • keine Einstellung nach § 30 ZVG vor Ende der Bietstunde
Rechtsfolge	Zuschlagsversagung. Wegfall der Wertgrenzen.	Zuschlagsversagung (nur, wenn die Einstellung im Termin bewilligt wird). Einstellung des Verfahrens bis zum Fortsetzungsantrag des Gläubigers	Einstellung des Verfahrens bis zum Fortsetzungsantrag des Gläubigers
Fortsetzung des Verfahrens	Von Amts wegen	Auf Antrag innerhalb von sechs Monaten	Auf Antrag innerhalb von sechs Monaten
Wiederholung möglich?	Nein	Ja – 2x Bei 3ter Wiederholung Aufhebung des Verfahrens, § 30 Abs. 1 S. 3 ZVG.	Nein bei Wiederholung Aufhebung des Verfahrens, § 77 Abs. 2 ZVG

Anmerkungen

1. Zu § 30 ZVG. → Form. J. VI. 3.

2. Zu § 77 ZVG – ergebnisloser Termin. § 77 ZVG regelt das Verfahren nach einem ergebnislos verlaufenden Termin, dh es wurde entweder kein Gebot abgegeben oder alle Gebote sind erloschen. Einem zugelassenen oder unter Widerspruch zurückgewiesenem Gebot ist der Zuschlag zu versagen; dieses ist nicht nach § 77 Abs. 1 ZVG einstweilen einzustellen. Wird noch **vor Ablauf der Bietstunde die einstweilige Einstellung** nach § 30 ZVG bewilligt, so wird auch hier das Verfahren nach § 30 ZVG und nicht nach § 77 Abs. 1 ZVG einstweilen eingestellt. Diese Möglichkeit bzw. Taktik ist wiederholt anzutreffen, wenn das Verfahren im Vorfeld bereits gem. § 77 Abs. 1 ZVG eingestellt wurde und somit durch Nichtabgabe von Geboten die Aufhebung des Verfahrens vermieden werden soll. Wird die Versteigerung von mehreren Gläubigern betrieben, so erfasst die einstweilige Einstellung alle Gläubiger, die das Verfahren zu diesem Zeitpunkt aktiv betrieben haben.

Der Einstellungsbeschluss muss im Termin verkündet und sodann gem. § 32 ZVG zugestellt werden. Durch das Vollstreckungsgericht erfolgt die Belehrung über die Fortsetzung. Der Fortsetzungsantrag muss innerhalb einer Frist von 6 Monaten von den Gläubigern gestellt werden (keine Berücksichtigung von Amts wegen), andernfalls wird das Verfahren aufgehoben (§ 31 Abs. 1 S. 2 ZVG).

Bei der Versteigerung mehrerer Grundstücke kommt es nicht darauf an, welche Ausgebotsart jeweils erfolgte. Sollten beide Termine „ergebnislos" verlaufen, wird das Verfahren gem. § 77 Abs. 2 ZVG aufgehoben. An dieser Stelle besteht die Möglichkeit, anstelle der Aufhebung des Verfahrens einen Antrag auf Überleitung in die Zwangsverwaltung zu stellen. Dazu gelten die gleichen Voraussetzungen wie für die Anordnung derselben.

Ein erheblicher Nachteil bei der Aufhebung des Verfahrens ist die Aufhebung der Beschlagnahme. Hier kann entweder eine Überleitung in ein Zwangsverwaltungsverfahren oder aber ein erneuter Beitritt sinnvoll sein. Der Antrag auf Überleitung in die Zwangsverwaltung kann spätestens bis zur Verkündung des Aufhebungsbeschlusses erfolgen. Anzuraten ist hier, den Überleitungsantrag bereits vor dem Termin schriftlich oder aber im Termin zu Protokoll zu stellen.

3. Kosten und Gebühren. Gerichtskosten. Gem. Nr. 2240 KV GKG werden Gerichtskosten iHv 120,00 EUR angesetzt. Dies aber nur, wenn die Beschwerde verworfen oder zurückgewiesen wird. Bei teilweiser Verwerfung/Zurückweisung bleibt es in das Ermessen des Gerichts gestellt, die Gebühr zu halbieren oder von einer Erhebung abzusehen.

Rechtsanwaltskosten. Der Rechtsanwalt erhält bei einem Beschwerdeverfahren eine Gebühr gem. Nr. 3500 VV RVG iHv 0,5 des Gebührensatzes.

4. Fristen und Rechtsmittel. Gegen die Verfahrenseinstellung oder Aufhebung ist die sofortige Beschwerde gem. §§ 95 ZVG, 793 ZPO möglich.

2. Einstweilige Einstellung (§ 28 ZVG)

Amtsgericht . . . . .

Az. . . . . .

Beschluss

in dem Verfahren

zur Zwangsversteigerung des im Grundbuch von . . . . . Blatt . . . . . auf den Namen . . . . . eingetragenen Grundstücks . . . . . :

1. Das von der Gläubigerin aus dem Anordnungsbeschluss vom . . . . . betriebene Verfahren wird gem. § 28 Abs. 2 ZVG einstweilen eingestellt.
2. Der Gläubigerin wird aufgegeben, den Vollstreckungstitel binnen einer Frist von drei Monaten umschreiben und an den Schuldner zustellen zu lassen.
3. Der Termin am . . . . . entfällt.

Die Beschlagnahme bleibt bestehen.

Gründe:[1, 2, 3]

Der bisherige Gläubiger . . . . . ist auf . . . . . zur . . . . . verschmolzen worden. Die Verschmelzung hat zu einer Rechtsnachfolge auf Seiten des Gläubigers geführt. Daher kann das Verfahren gegen den Schuldner nicht fortgeführt werden, da insoweit ein Vollstreckungsmangel vorliegt.

Durch Umschreibung des Vollstreckungstitels mittels Rechtsnachfolgeklausel und Zustellung an den Schuldnervertreter (§§ 727, 750 ZPO) kann das der Fortsetzung des Verfahrens entgegenstehende Hindernis beseitigt werden.

Das Verfahren war daher unter Fristsetzung zur Behebung des Vollstreckungsmangels gem. § 28 Abs. 2 ZVG einstweiligen einzustellen. Wenn bis zum Ablauf der Frist der für die Fortsetzung des Verfahrens erforderliche Nachweis nicht erbracht ist, muss das Verfahren aufgehoben werden.

. . . . .

Gegen diesen Beschluss steht dem Schuldner die Erinnerung (§ 766 Abs. 1 ZPO) zu. Diese ist bei dem Amtsgericht . . . . ., schriftlich in deutscher Sprache oder zur Niederschrift der Geschäftsstelle einzulegen. Die Rechtsbehelfsschrift sollte die Bezeichnung des angefochtenen Beschlusses sowie die Erklärung enthalten, dass Erinnerung eingelegt wird. Sie sollte begründet werden.

Rechtspfleger

Anmerkungen

1. Für den Zeitraum von der Anordnung der Versteigerung bis zur Beendigung durch Zuschlag gibt es verschiedene Möglichkeiten und Gründe, die gegen die Zulässigkeit und damit die Fortsetzung des Verfahrens sprechen. Das können entgegenstehende grundbuchmäßige Rechte (§§ 28 Abs. 1, 37 Nr. 5 ZVG, 771 bis 774 ZPO), Verfahrensmängel (§ 28 Abs. 2 ZVG) sowie Gründe des Schutzes des Eigentümers als Schuldner (§§ 30a bis c ZVG, 765a ZPO) sowie der Schutz im Verfahren gegen den Insolvenzverwalter (§ 30d ZVG) sein.

2. Das Vollstreckungsgericht hat bei Vorliegen bestimmter Umstände das Verfahren entweder sofort aufzuheben oder unter Bestimmung einer Frist, binnen welcher der Gläubiger die Behebung des Hindernisses nachzuweisen hat, einstweilen einzustellen (§ 28 Abs. 1 S. 2 ZVG). Das gilt auch für die Zwangsverwaltung, wobei der Umfang der Pflichten des Zwangsverwalters für das „eingeschränkt" weiter laufende Verfahren ebenso problematisch ist, wie die Dauer der vom Vollstreckungsgericht zu setzenden Frist. Grundsätzlich hat der Rechtspfleger in angemessener Weise Gelegenheit zu geben, das Hindernis zu beseitigen. Diese wird in bestimmten Fällen nicht gesondert gesetzt, sondern ergibt sich aus dem grundsätzlichen Ablauf des Versteigerungsverfahrens als solches.

Ein Recht im Sinne von § 28 Abs. 1 ZVG ist das Eigentum eines Dritten, das der Versteigerung entgegensteht, wenn nach Anordnung der Zwangsversteigerung gegen einen eingetragenen Nichteigentümer der (tatsächliche) Grundstückseigentümer die Berichtigung des Grundbuches herbeigeführt hat (§ 894 BGB). Die **dingliche Zwangsversteigerung** (hier liegt ein dinglicher Anspruch des Gläubigers zugrunde) ist aufgrund der unwiderlegbaren Vermutung des § 1148 S. 1 BGB bis zur Widerlegung der grundbuchmäßigen Vermutung der Richtigkeit des Grundbuchs rechtmäßig. Wenn diese Vermutung jedoch im Wege der Grundbuchberichtigung endet, kann die Vollstreckung nur dann fortgesetzt werden, wenn Vollstreckungsunterlagen gegen den wirklichen Eigentümer, der nunmehr im Wege der Grundbuchberichtigung eingetragen wurde, beigebracht werden. Gegen diesen könnte das Verfahren wegen Fehlen eines Vollstreckungstitels (§ 750 Abs. 1 ZPO) nicht fortgesetzt werden, da der Titel gegen den vormaligen Eigentümer nunmehr ins Leere geht. Im Falle der Grundbuchberichtigung liegt jedoch kein Fall des § 26 ZVG vor. Es findet kein Eigentumswechsel nach Beschlagnahme statt, vielmehr war das Grundbuch bereits bei Anordnung unrichtig und ist nur dort zu berichtigen. Das Verfahren wurde jedoch faktisch gegen den „falschen Eigentümer" angeordnet.

Das Verfahren ist dann zur Behebung dieses Hindernisses einzustellen. Bei der **Zwangsversteigerung auf Antrag des Gläubigers wegen eines persönlichen Anspruchs** (der in § 10 Abs. 1 Nr. 5 ZVG berücksichtigt ist) steht in diesem Fall das Eigentum des Dritten entgegen. Das Grundstück gehört dem Schuldner nicht mehr, weshalb die Vollstreckung in das Grundstück nicht fortgesetzt werden kann. Aber auch hier ist von der sofortigen Verfahrensaufhebung abzusehen und dem Gläubiger mit Verfahrenseinstellung Gelegenheit zur Äußerung und zu ggf. nötigen Maßnahmen zu geben (§ 28 Abs. 1 ZVG; beispielsweise die Vorlage eines Duldungstitels gegen den Dritten). Ein weiterer Hinderungsgrund im Sinne des § 28 Abs. 1 ZVG ist, wenn der Dritte nach Verfahrensanordnung auf Antrag des Gläubigers einen persönlichen Anspruch, aber vor Wirksamwerden der Beschlagnahme Eigentum erworben hat (also durch Auflassung mit Eintragung, §§ 873, 925 BGB). Auch dieser Fall ist hier erfasst, da die Beschlagnahmewirkung ein Veräußerungsverbot mit gleichzeitigem Zeitpunkt, das heißt mit dem Inkrafttreten der Beschlagnahme, nach sich zieht (§ 23 ZVG). Vor Beschlagnahmewirkung besteht kein Veräußerungsverbot, so dass ein Dritter durchaus nach Verfahrensanordnung, aber vor Wirksamwerden der Beschlagnahme, Eigentum erwerben kann.

Die **Auflassungsvormerkung** selbst ist (zunächst) kein der Zwangsversteigerung entgegenstehendes Recht. Das ändert sich jedoch, wenn das Recht des Vorgemerkten nach der Beschlagnahme auf Grund der Vormerkung eingetragen wird. Es steht der Zwangsversteigerung des Gläubigers eines persönlichen Anspruchs (Rangklasse § 10 Abs. 1 Nr. 5 ZVG) nunmehr entgegen. Es ist jetzt, anders als vorher, ein aus dem Grundbuch ersichtliches Recht. Der Zwangsversteigerung stehen schuldrechtliche Ansprüche nicht entgegen (beispielsweise der des Käufers auf Übertragung des Eigentums). Das Gleiche gilt für die bloße Aufgabe des Eigentums (Verzicht), das Enteignungsverfahren gem. §§ 80 bis 84 BauGB) oder städtebauliche Sanierungs- und Entwicklungsmaßnahmen (§§ 136 bis 164b, 165 bis 171 BauGB) oder die Verfügungssperre im Umlegungsverfahren (§ 51 Abs. 1 BauGB) und ebenso wenig wie für das Flurbereinigungsverfahren. Weiter gilt dies nicht für den Nießbrauch oder den Nacherbenvermerk. Hier müssen beim Zuschlag jedoch die Genehmigung des Nacherben oder ein Duldungstitel gegen diesen vorliegen. Das Verwaltungs- und Mietungsrecht des überlebenden Ehegatten am Hof bis zur Vollendung des 25. Lebensjahres des Abkömmlings oder der Widerspruch gegen die Richtigkeit der Eigentümereintragung im Grundbuch (§§ 899 BGB, 18 Abs. 2 GBO) sind gleichermaßen kein der Zwangsversteigerung entgegenstehendes Recht. Schließlich sind der Widerspruch nach § 7 Abs. 2 Grundstücksverkehrsgesetz sowie die im WEG übliche Vereinbarung im Rahmen des Sondereigentums, das vor Veräußerung die Zustimmung anderer Wohnungseigentümer oder eines Dritten (auch des Verwalters) erforderlich wäre (§ 12 Abs. 1 WEG), in diesem Zusammenhang zu nennen. Letztere schließt allerdings die Erteilung des Zuschlages aus, wenn die Genehmigung bis zu diesem Zeitpunkt nicht eingeholt wird.

Den entgegenstehenden Rechten wird ein **Vollstreckungsmangel** im Sinne des § 28 Abs. 2 ZVG gleichgestellt. Dies sind vor allem Verfügungsbeschränkungen des Schuldners, die durch Eröffnung des Insolvenzverfahrens über sein Vermögen für Insolvenzgläubiger entstehen (§§ 80, 81 InsO), die Testamentsvollstreckung (§ 748 ZPO) oder die Nachlassverwaltung, welche die Zwangsvollstreckung nur den Nachlassgläubigern mit Vollstreckungstiteln gegen den Nachlaßverwalter möglich macht (§§ 1984 Abs. 1 und Abs. 2, 1985 Abs. 1 BGB).

Ein Vollstreckungsmangel ist verfahrenshindernd, wenn eine Voraussetzung für die Anordnung des Verfahrens oder Zulassung des Beitritts nicht erfüllt ist. Ein Vollstreckungsmangel führt dazu, dass für das nicht rechtmäßige Verfahren der Zuschlag zu versagen ist (§ 83 Nr. 6 ZVG). Das Verfahren kann aber auch nicht fortgeführt werden, wenn ein Vollstreckungsmangel bereits vor der Entscheidung über den Zuschlag festgestellt wird. Vom Amtsgericht muss von Amts wegen das Vorliegen der Grundlagen zur Durchführung der Versteigerung regelmäßig geprüft werden.

Aufgrund der Bedeutung der entgegenstehenden grundbuchmäßigen Rechte und der Vollstreckungsmängel im Sinne des § 28 ZVG ist vorgeschrieben, dass der Rechtspfleger bei der Terminbestimmung aufzufordern hat, die Rechte (die nicht aus dem Grundbuch ersichtlich sind) **vor** Erteilung des Zuschlags zur Versteigerung **und** rechtzeitig anzumelden. Das gilt auch bei mehreren Grundstücken oder aber einzelnen Grundstücksbruchteilen oder Zubehörstücken. Falls die Freigabe des Gegenstandes (§ 37 Nr. 5 ZVG nach erfolgter Aufforderung und rechtzeitiger Mitteilung) nicht rechtzeitig erwirkt wird, verbleibt hinsichtlich dieses Rechts nur noch die Teilnahme am Versteigerungserlös. Wer auf den ausgewiesenen Erlös angewiesen ist, erleidet keinen Rangverlust gem. § 110 ZVG. Der Ersteher hat aber nicht das Recht, den Gegenstand einfach herauszunehmen und dafür den Betrag des Meistgebotes (nach Belieben) zu kürzen. Wesentlich erscheint, dass die Aufforderung des Gerichts in der Terminbestimmung zur Anmeldung nur die der Versteigerung überhaupt entgegenstehende Rechte betrifft (*Stöber* ZVG § 37 Anm. 6.9).

Die Einstellung oder die beschränkte einstweilige Einstellung gegen den Willen des betroffenen Gläubigers (§§ 37 Nr. 5 ZVG, 771 Abs. 3, 769 Abs. 2 ZPO, 93 ff., 1120 ff. BGB) erfasst im Wesentlichen § 28 ZVG. Das Vollstreckungsgericht kann nur in wirklich dringenden Fällen (§ 769 Abs. 2 ZPO) eine einstweilige Einstellung anordnen (§ 771 Abs. 3 ZPO). Das sind meist die Fälle bei Vorliegen der Voraussetzungen des § 28 ZVG. Das ist insbesondere dann der Fall, wenn die Entscheidung des Prozessgerichts vor dem Termin nicht mehr zu erwirken ist. Oftmals geschieht es erst in der Versteigerung selbst, dass entgegenstehende Rechte geltend gemacht werden. Allerdings sind die tatsächlichen Angaben, die den Antrag begründen, glaubhaft zu machen (§ 769 Abs. 1 S. 2 ZPO). Diese werden nicht durch eine etwaige Mitteilung des Grundbuchamtes oder durch zufällige Kenntnis des Gerichts ersetzt. Fortgesetzt wird das Verfahren nach Behebung des Mangels von Amts wegen, ein Antrag ist nicht zwingend erforderlich, aber aus rein informellen Gründen zu empfehlen.

3. Fristen und Rechtsmittel. Generell ist eine Antragstellung zur Fristverlängerung möglich. Ansonsten kann der jeweils geforderte Nachweis noch nach Fristablauf bis zum Zeitpunkt des Aufhebungsbeschlusses erbracht werden. Der betreibende Gläubiger kann gegen die Einstellung bzw. Zuschlagsversagung sofortige Beschwerde einreichen. Wenn das Vollstreckungsgericht die Zahlungsannahme verweigert, so kann der Schuldner und der zahlungsberechtigte Dritte Vollstreckungserinnerung gem. § 766 ZPO erheben.

3. Einstweilige Einstellung auf Bewilligung des Gläubigers (§ 30 ZVG)

An das

Amtsgericht .....[1, 2]

– Vollstreckungsgericht –

Einstweilige Einstellung

In der Zwangsversteigerungssache

.....

Gläubiger,

(vertreten durch .....)

gegen

.....

Schuldner,

Az. .....

bewilligen wir die einstweilige Einstellung des Verfahrens gem. § 30 ZVG.[3]

.....

Rechtsanwalt[4, 5]

Anmerkungen

1. In der Praxis kommen die verschiedenen Arten der Einstellungen, wie sie in den §§ 30 ff. ZVG geregelt sind, weitaus häufiger als Einstellungen nach § 28 ZVG vor. Insbesondere die Einstellungsmöglichkeiten, die durch den Gläubiger bewirkt werden können, sind von großer praktischer und auch taktischer Bedeutung.

2. → Form. J. IV. 1 Anm. 2.

3. Das Verfahren ist einstweilen einzustellen, wenn **der Gläubiger die Einstellung bewilligt.** § 30 ZVG gilt, wie die anderen allgemeinen Verfahrensvorschriften auch, für alle Versteigerungsverfahren. Die Vorschrift beabsichtigt, dass die Verfahrensbeteiligten, insbesondere aus der Sicht des Gläubigers, jedoch zeitlich begrenzt, ihre Interessen bezogen auf das zu versteigernde Grundstück besser wahrnehmen können. Der Fortgang des Verfahrens wird durch die einstweilige Einstellung nach Anordnung (nur auf Antrag) aufgehalten, dieses wird quasi vorübergehend zum Stillstand gebracht, womit der Lage des Schuldners Rechnung getragen werden soll. Die Beschlagnahme, ebenso auch der

Versteigerungsvermerk im Grundbuch, bleiben jedoch erhalten. Die laufenden Beträge wiederkehrender Leistungen wachsen ebenfalls weiter an, womit sich zugleich die Rangstelle anderer Beteiligter (weiter) verschlechtern kann. Nicht zuletzt aus diesem Grunde regelt das Gesetz, dass nur **eine zweimalige Einstellung auf Bewilligung desselben Gläubigers** wegen derselben Forderung möglich ist (§ 30 Abs. 1 S. 2 und Abs. 2 ZVG). Die dritte Einstellungsbewilligung ist gleichzusetzen mit dem Antrag auf Aufhebung des Versteigerungstermins und damit des gesamten Verfahrens (§ 30 Abs. 1 S. 3 ZVG).

Die **Einstellungsbewilligung ist Prozesshandlung**, die während des Verfahrens schriftlich zu Protokoll des Urkundsbeamten der Geschäftsstelle oder per Fernschreiben – theoretisch auch fernmündlich – erklärt werden kann. Der Erklärende muss in jedem Fall erkennbar, das heißt mit größtmöglicher Sicherheit identifizierbar sein. Darüber hinaus muss die Ernsthaftigkeit der Erklärung sichergestellt sein. Die Einstellungsbewilligung ist als Prozesshandlung an keine Fristen gebunden. Von der Begrifflichkeit her kann die Einstellung bewilligt werden, sie kann aber auch „beantragt" oder „verlangt" werden (vgl. *Stöber* ZVG-Hdb. Rn. 184). Die Bewilligung ist grundsätzlich vom Verfahrensbeginn an bis zur Zuschlagsverkündung möglich. Die erneute Einstellungsbewilligung kann nach bereits erfolgter zweimaliger Einstellung nicht mehr zurückgenommen werden.

Während des Versteigerungstermins ist zwischen der Beantragung der einstweiligen **Einstellung vor oder nach dem Schluss der Versteigerung** zu unterscheiden (persönlich durch den Gläubigervertreter oder weitere Beteiligte im Termin). Vor dem Schluss der Versteigerung ergeht der Beschluss, durch den das Verfahren aufgehoben oder einstweilen eingestellt wird. Dieser ist dem Schuldner, dem Gläubiger und, wenn die Anordnung von einem Dritten beantragt war, auch diesem zuzustellen (§ 32 ZVG). Ergeht die Beantragung über einstweilige Einstellung **nach dem Schluss** der Versteigerung, dann darf, wenn ein Grund zur Aufhebung oder einstweiligen Einstellung des Verfahrens oder zur Aufhebung des Termins vorliegt, die Entscheidungen nur durch **Versagung des Zuschlags** gegeben werden (§ 33 ZVG). § 516 Abs. 1 ZPO (Rücknahme der Berufung) kann auf die Zwangsversteigerung mangels planwidriger Regelungslücke nicht entsprechend angewandt werden (BGH NJW-RR 2007, 1005).

Die Bewilligung kann bis zum Erlass des Einstellungsbeschlusses, der in der Regel kurz nach Ende der Bietstunde von dem Rechtspfleger erlassen und verkündet wird, durch einfache Erklärungen zurückgenommen werden. Nach Erlass des Einstellungsbeschlusses ist die erklärte Rücknahme als Fortsetzungsantrag anzusehen (§ 31 ZVG). Der Gläubiger muss die Frist von 6 Monaten im Auge haben, da bei Nichtstellung des Fortsetzungsantrages das Verfahren von Amts wegen aufzuheben ist (§ 31 Abs. 1 S. 1 und S. 2 ZVG). Der Gläubiger muss seinen Antrag nicht begründen, der Einstellungsbeschluss muss jedoch den Einstellungsgrund angeben. Unzulässig ist die Bewilligung der Einstellung unter einer Zeitbestimmung oder unter Auflagen (Bedingungen, Zahlungsauflagen oder sonstiges), gem. § 30 ZVG erfolgt die Einstellung unbedingt und klar, was nicht zuletzt Folge des Rechtsstaatsgebotes ist. In den Fällen, in denen der Gläubiger die Einstellung für kürzere Zeit (beispielsweise zwei Monate) oder aber für eine längere Zeit als die ohnehin vorgesehenen sechs Monate erklärt, ist der Antrag jeweils als ein **normaler Antrag** auf einstweilige Einstellung anzusehen. Dann kann nicht aufgehoben werden, es ist entsprechend ohne zeitliche Beschränkung gem. § 30 ZVG einzustellen (*Jaeckel/Güthe* § 30 Rn. 2).

Falls mehrere verfahrensbetreibende Gläubiger in dem Verfahren mitwirken, kann jeder die Einstellung für das von ihm betriebene Verfahren selbständig bewilligen. **Durch die Verfahrenseinstellung für einen betreibenden Gläubiger wird der Fortgang des Verfahrens der anderen Gläubiger nicht berührt.** Das ist in dem Einstellungsbeschluss entsprechend zum Ausdruck zu bringen. Ein Gläubiger kann das Versteigerungsverfahren wegen verschiedenen Ansprüchen betreiben. Entweder solche unterschiedlicher Rechtsnatur oder wegen dinglicher und/oder persönlicher Ansprüche (*Stöber* ZVG-Hdb. Rn. 184). **Insoweit kann er ohne weiteres die Einstellungsbewilligung nur auf einen oder einige der geltend**

gemachten Ansprüche beschränken. Der Einstellungsbeschluss muss auch diese Beschränkung ausdrücklich bezeichnen. Das ergibt sich daraus, dass Anordnungs- und Beitrittsverfahren sowie die Verfahren nach mehrfachem Beitritt desselben Gläubigers voneinander unabhängig sind.

Zeit ist Geld: Wer die Einstellungsmöglichkeiten des ZVG sinnvoll nutzt, spart Kosten und sehr viel mehr. Der Faktor Zeit ist von herausragender Bedeutung, was sich nicht zuletzt in sich stetig verändernden Investitionsmotiven der Interessenten widerspiegelt. § 30 ZVG stellt vorrangig auf die Belange des Gläubigers ab. Der Gläubiger muss heutzutage oftmals eine Vielzahl von Vollstreckungen und Verfahren managen. Bei gleichzeitigem eigenem Betreiben aus verschiedenen Rechten für ein Verfahren (ein Recht) kann er die verschiedenen Einstellungsmöglichkeiten aus anderen Rechten voll nutzen. So dass der Gläubiger bei späterem Beitritt aus diesem Recht in das laufende Gesamtverfahren wieder sämtliche Möglichkeiten der Einstellung hat. Solange das Verfahren dadurch nicht künstlich und sinnentleert in die Länge gezogen wird, sprechen keine Gesichtspunkte dagegen. Im Gegenteil, es wird dem Gläubiger (und auch dem Vollstreckungsgericht) immer daran liegen, das Verfahren, auch wenn es sich über mehrere Jahre hin erstreckt, mit einem Zuschlag erfolgreich zu beenden. Kosten, Aufwand und vieles mehr gespart, so dass nur in wenigen Ausnahmefällen von einem Missbrauch auszugehen ist.

4. Kosten und Gebühren. Gerichtskosten. Es fallen keine weiteren Gebühren an. **Rechtsanwaltskosten.** Diese Tätigkeit wird mit der Verfahrensgebühr Nr. 3311 VV RVG iHv 0,4 des Gebührensatzes mit abgedeckt.

5. Fristen und Rechtsmittel. Die Einstellungsbewilligung ist an keine Frist gebunden. Sie ist nur bis zum Ende der Zuschlagsverkündung möglich. Bei Aufhebung des Verfahrens (bei dritter Einstellungsbewilligung) ohne vorherige Anhörung (welche nicht erfolgen sollte) ist die Vollstreckungserinnerung (§ 766 ZPO) einzulegen. Gegen diese Entscheidung ist dann das Rechtsmittel der sofortigen Beschwerde einzulegen (*Stöber* ZVG § 30 Anm. 3.4). Bei einer vorherigen Anhörung findet das Rechtsmittel der sofortigen Beschwerde (§§ 95 ZVG, 793 ZPO) statt.

4. Einstweilige Einstellung auf Antrag des Schuldners (§ 30a bis c ZVG)

An das

Amtsgericht . . . . .[1, 2]

– Vollstreckungsgericht –

Einstweilige Einstellung gem. § 30a ZVG – Vollstreckungsschutz

In der Zwangsversteigerungssache

. . . . .

Gläubiger,

(vertreten durch . . . . .)

gegen

. . . . .

Schuldner,

Az. . . . . .

beantrage ich die einstweilige Einstellung des Verfahrens gem. § 30a ZVG für die Dauer von 6 Monaten.

Begründung:[3, 4]

Die Nichterfüllung der Vollstreckungsforderung beruht auf Umständen, die eine Einstellung gebieten. Der Gläubiger hat seine auf meinem Grundstück lastende Hypothek kurzfristig gekündigt. Die für den Hausbau vor 3 Jahren aufgenommene Darlehensschuld kann nicht sogleich aus meinem Einkommen als Antragsteller bei . . . . ., sondern nur durch Umschuldung erfolgen. Ein für die Umschuldung benötigtes neues Hypothekendarlehen war seit Kündigung infolge der allgemein bekannten Entwicklung auf dem Kapitalmarkt jedoch bis dato nicht zu erlangen. Nunmehr hat die . . . . . Bank in . . . . . das benötigte Darlehen in Aussicht gestellt. Die Beschaffung der Darlehensunterlagen, die Bearbeitung meines Darlehensantrages und die Bereitstellung der Darlehenssumme werden noch einige Monate in Anspruch nehmen. Trotz größter Bemühungen konnte die Umschuldung nicht beschleunigt werden. Der Gläubiger kann keine Gründe für die kurzfristige Rückforderung seines Darlehens darstellen.

Nach der Art der Schuld und nach meinen persönlichen und wirtschaftlichen Verhältnissen entspricht die Einstellung der Billigkeit. Durch sie kann die Versteigerung zuverlässig vermieden werden.

Zur Glaubhaftmachung der Angaben des Schuldners wird das Schreiben der . . . . . Bank vom . . . . . vorgelegt, mit dem die Darlehensgewährung in Aussicht gestellt und von dem Schuldner die zur Bearbeitung meines Darlehensantrages benötigten Unterlagen eingefordert wurden.

. . . . .

Rechtsanwalt[5]

Anmerkungen

1. Natürlich kann auch der Schuldner beantragen, dass das Verfahren einstweilen einzustellen ist, wenn Aussicht besteht, dass durch die Einstellung die Versteigerung vermieden wird und wenn die Einstellung nach den persönlichen und wirtschaftlichen Verhältnissen des Schuldners sowie nach der Art,der Schuld der Billigkeit entspricht (§ 30a Abs. 1 ZVG). Die Einstellung des Verfahrens durch den Schuldner ist binnen einer **Notfrist von zwei Wochen** bei dem zuständigen Gericht zu beantragen (§ 30b Abs. 1 S. 1 ZVG). Als Notfrist kann diese weder verkürzt noch verlängert werden, sie beginnt mit Zustellung der Verfügung, in welcher der Schuldner auf das Recht zur Stellung des Einstellungsantrages, den Fristbeginn und die Rechtsfolgen eines fruchtlosen Ablaufs hingewiesen wird. In der Praxis wird das meist in den Anordnungsbeschluss direkt aufgenommen (§ 30b Abs. 1 S. 3 ZVG). Vor der Einstellungsentscheidung sind Schuldner und betreibender Gläubiger zu hören, ggf. kann das Gericht sogar mündliche Verhandlung anberaumen (§ 30b Abs. 2 ZVG).

Eine endgültige Einstellung kann der Schuldner, wenn überhaupt, nur über die Generalklausel, § 765a ZPO, erreichen. **Die Vorschriften der §§ 30a ff. ZVG wurden im Jahre 1953 mit der Zielsetzung in das ZVG eingefügt, die bis dahin gegebenen Einstellungsmöglichkeiten einzuschränken.** Einem Verständnis aus der Sicht des Schuldners folgend scheint eher eine Ausweitung der Einstellungen in der heutigen Praxis zu beobachten sein. Zwar laufen die meisten Einstellungsanträge ins Leere, allerdings kosten sie sehr viel Zeit. Viele Schuldner und deren Vertreter sehen schon darin den Erfolg ihres Tuns, dass die

Verzögerungszwecke sich realisieren (OLG Köln Rpfleger 1980, 233; *Storz* Anm. B. 3. 1. 1). Gleichwohl sollte man bedenken, dass der Schuldner im Grunde durch einen aussichtlosen Einstellungsantrag vor allen Dingen sich selbst schadet und weiterer Nutzen nicht erkennbar ist (in der Praxis kann man davon ausgehen, dass eine Einstellung als solche, nicht auch zuletzt wegen des komplizierten Ablaufs, leicht länger als sechs Monate dauern kann). Durch die Verzögerungen wachsen die Forderung des Gläubigers durch die weiter anfallenden Zinsen nach wie vor an. Zudem ist der Schuldner durch die faktischen Belastungen und die Konfrontation mit dem Zwang bereits psychisch unnötig weiter stark belastet, von dem unnötigen Zeitaufwand ganz zu schweigen. Vernünftige Berater werden Schuldnern, die nur Verzögerungen suchen, entsprechend zu einem praxisbezogenen, geeignetem Verhalten anhalten (vgl. LG Trier Rpfleger 1991, 70).

Bei gleichzeitig gestellten Einstellungsanträgen von Schuldner und Gläubiger geht die Einstellungsbewilligung des Gläubigers vor, das Gericht muss und kann dem Einstellungsantrag des Gläubigers nämlich ohne weitere Prüfung stattgeben (*Stöber* ZVG-Hdb. Rn. 177a, 186). Vorausgesetzt der Gläubiger hat Kenntnis von dem Einstellungswillen des Schuldners, sollte er sich darüber im Klaren sein, dass er seinen Einstellungsantrag ohne weitere Aufwendungen verbraucht. Die Anträge des Gläubigers (§ 30 ZVG) müssen nicht begründet werden, wohingegen der Schuldner seine Anträge nach § 30a ZVG und § 30c Abs. 1 ZVG (erneute Einstellung) begründen muss. Letztlich ist es im Ergebnis oftmals ratsamer, den eigenen Antrag nicht zu stellen, aber auch dem Schuldnerantrag nicht entgegenzutreten, da dieser dann schnell und pragmatisch beschieden werden kann. Der Effekt ist der gleiche und der Gläubiger bewahrt sich eine seiner rar gesäten Einstellungsmöglichkeiten für weitere taktische Belange.

Unabhängig davon ist jedoch eine Veränderung des Vollstreckungsverhaltens auf Seiten des Gläubigers dahingehend festzustellen, dass zunehmend gemeinsam mit dem Schuldner nach sinnvollen Wegen gesucht wird, die außerhalb der Vollstreckung liegen. Offensichtlich schlägt sich hier die Erkenntnis nieder, dass ein dauerhafter „Konfrontationskurs" oftmals den Schaden mehrt, als ihn zu reduzieren. Diese Strategie ist nach diesseitiger Erfahrung jeder Anderen vorzuziehen.

2. → Form. J. IV. 1 Anm. 2.

3. Der Einstellungsantrag sollte eine **umfassende Begründung** enthalten. Die Angaben über die Gründe, wie sie in § 30a Abs. 1, Abs. 2 und Abs. 3 ZVG beschrieben werden, sind grundsätzlich nur auf Verlangen des Gerichts glaubhaft zu machen (§ 30b Abs. 2 S. 2 ZVG). Dies erfasst insbesondere die Frage der besonderen Belastung wegen der persönlichen und wirtschaftlichen Verhältnisse des Schuldners (§ 30a Abs. 1 Abs. 2 ZVG). Nicht zuletzt wegen der Abwägungsschwierigkeiten zwischen den Belangen des Schuldners auf der einen und den Belangen des Gläubigers auf der anderen Seite werden die Gerichte regelmäßig Glaubhaftmachung verlangen.

Der Gläubiger kann ebenfalls vortragen, dass ihm die einstweilige Einstellung unter Berücksichtigung seiner wirtschaftlichen Verhältnisse nicht zuzumuten ist, ihm insbesondere ein unverhältnismäßiger Nachteil entstehen würde, oder dass mit Rücksicht auf die Beschaffenheit oder die sonstigen Verhältnisse des Grundstücks anzunehmen ist, die Versteigerung zu einem späteren Zeitpunkt einen wesentlich geringeren Erlös bringen würde (§ 30a Abs. 2 ZVG). Soweit die Versteigerung aus einem Grundpfandrecht betrieben wird, das innerhalb von $^{7}/_{10}$ des Grundstückswertes steht, darf das Versteigerungsgericht die einstweilige Einstellung nur unter Zahlungsauflagen bewilligen (§ 30a Abs. 3 S. 2, Abs. 4 ZVG). Das Gericht kann ferner die einstweilige Einstellung auch von sonstigen Auflagen mit der Maßgabe abhängig machen, dass die einstweilige Einstellung bei Nichterfüllung dieser Auflagen außer Kraft tritt (§ 30a Abs. 5 ZVG). Die Zeitdauer der einstweiligen Einstellung ist hier, anders als zuvor, variabel, beträgt jedoch höchstens sechs Monate (§ 30a Abs. 1 ZVG).

4. **Einstellung bei Deckung des Gläubigers:** § 76 ZVG stellt eine Schutzbestimmung zu Gunsten des Schuldners dar. Wenn die Ansprüche des Gläubigers durch vorausgehende Versteigerung einzelner von mehreren Grundstücken gedeckt sind, können seine weiteren Grundstücke verschont werden. Das leuchtet ein, da ein Grundsatz für die Versteigerung besagt, dass nicht mehr versteigert werden soll, als notwendig ist, um den betreibenden Gläubiger zu decken. Soweit der Anspruch des Gläubigers gedeckt ist, ist das Verfahren hinsichtlich der übrigen Grundstücke einstweilen einzustellen. Die Vorschrift des § 76 ZVG betrifft alle Vollstreckungsversteigerungen, ausgenommen die Versteigerung und Verwaltung auf Insolvenzverwalterantrag, die Zwangsversteigerung auf Antrag der Erben sowie bei der Teilungsversteigerung.

Der Antrag des Schuldners gemäß § 30a ZVG ist vom Gericht auf die Voraussetzungen des § 765a ZPO hin zu überprüfen, wenn eine Betrachtung der Gesamtumstände ergibt, dass der Schuldner alle Vollstreckungsschutzmöglichkeiten beanspruchen wollte (Dierck/Morvilius/*Vollkommer-Morvilius* Kap. 4 Rn. 170).

Die Einstellung erfolgt von Amts wegen, der Schuldner muss keinen weiteren Antrag stellen. Er kann der Einstellung aber auch nicht widersprechen. Wenn eine Befriedigung des Gläubigers in Frage gestellt oder durch verschiedene denkbare Umstände erheblich verzögert wird, kann der Gläubiger die Fortsetzung verlangen. Die „befriedigten" Ansprüche setzen sich aus folgenden Positionen zusammen: Hauptsachebetrag, Zinsen, Kosten, fällig gewordene Zinsen der Gläubiger bis zum voraussichtlichen Verteilungstermin, Kosten der dinglichen Rechtsverfolgung, Gerichtskosten sowie dem bestrangig betreibenden Gläubiger vorgehende Ansprüche, die bar gezahlt werden müssen. Werden diese Ansprüche gleichzeitig bzw. nebeneinander gedeckt, entscheidet das Gericht nach pflichtgemäßem Ermessen über die Befriedigungsreihenfolge. Da die Abgabe eines deckendes Gebotes schon ausreicht (§ 76 Abs. 1 ZVG), müsste nicht bis zum Schluss der Versteigerung gewartet werden. In der Praxis ist es aber üblich, den Schluss der Versteigerung abzuwarten, und sodann hinsichtlich der nicht mehr benötigten Grundstücke vor Ort zu entscheiden, wie weit die Zuschlagsversagung nach § 33 ZVG erfolgen soll. Bei Doppelausgeboten sollte die Entscheidung über die Einstellung nicht eher erfolgen, bevor der Gläubiger ausdrücklich erklärt hat, welches Ausgebot maßgebend und zugrunde gelegt werden soll.

Über die Einstellungen sind die anwesenden Beteiligten und auch der Schuldner zu hören. Es ist über das Ob der Einstellung und über die Frage der Deckung der Gläubigeransprüche (bei mehreren Gläubigern) zu befinden. So ua für welche Grundstücke der Zuschlag dem Meistbietenden erteilt werden soll bzw. für welche Grundstücke einstweilen einzustellen ist. Ratsam erscheint für die Praxis, einen gesonderten Verkündungstermin zu bestimmen (§§ 87, 89 ZVG). Darauf sollte der Gläubiger gegenüber dem Gericht hinwirken. Der Zuschlagsversagungsbeschluss muss nur verkündet werden (§ 87 Abs. 1 ZVG), wohingegen der Einstellungsbeschluss – auch wenn er verkündet wurde – zuzustellen ist (§ 32 ZVG). Eine diesbezügliche Belehrung, wie in den anderen Einstellungsmöglichkeiten (§§ 30 ff. ZVG) erfolgt bei einstweiliger Einstellungen nach Deckung aus Einzelgeboten gem. § 76 ZVG nicht. Die Fortsetzung des Verfahrens kann jeweils der betreibende Gläubiger verlangen.

4. Kosten und Gebühren. → Form. J. VI. 3 sowie zu Rechtsanwaltskosten. Soweit hier das Ziel der Verfahrensaufhebung verfolgt wird, was hier der Fall sein sollte, erhält der Rechtsanwalt für die Tätigkeit im Verfahren über Anträge auf einstweilige Einstellung eine gesonderte 0,4 Gebühr gemäß Nr. 3311 VV RVG.

5. Fristen und Rechtsmittel. Fristen. Die einstweilige Einstellung ist mit einer Notfrist von 2 Wochen nach Zustellung des Hinweises über Recht, Fristbeginn und Rechtsfolgen zu beantragen. Dieser Hinweis sollte möglichst bei dem Anordnungsbeschluss enthalten sein. Eine diesbezügliche Begründung kann auch nach Ablauf dieser Notfrist erfolgen.

Der Antrag kann nur bis zur Verkündung über den Zuschlag gestellt werden, falls die 2-Wochen-Frist nicht vorher schon abgelaufen ist. Die Frist für die Einstellung nach § 30a ZVG beträgt höchstens 6 Monate, dh auch ein kürzerer Zeitraum ist möglich. In der Praxis ist der Zeitraum von 6 Monaten zweckmäßig.

Rechtsmittel. Einwendungen nach § 766 ZPO können erfolgen bei Beanstandungen des Gläubigers oder Schuldners bei unterbliebenen, fehlerhaften oder nicht wirksam zugestellten Belehrungen. Eine diesbezügliche Beschwerde gem. § 95 ZVG ist dabei ausgeschlossen. Gem. § 30b Abs. 3 ZVG ist die **sofortige Beschwerde** zulässig. Diese begründet regelmäßig mit der Zustellung (§ 569 Abs. 1 S. 2 ZPO). Selten beginnt sie bei verkündetem Einstellungsbeschluss 5 Monate nach Verkündung. Bei dem Zuschlagsversagungsbeschluss beginnt die Frist mit der Verkündung (§ 98 ZVG). Die Rechtsmittelgegner sind vor der Entscheidung zu hören (§ 30b Abs. 3 S. 1 ZVG). Bei einer absehbaren Unzulässigkeit ist eine Anhörung nicht nötig.

5. Antrag auf Fortsetzung (§ 31 ZVG)

An das

Amtsgericht . . . . .[1, 2]

– Vollstreckungsgericht –

Antrag auf Fortsetzung

In der Zwangsversteigerungssache

. . . . .

Gläubiger,[3]

(vertreten durch . . . . .)

gegen

. . . . .

Schuldner,

Az. . . . . .

beantragen wir fristgemäß[4] die Fortsetzung des mit Beschluss vom . . . . . gem. § . . . . . [§ 30 ZVG, § 30a, § 30d ZVG] eingestellten Verfahrens.[5]

Rechtsanwalt[6, 7]

Anmerkungen

1. Allgemeines. Die einstweilige Einstellung bringt im Gegensatz zur Aufhebung nur einen zeitlichen Stillstand in das Verfahren. Ein durch Einstellung eingestelltes Verfahren kann fortgesetzt werden; ein aufgehobenes Verfahren muss neu beantragt werden. Die Vorschrift des § 31 ZVG gilt für alle ZVG-Verfahren. Im Gegensatz zur Fortsetzung nach § 31 ZVG werden die Verfahren, die von Amts wegen eingestellt wurden (zB nach §§ 28 ZVG, 769 Abs. 2, 771 Abs. 3 ZPO, außerdem § 766 Abs. 1 ZPO iVm § 732 Abs. 2 ZPO und das nach § 570 Abs. 2, 3 ZPO eingestellte Verfahren), nach Beseitigung aller Hindernisse von Amts wegen fortgesetzt. Es bedarf hier keines gesonderten Antrags. **Eine diesbezügliche Mitteilung an das Vollstreckungsgericht ist trotzdem anzuraten.**

Im Gegensatz hierzu und in § 31 Abs. 1 ZVG festgelegt, erfolgt in den übrigen Fällen die Fortsetzung nur auf Antrag des Gläubigers. Dieses Antragsrecht ist zeitlich auf die Dauer von 6 Monaten begrenzt. In den Fällen der Gläubigereinstellung ist auf den Fristbeginn für die Stellung des Fortsetzungsantrages sowie auf die Rechtsfolgen eines fruchtlosen Fristablaufes durch das Vollstreckungsgericht hinzuweisen. Diese Verfügung ist von Amts wegen zuzustellen (§ 31 Abs. 3 ZVG).

Der Fortsetzungsantrag ist binnen einer Frist von **6 Monaten nach Zustellung** des Einstellungsbeschlusses zu stellen (§ 81 Abs. 2 lit. a iVm § 32 ZVG) und muss spätestens zu diesem Zeitpunkt beim Vollstreckungsgericht eingehen. Die zeitliche Begrenzung hat ihren Hintergrund auch in der nicht übermäßigen Beanspruchung der Unterbrechung zugunsten des Gläubigers, durch die gegebenenfalls andere Beteiligte beeinträchtigt würden. Die Fortsetzung des Verfahrens nach § 30 ZVG durch den Gläubiger nach der „Bewilligung" kann dieser jederzeit beantragen, jedoch erst mit der Einstellung, das heißt mit der Zustellung des Einstellungsbeschlusses. Denn, was noch nicht eingestellt ist, kann auch nicht fortgesetzt werden. Auf der anderen Seite kann der Gläubiger jedoch die Fortsetzung des Verfahrens beantragen und sodann gleichzeitig die einstweilige Einstellung bewilligen. Dies erfolgt meist vor dem Hintergrund, wenn der Gläubiger dem Schuldner einen Aufschub gibt.

Eine Besonderheit zu der 6-Monats-Frist enthält § 76 Abs. 2 ZVG (einstweilige Einstellung nach Deckung aus Einzelgebot), in der die Antragsfrist auf 3 Monate begrenzt ist (weitere Ausführungen → Form. J. VI. 7). Eine Fortsetzung aus einer Schuldnereinstellung nach § 30a ZVG kann erst erfolgen, wenn der Zeitraum für den das Verfahren nach § 30a ZVG einstweilen eingestellt wurde, abgelaufen ist. Vorher ist eine Fortsetzung nur möglich, wenn nachgewiesen werden kann, dass der Schuldner wiederkehrende Leistungen nicht geleistet oder sonstige Auflagen nicht oder nicht rechtzeitig erfüllt hat.

Für die Fortsetzung eines eingestellten Verfahrens nach § 30d ZVG hat der Gläubiger einen ausdrücklichen Fortsetzungsantrag mit dem Antrag auf Aufhebung der einstweiligen Einstellung zu stellen, beziehungsweise sollte er dies so ausdrücklich beantragen. Nach Rechtskraft eines Zuschlages kann kein Fortsetzungsantrag mehr gestellt werden, da hier bereits der Ersteher Eigentümer ist. Bis zur Rechtskraft des Zuschlages lohnt sich der Antrag auf Fortsetzung nur noch, wenn im Beschwerdeweg absehbar ist, dass der Zuschlag aufgehoben wird.

Wenn nach Einstellung das Grundstück aufgrund Betreibens anderer Gläubiger versteigert wird, wirkt die Einstellung nicht mehr. In diesem Fall erfolgt die Erlösverteilung von Amts wegen und kann nicht zum zeitweiligen Stillstand des – in diesem Fall – Verteilungsverfahrens führen.

2. Das Vollstreckungsgericht, welches den Einstellungsbeschluss erlässt, ist auch für die Belehrung zuständig. So kann es unter Umständen sein, dass das Beschwerdegericht den Einstellungsbeschluss erlässt und insoweit dafür zuständig ist, die diesbezügliche Belehrung zuzustellen. Andere Meinungen (*Drischler* Rpfleger 1956, 91; *Jonas/Pohle* § 31 Anm. 3b) gehen davon aus, dass die Belehrung nur durch das Vollstreckungsgericht zugestellt werden darf bzw. muss. Die Belehrung als solche muss nicht unbedingt zusammen mit dem Einstellungsbeschluss zugestellt werden. Sie kann auch gesondert nachgeholt und zugestellt werden. Sie darf aber nicht nach Fristablauf erfolgen. Die Belehrung muss für jeden betreibenden Gläubiger und jeden Beschluss erfolgen, bei dem der Gläubiger die Fortsetzung beantragen kann.

Gläubigerantrag auf Verfahrensfortsetzung. Der Antrag ist beim zuständigen Vollstreckungsgericht schriftlich oder zu Protokoll der Geschäftsstelle zu stellen. Er muss unmissverständlich zum Ausdruck bringen, dass die Fortsetzung (weitere Durchführung) des

Verfahrens verlangt wird. Im Inhalt des Antrages soll die Vollstreckungssache bezeichnet werden. Eine Begründung ist generell nicht erforderlich, jedoch beim Wegfall der Einstellungsgründe anzugeben.

3. Mehrere Gläubiger/mehrere Verfahren/mehrere Grundstücke. Wird das Verfahren von mehreren Gläubigern betrieben und stellt ein Gläubiger den Antrag auf einstweilige Einstellung und Fortsetzung des Verfahrens bzw. wird dies ggf. aufgehoben, so werden die anderen Gläubiger im Versteigerungsverfahren nicht dadurch beeinflusst. Die Verfahren laufen sodann „nebeneinander" weiter. Jeder einzelne Gläubiger hat „seinen eigenen" Antrag zu stellen und die Fristen einzuhalten. Nach einstweiliger Einstellung mehrerer Grundstücke kann der Gläubiger die Fortsetzung auch einzelner Grundstücke beantragen. Die Einstellung eventuell weiterer Grundstücke bleibt davon unberührt. In der Praxis ist es so, dass, soweit sich der Fortsetzungsantrag nicht auf einzelne Grundstücke bezieht, sich diese auf alle eingestellten Grundstücke bezieht. Insoweit ist auch hierauf erhöhte Aufmerksamkeit zu richten.

4. Wenn der Antrag **nicht binnen der 6-Monats-Frist** gestellt ist, wird das Verfahren von Amts wegen aufgehoben. Gegen die Aufhebung ist das Rechtsmittel der **sofortigen Beschwerde** statthaft. Wird der Antrag abgelehnt, wird der diesbezügliche Beschluss dem Gläubiger zugestellt und dem Schuldner mitgeteilt. Der Fortsetzungsantrag kann so lange zurückgenommen werden, bis hierüber entschieden wurde oder aber das Verfahren wieder in Gang gesetzt wurde. Wird der Fortsetzungsantrag nach der Fortsetzung zurückgenommen, so behandelt man diese als erneute Bewilligung der Einstellung, was mitunter die Aufhebung des Verfahrens nach sich ziehen kann.

Regelmäßig bei der Fortsetzung des Verfahrens ist vom Vollstreckungsgericht zu prüfen, ob der Antrag fristgerecht einging und für die Fortsetzung des Verfahrens die notwendigen Vollstreckungsvoraussetzungen erfüllt und sämtliche Vollstreckungsunterlagen vorhanden sind. Sollten diese Unterlagen innerhalb der 6-Monats-Frist nicht vorliegen, können sie nachgefordert werden. Einer Fortsetzung steht dies nicht entgegen. Hier gibt es aber auch andere Meinungen, die den Vollstreckungstitel bei jeder Entscheidung vorliegen haben möchten. Dies meist, aus deren Sicht, zB weil sich hier durch die Abschreibung die Forderung habe verändern können.

Hinsichtlich des rechtlichen Gehörs (Anhörung insbesondere des Schuldners) sei darauf hingewiesen, dass dies nicht notwendig, in manchen Fällen aber durchaus angebracht ist. Der Fortsetzungsantrag kann durch Beschluss abgelehnt werden. An den Gläubiger erfolgt die Zustellung, gegenüber dem Schuldner lediglich die Mitteilung des Ablehnungsentscheids.

5. Entscheidung durch Beschluss: Ein förmlicher Fortsetzungsbeschluss bzw. eine Verfügung ist vom Gesetz nicht ausdrücklich vorgesehen. Dennoch ist es üblich und notwendig, diesen zu erlassen bzw. zu verfügen. Dem Gläubiger und Schuldner wurde vorher der Einstellungsbeschluss zugestellt und sodann müssten auch diese über die Fortsetzung Kenntnis erlangen, dass dem vorher ergangenen Beschluss keine Wirkung mehr zukommt. Dieser Beschluss soll Klarheit über die Grundlage und Zulässigkeit des fortzuführenden Verfahrens schaffen.

6. Kosten und Gebühren. → Form. J. VI. 3 Anm. 4.

7. Fristen und Rechtsmittel. Der Fortsetzungsantrag ist mit einer Frist von 6 Monaten nach Zustellung des Einstellungsbeschlusses zu stellen (§ 81 Abs. 2 lit. a iVm § 32 ZVG) und muss spätestens zu diesem Zeitpunkt beim Vollstreckungsgericht eingehen. Diese zeitliche Begrenzung hat auch ihren Hintergrund in der nicht übermäßigen Beanspruchung der Unterbrechung zugunsten des Gläubigers, an deren Stelle gegebenenfalls andere Beteiligte hierdurch beeinträchtigt würden.

Die Fortsetzung des Verfahrens nach § 30 ZVG durch den Gläubiger nach der „Bewilligung" kann dieser jederzeit beantragen, jedoch erst mit der Einstellung, das heißt mit der Zustellung des Einstellungsbeschlusses. Denn, was noch nicht eingestellt ist, kann auch nicht fortgesetzt werden. Auf der anderen Seite kann der Gläubiger jedoch die Fortsetzung des Verfahrens beantragen und sodann gleichzeitig die einstweilige Einstellung bewilligen. Dies erfolgt meist vor dem Hintergrund, wenn der Gläubiger dem Schuldner einen Aufschub gibt. Eine Besonderheit zu der 6-Monats-Frist enthält § 76 Abs. 2 ZVG (einstweilige Einstellung nach Deckung aus Einzelgebot), in der die Antragsfrist auf 3 Monate begrenzt ist.

Eine Fortsetzung in der Folge einer Schuldnereinstellung nach § 30a ZVG kann erst erfolgen, wenn die Frist abgelaufen ist. Vorher ist eine Fortsetzung nur möglich, wenn nachgewiesen werden kann, dass der Schuldner wiederkehrende Leistungen nicht geleistet oder sonstige Auflagen nicht oder nicht rechtzeitig erfüllt hat. Für die Fortsetzung eines eingestellten Verfahrens nach § 30d ZVG hat der Gläubiger einen ausdrücklichen Fortsetzungsantrag mit dem Antrag auf Aufhebung der einstweiligen Einstellung zu stellen, beziehungsweise sollte er dies so ausdrücklich beantragen.

Der **Schuldner** kann gegen den Fortsetzungsbeschluss Vollstreckungserinnerung gem. § 766 ZPO einlegen, sofern er diesen für fehlerhaft hält. Falls er vorher gehört wurde, kann er sofortige Beschwerde gem. § 793 ZPO gegen den Beschluss einreichen. Gem. § 767 ZPO kann der Schuldner Klage erheben, wenn für ihn die Fortsetzung aus materiellen Gründen unzulässig erscheint. Gegen die Ablehnung des Fortsetzungsantrages und die Verfahrensaufhebung ist für den **Gläubiger** die sofortige Beschwerde nach § 793 ZPO zulässig. Gegen die mit der Fortsetzung verbundene Belehrung gem. § 30b Abs. 1 Nr. 2 ZVG kann getrennt mit der Vollstreckungserinnerung (§ 766 ZPO) vorgegangen werden.

6. Antragsrücknahme (§ 29 ZVG)

An das

Amtsgericht . . . . .[1, 2]

– Vollstreckungsgericht –

Antrag auf Rücknahme

In der Zwangsversteigerungssache

. . . . .

Gläubiger,[3]

vertreten durch: . . . . .

gegen

. . . . .

Schuldner,

Az. . . . . .

nehmen wir hiermit unseren Antrag auf Zwangsversteigerung gem. § 29 ZVG zurück.[4]

Wir bitten um Abrechnung der Kosten und Rücksendung sämtlicher Vollstreckungsunterlagen.

.....

Rechtsanwalt[5, 6]

Anmerkungen

1. Der Gläubiger ist in dem Zwangsvollstreckungsverfahren Herr des Verfahrens. Das zeigt sich auch in den Regelungen zur Rücknahme des Antrages (gem. § 29 ZVG). Die Rücknahme erfolgt nur durch den Gläubiger und hat im Grunde nur die Gläubigerinteressen im Auge (*Stöber* ZVG § 15 Anm. 3. 1). Die Rücknahme des Antrages gem. § 29 ZVG gilt für alle ZVG-Verfahren. Das Vollstreckungsgericht hat die Rücknahme mit gesondertem Beschluss auszusprechen.

2. → Form. J. IV. 1 Anm. 2.

3. Wenn ein Versteigerungsverfahren von mehreren Gläubigern betrieben wird, ist die Antragsrücknahme eines Gläubigers möglich. In diesem Fall wird jedoch nur „sein" Verfahren aufgehoben. In dem zu ergehenden Aufhebungsbeschluss ist es in der Regel und in der Praxis so, dass vom Vollstreckungsgericht der Beschluss mit dem Zusatz versehen wird, dass die Beschlagnahme insgesamt bestehen bleibt und die anderen Verfahren der anderen Gläubiger weiterlaufen. Bei einem Zwangsversteigerungsverfahren über mehrere Grundstücke oder Grundstücksbruchteile hat der Gläubiger zudem die Möglichkeit, den Antrag auf einzelne Grundstücke zurückzunehmen. Insoweit ergeht ein Teilaufhebungsbeschluss. Eine Teilrücknahme ist auch bezüglich einzelner oder mehrerer Zubehörstücke möglich. Dies insbesondere vor dem Hintergrund, dass ein Dritter Rechte an einem Gegenstand geltend macht und dieser dann von dem betreibenden Gläubiger freigegeben wird. Hier ist eine Anhörung bzw. Zustimmung der nicht betreibenden Gläubiger nicht nötig.

4. Die Rücknahmeerklärung der Gläubigerin ist Prozesshandlung. Sie kann entweder schriftlich oder aber zu Protokoll des Urkundsbeamten und auch durch Fernschreiben oder fernmündlich erklärt werden. Sie wird schon mit Eingang bei Gericht wirksam. Es muss nicht ausdrücklich erklärt werden, dass der Antrag zurückgenommen wird, es muss nur eine dahingehende Willensäußerung bekundet werden (bspw. wenn der Gläubiger „die Hauptsache für erledigt erklärt" und damit zum Ausdruck bringt, dass er das Verfahren nicht mehr betreiben möchte), so dass dadurch der Versteigerungsantrag zurückgenommen wird. **Bei der Rücknahme des Versteigerungsantrages ist eine Begründung nicht notwendig.** Der Rücknahmeantrag kann nicht unter eine einschränkende Bedingung gestellt werden, geschieht dies gleichwohl, legt das Vollstreckungsgericht diese Rücknahme als einstweilige Einstellungsbewilligung aus. Da das dem Ziel der Gläubiger oftmals nicht entsprechen wird, ist anzuraten, dass die Willensäußerung hinsichtlich der Aufhebung des Verfahrens möglichst konkret geäußert wird. Als Prozesshandlung ist auch die Rücknahmeerklärung nicht widerruflich. Dem Gläubiger bleibt nur die Möglichkeit, dem von einem anderen Gläubiger betriebenen Verfahren wieder beizutreten oder ggf. eine Neuanordnung zu veranlassen. An dieser Stelle sei auf den Kostenverlust hinzuweisen.

Eine Aufhebung des Verfahrens nach Rücknahme des Versteigerungsantrages bis hin zum Schluss der Versteigerung erfolgt durch Beschluss. Dieser ist zuzustellen ist (§ 32 ZVG). **Die Rücknahme des Versteigerungsantrages ist auch noch nach Schluss der Versteigerung möglich.** Als Folge dessen wird der Zuschlag gem. § 33 ZVG versagt. Eine Rücknahme nach Zuschlagsverkündung ist nicht mehr möglich.

Eine Minderung bzw. Ermäßigung der allgemeinen Vollstreckungsforderung durch den Gläubiger wird nicht als Teilrücknahme behandelt. Eine Ermäßigung bzw. Minderung wird in der Vollstreckungsversteigerung zu den Anmeldungen genommen. Diese wird durch Berücksichtigung in der Mitteilung, durch Anrechnung bei der Verteilung oder durch Berichtigung des Zuteilungsplanes beachtet. Auf der anderen Seite ist es so, wenn ein betreibender Gläubiger mehrere Ansprüche hat und dadurch das Versteigerungsverfahren auch betreibt, hier einen ganzen Anspruch (etwa einen Hypothekenanspruch zzgl. Kosten und Zinsen) zurücknimmt, könnte sich hierdurch die gesamte Verfahrensgrundlage ändern. An dieser Stelle wird dies durch eine Teilaufhebung beschlossen. Bei allen Ermäßigungen bzw. Minderungen ist praxisbezogen der Schuldner hierüber zu benachrichtigen, damit er den aktuellen Stand des Verfahrens kennt, in diesem Fall, dass sich an der Beschlagnahme und dem Durchführen des Verfahrens hier sich nichts ändert.

5. Kosten und Gebühren. → Form. J. VI. 3 Anm. 4.

6. Rechtsmittel. Für den **Schuldner** ist hier kein Rechtsmittel gegeben. Der **Gläubiger** kann, wenn das Gericht eine nicht eindeutige Äußerung als Rücknahme behandelt hat, sofortige Beschwerde (§ 95 ZVG iVm § 793 ZPO) einlegen.

7. Antrag nach § 765a ZPO bei Zwangsräumung

An das

Amtsgericht . . . . .[1, 2]

– Vollstreckungsgericht –

Vollstreckungsschutzantrag nach § 765a ZPO

In der Zwangsvollstreckungssache

. . . . .

Gläubiger und Antragsgegner[3]

(vertreten durch . . . . .)

gegen

. . . . .

Schuldner,

Az. . . . . .

beantragen wir namens und in Vollmacht des Schuldners:

1. die Zwangsvollstreckung aus . . . . . (genaue Bezeichnung Vollstreckungstitel) bis zum . . . . . zu untersagen,
2. im Wege der einstweiligen Anordnung ohne Anhörung des Gläubigers die Zwangsvollstreckung aus dem vorbezeichneten Vollstreckungstitel ohne Sicherheitsleistung, hilfsweise gegen Sicherheitsleistung, bis zur Entscheidung in der Hauptsache einzustellen,
3. dem Gläubiger die Kosten dieses Antrages nach § 788 Abs. 3 ZPO aufzuerlegen.

Zur Begründung wird folgendes ausgeführt:

Belange des Gläubigers stehen der vorübergehenden Einstellung der Zwangsvollstreckung nicht entgegen. Der Gläubiger ist auf die Nutzung des zu räumenden Wohnraums aktuell

nicht angewiesen. Ihm stehen anderweitige Räumlichkeiten zur Verfügung. Ein fortwährender und nicht wieder gut zu machender wirtschaftlicher Schaden entsteht dem Gläubiger nicht, da der Schuldner für die fortdauernde Nutzung der Räumlichkeiten eine angemessene Nutzungsentschädigung zahlt.

Im Hinblick auf die Zwangsvollstreckung des Gläubigers wird gebeten, über die einstweilige Anordnung unverzüglich und ohne vorherige Anhörung des Gläubigers zu beschließen und im übrigen antragsgemäß zu entscheiden. Die Erfolgsaussichten des Schutzantrages ergeben sich aus den glaubhaft gemachten Angaben des Schuldners, so dass es angemessen erscheint, die Zwangsvollstreckung zunächst ohne Sicherheitsleistung nach §§ 765a Abs. 1 S. 2, 732 ZPO, hilfsweise gegen Sicherheitsleistung, einzustellen.

Ein Antrag auf Vollstreckungsaufschub nach § 765a Abs. 2 ZPO[4] wurde bei dem Gerichtsvollzieher gestellt. Die Entscheidung liegt noch nicht vor.[5]

(Alternative:

Die Entscheidung ist der Anlage beigefügt. Danach wurde die Vollstreckung für eine Woche aufgeschoben. Es wird daher gebeten, vor Ablauf dieser Frist zumindest über den Antrag auf einstweiligen Rechtsschutz vor Ablauf dieser Frist zu entscheiden.)

.....

Rechtsanwalt,[6, 7]

Anmerkungen

1. Allgemeines. → Form. J. VIII. 14.

2. Der Schutz des Schuldners nimmt in der Vollstreckung zunehmend einen größeren Raum ein. Bereits mit Einführung der Einstellungsmöglichkeiten der §§ 30a, 30b, 30c ZVG im Jahr 1979 machte der Gesetzgeber deutlich, dass bei jeder zulässigen Vollstreckung gegen den Schuldner in hohe Vermögensgüter eine Interessenabwägung zwischen Schuldner und Gläubiger stattfinden muss. Die Härteklausel des § 765a ZPO hat nach ganz herrschender Meinung neben den genannten Schutzvorschriften auch in der Immobiliarzwangsvollstreckung Gültigkeit. Da § 765a ZPO einen Ausnahmetatbestand darstellt, kommt eine Einstellung nur in Betracht bei völlig unvertretbaren Ergebnissen (BGHZ 44, 138; BGHZ 161, 371 = NJW 2005, 681). Allein die Härte, die bereits die „normale" Vollstreckung mit sich bringt, kann damit kein Kriterium für die Einstellung sein.

3. Anders als die weiteren Einstellungsmöglichkeiten des ZVG ist ein Antrag nach § 765a ZPO nur für Räumungssachen fristgebunden, § 765a Abs. 3 S. 1 ZPO. Dieser Antrag ist spätestens **zwei Wochen vor dem festgesetzten Räumungstermin** zu stellen. Es sei denn, es werden Gründe vorgetragen, die erst nach diesem Termin entstanden sind. Der Antrag kann in jeder Lage des Verfahrens bis zur Verkündung des Zuschlages und mehrfach gestellt werden (Dierck/Morvilius/*Vollkommer-Morvilius* Kap. 4. Rn. 168 f.). Die Geltendmachung von Anfechtungsgründen im Zuschlagsbeschwerdeverfahren ist zeitlich stark eingeschränkt, § 102 ZVG. Nachträgliche Versagungsgründe konnten nach Erteilung des Zuschlages von den Beschwerdeberechtigten (§ 97 ZVG) nicht mehr geschaffen werden. Diese Präklusion wurde vom BGH in seiner Rechtsprechung bestätigt (NJW 2006, 505).

4. Der Vollstreckungsschutz gemäß § 765a ZPO ist kein verfahrensbezogenes Rechtsmittel. Für das zuständige Gericht wird die Entscheidung erschwert, da es sich mit sachfremder Materie befassen muss (BGH NJW 2005, 1859). In dieser Entscheidung hat der BGH festgestellt, dass über die Frage und die dazugehörenden Umstände im

Abhilfe- oder Beschwerdeverfahren, welches dem Zuschlag folgt, zu entscheiden ist und nicht erst in späteren Räumungsklagen (dazu *Beyer* ZflR 2006, 535).

Nicht nur in den Fällen der Räumung der Wohnung des Schuldners muss sich das Immobiliarvollstreckungsgericht häufiger als zuvor mit Fragen zur Gefahrabwendung befassen, mit denen es sonst nichts zu tun hat. Das kann das Thema der Schwangerschaft und den Verlust des Babys, die Gefahr psychischer Schäden für Betroffene, Drogenabhängigkeit und vor allem den Suizid als einer beachtlichen Gefahr betreffen. Für Fälle der Suizidgefahr hat der BGH mehrfach entschieden, dass das Vollstreckungsgericht mit jeglichen Vollstreckungsmaßnahmen zuwarten muss, wenn es zur Abwehr dieser Gefahr die Unterbringung in einer psychiatrischen Einrichtung für erforderlich hält. Das Gericht hat die Unterbringung bei den zuständigen Behörden anzuregen, sollte jedoch darauf hinweisen, dass die staatliche Aufgabe des Lebensschutzes des Schuldners nicht dadurch gelöst und damit nicht dazu führen kann, dass die Vollstreckung dauerhaft eingestellt wird. Spätestens wenn die für den Lebensschutz primär zuständigen Stellen Maßnahmen zum Schutz des Schuldners nicht (mehr) für notwendig erachten, ist die Vollstreckung fortzusetzen (BGH NJW 2007, 3719). Das wurde später vom BGH (NJW-RR 2010, 1649) bestätigt, indem das Vollstreckungsgericht für den Fall der Fortsetzung selbst Sorge dafür zu tragen hat, dass mit weiteren flankierenden Maßnahmen ausreichend vorgebeugt wird. Das kann dem BGH folgend auch nur die Mitteilung der Fortsetzung an das Betreuungsgericht oder dem bestellten Betreuer sein (BGH NJW-RR 2010, 1649). In jedem Fall ist im Ergebnis zu prüfen, ob der konkreten Suizidgefahr nicht auf andere Weise als durch Einstellung der Zwangsvollstreckung wirksam begegnet werden kann. Und dazu gehören auch zumutbare Anstrengungen des Suizidgefährdeten selbst (BVerfG NJW 1992, 1155; NJW 2004, 49; BGH NJW-RR 2010, 1649).

5. Geschäftsanweisung für Gerichtsvollzieher (GVGA): Beachtlich sind in diesem Zusammenhang die Vorschriften, die für den mit der Vollstreckung beauftragten Gerichtsvollzieher gelten. Gemäß den Regelungen der GVGA hat gerade auch der Gerichtsvollzieher, sozusagen in „letzter Instanz" auf die Rechte des Schuldners zu achten hat. § 58 GVGA lautet wörtlich: *„Bei der Zwangsvollstreckung wahrt der Gerichtsvollzieher neben dem Interesse des Gläubigers auch das des Schuldners, soweit dies ohne Gefährdung des Erfolgs der Zwangsvollstreckung geschehen kann. Er vermeidet jede unnötige Schädigung ...... des Schuldners und die Erregung überflüssigen Aufsehens. Er ist darauf bedacht, dass nur die unbedingt notwendigen Kosten und Aufwendungen entstehen. Auf etwaige Wünsche des Gläubigers oder des Schuldners hinsichtlich der Ausführung der Zwangsvollstreckung nimmt der Gerichtsvollzieher Rücksicht, soweit es ohne überflüssige Kosten und Schwierigkeiten und ohne Beeinträchtigung des Zwecks der Vollstreckung geschehen kann."*

6. Kosten und Gebühren. Gerichtskosten gem. Nr. 2112 KV GKG (20,00 EUR). Die Kosten gehen grundsätzlich zu Lasten des Schuldners, § 788 ZPO.

7. Fristen und Rechtsmittel. Bei Räumungssachen 2 Wochen, § 765a Abs. 3 S. 1 ZPO. Sonst keine Frist und nicht numerisch beschränkt. Gegen die Entscheidung des Rechtspfleger findet die sofortige Beschwerde nach § 793 ZPO statt.

8. Antrag nach § 30d ZVG

→ Form. B. II. 18.

VII. Verkehrswertfestsetzung, § 74a Abs. 5 ZVG

1. Checkliste zum Verkehrswertgutachten

Prüfkriterien	erl.
erster Check (Eindruck Gutachten): formularmäßig oder individuell und sachbezogen gestaltet?	
Richtiges Objekt[1, 2]	
Besichtigungs-Datum (Aktualität):[3, 4]	
Erfassung aller aus den Beleihungsunterlagen ersichtlichen Gebäudeteile	
Übereinstimmung Grundstücksgröße mit den Grundbuch-/Katasterdaten?	
Art der Wertermittlungsmethode/Feststellung Sachwert/Ertragswert/ Vergleichswert[5] – national oder Discounted Cash Flow	
Logische Nachvollziehbarkeit – Widersprüche	
Überprüfung auf rechnerische Richtigkeit	
Vergleich mit dem Beleihungswert	
Abgleich möglicher Wertunterschiede	
Übereinstimmung der Größenangaben (Wohn-/Nutzflächen, Mietflächen, Massenberechnungen)?	
Verhältnis Grundstücks-/Gebäudewert, Wohnfläche zum umbauten Raum	
Hinweise zu ggf. fehlender Baugenehmigung	
Hinweise auf Baulasten/Altlasten	
Berücksichtigung angemessener Gebäudequalität	
Berücksichtigung aller Mängel	
Berücksichtigung Zubehör	
Erfahrungen mit dem Gutachter	
Einsicht Mietverträge	
Ortsüblicher Ansatz der Mieten	
Informationen vom Zwangsverwalter[6]/WEG-Verwalter	
Bei größeren Bedenken: zusätzliche Informationen über die Person des Gutachters (wird er noch vom Gericht bestellt, Qualifizierung etc)[7, 8, 9]	

Anmerkungen

1. Der Verkehrswert wird vom Vollstreckungsgericht festgesetzt (§ 74a Abs. 5 S. 1 ZVG). Bei Entstehung des ZVG muss der Gesetzgeber davon ausgegangen sein, dass ein

Sachverständiger nur ausnahmsweise (nämlich „nötigenfalls" – so der Wortlaut des Gesetzes) hinzugezogen werden sollte. Das Vollstreckungsgericht, früher der Richter und erst später der Rechtspfleger, sollte den Grundstückwert offensichtlich persönlich ermitteln und festsetzen. Die Komplexität der Immobilienwelt, komplizierte Ermittlungsmethoden und der Einfluss internationaler Aspekte erzwingen im Grunde die Bestellung eines Sachverständigen und lassen dies zur Regel werden (*Storz* Anm. C. 2.1.2). Zudem ist der **Verkehrswert für den Ablauf und das spätere Ergebnis im Verfahren** von großer Bedeutung. Der Verkehrswert als solcher im Sinne des ZVG bildet den Grundstückswert ab. Darunter ist der Preis zu verstehen, der bei einer freien Veräußerung unter Berücksichtigung von Lage, Zustand und Verwertbarkeit des Grundstücks, aber auch allgemeinen örtlichen und zeitlichen Besonderheiten, erzielt werden kann.

Die Informationsbeschaffung ist der Arbeitsschritt, der mit ca. 50 bis 60 % sicherlich der Zeitintensivste ist. Seriöse Gutachten heben sich dadurch von anderen ab, indem man erkennt, welche Quellen wirklich vom Gutachter herangezogen, geprüft und in die Bewertung mit eingeflossen sind. Im Rahmen der Erstellung des Verkehrswertgutachtens können vorliegende Wertgutachten verwandt werden, soweit diese nicht zu alt sind und zwischenzeitlich eingetretene wertbeeinflussende Umstände mit berücksichtigt werden können. Von den meisten Gerichten wird dies abgelehnt, insbesondere, wenn sie vom Gläubiger in Auftrag gegeben wurden. Der Sachverständige hat weitere Grundlagen wie Bebauungspläne oder andere Gegebenheiten, die die rechtliche oder technische Bebaubarkeit betreffen, Umlegungsverfahren, auch den Einheitswert oder Brandversicherungswerte, insbesondere aber die Lage auf dem Immobilienmarkt, Vergleichspreise, frühere Preise, die Einlassung von Beteiligten, heranzuziehen. Objektive Besonderheiten, die den Wert eines Grundstücks im Einzelnen positiv oder negativ beeinflussen können, wie zB die positive Beantwortung von Bauvoranfragen oder Altlasten und andere Umstände, aus denen wesentliche Haftungsrisiken hervorgehen können, sind ebenfalls beachtlich. Das gilt auch für bewegliche Gegenstände, die mitversteigert werden. Persönliche Verhältnisse und Beziehungen oder Einschätzungen spielen keine Rolle. Insbesondere Billigkeitserwägung, Liebhabereien oder persönliche Erwartungen im Hinblick auf Veräußerungen sind vom Sachverständigen nicht, ebenso wenig vom Gericht, zu berücksichtigen. Belastungen mit Schulden im Allgemeinen werden vom Ersteher nicht mit übernommen und sind insoweit ohne Belang. Das Gericht setzt letztlich nach freier Überzeugung und unter Würdigung aller Verhältnisse, nicht nur dem Ergebnis des Gutachtens folgend, eigenständig den Wert fest.

Der Grundstückswert als solcher ist eine wichtige Orientierungsgröße für alle Verfahrensstufen. Vor allem für die Bietinteressenten, die – wie die meisten Beteiligten – meist keine anderen Werte kennen. Interne Gutachten der Banken etc sind Dritten in der Regel nicht zugänglich, werden von den Banken fast immer zurückgehalten (*Stöber* ZVG § 74a Anm. 7.2). Die Regelung des § 74a Abs. 5 ZVG gilt, anders als früher, nach nunmehr herrschender Meinung für **alle Vorschriften des ZVG** (insbesondere für die §§ 30a Abs. 3 S. 2, 64, 78 Abs. 1, 85, 85a, 112 Abs. 2, 112 Abs. 2, 114a ZVG). Der Grundstückswert im Sinne des § 74a Abs. 5 ZVG ist maßgebend für die Grenze, die für die Versagung des Zuschlages gem. § 74a Abs. 1 ZVG erreicht werden muss.

Ebenso korrespondiert die $^{5}/_{10}$-Grenze nach § 85a Abs. 1 ZVG mit dem festgesetzten Verkehrswert. Das Vollstreckungsgericht hat den Zuschlag zu versagen, wenn das Meistgebot die Hälfte des Grundstückswertes nicht erreicht. Auch für die Befriedigungsfiktion gem. § 114a ZVG, ist der vom Gericht festgesetzte Verkehrswert maßgebend (wenngleich heute noch umstritten). Der einmal festgesetzte Wert wird in der Regel von allen beteiligten Interessenten akzeptiert und den weiteren Berechnungen zugrunde gelegt.

Der Verkehrswert selbst wird durch Beschluss festgesetzt. Dieser ist formell zuzustellen (§ 329 Abs. 1 ZPO). Aufgrund der Bedeutung des Verfahrens ist das Wertfestsetzungsverfahren gem. § 74a Abs. 5 S. 3 ZVG mit einem selbständigen Rechtsmittelverfahren ausgestattet. Der Wert selbst ist rechtzeitig vor dem Termin festzustellen. In der Praxis geschieht es oft, dass viele Versteigerungstermine ergebnislos verlaufen und damit viel Zeit verstreicht. Grundsätzlich sollte man einem langen Zeitablauf jedoch gelassen entgegensehen. Veranlassung zu einer Wertüberprüfung besteht meist erst dann, wenn seit der Wertfestsetzung ein Zeitraum von mehr als 4 1/2 oder 5 Jahren vergangen ist **und** dabei erhebliche allgemeine Preissteigerungen zu verzeichnen sind (OLG Hamm KTS 1978, 46; *Stöber* ZVG-Hdb. Rn. 215a). Nach Wegfall der Grenzen ist es nicht mehr möglich, den Wert zu beeinflussen bzw. zu ändern, es fehlt an dem Rechtsschutzbedürfnis (BGH Rpfleger 2004, 433; Rpfleger 2005, 554; anders BGH Rpfleger 1979, 365).

2. Schreiben an die beteiligten Gläubiger und Schuldner zur Stellungnahme: Regelmäßig erhalten die Verfahrensbeteiligten **vor** der Wertfestsetzung Gelegenheit zur Stellungnahme zu dem vom Sachverständigen auf der Geschäftsstelle des Gerichts niedergelegten Gutachten. Dies als Ausfluss des Grundsatzes des rechtlichen Gehörs (Art. 103 Abs. 2 GG). Das Gericht sollte bei seiner Aufforderung darüber, dass das Gutachten nunmehr erstellt ist, auf die weiteren Unterlagen hinweisen und gleichzeitig eine angemessene Frist zur Einsicht und Stellungnahme gewähren (§ 411 Abs. 1 S. 1, Abs. 4 ZPO). Weitere Beteiligte werden nicht ohne weiteres in das Wertfestsetzungsverfahren einbezogen. Sie erhalten (nur) auf Anforderung eine Abschrift des Gutachtens. Eine Übersendung von Amts wegen ist nicht vorgeschrieben, auch nicht auf der Grundlage des Grundsatzes des rechtlichen Gehörs geboten. Die Kosten sind von ihnen selbst zu tragen. Die Übersendung durch das Gericht einer Gutachtenabschrift zur Stellungnahme kommt nur dann in Frage, wenn das von den Beteiligten aus berechtigtem Grunde verlangt wird (andernfalls § 299 Abs. 1 ZPO) oder aber das Gericht dies für die Wertermittlung als solche für notwendig erachtet.

Vor Erlass des Wertfestsetzungsbeschlusses hat das Gericht zu prüfen, inwieweit das rechtliche Gehör der Verfahrensbeteiligten in ausreichender Weise gewährt wurde. Dies nicht zuletzt deshalb, um den Wertfestsetzungsbeschluss nicht unnötig angreifbar zu machen. Der Beschluss wird allen Beteiligten zugestellt, selbst wenn deren Glaubhaftmachung noch aussteht (§ 329 Abs. 3 ZPO). Beispielsweise bei dem Gläubiger, der erst nach der Wertfestsetzung dem Verfahren beigetreten ist und das Gutachten grundsätzlich erhalten sollte. Das dient der Verfahrensbeschleunigung. In der zweiten Phase der „Einflussnahme" geht es um die Rechtsmittel, die man gegenüber dem Wertfestsetzungsbeschluss hat. Für alle, auch für den später beigetretenen Gläubiger, beginnt die Beschwerdefrist mit Zustellung des Beschlusses.

Die Rechtsnachfolge und die Frage der (ausreichenden) Legitimation der Beteiligten gewinnt mehr und mehr an Bedeutung. **Der Rechtsnachfolger eines Beteiligten muss den Wertfestsetzungsbeschluss und seine Rechtskraft gegen sich gelten lassen.** Er erhält noch nicht einmal den Beschluss durch das Gericht (nochmals) zugestellt, da er als Rechtsnachfolger jederzeit die Möglichkeit hat, Akteneinsicht zu nehmen und somit auch das Verkehrswertgutachten studieren kann. Da er sich zudem eine Abschrift übersenden lässt, ist dies unter verfahrensökonomischen Gesichtspunkten zumutbar.

3. Den Beteiligten ist vor Festsetzung Gelegenheit zur Stellungnahme zu gewähren (Gebot des rechtlichen Gehörs, Art. 103 GG). Das Gericht muss sich bei den Hinweisen usw im Ermittlungs-/Festsetzungsverfahren nicht zu der Höhe des festzusetzenden Wertes äußern. Das ist auch deshalb nicht empfehlenswert, da das Gericht durch die Stellungnahmen (der Beteiligten) durchaus weitere, für die Festsetzung relevante Informationen erlangen kann. Letztlich ist der Verkehrswert aber der Wert, der von dem Rechtspfleger, unter Berücksichtigung aller Umstände, nach pflichtgemäßem Ermessen **von diesem** festgesetzt wird.

Wesentlich ist, dass die durch das Verfahren Beteiligten im Rahmen der Gewährung des rechtlichen Gehörs und damit zusammenhängend der zwingend zu gebenden – und auch anzuratenden – Möglichkeit zur Stellungnahme ein Gutachten im Original erhalten. Das ist unmittelbar aus den gesetzlichen Vorschriften nicht zu entnehmen, ergibt sich jedoch aus den vorstehenden Erwägungen. Sinn und Zweck des Festsetzungsverfahrens, dem verschiedene Aspekte zugrunde zu legen sind, gebieten die Anhörung ohne weiteres. Für die Willensbildung des Rechtspflegers sind nicht nur das Sachverständigengutachten, sondern ebenso die Stellungnahme der Beteiligten, von diesen vorgelegte Schätz- oder Wertgutachten etc maßgebend (vgl. *Stöber* ZVG-Hdb. Rn. 211 ff.).

4. Schuldner und Gläubiger (nicht andere Beteiligte) haben ein Recht auf Teilnahme an dem Besichtigungstermin durch den Sachverständigen. Sie sind rechtzeitig von diesem über den Termin unmittelbar zu unterrichten. Die Einladungen von dem Sachverständigen sind an die Prozessbevollmächtigten zu richten, sofern der Sachverständige davon Kenntnis hat. Gerade bei größeren Objekten ist es ratsam, dass sich der Gläubiger vor Ort im Vorfeld bereits eigene aktuelle Kenntnisse verschafft. Nicht selten gibt es Versuche negativer Einflussnahmen durch Schuldner, Mieter oder auch Hausmeister. Dem sollte man entgegenwirken. Der Gutachter kann von Gläubiger und Schuldner während der Besichtigung auf wichtige Dinge hingewiesen werden. Bestimmte Punkte können, sofern unterschiedliche Ansichten bestehen (was oft vorkommt), an Ort und Stelle geklärt werden. In jedem Fall wird der Gutachter für relevante Aspekte sensibilisiert, so dass er auf diese ein erhöhtes Augenmerk richten muss.

Wichtig sind detaillierte Erkenntnisse auch für die Vermarktungsaktivitäten, die vor dem Versteigerungstermin durchzuführen sind. Denn potentielle Interessenten sollten frühzeitig auch über mögliche Negativaspekte – und etwaige Lösungs- oder Bewertungsansätze – informiert werden. Das Vollstreckungsgericht kann dem Gutachter den Zutritt zu dem Objekt nicht erzwingen bzw. verschaffen (*Stöber* ZVG-Hdb. Rn. 211). Das kann nur der Gläubiger über das Instrument der Zwangsverwaltung. Aber bereits durch die Androhung dieses scharfen Schwertes erzielt man oftmals beeindruckende positive Ergebnisse. Dessen muss man sich bewusst sein, da der Gutachter in allzu vielen Fällen darauf angewiesen ist, allein aufgrund äußerer Einschätzungen den Wert des Objektes zu taxieren, was für den erfolgreichen Verlauf, insbesondere des anstehenden Versteigerungstermins hinderlich ist.

5. Wie bei sonstigen Grundstücksschätzungen wird im ZVG zwischen **Sachwert, Ertragswert und Vergleichswert** unterschieden (§ 194 BauGB, §§ 8, 15 ff. ImmoWertV (BGBl 2010 I 639) ua Vorschriften). Die Sachwertmethode wird bei Einfamilienhäusern, unbebauten Grundstücken und solchen, die für eine Vermietung oder Verpachtung nicht geeignet sind, angewandt. Dazu zählen auch Krankenhäuser oder Kirchen, soweit diese der Zwangsversteigerung bei Eintragung im Grundbuch zugänglich sind. Bei Objekten, die für eine Vermietung und Verpachtung grundsätzlich geeignet sind, wird meist das Ertragswertverfahren herangezogen, ansonsten das Vergleichsverfahren (Mittelwert). Auch wenn die Immobilie als Sicherheit nach wie vor eine große Bedeutung hat, verändert sich deren Handling derselben derzeit dramatisch: Aus der Immobilie wird ein fungibles Wirtschaftgut, welches in wesentlich kürzerer Zeit umgeschlagen, also weiter veräußert wird. Das hat unmittelbare Auswirkungen bspw. auf die Finanzierung, aber auch auf die Bewertung der Immobilie. Cashflow-Berechnungen oder der mehrfach multiplizierte Jahresertrag (8-fach, 10-fach, 15-fach oder mehr) als der zu zahlende Kaufpreis sind mittlerweile marktüblich. Wenig erstaunlich ist es insoweit, dass die klassischen Bewertungsverfahren in den Hintergrund getreten sind, eine Unterscheidung nicht mehr von der Bedeutung wie früher ist (so wohl auch *Stöber* ZVG § 74a Anm. 7.4 lit. c). So sind die klassischen Verfahren in der freien Wirtschaft nur noch bedingt Grundlage für eine Kaufentscheidung bzw. für die Bewertung einer Immobilie. Hier hat sicherlich jeder Käufer seine eigenen Bewertungsmaßstäbe, dennoch haben sich bei Ertragsimmobilien internationale Bewertungsmethoden durchgesetzt, die für den Käufer oftmals wichtig sind, aber bei der Erstellung von Gutachten bislang weitestgehend außen vor bleiben. Hier werden oft Berechnungen durchgeführt, die sich näher an der realen Ertragskraft der Immobilie orientieren. Im herkömmlichen Ertragswertverfahren sollen die nachhaltig erzielbaren Mieteinnahmen zum Ansatz gebracht werden, dennoch wird häufig von einer Vollvermietung ausgegangen, selbst wenn sich die Immobilie in einem strukturschwachen bzw. wenig gefragten Gebiet befindet, wo von einer Vollvermietung in den wenigsten Fällen ausgegangen werden kann. Eine Bewertungsmethode, wie der Discounted Cash Flow, konzentriert sich auf mehr Faktoren, die für Kapitalanleger insgesamt von Interesse sind, wie bspw. das aktuelle Zinsniveau, Steuern oder auch die prognostizierte Inflation und Mietpreiserhöhungen. Selbstverständlich sind bei solchen Verfahren nicht alle Faktoren in Büchern und Tabellen ablesbar und erfordern eine gewisse Erfahrung bei der internationalen Bewertung – bspw. sind die langjährig zu erwartenden Zahlungsströme nicht immer so exakt zu bestimmen, obgleich eine sehr wichtige Stellschraube. Dennoch würden die neuen und international anerkannten Methoden gegenüber den manchmal etwas bieder wirkenden in Deutschland bewährten Bewertungsmethoden etwas mehr Schwung und Internationalität geben. Was insbesondere im Hinblick auf die Veränderungen des Immobilienmarktes in Deutschland in den letzten Jahren allerdings auch für notwendig erachtet werden darf.

6. Über die Zwangsverwaltung kann der Gläubiger nahezu **alle Daten, Informationen und Erkenntnisse**, konkret bezogen auf das einzelne Objekt, erlangen. Zu berücksichtigen ist, dass auch der Zwangsverwalter eine gewisse Zeit für das Einholen relevanter Informationen benötigt. Dies insbesondere wenn der Schuldner wenig einsichtig ist und sich nicht konstruktiv verhält. Die Zwangsverwaltung ist jedoch, richtig eingesetzt, ein sinnvolles Vollstreckungsinstrument, um Transparenz zu schaffen. Gerade bei größeren Objekten ist davon auszugehen, dass die Nachhaltigkeit und Belastbarkeit der Informationen, die durch den Zwangsverwalter an das Gericht und dann an den Gläubiger weitergegeben wird, mehrere Monate in Anspruch nehmen kann.

Es stellt sich immer wieder die Frage, inwieweit der Verkehrswert den Vorstellungen/Zielsetzungen der einzelnen Beteiligten entsprechen und insoweit – bei größeren Abweichungen – anzugreifen wäre. Bei geringfügigen Abweichungen und entsprechend niedrigen, zu erwartenden Wertveränderungen verbietet sich weiteres Handeln schon aus Wirtschaftlichkeitsgesichtspunkten. → Form. J. VII. 4 (Stellungnahme Gläubiger).

7. Beauftragung des Gutachters: Das Vollstreckungsgericht hat bei der Auswahl des Sachverständigen nach eigenem pflichtgemäßem Ermessen zu entscheiden. Der zuständige Rechtspfleger verfügt in der Regel über eine Liste von Gutachtern, die nach ihren speziellen Erfahrungen eingesetzt werden. Meistens werden öffentlich bestellte und vereidigte Sachverständige beauftragt. Die Gerichte sind auf qualitativ hochwertige Gutachten angewiesen, so dass ohne Weiteres davon auszugehen ist, dass der Rechtspfleger sein Auswahlermessen äußerst sorgfältig ausübt.

Das Verkehrswertgutachten: Gutachten müssen qualitativ hochwertig erstellt werden. Hierbei ergeben sich grundlegende Anforderungen/Aufgaben für den Sachverständigen, die er zu jeder Zeit bei der Ermittlung zu beachten hat. Das Gutachten muss logisch aufgebaut, objektiv, transparent und nachvollziehbar sein und der allgemeinen Bewertungspraxis entsprechen. Sowohl der von dem Schuldner, der Gläubiger und insbesondere auch der Ersteigerer des Objekts haben Anspruch auf ein ausführliches, nachvollziehbares und objektives Gutachten. Der Gutachter hat (selbst unter Berücksichtigung der Ausschöpfung eines gewissen taxationsökonomischen Spielraumes) keine Möglichkeit, bei der Gutachtenerstellung von § 194 BauGB abzuweichen. Auch § 8 ImmoWertV stellt hohe Anforderungen an den Gutachter (Wahl und Anwendung des Wertermittlungsverfahrens: Vergleichswert-, Ertragswert- und/oder Sachwertverfahren). Hieraus folgt, dass zB eine falsch verstandene Ausschöpfung von taxationsökonomischen Spielräumen für den Sachverständigen immer die Gefahr bedeutet, nur ein minderwertiges Gutachten dem Vollstreckungsgericht vorzulegen (vgl. hierzu *Fischer/Lorenz/Biederbeck* Rpfleger 2002, 337). Der Gutachter muss die Vorschriften der ImmoWertV anwenden. Diese gelten nicht nur bei Wertermittlungen in Durchführung des Baugesetzbuches, sondern enthalten für nahezu alle Bereiche anerkannte Grundsätze für die Ermittlung des Verkehrswerts von Grundstücken (*Kleiber/Simon/Weyers* § 1 Rn. 4). Die Anwendbarkeit der VO ist jedenfalls nicht auf die Wertermittlung durch Gutachterausschüsse (§§ 192, 193 BauGB) beschränkt (vgl. BGH NJW 1991, 2698; BGH NJW-RR 2001, 732).

Haftung: Bei einem fehlerhaften Verkehrswertgutachten kommt eine Haftung des Sachverständigen in Betracht, auch gegenüber dem Ersteigerer im Zwangsversteigerungsverfahren. Der BGH nimmt dabei an, dass Ersteigerer zu den bei der gerichtlichen Wertfestsetzung wahrzunehmenden Amtspflichten und den dadurch geschützten „Dritten“ gehört. Er geht dabei davon aus, dass der Ersteigerer (erweiterte Auslegung des Beteiligtenbegriffs gem. § 9 ZVG) nicht nur im Wege eines bloßen Reflexes, sondern durch direkte Einbeziehung durch die Vorschriften zur Wertfestsetzung und das entsprechende Verfahren geschützt ist (BGH NJW 2006, 1733).

8. Kosten und Gebühren. Es fallen keine Gerichts- und Rechtsanwaltskosten an. Für die Verfügungstellung von Kopien des Gutachtens wird von Seiten des Gerichts in der Regel eine Pauschale iHv 0,50 EUR pro Seite für die ersten 50 Seiten gem. Nr. 9000 KV GKG erhoben, für jede weitere Seite 0,15 EUR pro Seite.

9. Fristen und Rechtsmittel. Es gibt grundsätzlich keine absolute Rechtskraft des Wertes der Immobilie. Einwände gegen das Gutachten sind nur innerhalb von 2 Wochen im Rahmen der sofortigen Beschwerde gegen den Beschluss über die Festsetzung möglich (§ 74a V ZVG; *Stöber* § 74a Rn. 7.11 ff.). Die Gründe sollen angegeben werden. Weder die Auswahl, noch die Beauftragung eines Sachverständigen für die Grundstücksbewertung sind vom Schuldner mit der Vollstreckungserinnerung über § 766 ZPO gesondert anfechtbar (OLG Stuttgart Rpfleger 2000, 227). Umso mehr heißt das für Gläubiger und Schuldner, aber auch das Vollstreckungsgericht, an dem jeweiligen Besichtigungstermin nach Möglichkeit teilzunehmen.

2. Stellungnahme des Gläubigers

An das

Amtsgericht . . . . .

– Vollstreckungsgericht –

Zwangsversteigerung . . . . .

. . . . . (Gläubiger) ./. . . . . . (Schuldner)

Az. . . . . .

Sehr geehrte Damen und Herren

in og Zwangsversteigerungssache erklären wir uns:

a) mit der Verkehrswertschätzung einverstanden[1]
b) mit der Verkehrswertfestsetzung nicht einverstanden, um Nachbegutachtung wird gebeten
c) bitten um Neubegutachtung[2]

Gründe:

. . . . .

Rechtsanwalt

Anmerkungen

1. Grundsätzlich sollte davon ausgegangen werden, dass der Verkehrswert möglichst hoch angesetzt werden soll. Das ist jedoch nicht allgemein gültig und vom Ergebnis her auch nicht zutreffend. So kann ein zu hoch angesetzter Verkehrswert jegliches Interesse potentieller Interessenten zum Erliegen bringen. Das strategische Verhalten des Gläubigers, auch das des Schuldners, richtet sich somit nach den Zielen des Verfahrens. Welcher Erlös soll/muss erzielt werden, gibt es weitere Grundpfandgläubiger und an welcher Rangstelle steht man selbst. Für den Schuldner, der ohnehin alles verloren hat und hoffnungslos überschuldet ist, spielt die Höhe des Verkehrswertes in der Praxis kaum noch eine Rolle (oft ist ein Restschuldbefreiungsverfahren anhängig). Wie viele Schulden durch die Versteigerung getilgt werden, ist (leider) oft nur noch auf dem Papier von Bedeutung. Von Bedeutung kann in Einzelfällen sein, ob das Verfahren verzögert werden kann, auch wenn der Schuldner sich dadurch in der Regel nur selbst schadet. Das sollte von den Vollstreckungs- und Beschwerdegerichten im Rahmen der Bewertung etwaiger Einwände gegen das Gutachten beachtet werden. Zudem ist grundsätzlich anerkannt, dass dem Gutachter ein weiter Ermessensspielraum zusteht.

2. Für den Gläubiger stellt sich das anders dar. Die Wertgrenzen (§§ 74a Abs. 1, 85a Abs. 1, 114a und 775a ZPO) spielen nach wie vor eine große Rolle. Oft ist zu beobachten, dass Gläubiger, um selbst noch gem. § 74a Abs. 1 ZVG antragsberechtigt zu sein, durchaus sachliche Gesichtspunkte im Anhörungsverfahren vorbringen, um eine Heraufsetzung des Verkehrswertes anzustreben. Man muss sich jedoch überlegen, was damit erreicht werden soll. In jedem Fall wird das Festsetzungsverfahren erheblich verlängert, so dass es abzuwägen gilt, welche Vorteile die rein formal juristische Position und Einflussmöglichkeit wirklich bringt. In gleicher Weise könnte ein Gläubiger auf das Herabsetzen des Wertes drängen, weil er die Zuschlagsversagung nach § 85a Abs. 1 ZVG verhindern will oder andere Gläubiger von der Antragsmöglichkeit gem. § 74a Abs. 1 ZVG ausschließen möchte. Letztlich sollte sich der Gläubiger genau überlegen, inwieweit der festgesetzte Verkehrswert später für seine eigene Zielsetzung zu verwenden ist. Auch der Schuldner, soweit er sich noch erhofft, eine tatsächliche Verbesserung seiner Schuldensituation zu erreichen, sollte gedanklich hier ansetzen. Alle anderen Manöver stören nur das Verfahren und führen zu größerem Unmut, nicht zuletzt auch auf Seiten der zuständigen Rechtspfleger.

3. Wertfestsetzungsbeschluss

Amtsgericht . . . . . .

Az. . . . . . .

Beschluss

im Zwangsversteigerungsverfahren d. im Grundbuch des Amtsgerichts . . . . . .

von . . . . . . Blatt . . . . . .

auf den Namen . . . . . .

eingetragenen Grundstück . . . . . .

Gem. § 74a Abs. 5 ZVG wird der Verkehrswert des vorgenannten Grundstücks von Amts wegen festgesetzt auf

. . . . . . EUR (in Worten: . . . . . .).

Gründe:[1]

Das Vollstreckungsgericht hat gem. § 74a Abs. 5 ZVG den Verkehrswert des Beschlagnahmeobjektes von Amts wegen festzusetzen. Der Verkehrswert ist der „Preis", der bei einem freihändigen Verkauf für Objekte gleicher Art, unter Berücksichtigung der aktuellen örtlichen und zeitlichen Verhältnisse erzielt werden könnte.

Die Festsetzung des Verkehrswertes dient dem Schutz des Grundbesitzes. So erteilt das Gericht keinen Zuschlag, wenn in einem ersten Versteigerungstermin das höchste Gebot nebst der im Grundbuch bestehen bleibenden Rechte die Hälfte des Verkehrswertes nicht erreicht.

Liegt das Meistgebot des Bieters zwischen 50 % und 70 % des festgesetzten Verkehrswertes, kann ein Berechtigter unter folgenden Bedingungen die Versagung des Zuschlags beantragen: Sein Anspruch ist durch das Meistgebot ganz oder teilweise nicht gedeckt. Sein Anspruch wäre aber bei einem Gebot bis zu 70 % des Verkehrswertes ganz oder zum Teil gedeckt (§ 74a Abs. 1 ZVG).

Im Übrigen kann der Zuschlag sowohl auf ein höheres als auch auf ein niedrigeres Gebot als der festgesetzte Betrag erteilt werden.

Grundlage der Verkehrswertfestsetzung ist das eingehend begründete Wertgutachten des anerkannten Sachverständigen für die Bewertung von bebauten und unbebauten Grundstücken . . . . . . vom . . . . . .

In diesem Gutachten hat der Sachverständige den Verkehrswert des Beschlagnahmeobjektes auf der Grundlage des Sachwertes auf . . . . . . EUR geschätzt.

Die Beteiligten wurden zu diesem ermittelten Wert mit Schreiben vom . . . . . . gehört.

Einwendungen zum Gutachten wurden nicht vorgetragen.

Da dem Vollstreckungsgericht keine Umstände bekannt sind, welche der Richtigkeit des Gutachtens entgegenstehen, schließt sich das Gericht den Ausführungen des Sachverständigen an und erklärt dieses zur Grundlage seiner Entscheidung.

. . . . . .

Gegen diesen Beschluss steht den Beteiligten das Rechtsmittel der sofortigen Beschwerde zu. Diese kann binnen zwei Wochen sowohl bei dem Amtsgericht . . . . . . als auch bei dem Landgericht . . . . . . schriftlich oder zur Niederschrift der Geschäftsstelle eingelegt werden. Die Frist beginnt mit der Verkündung der Entscheidung oder, wenn diese nicht verkündet wird, mit deren Zustellung. Maßgeblich für den Beginn der Beschwerdefrist ist der frühere Zeitpunkt. Die sofortige Beschwerde soll die Bezeichnung des angefochtenen Beschlusses sowie die Erklärung enthalten, dass Beschwerde gegen diesen Beschluss eingelegt wird. Sie soll begründet werden.

Rechtspfleger[2]

Anmerkungen

1. Festsetzung: Die Festsetzung erfolgt durch das Gericht per Beschluss. Die Festsetzung erfolgt fast immer nach „Anhörung eines Sachverständigen", was jedoch nicht zwingend ist, § 74a Abs. 3 S. 1 bis 3 ZVG. Das Gericht soll neben den Regelungen der §§ 74a, 85a eine Verschleuderung des Objektes vermeiden. Maßgebend für den Wert ist der vom Gutachter festgesetzte Wert, allerdings kommen vor allem bei länger andauernden Verfahren andere Kriterien dazu, die das Gericht von Amts wegen zu berücksichtigen hat. Erfolgt dies nicht, ist darin ein Verfahrensfehler zu sehen, der zur Aufhebung des Zuschlages führen kann (BGH Beschl. v. 5.11.2004 – IXa ZB 27/04).

2. Rechtsmittel. Der Beschluss ist mit der sofortigen Beschwerde nach § 74a Abs. 5 S. 3 ZVG anfechtbar; → Form. J. VII. 4.

4. Sofortige Beschwerde (§ 74a Abs. 5 S. 3 ZVG)

An das

Amtsgericht .....

– Vollstreckungsgericht –

Sofortige Beschwerde

In der Zwangsversteigerungssache

.....

Gläubiger,

(vertreten durch .....)

gegen

.....

Schuldner,

Az. .....

legen wir hiermit gegen den Verkehrswertfestsetzungsbeschluss vom ....., zugestellt am ....., frist- und formgerecht

sofortige Beschwerde

ein.

Begründung:[1, 2]

.....

Rechtsanwalt

Anmerkungen

1. Der Wertfestsetzungsbeschluss ist mit der sofortigen Beschwerde anfechtbar (§ 74a Abs. 5 S. 3 ZVG). Beschwerdeberechtigt sind alle Beteiligten (§ 9 ZVG), nicht aber Mieter oder Pächter (*Stöber* ZVG-Hdb. Rn. 214). Das Rechtsmittel muss binnen 2 Wochen ab Zustellung des Beschlusses beim Vollstreckungsgericht eingegangen sein. Gegen den Beschluss des Beschwerdegerichts ist die Rechtsbeschwerde nur dann statthaft, wenn sie zugelassen ist (§ 574 Abs. 2 Nr. 1 ZPO).

2. In dem Beschwerdeverfahren werden meist Gründe vorgetragen, die schon bekannt waren, jedoch einer unterschiedlichen Wertung durch die Beteiligten unterzogen und von dem Gericht bei der Festsetzung nicht hinreichend beachtet wurden. Anders sieht es bei solchen Tatsachen aus, die nach rechtskräftiger Wertfestsetzung neu ermittelt werden. Diese sind durch den Beteiligten, der davon Kenntnis erhält, ausdrücklich gegenüber dem Vollstreckungsgericht darzulegen. Sie sind von Amts wegen vom Gericht in die Bewertung einzubringen. Das können Kenntnisse sein, die der Schuldner, aber auch der Gläubiger (beispielsweise bei Anordnung der Zwangsverwaltung) erlangt; wie solche über den Wegfall von Zubehör, zwischenzeitlich eingetretene Schäden am Gebäude, bauliche Verbesserungen, Umstände, die nach allgemeiner Kenntnis zu einer anderen Bewertung führen müssten etc Dazu gehören auch temporäre Veränderungen im Hinblick auf die Ermittlung der Wertsteigerung von Grundstücken in der jeweiligen Region (allgemeine starke Preissteigerungen oder aber der Erlass relevanter Bescheide wie zB eine positiv oder negativ beschiedene Bauvoranfrage). Hier hat der Sachverständige seine Bewertungstätigkeit schon abgeschlossen. Da sich das Vollstreckungsgericht jedoch über den gesamten Verfahrensablauf und damit auch über die ordnungsgemäße Festsetzung des Wertes Gedanken machen muss, ist das erkennbar zu berücksichtigen.

Das betrifft auch die Frage der durch bloßen **Zeitablauf eintretenden Wertveränderung.** Aber selbst Veränderungen, die in einem Zeitraum von vier bis fünf Jahren eintreten, müssen nicht zwingend dazu führen, dass ein anderer Wert durch Beschluss festgestellt werden müsste. In jedem Fall ist bei einer etwaig neuen Bewertung wiederum allen Beteiligten rechtliches Gehör zu gewähren. Auch der Änderungsbeschluss ist allen zuzustellen. Selbstredend erfolgt die (neue) Wertermittlung- und Festsetzung zeitnah vor dem nächsten Versteigerungstermin. Dies derart, dass die – zumindest bekannten – Beteiligten die Möglichkeit haben, von ihrem Beschwerderecht in angemessener Weise Gebrauch zu machen, um eine Entscheidung des Beschwerdegerichts herbeizuführen, die wiederum maßgeblich ist für den ordnungsgemäßen Ablauf des Versteigerungstermins. Diesem soll sich anschließen die Zuschlagserteilung, die auf der Grundlage der Wertermittlung durch das Vollstreckungsgericht beruht. Wertänderungen können auch im Versteigerungstermin erfolgen, zB weil Zubehör freigegeben wurde, dieses aber im Gutachten mit bewertete wurde.

In einem zweiten Termin (im Zusammenhang mit den §§ 74a Abs. 4, 85a Abs. 2 ZVG) soll der Wert nicht mehr verändert werden können (BGH NJW-RR 2004, 302 und 666; kritisch dazu *Storz/Kiderlen* NJW 2007, 1846). Neue Tatsachen, die die Grundstücksbewertung unmittelbar betreffen, gehören zu den Umständen, die das Grundstück betreffend nachzuweisen sind. Für diesen Fall sind sie entsprechend den Vorgaben des § 66 Abs. 1 ZVG bekannt gemacht.

VIII. Anberaumung und Durchführung des Zwangsversteigerungstermins

1. Checkliste: Terminbestimmung

Form und Inhalt

Muss-Vorschrift, § 37 ZVG[1]		
Bezeichnung des Grundstücks[2]		
Zeit und Ort des Versteigerungstermins[3]		
Angabe über Versteigerung im Wege der Zwangsvollstreckung[4]		
Aufforderung zur Anmeldung von Rechten[5]		
Aufforderung an diejenigen, die ein der Versteigerung entgegenstehendes Recht haben[6]		
Kann-Vorschrift § 38 ZVG[7]		
Angabe Grundbuchblatt		
Grundstücksgröße		
Verkehrswert		
Information über § 74a Abs. 1, 85a Abs. 1 ZVG		

Zustellung etc

Zustellung Terminsbestimmung[8]		
Aushang Terminbestimmung Gerichtstafel[9]		
Veröffentlichung in den amtlichen Bekanntmachungsblättern[10]	Erscheinung spätestens 6 Wochen vor Termin	
Veröffentlichung in regionalen Tageszeitschriften	Erscheinung meist 4 Wochen vor Termin	
Einstellen in das Internet, zB	zvg.com[11, 12]	

Anmerkungen

1. Terminbestimmung: Die Vorschrift des § 37 ZVG erfasst alle Versteigerungsverfahren des ZVG. Einige Einschränkungen gelten für Grundstücksrechte, Luftfahrzeuge, Schiffe sowie bei der Insolvenzverwalter-, Nachlass- und Teilungsversteigerung. Die Angaben (muss enthalten) sind zwingender Natur. Diese **Mussangaben** sind:

1. Bezeichnung des Grundstücks,
2. Bezeichnung von Zeit und Ort,
3. Bezeichnung der Versteigerungsart,
4. gerichtliche Aufforderung, nicht grundbuchersichtliche Rechte anzumelden,
5. gerichtliche Aufforderung, entgegenstehende Rechte geltend zu machen sowie
6. landesrechtliche und sonstige Musshinweise.

Werden diese nicht beachtet, kann der Versteigerungstermin aufgehoben (§ 43 ZVG) oder der Zuschlag versagt werden (§ 83 Abs. 7 ZVG), auch weil der Fehler nicht mehr fristgemäß geheilt werden kann. Diese Folge tritt auch dann ein, wenn unrichtige Inhalte in der Soll-Bestimmung des § 38 ZVG eine irritierende Auslegung für die Muss-Vorschriften nach § 37 ZVG nach sich ziehen. Eine unrichtige Angabe kann als Zuschlagsversagungsgrund gelten, da § 38 ZVG nicht bloße Ordnungsvorschrift ist, deren Verletzung die Terminsbestimmung nur dann in Frage stellt, wenn durch unrichtige Mitteilung zugleich zwingende Angaben des § 37 ZVG missverständlich oder unklar werden (BGH NJW-RR 2008, 1741). Unschädlich ist die Bezeichnung als Einfamilienhaus, welches ohne weitere Umbauten als Ingenieurbüro genutzt wird (BGH NJW-RR 2012, 145).

Eine Ausnahme besteht für den Fall, dass die Terminsbestimmung ordnungsgemäß verfügt und veröffentlicht, aber einem Beteiligten unrichtig mitgeteilt wurde. Der betroffene Beteiligte kann dann eine Genehmigung erteilen, die durch eine öffentliche beglaubigte Urkunde nachzuweisen ist (§ 84 ZVG). Die in § 37 ZVG vorgeschriebenen Inhalte sind von so immenser Bedeutung – insbesondere vor dem Hintergrund einer erfolgreichen Verwertung – dass die vorgeschriebenen Angaben im Wortlaut in eine Allgemeine Verfügung vom 16.8.1938 aufgenommen wurde (zum Teil durch landesrechtlich bereinigte Sammlungen ergänzt). Hier sei auf den Vordruck für die Terminsbestimmung hingewiesen (*Stöber* ZVG-Hdb. Rn. 219).

2. Bezeichnung des Grundstücks. Das Grundstück muss so genau wie möglich bezeichnet sein. Es muss unmissverständlich sein, auf welches Grundstück sich die Versteigerung bezieht, eine Verwechslung muss ausgeschlossen sein (OLG Oldenburg Rpfleger 1980, 75; LG Augsburg Rpfleger 1999, 232; LG Frankenthal Rpfleger 1984, 326). Die Entscheidungen machen deutlich, dass an die Ordnungsgemäßheit der Angaben zum Grundstück hohe Anforderungen gestellt werden. Über das „wie" gibt es aber unterschiedliche Ansichten. So gibt es die Meinung, dass die Handhabung im Ermessen des Gerichts steht (OLG Oldenburg Rpfleger 1980, 75; aA OLG Hamm Rpfleger 1991, 71). In der Regel wird dieser Anforderung Recht getan damit, dass – in Anlehnung an § 28 S. 1 GBO – regelmäßig angelehnt wird an die Bezeichnung übereinstimmend mit dem Grundbuch nach Gemarkung, Flurstücknummer, Wirtschaftsart und Lage (Straße und Hausnummer). Neben der anzugebenden Wirtschafts- und Nutzungsart (zur Information hinsichtlich Abgrenzung zu „normalen" Grundstücken zum Beispiel Hotelbetrieb etc) ist die Angabe der genauen Straße und Hausnummer wichtig. Auch hier sind durch das Vollstreckungsgericht offensichtliche Unklarheiten aufzudecken. Das Vollstreckungsgericht muss ganz genau wissen, welches Grundstück versteigert wird und insoweit die Beteiligten und Interessenten im Rahmen der Terminsbestimmung aufklärt, so dass keine Irritationen aufkommen. An dieser Stelle sei – neben den Auswirkungen (Zuschlagsversagung und/oder Verfahrensaufhebung) – auch auf die Haftungsgefahren für den Rechtspfleger hinzuweisen (*Stöber* ZVG Einl. Anm. 37.3).

3. Bezeichnung Ort und Zeit. Eine exakte Bezeichnung des Ortes, der Straße sowie Hausnummer, des Gebäudeteiles und der Saal- bzw. Zimmernummer, wo der Termin stattfindet, muss vorhanden sein. Die Angaben dürfen keinen Anlass zu Zweifeln geben, so dass die Beteiligten und Interessenten den Versteigerungsort schnell auffinden können. Dies gilt in besonderem Maße auch bei einer Verlegung des Versteigerungsortes (vgl. hierzu *Stöber* ZVG § 66 Anm. 3.2). Bei der Uhrzeit der angesetzten Versteigerung muss die genaue Zeit, in Minute, Stunde, Tag, Monat und Jahr angegeben werden.

4. Bezeichnung Versteigerungsart. In der Terminbestimmung muss die Angabe enthalten sein, dass die Versteigerung „im Wege der Zwangsvollstreckung" stattfindet. Dies gilt auch für eine Wiederversteigerung.

5. Gerichtliche Aufforderung zur Anmeldung. → Form. J. VIII. 4 – Forderungsanmeldung.

6. Gerichtliche Aufforderung zur Geltendmachung entgegenstehender Rechte. Hierunter fallen einerseits die Rechte, die bereits grundbuchersichtlich sind und insoweit durch das Vollstreckungsgericht von Amts wegen beachtet werden müssen, andererseits solche, die nicht aus dem Grundbuch ersichtlich sind. Hierunter fallen zum Beispiel das Eigentum Dritter, die Rechte an Zubehör, Veräußerungsverbote sowie Verwertungsverbote bei Nacherbschaft (*Stöber* ZVG § 37 Anm. 6.2). Wenn ein Berechtigter nicht sein Recht anmeldet und insoweit nicht berücksichtigt wird, verbleibt im Nachgang die so genannte Bereicherungsklage aus ungerechtfertigter Bereicherung gem. § 812 BGB. Diese ist aber nicht gegen den Ersteher zu richten, sondern gegen den als letzten aus der Masse Befriedigten.

7. Sollvorschriften gem. § 38 ZVG. Diese Regelung dient „nur" als Ordnungsvorschrift und kann daher nicht die Folgen wie bei den Muss-Vorschriften gem. § 37 ZVG hervorrufen. Soweit die in § 38 ZVG genannten Soll-Angaben in der Terminbestimmung mit aufgeführt werden, dürfen diese nicht fehlerhaft sein.

8. Zustellung Terminbestimmung gem. § 41 ZVG. Diese Vorschrift schreibt zwingend vor, dass die Terminbestimmung allen Beteiligten von Amts wegen zuzustellen ist. Beteiligte in diesem Sinne sind diejenigen, deren Berechtigung sich aus § 9 ZVG ergibt sowie diejenigen, die angemeldete Rechte noch glaubhaft machen müssen. Den dem Gericht bereits bekannten Beteiligten ist die Terminbestimmung mit einer Frist von 4 Wochen (§ 43 Abs. 2 ZVG) und den später bekannt gewordenen Beteiligten ohne eine bestimmte Frist zuzustellen. Bei einer während des Verfahrens erfolgten **Übertragung des Rechtes auf den Rechtsnachfolger** muss die Zustellung nicht noch mal an diesen Berechtigten erfolgen, es genügt der Hinweis darauf, dass bereits die Zustellung an den Rechtsvorgänger erfolgte. Bei Beanstandung der fehlerhaften Zustellung oder bei Nichtberücksichtigung eines Beteiligten kann dies mit der Vollstreckungserinnerung gem. § 766 ZPO gerügt werden (mit dem Antrag auf Vornahme der Zustellung). Folge bei Nichtwahrung der Zustellungsfrist wäre die Aufhebung des Versteigerungstermins. Weiterhin ist in der vierten Woche vor Versteigerungstermin die so genannte „41er-Mitteilung" allen Beteiligten zu übersenden. Dies stellt zwar eine Sollvorschrift dar, eine Nichtbeachtung dessen kann aber eine Amtspflichtverletzung nach sich ziehen. Zu den Beteiligten gehören alle Beteiligten gem. § 9 ZVG, auch die neu dem Verfahren Beigetretenen. Die Mitteilung gibt Auskunft darüber, auf wessen Antrag und wegen welcher Ansprüche das Verfahren betrieben wird. Diese Mitteilung hat insbesondere eine auf den Versteigerungstermin wichtige vorbereitende Eigenschaft. Sie dienst als Grundlage für die vorherige Prüfung ob und inwieweit die Beteiligten von der Versteigerung berührt werden. Diesbezüglich ist auch der entsprechende Rang, aus dem betrieben wird anzugeben.

9. Anheftung Gerichtstafel. Sobald eine Veröffentlichung im Amtsblatt erfolgte (vgl. hierzu weiter unten), soll die Terminbestimmung an die Gerichtstafel angebracht werden. Dies ist lediglich eine Ordnungsvorschrift, weshalb eine Nichtbeachtung nicht zur Zuschlagsversagung oder Terminsaufhebung führt. In der Praxis ist es heute aufgrund moderner Technik und verschiedener Internetplattformen (vgl. hierzu weiter unten Aufstellung derselben) Gang und Gäbe, die Veröffentlichung über ein gerichtliches Informations- und Kommunikationssystem bekannt zu geben. Hauptsächlicher Grund der Veröffentlichung ist es, die Öffentlichkeit über den Versteigerungstermin zu informieren. Weitere Möglichkeiten, die Öffentlichkeit zu informieren sind zulässig. Auch dem Schuldner selbst steht es frei, die Öffentlichkeit hierüber zu informieren (auch durch Zeitungsinserate etc).

Fehlerhafte Angaben über das Versteigerungsobjekt in der Terminbestimmung können sogar zur Aufhebung eines bereits erteilten Zuschlages führen, wenn von einer Irreführung der Bieterkreise auszugehen ist (BGH WM 2010, 2365).

10. Veröffentlichung in den amtlichen Bekanntmachungsblättern. Die Veröffentlichung der Terminbestimmung hat unter anderem die Funktion, im Interesse einer bestmöglichen Verwertung ein möglichst breites Publikum anzusprechen und diesem eine belastbare Orientierungshilfe an die Hand zu geben. Daher führen Fehler ggf. zur Aufhebung (BGH WM 2010, 2365). Auch die in § 39 ZVG aufgeführte Aufforderung, die Terminbestimmung durch „einmalige Einrückung" in das für Bekanntmachung des Gerichts bestimmte Blatt kann durch Veröffentlichung in einem elektronischen Informations- und Kommunikationssystem ersetzt werden. Auch hier steht die Informationserteilung für die Öffentlichkeit das zentrale Hauptargument dar. Auch die Beteiligten, deren Rechte von der Versteigerung berührt werden, sollen hierüber Kenntnis erhalten. Grundsatz der Terminbestimmung ist eine mindestens „einmalige" Veröffentlichung; dies entweder im Amtsblatt oder über Internet. Weitere Veröffentlichungen sind möglich. Wichtig bei dieser Vorschrift ist, dass bei Nichtbeachtung der Versteigerungstermin aufzuheben oder auch der Zuschlag zu versagen ist (§§ 43 Abs. 1, 83 Nr. 7, 100 Abs. 3 ZVG). Amtsblatt und Art der Veröffentlichung werden durch landesrechtliche Vorschriften vorgegeben. Eine Ausnahme hierzu gibt der Abs. 2 des § 39 ZVG wieder, indem es heißt, dass bei geringem Grundstückswert von einer Veröffentlichung abgesehen werden kann. Hier hat die Anheftung an der Gemeindetafel zu erfolgen. Hinsichtlich der Einschätzung eines „geringen Grundstückswertes" ist nur auf das Ermessen des Gerichts abzustellen. Inwieweit hier in der Praxis dies erfolgt, sei dahingestellt.

11. Für das **Einstellen in das Internet** gibt es verschiedene Möglichkeiten bzw. Internetplattformen, die in der Regel kostenpflichtig sind. Die Adresse „*www.zvg.com/Immobilien-Zwangsversteigerungen deutscher Amtsgerichte*" wird von vielen Amtsgerichten genutzt. Rechtspflegerinnen und Rechtspfleger entscheiden unabhängig, wo und in welcher Form sie die eigenen Zwangsversteigerungstermine publizieren. Sie sind an keine Weisung gebunden, weshalb selbst die Gerichte, die das Portal „*www.zvg.com*" nutzen, nicht vollständig alle Zwangsversteigerungstermine dort publizieren müssen. Nachfolgend werden nur einige Anschriften aufgeführt: „*www.zvg.com*", „*www.zvg-portal.de*", „*www.zwangsversteigerung*.de", „*www.zwangsversteigerungen.de*".

12. Fristen und Rechtsmittel. Bei unrichtiger oder unvollständiger Terminbestimmung greift die **Vollstreckungserinnerung** gem. § 766 Abs. 1 ZPO; → Form. P. III. 3.

2. Checkliste: Vorbereitung des Termins durch den Gläubiger

Aktive Interessentensuche[1]	direkt durch: Interessentenkartei Ansprechen von Kunden Ansprechen von Mietern indirekt: Auftragsvergabe an auf K-Termine spezialisierte Firmen, Makler	
Aussagekräftige Objekt-unterlagen zusammenstellen[2]	Kopie Wertgutachten Exposé Mieterliste Aufstellung der Mieten Vervollständigung von Bauunterlagen Ermittlung ggf. Renovierungsbedarf	
Finanzierungsangebote[3]		
Ausbietungsgarantie[4]		
Ablösung[5]		
Forderungsverkauf Eigengebote		

Anmerkungen

1. Spätestens zum Zeitpunkt der Übersendung des Beschlusses, dass die Zwangsversteigerung angeordnet ist, muss sich der Gläubiger intensiv um die Vermarktung kümmern. Dies kann einerseits durch auf Vermarktung von Objekten spezialisierte, interne Abteilungen erfolgen, als auch über die Vergabe von Makelleistungen an Dritte.

Das allgemeine Procedere ist meistens gleich, in der Regel verfügen aber regional ansässige Maklerunternehmen über genaue Marktkenntnisse. Dies muss im Einzelfall geprüft und abgewogen werden. Insbesondere bei Objekten, die eine hohe Nachfrage von Großinvestoren (inländisch und ausländisch) mit sich bringen, ist die Einschaltung einer hierauf spezialisierten Firma von Vorteil. In dem Fall von regionalen Interessenten (hier meist bei Eigentumswohnungen und Einfamilienhäusern) ist eine Einschaltung von vor Ort ansässigen Unternehmen von Vorteil. Nicht unberücksichtigt bleiben dürfen die derzeitigen Nutzer der Immobilie, die in vielen Fällen auch Interesse an einem Kauf haben.

2. Grundlage jeder erfolgreichen Vermarktung sind die Unterlagen, die in Bezug zur Immobilie stehen und für den Käufer, den Erwerber und Investor, mithin den Bietenden im Termin, von Interesse sind. Dies erfasst in erster Linie die wertbestimmenden Dokumente und Informationen. Eine diesbezügliche Aufbereitung in der entsprechenden (ansprechenden) Form ist unerlässlich. Denn hierauf beziehen sich die Kaufentscheidungen der Interessenten (natürlich neben der eingehenden Besichtigung).

3. Das Angebot an potentielle Bietinteressenten, nicht nur im Hinblick auf eine notwendige Finanzierung, ist in der Praxis von immenser Bedeutung. Oft ist dies das einzig relevante Argument für die (positive) Kaufentscheidung.

4. In Erwägung gezogen werden sollte auch der Abschluss einer Ausbietungsgarantie mit dem Interessenten. → Form. J. VIII. 3.

5. Zur Ablösung → Form. J. VIII. 5.

3. Ausbietungsgarantie

. . . . .

– nachstehend Garant genannt –

. . . . . [Bankgläubiger]

– nachstehend Garantienehmer genannt –

I. Vorbemerkung

Zu Lasten des beim Amtsgericht . . . . . geführten Grundbuches von . . . . . , Gemarkung . . . . ., Blatt . . . . ., Flur . . . . ., Flurstück . . . . . in einer Größe von . . . . . m²

sind für die . . . . . Bank in Abt. III Grundschulden eingetragen.

Die . . . . . Bank hat aus ihrem Recht in Abt. III die Anordnung der Zwangsversteigerung in das vorbenannte näher bezeichnete Objekt beantragt.

II. Ausbietungsgarantievertrag[1, 2, 3, 4]

Garant und Garantienehmer schließen hiermit einen Ausbietungsgarantievertrag in Bezug auf das in der Vorbemerkung näher bezeichnete Zwangsversteigerungsverfahren mit dem nachfolgenden Inhalt ab.

1. **Der Garant verpflichtet sich, in dem für das vorgenannte Objekt vor dem Amtsgericht . . . . . stattfindenden, nächsten und allen folgenden Zwangsversteigerungsterminen, ein Gebot iHv . . . . . EUR inklusive evtl. bestehen bleibender Rechte abzugeben.**
2. **Gibt der Garant ein dementsprechendes Gebot ab, wird der Garantienehmer von ihm keine Sicherheitsleistung (§§ 67 ff. ZVG) verlangen, wenn er spätestens zum Versteigerungstermin eine unwiderrufliche Finanzierungszusage einer nach dem ZVG zugelassenen Bank vorlegt. Dem Garanten ist bekannt, dass jedoch andere Beteiligte (§ 67 Abs. 1 ZVG) ein solches Verlangen erheben können.**
3. **Gibt der Garant ein höheres Gebot, als er nach diesem Vertrag abzugeben verpflichtet ist, so stehen ihm deswegen keine Einwendungen oder Ansprüche, gleichgültig welcher Art, gegen den Garantienehmer zu.**
4. **Erfüllt der Garant oder der Dritte im Falle einer mit Zustimmung des Garanten erfolgten Abtretung die hier übernommenen Verpflichtungen nicht, ist der Garant dem Garantienehmer zum Ersatz des dadurch erlittenen Schadens verpflichtet. Ersteigert der Garantienehmer das Grundstück zur Rettung seiner Pfandrechte selbst, so findet § 114a ZVG im Verhältnis der Vertragsschließenden zueinander keine Anwendung, der Garantienehmer gilt also bei einem Zuschlag unter $^{7}/_{10}$ des Grundstückswertes nicht als über sein Meistgebot hinaus befriedigt; ein Wertausgleich (Vorteilsausgleich) ist zwischen dem Garantienehmer und dem Garanten nicht durchzuführen.**

5. Der Garantienehmer leistet keine Gewähr für die Gründstücksgröße, die Güte sowie die Beschaffenheit des Grundstücks und des aufstehenden Bauwerks. Der Garant übernimmt das Grundstück aus der Zwangsversteigerung mit den Rechten und Pflichten, die jeder andere Dritte durch die Abgabe des Meistgebots in einer Zwangsversteigerung hat.
6. Dem Garanten sind die tatsächlichen und rechtlichen Auswirkungen bekannt, die aus evtl. geleisteten Mietvorauszahlungen, verlorenen Baukostenzuschüssen bzw. aus ähnlichen Verhältnissen resultieren. Der Garant kann aus diesem Grunde keine Ansprüche gegenüber dem Garantienehmer herleiten.
7. Erfüllen der Garant, ein Dritter, dem der Garant die Rechte aus dem Meistgebot mit Zustimmung des Garantienehmers abgetreten hat, oder ein dritter Ersteher im Verteilungsverfahren ihre Barzahlungspflicht nicht, so gelten die Bestimmungen dieser Urkunde entsprechend im Verfahren auf Wiederversteigerung des Grundstücks aus einer Sicherungshypothek des Garantienehmers. Dies gilt nur, wenn dieser vor Ablauf von 3 Monaten seit Anordnung der Übertragung der Forderung gegen den betreffenden Ersteher die Wiederversteigerung des Grundstücks aus der Sicherungshypothek beantragt. Unberührt hiervon bleiben die sonstigen Rechte des Garantienehmers nach diesem Vertrag.
8. Der Garantienehmer kann von diesem Vertrag zurücktreten, wenn der Garant seine Verpflichtungen aus dieser Vereinbarung nicht erfüllt.
9. Mehrere Garanten sind Gesamtschuldner.
10. Dem Garanten ist bekannt, dass der Garantienehmer jederzeit bis zur Zuschlagsverkündung die Aussetzung des Zuschlags beantragen oder das Verfahren einstellen lassen oder den Versteigerungsantrag zurücknehmen kann, ohne dass ihm deshalb Ansprüche gegen den Garantienehmer zustehen.
11. Der Garant ist nicht berechtigt, ohne Zustimmung des Garantienehmers die Rechte aus dem abgegebenen Meistgebot abzutreten.
12. Der Garantienehmer ist berechtigt mit weiteren Garanten anderweitige Vereinbarungen zu treffen.
13. Der Garant verpflichtet sich, den Zwangsversteigerungstermin persönlich wahrzunehmen und für den Fall seiner Verhinderung für die Entsendung eines Vertreters Sorge zu tragen, der notariell bevollmächtigt ist, ein Gebot bis zur Höhe von EUR ..... (einschließlich evtl. bestehen bleibender Rechte) sowie alle zur Ersteigerung erforderlichen Erklärungen abzugeben.

.....	.....
[Ort, Datum	Garantienehmer]
.....	.....
[Ort, Datum	Garant]

Anmerkungen

1. Ausbietungsgarantie und negative Bietabkommen. Von der Ausbietungsgarantie ist das einfache Bietabkommen streng zu unterscheiden.

Grundsätzlich besteht für keinen der Beteiligten gem. den Regelungen des ZVG eine Pflicht zum Bieten. Unter Umständen könnte man eine solche Verpflichtung aus den Grundsätzen von Treu und Glauben (§ 242 BGB) ableiten, wer soll aber eine solche Verpflichtung konstruieren und vor allen Dingen, diese gegenüber dem dann Bietverpflichteten durchsetzen? Anerkannt ist insoweit, dass meist der das Verfahren betreibende Gläubiger mit einem Bietinteressenten oder anderen, ggf. auch in das Verfahren involvierten Personen entsprechende vertragliche Vereinbarungen eingehen kann. Man unterscheidet zwischen den Ausbietungsabkommen mit schwächerer Wirkung, bei dem der Garant sich lediglich verpflichtet, dafür einzustehen, dass ein Grundpfandrecht ohne Verlust aus der Zwangsversteigerung des belasteten Grundstücks hervorgeht bzw. der Verlust sich in den rechtsgeschäftlich ausgestaltetem Rahmen bewegt. Bei dem **Ausbietungsabkommen mit stärkerer Wirkung** verpflichtet sich der Garant zur Abgabe eines bestimmten Gebotes in der Zwangsversteigerung des belasteten Grundstücks. Die Ausbietungsgarantie wird als ein Vertrag eigener Art mit ungeklärter Rechtsnatur bezeichnet, wobei sie in der Art teilweise einer Bürgschaft entspricht, oder aber als Garantievertrag ausgestaltet bzw. diesem angenähert ist (*Sichtermann* S. 33 ff.). Bei der **Ausbietungsgarantie mit schwächerer Wirkung** steht der Verpflichtete gegenüber dem Grundpfandrechtsgläubiger dafür ein, dass der Gläubiger ganz oder zT ohne Verlust aus einer Versteigerung des belasteten Grundstücks hervorgeht. Nicht garantiert wird mit der schwächeren Ausbietungsgarantie, dass der Gläubiger durch die Zwangsversteigerung (vollständig) befriedigt wird. Auch muss der Verpflichtete nicht selbst Gebote abgeben (BGH NJW 1999, 711; Mohrbutter/Drischler/*Radtke/Tiedemann* Bd. 1 S. 523 f.). In der Übernahme einer Ausbietungsgarantie, egal ob schwächerer oder stärkerer Natur, ist keine Bürgschaft zu sehen. Da der Ausbietungsgarant auch lediglich die Pflicht übernimmt, dem Gläubiger einen etwaigen Ausfall zu ersetzen, ohne selbst mit bieten zu müssen, liegt auch keine Verpflichtung zum Erwerb des Grundstücks vor, so dass eine notarielle Beurkundung gem. § 311b Abs. 1 BGB für die Formwirksamkeit nicht notwendig ist. Ebenfalls formfrei ist der Vertragsschluss durch die gesetzlichen Vertreter für einen Minderjährigen insoweit, als dass eine familiengerichtlichen Genehmigung nicht eingeholt werden muss (§§ 1822 Nr. 10, 1643 BGB). Bei Vorliegen einer Ausbietungsgarantie mit schwächerer Wirkung kann es bereits ausreichen, dass der Verpflichtete dafür sorgt, dass ein Dritter entsprechend der eigenen Ausbietungsverpflichtung (aus-)bietet oder aber, dass er dafür Sorge trägt, dass ein Verfahrensausgang nach § 77 ZVG erfolgt (Einstellung mangels Nichtabgabe von Geboten). Die Einstellung mangels Abgabe von Geboten steht einer Auswahl in der Zwangsversteigerung nicht gleich (BGH NJW 1999, 711). Ebenso kann der Verpflichtete den betreibenden Gläubiger zur Antragsrücknahme veranlassen. Dadurch wird die Versteigerung verhindert. Gleichfalls entsteht aber nicht ein Ausfall in dem durch die schwächere Ausbietungsgarantie definierten Umfang. Erfüllt der Verpflichtete seine Pflichten nicht, muss er in Höhe des Ausfalls an den geschädigten Gläubiger zahlen.

2. Mit der Übernahme einer **Ausbietungsgarantie mit stärkerer Wirkung** geht der Garant eine Erwerbsverpflichtung ein, auch wenn sich der Erwerb des Grundstücks in der Form der Zuschlagserteilung auf das vom Garanten in Erfüllung seiner Vertragsverpflichtung abgegebenen Meistgebot vollzieht (§§ 81 Abs. 1, 90 Abs. 1 ZVG). **Diese Ausbietungsgarantie ist demgemäß formbedürftig** (*Stöber* ZVG § 71 Anm. 8.6). Ebenso wie Ausbietungsgarantie mit stärkerer Wirkung, die eine unbedingte Erwerbspflicht enthält, ist auch formbedürftig die Verpflichtung zur Abgabe einer Ausbietungsgarantie, da diese bereits eine bedingte Erwerbsverpflichtung enthält und somit als das zuerst getätigte Kausalgeschäft formbedürftig ist (BGHZ 110, 319, 321 = NJW 1990, 1662). Da sich der Garant selbst zur Abgabe eines bestimmten Gebotes verpflichtet hat, liegt eine Verletzung der Ausbietungsgarantie – anders als zu dem Fall der Ausbietungsgarantie mit schwächerer Wirkung – auch dann vor, wenn der Garant Erklärungen des betreibenden Gläubigers entsprechend den §§ 29, 30 ZVG veranlasst oder aber die einstweilige Einstellung des Verfahrens gem. § 77 ZVG durch Nichtabgabe eines Gebotes duldet. Falls das garantierte Recht im geringsten Gebot liegt, muss der Garant ein Gebot mindestens in Höhe des geringsten Gebotes abgeben, liegt es darüber, so ist der Garant verpflichtet, ein Gebot abzugeben, das ausreicht, um alle von der Ausbietungsgarantie erfassten Ansprüche abzudecken. Bis heute bleibt es regelmäßig eine Auslegungsfrage, ob bei Geboten Dritter, die später auch belegt werden, also Erfüllung vorausgesetzt, die Verpflichtung des Garanten als erfüllt anzusehen ist. Für den Fall der Verletzung einer Ausbietungsgarantie entsprechend den oben genannten Maßgaben sollen den Garantienehmern alle Rechte gem. der §§ 249 ff. BGB zustehen (Steiner/*Storz* § 66 Rn. 35).

3. Bei den Ausbietungsgarantien unterscheidet man noch zwischen solchen **selbständiger und solchen unselbständiger Art**. Bei den unselbständigen steht die Verpflichtung in Abhängigkeit von der Hypothek oder Grundschuld. So beispielsweise, wenn ein Hypothekengläubiger diese auf einen Dritten überträgt und gegenüber dem Zessionar dafür einsteht, dass die Hypothek in einer Versteigerung ganz oder zum Teil ausfallen sollte. Oder aber der Grundstückskäufer, der hinsichtlich der Rechtskaufgeldhypothek (oder Grundschuld) gegenüber dem Grundstücksverkäufer dafür eintritt, dass eben die Hypothek nicht ausfällt. Bei der selbständigen Ausbietungsgarantie besteht die Verpflichtung unabhängig von der im Grundbuch verankerten Hypothek bzw. Grundschuld. Die Regel ist dabei, dass das Grundstück ersteigert werden soll und dabei einer der (vorrangigen) Hypothekengläubiger seine Hypothek stehen lassen soll oder aber die dieser zugrunde liegenden Verpflichtung stunden soll (*Nebe* S. 9 f.). Auch für den Fall, dass ein Zuschlag im Termin erfolgt ist, dabei aber die Ausbietungsgarantie vom Verpflichteten verletzt wurde, bleibt der Zuschlag selbstverständlich rechtskräftig. Ersatzansprüche sind zu regeln zwischen den Vertragsparteien der jeweiligen Ausbietungsgarantie. Insgesamt ist das Instrument der Ausbietungsgarantie in der Literatur sehr differenziert betrachtet. Die einen halten es für ein praktikables Instrument, die anderen sehen es als sinnlos an und halten es im Grunde für überflüssig. Die Vielzahl der Fälle in der Praxis spricht wohl eine andere Sprache.

4. Mit **Bietabkommen** sollen Bietinteressenten oder aber auch nur ein einzelner Bietinteressent vom Bieten abgehalten werden. Vereinbarungen, die das Abhalten von Bietern („pactum de non licitando"), sollten besser als „negative Bietabkommen" bezeichnet werden (Steiner/*Storz* § 71 Rn. 84). Damit soll einem bestimmten Bewerber ermöglicht werden, dass das Objekt zu einem günstigen Betrag ersteigert werden kann. Die Gebote sollen kleingehalten und der Kreis der Bieter beschränkt werden. Dadurch, dass man die vom ZVG gewünschte Konkurrenz unter Bietern schwächt oder ausschaltet oder aber durch Scheingebote über Strohmänner verfälscht, ist jedoch nicht schlechthin eine Sittenwidrigkeit gem. § 138 BGB zu sehen. Es kommt immer auf die Umstände des Einzelfalles an (Beispielsfälle bei *Stöber* ZVG § 71 Anm. 8.8).

Grundsätzlich ist jedes Bietabkommen kritisch zu sehen, wenn die Konkurrenz der Bieter durch das Bietabkommen derart geschmälert wird, dass insbesondere jeweils der Bieter ausgeschaltet werden soll, der bereit und in der Lage wäre, mehr als andere zu bieten (und das ursprünglich auch wollte). Das gilt umso mehr, wenn sich dies auf die Rechte nicht eingeweihter vorrangiger Grundpfandsgläubiger schmälernd bzw. verkürzend auswirkt (BGH NJW 1979, 162). Dem Bundesgerichtshof folgend kommt es bei der derartigen Absprachen auch darauf an, dass Beteiligte möglicherweise besonders durch die Abkommen schutzlos gemacht werden, die auf Transparenz und Schutz besonders angewiesen sind. Auch wenn die Beteiligten diese Bietabkommen im Grunde niemals offen legen wollen (ähnlich den Beteiligten bei der Ausbietungsgarantie), kann man durch Auslegung der entsprechenden Verhaltensweisen der Vertragsschließenden geeignete Rückschlüsse ziehen. Hier ist besondere Aufmerksamkeit seitens des Vollstreckungsgerichts, aber auch seitens der fachkundigen Gläubigervertreter gefragt.

4. Forderungsanmeldungen zum Versteigerungstermin

An das

Amtsgericht .....

– Vollstreckungsgericht –

In der Zwangsversteigerungssache

.....

Gläubiger,

(vertreten durch .....)

gegen

.....

Schuldner,

Az. .....

melden wir aus unserer im Grundbuch von ....., Blatt ..... eingetragenen Forderung ..... über ..... EUR zum Zwangsversteigerungstermin am ..... folgende Ansprüche an:[1, 2, 3, 4]

Hauptforderung	..... EUR
..... % Zinsen seit dem	..... EUR
(bis einen Tage vor Verkündungstermin)	
Kostenvorschuss	..... EUR
Kosten der Rechtsverfolgung	..... EUR
– Zustellungskosten	..... EUR
– Kosten Grundbuchauszug	..... EUR
– Anordnung des K-Verfahrens	..... EUR
– Rechtsanwaltskosten	..... EUR
– Terminwahrnehmungskosten – pauschal –	..... EUR
– Anmeldung L-Verfahren	..... EUR

Weiterhin melden wir den gesetzlichen Löschungsanspruch bezüglich aller vor- und gleichrangigen Grundpfandrechte und die Ansprüche aus eingetragenen Löschungsvormerkungen an.

Rechtsanwalt

Anmerkungen

1. Anmeldung von Rechten und Ansprüchen (§§ 9, 37 Nr. 4, 45, 55, 110, 114 ZVG): Rechte, soweit sie zur Zeit der Eintragung des Versteigerungsvermerks aus dem Grundbuch nicht ersichtlich waren, sind spätestens in Versteigerungsterminen und vor der Aufforderung zur Abgabe von Geboten (Bietstunde) anzumelden. Wenn der Gläubiger widerspricht, sind diese überdies glaubhaft zu machen, da sie ansonsten bei der Feststellung des geringsten Gebotes nicht berücksichtigt und bei der Verteilung des Versteigerungserlöses dem Ansprüche des Gläubigers und den übrigen Rechten nachgesetzt werden würden (§ 37 Nr. 4 ZVG). Der Rechtspfleger hat dabei die betroffenen Gläubiger rechtzeitig vor dem Termin aufzufordern, diese Rechte anzumelden. Das gleiche gilt für diejenigen, welche ein der Versteigerung entgegenstehendes Recht haben (§ 37 Nr. 5 ZVG). Durch die Anmeldung des entsprechenden Rechts (Anspruch) erhält der Gläubiger die Stellung eines Beteiligten (§ 9 ZVG). Die Anmeldung ist die Bekundung des Willens, dass bei der Eintragung des Versteigerungsvermerks aus dem Grundbuch das nicht ersichtliche Recht trotzdem bei der Feststellung des geringsten Gebots zu berücksichtigen ist (berücksichtigt werden soll). Die Anmeldung ist Verfahrenshandlung und der Anmeldende muss gegenüber dem Vollstreckungsgericht Rechtsgrund und Rang seines Anspruchs sowie bei Zahlungsansprüchen (auch bei anderen Ansprüchen) einen bestimmten Rang angeben. Für die Anmeldung ist eine bestimmte Form nicht vorgeschrieben, weshalb sie auch mündlich oder gar fernmündlich erfolgen kann, ggf. auch eine telegrafische, per Fax erfolgte Anmeldung. Empfehlenswert sind jedoch die traditionell anerkannten Formen der Anmeldung, wie die mündliche zu Protokoll der Geschäftsstelle oder aber die per Schreiben (ggf. untersetzt durch ein entsprechendes Gespräch mit dem Vollstreckungsgericht). Es versteht sich von selbst, dass bei Anmeldung für Dritte eine entsprechende Vollmacht vorzulegen ist. Diese wird von Amts wegen überprüft, sofern ein Anwalt nicht als Bevollmächtigter auftritt (§ 88 Abs. 2 ZPO). Für den Verfahrensablauf, auch für die Klarheit in der Akte, ist es auch dem Rechtsanwalt zu empfehlen, seine Vollmacht durch Einreichung/Beifügung der Kopie zu untersetzen.

Grundsätzlich angemeldet werden solche **Rechte und Ansprüche, die an dem Erlös aus der Versteigerung der Immobilie und den mitversteigerten Gegenständen zu befriedigen sind.** Dies in der gesetzlichen Rangfolge (§ 10 ZVG). Insoweit ist dies vor Eröffnung der Bietstunde anzumelden, da ansonsten ein Rangverlust gem. § 110 ZVG eintritt. Die aus dem Grundbuch nicht ersichtlichen Ansprüche sind unter anderem die Kosten der Kündigung und die Kosten für die Befriedigung aus der grundstückbezweckenden Rechtsverfolgung (§§ 10 Abs. 2, 12 Nr. 1 ZVG). Bei der Zwangssicherungshypothek sind dies die Eintragungskosten, die zum Versteigerungstermin als bekannte Kosten mit ihren Beträgen zu bezeichnen sind. Nur die erst anfallenden und noch nicht endgültig bestimmbaren Kosten können mit einem Pauschbetrag geltend gemacht werden (*Stöber* ZVG-Hdb. Rn. 232). Anzugeben ist bei den zuletzt genannten Kosten, wofür die Kosten beansprucht werden (Rechtsanwaltsgebühren für weitere Verfahren wie ein Beschwerdeverfahren oder weitere anfallende notwendige Reisekosten). Weiter anzumelden sind die Ansprüche auf rückständige wiederkehrende Leistungen. Laufende Beträge von eingetragenen, wiederkehrenden Leistungen können einmalig angemeldet werden und müssen vor dem Termin nicht angemeldet werden (§§ 45 Abs. 2, 114 Abs. 2 ZVG). Die laufenden rückständigen, nicht eingetragenen gesetzlichen Zinsen (Verzugszinsen, Prozesszinsen, §§ 1118, 1146 BGB) oder erst nach dem Versteigerungsvermerk eingetragene Zinsen sind anzugeben, was insbesondere für Zinsenerhöhung von Bedeutung sein kann, Nebenleistungen und ggf. Rangänderungen nach Eintragung des Versteigerungsvermerks sollten angezeigt werden. Angemeldet werden müssen auch die im Grundbuch nicht eingetragenen Rechte, wiederkehrende Leistungen und andere Nebenleistungen sowie deren

Kosten. Dazu gehören ua der Anspruch des Zwangsverwalters oder des Gläubigers auf Auslagenersatz (§ 10 Abs. 1 Nr. 1 ZVG). Ebenso gehören dazu die zur Insolvenzmasse gehörenden Ansprüche auf Ersatz der Kosten der Feststellung der beweglichen Gegenstände, auf die sich die Versteigerung erstreckt (§ 10 Abs. 1a ZVG) oder Lohnansprüche (§ 10 Abs. 1 Nr. 2 ZVG), öffentliche Lasten (§ 10 Abs. 1 Nr. 3 ZVG) sowie die in Rangklasse sieben fallenden älteren Rückstände. Die Anmeldepflicht besteht nicht für nicht eingetragene Rechte, die auch ohne Aufnahme in das geringste Gebot bestehen bleiben (zB Überbau- und Notwegrente, §§ 912 bis 917 BGB, 52 Abs. 2 ZVG) oder altrechtliche Grunddienstbarkeiten und Leibgedinge nach Landesrecht (§ 9 EGZVG). Anmeldepflichtig sind jedoch die Rückstände und solche in das geringste Gebot aufzunehmenden fälligen, laufenden Leistungen. Der Anmeldepflicht unterliegen auch nicht die Höchstbetragshypothek, weil der Umfang der Belastung durch den eingetragenen Höchstbetrag bereits feststeht (§ 1190 Abs. 1 BGB) und Unklarheit im Grunde nur über die Person des Rechts besteht, sowie der Ersatzanspruch für ein erlöschendes Recht (§ 32 ZVG), selbst wenn ein Höchstbetrag für dieses nicht eingetragen ist. Angemeldet werden müssen auch solche Rechte, wie zB Zubehörstücke, die sich im Besitz des Schuldners oder eines neu eingetretenen Eigentümers befinden, wenn diese einem Dritten gehören (§§ 55 Abs. 2, 37 Nr. 5 ZVG). Die letztgenannten Zubehörstücke oder solche Dinge, die sich im Eigentum Dritter (bei Besitz des Schuldners jedoch) befinden, finden die vorgenannten Vorschriften nicht ohne weitere Anwendung. Da sie jedoch vom Hypothekenbeschlag erfasst sind, würden sie im Falle des Zuschlages mitversteigert werden. Deswegen ist das Vollstreckungsgericht vorher darüber zu informieren, dass diese von der Versteigerung auszunehmen sind. Die Art und Weise erfolgt wie zuvor beschrieben.

Falls die Anmeldung trotz Aufforderung nach § 37 Nr. 4 ZVG nicht rechtzeitig erfolgt, ist das Recht bzw. der Anspruch bei der Feststellung des geringsten Gebotes und später im Teilungsplan nicht zu berücksichtigen (§§ 45 Abs. 1, 114 Abs. 1 ZVG). Bei der Anmeldung nach der Aufforderung oder nach der Aufforderung zur Abgabe von Geboten erleidet man einen Rangverlust im Sinne des § 110 ZVG. Grundsätzlich ist diese also möglich, jedoch nur mit Rangverlust, der zudem endgültig ist. Hieraus erwächst dem benachteiligten Gläubiger im Übrigen auch kein Bereicherungsanspruch gegenüber dem dadurch Begünstigtem. Zudem kann die Rangänderung auch nicht mehr rückgängig gemacht werden. Falls weitere Versteigerungstermine in der gleichen Sache (wegen Erfolglosigkeit und Ergebnislosigkeit dieses Versteigerungstermins) stattfinden, so sind weitere Anmeldungen ohne weiteres möglich. Da sie dann als rechtzeitige Anmeldung erfolgen können, führen sie dann auch nicht zu einem Rangverlust, wenn zuvor ein solcher eingetreten wäre.

2. Besondere Bemerkungen zur Miete und Pacht sowie zum Zubehör. Die Versteigerung erstreckt sich auf das Grundstück und alle Gegenstände, deren Beschlagnahme noch wirksam ist (§§ 1120 ff., 93 bis 96 BGB, 20, 21, 22, 55 ZVG). Dazu gehören die nichtbeweglichen Sachen, über die der Schuldner innerhalb der Grenzen einer ordnungsgemäßen Wirtschaft wirksam verfügt hat (§ 23 Abs. 1 S. 2 ZVG), sowie die durch Aufhebung oder Einstellung wirksam freigegebenen Gegenstände. Der Umfang der Beschlagnahme ist in den §§ 20 bis 22 ZVG für das Versteigerungsverfahren geregelt. Die Beschlagnahme erfasst, anders als das grundsätzlich der Hypothekenverband vorsieht (§ 1123 BGB), gem. § 21 Abs. 2 ZVG nicht die Miet- und Pachtforderungen sowie die Ansprüche aus einem mit dem Eigentum an dem Grundstück verbundenen Recht auf wiederkehrende Leistungen. Gegenstand der Versteigerung selbst sind alle Gegenstände, deren Beschlagnahme wirksam ist. Darauf erstreckt sich auch die Versteigerung (§ 55 Abs. 1 ZVG). Zubehörstücke (§ 96 BGB) oder andere im Eigentum Dritter befindliche Gegenstände, die sich jedoch im Besitz des Schuldners befinden, werden von der Versteigerung auch erfasst, es sei denn, dass der Berechtigte sein Recht nach Maßgabe des § 37 Nr. 5 ZVG geltend gemacht hat. Grund der Vorschrift ist der Schutz des Bieters, der die Eigentumsverhältnisse am Zubehör im Einzelnen nicht kennen kann, diese regelmäßig auch nicht aus den Verkehrswertgutachten entnehmen kann und insoweit auf klare rechtliche Grundlagen für die Berechnung seines Gebotes angewiesen sein muss. Der Bieter kann insoweit erwarten, dass das Gebot und damit der Zuschlag sich auch auf alle vorhandenen Zubehörstücke beziehen, und zwar auch für den Fall, dass diese Dritten gehören (so genanntes tatsächliches Zubehör). Die Vorschrift regelt insoweit tatsächlich Vorgänge des Lebens dahingehend, dass der Bieter sich auf das, was wahrnehmbar ist, verlassen können muss. Außerdem ist damit ein angemessenes Ergebnis in der Versteigerung gewährleistet. Aufgrund der sich daraus ergebenen Schwierigkeiten ermöglicht das ZVG, dass die Rechte des Dritten nach Maßgabe des § 37 Nr. 5 ZVG geltend gemacht werden können.

Ein Dritter, insbesondere der Eigentümer, hat das „bessere Recht" gegenüber dem Haftungsverband, dass die Versteigerung dieses nicht beschlagnahmten, aber im Schuldnerbesitz stehenden Zubehörs verhindert, **rechtzeitig vor der Erteilung des Zuschlags nach Maßgabe der §§ 37 Nr. 5, 55 Abs. 2 ZVG geltend zu machen.** Die bloße Anmeldung beim Vollstreckungsgericht genügt nicht, vielmehr muss bezogen auf die konkret zu benennenden Zubehörstücke eine (teilweise) Aufhebung oder Einstellung des Verfahrens erfolgen. Das geschieht dadurch, dass der oder auch alle betreibenden Gläubiger für die einzelnen Zubehörstücke die Einstellung oder die Aufhebung des Verfahrens bewilligen (§§ 29, 30 ZVG). Das kann auch in der Form geschehen, dass der Gegenstand durch den berechtigten Gläubiger freigegeben wird. Da das Vollstreckungsgericht selbst nicht entscheiden kann, ob es sich um wesentliche Bestandteile oder um Zubehör handelt, und wem dieses zuzurechnen ist, auch eine Zustellung nichtbetreibender Gläubiger nicht eingeholt werden kann und werden soll, die zudem auch nicht anzuhören sind, sollte die Aktion hier von dem Gläubiger ausgehen. Schließlich ist der Weg gegeben, dass Widerspruchsklage erhoben ist (§§ 771 Abs. 3, 769 Abs. 1 ZPO), die dem Vollstreckungsgericht zum Vollzug zugegangen sein muss. Durch das Vollstreckungsgericht kann in dringenden Fällen unter Bestimmung einer Frist zur Beibringung einer Entscheidung des Prozessgerichts der Termin verschoben werden (§ 769 Abs. 2 ZPO). Wenn in dem Widerspruchsprozess eine Entscheidung ergangen ist, sollte diese dem Vollstreckungsgericht vorgelegt werden (§§ 776, 775 ZPO). Nach rechtzeitiger Geltendmachung des Rechts eines Dritten wird das entsprechende Zubehör nach gesetzlichen Versteigerungsbedingungen nicht mit veräußert. Der Ersteher erlangt den Zuschlag einen solchen Zubehörs auch dann nicht, wenn der Gegenstand im Zuschlagsbeschluss nicht ausgeschlossen ist. Allerdings müssen die voran genannten Voraussetzungen bestehen.

Falls die notwendige Erklärung des Gläubigers über die Aufhebung und/oder Einstellung der Versteigerung einzelner Zubehörstücke, aber auch die diesbezügliche Anordnung des Prozessgerichts oder die bereits im Widerspruchsprozess ergangene Entscheidung, dem Vollstreckungsgericht erst nach Schluss der Versteigerung, aber vor Verkündung des Zuschlagsbeschlusses, zugeht, wird das Grundstück nicht mehr in dem Umfang zugeschlagen, wie es nach § 55 ZVG Gegenstand der Versteigerung war. Grundsätzlich müsste der Zuschlag dann insgesamt versagt werden. Falls der Meistbietende und derjenige, der durch den Zuschlag Eigentum erhält, jedoch einen Zuschlag unter Ausschluss des nach der Erklärung des Gläubigers oder der Entscheidung des Prozessgerichts auszunehmenden Einzelgegenstandes zulässt und darin einwilligt, ist nach herrschender Meinung der Zuschlag zulässig (*Stöber* ZVG-Hdb. Rn. 285).

3. Minderanmeldung. Von wiederkehrenden Leistungen, die nach dem Inhalt des Grundbuches zu entrichten sind, brauchen die laufenden Beträge nicht angemeldet, die rückständigen nicht glaubhaft gemacht zu werden (§ 45 Abs. 2 ZVG). Dem entspricht, dass der Versteigerungs- bzw. Beitrittsantrag die stärkste Form der Anmeldung darstellt und insoweit streng genommen weitere Anmeldungen zum Versteigerungstermin und zum Verteilungstermin ohnehin überflüssig sind. Ganz konsequent ist dann auch die Regelung des § 45

Abs. 2 ZVG. In der Praxis üblich und auch gefordert ist es, dass zum Versteigerungstermin und auch zum Verteilungstermin ausdrücklich die anmeldebedürftigen Rechte angesprochen werden, dh bei Rechten der vierten Rangklassen des § 10 Abs. 1 ZVG müssen die rückständigen Zinsen ausdrücklich in den Antrag miteinbezogen werden. Das auch dann, wenn das Recht zur Eintragung des Versteigerungsantrages bereits aus dem Grundbuch ersichtlich war. Die Minderanmeldung als solche ist Ausschluss des Gebotes der parteilichen Dispositionsmaxime. Dh dem Gläubiger steht es frei, dass er weniger an laufenden Zinsen anmeldet, als für ihn nach dem Inhalt des Grundbuches von Amts wegen zu berücksichtigen wäre. Er erhält dann auch nur den angemeldeten Betrag. Dieser wird entsprechend auch bei der Feststellung des geringsten Gebots oder der Antragsberechtigung zu § 74a Abs. 1 ZVG berücksichtigt. Die Minderanmeldung als Prozesshandlung stellt keine Verfügung über das dingliche Recht dar. Insoweit kann sie, allerdings dann mit Rangverlust gem. den §§ 110, 114 ZVG im Verteilungstermin wiederum aufgestockt werden, dh es kann die ganze Forderung vom Gläubiger geltend gemacht werden. Keinen Rangverlust erleidet der Gläubiger, falls bei einstweiliger Einstellungsbewilligung oder Zuschlagsversagung ein weiterer neuer Versteigerungstermin ansteht und durchgeführt wird. Dann kann der Gläubiger durch rechtzeitige Anmeldung vor Beginn der neuen Bietstunde ohne Rangverlust wieder die ganze Forderung geltend machen (LG Frankenthal Rpfleger 1986, 232; *Stöber* ZVG § 45 Anm. 7. 1.7.3; *Storz* Anm. B. 6.2.3). Es ist zu beachten, dass, falls sich die Minderanmeldung auf die Hauptsache bezieht, bezogen auf die Grundschuld, auf die Rechtsstellung des Sicherungsgebers berührt wird. Das ist meistens in der Regel der Grundstückseigentümer oder der Zessionar der Rückgewähransprüche. Da insoweit dessen Rechtsposition geschmälert wird, ist, sofern das nicht schon vorher passiert ist, der Grundstückseigentümer, Schuldner oder Zessionar bei der Minderanmeldung mit einzubeziehen. Regelmäßig wurde jedoch schon bei der Bestellung der Grundschuld das Recht der Minderanmeldung mit ausbedungen.

Aufgrund der vertraglichen Konstruktion ist der Gläubiger dem Eigentümer gegenüber in der Regel dazu verpflichtet, die Grundschuld in voller Höhe geltend zu machen. Der Übererlös ist dann an den Eigentümer bzw. dem Zessionar der Rückgewährsansprüche auszuzahlen. Meist wird diese Verpflichtung jedoch ausdrücklich ausgeschlossen, da ansonsten für den Gläubiger erhebliche Probleme entstehen können. Letztlich ist die einfache Minderanmeldung nur für die dinglichen Zinsen, nicht hinsichtlich der Grundschuldhauptsumme möglich. Im Ergebnis ist es in der Praxis üblich, dass zu den Versteigerungsterminen selbst die ganze Grundschuld und alle laufenden und rückständigen Zinsen sowie Kosten angemeldet werden. Das meidet Unklarheiten und erleichtert auch dem Rechtpfleger die Berechnung zum geringsten Gebot. Zum Verteilungstermin kommen dann, entsprechend dem schuldrechtrechtlichen Sicherungsabreden und den Zielsetzungen für den jeweils speziellen Fall, wiederum verringerte Anmeldungen zur Geltung.

4. Änderungen durch die WEG-Novelle. Am 1.7.2007 trat die WEG-Novelle in Kraft (Wohnungseigentumsgesetz, zuletzt geändert durch Art. 1 des Gesetzes vom 26.3.2007, BGBl. 2007 I 370). Dadurch ergeben sich für die ab diesem Tage neu angeordneten Zwangsversteigerungsverfahren einige Änderungen, teilweise zu Gunsten der Eigentümergemeinschaft/WEG-Verwaltung. Die nachfolgend dargestellten Änderungen gelten nur für die **ab dem 1.7.2007 bei Gericht** anhängig werdenden Verfahren. Altverfahren dürften nicht mehr anhängig; falls doch, sind auf diese die früheren Vorschriften weiter anzuwenden (s. *Böhringer/Hintzen* Rpfleger 2007, 353, 360).

Die wichtigste Änderung im ZVG ist die **Privilegierung von Wohngeldansprüchen** innerhalb des Rangklassensystems des § 10 ZVG. Nunmehr sind Wohngeldansprüche statt in der 5. in der 2. Rangklasse zu finden und somit vorrangig gegenüber den Ansprüchen der betreibenden Grundpfandgläubiger (Rangklasse 4). Angemeldete und glaubhaft gemachte Wohngeldansprüche kommen in Neuverfahren, ähnlich den Grundsteuern aus Rangklasse

3, in das geringste Gebot, dies allerdings begrenzt auf 2 Jahre Rückstände seit der 1. Beschlagnahme und maximal 5 % des festgesetzten Verkehrswertes. § 45 Abs. 3 ZVG wird neu eingefügt. Danach sind die Wohngeldansprüche von der Wohnungseigentümergemeinschaft „durch einen entsprechenden Titel oder durch die Niederschrift der Beschlüsse der Wohnungseigentümer einschließlich ihrer Anlagen oder in sonst geeigneter Weise glaubhaft zu machen. Aus dem Vorbringen müssen sich die Zahlungspflicht, die Art und der Bezugszeitraum des Anspruchs sowie seine Fälligkeit ergeben." Die Ansprüche der Eigentümergemeinschaft sollten vom Gläubiger im Einzelfall geprüft werden, insbesondere, wenn Verbindungen oder personelle Verquickungen zwischen dem Schuldner und der WEG-Verwaltung bekannt sind. Sofern die Wohnungseigentümergemeinschaft das Zwangsversteigerungsverfahren durch Anordnung oder Beitritt selbst betreibt (dann muss vorher der Anspruch tituliert worden sein) droht Rechtsverlust für alle im Grundbuch nachrangig gesicherten Gläubiger (§ 91 Abs. 1 ZVG). Diese Grundpfandrechte erlöschen mit Zuschlag. In diesen Fällen muss bzw. sollte die WEG-Verwaltung von der Grundpfandrechtsgläubigerin (vor dem Termin) abgelöst werden, § 268 BGB. Andernfalls bestimmt die gemäß dem WEG bestrangig betreibende Gläubigerin allein den Preis, für welchen das Sondereigentum versteigert werden kann, denn. Nur der bestrangig betreibende Gläubiger ist der „Herr des Verfahrens" (dazu insgesamt *Böhringer/Hintzen* Rpfleger 2007, 353).

5. Ablösung

An

. . . . .

Beleihungsobjekt: . . . . ., eingetragen beim Amtsgericht . . . . ., Grundbuch . . . . ., Blatt . . . . .

Eigentümer: . . . . .

Zwangsversteigerungsverfahren . . . . .

Aktenzeichen: . . . . .

Sehr geehrte Damen und Herren,

wie Sie sicherlich wissen, findet in dem oben genannten Zwangsversteigerungsverfahren am . . . . . ein Zwangsversteigerungstermin statt. Wir sind als Grundpfandgläubiger[1] in Abt. III lfd. Nr., ... im oben genannten Grundbuch eingetragen.[2]

Wir möchten wir Ihnen anbieten, Ihre in dem oben genannten Verfahren angemeldeten Ansprüche in voller Höhe abzulösen.

Wegen der Eilbedürftigkeit bitten wir um kurzfristige Rückantwort und Rechnung auf uns.

Für Rückfragen steht Ihnen neben dem oben genannten Betreuer auch . . . . . unter der Rufnummer . . . . . selbstverständlich gerne zur Verfügung.

Mit freundlichen Grüßen

. . . . .

Geschäftsführer

Anmerkungen

1. Abgelöst werden können die **Ansprüche vor- und gleichrangiger Gläubiger.** Diese betreiben das Zwangsversteigerungsverfahren und sind somit Beteiligte des Verfahrens mit allen Rechten. Die Ablösung als solche bietet die Möglichkeit, in die Rechtsposition des einzig betreibenden Gläubigers zu gelangen und somit „Herr des Verfahrens" zu werden. In der Vergangenheit wurden meist nur die vorrangigen Gläubiger abgelöst. Auch die nachrangigen Gläubiger haben verfahrensrelevante Rechte, zB auf Einstellung des Verfahrens etc So sei an dieser Stelle angemerkt, dass viele nachrangige Gläubiger die Möglichkeiten eines Rettungserwerbs in Anspruch genommen und diese insoweit das Objekt sehr günstig in ihren Bestand genommen haben (vgl. hierzu § 85a Abs. 3 ZVG). Hier kann es unter Umständen Sinn machen, die nachrangigen Gläubiger gegen Zahlung einer sogenannten Lästigkeitsprämie „abzulösen" und somit alleinbetreibender Gläubiger zu werden. Bei den vorrangigen Gläubigern sei darauf hingewiesen, dass mit Inkrafttreten der WEG-Novelle auch die Wohnungseigentümergemeinschaft ihre Wohngeldansprüche anmelden kann. Sollte diese hier (durch Anordnung oder Beitritt) das Verfahren auch selbst betreiben, sollte diese unbedingt abgelöst werden. Denn als bestrangige betreibende Gläubigerin bestimmt nun sie allein den Preis, für welches das Objekt versteigert wird.

2. Gem. § 268 BGB steht das **Recht der Ablösung** jedem Dritten zu, der durch die Zwangsversteigerung Gefahr läuft, ein Recht oder den Besitz an dem Grundstück (oder an dem sonstigen Gegenstand der Zwangsversteigerung) zu verlieren. Generell steht das Ablösungsrecht gem. § 268 BGB gegenüber Gläubigern nur aus einem Vorzugsanspruch aus Rangklasse 1 bis 3, einem dinglichen Anspruch aus Rangklasse 4 oder aber aus einem persönlichen Anspruch aus Rangklasse 5 zu. Das Ablöseverfahren gem. § 268 Abs. 1 BGB setzt voraus, dass die Zwangsvollstreckung anhängig ist. Daher ist während einer einstweiligen Einstellung eine Ablösung nicht möglich. Dem gegenüber besteht die Ablösung gem. den §§ 1142, 1150 BGB einerseits für den Grundstückseigentümer und auch einem gem. § 268 BGB dritten (Berechtigten), wobei es hier ausreichend ist, dass die Befriedigung aus dem Grundstück verlangt wird und insoweit eine Zahlungsaufforderung ausreicht (*Stöber* ZVG § 15 Anm. 20.1). Das Ablösungsrecht als solches ist geradezu ein zwingender Ausgleich für die systematische mehrfache Benachteilung aller gleich- und nachrangigen Gläubiger (*Storz* Anm. B 7. 1. 1).

Materielle Rechtsfolge der Ablösung ist es, dass ein **gesetzlicher Forderungsübergang** gem. §§ 268 Abs. 3, 401, 412 BGB eintritt und insoweit die abgelöste Forderung mit allen Neben- und Vorrechten auf den Ablösenden übergeht (*Stöber* ZVG § 15 Anm. 10.19; *Böttcher* § 15 Rn. 34). Strittig ist, wann der Ablösende in die formelle Stellung des betreibenden Gläubigers kommt. Zustimmend zur **sofortigen Stellung** meint dies *Storz* (Anm. B 7.3.4), anders erst mit **Umstellung und Zustellung der Urkunde** (*Stöber* ZVG § 15 Anm. 29.7, 29.8; OLG Bremen Rpfleger 1987, 381; OLG Düsseldorf Rpfleger 1987, 75).

6. Anträge zu abweichenden Versteigerungsbedingungen

An das

Amtsgericht . . . . . .

– Vollstreckungsgericht –

In der Zwangsversteigerungssache

……

Gläubiger,[1, 2]

vertreten durch: ……

gegen

……

Schuldner,

Az. ……

beantragen wir gem. § 59 ZVG, folgende abweichende Versteigerungsbedingung(en):[3, 4, 5, 6, 7]

– Gesamtausgebot unter Verzicht auf Einzelausgebote (Grundstücke oder Miteigentumsanteile);
– Bestehenbleiben des Rechts in Abt …… unter lfd. Nr., ……, welches unter gesetzlichen Bedingungen erlöschen würde;
– Erlöschen des Rechts in Abt …… unter lfd. Nr., ……, welches nach § 52 ZVG bestehen bleiben würde;
– Verzinsung des Bargebots mit …… % Zinsen.

Rechtsanwalt

Anmerkungen

1. Abweichende Versteigerungsbedingungen sind letztlich Ausfluss der Parteimaxime und des Dispositionsgebots. Die Vorschriften des ZVG über die Feststellung des geringsten Gebots, weitere Versteigerungsbedingungen im Einzelnen und eben Abweichungen davon sind weitgehend nachgiebiges Recht. Jeder Beteiligte (§ 9 ZVG) eine von den gesetzlichen Vorschriften abweichende Feststellung des geringsten Gebots und der Versteigerungsbedingungen verlangen (§ 59 Abs. 1 S. 1 ZVG). Der Terminus „abweichend" indiziert bereits, dass ein Beteiligter das Verlangen auch gegen den Willen anderer Beteiligter (aller) zu einer Änderung durchsetzen kann. Ähnlich wie bei der Minderanmeldung ist ein anderer Beteiligter nur dann hinzuzuziehen und muss dem Änderungsverlangen zustimmen, soweit dessen Recht beeinträchtigt wird. Andernfalls müsste das Gericht das Verlangen zurückweisen. Das Gericht wird in diesem Bereich nicht von Amts wegen tätig, es kann allerdings entsprechende Anregungen geben (LG Braunschweig Rpfleger 1998, 482; *Storz* Anm. B 2. 1. 1).

2. Jeder Beteiligte kann eine abweichende Feststellung verlangen, wie dem Wortlaut zu entnehmen ist. Damit sind Mieter und Pächter ebenfalls antragsberechtigt, nicht jedoch Erwerbsinteressenten (es sei denn, diese sind beteiligt). Der Antrag kann bereits vor dem Versteigerungstermin schriftlich oder zu Protokoll der Geschäftsstelle gestellt werden. In der Regel wird der Antrag im Versteigerungstermin, **vor Beginn** der Bietstunde (also vor der Aufforderung des Vollstreckungsgerichts zur Abgabe von Geboten, § 66 Abs. 2 ZVG) abgegeben. Die beteiligten Interessenten sollen auf der Grundlage klarer Verhältnisse, welche vom Gericht bekannt gegeben werden, in einem möglichst transparenten Ablauf des Versteigerungstermins, ihre Entscheidung treffen können. Dafür sind die vom Gericht festgestellten und verlesenen Versteigerungsbedingungen maßgebend, auf die alle im Termin Anwesenden vertrauen können müssen. Dies ist die Grundlage, auf die sich die Aufforderung zur Abgabe von Geboten gründet.

3. Die Erklärung muss deutlich abgegeben werden. Sie erfolgt ausdrücklich und nicht durch konkludentes Handeln. Insbesondere der Verzicht auf Einzelausgebote, § 63 Abs. 4 S. 1, kann nur von den anwesenden Beteiligten vor der Aufforderung zur Abgabe von Geboten abgegeben werden, § 63 Abs. 4 S. 2 (BGH NJW-RR 2009, 158). Trotz häufiger Gesamtausgebote geht das Gesetz von dem Vorrang des Einzelausgebotes aus, da dadurch möglicher Weise höhere Gebote abgegeben und Erlöse erzielt werden (BGH NJW-RR 2009, 158; *Stöber* ZVG § 63 Rn. 1, 2). Das Gesamtausgebot verdrängt das Einzelausgebot nicht (BGH NJW-RR 2003, 1077). Folgerichtig tritt das Gesamtausgebot auch nach § 63 Abs. 2 S. 1 ZVG neben das Einzelausgebot. Das Einzelausgebot unterbleibt in allen Fällen nur dann, wenn die in § 63 Abs. 4 ZVG genannten Beteiligten hierauf verzichten. Alleine die Vermutung eines Verzichts durch das Vollstreckungsgericht reicht damit nicht aus. Zudem ist die Verzichtserklärung in das Protokoll aufzunehmen (BGH NJW-RR 2009, 158; *Storz* D.2.6.1).

4. Nachträglich (= mit Rang nach der Finanzierungsgrundschuld) im Grundbuch eingetragene Rechte erlöschen grundsätzlich durch den Zuschlag, **§ 91 Abs. 1 ZVG.** Man spricht hierbei von „nicht versteigerungsfesten Rechten". Notwendige Versorgungs-, Leitungs- oder Wegerechte bei Sondereigentumsanlagen nach dem Wohnungseigentumsgesetz werden meist als Grunddienstbarkeit (§ 1018 BGB) bestellten Rechte in Abteilung II bei einer Teilung nach WEG in alle neu angelegten Grundbuchblätter umgeschrieben. Hierbei ist zu beachten, dass das Erlöschen an einem Miteigentumsanteil automatisch zur Unzulässigkeit der Grunddienstbarkeit an den übrigen Blattstellen führt, weil derartige Rechte nur an 100 % des Grundbesitzes eintragbar sind. Das Grundbuchamt müsste von Amts wegen die anderen Teil-Grunddienstbarkeiten löschen, was nicht im Interesse der Eigentümergemeinschaften sein kann. Sofern man sich auf geringe Zuzahlungsbeträge/Ersatzwerte für das geringste Gebot einigen kann, ist eine Zustimmung zu diesem Abweichungsantrag stets erforderlich.

5. **Nachbarschaftsrechtliche Eintragungen** bei Einfamilien-/Mehrfamilienhäuser sind in aller Regel Geh-, Fahr-, Leitungs- oder Stellplatzrechte, da diese herrschenden Grundstücke keine direkte Straßenanbindung/Erschließung besitzen. Die Beeinträchtigung nach § 59 Abs. 1 S. 3 ZVG kann erheblich sein. Der Einzelfall ist daher stets zu prüfen, um die Erlösschmälerung auszuschließen. Ein Ersteher wird den Betrag des bestehenbleibenden Rechts nicht noch mal bar ausbieten. Clevere Schuldner versuchen zum Teil auch, über nachträgliche Eintragungen von Wohnungsrechten, Nießbräuchen oder Altenteilen die Objekte *unversteigerbar* zu machen. In diesen Fällen ist die Zustimmung ausdrücklich zu verweigern.

6. Die **landesrechtlichen Bestimmungen** iSv § 9 Abs. 1 EGZVG für Altrechte und Altenteile sorgen oft für Überraschungen, da sie kaum bekannt sind und nur in manchen Bundesländern (zB Thüringen, Baden-Württemberg, Bayern, Berlin etc (*Stöber* ZVG Textanhang T 48 ff.) Anwendung finden. In Brandenburg, Sachsen, Mecklenburg-Vorpommern, Sachsen-Anhalt ergingen bisher keine Landesgesetze zum ZVG.

§ 9 EGZVG betrifft einerseits altrechtliche Dienstbarkeiten (nicht im Grundbuch eingetragen, meist vor 1900 bestellt, kein Anmeldezwang) sowie andererseits Altenteile, Leibgedinge/Auszüge (meist familiäre Versorgung, oft in bäuerlichen Gebieten, Bündelung von Rechten). Hier gilt die Zuzahlungspflicht gem. § 51 ZVG nur bei vorrangigen Alt-Rechten. **Merke**: Der Schutzgedanke der Vorschrift erfasst **nicht** die nachträglich (= nach der Grundschuld des betreibenden Gläubigers) eingetragenen Altenteile, § 9 Abs. 2 EGZVG. Hier **muss** der Terminvertreter den Abweichungsantrag nach Abs. 2 selbst stellen, um das Recht zum Erlöschen zu bringen. Die Zustimmung eines anderen Beteiligten – wie in § 59 ZVG – ist für diese abweichende Versteigerungsbedingung nicht erforderlich. Da kein Bieter (denkbare Ausnahme: familiäre Gebote) dieses Recht übernehmen möchte, wird der Zuschlag im Regelfall auch auf diese Abweichung zu erteilen sein.

7. **Fristen.** Anträge zu abweichenden Versteigerungsbedingungen sind **spätestens** im Versteigerungstermin bis zur Abgabe von Geboten zulässig. Eine Rücknahme dessen kann auch nur bis zu diesem Zeitpunkt erfolgen.

7. Auftragsschreiben an Terminvertreter

Zwangsversteigerung

..... (Gläubiger) ./. .... (Schuldner)

Az. .....

Termin am .....

Sehr geehrte Damen und Herren,

in vorbezeichneter Zwangsversteigerungssache bedanken wir uns für Ihre Zusage zur Wahrnehmung des og Zwangsversteigerungstermins.

Zur Vorbereitung dessen übersenden wir Ihnen folgende Unterlagen:[1, 2]

- Terminsvollmacht (mit der Berechtigung Untervollmacht zu erteilen)
- Grundbuchauszug
- Terminsbestimmung
- 41'er Mitteilung

Es handelt sich vorliegend um den ..... Termin. Die Terminshistorie stellt sich wie folgt dar:[3]

Termin: .....
Termin: .....
Termin: .....

An dem Termin wird weiterhin Herr/Frau ..... anwesend sein, den/die wir mit der Vermarktung der Immobilie beauftragt haben.[4]

Bitte beantragen Sie vor Eröffnung der Bietstunde:

das Gesamtausgebot unter Verzicht auf Einzelausgebote hinsichtlich der Grundstücke/ Miteigentumsanteile[5]

weiterhin melden Sie folgende weitere Ansprüche an:[6]

.....

Im Termin bitten wir, wie folgt zu verfahren:[7]

- Bei einem Gebot von ..... EUR lassen Sie bitte den Zuschlag erteilen.
- Bei einem Gebot bis ..... EUR stellen Sie bitte den Antrag auf Zuschlagsversagung gem. § 74a ZVG.
- Wir bitten um das Verlangen nach Sicherheitsleistung bei jedem zuschlagfähigen Gebot.

Nach dem Schluss der Versteigerung beantragen Sie, dass eine Kopie des Terminprotokolls nebst Anlagen direkt an die Gläubigerin versandt wird.

Auf weitere folgende Besonderheiten weise ich hin:

.....

Über den Terminverlauf unterrichten Sie uns bitte unverzüglich telefonisch. Ihre Berichterstattung zuzüglich Kostennote senden Sie uns bitte zu.[8]

.....

Unterschrift Gläubiger

Anmerkungen

1. Allgemeines. Generell ist davon auszugehen und in der Praxis üblich, dass die eigens für die Wahrnehmung von Versteigerungsterminen ausgebildeten Mitarbeiter der Gläubiger (work-out-Bereiche/intensive care) sowohl die Vorbereitung der Versteigerungstermine bearbeiten und sodann auch selbst bei den Versteigerungsterminen vor Ort sind. Für diese gilt das vorstehende Formular als interne Vorbereitung bzw. Anweisung. Auf der anderen Seite ist es aber auch in der Praxis üblich, externe Terminvertreter für die Wahrnehmung der Versteigerungstermine zu beauftragen. Dies gilt insbesondere in der Vergangenheit für Banken, deren Abwicklungsabteilung sich zentralisiert hat, meist in größeren westdeutschen Städten, so dass eine Wahrnehmung zB aus Frankfurt oder Dortmund zu hohe Kosten verursacht und zu zeitintensiv wäre. Insbesondere werden verschiedene Anwaltskanzleien, deren Schwerpunkt auf der Immobiliarvollstreckung liegt, mit der Wahrnehmung der Versteigerungstermine extern beauftragt. Hierfür sprechen folgende sachliche Gründe:

- Entlastung der Bankmitarbeiter, dh Konzentration auf das Kerngeschäft wird gewährleistet,
- Kostenreduzierung (Fahrtkosten und Abwesenheitsgeld),
- Unvoreingenommenheit des externen Terminvertreters bei schwierigen Kreditengagements,
- juristisches Fachwissen wird verbunden mit wirtschaftlichem Denken,
- Kenntnis der Vorortlage und insoweit verbesserte Einschätzung des Versteigerungserlöses,
- Netzwerk zu den einzelnen Vollstreckungsgerichten bzw. Rechtspflegern.

2. Da der **Terminvertreter** in den meisten Fällen nicht die gesamte Aktenlage kennt, ist er insbesondere auf Unterlagen angewiesen, aus denen sich die aktuelle Lage (Objektzustand, Verfahrensstand etc) ergibt. Diese sind auf der einen Seite der Grundbuchauszug, die Terminbestimmung und die „41-er Mitteilung". Der Grundbuchauszug ist vom Terminvertreter detailliert vor dem Termin zu prüfen, um nicht im Termin vor vollendete Tatsachen zu stehen und diesbezügliche Anträge (zB Ehepartner als Schuldner zu je ½) zu ersehen. In diesem Fall wäre in Abstimmung mit der Auftrag gebenden Gläubigerin im Termin ein Gesamtausgebot unter Verzicht auf Einzelausgebote hinsichtlich der Miteigentumsanteile zu stellen. Zu der Terminbestimmung ist anzumerken, dass diese regelmäßig beigefügt sein muss, um einerseits den festgesetzten Termin nochmals zu überprüfen. Andererseits ist auch die genaue Bezeichnung des Versteigerungssaales (in einigen Fällen befindet sich dieser zB in einer Zweigstelle des Amtsgerichtes) konzentriert zu eruieren. Weiterhin ist in der „41-er Mitteilung" zu ersehen, auf wessen Antrag und in welcher Höhe die Versteigerung vorgenommen wird. Dies ist insoweit für die allgemeine Vorbereitung sowie zur ordnungsgemäßen Antragstellung im Termin zu beachten.

3. Weiterhin ist der Terminvertreter über die **vorhergehenden Termine** zu informieren. Dies insbesondere vor dem Hintergrund der zu stellenden Anträge im Termin. Anzuraten ist an dieser Stelle, dass der Terminvertreter vor dem Termin unmittelbar mit dem zuständigen Rechtspfleger Kontakt aufnimmt und insoweit dies anhand der Aktenlage nochmals überprüft. Anzumerken ist hier, dass es aus der Praxis sinnvoll erscheint, den Rechtspfleger ca.

ein bis zwei Tage vor dem Termin zu kontaktieren, da er zu diesem Zeitpunkt erst die Akten auf den Tisch (zur Vorbereitung des Termins) vorgelegt bekommt.

4. Soweit, und in den meisten Fällen auch üblich, wird von der Gläubigerin, eine bzw. verschiedene Maklerfirmen beauftragt, die im Vorfeld des Versteigerungstermins hier Interessenten anwerben. Hier erscheint es überaus sinnvoll, dies dem Terminvertreter mitzuteilen, damit er einerseits Kenntnis hierüber erhält und andererseits vor dem Termin mit dem beauftragten des Maklerbüros sprechen kann und insoweit ein „einheitliches" Auftreten nach außen, also in dem Versteigerungstermin gegeben ist. Dies betrifft einerseits die allgemeinen Erlösvorstellungen sowie mögliche Angaben über wirklich potentielle Bietinteressenten bzw. auch über etwaige „Strohmänner".

5. Regelmäßig ist der Terminvertreter darauf hinzuweisen, dass in dem Termin, auch bei vorheriger schriftlicher Antragstellung (zB auf Gesamtausgebot) dieser vor Beginn der Bietstunde noch etwaige Anträge oder Anmeldungen stellen kann. Insbesondere bei dem Antrag auf Gesamtausgebot unter Verzicht auf Einzelausgebote ist das notwendig, da das Gesamtausgebot zwar schon vor dem Termin schriftlich als Antrag gestellt werden kann, aber der Antrag, dass Einzelgebote ausgeschlossen werden, regelmäßig nur in dem Termin erfolgen können.

6. Neben den so eben genannten weiteren Anträgen steht dem Gläubiger bzw. Gläubigervertreter auch das Recht zu, bis vor Beginn der Bietstunde weitere Ansprüche anzumelden, so dass bei Nichtanmeldung ein Rangverlust vermieden wird.

7. Eine für den Versteigerungstermin entsprechende Anweisung hinsichtlich der zu stellenden Anträge (zB Zuschlagsversagung gem. § 74a ZVG, diverse einstweilige Einstellungen gem. § 30 ZVG etc) ist ebenso erforderlich wie die Information dahingehend, dass ggf. bei verschiedenen potentiellen Bietinteressenten auf eine entsprechende Sicherheitsleistung verzichtet werden kann bzw. muss. Auch vorhergehende Vereinbarungen zwischen der Gläubigerin und potentiellen Bietinteressenten in Form zB einer Ausbietungsgarantie müssen dem Terminvertreter bekannt gegeben werden. Hier ist es erstrebenswert, auch eine Kopie der jeweiligen Ausbietungsvereinbarung beizufügen.

8. Hinsichtlich einer vom Terminvertreter zu stellenden Kostennote sei angemerkt, dass dies einerseits nach den allgemeinen Richtlinien des RVG erfolgen kann. An dieser Stelle wird hierauf jedoch nicht weiter eingegangen, da regelmäßig und in der Praxis angewandt, die Abgeltung der Gebühren über eine im Vorfeld zu vereinbarende Pauschalvergütung abgegolten wird.

8. Vollmacht für den Terminvertreter

An das

Amtsgericht . . . . .

Zwangsversteigerung[1, 2]

. . . . . (Gläubiger) ./. . . . . . (Schuldner)

Az. . . . . .

Termin am . . . . .

Sehr geehrte Damen und Herren,

in vorbezeichneter Zwangsversteigerungssache erteilen wir hiermit

Herrn/Frau . . . ., geschäftsansässig: . . . . .

Vollmacht

zur Wahrnehmung unserer Rechte im Versteigerungstermin am . . . . .

Der Bevollmächtigte ist von den Beschränkungen des § 181 BGB befreit.

Der Bevollmächtigte ist berechtigt, Untervollmachten zu erteilen.

. . . . .

Unterschrift Gläubiger[3]

Anmerkungen

1. Allgemeines. Wie bereits in den → Form. J. VIII. 7 dargelegt, ist es in der Praxis durchaus üblich, einen externen Terminvertreter mit der Wahrnehmung der Interessen – hier in der Wahrnehmung des Versteigerungstermins – zu beauftragen. Dies werden meist größere Anwaltsbüros mit entsprechendem Knowhow und jahrelangem – in der Praxis vertieften – Wissen sein. Aber auch hier lauern ganz besondere Gefahrenquellen (zB für den Rechtsanwalt als Berater eines Gläubigers, vgl. hierzu *Storz* ZIP 1980, 1049 sowie *Storz* ZIP 1981, 16). Bei Annahme des Auftrages verpflichtet sich der Auftragnehmer zu einer allgemeinen umfassenden sowie erschöpfenden Belehrung und Interessenwahrung gegenüber seinem Auftraggeber. Hieraus lassen sich viele Pflichten ableiten. Näher hierzu *Stöber* ZVG Einl. Anm. 36.

Nach dem Aufruf der Sache (Versteigerungstermin) und Feststellung der in dem Termin anwesenden Beteiligten, werden regelmäßig vom Vollstreckungsgericht die Vollmachten für bevollmächtigte Vertreter (Gläubiger, Schuldner) sowohl von der Form als auch von dem Umfang geprüft. An dieser Stelle ist auf § 88 ZPO hinzuweisen, in dem ein Mangel von dem Gegner in jeder Lage – auch während des Versteigerungstermins – gerügt werden kann. Hierauf muss sich der Terminvertreter entsprechend einer ordnungsgemäß ausgestellten Vollmacht vorbereiten, dh die Prüfung der Ordnungsgemäßheit sollte von ihm geprüft werden, da er auch als „Vollstreckungs-Experte" beauftragt wurde. Ansonsten kann es sein, dass in dem Versteigerungstermin keine Anträge gestellt werden können und insoweit die Frage der Haftung sich wieder aufdrängt. § 88 Abs. 2 ZPO sagt lediglich aus, dass bei Nichtjuristen (keine Rechtsanwälte) eine Überprüfung der Vollmacht von Amts wegen zu erfolgen hat (vgl. LG Chemnitz Rechtspfleger 2008, 325).

Aktuell und in der Vergangenheit sind in den Gerichtssälen verschiedene Vertreter oder Bevollmächtigte, die die Interessen der Schuldner wahrnehmen (versuchen), häufig zu beobachten. Entweder haben wir es mit sog. „Versteigerungsverhinderern" (hierzu *Ertle* Rpfleger 2003, 14) zu tun, oder aber um „ganz normale Berater", die versuchen, das Rechtsdienstleistungsgesetz zu umgehen und insoweit hier geschäftsmäßigen Handel zu betreiben (vgl. § 157 Abs. 1 ZPO). Diese sind vom Gericht auszuschließen. Nicht auszuschließen sind einerseits Rechtsanwälte und solche natürlichen Personen, die gem. § 209 BRAO in die Rechtsanwaltskammer aufgenommen wurden (§ 25 EGZPO) sowie andererseits die Personen, die für sie in der mündlichen Verhandlung auftreten dürfen. Am AG – und hier finden die Versteigerungstermine statt – können auch Bürovorsteher oder Personen ähnlichen Ranges mit entsprechender Untervollmacht nicht ausgeschlossen werden (LG Oldenburg NJW 1958, 1930), aber: dauerhaftes Auftreten ist unstatthaft (LAG Hamm NJW 1971, 2278).

In diesem Zusammenhang ist auf die Thematik der **Suizidgefahr des Schuldners** hinzuweisen. Diese wird oft als Argument dafür genommen, dass das Versteigerungsverfahren nicht weiter fortgeführt werden kann. Von der Suizidgefahr können auch aber auch

Familienangehörige usw betroffen sein. Das Leidliche an diesem Thema ist, dass der Rechtspfleger sich im Rahmen des § 765a ZPO ausführlich mit dem Vorbringen des Schuldners beschäftigen muss (BVerfG Rpfleger 2005, 614; BGH Rpfleger 2006, 147; WM 2007, 1667; hierzu *Beyer* ZfIR 2006, 535). Wie man dem Missbrauch des Suizid-Arguments möglichst wirksam entgegentritt, kann und sollte gemeinsam erarbeitet werden. Sicher ist, dass man gegen die missbräuchliche Anwendung konkret vorgehen sollte. Das könnte man dann über Veröffentlichungen bekannt geben. Das hat leider nicht unbedingt unmittelbare Wirkung auf die aktuelle Bietstunde, sollte jedoch bei nötiger Konsequenz zukünftig disziplinarische Wirkung nach sich ziehen. Erfasst davon sind nicht nur die „schlechten" Berater (die meist in ihrem Verhalten abgestumpft und wenig zu schrecken sind), sondern vor allem auch die Schuldner, deren Familienangehörige und vor allem die Ärzte, die des Öfteren mehr oder weniger fragwürdige Atteste ausstellen (*Beyer* ZfIR 2006, 535). In jedem Fall ist aus dem Termin heraus das Thema der Suizidgefahr schwierig zu handhaben. Die meisten Rechtspfleger werden dann, um eine Klärung herbei zu führen, das Verfahren zumindest vorübergehend einstellen müssen.

Bei der **Wahl des Terminvertreters** wird häufig auch durch die Gläubiger die Anfrage an den Zwangsverwalter gestellt, ob dieser – da mit dem Verfahren betraut – diesen wahrnehmen kann. Hier wird deutlich die Auffassung getreten, dass hier eine Interessenskollision dies nicht zulassen darf. Denn, als Terminvertreter des Gläubigers würde der Zwangsverwalter in einem Auftragsverhältnis zu diesem stehen und wäre insoweit hieraus verpflichtet, rechtliche Handlungsspielräume im Termin auch dann zugunsten seines Auftraggebers auszuschöpfen, auch wenn dies zu einem Nachteil für den Schuldner führen würde. In der anderen Eigenschaft als Zwangsverwalter muss er neutral sein und darf Handlungen nicht vornehmen, die einerseits den Gläubiger begünstigen und andererseits den Schuldner schädigen.

2. Exkurs. Abgabe von **Eigengeboten/Bankgeboten** und ihre Folgen im Sinne der §§ 85a Abs. 3, 114a ZVG. Die wirtschaftlich angespannte Lage führte in den letzten Jahren dazu, dass spürbares Interesse teilweise erst für die Objekte entsteht, die vermeintliche „Schnäppchen" darstellen. Insbesondere dann, wenn die Bieter eine Zuschlagserteilung deutlich unter Verkehrswert der Immobilie erhoffen können. Bei ersten Terminen besteht oftmals keinerlei oder stark verringertes Interesse, da in diesen Terminen die von Amts wegen zu beachtende Schuldnerschutzvorschrift des § 85a ZVG oder die Vorschrift zum Schutz nachrangiger Gläubiger (§ 74a ZVG) zur Anwendung kommen (Wertgrenzen von $^{5}/_{10}$ bzw. $^{7}/_{10}$). Der Zuschlag ist von Amts wegen zu versagen bzw. mit einer Zuschlagserteilung unter diesen Werten ist von vornherein nicht zu rechnen. Somit besteht oft die Situation, dass im ersten Versteigerungstermin überhaupt kein Bietinteressent erscheint. In diesem Fall ist das Verfahren gem. § 77 Abs. 1 ZVG einstweilig einzustellen. Würde der betreibende Gläubiger – um die Einstellung zu verhindern – ein eigenes Gebot (= im Namen der Bank) abgeben, führt das die Wirkungen gem. §§ 85a Abs. 3, 114a ZVG herbei, wonach er den Zuschlag erhält und bis zur $^{7}/_{10}$ Grenze als befriedigt gilt. Diese Rechtsfolge liegt natürlich nicht immer in seinem Interesse (Ausnahme: Übernahme in den eigenen Immobilienbestand/Tochterunternehmung und Abwarten einer besseren Marktsituation). Bisher gab der Gläubigervertreter selbst im Termin ein Gebot (nicht für die Gläubigerin, sondern im eigenen Namen) unter 50 % des Verkehrswertes der Immobilie ab und führte damit die Folgen des § 85a ZVG herbei. Die Wertgrenzen waren gefallen und bestehen damit in einem weiteren Termin nicht mehr. Die Möglichkeit einer Zuschlagserteilung unterhalb der $^{5}/_{10}$ Grenze war eröffnet und es entstand zukunftsgerichtet Interesse.

In weiteren Versteigerungsterminen führte das gesteigerte Interesse der Bieter durch gegenseitiges Überbieten ggf. zu höheren Erlösen als ursprünglich von den Beteiligten erwartet. Seit der Entscheidung des BGH vom 24.11.2005 (NJW 2006, 1355; vgl. auch *Hintzen* Rpfleger 2005, 144), mit der das **Eigengebot eines Gläubigervertreters** grundsätzlich als unzulässig erachtet wird (die gängige Praxis in den Versteigerungsterminen beweist das), hat sich die Sach- und Rechtslage geändert. Nach Ansicht des BGH- sind solche

Gebote, mit denen der Terminvertreter als Bieter nicht die Erteilung des Zuschlags – nicht einmal in einem weiteren Versteigerungstermin – erreichen will, sondern auch andere Zwecke verfolgt, keine Gebote im Sinne der Vorschriften des Zwangsversteigerungsgesetzes. Diese sind vielmehr nach § 71 Abs. 1 ZVG wegen Unwirksamkeit zurückzuweisen mit der Folge, dass das Verfahren einstweilen einzustellen ist (§ 77 Abs. 1 ZVG). Zur Begründung führt der BGH an, das Gebot in der Zwangsversteigerung sei eine auf den Erwerb des Grundstücks durch staatlichen Hoheitsakt (Zuschlag) gegenüber dem Vollstreckungsgericht abzugebende Willenserklärung (vgl. *Stöber* ZVG § 71 Anm. 2.1). Er stellt somit auf die innere Willensrichtung des Bieters ab. Das Eigengebot eines Gläubigervertreters sei somit immer dann schon gar nicht wirksam abgegeben, wenn dessen wahres Interesse nicht auf den Erwerb des Grundstücks gerichtet ist, sondern einzig allein dazu dient, die Rechtsfolgen des § 85a Abs. 1 und 2 ZVG herbeizuführen, um anderen Interessenten den Erwerb des Grundstücks für weniger als die Hälfte des Grundstückswerts zu ermöglichen. Das Problem als solches, dass das „Kippen der Grenzen“ bei den meisten professionellen Bietern mit gleicher Zielsetzung geschieht, wird vom BGH übergangen oder nicht gesehen.

Die Beurteilung der Wirksamkeit eines Gebotes des Gläubigervertreters würde folgend stets dem Rechtspfleger obliegen. Käme dieser zu dem Schluss, dass Eigenerwerbsinteressen nicht gegeben sind, wäre das Gebot sofort als unwirksam zurückzuweisen; andernfalls zuzulassen. Der Rechtspfleger muss unmittelbar erkunden, welchen inneren Zweck der Gläubigervertreter bei Abgabe seiner Erklärung in der Rolle des Bietenden verfolgt. Diese Feststellung kann er nur anhand von Indizien treffen (denn die Gedanken sind bekanntlich frei). Nach Ansicht des Gerichts soll Indizwirkung allein schon die Stellung als Gläubigervertreter haben. Darüber hinaus widerspräche die geringe Höhe eines Gebotes dem wirtschaftlichen Interesse des Gläubigers an der bestmöglichen Verwertung des Grundstücks. Ebenso gilt als Indiz die Tatsache, dass der Terminvertreter in einem weiteren Termin keine Gebote mehr abgegeben habe. Dies sind Vermutungen des BGH, bezogen auf einen Einzelfall, die jedoch in der Praxis heftig umstritten sind (vgl. dazu *Hasselblatt* NJW 2006, 1320 sowie AG Stade Rpfleger 2006, 275 – zum nicht grundsätzlich unwirksamen Gebot des Gläubigervertreters).

3. Folge in der Praxis: Da dem Rechtspfleger die Beurteilung des wahren inneren Willens des Gläubigervertreters naturgemäß nicht möglich ist und aus seiner Sicht bei Zulassung des Gebots keine Rechtssicherheit mehr besteht, weisen viele Rechtspfleger Eigengebote des Gläubigervertreters zurück. Der Bundesgerichtshof hält an seiner Meinung fest und hat – trotz der vorgetragenen Argumente – seine Ansicht mehrfach bekräftigt. Die beschriebene Vorgehensweise wird ihm folgend insgesamt für rechtsmissbräuchlich gehalten (BGH NJW 2007, 3279; hier wurde die Abgabe eines Gebots einer Terminvertreterin unter $^5/_{10}$ im 1. Termin im Nachhinein für unwirksam erklärt und der Zuschlag im 2. Termin auf ein Gebot unter $^5/_{10}$ entsprechend versagt).

9. Terminsprotokoll

Darlehensnehmer:①②	**Nr.:**
Eigentümer:	
Objekt:	
Objektart:	**WF:**
1. ZV-Termin am:	**Um:**
Historie: 1. Termin:	

<table>
<tr><td colspan="2">2. Termin:
3. Termin:
4. Termin:</td></tr>
<tr><td colspan="2">Az.:⑧</td></tr>
<tr><td>Amtsgericht:</td><td>Rechtspfleger:</td></tr>
<tr><td>Saal:</td><td>Tel.:</td></tr>
<tr><td></td><td>Grundbuch von:</td></tr>
<tr><td>Band:</td><td>Blatt:</td></tr>
<tr><td colspan="2">Eigentümer/Erbbauberechtigter:</td></tr>
<tr><td colspan="2">Terminvertreter:</td></tr>
<tr><td colspan="2">Name: für
Weitere Beteiligte/Anwesende:
1 . . . . . .
2 . . . . . .</td></tr>
<tr><td colspan="2">Anmeldungen:
1. Anmeldung der Bank vom . . . . . . wurde bekannt gemacht.
2. Mieteranmeldungen:
nein ☐
ja ☐
. . . . . .</td></tr>
<tr><td colspan="2">3. Sonstige Anmeldungen:
nein ☐
ja ☐
. . . . . .
4. Restitutionsansprüche:
nein ☐
ja ☐
. . . . . .
5. Einträge Baulasten:
nein ☐
ja ☐
. . . . . .</td></tr>
<tr><td colspan="2">Informationen zum Objekt:③
1. Zustand: . . . . . .
2. Vermietung:
nicht vermietet ☐
vermietet ☐
Mieter: . . . . . .
Mietzins: . . . . . .</td></tr>
<tr><td colspan="2">Verfahrensgrundlagen ZVG</td></tr>
<tr><td>Verkehrswert nach § 74a V ZVG
festgesetzt auf:
EUR . . . . . . $^{10}/_{10}$
EUR . . . . . . $^{17}/_{10}$</td><td>i.o.

Unterschrift Terminvertreter</td></tr>
</table>

EUR . . . . . .$^{15}/_{10}$ Erster Beschlagnahmetag:	

Geringstes Gebot

a) Bestrangig betreibender Gläubiger . . . . . .
Bank betreibt aus III/
b) Bestehenbleibende Rechte:
II/Ersatzwert:
III/
c) bar zu zahlender Teil
Gerichtskosten:
Kostenvorschuss:
Grundsteuern:
Öffentliche Lasten:
Sonstiges:
Geringstes Bargebot:
Insgesamt:
Ansprüche der Rechte
II/
III/
Geringstes Gebot insgesamt:

d) Abweichende Versteigerungsbedingungen:
e) Gesamtausgebot unter Verzicht auf Einzelausgebote
f) § 9 Abs. 2 EGZVG, usw

$^{1}/_{10}$	$^{2}/_{10}$	$^{3}/_{10}$	i.o.
$^{6}/_{10}$	$^{7}/_{10}$	$^{8}/_{10}$	Unterschrift Terminvertreter

Bietstunde	Sicherheitsleistung 10 %: . . . . . . EUR

Beginn der Bietzeit:

Gebot	Höhe in EUR	Name	SL ④	

Ende der Bietzeit:⑦

Meistgebot:

Meistbietender:

Adresse, Telefon:

Sicherheit: ja/nein Überweisung LZB-Scheck
Bankscheck Bank-Bürgschaft

Beschluss des Gerichtes

Der Zuschlag wird dem Meistbietenden erteilt, Verteilungstermin: . . . . . .⑨
Der Zuschlag wird ausgesetzt bis zum: ______________________________
Der Zuschlag wird versagt wegen Nichterreichens der $^{5}/_{10}$ Grenze gem. § 85a ZVG.
Der Zuschlag wird versagt wegen Nichterreichens der $^{7}/_{10}$ Grenze gem. § 74a ZVG.
Das Verfahren wird einstweilen eingestellt, weil kein Gebot abgegeben wurde/§ 77 Abs. 1 ZVG.

Das Verfahren wird aufgehoben gem. § 77 Abs. 2 ZVG **Neuer Termin auf Antrag. Fortsetzung beantragt: . . . . . .** **Verfahren wird auf Bewilligung des Gläubigers einstweilen eingestellt/§ 30 ZVG.** **Neuer Termin auf Antrag. Fortsetzung beantragt: . . . . . .**
Datum Unterschrift ⑤⑥ . . . . . .

Anmerkungen

1. Terminprotokoll und Zuschlagsbeschluss. Die Vorgänge in den Terminen, die für die Entscheidung über den Zuschlag oder für das Recht eines Beteiligten in Betracht kommen, sind durch das Protokoll festzustellen. Bleibt streitig, ob oder für welches Gebot der Zuschlag zu erteilen ist, so ist das Sachverhältnis mit den gestellten Anträgen in das Protokoll aufzunehmen, § 78 ZVG regelt den Inhalt des Versteigerungsprotokolls. Eine weitere wichtige Protokollvorschrift befindet sich in dem Abschnitt über die Entscheidung über den Zuschlag. So sind Vorgänge in dem Versteigerungstermine, die nicht aus dem Protokoll ersichtlich sind, bei der Entscheidung über den Zuschlag nicht zu berücksichtigen (§ 80 ZVG). Allgemein ist festzuhalten, dass Beteiligte in dem Versteigerungstermin darauf achten sollten, dass möglichst alle Vorgänge in das Protokoll aufgenommen werden. Dies zunächst unabhängig davon, dass man darüber Bescheid weiß, welche Vorgänge denn in das Protokoll aufzunehmen wären bzw. letztlich für die Entscheidung über den Zuschlag von Bedeutung wären. Weiter ist darauf hinzuweisen, dass bei der Protokollführung, die von dem Gericht nach eigenem pflichtgemäßem Ermessen von Amts wegen durchzuführen ist, Eile geboten ist. Denn über den Zuschlag wird in der Regel nach Ablauf der Bietzeit entschieden und das ist meist in den Versteigerungsterminen selbst. Sofern dort dann in dem Protokoll bestimmte Dinge, die tatsächlich für die Zuschlagsentscheidung von Relevanz wären, nicht enthalten sind, werden diese entsprechend § 18 ZVG nicht berücksichtigt. Dann hilft zunächst auch nicht, dass diese Protokolle entsprechend § 164 ZPO berichtigt werden können, da das Versteigerungsverfahren unaufhörlich seinen Gang nimmt und alle weiteren Maßnahmen, selbst wenn diese so verlaufen sollten, wie sich das der Betroffene vorstellt, zu weiteren erheblichen Zeitverlusten führt.

2. Grundsätzlich muss das Protokoll die **allgemeinen Verfahrensvorgänge** enthalten. Das entspricht den Vorschriften der §§ 159 ff. ZPO, so dass darauf verwiesen werden kann. Wichtig erscheint, dass der Name des Rechtspflegers, ebenso aber auch der des (etwaig anwesenden) Protokollführers enthalten sind, selbstverständlich die genaue Bezeichnung des Verfahrens, die Beteiligten und weitere Angaben allgemein gehaltener Art, die jedoch von erheblicher Bedeutung sind. In jedem Fall sollten auch für die Versteigerung wichtige Vorgänge verlesen werden, was wiederum in das Protokoll aufzunehmen ist. Die Feststellung des geringsten Gebots und der grundsätzlichen Versteigerungsbedingungen sind aufzunehmen, der Hinweis auf den bevorstehenden Ausschuss weiterer Anmeldungen, was mit Aufforderung zur Abgabe von Geboten und der Einleitung der Bietstunde geschieht, die genaue Uhrzeit des Beginns und des Ende der Versteigerung (§ 73 ZVG, also der Bietstunde), die Gebote und deren Formalien, die Anträge bezogen auf die Sicherheitsleistung, Anträge und Entscheidungen über die etwaig zu erbringenden Sicherheitsleistungen (§ 67 ZVG, die nur auf Antrag zu erbringen sind), auch die Übergabe der Sicherheitsleistung ist in das Protokoll aufzunehmen, aufzunehmen ist die Verkündung des letzten Gebotes und der genaue Zeitpunkt des Schlusses der Versteigerung. Die Ergebnisse der Verhandlung über den Zuschlag (§ 74 ZVG) sind ebenfalls aufzunehmen. Die Verkündung der Zuschlagsentscheidung oder die Ansetzung eines gesonderten Verkündungstermins (so genannte

Aussetzung oder Verkünder; § 87 ZVG), die Unterschrift des leitenden Rechtspflegers und des Urkundsbeamten. In jedem Fall sollten sämtliche Anträge und Erklärungen der Beteiligten aufgenommen werden. Dies müsste man im Hinblick auf abweichende Versteigerungsbedingungen berücksichtigen. Die Frage nach Einzel- und Gesamtausgeboten (§ 63 ZVG), der Punkt der gesonderten Verwertung (§ 65 ZVG), das Mindestgebot (§ 74a ZVG), teilweise Deckung im Sinne des § 76 ZVG, in jedem Fall auch die Überleitung in der Zwangsverwaltung (§ 77 ZVG), die Abtretung der Rechte aus dem Meistgebot, Fragen der Legitimation der in dem Termin anwesenden Vertreter der beteiligten Parteien und damit auch Klarstellung der verdeckten Vollmacht (§ 81 Abs. 3 ZVG), der Hinweis eines neuen Termins mit besonderen Verpflichtungen ist ebenfalls aufzunehmen (§ 85 ZVG), die Liegenbelastungsvereinbarung (§ 91 Abs. 2 ZVG), aber auch der Antrag auf gerichtliche Verwaltung sollte in das Protokoll mit aufgenommen werden (§ 94 ZVG), der in dem Versteigerungstermin selbst gestellt werden kann (§ 94 Abs. 1 S. 2 ZVG).

3. (Alle) **Mieter- und Pächtererklärungen** sind aufzunehmen, dazu gehören auch die verspäteten Mieter- und Pächtererklärungen. Auf die umfangreiche Aufklärungs- und Hinweispflicht des Vollstreckungsgerichts wurde hingewiesen. Daraus ergeben sich weit reichende Pflichten des Versteigerungsgerichts, bestimmte Dinge durch Hinweise klarzustellen und für den Fortgang des Versteigerungsverfahrens zu sorgen. Mit dem Umfang dieser Aufklärungspflicht einher geht eine einschränkende Wirkung im Hinblick auf das Recht der Ablehnung wegen Besorgnis der Befangenheit (§ 42 ZPO; Mohrbutter/Drischler/*Radtke/Tiedemann* Bd. 1 S. 486). Damit einher geht aber eine besondere Sorgfalt für denjenigen, der möglicherweise streitige Erklärungen oder Hinweise des Vollstreckungsgerichts aufgenommen haben will. Hier ist also besondere Sorgfalt anzuwenden, wenn umfassende Aufklärungen seitens des Vollstreckungsgerichts ergehen. Diese sollten dann auch ebenso umfassend in das Protokoll aufgenommen werden.

4. Selbstverständlich sind die **Gebote** mit Namen und Anschrift des Bieters und dem gebotenen Betrag aufzunehmen, sofern sie für das Meistgebot mit entscheidend waren. Da jedoch nie sicher ist, wie die Bietstunde als solche abläuft und wie viele Gebote abgegeben werden, nimmt jedes Gericht regelmäßig alle Gebote auf (mehr dazu *Stöber* ZVG § 78 Anm. 2.8.).

5. Die Protokolle können, wie schon angemerkt, entsprechend der Vorschrift von § 164 ZPO **berichtigt** werden. Zuvor sind Gläubiger und Schuldner zu hören und letztlich wird die Berichtigung, sofern diese zu Recht verlangt und vom Gericht anerkannt wird, auf dem Protokoll zu vermerken (§ 164 Abs. 2, Abs. 3 S. 1 ZPO). Die Berichtigungen sind von dem Vorsitzenden und dem Protokollführer, die das Protokoll unterschrieben haben, zu unterschreiben. Das Versteigerungsprotokoll kann berichtigt werden auch dann noch, wenn schon über den Zuschlag entschieden wurde. Eine Frist ist vom Gesetz nicht vorgesehen. So kann das Protokoll noch angefochten werden, wenn das Beschwerdegericht bereits entschieden hat, diese Entscheidung jedoch noch nicht rechtkräftig ist (OLG Hamm NJW 1979, 1720).

Sofern in dem Protokoll Erklärungen von Beteiligten aufgenommen wurden, die bereits vorgelesen und genehmigt wurden, können diese nicht mehr berichtigt werden. Grundsätzlich werden sehr strenge Anforderungen an die Berichtigung als solche gestellt (OLG Hamm NJW 1979, 1720). Soweit das Protokoll ordnungsgemäß berichtigt wurde, hat dieses wiederum volle Beweiskraft.

6. Die Versteigerungsverhandlung ist **öffentlich**. Sie wird von dem zuständigen Rechtspfleger geleitet, der auch für die Aufrechterhaltung der Ordnung zu sorgen hat. Das funktioniert in der Praxis regelmäßig sehr gut, kann jedoch im Einzelfall nochmals mit Hinweis versehen werden. Zu Denken ist vor allen Dingen an die Vielzahl der Verhinderer, der Querulanten und Aufmüpfigen im Termin, die nur durch starkes Auftreten der kompetenten

Beteiligten, vor allen Dingen aber des Versteigerungsgerichts, im Zaume gehalten werden können. Gängige Mittel sind entsprechend deutlichen Hinweisen und für den Fall, dass dies nicht funktioniert, das Verhängen von Ordnungsgeldern. Letztlich kann das Gericht Personen am Zutritt hindern, bzw., diese aus dem Saal entfernen lassen (§§ 175 ff. GVG).

Auf den Zwangsversteigerungstermin sollte man sich selbst intensiv (mehr als ausreichend) vorbereiten. Die Teilnahme ist sowohl auf Seiten des Gläubigers, als auch auf Seiten des Schuldners dringend anzuraten. Das ist angesichts der Vielzahl an Umständen, an Anträgen und Möglichkeiten über den Verlauf des Termins sicher leicht verständlich. Beim Schuldner ist es verständlich, dass die Teilnahme oftmals schwer fällt, da der eigene Grundbesitz (meist der einzige große Vermögensgegenstand) – zumal gegen den eigenen Willen – veräußert wird.

7. In dem Versteigerungstermin selbst kommt es oftmals zu den verschiedensten **Vereinbarungen zwischen unterschiedlichen Personen bzw. Gruppen**. Es ist anzuraten, dass diese Vereinbarungen wenigstens in ihren Eckpunkten schriftlich fixiert werden, trotz der möglichen Hektik in einem Versteigerungstermin, da nur dann nachvollzogen und nachgewiesen werden kann, wozu man sich verpflichtet hat bzw. wozu sich der Vertragspartner verpflichtet hat. Derartige Vereinbarungen finden regelmäßig keine Aufnahme in das Versteigerungsprotokoll, da sie individuell-rechtlicher Natur sind (weitere taktische Hinweise *Storz* Anm. D 1.2.4).

8. Der Versteigerungstermin ist grundsätzlich dreigeteilt. Der **erste Teil** besteht in der Bekanntmachung wesentlicher Daten und Angaben zu dem Fall, zu den Beteiligten und dem zu versteigernden Objekt, mit deren Bekanntmachung beginnt der Versteigerungstermin (§§ 66 Abs. 1, 42 ZVG).

Der **zweite Teil** des Termins wird vom Gericht durch Hinweis darauf, dass weitere Anmeldungen mit der Aufforderung zur Abgabe von Geboten ausgeschlossen sind, eingeleitet (§ 66 Abs. 2 ZVG). In diesem zweiten Abschnitt des Versteigerungstermins erfolgt die eigentliche Versteigerung des zuvor genau bezeichneten Grundstücks. Dafür ist per Gesetz eine Zeit von 30 Minuten festgesetzt, die jedoch nach pflichtgemäßem Ermessen des Gerichts verlängert werden kann (§ 73 Abs. 1 S. 1 und S. 2 ZVG). Mit dem letzten Gebot, das normalerweise dreimal aufzurufen ist, wird der Schluss der Versteigerung verkündet (§ 73 Abs. 2 ZVG). **Wichtig erscheint der Hinweis, dass die Versteigerung nicht mit dem dreimaligen Aufruf des Meistgebotes endet.** Nochmals zur Klarstellung: Selbst wenn der Rechtspfleger das dritte Mal das höchste Gebot aufgerufen hat, besteht die Möglichkeit, weitere Gebote zu machen. Die Bietstunde, damit auch die Möglichkeit zur Abgabe von Geboten, endet erst durch eine entsprechende Erklärung seitens des Rechtspflegers. Dieser muss die Bietstunde nämlich förmlich schließen. Der Schluss der Bietstunde wird mit einer Minutenangabe im Protokoll festgehalten. Empfehlenswert ist für den Rechtspfleger, dass nach dreimaligem Aufruf des Meistgebotes nochmals ausdrücklich zur Gebotsabgabe aufgefordert wird. Das **Nichtbeachten dieses Ablaufes ist jedoch nicht zwingend ein Zuschlagsversagungsgrund** (OLG Karlsruhe Rpfleger 1998, 79).

Im **dritten Teil** geht es um die Verhandlung über den Zuschlag. Nach dem Schluss der Versteigerung sind die anwesenden Beteiligten über den Zuschlag zu hören (§ 74 ZVG). Die Unterscheidung zwischen der eigentlichen Versteigerung und dem Verhandlungsteil, der sich daran anschließt, ist vor allen Dingen deshalb wichtig, da viele wichtige Anträge nur bis zum Schluss der Versteigerung gestellt werden können (*Stöber* ZVG § 59 Anm. 3.3).

9. Verkündung der Zuschlagsentscheidung. Der Beschluss, durch welchen der Zuschlag erteilt oder versagt wird, ist in dem Versteigerungstermin oder in einem gesondert zu bestimmenden Termine zu verkünden. Der Verkündungstermin soll nicht über eine Woche hinaus bestimmt werden (§ 87 Abs. 1 und Abs. 2 ZVG). Oftmals gibt es da keine Probleme. So ist es für viele Fälle richtig, die Zuschlagsentscheidung sofort im Anschluss an den

Versteigerungstermin zu verkünden. Falls das Gericht es jedoch nicht für zweckmäßig oder zulässig hält, die Zuschlagsentscheidung im unmittelbaren Anschluss an die Verhandlung nach § 74 ZVG zu verkünden, muss es einen gesonderten Versteigerungstermin ansetzen (*Stöber* ZVG § 87 Anm. 3. 1 und 3.2). Dieser Verkündungstermin ist in dem Versteigerungstermin sofort festzulegen, der Terminsbeschluss selbst wird damit auch sofort verkündet. In der Praxis neigen viele Gerichte dazu, trotz bestimmter Umstände, die für eine spätere Verkündung (der so genannte Verkünder) sprechen, darauf zu bestehen, dass der Zuschlagsbeschluss im Anschluss an den Termin verkündet wird. Hintergrund sind oftmals Vorgänge, die sich zwischen Gläubiger und Schuldner, Gläubiger und Interessenten oder anderen Beteiligten abspielen und im Versteigerungstermin, sei es aufgrund neuer Kenntnisse oder weil die Umstände nicht hinreichend geprüft sind, oder weil bestimmte Zustimmungen eingeholt werden müssen angesichts des im Termin erzielten Ergebnisses, noch nicht abschließend geklärt waren. Da der Rechtspfleger kraft des ihm obliegenden Ermessens den Termin verschieben kann, empfiehlt es sich, dies mit dem Vollstreckungsgericht zuvor zu besprechen. Es ist davon auszugehen, dass eine Aussetzung des Verkünders gesetzlich zulässig ist, da § 87 Abs. 2 S. 1 ZVG dies ausdrücklich benennt. Was die Dauer von einer Woche angeht, ist darauf hinzuweisen, dass viele Vollstreckungsgerichte, wenn es im Sommer um Urlaubstermine usw geht, durchaus zu längeren Zeiten bereit sind als eine Woche. Auf der anderen Seite ist zu überlegen, dass Sicherheitsleistungen, Auskehr des Erlöses usw darauf drängen, möglichst kurze Zeiten zuzulassen. Mehr als drei Wochen sollten hier daher nicht genommen werden.

10. Übersicht: Zuschlagsversagung

gesetzliche Grundlage	§ 74a ZVG[1] und § 85a ZVG[2]
Voraussetzungen/Anwendbarkeit	– Bestehen der Grenzen; – Gebot unter $^{5}/_{10}$ bzw. $^{7}/_{10}$ des Verkehrswertes; – nur bis zur Erteilung des Zuschlages möglich; – auf Antrag des Gläubigers bei § 74a ZVG, von Amts wegen bei § 85a ZVG
Rechtsfolge	Zuschlagsversagung. Zerstörung der Wertgrenzen.
Fortsetzung Verfahrens	Von Amts wegen.
Wiederholung möglich?	Nein.
Gesetzliche Grundlage	§§ 33, 86 ZVG
Rechtsfolge	Zuschlagsversagung nach dem Schlusse der Versagung

Anmerkungen

1. § 74a ZVG stellt sich als die typische Gläubigerschutzvorschrift dar. Sie ist in der Praxis – entgegen den Schuldnervorschriften – viel bekannter. Auch diese Gläubigervorschrift soll insbesondere die nachrangigen Gläubiger vor Verlust durch Grundstücksverschleuderung dieser „$^{7}/_{10}$-Berechtigten" schützen. Die Vorschrift gilt sowohl bei der Grundstücksversteigerung (auch bei Grundstücksbruchteilen, Wohnungseigentum, Gebäudeeigentum und grundstücksgleichen Rechten), als auch bei der Wiederversteigerung und bei der Insolvenzversteigerung, Nachlassversteigerung und Teilungsversteigerung. § 74a ZVG ist überdies auch bei Seeschiffen gem. § 196a ZVG anzuwenden. Insbesondere bei den Schutzvorschriften zeigt sich wieder die immense Bedeutung des Verkehrswertes. Denn am Verkehrswert orientieren sich das gesamte Verfahren über die $^5/_{10}$ und $^7/_{10}$ Grenze (auch bei im Verfahren stattfindenden Erhöhung oder Herabsetzung des Verkehrswertes). Vereinfacht gesagt, kann der Zuschlag versagt werden, wenn das (wirksame) Meistgebot die $^7/_{10}$-Grenze nicht erreicht.

Hier knüpft schon die erste Voraussetzung an, dass das Gebot „einschließlich des Kapitalwertes der nach den Versteigerungsbedingungen bestehen bleibenden Rechten unter $^7/_{10}$" liegt. Dem baren Meistgebot sind diese Rechte mit ihrem. Kapitalwert hinzuzuaddieren. Würde hier ein Gebot zum Zuschlag führen, stellt dies nicht den Schutz nachrangiger Berechtigter dar. Insbesondere soll dadurch ein zu geringer Erlös vermieden werden.

Die zweite Vorraussetzung ist die, dass „der Anspruch des Antragstellers ganz oder teilweise durch das Meistgebot nicht gedeckt ist, aber bei einem Gebot in Höhe von $^7/_{10}$ voraussichtlich (teilweise) gedeckt sein würde". Maßgeblich ist nicht der Zeitpunkt gem. § 47 ZVG, das heißt zwei Wochen nach dem Verteilungstermin, sondern der Zeitpunkt des (voraussichtlichen) Verteilungstermins (vgl. Dassler/Schiffhauer/*Gerhardt/Muth* § 74a Rn. 9; Steiner/*Storz* § 74a Rn. 37; *Stöber* ZVG § 74a Anm. 3.3). Bei der Prüfung eines möglichen Ausfalls ist, zB bei der Grundschuld, der Nennbetrag zu ermitteln. Dieser setzt sich zusammen aus der Hauptsumme, den wiederkehrenden Leistungen, anderer Nebenleistungen sowie der Kosten (*Stöber* Rpfleger 2004, 432).

Die dritte Voraussetzung ist die Antragsberechtigung. Die Antragsberechtigung ergibt sich bereits als Gesetzeswortlaut in Abs. 1 S. 1. Antragsberechtigt sind all die, die aus der Differenz zwischen dem tatsächlichen Meistgebot und einem fiktiven Gebot in Höhe von $^7/_{10}$ eine Zuteilung gem. Teilungsplan erhalten würden. Auch der Schuldner selbst ist unter der Voraussetzung antragsberechtigt, soweit er Berechtigter eines Eigentümerpfandrechts ist (*Stöbe*r ZVG § 74a → Anm. 3.6; *Drischler* Rpfleger 1951, 175). Dies gilt auch bei gepfändetem Eigentümerpfandrechten (noch keine Überweisung der Einziehung) (Dassler/Schiffhauer/*Gerhardt/Muth* § 74a Rn. 14) sowohl für den Schuldner als auch für den Pfandgläubiger.

Antragsberechtigt ist auch der betreibende Gläubiger, um so dem Sinne einer optimalen Erlöserwartung gerecht werden zu können, ohne hier als Alternative schon die Möglichkeit des § 30 ZVG in Anspruch nehmen zu müssen. Der Gläubiger eines vorgemerkten Rechts ist nach Meinung *Dassler/Gerhardt* § 74a Rn. 12 sowie Steiner/*Storz* § 74a Rn. 5 ebenfalls antragsberechtigt (aA *Riggers* Jurbüro 1968, 777). Nicht antragsberechtigt ist der Berechtigte einer Löschungsvormerkung, der Gläubiger eines durch Widerspruch gesicherten Rechts. Weiterhin nicht antragsberechtigt ist der Meistbietende, ein nicht betreibender persönlicher Gläubiger, der Eigentümer des anderen Grundstücksbruchteil in der Grundstücksbruchteilversteigerung, der Insolvenzverwalter (anders: wenn er den Antrag aus dem Eigentümerrecht des Schuldners stellt, (Dassler/Schiffhauer/*Gerhardt/Muth* § 74a Rn. 27; *Wolff* ZIP 1989, 417), Mieter und Pächter, Interventionsberechtigte, Pfändungsgläubiger oder Zessionare eines Rückübertragungsanspruchs sowie künftige Eventualberechtigte.

Der Antrag auf Zuschlagsversagung gem. § 74a ZVG kann nur **von den im Termin Anwesenden** gestellt werden. Der Antrag kann mit dem ersten (wirksamen) Gebot gestellt werden. Das ist taktisch jedoch nicht zu empfehlen, da hierdurch die Bieter verunsichert und verschreckt werden. Außerdem würde dieser Antrag „inmitten eines Bietgefechtes" dieses sicherlich unterbrechen und das kann nicht gewollt sein. Spätestens jedoch in der Verhandlung über den Zuschlag ist von dem Recht Gebrauch zu machen. Nach Verkündung und auch in einem ggf. anberaumten Verkündungstermin kann der Antrag nicht mehr gestellt werden.

Generell ist der Antrag formfrei. Er kann also mündlich oder schriftlich im Termin gestellt werden. Die oben benannte unbedingte Anwesenheit im Termin ist erforderlich.

Die Rücknahme des Antrages kann bis zur Verkündung einer Entscheidung erfolgen, auch in einem gesonderten Verkündungstermin. Diese Vorschrift fußt wieder auf den Schutzvorschriften des jeweiligen Antragstellers.

Widersprüche der BGH-Rechtsprechung und dem immer wieder betonten Grundsatz der „Einmaligkeit". Hier galt dieser Grundsatz nicht. Auf das Eigengebot eines Gläubigervertreters, der selbst keine ernsthaften Erwerbsansichten hatte, wurde der Zuschlag versagt. Unter dieser Konstellation soll „noch einmal" eine weitere Zuschlagsversagung entweder gem. § 74a oder 85a ZVG möglich sein (BGH Rpfleger 2006; aA LG Neubrandenburg Rpfleger 2005, 42 mAnm *Alff;* AG Stade Rpfleger 2006, 257; Stöber ZVG § 85a Anm. 4.1; *Storz* S. 608; *Hasselblatt* NJW 2006, 1320).

In der Praxis kommt es häufig vor, dass sich der Grundstückswert während eines laufenden Verfahrens entweder erhöht oder ermäßigt. Bei erneuter Festsetzung ist darauf zu achten, dass dies unmittelbare Auswirkungen auf die Rechte zur Antragstellung von § 74a ZVG hat. Hierbei können neue Gläubiger antragsberechtigt werden, andere Gläubiger ihre Berechtigung verlieren. In der Praxis recht unbekannt ist, dass ein betreibender Gläubiger Widerspruch gegen den Antrag auf Versagung einlegen kann. Er muss lediglich glaubhaft machen, dass ihm ein unverhältnismäßiger Nachteil erwachsen würde, wenn der Zuschlag nicht erteilt würde, § 74a Abs. 1 S. 2 ZVG. Gründe hierfür wären zB, dass das Grundstück ungenutzt und keiner Beaufsichtigung unterliegt oder wenn die Zinsen des Gläubigers mehr anwachsen würden als der Wert des Grundstücks oder aber wenn der betreibende Gläubiger auf dringende sofortige Bezahlung/Erlösbefriedigung angewiesen ist zB im Falle von Zahlungsschwierigkeiten (Steiner/*Storz* § 74a Rn. 49; *Stöber* ZVG § 74a Anm. 5.3). Der Widerspruch kann bis zur Entscheidung über den Widerspruch zurückgenommen werden (*Stöber* ZVG § 74a Anm. 5.5).

Über den Versagungsantrag und Widerspruch wird durch Erteilung oder Versagung des Zuschlages entschieden. Die Entscheidung ist zu begründen. Wird der Zuschlag versagt, so wird ein neuer Versteigerungstermin von Amts wegen bestimmt. Die erneute Terminladung orientiert sich an den Vorschriften der vergangenen Terminbestimmung und soll zwischen drei und sechs Monaten liegen.

2. 85a ZVG. Der Zuschlag ist ferner zu versagen, wenn das abgegebene Meistgebot einschließlich des Kapitalwertes der nach den Versteigerungsbedingungen bestehen bleibenden Rechte die Hälfte ($^{5}/_{10}$) des Grundstückswertes nicht erreicht (§ 85a Abs. 1 ZVG). Die Vorschrift des § 85a ZVG soll die Verschleuderung von Grundstücken bei der Versteigerung verhindern und ein wirtschaftlich vertretbares Ergebnis der Versteigerung gewährleisten (*Stöber* ZVG § 85a Anm. 1.1; *Arnold* MDR 1979, 358). Hierzu gibt es zahlreiche Gerichtsentscheidungen und Veröffentlichungen (wie nie zuvor zu einer Vorschrift des ZVG). § 85a ZVG gilt für alle Versteigerungsverfahren des ZVG, aber nicht für die Zwangsversteigerung eines Seeschiffs (§ 169a ZVG) oder eines ausländischen Schiffes (§ 171 Abs. 5 S. 1).

Keine Antragstellung: Der Zuschlagsversagungsgrund gem. § 85a ZVG wird – im Gegensatz zu § 74a ZVG – von Amts wegen beachtet. Diesbezüglich kommt auch ein Widerspruchsrecht nicht in Betracht. Berechnet wird das „Meistgebot" am „baren Meistgebot" zuzüglich des Kapitalwertes der nach den Versteigerungsbedingungen bestehenbleibenden Rechte, die nach § 52 ZVG bestehenbleibenden und die außerhalb des geringsten Gebotes bestehenbleibenden Rechte werden ebenfalls mit berücksichtigt.

Die Versagung des Zuschlags nach § 85a ZVG unterliegt wiederum der „Einmaligkeit". Dennoch ist der Bundesgerichtshof (Rpfleger 2006, 144) der Ansicht, dass trotz Zuschlagsversagung gem. § 85a Abs. 2 ZVG „noch einmal" die Zuschlagsversagung gem. § 85a, 74a ZVG möglich ist, wenn die frühere Zuschlagsversagung auf ein Eigengebot des Gläubigervertreters, der keine eigenen Erwerbsabsichten hatte, zurückzuführen ist (vgl. auch hier BGH Rpfleger 2006, 144; *Storz* S. 608; aA: LG Neubrandenburg

Rpfleger 2005, 42 m Anm *Alff*; AG Stade Rpfleger 2006, 257; *Hasselblatt* NJW 2006, 1320). Nähere Ausführungen hierzu → Form. J. VIII. 7 (Vollmacht des Terminvertreters).

Die Versagung des Zuschlags erfolgt durch Beschluss des Vollstreckungsgerichts, der auch die Begründung für die Entscheidung enthalten muss. Ein Zusammentreffen von § 85a ZVG und dem Antrag nach § 74a ZVG ist möglich. Sollte in dem Verfahren die Voraussetzungen des § 85a ZVG vorliegen, wird der Antrag auf Zuschlagsversagung gem. § 74a ZVG nicht weiter behandelt, bleibt jedoch bis zur Rechtskraft wirksam, um so infolge einer ggf. Verneinung durch das Beschwerdegericht dennoch zum Tragen zu kommen. Nach erfolgter Zuschlagsversagung wird vom Vollstreckungsgericht ein neuer Termin bestimmt. Auch diese Terminbestimmung enthält die notwendigen Muss-Inhalte gem. § 37 ZVG, die Soll-Inhalte § 38 ZVG, ggf. mit Hinweis auf Nichtbestehen der Grenzen) sowie das übliche Procedere (Bekanntmachung, Zustellung, Mitteilung) wie bei der Ansetzung des neuen Termins bei § 74a ZVG. Auch der neue Termin soll in dem Zeitraum von drei bis sechs Monaten liegen.

Erhöhte Aufmerksamkeit ist in der Praxis, insbesondere bei den Gläubiger-Terminvertretern, darauf zu setzen, wenn ein aus dem Grundstück Berechtigter ein Gebot (unter $^5/_{10}$) abgibt. Denn hier wird, neben den bestehen bleibenden Rechten zusammen mit dem Betrag, in dessen Höhe er bei der Verteilung des Erlöses ausfallen sollte, aus einem offensichtlichen Betrag unter $^5/_{10}$ ein zuschlagsfähiges Gebot. Auch hier gilt es, sich im Vorfeld des Termins über die grundbuchrechtlichen Gegebenheiten ausführlich zu informieren und ggf. nachzufragen, ob der Bieter gleichzeitig dinglicher Gläubiger ist. Das Gebot ist selbst dann zulassungs- und zuschlagsfähig, wenn der Gläubiger rechtsirrig von einer Verkürzung des Schuldnerschutzes ausgegangen ist (BGH NJW-RR 2009, 25).

Zu unterscheiden ist zwischen den **relativen Versagungsgründen,** welche in den §§ 84 Abs. 1, 83 Nr. 1 bis 5 ZVG zu finden sind. § 83 Nr. 6 und Nr. 7 ZVG beinhalten die unheilbaren Mängel, die so genannten **absoluten Versagungsgründe,** die auch in der Rechtsmittelinstanz von Amts wegen zu berücksichtigen sind. Der Mangel muss zum Zeitpunkt der Entscheidung über den Zuschlag vorliegen. Die relativen Gründe beenden den Zuschlag dann nicht, wenn das Recht den Zuschlag nicht beeinträchtigen wird. Weiterhin ist der Zuschlag nicht gehindert, wenn der Beteiligte das Verfahren genehmigt (§ 84 Abs. 1 ZVG). Allerdings muss die Genehmigung vor Wirksamwerden der Zuschlagsentscheidung und nicht erst nachher ergehen. Die absoluten Versagungsgründe können im Grunde gar nicht mehr geheilt werden, so dass beispielsweise die fehlende Zustellung des Vollstreckungstitels, die erst im Verlaufe der Rechtsmittelinstanz vollzogen wurde, nicht dazu führt, dass der Zuschlag im Nachhinein doch noch zu erteilen ist (vgl. *Storz* S. 633).

Der Zuschlag ist auch dann zu versagen, wenn das abgegebene Meistgebot einschließlich des Kapitalwertes den nach den Versteigerungsbedingungen bestehen bleibenden Rechte unter $^7/_{10}$ des Grundstückswertes bleibt. Und wenn ein Berechtigter, dessen Anspruch ganz oder teilweise durch das Meistgebot nicht gedeckt ist, aber bei einem Gebot in der genannten Höhe voraussichtlich gedeckt sein würde, genau diese Versagung beantragt (§ 74a Abs. 1 S. 1 ZVG). Der Antrag auf Versagung des Zuschlags kann **nur bis zum Schluss der Verhandlung über den Zuschlag** gestellt werden. Also muss er nicht in der Versteigerung selbst gestellt werden sondern er ist im Rahmen der Verhandlung (Teil 3 des Versteigerungstermins) über den Zuschlag zu stellen. Das gleiche gilt für die mögliche Erklärung des Widerspruchs seitens des Gläubigers, sofern dieser glaubhaft macht, dass mit der Versagung des Zuschlags ein unverhältnismäßiger Nachteil erwachsen würde (§ 74a Abs. 1 S. 2 und Abs. 2 ZVG). Der Zuschlag ist ferner zu versagen, wenn das abgegebene Meistgebot einschließlich des Kapitalwertes, der nach dem Versteigerungsbedingungen bestehen bleibende Rechte, die Hälfte des Grundstückswertes nicht erreicht (§ 85a Abs. 1 ZVG). Gemäß § 85a Abs. 2 ZVG sind die §§ 74a Abs. 3, 5 ZVG entsprechend anzuwenden. Sofern der Zuschlag versagt wird, ist von Amtswegen ein neuer Versteigerungstermin zu bestimmen, wobei der Zeitraum zwischen beiden Terminen nicht weniger als 3 Monate, aber auch nicht länger als 6 Monate liegen soll (§ 87a Abs. 3 S. 2 ZVG). Die Regelungen in den §§ 74a ZVG und 85a ZVG sollen grundsätzlich die Verschleuderung von Grundstücken bei der Versteigerung verhindern und zielen darauf ab, ein wirtschaftlich vertretbares Ergebnis in der Versteigerung zu gewährleisten (*Arnold* MDR 1979, 358).

Die Bestimmung des § 85a ZVG schützt den Vollstreckungsschuldner, gleichzeitig wahrt sie aber auch die Belange der am Grundstück an günstiger Rangstelle Berechtigten (ähnlich § 817a Abs. 1 ZPO für die Versteigerung beweglicher Sachen). Die grundsätzliche Bedeutung dieser wichtigen Norm gebietet es, den speziellen Schutz vor der Grundstücksversteigerung nur einmal zu gewähren (bis heute umstritten; Hinweise bei *Storz* S. 597). So kann ein ungünstiges Versteigerungsergebnis zwar auch auf Umstände, die nicht von Dauer sind, und damit bei nochmaliger Versteigerung ein höherer Versteigerungserlös erzielbar sein könnte, zurückzuführen sein. Es soll jedoch das Versteigerungsverfahren insgesamt von diesen Dingen nicht weiter abhängig gemacht werden.

Die rechtskräftige Versagung des Zuschlags wirkt, wenn die Fortsetzung des Verfahren zulässig ist, wie eine einstweilige Einstellung, andernfalls wie die Aufhebung des Verfahrens, § 86 ZVG. Nach dem Schlusse der Versteigerung, mithin dem Ende der Bietzeit (§ 73 Abs. 2 ZVG), darf, wenn ein Grund zur Aufhebung oder zur einstweiligen Einstellung des Verfahrens oder zur Aufhebung des Termins vorliegt, die Entscheidung nur durch Versagung des Zuschlags gegeben werden, § 33 ZVG.

11. Zuschlagsversagungsbeschluss (§§ 83 Nr. 1, 43 Abs. 2 ZVG)

Amtsgericht .....

Az. .....

Beschluss

im Zwangsversteigerungsverfahren d. im Grundbuch des Amtsgerichts .....

von ..... Blatt .....

auf den Namen .....

eingetragenen Grundstück .....

hier: alle Gläubiger .....

Der Zuschlag auf das im Versteigerungstermin vom ..... von Herrn/Frau/Firma ..... abgegebenen Meistgebot iHv ..... EUR

wird gem. §§ 83 Nr. 1, 43 Abs. 2 ZVG versagt.

Dieser Beschluss hat mit Eintritt seiner Rechtskraft die Wirkung einer einstweiligen Einstellung des Verfahrens, § 86 ZVG. Zur Fortsetzung des Verfahrens ist somit ein Antrag gem. § 31 Abs. 1 ZVG von dem betreibenden Gläubiger zu stellen. Erst wenn mindestens ein Fortsetzungsantrag gestellt wurde, kann ein neuer Versteigerungstermin bestimmt werden.

Gründe:

Die Terminbestimmung zum Versteigerungstermin am ..... wurde dem Schuldner ausweislich des Akteninhalts nicht zugestellt. Die Zustellung erfolgte lediglich an den ehemaligen Prozessbevollmächtigten/Zustellungsvertreter Rechtsanwalt ....., welcher das Mandat jedoch bereits mit Schreiben vom ..... niedergelegt hatte. Eine Verpflichtung zur Weiterleitung des Schriftsatzes an den ehemaligen Mandanten kann dem Rechtsanwalt ..... nicht angelastet werden, da dieser im Verfahren gleichzeitig eine Gläubigerstellung einnimmt und somit dachte, er wäre ausschließlich als Gläubiger vom Termin benachrichtigt worden.

Der Zuschlag war daher von Amts wegen zu versagen.

Hinweise:

Die Beschlagnahme bleibt bestehen.

Für Gläubiger:

Das einstweilen eingestellte Verfahren wird nur auf Antrag fortgesetzt. Falls die Fortsetzung des Verfahrens nicht binnen einer Frist von 6 Monaten, beginnend mit der Zustellung dieses Hinweises, beantragt wird, ist das Verfahren von Amts wegen aufzuheben (§ 31 ZVG). Bitte beachten Sie, dass der Antrag innerhalb der Frist bei Gericht eingehen muss.

Gegen diese Zuschlagsentscheidung kann binnen 2 Wochen sofortige Beschwerde sowohl beim Amtsgericht ...... als auch beim Landgericht ...... schriftlich oder zur Niederschrift der Geschäftsstelle eingelegt werden. Die Frist beginnt für alle im Versteigerungstermin oder im Verkündungstermin erschienen bzw. vertretenen Beteiligten mit dem heutigen Tag, für die übrigen Beteiligten und den Ersteher mit der Zustellung dieser Entscheidung. Die sofortige Beschwerde muss die Bezeichnung des angefochtenen Beschlusses sowie die Erklärung enthalten, dass sofortige Beschwerde gegen diesen Beschluss eingelegt wird. Sie soll begründet werden.

Rechtspfleger

Anmerkungen

→ Form. J. VIII. 12.

12. Zuschlagsbeschluss

Amtsgericht .....

Az. .....

Zuschlagsbeschluss

im Zwangsversteigerungsverfahren des im Grundbuch des Amtsgerichts .....

von ..... Blatt .....

auf den Namen .....

eingetragenen Grundbesitz .....

Der vorgenannte Grundbesitz wird zugeschlagen an .....

für den bar zu zahlenden Betrag von ..... EUR (in Worten: ..... EUR)

unter folgenden Bedingungen:[1, 2, 3, 4, 5]

Das Bargebot in Höhe von ..... EUR ist von heute ab mit 4 vH zu verzinsen und mit den Zinsen vom Ersteher im Verteilungstermin zu zahlen.

a) Der/Dies Ersteher trägt/tragen die Kosten dieses Beschlusses/träge die Kosten dieses Beschlusses als Gesamtschuldner.
b) Als Teil des geringsten Gebots bleiben keine Rechte bestehen.
[Ergänzung:]
Für den Fall, dass das Recht Abt. II Nr., ... zum Zeitpunkt des Zuschlags nicht besteht, hat der Ersteher einen Betrag in Höhe von ..... EUR (pro Recht) nachzuzahlen, § 51 Abs. 2 ZVG.
c) Es gelten die sonstigen gesetzlichen Versteigerungsbedingungen.
d) Gegen diese Zuschlagsentscheidung kann binnen 2 Wochen sofortige Beschwerde sowohl beim Amtsgericht ...... als auch beim Landgericht ...... schriftlich oder zur Niederschrift der Geschäftsstelle eingelegt werden. Die Frist beginnt für alle im Versteigerungstermin oder im Verkündungstermin erschienen bzw. vertretenen Beteiligten mit dem heutigen Tag, für die übrigen Beteiligten und den Ersteher mit der Zustellung dieser Entscheidung. Die sofortige Beschwerde muss die Bezeichnung des angefochtenen Beschlusses sowie die Erklärung enthalten, dass sofortige Beschwerde gegen diesen Beschluss eingelegt wird. Sie soll begründet werden.

Rechtspfleger[6, 7]

Anmerkungen

1. Der Zuschlag wird mit der Verkündung wirksam (§ 89 ZVG). Durch den Zuschlag wird der Ersteher Eigentümer des Grundstückes. Er erwirbt zugleich die Gegenstände, auf welche sich die Versteigerung erstreckt hat (§ 90 Abs. 1 und 2 ZVG). Der Ersteher kann von dem Besitzer des ersteigerten Objektes ab Zuschlag eine Nutzungsentschädigung fordern. Dies gilt dann nicht, wenn der Ersteher erkennbar sittenwidrig vorgegangen ist. Das ist bspw. der Fall, wenn der Ersteher infolge der Abgabe einer eidesstattlichen Versicherung weder Willens noch in der Lage war, den Zuschlagsbetrag zu entrichten (OLG Celle NJW-Spezial 2012, 99). Der rechtskräftig erteilte Zuschlag bewirkt zudem das Erlöschen der Rechte, welche nicht nach den Versteigerungsbedingungen stehen bleiben sollen (§ 91 Abs. 1 ZVG). Maßgebender Zeitpunkt für das Erlöschen ist das Wirksamwerden des Zuschlags (§§ 89, 104 ZVG). Falls der Zuschlag wieder aufgehoben wird, so bewirken die Rechte rückwirkend das Nichterlöschen. Löschungsvoraussetzung ist damit, dass der Beschluss Bestand hat. Bei einer (erneuten) Zuschlagserteilung an einen neuen Ersteher im Beschwerdeverfahren hat dieser gegenüber dem ursprünglichen Ersteher Anspruch auf Nutzungsherausgabe (BGH NJW 2010, 2664). Ein Recht an dem Grundstück bleibt bestehen, wenn dies zwischen den Berechtigten und dem Ersteher vereinbart ist und die Erklärungen entweder im Versteigerungstermin abgegeben oder, bevor das Grundbuchamt um Berichtigung des Grundbuchs ersucht ist, durch eine öffentlich beglaubigte Urkunde nachgewiesen wurde (§ 91 Abs. 2 ZVG, Liegenbelassungsvereinbarung). Liegenbelassen werden die Rechte, die auf die Zahlung eines Geldbetrages gerichtet sind. Darüber hinaus aber auch solche Rechte, die nicht auf Kapitalzahlungen abzielen, deshalb auch eine Grunddienstbarkeit liegen belassen werden kann (*Schiffhauer* Rpfleger 1975, 187). In der Regel wird das Liegenbelassen vereinbart zwischen dem Ersteher und dem über das Recht des Verfügungsberechtigten. Dies sind hier der Meistbietende im Sinne des § 81 Abs. 2 ZVG (der Berechtigte aus der Abtretung des Meistgebots) und § 81 Abs. 3 ZVG (der Fall der verdeckten zulässigen Vertretung). Die Erklärungen sind, wie es der gesetzliche Wortlaut sagt, im Verteilungstermin abzugeben oder aber durch die öffentlich beglaubigte Urkunde im Vorfeld am Grundbuchamt nachzuweisen (§ 130 ZVG).

2. **Der Zuschlagsbeschluss ist Vollstreckungstitel.** In dem Zuschlagsbeschluss sind das Grundstück, der Ersteher, das Gebot und die Versteigerungsbedingungen zu bezeichnen. Weitere Ausführungen → Form. J. VIII. 1. Aus dem Beschluss kann gegen den Besitzer des Grundstücks oder einer mitversteigerten Sache die Zwangsvollstreckung auf Räumung und Herausgabe erfolgen. Die Vollstreckung soll nur dann nicht erfolgen, wenn der Besitzer ein Recht besitzt, dass durch den Zuschlag nicht erloschen ist (§ 93 Abs. 1 S. 1 und S. 2 ZVG). Für den Fall einer Zwangsvollstreckung, die danach nicht zulässig ist, kann der Besitzer entsprechend § 771 ZPO Widerspruch erheben (§ 93 Abs. 1 S. 3 ZVG).

3. **Einflussmöglichkeiten:** Dem Gläubiger stellt sich ebenso wie den anderen wesentlich Beteiligten oftmals die Frage der Zulässigkeit und der Möglichkeiten über das Ob einer Ergebnisverbesserung durch Verhandeln, respektive des Nachverhandelns (dazu ua *Kirsch* Rpfleger 2006, 373). Erfasst sind vor allem „Sonderzahlungen" des Schuldners/Erstehers, die den Gläubiger bewegen sollen, den Zuschlag erteilen zu lassen und nicht die Einstellung zu bewilligen (§ 30 Abs. 1 ZVG). Rechtsgrundlage für Sonderzahlungen kann nur eine schuldrechtliche Vereinbarung, hier mit dem Gläubiger, sein. Keinesfalls ergibt sich eine – weitergehende – Zahlungspflicht aus dem Zuschlagsbeschluss, der lediglich die Rechtsstellung des Meistbietenden und Erstehers regelt (§§ 81, 82 ZVG). Festzuhalten ist, dass nach Ablauf der Bietzeit und dem Schluss der Versteigerung grundsätzlich keine weiteren Gebote mehr abgegeben werden können (§ 73 Abs. 2 ZVG). Der Gläubiger kann jedoch schon im Vorfeld mit demjenigen, der die Sonderzahlung leisten soll, vereinbaren, dass im Falle der Zahlung dieses Geldbetrages auf die Einstellungsmöglichkeit gem. § 30 ZVG verzichtet würde. Das kann sinnvoll sein, deutlich transparenter agiert man jedoch besser unmittelbar im Versteigerungstermin. Empfehlenswert ist es, den Ersteher bis zu diesem Zeitpunkt, unabhängig von der Frage der Sonderzahlungen, anzuhalten und unter „Druck zu setzen", ein möglichst hohes Gebot abzugeben. Das kann man dadurch erreichen, dass man bereits im Termin die einstweilige Einstellung bewilligt, jedoch das Gericht bittet, darüber erst später zu entscheiden (*Storz* Rn. B 3.2.2). Zu den Möglichkeiten und vor allem Risiken s. *Kirsch* Rpfleger 2006, 373 und *Storz* Rn. B 3.2.2.

4. Früher konnte ein Gläubiger im Versteigerungstermin ein Gebot mit der Zielsetzung abgeben, die Folgen des § 85a Abs. 1 ZVG herbeizuführen (OLG Koblenz Rpfleger 1999, 407; LG Kassel Rpfleger 1986, 397; *Storz* S. 597 ff., 607 ff.). Wurde der Zuschlag dann nach § 85a Abs. 1 ZVG rechtskräftig versagt, konnten später Gebote unter 50 % des festgesetzten Verkehrswertes zugeschlagen werden. So machte es richtiger Weise keinen Unterschied, ob dem Bieter nicht bewusst war, dass wegen des § 85a ZVG der Zuschlag nicht erteilt werden kann, oder ob er die Wirkung des Fallens der Bietgrenzen für die Zukunft bewusst herbeigeführt hat. Dem hat der Bundesgerichtshof einen Riegel vorgeschoben und entschieden, dass der, **der von vornherein** nicht an dem Erwerb des Grundstücks interessiert sei, sein Gebot nicht ernst meine und dieses damit unwirksam sei (BGH NJW 2006, 1355). Davon sei wovon bei Vertretern größerer Organisationsformen grundsätzlich auszugehen. Später hat sich der BGH von seiner eigenen, unzutreffenden (dazu im Einzelnen *Hasselblatt* NJW 2006, 1320) Begründung verabschiedet (BGH NJW 2007, 3279). Im Ergebnis hält er das Eigengebot des Gläubigervertreters nach wie vor für rechtsmissbräuchlich und insoweit für unwirksam. So wird nahezu jegliches Handeln des Gläubigers in diesem Zusammenhang in einen Widerspruch zu dem Schutz des Schuldners stellt, was andererseits die Sinnhaftigkeit des Versteigerungsverfahrens insgesamt in Frage stellt. Den Gläubigern ist zu empfehlen, sich auf die jetzige Rechtslage einzustellen. Die meisten Rechtspfleger folgen in der Praxis der BGH-Weisung. So ist dafür Sorge zu tragen, dass ein anderer Dritter, in zulässiger Weise, Gebote abgibt und den gewünschten Effekt, nämlich den Wegfall der Bietgrenzen gem. den §§ 74a Abs. 1, 85a Abs. 1 ZVG erzielt (im Einzelnen *Storz* Anm. D 4.2. 1. u. 4.4.2; *Hasselblatt* NJW 2006, 1320).

5. Verkündung, § 87 ZVG: Grundsätzlich muss die Zuschlagsentscheidung, ob negativ oder positiv, verkündet werden. Das erfolgt durch Verlesen des Beschlusses im vollen Wortlaut. Die Vorschrift des § 87 gilt für alle Verfahren des ZVG. Der Beschluss wird (erst) mit Verkündung wirksam, § 89. Sollte das Gericht den Zuschlag nicht in dem Versteigerungstermin verkünden, wird der Beschluss erst wirksam mit der später folgenden Verkündung. Streitig ist, welches Ermessen der Rechtspfleger bei der Verkündung hat und unter welchen Umständen und für welchen Zeitraum die Verkündung gemäß § 87 verschoben werden soll bzw. muss. Grundsätzlich hat dies in einer Woche zu erfolgen. In vielen Fällen gilt es jedoch, zu relevanten Umständen, die unter Umständen erst im oder kurz vor dem Termin bekannt geworden sind, weitere Recherchen einzuholen, den Schuldner zu befragen (Verschleuderung) oder gezielt Maßnahmen (bspw. bei den flankierenden Maßnahmen bei Suizidgefahr) zu veranlassen. Oft besteht eine Pflicht des Gerichts, einen gesonderten Termin zur Verkündungen zu bestimmen. Das Gericht ist bei der Frage der Verschleuderung gehalten, diese zu vermeiden. Dies insbesondere, wenn die Forderung, wegen der die Vollstreckung betrieben wird, relativ geringfügig ist. Darin sieht der BGH einen Verfahrensfehler, der zur Aufhebung des Zuschlags führt (NZI 2005, 181).

In dem Zuschlagsbeschluss sind das Grundstück, der Ersteher, das Gebot und die Versteigerungsbedingungen zu bezeichnen. Mit dem Zuschlag endet die parallel angeordnete Zwangsverwaltung nicht. Die Zwangsverwaltung wird durch gesonderten Beschluss des Gerichts aufgehoben und wirkt bis dahin fort. Nimmt der Gläubiger den Antrag auf Anordnung der Zwangsverwaltung während des Verfahrens uneingeschränkt zurück, endet die Beschlagnahme des Grundstücks nicht schon mit dem Eingang der Rücknahmeerklärung bei dem Vollstreckungsgericht, sondern erst mit dem Aufhebungsbeschluss (BGH NJW 2008, 3067).

6. Kosten und Gebühren. Die Kosten sind vom Ersteher zu zahlen (§ 29 GKG). Diese sind nicht in den im geringsten Gebot berücksichtigten Verfahrenskosten enthalten. Der Gegenstandswert bestimmt sich aus dem Meistgebot ohne Zinsen. Die Gebühr für die Erteilung des Zuschlags (Nr. 2214 KV GKG) beträgt 0,5 des Gebührensatzes, sofern der Zuschlagsbeschluss nicht aufgehoben wurde.

7. Rechtsmittel. Gegen den Zuschlagsbeschluss ist das Rechtsmittel der sofortigen Beschwerde gegeben (§ 96 ZVG). Die Frist für die Beschwerde beginnt idR mit der Verkündung des Beschlusses (§ 98 ZVG) bzw. mit dessen Zustellung und muss binnen 2 Wochen beim Vollstreckungsgericht bzw. beim Beschwerdegericht (§ 569 Abs. 1 S. 1 ZPO) eingegangen sein.

13. Antrag auf vollstreckbare Ausfertigung Zuschlagsbeschluss

An das

Amtsgericht . . . . .

– Vollstreckungsgericht –

In der Zwangsversteigerungssache

. . . . .

Gläubiger,

vertreten durch: . . . . .

gegen

. . . . .

Schuldner,

Az. . . . . .

beantragen wir[1] die Erteilung einer vollstreckbaren Ausfertigung des Zuschlagsbeschlusses vom . . . . . zum Zwecke der Räumung gegen den Eigentümer, ... sowie seiner Familienangehörigen.[2]

. . . . .

Rechtsanwalt[3]

Anmerkungen

1. Sowohl der Ersteher als auch der Rechtsnachfolger des Erstehers kann gem. § 727 ZPO die Umschreibung der Vollstreckungsklausel vom Zuschlagsbeschluss beantragen (LG Göttingen Rpfleger 1996, 300). Er kann sich als Rechtsnachfolger die Rechte des Erstehers zugutekommen lassen. Die allgemeinen Zwangsvollstreckungsmaßnahmen müssen auch hier vorliegen, dh Titel (Zuschlagsbeschluss), Klausel, Zustellung.

2. Hierbei ist der zu räumende Besitzer und evtl. auch die betroffenen Räumlichkeiten namentlich aufzuführen (OLG Köln WM 1994, 285; DGVZ 1997, 119). Regelmäßig ist für die Räumung als solche der Gerichtsvollzieher zu beauftragen. Der Titel bzw. die Räumung richtet sich nicht nur nach dem namentlich erwähnten Schuldner, sondern auch gegen deren Familienmitglieder, diese weiterhin auch namentlich in der Vollstreckungsklausel erwähnt sein müssen.

3. Rechtsmittel. Gegen die Räumungsvollstreckung als solche gibt es die Möglichkeit des Antrages auf Vollstreckungsschutz gem. § 765a ZPO. Ein Aufschub gem. § 721 ZPO ist nicht möglich (*Hintzen*/Wolf Rn. 11.884). Bei Durchführung der Räumung besteht das Rechtsmittel der Erinnerung (§ 766 ZPO) → Form. J. VIII. 14 Anm. 5.

14. Antrag auf Räumung aus Zuschlagsbeschluss (§ 93 ZVG)

An das

Amtsgericht . . . . .[1, 2]

Gerichtsvollzieherverteilerstelle

Antrag auf Räumung

In der Zwangsvollstreckungssache

. . . . . (Gläubiger/Ersteher/Eigentümer)

Antragsteller,

(vertreten durch . . . . .)

gegen

..... (Schuldner/Mieter)

Antragsgegner,

beantragen wir die Räumung folgenden Objektes: .....

Aufgrund des vorliegenden und beigefügten Zuschlagsbeschlusses des AG ..... vom ..... Az. ..... wurde dem Antragsteller der oben bezeichneten Grundbesitz im Rahmen der Zwangsversteigerung zugeschlagen. Ab diesem Zeitpunkt ist nunmehr der Antragsteller Verfügungsberechtigter.

Nach erfolgter Kündigung am ..... zum ..... fand weder eine ordnungsgemäße Übergabe als auch eine Räumung der oben bezeichneten Mieteinheit statt.

(Alternative:

Nach erfolgter Aufforderung an den Antragsgegner (sowie ..... seine Angehörigen .....) fand eine Herausgabe/Räumung nicht statt.)

Somit ist nunmehr die gerichtliche Räumung geboten.

Der vollstreckbare Titel [3](Zuschlagsbeschluss) des ..... gerichts vom ..... Aktenzeichen ..... jeweils mit Zustellungsnachweis ist beigefügt.[5]

Die vollstreckbare Ausfertigung erbitten wir schnellstmöglich nach Anordnung der Zwangsversteigerung zwecks ggf. Einleitung weiterer Vollstreckungsmaßnahmen zurück.

.....
Rechtsanwalt[4, 5]

Anlage(n):

– vollstreckbare Ausfertigung .....[3]

Anmerkungen

1. Mit Zuschlagserteilung erwirbt der Ersteher das Eigentum an dem zugeschlagenen Grundstück. Dadurch steht ihm ein Herausgabeanspruch gegen den Besitzer gem. § 985 BGB zu. Als Vollstreckungstitel dient der Zuschlagsbeschluss. Der Gläubiger/Ersteher kann gegen den Besitzer des Grundstücks die Räumung und Herausgabe des Grundstücks verlangen. Dies betrifft auch die Familienangehörigen, Ehegatten des bisherigen Eigentümers, Lebensgefährten sowie minder- und volljährige Kinder (BVerfG NJW-RR 1991, 1001; OLG Karlsruhe WuM 1992, 493; *Bub/Treier/Belz* VII Rn. 103).

Bei Vermietung muss der Ersteher dem Mieter zunächst unter Einhaltung der Kündigungsfrist und unter Angabe des Kündigungsgrundes schriftlich kündigen. Zieht der Mieter nach Ablauf der Kündigungsfrist nicht freiwillig aus dem Objekt aus, kann der Antragsteller – ohne gesonderte Klage auf Räumung – einen Räumungsauftrag an den zuständigen Gerichtsvollzieher stellen.

Eine sog. **Berliner Räumung** ist nicht möglich, da der Ersteher als Räumungsgläubiger kein Vermieterpfandrecht besitzt (LG Bonn NJW-RR 2010, 93).

2. Der Antrag ist entweder zu richten an die Gerichtsvollzieherverteilerstelle des Vollstreckungsgerichtes, oder aber direkt an den Gerichtsvollzieher. Eine Auflistung der Gerichtsvollzieher gibt es auf fast allen Internetportalen des Amtsgerichts, die Gerichtsvollzieher sind in einzelne von denen zu bearbeitende Bezirke eingeteilt. Anzuraten ist, den Antrag direkt an die GVZ-Verteilerstelle zu stellen, da in Vertretungs- oder Urlaubsfällen so ein direkter Vertreter beauftragt wird. Letztlich soll dies ja ein beschleunigtes Verfahren darstellen.

3. Dem Räumungsauftrag ist die vollstreckbare Ausfertigung des Zuschlagsbeschlusses beizufügen.

4. Kosten und Gebühren. → Form. L. IV. 3.9. Richtet nach der §§ 885 ZPO, 93 ZVG. Für Gerichtsvollziehergebühren Nr. 240 KV GvKostG einschlägig, für die Versteigerungen Nr. 300 KV GvKostG.

5. Fristen und Rechtsmittel. Entweder Vollstreckungserinnerung gem. § 766 ZPO oder Einwendungen gegen die Zulässigkeit der Vollstreckungsklausel gem. § 732 ZPO. Zuständig für die Entscheidung ist das Vollstreckungsgericht. Weiterhin möglich und zulässig, wenngleich mit erheblichen Einschränkungen ist die Vollstreckungsabwehrklage gem. § 767 ZPO sowie die Widerspruchsklage gem. § 771 ZPO. Der Schuldner kann gegen die Räumung einen Vollstreckungsschutzantrag (§ 765a ZPO) einlegen. Dies innerhalb von zwei Wochen vor dem angesetzten Räumungstermin geschehen.

15. Abtretung/Übernahme des Meistgebotes

Amtsgericht . . . . .

– Vollstreckungsgericht –

Az. . . . . .

Zur Protokollierung zur Abtretung des Meistgebots aus dem Versteigerungstermin vom . . . . .:

Es erschienen:

Herr/Frau . . . . ., geb. am . . . . ., wh. in . . . . ., ausgewiesen durch . . . . . in seiner Eigenschaft als Meistbietender und Abtretender
Herr/Frau . . . . ., geb. am . . . . ., wh. in . . . . ., ausgewiesen durch . . . . . in seiner Eigenschaft als Abtretungsempfänger

Der Meistbietende (Erschienener zu 1) in obigem Zwangsversteigerungstermin am . . . . ., ... Uhr, erklärt:

Meine Rechte aus dem Meistgebot iHv . . . . . EUR trete ich hiermit ab an . . . . .[1]

Vorgelesen, genehmigt und unterschrieben:

Der Abtretungsempfänger (Erschienener zu 2) erklärt:

Die Verpflichtung aus dem von Herrn/Frau . . . . . abgegebenen Meistgebot über . . . . . EUR im Versteigerungstermin am . . . . . um . . . . . Uhr übernehme ich hiermit mit allen Rechten und Pflichten.

Vorgelesen, genehmigt und unterschrieben: . . . . .

Die Erschienenen wurden vom protokollierten Rechtspfleger . . . . . über die rechtlichen Folgen dieser Abtretung belehrt. Insbesondere wurde auf die Möglichkeit der doppelten Erhebung der Grunderwerbssteuer durch das zuständige Finanzamt, die samtverbindliche Haftung nach § 81 Abs. 4 ZVG sowie die gesamtschuldnerische Haftung für die Gerichtskosten der Zuschlagsgebühr (§ 53 Abs. 2 S. 2 GKG) hingewiesen.[2, 3]

Zur Beurkundung:

. . . . .

Rechtspfleger

Anmerkungen

1. In § 81 Abs. 1 ZVG ist klar geregelt, dass der Zuschlag dem Meistbietenden zu erteilen ist. In der aktuellen Praxis ist es aber so, dass der jeweils Meistbietende nicht immer auch das erworbene Grundstück für sich behalten möchte. Aber auch diesen Personen soll das Bieten bzw. das Weitervermitteln erleichtert werden. Diesbezüglich gibt es eine Ausnahme zu § 81 Abs. 1 ZVG, die es erlaubt, das Meistgebot an einen Dritten abzutreten (vgl. § 81 Abs. 2 ZVG). Die diesbezügliche Abtretungserklärung und die Übernahmeerklärung müssen nicht gleichzeitig erfolgen, dennoch entweder im Termin zu Protokoll, in der Geschäftsstelle zu Protokoll oder nachträglich in einer öffentlich beglaubigten Urkunde (notariell). Dies muss regelmäßig vor Verkündung des Zuschlags erfolgen, denn eine Rücknahme oder ein Widerruf der Erklärungen sind nicht möglich. Dies betrifft das Versteigerungsverfahren als solches, eine diesbezügliche weitere Rückabtretung ist dennoch außerhalb dessen möglich, die jedoch wieder einen weiteren grunderwerbsteuerpflichtigen Vorgang auslöst. Dies erfolgt regelmäßig im Rahmen einer Auflassung. Folgende erwähnungswürdige Folgen sind bei der Möglichkeit der Abnahme und Übernahme des Meistgebotes verbunden, die dahingehend sind, dass bei dieser Form der Übertragung die Grunderwerbssteuer jeweils doppelt anfällt und hier die gesamtschuldnerische Haftung für alle Verpflichtungen aus dem Meistgebot und für die Zuschlagskosten greift (dazu ausführlich *Storz* Anm. D 3.3.1).

2. Die Abtretung und Übernahme als Verfügungsgeschäft muss stets getrennt gesehen werden von dem zugrundeliegenden Verpflichtungsgeschäft. Dieses regelt nämlich die schuldrechtlichen Beziehungen. Dieser Vertrag ist formfrei, lediglich der Schenkungsvertrag bedarf der notariellen Beurkundung. Die Abtretung kann an mehrere Personen erfolgen und beschränkt werden auf ideelle Grundstücksteile oder auf eines oder einzelne von mehreren durch Einzelausgebote versteigerten selbständigen Grundstücken.

3. Die Abtretung oder Übernahme kommt in der Praxis häufig dann vor, wenn entweder keine ordnungsgemäße Bevollmächtigung vorhanden war oder ein kurzfristiges Erscheinen des Interessenten nicht möglich ist. Die Möglichkeit der Abtretung und Übernahme wird jedoch auch zu rechtsmissbräuchlichen Zwecken benutzt, insbesondere wenn zu erkennen ist, dass gesetzliche Vorschriften umgangen werden und erkennbar nicht beabsichtigt ist, das Meistgebot zu zahlen (OLG Bremen Rpfleger 1999, 88).

16. Bestimmung des Verteilungstermins – Mitteilung an Ersteher

Amtsgericht . . . . .[1, 2]

Az. . . . . .

In dem Zwangsversteigerungsverfahren des im Grundbuch des Amtsgerichts . . . . .

von . . . . . **Blatt . . . . .**

auf den Namen . . . . .

eingetragenen Grundstücks . . . . .

Termin zur Verteilung des Versteigerungserlöses wird bestimmt auf den[3]

.....	.....	.....	.....
[Wochentag, Datum]	[Uhrzeit]	[Stock/ Raum]	[Gerichtsgebäude/Anschrift]

Die Beteiligten werden gebeten, alsbald eine genaue Berechnung ihrer Ansprüche an Hauptsache (Kapital), Zinsen und Kosten mit Angabe des beanspruchten Ranges schriftlich einzureichen oder zu Protokoll der Geschäftsstelle zu erklären.[4] Dies gilt vor allem für den Fall, dass ein aus dem Barerlös zu deckendes Recht aufgrund einer Vereinbarung mit dem Ersteher bestehen bleiben soll.

Hinweis: In den Teilungsplan werden Ansprüche, soweit ihr Betrag oder ihr Höchstbetrag zur Zeit der Eintragung des Versteigerungsvermerks aus dem Grundbuch ersichtlich war, nach dem Inhalte des Buches, im Übrigen nur dann aufgenommen, wenn sie spätestens im Termin angemeldet sind. Laufende Beträge wiederkehrender Leistungen werden ohne Anmeldung nach dem Inhalte des Grundbuches aufgenommen (§ 114 ZVG).

Zuteilung und Auszahlung des Versteigerungserlöses kann nur an ausgewiesene Berechtigte erfolgen. Erforderlich ist daher insbesondere Vorlage des für eine Hypothek, Grundschuld oder Rentenschuld erteilten Briefes (§ 126 ZVG) und Nachweis der Rechtsnachfolge durch Urkunden (Vorlage des Erbscheins, der Abtretungserklärungen, eines Pfändungs- und Überweisungsbeschlusses usw).

Soweit der Versteigerungserlös in Geld vorhanden ist, wird der Teilungsplan durch Zahlung an die Berechtigten ausgeführt (§ 117 Abs. 1 ZVG). Die Auszahlung an einen im Termin nicht erschienenen Berechtigten wird von Amts wegen angeordnet (§ 117 Abs. 2 ZVG).

Vertretung durch eine prozessfähige Person ist zulässig. Ein Bevollmächtigter hat seine Bevollmächtigung durch eine schriftliche Vollmacht (die für Zahlungen zu ergeben hat, ob sie zur Geldempfangsannahme ermächtigt) nachzuweisen und diese zu den Akten abzugeben; gesetzliche Vertreter müssen sich als solche ausweisen.

Für den Gleichlaut der Ausfertigung mit der Unterschrift
.....
Urkundsbeamter der Geschäftsstelle

.....

Rechtspfleger[5]

Anmerkungen

1. Allgemeines. Die Verteilung des Versteigerungserlöses ist in den §§ 105 bis 145 ZVG geregelt. Sie gliedert sich einerseits in den regelmäßigen Verlauf (§§ 106, 107, 109, 113 bis 115, 117, 127, 130, 131 ZVG und in die Sonderfälle (§§ 110 bis 112, 116, 118 bis 126, 128, 129, 130a und 132 bis 145 ZVG). In Verfahren mit einem regelmäßigen Verlauf wird zunächst nach Anmeldung der Ansprüche der Beteiligten (§ 106 ZVG) die zu verteilende Masse festgestellt (Teilungsmasse gem. § 107 ZVG). Aus dieser Teilungsmasse werden wir Kosten des Verfahrens vorweg entnommen (§ 109 ZVG). Sodann wird der Teilungsplan aufgestellt und mit den im Termin erschienenen Beteiligten besprochen (§§ 113 bis 115 ZVG). Auf Grundlage des Teilungsplanes wird nunmehr der bar bezahlte Teil des Meistgebotes ausgezahlt (§ 117 ZVG). Gem. § 127 ZVG wird dann auf den vorliegenden Schuldtitel und Hypothekenbrief ein Vermerk gesetzt. Nach Eingang der Unbedenklichkeitsbescheinigung des Finanzamtes wird gem. §§ 130, 131 ZVG das Grundbuch ersucht hinsichtlich der entsprechenden Eintragungen.

Neben dem regelmäßigen Verlauf gibt es in einigen Verfahren auch diesbezügliche Besonderheiten. Dies ist zum einen dann der Fall, wenn die Berechtigten einen Anteil an der Forderung gegen den Ersteher übertragen, soweit Barmittel nicht vorhanden sind (§ 118 ZVG). Dieser Anteil wird durch eine Sicherungshypothek gesichert (§§ 128, 129 ZVG) und er ist gem. §§ 132, 133 ZVG vollstreckbar. Weiterhin sind verspätet angemeldete, noch nicht fällige, bedingte Ansprüche und Ersatzansprüche vom Vollstreckungsgericht dementsprechend zu behandeln. Wurden in einem Verfahren mehrere Grundstücke versteigert, ist der Gesamterlös auf die einzelnen Grundstücke zu verteilen (§§ 112, 122, 123 ZVG). Zu den Besonderheiten zählt an erster Stelle auch der Widerspruch gegen den Teilungsplan gem. §§ 115, 124 ZVG. Ein weiterer Fall, der zu den Besonderheiten zählt, kann dieser sein, dass der Berechtigte unbekannt ist. Weiterhin ist in dem Verteilungsverfahren auch eine außergerichtliche Verteilung möglich. Der Ersteher kann die Ausführung des Teilungsplanes nach Rechtskraft des Zuschlags aussetzen lassen, jedoch nicht die gesamte Aufstellung des Planes verschieben.

Die im § 105 ZVG genannten Vorschriften sind sowohl für die Vollstreckungsversteigerung als auch für den Insolvenzverwalter in Nachlass- und/oder Teilungsversteigerungen anzuwenden. Dies natürlich mit den entsprechenden Besonderheiten.

Der allgemeine Zweck des Verteilungstermins ist es, den Teilungsplan aufzustellen, den entsprechenden Erlös entgegenzunehmen und diesen zu verteilen oder bei Nichtzahlung die Forderung gegen den Ersteher zu übertragen sowie die vorgelegten Urkunden zu behandeln. Der vorher ergangene Zuschlagsbeschluss stellt die Rechtsgrundlage dieser Forderung dar (der Ersteher hat sich durch sein Gebot den Versteigerungsbedingungen unterworfen).

Auch wenn der Beschlagnahmebeschluss fehlerhaft war oder der Zuschlagsbeschluss Mängel aufwies, wird das Verteilungsverfahren durchgeführt. Der Zuschlag muss hier noch nicht rechtskräftig sein.

Im Gegensatz zum öffentlichen Versteigerungstermin ist der **Verteilungstermin nicht öffentlich.** Nur die Verfahrensbeteiligten, der Ersteher und die mithaftenden oder zahlungspflichtigen erklärten Dritten nach §§ 69 Abs. 2, 81 ZVG dürfen an dem Verteilungstermin teilnehmen. Für dritte Personen, die in dem Termin zur Verteilung des Erlöses die Gelegenheit wahrnehmen möchten, hier noch Ansprüche anzumelden, wird ihnen dies hiermit gewährt.

Wie auch beim Versteigerungstermin, wird im Verteilungstermin ein Protokoll aufgenommen, der die mitwirkenden Gerichtspersonen aufnimmt sowie die erschienenen Beteiligten feststellt. Weitere Aufgabe der Gerichtsperson ist es, die Urkunde und Erklärungen zu notieren sowie alle Zahlungen zu beurkunden. Direkt im Protokoll sind festzustellen die Aufstellung des Plans, die Verhandlung über ihn, die Erhebung von Widersprüchen, die Planausführung und der Wortlaut der Titelvermerke.

2. Zur Durchführung des Termins ist entweder die Gerichtsstelle (§ 219 ZPO) oder ein anderer Ort im Gerichtsbezirk, der bei gemeinsamen Vollstreckungsgerichten auch die Bezirke der zugeordneten Amtsgerichte erfasst, möglich.

3. Bestimmung des Verteilungstermins. Sobald der Zuschlag erteilt wurde, kann das Gericht den Verteilungstermin bestimmen, auch wenn der Zuschlag noch nicht rechtskräftig ist. In der Praxis ist zu empfehlen, die Rechtskraft des Zuschlags abzuwarten, da neben dem Zeitverlust auch die anwachsenden Zinsen der vorausgehenden Beteiligten die nachrangigen Beteiligten benachteiligen. Die Frist zur Terminsbestimmung liegt im pflichtgemäßen Ermessen des Gerichts, dies jedoch mit einigen Ausnahmen. Die Zustellung der Terminsbestimmung an den Ersteher, im Falle des § 69 Abs. 2 ZVG auch an den mithaftend erklärten Bürgen, in den Fällen des § 81 Abs. 2 und Abs. 3 ZVG zudem an den Meistbietenden, muss aufgrund der Vorbereitung der zu leistenden Zahlung 2 Wochen vor dem Termin erfolgen. Sollte die Frist nicht eingehalten werden, kann eine diesbezügliche Genehmigung vom Vollstreckungsgericht durch die Betroffenen erfolgen. Dies kann dadurch geschehen, dass an dem Termin widerspruchslos teilgenommen, alternativ durch Zahlung des Meistgebotes. Sollte die Genehmigung nicht erfolgen, ist der Termin aufzuheben und neu zu bestimmen. Dies gilt auch, wenn die Terminsbestimmung einen gem. § 9 ZVG Beteiligten entweder überhaupt nicht oder unzumutbar spät zugestellt wurde.

Zum Inhalt der Terminsbestimmung gibt es gesetzlich keine exakten Vorgaben, es sollten jedoch folgende Angaben enthalten sein:

- Bezeichnung des Gerichts,
- Bezeichnung des Verfahrens,
- Genaue Terminsbezeichnung zur „Verteilung des Versteigerungserlöses“,
- Angabe der genauen Terminszeit und des genauen Terminsorts.

Eine Vertretung zu dem Termin ist zulässig, aber auch hier ist durch den Vertreter eine Vollmacht vorzulegen, die insbesondere zum Geldempfang ermächtigt.

Eine Verlegung des Verteilungstermins kann gem. § 227 Abs. 1 ZPO erfolgen. Der Verteilungstermin kann vertagt oder unterbrochen werden. Dies natürlich immer mit Rücksicht auf das Interesse aller Verfahrensbeteiligten, die aus dem Erlös ihre Befriedigung finden. Als Besonderheit ist hier angemerkt, dass kein Anspruch auf Verlegung in der Zeit vom 1.6. bis 31.8. eines jeden Jahres erfolgen kann (§ 227 Abs. 3 Nr. 7 ZPO).

Allen Beteiligten gem. § 9 ZVG ist die Terminsbestimmung zuzustellen. Auch diejenigen, die das angemeldete Recht im Termin noch glaubhaft machen müssen, ist die Terminsbestimmung zuzustellen. Weiterhin zuzustellen ist dem Ersteher, dem gem. § 69 Abs. 2 ZVG mithaftenden Bürgen, bei Abtretung eines Rechts aus dem Meistgebot auch dem Meistbietenden. Die Zustellung erfolgt gem. § 3 ZVG von Amts wegen, hier genügt also die Aufgabe zur Post gem. § 4 ZVG. Weiterhin soll die Terminsbestimmung an der Gerichtstafel angeheftet werden. Hier handelt es sich aber nur um eine Ordnungsvorschrift, deren Verstoß unschädlich wäre. Eine Frist für die Anheftung ist nicht vorgesehen. Es ist aber auf der Terminsbestimmung der Tag der Anheftung und die Abnahme zu vermerken. Diese Anheftung wird später zu den Versteigerungsakten genommen. Ein zusätzlicher Aushang an der Gerichtstafel des Amtsgerichts, in dessen Bezirk das Grundstück gelegen ist, ist zu empfehlen, aber nicht vorgesehen. Weiterhin ist auch eine Bekanntmachung im jeweiligen Amtsblatt nicht vorgesehen, da hierdurch nur unnützen Kosten auflaufen würden. Die Berechtigten werden sowie so über den Termin informiert und weitere Dritte haben zu der nicht öffentlichen Sitzung keinen Zutritt.

4. Darüber hinaus hat das Vollstreckungsgericht die Möglichkeit zur Vorbereitung des Verteilungstermins die Beteiligten gem. § 106 ZVG aufzufordern, innerhalb zweier Wochen die Berechnung der Ansprüche einzureichen. Hierbei gibt es die Möglichkeit zur vorherigen Einsicht derer auf der Geschäftsstelle. Sinn der Vorschrift ist es, einer übermäßigen Belastung im Verteilungstermin entgegenzuwirken, eine Pflicht seitens des Gläubigers besteht aber nicht.

5. Rechtsmittel. Wird die Terminsbestimmung für den Verteilungstermin verzögert, so kann dagegen Dienstaufsichtsbeschwerde (→ Form. Q. II. 7) erhoben werden; wird eine Terminsbestimmung ausdrücklich abgelehnt, ist hiergegen die Vollstreckungserinnerung gem. § 766 ZPO (→ Form. P. III. 3) statthaft. Gegen den Teilungsplan ist Widerspruch gem. § 115 ZVG zulässig. Weitere Ausführungen → Form. K. I. 5.

17. Anmeldungen zum Verteilungstermin

An das

Amtsgericht . . . . .

– Vollstreckungsgericht –

Zwangsversteigerungsverfahren . . . . . (Schuldner) ./. . . . . . (Eigentümer)

betreffend das Grundstück:[1, 2] . . . . .

Az. . . . . .

Sehr geehrte Damen und Herren,

zu dem auf den . . . . . anberaumten Termin zur Verteilung des Versteigerungserlöses melden wir im Range der zu unseren Gunsten in Abt. . . . . . unter lfd. Nr., ... eingetragenen . . . . . nachstehend unsere Forderungen wie folgt an:[3]

a) Ansprüche gem. § 109 ZVG
(Gerichtskosten; Verfahrenskostenvorschuss)

. . . . . EUR

b) Ansprüche gem. § 10 ZVG-Kapitalbetrag

. . . . . EUR

laufende Zinsen (. . . . . Zinsen vom . . . . . bis . . . . .)

c) Kosten der gegenwärtigen Rechtsverfolgung

Zwangsversteigerungsverfahrensgebühr	. . . . . EUR
Versteigerungstermingebühr	. . . . . EUR
Verteilungsverfahrensgebühr	. . . . . EUR
gerichtliche Auslagen	. . . . . EUR
Anordnung der Zwangsversteigerung zzgl. Zustellung	. . . . . EUR
Anordnung der Zwangsverwaltung zzgl. Zustellung	. . . . . EUR
Gutachtenkopie	. . . . . EUR
Grundbuchauszug	. . . . . EUR
Terminwahrnehmungskosten (konkret)	
Summe:	. . . . . EUR

Die Kosten der gegenwärtigen Rechtsverfolgung hatten wir mit den entsprechenden Rechnungskopien bereits nachgewiesen.

Wir bitten um Übersendung einer entsprechenden Protokollabschrift.

. . . . . Rechtsanwalt

Anmerkungen

1. In den Teilungsplan sind Ansprüche, soweit ihr Betrag oder ihr Höchstbetrag zur Zeit der Eintragung des Versteigerungsvermerks aus dem Grundbuch ersichtlich war, nach dem

Inhalte des Buches, im Übrigen nur dann aufzunehmen, wenn sie rechtzeitig in dem Termin angemeldet sind, § 114 Abs. 1 S. 1 ZVG. → Form. J. VIII. 4. Die Ansprüche des Gläubigers gelten als angemeldet, soweit sie sich aus dem Versteigerungsantrag ergeben. Falls ein aus dem Grundstück zur Befriedigung Berechtigter den Zuschlag erhält, hat er keinen Anspruch unterhalb der 7/10-Grenze, als sein Anspruch durch das abgegebene Meistgebot nicht gedeckt ist, aber bei einem Gebot zum Betrage der 7/10-Grenze gedeckt sein würde. Dem Ersteher vorgehende oder gleichstehende Rechte sind nicht zu berücksichtigen, § 114a ZVG. Auf einen dinglichen Gläubiger, der den materiell-rechtlichen Folgen eines eigenen Meistgebotes zu entgehen versucht, indem einen Dritten den Grundbesitz ersteigern lässt, ist § 114a ZVG entsprechend anzuwenden (BGH NJW-RR 2005, 1389).

2. Wie bei der Anmeldung zum Versteigerungstermin gem. § 37 Abs. 4 ZVG werden vom Vollstreckungsgericht folgende Posten von Amts wegen berücksichtigt, welche für das gesamte Versteigerungsverfahren gelten: Kapital, laufende Zinsen, Nebenleistungen, vom Gläubiger gezahlte Gerichtskosten- oder Auslagenvorschuss. Alle **darüber hinausgehenden Ansprüche sind gesondert anzumelden,** zB: rückständige Zinsen gem. §§ 45 Abs. 2 iVm 13 Abs. 1 S. 2 ZVG, Zwangsverwaltungsvorschüsse, Anordnungs- und Beitrittskosten, Kosten für die Terminswahrnehmung in concreto, gesetzliche Löschungsansprüche sowie abgetretene Rückgewähransprüche, Rechte, die nach dem Versteigerungsvermerk eingetragen wurden.

3. Zur Teilungsmasse und einem so genannten Über- oder Mindererlös siehe §§ 107 ff. ZVG. Der Erlös – und damit die Versteigerungsmasse – stellt das Surrogat für das Grundstück dar (stetige Rechtsprechung, BGH NJW 1984, 2527; NJW-RR 1986, 233). Daher steht dieser grds. dem Schuldner zu. Nicht zur Teilungsmasse gehören im Übrigen die Überschüsse aus einer parallel laufenden Zwangsverwaltung. Die Forderung des Schuldners gegen den Ersteher unterliegt der mit dem Verfahren bewirkten Beschlagnahme, so dass nur das Vollstreckungsgericht darüber verfügen kann. Dieses ist alleine zuständig für die Verteilung der Masse, § 107 Abs. 1 S. 1 ZVG. Übererlös ist das, was nach Berücksichtigung aller Verfahrenskosten und der zur Befriedigung berechtigten Ansprüche „übrig" bleibt. Der Erlös errechnet sich aus dem berichtigten Bargebot und aus den nach den Versteigerungsbedingungen bestehen bleibenden Rechten, §§ 52, 91 ZVG. Dieser Übererlös wird vom Gericht grundsätzlich nicht verteilt. Das Gleiche gilt für die Rechte, welche durch Zahlung zu decken sind, § 109 Abs. 2 ZVG.

So wird der Gläubiger nach (erfolgreicher) Versteigerung zum letzten Mal mit der Frage konfrontiert, was für die anstehende Verteilung des Erlöses noch zu tun ist. In der Praxis stellt sich häufig die Frage nach „Rückgewähransprüchen" des Eigentümers, die natürlich in der Verteilung zu berücksichtigen sind. Berechtigter ist mithin nicht der Ersteher. Dieser ist derjenige, der den Zuschlagsbetrag an das Gericht zu leisten hat (§ 107 Abs. 2 S. 1 ZVG).

Ein Übererlös als solcher kam früher in der Praxis nicht allzu oft vor. Aufgrund veränderten Investitionsverhaltens von Anlegern hat sich die Situation geändert. An einigen Gerichten wurde in der jüngeren Vergangenheit zum Teil das 5-fache des Verkehrswertes erzielt. Gem. den §§ 114, 117 ZVG ist es ausschließlich Aufgabe des Gerichts, die Verteilung des Erlöses durchzuführen und diese entsprechend vorzubereiten. Der Übererlös wird vom Gericht jedoch nicht verteilt, wie es für den Überschuss, der auf die „Rechte", welche durch Zahlung zu decken sind, verteilt wird, § 109 Abs. 2 ZVG. Gleichwohl sollte der Gläubiger darüber nachdenken, dem Gericht ergänzende Hinweise zu geben. Diese machen ohnehin nur Sinn, wenn das Meistgebot bis zum Verteilungstermin belegt wird. Problematisch sind etwaig nachrangig eingetragene Rechte, auf die zuzuteilen ist. Ebenfalls sind die nicht aus dem Grundbuch ersichtlichen Ansprüchen (Finanzamt, Kehrgebühren, bei Wohneigentum Wohngelder oder Gerichtskosten) zu beachten.

Grundsätzlich sind Gläubiger, vor allem Banken, gemäß den üblicherweise vorliegenden Sicherungszwecksbestimmungserklärungen nicht verpflichtet, einen höheren Betrag als die persönliche Forderung zur Versteigerung und damit zum Verteilungstermin anzumelden. Falls der verfahrensbetreibenden Gläubigerin von einem Nachranggläubiger die Rückgewähransprüche angezeigt wurden, sollte das auch dem Gericht angezeigt werden. Da das Vollstreckungsgericht ohne weiteres von Amts wegen beauftragt ist, muss es, sofern Nachranggläubiger nicht vorhanden sind, den überschießenden Betrag hinterlegen. Problematisch ist eine Minderanmeldung, sofern die tatsächliche persönliche Forderung zwischenzeitlich wertmäßig niedriger als das dingliche Grundschuldkapital ist. Umstritten ist, ob für diesen Fall der Minderanmeldung auf das Kapital eine Eigentümergrundschuld für den früheren Eigentümer entsteht. Die Eigentümergrundschuld ist ein echtes Grundpfandrecht und gewährt vorbehaltlich § 1197 BGB dieselben Rechte wie eine Fremdgrundschuld, weshalb für sie die §§ 1120 BGB gelten (BGH NJW 1988, 1026; NJW 1975, 1356). Bei Erlöschen in der Zwangsversteigerung steht der auf sie entfallende Erlös dem früheren Eigentümer zu. Der Eigentümer kann sie jedoch durch Abtretung und Verpfändung verwerten. Durch die Abtretung wird sie zur nicht § 1197 BGB unterliegenden Fremdgrundschuld (BGH NJW-RR 1986, 1026; Palandt/*Bassenge* § 1196 Rn. 1). Der vom BGH entschiedene Fall betraf zwei Eheleute, die je zur Hälfte ideelles Miteigentum gemäß §§ 1173, 1173 Abs. 1 S. 1 BGB hatten. Grundsätzlich gehört eine nur an dem Anteil des Erstehers bestehenbleibende Eigentümergrundschuld mit dem ins geringste Gebot aufgenommenen Betrag zu dem zu verteilenden Erlös und ist auf den Anteil des Ersteigerers anzurechnen. Denn dem durch die Eigentümergrundschuld des Ersteigerers gebildeten Teil des Gebots steht keine Leistung, Belastung oder Verpflichtung des Ersteigerers gegenüber. Die Eigentümergrundschuld stellt dann einen Teil des zu realisierenden Grundstückswertes dar (BGH NJW-RR 1986, 233). In jedem Fall ist der Betrag ohne weiteres an den Schuldner, unter Beachtung vorgenannter Rechte, auszukehren. Eine Grundschuld entsteht zunächst nicht.

Problematisch wird es, wenn weitere Gläubiger im Grundbuch eingetragen sind und darüber hinaus Überschüsse aus der Zwangsverwaltung zu verteilen sind. Grundsätzlich werden die Erlöse aus der Zwangsverwaltung von dem Versteigerungstermin nicht erfasst und sind damit nicht in dem Verteilungstermin zu berücksichtigen. Der Gläubiger kann hier jedoch Zinsen anmelden (sofern aufgrund gültigem Teilungsplan Ausschüttungen erfolgt sind).

Um den Ablauf des Verteilungstermins zu entlasten, bietet § 106 ZVG zur Vorbereitung desselben die Möglichkeit der Berechnungsaufforderung, *Stöber* ZVG-Hdb. Rn. 406 ff. Davon sollte insbesondere bei Fragen des Übererlöses oder eines Mindererlöses aufgrund der hier aufgezeigten Fragestellungen Gebrauch gemacht werden.

18. Antrag auf gerichtliche Verwaltung (§ 94 ZVG)

An das

Amtsgericht . . . . .[1]

– Vollstreckungsabteilung –

In der Zwangsvollstreckungssache

. . . . . (Gläubiger) ./. . . . . . (Schuldner)

Az. . . . . .

wird namens und in Vollmacht der Gläubigerin beantragt,[2]

über den im Grundbuch von ....., Band ....., Blatt ..... unter der lfd. Nr. ..... des Bestandsverzeichnis, Flurstück ....., mit einer Größe von ..... m², eingetragenen Grundbesitz, die gerichtliche Verwaltung[3] gem. § 94 ZVG anzuordnen[4] bis Zahlung oder Hinterlegung des zur Befriedigung des dinglichen Anspruchs des Gläubigers aus der Grundschuld in Abteilung III Nr. ..... nötigen Betrags des Bargebots erfolgt ist.

.....

Rechtsanwalt[5]

Anmerkungen

1. Zuständigkeit. → Form. J. IX. 1 Anm. 2.

2. Zweck. Auf Antrag eines Beteiligten, der Befriedigung aus dem Bargebot zu erwarten hat, ist das Grundstück für Rechnung des Erstehers in gerichtliche Verwaltung zu nehmen, solange nicht Zahlung oder Hinterlegung des Bargebots erfolgt ist, vgl. § 94 Abs. 1 ZVG. Ein Geldbetrag, der zur Sicherheit für das Gebot des Erstehers hinterlegt ist, gilt als gezahlt, § 107 Abs. 3 ZVG. Die gerichtliche Verwaltung soll die Beteiligten davor schützen, dass der Ersteher vor Bezahlung oder Hinterlegung des baren Meistgebots schon über das Grundstück und mitversteigerte Gegenstände verfügt und die Nutzungen daraus zieht (*Stöber* ZVG § 94 Rn. 2.1). Zu empfehlen ist die gerichtliche Verwaltung insbesondere, wenn der bisherige Verfahrensverlauf gezeigt hat, dass der Schuldner problematisch ist und der Ersteher dem Familienverband entstammt bzw. im Verfahren sog. Versteigerungsverhinderer aufgetreten sind. Der Zuschlag ermöglicht es dem Ersteher in diesen Fällen zB langfristige, unrentable Mietverträge abzuschließen, Gebäude oder Teile davon abzureißen oder auf anderen Wegen eine weitgehende Unverwertbarkeit des Objektes herbeizuführen, ohne dass die Absicht besteht, das bare Meistgebot zu begleichen. Über den Antrag auf Anordnung der gerichtlichen Verwaltung entscheidet das Vollstreckungsgericht durch Beschluss. Der Beschluss kann unmittelbar nach dem Zuschlagsbeschluss im Termin zur Zwangsversteigerung verkündet werden. Wenn er nicht im Termin verkündet wurde, ist er dem Ersteher zuzustellen und dem Antragsteller formlos mitzuteilen. Der Antrag kann schriftlich oder zu Protokoll der Geschäftsstelle oder zu Protokoll des Versteigerungstermins gestellt werden. Die gerichtliche Verwaltung kann beantragt und angeordnet werden, solange der Ersteher das Bargebot noch nicht in Höhe eines den Anspruchs des Antragsstellers und der Ansprüche der ihm vorgehenden Berechtigten deckenden Betrages gezahlt hat bzw. befreiend hinterlegt hat.

3. Verfahrensablauf. Auf die Bestellung des gerichtlichen Verwalters sowie auf dessen Rechte und Pflichten finden die Vorschriften über die Zwangsverwaltung entsprechende Anwendung, § 94 Abs. 2 ZVG. Der gerichtliche Verwalter hat somit das Verwaltungs- und Benutzungsrecht unter Ausschluss des Erstehers, § 148 Abs. 2 ZVG. Gem. § 152 ZVG hat er die Pflicht, das Grundstück in seinem wirtschaftlichen Bestand zu erhalten und für eine ordnungsgemäße Nutzung zu sorgen. Aus den Nutzungen des Grundstücks sind die Kosten und Ausgaben der Verwaltung zu bestreiten, § 155 Abs. 1 ZVG. Ein Teilungsplan kann in entsprechender Anwendung von § 156 ZVG aufgestellt werden. Kosten der Verwaltung, die aus den Grundstücksnutzungen nicht gedeckt werden können, sind vom Ersteher zu tragen, § 94 Abs. 1 S. 1 ZVG. Der Antragsteller kann hieran nur mittels Vorschussleistung durch das Vollstreckungsgericht beteiligt werden (BGH Urt. v. 26.2.2015 – IX ZR 172/14, Rpfleger 2015, 349). Gleiches gilt für die Vergütung des Verwalters, für die generell nur der Ersteher haftet (BGH Urt. v. 26.2.2015 – IX ZR 172/14, Rpfleger 2015, 349).

Aufgehoben wird die Verwaltung wenn eine ihrer Anordnungsvoraussetzungen wegfällt oder bei unterlassener Vorschussleistung (entsprechende Anwendung des § 161 Abs. 3 ZVG). Nach Beendigung der gerichtlichen Verwaltung gebührt ein etwaiger Überschuss dem Ersteher, bei Aufhebung des Zuschlags dem Schuldner bzw. Gläubiger. Zu einer Erhöhung des Versteigerungserlöses führt er nicht. Bis zur Beendigung der gerichtlichen Verwaltung ist dem Ersteher eine vollstreckbare Ausfertigung des Zuschlagsbeschlusses nicht zu erteilen.

4. Abgrenzung – Zwangsvollstreckung bei unbekanntem Rechtsinhaber (§ 787 ZPO). Die Vorschrift gilt für herrenlose Grundstücke und Schiffe. Das Gericht bestellt für die Zwangsvollstreckung an einem Grundstück, das von dem bisherigen Eigentümer nach § 928 BGB aufgegeben und von einem Aneignungsberechtigten noch nicht erworben worden ist, auf Antrag einen Vertreter, § 787 Abs. 1 S. 1 ZPO. Dieser nimmt bis zur Eintragung eines neuen Eigentümers die Rechte und Verpflichtungen wahr, die dem bisherigen Eigentümer im Zwangsvollstreckungsverfahren obliegen. Diese Anordnung erfolgt durch Beschluss. Problematisch ist, dass der Aufgabenbereich des „Vertreters“ in Literatur und Rechtsprechung kaum bekannt und damit wenig umschrieben ist.

5. Fristen und Rechtsmittel. Gegen die Verfahrensanordnung findet gem. § 766 ZPO die Erinnerung statt, wenn der Ersteher nicht angehört worden ist. Sonst gibt es die sofortige Beschwerde (Dassler/*Schiffhauer* § 94 Rn. 6; *Stöber* ZVG § 94 Rn. 3.9).

19. Widerspruch gegen Teilungsplan (§ 115 ZVG)

→ Form. K. I. 5.

20. Befriedigungserklärung (§ 117 ZVG)

→ Form. K. II. 11.

IX. Zwangsverwaltung

1. Antrag auf Anordnung der Zwangsverwaltung wegen eines persönlichen Anspruchs

An das

Amtsgericht . . . . .[1, 2]

– Vollstreckungsgericht –

In der Zwangsverwaltungssache[3]

. . . . . [Gläubigername u. -anschrift]

Gläubiger,

(vertreten durch: . . . . .)

gegen

. . . . . [Schuldnername u. -anschrift]

Schuldner,

wird namens und in Vollmacht des Gläubigers wegen eines persönlichen Anspruchs[4] in Höhe von:

. . . . . EUR	Hauptforderung nebst . . . . . % Zinsen hieraus seit . . . . .
. . . . . EUR	Festgesetzte Kosten nebst . . . . . % Zinsen hieraus seit . . . . .
. . . . . EUR	bisherige Zwangsvollstreckungskosten

aus dem . . . . . (Titelangabe) beantragt,

über den zu Gunsten des Schuldners[5] als Eigentümer des im Grundbuch von . . . . ., Band . . . . ., Blatt . . . . . unter der lfd. Nr. . . . . . des Bestandsverzeichnis, Flurstück . . . . ., mit einer Größe von . . . . . m^2, eingetragenen Grundbesitz[6] die Zwangsverwaltung anzuordnen[7] bzw. einen Beitritt[8] zuzulassen.

Zum Nachweis des Eigentums am Grundstück nehmen wir auf das Grundbuch Bezug.

[Alternative:

Ein Zeugnis nach § 17 Abs. 2 ZVG ist beigefügt.]

Als Anlage(n) überreichen wir

- Erbscheinsausfertigung/beglaubigte Testamentsabschrift vom . . . . . nebst Eröffnungsprotokoll vom . . . . .[5]
- vollstreckbarer Titel mit Zustellnachweis[9]
- Belastungsvollmacht mit Zustellnachweis[10]
- Vollstreckungsbelege
- Prozessvollmacht

Wir regen an, Frau/Herrn . . . . . (Anschrift) zum Zwangsverwalter zu bestellen.[11]

Im Falle der Unzuständigkeit des angerufenen Gerichts wird die Verweisung an das örtlich zuständige Amtsgericht beantragt.

. . . . .

Rechtsanwalt[12, 13]

Anmerkungen

1. Antrag. Das Zwangsverwaltungsverfahren ist eine der drei gesetzlich zulässigen Arten der Zwangsvollstreckung in das unbewegliche Vermögen, § 866 Abs. 1 ZPO. Es ist grundlegend in den §§ 146–161 ZVG geregelt. Stellung, Aufgaben, Geschäftsführung und Vergütung des Zwangsverwalters sind auf Grundlage der Ermächtigung nach § 152a ZVG in der Zwangsverwalterverordnung (ZwVwV) näher ausgestaltet. Es wird, wie jede andere Zwangsvollstreckungsmaßnahme, nur auf Antrag angeordnet, §§ 146 Abs. 1, 15 ZVG. Ein Anwaltszwang besteht nicht, §§ 146 Abs. 1 ZVG, 78, 79 ZPO. Der Antrag ist schriftlich oder zu Protokoll der Geschäftsstelle einzureichen. Soweit zugelassen ist auch die elektronische Übermittlung des Antrags nach § 130a ZPO möglich, allerdings muss auch dann der Vollstreckungstitel im Original bei Gericht vorgelegt werden. Nach Antragstellung des Gläubigers wird die Zwangsverwaltung durch Beschluss des Vollstreckungsgerichts angeordnet. Die Vorschriften über die Anordnung der Zwangsversteigerung sind entsprechend anzuwenden, § 146 Abs. 1 ZVG. Die Zwangsverwaltung kann gem. § 77 Abs. 2 ZVG auch durch Überleitung aus einer ergebnislosen Zwangsversteigerung entstehen. Voraussetzung ist ein entsprechender Antrag des Gläubigers → Form. J. IX. 5.

Abzugrenzen ist die Zwangsverwaltung von der Sequestration nach § 938 Abs. 2 ZPO, die lediglich Sicherungszweck hat. Das Gericht kann jedoch die Sequestration inhaltlich so ausgestalten, dass sie der Zwangsverwaltung angenähert ist und anordnen, dass die Vorschriften über die Zwangsverwaltung sinngemäß anzuwenden sind (vgl. MüKoBGB/*Eickmann* § 1134 Rn. 14 mwN in Rn. 11).

Zu unterscheiden ist die Zwangsverwaltung auch von den Sicherungsmaßnahmen des § 25 ZVG. Wenn zu befürchten ist, dass durch das Verhalten des Schuldners die ordnungsgemäße Wirtschaft des Grundstücks gefährdet ist, kann das Vollstreckungsgericht auf Antrag im Zwangsversteigerungsverfahren unmittelbar die erforderlichen Maßregeln anordnen. Sofern das Gericht nach eigenem, pflichtgemäßem Ermessen einen Verwalter (sog. Sequester) einsetzt, hat diese Art der Maßregel durchaus Ähnlichkeiten mit dem eigentlichen Zwangsverwaltungsverfahren. Allerdings ist der Tätigkeitsbereich des Sequesters in der Regel auf einzelne Sicherungsmaßnahmen beschränkt.

2. Zuständigkeit. Der Antrag ist an das Amtsgericht als Vollstreckungsgericht zu richten, in dessen Bezirk das verfahrensgegenständliche Grundstück belegen ist, § 1 Abs. 1 ZVG. Abweichend hiervon sind die jeweiligen Landesregierungen ermächtigt, durch Rechtsverordnung die Zwangsversteigerungs- und Zwangsverwaltungsverfahren einem Amtsgericht für die Bezirke mehrere Amtsgerichte zuzuweisen, § 1 Abs. 2 ZVG. Von dieser Möglichkeit haben mehrere Bundesländer (ua Bayern, Nordrhein-Westfalen, Sachsen) Gebrauch gemacht. In Zweifelsfällen sollte bereits im Verwaltungsantrag die Verweisung an das örtlich zuständige Gericht beantragt werden. Ein Sonderfall ist gegeben, wenn das Grundstück in den Bezirken verschiedener Amtsgerichte belegen ist, § 2 Abs. 1 ZVG, oder wenn die Zwangsverwaltung mehrerer Grundstücke in demselben Verfahren zulässig ist und die Grundstücke in den Bezirken verschiedener Amtsgerichte belegen sind, § 2 Abs. 2 ZVG.

3. Zweck. Die Zwangsverwaltung soll – genau wie die Zwangsversteigerung – zur Befriedigung des Gläubigers im Wege der Zwangsvollstreckung in das Grundstück führen. Im Gegensatz zur Zwangsversteigerung erfasst die Zwangsverwaltung die Nutzungen aus dem Grundbesitz, d.h. insbesondere Miet- und Pachterträge (vgl. § 148 Abs. 1 ZVG), zudem wird dem Schuldner die Verwaltung und Benutzung des Grundstücks entzogen (§ 148 Abs. 2 ZVG). Die Zwangsversteigerung dagegen erfasst den Substanzwert des Grundstücks, aber nicht die Nutzungen (zur Abgrenzung → Form. J. III. 1 Anm. 2). Beide Verfahren können durch denselben Gläubiger parallel betrieben werden (§ 866 Abs. 2 ZPO). Auch wenn die Zwangsverwaltung keine verteilungsfähigen Erträge erbringt, kann die Durchführung des Verfahrens wirtschaftlich sinnvoll sein, beispielsweise um den Grundstückswert zu erhalten oder zu steigern. Zum einen ist der Schuldner durch Entziehung seiner Verfügungsbefugnis gehindert, Verträge abzuschließen, die eine wirtschaftliche Verwertung des Grundstücks nahezu ausschließen. Wie es in der Praxis nicht selten vorkommt: zum Beispiel der Abschluss von Mietverträgen mit einer bewusst (zu) niedrig gehaltenen Miete, an die der Ersteher zunächst gebunden wäre, §§ 57 ZVG, 566 BGB. Zum anderen ermöglicht das Instrument der Zwangsverwaltung das – geordnete – Durchführen erforderlicher Reparatur- und Instandhaltungsmaßnahmen. Vor allem dadurch kann der Substanzwert des Objektes in sinnvoller Weise über Jahre erhalten werden, um das Objekt später einer Verwertung zuführen zu können. Verbesserungen sind zulässig, soweit sie mit den vorhandenen Mitteln erreichbar und mit dem Zweck des Verfahrens vereinbar sind (BGH Beschl. v. 10.12.2004 – IXa ZB 231/03, BGHZ 161, 336 = Rpfleger 2005, 210; *Stöber* ZVG § 152 Rn. 4). Dem BGH folgend ist „das Vorhaben des Zwangsverwalters, ein beschlagnahmtes Gebäude durch Umbau nachhaltig zu verändern oder in die vom Schuldner dem Objekt zugedachte Nutzung in einer Weise einzugreifen, die die wirtschaftliche Beschaffenheit des Grundstücks in ihrem Gesamtcharakter berührt, durch das Vollstreckungsgericht jedoch nicht genehmigungsfähig (BGH Beschl. v. 10.12.2004 – IXa ZB 231/03, BGHZ 161, 336 = Rpfleger 2005, 210).

4. Notwendiger Antragsinhalt. Der Gläubiger hat im Antrag das Grundstück, den Eigentümer, den Anspruch, aufgrund dessen die Zwangsverwaltung angeordnet werden soll, sowie den vollstreckbaren Titel zu bezeichnen, §§ 146 Abs. 1, 16 ZVG. Der Anspruch des Gläubigers ist entsprechend seiner Rechtsnatur (dinglicher Anspruch auf Zahlung aus dem Grundstück oder persönliche Geldforderung, die in das Grundstück vollstreckt wird – vgl. § 10 Abs. 1 Nr. 4 und 5 ZVG) sowie hinsichtlich des Geldbetrages, unterteilt nach Hauptsache, Kosten und Zinsen sowie anderen Nebenleistungen, zu bezeichnen. Für die Angabe der Rechtsnatur des Anspruchs genügt es, auf den Titel zu verweisen. Erfolgt keine Einschränkung, so umfasst der Antrag alle sich aus dem Titel ergebenden Ansprüche des Gläubigers (vgl. *Stöber* ZVG § 16 Rn. 3.4).

5. Eigentum und Eigentumsnachweis. Die Zwangsverwaltung darf nur angeordnet werden, wenn der Schuldner als Eigentümer im Grundbuch bereits eingetragen oder Erbe des eingetragenen Eigentümers ist, §§ 146 Abs. 1, 17 Abs. 1 ZVG. Die Eintragung als Eigentümer ist durch ein Zeugnis des Grundbuchamtes nachzuweisen, §§ 146 Abs. 1, 17 Abs. 2 S. 1 ZVG. Im Regelfall genügt hier jedoch die ausdrückliche Bezugnahme auf das Grundbuch. Eine eventuelle Erbfolge ist durch Urkunden (notarielles Testament nebst Eröffnungsprotokoll, Erbscheinsausfertigung) glaubhaft zu machen, §§ 146 Abs. 1, 17 Abs. 3 ZVG. Mit anzugeben ist eine ladungsfähige Anschrift des Schuldners, da diese nicht vom Gericht ermittelt wird, obwohl die Zustellungen gem. §§ 146 Abs. 1, 2 ZVG von Amts wegen zu erfolgen haben (vgl. *Depré/Mayer* § 1 Rn. 37).

6. Die **Bezeichnung des Grundstückes** muss so konkret erfolgen, dass das Eigentum des Schuldners aus dem Grundbuch zweifelsfrei festgestellt werden kann. Regelmäßig sollten deshalb die Gemeinde, Gemarkung, Flurstücksnummer, Größe sowie die Blattstelle des Grundstücks angegeben werden. Um eine zügige Inbesitznahme durch den Zwangsverwalter zu ermöglichen, sollten zudem der Straßenname und die Hausnummer des Verwaltungsobjekts (sofern bekannt) angegeben werden. Durch Angaben dieser, durch den

Gläubiger zumeist ohne Weiteres zu erbringenden Informationen, können der Zwangsverwaltungsmasse im Idealfall weitere Mieterträge, zumindest die eines gesamten Monats, gesichert werden (§§ 146 Abs. 1, 148 Abs. 1 S. 1, 21 Abs. 1, 2 ZVG, 1124 Abs. 2, 1123 Abs. 2 BGB). Interessant ist das meist dann, wenn dem Zwangsverwalter der Beschluss einige Tage vor dem 15. eines Monats zugeht und dieser das Grundstück noch bis zum 15. in Besitz nehmen kann. Wird das Objekt nach dem 15. eines Monats beschlagnahmt, so erstreckt sich die Befreiung der Mietforderung aus dem Haftungsverband gem. § 1123 Abs. 2 S. 2 BGB auch auf den der Beschlagnahme folgenden Monat und Vorausverfügungen werden gem. § 1124 Abs. 2 BGB erst für den der Beschlagnahme folgenden Monat unwirksam.

7. Beschlagnahme. Anordnungs- und Beitrittsbeschluss gelten als Beschlagnahme zugunsten des betreibenden Gläubigers, §§ 146 Abs. 1, 20 Abs. 1, 27 Abs. 2 ZVG, und wirken als relatives Veräußerungsverbot gem. §§ 146 Abs. 1, 23 ZVG. Dem Schuldner ist die Verwaltung ganz entzogen, § 148 Abs. 1 S. 2, Abs. 2 ZVG (*Stöber* ZVG § 146 Rn. 5.3.).

8. Beitritt. Wird nach Anordnung der Zwangsverwaltung ein weiterer Antrag eines Gläubigers auf Anordnung der Zwangsverwaltung gestellt, ist der **Beitritt** zu dem bereits laufenden Verfahren zuzulassen (§§ 146 Abs. 1, 27 Abs. 1 S. 1 ZVG). An den Beitrittsantrag werden die gleichen Anforderungen wie an den Anordnungsantrag gestellt. Wirksam wird der Beitritt mit Zustellung des Beitrittsbeschlusses an den Schuldner (§§ 146 Abs. 1, 22 Abs. 1 ZVG), oder, wenn der Zwangsverwalter sich bereits im Besitz des Grundstücks befindet, durch die Zustellung an den Zwangsverwalter, § 151 Abs. 2 ZVG.

9. Vollstreckungsvoraussetzungen. Neben den allgemeinen Zulässigkeitsvoraussetzungen müssen natürlich die allgemeinen und besonderen Vollstreckungsvoraussetzungen erfüllt sein. Vorzulegen ist daher ein mit Vollstreckungsklausel (§ 725 ZPO) versehener und an den Schuldner zugestellter Vollstreckungstitel. Als besondere Vollstreckungsvoraussetzungen müssen im Einzelfall unter anderem erfüllt sein: Zustellung von Urkunden, § 750 Abs. 2 ZPO, Fälligkeit der Leistung, § 751 Abs. 1 ZPO, Nachweis der Sicherheitsleistung, § 751 Abs. 2 ZPO, Nachweis des Annahmeverzugs im Falle einer Vollstreckung bei einer Zug-um-Zug-Leistung, §§ 765, 756 ZPO (vgl. auch *Haarmeyer/Wutzke/Förster/Hintzen* § 146 Rn. 40 ff.).

Mit der Eröffnung eines **Insolvenzverfahrens** über das Vermögen des Schuldners und der Bestellung eines Insolvenzverwalters geht die gesamte Verwaltungs- und Verfügungsbefugnis auf den Insolvenzverwalter über, § 80 Abs. 1 InsO. Gleichzeitig besteht ein Vollstreckungsverbot, § 89 Abs. 1 InsO. Zwangsvollstreckungen eines persönlichen Gläubigers sind ab diesem Zeitpunkt unzulässig. Grundpfandrechtsgläubiger sind dagegen absonderungsberechtigt, dh sie können aufgrund ihres dinglichen Anspruches mit einem Duldungstitel die Zwangsvollstreckung beantragen, § 49 InsO. Näheres unter → Form. J. IX. 8 Anm. 2.

10. Belastungsvollmacht. Dem Antrag sind die für den Beginn der Zwangsvollstreckung erforderlichen Urkunden beizufügen, §§ 146 Abs. 1, 16 Abs. 2 ZVG. Dazu zählen neben dem Vollstreckungstitel (→ Anm. 9) insbesondere Belastungsvollmachten, wenn der Schuldner bei der Vollstreckungsunterwerfung vertreten wurde oder bei vollmachtlosem Handeln des Vertreters die Genehmigung von dessen Erklärungen seitens des Vertretenen durch öffentlich oder öffentlich beglaubigte Urkunden, die dem Schuldner zugestellt worden sind oder mit dem Beginn der Vollstreckung zugestellt werden (§ 750 Abs. 1, 2 ZPO, vgl. BGH Beschl. v. 21.9.2006 – V ZB 76/06, Rpfleger 2007, 37). Nur die Zustellung der von dem Vertreter behaupteten Vollmacht bzw. der zur Wirksamkeit der abgegebenen Erklärungen gegen den Vertretenen erteilten Genehmigungen in der von § 750 Abs. 2 ZPO vorgeschriebenen Form gewährleistet, dass der Schuldner vollständig und in derselben Weise wie das Organ, das die vollstreckbare Ausfertigung des Titels erteilt hat, über die Grundlagen und Voraussetzungen der Zwangsvollstreckung unterrichtet und in die Lage versetzt ist, die Voraussetzungen der Vollstreckung zu prüfen (BGH Beschl. v. 21.9.2006 – V ZB 76/06, Rpfleger 2007, 37).

11. Zwangsverwalter. Der Zwangsverwalter wird vom Gericht bestellt, § 150 Abs. 1 ZVG. Als Zwangsverwalter ist (nur) eine geschäftskundige, natürliche Person zu bestellen, die nach Qualifikation und vorhandener Büroausstattung die Gewähr für die ordnungsgemäße Gestaltung und Durchführung der Zwangsverwaltung bietet, § 1 Abs. 2 ZwVwV. Ob ein eigenständiges Berufsbild eines Zwangsverwalters besteht, ist umstrittten. Der Rechtsprechung folgend ist dieses derzeit noch nicht feststellbar, so dass man von einer Privilegierung bestimmter Berufsgruppen (zB Rechtsanwälte) nicht ausgehen kann (OLG Koblenz Beschl. v. 27.6.2005 – 12 VA 1/05, Rpfleger 2005, 618). Die Literatur sieht dies kritisch (*Haarmeyer/Wutzke/Förster/Hintzen* § 150a ZVG Rn. 1 ff., 12 ff.). Das Gericht hat im Rahmen der Ausübung seines Ermessens bei der Entscheidung über die Bestellung eines ausreichend qualifizierten Verwalters die in § 1 Abs. 2 ZwVwV festgelegten Qualifikationsstandards zu beachten. Gleichwohl ist das Gericht bei seiner Entscheidung zur Person des Zwangsverwalters **nicht** an Vorschläge oder Anträge eines verfahrensbetreibenden Gläubigers gebunden (BVerfG Beschl. v. 15.2.2010 – 1 BvR 285/10, NJW 2010, 1804 = Rpfleger 2010, 436; *Haarmeyer/Wutzke/Förster/Hintzen* § 150a ZVG Rn. 1 ff., 12b f.). Anderes gilt für den Fall der Institutsverwaltung (→ Form. J. IX. 3 Anm. 2–5) und die Verwaltung durch den Schuldner nach § 150b ZVG. An manchen Amtsgerichten kann das Vorschlagen eines Zwangsverwalters zu einer Voreingenommenheit des Rechtspflegers gegen den Zwangsverwalter führen. Wurden in der Vergangenheit solche Erfahrungen gemacht, empfiehlt es sich, mit dem Rechtspfleger im Vorfeld über den „geeigneten" Zwangsverwalter zu sprechen und vorsichtig einen Vorschlag zu unterbreiten.

12. Kosten und Gebühren. Gerichtsgebühren entstehen zunächst für die Entscheidung über den Antrag auf Anordnung der Zwangsverwaltung oder über den Beitritt zum Verfahren nach Nr. 2220 KV GKG in Höhe von derzeit 100,– EUR. Hinzu kommen die Auslagen für die Zustellung des Beschlusses, Nr. 9002 KV GKG. Die Gebühr wird mit der Entscheidung des Gerichts fällig, § 7 Abs. 1, 2 GKG. Für die Durchführung des Zwangsverwaltungsverfahrens selbst gilt Nr. 2221 KV GKG. Es entsteht eine 0,5 Jahresgebühr aus dem Gesamtwert der Einkünfte eines Kalenderjahres, § 55 GKG. Diese beträgt mindestens 120,– EUR, im Jahr der Anordnung und der Aufhebung des Verfahrens mindestens 60,– EUR. **Kostenschuldner** sind der Antragsteller (§ 26 Abs. 1 GKG) und der Vollstreckungsschuldner (§ 29 Abs. 4 GKG), soweit die Kosten nicht aus der Verwaltungsmasse entnommen werden können.

Der **Verfahrensbevollmächtigte** erhält für den Antrag auf Anordnung der Zwangsverwaltung eine 0,4 Verfahrensgebühr nach Nr. 3311 Nr. 3 VV RVG. Der Anspruch entsteht, sobald der Rechtsanwalt den Auftrag zur Antragstellung erhalten und in Ausführung des Auftrags etwas getan hat (Gerold/Schmidt/*Mayer* RVG VV Nr. 3311, 3312 Rn. 41). Abgegolten wird damit die gesamte Tätigkeit des Rechtsanwalts bis zur Anordnung oder Ablehnung der Zwangsverwaltung. Für jede Tätigkeit, die der Verfahrensbevollmächtigte nach Anordnung der Zwangsverwaltung auftragsgemäß im weiteren Verfahren vornimmt, erhält er eine weitere 0,4 Verfahrensgebühr nach Nr. 3311 Nr. 4 VV RVG. Mit dieser Gebühr wird seine gesamte Tätigkeit bis zur Aufhebung des Zwangsverwaltungsverfahrens abgegolten. Der Gegenstandswert in der Zwangsverwaltung richtet sich nach § 27 RVG.

13. Fristen und Rechtsmittel. Gegen den Beschluss, der die Anordnung der Zwangsverwaltung ausspricht, steht dem Schuldner sofern er, wie allgemein üblich, vorab nicht gehört wurde, die **Vollstreckungserinnerung** gem. § 766 ZPO zu. Das Rechtsmittel ist unbefristet und beim Vollstreckungsgericht einzulegen. Die auf die Erinnerung folgende Entscheidung des Vollstreckungsgerichts ist mit **sofortiger Beschwerde** anfechtbar (*Stöber* ZVG § 15 Rn. 5.1).

Gewährt der Rechtspfleger dem Schuldner vor der Entscheidung rechtliches Gehör, so trifft er eine Entscheidung, gegen die der Schuldner mit dem Rechtsmittel der sofortigen Beschwerde gem. §§ 146 Abs. 1, 95 ZVG, 793, 567 Abs. 1 Nr. 1 ZPO vorgehen kann. Die sofortige Beschwerde ist binnen einer Notfrist von 2 Wochen beim Vollstreckungsgericht oder beim Beschwerdegericht einzulegen. Der Gläubiger hat bei ganz oder teilweise ablehnender Entscheidung seines Antrags das Rechtsmittel der sofortigen Beschwerde gem. §§ 146 Abs. 1, 95 ZVG, 793 ZPO.

Materielle Einwendungen des Schuldners oder Dritter, die den titulierten Anspruch betreffen, sind im Erkenntnisverfahren geltend zu machen, nicht mit den Rechtsbehelfen des Zwangsvollstreckungsverfahrens (Zöller/*Stöber* § 766 Rn. 7). Einwendungen Dritter, die ein die Veräußerung hinderndes Recht betreffen, können nach § 771 ZPO verfolgt werden.

2. Antrag auf Anordnung der Zwangsverwaltung wegen eines dinglichen Anspruchs

An das

Amtsgericht . . . . .[1]

– Vollstreckungsgericht –

In der Zwangsverwaltungssache[2]

. . . . . [Gläubigername und -anschrift]

Gläubiger,

(vertreten durch . . . . .)

gegen

. . . . . [Schuldnername und -anschrift]

Schuldner,

hat der Schuldner nach der beiliegenden vollstreckbaren Ausfertigung d. . . . . . (Titel)[3] die Zwangsvollstreckung aus unserem Recht, eingetragen im Grundbuch von . . . . ., Blatt . . . . .,[5] in Abt. III Nr. . . . . . über . . . . . EUR nebst . . . . . % Zinsen pa hieraus seit . . . . . in das belastete Grundstück zu dulden.

Namens und in Vollmacht des Gläubigers beantragen wir daher wegen des dinglichen[2] Anspruchs iHv

. . . . . EUR Hauptforderung nebst . . . . . % Zinsen hieraus seit . . . . .

. . . . . EUR Festgesetzte Kosten nebst . . . . . % Zinsen hieraus seit . . . . .

. . . . . EUR einmaliger Nebenleistung

. . . . . EUR bisherige Kosten der dinglichen Rechtsverfolgung

aus der vorgenannten Hypothek/Grundschuld die Zwangsverwaltung des belasteten Grundbesitzes anzuordnen[6] bzw. den Beitritt[7] zuzulassen.

Zum Nachweis des Eigentums am Grundstück nehmen wir auf das Grundbuch Bezug.[4]

(Variante 1:

Ein Zeugnis nach § 17 Abs. 2 ZVG ist beigefügt.)

(Variante 2:

Als Eigentümer des Grundbesitzes ist . . . . . im Grundbuch eingetragen. Dieser hat das Grundstück mit beiliegendem, notariellen Vertrag vom . . . . . an den Schuldner (= Eigenbesitzer)[8] *verkauft und aufgelassen. Die Auflassungsvormerkung wurde am . . . . . im Grundbuch eingetragen. Die Eigentumsumschreibung ist bislang im Grundbuch noch nicht vollzogen. Das Grundstück wurde dem Schuldner ausweislich des Vertrags aber bereits wirtschaftlich übergeben und wird von ihm bewohnt.)*

Als Anlage(n) überreichen wir

- Erbscheinsausfertigung/beglaubigte Testamentsabschrift vom . . . . . nebst Eröffnungsprotokoll vom . . . . .
- vollstreckbarer Titel mit Zustellnachweis[9]
- Belastungsvollmacht mit Zustellnachweis[10]
- Vollstreckungsbelege
- Prozessvollmacht
- Kopie des Kaufvertrags vom . . . . .

Wir regen an, Frau/Herrn . . . . . (Anschrift) zum Zwangsverwalter zu bestellen.[11]

Im Falle der Unzuständigkeit des angerufenen Gerichts wird die Verweisung an das örtlich zuständige Amtsgericht beantragt.

. . . . .

Rechtsanwalt[12, 13]

Anmerkungen

1. Zuständigkeit. → Form. J. IX. 1 Anm. 2.

2. Zweck. → Form. J. IX. 1 Anm. 3.

3. Notwendiger Antragsinhalt. → Form. J. IX. 1 Anm. 4.

4. Eigentumsnachweis. → Form. J. IX. 1 Anm. 5.

5. Grundstücksbezeichnung. → Form. J. IX. 1 Anm. 6.

6. Beschlagnahme. → Form. J. IX. 1 Anm. 7.

7. Beitritt. → Form. J. IX. 1 Anm. 8.

8. Eigenbesitz. Vollstreckt der Gläubiger aus einem dinglichen, im Grundbuch eingetragenen Anspruch, so regelt § 147 ZVG als Besonderheit zu § 17 ZVG für die Zwangsverwaltung die Ausnahme, dass diese auch dann zulässig ist und angeordnet werden kann, wenn der Schuldner nur Eigenbesitzer des Grundbesitzes ist. Ist der Schuldner weder unmittelbarer noch mittelbarer Besitzer des Grundstücks oder verweigert ein Dritter, der den Besitz innehat, die Herausgabe des Grundbesitzes, ist die **Zwangsverwaltung undurchführbar** (BGH Urt. v. 26.9.1985 – IX ZR 88/84, NJW 1986, 2438; *Stöber* ZVG § 146 Rn. 10.2; *Haarmeyer/Wutzke/Förster/Hintzen* § 147 Rn. 1). Auf Antrag eines **dinglichen** Gläubigers kann die Zwangsverwaltung aber auch dann angeordnet werden, wenn der Schuldner nicht Eigentümer des Grundstücks ist, dieses aber im Eigenbesitze hat. Eigenbesitzer ist gem. § 872 BGB, wer die Sache als ihm gehörend besitzt. Der Eigenbesitzer muss die tatsächliche Gewalt über die Sache mit dem Willen ausüben, sie wie eine ihm gehörende zu beherrschen (BGH Urt. v. 29.3.1996 – V ZR 326/94, NJW 1996, 1890 (1893); Palandt/*Bassenge* § 872 Rn. 1). Beispielsweise liegt Eigenbesitz vor, wenn der Eigentümer das

Grundstück einem Dritten verkauft und/oder aufgelassen hat, dem Käufer das Grundstück wirtschaftlich übergeben wurde, aber die Eigentumsumschreibung im Grundbuch noch nicht vollzogen wurde (*Haarmeyer/Wutzke/Förster/Hintzen* § 147 Rn. 2).

Anordnungsvoraussetzung nach § 147 ZVG ist, dass der im Vollstreckungstitel oder in der Vollstreckungsklausel ausgewiesene Schuldner Eigenbesitzer des Grundstücks ist. Aus einem gegen den Eigentümer gerichteten Vollstreckungstitel kann gegen den Eigenbesitzer keine Zwangsverwaltung angeordnet werden (*Haarmeyer/Wutzke/Förster/Hintzen* § 147 Rn. 3). Vollstreckt der Gläubiger aufgrund eines dinglichen Titels, muss dieser zunächst gegen den Eigenbesitzer umgeschrieben werden, § 727 ZPO, oder der Gläubiger muss durch eine Klage auf Duldung der Zwangsvollstreckung vorgehen (*Hintzen* Rpfleger 2004, 57 (62)). Voraussetzung ist schließlich, dass der dingliche Anspruch im Grundbuch eingetragen ist. Der Eigenbesitz ist glaubhaft zu machen.

9. Vollstreckungsvoraussetzungen. → Form. J. IX. 1 Anm. 9.

10. Belastungsvollmacht. → Form. J. IX. 1 Anm. 10.

11. Zwangsverwalter. → Form. J. IX. 1 Anm. 11.

12. Kosten und Gebühren. → Form. J. IX. 1 Anm. 12.

13. Rechtsmittel. → Form. J. IX. 1 Anm. 13.

3. Antrag auf Anordnung einer Institutszwangsverwaltung

An das

Amtsgericht . . . . .

– Vollstreckungsabteilung –

In der Zwangverwaltungssache

. . . . . [Gläubiger]

Antragsteller,

(vertreten durch . . . . .)

gegen

. . . . . [Schuldner]

Antragsgegner,

wird namens und in Vollmacht . . . . .[1]

Gleichzeitig beantragen wir,

für das Zwangsverwaltungsverfahren, Herrn/Frau . . . . . als Institutsverwalter/in[2] gem. § 150a ZVG zu bestellen.

Herr/Frau . . . . . ist in unserem Hause als langjähriger Mitarbeiter der Vollstreckungsabteilung tätig[3] und betreut bereits eine Vielzahl von Institutszwangsverwaltungen. Herr/Frau ist im Sinne des Gesetzes persönlich qualifiziert und verfügt über einschlägige Erfahrungen.

Herrn/Frau . . . . . werden die zur Durchführung der Zwangsverwaltung erforderliche Zeit sowie die benötigten Mittel zur Verfügung gestellt. Aus anliegender Erklärung ergibt sich, dass Herr/Frau . . . . . zur unentgeltlichen Übernahme des Amtes bereit ist.[4]

Darüber hinaus erklären wir entsprechend § 154 ZVG, dass die dem Zwangsverwalter[5] obliegende Haftung durch unser Unternehmen übernommen wird.

. . . . .

Rechtsanwalt[6]

Anmerkungen

1. → Form. J. IX. 1.

2. Bei der Wahl des Zwangsverwalters ist das Vollstreckungsgericht grundsätzlich unabhängig und **nicht** an Vorschläge oder Anträge eines verfahrensbetreibenden Gläubigers gebunden (BVerfG NJW 2010, 413). Das gilt nicht für den Fall der Institutsverwaltung. Das Auswahlermessen des Gerichts wird eingeschränkt, wenn eine öffentliche Körperschaft, ein unter staatlicher Aufsicht stehendes Institut, eine Hypothekenbank den Antrag stellen und eine in seinen Diensten stehende Person als Verwalter vorschlägt (§ 150a). Das Ermessen des Gerichtes ist damit nahezu auf Null reduziert, sofern der Beteiligte die dem Verwalter nach § 154 S. 1 ZVG obliegende Haftung übernimmt und gegen den Vorgeschlagenen mit Rücksicht auf seine Person oder die Art der Verwaltung keine erheblichen Bedenken bestehen (§ 150a Abs. 2 S. 1 ZVG). Falls der Gläubiger nicht bereits mit Antragstellung von seinem Vorschlagsrecht Gebrauch macht, sollte das Gericht eine Frist zur Benennung eines Verwalters setzen, da das Vorschlagsrecht selbst nicht befristet ist (BGH Rpfleger 2005, 457).

3. Gem. § 150a Abs. 1 ZVG muss der Vorgeschlagene in den Diensten des den Vorschlag einreichenden Beteiligten stehen. Nach herrschender Meinung muss die vorgeschlagene Person bei dem Beteiligten fest angestellt sein (vgl. *Haarmeyer/Wutzke/Förster/Hintzen* § 150a Rn. 30; *Stöber* ZVG § 150a Anm. 3. 1). Nicht möglich ist es, einen freien Mitarbeiter oder einen nur vorübergehend oder nur zum Zweck der Durchführung eines konkreten Einzelverfahrens angestellten Mitarbeiter vorzuschlagen (grundlegend Beschluss des BGH Rpfleger 2005, 457 mit Anm. *Erler*). Ein Vertragsverhältnis zwischen dem Gläubiger und einem Rechtsanwalt, einem Hausverwalter oder einem gewerbsmäßigen Zwangsverwalter führt nicht zu der vom Gesetz vorausgesetzten Eingliederung des Betroffenen in das Institut oder Unternehmen im Sinne des Aufsichtsrechts. Das verhält sich auch dann nicht anders, wenn sich der Betroffene gegenüber dem Gläubiger verpflichtet hat, in sämtlichen von dem Gläubiger betriebenen Zwangsverwaltungsverfahren das Amt des Verwalters zu übernehmen.

Der Vorgeschlagene muss die gleichen Qualifikationen haben, die von einem Zwangsverwalter gefordert werden. Zum Institutsverwalter kann somit nur eine geschäftskundige, natürliche Person bestellt werden, die nach Qualifikation und vorhandener Büroausbildung die Gewähr für eine ordnungsgemäße Gestaltung und Durchführung der Zwangsverwaltung bietet (§ 1 Abs. 2 ZwVwV). Darüber hinaus sollte durch das Institut zugesichert werden, dass dem Mitarbeiter auch die erforderliche Zeit und das notwendige Personal für die Erledigung seiner unabdingbaren notwendigen Aufgaben eingeräumt werden.

Ziel der Bestellung eines **Institutsverwalters** ist ua die Minimierung der Verfahrenskosten. Der Institutsverwalter erhält über sein mit dem Institut arbeitsvertraglich vereinbartes Gehalt hinaus keine weitere Vergütung. Daher ist die Entnahme des Gehalts des Institutsverwalters aus der Masse unzulässig. Dies gilt gleichfalls für vom Institutsverwalter weiter beschäftigte Personen. Das bedeutet, dass die zur Finanzierung des Gehalts des Institutsverwalters entnommenen Beträge bereits auf die Forderung des Beteiligten angerechnet werden. Daher sollte bereits vor Antragstellung überlegt werden, ob die Bestellung eines Institutsverwalters wirtschaftlich sinnvoll ist. Sofern eine vollständige Befriedigung des Gläubigers erwartet werden kann, ist diese Regelung zumindest schon unter Kostengesichtspunkten ungünstiger.

Neben der Minimierung der Verfahrenskosten kann für den Gläubiger von Bedeutung sein, auf das Verfahren bzw. die einzelnen Tätigkeiten des Zwangsverwalters unmittelbar Einfluss zu nehmen. Da ist bereits faktisch der Fall, da der Institutsverwalter Angestellter der Gläubigerin ist und damit den Weisungen, zumindest Richtlinien des jeweiligen Kreditinstituts unterworfen ist. Zudem ist nicht zu unterschätzen, dass die Informationswege für den Gläubiger kürzer als bei jeder anderen Konstellation gehalten werden können und daraus alleine bereits große Vorteile bei der Verfahrensabwicklung erwachsen können. Wichtig ist: Der Zwangsverwalter ist grundsätzlich Organ kraft Amtes und hat die Verwaltung selbständig und wirtschaftlich nach eigenem Ermessen durchzuführen, § 1 Abs. 1 S. 1 ZwVwV. Das gilt auch für den Institutsverwalter, der trotz seiner Anstellung innerhalb der für das Amt des Verwalters gesetzten Aufgaben unabhängig agieren muss.

4. Gem. § 150a Abs. 2 S. 1 ZVG muss der Beteiligte die dem Institutsverwalter nach § 154 S. 1 ZVG obliegende Haftung übernehmen, damit sich das Auswahlermessen des Gerichtes auf Null reduziert. § 154 ZVG begründet ein gesetzliches Schuldverhältnis zwischen dem Zwangsverwalter und den Verfahrensbeteiligten, aufgrund dessen der Zwangsverwalter den Beteiligten persönlich mit seinem Vermögen für eine pflichtwidrige Handlungsweise haftet. Einen Ausgleich dafür, dass der Institutsverwalter für seine Tätigkeit keine zusätzliche Vergütung erhält, regelt § 150 Abs. 2 S. 1 ZVG, wonach der Gläubiger, bei dem der Institutsverwalter angestellt ist, die Haftung des Verwalters nach § 154 S. 1 ZVG übernehmen muss. Die entsprechende Erklärung darf nicht an Bedingungen geknüpft sein und muss sich auf sämtliche, etwaig entstehende Ansprüche erstrecken.

5. Bei seiner Ermessensausübung hat das Gericht im Rahmen der Bestellung eines geeigneten Zwangsverwalters zumindest die gesetzlichen Vorgaben zu beachten. Der überwiegenden Meinung folgend geht das Ermessen so weit, dass das Vollstreckungsgericht an Anträge oder Vorschläge (dritter) Verfahrensbeteiligter grundsätzlich nicht gebunden ist, weil niemand einen Anspruch darauf habe, als Zwangsverwalter bestellt zu werden (vgl. dazu *Stöber* ZVG § 150 Anm. 2.4). Im Grunde ist dies unbestritten.

Die Frage dürfte gleichwohl sein, inwieweit ein Beteiligter Anspruch darauf hat, dem Vollstreckungsgericht – über den Institutsverwalter hinaus – Vorschläge zu unterbreiten, an die dieses im einzelnen Fall gebunden wäre. Eine Voraussetzung für die Unterbreitung eines Vorschlages gegenüber dem Vollstreckungsgericht durch die verfahrensbetreibende Gläubigerin ist dabei in jedem Fall, dass die Person des vorgeschlagenen Verwalters grundsätzlich die nunmehr gesetzlich normierten Voraussetzungen erfüllt. Andernfalls würde es dem zuständigen Rechtspfleger im Rahmen der Ausübung seines pflichtgemäßen Ermessens leicht fallen, eine Bestellung wegen fehlender Voraussetzungen in begründeter Weise gegenüber der betreibenden Gläubigerin abzulehnen. Der Rechtspfleger muss darüber hinaus geeignete Vorschläge insoweit berücksichtigen, als dass er sich die Interessen der Gläubigerin vergegenwärtigt, die die Vollstreckung in Form des Instrumentes der Zwangsverwaltung in einer optimalen Art durchgeführt sehen will. Im Ergebnis kann der die Zwangsverwaltung beantragende Gläubiger damit erwarten, dass das Gericht den Vorschlag jedenfalls wohlwollend und frei von ermessensfremden Erwägungen prüft. Im Ergebnis sollte der Vorschlag, soweit nicht grundsätzlich und erhebliche Ablehnungsgründe vorliegen, dann berücksichtigt werden. In der Praxis wird das oft anders gehandhabt.

6. Kosten und Gebühren/Rechtsmittel. → Form. J. IX. 1.

4. Antrag auf Anordnung der gerichtlichen Verwaltung

→ Form. J. VIII. 18.

5. Antrag auf Anordnung der Verwaltung nach § 77 Abs. 2 S. 2 ZVG

Das Versteigerungsverfahren wird eingestellt, wenn ein Gebot nicht abgegeben wird oder sämtliche Gebote erloschen sind, § 77 Abs. 1 ZVG. Bleibt die Versteigerung in einem zweiten Termin gleichfalls ergebnislos, so wird das Verfahren aufgehoben, § 77 Abs. 2 S. 1 ZVG. Sinn und Zweck des § 77 ist, das Verfahren auch für den Fall einer – zunächst nur temporären – Ergebnislosigkeit fortlaufen zu lassen. Daher wird das Verfahren im ersten Termin, in dem keine Gebote abgegeben werden, von Amts wegen eingestellt und nur auf Antrag durch den Gläubiger fortgeführt (Achtung 6-Monatsfrist; *Stöber* ZVG § 77 Anm. 2.3.).

Das Gesetz bietet eine weitere Möglichkeit, die in der Praxis nur selten genutzt wird, gleichwohl sinnvoll sein kann. Liegen die Voraussetzungen für die Anordnung der Zwangsverwaltung vor, so kann auf Antrag des Gläubigers das Gericht anordnen, dass das Versteigerungsverfahren als Zwangsverwaltungsverfahren fortgesetzt wird. § 77 Abs. 2 S. 2 ZVG. Der Antrag muss regelmäßig im Termin gestellt werden, also zu Protokoll des Rechtspflegers. Die Ausnahme (Antrag vor dem letzten Termin) dürfte kaum praxisrelevant sein.

6. Forderungsanmeldung im Zwangsverwaltungsverfahren

An das

Amtsgericht . . . . .[1]

– Vollstreckungsgericht –

Az. . . . . .

In dem Zwangsverwaltungsverfahren

. . . . . [Gläubiger] ./. . . . . [Schuldner]

betreffend den Grundbesitz: . . . . .

werden zu dem Verteilungstermin[2] am . . . . . namens und im Auftrag des Gläubigers folgende Ansprüche angemeldet:[3]

1. Vorschuss[4] gem. Festsetzungsbeschluss des Gerichts vom . . . . . **. . . . . EUR**

2. Zustellungskosten[5] **. . . . . EUR**

3. Gerichtskosten für Verfahrensanordnung/Beitritt (Nr. 2220 KV GKG) **. . . . . EUR**

Verfahrensgebühr aus . . . . . EUR, Nr. 3311 VV RVG **. . . . . EUR**

4. Auslagen, Nr. 7002 VV RVG ..... EUR

5. Umsatzsteuer ..... %, Nr. 7008 VV RVG ..... EUR

6. ..... % Zinsen pa aus der Grundschuld Abt. III Nr., ... zu ..... EUR zahlbar im Betrag von jeweils am ersten Werktag eines Jahres für das vorangegangene Kalenderjahr, erstmals am ..... für das Jahr .... EUR

Die auf unseren Mandanten entfallenden Überschüsse bitten wir unter Angabe des Verwendungszwecks ..... auf das Konto IBAN: ..... bei ....., BIC: ..... zu überweisen.

[Optional: Geldempfangsvollmacht[6] liegt an.]

.....

Rechtsanwalt[7, 8]

Anmerkungen

1. Zuständigkeit. → Form. J. IX. 1 Anm. 2.

2. Verteilungstermin. Sofern der Zwangsverwalter erkennen kann, dass nach Bestreiten der Ausgaben der Verwaltung sowie der Kosten des Verfahrens auch auf andere Ansprüche als Vorschüsse und die laufenden Beträge der öffentlichen Lasten Zahlungen geleistet werden können, hat er dies dem Gericht anzuzeigen, § 11 Abs. 2 S. 2 ZwVwV. Vorweg zu zahlen sind bei der Vollstreckung in ein Wohnungseigentum auch **die laufenden Beträge** der daraus fälligen Ansprüche auf Zahlung der Beiträge zu den Lasten und Kosten des gemeinschaftlichen Eigentums oder des Sondereigentums, die nach §§ 16 Abs. 2, 28 Abs. 2 und 5 des WEG geschuldet werden, einschließlich der Vorschüsse und Rückstellungen sowie der Rückgriffsansprüche einzelner Wohnungseigentümer, § 156 Abs. 1 S. 2 ZVG. Das Gericht hat nach der Mitteilung des Zwangsverwalters oder wenn es selbst feststellt, dass auch auf andere als die in §§ 155 Abs. 1 und 156 Abs. 1 ZVG genannten Ansprüche Zahlungen geleistet werden können, nach dem Eingang der im § 19 Abs. 2 ZVG bezeichneten Mitteilungen des Grundbuchamtes, einen Verteilungstermin zu bestimmen, § 156 Abs. 2 S. 1 ZVG. In dem Termin wird der **Teilungsplan** für die gesamte Dauer des Verfahrens aufgestellt, § 156 Abs. 2 S. 2 ZVG. Die Terminsbestimmung ist dem Zwangsverwalter und den Beteiligten zuzustellen, § 156 Abs. 2 S. 3.

3. „**Anmeldung**" ist die Verlautbarung (Bekundung) des Willens, dass das bei Eintragung des Vollstreckungsvermerks aus dem Grundbuch nicht ersichtliche Recht trotzdem bei der Verteilung des verbleibenden Überschusses berücksichtigt werden soll (vgl. zur Definition bei Zwangsversteigerung: BGH Urt. v. 30.5.1956 – V ZR 200/54, BGHZ 21, 30; *Stöber* ZVG-Hdb. Rn. 231a). Die Anmeldung ist Verfahrenshandlung und kann, da eine Form nicht vorgeschrieben ist, schriftlich, soweit zugelassen elektronisch oder auch mündlich zu Protokoll der Geschäftsstelle abgegeben werden. Anzugeben sind Rechtsgrund und Rang des geltend gemachten Anspruchs, sowie bei Zahlungsansprüchen ein bestimmter Betrag (*Stöber* ZVG-Hdb. Rn. 232).

Die Anmeldung der Forderung in einem parallel laufenden Versteigerungsverfahren wirkt nicht für das Zwangsverwaltungsverfahren. Geht dem Zwangsverwalter eine Anmeldung zu, so hat er diese ans Gericht zu übergeben. Für die Planaufstellung erlangt sie erst mit Eingang bei Gericht Bedeutung. Ansprüche der verfahrensbetreibenden Gläubiger und laufende wiederkehrende Leistungen derjenigen Rechte, die zum Zeitpunkt der Eintragung des Zwangsverwaltungsvermerks im Grundbuch bereits eingetragen sind, werden von Amts wegen werden berücksichtigt, §§ 156 Abs. 2 S. 4, 114 Abs. 1 und 2 ZVG.

4. Kostenvorschüsse. Die Überschüsse aus der Zwangsverwaltung werden auf die in § 10 Abs. 1 Nr. 1 bis 5 ZVG bezeichneten Ansprüche verteilt, § 155 Abs. 2 S. 1 ZVG. Hierbei werden in der zweiten, dritten und vierten Rangklasse jedoch nur Ansprüche auf laufende wiederkehrende Leistungen, einschließlich der Rentenleistungen, sowie auf diejenigen Beträge berücksichtigt, die zur allmählichen Tilgung einer Schuld als Zuschlag zu den Zinsen zu entrichten sind, § 155 Abs. 2 S. 2 ZVG. Öffentliche Lasten und Hausgeldforderungen hat der Zwangsverwalter ohne Weiteres zu begleichen (→ Anm. 2). Vorschüsse, die der Gläubiger zur Erhaltung und Verbesserung des Grundstücks gegeben hat und die tatsächlich für diesen Zweck verwendet worden sind, gehören zur Rangklasse 1 des § 10 ZVG. Diese werden vom Zwangsverwalter ohne weiteres Verfahren zurückerstattet, § 11 Abs. 1 ZwVwV. Eine Anmeldung zum Verteilungstermin ist daher grundsätzlich nicht erforderlich, kann aber wegen der teilweise bestehenden rechtlichen Bedenken (vgl. *Haarmeyer/Wutzke/Förster/Hintzen* § 155 Rn. 6) sinnvoll sein. Zur Qualifizierung der vom Gläubiger geleisteten Kostenvorschüsse → Form. J. IX. 15.

5. Kosten der dinglichen Rechtsverfolgung. Die Kosten der Kündigung und der die Befriedigung aus dem Grundstück bezweckenden Kosten für die Rechtsverfolgung können im Range der jeweiligen Hauptforderung (im Zwangsverwaltungsverfahren also im Range der „laufenden" wiederkehrenden Leistungen) angemeldet werden, § 10 Abs. 2 ZVG. Die Kosten der Kündigung sind die Kosten der Anfertigung und Zustellung der Kündigung (*Stöber* ZVG § 10 Anm. 15.3). Kosten der die Befriedigung aus dem Grundstück bezweckenden Rechtsverfolgung können dem Gläubiger für die Vorbereitung der Vollstreckung in das Grundstück, für Verfahrensanordnung oder Beitrittszulassung sowie für die Teilnahme am Zwangsverwaltungsverfahren entstanden sein (*Stöber* ZVG § 10 Anm. 15.4). Die Kosten erhält der Gläubiger in der Zwangsverwaltung nur, soweit sie wegen der im Teilungsplan zu berücksichtigenden laufenden Beträge wiederkehrender Leistungen entstanden sind. Für die Kostenberechnung sind daher betreibende Beträge, die in Rangklasse 4 befriedigt werden mit denjenigen, die in Rangklasse 5 befriedigt werden, ins Verhältnis zu setzen und die Gesamtkosten entsprechend aufzuteilen. Angesetzt werden können in Rangklasse 4 auf jeden Fall die Mindestgebühren, die dann auf die in Rangklasse 5 berücksichtigungsfähigen Kosten anzurechnen sind (*Stöber* § 1 ZVG 155 Anm. 6.7 lit. k).

6. Geldempfangsvollmacht. Der Zwangsverwalter hat bei Auszahlung des Versteigerungserlöses die persönliche Berechtigung des Zahlungsempfängers zu überprüfen. Wird der Berechtigte vertreten, benötigt der Vertreter eine entsprechende Geldempfangsvollmacht. Eine normale Prozessvollmacht genügt nicht (*Stöber* § 117 Rn. 3.2 lit. c; Steiner/*Teufel* § 117 Rn. 31). Die Ermächtigung zum Geldempfang muss **ausdrücklich** erteilt sein. Die Bevollmächtigung ist formfrei möglich (§ 167 Abs. 2 BGB), nachzuweisen ist sie jedoch durch **Vorlage der Urschrift der Vollmachtsurkunde,** § 172 Abs. 1 BGB. Ablichtung oder Übermittlung als Faxkopie genügen nicht (LG Bremen Beschl. v. 16.5.2001 – 2 T 164/01, DGVZ 2002, 168; LG Frankfurt Beschl. v. 15.7.1993 – 2/9 T 604/93, DGVZ 1995, 46; AG Aachen Beschl. v. 30.4.1991 – 14 M 75/91, DGVZ 1991, 173).

7. Kosten und Gebühren. → Form. J. IX. 1 Anm. 12. Die Anmeldung der Forderung ist für den Verfahrensbevollmächtigten eines Beteiligten mit der 0,4 Verfahrensgebühr nach Nr. 3311 Nr. 4 VV RVG abgegolten. Der Gegenstandswert richtet sich nach § 27 RVG.

8. Rechtsmittel. Für **materiell-rechtliche Einwendungen** gegen den Teilungsplan ist der Widerspruch gem. §§ 156 Abs. 2 S. 4, 115 Abs. 1 S. 2 ZVG, 876 ZPO (→ Form. K. I. 5) ausschließlicher Rechtsbehelf (*Stöber* ZVG § 115 Rn. 3.1 und 3.2). Bei Nichtbeachtung eines angemeldeten Anspruchs gilt bereits die Anmeldung als Widerspruch gem. §§ 156 Abs. 2 S. 4, 115 Abs. 2 ZVG. Kein Widerspruch liegt jedoch in der Anmeldung eines Anspruchs, der in der Zwangsverwaltung überhaupt nicht geltend gemacht werden kann (*Stöber* ZVG § 115 Rn. 4).

Der Widerspruch des Schuldners gegen einen vollstreckbaren Anspruch ist nach §§ 767, 769, 770 der Zivilprozessordnung zu erledigen, § 115 Abs. 2 ZVG.

Verfahrensfehler des Gerichts kann nach wohl herrschender Meinung jeder Beteiligte mit der **sofortigen Beschwerde** nach § 793 ZPO rügen (BGH Beschl. v. 19.2.2009 – V ZB 54/08, Rpfleger 2009, 401 mwN; → Form. P. II. 6), wobei die Statthaftigkeit dieses Rechtsmittels umstritten ist (Gegenansicht: *Stöber* ZVG § 115 Rn. 3.1 und 3.2). Umstritten ist ebenfalls der Beginn der Beschwerdefrist, die nach BGH (Beschl. v. 19.2.2009 – V ZB 54/68, Rpfleger 2009, 401) mit der Zustellung des Teilungsplanes beginnt (aA: mit der Aufstellung des Plans im Teilungstermin – *Depré/Mayer* Rn. 324).

7. Anregung auf Entlassung des Zwangsverwalters

An das

Amtsgericht . . . . .

– Vollstreckungsabteilung –

In der Zwangsverwaltungssache

. . . . . [Gläubiger]

Antragsteller,

(vertreten durch . . . . .)

gegen

. . . . . [Schuldner]

Antragsgegner,

Az. . . . . .

beantragen wir,

den durch Beschluss vom . . . . . zu oben benanntem Az. bestellten Zwangsverwalter . . . . . zu entlassen und regen an, Frau/Herrn . . . . . zum Zwangsverwalter zu bestellen.

Begründung:

Der Zwangsverwalter ist aus seinem Amt zu entlassen,[1, 2] da ein weiteres Tätigwerden durch die Person des Zwangsverwalters zu einer erheblichen Gefährdung der Gläubigerinteressen führen würde. Eine originäre Pflicht des Zwangsverwalters ist es, über die Ergebnisse seiner Arbeit regelmäßig, in jedem Fall jedoch einmal jährlich gegenüber Gläubiger und Schuldner zu berichten und auf Verlangen zeitnah Auskunft zu geben (§ 154 S. 1 ZVG iVm §§ 3 II, 13 IV, 14 II, 16 ZwVwV). Dieser Verpflichtung kommt der Zwangsverwalter mehrfach, und zwar seit dem . . . . ., in den Fällen . . . . ., trotz wiederholter Aufforderung nicht nach.

(Alternativ:

Nach Kenntnis des Gläubigers sind gegen den Zwangsverwalter am Amtsgericht ..... mehrere Anklagen wegen Veruntreuung[3] *und Erpressung anhängig. Der Tatvorwurf beinhaltet die Veruntreuung von Geldern. Ferner ist dem Gläubiger bekannt, dass der Zwangsverwalter private vermögensrechtliche Schwierigkeiten hat. Wir verweisen insoweit auf das gegen ihn beim Amtsgericht ..... beantragte Insolvenzverfahren (Az. .....). Eine weniger einschneidende Maßnahme kommt nach diesseitiger Auffassung nicht in Betracht, da die Gefährdung unserer Interessen durch das Festsetzen einer Sicherheitsleistung*[4] *bzw. die Androhung oder Festsetzung von Zwangsgeld*[5] *nicht abgewendet werden könnte.)*

.....

Rechtsanwalt[6, 7]

Anmerkungen

1. Ein gesetzlich normiertes Antragsrecht auf **Entlassung** des Zwangsverwalters existiert nicht. Der Gläubiger kann jedoch die Entlassung des Zwangsverwalters anregen, sofern er Informationen besitzt, die das weitere Tätigwerden des Zwangsverwalters ausschließen oder den Zweck der Vollstreckung gefährden. Hier kann es um (grobes) Fehlverhalten oder besondere Umstände in Bezug auf die Person des Zwangsverwalters gehen.

2. Da die Entlassung des Zwangsverwalters „ultima ratio" das letzte Mittel ist, um die Zwangsverwaltung zu „ordnen", empfiehlt es sich, vorher den Rechtspfleger telefonisch zu kontaktieren, um mit ihm den Sachverhalt zu erörtern und zu eruieren, welche Nachweise als notwendig erachtet werden oder um gegebenenfalls auf eine beschleunigte Bearbeitung hinzuwirken. Gem. § 153 Abs. 2 ZVG kann das Gericht dem Zwangsverwalter die Leistung einer Sicherheit auferlegen, sodann gegen ihn, nach vorheriger Androhung, ein **Zwangsgeld** festsetzen und ihn schließlich entlassen. Dieser Maßnahmenkatalog dient der Durchsetzung der Anordnungen des Gerichts sowie dem ordnungsgemäßen Gang des Zwangsverwaltungsverfahrens. Die Entlassung des Zwangsverwalters gegen seinen Willen kann immer nur als letztes Mittel in Betracht kommen, da dem Gericht durch die Sicherheitsleistung und das Androhen und Festsetzten von Zwangsgeld auch weniger einschneidende Maßnahmen zur Verfügung stehen. Grundsätzlich kann der Zwangsverwalter nur dann entlassen werden, wenn er sich einer schweren Pflichtverletzung schuldig gemacht hat oder offensichtlich allgemein oder für das konkrete Verfahren amtsunfähig ist und weniger einschneidende Maßnahmen objektiv nicht ausreichen. Ein Verschulden des Zwangsverwalters ist nicht generell gefordert, offensichtliche Unfähigkeit ist ausreichend, sofern durch sie das Verfahren ernsthaft beeinträchtigt wird. Als schwere Pflichtverletzungen sind anerkannt: Veruntreuung von Geldern (OLG Hamm Rpfleger 1988, 36), wiederholte Nichtbefolgung von sachlich und rechtlich zulässigen und gebotenen Anweisungen des Vollstreckungsgerichtes, private vermögensrechtliche Schwierigkeiten des Zwangsverwalters, die Veruntreuung von Fremdgeldern, die Bestellung eines Rechtspflegers als Zwangsverwalter ohne entsprechende Nebentätigkeitsgenehmigung (BGH NJW-RR 2010, 426) oder unzulässiges Zusammenwirken von Zwangsverwalter und Rechtspfleger (BGH NJW 2011, 2819). Der Zwangsverwalter kann auch auf seinen eigenen Wunsch entlassen werden. Dies jedoch nur, sofern von ihm dringende Gründe (Krankheit, starke Belastung) vorgewiesen werden.

3. Das Gericht kann den Zwangsverwalter bereits dann entlassen, wenn gegen ihn Anklage wegen Untreue und Erpressung bzw. versuchter Erpressung in einer Mehrzahl von Fällen erhoben wurde, auch wenn die Tatvorwürfe nicht im unmittelbaren Zusammenhang mit dessen Tätigkeit als Zwangsverwalter stehen (BGH WM 1998, 993). Insofern haben die Gläubigerinteressen und bereits deren abstrakte Gefährdung Vorrang vor der Unschuldsvermutung im Strafverfahren.

4. Von der gesetzlich normierten Möglichkeit, von dem Zwangsverwalter die **Leistung einer Sicherheit** zu verlangen, wird in der Praxis fast gar kein Gebrauch gemacht. Zum einen kann das Gericht die Sicherheit nicht erzwingen, zum anderen sind der Sinn und Zweck der Sicherheitsleistung, die Wahrung der wirtschaftlichen Interessen der Verfahrensbeteiligten, bereits durch die in § 1 Abs. 4 ZwVwV normierte Verpflichtung des Verwalters zum Abschluss einer Haftpflichtversicherung erreicht. Die Vermögensschadenshaftpflichtversicherung muss mit einer Deckung von mindestens 500.000,– EUR abgeschlossen werden (§ 1 Abs. 4 ZwVwV). Das Gericht kann jedoch im Einzelfall anordnen, dass eine höhere Versicherungssumme vereinbart werden soll.

5. In der Praxis relevanter ist die Festsetzung eines **Zwangsgeldes.** Das Zwangsgeld ist ein Beugemittel, das ausschließlich zur Erzwingung der Befolgung der gerichtlichen Anweisung dient. Es ist keine Strafe, Sühne oder Buße für begangene Pflichtwidrigkeiten (BayObLG FamRZ 1993, 823; OLG Düsseldorf FamRZ 1999, 522). Das Zwangsgeld ist gem. § 153 Abs. 2 S. 2 ZVG vorher anzudrohen. Für das Zwangsgeld sind die allgemeinen Zwangsvollstreckungsregelungen des 8. Buches der ZPO anzuwenden. Der Zwangsgeldbeschluss ist ein zur Zwangsvollstreckung geeigneter Titel, § 794 Abs. 1 Nr. 3 ZPO. Die Höhe des Zwangsgeldes beträgt gem. Art. 6 Abs. 1 EGStGB zwischen 5,– EUR und 1.000,– EUR. Die Festsetzung muss immer in bestimmter Höhe erfolgen, wobei sich diese nach den Umständen des Einzelfalles bestimmt und von der Stärke der Missachtung der gerichtlichen Anweisung abhängig ist. Das Zwangsgeld kann mehrfach festgesetzt und beigetrieben werden.

6. Kosten und Gebühren. Gerichtsgebühren für die Anregung auf Entlassung des Zwangsverwalters entstehen nicht. Die Tätigkeit des Verfahrensbevollmächtigten ist durch die 0,4 Verfahrensgebühr nach Nr. 3311 VV RVG abgegolten.

7. Fristen und Rechtsmittel. Der Zwangsverwalter kann gegen den Beschluss auf seine Entlassung mit dem Rechtsmittel der sofortigen Beschwerde gem. § 793 ZPO vorgehen, da nicht zu erwarten ist, dass ein solcher Beschluss ohne Anhörung des Zwangsverwalters getroffen wird.

8. Antrag auf Aufhebung der einstweiligen Einstellung des Zwangsverwaltungsverfahrens (§ 153c ZVG)

An das

Amtsgericht . . . . .[1, 2, 3]

– Vollstreckungsgericht –

Az. . . . . .

In dem Zwangsverwaltungsverfahren

. . . . . [Gläubiger] ./. . . . . [Schuldner]

betreffend den Grundbesitz: . . . . .

beantragen[4] wir namens und in Vollmacht der Gläubigerin die Aufhebung der durch Beschluss vom . . . . . angeordneten einstweiligen Einstellung des Zwangsverwaltungsverfahrens nach § 153b ZVG, da

- **die Voraussetzungen für die Einstellung fortgefallen sind,**
- **die Zahlungsauflagen durch den Insolvenzverwalter nicht eingehalten wurden,**
- **der Insolvenzverwalter der Aufhebung der einstweiligen Einstellung zustimmt.**

Begründung:[5]

. . . . .

Rechtsanwalt[6, 7]

Anmerkungen

1. Einstellung der Zwangsverwaltung. Gem. § 153b ZVG ist auf Antrag des Insolvenzverwalters die vollständige oder teilweise Einstellung der Zwangsverwaltung anzuordnen, wenn dieser glaubhaft macht, dass durch die Fortsetzung der Zwangsverwaltung eine wirtschaftlich sinnvolle Nutzung der Insolvenzmasse wesentlich erschwert wird. Dem vorläufigen Insolvenzverwalter steht ein Antragsrecht nicht zu. Neben dem Regelinsolvenzverfahren wird die Regelung bei Verbraucherinsolvenzverfahren in der Praxis wohl keine Anwendung finden. Es reicht für die Einstellung nämlich nicht, wenn der Insolvenzverwalter als Schuldner die Verwaltung und Nutzung entzogen bekommt und damit seine Verwaltungs- und Verfügungsbefugnisse geschmälert sind. Es muss die vorrangige Grundstücksnutzung für Zwecke der Insolvenzmasse wirtschaftlich sinnvoll sein und glaubhaft gemacht werden (*Stöber* ZVG § 153b ZVG Rn. 4.1). Diese Voraussetzungen werden in einem einfach gelagerten Verbraucherinsolvenzverfahren kaum von Bedeutung sein.

Voraussetzung für die einstweilige Einstellung ist zunächst, dass sowohl das Insolvenz- als auch das Zwangsverwaltungsverfahren eröffnet bzw. angeordnet sind. Unerheblich ist dabei, welches Verfahren zuerst eröffnet wurde und ob das Zwangsverwaltungsverfahren für einen persönlichen oder einen dinglichen Gläubiger läuft. Der Antrag ist weder an eine bestimmte Frist noch an eine bestimmte Form gebunden.

Voraussetzung ist ferner, dass eine wirtschaftlich sinnvolle Nutzung der Insolvenzmasse durch die Fortsetzung der Zwangsverwaltung wesentlich erschwert wird. Eine wesentliche Erschwerung einer wirtschaftlich sinnvollen Nutzung der Insolvenzmasse liegt vor, wenn durch die Fortführung der Zwangsverwaltung ein zulässiges Verwertungskonzept zu scheitern droht (vgl. Kübler/Prütting/Bork/*Kemper* § 165 Rn. 56 ff.). Dies ist insbesondere dann der Fall, wenn die Bemühungen des Insolvenzverwalters zur Erhaltung und Fortführung des Betriebes durch die gleichzeitig laufende Zwangsverwaltung gefährdet werden, zB wenn die Vermietung des Grundstücks an einen Dritten geplant ist und damit eine vorzeitige Betriebsstilllegung droht. Ebenfalls geboten sein kann die einstweilige Einstellung, wenn der Insolvenzverwalter mit potentiellen Käufern verhandelt.

2. Insolvenz. Gläubiger, denen ein Recht auf Befriedigung aus dem Grundstück zusteht, also dingliche Gläubiger, sind nach Eröffnung des **Insolvenzverfahrens** über das Vermögen des Schuldners gem. § 49 InsO zur abgesonderten Befriedigung berechtigt. Sie können das Verfahren der Zwangsverwaltung also auch noch nach Einleitung des Insolvenzverfahrens beantragen. Erfolgte die Beschlagnahme im Rahmen der Zwangsverwaltung vor Insolvenzeröffnung, so läuft das Zwangsverwaltungsverfahren gegen den Insolvenzverwalter weiter (§ 80 Abs. 2 S. 2 InsO). Soll die Zwangsverwaltung zugunsten eines absonderungsberechtigten Gläubigers nach Eröffnung des Insolvenzverfahrens angeordnet werden, muss der Gläubiger einen gegen den Insolvenzverwalter gerichteten Titel vorlegen, §§ 727, 750 Abs. 3 ZPO, da der Insolvenzverwalter an die Stelle des Eigentümers und Insolvenzschuldners tritt.

Damit die Zwangsverwaltung zugunsten eines **persönlichen Gläubigers** weiterlaufen kann, muss die Beschlagnahme im Zwangsverwaltungsverfahren (rechtzeitig) vor Insolvenzeröffnung bewirkt worden sein, vgl. § 80 Abs. 2 S. 2 InsO. Das Verfahren läuft gegen den Insolvenzverwalter weiter. Aufgrund der Rückschlagsperre des § 88 InsO gilt dies jedoch nicht, wenn die Beschlagnahme in der Zwangsverwaltung erst innerhalb eines Monats vor dem Antrag auf Insolvenzeröffnung bewirkt wurde (§ 88 Abs. 1 InsO). Im Verbraucherinsolvenzverfahren beträgt die Frist drei Monate (§ 88 Abs. 2 InsO). Jede Beschlagnahme die ein persönlicher Gläubiger in der Zwangsverwaltung innerhalb dieser Fristen (ein Monat/drei Monate) vor dem Antrag auf Insolvenzeröffnung erwirkte, wird mit der Eröffnung des Insolvenzverfahrens unwirksam mit der Folge, dass das Verfahren nach §§ 146 Abs. 1, 28 Abs. 2 und 1 ZVG aufgehoben wird.

3. Zuständigkeit. → Form. J. IX. 1 Anm. 2.

4. Aufhebungsgrund. Da das Verfahren der Zwangsverwaltung im Gläubigerinteresse durchgeführt wird, ist zur Fortsetzung des Verfahrens regelmäßig ein Antrag des Gläubigers erforderlich. Die Aufhebungsgründe (Wegfall der Voraussetzung für die Einstellung, Nichteinhaltung der Zahlungsauflagen durch den Insolvenzverwalters sowie die Zustimmung des Insolvenzverwalters zur Aufhebung der einstweiligen Einstellung) sind in § 153c ZVG abschließend geregelt.

5. Der Gläubiger hat die Gründe, aufgrund derer die Aufhebung der einstweiligen Einstellung erfolgen soll, glaubhaft zu machen. Der Gläubiger muss die Änderung der tatsächlichen Verhältnisse darlegen und das Vollstreckungsgericht muss über die Gründe, die zur Einstellung des Verfahrens geführt haben, neu entscheiden und diese vorab prüfen.

Beantragt der Gläubiger die Aufhebung der einstweiligen Einstellung, weil der Insolvenzverwalter der gem. § 153b Abs. 2 ZVG angeordneten Zahlungsauflage nicht nachkommt, so wird ihm vielfach nicht möglich sein, dies glaubhaft zu machen. Aufgrund der gesetzlichen Beweislastregelungen muss in diesem Fall der Insolvenzverwalter die für ihn günstige Tatsache, hier die rechtsvernichtende Einwendung der Erfüllung, beweisen und nicht der Gläubiger (*Haarmeyer/Wutzke/Förster/Hintzen* § 152c Rn. 4). Der Insolvenzverwalter ist vor der Entscheidung des Gerichts zu hören, § 153c Abs. 2 S. 1 ZVG.

Bei Aufhebung des Insolvenzverfahrens enden die Wirkungen der einstweiligen Einstellung automatisch, sofern das Zwangsverwaltungsverfahren weiter läuft. In diesem Falle bedarf es keines gesonderten Aufhebungsbeschlusses auch wenn dieser aus deklaratorischen Gründen sinnvoll sein kann.

6. Kosten und Gebühren. Gesonderte Gerichtsgebühren entstehen für die Entscheidung nicht. Die Tätigkeit des Gerichts ist mit der Verfahrensgebühr (Nr. 2221 KV GKG) abgegolten. Der Verfahrensbevollmächtigte des Gläubigers erhält für seine Tätigkeit im Verfahren über Anträge auf einstweilige Einstellung oder Beschränkung der Zwangsvollstreckung und einstweilige Einstellung des Verfahrens eine 0,4 Verfahrensgebühr nach Nr. 3311 Nr. 6 VV RVG. Der Gegenstandswert in der Zwangsverwaltung richtet sich nach § 27 RVG.

7. Rechtsmittel. Der Gläubiger kann gegen einen ablehnenden Beschluss das Rechtsmittel der sofortigen Beschwerde mit einer Notfrist von 2 Wochen gem. §§ 146 Abs. 1, 95 ZVG, 793, 567 Abs. 1 Nr. 1, 569 Abs. 1 ZPO einlegen. Gleiches gilt für den Insolvenzverwalter, wenn dem Aufhebungsantrag stattgegeben wurde.

9. Rücknahme des Antrags auf Anordnung der Zwangsverwaltung

An das

Amtsgericht . . . . .

– Vollstreckungsabteilung –

In der Zwangsverwaltungssache

. . . . . [Gläubiger]

Antragsteller,

(vertreten durch . . . . .)

gegen

. . . . . [Schuldner]

Antragsgegner,

Az. . . . . .

nehmen wir unseren Antrag vom . . . . . auf Anordnung der Zwangsverwaltung vollumfänglich[1, 2] zurück.[3]

. . . . .

Rechtsanwalt[4, 5]

Anmerkungen

1. Das Verfahren ist aufzuheben, wenn der Zwangsverwaltungsantrag durch den Gläubiger zurück genommen wird, §§ 161 Abs. 1 und 4, 29 ZVG. Die Aufhebung erfolgt nur gegenüber dem Gläubiger, der den Antrag zurückgenommen hat. Nur wenn der einzig betreibende Gläubiger und/oder nehmen alle Gläubiger den Antrag zurücknehmen, ist das gesamte Verfahren aufzuheben. Die Rücknahmeerklärung ist unwiderruflich (vgl. *Stöber* ZVG § 161 Anm. 3.6.) sowie bedingungs- und befristungsfeindlich (vgl. *Eickmann* § 6 VI 2). Die Erklärung der Rücknahme des Antrags ist eine Verfahrenshandlung und kann schriftlich oder zu Protokoll der Geschäftsstelle erklärt werden.

Die herrschende Meinung, wonach der Antragsrücknahme konstitutive Wirkung zukommt und die Beschlagnahme bereits mit Eingang der Rücknahmeerklärung bei Gericht endet (*Stöber* ZVG § 161 Anm. 2.3; *Depré/Mayer* Rn. 320), ist spätestens mit der Neufassung des § 12 Abs. 1 S. 1 ZwVwV überholt (*Haarmeyer/Wutzke/Förster/Hintzen* § 12 ZwVwV Rn. 4 und 7, aber widersprüchlich unter § 161 Rn. 10). Gem. § 12 Abs. 1 S. 1 ZwVwV erfolgt die Beendigung der Verwaltung mit dem gerichtlichen Aufhebungsbeschluss. Nach richtiger Auffassung kann auch die Beschlagnahme erst zu diesem Zeitpunkt enden. Eine andere Auffassung würde zu einem künstlichen, aus dem Gesetz nicht erkennbaren und unnötigen Auseinanderfallen von Beschlagnahme und Beendigung der Verwaltung fallen. Dem steht auch nicht, wie von *Depré/Mayer* (Rn. 321a) angeführt, entgegen, dass der Verordnungsgeber in § 152a ZVG keine Befugnis erhalten hat, Fragen der Beschlagnahme zu regeln. Insofern kommt § 12 ZwVwV lediglich klarstellende Bedeutung zu. Regelungen werden diesbezüglich ausschließlich hinsichtlich der mit der Beschlagnahme verbundenen Aufgaben des Zwangsverwalters getroffen. Denn § 12 Abs. 1 ZwVwV nimmt insofern nur auf die ohnehin nach diesseitiger Auffassung richtige

Meinung Bezug, die von *Eickmann* (§ 41 II 2e) bereits vor Inkrafttreten der neuen ZwVwV und der Neufassung des § 12 Abs. 1 ZwVwV überzeugend dargelegt wurde, und wonach sich die konstitutive Wirkung der Antragsrücknahme nicht aus dem Gesetz herleiten lässt. Damit kann aber auch § 12 ZwVwV keine Regelungsbedeutung zukommen. Unabhängig vom Meinungsstand hat der Zwangsverwalter nach allen Meinungen die Bearbeitung erst einzustellen, wenn ihm ein gerichtlicher Aufhebungsbeschluss zugegangen ist (so BGHZ 117, 218 = NJW 2008, 3067). Zur Abwicklungstätigkeit des Zwangsverwalters nach Verfahrensaufhebung → Form. J. IX. 23 Anm. 1 und → Form. J. IX. 23 Anm. 2.

2. Der Gläubiger kann seine Antragsrücknahme beschränken, so dass einzelne, bestimmt bezeichnete Gegenstände in der Zwangsverwaltung verbleiben. Der Aufhebungsbeschluss ist entsprechend zu formulieren und muss die Einschränkungen aufnehmen (vgl. BGH Rpfleger 2003, 458). Bei entsprechender Ermächtigung im Aufhebungsbeschluss kann der Verwalter von ihm eingeleitete Zahlungsprozesse fortführen und in gleicher Weise beschlagnahmte Ansprüche auch neu einklagen (vgl. *Stöber* ZVG § 161 Anm. 7. 1.) Die Beschränkung der Antragsrücknahme sollte vor dem Hintergrund erfolgen, dass bei Beendigung des Verfahrens durch Antragsrücknahme sämtliche, nach Abzug der Verfahrenskosten und der Ausgaben der Verwaltung, verbleibenden Überschüsse allein dem Vollstreckungsschuldner zustehen (vgl. *Haarmeyer/Wutzke/Förster/Hintzen* § 161 Rn. 16).

Neben der beschränkten Antragsrücknahme hat der Gläubiger die Möglichkeit, sich die verbleibenden Überschüsse durch Abschluss einer Abtretungsvereinbarung mit dem Schuldner vor Rücknahme des Antrags zu sichern. Sofern sowohl die beschränkte Antragsrücknahme, als auch der Abschluss der Abtretungsvereinbarung verpasst wurden, ist schnelles Handeln durch den Gläubiger gefordert. Möglich ist, die aus der Zwangsverwaltung resultierenden Überschüsse durch Pfändung zu sichern, → Form. I. VII. 137. Die Pfändung hat dem Zwangsverwalter allerdings vor Auskehrung des Überschusses an den Schuldner zuzugehen. Sinnvoll ist es deshalb, vorab ein vorläufiges Zahlungsverbot an den Zwangsverwalter zustellen zu lassen oder den Zwangsverwalter direkt telefonisch um Rückstellung der Auskehrung an den Schuldner zu bitten.

3. Neben der Antragsrücknahme gibt es eine Vielzahl von Gründen, wegen derer das Zwangsverwaltungsverfahren aufzuheben ist. Die wichtigsten sind die Befriedigung des Gläubigers, § 161 Abs. 2 ZVG, die Nichtzahlung eines vom Gläubiger angeforderten Kostenvorschusses, § 161 Abs. 3 ZVG und die Erteilung des Zuschlags in der Zwangsversteigerung (vgl. zum Ganzen und weiteren Einzelheiten *Stöber* ZVG § 161 Anm. 3. 1. bis 3.13).

4. Kosten und Gebühren. Gerichtsgebühren für die Rücknahme des Antrags auf Anordnung der Zwangsverwaltung entstehen nicht. Die Tätigkeit des Verfahrensbevollmächtigten ist durch die 0,4 Verfahrensgebühr nach Nr. 3311 VV RVG abgegolten.

5. Rechtsmittel. Es dürfte unwahrscheinlich sein, dass das Vollstreckungsgericht trotz Antragsrücknahme keinen Aufhebungsbeschluss erlässt. Bei Untätigkeit des Gerichts kann der Gläubiger mit der sofortigen Beschwerde nur bei einer förmlichen Ablehnung der Tätigkeit durch das Gericht vorgehen; ansonsten besteht nur die Möglichkeit der Verzögerungsrüge gem. § 198 Abs. 3 GVG (vgl. *Zöller/Heßler* § 567 Rn. 21, → Form. Q. II. 5).

10. Anschreiben an Mieter

An

. . . . . [Mieter]

Az. . . . . .

Anordnung der Zwangsverwaltung/Bestellung zum Zwangsverwalter

Sehr geehrter Mieter,

in vorbezeichneter Angelegenheit teile ich mit, dass durch Beschluss[1] des AG . . . . . vom . . . . . zu Az. . . . . . die Zwangsverwaltung über das im Grundbuch von . . . . ., Band . . . . ., Blatt . . . . . unter der lfd. Nr., ... des Bestandsverzeichnisses, Flurstück . . . . ., mit einer Größe von . . . . . qm, eingetragene Grundstück angeordnet und der Unterzeichnende zum Zwangsverwalter bestellt wurde. Eine Kopie der Bestallungsurkunde[2] erhalten Sie als Anlage beigefügt.

Dem Eigentümer und bisherigen Berechtigten (Schuldner) wird dadurch vollumfänglich die Verwaltung[3] des Grundbesitzes entzogen, ebenso verliert er die Befugnis, Mieten einzuziehen. Diese Aufgaben obliegen nunmehr dem Zwangsverwalter.[4]

Als Mieter[5] darf ich Sie bitten, die Miete ab sofort (Nettomiete zzgl. Nebenkostenvorauszahlung sowie ggf. Umsatzsteuer) unter Angabe des Aktenzeichens . . . . . durch Zahlung auf das Verwalter-Anderkonto[6] IBAN . . . . . bei der . . . . ., BIC . . . . . auszugleichen.

Ich weise Sie darauf hin, dass Sie ab Kenntnis der Zwangsverwaltung gem. §§ 146 Abs. 1, 22 Abs. 2 S. 2 ZVG mit schuldbefreiender Wirkung nur noch an den Zwangsverwalter zahlen dürfen. Bei Nichtbeachten besteht die Gefahr der Doppelzahlung, ohne dass Sie von Ihrer Zahlungspflicht befreit sind. Diese Regelungen zur Verwaltung und Zahlung der Miete bleiben bis zur Aufhebung des Zwangsverwaltungsverfahrens bestehen. Sie werden unaufgefordert über relevante Änderungen entsprechend informiert.

Zur ordnungsgemäßen Verwaltung bitte ich um Erteilung folgender Informationen und Übersendung entsprechender Unterlagen in Kopie:

- Mietvertrag
- Schriftverkehr zu eventuell vereinbarten Mietminderungen
- Sonstige Zusatzvereinbarungen[7]
- Nachweis über Kautionszahlung[8]
  Nachweis über Mietzahlung der letzten 12 Monate (von . . . . . bis . . . . .)[9]

Sofern Ihnen dies bekannt ist, teilen Sie mir bitte außerdem mit, ob und in welcher Höhe von Ihnen Baukostenzuschüsse geleistet wurden. Falls Besonderheiten in Bezug auf das Objekt oder die von Ihnen genutzten Räumlichkeiten bekannt sind, sollten Sie diese benennen. Das fördert einen ordnungsgemäßen Ablauf der Verwaltung und der Zwangsverwalter wird in die Lage versetzt, ggf. umgehend auf etwaige Missstände einzuwirken.

Für die Übersendung des Mietvertrages, relevanter Unterlagen und die Erteilung weiterer Informationen habe ich mir erlaubt, den . . . . . vorzumerken. Ich danke vorab für Ihre Bemühungen.

. . . . .

Zwangsverwalter

Anmerkungen

1. Die Zwangsverwaltung beginnt nach Antragstellung des Gläubigers mit einem Anordnungsbeschluss des Vollstreckungsgerichts. Die Vorschriften über die Anordnungen der Zwangsversteigerung sind dabei entsprechend anzuwenden (§ 146 Abs. 1 ZVG). → Form. J. IX. 1.

2. Der Zwangsverwalter erhält gem. § 2 ZwVwV als Ausweis eine Bestallungsurkunde. Der Inhalt dieser Bestallungsurkunde beschränkt sich aufgrund datenschutzrechtlicher Gründe auf das Objekt der Zwangsverwaltung, den Namen des Schuldners, das Datum der Anordnung sowie die Person des Verwalters. Die Bestallungsurkunde selbst hat nur deklaratorische Bedeutung, da Vollstreckungstitel der Anordnungsbeschluss selbst ist (vgl. zur Vollstreckung aus dem Anordnungsbeschluss → Form. J. V. 1). Sie dient jedoch der Legitimation des Zwangsverwalters gegenüber Gerichten, Behörden, den Beteiligten des Verfahrens und zur Erleichterung des Nachweises seiner Bestellung (vgl. *Stöber* ZVG § 150 Anm. 2.7). Trotzdem bewirkt die Bestallungsurkunde keinen Gutglaubensschutz, dh sie begründet keinen Rechtsschutz für einen gutgläubigen auf die Fortdauer der Verwalterbestellung vertrauenden Dritten. Aus diesem Grund sind die Bestallungsurkunde sowie der Anordnungsbeschluss bei Beendigung der Verwaltertätigkeiten zurückzugeben, vgl. § 12 Abs. 2 S. 2 ZwVwV.

3. Anordnungs- und Beitrittsbeschluss gelten als Beschlagnahme zugunsten des betreibenden Gläubigers, §§ 146 Abs. 1, 27 Abs. 2, 20 Abs. 1 ZVG, und wirken als relatives Veräußerungsverbot, §§ 146 Abs. 1, 23 ZVG. Dem Schuldner ist die Verwaltung und Benutzung des Grundstücks ganz entzogen, § 148 Abs. 2 ZVG (*Stöber* ZVG § 146 Anm. 5.3.).

4. Die **Rechtsstellung des Zwangsverwalters** ist seit der Geltung des ZVG umstritten, wobei sich die **Amtstheorie** als herrschende Meinung herauskristallisiert hat. Danach ist der Zwangsverwalter ein besonderes Rechtspflegeorgan, ein Vertrauensmann des Gerichts wie ein Sequestor oder staatlicher Beauftragter, der selbständig im eigenen Namen und aus eigenem Recht das beschlagnahmte Vermögen des Schuldners für dessen Rechnung verwaltet und damit ein vom Gesetz übertragenes Amt ausübt. Der Zwangsverwalter ist Partei kraft Amtes (vgl. zu den weiteren Theorien *Stöber* ZVG § 152 Anm. 2.2.). Der Zwangsverwalter hat gem. § 152 ZVG das **Recht und die Pflicht** alle Handlungen vorzunehmen, die erforderlich sind, um das Grundstück in seinem wirtschaftlichen Bestand zu erhalten und ordnungsgemäß zu benutzen. Er hat die Ansprüche, auf welche sich die Beschlagnahme erstreckt, geltend zu machen und die für die Verwaltung entbehrlichen Nutzungen in Geld umzusetzen. Dabei ist der Zwangsverwalter den Beteiligten, § 9 ZVG, des Zwangsverwaltungsverfahrens gegenüber für die Erfüllung der ihm obliegenden Verpflichtungen verantwortlich, § 154 Abs. 1 ZVG. Der Zwangsverwalter handelt selbständig gem. § 1 Abs. 1 S. 1 ZwVwV. Er muss wie ein Eigentümer tätig sein und die Verwaltung so durchführen, wie sie ein sparsamer, ordentlicher, wirtschaftlicher Eigentümer führen würde, der ständig bemüht bleibt, seine Gläubiger zu befriedigen (vgl. OLG Nürnberg KTS 1966, 114). Der Zwangsverwalter ist an Wünsche und Anregungen der Beteiligten nicht gebunden, bindend für ihn sind aber die vom Gericht erteilten Weisungen. Maßstab für das Handeln des Zwangsverwalters und dessen Wirtschaftlichkeit ist das „pflichtgemäße Ermessen", § 1 Abs. 1 ZwVwV. Der Zwangsverwalter agiert im eigenen Namen und aus eigenem Recht, erwirbt jedoch nicht die Rechte des Schuldners. Für Zwangsverwaltungsverbindlichkeiten haftet er nicht mit seinem eigenen Vermögen, § 154 ZVG, er kann jedoch bei Pflichtverletzungen den Beteiligten gegenüber persönlich haften.

5. Der Zwangsverwalter hat zu seiner eigenen Absicherung zwingend sämtliche Mieter und Pächter des Objektes über die Anordnung der Zwangsverwaltung zu informieren. Die Mieterinformation hat mehrere Funktionen, weswegen die Verpflichtung zur Information der Mieter/Pächter in § 4 ZwVwV vom Gesetzgeber explizit geregelt wurde.

Vorrangig trägt § 4 ZwVwV der Besonderheit der Zwangsverwaltung gegenüber der Zwangsversteigerung Rechnung, wonach durch die Beschlagnahme im Rahmen der Zwangsverwaltung neben dem Grundstück samt Zubehör auch die Miet- und Pachtforderungen sowie andere mit dem Grundstück verbundene Forderungen erfasst werden. Von einem Zwangsverwaltungsverfahren sind also in der Regel auch Drittschuldner betroffen, die von der Beschlagnahme Kenntnis erlangen müssen, damit sie ihnen gegenüber wirkt. Erforderlich ist eine zügige Unterrichtung, da wegen §§ 146 Abs. 1, 148 Abs. 1, 20 Abs. 2, 21 Abs. 2 ZVG, 1123 Abs. 2 S. 1 BGB Schuldner von Mieten und Pachten allein durch Zeitablauf (1 Jahr) von ihren Rückständen gegenüber den dinglichen Gläubigern frei werden, wenn nicht zuvor die Beschlagnahme erfolgt ist (BGH WM 1968, 947; Palandt/*Bassenge* § 1123 Rn. 3). Eine Form für die Unterrichtung ist nicht vorgeschrieben, aus Beweisgründen sollte die Schriftform eingehalten werden. Die Zustellung sollte an anwesende Mieter/Pächter durch Übergabe und an Abwesende durch Einwurf in den Briefkasten erfolgen. Der Zeitpunkt sowie die Art,der Zustellung sollte dokumentiert werden. Eine Unterrichtung der Mieter/Pächter durch Einschreiben/Rückschein ist nicht zuverlässig, da nicht übergebene und nicht von der Post abgeholte Einschreiben durch die Post an den Absender zurückgegeben werden, ohne dass dann der Zugang dokumentiert ist (dies war in der älteren Vorschrift noch vorgegeben; vgl. *Haarmeyer/Wutzke/Förster/Hintzen* § 3 ZwVwV Rn. 15). Der Zwangsverwalter sollte sich deutlich machen, dass kaum ein Mieter über die Zwangsverwaltung, geschweige denn Einzelheiten Bescheid weiß. So sollte das Anschreiben an den Mieter möglichst klar formuliert sein. So kann darauf verzichtet werden, dass der Mieter sich ausdrücklich schriftlich bereit erklärt, die Mieten auf das Verwalter-Anderkonto zu zahlen, wenn er seine Zahlungsbereitschaft konkludent durch Zahlung der Miete erklärt. Nur in Ausnahmefällen wird es notwendig sein, ein gerichtliches Zahlungsverbot zu beantragen. Der Zwangsverwalter kann den oder die Mieter im Rahmen der Inbesitznahme informieren.

Da der Zwangsverwalter in die Rechtsposition des Schuldners eintritt, erlangt er bei Überlassung des Grundstücks aufgrund von Miet- oder Pachtverträgen nur den mittelbaren Besitz gem. § 868 BGB. Der mittelbare und der unmittelbare Besitz stehen dabei jedoch gem. §§ 854, 868, 871 BGB als gleichwertige Besitzformen nebeneinander (zu den weiteren Möglichkeiten der Inbesitznahme durch den Zwangsverwalter → Form. J. IX. 17 Anm. 1).

6. Gem. § 13 Abs. 2 ZwVwV hat der Zwangsverwalter für jede Zwangsverwaltung ein gesondertes Treuhandkonto einzurichten und darüber den Zahlungsverkehr zu führen. Ist der Zwangsverwalter ein Rechtsanwalt, so kann er das Treuhandkonto auch als **Rechtsanwaltsanderkonto** führen. Kontoinhaber ist der Zwangsverwalter persönlich, der insoweit als Treuhänder für die jeweilige Masse auftritt. Der Bestand auf dem Treuhandkonto ist unpfändbar (*Hintzen/Förster* Rpfleger 2001, 399). Pfändbar dagegen ist der Auszahlungsanspruch des Schuldners gegen den Zwangsverwalter als Treuhänder, der zB bei Rücknahme des Antrages auf Zwangsverwaltung entstehen kann (→ Form. J. IX. 9 Anm. 2).

7. Besonderheiten ergeben sich, wenn von den Parteien des Mietvertrages vereinbart wurde, dass die Miete im Voraus zu entrichten ist. Es ist jedoch bereits gesetzlich geregelt, bestimmt, dass sich die Befreiung gemäß den §§ 146 Abs. 1, 2, 148 Abs. 1, 20 Abs. 2, 21

Abs. 2 ZVG, 1123 Abs. 2 S. 1 u. 2 BGB nicht auf die Miete oder Pacht für eine spätere Zeit als den zur Zeit der Beschlagnahme laufenden Kalendermonat erstreckt.

Sollte die Beschlagnahme nach dem 15. Tag des Monats erfolgen, so erstreckt sich die Befreiung auch auf den Miet- oder Pachtzins für den folgenden Kalendermonat. Das bedeutet, dass bei Abschluss eines 5-Jahres-Vertrages mit Vereinbarung der Zahlung der Miete für den gesamten Zeitraum zu Beginn des Mietverhältnisses sich der Mieter/Pächter nicht darauf berufen kann, dass er für den gesamten weiteren Zeitraum der Beschlagnahme aufgrund Zeitablaufs von der Mietzahlungspflicht befreit ist. Vielmehr hat er die nach Beschlagnahme des laufenden Monat fällige Miete zu leisten bzw. bei Beschlagnahme nach dem 15. des Monats die Miete für den darauf folgenden Kalendermonat.

Interessanter und häufiger anzutreffen sind **Vorausverfügungen** über Miete oder Pacht. Gem. §§ 146 Abs. 1, 148 Abs. 1, 20 Abs. 2, 21 Abs. 2 ZVG, 1124 Abs. 2 BGB werden aufgrund des mit der Beschlagnahme verbundenen relativen Veräußerungsverbots alle Vorausverfügungen über die Miete oder Pacht für eine spätere Zeit als den laufenden Kalendermonat gegenüber dem betreibenden Gläubiger unwirksam. Die Unwirksamkeit tritt jedoch nicht ein, wenn der betreffende Gläubiger auf die Einziehung verzichtet, die Verfügung genehmigt oder die Beschlagnahme aufgehoben wird (§ 8 ZwVwV).

8. Seit der ersten, zu Beginn heftig umstrittenen, Entscheidung des BGH (Rpfleger 2003, 678) hat der Zwangsverwalter nach Beendigung des Mietverhältnisses eine vor der Beschlagnahme an den Grundstückseigentümer geleistete **Kaution** auch dann an den Mieter auszuzahlen, wenn der Vermieter die Sicherheit nicht an den Zwangsverwalter ausgehändigt hat. Der BGH begründet die Erfüllungsverpflichtung unter anderem mit dem Wortlaut des § 152 Abs. 2 ZVG. Danach tritt der Zwangsverwalter in gültige Mietverträge in vollem Umfang mit der Folge der umfassenden Erfüllungsverpflichtung ein, wozu auch die Rückzahlung der Kaution gehöre. Diese Entscheidung wird von Schriftform vorwiegend zu recht kritisiert (vgl. *Haarmeyer/Wutzke/Förster/Hintzen* § 155 Rn. 11 mit stichhaltigen Argumenten).

Für den Zwangsverwalter bedeutet dies, dass er alles ihm Mögliche unternehmen muss, um die Kautionen in seinen Besitz zu bekommen. Befinden sich die Kautionen im Besitz des Schuldners, so kann er direkt aus dem Anordnungsbeschluss unter Zuhilfenahme des Gerichtsvollziehers die Herausgabe vollstrecken. Etwas anders stellt sich die Sachlage dar, wenn sich die Unterlagen im Besitz einer Hausverwaltung befinden und diese – aufgrund etwaiger Personennähe zum Schuldner – nicht zur Herausgabe bereit ist und die Zusammenarbeit verweigert. In diesem Falle wird der Zwangsverwalter zunächst eine Klage zum Gericht auf Herausgabe erheben müssen, um danach den Titel vollstrecken zu können. Der Anordnungsbeschluss an sich ermächtigt nicht zur Vollstreckung gegen andere Personen als den Schuldner. Für Ansprüche aus vor der Beschlagnahme beendeten Mietverträgen haftet der Zwangsverwalter nicht. Durch die Beschlagnahme tritt er in die Mietverträge des Objekts ein, allerdings müssen diese auch noch zum Zeitpunkt der Anordnung der Zwangsverwaltung bestehen (BGH NJW-RR 2006, 1021).

9. Der Zwangsverwalter hat zu prüfen, ob der Mieter/Pächter die Miete/Pacht der letzten 12 Monate vor Beschlagnahme ordnungsgemäß erbracht hat. Gem. §§ 146 Abs. 1, 148 Abs. 1, 20 Abs. 2, 21 Abs. 2 ZVG, 1123 Abs. 1 BGB erstreckt sich die Beschlagnahme auch auf die Miet- oder Pachtforderungen des Grundstücks. Gem. § 1123 Abs. 2 S. 1 BGB werden die Forderungen nach Ablauf eines Jahres seit Fälligkeit von der Beschlagnahme frei. Dies bedeutet, dass Forderungen, die älter als 12 Monate sind, der Beschlagnahme nicht mehr unterliegen. Damit hat der Zwangsverwalter alle Forderungen geltend zu machen, die noch bestehen, sofern der Gläubiger nicht gem. § 8 ZwVwV auf die Rechtsverfolgung verzichtet hat.

11. Informationsschreiben an Versorgungsträger/Kommune

An

..... [Versorgungsträger[1, 2]/Kommune[3]]

Ihr Zeichen: .....

Objekt:. ....; Az. .....

Sehr geehrte Damen und Herren,

in vorbezeichneter Angelegenheit teile ich mit, dass durch Beschluss des AG ..... vom ..... zu Az. ..... die Zwangsverwaltung über das im Grundbuch von ....., Band ....., Blatt ..... unter der lfd. Nr., ... des Bestandsverzeichnisses, Flurstück ....., mit einer Größe von ..... qm, eingetragene Grundstück angeordnet und der Unterzeichnende zum Zwangsverwalter bestellt wurde. Eine Kopie der Bestallungsurkunde erhalten Sie als Anlage beigefügt.

Es steht im Ermessen des Zwangsverwalters, ob er die vom Schuldner abgeschlossenen Verträge fortführt. Wir bitten aus diesem Grund um Übersendung des zwischen Ihnen und dem Schuldner abgeschlossenen Vertrags zur Prüfung.

(Alternative Kommune:

Der Zwangsverwalter hat nur für die laufenden Forderungen einzustehen, die ab Beschlagnahme des zwangsverwalteten Objektes anfallen. Für wiederkehrende Leistungen gilt der letzte vor der Beschlagnahme fällig gewordene Betrag, §§ 146 Abs. 1, 13 Abs. 1 ZVG. Es wird gebeten, einen entsprechenden Bescheid zu übersenden.)

.....

Zwangsverwalter

Anmerkungen

1. Der Zwangsverwalter hat gem. § 4 S. 1 ZwVwV alle von der Verwaltung betroffenen Dritten unverzüglich über die Anordnung der Zwangsverwaltung zu informieren. Zu den Dritten zählen die Vertragspartner (zB Versorgungsträger), die Kommune (Grundsteuer), das Finanzamt (Zahlung etwaiger Umsatzsteuer), laufende Versicherungen (Eruierung des Versicherungsschutzes) sowie alle sonstigen.

2. Der Zwangsverwalter tritt, mit Ausnahme bestehender Miet- und Pachtverträge, vgl. § 152 Abs. 2 ZVG, nicht in die vom Schuldner vor Wirksamwerden der Beschlagnahme abgeschlossenen Verträge ein. Er ist nicht der Rechtsnachfolger des Schuldners. Es steht im Ermessen des Zwangsverwalters, ob er bestehende Verträge fortsetzt. Der Zwangsverwalter hat zu prüfen, ob die Fortsetzung der Erhaltung des wirtschaftlichen Bestandes des Grundstücks dient. Unwirtschaftliche Verträge sind nicht fortzuführen. Entscheidet sich der Zwangsverwalter zur Fortführung eines Vertrages, so kann er hieran weder vom Vertragspartner noch vom Schuldner gehindert werden (vgl. *Stöber* ZVG § 152 Anm. 7. 1; *Papke* BB 1968, 797).

3. Die Kommune ist zu Beginn jeder Zwangsverwaltung anzuschreiben, da die laufenden Beträge der öffentlichen Lasten von dem Zwangsverwalter ohne weiteres Verfahren zu berichtigen sind, vgl. §§ 156 Abs. 1 ZVG, 11 Abs. 1 ZwVwV. Öffentlich-rechtliche Lasten sind alle persönlichen, sachlichen und finanziellen Leistungen, die dem Bürger zu Gunsten der Allgemeinheit auferlegt werden (BGH MDR 1971, 205). Öffentliche Grundstückslasten sind öffentlich-rechtliche Ansprüche, für die neben dem Grundstückseigentümer das Grundstück haftet. Diese müssen in den für die Abgabe maßgebenden Bundes- oder Landesgesetzen (Kommunalabgabengesetze der Länder) als öffentliche Last bezeichnet sein oder es muss sich durch eine gesetzliche Regelung die (Mit-)Haftung des Grundstücks eindeutig ergeben (BGH Rpfleger 1988, 541; MDR 1971, 205; *Haarmeyer/Wutzke/Förster/Hintzen* § 11 Rn. 5).

Laufende Beträge wiederkehrender Leistungen sind der letzte vor der Beschlagnahme fällig gewordene Betrag sowie die später fällig werdenden Beträge, § 13 Abs. 1 S. 1 ZVG. Die älteren Beträge sind Rückstände, § 13 Abs. 1 S. 2 ZVG. Der Zwangsverwalter hat damit auch noch den letzten vor der Beschlagnahme fällig gewordenen Betrag (zB Grundsteuer) zu leisten.

Vor Begleichung der Ansprüche hat der Zwangsverwalter zu prüfen, ob diese tatsächlich als öffentlich-rechtlich zu qualifizieren sind. Insbesondere die vormals fast überwiegend öffentlich-rechtlichen Versorgungsleistungen wurden in der Vergangenheit sehr häufig privatisiert, so dass sie damit zwar zu den Ausgaben der Verwaltung zählen können, nicht aber zu den öffentlichen Grundstückslasten. Zählen die privatrechtlichen Forderungen, auch nicht zu den Ausgaben der Verwaltung, kann auf sie nur aufgrund eines Teilungsplans geleistet werden. Ferner zu beachten ist, dass die laufenden Beträge der öffentlichen Lasten erst nach den Ausgaben der Verwaltung und nach den Kosten des Verfahrens bezahlt werden dürfen. Manche Gerichte machen hier jedoch eine Ausnahme bei der Grundsteuer, indem sie diese mit den Ausgaben der Verwaltung gleichstellen. Damit kann auch für die Begleichung der Grundsteuer Kostenvorschuss beantragt werden. Hier empfiehlt es sich, Rücksprache mit dem Amtsgericht zu halten.

12. Schreiben an die WEG-Verwaltung

An die

. . . . . [WEG-Verwaltung]

Objekt: . . . . . MEA , Wohnung NR. . . . . ., ZV AG . . . . . Az. . . . . .

Sehr geehrte Frau/Herr . . . . .,

in vorbezeichneter Angelegenheit teile ich mit, dass durch Beschluss des Amtsgerichts . . . . . vom . . . . . die Zwangsverwaltung über das . . . . . Grundstück angeordnet und der Unterzeichnende zum Verwalter bestellt wurde. Zu Ihrer Information ist diesem Schreiben eine Kopie der Bestallungsurkunde beigefügt.

Dem Eigentümer und bisherigen Berechtigten (Schuldner) wurde dadurch vollumfänglich die Verwaltung des Grundbesitzes entzogen,[1, 2] ebenso verliert er die Befugnis Mieten einzuziehen. Diese Aufgaben obliegen nunmehr dem Zwangsverwalter.

Die ab dem Zeitpunkt der Beschlagnahme laufenden Hausgelder[3] des betreffenden Miteigentumsanteils werden zukünftig durch den Unterzeichnenden in seiner Funktion als Zwangsverwalter aus den Nutzungen des Objektes gezahlt, nicht auszugleichen sind Rückstände aus der Vergangenheit, für die der Schuldner weiterhin Verpflichteter bleibt.[4] Wir dürfen Sie bitten, sich insofern an diesen zu wenden.

Sofern im Zeitraum der Zwangsverwaltung eine Jahresabrechnung[5] erstellt wird, unterliegen eventuell hieraus resultierende Guthaben ebenfalls der Beschlagnahme. Im Falle

eines Negativsaldos ist der Verwalter verpflichtet, die Abrechnungsspitze[6] zu zahlen. Wir bitten Sie dies zu beachten.

Abschließend wird um Übersendung der zur Verfügung stehenden Unterlagen (Mietvertrag, Grundriss, Schlüssel, Versicherungsschein,[7] Wirtschaftsplan, Verwaltervertrag, letzten drei Beschlüsse der WEG, etc) und um Veranlassung der Änderung Ihrer Rechnungslegung unter Angabe unseres Aktenzeichens gebeten.

Ansprechpartner für dieses Verfahren ist für Sie Frau/Herr .....

Wir danken vorab für Ihre Bemühungen.

.....

Zwangsverwalter

Anmerkungen

1. Neben Grundstücken umfasst die Zwangsvollstreckung in das unbewegliche Vermögen auch Wohnungseigentum als besondere Art des Grundstücksbruchteilseigentums. Die Zwangsverwaltung eines Wohnungseigentums kann bei Selbstnutzung durch den Schuldner wegen § 149 ZVG erheblich eingeschränkt sein. Trotzdem ist die Zwangsverwaltung nicht schon allein deshalb unzulässig, weil in absehbarer Zeit keine Einnahmen zu erzielen sein werden. § 865 ZPO ist auf die Zwangsverwaltung nicht anwendbar, ein Rechtsschutzbedürfnis kann trotz allem gegeben sein.

2. Unterliegt der Zwangsverwaltung ein Wohnungseigentum bzw. Teileigentum, so hat der Zwangsverwalter die Rechte und Pflichten des Schuldners auszuüben. Er hat das Wohnungseigentum in seinem wirtschaftlichen Bestand zu erhalten und eine ordnungsgemäße Benutzung beizubehalten oder herbeizuführen. Dies umfasst die Geltendmachung der beschlagnahmten Ansprüche sowie die Ziehung der Nutzungen (Einzug der Miete/Pacht).

Damit hat der Zwangsverwalter auch die Befugnis, die Mitgliedschaftsrechte des Schuldners als Wohnungseigentümer wahrzunehmen. Der Aufgabenkreis des Zwangsverwalters bei der Wahrnehmung der Mitgliedschaftsrechte des Schuldners als Wohnungseigentümer bestimmt sich nach § 152 ZVG. Allgemein anerkannt ist, dass der Zwangsverwalter auch das Stimmrecht des Schuldners bei Wohnungseigentumsversammlungen ausübt, sofern die Beschlussgegenstände die Zwangsverwaltung berühren. Dies betrifft insbesondere Beschlussfassungen über Bestellung und Abberufung des WEG-Verwalters, den Wirtschaftsplan sowie die Abrechnung und Rechnungslegung. Eine weitergehende Ausdehnung der Befugnisse des Zwangsverwalters ist abzulehnen, im Zweifel jedoch an Hand des Einzelfalles und der durch § 152 ZVG vorgegebenen Kriterien, Erhaltung des wirtschaftlichen Bestands und ordnungsgemäße Benutzung des Zwangsverwaltungsobjekts, zu überprüfen.

Ist die Zwangsverwaltung über mehrere Eigentumswohnungen angeordnet wurden, so übt der Zwangsverwalter sein **Stimmrecht** für jede Wohnung getrennt aus, sofern in der Teilungserklärung das Objektprinzip (Stimmrecht nach Wohnungseigentumseinheiten) bzw. das Wertprinzip (Stimmrecht nach Miteigentumsanteilen) zur Stimmabgabe vereinbart wurden. Gehören dem Schuldner mehrere Wohnungen, nach der Teilungserklärung hat er aber nur eine Stimme (Kopfprinzip) und unterliegt der Zwangsverwaltung nur eine Wohnung des Schuldners, so kann das Stimmrecht nur gemeinsam ausgeübt werden.

3. Das **Hausgeld** ist ein Vorschuss, der von den Wohnungseigentümern entsprechend dem Wirtschaftsplan zu leisten ist. Bei der Vollstreckung in ein Wohnungseigentum sind die laufenden Beträge der daraus fälligen Ansprüche auf Zahlung der Beiträge zu den Lasten und Kosten des gemeinschaftlichen Eigentums oder des Sondereigentums, die nach §§ 16 Abs. 2, 28 Abs. 2 und 5 des WEG geschuldet werden, einschließlich der Vorschüsse und Rückstellungen sowie der Rückgriffsansprüche einzelner Wohnungseigentümer, vorweg zu zahlen, § 156 Abs. 1 S. 2 ZVG. Insoweit ist das Hausgeld mit den öffentlichen Lasten gleichgestellt (vgl. BGH NJW 2010, 1003). Das hat nicht zur Folge, dass die Forderungen der Wohnungseigentümergemeinschaft auf das laufende Hausgeld vom Zwangsverwalter nicht mehr als Ausgaben der Verwaltung zu erfüllen wären. Der BGH spricht in seiner grundlegenden Entscheidung (dazu *Hasselblatt* NJW 2010, 1003) zwei Punkte an, die die Entscheidung bereits unabhängig vom Ergebnis begrüßen und sie für die Praxis so bedeutungsvoll werden lassen. Seit der Änderung wesentlicher Vorschriften des WEG zum 1.7.2007 sowie einiger Vorschriften des ZVG waren insbesondere Gläubiger, das Vollstreckungsgericht und der jeweils eingesetzte Zwangsverwalter, mit dem Problem konfrontiert, ob Beitragszahlungen an die Eigentümergemeinschaft als Ausgaben der Verwaltung im Sinne des § 155 Abs. 1 ZVG behandelt werden sollten und damit der Zwangsverwalter ohne weiteres die Verpflichtung zur Vorabbefriedigung hat oder nicht. Dies mit der weiteren Folge, dass Vorschusszahlungen durch den Zwangsverwalter ohne weiteres beantragt werden konnten. Bei massearmen Verfahren war der Zwangsverwalter dazu quasi gezwungen, um eine persönliche Haftung zu vermeiden. Nach der Festsetzung musste der Vorschuss von der Gläubigern bedient werden, da ansonsten das Verfahren aufzuheben wäre (§ 161 Abs. 3 ZVG). Das sah die in kürzester Zeit entstandene herrschende Meinung anders.

Der andere Punkt betraf die Frage, ob das ZVG an einigen Punkten durch die WEG-Änderungen grundsätzlich geändert werden sollte. Im Ergebnis wohl nicht (auch das sah die herrschende Meinung anders). Dem BGH ist eine wichtige und praxisrelevante Klarstellung gelungen, da bei einer Verneinung der Haftung der Zwangsverwaltungsmasse bzw. der Verneinung einer Verpflichtung des Zwangsverwalters im og Sinne dafür zu sorgen, Beitragszahlungen an die Eigentümergemeinschaft abzuführen, die Durchführung vieler Zwangsverwaltungsverfahren erheblich erschwert und, was weitaus bedeutender ist, der Zielsetzung des Gesetzgebers nicht entsprochen würde. Der BGH verweist zutreffend darauf, dass wesentliche Argumente gegen eine Verpflichtung des Zwangsverwalters auf Zahlung der Hausgelder die Gesetzessystematik, die Entstehungsgeschichte des Gesetzes und der Gesetzeszweck selbst seien. Das häufigste Argument scheint bei genauem Studium der vielfältigen Literatur zu sein, dass eine Bevorzugung durch Vorschusseingehung in der Rangklasse 2 des § 10 Abs. 1 ZVG nicht dadurch weiter verstärkt werden könne, dass Hausgeldzahlungen auch über einen Vorschuss im Wege der Zwangsverwaltung gem. § 155 Abs. 1 ZVG zu bringen seien. Eine vorschussweise Befriedigung eines vorrangigen Gläubigers soll durch einen nachrangigen Gläubiger nicht erfolgen und durch die Gesetzesänderung seien die Hausgelder mit den öffentlichen Lasten gleichgestellt im Sinne des § 156 Abs. 1 S. 1 ZVG. Im Ergebnis stellt der BGH fest, dass sich durch die Änderung im Zuge der WEG-Reform die bis zu dem Inkrafttreten der Änderungen zum 1.7.2007 geltende Rechtslage, die allgemein anerkannt und mit brauchbaren Resultaten praktiziert wurde, gerade nicht grundsätzlich ändern sollte (BGH NJW 2010, 1003). Hausgelder bzw. laufende Beträge in einem Wohnungseigentum können nicht ohne weiteres mit den öffentlichen Lasten verglichen werden, zudem fehle es an einer Definition der Ausgaben der Verwaltungen als solcher (*Frohne* IGZ Info 2009, 150). Das Hausgeld ist im Ergebnis den Verwaltungsausgaben zuzuordnen, weil der Gesetzgeber die Stellung der Wohnungseigentümer in einer Gemeinschaft in der Zwangsversteigerung habe verbessern, nicht aber gleichzeitig diejenige in der Zwangsverwaltung habe verschlechtern wollen. Die vorrangige Aufnahme der Forderungen der WEG-Gemeinschaft in das Rangklassensystem des § 10 ZVG führt nicht dazu, dass das Zahlungssystem innerhalb des gesonderten Vollstreckungsverfahrens „Zwangsverwalter" geändert werden sollte. Zutreffend führt der BGH aus, dass es bis zum 13.6.2007 keinem Zweifel unterlag, dass der Zwangsverwalter bei fehlenden Erträgen der Wohnungseinheit (Immobilie) der betreibende Gläubiger die hierzu notwendigen Beträge als Vorschuss bereitzustellen hatte (sa *Haarmeyer/Wutzke/Förster/Hintzen* § 155 Rn. 5 mwN und *Depré/Mayer* Rn. 403, 407 mwN). Es ist zudem ohne Bedeutung für die Beantwortung der Frage, wenn einer Forderung in § 10 Abs. 1 Nr. 2 ZVG ein besonderer Rang zuerkannt wird, ob der Zwangsverwalter gem. § 152 Abs. 1 ZVG die Forderung als notwendig zu erfüllen hätte und ob die Kosten der Erfüllung Ausgaben der Verwaltung im Sinne von § 155 Abs. 1 ZVG sind. Bei der Beantwortung der 1. Frage geht es in erster Linie um die Erlösverteilung in der Zwangsversteigerung, in der von wesentlicher Bedeutung, ob und welche Forderungen vor anderen zu befriedigen sind.

Bei der Zwangsverwaltung ist wesentlicher Zweck die Erhaltung des Grundstücks bzw. der Immobilie. Dies ist durch entsprechende Maßnahmen sicherzustellen, die durchaus kostenträchtig für den Gläubiger sein können, Zugriff auf die laufenden Einnahmen, mit Blick in die Zukunft, aus der Bewirtschaftung des verwalteten Grundstücks zu eröffnen ist (das hat der BGH schon mehrfach zum Ausdruck gebracht (zB ZInsO 2005, 86). Das ist dem Gläubiger, der das Zwangsverwaltungsverfahren beantragt, ohnehin bewusst. Er hat die mit der Bewirtschaftung verbundenen Kosten, auch nicht aus der Nutzung des Grundstücks gezogen werden können, dem Zwangsverwalter bereit zu stellen (BGH NJW 2010, 1003; *Stöber* ZVG § 152 Anm. 18.1). Der Gläubiger kann sich dem nicht entziehen, ohne die Aufhebung des Verfahrens gem. § 161 Abs. 3 ZVG zu riskieren. Zu ergänzen ist (auch aus den Erfahrungen der Praxis), dass sich der Gläubiger sich dieser Konsequenz in der Regel nicht entziehen will und aufgrund entsprechender Vorkenntnis darauf eingestellt ist, dass derartige Kosten entstehen und zu übernehmen sind. Dem Gläubiger liegt regelmäßig an einer raschen und pragmatischen Handhabung der Vollstreckungsverfahren. Dass die Grundpfandrechtsgläubiger die Regelungs- und Rangklassenänderungen in § 10 Abs. 1 ZVG nicht gerne gesehen haben, ist nur für Zwangsversteigerungsverfahren und die Entstehensgeschichte der Vorschriften dort von Bedeutung, kann jedoch nicht für die Vorschriften im Zwangsverwaltungsverfahren wesentliche Änderungen nach sich ziehen. Insoweit ist es zutreffend, dass der Gläubiger für die Forderung im Rahmen der Zwangsverwaltung durch Zahlung aufzukommen hat, unabhängig davon, ob innerhalb des § 10 Abs. 1 ZVG ein (beschränktes) Vorrecht des anderen WEG-Gläubigers besteht (so auch *Hasselblatt* NJW 2010, 1003). Das Hausgeld ist kein dingliches Recht. Ua deshalb führt das Vorrecht der Wohnungseigentümergemeinschaft für Hausgeldrückstände in der Zwangsversteigerung nicht dazu, dass ein Erwerber von Wohnungseigentum für die Hausgeldschulden des Voreigentümers haftet. Der BGH hat entschieden, dass § 10 I Nr. 2 ZVG kein dingliches Recht begründet, obwohl Teile der Rechtsprechung und Literatur anderer Ansicht sind (Urt. v. 13.9.2013 – V ZR 209/12, NJW 2013, 3515; dazu *Schneider* ZWE 2014, 61).).

4. Der Zwangsverwalter hat grundsätzlich nur die laufenden Beträge des fälligen Hausgelds zu zahlen. Auf Rückstände darf der Verwalter keine Zahlungen erbringen. Zahlt der Zwangsverwalter versehentlich auf Rückstände aus der der Beschlagnahme vorausgehenden Zeit, so kann er die Rückzahlung aus ungerechtfertigter Bereicherung gegen die Wohnungseigentümer verlangen.

5. Der Erstattungsbeitrag aus einer nach der Beschlagnahme beschlossenen Jahresabrechnung ist dem Zwangsverwalter auch dann auszuzahlen, wenn der Schuldner vor der Beschlagnahme Beiträge zum Wohngeld geleistet hat (*Stöber* ZVG § 152 Anm. 16.3), während der Überschuss aufgrund einer vor Beschlagnahme beschlossenen Jahresabrechnung an den Schuldner auszuzahlen ist.

6. Im Falle eines Negativsaldos hat der Zwangsverwalter zu beachten, dass er lediglich zur Zahlung der **Abrechnungsspitze** verpflichtet ist (so auch OLG München NJW-Spezial 2007, 246). Da die Vorschüsse auf das Haus- bzw. Wohngeld bereits im Rahmen der Erstellung des Wirtschaftsplanes beschlossen werden, waren diese im Zeitraum vor

Anordnung der Zwangsverwaltung fällig. Im Rahmen der Jahresabrechnung darüber hinausgehende Beträge werden mit dem Beschluss zur Jahresabrechnung fällig. Mithin hat der Zwangsverwalter lediglich den Betrag zu zahlen, der bei ordnungsgemäßer Erbringung sämtlicher Vorschüsse bestehen bliebe.

7. Sofern ein Wohnungseigentumsverwalter bestellt wurde, obliegt diesem die Verwaltung des gemeinschaftlichen Eigentums, nach Maßgabe der §§ 26 bis 28 WEG. Trotzdem hat der Zwangsverwalter zu prüfen, ob der Verwalter seiner Verpflichtung, das Eigentum ordnungsgemäß zu versichern, nachgekommen ist. Kann der WEG-Verwalter nicht die ordnungsgemäße Versicherung und die Zahlung der letzten Rate nachweisen, so muss der Zwangsverwalter im Rahmen der Notverwaltung eine Versicherung zu Lasten aller Wohnungseigentümer abschließen.

13. Schreiben an den Schuldner

An den

. . . . . [Schuldner]

Objekt: . . . . . Az. ZV . . . . .; . . . . .

Sehr geehrte(r) Frau/Herr . . . . .,

durch Beschluss des Amtsgerichts . . . . . vom . . . . . , bei uns eingegangen am . . . . ., wurde über das Objekt . . . . . die Zwangsverwaltung angeordnet und der Unterzeichnende als Zwangsverwalter bestellt. Eine Kopie der Bestallungsurkunde ist diesem Schreiben als Anlage anbei.

Ihnen als Eigentümer/Schuldner[1] wird aufgrund des Beschlusses die Verfügungsgewalt über das Grundstück entzogen. Die Beschlagnahmewirkung erfasst dabei sämtliche Erträge/Mieten aus der Nutzung des Objektes. Bei Ihnen noch eingehende Zahlungen von Drittschuldnern sind ab sofort auf das nachfolgende Verwalter-Anderkonto unter Angabe des gerichtlichen Aktenzeichens zu leisten: Kontoinhaber: . . . . ., Bank . . . . ., BIC . . . . ., IBAN . . . . ., Az. . . . . .

In jedem Fall darf Ihrerseits hierüber nicht mehr verfügt werden.

Ich darf Sie weiterhin bitten, alle für eine ordnungsgemäße Verwaltung relevanten Dokumente und Unterlagen[2] wie:

Grundbuchauszüge, Abgabenbescheide, Versicherungsunterlagen, Miet- und Pachtverträge, Mieterlisten, Mieterakten, Mietkontoauszüge für den Zeitraum bis ein Jahr vor Anordnung der Zwangsverwaltung, Grundrisse, Lagepläne, Wertgutachten, Objektunterlagen etc, Abgabenbescheide, Versicherungsscheine etc dem Zwangsverwalter bis zum . . . . . zur Verfügung zu stellen und entsprechende Auskünfte im Wege eines kooperativen Miteinanders zu erteilen. Dies betrifft auch die Herausgabe von Schlüsseln für das Objekt.

Der Zwangsverwalter ist verpflichtet, das Zwangsverwaltungsobjekt insbesondere gegen Feuer-, Sturm-, Leitungswasserschäden und Haftpflichtgefahren, die vom Grundstück und Gebäude ausgehen, zu versichern, soweit dies durch eine ordnungsgemäße Verwaltung geboten erscheint. Der Zwangsverwalter hat diese Versicherung[3] unverzüglich abzuschließen, sofern Schuldner oder Gläubiger einen bestehenden Versicherungsschutz nicht innerhalb von 14 Tagen nach Zugang des Anordnungsbeschlusses schriftlich nachweisen und der Gläubiger die unbedingte Kostendeckung schriftlich mitteilt (§ 9 Abs. 3 ZwVwV).

Insoweit wird höflich um umgehenden Nachweis eines bereits bestehenden Versicherungsschutzes gebeten.

Die Inbesitznahme des zwangsverwalteten Objektes soll am ..... um ..... Uhr durchgeführt werden. Einer Teilnahme Ihrerseits sehen wir gern entgegen und bitten um telefonische Bestätigung des Termins.

.....

Zwangsverwalter

Anmerkungen

1. Der Schuldner ist zu kontaktieren und von der Anordnung der Zwangsverwaltung und dem geplanten Zeitpunkt der Inbesitznahme zu informieren. Denn der Zwangsverwalter tritt nach Herausgabe des Besitzes in die Rechtsposition des Schuldners ein. Im Falle der Vermietung bzw. Verpachtung des Grundstückes erfolgt die Inbesitznahme durch Information der Mieter/Pächter (→ Form. J. IX. 10 Anm. 5).

Bei unmittelbarem Besitz des Schuldners am Objekt hat dieser dem Zwangsverwalter den Besitz aufgrund des Anordnungsbeschlusses und der darin regelmäßig enthaltenen Ermächtigung des Zwangsverwalters zur selbständigen Besitzergreifung herauszugeben. Verwehrt der Schuldner dem Zwangsverwalter oder einem von ihm Beauftragten den Zugang, so stellt der Anordnungsbeschluss einen den Anforderungen des § 883 ZPO entsprechenden Wegnahme- und Herausgabetitel dar (LG München II Rpfleger 2002, 220; *Stöber* ZVG § 150 Anm. 5.2; *Haarmeyer/Wutzke/Förster/Hintzen* § 3 Rn. 10). Der Zwangsverwalter kann sich unter Hinzuziehung eines Gerichtsvollziehers den Zugang verschaffen und Besitz vom Objekt ergreifen. Nach allgemeiner Meinung richtet sich der Anordnungsbeschluss als Vollstreckungstitel nicht nur gegen den Schuldner als Besitzer, sondern auch gegen die Personen, die ihr Besitzrecht vom Schuldner ableiten, sofern das Besitzrecht nicht aufgrund vertraglicher Vereinbarungen mit dem Schuldner besteht (vgl. *Haarmeyer/Wutzke/Förster/Hintzen* § 150a Rn. 22). Sobald eine vertragliche Vereinbarung mit dem Schuldner existiert (zB Untermietvertrag), ist ein gesonderter Titel gegen den Dritten notwendig (herrschende Meinung, BGH NZM 1998, 665). Ist der Dritte der Ehegatte/Lebenspartner oder ein sonstiger Familienangehöriger des Schuldners, werden im Hinblick auf einen möglichen Missbrauch hohe Anforderungen an den Nachweis der vertraglichen Vereinbarung zwischen Schuldner und Dritten gestellt und der Dritte im Zweifel auf die Drittwiderspruchsklage gem. § 771 ZPO verwiesen (OLG Frankfurt a. M. Rpfleger 1989, 209; *Haarmeyer/Wutzke/Förster/Hintzen* § 150a Rn. 20). Der Anordnungsbeschluss an sich ist zur Vollstreckung bereits ausreichend, einer vollstreckbaren Ausfertigung bedarf es nicht (vgl. *Hintzen* Rpfleger 2006, 61)

2. Der Schuldner hat sämtliche für die Verwaltung erforderlichen Unterlagen herauszugeben. Sollte der Schuldner dem Aufforderungsbegehren des Zwangsverwalters nicht nachkommen und sich weigern, so hat der Zwangsverwalter mit dem Anordnungsbeschluss auch diesbezüglich bereits einen Titel, mit dem er unter Zuhilfenahme eines Gerichtsvollziehers in den Besitz der Unterlagen gelangen kann.

3. Gem. § 9 ZwVwV ist der Verwalter verpflichtet, das Zwangsverwaltungsobjekt insbesondere gegen Feuer, Sturm, Leitungswasserschäden und solche Haftpflichtgefahren, die vom Grundstück und Gebäude ausgehen, zu versichern, soweit dies durch eine ordnungsgemäße Verwaltung geboten erscheint. Er hat diese **Versicherung** unverzüglich abzuschließen, sofern erstens Schuldner und Gläubiger einen bestehenden Versicherungsschutz nicht innerhalb von 14 Tagen nach Zugang des Anordnungsbeschlusses schriftlich nachweisen und zweitens der Gläubiger die unbedingte Kostendeckung schriftlich mitteilt. Damit hat der Zwangsverwalter bei Übernahme seines Amtes zu prüfen, ob der Grundbesitz in jeder Beziehung ausreichend versichert ist. Besteht keine ausreichende Versicherung hat der Zwangsverwalter nach pflichtgemäßem Ermessen zu prüfen, inwiefern eine Versicherung für das Objekt erforderlich ist. Je nach Lage des Falles und nach Art, des Grundstücks kommen Versicherungen gegen Feuer, Unfall, Hagel, Einbruch, Wasser, Haftpflicht, Diebstahl, Maschinenschäden usw in Betracht.

Äußert sich die Gläubigerin nicht, so hat der Zwangsverwalter ggf. nochmals bei ihr nachzufragen. Damit vermeidet er, dass er im Falle eines Nichtabschlusses der Versicherung und daraufhin eintretenden Schadens sich den Beteiligten gegenüber regresspflichtig macht. Lehnt die Gläubigerin die Abgabe einer vorläufigen Deckungszusage ab und erachtet der Zwangsverwalter den Abschluss trotzdem für erforderlich, hat aber keine Einnahmen zur Verfügung, hat er einen Antrag auf Kostenvorschuss beim Gericht zu stellen (→ Form. J. IX. 15). In der Praxis geben die Gerichte oft schon im Anordnungsbeschluss Schuldner wie Gläubiger auf, innerhalb einer Frist von 14 Tagen ab Zugang gegenüber dem Zwangsverwalter den bestehenden Versicherungsschutz des Zwangsverwaltungsobjektes mitzuteilen und dies ggf. entsprechend nachzuweisen. Maßgeblich für den Fristablauf ist der Zugang des Anordnungsbeschlusses beim Schuldner bzw. Gläubiger, den das Gericht dem Zwangsverwalter mitzuteilen hat (so *Hintzen/Alff* Rpfleger 2004, 129, 131).

Wird dem Zwangsverwalter das Bestehen eines Versicherungsschutzes nachgewiesen, so hat er nach pflichtgemäßem Ermessen zu prüfen, ob der Versicherungsschutz ausreichend ist und die Versicherung wirtschaftlichen Kriterien entspricht. Der Zwangsverwalter tritt aufgrund seiner Rechtsstellung nicht in die Verträge des Schuldners ein. Dem Schuldner steht dagegen aber auch kein außerordentlich fristloses Kündigungsrecht bezüglich der Verträge zu. Ein Neuabschluss des Zwangsverwalters führt deswegen bei Aufhebung der Verwaltung dazu, dass der Schuldner an den neuen Vertrag gebunden ist. Aus diesem Grund kann sich ggf. eine Situation der Doppelversicherung ergeben. Dies ist in das Ermessen des Zwangsverwalters mit einzustellen.

Für die Versicherungsprämien haftet die Zwangsverwaltungsmasse, soweit sie in der Zeit nach der Beschlagnahme fällig wurden. Eine Haftung der Masse für rückständige Beträge aus der Zeit vor der Beschlagnahme besteht nicht. Die Prämienlast verbleibt insoweit beim Schuldner. Sofern Einnahmen vorhanden sind, kann der Zwangsverwalter die laufenden Versicherungsprämien aus den Einnahmen vorweg begleichen, da es sich insofern um Ausgaben der Verwaltung handelt.

Bei Zwangsverwaltung von Wohnungseigentum ist die Herstellung ausreichenden Versicherungsschutzes Aufgabe der Wohnungseigentümer im Rahmen ihrer Verwaltungsaufgaben. Der Zwangsverwalter hat damit festzustellen, ob die Wohnungseigentümer für das Gemeinschaftseigentum ordnungsgemäßen Versicherungsschutz begründet und weiterhin bewahrt haben (→ Form. J. IX. 12 Anm. 7).

In einem ungestörten Versicherungsverhältnis unterliegen Forderungen aus Versicherungen von Gebäuden, Zubehör und (eingeschränkt) Früchten der Beschlagnahme, so dass der Zwangsverwalter entsprechende Versicherungsgelder einzuziehen hat, wenn sie während der Dauer der Beschlagnahme anfallen. Versicherungsgelder für zerstörte und beschädigte Früchte erhöhen die Masse, Versicherungsgelder für Gebäude und Zubehör dienen der Wiederherstellung und Neuanschaffung. Unterbleibt die Wiederherstellung bzw. Neuanschaffung sind die Versicherungsbeträge für Gebäude und Zubehör verzinst anzulegen. Die vom Versicherer gezahlten Beträge gebühren nach Aufhebung der Beschlagnahme dem Schuldner, während die Zinsen als Nutzungen der Masse zufallen (*Haarmeyer/Wutzke/Förster/Hintzen* § 9 Rn. 27). Die Auszahlung an den Schuldner nach Aufhebung erscheint jedoch bedenklich. Richtiger dürfte es sein, wenn der Zwangsverwalter nach Beendigung des Verfahrens die Versicherungsleistung beim Amtsgericht hinterlegt. Ohne Zwangsverwaltung dürfte der Versicherer die Versicherungssumme mit Wirkung gegen jeden Grundpfandgläubiger nur auszahlen, wenn er oder der Versicherer den Eintritt des Schadens den Grundpfandgläubigern gegenüber angezeigt hat und seit dem Empfang der Anzeige ein Monat verstrichen ist, § 94 VVG. Bei Hinterlegung der Versicherungsgelder befänden sich Grundpfandgläubiger und Eigentümer in der gleichen materiell-rechtlichen Lage, wie sie gem. § 1128 BGB auch ohne Zwangsverwaltung bestünde. Mit der Regelung des § 1128 BGB soll ausgeschlossen werden, dass der Eigentümer die Versicherungssumme kassiert, ohne die Gelder in den Wiederaufbau zu investieren.

Besteht ein gestörtes Versicherungsverhältnis, ist also im Verhältnis Versicherer/Eigentümer eine Leistungsfreiheit eingetreten, zB wegen Nichtzahlung der Prämien durch den Eigentümer, etc, stellt sich die Frage, unter welchen Voraussetzungen der Versicherer auch dem Grundpfandgläubiger gegenüber leistungsfrei wird. Grundsätzlich bleibt die Leistungsverpflichtung des Versicherers gegenüber einem Grundpfandgläubiger auch dann bestehen, wenn der Versicherer gegenüber dem Versicherten frei geworden ist (BGH NJW 1981, 671). Dies gilt nicht, wenn die Leistungsfreiheit gegenüber dem Versicherungsnehmer wegen Nichtzahlung der Prämie eingetreten ist, § 143 VVG. Hat der Grundpfandgläubiger aber seine Rechte gegenüber dem Versicherer angemeldet und hat dieser es versäumt, die Bestimmung einer Zahlungsfrist fälliger Prämien oder aber die Kündigung dem Grundpfandgläubiger mitzuteilen (§ 143 Abs. 1 VVG), lebt die Leistungsverpflichtung des Versicherers gegenüber diesem Grundpfandgläubiger wieder auf (vgl. *Haarmeyer/Wutzke/Förster/Hintzen* § 9 Rn. 28).

14. Antrag auf Erlass eines Zahlungsverbots

An das

Amtsgericht .....[1, 2]

– Vollstreckungsgericht –

Az. .....

Zwangsverwaltungsverfahren

..... [Gläubiger] ./. ..... [Schuldner]

Sehr geehrte Damen und Herren,

in vorbezeichneter Angelegenheit nehme ich Bezug auf den Inbesitznahmebericht vom ..... und beantrage[3] den Erlass eines Zahlungsverbotes gemäß § 151 Abs. 3 ZVG gegen die nachfolgend aufgeführten Mieter:

.....

(Optional: – siehe Anlage Mieteraufstellung –).

Begründung: .....[4]

Die Miete ist auf das Verwalter-Anderkonto IBAN ....., BIC ..... bei der ..... zu überweisen.

Den Zeitpunkt der Zustellung der Zahlungsverbote an die einzelnen Mieter bitte ich hierher mitzuteilen.[5]

.....

Zwangsverwalter

Anmerkungen

1. Sinn und Zweck. Gem. §§ 146 Abs. 1, 22 Abs. 1 ZVG wird die Beschlagnahme des Grundstücks in dem Zeitpunkt, in welchem der Beschluss, durch den die Zwangsverwaltung angeordnet ist, dem Schuldner zugestellt wird bzw. in welchem das Ersuchen um Eintragung des Zwangsverwaltungsvermerks dem Grundbuchamt zugeht, sofern auf das Ersuchen die Eintragung demnächst erfolgt, wirksam. Die Beschlagnahme wird auch dadurch wirksam, dass der Verwalter nach § 150 ZVG den Besitz des Grundstückes erlangt, § 151 Abs. 1 ZVG. Die Beschlagnahme umfasst die dem Haftungsverband der Hypothek unterliegenden Forderungsansprüche, insbesondere Miet- und Pachtforderungen, § 148 Abs. 1 ZVG. Zum Schutze der vom Verfahren betroffenen Dritten, gegen die solche Forderungen bestehen (zB Mieter, Pächter, Versicherer etc), wird die Beschlagnahme diesen Drittschuldnern gegenüber jedoch erst wirksam, wenn sie ihnen bekannt wird oder ihnen ein Zahlungsverbot zugestellt ist, §§ 146 Abs. 1, 22 Abs. 2 S. 2 ZVG. Bis zum Zeitpunkt der Bekanntgabe der Beschlagnahme bzw. bis zur Zustellung des Zahlungsverbotes kann der Drittschuldner damit schuldbefreiend an den Eigentümer leisten.

Dem Zahlungsverbot kommt im Rahmen der Zwangsverwaltung nicht die überragende Rolle zu, da der Zwangsverwalter regelmäßig bereits bei der Inbesitznahme die Mieter/Pächter über die Anordnung der Zwangsverwaltung informiert und sie damit über die Beschlagnahme in Kenntnis setzt. Die Folge des Zahlungsverbots, nämlich die Wirkung, dass der Drittschuldner nicht mehr befreiend an den vormals Berechtigten leisten kann, wird damit bereits durch das In-Kenntnis-Setzen bewirkt. Trotz allem kann sich der Zwangsverwalter dieses Hilfsmittels bedienen, sofern er in Erfahrung bringt, dass im Objekt zahlungsunwillige Mieter vorhanden sind. Die Zustellung eines Zahlungsverbots direkt an den Mieter/Pächter selbst bewirkt oftmals ein Umdenken. Im Gegensatz zum Anordnungsbeschluss, der dem Mieter/Pächter in Kopie als Anlage zum Informationsschreiben gem. § 4 ZwVwV übergeben wird, ist dieser hoheitliche Akt direkt an ihn gerichtet und wird ihm förmlich zugestellt. Denkbar ist auch die Zustellung des Zahlungsverbotes an Familienangehörige des Schuldners bei unklaren Mietverhältnissen im Objekt und mangelnder Mitarbeit der Beteiligten bzw. wenn der Mieter bei der Inbesitznahme nicht angetroffen wird und das In-Kenntnis-Setzen von der Beschlagnahme aus unterschiedlichsten Gründen (zB übervoller Briefkasten) nicht möglich war.

2. Zuständigkeit. → Form. J. IX. 1 Anm. 2.

3. Antragsberechtigung. Antragsberechtigt sind der Gläubiger (§§ 146 Abs. 1, 22 Abs. 2 S. 2 ZVG) und der Zwangsverwalter (§ 151 Abs. 3 ZVG). In der Praxis werden Zahlungsverbote fast ausschließlich vom Zwangsverwalter beantragt.

4. Gründe. Eine Begründung des Antrags ist grundsätzlich nicht erforderlich, trägt aber der Informationspflicht des Zwangsverwalters gegenüber dem Vollstreckungsgericht Rechnung und sorgt dafür, dass die/der zuständige Rechtspfleger/in von Beginn an über mögliche Schwierigkeiten im Verfahren informiert ist.

5. Zustellungszeitpunkt. Der Zeitpunkt der Zustellung des Zahlungsverbotes erlangt für den Zwangsverwalter insbesondere dann Bedeutung, wenn die beschlagnahmten Ansprüche (Miete, Pacht etc) gerichtlich geltend gemacht werden müssen oder zB der Drittschuldner an einen Anderen geleistet hat. Die Zustellung an den Drittschuldner kann auch öffentlich erfolgen, sofern die Voraussetzungen hierfür vorliegen.

15. Antrag auf Festsetzung eines Kostenvorschusses

An das

Amtsgericht . . . . .[1]

– Vollstreckungsgericht –

Az. . . . . .

Zwangsverwaltungsverfahren

. . . . .

– Gläubiger –

gegen

. . . . .

– Schuldner –

Sehr geehrte(r) Frau/Herr Rechtspfleger/-in . . . . .,

in vorbezeichnetem Verfahren wird zur Sicherstellung der Durchführung einer ordnungsgemäßen Zwangsverwaltung die Festsetzung eines Kostenvorschusses[2] in Höhe von . . . . . EUR beantragt.

Gem. nachfolgender Aufstellung[3] reichen die gegenwärtigen Einnahmen nicht aus, um die laufenden Ausgaben zu decken.

Zu tätigende Ausgaben:

Abschlag Strom für . . . . . (Monate)	. . . . . EUR
Gebäudeversicherung	. . . . . EUR
Ölbestellung für . . . . . Monate (. . . . . Liter)	. . . . . EUR
Wartung der Heizung	. . . . . EUR
Instandsetzungskosten gem. Angebot der Fa.	
. . . . . vom	. . . . . EUR
Gesamt:	. . . . . EUR

Zu erwartende Einnahmen:

Miete . . . . . (Monat/e) Mieter	. . . . . EUR
Miete . . . . . (Monat/e) Mieter	. . . . . EUR
Gesamt:	. . . . . EUR

Es verbleibt eine Unterdeckung in Höhe von . . . . . EUR.

Die Gläubigerin wird gebeten, den Vorschuss auf das Verwalter-Anderkonto IBAN . . . . . bei der . . . . ., BIC . . . . . zu überweisen.

. . . . .

Zwangsverwalter

Anmerkungen

1. Zuständigkeit. → Form. J. IX. 1 Anm. 2.

2. Kostenvorschuss. Hat der Zwangsverwalter (besondere) Aufwendungen zu tätigen, die er aus den Einnahmen der Zwangsverwaltung nicht decken kann, so hat er dies dem Gericht mitzuteilen. Das Gericht kann durch Beschluss vom Gläubiger die Vorschusszahlung an den Verwalter anfordern, wobei es nach eigenem Ermessen entscheidet, von welchem Gläubiger und in welcher Höhe ein Kostenvorschuss zu leisten ist. Bei Nichtzahlung des Vorschusses kann das Gericht die Zwangsverwaltung aufheben, § 161 Abs. 3 ZVG. „Besondere Aufwendungen" im Sinne des § 161 Abs. 3 ZVG sind dabei nicht nur ungewöhnliche, sondern alle nicht durch Einnahmen gedeckten Aufwendungen gem. § 155 Abs. 1 ZVG. Zu diesen Aufwendungen gehören auch die iRd Zwangsverwaltung eines Wohnungseigentums fälligen Hausgelder (BGH Beschl. v. 15.10.2009 – V ZB 43/09, BGHZ 182, 361 = NJW 2010, 1003). Der Beschluss ist dem betroffenen Gläubiger zuzustellen, dem Zwangsverwalter und dem Schuldner wird er mitgeteilt.

Die **Rückerstattung** der vom Gläubiger gem. § 161 Abs. 3 ZVG geleisteten Vorschüsse kann gem. § 11 Abs. 1 ZwVwV ohne weiteres Verfahren erfolgen (*Stöber* ZVG § 152 Rn. 18.4). Eines Teilungsplanes bedarf es demzufolge nicht. Dabei unterscheidet das Gesetz nicht, ob es sich um Vorschüsse für allgemeine Verwaltungskosten oder um Vorschüsse zur Erhaltung und Verbesserung des zwangsverwalteten Objektes gehandelt hat. Für die teilweise vertretene Meinung (*Depré/Maier* Rn. 252 ff.), wonach Vorschüsse für die Erhaltung und Verbesserung des Grundstückes nicht nach § 155 Abs. 1 ZVG zu befriedigen sind, mit der Folge, dass der Gläubiger seine Zahlung zum Verteilungstermin anzumelden hat, besteht damit kein Raum mehr. Tatsächlich ist nicht nachvollziehbar, warum allein die zeitliche Komponente darüber entscheiden soll, ob die mit dem Vorschuss gedeckten Aufwendungen aus den Einnahmen bezahlt werden können oder ob sie zum Teilungsplan angemeldet werden müssen. Denn bei vorhandenen Überschüssen zum Zeitpunkt des tatsächlichen Anfalls der mit dem Vorschuss gedeckten Aufwendungen, hätte der Verwalter diese unmittelbar genutzt, um das Zwangsverwaltungsobjekt zu erhalten bzw. zu verbessern. Dementsprechend hat der Gläubiger aber auch die zur Verfügung gestellten Mittel zurückzuerhalten, sobald dies dem Zwangsverwalter möglich ist (*Haarmeyer/Wutzke/Förster/Hintzen* § 11 Rn. 2).

3. Nachweise. Eine detaillierte Aufschlüsselung der vom Zwangsverwalter geplanten Aufwendungen ist für die Festsetzung des Kostenvorschusses nicht erforderlich. Es ist jedoch sinnvoll, dem Gericht nachvollziehbar aufzuzeigen, warum der Vorschuss in entsprechender Höhe beim Gläubiger anzufordern ist. Schließlich trifft das Gericht die Entscheidung über den Antrag und die Höhe des Vorschusses nach eigenem Ermessen und benötigt die hierfür erforderlichen Informationen. Darüber hinaus erleichtert es dem Gläubiger, die Wirtschaftlichkeit einer Verfahrensfortsetzung zu prüfen.

16. Anmeldung der Umsatzsteuer

An das

Finanzamt . . . . .

Zwangsverwaltungsverfahren

. . . . . [Gläubiger] ./. . . . . . [Schuldner]

Sehr geehrte Damen und Herren,

hiermit werden Sie darüber informiert, dass durch Beschluss des AG . . . . . vom . . . . . (Kopie siehe Anlage) für das Objekt . . . . . Zwangsverwaltung angeordnet und der Unterzeichnende als Verwalter bestellt wurde. Dem Schuldner[1]. . . . . wurde dadurch die Verwaltung und Benutzung des Grundbesitzes entzogen.

In diesem Objekt wurde ab . . . . . eine gewerbliche Vermietung[2] vorgenommen. Wir bitten um Mitteilung, ob der Eigentümer vormals zur Umsatzsteuer optiert hat.

Weiterhin beantragen wir eine neue Steuernummer.[3]

. . . . .

Zwangsverwalter[4]

Anmerkungen

1. Ist über das Grundstück eines Unternehmers die Zwangsverwaltung angeordnet, so bleibt der Vollstreckungsschuldner als Unternehmer im Sinne des Umsatzsteuerrechts **Steuerschuldner** und damit Steuerpflichtiger gem. § 33 Abs. 1 AO. Der Zwangsverwalter tritt gem. § 34 Abs. 3 iVm Abs. 1 AO als Steuerpflichtiger neben den Unternehmer soweit seine Verwaltung reicht. Generiert der Vollstreckungsschuldner außerhalb des beschlagnahmten Unternehmensbereichs Umsätze, so ist die hieraus entstandene Umsatzsteuer allein vom Vollstreckungsschuldner zu tragen.

2. Die Vermietung und Verpachtung von Grundstücken ist gem. § 4 Nr. 12a UStG grundsätzlich von der **Umsatzsteuer** befreit. Für bestimmte Vermietungs- und Verpachtungsleistungen besteht jedoch eine Umsatzsteuerpflicht, ebenso kann der Vollstreckungsschuldner bei der Vermietung und Verpachtung zur Umsatzsteuer optieren. Der Zwangsverwalter hat demzufolge bei Beginn seiner Tätigkeit Auskunft darüber einzuholen, ob und inwieweit das Optionsrecht seitens des Vollstreckungsschuldners ausgeübt wurde und über welchen Zeitraum diese Optionen noch wirken.

Die **Umsatzsteuerbescheide** sind an den Zwangsverwalter zu richten (FG Berlin Urt. v. 25.5.2004 – 5 K 5193/03, EFG 2004, 1482). Die Umsatzsteuer ist aus der Zwangsverwaltungsmasse zu entrichten. Eine persönliche Inanspruchnahme ist auch bei Steuerfestsetzung gegenüber dem Zwangsverwalter nicht möglich.

Von Relevanz für den Zwangsverwalter ist auch die Vorschrift über die Vorsteuerberichtigung, § 15a UStG. Gem. dieser Bestimmung hat eine zeitanteilige Berichtigung der in Anspruch genommenen Vorsteuer aus den Anschaffungs- oder Herstellungskosten zu erfolgen, sofern sich bei Immobilien die Verhältnisse, die für den ursprünglichen Vorsteuerabzug maßgebend waren, innerhalb von zehn Jahren ab der erstmaligen Verwendung ändern. Hat beispielsweise der Eigentümer und spätere Schuldner beabsichtigt, 40 % der Büroflächen steuerpflichtig zu vermieten, und dementsprechend die auf die Herstellungskosten/Baukosten entfallende Umsatzsteuer in Höhe von 40 % im Wege des **Vorsteuerabzugs** abgesetzt und erfolgt dann im Rahmen der Zwangsverwaltung des Grundstückes eine Änderung der für den ursprünglichen Vorsteuerabzug maßgebenden Verhältnisse, also werden zB tatsächlich nur noch 20 % der Flächen umsatzsteuerpflichtig vermietet (zB wegen Vermietung an eine Körperschaft des öffentlichen Rechts, die nicht umsatzsteuerpflichtig ist), so muss eine Berichtigung des Vorsteuerabzugs nach § 15a UStG vorgenommen werden (FG München Urt. v. 16.9.1998 – 3 K 831/94, NJW 1999, 743 (744)). Die Rückzahlung der nach § 15a UStG zu berichtigenden Vorsteuer hat der Zwangsverwalter vorab als Ausgabe der Verwaltung aus der von ihm verwalteten Masse zu veranlassen. Die Pflicht zur

Berichtigung des Vorsteuerabzugs besteht für den Zwangsverwalter auch dann, wenn der Vorsteuerabzug ursprünglich vom Vollstreckungsschuldner als Unternehmer vor der Zeit der Zwangsverwaltung geltend gemacht wurde (FG München Urt. v. 16.9.1998 – 3 K 831/94, NJW 1999, 743 (744)).

3. Das Finanzamt vergibt für das der Zwangsverwaltung unterliegende Grundstück eine neue **Steuernummer.** Die an den Zwangsverwalter zu richtenden Steuerbescheide müssen neben der Bezeichnung der der Zwangsverwaltung unterliegenden Grundstücke auch die Person des Vollstreckungsschuldners angeben (BFH BStBl. II 1988, 920).

4. Einkommensteuer. Unter Aufgabe seiner bisherigen, langjährigen Rechtsprechung hat der BFH (Beschl. v. 10.02.2015 – IX R 23/14, NJW 2015, 2524) entschieden, dass neben dem Schuldner auch der Zwangsverwalter die aus der Zwangsverwaltung eines (vermieteten) Grundstücks resultierende Einkommensteuer an das Finanzamt entrichten muss. Er hat insoweit als Vermögensverwalter die steuerlichen Pflichten des Schuldners als eigene zu erfüllen (§ 34 Abs. 3 iVm § 33 der Abgabenordnung). Daran ändert sich nichts, wenn während fortbestehender Zwangsverwaltung das Insolvenzverfahren über das Vermögen des Schuldners eröffnet wird. Nach Ansicht des BFH muss der Zwangsverwalter auch die aus der Vermietung des zwangsverwalteten Grundstücks resultierende anteilige Einkommensteuer aus den von ihm vereinnahmten laufenden Erträgen (vorab) an das Finanzamt zu entrichten. Der an die Gläubiger auszuschüttende Betrag verringert sich dadurch. Die Entscheidung bedeutet für Zwangsverwalter eine erhebliche Änderung ihrer Aufgaben und Pflichten. Sie ist derzeit äußerst umstritten, sowohl was die praktische Umsetzung dieser Anforderung an den Zwangsverwalter bedeutet (Stichworte: Steuergeheimnis, fehlende Zuarbeit des Schuldners, fehlende notw. Angaben für Steuererklärung) als auch den vom BFH unterstellten Vorrang der (persönlichen) Steuerforderungen vor zB den dinglich gesicherten Ansprüchen (§ 10 Abs. 1 Nr. 4 ZVG). Es bleibt abzuwarten, wie sich Praxis und Rechtsprechung hierzu kurzfristig entwickeln.

17. Antrag auf Räumung des Schuldners

An das

Amtsgericht . . . . .[1]

– Vollstreckungsgericht –

Az. . . . . .

Zwangsverwaltungsverfahren

. . . . .

– Gläubiger –

gegen

. . . . .

– Schuldner –

Sehr geehrte(r) Frau/Herr Rechtspfleger/-in . . . . .,

in vorbezeichneter Angelegenheit beantragen wir, dem Schuldner[2] und seinen Familienangehörigen die sofortige Räumung des gesamten Grundbesitzes gem. § 149 Abs. 2 ZVG aufzugeben.[3]

Begründung

I.

Der Schuldner gefährdet seit Anordnung der Zwangsverwaltung die Verwaltung.

1. Bereits bei der Inbesitznahme am ..... wurden meine Mitarbeiterin ..... und ich vom Schuldner bedroht und verbal angegriffen. Die Inbesitznahme des Objektes konnte nur unter Hinzuziehung der Polizei beendet werden.

2. Im Laufe des Zwangsverwaltungsverfahrens hat der Schuldner bereits zweimal die Schlösser zur Hauseingangstür und den leerstehenden Wohnungen im 2. und 3. OG ausgetauscht. Zudem hat er eigenmächtig versucht, die Mieten für den Monat ..... bei den Mietern im Hause einzuziehen. Hierzu ist er Anfang des Monats bei allen Mietern vorstellig geworden und hat versucht, diese unter teils massiven Drohungen zur (Bar-) Zahlung zu bewegen. Zumindest bei den Mietern ..... ist er damit erfolgreich gewesen.

3. In der Wohnung des Schuldners leben neben ihm auch seine Ehefrau und die beiden volljährigen Söhne[4]..... und ..... In den letzten Wochen ist es wiederholt zu massiven Ruhestörungen im Hofe des Grundstücks durch „Feierlichkeiten" der beiden Söhne gekommen. Mehrfach musste durch die Mieter die Polizei hinzugerufen werden, erste Mieter haben bereits mit dem Auszug gedroht, sofern sich diese Situation nicht ändert. Das Grundstück befindet sich nach den Feiern der beiden Söhne stets in einem stark verwüsteten Zustand.

II.

Dem Schuldner und seinen Familienangehörigen ist die sofortige Räumung des gesamten oben benannten Grundbesitzes gem. § 149 Abs. 2 ZVG aufzugeben.

Der Schuldner behindert durch sein Verhalten permanent eine ordnungsgemäße Verwaltung.[5] Ich habe sowohl den Schuldner, als auch dessen Söhne bereits mehrfach aufgefordert, ihr Verhalten den üblichen Umgangsformen anzupassen und insbesondere die vorstehend aufgeführten Beeinträchtigungen der Zwangsverwaltung zu unterlassen. Dies ist leider erfolglos geblieben, so dass die Räumung des Schuldners und seiner Familie angezeigt und unumgänglich geworden ist.

Es ist anhand des bisherigen Verhaltens zudem davon auszugehen, dass der Schuldner potentielle Mietinteressenten für die nicht von ihm genutzten Räume abschrecken würde.

Ich bitte das Gericht[6] um antragsgemäße und kurzfristige Entscheidung.[7, 8, 9]

.....

Zwangsverwalter

Anmerkungen

1. Zuständigkeit. → Form. J. IX. 1 Anm. 2.

2. Wohnrecht des Schuldners. Der Schuldner hat im Zwangsverwaltungsverfahren ein in § 149 Abs. 1 gesetzlich geregeltes Wohnrecht, jedoch nur sofern er zur Zeit der Beschlagnahme bereits auf dem Grundstück wohnt. Notwendig ist, dass der Schuldner im Verwaltungsobjekt einen eigenen Hausstand unterhält. Zu Abgrenzung dieses Rechtsbegriffs kann insbesondere auf die umfangreiche Rechtsprechung der Finanzgerichte zur doppelten Haushaltsführung zurückgegriffen werden. Ein eigener Hausstand des Verfahrensschuldners wird danach nicht mehr in einer Wohnung geführt, zu der er sich nur gelegentlich zu Besuchszwecken begibt (BGH Urt. v. 16.5.2013 – IX ZR 224/12, NJW-RR 2013, 1097). Dem Schuldner sind die für seinen Hausstand unentbehrlichen Räume zu überlassen. Die Entscheidung hierüber bzw. über den Umfang des Wohnrechts und die Lage der Räume trifft der Zwangsverwalter. Der Schuldner hat auf die Belassung der für den Hausstand erforderlichen Räume einen Rechtsanspruch, den der Zwangsverwalter von sich aus, ohne Antrag und ohne besondere Anweisung, zu erfüllen hat. Zu den unentbehrlichen Räumen werden auch Nebenräume, wie Keller, Speicher und Hof, zu zählen sein, eine Garage wird idR nicht unentbehrlich sein. Bei der Beurteilung, welche Wohnräume unentbehrlich für den Schuldner sind, kann zB auch auf die vom Sozialamt vorgegebene Formel zurück gegriffen werden, wonach einer Person 45 m^2 zustehen und jeder weiteren Person 15 m^2. Eine Entscheidung wird der Zwangsverwalter aber im Einzelfall anhand der jeweils gegebenen Umstände treffen müssen.

Für die im Rahmen des § 149 Abs. 1 ZVG überlassenen Wohnräume hat der Schuldner kein Entgelt an den Zwangsverwalter zu zahlen. Diese Befreiung erstreckt sich nicht auf Betriebskosten und sonstige dem Schuldner entstehende Kosten.

Der Schuldner verliert sein Wohnrecht, sobald er aus der ihm zugewiesenen Wohnung auszieht. Verstirbt der Schuldner während des Zwangsverwaltungsverfahrens, so geht sein Wohnrecht grundsätzlich auf seine Familienangehörigen über (*Haarmeyer/Wutzke/Förster/Hintzen* ZVG § 149 Rn. 3; *Stöber* ZVG § 149 Rn. 2.2). Entbehrliche Wohnräume hat der Zwangsverwalter iRd Möglichen durch Vermietung zu nutzen. Eine Vermietung an den Schuldner ist möglich, wenn von ihm derselbe Gegenwert sicher erzielt werden kann, zu dem auch Vermietung oder Verpachtung an einen Dritten hätten erfolgen können. Voraussetzung ist also die Vereinbarung eines Entgeltes bzw. einer Nutzungsentschädigung sowie die Leistungsfähigkeit des Schuldners, die dieser gegebenenfalls dem Zwangsverwalter vorher nachzuweisen hat. Steht das verwaltete Grundstück im Eigentum mehrerer verschiedener Miteigentümer, hat jeder Miteigentümer einen Anspruch auf das Wohnrecht (*Haarmeyer/Wutzke/Förster/Hintzen* ZVG § 149 Rn. 8).

Der Schuldner hat keinen Anspruch auf unentgeltliche Gewährung gewerblich genutzter Räume. Diese können von dem Zwangsverwalter an den Schuldner grundsätzlich nur gegen Entgelt überlassen werden. Dies gilt insbesondere dann, wenn es sich bei dem Schuldner um eine juristische Person handelt (*Haarmeyer/Wutzke/Förster/Hintzen* ZVG § 149 Rn. 7). Wohnt zB der Geschäftsführer einer GmbH auf dem Grundstück, steht diesem nicht das Wohnrecht des Schuldners gem. § 149 ZVG zu.

Bei **Insolvenz** des Schuldners entscheiden Gläubigerversammlung oder Insolvenzverwalter im Rahmen von § 100 Abs. 1 und 2 InsO, ob dem Schuldner ein Wohnrecht gewährt wird. Wird der weitere Gebrauch nicht gestattet, obliegt es allein dem Insolvenzverwalter, die Inbesitznahme des Wohneigentums für die Insolvenzmasse gegenüber dem Insolvenzschuldner durchzusetzen. Der Insolvenzverwalter als Verfahrensschuldner hat dann dem Zwangsverwalter auf Verlangen den Besitz an dem Wohneigentum zu verschaffen (BGH Urt. v. 25.4.2013 – IX ZR 30/11, NJW 2013, 3518).

3. Antragsberechtigung. Gefährdet der Schuldner oder ein Mitglied seines Hausstandes das Grundstück oder die Verwaltung, so hat das Gericht dem Schuldner auf Antrag die Räumung des Objektes aufzugeben, § 149 Abs. 2 ZVG. Eine Vollstreckung direkt aus dem Anordnungsbeschluss unter Zuhilfenahme des Gerichtsvollziehers ist nur dann möglich, wenn das Wohnrecht des Schuldners nicht greift. Sobald ein Wohnrecht des Schuldners gegeben war, ist zuvor über die Räumung durch Beschluss gem. § 149 ZVG zu entscheiden. Das Antragsrecht steht den Beteiligten gem. § 9 ZVG sowie dem Zwangsverwalter zu.

4. Familienangehörige. Das Wohnrecht des Ehegatten/Lebenspartners und der Angehörigen des Schuldners ist nur ein vom Verfahrensschuldner aus § 149 Abs. 1 ZVG abgeleitetes Recht. Wenn der Schuldner den eigenen Hausstand in dem zwangsverwalteten Anwesen aufgibt, verlieren damit auch sie ihr Wohnrecht (BGH Urt. v. 16.5.2013 – IX ZR 224/12, NJW-RR 2013, 1097). Ausnahme hiervon ist bei Tod des Schuldners die Regelung des § 563 BGB. Der Schuldner hat für das Verhalten der Mitglieder seiner Familie sowie seines Lebensgefährten einzustehen (*Stöber* ZVG § 149 Rn. 3.3). Der Schuldner hat also sämtliche Familienmitglieder auf die Besonderheiten der Zwangsverwaltung und die damit einhergehenden geänderten Gegebenheiten hinzuweisen.

5. Gefährdung der Verwaltung. Der Begriff der „Gefährdung" kann weitgehend mit den Gründen gleichgestellt werden, die den Vermieter einer Wohnung zu einer fristlosen Kündigung gem. § 543 BGB berechtigen. Dies ist der Fall, wenn der Mieter seine Verpflichtungen aus dem Mietvertrag schuldhaft in einem solchem Maß verletzt, dass dem Vermieter die Fortsetzung des Mietverhältnisses nicht länger zugemutet werden kann (*Haarmeyer/Wutzke/Förster/Hintzen* ZVG § 149 Rn. 9). Eine Gefährdung liegt insbesondere vor, wenn der Schuldner seine Wohnung vernachlässigt, dem Zwangsverwalter beharrlich Schwierigkeiten bereitet, notwendige Schlüssel nicht aushändigt, widerrechtlich ihm nicht zustehende Räume bezieht, Unfrieden stiftet und den Ertrag der Verwaltung gefährdet (LG Neubrandenburg Beschl. v. 5.12.2014 – 2 T 232/14, Rpfleger 2015, 351; *Stöber* ZVG § 149 Rn. 3.2 mwN und Beispielen). Nicht ausreichend ist die Weigerung, Betriebskosten oder Hausgeld zu zahlen (BGH Beschl. v. 24.1.2008 – V ZB 99/07, NJW-RR 2008, 679; *Stöber* ZVG § 149 Rn. 2.3).

6. Entscheidung. Das Gericht kann nach pflichtgemäßem Ermessen die sofortige Räumung des gesamten Grundbesitzes oder einzelner bestimmter Räume anordnen. Dem Schuldner kann eine Räumungsfrist bewilligt werden, ein Räumungsschutz nach § 721 ZPO kann allerdings nicht gewährt werden (*Stöber* ZVG § 149 Anm. 3.5; *Haarmeyer/Wutzke/Förster/Hintzen* ZVG § 149 Rn. 10). Die Räumungsanordnung kann sich gegen den Schuldner und seine Familienangehörigen oder auch nur gegen einzelne Mitglieder des Hausstandes (Zustandsstörer) des Schuldners richten. Nicht zulässig ist eine Räumungsanordnung nur gegen den Ehegatten/Lebenspartner des Schuldners, da die Ehegatten zur ehelichen Lebensgemeinschaft/Partnerschaft verpflichtet sind (*Stöber* ZVG § 149 Rn. 3.5).

Umfasst die Wohnung Räume, die für den Hausstand des Schuldners entbehrlich sind, aber mangels baulicher Trennung nicht selbständig vermietet werden können, kann der Zwangsverwalter auch verlangen und das Gericht anordnen, dass der Schuldner in eine andere Wohnung umzieht, die ihm vom Zwangsverwalter mietfrei überlassen wird, wenn dem Schuldner und seinen mitwohnenden Angehörigen ein Umzug zuzumuten ist. Der Schuldner kann den zumutbaren Umzug abwenden, wenn er für die Nutzung der entbehrlichen Räume seiner Wohnung dem Zwangsverwalter einen angemessenen Wertersatz zahlt (BGH Urt. v. 16.5.2013 – IX ZR 224/12, NJW-RR 2013, 1097).

Als milderes Mittel der Räumung kann das Vollstreckungsgericht auch Maßregeln nach § 25 ZVG anordnen (zB Ermahnung, Androhung und Festsetzung von Zwangsgeld, Verbote oder Unterlassungsanordnung).

7. Der gerichtliche **Räumungsbeschluss** ist ein zur Zwangsvollstreckung geeigneter Titel, § 794 Abs. 1 Nr. 3 ZPO. Er bedarf keiner Vollstreckungsklausel (*Stöber* ZVG § 149 Rn. 3.8.) und keiner erneuten Zustellung vor der Vollstreckung, da er bereits von Amts wegen zugestellt wurde. Es sollte, außer bei erheblicher Gefährdung des Objekts, die Rechtskraft des Beschlusses abgewartet werden, bevor die Zwangsräumung vollzogen wird. Die Räumung nimmt auf Antrag des Zwangsverwalters der Gerichtsvollzieher vor, § 885 ZPO; → Form. L. IV. 1 sowie → Form. L. IV. 2. Einer besonderen Durchsuchungsanordnung bedarf es nicht, § 758a Abs. 2 ZPO. Der Schuldner kann wie bei jeder anderen Räumungsvollstreckung auch Vollstreckungsschutz gem. § 765a ZPO wegen besonderer Härte beantragen; → Form. L. IV. 7.

8. Kosten und Gebühren. Es entstehen keine gesonderten Gerichtsgebühren und keine gesonderten Gebühren für den Verfahrensbevollmächtigten.

9. Rechtsmittel. Gegen den Räumungsbeschluss hat der Schuldner, gegen den ablehnenden Beschluss jeder Gläubiger oder sonst Antragsberechtigte die sofortige Beschwerde. Dem Zwangsverwalter steht gegen die Entscheidung des Gerichts über das Wohnrecht des Schuldners kein Anfechtungsrecht zu, da er insoweit den Weisungen des Gerichts untersteht (*Stöber* ZVG § 149 Rn. 3.9). Gegen die Maßnahmen des Zwangsverwalters kann im Übrigen Vollstreckungserinnerung nach § 766 ZPO eingelegt werden.

18. Inbesitznahmebericht (mit Fotodokumentation)

An das

Amtsgericht . . . . .

– Vollstreckungsabteilung –

Einleitungsbericht & Niederschrift über die Inbesitznahme[1]

in Sachen

. . . . . [Gläubiger] ./. . . . . . [Schuldner]

ZV Az. AG . . . . . L . . . . ./. . . . .

Sehr geehrte/-r Frau/Herr Rechtspfleger/-in . . . . .,

in vorbezeichnetem Zwangsverwaltungsverfahren wird über die Besitzerlangung des Zwangsverwaltungsobjekts gem. § 3 ZwVwV Bericht erstattet.[2]

I. Allgemeine Angaben, Besitzerlangung

Das Zwangsverwaltungsobjekt wurde am . . . . . in Besitz genommen.

Die Zwangsverwaltung erfasst den im Grundbuch von . . . . ., Blatt . . . . . Bestandsverzeichnis-Nr. . . . . . ., Flurstück . . . . ., Gebäude- und Freifläche zu . . . . . m² eingetragenen Grundbesitz in der . . . . . Str. . . . . .

Im Vorfeld der Inbesitznahme wurde mit der zuständigen Sachbearbeiterin der Gläubigerin, Frau/Herr . . . . ., dem Schuldner . . . . ., der Hausverwaltung . . . . Kontakt aufgenommen, um notwendige Informationen im Vorfeld zu erhalten und den Inbesitznahmetermin ggf. gemeinsam durchzuführen.[3]

Die Mietparteien wurden von der Zwangsverwaltung informiert. Am Tag der Inbesitznahme war für die Hausverwaltung als Ansprechpartnerin Frau/Herr . . . . . zugegen. Von den Mietern konnte Frau/Herr . . . . . nicht angetroffen werden. Das Informationsschreiben über die Anordnung der Zwangsverwaltung wurde ihm durch Einwurf in den Briefkasten zugestellt.

Die von dem Objekt gefertigten Digitalfotos sind diesem Bericht als Anlage beigefügt.[4]

II. Objekt (Nutzung/Zustand etc)

1. Beschreibung des Objekts, einschließlich der Nutzungsart:	Bei dem Objekt handelt es sich um . . . . ., das im Jahr . . . . . erbaut wurde. Das gesamte Objekt ist zu Wohnzwecken hergerichtet. In dem Gebäude befinden sich . . . . . Wohneinheiten von denen zurzeit . . . . . vermietet sind. Größere Schäden konnten am Gebäude nicht entdeckt werden.
2. der Beschlagnahme unterfallende Mobilien, insbesondere Zubehör:	– nicht relevant –
3. Forderungen und Rechte, auf die sich die Beschlagnahme erstreckt, insbesondere • die Miet- und Pachtforderungen (einschließlich der Rückstände) unter Angabe der Vertragsverhältnisse sowie etwaiger Pfändungen und Verfügungen über die Forderungen • die mit dem Eigentum an dem Grundstück verbundenen Rechte auf wiederkehrende Leistungen und • Forderungen gegen Versicherungen, mit Angaben über den Stand der Versicherungen (Prämienzahlung, Rückstände):	Beim Mieter[5]. . . . . bestehen Rückstände aus den letzten 12 Monaten vor Beschlagnahme. Mit dem Mieter wurde eine Ratenzahlungsvereinbarung getroffen. Weitere Ausführungen zu den Mietverhältnissen sind Punkt III. zu entnehmen. Bei der . . . . . besteht unter der Vertragsnummer eine Haftpflichtversicherung sowie unter der Versicherungsnummer . . . . . eine Wohngebäudeversicherung, welche vom Zwangsverwalter nach Prüfung weiter bedient werden. Es bestehen keine Beitragsrückstände.
4. Öffentliche Lasten[6] des Grundstücks unter Angabe der laufenden Beträge:	Die Stadt . . . . . wurde über die Anordnung der Zwangsverwaltung informiert. Der Grundsteuerbescheid für das Jahr . . . . . liegt noch nicht vor. Nach Vorlage wird der Zwangsverwalter über die laufenden Beträge unaufgefordert berichten.[7]
5. Sofern der Schuldner auf dem Grundstück wohnt,[8] Bezeichnung der ihm für seinen Hausstand als unentbehrlich überlassenen Räume:	– nicht relevant –
6. Voraussichtliche Ausgaben der Verwaltung, insbesondere aus Dienst- und Arbeitsverhältnissen:[9]	Die Hausverwaltung . . . . . übergab die für die Zwangsverwaltung relevanten Unterlagen. Das Vertragsverhältnis mit der Hausverwaltung wird nicht weitergeführt.
7. Zu erwartende Einnahmen und Höhe des für die Verwaltung erforderlichen Kostenvorschusses:[10]	Es sind monatliche Mieteinnahmen in Höhe von . . . . . EUR zu erwarten. Die Einzelheiten können der Aufstellung unter Ziff. III. entnommen werden. Ein Kostenvorschuss ist in Höhe von . . . . . EUR zu beantragen. Die Einzelheiten entnehmen Sie bitte Ziff. IV.
8. Einrichtung Verwalter-Anderkonto:[11]	IBAN: . . . . ., BIC: . . . . ., Bank: . . . . .
9. Sonstige für die Verwaltung wesentliche Verhältnisse:	– nicht relevant –

III. Mietverhältnisse[12]

Mieter	Stockwerk/ Fläche in qm	Räume (Zahl und Art)	Mtl. Miete (Kaltmiete zzgl. Nebenkosten)	Kaution	Vermietet seit
Mieter 1					
Mieter 2					

Gesamtsumme aller Mieten: . . . . . EUR

IV. Teilungsplan/Kostenvorschuss/Sonstiges

1. Teilungsplan:[13] Da regelmäßige Mieteinnahmen zu erwarten sind, wird die Aufstellung eines Teilungsplanes angeregt.

2. Alle Versorgungsträger wurden von der Anordnung der Zwangsverwaltung informiert. Die entsprechenden Zahlungen werden zu den Fälligkeitsterminen angewiesen.

3. Aufgrund der notwendigen Trennung der Hausanschlüsse entstehen Kosten in Höhe von . . . . . EUR, die nicht unmittelbar in vollem Umfang aus den Einnahmen der Verwaltung gezahlt werden können. Um eine ordnungsgemäße Betriebskostenabrechnung erstellen zu können, ist die Bereitstellung von Einzelzählern zwingend erforderlich. Insoweit wird die Festsetzung eines Kostenvorschusses in Höhe von . . . . . EUR beantragt.

4. Das Verfahren wird in unserem Büro, neben der Person des Zwangsverwalters, von Frau/Herrn . . . . . bearbeitet. Dieser ist unter der Nummer (Durchwahl) für Fragen erreichbar.

Es wird turnusmäßig halbjährlich (1 x jährlich) berichtet. Sollte es notwendig sein, werden Gericht und Beteiligte über Vorfälle von besonderer Bedeutung vom Zwangsverwalter unaufgefordert unterrichtet.

. . . . .

Zwangsverwalter

Anmerkungen

1. Grundsätzlich hat das Gericht dem Zwangsverwalter Besitz an dem Grundstück zu übergeben, § 150 Abs. 1 ZVG. Das geschieht entweder durch einen Gerichtsvollzieher, einen sonstigen Beamten oder der Zwangsverwalter wird ermächtigt, sich selbst den Besitz zu verschaffen. In der Praxis wird dem Zwangsverwalter der Einfachheit halber häufig bereits im Anordnungsbeschluss die Ermächtigung erteilt, sich den Besitz des Grundstückes selbst zu verschaffen.

Es ist zwischen unmittelbarem und mittelbarem Besitz zu unterscheiden. Beide Besitzarten stehen einander gleichwertig gegenüber. Ist das Grundstück vermietet bzw. verpachtet, mit der Folge, dass der Schuldner selbst nur mittelbaren Besitz innehat, kann auch der Zwangsverwalter nur mittelbaren Besitz erlangen. Der mittelbare Besitz verlangt ein so genanntes Besitzmittlungsverhältnis, in das der Zwangsverwalter eintritt. Gem. § 870 BGB erfolgt die Übertragung des mittelbaren Besitzes durch Rechtsgeschäft. Die dafür erforderliche Mitwirkung des Schuldners muss durch eine gerichtliche Entscheidung ersetzt werden. In der Praxis tritt der Zwangsverwalter in das Besitzmittlungsverhältnis ein, indem er sämtliche Mieter anschreibt und über die angeordnete Zwangsverwaltung mit den sich daraus ergebenden Konsequenzen aufklärt. Ab dem Zeitpunkt der Kenntnis ist der Mieter verpflichtet, dem Zwangsverwalter den Besitz zu mitteln (→ Form. J. IX. 10), zudem natürlich auch, den Mietzins an den Zwangsverwalter zu entrichten.

Der Schuldner hat, sofern er unmittelbarem Besitz am Objekt hat, diesen aufgrund des Anordnungsbeschlusses und der darin regelmäßig enthaltenen Ermächtigung des Zwangsverwalters zur selbständigen Besitzergreifung an den Zwangsverwalter herauszugeben. Übergabe und Übernahme des unmittelbaren Besitzes setzen voraus, dass der Schuldner zur Besitzaufgabe bereit ist. Ist dies nicht der Fall, muss nach § 885 ZPO verfahren werden. Vollstreckungstitel ist der Anordnungsbeschluss mit der meist enthaltenen Ermächtigung. Beauftragt der Zwangsverwalter den Gerichtsvollzieher, ihn bei der Inbesitznahme zu unterstützen, so bedarf es keiner vollstreckbaren Ausfertigung des Anordnungsbeschlusses (vgl. *Stöber* ZVG § 150 Anm. 6.1.). Bezieht sich die Zwangsverwaltung nur auf einen Grundstücksbruchteil, kann der Zwangsverwalter wiederum nur den Mitbesitz erlangen. Er kann also nur die Miteigentumsrechte des Schuldners im Rahmen der Gemeinschaft wahrnehmen, Mieten bzw. Pachten kann er nicht selbständig einziehen.

2. Aufgaben des Zwangsverwalters und Bericht über die Inbesitznahme: Die Aufgaben des Zwangsverwalters sind vielfältiger Natur Die Zwangsverwalterverordnung (ZwVwV) regelt Grundsätze der Inbesitznahme, der Vermietungs-, Bewirtschaftungs- und Erhaltungspflichten. Wesentlich sind darüber hinaus Informationspflichten, die Buchführung und eine ordnungsgemäße Masseverwaltung. Letztlich hat der Zwangsverwalter das Recht und die Pflicht, alle Handlungen vorzunehmen, die erforderlich sind, um das Objekt in seinem wirtschaftlichen Bestande zu erhalten und ordnungsgemäß zu benutzen, § 152 Abs. 1 ZVG. Die Vermietung und Pflege der Mietverhältnisse ist ein wesentlicher Bestandteil der Aufgaben des Zwangsverwalters. Durch die Beauftragung eines Maklers kommt ein Zwangsverwalter in aller Regel seinen Pflichten ausreichend nach. Denn ein mit dem Markt befasster Makler hat grds. bessere Möglichkeiten, einen Mieter zu akquirieren, als der Zwangsverwalter selbst (OLG Köln NZI 2011, 959). Heutzutage tritt neben die Pflicht, das Objekt vermietet zu halten bzw. einer möglichst optimalen Vermietung zuzuführen die eigenständige Pflicht des Verwalters, das Objekt in seinem Bestand zu erhalten. Die Position des Zwangsverwalters entspricht immer mehr der eines Geschäftsführers, was das Gesetz selbst so beschreibt, §§ 152a S. 1 ZVG, 17 Abs. 1 S. 1 ZwVwV.

Der Zwangsverwalter hat das Zwangsverwaltungsobjekt in Besitz zu nehmen und darüber einen Bericht zu fertigen. Gem. § 3 Abs. 1 Nr. 1 bis 9 ZwVwV hat der Zwangsverwalter im Bericht festzuhalten:

1. Zeitpunkt und Umstände der Besitzerlangung;
2. eine Objektbeschreibung einschließlich der Nutzungsart und der bekannten Drittrechte;
3. alle der Beschlagnahme unterfallenden Mobilien, insbesondere Zubehör;
4. alle der Beschlagnahme unterfallenden Forderungen und Rechte, insbesondere Miet- und Pachtforderungen, mit dem Eigentum verbundene Rechte auf wiederkehrende Leistungen, sowie Forderungen gegen Versicherungen unter Beachtung von Beitragsrückständen;
5. die öffentlichen Lasten des Grundstücks unter Angabe der laufenden Beträge;
6. die Räume, die dem Schuldner für seinen Hausstand überlassen wurden;
7. die voraussichtlichen Ausgaben der Verwaltung, insbesondere aus Dienst- oder Arbeitsverhältnissen;
8. die voraussichtlichen Einnahmen und die Höhe des für die Verwaltung erforderlichen Kostenvorschusses sowie
9. alle sonstigen für die Verwaltung wesentlichen Verhältnisse.

Der Zwangsverwalter hat den **Inbesitznahmebericht schriftlich zu verfassen und** bei Gericht einzureichen, § 3 Abs. 1 S. 1, Abs. 2 S. 1 ZwVwV (Gebot der Schriftlichkeit). Das hier aufgenommene Muster ist angelehnt an die Informationsblätter der Amtsgerichte. In

Bezug auf den Aufbau kann die einfache Berichterstattung sinnvoll sein (nicht als Tabellenformat). Es empfiehlt sich, in dem knapp verfassten Bericht auf beigefügte Mieterlisten etc Bezug zu nehmen.. Kommt der Verwalter seiner Pflicht zur Erstellung und Einreichung des Berichts sowie eventueller Ergänzungen nicht nach, so kann deren Erfüllung gem. § 153 Abs. 2 ZwVwV durch Ordnungsstrafen erzwungen werden. Über die Vollstreckungshandlung der Inbesitznahme selbst sollte eine gesonderte Niederschrift angefertigt werden. Das ZVG schreibt dies nicht vor, dies gebieten jedoch die Vorschriften der ZPO, §§ 159 Abs. 2, 762 Abs. 1. Für den Zwangsverwalter kann das Protokoll für später auftretende Fragen von Bedeutung sein (*Stöber* ZVG § 150 Anm. 6.4).

3. Schuldner und Gläubiger sollten über die Inbesitznahme informiert und hinzugezogen werden. Es empfiehlt sich, im Vorfeld der Inbesitznahme mit Schuldner und Gläubiger Kontakt aufzunehmen, um Informationen über die wesentlichen Gegebenheiten und Besonderheiten zu erlangen. In der Regel führt dies zu einer deutlich einfacheren Durchführung des Aktes der Inbesitznahme als solcher. Außerdem wird die Gefahr einer hohen Fehlerquote, die aufgrund einer schlechten Informationslage mit Antritt seines Amtes für den Zwangsverwalter zunächst ein ständiger Begleiter ist, deutlich reduziert. Eine wichtige Aufgabe des Zwangsverwalters ist nun mal die Beschaffung und professionelle Aufarbeitung von Informationen.

4. Von dem Objekt sollten Fotos gefertigt wird. Einmal um der Dokumentationspflicht hinreichend nachzukommen. Zudem haben Fotos eine hohe Beweiskraft: Sollte es im Nachhinein zu einem Streit über den IST-Zustand bzw. über die der Beschlagnahme mit unterfallenden Sachen kommen, so trägt der Zwangsverwalter hierfür die Beweislast (OLG Celle MDR 1964, 157).

5. Der Zwangsverwalter tritt gem. § 152 Abs. 2 ZVG in bestehende Miet- und Pachtverträge ein und bei Leerstand hat er neue Miet- und Pachtverträge abzuschließen. Er hat die Besonderheiten des § 6 ZwVwV zu beachten.

6. Zu den öffentlichen Lasten, → Form. J. IX. 11 Anm. 3.

7. Sofern der Zwangsverwalter nicht sämtliche in § 3 Abs. 1 ZwVwV bezeichneten Verhältnisse im Rahmen der Inbesitznahme feststellen kann, hat er dies unverzüglich nachzuholen und unverzüglich anzuzeigen, § 3 Abs. 2 S. 2 ZwVwV.

8. Zum Wohnrecht des Schuldners → Form. J. IX. 17.

9. Der Zwangsverwalter ist nicht Rechtsnachfolger des Schuldners: Mit Ausnahme bestehender Miet- und Pachtverträge (→ Anm. 5.) tritt der Zwangsverwalter nicht in weitere vom Schuldner geschlossene Verträge ein und ist an diese nicht gebunden. Der Zwangsverwalter rückt also nicht in die Rechtsstellung des Schuldners als Vertragspartei ein. Der Zwangsverwalter hat daher zu prüfen, ob die vom Schuldner geschlossenen Verträge wirtschaftlich sinnvoll sind oder ob es ggf. zur ordnungsgemäßen Benutzung gem. § 152 Abs. 1 ZVG erforderlich ist, neue Verträge abzuschließen. Zudem ist er nicht berechtigt, die vor der Beschlagnahme bereits aus solchen Verträgen an den Schuldner bewirkten Leistungen außerhalb des § 155 ZVG zu zahlen. Mit Ausnahme der Verträge, die eine wesentliche Änderung der Nutzungsart vorsehen, bedarf es zum Abschluss neuer Verträge keiner Einwilligung des Gerichts. Der Zwangsverwalter handelt im Rahmen seiner Aufgabenwahrnehmung nach eigenem pflichtgemäßen Ermessen und damit eigenverantwortlich, § 1 Abs. 1 ZwVwV.

Dies gilt auch für die mit dem Schuldner bestehenden Arbeitsverträge. Diesbezüglich steht es dem Zwangsverwalter frei, ob er in die Arbeitsverträge eintreten will. Der Zwangsverwalter ist nicht Rechtsnachfolger des Schuldners, weshalb eine Fortsetzung der Beschäftigungsverhältnisse durch bloße Inbesitznahme ausscheidet (*Mork/Neumann*

IGZInfo 2006, 44). Das Gericht kann den Zwangsverwalter aber anweisen, einen Bediensteten des Schuldners weiter zu beschäftigen. Lehnt der Zwangsverwalter die Weiterbeschäftigung eines Arbeitnehmers ab, so ist dies keine fristlose Kündigung (*Stöber* ZVG § 152 Anm. 7. 1). Vorschriften des Arbeitsrechts sind grds. nicht anwendbar. Der Zwangsverwalter kann damit auch nicht auf Weiterbeschäftigung vor dem Arbeitsgericht verklagt werden. Das Bundesarbeitsgericht hält es nicht für notwendig, dass für den Begriff des Rechtsgeschäfts eine unmittelbare Vertragsbeziehung zwischen dem bisherigen Inhaber und dem Erwerber bestehen müsse. Ausreichend sei die Fortführung der wirtschaftlichen Einheit im Rahmen vertraglicher und sonstiger rechtsgeschäftlicher Beziehungen (BAG NJW 2011, 3596). Zuständig ist das Arbeitsgericht für Klagen aus dem Arbeitsverhältnis bei Betriebsfortführung (§ 613a BGB; vgl. *Stöber* ZVG § 152 Anm. 7.1.).

Sollte es im Rahmen der Zwangsverwaltung notwendig sein, einen Hausmeister zu beschäftigen, kann der Zwangsverwalter den bereits bestehenden Hausmeistervertrag zu den gleichen Konditionen neu abschließen oder aber einen neuen Hausmeister beschäftigen. Im Rahmen der Inbesitznahme kann bei den Mietern eruiert werden, ob die Tätigkeit des Hausmeisterdienstes zufrieden stellend ist, denn regelmäßig wird es günstiger sein, den bereits bestehenden Hausmeister zu belassen, da dieser sich bereits mit den Gegebenheiten des Objektes auskennt.

Existiert bei der Beschlagnahme eine Hausverwaltung, hat der Zwangsverwalter im Rahmen pflichtgemäßen Ermessens zu prüfen, inwiefern die Tätigkeiten der Hausverwaltung von ihm und seinen Bediensteten selbst durchgeführt werden können und ggf. auch müssen. Die Verwaltung gehört zu den klassischen Aufgaben des Zwangsverwalters, deren er sich nicht durch Übertragung an eine Hausverwaltung entledigen kann. Möglich ist ein Vertragsabschluss über eine technische Hausverwaltung. Ausnahmen können ggf. bei Objekten mit mehreren Häuserblöcken bzw. mit ausländischen Mietern und dem Erfordernis einer objekt- bzw. sprachkundigen Hausverwaltung gegeben sein. In diesem Fall sollte jedoch eine Genehmigung des Gerichtes eingeholt werden.

10. Zum Kostenvorschuss → Form. J. IX. 15.

11. Zum Anderkonto → Form. J. IX. 10 Anm. 6.

12. Für die Praxis ist es trotz der Vielzahl der Belange, die vom Zwangsverwalter zu beachten sind und über die zu berichten ist, empfehlenswert, den Bericht möglichst kurz zu fassen. Erfahrungsgemäß befassen sich sowohl der Rechtspfleger, als auch der Gläubiger nur mit den Fakten. So können bspw. Mietverhältnisse dem Bericht in einer Tabelle beigefügt werden, aus der dann alle wesentlichen Einzelheiten zu ersehen sind. Gleiches gilt für relevante Vertragsverhältnisse.

13. Sobald der Zwangsverwalter erkennt, dass er aufgrund der Einnahmen, die über die in § 11 Abs. 1 ZwVwV genannten Ausgaben der Verwaltung, die Kosten des Verfahrens, Vorschüsse und die laufenden Beträge der öffentliche Lasten, Zahlungen leisten kann, hat er dies dem Gericht anzuzeigen, vgl. § 11 Abs. 2 S. 2 ZwVwV. Das sollte er in dem Inbesitznahmebericht machen, wenn er bereits einen belastbaren Überblick über die Einnahmen hat. Oft wird er die Aufstellung des Teilungsplanes erst geraume Zeit später, nämlich bei Vorliegen ausreichend belastbarer Informationen über die zu erwartenden Einnahmen, anregen. Manche Gerichte sprechen von Antrag des Zwangsverwalters. Angesichts der Regelungen der §§ 156, 157 ZVG hat das Gericht den Teilungsplan aufzustellen, dies allerdings auf der Grundlage der Informationen des Zwangsverwalters.

19. Schlussrechnung (Jahresrechnung)

An das

Amtsgericht . . . . .

– Vollstreckungsabteilung –

ZV Az. AG . . . . . L . . . . ./. . . . .

Schlussrechnung (Jahresrechnung) inkl. Vergütungsantrag

. . . . . [Gläubiger/-in] ./. . . . . [Schuldner/-in]

Sehr geehrte/-r Frau/Herr Rechtspfleger/-in . . . . .,

zu oben benanntem Verfahren legt der Unterzeichnende nachfolgende Schlussrechnung (Jahresrechnung) für den Zeitraum vom . . . . . bis . . . . . Gleichzeitig wird ein Vergütungsantrag für vorgenannten Abrechnungszeitraum gestellt.

I. Mietverhältnisse/Mieteinnahmen/Rückstände etc

1. Im Abrechnungszeitraum wurden Mieteinnahmen in Höhe von insgesamt . . . . . EUR erzielt. In dieser Summe ist die Mehrwertsteuer[1, 2, 3] in Höhe von . . . . . EUR für gewerblich genutzte Mietflächen enthalten.

EG: Das Mietverhältnis mit den Mietern . . . . . besteht weiterhin fort. Im Abrechnungszeitraum konnten Mieteinnahmen in Höhe von insgesamt . . . . . EUR verzeichnet werden. Rückstände[4] bestehen in Höhe von . . . . . EUR. Den Mietern wurde eine letzte außergerichtliche Frist zum . . . . . gesetzt. Nach Ablauf der Frist werden die Rückstände klageweise geltend gemacht.[5]
OG: Das Mietverhältnis mit Herrn . . . . . wurde durch den Mieter fristgerecht zum . . . . . gekündigt. Im Abrechnungszeitraum konnten Mieteinnahmen in Höhe von . . . . . EUR vereinnahmt werden. Rückstände bestehen nicht.
Die Betriebskostenabrechnung[6] für das Jahr . . . . . ergab eine Nachzahlung in Höhe von . . . . . EUR. Hiergegen legte der Mieter Widerspruch ein. Der Widerspruch wird derzeit geprüft.
Die Wohnungseinheit konnte zum . . . . . an die Mieterin . . . . . vermietet[7] werden. Die vereinbarte Gesamtmiete beträgt . . . . . EUR. Einzelheiten entnehmen Sie bitte dem beiliegenden Mietvertrag.
DG: Das Mietverhältnis mit der Mieterin . . . . . besteht weiterhin fort. Im Abrechnungszeitraum wurden Mieteinnahmen in Höhe von . . . . . EUR realisiert. Rückstände bestehen nicht.

2. Die Kautionssparbücher zu vorgenannten Mietverhältnissen wurden nunmehr durch die ehemalige Hausverwaltung herausgegeben und vom Unterzeichnenden zu den Akten genommen. Von der bereits angekündigten Vollstreckung konnte abgesehen werden.

II. Sonstige Einnahmen[8]

Es konnten Zinsen in Höhe von . . . . . EUR realisiert werden.

III. Ausgaben[9]

1. Aufwendungen zur Unterhaltung des Objekts

Im Mietbereich ..... war die Reparatur der ..... notwendig. Die Kosten hierfür beliefen sich auf ..... EUR .

Die Bewirtschaftungskosten beliefen sich auf insgesamt ..... EUR. Die Einzelheiten können dem beiliegenden Einzelbuchungsnachweis entnommen werden.

2. Öffentliche Lasten

Grundsteuer war in Höhe von ..... EUR zu leisten. Rückstände bestehen nicht.

3. Zahlungen an die Gläubigerin

Der von der betreibenden Gläubigerin geleistete Kostenvorschuss in Höhe von ..... EUR wurde durch Zahlung vom ..... ausgeglichen.

Auf den Teilungsplan konnten noch keine Zahlungen erbracht werden.

4. Gerichtskosten

Die fällig gestellten Gerichtskosten in Höhe von ..... EUR wurden beglichen.

5. Vergütung des Verwalters

Die für den Vorjahreszeitraum festgesetzte Vergütung in Höhe von insgesamt ..... EUR wurde entnommen.

IV. Sonstiges

1. Die Betriebskostenabrechnung für das Jahr ..... wurde durch den Zwangsverwalter gefertigt und den Mietern fristgerecht per Einwurf zugestellt.

2. Die Einzelbuchungsvorgänge wurden für den oben benannten Verwaltungszeitraum ordnungsgemäß geführt und können den beiliegenden Unterlagen entnommen werden. Das Verwalteranderkonto weist zum ..... einen Kontostand in Höhe von ..... EUR auf.

V. Vergütungsfestsetzung[10]

1. Die Vergütung des Zwangsverwalters ist für den Abrechnungszeitraum vom ..... bis ..... gem. §§ 152a ZVG, 17 ff. ZwVwV festzusetzen. Aufgrund von Mieteinnahmen wird gem. §§ 17 Abs. 1, 18 Abs. 1 ZwVwV auf Ertragsbasis abgerechnet.

2. Im Abrechnungszeitraum konnten Mieteinnahmen in Höhe von insgesamt ..... EUR gezogen werden. Gem. §§ 17 iVm 18 Abs. 1 S. 1 ZwVwV sind dem Zwangsverwalter demnach 10 % des für den Zeitraum der Verwaltung gezogenen Bruttobetrages der gezogenen Mieten als Vergütung festzusetzen.

3. Mietrückstände bestehen in Höhe von ..... EUR. Gem. § 17 iVm § 18 Abs. 1 S. 2 ZwVwV sind dem Zwangsverwalter für vertraglich geschuldete, nicht eingezogene Mieten oder Pachten 20 % der Vergütung, die er erhalten hätte, wenn diese Mieten eingezogen worden wären, als Vergütung festzusetzen.

Mietrückstände auf die gem. § 18 Abs. 1 S. 3 ZwVwV eine bereits erhaltene Vergütung gem. § 18 Abs. 1 S. 2 ZwVwV anzurechnen wäre, wurden nicht eingezogen.

4. Die Auslagen für Fax, Telefon, Porto und Kopien werden gem. § 21 Abs. 2 S. 2 ZwVwV pauschal in Höhe von 10 % der Vergütung beantragt.

Im Ergebnis wird daher die Vergütung in Höhe von insgesamt ..... EUR beantragt. Die Zusammensetzung der einzelnen Beträge entnehmen Sie bitte der beigefügten Anlage.

.....

Zwangsverwalter

Anlagen[11]

Bericht (2-fach)

Kontoauszüge im Original nebst Originalbelegen

Bildungsjournal (3-fach)

Mieterkonten

Vergütungsantrag

Anmerkungen

1. Gem. § 14 Abs. 3 ZwVwV ist bei Aufhebung des Verfahrens Schlussrechnung in Form einer abgebrochenen Jahresrechnung zu legen.

2. Der Zwangsverwalter hat gem. § 14 Abs. 2 ZwVwV jährlich Rechnung zu legen. Im Gegensatz zur alten Zwangsverwaltungsverordnung soll das Kalenderjahr für die Abrechnung maßgeblich sein, um einen einheitlichen Zeittakt mit der betrieblichen Buchführung zu erreichen. Hiervon kann im Einzelfall mit Zustimmung des Gerichtes abgewichen werden, um flexibel auf Erfordernisse der Praxis eingehen zu können.

3. Zur Problematik der Umsatzsteuer → Form. J. IX. 16 Anm. 2.

4. Die Buchführung der Zwangsverwaltung ist eine um die Solleinnahmen ergänzte Einnahmenüberschussrechnung, § 14 Abs. 1 ZwVwV. Nicht erforderlich ist demnach die Einstellung der „Soll-Ausgaben". Dies wäre vielfach auch gar nicht möglich bzw. sehr umständlich, da viele Ausgaben, zum Beispiel Reparaturen, sporadisch anfallen. Die Soll-Einnahmen hingegen sind zwingend einzubuchen, womit ein permanenter Überblick über die Mietrückstände gewährleistet wird.

5. Der Zwangsverwalter hat die **Rechtsverfolgung** seiner Ansprüche im Rahmen pflichtgemäßen Ermessens zeitnah einzuleiten, vgl. § 7 ZwVwV. Maßstab des Handelns ist dabei das pflichtgemäße Ermessen. So kann es gerade bei vermögenslosen Beklagten sinnvoll sein, vor Einleitung eines Rechtsstreits zunächst die Zustimmung der Gläubigerin einzuholen, da die Kosten des Rechtsstreits mit hoher Wahrscheinlichkeit als Masseschuld bestehen bleiben. Der Zwangsverwalter hat auch bei der Rechtsverfolgung die Interessen der Beteiligten zu wahren. Aus diesem Grund bestimmt § 8 ZwVwV, dass der Gläubiger auf die Rechtsverfolgung der ebenfalls der Beschlagnahme unterliegenden Rückstände nach §§ 146 Abs. 1, 148 Abs. 1, 20 Abs. 2, 21 Abs. 2 ZVG, 1123 Abs. 1 und 2 BGB und unterbrochene Vorausverfügungen nach §§ 146 Abs. 1, 148 Abs. 1, 20 Abs. 2, 21 Abs. 2 ZVG, 1123 Abs. 1, 1124 und 1126 des BGB verzichten kann.

Zur Verfahrensführungsbefugnis des Zwangsverwalters, insbesondere nach Aufhebung des Zwangsverwaltungsverfahrens → Form. J. IX. 18 Anm. 1 und → Form. J. IX. 18 Anm. 2.

6. Betriebs-/Nebenkosten: Der Zwangsverwalter eines vermieteten Grundstücks hat für ein im Zeitpunkt des Wirksamwerdens der Anordnung der Zwangsverwaltung noch laufendes Mietverhältnis über die vom Mieter geleisteten Betriebskostenvorauszahlungen auch für solche Zeiträume abzurechnen, die vor der Anordnung liegen (BGH NJW 2006, 2626). Der BGH knüpfte damit an seine Entscheidung aus dem Jahr 2003 (NJW 2003, 2320) an und entschied, dass die Verpflichtung des Zwangsverwalters zur Abrechnung über die Betriebskosten auch dann gelten soll, wenn die Geltendmachung einer etwaigen Nachforderung zugunsten der Haftungsmasse wegen § 152 Abs. 1 Hs. 2 ZVG iVm § 556 Abs. 3 S. 3 BGB ausgeschlossen ist. Denn die dem Schutz des Mieters dienende Sondervorschrift des § 152 Abs. 2 ZVG begrenzt die Wirksamkeit des Mietvertrages gegenüber dem Zwangsverwalter nicht auf nach der Beschlagnahme entstandene Ansprüche des Mieters, sondern ordnet sie unabhängig vom Eintritt der Wirkungen der Beschlagnahme an. Mit dieser Entscheidung hat der BGH in keiner Weise berücksichtigt, dass die Vorschriften über die Anordnung der Zwangsverwaltung den Gläubigern zur Realisierung ihrer titulierten Ansprüche dienen. Ausgangspunkt aller Überlegungen kann daher nur der Beschlagnahmeumfang sein. Folgt man der Entscheidung, ist es für den Gläubiger kaum möglich, die Ausgaben im Rahmen eines Zwangsverwaltungsverfahrens einzuschätzen. Er kann damit auch nicht kalkulieren, welche Ausgaben ggf. nur noch über Kostenvorschüsse von dem Gläubiger getragen werden müssen. Das Instrument der Zwangsverwaltung wird durch solche Entscheidungen für die Gläubiger deutlich uninteressanter. Der Mieter wird gegenüber den Gläubigerin in einer nicht nachvollziehbaren Art,und Weise bevorrechtigt. Das steht im Wertungswiderspruch zu den §§ 1123 bis 1125 BGB, die dem Gläubiger grundsätzlich eine bevorrechtigte Position einräumen. Die Entscheidung steht zudem im Widerspruch zur Entscheidung des BGH vom 11.5.2006 (NJW 2006, 2706). Danach ist die Erteilung einer Betriebskostenabrechnung eine nicht vertretbare Handlung, sofern dem Verpflichteten die Unterlagen nicht vorliegen, da Grundlage für diese Abrechnung die Rechnungslegung des Schuldners über die Betriebskosten in den betreffenden Abrechnungsperioden ist. Diese Rechnungslegung setzt verbindliche Erklärungen des Schuldners aufgrund seiner besonderen Kenntnisse voraus, die dementsprechend nur von ihm abgegeben werden können (BGH NJW 2006, 2706). Regelmäßig wird es für den Zwangsverwalter unmöglich sein, eine Abrechnung über Zeiträume zu erstellen, die Jahre vor seiner Bestellung liegen, da die zur Erstellung erforderlichen Unterlagen regelmäßig gar nicht mehr vorhanden sind. Mit den gleichen im Rahmen der Frage der Vollstreckbarkeit angestellten Überlegung hätte der BGH auch schon bei der Problematik der Verpflichtung zur Erstellung der Betriebskostenabrechnungen zu einer interessengerechten Lösung kommen können.

7. Gem. § 6 Abs. 1 ZwVwV sind **Miet- oder Pachtverträge** vom Zwangsverwalter schriftlich abzuschließen. Die **Schriftform** ist erforderlich, da die im Rahmen der Zwangsverwaltung geschlossenen Mietverträge den Schuldner noch nach dem Ende der Zwangsverwaltung binden (BGH NJW 1992, 3041; *Stöber* ZVG § 152 Anm. 12.4). Der Zwangsverwalter hat gem. § 6 Abs. 2 ZwVwV in allen neuen Miet- und Pachtverträgen zu vereinbaren, dass

1. der Mieter- oder Pächter nicht berechtigt sein soll, Ansprüche aus dem Vertrag zu erheben, wenn das Zwangsverwaltungsobjekt vor der Überlassung an den Mieter oder Pächter im Wege der Zwangsversteigerung veräußert wird;
2. die gesetzliche Haftung des Vermieters oder Verpächters für den vom Ersteher zu ersetzenden Schaden ausgeschlossen sein soll, wenn das Grundstück nach der Überlassung an den Mieter oder Pächter im Wege der Zwangsversteigerung veräußert wird und der an die Stelle des Vermieters oder Verpächters tretende Ersteher die sich aus dem Miet- oder Pachtverhältnis ergebenden Verpflichtungen nicht erfüllt sowie
3. dass der Vermieter oder Verpächter auch von einem sich im Fall einer Kündigung (§ 57a S. 1 ZVG) möglicherweise ergebenden Schadensersatzanspruch freigestellt sein soll.

8. Die Soll- und Ist-Einnahmen sind nach den Konten:

1. Mieten und Pachten nach Verwaltungseinheiten sowie
2. andere Einnahmen zu gliedern, vgl. § 15 Abs. 1 ZwVwV.

Die Ist-Einnahmen sind dabei den Soll-Einnahmen gegenüberzustellen, um etwaige Mietrückstände transparenter zu gestalten. Die Gliederung nach Verwaltungseinheiten hat zu erfolgen, soweit die Einheiten getrennt vermietet oder verpachtet sind (*Haarmeyer/Wutzke/Förster/Hintzen* § 15 Rn. 3).

9. Zu den Ausgaben der Verwaltung gehören die Vergütung und die Auslagen des Zwangsverwalters sowie diejenigen Beträge, die der Zwangsverwalter zur ordnungsgemäßen Nutzung und Instandhaltung des Grundstückes aufwenden muss. Die Gliederung der Ausgaben erfolgt nach den Konten:

1. Aufwendungen zur Unterhaltung des Objektes;
2. Öffentliche Lasten;
3. Zahlungen an die Gläubiger;
4. Gerichtskosten der Verwaltung;
5. Vergütung des Verwalters sowie 6
6. Andere Ausgaben.

Die Erfassung der Ausgaben zum Zeitpunkt der Verwaltung sowie die Dokumentation durch Belege wird regelmäßig ausreichend sein. Zu den Ausgaben gehören somit alle aufgewendeten Beträge, die erforderlich sind, um das Grundstück in seinem wirtschaftlichen Bestande zu erhalten und ordnungsgemäß zu benutzen. Wurde die Zwangsverwaltung über ein Wohnungseigentum angeordnet, so sind die aufgrund des Wirtschaftsplanes zu zahlenden Haus-/Wohngelder nicht mehr als Ausgaben der Verwaltung zu zahlen. Forderungen der Wohnungseigentümergemeinschaft auf das laufende Hausgeld sind vom Zwangsverwalter als Ausgaben der Verwaltung zu erfüllen, daher vorschussfähig (BGH NJW 2010, 1001 mAnm *Hasselblatt*).

10. Zur Vergütung → Form. J. IX. 20.

11. Der Bericht sowie die Rechnungslegung sind bei dem Gericht einzureichen und von diesem dem Gläubiger und Schuldner vorzulegen, § 154 ZVG. Dies erfolgt in der Regel in dreifacher Ausfertigung, jeweils eine für das Gericht, den Gläubiger und den Schuldner. Richtet sich die Zwangsverwaltung gegen mehrere Verfahrensschuldner oder wird sie von mehreren Gläubigern betrieben, erhöht sich die Anzahl der vom Verwalter einzureichenden Exemplare entsprechend. Kontoauszüge und Belege werden in einfacher Ausfertigung beigefügt, da sie nur dem Gericht zur Prüfung dienen. Es empfiehlt sich in vielen Fällen, insbesondere bei größeren Verwaltungen, den Bericht dem Gläubiger vorab zu übersenden. Der Weg über das Vollstreckungsgericht dauert erfahrungsgemäß einige Zeit. In der Regel geht es für Gläubiger und Schuldner um viel Geld, so dass die rasche/zeitnahe Informationsübertragung einen hohen Stellenwert einnimmt. In Abstimmung mit dem Gläubiger reicht es dann oft aus, den Bericht ohne Anlagen an den zuständigen Bearbeiter bspw. per Mail zu übersenden.

20. Vergütungsantrag auf Ertragsbasis (§§ 17, 18 ZwVwV)

An das

Amtsgericht . . . . .[1, 2]

– Vollstreckungsgericht –

Az. . . . . .

Zwangsverwaltungsverfahren

. . . . . [Gläubiger] ./. . . . . [Schuldner]

Sehr geehrte/r Frau/Herr Rechtspfleger/-in . . . . .,

in dem vorbezeichneten Zwangsverwaltungsverfahren beantrage ich, die Vergütung des Zwangsverwalters für den Abrechnungszeitraum[3] vom ..... bis ..... gemäß § 18 Abs. 1, 2 ZwVwV festzusetzen wir folgt:

Mietertrag im Abrechnungszeitraum: ..... EUR	Regelsatz in EUR	Erhöhung[7] auf ..... %
Regelvergütung,[4] § 18 Abs. 1 S. 1 ZwVwV (10 % der Einnahmen)	..... EUR	..... EUR
Mietrückstände:[5]..... EUR, § 18 Abs. 1 S. 2 ZwVwV (2 % der Rückstände)	..... EUR	..... EUR
Zahlungen[6] auf Mietrückstände: ..... EUR, § 18 Abs. 1 S. 3 ZwVwV (8 % der Zahlungen auf Rückstände)	..... EUR	..... EUR
Zwischensumme	*.....EUR*	*.....EUR*
Auslagen[8] gem. § 21 Abs. 2 ZwVwV (pauschal 10 %)	..... EUR	..... EUR
USt[9] (derzeit 19 %)	..... EUR	..... EUR
Rechnungsbetrag	..... EUR	..... EUR

Gründe:[10,11]

.....

Unterschrift

Anmerkungen

1. Rechtsgrundlagen. Die Vergütung des Zwangsverwalters wird rechtsverbindlich in den §§ 17–22 ZwVwV geregelt. Dem Zwangsverwalter steht eine angemessene Vergütung für seine Geschäftsführung sowie die Erstattung seiner Auslagen zu (§§ 17 Abs. 1 S. 1, 21 ZwVwV). Die Höhe der Vergütung ist an der Art und dem Umfang der Aufgabe sowie an der Leistung des Zwangsverwalters auszurichten, § 152a S. 2 ZVG.

Durch die Vergütungsregelung soll das Interesse des Zwangsverwalters an einer angemessenen Vergütung für ihn und seine Mitarbeiter hinreichend Berücksichtigung finden. Die nach der ZwVwV ermittelte Vergütung gilt die gesamte Tätigkeit des Verwalters sowie aller Mitarbeiter im konkreten Verfahren ab (BGH Beschl. v. 15.11.2007 – V ZB 12/07, Rpfleger 2008, 216 und Beschl. v. 10.1.2008 – V ZB 31/07, Rpfleger 2008, 270). § 17 ZwVwV normiert den Vergütungsanspruch des Zwangsverwalters abstrakt, § 18 Abs. 1 ZwVwV definiert pauschal die Vergütung für den sog. Regelfall. Hierbei wird an die vom Zwangsverwalter gezogene bzw. die ihm geschuldete Bruttomiete angeknüpft. Abweichungen von diesem Regelfall sind in §§ 18 Abs. 2, 19 Abs. 2 und 1 sowie in § 20 ZwVwV geregelt. Die Vergütung des Zwangsverwalters ist eine reine Tätigkeitsvergütung. Der Einwand angeblich mangelhafter Leistung kann die Vergütung zunächst nicht beeinflussen, er stellt allenfalls ein haftungsrechtliches Problem gem. § 154 ZVG dar (LG Frankenthal Beschl. v. 3.4.1997 – 1 T 143/97, Rpfleger 1997, 399). Die Tätigkeitsvergütung selbst bleibt hiervon unbeeinflusst.

2. Zuständigkeit. → Form. J. IX. 1 Anm. 2.

3. Der **Abrechnungszeitraum** des § 14 Abs. 2 ZwVwV bestimmt die Summe der Einnahmen, aus welchen sich die Vergütung berechnet. Im Regelfall erfolgt die Rechnungslegung gem. § 14 Abs. 2 S. 1 ZwVwV jährlich nach Kalenderjahren. Hat das Gericht dem Zwangsverwalter gem. § 14 Abs. 2 S. 2 ZwVwV einen anderen Abrechnungszeitraum gestattet, so ist dieser für die Vergütung maßgebend.

4. Bei der **Regelvergütung** gem. § 18 Abs. 1 ZwVwV erhält der Zwangsverwalter als Vergütung 10 % des für den Zeitraum der Verwaltung an Mieten oder Pachten geschuldeten und eingezogenen Bruttobetrages. Die Bemessung der Vergütung des Zwangsverwalters nach § 18 Abs. 1 S. 1 ZwVwV setzt voraus, dass geschuldete Mieten tatsächlich an den Zwangsverwalter geleistet werden. Die Einleitung eines Mahnverfahrens reicht ebenso wenig aus wie eine Zahlung des Mieters an den Schuldner oder an einzelne Gläubiger (BGH Beschl. v. 26.4.2012 – V ZB 155/11, NJW-RR 2012, 979). Die Regelvergütung beträgt einheitlich 10 % des vom Zwangsverwalter eingenommen Bruttoertrages (also Miete inkl. Nebenkosten), so dass innerhalb eines Objektes nicht hinsichtlich der einzelnen Miet- bzw. Pachtverhältnisse getrennt werden muss. Umfasst die Verwaltung mehrere Grundstücke des Schuldners, insbesondere mehrere Eigentumswohnungen, ist entscheidend, ob die Besitzergreifung durch den Zwangsverwalter durch einen einheitlichen Akt erfolgen konnte, da eine wirtschaftliche Einheit vorliegt oder ob er jede Einheit getrennt in Besitz nehmen musste. Bei Wohnungseigentum wird die getrennte Besitzergreifung der Regelfall sein. Darauf, ob das Gericht die Verwaltung in einheitlichen Verfahren oder in getrennten Verfahren angeordnet hatte, kommt es bei der Entscheidung über die Festsetzung der Vergütung nicht an. Regelmäßig wird für jedes Grundstück bzw. jede Einheit aufgrund getrennter Besitzergreifung eine getrennte Vergütung festzusetzen sein (BGH Beschl. v. 5.11.2004 – IXa ZB 33/03, Rpfleger 2006, 151). Eine Eigentumswohnung und Tiefgaragenstellplätze sind, jedenfalls soweit es sich um eine übliche Zahl von ein bis zwei Stellplätzen handelt, als wirtschaftliche Einheit anzusehen; die dem Zwangsverwalter zustehende Vergütung ist deshalb nur einmal festzusetzen, und zwar unabhängig davon, ob der Stellplatz im Teileigentum des Schuldners steht oder ob diesem insoweit nur ein Sondernutzungsrecht eingeräumt ist (BGH Beschluss vom 26.6.2014 – V ZB 7/14, Rpfleger 2014, 691). Dies gilt auch für die Mindestvergütung.

5. **Mietrückstände.** Der Zwangsverwalter erhält ferner 20 % der Vergütung, die er für vertraglich geschuldete, aber im Abrechnungszeitraum nicht eingezogene Mieten oder Pachten erhalten hätte, wenn der Betrag eingezogen worden wäre (§ 18 Abs. 1 S. 2 ZwVwV). Diese Vergütung erhält er unabhängig von seinen Tätigkeiten. Da Nebenkosten ebenfalls unter die Miete gem. § 18 Abs. 1 S. 2 ZwVwV zu zählen sind, erhält der Zwangsverwalter auch auf eine aus der Betriebskostenabrechnung geschuldete Nachzahlung 20 % der Vergütung, die er erhalten hätte, wenn er den Betrag eingezogen hätte. Voraussetzung ist, dass dem Mieter eine ordnungsgemäße Berechnung zugegangen und eine angemessene Frist zur Prüfung verstrichen ist (*Stöber* ZVG § 152a Rn. 4.2). In der Praxis hat sich durchgesetzt, dass mit Blick auf die relativ geringe Höhe dieser Vergütungsanteile und der doch recht aufwändigen Verrechnung gem. § 18 Abs. 1 S. 3 ZwVwV in den Folgejahren, während des laufenden Verfahrens auf die Geltendmachung dieser Beträge zunächst verzichtet wird und die Abrechnung nur einmalig und zwar erst zum Verfahrensabschluss erfolgt.

6. **Forderungseinzug.** Werden Mietrückstände eingezogen, für die der Zwangsverwalter im Vorjahr bereits eine Vergütung nach § 18 Abs. 1 S. 2 erhalten hat, so ist diese Vergütung anzurechnen, § 18 Abs. 1 S. 3 ZwVwV.

7. **Missverhältnis.** Gem. § 18 Abs. 2 ZwVwV kann der in § 18 Abs. 1 S. 1 ZwVwV genannte Prozentsatz bis auf 5 vermindert oder bis auf 15 erhöht werden, wenn sich im Einzelfall ein Missverhältnis zwischen der Tätigkeit des Verwalters und der Vergütung ergäbe. Ausgangs- und Bezugsgröße für die Notwendigkeit einer Korrektur der Vergütung nach § 18 Abs. 2 ZwVwV ist hierbei der Regelfall. Es soll erreicht werden, dass anhand konkreter, individueller, einzelfall- und tätigkeitsbezogener Merkmale eine in Umfang und Schwierigkeit des Verfahrens angemessene Vergütung festgesetzt wird. Die Betreuung des Verfahrens muss bei einer beantragten Erhöhung aufwendiger und umfangreicher als in einem durchschnittlichen Verfahren gewesen sein. Die Umstände, die zu einer Erhöhung bzw. Reduzierung führen, sind darzustellen. Der Prozentsatz kann jedes Jahr unter Berücksichtigung der jeweiligen Umstände neu festgesetzt werden. Als Gründe für eine Erhöhung der Verwaltervergütung sind denkbar:

- zahlreiche Einwendungen des Schuldners, mit denen sich der Verwalter befassen musste (LG Göttingen Beschl. v. 1.6.1999 – 10 T 24/99, Rpfleger 1999, 503),
- die Übernahme eines anhängigen Verfahrens mit über 1.000 Aktenseiten (LG Göttingen Beschl. v. 6.2.2001 – 10 T 103/00, Rpfleger 2001, 312),
- häufiger Mieterwechsel (LG Leipzig Beschl. v. 22.10.2001 – 1 T 8897/00, Rpfleger 2002, 166),
- eine Vielzahl von Reparaturen sowie die Anfertigung von Umsatzsteuervoranmeldungen (LG Koblenz, Beschl. v. 12.11.2012 – 2 T 588/12 = Rpfleger 2013, 285)
- die Erstellung von Nebenkostenabrechnungen für zum Zeitpunkt der Beschlagnahme bereits abgeschlossene Zeiträume (weitere Beispiele: *Haarmeyer/Wutzke/Förster/Hintzen* § 18 Rn. 28–35).

Ob ein oder mehrere Erhöhungstatbestände vorliegen und durchgreifen ist ein jedem einzelnen Verfahren, gemessen an dessen Schwierigkeit und Umfang zu prüfen und zu beurteilen. Wie eine Erhöhung der Vergütung ist natürlich auch die Minderung des Regelsatzes auf bis zu 5 % denkbar. Dies insbesondere, wenn der Zwangsverwalter trotz nur durchschnittlicher Tätigkeit besonders hohe Mieterträge ziehen konnte oder wenn er bei einem komplexen Objekt auf eine bereits bestehende externe Hausverwaltung zurückgreift und sich insoweit eigene Aufwendungen in erheblichem Umfang erspart (BGH Beschl. v. 15.11.2007 – V ZB 12/07, Rpfleger 2008, 216).

8. Auslagen. Der Zwangsverwalter hat neben seiner Vergütung gem. § 17 Abs. 1 ZwVwV auch Anspruch auf Erstattung seiner Auslagen nach Maßgabe des § 21 ZwVwV. Keinen Anspruch hat der Zwangsverwalter auf Ersatz der allgemeinen Geschäftskosten, wie Büroaufwand des Zwangsverwalters einschließlich der Gehälter seiner Angestellten, da diese bereits mit der Vergütung abgegolten sind, vgl. § 21 Abs. 1 S. 1 und 2 ZwVwV. Der Zwangsverwalter kann jedoch besondere Kosten, die ihm im Einzelfall entstanden sind, als Auslagen erstattet bekommen, soweit sie angemessen sind, § 21 Abs. 2 S. 1 ZwVwV. Besondere Auslagen müssen einzeln dargestellt und belegt werden. Wahlweise kann der Zwangsverwalter entstandene Auslagen auch pauschal abrechnen. In diesem Fall kann er 10 % seiner Vergütung, höchstens jedoch 40,– EUR für jeden angefangenen Monat seiner Tätigkeit, als Auslage pauschal fordern, § 21 Abs. 2 S. 2 ZwVwV. Bestand die Verwaltung weniger als einen Monat und macht der Zwangsverwalter zB die Mindestvergütung gem. § 20 Abs. 1 ZwVwV in Höhe von 600,– EUR geltend, so könnte er Auslagen in Höhe von 10 %, mithin 60,– EUR beantragen. Da die Zwangsverwaltung jedoch nur einen Monat andauerte, können vom Zwangsverwalter lediglich 40,– EUR als Auslagen pauschal beantragt werden.

Regelmäßig wird eine Abrechnung der Auslagen aufgrund der Pauschalregelung des § 21 Abs. 2 S. 2 ZwVwV erfolgen. Hatte der Zwangsverwalter tatsächlich erhöhte, das konkrete Verfahren betreffende, Sonderauslagen, wird er die Abrechnung anhand des Einzelfalles wählen. Er hat in diesem Fall sämtliche das Verfahren betreffende Auslagen bestimmt darzustellen, damit erkennbar ist, ob sie zur Durchführung der Zwangsverwaltung erforderlich waren. Eine zusätzliche pauschale Abrechnung der Auslagen gem. § 21 Abs. 2 S. 2 ZwVwV ist dann allerdings nicht mehr möglich.

Ein Sonderfall gilt für die jeweils vom Zwangsverwalter gem. § 1 Abs. 4 ZwVwV abzuschließende Haftpflichtversicherung. Diese ist grundsätzlich durch die Vergütung abgegolten, da sie zu den allgemeinen Geschäftskosten gehört. Sofern die Zwangsverwaltung jedoch mit einem besonderen Haftungsrisiko verbunden ist, kann der Zwangsverwalter die durch eine höhere Versicherung begründeten zusätzlichen Kosten als Auslagen erstattet bekommen, § 21 Abs. 3 ZwVwV. Aufgrund der Systematik des § 21 ZwVwV (Regelung in Abs. 3) kann der Zwangsverwalter diese Sonderkosten auch neben einer von ihm geltend gemachten Pauschale einfordern (*Haarmeyer/Wutzke/Förster/Hintzen* § 21 Rn. 16).

9. Umsatzsteuer. Neben seiner Vergütung und der Erstattung der Auslagen hat der Zwangsverwalter auch Anspruch auf Festsetzung der von ihm zu zahlenden Umsatzsteuer, § 17 Abs. 2 ZwVwV.

10. Begründung. Alle Kriterien, die zu einer Erhöhung der Regelvergütung des Zwangsverwalters führen (können) sind im Antrag entsprechend aufzuführen, zu begründen und ggf. nachzuweisen.

11. Rechtsmittel. Gegen den Vergütungsbeschluss kann der Zwangsverwalter die sofortige Beschwerde gem. §§ 146 Abs. 1 ZVG, 793 ZPO einlegen. Schuldner, Gläubiger sowie alle, die durch die Vergütung beeinträchtigt sind, können ebenfalls den Vergütungsbeschluss mit der sofortigen Beschwerde anfechten. Voraussetzung ist jedoch, dass die Beschwerdesumme von 200,– EUR überschritten wird, § 567 Abs. 2 ZPO. Bei geringerem Betrag ist nur die befristete Rechtspflegererinnerung gem. § 11 Abs. 2 RPflG statthaft.

21. Vergütungsantrag auf Stundenbasis (§§ 17, 19 ZwVwV)

An das

Amtsgericht . . . . .[1]

– Vollstreckungsgericht –

Az. . . . . .

Zwangsverwaltungsverfahren

. . . . . [Gläubiger] ./. . . . . . [Schuldner]

Sehr geehrte/r Frau/Herr Rechtspfleger/-in . . . . .,

in dem vorbezeichneten Zwangsverwaltungsverfahren beantrage ich, die Vergütung des Zwangsverwalters für den Abrechnungszeitraum[2] vom . . . . . bis . . . . . gemäß § 19 Abs. 1, 2 ZwVwV[3] festzusetzen wie folgt:

Vergütung (. . . . . Stunden[5] á . . . . . EUR[4])	**. . . . . EUR**
Auslagen[6] gem. § 21 Abs. 2 ZwVwV (pauschal 10 % aus . . . . . EUR)	**. . . . . EUR**
Zwischensumme:	***. . . . . EUR***
USt (derzeit 19 %)[7]	**. . . . . EUR**
Rechnungsbetrag:	**. . . . . EUR**

Gründe:[8]

Im Zeitraum . . . . . bis . . . . . konnten Mietzinserträge in Höhe von . . . . . EUR erwirtschaftet werden (vgl. Mieterkontoauszüge als Anlage 1).

Hieraus errechnet sich eine Regelvergütung gem. § 18 Abs. 1 S. 1 ZwVwV in Höhe von ..... EUR. Diese bleibt selbst unter Berücksichtigung der Erhöhung des Regelsatzes nach § 18 Abs. 2 ZwVwV auf 15 % (entspricht ..... EUR) deutlich hinter dem tatsächlichen Aufwand der Zwangsverwaltung zurück und ist damit „offensichtlich unangemessen" (§ 19 Abs. 2 ZwVwV).

Ich habe den tatsächlichen Aufwand in beiliegender Übersicht (Anlage 2) zusammengestellt. Es wurde ein Zeitaufwand von ..... Stunden ermittelt. Dieser liegt ganz erheblich über dem nach Mieteinnahmen abzurechnenden Aufwand. Daher rechne ich die Vergütung nach § 19 Abs. 2 ZwVwV ab. Es wurde ein Stundensatz von ..... EUR zugrunde gelegt.

(Alternative:

Im Zeitraum ..... bis ..... konnten keine Mietzinserträge gezogen werden. Die Vergütung bemisst sich daher nach dem Zeitaufwand, § 19 Abs. 1 ZwVwV. Dieser ist in beiliegender Übersicht zusammengestellt. Es wurde ein Verwaltungsaufwand von ..... Stunden ermittelt. Der Vergütungsberechnung wurde mit Blick auf den Art und Umfang des Verfahrens ein Stundensatz von ..... EUR zugrunde gelegt.)

Ich bitte um antragsgemäße Festsetzung.

.....

[Unterschrift][9]

Anmerkungen

1. Zuständigkeit. → Form. J. IX. 1 Anm. 2.

2. Abrechnungszeitraum. → Form. J. IX. 20 Anm. 3.

3. Stundenvergütung. Der Zwangsverwalter erhält seine Vergütung nach Zeitaufwand, wenn keine Einnahmen aus Vermietung oder Verpachtung vorhanden sind, § 19 Abs. 1 ZwVwV. Das Gleiche gilt für den Fall, dass die Regelvergütung nach § 18 ZwVwV selbst unter Berücksichtigung der möglichen Erhöhung offensichtlich unangemessen wäre (§ 19 Abs. 2 ZwVwV). Das Ermessen des Zwangsverwalters hinsichtlich der Frage, ob er seine Vergütung nach Einnahmen oder nach Zeit abrechnet, ist insoweit eingeschränkt, dass er die ggf. auf 15 % erhöhte Vergütung (§ 18 ZwVwV) mit einer möglichen Zeitvergütung vergleichen und die offensichtliche Unangemessenheit darstellen muss. Herrschende Meinung ist, dass eine Vergütung dann unangemessen (niedrig) ist, wenn sie um mehr als einem Viertel hinter der Stundenvergütung zurückbleibt (BGH Beschl. v. 10.1.2008 – V ZB 31/07, Rpfleger 2008, 270; *Hintzen/Alff* Rpfleger 2004, 129 (135 ff.)).

4. Stundensatz. Bei einer Vergütung nach Zeitaufwand erhält der Verwalter einen einheitlichen Stundensatz von mind. 35,– EUR und höchstens 95,– EUR, sowohl für seinen eigenen Zeitaufwand, als auch für den seiner Mitarbeiter. Der mittlere Stundensatz beträgt damit 65,– EUR. Der Stundensatz ist für den jeweiligen Abrechnungszeitraum einheitlich zu bemessen § 19 Abs. 1 S. 2 ZwVwV. Bei der Bemessung des Stundensatzes ist allein auf den Umfang und die Schwierigkeit der Tätigkeit des Zwangsverwalters und seiner Mitarbeiter abzustellen (zu den Kriterien: *Haarmeyer/Wutzke/Förster/Hintzen* § 19 Rn. 12 ff., 16). Es muss also eine Einordnung des Verfahrens gemessen am Schwierigkeitsgrad durch das Gericht erfolgen.

5. Zeitaufwand. Der benötigte Zeitaufwand ist plausibel darzulegen, die Erbringung von Einzelnachweisen ist nicht erforderlich (*Hintzen* Rpfleger 2006, 57 (65)) aber mit Blick auf Nachvollziehbarkeit und Transparenz bei Gericht und Verfahrensbeteiligten durchaus zu empfehlen.

6. Auslagen. → Form. J. IX. 20 Anm. 8.

7. Umsatzsteuer. → Form. J. IX. 20 Anm. 9.

8. Begründung. Insbesondere, wenn eine Vergütung nach § 19 Abs. 2 beantragt werden soll, sind die Voraussetzungen (Missverhältnis von Regelvergütung und Verwaltungsaufwand) entsprechend darzulegen. Gleiches gilt, wenn ein überdurchschnittlicher Stundensatz beantragt wurde.

9. Rechtsmittel. → Form. J. IX. 20 Anm. 11.

22. Vergütungsantrag – Mindestvergütung (§§ 17, 20 Abs. 1 und 2 ZwVwV)

An das

Amtsgericht . . . . .[1]

– Vollstreckungsgericht –

Az. . . . . .

Zwangsverwaltungsverfahren

. . . . . [Gläubiger] ./. . . . . [Schuldner]

Sehr geehrte/r Frau/Herr Rechtspfleger/-in . . . . .,

das vorbezeichnete Zwangsverwaltungsverfahren wurde aufgehoben, nachdem ich das Zwangsverwaltungsobjekt in Besitz genommen habe.

Der Inbesitznahmebericht[2] liegt Ihnen bereits vor/ist beigefügt.

Ich beantrage daher die Festsetzung meiner Vergütung für den Zeitraum vom . . . . . bis . . . . . gem. §§ 152a ZVG, 17 ff. ZwVwV wie folgt:

Mindestvergütung gem. § 20 Abs. 1 ZwVwV	**600,– EUR**
Auslagen[3] gem. § 21 Abs. 2 ZwVwV (pauschal 10 %)	**. . . . . EUR**
Zwischensumme:	***. . . . . EUR***
19 % USt[4]	**. . . . . EUR**
Rechnungsbetrag[5]	**. . . . . EUR**

. . . . .

Zwangsverwalter

(Alternative:

Sehr geehrte/r Frau/Herr Rechtspfleger/-in . . . . .,

das vorbezeichnete Zwangsverwaltungsverfahren wurde aufgehoben, bevor ich das Zwangsverwaltungsobjekt in Besitz nehmen konnte.[2]

Ich beantrage daher die Festsetzung meiner Vergütung gem. §§ 152a ZVG, 17 ff. ZwVwV für die gesamte Dauer des Verfahrens wie folgt:

Mindestvergütung gem. § 20 Abs. 2 ZwVwV	*200,– EUR*
Auslagen gem. § 21 Abs. 2 ZwVwV (pauschal 10 %)	*20,– EUR*
Zwischensumme:	*220,– EUR*
19 % USt	*41,80 EUR*
Rechnungsbetrag	*261,80 EUR*

.....

Zwangsverwalter)

Anmerkungen

1. Zuständigkeit. → Form. J. IX. 1 Anm. 2.

2. Abgrenzung. Maßgeblicher Zeitpunkt für die Abgrenzung der Mindestvergütung des § 20 Abs. 1 ZwVwV von der des Abs. 2 ist die **Inbesitznahme** (→ Form. J. IX. 18 Anm. 1) des Zwangsverwaltungsobjekts. Die Mindestvergütung für den Verwalter beträgt 600,– EUR, sofern der Verwalter das Objekt bereits in Besitz genommen hat, § 20 Abs. 1 ZwVwV. Maßgeblich ist nicht die Einreichung des Inbesitznahmeberichts nach § 3 ZwVwV, sondern die tatsächliche Inbesitznahme und der weitgehende Abschluss der damit im Zusammenhang stehenden Ermittlungen (*Haarmeyer/Wutzke/Förster/Hintzen* § 20 Rn. 1). Die Mindestvergütung nach § 20 Abs. 1 ZwVwV wird auch festgesetzt, wenn die aus den Erträgen errechnete Regelvergütung selbst unter Berücksichtigung einer Erhöhung gem. § 18 Abs. 2 ZwVwV in einem krassen Missverhältnis zum tatsächlichen Aufwand des Zwangsverwalters steht und auch eine nach § 19 Abs. 2 iVm Abs. 1 ZwVwV berechnete Stundenvergütung hinter der gesetzlichen Pauschale zurückbleibt. Die Mindestvergütung gilt für das gesamte Verfahren, nicht jedoch für jede einzelne Abrechnungsperiode (BGH Rpfleger 2006, 490) und sie ist auch dann festzusetzen, wenn Mieterträge kaum oder gar nicht vorhanden sind (LG Saarbrücken: Beschluss vom 31.5.2012 – 5 T 286/12; RPfl. 2012, 645). Sind mehrere Grundstücke oder grundstücksgleiche Rechte Gegenstand, fällt die Mindestvergütung für jedes der Inbesitz genommenen Grundstücke gesondert an (BGH Rpfl 2009, 580).

Wird das Zwangsverwaltungsverfahren aufgehoben, bevor der Zwangsverwalter das Grundstück in Besitz konnte, so erhält er eine Vergütung von 200,– EUR gem. § 20 Abs. 2 ZwVwV, sofern er bereits mit Blick auf das Verfahren oder die Inbesitznahme tätig geworden ist. Nicht ausreichend ist die bloße Entgegennahme des Anordnungsbeschlusses (*Haarmeyer/Wutzke/Förster/Hintzen* § 20 Rn. 2, 5).

3. Auslagen. → Form. J. IX. 1 Anm. 8.

4. Umsatzsteuer. → Form. J. IX. 1 Anm. 9.

5. Rechtsmittel. → Form. J. IX. 20 Anm. 11.

23. Antrag auf Ermächtigung (§ 12 ZwVwV)

An das

Amtsgericht . . . . .[1]

– Vollstreckungsgericht –

Az. . . . . .

Zwangsverwaltungsverfahren

. . . . . [Gläubiger] ./. . . . . [Schuldner]

Sehr geehrte Damen und Herren,

in vorbezeichneter Angelegenheit beantrage ich unter Bezugnahme auf Ihre Mitteilung über die Ihnen vorliegende Antragsrücknahmeerklärung der Gläubigerin vom . . . . ., mir eine Ermächtigung gem. § 12 Abs. 2 ZwVwV[2] aufgrund nachstehenden Sachverhalts zu erteilen.[3]

Gegen den Mieter . . . . . wurde wegen bestehender Mietrückstände[4] am . . . . . beim Amtsgericht . . . . . Zahlungsklage eingereicht. Der Verhandlungstermin findet bereits nächste Woche (am . . . . .) statt. Mit Blick auf Höhe der bestehenden Rückstände und der an sich eindeutigen Rechts- und Beweislage ist es aus hiesiger Sicht sinnvoll, den Prozess fortzuführen und damit zu einem schnellen Abschluss zu bringen.

. . . . .

Zwangsverwalter

Anmerkungen

1. Zuständigkeit. → Form. J. IX. 1 Anm. 2.

2. Beendigung der Zwangsverwaltung. Die Zwangsverwaltung endet stets mit einem gerichtlichen Aufhebungsbeschluss des Vollstreckungsgerichts, § 12 Abs. 1 S. 1 ZwVwV. Dieser hat konstitutive Wirkung. Der Zwangsverwalter hat seine Tätigkeiten bis zum Zugang des Aufhebungsbeschlusses fortzusetzen. Weiterhin bleibt der Verwalter berechtigt, von ihm begründete Verbindlichkeiten aus der vorhandenen Liquidität zu begleichen und bis zum Eintritt der Fälligkeit Rücklagen zu bilden, § 12 Abs. 3 S. 1 ZwVwV. Erfährt der Verwalter von der bevorstehenden Aufhebung des Verfahrens (regelmäßig durch Mitteilung des Vollstreckungsgerichts, teilweise durch Ankündigung des Gläubigers), so hat er das Gericht über laufende Prozesse sowie weitere geplante Tätigkeiten zu unterrichten und erforderlichenfalls einen Antrag auf Ermächtigung zur Fortsetzung der Verwaltungstätigkeit zu stellen, soweit dies für den ordnungsgemäßen Abschluss der Zwangsverwaltung erforderlich ist.

Bei der Überlegung, ob ein Antrag gem. § 12 Abs. 2 ZwVwV gestellt werden soll, ist zu unterscheiden, ob das Verfahren aufgrund Antragsrücknahme oder wegen Zuschlags in der Zwangsversteigerung beendet wird. Bei Beendigung des Verfahrens aufgrund **Antragsrücknahme** stehen etwaige Überschüsse aus der Zwangsverwaltung dem Schuldner zu. Dies gilt nur dann nicht, wenn der Gläubiger seine Antragsrücknahme beschränkt (→ Form. J. IX. 9 Anm. 2). Steht der Verwalter im Kontakt mit der Gläubigerin und erfährt er von der geplanten Antragsrücknahme, so kann er auf die Möglichkeiten der beschränkten Antragsrücknahme hinweisen, sofern zu erwarten ist, dass ein anhängiger Prozess Erfolg versprechend ist. Im Übrigen verbleibt ihm die Möglichkeit, die Erteilung der Ermächtigung nach § 12 Abs. 2 ZwVwV zu beantragen.

Wird das Zwangsverwaltungsverfahren aufgrund **Zuschlags** in der Zwangsversteigerung beendet, stehen sämtliche Einnahmen aus dem Zeitraum bis zur Zuschlagserteilung den gem. Teilungsplan berechtigten Gläubigern zu. Alle Grundstücksnutzungen bis zum Zuschlag unterliegen weiterhin der Beschlagnahme (§§ 146 Abs. 1, 148 Abs. 1, 20, 21 ZVG). Bestehen aus diesem Zeitraum noch Rückstände und hat der Zwangsverwalter ein gerichtliches Verfahren bereits anhängig gemacht, so kann er dieses auch ohne ausdrückliche Ermächtigung fortführen (BGH Urt. v. 21.10.1992 – XII ZR 125/91, NJW-RR 1993, 442; BGH Urt. v. 11.8.2010 – XII ZR 181/08, NJW 2010, 3033). Dies gilt nach herrschender Meinung (*Stöber* ZVG § 161 Anm. 7.2 mwN) auch für noch nicht anhängig gemachte Verfahren, ist jedoch strittig (aA *Haarmeyer* Rpfleger 2000, 30; *Vonnemann* Rpfleger 2002, 415 (419)), so dass im Zweifelsfall bzw. aus Gründen der Rechtssicherheit auch hier die Erteilung einer ausdrücklichen Ermächtigung beantragt werden sollte, sofern der Aufhebungsbeschluss des Gerichtes hierzu keine entsprechende allgemeine Formulierung enthält.

3. Entscheidung. Die Entscheidung über den Antrag des Zwangsverwalters trifft das Vollstreckungsgericht nach eigenem Ermessen. Es hat dabei insbesondere zu prüfen, ob die beantragte Ermächtigung zum ordnungsgemäßen Abschluss des Verfahrens tatsächlich erforderlich ist. Dies kann bei der erst noch beabsichtigten Geltendmachung rückständiger Mietzinsen im Falle der Antragsrücknahme durchaus zweifelhaft sein, da diese Forderungen wieder dem Schuldner zustehen. Auch insgesamt zeigt die Praxis, dass von der Ermächtigung eher zurückhaltend Gebrauch gemacht wird.

4. Ausnahmen. Geht man mit der herrschenden Meinung davon aus, dass im Falle der Erteilung des Zuschlages über die Aufhebung des Zwangsverwaltungsverfahrens hinaus eine Verfahrensführungsbefugnis des Zwangsverwalter gegeben ist, so muss beachtet werden, dass dies häufig für die Fälle der Räumungsprozesse gegen einen Mieter bzw. hinsichtlich einstweiliger Verfügungsverfahren über einen Unterlassungsanspruch oder für die Geltendmachung eines Gestaltungsrechts verneint wird (*Stöber* ZVG § 161 Anm. 7.3). Auch die Erteilung einer Ermächtigung für beabsichtigte Klagen wie diese im Falle der Antragsrücknahme scheidet daher wohl aus.

24. Ersteherabrechnung

An

. . . . . (Ersteher[1])

Zwangsverwaltungsverfahren

. . . . . [Gläubiger] ./. . . . . . [Schuldner]

Objekt: . . . . .

Sehr geehrte(-r) Frau/Herr . . . . .,

durch Beschluss des Amtsgerichts . . . . . vom . . . . . zu Az. . . . . . wurde Ihnen für das oben benannte Objekt der Zuschlag erteilt. Damit stehen Ihnen ab dem . . . . . (Tag des Zuschlags) sämtliche Nutzungen des Objekts (Miete/Pacht etc)[2] zu. Gleichzeitig sind von Ihnen die anfallenden Lasten ab diesem Zeitpunkt zu übernehmen.

1. Die nachstehenden Berechnungen übersenden wir Ihnen mit der Bitte, diese innerhalb der nächsten vier Wochen zu überprüfen. Sollten von Ihrer Seite keine Einwände erhoben

werden, erlangt die Rechnung Gültigkeit und Sie erklären sich damit einverstanden. Ich werde sodann die Auszahlungen an Sie in der beschriebenen Weise vornehmen.

2. Für Sie ergibt sich für den Zeitraum vom ..... (Tag des Zuschlages) bis zum ..... die nachstehende Abrechnung:

Auszukehrende Miete (Ermittlung siehe Anlage 1)	..... EUR
Zu tragende Kosten (Ermittlung siehe Anlage 2)	..... EUR
Saldo	..... EUR

Die Überweisung des Betrages in Höhe von ..... EUR erfolgt auf das von Ihnen angegebene Konto bei der ....., IBAN: ....., BIC: .....

3. Die Abrechnung der verbrauchten und nicht verbrauchten Nebenkostenvorauszahlungen[3] der Mieter für den Zeitraum bis zum Zuschlag entnehmen Sie bitte der Anlage 3. Auch dieses Guthaben werde ich auf Ihr og Konto überweisen.

4. Damit Sie die Abrechnung nachvollziehen können, erhalten Sie ferner die Mieterkonten für den Zeitraum vom ..... bis ..... sowie die Rechnungskopien.

.....

Zwangsverwalter

Anlage 1 – Einnahmen

Einnahme	Zahlungseingang in Höhe von	Ihr Anteil in Tagen	Ihr Anteil in EUR	Gesamt
Miete für Monat	..... EUR	..... Tage	..... EUR	..... EUR
Miete für Monat	..... EUR	..... Tage	..... EUR	..... EUR

Anlage 2 – Ausgaben

Ausgabe	Zahlungen in Höhe von	Zeitraum in Tagen	Ihr Anteil in Tagen	Ihr Anteil in EUR	Gesamt
Grundsteuer Quartal	..... EUR	..... Tage	..... Tage	..... EUR	..... EUR
Versicherung	..... EUR	..... Tage	..... Tage	..... EUR	..... EUR
.....	..... EUR	..... Tage	..... Tage	..... EUR	..... EUR

Anlage 3 – Verrechnung Nebenkostenvorauszahlungen

Nebenkostenvorauszahlungen Mieter ..... iHv ..... EUR x ..... Monate Mieter ..... iHv ..... EUR x ..... Monate	 ..... EUR ..... EUR	
Summe Vorauszahlungen:		..... *EUR*
Versicherung	..... EUR	
Grundsteuern	..... EUR	
Heizkosten (Abschläge)	..... EUR	

.....	..... EUR	
Summe Nebenkosten:		*..... EUR*
Saldo:		..... EUR

Anmerkungen

1. Verfahrensbeendigung. Mit dem Zuschlag in einem parallel laufenden Zwangsversteigerungsverfahren erwirbt der Ersteher das Eigentum am Grundstück, § 90 Abs. 1 ZVG. Ihm gebühren ab dem Tag des Zuschlages die Nutzungen und er trägt von da an die Lasten des Grundstücks, § 56 ZVG. Auf die Rechtskraft des Zuschlagsbeschlusses kommt es für den Eigentumsübergang zunächst nicht an. Das Zwangsverwaltungsverfahren endet jedoch mit Zuschlagserteilung nicht automatisch, sondern erst mit dem gerichtlichen Aufhebungsbeschluss, §§ 161 Abs. 1 ZVG, 12 Abs. 1 ZwVwV. Da der Zuschlag im Rechtsmittelverfahren wieder aufgehoben werden kann, ist der Aufhebungsbeschluss im Zwangsverwaltungsverfahren erst nach Ablauf der Rechtsmittelfrist des Zuschlags zu erlassen. Der Zwangsverwalter hat insoweit seine Tätigkeiten bis zur Aufhebung des Verfahrens weiter fortzusetzen. Er muss aber beachten, dass es sich nunmehr nur noch um Abwicklungsmaßnahmen handeln kann und er ab dem Zuschlag rechtlich für den Ersteher handelt. Welche Aufgaben der Zwangsverwalter gegenüber dem Ersteher hat und auf welcher rechtlichen Grundlage er handelt, ist nicht ganz unumstritten. Der herrschenden Meinung folgend handelt es sich um eine Art Geschäftsführung ohne Auftrag. Der Verwalter ist zur Rechnungslegung gegenüber dem späteren Ersteher verpflichtet, auch wenn dieser nicht Beteiligter ist. Aber auch diesen treffen Kontroll- und Mitwirkungspflichten. Er hat ggf. bestehende Einwände umgehend geltend zu machen. Grundsätzlich erfolgt die Abrechnung, damit alle diesen Vorgang betreffenden Prozesse, ähnlich wie bei den Nebenkostenabrechnungen, die vom Eigentümer gegenüber dem Mieter zu erstellen sind, zügig erledigt werden. Die Verantwortung des Zwangsverwalters beschränkt sich zunächst nur darauf, die Abrechnung zu erstellen. Maßgebende Vorschrift dürfte § 154 ZVG sein. Der Zwangsverwalter haftet nur gegenüber den Beteiligten (§ 9 ZVG) für die ordnungsgemäße Erfüllung des Amtes (BGH Urt. v. 5.2.2009 – IX ZR 21/07, NJW 2009, 1674). Eine Haftung gegenüber dem Erwerber besteht im Ergebnis nur, wenn die Ersteherabrechnung nicht vorgelegt und vorsätzlich grob falsch erstellt wurde.

2. Abrechnung. Grundstücksnutzungen bis zum Zuschlag unterliegen weiterhin der Beschlagnahme, §§ 20, 21, 146 Abs. 1, 148 Abs. 1 ZVG. Der Zwangsverwalter ist berechtigt, diese einzuziehen und entsprechende Überschüsse an die gem. Teilungsplan Berechtigten (Gläubiger) auszuzahlen (BGH Urt. v. 21.10.1992 – XII ZR 125/91, WM 1993, 309 = Rpfleger 1993, 211). Ab Zuschlagserteilung bis zur Aufhebung des Verfahrens wird der Zwangsverwalter wie ein Treuhänder für den Ersteher tätig. Der Zwangsverwalter hat daher nach Aufhebung des Verfahrens gegenüber dem Ersteher über die Verwaltertätigkeit vom Zuschlag bis zur Aufhebung des Verfahrens Rechnung zu legen. Die Rechnung ist dem Gericht im Rahmen der Schlussrechnung bzw. Kontoschließung vorzulegen. Gleichwohl empfiehlt es sich dem Ersteher gleich eine anhand von Belegen nachzuvollziehende Aufstellung direkt zu übersenden, um ständige Rückfragen zu vermeiden.

Die Abrechnung hat stichtagsbezogen zu erfolgen. Das heißt, dass der Tag der Zuschlagserteilung mit in den Zeitraum des Erstehers zu rechnen ist. Dies gilt sowohl für die Einnahmen als auch die Ausgaben. Der neue Eigentümer rückt in der Regel in die Vermieterstellung ein. Das regelt § 566 BGB bei dem Verkauf eines Grundstücks, gilt dem BGH folgend auch bei dem Erwerb in der Zwangsversteigerung (BGH Urt. v. 9.7.2008 – VIII ZR 280/07, NJW 2008, 2773). Es empfiehlt sich, dem Ersteher eine Frist zur

Überprüfung der erstellten Abrechnung zu setzen, die maximal ein bis zwei Monate umfassen sollte. Es geht um die zügige Beendigung des Verfahrens und die Auskehr der Gelder an die Berechtigten. Das sind neben dem Ersteher ua die das Verfahren betreibende Gläubigerin, ggf. auch Mieter oder weitere Vertragspartner. Die vorhandene Masse ist entsprechend den von der ZwVwV gestellten Anforderungen rasch aufzuteilen.

3. Nebenkostenvorauszahlungen. Bei einer über den Zuschlag hinaus andauernden Verwaltung ist der Zwangsverwalter verpflichtet, die von dem Mieter des Grundstücks für die Zeit vor dem Zuschlag vereinnahmten, aber nicht verbrauchten Nebenkosten an den Ersteher auszukehren, soweit diesem die Abrechnung der Nebenkostenvorauszahlungen und die Rückzahlung des Überschusses obliegt (BGH Urt. v. 11.10.2007 – IX ZR 156/06, NJW-RR 2008, 323; *Hartung* Rpfleger 2012, 594). Auch diese Beträge sind daher mit dem Ersteher abzurechnen, wobei ein Zahlungsanspruch des Zwangsverwalters bei negativem Saldo gegen den Ersteher als Aufwendungsersatz analog § 670 BGB nach Ansicht des BGH nicht besteht. Auch eine Verrechnung mit den Einnahmeüberschüssen aus der Ersteherabrechnung ist aus diesem Rechtsgrund nicht möglich (BGH Beschl. v. 17.11.2011 – V ZB 34/11, ZInsO 2012, 233; jedoch offen gelassen für Bereicherungsanspruch aus § 812 BGB mangels Fälligkeit und Ermächtigung nach § 12 Abs. 2 ZwVwV).

X. Versteigerung und Verwaltung auf Antrag des Insolvenzverwalters

1. Anordnungsantrag

An das

Amtsgericht .....[1, 2]

– Vollstreckungsgericht –

Antrag auf Anordnung der Zwangsversteigerung nach § 172 ZVG

In der Zwangsversteigerungssache

..... [Name und Anschrift des Insolvenzverwalters]

als Insolvenzverwalter über das Vermögen des

..... [Name und Anschrift des Insolvenzschuldners]

Antragsteller,

(vertreten durch .....)

beantrage ich namens und in Vollmacht meines Mandanten[3] die Zwangsversteigerung gemäß § 172 ZVG des im Grundbuch von ..... (Grundbuchamt .....) in Blatt ..... eingetragenen Grundbesitzes:[4]

..... [Bezeichnung des Grundstückes in Übereinstimmung mit dem Grundbuch]

anzuordnen.[7]

Herr Rechtsanwalt ..... wurde mit Beschluss des Amtsgerichts ..... vom ..... (Az. .....) zum Insolvenzverwalter über das Vermögen d. ..... bestellt. Auf die in Kopie beiliegende Bestallungsurkunde wird insofern verwiesen.

Der Insolvenzschuldner ist als Eigentümer des og Grundbesitzes im Grundbuch eingetragen.

Zum Nachweis des Eigentums am Grundstück nehme ich auf das Grundbuch Bezug.[5]

[Alternative: Ein Zeugnis nach § 17 Abs. 2 ZVG ist beigefügt.]

Der Grundbesitz wurde bislang nicht aus der Insolvenzmasse freigegeben.

Mit dem Antrag soll die Verwertung des hoch belasteten Grundbesitzes erfolgen, nachdem ein freihändiger Verkauf mehrfach am Votum der dinglich gesicherten Gläubiger[6] gescheitert ist.

Im Falle der Unzuständigkeit des angerufenen Gerichts wird die Verweisung an das örtlich zuständige Amtsgericht beantragt.

.....

Rechtsanwalt[8]

Anmerkungen

1. Verfahrensgegenstand. Der Insolvenzverwalter hat das zur Insolvenzmasse gehörende Vermögen des Insolvenzschuldners zu verwalten und zu verwerten, §§ 148 Abs. 1, 159 InsO. Er kann daher die Zwangsversteigerung oder die Zwangsverwaltung eines unbeweglichen Gegenstands der Insolvenzmasse betreiben, auch wenn an dem Gegenstand ein Absonderungsrecht besteht, § 165 InsO. Natürlich ist auch ein freihändiger Verkauf möglich. Welche Art der Verwertung er wählt, liegt in seinem pflichtgemäßen Ermessen. Im vereinfachten Insolvenzverfahren besteht dieses Recht nur eingeschränkt (nach Fristsetzung durch das Insolvenzgericht gemäß §§ 173 Abs. 1 S. 2, 313 Abs. 2 S. 3 InsO). Die Zwangsversteigerung bietet dem Insolvenzverwalter gewisse **Vorteile:** So sind zB die beim freihändigen Verkauf bestehenden Gewährleistungsansprüche wegen § 56 ZVG ausgeschlossen. Zudem können Vorkaufsrechte in der Zwangsversteigerung nicht ausgeübt werden und sind Schadensersatzansprüche wegen zu niedrigem Erlös nicht möglich. Schließlich hat der Insolvenzverwalter die Möglichkeit über § 174a ZVG mit Feststellung eines abweichenden geringsten Gebots auch hoch belastete Grundstücke zu verwerten. Nachteilig könnte hingegen die Tatsache sein, dass die Zwangsversteigerung im Regelfall einen geringeren Erlös erzielt. Vielleicht auch deshalb ist die praktische Bedeutung des Verfahrens eher gering.

2. Zuständigkeit. Der Antrag ist an das Amtsgericht als Vollstreckungsgericht zu richten, in dessen Bezirk das verfahrensgegenständliche Grundstück belegen ist, § 1 Abs. 1 ZVG. Abweichend hiervon sind die jeweiligen Landesregierungen ermächtigt, durch Rechtsverordnung die Zwangsversteigerungs- und Zwangsverwaltungsverfahren einem Amtsgericht für die Bezirke mehrere Amtsgerichte zuzuweisen, § 1 Abs. 2 ZVG. Von dieser Möglichkeit haben mehrere Bundesländer (ua Bayern, Nordrhein-Westfalen, Sachsen) Gebrauch gemacht. In Zweifelsfällen sollte bereits im Versteigerungsantrag die Verweisung an das örtlich zuständige Gericht beantragt werden.

3. Antragsberechtigung. Antragsberechtigt ist stets der gerichtlich bestellte Insolvenzverwalter. Die Zustimmung des Gläubigerausschusses oder der Gläubigerversammlung ist nicht erforderlich, § 160 Abs. 2 Nr. 1 InsO. Einen Vollstreckungstitel muss er nicht vorlegen. Der Nachweis seines Antragsrechts erfolgt durch die Bestallungsurkunde (§ 56 Abs. 2 InsO). Der Grundbesitz darf noch nicht aus der Masse freigegeben worden sein. Der Treuhänder im vereinfachten Insolvenzverfahren hat zusätzlich die weiteren besonderen Voraussetzungen seines Verwertungsrechts, zB die Fristsetzung durch das Insolvenzgericht gemäß § 173 Abs. 2 S. 1 InsO und deren fruchtlosen Ablauf oder das Nichtvorhandensein absonderungsberechtigter Gläubiger nachzuweisen. Bei angeordneter Eigenverwaltung kann der Insolvenzschuldner Zwangsversteigerung und Zwangsverwaltung selbst beantragen, das Einverständnis des Sachwalters braucht dem Vollstreckungsgericht hierbei nicht nachgewiesen werden (*Stöber* ZVG § 172 Rn. 6).

4. Notwendiger Antragsinhalt. Der Versteigerungsantrag muss das Grundstück, den bzw. die Eigentümer und ggf. deren Gemeinschaftsverhältnis bezeichnen, §§ 172, 16 Abs. 1 ZVG. Bei mehreren Eigentümern wird nur der in die Insolvenzmasse fallende Anteil des Insolvenzschuldners vom Versteigerungsverfahren erfasst.

5. Eigentum und Eigentumsnachweis. Die Insolvenzverwalterversteigerung darf nur angeordnet werden, wenn der Insolvenzschuldner als (Mit-)Eigentümer im Grundbuch bereits eingetragen oder Erbe des eingetragenen Eigentümers ist, §§ 172, 17 Abs. 1 ZVG. Die Eintragung als Eigentümer ist durch ein Zeugnis des Grundbuchamtes nachzuweisen, §§ 172, 17 Abs. 2 S. 1 ZVG. Im Regelfall genügt hier jedoch die ausdrückliche Bezugnahme auf das Grundbuch. Eine eventuelle Erbfolge ist durch Urkunden (notarielles Testament nebst Eröffnungsprotokoll, Erbscheinsausfertigung) glaubhaft zu machen, §§ 172, 17 Abs. 3 ZVG. Die Eintragung eines Dritten genügt nur dann, wenn der Insolvenzverwalter die Übertragung an diesen erfolgreich angefochten hat, gegen den Dritten also einen Titel auf Duldung der Zwangsvollstreckung in das Objekt hat. In diesem Fall muss der Schuldner nicht wieder vorher ins Grundbuch eingetragen werden (RG Urt. v. 6.11.1903 – Rep. VII 225/03, RGZ 56, 142 (144 f.) BGH Beschl. v. 30.9.2010 – V ZB 219/09 Rn. 18, BGHZ 187, 132 = NJW 2011, 525; *Stöber* ZVG § 172 Rn. 5.1; Steiner/*Eickmann* § 172 Rn. 14).

6. Beitritt. Der Beitritt eines Vollstreckungsgläubigers zur Insolvenzverwalterversteigerung und umgekehrt eines Insolvenzverwalters zur Forderungsversteigerung gem. §§ 172, 27 ZVG ist nach hM unzulässig (*Stöber* ZVG § 172 Rn. 7 mwN; aA *Jaeckel/Güthe* § 172 Rn. 3; Korintenberg/*Wenz* § 172–174 Vor 2).

7. Entscheidung, Anordnung. Liegen die Antragsvoraussetzungen vor, ergeht die Entscheidung über den Antrag ohne mündliche Verhandlung durch Beschluss des Vollstreckungsgerichts. Dieser gilt nicht als Beschlagnahme des Grundstücks, § 173 S. 1 ZVG. Er enthält auch kein Veräußerungsverbot nach § 23 ZVG. Lediglich im Sinne der §§ 13, 55 ZVG ist die Zustellung des Anordnungsbeschlusses an den Insolvenzverwalter als Beschlagnahme anzusehen, § 173 S. 2 ZVG. Das Verfahren wird anschließend von Amts wegen weitergeführt.

8. Kosten und Gebühren. Gerichtsgebühren entstehen für die Entscheidung über den Antrag auf Anordnung der Zwangsversteigerung nach Nr. 2210 KV GKG in Höhe von derzeit 100,– EUR. Die Gebühr wird mit der Entscheidung des Gerichts fällig, § 7 Abs. 1, 2 GKG. Hinzu kommen die Auslagen für die Zustellung des Beschlusses, Nr. 9002 KV GKG.

Der **Verfahrensbevollmächtigte** erhält für den Antrag auf Anordnung der Zwangsversteigerung eine 0,4 Verfahrensgebühr nach Nr. 3311 Nr. 1 VV RVG. Der Anspruch entsteht, sobald der Rechtsanwalt den Auftrag zur Antragstellung erhalten und in Ausführung des Auftrags etwas getan hat (Gerold/Schmidt/*Mayer* RVG VV 3311, 3312 Rn. 41). Abgegolten wird damit die gesamte Tätigkeit des Rechtsanwalts bis zur Einleitung des Verteilungsverfahrens. Für die Tätigkeit im Verteilungsverfahren und die Wahrnehmung eines Versteigerungstermins, erhält er je weitere 0,4 Gebühren nach Nr. 3311 Nr. 2 bzw. 3312 VV RVG. Der Gegenstandswert im Zwangsversteigerungsverfahren richtet sich nach § 26 RVG.

2. Einstellungsbewilligung des Insolvenzverwalters (§§ 172,30 ZVG)

→ Form. J. VI. 3.

3. Fortsetzungsantrag (§§ 172, 31 ZVG)

→ Form. J. VI. 5.

4. Antrag des Gläubigers auf abweichende Versteigerungsbedingungen nach § 174 ZVG

An das

Amtsgericht . . . . .[1]

– Vollstreckungsgericht –

Az. . . . . .

Antrag auf abweichende Versteigerungsbedingungen nach § 174 ZVG[2]

Sehr geehrte Damen und Herren,

für unsere Mandantin . . . . . ist im Grundbuch des verfahrensgegenständlichen Grundbesitzes in Abt. III Nr. . . . . . eine Hypothek in Höhe von . . . . . EUR eingetragen. Für die zugrunde liegende Forderung haftet der Insolvenzschuldner auch persönlich. Die Forderung wurde vom Insolvenzverwalter anerkannt.[3]

Beweis: Schreiben des Insolvenzverwalters vom . . . . .

Für den Versteigerungstermin vom . . . . . beantragen[4] wir gemäß § 174 ZVG abweichende Versteigerungsbedingungen dahingehend, dass bei der Aufstellung des geringsten Gebotes nur die unserem Anspruch vorgehenden Rechte im geringsten Gebot berücksichtigt werden.[5]

. . . . .

Rechtsanwalt

Anmerkungen

1. Zuständigkeit. → Form. J. X. 1 Anm. 2.

2. Zweck. In der Insolvenzverwalterversteigerung gelten für die Aufstellung des geringsten Gebotes die gleichen Regeln wie bei normalen Versteigerungsverfahren. Das geringste Gebot besteht damit auch hier aus den bestehen bleibenden Rechten gem. § 52 Abs. 1 ZVG und dem bar zu zahlenden Teil gem. § 49 Abs. 1 ZVG. In den bar zu zahlenden Teil sind neben den Verfahrenskosten (§ 109 ZVG), die in § 10 Abs. 1 Nr. 1 bis Nr. 3 und Nr. 7 bezeichneten Ansprüche, sowie die Kosten (§ 10 Abs. 2 ZVG), wiederkehrenden Leistungen und sonstige Nebenleistungen (§ 12 Nr. 1 und 2 ZVG) der bestehenbleibenden Rechte inklusive der Rückstände nach § 10 Abs. 1 Nr. 8 ZVG aufzunehmen (*Stöber* ZVG § 174 Rn. 2.1). Entsprechend dem Deckungsgrundsatz nach § 44 Abs. 1 ZVG sind in das geringste Gebot damit sämtliche an dem Grundbesitz bestehenden Rechte aufzunehmen. Diese dürfen durch das Verwertungsrecht des Insolvenzverwalters nicht beeinträchtigt werden. Insbesondere bei hohen Grundstücksbelastungen ist damit eine erfolgreiche Zwangsversteigerung ohne die beantragte Abwicklung kaum möglich. Außerdem soll absonderungsberechtigten Gläubigern die Möglichkeit gegeben werden, ihren Ausfall bei der abgesonderten Befriedigung feststellen zu können. Nur so können sie an der Verteilung der Insolvenzmasse gem. § 52 InsO teilnehmen (Schiffhauer/*Rellermeyer* § 174 Rn. 3). Sie können daher gem. § 174 ZVG im Versteigerungstermin verlangen, dass nur die ihrem Anspruch vorgehenden Rechte bei der Aufstellung des geringsten Gebotes berücksichtigt werden. Damit sind auch solche Gebote zugelassen, die deren Rechte nicht decken. Im Idealfall (Antrag des erstrangig abgesicherten Gläubigers) ist damit eine lastenfreie Versteigerung möglich.

3. Antragsvoraussetzungen. Antragsberechtigt ist nur, wer für seine Forderung gegen den Schuldner des Insolvenzverfahrens ein Recht auf Befriedigung aus dem Grundstück hat. Er muss also eine persönliche und eine dingliche Forderung haben (*Stöber* ZVG § 174 Rn. 3.2 mwN). Der Anspruch muss zudem vom Insolvenzverwalter anerkannt sein. Dabei genügt ein stillschweigendes oder teilweises Anerkenntnis. Die ausdrückliche Anerkennung zur Insolvenztabelle ist nicht erforderlich (Steiner/*Eickmann* § 174 Rn. 8). Die Vorlage eines Vollstreckungstitels ist ebenfalls nicht erforderlich. Anders als bei der Änderung der Versteigerungsbedingungen nach § 59 ZVG bedarf es hier auch nicht der Zustimmung der beeinträchtigten Beteiligten.

4. Form und Frist. Der Antrag kann im Versteigerungstermin zu Protokoll (§ 78 ZVG) aber auch schon vor dem Versteigerungstermin schriftlich bzw. zu Protokoll der Geschäftsstelle erklärt werden. Möglich ist der Antrag aus § 174 ZVG bis zum Schluss der Verhandlung im Versteigerungstermin, also bis zur Aufforderung zur Abgabe von Geboten (hM *Stöber* ZVG § 174 Rn. 3.7; aA „auch noch nach Schluss der Versteigerung bis zur Erteilung des Zuschlags" – Dassler/*Rellermeyer* § 74 Rn. 7; „bis zum Schluss der Versteigerung" – *Muth* ZIP 1999, 945).

5. Rechtsfolgen. Ist der Antrag zulässig, erfolgt ein Doppelausgebot. Das Grundstück wird einerseits nach den gesetzlichen Versteigerungsbedingungen (Bestehenbleiben aller Rechte) und zudem mit der verlangten Abweichung (nur dem Antragsteller vorgehende Rechte bleiben bestehen) ausgeboten. Bei mehreren Anträgen aus § 174 ZVG richtet sich das Verfahren nach dem weitergehenden Antrag, also nach demjenigen, bei dem das geringste Gebot am niedrigsten wird (*Stöber* ZVG § 174 Rn. 3.10 mwN; aA Dassler/*Rellermeyer* § 74 Rn. 11). Wird auf beide Ausgebotsarten ein Gebot abgegeben, wird der Zuschlag (uU abweichend von § 81 ZVG) auf das abweichende Ausgebot nach § 174 ZVG erteilt. Nur dann ist im Insolvenzverfahren feststellbar, ob der Antragsteller einen Ausfall erleidet (*Stöber* ZVG § 174 Rn. 3.11 lit. c mwN).

5. Antrag des Insolvenzverwalters auf abweichende Versteigerungsbedingungen nach § 174a ZVG

An das

Amtsgericht . . . . .[1]

– Vollstreckungsgericht –

Az. . . . . .

Antrag auf abweichende Versteigerungsbedingungen nach § 174a ZVG[2]

Sehr geehrte Damen und Herren,

unserem Mandanten, Herrn Rechtsanwalt . . . . . [Insolvenzverwalter] sind im Insolvenzverfahren folgende Kosten für die Feststellung der beweglichen Gegenstände, auf die sich die Versteigerung erstreckt, entstanden:

a) Rechtsanwaltskosten in Höhe von . . . . . EUR
b) Gutachterkosten in Höhe von . . . . . EUR

Beweis: Rechnungen vom . . . . .

Diese Kosten sind in Rangklasse § 10 Abs. 1 Nr. 1a ZVG zu berücksichtigen und werden hiermit zum Verfahren angemeldet.[3]

Gleichzeitig beantragen[4] wir für den Versteigerungstermin vom . . . . . gemäß § 174a ZVG abweichende Versteigerungsbedingungen dahingehend, dass bei der Aufstellung des geringsten Gebotes nur die diesen Ansprüchen vorgehenden Rechte im geringsten Gebot berücksichtigt werden.[5]

. . . . .

Rechtsanwalt

Anmerkungen

1. Zuständigkeit. → Form. J. X. 1 Anm. 2.

2. Zweck. In der Insolvenzverwalterversteigerung gelten für die Aufstellung des geringsten Gebotes die gleichen Regeln wie bei normalen Versteigerungsverfahren (→ Form. J. X. 4 Anm. 2). Insbesondere bei hohen Grundstücksbelastungen ist damit eine erfolgreiche Zwangsversteigerung kaum möglich. Um dem zu begegnen wird dem Insolvenzverwalter ein Antragsrecht (das überaus fraglich ist; vgl. *Stöber* NJW 2000, 3600) nach § 174a ZVG eingeräumt. Damit wird eine lastenfreie Versteigerung des Grundbesitzes möglich.

3. Antragsvoraussetzungen. Antragsberechtigt ist der Insolvenzverwalter. Voraussetzung ist, dass dem Insolvenzverwalter Ansprüche nach § 10 Abs. 1 Nr. 1a ZVG auf Ersatz der Kosten für die Feststellung beweglicher Gegenstände, auf die sich die Versteigerung erstreckt, zustehen. Diese Ansprüche müssen rechtzeitig im Sinne von § 37 Nr. 4 ZVG angemeldet werden, andernfalls droht der Rangverlust nach § 110 ZVG. Der Anspruch muss zudem nach Grund und Betrag schlüssig dargelegt werden. Nachweis und Glaubhaftmachung sind nicht verlangt, im Regelfall aber zweckmäßig. Den Antrag kann auch der Treuhänder stellen, wenn er gem. §§ 313 Abs. 3 S. 2, 173 Abs. 2 S. 2 InsO zur Verwertung berechtigt ist, nicht dagegen der Schuldner bei Eigenverwaltung, § 282 Abs. 1 S. 2 InsO (*Stöber* ZVG § 174a Rn. 2.1).

4. Form und Frist. → Form. J. X. 4 Anm. 4.

5. Rechtsfolgen. Ist der Antrag zulässig, erfolgt ein Doppelausgebot. Das Grundstück wird einerseits nach den gesetzlichen Versteigerungsbedingungen (Bestehenbleiben aller Rechte) und zudem mit der verlangten Abweichung (nur Verfahrenskosten und Ansprüche aus § 10 Abs. 1 Nr. 1 ZVG kommen ins geringste Gebot) ausgeboten. Liegt gleichzeitig ein Antrag nach § 174 ZVG vor, wird dieser vom Antrag des Insolvenzverwalters – als weitestgehendem Antrag – verdrängt (*Stöber* ZVG § 174a Rn. 2.5; aA *Muth* ZIP 1999, 945). Wird auf beide Ausgebotsarten ein Gebot abgegeben, wird der Zuschlag unter Umständen abweichend von § 81 ZVG auf die gesetzlichen Versteigerungsbedingungen erteilt. Auch dann ist die Versteigerung auf Antrag des Insolvenzverwalters gewährleistet und nur das soll § 174a ZVG ermöglichen. Ein Rechtsschutzinteresse des Insolvenzverwalters für einen Zuschlag mit Erlöschen der Rechte besteht nicht (*Stöber* § 174a Rn. 2.4; Übersicht zu den möglichen Zuschlagsoptionen auch bei Dassler/*Rellermeyer* § 174a Rn. 9).

Die Rechtmäßigkeit und Zweckmäßigkeit des Antragsrechtes sind umstritten (vgl. hierzu *Stöber* NJW 2000, 3600; *Muth* ZIP 1999, 945). Es bleibt abzuwarten inwieweit das vom Bundesministerium der Justiz und für Verbraucherschutz gestartete Forschungsvorhaben zur Reform des Gesetzes über die Zwangsversteigerung und Zwangsverwaltung hieran etwas ändern wird.

6. Antragsrücknahme (§§ 172, 29 ZVG)

→ Form. J. VI. 6.

XI. Exkurs: Teilungsversteigerung

1. Anordnungs-/Beitrittsantrag

An das Amtsgericht

. . . . .[1, 2]

– Vollstreckungsgericht –

Antrag auf Anordnung der Teilungsversteigerung

In der Zwangsversteigerungssache

. . . . . [Name und vollständige Anschrift der vertretenen Partei]

– Antragsteller –

vertreten durch: . . . . .

gegen

. . . . . [Namen und vollständige Anschriften aller übrigen Miteigentümer]

– Antragsgegner –

beantrage ich namens und in Vollmacht meines Mandanten[3] die Zwangsversteigerung zum Zwecke der Aufhebung der Gemeinschaft an dem im Grundbuch von . . . . . (Grundbuchamt . . . . .) in Blatt . . . . . eingetragenen Grundbesitz:[4]

. . . . . [Bezeichnung des Grundstückes in Übereinstimmung mit dem Grundbuch]

anzuordnen.

Als Eigentümer sind im Grundbuch eingetragen:

Miteigentümer A	zu $^1/_2$ Anteil
Miteigentümer B	zu $^1/_2$ Anteil

Zum Nachweis des Eigentums am Grundstück nehme ich auf das Grundbuch Bezug.[5]

[Alternative: Ein Zeugnis nach § 17 Abs. 2 ZVG ist beigefügt.]

Der Miteigentümer B ist am . . . . . in . . . . . verstorben. Nach beigefügter Ausfertigung des Erbscheins des Amtsgerichts . . . . . vom . . . . . (Az. . . . . .) wurde er beerbt von dem Antragsteller und . . . . . [Namen der übrigen Erben].

Mein Mandant betreibt die Auseinandersetzung des Nachlasses, nachdem eine einvernehmliche Regelung derselben gescheitert ist. Aus diesem Grunde beantrage ich, die Zwangsversteigerung zum Zwecke der Aufhebung der Gemeinschaft am gesamten[6] og Grundbesitz anzuordnen.[7]

Sofern bereits ein Teilungsversteigerungsverfahren anhängig sein sollte, bitte ich, dieses Schreiben als Beitrittsantrag[8] gem. §§ 180 Abs. 1, 27 Abs. 1 ZVG zu behandeln.[9]

Im Falle der Unzuständigkeit des angerufenen Gerichts wird die Verweisung an das örtlich zuständige Amtsgericht beantragt.[2]

.....

Rechtsanwalt[10]

Anmerkungen

1. Verfahrensgegenstand. Die Zwangsversteigerung zum Zwecke der Aufhebung der Gemeinschaft (Teilungsversteigerung) dient der Verwirklichung des materiellen Auseinandersetzungsanspruchs eines Grundstücksmiteigentümers. Sie ist noch nicht die Auseinandersetzung selbst, sondern erfolgt zur Vorbereitung derselben. Zweck des Verfahrens ist es, an die Stelle des (in Natur nicht teilbaren) Grundstücks eine Geldsumme treten zu lassen. Die Versteigerung des Grundbesitzes erfolgt im Wege der Zwangsvollstreckung und wird **auch gegen den Willen der übrigen Miteigentümer** durchgesetzt. Ihr unterliegen als Gegenstände der Immobiliarvollstreckung Grundstücke, grundstücksgleiche Rechte (zB Erbbraurechte), Gebäudeeigentum, Schiffe, Schiffsbauwerke und Luftfahrzeuge sowie Bruchteile davon. Dies jedoch nur, sofern eine Teilung des Grundstücks (sonstigen Objekts) in Natur nicht möglich ist (BVerfG Urt. v. 24.3.1976 – 2 BvR 804/75, BVerfGE 42, 64 = NJW 1976, 1391).

Eine Besonderheit stellt das Wohnungs- und Teileigentum dar. Dieses ist kraft Gesetzes eine Gemeinschaft nach Bruchteilen an einem Grundstück. Keiner der Wohnungs- oder Teileigentümer kann die Aufhebung dieser Gemeinschaft verlangen, § 11 Abs. 1 WEG. Dies gilt auch für Pfändungsgläubiger und Insolvenzverwalter, § 11 Abs. 2 WEG. Von diesem Verbot unberührt bleibt die mögliche Teilungsversteigerung eines einzelnen Wohnungseigentumsanteils, wenn an diesem eine Untergemeinschaft (zB Bruchteils- oder Erbengemeinschaft) besteht, die aufgehoben werden soll.

Auf das Teilungsversteigerungsverfahren finden, sofern sich aus den §§ 181–185 ZVG nichts anderes ergibt, die Vorschriften der Zwangsversteigerung entsprechende Anwendung. Auf die Ausführungen in → Form. J. III bis → Form. J. VIII kann daher grundsätzlich verwiesen werden.

2. Zuständigkeit. Der Antrag ist an das Amtsgericht als Vollstreckungsgericht zu richten, in dessen Bezirk das verfahrensgegenständliche Grundstück belegen ist, § 1 Abs. 1 ZVG. Abweichend hiervon sind die jeweiligen Landesregierungen ermächtigt, durch Rechtsverordnung die Zwangsversteigerungs- und Zwangsverwaltungsverfahren einem Amtsgericht für die Bezirke mehrere Amtsgerichte zuzuweisen, § 1 Abs. 2 ZVG. Von dieser Möglichkeit haben mehrere Bundesländer (ua Bayern, Nordrhein-Westfalen, Sachsen) Gebrauch gemacht. In Zweifelsfällen sollte bereits im Versteigerungsantrag die Verweisung an das örtlich zuständige Gericht beantragt werden.

3. Antragsberechtigung. Angeordnet wird die Teilungsversteigerung nur auf Antrag, §§ 180 Abs. 1, 15 ZVG. Antragsberechtigt sind die Beteiligten einer Bruchteilsgemeinschaft, Erbengemeinschaft, aufgelösten Gesellschaft und aufgelösten Gütergemeinschaft, deren gesetzliche und sonstigen Vertreter (zB Eltern, Vormund, Pfleger, Betreuer, Liquidatoren, Abwickler), Parteien kraft Amtes (Insolvenz-, Nachlassverwalter, Testamentsvollstrecker) sowie Pfand- und Pfändungsgläubiger.

Den Antrag auf Teilungsversteigerung kann jeder Miteigentümer einer **Gemeinschaft nach Bruchteilen** (§ 741 BGB) jederzeit stellen, § 749 Abs. 1 BGB. Gründe für sein Verlangen, die Aufhebung der Bruchteilsgemeinschaft herbeizuführen, braucht er nicht darzulegen. Der Auseinandersetzungsanspruch kann durch Vereinbarung der Miteigentümer ausnahmsweise ausgeschlossen sein (§ 749 Abs. 2 BGB). Jedoch ist auch in diesem Fall aus wichtigem Grunde die Aufhebung zulässig.

Auch die Zwangsversteigerung eines zu einer **Erbengemeinschaft** gehörenden Grundstücks darf jeder Miterbe im Rahmen der Auseinandersetzung der Gemeinschaft jederzeit verlangen, § 2042 Abs. 1 BGB (BGH Urt. v. 19.11.1998 – IX ZR 284/97, Rpfleger 1999, 140). Gleiches gilt für den Erbschaftskäufer, der mit der Erbteilsübertragung in die Rechte eines Miterben eingetreten ist und damit dessen Rechte ausübt, § 181 Abs. 2 S. 1 ZVG. Die Auseinandersetzung der Gemeinschaft kann wie bei der Bruchteilsgemeinschaft ausnahmsweise durch eine entsprechende Vereinbarung (§§ 2044 Abs. 1 S. 2, 749 Abs. 2 BGB) oder aber durch die letztwillige Verfügung des Erblassers (§ 2044 Abs. 1 S. 1 BGB) ausgeschlossen oder beschränkt sein. Gleiches gilt, wenn die Erbanteile wegen familienrechtlicher Ereignisse noch unbestimmt sind (§ 2043 BGB) bzw. bis das Aufgebotsverfahren zur Ermittlung von Nachlassgläubigern (§§ 1970 ff. BGB) abgeschlossen ist.

Ist ein **Testamentsvollstrecker** bestellt, kann die Teilungsversteigerung nur von ihm für und gegen die Erben bewirkt werden (BGH Beschl. v. 14.5.2009 – V ZB 176/08, Rpfleger 2009, 580; *Stöber* ZVG § 180 Rn. 3.16; Steiner/*Teufel* ZVG § 180 Rn. 111; *Schneider* Rpfleger 1976, 384).

Die Auseinandersetzung einer **Gesellschaft bürgerlichen Rechts** findet erst statt, nachdem die Gesellschaft aufgelöst ist, §§ 723–728 BGB. Haben die Gesellschafter keine Vereinbarung für das Verfahren der Auseinandersetzung getroffen und ist nicht nach den §§ 732–735 BGB zu verfahren, finden die Vorschriften über die Gemeinschaft und damit auch über deren Auseinandersetzung Anwendung, § 731 S. 2 BGB. Antragsberechtigt ist jeder Gesellschafter, der im Grundbuch als solcher eingetragen ist (BGH Beschl. v. 16.5.2013 – V ZB 198/12, BGHZ 197, 262 = MDR 2013, 1428). Der Nachweis über die Aufhebung der BGB-Gesellschaft ist **vor** Durchführung der Teilungsversteigerung in Form öffentlicher Urkunden (zB Zustellung der Kündigung) zu führen (*Hintzen* Rpfleger 2006, 57 (66). Diese sind dem Antrag beizufügen. Ein Rückschein – nach Übersendung eines Schriftstücks als Einschreiben gegen Rückschein – ist keine öffentliche Urkunde (LG Flensburg Beschl. v. 2.4.2003 – 5 T 61/03, JurBüro 2004, 47). Die GbR und die übrigen Gesellschafter müssen ihre (materiellen) Einwände gegen den Antrag mit einer Widerspruchsklage analog § 771 BGB geltend machen (BGH Beschl. v. 16.5.2013 – V ZB 198/12, BGHZ 197, 262 = MDR 2013, 1428).

Darüber hinaus sind **antragsberechtigt:**

- Jeder Ehegatte bei der **ehelichen Gütergemeinschaft** nach Beendigung des Güterstandes (§ 1471 Abs. 1 BGB), sofern nichts anderes vereinbart (§ 1474 BGB) oder gesetzlich geregelt ist (zB in §§ 1477 Abs. 2, 1478 BGB).
- Jeder Beteiligte der **fortgesetzten Gütergemeinschaft** nach deren Beendigung (§ 1497 BGB), siehe §§ 1477 Abs. 1, 1498 BGB.
- Nur ausnahmsweise sind die Gesellschafter einer **offenen Handelsgesellschaft** oder **Kommanditgesellschaft** antragsberechtigt. Nach deren Auflösung findet hier die Liquidation statt (§§ 145, 146, 161 Abs. 2 HGB). Jedoch kann die Teilungsversteigerung als andere Art der Auseinandersetzung von den Gesellschaftern vereinbart sein (§§ 145 Abs. 1, 161 Abs. 2 HGB). Sie kann dann von einem der Gesellschafter (oder von allen) betrieben werden. Darüber hinaus kann der Liquidator die Teilungsversteigerung beantragen (LG Kaiserslautern Beschl. v. 19.9.1984 – 1 T 100/84, Rpfleger 1985, 121; *Jaeckel/Güthe* ZVG § 180 Rn. 3; *Korintenberg/Wenz* ZVG Vorbem. §§ 180–184).
- Gleiches gilt über § 10 Abs. 1 PartGG für eingetragene **Partnerschaftsgesellschaften.**

4. Notwendiger Antragsinhalt. Der Versteigerungsantrag muss das Grundstück, die Miteigentümer und deren Gemeinschaftsverhältnis bezeichnen, §§ 180 Abs. 1, 16 Abs. 1 ZVG. Aus ihm muss zudem deutlich werden, welche Gemeinschaft aufgehoben werden soll (vgl. großes und kleines Antragsrecht → Anm. 6). Antragsteller und Antragsgegner (das sind alle Miteigentümer bzw. Miterben) sind namentlich und mit zustellfähiger Anschrift anzugeben.

5. Eigentum und Eigentumsnachweis. Die Teilungsversteigerung darf nur angeordnet werden, wenn der Antragsteller als Miteigentümer im Grundbuch bereits eingetragen oder Erbe des eingetragenen Eigentümers ist, § 181 Abs. 2 S. 1 ZVG. Die Eintragung als Miteigentümer ist durch ein Zeugnis des Grundbuchamtes nachzuweisen, §§ 180 Abs. 1, 17 Abs. 2 S. 1 ZVG. Im Regelfall genügt hier jedoch die ausdrückliche Bezugnahme auf das Grundbuch. Eine eventuelle Erbfolge ist durch Urkunden (notarielles Testament nebst Eröffnungsprotokoll, Erbscheinsausfertigung) glaubhaft zu machen, §§ 181 Abs. 4, 17 Abs. 3 ZVG. Der Eigentumsnachweis ist in gleicher Form auch hinsichtlich der Antragsgegner zu führen, §§ 180 Abs. 1, 17 Abs. 1 ZVG. Die Vorlage eines Vollstreckungstitels ist nicht erforderlich, § 181 Abs. 1 ZVG.

6. Großes und kleines Antragsrecht. Besteht an einem Grundstück eine Bruchteilsgemeinschaft und an einem der Bruchteile wiederum eine Erbengemeinschaft, so kann jeder am erbengemeinschaftlichen Bruchteil beteiligte Miterbe nicht nur die Teilungsversteigerung dieses Bruchteils verlangen (= **kleines Antragsrecht**), sondern auch allein und ohne Zustimmung aller anderen Miterben und Miteigentümer die des gesamten Grundstücks (= **großes Antragsrecht**). Dieses Verlangen stellt keine durch § 2040 Abs. 1 BGB für den einzelnen Miterben verbotene Verfügung dar, sondern verfolgt nur die Umwandlung des Objektes in Erlös, ist also nur Geltendmachung eines Anspruchs nach § 2039 BGB (*Stöber* ZVG § 180 Rn. 3.7 lit. a).

Gleiches gilt, wenn an einem Grundstück eine Erbengemeinschaft und an einem der Miterbenanteile wiederum eine Bruchteilsgemeinschaft besteht. Auch hier darf jeder am Miterbenanteil mitberechtigte Bruchteilseigentümer allein und ohne die Zustimmung der anderen Bruchteilsberechtigten und ohne Zustimmung der Miterben die Teilungsversteigerung des gesamten Grundstücks verlangen (*Stöber* ZVG § 180 Rn. 3.7 lit. c). Die Versteigerung nur des erbengemeinschaftlichen Grundstücksanteils der Bruchteilsberechtigten ist nicht zulässig.

7. Zustimmungen, Genehmigungen. Jeder Ehegatte, der mit seinem Partner im gesetzlichen **Güterstand der Zugewinngemeinschaft** lebt, ist berechtigt einen Antrag auf Teilungsversteigerung stellen, da es sich bei dem Vermögen des Mannes und dem Vermögen der Frau nicht um gemeinschaftliches Vermögen der Eheleute (§ 1363 Abs. 2 S. 1 BGB) handelt und jeder sein Vermögen selbständig verwaltet, § 1364 BGB. Ist in dem Antrag auf Teilungsversteigerung jedoch eine Verfügung über das Vermögen des Antragstellers im Ganzen im Sinne von § 1365 Abs. 1 BGB zu sehen, dann bedarf er der **Zustimmung** seines Ehegatten, die notfalls vom Familiengericht nach § 1365 Abs. 2 BGB ersetzt werden kann. Zustimmungsbedürftig ist nach nunmehr einhelliger obergerichtlicher Rechtsprechung bereits der Antrag auf Anordnung der Teilungsversteigerung (BGH Beschl. v. 14.6.2007 – V ZB 102/06, Rpfleger 2007, 558 mwN; BGH Beschl. v. 28.4.1961 – V ZB 17/60, BGHZ 35, 135 = NJW 1961, 1301; vgl. *Stöber* ZVG § 180 Rn. 3.13 mwN). Die Zustimmung des anderen Ehegatten ist formlos möglich. Sie wird vom Vollstreckungsgericht bei der Anordnung grundsätzlich nicht geprüft. Das Fehlen der Einwilligung kann als materiell-rechtliche Einwendung mit Drittwiderspruchsklage (OLG Celle Beschl. v. 12.12.1983 – 2 W 40/83, Rpfleger 1981, 69; OLG Köln Beschl. v. 7.1.2000 – 25 UF 194/99, FamRZ 2000, 1167) oder aber im Wege der Vollstreckungserinnerung nach § 766 ZPO, nämlich als Verfügungsbeschränkung im Sinne von § 28 Abs. 2 ZVG geltend gemacht werden, wenn dabei bekannt wird und unstreitig bleibt, dass der Miteigentumsanteil des die Versteigerung betreibenden Ehegatten dessen ganzes Vermögen darstellt (BGH Beschl. v. 14.6.2007 – V ZB 102/06, Rpfleger 2007, 558).

Einer **Genehmigung** zum Antrag auf Teilungsversteigerung bedürfen gem. § 181 Abs. 2 S. 2 ZVG Vormund, Pfleger und Betreuer sowie Nachlasspfleger und Nachlassverwalter (*Stöber* ZVG § 181 Rn. 6). Das Vorliegen dieser wird im Gegensatz zur Einwilligung des Ehegatten vom Vollstreckungsgericht geprüft.

8. Beitritt. Der bzw. die Antragsgegner können zu jeder Zeit dem Verfahren beitreten, §§ 180 Abs. 1, 27 ZVG. Damit sind sie nicht mehr allein von den Verfahrensanträgen des bisherigen Antragstellers abhängig, sondern können selbst entscheidend in das Verfahren eingreifen (weiterführend *Stöber* ZVG § 180 Rn. 8.1). Der Beitritt stärkt die Rechtsposition des Einzelnen und ist aus verfahrenstaktischen Gründen grundsätzlich zu empfehlen (*Storz* Rn. C. 3.3). Die jeweiligen Verfahren der Antragsteller laufen getrennt nebeneinander her. Fristen, einstweilige Einstellung, Fortsetzung und Antragsrücknahme betreffen jeweils nur das selbständige Einzelverfahren des entsprechenden Antragstellers. Für den Antrag auf Zulassung des Beitritts zum Verfahren gelten dieselben Voraussetzungen wie für die Anordnung des Verfahrens.

Der Beitritt eines Vollstreckungsgläubigers zur Teilungsversteigerung und umgekehrt eines Antragstellers zur Forderungsversteigerung gem. §§ 27, 180 Abs. 1 ZVG ist unzulässig (*Hamme* Rpfleger 2002, 248 mwN).

9. Entscheidung, Anordnung. Liegen alle Voraussetzungen vor, ergeht die Entscheidung über den Antrag ohne mündliche Verhandlung durch Beschluss des Vollstreckungsgerichts. Dieser gilt zu Gunsten des Antragstellers als Beschlagnahme des Grundstücks, §§ 180 Abs. 1, 20 Abs. 1 ZVG. Das Verfahren wird anschließend von Amts wegen weitergeführt.

10. Kosten und Gebühren. Gerichtsgebühren entstehen für die Entscheidung über den Antrag auf Anordnung der Zwangsversteigerung nach Nr. 2210 KV GKG in Höhe von derzeit 100 EUR. Die Gebühr wird mit der Entscheidung des Gerichts fällig, § 7 Abs. 1, 2 GKG. Hinzu kommen die Auslagen für die Zustellung des Beschlusses, Nr. 9002 KV GKG.

Der **Verfahrensbevollmächtigte** erhält für den Antrag auf Anordnung der Zwangsversteigerung eine 0,4 Verfahrensgebühr nach Nr. 3311 Nr. 1 VV RVG. Abgegolten wird damit die gesamte Tätigkeit des Rechtsanwalts bis zur Einleitung des Verteilungsverfahrens. Für die Tätigkeit im Verteilungsverfahren selbst und die Wahrnehmung eines Versteigerungstermins erhält er je weitere 0,4 Gebühren nach Nr. 3311 Nr. 2 bzw. 3312 VV RVG. Der Gegenstandswert richtet sich nach § 26 RVG.

2. Antrag auf Anordnung der Teilungsversteigerung bei gepfändetem Auseinandersetzungsanspruch

An das Amtsgericht

. . . . .[1]

– Vollstreckungsgericht –

Antrag auf Anordnung der Teilungsversteigerung

In der Zwangsvollstreckungssache

. . . . . [Gläubiger]

– Antragsteller –

vertreten durch: . . . . .

gegen

. . . . . [Schuldner]

– Antragsgegner –

beantrage ich namens und in Vollmacht des Gläubigers[2] die Anordnung der Zwangsversteigerung zum Zwecke der Aufhebung der Gemeinschaft an dem im Grundbuch von ..... (Grundbuchamt .....) in Blatt ..... eingetragenen Grundbesitz:

..... [Bezeichnung des Grundstückes in Übereinstimmung mit dem Grundbuch]

Als Eigentümer sind im Grundbuch eingetragen:

a) .....
b) .....

[Namen und vollständige, zustellfähige Anschriften aller Miteigentümer][3]
– zu je ..... Anteil –

Zum Nachweis des Eigentums am Grundstück nehme ich auf das Grundbuch Bezug.[4]

Mit Pfändungs- und Überweisungsbeschluss des Amtsgerichts ..... vom ..... (Az. .....) ist der Anspruch des Schuldners und Miteigentümers ..... auf Aufhebung der Gemeinschaft sowie Teilung und Auszahlung des Erlöses zugunsten des Gläubigers gepfändet und ihm zur Einziehung überwiesen worden.

Zum Nachweis der Pfändung füge ich in der Anlage den zugestellten Pfändungs- und Überweisungsbeschluss[5] und den zugrunde liegenden rechtskräftigen Titel[6] bei.

.....

Rechtsanwalt[7]

Anmerkungen

1. Zuständigkeit. → Form. J. XI. 1 Anm. 2.

2. Antragsberechtigung. Der Pfändungsgläubiger des Auseinandersetzungsanspruches wird mit Pfändung (§ 857 Abs. 1, § 829 ZPO) und Überweisung zur Einziehung (§ 835 ZPO) kraft Gesetzes ermächtigt, das Recht des Schuldners auf Aufhebung der Gemeinschaft auszuüben. Er kann damit die Zwangsversteigerung des gesamten Grundstücks zur Aufhebung der Gemeinschaft beantragen (BGH Urt. v. 23.2.1984 – IX ZR 26/83, BGHZ 90, 207 = NJW 1984, 1968). Die Pfändung des Auseinandersetzungsanspruchs ist nur zusammen mit der Pfändung des künftigen Anspruchs auf eine den Anteilen entsprechende Teilung und Auskehrung des Versteigerungserlöses möglich (BGH Beschl. v. 20.12.2005 – VII ZB 50/05, Rpfleger 2006, 204; BGHZ 90, 207 (214 f.) mwN). Solange nur gepfändet, nicht auch überwiesen ist, kann der Pfändungspfandgläubiger nur gemeinschaftlich mit dem Vollstreckungsschuldner oder mit dessen Zustimmung die Teilungsversteigerung beantragen (*Stöber* Rpfleger 1963, 337).

Die Frage, inwieweit der Pfändungsgläubiger zur Antragstellung auch der **Zustimmung des Ehegatten** des Vollstreckungsschuldners bedarf, wenn der Grundbesitz dessen Vermögen im Ganzen darstellt (§ 1365 Abs. 1 BGB), ist in Literatur und Rechtsprechung umstritten. Nach einer Ansicht unterliegt der Pfändungsgläubiger, der nur den ihm zur Einziehung überwiesenen Auseinandersetzungsanspruch des in Zugewinngemeinschaft lebenden Ehegatten geltend macht, denselben gesetzlichen Beschränkungen wie der Pfandschuldner selbst. Der Antrag sei damit zustimmungsbedürftig (*Stöber* ZVG § 180 Rn. 3.13; Steiner/*Teufel* ZVG § 180 Rn. 22). Nach zutreffender Auffassung gilt jedoch das Zustimmungserfordernis für den Pfändungsgläubiger nicht, da dieser ein eigenes Verwertungsrecht am Vermögen des Ehegatten hat. Dieses wiederum unterliegt nicht dem Zustimmungsvorbehalt, da dadurch die Wirkung der Vorschrift des § 1365 Abs. 1 BGB über ihren Schutzzweck hinaus ausgedehnt würde (KG Urt. v. 4.12.1991 – 24 U 2612/91, FamRZ 1992, 846; OLG Düsseldorf Beschl. v. 15.10.1990 – 3 W 386/90, NJW 1991, 851; OLG Karlsruhe Beschl. v. 4.9.2003 – 16 WF 109/03, FamRZ 2004, 629; OLG Köln Beschl. v. 24.11.1988 – 15 W 115/88, NJW-RR 1989, 325; *Hintzen*/Wolf Rn. 12.112 mwN; *Schiffhauer* ZIP 1982, 526). Für die Antragstellung ist der Streit grundsätzlich ohne Bedeutung, da eine Überprüfung, ob die Zustimmung des Ehegatten vorliegt, durch das Vollstreckungsgericht in der Regel auch dann nicht erfolgt, wenn dieses die erstgenannte Rechtsauffassung vertritt.

Der Vollstreckungsschuldner hat sich gem. §§ 859 Abs. 2, 857 Abs. 1, 829 ZPO jeder Verfügung über das gepfändete Recht zu enthalten. Er hat jegliche Maßnahmen zu unterlassen, die das Pfandrecht beeinträchtigen oder die Einziehungsbefugnis des Pfändungsgläubigers verletzen (OLG Hamm Beschl. v. 15.11.1957 – 15 W 290/57, Rpfleger 1958, 269 mit zust. Anm. *Haegele*). Er hat nicht das Recht, selbst die Teilungsversteigerung zu beantragen (OLG Jena Beschl. v. 9.3.2001 – 6 W 819/00, Rpfleger 2001, 445; *Stöber* ZVG § 180 Rn. 11.10 mwN; *Schiffhauer* ZIP 1982, 526; *Zimmermann/Pieper* NJW 2007, 3104 (3106); aA *Böttcher* ZVG § 180 Rn. 55 f). Trotz Pfändung seines Anteils bleibt der Vollstreckungsschuldner Rechtsinhaber und ist damit Beteiligter des Verfahrens (§ 9 ZVG). Er kann als solcher auch ohne Zustimmung des Pfändungsgläubigers Anträge stellen und Rechtsmittel einlegen, ausgenommen solche, die das Recht des Pfändungsgläubigers vereiteln würden (RG Urt. v. 21.7.1938 – V 19/38, RGZ 158, 40 (42)).

3. Notwendiger Antragsinhalt. → Form. J. XI. 1 Anm. 4.

4. Eigentumsnachweis. → Form. J. XI. 1 Anm. 5.

5. Pfändungsbeschluss und Zustellnachweis. Der Pfandgläubiger betreibt eine Teilungsversteigerung, keine Forderungsversteigerung. Er muss dazu einen wirksamen Pfändungsbeschluss mit Zustellnachweis vorlegen (*Stöber* ZVG § 180 Rn. 11.10 lit. e).

6. Ausschluss des Aufhebungsanspruchs. Eine stillschweigende oder ausdrückliche Vereinbarung der Miteigentümer über den Ausschluss des Aufhebungsanspruchs steht dem Antrag auf Aufhebung der Gemeinschaft nicht entgegen, wenn der zugrunde liegende Schuldtitel nicht nur vorläufig vollstreckbar ist, § 751 S. 2 BGB. Auch wenn die Teilhaber eine Kündigungsfrist bestimmt haben, ist der Pfändungsgläubiger zur Kündigung und anschließenden Antragstellung berechtigt, wenn sein Titel nicht nur vorläufig vollstreckbar und ihm der Aufhebungsanspruch zur Einziehung überwiesen ist (*Stöber* Forderungspfändung Rn. 1545). Aus diesem Grund ist in solchen Fällen neben der Vorlage des Pfändungs- und Überweisungsbeschlusses auch die Vorlage des zugrunde liegenden Vollstreckungstitels empfehlenswert, sofern sich dessen Rechtskraft nicht bereits aus dem Pfändungs- und Überweisungsbeschluss ergibt.

7. Kosten und Gebühren. → Form. J. XI. 1 Anm. 10.

3. Antrag auf Anordnung der Teilungsversteigerung bei gepfändeten Miterben- und Gesellschaftsanteilen

An das Amtsgericht

. . . . .[1]

– Vollstreckungsgericht –

Antrag auf Anordnung der Teilungsversteigerung

In der Zwangsvollstreckungssache

. . . . . [Gläubiger]

– Antragsteller –

vertreten durch: . . . . .

gegen

. . . . .

[Schuldner]

– Antragsgegner –

beantrage ich namens und in Vollmacht des Gläubigers[2] die Anordnung der Zwangsversteigerung zum Zwecke der Aufhebung der Gemeinschaft an dem im Grundbuch von . . . . . (Grundbuchamt . . . . .) in Blatt . . . . . eingetragenen Grundbesitz:

. . . . . [Bezeichnung des Grundstückes in Übereinstimmung mit dem Grundbuch]

Als Eigentümer sind im Grundbuch eingetragen:

a) . . . . .
b) . . . . .

[Namen und vollständige, zustellfähige Anschriften aller Miteigentümer][3]

– in Gesellschaft bürgerlichen Rechts –

Zum Nachweis des Eigentums am Grundstück nehme ich auf das Grundbuch Bezug.[4]

Der Gesellschaftsanteil des Schuldners . . . . . ist zugunsten des Gläubigers gepfändet und ihm zur Einziehung überwiesen[5] worden. Der zugestellte Pfändungs- und Überweisungsbeschluss und der zugrunde liegende rechtskräftige Titel sind anliegend beigefügt.[6]

Die Gesellschaft wurde durch den Gläubiger mit Schreiben vom . . . . . gekündigt,[7] die Kündigung den übrigen Gesellschaftern am . . . . . zugestellt (siehe Anlage).[8]

. . . . .

Rechtsanwalt[9]

Anmerkungen

1. Zuständigkeit. → Form. J. XI. 1 Anm. 2.

2. Antragsberechtigung. Bei einer **Gesellschaft bürgerlichen Rechts** ist der Pfändungsgläubiger nach Pfändung und Überweisung des Anteils berechtigt, die Gesellschaft zu kündigen (§ 725 BGB) und sie damit zur Auflösung zu bringen, sofern nicht der Gesellschaftsvertrag eine Fortsetzungsklausel enthält, § 736 Abs. 1 BGB. Hat die Kündigung die Auflösung der Gesellschaft bewirkt, dann kann der Gläubiger auch das Recht des Schuldners auf Durchführung der Auseinandersetzung ausüben (BGH Urt. v. 5.12.1991 - IX ZR 270/90, BGHZ 116, 222 = NJW 1992, 830). Damit ist er auch befugt das Recht des Schuldners auf Anordnung der Teilungsversteigerung auszuüben, sofern sein Titel nicht nur vorläufig vollstreckbar ist, § 725 Abs. 1 BGB (LG Konstanz Beschl. v. 5.5.1987 - 1 T 68/87, NJW-RR 1987, 1023; Dassler/*Schiffhauer* § 181 Rn. 53; *Stöber* Rn. 1571 mwN).

Hat der Gläubiger den Anteil eines Miterben an einer **Erbengemeinschaft** gepfändet und sich zur Einziehung überweisen lassen, ist er im Rahmen der Auseinandersetzung des gesamten Nachlasses (AG Nürtingen Urt. v. 20.4.1959 – K 2/59, MDR 1961, 606) auch berechtigt die Zwangsversteigerung zum Zwecke der Aufhebung der Gemeinschaft zu betreiben.

Die Teilungsversteigerung eines zum **Gesamtgut** der ehelichen **Gütergemeinschaft** gehörenden Grundstücks kann gegen den anderen Ehegatten erst nach rechtskräftiger Scheidung der Ehe oder nach Aufhebung der Gütergemeinschaft betrieben werden (§§ 1419 Abs. 1, 1471 Abs. 1 BGB). Gleiches gilt gem. § 1497 Abs. 1 BGB für die fortgesetzte Gütergemeinschaft.

3. Notwendiger Antragsinhalt. → Form. J. XI. 1 Anm. 4.

4. Eigentumsnachweis. → Form. J. XI. 1 Anm. 5.

5. Pfändungsbeschluss und Zustellnachweis. → Form. J. XI. 2 Anm. 5.

6. Inhalt, Umfang und Wirksamkeit des Pfändungsbeschlusses: → Form. I. III. 10.

7. Nachweis der Auflösung der Gesellschaft, Gemeinschaft. Der Antragsteller muss die Auflösung der Gesellschaft bürgerlichen Rechts als gesetzliches Erfordernis der Teilungsversteigerung durch öffentliche oder öffentlich beglaubigte Urkunden nachweisen (LG Flensburg Beschl. v. 2.4.2003 – 5 T 61/03, JurBüro 2004, 47; *Stöber* ZVG § 181 Rn. 2.5). Allein die Glaubhaftmachung genügt nicht. Auch die Beendigung der ehelichen oder fortgesetzten Gütergemeinschaft ist entsprechend nachzuweisen (zB durch Scheidungsurteil, Ehevertrag, Güterrechtsregisterauszug usw). Keines Nachweises bedarf es bei der Aufhebung einer Erbengemeinschaft.

8. Ausschluss des Aufhebungsanspruchs. Die Aufhebung der Gesellschaft oder Gemeinschaft kann ausgeschlossen sein, wenn:
- der Gesellschaftsvertrag einer Gesellschaft bürgerlichen Rechts eine Fortsetzungsklausel enthält,
- das Grundstück nach Berichtigung der gemeinschaftlichen Schulden und sonstigen Leistungen den BGB-Gesellschaftern (§ 734 BGB), Ehegatten (§§ 1476 Abs. 1, 1477 BGB) oder Mitgliedern der fortgesetzten Gütergemeinschaft (§ 1498 BGB) als Überschuss zur Teilung verbleibt,
- die Auseinandersetzung zur Feststellung des nach den Vorschriften über die Gemeinschaft zu teilenden Überschusses noch nicht erfolgt oder noch nicht abgeschlossen ist.

Alle diese Einwendungen sind jedoch im Prozessweg mit **Drittwiderspruchsklage** gem. § 771 ZPO geltend zu machen, eine Berücksichtigung im Anordnungsverfahren bzw. von Amts wegen erfolgt mangels Eintragung im Grundbuch nicht (*Stöber* ZVG § 180 Rn. 9.8 mwN).

9. Kosten und Gebühren. → Form. J. XI. 1 Anm. 10.

4. Antrag auf Einstellung des Verfahrens nach § 180 Abs. 2 ZVG

An das Amtsgericht

. . . . .[1]

– Vollstreckungsgericht –

Az. . . . . .

Einstellungsantrag gem. § 180 Abs. 2 ZVG[2]

In dem Teilungsversteigerungsverfahren

. . . . . [Name und Anschrift des die Teilungsversteigerung betreibenden Antragstellers]

-Antragsteller/in-

vertreten durch: . . . . .

gegen

. . . . . [Name und Anschrift des Antragsgegners der Teilungsversteigerung]

– Antragsgegner/in –

vertreten durch: . . . . .

zeige ich an, dass mich . . . . . [Antragsgegner/in] mit der Wahrnehmung seiner/ihrer Interessen beauftragt hat/haben.

Namens und in Vollmacht meines/meiner Mandanten beantrage ich fristgemäß[3] **die einstweilige Einstellung**[5] **des oben genannten Versteigerungsverfahrens gem. § 180 Abs. 2 ZVG für die Dauer von sechs Monaten.**

Begründung:[4]

. . . . . [Nähere Ausführungen]

Die vorstehenden Ausführungen machen deutlich, dass der Antragsteller unter Ausnutzung nur vorübergehender Umstände versucht, den Antragsgegner zur Unzeit aus dem Grundbesitz zu drängen.

Das Verfahren ist daher antragsgemäß für die Dauer von 6 Monaten[6] **einzustellen.**

. . . . .

Rechtsanwalt

Anmerkungen

1. Zuständigkeit. → Form. J. XI. 1 Anm. 2.

2. Antrag, Antragsberechtigung. Auf Antrag eines Miteigentümers, gegen den die Teilungsversteigerung betrieben wird, ist das Verfahren auf die Dauer von längstens sechs Monaten einstweilen einzustellen, wenn dies bei Abwägung der widerstreitenden Interessen der mehreren Miteigentümer angemessen erscheint, § 180 Abs. 2 S. 1 ZVG. Die einmalige Wiederholung der Einstellung ist zulässig, § 180 Abs. 2 S. 2 ZVG.

Wird das Verfahren von mehreren Miteigentümern aus verschiedenen Anordnungs- und Beitrittsbeschlüssen betrieben, kann bzw. muss die Einstellung hinsichtlich jedes Antragstellers gesondert beantragt werden, da die Verfahren unabhängig voneinander laufen (BGH Urt. v. 23.1.1981 – V ZR 200/79, BGHZ 79, 249 = NJW 1981, 2065). Ein das Verfahren selbst betreibender Antragsteller wird mit seinem Einstellungsantrag allerdings nur dann Erfolg haben, wenn er bei seinem eigenen Verfahren die einstweilige Einstellung gem. § 30 ZVG bewilligt, denn ein Miteigentümer kann nicht gleichzeitig sein Verfahren betreiben, das des Gegners jedoch aufhalten.

3. Frist. Beantragt werden muss die einstweilige Einstellung des Verfahrens binnen einer Notfrist von **zwei Wochen.** Die Frist beginnt mit Zustellung der Verfügung, in welcher der Antragsgegner auf das Recht zur Stellung des Einstellungsantrags, den Fristbeginn und die Rechtsfolgen eines fruchtlosen Fristablaufs hingewiesen wird, §§ 180 Abs. 2 S. 3, 30b Abs. 1 ZVG. Die Zustellung dieser Verfügung erfolgt regelmäßig zusammen mit dem jeweiligen Anordnungs- oder Beitrittsbeschluss. Da das Antragsrecht mit jedem Anordnungs- und Beitrittsbeschluss für die jeweiligen Antragsgegner gesondert begründet wird, beginnt die Notfrist von zwei Wochen auch hinsichtlich jedes Beschlagnahmebeschlusses gesondert zu laufen. Der Antrag kann jeweils nur in der für ihn laufenden Notfrist gestellt werden, nicht nach deren Ablauf, wenn etwa die Frist zu einem anderen Beitrittsbeschluss noch läuft (*Mümmler* JurBüro 1973, 689).

4. Einstellungsgründe. Die Einstellung des Teilungsversteigerungsverfahrens soll nach ihrem Grundgedanken durch Abwägung der widerstreitenden Interessen verhindern, dass ein wirtschaftlich Stärkerer unter Ausnutzung vorübergehender Umstände die Versteigerung „zur Unzeit" durchsetzt, um den wirtschaftlich Schwächeren zu ungünstigen Bedingungen aus dem Grundstück zu drängen (BGH Urt. v. 23.1.1981 – V ZR 200/79, BGHZ 79, 249 = NJW 1981, 2065).

Gegenüber dem grundsätzlichen Auseinandersetzungsanspruch des antragstellenden Miteigentümers kann das Verlangen des Antragsgegners nach Aufschub des Verfahrens nur in **Ausnahmefällen** zu einer Einstellung führen (LG Berlin Beschl. v. 6.1.1993 – 81 T 592/92, Rpfleger 1993, 297). Bei den vorgetragenen Einstellungsgründen muss es sich um besondere Umstände handeln, die einen befristeten Aufschub des Verfahrens angemessen erscheinen lassen. Das ist der Fall, wenn die sofortige oder alsbaldige Versteigerung **„zur Unzeit"** erfolgen würde, weil in der Einstellungszeit mit einer Veränderung wichtiger Umstände gerechnet werden kann (LG Braunschweig Beschl. v. 21.3.1984 – 8 T 67/84, Rpfleger 1985, 76; LG Düsseldorf FamRZ 1955, 303).

Für die vorübergehende Einstellung können nur solche Einstellungsgründe Berücksichtigung finden, die sich auf die Zeit des Aufschubs beziehen und nicht für einen dauernden Ausschluss der Versteigerung sprechen würden. In Betracht kommen damit nur Umstände, die in sechs, höchstens zwölf Monaten voraussichtlich behebbar sind (BGH Beschl. v. 25.6.2004 – IX a ZB 267/03, NJW 2004, 3635; LG Frankenthal Beschl. v. 11.3.1985 – 1 T 51/85, Rpfleger 1985, 315). Umstände, die gegen die Teilung als solche sprechen finden keine Berücksichtigung. **Zulässig ist die Einstellung des Verfahrens** zB wenn:

- eine Werterhöhung durch Ausführung von Reparaturen und Renovierung kurz bevorsteht (BGH Urt. v. 23.1.1981 – V ZR 200/79, BGHZ 79, 249 = NJW 1981, 2065),
- ein aus besonderen Gründen nur vorübergehend gesunkener Wert sich in Kürze voraussichtlich wieder erhöhen wird, etwa bei plötzlichem Auftreten von ungewissen, preisdrückenden Ereignissen (BGH Urt. v. 23.1.1981 – V ZR 200/79, BGHZ 79, 249 = NJW 1981, 2065),
- zur Erhaltung alten Familienbesitzes sich der Antragsgegner in Kürze glaubhaft die Mittel verschaffen kann, um den Antragsteller wegen seiner der Höhe nach ungefähr schon feststehenden oder in der Einstellungszeit feststellbaren Ansprüche abzufinden (*Mohrbutter* § 63 Abs. 2),
- der Antragsgegner von dem Teilungsversteigerungsverfahren überrascht worden ist, ohne vorausgehende Verhandlungen oder Ankündigung, und wenn er dadurch eine gewisse Zeit benötigt, um sich auf die Auseinandersetzung einzustellen (LG Koblenz KTS 1965, 47), insbesondere auf die Übernahme des fremden Anteils.

  Beispiele zu weiteren möglichen Einstellungsgründen vgl. *Stöber* ZVG § 180 Rn. 12.3.

  Nicht angemessen ist die Einstellung, wenn:
- der gemeinschaftliche Besitz die Lasten nicht mehr trägt und dem Antragsteller die auf ihn treffenden Zuschüsse nicht mehr zugemutet werden können (*Jonas/Pohle* § 180 Rn. 2 a),
- eine dauerhafte gesundheitliche Beeinträchtigung des Antragsgegners vorliegt, da dieser Zustand nicht nur vorübergehend ist und eine Besserung durch Einstellung nicht erlangt werden kann (BGH Beschl. v. 25.6.2004 – IX a ZB 267/03, NJW 2004, 3635),
- der Antragsgegner jetzt eine freiwillige Teilung anbietet, die aber aussichtslos ist, weil der Antragsgegner die Mittel zur Abfindung der Miteigentümer weder hat, noch sich verschaffen kann oder weil die Vorstellungen der Miteigentümer über die Höhe des Ausgleichsbetrags nicht übereinstimmen (LG Berlin Beschl. v. 6.1.1993 – 81 T 592/92, Rpfleger 1993, 297),
- zwischen Antragsgegnerin und ihrem geschiedenem Ehemann (Antragsteller) ein Unterhaltsrechtsstreit anhängig ist (LG Braunschweig Beschl. v. 21.3.1984 – 8 T 67/84, Rpfleger 1985, 76),
- die Beteiligten schon Jahre hindurch vergebens versucht haben, eine Einigung zu erzielen.

  Weitere Beispiele vgl. *Stöber* ZVG § 180 Rn. 12.4.

5. Entscheidung. Die Entscheidung über den Einstellungsantrag liegt im Ermessen des Vollstreckungsgerichts, welches unter Abwägung der widerstreitenden Interessen die Umstände des jeweiligen Einzelfalls entsprechend den unter → Anm. 4. aufgeführten Kriterien zu würdigen hat. Vor der Entscheidung wird der Antragsteller, der die Teilungsversteigerung beantragt hat, gehört. Die Entscheidung ergeht durch Beschluss, der zu begründen ist. Gegen die Entscheidung findet die **sofortige Beschwerde** statt, §§ 180 Abs. 2 S. 3, 30b Abs. 3 ZVG, 793 ZPO.

6. Einstellungsdauer. Das Verfahren kann für längstens 6 Monate eingestellt werden, § 180 Abs. 2 S. 1 ZVG. Die einmalige Wiederholung dieser Einstellung ist zulässig, § 180 Abs. 2 S. 2 ZVG.

5. Antrag auf Einstellung des Verfahrens nach § 180 Abs. 3 ZVG

An das Amtsgericht

. . . . .[1]

– Vollstreckungsgericht –

Az. . . . . .

Einstellungsantrag gem. § 180 Abs. 3 ZVG[2]

In dem Teilungsversteigerungsverfahren

. . . . . [Name und Anschrift des die Teilungsversteigerung betreibenden Antragstellers]

– Antragsteller –

vertreten durch: . . . . .

gegen

. . . . . [Name und Anschrift des Antragsgegners der Teilungsversteigerung]

– Antragsgegner –

zeige ich an, dass mich . . . . . mit der Wahrnehmung seiner/ihrer Interessen beauftragt hat.

Namens und in Vollmacht meines Mandanten/meiner Mandantin beantrage ich fristgemäß[3] die einstweilige Einstellung des oben genannten Versteigerungsverfahrens gem. § 180 Abs. 3 ZVG für die Dauer von . . . . . Monaten.[5]

Begründung:[4]

Die Fortführung des von dem Antragsteller aus dem Anordnungsbeschluss vom . . . . . betriebenen Verfahrens führt zu einer ernsthaften Gefährdung des Wohls des gemeinsamen ehelichen Kindes . . . . ., geb. am . . . . .

Das Versteigerungsobjekt ist speziell nach den Bedürfnissen des körperlich durch . . . . . behinderten Kindes ausgebaut und wird derzeit von diesem und der Antragsgegnerin bewohnt. Der Antragsteller ist am . . . . . ausgezogen.

Im Rahmen des vor dem Amtsgericht . . . . . anhängigen Scheidungsverfahrens (Az. . . . . .) streiten die Parteien auch über die gemeinsame elterliche Sorge. In diesem Verfahren wurde durch ein Sachverständigengutachten festgestellt, dass das Kind unter der Trennung der Eltern erheblich zu leiden hat. Dies zeigt sich vor allem auch in dem Abfall der schulischen Leistungen seit der Trennung.

Der Gutachter hat gleichzeitig festgestellt, dass jede (auch durch eine Versteigerung des Grundstücks drohende) räumliche Veränderung eine weitere Gefährdung des geistigen und seelischen Wohls für das Kind erwarten lässt.

Hinter der damit einhergehenden Entwicklungsstörung muss das Interesse des Antragstellers an der alsbaldigen Aufhebung der Gemeinschaft an dem Grundstück zurückstehen.

Das Verfahren ist daher antragsgemäß einstweilen einzustellen.[6]

. . . . .

Rechtsanwalt

Anmerkungen

1. Zuständigkeit. → Form. J. XI. 1 Anm. 2.

2. Antragsberechtigung. Auf die Interessen eines **gemeinschaftlichen Kindes** (mehrerer Kinder) müssen Ehegatten und geschiedene Ehegatten auch bei Verfolgung eines Anspruchs auf Aufhebung einer Gemeinschaft im Wege der Zwangsversteigerung in besonderer Weise Rücksicht nehmen (Begründung des Gesetzentwurfes, BT-Drucks. 10/2888, 12, 35 (36)). Auf Antrag ist daher die Zwangsversteigerung zum Zwecke der Aufhebung der Gemeinschaft an einem Grundstück, die nur zwischen Ehegatten oder früheren Ehegatten besteht, einstweilen einzustellen, wenn dies zur **Abwendung einer ernsthaften Gefährdung des Wohls** eines gemeinschaftlichen Kindes erforderlich ist, § 180 Abs. 3. S. 1 ZVG (für Pflegekinder: § 765a ZPO, vgl. BGH Beschl. v. 22.3.2007 – V ZB 152/06, NJW 2007, 3430).

Antragsberechtigt ist nur der Ehegatte, gegen den die Teilungsversteigerung betrieben wird. Die Berechtigung besteht auch dann fort, wenn Dritte (zB Pfand- oder Pfändungsgläubiger, Erben) die Rechte des Ehegatten oder früheren Ehegatten ausüben (*Stöber* ZVG § 181 Rn. 13.3; Dassler/*Schiffhauer* § 180 Rn. 56).

3. Frist. Beantragt werden muss die einstweilige Einstellung des Verfahrens binnen einer Notfrist von **zwei Wochen.** Die Frist beginnt mit Zustellung der Verfügung, in welcher der Antragsgegner auf das Recht zur Stellung des Einstellungsantrags, den Fristbeginn und die Rechtsfolgen eines fruchtlosen Fristablaufs hingewiesen wird, §§ 180 Abs. 3 S. 3, 30b Abs. 1 ZVG. Die Zustellung der Verfügung erfolgt regelmäßig mit dem jeweiligen Anordnungs- oder Beitrittsbeschluss. Ist die Einstellung des Verfahrens sowohl nach § 180 Abs. 3 ZVG, als auch nach § 180 Abs. 2 ZVG (→ Form. J. XI. 4) gerechtfertigt, muss sie aus allen Gründen innerhalb der Notfrist von zwei Wochen beantragt werden, da die Einstellungsgründe zwar selbständig, die Vorschriften somit gleichzeitig, nicht jedoch nacheinander anwendbar sind (*Stöber* ZVG § 180 Rn. 13.7).

4. Einstellungsgründe. Die Einstellung des Verfahrens erfordert eine ernsthafte Gefährdung des Wohls eines **gemeinschaftlichen** Kindes. Diese ist gegeben, wenn das Kind durch die Teilungsversteigerung in seinen Lebensverhältnissen erheblich benachteiligt und damit in seiner Entwicklung erheblich beeinträchtigt zu werden droht (LG Berlin Beschl. v. 18.12.1991 – 81 T 451/91, Rpfleger 1992, 170 mit Anm. *Meyer-Stolte*). Es müssen **besondere Umstände** eine begründete gegenwärtige Besorgnis der Gefährdung des körperlichen, geistigen oder seelischen Kindeswohls nahe legen (LG Berlin Beschl. v. 18.6.1987 – 81 T 175/87, FamRZ 1987, 1066; LG Frankenthal Beschl. v. 25.11.1986 – 1 T 368/86, Rpfleger 1987, 124; LG Heidelberg Beschl. v. 21.1.1991 – 6 T 41/90, FamRZ 1991, 588). Auch die Gefährdung der schulischen Entwicklung des Kindes kann genügen (LG Berlin Beschl. v. 18.12.1991 – 81 T 451/91, Rpfleger 1992, 170). Unbeachtlich ist hierbei, ob der die Einstellung beantragende Ehegatte die Gefährdung des Kindeswohls (mit) zu verantworten hat (LG Offenburg Beschl. v. 9.11.1993 – 4 T 197/93, FamRZ 1994, 1274). Eine nur allgemeine, nicht wesentliche Beeinträchtigung des Kindesinteresses, auch die mit dem Verlust des bisherigen Familienheims verbundenen Unzuträglichkeiten, zB Schul- oder Ortswechsel, Verlust von Spielgefährten oder einer Betreuungsperson in der Nachbarschaft oder nur der Wunsch nach Beibehaltung des bisherigen Lebensstandards rechtfertigen die Einstellung nicht (LG Berlin Beschl. v. 18.12.1991 – 81 T 451/91, Rpfleger 1992, 170; LG Essen Beschl. v. 12.4.1988 – 7 T 162/88, FamRZ 1988, 1191; AG Braunschweig Beschl. v. 7.5.2001 – 24 K 1/01, JurBüro 2001, 661).

5. Dauer der Einstellung. Die Einstellungsdauer muss im Einstellungsbeschluss bezeichnet werden. Sie ist Ermessenssache des Vollstreckungsgerichts. Eingestellt wird das Verfahren für die voraussichtliche Dauer der ernsthaften Gefährdung des Wohls des gemeinschaftlichen Kindes, längstens aber für fünf Jahre, § 180 Abs. 4 ZVG. Die mehrfache Wiederholung der Einstellung ist (begrenzt auf vorgenannten Fünf-Jahres-Zeitraum) zulässig, § 180 Abs. 3 S. 2, Abs. 4 ZVG.

6. Entscheidung. Die Entscheidung über den Einstellungsantrag ergeht durch Beschluss des Vollstreckungsgerichts. Vor der Entscheidung wird der Antragsteller, der die Teilungsversteigerung beantragt hat, gehört. Einer Änderung der Sachlage nach Einstellung des Verfahrens kann mit Aufhebung oder Änderung des Einstellungsbeschlusses Rechnung getragen werden, § 180 Abs. 3 S. 4 ZVG. Gegen die Entscheidung findet die **sofortige Beschwerde** statt, §§ 180 Abs. 3 S. 3, 30b Abs. 3 ZVG, 793 ZPO.

6. Einstellungsbewilligung des Antragstellers gem. §§ 180 Abs. 1, 30 ZVG

→ Form. J. VI. 3.

7. Fortsetzungsantrag gem. §§ 180 Abs. 1, 31 ZVG

→ Form. J. VI. 5.

8. Anmeldung zum Verteilungstermin

An das Amtsgericht

. . . . .[1]

– Vollstreckungsgericht –

Az. . . . . .

Anmeldung zum Verteilungstermin

Sehr geehrte Damen und Herren,

zu dem am . . . . . im og Teilungsversteigerungsverfahren stattfindenden Verteilungstermin[2] erkläre ich für den Antragssteller . . . . ., das aus dem auf die Erbengemeinschaft entfallenden Übererlös[3] im Wege der Auseinandersetzung zu zahlen sind:

a) . . . . . EUR an den Antragsteller/Miteigentümer A
b) . . . . . EUR an den Pfändungsgläubiger des Anteils von Miteigentümer B
c) . . . . . EUR an den Antragsgegner/Miteigentümer B
d) . . . . . EUR an den Antragsgegner/Miteigentümer C

Hinsichtlich eines Betrages von weiteren . . . . . EUR (geltend gemachte Kosten der Grundstücksverwaltung von . . . . . bis . . . . .) konnte bisher keine Einigung erzielt

werden. Als gemeinsamen Empfangsberechtigten für diesen Betrag bestimmen wir Herrn Rechtsanwalt .....

(Alternativ:

Die Verteilung eines eventuell verbleibenden weiteren Resterlöses soll im Verhältnis der Erbanteile erfolgen.

Die schriftliche Zustimmung des Miteigentümers B und seines Pfändungsgläubigers .....[4] zur vorgenannten Auseinandersetzung ist diesem Schreiben im Original beigefügt. Der Miteigentümer C wird vereinbarungsgemäß seine Zustimmung im Verteilungstermin zu Protokoll der Geschäftsstelle[5] erklären.)

.....

Rechtsanwalt[6, 7]

Anmerkungen

1. Zuständigkeit. → Form. J. XI. 1 Anm. 2.

2. Erlösverteilung. Nach Erteilung des Zuschlags bestimmt das Vollstreckungsgericht von Amts wegen einen Termin zur Verteilung des Versteigerungserlöses, §§ 180 Abs. 1, 105 Abs. 1 ZVG. Dem Versteigerungserlös werden zunächst die Kosten des Verfahrens vorweg entnommen, §§ 180 Abs. 1, 109 Abs. 1 ZVG. Der Überschuss wird auf die Rechte, die nach Maßgabe des § 10 ZVG zu befriedigen und durch Zahlung zu decken sind (§ 109 Abs. 2 ZVG) zugeteilt und zwar unter Einschluss der Ansprüche in Rangklasse 7 und 8 (*Stöber* ZVG-Handbuch Rn. 745). Mit dieser Erlösverteilung ist nach Erteilung des Zuschlags der eigentliche Zweck der Teilungsversteigerung erreicht, nämlich die Vorbereitung der Auseinandersetzung unter den Miteigentümern durch Umwandlung des (unteilbaren) Grundstücks in einen teilbaren Erlösüberschuss (*Stöber* Rpfleger 1958, 73).

3. Verteilung des Erlösüberschusses. Der Erlösüberschuss tritt für die Beteiligten als Surrogat an die Stelle der bisherigen Berechtigung am Grundstück; an ihm setzt sich die Gemeinschaft der bisherigen Grundstückseigentümer fort. Seine Aufteilung ist nicht gesetzliche Aufgabe des Vollstreckungsgerichts, sondern Sache der Auseinandersetzung der bisherigen Teilhaber außerhalb des Versteigerungsverfahrens (OLG Hamm Beschl. v. 17.2.1970 – 15 VA 1/69, Rpfleger 1970, 215; *Stöber* Rpfleger 1958, 73). Können sich die bisherigen Grundstückseigentümer nicht über die Verteilung des Überschusses einigen, wird dieser zu Gunsten aller hinterlegt, §§ 180 Abs. 1, 117 Abs. 2 S. 3 ZVG (OLG Hamm Beschl. v. 17.2.1970 – 15 VA 1/69, Rpfleger 1970, 215; OLG Köln Urt. v. 25.10.1973 – 7 U 123/73, MDR 1974, 240). Auch über den hinterlegten Betrag können die Berechtigten nur gemeinsam verfügen (vgl. insoweit landesrechtlichen Hinterlegungsgesetze), notfalls muss auf Erlösteilung (in Natur – § 752 BGB) geklagt werden.

4. Zustimmung eines Pfandgläubigers. Ist der Anteil eines Gesamthandsberechtigten oder der Auseinandersetzungsanspruch eines Bruchteilseigentümers gepfändet (→ Form. I. III. 3) so kann die Erlösteilung nur mit Zustimmung des Gläubigers (BGH Urt. v. 12.5.1969 – VIII ZR 86/67, BGHZ 52, 99 = NJW 1969, 1347; NJW 1969, 1903 mAnm *Wellmann*) oder durch Prozessurteil erfolgen.

5. Form und Frist. Die Erklärung der Miteigentümer über die Auseinandersetzung des Erlöses kann im Verteilungstermin mündlich (zu Protokoll der Geschäftsstelle) oder bis zum Verteilungstermin schriftlich abgegeben werden. Soweit zugelassen ist auch die elektronische Übermittlung gem. § 130a Abs. 2 ZPO möglich.

6. Gebühren. Für die Tätigkeit im Verteilungsverfahren erhält der Anwalt eine 0,4 Verfahrensgebühr nach Nr. 3311 Nr. 2 VV RVG. Der Gegenstandswert richtet sich nach § 26 RVG.

7. Rechtsmittel. Für **materiell-rechtliche Einwendungen** gegen den Teilungsplan ist der Widerspruch gem. §§ 180 Abs. 1, 115 Abs. 1 S. 2 ZVG, 876 ZPO (→ Form. K. I. 5) ausschließlicher Rechtsbehelf (*Stöber* ZVG § 115 Rn. 3.1 und 3.2). Bei Nichtbeachtung eines angemeldeten Anspruchs gilt bereits die Anmeldung als Widerspruch gem. §§ 180 Abs. 1, 115 Abs. 2 ZVG. Kein Widerspruch liegt jedoch in der Anmeldung eines Anspruchs, der in der Zwangsverwaltung überhaupt nicht geltend gemacht werden kann (*Stöber* ZVG § 115 Rn. 4).

Verfahrensfehler des Gerichts kann nach wohl herrschender Meinung jeder Beteiligte mit der **sofortigen Beschwerde** nach § 793 ZPO rügen (BGH Beschl. v. 19.2.2009 – V ZB 54/08, Rpfleger 2009, 401 mwN; → Form. P. II. 6 und → Form. P. III. 3), wobei die Statthaftigkeit dieses Rechtsmittels umstritten ist (Gegenansicht: *Stöber* ZVG § 115 Rn. 3.1 und 3.2). Umstritten ist ebenfalls der Beginn der Beschwerdefrist, die nach BGH (aaO) mit der Zustellung des Teilungsplanes beginnt (aA: mit der Aufstellung des Plans im Teilungstermin – *Depré/Mayer* Rn. 324).

9. Antragsrücknahme gem. §§ 180 Abs. 1, 29 ZVG

→ Form. J. VI. 6.

XII. Zwangsversteigerung von Schiffen, Schiffsbauwerken und Luftfahrzeugen, §§ 162 ff. – 171n ZVG

1. Vorbemerkungen

Schiffe, Schiffsbauwerke und Luftfahrzeuge können ebenfalls zwangsversteigert werden. Das ist im zweiten Abschnitt des ZVG geregelt (§§ 162 ff. ZVG), während der erste Abschnitt die Zwangsversteigerung und Zwangsverwaltung von Grundstücken betrifft. Der erste Titel des zweiten Abschnittes behandelt die Zwangsversteigerung von Schiffen und Schiffsbauwerken (§§ 162 bis 171 ZVG), während der zweite Titel die Zwangsversteigerung von Luftfahrzeugen regelt (§§ 171a bis 171n ZVG). Die Vorschriften des ersten Abschnittes gelten entsprechend, soweit nicht die §§ 162 ff., 171 ff. ZVG etwas anderes bestimmen. **Eine Zwangsverwaltung sieht das Gesetz für diesen Bereich jedoch nicht vor.** Möglich ist lediglich die treuhänderische Nutzung, die bei einer einstweiligen Einstellung des Verfahrens im Einvernehmen mit dem betreibenden Gläubigers angeordnet werden kann (§§ 165 Abs. 2, 171c Abs. 3 ZVG).

Die Zwangsvollstreckung in ein eingetragenes Schiff oder in ein Schiffsbauwerk, das im Schiffsregister eingetragen ist oder in dieses Register eingetragen werden kann, erfolgt durch Eintragung einer Schiffshypothek für die Forderung oder durch Zwangsversteigerung (§ 870a, 866 ff. ZPO; *Mohrbutter/Drischler* S. 957, 958). Dem Immobiliarvollstreckungsrecht unterliegen: eingetragene See- und Binnenschiffe, eingetragene oder eintragungsfähige Schiffsbauwerke und Schwimmdocks. Ausländische Schiffe unterliegen dieser Vollstreckung nur, soweit sie nach deutschem Recht in das Schiffsregister einzuordnen wären. Nicht eingetragene und nicht eintragungsfähige Objekte richten sich nach Fahrnisrecht (vgl. *Stöber* ZVG § 162 Anm. 1).

Dem Immobiliarvollstreckungsrecht unterliegen ferner: eingetragene Luftfahrzeuge und Luftfahrzeuge, die in der Luftfahrzeugrolle gelöscht, aber im Register für Pfandrechte an Luftfahrzeugen eingetragen sind sowie ausländische Luftfahrzeuge, dies jedoch unter den besonderen Voraussetzungen der §§ 171h bis 171n ZVG. Sonstige, dh nicht eingetragene oder nicht eintragungsfähige Objekte, werden nach Fahrnisrecht behandelt (vgl. *Stöber* ZVG § 171a Anm. 1).

2. Abforderung des Schiffsregisterauszugs

An das Amtsgericht

. . . . .

– Registergericht –

In der Zwangsvollstreckungssache[1]

. . . . .

– Gläubiger –

gegen

.....

– Schuldner –

steht dem Gläubiger, nachweisbar des beigefügten Vollstreckungstitels (in Kopie beigefügt), des ..... vom ....., Az. ....., gegen den Schuldner ein ..... Anspruch in Höhe von ..... EUR zu. Hieraus wird die Zwangsvollstreckung betrieben.

Hiermit wird gemäß § 8 SchRegO folgendes beantragt:[2, 3]

☐ Mitteilung, ob der Schuldner in dem Schiffsregister als Eigentümer eingetragen ist. Hier wird um Mitteilung der genauen Bezeichnung des Schiffes gebeten.
Mitteilung, ob der Schuldner nachfolgenden Schiffes Eigentümer ist:
☐ ______________________________ (Schiff)
sowie der genauen Bezeichnung desselben.
☐ Mitteilung, ob der Schuldner in der Vergangenheit Eigentümer war. Das rechtliche Interesse ergibt sich aus der Vermutung, dass der Schuldner angesichts drohender Insolvenz/Zwangsvollstreckungsmaßnahme das Objekt in einer anfechtbaren Art,und Weise an den jetzigen Eigentümer als Dritten übertragen hat.

Um Übersendung des Schiffsregisterauszuges/der Schiffsregisterauszüge wird gebeten.[4]

Die Kosten werden übernommen.

.....

[Unterschrift Gläubiger]

Anlage

– Kopie des Vollstreckungstitels des ..... vom .....

Anmerkungen

1. Allgemeines. Die Zwangsversteigerung eines im Schiffsregister eingetragenen Schiffs oder eines im Schiffsbauregister eingetragenen oder eintragungsfähigen Schiffsbauwerks erfolgt auf der Grundlage der allgemeinen Vorschriften zur Zwangsversteigerung von Grundstücken. Dies jedoch nur, soweit sich nicht aus den §§ 163 bis 170a ZVG Besonderheiten ergeben. Das sind bspw. Voraussetzungen über die Zuständigkeit oder speziell die Beteiligten (§ 163 ZVG). Es sind besondere Antragsvoraussetzungen (§ 164 ZVG), die Bewachung und Verwahrung (§§ 165, 170 ZVG) oder aber Besonderheiten n Bezug auf die Vollstreckung gegen den Schiffer (§ 166 ZVG). Für die Terminansetzung und -Bekanntmachung gelten die §§ 167, 168 ZVG, für jegliche Anmeldungen § 168b ZVG oder die Rechte in ausländischer Währung § 168c ZVG). Weiter von Bedeutung sind besondere Regelungen für Mieter und Pächter (§ 169 Abs. 1 ZVG) oder die unterlassene Barzahlung des Meistgebots (§ 169 Abs. 2 ZVG), für die Wert- und Bietersicherheit (§ 169a ZVG), die Schiffsbauwerke (§ 170a ZVG) sowie für ausländische Schiffe (§ 171 ZVG).

2. Schiffsregister. Sowohl das Seeschiffs-, wie auch das Binnenschiffsregister und das Schiffsbauregister werden bei den Amtsgerichten geführt (vgl. § 1 SchRegO). Beide Register sind getrennt zu führen (vgl. § 3 SchRegO). Örtlich zuständig ist das Amtsgericht des Heimathafens oder Heimatortes des Schiffes (vgl. §§ 2, 4 SchRegO). Fehlt es an einer solchen Zuständigkeit, steht dem Eigentümer die Wahl des Schiffsregisters frei (vgl. *Mohrbutter/Drischler/Radtke/Tiedemann* S. 959). Über die Eintragung wird ein Schiffsbrief (Binnenschiffe) bzw. ein Schiffszertifikat (Seeschiffe) (vgl. § 60 SchRegO) ausgestellt, die den Inhalt der Registereintragungen enthalten. Schiffsbauwerke und im Bau befindliche

Schwimmdocks können in das Schiffsbauregister eingetragen werden (vgl. § 65 ff. SchRegO). Dies ist gemäß § 66 SchRegO jedoch nur möglich, wenn zugleich eine Schiffshypothek bestellt ist oder ein Antrag auf Anordnung der Zwangsversteigerung gestellt wird (vgl. §§ 76,77, 78, 80, 81a SchRG). Eine grundsätzliche Eintragungspflicht besteht nicht. Die Verlegung ist nach Beschlagnahme möglich (§ 163 ZVG), es bleibt aber das gleiche originär angerufene Gericht zuständig.

3. Registereintrag. Zweck der Registereintragung ist es, über die Eintragungen zuverlässige und für alle Beteiligten zugängliche Informationen über die tatsächlichen und rechtlichen Verhältnisse an registerpflichtigen Schiffen, registrierfähigen Schiffsbauwerken und Schwimmdocks zu ermöglichen, dies insbesondere im Hinblick auf die Eigentumsverhältnisse und Belastungen. Die Register treten für das Zwangsversteigerungsverfahren an Stelle der Grundbücher (§ 163 Abs. 2 ZVG).

4. Vollstreckungsgegenstand. Gegenstand der Vollstreckung sind **die im Schiffsregister eingetragenen Schiffe** und die im Schiffsbauregister eingetragenen Schiffsbauwerke (§ 864 ZPO), ebenso die Miteigentumsbruchteile (§ 864 Abs. 2 ZPO). Schwimmdocks werden wie Schiffsbauwerke behandelt (*Stöber* § 162 Rn. 3; *Mohrbutter/Drischler* S. 958 f.). Es fehlt an einer gesetzlichen Definition des Begriffes Schiff bspw. in der Schiffsregisterordnung oder dem Schiffsrechtegesetz. Auf der Grundlage der richtungsweisenden Entscheidung des BGH aus dem Jahre 1951 haben sich die maßgeblichen Kriterien herausgebildet. Das Schiff ist dabei „jedes schwimmfähige mit Hohlraum versehene Fahrzeug, von nicht ganz unbedeutender Größe, dessen Zweckbestimmung es mit sich bringt, dass es sich auf dem Wasser bewegt" (BGH LM BinSchG § 4 Nr. 3; *Lindenmeier* NJW 1952, 1135; *Dobberahn* MittRhNotK 1998, 46). Schiffe sind beispielsweise Schwimmbagger, Leichter, Prähme, Schiffskrähne, nicht jedoch schwimmende Badeanstalten, schwimmende Gaststätten, Schiffsbrücken, Wohnboote, Flöße und Wasserflugzeuge und Wracks (vgl. *Stöber* ZVG § 162 Anm. 3; *Mohrbutter/Drischler* S. 958 f.). Schiffsbauwerke sind im Bau befindliche Schiffe, deren Kiel gelegt und die durch einen Namen bzw. Nummer an einer bis zum Stapellauf sichtbar bleibenden Stelle dauernd gekennzeichnet sind (§ 76 Abs. 2 S. 1 SchRG; *Stöber* ZVG § 162 Anm. 3; *Mohrbutter/Drischler* S. 958 f.). Schwimmdocks sind schwimmende Behältnisse, in denen Schiffe trocken gestellt werden. Diese sind den Schiffsbauwerken gleichgestellt mit den og Voraussetzungen (*Stöber* ZVG § 162 Anm. 3; *Mohrbutter/Drischler* S. 958 f.).

3. Antrag auf Anordnung der Zwangsversteigerung

An das Amtsgericht

. . . . .

– Vollstreckungsgericht –

Zwangsversteigerungsantrag

In der Zwangsvollstreckungssache

. . . . .

– Gläubiger –

vertreten durch: . . . . .

gegen

.....

– Schuldner –

beantragen wir die Anordnung der Zwangsversteigerung

des im Schiffsregister des Amtsgerichts ....., Blatt ....., auf den Namen ....., wohnhaft ..... (Schuldner/Erbe) eingetragenen Schiffes[1] wegen folgender dinglicher und/oder persönlicher Forderung aus der für den Gläubiger in Abt. III, Nr. ....., eingetragener Schiffshypothek in Höhe von ..... EUR nebst ..... % Zinsen (jährlich)

Kapitalforderung	..... EUR
..... Zinsen seit dem	..... EUR
Nebenleistungen	..... EUR

sowie die Kosten der Rechtsverfolgung.

Eine aktualisierte Forderungsaufstellung werden wir Ihnen rechtzeitig zum Versteigerungstermin zukommen lassen.

Ein Zeugnis des Amtsgerichts ..... über die Eintragung des ..... in das Schiffsregister wird in der Anlage überreicht.

Die vollstreckbare Ausfertigung der Urkunde des Notars ..... mit Amtssitz in ....., UR-Nr. ..... vom ..... jeweils mit Zustellungsnachweis ist ebenfalls beigefügt. Die Forderung ist gemäß Ziffer ..... der ..... fällig. Aus dem Schuldanerkenntnis geht hervor, dass sich der Schuldner uns gegenüber der sofortigen Zwangsvollstreckung in sein gesamtes Vermögen und somit auch in das als Pfandobjekt dienende Schiff ..... unterworfen hat.

Wir beanspruchen Befriedigung wegen der vorbezeichneten Forderung aus dem für diese Forderung verpfändeten Schiff „.....“ nebst Zubehör, Inventar und Mobiliar.

Das Schiff befindet sich an dem Liegeort .....[2]

Gemäß § 163 ZVG ist somit die Zuständigkeit des Amtsgerichts ..... gegeben.

Hinsichtlich der Kosten für die Durchführung des Verfahrens fordern Sie zu gegebener Zeit bitte einen entsprechenden Kostenvorschuß bei uns an.

Bekanntlich sind die Schiffspapiere und vorhandenen Schlüssel von der Beschlagnahme des Schiffes erfaßt. Für die Verwahrung und Bewachung des Schiffes ab Beschlagnahme ist ein Wachmann zu bestellen. Dieses ist durch den Gerichtsvollzieher abzuklären.

Für das Schiff „.....“ besteht bereits bei der .....-Versicherung eine Versicherung. Diese würden wir ab Beschlagnahme in eine Stillliegeversicherung umwandeln, die Kosten verauslagen und zum Versteigerungstermin ordnungsgemäß anmelden.[3]

Im Zusammenhang mit der Durchführung des Zwangsversteigerungsverfahrens ist auch eine Wertfestsetzung des Objektes erforderlich. Wir schlagen vor, den Sachverständigen ..... mit der Erstellung eines Wertgutachtens zu beauftragen.

Gleichzeitig beantragen wir, dem Mieter des Schiffes den Anordnungsbeschluss gemäß § 169 Abs. 1 ZVG zuzustellen.

Die vollstreckbare Ausfertigung der ..... erbitten wir schnellstmöglich nach Anordnung der Zwangsversteigerung zwecks Einleitung weiterer Vollstreckungsmaßnahmen zurück.

..... Unterschrift Gläubiger/Vertreter]

Anlage

vollstreckbare Ausfertigung .....

Zeugnis des Amtsgerichts über die Eintragung

Anmerkungen

1. Eintragung. Die ordnungsgemäße Eintragung in dem Register ist Voraussetzung dafür, dass die Anordnung der Zwangsversteigerung durch die Registergerichte überhaupt erfolgt. Denn die Anordnung der Zwangsversteigerung ergeht nur für solche Schiffe, Schiffsbauwerke und Schwimmdocks, die im Schiffsregister eingetragen sind. Entscheidend ist die tatsächliche Eintragung (vgl. § 162 ZVG). Nach der Löschung aus dem Register ist eine Zwangsversteigerung daher nicht mehr durchführbar. Allerdings besteht dann die Möglichkeit der Mobiliarvollstreckung (*Stöber* ZVG § 162 Anm. 3.4; *Mohrbutter/Drischler* S. 959). Ein befristeter Flaggenwechsel stellt keine Löschung dar und zieht eine solche auch nicht nach sich, so dass das von einem Ausländer vercharterte Schiff anstelle der Bundesflagge eine andere Nationalflagge führen kann. Da das Schiff ein deutsches Schiff bleibt, unterliegt es weiterhin der Zwangsversteigerung nach den Vorschriften des ZVG. Bei Ausflaggung geht die Eigenschaft als deutsches Schiff verloren, das Schiff wird im Schiffsregister gelöscht und kann nur noch unter den Voraussetzungen als ausländisches Schiff versteigert werden. Die Zwangsversteigerung kann ebenfalls nicht mehr angeordnet werden, sofern sich ein Schiff nicht im Hafen befindet, sondern auf Reise. Ein segelfertiges Schiff befindet sich noch nicht auf Reise und kann insoweit versteigert werden (vgl. *Stöber* ZVG § 162 Anm. 3.5; *Mohrbutter/Drischler* S. 963).

An die Stelle des Grundbuches tritt das Schiffs- und Schiffsbauregister (§§ 163 Abs. 2, 170a Abs. 2 ZVG). Sowohl das Seeschiffs-, wie auch das Binnenschiffsregister und das Schiffsbauregister werden bei den Amtsgerichten geführt (vgl. § 1 SchRegO). Die Register sind getrennt zu führen (vgl. § 3 SchRegO). **Örtlich zuständig ist das Amtsgericht des Heimathafens oder Heimatortes des Schiffes** (vgl. §§ 2, 4 SchRegO). Die Schiffsregistereinsicht bestimmt sich zunächst gemäß § 8 Abs. 1 SchRegO: das Schiffsregister ist öffentlich, die Einsicht ist jedem gestattet. Gemäß § 8 Abs. 2 SchRegO ist die Einsicht in die Registerakten jedoch nur gestattet, sofern ein berechtigtes Interesse glaubhaft gemacht wird. Dies gilt auch für die Einsicht in Urkunden, auf die im Schiffsregister zur Ergänzung einer Eintragung Bezug genommen wird, sowie die noch nicht erledigten Eintragungsanträge. **Die Schiffshypothek** ist in ihrer Ausgestaltung und Begriffsbestimmung an das Vorbild im BGB, der Grundstückshypothek, angelehnt. Im Schiffsrecht gibt es allerdings auch keine andere Belastungsmöglichkeit als die Sicherungshypothek, die immer eine Buchhypothek ist (*Dobberahn* MittRhNotK 1998, 46).

2. Grundsätze des Schiffsregisters. Nach § 15 SchRG wird widerlegbar vermutet, dass der Eigentümer des Schiffes ist, wer als solcher im Schiffsregister eingetragen ist. Zweck des Registers ist es, für alle Beteiligten eine zugängliche Möglichkeit der Auskunft über die tatsächlichen und rechtlichen Verhältnisse an registerpflichtigen Schiffen zu geben. Dies vor allem im Hinblick auf die Eigentumsverhältnisse und Belastungen (*Mohrbutter/Drischler* S. 961). **Aufbau des Seeschiffsregisters:** In Abteilung I des Schiffsregisters sind bei Seeschiffen sämtliche Daten bezüglich des Schiffes selbst einzutragen: Name des Schiffes, mit IMO Nummer, Unterscheidungssignal, Gattung und Hauptbaustoff, Jahr des Stapellaufs, Bauort und Schiffswerft, Heimathafen, Länge,

Breite, Tiefe, Umfang in der Außenfläche oder Seitenhöhe, Länge über alles, der Bruttoraumgehalt in Kubikmetern, Registertonnen und die Bruttoraumanzahl, entsprechend der Nettoraumgehalt, Meßbrief (international), Eichschein (national; wird auf der ersten Seite, erste Abteilung des Schiffsregisters eingetragen), Maschinenleistung, Tag der Eintragung des Schiffs, Löschung der Eintragung, Veränderungen, Flaggenrechtliche Eintragungen. In Abteilung II des Seeschiffsregisters sind alle Daten zum Eigentümer einzutragen: der Eigentümer, Korrespondentreeder, Schiffsparten, Erwerbsgrund, Grundlage der Eintragung, Eigentumsbeschränkungen, Veränderungen, § 11 SchRegO (dazu auch *Dobberahn* MittRhNotK 1998, 46). In die Abteilung III des Seeschiffsregisters sind Schiffshypotheken, Nießbrauch und Pfandsparten einzutragen: Betrag und Inhalt der Eintragung werden erfasst. **Aufbau des Binnenschiffsregisters:** In Abteilung I des Schiffsregisters sind bei Binnenschiffen sämtliche Daten bezüglich des Schiffes selbst einzutragen: Name, Nummer oder sonstige Merkzeichen des Schiffes, Gattung und Hauptbaustoff, Jahr des Stapellaufs, Bauort und Schiffswerft, Heimatort, Tragfähigkeit in l/Wasserverdrängung, Maschinenleistung, Eichschein, Tag der Eintragung des Schiffs, Löschung der Eintragung, Veränderungen. In Abteilung II des Binnenschiffsregisters sind alle Daten zum Eigentümer einzutragen: der Eigentümer, Anteile, Erwerbsgrund, Grundlage der Eintragung, Eigentumsbeschränkungen, Veränderungen. In die Abteilung III des Binnenschiffsregisters sind Schiffshypotheken und Nießbrauch einzutragen: Betrag und Inhalt der Eintragung, ebenso Veränderungen und Löschungen werden erfasst. Eine **Abgabe** bei Unzuständigkeit findet hier nicht statt, da die Schiffsregister nicht untereinander vernetzt sind. Eine Ausnahme besteht bei einer Heimatortverlegung. Diese ist möglich, es bleibt das gleiche Gericht zuständig (§ 163 ZVG); Grund ist die Registerwahrheit.

3. **Zum Haftungsumfang.** Die Befriedigung des Hypothekengläubigers aus dem Schiff erfolgt ausschließlich im Wege der Zwangsvollstreckung, §§ 47 bis 50 SchRG (Dritter Abschnitt zur Geltendmachung der Schiffshypothek).

Die einzige Vollstreckungsmaßnahme ist dabei die Zwangsversteigerung gemäß den Vorschriften des ZVG. Bei Schiffsbauwerken erstreckt sich die Beschlagnahme auf das Werk in seinem jeweiligen Zustand und auf die sich auf der Werft zum Einbau bestimmten und befindlichen Bauteile (vgl. *Stöber* ZVG § 162 Anm. 4). Als Haftungsgegenstände kommen gemäß §§ 20, 162 ZVG und §§ 55 Abs. 1, 162 ZVG alle Gegenstände in Betracht, auf die sich die Beschlagnahme erstreckt.

Die Zwangsversteigerung umfasst wie in einer „normalen" Versteigerung auch das Zubehör des Schiffes. Dazu zählen Pumpen, Lot, Kompass, Signalapparate, Taue, Trossen, Seekarten, Schiffspapiere, Schiffsapotheke, Kajüteninventar (nicht das zum persönlichen Gebrauch bestimmte), Fanggeräte, Reservemotoren, Radar und Funkanlagen (vgl. *Stöber* § 162 ZVG Rn. 4). Wie bei Grundstücken erstreckt sich die Versteigerung von Schiffen, Schiffsbauwerken und Schwimmdocks auch auf fremdes Zubehör, das sich im Besitz des Schuldners befindet (§§ 55 Abs. 2, 162 ZVG). Der Eigentümer muss hier die Aufforderung aus §§ 37 Nr. 5, 162 ZVG erwirken (vgl. *Mohrbutter/Drischler/Radkte/Tiedemann* S. 964). Auch ein serienmäßig hergestellter Motor eines im Schiffsregister eingetragenen Motorschiffes ist wesentlicher Bestandteil des Motorschiffes (BGH Urt. v. 9.1.1958. – II ZR 275/56). **Miet- und Pachtforderungen sind vom Beschlag nicht umfasst**, auf diese erstreckt sich die Schiffshypothek nicht (§§ 21 Abs. 2, 162 ZVG).

Hinsichtlich der Rangordnung der Rechte auf Befriedigung aus dem Schiff bzw. Schiffsbauwerk gilt grundsätzlich die Rangfolge gemäß §§ 10, 162 ZVG. Zu beachten ist weiter das Binnenschiffahrtsgesetz (vgl. § 102 BinnSchG). Verfahrenskosten, die gemäß § 165 ZVG entstehen, sind dem Versteigerungserlös vorweg zu entnehmen (§ 109 ZVG).

4. Anordnungsbeschluss

Geschäftsnummer: . . . . .

Beschluss

In dem Schiffszwangsversteigerungsverfahren[1, 9]

. . . . .

– Gläubiger –[2]

gegen

. . . . .

– Schuldner –

ist der Schuldner Eigentümer[3] des im Schiffsregister des AG . . . . ., unter Nr. . . . . ., eingetragenen Schiffes . . . . „das im hiesigen Hafen liegt, eingetragen.[4] Aufgrund der vollstreckbaren Urkunde des Notars . . . . . vom . . . . . (UR-Nr. . . . . .) steht dem Gläubiger gegen den Schuldner ein dinglicher/persönlicher Anspruch (aus dem Recht Abt. III, Nr. . . . . ., zu), und zwar:

. . . . . EUR . . . . . Forderung nebst . . . . . vH Jahreszinsen hierauf seit dem . . . . ., zzgl. . . . . . EUR Kosten aufgrund der vollstreckbaren Ausfertigung der og Urkunde.

Auf Antrag des Gläubigers wird die Zwangsversteigerung des vorgenannten Schiffes angeordnet.[8]

Dieser Beschluss gilt zugunsten des Gläubigers als Beschlagnahme des Schiffes.[7]

Weiterhin wird gem. § 165 ZVG die Bewachung und Verwahrung des Schiffes angeordnet.[5]

Der Gläubigerin wird aufgegeben, einen Kostenvorschuss von . . . . . EUR zur Gerichtsakte zu Händen der Kosteneinziehungsstelle der Justiz für Verfahrenskosten und- Auslagen zu leisten.

Der zuständige Gerichtsvollzieher wird beauftragt und ermächtigt:[6]

1. Das Schiff „an die Kette zu legen“
2. Die Beschlagnahme kenntlich zu machen
3. Eine Inventarliste aufzunehmen
4. die Schiffspapiere und das Schiff betreffende Versicherungsunterlagen sowie die Schlüssel wegzunehmen
5. Das Schiff zur Bewachung und Verwahrung einer nach seinem Ermessen geeigneten Person zu übergeben.

. . . . .

Gegen diesen Beschluss ist die sofortige Beschwerde[10] möglich, sofern sich die Beschwerde gegen die Maßnahmen gemäß § 165 Abs. 1 ZVG richtet. Diese ist innerhalb von 2 Wochen bei dem zuständigen Amtsgericht oder dem Landgericht einzulegen. Die Rechtsbehelfsschrift sollte die Bezeichnung des angefochtenen Beschlusses sowie die Erklärung enthalten, dass sofortige Beschwerde eingelegt wird. Die sofortige Beschwerde ist zu begründen.

Gegen diesen Beschluss ist die Erinnerung[10] (§ 766 Abs. 1 ZPO) zulässig. Diese ist bei dem Amtsgericht . . . . . schriftlich in deutscher Sprache oder zur Niederschrift der Geschäftsstelle einzulegen. Die Rechtsbehelfsschrift sollte die Bezeichnung des angefoch-

tenen Beschlusses sowie die Erklärung enthalten, dass Erinnerung eingelegt wird. Sie sollte begründet werden.

.....

Rechtspfleger

Anmerkungen

1. Für die Anordnung der Zwangsversteigerung eines Schiffes gelten die allgemeinen Voraussetzungen. So sind auch bei der Versteigerung von Schiffen ein Titel und eine Klausel notwendig und der Zwangsversteigerungsantrag ist zuzustellen, bevor das Verfahren eingeleitet werden kann (*Mohrbutter/Drischler/Radtke/Tiedemann* S. 973). Zuständig ist das für das betreffende Schiff zuständige Registergericht (*Stöber* ZVG § 162 Anm. 10, § 168b Anm. 1, 2).

2. Die Träger der Sozial- und Arbeitslosenversicherungen sind, anders als sonst, Beteiligte. Dies selbst dann, wenn sie eine Forderung nicht angemeldet haben (§ 163 Abs. 2 und Abs. 3 ZVG als Sondervorschrift zu § 9 ZVG). Beteiligte sind ferner gemäß der Schiffer (§ 166 Abs. 2 ZVG) sowie alle Schiffsgläubiger (§ 162 ZVG). Alle Beteiligten, die nicht im Schiffsregister eingetragen sind, müssen ihre Rechte beim Registergericht anmelden (§ 168b ZVG): Grundsätzlich erfolgt die Anmeldung erfolgt wie bei Grundstücken, allerdings eröffnet § 168b ZVG zusätzlich eine vorsorgliche Möglichkeit, sodass sich die Schiffsgläubiger vor überraschenden Versteigerungen – zB während einer Auslandsreise – schützen und ihre Rechte sichern können. Wenn ein Schiffsgläubiger sein Recht innerhalb der letzten sechs Monate vor Bekanntmachung der Terminbestimmung bei dem Registergericht angemeldet hat, gilt die Anmeldung als beim Versteigerungsgericht bewirkt. Diese Gläubiger werden dann als Beteiligte bekannt und müssen auch eine Terminbestimmung zugeteilt bekommen.

3. Anders als sonst, gemäß § 17 Abs. 1 ZVG, kann die Zwangsversteigerung nur gegenüber dem als Eigentümer eingetragenen Schuldner angeordnet werden, gilt das für eingetragene Schiffe dann nicht, wenn sich aus den Vorschriften des HGB oder des BinnSchG etwas anderes ergibt (§ 164 Hs. 1 ZVG). Die Beschlagnahme kann gleichzeitig gegenüber dem Schiffer und dem Eigentümer erfolgen, wenn der vollstreckbare Titel gegen den Schiffer auch gegenüber dem Eigentümer wirksam ist (§ 166 Abs. 1 ZVG). Unter dem Schiffer versteht man den Führer des Schiffes bzw. den Kapitän. Beteiligter ist der Schiffer nur, solange er das Schiff führt. Eine Terminbestimmung wird ihm zugestellt, einem neuen Schiffer gegenüber erst, sobald er angemeldet und glaubhaft gemacht hat (§ 166 Abs. 2 ZVG).

4. Für die Glaubhaftmachung gelten die gleichen Regeln wie bei der Versteigerung von Grundstücken. Dem Antrag ist ein Zeugnis der Registerbehörde beizufügen, sofern sich der Antrag gegen den eingetragenen Eigentümer richtet (§ 17 Abs. 2 ZVG), hier genügt Glaubhaftmachung nicht (vgl. hierzu insgesamt *Stöber* ZVG § 162 Anm. 10, § 164 Anm. 1, 2, 3). Für Eigentumswechsel nach der Beschlagnahme gelten §§ 23, 26 ZVG.

5. Bei Anordnung der Zwangsversteigerung hat das Gericht zugleich die Bewachung und Verwahrung des Schiffes anzuordnen (treuhänderische Nutzung; § 165 Abs. 1 ZVG). Die Beschlagnahme wird mit Vollziehung dieser Anordnung wirksam. Gemäß § 165 Abs. 2 ZVG kann das Gericht zugleich mit der einstweiligen Einstellung des Verfahrens im Einverständnis mit den betreibenden Gläubigern anordnen, dass die Bewachung und Verwahrung einem Treuhänder übertragen wird, den das Gericht auswählt. Soweit Einvernehmen mit dem betreibenden Gläubiger besteht, ist dies die „Alternative" zur

Zwangsverwaltung, die es in dem zweiten Abschnitt nicht gibt. Das Verfahren ist dann einstweilen einzustellen (§ 165 Abs. 2 ZVG). Erforderlich ist das, nicht nur aus der Sicht des Gesetzgebers, da ein Schiff zwar wie unbewegliches Vermögen behandelt wird, es sich dem gerichtlichen Verfahren jedoch relativ leicht entziehen kann. Die Bewachung und Verwahrung geschieht deshalb von Amts wegen (in Abweichung zu § 25 ZVG) und ist Bestandteil des Anordnungsbeschlusses. Sofern mehrere betreibende Gläubiger zum Zeitpunkt der Entscheidung vorhanden sind, kann Treuhandschaft nur angeordnet werden, wenn gegenüber allen Gläubigern eingestellt ist bzw. wird. Die Treuhandschaft selbst kann das Gericht nur mit Einverständnis des Gläubigers anordnen, bei mehreren Gläubigern ist hier ein Einverständnis aller erforderlich. Dieses kann nicht widerrufen werden. An die Zustimmung der Gläubiger bzw. des Gläubigers ist das Gericht nicht gebunden (vgl. *Stöber* ZVG § 165 Anm. 4). Die Entscheidung des Gerichts erfolgt nach pflichtgemäßem Ermessen. Das Ermessen erfasst auch die Auswahl des Treuhänders, (*Stöber* ZVG § 165 Anm. 4.5). Der Treuhänder erhält wie der Zwangs- und Insolvenzverwalter eine Bestallungsurkunde. Er untersteht der Aufsicht des Gerichts und ist an dessen Weisungen gebunden und haftet für seine Tätigkeit nach den allgemeinen Vorschriften (§§ 154, 165 Abs. 2 ZVG). Mit Einverständnis der betreibenden Gläubiger kann vom Gericht der Treuhänder auch ermächtigt werden, das Schiff auf Rechnung im Namen des Schuldners zu nutzen, die gesondert anzuordnen ist. Dabei wird die Art der Nutzung vom Treuhänder selbst gewählt, er ist jedoch an Weisungen des Gerichts gebunden. Die gerichtliche Entscheidung ist endgültig, sobald sie rechtskräftig ist. Es gibt keinen Widerspruch nach § 115 ZVG, auch keine Widerspruchsklage (*Stöber* ZVG § 165 Anm. 4.7). Aufgrund der Bedeutung dieser Anordnung muss das Gericht die Beteiligten vorher zwingend anhören; die Entscheidung wird sodann verkündet und zugestellt (§ 329 ZPO).

6. Bewachung und Verwahrung werden vom Gerichtsvollzieher oder der Polizei oder Hafenbehörde durchgeführt. Der Gerichtsvollzieher kann hierzu durch das Gericht beauftragt werden, das Schiff an die Kette zu legen, die Beschlagnahme kenntlich zu machen, Inventar aufzunehmen, Schiffspapiere wegzunehmen und das Schiff zur Bewachung und Verwahrung der Hafenbehörde oder einer anderen Person zu übergeben. Die Vergütung des Gerichtsvollziehers richtet sich hier nach dessen Bestellung, entweder nach § 17c ZVG bzw., sofern er in amtlicher Eigenschaft tätig wird, nach GVKG. Der Schuldner kann weiterhin auf dem Schiff wohnen und auch selbst als Hüter des Schiffes bestellt werden (*Stöber* ZVG § 165 Anm. 1 und 2).

7. Die Beschlagnahmewirkung tritt wie sonst auch durch Zustellung des Anordnungs- oder Beitrittsbeschlusses bzw. durch Zugang des Eintragungsersuchens an das Registergericht ein (vgl. §§ 22, 162 Abs. 1, 163 Abs. 2 ZVG), zusätzlich aber auch mit der Anordnung über die Bewachung und Verwahrung und deren Vollzug (vgl. § 165 Abs. 1 S. 2 ZVG). Hinsichtlich der Rangfolge gilt § 155 ZVG nur in Grundzügen, da sich Abweichungen wegen der Besonderheit der Versteigerung von Schiffen zwingend ergeben.

8. In der Terminansetzung und der Terminbekanntmachung soll die Bezeichnung des Schiffes nach dem Schiffsregister erfolgen (§ 167 Abs. 1 ZVG), die in § 37 Abs. 4 ZVG bestimmte Aufforderung muss ausdrücklich auch auf die Rechte der Schiffsgläubiger hinweisen (vgl. § 167 Abs. 2 ZVG). Die §§ 37, 38 ZVG gelten hier laut der oben aufgeführten Gegenüberstellung geändert, bzw. eingeschränkt durch §§ 167, 168, 168c, 170a Abs. 2, 171 Abs. 2 ZVG, ohne Fristverkürzung nach § 36 Abs. 2 ZVG. **Gemäß § 168 ZVG ist die Terminbestimmung auch durch ein Schifffahrtsfachblatt bekannt zu geben.** Jeder Versteigerungstermin muss demnach im Amtsblatt bekannt gemacht werden (§§ 39 Abs. 1, 162 Abs. 1 ZVG, *Stöber* ZVG § 168 Anm. 1). Hierzu gab es an dem 24.4.2008 eine Gesetzesänderung für § 168 Abs. 1 ZVG. Danach werden die Landesregierungen ermächtigt, eigene nähere landesrechtliche Bestimmungen zu erlassen. Die

Länder können nunmehr die Ermächtigung auf die Landesjustizverwaltungen übertragen (§ 168 Abs. 1 S. 2 ZVG). Befindet sich der Heimathafen oder der Heimatstandort des Schiffes in dem Bezirk eines anderen Gerichts, so soll die Terminbestimmung zusätzlich durch das für die Bekanntmachungen dieses Gerichts bestimmte Blatt oder elektronische Informations- und Kommunikationssystem bekanntgemacht werden. Als Bekanntmachungsfrist ist an Stelle § 43 Abs. 1 ZVG eine Frist von 2 Wochen, an Stelle von § 43 Abs. 2 ZVG eine Frist von einer Woche vorgeschrieben. (vgl. § 170a Abs. 2 S. 4 ZVG).

9. Sofern das Schiff einem Mieter oder Pächter überlassen wurde, gelten die Vorschriften des § 578a BGB entsprechend (§ 169 ZVG). Soweit hiernach für die Wirkung von Verfügungen und Rechtsgeschäften über die Miete oder Pacht der Übergang des Eigentums in Betracht kommt, ist an dessen Stelle die Beschlagnahme des Schiffes maßgebend. Ist der Beschluss, durch den die Zwangsversteigerung angeordnet wird, auf Antrag des Gläubigers dem Mieter oder Pächter zugestellt, so gilt mit der Zustellung die Beschlagnahme als dem Mieter oder Pächter bekannt.

Unterlassenes Bargebot: Statt der für Grundstücke bestimmten Vorschriften des § 128 ZVG gilt gemäß § 169 Abs. 2 ZVG, dass soweit das Bargebot bis zum Verteilungstermin nicht berichtigt wird, für die Forderung gegen den Ersteher eine Schiffshypothek an dem Schiff in das Schiffregister einzutragen ist (vgl. § 169 Abs. 2 ZVG). Bei der Wert- und Bietersicherheit im Rahmen der Zwangsversteigerung eines Seeschiffes sind die Vorschriften der §§ 74a, 74b und 85a ZVG nicht anzuwenden (§ 169a ZVG), auch § 38 S. 1 ZVG findet hinsichtlich der Angabe des Verkehrswerts keine Anwendung. § 68 ZVG findet mit der Maßgabe Anwendung, dass Sicherheit für 1/10 des Bargebots zu leisten ist. Für Binnenschiffe gilt das gleiche. Dies hat zur Folge, dass die **Wertvorschriften der §§ 74a, 74b, 85a ZVG nicht anwendbar sind, eine Zuschlagsversagung wegen Nichterreichung der 5/10 bzw. 7/10 Grenze gibt es nicht. Damit ist auch ein** Wert nicht entsprechend festzusetzen. In der Praxis erfolgt dies gleichwohl, (*Mohrbutter* KTS 1969, 77; *Stöber* ZVG § 169a Rn. 2). Für Binnenschiffe gelten hinsichtlich der Wertfestsetzung Sondervorschriften.

10. Rechtsmittel sind die sofortige Beschwerde und die Erinnerung. Die §§ 47 Abs. 1 SchRegG, 162 ZVG verweisen auf die allgemeinen Vorschriften des ZVG. Die Kosten richten sich nach den allgemeinen Vorschriften.

5. Zwangsversteigerung von Luftfahrzeugen, §§ 171a–171n ZVG

Auf die Zwangsversteigerung eines in der Luftfahrzeugrolle eingetragenen Luftfahrzeugs finden die Vorschriften des ersten Abschnittes des Gesetzes (§ 1 bis 145 ZVG) entsprechende Anwendung (vgl. § 171a S. 1 ZVG), soweit sich nicht aus den Sonderbestimmungen der §§ 171b bis 171g ZVG etwas anderes ergibt. Dies gilt auch gemäß § 171a S. 2 ZVG für die Zwangsversteigerung eines im Register für Pfandrechte an Luftfahrzeugen eingetragenen Luftfahrzeuges, dessen Eintragung in der Luftfahrzeugrolle gelöscht wurde (vgl. § 79 LuftfzRG). Für die Versteigerung ausländischer Luftfahrzeuge gelten die §§ 171h – 171n ZVG.

Luftfahrzeuge gemäß § 1 LuftVG sind Flugzeuge, Hubschrauber (Drehflügler), Luftschiffe, Frei- und Fesselballons, Drachen, Flugmodelle und sonstige für die Benutzung des Luftraumes bestimmte Geräte (vgl. *Mohrbutter/Drischler/Radtke/Tiedemann* S. 959). Luftfahrzeuge werden gemäß § 3 Abs. 1 LuftVG in die Luftfahrzeugrolle eingetragen, Voraussetzung hierfür ist, dass sie ausschließlich im Eigentum deutscher Staatsangehöriger stehen. Juristische Personen und Gesellschaften des Handelsrechts mit Sitz im Inland werden deutschen Staatsangehörigen gleichgestellt, wenn das überwiegende Vermögen deutschen Staatsangehörigen zusteht und diese tatsächlich Kontrolle darüber ausüben, die Mehrheit der Vertretungsberechtigten bilden.

Die Luftfahrzeugrolle ist ein öffentliches Register, jedoch nicht vergleichbar mit dem Grundbuch bzw. Schiffsregister, da diese **keinen öffentlichen Glauben** begründen (vgl. *Mohrbutter/Drischler/Radtke/Tiedemann* S. 1013). **Zuständig** für die Zwangsversteigerung eines Luftfahrzeugs ist gemäß § 171b Abs. 1 ZVG das Amtsgericht, in dessen Bezirk das Luftfahrt-Bundesamt seinen Sitz hat. Dieses ist in Braunschweig, hier wird beim Amtsgericht auch gemäß § 78 LuftfzRG das Register für Pfandrechte an Luftfahrzeugen geführt. Luftfahrzeugrolle und Register für Pfandrechte an Luftfahrzeugen bestehen unabhängig nebeneinander; Anträge an das Registergericht sind von solchen an das Vollstreckungsgericht zu trennen. Im Register für Pfandrechte an Luftfahrzeugen wird in der **1. Abteilung die Luftfahrzeugrolle** geführt, hier wird das Luftfahrzeug eingetragen, die Staatsangehörigkeit- und Eintragungszeichen werden vermerkt. Es werden Angaben über die Art des Luftfahrzeugs, das Muster und Werk-Nr. der Zelle vermerkt. Danach folgt die Eigentümereintragung, Veränderung diesbezüglich, Grundlagen der Eigentümereintragung und Eigentumsbeschränkungen. In der **2. Abteilung der Luftfahrzeugrolle** werden Registerpfandrechte nach Betrag und Inhaber der Rechte eingetragen (§§ 24, 25 LuftfzRG).

Ein Luftfahrzeug, das in der Fahrzeugrolle eingetragen ist, wird aufgrund ordnungsgemäßer Anmeldung in das **Register für Pfandrechte an Luftfahrzeugen** eingetragen. Berechtigt hierzu ist der in der Luftfahrzeugrolle eingetragene Eigentümer und der Inhaber eines gegen jeden gerichteten vollstreckbaren Titels, einschließlich der Inhaber der in der Bestimmung des § 75 LuftfzRG näher bezeichneten Anspruchs, sofern ein Schutzvermerk gemäß § 77 LuftfzRG eingetragen wurde. Der anmeldende Eigentümer hat sein Eigentum glaubhaft zu machen (§ 80 Abs. 2 S. 2 LuftfzRG). Anders als beim Grundbuch genießt **das Register zwar öffentlichen Glauben**, jedoch gilt sein Inhalt nur dann als richtig, sofern kein Widerspruch eingetragen ist. Die Vermutung bezieht sich nur auf das Entstehen, die Belastung, Übertragung und Erlöschen von Registerpfandrechten; nicht jedoch auf den Erwerb und Untergang (vgl. § 16 Abs. 1 LuftfzRG). Die Eigentumsübertragung am Luftfahrzeug regelt gemäß § 98 Abs. 1 S. 1 LuftfzRG iVm § 929 ff. BGB.

Mit Anordnung der Zwangsversteigerung eines Luftfahrzeugs hat das Vollstreckungsgericht ebenfalls, wie bei den Schiffen, zugleich die Bewachung und Verwahrung dessen anzuordnen (§ 171c Abs. 2 S. 1 ZVG). Hierzu ist der für den Standort des Luftfahrzeugs zuständige Gerichtsvollzieher zu ersuchen. Der Anordnungsbeschluss ist zuzustellen. Die Zustellung ist mit dem Hinweis auf § 30a, b ZVG zu verbinden. Dieser geht auch zur Unterrichtung weiter an das Luftfahrtbundesamt. Das Register ist um die Eintragung des Zwangsversteigerungsvermerks im Register für Pfandrechte an Luftfahrzeuge zu ersuchen (§§ 19, 171a S. 1 ZVG). Die zuständige Prüfstelle wird ersucht, einen Sachverständigen für eine etwa erforderlich werdende Schätzung des Verkehrswertes des Luftfahrzeuges gemäß § 74a ZVG zu benennen. Es ist ferner festzustellen, ob das Luftfahrzeug versichert ist und die Aufrechterhaltung der Versicherung gewährleistet ist. Für die Bestimmung des Zwangsversteigerungstermins, dem Inhalt der Terminbestimmung, deren Bekanntmachung, die Versteigerungs- und Zustellungsfristen gelten die Vorschriften des 1. Abschnitts des ZVG (§§ 36, 37, 39, 40, 43 ZVG, soweit sich aus § 171d ZVG nicht etwas anderes ergibt). Das ausschließlich zuständige Vollstreckungsgericht Braunschweig kann den Versteigerungstermin an der Gerichtsstelle oder einem anderen Ort im Gerichtsbezirk abhalten (§ 36 Abs. 3 ZVG). Regelmäßig finden diese Termine jedoch in einem geeigneten Rahmen des Flughafens statt, auf dem sich das Flugzeug befindet. An Stelle des § 94 ZVG tritt bei der Zwangsversteigerung von Luftfahrzeugen gemäß § 171g ZVG die Bewachung und Verwahrung des versteigerten Luftfahrzeugs. Die Vorschriften für das geringste Gebot sind anzuwenden (§§ 44 ff. ZVG). Dies gilt auch für die Zwangsversteigerung von ausländischen Luftfahrzeugen. Ebenso sind die Vorschriften zum Mindestgebot §§ 74a, b, 85a,

114a ZVG anwendbar. Besonderheiten ergeben sich für die Rangordnung bei ausländischen Luftfahrzeugen (§ 171i ZVG).

Gegen die Anordnung der Bewachung und Verwahrung des Luftfahrzeugs sowie auch gegen die Auswahl des Treuhänders (§ 171c ZVG), ebenso das Unterlassen der Anordnung, ist gemäß § 766 ZPO die **Vollstreckungserinnerung** gegeben. Wird die im Gesetz ausdrücklich vorgeschriebene Bewachung und Verwahrung des Luftfahrzeugs abgelehnt, ist ebenfalls die Erinnerung (§ 766 ZPO) gegeben.

6. Übersicht: Anwendbare Vorschriften des 1. und 2. Abschnittes des ZVG

§ 162 ZVG regelt für die Vollstreckungsversteigerung vom Schiffen und Schiffsbauwerken, dass grundsätzlich die Vorschriften des ersten Abschnitts entsprechend anzuwenden sind, soweit sich nicht aus den §§ 163 bis 170a ZVG etwas anderes ergibt. Die folgende Gegenüberstellung soll daher in übersichtlicher Weise klarstellen, welche Vorschriften des ersten Abschnittes anwendbar bzw. nicht anwendbar oder nur beschränkt anwendbar sind.

Vorschriften des 1. Abschnittes: §§ 1 bis 161 ZVG	Vorschriften des 2. Abschnittes 1. Titel: §§ 162 bis 171 ZVG
§§ 1, 2 ZVG zuständiges Gericht	ersetzt §§ 163, 170a, 171 Abs. 2 ZVG zuständiges Vollstreckungsgericht: Amtsgericht, in dessen Bezirk sich das Schiff befindet
§§ 3 bis 8 ZVG Zustellungen	ohne weiteres anwendbar
§ 9 ZVG Beteiligte	ergänzt durch §§ 163 Abs. 3, 166 Abs. 2, 168b ZVG
§§ 10 bis 13 ZVG Rangordnung und wiederkehrende Leistungen	beschränkt anwendbar wegen Sondervorschriften §§ 754 bis 764 HGB für Seeschiffe; §§ 102, 107 bis 109 BinSchG für Binnenschiffe
§§ 14 bis 16 ZVG Ansprüche wegen unbestimmtem Betrag, Antrag, Inhalt des Antrages	ohne weiteres anwendbar
§ 17 ZVG Eintragung des Schuldners, Glaubhaftmachung der Erbfolge	eingeschränkt durch § 164 ZVG; vgl. Ausnahmeregelungen durch HGB, BinSchG § 163 Abs. 2 ZVG Schiffsregister statt Grundbuch § 170a ZVG Schiffsbauregister statt Grundbuch § 171 Abs. 2 ZVG für ausländische Schiffe
§ 18 ZVG Versteigerung mehrerer Grundstücke	ohne weiteres anwendbar

§ 19 ZVG Eintragung der Anordnung in Grundbuch	ergänzt durch § 168b, § 170a Abs. 2 ZVG; gilt nicht für ausländische Schiffe
§§ 20, 21 Abs. 2 ZVG Beschlagnahme und Umfang der Beschlagnahme	ohne weiteres anwendbar
§ 22 ZVG Wirksamwerden der Beschlagnahme	ergänzt durch §§ 165 Abs. 1, 170a Abs. 2, 171 Abs. 5 ZVG
§ 23 ZVG Wirkung der Beschlagnahme	ohne weiteres anwendbar
§§ 24, 25 ZVG Verwaltung und Benutzung durch den Schuldner, Sicherung der ordnungsgemäßen Bewirtschaftung	ersetzt durch §§ 165, 170a Abs. 2, 171 Abs. 5 ZVG
§§ 26 bis 35 ZVG Veräußerung nach Beschlagnahme, Beitritt zum Versteigerungsverfahren, Entgegennahme grundbuchmäßige Rechte etc, Aufhebung und einstweilige Einstellung des Verfahrens	ohne weiteres anwendbar
§§ 36 bis 40 ZVG Terminbestimmung, Bekanntmachung	Geändert, eingeschränkt durch §§ 167, 168, 168c, 170a Abs. 2, 171 Abs. 2, ZVG, ohne Fristverkürzung § 36 Abs. 2 ZVG
§§ 41, 42 ZVG Zustellung und Akteneinsicht	ohne weiteres anwendbar
§ 43 Terminsaufhebung	wie §§ 36–40 ZVG mit entsprechenden Änderungen und Einschränkungen
§§ 44 bis 52 ZVG Versteigerungsbedingungen	Beschränkung durch § 171 Abs. 4 ZVG, ergänzt durch 168c ZVG
§§ 53 bis 57 Schuldübernahme bis Mieter	ohne weiteres anwendbar
§ 57a bis d ZVG Kündigungsrecht des Erstehers, Vorausverfügungen	singemäß anwendbar nach § 169 ZVG, mit Abweichungen § 580a BGB
§ 57b ZVG Vorausverfügungen	ersetzt durch § 580a BGB, § 169 Abs. 1 ZVG
§§ 58 bis 65 ZVG Kosten des Zuschlagbeschlusses bis besondere Versteigerungen, anderweitige Verwertung	ohne weiteres anwendbar
§ 66 ZVG Verfahren im Termin	ergänzt durch § 168c ZVG und § 15 Abs. 2 Binnenschifffahrtsvollstreckungsschutzgesetz
§§ 67 bis 74 ZVG Verlangen der Sicherheitsleistung, Höhe der Sicherheit, Art der Sicherheitsleistung, sofortige Entscheidung, sofortige Leistung, Zurückweisung eines unwirksamen Gebots, Erlöschen des Gebots etc	ohne weiteres anwendbar

§ 74a bis b ZVG Antrag auf Versagung des Zuschlags, Meistgebot	ohne weiteres anwendbar für Schiffsbauwerke, nicht anwendbar für Seeschiffe, § 169a ZVG; nicht für ausländische Seeschiffe, §§ 171 Abs. 5, 169a ZVG; für Binnenschiffe gelten Sondervorschriften, § 13 Binnenschifffahrtsvollstreckungsschutzgesetz
§§ 75 bis 93 ZVG Einstellung und Entscheidung über den Zuschlag	ohne weiteres anwendbar
§ 94 ZVG gerichtliche Verwaltung	ersetzt durch §§ 170, 170a Abs. 2, 171 Abs. 5 ZVG
§ 95 bis 114 ZVG Beschwerde und Verteilung des Erlöses	ohne weiteres anwendbar
§ 114a ZVG kein Anspruch des Erstehers unter 7/10-Grenze	ohne weiteres anwendbar für Schiffsbauwerke; entsprechend anwendbar für Seeschiffe, § 169a ZVG, nicht für ausländische Seeschiffe, §§ 171 Abs. 5, 169a ZVG; für Binnenschiffe gelten Sondervorschriften, § 13 Binnenschifffahrtsvollstreckungsschutzgesetz
§§ 115 bis 117 ZVG Widerspruch gegen Teilungsplan, Aussetzung der Ausführung bei Zahlung des Bargebots	ohne weiteres anwendbar
§ 118 ZVG Ausführung bei Nichtzahlung des Versteigerungserlöses	ohne weiteres anwendbar
§§ 119 bis 127 ZVG Aufstellung Teilungsplan etc	ohne § 125 ZVG ohne weiteres anwendbar
§§ 128 bis 129 ZVG Eintragung der Sicherungshypothek, spätere Rangverschiebung der Sicherungshypothek	ersetzt durch §§ 169 Abs. 2, 170a Abs. 2, 171 Abs. 4, 168c ZVG
§§ 130 bis 145 ZVG Eintragungen in das Grundbuch etc	anwendbar ohne §§ 130a, 131, 136 ZVG
§§ 146 bis 161 ZVG Zwangsverwaltung	nicht anwendbar, da keine Zwangsverwaltung möglich ist
§§ 172 bis 185 ZVG	anwendbare Vorschriften mit Ausnahme von § 185 ZVG

XIII. Einstweilige Verfügung und Grundbuch

1. Antrag auf Erlass einer Einstweiligen Verfügung zur Sicherung des Anspruches auf Eintragung einer Bauhandwerkersicherungshypothek

An das

.....[1]

Antrag auf Erlass einer einstweiligen Verfügung

der .....

– Antragstellerin –

Verfahrensbevollmächtigte: .....

gegen

die .....

– Antragsgegnerin –

wegen: Eintragung einer Vormerkung zur Sicherung des Anspruchs der Antragstellerin auf Eintragung einer Bauhandwerkersicherungshypothek

vorläufige Streitwertangabe: ..... EUR[2]

Namens und in Vollmacht der Antragstellerin beantrage ich, im Wege der einstweiligen Verfügung – wegen der Dringlichkeit der Angelegenheit ohne vorherige mündliche Verhandlung – wie folgt zu erkennen:

Wegen der nachfolgend aufgeführten Ansprüche der Antragstellerin gegen die Antragsgegnerin wird zugunsten der Antragstellerin auf folgenden Grundstücken der Antragsgegnerin eine Vormerkung zur Sicherung des Anspruchs auf Eintragung einer Sicherungshypothek gem. § 648 BGB als Gesamthypothek eingetragen:

1. Amtsgericht ....., Grundbuch von ....., Blatt ....., Gemarkung ....., Flur ....., Flurstück .....;
2. Amtsgericht ....., Grundbuch von ....., Blatt ....., Gemarkung ....., Flur ....., Flurstück .....;
3. Amtsgericht ....., Grundbuch von ....., Blatt ....., Gemarkung ....., Flur ....., Flurstück .....[3]

Ansprüche, wegen derer die Eintragung der Vormerkung zur Sicherung des Anspruchs auf Eintragung einer Sicherungshypothek beantragt wird:[4]

Vergütung für erbrachte Leistungen gemäß Schlussrechnung vom	..... EUR
Vergütung für infolge vorzeitiger Vertragsbeendigung nicht erbrachter Leistungen gemäß Schlussrechnung vom	..... EUR
Entschädigungsanspruch gem. § 642 BGB gemäß Schlussrechnung vom	..... EUR

Verzugsschadensersatzansprüche aus verspäteter Begleichung von Abschlagsrechnungen gemäß Forderungsaufstellung vom ..... (Anlage Forderungsaufstellung)	..... EUR
Verzugszins in Höhe von ..... Prozentpunkten über dem Basiszinssatz nach § 247 BGB aus ..... EUR (Betrag der Schlussrechnung vom .....) seit dem	
Pauschale für die Eintragung der Vormerkung und der Sicherungshypothek	..... EUR
Pauschale für die Kosten des Verfahrens	..... EUR

Begründung:

I. Sachverhalt

1. Die Antragstellerin erbringt Planungs- und sonstige Architektenleistungen. Hinsichtlich des Bauvorhabens „Errichtung von 6 Reihenhäusern .....“ ist sie von der Auftraggeberin, der ....., am ..... schriftlich mit der Erbringung sämtlicher erforderlicher Planungsleistungen von der Vorplanung bis zur Ausführungsplanung beauftragt worden.[5]

Glaubhaftmachung: in Kopie als Anlage K 1 beigefügter Architektenvertrag

Eigentümerin der verfahrensgegenständlichen Grundstücke ist die Antragsgegnerin, die rechtlich nicht mit der Auftraggeberin identisch ist. Von dem ehemaligen Geschäftsführer der Antragsgegnerin, ..., hat der Geschäftsführer der Antragstellerin inzwischen aber erfahren, dass die ..... als Auftraggeberin wirtschaftlich von der Antragsgegnerin vollständig beherrscht wurde und dass sämtliche wirtschaftlichen Vorteile aus dem Bauvorhaben – bzw. aus dem Abschluss der Erwerberverträge – nicht der Auftraggeberin, sondern der Antragsgegnerin zukamen; die ..... ist von der Antragsgegnerin ausschließlich mit dem Zweck „pro forma“ zwischengeschaltet worden, die Durchsetzung von Ansprüchen gegen die Antragsgegnerin aus § 648 BGB zu vereiteln. Im Einzelnen ergibt sich aus folgenden Umständen, die der Geschäftsführer der Antragstellerin von Herrn ..... erfahren hat:[6] ..... [Ergänzende Ausführungen zum Sachverhalt]

Glaubhaftmachung:

1. Eidesstattliche Versicherung des Geschäftsführers der Antragstellerin (nachfolgend als Anlage K 6 vorgelegt)
2. Vernehmung des Herrn ..... als präsenten Zeugen (soweit erforderlich)

2. Das Bauvorhaben ist in der Weise realisiert worden, dass das Gesamtgrundstück real geteilt und die hieraus entstandenen Einzelgrundstücke im Wege des Bauträgervertrages an Erwerber veräußert wurden. Vier der ursprünglich sechs Einzelgrundstücke hat die Antragsgegnerin inzwischen an Erwerber veräußert. Hinsichtlich von drei Grundstücken ist zwischenzeitlich auch das Eigentum auf die Erwerber übergegangen. Hinsichtlich des im Verfügungsantrag mit Nr. 1 bezeichneten Grundstücks ist der Eigentumsübergang bisher noch nicht erfolgt; es ist lediglich eine Auflassungsvormerkung zugunsten des Erwerbers eingetragen worden. Hinsichtlich der im Verfügungsantrag zu Nr. 2 und 3 genannten Grundstücke ist der Antragstellerin von einem Verkauf nichts bekannt; Auflassungsvormerkungen sind für diese Grundstücke jedenfalls noch nicht eingetragen.[7]

Glaubhaftmachung: beglaubigte Grundbuchauszüge; Kopien als Anlagen K 2 bis K 4 anbei

3. Mit Schreiben vom . . . . . hat die Auftraggeberin den Vertrag mit der Antragstellerin ohne Angaben von Gründen gekündigt.

Glaubhaftmachung: in Kopie als Anlage K 5 beigefügtes Kündigungsschreiben vom . . . . .

Zum Zeitpunkt der Kündigung hatte die Antragstellerin die erforderlichen Planungsleistungen der Leistungsphasen 2 bis 4 vollständig und die Leistungen der Leistungsphase 5 zu . . . . . % erbracht.[8]

Glaubhaftmachung: als Anlage K 6 beigefügte eidesstattliche Versicherung des Geschäftsführers der Antragstellerin

Der Bewertung der aus der Leistungsphase 5 erbrachten Leistungen mit . . . . . % liegen folgende Erwägungen zugrunde:[9]. . . . . [Ergänzende Ausführungen zum Sachverhalt]

Glaubhaftmachung:
1. Eidesstattliche Versicherung des Geschäftsführers der Antragstellerin (Anlage K 6);
2. Privatgutachten des öffentlich bestellten und vereidigten Sachverständigen für Architektenhonorarfragen . . . . . (Anlage K 7)

Das Bauvorhaben ist zwischenzeitlich bis zur Vollendung des Rohbaus fortgeschritten.[10]

Glaubhaftmachung: Eidesstattliche Versicherung des Geschäftsführers der Antragstellerin (Anlage K 6)

4. Nach Vertragskündigung hat die Antragstellerin mit Schreiben vom . . . . . die Abnahme der bis zur Kündigung erbrachten Leistungen verlangt. Diesem Verlangen ist die Auftraggeberin nicht nachgekommen. Mit Schreiben vom . . . . . hat sie allerdings zu erkennen gegeben, dass sie auf eine Abnahme der Leistungen der Antragstellerin verzichten möchte und dass sie statt dessen davon ausgeht, dass die Vertragsparteien sich in einem reinen „Abrechnungsverhältnis“ befinden.[11]

Glaubhaftmachung: in Kopie als Anlage K 8 beigefügtes Schreiben der Auftraggeberin

5. Mit dem vorgenannten Schreiben hat die Auftraggeberin außerdem erstmalig vermeintliche Planungsfehler der Antragstellerin und daraus resultierende Schadensersatzansprüche reklamiert.

Glaubhaftmachung: wie vor

Vorsorglich und unter Verweis auf die insoweit bei der Antragsgegnerin liegende Darlegungs- und Glaubhaftmachungslast[12] ist auszuführen, dass die Mängelrügen der Auftraggeberin unbegründet sind, da die festgestellten Baumängel auf Ausführungs- und allenfalls auf Überwachungsfehler, aber nicht auf Planungsfehler zurückzuführen sind, die der Antragstellerin zuzurechnen wären. Der erforderliche Kostenaufwand zur Beseitigung vorhandener Mängel beläuft sich außerdem auf maximal . . . . . EUR.

Glaubhaftmachung: bereits als Anlage K 7 vorgelegtes Sachverständigengutachten

6. Mit Datum vom . . . . . hat die Antragstellerin ihre Schlussrechnung, der Auftraggeberin per Einschreiben/Rückschein übersandt und bei ihr zugegangen am . . . . ., über insgesamt . . . . . EUR erstellt.

Glaubhaftmachung: Vorlage der Schlussrechnung einschließlich des Rückscheins als Anlage K 9

Bis heute, dh deutlich länger als 2 Monate nach Zugang der Schlussrechnung, hat die Auftraggeberin hierauf nicht reagiert und insbesondere auch keine Einwendungen gegen die Prüfbarkeit der Rechnung erhoben.[13]

7. Im Einzelnen setzt sich die Schlussrechnungsforderung aus folgenden Positionen zusammen:[14]

a) Vergütung für erbrachte Grundleistungen: . . . . . EUR

Der Anspruch ist dem Grunde und der Höhe nach wie folgt näher zu erläutern: . . . . . [Ergänzende Ausführungen zum Sachverhalt]

Glaubhaftmachung: Sachverständigengutachten (Anlage K 7)

b) Zusätzlicher Vergütungsanspruch für Um- und Mehrfachplanung: . . . . . EUR

Der Anspruch ist dem Grunde und der Höhe nach wie folgt näher zu erläutern: . . . . . [Ergänzende Ausführungen zum Sachverhalt]

Glaubhaftmachung: wie vor

c) Vergütung für besondere Leistungen: . . . . . EUR

Der Anspruch ist dem Grunde und der Höhe nach wie folgt näher zu erläutern: . . . . . [Ergänzende Ausführungen zum Sachverhalt]

Glaubhaftmachung: wie vor

d) Entschädigungsanspruch nach § 642 BGB (mehrmonatige Planungsunterbrechung infolge Annahmeverzuges der Antragsgegnerin): . . . . . EUR

Der Anspruch ist dem Grunde und der Höhe nach wie folgt näher zu erläutern: . . . . . [Ergänzende Ausführungen zum Sachverhalt]

Glaubhaftmachung: wie vor

e) Vergütungsanspruch für nicht erbrachte Leistungen gem. § 649 BGB (Vergütung abzüglich ersparter Aufwendungen etc): . . . . . EUR

Der Anspruch ist dem Grunde und der Höhe nach wie folgt näher zu erläutern: . . . . . [Ergänzende Ausführungen zum Sachverhalt]

Glaubhaftmachung: wie vor

f) Bereits entstandene Verzugsschadensersatzansprüche[15] wegen verspäteter Begleichung von Abschlagsrechnungen gem. Forderungsaufstellung vom . . . . . (Anlage zum Verfügungsantrag): . . . . . EUR

Der Anspruch ist dem Grunde und der Höhe nach wie folgt näher zu erläutern: . . . . . [Ergänzende Ausführungen zum Sachverhalt]

Glaubhaftmachung: Abschlagsrechnung vom . . . . ., vom . . . . . und vom . . . . ., Anlagen K 10 bis 12; Mahnungen vom . . . . . und vom . . . . ., Anlagen K 13 und 14.

8. Mit Schreiben vom . . . . . hat die Antragstellerin zunächst eine Sicherheit nach § 648a BGB oder eine sonstige geeignete Sicherheit verlangt.[16]

Glaubhaftmachung: Schreiben der Antragstellerin vom . . . . ., als Anlage K 15 anbei

Dem hat die Antragsgegnerin nicht entsprochen. Vielmehr hat sie mit Schreiben vom . . . . . zu erkennen gegeben, dass sie jeglichen Anspruch der Antragstellerin kategorisch ablehnt.

Glaubhaftmachung: Schreiben der Antragsgegnerin vom . . . . ., als Anlage K 16 anbei.

II. Rechtliche Würdigung

1. Die Antragstellerin ist Unternehmerin eines Bauwerkes iSv § 648 BGB. Auch Architekten sind jedenfalls dann Unternehmer eines Bauwerkes in diesem Sinne, wenn mit der Realisierung des Bauvorhabens begonnen wurde (Ausschachtungsarbeiten). Das ist hier der Fall.[17]

2. Die Antragsgegnerin ist Eigentümerin der Grundstücke, auf die sich der Antrag bezieht. Die Tatsache, dass hinsichtlich des im Antrag mit der Nr. 1 bezeichneten Grundstücks eine Auflassungsvormerkung im Grundbuch eingetragen ist, steht nicht entgegen.[18] Da es sich um ein einheitliches Bauvorhaben handelt, hat keine Aufteilung des Gesamtbetrages auf die verschiedenen Grundstücke zu erfolgen; vielmehr ist auf sämtlichen Grundstücken eine Gesamthypothek einzutragen.[19]

3. Der Umstand, dass Auftraggeberin und Antragsgegnerin (Eigentümerin) nicht identisch sind, steht im vorliegenden Fall der Eintragung der Sicherungshypothek ebenfalls nicht entgegen. Grundsätzlich kommt es zwar auf die formale Identität von Auftraggeber und Eigentümer an. Ausnahmen von diesem Grundsatz können aber nach § 242 BGB geboten sein. So ist es auch im vorliegenden Fall. Die Auftraggeberin wurde, wie weiter oben dargelegt und glaubhaft gemacht, vollständig von der Antragsgegnerin beherrscht. Des Weiteren ist weiter oben bereits glaubhaft gemacht worden, dass sämtliche wirtschaftlichen Vorteile aus dem Bauvorhaben – bzw. aus dem Abschluss der Verträge mit den Erwerbern – ausschließlich der Antragsgegnerin zugute kamen und dass die Auftraggeberin ausschließlich deshalb – gewissermaßen im Sinne eines „Strohmannes“ – zwischengeschaltet worden war, um die Durchsetzung der Ansprüche der Antragstellerin aus § 648 BGB zu vereiteln. Angesichts dieser Umstände verstößt die Antragsgegnerin gegen Treu und Glauben, wenn sie gegen die Eintragung der Bauhandwerkersicherungshypothek – bzw. gegen die Eintragung der entsprechenden Vormerkung – einwendet, dass sie nicht Auftraggeberin des verfahrensgegenständlichen Architektenvertrages sei.[20]

4. Sicherungsfähig sind die Ansprüche der Antragstellerin für die von ihr bis zur Vertragsbeendigung erbrachten Leistungen, und zwar einschließlich der zusätzlichen Honoraransprüche für mehrfach erbrachte Planungsleistungen und für besondere Leistungen. Zur Begründung dieser Ansprüche verweise ich auf die Ausführungen weiter oben. Der vereinbarte Sicherheitseinbehalt ist nicht abzuziehen. Sicherungsfähig sind darüber hinaus auch sämtliche sonstigen „Forderungen aus dem Vertrag“, die der Antragstellerin zustehen. Dies ergibt sich unmittelbar aus dem Wortlaut des § 648 Abs. 1 S. 1 BGB. § 648 Abs. 1 S. 2 BGB steht dem nicht entgegen. Zu sichern sind im vorliegenden Fall somit auch der Anspruch aus § 649 BGB für die infolge der vorzeitigen Vertragsbeendigung nicht mehr erbrachten Leistungen, der Entschädigungsanspruch nach § 642 BGB, die entstandenen Verzugsschadensersatzansprüche sowie der Anspruch auf Erstattung der Kosten der Eintragung im Vormerkungsverfahren und der Kosten der einstweiligen Verfügung.[21] Auch insoweit verweise ich wegen der Darlegung der Berechtigung der Ansprüche dem Grunde und der Höhe nach auf die Ausführungen weiter oben.

5. Die Abnahme der von der Antragstellerin bis zur Vertragskündigung erbrachten Planungsleistungen war im vorliegenden Fall nicht erforderlich, weil die Auftraggeberin hierauf verzichtet und stattdessen deutlich gemacht hat, dass sie das Vertragsverhältnis der Parteien als ein reines Abrechnungsverhältnis ansehen wolle. Das bedeutet, dass auch die Darlegungs- und Glaubhaftmachungslast hinsichtlich der Mangelhaftigkeit bzw. Mangelfreiheit der Leistungen der Antragstellerin auch ohne Abnahme übergegangen ist.[22] Vorsorglich hat die Antragstellerin dennoch die Mängelfreiheit durch Vorlage des Gutachtens eines öffentlich bestellten und vereidigten Sachverständigen glaubhaft gemacht. Selbst wenn entgegen der hier vertretenen Auffassung der Antragstellerin wegen der von der Auftraggeberin

gerügten Baumängel Planungsfehler vorzuhalten sein sollten, würde sich hierdurch lediglich der Umfang der sicherungsfähigen Ansprüche reduzieren, und zwar um einen Betrag, der der einfachen Höhe der Mängel- bzw. Schadensbeseitigungskosten entspricht. Wie weiter oben vorgetragen und glaubhaft gemacht, ist dieser Betrag vorliegend allenfalls mit ..... EUR anzusetzen.[23]

6. Eine Sicherheit nach § 648a BGB hat die Antragstellerin nicht erlangt, so dass § 648a Abs. 4 BGB dem Erlass der einstweiligen Verfügung nicht entgegensteht.[24]

7. Die Geltung des § 648 BGB ist zwischen den Vertragsparteien im vorliegenden Fall nicht abbedungen worden, so dass offen bleiben kann, inwieweit eine solche Abbedingung hier überhaupt zulässig wäre.[25]

8. Die Zuständigkeit des angerufenen Gerichtes ergibt sich aus § 937 ZPO (Hauptsachegericht).[26]

9. Die Dringlichkeit der Angelegenheit, die es als geboten erscheinen lässt, ohne mündliche Verhandlung zu entscheiden, ist in der Weise zu begründen, dass zu befürchten ist, dass die Antragsgegnerin versuchen würde, das Grundstück bis zur mündlichen Verhandlung anderweitig zu belasten, um dem Antrag der Antragstellerin die Grundlage zu entziehen.[27]..... [Gegebenenfalls näher erläutern].

10. Vorsorglich für den Fall, dass die Antragsgegnerin den Anspruch der Antragstellerin auf Eintragung der Bauhandwerkersicherungshypothek sofort anerkennen sollte, um die Kostenfolge des § 93 ZPO auszulösen, weise ich darauf hin, dass die Kosten des einstweiligen Verfügungsverfahrens auch in diesem Fall der Antragsgegnerin aufzuerlegen wären. Diese hat durch ihr Verhalten vor Einreichung des vorliegenden Antrags deutlich zu erkennen gegeben, dass sie weder bereit war oder ist, die Vergütungsansprüche der Antragstellerin noch den Sicherungsanspruch anzuerkennen. Eine vorherige „Anmahnung" des Anspruchs auf Einräumung der Sicherheit hätte lediglich die Gefahr heraufbeschworen, dass die Antragstellerin hätte versucht sein können, dem gerichtlichen Antrag durch vorherige vorrangige Belastungen des Grundstücks zuvorzukommen.[28]

11. Den Antrag nach § 941 ZPO[29] stellt die Antragstellerin bewusst nicht. Ich bitte aber höflich um *umgehende* telefonische Benachrichtigung, sobald die einstweilige Verfügung erlassen ist. Des Weiteren bitte ich, die einstweilige Verfügung sodann zur Abholung durch uns auf der Geschäftsstelle bereitzulegen.

Beglaubigte und einfache Abschrift anbei.

.....

Rechtsanwalt

Anmerkungen

1. **Zuständig** ist nach § 937 ZPO das Gericht der Hauptsache. Insoweit bestimmt sich die Zuständigkeit nach den §§ 12 ff. ZPO, wobei nach herrschender Meinung auch die Zuständigkeit des „dinglichen Gerichtsstandes" nach § 26 ZPO begründet ist. Des Weiteren kann der Erlass der einstweiligen Verfügung gem. § 942 Abs. 2 ZPO auch bei dem Amtsgericht beantragt werden, in dessen Bezirk das Grundstück belegen ist.

2. Der **Streitwert** des einstweiligen Verfügungsverfahrens richtet sich nicht nach § 6 ZPO, sondern nach § 3 ZPO. Im Rahmen der insoweit vorzunehmenden Schätzung wird in der Regel ein Bruchteil (zwischen einem Viertel und einem Drittel) des Wertes der

Hauptsache festgesetzt. Dem Formular liegt die Sachverhaltsannahme zugrunde, dass Antragstellerin eine Architekten – GmbH ist.

3. Zur **Bezeichnung der Grundstücke** vgl. einerseits → Form. J. II. 1 Anm. 6, andererseits weiter unten → Anm. 19.

4. **Sicherungsfähige Ansprüche.** Wegen der Ansprüche, für die Eintragung der Sicherungshypothek beantragt werden kann und der genauen Darlegung und Differenzierung dieser Ansprüche siehe einerseits → Form. J. II. 1 Anm. 7, andererseits weiter unten → Anm. 21.

5. **Unternehmer.** Zu dem Begriff des „Unternehmers eines Bauwerks" und insbesondere der Frage, inwieweit auch Architekten und Fachplaner „Unternehmer eines Bauwerks" sein können → Anm. 17.

6. Siehe hierzu ausführlich weiter unten → Anm. 19 und → Anm. 20.

7. → Anm. 18.

8. **Beweislast.** Die Darlegungs- und Glaubhaftmachungslast hinsichtlich des Umfangs der erbrachten und abzusichernden Leistungen liegt bei der Antragstellerin.

9. **Nachweis.** Die prozentuale Bewertung des Umfangs der erbrachten Leistungen – insbesondere hinsichtlich nicht abgeschlossener Leistungsphasen – darf grundsätzlich nicht weniger detailliert und substantiiert sein als bei einer entsprechenden Leistungsklage. Die bloße Behauptung eines Prozentsatzes reicht insoweit nicht aus, und zwar auch dann nicht, wenn sie zum Inhalt einer eidesstattlichen Versicherung gemacht wird. Die Einholung eines Privatgutachtens (wie im vorliegenden Formularbeispiel zugrunde gelegt) ist nicht zwingend, jedenfalls bei überdurchschnittlich komplizierten Abrechnungsfällen häufig aber empfehlenswert. Auch ein etwaiges Privatgutachten darf sich dann aber nicht in Behauptungen erschöpfen, sondern muss nachvollziehbare, plausible Erläuterungen solcher Behauptungen enthalten.

10. Zur rechtlichen Bedeutung dieses Tatsachenvortrages → Anm. 17.

11. **Abnahme.** Grundsätzlich ist inzwischen geklärt, dass auch nach Vertragskündigung durch den Auftraggeber eine Abnahme der vom Auftragnehmer bis zur Kündigung erbrachten Leistungen zu erfolgen hat. Bringt der Auftraggeber jedoch zum Ausdruck, dass er auf eine Abnahme verzichtet und auch keine Nachbesserungsarbeiten vom Auftragnehmer mehr erwartet, vielmehr das Vertragsverhältnis nach Kündigung als ein reines „Abrechnungsverhältnis" ansehen möchte, stellt es ein treuwidriges und daher unzulässiges Verhalten dar, wenn er sich anschließend zu seinen Gunsten darauf berufen möchte, dass eine Abnahme nicht stattgefunden habe. In diesem Fall treten die Abnahmewirkungen (insbesondere Umkehr der Darlegungs- und Beweislast sowie Beginn der Gewährleistungsfrist für Mängelansprüche) vielmehr schon mit der Kündigung ein.

12. Dies folgt aus der **Umkehr der Darlegungs- und Beweis- bzw. Glaubhaftmachungslast;** vgl. die vorstehende Anmerkung.

13. **Fälligkeit.** Rügt der Auftraggeber nicht innerhalb einer Prüffrist von zwei Monaten in konkreter und nachvollziehbarer Weise die Prüfbarkeit einer Architekten-Honorarschlussrechnung, tritt Fälligkeit – und gegebenenfalls auch Verzug – der Rechnungsforderung unabhängig davon ein, ob die Rechnung tatsächlich und „objektiv" prüfbar war oder nicht (BGH Urt. v. 27.11.2003 – VII ZR 288/02, BauR 2004, 316). Diese Rechtsprechung des BGH ändert aber nichts daran, dass im Prozess der Vergütungsanspruch im Einzelnen substantiiert dargelegt werden muss.

14. Zu den **sicherungsfähigen Ansprüchen** im Einzelnen → Anm. 21. Es ist noch einmal zu betonen, dass auch im einstweiligen Verfügungsverfahren der zu sichernde Werklohnanspruch substantiiert dargelegt und nachvollziehbar begründet werden muss. Das Verfahren unterscheidet sich von dem Hauptsacheverfahren (Klage auf Eintragung der Bauhandwerkersicherungshypothek) und der Zahlungsklage insoweit, als im einstweiligen Verfügungsverfahren die Glaubhaftmachung genügt. Hinsichtlich der Anforderungen an einen substantiierten Sachvortrag unterscheiden sich die Verfahren jedoch nicht. Gerade in komplizierteren Abrechnungsfragen nach Vertragskündigung, bei erforderlicher Leistungsabgrenzung innerhalb von Leistungsphasen, beanspruchter Vergütung für nicht erbrachte Leistungen (§ 649 BGB), in Fällen streitiger Vergütung für besondere Leistungen, Um- und Mehrfachplanungen sowie der Geltendmachung von Entschädigungsansprüchen nach § 642 BGB bietet sich die Einholung eines Privat-Sachverständigengutachten (nach Möglichkeit durch einen öffentlich bestellten und vereidigten Sachverständigen) als Mittel der Glaubhaftmachung in besonderer Weise an.

15. **Verzugsschadensersatzansprüche** aus in der Vergangenheit abgeschlossenen Vorgängen, die folglich vollständig zu beziffern sind, sollten in dieser Weise als eigenständige Position, für die die Sicherung nach § 648 BGB verlangt wird, geltend gemacht werden → Anm. 21.

16. **Anerkenntnis.** → Anm. 28.

17. **Unternehmer eines Bauwerkes** ist jeder Unternehmer, der Werkleistungen an einem Bauwerk erbringt. Nicht durch § 648 BGB geschützt ist danach zB der Auftragnehmer eines Werklieferungsvertrages iSv § 651 BGB, der bewegliche Gegenstände herstellt und liefert, die dann von anderen in das Gebäude eingebaut und damit zu einem wesentlichen Bestandteil des Grundstücks gemacht werden. Umstritten ist, ob **Gerüstbauarbeiten** einen Anspruch auf Absicherung nach § 648 BGB begründen können (dagegen zuletzt LG Baden-Baden Beschl. v. 21.2.2011 – 2 O 246/10 BeckRS 2011, 19499). Architekten, Fachplaner und Generalunternehmer können Unternehmer eines Bauwerks sein, die Rechtsprechung hält allerdings bis heute daran fest, dass dies nur dann der Fall ist, sofern die Werkleistungen der genannten Baubeteiligten zu einer Wertsteigerung des Grundstücks geführt haben. Dafür soll erforderlich sein, dass jedenfalls mit den Ausschachtungsarbeiten begonnen wurde (vgl. aus der neueren Rechtsprechung beispielhaft OLG Hamburg Beschl. v. 18.3.2009 – 14 W 24/09, NZBau 2010, 182; OLG Koblenz Beschl. v. 2.3.2005 – 6 W 124/05, BauR 2005, 909). Zweifelsfrei ist das nicht. Denn Bemessungsgrundlage für den Sicherungsanspruch nach § 648 BGB sind die vertraglichen Ansprüche des Auftragnehmers, nicht die konkrete Wertsteigerung, die das Grundstück durch die Leistungen des Auftragnehmers erfahren hat (OLG Düsseldorf Urt. v. 30.11.2006 – I-22 U 83/06, BauR 2007, 1601). Der Umstand, dass mit den Ausschachtungsarbeiten begonnen wurde, führt noch nicht automatisch zu einer Wertsteigerung des Grundstücks. Umgekehrt kann bereits das Vorhandensein einer auf das Grundstück bezogenen Planung zu einer Wertsteigerung unabhängig vom Beginn der Ausschachtungsarbeiten führen (kritisch auch *Krause/Allenstein* IBR 2009, 654). Ausnahmsweise können auch Ansprüche eines Bauträgers gegen einen Erwerber nach § 648 BGB gesichert werden, allerdings nur soweit Leistungen nach Eigentumsumschreibung auf den Erwerber durchgeführt wurden (KG Beschl. v. 12.10.2007 – 7 W 60/07, BR RS 2008, 2785).

18. Jedenfalls rechtlich steht der Umstand, dass **vorrangige Auflassungsvormerkungen** zugunsten Dritter eingetragen sind, dem Antrag auf Eintragung der Vormerkung zur Sicherung des Anspruchs auf Eintragung der Bauhandwerkersicherungshypothek nicht entgegen. Nur wirtschaftlich ist selbstverständlich zu fragen, ob die Antragstellung unter diesen Umständen sinnvoll ist. Denn wird der vorrangig gesicherte Eigentumsverschaffungsanspruch des Dritten erfüllt, führt dies zum Wegfall der Sicherung für den Werkunternehmer. Kommt jedoch in Betracht, dass – aus welchen Gründen auch immer – der Eigentumsverschaffungsanspruch des Dritten nicht erfüllt wird, zB deshalb, weil der zugrunde liegende Grundstückskaufvertrag rückabgewickelt wird, ist es auch unter wirtschaftlichen Gesichtspunkten sinnvoll, wenn der Werkunternehmer an seinem Antrag festhält.

19. Anders als bei der Zwangshypothek nach § 867 ZPO findet **keine Verteilung der zu sichernden Forderung** auf die mehreren Grundstücke statt. Vielmehr ist eine Gesamthypothek gem. § 1132 Abs. 1 BGB einzutragen (BGH Urt. v. 16.12.1999 – VII ZR 299/96, BauR 2000, 1083). Dies gilt auch dann, wenn mehrere Grundstücke erst nachträglich entstanden sind, nämlich dadurch, dass das Grundstück nach Vertragsschluss geteilt wurde (OLG Frankfurt Beschl. v. 10.5.1995 – 20 W 79/95, BauR 1995, 737). Maßgebliches Kriterium ist nach einer neueren Entscheidung des LG Köln ausschließlich die Einheitlichkeit des Bauvertrages (BauR 2009, 1940). Es kommt danach nicht darauf an, ob es sich um Leistungen handelt, die konkret bestimmten Grundstücken „zugeordnet" werden können, oder um Leistungen, bei denen eine derartige konkrete Zuordnung nicht möglich ist.

20. Grundsätzlich kommt es streng formal auf die **(rechtliche) Identität von Auftraggeber und Eigentümer (Antragsgegner)** an, und zwar auf die Verhältnisse zum Zeitpunkt der letzten mündlichen Verhandlung, nicht des Vertragsschlusses (*Kniffka/Koeble* Teil 13 Rn. 20 gegen OLG Koblenz Urt. v. 24.9.1992 – 5 U 1304/92, BauR 1993, 750). Ausnahmen nach § 242 BGB sind auf seltene Fälle beschränkt. Hierzu gehören neben dem Fall, dass der Auftraggeber bewusst einen „Strohmann" als Eigentümer zwischengeschaltet hat, Fälle, in denen der Eigentümer vom Auftraggeber des Bauwerkvertrages wirtschaftlich und rechtlich beherrscht wird und auch die wirtschaftlichen Vorteile des Geschäfts nicht dem Auftraggeber, sondern dem Eigentümer zugute kommen (vgl. aus der Rechtsprechung zB OLG Düsseldorf Urt. v. 12.9.2006 – I-21 U 49/06, NJW-RR 2007, 1663; OLG Hamm Urt. v. 30.11.2006 – 21 U 80/06, NZBau 2008, 118; den Ausnahmecharakter dieser Rechtsprechung betonend OLG Hamm Beschl. v. 7.3.2006 – 21 W 7/06, BauR 2007, 721; zum vorgeschobenen Ehepartner OLG Dresden Beschl. v. 6.11.2007 – 10 W 1212/07, BauR 2008, 722). Teilweise wird angenommen, dass es auf die rechtliche Identität von Auftraggeber und Eigentümer schon dann nicht ankomme, wenn die Geschäftsführer von Auftraggeber und Eigentümer identisch sind (OLG Düsseldorf Urt. v. 12.9.2006 – I-21 U 49/06, NJW-RR 2007, 1663). Dies dürfte aber eher zweifelhaft sein. Der Antrag auf Eintragung einer Vormerkung im Wege einer einstweiligen Verfügung auf Eintragung einer Bauhandwerkersicherungshypothek kann auch begründet sein, wenn Auftraggeber eine BGB-Gesellschaft ist, als Grundstückseigentümer jedoch nicht die GbR, sondern deren Gesellschafter eingetragen sind (OLG Frankfurt Urt. v. 4.1.2008 – 8 U 138/07, NJW-RR 2008, 1117; LG Hannover Urt. v. 15.2.2008 – 16 O 329/07, BauR 2008, 1038). Die Anwendung von § 648 BGB gegen juristische Personen des öffentlichen Rechts ist umstritten (dafür: LG Ravensburg Urt. v. 29.7.2004 – 6 O 130/04, BauR 2004, 1793; aA und für Anwendung von § 648a Abs. 6 S. 1 Nr. 1 BGB analog: OLG Koblenz Beschl. v. 14.4.2010 – 12 W 178/10, NZBau 2011, 34; OLG Zweibrücken Beschl. v. 25.9.2007 – 8 W 44/07, BauR 2008, 406).

21. Unproblematisch zu den nach § 648 BGB sicherungsfähigen Ansprüchen gehören die **Werklohnansprüche für erbrachte Bauleistungen** einschließlich der in der Vergütung nicht inbegriffenen Auslagen (§ 648 Abs. 1 S. 2 BGB). Dies gilt dann selbstverständlich auch nach vorzeitiger Vertragsbeendigung (OLG Brandenburg Urt. v. 24.4.2002 – 13 U 245/01, BauR 2003, 578). Der Werklohnanspruch braucht nicht fällig zu sein. Mangelnde Prüfbarkeit kann daher nicht entgegengehalten werden. Hiervon unberührt bleiben aber die Anforderungen an schlüssigen Sachvortrag im Prozess. Ist die Rechnung tatsächlich objektiv nicht prüfbar, kann sie auch schwerlich Grundlage eines substantiierten, schlüssigen Klagevorbringens sein. Die Forderung muss dann, wenn dies nicht bereits in der

Rechnung geschehen ist, jedenfalls im Rahmen der Begründung des Antrags auf Eintragung der Vormerkung in prüfbarer Weise dargelegt werden. Darüber, welche sonstigen Ansprüche gesichert sind, herrscht hinsichtlich einer Reihe von Details noch erhebliche Unklarheit. Entschieden hat der BGH (Urt. v. 5.12.1968 – VII ZR 127/66 und VII ZR 128/66, BGHZ 51, 190) allerdings, dass auch Schadensersatzansprüche im Zusammenhang mit einer unberechtigten auftraggeberseitigen Kündigung nach § 648 BGB gesichert werden können. Dies gilt auch für Schadensersatzansprüche aus Verzug (BGH Urt. v. 17.5.1974 – V ZR 187/72, NJW 1974, 1761). Ferner sind Kosten der Eintragung im Vormerkungsverfahren sicherungsfähig (OLG Hamm Urt. v. 21.4.1989 – 26 U 194/88, BauR 1990, 365). Streitig ist insbesondere die Geltung des § 648 BGB für Ansprüche aus § 6 Nr. 6 VOB/B und aus § 649 BGB (hinsichtlich der Vergütung für nicht erbrachte Leistungen). Insoweit wird gegen die Sicherbarkeit nach § 648 BGB argumentiert, dass den Ansprüchen keine Leistungen zugrunde lägen, die zu einer Wertsteigerung des Grundstücks führten. Das überzeugt aber nicht. Für den Umfang des Sicherungsanspruches aus § 648 BGB kommt es auf den konkreten Nachweis einer Wertsteigerung nicht an (vgl. OLG Düsseldorf BauR 2007, 1601 für den Fall des gekündigten Vertrages). Vielmehr genügt es, dass der Unternehmer überhaupt Leistungen erbracht hat, die geeignet sind, zu einer Wertsteigerung des Grundstücks zu führen. Gesichert sind dann nach § 648 (sämtliche) „Forderungen aus dem Vertrag".

22. **Abnahme.** Da es für den Anspruch nach § 648 BGB nicht auf die Fälligkeit der zu sichernden Ansprüche ankommt, hängt das Bestehen des Anspruches auch **nicht davon ab, dass die Abnahme durchgeführt wurde.** Im Zusammenhang mit der Bauhandwerkersicherungshypothek ist die Frage, ob die Abnahme durchgeführt wurde, aber vor allem dann von Bedeutung, wenn der Auftraggeber die Mangelhaftigkeit der erbrachten Werkleistung geltend macht. Ist die Abnahme im einstweiligen Verfügungsverfahren streitig, trifft die Darlegungs- und Glaubhaftmachungslast insoweit den Auftragnehmer (Antragsteller). Gelingt es ihm danach, die Abnahme glaubhaft zu machen, sind Mängel vom Auftraggeber (Antragsgegner) vorzutragen und glaubhaft zu machen, anderenfalls vom Antragsteller. Geeignete Mittel der Glaubhaftmachung können ua auch insoweit Parteigutachten (nach Möglichkeit öffentlich bestellter und vereidigter Sachverständiger) sein.

23. Sind **Mängel** unstreitig oder ist nach den Grundsätzen der Glaubhaftmachungslast davon auszugehen, dass zwischen den Parteien streitige Mängel vorhanden sind, führt dies dazu, dass sich der zu sichernde Anspruch der Höhe nach um die (einfache) Höhe der voraussichtlichen Mängelbeseitigungskosten (ohne Druckzuschlag) vermindert (BGH Urt. v. 10.3.1977 – VII ZR 77/76, BGHZ 68, 180; OLG Brandenburg Urt. v. 24.4.2002 – 13 U 245/01, BauR 2003, 578 (580)). Gänzlich überzeugend ist auch dies jedenfalls hinsichtlich der dogmatischen Herleitung nicht, da es für die Sicherungsfähigkeit von Ansprüchen ansonsten weder auf die Fälligkeit noch auf die konkrete Wertsteigerung ankommt.

24. **Sicherheit.** Dies ist gesetzlich ausdrücklich geregelt (§ 648a Abs. 4 BGB).

25. Anders als § 648a BGB ist der Anspruch nach § 648 BGB nicht als gesetzlich zwingender Anspruch ausgestaltet worden, so dass er durch eine **Individualvereinbarung** abdingbar ist. In Allgemeinen Geschäftsbedingungen des Auftraggebers ist der Ausschluss von § 648 BGB dem gegenüber nur dann zulässig, wenn der Auftragnehmer hierfür einen angemessenen Ausgleich erhält (BGH Urt. v. 3.5.1984 – VII ZR 80/82, BauR 1984, 413).

26. **Zuständigkeit.** → Anm. 1.

27. Der **Verfügungsgrund** muss im Antrag auf Erlass der einstweiligen Verfügung nicht näher begründet werden, da dieser vermutet wird. Die Vermutung ist allerdings widerlegbar, wobei dies auf seltene Ausnahmefälle beschränkt bleibt. Hiervon zu trennen ist aber die Frage der besonderen „Dringlichkeit" zur Begründung des Antrags, die einstweilige

Verfügung ohne vorherige mündliche Verhandlung zu erlassen. Diese Dringlichkeit ist gesondert zu begründen und glaubhaft zu machen (*Kniffka/Koeble* Teil 13 Rn. 30). Die Rechtsprechung lässt allerdings jedenfalls zum Teil den Hinweis darauf, dass die Anberaumung einer mündlichen Verhandlung den Auftraggeber „vorwarnen“ würde, ausreichen (vgl. OLG Karlsruhe Beschl. v. 15.4.1987 – 6 W 30/87, NJW-RR 1987, 1206).

28. Inwieweit der Antragsgegner die Möglichkeit hat, durch ein sofortiges Anerkenntnis die **Kostenfolge des § 93 ZPO** auszulösen, wenn der Werkunternehmer den Erlass der einstweiligen Verfügung beantragt, ohne den Auftraggeber zuvor zur Stellung dieser oder einer anderen Sicherheit aufzufordern, ist streitig (zum Meinungsstand *Kniffka/Koeble* Teil 13 Rn. 36). Es ist eine Abwägung vorzunehmen. Überwiegt die Befürchtung, dass der Auftraggeber in unredlicher Weise „Vorkehrungen“ gegen die Realisierung des Anspruchs aus § 648 BGB treffen werde, wird die Entscheidung wohl dahin gehen, zur Not auch das Risiko einer Kostenentscheidung nach § 93 ZPO einzugehen.

29. Ob es sinnvoll ist, das **Verfahren nach § 941 ZPO** anzuregen, wird tatsächlich unterschiedlich beurteilt und ist jedenfalls im Hinblick auf die Vollziehungs- und Zustellungsfristen nach § 929 Abs. 2 und 3 ZPO zweifelhaft (Zöller/*Vollkommer* § 941 Rn. 1). Bei dem Verfahren nach § 941 ZPO sind die Fristen kaum effektiv zu kontrollieren.

2. Antrag auf Fristsetzung zur Erhebung der Hauptsacheklage (§ 926 Abs. 1 ZPO)

An das

. . . . .[1]

In dem einstweiligen Verfügungsverfahren

. . . . . ./. . . . . .

zeige ich an, dass wir die anwaltliche Vertretung der Antragsgegnerin übernommen haben.

Namens und in Vollmacht der Antragsgegnerin beantrage ich,

> **der Antragstellerin gem. § 926 Abs. 1 ZPO eine Frist zur Erhebung der Hauptsacheklage zu setzen.**

Begründung:

Das . . . . . hat am . . . . . folgende einstweilige Verfügung gegen die Antragsgegnerin erlassen: . . . . .

Die einstweilige Verfügung ist bisher nicht aufgehoben worden. Ebenso wenig hat aber die Antragstellerin die Hauptsacheklage erhoben.[2]

§ 926 Abs. 1 ZPO ist auch auf einstweilige Verfügungsverfahren anzuwenden.

Beglaubigte und einfache Abschrift anbei.

. . . . .

Rechtsanwalt

Anmerkungen

1. Zuständigkeit. Zuständig ist das Gericht, das für den Erlass der einstweiligen Verfügung zuständig ist. § 926 ZPO gilt nicht nur für das Arrestverfahren, sondern auch für das einstweilige Verfügungsverfahren. Es kommt auf die (erstinstanzliche) Zuständigkeit für den Erlass der einstweiligen Verfügung an. Dieses bleibt für den Antrag auf Fristsetzung gemäß § 926 ZPO auch dann zuständig, wenn das Verfahren bereits in einer höheren Instanz anhängig ist, und auch dann, wenn erst die Beschwerdeinstanz den Arrest bzw. die einstweilige Verfügung erlassen hat (BGH Urt. v. 28.5.1973 – II ZR 135/71, NJW 1973, 1329; Zöller/*Vollkommer* § 926 Rn. 6).

2. Begründung. Dem Antrag auf Fristsetzung ist stattzugeben, wenn er den formalen Anforderungen entspricht. Eine inhaltliche Prüfung (zB hinsichtlich der Erfolgsaussichten der Hauptsacheklage) erfolgt jedenfalls grundsätzlich nicht (MüKoZPO/*Drescher* § 926 Rn. 7; Stein/Jonas/*Grunsky* § 926 Rn. 5a).

Neben den allgemeinen Prozessvoraussetzungen setzt der Antrag nach § 926 Abs. 1 ZPO lediglich voraus, dass der Arrestbefehl bestehen muss und dass das erforderliche Rechtschutzinteresse gegeben sein muss. Der Arrest bzw. die einstweilige Verfügung „besteht", solange er/sie nicht rechtskräftig aufgehoben und auch nicht wirksam für erledigt erklärt wurde (OLG Nürnberg MDR 1965, 75). Inwieweit ein Widerspruchsverfahren eingeleitet wurde und zum Zeitpunkt der Antragstellung noch anhängig ist, ist im Übrigen nicht von Bedeutung. Das Rechtschutzbedürfnis fehlt nur in Ausnahmefällen. Insbesondere steht dem Rechtschutzbedürfnis nicht entgegen, wenn der Antragsgegner Rechtsbehelfe eingelegt hat (zB §§ 924 oder § 927 ZPO). Das Rechtschutzbedürfnis fehlt aber zum Beispiel dann, wenn der Gläubiger auf Vollstreckungsmaßnahmen und auch auf den materiellen Anspruch verzichtet hat (OLG Hamburg Beschl. v. 28.2.1986 – 3 W 32/86, NJW-RR 1986, 1122). Umgekehrt kann auch der Schuldner auf das Antragsrecht nach § 926 ZPO verzichten, was zum Beispiel in Wettbewerbssachen durch das so genannte „Abschlussschreiben" häufig geschieht. Der bloße Verzicht auf die Einlegung eines Widerspruchs bzw. die Beschränkung eines eingelegten Widerspruchs auf die Kostenfrage reicht für sich alleine im Regelfall nicht aus, einen konkludenten Verzicht auf das Antragsrecht nach § 926 ZPO anzunehmen (Zöller/*Vollkommer* § 926 Rn. 4 mwN).

3. Antrag auf Aufhebung der einstweiligen Verfügung nach Ablauf einer Frist zur Erhebung der Hauptsacheklage (§ 926 ZPO)

An das

. . . . .[1]

In dem einstweiligen Verfügungsverfahren

. . . . ./. . . . . .

beantrage ich namens und in Vollmacht der Antragsgegnerin, wie folgt zu erkennen:

1. **Die einstweilige Verfügung vom . . . . . wird aufgehoben.**
2. **Die Vollziehung der einstweiligen Verfügung wird bis zur Entscheidung im Aufhebungsverfahren einstweilen eingestellt.**

Begründung:

Mit Schriftsatz vom ..... haben wir beantragt, der Antragstellerin eine Frist zur Erhebung der Hauptsacheklage gem. § 926 Abs. 1 ZPO zu setzen. Das Gericht hat den entsprechenden Beschluss am ..... erlassen. Der gesetzte Termin zur Klageerhebung ist verstrichen, ohne dass die Antragstellerin die Hauptsacheklage erhoben hätte.

Glaubhaftmachung: beigefügte eidesstattliche Versicherung der Geschäftsführerin der Antragsgegnerin.

Es ist daher nunmehr gem. § 926 Abs. 2 ZPO die Aufhebung der einstweiligen Verfügung auszusprechen.[2]

§ 926 Abs. 2 ZPO gilt auch für das einstweilige Verfügungsverfahren.

Auch § 924 Abs. 3 ZPO, der durch Verweisung auf § 707 ZPO die mit dem Antrag zu 2) begehrte vorläufige Einstellung der Zwangsvollstreckung ermöglicht, ist entsprechend anzuwenden.[3]

Beglaubigte und einfache Abschrift anbei.

.....

Rechtsanwalt

Anmerkungen

1. Zuständig ist das Gericht, das die Frist zu Erhebung der Hauptsacheklage gesetzt hat, dh ebenfalls das für den Erlass des Arrestbefehls bzw. der einstweiligen Verfügung erstinstanzlich zuständige Gericht. § 926 Abs. 1 und 2 ZPO betreffen ein einheitliches Verfahren (OLG Frankfurt/M. Beschl. v. 13.2.1986 – 6 W 23/86, Rpfleger 1986, 281). Wenn eine wirksame Schiedsgerichtsvereinbarung getroffen wurde, kann Hauptsacheklage zum Schiedsgericht erhoben werden (Thomas/Putzo/*Reichold* § 926 Rn. 7).

2. Zulässigkeit. Zulässig ist der Antrag dann, wenn der Arrest bzw. die einstweilige Verfügung auch zum Zeitpunkt der Entscheidung über den Antrag noch bestehen, wobei wiederum gilt, dass dies so lange der Fall ist, wie der Arrest bzw. die einstweilige Verfügung nicht aufgehoben bzw. wirksam für erledigt erklärt sind (Schuschke/Walker/*Walker* § 926 Rn. 21). Maßgeblicher Zeitpunkt für die Beurteilung der Begründetheit des Antrags ist der Zeitpunkt der letzten mündlichen Verhandlung. Der Antrag ist begründet, wenn zu diesem Zeitpunkt die Hauptsacheklage nicht erhoben worden ist oder aber erhoben und anschließend wieder zurückgenommen oder für erledigt erklärt wurde. Hat der Gläubiger die zur Erhebung der Hauptsacheklage gesetzte Frist verstreichen lassen, die Hauptsacheklage dann aber vor Entscheidung im Aufhebungsverfahren erhoben, reicht dies für die Begründetheit des Antrags nach § 926 Abs. 2 ZPO nicht aus. Der Gläubiger hat dann lediglich die Kosten des Verfahrens nach § 926 ZPO zu tragen. Wurde im Wege der einstweiligen Verfügung eine Vormerkung zur Sicherung des Anspruchs auf Eintragung einer Bauhandwerkersicherungshypothek nach § 648 BGB eingetragen, ist als Hauptsacheklage richtigerweise die Klage auf Eintragung der Bauhandwerkersicherungshypothek anzusehen, so dass die Erhebung nur einer Zahlungsklage nicht ausreicht (str.; → Form. J. II. 7 Anm. 3). Der Prozesskostenhilfeantrag dürfte richtiger Weise nicht ausreichen, weil er nicht zur Rechtshängigkeit der Sache führt, und zwar auch nicht rückwirkend, wenn Prozesskostenhilfe bewilligt wird. Anders verhält es sich insoweit beim Mahnbescheid, der deshalb auch – sofern das auf Zahlung gerichtete

Verfahren als Hauptsacheverfahren genügen soll – als ausreichend angesehen wird (MüKoZPO/*Drecher* § 926 Rn. 12). Soweit es auf die Einhaltung der nach § 926 Abs. 1 gesetzten Frist ankommt, gelten die allgemeinen Regeln.

3. Eine im Wege der einstweiligen Verfügung eingetragene **Vormerkung** entfaltet somit, solange die Vollstreckung ausgesetzt ist, keine Wirkung. Die Arresthypothek wandelt sich gemäß § 868 Abs. 2 iVm § 868 Abs. 1 ZPO in eine Eigentümergrundschuld um.

4. Antrag auf Aufhebung einer einstweiligen Verfügung wegen veränderter Umstände (§ 927 ZPO)

An das

. . . . .[1]

In dem einstweiligen Verfügungsverfahren

. . . . . ./. . . . . .

zeige ich an, dass die Antragsgegnerin von uns anwaltlich vertreten wird. Namens und in Vollmacht der Antragsgegnerin beantrage ich, wie folgt zu erkennen:

1. Die einstweilige Verfügung des . . . . . vom . . . . . wird gem. § 927 Abs. 1 ZPO wegen veränderter Umstände aufgehoben.
2. Die Vollziehung der einstweiligen Verfügung wird bis zur Entscheidung im Hauptsacheverfahren einstweilen eingestellt.

Begründung:

1. Auf Antrag der Antragstellerin ist gegen die Antragsgegnerin am . . . . . die einstweilige Verfügung mit folgendem Inhalt ergangen: . . . . ..

2. Die Antragsgegnerin hat von der Einlegung eines Widerspruches abgesehen. Sie hat im Gegenteil mit Schreiben vom . . . . . ein sofortiges Anerkenntnis abgegeben und damit den Antrag nach § 93 ZPO verbunden. Sie hat damit auf das Widerspruchsrecht zumindest konkludent verzichtet.[2]

3. Nachträglich haben sich nunmehr jedoch ganz erhebliche Baumängel ergeben, die auf Planungsfehler der Antragstellerin zurückzuführen sind. Die zur Beseitigung der Mängel (Sanierung) aufzuwendenden Kosten übersteigen den durch die Vormerkung gesicherten Vergütungsanspruch der Antragstellerin erheblich . . . . .

[Nähere Sachverhaltsausführungen ergänzen].

Glaubhaftmachung: diesem Schriftsatz beigefügtes Sachverständigengutachten des öffentlich bestellten und vereidigten Sachverständigen . . . . .

Mit dem aus diesem Sachverhalt resultierenden Schadensersatzanspruch der Antragsgegnerin gegen die Antragstellerin in Höhe von . . . . . EUR erkläre ich hiermit namens und in Vollmacht der Antragsgegnerin die Aufrechnung gegen den Vergütungsanspruch der Antragstellerin.[3]

4. Angesichts der veränderten Verhältnisse ist die einstweilige Verfügung gem. § 927 Abs. 1 ZPO aufzuheben.

Die Möglichkeit der einstweiligen Einstellung der Zwangsvollstreckung (Antrag zu Ziffer 2) ist durch §§ 924 Abs. 3 S. 2, 707 ZPO eröffnet.[4, 5]

Beglaubigte und einfache Abschrift anbei.

. . . . .

Rechtsanwalt

Anmerkungen

1. Zuständigkeit. Hinsichtlich der Frage des zuständigen Gerichtes ist wie folgt zu unterscheiden: Ist das Hauptsacheverfahren bereits anhängig, ist das Gericht des Hauptsacheverfahrens auch für den Antrag nach § 927 ZPO zuständig (OLG Hamm MDR 1987, 593). Ist das Hauptsacheverfahren nicht anhängig, ist das für den Erlass des Arrestbefehls bzw. der einstweiligen Verfügung (erstinstanzlich) zuständige Gericht auch für das Verfahren nach § 927 ZPO zuständig (OLG Hamm MDR 1987, 593). An dieser Zuständigkeit ändert sich auch dann nichts, wenn das Verfahren betreffend den Arrest/ die einstweilige Verfügung bereits in höherer Instanz anhängig ist und der Arrestbefehl bzw. die einstweilige Verfügung erst dort erlassen wurde. Bei der Zuständigkeit des erstinstanzlich zuständigen Gerichts des einstweiligen Rechtschutzes bleibt es auch dann, wenn nachträglich die Hauptsacheklage erhoben wird.

2. Inwieweit ausdrücklich (für die Zukunft) auf den **Rechtsbehelf des § 927 ZPO** verzichtet werden kann, ist streitig. Der Verzicht auf die Einlegung eines Widerspruches kann aber keineswegs in der Weise ausgelegt werden, dass damit auch – für die Zukunft – auf einen Antrag nach § 927 ZPO verzichtet wird. Umgekehrt ist es grundsätzlich auch möglich, den Antrag nach § 927 ZPO neben anderen Rechtsbehelfen zu stellen. Etwas anderes soll gelten, wenn bereits Berufung gegen ein Urteil eingelegt wird, das eine einstweilige Verfügung aufrechterhält, und sich die veränderten Umstände im Sinne von § 927 ZPO im laufenden Berufungsverfahren ergeben (OLG Düsseldorf NJW-RR 1988, 188 (189)). Da dann die Umstände, die den Antrag nach § 927 ZPO rechtfertigen könnten, auch im Berufungsverfahren geltend gemacht werden können, fehlt es für einen Antrag nach § 927 ZPO am Rechtschutzbedürfnis. Zulässig ist es im Übrigen auch, statt des Antrages nach § 927 ZPO einen anderen Rechtsbehelf zu wählen, zum Beispiel negative Feststellungsklage zu erheben.

3. Die **Zulässigkeitsvoraussetzungen** für den Antrag nach § 927 ZPO entsprechen denjenigen des § 926 ZPO. Es müssen also die allgemeinen Prozessvoraussetzungen erfüllt sein. Darüber hinaus muss der Arrestbefehl bzw. die einstweilige Verfügung noch „bestehen", und das Rechtschutzbedürfnis für den Antrag darf nicht fehlen. Abgesehen von dem in der vorstehenden → Anm. 2 erörterten Fall fehlt das Rechtschutzbedürfnis auch dann, wenn der Gläubiger auf seine Rechte aus der einstweiligen Verfügung/dem Arrestbefehl verzichtet und/oder den Titel ausgehändigt hat. Begründet ist der Antrag nach § 927 ZPO dann, wenn Arrest- bzw. Verfügungsgrund und/oder -Anspruch aufgrund nachträglich eingetretener Umstände entfallen sind, unabhängig davon, ob der Arrest (die einstweilige Verfügung) ursprünglich in rechtmäßiger Weise ergangen war. Neben veränderten Tatsachen kann auch eine veränderte Beweislage oder eine durch Rechtsprechung oder Gesetz geänderte Rechtslage ausreichend sein. Der Gläubiger kann nicht entgegenhalten, an die Stelle des weggefallenen Arrest- bzw. Verfügungsgrundes sei nunmehr ein anderer Arrest- bzw. Verfügungsgrund getreten, der wirtschaftlich gleichwertig sei. Dies kann nur gegebenenfalls dazu berechtigen, den Erlass einer einstweiligen Verfügung (eines Arrestbefehls) erneut zu beantragen. Dieser neue Antrag wahrt aber nicht die Rangstelle, zum Beispiel einer eingetragenen Arresthypothek bzw. einer eingetragenen Vormerkung oder eines Widerspruchs. Entfall des Arrestgrundes tritt zum Beispiel auch mit Ablauf der Vollziehungsfrist nach § 929 Abs. 2 ZPO, Nichtleistung einer geforderten Sicherheit oder Ablauf einer Frist nach § 926 Abs. 1 ZPO ein. Im zuletzt genannten Fall hat der Schuldner somit die Wahlmöglichkeit, entweder nach § 926 Abs. 2 ZPO oder aber nach § 927 ZPO vorzugehen. Unter den Voraussetzungen des § 88 InsO können sich „veränderte Umstände" zur Begründung eines Antrags nach § 927 ZPO auch aus der Eröffnung des Insolvenzverfahrens ergeben. Schließlich kann die Aufhebung des Arrestes bzw. der einstweiligen Verfügung nach § 927 ZPO „aufgrund des Erbietens zur Sicherheitsleistung" beantragt werden. Es ist nicht erforderlich, eine bestimmte Sicherheit anzubieten. Die Art und Weise der Sicherheitsleistung wird in diesem Fall vielmehr durch das Gericht festgesetzt (§ 108 ZPO).

Wird die einstweilige Verfügung **im Widerspruchsverfahren wesentlich geändert**, etwa durch eine Reduzierung der zu sichernden Forderung oder durch die erstmalige Anordnung einer Sicherheitsleistung, so beginnt mit Erlass des Widerspruchsurteils eine neue Vollziehungsfrist. Innerhalb der Monatsfrist muss neuerlich ein Eintragungsantrag beim Grundbuch gestellt und dafür die Stellung der im Widerspruchsurteil angeordneten Sicherheitsleistung nachgewiesen werden. Versäumt der Gläubiger die erneute Vollziehung der einstweiligen Verfügung, so ist die einstweilige Verfügung gegenstandslos und unterliegt gemäß §§ 936, 927 Abs. 1 ZPO der Aufhebung (OLG Oldenburg Urt. v. 19.6.2008 – 8 U 25/08, BauR 2008, 1932). Der Antrag auf Erlass einer neuen einstweiligen Verfügung kann dann aber nicht in dem Berufungsverfahren gestellt werden, da anderenfalls dem Verfügungsbeklagten eine Instanz genommen würde.

4. Sicherheit. Umstritten ist, ob der Schuldner gemäß § 939 ZPO die Aufhebung der einstweiligen Verfügung auf Eintragung einer Vormerkung für eine Bauhandwerkersicherungshypothek durchsetzen kann, wenn er Sicherheit in Form einer unbefristeten, unbedingten, unwiderruflichen und selbstschuldnerischen **Bankbürgschaft** stellt. Zugelassen haben dies KG Urt. v. 29.7.2008 – 7 U 230/07, MDR 2009, 139; OLG Saarbrücken Beschl. v. 17.5.1990 – 7 W 7/90, BauR 1993, 348; LG Hamburg Urt. v. 23.12.2009 – 325 O 160/09. Den Aufhebungsantrag zurückgewiesen haben OLG Hamm Urt. v. 27.10.1992 – 26 U 132/92, BauR 1993, 115; LG München Beschl. v. 1.7.2002 – 24 O 6471/02; die Zurückweisungen beruhten zum einen jeweils fallbezogen auf Bedenken an der Tauglichkeit der angebotenen Bürgschaft. Zum anderen sieht das materielle Recht einen Anspruch des Schuldners auf Austausch der dinglichen Sicherung in Form der Vormerkung gegen eine Bürgschaft nicht vor.

5. → Form. J. XIII. 3 Anm. 3.

Da über dem Antrag durch Urteil zu entscheiden ist, ergeht eine Kostenentscheidung nach §§ 91 ff. ZPO. Streitig ist, ob der Gläubiger die Kostenfolge des § 93 ZPO durch ein sofortiges Anerkenntnis herbeiführen kann, wenn der Schuldner den Antrag nach § 927 ZPO nicht zuvor angekündigt hat. Davon dürfte aber nicht auszugehen sein. Vielmehr muss umgekehrt der Gläubiger, wenn aufgrund veränderter Umstände Arrest- bzw. Verfügungsgrund oder -Anspruch entfallen sind, von sich aus auf die Rechte aus dem Arrest bzw. aus der Verfügung verzichten und/oder den zu seinen Gunsten ergangenen Titel zurückgeben.

5. Antrag auf Eintragung eines Widerspruchs gegen die Richtigkeit des Grundbuchs (§§ 894, 899 BGB)

An das

.....[1]

Antrag auf Erlass einer einstweiligen Verfügung

der .....

– Antragstellerin –

Verfahrensbevollmächtigte: .....

gegen

die .....

– Antragsgegnerin –

Verfahrensbevollmächtigte: .....

wegen Eintragung eines Widerspruchs

Namens und in Vollmacht der Antragstellerin beantrage ich hiermit – wegen Dringlichkeit ohne mündliche Verhandlung – den Erlass einer einstweiligen Verfügung mit folgendem Inhalt:

Im Grundbuch von ..... des Amtsgerichts ....., Blatt ....., Flur ....., Flurstück .....[2] ist zugunsten der Antragstellerin ein Widerspruch gegen die in Abteilung III unter lfd. Nr. ..... zugunsten der Antragsgegnerin eingetragene Bauhandwerkersicherungshypothek einzutragen.

Zugleich rege ich an, hinsichtlich der Eintragung nach § 941 ZPO zu verfahren.[3]

Begründung:

1. Die Antragstellerin ist Eigentümerin des im Antrag näher bezeichneten Grundstücks.

Glaubhaftmachung: als Anlage K 1 beigefügter Grundbuchauszug

2. Zugunsten der Antragsgegnerin ist in Abt. III unter der lfd. Nr. ..... eine Bauhandwerkersicherungshypothek gem. § 648 BGB eingetragen.

Glaubhaftmachung: Grundbuchauszug wie vor

Die Sicherung bezieht sich auf die Ansprüche der Antragsgegnerin aus ihren Abschlagsrechnungen vom ....., vom ..... und vom ..... betreffend das Bauvorhaben .....

Glaubhaftmachung:
1. Grundbuchauszug wie vor;
2. Beiziehung der Akten des ..... zum Geschäftszeichen .....

3. Inzwischen macht die Antragsgegnerin jedoch, nachdem die Abnahme (wenn auch unter Vorbehalt einer Vielzahl von Mängeln) stattgefunden hat,

Glaubhaftmachung: als Anlage K 2 in Kopie beigefügtes Abnahmeprotokoll vom .....

Ansprüche aus ihrer Schlussrechnung vom ..... geltend.

Glaubhaftmachung: als Anlage K 3 beigefügte Schlussrechnung der Antragsgegnerin

4. Die Schlussrechnungsforderung ist zwischen den Parteien streitig. Darauf kommt es im vorliegenden Zusammenhang jedoch nicht an. Wesentlich ist vielmehr hier alleine, dass die Antragsgegnerin, nachdem sie die Schlussrechnung gestellt hat, schon aus diesem Grunde nicht mehr aus den zuvor gestellten Abschlagsrechnungen vorgehen kann.[4]

5. Da somit feststeht, dass der durch die Sicherungshypothek gesicherte Anspruch nicht (mehr) besteht, hat sich die Hypothek nach § 1177 Abs. 1 BGB in eine Eigentümergrundschuld umgewandelt. Die eingetragene Sicherungshypothek sichert nicht vermeintliche Ansprüche der Antragsgegnerin aus der Schlussrechnung; sie kann hierfür auch nicht rangwahrend verwendet werden.[5]

6. Aus dem Vorstehenden ergibt sich, dass das Grundbuch unrichtig ist, so dass der Antragstellerin gem. § 894 BGB ein Anspruch auf Berichtigung des Grundbuchs zusteht. Mit Schreiben vom ..... hat die Antragstellerin die Antragsgegnerin aufgefordert, die Eintragung eines Widerspruchs mit dem aus dem Antrag sich ergebenden Inhalt zu bewilligen.[6]

Glaubhaftmachung: in Kopie als Anlage K 4 beigefügtes Schreiben der Antragstellerin vom .....

Dies hat die Antragsgegnerin – mit unzutreffender Begründung – mit Schreiben vom ..... verweigert.

Glaubhaftmachung: Schreiben der Antragsgegnerin vom ....., in Kopie als Anlage K 5 anbei.

7. Da das Grundbuch aus den dargelegten Gründen unrichtig ist, ist auf Antrag der Antragstellerin gem. § 899 Abs. 1 BGB ein Widerspruch im Grundbuch einzutragen, und zwar gem. § 899 Abs. 2 S. 1 BGB auch durch einstweilige Verfügung. Gemäß 899 Abs. 2 BGB ist die Glaubhaftmachung des Verfügungsgrundes nicht erforderlich.[7] Die besondere Eilbedürftigkeit der Angelegenheit, die eine Entscheidung ohne mündliche Verhandlung rechtfertigt, ergibt sich daraus, dass die Antragstellerin beabsichtigt, das Grundstück kurzfristig zu verkaufen, und hierüber konkrete Verkaufsverhandlungen mit einem Interessenten führt. Die (unrichtig gewordene) Eintragung der Bauhandwerkersicherungshypothek steht dem kurzfristigen Abschluss des Kaufvertrages nach Bekunden des Kaufinteressenten entgegen.[8]

Glaubhaftmachung: als Anlage K 6 beigefügte eidesstattliche Versicherung des Geschäftsführers der Komplementärgesellschaft der Antragstellerin

Beglaubigte und einfache Abschrift anbei.

.....

Rechtsanwalt

Anmerkungen

1. **Zuständig** ist das Gericht der Hauptsache (§§ 937, 943 ZPO) bzw. das Amtsgericht der belegenen Sache (§ 942 Abs. 2 ZPO). Die örtliche Zuständigkeit hinsichtlich des Hauptsacheverfahrens folgt hier aus § 24 ZPO (RG Urt. v. 8.3.1913 – Rep. V 472/12, RGZ 82, 20 (24); RG Urt. v. 26.1.1916 – Rep. V 345/15, RGZ 88, 55 (61)), soweit sich die Klage auf das Eigentum oder ein beschränkt dingliches Recht am Eigentum stützt.

2. **Grundstücksbezeichnung.** → Form. J. II. 1 Anm. 6.

3. Es sprechen allerdings auch gute Gründe dafür, auf diese Anregung ausdrücklich zu verzichten, → Form. J. XIII. 1 Anm. 29.

4. Vgl. hierzu OLG Düsseldorf Urt. v. 20.8.2001 – 23 U 6/01, BauR 2002, 117; OLG Köln Urt. v. 18.8.1993 – 11 U 38/93, ZfBR 1994, 20.

5. Wird eine Bauhandwerkerversicherungshypothek zur Sicherung von Forderungen aus Abschlagsrechnungen bestellt, sichert die Hypothek nur diese Ansprüche. Der spätere Anspruch aus einer Schlussrechnung ist hiermit rechtlich nicht identisch (BGH Urt. v. 26.7.2001 – VII ZR 203/00, NJW 2001, 3701).

6. Dies empfiehlt sich, weil andernfalls der Antragsgegner durch ein sofortiges Anerkenntnis die Kostenfolge des § 93 ZPO auslösen könnte.

7. Richtigerweise ist davon auszugehen, dass auch im Falle des § 899 BGB der Erlass der einstweiligen Verfügung einen Verfügungsgrund voraussetzt, so dass es einer Darlegung hierzu nur deshalb nicht bedarf, weil das Vorliegen des Verfügungsgrundes vermutet wird. Die Vermutung kann aber widerlegt werden.

8. Damit wird die besondere Dringlichkeit zur Rechtfertigung der Anregung, ohne mündliche Verhandlung zu entscheiden, begründet.

6. Einstweiliges Erwerbsverbot

An das

. . . . .[1]

Antrag auf Erlass einer einstweiligen Verfügung

der . . . . .

– Antragstellerin –

Verfahrensbevollmächtigte: . . . . .

gegen

die . . . . .

– Antragsgegnerin –

wegen: Erlass eines einstweiligen Erwerbsverbots und Eintragung eines Widerspruchs

Namens und in Vollmacht der Antragstellerin beantrage ich hiermit – wegen Dringlichkeit ohne mündliche Verhandlung – den Erlass einer einstweiligen Verfügung mit folgendem Inhalt:

1. Der Antragsgegnerin wird untersagt, ihre Eintragung als Eigentümerin des im Grundbuch von . . . . . des Amtsgerichts . . . . ., Blatt . . . . ., Flur . . . . ., Flurstück . . . . . verzeichneten Grundstücks[2] zu betreiben, insbesondere einen Eintragungsantrag zu stellen oder stellen zu lassen; darüber hinaus wird der Antragsgegnerin aufgegeben, einen bereits gestellten Antrag unverzüglich zurückzunehmen.[3]

2. Die Vollziehung des notariellen Kaufvertrages vom . . . . . (UR-Nr. . . . . . des Notars . . . . . in . . . . .) durch Eintragung der Antragsgegnerin im Grundbuch auf der Grundlage der in dem notariellen Kaufvertrag enthaltenen Auflassung und der Eintragungsbewilligung wird vorläufig ausgesetzt, bis über den Anspruch der Antragstel-

lerin auf Rückgewähr der Auflassung und der Eintragungsbewilligung rechtskräftig entschieden ist.[4]

3. Der Antragsgegnerin wird für jeden Fall der Zuwiderhandlung gegen das Verbot ein Ordnungsgeld bis zu 250.000,00 EUR und für den Fall, dass dieses nicht beigetrieben werden kann, Ordnungshaft bis zu sechs Monaten angedroht.

4. In dem zu Ziffer 1 genannten Grundbuch wird ein Widerspruch gegen die in Abt. II unter laufender Nummer . . . . . zu Gunsten der Antragsgegnerin eingetragene Auflassungsvormerkung – hilfsweise: das Erwerbsverbot nach Ziffern 1) und 2) – eingetragen. Insoweit rege ich an, nach § 941 ZPO zu verfahren.[5]

Begründung:

1. Die Antragstellerin ist ein Bauunternehmen. Für das Bauvorhaben . . . . . hat sie Bauleistungen betreffend das Gewerk . . . . . erbracht. Grundlage hierfür war der Bauvertrag (unter Einbeziehung der VOB/B) vom . . . . ..

Glaubhaftmachung: in Kopie als Anlage K 1 beigefügter Bauvertrag

2. Das Bauvorhaben betrifft das im Verfügungsantrag zu Ziffer 1 genannte Grundstück, als dessen Eigentümer der Auftraggeber des Bauvertrags vom . . . . ., ..., eingetragen ist.

Glaubhaftmachung: in beglaubigter Kopie als Anlage K 2 beigefügter Grundbuchauszug

3. Wegen der von ihr erbrachten Bauleistungen ist auf Antrag der Antragstellerin im Wege der einstweiligen Verfügung eine Vormerkung zur Sicherung des Anspruchs der Antragstellerin auf Eintragung einer Bauhandwerksicherungshypothek eingetragen worden.

Glaubhaftmachung:
1. Grundbuchauszug (wie vor);
2. Beiziehung der Akte des . . . . . zum Geschäftszeichen . . . . .

4. Die Eintragung der Vormerkung erfolgte in Abt. II des Grundbuchs unter der laufenden Nummer . . . . ., im Rang nach der unter der laufenden Nummer . . . . . eingetragenen Auflassungsvormerkung zu Gunsten der Antragsgegnerin.

Glaubhaftmachung: Grundbuchauszug (wie vor)

5. Der durch die Vormerkung zu Gunsten der Antragsgegnerin gesicherte Eigentumsverschaffungsanspruch besteht in Wirklichkeit nicht, da der zugrunde liegende notarielle Grundstückskaufvertrag gem. §§ 311b, 125, 117 BGB nichtig ist. Im notariellen Kaufvertrag vom . . . . . (UR-Nr. . . . . . des Notars . . . . . in . . . . .) war lediglich ein Kaufpreis von . . . . . EUR ausgewiesen, während mündlich ein um . . . . . EUR höherer Kaufpreis vereinbart war.

Glaubhaftmachung: als Anlage K 3 beigefügte eidesstattliche Versicherung des ehemaligen Geschäftsführers der Antragsgegnerin, Herrn . . . . .

Die Heilung des Formmangels ist mangels Eintragung der Antragsgegnerin als neuer Eigentümerin bisher nicht eingetreten.

6. Aufgrund der dargelegten Umstände ist der Antragsgegnerin im Wege der einstweiligen Verfügung zu untersagen, ihre Eintragung als Grundstückseigentümerin zu betreiben („einstweiliges Erwerbsverbot").[6] Der Verfügungsanspruch folgt aus der weiter oben im Einzelnen begründeten Formnichtigkeit des Grundstückskaufvertrages zwischen . . . . . und der Antragsgegnerin, die bewirkt, dass der Antragsgegnerin kein wirksamer Eigentumsverschaffungsanspruch zusteht. Der Verfügungsgrund ergibt sich daraus, dass die Antragstellerin befürchten muss, dass der formunwirksame Kaufvertrag durch Eintragung der

Antragsgegnerin als Eigentümerin vollzogen und der Formmangel auf diese Weise geheilt wird und dass dies vor Klärung der Rechte der Antragstellerin in einem Hauptsacheverfahren geschehen wird, was im Ergebnis zur Vereitelung der Rechte der Antragstellerin führen würde. Dabei genügt es nicht, gemäß Ziffer 1) des Antrags der Antragsgegnerin zu untersagen, ihre Eintragung in das Grundbuch zu betreiben. Denn würde entgegen diesem Verbot – aus welchem Grunde auch immer – die Eintragung der Antragsgegnerin als Eigentümerin dennoch erfolgen, würde dies zum endgültigen Verlust der Rechte der Antragstellerin führen. Es ist daher – entsprechend dem Antrag zu 2) – auch die Aussetzung des Vollzugs des notariellen Kaufvertrages bis zur endgültigen Entscheidung über den im Hauptsacheverfahren geltend zu machenden Anspruch der Antragstellerin auf Rückgewähr der Auflassung und der Eintragungsbewilligung auszusprechen.[7]

7. Da der durch die Vormerkung gesicherte Eigentumsverschaffungsanspruch der Antragsgegnerin nicht besteht, ist das Grundbuch insoweit unrichtig. Würde die Antragsgegnerin jedoch entsprechend der zu ihren Gunsten eingetragenen Vormerkung auch als neue Grundstückseigentümerin eingetragen, würde dadurch der Formmangel des zugrunde liegenden Grundstückskaufvertrages geheilt und somit die nachrangige Vormerkung zu Gunsten der Antragstellerin erlöschen. Aus diesem Grunde ist die Antragstellerin durch die Unrichtigkeit des Grundbuchs in ihren Rechten beeinträchtigt; auch die Antragstellerin (und nicht nur die Eigentümerin) kann folglich gem. § 894 BGB die Berichtigung des Grundbuchs verlangen und diesen Anspruch gem. § 899 BGB durch den im Wege der einstweiligen Verfügung einzutragenden Widerspruch sichern lassen.[8] Gemäß § 899 Abs. 2 BGB ist die Glaubhaftmachung des Verfügungsgrundes nicht erforderlich.[9] Hilfsweise für den Fall, dass das Gericht die Eintragung eines Widerspruches im Grundbuch nicht für möglich halten sollte, ist das Einstweilige Erwerbsverbot als solches im Grundbuch einzutragen.[10] Die besondere Eilbedürftigkeit der Angelegenheit, die eine Entscheidung ohne mündliche Verhandlung rechtfertigt, ergibt sich hier daraus, dass davon auszugehen ist, dass die weitere Abwicklung des Kaufvertrages zwischen der ..... und der Antragsgegnerin, insbesondere die Beantragung der Eigentumsumschreibung, sehr kurzfristig erfolgen wird.

Beglaubigte und einfache Abschrift anbei.

.....

Rechtsanwalt

Anmerkungen

1. **Zuständigkeit.** Zuständiges Gericht ist das Gericht der Hauptsache (§§ 937 Abs. 1, 943 ZPO) oder das Amtsgericht der belegenen Sache (§ 942 Abs. 2 ZPO). Der Gerichtsstand des § 24 ZPO dürfte hier allerdings nicht gegeben sein, weil sich die Klage nicht auf das Eigentum oder ein beschränkt dingliches Recht am Eigentum stützt (vgl. RGZ 82, 20 (24); RGZ 88, 55 (61)).

2. **Grundstücksbezeichnung** → Form. J. II. 1 Anm. 6.

3. **„Einstweiliges Erwerbsverbot"** → Anm. 6.

4. Zur Begründung für diesen zusätzlichen Antrag → Anm. 7.

5. Zur Begründung für diesen zusätzlichen Antrag → Anm. 8.

6. Die Zulässigkeit des **„Einstweiligen Erwerbsverbotes"** im Wege der Einstweiligen Verfügung ist in der Rechtsprechung seit den Entscheidungen des Reichsgerichts (Urt. v.

21.6.1927 – Rep. III. 282/26, RGZ 117, 287; Urt. v. 4.2.1928 – V 117/27, RGZ 120, 118) anerkannt.

7. Aussetzung. Es ist zu empfehlen, diesen zusätzlichen Antrag zu stellen, da in der Literatur geltend gemacht wird, dass der bloße gegen den Erwerber gerichtete Antrag, diesem zu untersagen, seine Eintragung als Eigentümer zu betreiben, wirkungslos sei, sollte es – aus welchem Grund auch immer – trotz des Verbotes dennoch zur Eintragung des Verfügungsgegners als Eigentümer kommen. Der Formmangel des zugrunde liegenden Kaufvertrages würde durch die Eintragung geheilt (§ 311b Abs. 1 S. 2 BGB); daran würde sich durch den Verstoß gegen die Einstweilige Verfügung nichts ändern (*Böttcher* Rn. 330 ff.).

8. Widerspruch. Empfehlenswert, da teilweise die Auffassung vertreten wird, dass auf der Grundlage eines Einstweiligen Erwerbsverbotes auch ein Widerspruch eintragungsfähig sei (so Palandt/*Bassenge* § 888 Rn. 11; dagegen zB *Böttcher* Rn. 347 mit der Begründung, dass die Eintragung eines Widerspruches nur bei objektiver Unrichtigkeit des Grundbuches in Betracht komme, Erwerbsverbote materiellrechtlich aber nur als relative Erwerbshindernisse wirken).

9. Glaubhaftmachung → Form. J. XIII. 5 Anm. 7.

10. Der **Hilfsantrag** wird mit Rücksicht darauf gestellt, dass in der Literatur auch die Auffassung vertreten wird, eintragungsfähig sei nicht der Widerspruch (siehe vorstehend Anmerkung 8), wohl aber das Erwerbsverbot als solches (*Böttcher* Rn. 347 unter Berufung auf RG Urt. v. 21.6.1927 – Rep. III. 282/26, RGZ 117, 287 (294)). Es ist empfehlenswert, beide Anträge (als Haupt- und Hilfsantrag) zu stellen, auch wenn teilweise die Ansicht vertreten wird, Erwerbsverbote seien generell nicht eintragungsfähig, weil sie als Eintragungshindernisse von Amts wegen zu beachten seien. Auf jeden Fall ist darauf zu achten, dass das zuständige Grundbuchamt umgehend Kenntnis vom Erlass der Einstweiligen Verfügung erhält.

7. Antrag auf Eintragung einer Vormerkung zur Sicherung des Anfechtungsanspruchs (Duldung der Zwangsvollstreckung) nach §§ 2, 11 AnfG

An das . . . . .

. . . . .[1]

Antrag auf Erlass einer einstweiligen Verfügung

der . . . . .

– Antragstellerin –

Verfahrensbevollmächtigter: . . . . .

gegen

die . . . . .

– Antragsgegnerin –

wegen: Eintragung einer Vormerkung zur Sicherung des Anfechtungsanspruches (Duldung der Zwangsvollstreckung) nach §§ 2, 11 AnfG vorläufige Streitwertangabe: .....

Namens und in Vollmacht der Antragstellerin beantrage ich hiermit, im Wege der einstweiligen Verfügung – wegen der Dringlichkeit der Angelegenheit ohne vorherige mündliche Verhandlung – wie folgt zu erkennen:

> Wegen des Anspruchs der Antragstellerin gegen die Antragsgegnerin auf Duldung der Zwangsvollstreckung (Anfechtungsanspruch nach § 2, 11 AnfG) wird zu Gunsten der Antragstellerin eine Vormerkung auf dem Grundstück der Antragsgegnerin (Amtsgericht ....., Grundbuch von ....., Gemarkung ....., Blatt ....., Flur ....., Flurstück .....)[2] eingetragen.

Begründung:

1. Die Antragstellerin ist ein Bauunternehmen. Ihr steht gegen ..... (den Schuldner) ein Werklohnanspruch in Höhe von ..... EUR nebst Zinsen hieraus in Höhe von ..... Prozentpunkten über dem Basiszinssatz nach § 247 BGB seit dem ..... zu. Ferner steht der Antragstellerin gegen den Schuldner ein prozessualer Kostenerstattungsanspruch in Höhe von ..... EUR nebst Zinsen hieraus in Höhe von ..... Prozentpunkten über dem Basiszinssatz nach § 247 BGB zu.

> Glaubhaftmachung: Kopien der vollstreckbaren Ausfertigungen des Urteils des ..... vom ..... (Aktenzeichen .....) und des Kostenfestsetzungsbeschlusses des ..... vom ..... (gleiches Aktenzeichen) als Anlage K 1 und K 2 anbei

2. Die Antragsgegnerin ist Eigentümerin des im Antrag genannten Grundstücks, bei dem es sich nicht um das Baugrundstück handelt.[3]

> Glaubhaftmachung: als Anlage K 3 beigefügter Grundbuchauszug

Voreigentümer war der Schuldner, der Ehemann der Antragsgegnerin.

> Glaubhaftmachung:
> 1. wie vor;
> 2. eidesstattliche Versicherung des Geschäftsführers der Antragstellerin, als Anlage K 4 anbei

3. Die Antragstellerin kann keine weiteren Angaben zum Datum des Abschlusses des Kaufvertrages zwischen der Antragsgegnerin und dem Schuldner, ihrem Ehemann, oder zum Inhalt des Vertrages machen. Unzweifelhaft ist aber die objektive Gläubigerbenachteiligung durch die hier vollzogene „anrüchige“ Vermögensverschiebung, da das im Antrag genannte lastenfreie Grundstück der Gläubigerin, hier also der Antragstellerin, entzogen worden ist. Gemäß § 3 Abs. 2 AnfG muss daher die Antragsgegnerin nachweisen, dass der Vertrag früher als zwei Jahre vor der gerichtlich geltend zu machenden Anfechtung geschlossen wurde, oder aber, dass der Schuldner keinen Benachteiligungsvorsatz hatte bzw. die Antragsgegnerin davon nichts wusste.[4]

4. Solange dieser Nachweis seitens der Antragsgegnerin nicht erbracht ist, ist davon auszugehen, dass der Antragstellerin das Anfechtungsrecht nach §§ 2, 3 Abs. 2, 11 AnfG zusteht. Dieses ist auf Duldung der Zwangsvollstreckung gerichtet.[5] Der Antrag ist durch Eintragung einer Vormerkung sicherungsfähig.[6]

Beglaubigte und einfache Abschrift anbei.

.....

Rechtsanwalt

Anmerkungen

1. Zuständiges Gericht ist das Gericht der Hauptsache (§§ 937 Abs. 1, 943 ZPO) bzw. das Amtsgericht der belegenen Sache (§ 942 Abs. 2 ZPO).

2. Grundstücksbezeichnung. → Form. J. II. 1 Anm. 6.

3. Andernfalls käme eine Bauhandwerkerversicherungshypothek in Betracht → Form. J. II. 7 und → Form. J. XIII.1.

4. Beweislast. Der anfechtende Gläubiger hat lediglich die Entgeltlichkeit des Vertrages, die Eigenschaft des Anfechtungsgegners als nahe stehende Person und die unmittelbare Gläubigerbenachteiligung zu beweisen. Der Abschluss des Rechtsgeschäftes innerhalb der Anfechtungsfrist wird – um betrügerischen Rückdatierungen vorzubeugen – vermutet, ebenso der Vorsatz des Schuldners, seine Gläubiger zu benachteiligen, und die Kenntnis des anderen Teils davon (BGH Urt. v. 20.10.2005 – IX ZR 276/02, NJW-RR 2006, 552). Der Anfechtungsgegner muss dann nachweisen, dass der Vertrag früher als zwei Jahre vor der gerichtlich geltend gemachten Anfechtung geschlossen worden ist, oder aber, dass der Schuldner keinen Benachteiligungsvorsatz hatte oder dass er davon nichts wusste (*Huber* § 3 Rn. 62 und 63).

5. Rechtsfolge. Bei anfechtbarer Grundstücksveräußerung geht der Anfechtungsanspruch nicht auf Rückübertragung des Eigentums auf den Schuldner oder Übertragung auf den Gläubiger, auch nicht auf Bestellung eines dinglichen Rechts an dem Grundstück, sondern nur auf Duldung der Zwangsvollstreckung in das Grundstück (RG Urt. v. 9.5.1905 – Rep. VII 168/05, RGZ 60, 423; *Huber* § 11 Rn. 19).

6. Sicherungsmittel. Die Sicherung des Anfechtungsanspruches erfolgt im Wege des einstweiligen Rechtschutzes, und zwar nach herrschender Meinung nicht durch Arrest, sondern durch Einstweilige Verfügung (BGH Urt. v. 19.3.1992 – IX ZR 14/91, NJW-RR 1992, 733 (736)). Der Anspruch auf Erlass einer Einstweiligen Verfügung setzt weder voraus, dass bereits ein vollstreckbarer Schuldtitel im Sinne von § 2 AnfG vorliegt noch dass der Anfechtungsanspruch vorher oder gleichzeitig gerichtlich geltend gemacht wird (h M, vgl. *Huber* § 11 Rn. 19 mit der Begründung, dass der Anfechtungsanspruch kein künftiger, sondern ein durch die Erlangung eines vollstreckbaren Schuldtitels und die Fälligkeit des Hauptanspruches gesetzlich bedingter Anspruch sei, der folglich nach §§ 916 Abs. 2, 936 ZPO sicherbar sei). Dies ändert aber natürlich nichts daran, dass der Gläubiger sowohl den Arrest-/Verfügungsanspruch als auch den Arrest-/Verfügungsgrund glaubhaft machen muss. Solche Veräußerungs- und Verfügungsverbote bezwecken, die Gegenstände im Vermögen des Anfechtungsgegners zu belassen und den Zugriff des anfechtungsberechtigten Gläubigers nicht weiter zu erschweren (vgl. zur Problematik auch OLG Hamm Beschl. v. 28.3.2002 – 27 W 7/02, NZI 2002, 575; *Huber* § 2 Rn. 40 ff.). Problematisch ist, ob eine einstweilige Verfügung bereits erlassen werden kann, wenn der Anspruch des Gläubiger gegen den Schuldner noch nicht tituliert ist (**verneinend** OLG Hamm Beschl. v. 28.3.2002 – 27 W 7/02, NZI 2002, 575 = OLGR 2003, 232; OLG Köln Beschl. v. 28.9.2009 – 2 W 88/09, NZI 2009, 784; **bejahend** OLG München Beschl. v. 17.10.2008 – 3 W 2328/08, ZInsO 2008, 1213).

K. Verteilungsverfahren (§§ 872–882 ZPO)

I. Fahrnisverteilung

1. Hinterlegungsaufforderung des Gläubigers

An

. . . . . (Drittschuldner)

Aufforderung zur Hinterlegung[1, 2]

Sehr geehrte Damen und Herren,

mit Pfändungs- und Überweisungsbeschluss des AG . . . . . vom . . . . . (Az. . . . . .) wurde der Anspruch des Schuldners . . . . . auf Zahlung von . . . . . EUR aus . . . . . gegen Sie im Auftrag unseres Mandanten . . . . . gepfändet und zur Einziehung überwiesen.[3]

Der Pfändungs- und Überweisungsbeschluss wurde Ihnen am . . . . . zugestellt.

In Ihrer Mitteilung gem. § 840 ZPO vom . . . . . haben Sie mitgeteilt, dass Sie die Forderung des Schuldners anerkennen und bereit sind, Zahlungen zu leisten.

Sie haben zugleich darauf hingewiesen, dass die Forderung bereits für weitere . . . . . Gläubiger wegen Ansprüchen in Höhe von insgesamt . . . . . EUR gepfändet ist.

Da die geltend gemachten Ansprüche die gepfändete Forderung deutlich übersteigen,[4] fordern wir Sie auf, den Pfändungsbetrag zu Gunsten aller Pfändungsgläubiger gem. § 853 ZPO zu hinterlegen und so eine Verteilung des Geldbetrages gem. §§ 872 ff. ZPO zu ermöglichen.

. . . . .

Rechtsanwalt

Anmerkungen

1. Verfahrenszweck. Das gerichtliche Verteilungsverfahren wird durchgeführt, wenn ein mehrfach gepfändeter Erlös/Anspruch zur Befriedigung aller Pfändungsgläubiger nicht ausreicht und sie sich über dessen Aufteilung nicht einigen können. Hauptbedeutung erlangt das Verfahren durch entsprechende Anwendung der §§ 876–882 ZPO im Zwangsversteigerungsverfahren, § 115 Abs. 1 S. 2 ZVG. Darüber hinaus findet es im Rahmen der Vollstreckung in das bewegliche Vermögen in den Fällen der § 827 Abs. 2 ZPO (mehrfache Pfändung durch den Gerichtsvollzieher), § 853 ZPO (mehrfache Pfändung einer Geldforderung), § 854 ZPO (mehrfache Pfändung eines Anspruchs auf bewegliche Sachen) und § 858 Abs. 5 ZPO (mehrfache Pfändung einer Schiffspart) Anwendung.

Das hier vorgestellte Formular und die nachfolgenden beziehen sich vorrangig auf den wohl häufigsten Fall des § 853 ZPO (mehrfache Pfändung einer Geldforderung).

2. Hinterlegungsaufforderung an Drittschuldner. Wird der Anspruch des Schuldners gegen den Drittschuldner auf Zahlung einer Geldsumme durch mehrere Gläubiger gepfändet (§ 829 ZPO) gilt das Prioritätsprinzip gem. § 804 Abs. 3 ZPO. Eine frühere Pfändung geht der späteren Pfändung vor; gleichzeitige Pfändungen haben gleichen Rang. Damit steht grundsätzlich die Rang- und Reihenfolge der Auszahlungen des Drittschuldners an die Pfändungsgläubiger fest.

Ungeachtet dessen ist der Drittschuldner berechtigt und auf Verlangen eines Gläubigers, dem die Forderung überwiesen wurde, verpflichtet, unter Anzeige der Sachlage und unter Aushändigung der ihm zugestellten Beschlüsse an das Amtsgericht, dessen Beschluss ihm zuerst zugestellt wurde, den Schuldbetrag zu hinterlegen, § 853 ZPO. Diese Aufforderung ist aus Sicht des Gläubigers insbesondere dann sinnvoll, wenn Zweifel an der Wirksamkeit einzelner Pfändungsbeschlüsse bestehen oder aber die Verteilung des Erlöses auf eine dritte, fachkundige und unabhängige Institution (= das Vollstreckungsgericht) übertragen werden soll.

3. Überweisung. Der Drittschuldner ist nur dann zur Hinterlegung gem. § 853 ZPO verpflichtet, wenn der dies verlangende Gläubiger die Forderung nicht nur gepfändet, sondern sich auch zur Einziehung oder an Zahlungs statt überweisen (§ 835 ZPO) lassen hat.

4. Verhältnis gepfändete Geldforderung – Summe der Vollstreckungsansprüche. Während aus Sicht des Pfändungsgläubigers die Durchführung des gerichtlichen Verteilungsverfahrens nur sinnvoll ist, wenn die gepfändete Geldforderung nicht ausreicht, um alle Vollstreckungsansprüche zu decken, darf der Drittschuldner auch hinterlegen, wenn eine Befriedigung aller Gläubiger aus dem gepfändeten Betrag möglich wäre. Grund hierfür ist, dass der Drittschuldner nicht das Risiko tragen soll, wenn zB über die Wirksamkeit der Erstpfändung Unklarheit besteht (Zöller/*Stöber* § 853 Rn. 1 und 2; aA OLG Frankfurt OLGR 2004, 250).

2. Hinterlegungsanzeige des Drittschuldners

An das

. . . . .gericht . . . . .[1]

Anzeige über die Hinterlegung eines gepfändeten Geldbetrages gem. § 853 ZPO

Sehr geehrte Damen und Herren,

die Forderung des Schuldners[2]. . . . . [Name und zustellfähige Anschrift des Vollstreckungsschuldners] auf Zahlung von . . . . . EUR aus . . . . . gegen uns wurde durch folgende Gläubiger gepfändet und (teilw.) zur Einziehung überwiesen:[3]

Nr.	Name und Anschrift des Gläubigers	Vertreter	Pfändungsbeschluss vom	Zustelldatum	Pfandsumme in EUR (Gesamtbetrag)
1.	. . . . .	. . . . .	. . . . .	. . . . .	. . . . .
. . . .					

Die jeweiligen Pfändungs- und Überweisungsbeschlüsse sind diesem Schriftsatz als Anlage 1 bis . . . . . beigefügt.[4]

Mit Schreiben vom . . . . . (siehe Anlage . . . . .) wurden wir durch den Gläubiger Nr. . . . . . aufgefordert, den Pfändungsbetrag zu Gunsten aller Pfändungsgläubiger gem. § 853 ZPO zu hinterlegen und so eine Verteilung des Geldbetrages gem. §§ 872 ff. ZPO zu ermöglichen.

Die Hinterlegung erfolgte ausweislich beiliegender Kopie der Hinterlegungsquittung vom . . . . . am . . . . . bei dem Amtsgericht . . . . . unter dem Aktenzeichen HL . . . . . (siehe Anlage . . . . .).[5]

. . . . .

Rechtsanwalt

Anmerkungen

1. Zuständigkeit. Zuständig ist als Verteilungsgericht immer das Amtsgericht, an welches die Anzeige nach §§ 827 Abs. 2, 853, 854 Abs. 2 ZPO bzw. § 858 Abs. 2 ZPO zu richten war. Im vorliegenden Falle des § 853 ZPO also das Amtsgericht, dessen Pfändungsbeschluss dem Drittschuldner zuerst zugestellt wurde. Die Zuständigkeit ist eine ausschließliche, § 802 ZPO.

Wurde der Pfändungsbeschluss von einem Obergericht als Beschwerde- oder Arrestgericht erlassen, so ist ihm die Anzeige zu erstatten (Zöller/*Stöber* § 853 Rn. 4). Dieses hat die Anzeige an das Amtsgericht abzugeben, das für die Erstpfändung örtlich zuständig gewesen wäre (OLG Jena OLGE 22, 389; aA OLG Kiel SchlHA 2006, 122).

2. Beteiligung des Schuldners. Das Verteilungsverfahren ist Teil der Vollstreckungshandlung gegen den Schuldner, zu der dieser hinzuzuziehen ist. Angabe von Name und zustellfähiger Anschrift sind insbesondere im Hinblick auf die Ladung des Schuldners zum Verteilungstermin (§ 875 ZPO) erforderlich.

3. Anzeige der Sachlage. Der Drittschuldner ist nach Aufforderung des Gläubigers verpflichtet, dem zuständigen Gericht den Sachstand umfassend darzulegen, § 853 ZPO. Hierzu gehört neben der Art und Höhe der gepfändeten Forderung auch die Angabe aller Pfändungsgläubiger unter Bezeichnung der jeweiligen Pfändungs- und Überweisungsbeschlüsse. Bei unvollständiger Anzeige, in der zB ein Pfändungsgläubiger nicht aufgeführt ist, treten die Hinterlegungswirkungen (→ Anm. 5) diesem Gläubiger gegenüber nicht ein (OLG Köln Urt. v. 4.7.1997 – 19 U 226/96, OLGR 1998, 38).

4. Aushändigung der zugestellten Beschlüsse. Der Anzeige sind sämtliche zugestellten Pfändungs- und Überweisungsbeschlüsse **im Original** beizufügen. Nur die sich aus ihnen ergebenden Forderungen finden im Verteilungsverfahren Berücksichtigung.

5. Hinterlegung. Zu hinterlegen ist die gepfändete Forderung bei der Hinterlegungsstelle eines Amtsgerichts. Da weder die Hinterlegungsordnung, noch § 853 ZPO eine örtliche Zuständigkeit vorsehen, empfiehlt es sich, auf den Leistungsort (§ 374 Abs. 1 BGB) abzustellen (Zöller/*Stöber* § 853 Rn. 4). Zwingend erforderlich ist das jedoch nicht. Die Hinterlegung wirkt als Zahlung (§ 378 BGB). Der hinterlegte Betrag scheidet endgültig aus dem Vermögen des Hinterlegenden aus. Frei wird dieser von seiner Leistung jedoch nur bei gleichzeitiger und vollständiger Anzeige an das zuständige Verteilungsgericht (RG Urt. v. 24.10.1895 – VI 185/95, RGZ 36, 360).

3. Forderungsanmeldung des Gläubigers

An das

Amtsgericht . . . . .

– Vollstreckungsgericht –[1]

Az. . . . . .

Forderungsanmeldung zum Verteilungsverfahren gem. §§ 872 ff. ZPO

Sehr geehrte Damen und Herren,

mit Schreiben vom . . . . . haben Sie uns aufgefordert binnen zwei Wochen[2] eine Berechnung unserer Forderungen an Kapital, Zinsen, Kosten und sonstigen Nebenforderungen bei Gericht einzureichen.

Ausweislich des Ihnen bereits vorliegenden Pfändungs- und Überweisungsbeschlusses des AG . . . . . vom . . . . . kann der unser Mandant . . . . . vom Schuldner beanspruchen:[3]

(Alternativ:
Unter Berücksichtigung der vom Vollstreckungsschuldner zwischenzeitlich am . . . . . gezahlten . . . . . EUR[4] kann unser Mandant ausweislich des Ihnen bereits vorliegenden Pfändungs- und Überweisungsbeschlusses des AG . . . . . vom . . . . . vom Schuldner noch beanspruchen:)

Hauptforderung	. . . . . EUR
. . . . . Zinsen hieraus vom . . . . . bis	. . . . . EUR
verzinsliche Kosten (des Mahnverfahrens)	. . . . . EUR
. . . . . Zinsen hieraus vom . . . . . bis	. . . . . EUR
unverzinsliche Kosten	. . . . . EUR
Gesamt:	. . . . . EUR

(Optional: Eine detaillierte Forderungsaufstellung ist als Anlage beigefügt.)

Zahlungen hat der Schuldner nicht geleistet.

Hinzuzusetzen[5] sind die Kosten dieses Verfahrens[6] wie folgt:

Verfahrensgebühr gem. Nr. 3333 VV RVG –

0,4 Gebühr aus . . . . . EUR	. . . . . EUR
Post- und Telekommunikation gem. Nr. 7002 VV RVG	. . . . . EUR
Zwischensumme:	. . . . . EUR
19 % Umsatzsteuer gem. Nr. 7008 VV RVG	. . . . . EUR
Gesamt:	. . . . . EUR

. . . . .

Rechtsanwalt

Anmerkungen

1. Zuständigkeit. → Form. K. I. 2 Anm. 1.

2. Frist. Nach Eingang der Anzeige über die Sachlage fordert das zuständige Amtsgericht jeden der beteiligten Gläubiger auf, binnen **zwei Wochen** eine Berechnung seiner Forderungen an Kapital, Zinsen, Kosten und sonstigen Nebenforderungen einzureichen. Die Frist beginnt mit der Zustellung dieser Aufforderung, § 221 ZPO. Sie ist keine Notfrist und kann weder abgekürzt noch verlängert werden (§ 224 ZPO).

Die Frist ist keine Ausschlussfrist. Der Gläubiger kann daher noch bis zur Anfertigung des Teilungsplanes (§ 874 Abs. 3 ZPO) und selbst bis zu seiner Niederlegung auf der Geschäftsstelle (§ 875 Abs. 1 S. 2 ZPO) nachmelden. Bis zu diesem Zeitpunkt ist Berichtigung und Ergänzung des Planes und damit auch Nachholung einer Anmeldung möglich (Stein/Jonas/*Münzberg* § 874 Rn. 5; MüKoZPO/*Eickmann* § 874 Rn. 4; Thomas/Putzo/*Seiler* § 874 Rn. 3; aA *Baumbach/Lauterbach/Albers/Hartmann* § 874 Rn. 7).

3. Inhalt der Anmeldung. Berücksichtigung finden die Gläubiger und ihre Forderungen gemäß den der Anzeige des Drittschuldners (Gerichtsvollziehers) beigefügten Schriftstücken und Beschlüssen (§§ 827 Abs. 2 S. 2, 853, 854 Abs. 2 S. 2 ZPO), im Übrigen nur dann, wenn die Anmeldung rechtzeitig erfolgt ist. Zwischenzeitlich entstandene, weitere Vollstreckungskosten und die Kosten für die Teilnahme am Verfahren müssen daher rechtzeitig angemeldet werden. Nicht berücksichtigt werden trotz Anmeldung Ansprüche und Berechtigte, die gemäß den beigefügten Schriftstücken und Beschlüssen kein Recht auf Befriedigung aus dem hinterlegten Erlös erlangt und ein solches Recht (zB durch Vorlage eines noch nicht eingereichten Pfändungsbeschlusses) auch nicht nachgewiesen haben (Zöller/*Stöber* § 874 Rn. 4).

4. Minderanmeldung. Meldet der Gläubiger weniger an, als für ihn nach den Schriftstücken und Beschlüssen von Amts wegen zu berücksichtigen wäre (zB nach Teilzahlungen des Schuldners), wird sein Anspruch entsprechend § 308 Abs. 1 ZPO nur mit dem angemeldeten Betrag berücksichtigt.

5. Form. Die Anmeldung kann schriftlich oder zu Protokoll des Urkundsbeamten erfolgen. Soweit nach § 130a Abs. 2 ZPO bereits zugelassen ist auch die Übersendung als elektronisches Dokument möglich.

6. Kosten und Gebühren. Für die Vertretung im Verteilungsverfahren nach §§ 872 ff. ZPO erhält der Anwalt eine 0,4 Verfahrensgebühr gem. Nr. 3333 VV RVG aus dem Wert der vertretenen Forderung begrenzt durch den insgesamt zu verteilenden Betrag, § 26 Nr. 1 RVG.

4. Vorherige Anzeige eines beabsichtigten Widerspruchs an die betroffenen Gläubiger

An

. . . . . [Name und Anschrift des vom beabsichtigten Widerspruch betroffenen Gläubigers]

Beabsichtigter Widerspruch gegen den Teilungsplan im Verteilungsverfahren . . . . .

Sehr geehrte Damen und Herren,

in dem vom Amtsgericht ..... im Verteilungsverfahren ..... am ..... aufgestellten Teilungsplan[1] wurden Ihre Ansprüche in Höhe von ..... EUR an ..... Rangposition berücksichtigt.

Namens und in Vollmacht unseres Mandanten ..... (Rangposition .....) teilen wir mit, dass wir beabsichtigen[2] gegen die vorrangige Zuteilung an Sie Widerspruch[3] einzulegen, da Ihr Pfandrecht nach unserer Auffassung nachrangig gegenüber dem Pfandrecht unseres Mandanten ist.[4]

Zwar wurde Ihr Pfändungs- und Überweisungsbeschluss dem Drittschuldner am ..... und damit genau einen Tag vor dem Pfändungs- und Überweisungsbeschluss unseres Mandanten zugestellt, jedoch ist bei Erlass und Zustellung Ihres Beschlusses die Wartefrist des § 798 ZPO nicht berücksichtigt worden.

Auch wenn dieser Vollstreckungsmangel durch Ablauf der Wartefrist zwischenzeitlich geheilt wurde, darf unser Mandant hierdurch nicht beeinträchtigt werden. Ihr Pfandrecht ist zwar wirksam, aber erst am ..... und damit im Rang nach dem unseres Mandanten entstanden. Eine Zuteilung an Sie darf daher auch erst nach der Zuteilung an unseren Mandanten erfolgen.

Der Teilungsplan ist nach unserer Auffassung wie folgt zu fassen:

1. Hinterlegungsbetrag: ..... EUR

Hinterlegungszinsen vom ..... bis .....: ..... EUR

Zwischensumme: ..... EUR

2. Abzüglich Verfahrenskosten (§ 874 Abs. 2 ZPO) ..... EUR

3. Pfändungsgläubiger und deren Ansprüche:

Nr.	Name und Anschrift des Gläubigers	Vertreter	Vollstreckungstitel	Pfändungsbeschluss vom	Zustelldatum	Zustelldatum Vorpfändung	Pfandsumme in EUR (Gesamtbetrag)
1.	.....	.....	.....	.....	.....	.....	.....
.....							

Zur Vermeidung weiterer Rechtsstreitigkeiten und Kosten fordern wir Sie auf, den Widerspruch im Verteilungstermin am ..... anzuerkennen.[5]

.....

Rechtsanwalt

Anmerkungen

1. Teilungsplan. Nach Ablauf der zweiwöchigen Anmeldefrist des § 873 ZPO (→ Form. K. I. 3 Anm. 2) fertigt das zuständige Amtsgericht von Amts wegen und ohne mündliche Verhandlung einen Teilungsplan an, § 874 Abs. 1 ZPO. Dieser bildet nach seiner Verhandlung (§ 875 ZPO) Grundlage der Erlösverteilung. In dem Plan wird zunächst die zu verteilende Masse (Hinterlegungsbetrag und Hinterlegungszins) festgestellt. Von dieser werden die Kosten des Verfahrens in Abzug gebracht, § 874 Abs. 2 ZPO. Anschließend werden die Ansprüche aller Gläubiger unter Angabe ihrer Forderungen und des Ranges aufgenommen. Berücksichtigung finden dabei nur Ansprüche, die durch wirksame Pfändung ein Recht auf Befriedigung aus dem hinterlegten Erlös erlangt haben (*Wieser* ZZP 103, 171 (174)). Die Aufnahme der Gläubiger und die Berechnung ihrer Forderungen erfolgt nach den der Anzeige beigefügten Schriftstücken und Beschlüssen, im Übrigen nur auf Anmeldung (→ Form. K. I. 3 Anm. 3 und → Form. K. I. 3 Anm. 4). Die Forderung eines Arrestgläubigers wird aufgenommen, solange der Arrestbeschluss besteht oder wenn er durch einen Hauptsachetitel ersetzt ist (RG Urt. v. 29.6.1928 – VII 159/28, RGZ 121, 349 (351)). Aufgenommen wird auch die Forderung eines Gläubigers, der mit Sicherungsvollstreckung gem. § 720a ZPO ein Pfandrecht erlangt hat (Zöller/*Stöber* § 874 Rn. 3).

2. Zweck der Ankündigung. Die vorherige Ankündigung eines beabsichtigten Widerspruchs ermöglicht den hiervon betroffenen Gläubigern die Prüfung des Sachverhaltes und entsprechende Vorbereitung auf den Verteilungstermin. Hierdurch kann (im Falle einer Einigung) unter Umständen das Verteilungsverfahren erfolgreich abgeschlossen oder aber ein nachfolgendes Klageverfahren vermieden werden.

3. Widerspruch. Der Widerspruch ist Rechtsbehelf gegen den Teilungsplan mit dem Änderung der Verteilung auf Grund eines besseren sachlichen Rechts verlangt wird. Mit dem Widerspruch kann nicht nur die sachliche Unrichtigkeit sondern auch die Verletzung von Verfahrensvorschriften gerügt werden, die zu einer inhaltlich unrichtigen Feststellung des Teilungsplans geführt hat (Zöller/*Stöber* § 876 Rn. 1; Stein/Jonas/*Münzberg* § 876 Rn. 2; aA *Baumbach/Lauterbach/Albers/Hartmann* § 876 Rn. 2 und 4; Thomas/Putzo/*Seiler* § 876 Rn. 3). Der Widerspruch schiebt die Ausführung des Teilungsplanes auf (§ 876 ZPO). Über ihn hat sich jeder der beteiligten Gläubiger sofort zu erklären. Erledigt sich der Widerspruch durch gütliche Einigung (Anerkennung, Vergleich, Zurücknahme) so wird der Teilungsplan entsprechend berichtigt, § 876 S. 3 ZPO

4. Gründe. Der Widerspruch kann nur darauf gestützt werden, dass das Pfandrecht des Dritten unwirksam oder dem widersprechenden Gläubiger gegenüber nachrangig ist. Die entsprechenden Einwände sollten den Betroffenen zur Prüfung des Vorgangs vorab mitgeteilt werden (→ Anm. 2) um eine gütliche Einigung zu fördern.

5. Anerkenntnis. Der vom Widerspruch betroffene Gläubiger kann den Widerspruch im Verteilungstermin bis zur Ausführung des Teilungsplanes anerkennen, § 876 S. 3 ZPO. Gelingt es, den Widerspruch im Verteilungstermin durch gütliche Einigung zu erledigen, so wird der Teilungsplan sofort gem. der Vereinbarung berichtigt und zur Ausführung gebracht.

5. Widerspruch gegen den Teilungsplan

An das

Amtsgericht . . . . .

– Vollstreckungsgericht –[1]

Az. . . . . .

Widerspruch[2] gegen den Teilungsplan gem. § 876 ZPO

Sehr geehrte Damen und Herren,

namens und in Vollmacht meines Mandanten . . . . .[3] lege ich gegen den im oben genannten Verfahren erstellten[4] Teilungsplan[5]

Widerspruch

ein, soweit nach Abschn. . . . . . Nr. . . . . . des Planes an den Gläubiger . . . . . ein Betrag von . . . . . EUR zugeteilt worden ist.[6]

Gründe:[7]

Die Pfändung durch den vorrangig berücksichtigten Gläubiger ist unwirksam,[8] weil . . . . .

. . . . .

Rechtsanwalt

Anmerkungen

1. Zuständigkeit. → Form. K. I. 2 Anm. 1.

2. Widerspruch. → Form. K. I. 4 Anm. 3.

3. Widerspruchsberechtigung. Widerspruch kann jeder (beteiligte) Gläubiger erheben, der in seinem Recht auf Befriedigung aus der Teilungsmasse nach dem Teilungsplan durch einen anderen ganz oder zum Teil verdrängt wird. Nicht widerspruchsberechtigt sind der Schuldner, der auf seine Rechtsbehelfe (zB §§ 767, 769 oder 770 ZPO) zu verweisen ist; noch Gläubiger, die zwar einen Vollstreckungstitel vorgelegt, nach den der Anzeige beigefügten Schriftstücken und Ansprüchen aber kein Pfandrecht erlangt und ein solches auch nicht nachgewiesen haben. Dritte können bzw. müssen ihre Rechte nach § 771 ZPO oder § 805 ZPO außerhalb des Verteilungsverfahrens geltend machen (*Baumbach/Lauterbach/Albers/Hartmann* § 876 Rn. 8; Stein/Jonas/*Münzberg* § 876 Rn. 6, 7).

4. Frist. Der Widerspruch eines Gläubigers kann vor dem Termin schriftlich, zu Protokoll der Geschäftsstelle oder im Verteilungstermin bis zu dessen Schluss, spätestens jedoch bis zu einer Auszahlung an die Gläubiger erklärt werden (OLG Köln Beschl. v. 30.9.1991 – 2 W 131/91, Rpfleger 1991, 519).

5. Teilungsplan. → Form. K. I. 4 Anm. 1.

6. Inhalt. Der Widerspruch muss ersehen lassen, welche **Planänderung** der Gläubiger **zu seinen Gunsten** verlangt und wer insoweit vom Widerspruch betroffen wird (RG Urt. v. 2.7.1890 – Rep. V 67/90, RGZ 26, 421 (424); Stein/Jonas/*Münzberg* § 876 Rn. 9).

7. Begründung. Eine Begründung des Widerspruchs ist nicht erforderlich, noch wäre sie für die Klage des § 878 ZPO bindend. Allerdings fördert sie wohl die gütliche Einigung zwischen den betroffenen Beteiligten. Zu den möglichen Gründen → Form. K. I. 4 Anm. 4 und → Form K. I. 8 Anm. 7.

8. Zweck. Ziel des Widerspruchs kann zum einen die Aufnahme in den Teilungsplan mit Vorrang vor anderen, ein besserer Rang einer in den Plan bereits aufgenommenen Forderung oder eine höhere Zuteilung auf eine solche Forderung sein (Zöller/*Stöber* § 876 Rn. 3). Die Ausführung des Teilungsplanes ist ausgeschlossen, soweit er durch den Widerspruch berührt wird. Der widersprochene Betrag bleibt hinterlegt. Der Widerspruch hindert daher die Auszahlung an den aus Sicht des Widersprechenden Nichtberechtigten. Der Widersprechende hat anschließend die Möglichkeit eine nachträgliche

Einigung (zB mit nicht erschienenen Gläubigern zu erzielen) oder seine Ansprüche binnen eines Monats im Klageweg gem. § 878 ZPO durchzusetzen (→ Form. K. I. 8).

6. Aufforderung zur Anerkennung des Widerspruchs an nicht erschienene Gläubiger

An

..... [Name und Anschrift des vom Widerspruch betroffenen Gläubigers]

Aufforderung zur Anerkennung eines Widerspruchs[1] im Verteilungsverfahren .....

Sehr geehrte Damen und Herren,

in dem vom Amtsgericht ..... im Verteilungsverfahren ..... am ..... aufgestellten Teilungsplan wurden Ihre Ansprüche in Höhe von ..... EUR an ..... Rangposition berücksichtigt.

Namens und in Vollmacht unseres Mandanten ..... (Rangposition .....) teile ich mit, dass wir im Verteilungstermin vom ..... gegen die Zuteilung an Sie Widerspruch eingelegt haben, da Ihr Pfandrecht nach unserer Auffassung unwirksam ist.

Ihr Pfändungs- und Überweisungsbeschluss wurde am ..... durch das Amtsgericht ..... erlassen. Ausschließlich zuständig ist, da der Schuldner bereits seit ..... seinen Wohnsitz in ..... hat, das Amtsgericht ..... (§§ 828 Abs. 2, 802 ZPO). Die Ummeldung des Schuldners war ordnungsgemäß erfolgt.

Beweis: Auskunft des Einwohnermeldeamtes ..... vom .....

Der Verstoß gegen die örtliche Zuständigkeit begründet die Unwirksamkeit Ihres Pfandrechts (*Stöber*, Rn. 456, 457). Diese werden wir notfalls gerichtlich geltend machen.

Der Teilungsplan wäre nach unserer Auffassung wie folgt zu fassen gewesen:

1. Hinterlegungsbetrag:	..... EUR
Hinterlegungszinsen vom ..... bis .....:	..... EUR
Zwischensumme:	..... EUR
2. abzüglich Verfahrenskosten (§ 874 Abs. 2 ZPO)	..... EUR

3. Pfändungsgläubiger und deren Ansprüche:

Nr.	Name und Anschrift des Gläubigers	Vertreter	Vollstreckungstitel	Pfändungsbeschluss vom	Zustelldatum	Zustelldatum Vorpfändung	Pfandsumme in EUR (Gesamtbetrag)
1.	.....	.....	.....	.....	.....	.....	.....
.....							

Da Sie im Verteilungstermin nicht anwesend waren, wird gem. § 877 Abs. 2 ZPO kraft Gesetzes angenommen, dass Sie unseren Widerspruch nicht anerkennen.

Der von mir vertretene Gläubiger wird den Teilungsplan in seiner jetzigen Form nicht akzeptieren, so dass ich für den Fall des fruchtlosen Fristablaufs bereits Klageauftrag habe. Zur Vermeidung weiterer Rechtsstreitigkeiten und Kosten fordere ich Sie daher auf, den Widerspruch schriftlich oder zu Protokoll des Verteilungsgerichts anzuerkennen und uns dies bis zum . . . . .[2] in geeigneter Form nachzuweisen.

Nach Ablauf der Frist werde ich Widerspruchsklage nach § 878 Abs. 1 ZPO gegen Sie erheben.

. . . . .

Rechtsanwalt

Anmerkungen

1. Zweck. Ist ein in dem Verteilungstermin nicht erschienener Gläubiger bei dem Widerspruch beteiligt, den ein anderer Gläubiger erhoben hat, so wird angenommen, dass er diesen Widerspruch nicht als begründet anerkenne, § 877 Abs. 2 ZPO. Planausführung durch Zahlung an die Berechtigten oder Anweisung auf den hinterlegten Betrag ist hinsichtlich des widersprochenen Betrags zunächst aufgeschoben. Der Widersprechende ist grundsätzlich gehalten, binnen einer Frist von einem Monat, die mit dem Terminstag beginnt, dem Gericht nachzuweisen, dass er gegen den beteiligten Gläubiger Klage erhoben hat, um die Ausführung des Teilungsplanes auch weiterhin zu unterbinden, § 878 Abs. 1 ZPO. Da dem Kläger (Widersprechenden) im Falle eines sofortigen Anerkenntnisses durch den Beklagten die gesamten Kosten des Verfahrens gem. § 93 ZPO auferlegt würden (hM vgl. Zöller/*Stöber* § 877 Rn. 2), ist es ratsam den nicht erschienen Gläubiger vor Klageerhebung zu Anerkennung des Widerspruchs aufzufordern.

2. Fristsetzung. Eine Fristsetzung ist insofern sinnvoll, als das der Widersprechende selbst gehalten ist, binnen Monatsfrist den Nachweis der Klageerhebung zu führen (→ Anm. 1). Um im Falle eines Anerkenntnisses die Auszahlung an den nicht erschienen Gläubiger zu unterbinden, empfiehlt es sich daher, diesen zur Abgabe des Anerkenntnisses innerhalb der Monatsfrist sowohl gegenüber dem Verteilungsgericht als auch gegenüber dem widersprechenden Gläubiger aufzufordern. Nur so ist dem Letztgenannten eine rechtzeitige Erhebung der Widerspruchsklage nach § 878 Abs. 1 ZPO möglich, wenn nicht anerkannt wird.

7. Nachweis der rechtzeitigen Erhebung der Widerspruchsklage

An das

Amtsgericht . . . . .

– Vollstreckungsgericht –[1]

Az. . . . . .

Nachweis[2] der Erhebung einer Widerspruchsklage

Sehr geehrte Damen und Herren,

im Verteilungstermin vom . . . . . haben wir gegen die Zuteilung eines Betrages in Höhe von . . . . . EUR an den Gläubiger . . . . . Widerspruch eingelegt.

Wie Sie der in Kopie beiliegenden und mit dem Eingangsstempel des . . . . .gerichts . . . . . versehenen Klageschrift entnehmen können, haben wir fristgemäß[3] am . . . . . Widerspruchsklage gem. § 878 Abs. 1 ZPO eingereicht.

Der Prozesskostenvorschuss wurde ausweislich der gleichfalls anliegenden Einzahlungsquittung der Gerichtszahlstelle bereits eingezahlt.[4]

Die Ausführung des Teilungsplanes ist daher hinsichtlich des widersprochenen Betrages bis zur Entscheidung über die Widerspruchsklage einstweilen auszusetzen.[5]

Der Nachweis über die Zustellung der Klage wird unmittelbar nachgereicht.

. . . . .

Rechtsanwalt

Anmerkungen

1. Zuständigkeit. → Form. K. I. 2 Anm. 1.

2. Form. Schriftlich oder zu Protokoll der Geschäftsstelle, soweit zugelassen auch elektronisch (§ 130a Abs. 2 ZPO). Ist das Verteilungsgericht selbst Prozessgericht, genügt die Bezugnahme auf die Prozessakten, die den Nachweis ja enthalten.

3. Frist. Der Nachweis der Klageerhebung ist binnen einer Frist von **einem Monat** gegenüber dem Verteilungsgericht zu führen, § 878 Abs. 1 S. 1 ZPO. Die Monatsfrist beginnt mit dem Terminstag. Dieser wird nach herrschender Meinung mitgerechnet (vgl. *Baumbach/Lauterbach/Albers/Hartmann* § 878 Rn. 4; MüKoZPO/*Eickmann* § 878 Rn. 9 lit. c; aA Stein/Jonas/*Münzberg* § 878 Rn. 5). Sie ist keine Notfrist und kann weder durch das Gericht, noch die Parteien verlängert werden.

4. Nachweis. Die Klage nach § 878 Abs. 1 ZPO hat aufschiebende Wirkung, wenn der Kläger innerhalb eines Monats (→ Anm. 3) nachweist, dass er alles getan hat, um alsbaldige Zustellung der Klageschrift zu ermöglichen. Dazu gehört, dass er entweder den Prozesskostenvorschuss eingezahlt oder ein PKH-Gesuch eingereicht hat. Der insoweit inzwischen prozesstechnisch überholte Wortlaut des § 878 Abs. 1 ZPO ist einschränkend auszulegen (Stein/Jonas/*Münzberg* § 878 Rn. 3 lit. a).

5. Rechtsfolgen. Erst durch den Nachweis der rechtzeitigen Klageerhebung wird die Ausführung des Teilungsplanes bis zur Rechtskraft des Urteils nach § 882 ZPO aufgeschoben. Die aufschiebende Wirkung tritt zudem nur dann ein, wenn sich die Klage gegen alle (betroffenen) Gläubiger richtet, die den Widerspruch nicht anerkannt haben (Zöller/*Stöber* § 878 Rn. 6).

8. Widerspruchsklage (§ 878 Abs. 1 ZPO)

An das

. . . . . gericht . . . . .[1]

Widerspruchsklage gem. § 878 ZPO

In dem Rechtsstreit

. . . . .

Kläger,[2]

(vertreten durch .....)

gegen

.....

Beklagter,[3]

wegen: Abänderung eines Teilungsplanes[4]

Streitwert: ..... EUR[5]

beantrage ich namens und in Vollmacht des Klägers zu erkennen:

I. Der Widerspruch des Klägers gegen den Teilungsplan des Amtsgerichts ..... vom ..... im Verteilungsverfahren ..... ist begründet. Der Teilungsplan wird dahingehend abgeändert, dass der Kläger mit seiner Forderung in Höhe von ..... EUR vor derjenigen des Beklagten in Höhe von ..... EUR zu befriedigen ist.[6]
II. Der Beklagte trägt die Kosten des Verfahrens.

Weiter beantrage ich,

die Klage im Hinblick auf die Hemmung der Ausführung des Teilungsplans nach § 878 Abs. 1 ZPO unverzüglich zuzustellen und dem Kläger zu meinen Händen eine Zustellbescheinigung nach § 169 Abs. 1 ZPO zu erteilen.

Begründung:[7]

1. Der Kläger vollstreckt gegen den Schuldner ..... aus dem ..... wegen einer Forderung in Höhe von ..... EUR. Zu diesem Zwecke hat er sich mit Pfändungs- und Überweisungsbeschluss des AG ..... vom ..... (Az. .....) eine Forderung des Schuldners gegen den Drittschuldner ..... aus ..... pfänden und zur Einziehung überweisen lassen.

Beweis: Beiziehung der Akten des Amtsgerichts ..... (Az. .....)

Der Beklagte vollstreckt in gleicher Weise gegen den Schuldner und zwar wegen einer Forderung in Höhe von ..... EUR aus dem ..... des ..... vom ...... Zu diesem Zwecke hat er sich mit Pfändungs- und Überweisungsbeschluss des AG ..... vom ..... (Az. .....) dieselbe Forderung des Schuldners gegen den Drittschuldner pfänden und zur Einziehung überweisen lassen.

Beweis: Beiziehung der Akten des Amtsgerichts ..... (Az. .....)

Der Drittschuldner hat die gepfändete Forderung auf Aufforderung des Klägers vom ..... unter Anzeige des Sachverhaltes bei dem Amtsgericht ..... gem. § 853 ZPO hinterlegt.

Beweis: Beiziehung der Akten des Amtsgerichts ..... (Az. .....)

Dieses hat am ..... einen Teilungsplan aufgestellt, der eine Befriedigung des Klägers erst im Rang nach dem Beklagten vorsieht.

Beweis: Kopie des Teilungsplans (Anlage .....)

Dem Teilungsplan hat der Kläger im Verteilungstermin vom ..... aus den nachfolgend dargestellten Gründen widersprochen.

Beweis: Kopie des Protokolls des Verteilungstermins vom ..... (Anlage .....)

Der Beklagte war in dem Verteilungstermin nicht anwesend. Insoweit wird angenommen, dass er den Widerspruch gem. § 877 Abs. 2 ZPO nicht als begründet anerkennt.

Der Aufforderung des Klägers vom ..... den Widerspruch nachträglich anzuerkennen ist er nicht nachgekommen.

Der Kläger ist daher gezwungen Widerspruchsklage gem. § 878 Abs. 1 ZPO zu erheben.

2. Der Pfändungsbeschluss, auf dem der Vorrang des Beklagten beruht, ist wegen unzureichender Bezeichnung der zu pfändenden Forderung unbestimmt und daher unwirksam.

..... [Nähere Ausführungen]

Der Teilungsplan ist nach unserer Auffassung wie folgt zu fassen:

1. Hinterlegungsbetrag:	**..... EUR**
Hinterlegungszinsen vom ..... bis .....:	**..... EUR**
Zwischensumme:	**..... EUR**
2. abzüglich Verfahrenskosten (§ 874 Abs. 2 ZPO)	**..... EUR**

3. Pfändungsgläubiger und deren Ansprüche:

Nr.	Name und Anschrift des Gläubigers	Vertreter	Vollstreckungstitel	Pfändungsbeschluss vom	Zustelldatum	Zustelldatum Vorpfändung	Pfandsumme in EUR (Gesamtbetrag)
1.	.....	.....	.....	.....	.....	.....	.....
.....							

.....

Rechtsanwalt

Anmerkungen

1. Zuständigkeit. Ausschließlich zuständig für die Klage ist das Verteilungsgericht bzw. sofern der Streitgegenstand nicht zur Zuständigkeit der Amtsgerichte gehört, das übergeordnete Landgericht (§ 879 ZPO iVm § 802 ZPO).

2. Aktivlegitimation. Aktiv legitimiert ist der widersprechende Gläubiger.

3. Passivlegitimation. Die Klage ist gegen den oder die Pfändungsgläubiger zu richten, die vom Widerspruch betroffen sind und ihn nicht als begründet anerkannt haben (RG Urt. v. 2.7.1890 – Rep. V 67/90, RGZ 26, 421 (424)). Hierzu gehören wegen § 877 Abs. 2 ZPO auch die im Termin nicht erschienen Gläubiger, die einer nachträglichen Aufforderung zur Anerkennung des Widerspruchs (→ Form. K. I. 6) nicht nachgekommen sind.

4. Rechtsschutzbedürfnis. Ein Rechtsschutzbedürfnis besteht ab dem Verteilungstermin (§ 876 ZPO), wenn feststeht, dass sich der Widerspruch nicht erledigt. Es entfällt mit der Ausführung des Teilungsplanes (Zöller/*Stöber* § 878 Rn. 4). Dann ist nur noch die Erhebung der Bereicherungsklage (→ Form. K. I. 9) möglich (BGH Urt. v. 26.4.2001 – IX ZR 53/00, NJW 2001, 2477).

5. Streitwert. Streitgegenstand ist der Betrag, dessen anderweitige Verteilung der Widersprechende (Kläger) verlangt.

6. Klageantrag. Der Klageantrag muss, wie der Widerspruch gegen den Teilungsplan selbst, klar erkennen lassen, welche Verteilung der Kläger beanstandet und wer insoweit von Widerspruch und Klage betroffen ist (RG Urt. v. 2.7.1890 – Rep. V 67/90, RGZ 26, 424).

7. Begründung. Die Klage hat nur dann Aussicht auf Erfolg, wenn dem Kläger ein besseres Recht an dem hinterlegten Betrag zusteht, als dem Beklagten. Die Klage darf sich dabei nur auf solche Tatsachen stützen, die bis zum Schluss des Verteilungstermins eingetreten waren, §§ 136 Abs. 4, 296a ZPO (BGH Urt. v. 13.12.1990 – IX ZR 118/90, BGHZ 113, 169 (174)). Der Kläger kann zB geltend machen, dass für den Gegner **kein Pfandrecht** entstanden sei oder dass es überhaupt an einer wirksamen Pfändung fehle, weil ein sachlich unzuständiger Gerichtsvollzieher gepfändet habe (*Baumbach/Lauterbach/Albers/Hartmann* § 878 Rn. 10). Geltend gemacht werden kann auch der **Vorrang** der Forderung des Klägers gegenüber dem Beklagten. Sei es, dass dieser aufgrund eines Rechtsgeschäftes zur Einräumung des Vorrangs verpflichtet ist (RG Urt. v. 2.10.1909 – Rep. V. 187/09, RGZ 71, 424 (426)) oder das der Beklagte den Vorrang durch eine dem Kläger gegenüber begangene unerlaubte Handlung erlangt hat (RG JW 1902, 170). Der Widerspruch gegen den besseren Rang des Beklagten kann auch auf **formelle Mängel des Vollstreckungsaktes** gestützt werden (Zöller/*Stöber* § 878 Rn. 9). Hat ein fehlerhafter Vollstreckungsakt durch Heilung zwischenzeitlich Rechtsbeständigkeit erlangt, kommt es hierbei jedoch darauf an, ob die formellen Mängel des Vollstreckungsaktes durch den Gläubiger beeinflussbar waren. Die Klage ist nur dann begründet, wenn der Gläubiger die Mängel selbst verursacht oder zu vertreten hat, nicht jedoch wenn die Mängel dem Einfluss des Gläubigers entzogen waren (Zöller/*Stöber* § 878 Rn. 11).

In der Klage kann weiterhin geltend gemacht werden, dass die vom Beklagten erlangte formelle Rechtsposition nach den Maßstäben materieller Gerechtigkeit im Verhältnis zum Kläger zu Unrecht erlangt sei (Zöller/*Stöber* § 878 Rn. 8). Der Kläger kann schließlich auch die **Einwendungen** geltend machen, **die dem Schuldner** gegen die Forderung des Beklagten **zustehen** (RG Urt. v. 29.6.1928 – VII 159/28, RGZ 121, 349 (352)), mit Ausnahme der dem Schuldner zustehenden, aber noch nicht ausgeübten Gestaltungsrechte und der echten Einreden (BGH Urt. v. 11.7.1974 – II ZR 1/73, BGHZ 63, 61 = NJW 74, 2284). Ist die Forderung des Beklagten aber durch ein rechtskräftiges oder vorläufig vollstreckbares Urteil oder durch Vollstreckungsbescheid festgestellt, so darf der Kläger das Nichtbestehen der Forderung nur unter denselben Voraussetzungen geltend machen, wie der Schuldner selbst, also in den Grenzen der §§ 767 Abs. 2, 580 ZPO oder durch Einspruch oder Rechtsmittel bei vorläufig vollstreckbaren Titeln (BGH Urt. v. 11.7.1974 – II ZR 1/73, BGHZ 63, 61 = NJW 74, 2284; aA Stein/Jonas/*Münzberg* § 878 Rn. 28).

9. Bereicherungsklage (§ 878 Abs. 2 ZPO)

An das

. . . . .gericht . . . . .[1]

Bereicherungsklage gem. § 878 ZPO

In dem Rechtsstreit[2]

. . . . .

Kläger,

(vertreten durch . . . . .)

gegen

.....

Beklagter,

wegen: Ungerechtfertigter Bereicherung

Streitwert: ..... EUR[3]

beantrage ich namens und in Vollmacht des Klägers zu erkennen:

I. Der Beklagte wird verurteilt, in Anerkennung des Widerspruchs des Klägers vom ..... gegen Teilungsplan des Amtsgerichts ..... vom (Az. .....) einen Betrag in Höhe von ..... EUR an den Kläger zu zahlen.
II. Der Beklagte trägt die Kosten des Verfahrens.
III. Das Urteil ist vorläufig vollstreckbar.

Begründung:

1. Der Kläger vollstreckt gegen den Schuldner ..... aus dem ..... des ..... vom ..... wegen einer Forderung in Höhe von ..... EUR. Zu diesem Zwecke hat er sich mit Pfändungs- und Überweisungsbeschluss des AG ..... vom ..... (Az. .....) eine Forderung des Schuldners gegen den Drittschuldner ..... aus ..... pfänden und zur Einziehung überweisen lassen.

Beweis: Beiziehung der Akten des Amtsgerichts ..... (Az. .....)

Der Beklagte vollstreckt in gleicher Weise gegen den Schuldner und zwar wegen einer Forderung in Höhe von ..... EUR aus dem ..... des ..... vom ...... Zu diesem Zwecke hat er sich mit Pfändungs- und Überweisungsbeschluss des AG ..... vom ..... (Az. .....) dieselbe Forderung des Schuldners gegen den Drittschuldner pfänden und zur Einziehung überweisen lassen.

Beweis: Beiziehung der Akten des Amtsgerichts ..... (Az. .....)

Der Drittschuldner hat die gepfändete Forderung unter Anzeige des Sachverhaltes bei dem Amtsgericht ..... gem. § 853 ZPO hinterlegt.

Beweis: Beiziehung der Akten des Amtsgerichts ..... (Az. .....)

Dieses hat am ..... einen Teilungsplan aufgestellt, der eine Befriedigung des Klägers erst im Rang nach dem Beklagten vorsieht.

Beweis: Kopie des Teilungsplans (Anlage .....)

Dem Teilungsplan hat der Kläger im Verteilungstermin vom ..... aus den nachfolgend dargestellten Gründen widersprochen.

Beweis: Kopie des Protokolls zum Verteilungstermins vom ..... (Anlage .....)

Der Beklagte hat den Widerspruch im Verteilungstermin nicht anerkannt.

Beweis: Kopie des Protokolls zum Verteilungstermins vom ..... (Anlage .....)

Der Kläger ist mit seiner Forderung in voller Höhe ausgefallen. Der Teilungsplan wurde zwischenzeitlich ausgeführt. Dem Beklagten wurden ..... EUR zugeteilt und ausgezahlt.[4]

Beweis: Beiziehung der Akten des Amtsgerichts ..... (Az. .....)

Der Kläger ist daher nunmehr gezwungen Klage wegen ungerechtfertigter Bereicherung gem. §§ 878 Abs. 2, 812 ZPO zu erheben.

2. Der Pfändungsbeschluss, auf dem der Vorrang des Beklagten beruhte, ist wegen unzureichender Bezeichnung der zu pfändenden Forderung unbestimmt und daher unwirksam.[5]

..... (Nähere Ausführungen)

Der Teilungsplan war nach unserer Auffassung wie folgt zu fassen:

1. Hinterlegungsbetrag: ..... EUR

Hinterlegungszinsen vom ..... bis .....: ..... EUR

Zwischensumme: ..... EUR

2. abzüglich Verfahrenskosten (§ 874 Abs. 2 ZPO) ..... EUR

3. Pfändungsgläubiger und deren Ansprüche:

Nr.	Name und Anschrift des Gläubigers	Vertreter	Vollstreckungstitel	Pfändungsbeschluss vom	Zustelldatum	Zustelldatum Vorpfändung	Pfandsumme in EUR (Gesamtbetrag)
1.	.....	.....	.....	.....	.....	.....	.....
.....							

Die Zuteilung an den Beklagten ist somit ohne Rechtsgrund erfolgt, der Beklagte um die zugeteilten ..... EUR ungerechtfertigt bereichert.

Die Forderung des Klägers hat Rang unmittelbar nach der des Beklagten erhalten.

Beweis: Kopie des Teilungsplans (Anlage .....)

Der Beklagte ist daher zu verurteilen, die ihm zugeteilten und zwischenzeitlich ausgezahlten ..... EUR an den Kläger zu zahlen.

.....

Rechtsanwalt

Anmerkungen

1. Zuständigkeit. Maßgebend ist der ordentliche Gerichtsstand des Beklagten (*Baumbach/Lauterbach/Albers/Hartmann* § 878 Rn. 15).

2. Rubrum. → Form. K. I. 8 Anm. 2 und → Form. K. I. 8 Anm. 3.

3. Streitwert. Entspricht der Höhe der geltend gemachten Forderung (§§ 3 ff. ZPO).

4. Rechtsschutzbedürfnis. Besteht ab Auskehrung des widersprochenen Betrages an den Beklagen (= Ausführung des Teilungsplanes).

5. Begründung. Der widersprechende Gläubiger, der die Klagefrist des § 878 Abs. 1 ZPO versäumt hat, verliert dadurch nicht sein sachlich besseres Befriedigungsrecht. Er kann die Bereicherung von demjenigen herausverlangen, der auf Grund des Teilungsplanes etwas auf Kosten des Klägers erlangt hat (BGH Urt. v. 14.4.1987 – IX ZR 237/86, NJW-RR 1987, 890 (891)). Der Kläger kann im Rahmen der Bereicherungsklage auch Tatsachen geltend machen, die erst nach dem Verteilungstermin entstanden sind. Zu den möglichen Gründen vgl. → Form. K. I. 8 Anm. 7.

II. Verteilungsverfahren nach ZVG

1. Forderungsanmeldung des Gläubigers

An das

Amtsgericht . . . . .[1]

– Vollstreckungsgericht –

Az. . . . . .

Zwangsversteigerungsverfahren gegen . . . . .

Sehr geehrte Damen und Herren,

zu dem am . . . . . im oben genannten Zwangsversteigerungsverfahren stattfindenden Verteilungstermin[2] wiederholen wir unsere Forderungsanmeldung vom . . . . .[3]

Dieser bitten wir die laufenden Zinsen vom . . . . . bis zum . . . . .[4] in Höhe von . . . . . EUR hinzuzusetzen.

(Alternative:

Auf die Geltendmachung laufender Zinsen für den Zeitraum . . . . . bis . . . . . in Höhe von . . . . . EUR wird zugunsten einer Zuteilung im parallel anhängigen Zwangsverwaltungsverfahren verzichtet.[5])

Die bisher nur pauschal angemeldeten Kosten[6] für die Terminwahrnehmung konkretisieren wir wie folgt: . . . . .

Wir machen weiterhin unsere Rechte aus eingetragenen Löschungsvormerkungen und bestehende gesetzliche Löschungsansprüche[7] gegenüber allen vor- und gleichrangigen Grundpfandrechten geltend.

Für den Fall einer Zuteilung auf ein vorrangiges Eigentümerrecht oder Eigentümererlöspfandrecht[8] erheben wir ausdrücklich Widerspruch.

Den auf uns entfallenden Versteigerungserlös bitten wir unter Angabe des Verwendungszwecks . . . . . auf das Konto IBAN . . . . . bei . . . . ., BIC: . . . . . zu überweisen.

(Optional: Geldempfangsvollmacht[9] liegt an.)

. . . . .

Rechtsanwalt[10, 11]

Anmerkungen

1. **Zuständigkeit.** → Form. J. XI. 1 Anm. 2.

2. **Verteilungstermin, Teilungsplan.** Nach Erteilung des Zuschlags bestimmt das Vollstreckungsgericht von Amts wegen einen Termin zur Verteilung des Versteigerungserlöses, § 105 Abs. 1 ZVG. Hierbei werden die Verfahrensbeteiligten aufgefordert eine

Berechnung ihrer Ansprüche dem Gericht einzureichen, § 106 S. 1 ZVG. Im Verteilungstermin wird der Teilungsplan aufgestellt. Dieser gliedert sich regelmäßig in:

- Vorbemerkungen,
- Feststellung der **Teilungsmasse** (bares Meistgebot zuzüglich Zinsen vom Zuschlag bis einen Tag vor dem Verteilungstermin, §§ 107, 49 Abs. 1 und 2 ZVG; evtl. Erlös nach § 65 ZVG; evtl. Zuzahlungsbeträge nach §§ 50, 51 ZVG; uU Minderung wegen Liegenbelassung gem. § 91 Abs. 2 ZVG → Form. K. II. 5),
- Feststellung bestehen bleibender Rechte,
- Feststellung der **Schuldenmasse,**
- Zuteilung der einzelnen Ansprüche,
- eventuell Hilfsverteilung.

In die **Schuldenmasse** werden **von Amts wegen** aufgenommen:

- die Verfahrenskosten gem. § 109 ZVG die der Teilungsmasse vorweg zu entnehmen sind,
- die Ansprüche, soweit ihr Betrag oder Höchstbetrag (§ 882 BGB) zur Zeit der Eintragung des Versteigerungsvermerks aus dem Grundbuch ersichtlich waren, § 114 Abs. 1 ZVG,
- laufende Beträge wiederkehrender Leistungen, die nach dem Inhalt des Grundbuchs zu berichtigen sind, § 114 Abs. 2 ZVG.

Anzumelden sind:

- die Kosten der dinglichen Rechtsverfolgung, § 10 Abs. 2 ZVG,
- Ansprüche aus dem Wohnungseigentum, § 10 Abs. 1 Nr. 2 ZVG,
- öffentliche Grundstückslasten, § 10 Abs. 1 Nr. 3 ZVG,
- rückständige, wiederkehrende Leistungen der im Grundbuch eingetragenen dinglichen Rechte,
- der Wertersatz für Rechte, die nicht auf einen Kapitalbetrag lauten,
- Verpfändungen, Pfändungen und Überweisungen eines Rechtes (→ Form. K. II. 2),
- die Pfändung des Erlösanspruchs des früheren Eigentümers (→ Form. K. II. 3),
- die Pfändung der Rückgewähransprüche gegenüber einer Sicherungsgrundschuld (→ Form. K. II. 4),
- Rechte, die nach dem Zwangsversteigerungsvermerk im Grundbuch eingetragen wurden (zum möglichen **Rangverlust** → Anm. 3).

Über den Teilungsplan wird verhandelt, die Anwesenheit der Verfahrensbeteiligten empfiehlt sich daher gerade bei strittigen oder rechtlich komplexen Sachverhalten.

3. Rangverlust nach § 110 ZVG. Rechte die zum Zeitpunkt der Eintragung des Zwangsversteigerungsvermerks aus dem Grundbuch nicht ersichtlich waren, müssen rechtzeitig angemeldet und, falls der Gläubiger widerspricht, glaubhaft gemacht werden. Hausgeldansprüche (§ 10 Abs. 1 Nr. 2 ZVG) sind analog § 45 Abs. 3 ZVG für eine Berücksichtigung im Teilungsplan immer glaubhaft zu machen. Rückständige laufende wiederkehrende Leistungen müssen ebenfalls rechtzeitig angemeldet, jedoch nicht glaubhaft gemacht werden. Rechtzeitig im Sinne von §§ 110, 37 Nr. 4 ZVG ist die Anmeldung nur, wenn **sie spätestens im Versteigerungstermin** und hier spätestens **vor der Aufforderung zur Abgabe von Geboten** (§ 66 Abs. 2 ZVG) erfolgt. Hierbei gelten Ansprüche, die sich aus dem Versteigerungsantrag ergeben, als angemeldet, § 114 Abs. 1 S. 2 ZVG. Für eine volle Berücksichtigung aller vorgenannten Ansprüche und vor allem Kosten muss daher bereits vor dem Versteigerungstermin eine Forderungsanmeldung an das Vollstreckungsgericht übersandt werden. Geschieht dies nicht, sondern erst zum Verteilungstermin erfolgt eine Berücksichtigung mit **Rang nach allen anderen Rechten.**

4. Laufende wiederkehrende Leistungen/Anmeldung. Zur Abgrenzung laufender wiederkehrender Leistungen von den rückständigen siehe § 13 ZVG (sowie anschaulich

Stöber Rn. 88). Im Versteigerungstermin werden die laufenden wiederkehrenden Leistungen gem. § 47 ZVG nur für die Zeit bis zum Ablauf von zwei Wochen nach demselben berücksichtigt. Da der Verteilungstermin erst nach dem Zuschlag anberaumt wird, empfiehlt es sich bei erlöschenden Rechten daher grundsätzlich, die Zinsen des Rechts vom Tag des Zuschlags an bis einen Tag vor den Verteilungstermin beim Vollstreckungsgericht mit einem konkreten Betrag nachzumelden. Zwingend erforderlich ist dies jedoch nicht, da das Vollstreckungsgericht die Ansprüche von Amts wegen berücksichtigt, sofern keine ausdrückliche Minderanmeldung (§ 308 ZPO) vorliegt.

5. Zwangsverwaltung. Ist parallel ein Zwangsverwaltungsverfahren anhängig, aus dem der anmeldende Gläubiger mit einer Auskehr durch den Zwangsverwalter rechnet, sollte in Höhe des voraussichtlich auszukehrenden Betrages auf die Geltendmachung der laufenden Zinsen in der Zwangsversteigerung verzichtet werden. Dieser Verzicht ist natürlich dann nicht erforderlich, wenn ohnehin die Befriedigung aller Ansprüche aus dem Meistgebot abzusehen ist.

6. Kosten. Nur auf Anmeldung berücksichtigt werden die Kosten der dinglichen Rechtsverfolgung (§ 10 Abs. 2 ZVG) sofern sich diese nicht bereits aus dem Anordnungs- oder Beitrittsbeschluss ergeben. Soweit zum Zwangsversteigerungstermin eine Kostenpauschale angemeldet wurde, muss diese nunmehr zum Verteilungstermin spezifiziert werden. Die Kosten sind betragsmäßig aufzuschlüsseln und glaubhaft zu machen (Dassler/*Muth* § 10 Rn. 70; Korintenberg/*Wenz* § 10 Anm. III 5; Steiner/*Hagemann* § 10 Rn. 178; aA *Stöber* ZVG § 19 Rn. 15.10).

7. Löschungsanspruch und Löschungsvormerkung. Richtet sich der kraft Gesetzes bestehende (§ 1179a BGB) oder durch Vormerkung gesicherte Löschungsanspruch gegen eine ebenfalls erlöschende Eigentümergrundschuld wird der gesicherte Löschungsanspruch nur berücksichtigt, wenn er geltend gemacht wird. Die Geltendmachung kann dabei auch noch im oder zum Verteilungstermin erfolgen, ein Rangverlust tritt hierdurch nicht ein (Dassler/*Schiffhauer* § 114 Rn. 57; *Stöber* ZVG § 114 Rn. 9.15; Steiner/*Eickmann* § 114 Rn. 90). Da es sich bei dem gesetzlichen Löschungsanspruch um einen schuldrechtlichen Anspruch handelt, kann aufgrund der einseitigen Erklärung des Berechtigten jedoch noch keine Auszahlung an diesen erfolgen. Das Vollstreckungsgericht kann vielmehr erst dann eine Auszahlung an einen anderen Berechtigten vornehmen, wenn sich die dingliche Rechtslage geändert hat (*Hintzen*/Wolf Rn. 11.985).

Falls keine eindeutigen und übereinstimmenden Erklärungen im Verteilungstermin vorgelegt werden, muss der Löschungsvormerkungsberechtigte seinen Anspruch durch Widerspruch gegen den Teilungsplan verfolgen (Dassler/*Schiffhauer* § 114 Rn. 59; Steiner/*Eickmann* § 114 Rn. 90; aA *Stöber* ZVG § 114 Rn. 9.16 – bedingte Zuteilung nach § 119 ZVG). Regelmäßig wird das Vollstreckungsgericht den geltend gemachten Löschungsanspruch von Amts wegen als Widerspruch gegen den Teilungsplan werten, da der angemeldete Anspruch nicht nach dem Antrag in den Teilungsplan aufgenommen werden kann, § 115 Abs. 2 ZVG. Richtet sich der Anspruch gegen ein bestehen gebliebenes Grundpfandrecht kann der Berechtigte die Eintragung einer Vormerkung nach § 130a Abs. 2 ZVG beantragen (→ Form. K. II. 6).

8. Widerspruch bei Zuteilung auf **Eigentümererlöspfandrechte.** Mit Urteil vom 27.4.2012 (V ZR 270/10, BGHZ 193, 144 = NJW 2012, 2274) hat der BGH die von ihm in seiner umstrittenen Leitsatzentscheidung vom 22.7.2004 (V ZR 131/03, NJW-RR 2004, 1458) noch vertretene und in der Vorauflage dargestellte Rechtsauffassung zum Eigentümererlöspfandrecht, auf das sich der gesetzliche Löschungsanspruch nach § 1179a BGB nicht erstreckt, vollständig aufgegeben und die ursprüngliche Rechtspraxis wiederhergestellt.

Damit besteht auch in allen Fällen, in denen der Gläubiger des vom gesetzlichen Löschungsanspruch betroffenen Grundpfandrechts erst nach Erteilung des Zuschlags auf den nicht mehr valutierten Teil seines Rechts am Erlös verzichtet weiterhin der gesetzliche **Löschungsanspruch nach § 1179a BGB**, da es „bei wertender Betrachtung" nicht darauf ankommt ob der Gläubiger des vorrangigen Rechts vor oder nach dem Zuschlag auf sein Grundpfandrecht bzw. sein Erlöspfandrecht verzichtet hat (BGH Urt. v. 27.4.2012 – V ZR 270/10, BGHZ 193, 144 = NJW 2012, 2274; zust. *Alff* Rpfleger 2012, 417). Diesen Löschungsanspruch kann der Berechtigte des begünstigten Rechts im Rahmen des Widerspruchsverfahrens weiter verfolgen (→ Anm. 7).

9. Geldempfangsvollmacht/Nachweis und Prüfung von Amts wegen. Das Vollstreckungsgericht hat bei Auszahlung des Versteigerungserlöses die persönliche Berechtigung des Zahlungsempfängers zu überprüfen. Wird der Berechtigte vertreten, benötigt der Vertreter eine entsprechende Geldempfangsvollmacht. Die Ermächtigung zum Geldempfang muss **ausdrücklich** erteilt sein. Eine normale Prozessvollmacht genügt nicht (*Stöber* ZVG § 117 Rn. 3.2 lit. c; Steiner/*Teufel* § 117 Rn. 31). Die Bevollmächtigung ist formfrei möglich (§ 167 Abs. 2 BGB), nachzuweisen ist sie jedoch durch **Vorlage der Urschrift der Vollmachtsurkunde,** § 172 Abs. 1 BGB. Ablichtung oder Übermittlung als Faxkopie genügen nicht (LG Bremen Beschl. v. 16.5.2001 – 2 T 164/01, DGVZ 2002, 168; LG Frankfurt Beschl. v. 15.7.1993 – 2/9 T 604/93, DGVZ 1995, 46; AG Aachen Beschl. v. 30.4.1991 – 14 M 75/91, DGVZ 1991, 173).

10. Gebühren. Für die Tätigkeit im Verteilungsverfahren erhält der Anwalt eine 0,4 Verfahrensgebühr nach Nr. 3311 Nr. 2 VV RVG. Der Gegenstandswert richtet sich nach § 26 RVG.

11. Rechtsmittel. Für **materiell-rechtliche Einwendungen** gegen den Teilungsplan ist der Widerspruch gem. § 115 Abs. 1 S. 2 ZVG, 876 ZPO (→ Form. K. I. 5) ausschließlicher Rechtsbehelf (*Stöber* ZVG § 115 Rn. 3.1 und 3.2). Bei Nichtbeachtung eines angemeldeten Anspruchs gilt bereits die Anmeldung als Widerspruch gem. § 115 Abs. 2 ZVG. Kein Widerspruch liegt jedoch in der Anmeldung eines Anspruchs, der in der Zwangsversteigerung überhaupt nicht geltend gemacht werden kann (*Stöber* ZVG § 115 Rn. 4).

Der Widerspruch des Schuldners gegen einen vollstreckbaren Anspruch ist nach §§ 767, 769, 770 ZPO zu erledigen, § 115 Abs. 2 ZVG.

Verfahrensfehler des Gerichts kann nach wohl herrschender Meinung jeder Beteiligte mit der **sofortigen Beschwerde** nach § 793 ZPO rügen (BGH Beschl. v. 19.2.2009 – V ZB 54/08, Rpfleger 2009, 401 mwN; → Form. P. II. 6 und → Form. P. III. 7), wobei die Statthaftigkeit dieses Rechtsmittels umstritten ist (Gegenansicht: *Stöber* ZVG § 115 Rn. 3.1 und 3.2). Umstritten ist ebenfalls der Beginn der Beschwerdefrist, die nach BGH (Beschl. v. 19.2.2009 – V ZB 54/08, Rpfleger 2009, 401) mit der Zustellung des Teilungsplanes beginnt (aA: mit der Aufstellung des Plans im Teilungstermin – *Depré/Mayer* Rn. 324).

2. Anmeldung gepfändeter Eigentümergrundpfandrechte

An das

Amtsgericht . . . . .[1]

– Vollstreckungsgericht –

Az. . . . . .

Zwangsversteigerungsverfahren gegen .....

Sehr geehrte Damen und Herren,

unter Vorlage des anliegenden Pfändungs- und Überweisungsbeschlusses des Amtsgerichts ..... vom ..... (Az. .....) zeigen wir Namens und in Vollmacht unseres Mandanten ..... an, das dieser die zu Gunsten des Schuldners in Abt. III Nr. ..... eingetragene Eigentümergrundschuld zu ..... EUR gepfändet[2] und sich zur Einziehung[3] überweisen lassen hat. Der Beschluss wurde dem Schuldner am ..... zugestellt.

Anstelle des Schuldners ist daher unser Mandant mit seiner Forderung aus dem vorgenannten Pfändungs- und Überweisungsbeschluss im Teilungsplan zu berücksichtigen.[4]

Hinzuzusetzen sind die Kosten für die Vertretung in diesem Verfahren wie folgt:

Verteilungsgebühr gem. Nr. 3311 VV RVG	
0,4 Gebühr aus ..... EUR	..... EUR
Post- und Telekommunikation gem. Nr. 7002 VV RVG	..... EUR
Zwischensumme:	..... EUR
19 % Umsatzsteuer gem. Nr. 7008 VV RVG	..... EUR
Gesamt:	..... EUR

Eine eventuelle Auskehr[5] ist unter Angabe des Verwendungszweckes ..... auf folgendes Konto vorzunehmen: .....

(Optional: Geldempfangsvollmacht[6] liegt an.)

.....

Rechtsanwalt

Anmerkungen

1. Zuständigkeit. → Form. J. XI. 1 Anm. 2.

2. Pfändung offener und verdeckter Eigentümergrundpfandrechte. → Form. I. VI. 9 f. und → Form. I. VI. 25ff.

3. Pfandreife. Wurde der Anspruch nur gepfändet, können Gläubiger und Schuldner nur gemeinsam verfügen. Hat sich der Gläubiger den Anspruch zur Einziehung oder an Zahlungs statt überweisen lassen, ist er allein empfangsberechtigt.

4. Rechtsfolgen für den Verteilungstermin. Ist die Pfändung rechtswirksam erfolgt und durch Vorlage des zugestellten Pfändungs- und Überweisungsbeschlusses dem Vollstreckungsgericht zweifelsfrei nachgewiesen, berücksichtigt dieses bei der Aufstellung des Teilungsplanes den Pfändungsgläubiger an der Stelle des Schuldners soweit das Pfandrecht reicht. Zinsen des gepfändeten Rechts kann der Pfändungsgläubiger wie der Eigentümer nur in der Zwangsverwaltung nicht jedoch in der Zwangsversteigerung geltend machen (Zöller/*Stöber* § 857 Rn. 29).

5. Frist. Die Pfändung kann auch erstmals im Verteilungstermin geltend gemacht werden; § 37 Nr. 4 ZVG gilt für sie nicht.

6. Geldempfangsvollmacht. → Form. K. II. 1 Anm. 9.

3. Anmeldung bei gepfändetem Übererlösanspruch

An das

Amtsgericht . . . . .[1]

– Vollstreckungsgericht –

Az. . . . . .

Zwangsversteigerungsverfahren gegen . . . . .

Sehr geehrte Damen und Herren,

namens und in Vollmacht unseres Mandanten . . . . . zeigen wir an, das dieser mit anliegendem Pfändungs- und Überweisungsbeschluss des Amtsgerichts . . . . . vom . . . . . (Az. . . . . .) den auf den Schuldner entfallenden Übererlösanspruch[2] im oben genannten Versteigerungsverfahren gepfändet[3] und sich zur Einziehung[4] überweisen lassen hat. Die Zustellung des Beschlusses an den Schuldner erfolgte am . . . . ..[5]

Hiermit melden wir die Forderung unseres Mandanten aus dem Pfändungs- und Überweisungsbeschluss zu dem am . . . . . stattfindenden Verteilungstermin an und bitten um entsprechende Berücksichtigung.[6]

Hinzuzusetzen sind die Kosten für die Vertretung in diesem Verfahren wie folgt:

Verteilungsgebühr gem. Nr. 3311 VV RVG	
0,4 Gebühr aus . . . . . EUR	. . . . . EUR
Post- und Telekommunikation gem. Nr. 7002 VV RVG	. . . . . EUR
Zwischensumme:	. . . . . EUR
19 % Umsatzsteuer gem. Nr. 7008 VV RVG	. . . . . EUR
Gesamt:	. . . . . EUR

Eine eventuelle Auskehr[6] ist unter Angabe des Verwendungszweckes . . . . . auf folgendes Konto vorzunehmen: . . . . .

(Optional: Geldempfangsvollmacht[7] liegt an.)

. . . . .

Rechtsanwalt

Anmerkungen

1. Zuständigkeit. → Form. J. XI. 1 Anm. 2.

2. Übererlös. Als Übererlös wird das bezeichnet, was nach Wegfertigung der Verfahrenskosten und aller befriedigungsberechtigten Ansprüche noch verbleibt (*Stöber* § 114 Rn. 10.1). Der Übererlös wird vom Gericht nicht verteilt, wie es für die Befriedigung Berechtigter vorgesehen ist (§ 109 Abs. 2 ZVG); er steht dem Vollstreckungsschuldner zu (OLG Karlsruhe BWNotZ 1965, 42; *Stöber* Rpfleger 1958, 73). Dies gilt auch dann, wenn mehrere bisherige Eigentümer vorhanden sind, die sich selbst über die Aufteilung des Überschusses noch einigen müssen.

3. Pfändung des Übererlösanspruchs. Die Pfändung eines auf den Vollstreckungsschuldner entfallenden Übererlösanspruchs ist nach herrschender Meinung erst nach der Erteilung des Zuschlags möglich (*Stöber* Rn. 130 und 1989 mwN). Zu den Details und Inhalt des Pfändungsbeschlusses → Form. I. VII. 137.

4. Pfandreife. Wurde der Anspruch nur gepfändet können Gläubiger und Schuldner nur gemeinsam über den Erlösüberschuss verfügen. Hat sich der Gläubiger den Anspruch zur Einziehung oder an Zahlungs statt überweisen lassen, ist er allein empfangsberechtigt (Einschränkung → Anm. 6).

5. Drittschuldner. Drittschuldner ist weder das Vollstreckungsgericht noch die Hinterlegungsstelle oder das Grundbuchamt. Der Übererlösanspruch ist ein drittschuldnerloses Recht, damit genügt die Zustellung des Pfändungsbeschlusses an den Vollstreckungsschuldner (→ Form. I. VII. 137).

6. Rechtsfolgen, Auskehr. Ist die Pfändung rechtswirksam erfolgt und durch Vorlage des zugestellten Pfändungs- und Überweisungsbeschlusses dem Vollstreckungsgericht zweifelsfrei nachgewiesen, hat dieses bei der Verteilung des Versteigerungserlöses das Pfandrecht entsprechend zu berücksichtigen. Eine Auskehr des Übererlöses an den Pfändungsgläubiger ist nach Pfandreife (→ Anm. 4) nur dann möglich, wenn und soweit tatsächlich ein Überschuss verbleibt und der Vollstreckungsschuldner Alleineigentümer des versteigerten Grundstücks war. Richtet sich der Pfändungs- und Überweisungsbeschluss nur gegen einen von mehreren Miteigentümern wird der Erlös zu Gunsten aller Miteigentümer und des Gläubigers hinterlegt. Gleiches gilt, solange eine Überweisung zur Einziehung oder an Zahlungs statt nicht erfolgt ist.

7. Geldempfangsvollmacht. → Form. K. II. 1 Anm. 9.

4. Anmeldung bei gepfändetem schuldrechtlichen Rückgewähranspruch

An das

Amtsgericht . . . . .[1]

– Vollstreckungsgericht –

Az. . . . . .

Zwangsversteigerungsverfahren gegen . . . . .

Sehr geehrte Damen und Herren,

unter Vorlage des anliegenden, zugestellten Pfändungs- und Überweisungsbeschlusses des Amtsgerichts . . . . . vom . . . . . (Az. . . . . .) zeigen wir Namens und in Vollmacht unseres Mandanten . . . . . an, dass dieser den Rückgewähranspruch[2] des Schuldners aus der Grundschuld Abt. III Nr. . . . . . zu . . . . . EUR gepfändet[3] und sich zur Einziehung[4] überweisen lassen hat.[5]

Nachdem uns bekannt ist, dass die der Grundschuld zugrunde liegende Darlehensforderung nicht mehr valutiert, erheben wir für Fall einer Zuteilung[6] an den Grundschuldgläubiger ausdrücklich Widerspruch.[7]

Eine eventuelle Auskehr ist unter Angabe des Verwendungszweckes . . . . . auf folgendes Konto vorzunehmen: . . . . .

(Optional: Geldempfangsvollmacht[8] *liegt an.)*

.....

Rechtsanwalt

Anmerkungen

1. Zuständigkeit. → Form. J. XI. 1 Anm. 2.

2. Rückgewähranspruch. → Form. I. VI. 21 Anm. 2.

3. Pfändung des Rückgewähranspruchs. → Form. I. VI. 21 und → Form. I. VI. 23.

4. Pfandreife. Wurde der Anspruch nur gepfändet, können Gläubiger und Schuldner nur gemeinsam verfügen. Hat sich der Gläubiger den Anspruch zur Einziehung oder an Zahlungs statt überweisen lassen, ist er allein verfügungsberechtigt.

5. Rechtsfolgen für den Verteilungstermin. Mit Erlöschen der Grundschuld in der Zwangsversteigerung (§ 91 Abs. 1 ZVG) ist nach dem **Surrogationsgrundsatz** an die Stelle des Anspruchs des Schuldners auf Rückgewähr der Grundschuld ein Anspruch auf Rückgewähr des auf diese Grundschuld entfallenden anteiligen Versteigerungserlöses getreten (BGH Urt. v. 21.2.1991 – IX ZR 64/90, NJW-RR 1991, 1197 (1198); BGH Urt. v. 19.9.1991 – IX ZR 69/90, NJW-RR 1992, 612 (613) mwN). Das Pfandrecht am Rückgewähranspruch ist damit nicht erloschen; es setzt sich an dem Anspruch des Schuldners auf den Versteigerungserlös fort (BGH Urt. v. 29.3.1961 – V ZR 179/59, Rpfleger 1961, 291 mAnm *Stöber*; *Stöber* Rpfleger 1959, 274). Wird der Rückübertragungsanspruch geschuldet oder geltend gemacht, dann gibt das Pfandrecht an dem Erlösanspruch des Schuldners dem Gläubiger nach Überweisung zur Einziehung das Recht, Auszahlung dieses Erlösanteils im Verteilungsverfahren zu verlangen (*Stöber* Rn. 1908).

Das Vollstreckungsgericht kann dem pfändenden Gläubiger aber nicht schon allein auf Grund der Pfändung den anteiligen Erlösanspruch zuweisen. Dieser gebührt vielmehr immer dem Grundschuldgläubiger (BGH Urt. v. 21.2.1991 – IX ZR 64/90, NJW-RR 1991, 1197 (1198)). Erst durch eine auf die dingliche Rechtslage bezogene, rechtsgeschäftliche Erklärung des Grundschuldgläubigers kann eine Änderung derselben herbeigeführt werden. Die auf den Grundschulderlös bezogene Erklärung muss in Erfüllung des Rückgewähranspruchs auf Abtretung des nicht (mehr) valutierten Erlösteils, Verzicht oder Aufhebung des Rechts lauten, mit der Folge, dass der pfändende Gläubiger einziehungsberechtigt wird (bei Abtretung), der Erlösanspruch ungepfändetes Eigentümerrecht wird (bei Verzicht) oder wegfällt (bei Aufhebung). Erst dann kann das Vollstreckungsgericht den Teilungsplan entsprechend anpassen.

Rechnerisch hat das Vollstreckungsgericht den Betrag zu ermitteln, den der Löschungsberechtigte erhalten hätte, wenn die Eigentümergrundschuld vor Erteilung des Zuschlags gelöscht worden wäre. Folgen das betroffene und das begünstige Recht unmittelbar aufeinander, ist dies unproblematisch. Eventuelle Zwischenrechte dürfen jedoch durch die Geltendmachung des Löschungsanspruchs und damit auch bei Ermittlung des Betrages weder begünstigt noch benachteiligt werden, § 880 Abs. 5 BGB (OLG Düsseldorf Urt. v. 15.2.1989 – 9 U 205/88, Rpfleger 1989, 422). Nachdem der Pfändungsgläubiger somit bei Verzicht des Grundschuldgläubigers leer ausgeht und von einer Aufhebung des Erlösanspruchs nur profitiert, wenn er Inhaber des unmittelbar nachfolgenden Grundpfandrechts ist, wird sich sein Interesse vorrangig auf die Abtretung des Erlösanspruches an den bisherigen Eigentümer richten, an dem sich sein Pfandrecht fortsetzt (so). Um sich gegenüber dem Pfändungsgläubiger des Rückgewähranspruchs nicht schadensersatzpflichtig zu machen, sollte wiederum der zur Rückgewähr verpflichtete Grundpfandgläubiger die Art und Weise der Rückgewähr von der Zustimmung des Pfandgläubigers abhängig machen (*Alff* Rpfleger 2006, 241 (245)).

6. Frist. Der Rückgewähranspruch bedarf als solcher keiner Anmeldung nach § 37 Nr. 4 ZVG (BGH Urt. v. 30.6.1978 – V ZR 153/76, Rpfleger 1978, 363). Er kann daher auch erstmals im Verteilungstermin und mit Widerspruch gegen den Teilungsplan geltend gemacht werden (*Stöber* ZVG-Handbuch Rn. 448).

7. Widerspruch. Erfüllt der Grundschuldgläubiger den Rückgewähranspruch im Verteilungsverfahren überhaupt nicht, so kann der pfändende Gläubiger die Erfüllung nur mit Widerspruch gegen den Teilungsplan (§ 115 Abs. 1 ZVG) und Widerspruchsklage (§§ 115 Abs. 1 ZVG, 878 ZPO) erzwingen.

8. Geldempfangsvollmacht. → Form. K. II. 1 Anm. 9.

5. Liegenbelassungsvereinbarung (§ 91 Abs. 2 ZVG)

An das

Amtsgericht . . . . .[1]

– Vollstreckungsgericht –

Az. . . . . .

Zwangsversteigerungsverfahren gegen . . . . .

Sehr geehrte Damen und Herren,

namens und in Vollmacht des von uns vertretenen Erstehers . . . . . überreiche ich beiliegend die notariell beglaubigte[3] Liegenbelassungsvereinbarung[2] zwischen dem Ersteher und dem Gläubiger der Grundschuld Abt. III Nr. . . . . . vom . . . . . (UR-Nr. . . . . . des Notars . . . . . in . . . . .), wonach die Grundschuld zu einem rangersten Teilbetrag in Höhe von . . . . . EUR (nebst den hierauf seit dem Tag des Zuschlags[4] entfallenden Zinsen) gem. § 91 Abs. 2 ZVG bestehen bleiben soll.[5]

Der Grundschuldbrief[6] befindet sich nach Angabe des Gläubigers bereits in der Verfahrensakte.

(Alternativ: Der Grundschuldbrief ist beigefügt.)

Ich bitte daher, die Löschung des Rechtes im Rahmen des Ersuchens nach § 130 ZVG nur für den restlichen Teilbetrag von . . . . . EUR nebst Zinsen zu veranlassen.[7]

. . . . .

Rechtsanwalt

Anmerkungen

1. Zuständigkeit. → Form. J. XI. 1 Anm. 2.

2. Liegenbelassungsvereinbarung. Mit dem Zuschlag erlöschen alle Rechte, welche nicht nach den Versteigerungsbedingungen bestehen bleiben sollen, § 91 Abs. 1 ZVG. Durch Vereinbarung zwischen dem Ersteher und dem tatsächlich Berechtigten kann jedoch bestimmt werden, dass ein durch den Zuschlag erlöschendes Recht bestehen bleibt, § 91 Abs. 2 ZVG. Zu den Rechtsfolgen der Vereinbarung → Anm. 7.

3. Form. Die Liegenbelassungsvereinbarung ist dem Vollstreckungsgericht durch öffentliche oder öffentlich beglaubigte Urkunden nachzuweisen, § 91 Abs. 2 ZVG. Sie kann auch im Verteilungstermin zu Protokoll erklärt werden. Dessen Förmlichkeiten richten sich nach den §§ 159 ff. ZPO (*Hornung* Rpfleger 1972, 203 (206)). Die gleichzeitige Anwesenheit der Erklärenden ist nicht erforderlich. Es kann also auch eine Erklärung zu Protokoll genommen, die andere durch öffentlich beglaubigte Urkunde nachgewiesen werden (*Hornung* Rpfleger 1972, 203 (204)).

4. Frist. Zulässig ist die Vereinbarung bereits vor Erteilung des Zuschlags. Sie kann mithin auch im Versteigerungs- oder Verkündungstermin erklärt werden (*Hornung* Rpfleger 1972, 203, 204). Wird der Zuschlag nicht dem Erklärenden erteilt, ist die Erklärung gegenstandslos. Letzter Zeitpunkt für den Nachweis der Liegenbelassungsvereinbarung ist der Eingang des Ersuchens nach § 130 ZVG beim Grundbuchamt. Das Vollstreckungsgericht muss sein Ersuchen berichtigen, wenn die Urkunde über die Liegenbelassung noch vor oder mindestens gleichzeitig mit dem Eingang des vollstreckungsrechtlichen Ersuchens beim Grundbuchamt zugeht (*Stöber* ZVG § 91 Rn. 3.6 mwN). Um eine Minderung des Meistgebotes zu erreichen (→ Anm. 7) muss die Liegenbelassungsvereinbarung dem Vollstreckungsgericht jedoch spätestens im Verteilungstermin vorliegen oder zu dessen Protokoll erklärt werden.

5. Inhalt. Liegenbelassen werden können Rechte, die auf Zahlung eines Geldbetrages gerichtet sind (Hypothek, Grundschuld, Rentenschuld), aber auch Rechte die nicht auf Kapitalzahlung gerichtet sind (zB Nießbrauch, Dienstbarkeiten; vgl. *Jaeckel/Güthe* § 91 Rn. 4; *Schiffhauer* Rpfleger 1975, 187). Nicht liegenbelassen werden kann die einmalige Nebenleistung eines Rechtes. Dauernd wiederkehrende Nebenleistungen eines Grundpfandrechtes ebenso wie Zinsen erst ab dem Zuschlag (§ 56 S. 2 ZVG). Die Liegenbelassung kann hinsichtlich von Teilbeträgen erklärt werden und sich auch auf Rechte erstrecken, auf die keine Zuteilung aus der Teilungsmasse erfolgt.

6. Nachweise. Bevollmächtigte müssen eine Vollmacht vorlegen, die Prozessvollmacht genügt. Zur notariellen Vereinbarung ist auch die Vollmacht in öffentlich beglaubigter Form nötig (*Stöber* ZVG § 91 Rn. 3.6 mwN). Soll die Liegenbelassung eines Briefrechtes vereinbart werden, ist dem Gericht die Verfügungsbefugnis des Berechtigten durch Vorlage des Grundschuld- oder Hypothekenbriefes nachzuweisen. Vormund, Betreuer und Pfleger benötigen die Genehmigung des Familien bzw. Betreuungsgerichts (§§ 1812, 1908i Abs. 1, 1915 Abs. 1 BGB) wenn ein Kind, Pflegling bzw. der Betroffene Gläubiger des Rechtes ist. Ist das Kind (der Pflegling, der Betroffene) Ersteher, ist familien- bzw. betreuungsgerichtliche Genehmigung nach § 1821 Nr. 1 BGB erforderlich (*Haegele* Rpfleger 1970, 232).

7. Rechtsfolgen. Das liegenbelassene Recht bleibt unverändert bestehen, § 91 Abs. 2 ZVG. Die Vereinbarung hat insofern rückwirkende Kraft, als die Übernahme vom Zuschlag an als erfolgt gilt (BGH Urt. v. 13.3.1970 – V ZR 89/67, BGHZ 53, 327 = NJW 1970, 1188 mAnm *Drischler;* BGH Urt. v. 11.10.1984 – IX ZR 111/82, Rpfleger 1985, 74).

Unverändert bleibt auch die bisherige **Rangfolge.** Besserrangige Rechte, die kraft Gesetzes oder aufgrund abweichender Versteigerungsbedingungen bestehen bleiben, behalten Vorrang. Erlöschen alle vorrangigen Rechte durch Zuschlag und findet infolge Befriedigung der Ansprüche laut Teilungsplan keine Forderungsübertragung nach § 118 ZVG statt, erhält das bestehen bleibende Recht ersten Rang.

Durch die Liegenbelassungsvereinbarung **vermindert** sich der durch Zahlung zu berichtigende Teil des **Meistgebots** um den Betrag, welcher sonst dem Berechtigten gebühren würde, § 91 Abs. 3 S. 1 ZVG. Das Meistgebot wird also um das gekürzt, was der Gläubiger an Kapital, Zinsen (vom Zuschlag bis zur Verteilung) und anderen Nebenleistungen (laufende vom Zuschlag bis zur Verteilung) zu erhalten hat. An der Verzinsung des Meistgebotes nach § 49 ZVG ändert sich nichts (nunmehr gefestigte Ansicht, vgl. BGH Urt. v. 13.3.1970 – V ZR 89/67, BGHZ 53, 327 = NJW 1970, 1188 mAnm *Drischler; Stöber* ZVG § 91 Rn. 4.1 mwN). Wäre der Gläubiger mit seinem Recht komplett ausgefallen, findet keine Minderung des Meistgebotes statt. Jede Liegenbelassungsvereinbarung wirkt in der vereinbarten Höhe gegenüber dem Vollstreckungsschuldner wie die **Befriedigung** des **Gläubigers** aus dem Grundstück, § 91 Abs. 3 S. 2 ZVG. Die Wirkung als Befriedigung gilt auch dort, wo der Gläubiger des Rechts aus dem Erlös nichts erhalten hätte (RG Urt. v. 30.11.1937 – VII 127/37, RGZ 156, 271 (276); BGH Urt. v. 26.11.1980 – V ZR 153/79, NJW 1981, 1601; *Stöber* ZVG § 91 Rn. 5.1; aA *Muth* Rpfleger 1990, 2).

6. Antrag auf Eintragung einer Vormerkung (§ 130a Abs. 2 ZVG)

An das

Amtsgericht . . . . .[1]

– Vollstreckungsgericht –

Az. . . . . .

Zwangsversteigerungsverfahren gegen . . . . .

Sehr geehrte Damen und Herren,

im vorgenannten Verfahren wurde am . . . . . dem Ersteher . . . . . der Zuschlag für sein Meistgebot in Höhe von . . . . . EUR erteilt.

Ausweislich des Zuschlags ist nach den gesetzlichen Versteigerungsbedingungen die Grundschuld Abt. III Nr. . . . . . in Höhe von . . . . . EUR für . . . . . bestehen geblieben.[2]

Die Zwangssicherungshypothek unseres Mandanten . . . . . in Höhe von . . . . . EUR (Abt. III Nr. . . . . .) ist gleichzeitig erloschen.[3]

Im Hinblick auf die Höhe des Meistgebotes und die vorrangigen Belastungen ist mit einer Zuteilung[4] auf die Forderung unseres Mandanten nicht zu rechnen.

Wir beantragen daher, das Eintragungsersuchen nach § 130 ZVG auch darauf zu richten, dass bei der bestehen gebliebenen Grundschuld Abt. III Nr. . . . . . zu . . . . . EUR für . . . . . gem. § 130a Abs. 2 ZVG eine Vormerkung zur Sicherung des sich aus der erloschenen Zwangssicherungshypothek unseres Mandaten ergebenden Anspruchs auf Löschung (§ 1179a BGB) eingetragen wird.[5]

. . . . .

Rechtsanwalt

Anmerkungen

1. Zuständigkeit. → Form. J. XI. 1 Anm. 2.

2. Löschungsanspruch. Gemäß § 1179a BGB kann der Gläubiger einer Hypothek (Grund- oder Rentenschuld) von dem Eigentümer verlangen, dass dieser eine vor- oder gleichrangige Hypothek (Grund- oder Rentenschuld) löschen lässt, wenn sie im Zeitpunkt der Eintragung der Hypothek des Gläubigers mit dem Eigentum in einer Person vereinigt ist oder eine solche Vereinigung später eintritt. Dieser (gesetzliche) Anspruch besteht nur zu Gunsten der seit dem 1.1.1978 ins Grundbuch neu eingetragen Grundpfandrechte. Der (gesetzliche) Löschungsanspruch erlischt nicht bereits mit dem begünstigten Recht sondern erst dann, wenn der aus ihm Berechtigte aus dem Grundstück voll befriedigt wird (§ 91 Abs. 4 ZVG; vgl. *Hintzen/Böhringer* Rpfleger 2004, 661 (662); *Schön* BWNotZ 1978, 50; *Stöber* Rpfleger 1977, 399 und 425).

3. Voraussetzungen. Ist durch den Zuschlag das begünstigte Recht erloschen, während das betroffene Recht nach den Versteigerungsbedingungen bestehen bleibt, so kann sich der Gläubiger des begünstigten Rechts eine Vormerkung gem. § 130a Abs. 2 ZVG zur Sicherung seines Löschungsanspruchs eintragen lassen. Weiterhin erforderlich ist, dass der Gläubiger des begünstigen Rechtes nicht vollständig aus dem Grundstück (Erlös) befriedigt wird oder wurde, § 91 Abs. 4 S. 2 ZVG.

4. Frist. Der Antrag muss spätestens im Verteilungstermin gestellt werden, § 130a Abs. 2 S. 1 ZVG. Er kann jedoch auch bereits vorab schriftlich oder zu Protokoll der Geschäftsstelle erklärt werden.

5. Ziel. Auf rechtzeitigen und zulässigen Antrag des Berechtigten des gesetzlichen Löschungsanspruchs ersucht das Vollstreckungsgericht im Rahmen des § 130 ZVG auch um Eintragung der Löschungsvormerkung. Diese sichert den gesetzlichen Löschungsanspruch des begünstigen Gläubigers vom gleichen Zeitpunkt an, von dem ab mit der Eintragung seines Grundpfandrechts Vormerkungswirkungen ursprünglich bestanden haben (§§ 130a Abs. 2 S. 2 ZVG, 1179a Abs. 1 S. 3 BGB). Dem Berechtigten des Löschungsanspruchs gegenüber bleiben damit vormerkungswidrige Verfügungen die mit dem Zuschlag oder von da an bis zur Eintragung der Vormerkung vorgenommen wurden, ebenso wie vormerkungswidrige Verfügungen die nach Eintragung der Vormerkung erfolgen, unwirksam (*Stöber* ZVG § 130a Rn. 3.1).

7. Widerspruch gegen den Teilungsplan

→ Form. K. I. 5.

8. Anzeige der Erhebung einer Widerspruchsklage (§ 878 ZPO)

→ Form. K. I. 7.

9. Widerspruchsklage/Bereicherungsklage (§ 878 ZPO)

→ Form. K. I. 8 und → Form. K. I. 9.

10. Antrag auf Aussetzung des Teilungsplanes bis zur Rechtskraft des Zuschlags

An das

Amtsgericht . . . . .[1]

– Vollstreckungsgericht –

Az. . . . . .

Zwangsversteigerungsverfahren gegen . . . . .

Sehr geehrte Damen und Herren,

im vorgenannten Verfahren wurde unserem Mandanten . . . . . am . . . . . der Zuschlag auf sein Meistgebot in Höhe von . . . . . EUR erteilt. Die Verteilung des Versteigerungserlöses soll nach Ihrer Terminsbestimmung vom . . . . . am . . . . . erfolgen.

Nach Mitteilung des Schuldners vom . . . . . hat dieser gegen den Zuschlagsbeschluss Beschwerde gem. §§ 95 ff. ZVG eingelegt, mit der Folge, dass der Zuschlag noch nicht rechtskräftig geworden ist.[2]

Wir beantragen daher namens und in Vollmacht unseres Mandanten,[3] die Ausführung des Teilungsplanes bis zur Rechtskraft[4] des Zuschlagsbeschlusses gem. § 116 ZVG auszusetzen.[5]

. . . . .

Rechtsanwalt

Anmerkungen

1. Zuständigkeit. → Form. J. XI. 1 Anm. 2.

2. Rechtskraft. Für die Aufstellung und Ausführung des Teilungsplanes ist die Rechtskraft des vorausgehenden Zuschlagsbeschlusses nicht erforderlich. Da allerdings dann die Gefahr besteht, dass im Falle der Aufhebung des Zuschlags der bereits aufgestellte Teilungsplan und die Auskehrungen an die einzelnen Berechtigten rückabgewickelt werden müssen, ist es sowohl im Interesse des Erstehers, als auch des Gerichtes, mit der Ausführung des Teilungsplanes bis zur Rechtskraft des Zuschlagsbeschlusses zuzuwarten.

3. Antragsberechtigung. Um die Interessen des Erstehers und weiterer zahlungspflichtiger Dritter zu wahren, wird ihnen in § 116 ZVG das Recht eingeräumt, die Aussetzung der Ausführung des Teilungsplanes bis zur Rechtskraft des Zuschlagsbeschlusses zu beantragen. Antragsberechtigt sind daher neben dem Ersteher auch der nach § 69 Abs. 2 ZVG für mithaftend erklärte Bürge sowie in den Fällen des § 81 Abs. 2 und 3 ZVG der Meistbietende. Darüber hinaus können das Vollstreckungsgericht und das Rechtsmittelgericht von Amts wegen durch einstweilige Anordnung die Aussetzung verfügen (§ 570 Abs. 2 und 3 ZPO).

4. Form und Frist. Der Antrag kann formlos vor dem Verteilungstermin oder in diesem gestellt werden. Dabei muss die Anfechtung des Zuschlags mindestens noch zulässig, sie braucht jedoch noch nicht erfolgt sein (*Jaeckel/Güthe* § 116 Rn. 1).

5. Rechtsfolgen und Zweck. Trotz des Antrags und seiner Genehmigung wird der Teilungsplan aufgestellt und über ihn und die Widersprüche verhandelt. Nur die Ausführung des Planes wird ausgesetzt. Es unterbleiben also die Auszahlungsanordnungen gem. § 117 Abs. 3 ZVG und eine etwaige Forderungsübertragung nach § 118 Abs. 1 ZVG (*Stöber* ZVG § 116 Rn. 2.4). Auch wenn § 116 ZVG nur eine Ordnungsvorschrift ist und dem Gericht kaum Ermessenspielraum zusteht, muss es dem Antrag nicht folgen. Wird die Aussetzung abgelehnt (oder angeordnet) findet hiergegen die **sofortige Beschwerde** statt, § 793 ZPO.

11. Befriedigungserklärungen (§ 117 ZVG)

An das

Amtsgericht . . . . .[1]

– Vollstreckungsgericht –

Az. . . . . .

Zwangsversteigerungsverfahren gegen . . . . .

Sehr geehrte Damen und Herren,

namens und in Vollmacht des Erstehers erkläre ich mich wegen eines aus dem Versteigerungserlös zuzuteilenden Betrages in Höhe von . . . . . EUR für befriedigt.[2]

(Alternativ:

Namens und im Auftrag des Erstehers übergebe ich beiliegend die notariell beglaubigte Befriedigungserklärung der . . . . . vom . . . . . (UR-Nr. . . . . . des Notars . . . . . in . . . . .).**[3] **In dieser hat sich die . . . . . wegen eines auf sie entfallenden Erlösanteils in Höhe von . . . . . EUR (aus dem Recht Abt. III Nr. . . . . .) aufgrund Zahlung unseres Mandanten für befriedigt erklärt.)

Eine Geldempfangsvollmacht[4] **liegt an; der Beglaubigungsvermerk**[5] **ist umseitig angebracht.**

Ich bitte um Beachtung bei der Ausführung[6] **des Teilungsplanes am . . . . .**[7]

. . . . .

Rechtsanwalt

Anmerkungen

1. Zuständigkeit. → Form. J. XI. 1 Anm. 2.

2. Echte Befriedigungserklärung. Wenn der Ersteher selbst etwas aus dem Erlös zu bekommen hat, dann braucht er den auf ihn entfallenden Erlösanteil nicht erst einzuzahlen, um ihn anschließend sofort wieder ausbezahlt zu erhalten (*Stöber* ZVG § 117 Rn. 4. 1). Er kann sich daher wegen seiner Ansprüche bis spätestens im Verteilungstermin gegenüber dem Gericht für befriedigt erklären.

3. Unechte Befriedigungserklärung. Ist die Erklärung eines Gläubigers, der nicht Ersteher ist, dass er das, was ihm nach dem Teilungsplan zusteht, bereits erhalten habe. Soweit er mit seinem Anspruch bei der Ausführung des Teilungsplans zum Zuge gekommen wäre, entfällt die Zahlungspflicht des Erstehers (BGH Urt. v. 17.5.1988 – IX ZR 5/87, NJW-RR 1988, 1146). Der Teilungsplan bleibt unverändert, eine Auszahlung an den Gläubiger erfolgt nicht, soweit er sich für befriedigt erklärt hat.

4. Geldempfangsvollmacht. Die Befriedigungserklärung kann auch durch einen Bevollmächtigten abgegeben werden. Dieser benötigt jedoch eine entsprechende Geldempfangs- bzw. Sondervollmacht. Eine normale Verfahrens- oder Prozessvollmacht genügt nicht (*Stöber* ZVG § 117 Rn. 3.2 mwN). Die Bevollmächtigung zum Geldempfang ist formfrei möglich (§ 167 Abs. 2 BGB). Nachzuweisen ist sie aber durch Vorlage der Urschrift der Vollmachtsurkunde, § 172 Abs. 1 BGB. Ablichtung oder Übermittlung als Faxkopie genügen nicht (→ Form. K. II. 1 Anm. 9).

5. Form. Wird die Befriedigungserklärung im Verteilungstermin abgegeben, ist sie im Protokoll festzustellen, zu verlesen und zu genehmigen (§§ 162 Abs. 1, 160 Abs. 3 Nr. 1 ZPO). Sonst ist die Erklärung durch öffentliche oder öffentlich beglaubigte Urkunden nachzuweisen (*Stöber* ZVG § 117 Rn. 4.2 mit Hinweis auf §§ 143, 144 ZVG sowie § 1144 BGB entsprechend; aA Dassler/*Schiffhauer* § 117 Rn. 10; *Schiffhauer* Rpfleger 1988, 498; Steiner/*Teufel* § 117 Rn. 40).

6. Rechtsfolgen. Die Erklärung des Erstehers ist nach nunmehr allgemeiner Ansicht lediglich die vereinfachte Form der Erlöszahlung und keine Aufrechnung (BGH Urt. v. 17.5.1988 – IX ZR 5/87, NJW-RR 1988, 1146; *Stöber* ZVG § 117 Rn. 4.3 mwN). Sie ist so anzusehen, als habe der Ersteher im Termin bezahlt und zugleich seinen Erlösanteil wieder ausgezahlt erhalten (*Korintenberg/Wenz* § 107 Rn. 2). Sie wirkt damit wie die Befriedigung des Anspruchs des Erstehers aus dem Versteigerungserlös. Das hat zur Folge, dass das Bargebot vom Verteilungstermin an nicht mehr zu verzinsen ist, nicht aber schon rückwirkend ab Zuschlag. Gleiches gilt für die unechte Befriedigungserklärung eines anspruchsberechtigten Dritten (LG Berlin Beschl. v. 18.8.1977 – 81 T 125/77, Rpfleger 1978, 33; *Stöber* ZVG § 117 Rn. 4.5; Dassler/*Schiffhauer* § 117 Rn. 11; aA Steiner/*Teufel* § 117 Rn. 37; *Schiffhauer* Rpfleger 1988, 498). Eine durch die außergerichtliche Befriedigung etwa bewirkte **Überzahlung** durch den Ersteher wird an diesen zurückerstattet (BGH Urt. v. 30.4.1980 – V ZR 159/78, BGHZ 77, 107 = NJW 1980, 2586).

7. Frist. Die Befriedigungserklärung kann im Verteilungstermin bis zur Ausführung des Teilungsplanes oder bereits vorab (zur Form beachte → Anm. 5) abgegeben werden.

12. Erklärung des Verzichts auf die Rechte aus der Forderungsübertragung (§ 118 Abs. 2 ZVG)

An das

Amtsgericht . . . . .[1]

– Vollstreckungsgericht –

Az. . . . . .

Zwangsversteigerungsverfahren gegen . . . . .

Sehr geehrte Damen und Herren,

nachdem der Ersteher . . . . . im oben genannten Versteigerungsverfahren das Meistgebot nicht belegt hat, wurden unserem Mandanten . . . . . im Verteilungstermin vom . . . . .[3] folgende Forderungen gem. § 118 ZVG übertragen:[2]

. . . . . EUR nebst 4 % Zinsen pa hieraus seit dem . . . . . (Kosten der dinglichen Rechtsverfolgung aus vormaligem Recht Abt. III Nr. . . . . ., §§ 10 Abs. 1 Nr. 4, 10 Abs. 2 ZVG)

. . . . . EUR nebst 4 % Zinsen pa hieraus seit dem . . . . . (laufende, wiederkehrende Leistungen aus vormaligem Recht Abt. III Nr. . . . . ., § 10 Abs. 1 Nr. 4 ZVG)

. . . . . EUR nebst 4 % Zinsen pa hieraus seit dem . . . . . (Kapital des vormaligen Rechts Abt. III Nr. . . . . . § 10 Abs. 1 Nr. 4 ZVG).

Namens und im Auftrag unseres Mandanten verzichten wir hiermit[4] gem. § 118 Abs. 2 S. 2 ZVG auf die Rechte aus der Forderungsübertragung.[5]

. . . . .

Rechtsanwalt

Anmerkungen

1. Zuständigkeit. → Form. J. XI. 1 Anm. 2.

2. Zweck. Hat der Ersteher das Bargebot nicht gezahlt, wird der Teilungsplan dadurch ausgeführt, dass die Forderung gegen ihn auf die Berechtigten übertragen und im Falle des § 69 Abs. 2 ZVG gegen den für mithaftend erklärten Bürgen auf die Berechtigten mitübertragen wird, § 118 Abs. 1 ZVG. Die Übertragung wirkt wie die Befriedigung aus dem Grundstück, § 118 Abs. 2 S. 1 ZVG. Die Befriedigungswirkung tritt nicht ein, wenn vor dem Ablaufe von drei Monaten der Berechtigte dem Gericht gegenüber den Verzicht auf die Rechte aus der Übertragung erklärt oder die Zwangsversteigerung beantragt.

3. Frist und Fristbeginn. Die Frist von **drei Monaten** beginnt mit der Verkündung der Forderungsübertragung. Sie berechnet sich nach §§ 187 Abs. 1, 188 Abs. 2, 3 BGB, 222 ZPO. Der Tag der Verkündung wird nicht mitgerechnet. Der Verzicht auf die Rechte aus der Forderungsübertragung (bzw. der Antrag auf Versteigerung) muss innerhalb der Frist beim zuständigen Vollstreckungsgericht eingehen. Er wird mit dem Eingang wirksam. Ein verspäteter Verzicht oder Versteigerungsantrag sind wirkungslos. Geht die Forderung infolge des Verzichts des ersten Übertragungsgläubigers auf einen anderen über, so beginnt die Frist für diesen mit dem Empfang der Nachricht über den Verzicht des ersten. Bei bedingter Forderungsübertragung beginnt die Frist mit dem Zeitpunkt in dem der Berechtigte von dem Eintritt bzw. Ausfall der Bedingung Kenntnis erhält. Bei einer Haupt- und Hilfsübertragung mit dem Zeitpunkt, in dem der endgültig Berechtigte Nachricht von der Erledigung des Widerspruchs und der endgültigen Zuteilung erhält (*Stöber* ZVG § 118 Rn. 4.5).

4. Form. Der Verzicht kann schriftlich oder zu Protokoll der Geschäftsstelle erklärt werden. Er kann ganz oder zum Teil erfolgen.

5. Rechtsfolgen. Die Berechtigung des Verzichtenden als Gläubiger der übertragenen Forderung entfällt mit dem Wirksamwerden des Verzichts. Der freigewordene Teil der Forderung gegen den Ersteher (und evtl. mithaftende Bürgen bzw. den Meistbietenden) geht kraft Gesetzes auf den nach Teilungsplan Nächstberechtigten über. Verzichtet der Gläubiger einer Hypothek, Grundschuld oder Rentenschuld auf die Rechte aus der Übertragung zur Deckung des Hauptsacheanspruchs, geht der Anspruch auf den Grundstückseigentümer bei Erteilung des Zuschlags über (*Stöber* ZVG § 118 Rn. 4.6 mwN). In allen anderen Fällen geht die Forderung auf den nach Plan nächsten bisher ausgefallenen Gläubiger über. Bis zum Ablauf der Drei-Monats-Frist besteht das ursprüngliche Schuldverhältnis fort. Die Befriedigungswirkung ist also aufschiebend bedingt (*Fischer* NJW 1956, 1095). Zusätzlich hat der Berechtigte in dieser Zeit die übertragene Forderung erfüllungshalber (BGH Urt. v. 8.1.1987 – IX ZR 66/85, BGHZ 99, 292 = NJW 1987, 1026). Nach Fristablauf ohne rechtzeitigen Verzicht oder Versteigerungsantrag verbleibt nur noch die übertragene Forderung, jetzt an Zahlungs statt. Dann wird der Vollstreckungsschuldner frei, auch die persönliche Forderung gegen ihn mit allen Nebenrechten aus Pfand, Bürgschaft, Mitschuld oder Gesamthypothek fällt für den Gläubiger weg (*Fischer* NJW 1956, 1095).

Stellt der Berechtigte fristgemäß einen **Versteigerungsantrag** (→ Form. J. IV. 1), bleibt die Übertragungswirkung, jedoch tritt die Befriedigungswirkung nicht ein. Dem Berechtigten steht damit in zweierlei Hinsicht ein **Wahlrecht** zu: Er kann sich zunächst entscheiden, ob er es beim Erwerb der übertragenen Forderung gegen den (regelmäßig solventeren) Ersteher bewenden lässt und dafür mit Befriedigung aus dem Grundstück den Verlust seiner Forderung gegen den persönlichen Schuldner in Kauf nimmt oder ob er diese Forderung mit Aufgabe der Forderung gegen den Ersteher behalten will (BGH Urt. v. 10.12.1982 – V ZR 244/81, NJW 1983, 1423). Darüber hinaus kann er durch einen (Wieder-)Versteigerungsantrag sowohl das Fortbestehen seiner alten Forderung als auch die übertragene Forderung sichern. Im Regelfall wird er sich daher für die letztgenannte Variante entscheiden.

13. Antrag auf Ermächtigung zum Aufgebot eines unbekannten Berechtigten

An das

Amtsgericht . . . . .[1]

– Vollstreckungsgericht –

Az. . . . . .

Zwangsversteigerungsverfahren gegen . . . . .

Sehr geehrte Damen und Herren,

im Verteilungstermin vom . . . . . konnte der Teilungsplan hinsichtlich der Grundschuld Abt. III Nr. . . . . . in Höhe von . . . . . EUR nicht ausgeführt werden, da der Berechtigte dieses Rechtes unbekannt ist.[2]

Entsprechend wurde der auf die Grundschuld entfallende Anteil am Erlös in Höhe von . . . . . EUR gem. § 126 ZVG an den unbekannten Berechtigten und . . . . . sowie unseren Mandanten . . . . . als Eventualberechtigte[3] zugeteilt und hinterlegt.

Der gem. § 135 ZVG gerichtlich bestellte Ermittlungsvertreter[4] konnte bis zum heutigen Tage den unbekannten Berechtigten nicht ermitteln.

Namens und in Vollmacht unseres Mandanten beantragen wir daher, diesen zur Beantragung des Aufgebots des unbekannten Berechtigten gem. § 138 ZVG zu ermächtigen.[5]

Zum Nachweis nehmen wir auf die Verfahrensakte Bezug.

. . . . .

Rechtsanwalt

Anmerkungen

1. Zuständigkeit. → Form. J. XI. 1 Anm. 2.

2. Hintergrund. Ist für einen zugeteilten Betrag die Person des Berechtigten unbekannt, insbesondere bei einer Hypothek, Grundschuld oder Rentenschuld der Brief nicht vorgelegt, so wird im Teilungsplan festgestellt, wie der Betrag verteilt werden soll, wenn der Berechtigte nicht ermittelt werden kann, § 126 Abs. 1 ZVG. Anschließend wird der Betrag für den unbekannten Berechtigten hinterlegt, § 126 Abs. 2 ZVG. Gleichzeitig bestellt das Vollstreckungsgericht einen **Ermittlungsvertreter** (§ 135 ZVG), der wie der Zustellvertreter nach § 6 ZVG verpflichtet ist, den Vertretenen zu ermitteln und über den Sachverhalt zu informieren. Ermittelt er den Unbekannten, so wird der Teilungsplan vom Gericht weiter ausgeführt, § 137 Abs. 1 ZVG.

3. Antragsberechtigung. Wird der unbekannte Berechtigte nicht innerhalb von drei Monaten seit dem Verteilungstermin ermittelt, ist der Eventualberechtigte (bei mehreren jeder von ihnen allein) berechtigt, die Ermächtigung für das Aufgebot zum Ausschluss des Unbekannten zu beantragen.

4. Ermittlungsvertreter. Dem Ermittlungsvertreter selbst steht kein Antragsrecht zu. Ermittelt er den Unbekannten erst nach Ermächtigung des Antragstellers, so erlischt die Aufgebotsermächtigung und der Teilungsplan wird vom Gericht weiter ausgeführt, §§ 138 Abs. 2, 137 Abs. 1 ZVG. Vergütung und Auslagen des Ermittlungsvertreters richten sich nach den Vorschriften über den Zustellvertreter, §§ 135 S. 2, 7 Abs. 2 S. 2 ZVG. Sie werden vorweg aus dem zugeteilten und hinterlegten Betrag entnommen. Dies gilt auch, wenn der Vertreter den Unbekannten nicht ermittelt oder dieser gar ausgeschlossen wird.

5. Entscheidung, Rechtsmittel. Die Ermächtigung erteilt das zuständige Vollstreckungsgericht durch Beschluss, gegebenenfalls nach Anhörung des Ermittlungsvertreters. Damit ist der Gläubiger berechtigt, das Aufgebot zur Ausschließung des unbekannten Berechtigten zu beantragen (→ Form. K. II. 14). Gegen die Ermächtigung wie gegen die Zurückweisung des Antrags kann sofortige Beschwerde eingelegt werden, § 793 ZPO.

14. Aufgebot zur Ausschließung eines unbekannten Berechtigten

An das

Amtsgericht . . . . .[1]

– Vollstreckungsgericht –

Az. . . . . .

Zwangsversteigerungsverfahren gegen . . . . .

Sehr geehrte Damen und Herren,

namens und in Vollmacht unseres Mandanten[2]

. . . . . [Name und Anschrift des Antragstellers]

beantragen[3] wir den Erlass des Aufgebotes zum Ausschluss des unbekannten Berechtigten der Grundschuld Abt. III Nr. ....., (vormals) eingetragen im Grundbuch von ..... (Grundbuchamt .....) in Blatt .....

Gründe:

Im Verteilungstermin vom ..... konnte der Berechtigte der vorgenannten Grundschuld mangels Briefvorlage nicht ermittelt werden. Er gilt daher als unbekannt, § 126 Abs. 1 ZVG.

Im Grundbuch eingetragen war zum Zeitpunkt der Aufstellung des Teilungsplanes ...... Ein bzw. der Rechtsnachfolger dieses Berechtigten ist uns nicht bekannt.[4]

Der auf die vorgenannte Grundschuld entfallende Anteil am Versteigerungserlös in Höhe von ..... EUR wurde gem. § 126 ZVG an den unbekannten Berechtigten sowie unseren Mandanten ..... und den Schuldner ..... als Eventualberechtigte zugeteilt und für den unbekannten Berechtigten hinterlegt.

Nachdem der gem. § 135 ZVG gerichtlich bestellte Ermittlungsvertreter bis zum ..... den unbekannten Berechtigten nicht ermitteln konnte, wurden wir mit Beschluss vom ..... gem. § 138 ZVG ermächtigt,[5] das Aufgebot zur Ausschließung des unbekannten Berechtigten[6] zu beantragen.

Von dieser Ermächtigung machen wir hiermit Gebrauch.

Zur Glaubhaftmachung nehmen wir auf die Verfahrensakte Bezug.

.....

Rechtsanwalt

Anmerkungen

1. Zuständigkeit. Das Aufgebotsverfahren richtet sich nach §§ 433 ff. FamFG, soweit § 140 ZVG keine Sonderregelung enthält (*Stöber* ZVG § 140 Rn. 2.2.). Zuständig für das Verfahren ist das Vollstreckungsgericht, § 140 Abs. 1 ZVG.

2. Antragsberechtigung. Berechtigt, das Aufgebot zu beantragen ist derjenige bzw. sind diejenigen, denen der hinterlegte Betrag gem. § 126 ZVG anderweitig zugeteilt wurde (sog. **Eventualberechtigte**).

3. Form. Der Antrag kann schriftlich oder zu Protokoll der Geschäftsstelle eines jeden Amtsgerichts gestellt werden, § 25 Abs. 1 und 2 FamFG. Die Vertretung durch einen Anwalt ist nicht vorgeschrieben.

4. Rechtsnachfolger. Der Antragsteller hat die ihm bekannten Rechtsnachfolger desjenigen anzugeben, welcher als letzter Berechtigter ermittelt ist, § 140 Abs. 2 ZVG. Diesen wird das Aufgebot zugestellt (§ 140 Abs. 4 ZVG).

5. Ermächtigung. Vor Antragstellung bedarf es einer entsprechenden Ermächtigung durch das zuständige Vollstreckungsgericht gem. § 138 ZVG (→ Form. K. II. 13).

6. Ausschließungsbeschluss. Der nach Erlass des Aufgebotes, dessen öffentlicher Bekanntmachung und Ablauf der Aufgebotsfrist von 6 Wochen (§ 437 FamFG) verkündete Ausschließungsbeschluss ergeht dahin, dass der unbekannte Berechtigte von der Befriedigung aus dem zugeteilten Betrag ausgeschlossen wird. Das Vollstreckungsgericht bestimmt anschließend einen Termin zur weiteren Ausführung des Teilungsplanes (§ 141 ZVG). In diesem Termin wird der durch den Ausschließungsbeschluss freigewordene Betrag nur an diejenigen Eventualberechtigten zugeteilt, die den Ausschließungsbeschluss erwirkt haben. Der für Eventualberechtigte zugeteilte Betrag, die keinen Ausschließungsbeschluss beantragt haben, bleibt weiter unverteilt und hinterlegt. Er ist nicht durch Aufgebot und Ausschließungsbeschluss frei geworden.

15. Nachweis der außergerichtlichen Einigung über die Erlösverteilung (§ 143 ZVG)

An das

Amtsgericht . . . . .[1]

– Vollstreckungsgericht –

Az. . . . . .

Zwangsversteigerungsverfahren gegen . . . . .

Sehr geehrte Damen und Herren,

beiliegend übergebe ich namens und in Vollmacht unseres Mandanten . . . . . die notariell beglaubigte Einigungserklärung[2] der Berechtigten der Grundschulden Abt. III Nr. . . . . . bis . . . . . (UR-Nr. . . . . ./. . . . . des Notars . . . . . in . . . . .).

In der vorgenannten Urkunde haben sich unser Mandant und die genannten Beteiligten über die Verteilung des Versteigerungserlöses in Höhe von . . . . . EUR (Bargebot: . . . . . EUR zuzüglich 4 % Zinsen vom . . . . . [Zuschlag] bis . . . . . [einen Tag vor dem Verteilungstermin]) wie folgt geeinigt:[3] . . . . .

Dieser Einigung haben gem. den ebenfalls beiliegenden, öffentlich beglaubigten Erklärungen[4] zugestimmt:

a) die Justizkasse . . . . . am . . . . .,
b) die Gemeinde . . . . . am . . . . .,
c) der Vollstreckungsschuldner . . . . . am . . . . . (UR-Nr. . . . . ./. . . . . des Notars . . . . . in . . . . .),
d) der Hypothekengläubiger . . . . . (Recht Abt. III Nr. . . . . .) am . . . . . (UR-Nr. . . . . ./. . . . . des Notars . . . . . in . . . . .); der Hypothekenbrief liegt im Original bei.[5]

Eine gerichtliche Verteilung des Erlöses findet gem. § 143 ZVG damit nicht mehr statt. Der Verteilungstermin vom . . . . . ist aufzuheben.[6]

. . . . .

Rechtsanwalt

Anmerkungen

1. Zuständigkeit. → Form. J. XI. 1 Anm. 2.

2. Ziel. Die Möglichkeit, eine außergerichtliche Verteilung des Versteigerungserlöses herbeizuführen, soll den Beteiligten des Versteigerungsverfahrens eine einfachere, billigere und schnellere Erlösverteilung ermöglichen. Inwieweit dieses Ziel in Praxis tatsächlich erreicht wird, ist mehr als fraglich. Allerdings ermöglicht die außergerichtliche Verteilung des Erlöses auch eine von der Rangfolge des § 10 Abs. 1 ZVG abweichende Verteilung des Versteigerungserlöses und ist aus diesem Grund nicht ganz von der Hand zu weisen.

3. Voraussetzungen. In der Regel wird der Versteigerungserlös vom Vollstreckungsgericht gem. §§ 105 ff. ZVG und von Amts wegen verteilt. Die Beteiligten des Versteigerungsverfahrens können jedoch zwei außergerichtliche Wege der Erlösverteilung wählen: die außergerichtliche Einigung über die Verteilung des Erlöses nach § 143 ZVG und die außergerichtliche Befriedigung aller Berechtigten nach § 144 ZVG → Form. K. II. 16. Für die hier dargestellte außergerichtliche Verteilung des Versteigerungserlöses müssen formgültige **Einigungserklärungen aller Verfahrensbeteiligten** (§ 9 ZVG) vorgelegt werden. Hierzu zählen neben dem Vollstreckungsschuldner und den bisherigen Miteigentümern auch alle ausfallenden Beteiligten, die Gerichtskasse sowie diejenigen die ihre angemeldeten Ansprüche noch nicht glaubhaft gemacht haben (§§ 105 Abs. 2 S. 2, 145 ZVG) bzw. Ansprüche auf Erlös für ein früher entgegenstehendes Recht (§ 37 Nr. 5 ZVG) geltend machen.

4. Form und Frist. Die Einigungserklärungen müssen dem Gericht in öffentlicher oder öffentlich beglaubigter Urkunde bis spätestens im Verteilungstermin vor Beginn der Ausführung des Teilungsplanes vorgelegt werden.

5. Legitimation. Die Berechtigung der eine Einigungserklärung abgebenden Personen ist nachzuweisen. Hierzu gehört die Vorlage von Hypotheken-, Grund- und Rentenschuldbriefen, Abtretungsurkunden nach § 1155 BGB, Vollmachten in öffentlich beglaubigter Form (→ Anm. 4), etwaiger Zustimmungen und Genehmigungen sowie von Erbscheinsausfertigungen (*Fritz* SchlHA 1972, 130).

6. Rechtsfolgen. Sind die Voraussetzungen der außergerichtlichen Erlösverteilung erfüllt, setzt das Gericht keinen Verteilungstermin an, hebt einen bereits angesetzten auf oder unterbricht den bereits begonnenen. Eine hinterlegte **Bietsicherheit** wird gemäß der Vereinbarung verwertet, Hypothekenbriefe werden nach § 127 ZVG behandelt und vorgelegte Vollstreckungstitel abquittiert. Die außergerichtliche Erlösverteilung wirkt zudem wie eine **Befriedigung aus dem Grundstück**, mit der Folge, dass die Forderung gegen den Ersteher den Beteiligten in der durch die Einigung festgelegten Höhe endgültig zusteht.

16. Nachweis der außergerichtlichen Befriedigung der Berechtigten (§ 144 ZVG)

An das

Amtsgericht . . . . .[1]

– Vollstreckungsgericht –

Az. . . . . .

Zwangsversteigerungsverfahren gegen . . . . .

Sehr geehrte Damen und Herren,

beiliegend übergebe ich namens und in Vollmacht unseres Mandanten . . . . . die öffentlich beglaubigten Befriedigungserklärungen[2] der folgenden Gläubiger:[3]

a) Gemeinde . . . . . vom . . . . .,
b) Grundschuldgläubiger Abt. III Nr. . . . . . vom . . . . . (UR-Nr. . . . . ./. . . . . des Notars . . . . . in . . . . .),[4]
c) Grundschuldgläubiger Abt. III Nr. . . . . . vom . . . . . (UR-Nr. . . . . ./. . . . . des Notars . . . . . in . . . . .).

Die gerichtsinterne Zahlungsanzeige der Justizkasse[5]. . . . . liegt Ihnen nach telefonischer Auskunft Ihrer Geschäftsstelle vom . . . . . ebenso wie der Grundschuldbrief[6] des Rechtes Abt. III Nr. . . . . . bereits vor.

Damit ist nachgewiesen, dass alle Gläubiger, deren Ansprüche aus dem Meistgebot gedeckt sind, befriedigt wurden.

Die gerichtliche Verteilung des Erlöses findet gem. § 144 Abs. 1 ZVG nicht mehr statt.[7] Der Verteilungstermin vom . . . . . ist aufzuheben.

. . . . .

Rechtsanwalt

Anmerkungen

1. Zuständigkeit. → Form. J. XI. 1 Anm. 2.

2. Ziel. Ebenso wie die außergerichtliche Verteilung des Versteigerungserlöses soll die außergerichtliche Befriedigung aller Berechtigten nach § 144 ZVG den Beteiligten des Versteigerungsverfahrens eine einfachere, billigere und schnellere Erlösverteilung ermöglichen. Auch wenn der Zweck der Vorschrift dem des § 143 ZVG gleicht, sind beide Verfahren völlig verschieden. Praktikabel ist die außergerichtliche Befriedigung aller Berechtigten insbesondere, wenn nur wenige Gläubiger eine Zuteilung aus dem Versteigerungserlös zu erwarten haben oder wenn bei Erwerb des Grundstücks durch zB Tochterfirmen unnötige Geldflüsse vermieden werden sollen.

3. Voraussetzungen. Im Gegensatz zur außergerichtlichen Verteilung des Erlöses nach § 143 ZVG (→ Form. K. II. 15) müssen hier nur die formgerechten (→ Anm. 4) Erklärungen **aller** derjenigen **Beteiligten** vorgelegt werden, **die tatsächlich etwas aus dem Versteigerungserlös zu erhalten** haben. Die Befriedigung kann dabei durch den Ersteher, den mithaftenden Bürgen (§ 69 Abs. 2 ZVG) aber auch durch den für mithaftend erklärten Meistbietenden (§ 81 Abs. 2 und 3 ZVG) erfolgen. Namen, Anschriften und Ansprechpartner der befriedigungsberechtigten Verfahrensbeteiligten können beim Vollstreckungsgericht erfragt werden.

4. Form und Frist. Die Befriedigungserklärungen sind dem Gericht in öffentlicher oder öffentlich beglaubigter Urkunde (§ 144 Abs. 1 ZVG) bis spätestens im Verteilungstermin vor Beginn der Ausführung des Teilungsplanes vorzulegen. Nur Erklärung der Befriedigung, nicht aber Nachweis in öffentlicher oder öffentlich beglaubigter Urkunde, ist erforderlich für den Betrag, den der Ersteher selbst aus dem Erlös zu bekommen hat (Steiner/*Teufel* § 144 Rn. 11).

5. Justizkasse. Zum Nachweis der Zahlung noch offener Verfahrenskosten (§ 109 ZVG) genügt im Regelfall die Überweisung an die zuständige (Landes-)Justizkasse. Die Bankverbindung kann beim Vollstreckungsgericht ebenso wie die Höhe der noch offenen Gerichtskosten erfragt werden. Als Zahlungsnachweis wird im Normalfall die gerichtsinterne Zahlungsanzeige akzeptiert, auch wenn diese nicht der Form des § 144 Abs. 1 ZVG entsprechen sollte.

6. Legitimation. → Form. K. II. 15 Anm. 5.

7. Rechtsfolgen. Ob formgerechte Erklärungen über die Befriedigung oder Annahme des Erstehers als alleinigen Schuldner von allen Beteiligten vorliegen, deren Ansprüche durch das Gebot gedeckt sind, muss das Gericht prüfen. Hierzu stellt es nach Eingang der Erklärungen einen Kontrollteilungsplan auf, der sich nach den normalen Regeln eines

Teilungsplanes richtet. Liegen die Erklärungen aller durch das Gebot gedeckten Berechtigten vor, setzt es keinen Verteilungstermin an, hebt einen bereits angesetzten auf oder unterbricht den bereits begonnenen. Die Befriedigungserklärungen (und im Regelfall der Kontrollteilungsplan) werden auf Anordnung des Gerichtes auf der zuständigen Geschäftsstelle niedergelegt, die Verfahrensbeteiligten hiervon benachrichtigt und aufgefordert, Erinnerungen binnen zwei Wochen geltend zu machen, § 144 Abs. 1 ZVG.

Werden Erinnerungen nicht innerhalb der zweiwöchigen Frist erhoben, unterbleibt das gerichtliche Verteilungsverfahren mit Ausnahme der Verteilung des Erlöses aus denjenigen Gegenständen, welche im Falle des § 65 ZVG besonders versteigert oder anderweit verwertet worden sind, § 144 Abs. 2 ZVG. Briefe und Titel werden nach § 127 ZVG behandelt. Eine **Bietsicherheit** ist im Einverständnis mit dem die Sicherheit Leistenden zu verwerten. Wenn die Urkunden ergeben, dass die durch das Gebot gedeckten Berechtigten ohne Inanspruchnahme der Sicherheit befriedigt worden sind, ist die Bietsicherheit dem, der sie geleistet hat, zurückzuerstatten (*Stöber* ZVG § 144 Rn. 2.10). Erklärt sich ein Gläubiger für befriedigt, so ist das beim Ersteher eine Befriedigungserklärung, bei den anderen Gläubigern wirkt die Erklärung wie die Zahlung aus dem Versteigerungserlös (OLG Köln Urt. v. 22.12.1982 – 2 U 57/82, Rpfleger 1983, 121 OLGZ 1983, 315). Wird durch einen Verfahrensbeteiligten innerhalb der Ausschlussfrist von zwei Wochen **Widerspruch** erhoben, findet die normale gerichtliche Verteilung gem. § 105 ff. ZVG statt.

17. Außergerichtliche Befriedigungserklärung eines Beteiligten

An das

Amtsgericht . . . . .[1, 2]

– Vollstreckungsgericht –

Az. . . . . .

Zwangsversteigerungsverfahren gegen . . . . .

Sehr geehrte Damen und Herren,

im oben genannten Verfahren[3] erklären wir uns namens und in Vollmacht unseres Mandanten . . . . . nach Zahlung des Erstehers . . . . . wegen eines aus dem Versteigerungserlös zuzuteilenden Betrages in Höhe von . . . . . EUR (aus dem Recht Abt. III Nr. . . . . .) für befriedigt.[4]

Eine Geldempfangsvollmacht[5] liegt an; der Beglaubigungsvermerk[6] ist umseitig angebracht.[7]

. . . . .

Rechtsanwalt

Anmerkungen

1. Zweck. Ermöglicht die Durchführung des außergerichtlichen Befriedigungsverfahrens nach § 144 ZVG, sofern es dem Ersteher gelingt, alle zuteilungsberechtigten Gläubiger vor dem Verteilungstermin zu befriedigen (→ Form. K. II. 16).

Die Erklärung kann sowohl direkt an das Vollstreckungsgericht übersandt, als auch dem Ersteher zur weiteren Verwendung ausgehändigt werden.

2. Zuständigkeit. → Form. J. XI. 1 Anm. 2.

3. Frist. → Form. K. II. 11 Anm. 7.

4. Unechte Befriedigungserklärung. → Form. K. II. 11 Anm. 3.

5. Geldempfangsvollmacht. → Form. K. II. 11 Anm. 4.

6. Form. → Form. K. II. 11 Anm. 5.

7. Rechtsfolgen. → Form. K. II. 11 Anm. 6.

18. Verzicht auf die Eintragung von Sicherungshypotheken

An das

Amtsgericht . . . . .[1]

– Vollstreckungsgericht –

Az. . . . . .

Zwangsversteigerungsverfahren gegen . . . . .

Sehr geehrte Damen und Herren,

nachdem der Ersteher . . . . . im oben genannten Versteigerungsverfahren das Meistgebot nicht belegt hat, wurden unserem Mandanten im Verteilungstermin vom . . . . . folgende Forderungen gem. § 118 ZVG übertragen:[2]

. . . . . EUR nebst 4 % Zinsen pa hieraus seit dem . . . . . (Kosten der dinglichen Rechtsverfolgung aus vormaligem Recht Abt. III Nr. . . . . ., §§ 10 Abs. 1 Nr. 4, 10 Abs. 2 ZVG),

. . . . . EUR nebst 4 % Zinsen pa hieraus seit dem . . . . . (laufende, wiederkehrende Leistungen aus vormaligem Recht Abt. III Nr. . . . . ., § 10 Abs. 1 Nr. 4 ZVG),

. . . . . EUR nebst 4 % Zinsen pa hieraus seit dem . . . . . (Kapital des vormaligen Rechts Abt. III Nr. . . . . ., § 10 Abs. 1 Nr. 4 ZVG).

Der Ersteher hat uns zwischenzeitlich vollständig befriedigt.

Namens und im Auftrag unseres Mandanten verzichten wir daher hiermit[3] auf die gem. § 128 Abs. 1 ZVG für die übertragenen Forderungen einzutragenden Sicherungshypotheken.[4]

Der Beglaubigungsvermerk ist umseitig angebracht.

. . . . .

Rechtsanwalt

Anmerkungen

1. Zuständigkeit. → Form. J. XI. 1 Anm. 2.

2. Zweck. Hat der Ersteher das Bargebot nicht gezahlt, wird der Teilungsplan dadurch ausgeführt, dass die Forderung gegen ihn auf die Berechtigten übertragen und im Falle des § 69 Abs. 2 ZVG gegen den für mithaftend erklärten Bürgen auf die Berechtigten mitübertragen wird, § 118 Abs. 1 ZVG. Die Übertragung wirkt wie die Befriedigung aus dem Grundstück, § 118 Abs. 2 S. 1 ZVG. Für die übertragenen Forderungen werden an dem versteigerten Grundstück Sicherungshypotheken im Range des Anspruchs eingetragen, § 128 Abs. 1 ZVG. Hat der Ersteher die Zahlung des Meistgebotes nur versäumt oder ist diese aus sonstigen Gründen nicht rechtzeitig erfolgt, muss er sich nach dem Verteilungstermin direkt an die nunmehr Berechtigten zum Ausgleich der Forderungen wenden. Um die Eintragungen der Sicherungshypotheken zu vermeiden, sollte er den Gläubiger nach bzw. im Rahmen der Zahlung auffordern, den Verzicht auf die Eintragung gegenüber dem Gericht zu erklären.

3. Form und Frist. Die Verzichtserklärung muss dem Vollstreckungsgericht in öffentlicher oder öffentlich beglaubigter Urkunde bis zur Absendung des Ersuchens nach § 130 ZVG vorliegen.

4. Rechtsfolge. Geht dem Vollstreckungsgericht die formgerechte Verzichtserklärung rechtzeitig zu, unterbleibt die Eintragung der Sicherungshypotheken.

L. Zwangsvollstreckung zur Erwirkung der Herausgabe von Sachen und Personen

I. Vorbemerkungen

1. Überblick

Sobald ein Titel nicht auf Zahlung einer Geldsumme, sondern auf Herausgabe einer Sache lautet, muss dem Gläubiger Besitz an der betitelten Sache verschafft werden. Obwohl in der Praxis die Zwangsvollstreckung wegen Geldforderungen weit überwiegt, ist die Bedeutung eines Leistungsurteils auf Herausgabe einer Sache durchaus erheblich: Hier geht es häufig um die Räumung werthaltiger Immobilien oder die Herausgabe wertvoller sonstiger Eigentumsgegenstände. Die zwangsweise Durchsetzung dieser Herausgabeansprüche richtet sich nach den §§ 883–886 ZPO. Vorab zu unterscheiden sind – wie üblich – bewegliche und unbewegliche Sachen: Die Vollstreckung von unbeweglichen Sachen, also von Immobilien, richtet sich nach § 885 ZPO. Innerhalb der beweglichen Sachen unterscheidet man zwischen bestimmten beweglichen Sachen (Unikat, Sachgesamtheit/beschränkte Gattungsschuld, § 883 ZPO) und vertretbaren Sachen (unbeschränkte Gattungsschuld/Vorratsschuld, § 884 ZPO). Zu den beweglichen unvertretbaren Sachen gehören alle Gegenstände, die exakt identifiziert werden können und müssen, während die vertretbaren Sachen nur der Gattung nach geschuldet sind. Besonderheiten ergeben sich, wenn ein Dritter Gewahrsam an den vom Schuldner herauszugebenden Sachen hat. In diesen Fällen ist eine Pfändung und Überweisung des Herausgabeanspruchs durch Beschluss des Rechtspflegers notwendig bzw. spielt das gesetzliche Vermieterpfandrecht häufig eine entscheidende Rolle.

2. Exkurs: Kindesherausgabevollstreckung (§§ 86 ff. FamFG)

Die Vollstreckung der Herausgabe von Personen, insbesondere von Kindern, war ursprünglich in § 33 Abs. 2 FGG geregelt. Nachdem das „Gesetz über das Verfahren in Familiensachen und in den Angelegenheiten der freiwilligen Gerichtsbarkeit" (FamFG) am 1.9.2009 in Kraft getreten ist, richtet sich die Vollstreckung von Endentscheidungen über die Herausgabe von Personen und die Regelung des Umgangs nunmehr ausschließlich nach den §§ 86 ff. FamFG (vgl. näher hierzu zB *Cirullies* FPR 2012, 473 ff.; *Vogel* FPR 2011, 526 ff.; ferner jüngst aus der Rechtsprechung zur Vollstreckung der Auskunftserteilungspflicht OLG Saarbrücken FamRZ 2015, 162). Das FamFG enthält im 2. Unterabschnitt des 1. Buches („Allgemeiner Teil"), Abschnitt 8, für die Vollstreckung zur Herausgabe von Personen gesonderte Regelungen. Nach § 33 FGG erfolgte die Vollstreckung durch Zwangsmittel wie Zwangsgeld und Zwangshaft. An deren Stelle tritt nun die Festsetzung von **Ordnungsmitteln** (§ 89 FamFG) und die Anwendung **unmittelbaren Zwangs** (§ 90 FamFG).

Nach § 89 Abs. 1 FamFG kann das Gericht zur Durchsetzung von Herausgabetiteln und Umgangsregelungen Ordnungsgeld, ersatzweise oder unmittelbar Ordnungshaft anordnen. Darüber hinaus kann es die gewaltsame Herausgabe des Kindes durch den Gerichtsvollzieher gestatten, § 90 Abs. 1 FamFG. Die Gewaltanwendung stellt dabei als sog. ultima ratio ein mögliches Mittel zur Vollstreckung des Herausgabetitels dar. Für die

Anwendung unmittelbaren Zwangs bedarf es eines „ausdrücklichen Beschlusses" des Gerichts. Bisher und auch zukünftig ist eine Gewaltanwendung hingegen nicht gestattet, wenn das Kind herausgegeben werden soll, um die Durchführung des **Umgangs** zu ermöglichen, § 90 Abs. 2 FamFG.

Die allgemeinen Vorschriften über die Vollstreckung finden sich den besonderen Regelungen über die Kindesherausgabevollstreckung vorangestellt, in §§ 86, 87 FamFG. Bei der zu vollstreckenden Endentscheidung handelt es sich nach § 86 Abs. 1 Nr. 1 FamFG regelmäßig um einen **Beschluss** des Familiengerichts (vgl. §§ 38 Abs. 1 und 116 Abs. 1 FamFG). Inhaltlich entspricht der Beschluss weitgehend einem Urteil (vgl. § 38 Abs. 2 und 3 FamFG). Der Beschluss ist nach § 86 Abs. 2 FamFG mit seinem Wirksamwerden unmittelbar vollstreckbar, dh eines Ausspruchs zur Vollstreckbarkeit bedarf es in der Regel nicht (vgl. § 86 Abs. 3 FamFG). Nach der gesetzlichen Konstruktion besteht auch für eine Sicherungsvollstreckung kein Regelungsbedürfnis, dh die §§ 708 ff. ZPO sind nicht anwendbar. Neu ist nach § 86 Abs. 1 Nr. 2 FamFG auch die Möglichkeit der Vollstreckung aus einem sog. gerichtlich gebilligten Vergleich iSd § 156 Abs. 2 FamFG.

Die Vollstreckung zur Herausgabe eines Kindes und zur Regelung des Umgangs erfolgt zwingend durch das **Gericht**, in dessen Bezirk das Kind zum Zeitpunkt der Einleitung der Vollstreckung seinen gewöhnlichen Aufenthalt hat, § 88 Abs. 1 FamFG. Funktionell ist bei der Kindesherausgabe ausschließlich das Familiengericht zuständig; dies gilt auch in den Fällen eines unter Betreuung stehenden Minderjährigen.

Ordnete das Familiengericht vor dem Inkrafttreten des FamFG die Herausgabe eines Kindes an, konnte es die Herausgabe der zum persönlichen Gebrauch des Kindes bestimmten **Sachen** (wie Kleidung, Spielzeug, Schulsachen) nach § 50d FGG durch einstweilige Anordnung regeln. Das FamFG enthält hierzu keine besondere Regelung, so dass dem Gericht nun über § 95 Abs. 1 Nr. 2, Abs. 2 FamFG iVm § 883 ZPO durch einen nach § 86 Abs. 1 Nr. 1 FamFG vollstreckbaren Beschluss die Möglichkeit eröffnet wird, unmittelbar mit dem Beschluss, in dem die Herausgabe des Kindes angeordnet wird, auch die Herausgabe der zum persönlichen Gebrauch des Kindes gehörenden Sachen anzuordnen. Nach der früheren Rechtslage erfolgte die Vollstreckung über § 33 Abs. 1 S. 1 FGG durch Zwangsgeld zur Erwirkung der Herausgabe dieser Sachen. Seit dem Inkrafttreten des FamFG erfolgt die Vollstreckung nach § 883 ZPO direkt (iVm § 95 Abs. 1 Nr. 2, Abs. 2 FamFG).

Neu bei der Vollstreckung nach dem FamFG ist die Beteiligung des **Jugendamts** nach § 88 Abs. 2 FamFG, um bei der Vollstreckung Unterstützung zu leisten. Die Unterstützung umfasst auch die Tätigkeit des Gerichtsvollziehers und unterscheidet sich damit gerade von der Mitwirkung des Jugendamts in dem (gerichtlichen) Verfahren, das zum Erlass der zu vollstreckenden Anordnung führt. Die Regelung greift damit § 9 IntFamRVG auf und überträgt sie auch auf nationale Verfahren (vgl. BT-Drs. 16/6308, 217). Der Gesetzgeber beabsichtigte mit dieser Regelung die Vermeidung von Gewalt und die Förderung einer für das Kindeswohl so wenig wie möglich beeinträchtigenden Vollstreckung. Örtlich zuständig dürfte insoweit wie bei § 9 Abs. 2 S. 1 IntFamRVG das Jugendamt sein, in dessen Bezirk sich das Kind seinen gewöhnlichen Aufenthalt hat. Die Pflicht des Jugendamts zur Mitwirkung kann zur Amtspflicht werden, wenn das Gericht die Unterstützung für erforderlich hält. Eine zwangsweise Durchsetzung dieser Unterstützungsleistung dürfte sich allerdings auf die Möglichkeit der Erhebung einer Dienstaufsichtsbeschwerde beschränken (vgl. MüKoZPO/*Zimmermann* FamFG § 88 Rn. 11).

Die **materiell-rechtlichen Vorschriften** über die Herausgabe von Personen finden sich – wie bisher – in §§ 1632 Abs. 1, 1666, 1908i BGB und die Regelungen über den Umgang in §§ 1632 Abs. 2, 1684, 1685 BGB.

II. Herausgabe beweglicher unvertretbarer Sachen (§§ 883 ZPO)

1. Einfacher Vollstreckungsauftrag zur Herausgabe beweglicher Sachen

[Grundfall: Herausgabe eines Unikats]

An das

Amtsgericht .....

In Sachen

..... [Gläubiger] ./. .... [Schuldner]

überreiche ich den vollstreckbaren Schuldtitel des ..... (Gericht) vom ..... (Az. .....) nebst beglaubigter Abschrift und beantrage namens und in Vollmacht des Gläubigers,

1. die Zustellung des Schuldtitels[1] sowie

2. die Durchführung der Zwangsvollstreckung durch Wegnahme des vom Schuldner herauszugebenden, im Titel detailliert bezeichneten Gegenstands nebst Kosten.[2]

[und/oder]

Sollte der Schuldner die Durchsuchung verweigern, bitte ich, den beigefügten vorbereitenden Antrag auf Durchsuchungsanordnung[3] unter Beifügung des Protokolls und der Vollstreckungsunterlagen einzureichen. Zugleich bitte ich wegen der titulierten Kosten und der Vollstreckungskosten um Mobiliarzwangsvollstreckung wegen folgender Beträge: ..... EUR[4]

.....

Rechtsanwalt

Alternative: Mehrheit von Sachen

In Sachen

..... [Gläubiger] ./. .... [Schuldner]

überreiche ich den vollstreckbaren Schuldtitel des ..... (Gericht) vom ..... (Az. .....) nebst beglaubigter Abschrift und beantrage namens und in Vollmacht des Gläubigers

1. die Zustellung des Schuldtitels sowie

2. die Durchführung der Zwangsvollstreckung durch Wegnahme der vom Schuldner herauszugebenden, im Titel detailliert bezeichneten Sachen[5] nebst Kosten.

Zusätzlich bitte ich zuvor beim Schuldner abzuklären, ob dieser zur Herausgabe der Sachen ..... (des Hausrats) freiwillig bereit ist. Andernfalls wird hiermit um Mitteilung unter Rückgabe des Titels gebeten, damit ein richterlicher Durchsuchungsbeschluss erwirkt werden kann.[6]

Zuletzt bitte ich um Information über den Termin der Zwangsvollstreckung, damit der Gläubiger ggf. einen Vertreter zur Identifizierung der herauszugebenden Sachen entsenden kann (§§ 62 Nr. 5, 179 Nr. 2 GVGA).[7]

.....

Rechtsanwalt[8]

Anmerkungen

1. § 883 ZPO regelt das Verfahren zur Erwirkung der Herausgabe beweglicher unvertretbarer Sachen oder einer Menge bestimmter beweglicher Sachen. Der Gerichtsvollzieher nimmt dem Schuldner diese Sachen weg und übergibt diese an den Gläubiger, damit der Gläubiger Besitz an ihnen erlangt. Es gelten die allgemeinen Vollstreckungsvoraussetzungen gem. § 750 ZPO: Vollstreckungsvoraussetzung ist zunächst ein **Antrag** des Gläubigers. Der Inhalt des Vollstreckungstitels kann auf **Herausgabe,** aber auch auf **Übereignung** einer beweglichen Sache lauten; die Vollstreckung richtet sich in beiden Fällen nach § 883 ZPO (vgl. § 897 ZPO). Bei einem Anspruch auf Übereignung wird die Einigungserklärung durch die Rechtskraft des Urteils nach § 894 ZPO ersetzt (vgl. (→ Form. N. I). § 883 ZPO ist auch dann anwendbar, wenn der Schuldner die Sache lediglich **vorlegen** muss (OLG Frankfurt a. M. NJW-RR 1992, 171; *Baumbach/Lauterbach/Albers/Hartmann* § 883 Rn. 16), beispielsweise zur Ansicht oder Einsichtnahme. Unerheblich ist, wo die Vorlage erfolgen soll. Ist allerdings die Vorlage von Urkunden bloß Teil einer Rechnungslegung, erfolgt die Vollstreckung in diesem Zusammenhang nach § 887 ZPO bzw. § 888 ZPO.

Das **Hauptproblem im Rahmen der Herausgabevollstreckung ist häufig die Bestimmung des konkreten Vollstreckungsgegenstandes** im Titel (Zöller/*Stöber* § 883 Rn. 5). Die Sache muss im Titel (also bereits zu Beginn im Klageantrag) so detailliert wie möglich bezeichnet werden, damit sie vom Gerichtsvollzieher im Nachhinein eindeutig identifiziert werden kann. Da auch klarstellende Ergänzungen zum Gegenstand einen unklaren Titel nicht heilen können, sind solche näheren Bezeichnungen im Vollstreckungsauftrag nicht mehr erforderlich und damit überflüssig; die Bezugnahme auf den Titel ist ausreichend. Ein Titel auf Herausgabe beweglicher Sachen kann dabei auch auf eine Sachgesamtheit lauten, beispielsweise auf ein Büro, auf Hausrat einer bestimmten Wohnung oder auf eine Bibliothek (→ Anm. 5). Anders als bei vertretbaren Sachen (→ Form. L. III. 1) wird der Schuldner bestimmter unvertretbarer Sachen allerdings von seiner Leistungsverpflichtung frei, wenn die Sache bzw. die Sachen nicht (mehr) in seinem Besitz sind.

Die **Pfändungsschutzvorschriften der §§ 811 ff. ZPO** sind auf die Herausgabevollstreckung nicht anwendbar, denn es geht bei der Herausgabevollstreckung nicht um einen Zugriff auf das Vermögen des Schuldners schlechthin, sondern „nur" auf bestimmte Gegenstände (*Baumbach/Lauterbach/Albers/Hartmann* § 883 Rn. 10). Die §§ 811 ff. ZPO schützen aber nicht vor jedem Zugriff auf bestimmte Gegenstände, sondern dienen der Aufrechterhaltung der Lebensgrundlage des Schuldners.

2. Eine genaue und erneute **Beschreibung der Sache** ist im Antrag an den Gerichtsvollzieher nicht erforderlich, da sich dieser auf den zugrundeliegenden Schuldtitel bezieht (was zur Bestimmung ausreicht, → Anm. 1). Dies ist dem Gläubiger bzw. seinem Vertreter auch anzuraten, da ansonsten jegliche Abweichung von der im Schuldtitel zur Kennzeichnung der Sache herangezogenen Merkmale eine Abänderung des Antrags bedeuten würde. Der Rechtsgrund, auf welchem die Pflicht zur Herausgabe beruht, ist ebenfalls unerheblich. Bei einer **Quantität** bestimmter beweglicher Sachen ist wie im Falle eines Unikats nach § 883 ZPO zu verfahren: Eine Mehrzahl solcher Sachen liegt beispielsweise vor, wenn Herausgabe beweglicher Sachen aus einem bestimmten Bestand verlangt wird („sämtliche Packungen mit bestimmten Schrauben, die sich im Lager befinden"; „zehn der dort gelagerten fünfzig Packungen"; → Anm. 5).

Ist der Herausgabe außerdem noch eine **Handlungspflicht** vorgeschaltet, beispielsweise die Herstellung oder Beschaffung der Sachen, so will ein Teil der Rechtsprechung und Literatur diese Pflicht gesondert nach §§ 887, 888 ZPO vollstrecken („Handlungsvollstreckung", LAG Hamm DB 1981, 535). Allerdings setzt eine Handlungsvollstreckung die besondere Titulierung mit selbständiger Handlungspflicht voraus, so dass eine solche nur neben die Herausgabevollstreckung treten könnte, wenn die Handlung einklagbare oder sonstige Nebenpflichten beträfe (*Baur/Stürner* § 39 Rn. 39.6; aA *Brox/Walker* Rn. 1068). Sofern der Gläubiger – wie regelmäßig in der Praxis der Fall – nur den einen Herausgabe- bzw. Übereignungstitel besitzt, bliebe ihm nach erfolgloser Herausgabevollstreckung lediglich der Weg über § 893 ZPO, der Klage auf Schadensersatz (→ Form. M. IV. 1) eröffnet. Enthält der Titel neben der Herausgabepflicht aber auch eine Verurteilung zur Beschaffung oder Herstellung, beispielsweise nach § 651 BGB, so wird die Herausgabe jedenfalls bei vertretbaren Sachen nach § 884 BGB vollstreckt (→ Form. L. III. 1), die Herausgabe der hergestellten oder angeschafften nicht vertretbaren Sachen nach § 883 ZPO. Insofern stellt sich immer die Frage nach einer Handlungsvollstreckung (§§ 887 ff. ZPO, (→ Form. M).

3. Weigert sich der Schuldner, die im Vollstreckungstitel genannte Sache herauszugeben und gestattet er dem Gerichtsvollzieher nicht, die Wohnung zu durchsuchen, so war lange umstritten, ob der Gerichtsvollzieher von sich aus auch dann Gewalt anwenden dürfe, wenn keine Gefahr in Verzug vorlag, §§ 758, 759 ZPO (in letzterem Fall kann er die Wohnung durchsuchen). Nach § 758a ZPO ist zur **Durchsuchung** der Wohnung durch den Gerichtsvollzieher eine **richterliche Anordnung** (ausführlich → Form. G. IV. 1) erforderlich (Schuschke/Walker/*Walker* § 758a Rn. 5 ff.), vorbehaltlich der Einwilligung des Schuldners sowie der Gefährdung des Durchsuchungserfolgs durch eine mit der Einholung der Anordnung einhergehende Verzögerung gem. § 758a Abs. 1 S. 2 ZPO. Die Notwendigkeit einer solchen Anordnung ergibt sich immer dann, wenn kein Titel im Sinne des Abs. 3 vorliegt, dh auf Räumung oder Herausgabe von Räumen, bzw. wenn kein Haftbefehl nach § 901 ZPO vorhanden ist. Nach hM können solche Anordnungen jedoch nicht für beliebige, sondern nur für bestimmte Wohnungen und Geschäftsräume des Schuldners, sowie nicht auf unbestimmte Zeit erteilt werden (Thomas/Putzo/*Seiler* § 758a Rn. 18).

Für den Fall, dass der Schuldner sich darüber hinaus auch weigert, im Falle des Nichtvorfindens der Sache(n) deren Bestimmungsort Preis zu geben, besteht für den Gläubiger die Möglichkeit, den Schuldner zur Offenbarung des Verbleibs der Sachen zu zwingen. Diese **Offenbarungspflicht** (im Wege der eidesstattlichen Versicherung bei Nichtwissen) ist im Interesse des Gläubigers gesetzlich verankert, § 883 Abs. 2 ZPO (→ Form. L. II. 2).

4. Eine Durchsuchungsanordnung ermöglicht auch eine **Sachpfändung** in der Wohnung, falls der Gläubiger eine solche für den Fall beantragt hat, dass der Schuldner die vom Gerichtsvollzieher berechneten **Vollstreckungskosten** nicht freiwillig bezahlt hat. Falls die Durchsuchungsanordnung bereits für den Fall der Mobiliarvollstreckung benötigt wird, sollte zur Ausräumung von Zweifeln schon im Antrag an den Richter um Erstreckung der Erlaubnis von Pfändungen wegen der Vollstreckungskosten ersucht werden. Nach hM besteht das Rechtsschutzbedürfnis für die Erlaubnis nur dann, wenn der Schuldner die Durchsuchung verweigert oder trotz Ankündigung die Wohnung nicht öffnet. Für die Organe der Rechtspflege sowie den Gläubiger ist es allerdings unzumutbar, wenn der Schuldner anlässlich der Wegnahme aufgrund erlaubter Durchsuchung eine weitere Durchsuchung zwecks Kostenpfändung verweigern und auf diese Weise eine zusätzliche Durchsuchungserlaubnis erforderlich machen könnte.

5. Anders als bei Vorliegen einer Gattungsschuld im Sinne des § 884 ZPO (→ Form. L. III) bezieht sich § 883 ZPO nur auf die Erwirkung der Herausgabe individuell bestimmter beweglicher Sachen aus dem Gewahrsam des Schuldners. Individuell sind auch **Sachgesamtheiten,** dh eine Mehrheit von Sachen, sofern der Titel ihren Umfang eindeutig begrenzt. Die Bestimmtheit des Titels verlangt, die einzelnen Sachen so identifizierbar zu beschreiben, dass der Gerichtsvollzieher keinen Zweifeln unterliegt. Die Gesamtheit muss nicht zwangsläufig aus vertretbaren Sachen iSd § 91 BGB bestehen (str.), sich allerdings im Besitz des Schuldners oder eines ihm zur Herausgabe Verpflichteten (dann § 886 ZPO, vgl. (→ Form. L. V. 1) Dritten befinden. Im Unterschied zu § 884 ZPO wird bei § 883 ZPO vorausgesetzt, dass die Sachen bereits vorhanden und im Besitz des Schuldners sind, während bei § 884 ZPO auch die Lieferung vorgesehen ist, dh § 884 ZPO ein sog. „Beschaffungsmoment" enthält (→ Form. L. III. 1). Die Menge bestimmter beweglicher Sachen iSd § 883 ZPO wird schuldrechtlich als **beschränkte Gattungs- oder Vorratsschuld** bezeichnet. Die Leistungspflicht des Schuldners besteht nämlich (nur) darin, die im Titel genannte(n) Sache(n) an den Schuldner herauszugeben.

Notwendig ist immer die eindeutige Identifikation der herauszugebenden Sachgesamtheit. Bei der beschränkten Gattungsschuld kann es sich um eine Sachgesamtheit wie den **Hausrat** oder **Urkunden,** aber auch bezeichnete „20 Kisten eines bestimmten Werkstattlagers" oder „die Bibliothek des X im Haus Y" handeln (vgl. auch §§ 948 BGB, 419 Abs. 2 HGB hinsichtlich der Vermischung durch den Lagerhalter). Auch Software ist eine Sache, deren Herausgabe nach § 883 ZPO vollstreckt werden kann (vgl. auch Musielak/Voit/*Lackmann* § 883 Rn. 4). Die allgemeine Verurteilung zur „Herausgabe von Software-Kopien" ist allerdings ebenso wenig vollstreckungsfähig (AG Offenbach NJW-RR 1989, 445) wie elektrischer Strom.

6. Zur Durchsuchungsanordnung → Anm. 3, 4.

7. Dem Gläubiger ist zu empfehlen, bei Vollstreckung selbst zu erscheinen bzw. jedenfalls einen Vertreter zu entsenden. So kann er gegebenenfalls daran mitwirken, dass der Gerichtsvollzieher Zugang zum Haus erhält und die Gegenstände identifiziert werden können.

8. Kosten und Gebühren. Der **Gerichtsvollzieher** erhält für die Wegnahme eine Gebühr nach Nr. 221 KV GvKostG iHv 26,– EUR, zzgl. Auslagen gem. Nr. 700 ff. KV GvKostG. Der **Rechtsanwalt** erhält für den Wegnahmeauftrag 0,3 Verfahrensgebühr nach Nr. 3309 VV RVG (§ 18 Nr. 3 RVG), wobei sich der Gegenstandswert nach dem Wert des herauszugebenden Gegenstands bemisst.

2. Kombinierter Vollstreckungsauftrag zur Herausgabe beweglicher Sachen mit Antrag auf eidesstattliche Versicherung

An das

Amtsgericht .....

In Sachen

..... (Gläubiger) ./. ..... (Schuldner)

überreiche ich den vollstreckbaren Schuldtitel des ..... (Gerichts) vom ..... (Az. .....) nebst beglaubigter Abschrift mit dem Auftrag zur

1. Zustellung des Schuldtitels sowie

2. Zwangsvollstreckung durch Wegnahme der vom Schuldner herauszugebenden, im Titel näher bezeichneten Sachen.[1]

Für den Fall, dass die herauszugebenden Sachen nicht vorgefunden werden, beantrage ich namens und in Vollmacht des Gläubigers,

1. einen Termin zur Abgabe der eidesstattlichen Versicherung gem. § 883 Abs. 2 ZPO zu bestimmen

2. die eidesstattliche Versicherung zu Protokoll zu nehmen.[2]

In dem Termin hat der Schuldner an Eides Statt zu versichern, dass er die herauszugebenden Gegenstände ..... nicht besitzt und auch nicht weiß, wo sich diese befinden. Der Schuldner hat gegebenenfalls detailliert Angaben zum Verbleib der Gegenstände zu machen. Ich bitte mir davon Mitteilung zu machen.

(Optional:

Für den Fall des Nichterscheinens des Schuldners im Termin oder grundloser Verweigerung der Abgabe der eidesstattlichen Versicherung beantrage ich namens und in Vollmacht des Gläubigers Haftbefehl und Verhaftung des Schuldners sowie Benachrichtigung hierüber an mich.[3])

.....

Rechtsanwalt[4, 5]

Anmerkungen

1. Es gelten die allgemeinen Vollstreckungsvoraussetzungen nach § 750 ZPO, auch § 758a ZPO; → Form. L. II. 1 Anm. 1.

2. Wird die herauszugebende Sache vom Gerichtsvollzieher nicht vorgefunden, ist der Schuldner verpflichtet, auf Antrag des Gläubigers die **eidesstattliche Versicherung** gem. § 883 Abs. 2 ZPO zu leisten; diese **Offenbarungspflicht** schützt den Gläubiger und soll ihm zuverlässige Kenntnis über den Verbleib der Sachen ermöglichen (→ Form. L. II. 1 Anm. 3). Ist wegen ein und derselben Sache ein Schuldner zur Herausgabe und ein anderer zur Duldung der Zwangsvollstreckung verurteilt worden, so sind auch beide verpflichtet, die eidesstattliche Versicherung abzugeben (MüKoZPO/*Schilken* § 883 Rn. 24). Die eidesstattliche Versicherung nach § 883 Abs. 2 und 3 ZPO ist **das einzig zulässige Zwangsmittel** für die Herausgabevollstreckung nach § 883 Abs. 1 ZPO. Nach ihr kann nur noch **Schadensersatz gem. § 893 ZPO** gefordert werden (dazu → Form. M. IV. 1). Das genaue Verfahren richtet sich nach den §§ 802g–802i, 802j Abs. 1, Abs. 2 ZPO. Der Antrag ist beim Amtsgericht einzureichen, in dessen Bezirk der Schuldner seinen Wohnsitz hat. Dem Antrag ist der Vollstreckungstitel, aus dem sich die herauszugebenden Sachen ergeben, beizufügen, ebenso wie das Gerichtsvollzieherprotokoll.

Eine **Durchsuchung** der Wohnung des Schuldners ist nach überwiegender Ansicht grundsätzlich nur nach besonderer richterlicher Anordnung gem. §§ 758, 758a ZPO zulässig (→ Form. L. II. 1 Anm. 3). Diese liegt nicht bereits schon im Herausgabetitel und muss deshalb zusätzlich erfolgen. Der Gerichtsvollzieher bestimmt den Termin zur eidesstattlichen Versicherung und lädt den Schuldner persönlich, nicht dessen Prozessbevollmächtigten, § 802f Abs. 4 S. 1 ZPO. Den Gläubiger benachrichtigt er formlos (§ 802f Abs. 4 S. 2 ZPO).

3. Erscheint der Schuldner trotz ordnungsgemäßer Ladung nicht zum Termin oder verweigert er die Abgabe der eidesstattlichen Versicherung, erlässt das Vollstreckungsgericht auf Antrag des Gläubigers **Haftbefehl** zur Erzwingung der Abgabe (§ 802g ZPO). Der Antrag auf Haftbefehl kann aber auch schon vorher, zusammen mit dem Antrag auf eidesstattliche Versicherung, gestellt werden. Der Erlass des Haftbefehls ist dem Richter vorbehalten, so dass ihm bei Gläubigerantrag vom Gerichtsvollzieher die Akten zur Entscheidung vorzulegen sind. Eine Eintragung in das Schuldnerverzeichnis findet nicht statt.

4. Kosten und Gebühren. Es entstehen keine Gerichtskosten. Der **Gerichtsvollzieher** erhält – neben der Erstattung seiner Auslagen gem. Nr. 700 ff. KV GvKostG – für die Abnahme der eidesstattlichen Versicherung und die eventuelle Verhaftung Gebühren gem. Nr. 262 KV GvKostG iHv 38.– EUR und Nr. 270 KV GvKostG iHv 39,– EUR) und für die vergeblich versuchte Abnahme der eidesstattlichen Versicherung bzw. Verhaftung nach Nr. 604 KV GvKostG iHv 15,– EUR). Für den **Rechtsanwalt** ist das Verfahren zur Abnahme der eidesstattlichen Versicherung eine besondere Angelegenheit, so dass er 0,3 Gebühren nach Nr. 3309, 3310 VV RVG gesondert erhält. Der Gegenstandswert richtet sich dabei nach dem geschuldeten Betrag, höchstens allerdings 2.000,– EUR (§ 25 Abs. 1 Nr. 4 RVG).

5. Rechtsmittel. Als Rechtsbehelf findet gegen das Verfahren des Gerichtsvollziehers im Termin die **Erinnerung** gem. § 766 ZPO statt. Gegen den Haftbefehl und gegen die Zurückweisung des Haftantrags findet die **sofortige Beschwerde** gem. § 793 ZPO statt. Für den Schuldner beginnt die Beschwerdefrist mit der Vorzeigung durch den Gerichtsvollzieher.

3. Vollstreckungsauftrag zur Herausgabe von Haushaltssachen

An das

Amtsgericht . . . . .

Familiengericht

In Sachen

. . . . . (Gläubiger) ./. . . . . . (Schuldner)

überreiche ich den vollstreckbaren Beschluss des . . . . . (Familiengericht) vom . . . . . (Az. . . . . .) und beantrage namens und in Vollmacht des Gläubigers[1]

1. die Zustellung der vollstreckbaren Endentscheidung[2] sowie

2. die Durchführung der Zwangsvollstreckung durch Wegnahme der vom Schuldner herauszugebenden, im Titel ausführlich bezeichneten (Haushalts-)Sachen, und zwar: . . . . .[3]

In dem Termin hat der Schuldner an Eides Statt zu versichern, dass er die herauszugebenden Gegenstände . . . . . nicht besitzt und auch nicht weiß, wo sich diese befinden. Der Schuldner hat gegebenenfalls detailliert Angaben zum Verbleib der Gegenstände zu machen. Ich bitte mir davon Mitteilung zu machen.[4]

Zudem bitte ich mich über den Termin der Zwangsvollstreckung zu informieren, damit der Gläubiger selbst erscheinen oder ggf. einen Vertreter zur Identifizierung der herauszugebenden Sachen bestellen kann (§§ 62 Nr. 5, 179 Nr. 2 GVGA).

. . . . .

Rechtsanwalt[5, 6]

Anmerkungen

1. Die Vollstreckung zur Herausgabe von Haushaltssachen (vgl. § 200 Abs. 2 FamFG) richtet sich über § 95 Abs. 1 Nr. 2 FamFG nach den allgemeinen Vorschriften der ZPO, dh nach den Regelungen über die Vollstreckung zur Herausgabe von beweglichen Sachen gem. § 883 ZPO (vgl. näher hierzu z *Giers* FPR 2010, 564; *ders.* FGPrax 2011, 1; *Jacobs* NJW 2012, 3601; *Schulte-Bunert* FPR 2012, 491; *Vogel* FPR 2011, 526).

2. Haushaltssachen (früher: Hausrat, vgl. die Hausratsverordnung) kann das Familiengericht auf Antrag eines oder beider Ehegatten schon während der Trennungsphase, dh vorläufig gemäß § 1361a BGB, aber insbesondere nach Rechtskraft der Ehescheidung gemäß § 1568b BGB, dh endgültig verteilen und den Ehegatten jeweils zuweisen. Enthält die vollstreckbare Endentscheidung – in der Regel der gerichtliche **Beschluss** – (→ Form. L. I. 1) die Anordnung zur Herausgabe von Haushaltssachen iSd § 200 Abs. 2 FamFG, ist darauf zu achten, dass die Zuweisung von Hausrat ausdrücklich mit einem **Herausgabegebot** einhergeht (OLG Zweibrücken NJW-RR 1993, 649). Aus dem zu vollstreckenden Titel muss hinreichend klar bestimmt sein, welche Gegenstände an wen herauszugeben sind (→ Anm. 3).

Einer **Vollstreckungsklausel** bedarf der die Zuweisung von Haushaltssachen anordnende Beschluss des Gerichts nach § 86 Abs. 3 FamFG nur, wenn die Vollstreckung nicht durch das Gericht selbst erfolgt, das den Titel erlassen hat. Soweit also – wie hier bei der Vollstreckung zur Herausgabe von Haushaltssachen nach dem FamFG – die Vollstreckung über § 883 ZPO durch den Gerichtsvollzieher erfolgt, bedarf es der Vollstreckungsklausel.

Die **Zustellung** richtet sich nach § 87 FamFG. Danach darf die Vollstreckung erst beginnen, wenn der Beschluss bereits zugestellt ist oder gleichzeitig zugestellt wird.

3. Haushaltssachen sind alle beweglichen Gegenstände, die dem gemeinsamen Leben der Eheleute und der mit ihnen zusammenlebenden Kinder dienen; dabei kommt es nicht auf die Vermögens- und Lebensverhältnisse der Eheleute an, sondern ausschließlich auf die Eignung der Gegenstände als Hausrat und ihre tatsächliche Verwendung zur Gestaltung des gemeinsamen ehelichen Lebens (vgl. Johannsen/Henrich/*Götz* § 1361a BGB Rn. 8 f.; Palandt/*Brudermüller* § 1361a Rn. 3 ff.). Die Eigentumsverhältnisse sind ebenso unerheblich wie das Anschaffungsmotiv oder der Wert des Gegenstands. Ausreichend ist insoweit der unmittelbare Mitbesitz der Eheleute. Zu den Haushaltssachen zählen beispielsweise Radio, Fernseher, Wäsche, Geschirr, Vorräte wie Lebensmittel oder Kunstgegenstände, sofern sie zur Einrichtung der Ehewohnung (zum Begriff → Form. L. IV. 4) zählen, aber auch der Pkw, sofern er überwiegend zur privaten Lebensführung der Familie benutzt wird. Nicht zu den Haushaltssachen zählen ausschließlich dem einen oder dem anderen Ehepartner zuzuordnende Gegenstände, die etwa der Berufsausübung dienen, oder sonst persönliche Gegenstände eines Ehepartners wie Schmuck, persönliche Unterlagen, Kleidung.

Wird die Herausgabe von Haushaltssachen vollstreckt, sind die herauszugebenden Gegenstände so hinreichend **bestimmt zu bezeichnen** wie möglich, damit der Gerichtsvollzieher sie bei der Vollstreckung identifizieren und von anderen ähnlichen Gegenständen unterscheiden kann (OLG Brandenburg FamRZ 2000, 1102; OLG Naumburg FamRZ 2007, 565; OLG Zweibrücken NJW-RR 1993, 649). Die Gegenstände sind daher regelmäßig so zu beschreiben, dass sie nach Größe, Farbe, Form, Aussehen usw. erkennbar sind. Die bloße Angabe des – zB gegenwärtigen – Aufenthaltsorts in der Ehewohnung ist nicht ausreichend. Vgl. zum Begriff der Ehewohnung → Form. L. IV. 4. Nach jetzt gefestigter Rechtsprechung gehören Haushaltssachen („Hausrat") nicht in den Zugewinn bei der Ehescheidung (BGH FamRZ 1984, 144).

4. → Form. 2 Anm. 2. Nach § 95 Abs. 4 ZPO darf das Gericht bereits im gerichtlichen Beschluss neben oder anstelle der Räumungsvollstreckung Zwangsmittel nach § 888 ZPO anordnen. Statt der eidesstattlichen Versicherung nach § 883 Abs. 2 ZPO bietet sich die Verhängung von Zwangsmitteln gem. § 95 Abs. 4 FamFG iVm § 888 ZPO an, wenn der Verpflichtete vorgibt, die herauszugebenden Gegenstände nicht im Besitz zu haben.

5. **Kosten und Gebühren.** Der **Gegenstandswert** beträgt gem. § 48 Abs. 2 FamGKG 3.000,– EUR im Falle einer endgültigen Regelung über die Herausgabe von Haushaltssachen gem. § 1568b BGB. Im Falle einer vorläufigen Regelung nach § 1361a BGB beträgt der Gegenstandswert 2.000,– EUR.

6. **Rechtsmittel.** Nach § 87 Abs. 4 FamFG sind die **Beschlüsse** im Vollstreckungsverfahren mit der **sofortigen Beschwerde** entsprechend §§ 567–572 ZPO anfechtbar, auch wenn es sich um Entscheidungen des Rechtspflegers handelt (vgl. § 11 Abs. 1 RPflG).

Gegenüber **Vollstreckungsmaßnahmen des Gerichtsvollziehers** bei der Vollstreckung von Geldforderungen oder Herausgabetiteln ist die **Erinnerung** gem. § 766 ZPO statthaft.

Zulässig kann grundsätzlich auch der Vollstreckungsabwehrantrag gem. § 767 ZPO sein; allerdings dürfte in der Praxis kaum ein Rechtsschutzbedürfnis bestehen, wenn auch eine Abänderung nach § 48 FamFG in Betracht kommt (vgl. *Giers* FPR 2010, 564).

III. Herausgabe beweglicher vertretbarer Sachen (§ 884 ZPO)

1. Vollstreckungsauftrag zur Herausgabe bestimmter, im Besitz des Schuldners befindlicher vertretbarer Sachen/Wertpapiere

An das

Amtsgericht .....

In Sachen

..... (Gläubiger) ./. ..... (Schuldner)

überreiche ich den vollstreckbaren Schuldtitel des ..... (Gericht) vom ..... (Az. .....) nebst beglaubigter Abschrift und beantrage namens und in Vollmacht des Gläubigers

1. die Zustellung des Schuldtitels sowie

2. die Durchführung der Zwangsvollstreckung zur Leistung der im Schuldtitel bezeichneten ..... (Wertpapiere)[1] nebst Kosten.[2]

.....

Rechtsanwalt[3, 4]

Anmerkungen

1. Bezieht sich der Titel nicht auf die Herausgabe einer Menge bestimmter, beweglicher körperlicher Sachen, sondern auf Leistung einer **bestimmten Menge vertretbarer Sachen** im Sinne des **§ 91 BGB** oder **Wertpapiere** (unbeschränkte Gattungsschuld), gilt § 883 Abs. 1 ZPO ebenfalls, nämlich über die Verweisungsnorm des § 884 ZPO. Die Abs. 2–4 des § 883 ZPO sind bei vertretbaren Sachen allerdings nicht anwendbar: Deshalb kann der Gläubiger bei Nichtvorfinden der geschuldeten Sachen **nicht die Abgabe einer eidesstattlichen Versicherung verlangen;** durch § 887 Abs. 3 ZPO wird auch die Möglichkeit, sich die Sachen auf Kosten des Schuldners selbst zu beschaffen, ausgeschlossen. Der Grund liegt darin, dass der Schuldner entsprechende Sachen besorgen kann, so dass es unerheblich ist, ob er die geschuldeten Sachen bereits besitzt. Umgekehrt hat der Gläubiger kein besonderes Rechtsschutzbedürfnis daran, die Sachen aus einem bestimmten Bestand zu erhalten, wenn andere gleichwertige Sachen geliefert werden können. Letztlich bleibt dem Gläubiger in dieser Konstellation nur die Schadensersatzklage nach § 893 ZPO (→ Form. M. IV. 1), wenn auch der Weg über § 886 ZPO bei Drittgewahrsam nicht zum Erfolg führt. Für die Herausgabe der vertretbaren Sachen nimmt der Gerichtsvollzieher dem Schuldner die Sachen von mittlerer Art und Güte (§ 243 BGB) weg; sind mehr Sachen als die geschuldeten vorhanden, trifft er die geeignete Auswahl.

2. Zu den Wertpapieren zählen Aktien, Kuxe, Schuldverschreibungen auf den Inhaber, Lotterielose sowie auch indossable Papiere wie Wechsel (gleich ob Inhaber- oder Namenspapiere), dh **alle Wertpapiere iSd § 821 ZPO,** bei denen das Recht aus dem Papier dem Recht am Papier folgt (MüKoZPO/*Schilken* § 884 Rn. 3; Thomas/Putzo/*Seiler* § 884 Rn. 1). Anders als bei unvertretbaren Sachen wird der Schuldner, sofern er die herauszugebenden Sachen nicht (mehr) hat, nicht von seiner Leistungspflicht frei, sondern muss diese beschaffen. Die Herausgabe einer Gattungsschuld beinhaltet somit auch immer ein gewisses „Beschaffungsmoment" (→ Form. L. II. 1 Anm. 5). Sofern es sich um Gegenstände handelt, die eine spezielle Sachkenntnis erfordern, beispielsweise bei Verurteilung zur Herausgabe ganz spezieller Wertpapiere, oder zur Lieferung von Edelsteinen besonderen Gewichts, kann der Gerichtsvollzieher auch einen Sachverständigen konsultieren, wenn er vom Gläubiger einen entsprechenden Kostenvorschuss erhalten hat.

3. Kosten und Gebühren. → Form. L. II. 1.

4. Rechtsmittel. → Form. L. II. 1. Für Gläubiger, Schuldner und Dritte besteht die Möglichkeit der Vollstreckungserinnerung gem. § 766 ZPO; für Dritte auch ggf. die Drittwiderspruchsklage gem. § 771 ZPO.

IV. Räumung eines Grundstücks (§ 885 ZPO)

1. Antrag auf Räumungsvollstreckung (Gewerbemietraum)

An das

Amtsgericht/Landgericht . . . . .

In dem Räumungsverfahren

. . . . . (Gläubiger) ./. . . . . . (Schuldner)

Az. . . . . .

überreiche ich anliegend die vollstreckbare Ausfertigung des Räumungs-(ggf. und Zahlungs-)Urteils des Amtsgerichts/Landgerichts . . . . . vom . . . . . (Az. . . . . .) sowie eine beglaubigte Abschrift und beantrage namens und in Vollmacht des Gläubigers,

1. die Zustellung des vorbezeichneten Schuldtitels und

2. die Zwangsvollstreckung durch Räumung der/des im oben genannten Schuldtitel bezeichneten Geschäftsräume/Grundstücks, nämlich . . . . . (Bezeichnung Lage, qm, Räume [zB Büro-/Ladengeschäft], Geschoss, Keller) in . . . . . (Adresse), durchzuführen.[1]

[ggf. Einbeziehung weiterer Geldforderungen]

Im beigefügten Räumungsurteil wurde der Schuldner zusätzlich zur Zahlung von . . . . . EUR nebst Zinsen in Höhe von . . . . . (8) [5] Prozentpunkten über dem Basiszinssatz seit dem . . . . . verurteilt. Aus dem beigefügten Kostenfestsetzungsbeschluss . . . . . ergibt sich die weitere Verpflichtung des Schuldners zur Zahlung von . . . . . EUR nebst Zinsen in Höhe von . . . . . (8) [5] Prozentpunkten über dem Basiszinssatz seit dem . . . . .[2] Wegen dieser Forderungen beantrage ich namens und in Vollmacht des Gläubigers zusätzlich

die Zwangsvollstreckung in das bewegliche Vermögen des Schuldners.

Die Ansprüche[3] des Gläubigers werden unter Bezugnahme auf die beigefügte Forderungsaufstellung (Stand: . . . . .), wie folgt spezifiziert:

Hauptforderung:	. . . . . EUR
Zinsen auf Hauptforderung (8 [5] Prozentpunkten über Basiszinssatz):	. . . . . EUR
Summe:	. . . . . EUR
Kosten dieses Auftrags:	
Gegenstandswert:	. . . . . EUR
0,3 Verfahrensgebühr (Nr. 3309 VV RVG, §§ 2, 18 RVG)	. . . . . EUR
Auslagen/Auslagenpauschale (Nr. 7002 VV RVG)	. . . . . EUR
Umsatzsteuer (Nr. 7008 VV RVG) . . . . . %	. . . . . EUR
(ggf. Kosten früherer Vollstreckungsmaßnahmen)	. . . . . EUR)
Kosten:	. . . . . EUR
Gesamtforderung:	. . . . . EUR

Ich bitte um Übersendung einer Abschrift des Pfändungsprotokolls.[4] Die eingezogenen Beträge bitte ich auf mein Anderkonto . . . . . bei . . . . . zu überweisen. Eine Geldempfangsvollmacht ist beigefügt.

(*Optional:*

Sofern der Schuldner die Durchsuchung der Räumlichkeiten verweigert oder verhindert, beantrage ich schon jetzt namens und in Vollmacht des Gläubigers beim Vollstreckungsgericht einen

Antrag auf richterliche Anordnung zur Durchsuchung nach § 758 ZPO zu stellen.[5])

(*Optional:*

Sofern Ansprüche des Schuldners gegen Dritte, beispielsweise aus einem bestehenden Arbeitsverhältnis, bekannt werden und eine Beschlagnahme erforderlich erscheint, beantrage ich namens und in Vollmacht des Gläubigers schon jetzt,

die Zustellung eines vorläufigen Zahlungsverbots an den Dritten sowie den Schuldner . . . . . vorzunehmen, § 845 Abs. 1 S. 2 ZPO.[6])

. . . . .

Rechtsanwalt

Anmerkungen

1. § 885 ZPO ist anwendbar bei Herausgabe, Überlassung oder Räumung eines Grundstücks – auch unbebauten und damit beispielsweise Ackerland – oder eines Teils eines solchen, so auch einer Wohnung (→ Form. L. IV. 2) oder eines Ladenlokals bzw. Geschäftsraumes.

Damit erfährt § 885 ZPO seine Abgrenzung zu § 883 ZPO (vgl. auch BGH NJW-RR 2007, 1091). Die Durchführung der Vollstreckung des Herausgabe-, Überlassungs- oder Räumungstitels regelt Abs. 1 mit der Anordnung der Besitzentsetzung sowie der Besitzeinweisung als vollstreckende Maßnahme. Die Räumung erfolgt in der Weise, dass der Gerichtsvollzieher den Schuldner aus dem Besitz setzt und den Gläubiger in den Besitz einweist. Somit rechtfertigt ein Titel auf Grundstücksherausgabe auch die Zwangsräumung eines auf dem Grundstück errichteten Gebäudes (OLG Hamm NJW 1965, 2207). Mögliche weitere Schuldtitel sind der Zuschlagsbeschluss nach § 93 ZVG, das Urteil nach § 19 WEG oder der Eröffnungsbeschluss im Insolvenzverfahren, § 148 Abs. 2 InsO.

Dem Gläubiger ist vom Gerichtsvollzieher der genaue Tag und die Uhrzeit der beabsichtigten Vollstreckung mitzuteilen; dies gilt angesichts der gebotenen Rücksicht auf die Interessen des Schuldners nach § 180 Nr. 2 GVGA auch für diesen. Die Mitteilungen sind also frühzeitig vorzunehmen, damit gegebenenfalls erforderliche Vorkehrungen getroffen werden können. Die **Besitzentsetzung** erfolgt dadurch, dass der Gerichtsvollzieher den Schuldner – soweit er anwesend ist – persönlich auffordert, das Grundstück endgültig zu verlassen (notfalls mit Gewalt – § 758 ZPO). Anschließend werden alle **beweglichen Sachen,** die nicht herauszugeben bzw. nicht wegen einer gleichzeitig beizutreibenden Forderung (→ Anm. 2) oder wegen der Kosten zu pfänden sind, vom Grundstück entfernt (→ Form. L. IV. 3). Diese hat der Gerichtsvollzieher vor Ort und direkt an den Schuldner oder eine von diesem bevollmächtigte Person bzw. einem Mitglied der Familie zu übergeben. Sofern diese Möglichkeit gegeben ist, hat eine

Ingewahrsamnahme der Gegenstände nach Abs. 3 nicht zu erfolgen, auch wenn dies gegebenenfalls weniger Umstände bereiten würde.

Eine erneute und genaue Beschreibung der Lage bzw. der Ausstattung, Größe, der herauszugebenden Immobilien hat im Vollstreckungsantrag hingegen nicht zu erfolgen, die bloße **Bezugnahme auf den Schuldtitel** reicht aus (natürlich nur, sofern dieser die Sache entsprechend genau bezeichnet). Selbstverständlich steht es dem Antragsteller dennoch frei, Adresse und Lage/Größe zur Bezeichnung im Antrag aufzuführen; im Einzelfall kann auch eine Skizze hilfreich sein.

Eine etwaige **Räumungsfrist** (§§ 721, 794a ZPO) muss bei Beginn der Vollstreckung abgelaufen sein.

2. Die Zwangsvollstreckung wird nur dann erfolgreich sein, wenn sie sich gegen alle (juristischen/persönlichen) **Personen richtet, die im Titel ausdrücklich genannt sind.** Somit ist bereits im Vorfeld genau zu prüfen, wer als Schuldner zu bezeichnen ist und ob gegen weitere Personen, die sich in dem zu räumenden Objekt befinden bzw. hier wohnen, vorgegangen werden muss. Da es grundsätzlich bei der Räumungsvollstreckung um die tatsächlichen **Gewahrsamsverhältnisse** ankommt, ist auch hier der Schwerpunkt der Ermittlungen im Vorfeld zu setzen.

3. Meistens erfolgt die Verurteilung zur Räumung auf Grund erheblicher Mietrückstände und daher enthalten Räumungstitel häufig gleichzeitig einen **Zahlungstitel über Mietrückstände.** Nach überwiegender Meinung bedarf es aufgrund der Räumungsvollstreckung dann aber für die Zahlungsvollstreckung keiner gesonderten richterlichen Ermächtigung zum Betreten der (Geschäfts-)Räume nach § 758a Abs. 1 S. 1 ZPO, vgl. Abs. 2 (Schuschke/Walker/*Walker* § 758a Rn. 23). Dies wäre überflüssige Förmelei. Der Gerichtsvollzieher darf – soweit dem Räumungsantrag stattgegeben wird – nach richterlicher Prüfung in der Sache nämlich ohnehin die Räume betreten. Die Vollstreckung des Zahlungstitels erfolgt dann zutreffend direkt vor Ort bzw. einheitlich durch den Gerichtsvollzieher.

→ Form. L. IV. 2.

4. Bei jeder Vollstreckungshandlung hat der Gerichtsvollzieher ein **Pfändungsprotokoll** anzufertigen (vgl. § 86 GVGA), in dem er die wesentlichen Vorgänge seines Tuns festhält. Das Protokoll dient der Dokumentation des gesamten Vollstreckungsablaufs und hat damit Beweisfunktion. Nach den gesetzlichen Vorgaben soll es auch vom Schuldner selbst nach Vorlesen bzw. Durchlesen unterzeichnet werden; eine dahingehende Pflicht existiert jedoch nicht. In diesem Fall wird die Verweigerung der Unterschrift dann ebenfalls dokumentiert.

5. Zur Durchsuchungsanordnung → Form. L. II. 1 Anm. 3, 4.

6. Das **vorläufige Zahlungsverbot** (§ 845 ZPO) ist eine Maßnahme der **Vorpfändung** (→ Form. A. VI. 1) des Gläubigers, die den Rang bei der Befriedigung der Forderung sichern soll (in der Praxis dient es außerdem zur Erhöhung des Drucks auf den Schuldner). Mit dem vorläufigen Zahlungsverbot stellt der Gerichtsvollzieher im Auftrag des Gläubigers bei der Pfändung dem Drittschuldner und dem Schuldner eine schriftliche Erklärung zu, aus der hervorgeht, dass die Pfändung der Forderung oder des Rechts bevorsteht. Innerhalb eines Monats muss dann die Zustellung eines Pfändungs- und Überweisungsbeschlusses (→ Form. H. I. 2) erfolgen, um die durch die Vorpfändung erzielte Rangfolge zu wahren. Der Vorpfändung kommt die Wirkung eines Arrests zu (→ Form. C. VII. 2). Voraussetzung ist auch hier das Vorliegen eines vollstreckbaren Schuldtitels.

2. Antrag auf Räumungsvollstreckung (Wohnraum)

An das

Amtsgericht .....

In dem Räumungsverfahren

..... (Gläubiger) ./. .... (Schuldner)

Az. .....

überreiche ich anliegend die vollstreckbare Ausfertigung des Räumungs-(ggf. und Zahlungs-)Urteils des Amtsgerichts ..... vom ..... (Az. .....) sowie eine beglaubigte Abschrift und beantrage namens und in Vollmacht des Gläubigers,

1. die Zustellung des vorbezeichneten Schuldtitels und

2. die Zwangsvollstreckung durch Räumung der/des im oben genannten Schuldtitel bezeichneten Wohnung, nämlich ..... (Bezeichnung Lage, qm, Räume, Geschoss, Keller) in ..... (Adresse), durchzuführen.[1]

[ggf. Einbeziehung weiterer Geldforderungen]

Im beigefügten Räumungsurteil wurde der Schuldner zusätzlich zur Zahlung von ..... EUR nebst Zinsen in Höhe von ..... (5) Prozentpunkten über dem Basiszinssatz seit dem ..... verurteilt. Aus dem beigefügten Kostenfestsetzungsbeschluss ..... ergibt sich die weitere Verpflichtung des Schuldners zur Zahlung von ..... EUR nebst Zinsen in Höhe von ..... (5) Prozentpunkten über dem Basiszinssatz seit dem .....[2] Wegen dieser Forderungen beantrage ich namens und in Vollmacht des Gläubigers zusätzlich

die Zwangsvollstreckung in das bewegliche Vermögen des Schuldners.

Die Ansprüche[3] des Gläubigers werden unter Bezugnahme auf die beigefügte Forderungsaufstellung (Stand: .....), wie folgt spezifiziert:

Hauptforderung:	..... EUR
Zinsen auf Hauptforderung (5 Prozentpunkte über Basiszinssatz):	..... EUR
Summe:	..... EUR
Kosten dieses Auftrags:	
Gegenstandswert:	..... EUR
0,3 Verfahrensgebühr (Nr. 3309 VV RVG, §§ 2, 18 RVG)	..... EUR
Auslagen/Auslagenpauschale (Nr. 7002 VV RVG)	..... EUR
Umsatzsteuer (Nr. 7008 VV RVG) ..... %	..... EUR
(ggf. Kosten früherer Vollstreckungsmaßnahmen)	..... EUR)
Kosten:	..... EUR
Gesamtforderung:	..... EUR

Ich bitte um Übersendung einer Abschrift des Pfändungsprotokolls.[4] Die eingezogenen Beträge bitte ich auf mein Anderkonto ..... bei ..... zu überweisen. Eine Geldempfangsvollmacht ist beigefügt.

Bei Unpfändbarkeit des beweglichen Vermögens bitte ich um Informationen über die Arbeitsstelle des Schuldners.[5]

Wenn das nicht wegen der Kosten zu pfändende Mobiliar einer der in § 885 Abs. 2 ZPO genannten Personen nicht übergeben werden kann, bietet der Gläubiger schon jetzt zur Vermeidung von Wegschaffungs- und Verwahrungskosten an, diese Gegenstände zunächst für . . . . . Wochen im Keller des Hauses zu lagern; ein Vertreter des Gläubigers wird bei rechtzeitiger Bekanntgabe des Termins an der Räumung teilnehmen.[6]

(Optional:

Sofern der Schuldner die Durchsuchung der Wohnung bzw. der bewohnten Räumlichkeiten verweigert oder verhindert, beantrage ich schon jetzt namens und in Vollmacht des Gläubigers beim Vollstreckungsgericht einen
Antrag auf richterliche Anordnung zur Durchsuchung nach § 758 ZPO zu stellen.[7])

(Optional:

Sofern Ansprüche des Schuldners gegen Dritte, beispielsweise aus einem bestehenden Arbeitsverhältnis, bekannt werden und eine Beschlagnahme erforderlich erscheint, beantrage ich namens und in Vollmacht des Gläubigers schon jetzt,
die Zustellung eines vorläufigen Zahlungsverbots an den Dritten sowie den Schuldner . . . . . vorzunehmen, § 845 Abs. 1 S. 2 ZPO.[8])

. . . . .

Rechtsanwalt[9]

Anmerkungen

1. § 885 ZPO ist unmittelbar anwendbar bei der Räumungsvollstreckung von Wohnraum (→ Form. L. IV. 1). Eine entsprechende Anwendung erfährt § 885 ZPO bei bewohnten Schiffen oder Wohnwagen.

Nicht ausreichend bei Wohnraum ist eine vollstreckbare Urkunde, sofern der Besitz auf einem Mietverhältnis beruht (§ 794 Abs. 1 Nr. 5 ZPO). Der Titel muss die Pflicht zur Besitzaufgabe eindeutig anordnen. Deshalb ist ein Titel nur auf Beendigung des Mietverhältnisses, die Zuweisung oder Anerkennung zum Besitz oder zur Nutzung sowie die Pflicht „zur Übertragung" von Grundstücken nach § 1383 BGB nicht ausreichend.

→ Form. L. IV. 1.

2. Die Zwangsvollstreckung ist nur zulässig **gegen Personen, die im Titel auch ausdrücklich genannt sind.** Somit ist bereits im Vorfeld genau zu prüfen, wer als Schuldner zu bezeichnen ist und ob gegen weitere Personen, die sich in dem zu räumenden Objekt befinden bzw. hier wohnen, vorgegangen werden muss. Da es grundsätzlich bei der Räumungsvollstreckung auf die tatsächlichen **Gewahrsamsverhältnisse** ankommt, ist auch hier der Schwerpunkt der Ermittlungen im Vorfeld zu setzen. Somit ist bei Mietverhältnissen ein Vollstreckungstitel gegen **sämtliche Mieter** einer Wohnung bzw. des Hauses erforderlich. Ausschlaggebend sind insoweit zunächst die zugrundeliegenden Mietverträge. Allerdings ist auch ein Titel gegen den mitbesitzenden **Ehegatten** oder Familienangehörigen notwendig, wenn dieser (Mit-)Gewahrsam innehat – unabhängig von dem Abschluss eines Mietvertrages (BGH NJW 2004, 3041). Leben beide Ehegatten getrennt, so reicht ein Titel gegen den in der Wohnung verbliebenen Ehegatten; für die Räumung des Ehegatten, der nicht Mietvertragspartner ist und die Wohnung alleine bewohnt, ist ein eigener Titel notwendig (LG Stuttgart Rpfleger 2003, 255). **Minderjährige** haben im Gegensatz zu erwachsenen Kindern keinen selbständigen Besitz an der elterlichen Wohnung, so dass es bei ihnen keines eigenständigen Titels bedarf. Bei **Untervermietung** von Teilen der Wohnung ist auch gegen den berechtigten Untermieter ein eigener Titel notwendig (BGH NJW-RR 2003, 1450). Umstritten ist, ob mit einem Titel nur gegen den Hauptmieter dennoch zumindest einzelne vom Hauptmieter bewohnte Teile der Wohnung geräumt werden können (AG Leverkusen DGVZ 1996, 126). Da aber ein eigenes Besitzrecht des Untermieters dem Gläubiger gegenüber fehlt, stellt die Erwirkung eines gesonderten Titels für den Gläubiger zumindest kein zeitliches Hindernis dar. Eingetragene Lebenspartner, die Besitz an der mitbewohnten Sache innehaben, werden wie Ehegatten behandelt, so dass ein Titel gegen sie als Mitgewahrsamsinhaber notwendig ist. Gegen den **nichtehelichen Lebenspartner** ist dieser ohnehin notwendig.

3. Soweit die Verurteilung zur Räumung kombiniert wurde mit der Geltendmachung von Mietrückständen, bedarf es nach überwiegender Auffassung in der Rechtsliteratur aufgrund der Räumungsvollstreckung dann für die Zahlungsvollstreckung keiner gesonderten richterlichen Ermächtigung zum Betreten der Wohnung nach § 758a Abs. 1 S. 1 ZPO, vgl. Abs. 2 (Schuschke/Walker/*Walker* § 758a Rn. 23). Dies wäre überflüssige Förmelei. Denn bei richtiger Betrachtung müsste der Gerichtsvollzieher die Wohnung erst räumen und anschließend, auf der Straße und vor Ort, die für die Geldvollstreckung vorzunehmende Pfändung einzelner Gegenstände vornehmen. Die richterliche Prüfung hinsichtlich des Vorgehens zur Räumung ist bereits im Räumungsprozess erfolgt und deshalb abgeschlossen, so dass der Gerichtsvollzieher die Räumungssache ohnehin betreten darf und muss.

4. → Form. L. IV. 1.

5. Hat der Gläubiger Kenntnis von (angeblichen) **Ansprüchen gegen Dritte** – insbesondere den Arbeitgeber – kann er beim Vollstreckungsgericht den Antrag auf Erlass eines Pfändungs- und Überweisungsbeschlusses (vgl. (→ Form. H. I. 2) stellen. Nach Prüfung und Erlass durch das Gericht wird die Ausfertigung dem Gerichtsvollzieher zwecks Zustellung übermittelt. Diesbezüglich ist der Gerichtsvollzieher reines Zustellungsorgan. Nach erfolgter Zustellung an den Drittschuldner ist die Pfändung wirksam. Anschließend erhält der Schuldner nach § 829 Abs. 2 S. 2 ZPO Kenntnis. Bei der Pfändung von Lohn oder Gehalt verbleibt dem Schuldner ein Grundeinkommen. Der Drittschuldner als Arbeitgeber ist sodann verpflichtet, die Erklärung nach § 840 ZPO gegenüber dem Gläubigen abzugeben und die pfändbaren Anteile des Einkommens an den Gläubiger abzuführen. Die einzelnen Berechnungen sind dabei zwingend gem. § 850c ZPO.

Ist zu erwarten, dass der Schuldner durch die Räumung **obdachlos** wird, so hat der Gerichtsvollzieher die zuständige Verwaltungsbehörde hiervon zu unterrichten, § 181 Nr. 2 GVGA. Für den Fall, dass es vor Durchführung der Räumung aufgrund ordnungsbehördlicher Verfügung zu einer Einweisung des Schuldners in die zu räumende Wohnung kommen sollte, ist der Vollstreckungstitel nicht „verbraucht“, auch wenn nur symbolisch gesehen einzelne wenige Möbelstücke entfernt werden können; nach Ablauf oder Aufhebung der Einweisungsverfügung kann der Gläubiger aus dem Titel weiter vollstrecken (hM LG Heilbronn WuM 1993, 463; LG Bonn ZMR 1990, 346; Zöller/*Stöber* § 885 Rn. 36; ausführlich hierzu *Peppersack* ZMR 2005, 497).

6. Die Frage nach der **Lagerung** des Räumungsguts stellt sich bei einer Räumungsvollstreckung immer. Grundsätzlich übernimmt der Schuldner oder eine bevollmächtigte Person bzw. ein Familienmitglied die beweglichen Sachen, die nicht Teil der Räumung sind. Da der Gläubiger auch für die Kosten der Verwahrung vorschusspflichtig nach § 4 GvKostG ist, kann es für ihn interessant sein, eigene Lager- oder Verwahrräume zur Aufbewahrung anzubieten. Auf diese Weise können Kosten eingespart werden und dem Gerichtsvollzieher die Suche bzw. Auswahl eines Verwahrungsortes. Gleichwohl ist der Gerichtsvollzieher nicht verpflichtet, ein solches Angebot anzunehmen, auch wenn dies kostengünstiger sein mag, da die spätere Abwicklung unter Umständen problematisch sein und hier ein noch unerfahrener bzw. selbst betroffener Gläubiger insoweit „riskant" sein kann. Sofern Gerichtsvollzieher und Gläubiger einen reibungslosen Ablauf gewähren können, bietet sich ein solcher Antrag auf Übernahme der Lagerung allerdings an; andernfalls sollte der Gläubiger hiervon Abstand nehmen und weder Räumlichkeiten, noch eine Möbelspedition konkret empfehlen (vgl. LG Koblenz DVGZ 1997, 29).

Zu der ebenfalls kostensparenden Variante der „Berliner Räumung" → Form. L. IV. 3.

7. Zur Durchsuchungsanordnung → Form. L. II. 1 Anm. 3, 4.

8. → Form. L. IV. 1 Anm. 6.

9. Kosten und Gebühren. Der **Gerichtsvollzieher** erhält für seine Tätigkeit im Rahmen der Räumung Gebühren in Höhe von 98,– EUR aus Nr. 240 KV GvKostG; für die Pfändung 26,– EUR gem. Nr. 205 KV GvKostG oder bei erfolgloser Pfändung 15,– EUR nach Nr. 604 KV GvKostG; hinzukommen besondere Auslagen (Schlüsseldienst usw.), den Transport und die Lagerung des Gutes nach Nr. 704, 707 KV GvKostG. Für die Durchführung einer Versteigerung nach Abs. 3 erhält er darüber hinaus die Gebühr aus Nr. 300 KV GvKostG iHv 52,– EUR.

Für das **Gericht** fallen keine Gebühren mehr an, seit das Verfahren nach Abs. 4 dem Gerichtsvollzieher übertragen ist.

Der **Rechtsanwalt** erhält je eine 0,3 Verfahrensgebühr nach Nr. 3309 VV RGV für den Räumungsauftrag und Pfändungsauftrag; beide Aufträge sind gesondert zu behandeln gem. § 18 Nr. 3 RVG. Der Wert für die Räumung entspricht dabei dem Wert der Wohnung, allerdings höchstens der Jahresmietzins, vgl. § 25 Abs. 1 Nr. 2 RVG, § 41 Abs. 2 GKG; der Wert für die Pfändung ist die Höhe der Forderung, § 25 Abs. 1 Nr. 1 RVG.

3. Antrag auf Räumungsvollstreckung mit Geltendmachung eines Vermieterpfandrechts („Berliner Räumung")

An das

Amtsgericht . . . . .

In dem Räumungsverfahren

. . . . . (Gläubiger) ./. . . . . . (Schuldner)

Az. . . . . .

stehen dem Gläubiger aus noch nicht eingeklagten Mietrückständen Forderungen in Höhe von . . . . . EUR nebst Zinsen in Höhe von . . . . ./5 Prozentpunkten über dem Basiszinssatz gegen den Schuldner zu.[1] Weitere Forderungen stehen ihm aus fälligen Mietnebenkostenabrechnungen gem. beigefügter Abrechnung vom . . . . . in Höhe von . . . . . EUR zu.[2]

Wegen dieser ihm zustehenden Forderungen macht der Gläubiger sein gesetzliches Vermieterpfandrecht geltend.[3]

Verwertbare Gegenstände des Schuldners sind daher in der Wohnung zu belassen (§ 180 Nr. 4 Abs. 1 GVGA), damit das Pfandrecht des Gläubigers nicht untergeht (§ 562a BGB).[4]

. . . . .

Rechtsanwalt

Anmerkungen

1. Bei der Geltendmachung des Vermieterpfandrechts handelt es sich um einen **zusätzlichen Antrag** zu dem Antrag → Form. L. IV. 1.

2. Die Möglichkeit **der „Teilräumung", also des Beschränkens des Räumungsauftrages,** ist dem vermietenden Gläubiger (Vermieter) eröffnet, da er wie bei einem Zahlungsanspruch nicht gezwungen ist, die volle Summe beizutreiben; aus diesem Grund kann er auch nur eine Teilherausgabe verlangen (§ 753 ZPO, allerdings str., vgl. *Geißler* DGVZ 1987, 69; *Schilken* DGVZ 1988, 49 (58)). Wenn der Vermieter von seinem **Pfandrecht an den eingebrachten Sachen des Mieters** Gebrauch macht, vereinfacht sich die Räumung für ihn – vor allem mit Blick auf die Kosten (→ Anm. 3): Der Gerichtsvollzieher braucht dann nur den Mieter aus der Wohnung zu setzen bzw. die Gegenstände zu räumen, auf die der Vermieter keinen Wert legt. Die vom Vermieterpfandrecht betroffenen Gegenstände verbleiben dagegen in der zu räumenden Wohnung. Die Berechtigung des Vermieters an dem geltend gemachten Pfandrecht braucht vom Gerichtsvollzieher nicht überprüft werden. Die sogenannte **„Berliner Räumung"** bietet Vermietern somit die Möglichkeit, eine Räumung selbst vorzunehmen und sich dabei die Zahlung des Räumungskostenvorschusses an den Gerichtsvollzieher zu sparen.

Streitig ist aber, wie sich der Gerichtsvollzieher verhalten muss, wenn der Gläubiger die **Zurücklassung von unpfändbaren Gegenständen** iSd §§ 811, 811c, 812 ZPO beantragt, weil an ihnen de lege kein Vermieterpfandrecht entstehen kann, § 562 Abs. 1 S. 2 BGB. Nach einer Ansicht hat der Gerichtsvollzieher den Antrag diesbezüglich abzulehnen und die Gegenstände dennoch fortzuschaffen (AG Königswinter DGVZ 1982, 174), nach anderer Ansicht alle Gegenstände in der Wohnung zu belassen und nur den Schuldner aus ihr zu entfernen *(Schneider* DGVZ 1982, 73) oder die Gegenstände doch zu entfernen und in eigenen Gewahrsam zu nehmen (Thomas/Putzo/*Seiler* § 885 Rn. 6). Überwiegend wird angenommen, dass er auch in diesen Fällen die Räumung nur in dem vom Gläubiger (Vermieter) gewünschten Umfang durchführen darf (BGH DGVZ 2003, 99; Schuschke/Walker/*Walker* § 885 Rn. 26; *Christmann* DGVZ 1986, 177; Zöller/*Stöber* § 885 Rn. 21; vgl. dazu auch § 128 Abs. 4 GVGA) und der Mieter über den Klageweg bzw. einstweiligen Rechtsschutz vorgehen muss, weil das eigenmächtige Festhalten in der Wohnung durch den Vermieter insoweit eine verbotene Eigenmacht darstellt.

Das Vermieterpfandrecht gibt dem Vermieter einen **Herausgabeanspruch** zum Zwecke der Verwertung des Pfandes und insofern ein **Recht zum Besitz** nach §§ 1257, 1228 Abs. 2 BGB. Ein Nutzungsrecht an den Sachen steht ihm allerdings nicht zu. Die **Verwertung** erfolgt durch öffentliche Versteigerung (§§ 1235 Abs. 1, 383 Abs. 3 BGB) oder freihändigen Verkauf (§§ 1235 Abs. 2, 1221 BGB). Bis zu diesem Zeitpunkt hat der Vermieter die Sachen zu **verwahren** (§§ 1257, 1215 BGB), darf sie aber auch unter entsprechenden Haftungsrisiken nach § 691 S. 1 BGB in die Obhut **Dritter** geben. Im Rahmen einer Auswahl unter mehreren Pfandsachen darf sich der Vermieter so viele **aussuchen,** wie zu seiner Befriedigung voraussichtlich erforderlich sind, § 1230 BGB.

3. Ursprünglich sahen einige Berliner Amtsgerichte (AG Mitte GE 2005, 243; AG Wedding NJW-RR 2005, 162) einen gangbaren Weg der **Kostenersparnis im Räumungsverfahren** darin, dass der Gläubiger an allen Gegenständen in der Wohnung des Schuldners sein Vermieterpfandrecht geltend macht. Für den Gerichtsvollzieher bedeutet dies, dass er nur den Schuldner persönlich aus dem Besitz der Wohnung setzt und der Gläubiger danach selbst die Wohnung im Wege der Pfandverwertung bzw. Entrümpelung leert. Obwohl vom LG Berlin zunächst ausdrücklich missbilligt (LG Berlin GE 2005, 243) und vom Kammergericht für bedenklich erklärt (KG NZM 2005, 422) hat sich diese Variante der Kostenersparnis unter dem Namen **„Berliner Räumung"** etabliert und wurde vom Bundesgerichtshof gebilligt (Rpfleger 2006, 143; Rpfleger 2006, 663). Das mit Wirkung zum 1.5.2013 in Kraft getretene MietRÄndG (Gesetz über die energetische Modernisierung von vermietetem Wohnraum und über die vereinfachte Durchsetzung von Räumungstiteln vom 11.3.2013, BGBl. I 434; vgl. dazu etwa *Flatow* NJW 2013, 1185) hat mit der Einführung des neuen § 885a ZPO die seit langem praktizierte Berliner Räumung nunmehr auf eine gesetzliche Grundlage gestellt. Daneben existieren Ausprägungen wie die **„Hamburgische Räumung"**, nach der der Gerichtsvollzieher den Schuldner zunächst aus der Wohnung setzt und ihm durch Einbau eines neuen Schlosses den Zutritt zur Wohnung verwehrt; wobei die neuen Schlüssel allerdings nicht dem Gläubiger direkt ausgehändigt, sondern zunächst den Mitarbeitern einer beauftragten Spedition übergeben werden, damit diese sich um den weiteren Verbleib des Räumungsguts kümmert. Da dies häufig mehrere Tage oder sogar Wochen dauern kann, kann der Schuldner in der Zwischenzeit ggf. eine neue Wohnung gefunden haben, wohin die abzutransportierenden Sachen dann – auf Veranlassung des Gerichtsvollziehers – gebracht werden. Erst danach ist die Zwangsvollstreckung beendet, so dass die Schlüssel dem Gläubiger endgültig ausgehändigt werden. Bei der **„Frankfurter Räumung"** kann der Gerichtsvollzieher dem Gläubiger unter Berücksichtigung der Interessen des Schuldners gestatten, die Räumung mit seinen eigenen Leuten durchzuführen und/oder ausnahmsweise ihm zur Verfügung stehende Räumlichkeiten zur Lagerung des Räumungsgutes oder Teilen hiervon zu nutzen (vgl. hierzu zB Hk-ZV/*Bendtsen* § 885 Rn. 26). Die „Berliner Räumung" kommt allerdings nur in Betracht, wenn auch tatsächlich eine **Forderung**, die das Vermieterpfandrecht begründet, existiert. Umgekehrt ist sie ausgeschlossen, wenn wegen Eigenbedarfs oder Vertragsstörungen gekündigt wurde. Dem Gläubiger ist immer zu empfehlen, zur Räumung selbst zu erscheinen bzw. einen Vertreter zu entsenden (→ Form. L. II. 1 Anm. 7) und für weitere Zeugen zu sorgen. Dadurch kann er nicht nur dafür Sorge tragen, dass der Gerichtsvollzieher in das Haus kommt, die Wohnung findet und solche Gegenstände, die mitvermietet sind oder auf die sich sein Vermieterpfandrecht erstreckt, nicht geräumt werden. Er muss insbesondere auch ein (durch Zeugen bestätigtes) **Protokoll der in der Wohnung verbliebenen Gegenstände** anfertigen, um sich vor möglichen Regressen des Schuldners zu schützen.

4. Macht der Gläubiger das Vermieterpfandrecht an Gegenständen in der zu räumenden Wohnung geltend und beschränkt seinen Vollstreckungsauftrag entsprechend, so ist der Gerichtsvollzieher hieran gebunden. § 811 ZPO kann insofern beachtet werden, weil ein Vermieterpfandrecht an unpfändbaren Sachen von Vornherein nicht entstehen kann. Hinsichtlich der **Vorschusskosten und der Gerichtsvollziehergebühren** entstehen keine Unterschiede zur sonstigen Räumung (LG Baden-Baden DGVZ 2003, 24), vgl. dazu weiter → Form. L. IV. 1 Kosten und Gebühren.

4. Antrag auf Räumung und Herausgabe in einer Ehewohnungssache

An das

Amtsgericht . . . . .

Familiengericht

In der Sache

. . . . . (Gläubiger/in) ./. . . . . . (Schuldner/in)

Az. . . . . .

überreiche ich anliegend die vollstreckbare Ausfertigung des Beschlusses des Familiengerichts . . . . . vom . . . . . (Az. . . . . .) sowie eine beglaubigte Abschrift und beantrage namens und in Vollmacht des Gläubigers,[1]

1. die Zustellung des vorbezeichneten Vollstreckungstitels und

2. die Zwangsvollstreckung durch Räumung und Herausgabe der/des im oben genannten Schuldtitel bezeichneten Ehewohnung, nämlich . . . . . (Bezeichnung Lage, qm, Räume, Geschoss, Keller) in . . . . . (Adresse), durchzuführen.[2]

(Variante 1: Der/die Gläubiger/in ist alleiniger Mieter

Die Räumung und Herausgabe erfolgen dergestalt, dass dem/der Gläubiger/in die oben genannte Ehewohnung zur alleinigen Nutzung zugewiesen ist. Dem/der Gläubiger/in ist die oben genannte Ehewohnung allein zu überlassen.[3])

(Variante 2: Beide Beteiligte sind (gemeinsame) Mieter

Beteiligter: Vermieter/in der Ehewohnung, Herr/Frau . . . . .[4]
Die Räumung und Herausgabe erfolgen dergestalt, dass das aufgrund des Mietvertrages vom . . . . . seit dem . . . . . bestehende Mietverhältnis zwischen den Beteiligten und dem/der Vermieter/in über die oben genannten Ehewohnung (Bezeichnung, Lage, qm, Räume, Geschoss, Keller) in . . . . . (Adresse) von dem/der Gläubiger/in allein fortgesetzt wird. Der/die Gläubiger/in scheidet aus dem Mietverhältnis aus. Dem/der Gläubiger/in ist die oben genannte Ehewohnung allein zu überlassen.[5])

(Variante 3: Der/die Schuldner/in ist alleinige/r Mieter/in

Beteiligter: Vermieter/in der Ehewohnung, Herr/Frau . . . . .[6]
Die Räumung und Herausgabe erfolgen dergestalt, dass der/die Gläubiger/in in das aufgrund des Mietvertrages vom . . . . . seit dem . . . . . bestehende Mietverhältnis zwischen dem/der Schuldner/in und dem/der Vermieter/in über die oben genannten Ehewohnung eintritt, und der/die Schuldner/in aus dem oben genannte Mietverhältnis ausscheidet. Dem/der Gläubiger/in ist die oben genannte Ehewohnung allein zu überlassen.[7])

(Optional

Folgende persönliche Sachen des/der Schuldner/in sind aus der oben genannte Wohnung zu entfernen: . . . . .[8])

(Optional

Dem/der Gläubiger/in bzw. dem/der Vermieter/in sind sämtliche/die nachfolgend bezeichneten Wohnungsschlüssel und Briefkastenschlüssel zu übergeben: . . . . .[9]
In dem Termin hat der Schuldner an Eides Statt zu versichern, dass er die herauszugebenden Schlüssel . . . . . nicht besitzt und auch nicht weiß, wo sich diese befinden. Der Schuldner hat gegebenenfalls detailliert Angaben zum Verbleib zu machen. Ich bitte mir davon Mitteilung zu machen.[10])

. . . . .

Rechtsanwalt[11, 12]

Anmerkungen

1. Obwohl es sich bei einer **Ehewohnungssache** um ein Verfahren der freiwilligen Gerichtsbarkeit handelt, wird ein gerichtlicher Beschluss des Familiengerichts (§ 86 Abs. 1 FamFG) nach den Vorschriften der ZPO vollstreckt (§ 95 Abs. 1 Nr. 2 FamFG), und zwar nach § 885 ZPO.

Ehewohnungssachen sind nach der Legaldefinition des § 200 Abs. 1 FamFG die Verfahren nach § 1361b BGB bei Getrenntleben und nach § 1568a BGB nach Rechtskraft der Scheidung sowie die Verfahren in den entsprechenden Lebenspartnerschaftssachen iSd §§ 14, 18 LPartG (vgl. §§ 269, 270 FamFG). Im Rahmen der **Trennung** („Getrenntleben") oder **Scheidung** von Eheleuten kann nach den materiell-rechtlichen Regelungen § 1361b BGB und § 1568a BGB durch das Gericht über die Ehewohnung eine – vorläufige oder endgültige – Regelung herbeigeführt werden. Für die Durchführung des Hauptverfahrens ist ausschließlich sachlich und nach der gesetzlichen Geschäftsverteilung zuständig das Familiengericht, § 23b Abs. 1 Nr. 1 GVG. Örtlich ist vorrangig das Gericht zuständig, bei dem die Ehesache in der ersten Instanz anhängig ist oder war, andernfalls das Gericht, in dessen Bezirk sich die Ehewohnung befindet, § 201 Nr. 1 und 2 FamFG. Andernfalls ist nach § 201 Nr. 3 und 4 FamFG das Gericht örtlich zuständig, in dem der Antragsgegner seinen persönlichen Aufenthaltsort hat, oder (zB falls dieser unbekannt ist) das Gericht, in dessen Bezirk der Antragsteller seinen persönlichen Aufenthalt hat.

Der Begriff der **Ehewohnung** ist gesetzlich nicht definiert und nach dem Sachzusammenhang weit auszulegen. Zur Ehewohnung gehören alle Räume, die die Ehegatten gemeinsam zu Wohnzwecken bewohnt bzw. genutzt haben oder die zumindest zu gemeinsamen Wohnzwecken vorbestimmt waren (vgl. BGH FamRZ 1990, 987). Auch Keller, Garagen, Abstell- oder sonstige Nebenräume und Balkon- oder Gartenflächen gehören dazu. Eine Grenze ist dort zu ziehen, wo Räume (auch innerhalb einer Wohnung) ausschließlich beruflich genutzt werden; diese gehören nach überwiegender Ansicht nicht zur Ehewohnung.

Die Vollstreckung aus einer die Ehewohnung dem einen oder anderen Ehegatten zuweisenden Entscheidung ist grundsätzlich nur zulässig, wenn die Entscheidung **rechtskräftig** ist (§ 209 Abs. 2 S. 1 FamFG). Eine vorläufige Vollstreckbarkeit findet in der Regel nicht statt, da das FamFG eine § 704 ZPO entsprechende Regelung nicht enthält. Der gerichtliche **Beschluss** (vgl. zum Begriff auch oben Einleitung, → Form. L. I. 2) der die Ehewohnung einem der Ehepartner zuweist, wird grundsätzlich mit der Bekanntgabe wirksam, vgl. § 40 Abs. 1 FamFG.

Allerdings enthält das FamFG zwei Neuerungen zur vorläufigen Vollstreckbarkeit, die im Interesse einer Gleichbehandlung mit der Wohnungsüberlassung nach § 2 GewSchG geschaffen wurden (vgl. § 216 Abs. 1 S. 2, Abs. 2 FamFG): Zum Einen **soll** das Gericht nach § 209 Abs. 2 S. 2 FamFG in Ehewohnungssachen nach § 1361b BGB und § 14 LPartG bei Getrenntleben – bei einer vorläufigen Zuweisung der Wohnung – die sofortige Wirksamkeit des Beschlusses anordnen. Titel, die den vorläufigen Räumungsanspruch betreffen, sollen daher in der Regel sofort vollstreckbar sein. Im Hinblick auf § 216 Abs. 1 S. 1 FamFG muss die sofortige Wirksamkeit in diesen Fällen ausdrücklich im Titel angeordnet werden. Der entsprechende Antrag sollte daher bereits im Hauptverfahren mit gestellt werden. Mit der Anordnung der sofortigen Wirksamkeit **kann** das Gericht außerdem die Zulässigkeit der Vollstreckung vor der Zustellung an den Antragsgegner anordnen; die Wirksamkeit des Beschlusses tritt dann in dem Zeitpunkt ein, in dem die Entscheidung an die Geschäftsstelle des Gerichts zur Bekanntmachung übergeben wird, vgl. § 209 Abs. 3 FamFG.

2. Zur Sicherung einer zweckmäßigen und gerechten Zuweisung soll grundsätzlich derjenige Ehegatte die Ehewohnung behalten, der unter Berücksichtigung des Wohls der im Haushalt lebenden Kinder und der Lebensverhältnisse der Ehegatten stärker auf sie angewiesen ist. Ergänzend wird auf andere Billigkeitsgründe abgestellt. Es kommt dabei darauf an, ob ein Ehegatte aufgrund anderer Umstände ein besonderes und schützenswertes Interesse an der Wohnung hat, weil er zB darin aufgewachsen ist (BT-Drs. 635/08, 44; BT-Drs. 16/1098, 33).

Steht die Wohnung im **gemeinsamen Eigentum beider Ehepartner**, kann das Gericht im Scheidungsverfahren nach § 1568a Abs. 2 S 1 BGB die Überlassung an den anderen Ehegatten anordnen.

Besteht **kein Mietverhältnis** an der Ehewohnung, zB weil der weichende Ehegatte Allein- oder Miteigentümer ist, wird durch gerichtliche Anordnung in der Regel ein – ggf. befristetes – Mietverhältnis begründet, § 1568a Abs. 5 BGB.

Steht die Wohnung im **Alleineigentum des anderen Ehegatten**, so kann die Zuweisung an den anderen Ehepartner nur angeordnet werden, wenn dies notwendig ist, um eine unbillige Härte zu vermeiden. Eine unbillige Härte liegt nur bei einer ungewöhnlich schweren Beeinträchtigung vor, für die weder umzugsbedingte Unbequemlichkeit noch schlechtere Unterbringung in einer neuen Wohnung ausreichen (OLG Naumburg FamRZ 2002, 672). Eine unbillige Härte wird bejaht, wenn ein Ehegatte für sich und die von ihm betreuten Kinder keine geeignete Wohnung finden kann, die für ihn erschwinglich ist (OLG Köln FamRZ 1996, 492).

Der (Mit- oder)Alleineigentümer kann jedoch nach § 1568a Abs. 5 S. 1 BGB die **Begründung eines Mietverhältnisses zu ortsüblichen Bedingungen** verlangen. Dieses Recht steht auch dem verbleibenden Ehegatten zu. Der Inhalt dieses Mietverhältnisses wird im Hauptverfahren durch das Familiengericht durch rechtsgestaltende Entscheidung festgelegt. Die Mietfestsetzung wird dabei in der Regel an die ortsübliche Vergleichsmiete geknüpft. Eine Abweichung aufgrund persönlicher und/oder wirtschaftlicher Verhältnisse der Betroffenen ist jedoch im Einzelfall möglich. Das Mietverhältnis ist als echtes Mietverhältnis ausgestaltet, auf welches die mietrechtlichen Vorschriften der §§ 535 ff. BGB Anwendung finden, und nicht etwa als bloßes Nutzungsverhältnis.

3. Die **Vollstreckung** der Entscheidung erfolgt in der Weise, dass der Gerichtsvollzieher dem Ehepartner den Besitz entzieht und den anderen Ehepartner in den Besitz einweist bzw. diesem den Besitz allein überlässt, soweit er dort selbst auch wohnt, vgl. § 1568a BGB.

In der Regel gewährt das Gericht dem Antragsgegner eine **Räumungsfrist**, die bei der Vollstreckung zu beachten ist (→ Form. L. IV. 5).

4. Sofern es sich bei der Ehewohnung um eine Mietwohnung handelt, ist der/die Vermieter/in in dem beim Familiengericht anhängigen Hauptverfahren (Scheidungsverfahren) zwingend zu beteiligen, § 204 Abs. 1 FamFG. Er/Sie hat insbesondere Anspruch auf rechtliches Gehör. Auch das Jugendamt ist in Ehewohnungssachen auf Antrag zu beteiligen, wenn minderjährige Kinder im Haushalt leben, § 204 Abs. 2 FamFG.

5. Das Mietverhältnis wird nach Räumung der Ehewohnung durch den weichenden Ehepartner mit dem verbleibenden Ehepartner bzw. Gläubiger fortgesetzt. Der/Die Vermieter/in ist daher an dem Hauptverfahren vor dem Familiengericht zwingend zu beteiligen (→ Anm. 4).

6. → Anm. 4.

7. Sofern der/die Schuldner/in alleiniger Mieter war, tritt der Gläubiger Ehegatte, dem die Wohnung überlassen wird, an Stelle des weichenden Ehegatten in das Mietverhältnis ein, § 1568a Abs. 3 BGB. Für die Räumungsvollstreckung ergeben sich insoweit keine Besonderheiten.

8. Wenn das Gericht im Hauptverfahren den Antragsgegner ausdrücklich verpflichtet, auch seine persönlichen Sachen aus der Ehewohnung mitzunehmen, richtet sich die Vollstreckung ebenfalls nach § 885 Abs. 2–4 ZPO. Die Anordnung, den Besitz wieder einzuräumen, wird wie die Räumung nach § 885 Abs. 1 ZPO vollstreckt.

9. Bei der Herausgabe der Wohnungsschlüssel handelt es sich um die Herausgabe einer beweglichen Sache, die gem. § 95 Abs. 1 Nr. 2 FamFG iVm § 883 ZPO dem Gerichtsvollzieher obliegt. Sofern der Schuldner vorgibt, die Schlüssel verlegt zu haben, bietet sich statt der eidesstattlichen Versicherung nach § 883 Abs. 2 ZPO die Verhängung von Zwangsmitteln gem. § 95 Abs. 4 FamFG iVm § 888 ZPO an (→ Anm. 10).

10. Nach § 95 Abs. 4 FamFG darf das Gericht neben oder anstelle der Räumungsvollstreckung **Zwangsmittel** nach § 888 ZPO anordnen. Dies kann insbesondere dann von Bedeutung sein, wenn der zu vollstreckende Titel iSd § 86 Abs. 1 FamFG keine ausdrückliche Räumungsverpflichtung dritter Personen enthält, die mit dem herauszugebenden (weichenden) Ehepartner zusammenleben (zB Eltern oder Kinder aus erster Ehe), und somit eine Vollstreckung nach § 885 ZPO im Hinblick auf die Rechtsprechung des BGH zur Erlangung eines Titels auch gegen den/die Dritte/n ausscheidet (BGH NJW 2008, 1959). In diesem Fall soll das Gericht gegen den Räumungsschuldner Zwangsgeld oder Zwangshaft verhängen können, um den Schuldner zu bewegen, seinerseits auf den/die Dritte/n einzuwirken und den Auszug herbeizuführen.

11. Kosten. Zu den **Kosten** → Form. L. IV. 1 und → Form. L. IV. 2.
Für den **Gegenstandswert** unterscheidet § 48 FamGKG danach, ob es sich um ein vorläufiges Verfahren nach §§ 1361a, b BGB oder ein Verfahren nach §§ 1568a, b BGB handelt: Der Gegenstandswert beträgt bei Verfahren nach § 1361b BGB: 3.000,– EUR und bei Verfahren nach § 1568a BGB 4.000,– EUR.

12. Rechtsmittel. → Form. L. II. 3.

5. Antrag auf Gewährung einer Räumungsfrist (§ 721 ZPO)

An das

Amtsgericht . . . . .

In dem Räumungsverfahren

. . . . . (Kläger) ./. . . . . (Beklagter)

Az. . . . . .

wird namens und in Vollmacht des Beklagten der geltend gemachte Klageanspruch auf Räumung anerkannt.[1]

Gleichzeitig beantrage ich jedoch,

1. dem Beklagten eine in das Ermessen des Gerichts gestellte angemessene Räumungsfrist zu gewähren,

2. dem Kläger die Kosten des Rechtsstreits aufzuerlegen,

3. das Urteil für vorläufig vollstreckbar zu erklären, soweit es vollstreckungsfähigen Inhalt aufweist.[2]

Begründung:

Der Beklagte hat den Räumungsanspruch außergerichtlich bereits anerkannt.

Beweis: Schreiben des Beklagten an den Kläger vom .....

Der Beklagte hat den Kläger zuvor vergeblich um die Einräumung einer ausreichend bemessenen Räumungsfrist gebeten. Hintergrund ist, dass es ihm trotz intensiver Suche nach einem geeigneten Ersatzwohnraum, unter Einschaltung eines Maklerbüros ..... sowie einer eigenen Anzeige in der örtlichen Tageszeitung ..... vom ..... nicht gelungen ist, geeigneten Ersatzwohnraum zu finden.[3]

Beweis: Auftragsbestätigung Maklerbüro ..... vom ....., Anzeige Zeitung ..... vom .....

Aufgrund seiner Bemühungen wird es dem Beklagten aber möglich sein, entsprechenden Ersatzwohnraum innerhalb von ..... Tagen/Wochen zu finden [bzw. der Beklagte hat zum ..... geeigneten Ersatzwohnraum gefunden], so dass gebeten wird, Räumungsschutz bis zu diesem Datum zu gewähren.[4]

Beglaubigte und einfache Abschrift anbei.

.....

Rechtsanwalt[5, 6]

Anmerkungen

1. Wird bei einer **Wohnungsräumung aus einem Urteil** vollstreckt, richtet sich die Gewährung einer Räumungsfrist nach § 721 ZPO, die beim Gericht beantragt werden kann. Die Vorschrift ist unanwendbar bei anderen Räumungstiteln wie dem Zuschlagsbeschluss gem. § 93 ZVG, dem Eröffnungsbeschluss gem. §§ 148, 159 InsO oder der Entscheidung über die Zuweisung einer Ehewohnung und gilt ausschließlich bei Wohnraum, mit der Ausnahme von § 549 Abs. 2 Nr. 3 BGB (Zöller/*Stöber* § 721 Rn. 3). Nicht anwendbar ist sie bei Gewerberaum (§ 578 BGB) oder bei Mischmietverhältnissen, bei denen die gewerbliche Nutzung nach der Überwiegenstheorie überwiegt (BGH MDR 1977, 745) und der Räumungstitel sich nicht auf die abtrennbaren Wohnraumbereiche des Gebäudes beschränkt (LG Hamburg NJW-RR 1993, 662; LG Mannheim ZMR 1993, 79). § 721 ZPO ist nämlich auf das Erkenntnisverfahren zugeschnitten; für Vergleiche gilt insofern § 794a ZPO. Das Gericht prüft auf Antrag oder von Amts wegen, ob dem Mieter eine Räumungsfrist gewährt werden kann (Zöller/*Stöber* § 721 Rn. 4); dennoch sollte jedenfalls der Vollständigkeit halber vom Rechtsanwalt unbedingt ein gesonderter Antrag – auch hilfsweise – gestellt werden.

2. Im Rahmen des § 721 ZPO werden zwei Verfahren unterschieden, die sich auf die Antragsfrist auswirken: Das unselbstständige Verfahren nach § 721 Abs. 1 ZPO und das selbstständige Verfahren nach Abs. 2:

Das **unselbstständige Verfahren** stellt eine Besonderheit dar, da hier von Amts wegen oder auf Antrag das Prozessgericht auch schon im Erkenntnisverfahren dem Mieter eine angemessene Räumungsfrist einräumen kann. Der Rechtsanwalt muss den Antrag bereits vor dem Schluss der mündlichen Verhandlung stellen, beispielsweise in Form eines Hilfsantrags in der Klageerwiderung des Räumungsklageverfahrens. Über den Antrag wird sodann im Urteil entschieden, andernfalls kann nach § 321 ZPO Urteilsergänzung beantragt werden (vgl. § 721 Abs. 1 S. 2 ZPO).

Das **selbstständige Verfahren** ist anwendbar, wenn auf künftige Räumung erkannt wird und über eine Räumungsfrist noch nicht entschieden wurde. Eine antragsgemäße Verurteilung des Mieters zur Räumung beinhaltet nämlich nicht bereits die Gewährung einer Räumungsfrist (LG Düsseldorf WuM 1993, 471). Der Antrag kann in diesem Fall noch bis spätestens 2 Wochen vor dem Tage, an dem nach dem Urteil zu räumen wäre, gestellt werden, § 721 Abs. 2 ZPO.

Da nach § 721 ZPO Räumungsfristen **nur bei Wohnraum** in Betracht kommen (→ Anm. 1), ist der Gläubiger von **Geschäftsraum** befugt, die Räumung gleich nach Erhalt eines für vorläufig vollstreckbar erklärten Urteils zu betreiben. Insoweit ist es Sache des Schuldners, nach § 711 ZPO zur Abwendung der Zwangsvollstreckung eine Sicherheitsleistung zu erbringen. Nach wie vor hat der Gläubiger dann eine Abwendungsbefugnis.

3. Über die Räumungsfrist entscheidet das Prozessgericht nach pflichtgemäßem **Ermessen.** Es findet eine Abwägung zwischen dem Bestandsinteresse des Mieters und dem Erlangungsinteresse des Vermieters/Eigentümers statt (Zöller/*Stöber* § 721 Rn. 6). Der Mieter muss sich grundsätzlich in zumutbarer Weise um Ersatzwohnraum bemühen (AG Köln MietRB 2003, 33). Was im Einzelnen noch zumutbar ist, hängt von den individuellen Umständen ab und kann stark differenzieren: Einem finanziell schwach gestellten Mieter kann nach seinen persönlichen Verhältnissen häufig nicht zugemutet werden, einen Makler zu beauftragen bzw. in größerem Umfang regional oder überregional Anzeigen in Tageszeitungen zu schalten (LG Mannheim ZMR 1993, 79). Für den bevollmächtigten Rechtsanwalt gilt es deshalb, das Bestandsinteresse des Mandanten genau aufzuzeigen und sorgfältig zu begründen sowie dadurch das Bestandsinteresse des Vermieters gleichzeitig zu reduzieren. Die einzelnen Tatsachen sind spezifiziert und nachvollziehbar glaubhaft vorzutragen (§ 294 ZPO). Die gewährte **Dauer** der Räumungsfrist liegt ebenfalls im Ermessen des Gerichts. Insgesamt darf eine Frist von einem Jahr aber nicht überschritten werden, § 721 Abs. 5 ZPO. Fristbeginn ist der Tag der Rechtskraft des Urteils oder, bei Verurteilung im selbstständigen Verfahren (→ Anm. 2), von dem im Urteil festgelegten Räumungstag an.

4. Konkrete Ereignisse wie beispielsweise ein bereits zukünftiger Termin zur Anmietung von Wohnraum oder das Verstreichen eines bestimmten Termins (letzter Schultag des Kindes uä) sind im Rahmen des gerichtlichen Ermessens (→ Anm. 3) mit zu berücksichtigen, → Form. L. IV. 6.

5. Kosten und Gebühren. Gerichtsgebühren entstehen nicht. Wenn das Verfahren nicht mit der Hauptsache verbunden ist, erhält der **Rechtsanwalt** eine 0,1 Verfahrensgebühr (Nr. 3333 VV RVG) und gegebenenfalls eine Terminsgebühr (Nr. 3104 VV RVG). In isolierten Räumungsfristverfahren ist eine eigene Kostenentscheidung zu treffen, §§ 91 ff. ZPO; im Falle eines sofortigen Anerkenntnisses (§ 93 ZPO) ist dieses kostenbefreiend.

6. Rechtsmittel. Nach § 721 Abs. 6 ZPO ist über die Entscheidung zur Räumungsfrist die **sofortige Beschwerde** statthaft; dies gilt auch für den Fall, dass hierüber durch Urteil entschieden wurde und nur die Räumungsfrist angegriffen werden soll. Ansonsten kann die Frist zugleich mit dem Urteil mit der Berufung bzw. Revision überprüft werden. Im Falle eines Versäumnisurteils ist der Einspruch statthaft.

6. Antrag auf Verlängerung einer Räumungsfrist

An das

Amtsgericht . . . . .

In dem Räumungsverfahren

. . . . . (Kläger) ./. . . . . . (Beklagter)

Az. . . . . .

beantrage ich namens und in Vollmacht des Beklagten,

die durch das Urteil des Amtsgerichts . . . . . vom . . . . . (Az. . . . . .) festgesetzte Frist zur Räumung der Wohnung/des Grundstücks . . . . . bis zum . . . . . (Datum) zu verlängern.[1]

Begründung:

Durch das oben genannte Urteil ist dem Beklagten eine Frist von . . . . . Monaten zur Räumung der/des oben bezeichneten Wohnung/Grundstücks gesetzt worden, die am . . . . . abläuft. Zwischenzeitlich ist es dem Beklagten gelungen, geeigneten Ersatzwohnraum zu finden. Dieser befindet sich . . . . ., kann jedoch erst zum . . . . . bezogen werden.

Beweis: Vorlage des (unterschriftsreifen/unterschriebenen) Mietvertrags

Da ein Zwischenumzug für den verbleibenden Zeitraum von . . . . . Monaten/Wochen nicht zumutbar ist, wird um entsprechende Verlängerung der Räumungsfrist gebeten. Die insoweit lediglich geringfügige Verlängerung ist dem Kläger auch zumutbar.[2]

Beglaubigte und einfache Abschrift anbei.

. . . . .

Rechtsanwalt[3]

Anmerkungen

1. Die **Verlängerung einer einmal gewährten Räumungsfrist** ist im selbstständigen Verfahren nach § 721 Abs. 3 ZPO zulässig (→ Form. L. IV. 5 Anm. 2). Dies gilt unabhängig davon, ob die erstmalige Frist nach § 721 Abs. 1 oder nach Abs. 2 ZPO gewährt wurde. Der Verlängerungsantrag muss in jedem Falle wiederum zwei Wochen vor Ablauf der bereits gewährten Räumungsfrist gestellt werden.

2. Zum Ermessen des Gerichts → Form. L. IV. 5 Anm. 3. Die Erfolgsprognose fällt hier häufig für den Mieter günstig aus, da in der Regel das Bestandsinteresse vor dem Erlangungsinteresse des Vermieters überwiegt. Die bewilligte Verlängerung der Räumungsfrist verlängert das Mietverhältnis nicht, sondern hindert lediglich die Vollstreckung des Räumungstitels für bestimmte Zeit. Auch kann der Gläubiger/Vermieter/Eigentümer für diesen Zeitraum keine weitere Miete verlangen, sondern ist nach § 546a Abs. 2 BGB auf eventuelle Nutzungsentschädigungsansprüche angewiesen.

3. Kosten und Gebühren. → Form. L. IV. 5.

7. Antrag auf Gewährung von Vollstreckungsschutz (§ 765a ZPO) bei Räumung von Wohnraum

An das

Amtsgericht . . . . .

In dem Verfahren

. . . . . (Gläubiger) ./. . . . . . (Schuldner)

Az. . . . . .

beantrage ich namens und in Vollmacht des Schuldners,

die durch das Urteil des Amtsgerichts ..... vom ..... (Az. .....) angeordnete Räumung der Wohnung/des Grundstücks ..... einstweilen einzustellen.[1]

Begründung:

Nach dem oben genannten Urteil des Amtsgerichts ..... vom ..... soll das oben genannte Grundstück/die oben genannten Räume bis zum ..... durch den Schuldner geräumt werden.

Der Schuldner hat sich umgehend nach seiner rechtskräftigen Verurteilung und Zustellung des Titels nach einer anderen Wohnung in ..... umgesehen und an mehreren Besichtigungen teilgenommen.

Beweis: .....

Es ist dem Schuldner jedoch bisher nicht gelungen, eine passende Wohnung mit einer Größe von ca. ..... m^2 und einem Mietpreis von vergleichbar ..... EUR zu erlangen.

Beweis: .....

Der Schuldner verfügt nicht über ausreichend finanzielle Mittel zur Anmietung einer teureren Wohnung. Er ist inzwischen arbeitslos geworden/das monatliche Arbeitsentgelt beträgt ..... EUR.

Beweis: .....

Aufgrund der angespannten Situation befindet sich der Schuldner derzeit in therapeutischer Behandlung/leidet der Schuldner unter erheblichen Depressionen. Er befindet sich in medizinischer/stationärer Behandlung.

Beweis: .....

Der Schuldner hat sich auch an das zuständige (Wohnungs-)Amt bei der Stadt ..... (Verwaltung) gewandt und sich dort konkret um die Zuweisung von Ersatzwohnraum bemüht.

Beweis: .....

Dort wurde dem Schuldner mitgeteilt, dass bis zum Räumungstermin am ..... kein Ersatzwohnraum in ..... verfügbar ist und ihm eine Ersatzwohnung nicht zugewiesen werden kann. Eine Notunterkunft steht ebenfalls nicht zur Verfügung. Eine entsprechende schriftliche Bestätigung hat der Schuldner erhalten.

Beweis: .....

Durch die bevorstehende Zwangsräumung würde der Schuldner obdachlos werden. Es besteht eine Gefahr für das Leib und Leben des Schuldners, die unter Berücksichtigung der Wertentscheidung des Grundgesetzes eine Räumung vor diesem Hintergrund als mit den guten Sitten nicht zu vereinbarende Härte erscheinen lässt.

Die Zwangsräumung aus dem oben genannten Urteil ist daher einstweilen einzustellen, bis der Schuldner genesen ist/bis es dem Schuldner gelungen ist, für sich und seine Angehörigen ..... einen anderweitigen Wohnraum zu finden.

.....

Rechtsanwalt[2, 3]

Anmerkungen

1. Räumungsschutz kann vom Schuldner eines Räumungstitels beantragt werden, wenn Umstände vorliegen, die die geplante Räumung unter Berücksichtigung der Belange des Gläubigers als Härte erscheinen lassen, die mit den guten Sitten als nicht vereinbar anzusehen ist. Ob eine solche Härte vorliegt, ist anhand einer – nach strengen Maßstäben vorzunehmenden – Interessenabwägung zu ermitteln und vom Gericht festzustellen.

Siehe ausführlich → Form. F. III. 7.

2. Kosten. → Form. F. III. 8.

3. Rechtsmittel. Gegen die Entscheidung ist die sofortige Beschwerde statthaft, § 793 iVm §§ 567 ff. ZPO.

V. Herausgabe bei Gewahrsam eines Dritten (§ 886 ZPO)

1. Antrag auf Pfändung und Überweisung eines Herausgabeanspruchs

[Das amtliche Formular „Pfändungs- und Überweisungsbeschluss[1]" ist entsprechend den dortigen Anmerkungen auszufüllen. Auf Seite 4 (bzw. Seite 5) des amtlichen Formulars sind das Feld „G" anzukreuzen und auf Seite 6 (bzw. Seite 7) des amtlichen Formulars unter „Anspruch G" aufzunehmen:]

Es wird der angebliche Anspruch des Schuldners gegen den/die Drittschuldner auf Herausgabe der/des für den Schuldner/von dem Schuldner ..... (nähere Bezeichnung des Rechtsgrundes) ..... (nähere Bezeichnung der Sache) gepfändet.[2, 3, 5]

[Auf Seite 8 (bzw. Seite 9) des amtlichen Formular ist in dem Feld „Es wird angeordnet, dass" das freie Kästchen anzukreuzen und dort einzutragen:]

der Drittschuldner die Sache an einen vom Gläubiger zu beauftragenden Gerichtsvollzieher herauszugeben hat.[4]

Anmerkungen

1. Die Pfändung des Herausgabeanspruchs setzt einen **Antrag** (Pfändungsgesuch) voraus. Der Antrag und der Entwurf des Pfändungs- und Überweisungsbeschlusses müssen **schriftlich** unter Benutzung des amtlichen Formulars eingereicht werden. Mit dem Antrag (= Seite 1 des amtlichen Formulars, → Form. H. I. 1) ist zugleich der **Entwurf des Pfändungs- und Überweisungsbeschlusses** (= Seite 2–9 des amtlichen Formulars) einzureichen; zum **Inhalt und Aufbau** → Form. H. I. 2.

2. Befindet sich die herauszugebende Sache im **Gewahrsam eines Dritten** und ist dieser **zur Herausgabe der Sache bereit,** vollstreckt der Gerichtsvollzieher gem. den §§ 883 bis 885 ZPO, indem er dem Dritten die Sache wegnimmt und sie dem Gläubiger übergibt, vgl. § 809 ZPO. **Verweigert der Dritte die Herausgabe,** ist dem Gläubiger auf Antrag der Anspruch des Schuldners auf Herausgabe der Sache an ihn nach den Vorschriften zu überweisen, welche die **Pfändung und Überweisung** einer Geldforderung betreffen. Der Herausgabeanspruch des Schuldners wird nach § 829 ZPO gepfändet und an den Gläubiger nach § 835 ZPO zur Einziehung – nicht an Zahlungs Statt – überwiesen → Form. I. VII. 47. Die Sache ist dann an den Gläubiger selbst herauszugeben und nicht an den Gerichtsvollzieher. § 886 ZPO schützt insofern den (Mit-)Gewahrsam des Dritten.

Eine **direkte Zwangsvollstreckung** gegen den widersprechenden Dritten ohne den Weg über § 886 ZPO ist unzulässig und stellt verbotene Eigenmacht dar. Der Dritte könnte sich insoweit gem. § 766 ZPO wehren und ggf. nach § 771 ZPO auch Drittwiderspruchsklage erheben. § 886 ZPO ermöglicht zwar die Überweisung des – angeblichen – Herausgabeanspruchs des Schuldners, stellt jedoch keinen eigenen Titel gegen den Dritten dar. Aufgrund der Überweisung kann der Gläubiger sich im Einziehungsprozess dann den Herausgabeanspruch des Schuldners gegen den Dritten im eigenen Namen und auf Leistung an sich selbst titulieren lassen. **Verweigert der Dritte weiterhin die Herausgabe,** so kann der Gläubiger den Anspruch einklagen nach § 836 ZPO und aus dem obsiegenden Urteil nach §§ 883 ff. ZPO gegen den Dritten vollstrecken. Über den Erlass des

Pfändungs- und Überweisungsbeschlusses (vgl. auch → Form. H. I. 2) zur Einziehung entscheidet der Rechtspfleger gem. § 20 Nr. 17 RPflG ohne vorherige Anhörung des Schuldners, § 834 ZPO.

Wählt der Gläubiger den Weg des § 886 ZPO, dürfen ab diesem Zeitpunkt keine Zwangsmittel mehr gegen den Schuldner eingesetzt werden (OLG Köln DGVZ 1983, 74). Eine Überweisung braucht allerdings auch dann nicht mehr zu erfolgen, wenn der Gläubiger die Möglichkeit hat, den Herausgabetitel des Schuldners gegen den Dritten gem. § 727 ZPO – als Rechtsnachfolger – umschreiben zu lassen (§ 325 ZPO). Der komplizierte Weg über § 886 ZPO ist darüber hinaus auch dann nicht notwendig, wenn der Gläubiger schon **aus eigenem Recht einen Herausgabeanspruch gegen den Dritten** hat, beispielsweise aus § 546 Abs. 2 BGB gegen den Untermieter. Er kann sich den Anspruch, unabhängig von der ohnehin betriebenen Zwangsvollstreckung gegen seinen Schuldner, gegen den Dritten titulieren lassen und sodann vollstrecken.

3. Die Zustellung des Beschlusses hat der Gläubiger des Herausgabetitels zu veranlassen (§§ 886, 829 Abs. 2, 3 ZPO). Die herauszugebende Sache muss sich im (Mit-) Gewahrsam eines Dritten befinden, der zur Herausgabe der Sache nicht bereit ist, § 809 ZPO. **Leistet der Drittschuldner auch nach der Pfändung und Überweisung nicht,** so muss der Gläubiger wiederum Klage auf Herausgabe erheben. Erst dann kann er nach Erhalt des darauf gerichteten Titels wiederum aus diesem die Herausgabevollstreckung nach den §§ 883–885 ZPO betreiben.

4. → Form. I. VII. 47 Anm. 5.

5. Kosten und Gebühren/Rechtsmittel. Für das **gerichtliche Verfahren** entsteht eine Festgebühr in Höhe von 20,– EUR nach Nr. 2111 KV GKG. Der **Rechtsanwalt** erhält keine gesonderten Gebühren, da es sich um eine Tätigkeit in derselben Angelegenheit wie die zugrunde liegende Maßnahme der Herausgabevollstreckung handelt, vgl. § 18 Nr. 3 RVG.

Gegen den Pfändungsbeschluss des Rechtspflegers ist für den Schuldner sowie den Dritten die Vollstreckungserinnerung nach § 766 ZPO statthaft. Sofern aber eine Anhörung des Schuldners stattgefunden hat oder der Rechtspfleger den Antrag zurückgewiesen hat, findet nur die sofortige Beschwerde gem. § 793 ZPO statt.

M. Zwangsvollstreckung zur Erwirkung von Handlungen oder Unterlassungen/Duldungen

I. Vertretbare Handlung (§ 887 ZPO)

1. Antrag auf Ermächtigung des Gläubigers zur Ersatzvornahme einer vertretbaren Handlung und zur Zahlung eines Vorschusses

An das

. . . . . gericht . . . . .[1]

Antrag gem. § 887 ZPO

In der Zwangsvollstreckungssache

. . . . . (Gläubiger)

– Antragsteller, –

vertreten durch . . . . .

gegen

. . . . (Schuldner)

– Antragsgegner, –

Az. . . . .

vorläufiger Gegenstandswert: . . . . . EUR

überreichen wir namens und in Vollmacht des von uns vertretenen Gläubigers das Original der vollstreckbaren Ausfertigung des Urteils des . . . . . gerichts vom . . . . . (Az. . . . . .)[2] nebst Zustellungsbescheinigung als Anlage AS 1 und beantragen,

1. den Gläubiger zu ermächtigen, die dem Schuldner nach dem Urteil des . . . . . gerichts vom . . . . . (Az. . . . . .)[3] obliegende vertretbare Handlung . . . . .[4] auf Kosten des Schuldners im Wege der Ersatzvornahme durch den Gläubiger oder durch von ihm beauftragten Dritten vornehmen zu lassen;
2. anzuordnen, dass der Schuldner die im Wege der Ersatzvornahme erforderliche Maßnahme . . . . .[5] zu dulden hat, insbesondere dass der Schuldner das Betreten seines Grundstücks in der . . . . . -Straße in X-Stadt und die Durchsuchung des dort befindlichen Hauses durch den Gläubiger oder den von ihm beauftragten Dritten zu dulden hat,[6] wobei dies zugleich als Durchsuchungsanordnung im Sinne von Art. 13 Abs. 2 GG gilt;[7]
3. den Schuldner zu verurteilen, an den Gläubiger für die durch die nach Ziff. 1. vorzunehmende Ersatzvornahme einen Kostenvorschuss in Höhe von . . . . . EUR zu zahlen;[8]
4. die gerichtliche Entscheidung ohne mündliche Verhandlung zu treffen und dem Schuldner eine Anhörungsfrist von nicht mehr als 10 Tagen einzuräumen.[9]

Begründung:

Der Gläubiger betreibt gegen den Schuldner die Zwangsvollstreckung wegen einer vertretbaren Handlung. Im Einzelnen:

I.

1. Ausweislich des rechtskräftigen Urteils des ..... gerichts vom ..... (Az. ....., Anlage AS 1) ist der Schuldner verpflichtet, ...
2. Mit Schreiben der Verfahrensbevollmächtigten des Gläubigers vom ..... ist der Schuldner dazu aufgefordert worden, dieser Verpflichtung bis spätestens zum ..... nachzukommen. Diese Verpflichtung hat der Schuldner bis zum heutigen Tag nicht erfüllt.
3. Die beabsichtigte Ersatzvornahme wird ausweislich des Kostenvoranschlags des öffentlich bestellten und vereidigten Sachverständigenbüros ..... vom ..... voraussichtlich Kosten in Höhe von ..... EUR verursachen.

   Beweis: Fotokopie des Kostenvoranschlags des öffentlich bestellten und vereidigten Sachverständigenbüros ..... vom ..... (Anlage AS 2).

II.

Die Anträge zu 1. bis 4. sind begründet, wie sich aus Folgendem ergibt:

1. Die vom Schuldner ausweislich des Urteils des LG ..... vom ..... (Az. .....) zu erbringende Handlung stellt eine vertretbare Handlung im Sinne des § 887 ZPO dar. Allgemeiner Auffassung in Rechtsprechung und Schrifttum zufolge liegt eine solche vertretbare Handlung vor, wenn die Handlung anstelle des Schuldners auch von dem Gläubiger selbst oder einem Dritten vorgenommen werden kann, ohne dass sich aus Sicht des Gläubigers am wirtschaftlichen Erfolg und am Charakter der Handlung der Leistung etwas ändert (OLG Brandenburg DGVZ 1999, 136; OLG Koblenz MDR 2014, 245; OLG Zweibrücken JurBüro 2001, 48; *Baumbach/Lauterbach/Albers/Hartmann* § 887 Rn. 6 mwN). Demzufolge muss sich der Schuldner bei der Vornahme der Handlung vertreten lassen können, ohne dass das Erfüllungsinteresse des Gläubigers hiervon tangiert wird (BGH NJW-RR 2009, 443; OLG Düsseldorf NJW-RR 1998, 1768). Dagegen liegt eine unvertretbare Handlung vor, wenn diese nur höchstpersönlich von dem Schuldner oder jedenfalls mit seiner höchstpersönlichen Mitwirkung erbracht werden kann (Schuschke/Walker/*Walker* § 888 Rn. 2).[10]
   Im vorliegenden Fall handelt es sich um eine vertretbare Handlung, da der Schuldner bei der von ihm zu erbringenden Handlung vertreten werden kann. Dies ergibt sich daraus, dass .....
   Vor diesem Hintergrund ist der Antrag zu 1. begründet.
   Sollte das erkennende Gericht wider Erwarten der Ansicht sein, dass es sich um eine nicht vertretbare Handlung im Sinne des § 888 ZPO handelt, bitten wir höflich um richterlichen Hinweis gem. § 139 ZPO. In diesem Fall werden wir den Antrag auf einen solchen nach § 888 ZPO umstellen oder vorsorglich einen diesbezüglichen Hilfsantrag stellen.[11]
2. Zur Durchführung der Ersatzvornahme ist es unabdingbar, dass der Gläubiger bzw. von ihm beauftragte Dritte das Grundstück des Schuldners in der ..... -Straße, in X-Stadt, betreten und das dort befindliche Haus des Schuldners durchsuchen, um die vom Schuldner zu erbringende Handlung vornehmen zu können. Der Schuldner ist zur Duldung verpflichtet; das Vollstreckungsgericht hat diese Duldung im Rahmen des Ermächtigungsbeschlusses anzuordnen (OLG Düsseldorf NJW-RR 1998, 1768). Daher rechtfertigt sich der Antrag zu 2.

3. Die mit dem Antrag zu 3. geltend gemachten Kosten der Ersatzvornahme sind vom Schuldner als notwendige Kosten der Zwangsvollstreckung zu tragen. Gem. § 887 Abs. 2 ZPO ist der Schuldner ferner verpflichtet, diese Kosten vorzuleisten. Für den Fall, dass der Schuldner einwenden sollte, dass der Gläubiger selbst in der Lage sei, diese Kosten vorzuschießen, weisen wir schon jetzt vorsorglich darauf hin, dass dieser Einwand unerheblich und vom erkennenden Gericht demzufolge nicht zu berücksichtigen ist.[12]
4. Da die Durchführung der Ersatzvornahme eilbedürftig ist, bitten wir zudem, dem Antrag zu 4. zu entsprechen.
5. Deshalb ist antragsgemäß zu entscheiden. Wir bitten höflich, uns die mit der Vollstreckungsklausel nach § 724 ZPO versehene vollstreckbare Ausfertigung des Beschlusses nebst Zustellungsbescheinigung zukommen zu lassen. Daneben wird höflich um alsbaldige Rückgabe der diesem Antrag beiliegenden Vollstreckungsunterlagen gebeten.

. . . . .

Rechtsanwalt[13, 14]

Anlagen

vollstreckbare Ausfertigung . . . . .

Anmerkungen

1. Gem. § 887 Abs. 1 ZPO ist das Prozessgericht der ersten Instanz als **Vollstreckungsgericht** zuständig für den Antrag des Gläubigers. Nach § 802 ZPO ist die Zuständigkeit ausschließlich, und zwar auch dann, wenn der Rechtsstreit in der Rechtsmittelinstanz anhängig war oder noch ist und aus einem dort geschlossenen Vergleich die Vollstreckung betrieben wird (BGH NJW 2002, 754 (755)). Bei einstweiligen Verfügungen ist das Gericht der Hauptsache zuständig (*Baumbach/Lauterbach/Albers/Hartmann* § 887 Rn. 11), und zwar selbst dann, wenn das Amtsgericht infolge Dringlichkeit die einstweilige Verfügung gem. § 942 ZPO erlassen hat (Hk-ZV/*Bendtsen* § 887 Rn. 21; Zöller/*Stöber* § 887 Rn. 6). In der Sache entscheidet nicht der Rechtspfleger, sondern der Richter (§ 20 Nr. 17 RPflG). Betreibt der Gläubiger die Vollstreckung zur Vornahme einer vertretbaren Handlung aus einem ausländischen Titel (§§ 722 f. ZPO; näher hierzu zB BeckOK ZPO/*Stürner* § 887 Rn. 15), aus einem Anwaltsvergleich (§§ 796a f. ZPO) oder aus einem Schiedsspruch oder Schiedsverfahren (§§ 1053 f., 1060 f., 1064 ZPO) ist das Gericht als Prozessgericht des ersten Rechtszugs zuständig, welches die Entscheidung über die Vollstreckbarkeit getroffen hat (Schuschke/Walker/*Walker* § 887 Rn. 20; Zöller/*Stöber* § 887 Rn. 6). Ist der Vollstreckungstitel eine notarielle Urkunde (§ 794 Abs. 1 Nr. 5 ZPO) oder ein nach § 796c ZPO geschlossener Vergleich, ist das Gericht zuständig, in dessen Bezirk der amtierende Notar seinen Amtssitz hat (§ 797 Abs. 3 und 6 ZPO). Bei aus in arbeitsgerichtlichen Verfahren erstrittenen Vollstreckungstiteln ist das Arbeitsgericht zuständig. In Familienstreitsachen ist das Familiengericht zur Entscheidung berufen (vgl. § 95 Abs. 1 Nr. 3 FamFG und näher hierzu Hk-ZV/*Bendtsen* § 887 Rn. 23 f.), und zwar selbst dann, wenn das OLG eine einstweilige Anordnung erlassen hat.

Sofern das erstinstanzliche Erkenntnisverfahren vom originären bzw. obligatorischen Einzelrichter (§§ 348 f. ZPO) entschieden worden ist, ist dieser auch als Vollstreckungsgericht für den Antrag nach § 887 ZPO zuständig (OLG Koblenz NJW-RR 2002, 1724 (1725)). Für den Fall, dass die erstinstanzliche Entscheidung durch eine Kammer getroffen worden ist, muss diese als zuständiges Vollstreckungsgericht über den Antrag zur Vornahme der vertretbaren Handlung entscheiden (Hk-ZPO/*Berndtsen* § 887 Rn. 21).

Daraus folgt, dass im Vollstreckungsverfahren weder eine Übertragung vom Einzelrichter auf die Kammer noch umgekehrt von der Kammer auf den Einzelrichter statthaft ist (OLG Celle OLGR 2004, 619; Schuschke/Walker/*Walker* § 887 Rn. 20). Wird durch das Vollstreckungsgericht gegen diesen Grundsatz verstoßen und eine unzulässige Übertragung vorgenommen, kann der Vollstreckungsschuldner dies jederzeit und mithin auch noch im Beschwerdeverfahren nach § 793 ZPO rügen. Da in diesem Fall die Ausgangsentscheidung des Vollstreckungsgerichts durch das Beschwerdegericht wegen der unzulässigen Übertragung aufgehoben und an das Vollstreckungsgericht als Ausgangsgericht zur erneuten Entscheidung zurückverwiesen werden muss, verzögert dies das Vollstreckungsverfahren in der Regel erheblich.

Das Prozessgericht entscheidet durch **Beschluss** (§ 891 S. 1 ZPO). Der Beschluss ist mit einem vollen Rubrum zu versehen, da er Vollstreckungstitel ist. Vor Erlass des Beschlusses ist der Schuldner vom Vollstreckungsgericht zwingend anzuhören (§ 891 S. 2 ZPO).

Anwaltszwang besteht nach den allgemeinen Regeln (§§ 78 f. ZPO; *Baumbach/Lauterbach/Albers/Hartmann* § 887 Rn. 12).

Sofern mehrere Gläubiger den Titel erwirkt haben, kann jeder Einzelne den Antrag nach § 887 ZPO stellen (AG Hamburg-Altona ZMR 2003, 962).

2. Der dem Antrag zugrunde liegende Vollstreckungstitel muss präzise unter Angabe des Aktenzeichens bezeichnet werden. Zudem müssen die allgemeinen Voraussetzungen der Zwangsvollstreckung (insbesondere Titel, Klausel, Zustellung) erfüllt sein (näher hierzu zB *Baumbach/Lauterbach/Albers/Hartmann* § 887 Rn. 3)

3. → Anm. 2.

4. Die titulierte vertretbare Handlung bzw. der titulierte vertretbare Handlungserfolg muss ebenso wie eine etwaig vom Gläubiger selbst vorzunehmende Handlung genau bezeichnet werden (OLG Düsseldorf MDR 2002, 1394; OLG Zweibrücken JurBüro 1982, 939). Problematisch ist, wenn die vorzunehmende Handlung bereits im Titel nicht den Bestimmtheitsanforderungen genügt. Aus diesem Grund ist gerade bei Vollstreckungstiteln, die auf Vornahme einer vertretbaren oder unvertretbaren Handlung gerichtet sind, besondere Sorgfalt auf die Formulierung der Anträge zu verwenden. Liegt hier ein Mangel vor und ist der Titel nicht vollstreckungsfähig, kann dies in der Zwangsvollstreckung zumeist nicht mehr geheilt werden, so dass dem Gläubiger nichts anderes übrig bleibt, als im Erkenntnisverfahren eine neue Klage auf Vornahme einer vertretbaren Handlung einzuleiten und dort einen vollstreckungsfähigen Titel zu erstreiten.

5. Es müssen die erforderlichen Maßnahmen genau benannt werden.

6. Die vom Schuldner im Einzelfall ggf. zu duldenden **notwendigen Maßnahmen** müssen aufgeführt werden. Da der Schuldner und nicht ein Dritter die Ersatzvornahme dulden muss, sofern und soweit sie in seine Sphäre eingreift, sollte das Vollstreckungsgericht dies zur Klarstellung aussprechen und ggf. detailliert regeln. Der Gläubiger muss jedoch nicht angeben, welche einzelnen Arbeitsschritte zur Erreichung des Erfolgs vorgenommen und welcher konkrete Unternehmer den diesbezüglichen Auftrag erhalten soll (*Baumbach/Lauterbach/Albers/Hartmann* § 887 Rn. 12).

7. Falls der Schuldner **Widerstand** gegen die Vornahme einer Handlung leistet, die er nach § 887 ZPO zu dulden hat, kann der Gläubiger zur Beseitigung des Widerstands einen Gerichtsvollzieher hinzuziehen, der nach § 758 Abs. 3 und § 759 ZPO zu verfahren hat (§ 892 ZPO). Daher ist durch den Gläubiger vorsorglich zu beantragen, dass das Vollstreckungsgericht die Durchsuchung der Wohnung im Sinne des Art. 13 Abs. 2 GG ausdrücklich anordnet.

8. Der Beschluss zur **Vorauszahlung nach § 887 Abs. 2 ZPO** ist Titel für die Geldvollstreckung gegen den Schuldner nach § 794 Abs. 1 Nr. 3 ZPO. Dem Gläubiger obliegt die Darlegungs- und Beweislast hinsichtlich der voraussichtlichen Kosten für die durchzuführende Ersatzvornahme; der Schuldner wird vom Vollstreckungsgericht nach § 891 S. 2 ZPO angehört (vgl. ausführlich hierzu *Baumbach/Lauterbach/Albers/Hartmann* § 887 Rn. 18 ff.). Zur Zulässigkeit der Nachforderung → Form. M. II. 2 Anm. 4.

9. Wegen der regelmäßig gegebenen **Eilbedürftigkeit** sollte vom Gläubiger ein solcher Antrag nach §§ 891 iVm 128 Abs. 4 ZPO gestellt werden.

10. Die Abgrenzung, ob eine **vertretbare Handlung** (§ 887 ZPO) oder eine **unvertretbare Handlung** (§ 888 ZPO) vorliegt, bereitet in der Praxis vielfach Schwierigkeiten, wobei diese Abgrenzung von erheblicher Bedeutung ist, weil eine Ersatzvornahme nur bei einer vertretbaren Handlung angeordnet werden kann; bei einer unvertretbaren Handlung kommt dagegen die Androhung und Festsetzung von Zwangsmitteln in Betracht. Die zitierte Rechtsprechung und Literatur entsprechen der hM.

Als behutsam zu handhabende Faustformel lässt sich sagen, dass eine **vertretbare Handlung** im Sinne des § 887 ZPO dann vorliegt, wenn sich der Schuldner bei der Vornahme der Handlung vertreten lassen kann, ohne dass das Erfüllungsinteresse des Gläubigers hierdurch tangiert wird. Demgegenüber ist von einer **unvertretbaren Handlung** im Sinne des § 888 ZPO auszugehen, sofern diese Handlung ausschließlich von dem Schuldner persönlich oder jedenfalls mit seiner persönlichen Mitwirkung erbracht werden kann (vgl. statt vieler nur Schuschke/Walker/*Walker* § 887 Rn. 2).

Beispiele zur Abgrenzung zwischen vertretbaren Handlungen (mit der Folge der Vollstreckung nach § 887 ZPO) und unvertretbaren Handlungen (mit der Konsequenz der Vollstreckung nach § 888 ZPO) – insbesondere zur umfangreichen, von der Judikatur entwickelten Kasuistik – finden sich etwa bei *Baumbach/Lauterbach/Albers/Hartmann* § 887 Rn. 20–43; BeckOK ZPO/*Stürner* § 887 Rn. 8 ff.; Thomas/Putzo/*Seiler* § 887 Rn. 2 ff.; MüKoZPO/*Gruber* § 887 Rn. 44–46 sowie Zöller/*Stöber* § 887 Rn. 3.

11. Die Aufnahme eines solchen Passus ist infolge der in der Praxis häufig **auftretenden Abgrenzungsschwierigkeiten** zwischen einer vertretbaren Handlung und einer unvertretbaren Handlung zweckmäßig. Sollte das erkennende Vollstreckungsgericht entgegen der Auffassung des Gläubigers der Ansicht sein, dass es sich nicht um eine vertretbare Handlung handelt und die Vollstreckung nicht nach § 887 ZPO vorzunehmen ist sowie die beantragte Anordnung der Ersatzvornahme damit unzulässig ist, sondern dass aufgrund des Vorliegens einer unvertretbaren Handlung nur eine Vollstreckung nach § 888 ZPO in Betracht kommt, hat das Gericht den Gläubiger gem. § 139 ZPO auf diesen Standpunkt hinzuweisen. Um sicherzustellen, dass das erkennende Vollstreckungsgericht dieser Hinweispflicht auch nachkommt, sollte die Bitte zur Erteilung eines gerichtlichen Hinweises in den Antrag des Gläubigers mit aufgenommen werden. Für den Fall, dass das Vollstreckungsgericht einen entsprechenden Hinweis erteilt, kann der Gläubiger den Antrag nach § 887 ZPO in einen Antrag nach § 888 ZPO umstellen, wobei eine solche Antragsumstellung auch noch im Beschwerdeverfahren nach § 793 ZPO möglich ist (OLG Zweibrücken InVo 1998, 263).

Sofern der Gläubiger die Auffassung des erkennenden Vollstreckungsgerichts hinsichtlich der Qualifizierung der zu vollstreckenden Verpflichtung als vertretbare Handlung nicht teilt, sondern dieser nach wie vor an seinem Standpunkt festhält (dass es sich um eine unvertretbare Handlung handele), kann er seinen Hauptantrag nach § 887 ZPO aufrechterhalten und hilfsweise einen Antrag auf Festsetzung von Zwangsgeld sowie ersatzweise Zwangshaft nach § 888 ZPO stellen. Weist das erstentscheidende Vollstreckungsgericht den Hauptantrag nach § 887 ZPO zurück und setzt es auf den Hilfsantrag des Gläubigers das beantragte Zwangsgeld bzw. die Zwangshaft fest, kann der Gläubiger die Ablehnung des Hauptantrags im Wege der Beschwerde nach § 793 ZPO angreifen.

12. Gem. § 887 Abs. 1 ZPO hat der Schuldner die **notwendigen Kosten der Ersatzvornahme** zu tragen. Die entsprechende Verpflichtung ist vom Vollstreckungsgericht im Rahmen des Beschlusses nach § 887 ZPO auszusprechen. Notwendig sind die Kosten der Ersatzvornahme, die ein vernünftig und wirtschaftlich denkender Auftraggeber im konkreten Einzelfall als angemessen betrachten und deshalb akzeptieren würde (OLG Nürnberg JurBüro 1993, 239). Ob die Kosten angemessen sind, beurteilt sich danach, welches von den eingeholten Angeboten das wirtschaftlich Günstigste ist, wobei für die Wirtschaftlichkeit nicht nur der Preis, sondern auch die Zuverlässigkeit des Auftragnehmers sowie die Art und Weise der von ihm vorgeschlagenen Vorgehensweise zu berücksichtigen ist.

Erfordert die Durchführung der Ersatzvornahme einen erheblichen Kostenaufwand, kann der Gläubiger vom Schuldner nach § 887 Abs. 2 ZPO einen **Vorschuss auf die voraussichtlichen Kosten der Ersatzvornahme** verlangen. Keine Rolle spielt es, ob der Gläubiger die hierfür erforderlichen Kosten selbst aufbringen kann, da zu berücksichtigen ist, dass der Schuldner die von ihm geschuldete Handlung hätte auf seine Kosten vornehmen müssen. Für die voraussichtlich anfallenden Kosten der Ersatzvornahme ist der Gläubiger darlegungs- und beweisbelastet. Deshalb ist die Vorlage eines plausiblen Kostenvoranschlags oder einer nachvollziehbaren eingeholten gutachterlichen Stellungnahme durch den Gläubiger an das erkennende Vollstreckungsgericht zweckmäßig, wobei die hierfür anfallenden Kosten als notwendige Kosten der Zwangsvollstreckung nach § 788 ZPO anzusehen sind. Legt der Gläubiger dem Vollstreckungsgericht weder einen Kostenvoranschlag noch eine gutachterliche Stellungnahme vor oder hat das erkennende Gericht begründete Zweifel an der in dem Kostenvoranschlag bzw. der gutachterlichen Stellungnahme ausgewiesenen Kosten, kann es auch ein eigenes Sachverständigengutachten einholen und mittels dessen die für die Durchführung der Ersatzvornahme anfallenden Kosten schätzen. Dies verzögert das Vollstreckungsverfahren erheblich. Hat dagegen nicht das Vollstreckungsgericht, sondern der Schuldner Zweifel an der Richtigkeit des Kostenvoranschlags bzw. der gutachterlichen Stellungnahme muss dieser die Angemessenheit substantiiert bestreiten und ggf. den Gegenbeweis führen. Im Übrigen gilt auch im Verfahren nach § 887 ZPO der § 308 ZPO mit der Folge, dass das Vollstreckungsgericht dem die Zwangsvollstreckung betreibenden Gläubiger nicht mehr zusprechen darf, als dieser beantragt hat (*Baumbach/Lauterbach/Albers/Hartmann* § 887 Rn. 19). Vgl. zur Frage der Berücksichtigung von Gegenforderungen des Schuldners → Form. M. II. 2 Anm. 4.

Vgl. zur Möglichkeit der **Nachforderung** eines weiteren Vorschusses → Form. M. II. 2.

13. Kosten und Gebühren. An **Gerichtskosten** fallen für die Anträge nach § 887 Abs. 1 und 2 ZPO gem. Nr. 2111 KV GKG eine Festgebühr in Höhe von derzeit 20,– EUR an, wobei der Gläubiger diese Gebühr nach § 12 Abs. 5 GKG als Vorschuss leisten muss. Für den Fall, dass die Anträge nach § 887 Abs. 1 und 2 ZPO zu unterschiedlichen Zeitpunkten gestellt werden, entsteht nach der Anmerkung zu Nr. 2111 KV GKG nur eine Gebühr, weil mehrere Verfahren innerhalb eines Rechtszuges als ein Verfahren gelten, wenn sie denselben Anspruch und Gegenstand betreffen. Im Beschwerdeverfahren fällt nach Nr. 2121 KV GKG eine Gerichtsgebühr in Höhe von 30,– EUR an, wenn die Beschwerde zurückgewiesen wird. Ist die Beschwerde begründet, ist das Verfahren gerichtskostenfrei. Wurde die Rechtsbeschwerde zugelassen und soll diese durchgeführt werden, fällt nach Nr. 2124 KV GKG eine Gerichtsgebühr von 60,– EUR an, sofern die Rechtsbeschwerde unzulässig oder unbegründet ist.

Der **Rechtsanwalt** erhält für die Stellung der Anträge nach § 887 ZPO eine 0,3 Verfahrensgebühr nach Nr. 3309 VV RVG. Finden im Verfahren nach § 887 ZPO ein oder mehrere Verhandlungstermine statt, fällt für den Rechtsanwalt eine weitere 0,3 Terminsgebühr gem. Nr. 3310 VV RVG an.

Hinzuweisen ist darauf, dass der Antrag auf Durchführung der Ersatzvornahme und der Antrag auf Leistung eines Kostenvorschusses für den Rechtsanwalt eine Angelegenheit darstellt, so dass die 0,3 Verfahrensgebühr nach Nr. 3309 VV RVG für diesen nur einmal anfällt. Muss der Rechtsanwalt dagegen den titulierten Anspruch auf Kostenvorschuss im Wege der Zwangsvollstreckung durchsetzen, handelt es sich gem. § 18 Nr. 4 RVG um eine besondere Angelegenheit mit der Konsequenz, dass hierfür eine erneute 0,3 Verfahrensgebühr nach Nr. 3309 VV RVG anfällt.

Der **Gegenstandswert** für die anwaltliche Tätigkeit (§ 887 Abs. 1 und 2 ZPO) bestimmt sich gem. § 25 Abs. 1 Nr. 3 RVG nach dem Wert der zu erwirkenden Handlung. Muss der titulierte Kostenvorschuss im Wege der Zwangsvollstreckung beigetrieben werden, bestimmt sich der Gegenstandswert gem. § 25 Abs. 1 Nr. 3 RVG nach dem Wert der Höhe des Kostenvorschusses.

14. Rechtsmittel. Das Vollstreckungsgericht erster Instanz entscheidet über die Anträge nach § 887 Abs. 1 und 2 ZPO durch Beschluss. Im Rahmen des Vollstreckungsverfahrens wird der Schuldner nach § 891 S. ZPO angehört, so dass der dem Antrag stattgebende Beschluss des Vollstreckungsgerichts eine Entscheidung in der Zwangsvollstreckung darstellt und für den unterliegenden Schuldner gegen diesen Beschluss die **sofortige Beschwerde nach § 793 ZPO** statthaft ist (→ Form. P. III. 7). Ist der vom Gläubiger gem. § 887 Abs. 1 und/oder 2 ZPO gestellte Antrag vom Vollstreckungsgericht zurückgewiesen oder verworfen worden, steht auch dem Gläubiger die sofortige Beschwerde nach § 793 ZPO zu (→ Form. P. II. 5). Denn auch die Zurückweisung des Antrags durch Beschluss stellt eine Entscheidung in der Zwangsvollstreckung dar. Im Falle des Vorliegens der Voraussetzungen des § 574 ZPO ist zudem die Rechtsbeschwerde zum Bundesgerichtshof eröffnet.

2. Antrag auf Nachforderung eines weiteren Vorschusses

An das

..... gericht .....[1]

Antrag gem. § 887 ZPO

In der Zwangsvollstreckungssache

..... (Gläubiger) ./. ..... (Schuldner)[2]

Az. .....

vorläufiger Gegenstandswert: ..... EUR

überreichen wir namens und in Vollmacht des von uns vertretenen Gläubigers abermals das Original der vollstreckbaren Ausfertigung des Urteils des ..... gerichts vom ..... (Az. .....)[3] nebst Zustellungsbescheinigung als Anlage AS 1 und beantragen,

1. den Schuldner zu verurteilen, an den Gläubiger bezüglich der durch das erkennende Gericht mit Beschluss vom ..... angeordneten Ersatzvornahme einen über den bereits ausgeurteilten Kostenvorschuss von ..... EUR hinaus weitere ..... EUR zu zahlen;[4]
2. die gerichtliche Entscheidung ohne mündliche Verhandlung zu treffen und dem Schuldner eine Anhörungsfrist von nicht mehr als 10 Tagen einzuräumen.[5]

Begründung:

Der Gläubiger betreibt gegen den Schuldner die Zwangsvollstreckung wegen einer vertretbaren Handlung. Im Einzelnen:

1. Ausweislich des rechtskräftigen Urteils des . . . . . gerichts vom . . . . . (Az. . . . . ., Anlage AS 1) ist der Schuldner verpflichtet, ...
2. Mit Beschluss vom . . . . . (Az. . . . . ., Anlage AS 2) hat das erkennende Gericht den Gläubiger dazu ermächtigt, die vom Schuldner zu erbringende Handlung im Wege der Ersatzvornahme selbst oder durch von ihm beauftragten Dritten vorzunehmen. Gleichzeitig hat das erkennende Gericht den Schuldner dazu verpflichtet, an den Gläubiger einen Kostenvorschuss gem. § 887 Abs. 2 ZPO in Höhe von . . . . . EUR zu zahlen.
3. Da der Schuldner der mit Schreiben des Verfahrensbevollmächtigten des Gläubigers vom . . . . . unter Fristsetzung bis zum . . . . . Zahlungsaufforderung bis zum heutigen Tag nicht nachgekommen ist, hat der Gläubiger am . . . . . die Zwangsvollstreckung gegen den Schuldner eingeleitet, die bis jetzt fruchtlos verlief.
4. Ebenso wenig hat der Schuldner die von ihm zu erbringende vertretbare Handlung bislang selbst vorgenommen, so dass der Gläubiger zwischenzeitlich einen Dritten mit der Durchführung der Ersatzvornahme beauftragt hat. Dieser Dritte hat nunmehr mit der Ersatzvornahme begonnen. Im Rahmen dessen hat sich herausgestellt, dass die vom Gläubiger ursprünglich veranschlagten und vom erkennenden Gericht mit Beschluss vom . . . . . auch zuerkannten . . . . . EUR nicht auskömmlich sind, um die Ersatzvornahme vollständig und ordnungsgemäß durchzuführen. Grund hierfür ist, dass . . . . .

   Ausweislich des Kostenvoranschlags des öffentlich bestellten und vereidigten Sachverständigenbüros . . . . . vom . . . . . (Anlage AS 3) wird die beabsichtigte Durchführung der Ersatzvornahme Kosten in Höhe von insgesamt . . . . . EUR verursachen.[6]

   Die Differenz zwischen dem vom erkennenden Gericht mit Beschluss vom . . . . . zuerkannten Kostenvorschussbetrag von . . . . . EUR und den nach dem Kostenvoranschlag des öffentlich bestellten und vereidigten Sachverständigenbüros . . . . . vom . . . . . beträgt . . . . . EUR, so dass der Schuldner gem. § 887 Abs. 2 ZPO einen weiteren Vorschussbetrag in dieser Höhe an den Gläubiger zu zahlen hat.
5. Vorsorglich weisen wir in diesem Kontext darauf hin, dass die mit vorliegendem Antrag begehrte Nachforderung allgemeiner Auffassung in Rechtsprechung und Schrifttum zufolge im Verfahren nach § 887 Abs. 2 ZPO geltend zu machen ist, weil die Ersatzvornahme bislang noch nicht abgeschlossen ist und damit noch nicht endgültig abgerechnet werden kann (vgl. nur OLG Schleswig InVo 1998, 165).
6. Da die Durchführung der Ersatzvornahme eilbedürftig ist, bitten wir zudem, dem Antrag zu 2. zu entsprechen.
7. Daher ist antragsgemäß zu entscheiden. Wir bitten höflich, uns die mit der Vollstreckungsklausel nach § 724 ZPO versehene vollstreckbare Ausfertigung des Beschlusses nebst Zustellungsbescheinigung zukommen zu lassen. Daneben wird höflich um alsbaldige Rückgabe der diesem Antrag beiliegenden Vollstreckungsunterlagen gebeten.

. . . . .

Rechtsanwalt[7]

Anlagen

vollstreckbare Ausfertigung . . . . .

Anmerkungen

1. Zur Zuständigkeit des Gerichts → Form. M. II. 1 Anm. 1.

2. Rubrum → Form. M. I. 1.

3. → Form. M. I. 1 Anm. 2.

4. Der Gläubiger ist berechtigt, von dem Schuldner **weitere Kosten** einzufordern, wenn sich herausstellt, dass die Ersatzvornahme höhere Kosten als ursprünglich veranschlagt verursacht. Daher kann der Gläubiger für die Dauer der Ersatzvornahme beim Vollstreckungsgericht einen Antrag auf Ergänzung des Vorschussanordnungsbeschlusses stellen (OLG Frankfurt a. M. JurBüro 1976, 397; OLG München JurBüro 1976, 398; *Baumbach/Lauterbach/Albers/Hartmann* § 887 Rn. 18), wobei dieser Antrag durch den Gläubiger auch mehrfach gestellt werden kann (Thomas/Putzo/*Seiler* § 887 Rn. 9). Ist die Ersatzvornahme dagegen bereits beendet, ist eine Ergänzung des Vorschussbeschlusses nicht mehr zulässig (BGH NJW-RR 2007, 213; OLG Hamm OLGZ 1972, 311 (312); OLG Schleswig InVo 1998, 165); in diesem Fall kann der Gläubiger die weiteren Kosten, die für die Durchführung der Ersatzvornahme angefallen sind, gegen den Schuldner nach § 788 ZPO ohne weiteren besonderen Titel vollstrecken (Prütting/Gehrlein/*Olzen* § 887 Rn. 44). Ist der Schuldner der Ansicht, dass die weiteren, vom Gläubiger gegen ihn geltend gemachten Kosten der Ersatzvornahme nicht erforderlich gewesen sind, kann er dagegen Vollstreckungserinnerung nach § 766 ZPO einlegen. Beruft sich der Schuldner auf eine Tilgung der Forderung, kann er nach §§ 767, 769 ZPO vorgehen (*Baumbach/Lauterbach/Albers/Hartmann* § 887 Rn. 18).

Das Vollstreckungsgericht setzt die Höhe des Kostenvorschusses nach billigem Ermessen fest. Der Gläubiger ist mit Blick auf die Höhe der voraussichtlich anfallenden Kosten darlegungs- und beweisbelastet (Hk-ZV/*Bendtsen* § 887 Rn. 54). Besteht zwischen Gläubiger und Schuldner Streit über die Höhe der voraussichtlich anfallenden Kosten, ist dem Gläubiger anzuraten, sich einen Kostenvoranschlag eines privaten Gutachters bzw. einer Fachfirma einzuholen (so OLG Saarbrücken BauR 2011, 1869 (LS) für eine Altbausanierung), damit das Gericht eine möglichst fundierte Grundlage für die Höhe des festzusetzenden Kostenvorschusses hat. Der Gläubiger ist jedoch nicht verpflichtet, eine „Ausschreibung" durchzuführen, um mittels dessen den günstigsten Preis zu ermitteln (Hk-ZV/*Bendtsen* § 887 Rn. 54 unter Hinweis auf LG Berlin, Urt. v. 19.4.2010 – 52 S 69/09). Der Schuldner ist nicht berechtigt, den vom Vollstreckungsgericht festgesetzten Kostenvorschuss zu hinterlegen oder direkt an Dritte zu überweisen (OLG Rostock OLGR 2009, 511).

Zeigt sich, dass über die Frage der **Erforderlichkeit der Kosten der Ersatzvornahme** Auseinandersetzungen zwischen Gläubiger und Schuldner drohen, sollte der Gläubiger die Kosten gem. § 788 Abs. 2 ZPO iVm den Vorschriften über die Kostenfestsetzung festsetzen lassen. Damit kann der Gläubiger verhindern, dass er später eventuell nicht mehr in der Lage ist, die Notwendigkeit der Kosten nachzuweisen. Im Rahmen dessen können sämtliche Kosten und mithin auch die Kosten, für die ein Vorschuss bereits gezahlt wurde, festgesetzt werden (OLG München InVo 1998, 140), wobei der vom Schuldner geleistete Vorschuss in der Forderungsaufstellung zu berücksichtigen ist. Falls der Schuldner den vom Vollstreckungsgericht festgesetzten Vorschuss nicht zahlt, kann der Gläubiger aus dem Vorschussfestsetzungsbeschluss als Vollstreckungstitel nach § 794 Abs. 1 Nr. 3 ZPO die Zwangsvollstreckung wegen einer Geldforderung betreiben und den Gerichtsvollzieher mit der Vollstreckung gem. §§ 803 ff. ZPO beauftragen, etwaige Forderungen des Schuldners gegen Dritte oder auf sonstige Vermögensrechte im Wege der Forderungspfändung nach §§ 828 ff. ZPO pfänden und einziehen lassen oder die Immobiliarzwangsvollstreckung betreiben.

Sofern die Kosten für die Durchführung der Ersatzvornahme niedriger sind als der vom Vollstreckungsgericht ausgeurteilte und vom Schuldner geleistete bzw. im Wege der Zwangsvollstreckung beigetriebene Kostenvorschuss, muss der Gläubiger den überschießenden Teil an den Schuldner zurückzahlen. Da der Gläubiger insofern ungerechtfertigt bereichert ist, steht dem Schuldner gegen den Gläubiger ein Anspruch auf Rückzahlung des zuviel gezahlten Vorschusses nach den §§ 812 ff. BGB zu (MüKoZPO/*Gruber* § 887 Rn. 39).

Im Übrigen kann der Schuldner gegen die dem Gläubiger zuerkannten Kosten der Ersatzvornahme sowohl im Verfahren nach § 887 ZPO als auch nachfolgend mit einer **unstrittigen Gegenforderung** die Aufrechnung erklären (OLG Rostock WM 2004, 558; *Baumbach/Lauterbach/Albers/Hartmann* § 887 Rn. 18; aA OLG Celle NJW-RR 2005, 1013, das von einer Systemwidrigkeit spricht; MüKoZPO/*Gruber* § 887 Rn. 39: ein derartiger materiellrechtlicher Einwand ist allein im Verfahren nach §§ 767, 769 ZPO geltend zu machen). Dagegen kann der Schuldner mit einer **strittigen Gegenforderung** nicht aufrechnen. In diesem Fall bleibt dem Schuldner nichts anderes übrig, als sich mit einer Vollstreckungsabwehrklage zur Wehr zu setzen (Hk-ZV/*Bendtsen* § 887 Rn. 54; Prütting/Gehrlein/*Olzen* § 887 Rn. 46).

5. → Form. M. I. 1 Anm. 9.

6. Auch für die weiteren Kosten ist der Gläubiger darlegungs- und beweispflichtig; → Form. M. I. 1 Anm. 12.

7. **Kosten und Gebühren/Rechtsmittel.** → Form. M. I. 1.

3. Antrag auf Vollstreckung wegen Befreiung von einer Verbindlichkeit

An das

. . . . . gericht . . . . .[1]

Antrag gem. § 887 ZPO

In der Zwangsvollstreckungssache

. . . . . (Gläubiger) ./. . . . . . (Schuldner)[2]

Az. . . . . .

vorläufiger Gegenstandswert: . . . . . EUR

überreichen wir namens und in Vollmacht des von uns vertretenen Gläubigers das Original der vollstreckbaren Ausfertigung des vor dem . . . . . gericht . . . . . am . . . . . geschlossenen Vergleichs (Az. . . . . .)[3] **nebst Zustellungsbescheinigung als Anlage AS 1 und beantragen,**

1. **den Schuldner zu verurteilen, an den Gläubiger einen Vorschuss in Höhe von . . . . . EUR nebst Zinsen in Höhe von 5 Prozentpunkten über dem Basiszinssatz seit dem . . . . . zu zahlen;**[4]
2. **die gerichtliche Entscheidung ohne mündliche Verhandlung zu treffen und dem Schuldner eine Anhörungsfrist von nicht mehr als 10 Tagen einzuräumen.**[5]

Begründung:

Der Gläubiger betreibt gegen den Schuldner die Zwangsvollstreckung wegen einer vertretbaren Handlung. Im Einzelnen:

1. Ausweislich des vor dem ..... gericht ..... am ..... geschlossenen Vergleichs (Az. ....., Anlage AS 1) ist der Schuldner verpflichtet, den Gläubiger von der Verpflichtung der monatlich in Höhe von ..... EUR fälligen Zahlungen auf das Darlehn der ..... -Bank freizustellen.
2. Der Schuldner hat die am ..... fällige Zahlung an die ..... -Bank nicht beglichen, so dass der Gläubiger von der ..... -Bank nunmehr unmittelbar auf Zahlung in Anspruch genommen wird.
3. Daraufhin haben die Verfahrensbevollmächtigten des Gläubigers den Schuldner mit Schreiben vom ..... unter Fristsetzung bis zum ..... zur Zahlung aufgefordert. Da der Schuldner indes auch dieser Aufforderung bis zum heutigen Tag nicht nachgekommen ist, ist der Antrag nach § 887 ZPO erforderlich.
4. Der Vorschussanspruch folgt aus § 887 Abs. 2 ZPO. Gem. Ziff. ..... des Vergleichs vom ..... hat der Schuldner ab dem Tag der Fälligkeit die monatlich fällige Zahlung mit 5 Prozentpunkten über dem Basiszinssatz zu verzinsen.
5. Da die Durchführung der Ersatzvornahme eilbedürftig ist, bitten wir zudem, dem Antrag zu 2. zu entsprechen.
6. Daher ist antragsgemäß zu entscheiden. Wir bitten höflich, uns die mit der Vollstreckungsklausel nach § 724 ZPO versehene vollstreckbare Ausfertigung des Beschlusses nebst Zustellungsbescheinigung zukommen zu lassen. Daneben wird höflich um alsbaldige Rückgabe der diesem Antrag beiliegenden Vollstreckungsunterlagen gebeten.

.....

Rechtsanwalt[6]

Anlagen

vollstreckbare Ausfertigung .....

Anmerkungen

1. Vgl. zur Zuständigkeit → Form. M. I. 1 Anm. 1.

2. Rubrum wie → Form. M. I. 1.

3. Vgl. hierzu → Form. M. I. 1 Anm. 2.

4. Nach heute allgemein anerkannter Auffassung in Rechtsprechung und Schrifttum werden Titel, die auf **Befreiung einer Verbindlichkeit** (insbesondere die Befreiung von einer Geldschuld) lauten, nach § 887 ZPO vollstreckt und nicht nach § 803 ZPO (KG NJW-RR 1999, 793; diese Judikatur bestätigt mit Beschl. v. 22.9.2010 – 14 W 63/10; OLG Stuttgart JurBüro 1998, 324; *Baumbach/Lauterbach/Albers/Hartmann* § 887 Rn. 22; Thomas/Putzo/*Seiler* § 887 Rn. 2b). Voraussetzung ist jedoch, dass die Art und Höhe der Schuld genau feststeht und dass ein Dritter sie gleichwertig erfüllen kann (BGH JR 1983, 499; OLG Hamm DB 1984, 1824; vgl. zur Durchsetzung und zu den Grenzen des Anspruchs OLG Köln FamRZ 2005, 471). Dadurch, dass sich die Vollstreckung bei einem Titel auf Befreiung von einer Verbindlichkeit nach § 887 ZPO richtet, wandelt sich der Befreiungsanspruch in einen Zahlungsanspruch um mit der Folge, dass der Gläubiger als Inhaber des titulierten Befreiungsanspruchs über die Vollstreckung nach § 887 ZPO durchsetzen kann, dass der Schuldner den Befreiungsanspruch durch Zahlung des fälligen Geldbetrags, der zur Tilgung der Forderung notwendig ist, von der der Schuldner den Gläubiger zu befreien hat, an den Vollstreckungsgläubiger erfüllt, damit dieser wiederum seine Verbindlichkeit gegenüber seinem Gläubiger begleichen kann.

Eine Vollstreckung gem. § 887 ZPO ist bei einem Titel auf Befreiung von einer Verbindlichkeit ausschließlich dann möglich, wenn sich die konkrete Art und Höhe der Verbindlichkeit eindeutig aus dem Vollstreckungstitel ergeben (Prütting/Gehrlein/*Olzen* § 887 Rn. 4; Zöller/*Stöber* § 887 Rn. 3). Sofern aus dem Vollstreckungstitel indes allein die Art der Verbindlichkeit hervorgeht, von der der Schuldner den Vollstreckungsgläubiger freistellen soll, hat der Titel lediglich die Wirkung eines Grundurteils. In diesem Fall kann der Vollstreckungsgläubiger den Befreiungsanspruch nicht nach § 887 ZPO durchsetzen. Stattdessen muss er erst auf Leistung klagen.

Für den Fall, dass – wie im vorliegenden Beispielsfall – Freistellungsvereinbarungen mittels gerichtlichem Vergleich oder notarieller Urkunde geschlossen werden, ist darauf zu achten, dass die konkrete Höhe der Verbindlichkeit in den Vollstreckungstitel mit aufgenommen wird, sofern die Höhe bereits feststeht. Das Gleiche gilt im Übrigen für den Antrag auf Befreiung von einer Verbindlichkeit.

5. Vgl. hierzu → Form. M. I. 1 Anm. 9.

6. **Kosten und Gebühren/Rechtsmittel.** → Form. M. I. 1.

4. Antrag auf Vollstreckung wegen eines Anspruchs auf Sicherheitsleistung

An das

. . . . . gericht . . . . .[1]

Antrag gem. § 887 ZPO

In der Zwangsvollstreckungssache

. . . . . (Gläubiger) ./. . . . . . (Schuldner)[2]

Az. . . . . .

vorläufiger Gegenstandswert: . . . . . EUR

überreichen wir namens und in Vollmacht des von uns vertretenen Gläubigers das Original der vollstreckbaren Ausfertigung des Urteils des . . . . . gerichts . . . . . vom . . . . . (Az. . . . . .)[3] **nebst Zustellungsbescheinigung als Anlage AS 1 und beantragen,**

1. **den Gläubiger zu ermächtigen, die durch das . . . . . gericht . . . . . in seinem Urteil vom . . . . . (Az. . . . . .) angeordnete Sicherheitsleistung durch die Hinterlegung von Geld zu bewirken und den Schuldner zur Leistung eines Vorschusses in Höhe von . . . . . EUR zu verurteilen;**[4]
2. **die gerichtliche Entscheidung ohne mündliche Verhandlung zu treffen und dem Schuldner eine Anhörungsfrist von nicht mehr als 10 Tagen einzuräumen.**[5]

Begründung:

1. **Ausweislich des rechtskräftigen Urteils des . . . . . gerichts . . . . . vom . . . . . (Az. . . . . ., Anlage AS 1) ist der Schuldner verpflichtet, zur Absicherung des Anspruchs des Gläubigers auf . . . . . eine Sicherheitsleistung in Höhe von . . . . . EUR zu erbringen.**

Die Verfahrensbevollmächtigten des Gläubigers haben den Schuldner mit Schreiben vom ..... unter Fristsetzung bis zum ..... dazu aufgefordert, die Sicherheitsleistung bis zum ..... zu leisten. Da der Schuldner dieser Aufforderung bis zum heutigen Tag nicht nachgekommen ist, ist der Antrag nach § 887 ZPO erforderlich.

2. Der Vorschussanspruch folgt aus § 887 Abs. 2 ZPO.
3. Da die Durchführung der Ersatzvornahme eilbedürftig ist, bitten wir zudem, dem Antrag zu 2. zu entsprechen.
4. Daher ist antragsgemäß zu entscheiden. Wir bitten höflich, uns die mit der Vollstreckungsklausel nach § 724 ZPO versehene vollstreckbare Ausfertigung des Beschlusses nebst Zustellungsbescheinigung zukommen zu lassen. Daneben wird höflich um alsbaldige Rückgabe der diesem Antrag beiliegenden Vollstreckungsunterlagen gebeten.

.....

Rechtsanwalt[6]

Anlagen

vollstreckbare Ausfertigung .....

Anmerkungen

1. zur Zuständigkeit → Form. M. I. 1 Anm. 1.

2. Rubrum wie → Form. M. I. 1.

3. → Form. M. I. 1 Anm. 2.

4. Ist der Schuldner im Rahmen eines Urteils oder eines Vergleichs dazu verpflichtet worden, für eine bestimmte künftige (wiederkehrende) Leistung Sicherheit in bestimmter Höhe zu leisten, steht damit noch nicht fest, in welcher konkreten Form diese Sicherheit vom Schuldner zu erbringen ist. Insoweit führt § 232 BGB die verschiedenen Möglichkeiten der Sicherheitsleistung auf, jedoch ohne hierbei eine bestimmte Rangfolge festzulegen (Palandt/*Ellenberger* § 232 Rn. 1). Im Wege der Zwangsvollstreckung kann der Schuldner daher grundsätzlich nicht gezwungen werden, die Sicherheitsleistung in einer bestimmten Art zu erbringen. Allerdings kann der Gläubiger einen Antrag nach § 887 Abs. 1 ZPO an das Vollstreckungsgericht stellen und mittels dessen ermächtigt werden, auf Kosten des Schuldners – nun nach seiner Wahl – **die gewünschte Sicherheitsleistung vorzunehmen.** Die Verpflichtung zur Stellung einer Sicherheit (zB durch Stellung einer Bankbürgschaft) ist allgemeiner Ansicht zufolge eine vertretbare Handlung iSd § 887 Abs. 1 ZPO (OLG Karlsruhe MDR 1991, 454; OLG Köln MDR 1989, 169 mit ablehnender Anmerkung *Schmidt* MDR 1989, 1068; OLG Stuttgart MDR 2010, 1491: Bewirken der Freigabe einer Sicherheit durch einen Dritten; vgl. ferner OLG Frankfurt OLGR 2008, 602 zu den Kosten der Gestellung einer Bankbürgschaft, zu denen auch die für den Bürgen aufzuwendende Vergütung gehört).

5. → Form. M. I. 1 Anm. 9.

6. Kosten und Gebühren/Rechtsmittel. → Form. M. I. 1.

5. Antragserwiderung des Schuldners mit Erfüllungseinrede

An das

. . . . . gericht . . . . .[1]

Antragserwiderung gem. § 887 ZPO

In der Zwangsvollstreckungssache

. . . . . (Gläubiger) ./. . . . . . (Schuldner)[2]

Az. . . . . .

beantragen wir namens und in Vollmacht des von uns vertretenen Antragsgegners,

den Antrag des Gläubigers auf Ermächtigung zur Ersatzvornahme und Leistung eines Vorschusses vom . . . . . kostenpflichtig zurückzuweisen.

Begründung:

Der gegnerische Antrag auf Ermächtigung zur Ersatzvornahme gem. § 887 Abs. 1 ZPO und Leistung eines Vorschusses nach § 887 Abs. 2 ZPO vom . . . . . ist aus mehreren Gründen zurückzuweisen, wie sich aus Folgendem ergibt:

1. Zunächst liegen bereits die allgemeinen Voraussetzungen der Zwangsvollstreckung nicht vor. Es fehlt schon an einer wirksamen Zustellung der vollstreckbaren Ausfertigung des Urteils des . . . . . gerichts . . . . . vom . . . . . (Az. . . . . .) an den Schuldner.[3] Dies ergibt sich daraus, dass . . . . .
2. Darüber hinaus hat der Schuldner die von ihm vorzunehmende vertretbare Handlung ordnungsgemäß erbracht, so dass er die ihm obliegenden Verpflichtungen in vollem Umfang erfüllt hat.[4]
   Der Schuldner ist nach ständiger Rechtsprechung des Bundesgerichtshofs (vgl. zB NJW-RR 2013, 1336; NJW 2005, 48; NJW 2005, 367 mit zustimmender Anm. *Kannowski/Distler* NJW 2005, 865; ferner dem Bundesgerichtshof zustimmend *Becker-Eberhardt* LMK 2005, 31) dazu berechtigt, den Erfüllungseinwand auch im Verfahren gem. § 887 ZPO zu erheben. Hierfür spricht bereits der Wortlaut des § 887 ZPO. Nach § 887 ZPO ist die Nichterfüllung durch den Schuldner Voraussetzung dafür, um den Gläubiger zur Ersatzvornahme zu ermächtigen (so auch *Baumbach/Lauterbach/Albers/Hartmann* § 887 Rn. 5). Dessen ungeachtet sprechen auch prozessökonomische Gründe für die Zulässigkeit der Erhebung des Erfüllungseinwands im Rahmen des Verfahrens nach § 887 ZPO, da andernfalls für die sonst zu erhebende Vollstreckungsgegenklage nach § 767 ZPO das erkennende Gericht als Gericht des ersten Rechtszugs zuständig wäre mit der Folge, dass dort ein neues Verfahren mit demselben Prozessstoff wie im Verfahren nach § 887 ZPO erforderlich wäre. Hinzu kommt, dass die Vollstreckungsgegenklage nach § 767 ZPO Kosten in gleicher Höhe wie das erstinstanzliche Erkenntnisverfahren verursacht und damit gebührenrechtlich deutlich kostenintensiver ist als das Verfahren nach § 887 ZPO sowie dass die Vollstreckungsgegenklage im Vergleich mit dem Verfahren nach § 887 ZPO für gewöhnlich wesentlich längere Verfahrensdauern aufweist, da dem Schuldner die Möglichkeit der einstweiligen Anordnung nach § 769 ZPO offen steht und dieses Verfahren sich über die verschiedenen Instanzen mit den damit korrespondierenden Verzögerungen erstrecken kann. Im Übrigen stehen dem Vollstreckungsgericht im Rahmen des Verfahrens nach § 887 ZPO alle Möglichkeiten zur Verfügung, den dem Verfahren zugrunde liegenden Sachverhalt umfassend aufzuklären.

Im Gegensatz zur Ansicht des Gläubigers hat der Schuldner die von ihm vorzunehmende vertretbare Handlung ordnungsgemäß und vollständig erbracht.[5] Bestätigt worden ist dies durch .....

3. Im Ergebnis ist der gegnerische Antrag kostenpflichtig daher zurückzuweisen.

.....

Rechtsanwalt[6]

Anmerkungen

1. zur Zuständigkeit → Form. M. I. 1 Anm. 1.

2. → Form. M. I. 1.

3. Gem. § 891 S. 2 ZPO hat das Vollstreckungsgericht den Schuldner zum Antrag des Gläubigers anzuhören. Im Rahmen seiner Anhörung kann der Schuldner gegen den Antrag des Gläubigers zunächst einwenden, dass die allgemeinen Voraussetzungen der Zwangsvollstreckung (Titel, Klausel, Zustellung) nicht vorliegen (vgl. hierzu Zöller/*Stöber* § 887 Rn. 5). Zudem kann sich der Schuldner damit verteidigen, dass der Gläubiger die Vornahme der vertretbaren Handlung verhindert habe und dass die sich aus dem Vollstreckungstitel ergebende Verpflichtung keine vertretbare Handlung, sondern eine unvertretbare Handlung darstellt und dass der Gläubiger aus diesem Grund die unzutreffende Verfahrensart gewählt hat. Darüber hinaus kann der Schuldner einwenden, dass der vom Gläubiger eingeforderte Kostenvorschuss der Höhe nach nicht angemessen ist.

4. Ob und bejahendenfalls welche **materiellrechtlichen Einwendungen** der Schuldner im Rahmen seiner Anhörung nach § 891 ZPO erheben kann, war lange Zeit in der Rechtsprechung lebhaft umstritten. Dies vor dem Hintergrund, dass für derartige Einwendungen prinzipiell die Vollstreckungsgegenklage nach § 767 ZPO als insoweit statthafter Rechtsbehelf zur Verfügung steht.

Insbesondere die bislang äußerst kontrovers diskutierte Frage, ob der Schuldner im Verfahren nach § 887 ZPO mit dem Einwand der Erfüllung gehört wird, ist durch den grundlegenden Beschluss des Bundesgerichtshofs vom 5.11.2004 (NJW 2005, 367; vgl. dazu auch *Kannowski/Distler* NJW 2005, 865; diese Judikatur bestätigt in BGH JurBüro 2009, 662; ferner NJW-RR 2013, 1336 mit kritischer Anmerkung *Münch*; NJW-RR 2011, 470; ferner OLG Brandenburg, NJW-RR 2008, 1423; OLG Rostock WuM 2003, 640; VGH Kassel NVwZ 2004, 796; *Walker* JZ 2011, 453 (454)) höchstrichterlich geklärt worden. Mit ausführlicher und überzeugender Begründung hat der Bundesgerichtshof entschieden, dass der Erfüllungseinwand im Rahmen des Verfahrens nach § 887 ZPO vor allem aus Gründen der Prozessökonomie erhoben werden kann und der Schuldner hiermit gehört wird. Da sich der Gläubiger der aktuellen Judikatur des Bundesgerichtshofs folgend im Rahmen des Verfahrens nach § 887 ZPO nunmehr zwingend mit dem vom Schuldner erhobenen Erfüllungseinwand auseinandersetzen muss, ist diesem die Sammlung von Beweismaterial anzuraten, um so die Nichterfüllung des Schuldners darlegen und beweisen zu können. Nach wie vor gilt, dass eine bloße Erklärung des Schuldners über seine Erfüllungsbereitschaft nicht ausreicht, wenn er längst hätte erfüllen können (LG Hamburg WuM 1989, 587).

Sofern der Gläubiger bei behaupteter Erfüllung diese ausreichend bestreitet, muss das Gericht statt einer Verweisung auf § 767 ZPO selbst nachprüfen, ob der Schuldner tatsächlich erfüllt hat (Gedanke der Prozesswirtschaftlichkeit; *Baumbach/Lauterbach/Albers/Hartmann* § 887 Rn. 5). In einem solchen Fall muss der Schuldner allerdings die erforderlichen Tatsachen beweisen (OLG Nürnberg OLGZ 1994, 598).

Praxisrelevant ist ferner der Einwand des Schuldners, dass die von ihm zu erbringende vertretbare Handlung **unzumutbar** oder **unmöglich** ist. Einigkeit besteht darin, dass sich der Schuldner nicht darauf berufen kann, dass ihm die Vornahme der Handlung unzumutbar ist oder diese erfolglos ist (BGH NJW-RR 2006, 202 (203)) mit der Konsequenz, dass der Schuldner sich in diesen Fällen mittels einer Vollstreckungsgegenklage nach § 767 ZPO zur Wehr setzen muss (BGH NJW-RR 2006, 202 (203)). Ist objektive oder subjektive dauerhafte Unmöglichkeit gegeben, hat der Antrag nach § 887 ZPO keinen Erfolg (OLG München MDR 2000, 907; *Baumbach/Lauterbach/Albers/Hartmann* § 887 Rn. 16 mwN). Der Gläubiger ist sodann vielmehr gehalten, sein Interesse nach § 893 ZPO geltend zu machen und nach den Vorschriften des materiellen Rechts Schadensersatz von dem Schuldner zu fordern (differenzierend Prütting/Gehrlein/*Olzen*: Berücksichtigung der objektiven Unmöglichkeit bei dem Antrag nach § 887 ZPO mit der Folge, dass der Schuldner auf die Vollstreckungsgegenklage verwiesen ist; dagegen keine Berücksichtigung des subjektiven Unmöglichkeitseinwands des Schuldners). Vgl. ferner zu dem Sonderproblem der erforderlichen **Mitwirkung eines Dritten** zB OLG Frankfurt a. M. NJW-RR 1997, 567; OLG Köln NJW-RR 1992, 633; HK-ZPO/*Berndtsen* § 887 Rn. 42; Schuschke/Walker/*Walker* § 887 Rn. 14. Muss ein Dritter an der Vornahme der Handlung mitwirken, ist die Vollstreckung nach § 887 ZPO nur dann erfolgreich, wenn der Dritte der Durchführung der Maßnahme zugestimmt hat oder der Gläubiger einen auf Duldung gerichteten Titel gegen den Dritten erwirkt hat (OLG Zweibrücken NJW-RR 1998, 1767 (1768); aA OLG Düsseldorf MDR 1991, 260: Notwendigkeit der Erhebung einer Vollstreckungsgegenklage).

Hinsichtlich der sonstigen materiellrechtlichen Einwendungen geht die wohl noch hM davon aus, dass solche Einwendungen allein im Wege der Vollstreckungsgegenklage gem. § 767 ZPO geltend gemacht werden können (KG KGR 2002, 172; OLG Köln InVo 2002, 379; OLG München InVo 2001, 33). Die im Vordringen befindliche Auffassung lässt dagegen sämtliche materiellrechtlichen Einwendungen auch im Verfahren nach § 887 ZPO zu und begründet dies im Kern mit prozessökonomischen Gründen (OLG Jena InVo 2001, 341; OLG Karlsruhe InVo 2002, 300; OLG Zweibrücken InVo 2001, 70). Abzuwarten bleibt, welchen Standpunkt der Bundesgerichtshof hierzu einnimmt, wenn er über eine solche Fallkonstellation zu entscheiden hat. Ist der Antrag des Gläubigers in einem Gerichtsbezirk anhängig, in dem die noch überwiegende Ansicht vertreten wird, bedeutet dies für den Schuldner, dass er prozesstaktisch auf den ihm nach § 891 ZPO zur Anhörung übersandten Antrag nach § 887 ZPO beim erkennenden Prozessgericht erster Instanz Vollstreckungsgegenklage nach § 767 ZPO erheben und gleichzeitig bei diesem einen Antrag auf einstweilige Einstellung der Zwangsvollstreckung nach § 769 ZPO stellen muss.

Dem Schuldner obliegt die **Darlegungs- und im Bestreitensfall die Beweislast** dafür, dass materiellrechtliche Einwendungen vorliegen und diese dem Antrag des Gläubigers nach § 887 ZPO entgegenstehen (Prütting/Gehrlein/*Olzen* § 887 Rn. 13).

5. Durch die **Anordnung der Durchführung der Ersatzvornahme** durch das Vollstreckungsgericht ist der Schuldner im Übrigen nicht gehindert, die von ihm geschuldete vertretbare Handlung noch freiwillig zu erbringen. Voraussetzung hierfür ist indes, dass der Gläubiger oder der von ihm beauftragte Dritte mit der Durchführung der angeordneten Ersatzvornahme noch nicht begonnen hat (BGH NJW 1995, 3189), wobei es jedoch nicht ausreicht, wenn der Schuldner die Vornahme der von ihm geschuldeten vertretbaren Handlung lediglich ankündigt; stattdessen muss der Schuldner diese auch vornehmen (OLG Frankfurt a.M. NJW-RR 1989, 59).

6. Kosten und Gebühren/Rechtsmittel. → Form. M. I. 1.

II. Unvertretbare Handlung (§ 888 ZPO)

1. Antrag auf Festsetzung eines Zwangsgelds

An das

. . . . . gericht . . . . .[1]

Antrag nach § 888 ZPO

In der Zwangsvollstreckungssache

. . . . . (Gläubiger) ./. . . . . (Schuldner)[2]

Az. . . . . .

vorläufiger Gegenstandswert: . . . . . EUR

überreichen wir namens und in Vollmacht des von uns vertretenen Gläubigers das Original der vollstreckbaren Ausfertigung des Urteils des . . . . . gerichts . . . . . vom . . . . . (Az. . . . . .)[3] nebst Zustellungsbescheinigung als Anlage AS 1 und beantragen,

1. gegen den Schuldner zur Erzwingung der ihm nach dem Urteil des . . . . . gerichts . . . . . vom . . . . . (Az. . . . . .)[4] obliegenden unvertretbaren Handlung . . . . .[5] ein Zwangsgeld von bis zu 25.000,– EUR und für den Fall, dass dieses nicht beigetrieben werden kann, ersatzweise Zwangshaft von bis zu sechs Monaten festzusetzen;[6]
2. die gerichtliche Entscheidung ohne mündliche Verhandlung zu treffen und dem Schuldner eine Anhörungsfrist von nicht mehr als 10 Tagen einzuräumen.[7]

Begründung:

Der Gläubiger betreibt gegen den Schuldner die Zwangsvollstreckung wegen einer unvertretbaren Handlung. Im Einzelnen:

I.

1. Ausweislich des rechtskräftigen Urteils des . . . . . gerichts . . . . . vom . . . . . (Az. . . . . ., Anlage AS 1) ist der Schuldner verpflichtet, ...
2. Mit Schreiben der Verfahrensbevollmächtigten des Gläubigers vom . . . . . (Anlage AS 2) ist der Schuldner unter Fristsetzung bis zum . . . . . letztmalig und unter Androhung von Zwangsvollstreckungsmaßnahmen bei Nichtbefolgung dazu aufgefordert worden, die ihm aus dem Urteil des . . . . . gerichts . . . . . vom . . . . . obliegende Verpflichtung ordnungsgemäß und vollständig zu erfüllen.
3. Dem ist der Schuldner bis zum heutigen Tag nicht nachgekommen. Im Gegenteil: Mit Schreiben vom . . . . . (Anlage AS 3) hat der Schuldner den Verfahrensbevollmächtigten des Gläubigers mitgeteilt, dass er überhaupt keinen Grund sehe, die ihm aus dem Urteil des . . . . . gerichts . . . . . vom . . . . . obliegende Verpflichtung umzusetzen.

II.

Die Anträge zu 1. und 2. sind begründet, wie sich aus Folgendem ergibt:

1. Die vom Schuldner ausweislich des Urteils des . . . . . gerichts . . . . . vom . . . . . (Az. . . . . .) zu erbringende Handlung stellt eine unvertretbare Handlung im Sinne des § 888

ZPO dar. Allgemeiner Auffassung in Rechtsprechung und Schrifttum zufolge liegt eine solche unvertretbare Handlung vor, wenn diese nur höchstpersönlich von dem Schuldner oder jedenfalls mit seiner höchstpersönlich Mitwirkung erbracht werden kann (BGH NJW 2006, 2707; *Schuschke/Walker* § 888 Rn. 1).[8]

Im vorliegenden Fall handelt es sich um eine unvertretbare Handlung, da der Schuldner die von ihm geschuldete Handlung nur höchstpersönlich erbringen kann. Dies ergibt sich daraus, dass .....

Sollte das erkennende Gericht wider Erwarten der Ansicht sein, dass es sich um eine vertretbare Handlung im Sinne des § 887 ZPO handeln sollte, bitten wir höflich um richterlichen Hinweis gem. § 139 ZPO. In diesem Fall werden wir den Antrag auf einen solchen nach § 887 ZPO umstellen oder vorsorglich einen diesbezüglichen Hilfsantrag stellen.[9]

Da eine gerichtliche Androhung der Zwangsmittel nach § 888 Abs. 2 ZPO weder zulässig noch geboten ist, kann von dem erkennenden Gericht das für angemessen erachtete Zwangsmittel unmittelbar festgesetzt werden.[10]

Vor diesem Hintergrund ist der Antrag zu 1. begründet.

2. Da die Durchführung der Ersatzvornahme eilbedürftig ist, bitten wir zudem, dem Antrag zu 2. zu entsprechen.
3. Daher ist antragsgemäß zu entscheiden. Wir bitten höflich, uns die mit der Vollstreckungsklausel nach § 724 ZPO versehene vollstreckbare Ausfertigung des Zwangsgeldbeschlusses nebst Zustellungsbescheinigung zukommen zu lassen. Daneben wird höflich um alsbaldige Rückgabe der diesem Zwangsgeldantrag beiliegenden Vollstreckungsunterlagen gebeten.

.....

Rechtsanwalt[11]

Anlagen

vollstreckbare Ausfertigung .....

Anmerkungen

1. zur Zuständigkeit → Form. M. I. 1 Anm. 1.

2. Rubrum → Form. M. I. 1.

3. → Form. M. I. 1 Anm. 2. **Adressat** der Zwangsmittelfestsetzung ist der Schuldner (näher hierzu zB Zöller/*Stöber* § 888 Rn 2). Handelt es sich bei dem Schuldner um eine prozessfähige natürliche Person, bereitet die Frage des richtigen Adressaten für gewöhnlich kein Problem. Anders sieht dies freilich aus, wenn der Schuldner prozessunfähig (geworden) ist bzw. es sich bei diesem um eine juristische Person handelt.

Ist der Schuldner **prozessunfähig** (geworden), schließt dies die Zwangsvollstreckung nach § 888 ZPO keinesfalls aus (Prütting/Gehrlein/*Olzen* § 888 Rn. 25); allerdings muss das Zwangsmittel gegen die Person festgesetzt werden, von dessen Willen die Vornahme der geschuldeten Handlung abhängt. Dies kann sowohl der Schuldner persönlich als auch dessen gesetzlicher Vertreter sein. Entscheidend ist, ob der Schuldner dazu in der Lage ist, die Erforderlichkeit der Durchführung der unvertretbaren Handlung zu erkennen und in dieser Kenntnis zu handeln oder ob die Nichterfüllung auf eine Entscheidung des gesetzlichen Vertreters des Schuldners zurückgeht (MüKoZPO/*Gruber* § 888 Rn. 26; aA Prütting/Gehrlein/*Olzen* § 888 Rn. 25).

Sofern es sich bei dem Schuldner um eine **juristische Person** handelt, ist der Adressat des Zwangsmittels umstritten. Es fragt sich, ob das Zwangsmittel gegen die juristische

Person selbst oder gegen deren Organe festzusetzen ist. Nach wohl hM dürfte diesbezüglich zu differenzieren sein: Bei dem Zwangsmittel „Zwangsgeld" wird man die Festsetzung gegen die juristische Person selbst betreiben müssen, da deren Vermögen für die ordnungsgemäße Erfüllung der Vornahme der unvertretbaren Handlung im Sinne des § 888 ZPO haftet. Dagegen kann das Zwangsmittel „Zwangshaft" nur gegen die Organe der juristischen Person festgesetzt werden (so zutreffend Zöller/*Stöber* § 888 Rn. 8; aA etwa Schuschke/Walker/*Walker* § 888 Rn. 34, letztgenannter Ansicht zufolge sollen unabhängig von der Art des Zwangsmittels stets die Organe die richtigen Adressaten sein). Um Probleme im Verfahren nach § 888 ZPO nach Möglichkeit zu vermeiden, sollte der Gläubiger bei dem Zwangsmittel „Zwangsgeld" einen Hauptantrag zur Festsetzung gegen die juristische Person selbst und einen Hilfsantrag gegen das Organ der juristischen Person stellen; bei der Festsetzung des Zwangsmittels „Zwangshaft" reicht – wie vorstehend dargelegt – ein Antrag gegen das Organ der juristischen Person aus.

4. → Anm. 3.

5. Ebenso wie bei einer vertretbaren Handlung (→ Form. M. I. 1 Anm. 4) muss die titulierte unvertretbare Handlung bzw. der titulierte Handlungserfolg im Antrag präzise bezeichnet werden.

6. Die in § 888 ZPO vorgesehenen Zwangsmittel Zwangsgeld und Zwangshaft werden gem. § 888 Abs. 2 ZPO **nicht mehr angedroht,** stattdessen auf Antrag des Gläubigers vom Vollstreckungsgericht sogleich festgesetzt (Zöller/*Stöber* § 888 Rn. 7). Zwangsgeld und Zwangshaft stellen keine repressive Maßnahme nach erfolgtem Ordnungsverstoß, sondern ein Beugemittel dar (*Göhler* NJW 1974, 825). Daher bedarf es auch keines Verschuldens (Zöller/*Stöber* § 888 Rn. 7).

Hinzuweisen ist ferner darauf, dass der Schuldner die Vollstreckung des festgesetzten Zwangsgelds zugunsten der Staatskasse bis zur Beitreibung abwenden kann, indem er die von ihm geschuldete unvertretbare Handlung ordnungsgemäß erfüllt (→ Form. M. I. 5 Anm. 5; ferner *Jauernig* NJW 1973, 1673).

Neben dem Zwangsgeld sollte die ersatzweise Zwangshaft von Amts wegen angeordnet werden (*Baumbach/Lauterbach/Albers/Hartmann* § 887 Rn. 10). Hinsichtlich der Höhe der beiden Zwangsmittel gilt, dass Zwangsgeld von einer Untergrenze von 5,– EUR (Art. 6 Abs. 1 EGStGB) bis zu einer Obergrenze von 25.000,– EUR festgesetzt werden kann; eine Gesamtgrenze für die Summe aller festgesetzten Zwangsgelder existiert indes nicht. Konkret hat sich das Zwangsgeld an dem Vollstreckungsinteresse des Gläubigers zu orientieren (LAG Frankfurt a. M. DB 1993, 1248; OLG Karlsruhe NJW-RR 2000, 1312), wobei der Gegenstandswert des Hauptsacheverfahrens als Orientierungshilfe dient (OLG Brandenburg MDR 2007, 429; OLG Karlsruhe NJW-RR 2000, 1312; OLG Rostock JurBüro 2009, 105). Im Übrigen ist bei der Bemessung des Zwangsgeldes zu berücksichtigen, ob der Schuldner die Erfüllung hartnäckig verweigert hat (OLG Brandenburg MDR 2007, 429; OLG Karlsruhe NJW-RR 2000, 1312). Insgesamt muss die Höhe des Zwangsgeldes der Bedeutung der Sache angemessen sein (OLG München NJW-RR 1992, 704).

Dagegen kann die Zwangshaft von einem Tag bis zu sechs Monaten angeordnet werden (§§ 888 Abs. 1 S. 3 iVm 913 ZPO; ferner Zöller/*Stöber* § 888 Rn. 9 f.); die Wahl des Zwangsmittels steht im Ermessen des Gerichts. Die Angabe einer bestimmten Obergrenze bei dem Zwangsgeld durch den Gläubiger ist unzweckmäßig, da das Vollstreckungsgericht diese dann wegen § 308 ZPO nicht überschreiten darf. Auch wenn das vom Vollstreckungsgericht festgesetzte Zwangsgeld an die Staatskasse abgeführt wird und der Gläubiger insofern keinen persönlichen Vorteil an der Höhe hat, empfiehlt es sich für den Gläubiger, beim Vollstreckungsgericht für das festzusetzende Zwangsgeld eine Untergrenze anzuregen, damit beim Vollstreckungsschuldner ein Beugeeffekt erzielt wird.

7. → Form. M. I. 1 Anm. 9.

8. Vgl. zur Abgrenzung zwischen vertretbarer und unvertretbarer Handlung bereits → Form. M. I. 1 Anm. 10. Zahlreiche Beispiele für unvertretbare Handlungen finden sich bei Zöller/*Stöber* § 888 Rn. 3.

9. Vgl. zur Zweckmäßigkeit der Aufnahme eines derartigen Passus → Form. M. I. 1 Anm. 11.

10. Wird entgegen der Regelung des § 888 Abs. 2 ZPO vom Vollstreckungsgericht das Zwangsmittel dennoch angedroht, kann sich der Schuldner gem. § 793 ZPO mittels der sofortigen Beschwerde gegen die unzulässige Androhung wenden. So erhält der Schuldner indes die Möglichkeit, das laufende Zwangsvollstreckungsverfahren und damit die von ihm geschuldete Leistung zu verzögern.

11. Kosten und Gebühren/Rechtsmittel. → Form. M. I. 1.

2. Antrag auf Festsetzung der Zwangshaft

An das

. . . . . gericht . . . . .[1]

Antrag nach § 888 ZPO

In der Zwangsvollstreckungssache

. . . . . (Gläubiger) ./. . . . . . (Schuldner)[2]

Az. . . . . .

vorläufiger Gegenstandswert: . . . . . EUR

überreichen wir namens und in Vollmacht des von uns vertretenen Gläubigers das Original der vollstreckbaren Ausfertigung des Urteils des . . . . . gerichts . . . . . vom . . . . . (Az. . . . . .) nebst Zustellungsbescheinigung als Anlage AS 1 sowie die vollstreckbare Ausfertigung des Beschlusses des erkennenden Gerichts vom . . . . . (Az. . . . . .)[3] nebst Zustellungsbescheinigung als Anlage AS 2 und beantragen,

1. gegen den Schuldner für das mit Beschluss des erkennenden Gerichts vom . . . . . (Az. . . . . .)[4] festgesetzte Zwangsgeld in Höhe von . . . . . EUR ersatzweise Zwangshaft von einem Tag je . . . . . EUR festzusetzen;[5]
2. gegen den Schuldner einen Haftbefehl zum Vollzug der mit Beschluss des erkennenden Gerichts vom . . . . . (Az. . . . . .)[6] angeordneten Ersatzhaft zu erlassen;[7]
3. den Haftbefehl an die Verfahrensbevollmächtigten des Gläubigers zu übersenden;
4. die gerichtliche Entscheidung ohne mündliche Verhandlung zu treffen und dem Schuldner eine Anhörungsfrist von nicht mehr als 10 Tagen einzuräumen.[8]

Begründung:

Der Gläubiger betreibt gegen den Schuldner die Zwangsvollstreckung wegen einer unvertretbaren Handlung. Im Einzelnen:

1. Ausweislich des rechtskräftigen Urteils des . . . . . gerichts . . . . . vom . . . . . (Az. . . . . ., Anlage AS 1) ist der Schuldner verpflichtet, ...
2. Mit Schreiben der Verfahrensbevollmächtigten des Gläubigers vom . . . . . (Anlage AS 3) ist der Schuldner unter Fristsetzung bis zum . . . . . letztmalig und unter

Androhung von Zwangsvollstreckungsmaßnahmen bei Nichtbefolgung dazu aufgefordert worden, die ihm aus dem Urteil des . . . . . gerichts . . . . . vom . . . . . obliegende Verpflichtung ordnungsgemäß und vollständig zu erfüllen.

3. Dem ist der Schuldner bis zum heutigen Tag nicht nachgekommen. Im Gegenteil: Mit Schreiben vom . . . . . (Anlage AS 4) hat der Schuldner den Verfahrensbevollmächtigten des Gläubigers mitgeteilt, dass er überhaupt keinen Grund sehe, die ihm aus dem Urteil des . . . . . gerichts . . . . . obliegende Verpflichtung umzusetzen.
4. Daraufhin ist auf Antrag der Verfahrensbevollmächtigten des Gläubigers durch das erkennende Gericht mit Beschluss vom . . . . . (Az. . . . . .; Anlage AS 2) gegen den Schuldner ein Zwangsgeld in Höhe von . . . . . EUR festgesetzt worden. Die Festsetzung einer ersatzweisen Zwangshaft für den Fall, dass das Zwangsgeld nicht beigetrieben werden kann, wurde vom erkennenden Gericht bekanntlich nicht angeordnet.
5. Ausweislich der Fruchtlosbescheinigung des Obergerichtsvollziehers . . . . . vom . . . . . (Az. . . . . .; Anlage 5) war die Beitreibung des festgesetzten Zwangsgeldes nicht erfolgreich. Alternativen, das festgesetzte Zwangsgeld beizutreiben, sind uns nicht bekannt.
6. Da das erkennende Gericht im Beschluss vom . . . . . keine ersatzweise Zwangshaft für den Fall der mangelnden Beitreibbarkeit des festgesetzten Zwangsgeldes angeordnet hat, ist dies nunmehr auf Antrag des Gläubigers festzusetzen.
7. Angesichts dessen, dass der Schuldner bis zum heutigen Tage die ihm obliegende Verpflichtung zur Vornahme der unvertretbaren Handlung nicht erfüllt hat und ferner das festgesetzte Zwangsgeld nicht beigetrieben werden konnte, ist die nunmehr festgesetzte Ersatzzwangshaft auch unmittelbar zu vollstrecken. Aus diesem Grund bitten wir das erkennende Gericht, den mit dem Antrag zu 2. begehrten Haftbefehl zu erlassen und uns diesen – wie mit dem Antrag zu 3. beantragt – zu übersenden.
8. Da die Durchführung der Ersatzvornahme eilbedürftig ist, bitten wir zudem, dem Antrag zu 4. zu entsprechen.
9. Daher ist antragsgemäß zu entscheiden. Wir bitten höflich, uns die mit der Vollstreckungsklausel nach § 724 ZPO versehene vollstreckbare Ausfertigung des Zwangshaftbeschlusses nebst Zustellungsbescheinigung zukommen zu lassen. Daneben wird höflich um alsbaldige Rückgabe der diesem Zwangsgeldantrag beiliegenden Vollstreckungsunterlagen gebeten.

. . . . .

Rechtsanwalt[9]

Anlagen

vollstreckbare Ausfertigung . . . . .

Anmerkungen

1. zur Zuständigkeit → Form. M. I. 1 Anm. 1.

2. → Form. M. I. 1 Anm. 2.

3. → Form. M. I. 1 Anm. 2.

4. → Anm. 3.

5. Vgl. zur zulässigen Höhe der Zwangsmittel „Zwangsgeld" und „Zwangshaft" bereits → Form. M. II. 1 Anm. 6.

6. → Anm. 3.

7. In neuerer Zeit wird vereinzelt die Auffassung vertreten, es bedürfe für die Vollstreckung der Zwangshaft keines zusätzlichen Haftbefehls (so zB *Cirullies* NJW 2013, 203, 205, der unter Hinweis auf die seit dem 1.1.1999 geltende Rechtslage meint, die Ausfertigung der Haftanordnung sei der Haftbefehl iSd § 802g Abs. 1 und 2 ZPO). Da sich dieser Standpunkt bislang nicht durchgesetzt hat (dagegen zB Zöller/*Stöber* § 888 Rn. 13) und in der Rechtspraxis insbesondere von mit der Zwangsvollstreckung befassten Gerichtsvollziehern, aber auch von den Vollstreckungsgerichten (LG Kiel DGVZ 1983, 155) regelmäßig ein gesonderter Haftbefehl gefordert wird, sollte aus Gründen anwaltlicher Vorsicht die im Beispielsfall unter Ziff. 2. und 3. aufgeführten Anträge gestellt werden.

8. → Form. M. I. 1 Anm. 9.

9. Kosten und Gebühren/Rechtsmittel. → Form. M. I. 1.

3. Antragserwiderung des Schuldners mit Erfüllungseinrede

An das

. . . . . gericht . . . . .[1]

Antragserwiderung nach § 888 ZPO

In der Zwangsvollstreckungssache

. . . . . (Gläubiger) ./. . . . . . (Schuldner)[2]

Az. . . . . .

beantragen wir namens und in Vollmacht des von uns vertretenen Antragsgegners,

den Antrag des Gläubigers auf Festsetzung eines Zwangsgelds, ersatzweise Zwangshaft bzw. unmittelbar von Zwangshaft vom . . . . . kostenpflichtig zurückzuweisen.

Begründung:

Der gegnerische Antrag auf Festsetzung eines Zwangsgeldes, ersatzweise Zwangshaft bzw. unmittelbar von Zwangshaft vom . . . . . ist aus mehreren Gründen zurückzuweisen, wie sich aus Folgendem ergibt:

1. Zunächst liegen bereits die allgemeinen Voraussetzungen der Zwangsvollstreckung nicht vor. Es fehlt schon an einer wirksamen Zustellung der vollstreckbaren Ausfertigung des Urteils des . . . . .gerichts . . . . . vom . . . . . (Az. . . . . .) an den Schuldner.[3] Dies ergibt sich daraus, dass . . . . .
2. Darüber hinaus hat der Schuldner die von ihm vorzunehmende unvertretbare Handlung ordnungsgemäß erbracht, so dass er die ihm obliegenden Verpflichtungen in vollem Umfang erfüllt hat.[4]
Der Schuldner ist nach gültiger Rechtsprechung des Bundesgerichtshofs (vgl. zB NJW-RR 2013, 1336; NJW 2005, 48; NJW 2005, 367 mit zustimmender Anm. *Kannowski/Distler* NJW 2005, 865; dem Bundesgerichtshof zustimmend *Becker-Eberhardt* LMK 2005, 31) dazu berechtigt, den Erfüllungseinwand jedenfalls im Verfahren nach § 887 ZPO zu erheben. Auch wenn die bisherige Judikatur des Bundesgerichtshofs bislang lediglich zu § 887 ZPO ergangen ist, kann im Verfahren nach § 888 ZPO im Ergebnis nichts anderes gelten (so auch *Baumbach/Lauterbach/Albers/Hartmann* § 888 Rn. 8). Dafür, dass der Schuldner mit dem Erfüllungseinwand im Verfahren nach §§ 887 f. ZPO gehört wird, spricht bereits der Wortlaut des § 887 ZPO. Nach § 887 ZPO ist die Nichterfüllung durch

den Schuldner Voraussetzung dafür, um den Gläubiger zur Ersatzvornahme zu ermächtigen (so auch *Baumbach/Lauterbach/Albers/Hartmann* § 887 Rn. 5 ZPO). Dessen ungeachtet sprechen auch prozessökonomische Gründe für die Zulässigkeit der Erhebung des Erfüllungseinwands im Rahmen der Verfahren nach §§ 887 f. ZPO, da andernfalls für die sonst zu erhebende Vollstreckungsgegenklage nach § 767 ZPO das erkennende Gericht als Gericht des ersten Rechtszugs zuständig wäre mit der Folge, dass dort ein neues Verfahren mit demselben Prozessstoff wie im Verfahren nach §§ 887 f. ZPO erforderlich wäre. Hinzu kommt, dass die Vollstreckungsgegenklage nach § 767 ZPO Kosten in gleicher Höhe wie das erstinstanzliche Erkenntnisverfahren verursacht und damit gebührenrechtlich deutlich kostenintensiver ist als die Verfahren nach §§ 887 f. ZPO sowie dass die Vollstreckungsgegenklage im Vergleich mit den Verfahren nach §§ 887 f. ZPO für gewöhnlich wesentlich längere Verfahrensdauern aufweist, da dem Schuldner die Möglichkeit der einstweiligen Anordnung nach § 769 ZPO offen steht und dieses Verfahren sich über die verschiedenen Instanzen mit den damit korrespondierenden Verzögerungen erstrecken kann. Im Übrigen stehen dem Vollstreckungsgericht im Rahmen des Verfahrens nach §§ 887 f. ZPO alle Möglichkeiten zur Verfügung, den dem Verfahren zugrunde liegenden Sachverhalt umfassend aufzuklären.
Im Gegensatz zur Ansicht des Gläubigers hat der Schuldner die von ihm vorzunehmende unvertretbare Handlung ordnungsgemäß und vollständig erbracht.[5] Bestätigt worden ist dies durch . . . . .

3. Daher ist der gegnerische Antrag kostenpflichtig zurückzuweisen.

. . . . .

Rechtsanwalt[6]

Anmerkungen

1. zur Zuständigkeit → Form. M. I. 1 Anm. 1.

2. → Form. M. I. 1 Anm. 2.

3. Vgl. zu den verschiedenen Einwendungsmöglichkeiten des Schuldners bereits → Form. M. I. 5 Anm. 3.

4. Zur umstrittenen Frage, ob und bejahendenfalls welche materiellrechtlichen Einwendungen der Schuldner im Rahmen seiner Anhörung nach § 891 ZPO erheben kann, → Form. M. I. 5 Anm. 4.

5. → Form. M. I. 5 Anm. 5.

6. Kosten und Gebühren/Rechtsmittel. → Form. M. I. 1.

4. Antrag auf Vollstreckung eines festgesetzten Zwangsgelds

An das

. . . . . gericht . . . . .[1]

Antrag nach § 888 ZPO

In der Zwangsvollstreckungssache

. . . . . (Gläubiger) ./. . . . . . (Schuldner)[2]

Az. . . . . .

vorläufiger Gegenstandswert: . . . . . EUR

überreichen wir namens und in Vollmacht des von uns vertretenen Gläubigers das Original der vollstreckbaren Ausfertigung des Urteils des . . . . . gerichts . . . . . vom . . . . . (Az. . . . . .) nebst Zustellungsbescheinigung als Anlage AS 1 sowie die vollstreckbare Ausfertigung des Beschlusses des erkennenden Gerichts vom . . . . . (Az. . . . . .)[3] nebst Zustellungsbescheinigung als Anlage AS 2 und beantragen,

1. gegen den Schuldner für das mit Beschluss des erkennenden Gerichts vom . . . . . (Az. . . . . .) festgesetzte Zwangsgeld in Höhe von . . . . . EUR nebst den aus der anliegenden Forderungsaufstellung (Anlage AS 3) ersichtlichen Kosten der Zwangsvollstreckung sowie der weiter durch dieses Verfahren entstehenden Kosten im Wege der Mobiliarzwangsvollstreckung beizutreiben und das beigetriebene Zwangsgeld gem. § 261 Ziff. 3 GVGA an die Staatskasse abzuführen;[4]
2. die gerichtliche Entscheidung ohne mündliche Verhandlung zu treffen und dem Schuldner eine Anhörungsfrist von nicht mehr als 10 Tagen einzuräumen.[5]

Begründung:

Der Gläubiger betreibt gegen den Schuldner die Zwangsvollstreckung wegen einer unvertretbaren Handlung. Im Einzelnen:

1. Ausweislich des rechtskräftigen Urteils des . . . . . gerichts . . . . . vom . . . . . (Az. . . . . ., Anlage AS 1) ist der Schuldner verpflichtet, ...
2. Mit Schreiben der Verfahrensbevollmächtigten des Gläubigers vom . . . . . (Anlage AS 3) ist der Schuldner unter Fristsetzung bis zum . . . . . letztmalig und unter Androhung von Zwangsvollstreckungsmaßnahmen bei Nichtbefolgung dazu aufgefordert worden, die ihm aus dem Urteil des . . . . . gerichts . . . . . vom . . . . . obliegende Verpflichtung ordnungsgemäß und vollständig zu erfüllen.
3. Dem ist der Schuldner bis zum heutigen Tag nicht nachgekommen. Im Gegenteil: Mit Schreiben vom . . . . . (Anlage AS 4) hat der Schuldner den Verfahrensbevollmächtigten des Gläubigers mitgeteilt, dass er überhaupt keinen Grund sehe, die ihm aus dem Urteil des . . . . . gerichts . . . . . obliegende Verpflichtung umzusetzen.
4. Daraufhin ist auf Antrag der Verfahrensbevollmächtigten des Gläubigers durch das erkennende Gericht mit Beschluss vom . . . . . (Az. . . . . .; Anlage AS 2) gegen den Schuldner ein Zwangsgeld in Höhe von . . . . . EUR sowie ersatzweise . . . . . Tage Haft je . . . . . EUR festgesetzt worden.
5. Gleichwohl hat der Schuldner die ihm nach dem Urteil des . . . . . gerichts . . . . . vom . . . . . obliegende Verpflichtung bis zum heutigen Tage nicht erfüllt.
6. Damit sind die Voraussetzungen für die Vollstreckung des vom erkennenden Gericht festgesetzten Zwangsgelds erfüllt mit der Folge, dass antragsgemäß zu entscheiden ist. Wir bitten höflich, uns eine Abschrift des vollständigen Vollstreckungsprotokolls zukommen zu lassen. Daneben wird höflich um alsbaldige Rückgabe der diesem Zwangsgeldantrag beiliegenden Vollstreckungsunterlagen gebeten.

. . . . .

Rechtsanwalt[6]

Anlagen

vollstreckbare Ausfertigung . . . . .

Anmerkungen

1. zur Zuständigkeit → Form. M. I. 1 Anm. 1.

2. → Form. M. I. 1 Anm. 2.

3. → Form. M. I. 1 Anm. 2.

4. Der Beschluss des Vollstreckungsgerichts über die Festsetzung des Zwangsgelds ist dem Schuldner gem. § 329 Abs. 3 ZPO von Amts wegen zuzustellen. Der Gläubiger kann sich nach § 169 Abs. 1 ZPO eine Zustellungsbescheinigung erteilen lassen. Ob dieser Beschluss des Vollstreckungsgerichts mit einer Vollstreckungsklausel im Sinne der §§ 724 ff. ZPO versehen sein muss, wird in Judikatur und Literatur kontrovers beurteilt. Während einer Auffassung zufolge in dem Beschluss des Vollstreckungsgerichts eine Vollstreckungsklausel nicht erforderlich sein soll (LG Kiel DGVZ 1983, 156; AG Lindau DGVZ 1997, 44; *Baumbach/Lauterbach/Albers/Hartmann* § 888 Rn. 18), vertreten die Anhänger der anderen Ansicht demgegenüber den Standpunkt, dass der Beschluss einer Vollstreckungsklausel im Sinne des § 724 ZPO bedarf, was damit begründet wird, dass der Beschluss des Vollstreckungsgerichts über die Festsetzung des Zwangsgelds Grundlage für die Beitreibung des festgesetzten Zwangsgelds ist und nicht der Ausgangstitel (AG Arnsberg DGVZ 1994, 79; Schuschke/Walker/*Walker* § 888 Rn. 43; Zöller/*Stöber* § 888 Rn. 13). Aus Gründen anwaltlicher Vorsicht sollte der Rechtsanwalt den Beschluss des Vollstreckungsgerichts über die Festsetzung des Zwangsgelds vorsorglich mit einer Vollstreckungsklausel versehen lassen, was in der Regel ohne größeren Zeitverlust zu realisieren ist. Andernfalls erhält der Schuldner die Gelegenheit, gegen die ohne Vollstreckungsklausel betriebene Zwangsvollstreckung im Wege der Vollstreckungserinnerung nach § 766 ZPO vorzugehen und mittels dessen den vermeintlichen Verstoß gegen § 750 ZPO geltend zu machen, so dass es zu erheblichen Verzögerungen bei der Zwangsvollstreckung kommen kann.

Ob die Beitreibung des festgesetzten Zwangsgelds sodann allein auf Antrag des Gläubigers oder aber von Amts wegen erfolgt, ist ebenfalls umstritten. Nach einer teilweise vertretenen Ansicht wird die Vollstreckung von Amts wegen betrieben (OLG München NJW 1983, 947; *Baumbach/Lauterbach/Albers/Hartmann* § 888 Rn. 18 unter Hinweis auf § 1 Abs. 1 Nr. 3 JustizBeitrO). Der hM zufolge erfolgt die Vollstreckung des vom Vollstreckungsgericht festgesetzten Zwangsgelds **ausschließlich auf Antrag des Gläubigers**, wobei dies damit begründet wird, dass der Gläubiger Herr der Zwangsvollstreckung ist und er mithin auch entscheiden kann, wann er von dem Zwangsmittel zur eigenen Befriedigung in Form der Erfüllung der Verpflichtung zur Vornahme der unvertretbaren Handlung Gebrauch machen will (vgl. zB BGH NJW 1983, 1859; OLG Frankfurt JurBüro 1986, 1259).

Das vom Schuldner beigetriebene Zwangsgeld steht nach hM nicht dem Gläubiger, sondern der Staatskasse zu (BGH NJW 1983, 1859; OLG München NJW 1983, 1860; *Baumbach/Lauterbach/Albers/Hartmann* § 888 Rn. 18; Thomas/Putzo/*Seiler* § 888 Rn. 15; aA noch BGH NJW 1983, 1860), so dass das mit der Vollstreckung beauftragte Vollstreckungsorgan das beigetriebene Zwangsgeld an die Staatskasse abzuführen bzw. den Drittschuldner entsprechend anzuweisen hat; dies ist in den Vollstreckungsauftrag an den Gerichtsvollzieher bzw. den Antrag auf Erlass eines Pfändungs- und Überweisungsbeschlusses mit aufzunehmen.

Die Vollstreckung des festgesetzten Zwangsgelds selbst wird auf der Grundlage der allgemeinen Regelungen der ZPO vorgenommen, also die Mobiliarvollstreckung durch den Gerichtsvollzieher nach §§ 803 ff. ZPO, das Vollstreckungsgericht im Rahmen der Forderungspfändung nach den §§ 828 ff. ZPO oder im Wege der Immobilarzwangsvollstreckung.

Sofern das festgesetzte Zwangsgeld vom Schuldner nicht beigetrieben werden kann, wird dies vom beauftragten Vollstreckungsorgan mit der sog. Fruchtlosbescheinigung attestiert. Anschließend kann der Gläubiger die vom Vollstreckungsgericht ersatzweise angeordnete Zwangshaft vollstrecken lassen. Hat das Vollstreckungsgericht bei der Festsetzung des Zwangsgelds die ersatzweise Zwangshaft nicht mit angeordnet, kann diese vom Gläubiger isoliert beantragt werden (*Gottwald* § 888 Rn. 21; → Form. M. II. 5).

Hinzuweisen ist des Weiteren darauf, dass eine Stundung bzw. Zahlung des festgesetzten Zwangsgelds in Form von wiederkehrenden Raten nicht statthaft ist, da dies dem Beugecharakter dieser Zwangsvollstreckungsmaßnahme widersprechen würde (*Baumbach/Lauterbach/Albers/Hartmann* § 888 Rn. 17).

Nach der Erfüllung muss das Vollstreckungsgericht den Schuldner aus der Vollstreckung befreien, also entweder unverzüglich aus der Zwangshaft entlassen (OLG Frankfurt a. M. JurBüro 1991, 1557) oder die Geldbeitreibung eingestellt werden (OLG Frankfurt a. M. Rpfleger 1981, 152).

5. → Form. M. I. 1 Anm. 9.

6. Kosten und Gebühren/Rechtsmittel. → Form. M. I. 1.

5. Antrag auf isolierte Festsetzung der ersatzweisen Zwangshaft

An das

. . . . .gericht . . . . .[1]

Antrag nach § 888 ZPO

In der Zwangsvollstreckungssache

. . . . . (Gläubiger) ./. . . . . . (Schuldner)[2]

Az. . . . . .

vorläufiger Gegenstandswert: . . . . . EUR

überreichen wir namens und in Vollmacht des von uns vertretenen Gläubigers abermals das Original der vollstreckbaren Ausfertigung des Urteils des . . . . .gerichts . . . . . vom . . . . . (Az. . . . . .) nebst Zustellungsbescheinigung als Anlage AS 1 sowie die vollstreckbare Ausfertigung des Beschlusses des erkennenden Gerichts vom . . . . . (Az. . . . . .) als Anlage AS 2[3] und beantragen,

1. für das vom erkennenden Gericht mit Beschluss vom . . . . . (Az. . . . . .) festgesetzte Zwangsgeld in Höhe von . . . . . EUR eine ersatzweise Zwangshaft von einem Tag je . . . . . EUR festzusetzen;[4]
gegen den Schuldner einen Haftbefehl zum Zwecke des Vollzugs der mit Beschluss des erkennenden Gerichts . . . . . angeordneten Ersatzhaft zu erlassen;[5]
2. den Haftbefehl an die Verfahrensbevollmächtigten des Gläubigers zu übersenden;
3. die gerichtliche Entscheidung ohne mündliche Verhandlung zu treffen und dem Schuldner eine Anhörungsfrist von nicht mehr als 10 Tagen einzuräumen.[6]

Begründung:

Der Gläubiger betreibt gegen den Schuldner die Zwangsvollstreckung wegen einer unvertretbaren Handlung. Im Einzelnen:

I.

1. Ausweislich des rechtskräftigen Urteils des . . . . .gerichts . . . . . vom . . . . . (Az. . . . . ., Anlage AS 1) ist der Schuldner verpflichtet, ...
2. Mit Schreiben der Verfahrensbevollmächtigten des Gläubigers vom . . . . . (Anlage AS 3) ist der Schuldner unter Fristsetzung bis zum . . . . . letztmalig und der Androhung von Zwangsvollstreckungsmaßnahmen bei Nichtbefolgung dazu aufgefordert worden, die ihm aus dem Urteil des . . . . .gerichts . . . . . vom . . . . . obliegende Verpflichtung ordnungsgemäß und vollständig zu erfüllen.
3. Dem ist der Schuldner bis zum heutigen Tag nicht nachgekommen. Im Gegenteil: Mit Schreiben vom . . . . . (Anlage AS 4) hat der Schuldner den Verfahrensbevollmächtigten des Gläubigers mitgeteilt, dass er überhaupt keinen Grund sehe, die ihm aus dem Urteil des . . . . .gerichts . . . . . obliegende Verpflichtung umzusetzen.
4. Auf Antrag der Verfahrensbevollmächtigten des Gläubigers vom . . . . . hat das erkennende Gericht daher mit Beschluss vom . . . . . (Az. . . . . .; Anlage AS 2) gegen den Schuldner ein Zwangsgeld in Höhe von . . . . . EUR festgesetzt. Für den Fall, dass das festgesetzte Zwangsgeld nicht vollstreckt werden kann, wurde bekanntlich eine ersatzweise Zwangshaft nicht angeordnet.
5. Ausweislich des Pfändungsprotokolls des Obergerichtsvollziehers . . . . . vom . . . . . (Az. . . . . .; Anlage AS 4) war die Vollstreckung des festgesetzten Zwangsgelds gegen den Schuldner fruchtlos.
6. Andere Möglichkeiten, das vom erkennenden Gericht festgesetzte Zwangsgeld beizutreiben, sind nicht ersichtlich, so dass der vorliegende Antrag erforderlich ist.

II.

Die Anträge zu 1. bis 4. sind begründet, wie sich aus Folgendem ergibt:

1. Da im Beschluss des Gerichts vom . . . . . (Az. . . . . .; Anlage AS 2) eine ersatzweise Zwangshaft gegen den Schuldner für den Fall, dass das festgesetzte Zwangsgeld nicht vollstreckt werden kann, bekanntlich nicht angeordnet worden ist, ist dies auf Antrag des Gläubigers nunmehr nachzuholen (so *Gottwald* § 888 Rn. 23). Daher rechtfertigt sich der Antrag zu 1.
2. Nachdem der Schuldner der ihm obliegenden Verpflichtung zur Vornahme der unvertretbaren Handlung bis zum heutigen Tage nicht nachgekommen ist und zudem das vom erkennenden Gericht festgesetzte Zwangsgeld nicht beigetrieben werden konnte, ist jetzt die festgesetzte Ersatzzwangshaft auch unmittelbar zu vollstrecken. Daher bitten wir höflich, zugleich den mit dem Antrag zu 2. begehrten Haftbefehl gegen den Schuldner zu erlassen und diesen – wie mit dem Antrag zu 3. erbeten – an die Verfahrensbevollmächtigten des Gläubigers zu übersenden.
3. Daher ist antragsgemäß zu entscheiden. Wir bitten höflich, uns die mit der Vollstreckungsklausel nach § 724 ZPO versehene vollstreckbare Ausfertigung des Zwangshaftbeschlusses nebst Zustellungsbescheinigung zukommen zu lassen. Daneben wird höflich um alsbaldige Rückgabe der diesem Zwangsgeldantrag beiliegenden Vollstreckungsunterlagen gebeten.
4. Da die Durchführung der Zwangshaft eilbedürftig ist, bitten wir zudem, dem Antrag zu 4. zu entsprechen.

. . . . .

Rechtsanwalt[7]

Anlagen

vollstreckbare Ausfertigung . . . . .

Anmerkungen

1. zur Zuständigkeit → Form. M. I. 1 Anm. 1.

2. → Form. M. I. 1 Anm. 2.

3. → Form. M. I. 1 Anm. 2.

4. Wie bereits in → Form. M. II. 4 Anm. 4 ausgeführt, kann der Gläubiger im Falle der fruchtlosen Beitreibung des festgesetzten Zwangsgelds die vom Vollstreckungsgericht ersatzweise angeordnete Zwangshaft vollstrecken. Für den Fall, dass diese vom Vollstreckungsgericht nicht mit angeordnet worden ist, kann der Gläubiger diese isoliert beantragen (*Gottwald* § 888 Rn. 23). Die ersatzweise bzw. originär angeordnete Zwangshaft wird nach der fruchtlosen Vollstreckung des festgesetzten Zwangsgelds allein auf Antrag des Gläubigers vollstreckt (→ Form. M. II. 4 Anm. 4).

5. Für die Vollstreckung der angeordneten Zwangshaft benötigt der Gläubiger zunächst einen Haftbefehl des erkennenden Prozessgerichts erster Instanz (siehe zur Frage der Erforderlichkeit des Erlasses eines gesonderten Haftbefehls schon → Form. M. II. 2 Anm. 5. Sodann ist die Verhaftung gem. § 888 Abs. 1 S. 3 ZPO durch den Gerichtsvollzieher nach den §§ 899 ff. ZPO zu vollziehen. Wenn der Schuldner die von ihm geschuldete Handlung dennoch nicht erbringt, ist er spätestens nach sechs Monaten aus der Zwangshaft zu entlassen, wie sich aus § 913 ZPO ergibt. In diesem Fall ist die Vollstreckung zur Vornahme der unvertretbaren Handlung unmöglich geworden mit der Konsequenz, dass der Gläubiger dazu gehalten ist, den Anspruch auf Ersatz des Interesses nach § 893 ZPO geltend zu machen.

Vor oder während der Beitreibung des festgesetzten Zwangsgelds bzw. der Vollstreckung der Zwangshaft ist es dem Schuldner jederzeit möglich, die von ihm geschuldete Handlung zu erfüllen. Ist die Erfüllung zwischen Gläubiger und Schuldner unstreitig, ist die Zwangsvollstreckung einzustellen. Falls jedoch zwischen den Parteien des Zwangsvollstreckungsverfahrens strittig ist, ob der Schuldner die unvertretbare Handlung erbracht hat, muss der Schuldner die von ihm behauptete Erfüllung im Rahmen des Verfahrens nach § 888 ZPO darlegen und beweisen. Sofern der Schuldner vom Vollstreckungsgericht im Verfahren nach § 888 ZPO mit dem Erfüllungseinwand nicht gehört wird, muss er im Wege der Vollstreckungsgegenklage nach § 767 ZPO die Erfüllung geltend machen und gleichzeitig nach § 769 ZPO die einstweilige Einstellung der Zwangsvollstreckung beantragen.

Hat der Schuldner **die ihm obliegende Handlung bereits erfüllt** und wird das Zwangsgeld dennoch von ihm beigetrieben und an die Staatskasse abgeführt, kann der Schuldner das Zwangsgeld von der Staatskasse nach den Vorschriften über die ungerechtfertigte Bereicherung nach §§ 812 ff. BGB kondizieren (so BAG NJW 1990, 2579; Schuschke/Walker/*Walker* § 888 Rn. 46) oder nach § 776 ZPO analog (so OLG Frankfurt a. M. JurBüro 1991, 1554) zurückfordern. Sofern der Schuldner indes die von ihm geschuldete unvertretbare Handlung erst **nach der Beitreibung des Zwangsgelds vornimmt**, ist eine Erstattung ausgeschlossen.

Hat der Schuldner über die Beitreibung des Zwangsgelds hinaus einen Schaden erlitten, kann er diesen gegenüber dem die Zwangsvollstreckung betreibenden Gläubiger nach § 717 Abs. 2 ZPO geltend machen.

6. → Form. M. I. 1 Anm. 9.

7. Kosten und Gebühren/Rechtsmittel. → Form. M. I. 1.

6. Antrag auf Erlass eines Haftbefehls nach erfolgloser Vollstreckung des Zwangsgelds

An das

. . . . . gericht . . . . .[1]

Antrag nach § 888 ZPO

In der Zwangsvollstreckungssache

. . . . . (Gläubiger) ./. . . . . (Schuldner)[2]

Az. . . . . .

vorläufiger Gegenstandswert: . . . . . EUR

überreichen wir namens und in Vollmacht des von uns vertretenen Gläubigers abermals das Original der vollstreckbaren Ausfertigung des Urteils des . . . . . gerichts . . . . . vom . . . . . (Az. . . . . .)[3] nebst Zustellungsbescheinigung als Anlage AS 1 und beantragen,

1. gegen den Schuldner einen Haftbefehl zum Zwecke des Vollzugs der mit Beschluss des erkennenden Gerichts . . . . . angeordneten Ersatzhaft zu erlassen;[4]
2. den Haftbefehl an die Verfahrensbevollmächtigten des Gläubigers zu übersenden;
3. die gerichtliche Entscheidung ohne mündliche Verhandlung zu treffen und dem Schuldner eine Anhörungsfrist von nicht mehr als 10 Tagen einzuräumen.[5]

Begründung:

Der Gläubiger betreibt gegen den Schuldner die Zwangsvollstreckung wegen einer unvertretbaren Handlung. Im Einzelnen:

I.

1. Ausweislich des rechtskräftigen Urteils des . . . . .gerichts . . . . . vom . . . . . (Az. . . . . ., Anlage AS 1) ist der Schuldner verpflichtet, ...
2. Mit Schreiben der Verfahrensbevollmächtigten des Gläubigers vom . . . . . (Anlage AS 3) ist der Schuldner unter Fristsetzung bis zum . . . . . letztmalig und der Androhung von Zwangsvollstreckungsmaßnahmen bei Nichtbefolgung dazu aufgefordert worden, die ihm aus dem Urteil des LG . . . . . vom . . . . . obliegende Verpflichtung ordnungsgemäß und vollständig zu erfüllen.
3. Dem ist der Schuldner bis zum heutigen Tag nicht nachgekommen. Im Gegenteil: Mit Schreiben vom . . . . . (Anlage AS 3) hat der Schuldner den Verfahrensbevollmächtigten des Gläubigers mitgeteilt, dass er überhaupt keinen Grund sehe, die ihm aus dem Urteil des . . . . . gerichts . . . . . obliegende Verpflichtung umzusetzen.
4. Auf Antrag der Verfahrensbevollmächtigten des Gläubigers vom . . . . . hat das erkennende Gericht daher mit Beschluss vom . . . . . (Az. . . . . .; Anlage AS 2) gegen den Schuldner ein Zwangsgeld in Höhe von . . . . . EUR festgesetzt. Für den Fall, dass das vom erkennenden Gericht festgesetzte Zwangsgeld nicht beigetrieben werden kann, hat das Gericht bekanntlich ersatzweise . . . . . Tage Haft je . . . . . EUR gegen den Schuldner angeordnet.
5. Gleichwohl hat der Schuldner die ihm nach dem Urteil des . . . . .gerichts . . . . . vom . . . . . obliegende Verpflichtung bis zum heutigen Tage nicht erfüllt.

6. Ausweislich des Pfändungsprotokolls des Obergerichtsvollziehers . . . . . vom . . . . . (Az. . . . . .; Anlage AS 4) war die Vollstreckung des festgesetzten Zwangsgelds gegen den Schuldner fruchtlos.
7. Andere Möglichkeiten, das vom erkennenden Gericht festgesetzte Zwangsgeld beizutreiben, sind nicht ersichtlich, so dass der vorliegende Antrag erforderlich ist.

II.

Die Anträge zu 1. bis 3. sind begründet, wie sich aus Folgendem ergibt:

1. Nachdem der Schuldner der ihm obliegenden Verpflichtung zur Vornahme der unvertretbaren Handlung bis zum heutigen Tage nicht nachgekommen ist und zudem das vom erkennenden Gericht festgesetzte Zwangsgeld nicht beigetrieben werden konnte, ist jetzt die festgesetzte Ersatzzwangshaft auch unmittelbar zu vollstrecken. Daher bitten wir höflich, den mit dem Antrag zu 1. begehrten Haftbefehl gegen den Schuldner zu erlassen und diesen – wie mit dem Antrag zu 2. erbeten – an die Verfahrensbevollmächtigten des Gläubigers zu übersenden.
2. Daher ist antragsgemäß zu entscheiden. Wir bitten höflich, uns die mit der Vollstreckungsklausel nach § 724 ZPO versehene vollstreckbare Ausfertigung des Zwangshaftbeschlusses nebst Zustellungsbescheinigung zukommen zu lassen, damit diesseits die Vollstreckung gem. §§ 904–913 ZPO eingeleitet werden kann. Daneben wird höflich um alsbaldige Rückgabe der diesem Zwangsgeldantrag beiliegenden Vollstreckungsunterlagen gebeten.
3. Da die Durchführung der Zwangshaft eilbedürftig ist, bitten wir zudem, dem Antrag zu 4. zu entsprechen.

. . . . .

Rechtsanwalt[6]

Anlagen

vollstreckbare Ausfertigung . . . . .

Anmerkungen

1. Zuständigkeit → Form. M. I. 1 Anm. 1.

2. → Form. M. I. 1 Anm. 2.

3. → Form. M. I. 1 Anm. 2.

4. → Form. M. II. 5 Anm. 5.

5. → Form. M. I. 1 Anm. 9.

6. Kosten und Gebühren/Rechtsmittel → Form. M. I. 1.

III. Unterlassen/Dulden (§ 890 ZPO)

1. Vorbemerkungen

§§ 890 ff. ZPO regeln die Fälle, in denen der Schuldner verpflichtet ist, eine Handlung zu dulden oder zu unterlassen, er dieser Verpflichtung jedoch nicht nachkommt. Die dort vorgesehenen Ordnungsmittel sollen dem Gläubiger ein Rechtsinstrument an die Hand geben, den Schuldner zu veranlassen, seine austitulierten Verpflichtungen auf ein Dulden oder Unterlassen zu erfüllen. Für den beauftragten Anwalt ergibt sich mitunter die besondere Schwierigkeit, **Titel auf Dulden oder Unterlassen** von denen auf **Vornahme einer vertretbaren oder unvertretbaren Handlung** abzugrenzen. Insbesondere muss Klarheit darüber geschaffen werden, ob tatsächlich eine Duldung oder Unterlassung begehrt wird, oder vielmehr ein Handeln. Wird das Unterlassen von Emissionen begehrt, und hierzu eine Maßnahme verlangt, wie zB der Einbau von Dämmmaßnahmen oder Filtern oÄ, ist zu prüfen, ob hier nicht das Handeln des Schuldners (Einbau) im Vordergrund steht und (somit) vielmehr eine Vollstreckung nach §§ 887, 888 ZPO in Frage kommt. Hier ist besondere Sorgfalt vonnöten. Ein Hinweis auf die richterliche Hinweispflicht gem. § 139 ZPO ist empfehlenswert und hilfreich. Die Vollstreckung folgt systematisch folgendem Ablauf:

- Erwirkung eines Vollstreckungstitels nach § 890 ZPO,
- ggf. Erwirkung der Androhung nach § 890 Abs. 2 ZPO, wenn nicht im vorgenannten Titel enthalten,
- tatsächlicher Verstoß gegen die verfügte Duldungs- oder Unterlassungsverpflichtung,
- Erwirkung der gerichtlichen Festsetzung eines Ordnungsmittels nach § 890 Abs. 1 ZPO, ggf. unter Verurteilung des Schuldners zur Bestellung einer Sicherheit (§ 890 Abs. 3 ZPO),
- Vollstreckung des Ordnungsmittels.

Der Titel, aus dem vollstreckt werden soll, setzt voraus, dass er **vollstreckungsfähig** ist. Das heißt, dass er neben der Rechtskraft auch zugestellt, und insbesondere vollstreckungsfähig, dh nach seinem Inhalt so bestimmt oder bestimmbar ist, dass eine Vollstreckung aus dem Titel überhaupt durchgeführt werden kann. Zu der Vollstreckung aus Entscheidungen nach dem FamFG → Form. M. V. 1.

Die Vollstreckung aus Duldungs- und Unterlassungstiteln erfolgt regelmäßig aus rechtskräftigen oder vorläufig vollstreckbaren Urteilen (§ 704 ZPO), einstweiligen Verfügungen (vor allem in Urheber- oder Wettbewerbssachen), vollstreckbaren Beschlüssen (vor allem in WEG-Sachen), Prozessvergleichen (§ 794 Nr. 1 ZPO), Anwaltsvergleichen, Schiedssprüchen- oder Vergleichen, notariellen Urkunden (soweit nach 1.1.1999 errichtet). Feststellungsurteile können, von den Kosten abgesehen, nicht vollstreckt werden. Zu der Vollstreckung aus Entscheidungen nach dem FamFG → Form. M. V. 1.

2. Antrag auf Androhung von Ordnungsgeld/Ordnungshaft (§ 890 Abs. 2 ZPO)

An das

. . . . . [Prozessgericht des ersten Rechtszuges][1, 2]

In der Zwangsvollstreckungssache[1]

des/der . . . . .

– Antragsteller und Gläubiger –

– Verfahrensbevollmächtigte: Rechtsanwälte . . . . .

gegen

die/den . . . . .

– Antragsgegner/in und Schuldner/in –

– Verfahrensbevollmächtigte: Rechtsanwälte . . . . .

überreiche ich anliegend die vollstreckbare Ausfertigung des . . . . . (Titel) vom . . . . ., des angerufenen Gerichts zu dem Az. . . . . ., nebst entsprechender Zustellbescheinigung[3]

und beantrage namens und kraft Vollmacht des Antragstellers

dem Antragsgegner zur Erzwingung der im vollstreckbaren Titel . . . . . [genaue Bezeichnung des Titels] ausgewiesenen Verpflichtung, ... [genaue Bezeichnung der Verpflichtung] ein Ordnungsgeld bis zu 250.000,– EUR und für den Fall, dass dieses nicht beigetrieben werden kann, ersatzweise Ordnungshaft oder Ordnungshaft bis zu 6 Monaten, anzudrohen.

Begründung:

Der Antragsteller betreibt gegen den Antragsgegner die Zwangsvollstreckung aus dem vorgenannten Titel. Dieser enthält die folgend beschriebene Duldungsverpflichtung/ Unterlassungsverpflichtung gem. § 890 ZPO.

Danach ist der Antragsgegner verpflichtet, ... [genaue Beschreibung der Verpflichtung].

Nach § 890 Abs. 2 ZPO setzt die Verurteilung des Antragsgegners zu einem Ordnungsmittel voraus, dass dieses in der durch § 890 Abs. 2 ZPO beschriebenen Form angedroht worden ist. Da eine entsprechende Androhung in dem vorgelegten Titel nicht enthalten ist, ist diese nachzuholen.

Es wird weiter beantragt,

dem Antragsgegner die Androhung nach antragsgemäßer Entscheidung von Amts wegen zuzustellen, und den Titel mit den weiteren Vollstreckungsunterlagen hierhin zurückzusenden.

Sollte das Gericht anderer Auffassung sein, wird um einen rechtlichen Hinweis gem. § 139 ZPO gebeten, um den Antrag ggf. umstellen oder Hilfsantrag stellen zu können.

. . . . .

Rechtsanwalt[4]

Anmerkungen

1. Sollte schon vor der Vollstreckung absehbar sein, dass neben der Unterlassung von Handlungen auch die **Rückgängigmachung bereits erfolgter Handlungen** durchgesetzt werden muss, sollte dieses gleichzeitig mit einem zweiten Antrag nach §§ 887, 888 ZPO erfolgen, während die zukünftige Unterlassung nach § 890 ZPO durchgesetzt wird. Sollte das Gericht der Auffassung sein, dass keine Duldungs- oder Unterlassungsverpflichtung einschlägig sei, sondern eine vertretbare oder unvertretbare Handlung durchzusetzen ist, erlaubt ein entsprechender Hinweis die Umstellung auf einen Antrag nach §§ 887, 888 ZPO oder aber einen entsprechenden Hilfsantrag hiernach.

2. Zuständig ist nach § 890 Abs. 1 S. 1 ZPO das Prozessgericht des ersten Rechtszuges, dieses ist grundsätzlich dasjenige welches den Vollstreckungstitel geschaffen hat. Beispielsweise, wenn es sich im Erkenntnisverfahren materiell um eine Familiensache im Sinne des § 111 FamFG handelt, so sind im Vollsteckungsverfahren auch die Familiengerichte zuständig, gem. §§ 23a Abs. 1 S. 1 Nr. 1, 23b GVG; vgl. nur Thomas/Putzo/*Seiler* § 887 Rn. 6a und § 890 Rn. 24. (Zuständigkeiten in Gewaltschutzsachen und Altfälle vor 1.1.2009, → Form. M. V. 2) Dies gilt selbst dann, um Rechtssicherheit zu schaffen, wenn im Erkenntnisverfahren das Gericht seine Zuständigkeit zu Unrecht angenommen hat, vgl. dazu *Baumbach/Lauterbach/Albers/Hartmann* § 890 Rn. 14; str. mit Hinweis auf a A). Für die Androhung ergibt sich dies auch zusätzlich aus § 890 Abs. 2 ZPO. Für einen gerichtlichen Titel bedeutet dies die sachliche sowie örtliche Zuständigkeit (§ 802 ZPO); für einen Antrag gem. § 890 Abs. 2. ZPO entsprechend auch die funktionelle und instanzielle Zuständigkeit (MüKoZPO/*Wolfsteiner* § 802 Rn. 1). Bei ausländischen Titeln ist das Gericht zuständig, welches die Vollstreckbarkeit des Titels anerkannt hat (vgl. auch *Thewes* Rpfleger 2006, 526).

3. Bei Vollstreckungstiteln nach dem **FamFG** beachte § 86 II, III FamFG, wonach eine Zustellung des Titels und eine Vollstreckungsklausel entbehrlich sein kann. → Form. M. V. 1 bis → Form. M. V. 3.

4. Rechtmittel. → Form. M. III. 5.

3. Antrag auf Festsetzung von Ordnungsgeld/Ordnungshaft (§ 890 Abs. 1 ZPO) und Bestellung einer Sicherheit (§ 890 Abs. 3 ZPO)

An das

..... [Prozessgericht des ersten Rechtszuges[1]]

In der Zwangsvollstreckungssache

des/der .....

– Antragsteller und Gläubiger –

Verfahrensbevollmächtigte: Rechtsanwälte .....

gegen

die/den .....

– Antragsgegner und Schuldner –

Verfahrensbevollmächtigte: Rechtsanwälte .....

überreiche ich anliegend die vollstreckbare Ausfertigung des ..... [Titel] vom ....., des angerufenen Gerichts zu dem Az. ....., nebst entsprechender Zustellbescheinigung

und beantrage namens und kraft Vollmacht des Antragstellers

gegen den Antragsgegner ein in das Ermessen des Gerichts gestelltes Ordnungsgeld bis zu 250.000,– EUR und für den Fall, dass dieses nicht beigetrieben werden kann, ersatzweise Ordnungshaft von ..... Tagen je ..... EUR[2] oder Ordnungshaft bis zu 6 Monaten, festzusetzen.

weiter wird beantragt:[3]

den Antragsgegner zu verurteilen, eine Sicherheit in Höhe von ..... EUR[4] für den durch fernere Zuwiderhandlungen entstehenden Schaden bis zum .....[5] zu leisten (§ 890 Abs. 3 ZPO).

Begründung:

Der Antragsteller betreibt gegen den Antragsgegner die Zwangsvollstreckung aus dem vorgenannten Titel. Hiernach ist der Antragsgegner verpflichtet, ...

Mit dem vorgelegten Titel [*alternativ: mit der vorgelegten Androhung*][6] wurde dem Schuldner für den Fall einer Zuwiderhandlung ein Ordnungsgeld in Höhe von ..... EUR angedroht [*alternativ*: *Ordnungshaft von ..... Tagen angedroht*].

Der Schuldner hat ungeachtet dessen gegen die Verpflichtung aus dem vorgelegten Titel verstoßen, und zwar am .....

durch .....

Beweis: .....

Der Schuldner ist daher zur Zahlung eines Ordnungsgeldes, und für den Fall, dass dieses nicht beigetrieben werden kann, ersatzweise zu Ordnungshaft oder unmittelbar zu Ordnungshaft zu verurteilen.

Es ist zu befürchten, dass der Schuldner seiner Verpflichtung aus dem vorgelegten Titel auch künftig nicht nachkommen wird, weil ..... [ausführen].

Der Gläubiger muss zukünftigen Schaden befürchten, weil .....,

und zwar mindestens in Höhe von ..... EUR

Der Schuldner ist daher zu der Bestellung einer Sicherheit gem. § 890 Abs. 3 ZPO zu verurteilen, und zwar in Höhe von mindestens ..... EUR

Es wird um antragsgemäße Entscheidung gebeten, sowie um anschließende Rückgabe des Vollstreckungstitels sowie der weiteren Vollstreckungsunterlagen.

Sollte das Gericht anderer Auffassung sein, wird um einen rechtlichen Hinweis gem. § 139 ZPO gebeten.

.....

Rechtsanwalt[7, 8]

Anmerkungen

1. → Form. M. III. 2 Anm. 1.

2. Der Antragsteller und Gläubiger darf die Art und/oder die Höhe des Ordnungsgeldes **anregen.** Das Gericht entscheidet jedoch nach eigenem Ermessen.

3. Der **Antrag** auf Sicherheitsleistung nach § 890 Abs. 3 ZPO setzt mindestens eine Zuwiderhandlung des Schuldners nach Wirksamwerden der Androhung eines Ordnungsmittels voraus.

4. Zu **Art und Höhe der Sicherheit** vgl. § 108 ZPO. Die Sicherheit dient nicht der Beitreibung eines festgesetzten Ordnungsmittels sondern der Absicherung weiteren Schadens des Gläubigers durch erneute oder das Andauern von Zuwiderhandlungen. Der Schaden selbst muss gem. § 893 ZPO eingeklagt werden.

5. Die Rückgabe der Sicherheit richtet sich nach § 109 ZPO.

6. Ist die nach § 890 Abs. 2 ZPO notwendige **Androhung des Ordnungsmittels** in der vorgelegten Entscheidung **nicht enthalten,** ist wie folgt alternativ – unter Beifügung der Androhung nach § 890 Abs. 2 ZPO (→ Form. M. III. 3) – zu ergänzen:
„Die nach § 890 Abs. 2 notwendige Androhung des Ordnungsmittels wird anliegend mit überreicht.“

7. Kosten und Gebühren. Die Kostenentscheidung folgt aus § 891 S. 3 ZPO. Die danach notwendige Kostengrundentscheidung ergeht auf der Grundlage der §§ 91 bis 93, 95 bis 100, 106, 107 ZPO. Der Schuldner trägt die Kosten nur, soweit sie notwendig waren.

An Gerichtsgebühren nach Nr. 2111 KV GKG fällt eine einmalige Festgebühr iHv 20,– EUR an. Die Gebühren für Vollstreckungshandlungen § 95 FamFG, richten sich, soweit nicht das Familiengericht zuständig ist, nach dem GKG. Für die Vollstreckungen durch das Familiengericht richten sich die Gebühren nach Nr. 1600 ff. KV FamGKG.

Jede Verurteilung zu einem Ordnungsgeld stellt nach § 18 Nr. 16 RVG eine besondere Angelegenheit dar, für die der Anwalt jeweils die 0,3 Verfahrensgebühr erhält. Bei mehreren Verstößen fallen Anwaltsgebühren jeweils aus dem Streitwert der einzelnen Verstöße an, § 18 Nr. 16 RVG, vgl. dazu auch Hk-ZPO/*Pukall* § 890 Rn. 39.

8. Rechtmittel. → Form. M. III. 5.

4. Stellungnahme des Schuldners (§ 891 ZPO)

An das

Amtsgericht/Landgericht[1] . . . . . .

In der Zwangsvollstreckungssache

des/der . . . . .

– Antragsteller und Gläubiger –

Verfahrensbevollmächtigte: Rechtsanwälte . . . . .

gegen

die/den .....

– Antragsgegner und Schuldner –

Verfahrensbevollmächtigte: Rechtsanwälte .....

Az. .....

bestelle ich mich für den Antragsgegner und Schuldner und beantrage in dessen Namen und Vollmacht,

den Antrag des Antragstellers und Gläubigers auf dessen Kosten zurückzuweisen.

Begründung:

Der Gläubiger hat keinen Anspruch auf Festsetzung eines Ordnungsgeldes oder ersatzweiser Ordnungshaft oder Ordnungshaft von bis zu 6 Monaten.

Die allgemeinen Voraussetzungen der Zwangsvollstreckung liegen nicht vor,[2] **weil ..... [ausführen].**[3]

Der Antrag ist daher zurückzuweisen.

.....

Rechtsanwalt

Anmerkungen

1. → Form. M. III. 2 Anm. 1.

2. Die Voraussetzungen der Zwangsvollstreckung können sowohl zum Zeitpunkt der Zuwiderhandlung nicht vorgelegen haben als auch zum (jetzigen) Zeitpunkt der Stellungnahme.

3. Alternative Anknüpfungspunkte, beispielhaft:

„die nach § 890 Abs. 2 ZPO erforderliche Androhung fehlt oder nicht wirksam ist, weil .....“
„ein Verstoß des Schuldners gegen die titulierte Verpflichtung nicht vorliegt, weil .....“
„die titulierte Verpflichtung jedenfalls im Zeitpunkt der Verhängung des Ordnungsgeldes nicht mehr existiert hat, weil ..... (Die titulierte Verpflichtung muss auch im Zeitpunkt der Verhängung des Ordnungsmittels wirksam gewesen sein, BGHZ 156, 335 = NJW 2004, 508)“
„die tatsächlichen Voraussetzungen, die das Ausgangsgericht seiner Entscheidung zugrunde gelegt hat, tatsächlich nicht vorgelegen haben, weil ..... (tatsächlich nunmehr nicht mehr vorliegen, weil .....)“
„das Ausgangsgericht seine Entscheidung auf Rechtsgründe stützt, die unzutreffend sind, weil .....“

5. Antrag auf Bestellung einer Sicherheit (§ 890 Abs. 3 ZPO)

An das

..... [Prozessgericht des ersten Rechtszuges][1]......

In der Zwangsvollstreckungssache

des/der .....

– Antragsteller und Gläubiger –

Verfahrensbevollmächtigte: Rechtsanwälte .....

gegen

die/den .....

– Antragsgegner und Schuldner –

Verfahrensbevollmächtigte: Rechtsanwälte .....

überreiche ich anliegend die vollstreckbare Ausfertigung des ..... (Titel) vom ....., des angerufenen Gerichts zu dem Az. ....., nebst entsprechender Zustellbescheinigung

und beantrage namens und kraft Vollmacht des Antragstellers,

den Schuldner zu verurteilen, mit Zustellung dieses Beschlusses bis zum Ablauf des ..... für den Schadensausgleich weiterer Zuwiderhandlungen eine Sicherheit in Höhe von ..... EUR zugunsten des Gläubigers zu leisten.

Begründung:

Der Antragsteller betreibt gegen den Antragsgegner die Zwangsvollstreckung aus dem vorgenannten Titel. Hiernach ist der Antragsgegner verpflichtet, ...

Mit dem vorgelegten Titel *(alternativ: mit der vorgelegten Androhung)* wurde dem Schuldner für den Fall einer Zuwiderhandlung ein Ordnungsgeld in Höhe von ..... EUR angedroht *(alternativ: Ordnungshaft von ..... Tagen angedroht)*.

Der Schuldner hat ungeachtet dessen gegen die Verpflichtung aus dem vorgelegten Titel verstoßen, und zwar am .....[2]

durch .....

Der Schuldner ist daher zur Zahlung eines Ordnungsgeldes, und für den Fall, dass dieses nicht beigetrieben werden kann, ersatzweise zu Ordnungshaft verurteilt worden.[3]

Beweis: Vorlage des Beschlusses des angerufenen Gerichts vom .....

Es ist zu befürchten, dass der Schuldner seiner Verpflichtung aus dem vorgelegten Titel auch künftig nicht nachkommen wird, weil ..... [ausführen].

Der Gläubiger muss zukünftigen Schaden befürchten, weil .....,

und zwar mindestens in Höhe von ..... EUR

Der Schuldner ist daher zu einer Bestellung einer Sicherheit gem. § 890 Abs. 3 ZPO zu verurteilen, und zwar in Höhe von mindestens ..... EUR[4]

Es wird um antragsgemäße Entscheidung gebeten, sowie um anschließende Rückgabe des Vollstreckungstitels sowie der weiteren Vollstreckungsunterlagen.[5]

Sollte das Gericht anderer Auffassung sein, wird um einen rechtlichen Hinweis gem. § 139 ZPO gebeten.

.....

Rechtsanwalt[6]

Anmerkungen

1. → Form. M. III. 2 Anm. 1.

2. Der Antrag auf Sicherheitsleistung nach § 890 Abs. 3 ZPO setzt mindestens eine Zuwiderhandlung des Schuldners nach Wirksamwerden der Androhung eines Ordnungsmittels voraus.

3. Alternativ: „**unmittelbar zu Ordnungshaft von ..... Tagen verurteilt worden**".

4. Zu Art und Höhe der Sicherheit vgl. § 108 ZPO. Die Sicherheit dient nicht der Beitreibung eines festgesetzten Ordnungsmittels sondern der Absicherung weiteren Schadens des Gläubigers durch erneute oder Andauern von Zuwiderhandlungen. Der Schaden selbst muss gem. § 893 ZPO eingeklagt werden.

5. Die Rückgabe der Sicherheit richtet sich nach § 109 ZPO.

6. **Rechtmittel. Für den Gläubiger bzw. Antragsteller:** Bei Ablehnung des Antrags auf Androhung/Festsetzung von Ordnungsgeld/Ordnungshaft; Bestellung einer Sicherheit: sofortige Beschwerde gem. § 793 ZPO; → Form. P. II. 5; bei FamFG-Sachen findet über § 87 Abs. 4 FamFG die sofortige Beschwerde nach § 567 ZPO statt.

Für den Schuldner bzw. Antragsgegner: Gegen die Androhung/Festsetzung von Ordnungsgeld/Ordnungshaft; gegen Anordnung einer Sicherheitsleistung nach § 890 Abs. 3: sofortige Beschwerde gem. § 793 ZPO; → Form. P. III. 8; bei FamFG-Sachen findet über § 87 Abs. 4 FamFG die sofortige Beschwerde nach § 567 ZPO statt.

6. Antrag auf Aufhebung des Beschlusses nach § 890 Abs. 1 ZPO (Ordnungsmittel/Ordnungshaft)

An das

Amtsgericht/Landgericht[1].....

In der Zwangsvollstreckungssache

des/der .....

– Antragsteller und Gläubiger –

Verfahrensbevollmächtigte: Rechtsanwälte .....

gegen

die/den .....

– Antragsgegner und Schuldner –

Verfahrensbevollmächtigte: Rechtsanwälte .....

Az. . . . . .

bestelle ich mich für den Antragsgegner und Schuldner und beantrage in dessen Namen und Vollmacht,

den Beschluss des erkennenden Gerichts vom . . . . . über die Verurteilung des Schuldners zu . . . . .[2] aufzuheben.

Begründung:

Der Gläubiger hat keinen Anspruch auf Festsetzung eines Ordnungsgeldes oder von ersatzweiser Ordnungshaft oder Ordnungshaft von bis zu 6 Monaten.

Der Antragsteller betreibt gegen den Antragsgegner die Zwangsvollstreckung aus dem vorgenannten Titel. Hiernach ist der Antragsgegner verpflichtet, ...

Aufgrund des vorgelegten Titel mit dort enthaltener Androhung *(alternativ: sowie der weiter vorgelegten Androhung)* wurde der Schuldner durch Beschluss des erkennenden Gerichts vom . . . . . für den Fall einer Zuwiderhandlung zu einem ein Ordnungsgeld in Höhe von . . . . . EUR verurteilt *(alternativ: Ordnungshaft von . . . . . Tagen verurteilt)*.

Nach der formellen Rechtskraft des Ordnungsmittelbeschlusses ist der diesem zugrunde liegende Titel am . . . . . rückwirkend entfallen, da . . . . . [Begründung ausführen]

Damit ist die Grundlage für den Ordnungsmittelbeschluss ebenfalls rückwirkend entfallen, und dieser aufzuheben.[3]

. . . . .

Rechtsanwalt

Anmerkungen

1. → Form. M. III. 2 Anm. 1.

2. Bezeichnung der ausgeurteilten Verpflichtung des Schuldners.

3. BGH NJW-RR 1988, 1530; OLG Hamm MDR 1989, 1001.

7. Antrag auf Aufhebung des Beschlusses nach § 890 Abs. 3 ZPO (Sicherheit)

An das

Amtsgericht/Landgericht[1]. . . . . .

In der Zwangsvollstreckungssache

des/der . . . . .

– Antragsteller und Gläubiger –

Verfahrensbevollmächtigte: Rechtsanwälte . . . . .

gegen

die/den . . . . .

– Antragsgegner und Schuldner –

Verfahrensbevollmächtigte: Rechtsanwälte . . . . .

Az. . . . . .

bestelle ich mich für den Antragsgegner und Schuldner und beantrage in dessen Namen und Vollmacht,

den Beschluss des erkennenden Gerichts vom . . . . . über die Verurteilung des Schuldners zur Bestellung einer Sicherheit, aufzuheben.

Begründung:

Der Gläubiger hat keinen Anspruch auf Bestellung einer Sicherheit durch den Schuldner.

Der Antragsteller betreibt gegen den Antragsgegner die Zwangsvollstreckung aus dem vorgenannten Titel. Hiernach ist der Antragsgegner verpflichtet, ...[2]

Aufgrund des vorgelegten Titel mit dort enthaltener Androhung (alternativ: sowie der weiter vorgelegten Androhung) wurde der Schuldner durch Beschluss des erkennenden Gerichts vom . . . . . zur Bestellung einer Sicherheit gem. § 890 Abs. 3 ZPO verurteilt.

Nach der formellen Rechtskraft des Ordnungsmittelbeschlusses ist der diesem zugrunde liegende Titel am . . . . . rückwirkend entfallen, da . . . . . (Begründung ausführen)

Damit ist die Grundlage für den angefochtenen Beschluss ebenfalls rückwirkend entfallen, und dieser aufzuheben.

. . . . .

Rechtsanwalt

Anmerkungen

1. → Form. M. III. 2 Anm. 1.

2. Bezeichnung der ausgeurteilten Verpflichtung des Schuldners.

IV. Klage auf Leistung des Interesses (§ 893 ZPO)

An das

..... [Prozessgericht des ersten Rechtszuges][1] in

Klage auf Leistung des Interesses gem. § 893 Abs. 1 ZPO

In dem Rechtsstreit

des/der .....

– Kläger –

Prozessbevollmächtigte: Rechtsanwälte .....

gegen

die/den .....

– Beklagten –

Prozessbevollmächtigte: Rechtsanwälte .....

beantrage ich namens und Kraft Vollmacht des Klägers,

den Beklagten zu verurteilen, an den Kläger ..... EUR zu zahlen.

Begründung:

Der Kläger hat gegen den Beklagten die Zwangsvollstreckung aus dem überreichten Titel betrieben. Der Beklagte ist seinen Verpflichtungen hieraus jedoch nicht nachgekommen. Der Kläger hat die entsprechenden Leistungen nunmehr selbst durchgeführt. Die dadurch entstandenen Kosten in Höhe von ..... EUR verlangt der Kläger ersetzt.

Die geltend gemachten Kosten in Höhe von ..... EUR ergeben sich aus den anliegend mit überreichten Urkunden.

Beweis: Anliegend ..... (Rechnungen, Kostenvoranschläge, Gutachten)

Mangels Erfüllung der titulierten Verpflichtungen durch den Beklagten, sind die vorstehenden Kosten als notwendiger Aufwand des Klägers durch den Beklagten zu tragen.[2]

Es wird um antragsgemäße Entscheidung gebeten.

.....

Rechtsanwalt

Anmerkungen

1. Die Klage dient der Verwirklichung von Ersatzansprüchen, wenn die Zwangsvollstreckung gem. §§ 887, 888 ZPO nicht mehr möglich ist. Die Vorschrift begründet keinen eigenen prozessualen Anspruch, sondern setzt einen solchen aus §§ 280 ff., 325 BGB als sachlichrechtlichen Anspruch voraus. Sie dient der Klarstellung und Rechtssicherheit. Zuständig ist gem. § 893 Abs. 2 ZPO das Prozessgericht des ersten Rechtszuges. Für einen gerichtlichen Titel bedeutet dies die sachliche sowie örtliche Zuständigkeit. Aus

§ 893 Abs. 2 ZPO ergibt sich dies als ausschließliche Zuständigkeit. Wegen des engen sachlichen Zusammenhangs entscheidet zB das Familiengericht bei Haushaltsgegenständen auch über den Anspruch auf Schadensersatz (so bereits OLG Schleswig NJW RR 2003, 1013; vgl. nunmehr § 266 Abs. 1 Nr. 2 bzw. Nr. 3 FamFG).

Dies gilt, soweit der Kläger statt der Leistung Schadensersatz fordert. Wird ein Schadensersatz neben der Leistung gefordert, sind die allgemeinen Gerichtsstände anzuwenden, da die Vorschrift selbst keinen eigenen materiellrechtlichen Anspruch begründet. (vgl. *Baumbach/Lauterbach/Albers/Hartmann* § 893 Rn. 3; Prütting/Gehrlein/*Olzen* § 893 Rn. 2)

2. Der Gläubiger darf nach § 893 ZPO vorgehen, wenn der Schuldner die Leistung nicht mehr erbringen kann, oder eine weitere Erzwingung der Leistung durch den Gläubiger nicht mehr möglich ist. Die vorhergehende Vollstreckung ist nicht Prozessvoraussetzung. Ein nachträgliches Angebot des Schuldners auf Durchführung der titulierten Leistung steht dem bereits entstandenen Schadensersatzanspruch nicht entgegen.

V. Vollstreckung von Entscheidungen nach dem FamFG (§§ 88 ff. FamFG)

1. Vorbemerkungen

Auch die Vollstreckung aus Titeln nach § 95 FamFG, zB für Betretungsverbote in Ehewohnungssachen oder Unterlassung des Umgangs mit einem Kind außerhalb der vereinbarten Besuchszeiten, findet nach den Vorschriften der ZPO über die Zwangsvollstreckung statt. Auch Gewaltschutzanordnungen, zB das Unterlassen von Kontaktversuchen (§ 1 GewSchG), werden nach § 86 ff. FamFG iVm § 890 ZPO vollstreckt. (Schulte-Bonert/Weinreich/*Schulte-Bonert* § 95 Rn. 6). Auch kann alternativ oder parallel eine Vollstreckung bei Gewaltschutzanordnungen durch einen Gerichtsvollzieher nach § 96 Abs. 1 FamFG, vorgenommen werden (→ Form. M. V. 2) Jedoch ist dieses meistens weniger effektiv, da Zuwiderhandlungen häufig abends oder nachts begangen werden und ein schnelles Eingreifen durch den Gerichtsvollzieher dann nicht ohne weiteres möglich ist. (Schulte-Bonert/Weinreich/*Schulte-Bonert* § 96 Rn. 5). Ebenso richtet sich die Vollstreckung von Ehesachen und Familienstreitsachen gem. § 120 Abs. 1 FamFG nach den Vorschriften der Zwangsvollstreckung der ZPO (Schulte-Bonert/Weinreich/*Schulte-Bonert* § 95 Rn. 1).

Vollstreckungstitel nach dem FamFG sind mit Wirksamwerden (vgl. § 40 FamFG) vollstreckbar, dh es reicht auch eine Bekanntgabe des Titels an den Beteiligten aus, eine Zustellung ist nicht unbedingt erforderlich (vgl. § 86 Abs. 2 FamFG; dies gilt nicht für Ehe- und Familienstreitsachen, vgl. § 113 Abs. 1 S. 1 FamFG). Auch bedürfen Vollstreckungstitel nach dem FamFG einer Vollstreckungsklausel nur, wenn die Vollstreckung nicht durch das Gericht erfolgt, das den Titel erlassen hat. (vgl. § 86 Abs. 3 FamFG; Ausnahme Ehe- und Familienstreitsachen, vgl. § 113 Abs. 1 S. 1).

Zu der Vollstreckung von **verfahrensleitenden gerichtlichen Anordnungen** nach § 35 FamFG siehe Schulte-Bonert/Weinreich/*Schulte-Bonert* § 95 Rn. 1). Dazu gehören nicht einstweilige (Gewaltschutz-)Anordnungen (vgl. nur OLG Celle NJW 2010, 2223). Zur Vollstreckung der Herausgabe einer Person → Form. L. I. 2.

2. Antrag auf Androhung von Ordnungsgeld/Ordnungshaft und Antrag auf Verlängerung einer Verpflichtung nach dem Gewaltschutzgesetz (§ 95 Abs. 1 Nr. 4 FamFG)

An das

Familiengericht[1]

. . . . .

In der Zwangsvollstreckungssache

des/der . . . . .

– Antragsteller –

– Verfahrensbevollmächtigte: Rechtsanwälte .....

gegen

den/die .....

– Antragsgegner –

– Verfahrensbevollmächtigte: Rechtsanwälte .....

bestelle ich mich für den/die Antragsteller/in und beantrage, unter Beifügung der Zustellungsbescheinigung des Titels Az. .....,[2] in seinem/ihrem Namen und Vollmacht folgende durch das Gericht zu erlassende Anordnung:[3]

> Dem/der Antragsgegner/in zur Erzwingung der im vollstreckbaren Titel ..... [genaue Bezeichnung des Titels] ausgewiesenen Verpflichtung, ... [genaue Bezeichnung der Verpflichtung bzw. des Unterlassens] ein Ordnungsgeld bis zu 250.000,– EUR und für den Fall, dass dieses nicht beigetrieben werden kann, ersatzweise Ordnungshaft oder Ordnungshaft bis zu 6 Monaten, anzudrohen,[4]
> Die im Titel genannte Frist für das Befolgen der angewiesenen Verpflichtung/Unterlassung um weitere ..... Wochen/Monate zu verlängern.[5, 6]

Begründung:

Der/die Antragsteller/in betreibt gegen den/die Antragsgegner/in die Zwangsvollstreckung aus dem vorgenannten Titel. Dieser enthält die folgend beschriebene Unterlassungsverpflichtung gem. § 1 GewSchG. Hiernach ist die/der Antragsgegner/in verpflichtet, ... (nähere Darlegung der titulierten Verpflichtung, zB es zu unterlassen, die Antragstellerin zu bedrohen, zu verletzen oder sonst körperlich zu misshandeln).

Zum Antrag zu 1:

Nach § 95 Abs. 1 Nr. 4 FamFG iVm § 890 Abs. 2 ZPO setzt die Verurteilung des/der Antragsgegners/in zu einem Ordnungsmittel voraus, dass dieses in der durch § 890 Abs. 2 ZPO beschriebenen Form angedroht worden ist. Da eine entsprechende Androhung in dem vorgelegten Titel nicht enthalten ist, ist diese nachzuholen.

Es wird weiter beantragt,

> dem Antragsgegner die Androhung nach antragsgemäßer Entscheidung von Amts wegen zuzustellen, und den Titel mit den weiteren Vollstreckungsunterlagen hierhin zurückzusenden.

Zum Antrag zu 2:

Es steht schon jetzt zu befürchten, dass der/die Antragsgegner/in auch nach der am ..... ablaufenden Frist für die oben genannte Verpflichtung/Unterlassung, den/die Antragsgegner/in wiederum ..... zB verletzen wird.

> Glaubhaftmachung: zB eidesstattliche Versicherung, als Kopie in Anlage

Es ist deshalb dringend zum Schutz des/der Antragsstellers/in geboten, die Verpflichtung um mindestens ..... Wochen/Monate zu verlängern.

Sollte das Gericht anderer Auffassung sein, wird um rechtliche Hinweise gem. § 28 Abs. 1, Abs. 2 FamFG gebeten, um den Antrag ggf. umstellen oder Hilfsantrag stellen zu können.

.....

Rechtsanwalt[7]

Anmerkungen

1. Bei Gewaltschutzsachen sind die Familiengerichte gem. §§ 23a Abs. 1 S. 1 Nr. 1, 23b GVG iVm §§ 111 Nr. 6, 210 FamFG zuständig. Es ist das Gericht, welches auch den vollstreckbaren Titel geschaffen hat. Handelt es sich um eine vor dem 1.9.2009 erlassene einstweilige Verfügung und wird der Vollstreckungsantrag ab dem 1.9.2009 gestellt, ist das zuständige Gericht das Prozessgericht des ersten Rechtszuges, die Zivilabteilung des Amtsgerichts, obwohl es sich nunmehr bei Gewaltschutzsachen um Familiensachen handelt. (Schulte-Bonert/Weinreich/*Schulte-Bonert* § 95 Rn. 6; vgl. auch zum Wechsel der Zuständigkeiten OLG Hamm NJW 2010, 2066).

2. Bei Vollstreckungstiteln nach dem FamFG beachte § 86 Abs. 2, Abs. 3 FamFG, wonach eine Zustellung des Titels und eine Vollstreckungsklausel entbehrlich sein kann. → Form. M. V. 1 bis → Form. M. V. 3.

3. Regelmäßig sollte die Androhung schon im Antrag auf Dulden/Unterlassen enthalten sein, um dem Antragsgegner die Folgen eines Verstoßes eindringlich vor Augen zu führen und das Verfahren zu beschleunigen. Dieses dient gleichzeitig dem Schutz der Gewaltopfer. Insofern kommt dann bei Verstößen sofort der Antrag auf Festsetzung in Betracht nach → Form. M. V. 1. Wenn bei einer einstweiligen Anordnung ein Antrag nach § 214 Abs. 2 FamFG vorlag und das Gericht diesem Antrag gefolgt ist, darf die Zustellung nicht vor der Vollstreckung erfolgen, so dass die Parenthese **„unter Beifügung der Zustellungsbescheinigung"** entfällt. Das heißt, die Vollstreckung ist vor der Zustellung zulässig.

4. Der Titel muss die zu unterlassene Handlung inhaltlich bestimmt ausweisen. Die Zwangsvollstreckung ist nur zulässig, wenn der Titel eben und genau dieses verbietet, zB wenn der Antraggegner es zu unterlassen hat die Antragstellerin körperlich zu misshandeln, so kann grundsätzlich nicht wegen des Unterlassens von Telefonanrufen vollstreckt werden.

5. Wenn die Anordnung zeitlich befristet ist, kann sie nach § 1 Abs. 1 S. 2 Hs. 2 GewSchG verlängert werden. Dieses ist ratsam, wenn zB weitere Verletzungen zu befürchten sind. Ansonsten besteht die Gefahr, dass sich die Anordnung durch Zeitablauf erledigt.

6. Alternativ oder parallel bei **andauernden** schuldhaften (vgl. Schulte-Bonert/Weinreich/*Schulte-Bonert* § 96 Rn. 4; str. mit Hinweis auf aA) Zuwiderhandlungen (zB Person befindet sich noch in der Bannmeile), kann ggf. nach § 96 Abs. 1 FamFG vorgegangen werden und gem. § 96 Abs. 1 S. 2 FamFG ein Gerichtsvollzieher hinzugezogen werden. Dafür muss es sich aber um eine gerichtliche Anordnung handeln. Ein Vergleich reicht für diese Vorgehensweise nicht aus. (so auch Schulte-Bonert/Weinreich/*Schulte-Bonert* § 96 Rn. 2; str.) Der Gerichtsvollzieher ist dann zur Gewaltanwendung berechtigt und kann ggf. die Polizei hinzuziehen. (758 Abs. 3 ZPO).

7. Rechtsmittel. → Form. M. V. 3.

3. Antrag auf Festsetzung von Ordnungsgeld/Ordnungshaft und auf Verlängerung der Verpflichtung nach dem Gewaltschutzgesetz (§ 95 Abs. 1 Nr. 4 FamFG)

An das

Familiengericht[1]

.....

In der Zwangsvollstreckungssache

des/der .....

– Antragsteller/in –

– Verfahrensbevollmächtigte: Rechtsanwälte .....

gegen

die/der .....

– Antragsgegner/in –

– Verfahrensbevollmächtigte: Rechtsanwälte .....

beantrage ich, unter Beifügung der Zustellungsbescheinigung Titels Az. .....,[2] in seinem/ihrem Namen und Vollmacht und der Anordnung der Androhung des Ordnungsgeldes/der Ordnungshaft Titels Az. .....,[3] in seinem/ihrem Namen und Vollmacht in dem Verfahren, Az. ....., namens und kraft Vollmacht des/der Antragstellers/in[4]

gegen den/die Antragsgegner/in ein in das Ermessen des Gerichts gestelltes Ordnungsgeld bis zu 250.000,– EUR und für den Fall, dass dieses nicht beigetrieben werden kann, ersatzweise Ordnungshaft von ..... Tagen je ..... EUR[5] oder Ordnungshaft bis zu 6 Monaten, festzusetzen.
die im Titel genannte Frist für das Befolgen der angewiesenen Verpflichtung/Unterlassung um weitere ..... Wochen/Monate zu verlängern.[6]
den Antragsgegner zu verurteilen, eine Sicherheit in Höhe von ..... EUR[7] für den durch fernere Zuwiderhandlungen entstehenden Schaden bis zum .....[8] zu leisten (§ 890 Abs. 3 ZPO).

Begründung:

Der/die Antragsteller/in betreibt gegen den/die Antragsgegner/in die Zwangsvollstreckung aus dem vorgenannten Titel. Dieser enthält die folgend beschriebene Unterlassungsverpflichtung gem. § 1 GewSchG. Hiernach ist die/der Antragsgegner/in verpflichtet, ... [zB es zu unterlassen, die Antragstellerin zu bedrohen, zu verletzen oder sonst körperlich zu misshandeln].

Zum Antrag zu 1: Mit dem vorgenannten Titel (alternativ: mit der vorgelegten Androhung) wurde dem/der Antragsgegner/in für den Fall einer Zuwiderhandlung ein Ordnungsgeld in Höhe von ..... EUR angedroht (alternativ: Ordnungshaft von ..... Tagen angedroht).

Der/die Antragsgegner/in hat ungeachtet dessen gegen die Verpflichtung aus dem vorgenannten Titel verstoßen, und zwar am .....[9]

durch .....

Beweis: . . . . .[10]

Der/die Antragsgegner/in ist daher zur Zahlung eines Ordnungsgeldes, und für den Fall, dass dieses nicht beigetrieben werden kann, ersatzweise zu Ordnungshaft oder unmittelbar zu Ordnungshaft zu verurteilen.

Es ist zu befürchten, dass er/sie seiner/ihrer Verpflichtung aus dem vorgenannten Titel auch künftig nicht nachkommen wird, weil . . . . . [ausführen].[11]

Zum Antrag zu 2: Des Weiteren ist schon jetzt anzunehmen, dass der/die Antragsgegner/in auch nach der am . . . . . ablaufenden Frist für die oben genannte Verpflichtung, den/die Antragsgegner/in weiterhin wiederum zB verletzen wird. Eine Verlängerung der Anordnung ist zum Schutz des/der Antragsstellers/in daher dringend geboten.

Glaubhaftmachung: zB eidesstattliche Versicherung, als Kopie in Anlage

Dieses wird auch schon durch die geschilderten Verstöße in der Vergangenheit indiziert.

Es ist deshalb dringend angeraten, die Verpflichtung um mindestens . . . . . Wochen/Monate zu verlängern.

Zum Antrag zu 3: Der/die Antragssteller/in muss auch zukünftigen Schaden befürchten, weil . . . . .,

und zwar mindestens in Höhe von . . . . . EUR

Die/der Antragsgegner/in ist daher zu einer Bestellung einer Sicherheit gem. § 890 Abs. 3 ZPO zu verurteilen, und zwar in Höhe von mindestens . . . . . EUR

Es wird um antragsgemäße Entscheidung gebeten, sowie um anschließende Rückgabe des Vollstreckungstitels sowie der weiteren Vollstreckungsunterlagen.

Sollte das Gericht anderer Auffassung sein, wird um rechtliche Hinweise gem. § 28 Abs. 1, Abs. 2 FamFG gebeten.

. . . . .

Rechtsanwalt[12, 13]

Anmerkungen

1. → Form. M. V. 2 Anm. 1.

2. → Form. M. V. 2 Anm. 2.

3. Soweit eine gesonderten Androhung ergangen ist.

4. → Form. M. V. 2 Anm. 3.

5. → Form. M. V. 2 Anm. 4.

6. → Form. M. V. 2 Anm. 5.

7. → Form. M. V. 2 Anm. 6.

8. → Form. M. V. 2 Anm. 4.

9. → Form. M. III. 3 Anm. 3.

10. Es ist Vollbeweis erforderlich. Die Glaubhaftmachung einer Zuwiderhandlung reicht nicht aus, zumindest dann nicht, wenn der Antragsgegner diese bestreitet. Bei der Vollziehung einstweiliger Anordnungen reicht eine Glaubhaftmachung hingegen aus (str.)

11. Sofern der Antraggegner Widerstand gegen die Vornahme der Handlung, welche er zu dulden hat, leistet, kann der Antragssteller nach § 892 ZPO einen Gerichtsvollzieher hinzuziehen (Schulte-Bonert/Weinreich/*Schulte-Bonert* § 95 Rn. 6). Es kann auch nach § 96 FamFG durch den Gerichtsvollzieher vorgegangen werden, → Form. M. V. 2 Anm. 6.

12. Kosten und Gebühren. → Form. M. V. 2.

13. Rechtsmittel. Für den **Gläubiger bzw. Antragssteller**: Bei Ablehnung des Antrags auf Androhung/Festsetzung von Ordnungshaft/Ordnungsgeld: sofortige Beschwerde gem. § 87 Abs. 4 FamFG iVm § 567 ZPO.

Für den **Schuldner bzw. Antragsgegner**: Gegen Androhung/Festsetzung von Ordnungshaft/Ordnungsgeld: sofortige Beschwerde gem. § 87 Abs. 4 FamFG i Vm § 567 ZPO.

N. Zwangsvollstreckung bei Abgabe einer Willenserklärung

I. Vorbemerkungen

Die Abgabe einer Willenserklärung ist eine unvertretbare Handlung und ein Spezialfall des § 888 ZPO (→ Form. M. II). Anders als dort hat der Gesetzgeber hier allerdings einen einfacheren Weg der Vollstreckung gewählt: Die Abgabe der Willenserklärung wird fingiert.

Der Begriff der Willenserklärung ist in einem weiten Sinne zu verstehen: darunter fallen sämtliche rechtsgeschäftlichen Erklärungen (zB schuldrechtliche und dingliche Erklärungen, Zustimmungserklärungen, höchstpersönliche Erklärungen), rechtsgeschäftsähnliche Erklärungen und Prozesshandlungen (vgl. näher hierzu zB BeckOK ZPO/*Stürner* § 894 Rn. 6).

Beispiele, in denen nach der Rechtsprechung § 894 ZPO anwendbar ist, finden sich bei Musielak/Voit/*Lackmann* § 894 Rn. 4 f.

§ 894 ZPO gilt für (formell) rechtskräftige Urteile (§ 705 ZPO), wobei die Verurteilung unbedingt und vorbehaltlos sein muss (Hk-ZV/*Bendtsen* § 894 Rn. 2). Folgerichtig ist § 894 ZPO bei Vorbehaltsurteilen (§ 780 ZPO) nicht anwendbar, in diesen Fällen erfolgt die Vollstreckung nach § 888 ZPO (RGZ 49, 415 (417 f.)). Ferner ist § 894 ZPO auf ausländische Urteile anzuwenden, sofern diese der Vollstreckbarkeitserklärung nach §§ 722 f. ZPO bedürfen (BeckOK ZPO/*Stürner* § 894 Rn. 2; Hk-ZV/*Bendtsen* § 894 Rn. 4). Bei Schiedssprüchen findet gemäß § 1060 Abs. 1 ZPO die Zwangsvollstreckung nur statt, wenn der Schiedsspruch für vollstreckbar erklärt ist. In diesem Fall ist § 894 ZPO einschlägig (Thomas/Putzo/*Seiler* § 894 ZPO Rn. 4; MüKoZPO/*Gruber* § 894 ZPO Rn. 7). Ist die Verpflichtung zur Abgabe einer Willenserklärung in einem Prozessvergleich oder einer notariellen Urkunde enthalten, kann der Gläubiger nach § 888 ZPO vollstrecken oder Klage auf Abgabe der Willenserklärung nach § 894 ZPO erheben (BGHZ 98, 127 = NJW 1986, 2704; Hk-ZV/*Bendtsen* § 894 Rn. 6), sofern die Willenserklärung selbst nicht schon – was indes in der Praxis die Regel sein sollte – in dem Vergleich oder der notariellen Urkunde enthalten ist (Saenger/*Pukall* § 894 Rn. 2). Bei Beschlüssen, die der Rechtskraft fähig sind, gilt § 894 ZPO ebenso (Thomas/Putzo/*Seiler* § 894 Rn. 4; Saenger/*Pukall* § 894 Rn. 1). Ob § 894 ZPO bei einstweiligen Verfügungen anwendbar ist, ist bis heute lebhaft umstritten (vgl. zum Streitstand etwa MüKoZPO/*Gruber* § 894 Rn. 6). Nach herrschender Auffassung sind die §§ 894 f. ZPO bei einstweiligen Verfügungen, die auf Abgabe einer Willenserklärung gerichtet ist, jedenfalls dann heranzuziehen, wenn die Willenserklärung nicht den Hauptsacheanspruch erfüllt, sondern lediglich eine vorläufige Regelung oder Sicherung herbeiführt (OLG Schleswig OLG NotBZ 2008, 205; OLG Stuttgart NJW 1973, 908; Hk-ZV/*Berndtsen* § 894 Rn. 8 mit dem zutreffenden Hinweis, dass dem Gebot, dass die Hauptsache nicht vorweggenommen werden darf, ein Problem der Anordnung der einstweiligen Verfügung und dort zu berücksichtigen ist und nicht der Vollstreckung).

Die Fiktion erfolgt gem. § 894 ZPO mit Rechtskraft des Urteils (MüKoZPO/*Gruber* § 894 Rn. 14). Die Fiktionswirkung des § 894 ZPO ist als Akt der Vollstreckung anzusehen (BeckOK ZPO/*Stürner*§ 894 Rn. 11). Bewirkt werden sämtliche Rechtsfolgen, die eine wirksame Willenserklärung mit entsprechendem Inhalt im maßgeblichen Zeitpunkt hätte (MüKoZPO/*Gruber* § 894 Rn. 14; Musielak/Voit/*Lackmann* § 894 Rn. 10).

Ist die Verurteilung des Schuldners noch von einer Gegenleistung des Gläubigers abhängig (§ 894 S. 2 ZPO), muss der Gläubiger zunächst die Erbringung der Gegenleistung oder einen entsprechenden Annahmeverzug des Schuldners nachweisen, damit er im Anschluss eine vollstreckbare Ausfertigung des Urteils erhält und die Fiktion wirkt, §§ 726, 724, 730 ZPO.

Das rechtskräftige Urteil ersetzt die Willenserklärung in der erforderlichen Form (MüKoZPO/*Gruber* § 894 Rn. 14; Musielak/Voit/*Lackmann* § 894 Rn. 11). Die Fiktionswirkung beschränkt sich ausschließlich auf die Abgabe der Willenserklärung des Schuldners – der Zugang der Erklärung beim Gläubiger wird nicht ersetzt, sondern richtet sich allgemein nach den §§ 130 ff. BGB. Sofern für ein Rechtsgeschäft noch die Willenserklärung des Gläubigers notwendig ist, so muss er diese noch in der vorgeschriebenen Form abgeben.

II. Fiktion der Abgabe einer Willenserklärung (§ 894 ZPO)

1. Antrag auf Erteilung einer vollstreckbaren Ausfertigung

An das

Amts-/Landgericht .....

In Sachen

..... (Gläubiger) ./. ..... (Schuldner)

überreiche ich als Anlagen die mit Zustellungsvermerk versehene Ausfertigung des Urteils[1] des Landgerichts/Amtsgerichts ..... vom ..... sowie den notariell beurkundeten Nachweis über die Erbringung der Gegenleistung[2] durch Zahlung in Höhe von ..... EUR und beantrage namens und in Vollmacht des Gläubigers,

eine vollstreckbare Ausfertigung zu erteilen.[3]

Im Interesse der Beschleunigung und aufgrund der klaren Sach- und Rechtslage rege ich höflich an, von einer Anhörung des Schuldners nach § 730 ZPO abzusehen.[4]

.....

Rechtsanwalt[5, 6]

Anmerkungen

1. Bei der Willenserklärung ist ein gesonderter Vollstreckungsakt nicht notwendig, da sie durch den rechtskräftigen Titel ersetzt wird. Ein solcher Titel lautet beispielsweise:

„Der Beklagte wird verurteilt, seine Zustimmung zur Veräußerung des Einfamilienhauses in (Adresse), eingetragen im Grundbuch. ...., zu erteilen."

Die Wirkung der Fiktion tritt erst mit der **formellen Rechtskraft** (§ 705 ZPO) der Verurteilung ein; die Willenserklärung gilt in diesem Zeitpunkt als abgegeben. Da § 894 S. 1 ZPO einen formell rechtskräftigen Titel voraussetzt, sind nur solche Verurteilungen denkbar, die auch der Rechtskraft gem. § 705 ZPO fähig sind (→ Form. N. I).

Der Titel muss die Verurteilung zur Abgabe einer Willenserklärung zum Gegenstand haben. Bejaht werden kann dies bei Erklärungen jeder Art, bei denen rechtsgeschäftliche oder rechtsgeschäftsähnliche Handlungen und Prozesshandlungen vorzunehmen sind (MüKoZPO/*Gruber* § 894 Rn. 2). Beispiele, in denen nach der Rechtsprechung § 894 ZPO anwendbar ist, finden sich bei Musielak/Voit/*Lackmann* § 894 Rn. 4 f. Erklärungen mit ausschließlich tatsächlichem Inhalt (zB Widerruf) fallen nicht unter § 894 ZPO. In diesen Fällen ist nach § 888 ZPO zu vollstrecken (strittig; vgl. zum Streitstand etwa Hk-ZV/*Bendtsen* § 894 ZPO Rn. 11). Die Formbedürftigkeit der Erklärung spielt dabei ebenso wenig eine Rolle wie die Person, der gegenüber die Erklärung abzugeben ist (Gläubiger, Dritter, Behörde; vgl. BGHZ 120, 239 (248) = NJW 1993, 925). Nicht nur die notwendige Form wird durch das rechtskräftige Urteil ersetzt, die Verurteilung ersetzt auch eine möglicherweise fehlende Geschäftsfähigkeit oder Verfügungsbefugnis des Schuldners (MüKoZPO/*Gruber* § 894 Rn. 2).

2. Ist nach dem Titel des Urteils die Willenserklärung – wie im gewählten Beispiel – von einer **Gegenleistung** abhängig, tritt gem. § 894 S. 2 ZPO die Fiktionswirkung ausnahmsweise erst dann ein, wenn eine vollstreckbare Ausfertigung (§§ 726, 730 ZPO) des Titels ausgestellt worden ist. Hintergrund ist, dass die Erklärung nicht ohne Bewirkung der ausstehenden Gegenleistung fingiert werden soll. Die vollstreckbare Ausfertigung muss bei Gericht beantragt werden. Sie wird dem Gläubiger erteilt, sobald er die Erfüllung der von ihm zu erbringenden Gegenleistung oder den Annahmeverzug des Schuldners durch **öffentlich beglaubigte Urkunden** nachgewiesen hat (§ 726 ZPO). Vor Erteilung der Ausfertigung muss somit dem zuständigen Rechtspfleger nachgewiesen werden, dass die Gegenleistung erbracht ist oder sich der Schuldner im Annahmeverzug befindet. Damit ist der Schuldner geschützt, solange der Gläubiger die ihm auferlegte Gegenleistung noch nicht erbracht hat (Musielak/Voit/*Lackmann* § 894 Rn. 13).

3. Der Gläubiger ist hinsichtlich des zu erbringenden Nachweises über die Erfüllung der Gegenleistung zunächst vorleistungspflichtig. Durch die ihm zugutekommende Fiktionswirkung ist er geschützt (Musielak/Voit/*Lackmann* § 894 Rn. 13). Wie in → Anm. 2 ausgeführt, ist die Fiktion grundsätzlich auf den Zeitpunkt der Erteilung der vollstreckbaren Ausfertigung verlagert. Die Klausel kann aber bereits vor (oder auch erst nach) Rechtskraft der Entscheidung erteilt werden. Die Fiktionswirkung tritt daher unabhängig hiervon immer erst dann ein, wenn der Titel rechtskräftig ist und die vollstreckbare Ausfertigung erteilt wurde (MüKoZPO/*Gruber* § 894 Rn. 20). Musste der Vollstreckungsgläubiger allerdings auf Erteilung der Vollstreckungsklausel klagen (**§ 731 ZPO**), tritt die Fiktionswirkung gem. § 894 S. 2 ZPO jedenfalls nach überwiegender Ansicht erst mit der Rechtskraft des dann gem. § 731 ZPO ergehenden Urteils ein (MüKoZPO/*Gruber* § 894 Rn. 20; Zöller/*Stöber* § 894 Rn. 8). Begründet wird dies damit, dass erst dadurch (Feststellungsklage) bzw. dann tatsächlich zu diesem Zeitpunkt feststeht, dass die Voraussetzungen für die Klauselerteilung vorliegen. Entsprechendes soll gelten, wenn statt einer Gegenleistung die Vollstreckung von einer **Bedingung** abhängig gemacht ist (§ 726 Abs. 1 ZPO) oder eine Rechtsnachfolge vorliegt (Thomas/Putzo/*Seiler* § 894 Rn. 6; aA jedoch MüKoZPO/*Gruber* § 894 Rn. 19).

4. Grundsätzlich soll der Schuldner gem. §§ 726, 730 ZPO vor der Erteilung der vollstreckbaren Ausfertigung des rechtskräftigen Titels angehört werden. Die Vorschrift schreibt dies allerdings nicht zwingend vor („Kann-Vorschrift"). Im Interesse einer Beschleunigung kann daher bei eindeutiger Sach- und Rechtslage von der Anhörung des Schuldners nach § 730 ZPO abgesehen werden.

5. Kosten und Gebühren. Gerichtsgebühren entstehen im Falle des § 894 ZPO nicht. Allerdings kommen Eintragungsgebühren nach dem GNotKG bzw. der HandelsregistergebührenVO in Betracht, wenn die Willenserklärung mit einer Register- oder Grundbucheintragung verbunden ist. Gleiches gilt für die Rechtsanwaltsgebühren: Die Eintragung stellt keine Zwangsvollstreckungstätigkeit dar.

6. Rechtsmittel. Nach der Rechtskraft des Urteils scheiden sonstige Rechtsmittel und Rechtsbehelfe aus. Eine Vollstreckungsgegenklage (§ 767 ZPO) oder Drittwiderspruchsklage (§ 771 ZPO) sind nicht mehr zulässig, denn mit der Rechtskraft ist die Vollstreckung bereits beendet. Anders ist dies bei Verurteilung zur Übereignung einer Sache: Hier ist neben der Rechtskraft des Urteils noch die Übergabe bzw. Eintragung ins Grundbuch nötig; die og Klagen sind dann noch möglich; die Zwangsvollstreckung ist nämlich noch nicht beendet. Der Schuldner kann im Übrigen nur versuchen, den Eintritt der Rechtskraft selbst zu verhindern bzw. wieder zu beseitigen, über eine Wiedereinsetzung gegen den Ablauf der Rechtsmittelfristen (§ 233 ZPO) oder über eine Wiederaufnahme (§§ 579, 580, 707 ZPO).

2. Antrag auf Erteilung eines Rechtskraftvermerks

An das

Amtsgericht/Landgericht/Oberlandesgericht .....

In Sachen

..... (Kläger) ./. ..... (Beklagte)

überreiche ich als Anlage die mit Zustellvermerk versehene Ausfertigung des Urteils des Landgerichts/Amtsgerichts ..... vom ..... und beantrage namens und in Vollmacht des Klägers,

das Urteil mit Rechtskraftvermerk zu versehen.[1]

Anschließend bitte ich um Rücksendung des Urteils.

.....

Rechtsanwalt[2]

Anmerkungen

1. Die Rechtskraft tritt grundsätzlich mit Verstreichen der Rechtsmittelfrist gem. § 705 ZPO ein. Das Zeugnis der Rechtskraft wird von der Geschäftsstelle des Gerichts des ersten Rechtszuges gem. § 706 Abs. 1 ZPO auf der ihm vom Gläubiger vorgelegten Urteilsausfertigung erteilt. Ist der Rechtsstreit in einem höheren Rechtszug anhängig, ist die dortige Geschäftsstelle zuständig. In funktioneller Hinsicht ist der Urkundsbeamte der Geschäftsstelle zuständig. Die Ausfertigung ersetzt die vom Schuldner abzugebende Erklärung im Rechtsverkehr und bewirkt die Fiktion. Ist die Verurteilung zur Abgabe der Willenserklärung von einer Gegenleistung des Gläubigers abhängig gemacht worden, so gilt das unter → Form. N. II. 1 Anm. 2 Gesagte.

2. Kosten und Gebühren. Gerichtskosten fallen nicht an, § 1 GKG. Das Tätigwerden des **Rechtsanwalts** gehört zum Rechtszug, vgl. § 19 Abs. 1 Abs. 1 S. 2 Nr. 12 RVG und wird durch die Verfahrensgebühr des Prozessbevollmächtigten abgegolten.

III. Willenserklärung zwecks Eintragung bei vorläufig vollstreckbarem Urteil (§ 895 ZPO)

1. Antrag auf Grundbucheintragung

An das

Amtsgericht .....

– Grundbuchamt –

zum Grundbuch von ..... Blatt .....

In Sachen

..... (Kläger) ./. ..... (Beklagte)

ist die Beklagte mit Urteil des Landgerichts ..... vom ..... zur Auflassung des ..... Grundstücks an den Kläger ..... verurteilt worden. Eine Ausfertigung des Urteils[1] des Landgerichts ..... ist beigefügt; das Urteil ist noch nicht rechtskräftig.[2]

Ebenfalls beigefügt ist der Hinterlegungsschein des Amtsgerichts ..... über die nach dem Urteil vom Gläubiger zu leistende und von ihm erbrachte Sicherheit in Höhe von ..... EUR.[3]

Namens und in Vollmacht des Klägers beantrage ich daher gem. § 895 ZPO,

die Eintragung einer Vormerkung zur Sicherung des Anspruchs auf[4]..... in das og Grundbuch.

Vorsorglich weise ich darauf hin, dass es für diese Sicherheitsmaßnahme keiner Vorlage einer vollstreckbaren Ausfertigung bedarf (vgl. Zöller/*Stöber* § 895 Rn. 1).

.....

Rechtsanwalt[5]

Anmerkungen

1. § 895 ZPO bezweckt die Gewährung einer **vorläufigen Sicherung** des Gläubigers bei einem vorläufig vollstreckbaren Urteil auf Abgabe einer Willenserklärung zwecks Eintragungen in das Grundbuch oder andere Register (MüKoZPO/*Gruber* § 895 Rn. 1): Ist der Schuldner durch ein solches Urteil zur Abgabe einer Willenserklärung verurteilt, wonach eine Eintragung in das Grundbuch erfolgen soll, gilt mit Urteilsverkündung die Eintragung einer Vormerkung oder eines Widerspruchs als bewilligt. § 895 ZPO enthält daher wie § 894 ZPO eine Fiktion, die allerdings nicht so weitreichende Folgen nach sich zieht. Die Voraussetzungen sind dafür indes leichter: § 895 ZPO beinhaltet die Gewährung einer selbständigen vorläufigen Sicherungsmaßregel bei Willenserklärungen zwecks Eintragungen in das Grundbuch oder andere Register (MüKoZPO/*Gruber* § 895 Rn. 1). Während allgemein ein nur vorläufig vollstreckbares, aber noch nicht rechtskräftiges Urteil nicht die Fiktionswirkung des § 894 ZPO und somit überhaupt keine Vollstreckungswirkung auslöst, statuiert § 895 ZPO eine auf Sicherung beschränkte Zwangsvollstreckung. Für das materielle Recht ergeben sich hier die Mittel der Vormerkung (§ 883 BGB) und des Widerspruchs (§ 899 BGB): § 895 ZPO nutzt diese für das Zwangsvollstreckungsverfahren (MüKoZPO/*Gruber* § 895 Rn. 1).

2. Vom Anwendungsbereich des § 895 ZPO umfasst sind sämtliche vorläufig vollstreckbaren Urteile über Willenserklärungen, die eine Eintragung in das Grundbuch, Schiffsregister, Schiffsbauregister und auch sonstige vergleichbare Register wie die Luftfahrzeugrolle (§ 99 Abs. 1 LuftfzRG; Schuschke/Walker/*Sturhahn* § 895 Rn. 3; Stein/Jonas/*Brehm* Rn. 2) verlangen. Voraussetzung ist ein vorläufig vollstreckbarer Titel im Sinne der §§ 708, 709, 534, 560 ZPO. Hier kommen in der Regel nur Urteile in Betracht, da Vergleiche oder sonstige vollstreckbare Urkunden wegen §§ 894, 895 S. 2 ZPO diese Prämissen nicht erfüllen; auch Beschlüsse mit dem von § 895 ZPO geforderten Inhalt existieren nicht (MüKoZPO/*Gruber* § 895 Rn. 2). Feststellungsurteile enthalten keine Leistungsverpflichtungen und fallen daher nicht unter § 895 ZPO (MüKoZPO/*Gruber* § 895 ZPO Rn. 2 und 3).

Örtlich zuständig ist für die Eintragung der Vormerkung oder des Widerspruchs das Amtsgericht (Grundbuchamt) des Bezirks, in dem sich das streitgegenständliche Grundstück befindet. In diesen Fällen ist das Grundbuchamt Organ der Zwangsvollstreckung.

Die Eintragung der Sicherung erfolgt nur auf Antrag des Gläubigers unter Vorlage einer Urteilsausfertigung. Der Vorlage der vollstreckbaren Ausfertigung des Urteils bedarf es nicht (BGH Rechtspfleger 1969, 425; Zöller/*Stöber* § 895 Rn. 1). Das Verfahren richtet sich nach den Vorschriften der GBO.

3. Ist das Urteil – wie im Regelfall – nur gegen Sicherheitsleistung des Gläubigers vorläufig vollstreckbar, muss diese Sicherheit im Vorfeld erbracht sein und dem Grundbuchamt nachgewiesen werden (hM Thomas/Putzo/*Seiler* § 895 Rn. 2; MüKoZPO/*Gruber* § 895 Rn. 2 f.; aA *Brox/Walker* Rn. 1118). Falls gestattet (§§ 711, 712 ZPO), kann der Schuldner den Eintritt der Wirkung des § 895 ZPO durch Leistung einer Sicherheit verhindern.

4. Das Urteil muss die Abgabe einer Willenserklärung des Schuldners zum Gegenstand haben, nach der eine Register- bzw. Grundbucheintragung erforderlich ist (MüKoZPO/*Gruber* § 895 Rn. 4). Es kann sich dabei um einschlägige Anträge, Bewilligungen, Löschungen oder Auflassungserklärungen handeln. Die Eintragung kann auch in einer Löschung bestehen (MüKoZPO/*Gruber* § 895 Rn. 4). § 895 ZPO ist jedoch dann nicht anwendbar, wenn das vorläufig vollstreckbare Urteil von vornherein nur zur Bewilligung einer Vormerkung verurteilt (BayObLG NJW-RR 1997, 1445; MüKoZPO/*Gruber* § 895 Rn. 4).

5. Kosten und Gebühren. Die für die Eintragung von Vormerkung oder Widerspruch anfallenden Kosten stellen keine Maßnahmen der Zwangsvollstreckung dar, daher fallen die anfallenden Kosten nicht unter § 788 ZPO (OLG Celle NJW 1968, 2246 (247); aA OLG Köln JurBüro 1998, 639). Der Gläubiger muss die für die Eintragung anfallenden Kosten vorschießen. An **Gerichtskosten** fällt eine 1,0 Gebühr nach Nr. 14110 KV GNotKG iVm § 6 Abs. 1, Abs. 3 GNotKG nach dem Wert des Grundstücks an. Der **Rechtsanwalt** erhält die Geschäftsgebühr gemäß Nr. 2300 VV RVG (Musielak/Voit/*Lackmann* § 895 Rn. 5).

O. Rechtsbehelfe im Klauselverfahren

I. Checkliste zum Auffinden des einschlägigen Formulars mit dem zutreffenden Rechtsbehelf

Obwohl das Klauselverfahren im Ausgangspunkt (vgl. §§ 724 ff. ZPO) im mit „Zwangsvollstreckung“ überschriebenen 8. Buch der ZPO gesetzlich geregelt ist, muss berücksichtigt werden, dass es dem eigentlichen Vollstreckungsverfahren im engeren Sinne vorgelagert ist. Die speziellen vollstreckungsrechtlichen Rechtsbehelfe (etwa: Erinnerung gem. § 766 Abs. 1 ZPO oder sofortige Beschwerde gem. § 793 ZPO) scheiden deshalb aus. Vielmehr besteht im Klauselverfahren ein sehr komplexes und unübersichtliches, darüber hinaus in verschiedenen Gesetzen (ZPO, RPflG, BeurkG) geregeltes eigenständiges Rechtsbehelfssystem. Um hier den Überblick nicht zu verlieren, ist zunächst danach zu differenzieren, ob sich der **Gläubiger gegen die Versagung** (nachfolgend unter II. dargestellt) oder der **Schuldner gegen die Erteilung der Vollstreckungsklausel** (nachfolgend unter III. dargestellt) wenden möchte. Innerhalb der Rechtsbehelfe des Gläubigers oder des Schuldners hängt die Statthaftigkeit zunächst davon ab, um welche Art von Klausel es sich handelt (einfache oder qualifizierte Klausel) und welches Klauselorgan tätig werden soll oder tätig geworden ist (Urkundsbeamter der Geschäftsstelle erster oder höherer Instanz, Rechtspfleger erster oder höherer Instanz, Notar). Bei den Rechtsbehelfen im Zusammenhang mit der Erteilung einer qualifizierten Klausel kommt es schließlich weiter darauf an, ob es um **formelle Gründe für die Klauselversagung** oder **formelle Einwendungen gegen die Klauselerteilung** geht (zB Zuständigkeit des Klauselorgans) oder ob der Gläubiger den für die Erteilung der qualifizierten Klausel **erforderlichen Nachweis** nicht zu führen vermag (Klauselklage gem. § 731 ZPO) bzw. der Schuldner den in der gebotenen Form vom Gläubiger geführten Nachweis bestreitet (sog. Klauselgegenklage gem. § 768 ZPO). Den Besonderheiten der Verfahren nach dem FamFG muss ebenfalls Rechnung getragen werden. Zum leichteren Auffinden des zutreffenden Formulars sind die in Betracht kommenden Rechtsbehelfe in der folgenden Checkliste zusammengestellt.

Rechtsbehelfe im Klauselverfahren			
Entscheidung des Klauselorgans	**Rechtsmittel des Gläubigers**	**Rechtsmittel des Schuldners**	**Formular**
Erteilung einfacher Klausel durch den Urkundsbeamten der Geschäftsstelle		Erinnerung gem. § 732 ZPO	O. III. 1
		Sofortige Beschwerde gegen Erinnerungsentscheidung (§ 567 Abs. 1 Nr. 2 ZPO)	O. III. 2
Versagung einfacher Klausel durch den Urkundsbeamten der Geschäftsstelle	Sofortige Erinnerung (§ 573 ZPO)		O. II. 1
	Sofortige Beschwerde gegen Erinnerungsentscheidung (§ 573 Abs. 2 ZPO)		O. II. 2
Erteilung einfacher Klausel durch den Notar		Erinnerung gem. § 732 ZPO	O. III. 1
		Sofortige Beschwerde gegen Erinnerungsentscheidung (§ 567 Abs. 1 Nr. 2 ZPO)	O. III. 2
Versagung einfacher Klausel durch den Notar	Beschwerde gem. §§ 54 Abs. 1 BeurkG, 58 ff. FamFG		O. II. 5
	Rechtsbeschwerde gem. §§ 54 Abs. 2 BeurkG, 70 ff. FamFG		O. II. 6
Erteilung qualifizierter/weiterer Klausel durch den Rechtspfleger		Erinnerung gem. § 732 ZPO	O. III. 1
		Sofortige Beschwerde gegen Erinnerungsentscheidung (§ 567 Abs. 1 Nr. 2 ZPO)	O. III. 2
		Klauselgegenklage (§ 768 ZPO) bei materiellen Einwendungen	O. III. 3
		Klauselgegenantrag (§ 768 ZPO iVm §§ 95 Abs. 1, 120 Abs. 1 FamFG	O.III. 4

Rechtsbehelfe im Klauselverfahren			
Entscheidung des Klauselorgans	**Rechtsmittel des Gläubigers**	**Rechtsmittel des Schuldners**	**Formular**
Versagung qualifizierter/weiterer Klausel durch den **Rechtspfleger**	Sofortige Beschwerde (§§ 11 Abs. 1 RPflG, 567 ZPO)		O. II. 3
	Sofortige Rechtspflegererinnerung (§ 11 Abs. 2 RPflG)		O. II. 4
	Klauselklage (§ 731 ZPO) bei fehlendem Nachweis		O. II. 7
	Antrag gem. § 731 ZPO iVm §§ 95 Abs. 1, 120 Abs. 1 FamFG		O.II. 8
Erteilung qualifizierter/ weiterer Klausel durch den **Notar**		Erinnerung gem. § 732 ZPO	O. III. 1
		Sofortige Beschwerde gegen Erinnerungsentscheidung (§ 567 Abs. 1 Nr. 2 ZPO)	O. III. 2
		Klauselgegenklage (§ 768 ZPO) bei materiellen Einwendungen	O. III. 3
		Klauselgegenantrag (§ 768 ZPO iVm §§ 95 Abs. 1, 120 Abs. 1 FamFG	O. III. 4
Versagung qualifizierter/weiterer Klausel durch den **Notar**	Beschwerde gem. §§ 54 Abs. 1 BeurkG, 58 ff. FamFG		O. II. 5
	Rechtsbeschwerde gem. §§ 54 Abs. 2 BeurkG, 70 ff. FamFG		O. II. 6
	Klauselklage (§ 731 ZPO) bei fehlendem Nachweis		O. II. 7
	Antrag gem. § 731 ZPO iVm §§ 95 Abs. 1, 120 Abs. 1 FamFG		O. II. 8

II. Rechtsbehelfe des Gläubigers

1. Sofortige Erinnerung bei der Versagung der einfachen Klausel durch den Urkundsbeamten der Geschäftsstelle (§ 573 Abs. 1 ZPO)

An das[1]

Amtsgericht/Familiengericht[2]/Arbeitsgericht[3]/Landgericht/Oberlandesgericht/Landesarbeitsgericht/den Bundesgerichtshof/das Bundesarbeitsgericht

. . . . .

In dem Klauselerteilungsverfahren[4]

des/der . . . . . [ladungsfähige Anschrift des Gläubigers],

– Gläubigers und Erinnerungsführers –

Verfahrensbevollmächtigte: . . . . .[5]

gegen

. . . . . [ladungsfähige Anschrift des Schuldners],

– Schuldner –[6]

Verfahrensbevollmächtigte: . . . . .

Namens und in Vollmacht des Gläubigers legen wir gegen den Beschluss des Urkundsbeamten der Geschäftsstelle des erkennenden Gerichts vom . . . . ., Az. . . . . ., dem Gläubiger zugestellt[7] am . . . . .,

sofortige Erinnerung gem. § 573 Abs. 1 ZPO

ein und beantragen für den Fall, dass der Urkundsbeamte der Erinnerung nicht abhilft,[8]

1. den angefochtenen Beschluss aufzuheben und
2. den Urkundsbeamten der Geschäftsstelle anzuweisen, die vom Gläubiger durch Schriftsatz vom . . . . . beantragte Vollstreckungsklausel zu erteilen

(Alternative:

den Urkundsbeamten der Geschäftsstelle anzuweisen, die Vollstreckungsklausel auf dem Urteil des . . . . . gerichts vom . . . . . Az. . . . . ./auf dem Prozessvergleich vom . . . . . Az. . . . . ./auf dem . . . . . (sonstiger Titel in der Zuständigkeit des Urkundsbeamten der Geschäftsstelle)[9] anzubringen.)

Begründung:

Der Schuldner ist durch Urteil des . . . . . gerichts . . . . . vom . . . . . Az. . . . . . verurteilt worden, ... [Wiedergabe des Urteilstenors].

(Variante:

Die Parteien haben vor dem . . . . . gericht . . . . . Az. . . . . . am . . . . . einen Prozessvergleich geschlossen. Hiernach ist der Schuldner verpflichtet, ... Wiedergabe des Vergleichstenors.)

(Variante:

. . . . . *Wiedergabe des Inhalts eines sonstigen Vollstreckungstitels.)*

Der Gläubiger hat durch Schriftsatz vom . . . . . bei dem Urkundsbeamten der Geschäftsstelle die Erteilung einer vollstreckbaren Ausfertigung beantragt. Dies hat der Urkundsbeamte mit der Begründung abgelehnt, dass . . . . . [Wiedergabe der Ablehnungsgründe]. Der Beschluss ist dem Gläubiger am . . . . . zugestellt worden.

Der Gläubiger wendet sich mit seiner gem. § 573 Abs. 1 ZPO statthaften und fristgerecht eingereichten Erinnerung gegen diese Weigerung der Klauselerteilung. Entgegen der Auffassung des Urkundsbeamten liegen sämtliche Voraussetzungen für die Erteilung der Vollstreckungsklausel vor. Denn . . . . . [Widerlegung der von dem Urkundsbeamten aufgeführten Gründe].[10] Insoweit müssen auch folgende weitere Gesichtspunkte in die Überlegungen mit einbezogen werden, die gem. § 573 Abs. 1 S. 3 ZPO iVm § 571 Abs. 2 S. 1 ZPO auch im Erinnerungsverfahren zu berücksichtigen sind: . . . . .[11]

. . . . .

Rechtsanwalt[12, 13, 14]

Anmerkungen

1. Die **Zuständigkeit** für die Entscheidung über die Erinnerung gegen die Versagung einer einfachen Klausel durch den Urkundsbeamten der Geschäftsstelle liegt immer bei dem Prozessgericht, dem der Urkundsbeamte angehört. Schwebt ein Rechtsstreit bei einem Oberlandesgericht oder dem Bundesgerichtshof, ist dort die vollstreckbare Ausfertigung zu beantragen (vgl. § 724 Abs. 2 ZPO) und auch dort bei einer ablehnenden Entscheidung des Urkundsbeamten Erinnerung einzulegen. Dass die Erinnerung überhaupt auch gegen Entscheidungen des Urkundsbeamten beim Bundesgerichtshof oder bei einem Oberlandesgericht statthaft ist, wird in § 573 Abs. 3 ZPO ausdrücklich klargestellt. Ist der Rechtsstreit gleichzeitig in zwei Instanzen anhängig, ist für die Erteilung der vollstreckbaren Ausfertigung der Urkundsbeamte der höheren Instanz zuständig (vgl. Zöller/*Stöber* § 724 Rn. 9). Die Zuständigkeit der Geschäftsstelle des Rechtsmittelgerichts beginnt mit der Einreichung einer Rechtsmittelschrift; demgegenüber genügt die Einreichung eines Prozesskostenhilfegesuchs nicht (vgl. BGH Rpfleger 1956, 97; Zöller/*Stöber* § 724 Rn. 9 iVm § 706 Rn. 4). Dass das Gericht seine rechtsprechende Tätigkeit bereits abgeschlossen hat oder das Rechtsmittel zurückgenommen worden ist, beendet als solche die Zuständigkeit der Geschäftsstelle des Rechtsmittelgerichts nicht. Da der Begriff der Anhängigkeit iSd § 724 Abs. 2 ZPO ebenso wie im Falle des § 706 Abs. 1 ZPO (Rechtskraftzeugnis) vom Standpunkt der Geschäftsstelle zu verstehen ist, bleibt die Zuständigkeit der Geschäftsstelle des Rechtsmittelgerichts vielmehr bis zur Rücksendung der Akten weiter bestehen (vgl. Zöller/*Stöber* § 724 Rn. 9 iVm § 706 Rn. 4).

2. Aufgrund der Verweisung in den §§ 95 Abs. 1, 120 Abs. 1 FamFG ist § 573 Abs. 1 ZPO auch bei den **Familiengerichten** anwendbar. Angesprochen sind insoweit in erster Linie die Ehesachen und sog. Familienstreitsachen (insbesondere Unterhaltssachen gem. den §§ 111 Nr. 8, 112 Nr. 1, 231 Abs. 1 FamFG), für die die spezielle Verweisungsvorschrift des § 120 Abs. 1 FamFG gilt. In anderen den Familiengerichten bzw. den Amts- und Landgerichten in erster Instanz zugewiesenen Sachen der freiwilligen Gerichtsbarkeit finden die allgemeinen Vorschriften der §§ 86 ff. FamFG Anwendung. Insoweit wird in § 95 Abs. 1 ZPO für bestimmte Vollstreckungsarten (insbesondere: Vollstreckung wegen einer Geldforderung) auf die Vorschriften der Zivilprozessordnung und damit auch auf § 573 Abs. 1 ZPO verwiesen. Wenn also beispielsweise in einer Haushaltssache einem

Ehegatten ein Ausgleichsanspruch gem. § 1361a Abs. 2 S. 2 BGB zugesprochen wird – es handelt sich um eine Familiensache in Gestalt einer Ehewohnungs- und Haushaltssache gem. den §§ 111 Nr. 5, 200 Abs. 2 Nr. 1 FamFG – und der Urkundsbeamte der Geschäftsstelle des Familiengerichts die Erteilung der Vollstreckungsklausel verweigert, kann hiergegen gem. den §§ 95 Abs. 1 Nr. 1 FamFG, 573 Abs. 1 ZPO Erinnerung eingelegt werden.

Denkbar ist auch eine Zuständigkeit des Betreuungsgerichts (§ 23c GVG) beispielsweise im Rahmen der Festsetzung der Betreuervergütung gem. den §§ 292 Abs. 1, 168 Abs. 1 FamFG iVm §§ 1908 Abs. 1, 1835 BGB. Auch in diesen Fällen finden gem. § 95 Abs. 1 FamFG die Vorschriften der ZPO und damit auch § 573 Abs. 1 ZPO Anwendung.

3. § 573 Abs. 1 bis 3 ZPO ist ebenfalls im Verfahren vor den **Arbeitsgerichten** aufgrund der allgemeinen Verweisungsvorschrift des § 78 S. 1 ArbGG entsprechend anwendbar (vgl. *Baumbach/Lauterbach/Albers/Hartmann* § 573 Rn. 3). Wenn also der Urkundsbeamte der Geschäftsstelle des Arbeitsgerichts die Erteilung einer Vollstreckungsklausel verweigert (§ 62 Abs. 2 S. 1 ArbGG iVm § 724 Abs. 2 ZPO), kann sich der Gläubiger hiergegen mit einer an das Arbeitsgericht gerichteten Erinnerung wehren. Hierüber entscheidet der Vorsitzende außerhalb der mündlichen Verhandlung auch dann alleine, wenn der Titel unter Mitwirkung der ehrenamtlichen Richter erlassen wurde (§ 53 Abs. 1 S. 1 ArbGG). Hat der Urkundsbeamte der Geschäftsstelle des **Landesarbeitsgerichts** oder des **Bundesarbeitsgerichts** den Klauselantrag abgelehnt, ist die Erinnerung bei diesen Gerichten einzulegen.

4. Dass es sich bei dem Verfahren weder um einen Rechtsstreit noch um ein Vollstreckungsverfahren handelt, wird in der Praxis zum Teil auch durch die Einleitung „In Sachen“ oder „In der Zivilprozesssache“ zum Ausdruck gebracht.

5. Gemäß § 573 Abs. 1 S. 2 ZPO kann die Erinnerung auch zu Protokoll der Geschäftsstelle eingelegt werden. **Anwaltszwang** besteht deshalb **nicht** (§ 78 Abs. 3 ZPO bzw. § 114 Abs. 4 Nr. 6 FamFG). Aus diesem Grunde kann der Gläubiger selbst auch bei dem Familiengericht, dem Landgericht, dem Oberlandesgericht und dem Bundesgerichtshof eine Erinnerung gem. § 573 Abs. 1 ZPO einlegen, obwohl insoweit grundsätzlich Anwaltszwang gem. § 78 Abs. 1 und 2 ZPO bzw. § 114 Abs. 1 und 2 FamFG herrscht. Im Arbeitsgerichtsprozess ist die Vorschrift des § 78 Abs. 3 ZPO aufgrund der allgemeinen Verweisungsnorm des § 46 Abs. 2 ArbGG entsprechend anzuwenden (vgl. ErfK/*Schaub* ArbGG § 11 Rn. 1), so dass trotz des gem. § 11 Abs. 2 ArbGG vor den Landesarbeitsgerichten und dem Bundesarbeitsgericht grundsätzlich bestehenden Anwaltszwanges eine Vertretung durch einen Rechtsanwalt nicht erforderlich ist. Die Anwendbarkeit des § 78 Abs. 3 ZPO hat schließlich zur Folge, dass auch ein bei dem Bundesgerichtshof nicht zugelassener Rechtsanwalt dort für die Einlegung einer Erinnerung gem. § 573 ZPO postulationsfähig ist.

6. Da der Schuldner vor der Erteilung einer einfachen Vollstreckungsklausel nicht zu hören ist – § 730 ZPO sieht eine Anhörungsmöglichkeit grundsätzlich nur bei der Erteilung einer qualifizierten Klausel vor – (vgl. auch Zöller/*Stöber* § 724 Rn. 10), kommt ihm auch im Erinnerungsverfahren nicht die Stellung eines Erinnerungsgegners zu. Es besteht deshalb auch keine Veranlassung, ihn als solchen im **Rubrum der Erinnerungsschrift** zu bezeichnen. Nicht ausgeschlossen ist es allerdings, dass das Erinnerungsgericht den Schuldner – uU auf ausdrücklichen Antrag des Gläubigers – anhört und er sich zu der Erinnerung äußert und **dadurch** die Stellung als Erinnerungsgegner erlangt. Praktisch bedeutsam ist die Verfahrensstellung des Schuldners für die Frage, ob die Erinnerungsentscheidung mit einer Kostenentscheidung zu versehen ist. Bleibt das Erinnerungsverfahren einseitig, ist es ausgeschlossen, dem an dem Verfahren nicht beteiligten Schuldner die Kosten des Verfahrens aufzuerlegen, es sei denn, der Schuldner hatte anderweitig

Kenntnis von dem Verfahren und damit Gelegenheit, sich zu äußern (vgl. zu der Parallelproblematik im einseitigen Erinnerungsverfahren gem. § 766 Abs. 2 ZPO BGH NJW 2004, 2979; BGH NJW-RR 2009, 1384; Zöller/*Stöber* § 766 Rn. 34 mwN). Der Gläubiger dürfte in diesen Fällen allerdings die Möglichkeit haben, die in dem Erinnerungsverfahren entstandenen Kosten, wenn und soweit sie notwendig waren, gegen den Schuldner gem. § 788 Abs. 1 ZPO als Vorbereitungskosten beizutreiben. Wenn nämlich in einem Erinnerungs- oder Beschwerdeverfahren ausnahmsweise keine Kostenentscheidung ergeht, ist die Vorschrift des § 788 Abs. 1 ZPO anwendbar (vgl. MüKoZPO/*Schmidt/Brinkmann* § 788 Rn. 23).

7. Da die Erinnerung gemäß § 573 Abs. 1 S. 1 ZPO iVm § 569 Abs. 1 S. 2 ZPO binnen einer **Notfrist von 2 Wochen** ab Zustellung der angefochtenen Entscheidung einzulegen ist, erscheint es zweckmäßig, bereits hier das Zustellungsdatum mitzuteilen, um dem angerufenen Gericht eine schnelle Prüfung der Zulässigkeit zu ermöglichen. Dies dient im Übrigen auch der Eigenkontrolle, ob die Frist gewahrt ist.

8. Die **Abhilfebefugnis des Urkundsbeamten** ergibt sich aus § 573 Abs. 1 S. 3 ZPO iVm § 572 Abs. 1 S. 1 ZPO.

9. Zu nennen sind etwa Kostenfestsetzungsbeschlüsse (§ 794 Abs. 1 Nr. 2 ZPO), wenn sie nicht – ausnahmsweise – gem. § 795a ZPO überhaupt keiner Vollstreckungsklausel bedürfen oder Auszüge aus der Insolvenztabelle, die trotz der missverständlichen Formulierung in § 201 Abs. 2 S. 1 InsO nur vollstreckbar sind, wenn sie mit einer – vom Urkundsbeamten der Geschäftsstelle des Insolvenzgerichts zu erteilenden – Vollstreckungsklausel versehen sind (vgl. etwa Braun/*Kießner* § 201 Rn. 10). Demgegenüber erfolgt die Vollstreckung aus einem Vollstreckungsbescheid, aus einem Arrest oder aus einer einstweiligen Verfügung **gegen die darin bezeichneten Personen** ohne Vollstreckungsklausel (§§ 796 Abs. 1, 929 Abs. 1, 936 ZPO); etwas anderes gilt nur dann, wenn die Vollstreckung für einen anderen in den genannten Titeln bezeichneten Gläubiger oder gegen einen anderen als den in den genannten Titeln bezeichneten Schuldner erfolgen soll.

10. Gem. **§ 795b ZPO** (vgl. hierzu *Sandhaus* Rpfleger 2008, 236) ist der Urkundsbeamte der Geschäftsstelle und nicht der Rechtspfleger (überholt deshalb BGH NJW 2006, 776) für die Erteilung der Vollstreckungsklausel bei vor einem deutschen Gericht geschlossenen Vergleichen zuständig, deren Wirksamkeit ausschließlich vom Eintritt einer sich aus der Verfahrensakte ergebenden Tatsache abhängig ist. Dies ist bei **Widerrufsvergleichen** der Fall, wenn – wie in der Praxis üblich – als Adressat der Widerrufserklärung **nur** das Gericht bestimmt ist (vgl. Zöller/*Stöber* § 795b Rn. 3).

Kann der Widerruf auch gegenüber der anderen Partei erklärt werden, findet § 795b ZPO nur Anwendung, wenn von der zum Widerruf berechtigten Partei bzw. deren Prozessbevollmächtigten eine Erklärung abgefordert worden ist, dass nicht widerrufen worden **und** diese Erklärung zur Akte genommen worden ist (vgl. *Huber* JuS 2007, 236 (238); Zöller/*Stöber* § 795b Rn. 3).

11. Denkbar ist es beispielsweise, dass der Urkundsbeamte den Titel für nicht hinreichend bestimmt hält, diese Bedenken aber im Hinblick auf eine zwischenzeitlich erfolgte Berichtigung gem. § 319 ZPO nicht mehr aufrechterhalten werden können.

12. Kosten und Gebühren. Das Erinnerungsverfahren ist **gerichtsgebührenfrei.** Im Hinblick auf etwaig entstandene Auslagen ist die Regelung gem. der Vorbem. 9 Abs. 1 zu Teil 9 KV GKG bzw. in familiengerichtlichen Verfahren die Regelung gem. der Vorbem. 2 Abs. 1 zu Teil 2 KV FamGKG, in der ausdrücklich nur von einer „Beschwerde" die Rede ist, entsprechend anzuwenden. Ist hiernach die Erinnerung begründet und war der Schuldner – wie im Regelfall – an dem Erinnerungsverfahren nicht beteiligt, so dass eine ihm nachteilige Kostenentscheidung nicht ergehen kann, werden Auslagen nicht erhoben. Hat die Erinnerung demgegenüber keinen Erfolg, fallen dem Gläubiger etwaig entstandene Auslagen zur Last.

Wird die Erinnerung von dem Prozessbevollmächtigten eingelegt, der den Gläubiger auch bereits im Erkenntnisverfahren vertreten hatte, fällt hierfür keine gesonderte **Anwaltsgebühr** an, weil eine auf § 573 ZPO gestützte Erinnerung zum Rechtszug gehört (vgl. § 19 Abs. 1 S. 2 Nr. 5 RVG).

Nur wenn sich die Tätigkeit des Rechtsanwaltes auf die Einlegung der Erinnerung beschränkt, erhält er eine Gebühr gem. Nr. 3500 VV RVG sowie eine Terminsgebühr gem. Nr. 3513 VV RVG, falls über die Erinnerung – ausnahmsweise – aufgrund mündlicher Verhandlung entschieden wird (vgl. Zöller/*Meßler* § 573 Rn. 7). Fraglich ist allerdings, ob der Rechtsanwalt in diesen Fällen die in den Nr. 3500 bzw. 3513 aufgeführten Gebühren in Höhe von jeweils 0,5 erhält oder gem. § 15 Abs. 6 RVG iVm Nr. 3309 VV RVG beschränkt auf die Höhe von 0,3. Nach der Neufassung des § 15 Abs. 6 RVG durch das 2. Justizmodernisierungsgesetz vom 22.12.2006 (BGBl. 2006 I 3429) erhält der Rechtsanwalt, der nur mit einzelnen Handlungen **oder mit Tätigkeiten, die nach § 19 RVG zum Rechtszug oder zum Verfahren gehören,** beauftragt ist, nicht mehr an Gebühren als der mit der gesamten Angelegenheit beauftragte Rechtsanwalt für die gleiche Tätigkeit erhalten würde. Für einen Rechtsanwalt, der von dem Gläubiger einen umfassenden Vollstreckungsauftrag erhalten hat – gebührenrechtlich gehört bereits die erstmalige Beantragung einer Vollstreckungsklausel zur Zwangsvollstreckung (vgl. AnwK/*Mock*/*Schneider*/*Wolf* § 19 Rn. 122 sowie AnwK/*Wolf* VV 3309–3310 Rn. 10 f.: Rückschluss aus § 19 Abs. 1 S. 1 und S. 2 Nr. 12 iVm §§ 17, 18 RVG), ist die Einlegung einer Erinnerung iSd § 573 ZPO von der 0,3 Vollstreckungsgebühr gem. Nr. 3309 VV RVG abgegolten. Nr. 3309 VV RVG beschränkt deshalb die Gebühr gem. Nr. 3500 VV RVG (vgl. hierzu auch *Schneider* NJW 2007, 325 (328) zu der Parallelproblematik der Anwaltsvergütung bei einer isolierten Beauftragung zur Einlegung einer Erinnerung gem. § 766 ZPO).

Als **Gegenstandswert** der anwaltlichen Tätigkeit ist der Wert des zu vollstreckenden Anspruchs zugrunde zu legen (vgl. zur Parallelfrage des Streitwerts einer Klauselklage gem. § 731 ZPO nur Zöller/*Herget* § 3 Rn. 16 Stichwort „Vollstreckungsklausel"). Hierbei ist zu berücksichtigen, dass wegen der Gerichtsgebührenfreiheit für das Gericht keine Veranlassung besteht, den Streitwert festzusetzen. Eine Bindung gem. § 23 Abs. 1 RVG scheidet deshalb aus, vielmehr ist die Vorschrift des § 23 Abs. 2 S. 3 RVG einschlägig. In Zweifelsfällen sollte der Rechtsanwalt einen Antrag auf Festsetzung des Gegenstandswerts für die anwaltliche Vergütung gem. § 33 Abs. 1 RVG stellen.

13. **Rechtsmittel.** Wenn die Erinnerungsentscheidung im Verfahren des **ersten** Rechtszuges von einem Amtsgericht, Familiengericht, Arbeitsgericht oder Landgericht erlassen wurde, ist hiergegen gem. § 573 Abs. 2 ZPO die **sofortige Beschwerde** statthaft (vgl. dazu nachfolgend → Form. O. II. 2). Hat das Landgericht oder das Oberlandesgericht bzw. das Landesarbeitsgericht im Beschwerde- oder Berufungsverfahren entschieden, scheidet demgegenüber eine sofortige Beschwerde aus. Möglich ist allerdings in diesen Fällen eine beim Bundesgerichtshof (in Arbeitsrechtsstreitigkeiten: beim Bundesarbeitsgericht) einzulegende Rechtsbeschwerde, wenn sie in der Erinnerungsentscheidung zugelassen worden ist (vgl. § 574 Abs. 1 Nr. 2 ZPO). Hat der Bundesgerichtshof oder das Bundesarbeitsgericht über die Erinnerung entschieden, ist kein weiteres Rechtsmittel statthaft. Unberührt bleibt die Möglichkeit, bei als solchen unanfechtbaren Entscheidungen eine Gehörsrüge gem. § 321a ZPO/§ 44 FamFG/§ 78a ArbGG zu erheben (→ Form. Q. II. 1).

14. Hinsichtlich der **Form** des Schriftsatzes ist zu beachten, dass er von dem Rechtsanwalt zu **unterschreiben** ist (§ 130 Nr. 6 ZPO). Unter den Voraussetzungen des § 130a

ZPO ist auch die Einreichung eines **elektronischen Dokuments** zulässig. Dies setzt derzeit noch eine qualifizierte elektronische Signatur voraus. Wegen des hiermit verbundenen Aufwands (Chipkarten, Lesegeräte, Signaturprogramme) hat sich die elektronische Übermittlung in der Praxis bislang nicht durchsetzen können. Mit dem am 16.10.2013 im Bundesgesetzblatt verkündeten **Gesetz zur Förderung des elektronischen Rechtsverkehrs mit den Gerichten** vom 10.10.2013 (BGBl. 2013 I 3786) verfolgt der Gesetzgeber das Ziel, den elektronischen Rechtsverkehr flächendeckend einzuführen. Spätestens ab dem 1.1.2022 und frühestens ab dem 1.1.2020 (je nachdem, ob die Länder von der ihnen eingeräumten Ermächtigung Gebrauch machen) besteht für Rechtsanwälte und Behörden die Pflicht, vorbereitende Schriftsätze als elektronisches Dokument zu übermitteln (§ 130d ZPO nF). Dies wird – bezogen auf Rechtsanwälte – zukünftig durch die Einrichtung eines elektronischen Anwaltspostfachs erheblich erleichtert, da der Versand von einem solchen Postfach zur elektronischen Poststelle des Gerichts als sicherer Übermittlungsweg iSd § 130a Abs. 4 Nr. 2 ZPO nF definiert wird. Die Bundesrechtsanwaltskammer hat gem. § 31a Abs. 1 BRAO für jeden zugelassenen Rechtsanwalt ein solches Postfach bereits ab dem 1.1.2016 anzulegen. Einen guten Überblick über die Neuregelungen einschließlich der komplizierten Übergangsregelungen gibt *Bacher* MDR 2014, 998.

2. Sofortige Beschwerde gegen die Erinnerungsentscheidung (§§ 573 Abs. 2, 567 Abs. 1 Nr. 1 ZPO)

An das

Amtsgericht/Familiengericht/Arbeitsgericht/Landgericht

in . . . . .[1, 2]

In dem Klauselerteilungsverfahren

des/der . . . . . [ladungsfähige Anschrift des Gläubigers],

– Gläubigers, Erinnerungsführers und Beschwerdeführers –

Verfahrensbevollmächtigte: . . . . .[3]

gegen

. . . . . [ladungsfähige Anschrift des Schuldners],

– Schuldner –[4]

Verfahrensbevollmächtigte: . . . . .

Namens und in Vollmacht des Gläubigers legen wir gegen den Beschluss des erkennenden Gerichts vom . . . . ., Az. . . . . ., dem Gläubiger zugestellt am . . . . .,

sofortige[5] Beschwerde gem. § 573 Abs. 2 ZPO

ein und beantragen für den Fall, dass das Ausgangsgericht der Beschwerde nicht abhilft,[6]

1. **den Beschluss des Urkundsbeamten der Geschäftsstelle des . . . . . gerichts . . . . . vom . . . . . Az. . . . . . sowie den Beschluss des . . . . . gerichts . . . . . vom . . . . . Az. . . . . . aufzuheben und**
2. **den Urkundsbeamten der Geschäftsstelle des . . . . . gerichts . . . . . anzuweisen, die vom Gläubiger durch Schriftsatz vom . . . . . beantragte Vollstreckungsklausel zu erteilen**

[Variante:

den Urkundsbeamten der Geschäftsstelle anzuweisen, die Vollstreckungsklausel auf dem Urteil des . . . . . gerichts . . . . . vom . . . . . Az. . . . . ./auf dem Prozessvergleich vom . . . . . Az. . . . . ./auf dem . . . . . (sonstiger Titel in der Zuständigkeit des Urkundsbeamten der Geschäftsstelle) anzubringen.]

Hilfsweise[7] für den Fall, dass das Beschwerdegericht von der Rechtsauffassung des Beschwerdeführers abweichen möchte, beantragen wir,

die Rechtsbeschwerde zuzulassen.
[Variante bei einer Zuständigkeit des Einzelrichters beim Landgericht/Oberlandesgericht gem. § 568 S. 1 ZPO:[8]
die Entscheidung über die Beschwerde auf die Kammer/den Senat zu übertragen und die Rechtsbeschwerde zuzulassen.]

Begründung:

Der Schuldner ist durch Urteil des . . . . . gerichts . . . . . vom . . . . . Az. . . . . . verurteilt worden, ... [Wiedergabe des Urteilstenors].

(Variante:

Die Parteien haben vor dem . . . . . gericht . . . . . Az. . . . . . am . . . . . einen Prozessvergleich geschlossen. Hiernach ist der Schuldner verpflichtet, ... [Wiedergabe des Vergleichstenors].)

(Variante:

. . . . . [Wiedergabe des sonstigen Vollstreckungstitels].)

Der Gläubiger hat durch Schriftsatz vom . . . . . bei dem Urkundsbeamten der Geschäftsstelle die Erteilung einer vollstreckbaren Ausfertigung beantragt. Dies hat der Urkundsbeamte mit der Begründung abgelehnt, dass . . . . . (Wiedergabe der Ablehnungsgründe). Der Beschluss ist dem Gläubiger am . . . . . zugestellt worden. Die hiergegen von dem Gläubiger am . . . . . eingelegte Erinnerung hat das . . . . . gericht durch den angegriffenen Beschluss zurückgewiesen. Dieser Beschluss ist dem Gläubiger am . . . . . zugestellt worden. Begründet wird die Zurückweisung damit, dass . . . . . (Kurzwiedergabe der Zurückweisungsgründe).

Der Gläubiger wendet sich mit seiner gem. § 573 Abs. 2 ZPO iVm § 567 Abs. 1 Nr. 1 ZPO statthaften und fristgerecht erhobenen sofortigen Beschwerde gegen die Weigerung der Klauselerteilung. Entgegen der Auffassung des Urkundsbeamten und des . . . . . gerichts liegen sämtliche Voraussetzungen für die Erteilung der Vollstreckungsklausel vor. Denn . . . . . (Widerlegung der von dem Urkundsbeamten bzw. dem Gericht aufgeführten Gründe).

[Ergänzend für den Fall, dass die Zulassung der Rechtsbeschwerde beantragt werden soll

Wenn das Beschwerdegericht entgegen den vorstehenden Ausführungen die Beschwerde für unbegründet hält, müsste es von der – wie dargelegt – überwiegenden Auffassung in Rechtsprechung und Literatur abweichen. In diesem Fall bedarf es wegen der grundsätzlichen Bedeutung bzw. zur Fortbildung des Rechts und der Sicherung einer einheitlichen Rechtsprechung einer Entscheidung des Rechtsbeschwerdegerichts (§ 574 Abs. 2 Nr. 1 und 2 ZPO/§§ 78 S. 2, 72 Abs. 2 ArbGG) . . . . . (ist näher darzulegen). Deshalb ist die Rechtsbeschwerde zuzulassen.

[Variante bei einer Zuständigkeit des Einzelrichters beim Landgericht/Oberlandesgericht gem. § 568 S. 1 ZPO:

Dies setzt nach st. Rechtsprechung des BGH zunächst eine Übertragung des Verfahrens von dem Einzelrichter auf die Kammer/den Senat voraus (§ 568 S. 2 ZPO). Die Kammer/der Senat hat sodann die Rechtsbeschwerde zuzulassen.)]

.....

Rechtsanwalt[9, 10, 11]

Anmerkungen

1. Die sofortige Beschwerde gem. § 573 Abs. 2 ZPO ist nur gegen eine im **erstinstanzlichen Verfahren** ergangene Erinnerungsentscheidung **statthaft.** Hierzu gehören aufgrund der Verweisungsvorschriften der §§ 95 Abs. 1, 120 Abs. 1 FamFG auch familiengerichtliche Entscheidungen des Amtsgerichts als Familiengericht (→ Form. O. II. 1 Anm. 2). Entscheidungen des Oberlandesgerichts oder des Bundesgerichtshofs bzw. des Landesarbeitsgerichts oder des Bundesarbeitsgerichts scheiden demgegenüber als Gegenstand der hier erörterten Beschwerde aus. Entsprechendes gilt für landgerichtliche Erinnerungsentscheidungen, wenn das Landgericht zweitinstanzlich, insbesondere als Berufungsgericht tätig geworden ist.

2. Über die Beschwerde entscheidet das dem Ausgangsgericht übergeordnete **Beschwerdegericht.** Welches Gericht insoweit zuständig ist, ergibt sich aus dem GVG bzw. dem ArbGG. Wenn die Erinnerungsentscheidung also von dem Amtsgericht stammt, ist gem. § 72 GVG grundsätzlich das Landgericht zur Entscheidung berufen. Hat das Landgericht (als erstinstanzliches Gericht) die Klauselerinnerung zurückgewiesen, entscheidet gem. § 119 Abs. 1 Nr. 2 GVG grundsätzlich das Oberlandesgericht. Darüber hinaus ist das Oberlandesgericht jedoch auch zuständig, wenn die Ausgangsentscheidung von einem Familiengericht (§ 119 Abs. 1 Nr. 1a GVG) oder von dem Amtsgericht in Angelegenheiten der freiwilligen Gerichtsbarkeit mit Ausnahme der Freiheitsentziehungssachen und der von den Betreuungsgerichten entschiedenen Sachen (§ 119 Abs. 1 Nr. 1b GVG) herrührt. Über eine Beschwerde gegen eine von dem Arbeitsgericht getroffene Erinnerungsentscheidung hat das **Landesarbeitsgericht** zu befinden (§ 78 S. 3 ArbGG).

Gem. § 569 Abs. 1 S. 1 ZPO hat der Beschwerdeführer ein **Wahlrecht,** ob er das Rechtsmittel bei dem Ausgangsgericht oder dem Beschwerdegericht einlegen möchte. Insoweit sollte – dies entspricht auch der gängigen Praxis – die Beschwerde grundsätzlich beim **Ausgangsgericht** eingelegt werden. Hierfür sprechen zwei gewichtige Gründe: Zum einen läuft der Beschwerdeführer nicht Gefahr, die Beschwerde vor dem falschen Gericht eingelegt zu haben mit einer hiermit regelmäßig einhergehenden Verwerfung als unzulässig. Zum anderen führt die unmittelbare Einlegung bei dem Beschwerdegericht zu unnötigen Verzögerungen. Die Akten werden auf entsprechende Anforderung zunächst an das Beschwerdegericht geschickt. Dieses sendet die Akten an das Ausgangsgericht mit der Bitte zurück, zunächst eine Entscheidung über die Abhilfe/Nichtabhilfe iSd § 572 Abs. 1 ZPO zu treffen. Dieser „Umweg“ wird bei einer Einlegung der Beschwerde beim Ausgangsgericht vermieden.

Nur wenn die Sache besonders **eilbedürftig** ist, erscheint die Einlegung beim **Beschwerdegericht** vorzugswürdig. Das Beschwerdegericht **kann** auch ohne Durchführung des Abhilfeverfahrens über die Beschwerde entscheiden, da das Abhilfeverfahren weder Verfahrensvoraussetzung für das Beschwerdeverfahren noch für die Beschwerdeentscheidung selbst ist (vgl. OLG Frankfurt MDR 2002, 1391; Zöller/*Meßler* § 572 Rn. 4). In der Praxis wird das Beschwerdegericht jedoch nur in Ausnahmefällen von dieser Möglichkeit Gebrauch machen.

3. Da das auf die Erteilung einer einfachen Vollstreckungsklausel gerichtete Verfahren einschließlich der Klauselerinnerung gem. § 573 Abs. 1 ZPO nicht als „Anwaltsprozess" zu führen ist (vgl. §§ 573 Abs. 1 S. 2, 724 Abs. 2 ZPO), kann die sofortige Beschwerde gem. § 569 Abs. 3 Nr. 1 ZPO auch durch Erklärung zu **Protokoll der Geschäftsstelle** eingelegt werden. Es besteht deshalb **kein Anwaltszwang** (§ 78 Abs. 3 ZPO bzw. § 114 Abs. 4 Nr. 6 FamFG), wobei der Gläubiger die Beschwerde alternativ zur Protokollerklärung auch schriftlich einlegen kann (vgl. Musielak/*Ball* § 569 Rn. 8). Die Befreiung vom Anwaltszwang gilt auch dann, wenn das Landgericht oder das Familiengericht die Erinnerung zurückgewiesen haben. Dass in dem Hauptsacheverfahren Anwaltszwang herrschte (§§ 78 Abs. 1 ZPO, 114 Abs. 1 FamFG), ist unerheblich, da für Nebenverfahren – wie hier – nicht auf den Hauptsacheprozess abzustellen ist (vgl. Thomas/Putzo/*Reichold* § 569 Rn. 13). „Rechtsstreit" iSd § 569 Abs. 3 Nr. 1 ZPO ist vielmehr das jeweils konkret in Rede stehende Verfahren (vgl. BGH NJW 2006, 2260 zu dem fehlenden Anwaltszwang im Kostenfestsetzungsverfahren). Nur wenn in dem Beschwerdeverfahren vor dem Landgericht oder Oberlandesgericht bzw. Landesarbeitsgericht – ausnahmsweise – eine mündliche Verhandlung anberaumt wird, müssen sich die Parteien durch einen Anwalt vertreten lassen (vgl. Thomas/Putzo/*Reichold* § 571 Rn. 8).

4. Da im Zeitpunkt der Einlegung der Beschwerde noch nicht feststeht, ob der Schuldner an dem Beschwerdeverfahren beteiligt wird, hat er zunächst nur die Stellung als Schuldner. Die Bezeichnung als „Beschwerdegegner" ist deshalb entbehrlich. Nur wenn der Schuldner ausnahmsweise (vgl. § 730 ZPO) auch bereits in dem Erinnerungsverfahren die Stellung eines Verfahrensbeteiligten hatte, kann er in dem **Rubrum des Beschwerdeschriftsatzes** als „Schuldner, Erinnerungsgegner und Beschwerdegegner" bezeichnet werden. Bedeutung hat die Verfahrensstellung des Schuldners im Beschwerdeverfahren für die Frage, ob ihm im Falle einer stattgebenden Beschwerdeentscheidung die Kosten des Beschwerdeverfahrens auferlegt werden können. Insoweit gelten die Ausführungen in → Form. O. II. 1 Anm. 5 entsprechend.

5. Die Beschwerdefrist beträgt gem. § 569 Abs. 1 S. 1 ZPO **2 Wochen** und beginnt regelmäßig mit der Zustellung der Erinnerungsentscheidung (§ 569 Abs. 1 S. 2 ZPO).

6. Wenn das Ausgangsgericht der Beschwerde gem. § 572 Abs. 1 ZPO **abhilft,** wird das Rechtsmittel gegenstandslos.

7. Der Antrag auf Zulassung der Rechtsbeschwerde sollte nur dann gestellt werden, wenn eine derartige Zulassung überhaupt ernsthaft in Betracht kommt und der Beschwerdeführer dies näher darlegen kann (vgl. dazu im Einzelnen *Becker* JuS 2004, 574 (575 f.)). Von einer bloß formularmäßigen Antragstellung ohne weitere Begründung ist abzusehen.

8. Wenn der Einzelrichter des Beschwerdegerichts bei einem Landgericht oder Oberlandesgericht (§ 568 S. 1 ZPO) ohne **Übertragung auf die Kammer oder den Senat** die Rechtsbeschwerde zulässt, ist der Bundesgerichtshof zwar an diese Zulassung gebunden (574 Abs. 3 S. 2 ZPO). In der Sache wird der Bundesgerichtshof bei einem derartigen Vorgehen aber keine Entscheidung treffen, weil die Beschwerdeentscheidung wegen fehlerhafter Besetzung des Beschwerdegerichts (Art. 101 Abs. 1 S. 2 GG) aufzuheben ist (vgl. BGH NJW 2003, 1254; BGH NJW-RR 2003, 936; BGH NJW 2003, 3712). Zwischen den Zulassungsgründen des § 574 Abs. 2 ZPO und den Übertragungsgründen iSd § 568 S. 2 ZPO besteht eine Wechselwirkung (vgl. hierzu auch *Becker* JuS 2004, 574 (576)). Aus diesem Grunde ist darauf zu achten, dass bei einer Zuständigkeit des Einzelrichters bei dem Landgericht oder Oberlandesgericht das Beschwerdeverfahren vor der Zulassung der Rechtsbeschwerde auf die Kammer (Landgericht) oder den Senat (Oberlandesgericht) übertragen wird. Einer solchen Übertragung bedarf es naturgemäß nicht, wenn bereits eine Kammer des Landgerichts über die Erinnerung entschieden hatte und deshalb bei dem Oberlandesgericht auch der Senat und nicht der Einzelrichter zur Entscheidung über die Beschwerde berufen ist.

Im **Arbeitsgerichtsprozess** entscheidet das Landesarbeitsgericht gem. § 78 S. 3 ArbGG über die sofortige Beschwerde und damit auch über die Zulassung der Rechtsbeschwerde stets ohne Hinzuziehung der ehrenamtlichen Richter. Die Problematik einer Übertragung auf die Kammer stellt sich hier nicht.

9. Kosten und Gebühren. An **Gerichtsgebühren** fällt für das Beschwerdeverfahren vor den **ordentlichen Gerichten** einschließlich den Familiengerichten eine Festgebühr von **60,– EUR** an, wenn die Beschwerde vollständig verworfen oder zurückgewiesen wird (Nr. 1812 KV GKG sowie Nr. 1912 KV FamGKG). Dann sind auch die etwaig entstandenen Auslagen von dem Beschwerdeführer zu erstatten. Da es sich bei dem Klauselerteilungsverfahren noch nicht um ein Vollstreckungsverfahren im engeren Sinne handelt, ist Nr. 2121 KV GKG (30,– EUR) nicht anwendbar. Hat die Beschwerde dagegen in vollem Umfang Erfolg, entfällt die Gebühr. Wenn aber einem – etwaig vorhandenen (→ Anm. 4) – Beschwerdegegner die Kosten des Beschwerdeverfahrens auferlegt worden sind, können entstandene Auslagen von ihm verlangt werden (vgl. Vor 9 Abs. 1 zu Teil 9 KV GKG sowie Vor 2 Abs. 1 zu Teil 2 KV FamGKG). Wenn die Beschwerde teilweise Erfolg hat, kann das Gericht aufgrund der in Nr. 1812 KV GKG bzw. Nr. 1912 KV FamGKG eingeräumten Ermächtigung die Gebühr nach billigem Ermessen auf die Hälfte ermäßigen oder bestimmen, dass eine Gebühr nicht zu erheben ist. Im **arbeitsgerichtlichen Verfahren** beträgt die Beschwerdegebühr **50,– EUR** (Nr. 8614 KV GKG).

Dem **Rechtsanwalt** steht für die Vertretung im Beschwerdeverfahren eine 0,5 Beschwerdegebühr gem. Nr. 3500 VV RVG zu. Kommt es – ausnahmsweise – in dem Beschwerdeverfahren zu einer mündlichen Verhandlung, kann er zusätzlich eine 0,5 Terminsgebühr gem. Nr. 3513 VV RVG beanspruchen (vgl. zu weiteren Einzelheiten *Abramenko* AnwBl. 2006, 270).

Der **Gegenstandswert** der anwaltlichen Tätigkeit entspricht im Regelfall dem Wert des vorangegangenen Erinnerungsverfahrens. Die Ausführungen zu → Form. O. II. 1 gelten entsprechend, so dass grundsätzlich der Wert des titulierten Anspruchs zugrundezulegen ist. Wenn das Beschwerdegericht den Beschwerdewert nicht ohnehin festsetzt – dies geschieht in der Praxis noch häufig, obwohl das Gericht hierzu wegen der Festgebühr nicht verpflichtet ist –, besteht die Möglichkeit, einen Antrag auf Festsetzung des Gegenstandswerts gem. § 33 Abs. 1 RVG zu stellen.

10. Rechtsmittel. Gegen die Beschwerdeentscheidung ist (nur) die **Rechtsbeschwerde** zum **Bundesgerichthof/Bundesarbeitsgericht** statthaft, wenn das Beschwerdegericht die Rechtsbeschwerde zugelassen hat (vgl. § 574 Abs. 1 Nr. 2 ZPO – im Arbeitsgerichtsprozess iVm § 78 ArbGG). Unberührt bleibt – wie stets – die Gehörsrüge gem. § 321a ZPO/§ 44 FamFG/§ 78a ArbGG (→ Form. Q. II. 1).

11. Hinsichtlich der **Form** des Schriftsatzes (Unterschrift, elektronisches Dokument) wird verwiesen auf → Form. O. II. 1 Anm. 14.

3. Sofortige Beschwerde gegen die Versagung der qualifizierten oder der weiteren Klausel durch den Rechtspfleger (§§ 11 Abs. 1 RPflG, 567 Abs. 1 Nr. 2 ZPO)

An das

Amtsgericht/Familiengericht/Arbeitsgericht/Landgericht

in .....[1, 2]

In dem Klauselerteilungsverfahren[3]

des/der ..... [ladungsfähige Anschrift des – ggf. neuen – Gläubigers],

– Gläubigers und Beschwerdeführers –

Verfahrensbevollmächtigte: .....[4]

gegen

..... [ladungsfähige Anschrift des – ggf. neuen – Schuldners],

– Schuldner und Beschwerdegegner –

Verfahrensbevollmächtigte: .....

Namens und in Vollmacht des Gläubigers legen wir gegen den Beschluss des Rechtspflegers des erkennenden Gerichts vom ....., Az. ....., dem Gläubiger zugestellt am .....,

sofortige[5] Beschwerde gem. §§ 11 Abs. 1 RPflG, 567 Abs. 1 Nr. 2 ZPO

ein und beantragen für den Fall, dass der Rechtspfleger der Beschwerde nicht abhilft,[6]

1. den angefochtenen Beschluss aufzuheben und
2. den Rechtspfleger anzuweisen, die vom Gläubiger durch Schriftsatz vom ..... beantragte Vollstreckungsklausel/weitere Vollstreckungsklausel zu erteilen.

[Variante:

den Rechtspfleger anzuweisen, die Vollstreckungsklausel auf dem Urteil des ..... gerichts vom ..... Az. ...../auf dem Prozessvergleich vom ..... Az. ...../auf dem ..... (Angabe des sonstigen Vollstreckungstitels)[7] *anzubringen.]*

Hilfsweise[8] für den Fall, dass das Beschwerdegericht von der Rechtsauffassung des Beschwerdeführers abweichen möchte, beantragen wir,

die Rechtsbeschwerde zuzulassen.
[Variante bei einer Zuständigkeit des Einzelrichters beim Landgericht/Oberlandesgericht gem. § 568 S. 1 ZPO:
die Entscheidung über die Beschwerde auf die Kammer/den Senat zu übertragen und die Rechtsbeschwerde zuzulassen.]

Begründung:[9]

(Variante für den Fall der Erteilung einer weiteren Klausel iSd § 733 Abs. 1 ZPO:

Der Schuldner ist durch Urteil des ..... gerichts ..... vom ..... Az. ..... verurteilt worden, ... (Wiedergabe des Urteilstenors).)

(Variante:

Die Parteien haben vor dem ..... gericht ..... Az. ..... am ..... einen Prozessvergleich geschlossen. Hiernach ist der Schuldner verpflichtet, ... (Wiedergabe des Vergleichstenors).)

[Variante:

..... [Wiedergabe des sonstigen Vollstreckungstitels].)

Der Gläubiger hat durch Schriftsatz vom ..... bei dem Rechtspfleger die Erteilung einer weiteren vollstreckbaren Ausfertigung (§ 733 ZPO) beantragt, weil ..... (Darlegung der Voraussetzungen des § 733 ZPO). Dies hat der Rechtspfleger mit der Begründung abgelehnt, dass ..... [Wiedergabe der Ablehnungsgründe]. Der ablehnende Beschluss ist dem Gläubiger am ..... zugestellt worden.

Der Gläubiger wendet sich mit seiner gem. § 11 Abs. 1 RPflG iVm § 567 Abs. 1 Nr. 2 ZPO statthaften und fristgerecht erhobenen sofortigen Beschwerde gegen die Weigerung der Klauselerteilung. Entgegen der Auffassung des Rechtspflegers liegen sämtliche Voraussetzungen für die Erteilung einer weiteren vollstreckbaren Ausfertigung iSd § 733 ZPO vor. Denn ..... [Widerlegung der von dem Rechtspfleger aufgeführten Gründe].]

(Variante für den Fall der Erteilung einer titelergänzenden Klausel iSd § 726 Abs. 1 ZPO:

Der Schuldner ist durch Urteil des ..... gerichts ..... vom ..... Az. ..... verurteilt worden, ... (Wiedergabe des Urteilstenors).)

(Variante:

Die Parteien haben vor dem ..... gericht ..... Az. ..... am ..... einen Prozessvergleich geschlossen. Hiernach ist der Schuldner verpflichtet, ... (Wiedergabe des Vergleichstenors).)

(Variante:

..... [Wiedergabe des sonstigen Vollstreckungstitels].)

Der Gläubiger hat durch Schriftsatz vom ..... bei dem Rechtspfleger die Erteilung einer vollstreckbaren Ausfertigung (§ 726 Abs. 1 ZPO) beantragt. Dies hat der Rechtspfleger mit der Begründung abgelehnt, dass ..... [Wiedergabe der Ablehnungsgründe]. Der ablehnende Beschluss ist dem Gläubiger am ..... zugestellt worden.

Der Gläubiger wendet sich mit seiner gem. § 11 Abs. 1 RPflG iVm § 567 Abs. 1 Nr. 2 ZPO statthaften und fristgerecht erhobenen sofortigen Beschwerde gegen die Weigerung der Klauselerteilung. Entgegen der Auffassung des Rechtspflegers liegen sämtliche Voraussetzungen für die Erteilung der Vollstreckungsklausel iSd § 726 Abs. 1 ZPO vor. Denn ..... [Widerlegung der von dem Rechtspfleger aufgeführten Gründe].][10]

(Variante für den Fall der Umschreibung der Klausel auf einen anderen Gläubiger gem. den §§ 727, 728 ZPO:

Der Schuldner ist durch Urteil des ..... gerichts ..... vom ..... Az. ..... verurteilt worden, ... [Wiedergabe des auf den früheren Gläubiger bezogenen Urteilstenors].)

(Variante:

Der Schuldner und der frühere Gläubiger ..... haben vor dem ..... gericht ..... Az. ..... am ..... einen Prozessvergleich geschlossen. Hiernach ist der Schuldner verpflichtet, ... (Wiedergabe des auf den früheren Gläubiger bezogenen Vergleichstenors).)

(Variante:
..... (Wiedergabe des sonstigen Vollstreckungstitels).)

Der jetzige Gläubiger hat durch Schriftsatz vom ..... bei dem Rechtspfleger die Umschreibung des Titels auf sich beantragt, weil ..... (Darlegung der Voraussetzungen der Rechtsnachfolge auf Gläubigerseite gem. den §§ 727, 728 ZPO). Der Rechtspfleger hat die Erteilung einer entsprechenden vollstreckbaren Ausfertigung mit der Begründung abgelehnt, dass ..... (Wiedergabe der Ablehnungsgründe). Der die Umschreibung ablehnende Beschluss ist dem Gläubiger am ..... zugestellt worden.

Der Gläubiger wendet sich mit seiner gem. § 11 Abs. 1 RPflG iVm § 567 Abs. 1 Nr. 2 ZPO statthaften und fristgerecht erhobenen sofortigen Beschwerde gegen die Weigerung der Klauselerteilung. Entgegen der Auffassung des Rechtspflegers liegen sämtliche Voraussetzungen für die Erteilung der Vollstreckungsklausel iSd § 727/§ 728 ZPO vor. Denn ..... (Widerlegung der von dem Rechtspfleger aufgeführten Gründe).]

(Variante für den Fall der Umschreibung der Klausel auf einen anderen Schuldner gem. den §§ 727 ff. ZPO:

Der frühere Schuldner ist durch Urteil des ..... gerichts ..... vom ..... Az. ..... verurteilt worden, ... (Wiedergabe des Urteilstenors).)

(Variante:

Der Gläubiger und der frühere Schuldner haben vor dem ..... gericht ..... Az. ..... am ..... einen Prozessvergleich geschlossen. Hiernach war der frühere Schuldner verpflichtet, ... (Wiedergabe des Vergleichstenors).)

(Variante:
..... [Wiedergabe des sonstigen Vollstreckungstitels].)

Der Gläubiger hat durch Schriftsatz vom ..... bei dem Rechtspfleger die Erteilung einer vollstreckbaren Ausfertigung des Titels gegen den jetzigen Schuldner beantragt, weil ..... (Darlegung der Voraussetzungen der Rechtsnachfolge auf Schuldnerseite gem. den §§ 727, 728, 729 ZPO). Dies hat der Rechtspfleger mit der Begründung abgelehnt, dass ..... [Wiedergabe der Ablehnungsgründe]. Der die Umschreibung ablehnende Beschluss ist dem Gläubiger am ..... zugestellt worden.

Der Gläubiger wendet sich mit seiner gem. § 11 Abs. 1 RPflG iVm § 567 Abs. 1 Nr. 2 ZPO statthaften und fristgerecht erhobenen sofortigen Beschwerde gegen die Weigerung der Klauselerteilung. Entgegen der Auffassung des Rechtspflegers liegen sämtliche Voraussetzungen für die Erteilung der Vollstreckungsklausel iSd § 727/§ 728/§ 729 ZPO gegen den jetzigen Schuldner vor. Denn ..... (Widerlegung der von dem Rechtspfleger aufgeführten Gründe).]

(Variante für den Fall der Erteilung einer sonstigen qualifizierten Klausel gem. den §§ 738, 742, 744 f. und 749 ZPO:

..... (Schilderung des maßgeblichen Sachverhalts).)

[Ergänzend in allen Varianten für den Fall, dass die Zulassung der Rechtsbeschwerde beantragt werden soll:

Wenn das Beschwerdegericht entgegen den vorstehenden Ausführungen die Beschwerde für unbegründet hält, müsste es von der – wie dargelegt – überwiegenden Auffassung in Rechtsprechung und Literatur abweichen. In diesem Fall bedarf es wegen der grundsätzlichen Bedeutung bzw. zur Fortbildung des Rechts und der Sicherung einer einheitlichen Rechtsprechung einer Entscheidung des Rechtsbeschwerdegerichts (§ 574

Abs. 2 Nr. 1 und 2 ZPO/§§ 78 S. 2, 72 Abs. 2 ArbGG) . . . . . (ist näher darzulegen). Deshalb ist die Rechtsbeschwerde zuzulassen.]

[Ergänzung bei einer Zuständigkeit des Einzelrichters beim Landgericht/Oberlandesgericht gem. § 568 S. 1 ZPO:
Dies setzt nach der st. Rechtsprechung des BGH zunächst eine Übertragung des Verfahrens von dem Einzelrichter auf die Kammer/den Senat voraus (§ 568 S. 2 ZPO). Die Kammer/der Senat hat sodann die Rechtsbeschwerde zuzulassen.
Beglaubigte und einfache Abschrift liegen an.]

. . . . .

Rechtsanwalt[11, 12]

Anmerkungen

1. Die sofortige Beschwerde gegen die Weigerung des Rechtspflegers, eine **qualifizierte** Vollstreckungsklausel gem. den §§ 726 ff. ZPO zu erteilen (vgl. zur Zuständigkeit § 20 Nr. 12 RPflG), ist gem. § 11 Abs. 1 RPflG iVm § 567 Abs. 1 Nr. 2 ZPO nur **statthaft,** wenn es sich um eine im **erstinstanzlichen Verfahren** ergangene Entscheidung eines Amtsgerichts, Familiengerichts oder eines Landgerichts bzw. Arbeitsgerichts handelt.

Wenn der Rechtspfleger demgegenüber im **zweitinstanzlichen Verfahren** vor dem Landgericht oder dem Oberlandesgericht bzw. dem Landesarbeitsgericht entschieden hat, ist gegen diese Entscheidung (nur) die **Rechtsbeschwerde** statthaft, wenn der Rechtspfleger in seiner Entscheidung die Rechtsbeschwerde gem. § 574 Abs. 1 Nr. 2, Abs. 3 ZPO (im Arbeitsgerichtsprozess: §§ 78 S. 2, 72 Abs. 2 ArbGG) zugelassen hat (vgl. zu der Möglichkeit einer solchen Zulassung auch durch den Rechtspfleger nur Musielak/*Ball* § 573 Rn. 13). Hat der Rechtspfleger im zweitinstanzlichen Verfahren vor dem Landgericht oder dem Oberlandesgericht bzw. dem Landesarbeitsgericht die Rechtsbeschwerde nicht zugelassen oder hat der Rechtspfleger beim Bundesgerichthof/beim Bundesarbeitsgericht entschieden, steht dem Gläubiger (nur) die sofortige **Erinnerung** gem. **§ 11 Abs. 2 S. 1 RPflG** offen (→ Form. O. II. 4).

Zu beachten ist, dass es für die Frage der Statthaftigkeit der sofortigen Beschwerde gegen eine Weigerung der Klauselerteilung durch den Rechtspfleger **unerheblich** ist, **ob** der **Rechtspfleger** überhaupt für die Entscheidung **zuständig** war. Dies betrifft die Frage der Begründetheit der sofortigen Beschwerde. Auch wenn es sich also tatsächlich um eine einfache Klausel handelte, die gem. § 724 Abs. 2 ZPO der Urkundsbeamte der Geschäftsstelle und nicht der Rechtspfleger (§ 20 Nr. 12 RPflG) zu erteilen hatte, ist dies nicht mit der Erinnerung gem. § 573 Abs. 1 ZPO, sondern mit der hier erörterten sofortigen Beschwerde geltend zu machen (vgl. OLG Köln InVo 2004, 414).

Da der Rechtspfleger gem. § 20 Nr. 12 RPflG ebenfalls für die Erteilung einer **weiteren vollstreckbaren Ausfertigung** iSd § 733 ZPO zuständig ist, wobei es sich auch um eine einfache Klausel handeln kann, gelten die Ausführungen zu der Statthaftigkeit der sofortigen Beschwerde bei einer Weigerung des Rechtspflegers, eine solche Klausel zu erteilen, entsprechend. Soweit es demgegenüber um die Entscheidung über die Erteilung einer weiteren vollstreckbaren Ausfertigung einer **notariellen Urkunde** geht (§ 797 Abs. 3 ZPO), konnte der Gläubiger bereits nach bisherigem Recht gegen eine Weigerung des Rechtspflegers, den Notar zur Erteilung einer weiteren Ausfertigung zu ermächtigen, **keine Beschwerde** gem. § 11 Abs. 1 RPflG iVm § 567 Abs. 1 Nr. 2 ZPO einlegen, obwohl nach § 797 Abs. 3 ZPO aF die Entscheidung über die Erteilung einer weiteren vollstreckbaren Ausfertigung einer notariellen Urkunde von dem Amtsgericht getroffen wurde, in dessen Bezirk der Notar seinen Sitz hat (vgl. BayObLG FGPrax 2000, 42). Da eine solche

Weigerung der Ablehnung durch den Notar gleichkommt, war vielmehr der Beschwerdeweg des § 54 BeurkG eröffnet (→ Form. O. II. 5). Seit der am 1.9.2013 in Kraft getretenen Neufassung des § 797 Abs. 3 ZPO ist dies gesetzlich zwingend, weil nunmehr dem Notar selbst und nicht mehr dem Amtsgericht die Entscheidung über die Erteilung einer weiteren Ausfertigung obliegt. Das bisherige Problem, welcher Rechtsbehelf bei einer Weigerung des Notars, eine weitere Ausfertigung zu erteilen, statthaft ist, stellt sich nicht mehr.

2. Hinsichtlich der **gerichtlichen Zuständigkeit** für die Entscheidung über die sofortige Beschwerde (Landgericht oder Oberlandesgericht bzw. Landesarbeitsgericht) gelten die Ausführungen zu → Form. O. II. 2 entsprechend. Auch die gegen eine Entscheidung des Rechtspflegers gerichtete Beschwerde ist wegen der Abhilfemöglichkeit des Rechtspflegers (§ 572 Abs. 1 ZPO) zweckmäßigerweise bei diesem und nicht bei dem Beschwerdegericht einzulegen. Da nach der Rechtsprechung des Bundesgerichtshofs (vgl. BGH InVo 2006, 483 (484)) für die Erteilung der zweiten vollstreckbaren Ausfertigung des **Vollstreckungsbescheids** nach Abgabe des Mahnverfahrens das **Prozessgericht** und nicht das Mahngericht zuständig ist, entscheidet auch über eine Beschwerde gegen die Weigerung der Klauselerteilung das dem Prozessgericht übergeordnete Beschwerdegericht.

3. Begehrt der Gläubiger eine weitere Klausel gem. § 733 ZPO oder eine titelergänzende Klausel iSd § 726 Abs. 1 ZPO, ist die Fassung des **Rubrums der Beschwerdeschrift** unproblematisch, weil es sich um dieselben Parteien handelt wie im Erkenntnisverfahren. Besonderheiten bestehen, wenn es sich um eine titelumschreibende Klausel gem. den §§ 727 ff. ZPO handelt. Begehrt der Rechtsnachfolger des Gläubigers die Umschreibung des Titels auf sich, erscheint es zweckmäßig, den früheren Gläubiger als solchen ebenfalls im Rubrum mit dieser Bezeichnung aufzuführen. In gleicher Weise ist auch der frühere Schuldner als solcher im Rubrum aufzuführen, wenn der Gläubiger die Umschreibung des Titels gegen einen anderen Schuldner beantragt.

Da bei der Erteilung einer weiteren bzw. einer qualifizierten Vollstreckungsklausel – anders als bei der einfachen Klausel – die **Anhörung des Schuldners** gem. §§ 730, 733 ZPO und damit dessen Beteiligung die Regel ist, kommt ihm auch im Beschwerdeverfahren die Stellung als Beschwerdegegner zu. Da es sich um ein kontradiktorisches Verfahren iSd §§ 91 ff. ZPO handelt, erlässt das Beschwerdegericht auch eine entsprechende Kostenentscheidung. Wenn der Rechtspfleger der Beschwerde in vollem Umfang abhilft, hat er auch über die Kosten des Beschwerdeverfahrens zu entscheiden (vgl. Zöller/*Heßler* § 572 Rn. 15).

4. Da das Verfahren vor dem Rechtspfleger gem. § 13 RPflG generell von dem Anwaltszwang ausgenommen und „der Rechtsstreit" iSd § 569 Abs. 3 Nr. 1 ZPO deshalb im ersten Rechtszug **nicht als Anwaltsprozess** zu führen war, kann die Beschwerde auch durch Erklärung zu Protokoll der Geschäftsstelle eingelegt werden. Dies hat wiederum gem. § 78 Abs. 3 ZPO bzw. § 114 Abs. 4 Nr. 6 FamFG zur Folge, dass für die Beschwerdeeinlegung kein Anwaltszwang besteht (vgl. auch BGH NJW 2006, 2260 zu dem fehlenden Anwaltszwang für eine Beschwerde gegen einen Kostenfestsetzungsbeschluss). Im Übrigen gelten die Ausführungen in → Form. O. II. 2 Anm. 3 entsprechend.

5. Die **Beschwerdefrist** beträgt gem. § 11 Abs. 1 RPflG iVm § 569 Abs. 1 S. 1 ZPO grundsätzlich **2 Wochen** ab Zustellung der Entscheidung des Rechtspflegers.

6. Da gem. § 11 Abs. 1 RPflG die Beschwerdevorschriften Anwendung finden, kann der Rechtspfleger gem. § 572 Abs. 1 ZPO der Beschwerde in gleicher Weise **abhelfen,** wie wenn ein Richter die angegriffene Entscheidung erlassen hätte.

7. Gem. den §§ 796 Abs. 1, 928 Abs. 1 und 936 ZPO bedürfen auch Vollstreckungsbescheide, Arrestbefehle sowie einstweilige Verfügungen der Vollstreckungsklausel, wenn die Vollstreckung bzw. Vollziehung **für einen anderen** als den in der Entscheidung bezeichneten Gläubiger oder **gegen einen anderen** als den in der Entscheidung bezeichneten Schuldner erfolgen soll. Auch im Hinblick auf diese Vollstreckungstitel kommt deshalb im Falle der Weigerung der Klauselerteilung ein Beschwerdeverfahren in Betracht.

8. Vgl. zu den Ausführungen im Falle des Antrags auf **Zulassung der Rechtsbeschwerde** → Form. O. II. 2 Anm. 7 und 8.

9. Die **Begründung** ist unterschiedlich, je nachdem, ob es um die Erteilung einer weiteren Klausel gem. § 733 ZPO (vgl. hierzu Zöller/*Stöber* § 733 Rn. 2 ff.), einer titelergänzenden Klausel gem. § 726 Abs. 1 ZPO oder einer titelumschreibenden Klausel iSd §§ 727 ff. ZPO geht, wobei insoweit wiederum zu differenzieren ist zwischen einer Umschreibung auf Gläubigerseite und auf Schuldnerseite. Weitere Fälle der titelumschreibenden Klausel finden sich in § 738 ZPO (vollstreckbare Ausfertigung gegen den Nießbraucher), in § 742 ZPO (Gütergemeinschaft) sowie in § 749 ZPO (Testamentsvollstrecker).

10. Die sofortige Beschwerde verspricht keinen Erfolg, wenn der Rechtspfleger die Klausel zu Recht deshalb nicht erteilt hat, weil der Gläubiger über keine bzw. **keine hinreichenden Urkunden** verfügt, um die in den §§ 726 Abs. 1, 727 ff. ZPO normierten Voraussetzungen zu beweisen und der Schuldner diese auch nicht zugestanden hat. Der Gläubiger muss dann eine Klauselklage gem. § 731 ZPO erheben (→ Form. O. II. 7).

11. Kosten und Gebühren/Rechtsmittel. Hinsichtlich der im Beschwerdeverfahren anfallenden **Gerichtskosten** und **Anwaltsgebühren** sowie der **Rechtsmittel** gegen die Beschwerdeentscheidung kann in vollem Umfang auf die Ausführungen zu → Form. O. II. 2 verwiesen werden, die entsprechend gelten.

12. Hinsichtlich der **Form** des Schriftsatzes (Unterschrift, elektronisches Dokument) wird verwiesen auf → Form. O. II. 1 Anm. 14.

4. Sofortige Rechtspflegererinnerung gegen die im Beschwerderechtszug erfolgte Ablehnung der Klauselerteilung durch den Rechtspfleger (§ 11 Abs. 2 RPflG)

An das

Landgericht/Oberlandesgericht/Landesarbeitsgericht

in . . . . ./den Bundesgerichtshof in Karlsruhe/das Bundesarbeitsgericht in Erfurt[1, 2]

In dem Klauselerteilungsverfahren

des/der . . . . . [ladungsfähige Anschrift des – ggf. neuen – Gläubigers],

– Gläubigers und Erinnerungsführers –

Verfahrensbevollmächtigte: . . . . .[3]

gegen

. . . . . [ladungsfähige Anschrift des – ggf. neuen – Schuldners],

– Schuldner und Erinnerungsgegner –

Verfahrensbevollmächtigte: .....

Namens und in Vollmacht des Gläubigers legen wird gegen den Beschluss des Rechtspflegers des erkennenden Gerichts vom ....., Az. ....., dem Gläubiger zugestellt am .....,

sofortige[4] Erinnerung gem. § 11 Abs. 2 RPflG

ein und beantragen für den Fall, dass der Rechtspfleger der Erinnerung nicht abhilft,[5]

1. **den angefochtenen Beschluss aufzuheben und**
2. **den Rechtspfleger anzuweisen, die vom Gläubiger durch Schriftsatz vom ..... beantragte Vollstreckungsklausel/weitere Vollstreckungsklausel zu erteilen.**

(Variante:
den Rechtspfleger anzuweisen, die Vollstreckungsklausel auf dem Urteil des ..... gerichts vom ..... Az. ...../auf dem Prozessvergleich vom ..... Az. ...../auf dem ..... (Angabe des sonstigen Vollstreckungstitels) anzubringen.)

Begründung:[6]

.....

Rechtsanwalt[7, 8, 9]

Anmerkungen

1. Wenn der **Rechtspfleger bei dem Rechtsmittelgericht** den Klauselantrag des Gläubigers abgelehnt hat, scheidet eine Beschwerde gem. § 11 Abs. 1 RPflG iVm § 567 Abs. 1 Nr. 2 ZPO und – soweit der Rechtspfleger im zweitinstanzlichen Verfahren vor dem Landgericht oder dem Oberlandesgericht bzw. Landesarbeitsgericht nicht ausnahmsweise die Rechtsbeschwerde (§ 574 Abs. 1 Nr. 2, Abs. 3 ZPO) zugelassen hat – auch die Rechtsbeschwerde aus. Da in diesen Fällen – einschließlich der Entscheidung durch den Rechtspfleger beim Bundesgerichtshof oder dem Bundesarbeitsgericht – nach den allgemeinen verfahrensrechtlichen Vorschriften ein Rechtsmittel nicht gegeben ist, greift die Vorschrift des § 11 Abs. 2 RPflG ein. Der Gläubiger hat deshalb die Möglichkeit, die Entscheidung des Rechtspflegers im Wege einer sofortigen Rechtspflegererinnerung gerichtlich überprüfen zu lassen.

2. Über die Erinnerung entscheidet das **Gericht, dem der Rechtspfleger angehört** (§ 11 Abs. 2 S. 3 RPflG iVm § 28 RPflG).

3. Für das Erinnerungsverfahren besteht wegen der Verweisung auf die Beschwerdevorschriften (§ 11 Abs. 2 S. 4 RPflG iVm § 569 Abs. 3 Nr. 1 ZPO iVm § 13 RPflG iVm § 78 Abs. 3 ZPO bzw. § 114 Abs. 4 Nr. 6 FamFG) **kein Anwaltszwang.**

4. Die Erinnerung ist gem. § 11 Abs. 2 S. 1 RPflG innerhalb einer **Frist von 2 Wochen** ab Zustellung der Entscheidung des Rechtspflegers einzulegen.

5. Die **Abhilfebefugnis** des Rechtspflegers ergibt sich aus § 11 Abs. 2 S. 2 RPflG.

6. Insoweit gelten die Ausführungen zu dem → Form. O. II. 3 sinngemäß mit dem einzigen Unterscheid, dass anstelle der §§ 11 Abs. 1 RPflG, 567 Abs. 1 Nr. 2 ZPO die Vorschrift des § 11 Abs. 2 RPflG zu zitieren ist und die Ausführungen zur Zulassung der Rechtsbeschwerde entfallen.

7. Kosten und Gebühren. Das Erinnerungsverfahren ist gem. § 11 Abs. 4 RPflG **gerichtsgebührenfrei.** Im Hinblick auf etwaig entstandene Auslagen ist die Regelung gem. der Vorbem. 9 Abs. 1 zu Teil 9 KV GKG, in der ausdrücklich nur von einer „Beschwerde" die Rede ist, entsprechend anzuwenden.

Der **Rechtsanwalt** erhält für die Tätigkeit im Erinnerungsverfahren eine 0,5 Gebühr gem. Nr. 3500 VV RVG sowie eine 0,5 Terminsgebühr gem. Nr. 3513 VV RVG, falls über die Erinnerung – ausnahmsweise – aufgrund mündlicher Verhandlung entschieden wird. Da es sich bei der Rechtspflegererinnerung iSd § 11 Abs. 2 RPflG stets um eine gesonderte Angelegenheit handelt (vgl. § 18 Nr. 5 RVG), kann der Rechtsanwalt unabhängig von einer vorangegangenen Tätigkeit für seine Partei eine gesonderte Vergütung gem. den Nr. 3500 und 3513 VV RVG verlangen (vgl. AnwK/*Schneider* VV 3500 Rn. 54). Die im Zusammenhang mit einer Erinnerung gem. § 573 Abs. 1 ZPO erörterten Anrechnungsprobleme (→ Form. O. II. 2) stellen sich im vorliegenden Zusammenhang nicht.

8. Rechtsmittel. Gegen die Entscheidung des Gerichts über die Erinnerung ist **kein Rechtsmittel** gegeben, diese ist vielmehr unanfechtbar. Bei Gehörsverletzungen kann allerdings der Rechtsbehelf des § 321a ZPO/§ 44 FamFG/§ 78a ArbGG eingelegt werden (→ Form. Q. II. 1).

9. Hinsichtlich der **Form** des Schriftsatzes (Unterschrift, elektronisches Dokument) wird verwiesen auf → Form. O. II. 1 Anm. 14.

5. Beschwerde zum LG gegen die Versagung der Klauselerteilung durch den Notar (§ 54 Abs. 1 BeurkG iVm §§ 58 ff. FamFG)

An

Herrn Notar/Frau Notarin . . . . .

in . . . . .[1, 2]

In Sachen

des/der . . . . . [ladungsfähige Anschrift des – ggf. neuen – Gläubigers],

– Gläubigers und Beschwerdeführers –

Verfahrensbevollmächtigte: . . . . .[3]

gegen

. . . . . [ladungsfähige Anschrift des – ggf. neuen – Schuldners],

– Schuldner und Beschwerdegegner –

Verfahrensbevollmächtigte: . . . . .

Namens und in Vollmacht des Gläubigers legen wir gegen die Ablehnung der Erteilung der Vollstreckungsklausel durch das Schreiben des Notars/der Notarin vom . . . . . betreffend die Urkunde vom . . . . ., UR-Nr. . . . . ., dem Gläubiger zugestellt[4]

am . . . . .,

Beschwerde gem. § 54 Abs. 1 BeurkG iVm §§ 58 ff. FamFG

ein und beantragen für den Fall, dass der Notar/die Notarin der Beschwerde nicht gem. § 68 Abs. 1 FamFG abhilft,

unter Aufhebung des Schreibens des Notars/der Notarin vom ..... diesen/diese anzuweisen, die vom Gläubiger durch Schreiben vom ..... beantragte Vollstreckungsklausel/weitere Vollstreckungsklausel zu erteilen.
(Variante:
unter Aufhebung des Schreibens des Notars/der Notarin vom ..... diesen/diese anzuweisen, die Vollstreckungsklausel auf die Urkunde des Notars/der Notarin vom ..... UR-Nr. ..... anzubringen.)

Begründung:[5]

(Variante für den Fall der Erteilung einer einfachen Klausel iSd § 724 Abs. 1 ZPO:

Der Schuldner hat sich am ..... vor dem Notar ..... – UR-Nr. ..... – gegenüber dem Gläubiger verpflichtet, ... EUR zu zahlen und sich insoweit der sofortigen Zwangsvollstreckung aus der Urkunde in sein gesamtes Vermögen unterworfen.)

(Variante:
..... (präzise Wiedergabe der sonstigen in der Urkunde titulierten Verpflichtung).

Da der Schuldner seiner Verpflichtung nicht nachgekommen ist, hat der Gläubiger durch Schreiben vom ..... bei dem Notar die Erteilung einer vollstreckbaren Ausfertigung beantragt. Dies hat der Notar mit der Begründung abgelehnt, dass ..... [Wiedergabe der Ablehnungsgründe).

Der Gläubiger wendet sich mit seiner gem. § 54 BeurkG iVm den §§ 58 ff. FamFG statthaften Beschwerde gegen die Weigerung der Klauselerteilung. Entgegen der Auffassung des Notars liegen sämtliche Voraussetzungen für die Erteilung der Vollstreckungsklausel vor. Denn ..... (Widerlegung der von dem Notar aufgeführten Gründe).]

(Variante für den Fall der Erteilung einer titelergänzenden Klausel iSd § 726 Abs. 1 ZPO:

Der Schuldner hat sich am ..... vor dem Notar ..... – UR-Nr. ..... – gegenüber dem Gläubiger verpflichtet, ... EUR zu zahlen und sich insoweit der sofortigen Zwangsvollstreckung aus der Urkunde in sein gesamtes Vermögen unterworfen, wobei die Zahlung davon abhängig war, dass .....)

(Variante:
..... (präzise Wiedergabe der sonstigen in der Urkunde titulierten Verpflichtung).)

Da der Schuldner seiner Verpflichtung trotz Vorliegen der in der Urkunde normierten Voraussetzungen nicht nachgekommen ist, hat der Gläubiger durch Schreiben vom ..... bei dem Notar die Erteilung einer vollstreckbaren Ausfertigung beantragt. Dies hat der Notar mit der Begründung abgelehnt, dass ..... [Wiedergabe der Ablehnungsgründe].

Der Gläubiger wendet sich mit seiner gem. § 54 Abs. 1 BeurkG iVm den §§ 58 ff. FamFG statthaften Beschwerde gegen die Weigerung der Klauselerteilung. Entgegen der Auffassung des Notars liegen sämtliche Voraussetzungen für die Erteilung der Vollstreckungsklausel iSd § 726 Abs. 1 ZPO vor. Denn ..... (Widerlegung der von dem Notar aufgeführten Gründe).]

(Variante für den Fall der Umschreibung der Klausel auf einen anderen Gläubiger gem. den §§ 727, 728 ZPO:

Der Schuldner hat sich am ..... vor dem Notar ..... – UR-Nr. ..... – gegenüber dem früheren Gläubiger, Herrn/Frau ..... verpflichtet, ... EUR zu zahlen und sich insoweit der sofortigen Zwangsvollstreckung aus der Urkunde in sein gesamtes Vermögen unterworfen.)

(Variante:
. . . . . (präzise Wiedergabe der sonstigen in der Urkunde zugunsten des früheren Gläubigers titulierten Verpflichtung).)

Der jetzige Gläubiger hat durch Schreiben vom . . . . . bei dem Notar die Umschreibung des Titels auf sich beantragt, weil . . . . . (Darlegung der Voraussetzungen der Rechtsnachfolge gem. den §§ 727, 728 ZPO). Der Notar hat die Erteilung einer entsprechenden vollstreckbaren Ausfertigung mit der Begründung abgelehnt, dass . . . . . [Wiedergabe der Ablehnungsgründe].

Der Gläubiger wendet sich mit seiner gem. § 54 Abs. 1 BeurkG iVm den §§ 58 ff. FamFG statthaften Beschwerde gegen die Weigerung der Klauselerteilung. Entgegen der Auffassung des Notars liegen sämtliche Voraussetzungen für die Erteilung der Vollstreckungsklausel iSd §§ 727/728 ZPO vor. Denn . . . . . [Widerlegung der von dem Notar aufgeführten Gründe].

(Variante für den Fall der Umschreibung der Klausel auf einen anderen Schuldner gem. den §§ 727 ff. ZPO:

Der frühere Schuldner, Herr/Frau . . . . . hat sich am . . . . . vor dem Notar . . . . . – UR-Nr. . . . . . – gegenüber dem Gläubiger verpflichtet, ... EUR zu zahlen und sich insoweit der sofortigen Zwangsvollstreckung aus der Urkunde in sein gesamtes Vermögen unterworfen.)

(Variante:
. . . . . (Präzise Wiedergabe der sonstigen in der Urkunde zugunsten des Gläubigers titulierten Verpflichtung).)

Der Gläubiger hat durch Schreiben vom . . . . . bei dem Notar die Erteilung einer vollstreckbaren Ausfertigung des Titels gegen den jetzigen Schuldner beantragt, weil . . . . . (Darlegung der Voraussetzungen der Rechtsnachfolge auf Schuldnerseite gem. den §§ 727, 728, 729 ZPO). Dies hat der Notar mit der Begründung abgelehnt, dass . . . . . [Wiedergabe der Ablehnungsgründe].

Der Gläubiger wendet sich mit seiner gem. § 54 Abs. 1 BeurkG iVm den §§ 58 ff. FamFG statthaften Beschwerde gegen die Weigerung der Klauselerteilung. Entgegen der Auffassung des Notars liegen sämtliche Voraussetzungen für die Erteilung der Vollstreckungsklausel iSd § 727/§ 728/§ 729 ZPO vor. Denn . . . . . [Widerlegung der von dem Notar aufgeführten Gründe].

(Variante für den Fall der Erteilung einer weiteren Klausel iSd § 733 Abs. 1 ZPO:

Der Schuldner hat sich am . . . . . vor dem Notar . . . . . – UR-Nr. . . . . . – gegenüber dem Gläubiger verpflichtet, ... EUR zu zahlen und sich insoweit der sofortigen Zwangsvollstreckung aus der Urkunde in sein gesamtes Vermögen unterworfen.)

(Variante:
. . . . . (präzise Wiedergabe der sonstigen in der Urkunde titulierten Verpflichtung).)

Der Gläubiger hat durch Schreiben vom . . . . . bei dem hierfür gemäß § 797 Abs. 3 S. 2 ZPO zuständigen Notar die Erteilung einer weiteren vollstreckbaren Ausfertigung (§ 733 ZPO) beantragt, weil . . . . . (Darlegung der Voraussetzungen des § 733 ZPO). Dies hat der Notar mit der Begründung abgelehnt, dass . . . . . [Wiedergabe der Ablehnungsgründe].)

Der Gläubiger wendet sich mit seiner gem. § 54 Abs. 1 BeurkG iVm den §§ 58 ff. FamFG statthaften Beschwerde gegen die Weigerung der Klauselerteilung. Entgegen der Auffassung des Notars liegen sämtliche Voraussetzungen für die Erteilung einer weiteren vollstreckbaren Ausfertigung iSd § 733 ZPO vor. Denn . . . . . [Widerlegung der von dem Notar aufgeführten Gründe].

Beglaubigte und einfache Abschrift liegen an.

. . . . .

Rechtsanwalt[6, 7, 8]

Anmerkungen

1. Die Beschwerde gem. § 54 Abs. 1 BeurkG steht dem Gläubiger unabhängig davon zu, ob der Notar die Erteilung einer **einfachen** oder einer **qualifizierten Vollstreckungsklausel** – für beides ist er gem. § 797 Abs. 2 ZPO zuständig – verweigert hat. Daneben war bereits nach der bisherigen Fassung des § 797 Abs. 3 ZPO in der Rechtsprechung anerkannt, dass das Rechtsmittel nach § 54 BeurkG für den Gläubiger auch dann eröffnet ist, wenn das Amtsgericht (Rechtspfleger) es ablehnt, den Notar gem. § 797 Abs. 3 aF zur Erteilung einer weiteren vollstreckbaren Ausfertigung zu ermächtigen (vgl. BayObLG FGPrax 2000, 42 sowie → Form. O. II. 3 Anm. 1) oder aber der Notar nach einer vorangegangenen Ermächtigung oder gar Anweisung durch das Amtsgericht die Erteilung einer **weiteren vollstreckbaren Ausfertigung** verweigert (vgl. OLG Rostock OLGR 2001, 485). Seit der am 1.9.2013 in Kraft getretenen Neufassung des § 797 Abs. 3 ZPO ist dies gesetzlich zwingend, weil nunmehr dem Notar selbst und nicht mehr dem Amtsgericht die Entscheidung über die Erteilung einer weiteren Ausfertigung obliegt. Das bisherige Problem, welcher Rechtsbehelf bei einer Weigerung des Notars, eine weitere Ausfertigung zu erteilen, statthaft ist, stellt sich nicht mehr. Zu beachten ist, dass sich bei der Verweigerung der Erteilung einer qualifizierten Vollstreckungsklausel durch den Notar ebenso wie bei den erörterten Rechtsschutzmöglichkeiten gegen die Verweigerung der Erteilung einer solchen Klausel durch den Rechtspfleger (→ Form. O. II. 3) ein **Abgrenzungsproblem zu der Klauselerteilungsklage gem. § 731 ZPO** ergibt. Kann der Gläubiger den von den §§ 726 ff. ZPO geforderten Nachweis der maßgeblichen Tatsachen nicht in der gebotenen Form führen und ist der Urkundsnachweis auch nicht ausnahmsweise wegen Offenkundigkeit oder Zugestehen durch den Schuldner entbehrlich, kann der Gläubiger sein Ziel der Klauselerteilung nur im Wege der Klage gem. § 731 ZPO iVm §§ 794 Abs. 1 Nr. 5, 795 ZPO erreichen (→ Form. O. II. 7). Bei familienrechtlichen Ansprüchen tritt an die Stelle der Klage ein Antrag gem. §§ 731 ZPO, 120 Abs. 1 FamFG (→ Form. O. II. 8).

2. Über die Beschwerde **entscheidet** gem. § 54 Abs. 2 S. 2 BeurkG eine **Zivilkammer des Landgerichts,** in dessen Bezirk der Notar seinen Sitz hat. Anders als nach dem früheren Recht (§ 54 Abs. 2 S. 1 BeurkG aF iVm § 21 Abs. 1 FGG) hat der Beschwerdeführer kein Wahlrecht mehr, ob er die Beschwerde bei dem Beschwerdegericht oder bei dem die ablehnende Entscheidung erlassenden Notar einlegt. Vielmehr muss die Beschwerde gem. §§ 54 Abs. 2 S. 1 BeurkG, 64 Abs. 1 FamFG **zwingend** bei dem Notar eingelegt werden. Gem. § 68 Abs. 1 FamFG muss der Notar zunächst über die Abhilfe entscheiden und die Beschwerde im Falle der Nichtabhilfe von Amts wegen unverzüglich dem Beschwerdegericht vorlegen.

3. Anwaltszwang besteht wegen der Grundregel des § 10 Abs. 1 FamFG für die Beschwerde im vorliegenden Zusammenhang **nicht**. Vielmehr genügt es gem. § 64 Abs. 2

FamFG, dass die Beschwerde schriftlich eingereicht oder zur Niederschrift des Notars erklärt wird. Die Sondervorschrift des § 114 FamFG normiert den Anwaltszwang nur für Ehesachen, selbständige Familiensachen und Folgesachen.

4. Bei der Beschwerde gem. § 54 Abs. 1 BeurkG iVm den §§ 58 ff. FamFG handelt es sich um eine **fristgebundene Beschwerde**, die gem. § 63 Abs. 1 FamFG binnen einer Frist von **einem Monat** einzulegen ist. Deshalb erscheint es zweckmäßig, bereits hier das Zustellungsdatum mitzuteilen. Dies dient im Übrigen auch der Eigenkontrolle, ob die Frist gewahrt ist.

5. Der Aufbau der **Beschwerdebegründung** ist unterschiedlich, je nachdem, ob der Gläubiger eine einfache Klausel (§ 724 ZPO), eine titelergänzende (§ 726 Abs. 1 ZPO), eine titelumschreibende (§§ 727 ff. ZPO) oder eine weitere Klausel (§ 733 ZPO) beansprucht.

6. Kosten und Gebühren. Auf das Beschwerdeverfahren gem. § 54 Abs. 1 BeurkG findet Nr. 19116 KV GNotKG Anwendung (vgl. Korintenberg/*H. Schneider* KV Nr. 19116 Rn. 4). Wenn die Beschwerde (als unzulässig) verworfen oder als (unbegründet) zurückgewiesen wird, entsteht an Gerichtskosten deshalb eine Festgebühr von 60 EUR. Hinzu kommen etwaig entstandene Auslagen gem. Teil 3, Hauptabschnitt 1 KV GNotKG. Wird die Beschwerde nur teilweise verworfen oder zurückgewiesen, kann das Gericht die Gebühr nach billigem Ermessen auf die Hälfte ermäßigen oder bestimmen, dass eine Gebühr nicht zu erheben ist. Auslagen sind in diesem Fall jedoch in voller Höhe anzusetzen (vgl. Korintenberg/*H. Schneider* KV Nr. 19116 Rn. 10). Wenn die Beschwerde Erfolg hat, ist das Beschwerdeverfahren gebührenfrei und gem. Vorbemerkung 3.1 Abs. 1 KV GNotKG auch auslagenfrei, es sei denn, das Beschwerdegericht hat die Kosten dem Beschwerdegegner auferlegt.

Dem **Rechtsanwalt** steht für die Vertretung im Beschwerdeverfahren eine 0,5 Beschwerdegebühr gem. Nr. 3500 VV GKG zu. Kommt es in dem Beschwerdeverfahren zu einer mündlichen Verhandlung, hat er zusätzlich Anspruch auf eine 0,5 Termins gebühr gem. Nr. 3513 VV RVG.

7. Rechtsmittel. Hinsichtlich der Rechtsmittel gegen die Beschwerdeentscheidung des Landgerichts ist zu unterscheiden:

Wenn das Landgericht die Beschwerde des **Gläubigers** zurückweist, ist gem. § 54 Abs. 2 BeurkG iVm den §§ 70 ff. FamFG die **Rechtsbeschwerde zum Bundesgerichtshof** statthaft, wenn das Landgericht die Rechtsbeschwerde zugelassen hat (→ Form. O. II. 6).

Gibt das Landgericht demgegenüber der Beschwerde statt, weist es also den Notar an, dem Gläubiger eine vollstreckbare Ausfertigung der notariellen Urkunde zu erteilen, steht dem **Schuldner** die Rechtsbeschwerde selbst dann **nicht** zu, wenn die Anweisung vom Notar noch nicht vollzogen wurde (vgl. OLG Köln TG Prax 2006, 278; OLG Frankfurt a. M. MDR 1997, 974; jeweils mwN zur früheren Rechtslage). Der Schuldner ist hinreichend durch die Rechtsschutzmöglichkeiten geschützt, die ihm die Rechtsordnung im Falle der Erteilung der Klausel durch den Notar zu Verfügung stellt: Formelle Einwendungen kann er mit der Klauselerinnerung (§ 732 ZPO iVm § 797 Abs. 3 ZPO), materiell-rechtliche Einwendungen im Wege der Vollstreckungsgegenklage bzw. Klauselgegenklage (§§ 767, 768 ZPO iVm § 797 Abs. 4, 5 ZPO) oder – soweit sie die Wirksamkeit der Unterwerfungsklausel betreffen – nach den von der Rechtsprechung hierzu entwickelten Grundsätzen der prozessualen Gestaltungsklage analog § 767 ZPO geltend machen (vgl. OLG Köln FGPrax 2006, 278 mwN).

8. Hinsichtlich der **Form** des Schriftsatzes (Unterschrift, elektronisches Dokument) wird verwiesen auf → Form. O. II. 1 Anm. 14. Die dortigen Ausführungen zum elektronischen Rechtsverkehr gelten entsprechend für § 14b FamFG nF.

6. Rechtsbeschwerde zum BGH gegen die die Klauselversagung durch den Notar bestätigende Entscheidung des Landgerichts (§ 54 Abs. 2 BeurkG iVm §§ 70 ff. FamFG)

An

den Bundesgerichtshof .....

in Karlsruhe[1]

In Sachen

des/der ..... [ladungsfähige Anschrift des – ggf. neuen – Gläubigers],

– Gläubigers und Beschwerdeführers –

Verfahrensbevollmächtigte: .....[1, 2]

gegen

..... [ladungsfähige Anschrift des – ggf. neuen – Schuldners],

– Schuldner und Beschwerdegegner –

Verfahrensbevollmächtigte: .....

Namens und in Vollmacht des Gläubigers legen wir gegen den Beschluss des Landgerichts ..... vom ....., Az. ....., dem Gläubiger zugestellt[3] am .....

Rechtsbeschwerde gem. § 54 Abs. 2 BeurkG iVm §§ 70 ff. FamFG

ein und beantragen,

> unter Aufhebung des angefochtenen Beschlusses den Notar/die Notarin anzuweisen, die vom Gläubiger durch Schreiben vom ..... beantragte Vollstreckungsklausel zu erteilen.
> *(Variante:*
> *unter Aufhebung des angefochtenen Beschlusses den Notar/die Notarin anzuweisen, die Vollstreckungsklausel auf die Urkunde des Notars/der Notarin vom ..... UR-Nr. ..... anzubringen.)*

Begründung:

.....

[Vgl. zunächst die Ausführungen in dem ersten Abschnitt der Begründung der Beschwerde gem. § 54 Abs. 1 BeurkG, → Form. O. II. 5– *je nach Art der begehrten Vollstreckungsklausel. Nach der Wiedergabe der Ablehnungsgründe des Notars geht es jeweils wie folgt weiter:*

Die von dem Gläubiger gegen die Weigerung des Notars eingelegte Beschwerde hat das Landgericht durch den angegriffenen Beschluss, in dem es die Rechtsbeschwerde zugelassen hat, zurückgewiesen. Zur Begründung hat es darauf hingewiesen, dass ..... [Wiedergabe der Beschlussgründe].

Der Gläubiger wendet sich gegen diesen Beschluss mit seiner gemäß § 54 Abs. 2 BeurkG iVm den §§ 70 ff. FamFG statthaften, weil zugelassenen Rechtsbeschwerde. Entgegen der Auffassung des Landgerichts in dem angegriffenen Beschluss und des Notars in dem

Ablehnungsschreiben vom ..... liegen sämtliche Voraussetzungen für die Erteilung der Vollstreckungsklausel vor.]

[Variante:
liegen sämtliche Voraussetzungen für die Erteilung einer qualifizierten Klausel gemäß § 726 Abs. 1 ZPO/§ 727 ZPO/§ 728 ZPO/§ 729 ZPO vor.

Die Entscheidung des Landgerichts beruht auf einer Verletzung des Rechts iSd § 72 Abs. 1 FamFG. Denn ..... [Darlegung der Rechtsverletzung].[4]

Beglaubigte und einfache Abschrift liegen an.]

.....

Rechtsanwalt[5, 6, 7]

Anmerkungen

1. Über die Rechtsbeschwerde **entscheidet der Bundesgerichtshof** (§ 133 GVG). **Eingelegt** werden kann die Rechtsbeschwerde gem. § 71 Abs. 1 FamFG nur bei dem Bundesgerichtshof.

2. Anders als die Beschwerde gem. § 54 Abs. 1 BeurkG iVm den §§ 58 ff. FamFG besteht für die Rechtsbeschwerde gem. § 54 Abs. 2 BeurkG iVm den §§ 70 ff. FamFG **Anwaltszwang.** Sie kann wirksam nur durch einem **bei dem Bundesgerichtshof zugelassenen Rechtsanwalt** eingelegt werden (§ 10 Abs. 4 FamFG); zur Ausnahme siehe § 10 Abs. 4 S. 2 FamFG.

3. Die Rechtsbeschwerde muss **innerhalb eines Monats eingelegt** (§ 71 Abs. 1 FamFG) **und** auch innerhalb eines Monats **begründet** werden (§ 71 Abs. 3 FamFG). Beide Fristen beginnen gleichzeitig mit der Bekanntgabe des angefochtenen Beschlusses zu laufen. Die Begründungsfrist ist allerdings verlängerbar (§§ 71 Abs. 2 S. 3 FamFG iVm § 551 Abs. 2 S. 5 und 6 ZPO).

4. Wie § 72 Abs. 1 FamFG und die Verweisungen der §§ 72 Abs. 3, 74 Abs. 3 S. 3 und 4 FamFG zeigen, ist das Verfahren der Rechtsbeschwerde nach **revisionsrechtlichen Grundsätzen** ausgestaltet und nicht zur Nachprüfung von Tat- und Ermessensfragen eröffnet. Bei der von § 72 Abs. 1 S. 1 FamFG geforderten Rechtsverletzung ist im Hinblick auf die Ursächlichkeit zwischen der Verletzung des materiellen Rechts und des Verfahrensrechts zu unterscheiden. In Bezug auf das materielle Recht beruht die Entscheidung des Beschwerdegerichts nur dann auf einer Rechtsverletzung, wenn sie ohne die Rechtsverletzung anders ausgefallen wäre. Bei Verfahrensverstößen reicht es dagegen aus, wenn die angefochtene Entscheidung auf dem Verstoß (etwa: Amtsermittlung gem. § 26 FamFG) beruhen kann, die Möglichkeit einer im Ergebnis anderen Entscheidung sich nicht ausschließen lässt. Bei Vorliegen eines der in § 72 Abs. 3 FamFG iVm § 547 ZPO aufgeführten absoluten Rechtsbeschwerdegründe entfällt die Kausalitätsprüfung, weil in diesen Fällen die angefochtene Entscheidung ohne weitere Prüfung als auf einer Rechtsverletzung beruhend anzusehen ist (vgl. Keidel/*Meyer-Holz* § 72 Rn. 25 ff. mwN).

Praktisch besonders bedeutsam und häufig nicht hinreichend beachtet ist die **Bindung des Bundesgerichtshofs an** die von dem Beschwerdegericht rechtsfehlerfrei **festgestellten Tatsachen** (§ 74 Abs. 3 S. 4 FamFG iVm § 559 ZPO). Die Tatsachenwürdigung des Beschwerdegerichts ist – nur – darauf nachprüfbar, ob der Tatrichter den maßgeblichen Sachverhalt ausreichend aufgeklärt, sich bei der Beurteilung ausweislich der Gründe (§ 69 Abs. 2 FamFG) mit allen wesentlichen Umständen auseinandergesetzt und hierbei nicht gegen gesetzliche oder allgemein anerkannte Beweisregeln und Grundsätze sowie gegen

Denkgesetze und zwingende Erfahrungssätze oder den allgemeinen Sprachgebrauch verstoßen hat (vgl. Keidel/*Meyer-Holz* § 74 Rn. 30; BGH NJW-RR 2005, 897). An diesem eingeschränkten Prüfungsprogramm des Gerichts der Rechtsbeschwerde hat sich die Beschwerdebegründung zu orientieren.

5. Kosten und Gebühren. Auf das Rechtsbeschwerdeverfahren gem. § 54 Abs. 2 BeurkG iVm §§ 70 ff. FamFG finden Nr. 19128 und 19129 KV GNotKG Anwendung (vgl. Korintenberg/*H. Schneider* KV Nr. 19116 Rn. 4 iVm KV Nr. 1928, 19129 Rn. 1). Wenn die Rechtsbeschwerde (als unzulässig) verworfen oder als (unbegründet) zurückgewiesen wird, entsteht an Gerichtskosten deshalb eine Festgebühr von 120 EUR (Nr. 19128 KV GNotKG). Hinzu kommen etwaig entstandene Auslagen gem. Teil 3, Hauptabschnitt 1 KV GNotKG. Wird die Rechtsbeschwerde nur teilweise verworfen oder zurückgewiesen, kann das Gericht die Gebühr nach billigem Ermessen auf die Hälfte ermäßigen oder bestimmen, dass eine Gebühr nicht zu erheben ist. Auslagen sind in diesem Fall jedoch in voller Höhe anzusetzen (vgl. Korintenberg/*H. Schneider* KV Nr. 19128, 19129 Rn. 4). Wenn die Beschwerde Erfolg hat, ist das Beschwerdeverfahren gebührenfrei und gem. Vorbem. 3.1 Abs. 1 KV GNotKG auch auslagenfrei, es sei denn, das Beschwerdegericht hat die Kosten dem Beschwerdegegner auferlegt. Für den Fall, dass die Rechtsbeschwerde vor Erlass der Entscheidung zurückgenommen wird, fällt gem. Nr. 19129 KV eine Festgebühr von 60 EUR an.

Der **Rechtsanwalt** erhält für die Vertretung im Rechtsbeschwerdeverfahren eine 2,3 fache Verfahrensgebühr gem. Nr. 3208 VV RVG. Kommt es zu einem Termin, erhält er zusätzlich eine 1,5-fache Terminsgebühr gem. Nr. 3210 VV RVG.

6. Rechtsmittel. Die Entscheidung des Bundesgerichtshofs ist **unanfechtbar,** da hiergegen kein weiteres Rechtsmittel eröffnet ist. Unter den Voraussetzungen des § 44 FamFG kann allerdings die Rüge einer Verletzung des Anspruchs auf rechtliches Gehör erhoben werden (→ Form. Q. II. 1).

7. Hinsichtlich der **Form** des Schriftsatzes (Unterschrift, elektronisches Dokument) wird verwiesen auf → Form. O. II. 1 Anm. 14. Die dortigen Ausführungen zum elektronischen Rechtsverkehr gelten entsprechend für § 14b FamFG nF.

7. Klage auf Erteilung der Vollstreckungsklausel (§ 731 ZPO)

An das

Amtsgericht/Arbeitsgericht/Landgericht

in . . . . .[1, 2]

Klage

des/der . . . . . [ladungsfähige Anschrift des – ggf. neuen – Gläubigers],[3]

– Klägers –

Prozessbevollmächtigte: . . . . .

gegen

. . . . . [ladungsfähige Anschrift des – ggf. neuen – Schuldners],

– Beklagten –

Prozessbevollmächtigte: . . . . .[4]

Streitwert: . . . . .[5]

Namens und in Vollmacht des Klägers erheben wir Klage mit dem Antrag/mit den Anträgen,

festzustellen,[6] dass dem Kläger zu dem Urteil des . . . . . gerichts . . . . . vom . . . . . Az. . . . . . zum Zwecke der Zwangsvollstreckung gegen den Beklagten eine Vollstreckungsklausel/eine Vollstreckungsklausel wegen eines Betrages[7] in Höhe von . . . . . EUR zu erteilen ist.[8]

(Variante:

festzustellen, dass dem Kläger zu dem . . . . . (sonstige konkrete Bezeichnung des Vollstreckungstitels, zB Prozessvergleich, Vollstreckungsbescheid, notarielle Urkunde etc) zum Zwecke der Zwangsvollstreckung gegen den Beklagten eine Vollstreckungsklausel/eine Vollstreckungsklausel wegen eines Betrages in Höhe von . . . . . EUR zu erteilen ist.)

Sofern das Gericht das schriftliche Vorverfahren anordnet, wird für den Fall der Fristversäumnis des Beklagten beantragt,[9]

ein Versäumnisurteil ohne mündliche Verhandlung (§ 331 Abs. 3 ZPO) zu erlassen.

[Bei einer Klage vor dem Landgericht:

Einer Entscheidung der Sache durch den Einzelrichter stehen keine Gründe entgegen.[10]

(Variante:
Wegen der besonderen Schwierigkeit der Sache/grundsätzlichen Bedeutung eignet sich die Sache nicht für eine Entscheidung durch den Einzelrichter.)]

Begründung:[11]

(Variante für den Fall der Erteilung einer titelergänzenden Klausel iSd § 726 Abs. 1 ZPO:

Der Beklagte ist durch Urteil des . . . . . gerichts . . . . . vom . . . . . Az. . . . . . verurteilt worden, ... (Wiedergabe des Urteilstenors).)

(Variante:

Die Parteien haben vor dem . . . . . gericht . . . . . Az. . . . . . am . . . . . einen Prozessvergleich geschlossen. Hiernach ist der Beklagte verpflichtet, ... (Wiedergabe des Vergleichstenors).)

(Variante:
. . . . . [Darlegung des sonstigen Vollstreckungstitels].)

Der Kläger hat durch Schriftsatz vom . . . . . bei dem Rechtspfleger/Notar die Erteilung einer vollstreckbaren Ausfertigung beantragt[12] und ausdrücklich darum gebeten, diesen Antrag auch dem Beklagten zur Kenntnis zu bringen, damit dieser das Vorliegen der besonderen Voraussetzungen der qualifizierten Klausel einräumt. Hierauf hat der Beklagte indessen nicht reagiert/ist der Beklagte dem Antrag des Klägers ausdrücklich entgegengetreten und hat geltend gemacht . . . . . [Wiedergabe der Argumentation des Beklagten].

[Variante:

. . . . . (Schilderung eines etwaigen vorprozessualen Schriftverkehrs zwischen Kläger und Beklagten, aus dem sich die ablehnende Haltung des Beklagten ergibt).

Durch Beschluss vom ..... hat der Rechtspfleger/durch Schreiben vom ..... hat der Notar ..... die Erteilung der vollstreckbaren Ausfertigung mit der Begründung abgelehnt, dass ..... (Wiedergabe der Ablehnungsgründe).

Der Kläger begehrt mit seiner Klage gem. § 731 ZPO/§ 731 ZPO iVm §§ 794 Abs. 1, 795 ZPO die Feststellung, dass die von ihm verlangte Vollstreckungsklausel zu erteilen ist. Im Hinblick auf das oben geschilderte Verfahren vor dem Rechtspfleger/Notar hat der Kläger keine Möglichkeit, die Klausel in einem einfacheren Verfahren zu erlangen. Die Durchführung eines offensichtlich aussichtslosen Rechtsmittelverfahrens gegen die Entscheidung des Rechtspflegers/Notars ist für ihn nicht zumutbar. In der Sache ist der Klage stattzugeben, weil sämtliche Voraussetzungen für die Erteilung der Vollstreckungsklausel iSd § 726 Abs. 1 ZPO vorliegen. Denn ..... (Darlegung der Voraussetzungen mit entsprechenden Beweisantritten).[13]]

(Variante für den Fall der Umschreibung der Klausel auf einen anderen Gläubiger gem. den §§ 727, 728 ZPO:

Der Beklagte ist durch Urteil des ..... gerichts ..... vom ..... Az. ..... verurteilt worden, ... [Wiedergabe des auf den früheren Gläubiger bezogenen Urteilstenors].)

(Variante:

Die Parteien haben vor dem ..... gericht ..... Az. ..... am ..... einen Prozessvergleich geschlossen. Hiernach ist der Beklagte verpflichtet, ... (Wiedergabe des auf den früheren Gläubiger bezogenen Vergleichstenors).)

(Variante:
..... (Darlegung des sonstigen Vollstreckungstitels).)

Der Kläger hat durch Schriftsatz vom ..... bei dem Rechtspfleger/Notar die Umschreibung des Titels auf sich beantragt, weil ..... (Darlegung der Voraussetzungen der Rechtsnachfolge gem. den §§ 727, 728 ZPO) und ausdrücklich darum gebeten, diesen Antrag auch dem Beklagten zur Kenntnis zu bringen, damit dieser das Vorliegen der besonderen Voraussetzungen der qualifizierten Klausel einräumt. Hierauf hat der Beklagte indessen nicht reagiert/ist der Beklagte dem Antrag des Klägers ausdrücklich entgegengetreten und hat geltend gemacht ..... [Wiedergabe der Argumentation des Beklagten].]

(Variante:

..... (Schilderung eines etwaigen vorprozessualen Schriftverkehrs zwischen Kläger und Beklagtem, aus dem sich die ablehnende Haltung des Beklagten ergibt).)

Durch Beschluss vom ..... hat der Rechtspfleger/durch Schreiben vom ..... hat der Notar ..... die Erteilung der vollstreckbaren Ausfertigung mit der Begründung abgelehnt, dass ..... [Wiedergabe der Ablehnungsgründe].

Der Kläger begehrt mit seiner Klage gem. § 731 ZPO/§ 731 ZPO iVm §§ 794 Abs. 1, 795 ZPO die Feststellung, dass die von ihm verlangte Vollstreckungsklausel zu erteilen ist. Im Hinblick auf das oben geschilderte Verfahren vor dem Rechtspfleger/Notar hat der Kläger keine Möglichkeit, die Klausel in einem einfacheren Verfahren zu erlangen. Die Durchführung eines offensichtlich aussichtslosen Rechtsmittelverfahrens gegen die Entscheidung des Rechtspflegers/Notars ist für ihn nicht zumutbar. In der Sache ist der Klage stattzugeben, weil sämtliche Voraussetzungen für die Erteilung der Vollstreckungsklausel iSd § 727/§ 728 ZPO vorliegen. Denn ..... (Darlegung der Voraussetzungen mit entsprechenden Beweisantritten).]

(Variante für den Fall der Umschreibung der Klausel auf einen anderen Schuldner gem. den §§ 727 ff. ZPO:

Der frühere Schuldner ist durch Urteil des ..... gerichts ..... vom ..... Az. ..... verurteilt worden, ... (Wiedergabe des Urteilstenors).)

(Variante:

Der Kläger und der frühere Schuldner haben vor dem ..... gericht ..... Az. ..... am ..... einen Prozessvergleich geschlossen. Hiernach war der frühere Schuldner verpflichtet, ... (Wiedergabe des Vergleichstenors).)

(Variante:
..... (Darlegung des sonstigen Vollstreckungstitels).)

Der Kläger hat durch Schriftsatz vom ..... bei dem Rechtspfleger/Notar die Umschreibung des Titels auf den Beklagten beantragt, weil ..... (Darlegung der Voraussetzungen der Rechtsnachfolge auf Schuldnerseite gem. den §§ 727, 728, 729 ZPO) und ausdrücklich darum gebeten, diesen Antrag auch dem Beklagten zur Kenntnis zu bringen, damit dieser das Vorliegen der besonderen Voraussetzungen der qualifizierten Klausel einräumt. Hierauf hat der Beklagte indessen nicht reagiert/ist der Beklagte dem Antrag des Klägers ausdrücklich entgegengetreten und hat geltend gemacht ..... (Wiedergabe der Argumentation des Beklagten).]

(Variante:
..... (Schilderung eines etwaigen vorprozessualen Schriftverkehrs zwischen Kläger und Beklagten, aus dem sich die ablehnende Haltung des Beklagten ergibt).)

Durch Beschluss vom ..... hat der Rechtspfleger/durch Schreiben vom ..... hat der Notar ..... die Erteilung der vollstreckbaren Ausfertigung mit der Begründung abgelehnt, dass ..... [Wiedergabe der Ablehnungsgründe].

Der Kläger begehrt mit seiner Klage gem. § 731 ZPO/§ 731 ZPO iVm §§ 794 Abs. 1, 795 ZPO die Feststellung, dass die von ihm verlangte Vollstreckungsklausel zu erteilen ist. Im Hinblick auf das oben geschilderte Verfahren vor dem Rechtspfleger/Notar hat der Kläger keine Möglichkeit, die Klausel in einem einfacheren Verfahren zu erlangen. Die Durchführung eines offensichtlich aussichtslosen Rechtsmittelverfahrens gegen die Entscheidung des Rechtspflegers/Notars ist für ihn nicht zumutbar. In der Sache ist der Klage stattzugeben, weil sämtliche Voraussetzungen für die Erteilung der Vollstreckungsklausel iSd § 727/§ 728/§ 729 ZPO vorliegen. Denn ..... [Darlegung der Voraussetzungen mit entsprechenden Beweisantritten].

Wir haben heute einen Gerichtskostenvorschuss in Höhe von ..... EUR bei der Gerichtskasse ..... eingezahlt und bitten um unverzügliche Zustellung der Klageschrift. Als Streitwert haben wir den Wert des zu vollstreckenden Anspruchs zugrundegelegt.

Beglaubigte und einfache Abschrift liegen an.]

.....

Rechtsanwalt[14, 15, 16]

Anmerkungen

1. Die Klauselklage hat grundsätzlich (nur) den Zweck, Rechtsschutzlücken zu füllen, die dadurch entstehen können, dass der Gläubiger die besonderen Voraussetzungen für die Erteilung einer qualifizierten Vollstreckungsklausel nicht in der gem. den §§ 726 ff.

ZPO geforderten Form zu führen vermag. In diesen Fällen bietet eine Klage gem. § 731 ZPO die Möglichkeit, diese Voraussetzungen mit den **Beweismitteln eines normalen Erkenntnisverfahrens** (insbesondere: Zeugen, Privaturkunden, Sachverständigenbeweis etc.) nachzuweisen. Aus diesem Zweck der Klauselklage folgt zugleich, dass mit ihr nicht geltend gemacht werden kann, der Rechtspfleger/Notar habe in einem vorangegangenen Klauselerteilungsverfahren zu Unrecht schon die allgemeinen Voraussetzungen für die Erteilung jeglicher Vollstreckungsklausel verneint (vgl. Schuschke/Walker/*Schuschke* § 731 Rn. 1). So liegt der Fall etwa, wenn der Rechtspfleger den Vollstreckungstitel für nicht hinreichend bestimmt hält. Dagegen kann der Gläubiger nur mit der sofortigen Beschwerde (→ Form. O. II. 3) bzw. mit der sofortigen Rechtspflegererinnerung (→ Form. O. II. 4) vorgehen. Hat er hiermit keinen Erfolg, verbleibt nur noch eine auf die Konkretisierung des Titels gerichtete Feststellungsklage (→ Form. P. VII. 1).

Die **systematische Einordnung** der Klauselklage ist zT umstritten; bei *Benner* findet sich → Form. D. 12 ein weiteres Muster.

2. Die **örtliche und sachliche Zuständigkeit** ist abhängig von der Art des Vollstreckungstitels, für den die Vollstreckungsklausel erstrebt wird. Sie ist identisch mit der Zuständigkeit für die Entscheidung über eine Vollstreckungsgegenklage (→ Form. P. VIII. 9). Zusammengefasst gilt Folgendes:

Handelt es sich um ein **Urteil oder einen Prozessvergleich,** ist das Prozessgericht des **ersten** Rechtszuges des früheren Rechtsstreits örtlich und sachlich ausschließlich (vgl. § 802 ZPO) zuständig. Insoweit kann auch das **Arbeitsgericht** (vgl. § 62 Abs. 2 S. 1 ArbGG iVm § 731 ZPO) zuständig sein (vgl. *Baumbach/Lauterbach/Albers/Hartmann* § 731 Rn. 4; Schuschke/Walker/*Schuschke* § 731 Rn. 5). Die Zuständigkeit des erstinstanzlichen Gerichts greift auch dann ein, wenn für die Erteilung der Klausel der Rechtspfleger beim Oberlandesgericht/Landesarbeitsgericht oder dem Bundesgerichtshof/Bundesarbeitsgericht zuständig ist.

In **famliengerichtlichen** Verfahren sind Besonderheiten zu beachten, die in → Form. O. II. 8 gesondert dargestellt sind.

Geht es um die Erteilung einer qualifizieren Klausel zu einem **Vollstreckungsbescheid,** ist gem. § 796 Abs. 3 ZPO das Gericht zur Entscheidung berufen, das in der Hauptsache nach den allgemeinen Vorschriften zuständig gewesen wäre.

Bei **notariellen Urkunden** iSd § 794 Abs. 1 Nr. 5 ZPO ist gem. § 797 Abs. 5 ZPO das Gericht **örtlich** zuständig, bei dem der Schuldner im Inland seinen allgemeinen Gerichtsstand hat. Handelt es sich um eine Unterwerfungserklärung iSd § 800 Abs. 1 S. 1 ZPO, so ist das Gericht örtlich zuständig, in dessen Bezirk das Grundstück belegen ist. Die **sachliche** Zuständigkeit ist in § 797 Abs. 5 ZPO nicht geregelt, so dass die allgemeinen Vorschriften (§§ 23, 71 GVG) gelten.

Weitere Zuständigkeitsvorschriften finden sich in § 797a Abs. 3 ZPO (Gütestellenvergleiche), § 800a Abs. 2 ZPO (vollstreckbare Urkunden über eine Schiffshypothek), §§ 1060, 1062 ZPO (Schiedssprüche), § 202 Abs. 1 InsO (Auszug aus der Tabelle), § 257 InsO (Vollstreckung aus dem Insolvenzplan), § 371 Abs. 2 FamFG (Erbauseinandersetzungsvereinbarung nach Bestätigungsbeschluss) sowie § 409 Abs. 3 FamFG (Vollstreckung aus einem Bestätigungsbeschluss in einem Dispacheverfahren).

3. Bereits bei der Fassung des **Klagerubrums** – Entsprechendes gilt für den Aufbau der Klagebegründung – ist zu beachten, dass die Parteien des Klageverfahrens nur dann mit den in dem zu vollstreckenden Titel bezeichneten Parteien identisch sind, wenn es dem Kläger um die Erteilung einer sog. titelergänzenden Klausel iSd § 726 Abs. 1 ZPO geht. Bei den übrigen qualifizierten Vollstreckungsklauseln in Gestalt der titelumschreibenden Klauseln gem. den §§ 727 ff. ZPO weicht entweder die Bezeichnung des Klägers oder aber die Bezeichnung des Beklagten von dem in dem Vollstreckungstitel aufgeführten Gläubiger bzw. Schuldner ab. Kläger einer Klage gem. § 731 ZPO ist stets derjenige, der als

Gläubiger für sich die Klausel erstrebt und Beklagter derjenige, gegen den die Vollstreckung tatsächlich betrieben werden soll (vgl. Schuschke/Walker/*Schuschke* § 731 Rn. 3). Jedenfalls dann, wenn es sich bei dem mit einer qualifizierten Vollstreckungsklausel zu versehenden Vollstreckungstitel um ein Urteil oder einen Prozessvergleich handelt, ist es in der Praxis weitgehend üblich, den „früheren" Kläger bzw. den „früheren" Beklagten des Vorprozesses mit einer entsprechenden Kennzeichnung dieser Funktion in das Klagerubrum mit aufzunehmen.

4. Da die Klauselerteilungsklage zum Rechtszug iSd § 172 Abs. 1 S. 2 ZPO gehört (vgl. Zöller/*Stöber* § 172 Rn. 16), **muss** die Klage, wenn sie sich auf einen gerichtlich erstrittenen Titel (insbesondere: Urteil oder Prozessvergleich) bezieht, an den **Prozessbevollmächtigten des Titelschuldners zugestellt** werden (vgl. auch Zöller/*Stöber* § 731 Rn. 4). Andernfalls ist die Zustellung unwirksam. Aus diesem Grunde ist der Prozessbevollmächtigte des Schuldners in diesen Fällen bereits im Rubrum der Klageschrift aufzuführen.

5. Der **Streitwert der Klauselerteilungsklage** entspricht dem vollen Wert des – noch – zu vollstreckenden Anspruchs, wobei gem. § 4 ZPO Kosten und Zinsen außer Betracht bleiben (vgl. Schuschke/Walker/*Schuschke* § 731 Rn. 18).

6. Nach der hier bei der Fassung des Klageantrages zugrundegelegten überwiegenden Auffassung handelt es sich bei der Klage gem. § 731 ZPO um eine **prozessuale Feststellungsklage** (vgl. *Baumbach/Lauterbach/Albers/Hartmann* § 731 Rn. 1, 3; Zöller/*Stöber* § 731 Rn. 4 mwN), während andere eine prozessuale Gestaltungsklage annehmen (vgl. Schuschke/Walker/*Schuschke* § 731 Rn. 2 mwN). Der Streit um die dogmatisch richtige Einordnung ist in der Praxis bedeutungslos, weil das Gericht einen seiner Ansicht nach unzutreffend als Feststellungsantrag bzw. Gestaltungsantrag formulierten Klageantrag ohne weiteres in den nach seiner Ansicht „richtigen" Klageantrag umdeuten kann. Die bei einer Feststellungsklage zu erörternden Fragen zum Feststellungsinteresse finden bei der Annahme einer Gestaltungsklage ihre Entsprechung in dem Rechtsschutzinteresse (so auch Schuschke/Walker/*Schuschke* § 731 Rn. 2).

7. Wenn der Schuldner die titulierte Forderung **teilweise** bereits **erfüllt** hat, ist dies zur Vermeidung von Kostennachteilen schon im **Klageantrag** zu berücksichtigen. Andernfalls müsste die Klage nämlich teilweise abgewiesen werden.

8. Streitig ist, wer nach einer erfolgreichen Klage die **Vollstreckungsklausel** zu erteilen hat. Nach einer Auffassung soll dies der Urkundsbeamte der Geschäftsstelle sein (vgl. Zöller/*Stöber* § 731 Rn. 6; Thomas/Putzo/*Seiler* § 731 Rn. 8; *Napierala* Rpfleger 1989, 493), während nach anderer Auffassung der Rechtspfleger zuständig ist (vgl. Schuschke/Walker/*Schuschke* § 731 Rn. 9; Stein/Jonas/*Münzberg* § 731 Rn. 7). Für letztere Auffassung spricht die Überlegung, dass die Klausel auch nach dem Urteil eine solche gem. den §§ 726 ff. ZPO bleibt (vgl. Schuschke/Walker/*Schuschke* § 731 Rn. 9). Der Gläubiger sollte in der Praxis sicherheitshalber bei dem Rechtspfleger die Erteilung der Klausel beantragen. Erteilt der Rechtspfleger die Klausel, obwohl die Zuständigkeit des Urkundsbeamten der Geschäftsstelle begründet war, würde dies an der Wirksamkeit der Klauselerteilung nichts ändern (§ 8 Abs. 5 RPflG). Erteilt umgekehrt der Urkundsbeamte eine Vollstreckungsklausel, für die der Rechtspfleger zuständig ist, hat dies nach herrschender Auffassung die Unwirksamkeit der Klauselerteilung zur Folge (vgl. Zöller/*Stöber* § 726 Rn. 7 mwN).

9. Der in der Praxis noch weithin übliche **Antrag,** bei einem Anerkenntnis ein **Anerkenntnisurteil** zu erlassen, ist nach der bereits im Jahre 2001 mit Wirkung vom 1.1.2002 durch das ZPO-RG erfolgten Neufassung des § 307 ZPO **entbehrlich,** da (auch) im schriftlichen Vorverfahren ein Anerkenntnisurteil bei einem Anerkenntnis des Beklagten zwingend erlassen werden muss (§ 307 S. 2 ZPO: „ist . . . . . zu verurteilen“). **Entbehrlich** sind im Regelfall auch **zusätzliche Prozessanträge** zur **Kostentragung** des Gegners und zur **vorläufigen Vollstreckbarkeit.** Sowohl über die Kosten (vgl. § 308 Abs. 2 ZPO) als auch über die vorläufige Vollstreckbarkeit (vgl. die Formulierungen in §§ 708, 709 ZPO: „sind . . . . . zu erklären“) wird von Amts wegen entschieden. Dass ein Urteil überhaupt keine Kostenentscheidung und/oder überhaupt keine Entscheidung zur vorläufigen Vollstreckbarkeit aufweist, dürfte praktisch nahezu ausgeschlossen sein, abgesehen von der Möglichkeit, insoweit eine Urteilsergänzung zu beantragen (§§ 320, 716 ZPO). Sinnvoll ist ein Kostenantrag allerdings dann, wenn aus ihm eine weitergehende Folge abzuleiten ist, wie dies etwa bei einem Kostenantrag im Zusammenhang mit einer Erledigungserklärung der Fall ist. Im Hinblick auf die vorläufige Vollstreckbarkeit bedarf es eines ausdrücklichen Antrages des Klägers, wenn er sich auf die Ausnahmevorschriften der §§ 710, 711 S. 3 ZPO – bzw. für den Fall seines Unterliegens – auf die Vorschrift des § 712 ZPO – berufen möchte. In diesen Fällen sind aber in der Klagebegründung die in den Ausnahmevorschriften vorausgesetzten Tatsachen im einzelnen darzulegen, die allerdings nur selten vorliegen dürften.

10. Wenn die Klage beim Landgericht erhoben wird, ist gemäß § 253 Abs. 3 Alt. 2 ZPO eine Erklärung erforderlich, ob einer **Entscheidung der Sache durch den Einzelrichter** Gründe entgegenstehen.

11. Der **Aufbau der Klagebegründung** ist unterschiedlich, je nachdem ob der Gläubiger eine titelergänzende (§ 726 Abs. 1 ZPO) oder eine titelumschreibende Klausel (§§ 727 ff. ZPO) beansprucht.

12. Ob und wenn ja unter welchen Voraussetzungen der Gläubiger gehalten ist, vor Erhebung der Klage ein **Klauselerteilungsverfahren vor dem Rechtspfleger** durchzuführen, wird in Rechtsprechung und Literatur nicht einheitlich beurteilt:

Weitgehende Einigkeit besteht allerdings noch insoweit, als die Klage jedenfalls dann mangels Feststellungsinteresses bzw. mangels Rechtsschutzinteresses unzulässig ist, wenn der Gläubiger über die für die Klauselerteilung erforderlichen **Urkunden** verfügt oder sie sich leicht beschaffen könnte. Die Beantragung der Vollstreckungsklausel bei dem Rechtspfleger gem. den §§ 726 ff. ZPO ist in diesen Fällen vorrangig. Ob die Beantragung eines Erbscheins durch den Gläubiger (vgl. § 792 ZPO) in diesem Sinne einen nur geringfügigen Aufwand erfordert, kann nur anhand des jeweiligen Einzelfalles beantwortet werden (vgl. VGH BW NJW 2003, 1202). Weitere Möglichkeiten der Urkundenbeschaffung durch den Gläubiger ergeben sich aus dem ihm in den §§ 13 FamFG, 9 Abs. 2 HGB und § 12 Abs. 2 GBO eingeräumten **Akteneinsichtsrecht** sowie dem Recht, öffentlich beglaubigte Abschriften zu erlangen.

Fraglich und umstritten ist aber, ob der Gläubiger beim Fehlen der vorstehend genannten Voraussetzungen gehalten ist, zunächst einen Klauselantrag bei dem Rechtspfleger/Notar zu stellen. Dies wird zum Teil (vgl. insbesondere Zöller/*Stöber* § 731 Rn. 2) verneint, andere (vgl. Schuschke/Walker/*Schuschke* § 731 Rn. 6) bejahen dies jedoch mit der Begründung, dass der Schuldner bei der Anhörung nach § 730 ZPO die beweisbedürftigen Tatsachen zugestehen könnte. Nur wenn das Ergebnis einer Anhörung von vorneherein feststünde, weil die Parteien schon vorgerichtlich korrespondiert hätten, erübrige sich ein solcher Antrag (vgl. Schuschke/Walker/*Schuschke* § 731 Rn. 6). Hierbei ist zu berücksichtigen, dass nach der Rechtsprechung des Bundesgerichthofs § 138 Abs. 3 ZPO im Klauselverfahren keine Anwendung findet. Um eine beweisbedürftige Tatsache iSd §§ 726 ff. ZPO als zugestanden anzusehen, reicht es daher nicht aus, dass der Schuldner den Antrag des Gläubigers nicht bestreitet. In Betracht kommt nur ein **Geständnis iSd § 288 ZPO** (vgl. BGH MDR 2006, 52). Schließlich wird vereinzelt (vgl. Thomas/Putzo/*Seiler* § 731 Rn. 6) sogar gefordert, dass der Gläubiger nicht nur einen Klauselantrag stellen, sondern zusätzlich gegen den ablehnenden Beschluss des Rechtspflegers/Notars erfolglos Rechtsmittel eingelegt haben müsse, andernfalls fehle das Rechtsschutzbedürfnis für eine Klage gem. § 731 ZPO (ablehnend insoweit aber *Baumbach/Lauterbach/Albers/Hartmann* § 731 Rn. 3).

Um diese Schwierigkeiten zu vermeiden, ist dem Gläubiger in der Praxis zu **empfehlen,** vor Klageerhebung einen – gerichtsgebührenfreien und im Regelfall auch anwaltsgebührenfreien (vgl. § 19 Nr. 5 RVG) – **Klauselantrag** bei dem Rechtspfleger/Notar **zu stellen** oder in der Klageschrift die näheren Umstände darzulegen, aus denen sich ergibt, dass eine Verfahren vor dem Rechtspfleger/Notar nebst einem Rechtsmittelverfahren von vorneherein nicht zur Klauselerteilung führen wird.

13. Der **Beklagte** kann sich gegen die Klage zunächst mit dem **Bestreiten der Voraussetzungen** für die Erteilung der Klausel verteidigen. Er hat aber auch die Möglichkeit, in dem Klageverfahren **materielle Einwendungen** (zB: Erfüllungseinwand oder den Einwand der beschränkten Erbenhaftung) gegen den titulierten Anspruch zu erheben, die er, würde er sich selbst aktiv gegen die Vollstreckung wenden wollen, ansonsten mit der Vollstreckungsgegenklage gem. §§ 767, 780 ZPO geltend machen müsste (vgl. Schuschke/Walker/*Schuschke* § 731 Rn. 7; Zöller/*Stöber* § 731 Rn. 4; siehe speziell zu § 780 ZPO auch VGH Baden-Württemberg NJW 2003, 1202). Hierfür sprechen sowohl die Prozessökonomie als auch die Überlegung, dass ein Rechtsschutzinteresse für eine Klausel, mit deren Hilfe letztlich zu keinem Zeitpunkt die Vollstreckung betrieben werden könnte, nicht besteht (vgl. Schuschke/Walker/*Schuschke* § 731 Rn. 7). Da der Schuldner aber die Möglichkeit hat, diese Einwendungen zu erheben, **muss** er dies auch tun, ansonsten ist er hiermit in einem weiteren Verfahren gem. § 767 Abs. 2 bzw. Abs. 3 ZPO präkludiert (vgl. Schuschke/Walker/*Schuschke* § 731 Rn. 7; sa *Baumbach/Lauterbach/Albers/Hartmann* § 731 Rn. 7).

14. Kosten und Gebühren. Da die Klauselklage kostenrechtlich keine Besonderheiten aufweist, fallen an **Gerichtsgebühren** gemäß Nr. 1210 KV GKG 3,0 Gebühren an (im Arbeitsgerichtsprozess: 2,0 Gebühren gem. Nr. 8210 KV GKG), deren Höhe sich nach dem Streitwert richtet (§§ 3, 34 GKG). Eine Zustellung der Klage erfolgt gemäß § 12 Abs. 1 GKG erst nach Zahlung eines Gerichtskostenvorschusses in dieser Höhe, es sei denn, es handelt sich um einen Arbeitsgerichtsprozess (vgl. § 11 GKG). Auslagen werden nach den Nr. 9000 ff. KV GKG erhoben. Praktisch relevant sind insoweit insbesondere die nach dem JVEG (zB Kosten für Sachverständige und Zeugen) zu zahlenden Beträge (Nr. 9005 KV GKG). Auslagen für Zustellungen werden nur erhoben, soweit in einem Rechtszug mehr als 10 Zustellungen anfallen (Nr. 9002 KV GKG).

Für den **Rechtsanwalt** entstehen in der Regel die Verfahrensgebühr in Höhe von 1,3 (Nr. 3100 VV RVG) und die Terminsgebühr in Höhe von 1,2 (Nr. 3104 VV RVG), wobei sich die Höhe der Gebühren wiederum nach dem Streitwert richtet (§§ 2, 13 RVG). Hinzukommen kann eine Einigungsgebühr in Höhe von 1,0 (Nr. 1003 VV RVG). Zudem kann der Rechtsanwalt – wie stets – die Auslagenpauschale in Höhe von maximal 20,– EUR gemäß Nr. 7002 VV RVG sowie die Umsatzsteuer gemäß Nr. 7008 VV RVG beanspruchen.

15. Rechtsmittel. Gegen das Urteil, in dem über die Klauselklage entschieden wird, ist unter den allgemeinen Voraussetzungen der §§ 511 ff. ZPO/§§ 64 ff. ArbGG das Rechtsmittel der **Berufung** möglich (→ Form. P. VIII. 2).

16. Hinsichtlich der **Form** des Schriftsatzes (Unterschrift, elektronisches Dokument) wird verwiesen auf → Form. O. II. 1 Anm. 14.

8. Antrag auf Erteilung der Vollstreckungsklausel (§ 731 ZPO iVm §§ 95 Abs. 1, 120 Abs. 1 FamFG)

An das

Familiengericht/Amtsgericht[1]

in .....

Antrag

des/der ..... [ladungsfähige Anschrift des – ggf. neuen – Gläubigers],

– Antragstellers –

Verfahrensbevollmächtigte: .....

gegen

..... [ladungsfähige Anschrift des – ggf. neuen – Schuldners],

– Antragsgegner –

Verfahrensbevollmächtigte: .....

Verfahrenswert: .....[2]

Namens und in Vollmacht des Antragstellers beantragen wir,

festzustellen, dass dem Antragsteller zu dem Beschluss des Familiengerichts ..... vom ..... Az. ..... zum Zwecke der Zwangsvollstreckung gegen den Antragsgegner eine Vollstreckungsklausel/eine Vollstreckungsklausel wegen eines Betrages in Höhe von ..... EUR zu erteilen ist.

(Variante:

festzustellen, dass dem Antragsteller zu dem ..... (sonstige konkrete Bezeichnung des Vollstreckungstitels, zB Prozessvergleich, notarielle Urkunde) zum Zwecke der Zwangsvollstreckung gegen den Antragsgegner eine Vollstreckungsklausel/eine Vollstreckungsklausel wegen eines Betrages in Höhe von ..... EUR zu erteilen ist.)

Sofern das Gericht das schriftliche Vorverfahren anordnet, wird für den Fall der Fristversäumnis des Antragsgegners beantragt,

einen Versäumnisbeschluss ohne mündliche Verhandlung (§ 331 Abs. 3 ZPO iVm § 113 Abs. 1 FamFG) zu erlassen.

Begründung:

.....

(Vgl. die Ausführungen der Begründung der Klage gem. § 731 ZPO, → Form. O. II. 7. *Die dort dargelegten Konstellationen kommen auch bei einem Antrag vor dem Familiengericht oder einem anderen Gericht der freiwilligen Gerichtsbarkeit in Betracht. Es ist nur auf die Verwendung der in diesen Verfahren abweichenden Bezeichnungen zu achten (vgl. speziell für Ehesachen und Familienstreitsachen § 113 FamFG, insbesondere: Antragsteller und Antragsgegner anstelle von Kläger und Beklagter).*[3, 4, 5])

Anmerkungen

1. Aufgrund der Verweisungsvorschriften der §§ 95 Abs. 1, 120 Abs. 1 FamFG (→ Form. O. II. 1 Anm. 2) kommt auch im familiengerichtlichen Verfahren und anderen Verfahren der freiwilligen Gerichtsbarkeit der Rechtsbehelf des § 731 ZPO in Betracht, wenn der Gläubiger die besonderen Voraussetzungen für die Erteilung einer qualifizierten Vollstreckungsklausel nicht in der gem. den §§ 726 ff. ZPO geforderten Form zu führen vermag. Dies gilt auch im Zusammenhang mit notariellen Urkunden, in denen ein familienrechtlicher Anspruch tituliert worden ist.

Zu beachten ist insoweit, dass das Gericht in Familiensachen gem. § 116 FamFG nicht durch Urteil, sondern durch Beschluss entscheidet und auch keine „Klage" erhoben wird, sondern gem. § 113 Nr. 2 FamFG an die Stelle der Bezeichnung Klage die Bezeichnung Antrag tritt. An die Stelle der Bezeichnungen Kläger und Beklagter treten die Bezeichnungen Antragsteller und Antragsgegner (§ 113 Nr. 2 und 3 FamFG). Dies gilt auch für andere Verfahren der freiwilligen Gerichtsbarkeit.

Abgesehen von diesen Begrifflichkeiten gelten aber im Übrigen die gleichen Grundsätze wie bei einer Klage im unmittelbaren Anwendungsbereich des § 731 ZPO.

2. Da in Familiensachen gem. § 113 Nr. 1 FamFG keine Prozesse oder Rechtsstreitigkeiten, sondern „Verfahren" geführt werden, berechnen sich die Gerichtsgebühren nach dem „Verfahrenswert" (vgl. § 3 Abs. 1 FamGKG). Gem. § 53 FamGKG ist bei jedem Antrag dieser Verfahrenswert anzugeben, wenn dieser nicht in einer bestimmten Geldsumme besteht, kein fester Wert bestimmt ist oder sich nicht aus früheren Anträgen ergibt. Der Verfahrenswert des Antrages gem. § 731 ZPO entspricht dem vollen Wert des – noch – zu vollstreckenden Anspruchs. Entsprechendes gilt für die anderen Verfahren der freiwilligen Gerichtsbarkeit.

3. Kosten und Gebühren. Da der Antrag gem. § 731 ZPO iVm den §§ 95 Abs. 1, 120 Abs. 1 FamFG gegenüber sonstigen familiengerichtlichen Streitigkeiten kostenrechtlich keine Besonderheiten aufweist, richten sich die **Gerichtsgebühren** – in Familiensachen – nach dem **FamGKG.** Nach Nr. 1220 KV FamGKG sind dies 3,0 Gebühren, deren Höhe sich nach dem Verfahrenswert richtet (§§ 3, 28 FamGKG). Eine Zustellung des Antrags erfolgt gemäß § 14 Abs. 1 FamGKG erst nach Zahlung eines Gerichtskostenvorschusses in dieser Höhe. Auslagen werden nach den Nr. 2000 ff. KV FamGKG erhoben. Praktisch relevant sind insoweit insbesondere die nach dem JVEG (zB Kosten für Sachverständige und Zeugen) zu zahlenden Beträge (Nr. 2005 KV FamGKG). Auslagen für Zustellungen werden nur erhoben, soweit in einem Rechtszug mehr als 10 Zustellungen anfallen (Nr. 2002 KV FamGKG).

Für den **Rechtsanwalt** entstehen in der Regel die Verfahrensgebühr in Höhe von 1,3 (Nr. 3100 VV RVG) und die Terminsgebühr in Höhe von 1,2 (Nr. 3104 VV RVG), wobei sich die Höhe der Gebühren wiederum nach dem Streitwert richtet (§§ 2, 13 RVG). Hinzukommen kann eine Einigungsgebühr in Höhe von 1,0 (Nr. 1003 VV RVG). Zudem kann der Rechtsanwalt – wie stets – die Auslagenpauschale in Höhe von maximal 20,– EUR gemäß Nr. 7002 VV RVG sowie die Umsatzsteuer gemäß Nr. 7008 VV RVG beanspruchen.

4. Rechtsmittel. Gegen den Beschluss des Familiengerichts oder des sonstigen Gerichts der freiwilligen Gerichtsbarkeit, in dem über den Antrag gem. § 731 ZPO entschieden wird, ist unter den allgemeinen Voraussetzungen der §§ 58 ff. FamFG das Rechtsmittel der **Beschwerde** möglich (→ Form. O. II. 5), über das gem. § 119 Abs. 1 Nr. 1b GVG das **Oberlandesgericht** entscheidet. Die in § 117 FamFG für Ehe- und Familienstreitsachen normierten Besonderheiten (ua: Begründungspflicht innerhalb von 2 Monaten) sind zu beachten.

5. Hinsichtlich der **Form** des Schriftsatzes (Unterschrift, elektronisches Dokument) wird verwiesen auf → Form. O. II. 1 Anm. 14. Die dortigen Ausführungen zum elektronischen Rechtsverkehr gelten entsprechend für § 14b FamFG nF.

III. Rechtsbehelfe des Schuldners

1. Klauselerinnerung mit Vollstreckungsschutzantrag (§ 732 ZPO)

An das[1, 2]

Amtsgericht/Familiengericht/Arbeitsgericht/Landgericht/Oberlandesgericht/Landesarbeitsgericht/den Bundesgerichtshof/das Bundesarbeitsgericht

in .....

In dem Klauselerteilungsverfahren

des/der ..... [ladungsfähige Anschrift des Gläubigers],

– Gläubigers und Erinnerungsgegners –

Verfahrensbevollmächtigte: .....[3]

gegen

..... [ladungsfähige Anschrift des Schuldners],

– Schuldner und Erinnerungsführer –

Verfahrensbevollmächtigte: .....

Namens und in Vollmacht des Schuldners legen wir gegen die am ..... erfolgte Erteilung der Vollstreckungsklausel durch den Urkundsbeamten der Geschäftsstelle des erkennenden Gerichts/durch den Rechtspfleger des erkennenden Gerichts, Az. ...../durch den Notar/die Notarin ....., UR-Nr. .....

Klauselerinnerung gem. § 732 Abs. 1 ZPO

ein und beantragen für den Fall, dass der Erinnerung nicht abgeholfen wird,[4]

die Zwangsvollstreckung aus der am ..... für den ..... [jetzigen Gläubiger] erteilten Vollstreckungsklausel für unzulässig zu erklären.[5]

Vorab beantragen wir ,

die Zwangsvollstreckung aus dem Urteil des ..... gerichts ..... vom ..... Az. ...../..... [sonstiger Vollstreckungstitel] bis zur Entscheidung über die Erinnerung ohne – hilfsweise gegen – Sicherheitsleistung einstweilen einzustellen.

Begründung:

Der Schuldner ist durch Urteil des ..... gerichts ..... vom ..... Az. ..... verurteilt worden, ... [Wiedergabe des Urteilstenors].

(Variante:

Die Parteien haben vor dem ..... gericht ..... Az. ..... am ..... einen Prozessvergleich geschlossen. Hiernach ist der Schuldner verpflichtet, ... [Wiedergabe des Vergleichstenors].)

(Variante:

..... [Wiedergabe des Inhalts eines sonstigen Vollstreckungstitels].)

Auf den Antrag des Gläubigers hat der Urkundsbeamte der Geschäftsstelle/der Rechtspfleger/der Notar den Titel mit einer Vollstreckungsklausel versehen/..... [Schilderung des Sachverhalts im Zusammenhang der Erteilung einer qualifizierten oder einer weiteren vollstreckbaren Ausfertigung]. Ausweislich des beigefügten Vollstreckungsprotokolls des Gerichtsvollziehers ..... betreibt der Gläubiger gegen den Schuldner die Zwangsvollstreckung/..... [Schilderung sonstiger Vollstreckungshandlungen bzw. Vollstreckungsankündigungen des Gläubigers].

Der Schuldner wendet sich mit seiner gem. § 732 Abs. 1 ZPO/§ 732 Abs. 1 ZPO iVm §§ 794 Abs. 1, 795 ZPO statthaften Erinnerung gegen diese Klauselerteilung. Entgegen der Auffassung des Urkundsbeamten/des Rechtspflegers/des Notars liegen die Voraussetzungen für die Erteilung der Vollstreckungsklausel nicht vor. Denn ..... [Widerlegung der von dem Klauselorgan aufgeführten Ablehnungsgründe]. Insoweit müssen auch folgende weitere Gesichtspunkte in die Überlegungen mit einbezogen werden, die auch im Erinnerungsverfahren zu berücksichtigen sind .....[6]

Der Erlass einer einstweiligen Anordnung ist gemäß § 732 Abs. 2 ZPO angezeigt, um zu verhindern, dass der Schuldner durch die Fortsetzung der Zwangsvollstreckung rechtlos gestellt wird. Die Erfolgsaussicht der Klauselerinnerung ergibt sich aus den vorangegangenen Ausführungen. Zur Glaubhaftmachung wird auf die vorgelegten Unterlagen sowie ergänzend auf die beigefügte eidesstattliche Versicherung des Schuldners Bezug genommen. Da sich das Fehlen der Voraussetzungen für die Erteilung der Vollstreckungsklausel bereits aus den vorgelegten Unterlagen ergibt, ist die Zwangsvollstreckung ohne Sicherheitsleistung vorläufig einzustellen.

(Variante:

> Zu der Erbringung einer Sicherheit ist der Schuldner nicht in der Lage, denn ..... (nähere Darlegung erforderlich).)

Einfache und beglaubigte Abschrift liegen an.

.....

Rechtsanwalt[7, 8, 9]

Anmerkungen

1. Die Klauselerinnerung des Schuldners gem. § 732 Abs. 1 ZPO kann sich **gegen sämtliche Arten von Vollstreckungsklauseln** richten unabhängig davon, welches Klauselorgan die Klausel erteilt hat. Insoweit ist das Rechtsbehelfssystem für den Schuldner im Vergleich zu den Rechtsschutzmöglichkeiten für den Gläubiger deutlich einfacher und überschaubarer. Die – **nicht fristgebundene** – Erinnerung ist gegen die Erteilung einer einfachen Klausel durch den Urkundsbeamten der Geschäftsstelle der Gerichte der Zivil- und Arbeitsgerichtsbarkeit aller Instanzen ebenso statthaft wie gegen die Erteilung einer qualifizierten Klausel durch den Rechtspfleger des jeweiligen Gerichts. Auch die Erteilung einer – einfachen, qualifizierten oder weiteren – Klausel durch den Notar kann mit der Erinnerung gem. § 732 Abs. 1 ZPO angegriffen werden. Gegenüber diesem speziellen Rechtsbehelf treten die allgemeinen formellen Rechtsbehelfe (§ 573 ZPO bei Tätigwerden des Urkundsbeamten der Geschäftsstelle, § 11 RPflG bei Tätigwerden des Rechtspflegers und §§ 58 ff. FamFG bei Tätigwerden des Notars) zurück (vgl. Schuschke/Walker/*Schuschke* § 732 Rn. 1 mwN; Zöller/*Stöber* § 732 Rn. 3 f.).

Die Erinnerung gem. § 732 ZPO ist auch dann gegenüber den Rechtsbehelfen gem. § 11 Abs. 1 und 2 RPflG vorrangig, wenn der Rechtspfleger gem. § 733 ZPO eine **weitere**

vollstreckbare Ausfertigung erteilt hat. Wenn ein Notar[1] von dem Landgericht auf eine auf § 54 Abs. 1 BeurkG gestützte Beschwerde des Gläubigers angewiesen worden ist, die Klausel zu erteilen, muss der Schuldner die Erteilung der Klausel durch den Notar abwarten. Die Möglichkeit der Rechtsbeschwerde gem. den §§ 70 ff. FamFG ist für den Schuldner ausgeschlossen, vielmehr ist er auch insoweit auf die ihm im Falle der Erteilung der Klausel zur Verfügung stehenden Rechtsbehelfe (insbesondere: § 732 ZPO) beschränkt (vgl. OLG Frankfurt MDR 1997, 974 für den Fall einer weiteren Beschwerde nach den §§ 27 ff. FGG aF). Schließlich kann der Schuldner auch gegen die bloße Ankündigung der Erteilung einer Klauselerteilung durch einen Notar in einem Vorbescheid kein Rechtsmittel einlegen. Der in § 54 BeurkG eröffnete Beschwerderechtszug gibt lediglich dem Gläubiger die Möglichkeit, seinen Anspruch auf Erteilung einer vollstreckbaren Ausfertigung durchzusetzen (vgl. OLG Köln FGPrax 2006, 278).

Abzugrenzen ist die Klauselerinnerung von der **Klauselgegenklage – bei der Zuständigkeit des Familiengerichts: von dem Klauselgegenantrag – gem. § 768 ZPO** (vgl. zum Folgenden Schuschke/Walker/*Schuschke* § 732 Rn. 2; Musielak/Voit/*Lackmann* § 732 Rn. 3 ff. sowie Zöller/*Stöber* § 732 Rn. 12). Wenn der Schuldner lediglich formelle Einwendungen gegen der Klauselerteilung geltend machen möchte, etwa die fehlende Vollstreckbarkeit oder die nicht hinreichende Bestimmtheit des Vollstreckungstitels, kommt von vorneherein nur eine Erinnerung gem. § 732 ZPO, nicht jedoch eine Klage/ein Antrag gem. § 768 ZPO in Betracht. Dies gilt auch dann, wenn der Rechtspfleger oder der Notar im Falle der Erteilung einer qualifizierten Klausel die besonderen materiellrechtlichen Voraussetzungen der §§ 726 Abs. 1, 727–729 ZPO bejaht hat, obwohl sie sich gar nicht schlüssig aus dem Gläubigervorbringen und den vom Gläubiger zum Nachweis seines Vorbringens vorgelegten Urkunden ergeben. Demgegenüber ist die Klage/der Antrag gem. § 768 ZPO der richtige Rechtsbehelf, wenn der Schuldner gegen die Erteilung einer qualifizierten Klausel mit der Begründung vorgehen möchte, die besonderen Klauselvoraussetzungen lägen trotz des insoweit schlüssigen Vortrages des Gläubigers und des sich aus vorliegenden Urkunden zu seinen Gunsten ergebenden Anscheins nicht vor. So liegt der Fall etwa, wenn der Schuldner geltend macht, die – urkundlich nachgewiesene – Abtretung sei nichtig oder der Gläubiger sei trotz des vorgelegten Erbscheins nicht Erbe und damit nicht Rechtsnachfolger des Titelgläubigers geworden. Wenn und soweit sich schließlich formelle Einwendungen (zB Fehlen des erforderlichen Urkundennachweises) und materiellrechtliche Einwendungen (zB: Nichteintritt der angeblich bewiesenen Bedingung) decken, kann der Schuldner beide Rechtsbehelfe geltend machen. Zu empfehlen ist dem Schuldner im letzteren Fall allerdings die Erhebung der Klage/des Antrags gem. § 768 ZPO, weil er nur hierdurch sein gewünschtes Rechtsschutzziel erreichen kann, während der Formfehler beseitigt und die Klausel erneut erteilt werden könnte (in diesem Sinne auch Musielak/Voit/*Lackmann* § 732 Rn. 6).

Materielle Einwendungen gegen den titulierten Anspruch (zB Erfüllung) kann der Schuldner im Rahmen der Erinnerung gem. § 732 ZPO nicht geltend machen. Insoweit muss er eine **Vollstreckungsgegenklage** bzw. beim Familiengericht oder einem Gericht der freiwilligen Gerichtsbarkeit einen Vollstreckungsgegenantrag (→ Form. P. VIII. 9 und 10) erheben (vgl. *Baumbach/Lauterbach/Albers/Hartmann* § 732 Rn. 4; Schuschke/Walker/*Schuschke* § 732 Rn. 2).

Zwischen der Erinnerung gem. § 732 ZPO und der **prozessualen Gestaltungsklage analog § 767 ZPO** hat der Schuldner nach der Rechtsprechung des Bundesgerichtshofs grundsätzlich ein **Wahlrecht** (vgl. BGH NJW-RR 2004, 1718; BGH FamRZ 2007, 1881). Dies ist insbesondere bei vollstreckbaren Urkunden von praktischer Bedeutung. Zu einem Fehler formeller Art, der Gegenstand einer Erinnerung gem. § 732 ZPO sein kann, gehört beispielsweise auch die Einwendung, die gem. § 794 Abs. 1 Nr. 5 ZPO abgegebene Unterwerfungserklärung sei auf eine unwirksame Vollmacht zurückzuführen. Dass der

Schuldner auch mit einer prozessualen Gestaltungsklage analog § 767 ZPO eine formell-rechtliche Überprüfung des Titels erreichen kann, begründet nur eine weitere Möglichkeit des Schuldners, verdrängt aber die Klauselerinnerung nicht. **Aber:** Der Notar bzw. das sonstige Klauselorgan prüft lediglich nach allgemeinen Regeln, ob ein formell wirksamer Titel mit vollstreckungsfähigem Inhalt vorliegt. Hat ein Vertreter für den Schuldner die Unterwerfungserklärung abgegeben, müssen Erteilung und Umfang der Vollmacht in öffentlicher oder öffentlich beglaubigter Urkunde zu Protokoll des Notars erklärt werden. Eine weitere Prüfungsbefugnis steht dem Notar nicht zu. Insbesondere ist der **Notar zu einer umfassenden materiell-rechtlichen Prüfung** einer etwaig bestehenden Nichtigkeit der Vollmacht gem. § 134 BGB **nicht berufen** (vgl. BGH NJW-RR 2004, 1718; BGH NJW-RR 2006, 567). Sein Rechtsschutzziel kann der Schuldner in derartigen Fällen nur mit der prozessualen Gestaltungsklage analog § 767 ZPO erreichen (→ Form. P. VIII. 20). Stützt er gleichwohl eine Klauselerinnerung auf eine sich aus materiellen Gründen ergebende Unwirksamkeit des Vollstreckungstitels, ist sie deshalb zwar statthaft, in der Regel jedoch unbegründet (vgl. BGH NJW-RR 2004, 1718). Dies gilt auch in den Fällen, in denen geltend gemacht wird, die Unterwerfungserklärung verstoße gegen § 307 Abs. 1 S. 1 BGB. Eine insoweit erforderliche umfassende materiell-rechtliche Überprüfung ist nicht Gegenstand des Klauselerinnerungsverfahrens (BGH NJW 2009, 1887).

Eine Ausnahme wird von der Rechtsprechung nur für den Fall erwogen, dass die eine Einwendung begründenden Voraussetzungen – wie die einer Nichtigkeit gem. § 134 BGB – der Urkunde, zu der die Klausel erteilt werden soll, ohne weiteres zu entnehmen sind (vgl. BGH NJW-RR 2004, 1718 mwN).

Nach überwiegender Auffassung soll § 732 ZPO entsprechend anwendbar sein, wenn im **Streit unter mehreren Klauselprätendenten** ein Gläubiger mit formellen Einwendungen die Klauselerteilung an einen anderen anfechten will (vgl. *Schuschke/Walker* § 732 Rn. 19 mwN auch der Gegenauffassung).

2. Die – gem. § 802 ZPO ausschließliche – **Zuständigkeit** für die Entscheidung über die Erinnerung des Schuldners richtet sich danach, wer die Klausel erteilt hat. Bei Urteilen/Beschlüssen oder Prozessvergleichen entscheidet das Gericht, dem der Urkundsbeamte oder der Rechtspfleger angehört. Über die Verweisungsnormen der §§ 95 Abs. 1, 120 Abs. 1 FamFG kommt auch eine Zuständigkeit des **Familiengerichts bzw. eines Gerichts der freiwilligen Gerichtsbarkeit** in Betracht. Zur Entscheidung berufen sein kann auch das Arbeitsgericht (§ 62 Abs. 2 S. 1 ArbGG iVm § 732 Abs. 1 ZPO), das Oberlandesgericht, das Landesarbeitsgericht, der Bundesgerichtshof oder das Bundesarbeitsgericht, wie dies auch bei einer Erinnerung des Gläubigers gem. § 573 Abs. 1 ZPO der Fall ist. Hat ein Notar die Klausel erteilt, ist gem. § 797 Abs. 3 ZPO das Amtsgericht zur Entscheidung berufen, in dessen Bezirk der Notar seinen Sitz hat. Weitere Zuständigkeitsbestimmungen finden sich in den §§ 797a Abs. 2 und 4 S. 3 ZPO.

3. Die Erinnerung unterliegt **nicht** dem **Anwaltszwang** (vgl. nur Zöller/*Stöber* § 732 Rn. 14 unter Hinweis auf § 78 Abs. 3 ZPO; *Baumbach/Lauterbach/Albers/Hartmann* § 732 Rn. 7; vgl. auch die Verweisung auf § 78 Abs. 3 ZPO in § 114 Abs. 4 Nr. 6 FamFG).

4. Nach ganz überwiegender Meinung hat das Klauselorgan analog § 572 Abs. 1 ZPO die Möglichkeit, der Erinnerung **abzuhelfen** (vgl. Zöller/*Stöber* § 732 Rn. 14; Musielak/Voit/*Lackmann* § 732 Rn. 9). Bei einer Abhilfe stehen dem Gläubiger die unter → Form. O. II. 1 bis → Form. O. II. 6 erörterten Rechtsbehelfe zu, die ihm auch bei ursprünglicher Verweigerung der Klausel zustünden (vgl. Schuschke/Walker/*Schuschke* § 732 Rn. 11).

5. Vgl. zu der hier vorgeschlagenen **Fassung des Antrags,** die sich an der Entscheidungsformel bei einer stattgebenden Erinnerungsentscheidung orientiert, Schuschke/

Walker/*Schuschke* § 732 Rn. 13. Alternative Formulierung (vgl. Thomas/Putzo/*Seiler* § 732 Rn. 2; Musielak/Voit/*Lackmann* § 732 Rn. 9):

„Die vom. . . . .(Gericht, Notar) am. . . . .erteilte vollstreckbare Ausfertigung zum. . . . . (genaue Titelbezeichnung) und die Zwangsvollstreckung aus ihr sind unzulässig."

6. Da es für die Begründetheit der Erinnerung auf den **Zeitpunkt der Entscheidung** über die Erinnerung ankommt, müssen Umstände, die nach Klauselerteilung entstanden sind, berücksichtigt werden (vgl. Zöller/*Stöber* § 732 Rn. 15). So kann der Schuldner etwa geltend machen, dass die Vollstreckbarkeit des Titels nachträglich entfallen ist. Auf der anderen Seite folgt hieraus aber auch, dass ein gerügter, anfänglich bestehender Mangel während des Verfahrens entfallen und so zur Unbegründetheit der Erinnerung führen kann (vgl. OLG Köln OLGR 2003, 111; KG NJW-RR 1987, 3).

7. Kosten und Gebühren. Das Erinnerungsverfahren ist **gerichtsgebührenfrei.** Auslagen werden allerdings unter den Voraussetzungen der Nr. 9000 ff. KV GKG bzw. Nr. 2000 ff. KV FamGKG von der unterlegenen Partei erhoben.

Da es sich bei dem Verfahren gem. § 732 ZPO um eine besondere Angelegenheit handelt (§ 18 Nr. 6 RVG), kann der **Rechtsanwalt** eine 0,3-Verfahrensgebühr gem. Nr. 3309 VV RVG und – falls ausnahmsweise eine mündliche Verhandlung durchgeführt wird – zusätzlich eine 0,3-Terminsgebühr gem. Nr. 3310 VV RVG beanspruchen (vgl. Zöller/*Stöber* § 732 Rn. 18). Der **Gegenstandswert** der anwaltlichen Tätigkeit ist gemäß § 23 Abs. 2 S. 1 und 3 RVG iVm § 23 Abs. 3 S. 2 RVG unter besonderer Berücksichtigung des Interesses des Beschwerdeführers nach billigem Ermessen zu bestimmen. Angemessen ist regelmäßig der Wert des titulierten Anspruchs, es sei denn, die Vollstreckung soll nicht vollständig, sondern nur zeitweilig verhindert werden. Im letzteren Fall ist nur ein Bruchteil der Forderung maßgeblich, dessen Höhe vom Einzelfall abhängig ist (vgl. LG Aachen JurBüro 1985, 254; *Anders/Gehle/Kunze* Stichwort „Vollstreckungsklausel" Rn. 1 und 4; *E. Schneider* Anm. in KostRspr ZPO § 3 Nr. 732; Zöller/*Herget* § 3 Rn. 16 Stichwort „Vollstreckungsklausel").

Für die Tätigkeit des Rechtsanwaltes in dem Verfahren auf **einstweilige Einstellung der Zwangsvollstreckung** gem. § 732 Abs. 2 ZPO erhält er keine besondere Vergütung, weil dieses Verfahren zu dem Rechtszug gehört (vgl. Zöller/*Stöber* § 732 Rn. 18 unter Hinweis auf § 19 Abs. 1 S. 2 Nr. 11 RVG). Wenn allerdings – dies kommt allerdings in der Praxis, wenn überhaupt, nur selten vor – über den Einstellungsantrag eine gesonderte mündliche Verhandlung stattfindet, fallen eine 0,5 Verfahrensgebühr (Nr. 3328 VV RVG) sowie eine 0,5 Terminsgebühr (Nr. 3332 VV RVG) an.

8. Rechtsmittel. Wenn die Erinnerungsentscheidung im **Verfahren des ersten Rechtszuges** von einem Amtsgericht, Familiengericht, Landgericht oder Arbeitsgericht getroffen wurde, ist hiergegen gem. § 567 Abs. 1 Nr. 2 ZPO die **sofortige Beschwerde** statthaft (→ Form. O. III.2). Hat das Landgericht oder das Oberlandesgericht im Beschwerde- oder Berufungsverfahren bzw. das Landesarbeitsgericht entschieden, scheidet demgegenüber eine sofortige Beschwerde aus. Möglich ist allerdings in diesen Fällen eine beim Bundesgerichtshof/Bundesarbeitsgericht einzulegende Rechtsbeschwerde, wenn sie in der Erinnerungsentscheidung zugelassen worden ist (vgl. § 574 Abs. 1 Nr. 2 ZPO/§ 78 ArbGG). Hat der Bundesgerichtshof oder das Bundesarbeitsgericht über die Erinnerung entschieden, ist kein weiteres Rechtsmittel statthaft. Unberührt bleibt die Möglichkeit, bei als solchen unanfechtbaren Entscheidungen eine Gehörsrüge gem. § 321a ZPO/§ 44 FamFG/§ 78a ArbGG zu erheben (→ Form. Q. II. 1).

Unanfechtbar ist die Entscheidung des Gerichts über den **Einstellungsantrag** gem. § 732 Abs. 2 ZPO. Ebenso wie im Falle des § 769 ZPO (vgl. grundlegend BGHZ 159, 14) folgt dies auch im Rahmen des § 732 Abs. 2 ZPO aus einer entsprechenden Anwendung des § 707 Abs. 2 S. 2 ZPO (vgl. *Baumbach/Lauterbach/Albers/Hartmann* § 732

Rn. 13; Musielak/Voit/*Lackmann* § 732 Rn. 10). Nicht ausgeschlossen ist allerdings eine Gehörsrüge oder eine Gegenvorstellung (→ Form. Q. II. 1 und → Q. II. 2).

Wenn der Rechtspfleger oder der Urkundsbeamte der Geschäftsstelle im Zusammenhang mit dem Abhilfeverfahren eine einstweilige Anordnung erlassen hat (vgl. zur Zulässigkeit solcher Maßnahmen Schuschke/Walker/*Schuschke* § 732 Rn. 16), kann der Schuldner hiergegen sofortige Erinnerung gem. § 573 Abs. 1 ZPO (Urkundsbeamter) oder sofortige Erinnerung gem. § 11 Abs. 2 RPflG (Rechtspfleger) einlegen (vgl. *Baumbach/Lauterbach/Albers/Hartmann* § 732 Rn. 12; Zöller/*Stöber* § 732 Rn. 17).

9. Hinsichtlich der **Form** des Schriftsatzes (Unterschrift, elektronisches Dokument) wird verwiesen auf → Form. O. II. 1 Anm. 14.

2. Sofortige Beschwerde gegen die Erinnerungsentscheidung mit Vollstreckungsschutzantrag (§ 567 Abs. 1 Nr. 2 ZPO)

An das

Amtsgericht/Familiengericht/Arbeitsgericht/Landgericht

in .....[1, 2]

In dem Klauselerteilungsverfahren

des/der ..... [ladungsfähige Anschrift des Gläubigers],

Gläubigers, Erinnerungsgegners und Beschwerdegegners,

Verfahrensbevollmächtigte: .....[3]

gegen

..... [ladungsfähige Anschrift des Schuldners],

Schuldner, Erinnerungsführer und Beschwerdeführer,

Verfahrensbevollmächtigte: .....

Namens und in Vollmacht des Schuldners legen wir gegen den Beschluss des erkennenden Gerichts vom ....., Az. ....., dem Schuldner zugestellt am .....,

sofortige[4] Beschwerde

ein und beantragen für den Fall, dass das Gericht der Beschwerde nicht abhilft,[5]

unter Aufhebung des angefochtenen Beschlusses die Zwangsvollstreckung aus der am ..... für den ..... [jetzigen Gläubiger] erteilten Vollstreckungsklausel für unzulässig zu erklären.

Vorab beantragen wir,

die Zwangsvollstreckung aus dem Urteil des ..... gerichts ..... vom ..... Az. ...../..... [sonstiger Vollstreckungstitel] bis zur Entscheidung über die Beschwerde ohne – hilfsweise gegen – Sicherheitsleistung einstweilen einzustellen.

Hilfsweise[6] für den Fall, dass das Beschwerdegericht von der Rechtsauffassung des Beschwerdeführers abweichen möchte, beantragen wir,

die Rechtsbeschwerde zuzulassen.

(Variante bei einer Zuständigkeit des Einzelrichters beim Landgericht/Oberlandesgericht gem. § 568 S. 1 ZPO:

die Entscheidung über die Beschwerde auf die Kammer/den Senat zu übertragen und die Rechtsbeschwerde zuzulassen.)

Begründung:

Der Schuldner ist durch Urteil des ..... gerichts ..... vom ..... Az. ..... verurteilt worden, ... [Wiedergabe des Urteilstenors].

(Variante:

Die Parteien haben vor dem ..... gericht ..... Az. ..... am ..... einen Prozessvergleich geschlossen. Hiernach ist der Schuldner verpflichtet, ... (Wiedergabe des Vergleichstenors).)

(Variante:

..... *(Wiedergabe des Inhalts eines sonstigen Vollstreckungstitels).)*

Auf den Antrag des Gläubigers hat der Urkundsbeamte der Geschäftsstelle/der Rechtspfleger/der Notar den Titel mit einer Vollstreckungsklausel versehen/..... [Schilderung des Sachverhalts im Zusammenhang der Erteilung einer qualifizierten oder einer weiteren vollstreckbaren Ausfertigung]. Die hiergegen von dem Schuldner am ..... eingelegte Erinnerung hat das ..... gericht durch den angegriffenen Beschluss zurückgewiesen. Begründet wird die Zurückweisung damit, dass ..... [Kurzwiedergabe der Zurückweisungsgründe]. Der Beschluss ist dem Schuldner am ..... zugestellt worden. Ausweislich des beigefügten Vollstreckungsprotokolls des Gerichtsvollziehers ..... betreibt der Gläubiger gegen den Schuldner die Zwangsvollstreckung/..... [Schilderung sonstiger Vollstreckungshandlungen bzw. Vollstreckungsankündigungen des Gläubigers].

Der Schuldner wendet sich mit seiner gem. § 567 Abs. 1 Nr. 2 ZPO statthaften und fristgerecht erhobenen sofortigen Beschwerde gegen die Erinnerungsentscheidung. Entgegen der Auffassung des Urkundsbeamten/des Rechtspfleger/des Notars sowie des ..... gerichts liegen die Voraussetzungen für die Erteilung der Vollstreckungsklausel nicht vor. Denn ..... [Widerlegung der von dem Klauselorgan bzw. dem Erinnerungsgericht aufgeführten Gründe]. Insoweit müssen auch folgende weitere Gesichtspunkte in die Überlegungen mit einbezogen werden, die gem. § 571 Abs. 2 S. 1 ZPO im Beschwerdeverfahren zu berücksichtigen sind .....

Der Erlass einer einstweiligen Anordnung ist gemäß § 570 Abs. 3 ZPO angezeigt, um zu verhindern, dass der Schuldner durch die Fortsetzung der Zwangsvollstreckung rechtlos gestellt wird. Die Erfolgsaussicht der Beschwerde ergibt sich aus den vorangegangenen Ausführungen. Zur Glaubhaftmachung wird auf die vorgelegten Unterlagen sowie ergänzend auf die beigefügte eidesstattliche Versicherung des Schuldners Bezug genommen. Da sich das Fehlen der Voraussetzungen für die Erteilung der Vollstreckungsklausel bereits aus den vorgelegten Unterlagen ergibt, ist die Zwangsvollstreckung ohne Sicherheitsleistung vorläufig einzustellen.

(Variante:

Zu der Erbringung einer Sicherheit ist der Schuldner nicht in der Lage, denn ..... (nähere Darlegung erforderlich).)

[Ergänzend für den Fall, dass die Zulassung der Rechtsbeschwerde beantragt werden soll:

Wenn das Beschwerdegericht entgegen den vorstehenden Ausführungen die Beschwerde für unbegründet hält, müsste es von der – wie dargelegt – überwiegenden Auffassung in Rechtsprechung und Literatur abweichen. In diesem Fall bedarf es wegen der grundsätzlichen Bedeutung bzw. zur Fortbildung des Rechts und der Sicherung einer einheitlichen Rechtsprechung einer Entscheidung des Rechtsbeschwerdegerichts (§ 574 Abs. 2 Nr. 1 und 2 ZPO/§§ 78 S. 2, 72 Abs. 2 ArbGG) . . . . . (ist näher darzulegen). Deshalb ist die Rechtsbeschwerde zuzulassen.]

(Variante bei einer Zuständigkeit des Einzelrichters beim Landgericht/Oberlandesgericht gem. § 568 S. 1 ZPO:

Dies setzt nach st. Rechtsprechung des BGH zunächst eine Übertragung des Verfahrens von dem Einzelrichter auf die Kammer/den Senat voraus (§ 568 S. 2 ZPO). Die Kammer/der Senat hat sodann die Rechtsbeschwerde zuzulassen.)

Einfache und beglaubigte Abschrift liegen an.

. . . . .

Rechtsanwalt[7, 8]

Anmerkungen

1. Die **Statthaftigkeit** der sofortigen Beschwerde gegen eine Erinnerungsentscheidung gem. § 732 Abs. 1 ZPO ist allgemein anerkannt (vgl. Zöller/*Stöber* § 732 Rn. 16). Sie folgt aus § 567 Abs. 1 Nr. 2 ZPO, da das Verfahren auf Erteilung der Vollstreckungsklausel nicht zum Vollstreckungsverfahren gehört und deshalb § 793 ZPO keine Anwendung findet, vgl. *Baumbach/Lauterbach/Albers/Hartmann* § 732 Rn. 11. Weil die Beschwerde gem. § 567 Abs. 1 ZPO nur gegen im **erst**instanzlichen Verfahren ergangene Erinnerungsentscheidungen der Amtsgerichte, Familiengerichte (vgl. §§ 95 Abs. 1, 120 Abs. 1 FamFG) oder Landgerichte bzw. Arbeitsgerichte (vgl. § 78 ArbGG) statthaft ist, scheiden Entscheidungen der Oberlandesgerichte, der Landesarbeitsgerichte oder des Bundesgerichtshofs bzw. des Bundesarbeitsgerichts als Gegenstand der hier erörterten Beschwerde aus. Entsprechendes gilt für landgerichtliche Erinnerungsentscheidungen, wenn das Landgericht zweitinstanzlich, insbesondere als Berufungsgericht tätig geworden ist.

2. Hinsichtlich der **Zuständigkeit** des Beschwerdegerichts kann auf die Ausführungen zu → Form. O. II. 2 Bezug genommen werden. Auch wenn über die Beschwerde das dem Ausgangsgericht übergeordnete Beschwerdegericht (Landgericht oder Oberlandesgericht/Landesarbeitsgericht) entscheidet, ist aus den → Form. O. II. 2 Anm. 2 genannten Gründen die Beschwerde im Regelfall bei dem Ausgangsgericht einzulegen.

3. Da das Erinnerungsverfahren gem. § 732 ZPO nicht als „Anwaltsprozess" zu führen ist, kann die sofortige Beschwerde gem. § 569 Abs. 3 Nr. 1 ZPO auch durch Erklärung zu Protokoll der Geschäftsstelle eingelegt werden. Es besteht deshalb **kein Anwaltszwang** (§ 78 Abs. 3 ZPO). Dies gilt auch dann, wenn das Landgericht oder das Familiengericht die Erinnerung zurückgewiesen haben. Dass in dem vorangegangenen Hauptsacheverfahren Anwaltszwang herrschte (§ 78 Abs. 1 ZPO bzw. § 114 FamFG), ist unerheblich, da für Nebenverfahren – wie hier – nicht auf den Hauptsacheprozess abzustellen ist (vgl. BGH NJW 2006, 2260 zu einer Beschwerde gegen einen Kostenfestsetzungsbeschluss). Nur wenn in dem weiteren Verlauf des Beschwerdeverfahrens vor dem Landgericht oder Oberlandesgericht – ausnahmsweise – eine mündliche Verhandlung anberaumt wird, müssen sich die Parteien durch einen Anwalt vertreten lassen.

4. Die Beschwerde muss gem. § 569 Abs. 1 S. 1 ZPO innerhalb von **2 Wochen** ab Zustellung der Erinnerungsentscheidung bei dem Ausgangsgericht oder dem Beschwerdegericht eingegangen sein.

5. Wenn das Ausgangsgericht der Beschwerde gem. § 572 Abs. 1 ZPO **abhilft,** wird das Rechtsmittel gegenstandslos.

6. Vgl. zu den Ausführungen im Falle des Antrags auf Zulassung der Rechtsbeschwerde → Form. O. II. 2 Anm. 7 und → Form. O. II. 2 Anm. 8.

7. Kosten und Gebühren/Rechtsmittel. Hinsichtlich der im Beschwerdeverfahren anfallenden **Gerichtskosten** und **Anwaltsgebühren** sowie der **Rechtsmittel** gegen die Beschwerdeentscheidung kann zunächst auf die Ausführungen zu → Form. O. II. 2 verwiesen werden, die entsprechend gelten.

Für die Tätigkeit des Rechtsanwaltes in dem Verfahren auf einstweilige **Einstellung der Zwangsvollstreckung** gem. § 570 Abs. 3 ZPO erhält er **keine besondere Vergütung,** weil dieses Verfahren zu dem Rechtszug gehört (vgl. Zöller/*Heßler* § 570 Rn. 6 unter Hinweis auf § 19 Abs. 1 S. 2 Nr. 11 RVG – kritisch insoweit *Abramenko* AnwBl. 2006, 273). Wenn allerdings – dies kommt allerdings in der Praxis, wenn überhaupt, nur selten vor – über den Einstellungsantrag eine gesonderte mündliche Verhandlung stattfindet, fallen eine 0,5 Verfahrensgebühr (Nr. 3328 VV RVG) sowie eine 0,5 Terminsgebühr (Nr. 3332 VV RVG) an.

Die Entscheidung gem. § 570 Abs. 3 ZPO ist unanfechtbar. Die Ausführungen zu → Form. O. III. 1 zu der Unanfechtbarkeit einer Entscheidung gem. § 732 Abs. 2 ZPO gelten entsprechend.

8. Hinsichtlich der **Form** des Schriftsatzes (Unterschrift, elektronisches Dokument) wird verwiesen auf → Form. O. II. 1 Anm. 14.

3. Klauselgegenklage mit Vollstreckungsschutzantrag (§ 768 ZPO)

An das

Amtsgericht/Arbeitsgericht/Landgericht

in . . . . .[1, 2]

Klage

des/der . . . . . [ladungsfähige Anschrift des Schuldners],

– Klägers –

Prozessbevollmächtigte: . . . . .

gegen

. . . . . [ladungsfähige Anschrift des – ggf. neuen – Gläubigers],

– Beklagten –

Prozessbevollmächtigte: . . . . .[3]

Streitwert: . . . . .[4]

Namens und in Vollmacht des Klägers erheben wir Klage mit dem Antrag,[5]

die Zwangsvollstreckung auf Grund der zu dem Urteil des ..... gerichts ..... vom ..... Az. ...../..... [sonstige konkrete Bezeichnung des Vollstreckungstitels, zB Prozessvergleich, Vollstreckungsbescheid, notarielle Urkunde etc.] am ..... erteilten Vollstreckungsklausel gegen den Kläger für unzulässig zu erklären.

Vorab beantragen wir,

die Zwangsvollstreckung aus dem oben bezeichneten Vollstreckungstitel ohne – hilfsweise gegen – Sicherheitsleistung einstweilen bis zur Entscheidung des vorliegenden Rechtsstreits einzustellen.

Sofern das Gericht das schriftliche Vorverfahren anordnet, wird für den Fall der Fristversäumnis des Beklagten beantragt,[6]

ein Versäumnisurteil ohne mündliche Verhandlung (§ 331 Abs. 3 ZPO) zu erlassen.

[Bei einer Klage vor dem Landgericht:

Einer Entscheidung der Sache durch den Einzelrichter stehen keine Gründe entgegen.

(Variante:

Wegen der besonderen Schwierigkeit der Sache/grundsätzlichen Bedeutung eignet sich die Sache nicht für eine Entscheidung durch den Einzelrichter.)

Begründung:[7]

(Variante für den Fall der Erteilung einer titelergänzenden Klausel iSd § 726 Abs. 1 ZPO:

Der Beklagte ist durch Urteil des ..... gerichts ..... vom ..... Az. ..... verurteilt worden, ... (Wiedergabe des Urteilstenors).)

(Variante:

Die Parteien haben vor dem ..... gericht ..... Az. ..... am ..... einen Prozessvergleich geschlossen. Hiernach ist der Kläger verpflichtet, ... (Wiedergabe des Vergleichstenors).)

(Variante:

..... (Darlegung des sonstigen Vollstreckungstitels).)

Auf entsprechenden Antrag des Beklagten vom ..... hat der Rechtspfleger durch Beschluss vom ...../hat der Notar durch Schreiben vom ..... die von dem Beklagten begehrte vollstreckbare Ausfertigung erteilt und sich hierbei auf folgende, von dem Beklagten gem. § 726 Abs. 1 ZPO zum Beweis für das Vorliegen der in dem Titel aufgeführten Voraussetzungen vorgelegte öffentliche bzw. öffentlich beglaubigte Urkunden bezogen: .....[8] Ausweislich des beigefügten Vollstreckungsprotokolls des Gerichtsvollziehers ..... betreibt der Beklagte gegen den Kläger die Zwangsvollstreckung/..... [Schilderung sonstiger Vollstreckungshandlungen des Beklagten].

Der Kläger wendet sich mit seiner gem. § 768 ZPO/§ 768 ZPO iVm §§ 794 Abs. 1, 795 ZPO statthaften Klage gegen diese Klauselerteilung und bestreitet, dass die von dem Rechtspfleger/Notar angenommenen Voraussetzungen vorliegen. Die von dem Beklagten vorgelegten Urkunden sind aus folgenden Gründen entkräftet: .....[9]

(Variante für den Fall der Umschreibung der Klausel auf einen anderen Gläubiger gem. den §§ 727, 728 ZPO:)

Der Kläger ist durch Urteil des ..... gerichts ..... vom ..... Az. ..... verurteilt worden, ... [Wiedergabe des auf den früheren Gläubiger bezogenen Urteilstenors].)

(Variante:

Der Kläger und ..... (früherer Gläubiger) haben vor dem ..... gericht ..... Az. ..... am ..... einen Prozessvergleich geschlossen. Hiernach ist der Kläger verpflichtet, ... (Wiedergabe des auf den früheren Gläubiger bezogenen Vergleichstenors).)

(Variante:
..... (Darlegung des sonstigen Vollstreckungstitels).)

Auf entsprechenden Antrag des Beklagten vom ..... hat der Rechtspfleger durch Beschluss vom ...../der Notar durch Schreiben vom ..... die von dem Beklagten begehrte vollstreckbare Ausfertigung erteilt und den Vollstreckungstitel auf ihn umgeschrieben. Hierbei hat sich der Beklagte auf folgende, von ihm gem. § 727 Abs. 1 ZPO/ § 728 ZPO zum Nachweis der Umschreibungsvoraussetzungen vorgelegte öffentliche bzw. öffentlich beglaubigte Urkunden bezogen: ..... Ausweislich des beigefügten Vollstreckungsprotokolls des Gerichtsvollziehers ..... betreibt der Beklagte gegen den Kläger die Zwangsvollstreckung/..... [Schilderung sonstiger Vollstreckungshandlungen des Beklagten].

Der Kläger wendet sich mit seiner gem. § 768 ZPO/§ 768 ZPO iVm §§ 794 Abs. 1, 795 ZPO statthaften Klage gegen diese Klauselerteilung und bestreitet, dass die von dem Rechtspfleger/Notar angenommenen Voraussetzungen vorliegen. Die von dem Beklagten vorgelegten Urkunden sind aus folgenden Gründen entkräftet: .....

(Variante für den Fall der Umschreibung der Klausel auf einen anderen Schuldner gem. den §§ 727 ff. ZPO:

Der frühere Schuldner, ... ist durch Urteil des ..... gerichts ..... vom ..... Az. ..... verurteilt worden, ... (Wiedergabe des auf den früheren Schuldner bezogenen Urteilstenors).)

(Variante:

Der Beklagte und ..... (früherer Schuldner) haben vor dem ..... gericht ..... Az. ..... am ..... einen Prozessvergleich geschlossen. Hiernach war der frühere Schuldner verpflichtet, ... (Wiedergabe des Vergleichstenors).)

(Variante:
..... (Darlegung des sonstigen Vollstreckungstitels).)

Auf entsprechenden Antrag des Beklagten vom ..... hat der Rechtspfleger durch Beschluss vom ...../der Notar durch Schreiben vom ..... die von dem Beklagten begehrte vollstreckbare Ausfertigung erteilt und den Vollstreckungstitel auf den Kläger umgeschrieben. Hierbei hat sich der Beklagte auf folgende, von ihm gem. § 727 Abs. 1 ZPO/§ 728 ZPO zum Nachweis der Umschreibungsvoraussetzungen vorgelegte öffentliche bzw. öffentlich beglaubigte Urkunden bezogen: ..... Ausweislich des beigefügten Vollstreckungsprotokolls des Gerichtsvollziehers ..... betreibt der Beklagte gegen den Kläger die Zwangsvollstreckung ..... [Schilderung sonstiger Vollstreckungshandlungen des Beklagten].

Der Kläger wendet sich mit seiner gem. § 768 ZPO/§ 768 ZPO iVm §§ 794 Abs. 1, 795 ZPO statthaften Klage gegen diese Klauselerteilung und bestreitet, dass die von dem Rechtspfleger/Notar angenommenen Voraussetzungen vorliegen. Die von dem Beklagten vorgelegten Urkunden sind aus folgenden Gründen entkräftet: .....

[Ergänzend für alle Varianten:

Der Erlass einer einstweiligen Anordnung ist gemäß §§ 768, 769 Abs. 1 ZPO angezeigt, um zu verhindern, dass der Kläger durch die Fortsetzung der Zwangsvollstreckung rechtlos gestellt wird. Die Erfolgsaussicht der Klauselgegenklage ergibt sich aus den vorangegangenen Ausführungen. Zur Glaubhaftmachung wird auf die vorgelegten Unterlagen sowie ergänzend auf die beigefügte eidesstattliche Versicherung des Klägers Bezug genommen. Da sich das Fehlen der Voraussetzungen für die Klauselerteilung und die hieraus folgende Unzulässigkeit der Zwangsvollstreckung durch den Beklagten bereits aus den vorlegten Unterlagen ergibt, ist die Zwangsvollstreckung ohne Sicherheitsleistung vorläufig einzustellen. Anders als § 707 Abs. 1 S. 2 ZPO setzt § 769 Abs. 1 ZPO für eine Einstellung ohne Sicherheitsleistung nicht voraus, dass der um Vollstreckungsschutz Nachsuchende – hier der Kläger – zur Sicherheitsleistung nicht in der Lage ist oder durch die Vollstreckung einen nicht zu ersetzenden Nachteil erleiden würde (vgl. Zöller/Herget § 769 Rn. 7 mwN).

(Variante:

Zu der Erbringung einer Sicherheit ist der Kläger nicht in der Lage, denn ..... (nähere Darlegung erforderlich.))

Wir haben heute einen Gerichtskostenvorschuss in Höhe von ..... EUR bei der Gerichtskasse ..... eingezahlt und bitten um unverzügliche Zustellung der Klageschrift. Als Streitwert haben wir den Wert des zu vollstreckenden Anspruchs zugrundegelegt.

Beglaubigte und einfache Abschrift liegen an.

Rechtsanwalt[10, 11]

Anmerkungen

1. Im Unterschied zu der Klauselerinnerung gem. § 732 Abs. 1 ZPO, die Einwendungen formeller Art betrifft, dient die auch als Klauselgegenklage bezeichnete Klage gem. § 768 ZPO der Überprüfung **materiellrechtlicher Einwendungen** gegen die von dem Klauselorgan bejahten besonderen Voraussetzungen für die Erteilung einer qualifizierten Vollstreckungsklausel (zB Eintritt der Rechtsnachfolge gem. § 727 ZPO) und stellt damit das **Gegenstück zu der Klauselklage gem. § 731 ZPO** dar. Diese materiellen Einwendungen gegen die Klausel sind nicht zu verwechseln mit den materiellen Einwendungen gegen den titulierten Anspruch, die mit einer Vollstreckungsgegenklage geltend zu machen sind. Die beiden Klagen können miteinander verbunden werden. Aus dieser Möglichkeit ergibt sich aber noch nicht eine entsprechende Obliegenheit. Der Schuldner ist nicht etwa nach § 767 Abs. 3 ZPO präkludiert, wenn er seinen Angriff zunächst nur auf Einwendungen iSv § 767 ZPO einerseits oder § 768 ZPO andererseits beschränkt und später die andere Klage erhebt (vgl. KG MDR 2008, 592 (593), BeckOK ZPO/*Preuß* § 768 Rn. 20).

Die in § 768 ZPO verwendete Formulierung, dass die Klage möglich ist „unbeschadet der Befugnis des Schuldners, in diesen Fällen Einwendungen gegen die Zulässigkeit der Vollstreckungsklausel nach § 732 ZPO zu erheben", darf nicht missverstanden werden. Wenn der Schuldner sowohl materielle als auch formelle Einwendungen gegen die qualifizierte Klausel hat, kann er zwischen beiden Rechtsbehelfen wählen oder sie nebeneinander geltend machen. Der Klage fehlt nicht das **Rechtschutzbedürfnis** (vgl. Schuschke/Walker/*Raebel* § 768 Rn. 3; siehe auch Zöller/*Stöber* § 732 Rn. 12 unter Hinweis auf BGH NJW-RR 2004, 1718; diese Entscheidung bezieht sich allerdings unmittelbar nur auf das Wahlrecht zwischen der Erinnerung gem. § 732 ZPO und einer prozessualen Gestaltungsklage analog § 767 ZPO). Dies ändert jedoch nichts daran, dass in dem

Verfahren gem. § 768 ZPO ausschließlich materiellrechtliche Einwendungen beschieden werden. Werden in der Klage gleichzeitig formelle Einwendungen erhoben (zB: Klauselerteilung durch den unzuständigen Urkundsbeamten der Geschäftsstelle), finden sie in dem Urteil keine Berücksichtigung (vgl. OLG Koblenz NJW 1992, 378 (379); OLG Köln NJW-RR 1994, 893 (894)).

Die Zulässigkeit der Klage gem. § 768 ZPO setzt voraus, dass es sich bei der erteilten Klausel inhaltlich um eine gem. den §§ 726 Abs. 1, 727 ff. ZPO zu erteilende **qualifizierte Klausel** handelt. Ist dies der Fall, ist die Klage auch dann zulässig, wenn das Klauselorgan von dem Vorliegen einer einfachen Klausel ausgegangen ist und die Klausel deshalb fälschlicherweise von dem Urkundsbeamten der Geschäftsstelle statt vom Rechtspfleger erteilt wurde (OLG Koblenz NJW 1992, 378 (379); Schuschke/Walker/*Raebel* § 768 Rn. 3). Zu beachten ist, dass die Klage auch statthaft ist bei der Erteilung einer qualifizierten Vollstreckungsklausel durch den Notar (vgl. § 797 Abs. 5 ZPO).

§ 768 ZPO ist **analog** anzuwenden, wenn der Altgläubiger die Wirksamkeit der Rechtsnachfolge auf einen neuen Gläubiger bestreitet, dem die Klausel erteilt wurde (Zöller/*Herget* § 768 Rn. 1; Schuschke/Walker/Raebel § 768 Rn. 9).

2. Hinsichtlich der – gem. § 802 ZPO ausschließlichen – **gerichtlichen Zuständigkeit** gelten wegen der in § 768 ZPO erfolgten Verweisung auf § 767 ZPO die Ausführungen im Rahmen der Vollstreckungsgegenklage (→ Form. P. VIII. 9) entsprechend. Hierauf kann ebenso verwiesen werden wie auf die Ausführungen im Rahmen der Klauselklage gem. § 731 ZPO, für die dieselben Gerichte zuständig sind (→ Form. O. II. 7). Bei gerichtlichen Titeln (Urteile und Prozessvergleiche) entscheidet deshalb das Prozessgericht des ersten Rechtszuges (§§ 768, 767 Abs. 1 ZPO), bei notariellen Urkunden ist das gem. § 797 Abs. 5 ZPO näher bestimmte Gericht zuständig und bei Vollstreckungsbescheiden das Gericht, das für eine Entscheidung im Streitverfahren zuständig gewesen wäre (§ 796 Abs. 3 ZPO). Die bei den **Familiengerichten** zu beachtenden Besonderheiten sind im Zusammenhang mit dem → Form. O. III. 4. dargestellt.

3. Wenn sich die Klauselgegenklage gegen den Titelgläubiger (Urteil oder Prozessvergleich) eines vorangegangenen Rechtsstreits richtet (insbesondere im Fall des § 726 Abs. 1 ZPO), muss **die Klage an den früheren Prozessbevollmächtigten** des Titelgläubigers **zugestellt** werden (§ 172 Abs. 1 S. 2 ZPO). Er ist deshalb bereits im Rubrum der Klageschrift aufzuführen.

4. Anders als bei der Klauselerteilungsklage (→ Form. O. II. 7) entspricht der **Streitwert** der Klauselgegenklage **nicht stets** dem **vollen Wert** des – noch – **zu vollstreckenden Anspruchs.** Wenn nämlich die Vollstreckung nicht vollständig, sondern nur zeitweilig verhindert werden soll, ist nur ein Bruchteil der Forderung maßgeblich, dessen Höhe vom Einzelfall abhängig ist (vgl. OLG Köln MDR 1980, 852; *Anders/Gehle/Kunze* Stichwort „Vollstreckungsklausel" Rn. 1 und 4; Zöller/*Herget* § 3 Rn. 16 Stichwort „Vollstreckungsklausel").

5. Die hier vorgeschlagene **Antragsfassung** ist in der Praxis weitgehend üblich (vgl. Schuschke/Walker/*Raebel* § 768 Rn. 6) und beruht auf der Qualifizierung der Klage als prozessuale Gestaltungsklage.

6. Vgl. zu der Frage, welche prozessualen Anträge neben dem Antrag in der Hauptsache gestellt werden sollten, → Form. O. II. 7 Anm. 9.

7. Der Aufbau der Klagebegründung ist unterschiedlich, je nachdem gegen welche Art von qualifizierter Vollstreckungsklausel sich der Kläger wenden möchte.

8. Eine weitere Möglichkeit besteht darin, dass die Klausel ohne Vorlage entsprechender Urkunden erteilt worden ist, weil von dem Klauselorgan überhaupt nicht erkannt worden ist, dass es sich um eine qualifizierte Klausel handelte oder weil das Klauselorgan – zu Unrecht – davon ausgegangen ist, dass der Urkundsnachweis wegen Offenkundigkeit (§ 291 ZPO) oder Geständnisses des Schuldners entbehrlich sei.

9. Nach ganz überwiegender Auffassung in Rechtsprechung und Literatur trägt der Gläubiger der angegriffenen vollstreckbaren Ausfertigung und damit der **Beklagte** einer Klage gem. § 768 ZPO die **Beweislast** für das Vorliegen der nach §§ 726 Abs. 1, 727 ff. ZPO bei der Klauselerteilung nachzuweisenden Tatsachen (vgl. OLG Köln NJW-RR 1994, 893 (894); Zöller/*Herget* § 768 Rn. 2), wobei ihm allerdings alle Beweismittel eines normalen Erkenntnisverfahrens zur Verfügung stehen (insbesondere: Zeugen- oder Sachverständigenbeweis).

Zu beachten ist aber, dass sich der Schuldner in den Fällen, in denen der Beweis durch öffentliche oder öffentlich beglaubigte Urkunden geführt worden war, **nicht** auf ein **einfaches Bestreiten** beschränken kann. Vielmehr muss er den Urkundenbeweis (§§ 415, 416 ZPO) seinerseits durch andere Beweismittel entkräften (vgl. Schuschke/Walker/*Raebel* § 768 Rn. 5). Darüber hinaus kommt auch eine echte Beweislastumkehr in Betracht. Kann sich beispielsweise der Gläubiger bei einem auf ihn als Erben gem. § 727 Abs. 1 ZPO umgeschriebenen Titel auf einen Erbschein berufen, obliegt dem Schuldner gem. § 2365 BGB iVm § 292 ZPO der (Gegen-)Beweis, dass der Gläubiger nicht Erbe ist. Schließlich kann dem Schuldner auch nach allgemeinen Regeln die Beweislast treffen. Wenn beispielsweise die Klausel auf den – neuen – Gläubiger aufgrund einer notariell beglaubigten Abtretung umgeschrieben worden ist und der Schuldner geltend macht, es handele sich um ein Scheingeschäft (§ 117 BGB), trägt er nach allgemeinen Regeln (vgl. Palandt/*Ellenberger* § 117 Rn. 9) für den Scheincharakter des Geschäfts die Beweislast.

10. Kosten und Gebühren/Rechtsmittel. Hinsichtlich der anfallenden **Gerichtskosten** und **Anwaltsgebühren** sowie der **Rechtsmittel** kann in vollem Umfang auf die Ausführungen zu der Klauselklage gem. § 731 ZPO (→ Form. O. II. 7) verwiesen werden, die entsprechend gelten.

11. Hinsichtlich der **Form** des Schriftsatzes (Unterschrift, elektronisches Dokument) wird verwiesen auf → Form. O. II. 1 Anm. 14.

4. Klauselgegenantrag mit Vollstreckungsschutzantrag (§ 768 ZPO iVm §§ 95 Abs. 1, 120 Abs. 1 FamFG)

An das

Familiengericht/Amtsgericht

in .....

Antrag

des/der ..... [ladungsfähige Anschrift des Schuldners],

– Antragstellers –

Verfahrensbevollmächtigte: .....

gegen

..... [ladungsfähige Anschrift des – ggf. neuen – Gläubigers],

Antragsgegner,

Verfahrensbevollmächtigte: . . . . .

Verfahrenswert: . . . . .[1, 2, 3, 4]

Namens und in Vollmacht des Antragstellers beantragen wir,

die Zwangsvollstreckung auf Grund der zu dem Beschluss des Familiengerichts . . . . . vom . . . . . Az. . . . . ./. . . . . [sonstige konkrete Bezeichnung des Vollstreckungstitels, zB Prozessvergleich, notarielle Urkunde] am . . . . . erteilten Vollstreckungsklausel gegen den Antragsteller für unzulässig zu erklären.

Vorab beantragen wir,

die Zwangsvollstreckung aus dem oben bezeichneten Vollstreckungstitel ohne – hilfsweise gegen – Sicherheitsleistung einstweilen bis zur Entscheidung des vorliegenden Rechtsstreits einzustellen.

Sofern das Gericht das schriftliche Vorverfahren anordnet, wird für den Fall der Fristversäumnis des Antragsgegners beantragt,

einen Versäumnisbeschluss ohne mündliche Verhandlung (§ 331 Abs. 3 ZPO iVm § 113 Abs. 1 FamFG) zu erlassen.

Begründung:

. . . . .

[Vgl. die Ausführungen der Begründung der Klage gem. § 768 ZPO, → Form. O. III. 3. *Die dort dargelegten Konstellationen kommen auch bei einem Antrag vor dem Familiengericht oder einem anderen Gericht der freiwilligen Gerichtsbarkeit in Betracht. Es ist nur auf die Verwendung der in diesen Verfahren abweichenden Bezeichnungen zu achten (vgl. speziell für Ehesachen und Familienstreitsachen § 113 FamFG, insbesondere: Antragsteller und Antragsgegner anstelle von Kläger und Beklagter).]*

Anmerkungen

1. Aufgrund der Verweisungsvorschriften der §§ 95 Abs. 1, 120 Abs. 1 FamFG (vgl. hierzu bereits die Ausführungen unter → Form. O. II. 1 Anm. 2) kommt auch im familiengerichtlichen Verfahren und anderen Verfahren der freiwilligen Gerichtsbarkeit der Rechtsbehelf des § 768 ZPO in Betracht, wenn der Schuldner **materiellrechtliche Einwendungen** gegen die von dem Klauselorgan bejahten besonderen Voraussetzungen für die Erteilung einer qualifizierten Vollstreckungsklausel hat. Entsprechendes gilt für notarielle Urkunden, in denen familienrechtliche Ansprüche tituliert sind.

Zu beachten ist insoweit, dass das Gericht in Familiensachen gem. § 116 FamFG nicht durch Urteil, sondern durch Beschluss entscheidet und auch keine „Klage" erhoben wird, sondern gem. § 113 Nr. 2 FamFG an die Stelle der Bezeichnung Klage die Bezeichnung Antrag tritt. An die Stelle der Bezeichnungen Kläger und Beklagter treten die Bezeichnungen Antragsteller und Antragsgegner (§ 113 Nr. 2 und 3 FamFG). Dies gilt auch für andere Verfahren der freiwilligen Gerichtsbarkeit.

Abgesehen von diesen Begrifflichkeiten gelten aber im Übrigen die gleichen Grundsätze wie bei einer Klage im unmittelbaren Anwendungsbereich des § 768 ZPO.

2. Da in Familiensachen gem. § 113 Nr. 1 FamFG keine Prozesse oder Rechtsstreitigkeiten, sondern „Verfahren" geführt werden, berechnen sich die Gerichtsgebühren nach dem „Verfahrenswert" (vgl. § 3 Abs. 1 FamGKG). Gem. § 53 FamGKG ist bei jedem Antrag dieser Verfahrenswert anzugeben, wenn dieser nicht in einer bestimmten Geldsumme besteht, kein fester Wert bestimmt ist oder sich nicht aus früheren Anträgen ergibt. Hinsichtlich der Bemessung des Verfahrenswertes gelten die obigen Ausführungen gem. → Form. O. III. 3 Anm. 4 entsprechend.

3. Kosten und Gebühren/Rechtsmittel. Hinsichtlich der anfallenden **Gerichtskosten** und **Anwaltsgebühren** sowie der **Rechtsmittel** kann in vollem Umfang auf die Ausführungen zu dem Antrag gem. § 731 ZPO (→ Form. O. II. 8) verwiesen werden, die entsprechend gelten.

4. Hinsichtlich der **Form** des Schriftsatzes (Unterschrift, elektronisches Dokument) wird verwiesen auf → Form. O. II. 1 Anm. 14. Die dortigen Ausführungen zum elektronischen Rechtsverkehr gelten entsprechend für § 14b FamFG nF.

P. Rechtsbehelfe im Zusammenhang mit dem Zwangsvollstreckungsverfahren

I. Checklisten zum Auffinden des einschlägigen Formulars mit dem zutreffenden Rechtsbehelf

Im eigentlichen Vollstreckungsverfahren gibt es eine Vielzahl von Rechtsbehelfen, die voneinander abzugrenzen sind. Von der Struktur her können zwei große Gruppen von Rechtsbehelfen unterschieden werden: die (hier) sog. vollstreckungsinternen, formellen Rechtsbehelfe und die materiellen Rechtsbehelfe. Der – subsidiäre – Rechtsbehelf gem. § 765a ZPO wird im Zusammenhang mit sonstigen Vollstreckungsschutzanträgen des Schuldners dargestellt (→ Form. F. III. 8 ff.).

Mit den **vollstreckungsinternen** Rechtsbehelfen des Gläubigers, des Schuldners oder eines Dritten (nachfolgend unter II.–VI. dargestellt) wird zur gerichtlichen Überprüfung gestellt, ob das jeweils handelnde Vollstreckungsorgan (also: der Gerichtsvollzieher, das Vollstreckungsgericht, das Prozessgericht oder das Grundbuchamt) die ihm obliegenden Verfahrensvorschriften beachtet hat. Zum leichteren Auffinden des zutreffenden Formulars sind die in Betracht kommenden formellen Rechtsbehelfe in der folgenden Checkliste zusammengestellt:

Formelle (vollstreckungsinterne) Rechtsbehelfe im Vollstreckungsverfahren				
Anfechtungsgegenstand	**Rechtsbehelf des Gläubigers**	**Rechtsbehelf des Schuldners**	**Rechtsbehelf des Dritten**	**Formular**
Ablehnung der Durchführung einer Vollstreckungsmaßnahme durch den **Gerichtsvollzieher**	Erinnerung gem. § 766 Abs. 2 Alt. 1 ZPO			P. II. 1
	Erinnerung gem. § 766 Abs. 2 Alt. 2 ZPO			P. II. 2
	Sofortige Beschwerde gegen Erinnerungsentscheidung gem. § 793 ZPO			P. II. 3

Formelle (vollstreckungsinterne) Rechtsbehelfe im Vollstreckungsverfahren				
Anfechtungsgegenstand	**Rechtsbehelf des Gläubigers**	**Rechtsbehelf des Schuldners**	**Rechtsbehelf des Dritten**	**Formular**
Durchführung einer Vollstreckungsmaßnahme durch den **Gerichtsvollzieher**		Erinnerung gem. § 766 Abs. 1 und 2 2. Alt. ZPO/Erinnerung gem. § 766 Abs. 1 ZPO iVm § 777 ZPO	Erinnerung gem. § 766 Abs. 1 ZPO	P. III. 1 P. III. 2 P. IV. 1
		Sofortige Beschwerde gegen Erinnerungsentscheidung gem. § 793 ZPO	Sofortige Beschwerde gegen Erinnerungsentscheidung gem. § 793 ZPO	P. III. 5 P. IV. 3
Ablehnung der Durchführung der Zwangsvollstreckung durch das Vollstreckungsgericht (**Rechtspfleger**)	Sofortige Beschwerde gem. §§ 11 Abs. 1 RPflG, 793 ZPO			P. II. 6
Ablehnung der Durchführung der Zwangsvollstreckung durch das Vollstreckungsgericht bei funktioneller Zuständigkeit des **Richters** (zB Haftbefehl, Durchsuchungsbeschluss)	Sofortige Beschwerde gem. § 793 ZPO			P. II. 4

Formelle (vollstreckungsinterne) Rechtsbehelfe im Vollstreckungsverfahren				
Anfechtungsgegenstand	**Rechtsbehelf des Gläubigers**	**Rechtsbehelf des Schuldners**	**Rechtsbehelf des Dritten**	**Formular**
Verhängung einer Vollstreckungs**maßnahme** des Vollstreckungsgerichts **(Rechtspfleger)**		Erinnerung gem. § 766 Abs. 1 ZPO/ Erinnerung gem. § 766 Abs. 1 ZPO iVm § 777 ZPO	Erinnerung gem. § 766 Abs. 1 ZPO	P. III. 3 P. III. 4 P. IV. 2
		Sofortige Beschwerde gegen Erinnerungsentscheidung gem. § 793 ZPO	Sofortige Beschwerde gegen Erinnerungsentscheidung gem. § 793 ZPO	P. III. 5 P. IV. 3
Durchführung der Zwangsvollstreckung durch eine Vollstreckungs**entscheidung** des Vollstreckungsgerichts **(Rechtspfleger)**		Sofortige Beschwerde gem. §§ 11 Abs. 1 RPflG, 793 ZPO	Sofortige Beschwerde gem. §§ 11 Abs. 1 RPflG, 793 ZPO	P. III. 6 P. IV. 3
Durchführung der Zwangsvollstreckung durch eine Vollstreckungs**entscheidung** des Vollstreckungsgerichts **(Richter)**		Sofortige Beschwerde gem. § 793 ZPO	Sofortige Beschwerde gem. § 793 ZPO	P. III. 7 P. IV. 3
Ablehnung der Durchführung der Zwangsvollstreckung durch das **Prozessgericht**	Sofortige Beschwerde gem. § 793 ZPO			P. II. 5
Durchführung der Zwangsvollstreckung durch das **Prozessgericht**		Sofortige Beschwerde gem. § 793 ZPO		P. III. 8

Formelle (vollstreckungsinterne) Rechtsbehelfe im Vollstreckungsverfahren				
Anfechtungsgegenstand	**Rechtsbehelf des Gläubigers**	**Rechtsbehelf des Schuldners**	**Rechtsbehelf des Dritten**	**Formular**
Verkehrswertfestsetzung durch das Vollstreckungsgericht im Rahmen eines **Zwangsversteigerungsverfahrens**	Sofortige Beschwerde gem. § 74a Abs. 5 S. 3 ZVG	Sofortige Beschwerde gem. § 74a Abs. 5 S. 3 ZVG	Sofortige Beschwerde gem. § 74a Abs. 5 S. 3 ZVG	P. V. 1
Zuschlagserteilung durch das Vollstreckungsgericht im Rahmen eines **Zwangsversteigerungsverfahrens**	Sofortige Beschwerde gem. §§ 96 ff. ZVG	Sofortige Beschwerde gem. §§ 96 ff. ZVG	Sofortige Beschwerde gem. §§ 96 ff. ZVG	P. V. 2
Zuschlagsversagung durch das Vollstreckungsgericht im Rahmen eines **Zwangsversteigerungsverfahrens**	Sofortige Beschwerde gem. §§ 96 ff. ZVG		Sofortige Beschwerde gem. §§ 96 ff. ZVG	P. V. 2
Weigerung der Eintragung eine Zwangshypothek durch das **Grundbuchamt**	Grundbuchbeschwerde gem. § 71 GBO			P. VI. 1
	Rechtsbeschwerde gem. § 78 GBO iVm §§ 70 ff. FamFG			P. VI. 2
Eintragung einer Zwangshypothek durch das **Grundbuchamt**		Grundbuchbeschwerde gem. § 71 GBO		P. VI. 1
		Rechtsbeschwerde gem. § 78 GBO iVm §§ 70 ff. FamFG		P. VI. 2

Die **materiell-rechtlichen** Rechtsbehelfe (nachfolgend unter VII.–IX. dargestellt) erweitern den gerichtlichen Rechtsschutz und ermöglichen – regelmäßig in einem „normalen" Klageverfahren – unter bestimmten, näher darzulegenden Voraussetzungen die Berücksichtigung auch solcher Gesichtspunkte, die der Überprüfung durch das jeweils handelnde Vollstreckungsorgan entzogen sind. Neben den vollstreckungsrechtlichen Klagen im engeren Sinne (insbesondere: Vollstreckungsgegenklage gem. § 767 ZPO nebst der von der Rechtsprechung entwickelten prozessualen Gestaltungsklage analog § 767 ZPO, Drittwiderspruchsklage gem. § 771 ZPO, Klage auf vorzugsweise Befriedigung gem. § 805 ZPO) werden auch Muster für sonstige materielle Rechtsbehelfe vorgeschlagen, die Einfluss auf die Zwangsvollstreckung haben (etwa: die auf eine Beseitigung des Vollstreckungstitels einschließlich vorläufiger Einstellung der Zwangsvollstreckung gerichteten Rechtsbehelfe des Schuldners, zB Berufung, Klage gem. § 826 BGB) oder die im unmittelbaren Zusammenhang mit einer durchgeführten und abgeschlossenen Zwangsvollstreckungsmaßnahme stehen (etwa: Einziehungsklage des Gläubigers gegen den Drittschuldner, Schadensersatz- oder Bereicherungsklage des Schuldners oder eines Dritten gegen den Gläubiger nach Beendigung der Zwangsvollstreckung). In der folgenden Checkliste werden die in Betracht kommenden materiellen Rechtsbehelfe nebst dem dazugehörigen Formular im Überblick aufgelistet.

Materiell-rechtliche Rechtsbehelfe im Zusammenhang mit dem Vollstreckungsverfahren			
	Rechtsschutzziel	**Rechtsbehelf**	**Formular**
Gläubiger	Konkretisierung eines unbestimmten Titels	Feststellungsklage	P. VII. 1
	Inanspruchnahme des Drittschuldners	Einziehungsklage	P. VII. 2
	Schadensersatz gem. § 840 Abs. 2 ZPO vom Drittschuldner	Schadensersatzklage	P. VII. 3
	Rechtsschutz bei Hinterlegung durch Drittschuldner	Freigabeklage	P. VII. 4
	Klärung streitiger Rechte gem. den §§ 771, 805 ZPO	Negative Feststellungsklage	P. VII. 5
Gläubiger	Rechtschutz bei anfechtbarer Vermögensübertragung durch den Schuldner	Anfechtungsklage	P. VII. 6
	Rechtsverteidigung bei einer Drittwiderspruchsklage	Klageerwiderung	P. IX. 11

Materiell-rechtliche Rechtsbehelfe im Zusammenhang mit dem Vollstreckungsverfahren			
	Rechtsschutzziel	**Rechtsbehelf**	**Formular**
Schuldner	**Rechtsschutzziel/Einwendung**	**Rechtsbehelf**	**Formular**
	Unwirksamkeit eines Prozessvergleichs	Terminsantrag	P. VIII. 1
	Einwendungen gegen ein noch nicht rechtskräftiges Urteil	Berufung	P. VIII. 2
	Schadensersatz wegen Vollstreckung aus vorläufig vollstreckbarem Urteil	Inzidentantrag gem. § 717 Abs. 2 ZPO	P. VIII. 3
	Schadensersatz wegen Vollstreckung aus vorläufig vollstreckbarem Urteil	Isolierte Klage gem. § 717 Abs. 2 ZPO	P. VIII. 4
	Veränderung der bei Titelerlass zugrunde gelegten Umstände	Abänderungsklage gem. §§ 323, 323a ZPO	P. VIII. 5
	Veränderung der bei Titelerlass zugrunde gelegten Umstände in Unterhaltsverfahren	Abänderungsantrag gem. §§ 238 ff. FamFG	P. VIII. 6
	Einwendungen gegen Arrest/einstweilige Verfügung	Widerspruch gem. §§ 924, 936 ZPO	P. VIII. 7
	Nachträgliche Einwendungen gegen Arrest/einstweilige Verfügung	Aufhebungsantrag gem. §§ 927, 926 Abs. 2, 936 ZPO	P. VIII. 8
	Materielle Einwendungen gegen den titulierten Anspruch	Vollstreckungsgegenklage gem. § 767 ZPO	P. VIII. 9
	Materielle Einwendungen gegen den vom Familiengericht titulierten Anspruch	Vollstreckungsgegenantrag gem. § 767 ZPO iVm §§ 95 Abs. 1, 120 Abs. 1 FamFG	P. VIII.10
	Rechtskräftige Aberkennung des titulierten Anspruchs	Negative Feststellungsklage	P. VIII. 11

Materiell-rechtliche Rechtsbehelfe im Zusammenhang mit dem Vollstreckungsverfahren			
	Rechtsschutzziel	**Rechtsbehelf**	**Formular**
Schuldner	Isolierter Vollstreckungsschutz im Zusammenhang mit einer Klage gem. § 767 ZPO durch das Vollstreckungsgericht	Einstellungsantrag gem. § 769 Abs. 2 ZPO	P. VIII. 12
	Beschränkte Haftung des Erben	Vollstreckungsgegenklage gem. §§ 785, 767 ZPO	P. VIII. 13
	Unzulässigkeit der Verwendung allgemeiner Geschäftsbedingungen aufgrund Rechtsprechungsänderung	Vollstreckungsgegenklage gem. §§ 10 UKlaG, 767 ZPO	P. VIII. 14
	Verfassungswidrigkeit der dem Titel zugrunde liegenden Vorschrift	Vollstreckungsgegenklage gem. §§ 79 BVerfGG, 767 ZPO	P. VIII. 15
	Haftungsbeschränkung bei fortgesetzter Gütergemeinschaft	Vollstreckungsgegenklage gem. §§ 786, 767 ZPO	P. VIII. 16
	Haftungsbeschränkung Minderjähriger	Vollstreckungsgegenklage gem. §§ 786, 767 ZPO	P. VIII. 17
	Haftungsbeschränkung des beschwerten Vermächtnisnehmers	Vollstreckungsgegenklage gem. §§ 786, 767 ZPO	P. VIII. 18
	Schadensersatz/Bereicherungsansprüche nach Beendigung der Zwangsvollstreckung	Verlängerte Vollstreckungsgegenklage	P. VIII. 19
	Unbestimmtheit/Unwirksamkeit des titulierten Anspruchs bzw. Unbestimmtheit des Titels	Prozessuale Gestaltungsklage analog § 767 ZPO	P. VIII. 20
	Rechtskraftdurchbrechung wegen sittenwidriger Erschleichung oder Ausnutzung des Titels	Leistungsklage gem. § 826 BGB	P. VIII. 21
	Vorläufiger Rechtsschutz bei auf § 826 BGB gestützter Klage	Einstweilige Verfügung	P. VIII. 22
	Rechtskraftdurchbrechung bei schwersten Verfahrensfehlern	Nichtigkeitsklage gem. § 579 ZPO	P. VIII. 23
Schuldner	Rechtskraftdurchbrechung bei krassen Mängeln der Entscheidungsgrundlage	Restitutionsklage gem. § 580 ZPO	P. VIII. 24

Materiell-rechtliche Rechtsbehelfe im Zusammenhang mit dem Vollstreckungsverfahren			
	Rechtsschutzziel	**Rechtsbehelf**	**Formular**
Dritter	**Rechtsschutzziel/Einwendung**	**Rechtsbehelf**	**Formular**
	Veräußerung hinderndes Recht an dem Vollstreckungsgegenstand	Drittwiderspruchsklage gem. § 771 ZPO	P. IX. 1
	Veräußerung hinderndes Recht bei Herausgabevollstreckung	Drittwiderspruchsklage gem. § 771 ZPO	P. IX. 2
	Gleichzeitige Inanspruchnahme von Gläubiger und Schuldner	Drittwiderspruchsklage und Herausgabeklage	P. IX. 3
	Veräußerungsverbot gem. §§ 135, 136 BGB betreffend den Vollstreckungsgegenstand	Drittwiderspruchsklage gem. §§ 772, 771 ZPO	P. IX. 4
	Rechtsschutz des Nacherben bei der Vollstreckung in Nachlassgegenstand	Drittwiderspruchsklage gem. §§ 773, 771 ZPO	P. IX. 5
	Einwendungen des Ehegatten bei Vollstreckung in das Gesamtgut	Drittwiderspruchsklage gem. §§ 774, 771 ZPO	P. IX. 6
	Einwendungen gegen eine Teilungsversteigerung gem. § 180 ZVG	Drittwiderspruchsklage analog § 771 ZPO	P. IX. 7
	Familienrechtliche Einwendungen gegen eine Teilungsversteigerung gem. § 180 ZVG	Drittwiderspruchsantrag analog § 771 ZPO	O IX. 8
	Geltendmachung eines Rechts auf abgesonderte Befriedigung bei der Mobiliarvollstreckung	Vorzugsklage gem. § 805 ZPO	P. IX. 9
Dritter	Schadensersatz/Bereicherungsansprüche nach Beendigung der Zwangsvollstreckung	Verlängerte Drittwiderspruchsklage bzw. Vorzugsklage	P. IX. 10
	Bestreiten des Rechtserwerbs des Gläubigers im Rahmen der Forderungsvollstreckung	Negative Feststellungsklage des Drittschuldners gegen den Gläubiger	P. IX. 12

II. Formelle (vollstreckungsinterne) Rechtsbehelfe des Gläubigers

1. Erinnerung gem. § 766 Abs. 2 Alt. 1 ZPO (Gerichtsvollzieherweigerung)

An das

Amtsgericht[1, 2] – Vollstreckungsgericht –

in . . . . .

(Variante:

Amtsgericht – Insolvenzgericht[3] *–)*

in . . . . .

In der Zwangsvollstreckungssache

des/der . . . . . [ladungsfähige Anschrift des Gläubigers],

– Gläubigers und Erinnerungsführers –

Verfahrensbevollmächtigte: . . . . .[4]

gegen

. . . . . [ladungsfähige Anschrift des Schuldners],

– Schuldner –[5]

Verfahrensbevollmächtigte: . . . . .

Namens und in Vollmacht des Gläubigers legen wir gegen das Verhalten des Gerichtsvollziehers . . . . . in dem Vollstreckungsverfahren DR. II . . . . . (Az. des Gerichtsvollziehers)

Erinnerung gem. § 766 Abs. 2 ZPO

ein und beantragen für den Fall, dass der Gerichtsvollzieher der Erinnerung nicht abhilft,[6]

den Gerichtsvollzieher anzuweisen, den Vollstreckungsauftrag des Gläubigers vom . . . . . innerhalb einer von dem Gericht noch festzulegenden Frist auszuführen.[7]

(Variante:

den Gerichtsvollzieher anzuweisen, bei dem Schuldner die Pfändung des . . . . . (konkrete Bezeichnung des Vollstreckungsgegenstandes) vorzunehmen.[8]*)*

(Variante:

den Gerichtsvollzieher anzuweisen, die Zwangsvollstreckung gegen den Schuldner nicht mit der Begründung zu verweigern, ...[9]*)*

(Variante:

den Gerichtsvollzieher anzuweisen, die Pfändung des . . . . . (konkrete Bezeichnung des Vollstreckungsgegenstandes) nicht mit der Begründung zu verweigern, ...[10]*)*

(Variante:

. . . . . [sonstige Anweisung an den Gerichtsvollzieher in dessen Zuständigkeitsbereich].[11]*)*

Begründung:

Der Schuldner ist durch Urteil des ..... gerichts ..... vom ..... Az. ..... verurteilt worden, an den Gläubiger ..... EUR nebst ..... Zinsen in Höhe von ..... zu zahlen/ ..... [Wiedergabe des sonstigen Urteilstenors].

(Variante:

Die Parteien haben vor dem ..... gericht ..... Az. ..... am ..... einen Prozessvergleich geschlossen. Hiernach ist der Schuldner verpflichtet, ... [Wiedergabe des Vergleichstenors].)

(Variante:

..... (Wiedergabe des sonstigen Vollstreckungstitels).[12])

Durch Schreiben vom ..... hat der Gläubiger dem Gerichtsvollzieher den Auftrag erteilt, aus der in der Anlage im Original beigefügten vollstreckbaren Ausfertigung des Vollstreckungstitels, auf der auch die Zustellung des Titels an den Schuldner bescheinigt ist, gegen den Schuldner die Zwangsvollstreckung zu betreiben.]

(Variante:

..... (Schilderung etwaiger weiterer Vollstreckungsanweisungen des Gläubigers an den Gerichtsvollzieher).)

Der Gerichtsvollzieher weigert sich, den Vollstreckungsauftrag auszuführen. Ausweislich des beigefügten Schreibens vom ..... begründet er dies damit, dass ..... (Wiedergabe der Ablehnungsgründe des Gerichtsvollziehers).]

(Variante:

..... (Schilderung der sonstigen Reaktion des Gerichtsvollziehers, die auch in einer schlichten Untätigkeit bestehen kann).)

Der Gläubiger wendet sich mit seiner gem. § 766 Abs. 2 ZPO/§ 766 Abs. 2 ZPO iVm §§ 794 Abs. 1, 795 ZPO/§ 766 Abs. 2 ZPO iVm § 89 Abs. 3 InsO statthaften Erinnerung gegen dieses Verhalten des Gerichtsvollziehers. Entgegen der Auffassung des Gerichtsvollziehers liegen sämtliche Voraussetzungen für die Durchführung der Zwangsvollstreckung vor. Denn ..... (Widerlegung der von dem Gerichtsvollzieher aufgeführten Gründe).]

(Variante:

Die Auffassung des Gerichtsvollziehers, dass der Zwangsvollstreckung ..... entgegenstehe, ist unzutreffend. Denn ..... (Widerlegung der von dem Gerichtsvollzieher aufgeführten Gründe).)

Insoweit müssen auch folgende weitere Gesichtspunkte in die Überlegungen mit einbezogen werden, die auch im Erinnerungsverfahren zu berücksichtigen sind .....[13]]

.....

Rechtsanwalt[14, 15, 16]

Anmerkungen

1. Abgrenzungsprobleme zu anderen Rechtsbehelfen stellen sich bei einer auf § 766 Abs. 2 Alt. 1 ZPO gestützten Erinnerung regelmäßig **nicht.** Da der Gläubiger mit ihr auch erreichen kann, dass der Gerichtsvollzieher bei einer Verzögerung der Bearbeitung zu der

Ausführung des Vollstreckungsauftrages angewiesen wird (vgl. LG Dessau JurBüro 1997, 46 zu der Arbeitsüberlastung der Gerichtsvollzieher in den neuen Bundesländern nach der Wiedervereinigung; AG Halle-Saalkreis JurBüro 2004, 504: ca. 2 Monate; sa Zöller/*Stöber* § 766 Rn. 19), ist jedenfalls insoweit die Erinnerung einer mit der Untätigkeit des Gerichtsvollziehers begründeten Dienstaufsichtsbeschwerde (→ Form. Q. II. 7) vorzuziehen (vgl. zur näheren Abgrenzung der Erinnerung von der Dienstaufsichtsbeschwerde Schuschke/Walker/*Walker* § 766 Rn. 17; *Baumbach/Lauterbach/Albers/Hartmann* § 766 Rn. 10).

2. Über die Erinnerung **entscheidet** gem. § 766 Abs. 2 ZPO grundsätzlich das **Vollstreckungsgericht.** Nach der Legaldefinition des § 764 Abs. 2 ZPO ist als Vollstreckungsgericht mangels anderer gesetzlicher Anordnungen das **Amtsgericht** anzusehen, in dessen Bezirk das Vollstreckungsverfahren stattfinden soll oder stattgefunden hat. Aufgrund der Verweisungsvorschrift des § 62 Abs. 2 S. 1 ArbGG werden **auch arbeitsgerichtliche Titel** nach den Vorschriften des Achten Buchs der Zivilprozessordnung vollstreckt. Deshalb finden auch die §§ 766, 764 Abs. 2 ZPO mit der dort normierten Zuständigkeit des Amtsgerichts als Vollstreckungsgerichts Anwendung (vgl. nur ErfK/*Koch* § 62 ArbGG Rn. 10). Entsprechendes gilt für **familiengerichtliche** Titel und Titel der Gerichte der freiwilligen Gerichtsbarkeit in den Fällen der §§ 95 Abs. 1, 120 Abs. 1 FamFG).

3. Sonderregelungen, die die allgemeine Zuständigkeitsregelung des § 764 Abs. 2 ZPO verdrängen, sind im Hinblick auf die hier allein erörterte Zwangsvollstreckung durch den Gerichtsvollzieher (vgl. zur Forderungsvollstreckung § 828 Abs. 2 ZPO) in der Insolvenzordnung enthalten. In den Fällen der §§ 36 Abs. 4, 89 Abs. 3, 148 Abs. 2 InsO ist die **Zuständigkeit des Insolvenzgerichts** als besonderes Vollstreckungsgericht begründet (vgl. auch BGH NJW-RR 2008, 294; BGH NZI 2006, 697 zur entsprechenden Anwendung des § 89 Abs. 3 InsO bei den in den §§ 90, 210 InsO normierten Vollstreckungsverboten). Insolvenzgericht ist gem. den §§ 2, 3 InsO für den gesamten Landgerichtsbezirk das Amtsgericht, in dessen Bezirk ein Landgericht seinen Sitz hat, wobei sich die örtliche Zuständigkeit grundsätzlich nach dem allgemeinen Gerichtsstand des Schuldners richtet. Wenn sich also beispielsweise der Gerichtsvollzieher weigert, aus dem von dem Insolvenzverwalter vorgelegten Eröffnungsbeschluss gegen den Schuldner die Herausgabevollstreckung zu betreiben (§ 148 Abs. 2 InsO) oder sich der Schuldner gegen die auf den Eröffnungsbeschluss gestützte Herausgabevollstreckung wenden möchte, ist die hiergegen gerichtete Vollstreckungserinnerung des Insolvenzverwalters bzw. Schuldners bei dem Insolvenzgericht (§ 148 Abs. 2 S. 2 InsO) einzulegen (sa BGH InVo 2007, 28 (29) mit dem Hinweis, dass gegen eine entsprechende Erinnerungsentscheidung des Insolvenzgerichts die sofortige Beschwerde gem. § 793 ZPO statthaft ist). Entsprechendes gilt, wenn der Gerichtsvollzieher die von einem Gläubiger beantragte Vollstreckung unter Hinweis auf ein seiner Ansicht nach bestehendes Vollstreckungsverbot gem. § 89 Abs. 1 InsO ablehnt. Auch in diesem Fall ist Erinnerungsgericht iSd § 766 ZPO das Insolvenzgericht (§ 89 Abs. 3 S. 1 InsO). Der Umstand, dass das Insolvenzgericht kraft besonderer Zuweisung funktional als Vollstreckungsgericht über die Erinnerung entscheidet, ändert jedoch nach ständiger Rechtsprechung des Bundesgerichtshofs nichts daran, dass sich der Rechtsmittelzug nach den allgemeinen vollstreckungsrechtlichen Vorschriften richtet. Auch wenn die Insolvenzordnung gegen Entscheidungen des Insolvenzgerichts als besonderes Vollstreckungsgericht keine Beschwerde vorgesehen hat (vgl. §§ 6, 7 InsO), ist die Vorschrift des § 793 ZPO als speziellere Norm anwendbar. Auch im Hinblick auf die Rechtsbeschwerde gelten die allgemeinen Regeln, so dass sie nur statthaft ist, wenn sie von dem Beschwerdegericht gem. § 574 Abs. 1 S. 2 Nr. 2 ZPO zugelassen worden ist (vgl. BGH NZI 2004, 278; BGH NZI 2006, 699).

4. Die Erinnerung kann nach allgemeiner Auffassung schriftlich oder zu Protokoll der Geschäftsstelle eingelegt werden und unterliegt **nicht** dem **Anwaltszwang** (vgl. Zöller/

Stöber § 766 Rn. 21). Da über die Erinnerung stets das Amtsgericht entscheidet, folgt der fehlende Anwaltszwang bereits aus einem Umkehrschluss aus § 78 Abs. 1 ZPO, ohne dass es eines Hinweises auf § 78 Abs. 3 ZPO bedarf (so aber Zöller/*Stöber* § 766 Rn. 21). Die Erinnerung ist – insoweit vergleichbar mit der Klauselerinnerung gem. § 732 ZPO – **nicht fristgebunden.**

5. Der **Schuldner** ist in dem Erinnerungsschriftsatz **nicht** als **Erinnerungsgegner** zu bezeichnen, da eine derartige Stellung im grundsätzlich einseitigen Erinnerungsverfahren gem. § 766 Abs. 2 ZPO nicht zwangsläufig ist. Wenn die von dem Gläubiger beantragte Zwangsvollstreckungsmaßnahme selbst ohne Gehör des Schuldners möglich gewesen wäre, muss nach allgemeinen Grundsätzen der Schuldner auch in einem Rechtsmittelverfahren des Gläubigers nicht zwingend angehört werden (vgl. Schuschke/Walker/*Walker* § 766 Rn. 22; Zöller/*Stöber* § 766 Rn. 27). Dem Schuldner soll keine Gelegenheit zur Vereitelung des Vollstreckungserfolgs gegeben werden. Dies verletzt auch nicht den Anspruch des Schuldners auf rechtliches Gehör iSd Art. 103 Abs. 1 GG, weil er sich im Rahmen der gegen die Vollstreckungsmaßnahme (zB Pfändungsmaßnahme) eröffneten Rechtsbehelfe hinreichend, wenn auch erst nachträglich, äußern kann (vgl. BVerfGE 57, 346 (358 f.); Zöller/*Stöber* Vor § 704 Rn. 28). Da der Gerichtsvollzieher den Schuldner vor der Durchführung der Zwangsvollstreckung nicht anhören muss, besteht deshalb auch im Erinnerungsverfahren vor dem Amtsgericht keine Pflicht zur Anhörung des Schuldners. Die Stellung als Erinnerungsgegner kommt dem Schuldner nur dann zu, wenn das Erinnerungsgericht ihn förmlich an dem Verfahren beteiligt. Praktisch bedeutsam ist die Stellung des Schuldners für die Frage der Kostenentscheidung. Ist er – wie regelmäßig – an dem hier erörterten Erinnerungsverfahren wegen einer Weigerung des Gerichtsvollziehers gem. § 766 Abs. 2 ZPO nicht beteiligt, können ihm auch die Kosten des Erinnerungsverfahrens nicht auferlegt werden, es sei denn, der Schuldner hatte anderweitig Kenntnis von dem Verfahren und damit Gelegenheit, sich zu äußern (vgl. BGH NJW 2004, 2979; BGH NJW-RR 2009, 1384; Zöller/*Stöber* § 766 Rn. 34 mwN). Der Gläubiger hat in diesen Fällen allerdings die Möglichkeit, die in dem Erinnerungsverfahren entstandenen Kosten, wenn und soweit sie notwendig waren, gegen den Schuldner gem. § 788 Abs. 1 ZPO beizutreiben (vgl. Musielak/Voit/*Lackmann* § 766 Rn. 31; *Rosenberg/Gaul/Schilken* § 37 VII). Wenn nämlich in einem Erinnerungs- oder Beschwerdeverfahren ausnahmsweise keine Kostenentscheidung ergeht, ist die Vorschrift des § 788 Abs. 1 ZPO anwendbar (vgl. MüKoZPO/K. *Schmidt/Brinkmann* § 788 Rn. 22).

6. Dass der **Gerichtsvollzieher** in dem hier erörterten Fall einer Erinnerung gem. § 766 Abs. 2 ZPO **abhelfen** kann, ist anerkannt. Er kann deshalb vor Entscheidung des Vollstreckungsgerichts einen bislang abgelehnten Vollstreckungsauftrag übernehmen und ausführen oder die Vollstreckungshandlung dem Auftrag gemäß erledigen (vgl. Zöller/*Stöber* § 766 Rn. 23; Schuschke/Walker/*Walker* § 766 Rn. 30). Vor diesem Hintergrund ist es auch möglich, sich mit den Einwendungen unmittelbar an den Gerichtsvollzieher zu wenden. Da aber eine solche Eingabe erst dann zu einer Erinnerung iSd § 766 ZPO wird, wenn der Gerichtsvollzieher sie an das Erinnerungsgericht weiterleitet (vgl. Schuschke/Walker/*Walker* § 766 Rn. 27), sollte bei einem derartigen Vorgehen zur Vermeidung etwaiger Rückfragen des Gerichtsvollziehers dieser für den Fall der Nichtabhilfe um Weiterleitung an das Erinnerungsgericht gebeten werden. Praktisch sinnvoll ist eine unmittelbare Eingabe an den Gerichtsvollzieher allerdings nur dann, wenn der Gläubiger auf neue tatsächliche oder rechtliche Gesichtspunkte verweisen kann, die dem Gerichtsvollzieher bislang nicht bekannt waren und ihn möglicherweise zu einer Änderung seiner bisherigen Auffassung bewegen können.

7. Dieser **Antrag** ist zu stellen, wenn der Gerichtsvollzieher insgesamt **untätig** bleibt. Eine Weigerung iSd § 766 Abs. 2 ZPO setzt nicht voraus, dass der Gerichtsvollzieher ein Gesuch förmlich zurückweist (vgl. Zöller/*Stöber* § 766 Rn. 19 sowie oben → Anm. 1).

8. Eine **Anweisung** des Gerichtsvollziehers zu einer **konkreten Vollstreckungsmaßnahme** (insbesondere: Pfändung eines konkreten Gegenstandes oder Durchführung einer Herausgabevollstreckung) kommt nur ausnahmsweise in Betracht, wenn sämtliche Vollstreckungsvoraussetzungen vorliegen und von dem Gerichtsvollzieher ebenso wie von dem Vollstreckungsgericht auch bereits geprüft wurden. Ansonsten ist nur eine sog. **„gebremste Anweisung"** (vgl. die folgenden → Anm. 9, 10) des Gerichtsvollziehers zu beantragen (so auch Musielak/Voit/*Lackmann* § 766 Rn. 29; Schuschke/Walker/*Walker* § 766 Rn. 40).

9. Dieser Antrag betrifft die Fallgestaltung, dass der Gerichtsvollzieher schon das Vorliegen der **allgemeinen Vollstreckungsvoraussetzungen** verneint, die – ungeachtet einer konkreten Vollstreckungsmaßnahme – jeder Zwangsvollstreckung jedenfalls durch den Gerichtsvollzieher entgegenstehen (zB Fehlen eines hinreichend bestimmten Titels oder Fehlen der Zuständigkeit des Gerichtsvollziehers für die Vollstreckung der titulierten Verpflichtung).

10. Denkbar ist auch, dass der Gerichtsvollzieher eine konkret in Rede stehende bzw. von dem Gläubiger **ausdrücklich gewünschte Vollstreckungsmaßnahme** in einen bestimmten Vermögensgegenstand aus einem bestimmten Grund für unzulässig hält. So mag der Gerichtsvollzieher die Pfändung eines Gegenstandes mit der Begründung ablehnen, dieser sei gem. § 811 ZPO unpfändbar. Dem trägt der hier formulierte Erinnerungsantrag Rechnung.

11. Zu denken ist insbesondere an Anweisungen an den Gerichtsvollzieher im Rahmen der **Herausgabevollstreckung** gem. den §§ 883 ff. ZPO.

12. Unmittelbar greift die Vorschrift des § 766 ZPO nur ein, wenn die Zwangsvollstreckung auf einem Urteil beruht. Über die Verweisungsnorm des § 795 ZPO gilt § 766 ZPO jedoch auch für die in § 794 Abs. 1 ZPO aufgeführten sonstigen Vollstreckungstitel. Hinsichtlich arbeitsgerichtlicher Titel ergibt sich die Anwendbarkeit des § 766 ZPO aus § 62 Abs. 2 S. 1 ArbGG. Soweit es um familiengerichtliche Titel und Titel der Gerichte der freiwilligen Gerichte geht, sind die Verweisungsvorschriften der §§ 95 Abs. 1, 120 Abs. 1 FamFG zu beachten.

13. Dass **maßgeblicher Zeitpunkt** für die Frage der Begründetheit der Erinnerung der Zeitpunkt der Beschlussfassung durch das Gericht ist, entspricht der ganz überwiegenden Auffassung in Rechtsprechung und Literatur (vgl. BGH MDR 2009, 105 (106); OLG Düsseldorf NJW 1978, 2603; Schuschke/Walker/*Walker* § 766 Rn. 39 mwN).

14. Kosten und Gebühren. Das Erinnerungsverfahren ist **gerichtsgebührenfrei.** Etwaig entstandene Auslagen (Nr. 9000 ff. KV GKG) hat der Erinnerungsführer jedenfalls dann zu tragen, wenn seine Erinnerung zurückgewiesen worden ist. Ist die Erinnerung demgegenüber begründet, dürfte die Regelung gem. der Vorbem. 9 Abs. 1 zu Teil 9 KV GKG, in der ausdrücklich nur von einer „Beschwerde" die Rede ist, entsprechend anzuwenden sein. Ist hiernach das Beschwerdeverfahren und damit auch das Erinnerungsverfahren gebührenfrei und die Beschwerde und damit auch die Erinnerung für begründet befunden worden, werden Auslagen nicht erhoben. Da der Schuldner bei einer von dem Gläubiger auf § 766 Abs. 2 ZPO gestützten Erinnerung im Regelfall nicht an dem Erinnerungsverfahren beteiligt ist, kann ein ihm nachteilige Kostenentscheidung nicht ergehen, so dass auch von ihm keine Auslagen erhoben werden können (vgl. die in Vor 9 Abs. 1 zu Teil 9 KV GKG normierte Ausnahmeregelung).

Wird die Erinnerung von dem **Verfahrensbevollmächtigten** eingelegt, der in dem Vollstreckungsverfahren für den Gläubiger bereits tätig geworden ist, löst dies keine besondere Gebühr aus (BGH FamRZ 2010, 809). Da nach § 19 Abs. 2 Nr. 2 RVG Erinnerungen nach § 766 ZPO generell zum Rechtszug gehören, ist die Erinnerungseinlegung bereits durch die Vollstreckungsgebühr gem. Nr. 3309 VV RVG abgegolten (vgl. Zöller/*Stöber* § 766 Rn. 39; *Schneider* NJW 2007, 325 (331)). Nur wenn sich die Tätigkeit des Rechtsanwaltes auf die Einlegung der Erinnerung beschränkt, erhält er eine Gebühr gem. Nr. 3500 VV RVG sowie eine Terminsgebühr gem. Nr. 3513 VV RVG, falls über die Erinnerung – ausnahmsweise – aufgrund mündlicher Verhandlung entschieden wird (vgl. Zöller/*Stöber* § 766 Rn. 39). Zu beachten ist jedoch, dass diese Gebühren gem. § 15 Abs. 6 RVG begrenzt sind. Der Rechtsanwalt, der nur mit einzelnen Handlungen **oder mit Tätigkeiten, die nach § 19 RVG zum Rechtszug oder zum Verfahren gehören,** beauftragt ist, erhält nicht mehr an Gebühren, als der mit der gesamten Angelegenheit beauftragte Rechtsanwalt für die gleiche Tätigkeit erhalten würde. Da der mit der zu Grunde liegenden Zwangsvollstreckung beauftragte Rechtsanwalt nur die 0,3 Gebühr gem. Nr. 3309 VV RVG verlangen könnte, ist auch die Gebühr Nr. 3500 für den ausschließlich mit der Erinnerung beauftragten Rechtsanwalt auf die 0,3-Verfahrensgebühr gem. Nr. 3309 VV RVG zu kürzen. Aufgrund der nunmehr eindeutigen Gesetzeslage haben sich frühere Streitfragen im Zusammenhang mit der Berechnung der Anwaltsvergütung im Erinnerungsverfahren erledigt (vgl. *Schneider* NJW 2007, 325 (328); sa Zöller/*Stöber* § 766 Rn. 39).

Als **Gegenstandswert** der anwaltlichen Tätigkeit ist der Wert des zu vollstreckenden Anspruchs zugrunde zu legen. Hierbei ist zu berücksichtigen, dass wegen der Gerichtsgebührenfreiheit für das Gericht keine Veranlassung besteht, den Streitwert festzusetzen. Eine Bindung gem. § 23 Abs. 1 RVG scheidet deshalb aus, vielmehr ist die Vorschrift des § 23 Abs. 2 S. 3 RVG einschlägig. In Zweifelsfällen sollte der Rechtsanwalt einen Antrag auf Festsetzung des Gegenstandswerts für die anwaltliche Vergütung gem. § 33 Abs. 1 RVG stellen.

15. Rechtsmittel. Gegen die Erinnerungsentscheidung ist die **sofortige Beschwerde** gem. § 793 Abs. 1 ZPO iVm § 567 Abs. 1 Nr. 1 ZPO statthaft. Dies gilt auch in den Fällen, in denen das Insolvenzgericht als Vollstreckungsgericht iSd § 766 ZPO entschieden hat (vgl. BGH InVo 2007, 28).

16. Hinsichtlich der **Form** des Schriftsatzes (Unterschrift, elektronisches Dokument) wird verwiesen auf → Form. O. II. 1 Anm. 14.

2. Erinnerung gem. § 766 Abs. 2 Alt. 2 ZPO (Kostenansatz im Gerichtsvollzieherverfahren)

An das

Amtsgericht – Vollstreckungsgericht –

in . . . . .

(Variante:

Amtsgericht – Insolvenzgericht[1, 2] *–)*

in . . . . .

In der Zwangsvollstreckungssache

des/der . . . . . [ladungsfähige Anschrift des Gläubigers],

– Gläubigers und Erinnerungsführers –

Verfahrensbevollmächtigte: . . . . .

gegen

. . . . . [ladungsfähige Anschrift des Schuldners],

– Schuldner –

Verfahrensbevollmächtigte: . . . . .

Namens und in Vollmacht des Gläubigers legen wir gegen das Verhalten des Gerichtsvollziehers . . . . . in dem Vollstreckungsverfahren DR. II . . . . . [Az. des Gerichtsvollziehers]

Erinnerung gem. § 766 Abs. 2 ZPO

ein und beantragen für den Fall, dass der Gerichtsvollzieher der Erinnerung nicht abhilft,

den Gerichtsvollzieher anzuweisen, die Zwangsvollstreckung auch auf die in dem Vollstreckungsauftrag vom . . . . . aufgeführten Kosten für . . . . . in Höhe von . . . . . EUR zu erstrecken.[3]

(Variante:
den Gerichtsvollzieher anzuweisen, die Zwangsvollstreckung wegen der in dem Vollstreckungsauftrag vom . . . . . aufgeführten Kosten für . . . . . in Höhe von . . . . . EUR nicht aus den in dem Schreiben des Gerichtsvollziehers vom . . . . . aufgeführten Gründen abzulehnen.)

Begründung:

Der Schuldner ist durch Urteil des . . . . . gerichts . . . . . vom . . . . . Az. . . . . . verurteilt worden, an den Gläubiger . . . . . EUR nebst . . . . . Zinsen in Höhe von . . . . . zu zahlen/ . . . . . (Wiedergabe des sonstigen Urteilstenors).

(Variante:
Die Parteien haben vor dem . . . . . gericht . . . . . Az. . . . . . am . . . . . einen Prozessvergleich geschlossen. Hiernach ist der Schuldner verpflichtet, ... (Wiedergabe des Vergleichstenors).)

(Variante:
. . . . . *(Wiedergabe des sonstigen Vollstreckungstitels).)*

Durch Schreiben vom . . . . . hat der Gläubiger dem Gerichtsvollzieher den Auftrag erteilt, aus der in der Anlage im Original beigefügten vollstreckbaren Ausfertigung des Vollstreckungstitels, auf der auch die Zustellung des Titels an den Schuldner bescheinigt ist, gegen den Schuldner die Zwangsvollstreckung zu betreiben. In dem Vollstreckungsauftrag sind auch Kosten wegen . . . . . in Höhe von . . . . . aufgeführt. Der Gerichtsvollzieher hat die Zwangsvollstreckung durchgeführt und bei dem Schuldner . . . . . (Schilderung der Vollstreckungsmaßnahme). Ausweislich des beigefügten Schreibens vom . . . . . weigert sich der Gerichtsvollzieher jedoch, die Zwangsvollstreckung auch wegen der oben aufgeführten Kosten zu betreiben. Er hält die Kosten nicht für erstattungsfähig iSd § 788 Abs. 1 ZPO und begründet dies damit, dass . . . . . [Wiedergabe der Ablehnungsgründe des Gerichtsvollziehers].

Der Gläubiger wendet sich mit seiner gem. § 766 Abs. 2 ZPO/§ 766 Abs. 2 ZPO iVm §§ 794 Abs. 1, 795 ZPO/§ 766 Abs. 2 ZPO iVm § 89 Abs. 3 InsO statthaften Erinnerung gegen dieses Verhalten des Gerichtsvollziehers. Entgegen der Auffassung des Gerichtsvollziehers sind die Kosten erstattungsfähig, weil sie notwendig iSd § 788 Abs. 1 ZPO sind. Denn . . . . . [Widerlegung der von dem Gerichtsvollzieher aufgeführten Gründe].

. . . . .

Rechtsanwalt[4, 5]

Anmerkungen

1. In § 766 Abs. 2 ZPO ist nur von den **Kosten** die Rede, die der **Gerichtsvollzieher** in Ansatz gebracht hat. Die Vorschrift steht im unmittelbaren Zusammenhang mit **§ 788 Abs. 1 ZPO,** wonach die notwendigen Kosten der Zwangsvollstreckung zugleich mit dem zur Zwangsvollstreckung stehenden Anspruch beigetrieben werden. § 788 Abs. 1 ZPO gilt jedoch nicht nur für den Gerichtsvollzieher, sondern auch für sonstige Vollstreckungsorgane. Möglich ist deshalb auch, dass sich das Vollstreckungsgericht weigert, die von dem Gläubiger in dem Vollstreckungsauftrag in Ansatz gebrachten Kosten ganz oder teilweise mit zu vollstrecken. So kann sich beispielsweise der Rechtspfleger – ohne Anhörung des Schuldners – weigern, in dem von dem Gläubiger beantragten Pfändungs- und Überweisungsbeschluss bestimmte Kosten mit aufzunehmen. In diesen Fällen scheidet eine Erinnerung gem. § 766 Abs. 2 ZPO bereits nach dem eindeutigen Wortlaut aus, auch eine Erinnerung gem. § 766 Abs. 1 ZPO (Art und Weise der Zwangsvollstreckung) ist nicht statthaft. Es handelt es sich vielmehr um eine Entscheidung iSd §§ 11 Abs. 1 RPflG, 793 ZPO, die gem. § 793 ZPO mit der sofortigen Beschwerde anzugreifen ist (vgl. Zöller/*Stöber* § 788 Rn. 17). Die weiteren Einzelheiten zur Abgrenzung zwischen einer Vollstreckungsmaßnahme iSd § 766 Abs. 1 ZPO und einer Entscheidung iSd §§ 11 Abs. 1 RPflG, 793 ZPO werden in → Form. P. II. 6 Anm. 1 sowie → Form. P. III. 2 Anm. 2 erläutert.

Wegen der weiteren Einzelheiten (insbesondere: **Zuständigkeit des Gerichts**) kann auf die obigen Ausführungen zu dem → Form. P. II. 1 Bezug genommen werden, die entsprechend gelten.

2. Vgl. zu den Fällen, in denen das Insolvenzgericht zuständig ist, → Form. P. II. 1 Anm. 3.

3. Wenn die übrigen Voraussetzungen der Zwangsvollstreckung auch von dem Gerichtsvollzieher nicht in Abrede gestellt werden, dieser vielmehr die Vollstreckung wegen der Hauptsache betreibt, bedarf es keiner bloß „gebremsten" Anweisung, die in der Variante formuliert ist. Vielmehr ist der Antrag darauf zu richten, den Gerichtsvollzieher **konkret anzuweisen,** die Vollstreckung auch wegen der Kosten durchzuführen.

4. Kosten und Gebühren/Rechtsmittel. Hinsichtlich der Kosten und Gebühren des Erinnerungsverfahrens bzw. der Rechtsmittel gegen die Erinnerungsentscheidung des Amtsgerichts kann auf die Ausführungen zu → Form. P. II. 1 verwiesen werden. Als Besonderheit bei den Rechtsmitteln ist allerdings zu berücksichtigen, dass es sich bei der Erinnerungsentscheidung iSd § 766 Abs. 2 Alt. 2 ZPO um eine **Entscheidung über Kosten** gem. § 567 Abs. 2 ZPO handelt (vgl. OLG Köln Rpfleger 1993, 146; Hintzen/Wolf/*Wolf* Rn. 8.63). Eine sofortige Beschwerde ist deshalb nur zulässig, wenn die streitigen Kosten einen Betrag von **200,– EUR** übersteigen.

5. Hinsichtlich der **Form** des Schriftsatzes (Unterschrift, elektronisches Dokument) wird verwiesen auf → Form. O. II. 1 Anm. 14.

3. Sofortige Beschwerde (§ 793 ZPO) gegen die nach § 766 Abs. 1 oder 2 ZPO ergangene Erinnerungsentscheidung

An das

Amtsgericht – Vollstreckungsgericht –

in . . . . .[1, 2]

(Variante:

Amtsgericht – Insolvenzgericht[3] *–)*

in . . . . .

In der Zwangsvollstreckungssache

des/der . . . . . [ladungsfähige Anschrift des Gläubigers],

– Gläubigers, Erinnerungsführers und Beschwerdeführers –

Verfahrensbevollmächtigte: . . . . .[4]

gegen

. . . . . [ladungsfähige Anschrift des Schuldners],

– Schuldner –[5]

Verfahrensbevollmächtigte: . . . . .

Namens und in Vollmacht des Gläubigers legen wir gegen den Beschluss des erkennenden Gerichts vom . . . . ., Az. . . . . ., dem Gläubiger zugestellt am . . . . .,

sofortige[6] Beschwerde gem. § 793 ZPO

ein und beantragen für den Fall, dass das Gericht der Beschwerde nicht abhilft,[7]

den Beschluss des Amtsgerichts . . . . . vom . . . . . Az. . . . . . aufzuheben/abzuändern und[8]

den Gerichtsvollzieher anzuweisen, den Vollstreckungsauftrag des Gläubigers vom . . . . . innerhalb einer vom Gericht noch festzulegenden Frist auszuführen.

(Variante:
den Gerichtsvollzieher anzuweisen, bei dem Schuldner die Pfändung des . . . . . (konkrete Bezeichnung des Vollstreckungsgegenstandes) vorzunehmen.)

(Variante:
den Gerichtsvollzieher anzuweisen, die Zwangsvollstreckung gegen den Schuldner nicht mit der Begründung zu verweigern, ...)

(Variante:
den Gerichtsvollzieher anzuweisen, die Pfändung des . . . . . (konkrete Bezeichnung des Vollstreckungsgegenstandes) nicht mit der Begründung zu verweigern, ...)

(Variante:
den Gerichtsvollzieher anzuweisen, die Zwangsvollstreckung auch auf die in dem Vollstreckungsauftrag vom . . . . . aufgeführten Kosten für . . . . . in Höhe von . . . . . EUR zu erstrecken.)

(Variante:
den Gerichtsvollzieher anzuweisen, die Zwangsvollstreckung wegen der in dem Vollstreckungsauftrag vom ..... aufgeführten Kosten für ..... in Höhe von ..... EUR nicht aus dem im dem Schreiben des Gerichtsvollziehers vom ..... ausgeführten Gründen abzulehnen.)
(Variante:
..... (sonstige Anweisung an den Gerichtsvollzieher))

Hilfsweise[9] für den Fall, dass das Beschwerdegericht von der Rechtsauffassung des Beschwerdeführers abweichen möchte, beantragen wir,

die Entscheidung über die Beschwerde auf die Kammer zu übertragen und
die Rechtsbeschwerde zuzulassen.

Begründung:

Der Schuldner ist durch Urteil des ..... gerichts ..... vom ..... Az. ..... verurteilt worden, an den Gläubiger ..... EUR nebst ..... Zinsen in Höhe von ..... zu zahlen/ ..... (Wiedergabe des sonstigen Urteilstenors).]

(Variante:
Die Parteien haben vor dem ..... gericht ..... Az. ..... am ..... einen Prozessvergleich geschlossen. Hiernach ist der Schuldner verpflichtet, ... [Wiedergabe des Vergleichstenors].)

(Variante:
..... [Wiedergabe des sonstigen Vollstreckungstitels].)

Durch Schreiben vom ..... hat der Gläubiger dem Gerichtsvollzieher den Auftrag erteilt, aus der in der Anlage im Original beigefügten vollstreckbaren Ausfertigung des Vollstreckungstitels, auf der auch die Zustellung des Titels an den Schuldner bescheinigt ist, gegen den Schuldner die Zwangsvollstreckung zu betreiben.

(Variante:
..... (Schilderung etwaiger weiterer Vollstreckungsanweisungen des Gläubigers an den Gerichtsvollzieher bzw. Besonderheiten zB bzgl. der Vollstreckungskosten).)

Der Gerichtsvollzieher weigert sich, den Vollstreckungsauftrag auszuführen/insoweit auszuführen, als ..... Ausweislich des beigefügten Schreibens vom ..... begründet er dies damit, dass ..... [Wiedergabe der Ablehnungsgründe des Gerichtsvollziehers].

(Variante:
..... [Schilderung der sonstigen Reaktion des Gerichtsvollziehers])

Die hiergegen von dem Gläubiger eingelegte Erinnerung hat das Amtsgericht durch den angegriffenen Beschluss zurückgewiesen ..... [Kurzwiedergabe der Begründung des Amtsgerichts]. Der Beschluss ist dem Gläubiger am ..... zugestellt worden.

(Variante:
..... (Schilderung des Vollstreckungsverfahrens mit einer sich anschließenden Erinnerung des Schuldners, der das Vollstreckungsgericht stattgegeben hat.)[10])

Der Gläubiger wendet sich mit seiner gem. § 793 ZPO/§ 793 ZPO iVm §§ 794 Abs. 1, 795 ZPO/§ 793 ZPO iVm § 89 Abs. 3 InsO statthaften und fristgerecht eingelegten sofortigen Beschwerde gegen die Erinnerungsentscheidung. Entgegen der Auffassung des

Amtsgerichts und des Gerichtsvollziehers liegen sämtliche Voraussetzungen für die Durchführung der Zwangsvollstreckung vor. Denn .....

(Variante:

..... (Widerlegung der von dem Gerichtsvollzieher und/oder von dem Amtsgericht gegen das Vorliegen einzelner Vollstreckungsvoraussetzungen aufgeführten Gründe).)

[Ergänzend für den Fall, dass die Zulassung der Rechtsbeschwerde beantragt werden soll:

Wenn das Beschwerdegericht entgegen den vorstehenden Ausführungen die Beschwerde für unbegründet hält, müsste es von der – wie dargelegt – überwiegenden Auffassung in Rechtsprechung und Literatur abweichen. In diesem Fall bedarf es wegen der grundsätzlichen Bedeutung bzw. zur Fortbildung des Rechts und der Sicherung einer einheitlichen Rechtsprechung einer Entscheidung des Rechtsbeschwerdegerichts (§ 574 Abs. 2 Nr. 1 und 2 ZPO) ..... [ist näher darzulegen]. Dies setzt nach der ständigen Rechtsprechung des BGH zunächst eine Übertragung des Verfahrens von dem Einzelrichter auf die Kammer voraus (§ 568 S. 2 ZPO). Die Kammer hat sodann die Rechtsbeschwerde zuzulassen.]

.....

Rechtsanwalt[11, 12, 13]

Anmerkungen

1. Abgrenzungsfragen zu anderen Rechtsbehelfen stellen sich nicht, da die Erinnerungsentscheidung des Amtsgerichts eindeutig von § 793 ZPO erfasst wird. Zu beachten ist lediglich, dass bei Streitigkeiten um den Kostenansatz durch den Gerichtsvollzieher § 567 Abs. 2 ZPO anwendbar ist und deshalb die Wertgrenze von 200,– EUR überschritten sein muss.

2. Über die Beschwerde gegen die Erinnerungsentscheidung **entscheidet** das dem Amtsgericht/Insolvenzgericht übergeordnete Beschwerdegericht. Welches Gericht insoweit **zuständig** ist, ergibt sich aus dem GVG. Gem. § 72 GVG ist hiernach das **Landgericht** zur Entscheidung berufen. Abgrenzungsprobleme zu der Zuständigkeit des Oberlandesgerichts gibt es nicht, nachdem die früheren Regelungen zu der Zuständigkeit des Oberlandesgerichts bei Auslandsbezug (§ 119 Abs. 1 Nr. 1b GVG aF) aufgehoben worden sind. Abgesehen davon war die zitierte Bestimmung nach der Rechtsprechung des Bundesgerichtshofs auf Beschwerden gegen Entscheidungen der Amtsgerichte als Vollstreckungsgericht ohnehin nicht anwendbar (vgl. BGH BGHReport 2007, 363).

Gem. § 569 Abs. 1 S. 1 ZPO hat der Beschwerdeführer ein **Wahlrecht,** ob er das Rechtsmittel bei dem Ausgangsgericht oder dem Beschwerdegericht einlegen möchte. Insoweit sollte – dies entspricht auch der gängigen Praxis – die Beschwerde grundsätzlich beim **Ausgangsgericht** (hier: Amtsgericht) eingelegt werden. Hierfür sprechen zwei gewichtige Gründe: Zum einen läuft der Beschwerdeführer dann nicht Gefahr, die Beschwerde vor dem falschen Gericht eingelegt zu haben mit einer hiermit regelmäßig einhergehenden Verwerfung als unzulässig. Zum anderen führt die unmittelbare Einlegung bei dem Beschwerdegericht zu unnötigen Verzögerungen. Die Akten werden auf entsprechende Anforderung zunächst an das Beschwerdegericht geschickt. Dieses sendet die Akten an das Ausgangsgericht mit der Bitte zurück, zunächst eine Entscheidung über die Abhilfe/Nichtabhilfe iSd § 572 Abs. 1 ZPO zu treffen. Dieser „Umweg" wird bei einer unmittelbaren Einlegung der Beschwerde beim Ausgangsgericht vermieden.

Nur wenn die Sache besonders eilbedürftig ist, erscheint die Einlegung beim Beschwerdegericht vorzugswürdig. Das Beschwerdegericht **kann** auch **ohne Durchführung des**

Abhilfeverfahrens über die Beschwerde **entscheiden,** da das Abhilfeverfahren weder Verfahrensvoraussetzung für das Beschwerdeverfahren noch für die Beschwerdeentscheidung selbst ist (vgl. OLG Frankfurt MDR 2002, 1391; Zöller/*Heßler* § 572 Rn. 4). In der Praxis wird das Beschwerdegericht jedoch nur in Ausnahmefällen von dieser Möglichkeit Gebrauch machen.

3. Vgl. zu den Fällen, in denen das Insolvenzgericht zuständig ist, → Form. P. II. 1 Anm. 3.

4. Da das Erinnerungsverfahren vor dem Amtsgericht nicht als „Anwaltsprozess" zu führen ist (vgl. § 78 Abs. 1 ZPO), kann die sofortige Beschwerde gem. § 569 Abs. 3 Nr. 1 ZPO auch durch Erklärung zu Protokoll der Geschäftsstelle eingelegt werden. Es besteht deshalb **kein Anwaltszwang** (§ 78 Abs. 3 ZPO), wobei der Gläubiger die Beschwerde alternativ zur Protokollerklärung auch schriftlich einlegen kann (vgl. Musielak/Voit/*Ball* § 569 Rn. 8). Nur wenn in dem Beschwerdeverfahren – ausnahmsweise – eine mündliche Verhandlung anberaumt wird, müssen sich die Parteien durch einen Anwalt vertreten lassen.

5. Wenn der Schuldner aus den unter → Form. P. II. 1 Anm. 4 genannten Gründen nicht am Erinnerungsverfahren beteiligt gewesen ist, bleibt im Regelfall auch das gegen eine zu Lasten des Gläubigers gem. § 766 Abs. 2 ZPO ergangene Entscheidung angestrengte **Beschwerdeverfahren einseitig** (vgl. Zöller/*Stöber* § 793 Rn. 7). Da der Schuldner in diesen Fällen jedenfalls zu Beginn des Beschwerdeverfahrens noch nicht die Stellung als Beschwerdegegner hat, ist er auch im **Rubrum** der Beschwerdeschrift nicht als solcher zu bezeichnen.

6. Die Beschwerdefrist beträgt gem. § 569 Abs. 1 S. 1 ZPO **2 Wochen** und beginnt regelmäßig mit der Zustellung der Erinnerungsentscheidung (§ 569 Abs. 1 S. 2 ZPO).

7. Wenn das Amtsgericht der Beschwerde gem. § 572 Abs. 1 ZPO **abhilft,** wird das Rechtsmittel gegenstandslos.

8. Da das Beschwerdegericht an die Stelle des Erinnerungsgericht tritt, kann es sämtliche Entscheidungen treffen, die auch das Erinnerungsgericht treffen könnte. Bis auf die Aufhebung der Erinnerungsentscheidung entsprechen die Anträge deshalb den **Anträgen im Erinnerungsverfahren.**

9. Wenn der – gem. § 568 S. 1 ZPO grundsätzlich zuständige – **Einzelrichter des Beschwerdegerichts** ohne Übertragung auf die Kammer oder den Senat die Rechtsbeschwerde zulässt, ist der Bundesgerichtshof zwar an diese Zulassung gebunden (574 Abs. 3 S. 2 ZPO). In der Sache wird der Bundesgerichtshof bei einem derartigen Vorgehen aber keine Entscheidung treffen, weil die Beschwerdeentscheidung wegen fehlerhafter Besetzung des Beschwerdegerichts (Art. 101 Abs. 1 S. 2 GG) aufzuheben ist (vgl. BGH NJW 2003, 1254; BGH NJW 2003, 3712). Zwischen den Zulassungsgründen des § 574 Abs. 2 ZPO und den Übertragungsgründen iSd § 568 S. 2 ZPO besteht eine Wechselwirkung (vgl. *Becker* JuS 2004, 574 (576)). Aus diesem Grunde ist darauf zu achten, dass bei einer Zuständigkeit des Einzelrichters das Beschwerdeverfahren vor der Zulassung der Rechtsbeschwerde auf die Kammer (Landgericht) oder den Senat (Oberlandesgericht) übertragen wird. Im Übrigen sollte der Antrag auf Zulassung der Rechtsbeschwerde nur gestellt werden, wenn die Zulassungsvoraussetzungen ernsthaft in Betracht gezogen werden können (vgl. hierzu *Becker* JuS 2004, 574 (575 f.)).

10. Die Sachverhaltsschilderung weist insoweit bei dieser Variante keine Besonderheiten auf und entspricht im Kern der Darstellung in dem → Form. P. III. 1 mit dem einzigen Unterschied, dass das Vollstreckungsgericht der Erinnerung des Schuldners stattgegeben hat.

11. Kosten und Gebühren. An **Gerichtsgebühren** fällt für das Beschwerdeverfahren eine Festgebühr von **30,– EUR** an, wenn die Beschwerde vollständig verworfen oder zurückgewiesen wird (Nr. 2121 KV GKG). Dann sind auch die etwaig entstandenen Auslagen von dem Beschwerdeführer zu erstatten. Hat die Beschwerde dagegen in vollem Umfang Erfolg, entfällt die Gebühr. Wenn die Beschwerde teilweise Erfolg hat, kann das Gericht aufgrund der in Nr. 2121 KV GKG eingeräumten Ermächtigung die Gebühr nach billigem Ermessen auf die Hälfte ermäßigen oder bestimmen, dass eine Gebühr nicht zu erheben ist. Da es in den hier in Rede stehenden Fällen regelmäßig an einem Beschwerdegegner fehlt, scheidet bei einem Erfolg der Beschwerde auch die Geltendmachung etwaig entstandener Auslagen bei dem Gegner aus (vgl. Vor 9 Abs. 1 zu Teil 9 KV GKG).

Dem **Rechtsanwalt** steht für die Vertretung im Beschwerdeverfahren eine 0,5 Beschwerdegebühr gem. Nr. 3500 VV RVG zu. Kommt es – ausnahmsweise – in dem Beschwerdeverfahren zu einer mündlichen Verhandlung, kann er zusätzlich eine 0,5 Terminsgebühr gem. Nr. 3513 VV RVG beanspruchen (vgl. zu weiteren Einzelheiten *Abramenko* AnwBl. 2006, 270). Der **Gegenstandswert** der anwaltlichen Tätigkeit entspricht im Regelfall dem Wert des vorangegangenen Erinnerungsverfahrens. Die Ausführungen zu → Form. P. II. 1 gelten entsprechend, so dass grundsätzlich der Wert des titulierten Anspruchs zugrunde zu legen ist bzw. – wenn es nur um die Kosten geht – die im Streit stehenden Kosten. Wenn das Beschwerdegericht den Beschwerdewert nicht ohnehin festsetzt – hierzu ist es allerdings wegen der Festgebühr nicht verpflichtet –, besteht die Möglichkeit, einen Antrag auf Festsetzung des Gegenstandswerts gem. § 33 Abs. 1 RVG zu stellen.

12. Rechtsmittel. Gegen die Beschwerdeentscheidung ist (nur) die **Rechtsbeschwerde** zum Bundesgerichthof statthaft, wenn das Beschwerdegericht die Rechtsbeschwerde zugelassen hat (vgl. § 574 Abs. 1 Nr. 2 ZPO). Unberührt bleibt – wie stets – die Gehörsrüge gem. § 321a ZPO (→ Form. Q. II. 1).

13. Hinsichtlich der **Form** des Schriftsatzes (Unterschrift, elektronisches Dokument) wird verwiesen auf → Form. O. II. 1 Anm. 14.

4. Sofortige Beschwerde (§ 793 ZPO) gegen sonstige Entscheidungen des Vollstreckungsgerichts bei funktioneller Zuständigkeit des Richters

An das

Amtsgericht – Vollstreckungsgericht –

in . . . . .

(Variante:

Amtsgericht – Insolvenzgericht[1, 2] *–)*

in . . . . .

In der Zwangsvollstreckungssache

des/der . . . . . [ladungsfähige Anschrift des Gläubigers],

– Gläubigers und Beschwerdeführers –

Verfahrensbevollmächtigte: . . . . .

gegen

. . . . . [ladungsfähige Anschrift des Schuldners],

– Schuldner und Beschwerdegegner[3] –

Verfahrensbevollmächtigte: . . . . .

Namens und in Vollmacht des Gläubigers legen wir gegen den Beschluss des erkennenden Gerichts vom . . . . ., Az. . . . . ., dem Gläubiger zugestellt am . . . . .,

sofortige Beschwerde gem. § 793 ZPO

ein und beantragen für den Fall, dass das Gericht der Beschwerde nicht abhilft,

den Beschluss des Amtsgerichts . . . . . vom . . . . . Az. . . . . . aufzuheben/abzuändern und gegen den Schuldner Haftbefehl gem. § 901 ZPO/§ 802g ZPO (bei ab dem 1.1.2012 eingegangenen Vollstreckungsaufträgen) zu erlassen.
(Variante:
den Gerichtsvollzieher gem. § 758a ZPO zum Betreten und zur Durchsuchung der Wohnräume des Schuldners zu ermächtigen.)
(Variante:
gem. § 758 Abs. 4 ZPO anzuordnen, dass die Zwangsvollstreckung in der Wohnung des Schuldners auch zur Nachtzeit sowie an Sonn- und allgemeinen Feiertagen vorgenommen werden darf.)

Hilfsweise[4] für den Fall, dass das Beschwerdegericht von der Rechtsauffassung des Beschwerdeführers abweichen möchte, beantragen wir,

die Entscheidung über die Beschwerde auf die Kammer zu übertragen und
die Rechtsbeschwerde zuzulassen.

Begründung:

Der Schuldner ist durch Urteil des . . . . . gerichts . . . . . vom . . . . . Az. . . . . . verurteilt worden, an den Gläubiger . . . . . EUR nebst . . . . . Zinsen in Höhe von . . . . . zu zahlen/ . . . . . (Wiedergabe des sonstigen Urteilstenors).

(Variante:
Die Parteien haben vor dem . . . . . gericht . . . . . Az. . . . . . am . . . . . einen Prozessvergleich geschlossen. Hiernach ist der Schuldner verpflichtet, ... (Wiedergabe des Vergleichstenors).)

(Variante:
. . . . . (Wiedergabe des sonstigen Vollstreckungstitels).)

Durch Schreiben vom . . . . . hat der Gläubiger dem Gerichtsvollzieher den Auftrag erteilt, aus der in der Anlage im Original beigefügten vollstreckbaren Ausfertigung des Vollstreckungstitels, auf der auch die Zustellung des Titels an den Schuldner bescheinigt ist, gegen den Schuldner die Zwangsvollstreckung zu betreiben.

(Variante für den Fall, dass das Gericht den Erlass eines Haftbefehls verweigert hat:

Nachdem die Zwangsvollstreckung ausweislich der beigefügten Bescheinigung des Gerichtsvollziehers fruchtlos geblieben war, ist der Schuldner auf Antrag des Gläubigers durch Schreiben des Gerichtsvollziehers vom . . . . . für den . . . . . zur Vorlage des Vermögensverzeichnisses und zur Abgabe der eidesstattlichen Versicherung geladen worden (§ 807 ZPO).)

(Variante:
..... (Fall des § 883 ZPO).)

Da der Schuldner in diesem Termin unentschuldigt nicht erschienen ist/der Schuldner die Vorlage des Vermögensverzeichnisses und die Abgabe der eidesstattlichen Versicherung grundlos verweigert hat, beantragte der Gläubiger gem. § 901 ZPO bei dem Amtsgericht den Erlass eines Haftbefehls gegen den Schuldner. Diesen Antrag hat das Amtsgericht durch den angegriffenen Beschluss, der dem Gläubiger am ..... zugestellt worden ist, zurückgewiesen. Dies hat es damit begründet, dass .....

[für Vollstreckungsaufträge ab dem 1.1.2013:

Der Schuldner ist dem von dem Gerichtsvollzieher gem. § 802f ZPO bestimmten Termin zur Abgabe der Vermögensauskunft unentschuldigt ferngeblieben/hat die Abgabe der Vermögensauskunft ohne Grund verweigert. Deshalb beantragte der Gläubiger bei dem Amtsgericht den Erlass eines Haftbefehls gem. § 802g ZPO. Diesen Antrag hat das Amtsgericht durch den angegriffenen Beschluss, der dem Gläubiger am ..... zugestellt worden ist, zurückgewiesen. Dies hat es damit begründet, dass .....]

(Variante für den Fall, dass das Gericht den Erlass eines Durchsuchungsbeschlusses verweigert hat:

Bislang konnte die Zwangsvollstreckung jedoch noch nicht durchgeführt werden. Der Schuldner hat dem Gerichtsvollzieher das Betreten der Wohnung ausdrücklich untersagt.)

(Variante:

Der Gerichtsvollzieher hat nach mehrmaligen Aufsuchen der Wohnung des Schuldners diesen nicht angetroffen.)

Der Gläubiger hat deshalb bei dem Amtsgericht den Erlass einer richterlichen Durchsuchungsanordnung (§ 758a Abs. 1 ZPO) beantragt. Diesen Antrag hat das Amtsgericht durch den angegriffenen Beschluss, der dem Gläubiger am ..... zugestellt worden ist, zurückgewiesen. Dies hat es damit begründet, dass .....

(Variante für den Fall, dass das Gericht den Erlass eines Beschlusses gem. § 758a Abs. 4 ZPO verweigert hat:

Bislang konnte die Zwangsvollstreckung jedoch noch nicht durchgeführt werden. Der Schuldner hält sich während der Woche wegen seiner Tätigkeit als ..... durchweg außerhalb seines Wohnortes auf. Eine Vollstreckung verspricht deshalb nur am Wochenende oder an Feiertagen Erfolg.)

(Variante:
Da der Schuldner eine Gaststätte oder ..... betreibt, die tagsüber geschlossen ist, verspricht eine Zwangsvollstreckung nur abends oder an Sonn- und Feiertagen Erfolg.)

Der Gläubiger hat deshalb bei dem Amtsgericht den Erlass einer richterlichen Ermächtigung gem. § 758a Abs. 4 ZPO beantragt. Diesen Antrag hat das Amtsgericht durch den angegriffenen Beschluss, der dem Gläubiger am ..... zugestellt worden ist, zurückgewiesen. Dies hat es damit begründet, dass .....

[Ergänzend für alle Varianten:

Der Gläubiger wendet sich mit seiner gem. § 793 ZPO/§ 793 ZPO iVm §§ 794 Abs. 1, 795 ZPO/§ 793 ZPO iVm § 89 Abs. 3 InsO statthaften und fristgerecht eingelegten sofortigen Beschwerde gegen die Entscheidung des Amtsgerichts. Entgegen der Auffassung des Amtsgerichts liegen die Voraussetzungen für den Erlass eines Haftbefehls gem.

§ 901 ZPO (bei Vollstreckungsaufträgen ab dem 1.1.2012: § 802g ZPO)/eines Durchsuchungsbeschlusses gem. § 758a Abs. 1 ZPO/eines Beschlusses gem. § 758a Abs. 4 ZPO vor. Denn ..... (Widerlegung der von dem Amtsgericht aufgeführten Gründe).]

[Ergänzend für den Fall, dass die Zulassung der Rechtsbeschwerde beantragt werden soll:

Wenn das Beschwerdegericht entgegen den vorstehenden Ausführungen die Beschwerde für unbegründet hält, müsste es von der – wie dargelegt – überwiegenden Auffassung in Rechtsprechung und Literatur abweichen. In diesem Fall bedarf es wegen der grundsätzlichen Bedeutung bzw. zur Fortbildung des Rechts und der Sicherung einer einheitlichen Rechtsprechung einer Entscheidung des Rechtsbeschwerdegerichts (§ 574 Abs. 2 Nr. 1 und 2 ZPO) ..... (ist näher darzulegen). Dies setzt nach st. Rechtsprechung des BGH zunächst eine Übertragung des Verfahrens von dem Einzelrichter auf die Kammer voraus (§ 568 S. 2 ZPO). Die Kammer hat sodann die Rechtsbeschwerde zuzulassen.]

.....

Rechtsanwalt[5, 6]

Anmerkungen

1. Die Aufgaben des Vollstreckungsgerichts werden **grundsätzlich** von dem **Rechtspfleger** wahrgenommen (vgl. § 20 Nr. 17 RPflG). Neben den sich unmittelbar aus § 20 Nr. 17 S. 2 RPflG ergebenden **Ausnahmen** (Erinnerungsentscheidung gem. § 766 ZPO) gibt es jedoch noch weitere Fälle, in denen von vorneherein der Richter zur Entscheidung berufen ist. So hat gem. § 901 ZPO aF „das Gericht" gegen einen Schuldner, der in dem zur Abgabe der eidesstattlichen Versicherung bestimmten Termin unentschuldigt nicht erscheint oder die Abgabe der eidesstattlichen Versicherung ohne Grund verweigert, zur Erzwingung der Abgabe auf Antrag einen **Haftbefehl** zu erlassen. Bei Vollstreckungsaufträgen ab dem 1.1.2013 (vgl. § 39 Abs. 1 EGZPO in der Fassung vom 22.12.2011) kann gem. § 802g ZPO „das Gericht" gegen einen Schuldner, der in dem zur Abgabe der Vermögensauskunft bestimmten Termin unentschuldigt nicht erscheint oder die Abgabe der Vermögensauskunft ohne Grund verweigert, zur Erzwingung der Abgabe einen Haftbefehl erlassen. Da der Rechtspfleger gem. § 4 Abs. 2 Nr. 2 RPflG von den hier nicht einschlägigen Ausnahmen abgesehen nicht befugt ist, Freiheitsentziehungen anzuordnen, obliegt dem Richter die Entscheidung über den Erlass oder den Nichterlass eines Haftbefehls. Zu beachten ist, dass auch die Zwangshaft gem. § 888 ZPO aufgrund eines Haftbefehls vollzogen wird, den allerdings das Prozessgericht zu erlassen hat (vgl. Zöller/*Stöber* § 888 Rn. 13). Der Richter hat auch darüber zu entscheiden, ob ein **Durchsuchungsbeschluss** gem. § 758a Abs. 1 ZPO oder ein Beschluss betreffend die Vollstreckung in Wohnungen zur Nachtzeit sowie an Sonn- und Feiertagen gem. § 758a Abs. 4 ZPO zu erlassen ist.

Es ist allgemein anerkannt, dass für den Gläubiger bei der **Ablehnung** derartiger Entscheidungen durch den **Richter** – nur darum geht es im vorliegenden Zusammenhang – das Rechtsmittel der sofortigen Beschwerde gem. § 793 ZPO, nicht dagegen die Erinnerung gem. § 766 Abs. 1 ZPO eröffnet ist (vgl. nur Hintzen/Wolf/*Wolf* Rn. 8.23 und 8.24 mwN). Hinsichtlich der weiteren Einzelheiten des Beschwerdeverfahrens gelten die Anmerkungen zu dem → Form. P. II. 3 entsprechend.

2. Vgl. zu den Fällen, in denen das **Insolvenzgericht** erstinstanzlich zuständig ist, → Form. P. II. 1 Anm. 3.

3. Der Schuldner ist nur dann als **Beschwerdegegner** zu bezeichnen, wenn das Amtsgericht ihn vor dem Erlass der Entscheidung angehört hatte.

4. Vgl. zu den Ausführungen im Falle des Antrags auf **Zulassung der Rechtsbeschwerde** → Form. O. II. 2 Anm. 7, 8.

5. Kosten und Gebühren/Rechtsmittel. Hinsichtlich der Kosten und Gebühren des Beschwerdeverfahrens bzw. der Rechtsmittel gegen die Beschwerdeentscheidung kann auf die Ausführungen zu → Form. P. II. 3 verwiesen werden, die entsprechend gelten.

6. Hinsichtlich der **Form** des Schriftsatzes (Unterschrift, elektronisches Dokument) wird verwiesen auf → Form. O. II. 1 Anm. 14.

5. Sofortige Beschwerde (§ 793 ZPO) gegen Entscheidungen des Prozessgerichts in seiner Eigenschaft als Vollstreckungsorgan (§§ 887, 888 und 890 ZPO)

An das[1, 2]

Amtsgericht/Familiengericht/Arbeitsgericht[3]/Landgericht

in . . . . .

In der Zwangsvollstreckungssache

des/der . . . . . [ladungsfähige Anschrift des Gläubigers],

– Gläubigers und Beschwerdeführers –

Verfahrensbevollmächtigte: . . . . .[4]

gegen

. . . . . [ladungsfähige Anschrift des Schuldners],

– Schuldner und Beschwerdegegner[5] –

Verfahrensbevollmächtigte: . . . . .

Namens und in Vollmacht des Gläubigers legen wir gegen den Beschluss des erkennenden Gerichts vom . . . . ., Az. . . . . ., dem Gläubiger zugestellt am . . . . .,

sofortige Beschwerde gem. § 793 ZPO

ein und beantragen für den Fall, dass das Gericht der Beschwerde nicht abhilft,

den Beschluss des . . . . . gerichts . . . . . vom . . . . . Az. . . . . . aufzuheben/abzuändern und

den Gläubiger zu ermächtigen, an Stelle und auf Kosten des Schuldners die in dem Urteil des . . . . . gerichts vom . . . . . Az. . . . . ./in dem . . . . . (genaue Bezeichnung des sonstigen Vollstreckungstitels) titulierte Verpflichtung, nämlich . . . . . (Wiedergabe des Tenors des Vollstreckungstitels mit der Beschreibung der von dem Schuldner geschuldeten Handlung) vorzunehmen und den Schuldner zur Zahlung eines Vorschusses in Höhe von . . . . . EUR[6] zu verurteilen.

(Variante:
gegen den Schuldner zur Erzwingung der Erfüllung[7] der in dem Urteil des . . . . . gerichts vom . . . . . Az. . . . . ./in dem . . . . . (genaue Bezeichnung des sonstigen Vollstreckungstitels) titulierten Verpflichtung, nämlich . . . . . (Wiedergabe des Tenors des Vollstreckungstitels), ein Zwangsgeld bis[8] zu 25.000,– EUR/in Höhe von min-

destens . . . . . EUR, ersatzweise Zwangshaft bis zu 6 Monaten oder Zwangshaft bis zu 6 Monaten festzusetzen.)
(Variante:
gegen den Schuldner wegen der Nichterfüllung der in dem Urteil des . . . . . gerichts vom . . . . . Az. . . . . ./in dem . . . . . (genaue Bezeichnung des sonstigen Vollstreckungstitels) titulierten Verpflichtung, nämlich . . . . . (Wiedergabe des Tenors des Vollstreckungstitels) ein Ordnungsgeld bis zu 250.000,– EUR/in Höhe von mindestens . . . . . EUR , ersatzweise Ordnungshaft bis zu 6 Monaten oder Ordnungshaft bis zu 6 Monaten festzusetzen.)

Hilfsweise[9] für den Fall, dass das Beschwerdegericht von der Rechtsauffassung des Beschwerdeführers abweichen möchte, beantragen wir,

die Rechtsbeschwerde zuzulassen.

(Variante bei einer Zuständigkeit des Einzelrichters beim Landgericht/Oberlandesgericht gem. § 568 S. 1 ZPO:[10]
die Entscheidung über die Beschwerde auf die Kammer/den Senat zu übertragen und die Rechtsbeschwerde zuzulassen.)

Begründung:

(Variante für den Fall des § 887 ZPO:
Der Schuldner ist durch Urteil des . . . . . gerichts . . . . . vom . . . . . Az. . . . . . verurteilt worden, folgende vertretbare Handlung iSd § 887 Abs. 1 ZPO vorzunehmen: . . . . . (Wiedergabe des Urteilstenors).)

(Variante
Die Parteien haben vor dem . . . . . gericht . . . . . Az. . . . . . am . . . . . einen Prozessvergleich geschlossen. Hiernach ist der Schuldner verpflichtet, ... (Wiedergabe des Vergleichstenors).)
(Variante:
. . . . . (Wiedergabe des sonstigen Vollstreckungstitels).)

Da der Schuldner der titulierten Verpflichtung nicht nachgekommen ist, hat der Gläubiger durch Schriftsatz vom . . . . . bei dem . . . . . gericht als dem zuständigen Prozessgericht unter Vorlage der in der Anlage erneut im Original beigefügten vollstreckbaren Ausfertigung des Vollstreckungstitels,[11] auf der auch die Zustellung des Titels an den Schuldner bescheinigt ist, den Erlass eines Ermächtigungsbeschlusses gem. § 887 Abs. 1 ZPO und zugleich gem. § 887 Abs. 2 ZPO eine Verurteilung des Schuldners zur Zahlung eines Vorschusses in Höhe von . . . . . EUR beantragt. Die Höhe des Vorschusses ergibt sich daraus, dass . . . . . (nähere Darlegung erforderlich). Diese Anträge hat das . . . . . gericht durch den angegriffenen Beschluss, der dem Gläubiger am . . . . . zugestellt worden ist, zurückgewiesen. Dies hat es damit begründet, dass . . . . .

(Variante für den Fall des § 888 ZPO:
Der Schuldner ist durch Urteil des . . . . . gerichts . . . . . vom . . . . . Az. . . . . . verurteilt worden, folgende unvertretbare Handlung iSd § 888 Abs. 1 ZPO vorzunehmen: . . . . . (Wiedergabe des Urteilstenors).)

(Variante:
Die Parteien haben vor dem . . . . . gericht . . . . . Az. . . . . . am . . . . . einen Prozessvergleich geschlossen. Hiernach ist der Schuldner verpflichtet, ... (Wiedergabe des Vergleichstenor).)
(Variante:
. . . . . (Wiedergabe des sonstigen Vollstreckungstitels).)

Da der Schuldner der titulierten Verpflichtung nicht nachgekommen ist, hat der Gläubiger durch Schriftsatz vom ..... bei dem ..... gericht als dem zuständigen Prozessgericht unter Vorlage der in der Anlage erneut im Original beigefügten vollstreckbaren Ausfertigung des Vollstreckungstitels, auf der auch die Zustellung des Titels an den Schuldner bescheinigt ist, die Verhängung eines Zwangsgeldes, ersatzweise Zwangshaft beantragt. Diesen Antrag hat das ..... gericht durch den angegriffenen Beschluss, der dem Gläubiger am ..... zugestellt worden ist, zurückgewiesen. Dies hat es damit begründet, dass .....

(Variante für den Fall des § 890 ZPO:

Der Schuldner ist durch Urteil des ..... gerichts ..... vom ..... Az. ..... verurteilt worden, es zu unterlassen ...../die Vornahme folgender Handlung zu dulden ..... (Wiedergabe des Urteilstenors).)

(Variante:

Die Parteien haben vor dem ..... gericht ..... Az. ..... am ..... einen Prozessvergleich geschlossen. Hiernach ist der Schuldner verpflichtet, ... (Wiedergabe des Vergleichstenors).)

(Variante:

..... (Wiedergabe des sonstigen Vollstreckungstitels).)

Da der Schuldner gegen diese Verpflichtung schuldhaft[12] verstoßen hat, weil er ..... (nähere Darlegung erforderlich), hat der Gläubiger durch Schriftsatz vom ..... unter entsprechenden Beweisantritten bei dem ..... gericht als dem zuständigen Prozessgericht unter Vorlage der in der Anlage erneut im Original beigefügten vollstreckbaren Ausfertigung des Vollstreckungstitels, auf der auch die Zustellung des Titels an den Schuldner bescheinigt ist, die Verhängung eines Ordnungsgeldes, ersatzweise Ordnungshaft beantragt. Diesen Antrag hat das ..... gericht durch den angegriffenen Beschluss, der dem Gläubiger am ..... zugestellt worden ist, zurückgewiesen. Dies hat es damit begründet, dass .....

[Ergänzend für alle Varianten:

Der Gläubiger wendet sich mit seiner gem. § 793 ZPO/§ 793 ZPO iVm §§ 794 Abs. 1, 795 ZPO/§ 793 ZPO iVm § 78 ArbGG statthaften und fristgerecht eingelegten sofortigen Beschwerde gegen die Entscheidung des ..... gerichts. Entgegen dessen Auffassung liegen die Voraussetzungen für die von dem Gläubiger beantragte Vollstreckungsmaßnahme vor. Denn ..... (Widerlegung der von dem Prozessgericht aufgeführten Gründe).]

[Ergänzend für den Fall, dass die Zulassung der Rechtsbeschwerde beantragt werden soll:

Wenn das Beschwerdegericht entgegen den vorstehenden Ausführungen die Beschwerde für unbegründet hält, müsste es von der – wie dargelegt – überwiegenden Auffassung in Rechtsprechung und Literatur abweichen. In diesem Fall bedarf es wegen der grundsätzlichen Bedeutung bzw. zur Fortbildung des Rechts und der Sicherung einer einheitlichen Rechtsprechung einer Entscheidung des Rechtsbeschwerdegerichts (§ 574 Abs. 2 Nr. 1 und 2 ZPO/§§ 78 S. 2, 72 Abs. 2 ArbGG) ..... (ist näher darzulegen). Deshalb ist die Rechtsbeschwerde zuzulassen.

(Variante bei einer Zuständigkeit des Einzelrichters beim Landgericht/Oberlandesgericht gem. § 568 S. 1 ZPO:

Dies setzt nach st. Rechtsprechung des BGH zunächst eine Übertragung des Verfahrens von dem Einzelrichter auf die Kammer/den Senat voraus (§ 568 S. 2 ZPO). Die Kammer/der Senat hat sodann die Rechtsbeschwerde zuzulassen.)]

Einfache und beglaubigte Abschrift liegen an.

.....

Rechtsanwalt[13, 14]

Anmerkungen

1. Das Prozessgericht des ersten Rechtszuges ist für die Vollstreckung zuständig, wenn sich die titulierte Verpflichtung auf eine vertretbare Handlung (**§ 887 ZPO**), auf eine unvertretbare Handlung (**§ 888 ZPO**) oder auf die Erzwingung von Unterlassungen und Duldungen (**§ 890 ZPO**) bezieht. Dass gegen Entscheidungen gegen das Prozessgericht als Vollstreckungsorgan nur die sofortige Beschwerde iSd § 793 ZPO und nicht die Erinnerung gem. § 766 ZPO der statthafte Rechtsbehelf ist, steht weitgehend außer Streit (vgl. Hintzen/Wolf/*Wolf* Rn. 8.8 mwN; *Baumbach/Lauterbach/Albers/Hartmann* § 766 Rn. 7).

2. Die Beschwerde ist aus den zu → Form. P. II. 3 dargelegten Gründen bei dem **Ausgangsgericht,** dh dem Prozessgericht **einzulegen,** das die Anordnung der von dem Gläubiger beantragten Maßnahmen iSd §§ 887–890 ZPO abgelehnt hat. Die Zuständigkeit für die **Entscheidung über die Beschwerde** im Falle der Nichtabhilfe durch das Ausgangsgericht ist unterschiedlich, je nachdem, welches Gericht die begehrte Zwangsvollstreckung abgelehnt hat.

Ist die angegriffene Entscheidung von dem **Amtsgericht** – allgemeine Zivilabteilung – erlassen worden, entscheidet über die Beschwerde gem. § 72 GVG das Landgericht.

Stammt die angegriffene Entscheidung von dem Landgericht oder dem **Familiengericht bzw. dem Gericht der freiwilligen Gerichtsbarkeit,** ist gem. § 119 Abs. 1 Nr. 1a GVG das Oberlandesgericht zur Entscheidung über die Beschwerde berufen. Die Anwendbarkeit des § 793 ZPO bei familiengerichtlichen Titeln und Titeln der Gerichte der freiwilligen Gerichtsbarkeit folgt aus den Verweisungsbestimmungen der §§ 95 Abs. 1, 120 Abs. 1 FamFG.

Handelt es sich bei dem Vollstreckungstitel um eine **notarielle Urkunde** iSd § 794 Abs. 1 Nr. 5 ZPO und fehlt es deshalb an einem Prozessgericht im engeren Sinne, soll nach einer verbreiteten Auffassung das „Gericht" für die Zwangsvollstreckung zuständig sein, in dessen Bezirk der Notar seinen Sitz hat (vgl. Zöller/*Stöber* § 887 Rn. 6; Musielak/Voit/*Lackmann* § 887 Rn. 18 sowie Schuschke/Walker/*Walker* § 887 Rn. 20 unter Hinweis auf § 797 Abs. 3 ZPO). Offen bleibt hierbei aber, ob sich die Heranziehung des **§ 797 Abs. 3 ZPO** nur auf die örtliche oder auch auf die sachliche Zuständigkeit beziehen soll. Im letzteren Fall wäre stets das Amtsgericht am Sitz des Notars für die Entscheidungen gem. den §§ 887–890 ZPO zuständig mit entsprechenden Konsequenzen für die Bestimmung des zuständigen Beschwerdegerichts, anderenfalls müsste auf den Streitwert abgestellt werden, so dass auch eine (erstinstanzliche) Zuständigkeit des Landgerichts am Sitz des Notars gegeben sein könnte. Dann käme auch eine Zuständigkeit des Oberlandesgerichts für die Beschwerdeentscheidung in Betracht. Die dargestellten Zweifelsfragen treten von vorneherein nicht auf, wenn man das zuständige (erstinstanzliche) Gericht in diesem Fällen anhand einer analogen Anwendung des **§ 797 Abs. 5 ZPO** bestimmt (vgl. Stein/Jonas/*Münzberg* § 797 Rn. 28; *Wolfsteiner* DNotZ 1999, 306 (319)). Erstinstanzlich örtlich zuständig ist hiernach das Gericht des allgemeinen Gerichtsstandes des Schuldners, wobei sich die sachliche Zuständigkeit nach dem GVG richtet.

3. Stammt der Vollstreckungstitel von einem **Arbeitsgericht,** so ist dieses Gericht auch für eine Vollstreckungsmaßnahme gem. den §§ 887–890 ZPO zuständig (vgl. ErfK/*Koch* § 62 ArbGG Rn. 9). Aufgrund der Verweisungsnorm des § 78 S. 1 ArbGG ist auch gegen derartige Vollstreckungshandlungen des Arbeitsgerichts als Prozessgericht die sofortige Beschwerde statthaft, über die gem. § 78 S. 3 ArbGG das Landesarbeitsgericht entscheidet (vgl. ErfK/*Koch* § 62 ArbGG Rn. 10).

4. Ob die Einlegung der Beschwerde dem **Anwaltszwang** unterliegt, hängt davon ab, von welchem Prozessgericht die angegriffene Entscheidung stammt. Hat das Amtsgericht

– Zivilabteilung – entschieden, besteht gem. § 569 Abs. 3 Nr. 1 ZPO – außerhalb einer mündlichen Verhandlung – vor dem Beschwerdegericht kein Anwaltszwang, da der Rechtsstreit auch im ersten Rechtszug nicht als Anwaltsprozess zu führen war (vgl. § 78 Abs. 1 ZPO). Entsprechendes gilt für den Fall, dass das Arbeitsgericht als Prozessgericht oder ein Gericht der freiwilligen Gerichtsbarkeit entschieden hat, da auch insoweit kein Anwaltszwang besteht.

Wenn das Familiengericht in Familiensachen iSd § 114 Abs. 1 FamFG (insbesondere: Unterhaltssachen) oder das Landgericht den Vollstreckungsantrag des Gläubigers abgelehnt hat, greift § 569 Abs. 3 Nr. 1 ZPO nicht ein, weil die Stellung eines Vollstreckungsantrages gem. den §§ 887, 888 und 890 ZPO vor dem Familiengericht oder dem Landgericht nach ganz h.M. dem Anwaltszwang unterliegt (vgl. Zöller/*Stöber* § 887 Rn. 4 mwN). Der Gläubiger muss sich deshalb im Beschwerdeverfahren schon bei der Einlegung der Beschwerde durch einen Rechtsanwalt vertreten lassen.

5. Da der **Schuldner** in den Verfahren gem. den §§ 887, 888 und 890 ZPO stets zu beteiligen ist (§ 891 ZPO), kommt ihm im Beschwerdeverfahren auch die Stellung als **Beschwerdegegner** zu.

6. Zu beachten ist, dass die Ablehnung des Erlasses eines **Kostenvorschussbeschlusses** (§ 887 Abs. 2 ZPO) durch das Prozessgericht nur angefochten werden kann, wenn der **Beschwerdewert** von **200,– EUR** überschritten wird (§ 567 Abs. 2 ZPO).

7. In der Antragstellung muss deutlich gemacht werden, dass das Zwangsgeld bzw. die Zwangshaft der **Erzwingung der Erfüllung** der titulierten Verpflichtung dient und noch durch die Erfüllung der gebotenen Handlung von dem Schuldner abgewendet werden kann (vgl. Zöller/*Stöber* § 888 Rn. 13). Demgegenüber verleitet die in der Praxis zum Teil verwendete Formulierung „wegen Nichterfüllung der . . . . . Verpflichtung" zu dem Missverständnis, dass das Zwangsmittel – vergleichbar mit einem Ordnungsgeld bzw. einer Ordnungshaft gem. § 890 ZPO – eine repressive Rechtsfolge für einen vorausgegangenen Ordnungsverstoß darstelle. Damit würde die Funktion der in § 888 ZPO aufgeführten Zwangsmittel verkannt (vgl. Zöller/*Stöber* § 888 Rn. 7).

8. Während das **Zwangsgeld maximal nur 25.000,– EUR** betragen darf (§ 888 Abs. 1 S. 2 ZPO) und die Höchstgrenze für die Zwangshaft bei 6 Monaten liegt (§§ 888 Abs. 1 S. 3, 913 ZPO), kann bei einer Vollstreckung gem. § 890 ZPO ein **Ordnungsgeld von bis zu 250.000,– EUR** festgesetzt werden (§ 890 Abs. 1 S. 2 ZPO). Das Höchstmaß der Ordnungshaft beträgt aber ebenfalls 6 Monate (vgl. hierzu und möglichen Zweifelsfragen Zöller/*Stöber* § 890 Rn. 4).

Die **Bemessung** der Höhe **des Zwangsgeldes** – Entsprechendes gilt für die Höhe des Ordnungsgeldes – steht im Ermessen des Gerichts (vgl. hierzu OLG Brandenburg InVo 2007, 207). Wenn der Gläubiger die Festsetzung eines zu hohen Zwangsgeldes beantragt, läuft er Gefahr, dass sein Zwangsgeldantrag bzw. seine Beschwerde teilweise mit entsprechenden Kostenfolgen abgelehnt bzw. zurückgewiesen wird. Wenn der Gläubiger auf der anderen Seite die Festsetzung der Höhe vollständig dem Gericht überlässt, kann er allerdings mangels Beschwer gegen eine aus seiner Sicht zu niedrige Festsetzung keine Beschwerde einlegen. Dies ist jedoch vor dem Hintergrund, dass ein Zwangsgeld auch mehrfach festgesetzt werden kann, gegenüber einer kostenpflichtigen teilweisen Zurückweisung eines zu hohen Zwangsgeldantrages das „geringere" Übel. Alternativ kommt auch – gleichsam als Mittelweg – die **Beantragung** eines Zwangsgeldes in Höhe eines – nicht zu hoch gegriffenen – **Mindestbetrages** in Betracht.

9. Der Antrag auf Zulassung der Rechtsbeschwerde sollte nur dann gestellt werden, wenn eine derartige Zulassung überhaupt ernsthaft in Betracht kommt und der Beschwerdeführer dies näher darlegen kann (vgl. dazu im Einzelnen *Becker* JuS 2004, 574 (575 f.)). Von einer bloß formularmäßigen Antragstellung ohne weitere Begründung ist abzusehen.

10. Wenn der Einzelrichter des Beschwerdegerichts bei einem Landgericht oder Oberlandesgericht (§ 568 S. 1 ZPO) ohne **Übertragung auf die Kammer oder den Senat** die Rechtsbeschwerde zulässt, ist der Bundesgerichtshof zwar an diese Zulassung gebunden (574 Abs. 3 S. 2 ZPO). In der Sache wird der Bundesgerichtshof bei einem derartigen Vorgehen aber keine Entscheidung treffen, weil die Beschwerdeentscheidung wegen fehlerhafter Besetzung des Beschwerdegerichts (Art. 101 Abs. 1 S. 2 GG) aufzuheben ist (vgl. BGH NJW 2003, 1254; BGH NJW-RR 2003, 936; BGH NJW 2003, 3712). Zwischen den Zulassungsgründen des § 574 Abs. 2 ZPO und den Übertragungsgründen iSd § 568 S. 2 ZPO besteht eine Wechselwirkung (vgl. hierzu auch *Becker* JuS 2004, 574 (576)). Aus diesem Grunde ist darauf zu achten, dass bei einer Zuständigkeit des Einzelrichters beim Landgericht oder Oberlandesgericht das Beschwerdeverfahren vor der Zulassung der Rechtsbeschwerde auf die Kammer (Landgericht) oder den Senat (Oberlandesgericht) übertragen wird. Einer solchen Übertragung bedarf es naturgemäß nicht, wenn bereits eine Kammer des Landgerichts über den Vollstreckungsantrag entschieden hatte und deshalb bei dem Oberlandesgericht auch der Senat und nicht der Einzelrichter zur Entscheidung über die Beschwerde berufen ist.

Im **Arbeitsgerichtsprozess** entscheidet das Landesarbeitsgericht gem. § 78 S. 3 ArbGG über die sofortige Beschwerde und damit auch über die Zulassung der Rechtsbeschwerde stets ohne Hinzuziehung der ehrenamtlichen Richter. Die Problematik einer Übertragung auf die Kammer stellt sich hier nicht.

11. Der Gläubiger muss auch bei einer Vollstreckung gem. den §§ 887 ff. ZPO durch das Prozessgericht das Vorliegen der allgemeinen Vollstreckungsvoraussetzungen nachweisen. Dazu gehört die **Vorlage** der **vollstreckbaren Ausfertigung** des Vollstreckungstitels. Dies gilt auch im Beschwerdeverfahren (vgl. OLG Köln NJW-RR 2000, 1580; *Büttner* FamRZ 1992, 629 (631); siehe auch Zöller/*Stöber* § 724 Rn. 1).

12. Das **Verschuldenserfordernis** beruht darauf, dass die Ordnungsmittel des § 890 ZPO nicht nur der Beugung des Willens der Schuldners dienen, sondern auch strafrechtliche Elemente enthalten (vgl. nur *Baumbach/Lauterbach/Albers/Hartmann* § 890 Rn. 21 ff.; Zöller/*Stöber* § 890 Rn. 5 mwN).

13. Kosten und Gebühren/Rechtsmittel. Hinsichtlich der Kosten und Gebühren des Beschwerdeverfahrens bzw. der Rechtsmittel gegen die Beschwerdeentscheidung kann auf die Ausführungen zu → Form. P. II. 3 verwiesen werden, die entsprechend gelten. Soweit es um den **Gegenstandswert** des Beschwerdeverfahrens geht, ist nach wohl überwiegender Auffassung bei der von dem **Gläubiger** in einem Zwangsgeldverfahren gem. § 888 ZPO eingelegten Beschwerde der Wert der Hauptsache in Ansatz zu bringen (vgl. die Nachweise des Streitstandes bei *Schneider/Onderka* Rn. 4369 ff.). Demgegenüber ist bei einer Beschwerde des **Schuldners** auf dessen Interesse abzustellen, die ihm abverlangte Handlung nicht vornehmen zu müssen (vgl. Stein/Jonas/*Roth* § 3 Rn. 70 Stichwort „Zwangsgeld").

Im **arbeitsgerichtlichen Verfahren** beträgt die Beschwerdegebühr für das Verfahren vor dem Landesarbeitsgericht 50,– EUR (Nr. 8614 KV GKG).

14. Hinsichtlich der **Form** des Schriftsatzes (Unterschrift, elektronisches Dokument) wird verwiesen auf → Form. O. II. 1 Anm. 14.

6. Sofortige Beschwerde (§ 11 Abs. 1 RPflG iVm 793 ZPO) gegen Entscheidungen des Vollstreckungsgerichts bei funktioneller Zuständigkeit des Rechtspflegers

An das

Amtsgericht – Vollstreckungsgericht –

in .....[1, 2]

(Variante:

Amtsgericht – Insolvenzgericht[3] –)

in .....

(Variante:

Amtsgericht/Familiengericht/Arbeitsgericht/Landgericht (Arrestgericht[4] als Vollstreckungsgericht))

in .....

In der Zwangsvollstreckungssache

des/der ..... [ladungsfähige Anschrift des Gläubigers],

– Gläubigers und Beschwerdeführers –

Verfahrensbevollmächtigte: .....[5]

gegen

..... [ladungsfähige Anschrift des Schuldners],

– Schuldner,[6]–

Verfahrensbevollmächtigte: .....

Namens und in Vollmacht des Gläubigers legen wir gegen den Beschluss des Rechtspflegers vom ....., Az. ....., dem Gläubiger zugestellt am .....,

sofortige Beschwerde gem. § 793 ZPO

ein und beantragen für den Fall, dass der Rechtspfleger der Beschwerde nicht abhilft,

> den Beschluss des Rechtspflegers vom ..... Az. ..... aufzuheben/abzuändern und den Rechtspfleger anzuweisen, die von dem Gläubiger durch Schriftsatz vom ..... beantragte Pfändung und Überweisung/Pfändung[7] des angeblichen Anspruchs des Schuldners gegen ..... (Drittschuldner) auf ..... (Inhalt des zu pfändenden Anspruchs) nicht aus den Gründen des Beschlusses vom ..... zu verweigern.
>
> *(Variante:*
> *den von dem Gläubiger durch Schriftsatz vom ..... beantragten Pfändungs- und Überweisungsbeschluss/Pfändungsbeschluss zu erlassen.[8])*
>
> *(Variante:*
> *den Rechtspfleger anzuweisen, die von dem Gläubiger durch Schriftsatz vom ..... beantragte Anordnung der Zwangsversteigerung/Zwangsverwaltung des Grundstücks des Schuldners ..... (genaue grundbuchmäßige Bezeichnung) nicht aus den Gründen des Beschlusses vom ..... zu verweigern.)*

(Variante:
die von dem Gläubiger durch Schriftsatz vom ..... beantragte Zwangsversteigerung/Zwangsverwaltung des Grundstücks des Schuldners ..... (genaue grundbuchmäßige Bezeichnung) anzuordnen.)
(Variante:
den Rechtspfleger anzuweisen, die Zwangsvollstreckung wegen der in dem Vollstreckungsauftrag vom ..... aufgeführten Kosten für ..... in Höhe von ..... EUR nicht aus dem im dem Beschluss des Rechtspflegers vom ..... aufgeführten Gründen abzulehnen.[9])

Hilfsweise[10] für den Fall, dass das Beschwerdegericht von der Rechtsauffassung des Beschwerdeführers abweichen möchte, beantragen wir,

die Entscheidung über die Beschwerde auf die Kammer zu übertragen und
die Rechtsbeschwerde zuzulassen.

Begründung:

(Variante für den Fall der Forderungsvollstreckung:
Der Schuldner ist durch Urteil des ..... gerichts ..... vom ..... Az. ..... verurteilt worden, ... (Wiedergabe des Urteilstenors).)

(Variante:
Die Parteien haben vor dem ..... gericht ..... Az. ..... am ..... einen Prozessvergleich geschlossen. Hiernach ist der Schuldner verpflichtet, ... (Wiedergabe des Vergleichstenors).)
(Variante:
Der Gläubiger hat vor dem ..... gericht gegen den Schuldner einen dinglichen Arrest gem. Beschluss/Urteil des ..... gerichts vom ..... Az. ..... erwirkt.)
(Variante:
..... [Wiedergabe des sonstigen Vollstreckungstitels].)

Da der Schuldner der titulierten Verpflichtung nicht nachgekommen ist, hat der Gläubiger durch Schriftsatz vom ..... bei dem Vollstreckungsgericht unter Vorlage der in der Anlage erneut im Original beigefügten vollstreckbaren Ausfertigung des Vollstreckungstitels, auf der auch die Zustellung des Titels an den Schuldner bescheinigt ist, den Erlass eines Pfändungs- und Überweisungsbeschlusses betreffend die angebliche Forderung des Schuldners gegen ..... (Name des Drittschuldners) auf ..... (Angabe der zu pfändenden Forderung) beantragt. Diesen Antrag hat der Rechtspfleger durch den angegriffenen Beschluss, der dem Gläubiger am ..... zugestellt worden ist, zurückgewiesen. Dies hat er damit begründet, dass .....

(Variante bei einem Arrestbefehl:

Der Gläubiger hat durch Schriftsatz vom ..... bei dem Arrestgericht unter Vorlage des in der Anlage erneut im Original beigefügten Arrestbefehls, auf dem auch die Zustellung an den Schuldner bescheinigt ist, den Erlass eines Pfändungsbeschlusses betreffend die angebliche Forderung des Schuldners gegen ..... (Name des Drittschuldners) auf ..... (Angabe der zu pfändenden Forderung) beantragt. Diesen Antrag hat der Rechtspfleger durch den angegriffenen Beschluss, der dem Gläubiger am ..... zugestellt worden ist, zurückgewiesen. Dies hat er damit begründet, dass .....)

(Variante für den Fall der Ablehnung der Zwangsversteigerung/Zwangsverwaltung:

Der Schuldner ist durch Urteil des Amtsgerichts/Landgerichts ..... vom ..... Az. ..... verurteilt worden, ... [Wiedergabe des Urteilstenors].)

(Variante:
Die Parteien haben vor dem . . . . . gericht . . . . . Az. . . . . . am . . . . . einen Prozessvergleich geschlossen. Hiernach ist der Schuldner verpflichtet, ... [Wiedergabe des Vergleichstenors].)
(Variante:
. . . . . [Wiedergabe des sonstigen Vollstreckungstitels].)

Da der Schuldner der titulierten Verpflichtung nicht nachgekommen ist, hat der Gläubiger durch Schriftsatz vom . . . . . bei dem Vollstreckungsgericht unter Vorlage der in der Anlage erneut im Original beigefügten vollstreckbaren Ausfertigung des Vollstreckungstitels, auf der auch die Zustellung des Titels an den Schuldner bescheinigt ist, die Anordnung der Zwangsversteigerung/der Zwangsverwaltung betreffend das im Eigentum des Schuldners stehenden Grundstückes . . . . . (präzise grundbuchrechtliche Bezeichnung des Grundstücks) beantragt. Diesen Antrag hat der Rechtspfleger durch den angegriffenen Beschluss, der dem Gläubiger am . . . . . zugestellt worden ist, zurückgewiesen. Dies hat er damit begründet, dass . . . . .

[Ergänzend für alle Varianten:

Der Gläubiger wendet sich mit seiner gem. § 793 ZPO/§ 793 ZPO iVm §§ 794 Abs. 1, 795 ZPO/§ 793 ZPO iVm § 78 ArbGG statthaften und fristgerecht eingelegten sofortigen Beschwerde gegen die Entscheidung des Rechtspflegers. Entgegen dessen Auffassung liegen die Voraussetzungen für die von dem Gläubiger beantragte Vollstreckungsmaßnahme vor. Denn . . . . . (Widerlegung der von dem Rechtspfleger aufgeführten Gründe).]

[Ergänzend – außerhalb des Arrestverfahrens – für den Fall, dass die Zulassung der Rechtsbeschwerde beantragt werden soll:

Wenn das Beschwerdegericht entgegen den vorstehenden Ausführungen die Beschwerde für unbegründet hält, müsste es von der – wie dargelegt – überwiegenden Auffassung in Rechtsprechung und Literatur abweichen. In diesem Fall bedarf es wegen der grundsätzlichen Bedeutung bzw. zur Fortbildung des Rechts und der Sicherung einer einheitlichen Rechtsprechung einer Entscheidung des Rechtsbeschwerdegerichts (§ 574 Abs. 2 Nr. 1 und 2 ZPO) . . . . . (ist näher darzulegen). Dies setzt nach st. Rechtsprechung des BGH zunächst eine Übertragung des Verfahrens von dem Einzelrichter auf die Kammer voraus (§ 568 S. 2 ZPO). Die Kammer hat sodann die Rechtsbeschwerde zuzulassen.]

. . . . .

Rechtsanwalt[11, 12]

Anmerkungen

1. Die Aufgaben des **Vollstreckungsgerichts** werden gem. § 20 Nr. 17 RPflG grundsätzlich von dem insoweit funktionell zuständigen **Rechtspfleger** wahrgenommen. Dies betrifft in erster Linie die Forderungsvollstreckung gem. den §§ 828 ff. ZPO. Daneben obliegt dem Rechtspfleger gem. § 3 Nr. 1 lit. i RPflG auch die praktisch bedeutsame Durchführung der Verfahren nach dem Gesetz über die Zwangsversteigerung und die Zwangsverwaltung (ZVG), die gem. § 1 Abs. 1 ZVG ebenfalls in die Zuständigkeit des Amtsgerichts als Vollstreckungsgericht fallen. **Lehnt** der **Rechtspfleger** einen Vollstreckungsantrag des Gläubigers auf der Grundlage der genannten Vorschriften (vgl. zu den Besonderheiten im Rahmen der Immobiliarvollstreckung → Form. P. V. 1 und → Form.

P. V. 2 sowie → Form. P. VI. 1 und → Form. P. VI. 2) oder aufgrund sonstiger Bestimmungen, aus denen sich seine Zuständigkeit im Vollstreckungsverfahren ergibt, **ab,** handelt es sich stets um eine **Entscheidung** iSd § 11 Abs. 1 RPflG, so dass hiergegen nur das Rechtsmittel der sofortigen Beschwerde gem. § 793 ZPO, nicht jedoch die Erinnerung gem. § 766 ZPO eröffnet ist (vgl. OLG Koblenz NJW-RR 1986, 679; Schuschke/Walker/*Walker* § 766 Rn. 6 ff.; Hintzen/*Wolf* Rn. 8.18).

Eine Entscheidung des Rechtspflegers mit der hieraus folgenden Statthaftigkeit (nur) der sofortigen Beschwerde gem. § 793 ZPO soll nach herrschender Auffassung auch dann vorliegen, wenn er über einen Vollstreckungsschutzantrag gem. **§ 765a ZPO** befunden hat (vgl. Thomas/Putzo/*Seiler* § 765a Rn. 23). Die Einzelheiten zu § 765a ZPO werden im Zusammenhang mit den → Form. F. II. 7 ff. dargestellt. Hierauf wird verwiesen.

2. Die Beschwerde ist aus den zu → Form. P. II. 3 dargelegten Gründen bei dem **Gericht** einzulegen, dem der Rechtspfleger, der die ablehnende Entscheidung erlassen hat, angehört. Im Regelfall ist dies das zuständige **Amtsgericht** als Vollstreckungsgericht. Über die Beschwerde entscheidet das nächsthöhere Gericht.

3. Aus den unter → Form. P. II. 1 Anm. 3 dargelegten Gründen werden die Aufgaben des Vollstreckungsgerichts teilweise von dem Insolvenzgericht wahrgenommen.

4. Zu beachten ist die **Besonderheit,** dass für die Pfändung einer Forderung im Rahmen der **Arrestvollziehung** gem. **§ 930 Abs. 1 S. 2 ZPO** das **Arrestgericht als Vollstreckungsgericht** zuständig ist. Wenn das Arrestgericht nicht zugleich mit dem Arrestbefehl über eine von dem Gläubiger beantragte Pfändung befindet, ist für die Entscheidung über den Pfändungsantrag gem. § 20 Nr. 16 RPflG die funktionelle Zuständigkeit der Rechtspflegers des Arrestgerichts begründet. Die Sonderreglung des § 930 Abs. 1 S. 2 ZPO hat auch Auswirkungen auf den Rechtsmittelzug. Während im „Normalfall" des § 828 Abs. 2 ZPO das Amtsgericht als Vollstreckungsgericht zuständig ist und über eine sofortige Beschwerde des Gläubigers gegen die Ablehnung eines Pfändungs- und Überweisungsbeschlusses durch den Rechtspfleger das Landgericht entscheidet, kann Arrestgericht – als Gericht der Hauptsache gem. den §§ 919, 943 ZPO – auch das Familiengericht, das Landgericht, das Arbeitsgericht, das Oberlandesgericht oder das Landesarbeitsgericht sein. Lehnt der Rechtspfleger beim Landgericht oder beim Arbeitsgericht, bei dem das Arrestverfahren **erstinstanzlich** anhängig ist, die Pfändung ab, entscheidet über die hiergegen gerichtete Beschwerde des Gläubigers das Oberlandesgericht bzw. das Landesarbeitsgericht. Trifft der Rechtspfleger bei dem Rechmittelgericht (Landgericht/Oberlandesgericht/Landesarbeitsgericht) die ablehnende Entscheidung, ist hiergegen eine sofortige Beschwerde allerdings nicht statthaft, weil es sich nicht um eine im ersten Rechtszug iSd § 567 Abs. 1 ZPO ergangene Entscheidung handelt. Auch die Zulassung der Rechtsbeschwerde ist bei einem Arrestverfahren nicht möglich (vgl. die Verweisung in § 574 Abs. 1 S. 2 ZPO auf § 542 Abs. 2 ZPO). Da gegen eine derartige Entscheidung des Rechtspflegers deshalb nach den allgemeinen verfahrensrechtlichen Vorschriften ein Rechtsmittel nicht gegeben ist, kann der Gläubiger jedoch eine sofortige Rechtspflegererinnerung gem. § 11 Abs. 2 RPflG einlegen (→ Form. O. II. 4).

5. Da das Verfahren vor dem Rechtspfleger gem. § 13 RPflG **nicht** dem **Anwaltszwang** unterliegt, kann gem. § 569 Abs. 3 Nr. 1 ZPO die sofortige Beschwerde ohne Zuziehung eines Rechtsanwaltes eingelegt werden, auch wenn es sich bei dem Beschwerdegericht um ein Landgericht oder ein Oberlandesgericht handelt.

6. Da die von dem Gläubiger beantragte Vollstreckungsmaßnahme durch den Rechtspfleger im Regelfall ohne vorherige Anhörung des Schuldners möglich ist (vgl. insbesondere § 834 ZPO im Rahmen der Forderungsvollstreckung), kann auch die Beschwerdeentscheidung **ohne Beteiligung des Schuldners** ergehen (vgl. Zöller/*Stöber* § 793 Rn. 7;

Schuschke/Walker/*Walker* § 766 Rn. 33) Er ist deshalb in diesem Fall auch nicht als Beschwerdegegner zu bezeichnen.

7. Da im Verfahren des vorläufigen Rechtsschutzes nur eine Sicherung erfolgen soll, ordnet § 930 Abs. 1 S. 1 ZPO an, dass die **Vollziehung** in das bewegliche Vermögen (nur) durch Pfändung zu erfolgen hat. Eine Überweisung der gepfändeten Forderung an den Gläubiger ist deshalb ausgeschlossen. Ein trotzdem erlassener Überweisungsbeschluss ist nichtig (vgl. BGHZ 121, 98).

8. Wenn sämtliche Voraussetzungen für den Erlass des von dem Gläubiger begehrten Pfändungs- und Überweisungsbeschlusses vorliegen, kann das Beschwerdegericht den Beschluss auch selbst erlassen. In einem Rechtsmittelverfahren kann allerdings ein durch richterlichen Beschluss aufgehobener Pfändungs- und Überweisungsbeschluss nicht wiederhergestellt werden. Ein nur mit diesem Ziel eingelegtes Rechtsmittel ist unzulässig (BGH Beschl. vom 21.2.2013 – VII ZB 9/11, NJW-RR 2013, 765).

9. Entsprechend den Ausführungen unter → Form. P. II. 2 Anm. 1 liegt eine mit der sofortigen Beschwerde anzugreifende Entscheidung des Rechtspflegers auch dann vor, wenn er sich ganz oder teilweise weigert, die von dem Gläubiger in dem Vollstreckungsauftrag in Ansatz gebrachten **Kosten** mit zu vollstrecken (vgl. Zöller/*Stöber* § 788 Rn. 17). Gegen eine solche Entscheidung ist allerdings eine Beschwerde nur unter der zusätzlichen Voraussetzung zulässig, dass der Beschwerdewert von 200,– EUR überschritten wird (§ 567 Abs. 2 ZPO).

10. Vgl. zu den Ausführungen im Falle des Antrags auf Zulassung der Rechtsbeschwerde zunächst → Form. P. II. 5 Anm. 9, 10. Ergänzend ist im vorliegenden Zusammenhang zu berücksichtigen, dass im **Arrestverfahren** eine **Rechtsbeschwerde generell ausgeschlossen** ist (vgl. §§ 574 Abs. 1 S. 2, 542 Abs. 2 ZPO; sa ErfK/*Koch* § 62 ArbGG Rn. 15 zum arbeitsgerichtlichen Verfahren). Der Antrag auf Zulassung der Rechtsbeschwerde kommt deshalb überhaupt nur in Betracht, wenn über eine Beschwerde gegen eine nicht im Arrestverfahren ergangene Entscheidung des Rechtspflegers zu befinden ist.

11. Kosten und Gebühren/Rechtsmittel. Hinsichtlich der **Kosten** und **Gebühren** des Beschwerdeverfahrens bzw. der **Rechtsmittel** gegen die Beschwerdeentscheidung kann auf die Ausführungen zu → Form. P. II. 3 und → Form. P. II. 4 verwiesen werden, die entsprechend gelten. Als Besonderheit ist lediglich zu beachten, dass in den Fällen, in denen der Rechtspfleger den Erlass eines Pfändungsbeschlusses in einem Arrestverfahren abgelehnt hat (§ 930 Abs. 1 S. 2 ZPO iVm § 20 Nr. 16 RPflG), die Rechtsbeschwerde ausgeschlossen ist (§ 574 Abs. 1 S. 2 ZPO iVm § 542 Abs. 2 ZPO).

12. Hinsichtlich der **Form** des Schriftsatzes (Unterschrift, elektronisches Dokument) wird verwiesen auf → Form. O. II. 1 Anm. 14.

III. Formelle (vollstreckungsinterne) Rechtsbehelfe des Schuldners

1. Erinnerung gem. § 766 Abs. 1 ZPO (Gerichtsvollzieherverfahren) sowie gem. § 766 Abs. 2 Alt. 2 ZPO (Kostenansatz) mit Vollstreckungsschutzantrag

An das

Amtsgericht – Vollstreckungsgericht –

in .....[1, 2]

(Variante:
Amtsgericht – Insolvenzgericht[3] *–)*

in .....

In der Zwangsvollstreckungssache

des/der ..... [ladungsfähige Anschrift des Gläubigers],

– Gläubigers und Erinnerungsgegners –

Verfahrensbevollmächtigte: .....

gegen

..... [ladungsfähige Anschrift des Schuldners],

– Schuldner und Erinnerungsführer –

Verfahrensbevollmächtigte: .....[4]

Namens und in Vollmacht des Schuldners legen wir gegen das Verhalten des Gerichtsvollziehers ..... in dem Vollstreckungsverfahren DR. II ..... (Az. des Gerichtsvollziehers)

Erinnerung gem. § 766 Abs. 1 ZPO/gem. § 766 Abs. 2 Alt. 2 ZPO

ein und beantragen,[5]

die von dem Gerichtsvollzieher am ..... in den ..... (genaue Bezeichnung des Vollstreckungsgegenstandes) durchgeführte Zwangsvollstreckung für unzulässig zu erklären.[6]

(Variante:
die von dem Gerichtsvollzieher am ..... in den ..... (genaue Bezeichnung des Vollstreckungsgegenstandes) durchgeführte Zwangsvollstreckung insoweit für unzulässig zu erklären, als .....[7]*)*
(Variante:
die von dem Gerichtsvollzieher am ..... in den ..... (genaue Bezeichnung des Vollstreckungsgegenstandes) durchgeführte Zwangsvollstreckung insoweit für unzulässig zu erklären, als sie wegen Kosten für ..... in Höhe von ..... EUR erfolgt ist.)
(Variante:
..... [sonstige Unzulässigkeitserklärung einer Maßnahme des Gerichtsvollziehers in dessen Zuständigkeitsbereich, zB §§ 883, 885 ZPO)

Vorab beantragen wir,

die Zwangsvollstreckung aus dem Urteil des . . . . . gerichts . . . . . vom . . . . ., Az. . . . . ./aus dem . . . . . (konkrete Bezeichnung des sonstigen Vollstreckungstitels) bis zur Entscheidung über die Erinnerung ohne – hilfsweise gegen – Sicherheitsleistung einstweilen einzustellen.[8]

Begründung:

Der Schuldner ist durch Urteil des . . . . . gerichts . . . . . vom . . . . . Az. . . . . . verurteilt worden, ... (Wiedergabe des Urteilstenors).

(Variante:

Die Parteien haben vor dem . . . . . gericht . . . . . Az. . . . . . am . . . . . einen Prozessvergleich geschlossen. Hiernach ist der Schuldner verpflichtet, ... (Wiedergabe des Vergleichstenors).)

(Variante:

. . . . . (Wiedergabe des sonstigen Vollstreckungstitels).)

Auf der Grundlage dieses Titels betreibt der Gläubiger gegen den Schuldner die Zwangsvollstreckung. Der Gerichtsvollzieher hat ausweislich des in der Anlage beigefügten Vollstreckungsprotokolls am . . . . . in der Wohnung des Schuldners folgende Gegenstände gepfändet: . . . . . Hierbei hat er die Zwangsvollstreckung auch wegen folgender Kosten durchgeführt: . . . . . Versteigerungstermin hat der Gerichtsvollzieher auf den . . . . . bestimmt./Einen Versteigerungstermin hat der Gerichtsvollzieher bislang noch nicht bestimmt.[9]

Der Schuldner wendet sich mit seiner gem. § 766 Abs. 1 ZPO/§ 766 Abs. 2 Alt. 2 ZPO iVm §§ 794 Abs. 1, 795 ZPO/§ 766 Abs. 1 ZPO iVm § 89 Abs. 3 InsO statthaften Erinnerung gegen die Art und Weise der Zwangsvollstreckung durch den Gerichtsvollzieher und/oder gegen die von dem Gerichtsvollzieher mit vollstreckten Kosten in Höhe von . . . . . EUR. Das Verhalten des Gerichtsvollziehers entspricht aus folgenden Gründen nicht den von ihm zu beachtenden Verfahrensvorschriften:

Es fehlt bereits an den allgemeinen Vollstreckungsvoraussetzungen. Denn . . . . . [zB nicht hinreichend bestimmter Titel, Fehlen einer Vollstreckungsklausel].

(Variante:

Der Gerichtsvollzieher hat übersehen, dass die besonderen Vollstreckungsvoraussetzungen nicht vorlagen. Denn . . . . . (zB fehlender Nachweis der Sicherheitsleistung gem. § 751 Abs. 2 ZPO oder fehlender Nachweis des Annahmeverzuges bei Zug-um-Zug-Verurteilung gem. § 756 Abs. 1 ZPO).)

(Variante:

Der Zwangsvollstreckung stehen folgende Vollstreckungshindernisse entgegen: . . . . . (zB Pfändungsverbote gem. § 811 ZPO).)

(Variante

Die von dem Gerichtsvollzieher in Ansatz gebrachten Kosten sind aus folgendem Grunde nicht erstattungsfähig iSd § 788 Abs. 1 ZPO und können deshalb auch nicht dem Schuldner zur Last gelegt werden: . . . . .)

(Variante:

Der Gerichtsvollzieher hat folgende von ihm zu beachtende Verfahrensvorschriften verletzt: . . . . .)

Der Erlass einer einstweiligen Anordnung ist gemäß §§ 766 Abs. 1 S. 2, 732 Abs. 2 ZPO angezeigt, um zu verhindern, dass der Schuldner durch die Fortsetzung der Zwangsvollstreckung rechtlos gestellt wird. Die Erfolgsaussicht der Erinnerung ergibt sich aus den vorangegangenen Ausführungen. Zur Glaubhaftmachung wird auf die vorgelegten Unterlagen sowie ergänzend auf die beigefügte eidesstattliche Versicherung des Schuldners Bezug genommen. Da sich die Verfahrensverletzung des Gerichtsvollziehers bereits aus den vorgelegten Unterlagen ergibt, ist die Zwangsvollstreckung ohne Sicherheitsleistung vorläufig einzustellen.

(Variante:

Zu der Erbringung einer Sicherheit ist der Schuldner nicht in der Lage, denn . . . . .
(nähere Darlegung erforderlich).)

Einfache und beglaubige Abschrift liegen an.

. . . . .

Rechtsanwalt[10, 11]

Anmerkungen

1. Wendet sich der Schuldner mit der Erinnerung gem. § 766 Abs. 1 ZPO gegen eine von dem Gerichtsvollzieher durchgeführte Vollstreckungsmaßnahme (insbesondere: Pfändung einer körperlichen Sache gem. den §§ 808 ff. ZPO), führt dies – lediglich – zur **Überprüfung der formellen Rechtmäßigkeit** des Verhaltens des Gerichtsvollziehers. Erfolg hat die Erinnerung deshalb, wenn eine allgemeine Vollstreckungsvoraussetzung (zB Vollstreckungsklausel) oder eine besondere Vollstreckungsvoraussetzung (zB bei einer Zug um Zug Verurteilung iSd § 756 ZPO) fehlt oder aber ein Vollstreckungshindernis (zB Pfändungsverbot gem. § 811 Abs. 1 Nr. 1 ZPO) der Durchführung der Zwangsvollstreckung entgegensteht. Demgegenüber wird der Schuldner in dem Erinnerungsverfahren nicht mit materiellrechtlichen Einwänden gegen den titulierten Anspruch wie zB dem Erfüllungseinwand gehört (vgl. BGH Beschl. v. 11.4.2013 – I ZB 61/12, NJW 2013, 2287). Derartige Einwände können wegen des Grundsatzes der Formalisierung der Zwangsvollstreckung grundsätzlich nur mit der Vollstreckungsgegenklage gem. § 767 ZPO oder mit einer auf § 826 BGB gestützten Unterlassungsklage geltend gemacht werden (vgl. nur Schuschke/Walker/*Walker* § 766 Rn. 13 mwN). Dies schließt nicht aus, dass der Gesetzgeber einen materiellrechtlichen Einwand ausnahmsweise zum Gegenstand einer von dem Gerichtsvollzieher zu beachtenden Verfahrensvorschrift ausgestaltet, wie dies bei der Vorschrift des § 775 Nr. 4 und 5 ZPO der Fall ist.

Nach der ausdrücklichen Regelung des § 766 Abs. 2 Alt. 2 ZPO ist die Erinnerung auch statthaft gegen den **Kostenansatz** des Gerichtsvollziehers. Der Schuldner kann deshalb mit der Erinnerung geltend machen, dass die von dem Gerichtsvollzieher gem. § 788 Abs. 1 ZPO mit vollstreckten Kosten (Gerichtsvollzieherkosten/Vollstreckungskosten des Gläubigers) zu Unrecht in Ansatz gebracht worden sind.

2. Hinsichtlich der **Zuständigkeit** für die Entscheidung über die Erinnerung gelten die Ausführungen zu → Form. P. II. 1 entsprechend.

3. Aus den unter → Form. P. II. 1 Anm. 3 dargelegten Gründen werden die Aufgaben des Vollstreckungsgerichts teilweise von dem Insolvenzgericht wahrgenommen.

4. Für das Erinnerungsverfahren vor dem Amtsgericht besteht **kein Anwaltszwang** (vgl. § 78 Abs. 1 ZPO).

5. Während der Gerichtsvollzieher einer Erinnerung des Gläubigers abhelfen kann (→ Form. P. II. 1 Anm. 5), scheidet diese Möglichkeit bei einer Erinnerung des Schuldners regelmäßig aus. Insbesondere ist der Gerichtsvollzieher **nicht befugt,** bereits getroffene

Pfändungsmaßnahmen aufzuheben oder sonst in die vom Gläubiger durch die angefochtene Vollstreckungsmaßnahme einstweilen erworbene Rechtsposition eingreifen. Insoweit bedarf es einer gerichtlichen Entscheidung (vgl. §§ 775, 776 ZPO). Zulässig ist es allerdings, wenn der Gerichtsvollzieher seinen eigenen Kostenansatz nach unten korrigiert (vgl. Schuschke/Walker/*Walker* § 766 Rn. 30; Hintzen/*Wolf* Rn. 8.38).

6. Die **Antragstellung** trägt dem Umstand Rechnung, dass das Gericht die Vollstreckungshandlung des Gerichtsvollziehers nicht selbst aufheben kann, da nur der Gerichtsvollzieher das Pfandsiegel entfernen darf (vgl. OLG Oldenburg MDR 1955, 300; Schuschke/Walker/*Walker* § 766 Rn. 27). Auf der anderen Seite bedarf es aber auch keiner ausdrücklichen Anweisung an den Gerichtsvollzieher, die beanstandete Vollstreckungsmaßnahme aufzuheben, da er hierzu bei Vorlage einer stattgebenden Erinnerungsentscheidung mit dem hier vorgeschlagenen Tenor bereits kraft Gesetzes gemäß §§ 775 Nr. 1, 776 ZPO verpflichtet ist (vgl. Hintzen/*Wolf* Rn. 8.59).

Aus der Formulierung des Antrags wird auch der **Unterschied zur Vollstreckungsgegenklage** (§ 767 ZPO) deutlich: Da sich der Schuldner mit diesem Rechtsbehelf gegen die Vollstreckbarkeit des Titels wendet, wird bei einer stattgebenden Entscheidung die Zwangsvollstreckung aus dem Titel für unzulässig erklärt, während bei einer erfolgreichen Erinnerung des Schuldners „nur" die konkret in Rede stehende Vollstreckungsmaßnahme für unzulässig erklärt wird.

7. Wenn die Vollstreckungsmaßnahme auch nach Auffassung des Schuldners nur teilweise rechtswidrig ist, muss der **Erinnerungsantrag** zur Vermeidung von Kostennachteilen **mit** einer entsprechenden **Einschränkung** formuliert werden.

8. Die **einstweilige Anordnung** hat ihre Rechtsgrundlage in den §§ 766 Abs. 1 S. 2, 732 Abs. 2 ZPO.

9. Die Schilderung des aktuellen Standes des Vollstreckungsverfahrens ist u. a. bedeutsam für die Feststellung eines **Rechtsschutzinteresses** des Schuldners. Zulässig ist die Erinnerung des Schuldners grundsätzlich erst nach Beginn der beanstandeten Vollstreckungsmaßnahme bis zu deren Beendigung (vgl. BGH Urt. v. 7.3.2013 – IX ZR 123/12, MDR 2013, 675; Zöller/*Stöber* § 766 Rn. 13 mwN; *Baumbach/Lauterbach/Albers/Hartmann* § 766 Rn. 36).

10. Kosten und Gebühren/Rechtsmittel. Hinsichtlich der **Kosten und Gebühren** des Erinnerungsverfahrens bzw. der **Rechtsmittel** gegen die Erinnerungsentscheidung kann zunächst auf die obigen Ausführungen zu → Form. P. II. 1 verwiesen werden, die entsprechend gelten. Unterschiede ergeben sich lediglich bei der Bestimmung des **Gegenstandswertes** der anwaltlichen Tätigkeit. Während der Wert bei einer Erinnerung des Gläubigers dem Wert der zu vollstreckenden Forderung entspricht, ist bei einer Erinnerung des Schuldners aufgrund einer entsprechenden Anwendung des § 6 ZPO in der Regel der geringere Wert aus der Forderung des Gläubigers bzw. des gepfändeten Gegenstandes maßgeblich (vgl. LG Koblenz JurBüro 1991, 109 (110)). Zu beachten ist darüber hinaus, dass in den Fällen, in denen es sich um eine Erinnerungsentscheidung iSd § 766 Abs. 2 ZPO (**Kostenansatz**) handelt, eine hiergegen gerichtete Beschwerde gem. § 567 Abs. 2 ZPO nur zulässig ist, wenn die streitigen Kosten einen Betrag von **200,– EUR** übersteigen (vgl. OLG Köln Rpfleger 1993, 146; LG Saarbrücken RVGReport 2004, 30; Hintzen/*Wolf* Rn. 8.63).

11. Hinsichtlich der **Form** des Schriftsatzes (Unterschrift, elektronisches Dokument) wird verwiesen auf → Form. O. II. 1 Anm. 14.

2. Erinnerung gem. § 766 Abs. 1 iVm § 777 ZPO (Gerichtsvollzieherverfahren) mit Vollstreckungsschutzantrag

An das[1, 2]

Amtsgericht – Vollstreckungsgericht –

in .....

(Variante:

Amtsgericht – Insolvenzgericht –)

in .....

In der Zwangsvollstreckungssache

des/der ..... [ladungsfähige Anschrift des Gläubigers],

– Gläubigers und Erinnerungsgegners –

Verfahrensbevollmächtigte: .....

gegen

..... [ladungsfähige Anschrift des Schuldners],

– Schuldner und Erinnerungsführer –

Verfahrensbevollmächtigte: .....

Namens und in Vollmacht des Schuldners legen wir gegen das Verhalten des Gerichtsvollziehers ..... in dem Vollstreckungsverfahren DR. II ..... (Az. des Gerichtsvollziehers)

Erinnerung gem. § 766 Abs. 1 ZPO iVm § 777 ZPO

ein und beantragen,

die von dem Gerichtsvollzieher am ..... in den ..... (genaue Bezeichnung des Vollstreckungsgegenstandes) durchgeführte Zwangsvollstreckung für unzulässig zu erklären.

Vorab beantragen wir,

die Zwangsvollstreckung aus dem Urteil des ..... gerichts ..... vom ....., Az. ...../aus dem ..... (konkrete Bezeichnung des sonstigen Vollstreckungstitels) bis zur Entscheidung über die Erinnerung ohne – hilfsweise gegen – Sicherheitsleistung einstweilen einzustellen.

Begründung:

Der Schuldner ist durch Urteil des ..... gerichts ..... vom ..... Az. ..... verurteilt worden, ... (Wiedergabe des Urteilstenors).

(Variante:

Die Parteien haben vor dem ..... gericht ..... Az. ..... am ..... einen Prozessvergleich geschlossen. Hiernach ist der Schuldner verpflichtet, ... (Wiedergabe des Vergleichstenors).)

(Variante:

..... (Wiedergabe des sonstigen Vollstreckungstitels).)

Auf der Grundlage dieses Titels betreibt der Gläubiger gegen den Schuldner die Zwangsvollstreckung. Der Gerichtsvollzieher hat ausweislich des in der Anlage beigefügten Vollstreckungsprotokolls am . . . . . in der Wohnung des Schuldners folgende Gegenstände gepfändet: . . . . . Hierbei hat er die Zwangsvollstreckung auch wegen folgender Kosten durchgeführt: . . . . . Versteigerungstermin hat der Gerichtsvollzieher auf den . . . . . bestimmt./Einen Versteigerungstermin hat der Gerichtsvollzieher bislang noch nicht bestimmt.

Der Schuldner wendet sich mit seiner gem. §§ 766 Abs. 1, 777 ZPO/iVm §§ 794 Abs. 1, 795 ZPO/iVm § 89 Abs. 3 InsO statthaften Erinnerung gegen die Art und Weise der Zwangsvollstreckung durch den Gerichtsvollzieher. Der Schuldner kann gem. § 777 ZPO der Zwangsvollstreckung in sein übriges Vermögen widersprechen, wenn der Gläubiger eine bewegliche Sache des Schuldners in Besitz hat, in Ansehung deren ihm ein Pfandrecht oder ein Zurückbehaltungsrecht für seine Forderung zusteht. Dies ist hier der Fall. Denn . . . . . (Darlegung der Voraussetzungen des § 777 ZPO).[3]

Der Erlass einer einstweiligen Anordnung ist gemäß §§ 777, 766 Abs. 1 S. 2, 732 Abs. 2 ZPO angezeigt, um zu verhindern, dass der Schuldner durch die Fortsetzung der Zwangsvollstreckung rechtlos gestellt wird. Die Erfolgsaussicht der Erinnerung ergibt sich aus den vorangegangenen Ausführungen. Zur Glaubhaftmachung wird auf die vorgelegten Unterlagen sowie ergänzend auf die beigefügte eidesstattliche Versicherung des Schuldners Bezug genommen. Da sich die Verfahrensverletzung des Gerichtsvollziehers bereits aus den vorgelegten Unterlagen ergibt, ist die Zwangsvollstreckung ohne Sicherheitsleistung vorläufig einzustellen.

(Variante:
Zu der Erbringung einer Sicherheit ist der Schuldner nicht in der Lage, denn . . . . . (nähere Darlegung erforderlich).)

Einfache und beglaubige Abschrift liegen an.

. . . . .

Rechtsanwalt[4]

Anmerkungen

1. § 777 ZPO ergänzt das **Verbot der Überpfändung** (§ 803 Abs. 1 S. 2 ZPO). Wenn der Gläubiger im Hinblick auf seine titulierte Forderung hinreichend gesichert ist, kann der Schuldner der Vollstreckung widersprechen. Der Widerspruch ist mit der Vollstreckungserinnerung geltend zu machen, so dass die Ausführungen zu → Form. P. III. 1 entsprechend gelten. § 777 ZPO gilt nur bei der Zwangsvollstreckung wegen Geldforderungen, hier aber bei der Immobiliarvollstreckung ebenso wie bei der Vollstreckung in das bewegliche Vermögen (vgl. MüKoZPO/*K. Schmidt/Brinkmann* § 777 Rn. 2).

2. Hinsichtlich der **Zuständigkeit** für die Entscheidung über die Erinnerung gelten die Ausführungen zu → Form. P. II. 1 entsprechend.

3. Das Sicherungsrecht muss sich auf eine **bewegliche Sache des Schuldners** beziehen, die sich im **Besitz des Gläubigers** befindet. Das **Pfandrecht** kann vertraglicher (§§ 1204 ff. BGB) oder gesetzlicher (§ 1257 BGB, zB §§ 562 ff., 647 BGB, 397 ff. HGB) Art sein. Besitzlose Pfandrechte (zB Vermieterpfandrecht gem. § 562 BGB) führen erst nach Besitzerwerb zu einem Widerspruchsrecht des Schuldners (vgl. BeckOK ZPO/*Preuß* § 777 Rn. 6). Unter dieser Voraussetzung ist § 777 ZPO auch auf die Sicherungsübereignung anwendbar BeckOK ZPO/*Preuß* § 777 Rn. 5 mwN). **Zurückbehaltungsrechte** des Gläubigers genügen nach wohl überwiegender Auffassung nur dann, wenn sie dem Gläubiger ein pfandrechtsähnliches Verwertungsrecht geben (zB § 1003 BGB, § 371 HGB), nicht jedoch hinsichtlich des § 273 BGB, der nur zur Verurteilung zur Leistung Zug um Zug führt (MüKoZPO/*K. Schmidt/Brinkmann* § 777 Rn. 11; BeckOK ZPO/*Preuß* § 777 Rn. 7). Die Realsicherheit verschafft dem Gläubiger eine genügende Sicherheit (**Wertdeckung**), die das Widerspruchsrecht des Schuldners rechtfertigt, wenn die Sicherheit eine Befriedigungsmöglichkeit verschafft, die nicht nur die **Vollstreckungsforderung, sondern auch die Zinsen und die Kosten** abdeckt (vgl. MüKoZPO/*K. Schmidt/Brinkmann* § 777 Rn. 14; BeckOK ZPO/*Preuß* § 777 Rn. 10).

Sichert die Realsicherheit **mehrere Forderungen**, kann der Schuldner einer Pfändung nur dann widersprechen, wenn die Sicherheit insgesamt ausreicht, um auch die Forderung des Vollstreckungsgläubigers zu decken (**§ 777 S. 2 ZPO**). Entsprechendes gilt für den Fall, dass Forderungen anderer Gläubiger mit gesichert sind (vgl. MüKoZPO/*K. Schmidt/Brinkmann* § 777 Rn. 11).

4. Hinsichtlich der **Form** des Schriftsatzes (Unterschrift, elektronisches Dokument) wird verwiesen auf → Form. O. II. 1 Anm. 14.

3. Erinnerung (§ 766 Abs. 1 ZPO) gegen Maßnahmen des Vollstreckungsgerichts bei funktioneller Zuständigkeit des Rechtspflegers mit Vollstreckungsschutzantrag

An das

Amtsgericht – Vollstreckungsgericht –

in . . . . .[1, 2]

(Variante:

Amtsgericht – Insolvenzgericht[3] *–)*

in . . . . .

(Variante:

Amtsgericht/Familiengericht/Arbeitsgericht/Landgericht/Oberlandesgericht/Landesarbeitsgericht (Arrestgericht als Vollstreckungsgericht)[4]*)*

in . . . . .]

In der Zwangsvollstreckungssache

des/der . . . . . [ladungsfähige Anschrift des Gläubigers],

– Gläubigers und Erinnerungsgegners –

Verfahrensbevollmächtigte: . . . . .

gegen

. . . . . [ladungsfähige Anschrift des Schuldners],

– Schuldner und Erinnerungsführer –

Verfahrensbevollmächtigte: . . . . .[5]

Namens und in Vollmacht des Schuldners legen wir gegen den Beschluss des Vollstreckungsgerichts/des ..... gerichts vom ..... Az. .....

Erinnerung gem. § 766 Abs. 1 ZPO

ein und beantragen für den Fall, dass der Erinnerung nicht abgeholfen wird,[6]

> den Pfändungs- und Überweisungsbeschluss des Amtsgerichts ..... vom ..... Az. ...../den Pfändungsbeschluss[7] des ..... gerichts ..... vom ..... Az. ..... aufzuheben/abzuändern und den Antrag des Gläubigers auf seinen Erlass zurückzuweisen.[8]
>
> *(Variante:*
> *den Beschluss des Amtsgerichts ..... vom ..... Az. ....., durch den die Zwangsversteigerung/Zwangsverwaltung in das Grundstück des Schuldners ..... (präzise Bezeichnung des Grundstücks) angeordnet worden ist, aufzuheben/abzuändern und den Antrag des Gläubigers auf seinen Erlass zurückzuweisen.)*

Vorab beantragen wir,

> die Zwangsvollstreckung aus dem Urteil des ..... gerichts ..... vom ....., Az. ...../aus dem ..... (konkrete Bezeichnung des sonstigen Vollstreckungstitels) bis zur Entscheidung über die Erinnerung ohne – hilfsweise gegen – Sicherheitsleistung einstweilen einzustellen.[9]

Begründung:

(Variante für den Fall der Forderungsvollstreckung:
Der Schuldner ist durch Urteil des ..... gerichts ..... vom ..... Az. ..... verurteilt worden, ... (Wiedergabe des Urteilstenors).)

> *(Variante:*
> *Die Parteien haben vor dem ..... gericht ..... Az. ..... am ..... einen Prozessvergleich geschlossen. Hiernach ist der Schuldner verpflichtet, ... (Wiedergabe des Vergleichstenors).)*
> *(Variante:*
> *Der Gläubiger hat vor dem ..... gericht ..... gegen den Schuldner einen dinglichen Arrest gem. Beschluss/Urteil des ..... gerichts ..... vom ..... Az. ..... erwirkt.]*
> *(Variante:*
> *..... (Wiedergabe des sonstigen Vollstreckungstitels).)*

Auf der Grundlage dieses Titels betreibt der Gläubiger gegen den Schuldner die Zwangsvollstreckung. Auf Antrag des Gläubigers hat der Rechtspfleger durch den angegriffenen Beschluss ohne vorherige Anhörung des Schuldners einen Pfändungs- und Überweisungsbeschlusses betreffend die angebliche Forderung des Schuldners gegen ..... (Name des Drittschuldners) auf ..... (Angabe der zu pfändenden Forderung) erlassen. Der Beschluss ist dem Schuldner am ..... zugestellt worden. Ob der Beschluss dem Drittschuldner zugestellt worden ist, entzieht sich der Kenntnis des Schuldners.

(Variante bei einem Arrestbefehl:
Auf der Grundlage dieses Arrestbefehls betreibt der Gläubiger gegen den Schuldner die Vollziehung. Auf Antrag des Gläubigers hat der Rechtspfleger durch den angegriffenen Beschluss ohne vorherige Anhörung des Schuldners einen Pfändungsbeschluss betreffend die angebliche Forderung des Schuldners gegen ..... (Name des Drittschuldners) auf ..... (Angabe der zu pfändenden Forderung) erlassen. Der Beschluss ist dem Schuldner am ..... zugestellt worden. Ob der Beschluss dem Drittschuldner zugestellt worden ist, entzieht sich der Kenntnis des Schuldners.)

(Variante für den Fall der Zwangsversteigerung/Zwangsverwaltung:

Der Schuldner ist durch Urteil des . . . . . gerichts . . . . . vom . . . . . Az. . . . . . verurteilt worden, ... [Wiedergabe des Urteilstenors].)

(Variante:

Die Parteien haben vor dem . . . . . gericht . . . . . Az. . . . . . am . . . . . einen Prozessvergleich geschlossen. Hiernach ist der Schuldner verpflichtet, ... [Wiedergabe des Vergleichstenors].)

(Variante:

. . . . . [Wiedergabe des sonstigen Vollstreckungstitels].)

Auf der Grundlage dieses Titels betreibt der Gläubiger gegen den Schuldner die Zwangsvollstreckung. Auf Antrag des Gläubigers hat der Rechtspfleger durch den angegriffenen Beschluss ohne vorherige Anhörung des Schuldners die Zwangsversteigerung/Zwangsverwaltung in das Grundstück des Schuldners . . . . . (präzise grundbuchmäßige Bezeichnung des Grundstücks) angeordnet. Der Beschluss ist dem Schuldner am . . . . . zugestellt worden.

(Ergänzend für alle Varianten:

Der Schuldner wendet sich mit seiner gem. § 766 Abs. 1 ZPO iVm §§ 794 Abs. 1, 795 ZPO/§ 766 Abs. 1 ZPO iVm § 89 Abs. 3 InsO statthaften Erinnerung gegen diese Maßnahme des Rechtspflegers. Die Voraussetzungen für den Erlass eines Pfändungs- und Überweisungsbeschlusses/Pfändungsbeschlusses/für die Anordnung der Zwangsversteigerung/Zwangsverwaltung lagen und liegen nicht vor. Denn . . . . .

Der Erlass einer einstweiligen Anordnung ist gemäß §§ 766 Abs. 1 S. 2, 732 Abs. 2 ZPO angezeigt, um zu verhindern, dass der Schuldner durch die Fortsetzung der Zwangsvollstreckung rechtlos gestellt wird. Die Erfolgsaussicht der Erinnerung ergibt sich aus den vorangegangenen Ausführungen. Zur Glaubhaftmachung wird auf die vorgelegten Unterlagen sowie ergänzend auf die beigefügte eidesstattliche Versicherung des Schuldners Bezug genommen. Da sich die Verfahrensverletzung des Vollstreckungsgerichts bereits aus den vorgelegten Unterlagen ergibt, ist die Zwangsvollstreckung ohne Sicherheitsleistung vorläufig einzustellen.)

(Variante:

Zu der Erbringung einer Sicherheit ist der Schuldner nicht in der Lage, denn . . . . . [nähere Darlegung erforderlich].)

Beglaubigte und einfache Abschrift liegen an.

. . . . .

Rechtsanwalt[10, 11]

Anmerkungen

1. Wenn nicht der Gerichtsvollzieher, sondern der Rechtspfleger des Vollstreckungsgerichts die Vollstreckung durchgeführt hat, hängt die Wahl des richtigen **Rechtsbehelfs des Schuldners** davon ab, ob eine Vollstreckungs**maßnahme** – dann Erinnerung gem. § 766 ZPO – oder eine Vollstreckungs**entscheidung** – dann sofortige Beschwerde gem. den §§ 11 Abs. 1 RPflG, 793 ZPO – in Rede steht. Nach der überwiegenden Auffassung in Rechtsprechung und Literatur kommt der Gehörsgewährung für die Abgrenzung entscheidende Bedeutung zu. Ist dem Schuldner demnach vor der Vollstreckung rechtliches Gehör gewährt worden, handelt es sich um eine Entscheidung des Vollstreckungsgerichts, gegen die die sofortige Beschwerde gegeben ist. Ist der Schuldner dagegen vor der Vollstreckung nicht angehört worden, liegt eine Vollstreckungsmaßnahme iSd § 766 ZPO vor, gegen die deshalb die Vollstreckungserinnerung stattfindet (vgl. OLG Köln NJW-RR 2001, 48; *Baumbach/Lauterbach/Albers/Hartmann* § 766 Rn. 4; Hintzen/*Wolf* Rn. 8.9 ff. mit umfassender Darstellung des Streitstandes; auf den Gesichtspunkt der Gehörsgewährung stellt auch BGH NZI 2004, 447 ab). Typische Beispiele für mit der Erinnerung gem. § 766 ZPO anzugreifende Vollstreckungsmaßnahmen des Vollstreckungsgerichts sind deshalb der ohne Anhörung des Schuldners (vgl. § 834 ZPO) erfolgte Erlass eines Pfändungs- und Überweisungsbeschlusses oder die ohne Anhörung des Schuldners erfolgte Anordnung der Zwangsversteigerung/Zwangsverwaltung eines Grundstücks gem. den Vorschriften des ZVG.

Eine **Ausnahme** von den oben genannten Abgrenzungskriterien wird von Teilen der Rechtsprechung und Literatur bei Beschlüssen des Richters nach § 758a ZPO gemacht. Da der Richter die Belange des Schuldners wegen der Grundrechtsrelevanz (Art. 13 Abs. 1 und 2 GG) ohnehin von Amts wegen berücksichtigen müsse, soll in diesen Fällen immer nur die sofortige Beschwerde der statthafte Rechtsbehelf sein, auch wenn der Beschluss ohne Anhörung des Schuldners erlassen worden ist (vgl. OLG Saarbrücken Rpfleger 1993, 146; OLG Hamm NJW 1984, 1972; Schuschke/Walker/*Walker* § 766 Rn. 10; aA aber KG NJW 1986, 1180; krit. auch Hintzen/*Wolf* Rn. 8.23).

2. Hinsichtlich der **Zuständigkeit** für die Entscheidung über die Erinnerung gelten grundsätzlich die Ausführungen zu → Form. P. II. 1 entsprechend.

3. Aus den unter → Form. P. II. 1 Anm. 3 dargelegten Gründen werden die Aufgaben des Vollstreckungsgerichts teilweise von dem Insolvenzgericht wahrgenommen.

4. Wegen der besonderen Zuständigkeitsregelungen in den §§ 930 Abs. 1 S. 2 ZPO, 20 Nr. 16 RPflG im Zusammenhang mit dem **Arrestverfahren** kommt auch der Erlass eines Pfändungsbeschlusses des Rechtspflegers beim Arrestgericht in Betracht. Als Erinnerungsgerichte kommen – ggf. iVm § 943 ZPO – deshalb auch die Familiengerichte, Arbeitsgerichte, Landgerichte, Oberlandesgerichte und Landesarbeitsgerichte in Betracht.

5. Da das Verfahren vor dem Rechtspfleger gem. § 13 RPflG generell vom Anwaltszwang ausgenommen ist, gilt auch für das Erinnerungsverfahren **kein Anwaltszwang** (vgl. auch BGH NJW 2006, 2260 zu dem fehlenden Anwaltszwang für eine Beschwerde gegen einen Kostenfestsetzungsbeschluss).

6. Es entspricht nahezu einhelliger Auffassung, dass der Rechtspfleger der Erinnerung **abhelfen,** insbesondere einen Pfändungs- und Überweisungsbeschluss wieder aufheben kann (vgl. Schuschke/Walker/*Walker* § 766 Rn. 30 mwN). Diese Befugnis dürfte sich aus einer entsprechenden Anwendung des § 572 Abs. 1 S. 1 ZPO ergeben. Da mit einer positiven Abhilfeentscheidung gleichzeitig eine Zurückweisung des Vollstreckungsantrages des Gläubigers verbunden ist, kann der Gläubiger gegen diesen Beschluss wiederum mit der sofortigen Beschwerde gem. den §§ 11 Abs. 1 RPflG, 793 ZPO vorgehen (vgl. OLG Koblenz MDR 1983, 413; Schuschke/Walker/*Walker* § 766 Rn. 30).

7. Handelt es sich um einen **Arrestbefehl,** kommt als Vollziehungsmaßnahme **nur** eine **Pfändung** in Betracht, während eine Überweisung der Forderung ausgeschlossen ist (§ 930 Abs. 1 S. 1 ZPO).

8. Die **Antragstellung** trägt dem Umstand Rechnung, dass bei einer Erinnerung gegen eine Maßnahme des Vollstreckungsgerichts – im Unterschied zu einer Vollstreckungsmaßnahme des Gerichtsvollziehers – das Erinnerungsgericht die angegriffene Maßnahme auch selbst aufheben kann (vgl. nur Schuschke/Walker/*Walker* § 766 Rn. 30). Insoweit bedarf es einer darüber hinaus gehenden Unzulässigerklärung der Zwangsvollstreckung nicht. Gleichzeitig mit der Aufhebung des angegriffenen Beschlusses ist der Vollstreckungsantrag des Gläubigers zurückzuweisen.

Da mit der Aufhebung insbesondere eines Pfändungs- und Überweisungsbeschlusses das **Pfändungspfandrecht** des Gläubigers **erlischt,** hat der Gläubiger auch im Falle einer erfolgreichen Beschwerde gegen die Erinnerungsentscheidung keine Möglichkeit mehr, den Pfändungsbeschluss wieder rückwirkend in Kraft zu setzen. Möglich ist lediglich der Erlass eines neuen Pfändungs- und Überweisungsbeschlusses, der jedoch wegen einer uU zwischenzeitlich erfolgten Abtretung der Forderung ins Leere gehen könnte. Um diese Gefahren für den Gläubiger zu vermeiden, entspricht es gängiger Praxis, die Wirksamkeit einer stattgebenden Erinnerungsentscheidung gegen einen Beschluss des Vollstreckungsgerichts entsprechend § 570 Abs. 2 ZPO von ihrer Rechtskraft abhängig zu machen (vgl. Schuschke/Walker/*Walker* § 766 Rn. 40; Hintzen/*Wolf* Rn. 8.59). Es ist allerdings nicht die Aufgabe des Schuldners, das Gericht auf diese Möglichkeit hinzuweisen, vielmehr wird der Gläubiger zweckmäßigerweise bereits im Rahmen der Stellungnahme zu der Erinnerung für den Fall der Stattgabe der Erinnerung hilfsweise beantragen, die Wirksamkeit des Beschlusses von der Rechtskraft abhängig zu machen.

9. Die einstweilige Anordnung hat ihre Rechtsgrundlage in den §§ 766 Abs. 1 S. 2, 732 Abs. 2 ZPO.

10. **Kosten und Gebühren/Rechtsmittel.** Hinsichtlich der Kosten und Gebühren des Erinnerungsverfahrens bzw. der Rechtsmittel gegen die Erinnerungsentscheidung kann grundsätzlich auf die Ausführungen zu → Form. P. III. 1 verwiesen werden, die entsprechend gelten. Wird die Erinnerungsentscheidung von dem Rechtsmittelgericht getroffen (Landgericht/Oberlandesgericht/Landesarbeitsgericht), wie dies im Arrestverfahren möglich ist, ist hiergegen allerdings eine sofortige Beschwerde nicht statthaft, weil es sich nicht um eine im ersten Rechtszug iSd § 567 Abs. 1 ZPO ergangene Entscheidung handelt. Auch die Rechtsbeschwerde ist bei einem Arrestverfahren nicht möglich (vgl. die Verweisung in § 574 Abs. 1 S. 2 ZPO auf § 542 Abs. 2 ZPO).

11. Hinsichtlich der **Form** des Schriftsatzes (Unterschrift, elektronisches Dokument) wird verwiesen auf → Form. O. II. 1 Anm. 14.

4. Erinnerung (§ 766 Abs. 1 iVm § 777 ZPO) gegen Maßnahmen des Vollstreckungsgerichts bei funktioneller Zuständigkeit des Rechtspflegers mit Vollstreckungsschutzantrag

An das

Amtsgericht – Vollstreckungsgericht –

in . . . . .[1, 2]

(Variante:

Amtsgericht – Insolvenzgericht –)

in . . . . .

(Variante:

Amtsgericht/Familiengericht/Arbeitsgericht/Landgericht/Oberlandesgericht/Landesarbeitsgericht (Arrestgericht als Vollstreckungsgericht)

in . . . . .)

In der Zwangsvollstreckungssache

des/der ..... [ladungsfähige Anschrift des Gläubigers],

– Gläubigers und Erinnerungsgegners –

Verfahrensbevollmächtigte: .....

gegen

..... [ladungsfähige Anschrift des Schuldners],

– Schuldner und Erinnerungsführer –

Verfahrensbevollmächtigte: .....

Namens und in Vollmacht des Schuldners legen wir gegen den Beschluss des Vollstreckungsgerichts/des ..... gerichts vom ..... Az. .....

Erinnerung gem. § 766 Abs. 1 ZPO iVm § 777 ZPO

ein und beantragen für den Fall, dass der Erinnerung nicht abgeholfen wird,

den Pfändungs- und Überweisungsbeschluss des Amtsgerichts ..... vom ..... Az. ...../den Pfändungsbeschluss des ..... gerichts ..... vom ..... Az. ..... aufzuheben/abzuändern und den Antrag des Gläubigers auf seinen Erlass zurückzuweisen.

(Variante:
den Beschluss des Amtsgerichts ..... vom ..... Az. ....., durch den die Zwangsversteigerung/Zwangsverwaltung in das Grundstück des Schuldners ..... (präzise Bezeichnung des Grundstücks) angeordnet worden ist, aufzuheben/abzuändern und den Antrag des Gläubigers auf seinen Erlass zurückzuweisen.)

Vorab beantragen wir,

die Zwangsvollstreckung aus dem Urteil des ..... gerichts ..... vom ....., Az. ...../aus dem ..... (konkrete Bezeichnung des sonstigen Vollstreckungstitels) bis zur Entscheidung über die Erinnerung ohne – hilfsweise gegen – Sicherheitsleistung einstweilen einzustellen.

Begründung:

(Variante für den Fall der Forderungsvollstreckung:

Der Schuldner ist durch Urteil des ..... gerichts ..... vom ..... Az. ..... verurteilt worden, ... (Wiedergabe des Urteilstenors).)

(Variante:
Die Parteien haben vor dem ..... gericht ..... Az. ..... am ..... einen Prozessvergleich geschlossen. Hiernach ist der Schuldner verpflichtet, ... (Wiedergabe des Vergleichstenors).)
(Variante:
Der Gläubiger hat vor dem ..... gericht ..... gegen den Schuldner einen dinglichen Arrest gem. Beschluss/Urteil des ..... gerichts ..... vom ..... Az. ..... erwirkt.)
(Variante:
..... (Wiedergabe des sonstigen Vollstreckungstitels).)

Auf der Grundlage dieses Titels betreibt der Gläubiger gegen den Schuldner die Zwangsvollstreckung. Auf Antrag des Gläubigers hat der Rechtspfleger durch den angegriffenen Beschluss ohne vorherige Anhörung des Schuldners einen Pfändungs- und Überweisungsbeschlusses betreffend die angebliche Forderung des Schuldners gegen ..... (Name des Drittschuldners) auf ..... (Angabe der zu pfändenden Forderung) erlassen. Der

Beschluss ist dem Schuldner am . . . . . zugestellt worden. Ob der Beschluss dem Drittschuldner zugestellt worden ist, entzieht sich der Kenntnis des Schuldners.

(Variante bei einem Arrestbefehl:
Auf der Grundlage dieses Arrestbefehls betreibt der Gläubiger gegen den Schuldner die Vollziehung. Auf Antrag des Gläubigers hat der Rechtspfleger durch den angegriffenen Beschluss ohne vorherige Anhörung des Schuldners einen Pfändungsbeschluss betreffend die angebliche Forderung des Schuldners gegen . . . . . (Name des Drittschuldners) auf . . . . . (Angabe der zu pfändenden Forderung) erlassen. Der Beschluss ist dem Schuldner am . . . . . zugestellt worden. Ob der Beschluss dem Drittschuldner zugestellt worden ist, entzieht sich der Kenntnis des Schuldners.)

(Variante für den Fall der Zwangsversteigerung/Zwangsverwaltung:
Der Schuldner ist durch Urteil des . . . . . gerichts . . . . . vom . . . . . Az. . . . . . verurteilt worden, ... (Wiedergabe des Urteilstenors).)

> *(Variante:*
> *Die Parteien haben vor dem . . . . . gericht . . . . . Az. . . . . . am . . . . . einen Prozessvergleich geschlossen. Hiernach ist der Schuldner verpflichtet, ... (Wiedergabe des Vergleichstenors).)*
> *(Variante:*
> *. . . . . (Wiedergabe des sonstigen Vollstreckungstitels).)*

Auf der Grundlage dieses Titels betreibt der Gläubiger gegen den Schuldner die Zwangsvollstreckung. Auf Antrag des Gläubigers hat der Rechtspfleger durch den angegriffenen Beschluss ohne vorherige Anhörung des Schuldners die Zwangsversteigerung/Zwangsverwaltung in das Grundstück des Schuldners . . . . . (präzise grundbuchmäßige Bezeichnung des Grundstücks) angeordnet. Der Beschluss ist dem Schuldner am . . . . . zugestellt worden.

[Ergänzend für alle Varianten:

Der Schuldner wendet sich mit seiner gem. §§ 766 Abs. 1, 777 ZPO/iVm §§ 794 Abs. 1, 795 ZPO/iVm § 89 Abs. 3 InsO statthaften Erinnerung gegen diese Maßnahme des Rechtspflegers. Der Schuldner kann gem. § 777 ZPO der Zwangsvollstreckung in sein übriges Vermögen widersprechen, wenn der Gläubiger eine bewegliche Sache des Schuldners in Besitz hat, in Ansehung deren ihm ein Pfandrecht oder ein Zurückbehaltungsrecht für seine Forderung zusteht. Dies ist hier der Fall. Denn . . . . . (Darlegung der Voraussetzungen des § 777 ZPO)

Der Erlass einer einstweiligen Anordnung ist gemäß §§ 766 Abs. 1 S. 2, 732 Abs. 2 ZPO angezeigt, um zu verhindern, dass der Schuldner durch die Fortsetzung der Zwangsvollstreckung rechtlos gestellt wird. Die Erfolgsaussicht der Erinnerung ergibt sich aus den vorangegangenen Ausführungen. Zur Glaubhaftmachung wird auf die vorgelegten Unterlagen sowie ergänzend auf die beigefügte eidesstattliche Versicherung des Schuldners Bezug genommen. Da sich die Verfahrensverletzung des Vollstreckungsgerichts bereits aus den vorgelegten Unterlagen ergibt, ist die Zwangsvollstreckung ohne Sicherheitsleistung vorläufig einzustellen.]

> *(Variante:*
> *Zu der Erbringung einer Sicherheit ist der Schuldner nicht in der Lage, denn . . . . . (nähere Darlegung erforderlich).]*

Beglaubigte und einfache Abschrift liegen an.

. . . . .

Rechtsanwalt[3]

Anmerkungen

1. Da § 777 ZPO bei der gesamten Zwangsvollstreckung wegen Geldforderungen gilt (vgl. MüKoZPO/*K. Schmidt/Brinkmann* § 777 Rn. 2), hat der Schuldner auch bei der Forderungsvollstreckung und der Zwangsversteigerung/Zwangsverwaltung die Möglichkeit, der Vollstreckung mit der Begründung zu widersprechen, der Gläubiger sei wegen eines Pfandrechts oder eines Zurückbehaltungsrechts an einer im Eigentum des Schuldners stehenden beweglichen Sache hinreichend gesichert. Wegen der Einzelheiten der Voraussetzungen des § 777 ZPO wird verwiesen auf die Anmerkungen zu → Form. P. III. 2.

2. Hinsichtlich der **Zuständigkeit** für die Entscheidung über die Erinnerung gelten grundsätzlich die Ausführungen zu → Form. P. II. 1 entsprechend.

3. Hinsichtlich der Form des Schriftsatzes (Unterschrift, elektronisches Dokument) wird verwiesen auf → Form. O. II. 1 Anm. 14.

5. Sofortige Beschwerde (§ 793 ZPO) gegen die nach § 766 Abs. 1 oder 2 ZPO ergangene Erinnerungsentscheidung mit Vollstreckungsschutzantrag

An das

Amtsgericht – Vollstreckungsgericht –

in .....

(Variante:

Amtsgericht – Insolvenzgericht[1, 2] *–)*

in .....

(Variante:

Amtsgericht/Familiengericht/Arbeitsgericht/Landgericht (Arrestgericht[3] *als Vollstreckungsgericht))*

in .....

In der Zwangsvollstreckungssache

des/der ..... [ladungsfähige Anschrift des Gläubigers],

– Gläubigers, Erinnerungsgegners und Beschwerdegegners –

Verfahrensbevollmächtigte: .....

gegen

..... [ladungsfähige Anschrift des Schuldners]

– Schuldner, Erinnerungsführer und Beschwerdeführer –

Verfahrensbevollmächtigte: .....

Namens und in Vollmacht des Schuldners legen wir gegen den Beschluss des erkennenden Gerichts vom ....., Az. ....., dem Schuldner zugestellt am ....., sofortige Beschwerde gem. § 793 ZPO

ein und beantragen[4] für den Fall, dass das Gericht der Beschwerde nicht abhilft,

den Beschluss des Amtsgerichts ..... vom ..... Az. ..... aufzuheben/abzuändern und
die von dem Gerichtsvollzieher am ..... in den ..... (genaue Bezeichnung des Vollstreckungsgegenstandes) durchgeführte Zwangsvollstreckung für unzulässig zu erklären.
(Variante:
die von dem Gerichtsvollzieher am ..... in den ..... (genaue Bezeichnung des Vollstreckungsgegenstandes) durchgeführte Zwangsvollstreckung insoweit für unzulässig zu erklären, als .....)
(Variante:
die von dem Gerichtsvollzieher am ..... in den ..... (genaue Bezeichnung des Vollstreckungsgegenstandes) durchgeführte Zwangsvollstreckung insoweit für unzulässig zu erklären, als sie wegen Kosten für ..... in Höhe von ..... EUR erfolgt ist.)
(Variante:
den Pfändungs- und Überweisungsbeschluss des Amtsgerichts ..... vom ..... Az. ...../den Pfändungsbeschluss des ..... gerichts ..... vom ..... Az ..... aufzuheben/abzuändern und den Antrag des Gläubigers auf seinen Erlass zurückzuweisen.)
(Variante:
den Beschluss des Amtsgerichts ..... vom ..... Az. ....., durch den die Zwangsversteigerung/Zwangsverwaltung in das Grundstück des Schuldners ..... (präzise Bezeichnung des Grundstücks) angeordnet worden ist, aufzuheben/abzuändern und den Antrag des Gläubigers auf seinen Erlass zurückzuweisen.)

Vorab beantragen wir,

die Zwangsvollstreckung aus dem Urteil des ..... gerichts ..... vom ....., Az. ...../aus dem ..... [konkrete Bezeichnung des sonstigen Vollstreckungstitels] bis zur Entscheidung über die Beschwerde ohne – hilfsweise gegen – Sicherheitsleistung einstweilen einzustellen.[5]

Hilfsweise[6] für den Fall, dass das Beschwerdegericht von der Rechtsauffassung des Beschwerdeführers abweichen möchte, beantragen wir,

die Rechtsbeschwerde zuzulassen.

(Variante bei einer Zuständigkeit des Einzelrichters beim Landgericht/Oberlandesgericht gem. § 568 S. 1 ZPO:
die Entscheidung über die Beschwerde auf die Kammer/den Senat zu übertragen und die Rechtsbeschwerde zuzulassen.)

Begründung:

.....

(Die Begründung entspricht zunächst der Begründung der Erinnerung gem. → Form. P. III. 1 und → Form. P. III. 2. Nach der Schilderung des Verhaltens des Gerichtsvollziehers/des Rechtspflegers geht es wie folgt weiter:)

Die hiergegen von dem Schuldner eingelegte Erinnerung hat das ..... gericht durch den angegriffenen Beschluss zurückgewiesen ..... (Kurzwiedergabe der Begründung der angegriffenen Entscheidung). Der Beschluss ist dem Schuldner am ..... zugestellt worden.

Der Schuldner wendet sich mit seiner gem. § 793 ZPO/§ 793 ZPO iVm §§ 794 Abs. 1, 795 ZPO statthaften und fristgerecht eingelegten sofortigen Beschwerde gegen die Erinnerungsentscheidung. Entgegen der Auffassung des ..... gerichts stehen der Durchführung der Zwangsvollstreckung/Vollziehung folgende Umstände entgegen: .....

Der Erlass einer einstweiligen Anordnung ist gemäß § 570 Abs. 3 ZPO angezeigt, um zu verhindern, dass der Schuldner durch die Fortsetzung der Zwangsvollstreckung rechtlos gestellt wird. Die Erfolgsaussicht der Beschwerde ergibt sich aus den vorangegangenen Ausführungen. Zur Glaubhaftmachung wird auf die vorgelegten Unterlagen sowie ergänzend auf die beigefügte eidesstattliche Versicherung des Schuldners Bezug genommen. Da sich die Begründetheit der Beschwerde bereits aus den vorlegten Unterlagen ergibt, ist die Zwangsvollstreckung ohne Sicherheitsleistung vorläufig einzustellen.

(Variante:
Zu der Erbringung einer Sicherheit ist der Schuldner nicht in der Lage, denn ..... (nähere Darlegung erforderlich).)

[Ergänzend für den Fall, dass die Zulassung der Rechtsbeschwerde beantragt werden soll:

Wenn das Beschwerdegericht entgegen den vorstehenden Ausführungen die Beschwerde für unbegründet hält, müsste es von der – wie dargelegt – überwiegenden Auffassung in Rechtsprechung und Literatur abweichen. In diesem Fall bedarf es wegen der grundsätzlichen Bedeutung bzw. zur Fortbildung des Rechts und der Sicherung einer einheitlichen Rechtsprechung einer Entscheidung des Rechtsbeschwerdegerichts (§ 574 Abs. 2 Nr. 1 und 2 ZPO/§§ 78 S. 2, 72 Abs. 2 ArbGG) ..... (ist näher darzulegen). Deshalb ist die Rechtsbeschwerde zuzulassen.]

(Variante bei einer Zuständigkeit des Einzelrichters beim Landgericht/Oberlandesgericht gem. § 568 S. 1 ZPO:
Dies setzt nach der st. Rechtsprechung des BGH zunächst eine Übertragung des Verfahrens von dem Einzelrichter auf die Kammer/den Senat voraus (§ 568 S. 2 ZPO). Die Kammer/der Senat hat sodann die Rechtsbeschwerde zuzulassen.)

Beglaubigte und einfache Abschrift liegen an

.....

Rechtsanwalt[7, 8]

Anmerkungen

1. Es steht außer Streit, dass der Schuldner gegen eine zu seinen Lasten getroffene Erinnerungsentscheidung des Amtsgerichts als Vollstreckungsgericht gem. § 766 Abs. 1 oder Abs. 2 Alt. 2 ZPO sofortige Beschwerde gem. § 793 Abs. 1 ZPO einlegen kann. Dies gilt allerdings nicht, wenn die Erinnerungsentscheidung vom dem Rechtsmittelgericht in einem Arrestverfahren erlassen worden ist, weil es sich in diesen Fällen nicht um eine im ersten Rechtszug iSd § 567 Abs. 1 ZPO ergangene Entscheidung handelt. Im Übrigen weist das Beschwerdeverfahren keine Besonderheiten im Vergleich zu der Beschwerde des Gläubigers gegen eine Erinnerungsentscheidung auf. → Form. P. II. 3 gilt deshalb entsprechend.

2. Aus den unter → Form. P. II. 1 Anm. 3 dargelegten Gründen werden die Aufgaben des Vollstreckungsgericht teilweise von dem Insolvenzgericht wahrgenommen.

3. Hinsichtlich der Besonderheiten bei der Zuständigkeit des **Arrestgerichts** kann ergänzend auf die Ausführungen unter → Form. P. II. 6 Anm. 4 verwiesen werden.

4. Die **Anträge** orientieren sich an den Anträgen in dem vorangegangenen Erinnerungsverfahren.

5. Der **Einstellungsantrag** beruht auf § 570 Abs. 3 ZPO. Er ist inhaltlich in gleicher Weise zu begründen wie der auf die §§ 766 Abs. 1 S. 2, 732 Abs. 2 ZPO gestützte Einstellungsantrag im Rahmen einer Erinnerung (→ Form. P. III. 1 und → Form. P. III. 2).

6. Vgl. zu den Ausführungen im Falle des Antrags auf Zulassung der Rechtsbeschwerde zunächst → Form. O. II. 5 Anm. 9, 10. Ergänzend ist im vorliegenden Zusammenhang zu berücksichtigen, dass im **Arrestverfahren** eine **Rechtsbeschwerde generell ausgeschlossen** ist (vgl. §§ 574 Abs. 1 S. 2, 542 Abs. 2 ZPO; sa ErfK/*Koch* § 62 ArbGG Rn. 15 zum arbeitsgerichtlichen Verfahren). Der Antrag auf Zulassung der Rechtsbeschwerde kommt deshalb überhaupt nur in Betracht, wenn über eine Beschwerde gegen eine nicht im Arrestverfahren ergangene Erinnerungsentscheidung zu befinden ist.

7. **Kosten und Gebühren/Rechtsmittel.** Hinsichtlich der Kosten und Gebühren des Beschwerdeverfahrens bzw. der Rechtsmittel gegen die Beschwerdeentscheidung kann auf die Ausführungen zu → Form. P. II. 3, → Form. P. II. 4 und → Form. P. II. 6 verwiesen werden, die entsprechend gelten.

8. Hinsichtlich der **Form** des Schriftsatzes (Unterschrift, elektronisches Dokument) wird verwiesen auf → Form. O. II. 1 Anm. 14.

6. Sofortige Beschwerde gegen Entscheidungen des Vollstreckungsgerichts bei funktioneller Zuständigkeit des Rechtspflegers mit Vollstreckungsschutzantrag (§ 11 Abs. 1 RPflG iVm 793 ZPO)

An das

Amtsgericht – Vollstreckungsgericht –

(Variante:

Amtsgericht – Insolvenzgericht[1, 2] *–)*

in .....

(Variante:

Amtsgericht/Familiengericht/Arbeitsgericht/Landgericht (Arrestgericht[3] *als Vollstreckungsgericht))*

in .....

In der Zwangsvollstreckungssache

des/der ..... [ladungsfähige Anschrift des Gläubigers],

– Gläubigers und Beschwerdegegners –

Verfahrensbevollmächtigte: .....

gegen

..... [ladungsfähige Anschrift des Schuldners],

– Schuldner und Beschwerdeführer –

Verfahrensbevollmächtigte: . . . . .

Namens und in Vollmacht des Schuldners legen wir gegen den Beschluss des erkennenden Gerichts vom . . . . ., Az. . . . . ., dem Schuldner zugestellt am . . . . .,

sofortige[4] Beschwerde gem. § 11 Abs. 1 RPflG iVm 793 ZPO

ein und beantragen für den Fall, dass der Beschwerde nicht abgeholfen wird,

den Pfändungs- und Überweisungsbeschluss des Amtsgerichts . . . . . vom . . . . . Az. . . . . ./den Pfändungsbeschluss des . . . . . gerichts . . . . . vom . . . . . Az. . . . . . aufzuheben/abzuändern und den Antrag des Gläubigers auf seinen Erlass zurückzuweisen.

(Variante: den Beschluss des Amtsgerichts . . . . . vom . . . . . Az. . . . . ., durch den die Zwangsversteigerung/Zwangsverwaltung in das Grundstück des Schuldners . . . . . (präzise Bezeichnung des Grundstücks) angeordnet worden ist, aufzuheben/abzuändern und den Antrag des Gläubigers auf seinen Erlass zurückzuweisen)

Vorab beantragen wir,

die Zwangsvollstreckung aus dem Urteil des . . . . . gerichts . . . . . vom . . . . ., Az. . . . . ./aus dem . . . . . (konkrete Bezeichnung des sonstigen Vollstreckungstitels) bis zur Entscheidung über die Beschwerde ohne – hilfsweise gegen – Sicherheitsleistung einstweilen einzustellen.[3]

Hilfsweise[5] für den Fall, dass das Beschwerdegericht von der Rechtsauffassung des Beschwerdeführers abweichen möchte, beantragen wir,

die Rechtsbeschwerde zuzulassen.

(Variante bei einer Zuständigkeit des Einzelrichters beim Landgericht/Oberlandesgericht gem. § 568 S. 1 ZPO: die Entscheidung über die Beschwerde auf die Kammer/den Senat zu übertragen und die Rechtsbeschwerde zuzulassen.)

Begründung:[6, 7]

. . . . .

Rechtsanwalt[8]

Anmerkungen

1. Wenn der Rechtspfleger abweichend von der zu → Form. P. III. 2 geschilderten Konstellation den Schuldner vor dem Erlass eines Pfändungs- und Überweisungsbeschlusses oder vor der Anordnung der Zwangsversteigerung oder der Zwangsverwaltung oder vor dem Erlass sonstiger in seine Zuständigkeit fallender Vollstreckungsakte **angehört** hat, handelt es sich entsprechend den in → Form. P. III. 2 Anm. 1 dargelegten Kriterien nicht um eine Vollstreckungsmaßnahme iSd § 766 ZPO, sondern um eine **Entscheidung** iSd § 11 Abs. 1 RPflG, so dass für den Schuldner (nur) das Rechtsmittel der sofortigen Beschwerde gem. § 793 ZPO eröffnet ist.

Dies gilt allerdings nicht, wenn der Rechtspfleger aufgrund der Zuständigkeit des **Arrestgerichts im Rechtsmittelverfahren** (§§ 930 Abs. 1 S. 2, 943 Abs. 1 ZPO, 20 Nr. 16 RPflG) einen Pfändungsbeschluss erlassen hat, weil es in diesen Fällen an einer im ersten Rechtszug iSd § 567 Abs. 1 ZPO ergangene Entscheidung fehlt.

Eine Entscheidung des Rechtspflegers mit der hieraus folgenden Statthaftigkeit (nur) der sofortigen Beschwerde gem. § 793 ZPO soll nach herrschender Auffassung auch dann vorliegen, wenn er über einen Vollstreckungsschutzantrag gem. § 765a ZPO befunden hat (vgl. Thomas/Putzo/*Seiler* § 765a Rn. 23). Die Einzelheiten zu § 765a ZPO werden im Zusammenhang mit den → Form. F. II. 7 und → Form. F. II. 8 dargestellt. Hierauf wird verwiesen.

2. Aus den unter → Form. P. II. 1 Anm. 3 dargelegten Gründen werden die Aufgaben des Vollstreckungsgerichts teilweise von dem Insolvenzgericht wahrgenommen.

3. Hinsichtlich der Besonderheiten bei der Zuständigkeit des **Arrestgerichts** kann ergänzend auf die Ausführungen unter → Form. P. II. 6 Anm. 4 verwiesen werden.

4. Gerade an der **Fristgebundenheit** der sofortigen Beschwerde im Unterschied zu der unbefristeten Erinnerung gem. § 766 ZPO zeigt sich die praktische Relevanz der Abgrenzungsfrage, ob eine Vollstreckungsmaßnahme – dann § 766 ZPO – oder aber eine Entscheidung – dann § 793 ZPO – vorliegt.

5. Vgl. zu den Ausführungen im Falle des Antrags auf Zulassung der Rechtsbeschwerde → Form. P. III. 3 Anm. 6.

6. Die Begründung entspricht im Kern der Begründung der Erinnerung des Schuldners entsprechend dem → Form. P. III. 2 mit dem Unterschied, dass anstelle der Erinnerungsvorschriften die Beschwerdevorschriften zu zitieren sind, die für die Qualifizierung als Entscheidung iSd §§ 11 Abs. 1 RPflG, 793 ZPO entscheidende vorherige Anhörung des Schuldners mitzuteilen und ggf. die beantragte Zulassung der Rechtsbeschwerde näher zu begründen ist.

7. **Kosten und Gebühren/Rechtsmittel.** Hinsichtlich der Kosten und Gebühren des Beschwerdeverfahrens bzw. der Rechtsmittel gegen die Beschwerdeentscheidung kann auf die Ausführungen zu → Form. P. II. 3 verwiesen werden, die entsprechend gelten. Als **Besonderheit** ist lediglich zu beachten, dass in den Fällen, in denen der Rechtspfleger den Erlass eines Pfändungsbeschlusses in einem **Arrestverfahren** abgelehnt hat (§ 930 Abs. 1 S. 2 ZPO iVm § 20 Nr. 16 RPflG), die Rechtsbeschwerde ausgeschlossen ist (§ 574 Abs. 1 S. 2 ZPO iVm § 542 Abs. 2 ZPO).

8. Hinsichtlich der **Form** des Schriftsatzes (Unterschrift, elektronisches Dokument) wird verwiesen auf → Form. O. II. 1 Anm. 14.

7. Sofortige Beschwerde (§ 793 ZPO) gegen Entscheidungen des Vollstreckungsgerichts bei funktioneller Zuständigkeit des Richters mit Vollstreckungsschutzantrag

An das

Amtsgericht – Vollstreckungsgericht –

in .....

(Variante:

Amtsgericht – Insolvenzgericht[1, 2] *–)*

in .....

In der Zwangsvollstreckungssache

des/der . . . . . [ladungsfähige Anschrift des Gläubigers],

– Gläubigers und Beschwerdegegners –

Verfahrensbevollmächtigte: . . . . .

gegen

. . . . . [ladungsfähige Anschrift des Schuldners],

– Schuldner und Beschwerdeführer –

Verfahrensbevollmächtigte: . . . . .

Namens und in Vollmacht des Schuldners legen wir gegen den Beschluss des erkennenden Gerichts vom . . . . ., Az. . . . . ., dem Schuldner zugestellt am . . . . ./gegen den Haftbefehl des erkennenden Gerichts vom . . . . . Az. . . . . ., dem Schuldner übergeben am . . . . .

sofortige Beschwerde gem. § 793 ZPO

ein und beantrage für den Fall, dass der Beschwerde nicht abgeholfen wird,

den gegen den Schuldner durch Beschluss vom . . . . . Az. . . . . . erlassenen Haftbefehl aufzuheben.

(Variante:
den Durchsuchungsbeschluss des Amtsgerichts vom . . . . . Az. . . . . . aufzuheben.)
(Variante:
festzustellen, dass der Beschluss des Amtsgerichts . . . . . vom . . . . . Az. . . . . ., nicht in rechtmäßiger Weise ergangen ist/rechtswidrig ist.[3]*)*

Vorab beantragen wir,

die Vollziehung des Haftbefehls vom . . . . ./des Durchsuchungsbeschlusses vom . . . . . bis zur Entscheidung über die Beschwerde ohne – hilfsweise gegen – Sicherheitsleistung einstweilen einzustellen.

Hilfsweise[4] für den Fall, dass das Beschwerdegericht von der Rechtsauffassung des Beschwerdeführers abweichen möchte, beantragen wir,

die Entscheidung über die Beschwerde auf die Kammer zu übertragen und
die Rechtsbeschwerde zuzulassen.

Begründung:

Der Gläubiger betreibt gegen den Schuldner die Zwangsvollstreckung aufgrund des Urteils des . . . . . gerichts . . . . ., Az. . . . . . Hiernach ist der Schuldner verpflichtet, ...

(Variante:
. . . . . [Wiedergabe des sonstigen Vollstreckungstitels].)

Durch den angegriffenen Beschluss hat das Amtsgericht gegen den Schuldner einen Haftbefehl gem. § 901 ZPO (bei Vollstreckungsaufträgen ab dem 1.1.2013: § 802g ZPO) erlassen.

(Variante:
Durch den angegriffenen Beschluss hat das Amtsgericht einen Durchsuchungsbeschluss erlassen . . . . . (ggf. Schilderung weiterer Einzelheiten des Vollstreckungsverfahrens).)

Der Schuldner wendet sich mit seiner gem. § 793 ZPO iVm §§ 794 Abs. 1, 795 ZPO statthaften sofortigen Beschwerde gegen den angegriffenen Beschluss. Die Voraussetzungen für den Erlass eines Haftbefehls gem. § 802g ZPO liegen nicht vor. Denn . . . . .

(Variante:

Die Voraussetzungen für den Erlass eines Durchsuchungsbeschlusses gem. § 758a Abs. 1 ZPO liegen nicht vor. Denn . . . . .)

(Variante:

Dass der Durchsuchungsbeschluss zwischenzeitlich vollzogen wurde, steht der Zulässigkeit der Beschwerde nicht entgegen. Sie ist vielmehr mit den Antrag auf Feststellung der Rechtswidrigkeit des Beschlusses zulässig (vgl. OLG Hamm OLGR 2001, 317 (318)).)

Der Erlass einer einstweiligen Anordnung ist gemäß § 570 Abs. 3 ZPO angezeigt, um zu verhindern, dass der Schuldner durch die Fortsetzung der Zwangsvollstreckung rechtlos gestellt wird. Die Erfolgsaussicht der Beschwerde ergibt sich aus den vorangegangenen Ausführungen. Zur Glaubhaftmachung wird auf die vorgelegten Unterlagen sowie ergänzend auf die beigefügte eidesstattliche Versicherung des Schuldners Bezug genommen. Da sich die Begründetheit der Beschwerde bereits aus den vorlegten Unterlagen ergibt, ist die Zwangsvollstreckung ohne Sicherheitsleistung vorläufig einzustellen.

(Variante:

Zu der Erbringung einer Sicherheit ist der Schuldner nicht in der Lage, denn . . . . . (nähere Darlegung erforderlich).)

[Ergänzend für den Fall, dass die Zulassung der Rechtsbeschwerde beantragt werden soll:

Wenn das Beschwerdegericht entgegen den vorstehenden Ausführungen die Beschwerde für unbegründet hält, müsste es von der – wie dargelegt – überwiegenden Auffassung in Rechtsprechung und Literatur abweichen. In diesem Fall bedarf es wegen der grundsätzlichen Bedeutung bzw. zur Fortbildung des Rechts und der Sicherung einer einheitlichen Rechtsprechung einer Entscheidung des Rechtsbeschwerdegerichts (§ 574 Abs. 2 Nr. 1 und 2 ZPO) . . . . . (ist näher darzulegen). Dies setzt nach der st. Rechtsprechung des BGH zunächst eine Übertragung des Verfahrens von dem Einzelrichter auf die Kammer voraus (§ 568 S. 2 ZPO). Die Kammer hat sodann die Rechtsbeschwerde zuzulassen.]

Beglaubigte und einfache Abschrift liegen an.

. . . . .

Rechtsanwalt[5, 6]

Anmerkungen

1. Ebenso wie der Gläubiger gegen die Weigerung des Richters, einen Haftbefehl (§ 802g ZPO), einen Durchsuchungsbeschluss gem. § 758a Abs. 1 ZPO oder einen Ermächtigungsbeschluss gem. § 758a Abs. 4 ZPO zu erlassen, sofortige Beschwerde gem. § 793 ZPO einlegen kann (→ Form. P. II. 4), steht dieses Rechtsmittel nach überwiegender Meinung auch dem Schuldner im umgekehrten Fall des Erlasses eines entsprechenden Beschlusses zu, weil es sich um **Entscheidungen** iSd § 793 ZPO und nicht lediglich um Vollstreckungsmaßnahmen iSd § 766 Abs. 1 ZPO handelt (vgl. OLG Hamm NJW 1984, 1972; OLG Koblenz MDR 1986, 64; Schuschke/Walker/*Walker* § 766 Rn. 10; aA KG NJW 1986, 1180; kritisch zur hM auch Hintzen/*Wolf* Rn. 8.23 mwN des Streitstandes).

2. Aus den unter → Form. P. II. 1 Anm. 3 dargelegten Gründen werden die Aufgaben des Vollstreckungsgerichts teilweise von dem Insolvenzgericht wahrgenommen.

3. Die Frage, ob ein sog. **Fortsetzungsfeststellungsantrag** im Erinnerungs- bzw. Beschwerdeverfahren im Zusammenhang mit einem Zwangsvollstreckungsverfahren zulässig ist, kann bislang höchstrichterlich **nicht** als ausreichend **geklärt** angesehen werden. Derzeit dürfte von folgenden Grundsätzen auszugehen sein:

Grundsätzlich sieht die ZPO – insbesondere: § 766 ZPO – die Feststellung der Rechtswidrigkeit einer bereits beendeten Vollstreckungsmaßnahme **nicht** vor. Gegenstand der Überprüfung im Erinnerungsverfahren – Entsprechendes muss für das Beschwerdeverfahren gem. § 793 ZPO gelten – ist grundsätzlich nur die noch betriebene oder unmittelbar bevorstehende Zwangsvollstreckung. Nur bis zur Beendigung der Vollstreckung kommt eine Abänderung oder Aufhebung getroffener Maßnahmen in Betracht. Danach ginge eine derartige Anordnung ins Leere (vgl. OLG Köln OLGR 2001, 39; Zöller/*Stöber* § 766 Rn. 13).

Auf der anderen Seite kann nach der Rechtsprechung des Bundesverfassungsgerichts bei **tiefgreifenden Grundrechtseingriffen** in Fällen prozessualer Überholung ein Rechtsschutzinteresse anzuerkennen sein, die Rechtswidrigkeit einer Maßnahme feststellen zu lassen (vgl. BVerfGE 96, 27 (40); BVerfGE 104, 220 (232 ff.); sa OLG Hamm OLGR 2007, 764 (765)). Auf der Grundlage dieser Rechtsprechung des Bundesverfassungsgerichts hat der **Bundesgerichtshof** (vgl. NZI 2004, 312) die Rechtswidrigkeit des Beschlusses eines **Insolvenzgerichts** festgestellt, durch den ein Sachverständiger im Eröffnungsverfahren ermächtigt worden war, die Wohn- und Geschäftsräume des Schuldners zu betreten. Dass sich das ursprüngliche Rechtsschutzziel des Beschwerdeführers erledigt habe, stehe der Zulässigkeit des Rechtsmittels nicht entgegen. Da bei Eingriffen in den durch **Art. 13 GG** besonders geschützten Bereich sich nach dem Verfahrensablauf eine gerichtliche Entscheidung, die eine rechtswidrige Anordnung rechtzeitig aufhebt, nur selten erlangen lasse, sei dort auch in den Fällen prozessualer Überholung des Begehrens ein Rechtsschutzinteresse des Betroffenen anzuerkennen, die Rechtswidrigkeit der Anordnung feststellen zu lassen.

Im Bereich der **Einzelzwangsvollstreckung** hat der Bundesgerichtshof (vgl. MDR 2005, 648) demgegenüber die von dem Schuldner im Zusammenhang mit einer **Räumungsvollstreckung** begehrte Feststellung der Rechtswidrigkeit einer bereits beendeten Vollstreckungsmaßnahme als **unzulässig** angesehen. Die Annahme eines **Fortsetzungsfeststellungsinteresses** im Sinne der Rechtsprechung des Bundesverfassungsgerichts komme nicht in Betracht, weil bei einer Räumungsvollstreckung im Erinnerungsverfahren eine Entscheidung über die Zulässigkeit einer Vollstreckungsmaßnahme regelmäßig vor deren Beendigung erlangt werden könne. Bei einer drohenden Räumungsvollstreckung sei das Rechtsschutzinteresse für die Erinnerung bereits vor der ersten Vollstreckungshandlung gegeben, so dass der Schuldner als von der Maßnahme Betroffener sich nach der Ankündigung der Vollstreckung durch den Gerichtsvollzieher mit der Erinnerung gegen die drohende Zwangsvollstreckung hätte wenden können.

Überträgt man diese Grundsätze auf die hier relevante Frage, ob eine sofortige Beschwerde gegen einen infolge der bereits durchgeführten **Durchsuchung** erledigten Durchsuchungsbeschluss mit dem Antrag auf Feststellung der Rechtswidrigkeit des Durchsuchungsbeschlusses zulässig ist, so muss dies jedenfalls dann bejaht werden, wenn der Durchsuchungsbeschluss **ohne vorherige Anhörung des Schuldners** erlassen worden ist. Anders als in dem oben geschilderten Fall der Räumungsvollstreckung sind die Fälle richterlicher Durchsuchungsanordnung dadurch gekennzeichnet, dass der Betroffene Rechtsschutz in dem vorgesehenen Instanzenzug typischerweise vor Beendigung der staatlichen Zwangsmaßnahme nicht erreichen kann, weil diese ihrer Natur nach regelmäßig vor möglicher gerichtlicher Überprüfung schon wieder beendet ist (vgl. OLG Hamm OLGR 2001, 317 (318)).

4. Vgl. zu den Ausführungen im Falle des Antrags auf Zulassung der Rechtsbeschwerde → Form. P. III. 3 Anm. 6.

5. Kosten und Gebühren/Rechtsmittel. Hinsichtlich der Kosten und Gebühren des Beschwerdeverfahrens bzw. der Rechtsmittel gegen die Beschwerdeentscheidung kann auf die Ausführungen zu → Form. P. II. 3 verwiesen werden, die entsprechend gelten.

6. Hinsichtlich der **Form** des Schriftsatzes (Unterschrift, elektronisches Dokument) wird verwiesen auf → Form. O. II. 1 Anm. 14.

8. Sofortige Beschwerde (§ 793 ZPO) gegen Entscheidungen des Prozessgerichts in seiner Eigenschaft als Vollstreckungsorgan (§§ 887, 888 und 890 ZPO) mit Vollstreckungsschutzantrag

An das

Amtsgericht/Familiengericht/Arbeitsgericht[1, 2]/Landgericht

in . . . . .

In der Zwangsvollstreckungssache

des/der . . . . . [ladungsfähige Anschrift des Gläubigers],

– Gläubigers und Beschwerdegegners –

Verfahrensbevollmächtigte: . . . . .

gegen

. . . . . [ladungsfähige Anschrift des Schuldners],

– Schuldner und Beschwerdeführer –

Verfahrensbevollmächtigte: . . . . .

Namens und in Vollmacht des Schuldners legen wir gegen den Beschluss des erkennenden Gerichts vom . . . . ., Az. . . . . ., dem Schuldner zugestellt am . . . . .

sofortige Beschwerde gem. § 793 ZPO

ein und beantragen für den Fall, dass der Beschwerde nicht abgeholfen wird,

den Ermächtigungs- und Vorschusszahlungsbeschluss des . . . . . gerichts . . . . . vom . . . . . Az. . . . . . aufzuheben/abzuändern und den Antrag des Gläubigers vom . . . . . auf Erlass eines entsprechenden Beschlusses zurückzuweisen.

(Variante:
den Zwangsmittelbeschluss des . . . . . gerichts . . . . . vom . . . . . Az. . . . . . aufzuheben/abzuändern und den Antrag des Gläubigers vom . . . . . auf Erlass eines entsprechenden Beschlusses zurückzuweisen.)

(Variante:]
den Ordnungsmittelbeschluss des . . . . . gerichts . . . . . vom . . . . . Az. . . . . . aufzuheben/abzuändern und den Antrag des Gläubigers vom . . . . . auf Erlass eines entsprechenden Beschlusses zurückzuweisen.)

Vorab beantragen wir,[3]

die Zwangsvollstreckung aus dem Urteil des . . . . . gerichts . . . . . vom . . . . ., Az. . . . . ./aus dem . . . . . [konkrete Bezeichnung des sonstigen Vollstreckungstitels] bis zur Entscheidung über die Beschwerde ohne – hilfsweise gegen – Sicherheitsleistung einstweilen einzustellen.

Hilfsweise[4] für den Fall, dass das Beschwerdegericht von der Rechtsauffassung des Beschwerdeführers abweichen möchte, beantragen wir,

die Rechtsbeschwerde zuzulassen.

(Alternative bei einer Zuständigkeit des Einzelrichters beim Landgericht/Oberlandesgericht gem. § 568 S. 1 ZPO:
die Entscheidung über die Beschwerde auf die Kammer/den Senat zu übertragen und die Rechtsbeschwerde zuzulassen.)

Begründung:

(Variante für den Fall des § 887 ZPO:

Der Schuldner ist durch Urteil des ..... gerichts ..... vom ..... Az. ..... verurteilt worden, folgende vertretbare Handlung iSd § 887 Abs. 1 ZPO vorzunehmen: ..... (Wiedergabe des Urteilstenors).)

(Variante:
Die Parteien haben vor dem ..... gericht ..... Az. ..... am ..... einen Prozessvergleich geschlossen. Hiernach ist der Schuldner verpflichtet, ... (Wiedergabe des Vergleichstenors).)
(Variante:
..... (Wiedergabe des sonstigen Vollstreckungstitels).)

Auf Antrag des Gläubigers hat das ..... gericht durch den angegriffenen Beschluss vom ..... den Gläubiger gem. § 887 Abs. 1 ZPO zur Vornahme der titulierten Verpflichtung ermächtigt und den Schuldner zugleich gem. § 887 Abs. 2 ZPO zur Zahlung eines Vorschusses in Höhe von ..... verurteilt. Zur Begründung hat das Gericht darauf hingewiesen, dass ..... Der Beschluss ist dem Schuldner am ..... zugestellt worden ..... [ggf. Schilderung weiterer Einzelheiten des erstinstanzlichen Vollstreckungsverfahrens vor dem Prozessgericht].

(Variante für den Fall des § 888 ZPO:

Der Schuldner ist durch Urteil des ..... gerichts ..... vom ..... Az. ..... verurteilt worden, folgende unvertretbare Handlung iSd § 888 Abs. 1 ZPO vorzunehmen: ..... (Wiedergabe des Urteilstenors).)

(Variante:
Die Parteien haben vor dem ..... gericht ..... Az. ..... am ..... einen Prozessvergleich geschlossen. Hiernach ist der Schuldner verpflichtet, ... (Wiedergabe des Vergleichstenors).)
(Variante:
..... (Wiedergabe des sonstigen Vollstreckungstitels).)

Auf Antrag des Gläubigers hat das ..... gericht durch den angegriffenen Beschluss vom ..... gegen den Schuldner gem. § 888 Abs. 1 ZPO ein Zwangsgeld in Höhe von ..... EUR, ersatzweise Zwangshaft zur Erzwingung der titulierten Verpflichtung festgesetzt. Zur Begründung hat das Gericht darauf hingewiesen, dass ..... Der Beschluss ist dem Schuldner am ..... zugestellt worden ..... [ggf. Schilderung weiterer Einzelheiten des erstinstanzlichen Vollstreckungsverfahrens vor dem Prozessgericht].

(Variante für den Fall des § 890 ZPO:

Der Schuldner ist durch Urteil des ..... gerichts ..... vom ..... Az. ..... verurteilt worden, es zu unterlassen ...../die Vornahme folgender Handlung zu dulden ..... (Wiedergabe des Urteilstenors).)

(Variante:
Die Parteien haben vor dem . . . . . gericht . . . . . Az. . . . . . am . . . . . einen Prozessvergleich geschlossen. Hiernach ist der Schuldner verpflichtet, ... (Wiedergabe des Vergleichstenors).)
(Variante:
. . . . . (Wiedergabe des sonstigen Vollstreckungstitels).)

Auf Antrag des Gläubigers hat das . . . . . gericht durch den angegriffenen Beschluss vom . . . . . gegen den Schuldner gem. § 890 Abs. 1 ZPO ein Ordnungsgeld in Höhe von . . . . . EUR, ersatzweise Ordnungshaft wegen angeblichen Verstoßes gegen die titulierte Verpflichtung festgesetzt. Zur Begründung hat das Gericht darauf hingewiesen, dass . . . . . Der Beschluss ist dem Schuldner am . . . . . zugestellt worden . . . . . [ggf. Schilderung weiterer Einzelheiten des erstinstanzlichen Vollstreckungsverfahrens vor dem Prozessgericht].

[Ergänzend für alle Varianten:

Der Gläubiger wendet sich mit seiner gem. § 793 ZPO/§ 793 ZPO iVm §§ 794 Abs. 1, 795 ZPO statthaften und fristgerecht eingelegten sofortigen Beschwerde gegen die Entscheidung des . . . . . gerichts. Entgegen dessen Auffassung liegen die Voraussetzungen für die von dem Gläubiger beantragte Vollstreckungsmaßnahme nicht vor. Denn . . . . . [Widerlegung der von dem Prozessgericht aufgeführten Gründe bzw. Aufzeigen neuer, bislang nicht berücksichtigter Gesichtspunkte].[5]

Der Erlass einer einstweiligen Anordnung ist gemäß § 570 Abs. 3 ZPO angezeigt, um zu verhindern, dass der Schuldner durch die Fortsetzung der Zwangsvollstreckung rechtlos gestellt wird. Die Erfolgsaussicht der Beschwerde ergibt sich aus den vorangegangenen Ausführungen. Zur Glaubhaftmachung wird auf die vorgelegten Unterlagen sowie ergänzend auf die beigefügte eidesstattliche Versicherung des Schuldners Bezug genommen. Da sich die Begründetheit der Beschwerde bereits aus den vorlegten Unterlagen ergibt, ist die Zwangsvollstreckung ohne Sicherheitsleistung vorläufig einzustellen.[6]]

(Variante:
Zu der Erbringung einer Sicherheit ist der Schuldner nicht in der Lage, denn . . . . . (nähere Darlegung erforderlich).)

[Ergänzend für den Fall, dass die Zulassung der Rechtsbeschwerde beantragt werden soll:

Wenn das Beschwerdegericht entgegen den vorstehenden Ausführungen die Beschwerde für unbegründet hält, müsste es von der – wie dargelegt – überwiegenden Auffassung in Rechtsprechung und Literatur abweichen. In diesem Fall bedarf es wegen der grundsätzlichen Bedeutung bzw. zur Fortbildung des Rechts und der Sicherung einer einheitlichen Rechtsprechung einer Entscheidung des Rechtsbeschwerdegerichts (§ 574 Abs. 2 Nr. 1 und 2 ZPO/§§ 78 S. 2, 72 Abs. 2 ArbGG) . . . . . (ist näher darzulegen). Deshalb ist die Rechtsbeschwerde zuzulassen.]

(Variante bei einer Zuständigkeit des Einzelrichters beim Landgericht/Oberlandesgericht gem. § 568 S. 1 ZPO:
Dies setzt nach der st. Rechtsprechung des BGH zunächst eine Übertragung des Verfahrens von dem Einzelrichter auf die Kammer/den Senat voraus (§ 568 S. 2 ZPO). Die Kammer/der Senat hat sodann die Rechtsbeschwerde zuzulassen.)

Beglaubigte und einfache Abschrift liegen an.

. . . . .

Rechtsanwalt[7, 8]

Anmerkungen

1. Wenn das **Prozessgericht** in den Fällen der §§ 887, 888 oder 890 ZPO als Vollstreckungsorgan tätig wird, hat der Schuldner nach ganz überwiegender Auffassung nur die Möglichkeit, hiergegen mit der sofortigen Beschwerde gem. § 793 ZPO vorzugehen (vgl. *Baumbach/Lauterbach/Albers/Hartmann* § 766 Rn. 7. Demgegenüber ist eine Erinnerung gem. § 766 Abs. 1 ZPO selbst dann ausgeschlossen, wenn dem Schuldner unter Verletzung von § 891 ZPO kein rechtliches Gehör gewährt wurde (vgl. Schuschke/Walker/*Walker* § 766 Rn. 5; Zöller/*Stöber* § 766 Rn. 4; Hintzen/*Wolf* Rn. 8.8).

2. Vgl. speziell zur Zuständigkeit der **Arbeitsgerichte** in den Vollstreckungsverfahren gem. den §§ 887 ff. ZPO → Form. P. II. 5 Anm. 3.

3. Da nach der jüngsten Rechtsprechung des Bundesgerichtshofs die Beschwerde des Schuldners gegen einen **Zwangs- oder Ordnungsmittelbeschluss** gem. den §§ 888, 890 ZPO aufschiebende Wirkung gem. **§ 570 Abs. 1 ZPO** hat (vgl. BGH NJW 2011, 3791), besteht in diesen Fällen eigentlich für die Stellung eines Einstellungsantrages gem. § 570 Abs. 3 ZPO kein Bedürfnis. Gleichwohl sollte vorsorglich ein solcher Antrag gestellt werden, zumal in der Kommentierung weiterhin die Auffassung vertreten wird, dass die Vorschrift des § 570 Abs. 1 ZPO auf Beschlüsse iSd §§ 888, 890 ZPO keine Anwendung finde (vgl. Zöller/*Stöber* § 888 Rn. 15 und Zöller/*Heßler* § 570 Rn. 2).

4. Vgl. zu den Überlegungen im Zusammenhang mit dem Antrag auf **Zulassung der Rechtsbeschwerde** → Form. P. II. 5 Anm. 9, 10.

5. Praktisch bedeutsam ist im Rahmen der Verfahren gem. den §§ 887, 888 ZPO insbesondere der Erfüllungseinwand des Schuldners, dem das Prozessgericht nach der neueren Rechtsprechung des Bundesgerichtshofs (BGHZ 161, 67) generell auch dann nachzugehen hat, wenn dies mit einer Beweisaufnahme verbunden ist (vgl. zu Einzelheiten *Schuschke* BGHReport 2005, 197 sowie *ders.* InVo 2005, 396).

6. Soweit es um Beschlüsse gem. den §§ 888, 890 ZPO geht, findet nach der jüngsten Rechtsprechung des Bundesgerichtshofs (BGH NJW 2011, 3791) 570 Abs. 1 ZPO Anwendung, dh die Beschwerde des Schuldners hat aufschiebende Wirkung. Auch in diesen Fällen sollte jedoch vorsorglich ein Einstellungsantrag gestellt werden. Kostenmäßige Nachteile sind hiermit im Falle einer Zurückweisung nicht verbunden.

7. Kosten und Gebühren/Rechtsmittel. Hinsichtlich der Kosten und Gebühren des Beschwerdeverfahrens bzw. der Rechtsmittel gegen die Beschwerdeentscheidung kann auf die Ausführungen zu der sofortigen Beschwerde des Gläubigers gegen die Versagung einer Maßnahme gem. den §§ 887, 888 und 890 ZPO verwiesen werden (→ Form. P. II. 5), die entsprechend gelten. Eine **Besonderheit** gilt allerdings bei der Bestimmung des **Gegenstandswertes** der **anwaltlichen Tätigkeit.** Da dieser Wert gem. § 23 Abs. 2 S. 1 iVm § 23 Abs. 3 S. 2 RVG unter besonderer Berücksichtigung des Interesses des **Beschwerdeführers** nach billigem Ermessen zu bestimmen ist, kommt es auf die Bewertung des von dem Schuldner mit der Beschwerde verfolgten Interesses an, die in dem jeweils angegriffenen Beschluss bezeichneten Handlungen **nicht** vornehmen und das festgesetzte Zwangsgeld (§ 888 ZPO) oder Ordnungsgeld (§ 890 ZPO) nicht zahlen zu müssen. Maßgeblich ist deshalb grundsätzlich der zu schätzende Aufwand an Zeit an Kosten, der für den Schuldner mit der Erfüllung der titulierten Verpflichtung verbunden ist. Hierbei stellt nach einer in der Rechtsprechung vertretenen Auffassung das festgesetzte Zwangsmittel/Ordnungsmittel die untere Grenze des Beschwerdewertes dar (vgl. OLG Düsseldorf MDR 1977, 676).

8. Hinsichtlich der **Form** des Schriftsatzes (Unterschrift, elektronisches Dokument) wird verwiesen auf → Form. O. II. 1 Anm. 14.

IV. Formelle (vollstreckungsinterne) Rechtsbehelfe eines Dritten

1. Erinnerung gem. § 766 Abs. 1 ZPO (Gerichtsvollzieherverfahren) mit Vollstreckungsschutzantrag

An das

Amtsgericht – Vollstreckungsgericht –

in .....

(Variante:

Amtsgericht – Insolvenzgericht[1, 2] *–)*

in .....

In der Zwangsvollstreckungssache

des/der ..... [ladungsfähige Anschrift des Gläubigers],

– Gläubigers und Erinnerungsgegners,[3] –

Verfahrensbevollmächtigte: .....

gegen

..... [ladungsfähige Anschrift des Schuldners],

– Schuldner –

Verfahrensbevollmächtigte: .....

Weiterer Beteiligter: ..... [ladungsfähige Anschrift des Dritten]

– Erinnerungsführer –

Verfahrensbevollmächtigte: .....

Namens und in Vollmacht des weiteren Beteiligten legen wir gegen das Verhalten des Gerichtsvollziehers ..... in dem Vollstreckungsverfahren DR. II ..... [Az. des Gerichtsvollziehers]

Erinnerung gem. § 766 Abs. 1 ZPO

ein und beantragen,

die von dem Gerichtsvollzieher am ..... in den ..... [genaue Bezeichnung des Vollstreckungsgegenstandes] durchgeführte Zwangsvollstreckung für unzulässig zu erklären.

Vorab beantragen wir,

die Zwangsvollstreckung aus dem Urteil des ..... gerichts ..... vom ....., Az. ...../aus dem ..... [konkrete Bezeichnung des sonstigen Vollstreckungstitels] bis zur Entscheidung über die Erinnerung ohne – hilfsweise gegen – Sicherheitsleistung einstweilen einzustellen.

Begründung:

Der Schuldner ist durch Urteil des ..... gerichts ..... vom ..... Az. ..... verurteilt worden, ... [Wiedergabe des Urteilstenors].

(Variante:

Die Parteien haben vor dem ..... gericht ..... Az. ..... am ..... einen Prozessvergleich geschlossen. Hiernach ist der Schuldner verpflichtet, ... (Wiedergabe des Vergleichstenors).)

(Variante:

..... (Wiedergabe des sonstigen Vollstreckungstitels).)

Auf der Grundlage dieses Titels betreibt der Gläubiger gegen den Schuldner die Zwangsvollstreckung. Der Gerichtsvollzieher hat ausweislich des in der Anlage beigefügten Vollstreckungsprotokolls am ..... in der Wohnung des Schuldners folgende Gegenstände gepfändet: ..... Versteigerungstermin hat der Gerichtsvollzieher auf den ..... bestimmt./ Einen Versteigerungstermin hat der Gerichtsvollzieher bislang noch nicht bestimmt.

Der weitere Beteiligte wendet sich mit seiner gem. § 766 Abs. 1 ZPO/§ 766 Abs. 2 Alt. 2 ZPO iVm §§ 794 Abs. 1, 795 ZPO statthaften Erinnerung gegen die Art und Weise der Zwangsvollstreckung durch den Gerichtsvollzieher. Das Verhalten des Gerichtsvollziehers verletzt folgende Verfahrensvorschrift, die zumindest auch dem Schutz des weiteren Beteiligten zu dienen bestimmt ist:[4]

Der Gerichtsvollzieher hat die Vorschrift des § 809 ZPO nicht beachtet, denn .....

(Variante:

Der Gerichtsvollzieher hat die Pfändung durchgeführt, obwohl der Gegenstand einem Pfändungsverbot gem. § 811 Abs. 1 Nr. 1 ZPO/§ 811 Abs. 1 Nr. 2 ZPO/§ 811 Abs. 1 Nr. 3 ZPO/§ 811 Abs. 1 Nr. 4 ZPO/§ 811 Abs. 1 Nr. 4a ZPO/§ 811 Abs. 1 Nr. 5 ZPO/ § 811 Abs. 1 Nr. 10 ZPO/§ 811 Abs. 1 Nr. 12 ZPO unterliegt, auf das sich als Familienangehöriger auch der weitere Beteiligte berufen kann ..... (ist näher darzulegen).)

(Variante:

Der Gerichtsvollzieher hat zu Unrecht die Voraussetzungen des § 739 ZPO bejaht.[5] Es handelt sich um einen persönlichen Gegenstand des weiteren Beteiligten, auf den sich die Vermutung des § 739 ZPO nicht erstreckt .....)

(Variante:

Der Gerichtsvollzieher hat den ..... gepfändet, obwohl für ihn offensichtlich war, dass der Gegenstand nicht zum Vermögen des Schuldners gehört, sondern im Eigentum des weiteren Beteiligten steht. Denn ..... (Darlegung der Voraussetzungen des sog. evidenten Dritteigentums).[6] Dass der Gerichtsvollzieher die Pfändung unterlassen musste, ergibt sich im Übrigen auch aus § 71 GVGA.)

(Variante:

..... (Darlegung der Verletzung einer sonstigen drittschützenden Norm).)

Der Erlass einer einstweiligen Anordnung ist gemäß §§ 766 Abs. 1 S. 2, 732 Abs. 2 ZPO angezeigt, um zu verhindern, dass der weitere Beteiligte durch die Fortsetzung der Zwangsvollstreckung rechtlos gestellt wird. Die Erfolgsaussicht der Erinnerung ergibt sich aus den vorangegangenen Ausführungen. Zur Glaubhaftmachung wird auf die vorgelegten Unterlagen sowie ergänzend auf die beigefügte eidesstattliche Versicherung des weiteren Beteiligten Bezug genommen. Da sich die Verfahrensverletzung des Gerichtsvollziehers bereits aus den vorgelegten Unterlagen ergibt, ist die Zwangsvollstreckung ohne Sicherheitsleistung vorläufig einzustellen.

(Variante:
Zu der Erbringung einer Sicherheit ist der weitere Beteiligte nicht in der Lage, denn ..... (nähere Darlegung erforderlich).)

Einfache und beglaubige Abschrift liegen an.

.....

Rechtsanwalt[7, 8]

Anmerkungen

1. Während sich die Beschwer bzw. die **Erinnerungsbefugnis** des Schuldners bereits daraus ergibt, dass sich die Vollstreckungsmaßnahme gegen ihn richtet, setzt die Zulässigkeit einer Erinnerung gem. § 766 Abs. 1 ZPO eines **Dritten** die gesonderte Darlegung der Erinnerungsbefugnis voraus. Dies beruht darauf, dass Popularrechtsbehelfe dem Zivilverfahrensrecht fremd sind (vgl. Schuschke/Walker/*Walker* § 766 Rn. 20). Die sich hieraus ergebenden Besonderheiten werden in dem Formular bzw. in den Anmerkungen aufgezeigt. Im Übrigen gelten die Ausführungen zu → Form. P. III. 1 entsprechend.

2. Aus den unter → Form. P. II. 1 Anm. 3 dargelegten Gründen werden die Aufgaben des Vollstreckungsgerichts teilweise von dem Insolvenzgericht wahrgenommen.

3. Da sich der Dritte gegen eine von dem Gläubiger veranlasste Vollstreckungsmaßnahme wendet, ist der **Gläubiger** als **Erinnerungsgegner** zu bezeichnen. Praktische Bedeutung hat dies für die Kostenentscheidung. Wenn sich nicht auch der Schuldner mit einer eigenen Erinnerung an dem Verfahren beteiligt, sind die Kosten des Erinnerungsverfahrens je nach Obsiegen zwischen Drittem und Gläubiger zu verteilen.

4. Die praktisch bedeutsamsten **drittschützenden** Vorschriften sind in dem Formular aufgeführt. Vgl. hierzu und weiteren Einzelheiten Schuschke/Walker/*Walker* § 766 Rn. 25; Hintzen/*Wolf* Rn. 8.47. Zu beachten ist, dass der Gerichtsvollzieher selbst nicht als Dritter, sondern als Organ der Zwangsvollstreckung am Vollstreckungsverfahren beteiligt und deshalb grundsätzlich nicht erinnerungsbefugt ist (vgl. Schuschke/Walker/*Walker* § 766 Rn. 26).

Eine Erinnerung eines Dritten im engeren Sinne liegt nicht vor, wenn der **Dritte als Schuldner** in Anspruch genommen wird, obwohl der Titel sich gar nicht gegen ihn richtet. In diesem Fall ist der Dritte nicht auf die Geltendmachung der Verletzung von drittschützenden Normen beschränkt. Vielmehr kann der Dritte neben dem Fehlen des Titels auch alle anderen Verfahrensfehler rügen, auf die ein Schuldner sich berufen könnte (vgl. OLG Köln JurBüro 1992, 702; Schuschke/Walker/*Walker* § 766 Rn. 23).

5. Nach der Rechtsprechung des Bundesgerichtshofs scheidet eine **analoge Anwendung des § 1362 BGB auf nichteheliche Lebensgemeinschaften** aus (vgl. BGH NJW 2007, 992). Damit ist es auch ausgeschlossen, die unwiderlegbare Gewahrsamsvermutung des § 739 ZPO auf solche Gemeinschaften zu erstrecken.

6. Dass eine Pfändung zu unterbleiben hat, wenn für den Gerichtsvollzieher nach Lage der Dinge vernünftiger Weise überhaupt **kein Zweifel** daran bestehen kann, dass **Rechte Dritter** Personen der Inanspruchnahme bestimmter Gegenstände entgegen stehen, ist allgemein anerkannt (vgl. nur Zöller/*Stöber* § 808 Rn. 3 mwN). Allerdings pfändet der Gerichtsvollzieher gem. § 71 GVGA auch in solchen Fällen, wenn der Gläubiger dies ausdrücklich wünscht (vgl. hierzu AG Kassel DGVZ 2006, 182; Zöller/*Stöber* § 808 Rn. 3; sa BGH InVo 2007, 512 zu der Pflicht eines Gerichtsvollziehers einen in die

Veräußerung hinderndes Recht iSd § 771 ZPO geltend machenden Dritten über eine Anschlusspfändung zu unterrichten).

7. Kosten und Gebühren/Rechtsmittel. Hinsichtlich der Kosten und Gebühren des Erinnerungsverfahrens bzw. der Rechtsmittel gegen die Erinnerungsentscheidung kann auf die Ausführungen zu → Form. P. III. 1 verwiesen werden, die entsprechend gelten.

8. Hinsichtlich der **Form** des Schriftsatzes (Unterschrift, elektronisches Dokument) wird verwiesen auf → Form. O. II. 1 Anm. 14.

2. Erinnerung des Drittschuldners (§ 766 Abs. 1 ZPO) gegen Maßnahmen des Vollstreckungsgerichts mit Vollstreckungsschutzantrag

An das[1, 2]

Amtsgericht – Vollstreckungsgericht –

in . . . . .

(Variante:

Amtsgericht – Insolvenzgericht[3] –)

in . . . . .

(Variante:

Amtsgericht/Familiengericht/Arbeitsgericht/Landgericht/Oberlandesgericht/ Landesarbeitsgericht (Arrestgericht[4] als Vollstreckungsgericht))

in . . . . .

In der Zwangsvollstreckungssache

des/der . . . . . [ladungsfähige Anschrift des Gläubigers],

– Gläubigers und Erinnerungsgegners –

Verfahrensbevollmächtigte: . . . . .

gegen

. . . . . [ladungsfähige Anschrift des Schuldners],

– Schuldner –

Verfahrensbevollmächtigte: . . . . .

Weiterer Beteiligter: . . . . . [ladungsfähige Anschrift des Dritten],

Drittschuldner und Erinnerungsführer,

Verfahrensbevollmächtigte: . . . . .

Namens und in Vollmacht des Drittschuldners legen wir gegen den Beschluss des Vollstreckungsgerichts/des . . . . . gerichts . . . . . vom . . . . . Az. . . . . .

Erinnerung gem. § 766 Abs. 1 ZPO

ein und beantragen für den Fall, dass der Erinnerung nicht abgeholfen wird, den Pfändungs- und Überweisungsbeschluss des Amtsgerichts ..... vom ..... Az. ...../den Pfändungsbeschluss des ..... gerichts ..... vom ..... Az. ..... aufzuheben/ abzuändern und den Antrag des Gläubigers auf seinen Erlass zurückzuweisen.

Vorab beantragen wir,

die Zwangsvollstreckung aus dem Urteil des ..... gerichts ..... vom ....., Az. ...../aus dem ..... [konkrete Bezeichnung des sonstigen Vollstreckungstitels] bis zur Entscheidung über die Erinnerung ohne – hilfsweise gegen – Sicherheitsleistung einstweilen einzustellen.

Begründung:

Der Schuldner ist durch Urteil des ..... gerichts ..... vom ..... Az. ..... verurteilt worden, ... [Wiedergabe des Urteilstenors].

(Variante:

Der Gläubiger und der Schuldner haben vor dem ..... gericht ..... Az. ..... am ..... einen Prozessvergleich geschlossen. Hiernach ist der Schuldner verpflichtet, ... (Wiedergabe des Vergleichstenors).)

(Variante:

Der Gläubiger hat vor dem ..... gericht gegen den Schuldner einen dinglichen Arrest gem. Beschluss/Urteil des ..... gerichts ..... vom ..... Az. ..... erwirkt.)

(Variante:

..... (Wiedergabe des sonstigen Vollstreckungstitels).)

Auf der Grundlage dieses Titels betreibt der Gläubiger gegen den Schuldner die Zwangsvollstreckung. Auf Antrag des Gläubigers hat der Rechtspfleger durch den angegriffenen Beschluss ohne vorherige Anhörung des Drittschuldners einen Pfändungs- und Überweisungsbeschlusses betreffend die angebliche Forderung des Schuldners gegen den Drittschuldner auf ..... [Angabe der zu pfändenden Forderung] erlassen. Der Beschluss ist dem Drittschuldner am ..... zugestellt worden.

(Variante bei einem Arrestbefehl:

Auf der Grundlage dieses Arrestbefehls betreibt der Gläubiger gegen den Schuldner die Vollziehung. Auf Antrag des Gläubigers hat der Rechtspfleger durch den angegriffenen Beschluss ohne vorherige Anhörung des Drittschuldners einen Pfändungsbeschluss betreffend die angebliche Forderung des Schuldners gegen den Drittschuldner auf ..... (Angabe der zu pfändenden Forderung) erlassen. Der Beschluss ist dem Drittschuldner am ..... zugestellt worden.)

Der Drittschuldner wendet sich mit seiner gem. § 766 Abs. 1 ZPO iVm §§ 794 Abs. 1, 795 ZPO statthaften Erinnerung gegen diese Maßnahme des Rechtspflegers. Die Voraussetzungen für den Erlass eines Pfändungs- und Überweisungsbeschlusses/Pfändungsbeschlusses lagen und liegen nicht vor. Denn ..... Hierauf kann sich der Drittschuldner in gleicher Weise berufen wie der Schuldner (vgl. BGHZ 69, 144 (148)).[5]

Der Erlass einer einstweiligen Anordnung ist gemäß §§ 766 Abs. 1 S. 2, 732 Abs. 2 ZPO angezeigt, um zu verhindern, dass der Drittschuldner durch die Fortsetzung der Zwangsvollstreckung rechtlos gestellt wird. Die Erfolgsaussicht der Erinnerung ergibt sich aus den vorangegangenen Ausführungen. Zur Glaubhaftmachung wird auf die vorgelegten Unterlagen sowie ergänzend auf die beigefügte eidesstattliche Versicherung des Drittschuldners Bezug genommen. Da sich die Verfahrensverletzung des Vollstreckungsgerichts bereits aus den vorgelegten Unterlagen ergibt, ist die Zwangsvollstreckung ohne Sicherheitsleistung vorläufig einzustellen.

(Variante:
Zu der Erbringung einer Sicherheit ist der Drittschuldner nicht in der Lage, denn .....
(nähere Darlegung erforderlich).)

Beglaubigte und einfache Abschrift liegen an.

.....

Rechtsanwalt[6, 7]

Anmerkungen

1. Die zu → Form. P. III. 2 und → Form. P. III. 4. erörterte Abgrenzungsfrage, wann eine mit der Erinnerung gem. § 766 ZPO angreifbare Vollstreckungs**maßnahme** des Vollstreckungsgerichts (Rechtspflegers) vorliegt und unter welchen Voraussetzungen eine gem. §§ 11 Abs. 1 RPflG, 793 ZPO beschwerdefähige **Entscheidung** des Rechtspflegers gegeben ist, stellt sich in gleicher Weise auch bei der Prüfung der Statthaftigkeit von Rechtsbehelfen des Drittschuldners. Ist dem Drittschuldner demnach vor Erlass des Pfändungs- und Überweisungsbeschlusses – ausnahmsweise – **rechtliches Gehör** gewährt worden, handelt es sich um eine Entscheidung des Vollstreckungsgerichts, gegen die die sofortige Beschwerde gegeben ist. Ist der Drittschuldner dagegen vor der Vollstreckung nicht angehört worden, liegt eine Vollstreckungsmaßnahme iSd § 766 ZPO vor, gegen die deshalb die Vollstreckungserinnerung stattfindet.

2. Hinsichtlich der Frage, welches Gericht grundsätzlich für die Entscheidung über die Erinnerung des Drittschuldners zuständig ist, kann auf die → Form. P. III. 1 Anm. 2 Bezug genommen werden.

3. Aus den unter → Form. P. II. 1 Anm. 3 dargelegten Gründen werden die Aufgaben des Vollstreckungsgerichts teilweise von dem Insolvenzgericht wahrgenommen.

4. Vgl. speziell zur Zuständigkeit des **Arrestgerichts** → Form. P. III. 2 Anm. 3.

5. Es erscheint zweckmäßig, das Erinnerungsgericht durch ein entsprechendes Zitat darauf hinzuweisen, dass der **Drittschuldner** nach ganz hM (vgl. etwa Baumbach/Lauterbach/Albers/Hartmann § 766 Rn. 20 Stichwort „Drittschuldner"; Schuschke/Walker/*Walker* § 766 Rn. 23 mwN) in vollem Umfang hinsichtlich aller Verfahrensnormen in gleichem Maße **wie der Schuldner erinnerungsbefugt** ist. Die im Rahmen der Gerichtsvollziehererinnerung (→ Form. P. IV. 1) dargelegte Beschränkung der Prüfungskompetenz des Erinnerungsgerichts auf die Verletzung sog. drittschützender Normen besteht im vorliegenden Zusammenhang nicht. Dies beruht darauf, dass der Drittschuldner durch die Pfändung der Forderung in gleicher Weise beeinträchtigt wird wie der Schuldner.

6. Kosten und Gebühren/Rechtsmittel. Hinsichtlich der Kosten und Gebühren des Erinnerungsverfahrens bzw. der Rechtsmittel gegen die Erinnerungsentscheidung kann auf die Ausführungen zu → Form. P. III. 2 verwiesen werden, die entsprechend gelten.

7. Hinsichtlich der **Form** des Schriftsatzes (Unterschrift, elektronisches Dokument) wird verwiesen auf → Form. O. II. 1 Anm. 14.

3. Sofortige Beschwerde (§ 793 ZPO) gegen Entscheidungen des Vollstreckungsgerichts (Richter/Rechtspfleger) mit Vollstreckungsschutzantrag

An das

Amtsgericht – Vollstreckungsgericht –

in . . . . .

(Variante:
Amtsgericht – Insolvenzgericht[1, 2] *–)*

in . . . . .

(Variante:
Amtsgericht/Familiengericht/Arbeitsgericht/Landgericht (Arrestgericht[3] *als Vollstreckungsgericht))*

In der Zwangsvollstreckungssache

des/der . . . . . [ladungsfähige Anschrift des Gläubigers],

– Gläubigers, (Erinnerungsgegners)[4] und Beschwerdegegners –

Verfahrensbevollmächtigte: . . . . .

gegen

. . . . . [ladungsfähige Anschrift des Schuldners],

– Schuldner –

Verfahrensbevollmächtigte: . . . . .

Weiterer Beteiligter: . . . . . [ladungsfähige Anschrift des Dritten],

(Drittschuldner/Erinnerungsführer und)[5] Beschwerdeführer,

Verfahrensbevollmächtigte: . . . . .

Namens und in Vollmacht des weiteren Beteiligten legen wir gegen den Beschluss des Vollstreckungsgerichts vom . . . . ., Az. . . . . ., dem weiteren Beteiligten zugestellt am . . . . .,

sofortige Beschwerde gem. § 793 ZPO

ein und beantragen für den Fall, dass das Gericht der Beschwerde nicht abhilft,

(Variante für den Fall, dass die Erinnerung des Dritten gegen eine Maßnahme des Gerichtsvollziehers von dem Vollstreckungsgericht zurückgewiesen wurde:

den Beschluss des Amtsgerichts . . . . . vom . . . . . Az. . . . . . aufzuheben und die von dem Gerichtsvollzieher am . . . . . in den . . . . . (genaue Bezeichnung des Vollstreckungsgegenstandes) durchgeführte Zwangsvollstreckung für unzulässig zu erklären.)

(Variante für den Fall, dass die Erinnerung des Drittschuldners gegen den Erlass eines Pfändungs- und Überweisungsbeschlusses zurückgewiesen wurde:

den Beschluss des Amtsgerichts . . . . . vom . . . . . Az. . . . . . sowie den Pfändungs- und Überweisungsbeschluss des Amtsgerichts . . . . . vom . . . . . Az. . . . . ./den Pfändungs-

beschluss des ..... gerichts ..... vom ..... Az. ..... aufzuheben/abzuändern und den Antrag des Gläubigers auf seinen Erlass zurückzuweisen.)

(Variante für den Fall, dass nach vorheriger Anhörung des Drittschuldners ein Pfändungs- und Überweisungsbeschluss/Pfändungsbeschluss erlassen wurde:

den Pfändungs- und Überweisungsbeschluss des Amtsgerichts ..... vom ..... Az. ...../den Pfändungsbeschluss des ..... gerichts ..... vom ..... Az. ..... aufzuheben/ abzuändern und den Antrag des Gläubigers auf seinen Erlass zurückzuweisen.)

Vorab beantragen wir,

die Zwangsvollstreckung aus dem Urteil des ..... gerichts ..... vom ....., Az. ...../aus dem ..... [konkrete Bezeichnung des sonstigen Vollstreckungstitels] bis zur Entscheidung über die Beschwerde ohne – hilfsweise gegen – Sicherheitsleistung einstweilen einzustellen.

Hilfsweise[6] für den Fall, dass das Beschwerdegericht von der Rechtsauffassung des Beschwerdeführers abweichen möchte, beantragen wir,

die Rechtsbeschwerde zuzulassen.

(Variante bei einer Zuständigkeit des Einzelrichters beim Landgericht/Oberlandesgericht gem. § 568 S. 1 ZPO:
die Entscheidung über die Beschwerde auf die Kammer/den Senat zu übertragen und die Rechtsbeschwerde zuzulassen.)

Begründung:

.....

[Die Begründung entspricht zunächst der Begründung der Erinnerung gem. → Form. P. IV. 1 und 2, wobei zusätzlich ein etwaig vorangegangenes Erinnerungsverfahren zu schildern ist. Danach geht es wie folgt weiter:]

Der weitere Beteiligte wendet sich mit seiner gem. § 793 ZPO iVm §§ 794 Abs. 1, 795 ZPO statthaften und fristgerecht eingelegten sofortigen Beschwerde gegen diese Entscheidung des Vollstreckungsgerichts/des ..... gerichts (Arrestgerichts). Das Verhalten des Gerichtsvollziehers verletzt folgende Verfahrensvorschrift, die zumindest auch dem Schutz des weiteren Beteiligten zu dienen bestimmt ist .....

(Variante:
Die Voraussetzungen für den Erlass eines Pfändungs- und Überweisungsbeschlusses/ Pfändungsbeschlusses lagen und liegen nicht vor. Denn .....)

Der Erlass einer einstweiligen Anordnung ist gemäß § 570 Abs. 3 ZPO angezeigt, um zu verhindern, dass der Beschwerdeführer durch die Fortsetzung der Zwangsvollstreckung rechtlos gestellt wird. Die Erfolgsaussicht der Beschwerde ergibt sich aus den vorangegangenen Ausführungen. Zur Glaubhaftmachung wird auf die vorgelegten Unterlagen sowie ergänzend auf die beigefügte eidesstattliche Versicherung des Beschwerdeführers Bezug genommen. Da sich die Begründetheit der Beschwerde bereits aus den vorlegten Unterlagen ergibt, ist die Zwangsvollstreckung ohne Sicherheitsleistung vorläufig einzustellen.

(Variante:
Zu der Erbringung einer Sicherheit ist der Beschwerdeführer nicht in der Lage, denn ..... (nähere Darlegung erforderlich).)

[Ergänzend für den Fall, dass die Zulassung der Rechtsbeschwerde beantragt werden soll:

Wenn das Beschwerdegericht entgegen den vorstehenden Ausführungen die Beschwerde für unbegründet hält, müsste es von der – wie dargelegt – überwiegenden Auffassung in

Rechtsprechung und Literatur abweichen. In diesem Fall bedarf es wegen der grundsätzlichen Bedeutung bzw. zur Fortbildung des Rechts und der Sicherung einer einheitlichen Rechtsprechung einer Entscheidung des Rechtsbeschwerdegerichts (§ 574 Abs. 2 Nr. 1 und 2 ZPO/§§ 78 S. 2, 72 Abs. 2 ArbGG) . . . . . (ist näher darzulegen). Deshalb ist die Rechtsbeschwerde zuzulassen.]

(Variante bei einer Zuständigkeit des Einzelrichters beim Landgericht/Oberlandesgericht gem. § 568 S. 1 ZPO:

Dies setzt nach der st. Rechtsprechung des BGH zunächst eine Übertragung des Verfahrens von dem Einzelrichter auf die Kammer/den Senat voraus (§ 568 S. 2 ZPO). Die Kammer/der Senat hat sodann die Rechtsbeschwerde zuzulassen.)

Beglaubigte und einfache Abschrift liegen an.

. . . . .

Rechtsanwalt[7, 8]

Anmerkungen

1. Die sofortige Beschwerde gem. § 793 ZPO kommt für den Dritten zunächst als statthaftes Rechtsmittel gegen eine **vorangegangene Erinnerungsentscheidung** des Vollstreckungsgerichts gem. § 766 Abs. 1 ZPO in Betracht. Daneben handelt es sich auch dann um eine Entscheidung iSd § 793 ZPO und nicht nur um eine mit der Erinnerung gem. § 766 Abs. 1 ZPO anzugreifende Maßnahme, wenn das **Vollstreckungsgericht** den Drittschuldner vor Erlass eines Pfändungs- und Überweisungsbeschlusses **angehört** hat. Von dem hier vorgeschlagenen Muster werden beide Fälle erfasst.

Zu beachten ist, dass die sofortige Beschwerde nicht statthaft ist, wenn der Rechtspfleger aufgrund der Zuständigkeit des **Arrestgerichts** im Rechtsmittelverfahren (§§ 930 Abs. 1 S. 2, 943 Abs. 1 ZPO, 20 Nr. 16 RPflG) einen Pfändungsbeschluss erlassen hat, weil es in diesen Fällen an einer im ersten Rechtszug iSd § 567 Abs. 1 ZPO ergangene Entscheidung fehlt.

Die im Rahmen der Erinnerung des Dritten (→ Form. P. IV. 1, → Form. P. IV. 2) erörterten Besonderheiten im Hinblick auf die erforderliche **Erinnerungsbefugnis** gelten im Beschwerdeverfahren entsprechend. Im Übrigen weist die Beschwerde des Dritten gegenüber der Beschwerde des Schuldners (→ Form. P. III. 3, Form. P. III. 4) keine Besonderheiten auf.

2. Aus den unter → Form. P. II. 1 Anm. 3 dargelegten Gründen werden die Aufgaben des Vollstreckungsgericht teilweise von dem Insolvenzgericht wahrgenommen.

3. Vgl. speziell zur Zuständigkeit des **Arrestgerichts** → Form. P. III. 2 Anm. 3.

4. Der Gläubiger ist zusätzlich als **Erinnerungsgegner** zu bezeichnen, wenn sich der Dritte mit seiner Beschwerde gegen eine ablehnende Erinnerungsentscheidung (§ 766 Abs. 1 ZPO) wendet.

5. Der weitere Beteiligte ist zugleich als **Erinnerungsführer** zu bezeichnen, wenn er gegen eine ablehnende Erinnerungsentscheidung sofortige Beschwerde einlegt.

6. Vgl. zu den Überlegungen im Zusammenhang mit dem Antrag auf **Zulassung der Rechtsbeschwerde** → Form. P. II. 5 Anm. 9, 10.

7. Kosten und Gebühren/Rechtsmittel. Hinsichtlich der Kosten und Gebühren des Beschwerdeverfahrens bzw. der Rechtsmittel gegen die Beschwerdeentscheidung kann auf die obigen Ausführungen zu → Form. P. II. 3 verwiesen werden, die entsprechend gelten.

8. Hinsichtlich der **Form** des Schriftsatzes (Unterschrift, elektronisches Dokument) wird verwiesen auf → Form. O. II. 1 Anm. 14.

V. Spezielle formelle (vollstreckungsinterne) Rechtsbehelfe bei bestimmten Tätigkeiten des Vollstreckungsgerichts nach dem Zwangsversteigerungsgesetz (ZVG)

1. Sofortige Beschwerde (§ 74a Abs. 5 S. 3 ZVG) gegen die Verkehrswertfestsetzung

An das

Amtsgericht – Vollstreckungsgericht –

in .....

In dem Zwangsversteigerungsverfahren

des/der ..... [ladungsfähige Anschrift des Gläubigers],

– Gläubigers und Beschwerdeführers/Beschwerdegegners –

Verfahrensbevollmächtigte: .....

gegen

..... [ladungsfähige Anschrift des Schuldners]

– Schuldner und Beschwerdegegner/Beschwerdeführer –

Verfahrensbevollmächtigte: .....

Weiterer Beteiligter: .....

– Beschwerdeführer –

Verfahrensbevollmächtigte: .....

Namens und in Vollmacht des Gläubigers/des Schuldners/des weiteren Beteiligten legen wir gegen den Beschluss des erkennenden Gerichts vom ....., Az. ....., zugestellt am .....,

sofortige Beschwerde gem. § 74a Abs. 5 S. 3 ZVG

ein und beantragen für den Fall, dass das Gericht der Beschwerde nicht abhilft,

den Beschluss des Amtsgerichts ..... vom ..... Az. ..... aufzuheben/abzuändern und den Verkehrswert auf mindestens/höchstens ..... EUR festzusetzen.

Hilfsweise[1, 2] für den Fall, dass das Beschwerdegericht von der Rechtsauffassung des Beschwerdeführers abweichen möchte, beantragen wir,

die Entscheidung über die Beschwerde auf die Kammer zu übertragen und die Rechtsbeschwerde zuzulassen.

Begründung:

Der Gläubiger betreibt aufgrund ..... [Angabe des Vollstreckungstitels] die Zwangsversteigerung in das im Grundbuch von ..... unter ..... eingetragene Grundstück des Schuldners. [Ggf.: Die Beteiligtenstellung des Beschwerdeführers ergibt sich daraus, dass

. . . . .]. Durch den angegriffenen Beschluss hat der Rechtspfleger auf der Grundlage des von ihm eingeholten Sachverständigengutachtens des Sachverständigen . . . . . den Verkehrswert auf einen Betrag in Höhe von . . . . . EUR festgesetzt. Der Beschluss ist dem Gläubiger/dem Schuldner/dem weiteren Beteiligten am . . . . . zugestellt worden.

Der Gläubiger/der Schuldner/der weitere Beteiligte wendet sich mit seiner gem. § 74a Abs. 5 S. 3 ZVG statthaften und fristgerecht eingelegten sofortigen Beschwerde gegen diese Verkehrswertfestsetzung. Tatsächlich beträgt der Verkehrswert nicht . . . . . EUR, sondern . . . . . EUR. Denn . . . . .[3]

[Ergänzend für den Fall, dass die Zulassung der Rechtsbeschwerde beantragt werden soll:

Wenn das Beschwerdegericht entgegen den vorstehenden Ausführungen die Beschwerde für unbegründet hält, müsste es von der – wie dargelegt – überwiegenden Auffassung in Rechtsprechung und Literatur abweichen. In diesem Fall bedarf es wegen der grundsätzlichen Bedeutung bzw. zur Fortbildung des Rechts und der Sicherung einer einheitlichen Rechtsprechung einer Entscheidung des Rechtsbeschwerdegerichts (§ 574 Abs. 2 Nr. 1 und 2 ZPO) . . . . . [ist näher darzulegen]. Dies setzt nach der st. Rechtsprechung des BGH zunächst eine Übertragung des Verfahrens von dem Einzelrichter auf die Kammer voraus (§ 568 S. 2 ZPO). Die Kammer hat sodann die Rechtsbeschwerde zuzulassen.]

Beglaubigte und einfache Abschrift liegen an.

. . . . .

Rechtsanwalt[4, 5, 6]

Anmerkungen

1. Bei der Verkehrswertfestsetzung handelt es sich um ein **Zwischenverfahren,** das der Gesetzgeber als so wichtig erachtet, dass er es – als Ausnahme von § 95 ZVG – mit einem eigenen Rechtsmittelzug ausgestattet hat. Die in den §§ 74a Abs. 1, 85a ZVG normierten Grenzen für die Versagung des Zuschlags setzen Klarheit über den Verkehrswert des Grundstückes voraus. Statthaft ist insoweit nur die sofortige Beschwerde, während eine Erinnerung iSd § 766 ZPO ausgeschlossen ist (vgl. OLG Stuttgart Rpfleger 2000, 227; *Böttcher* § 95 Rn. 39). **Beschwerdeberechtigt** sind grundsätzlich sämtliche **Beteiligte iSd § 9 ZVG,** also insbesondere der betreibende bzw. der beigetretene Gläubiger und der Vollstreckungsschuldner, aber auch die mit einem Recht am Grundstück oder an einem das Grundstück belastenden Recht Berechtigten. Eine Ausnahme gilt jedoch, wenn feststeht, dass die Rechtsstellung des Beteiligten durch die Wertfestsetzung nicht berührt sein kann; in diesem Fall fehlt das Rechtsschutzinteresse. Dies ist beispielsweise der Fall, wenn ein mit einem Erbbaurecht belastetes Grundstück zwangsversteigert wird. Die von dem Erbbauberechtigten eingelegte Verkehrswertbeschwerde ist unzulässig (vgl. BGH NJW-RR 2007, 1438; *Stöber* ZVG § 74a Rn. 9.2.).

Zu beachten ist, dass der **Schuldner** auch ein Interesse an der **Herabsetzung des Verkehrswertes** haben kann, wenn es ihm darum geht, es in den Fällen der §§ 74a Abs. 1, 85a Abs. 1 ZVG nicht zu einem weiteren Versteigerungstermin mit einer hiermit verbundenen Gefahr einer Grundstücksverschleuderung kommen zu lassen (vgl. BGH InVo 2004, 427). Andererseits ist das Beschwerderecht des Schuldners ausgeschlossen, wenn er dem Sachverständigen den Zutritt zu dem Grundstück verweigert. Das Risiko, dass die Wertfestsetzung wegen des nicht überprüfbaren Zustands des Objekts unrichtig ist, hat er zu tragen (vgl. LG Dortmund Rpfleger 2000, 466; *Stöber* ZVG § 74a Rn. 10.5).

Die sofortige Beschwerde gegen die Wertfestsetzung ist nur so lange möglich, wie das Vollstreckungsgericht noch nicht über den **Zuschlag** entschieden hat. Ab diesem Zeitpunkt kann nur noch die Erteilung oder die Versagung des Zuschlags mit der **sofortigen Beschwerde** angefochten werden (vgl. LG Rostock Rpfleger 2003, 205; *Stöber* ZVG § 74a Anm. 9.9). Insoweit ist aber die in § 74a Abs. 5 S. 4 ZVG angeordnete Bindungswirkung der Verkehrswertfestsetzung für das Zuschlagsverfahren zu beachten (vgl. hierzu auch BGH NJW-RR 2008, 944). Hiernach kann der Zuschlag oder die Versagung des Zuschlags nicht mit der Begründung angefochten werden, der Grundstückswert sei unrichtig festgesetzt worden. Allerdings greift diese Bindungswirkung nur gegenüber den Beteiligten ein, denen gegenüber die formelle **Rechtskraft** des Wertfestsetzungsbeschlusses eingetreten ist (vgl. OLG Hamm Rpfleger 1991, 73; *Stöber* ZVG § 74a Anm. 9.8). Soweit dies nicht der Fall ist, kann eine Zuschlagsbeschwerde auch auf eine unrichtige Wertfestsetzung gestützt werden (vgl. *Böttcher* § 74a Rn. 45). In der Praxis wird allerdings das Vollstreckungsgericht regelmäßig die Entscheidung über den Zuschlag bis zur rechtskräftigen Wertfestsetzung aussetzen oder die Zuschlagsverkündung nach § 87 ZVG hinausschieben, damit vorher noch über das Rechtsmittel zum Wert entschieden werden kann (vgl. *Stöber* ZVG § 74a Anm. 9.8).

Für das Beschwerdeverfahren gelten **ergänzend** die allgemeinen Vorschriften des **§§ 567 ff. ZPO**. Dies betrifft insbesondere die Fragen der form- und fristgerechten Einlegung der Beschwerde. Insoweit kann deshalb auf die Ausführungen zu den → Form. P. II. 3 ff. verwiesen werden.

2. Vgl. zu den Überlegungen im Zusammenhang mit dem Antrag auf **Zulassung der Rechtsbeschwerde** → Form. P. II. 5 Anm. 9, 10.

3. Besteht bei einem Grundstück ein ernstzunehmender **Altlastenverdacht,** muss das Vollstreckungsgericht bei der Verkehrswertermittlung den Verdachtsmomenten nachgehen und alle zumutbaren Erkenntnisquellen über die Beschaffenheit nutzen. Kosten für ein Bodengutachten sind jedenfalls dann aufzuwenden, wenn sie in einem angemessenen Verhältnis zu den Auswirkungen stehen, die das Gutachten auch angesichts der Aussagekraft vorhandener Unterlagen auf den festzusetzenden Verkehrswert haben kann (BGH NJW-RR 2006, 1389).

Weitere Einzelheiten zu den möglichen Einwendungen gegen die Verkehrswertermittlung werden bei *Stöber* ZVG § 74a Anm. 7.3 ff. erläutert.

4. Kosten und Gebühren. Im Unterschied zu den sonstigen Beschwerden im Zwangsvollstreckungsverfahren fällt für die hier erörterte Beschwerde gegen die Verkehrswertfestsetzung nach dem ZVG **keine Festgebühr** (vgl. Nr. 2121 KV GKG), sondern eine 1,0 **Verfahrensgebühr** gem. Nr. 2241 KV GKG an, vorausgesetzt, die Beschwerde wird verworfen oder zurückgewiesen. Aus diesem Grund ist das Beschwerdegericht auch von Amts wegen gehalten, den **Beschwerdewert** festzusetzen. Er beträgt im Regelfall ein Drittel der Differenz zwischen dem festgesetzten und dem erstrebten Grundstückswert (vgl. – allerdings ohne nähere Begründung – BGH Beschl. v. 12.12.2003 – IXa ZB 251/03 und Beschl. v. 25.6.2004 – IXa ZB 105/04). Etwaig entstandene Auslagen gem. Teil 9 des KV GKG hat der im Beschwerdeverfahren Unterlegene zu tragen.

Dem **Rechtsanwalt** steht für die Vertretung im Beschwerdeverfahren eine 0,5 Beschwerdegebühr gem. Nr. 3500 VV RVG zu. Kommt es – ausnahmsweise – in dem Beschwerdeverfahren zu einer mündlichen Verhandlung, kann er zusätzlich eine 0,5 Terminsgebühr gem. Nr. 3513 VV RVG beanspruchen.

5. Rechtsmittel. Gegen die Beschwerdeentscheidung ist (nur) die **Rechtsbeschwerde** zum Bundesgerichthof statthaft, wenn das Beschwerdegericht die Rechtsbeschwerde zugelassen hat (vgl. § 574 Abs. 1 Nr. 2 ZPO). Unberührt bleibt – wie stets – die Gehörsrüge gem. § 321a ZPO (→ Form. Q. II. 1).

6. Hinsichtlich der **Form** des Schriftsatzes (Unterschrift, elektronisches Dokument) wird verwiesen auf → Form. O. II. 1 Anm. 14.

2. Sofortige Beschwerde (§§ 96 ff. ZVG) gegen die Entscheidung über den Zuschlag

An das

Amtsgericht – Vollstreckungsgericht –

in .....

In dem Zwangsversteigerungsverfahren

des/der ..... [ladungsfähige Anschrift des Gläubigers],

– Gläubigers und Beschwerdeführers/Beschwerdegegners –

Verfahrensbevollmächtigte: .....

gegen

..... [ladungsfähige Anschrift des Schuldners],

– Schuldner und Beschwerdegegner/Beschwerdeführer –

Verfahrensbevollmächtigte: .....

(Variante:
Weiterer Beteiligter: .....)

– Beschwerdeführer –

Verfahrensbevollmächtigte: .....

Namens und in Vollmacht des Gläubigers/des Schuldners/des weiteren Beteiligten legen wir gegen den Beschluss des erkennenden Gerichts vom ....., Az. ....., zugestellt am ....., oder: verkündet am .....[1, 2]

sofortige Beschwerde gem. §§ 96 ff. ZVG

ein und beantragen[3] für den Fall, dass der Beschwerde nicht abgeholfen wird,

den Beschluss des Amtsgerichts ..... vom ..... Az. ..... aufzuheben/abzuändern und den Zuschlag zu versagen.

(Variante:
den Beschluss des Amtsgerichts ..... vom ..... Az. ..... aufzuheben/abzuändern und den Zuschlag an ..... zu erteilen.)

Hilfsweise[4] für den Fall, dass das Beschwerdegericht von der Rechtsauffassung des Beschwerdeführers abweichen möchte, beantragen wir,

die Entscheidung über die Beschwerde auf die Kammer zu übertragen und
die Rechtsbeschwerde zuzulassen.

Begründung:

Der Gläubiger betreibt aufgrund ..... [Angabe des Vollstreckungstitels] die Zwangsversteigerung in das im Grundbuch von ..... unter ..... eingetragene Grundstück des Schuldners. [Ggf.: Die Beteiligtenstellung des Beschwerdeführers ergibt sich daraus, dass .....]. Versteigerungstermin hat am ..... stattgefunden. Der Beschwerdeführer hat hieran nicht/persönlich/vertreten durch ..... teilgenommen. Durch den angegriffenen

Beschluss hat der Rechtspfleger den Zuschlag zu einem Gebot von ..... EUR an den ..... erteilt.

(Variante:
Durch den angegriffenen Beschluss hat der Rechtspfleger den Zuschlag versagt und dies damit begründet, dass .....)

(Variante:
..... (Schilderung sonstiger für die Beschwerde relevanter Einzelheiten des Zwangsversteigerungsverfahrens).)

Der Beschluss ist am ..... verkündet worden./Der Beschluss ist dem Beschwerdeführer am ..... zugestellt worden.

Der Gläubiger/der Schuldner/der weitere Beteiligte wendet sich mit seiner gem. § 96 ff. ZVG statthaften und gem. § 98 ZVG iVm § 569 Abs. 1 ZPO fristgerecht innerhalb der Zwei-Wochenfrist ab Verkündung/ab Zustellung der angegriffenen Entscheidung eingelegten sofortigen Beschwerde gegen die Erteilung des Zuschlags an ...../gegen die Versagung des Zuschlags.

Die Beschwerde wird darauf gestützt (vgl. § 100 Abs. 1 ZVG), dass der Rechtspfleger die Vorschrift des § 81/§ 83/§ 84/§ 85a ZVG verletzt hat. Die Rechtsverletzung folgt aus dem Umstand, dass ..... [Darlegung der Verfahrensverletzung durch den Rechtspfleger].[5]

(Variante:
Die Beschwerde wird darauf gestützt (vgl. § 100 Abs. 1 ZVG), dass der Zuschlag unter anderen als den der Versteigerung zugrundegelegten Bedingungen erteilt worden ist. Dies ergibt sich daraus, dass .....)

[Ergänzend für den Fall, dass die Zulassung der Rechtsbeschwerde beantragt werden soll:

Wenn das Beschwerdegericht entgegen den vorstehenden Ausführungen die Beschwerde für unbegründet hält, müsste es von der – wie dargelegt – überwiegenden Auffassung in Rechtsprechung und Literatur abweichen. In diesem Fall bedarf es wegen der grundsätzlichen Bedeutung bzw. zur Fortbildung des Rechts und der Sicherung einer einheitlichen Rechtsprechung einer Entscheidung des Rechtsbeschwerdegerichts (§ 574 Abs. 2 Nr. 1 und 2 ZPO) ..... (ist näher darzulegen). Dies setzt nach der st. Rechtsprechung des BGH zunächst eine Übertragung des Verfahrens von dem Einzelrichter auf die Kammer voraus (§ 568 S. 2 ZPO). Die Kammer hat sodann die Rechtsbeschwerde zuzulassen.]

Beglaubigte und einfache Abschrift liegen an.

.....

Rechtsanwalt[6, 7]

Anmerkungen

1. Da das Zwangsversteigerungsgesetz gem. § 869 ZPO Teil der ZPO ist, finden die **zivilprozessualen** Vorschriften über die **Rechtsbehelfe** grundsätzlich auch im **Zwangsversteigerungsverfahren** Anwendung. Im Hinblick auf die Möglichkeit einer Beschwerde gegen die Entscheidung über den Zuschlag gelten jedoch gem. § 96 ZVG vorrangig die

Sonderregelungen in den §§ 97–104 ZVG. (Nur) im Übrigen sind die Vorschriften der §§ 567 ff. ZPO anzuwenden. Folgende **Besonderheiten** sind zu berücksichtigen:

Der Kreis der **Beschwerdeberechtigten** ist in § 97 ZVG bestimmt und ist unterschiedlich, je nachdem, ob sich die Beschwerde gegen die Erteilung des Zuschlags oder gegen die Versagung des Zuschlags richtet. Im ersten Falle sind dies in erster Linie sämtliche Beteiligten iSd § 9 ZVG einschließlich des betreibenden Gläubigers und des Schuldners, aber auch der Ersteher und jeder Bieter, dessen Gebot nicht nach §§ 71 f. ZVG erloschen ist (vgl. OLG Koblenz ZIP 1987, 1531; *Stöber* ZVG § 97 Rn. 2.8). Für die Beteiligtenstellung gem. § 9 Nr. 2 ZVG und damit auch für die Beschwerdeberechtigung genügt die bloße Willenserklärung des Erklärenden, dass er eine Berücksichtigung seines Rechts in dem Zwangsversteigerungsverfahren wünscht. Erforderlich sind dabei lediglich Angaben zu Rechtsgrund und Rang des geltend gemachten Rechts sowie zu dem geforderten Betrag. Demgegenüber braucht die Anmeldung eine schlüssige Darlegung zu der Entstehung bzw. zu dem Erwerb des Rechts nicht zu enthalten (vgl. BGH InVo 2007, 126 (127)). Wenn der Zuschlag versagt wird, sind der betreibende Gläubiger, jeder Bieter, dessen Gebot nicht erloschen ist sowie derjenige beschwerdeberechtigt, der nach § 81 Abs. 2 und 3 ZVG an die Stelle des Bieters treten soll. Demgegenüber steht dem Schuldner ausweislich des eindeutigen Wortlauts des § 97 Abs. 1 ZVG kein Beschwerderecht zu (vgl. OLG Köln Rpfleger 1997, 176; *Stöber* ZVG § 97 Rn. 2.11), es sei denn, das Vollstreckungsgericht versagt auf ein unwirksames Gebot nach § 85a Abs. 1 ZVG rechtsfehlerhaft den Zuschlag, statt es gem. § 71 Abs. 1 ZVG zurückzuweisen (vgl. BGH NJW-RR 2008, 688).

In Abweichung von § 569 Abs. 1 ZPO beginnt die zweiwöchige Beschwerdefrist **gegen die Versagung des Zuschlags** für alle Beschwerdeberechtigten schon mit der **Verkündung** der Entscheidung und nicht erst mit der Zustellung an den Beschwerdeführer (§ 98 S. 1 ZVG). Entsprechendes gilt für die Beschwerde gegen die Zuschlagserteilung für die Beschwerdeführer, **die im Versteigerungstermin oder im Verkündungstermin erschienen waren** (§ 98 S. 2 ZVG). Dass der Beschluss den Erschienenen nach Verkündung irrtümlich auch noch zugestellt wurde, ändert an dem Fristlauf bereits ab Verkündung nichts (vgl. OLG Celle Rpfleger 1986, 489). **Aber**: Nach der grundlegenden Entscheidung des Bundesgerichtshofs (BGHZ 180, 199 = NJW-RR 2009, 890) zu dem verfassungsrechtlich begründeten Erfordernis einer **Rechtsmittelbelehrung** ist dem Betroffenen, der die Beschwerdefrist versäumt hat, **Wiedereinsetzung** in den vorigen Stand zu gewähren, wenn er über den Fristlauf bereits ab Verkündung nicht vorher belehrt worden ist. Unterbleibt die von Verfassungs wegen gebotene Rechtsmittelbelehrung, kommt dem Betroffenen – entsprechend dem Rechtsgedanken aus § 44 S. 2 StPO – die unwiderlegliche Vermutung zugute, dass ihn an der Versäumung der Rechtsmittelfrist kein Verschulden trifft, sofern der Belehrungsmangel für die Versäumung der Rechtsmittelfrist ursächlich geworden ist. Für die Ursächlichkeit spricht bei einem nicht anwaltlich vertretenen Beteiligten eine tatsächliche Vermutung (BGHZ 180, 199 = NJW-RR 2009, 890).

§ 100 ZVG schränkt im Interesse einer schnellen Klärung die **Beschwerdegründe** durch eine erschöpfende Aufzählung ein. Die Beschwerde kann nur darauf gestützt werden, dass eine der Vorschriften der §§ 81, 83 bis 85a ZVG verletzt oder dass der Zuschlag unter anderen als den der Versteigerung zugrundegelegten Bedingungen erteilt ist. Hierbei kann die rechtsmissbräuchliche Ablehnung des Rechtspflegers nicht als sonstiger – der Zuschlagserteilung einstweilen entgegenstehender – Grund iSd § 83 Nr. 6 ZVG angesehen werden (vgl. BGH InVo 2007, 477 (478)). Wenn andererseits das Vollstreckungsgericht zugleich den Zuschlag erteilt und einen auf § 765a ZPO gestützten Vollstreckungsschutzantrag zurückgewiesen hat, kann die Zuschlagsbeschwerde auch wegen der Verletzung des § 765a ZPO begründet sein (vgl. BGH InVo 2007, 416 (417)).

Wie bereits unter → Form. P. V. 1 Anm. 1 dargelegt worden ist, können mit der Zuschlagsbeschwerde keine Einwendungen mehr gegen eine rechtskräftige Festsetzung des Verkehrswertes geltend gemacht werden (§ 74a Abs. 5 S. 4 ZVG; vgl. auch BGH NJW-RR 2008, 944). Durch die **abschließende Aufzählung der Beschwerdegründe in § 100 Abs. 1 ZVG** hat der Gesetzgeber zum Ausdruck gebracht, dass die Beschwerde – in Abweichung zu dem in § 571 Abs. 2 S. 1 ZPO enthaltenen Grundsatz – nicht auf solche Tatsachen gestützt werden kann, die erst nach der angefochtenen Entscheidung eingetreten oder dem Gericht bekannt geworden sind (vgl. BGHZ 44, 138 (144); OLG Frankfurt Rpfleger 1991, 470).

Während das **Beschwerdegericht** nach der allgemeinen Vorschrift des § 572 Abs. 3 ZPO die Sache bei einer begründeten Beschwerde auch an das Ausgangsgericht zurückverweisen kann, ist es im Zuschlagsbeschwerdeverfahren gem. § 101 ZVG wegen der insoweit gebotenen Verfahrensbeschleunigung bei einer begründeten Beschwerde **zu einer eigenen Sachentscheidung verpflichtet.** Entweder hebt das Beschwerdegericht den Zuschlag auf oder es erteilt den vom Vollstreckungsgericht versagten Zuschlag nunmehr selbst. Ist die Beschwerde unzulässig oder unbegründet, wird sie nach den allgemeinen Vorschriften (als unzulässig) verworfen (§ 572 Abs. 2 S. 2 ZPO) bzw. zurückgewiesen.

Als Besonderheit ist schließlich zu berücksichtigen, dass eine Anordnung zur Erstattung außergerichtlicher Kosten nach § 97 ZPO nicht in Betracht kommt, weil sich die Beteiligten in dem Verfahren über die Zuschlagsbeschwerde grundsätzlich nicht als Parteien iSd ZPO gegenüberstehen (vgl. BGH InVo 2007, 477 (479) mwN).

2. Unter den Voraussetzungen des § 98 ZVG beginnt die **Beschwerdefrist** bereits mit der Verkündung des angegriffenen Beschlusses zu laufen. Dies gilt auch für einen Beteiligten, der sein Recht gem. § 97 Abs. 2 ZVG erst nachträglich im Beschwerdeverfahren anmeldet (vgl. BGH InVo 2007, 479 (480 f.)). Bei einer Fristversäumung wird aber häufig eine **Wiedereinsetzung** in den vorigen Stand in Betracht kommen (vgl. BGHZ 180, 199 = NJW-RR 2009, 890 und obige → Anm. 1).

3. Die **Antragstellung** orientiert sich an der in § 101 Abs. 1 ZVG normierten Entscheidung des Beschwerdegerichts für den Fall einer begründeten Beschwerde.

4. Vgl. zu den Überlegungen im Zusammenhang mit dem Antrag auf **Zulassung der Rechtsbeschwerde** → Form. P. II. 5 Anm. 9, 10.

5. Praktisch besonders bedeutsam ist die Rechtsprechung des Bundesgerichtshofs (vgl. BGH InVo 2007, 470 (472 ff.); BGH MDR 2007, 1344) zu den Voraussetzungen einer Unwirksamkeit von Eigengeboten von Gläubigervertretern (kritisch zu dieser Rechtsprechung *Hasselblatt* NJW 2006, 1320 (1321 ff.)).

Zu beachten ist, dass eine Zuschlagsbeschwerde mangels **Rechtsschutzinteresses** unzulässig ist, wenn feststeht, dass sich der gerügte Verfahrensverstoß auf das Recht des Beschwerdeführers nicht ausgewirkt hat (vgl. BGH InVo 2007, 84 zu einem Verstoß gegen §§ 69 Abs. 1, 70 Abs. 2 S. 3 ZVG).

6. Kosten und Gebühren/Rechtsmittel. Hinsichtlich der Kosten und Gebühren des Beschwerdeverfahrens bzw. der **Rechtsmittel** gegen die Beschwerdeentscheidung kann im Wesentlichen auf die Ausführungen → Form. P. V. 1 verwiesen werden, die entsprechend gelten.

Bei der Festsetzung des **Beschwerdewerts** ist allerdings die Vorschrift des § 54 Abs. 2 GKG entsprechend heranzuziehen (vgl. BGH WM 2006, 782 (785); BGH AGS 2007, 99). Hiernach bestimmt sich die Gebühr für die Erteilung des Zuschlags nach dem Gebot ohne Zinsen, für das der Zuschlag erteilt ist, einschließlich des Werts der nach den Versteigerungsbedingungen bestehen bleibenden Rechte zuzüglich des Betrages, in dessen Höhe der Ersteher nach § 114a ZVG als aus dem Grundstück befriedigt gilt.

Besonderheiten gelten zudem im Verfahren der – gem. § 574 Abs. 1 Nr. 2 ZPO zulassungsbedürftigen – Rechtsbeschwerde vor dem Bundesgerichtshof. Wenn das Beschwerdegericht den Beschluss, durch welchen der Zuschlag erteilt war, nach der Verteilung des Versteigerungserlöses aufgehoben hat, steht die zugelassene Rechtsbeschwerde gem. § 102 ZVG auch denjenigen zu, welchen der Erlös zugeteilt ist. Hat das Beschwerdegericht einen Beschluss, durch welchen der Zuschlag erteilt ist, zu Unrecht aufgehoben, hebt der Bundesgerichtshof bei einer zugelassenen Rechtsbeschwerde die Beschwerdeentscheidung auf und weist die gegen die Erteilung des Zuschlags gerichtete Beschwerde zurück (§ 101 Abs. 2 ZVG).

7. Hinsichtlich der **Form** des Schriftsatzes (Unterschrift, elektronisches Dokument) wird verwiesen auf → Form. O. II. 1 Anm. 14.

VI. Spezielle formelle (vollstreckungsinterne) Rechtsbehelfe bei der Tätigkeit des Grundbuchamtes als Vollstreckungsorgan

1. (Einfache) Grundbuchbeschwerde (§ 71 GBO)

An

das Amtsgericht – Grundbuchamt –

in .....[1, 2]

In der Zwangsvollstreckungssache

des/der ..... [ladungsfähige Anschrift des Gläubigers],

– Gläubigers und Beschwerdeführers/Beschwerdegegners –

Verfahrensbevollmächtigte: .....[3]

gegen

..... [ladungsfähige Anschrift des Schuldners],

– Schuldner und Beschwerdegegner/Beschwerdeführer –

Verfahrensbevollmächtigte: .....

Namens und in Vollmacht des Gläubigers/des Schuldners legen wir gegen den Beschluss des Grundbuchamtes vom ..... Az. ...../die am ..... erfolgte Eintragung einer Sicherungshypothek durch das Grundbuchamt

einfache[4] Beschwerde gem. § 71 GBO

ein und beantragen für den Fall, dass das Grundbuchamt der Beschwerde nicht gem. § 75 GBO abhilft,

(Variante für die Beschwerde des Gläubigers:

unter Aufhebung des Beschlusses des Amtsgerichts vom ..... Az. ..... das Amtsgericht anzuweisen, entsprechend dem Antrag des Gläubigers vom ..... eine Zwangssicherungshypothek in das Grundbuch von ..... (exakte grundbuchmäßige Bezeichnung) einzutragen.)

(Variante für die Beschwerde des Schuldners:
das Amtsgericht anzuweisen, gegen die am ..... erfolgte Eintragung einer Zwangssicherungshypothek im Grundbuch von ..... (exakte grundbuchmäßige Bezeichnung) einen Amtswiderspruch einzutragen.[5])

Vorab beantragen wir,

(Variante für die Beschwerde des Gläubigers:
das Grundbuchamt im Wege der einstweiligen Anordnung gem. § 76 GBO anzuweisen, zur Sicherung des Anspruchs des Gläubigers auf Eintragung einer Zwangshypothek im Grundbuch von ..... (exakte grundbuchmäßige Bezeichnung) eine Vormerkung einzutragen.)

(Variante für die Beschwerde des Schuldners:
das Grundbuchamt im Wege der einstweiligen Anordnung gem. § 76 GBO anzuweisen, zur Sicherung des Anspruchs des Schuldners auf Löschung der im Grundbuch von ..... (exakte grundbuchmäßige Bezeichnung) eingetragenen Zwangshypothek einen Widerspruch einzutragen.[6])

Begründung:

(Variante für die Beschwerde des Gläubigers:

Der Gläubiger betreibt aufgrund ..... (Angabe des Vollstreckungstitels) gegen den Schuldner die Zwangsvollstreckung in das im Grundbuch von ..... unter ..... eingetragene Grundstück des Schuldners. Durch den angegriffenen Beschluss hat der Rechtspfleger den Antrag des Gläubigers auf Eintragung einer Zwangssicherungshypothek vom ..... mit der Begründung zurückgewiesen, dass .....

Der Gläubiger wendet sich mit seiner gem. § 71 GBO statthaften Beschwerde gegen diese Weigerung des Rechtspflegers. Entgegen dessen Auffassung liegen sämtliche Voraussetzungen für die begehrte Eintragung der Zwangssicherungshypothek vor. Denn ..... (Widerlegung der von dem Rechtspfleger aufgeführten Gründe).

Der Antrag auf Erlass einer einstweiligen Anordnung ist gem. § 76 Abs. 1 GBO erforderlich, um den Gläubiger vor Rechtsnachteilen zu schützen, die durch eine zwischenzeitliche Verfügung des Schuldners über das Grundstück eintreten können. Durch die Eintragung der begehrten Vormerkung wird die gebotene Sicherung des Gläubigers erreicht. Die hinreichende Erfolgsaussicht der Beschwerde ergibt sich aus den vorstehenden Ausführungen. Zur Glaubhaftmachung wird ergänzend auf die anliegende eidesstattliche Versicherung des Gläubigers Bezug genommen.)

(Variante für die Beschwerde des Schuldners:

Der Gläubiger betreibt aufgrund ..... (Angabe des Vollstreckungstitels) gegen den Schuldner die Zwangsvollstreckung in das im Grundbuch von ..... unter ..... eingetragene Grundstück des Schuldners. Auf Antrag des Gläubigers vom ..... hat der Rechtspfleger zu Gunsten des Gläubigers im Grundbuch eine Zwangssicherungshypothek eingetragen.

Der Schuldner wendet sich mit seiner gem. § 71 GBO statthaften Beschwerde gegen diese Eintragung mit dem Ziel der Eintragung eines Amtswiderspruchs. Die Eintragung hätte nicht vorgenommen werden dürfen, weil ..... (Darlegung der vollstreckungsrechtlichen bzw. grundbuchrechtlichen Gründe, die einer Eintragung der Zwangssicherungshypothek entgegenstehen).

Der Antrag auf Erlass einer einstweiligen Anordnung ist gem. § 76 Abs. 1 GBO erforderlich, um den Schuldner vor Rechtsnachteilen zu schützen, die durch eine zwischenzeitliche Verfügung des Gläubigers über die eingetragene Sicherungshypothek eintreten können. Durch die Eintragung des begehrten Widerspruchs wird ein gutgläubiger Erwerb eines Dritten verhindert. Die hinreichende Erfolgsaussicht der Beschwerde ergibt sich aus den vorstehenden Ausführungen. Zur Glaubhaftmachung wird ergänzend auf die anliegende eidesstattliche Versicherung des Schuldners Bezug genommen.)

Beglaubigte und einfache Abschriften liegen an.

.....

Rechtsanwalt[7, 8, 9]

Anmerkungen

1. Während für die Immobiliarvollstreckung in Gestalt der Zwangsversteigerung und der Zwangsverwaltung das Vollstreckungsgericht zuständig ist (§ 869 ZPO iVm §§ 1 ff. ZVG), obliegt die Eintragung einer **Zwangshypothek** als dritte Art der Vollstreckung wegen einer Geldforderung in das unbewegliche Vermögen (vgl. § 866 Abs. 1 ZPO) dem **Grundbuchamt** (§ 867 Abs. 1 ZPO), dem insoweit (auch) die Stellung als Vollstreckungsorgan zukommt. Darüber hinaus hat das Grundbuchamt auch die Eintragungen einer Vormerkung oder eines Widerspruchs in den Fällen des § 895 ZPO vorzunehmen, die hier allerdings nicht gesondert erörtert werden. Funktionell ist der **Rechtspfleger zuständig,** dem die Grundbuchsachen gem. § 3 Nr. 1h RPflG übertragen sind. Obwohl das Grundbuchamt deshalb auch vollstreckungsrechtliche Maßnahmen oder Entscheidungen iSd §§ 766, 793 ZPO trifft, sind die zivilprozessualen Rechtsbehelfe der Vollstreckungserinnerung bzw. der sofortigen Beschwerde nicht statthaft. Diese werden vielmehr durch die speziellen Rechtsbehelfe nach der Grundbuchordnung (Beschwerde gem. § 71 GBO und Rechtsbeschwerde gem. § 78 GBO) verdrängt (allgM, vgl. OLG Köln Rpfleger 1996, 189; *Demharter* § 71 Rn. 12 mwN). § 71 GBO verdrängt auch die Beschwerdevorschriften der §§ 58 ff. FamFG, während hinsichtlich der Rechtsbeschwerde gem. § 78 GBO die Vorschriften der §§ 71 ff. FamFG für anwendbar erklärt werden.

Erfolgt die Eintragung einer **Höchstbetragsbürgschaft** durch das Grundbuchamt auf Ersuchen der **Staatsanwaltschaft** aufgrund eines nach § 111d Abs. 1 StPO erlassenen Arrests, handelt es sich um eine Maßnahme der Arrestvollziehung. Ausschließlicher Rechtsbehelf hiergegen ist der **Antrag auf gerichtliche Entscheidung** nach § 111f Abs. 5 StPO zum **Strafgericht**; eine Beschwerde nach den §§ 71 ff. GBO ist demgegenüber nicht statthaft (vgl. OLG Jena NJW 2012, 692).

2. Gem. § 72 GBO **entscheidet** über die Beschwerde zwar das **Oberlandgericht,** in dessen Bezirk das Grundbuchamt seinen Sitz hat. Da die Beschwerde aber gem. § 73 Abs. 1 GBO nicht nur bei dem Beschwerdegericht, sondern auch bei dem Grundbuchamt wirksam eingelegt werden kann und dieses gem. § 75 GBO der Beschwerde abhelfen kann und muss, wenn es sie für begründet erachtet, entspricht es der gängigen Praxis, das Rechtsmittel unmittelbar bei dem Grundbuchamt einzureichen. Im Falle der Nichtabhilfe legt das Grundbuchamt die Beschwerde dem Oberlandgericht zur Entscheidung vor.

3. Anwaltszwang besteht für die Beschwerde **nicht.** Vielmehr genügt es gem. § 73 Abs. 2 GBO, dass die Beschwerde schriftlich eingereicht oder zu Protokoll der Geschäftsstelle des Grundbuchamtes oder des Beschwerdegerichts erklärt wird.

4. Bei der Beschwerde gem. § 71 GBO handelt es sich – im Unterschied zu der Beschwerde gem. den §§ 793, 567 ff. ZPO und auch im Unterschied zu der Beschwerde gem. den §§ 58 ff. FamFG – um eine sog. einfache, dh grundsätzlich **nicht fristgebundene** Beschwerde (vgl. *Demharter* § 71 Rn. 2 mit der Darlegung hier nicht einschlägiger Ausnahmevorschriften).

5. Bei einer **Beschwerde des Schuldners** ist besonders auf die **richtige Antragstellung** zu achten. Da gem. § 71 Abs. 2 S. 1 GBO eine Beschwerde gegen eine Eintragung unzulässig ist, kann der Schuldner grundsätzlich **nicht** die **Löschung der im Grundbuch bereits eingetragenen Sicherungshypothek verlangen.** Hintergrund dieser Regelung ist der Umstand, dass die Eintragung im Grundbuch gem. § 892 BGB Grundlage für einen gutgläubigen Erwerb sein kann, der nicht durch eine Löschung der Eintragung mit rückwirkender Kraft beseitigt werden kann. Dies gilt auch bei der Eintragung einer Zwangshypothek (vgl. BGHZ 64, 194 (197); *Demharter* § 71 Rn. 51 mwN). Da allerdings kein Hindernis besteht, für die Zukunft die Möglichkeit des gutgläubigen Erwerbs aufgrund einer unrichtigen Eintragung im Grundbuch auszuschließen, kann gem. § 71 Abs. 2 S. 2 GBO die Anweisung des Grundbuchamtes zur **Eintragung eines Amtswiderspruchs** iSd § 53 GBO verlangt werden. Die in § 71 Abs. 2 S. 2 GBO daneben vorgesehene Löschung eines eingetragenen Rechts kommt demgegenüber nur dann in Betracht, wenn die Eintragung bereits ihrem Inhalt nach unzulässig ist iSd § 53 Abs. 1 S. 2 GBO. Dies ist nur dann der Fall, wenn ein Recht mit dem Inhalt oder der Ausgestaltung, wie es eingetragen ist, aus Rechtsgründen nicht bestehen kann (vgl. BayObLG Rpfleger 1986, 371; *Demharter* § 53 Rn. 42 ff.). Demgegenüber genügt es nicht, dass bestimmte Eintragungsvoraussetzungen nicht vorlagen, insoweit kommt nur die Eintragung eines Widerspruchs in Betracht. Dass die Eintragung einer Sicherungshypothek in dem dargelegten Sinne bereits ihrem Inhalt nach unzulässig war, dürfte in der Praxis – wenn überhaupt – nur ganz selten vorkommen, so dass eine Löschung der Zwangshypothek grundsätzlich keine taugliches Ziel der Beschwerde sein kann.

Anders kann sich die Sachlage darstellen, wenn auf eine Beschwerde des Schuldners das Grundbuchamt gegen die Zwangshypothek einen **Amtswiderspruch eingetragen** hat und der Schuldner **danach** bei dem Grundbuchamt die **Löschung** der Zwangshypothek beantragt und das Grundbuchamt dies ablehnt. Nach seinem Zweck betrifft § 71 Abs. 2 GBO nur solche Eintragungen, die Grundlage für einen gutgläubigen Erwerb sein können. Ist ein gutgläubiger Erwerb nach dem konkreten Inhalt des Grundbuchs sowohl für die Vergangenheit als auch für die Zukunft rechtlich ausgeschlossen, kann eine Beschwerde gem. § 71 GBO **ausnahmsweise** auf eine Löschung des Rechts gerichtet werden (vgl. BGHZ 64, 194 (198 f.)). Da die Sicherungshypothek immer als Buchhypothek bestellt wird (vgl. §§ 867 ZPO, 1184 f., 1154 Abs. 3, 873 BGB), lässt sich durch einen Blick in das Grundbuch ermitteln, ob die zugunsten des Gläubigers eingetragene Zwangshypothek **vor** Eintragung des Amtswiderspruchs von einem Dritten gutgläubig erworben wurde. Wenn dies nicht der Fall und damit ein gutgläubiger Erwerb in der Vergangenheit ausgeschlossen ist, kann der Schuldner Löschung verlangen, weil **nach** Eintragung des Amtswiderspruchs durch diesen ein gutgläubiger Erwerb auch für die Zukunft verhindert wird (vgl. BGHZ 64, 194 (198 f.)).

Die Grundbuchbeschwerde des Schuldners dürfte auch darauf gestützt werden können, dass der Gläubiger bereits dadurch hinreichend gesichert ist, dass er eine bewegliche Sache des Schuldners in Besitz hat, in Ansehung deren ihm ein Pfandrecht oder ein Zurückbehaltungsrecht für seine Forderung zusteht (§ 777 ZPO). Da § 777 ZPO auch im Rahmen der Immobiliarvollstreckung Anwendung findet (vgl. MüKoZPO/*K. Schmidt/Brinkmann* § 777 Rn. 2), der Schuldner andererseits bei der Eintragung einer Zwangssicherungshypothek durch das Grundbuchamt nur der spezielle Rechtsbehelf der Grundbuchbeschwerde zusteht, muss er die Einwendung des § 777 ZPO im Rahmen dieses Rechtsbehelfs geltend machten können. Andernfalls entstünde eine nicht hinnehmbar Rechtsschutzlücke. Erörtert wird die Frage – soweit ersichtlich – in der Literatur bislang nicht. Auch gibt es noch keine Rechtsprechung zu der Thematik.

6. Der aufgrund der **einstweiligen Anordnung** eingetragene Widerspruch des Schuldners hat – im Unterschied zu dem gem. § 71 Abs. 2 S. 2 GBO in der Hauptsache begehrten Widerspruch – nur eine **vorläufige Wirkung.** Wird die Beschwerde zurückgenommen oder zurückgewiesen, erfolgt eine Löschung des Widerspruchs von Amts wegen (vgl. § 76 Abs. 2 GBO). Hat die Beschwerde demgegenüber Erfolg, ist der Widerspruch in die endgültige Eintragung umzuschreiben. Hierfür genügt es, den Widerspruch durch einen Vermerk in der Veränderungsspalte als endgültig zu kennzeichnen (vgl. *Demharter* § 76 Rn. 11).

7. Kosten und Gebühren. Wenn die Beschwerde (als unzulässig) verworfen oder (als unbegründet) zurückgewiesen wird, entsteht an **Gerichtskosten** gem. Nr. 14510 KV GNotKG eine volle Gebühr, höchstens jedoch ein Betrag von 800 EUR. Hinzu kommen etwaig entstandene Auslagen gem. Teil 3 Hauptabschnitt 1 KV GNotKG. Die Höhe der Gebühr bestimmt sich nach der Gebührentabelle B zu § 34 GNotKG und ist abhängig von dem Geschäftswert, den das Gericht gem. § 79 Abs. 1 GNotKG bestimmt. Er ist in der Regel mit dem titulierten Anspruch identisch. Wenn die Beschwerde Erfolg hat, ist das Beschwerdeverfahren gebührenfrei und auch auslagenfrei, es sei denn, das Beschwerdegericht hat die Kosten dem Beschwerdegegner auferlegt (Vorbemerkung 3.1 Abs. 1 KV GNotKG). Bei einer Beendigung des Beschwerdeverfahrens ohne Endentscheidung oder Rücknahme der Beschwerde fällt gem. Nr. 14511 KV GNotKG eine 0,5-Gebühr an, höchstens jedoch ein Betrag von 400 EUR.

Dem **Rechtsanwalt** steht für die Vertretung im Beschwerdeverfahren eine 1,6 Beschwerdegebühr gem. Nr. 3200 VV RVG zu. Kommt es in dem Beschwerdeverfahren zu einer mündlichen Verhandlung, hat er zusätzlich Anspruch auf eine 1,2 Terminsgebühr gem. Nr. 3202 VV RVG.

8. Rechtsmittel. Gegen die Entscheidung des Beschwerdegerichts ist das Rechtsmittel der Rechtsbeschwerde gem. § 78 GBO statthaft, wenn das Beschwerdegericht diese zugelassen hat (→ Form. P. VI. 2). Demgegenüber ist eine einstweilige Anordnung (§ 76 GBO) oder die Ablehnung des Erlasses einer solchen unanfechtbar (vgl. *Demharter* § 76 Rn. 9 mwN). Dies ändert jedoch nichts daran, dass das Oberlandesgericht seine vorläufige Anordnung jederzeit aufheben und deshalb auch die Löschung der Vormerkung oder des Widerspruchs anordnen kann (vgl. *Demharter* § 76 Rn. 9). Mit diesem Ziel kann auch eine Gegenvorstellung erhoben werden (→ Form. Q. II. 2).

9. Hinsichtlich der **Form** des Schriftsatzes (Unterschrift, elektronisches Dokument) wird verwiesen auf → Form. O. II. 1 Anm. 14.

2. Rechtsbeschwerde (§ 78 Abs. 1, Abs. 3 GBO iVm den §§ 71 ff. FamFG)

An

den Bundesgerichtshof[1]

in Karlsruhe

In der Zwangsvollstreckungssache

des/der ..... [ladungsfähige Anschrift des Gläubigers],

Gläubigers und Beschwerdeführers/Beschwerdegegners,

Verfahrensbevollmächtigte: .....[2]

gegen

..... [ladungsfähige Anschrift des Schuldners],

Schuldner und Beschwerdegegner/Beschwerdeführer,

Verfahrensbevollmächtigte: .....

Namens und in Vollmacht des Gläubigers/des Schuldners legen wir gegen den Beschluss des Oberlandesgerichts ..... vom ....., Az. ....., zugestellt am[3]**.....**

Rechtsbeschwerde gem. § 78 Abs. 1 GBO

ein und beantragen,

(Variante für die Beschwerde des Gläubigers:
unter Aufhebung des Beschlusses des Oberlandesgerichts vom ..... Az. ..... sowie des Beschlusses des Amtsgerichts vom ..... Az. ..... das Amtsgericht anzuweisen, entsprechend dem Antrag des Gläubigers vom ..... eine Zwangssicherungshypothek in das Grundbuch von ..... (exakte grundbuchmäßige Bezeichnung) einzutragen.)

(Variante für die Beschwerde des Schuldners:
unter Aufhebung des Beschlusses des Oberlandesgerichts vom ..... Az. ..... das Amtsgericht anzuweisen, gegen die am ..... erfolgte Eintragung einer Zwangssicherungshypothek im Grundbuch von ..... (exakte grundbuchmäßige Bezeichnung) einen Amtswiderspruch einzutragen.)

Vorab beantragen wir,

(Variante für die Beschwerde des Gläubigers:
das Grundbuchamt im Wege der einstweiligen Anordnung gem. § 76 GBO[4] *anzuweisen, zur Sicherung des Anspruchs des Gläubigers auf Eintragung einer Zwangshypothek im Grundbuch von ..... (exakte grundbuchmäßige Bezeichnung) eine Vormerkung einzutragen.)*

(Variante für die Beschwerde des Schuldners:
das Grundbuchamt im Wege der einstweiligen Anordnung gem. § 76 GBO anzuweisen, zur Sicherung des Anspruchs des Schuldners auf Löschung der im Grundbuch von ..... (exakte grundbuchmäßige Bezeichnung) eingetragenen Zwangshypothek einen Widerspruch einzutragen.)

Begründung:

(Variante für die Beschwerde des Gläubigers:

Der Gläubiger betreibt aufgrund ..... (Angabe des Vollstreckungstitels) gegen den Schuldner die Zwangsvollstreckung in das im Grundbuch von ..... unter ..... eingetragene Grundstück des Schuldners. Durch Beschluss vom ..... hat der Rechtspfleger den Antrag des Gläubigers auf Eintragung einer Zwangssicherungshypothek vom ..... mit der Begründung zurückgewiesen, dass ..... Die hiergegen von dem Gläubiger eingelegte Beschwerde vor dem Oberlandgericht hatte keinen Erfolg. Das Oberlandesgericht, das die Rechtsbeschwerde zugelassen hat, hat durch den angegriffenen Beschluss die Entscheidung des Amtsgerichts bestätigt ..... (Kurzwiedergabe der Gründe des angegriffenen Beschlusses).

Der Gläubiger wendet sich mit seiner gem. § 78 GBO statthaften Rechtsbeschwerde gegen die Entscheidung des Oberlandesgerichts. Entgegen dessen Auffassung liegen sämtliche Voraussetzungen für die begehrte Eintragung der Zwangssicherungshypothek vor. Die Entscheidung des Oberlandesgerichts beruht auf einer Verletzung des Rechts iSd § 72 Abs. 1 FamFG.[5] *Denn ..... (Darlegung der Rechtsverletzung).*

Der Antrag auf Erlass einer einstweiligen Anordnung ist erforderlich, um den Gläubiger vor Rechtsnachteilen zu schützen, die durch eine zwischenzeitliche Verfügung des Schuldners über das Grundstück eintreten können. Durch die Eintragung der begehrten Vormerkung wird die gebotene Sicherung des Gläubigers erreicht. Die hinreichende Erfolgsaussicht der Rechtsbeschwerde ergibt sich aus den vorstehenden Ausführungen. Zur Glaubhaftmachung wird ergänzend auf die anliegende eidesstattliche Versicherung des Gläubigers Bezug genommen.)

(Variante für die Beschwerde des Schuldners:

Der Gläubiger betreibt aufgrund . . . . . (Angabe des Vollstreckungstitels) gegen den Schuldner die Zwangsvollstreckung in das im Grundbuch von . . . . . unter . . . . . eingetragene Grundstück des Schuldners. Auf Antrag des Gläubigers vom . . . . . hat der Rechtspfleger zu Gunsten des Gläubigers im Grundbuch eine Zwangssicherungshypothek eingetragen. Die hiergegen von dem Schuldner eingelegte Beschwerde hat das Oberlandesgericht, das die Rechtsbeschwerde zugelassen hat, durch den angegriffenen Beschluss mit der Begründung zurückgewiesen, dass . . . . .

Der Schuldner wendet sich mit seiner gem. § 78 GBO statthaften Rechtsbeschwerde gegen diese Entscheidung des Oberlandesgerichts. Entgegen dessen Auffassung lagen die Voraussetzungen für eine Eintragung einer Sicherungshypothek nicht vor. Die Entscheidung des Oberlandesgerichts beruht auf einer Verletzung des Rechts iSd § 72 Abs. 1 FamFG. Denn . . . . . (Darlegung der vollstreckungsrechtlichen bzw. grundbuchrechtlichen Gründe, die einer Eintragung der Zwangssicherungshypothek entgegenstehen und aus denen sich die Rechtsverletzung ergibt).

Der Antrag auf Erlass einer einstweiligen Anordnung ist erforderlich, um den Schuldner vor Rechtsnachteilen zu schützen, die durch eine zwischenzeitliche Verfügung des Gläubigers über die eingetragene Sicherungshypothek eintreten können. Durch die Eintragung des begehrten Widerspruchs wird ein gutgläubiger Erwerb eines Dritten verhindert. Die hinreichende Erfolgsaussicht der Beschwerde ergibt sich aus den vorstehenden Ausführungen. Zur Glaubhaftmachung wird ergänzend auf die anliegende eidesstattliche Versicherung des Schuldners Bezug genommen.)

Beglaubigte und einfache Abschrift liegen an.

. . . . .

Rechtsanwalt[6, 7, 8]

Anmerkungen

1. Über die Rechtsbeschwerde **entscheidet der Bundesgerichtshof** (§ 133 GVG). **Eingelegt** werden kann das Rechtsmittel gem. § 71 Abs. 1 FamFG nur bei dem Bundesgerichtshof.

2. Anders als die Beschwerde gem. § 71 GBO besteht für die Rechtsbeschwerde **Anwaltszwang.** Sie kann wirksam nur durch einem bei dem Bundesgerichtshof zugelassenen Rechtsanwalt eingelegt werden (§ 10 Abs. 4 FamFG, zur Ausnahme siehe § 10 Abs. 4 S. 2 FamFG).

3. Die Rechtsbeschwerde muss **innerhalb eines Monats eingelegt** (§ 71 Abs. 1 FamFG) **und** auch innerhalb eines Monats **begründet** werden (§ 71 Abs. 3 FamFG). Beide Fristen beginnen gleichzeitig mit der Bekanntgabe des angefochtenen Beschlusses zu laufen. Die Begründungsfrist ist allerdings verlängerbar (§§ 71 Abs. 2 S. 3 FamFG iVm § 551 Abs. 2 S. 6 und 6 ZPO).

4. 76 GBO findet nach ganz herrschender Auffassung auch im Verfahren der Rechtsbeschwerde Anwendung. Auch wenn § 78 Abs. 3 GBO hinsichtlich der Rechtsbeschwerde im wesentlichen auf die Vorschriften des FamFG verweist und dort in § 49 FamFG Regelungen für einstweilige Anordnungen zu finden sind, schließt § 76 GBO als speziellere Vorschrift diese aus. Begründet wird dies mit der Verweisung in § 74 Abs. 4 FamFG auf die „im ersten Rechtszug geltenden Vorschriften“ (vgl. Hügel/*Kramer* § 78 Rn. 115; *Demharter* § 78 Rn. 49).

5. Wie die Verweisung des § 78 Abs. 3 GBO auf die §§ 71 ff. FamFG zeigt, ist das Verfahren der Rechtsbeschwerde nach **revisionsrechtlichen Grundsätzen** ausgestaltet. Die Ausführungen unter → Form. O. II. 6 Anm. 3 gelten deshalb entsprechend. Praktisch besonders bedeutsam und häufig nicht hinreichend beachtet ist die grundsätzliche **Bindung** des Bundesgerichtshofs **an** die von dem Beschwerdegericht rechtsfehlerfrei **festgestellten Tatsachen** (vgl. hierzu *Demharter* § 78 Rn. 36 ff.).

6. Kosten und Gebühren. Die **Gerichtskosten** des Verfahrens der Rechtsbeschwerde gem. § 78 GBO richten sich nach dem GNotKG, weil es sich um eine Angelegenheit der freiwilligen Gerichtsbarkeit handelt. Wenn die Rechtsbeschwerde (als unzulässig) verworfen oder (als unbegründet) zurückgewiesen wird, werden gem. Nr. 14520 KV GNotKG das Eineinhalbfache der vollen Gebühr, höchstens jedoch 1.200,– EUR erhoben. Hinzu kommen etwaig entstandene Auslagen gem. Teil 3, Hauptabschnitt 1 KV GNotKG . Die Höhe der Gebühr bestimmt sich nach der Gebührentabelle B zu § 34 GNotKG und ist abhängig von dem Geschäftswert, den das Gericht gem. § 79 Abs. 1 GNotKG bestimmt. Wenn die Rechtsbeschwerde Erfolg hat, ist das Verfahren gerichtsgebührenfrei und auch auslagenfrei, es sei denn, das Rechtsbeschwerdegericht hat die Kosten dem Beschwerdegegner auferlegt (Vorbemerkung 3.1 Abs. 1 KV GNotKG). Wird die Rechtsbeschwerde vor Einreichung einer Begründung zurückgenommen, fällt gem. Nr. 14521 KV GNotKG eine 0,5 Gebühr an, höchstens jedoch 400 EUR. Bei einer Rücknahme der Beschwerde vor einer Entscheidung des Rechtsbeschwerdegerichts wird gem. Nr. 14522 KV GVNotKG eine 1,0-Gebühr erhoben, höchstens jedoch 800 EUR.

Der **Rechtsanwalt** erhält für die Vertretung im Rechtsbeschwerdeverfahren eine 2,3-fache Verfahrensgebühr gem. Nr. 3208 VV RVG. Kommt es zu einem Termin, erhält er zusätzlich eine 1,5-fache Terminsgebühr gem. Nr. 3210 VV RVG.

7. Rechtsmittel. Die Entscheidung des Bundesgerichtshofs ist **unanfechtbar,** da hiergegen kein weiteres Rechtsmittel eröffnet ist. Unter den Voraussetzungen des § 44 FamFG kann allerdings die Rüge einer Verletzung des Anspruchs auf rechtliches Gehör erhoben werden (→ Form. Q. II. 1).

8. Hinsichtlich der **Form** des Schriftsatzes (Unterschrift, elektronisches Dokument) wird verwiesen auf → Form. O. II. 1 Anm. 14. Die dortigen Ausführungen zum elektronischen Rechtsverkehr gelten entsprechend für § 14b FamFG nF.

VII. Materiell-rechtliche Rechtsbehelfe des Gläubigers im Zusammenhang mit dem Vollstreckungsverfahren

1. Feststellungsklage auf Konkretisierung des Titelinhalts

An das[1, 2]

Amtsgericht/(Familiengericht)[3]/Arbeitsgericht/Landgericht

in .....

Klage

des/der ..... [ladungsfähige Anschrift des Gläubigers],

– Klägers –

Prozessbevollmächtigte: .....

gegen

..... [ladungsfähige Anschrift des Schuldners],

– Beklagten –

Streitwert: .....[4]

Namens und in Vollmacht des Klägers erheben wir Klage mit dem Antrag,

festzustellen, dass der Beklagte aus dem Urteil des ..... gerichts ..... vom ..... Az. ...../aus dem am ..... vor dem ..... gericht ..... Az. ..... geschlossenen Prozessvergleich/. .... [Angabe des sonstigen Vollstreckungstitels, dessen Inhalt konkretisiert werden soll] verpflichtet ist, an den Kläger ..... zu zahlen/. .... herauszugeben ...../[sonstige Angabe des nunmehr konkretisierten Titelinhalts].

Sofern das Gericht das schriftliche Vorverfahren anordnet, wird für den Fall der Fristversäumnis des Beklagten beantragt,[5]

ein Versäumnisurteil ohne mündliche Verhandlung (§ 331 Abs. 3 ZPO) zu erlassen.

Begründung:

Der Kläger hat gegen den Beklagten vor dem ..... gericht ..... ein obsiegendes Urteil erstritten. Hiernach ist der Beklagte verpflichtet, ... [möglichst wörtliche Wiedergabe des Tenors des von dem Gläubiger erstrittenen Vollstreckungstitels].

(Variante:

..... *(Schilderung des sonstigen Vollstreckungstitels.))*

Da der Beklagte die titulierte Forderung nicht erfüllte, leitete der Kläger die Zwangsvollstreckung ein. Der Gerichtsvollzieher/. .... [Angabe des sonstigen Vollstreckungsorgans] weigerte sich jedoch, die Zwangsvollstreckung durchzuführen, weil der Titel nicht hinreichend bestimmt sei. Die von dem Kläger hiergegen eingelegten Rechtsbehelfe blieben ohne Erfolg ..... [nähere Darlegung erforderlich].

Mit der Klage begehrt der Kläger eine Konkretisierung des Vollstreckungstitels mit dem sich aus dem Klageantrag ergebenden Inhalt. Hierbei geht der Kläger mit der Rechtsprechung des Bundesgerichtshofs (vgl. BGHZ 36, 11 (14); BGH NJW 1997, 2320 (2321)) davon aus, dass für die erstrebte Konkretisierung die Feststellungsklage (§ 256 Abs. 1 ZPO) die richtige Klageart ist.

Der genaue Inhalt des dem Kläger gegen den Beklagten zustehenden Anspruchs ergibt sich eindeutig aus folgenden Umständen: . . . . . [präzise Darlegung der maßgeblichen Tatsachen nebst entsprechenden Beweisantritten].

Der Beklagte ist durch Schreiben vom . . . . . unter Darlegung der vorgenannten Umstände aufgefordert worden, den nunmehr hinreichend konkretisierten Anspruch zu erfüllen. Da hierauf keine Reaktion erfolgt ist/dies durch Schreiben vom . . . . . ausdrücklich abgelehnt worden ist, ist Klage geboten.

Wir haben heute einen Gerichtskostenvorschuss in Höhe von . . . . . EUR bei der Gerichtskasse . . . . . eingezahlt und bitten um unverzügliche Zustellung der Klageschrift. Hinsichtlich des Streitwerts haben wir den vollen Wert der streitgegenständlichen Forderung zugrundegelegt, da der Kläger für die Durchführung der Zwangsvollstreckung auf das Feststellungsurteil angewiesen ist. Der sonst bei Feststellungsklagen übliche Abschlag ist deshalb hier nicht gerechtfertigt.

Beglaubigte und einfache Abschrift liegen an.

. . . . .

Rechtsanwalt[6, 7, 8]

Anmerkungen

1. Es gehört zu den allgemeinen **Vollstreckungsvoraussetzungen**, dass der Vollstreckungstitel einen hinreichend **bestimmten Inhalt** hat (vgl. nur Schuschke/Walker/*Walker* Vor §§ 704 bis 707 Rn. 13 ff.; umfassende Darstellung unter Berücksichtigung der unterschiedlichen Vollstreckungsarten bei *Sutschet* ZZP 119, 279 (282 ff.)). Dies ist nur dann der Fall, wenn er den Anspruch des Gläubigers ausweist und Inhalt und Umfang der Leistungspflichten bezeichnet. Bei einem Zahlungstitel muss der zu vollstreckende Zahlungsanspruch betragsmäßig festgelegt sein oder sich zumindest aus dem Titel ohne weiteres errechnen lassen (vgl. BGH NJW 2006, 695 zu der – fehlenden – Bestimmtheit einer Zahlungsverpflichtung „unter Anrechnung bereits gezahlter Beträge"). Verneinen die Vollstreckungsorgane die auch von ihnen zu prüfende hinreichende Bestimmtheit des Titels, kann der Gläubiger zunächst mit Hilfe der formellen Rechtsbehelfe der Erinnerung (§ 766 ZPO), der sofortigen Beschwerde (§ 793 ZPO) bzw. der Grundbuchbeschwerde (§ 71 GBO) versuchen, sie zu der Durchführung der Zwangsvollstreckung zu zwingen. Gelingt dies nicht oder geht der Gläubiger zwischenzeitlich selbst von der fehlenden Bestimmtheit aus, verbleibt nur noch die Möglichkeit, in einem „normalen" Klageverfahren den genauen Inhalt der Entscheidung konkretisieren zu lassen. Die Problematik der fehlenden Bestimmtheit kann bei allen Arten von Vollstreckungstiteln auftreten, bei Urteilen ebenso wie bei Prozessvergleichen, notariellen Urkunden oder sonstigen Vollstreckungstiteln. Nach der Rechtsprechung des Bundesgerichtshofs (vgl. BGHZ 36, 11 (14) = NJW 1962, 109; BGH NJW 1997, 2320 (2321)) hat der Gläubiger die Möglichkeit, den Titelinhalt mit einer auf § 256 ZPO gestützten **Feststellungsklage** konkretisieren zu lassen. Demgegenüber hat der Gläubiger nach der Rechtsprechung an einer – im Falle eines nicht hinreichend bestimmten Urteils erneuten, sonst erstmaligen – Leistungsklage mit einem entsprechend konkretisieren Klageantrag kein Rechtsschutzinteresse. Es besteht kein Bedürfnis, den vorhandenen Vollstreckungstitel voll zu ersetzen und den darin enthaltenen Ausspruch zu wiederholen (BGHZ 36, 11 (14)). Durch die Verweisung auf die Feststellungsklage wird eine Titelverdoppelung vermieden, da das Feststellungsurteil selbst nicht vollstreckbar, sondern nur Auslegungshilfe zum Leistungstitel ist (Schuschke/Walker/*Schuschke* Vor §§ 704 bis 707 Rn. 19). Würde man demgegenüber auch eine Leistungsklage für zulässig erachten (Thomas/Putzo/*Seiler* Vor § 704 Rn. 22; *Sutschet* ZZP 119, 279 (295 ff.) mwN des Streitstandes), würde dies zwar nicht zu einer Verdoppelung des Anspruchs führen (vgl. BAG DB 1967, 2036). Die Verdoppelung des Titels würde jedoch den Schuldner einer zusätzlichen Gefährdung aussetzen, falls später doch einmal ein Vollstreckungsorgan den ersten Titel für vollstreckungsfähig halten sollte (vgl. Schuschke/Walker/*Schuschke* Vor §§ 704 bis 707 Rn. 19).

Der Gläubiger kann eine **Feststellungsklage auch** dann erheben, wenn der **Titel** – äußerlich betrachtet – einen hinreichend bestimmten Inhalt hat, der Sache nach sich jedoch auf den **„falschen" Gegenstand** bezieht. Wenn mit der Klage beispielsweise die Herausgabe eines Sparbuchs mit einer konkret angegebenen Kontonummer verlangt wird, sich aber nach Rechtskraft herausstellt, dass das betreffende Sparbuch in Wahrheit eine andere Kontonummer trägt, kann der Gläubiger mit der Feststellungsklage eine entsprechende Korrektur des vorangegangenen Urteils erreichen (vgl. BGH NJW 1972, 2268). Eine Urteilsberichtigung gem. § 319 ZPO bzw. eine Urteilsergänzung gem. § 321 ZPO kommt in derartigen Fällen nicht in Betracht (vgl. BGH NJW 1972, 2268).

2. Die (sachliche und örtliche) **Zuständigkeit** richtet sich nach den **allgemeinen Regeln.** Je nach Höhe der titulierten Forderung ist deshalb im Regelfall das Amtsgericht (§ 23 Nr. 1 GVG: bis 5.000,– EUR) oder das Landgericht (§ 71 GVG: über 5.000,– EUR) am Wohnort des Schuldners (§ 13 ZPO) für die Entscheidung über die Feststellungsklage zuständig. Handelt es sich um einen **arbeitsgerichtlichen** Titel, sind die Zuständigkeitsvorschriften des Arbeitsgerichtsgesetzes zu beachten (vgl. § 2 ArbGG).

3. Wenn das **Familiengericht** (§ 23a Abs. 1 GVG iVm § 111 FamFG) oder ein Gericht der freiwilligen Gerichtsbarkeit zuständig ist, ist darauf zu achten, dass keine Klage, sondern ein Antrag beim Familiengericht eingereicht wird und die Parteien nicht als Kläger und Beklagter, sondern als Antragsteller und Antragsgegner bezeichnet werden.

4. Obwohl es sich um eine Feststellungsklage handelt, ist der sonst bei Feststellungsklagen übliche **Abschlag** bei der Streitwertbemessung von rund 20 % **nicht angezeigt,** da es dem Kläger der Sache nach um die gesamte Forderung geht, zu deren Vollstreckung er das titelkonkretisierende Feststellungsurteil benötigt.

5. Vgl. zu der Frage, welche prozessualen Anträge neben dem Antrag in der Hauptsache gestellt werden sollten, → Form. O. II. 7 Anm. 9.

6. Kosten und Gebühren. Da die Feststellungsklage kostenrechtlich keine Besonderheiten aufweist, fallen an **Gerichtsgebühren** gemäß Nr. 1210 KV GKG 3,0 Gebühren an (im Arbeitsgerichtsprozess: 2,0 Gebühren gem. Nr. 8210 KV GKG), deren Höhe sich nach dem Streitwert richtet (§§ 3, 34 GKG). Eine Zustellung der Klage erfolgt gemäß § 12 Abs. 1 GKG erst nach Zahlung eines Gerichtskostenvorschusses in dieser Höhe, es sei denn, es handelt sich um einen Arbeitsgerichtsprozess (vgl. § 11 GKG). Auslagen werden nach den Nr. 9000 ff. KV GKG erhoben. Praktisch relevant sind insoweit insbesondere die nach dem JVEG (zB Kosten für Sachverständige und Zeugen) zu zahlenden Beträge (Nr. 9005 KV GKG). Auslagen für Zustellungen werden nur erhoben, soweit in einem Rechtszug mehr als 10 Zustellungen anfallen (Nr. 9002 KV GKG). Im familiengerichtlichen Verfahren treffen die Nr. 1220, 2000, 2002, 2005 KV FamGKG sowie die §§ 3, 14 und 28 FamGKG inhaltlich gleichlautende Bestimmungen.

Für den **Rechtsanwalt** entstehen in der Regel die Verfahrensgebühr in Höhe von 1,3 (Nr. 3100 VV RVG) und die Terminsgebühr in Höhe von 1,2 (Nr. 3104 VV RVG), wobei sich die Höhe der Gebühren wiederum nach dem Streitwert richtet (§§ 2, 13 RVG).

Hinzukommen kann eine Einigungsgebühr in Höhe von 1,0 (Nr. 1003 VV RVG). Zudem kann der Rechtsanwalt – wie stets – die Auslagenpauschale in Höhe von maximal 20,– EUR gemäß Nr. 7002 VV RVG sowie die Umsatzsteuer gemäß Nr. 7008 VV RVG beanspruchen.

7. Rechtsmittel. Gegen das Urteil, in dem über die Feststellungsklage entschieden wird, ist unter den allgemeinen Voraussetzungen der §§ 511 ff. ZPO/64 ff. ArbGG das Rechtsmittel der **Berufung** möglich (→ Form. P. VIII. 2). Gegen den Beschluss des Familiengerichts kann Beschwerde gem. den §§ 58 ff., 117 FamFG eingelegt werden.

8. Hinsichtlich der **Form** des Schriftsatzes (Unterschrift, elektronisches Dokument) wird verwiesen auf → Form. O. II. 1 Anm. 14.

2. Einziehungsklage gegen den Drittschuldner mit Streitverkündung gegenüber dem Schuldner

An das[1]

Amtsgericht/(Familiengericht)[2]/Arbeitsgericht/Landgericht

in .....

Klage

und

Streitverkündungsschrift

des/der ..... [ladungsfähige Anschrift des Gläubigers],

– Klägers –

Prozessbevollmächtigte: .....

gegen

..... [ladungsfähige Anschrift des Drittschuldners],

– Beklagten –

Streitverkündeter: ..... [ladungsfähige Anschrift des Schuldners]

Streitwert: .....

Namens und in Vollmacht des Klägers erheben wir Klage mit dem Antrag,

den Beklagten zu verurteilen, an den Kläger ..... EUR nebst Zinsen in Höhe von 5 Prozentpunkten über dem Basiszinssatz/..... [sonstiger Zinssatz] seit dem ..... zu zahlen.

(Variante:
den Beklagten zu verurteilen, ... (Inhalt der sonstigen gepfändeten Forderung).)

Sofern das Gericht das schriftliche Vorverfahren anordnet, wird für den Fall der Fristversäumnis des Beklagten beantragt,[3]

ein Versäumnisurteil ohne mündliche Verhandlung (§ 331 Abs. 3 ZPO) zu erlassen.

Weiter verkünden wir namens und in Vollmacht des Klägers Herrn/Frau/Firma ..... [Name des Schuldners] den Streit[4]

und fordern ihn/sie auf, dem Rechtsstreit auf Seiten des Klägers beizutreten.

Die Streitverkündung erfolgt gem. § 841 ZPO. Die Lage des Rechtsstreits ergibt sich aus der vorliegenden Klageschrift.

Begründung:

Der Kläger nimmt den Beklagten als Drittschuldner auf Zahlung von . . . . . EUR [Klagesumme]/. . . . . [sonstiger Inhalt der gepfändeten Forderung] in Anspruch. Dem liegt folgender Sachverhalt zugrunde:

Der Streitverkündete ist aufgrund des – in Kopie anliegenden – rechtskräftigen Urteils des . . . . . gerichts . . . . . vom . . . . . Az. . . . . . verpflichtet, an den Kläger . . . . . EUR nebst Zinsen in Höhe von . . . . . zu zahlen.

(Variante:

. . . . . (Darlegung des sonstigen Vollstreckungstitels))

Da der Streitverkündete in der Folgezeit keine Zahlungen leistete, betrieb der Kläger die Zwangsvollstreckung und erwirkte unter dem . . . . . einen – ebenfalls in Kopie anliegenden – Pfändungs- und Überweisungsbeschluss des Amtsgerichts . . . . ., Az. . . . . ., mit welchem folgende Ansprüche des Streitverkündeten gegen den Beklagten gepfändet und dem Kläger zur Einziehung überwiesen wurden: . . . . . (präzise Angabe der gepfändeten Forderungen). Der Beschluss ist ausweislich der anliegenden Zustellungsurkunden des Gerichtsvollziehers . . . . . dem Beklagten am . . . . . und dem Streitverkündeten am . . . . . zugestellt worden. Trotz entsprechender Aufforderung in der Zustellungsurkunde hat der Beklagte bis heute keine Drittschuldnererklärung abgegeben/ durch Schreiben vom . . . . ., welches als Anlage beigefügt ist, eine Zahlung ausdrücklich abgelehnt, so dass Klage geboten ist.

Die Aktivlegitimation[5] des Klägers ergibt sich aus dem wirksamen Pfändungs- und Überweisungsbeschluss des Amtsgerichts vom . . . . . Hiernach ist der Kläger zur Einziehung des dem Streitverkündeten gegen den Beklagten zustehenden Anspruchs . . . . . (Angabe der gepfändeten Forderung) berechtigt. Die von dem Beklagten vorprozessual gegen den Beschluss erhobenen Einwendungen sind sämtlich formeller Natur, die die Wirksamkeit des Beschlusses unberührt lassen und im Einziehungsprozess nicht zu prüfen sind.[6]

(Variante:

Ungeachtet der Frage, ob der Beklagte mit den von ihm gegen den Beschluss vorprozessual erhobenen Bedenken im Einziehungsprozess überhaupt zu hören ist, sind diese sämtlich unbegründet. Denn . . . . . [Widerlegung der von dem Beklagten erhobenen Einwendungen].)

In der Sache ergibt sich der Anspruch gegen den Beklagten aus § . . . . . (Angabe der Anspruchsgrundlage für den Anspruch des Schuldners = Streitverkündeten gegen den Drittschuldner = Beklagten).[7] Denn . . . . . (ganz „normale“ Darlegung der Anspruchsvoraussetzungen mit entsprechendem Beweisantritten in gleicher Weise, wie wenn der Schuldner die Forderung selbst einklagen würde). Entgegen der von dem Beklagten vorprozessual vertretenen Auffassung ist der Anspruch auch nicht erloschen,[8] denn . . . . ./nicht gehemmt, denn . . . . . Auch die weiteren Einwendungen greifen nicht durch, denn . . . . .[9]

Der Zinsanspruch ist unter dem Gesichtspunkt des Verzuges gerechtfertigt, da der Beklagte die ihm durch Schreiben vom . . . . . gesetzte Zahlungsfrist nicht eingehalten hat.

Wir haben heute einen Gerichtskostenvorschuss in Höhe von . . . . . EUR bei der Gerichtskasse . . . . . eingezahlt und bitten um unverzügliche Zustellung der Klage- bzw. Streitverkündungsschrift.

2 beglaubigte und 2 einfache Abschriften liegen an.

. . . . .

Rechtsanwalt[10, 11]

Anmerkungen

1. Die sog. **Einziehungsklage** ist eine „normale" **Leistungsklage,** für die im 8. Buch der ZPO kein besonderer, ausschließlicher (§ 802 ZPO) Gerichtsstand begründet wird. Deshalb finden die **allgemeinen Zuständigkeitsvorschriften** Anwendung (§§ 23, 71 GVG bzgl. der sachlichen und §§ 13 ff. ZPO bezüglich der örtlichen Zuständigkeit). Hierbei ist allerdings zu beachten – dies gilt auch für die Bestimmung des zutreffenden Rechtsweges –, dass für die Zuständigkeit die **gepfändete Forderung,** die der Vollstreckungsgläubiger gegen den Drittschuldner geltend macht, entscheidend ist, nicht dagegen die titulierte Forderung. Deshalb sind der Rechtsweg und die besonderen Gerichtsstände gegeben, die für eine Klage des Vollstreckungsschuldners gegen seinen Schuldner (Drittschuldner) gelten. Wenn der Gläubiger beispielsweise gegen den Schuldner ein Zahlungsurteil vor dem Familiengericht erstritten hat und eine (angebliche) Lohnforderung des Schuldners gegen dessen Arbeitgeber sich hat pfänden und überweisen lassen, ist die Einziehungsklage vor dem insoweit zuständigen Arbeitsgericht zu erheben (vgl. etwa Thomas/Putzo/*Seiler* § 836 Rn. 3). Der Pfändungsgläubiger ist Rechtsnachfolger iSd § 3 ArbGG (vgl. ErfK/*Koch* ArbGG § 3 Rn. 2). Vor dem Sozialgericht ist – als weiteres Beispiel – eine Einziehungsklage zu erheben, wenn gepfändete Ansprüche eines Arztes gegen eine kassenärztliche Vereinigung geltend gemacht werden (vgl. BSG MDR 1998, 1304).

2. Handelt es sich bei der gepfändeten Forderung um eine solche, die in die Zuständigkeit des **Familiengerichts** fällt (insbesondere: Unterhaltsanspruch), ist keine „Klage" zu erheben, sondern ein „Antrag" zu stellen (vgl. § 113 Abs. 5 Nr. 2 FamFG), und die Parteien sind nicht als Kläger und Beklagter, sondern als Antragsteller und Antragsgegner zu bezeichnen (§ 113 Abs. 5 Nr. 3 und 4 FamFG). Inhaltlich ergeben sich jedoch zu der Einziehungsklage keine Unterschiede. Entsprechendes gilt, wenn die gepfändete Forderung in die Zuständigkeit eines Gerichts der freiwilligen Gerichtsbarkeit fällt.

3. Vgl. zu der Frage, welche prozessualen Anträge neben dem Antrag in der Hauptsache gestellt werden sollten, → Form. O. II. 7 Anm. 9.

4. Wenn die **Streitverkündung** entgegen der in § 841 ZPO normierten Pflicht unterbleibt, führt dies nach allgemeiner Auffassung nicht zur Unzulässigkeit der Klage (vgl. *Behr* JurBüro 1994, 647 (649)). Dies bedeutet allerdings nicht, dass ein Verstoß gegen § 841 ZPO überhaupt nicht sanktioniert wäre. Erfüllt der Gläubiger seine Pflicht zur Streitverkündung nicht, macht er sich gegenüber dem Schuldner – Vorliegen eines Schadens unterstellt – schadensersatzpflichtig (vgl. nur *Baumbach/Lauterbach/Albers/Hartmann* § 841 Rn. 3; Thomas/Putzo/*Seiler* § 841 Rn. 1). So kann der Schuldner etwa geltend machen, dass es bei seiner Beteiligung nicht zu einer Klageabweisung gekommen wäre (vgl. *Behr* JurBüro 1994, 647 (649)). Im Übrigen kann der Schuldner wählen, welcher Partei er beitreten möchte. Möglich ist deshalb auch ein Beitritt auf Seiten des beklagten Drittschuldners, wenn der Schuldner kein Interesse am Obsiegen des Gläubigers hat, wie dies etwa in den Fällen des § 850h ZPO der Fall ist (vgl. *Stöber* Rn. 662; *Behr* JurBüro 1994, 647 (649)).

5. Nach überwiegender Auffassung macht der Vollstreckungsgläubiger mit der Einziehungsklage ein **eigenes** materielles **Recht** im eigenen Namen geltend, so dass die – im Rahmen der Zulässigkeit einer Klage zu erörternde – Prozessführungsbefugnis unproblematisch zu bejahen ist. Bei der **Einziehungsberechtigung** des Gläubigers geht es deshalb um die der Begründetheit der Klage zuzuordnende Frage der **Aktivlegitimation** des Klägers. Die Überweisung zur Einziehung ändert zwar nichts daran, dass der Schuldner weiterhin Forderungsinhaber bleibt. Ähnlich wie bei einem Nießbraucher (vgl. § 1074 BGB) oder einem Pfandgläubiger (§ 1282 BGB) ist aber auch bei einem Pfändungspfandgläubiger das Einziehungsrecht Inhalt des an der Forderung eingeräumten Rechts und die Prozessführung als Geltendmachung dieses eigenen materiellen Rechts, nicht als Prozessstandschaft einzuordnen (vgl. hierzu OLG Köln InVo 2003, 398; Stein/Jonas/*Bork* Vor § 50 Rn. 43 mwN; siehe auch Zöller/*Vollkommer* Vor § 50 Rn. 29; aA etwa MüKoZPO/*Smid* § 835 Rn. 13: Fall der gesetzlichen Prozessstandschaft).

6. Die Einziehungsberechtigung des Gläubigers und damit seine Aktivlegitimation setzt zumindest einen **wirksamen,** dh nicht nichtigen **Pfändungs- und Überweisungsbeschluss** voraus, der dem **Drittschuldner zugestellt** worden ist (§§ 829 Abs. 3, 835 Abs. 3 ZPO). Demgegenüber hat eine – entgegen den §§ 829 Abs. 2 S. 2, 835 Abs. 3 ZPO – unterbliebene Zustellung an den Schuldner keine Auswirkungen auf die Wirksamkeit des Pfändungs- und Überweisungsbeschlusses. Diese Zustellung dient nur dazu, den Schuldner von der Pfändung in Kenntnis zu setzen, damit er das Gebot des § 829 Abs. 1 S. 2 ZPO befolgt (vgl. Thomas/Putzo/*Seiler* § 829 Rn. 25).

Wenn der **Pfändungs- und Überweisungsbeschluss** wegen der Verletzung von Verfahrensvorschriften (zB Entscheidung durch das örtlich unzuständige Vollstreckungsgericht) lediglich **anfechtbar,** aber wirksam ist, kann dies der Drittschuldner im Einziehungsprozess grundsätzlich nicht geltend machen. Vielmehr stehen ihm hierfür die **formellen Rechtsbehelfe** der Erinnerung (§ 766 ZPO) bzw. der sofortigen Beschwerde (§ 793 ZPO) zur Verfügung. (Erst) wenn in diesen Verfahren der Pfändungs- und Überweisungsbeschluss aufgehoben wird, verliert der Gläubiger in dem Einziehungsprozess seine Aktivlegitimation (vgl. BGHZ 66, 79 (80 f.)).

Von dem Grundsatz, dass eine bloße Anfechtbarkeit des Pfändungs- und Überweisungsbeschlusses im Einziehungsprozess nicht geprüft wird, soll nach der Rechtsprechung des Bundesgerichtshofs dann eine **Ausnahme** gemacht werden, wenn sich der Drittschuldner darauf beruft, dass die Forderung unpfändbar sei und die **Unpfändbarkeit auf materiellem Recht** (§§ 851 ZPO, 399 BGB) beruht (vgl. BGH Rpfleger 1978, 248; siehe auch BGH Urt. v. 20.6.2013 – IX ZR 310/12, NJW 2013, 2819).

7. In dem Pfändungsverfahren wird das Bestehen der angeblichen Forderung lediglich einer „gewissen" Schlüssigkeitsprüfung (vgl. *Baumbach/Lauterbach/Albers/Hartmann* § 829 Rn. 20 mwN) unterzogen. In dem **Einziehungsprozess** hat das Prozessgericht deshalb **ohne Bindung an das Vollstreckungsgericht** zu prüfen, ob und in welcher Höhe der mit der Einziehungsklage verfolgte Anspruch tatsächlich besteht. Der Gläubiger hat sämtliche Anspruchsvoraussetzungen darzulegen und ggf. zu beweisen, wobei allerdings eine Beweislastumkehr stattfindet, wenn der Drittschuldner im Rahmen der Drittschuldnererklärung die Auskunft erteilt hat, dass die Forderung bestehe (vgl. BGHZ 69, 328). Wenn dem Gläubiger die nötigen Informationen fehlen, kann und muss er sich diese gem. § 836 Abs. 3 ZPO von dem Schuldner – notfalls mit einer Auskunftsklage – besorgen. Demgegenüber ist die in § 840 Abs. 1 ZPO normierte Auskunftsobliegenheit des Drittschuldners nicht eigenständig einklagbar (vgl. BGHZ 91, 126, 129 = NJW 1984, 1901; BGH MDR 2006, 1370; *Baumbach/Lauterbach/Albers/Hartmann* § 840 Rn. 3).

Wenn die von dem Gläubiger gepfändete **Forderung** ihrerseits **bereits tituliert** war, wäre eine hierauf gestützte Einziehungsklage bereits mangels Rechtsschutzinteresses unzulässig. In diesen Fällen hat der Gläubiger die – einfachere – Möglichkeit, den

Vollstreckungstitel gem. § 727 ZPO auf sich **umschreiben** zu lassen (vgl. OLG Frankfurt NJW 1983, 2266).

8. Praktisch bedeutsam ist insbesondere der Einwand des Drittschuldners, er habe an den Schuldner noch **vor** der **Beschlagnahme** oder zwar nach der Beschlagnahme, aber in Unkenntnis des Pfändungsbeschlusses **gezahlt.** Auch mit dem zuletzt genannten Einwand wird der Drittschuldner gehört, weil nach ganz hM zugunsten des Drittschuldners die Vorschrift des 407 BGB analog angewandt wird (vgl. nur BGHZ 86, 337 (339)). Wenn bereits vor der Pfändung eine Aufrechnungslage bestand, kann der Drittschuldner gem. § 392 BGB auch nach der Pfändung mit einer ihm gegen den Vollstreckungsschuldner bestehende Forderung aufrechnen.

9. Nach der Rechtsprechung des Bundesgerichtshofs (vgl. BGH NJW 2007, 927) kann der **Drittschuldner** im Einziehungsprozess des Vollstreckungsgläubigers **nicht einwenden,** ein **Dritter habe** an dem gepfändeten Recht oder der gepfändeten Forderung ein die Veräußerung hinderndes **Recht gem. § 771 ZPO.** Dieses Recht kann nur der Dritte selbst geltend machen.

10. Kosten und Gebühren/Rechtsmittel. Hinsichtlich der **Kosten** und **Gebühren** bzw. der gegen ein stattgebendes oder klageabweisendes Urteil bestehenden **Rechtsmittel** kann grundsätzlich auf die Ausführungen → Form. P. VII. 1 Bezug genommen werden, soweit der Einziehungsprozess vor den ordentlichen Gerichten geführt wird. Ansonsten sind die Besonderheiten der jeweiligen Verfahrensordnung (etwa des SGG oder des ArbGG oder aber auch des FamFG in familiengerichtlichen Streitigkeiten nebst kostenrechtlichen Besonderheiten etwa nach dem FamGKG) zu beachten.

Praktisch bedeutsam ist insoweit, dass nach der Rechtsprechung des Bundesgerichtshofs (vgl. BGH NJW 2006, 1141) die Kosten des Drittschuldnerprozesses Kosten der Zwangsvollstreckung iSd § 788 Abs. 1 ZPO sind. Wenn der Gläubiger deshalb einen Einziehungsprozess vor dem Arbeitsgericht geführt und wegen der Vorschrift des § 12a Abs. 1 S. 1 ArbGG gegen den Drittschuldner keinen Kostenerstattungsanspruch hat, kann er die Kosten gleichwohl gem. § 788 ZPO **gegen den Schuldner** festsetzen lassen, wenn der Drittschuldnerprozess nicht von vorneherein aussichtslos war und die Kosten deshalb notwendig waren (vgl. BGH NJW 2006, 1141 (1142) mit Anm. von *Schuschke* BGHReport 2006, 458).

11. Hinsichtlich der **Form** des Schriftsatzes (Unterschrift, elektronisches Dokument) wird verwiesen auf → Form. O. II. 1 Anm. 14.

3. Schadensersatzklage (§ 840 Abs. 2 S. 2 ZPO) gegen den Drittschuldner wegen unterbliebener oder fehlerhafter Auskunft

An das

Amtsgericht/Landgericht

in . . . . .[1, 2]

Klage

des/der . . . . . [ladungsfähige Anschrift des Gläubigers],

– Klägers –

Prozessbevollmächtigte: . . . . .

gegen

..... [ladungsfähige Anschrift des Drittschuldners],

– Beklagten –

Streitwert: .....

Namens und in Vollmacht des Klägers erheben wir Klage mit dem Antrag,

den Beklagten zu verurteilen, an den Kläger ..... EUR nebst Zinsen in Höhe von 5 Prozentpunkten über dem Basiszinssatz seit dem ..... zu zahlen.

Sofern das Gericht das schriftliche Vorverfahren anordnet, wird für den Fall der Fristversäumnis des Beklagten beantragt,[3]

ein Versäumnisurteil ohne mündliche Verhandlung (§ 331 Abs. 3 ZPO) zu erlassen.

[Bei einer Klage vor dem Landgericht:

Einer Entscheidung der Sache durch den Einzelrichter stehen keine Gründe entgegen.]

(Variante:

Wegen der besonderen Schwierigkeit der Sache/grundsätzlichen Bedeutung eignet sich die Sache nicht für eine Entscheidung durch den Einzelrichter.)

Begründung:

Mit der Klage macht der Kläger gegen den Beklagten Zahlungsansprüche aus verspätet/nicht/nicht vollständig/falsch erteilter Auskunft geltend. Dem liegt folgender Sachverhalt zugrunde:

Herr/Frau/Firma ..... [Name des Schuldners] ist aufgrund des – in Kopie anliegenden – rechtskräftigen Urteils des ..... gerichts ..... vom ..... Az. ...../..... [Angabe des sonstigen Vollstreckungstitels] verpflichtet, an den Kläger ..... EUR nebst Zinsen in Höhe von ..... zu zahlen/..... [präzise Wiedergabe des sonstigen Titelinhalts]. Da der Schuldner in der Folgezeit keine Zahlungen leistete, betrieb der Kläger die Zwangsvollstreckung und erwirkte unter dem ..... einen – ebenfalls in Kopie anliegenden – Pfändungs- und Überweisungsbeschluss des Amtsgerichts ....., Az. ....., mit welchem folgende (angebliche) Ansprüche des Schuldners gegen den Beklagten gepfändet und dem Kläger zur Einziehung überwiesen wurden: ..... [präzise Angabe der gepfändeten Forderungen]. Der Beschluss ist ausweislich der anliegenden Zustellungsurkunden des Gerichtsvollziehers ..... dem Beklagten am ..... und dem Schuldner am ..... zugestellt worden. Der Beklagte hat durch Schreiben vom ....., dem Gerichtsvollzieher am ..... zugegangen, mitgeteilt, dass ..... [Wiedergabe und Vorlage der Drittschuldnererklärung, aus der sich die fehlende Zahlungsverpflichtung des Drittschuldners ergibt].

(Variante:

Eine Drittschuldnererklärung hat der Beklagte bis heute nicht abgegeben. Dass die gepfändete Forderung des Schuldners gegen den Beklagten nicht besteht, hat der Kläger erst durch ..... erfahren.)

Der Beklagte ist dem Kläger gem. § 840 Abs. 2 S. 2 ZPO zum Schadensersatz verpflichtet.

Die Auskunftspflicht des Beklagten ergab sich aus § 840 Abs. 2 S. 1 ZPO. Der ihm am ..... zugestellte Pfändungs- und Überweisungsbeschluss[4] ist wirksam, wobei es auf den Bestand der gepfändeten Forderung nicht ankommt (vgl. hierzu nur Zöller/*Stöber* § 840 Rn. 2 mwN). Darüber hinaus ist der Beklagte auch in der Zustellungsurkunde zur Abgabe der von ihm geschuldeten Erklärung aufgefordert worden (§ 840 Abs. 2 ZPO).

Der Beklagte hat seiner hiernach bestehenden Auskunftspflicht nicht genügt:[5]

Er ist seiner Auskunftspflicht bis heute nicht nachgekommen.

(Variante:

Er hat erst am ..... und damit nach Ablauf der am ..... endenden 2-Wochenfrist mitgeteilt, dass .....)

(Variante:

Die von dem Beklagten abgegebenen Erklärungen sind aus folgenden Gründen unvollständig:[6] .....)

(Variante:

Die von dem Beklagten abgegebenen Erklärungen sind aus folgenden Gründen inhaltlich unzutreffend: .....)

Aufgrund der unterbliebenen/verspäteten/unvollständigen/unrichtigen Auskunft des Beklagten ist dem Kläger folgender Schaden[7] entstanden: .....

Der Zinsanspruch ist unter dem Gesichtspunkt des Verzuges gerechtfertigt, da der Beklagte die ihm durch Schreiben vom ..... gesetzte Zahlungsfrist nicht eingehalten hat.

Wir haben heute einen Gerichtskostenvorschuss in Höhe von ..... EUR bei der Gerichtskasse ..... eingezahlt und bitten um unverzügliche Zustellung der Klageschrift.

Beglaubigte und einfache Abschrift liegen an.

.....

Rechtsanwalt[8, 9]

Anmerkungen

1. Wenn der Drittschuldner erst während des bereits laufenden Prozesses erstmalig und damit im Regelfall verspätet eine Drittschuldnererklärung abgibt, aus der sich das Nichtbestehen der Forderung oder eine geringere Höhe der Forderung ergibt, kann der Gläubiger den hier erörterten **Schadensersatzanspruch** gem. § 840 Abs. 2 S. 2 ZPO auch bereits in dem noch **anhängigen Rechtsstreit** geltend machen. Einer gesonderten Klage bedarf es dann nicht. Widerspricht der Drittschuldner der Antragsumstellung bzw. der Antragserweiterung (ansonsten: Einwilligungsfiktion gem. § 267 ZPO), steht dies ihrer Zulässigkeit nicht entgegen. Entweder werden bereits die Voraussetzungen des § 264 Nr. 3 ZPO bejaht, weil der Schadensersatzanspruch als Surrogat für den mit der Einziehungsklage geltend gemachten Leistungsantrag angesehen werden kann. Zumindest ist die aufgrund der verspäteten Drittschuldnererklärung veranlasste Antragsumstellung sachdienlich iSd § 263 ZPO (vgl. BGHZ 79, 275; BGH MDR 2006, 1370). Praktisch bedeutsam ist darüber hinaus, dass der Gläubiger sich darauf beschränken kann, den neuen Antrag auf die Feststellung der Haftung des Drittschuldners für den aus der Nichterfüllung der Auskunftsverpflichtung entstandenen Schaden zu richten. Dass er seinen Schaden zumindest teilweise bereits beziffern kann, soweit es nämlich um die ihm bis zur Auskunftserteilung erwachsenden Prozesskosten geht, steht der Zulässigkeit der Feststellungsklage nicht entgegen (vgl. BGHZ 79, 275). Auch wenn dem klagenden Gläubiger außer den unnütz aufgewandten Prozesskosten kein weiterer Schaden entstanden ist und die Feststellung der Schadensersatzverpflichtung des Drittschuldners sich im Ergebnis mit der Kostenentscheidung deckt, ändert dies nichts daran, dass der Feststellungsausspruch gem. § 840 Abs. 2 S. 2 ZPO eine sachliche Entscheidung, der Kostenausspruch gem. § 91 ZPO dagegen eine prozessuale Entscheidung ist. Würde der Gläubiger demgegenüber lediglich die Einziehungsklage (einseitig) für erledigt erklären, würde dieser Antrag abgewiesen, weil die Klage insoweit von vorneherein unbegründet war und sich deshalb nicht erledigen konnte (vgl. BGHZ 79, 275).

2. Es handelt sich um eine „normale" Leistungsklage, für die das ordentliche Gericht zuständig ist, so dass die **allgemeinen Zuständigkeitsregeln** gelten (§§ 23, 71 GVG bzw. §§ 12 ff. ZPO). Dies ist auch dann der Fall, wenn es sich bei dem Drittschuldner um einen Arbeitgeber handelt und die Einziehungsklage vor dem Arbeitsgericht zu erheben wäre (vgl. § 3 ArbGG). Zwischen dem Pfändungspfandgläubiger und dem Drittschuldner als Arbeitgeber bestehen **keine arbeitsrechtlichen Beziehungen**, für die nach den §§ 2, 2a ArbGG die Zuständigkeit der Gerichte für Arbeitssachen begründet sein könnte (vgl. grundlegend BAGE 47, 138; Zöller/*Stöber* § 840 Rn. 14 mwN). Eine Ausnahme besteht nur dann, wenn der Gläubiger bereits eine Zahlungsklage gegen den Drittschuldner vor dem Arbeitsgericht erhoben hat und während des laufenden Prozesses die Klage auf Schadensersatz wegen falscher oder nicht erteilter Auskunft umstellt (vgl. Thomas/Putzo/*Seiler* § 840 Rn. 19; Zöller/*Stöber* § 840 Rn. 14 mwN; siehe zu einer derartigen Fallgestaltung auch BAGE 65, 139). Entsprechendes dürfte für die Frage der Zuständigkeit der **Familiengerichte** gelten.

3. Vgl. zu der Frage, welche prozessualen Anträge neben dem Antrag in der Hauptsache gestellt werden sollten, → Form. O. II. 7 Anm. 9.

4. Zur Vermeidung von Missverständnissen sei darauf hingewiesen, dass die **Auskunftspflicht** des Drittschuldners nach dem eindeutigen Wortlaut des § 840 Abs. 1 ZPO bereits **mit** der **Zustellung** des **Pfändungsbeschlusses** entsteht. Demgegenüber ist die Überweisung der Forderung an den Pfändungsgläubiger, die in der Praxis allerdings zusammen mit der Pfändung in einem Beschluss erfolgt, nicht erforderlich. Praktisch bedeutsam ist diese Unterscheidung bei Arrestpfändungen, da hier gemäß § 930 Abs. 1 ZPO eine Überweisung der Forderung untersagt ist. Wegen der Maßgeblichkeit (nur) der Pfändung kommt deshalb auch im Arrestvollziehungsverfahren ein Schadensersatzanspruch gem. § 840 Abs. 2 ZPO in Betracht (vgl. BGHZ 68, 289 (291); BGH MDR 2006, 1370).

5. Obwohl nach allgemeiner Auffassung der Schadensersatzanspruch aus § 840 Abs. 2 S. 2 ZPO **Verschulden** voraussetzt (vgl. nur *Baumbach/Lauterbach/Albers/Hartmann* § 840 Rn. 15), hat der Gläubiger nur die Verletzung einer bestehenden Auskunftspflicht und einen hieraus entstandenen Schaden darzulegen und ggf. zu beweisen. Da es sich bei dem Schadensersatzanspruch um ein gesetzliches Schuldverhältnis handelt, trägt der **Schuldner** die **Beweislast** dafür, dass er seiner Verpflichtung ohne sein Verschulden nicht bzw. nicht rechtszeitig nachgekommen ist (vgl. nur BGHZ 79, 275 (277 f.); Zöller/*Stöber* § 840 Rn. 12).

6. Zu beachten ist, dass die Erklärung, die Forderung werde nicht anerkannt, **nicht** näher **begründet** werden muss. Die **Drittschuldnererklärung** muss dem Gläubiger auch keinen Aufschluss zu Einzelfragen wie Einreden, Fälligkeit, Bedingung, Gestaltungsrecht etc. geben (vgl. Zöller/*Stöber* § 840 Rn. 5). Auskunft zu derartigen Einzelheiten kann der Gläubiger gem. § 836 Abs. 3 ZPO nur von dem Schuldner verlangen.

7. Als **ersatzfähiger Schaden** kommen insbesondere die Kosten des von dem Gläubiger gegen den Drittschuldner unnütz geführten Einziehungsrechtsstreits in Betracht. Daneben kann ein Schaden auch dadurch entstehen, dass der Gläubiger infolge der nicht erteilten oder unrichtigen Auskunft andere Vollstreckungsmöglichkeiten gegen den Schuldner versäumt (vgl. hierzu und weiteren möglichen Schadenspositionen nur Zöller/*Stöber* § 840 Rn. 13 mwN). Demgegenüber hat der Drittschuldner, der nach Zustellung des

Pfändungsbeschlusses die gem. § 840 Abs. 1 ZPO geforderten Angaben nicht abgibt, die dem Gläubiger für ein weiteres vorprozessuales Aufforderungsschreiben entstandenen Anwaltskosten nicht zu erstatten. Dies beruht darauf, dass der Vollstreckungsgläubiger in derartigen Fällen von der Beitreibbarkeit des gepfändeten Anspruchs ausgehen und diesen ohne Kostenrisiko einklagen kann (BGH MDR 2006, 1370).

8. Kosten und Gebühren/Rechtsmittel. Hinsichtlich der Kosten und Gebühren bzw. der gegen ein stattgebendes oder klageabweisendes Urteil bestehenden Rechtsmittel kann auf die Ausführungen → Form. P. VII. 1 Bezug genommen werden, die entsprechend gelten.

9. Hinsichtlich der **Form** des Schriftsatzes (Unterschrift, elektronisches Dokument) wird verwiesen auf → Form. O. II. 1 Anm. 14.

4. Klage auf Freigabe eines von dem Drittschuldner hinterlegten Betrages

An das[1]

Amtsgericht/(Familiengericht)[2]Arbeitsgericht/Landgericht

in . . . . .

Klage

des/der . . . . . [ladungsfähige Anschrift des Gläubigers],

– Klägers –

Prozessbevollmächtigte: . . . . .

gegen

. . . . . [ladungsfähige Anschrift des Forderungsprätendenten],[3]

– Beklagten –

Streitwert: . . . . .[4]

Namens und in Vollmacht des Klägers erheben wir Klage mit den Anträgen,

1. den Beklagten zu verurteilen, der Auszahlung des bei der Hinterlegungsstelle des Amtsgerichts . . . . . zum Aktenzeichen . . . . . hinterlegten Betrages in Höhe von . . . . . EUR/in Höhe eines Teilbetrages[5] von . . . . . EUR zuzustimmen,
2. den Beklagten zu verurteilen, an den Kläger Zinsen in Höhe von 5 Prozentpunkten über dem Basiszinssatz seit dem . . . . . (Verzugsbeginn) zu zahlen.[6]

Sofern das Gericht das schriftliche Vorverfahren anordnet, wird für den Fall der Fristversäumnis des Beklagten beantragt,[7]

ein Versäumnisurteil ohne mündliche Verhandlung (§ 331 Abs. 3 ZPO) zu erlassen.

[Bei einer Klage vor dem Landgericht:

Einer Entscheidung der Sache durch den Einzelrichter stehen keine Gründe entgegen.]

(Variante:
Wegen der besonderen Schwierigkeit der Sache/grundsätzlichen Bedeutung eignet sich die Sache nicht für eine Entscheidung durch den Einzelrichter.)

Begründung:

Dem Kläger steht gegen ..... [Name des Vollstreckungsschuldners]/gegen den Beklagten (falls zugunsten des Schuldners hinterlegt wurde) aufgrund des – in Kopie anliegenden – rechtskräftigen Urteils des ..... gerichts ..... vom ..... Az. ...../..... [Angabe des sonstigen Vollstreckungstitels] eine titulierte Forderung in Höhe von ..... EUR nebst Zinsen in Höhe von ..... zu [präzise Wiedergabe des Titelinhalts]. Da der Schuldner/ Beklagte in der Folgezeit keine Zahlungen leistete, betrieb der Kläger die Zwangsvollstreckung und erwirkte unter dem ..... einen – ebenfalls in Kopie anliegenden – Pfändungs- und Überweisungsbeschluss des Amtsgerichts ....., Az. ....., mit welchem der Anspruch des Schuldners/Beklagten gegen ..... [Name des Drittschuldners] auf ..... [präzise Bezeichnung der gepfändeten Forderung] gepfändet und dem Kläger zur Einziehung überwiesen wurde. Der Beschluss ist ausweislich der anliegenden Zustellungsurkunden des Gerichtsvollziehers ..... dem Drittschuldner ..... am ..... und dem Schuldner/Beklagten am ..... zugestellt worden. Der Drittschuldner hat den gepfändeten und dem Kläger zur Einziehung überwiesenen Betrag zu dem im Klageantrag genannten Aktenzeichen beim Amtsgericht ..... hinterlegt. Dies beruht darauf, dass sich der Beklagte des hinterlegten Betrages berühmt. Er beruft sich darauf, ihm sei die gepfändete Forderung bereits vor der Zustellung des Pfändungs- und Überweisungsbeschlusses an den Drittschuldner von dem Schuldner am ..... abgetreten worden.

(Variante:

..... (nähere Darlegung der sonstigen Hintergründe der Hinterlegung und der Berühmung des Beklagten).)

Der Beklagte ist gem. § 812 Abs. 1 S. 1 Alt. 2 BGB[8] zur Abgabe der begehrten Freigabeerklärung verpflichtet, da er die Stellung als Hinterlegungsberechtigter ohne Rechtsgrund erlangt hat. Der hinterlegte Betrag/der mit der Klage geltend gemachte Teilbetrag in Höhe von ..... EUR gebührt dem Kläger und nicht dem Beklagten.

Die Aktivlegitimation des Klägers ergibt sich aus dem wirksamen Pfändungs- und Überweisungsbeschluss des Amtsgerichts vom ..... Hiernach ist der Kläger zur Einziehung des dem Schuldner gegen den Drittschuldner zustehenden Anspruchs ..... [Angabe der gepfändeten Forderung] berechtigt. Die von dem Beklagten vorprozessual gegen den Beschluss erhobenen Einwendungen sind sämtlich formeller Natur, die die Wirksamkeit des Beschlusses unberührt lassen und im vorliegenden Klageverfahren nicht zu prüfen sind.[9]

(Variante:

Ungeachtet der Frage, ob der Beklagte mit den von ihm gegen den Beschluss vorprozessual erhobenen Bedenken in dem vorliegenden Klageverfahren überhaupt zu hören ist, sind diese sämtlich unbegründet. Denn ..... (Widerlegung der von dem Beklagten erhobenen Einwendungen).)

In der Sache ist der Pfändungs- und Überweisungsbeschluss auch nicht ins Leere gegangen. Im Zeitpunkt der Zustellung an den Drittschuldner war der Schuldner noch Forderungsinhaber. Es wird bestritten,[10] dass der Schuldner die Forderung an den Beklagten überhaupt abgetreten hat.

(Variante:

Die Abtretung ist unwirksam, weil zwischen dem Schuldner und dem Drittschuldner ein Abtretungsverbot vereinbart worden war.[11])

(Variante:

Selbst wenn es zu einer Abtretung gekommen sein sollte, wird bestritten, dass diese noch vor der Zustellung des Pfändungs- und Überweisungsbeschlusses an den Drittschuldner erfolgt ist.[12] *Eine nach diesem Zeitpunkt erklärte Abtretung entfaltet gem. den §§ 829 Abs. 1 S. 2 ZPO, 135, 136 BGB gegenüber dem Kläger keine Wirkung. Ob der Beklagte von der Pfändung Kenntnis hatte oder ob er gutgläubig war, ist unerheblich, da es grundsätzlich – von der hier nicht einschlägigen Ausnahme des § 405 BGB abgesehen – keinen gutgläubigen Forderungserwerb gibt.*[13]*)*

(Variante:

. . . . . (Darlegung der sonstigen Gründe, aus denen sich das bessere Recht des Gläubigers ergibt).)

Da der Beklagte auf die vorprozessuale Aufforderung vom . . . . ., den hinterlegten Betrag zu Gunsten des Klägers bis zum . . . . . freizugeben, nicht reagiert hat/dies ausdrücklich abgelehnt hat, ist Klage geboten. Der Zinsanspruch ergibt sich aus dem Gesichtspunkt des Verzuges in entsprechender Anwendung des § 288 Abs. 1 BGB (vgl. BGH NJW 2006, 2398).

Wir haben heute einen Gerichtskostenvorschuss in Höhe von . . . . . EUR bei der Gerichtskasse . . . . . eingezahlt und bitten um unverzügliche Zustellung der Klageschrift.

Beglaubigte und einfache Abschrift liegen an.

. . . . .

Rechtsanwalt[14, 15]

Anmerkungen

1. Da es bei der Freigabeklage des Gläubigers um die **materiell-rechtliche** Frage geht, wem der bei der Hinterlegungsstelle hinterlegte Betrag zusteht, ist das **Prozessgericht** und nicht das Vollstreckungsgericht **zuständig.** Deshalb gelten hinsichtlich der sachlichen und örtlichen Zuständigkeit die allgemeinen Regeln (§§ 23, 71 GVG bzw. §§ 12 ff. ZPO). Vgl. zur Bemessung des auch für die sachliche Zuständigkeit maßgeblichen Streitwerts die weiteren Ausführungen → Anm. 4. Denkbar ist auch eine Zuständigkeit des **Arbeitsgerichts,** wenn die Prätendenten um die Inhaberschaft eines Anspruchs aus einem Arbeitsverhältnis streiten (vgl. BAGE 86, 122).

2. Handelt es sich bei der der Hinterlegung zugrundeliegenden Forderung um eine solche, die in die Zuständigkeit des **Familiengerichts** fällt, ist keine „Klage" zu erheben, sondern ein „Antrag" zu stellen (vgl. § 113 Abs. 5 Nr. 2 FamFG), und die Parteien sind nicht als Kläger und Beklagter, sondern als Antragsteller und Antragsgegner zu bezeichnen (§ 113 Abs. 5 Nr. 3 und 4 FamFG) . Inhaltlich ergeben sich jedoch zu der Klage keine Unterschiede. Entsprechendes gilt für den Fall, dass die Forderung in die Zuständigkeit eines Gerichts der freiwilligen Gerichtsbarkeit fällt.

3. Forderungsprätendent und damit Beklagter der Freigabeklage muss nicht unbedingt ein Dritter sein, der sich eines gegenüber dem pfändenden Gläubiger vorrangigen Rechts berühmt. Denkbar ist es **auch,** dass der Drittschuldner den Betrag zugunsten des Gläubigers und des **Schuldners** hinterlegt hat. So mag sich der Schuldner gegenüber dem Drittschuldner darauf berufen, dass die Forderung unpfändbar sei (zB gem. § 851 Abs. 1 ZPO iVm § 17 VVG). Obwohl der Drittschuldner bei einer Zahlung an den Gläubiger auf der Grundlage eines nicht aufgehobenen Pfändungs- und Überweisungsbeschlusses gem. § 836 Abs. 2 ZPO geschützt würde, kann insbesondere bei langjährigen Geschäftsbeziehungen zwischen Schuldner und Drittschuldner eine Hinterlegung die taktisch sinnvollere Alternative sein, um das Verhältnis zu dem Schuldner nicht unnötig zu belasten.

4. Der **Gebühren- und der Zuständigkeitsstreitwert** richten sich danach, um welchen Betrag die Parteien konkret streiten. Dies ist im Regelfall der gesamte von dem Drittschuldner hinterlegte Betrag. Nicht ausgeschlossen und zur Vermeidung unnötiger Kosten sogar angezeigt ist es indessen, dass der Kläger nur in Höhe eines Teils des hinterlegten Betrages die Freigabeerklärung fordert, wenn und soweit der Beklagte im Übrigen das „bessere Recht" hat. In diesem Fall ist der Streitwert entsprechend geringer.

5. Wenn der Gläubiger nur einen **Teil** des von dem Drittschuldner **hinterlegten Betrages** fordern kann, ist dies zur Vermeidung von Kostennachteilen (§ 92 Abs. 1 ZPO) bereits in der Formulierung des **Klageantrages** zum Ausdruck zu bringen.

6. Nach der Rechtsprechung des Bundesgerichtshofs (vgl. BGH NJW 2006, 2398) ist die Vorschrift des § 288 Abs. 1 BGB (**Verzugszinsen**) auf den Anspruch auf Freigabe eines hinterlegten Geldbetrages entsprechend anzuwenden.

7. Vgl. zu der Frage, welche prozessualen Anträge neben dem Antrag in der Hauptsache gestellt werden sollten, → Form. O. II. 7 Anm. 9.

8. In der Rechtsprechung ist seit langem anerkannt, dass bei einem Streit zwischen zwei Forderungsprätendenten über die Auszahlung von hinterlegten Geldbeträgen dem wirklichen Rechtsinhaber gegen den anderen Prätendenten ein **bereicherungsrechtlicher Anspruch** (§ 812 Abs. 1 S. 1 Alt. 2 BGB) auf Einwilligung in die Auszahlung zusteht, denn letzterer hat durch das vom (Dritt-)Schuldner gewählte Vorgehen auf Kosten des wahren Gläubigers rechtsgrundlos die Stellung eines Hinterlegungsberechtigten erlangt (vgl. nur BGHZ 35, 165 (170); BGHZ 109, 240 (244); BGH NJW 2000, 291).

Fraglich ist, ob auch der beklagte **Dritte** den Vollstreckungsgläubiger mit einer auf § 812 Abs. 1 S. 1 Alt. 2 BGB gestützten Leistungsklage auf Abgabe einer entsprechenden Freigabeerklärung in Anspruch nehmen kann. Bejahendenfalls würde es sich anbieten, auf die Klage des Gläubigers mit einer **Widerklage** zu reagieren, wie dies in den „Normalfällen" des Streits mehrerer Forderungsprätendenten um einen hinterlegten Betrag in der Praxis regelmäßig der Fall ist. Kostenmäßig geht der Beklagte kein Risiko ein, weil Klage und Widerklage „denselben Gegenstand" iSd § 45 Abs. 1 S. 3 GKG betreffen und deshalb eine Addition unterbleibt. Eine anderweitige Rechtshängigkeit stünde der Zulässigkeit einer solchen Widerklage nicht entgegen, da durch die rechtskräftige Abweisung einer Freigabeklage nicht zugleich unter Rechtskrafterstreckung die Anspruchsberechtigung des anderen Prätendenten festgestellt wird (vgl. BGH NJW 2000, 291 (294)). Es ist jedoch die vollstreckungsrechtliche Besonderheit zu beachten, dass die §§ 771, 805 ZPO in ihrem Anwendungsbereich bis zur vollständigen Beendigung der Zwangsvollstreckung in eine Sache oder ein Recht materiell-rechtliche Klagen als Spezialvorschriften ausschließen (vgl. BGHZ 58, 207 (214 f.)). Da bei einer Hinterlegung durch den Drittschuldner die Zwangsvollstreckung noch nicht vollständig beendet ist, hätte der Dritte, der sich eines besseren Rechts berühmt, die Möglichkeit gegen den Gläubiger eine Drittwiderspruchsklage gem. § 771 ZPO zu erheben. Aus diesem Grunde kommt eine auf § 812 Abs. 1 S. 1 Alt. 2 BGB gestützte Leistungsklage und dementsprechend auch eine entsprechende Widerklage nicht in Betracht (vgl. Zöller/*Herget* § 771 Rn. 4). Rechtsnachteile entstehen dem Dritten durch den Vorrang einer Drittwiderspruchsklage nicht, da ein obsiegendes Urteil nach § 771 ZPO auch den Anforderungen des Hinterlegungsgesetze der Länder (vgl. beispielsweise § 22 Abs. 3 Nr. 2 HintGNRW) genügt (vgl. Schuschke/Walker/*Raebel* § 771 Rn. 7).

Möglich wäre deshalb – nur – eine auf § 771 ZPO gestützte Widerklage. Diese würde allerdings in der Regel an der Vorschrift des § 33 Abs. 2 ZPO scheitern, wenn nicht das von dem Gläubiger mit der Freigabeklage angerufene Gericht (Regelfall: Wohnsitz des Dritten) ausnahmsweise auch das für eine Klage gem. § 771 ZPO ausschließlich zuständige Gericht (hier: Wohnsitz des Schuldners als Ort der Zwangsvollstreckung) wäre. Ist letzteres der Fall, kann eine auf Freigabe gerichtete (Wider-)Klage in eine Drittwiderspruchsklage umgedeutet werden (vgl. Zöller/*Herget* § 771 Rn. 4).

Unproblematisch dürfte eine **Widerklage** des Beklagten aber dann sein, wenn es sich hierbei zugleich um den **Schuldner** handelt, der Drittschuldner also den Betrag zugunsten des Vollstreckungsgläubigers und des Vollstreckungsschuldners hinterlegt hat. Dem Schuldner stehen – anders als dem Dritten – keine besonderen vollstreckungsrechtlichen Klagen zu, die eine auf Freigabe gerichtete Bereicherungs-(wider)klage sperren könnten. Mit der Vollstreckungsgegenklage (§ 767 ZPO) könnte der Schuldner nur materielle Einwendungen gegen den titulierten Anspruch erheben; hierum geht es im vorliegenden Zusammenhang jedoch nicht.

9. Wie bei einer Einziehungsklage des Gläubigers (→ Form. P. VII. 2) genügt auch bei der hier erörterten Freigabeklage für die **Aktivlegitimation** grundsätzlich, dass der Pfändungs- und Überweisungsbeschluss wirksam, dh nicht nichtig ist. Eine (bloße) Anfechtbarkeit ändert an der Einziehungsberechtigung des Gläubigers grundsätzlich nichts, es sei denn, es handelt sich um eine auf materiellem Recht beruhende Unpfändbarkeit (vgl. Zöller/*Stöber* § 829 Rn. 27).

10. Die **Beweislast** dafür, dass es zu einer Abtretung gekommen ist, trägt grundsätzlich der **Zessionar** (vgl. Palandt/*Grüneberg* § 398 Rn. 46). Der Vollstreckungsgläubiger kann sich deshalb darauf beschränken, die von dem Beklagten behauptete Abtretung zu bestreiten. Zur Verfügung stehende Gegenbeweise sollten vorsorglich jedoch angeboten werden.

11. Dass die Abtretung durch ein rechtsgeschäftlich vereinbartes **Abtretungsverbot** (§ 399 BGB) ausgeschlossen ist, schließt eine Pfändung gem. § 851 Abs. 2 ZPO nicht aus, wenn und soweit der geschuldete Gegenstand nicht unpfändbar ist.

12. Wenn eine Forderung nach einem bestimmten Zeitpunkt nicht mehr abtretbar war, muss der Zessionar beweisen, dass die Abtretung vorher erfolgt ist (vgl. BGH NJW 1986, 1925). Auch insoweit befindet sich der Vollstreckungsgläubiger gegenüber dem sich auf die Abtretung berufenden Dritten in einer besseren Rechtsposition.

13. Von der Frage, ob eine Forderung gutgläubig erworben werden kann, ist die anders gelagerte Frage zu unterscheiden, ob und inwieweit der Schuldner – im vorliegenden Zusammenhang der Forderungspfändung also der Drittschuldner – bei **Zahlungen an den Nichtberechtigten** geschützt wird. Zahlt der Drittschuldner in Unkenntnis der Pfändung an den Schuldner, wird sein guter Glaube gemäß **§ 407 BGB in entsprechender Anwendung** (BGHZ 86, 337 (339)) geschützt. Zahlt er an den Gläubiger, ohne zu wissen, dass der Pfändungs- und Überweisungsbeschluss zwischenzeitlich aufgehoben worden ist, wird er gem. **§ 836 Abs. 2 ZPO** gleichwohl von seiner Verbindlichkeit befreit. Wenn der Drittschuldner schließlich an den Gläubiger aufgrund eines Pfändungs- und Überweisungsbeschlusses zahlt, ohne zu wissen, dass die Forderung bereits vor der Zustellung des Beschlusses an ihn an einen Dritten abgetreten wurde, wird sein guter Glaube gem. **§ 408 Abs. 2 BGB** geschützt.

14. Kosten und Gebühren/Rechtsmittel. Hinsichtlich der Kosten und Gebühren bzw. der gegen ein stattgebendes oder klageabweisendes Urteil bestehenden Rechtsmittel kann auf die Ausführungen → Form. P. VII. 1 Bezug genommen werden, die entsprechend gelten.

15. Hinsichtlich der **Form** des Schriftsatzes (Unterschrift, elektronisches Dokument) wird verwiesen auf → Form. O. II. 1 Anm. 14.

5. Negative Feststellungsklage gegen einen Dritten, der sich eines Rechts iSd §§ 771, 805 ZPO berühmt

An das[1, 2]

Amtsgericht/(Familiengericht)[3]/Landgericht

in .....

Klage

des/der ..... [ladungsfähige Anschrift des Gläubigers],

– Klägers –

Prozessbevollmächtigte: .....

gegen

..... [ladungsfähige Anschrift des Dritten],

– Beklagten –

Streitwert: .....[4]

Namens und in Vollmacht des Klägers erheben wir Klage mit dem Antrag,

festzustellen, dass dem Beklagten an dem durch den Kläger am ..... gepfändeten ..... [konkrete Bezeichnung des Pfändungsgegenstandes mit Angabe der jeweiligen Vollstreckungshandlung und Angabe des Vollstreckungsorgans mit Az.] keine gegenüber dem Kläger vorrangigen Rechte zustehen.

Sofern das Gericht das schriftliche Vorverfahren anordnet, wird für den Fall der Fristversäumnis des Beklagten beantragt,[5]

ein Versäumnisurteil ohne mündliche Verhandlung (§ 331 Abs. 3 ZPO) zu erlassen.

[Bei einer Klage vor dem Landgericht:

Einer Entscheidung der Sache durch den Einzelrichter stehen keine Gründe entgegen.]

(Variante
Wegen der besonderen Schwierigkeit der Sache/grundsätzlichen Bedeutung eignet sich die Sache nicht für eine Entscheidung durch den Einzelrichter.)

Begründung

Dem Kläger steht gegen ..... [Name des Vollstreckungsschuldners] aufgrund des – in Kopie anliegenden – rechtskräftigen Urteils des ..... gerichts ..... vom ..... Az. ...../..... [Angabe des sonstigen Vollstreckungstitels] eine titulierte Forderung in Höhe von ..... EUR nebst Zinsen in Höhe von ..... zu [präzise Wiedergabe des Titelinhalts]. Da der Schuldner in der Folgezeit keine Zahlungen leistete, betrieb der Kläger die Zwangsvollstreckung. In seinem Auftrag pfändete der Gerichtsvollzieher ..... am ..... in der Wohnung des Schuldners folgenden Gegenstand ..... [präzise Darlegung des Vermögensgegenstandes und Vorlage des Vollstreckungsprotokolls].

(Variante:

Der Kläger erwirkte unter dem ..... einen – ebenfalls in Kopie anliegenden – Pfändungs- und Überweisungsbeschluss des Amtsgerichts ....., Az. ....., mit welchem ein Anspruch des Schuldners gegen Herrn/Frau/Firma ..... (Angabe des Drittschuld-

ners) auf Zahlung von ..... EUR oder: ..... (sonstige präzise Bezeichnung Anspruchs) gepfändet und dem Kläger zur Einziehung überwiesen wurde. Der Beschluss ist dem Drittschuldner am ..... zugestellt worden.)

(Variante:
..... [Schilderung der sonstigen Vollstreckungsmaßnahme].)

Durch Schreiben vom ..... hat sich der Beklagte bei dem Kläger gemeldet und um Freigabe des gepfändeten Vermögensgegenstandes gebeten. Der Beklagte beruft sich darauf, dass ..... (Wiedergabe des vermeintlichen Rechts iSd §§ 771, 805 ZPO, auf das sich der Beklagte stützt). Eine Drittwiderspruchsklage gem. § 771 ZPO/Vorzugsklage gem. § 805 ZPO hat er aber bislang nicht erhoben. Auf die Ankündigung des Klägers in dem Schreiben vom ....., eine negative Feststellungsklage gegen den Beklagten zu erheben, falls er nicht bis zum ..... verbindlich erkläre, keine Rechte an dem von dem Kläger gepfändeten Vermögensgegenstand geltend zu machen, ist keine Reaktion erfolgt/ hat der Beklagte seinen Rechtsstandpunkt verteidigt.

(Variante:
..... (Darlegung der sonstigen Reaktion des Beklagten).)

Mit der vorliegenden, auf § 256 Abs. 1 ZPO gestützten und wegen des vorprozessualen Verhaltens des Beklagten zulässigen[6] Klage begehrt der Kläger die Feststellung, dass dem Beklagten an dem zugunsten des Klägers gepfändeten Gegenstand keine gegenüber dem Kläger vorrangigen Rechte zustehen.

Der Kläger bestreitet, dass ..... [Bestreiten des Sachverhalts, auf den der Beklagte sein Recht iSd §§ 771, 805 ZPO stützt].[7]

(Variante:
..... (Darlegung der sonstigen Gründe, die dem von dem Dritten geltend gemachten Recht entgegengehalten werden).[8])

Wir haben heute einen Gerichtskostenvorschuss in Höhe von ..... EUR bei der Gerichtskasse ..... eingezahlt und bitten um unverzügliche Zustellung der Klageschrift. Hierbei haben wir einen – geschätzten – Wert des Vollstreckungsgegenstandes in Höhe von ..... zugrundegelegt, der niedriger als die Vollstreckungsforderung und deshalb gemäß § 48 Abs. 1 S. 1 GKG, § 6 S. 2 ZPO für die Streitwertbemessung maßgeblich ist.

(Variante:
Hierbei haben wir den Wert der Vollstreckungsforderung zugrundegelegt, die niedriger als der – geschätzte – Wert des Vollstreckungsgegenstandes in Höhe von ..... und deshalb gemäß § 48 Abs. 1 S. 1 GKG, § 6 S. 1 ZPO für die Streitwertbemessung maßgeblich ist.)

Beglaubigte und einfache Abschrift liegen an.

.....

Rechtsanwalt[9, 10]

Anmerkungen

1. Wenn sich ein **Dritter gegenüber** dem **Vollstreckungsgläubiger** eines **Rechts iSd §§ 771, 805 ZPO berühmt,** ohne indessen eine entsprechende Klage zu erheben, kann der Vollstreckungsgläubiger die Zwangsvollstreckung fortsetzen und insoweit „vollendete

Tatsachen" schaffen. Dies würde es aber nicht ausschließen, dass der Dritte nach Beendigung der Zwangsvollstreckung den Gläubiger insbesondere nach den Grundsätzen des Bereicherungsrechts (→ Form. P. IX. 10) mit der Begründung auf Wertersatz in Anspruch nimmt, der verwertete Vermögensgegenstand habe vermögensrechtlich ihm – dem Dritten – zugestanden. Um derartigen Rechtsstreitigkeiten von vorneherein vorzubeugen, bietet es sich an, **durch** eine negative **Feststellungsklage** die gebotene **Rechtssicherheit** bereits vor der Fortsetzung der Zwangsvollstreckung **herbeizuführen.**

2. Die **Zuständigkeit** des angerufenen Gerichts richtet sich grundsätzlich nach den allgemeinen Vorschriften. Auch wenn es sich bei der hier erörterten negativen Feststellungsklage gleichsam um das Gegenstück der in den §§ 771, 805 ZPO geregelten Klagen handelt, findet sich im 8. Buch der ZPO **keine** besondere, **ausschließliche** (§ 802 ZPO) **Zuständigkeitsregelung.** Demnach wäre **örtlich** nicht das Gericht, an dem die Zwangsvollstreckung stattfindet (vgl. §§ 771, 805 ZPO), sondern regelmäßig das Gericht am Wohnsitz des Dritten (§ 13 ZPO) zuständig. In der Literatur wird allerdings zum Teil vertreten, dass Gerichtsstand bei einer negativen Feststellungsklage der ausschließliche oder besondere Gerichtsstand der umgekehrten Leistungsklage sei und nur sonst der allgemeine Gerichtsstand des Beklagten eröffnet sei (vgl. *Baumbach/Lauterbach/Albers/Hartmann* § 256 Rn. 41; in diesem Sinne wohl auch Zöller/*Greger* § 256 Rn. 20; kritisch aber Musielak/Voit/*Foerste* § 256 Rn. 36). Würde man diese Grundsätze auf eine zu einer Klage gem. den §§ 771, 805 ZPO „gegenläufige" Feststellungsklage anwenden, müsste auch die Feststellungsklage an dem in den §§ 771, 805 ZPO normierten Gerichtsständen erhoben werden.

Für die Bemessung des für die **sachliche** Zuständigkeit (§§ 23 Nr. 1, 71 GVG) grundsätzlich maßgeblichen Streitwerts sind in den §§ 771, 805 ZPO keine Sonderregelungen enthalten, so dass sich die oben im Rahmen der örtlichen Zuständigkeit erörterte Problematik nicht stellt. Anzuwenden sind die in § 6 ZPO niedergelegten Grundsätze. Wenn die im Zeitpunkt der Klageerhebung noch offene Forderung des Gläubigers (gem. § 4 ZPO ohne Zinsen und Kosten), wegen der die Zwangsvollstreckung betrieben wird, niedriger ist als der Wert des Vollstreckungsgegenstandes, auf den sich das vermeintliche Recht des Dritten bezieht, entspricht der Streitwert der Höhe der Forderung (§ 6 S. 1 ZPO). Andernfalls kommt es auf den Wert des Vollstreckungsgegenstandes an (§ 6 S. 2 ZPO). **Entscheidend** ist also der jeweils **niedrigere Wert.** Da es sich um eine negative Feststellungsklage handelt, ist der sonst bei Feststellungsklagen übliche Abschlag nicht zu machen (vgl. nur Zöller/*Herget* § 3 Rn. 16 Stichwort „Feststellungsklagen" mwN). Geht es beispielsweise um eine Vollstreckung in Höhe eines Betrages von 10.000,– EUR, während der Verkehrswert des gepfändeten Gegenstandes nur 4.000,– EUR beträgt, ist für die Entscheidung über die negative Feststellungsklage das Amtsgericht zuständig, da der Streitwert 5.000,– EUR nicht übersteigt (§ 23 Nr. 1 GVG). Entsprechendes gilt für den Fall, dass die Forderung sich auf 4.000,– EUR und der Verkehrswert des gepfändeten Gegenstandes sich auf 10.000,– EUR beläuft. Der Streitwert beträgt auch dann lediglich 4.000,– EUR.

3. Denkbar ist auch eine streitwertunabhängige Zuständigkeit des **Familiengerichts,** wenn das Drittrecht im Familienrecht wurzelt. Dann ist keine „Klage" zu erheben, sondern ein „Antrag" zu stellen (vgl. § 113 Abs. 5 Nr. 2 FamFG), und die Parteien sind nicht als Kläger und Beklagter, sondern als Antragsteller und Antragsgegner zu bezeichnen (§ 113 Abs. 5 Nr. 3 und 4 FamFG) . Inhaltlich ergeben sich jedoch zu der Klage keine Unterschiede.

4. Die Berechnung des **Gebührenstreitwerts** entspricht der dargelegten Berechnung des Zuständigkeitsstreitwerts (§ 48 Abs. 1 S. 1 GKG iVm § 6 ZPO).

5. Vgl. zu der Frage, welche prozessualen Anträge neben dem Antrag in der Hauptsache gestellt werden sollten, → Form. O. II. 7 Anm. 9.

6. Die **Zulässigkeit** einer negativen **Feststellungsklage** des Pfändungsgläubigers gegen den Dritten ist allgemein **anerkannt** (vgl. nur RGZ 73, 276 (278); Zöller/*Herget* § 771 Rn. 4). Wenn allerdings der Dritte **nach** Erhebung der Klage durch den Gläubiger nunmehr seinerseits eine Klage gem. § 771 ZPO bzw. § 805 ZPO erhebt und diese Klage nicht mehr einseitig zurückgenommen werden kann (§ 269 Abs. 1 ZPO), wird die negative Feststellungsklage unzulässig (vgl. BGHZ 165, 305 = NJW 2006, 366 auch zu Ausnahmen). Will der Gläubiger einer Abweisung seiner negativen Feststellungsklage durch Prozessurteil entgehen, muss er den Feststellungsrechtsstreit in der Hauptsache für erledigt erklären (vgl. BGH NJW 1984, 1556; BGH NJW 1973, 1500; siehe auch Zöller/*Greger* § 256 Rn. 7d).

7. Hinsichtlich der Verteilung der **Darlegungs- und Beweislast** ist der allgemeine Grundsatz zu berücksichtigen, dass die mit der negativen Feststellungsklage verbundene Umkehrung der Parteirollen nichts an der üblichen Verteilung der Darlegungs- und Beweislast ändert (vgl. BGH NJW 1977, 1637 (1638); BGH NJW 1983, 2032; siehe auch Zöller/*Greger* § 256 Rn. 18 mwN). Der Dritte, der sich eines Rechts iSd §§ 771, 805 ZPO berühmt, hat die Voraussetzungen für dieses Recht darzulegen und ggf. auch zu beweisen. Der Gläubiger kann sich deshalb darauf beschränken, das Vorbringen des Dritten zu bestreiten.

8. Wegen der weiteren **Verteidigungsmöglichkeiten** des **Vollstreckungsgläubigers** kann auf die Anmerkungen → Form. P. IX. 11 verwiesen werden. Die dortigen Ausführungen gelten entsprechend.

9. Kosten und Gebühren/Rechtsmittel. Hinsichtlich der Kosten und Gebühren bzw. der gegen ein stattgebendes oder klageabweisendes Urteil bestehenden Rechtsmittel wird auf die Ausführungen → Form. P. VII. 1 Bezug genommen, die entsprechend gelten.

10. Hinsichtlich der **Form** des Schriftsatzes (Unterschrift, elektronisches Dokument) wird verwiesen auf → Form. O. II. 1 Anm. 14.

6. Anfechtungsklage (§§ 1 ff. AnfG)

An das

Amtsgericht/Landgericht

in ..... [1, 2]

Klage

des/der ..... [ladungsfähige Anschrift des Gläubigers],

– Klägers –

Prozessbevollmächtigte: .....

gegen

..... [ladungsfähige Anschrift des Anfechtungsgegners],

– Beklagten –

Streitwert: ..... [3]

Namens und in Vollmacht des Klägers erheben wir Klage mit dem Antrag/mit den Anträgen,

den Beklagten zu verurteilen, wegen einer Forderung in Höhe von . . . . . EUR nebst Zinsen in Höhe von 5 Prozentpunkten über dem Basiszinssatz seit dem . . . . . aufgrund des Urteils des . . . . . gerichts . . . . . vom . . . . . Az. . . . . ./. . . . . [sonstige präzise Angabe des Vollstreckungstitels][4] die Zwangsvollstreckung in . . . . . (präzise Angabe der anfechtbar übertragenen beweglichen Sache)/in das Grundstück/in den . . . . . [Miteigentumsquote] Miteigentumsanteil des Beklagten an dem Grundstück . . . . . [präzise Bezeichnung des anfechtbar übertragenen Grundstückes bzw. des Miteigentumsteils einschließlich grundbuchrechtlicher Angaben] zu dulden.[5]

(Variante:
den Beklagten zu verurteilen, wegen einer Forderung in Höhe von . . . . . EUR nebst Zinsen in Höhe von 5 Prozentpunkten über dem Basiszinssatz seit dem . . . . . aufgrund des Urteils des . . . . . gerichts . . . . . vom . . . . . Az. . . . . ./. . . . . (sonstige präzise Angabe des Vollstreckungstitels) die Zwangsvollstreckung in die durch Herrn/Frau/Firma . . . . . (Name des Schuldners) an ihn abgetretene Forderung gegen . . . . . (Name des Drittschuldners) auf Zahlung von . . . . . EUR/. . . . . (sonstige präzise Bezeichnung des Inhalts der abgetretenen Forderung) zu dulden.[6])

(Variante:
den Beklagten zu verurteilen, an den Kläger . . . . . EUR nebst Zinsen in Höhe von 5 Prozentpunkten über dem Basiszinssatz seit Klagezustellung/seit dem . . . . . zu zahlen.[7])

Sofern das Gericht das schriftliche Vorverfahren anordnet, wird für den Fall der Fristversäumnis des Beklagten beantragt,[8]

ein Versäumnisurteil ohne mündliche Verhandlung (§ 331 Abs. 3 ZPO) zu erlassen.

Begründung:

Der Kläger hat gegen Herrn/Frau/Firma . . . . . [präzise Bezeichnung des Vollstreckungsschuldners] aufgrund des in Kopie anliegenden Urteils des . . . . . gerichts . . . . . vom . . . . . Az. . . . . ./. . . . . [präzise Bezeichnung des sonstigen Vollstreckungstitels] einen Anspruch auf Zahlung von . . . . . EUR nebst Zinsen in Höhe von . . . . . [präzise Bezeichnung der vollstreckbaren Forderung bzw. der vollstreckbaren Forderungen]. Die von dem Kläger gegen den Schuldner betriebene Zwangsvollstreckung ist erfolglos geblieben. Insoweit verweisen wir auf das anliegende Pfändungsprotokoll des Gerichtsvollziehers . . . . . vom . . . . . sowie die ebenfalls beigefügte eidesstattlichen Versicherung des Schuldners vom . . . . .

(Variante:
. . . . . (Darlegung der sonstigen Umstände, aus denen sich die Erfolglosigkeit der Zwangsvollstreckung gegen den Schuldner ergibt, nebst entsprechenden Beweisantritten).)

Wie der Kläger erfahren hat, hatte der Schuldner jedoch bereits am . . . . . an den Beklagten . . . . . [präzise Darlegung der angefochtenen Rechtshandlung bzw. der uU erfolgten Weiterveräußerung an einen Dritten].

Der Beklagte ist gem. § 11 Abs. 1 AnfG verpflichtet, dem Kläger den von dem Schuldner erworbenen Vermögensgegenstand „zur Verfügung zu stellen", dh die Zwangsvollstreckung in den Vermögensgegenstand zu dulden.

(Variante:
Der Beklagte ist gem. § 11 Abs. 1 AnfG zum Ersatz des Wertes des . . . . . (Angabe des Vermögensgegenstandes) verpflichtet.)

Die Anfechtungsberechtigung des Klägers (§ 2 AnfG) ergibt sich aus dem vorgelegten Vollstreckungstitel und der durch das Pfändungsprotokoll des Gerichtsvollziehers dokumentierten Unzulänglichkeit des Schuldnervermögens zur Befriedigung der titulierten Forderung(en). Außerdem ..... [ggf. weitere Darlegungen erforderlich].[9]

Die angefochtene Rechtshandlung hat auch zu einer Gläubigerbenachteiligung geführt, denn ..... [Darlegung der Gläubigerbenachteiligung mit entsprechenden Beweisantritten].[10]

Die Anfechtung wird gestützt auf den Anfechtungsgrund ..... [Darlegung eines oder mehrerer Anfechtungsgründe gem. den §§ 3 bis 6 AnfG mit entsprechenden Beweisantritten].[11]

Der Kläger hat den Beklagten durch Schreiben vom ..... unter Fristsetzung bis zum ..... aufgefordert,[12] die Zwangsvollstreckung zu dulden und eine vollstreckbare Urkunde iSd § 794 Abs. 1 Nr. 5 ZPO vorzulegen/die Klageforderung zu begleichen. Da hierauf keine Reaktion erfolgt ist/dies durch Schreiben vom ..... ausdrücklich abgelehnt worden ist, ist Klage geboten.

Wir haben heute einen Gerichtskostenvorschuss in Höhe von ..... EUR bei der Gerichtskasse ..... eingezahlt und bitten um unverzügliche Zustellung der Klageschrift. Hierbei haben wir einen – geschätzten – Wert des der Anfechtung unterliegenden Vermögensgegenstandes in Höhe von ..... EUR zugrundegelegt, der niedriger als die vollstreckbare Forderung des Klägers und deshalb gemäß § 48 Abs. 1 S. 1 GKG, § 6 S. 2 ZPO in entsprechender Anwendung für die Streitwertbemessung maßgeblich ist (vgl. Zöller/*Herget* § 3 Rn. 16 Stichwort „Anfechtungsklage").

(Variante:
Hierbei haben wir den Wert der vollstreckbare Forderung des Klägers zugrundegelegt, da diese niedriger als der – geschätzte – Wert des der Anfechtung unterliegenden Vermögensgegenstandes in Höhe von EUR ..... und deshalb gemäß § 48 Abs. 1 S. 1 GKG, § 6 S. 1 ZPO in entsprechender Anwendung für die Streitwertbemessung maßgeblich ist (vgl. Zöller/Herget § 3 Rn. 16 Stichwort „Anfechtungsklage").)

Beglaubigte und einfache Abschrift liegen an.

.....

Rechtsanwalt[13, 14]

Anmerkungen

1. Ein **Anfechtungsanspruch** nach dem Anfechtungsgesetz (AnfG) – Anspruchsgrundlage ist § 11 AnfG – kann grundsätzlich entweder durch die hier erörterte **Leistungsklage** (vgl. § 13 AnfG) **oder** durch Erhebung einer **Einrede** (vgl. § 9 AnfG) **gegen den Anfechtungsgegner** geltend gemacht werden. Die Einrede ist praktisch besonders bedeutsam, wenn sich der Vollstreckungsgläubiger gegen eine Drittwiderspruchsklage mit der Begründung verteidigen möchte, der Dritte habe sein die Veräußerung hinderndes Recht durch eine anfechtbare Handlung gem. den §§ 1 ff. AnfG erworben (→ Form. P. IX. 11). Hiervon strikt zu unterscheiden ist die anders gelagerte Frage, ob ein **Anfechtungsanspruch** seinerseits ein die Veräußerung hinderndes **Recht iSd § 771 ZPO** ist oder zumindest zur Erhebung der Vorzugsklage gem. § 805 ZPO berechtigt (vgl. *Huber* § 13 Rn. 4 mwN; → Form. P. IX. 1 Anm. 15). Bejaht man dies mit der ganz hM in der Literatur, kann der Anfechtungsberechtigte seinen Anfechtungsanspruch in diesen Fällen mit einer Gestaltungsklage gem. § 771 ZPO bzw. gem. § 805 ZPO **gegen den** vollstreckenden **Gläubiger** geltend machen (vgl. *Huber* § 13 Rn. 4).

2. Für die Anfechtungsklage ist der **Zivilrechtsweg** (§ 13 GVG) eröffnet, auch wenn die angefochtene Handlung zu einem anderen Rechtsgebiet gehört. Eine Zuständigkeit insbesondere der Arbeitsgerichte besteht deshalb nicht (vgl. *Huber* § 13 Rn. 32 mwN). **Sachlich** ist das Amtsgericht zuständig, wenn der **Streitwert** 5.000,– EUR nicht übersteigt (§ 23 Nr. 1 GVG), wobei stets die Zivilabteilung, **nicht** die **Familienabteilung** zur Entscheidung berufen ist (vgl. OLG Bamberg NJW-RR 1989, 517; *Huber* § 13 Rn. 32). Bei einem höheren Streitwert als 5.000,– EUR ist das Landgericht sachlich zuständig. Zur Berechnung des Streitwerts kann auf die nachfolgenden Ausführungen unter → Anm. 3 verwiesen werden, die für den Zuständigkeitsstreitwert und den Gebührenstreitwert in gleichem Maße gelten. Die **örtliche** Zuständigkeit richtet sich nach den **allgemeinen Vorschriften,** so dass im Regelfall das Gericht am Wohnsitz (§ 13 ZPO) des Anfechtungsgegners örtlich zuständig ist. Wenn sich die anfechtbare Handlung allerdings auf das Eigentum an einem Grundstück oder dessen Belastung oder die Freiheit von einer Belastung bezieht, ist nach wohl überwiegender Auffassung der **ausschließliche** dingliche **Gerichtsstand** des **§ 24 ZPO** zu beachten (vgl. OLG Hamm NZI 2002, 575; *Huber* § 13 Rn. 35 mwN auch der Gegenauffassung). Örtlich ist in diesen Fällen deshalb ausschließlich das Amtsgericht oder Landgericht zuständig, in dessen Bezirk das Grundstück belegen ist.

3. Bei einer Anfechtungsklage ist für die Bemessung sowohl des Zuständigkeitsstreitwerts als auch des Gebührenstreitwerts (über § 48 Abs. 1 S. 1 GKG) die Vorschrift des **§ 6 ZPO entsprechend** anzuwenden. Maßgeblich ist deshalb die von dem Anfechtenden geltend gemachte **Forderung einschließlich Zinsen und Kosten** oder – falls er geringer ist – der **Verkehrswert** des Gegenstandes, dessen Bereitstellung zum zwangsweisen Zugriff im Wege der Anfechtungsklage verlangt wird (vgl. Zöller/*Herget* § 3 Rn. 16 Stichwort „Anfechtungsklage"; *Huber* § 13 Rn. 37 mwN).

4. Bei einer Titulierung durch Urteil verfügt der Kläger hinsichtlich der Kosten über einen weiteren Vollstreckungstitel in Gestalt eines **Kostenfestsetzungsbeschlusses.** Dieser ist ebenfalls in den Klageantrag mit aufzunehmen. Hierbei ist zu beachten, dass bei dem Anführen mehrerer befriedigungsbedürftiger Forderungen eine objektive Anspruchshäufung (§ 260 ZPO) vorliegt. Antrag und Klagebegründung müssen dann eindeutig festlegen, in welchem Umfang und in welcher Weise die mehreren Anfechtungsansprüche zur Entscheidung gestellt werden (vgl. *Huber* § 13 Rn. 9). Andernfalls wahrt die Klage die Anfechtungsfrist nicht (vgl. BGHZ 99, 274).

Bei der **Antragstellung** ist zudem eine etwaig bereits erfolgte **Teilbefriedigung** der vollstreckbaren Forderung zu **berücksichtigen.** Dies gehört zum Umfang des Anfechtungsanspruchs iSd § 13 AnfG, so dass in dem Antrag der noch offene Betrag genannt werden muss (vgl. BGH NJW 1992, 2421 (2422)). Andernfalls ist die Klage teilweise abzuweisen mit entsprechenden Kostennachteilen für den Kläger (§ 92 Abs. 1 ZPO).

5. Hat die Anfechtungsklage Erfolg, kann der Anfechtungskläger auf der Grundlage des erstrittenen Duldungstitels nunmehr gegen den Anfechtungsgegner gem. den §§ 803 ff. ZPO (bei beweglichen Sachen) bzw. den §§ 866, 867 ZPO iVm den Vorschriften des ZVG (bei Grundstücken) die Zwangsvollstreckung betreiben. Er wird deshalb so gestellt, als wenn es zu der anfechtbaren Handlung nicht gekommen wäre.

6. Auch bei einer anfechtbaren **Forderungsabtretung** erlangt der mit der Anfechtungsklage erfolgreiche Gläubiger lediglich einen **Duldungstitel,** damit er so gestellt wird, als stünde die Forderung noch dem zedierenden Schuldner zu. Der Gläubiger kann deshalb nicht etwa Abtretung der Forderung an sich verlangen (vgl. *Huber* § 13 Rn. 19). Vielmehr muss er auf der Grundlage des Duldungstitels die Forderung **beim Vollstreckungsgericht pfänden** und sich zur Einziehung überweisen lassen (§§ 828 ff. ZPO). Erst dann kann er gegen den Drittschuldner – gegebenenfalls mit der Einziehungsklage – vorgehen.

7. Der **Antrag** lautet zum einen in den Fällen auf **Zahlung,** in denen der anfechtbare Erwerb in einer Geldsumme besteht. Dieser Zahlungsanspruch ist bereits ab dem **Zeitpunkt seines Entstehens,** dh regelmäßig ab dem Empfang der Leistung mit dem gesetzlichen Zinssatz in Höhe von fünf Prozentpunkten über dem Basiszinssatz zu **verzinsen,** da der Anfechtungsgegner gem. § 11 Abs. 1 S. 2 AnfG einem Bereicherungsschuldner gleichgestellt wird, dem der Mangel des rechtlichen Grundes bekannt ist. Deshalb finden die §§ 819 Abs. 1, 818 Abs. 4, 291, 288 Abs. 1 S. 2 BGB Anwendung (vgl. zu der Parallelproblematik im Rahmen der Insolvenzanfechtung BGH ZIP 2007, 488).

Auf Zahlung ist die Anfechtungsklage daneben auch dann gerichtet, wenn dem Anfechtungsgegner die **Herausgabe** des anfechtbar erworbenen Vermögensgegenstandes **unmöglich** geworden ist, weil er beispielsweise die an ihn abgetretene Forderung schon eingezogen oder die ihm übereignete bewegliche/unbewegliche Sache weiter veräußert hat. Dann schuldet er gem. § 11 Abs. 1 AnfG Wertersatz. Maßgebend für die Höhe dieses Geldanspruchs ist der Betrag der Forderung des Anfechtungsklägers, begrenzt durch den objektiven Wert des anfechtbar Weggegebenen im Zeitpunkt der letzten mündlichen Verhandlung der Tatsacheninstanz (vgl. *Huber* § 13 Rn. 31). Auf den Wegfall der Bereicherung (§ 818 Abs. 3 BGB) kann sich der Anfechtungsgegner nicht berufen. Zu beachten ist allerdings, dass seine Haftung auf Wertersatz **Verschulden** voraussetzt, so dass ein Wertersatzanspruch bei nur zufälligem Untergang ausscheidet (vgl. *Huber* § 11 Rn. 41 f. auch zur Änderung gegenüber dem früheren Recht). Etwas anderes gilt nur dann, wenn der Anfechtungsanspruch bereits rechtshängig war oder der Anfechtungsgegner die Anfechtbarkeit bereits beim Empfang der Leistung kannte bzw. von ihr später, aber noch vor dem Untergang der Leistung erfahren hat (vgl. *Huber* § 11 Rn. 41 f.).

8. Vgl. zu der Frage, welche prozessualen Anträge neben dem Antrag in der Hauptsache gestellt werden sollten, → Form. O. II. 7 Anm. 9.

9. Fehlen die in **§ 2 AnfG** normierten Voraussetzungen, ist die Anfechtungsklage bereits **unzulässig,** da sie verfahrensrechtlicher Natur sind (vgl. BGH NJW 2000, 2022 (2023); *Huber* § 3 Rn. 5). Praktisch bedeutsam ist, dass auch ein solcher Gläubiger anfechtungsberechtigt ist, der zur Zeit der Vornahme der anfechtbaren Handlung noch nicht Gläubiger des Schuldners war (vgl. BGH WM 1964, 1166).

10. Jede Anfechtung setzt nach § 1 AnfG voraus, dass die **Gläubiger** durch die anzufechtende Rechtshandlung **objektiv benachteiligt** werden. Dies ist der Fall, wenn sich die Befriedigungsmöglichkeiten der Gläubiger ohne die angefochtene Rechtshandlung günstiger gestaltet hätten. Handelt es sich um eine **Grundstücksübertragung,** wird von dem Anfechtungsgegner in der Praxis häufig eingewandt, es fehle an einer Gläubigerbenachteiligung, weil das **Grundstück wertausschöpfend belastet** gewesen sei (vgl. hierzu etwa BGHZ 104, 355 (357); BGH NJW-RR 2006, 552). Hierbei ist zunächst zu berücksichtigen, dass es bei der Prüfung der Benachteiligung nicht auf die nominelle Höhe der dinglichen Belastung des Grundstücks durch Grundpfandrechte ankommt, sondern auf die **tatsächliche Valutierung** (vgl. BGH ZIP 1984, 753). Darüber hinaus trifft den Anfechtungsgegner, der sich auf eine wertausschöpfende Belastung des ihm übertragenen Grundstücks beruft, eine sekundäre Darlegungslast. Die schlichte Behauptung einer wertausschöpfenden Belastung reicht nicht aus, er hat vielmehr detailliert zum Stand der Valutierung im maßgeblichen Zeitpunkt vorzutragen (BGH NJW-RR 2006, 552; *Huber* § 1 Rn. 41). Erst wenn der Anfechtungsgegner dieser Darlegungslast nachgekommen ist, muss der anfechtende Gläubiger nachweisen, dass eine im Grundbuch eingetragene Belastung nicht wertausschöpfend ist (vgl. nur BGH NJW-RR 1988, 827 (828)).

11. Die Voraussetzungen der in den §§ 3 ff. AnfG normierten **Anfechtungsgründe** sind mit entsprechenden Beweisantritten vorzutragen. Streitentscheidend sind in der Praxis häufig die Feststellungen der **subjektiven Anfechtungsvoraussetzungen** insbesondere bei der Vorsatzanfechtung gem. § 3 AnfG. Insoweit muss nach der ständigen Rechtsprechung des Bundesgerichtshofs die Gläubigerbenachteiligung nicht das Ziel des Schuldners sein. Vielmehr genügt bereits **bedingter Vorsatz,** dh es reicht aus, wenn bei einem auf einen anderen Zweck gerichteten Handelns der Schuldner die Benachteiligung als mögliche Folge seines Handelns erkennt und billigend in Kauf nimmt (vgl. BGHZ 130, 314 (319); BGH NJW-RR 2006, 552 (553)).

12. Eine **vorprozessuale Aufforderung** an den Beklagten, zur Abwendung der Klage den streitgegenständlichen Betrag zu zahlen oder den Anfechtungsanspruch auf sonstige Weise zu erfüllen, ist im Regelfall auch **bei** der Geltendmachung des **Primäranspruchs** auf Duldung der Zwangsvollstreckung angezeigt und nicht nur bei der Geltendmachung eines Wertersatzanspruchs. Praktisch bedeutsam ist dies für die Frage, ob das Unterbleiben einer entsprechenden Aufforderung den Anfechtungsgegner in die Lage versetzt, durch ein sofortiges Anerkenntnis iSd § 93 ZPO eine für ihn günstige Kostenentscheidung zu erlangen. Dies ist der Fall. Nach ganz überwiegender Auffassung gibt der Anfechtungsgegner nämlich nur dann Anlass zur Klage, wenn er zuvor von dem jeweiligen Kläger erfolglos zur Duldung der Zwangsvollstreckung, die der Anfechtungsgegner durch Beschaffung einer vollstreckbaren Urkunde im Sinne von § 794 Abs. 1 Nr. 5 ZPO gewähren kann, aufgefordert worden ist (vgl. OLG Saarbrücken NJW-RR 2000, 1667 (1668); OLG Brandenburg OLGR Brandenburg 2009, 590; Zöller/*Herget* § 93 Rn. 6, Stichwort „Anfechtung"; enger wohl *Huber* § 13 Rn. 42). Etwas anderes gilt nur dann, wenn die Gefahr besteht, dass durch eine vorherige Aufforderung der Zweck der Anfechtung vereitelt werden könnte (vgl. OLG Hamm OLGR 2003, 232; OLG Düsseldorf ZIP 1984, 1381) oder der Ablauf der Anfechtungsfrist droht (LG Kaiserslautern KTS 1972, 202).

Die Frage, ob eine vorprozessuale Aufforderung an den Anfechtungsgegner zur Vermeidung von Kostennachteilen im Anfechtungsprozess erforderlich ist, darf nicht mit der in **§ 7 Abs. 2 AnfG** dem Anfechtenden eingeräumten Möglichkeit verwechselt werden, die gerichtliche Geltendmachung der Anfechtung **anzukündigen.** Die Vorschrift ist nur einschlägig, wenn die Voraussetzungen für eine Anfechtungsklage noch nicht vollständig vorliegen (insbesondere: Fehlen eines vollstreckbaren Schuldtitels) und verschafft dem Anfechtenden die Möglichkeit, die Anfechtungsfristen der §§ 3, 4 und 6 AnfG bereits durch die vorprozessuale Ankündigung der gerichtlichen Geltendmachung zu wahren, wenn denn diese Geltendmachung spätestens innerhalb von zwei Jahren nach Zugang der Ankündigung erfolgt.

13. Kosten und Gebühren/Rechtsmittel. Hinsichtlich der Kosten und Gebühren bzw. der gegen ein stattgebendes oder klageabweisendes Urteil bestehenden Rechtsmittel kann auf die Ausführungen → Form. P. VII. 1 Bezug genommen werden, die entsprechend gelten.

14. Hinsichtlich der **Form** des Schriftsatzes (Unterschrift, elektronisches Dokument) wird verwiesen auf → Form. O. II. 1 Anm. 14.

VIII. Materiell-rechtliche Rechtsbehelfe des Schuldners im Zusammenhang mit dem Vollstreckungsverfahren

1. Terminsantrag bei unwirksamem Prozessvergleich mit Vollstreckungsschutzantrag

An[1] das

Amtsgericht/Familiengericht/Arbeitsgericht/Landgericht/Oberlandesgericht/Landesarbeitsgericht/den Bundesgerichtshof/das Bundesarbeitsgericht

in . . . . .

In dem Rechtsstreit

. . . . . (Kläger) ./. . . . . . (Beklagten)

Az. . . . . .

bestellen[2] wir uns für den Beklagten mit den Anträgen,

1. Termin zur Fortsetzung der mündlichen Verhandlung zu bestimmen,
   festzustellen, dass der Rechtsstreit durch den vor dem Gericht/vor der Kammer/vor dem Senat unter dem oa Aktenzeichen am . . . . . geschlossenen Prozessvergleich nicht beendet ist,[3]
   die Klage abzuweisen/. . . . . [früherer Antrag im Berufungs- oder Revisionsverfahren].

Vorab beantragen wir,

die Zwangsvollstreckung aus dem vor dem . . . . . gericht unter dem oa Aktenzeichen am . . . . . geschlossenen Prozessvergleich ohne – hilfsweise gegen – Sicherheitsleistung einstweilen bis zur Entscheidung des vorliegenden Rechtsstreits einzustellen.[4]

Begründung

Die Parteien haben am . . . . . vor dem . . . . . gericht . . . . . unter dem oa Aktenzeichen einen Prozessvergleich geschlossen, in dem sich der Beklagte verpflichtet hat, an den Kläger . . . . . EUR zu zahlen/. . . . . [präzise Wiedergabe des sonstigen Vergleichsinhalts]. Der Kläger betreibt aus dem Vergleich nunmehr die Zwangsvollstreckung . . . . . [Schilderung der aktuellen Standes eines etwaig schon eingeleiteten Vollstreckungsverfahrens].

Dem Vergleich kommt jedoch keine prozessbeendigende Wirkung zu, weil er unwirksam ist. Aus diesem Grund ist neuer Termin zu bestimmen und die Klage aus den in der Klageerwiderung vom . . . . . ausgeführten Gründen abzuweisen.

(Variante:
. . . . . (Hinweis auf die Anträge im Berufungs- oder Revisionsverfahren, falls der Vergleich vor dem Berufungsgericht oder dem Revisionsgericht geschlossen wurde).

Hält das Gericht die Sache nicht für entscheidungsreif, ist vorab die Nichtbeendigung des Rechtsstreits durch Zwischenurteil festzustellen. Die Unwirksamkeit des Vergleichs ergibt sich aus folgenden Gründen:[5]

(Variante für eine Anfechtung des Vergleichs:

Der Beklagte hat den Vergleich wirksam durch Schreiben vom . . . . . gegenüber dem Kläger angefochten. Der Anfechtungsgrund ergibt sich aus § 119 Abs. 1 BGB.)

(Variante:
. . . . . (Angabe der sonstigen einschlägigen Norm).)

Denn . . . . . [Schilderung des Sachverhalts mit entsprechenden Beweisantritten]. Wegen der Doppelnatur des Prozessvergleichs als materiell-rechtlicher Vertrag und Prozessvertrag und der Verbindung beider Bestandteile verhindert die anfängliche Unwirksamkeit der materiellrechtlichen Vereinbarung auch die prozessbeendigende Wirkung der Prozesserklärungen (vgl. BGH NJW 1985, 1962).

(Variante in den Fällen der §§ 134, 138 BGB:

Der Vergleich ist wegen Verstoßes gegen die guten Sitten (§ 138 Abs. 1 BGB/) gemäß § 134 BGB wegen Verstoßes gegen ein gesetzliches Verbot nichtig. Denn . . . . . (Schilderung des Sachverhalts mit entsprechenden Beweisantritten).)

(Variante bei prozessrechtlicher Unwirksamkeit:

Dem Prozessvergleich kommt bereits aus prozessrechtlichen Gründen keine prozessbeendigende Wirkung zu.[6] *Der Vergleich wurde zwar ausweislich des Sitzungsprotokolls laut diktiert und von den Parteien genehmigt. Es fehlt aber an dem – konstitutiven (vgl. OLG Zweibrücken OLGR 2004, 292; Zöller/Stöber § 160 Rn. 5) – erneuten Vorspielen des Vergleichs.)*

(Variante:
Der Kläger/der Beklagte war bei Abschluss des Prozessvergleichs nicht ordnungsgemäß vertreten.[7]*)*
(Variante:
. . . . . (Darlegung eines sonstigen prozessualen Unwirksamkeitsgrundes).)

[Ergänzend für alle Varianten:

Der Erlass einer einstweiligen Anordnung ist gemäß § 707 Abs. 1 ZPO in entsprechender Anwendung (vgl. Zöller/Herget § 707 Rn. 3) angezeigt, um zu verhindern, dass der Beklagte durch die Durchführung/Fortsetzung der Zwangsvollstreckung rechtlos gestellt wird. Der Beklagte hat den Kläger durch Schreiben vom . . . . . aufgefordert, die vollstreckbare Ausfertigung des Prozessvergleichs herauszugeben/zu erklären, dass nicht vollstreckt wird. Diesem Schreiben waren die maßgeblichen Unterlagen beigefügt, aus denen der Kläger ohne weiteres entnehmen konnte, dass der Prozessvergleich unwirksam ist. Da hierauf keine Reaktion erfolgt ist/dies durch Schreiben vom . . . . . abgelehnt worden ist, ist der Beklagte auf die Gewährung von Vollstreckungsschutz angewiesen. Zur Glaubhaftmachung wird auf die vorgelegten Unterlagen sowie ergänzend auf die beigefügte eidesstattliche Versicherung des Beklagten Bezug genommen.]

Beglaubigte und einfache Abschrift liegen an.

. . . . .

Rechtsanwalt[8, 9, 10]

Anmerkungen

1. Der Antrag ist stets bei dem **Gericht** zu stellen, vor dem der **Prozessvergleich geschlossen** worden ist. Haben sich die Parteien vor dem Revisionsgericht (Bundesgerichtshof oder Bundesarbeitsgericht) verglichen, ist der Streit über die Wirksamkeit des Prozessvergleichs deshalb auch vor diesen Gerichten auszutragen (vgl. Zöller/*Stöber* § 794 Rn. 15a). Dass notfalls die Anfechtungsgründe in der Revisionsinstanz durch Beweisaufnahme geklärt werden müssen, steht dem nicht entgegen (vgl. BAG NJW 1998, 181).

Der Rechtsstreit, in dem ein unwirksamer Prozessvergleich geschlossen wurde, ist allerdings nur dann fortzusetzen, wenn eine Partei die Wirksamkeit des Prozessvergleichs angreift und damit dessen prozessbeendigende Wirkung in Frage stellt. Dementsprechend ist eine neue Klage, die den Streitgegenstand des ursprünglichen Rechtsstreits umfasst, zulässig, wenn die Parteien die Beendigung des Ursprungsrechtsstreits durch den Vergleich nicht in Frage stellen (BGH Urt. v. 21.11.2013 – VII ZR 48/12, NJW 2014, 394).

2. Einer **gesonderten Bestellung** bedarf es nur in den Fällen, in denen der Prozessbevollmächtigte des Beklagten nicht mit dem bisherigen Prozessbevollmächtigten identisch ist.

3. Wenn das Gericht den Vergleich für **unwirksam** hält **und** die Sache **entscheidungsreif** ist, wird es durch **Endurteil** abschließend über die Zulässigkeit und Begründetheit der Klage (Berufung/Revision) entscheiden.

Wenn die Sache allerdings noch **nicht entscheidungsreif** ist, kann das Gericht bei angenommener Unwirksamkeit des Prozessvergleichs nach überwiegender Auffassung vorab durch **Zwischenurteil** die Unwirksamkeit des Prozessvergleichs und die **Nichtbeendigung** des Rechtsstreits durch den Prozessvergleich feststellen (vgl. BAG NJW 1969, 2211; Zöller/*Vollkommer* § 303 Rn. 5 mwN; siehe auch die Nachweise zur Gegenauffassung bei BGH NJW 1996, 3345 – der Bundesgerichtshof selbst hat die Frage in der zitierten Entscheidung offen gelassen). Ob auf ein solches Urteil § 280 Abs. 2 ZPO anzuwenden und es deshalb wie ein Endurteil anfechtbar ist (vgl. Zöller/*Vollkommer* § 303 Rn. 5 mwN; *Schuschke* EWiR 1996, 1004; *Pecher* ZZP 97, 139 (161); iE ebenfalls für eine Anfechtbarkeit OLG Köln NJW-RR 1996, 122) oder als Zwischenurteil gemäß § 303 ZPO einer isolierten Anfechtung entzogen ist (vgl. MüKoZPO/*Prütting* § 280 Rn. 4), ist in der obergerichtlichen Rechtsprechung noch nicht hinreichend geklärt. Auch wenn ein entsprechender Antrag des Beklagten nicht Voraussetzung für den Erlass eines Zwischenurteils ist (vgl. Zöller/*Greger* § 280 Rn. 3 mwN; Zöller/*Vollkommer* § 303 Rn. 9), sollte ein solcher Antrag im Sinne einer Anregung an das Gericht in den Schriftsatz mit aufgenommen werden. Kostennachteile sind damit nicht verbunden.

Wenn das Gericht demgegenüber den **Prozessvergleich** für **wirksam** hält, ist für ein Zwischenurteil kein Raum. Vielmehr ist in diesem Fall stets durch **Endurteil** eine Fortsetzung des Verfahrens zu versagen (vgl. BGH NJW 1996, 3345). Das Gericht wird feststellen, dass der Rechtsstreit durch den zwischen den Parteien geschlossenen Prozessvergleich beendet ist (vgl. Thomas/Putzo/*Seiler* § 794 Rn. 39 mwN)

4. Der **Einstellungsantrag** findet seine Grundlage in einer analogen Anwendung des § 707 Abs. 1 ZPO (vgl. Zöller/*Herget* § 707 Rn. 3; sa BGHZ 28, 171 (175): analoge Anwendung der §§ 707, 719, 769 ZPO).

5. Vergleiche zu den verschiedenen – anfänglichen – **Unwirksamkeitsgründen** auch Zöller/*Stöber* § 794 Rn. 14a sowie Schuschke/Walker/*Raebel* § 767 Rn. 29 jeweils mwN). Handelt es sich demgegenüber um Einwendungen, die die prozessbeendigende Wirkung der Prozesshandlungserklärungen unangetastet lassen (zB das Fehlen oder der Wegfall der Geschäftsgrundlage), sind diese im Rahmen einer Vollstreckungsgegenklage geltend zu machen (→ Form. P. VIII. 9 Anm. 2).

6. Wenn ein Prozessvergleich **nur** aus formellen – **prozessrechtlichen** – **Gründen unwirksam** ist, hat dies nicht ohne Weiteres auch die Ungültigkeit der materiell-rechtlichen Vereinbarung zur Folge. Diese kann vielmehr als außergerichtlicher materiell-rechtlicher Vergleich Bestand haben, wenn dies dem mutmaßlichen Parteiwillen entspricht (vgl. BGH NJW 1985, 1962; Zöller/*Stöber* § 794 Rn. 14).

7. Dies ist beispielsweise der Fall, wenn ein Prozessvergleich vor einem Gericht mit Anwaltszwang (zB vor den Landesarbeitsgerichten gem. § 11 Abs. 2 ArbGG oder vor den Landgerichten/Oberlandesgerichten gem. § 78 Abs. 1 ZPO oder den Familiengerichten in den Fällen des § 114 FamFG) geschlossen wird, jedoch der Kläger und/oder der Beklagte nicht anwaltlich vertreten war(en).

8. Kosten und Gebühren. Unabhängig davon, ob das Gericht den Prozessvergleich für wirksam oder für unwirksam hält, fallen für das **gesamte** Verfahren vor und nach dem Vergleichsabschluss – ohne Gebührenermäßigung – die **Gerichtsgebühren** nur **einmal** an. Unterschiede ergeben sich aber hinsichtlich der Person des Kostenschuldners.

Die Beendigung des gesamten Verfahrens durch einen Prozessvergleich führt grundsätzlich zu einer **Ermäßigung der Gerichtsgebühren,** wobei hier davon ausgegangen wird, dass der Verfahrensgegenstand und der Vergleichsgegenstand identisch sind (sonst: 0,25 Gebühr gemäß Nr. 1900 KV GKG). Die 3,0 Gerichtsgebühren für das erstinstanzliche Verfahren (Nr. 1210 KV GKG) reduzieren sich auf eine 1,0 Verfahrensgebühr (Nr. 1211 Nr. 3 KV GKG), die 4,0 Gerichtsgebühren im Berufungsverfahren (Nr. 1220 KV GKG) reduzieren sich auf 2,0 Verfahrensgebühren (Nr. 1222 Nr. 3 KV GKG), und die 5,0 Gerichtsgebühren im Revisionsverfahren (Nr. 1230 KV GKG) reduzieren sich auf 3,0 Gerichtsgebühren (Nr. 1232 Nr. 3 KV GKG). Im **Arbeitsgerichtsprozess** ist der Vergleich kostenmäßig sogar noch stärker privilegiert: Gem. Vor 8 vor Nr. 8100 KV GKG entfällt bei der gesamten Beendigung des Verfahrens durch einen gerichtlichen Vergleich die in dem betreffenden Rechtszug angefallene Gebühr.

Wenn jedoch das **Gericht** den **Prozessvergleich für unwirksam hält,** ist eine solche **Ermäßigung** tatsächlich **nicht eingetreten.** Etwaig bereits erstattete Beträge (im erstinstanzlichen Verfahren der ordentlichen Gerichtsbarkeit also 2 Gebühren) sind deshalb von dem Kostenpflichtigen an die Gerichtskasse zu zahlen. Kostenpflichtig ist zunächst derjenige, dem das Gericht die (gesamten) Kosten auferlegt (Entscheidungsschuldner gemäß § 29 Nr. 1 GKG). Dies richtet sich danach, wer in der Hauptsache obsiegt. Daneben haftet der Kläger für die Kosten als Antragsschuldner gemäß § 22 Abs. 1 GKG (vgl. *Schneider* MDR 2005, 19 (21)).

Den Parteien kommt aber eine **Gebührenermäßigung auch dann nicht** zugute, **wenn** das **Gericht** den **Prozessvergleich für wirksam hält** und die Beendigung des Rechtsstreits durch den Prozessvergleich feststellt. Zwar ist in diesem Fall die Ermäßigung zunächst tatsächlich eingetreten. Sie entfällt aber nachträglich wieder, wenn das Verfahren fortgesetzt und nicht wiederum durch einen Ermäßigungstatbestand, etwa einen erneuten Vergleich, beendet wird. Etwaig bereits erstattete Beträge sind deshalb an die Gerichtskasse zu zahlen. **Antragsschuldner ist** insoweit aber nicht der Kläger, sondern derjenige, der sich auf die Unwirksamkeit des Vergleichs berufen und damit die weiteren Kosten veranlasst hat, **hier** also **der Beklagte.** Da der Beklagte auch mit seinem Antrag in der Sache nicht durchdringt, werden ihm auch durch die gerichtliche Entscheidung die – weiteren Kosten – des Rechtsstreits auferlegt. Er haftet deshalb auch als Entscheidungsschuldner (§ 29 Nr. 1 GKG) für die durch den Wegfall des Ermäßigungstatbestandes nunmehr wieder angefallenen Gebühren (vgl. *Schneider* MDR 2005, 19 (21)).

Auch im Hinblick auf die **Anwaltsvergütung** stellen das Verfahren bis zum Abschluss des Prozessvergleichs und das weitere Verfahren nach der Anfechtung gebührenrechtlich insgesamt **eine** einzige **Angelegenheit** iSd § 15 Abs. 1 RVG dar. Soweit deshalb Gebührentatbestände in dem Verfahren bis zum Abschluss des Vergleichs bereits angefallen sind, können diese für das Verfahren nach Abschluss des Vergleichs nicht erneut geltend gemacht werden (§ 15 Abs. 1, Abs. 2 S. 1 RVG). Im erstinstanzlichen Verfahren kann der Rechtsanwalt deshalb die 1,3 Verfahrensgebühr (Nr. 3100 VV RVG) und die 1,2

Terminsgebühr gemäß Nr. 3104 VV RVG geltend machen. Wenn das Gericht den Vergleich für wirksam hält, steht dem Rechtsanwalt auch die 1,0 Einigungsgebühr zu (Nr. 1000 VV RVG). Wenn allerdings der Prozessvergleich unwirksam ist und das Gericht streitig über die Klage entscheidet, scheidet auch eine Einigungsgebühr aus. Dies gilt nach wohl überwiegender Auffassung auch in den Fällen, in denen die Unwirksamkeit des Prozessvergleichs auf einer Anfechtung gemäß den §§ 119 ff. BGB beruht (vgl. zum Streitstand *Schneider* MDR 2005, 19 (20)).

9. **Rechtsmittel.** Hält das angerufene Gericht den Prozessvergleich für unwirksam und entscheidet es in der Sache, kann die unterlegene Partei gegen das Urteil – oder in familiengerichtlichen Verfahren: den Beschluss – nach allgemeinen Regeln **Berufung** (§§ 51 ff. ZPO/§§ 64 ff. ArbGG) bzw. Beschwerde (§§ 58 ff., 117 FamFG einlegen. Entsprechendes gilt in dem umgekehrten Fall, dass das Gericht den Prozessvergleich für wirksam hält und die Beendigung des Rechtsstreits durch den Prozessvergleich durch Endurteil feststellt.

Problematisch und **streitig** ist die **Anfechtbarkeit** eines **Zwischenurteils** mit dem Inhalt, dass der Rechtsstreit **nicht** durch den Prozessvergleich beendet worden ist. Wie bereits unter → Anm. 3 ausgeführt worden ist, kommt eine Berufung gegen eine solche Entscheidung nur in Betracht, wenn mit der wohl überwiegenden Auffassung die Anwendbarkeit des § 280 Abs. 2 ZPO bejaht wird.

10. Hinsichtlich der **Form** des Schriftsatzes (Unterschrift, elektronisches Dokument) wird verwiesen auf → Form. O. II. 1 Anm. 14.

2. Berufung nebst Berufungsbegründung gegen stattgebendes Urteil mit Vollstreckungsschutzantrag

An das

Landgericht/Oberlandesgericht/Landesarbeitsgericht[1, 2]

in .....

Berufung und Berufungsbegründung

In dem Rechtsstreit

des/der ..... [ladungsfähige Anschrift des Schuldners],

– Beklagten und Berufungsklägers –

Prozessbevollmächtigte: .....

gegen

..... [ladungsfähige Anschrift des Gläubigers],

– Kläger und Berufungsbeklagten –

Prozessbevollmächtigte erster Instanz: .....,[3]

Streitwert und Wert des Beschwerdegegenstandes: .....[4]

Namens und in Vollmacht des Beklagten und Berufungsklägers legen wir gegen das am ..... verkündete und am ..... zugestellte Urteil des ..... gerichts ..... Az. .....

Berufung

ein mit dem Antrag,

> unter Abänderung des am . . . . . verkündeten Urteils des . . . . . gerichts . . . . ., Az. . . . . . die Klage abzuweisen.[5]

Vorab beantragen wir,

> die Zwangsvollstreckung aus dem angefochtenen Urteil ohne – hilfsweise gegen – Sicherheitsleistung einstweilen bis zur Entscheidung des vorliegenden Rechtsstreits einzustellen.

(Bei einer Berufung vor dem Landgericht oder dem Oberlandesgericht:

Einer Entscheidung der Sache durch den Einzelrichter stehen keine Gründe entgegen.[6])

> *(Variante:*
> *Wegen der besonderen Schwierigkeit der Sache/grundsätzlichen Bedeutung eignet sich die Sache nicht für eine Entscheidung durch den Einzelrichter.)*

Begründung:[7]

Das . . . . . gericht hat den Beklagten zu Unrecht (§ 513 Abs. 1 ZPO) zur Zahlung von . . . . . EUR verurteilt/. . . . . [Angabe des sonstigen Gegenstandes der Verurteilung]. Das Urteil wird in vollem Umfang zur Überprüfung des Berufungsgerichts gestellt.

(Variante bei der Geltendmachung einer Rechtsverletzung:

Das . . . . . gericht hätte bereits auf der Grundlage des unstreitigen/von ihm festgestellten Sachverhalts der Klage nicht stattgeben dürfen. Es ist nämlich rechtsfehlerhaft (§ 513 Abs. 1 Alt. 1 ZPO/iVm § 64 Abs. 6 S. 1 ArbGG) davon ausgegangen, dass . . . . . (Darlegung der als rechtsfehlerhaft angesehenen rechtlichen Würdigung durch das Ausgangsgericht). Unter Berücksichtigung der neueren Rechtsprechung des Bundesgerichtshofs/. . . . . (Angabe sonstiger Erkenntnisquellen) stellt sich die Rechtslage vielmehr wie folgt dar: . . . . . (Darlegung des eigenen Rechtsstandpunktes unter Auseinandersetzung mit den Rechtsausführungen des angegriffenen Urteils).[8])

(Variante bei der Geltendmachung eines Mangels bei der Tatsachenfeststellung:

Die Tatsachenfeststellung des . . . . . gerichts ist zu beanstanden (§ 513 Abs. 1 Alt. 2 ZPO iVm § 529 Abs. 1 Nr. 1 ZPO/iVm § 64 Abs. 6 S. 1 ArbGG). Im Rahmen der von ihm vorgenommenen Beweiswürdigung hat es für die Glaubhaftigkeit der Aussagen bzw. für die Glaubwürdigkeit der vernommenen Zeugen ganz wesentliche Umstände nicht berücksichtigt . . . . . (konkrete Darlegung der Anhaltspunkte, die Zweifel an der Richtigkeit der erstinstanzlichen Feststellungen zu begründen vermögen).)

> *(Variante:*
> *Obwohl der Beklagte für seinen von dem Kläger abweichenden Vortrag ordnungsgemäß Beweis angeboten hat, ist das . . . . . gericht dem Beweisangebot verfahrensfehlerhaft nicht nachgegangen . . . . . (Darlegung der Umstände, aus denen sich die Unvollständigkeit der erstinstanzlichen Feststellungen ergibt).[9] Hätte das . . . . . gericht die Beweise richtig gewürdigt/die von dem Beklagten angebotenen Beweis erhoben, hätte es die Klage abweisen müssen.)*

(Variante bei dem Vortrag neuer Tatsachen:

Die Unbegründetheit der Klage ergibt sich aufgrund folgender – neuer – Umstände (§ 513 Abs. 1 Alt. 2 ZPO iVm §§ 529 Abs. 1 Nr. 2, 531 Abs. 2 ZPO), die in der ersten

Instanz aus den nachstehend im einzelnen dargelegten Gründen[10] *noch nicht vorgetragen worden sind bzw. noch nicht vorgetragen werden konnten ..... (Darlegung des neuen Angriffs- und Verteidigungsmittels und seiner Erheblichkeit). Der Beklagte ist mit diesem Vorbringen in der Berufungsinstanz auch nicht ausgeschlossen, weil die Voraussetzungen des § 531 Abs. 2 ZPO vorliegen ..... (Detaillierte Darlegung der Zulässigkeitsvoraussetzungen des § 531 Abs. 2 ZPO). Zur Glaubhaftmachung wird ..... sowie eine eidesstattliche Versicherung des Klägers vorgelegt.)*

(Variante:
Der Beklagte geht davon aus, dass der Kläger den neuen Vortrag des Beklagten nicht bestreiten wird. Die Tatsachen müssen deshalb nach der Rechtsprechung des Bundesgerichtshofs (vgl. BGH NJW 2005, 291) von dem Berufungsgericht auch unabhängig von den Voraussetzungen des § 531 Abs. 2 ZPO seiner Entscheidung zugrundegelegt werden.)
(Variante:
..... (Darlegung der besonderen Voraussetzungen des § 67 ArbGG bei einem Berufungsverfahren vor dem Landesarbeitsgericht))

(Ergänzend für alle Varianten:

Der Einstellungsantrag wird auf die §§ 719 Abs. 1, 707 Abs. 1 ZPO gestützt und beruht darauf, dass der Kläger aus dem für vorläufig vollstreckbaren Urteil des ..... gerichts die Zwangsvollstreckung betreiben möchte (vgl. anliegendes Schreiben des Gerichtsvollziehers .....).)

(Variante:
..... (Darlegung des derzeitigen Standes eines etwaigen sonstigen Zwangsvollstreckungsverfahrens oder Vollstreckungsandrohungen des Klägers).)

Die Erfolgsaussicht der Berufung ergibt sich aus den vorangegangenen Ausführungen.[11] Eine Sicherheitsleistung ist nicht festzusetzen, weil der Beklagte hierzu nicht in der Lage ist und die Vollstreckung ihm einen nicht zu ersetzenden Nachteil[12] bringen würde (§§ 719 Abs. 1, 707 Abs. 1 S. 2 ZPO). Denn ..... [nähere Darlegung erforderlich] ..... Zur Glaubhaftmachung wird auf die vorgelegten Unterlagen sowie ergänzend auf die beigefügte eidesstattliche Versicherung des Beklagten Bezug genommen. Vorsorglich wird zudem darauf hingewiesen, dass der Beklagte in der ersten Instanz noch keine Veranlassung hatte, einen Schutzantrag gem. § 712 ZPO zu stellen, denn ..... [nähere Darlegung erforderlich].[13]

Beglaubigte und einfache Abschrift liegen an.

.....

Rechtsanwalt[14, 15, 16]

Anmerkungen

1. Die – gem. § 520 Abs. 3 ZPO zulässige – **Zusammenfassung** der **Berufungsschrift** und der **Berufungsbegründung** in einem einheitlichen Schriftsatz sollte stets erfolgen, wenn mit der Berufung ein Antrag auf Einstellung der Zwangsvollstreckung gemäß den §§ 719 Abs. 1, 707 Abs. 1 ZPO gestellt wird. Dies beruht darauf, dass eine Einstellung die hinreichende Erfolgsaussicht (vgl. hierzu nur OLG Köln NJW-RR 1987, 189; Zöller/*Herget* § 719 Rn. 3 mwN) bzw. zumindest die nicht fehlende Erfolgsaussicht (vgl. BGH WuM 2007, 143 zu einer Einstellung gem. § 719 Abs. 2 ZPO) voraussetzt, die sich grundsätzlich nur aus der Berufungsbegründung ergibt. Auf die – nur theoretische –

Möglichkeit, dass das Berufungsgericht die Zwangsvollstreckung bereits vor dem Vorliegen der Berufungsbegründung allein aufgrund der Prüfung des angefochtenen Urteils einstellt, sollte sich der Berufungsführer nicht verlassen.

2. Welches **Gericht** für die Entscheidung über die Berufung **zuständig** ist, ist im GVG bzw. für die Arbeitsgerichtsbarkeit im ArbGG geregelt. Ist das angegriffene Urteil von einem Amtsgericht erlassen worden, ist gemäß § 72 GVG das **Landgericht** das zuständige Berufungsgericht. Demgegenüber ist das **Oberlandesgericht** stets zuständig, wenn das angegriffene Urteil von einem Landgericht stammt (§ 119 Abs. 1 Nr. 2 GVG). Für die Berufung gegen Urteile des Arbeitsgerichts ist das **Landesarbeitsgericht** zuständig (vgl. § 64 ArbGG).

Wenn das **Familiengericht** entschieden hat, gelten die speziellen Vorschriften des FamFG (§§ 58 ff., 117 FamFG: Beschwerde). Auch wenn die Beschlüsse in Familienstreitsachen grundsätzlich erst mit Rechtskraft wirksam (§ 116 Abs. 3 S. 1 FamFG) und erst mit Wirksamwerden vollstreckbar werden (§ 120 Abs. 2 S. 1 FamFG), kann auch in dem – dem Berufungsverfahren angeglichenen (vgl. § 117 FamFG) – Beschwerdeverfahren ein Bedürfnis für einen Antrag auf Einstellung der Zwangsvollstreckung bestehen. Das Familiengericht hat nämlich gem. § 116 Abs. 3 S. 2 FamFG die Möglichkeit, die sofortige Wirksamkeit der getroffenen Entscheidung anzuordnen. In diesem Fall kann das Beschwerdegericht gem. § 120 Abs. 2 S. 3 FamFG iVm §§ 719 Abs. 1, 707 Abs. 1 ZPO die Zwangsvollstreckung einstellen.

3. Die Zustellung der Berufungsschrift hat gem. § 172 Abs. 2 S. 1 ZPO an den Prozessbevollmächtigten des Klägers in der ersten Instanz zu erfolgen. Dieser ist deshalb in der Berufungsschrift aufzuführen.

4. Gemäß § 520 Abs. 4 Nr. 1 ZPO soll die Berufungsbegründung die Angabe des Wertes des nicht in einer bestimmten Geldsumme bestehenden Beschwerdegegenstandes enthalten, wenn von ihm – wie regelmäßig (vgl. § 511 Abs. 2 Nr. 1 ZPO) – die Zulässigkeit der Berufung abhängt. Gemäß § 511 Abs. 3 ZPO/§ 64 Abs. 5 ArbGG hat der Berufungskläger zudem den **Wert des Beschwerdegegenstandes** glaubhaft zu machen. Unabhängig davon ergibt sich die Pflicht zur Angabe des **Gebührenstreitwertes,** der regelmäßig mit dem Wert des Beschwerdegegenstandes identisch ist, aus § 61 GKG.

5. Die Pflicht zur Stellung eines Sachantrages ergibt sich aus § 520 Abs. 3 Nr. 1 ZPO.

6. Gem. § 520 Abs. 4 Nr. 2 ZPO soll die Berufungsbegründung eine Äußerung dazu enthalten, ob einer Entscheidung der Sache durch den **Einzelrichter** Gründe entgegenstehen. Dies gilt allerdings nur bei einer Berufung vor dem **Landgericht** oder dem **Oberlandesgericht,** weil gem. § 64 Abs. 6 S. 2 ArbGG vor dem Landesarbeitsgericht die Vorschriften über das Verfahren vor dem Einzelrichter keine Anwendung finden.

7. Die Berufungsbegründung sollte sich – schon zur Eigenkontrolle – an den in § 513 Abs. 1 ZPO aufgeführten **Berufungsgründen** orientieren. Hiernach kann eine Berufung nur „darauf gestützt werden", dass die Entscheidung auf einer Rechtsverletzung (§ 546 ZPO) beruht oder nach § 529 ZPO zugrunde zu legende Tatsachen eine andere Entscheidung rechtfertigen. Nur dann kann die Berufung begründet sein. Konsequenterweise wird in § 520 Abs. 3 Nr. 2 bis 4 ZPO – als Zulässigkeitsvoraussetzung – verlangt, dass der Berufungsführer in der Berufungsbegründung die Berufungsgründe im Einzelnen darlegt. Es ist deshalb wenig hilfreich und kann im Extremfall sogar zur Unzulässigkeit der Berufung führen, wenn in der Praxis mitunter zu Beginn der Berufungsbegründung losgelöst von den Feststellungen in dem angegriffenen Urteil der (vermeintliche) Sachverhalt geschildert wird, ohne zu kennzeichnen, inwiefern in die Sachverhaltsschilderung neue oder von der ersten Instanz abweichend gewürdigte Tatsachen eingeflossen sind.

8. Die Vorschrift des § 513 Abs. 1 Alt. 1 ZPO korrespondiert mit den in § 520 Abs. 3 Nr. 2 ZPO normierten Anforderungen an die Rüge einer **Rechtsverletzung.**

9. Greift der Berufungsführer das Urteil in **tatsächlicher Hinsicht** an, ohne neue Tatsachen vorzutragen, hat die Begründung den in § 520 Abs. 3 Nr. 3 ZPO normierten Voraussetzungen zu genügen. Diese Vorschrift korrespondiert wiederum mit § 529 Abs. 1 Nr. 1 ZPO (vgl. hierzu ua BGH NJW 2005, 1583; BGH VersR 2006, 949).

10. Der Berufungsführer kann schließlich auch versuchen, das angegriffene Urteil durch das Einführen **neuer Angriffs- und Verteidigungsmittel** zu Fall zu bringen. Insoweit ist aber zu beachten, dass dies nach dem neuen Berufungsrecht nur noch unter den strengen Voraussetzungen des § 531 Abs. 2 ZPO möglich ist. Die erstmals im Berufungsrechtszug erhobene Verjährungseinrede ist unabhängig von den Voraussetzungen des § 531 Abs. 2 S. 1 Nr. 1 bis 3 ZPO zuzulassen, wenn die Erhebung der Verjährungseinrede und die den Verjährungseintritt begründenden tatsächlichen Umstände zwischen den Prozessparteien unstreitig sind (BGHZ 177, 212).

Im Berufungsverfahren vor dem Landesarbeitsgericht sind die – großzügigeren – Regeln in § 67 ArbGG zu beachten.

11. Vgl. zu der hinreichenden **Erfolgsaussicht** in der **Hauptsache** als Voraussetzung einer Einstellungsentscheidung gem. den §§ 719 Abs. 1, 707 Abs. 1 ZPO oben → Anm. 1 sowie *Stackmann* JuS 2006, 980 (981 f.).

12. Ein **nicht zu ersetzender Nachteil** ist nach der Rechtsprechung des Bundesgerichtshofs ua dann gegeben, wenn der Gläubiger den ohne Sicherheitsleistung erhaltenen Urteilsbetrag wegen Mittellosigkeit nicht zurückzahlen kann (vgl. BGH WuM 2007, 143).

13. Nach einer in der Rechtsprechung – in Anlehnung an die Rechtsprechung des Bundesgerichtshofs zu den Voraussetzungen einer Einstellung der Zwangsvollstreckung gem. § 719 Abs. 2 ZPO im Revisionsverfahren (vgl. BGH WuM 2007, 143; BGH InVo 2006, 481) verbreiteten Ansicht (vgl. etwa OLG Köln JurBüro 1997, 553, 554; OLG Koblenz FamRZ 2000, 1165) scheidet auch eine Einstellung der Zwangsvollstreckung in der Berufungsinstanz gem. § 719 Abs. 1 ZPO aus, wenn der Vollstreckungsschuldner es versäumt hat, einen ihm möglichen und zumutbaren **Antrag nach § 712 ZPO** im erstinstanzlichen Verfahren zu stellen. Vorsorglich sollte deshalb dargelegt werden, warum in der ersten Instanz kein Antrag gem. § 712 ZPO gestellt worden ist.

14. Kosten und Gebühren. An **Gerichtsgebühren** fallen im Berufungsverfahren gemäß Nr. 1220 KV GKG 4,0 Gebühren an, deren Höhe sich nach dem Streitwert richtet (§§ 3, 34 GKG). Die Zustellung der Berufungsschrift ist – anders als bei einer Klage – nicht von der vorherigen Zahlung eines Gerichtskostenvorschusses abhängig. Nur wenn im Berufungsrechtszug der Klageantrag erweitert wird, muss vor der Zustellung der Gerichtskostenvorschuss eingezahlt werden (vgl. § 12 Abs. 1 S. 2 GKG). Auslagen werden nach den Nr. 9000 ff. KV GKG erhoben. Für das Berufungsverfahren vor dem Landesarbeitsgericht werden 3,2 Gerichtsgebühren gem. Nr. 8320 KV GKG erhoben.

Für den **Rechtsanwalt** entstehen in der Regel die Verfahrensgebühr in Höhe von 1,6 (Nr. 3200 VV RVG) und die Terminsgebühr in Höhe von 1,2 (Nr. 3202 VV RVG), wobei sich die Höhe der Gebühren wiederum nach dem Streitwert richtet (§§ 2, 13 RVG). Hinzukommen kann eine Einigungsgebühr in Höhe von 1,3 (Nr. 1004 VV RVG). Zudem kann der Rechtsanwalt – wie stets – die Auslagenpauschale in Höhe von maximal 20,– EUR gemäß Nr. 7002 VV RVG sowie die Umsatzsteuer gemäß Nr. 7008 VV RVG beanspruchen.

Für die Tätigkeit des **Rechtsanwaltes** in dem Verfahren auf einstweilige **Einstellung** der **Zwangsvollstreckung** erhält er keine besondere Vergütung, weil dieses Verfahren zu dem Rechtszug gehört (§ 19 Abs. 1 S. 2 Nr. 11 RVG). Wenn allerdings – dies kommt in der

Praxis, wenn überhaupt, nur selten vor – über den Einstellungsantrag eine gesonderte mündliche Verhandlung stattfindet, fallen eine 0,5 Verfahrensgebühr (Nr. 3328 VV RVG) sowie eine 0,5 Terminsgebühr (Nr. 3332 VV RVG) an (vgl. zu weiteren Einzelheiten der Anwaltsvergütung im Berufungsverfahren *Schneider* MDR 2005, 254).

15. **Rechtsmittel.** Gegen das Urteil, in dem über die Berufung entschieden wird, ist unter den allgemeinen Voraussetzungen der §§ 542 ff. ZPO/§§ 72 ff. ArbGG die **Revision** oder die **Nichtzulassungsbeschwerde** möglich, wobei letztere an die zusätzliche Voraussetzung geknüpft ist, dass der Wert der Beschwer 20.000,– EUR übersteigt (vgl. § 26 Nr. 8 EGZPO), es sei denn, das Berufungsgericht hat die Berufung als unzulässig verworfen. Da es für die Arbeitsgerichtsbarkeit an einer § 26 Nr. 8 EGZPO entsprechenden Vorschrift fehlt, ist eine Nichtzulassungsbeschwerde zum Bundesarbeitsgericht nicht von einer Mindestbeschwer abhängig.

Hat das Berufungsgericht (Landgericht oder Oberlandesgericht) die Berufung durch einstimmigen Beschluss gem. § 522 Abs. 2 ZPO zurückgewiesen – diese Vorschrift findet im Verfahren vor dem Landesarbeitsgericht keine Anwendung (§ 66 Abs. 2 S. 3 ArbGG) –, ist eine solche Entscheidung gemäß § 522 Abs. 3 ZPO mit dem Rechtsmittel anfechtbar, das bei einer Entscheidung durch Urteil zulässig wäre. Wenn also der Wert der Beschwer 20.000,– EUR übersteigt, ist die Nichtzulassungsbeschwerde statthaft. Bei Unanfechtbarkeit kommt nur noch eine Gehörsrüge gem. § 321a ZPO (→ Form. Q. II. 1) oder eine Verfassungsbeschwerde (→ Form. Q. II. 5) in Betracht.

Unanfechtbar ist gemäß der ausdrücklichen Anordnung in den §§ 719 Abs. 1 , 707 Abs. 2 S. 2 ZPO die Entscheidung über den Antrag auf Erlass einer **einstweiligen Anordnung.** Möglich bleibt aber auch hier eine Gehörsrüge gemäß § 321a ZPO/§ 78a ArbGG, die allerdings nur bei einer Verletzung des Anspruchs der Parteien auf Gewährung des rechtlichen Gehörs gemäß Art. 103 Abs. 1 GG Erfolg verspricht. Da das Gericht aber seine Entscheidung jederzeit von Amts wegen ändern darf, sollte die Möglichkeit genutzt werden, jedenfalls bei einer Änderung des für die Entscheidung über den Einstellungsantrag maßgeblichen Sachverhalts einen Abänderungsantrag zu stellen. Ob man diesen Antrag ausdrücklich als „Gegenvorstellung“ (→ Form. Q. II. 2) bezeichnet, spielt keine Rolle.

16. Hinsichtlich der **Form** des Schriftsatzes (Unterschrift, elektronisches Dokument) wird verwiesen auf → Form. O. II. 1 Anm. 14.

3. Antrag auf Schadensersatz (§ 717 Abs. 2 ZPO) während des Berufungsverfahrens

An das

Landgericht/Oberlandesgericht/Landesarbeitsgericht

in . . . . .

In dem Rechtsstreit

. . . . . [Name des Schuldners = Berufungsklägers[1, 2]] ./. . . . . . [Name des Gläubigers = Berufungsbeklagten]

Az. . . . . .

werden wir über den bereits durch Schriftsatz vom . . . . . [Datum der Berufungsbegründung] gestellten Berufungsantrag hinaus[3] beantragen,

den Kläger zu verurteilen, an den Beklagten EUR ..... nebst Zinsen in Höhe von 5 Prozentpunkten über dem Basiszinssatz seit dem ..... [Datum der Zahlung/ Leistung durch den Schuldner] zu zahlen.

Begründung:

Der Kläger hat dem Beklagten durch Schreiben vom ..... angedroht, aus dem mit der Berufung angegriffenen Urteil die Zwangsvollstreckung zu betreiben, wenn der titulierte Betrag nicht gezahlt werde. Die in dem Urteil vorgesehene Sicherheitsleistung hat der Kläger durch Gestellung einer Bürgschaft erbracht.[4] Dem Beklagten blieb deshalb nichts anderes übrig, als die Forderung des Klägers unter dem Vorbehalt der Rückforderung zu begleichen. Er hat deshalb an den Kläger am ..... [Zahlungsdatum] ..... EUR gezahlt [Schilderung des maßgeblichen Sachverhalts mit entsprechenden Beweisantritten]. Da das Urteil jedoch aus den in der Berufungsbegründung näher dargelegten Gründen aufzuheben sein wird, ist der Kläger gem. § 717 Abs. 2 S. 1 ZPO zum Schadensersatz verpflichtet. Diesen Anspruch macht der Beklagte gem. § 717 Abs. 2 S. 2 ZPO in dem vorliegenden Berufungsverfahren geltend. Der Zinsanspruch ist gem. den §§ 717 Abs. 2 S. 2 Hs. 2 ZPO iVm § 291 BGB gerechtfertigt.

(Variante:

Der Kläger hat aus dem angegriffenen Urteil, das ohne Sicherheitsleistung vorläufig vollstreckbar war, zwischenzeitlich die Zwangsvollstreckung betrieben. Der Beklagte hatte keine Möglichkeit, sich hiergegen zu Wehr zu setzen, da er aus finanziellen Gründen nicht in der Lage war, die Vollstreckung durch Sicherheitsleistung abzuwenden und die Vollstreckung im Zeitpunkt des Zuganges des Einstellungsbeschlusses der Kammer/des Senats vom ..... bereits abgeschlossen war. Ausweislich des Schreibens des Gerichtsvollziehers ..... vom ..... ist der von ihm am ..... gepfändete ..... (präzise Bezeichnung des Vollstreckungsgegenstandes) am ..... versteigert und der Versteigerungserlös in Höhe von ..... EUR abzüglich der Versteigerungskosten in Höhe von ..... an den Kläger ausgekehrt worden (nähere Darlegung des Vollstreckungsverfahrens mit entsprechenden Beweisantritten). Durch diese Vollstreckung ist dem Beklagten ein Schaden in Höhe von ..... EUR entstanden, da der ..... (Vollstreckungsgegenstand) einen Verkehrswert iHv ..... EUR hatte (nähere Darlegung mit entsprechenden Beweisantritten). Der Kläger ist dem Beklagten gem. § 717 Abs. 2 S. 1 ZPO zum Ersatz dieses Schadens verpflichtet, weil das Urteil aus den in der Berufungsbegründung näher dargelegten Gründen aufzuheben sein wird. Diesen Anspruch macht der Beklagte gem. § 717 Abs. 2 S. 2 ZPO in dem vorliegenden Berufungsverfahren geltend. Der Zinsanspruch ist gem. den §§ 717 Abs. 2 S. 2 Hs. 2. ZPO iVm § 291 BGB gerechtfertigt.)

(Variante:

..... (Darlegung der sonstigen Gründe, die einen Schadenersatzanspruch gem. § 717 Abs. 2 ZPO rechtfertigen).[5])

Beglaubigte und einfache Abschrift liegen an.

.....

Rechtsanwalt[6, 7]

Anmerkungen

1. Der – verschuldensunabhängige – Schadensersatzanspruch gem. § 717 Abs. 2 ZPO ist der **Ausgleich** des **Schuldners** dafür, dass der Gläubiger bereits vor Rechtskraft der erstinstanzlichen Entscheidung gegen den Schuldner die Zwangsvollstreckung aus einem lediglich für vorläufig vollstreckbar erklärten Urteil betreiben darf (§ 704 ZPO). Erweist sich im weiteren Verlauf des Rechtsstreits – insbesondere während des Berufungsverfahrens –, dass dem Gläubiger der titulierte Anspruch nicht zusteht und wird deshalb das Urteil aufgehoben oder abgeändert, ist der Gläubiger zum Ersatz des Schadens verpflichtet, der dem Schuldner durch die Vollstreckung des Urteils oder durch eine zur Abwendung der Zwangsvollstreckung erbrachten Leistung entstanden ist (vgl. näher zu dem Normzweck *Krafft* JuS 1997, 734). Es bleibt dem Schuldner (selbstverständlich) unbenommen, zunächst das Berufungsverfahren durchzuführen und im Falle des Erfolgs der Berufung den ihm zustehenden Schadensersatzanspruch anschließend in einem gesonderten Prozess gegen den Gläubiger einzuklagen (vgl. nur Zöller/*Herget* § 717 Rn. 13). Es entspricht jedoch nicht nur der Prozessökonomie, sondern bietet auch im Übrigen **Vorteile,** wenn der Schuldner von der ihm in § 717 Abs. 2 S. 2 ZPO ausdrücklich eingeräumten Möglichkeit, den **Schadensersatzanspruch bereits während des** anhängigen Rechtsstreits, insbesondere während des **Berufungsverfahrens geltend zu machen,** Gebrauch macht. Zum einen ist das Kostenrisiko geringer, weil der Inzidentantrag zumindest kostenmäßig wie eine Widerklage behandelt wird mit entsprechenden Auswirkungen auf die Höhe des Streitwerts (vgl. § 45 GKG), wobei nach der ständigen Rechtsprechung des Bundesgerichtshofs die von dem Gläubiger neben der Hauptforderung vollstreckten Zinsen und Kosten dem von dem Schuldner geltend gemachten Schadensersatzanspruch nicht hinzu zu addieren sind (sog. „Spiegelbildtheorie", siehe grundlegend BGHZ 38, 237). Darüber hinaus ist bei einer inzidenten Geltendmachung der Anspruch gem. § 717 Abs. 2 S. 2 ZPO (rückwirkend) als zur Zeit der Zahlung oder Leistung rechtshängig geworden anzusehen. Damit kann der Schuldner, der beispielsweise vor längerer Zeit zur Abwendung der Zwangsvollstreckung an den Gläubiger gezahlt hat, Rechtshängigkeitszinsen (§ 291 BGB) bereits ab diesem Zeitpunkt verlangen. Bei einer eigenständigen Klage scheidet eine derartige Rückwirkung aus (vgl. Zöller/*Herget* § 717 Rn. 14.)

Ob es sich bei dem Antrag gem. § 717 Abs. 2 S. 2 ZPO um eine privilegierte **Widerklage** (so Thomas/Putzo/*Seiler* § 717 Rn. 15) oder um eine eigenständige, besonders geregelte Form der prozessualen Geltendmachung eines Schadensersatzanspruches handelt (in diesem Sinne *Baumbach/Lauterbach/Albers/Hartmann* § 717 Rn. 14; MüKoZPO/*Götz* § 717 Rn. 23; siehe zum Meinungsstand auch die weiteren Nachweise bei *Krafft* JuS 1997, 734 (736)), spielt in der Praxis keine Rolle. Entscheidend ist lediglich, dass der Schadensersatzanspruch nach allgemeiner Auffassung in dem Umfang, in dem der Klageanspruch zweitinstanzlich noch anhängig ist, in den Prozess eingeführt werden kann, **ohne** dass die **Voraussetzungen** der **§§ 33, 533 ZPO** vorliegen müssen.

Nach hM kann der Schuldner wählen, ob er seinen Schadensersatzanspruch während der Anhängigkeit des Rechtsstreits im Wege des Inzidentantrages gem. § 717 Abs. 2 S. 2 ZPO oder im Wege einer (allgemeinen) Widerklage geltend machen möchte (vgl. nur Zöller/*Herget* § 717 Rn. 13). Eigenständige Bedeutung kommt der Widerklage allerdings nur in den Fällen zu, in denen Teile der von dem Gläubiger begehrten Forderung nicht mehr anhängig und deshalb die in § 717 Abs. 2 S. 2 ZPO normierten Voraussetzungen eines „Rechtshängigkeitszusammenhanges" nicht gegeben sind. In einer solchen Konstellation ist die Widerklage die einzige Möglichkeit, in demselben Verfahren die Aufhebung des Urteils und Schadensersatz zu verlangen (vgl. *Krafft* JuS 1997, 734 (737) mwN).

Eine **eigenständige Schadensersatzklage** kommt insbesondere in den Fällen in Betracht, in denen zwar die Schadensursache bereits bis zum Erlass des Berufungsurteils gesetzt worden ist, der Schaden selbst (vollständig) aber erst nach dem Berufungsurteil eingetreten ist (vgl. BGHZ 69, 373; Zöller/*Herget* § 717 Rn. 9). Hinsichtlich der Begründetheit einer derartigen Klage (→ Form. P. VIII. 4) gelten die nachfolgenden Ausführungen entsprechend.

In **Familienstreitsachen** kann in der Regel erst mit Rechtskraft vollstreckt werden (§ 116 Abs. 2, 86 Abs. 2 FamFG), so dass es kein Bedürfnis für eine § 717 ZPO entsprechende Vorschrift gibt. Das Familiengericht hat jedoch gem. § 116 Abs. 3 S. 2 FamFG die Möglichkeit, die sofortige Wirksamkeit der getroffenen Entscheidung anzuordnen. Von dieser Befugnis soll gem. § 116 Abs. 3 S. 3 FamFG bei einer Verpflichtung zur Leistung von Unterhalt Gebrauch gemacht werden. Ist dies geschehen, findet über §§ 95 Abs. 1, 120 Abs. 1 FamFG, 717 ZPO entsprechende Anwendung (vgl. Musielak/Voit/*Lackmann* § 717 Rn. 1). Zu beachten ist hierbei, dass in familiengerichtlichen Verfahren gegen Endentscheidungen an die Stelle der Berufung die Beschwerde gem. den §§ 58 ff., 117 FamFG tritt.

2. Es ist allgemein anerkannt, dass der **Wortlaut** des § 717 Abs. 2 ZPO insoweit **zu eng** gefasst ist, als hiernach nur dem „Beklagten gegen den Kläger" ein Schadensersatzanspruch zugebilligt wird (vgl. nur *Baumbach/Lauterbach/Albers/Hartmann* § 717 Rn. 7). Dies betrifft nur den „Normalfall", dass der Kläger ein obsiegendes, für vorläufig vollstreckbares Urteil erstritten und hieraus gegen den Beklagten vollstreckt hat. Denkbar ist jedoch auch, dass der Beklagte als Vollstreckungsgläubiger auf der Grundlage eines klageabweisenden Urteils und eines anschließend zu seinen Gunsten erlassenen Kostenfestsetzungsbeschlusses gegen den Kläger als Vollstreckungsschuldner die Zwangsvollstreckung betrieben hat. Korrekterweise müssten deshalb die in § 717 Abs. 2 ZPO verwendeten Bezeichnungen „Kläger" und „Beklagter" durch die sachlich zutreffenden Bezeichnungen **„Vollstreckungsgläubiger"** und **Vollstreckungsschuldner**" ersetzt werden (vgl. nur Thomas/Putzo/*Seiler* § 717 Rn. 7).

3. Wenn der Schaden bereits im Zeitpunkt der Abfassung der Berufungsbegründung eingetreten war (zB Zahlung zur Abwendung der Zwangsvollstreckung), sollte der **Schadensersatzantrag** auch bereits **mit** der **Berufungsbegründung** gestellt werden. Eines gesonderten Schriftsatzes bedarf es dann nicht.

Zu beachten ist, dass der auf eine Aufhebung oder Abänderung des angegriffenen Urteils gerichtete Berufungsantrag und der Schadensersatzantrag gem. § 717 Abs. 2 ZPO nicht beziehungslos nebeneinander, sondern in einem **Abhängigkeitsverhältnis** stehen. Wenn bereits die Berufung keinen Erfolg hat, das heißt, wenn das angegriffene Urteil weder aufgehoben, noch abgeändert wird, unterbleibt eine Prüfung der Ersatzpflicht gem. § 717 Abs. 2 ZPO. Dies beruht darauf, dass es sich bei der Ersatzpflicht nur um einen bedingt bestehenden Anspruch handelt, der erst mit der entsprechenden Entscheidung des Berufungsgerichts entsteht (vgl. MüKoZPO/*Götz* § 717 Rn. 22 aE; Thomas/Putzo/*Seiler* § 717 Rn. 11; *Krafft* JuS 1997, 734 (737)). In prozessualer Hinsicht handelt es sich um einen **gesetzlich angeordneten Eventualantrag,** der unter der innerprozessualen Bedingung der Urteilsaufhebung- bzw. -änderung steht. Durch die kausale Verknüpfung von Aufhebung und Schadensersatz schafft das Gesetz selbst das Eventualverhältnis, ohne dass dies durch die ausdrückliche Formulierung als Hilfsantrag zum Ausdruck gebracht werden muss (vgl. *Krafft* JuS 1997, 734 (737)).

Aus dem Vorstehenden folgt zugleich, dass dem zusätzlich geltend gemachten Schadensersatzanspruch bei der Festsetzung des **Streitwertes** – wie bei einem „normalen" Hilfsantrag (vgl. § 45 GKG) – nur dann Bedeutung zukommt, wenn der Berufung stattgegeben wird und deshalb auch über den Antrag gem. § 717 Abs. 2 ZPO eine Entscheidung ergeht. Wenn der Schuldner jedoch lediglich die Rückzahlung der von dem Gläubiger im Wege der Zwangsvollstreckung beigetriebenen Klageforderung nebst Zinsen und Kosten begehrt, tritt nach ganz überwiegender Auffassung in Rechtsprechung und Literatur aufgrund der zumindest entsprechend anwendbaren Vorschrift des § 45 GKG keine Streitwerterhöhung ein, weil bei natürlicher Betrachtungsweise der **Rückzahlungsanspruch** aus § 717 Abs. 2 ZPO dem Umfang nach nur das **Spiegelbild der Klageforderung** ist. Da für letztere § 4 Abs. 1 Hs. 2 ZPO gilt, sind Kosten und Zinsen auch dem Streitwert der Schadensersatzforderung nicht hinzuzurechnen (vgl. BGHZ 38, 237 (241); Thomas/Putzo/*Seiler* § 717 Rn. 16). Streitwerterhöhend wirkt der Schadensersatzantrag gem. § 717 Abs. 2 ZPO deshalb nur dann, wenn der Schuldner neben der Rückerstattung des Beigetriebenen noch zusätzlich den Ausgleich weiterer Schäden (zB aufgrund einer Pfändungsmaßnahme entgangenen Gewinn) verlangt.

4. Dass der Beklagte bei einem Erfolg der Berufung (auch) auf die Bürgschaft zugreifen könnte, schließt das Rechtsschutzbedürfnis für den Antrag gegen den Kläger nicht aus. Zu beachten ist allerdings, dass **mitwirkendes Verschulden** des Schuldners oder seines Prozessbevollmächtigten (§§ 254 Abs. 2 S. 2 BGB, 85 Abs. 2 ZPO) den Anspruch vermindern kann (vgl. Zöller/*Herget* § 717 Rn. 10 mit Beispielen).

5. Vgl. zu weiteren ersatzfähigen **Schadenspositionen** etwa Zöller/*Herget* § 717 Rn. 7 mwN). Systematisch lassen sich die ersatzfähigen Vollstreckungsschäden in zwei Teile untergliedern: zum einen geht es um die Rückgängigmachung des Vollstreckungserfolges und zum anderen um den Ersatz darüber hinausgehender Schäden wie zB entgangenen Gewinn oder Wiedergutmachung der durch die Vollstreckung verursachten Kreditschädigung (vgl. *Krafft* JuS 1997, 734). Vollstreckt der Gläubiger aus einem erstinstanzlichen Urteil, das fehlerhaft ein Leistungsverweigerungsrecht nicht berücksichtigt, steht dem Schuldner ein Anspruch aus § 717 Abs. 2 ZPO in Höhe des Betrages zu, in dem ihm im zweiten Rechtszug das Leistungsverweigerungsrecht zuerkannt wird (vgl. BGH NJW-RR 2007, 1029).

Zu beachten ist, dass nach der Rechtsprechung des Bundesgerichtshofs (BGH FamRZ 2006, 480) die von dem Schuldner zur Abwehr der Zwangsvollstreckung aufgewendeten Kosten als Verfahrenskosten im weiteren Sinne angesehen werden, die wie Kosten des Erkenntnisverfahrens der Kostenausgleichung durch das Prozessgericht gem. § 104 ZPO zugänglich sind (vgl. hierzu auch Zöller/*Stöber* § 788 Rn. 5a, wonach die Festsetzung durch das Prozessgericht ungeachtet der Möglichkeit zulässig sei, sie nach § 717 Abs. 2 ZPO geltend zu machen).

6. Kosten und Gebühren/Rechtsmittel. Da über den Antrag zusammen mit der Berufung entschieden wird, kann hinsichtlich der Kosten und Gebühren bzw. der Rechtsmittel auf die Ausführungen → Form. P. VIII. 2 Bezug genommen werden, die entsprechend gelten.

7. Hinsichtlich der **Form** des Schriftsatzes (Unterschrift, elektronisches Dokument) wird verwiesen auf → Form. O. II. 1 Anm. 14.

4. Isolierte Schadensersatzklage (§ 717 Abs. 2 ZPO) wegen Vollstreckung aus vorläufig vollstreckbarem Urteil

An das[1, 2]

Amtsgericht/(Familiengericht)[3] Arbeitsgericht/Landgericht

in .....[4]

Klage

des/der ..... [ladungsfähige Anschrift des Schuldners],

– Klägers –

Prozessbevollmächtigte: .....

gegen

..... [ladungsfähige Anschrift des Gläubigers],

– Beklagten –

Streitwert: . . . . .[4]

Namens und in Vollmacht des Klägers erheben wir Klage mit dem Antrag,

den Beklagten zu verurteilen, an den Kläger . . . . . EUR nebst Zinsen in Höhe von 5 Prozentpunkten über dem Basiszinssatz seit dem . . . . . zu zahlen.

Sofern das Gericht das schriftliche Vorverfahren anordnet, wird für den Fall der Fristversäumnis des Beklagten beantragt,[5]

ein Versäumnisurteil ohne mündliche Verhandlung (§ 331 Abs. 3 ZPO) zu erlassen.

(Bei einer Klage vor dem Landgericht:

Einer Entscheidung der Sache durch den Einzelrichter stehen keine Gründe entgegen.)

(Variante:
Wegen der besonderen Schwierigkeit der Sache/grundsätzlichen Bedeutung eignet sich die Sache nicht für eine Entscheidung durch den Einzelrichter.)

Begründung

Der Beklagte hat gegen den (jetzigen) Kläger vor dem . . . . . gericht . . . . . ein Urteil vom . . . . . Az. . . . . . erstritten. Hiernach war der Kläger verpflichtet, an den Beklagten . . . . . EUR zu zahlen/. . . . . [sonstiger Titelinhalt]. Aufgrund des vorläufig für vollstreckbar erklärten Urteils hat der Beklagte die Zwangsvollstreckung betrieben. Ausweislich des Schreibens des Gerichtsvollziehers . . . . . vom . . . . . ist der von ihm am . . . . . gepfändete . . . . . [präzise Bezeichnung des Vollstreckungsgegenstandes] des Klägers am . . . . . versteigert und der Versteigerungserlös in Höhe von . . . . . EUR abzüglich der Versteigerungskosten in Höhe von . . . . . an den Beklagten ausgekehrt worden.

(Variante:
. . . . . (nähere Darlegung eines sonstigen Vollstreckungsverfahrens bzw. der vollstreckungsabwendenden Maßnahmen des Schuldners mit entsprechenden Beweisantritten).)

Durch Urteil des . . . . . gerichts . . . . . vom . . . . . [präzise Bezeichnung des aufhebenden bzw. abändernden Urteils des Berufungsgerichts] ist die Klage des Beklagten abgewiesen worden.

Der Beklagte ist deshalb dem Kläger gem. § 717 Abs. 2 ZPO zum Ersatz des Schadens verpflichtet, der ihm aus der Vollstreckung entstanden ist. Die Klageforderung berechnet sich wie folgt:

. . . . . [Darlegung der einzelnen Schadenspositionen mit entsprechenden Beweisantritten].

Der Kläger hat den Beklagten durch Schreiben vom . . . . . unter Fristsetzung bis zum . . . . . aufgefordert, die Klageforderung zu begleichen. Da hierauf keine Reaktion erfolgt ist/dies durch Schreiben vom . . . . . ausdrücklich abgelehnt worden ist, ist Klage geboten.

Der Zinsanspruch ist unter dem Gesichtspunkt des Verzuges gerechtfertigt.

Wir haben heute einen Gerichtskostenvorschuss in Höhe von . . . . . EUR bei der Gerichtskasse . . . . . eingezahlt und bitten um unverzügliche Zustellung der Klageschrift.

Beglaubigte und einfache Abschrift liegen an.

. . . . .

Rechtsanwalt[6, 7]

Anmerkungen

1. Hinsichtlich der **Voraussetzungen** eines **Anspruchs** gem. § 717 Abs. 2 ZPO kann zunächst auf die obigen Ausführungen → Form. P. VIII. 3 verwiesen werden. Bei der hier erörterten isolierten Klage ist ergänzend auf das **Verjährungsrisiko** hinzuweisen, das bei der Inzidentgeltendmachung nicht auftreten kann, weil der Schadensersatzanspruch gem. § 717 Abs. 2 ZPO frühestens mit dem Wirksamwerden des die Vorentscheidung aufhebenden Berufungsurteils entstehen kann und vor Entstehung des Anspruchs keine Verjährungsfrist zu laufen beginnt (§ 199 Abs. 1 Nr. 1 BGB). Was die für den Verjährungsbeginn zusätzlich erforderliche **Kenntnis** bzw. **Unkenntnis infolge grober Fahrlässigkeit** anbelangt (§ 199 Abs. 1 Nr. 2 BGB), kommt es nach der Rechtsprechung des Bundesgerichtshofs auf den Zeitpunkt des Erlasses des Berufungsurteils an und nicht erst auf den Zeitpunkt, zu dem das Berufungsurteil rechtskräftig wird (vgl. BGH ZIP 2007, 43 zu der Parallelproblematik des maßgeblichen Zeitpunkts im Rahmen des § 852 BGB aF). Die Verjährung des Schadensersatzanspruchs gem. § 717 Abs. 2 ZPO schließt es jedoch nicht aus, dass dem Vollstreckungsschuldner hinsichtlich der zur Abwendung der Vollstreckung erbrachter Zahlungen ein Bereicherungsanspruch gem. § 812 Abs. 1 S. 2 BGB zustehen kann (vgl. auch hierzu BGH ZIP 2007, 43).

2. Da es sich bei der Schadensersatzklage um eine **„ganz normale Klage"** handelt, gelten hinsichtlich der sachlichen und örtlichen **Zuständigkeit** die **allgemeinen Regeln.** Wenn der Streitwert 5.000,– EUR nicht übersteigt, ist deshalb grundsätzlich das Amtsgericht zuständig, andernfalls das Landgericht (§§ 23 Abs. 1 Nr. 1, 71 Abs. 1 GVG). In arbeitsgerichtlichen Streitigkeiten entscheidet das Arbeitsgericht.

Streitig und für die Bestimmung der **sachlichen Zuständigkeit** von Bedeutung ist allerdings, ob die von dem Schuldner an den Gläubiger aufgrund des vorläufig vollstreckbaren Urteils gezahlten **Kosten und Zinsen,** die der Schuldner neben der Hauptsumme von dem Gläubiger ersetzt verlangt, den Streitwert erhöhen. Während dies bei der Geltendmachung des Schadensersatzanspruches gem. § 717 Abs. 2 ZPO im Wege des Inzidentantrages bzw. der Widerklage unter Hinweis auf § 4 ZPO, der spiegelbildlich anzuwenden sei, ganz überwiegend verneint wird (vgl. grundlegend BGHZ 38, 237 (241)), wird bei der Geltendmachung des Anspruchs im Wege einer selbständigen Klage in der Literatur teilweise eine Streitwerterhöhung bejaht (vgl. Stein/Jonas/*Roth* § 4 Rn. 33). Die sehr allgemein gehaltenen Ausführungen des Bundesgerichtshofs in der zitierten Entscheidung („gleichviel, in welcher Form der Antrag gestellt wird") dürften jedoch dafür sprechen, dass jedenfalls nach der höchstrichterlichen Rechtsprechung auch bei einer eigenständigen Klage eine **Hinzurechnung** der als Schaden geltend machten **Kosten und Zinsen zu unterbleiben** hat (in diesem Sinne auch Zöller/*Herget* § 3 Rn. 3 Stichwort „Rückerstattungsanspruch"). Wenn also der Gläubiger gegen den Schuldner eine Hauptforderung in Höhe von 4.800,– EUR und Zinsen und Kosten in Höhe von 500,– EUR beigetrieben hat und der Schuldner Rückzahlung des Gesamtbetrages von 5.300,– EUR verlangt, beträgt der Zuständigkeitsstreitwert lediglich 4.800,– EUR, so dass das Amtsgericht sachlich zuständig ist.

Bei der **örtlichen Zuständigkeit** ist zu beachten, dass gem. § 32 ZPO auch an dem Ort der unerlaubten Handlung, dh am Ort der Vollstreckung geklagt werden kann (vgl. Stein/Jonas/*Münzberg* § 717 Rn. 46; Zöller/*Herget* § 717 Rn. 13).

3. Wenn der vollstreckte Titel eine **Familiensache** betrifft, ist für die Entscheidung über den Schadensersatzantrag – an die Stelle der Klage tritt gem. § 113 Abs. 5 Nr. 2 FamFG der Antrag – das Familiengericht zuständig (vgl. OLG Düsseldorf FamRZ 1988, 298; Stein/Jonas/*Münzberg* § 717 Rn. 46 zum bisherigen Recht). Insoweit gelten die obigen Ausführungen unter → Form. P. VIII. 3 Anm. 1 aE entsprechend.

4. Auch hinsichtlich des **Gebührenstreitwerts** gelten grundsätzlich **keine Besonderheiten** gegenüber einer „normalen" Leistungsklage. Allerdings stellt sich die Frage, ob von dem Schuldner geltende gemachte Kosten und Zinsen streitwerterhöhend wirken, auch hier. Insoweit gelten die obigen Ausführungen unter → Anm. 2 zu der Bestimmung des Zuständigkeitsstreitwerts entsprechend.

5. Vgl. zu der Frage, welche prozessualen Anträge neben dem Antrag in der Hauptsache gestellt werden sollten, → Form. O. II. 7 Anm. 9.

6. Kosten und Gebühren/Rechtsmittel. Hinsichtlich der Kosten und Gebühren bzw. der gegen ein stattgebendes oder klageabweisendes Urteil bestehenden Rechtsmittel kann auf die Ausführungen → Form. P. VII. 1 Bezug genommen werden, die entsprechend gelten.

7. Hinsichtlich der **Form** des Schriftsatzes (Unterschrift, elektronisches Dokument) wird verwiesen auf → Form. O. II. 1 Anm. 14.

5. Abänderungsklage (§§ 323, 323a ZPO)

An das

Amtsgericht/Arbeitsgericht/Landgericht[1]

in .....

Abänderungsklage[2]

des/der ..... [ladungsfähige Anschrift des Schuldners],

– Klägers –

Prozessbevollmächtigte: .....

gegen

..... [ladungsfähige Anschrift des Gläubigers],

– Beklagten –

Prozessbevollmächtigte: .....,

Streitwert: .....[3]

Namens und in Vollmacht des Klägers erheben wir Klage mit dem Antrag/mit den Anträgen,

das Urteil des ..... gerichts ..... vom ..... Az. ...../den vor dem ..... gericht ..... am ..... geschlossenen Vergleich Az. ...../die notarielle Urkunde des Notars ..... vom ..... UR-Nr.: ...../..... [präzise Bezeichnung des sonstigen Vollstreckungstitels] [4] zu ändern und festzustellen, dass der Kläger ab Zustellung der Klage nicht mehr verpflichtet ist, an den Beklagten eine monatliche Erwerbsausfallrente zu zahlen.[5]

(Variante:
den Beklagten zu verurteilen, die vollstreckbare Ausfertigung des ..... (präzise Bezeichnung des Vollstreckungstitels) an den Kläger herauszugeben.[6])

Vorab beantragen wir,

die Zwangsvollstreckung aus dem oben bezeichneten Vollstreckungstitel ohne – hilfsweise gegen – Sicherheitsleistung einstweilen bis zur Entscheidung des vorliegenden Rechtsstreits einzustellen.[7]

Sofern das Gericht das schriftliche Vorverfahren anordnet, wird für den Fall der Fristversäumnis des Beklagten beantragt,[8]

ein Versäumnisurteil ohne mündliche Verhandlung (§ 331 Abs. 3 ZPO) zu erlassen.

Begründung:

Der Beklagte hat gegen den Kläger in einem Vorprozess vor dem ..... gericht ..... ein Urteil vom ..... erstritten.

(Variante:
..... (Angabe des sonstigen Vollstreckungstitels).)

Hiernach ist der Kläger verpflichtet, an den Beklagten eine monatliche Rente in Höhe von ..... EUR zu zahlen/..... [präzise Wiedergabe des sonstigen Titelinhalts].

Der Kläger wendet sich mit der Abänderungsklage gem. § 323 ZPO/323a ZPO gegen diesen Vollstreckungstitel. Seit dem ..... steht dem Beklagten der titulierte Anspruch nicht (mehr) zu/nur noch in Höhe von ..... EUR zu, weil sich spätestens ab diesem Zeitpunkt die für die Titulierung maßgebenden Verhältnisse wesentlich geändert haben:

..... [konkrete Darlegung des klagebegründenden Sachverhalts mit entsprechenden Beweisantritten].

Der Kläger hat den Beklagten durch Schreiben vom ..... aufgefordert, den Vollstreckungstitel herauszugeben/zu erklären, dass nicht vollstreckt wird. Diesem Schreiben waren die maßgeblichen Unterlagen beigefügt, aus denen der Beklagte ohne weiteres entnehmen konnte, dass sich die Verhältnisse derart geändert haben, dass ihm seit dem ..... kein Anspruch mehr auf die titulierte Rente mehr zusteht. Da hierauf keine Reaktion erfolgt ist/dies durch Schreiben vom ..... abgelehnt worden ist, ist Klage geboten.

Der Erlass einer einstweiligen Anordnung ist gemäß § 769 Abs. 1 ZPO in entsprechender Anwendung (vgl. hierzu nur BGH FamRZ 1998, 952) angezeigt, um zu verhindern, dass der Kläger durch die jederzeit mögliche Zwangsvollstreckung rechtlos gestellt wird. Die Erfolgsaussicht der Abänderungsklage ergibt sich aus den vorangegangenen Ausführungen. Zur Glaubhaftmachung wird auf die vorgelegten Unterlagen sowie ergänzend auf die beigefügte eidesstattliche Versicherung des Klägers Bezug genommen. Da sich die Unzulässigkeit der Zwangsvollstreckung durch den Beklagten bereits aus den vorgelegten Unterlagen ergibt, ist die Zwangsvollstreckung ohne Sicherheitsleistung vorläufig einzustellen. Anders als § 707 Abs. 1 S. 2 ZPO setzt § 769 Abs. 1 ZPO für eine Einstellung ohne Sicherheitsleistung nicht voraus, dass der um Vollstreckungsschutz Nachsuchende – hier der Kläger – zur Sicherheitsleistung nicht in der Lage ist oder durch die Vollstreckung einen nicht zu ersetzenden Nachteil erleiden würde (vgl. Zöller/*Herget* § 769 Rn. 7 mwN).

(Variante:
Zu der Erbringung einer Sicherheit ist der Kläger nicht in der Lage, denn ..... (nähere Darlegung erforderlich).)

Wir haben heute einen Gerichtskostenvorschuss in Höhe von ..... EUR bei der Gerichtskasse ..... eingezahlt und bitten um unverzügliche Zustellung der Klageschrift. Als Streitwert haben wir unter Anwendung des § 42 Abs. 1 GKG/§ 42 Abs. 2 GKG einen Wert in Höhe von ..... EUR zugrundegelegt.

Beglaubigte und einfache Abschrift liegen an.

.....

Rechtsanwalt[9, 10, 11]

Anmerkungen

1. Welches Gericht zur Entscheidung über die Abänderungsklage berufen ist, ist in § 323 ZPO nicht geregelt. Insbesondere fehlt es an einer § 767 ZPO entsprechenden Anordnung der **Zuständigkeit** des Gerichts des Vorprozesses. Deshalb greifen die **allgemeinen Regeln** ein.

Zunächst ist zu beachten, dass seit dem 1.9.2009 für **Unterhaltsverfahren** Spezialvorschriften in den §§ 238 ff. FamFG gelten, die die Anwendung der §§ 323, 323a ZPO ausschließen (→ Form. P. VIII. 6).

Außerhalb der Familiensachen und der den Arbeitsgerichten zugewiesenen Sachen und der sich hieraus ergebenden **Zuständigkeit des Familiengerichts bzw. des Arbeitsgerichts** kommt es für die **sachliche Zuständigkeit** darauf an, ob der **Streitwert** den Betrag von 5.000,– EUR übersteigt oder nicht übersteigt. Im ersten Fall ist gemäß § 71 Abs. 1 GVG das Landgericht sachlich zuständig, ansonsten gemäß § 23 Nr. 1 GVG das Amtsgericht. Bei der Berechnung des Zuständigkeitsstreitwerts, der nicht mit dem Gebührenstreitwert verwechselt werden darf (→ Anm. 3), ist die Sondervorschrift des § 9 ZPO zu beachten. Hiernach ist grundsätzlich der dreieinhalbfache Wert des einjährigen Bezugs entscheidend, wenn die Parteien über wiederkehrende Leistungen streiten. Bei der Abänderungsklage ist insoweit die **Differenz zwischen der früheren Titulierung und dem jetzigen Antrag** maßgeblich (vgl. Thomas/Putzo/*Hüßtege* § 323 Rn. 40). Möchte beispielsweise der Schuldner von der titulierten Forderung in Höhe von 1.000,– EUR monatlich zukünftig überhaupt nichts mehr zahlen, beträgt der Zuständigkeitsstreitwert für die Abänderungsklage 42.000,– EUR (1.000 × 12 × 3,5), erstrebt er eine Reduzierung auf 500,– EUR, errechnet sich ein Zuständigkeitsstreitwert in Höhe von 21.000,– EUR (500 × 12 × 3,5). Die **örtliche** Zuständigkeit richtet sich nach den §§ 12 ff. ZPO. Die Klage des Schuldners ist deshalb regelmäßig am Wohnsitz (§ 13 ZPO) des Gläubigers (= Beklagten der Abänderungsklage) zu erheben. Mangels Anordnung einer ausschließlichen Zuständigkeit kann die Zuständigkeit auch gemäß § 38 ZPO (Gerichtsstandsvereinbarung) oder durch rügelose Einlassung (§ 39 ZPO) begründet werden.

2. Die **Abgrenzung** der Abänderungsklage **zur Vollstreckungsgegenklage** ist unter → Form. P. VIII. 9 Anm. 2 näher erörtert. Hiernach schließen sich die Vollstreckungsgegenklage und die Abänderungsklage für den gleichen Streitgegenstand grundsätzlich aus (vgl. BGH NJW 1984, 2826; BGH NJW 2005, 2313 mAnm *Hau* ZZP 119, 113). Wenn die ursprünglich angenommenen **anspruchsbegründenden** Voraussetzungen später weggefallen sind, ist der Anwendungsbereich der §§ 323, 323a ZPO eröffnet. Demgegenüber lässt § 767 ZPO den anspruchsbegründenden Tatbestand regelmäßig unberührt und hat rechtsvernichtende bzw. rechtshemmende Einwendungen zum Gegenstand (vgl. Schuschke/Walker/*Raebel* § 767 Rn. 6; Zöller/*Vollkommer* § 323 Rn. 15). Wenn sich deshalb die Umstände gewandelt haben, die sich von vorneherein als wandelbar darstellen und ein quantitatives Element enthalten, wie dies etwa bei der Änderung der Bedürftigkeit des Gläubigers oder der Leistungsfähigkeit des Schuldners im Zusammenhang mit einem Unterhaltsanspruch der Fall ist (vgl. BGH NJW-RR 1991, 1154), kann dies nur mit der Klage gemäß §§ 323, 323a ZPO geltend gemacht werden. Im Übrigen besteht auch kein „Wahlrecht" zwischen einer auf Heraufsetzung einer titulierten Rente gerichteten Leistungsklage und einer Abänderungsklage. Der Gläubiger kann sein Ziel nur mit einer Abänderungsklage erreichen (vgl. OLG Düsseldorf OLGR 2006, 727).

3. Der Kläger ist gem. § 61 GKG gehalten, den für die Berechnung der Gerichtsgebühren maßgeblichen Streitwert in der Klageschrift anzugeben, wenn dieser – wie auch im Regelfall einer Klage gemäß § 323 ZPO – nicht in einer bestimmten Geldsumme besteht. Für die **Wertberechnung** maßgeblich ist insoweit nicht § 9 ZPO, sondern die

Spezialvorschrift des § 42 GKG. Streiten die Parteien über einen gesetzlichen Unterhaltsanspruch, richtet sich der Streitwert gemäß § 42 Abs. 1 GKG nach dem Jahresbetrag, wobei es – vergleichbar mit der Berechnung des Zuständigkeitsstreitwerts – bei der Klage gemäß § 323 ZPO auf die Differenz zwischen der früheren Titulierung und dem jetzigen Antrag ankommt. Streiten die Parteien um die praktisch ebenfalls bedeutsame Frage, ob der Gläubiger weiterhin Anspruch auf Zahlung einer Geldrente gemäß § 843 Abs. 1 BGB in der titulierten Höhe hat, ist gemäß § 42 Abs. 2 GKG der fünffache Betrag des einjährigen (Differenz-)Betrages maßgebend.

4. Durch das FGG-RG ist die Vorschrift des § 323 ZPO neu gefasst worden. Die Bestimmung zur Abänderung von **Vergleichen** und **Urkunden** (bisher § 323 Abs. 4 ZPO aF) ist in die Regelung des § 323a ZPO nF ausgegliedert worden. Den unterschiedlichen Voraussetzungen zur Abänderung eines Urteils bzw. eines Vergleichs oder einer Urkunde soll durch die Aufteilung in zwei verschieden geregelte Bestimmungen Rechnung getragen werden (Musielak/Voit/*Borth* § 323 Rn. 1).

5. Wenn die Änderung der Verhältnisse nicht zu einem völligen Wegfall der Leistungsverpflichtung des Schuldners, sondern lediglich zu einer Reduzierung führt, ist der Klageantrag entsprechend umzuformulieren und der für berechtigt angesehene **Betrag konkret zu beziffern.**

6. Der Antrag auf **Herausgabe des Vollstreckungstitels** hat nur dann Erfolg und sollte deshalb – in Anlehnung an die Ausführungen zur Vollstreckungsgegenklage (→ Form. P. VIII. 9) – nur dann gestellt werden, wenn der Beklagte aus dem Titel überhaupt nicht mehr vollstrecken kann. Abzuweisen wäre der Herausgabeantrag demgegenüber, wenn der titulierte Anspruch mit der Abänderungsklage nicht in vollem Umfang angegriffen oder die auf vollständige Aufhebung gerichtete Abänderungsklage zum Teil abgewiesen wird.

7. Es ist in Rechtsprechung und Literatur anerkannt, dass die Vorschrift des § 769 ZPO mit der hierein vorgesehene Möglichkeit der Einstellung der Zwangsvollstreckung bei einer Abänderungsklage gem. § 323 ZPO **entsprechend anwendbar** ist (vgl. BGH FamRZ 1998, 952; *Baumbach/Lauterbach/Albers/Hartmann* § 323 Rn. 54).

8. Vgl. zu der Frage, welche prozessualen Anträge neben dem Antrag in der Hauptsache gestellt werden sollten, → Form. O. II. 7 Anm. 9.

9. **Kosten und Gebühren.** Da die Abänderungsklage kostenrechtlich keine Besonderheiten aufweist, kann hinsichtlich der anfallenden Gerichtsgebühren und der Anwaltsvergütung auf die Ausführungen → Form. P. VII. 1 Bezug genommen werden. Ergänzend ist darauf hinzuweisen, dass der Rechtsanwalt für die Tätigkeit in dem **Verfahren auf einstweilige Einstellung der Zwangsvollstreckung** keine besondere Vergütung erhält, weil dieses Verfahren zu dem Rechtszug gehört (§ 19 Abs. 1 S. 2 Nr. 11 RVG). Wenn allerdings – dies kommt allerdings in der Praxis, wenn überhaupt, nur selten vor – über den Einstellungsantrag eine gesonderte mündliche Verhandlung stattfindet, fallen eine 0,5 Verfahrensgebühr (Nr. 3328 VV RVG) sowie eine 0,5 Terminsgebühr (Nr. 3332 VV RVG) an.

10. **Rechtsmittel.** Gegen das **Urteil**, in dem über die Abänderungsklage entschieden wird, ist unter den allgemeinen Voraussetzungen der §§ 511 ff. ZPO/§§ 64 ff. ArbGG das Rechtsmittel der **Berufung** möglich. Demgegenüber ist die Entscheidung über den Antrag auf Erlass einer einstweiligen **Anordnung** gemäß **§ 769 Abs. 1 ZPO** grundsätzlich **unanfechtbar.** Insoweit kann auf die Ausführungen zur Vollstreckungsgegenklage (→ Form. P. VIII. 9) verwiesen werden.

11. Hinsichtlich der **Form** des Schriftsatzes (Unterschrift, elektronisches Dokument) wird verwiesen auf → Form. O. II. 1 Anm. 14.

6. Abänderungsantrag (§§ 238 ff. FamFG) mit Vollstreckungsschutzantrag

An das

Familiengericht[1, 2]

in .....

Abänderungsantrag

des/der ..... [ladungsfähige Anschrift des Schuldners],

– Antragstellers –

Verfahrensbevollmächtigte: .....

gegen

..... [ladungsfähige Anschrift des Gläubigers],

– Antragsgegner –

Verfahrensbevollmächtigte: .....,

Verfahrenswert: .....

Namens und in Vollmacht des Antragstellers beantragen wir,

den Beschluss des Familiengerichts ..... vom ..... Az. ...../den vor dem ..... gericht ..... am ..... geschlossenen Vergleich Az. ...../die notarielle Urkunde des Notars ..... vom ..... UR-Nr.: ...../..... [präzise Bezeichnung des sonstigen Vollstreckungstitels] zu ändern und festzustellen, dass der Antragsteller ab Zustellung des Antrags nicht mehr verpflichtet ist, an den Antragsgegner eine monatliche Unterhaltsrente zu zahlen.

Vorab beantragen wir,

die Zwangsvollstreckung aus dem oben bezeichneten Vollstreckungstitel ohne – hilfsweise gegen – Sicherheitsleistung einstweilen bis zur Entscheidung des vorliegenden Verfahrens einzustellen.[3, 4, 5]

Sofern das Gericht das schriftliche Vorverfahren anordnet, wird für den Fall der Fristversäumnis des Antragsgegners beantragt,

einen Versäumnisbeschluss ohne mündliche Verhandlung (§ 113 Abs. 1 S. 2 FamFG iVm 331 Abs. 3 ZPO) zu erlassen.

Begründung:

Der Antragsgegner hat gegen den Antragsteller in einem vorangegangenen Verfahren vor dem Familiengericht ..... einen Unterhaltsbeschluss vom ..... erstritten. Hiernach ist der Antragsteller verpflichtet, ...

(Variante:

..... (Angabe des sonstigen Vollstreckungstitels).

..... (Darlegung der Gründe, die die begehrte Abänderung rechtfertigen).)

Anmerkungen

1. Die §§ 238 ff. FamFG **verdrängen** in ihrem Anwendungsbereich die **§§ 323, 323a ZPO.** § 238 FamFG regelt die Abänderung gerichtlicher Entscheidungen, § 239 FamFG bezieht sich auf Vergleiche und Urkunden (vgl. *Graba* FamFR 2011, 169), und § 240 FamFG hat die Abänderung von Unterhaltsbeschlüssen in Vaterschaftsverfahren nach § 237 FamFG bzw. im vereinfachten Verfahren gem. § 253 FamFG zum Gegenstand.

2. Hinsichtlich der örtlichen Zuständigkeit des Familiengerichts ist die Bestimmung des § 232 FamFG zu beachten, die eine **ausschließliche Zuständigkeit** begründet.

3. Gem. § 242 FamFG gilt § 769 ZPO bei einem auf Herabsetzung gerichteten Antrag entsprechend.

4. Kosten und Gebühren/Rechtsmittel. Hinsichtlich der Kosten und Gebühren sowie die Rechtsmittel gegen die Entscheidung über den Abänderungsantrag gelten die Ausführungen → Form. O. II. 8 entsprechend.

5. Hinsichtlich der **Form** des Schriftsatzes (Unterschrift, elektronisches Dokument) wird verwiesen auf → Form. O. II. 1 Anm. 14. Die dortigen Ausführungen zum elektronischen Rechtsverkehr gelten entsprechend für § 14b FamFG nF.

7. Widerspruch gegen einen Arrestbefehl oder eine einstweilige Verfügung mit Vollstreckungsschutzantrag

An das[1, 2]

Amtsgericht/(Familiengericht)[3]/Arbeitsgericht/Landgericht/Oberlandesgericht/Landesarbeitsgericht

in . . . . .

Widerspruch

In dem Arrestverfahren/In dem einstweiligen Verfügungsverfahren

. . . . . [Name des Antragstellers]/. . . . . [Name des Antragsgegners]

Az. . . . . .

Namens und in Vollmacht[4] des Antragsgegners legen wir gegen den Arrestbefehl des . . . . . gerichts . . . . . vom . . . . ., Az. . . . . ./gegen die einstweilige Verfügung des . . . . . gerichts . . . . . vom . . . . ., Az. . . . . .

Widerspruch

ein mit den Anträgen,

1. den Arrestbefehl . . . . ./die einstweilige Verfügung . . . . . [präzise Bezeichnung nach Gericht, Datum und Aktenzeichen] aufzuheben und
2. den Antrag des Antragstellers vom . . . . . auf Erlass eines Arrestbefehls/Erlass einer einstweiligen Verfügung zurückzuweisen.

Vorab beantragen wir,

die Vollziehung des Arrestes/der einstweiligen Verfügung bis zur Entscheidung über den Widerspruch ohne – hilfsweise gegen – Sicherheitsleistung einstweilen einzustellen.[5]

(Bei einem Widerspruch vor dem Landgericht:

Einer Entscheidung der Sache durch den Einzelrichter stehen keine Gründe entgegen.[6])

(Variante:
Wegen der besonderen Schwierigkeit der Sache/grundsätzlichen Bedeutung eignet sich die Sache nicht für eine Entscheidung durch den Einzelrichter.)

Begründung:

Der Arrestbefehl vom ...../die einstweilige Verfügung vom ..... ist zu Unrecht ergangen. Auf den gem. § 924 Abs. 1 ZPO iVm § 62 Abs. 2 S. 1 ArbGG (bei einstweiliger Verfügung: iVm § 936 ZPO) statthaften Widerspruch ist er/sie aufzuheben und der Antrag auf Erlass eines Arrestbefehls/auf Erlass einer einstweiligen Verfügung zurückzuweisen.

Dem Antragsteller steht der von ihm für sich in Anspruch genommene Arrestanspruch/Verfügungsanspruch nicht zu. Denn ..... [Schilderung des maßgeblichen Sachverhalts mit entsprechender Glaubhaftmachung des Tatsachenvortrags]

(Variante:
Die von dem Antragsteller behauptete Eilbedürftigkeit besteht nicht, es fehlt an dem insoweit erforderlichen Arrestgrund/Verfügungsgrund. Denn ..... (Schilderung des maßgeblichen Sachverhalts mit entsprechender Glaubhaftmachung des Tatsachenvortrags))

(Variante:
Der Arrestbefehl/die einstweilige Verfügung ist bereits deshalb aufzuheben, weil der Antragsteller es versäumt hat, den Arrest/die einstweilige Verfügung innerhalb der Frist des § 929 Abs. 2 ZPO zu vollziehen.[7])

(Variante:
Der Arrestbefehl/die einstweilige Verfügung ist bereits deshalb aufzuheben, weil der Antragsteller es versäumt hat, innerhalb der ihm durch Beschluss vom ..... gesetzten Frist Klage zur Hauptsache (vgl. § 926 Abs. 2 ZPO) zu erheben.[8])

Der Antrag auf einstweilige Einstellung der Vollziehung des Arrestes/der einstweiligen Verfügung ist gemäß § 924 Abs. 3 S. 2 ZPO iVm § 707 Abs. 1 S. 1 ZPO gerechtfertigt. Die Erfolgsaussicht des Aufhebungsantrages ergibt sich aus den obigen – glaubhaft gemachten – Ausführungen. Die Einstellung ist geboten, weil ..... [Darlegung der Gründe für die Einstellung nebst Glaubhaftmachung]. Da sich die Unzulässigkeit der Vollziehung durch den Antragsteller bereits aus den vorgelegten Unterlagen ergibt, ist die Vollziehung ohne Sicherheitsleistung vorläufig einzustellen. Da gemäß § 924 Abs. 3 S. 2 Hs. 2 ZPO die Vorschrift des § 707 Abs. 1 S. 2 ZPO nicht anzuwenden ist, setzt eine Einstellung ohne Sicherheitsleistung nicht voraus, dass der um Vollstreckungsschutz Nachsuchende – hier der Antragsgegner – zur Sicherheitsleistung nicht in der Lage ist oder durch die Vollziehung einen nicht zu ersetzenden Nachteil erleiden würde.

(Variante:
Zu der Erbringung einer Sicherheit ist der Antragsteller nicht in der Lage, denn ..... (nähere Darlegung nebst Glaubhaftmachung erforderlich).)

Beglaubigte und einfache Abschrift liegen an.

.....

Rechtsanwalt[9, 10, 11]

Anmerkungen

1. Der **Widerspruch** iSd § 924 Abs. 1 ZPO – die Vorschrift findet über die Verweisungsnorm des § 936 ZPO auch im einstweiligen Verfügungsverfahren Anwendung – ist kein Rechtsmittel im engeren Sinne, da durch ihn keine neue Instanz eröffnet wird (**kein Devolutiveffekt**). In seinen Wirkungen lässt sich der – allerdings nicht fristgebundene – Widerspruch mit einem Einspruch gegen ein Versäumnisurteil vergleichen (§ 338 ZPO). Der Widerspruch führt zu einer mündlichen Verhandlung (§ 924 Abs. 2 S. 2 ZPO). Das für den Widerspruch zuständige Gericht entscheidet durch Endurteil, ob – im Zeitpunkt der letzten mündlichen Verhandlung – die Voraussetzungen für den Erlass des Arrestes oder die einstweilige Verfügung vorliegen. Gemäß § 925 Abs. 2 ZPO kann das Gericht den Arrest ganz oder teilweise bestätigen, abändern oder aufheben, wobei es die Bestätigung, Abänderung oder Aufhebung auch von einer Sicherheitsleistung abhängig machen kann. Im Kern entspricht dies den Entscheidungsmöglichkeiten des Gerichts nach der Einlegung eines zulässigen Einspruchs gegen ein Versäumnisurteil gem. § 343 ZPO.

2. Über den Widerspruch **entscheidet** grundsätzlich das **Gericht,** das den **Arrestbefehl** oder die **einstweilige Verfügung erlassen** hat. Eine Ausnahme gilt nach ganz überwiegender Auffassung in Rechtsprechung und Literatur (vgl. OLG Hamm MDR 1987, 593; Thomas/Putzo/*Reichold* § 924 Rn. 2; Zöller/*Vollkommer* § 924 Rn. 6; aA aber KG NJW-RR 2004, 1665) nur für den Fall, dass der Arrest oder die einstweilige Verfügung auf eine Beschwerde des Antragstellers hin von der Beschwerdeinstanz angeordnet worden ist. Für das Widerspruchsverfahren ist dann das von dem Antragsteller erstinstanzlich angerufene Gericht zuständig. Wenn aber das Berufungsgericht als Gericht der Hauptsache gem. § 943 Abs. 1 ZPO den Arrest oder die einstweilige Verfügung erlassen hat, ist es auch für den Widerspruch so lange zuständig, wie die Hauptsache bei dem Berufungsgericht schwebt. Auch gegen eine von dem Oberlandesgericht oder von dem Landesarbeitsgericht **als Berufungsgericht** erlassene Eilmaßnahme kann deshalb die Einlegung eines Widerspruchs bei diesen Gerichten in Betracht kommen. Dass die zivilprozessualen Vorschriften über den Arrest und die einstweiligen Verfügung auch im **Arbeitsgerichtsprozess** Anwendung finden, ergibt sich aus der **Verweisungsvorschrift des § 62 Abs. 2 S. 1 ArbGG.** Streitig ist allerdings, ob eine Zuständigkeit des Amtsgerichts der belegenen Sache iSd § 919 ZPO auch bei einer Arbeitsgerichtssache gilt (bejahend: LG Fulda NJW 1996, 266; *Baumbach/Lauterbach/Albers/Hartmann* § 919 Rn. 9).

Da im **Arrestverfahren** der Antragsteller ein echtes **Wahlrecht** zwischen dem Gericht der Hauptsache und dem Amtsgericht der belegenen Sache hat, kann er damit auch beeinflussen, welches Gericht über den Widerspruch befindet und vor welchem Gericht ein sich nach einem Urteil etwaig anschließendes Berufungsverfahren durchzuführen ist. Erlässt beispielsweise bei einem Arrestanspruch in Höhe von 1 Mio. EUR das Amtsgericht gem. § 919 ZPO den Arrestbefehl, entscheidet auch das Amtsgericht über den Widerspruch und das Landgericht über eine gegen das Urteil gerichtete Berufung, obwohl für die Hauptsache das Landgericht zuständig ist und über Berufungen das dem Landgericht übergeordnete Oberlandesgericht entscheidet. Im Unterschied zum Aufhebungsverfahren (vgl. § 927 Abs. 2 Alt. 2 ZPO) bleibt das den Arrest erlassende Gericht auch dann für die Entscheidung über den Widerspruch zuständig, wenn vor dem – mit ihm nicht identischen – Gericht der Hauptsache das Hauptsacheverfahren bereits anhängig ist.

Da im **einstweiligen Verfügungsverfahren** grundsätzlich das **Gericht der Hauptsache** entscheidet (§ 937 ZPO), ist dieses Gericht auch für das Widerspruchsverfahren zuständig, so dass es zu dem vorstehend geschilderten Auseinanderfallen der Zuständigkeiten im Hauptsacheverfahren und dem vorläufigen Rechtsschutzverfahren nicht kommen kann. Etwas anderes ergibt sich auch nicht daraus, dass in den Fällen des § 942 Abs. 1 oder Abs. 2 ZPO die einstweilige Verfügung auch von dem mit dem Gericht der Hauptsache nicht identischen Amtsgericht erlassen werden kann. Nach ganz hM findet insoweit nämlich kein Widerspruchsverfahren iSd § 924 ZPO statt. Vielmehr ist auf Antrag des Antragstellers oder des Antragsgegners der Rechtsstreit an das **Gericht der Hauptsache** zu verweisen (vgl. OLG Hamm OLGZ 89, 340; Thomas/Putzo/*Reichold* § 942 Rn. 5). Das sich hieran anschließende Rechtfertigungsverfahren entspricht der Sache nach dem Widerspruchsverfahren.

3. In **familiengerichtlichen** Verfahren ist zu beachten, dass in Familienstreitverfahren die zivilprozessualen Vorschriften über die einstweilige Verfügung durch die Spezialvorschriften der §§ 49 ff. FamFG (einstweilige Anordnung) verdrängt werden (§ 119 Abs. 1 FamFG). Dies gilt auch für Verfahren der freiwilligen Gerichtsbarkeit. Allerdings kann auch in Familienstreitsachen ein **Arrest** erlassen werden. Die §§ 916–934 ZPO sowie die §§ 943–945 ZPO werden in § 119 Abs. 2 FamFG ausdrücklich für anwendbar erklärt.

4. Anwaltszwang besteht (vgl. § 78 Abs. 1 ZPO), wenn das Arrest- oder Verfügungsgericht ein **Landgericht** oder aber ein **Oberlandesgericht** ist (vgl. Zöller/*Vollkommer* § 924 Rn. 7 mwN). Entsprechendes gilt auch für die **Landesarbeitsgerichte** (vgl. § 11 Abs. 2 ArbGG). In amtsgerichtlichen Verfahren kann der Widerspruch aufgrund er ausdrücklichen Anordnung in § 924 Abs. 2 S. 3 ZPO auch von dem Antragsgegner persönlich (schriftlich oder zu Protokoll der Geschäftsstelle) eingelegt werden.

5. Gem. § 924 Abs. 3 S. 2 ZPO kann das Gericht eine einstweilige Anordnung gemäß § 707 ZPO treffen.

6. Da der Widerspruch des Antragsgegners mit einer Klageerwiderung iSd § 277 Abs. 1 ZPO vergleichbar ist, sollte er im Verfahren vor dem **Landgericht** in entsprechender Anwendung des § 277 Abs. 1 S. 2 ZPO eine **Äußerung** dazu enthalten, ob einer Entscheidung der Sache durch den **Einzelrichter** Gründe entgegenstehen.

7. Dass das **Verstreichenlassen der Vollziehungsfrist** nicht nur der Vollziehung entgegensteht, sondern auch die Aufhebung des Arrestes bzw. der einstweiligen Verfügung im Widerspruchsverfahren zur Folge hat, ist allgemein anerkannt (vgl. nur Thomas/Putzo/*Reichold* § 929 Rn. 5). Zu beachten ist allerdings, dass der Antragsteller in den Fällen, in denen er bei einem auf die Versäumung der Vollziehungsfrist gestützten Widerspruch diese Versäumung nicht in Abrede stellt, das Arrestverfahren bzw. das einstweilige Verfügungsverfahren in der Hauptsache für erledigt erklären dürfte, um eine ihm günstige Kostenentscheidung zu erlangen. Dies hilft ihm jedoch nicht, wenn man mit einer in der Rechtsprechung und Literatur zum Teil vertretenen Ansicht den Standpunkt vertritt, dass der Gläubiger durch das Verstreichenlassen der Vollziehungsfrist zeige, dass dem Arrest/der einstweiligen Verfügung von vorneherein die Eilbedürftigkeit und damit der Arrest-/Verfügungsgrund gefehlt habe (vgl. in diesem Sinne OLG Düsseldorf NJW-RR 2000, 68; Thomas/Putzo/*Reichhold* § 927 Rn. 8). Ist man jedoch mit der Gegenauffassung der Ansicht, dass alleine die Versäumung der Vollziehungsfrist noch nicht den Schluss auf das Fehlen des Arrest-/Verfügungsgrundes zum Zeitpunkt des Erlasses zulässt (vgl. OLG München OLGR 1997, 72; Zöller/*Vollkommer* § 927 Rn. 12; Musielak/*Huber* § 927 Rn. 12), hängt die **Kostenentscheidung** im Falle der einseitigen oder der übereinstimmenden Erledigungserklärung des Gläubigers maßgeblich davon ab, ob die Voraussetzungen für den Erlass des Arrestes bzw. der einstweiligen Verfügung bis zum Fristablauf vorlagen. Bejahendenfalls hat der

Antragsgegner trotz der von dem Antragsteller versäumten Vollziehungsfrist die Kosten des Arrest-/Verfügungsverfahrens zu tragen. Unter Zugrundelegung der zuletzt referierten Auffassung kann der Antragsgegner auch im Rahmen eines auf die Versäumung der Vollziehungsfrist gestützten Aufhebungsverfahrens gem. § 927 ZPO nicht erreichen, dass dem Antragsteller nicht nur die Kosten des Aufhebungsverfahrens, sondern auch die Kosten des Anordnungsverfahrens auferlegt werden (vgl. näher zu anwaltstaktischen Überlegungen der Wahl des für den Mandanten günstigsten Rechtsbehelfs im Falle der Versäumung der Vollziehungsfrist *Meiski* JuS 2006, 889 (890)).

8. Der **Aufhebungsantrag** gemäß **§ 926 Abs. 2 ZPO** kann nach allgemeiner Auffassung **auch im Widerspruchsverfahren** gestellt werden (vgl. Thomas/Putzo/*Reichold* § 926 Rn. 20; Zöller/*Vollkommer* § 926 Rn. 3).

9. Kosten und Gebühren. Während in dem Beschlussverfahren gemäß Nr. 1410 KV GKG an **Gerichtsgebühren** nur 1,5 Gebühren anfallen (im Arbeitsgerichtsprozess: 0,4 Gebühren gem. Nr. 8310 KV GKG), führt die Einlegung des Widerspruchs zu einer Entscheidung durch Urteil, die gemäß Nr. 1412 KV GKG eine Erhöhung auf 3,0 Gebühren zur Folge hat (im Arbeitsgerichtsprozess: Erhöhung auf 2,0 Gebühren nach Nr. 8311 KV GKG).

Für den **Rechtsanwalt** entstehen in der Regel die Verfahrensgebühr in Höhe von 1,3 (Nr. 3100 VV RVG) und die Terminsgebühr in Höhe von 1,2 (Nr. 3104 VV RVG), wobei sich die Höhe der Gebühren wiederum nach dem Streitwert richtet (§§ 2, 13 RVG). Hinzukommen kann eine Einigungsgebühr in Höhe von 1,0 (Nr. 1003 VV RVG). Zu- dem kann der Rechtsanwalt – wie stets – die Auslagenpauschale in Höhe von maximal 20,– EUR gemäß VV 7002 RVG sowie die Umsatzsteuer gemäß Nr. 7008 VV RVG beanspruchen. Zu beachten ist allerdings, dass gemäß § 16 Nr. 6 RVG die Tätigkeit eines Rechtsanwaltes vor und nach dem Widerspruch **gebührenrechtlich dieselbe Angelegenheit** ist.

10. Rechtsmittel. Gegen das Urteil, in dem gemäß § 925 Abs. 1 ZPO über die „Rechtsmäßigkeit des Arrestes" – Entsprechendes gilt über § 936 ZPO für die einstweilige Verfügung – entschieden wird, ist unter den allgemeinen Voraussetzungen der §§ 511 ff. ZPO/§§ 64 ff. ArbGG die **Berufung** möglich, es sei denn, die Eilmaßnahme ist von dem Berufungsgericht selbst (Landgericht, Oberlandesgericht oder Landesarbeitsgericht als Gericht der Hauptsache iSd § 943 Abs. 1 ZPO) erlassen worden. Eine Revision gegen ein etwaiges Berufungsurteil ist gem. 542 Abs. 2 S. 1 ZPO/§ 72 Abs. 4 ArbGG ausgeschlossen. In familiengerichtlichen Verfahren gelten die Spezialvorschriften der §§ 58 ff., 117 FamFG). **Unanfechtbar** ist gemäß der ausdrücklichen Anordnung in den §§ 924 Abs. 3 S. 2 ZPO iVm 707 Abs. 2 S. 2 ZPO die **Entscheidung** über den Antrag auf Erlass einer **einstweiligen Anordnung.** Möglich bleibt aber auch hier eine Gehörsrüge gemäß § 321a ZPO/§ 78a ArbGG bzw. eine Gegenvorstellung (→ Form. Q. II. 1 und → Form. Q. II. 2).

11. Hinsichtlich der **Form** des Schriftsatzes (Unterschrift, elektronisches Dokument) wird verwiesen auf → Form. O. II. 1 Anm. 14.

8. Antrag auf Aufhebung eines Arrestbefehls oder einer einstweiligen Verfügung wegen veränderter Umstände oder nicht fristgerechter Erhebung der Hauptsacheklage mit Vollstreckungsschutzantrag

An das[1, 2]

Amtsgericht/(Familiengericht)[3]/Arbeitsgericht/Landgericht/Oberlandesgericht/Landesarbeitsgericht

in .....

Az. .....

Aufhebungsantrag

In dem Arrestverfahren/In dem einstweiligen Verfügungsverfahren

des/der ..... [ladungsfähige Anschrift des Schuldners],[4]

– Schuldners und Antragstellers –

Prozessbevollmächtigte: .....[5]

gegen

..... [ladungsfähige Anschrift des Gläubigers],

– Gläubiger und Antragsgegner –

Prozessbevollmächtigte: .....

Streitwert: .....[6]

Namens und in Vollmacht des Antragstellers beantragen wir,

den/die durch Urteil/Beschluss[7] des ..... gerichts ..... vom ..... Az. ..... erlassenen Arrestbefehl/erlassene einstweilige Verfügung aufzuheben.

(Variante:
den/die durch Urteil des ..... gerichts ..... vom ..... Az. ..... bestätigten Arrestbefehl vom ...../bestätigte einstweilige Verfügung vom ..... aufzuheben.)

Vorab beantragen wir,

die Vollziehung des (bestätigten) Arrestes/der (bestätigten) einstweiligen Verfügung bis zur Entscheidung im Aufhebungsverfahren ohne – hilfsweise gegen – Sicherheitsleistung einstweilen einzustellen.[8]

Begründung:

(Bei einem Aufhebungsantrag gem. § 927 Abs. 1 ZPO:

Der Arrestbefehl vom ...../die einstweilige Verfügung vom ..... kann nicht aufrechterhalten werden. Er/sie ist vielmehr wegen veränderter Umstände iSd § 927 Abs. 1 ZPO iVm § 62 Abs. 2 S. 1 ArbGG (bei einstweiliger Verfügung: iVm § 936 ZPO) aufzuheben.

Dem Gläubiger steht der von ihm für sich in Anspruch genommene Arrestanspruch/Verfügungsanspruch nicht mehr zu. Denn ..... (Schilderung des maßgeblichen Sachverhalts mit entsprechender Glaubhaftmachung des Tatsachenvortrags).[9])

*(Variante:
Die von dem Gläubiger behauptete Eilbedürftigkeit besteht nicht mehr, es fehlt an dem insoweit erforderlichen Arrestgrund/Verfügungsgrund. Denn ..... (Schilderung des maßgeblichen Sachverhalts mit entsprechender Glaubhaftmachung des Tatsachenvortrags).)*

*(Variante:
Der Arrestbefehl/die einstweilige Verfügung ist bereits deshalb aufzuheben, weil der Gläubiger es versäumt hat, den Arrest/die einstweilige Verfügung innerhalb der Frist des § 929 Abs. 2 ZPO zu vollziehen.[10])*

(Bei einem Aufhebungsantrag gem. § 926 Abs. 2 ZPO:

Der Arrestbefehl vom ...../die einstweilige Verfügung vom ..... ist gem. § 926 Abs. 2 ZPO iVm § 62 Abs. 2 S. 1 ArbGG (bei einstweiliger Verfügung: iVm § 936 ZPO) aufzuheben, weil der Gläubiger nicht binnen der ihm durch Beschluss vom ..... gem. § 926 Abs. 1 ZPO gesetzten Frist Klage zur Hauptsache erhoben hat. Denn .....)

[Bei allen Varianten:

Der Gläubiger ist durch Schreiben vom ..... aufgefordert worden, auf die Rechte aus dem Arrest/der einstweiligen Verfügung zu verzichten und die Kosten des Verfahrens zu übernehmen, andernfalls werde ein Aufhebungsantrag gestellt werden. Da hierauf keine Reaktion erfolgt ist/dies ausdrücklich abgelehnt worden ist, ist nunmehr zur Wahrung der Rechte des Schuldners ein entsprechender Antrag geboten.[11]

Der Antrag auf einstweilige Einstellung der Vollziehung des Arrestes/der einstweiligen Verfügung ist gemäß § 924 Abs. 3 S. 2 ZPO analog iVm § 707 Abs. 1 S. 1 ZPO gerechtfertigt. Die Erfolgsaussicht des Aufhebungsantrages ergibt sich aus den obigen – glaubhaft gemachten – Ausführungen. Die Einstellung ist geboten, weil ..... (Darlegung der Gründe nebst Glaubhaftmachung für die Einstellung). Da sich die Unzulässigkeit der Vollziehung durch den Antragsgegner bereits aus den vorgelegten Unterlagen ergibt, ist die Vollziehung ohne Sicherheitsleistung vorläufig einzustellen. Da gemäß § 924 Abs. 3 S. 2 Hs. 2 ZPO die Vorschrift des § 707 Abs. 1 S. 2 ZPO nicht anzuwenden ist, setzt eine Einstellung ohne Sicherheitsleistung nicht voraus, dass der um Vollstreckungsschutz Nachsuchende – hier der Antragssteller – zur Sicherheitsleistung nicht in der Lage ist oder durch die Vollziehung einen nicht zu ersetzenden Nachteil erleiden würde.]

*(Variante:
Zu der Erbringung einer Sicherheit ist der Antragsteller nicht in der Lage, denn ..... (nähere Darlegung nebst Glaubhaftmachung erforderlich).)*

Beglaubigte und einfache Abschrift liegen an.

.....

Rechtsanwalt[12, 13, 14]

Anmerkungen

1. Der **Aufhebungsantrag** gem. **§ 927 Abs. 1 ZPO** stellt einen besonderen Rechtsbehelf im Rahmen des vorläufigen Rechtsschutzes dar. Es geht – ähnlich wie bei der Vollstreckungsgegenklage (§ 767 ZPO) oder der Abänderungsklage (§ 323 ZPO), die durch die speziellere Regelung des § 927 ZPO grundsätzlich verdrängt werden (vgl. Zöller/*Vollkommer* § 927 Rn. 1) – nicht um die Rechtmäßigkeit der Anordnung des Arrestes oder

der einstweiligen Verfügung, die in erster Linie im Widerspruchsverfahren oder im Berufungsverfahren geprüft wird, sondern um die **Rechtmäßigkeit** der **Fortdauer** der getroffenen Maßnahme **wegen veränderter Umstände** (vgl. Thomas/Putzo/*Reichold* § 927 Rn. 1). Es handelt sich um ein **eigenständiges** Verfahren, wie sich nicht zuletzt auch daran zeigt, dass das Verfahren auf Anordnung eines Arrestes/einer einstweiligen Verfügung und das Aufhebungserfahren nach § 927 ZPO nach dem Gerichtskostengesetz als jeweils eigenständige Verfahren qualifiziert werden, für die gesonderte Gebühren anfallen (vgl. Vor 1.4.1 bzw. 8.3 des KV zum GKG) und das Gericht grundsätzlich nur über die Kosten des Aufhebungsverfahrens, nicht auch über die Kosten des Anordnungsverfahrens entscheidet (vgl. Zöller/*Vollkommer* § 924 Rn. 1 und § 927 Rn. 12). Auch wenn der Aufhebungsantrag Erfolg hat, bleibt die Kostenentscheidung im Zusammenhang mit dem Anordnungsverfahren grundsätzlich bestehen. Ausnahmen von dem Grundsatz der **kostenmäßigen Selbständigkeit von Anordnungs- und Aufhebungsverfahren** werden von der Rechtsprechung für die Fälle angenommen, dass die Hauptsacheklage als von Anfang an unbegründet abgewiesen worden ist (vgl. BGHZ 122, 172) oder das Bundesverfassungsgericht das dem Arrest/der einstweiligen Verfügung zugrundeliegende Gesetz nachträglich mit ex-tunc-Wirkung für nichtig erklärt hat (vgl. BGH NJW 1989, 107). In diesen Fällen kann das Gericht dem Antragsteller sowohl die Kosten des Anordnungs- als auch des Aufhebungsverfahrens auferlegen. Ob dies auch bei einer Aufhebung des Arrestes/der einstweiligen Verfügung wegen Versäumung der Vollziehungsfrist gilt, ist höchstrichterlich noch nicht geklärt (vgl. zum Meinungsstand Zöller/*Vollkommer* § 927 Rn. 12 mwN; → Form. P. VIII. 6 Anm. 6 sowie unten → Anm. 9).

Anders als das Aufhebungsverfahren gem. § 927 Abs. 1 ZPO bildet das **Aufhebungsverfahren gem. § 926 Abs. 2 ZPO** wegen nicht bzw. nicht fristgerechter Erhebung der **Hauptsachklage** mit dem **Anordnungsverfahren** eine **Einheit** (vgl. OLG Frankfurt Rpfleger 1986, 281; Zöller/*Vollkommer* § 926 Rn. 22) – ungeachtet des Umstandes, dass auch für dieses Verfahren gesonderte Gebühren gem. Nr. 1410 ff./Nr. 8310 f. KV GKG anfallen. In dem Urteil zu einem Antrag gem. § 926 Abs. 2 ZPO ist deshalb über die Kosten des Anordnungsverfahrens sowie des Aufhebungsverfahrens einheitlich zu entscheiden. Bei Aufhebung des Arrestes/der einstweiligen Verfügung hat der Antragsteller die gesamten Kosten des Prozesses zu tragen, ohne Rücksicht darauf, ob der Arrest/die einstweilige Verfügung von Anfang an begründet war oder nicht (vgl. OLG Karlsruhe MDR 1989, 826; OLG München NJW-RR 1997, 832; Zöller/*Vollkommer* § 926 Rn. 26).

Von den hier erörterten Möglichkeiten der Aufhebung des Arrestes/der einstweiligen Verfügung gem. den §§ 927, 926 Abs. 2 ZPO ist die Rechtsschutzmöglichkeit des **§ 934 Abs. 1 und 2 ZPO** zu unterscheiden. Nach § 934 Abs.,1 ZPO kann das **Vollstreckungsgericht** (nur) die zur **Vollziehung** des Arrestbefehls getroffenen Maßnahmen aufheben, wenn die Lösungssumme gem. § 923 ZPO hinterlegt wird. Bei einer einstweiligen Verfügung ist insoweit die Spezialvorschrift des § 939 ZPO einschlägig. Demgegenüber gilt die in § 934 Abs. 2 ZPO vorgesehene Aufhebungsmöglichkeit von Vollziehungsmaßnahmen auch für einstweilige Verfügungen (vgl. Zöller/*Vollkommer* § 934 Rn. 4 mwN).

2. Wenn und solange die Hauptsache anhängig ist, ist das **Gericht der Hauptsache** auch für die Entscheidung über den Antrag **gem. § 927 ZPO zuständig** (§ 927 Abs. 2 ZPO). Aus diesem Grund kann auch das Berufungsgericht (§ 943 Abs. 1 ZPO) Adressat eines Aufhebungsantrages sein. Ohne Anhängigkeit der Hauptsache ist die Zuständigkeit des Gerichts begründet, das den Arrest/die einstweilige Verfügung erlassen hat. Wenn allerdings der Arrest/die einstweilige Verfügung erst durch das Beschwerdegericht erlassen wird, entscheidet über den Aufhebungsantrag des Gericht erster Instanz (vgl. OLG Hamm OLGZ 1988, 492; Zöller/*Vollkommer* § 927 Rn. 10). Insoweit gilt das unter → Form. P. VIII. 6 Anm. 2 zu der Zuständigkeit für die Entscheidung über einen Widerspruch Gesagte entsprechend.

Für die Entscheidung über den **Aufhebungsantrag** gem. § 926 **Abs.** 2 ZPO ist nach hM stets das **Gericht** zuständig, **das** den **Arrest/die einstweilige Verfügung erlassen hat,** unabhängig davon, wo das Verfahren zur Zeit der Antragstellung schwebt (vgl. Zöller/*Vollkommer* § 926 Rn. 6, 22 mwN des Streitstandes).

3. Hinsichtlich der **familiengerichtlichen** Zuständigkeit im **Arrestverfahren** gelten die Anmerkungen unter → Form. P. VIII. 7 Anm. 3 entsprechend.

4. Es erscheint zweckmäßig, den Aufhebungsantrag gem. § 927 Abs. 1 ZPO bzw. gem. § 926 Abs. 2 ZPO mit einem **vollen Rubrum** zu versehen. Das Verfahren führt nämlich zu einer **Vertauschung der Parteirollen.** Während im Anordnungsverfahren gem. den §§ 916 ff. ZPO der Gläubiger der Antragsteller ist, kommt diese Rolle im Aufhebungsverfahren gem. §§ 927 Abs. 1, 926 Abs. 2 ZPO dem Schuldner zu. Hierbei handelt es sich auch nicht nur um eine bloße Formalie. So kann beispielsweise das Aufhebungsverfahren nur von dem Schuldner als Antragsteller, nicht jedoch von dem Gläubiger als Antragsgegner in der Hauptsache für erledigt erklärt werden. Im Säumnisverfahren nimmt der Schuldner die Rolle des Klägers ein, erscheint er im Verhandlungstermin nicht, ist sein Antrag gem. § 330 ZPO durch Versäumnisurteil abzuweisen (vgl. Zöller/*Vollkommer* § 926 Rn. 22 und § 927 Rn. 9). In kostenrechtlicher Hinsicht muss bedacht werden, dass der **Schuldner** auch bei einem Erfolg des Aufhebungsverfahrens wegen der Gerichtskosten in Anspruch genommen werden kann. Er hat nämlich die Rolle als **Antragsschuldner** gem. § 22 Abs. 1 GKG.

5. Vor **Kollegialgerichten** (mit Ausnahme des Arbeitsgerichts, vgl. § 11 Abs. 1 ArbGG) besteht für die Stellung eines Aufhebungsantrages gem. § 927 Abs. 1 ZPO bzw. gem. § 926 Abs. 2 ZPO **Anwaltszwang** (vgl. Zöller/*Vollkommer* § 926 Rn. 22 und § 927 Rn. 9).

6. Der **(Gebühren-)Streitwert** bestimmt sich gem. § 53 Abs. 1 Nr. 1 GKG iVm § 3 ZPO nach freiem Ermessen. In der Regel ist 1/3 der Hauptsacheforderung in Ansatz zu bringen (vgl. Thomas/Putzo/*Hüßtege* § 3 Rn. 16).

7. Ein Aufhebungsverfahren kommt nach ganz hM auch dann in Betracht, wenn der Arrest oder die einstweilige Verfügung durch **Beschluss** erlassen wurden. Dass der Schuldner insoweit auch Widerspruch erheben **könnte,** soll der Zulässigkeit des Aufhebungsantrages nicht entgegen stehen (vgl. Thomas/Putzo/*Reichold* § 927 Rn. 16 auch mwN zur Gegenauffassung; Zöller/*Vollkommer* § 927 Rn. 2).

Neben einem bereits eingelegten **Widerspruch** oder einer bereits eingelegten **Berufung** ist allerdings ein Aufhebungsantrag mangels Rechtsschutzinteresses **unzulässig** (vgl. OLG Düsseldorf NJW-RR 1988, 188; Thomas/Putzo/*Reichold* § 927 Rn. 16; Zöller/*Vollkommer* § 927 Rn. 2). In der Praxis erlangt das Aufhebungsverfahren gem. § 927 Abs. 1 ZPO seine besondere Bedeutung dadurch, dass es auch dann noch eingeleitet werden kann, wenn weder Widerspruch, noch Berufung mehr möglich sind.

8. Es ist allgemein anerkannt, dass die Vorschrift **des § 924 Abs. 3 S. 2 ZPO** (Möglichkeit des Erlasses einstweiliger Anordnungen) **auch im** Rahmen eines **Aufhebungsverfahren** gem. § 927 ZPO bzw. § 926 Abs. 2 ZPO entsprechend **anwendbar** ist (vgl. LG Braunschweig MDR 1956, 567 betreffend § 927 ZPO; OLG Düsseldorf NJW 1970, 254 betreffend § 926 ZPO; Zöller/*Vollkommer* § 924 Rn. 13, § 926 Rn. 28 und § 727 Rn. 9c).

9. Als Beispiele für den **nachträglichen Wegfall des Arrest- bzw. Verfügungsanspruchs** kommen das Erlöschen der zu sichernden Forderung, aber auch die rechtskräftige Abweisung der Hauptsacheklage in Betracht. Insoweit ist zu beachten, dass in dem zuletzt genannten Fall der Arrest bzw. die einstweilige Verfügung nicht ipso-iure wirkungslos wird, sondern eine gesonderte Aufhebung erforderlich ist (vgl. BGHZ 122, 172 (178)). Veränderte Umstände iSd § 927 Abs. 1 ZPO können aber auch durch eine neue

Beweislage begründet werden, selbst wenn der Schuldner sich auf Beweismittel beruft, die im Zeitpunkt des Erlasses des Arrestes/der einstweiligen Verfügung schon vorlagen, wenn er sie damals noch nicht benutzen konnte (vgl. Zöller/*Vollkommer* § 927 Rn. 4).

10. Es ist allgemein anerkannt, dass der Aufhebungsantrag auch darauf gestützt werden kann, dass die **Vollziehungsfrist** des § 929 Abs. 2 ZPO **abgelaufen** ist, ohne dass der Gläubiger eine Vollziehungsmaßnahme ergriffen hat (vgl. OLG Frankfurt NJW-RR 2000, 1236; OLG Schleswig MDR 2001, 231; *Baumbach/Lauterbach/Albers/Hartmann* § 927 Rn. 5; Zöller/*Vollkommer* § 927 Rn. 6). Da der Gläubiger in dem Aufhebungsverfahren nicht die Rolle als Kläger hat, ist ihm die Möglichkeit einer Erledigungserklärung verschlossen. Wenn er auf eine vorprozessuale Aufforderung des Schuldners, auf die Rechte aus dem Arrest/der einstweiligen Verfügung zu verzichten, nicht reagiert und damit Anlass für einen Aufhebungsantrag gegeben hat, kann er auch durch ein sofortiges Anerkenntnis (§ 93 ZPO) eine ihm **nachteilige Kostenentscheidung** nicht verhindern. Fraglich ist allerdings, ob sich die dem Gläubiger hiernach nachteilige Kostenentscheidung nur auf das Aufhebungsverfahren bezieht, oder ob – ausnahmsweise – das Gericht die Möglichkeit hat, dem Gläubiger auch die Kosten des Anordnungsverfahrens aufzuerlegen. Letzteres wird von einem Teil der Rechtsprechung und der Literatur mit der Begründung bejaht, dass der Gläubiger durch das Verstreichenlassen der Vollziehungsfrist zeige, dass dem Arrest/der einstweiligen Verfügung von vorneherein die Eilbedürftigkeit und damit der Arrest-/Verfügungsgrund gefehlt habe (vgl. in diesem Sinne OLG Düsseldorf NJW-RR 2000, 68; Thomas/Putzo/*Reichhold* § 927 Rn. 8). Da es jedoch verschiedene Gründe dafür geben kann, warum der Arrest bzw. die einstweilige Verfügung nicht vollzogen worden ist, gibt es auch erhebliche Gegenstimmen in der Rechtsprechung und in der Literatur, die die vorstehend erörterte Ausnahme von dem Grundsatz der kostenmäßigen Selbständigkeit von Anordnungs- und Aufhebungsverfahren ablehnen (vgl. etwa OLG München NJW-RR 1986, 998; Zöller/*Vollkommer* § 927 Rn. 12; *Meiski* JuS 2006, 889 (890) – auch zu anwaltstaktischen Überlegungen).

11. Die **vorherige Androhung** eines Aufhebungsantrages ist erforderlich, um dem Gläubiger die Möglichkeit eines sofortigen Anerkenntnisses mit der für den Schuldner nachteiligen Kostenfolge des § 93 ZPO zu nehmen (vgl. Zöller/*Vollkommer* § 927 Rn. 13 mwN).

12. Kosten und Gebühren. Da die Aufhebungsverfahren gem. §§ 926 Abs. 2, 927 Abs. 1 ZPO nach den Vor 1.4.1 vor Nr. 1410 sowie 8.3 vor Nr. 8310 KV GKG als gesondertes Verfahren qualifiziert wird, fallen an **Gerichtsgebühren** die vollen Gebühren der Nr. 1410 ff./8310 f. KV GKG an. Wenn über den Aufhebungsantrag durch Urteil entschieden wird, erhöhen sich die 1,5 Verfahrensgebühren (Nr. 1410 KV GKG) auf 3,0 Gebühren (vgl. Nr. 1412 KV GKG) bzw. – im arbeitsgerichtlichen Verfahren – die 0,4 Verfahrensgebühr (Nr. 8310 KV GKG) auf 2,0 Gebühren (Nr. 8311 KV GKG).

Für den **Rechtsanwalt,** der den Antragsteller oder den Antragsgegner bereits im Anordnungsverfahren vertreten hat, fallen für die Vertretung im Aufhebungsverfahren die Gebühren nicht erneut an. Dies beruht darauf, dass gemäß § 16 Nr. 6 RVG das Anordnungsverfahren und das Aufhebungsverfahren gebührenrechtlich als eine Angelegenheit zu behandeln sind.

13. Rechtsmittel. Gegen das Urteil, in dem gemäß § 927 Abs. 1, 926 Abs. 2 ZPO über den Aufhebungsantrag entschieden wird, ist unter den allgemeinen Voraussetzungen der §§ 511 ff. ZPO/§§ 64 ff. ArbGG die **Berufung** möglich, es sei denn, das Berufungsgericht hat als Gericht der Hauptsache (§ 943 Abs. 1 ZPO) selbst das Urteil erlassen. Gegen ein etwaiges Berufungsurteil ist gemäß § 542 Abs. 2 S. 1 ZPO/§ 72 Abs. 4 ArbGG das Rechtsmittel der **Revision ausgeschlossen.** In familiengerichtlichen Verfahren gelten die Spezialvorschriften der §§ 58 ff., 117 FamFG. Unanfechtbar ist gemäß der ausdrücklichen Regelung in den – entsprechend anwendbaren – §§ 924 Abs. 3 S. 2 ZPO iVm 707 Abs. 2

S. 2 ZPO die Entscheidung über den Antrag auf Erlass einer einstweiligen Anordnung. Möglich bleibt aber auch hier eine Gehörsrüge gemäß § 321a ZPO/§ 78a ArbGG bzw. eine Gegenvorstellung (→ Form. Q. II. 1 und → Form. Q. II. 2).

14. Hinsichtlich der **Form** des Schriftsatzes (Unterschrift, elektronisches Dokument) wird verwiesen auf → Form. O. II. 1 Anm. 14.

9. Vollstreckungsgegenklage gem. § 767 ZPO (Grundfall) mit Vollstreckungsschutzantrag

An das

Amtsgericht/Arbeitsgericht/Landgericht

in[1] . . . . .

Vollstreckungsgegenklage[2]

des/der . . . . . [ladungsfähige Anschrift des Schuldners],

– Klägers,[3] –

Prozessbevollmächtigte: . . . . .

gegen

. . . . . [ladungsfähige Anschrift des Gläubigers],

– Beklagten –

Prozessbevollmächtigte: . . . . .,[4]

Streitwert: . . . . .[5]

Namens und in Vollmacht des Klägers erheben wir Klage mit dem Antrag/mit den Anträgen,

1. die Zwangsvollstreckung aus dem . . . . . [präzise Bezeichnung des Vollstreckungstitels] für unzulässig zu erklären.[6]

   (Variante:
   die Zwangsvollstreckung aus dem . . . . . (präzise Bezeichnung des Vollstreckungstitels) in Höhe eines Betrages von . . . . . EUR für unzulässig zu erklären.[7])

   (Variante:
   die Zwangsvollstreckung aus dem . . . . . (präzise Bezeichnung des Vollstreckungstitels) nur Zug um Zug gegen . . . . . (genaue Darlegung der dem Beklagten obliegenden Leistung) für zulässig zu erklären.[8])

   (Variante:
   die Zwangsvollstreckung aus dem . . . . . (präzise Bezeichnung des Vollstreckungstitels) bis zum . . . . . (genaue Angabe des zulässigen Vollstreckungszeitpunktes)/ zurzeit (bei ungewissem Fristablauf) für unzulässig zu erklären.[9])

   (Variante:
   die Zwangsvollstreckung aus dem . . . . . (präzise Bezeichnung des Vollstreckungstitels) für den Beklagten für unzulässig zu erklären.[10])

(Variante
die Zwangsvollstreckung aus dem ..... (präzise Bezeichnung des Vollstreckungstitels) gegen den Kläger für unzulässig zu erklären.[11])

2. *den Beklagten zu verurteilen, die vollstreckbare Ausfertigung des ..... [präzise Bezeichnung des Vollstreckungstitels] an den Kläger herauszugeben.[12]*
3. *gemäß den §§ 769, 770 ZPO anzuordnen, dass die Vollstreckung aus dem ..... (präzise Bezeichnung des Vollstreckungstitels) bis zur Rechtskraft dieses Urteils einstweilen ohne – hilfsweise gegen Sicherheitsleistung eingestellt wird[13]/. .... [eventuelle Einschränkungen des Einstellungsantrages entsprechend dem Begehren gem. dem Klageantrag zu 1.].*

Vorab beantragen wir,

die Zwangsvollstreckung aus dem oben bezeichneten Vollstreckungstitel ohne – hilfsweise gegen – Sicherheitsleistung einstweilen bis zur Entscheidung des vorliegenden Rechtsstreits einzustellen[14]/. .... [eventuelle Einschränkungen des Einstellungsantrages entsprechend dem Begehren in der Hauptsache].

Sofern das Gericht das schriftliche Vorverfahren anordnet, wird für den Fall der Fristversäumnis des Beklagten beantragt,[15]

ein Versäumnisurteil ohne mündliche Verhandlung (§ 331 Abs. 3 ZPO) zu erlassen.

Begründung:

Der Beklagte hat gegen den Kläger in einem Vorprozess vor dem ..... gericht ein Urteil vom ....., Az. ...... erstritten. Hiernach ist der Kläger verpflichtet, an den Beklagten ..... EUR zu zahlen/. .... [präzise Wiedergabe des sonstigen Titelinhalts].

(Variante:
..... (Wiedergabe des sonstigen Vollstreckungstitels nebst Inhalt))

Ausweislich des beigefügten Schreibens des Gerichtsvollziehers ..... betreibt der Beklagte aus dem genannten Titel die Zwangsvollstreckung ..... [konkrete Darlegung des derzeitigen Sachstandes des Vollstreckungsverfahrens].[16]

(Variante:
..... (Schilderung des sonstigen Verfahrensstandes in dem Vollstreckungsverfahren))

Der Beklagte ist jedoch zur Zwangsvollstreckung nicht berechtigt/. .... [Aufführen eventueller Einschränkungen der Vollstreckungsbefugnisse des Beklagten]. Dem Kläger stehen nämlich folgende materiell-rechtliche Einwendungen iSd § 767 Abs. 1 ZPO gegen den titulierten Anspruch zu:

Der Kläger hat die Forderung des Beklagten durch Zahlung vom ..... vollständig erfüllt [Schilderung des Sachverhalts mit entsprechenden Beweisantritten]. Analog § 371 BGB kann er deshalb auch Herausgabe des Vollstreckungstitels verlangen (vgl. BGH NJW 1994, 3225).

(Variante:
Der Kläger hat durch Schreiben vom ..... gegen die Forderung des Beklagten die Aufrechnung mit einer Forderung ..... (nähere Darlegung der Gegenforderung) erklärt/ist von dem Vertrag zurückgetreten, so dass der Beklagte nicht mehr die Erfüllung der titulierten Forderung beanspruchen kann. Analog § 371 BGB kann der Kläger deshalb auch Herausgabe des Vollstreckungstitels verlangen (vgl. BGH NJW 1994, 3225).)

(Variante:
Der Beklagte hat durch Schreiben vom . . . . . auf die Vollstreckungsforderung verzichtet . . . . . (Schilderung des Sachverhalts mit entsprechenden Beweisantritten).[17] *Analog § 371 BGB kann der Kläger deshalb auch Herausgabe des Vollstreckungstitels verlangen (vgl. BGH NJW 1994, 3225).)*

(Variante:
Der Beklagte hat dem Kläger die Forderung bis zum . . . . . gestundet.)

(Variante:
Dem Kläger steht gegen die Forderung ein Zurückbehaltungsecht zu, weil . . . . .[18]*)*

(Variante:
. . . . . (Darlegung einer sonstigen Einwendung iSd § 767 Abs. 1 ZPO))

Der Kläger ist auch nicht gehindert, die vorgenannten Einwendungen in dem vorliegenden Verfahren geltend zu machen.

Eine Präklusion gemäß § 767 Abs. 2 ZPO scheidet aus, weil der Kläger die zur Aufrechnung gestellte Gegenforderung erst nach dem Schluss der mündlichen Verhandlung im Vorprozess erlangt hat/weil die Einwendung erst nach dem Schluss der mündlichen Verhandlung im Vorprozess entstanden ist.[19]

(Variante:
Eine Präklusion gemäß § 767 Abs. 2 ZPO (Versäumnisurteil)/§ 796 Abs. 2 ZPO (Vollstreckungsbescheid) scheidet aus, weil die von dem Kläger geltend gemachte Einwendung erst nach dem Ablauf der Einspruchsfrist entstanden ist.[20]*)*

(Variante:
Die Präklusionsvorschrift des § 767 Abs. 2 ZPO findet vorliegend aufgrund der speziellen Regelung in § 797 Abs. 4 ZPO (iVm § 796c ZPO) keine Anwendung.[21]*)*

(Variante:
Da es sich bei dem Vollstreckungstitel um einen Prozessvergleich handelt, der der materiellen Rechtskraft nicht fähig ist, findet die Präklusionsvorschrift des § 767 Abs. 2 ZPO keine Anwendung (vgl. nur BGH NJW-RR 1987, 1022).[22]*)*

(Variante:
Die Präklusionsvorschrift des § 767 Abs. 2 ZPO findet vorliegend keine Anwendung, da es sich bei dem Vollstreckungstitel um einen Kostenfestsetzungsbeschluss handelt und der Kläger im Kostenfestsetzungsverfahren keine materiell-rechtliche Einwendungen erheben konnte (vgl. BGHZ 3, 381 (382 ff.)).)

Der Kläger hat den Beklagten durch Schreiben vom . . . . . aufgefordert, den Vollstreckungstitel herauszugeben/zu erklären, dass aus dem Titel nicht vollstreckt wird/. . . . . [sonstige Aufforderung betreffend die Vollstreckungsmodalitäten]. Diesem Schreiben waren die maßgeblichen Unterlagen beigefügt, aus denen der Beklagte ohne weiteres entnehmen konnte, dass die Zwangsvollstreckung unzulässig ist/. . . . . [Anführen eventueller Einschränkungen der Vollstreckungsmöglichkeiten des Gläubigers]. Da hierauf keine Reaktion erfolgt ist/dies durch Schreiben vom . . . . . abgelehnt worden ist, ist Klage geboten.[23]

Der Erlass einer einstweiligen Anordnung ist gemäß § 769 Abs. 1 ZPO angezeigt, um zu verhindern, dass der Kläger durch die Fortsetzung der Zwangsvollstreckung rechtlos gestellt wird. Die Erfolgsaussicht der Vollstreckungsgegenklage ergibt sich aus den vorangegangenen Ausführungen. Zur Glaubhaftmachung wird auf die vorgelegten Unterlagen sowie ergänzend auf die beigefügte eidesstattliche Versicherung des Klägers Bezug

genommen. Da sich die vollständige/teilweise Unzulässigkeit der Zwangsvollstreckung durch den Beklagten bereits aus den vorgelegten Unterlagen ergibt, ist die Zwangsvollstreckung ohne Sicherheitsleistung vorläufig einzustellen/in dem beantragten Umfang einzustellen. Anders als § 707 Abs. 1 S. 2 ZPO setzt § 769 Abs. 1 ZPO für eine Einstellung ohne Sicherheitsleistung nicht voraus, dass der um Vollstreckungsschutz Nachsuchende – hier der Kläger – zur Sicherheitsleistung nicht in der Lage ist oder durch die Vollstreckung einen nicht zu ersetzenden Nachteil erleiden würde (vgl. Zöller/*Herget* § 769 Rn. 7 mwN).[24]

(Variante:
Zu der Erbringung einer Sicherheit ist der Kläger nicht in der Lage, denn . . . . .
(nähere Darlegung erforderlich).)

Zum Schutz des Klägers vor Rechtsnachteilen ist zudem gem. den §§ 770, 769 Abs. 1 ZPO die Zwangsvollstreckung auch über den Zeitpunkt des Urteilserlasses hinaus bis zu dessen Rechtskraft einzustellen/. . . . . [eventuelle Einschränkungen des Einstellungsantrages entsprechend dem Begehren des Klägers in der Hauptsache]. Da der Kläger zur Sicherheitsleistung nicht in der Lage ist . . . . . [nähere Darlegung erforderlich], ein stattgebendes Urteil voraussichtlich aber nur gegen Sicherheitsleistung für vorläufig vollstreckbar erklärt wird, bestünde die Gefahr, dass der Beklagte trotz einer Verurteilung die Zwangsvollstreckung fortsetzen würde.

Wir haben heute einen Gerichtskostenvorschuss in Höhe von . . . . . EUR bei der Gerichtskasse . . . . . eingezahlt und bitten um unverzügliche Zustellung der Klageschrift.[25] Als Streitwert haben wir den Wert der Vollstreckungsforderung zugrundegelegt.

Beglaubigte und einfache Abschrift liegen an.[26]

. . . . .

Rechtsanwalt[27, 28, 29]

Anmerkungen

1. Bei der Frage, welches **Gericht** für die Entscheidung über die Vollstreckungsgegenklage **zuständig** ist, muss zwischen den unterschiedlichen Vollstreckungstiteln differenziert werden. Im Folgenden werden die praktisch bedeutsamsten Regelungen erörtert:

Geht es um eine Klage gegen eine **gerichtliche Entscheidung,** insbesondere um ein Urteil, ist gemäß § 767 Abs. 1 ZPO das **Prozessgericht des ersten Rechtszuges** örtlich und sachlich ausschließlich (§ 802 ZPO) zuständig. Unerheblich ist hierbei, ob das titelschaffende Gericht möglicherweise unter Verstoß gegen Zuständigkeitsvorschriften entschieden hatte. An der Zuständigkeit des Prozessgerichts ändert sich auch nichts dadurch, dass die Vollstreckungsgegenklage auf einen Betrag beschränkt wird, für den nach allgemeinen Regeln ein anderes Gericht zuständig wäre. So ist das Landgericht, durch das der Beklagte zur Zahlung von 50.000,– EUR verurteilt worden ist, auch dann für eine Vollstreckungsgegenklage zuständig, wenn sich der Beklagte gegen die Verurteilung nur in Höhe eines Betrages von 1.000,– EUR wendet. Stammt der gerichtliche Titel von dem Arbeitsgericht (§ 62 Abs. 2 S. 1 ArbGG iVm § 767 Abs. 1 ZPO), so ist bereits deshalb auch die Vollstreckungsgegenklage vor diesem Gericht zu erheben.

Möglich ist auch eine Zuständigkeit des **Familiengerichts,** (vgl. zB BGH NJW 1981, 346), allerdings sind die Einwendungen in diesem Fall nach dem Inkrafttreten des FamFG nicht mit der Vollstreckungsgegenklage, sondern mit einem sog. **„Vollstreckungsgegenantrag"** geltend zu machen (→ Form. P. VIII. 10).

Handelt es sich bei dem der Zwangsvollstreckung zugrunde liegenden Titel um einen **Prozessvergleich,** ist nach ganz überwiegender Auffassung ebenfalls das **Prozessgericht des ersten Rechtszuges** ausschließlich zuständig, weil die Vorschrift des § 797 Abs. 5 ZPO auf Prozessvergleiche keine Anwendung findet (vgl. Thomas/Putzo/*Seiler* § 797 Rn. 2; Zöller/*Herget* § 797 Rn. 1; sa BGH NJW 1980, 189). Bei der Zuständigkeit des Prozessgerichts erster Instanz verbleibt es auch, wenn der Kläger mit einem familienrechtlichen Anspruch gegen einen nicht familienrechtlichen Titel aufrechnen möchte (vgl. Musielak/Voit/*Lackmann* § 767 Rn. 17; aA OLG Hamm FamRZ 1989, 875 = NJW 1989, 1415).

Eine Vollstreckungsgegenklage gegen einen **Kostenfestsetzungsbeschluss** (§ 794 Nr. 2 ZPO) ist mangels Sonderregelungen in den §§ 794 ff. ZPO ebenfalls vor dem **Prozessgericht des ersten Rechtszuges** zu erheben. Zuständig ist das Gericht, dessen Rechtspfleger den Kostenfestsetzungsbeschluss erlassen hat (vgl. BGH NJW 1975, 829).

Für **Vollstreckungsbescheide** (§ 794 Nr. 4 ZPO) enthält **§ 796 Abs. 3 ZPO** eine **spezielle Regelung.** Zuständig (örtlich und sachlich) ist hiernach das Gericht, das für eine Entscheidung des Ausgangsfalles im streitigen Verfahren zuständig gewesen wäre. Abzustellen ist deshalb auf einen **gedachten Prozess des Antragstellers** (= Beklagten der Vollstreckungsgegenklage) gegen dessen Antragsgegner (= Kläger der Vollstreckungsgegenklage) und die Vorschriften der §§ 23, 71 GVG (sachliche Zuständigkeit) bzw. die §§ 12 ff. ZPO (örtliche Zuständigkeit). Für die Frage, **welches Gericht zuständig gewesen wäre,** kann es auch auf Gerichtsstandsvereinbarungen der Parteien ankommen. Erst für das unter Berücksichtigung solcher Vereinbarungen ermittelte Gericht gilt die Anordnung der ausschließlichen Zuständigkeit (§ 802 ZPO) und das Verbot von Gerichtsstandsvereinbarungen gemäß § 40 Abs. 2 S. 1 ZPO.

Eine Sonderregelung ist auch für die Zuständigkeit für Vollstreckungsgegenklagen gegen **vollstreckbare Urkunden** (§ 794 Abs. 1 Nr. 5 ZPO) getroffen worden. Gemäß § 797 Abs. 5 ZPO ist insoweit das Gericht (erg. **örtlich**) zuständig, bei dem der Schuldner im Inland seinen **allgemeinen Gerichtsstand** hat. Handelt es sich um eine Unterwerfungserklärung iSd § 800 Abs. 3 ZPO (Zwangsvollstreckung gegen den jeweiligen Eigentümer), so ist das Gericht örtlich zuständig, in dessen Bezirk das Grundstück belegen ist. Die **sachliche** Zuständigkeit ist in § 797 Abs. 5 ZPO nicht geregelt, so dass die **allgemeinen** Vorschriften (§§ 23, 71 GVG) gelten. Das Arbeitsgericht ist zuständig, wenn es sich bei der aus der vollstreckbaren Urkunde begründeten Verpflichtung um einen arbeitsrechtlichen Anspruch handelt (vgl. OLG Frankfurt ZIP 1985, 316; Zöller/*Stöber* § 797 Rn. 10). Die Zuständigkeit des Familiengerichts ist begründet, wenn in der Urkunde ein familienrechtlicher Anspruch tituliert worden ist (vgl. BGH NJW 1981, 346; OLG Köln FamRZ 2000, 364). In diesem Fall ist nach nunmehrigem Recht allerdings ein sog. Vollstreckungsgegenantrag zu stellen (→ Form. P. VIII. 10).

Möchte sich der Schuldner mit materiellen Einwendungen gegen die Feststellung eines Anspruchs aus der **Insolvenztabelle** wenden (§ 201 Abs. 2 InsO), richtet sich die örtliche Zuständigkeit für eine Vollstreckungsgegenklage nach § 202 Abs. 1 Nr. 3 InsO, dh es kommt darauf an, in welchem **Gerichtsbezirk** das **Insolvenzverfahren anhängig** war. Die sachliche Zuständigkeit bestimmt sich nach dem allgemeinen Regeln. Übersteigt die Forderung einen Wert von 5.000,– EUR, ist das Landgericht zuständig, ansonsten das Amtsgericht (vgl. §§ 202 Abs. 1 Nr. 3 und Abs. 2 InsO, §§ 23 Nr. 1, 71 GVG).

Geht es um Einwendungen gegen die in der **Dispache** (vgl. §§ 522, 729 Abs. 1 HGB, §§ 11, 87 Abs. 2 BinnSchG iVm §§ 402 ff. FamFG) festgestellten Ansprüche, ist das Gericht zuständig, das die Dispache bestätigt hat. Gehört der Anspruch nicht vor die Amtsgerichte, sind die Klagen bei dem zuständigen Landgericht zu erheben (§ 409 Abs. 3 FamFG).

2. Die Vollstreckungsgegenklage, mit der der Schuldner materiell-rechtliche Einwendungen gegen den in einem Urteil (unmittelbarer Anwendungsbereich des § 767 ZPO) oder in einem sonstigen Vollstreckungstitel (vgl. insbesondere § 794 Abs. 1 Nr. 1 bis 5

ZPO) titulierten Anspruch geltend machen kann, ist vorab **von anderen Rechtsbehelfen abzugrenzen,** die zum Teil neben der Vollstreckungsgegenklage erhoben werden können, zum Teil aber auch ihrer Erhebung entgegenstehen.

Vollstreckungserinnerung gemäß § 766 ZPO und **Vollstreckungsgegenklage** schließen sich nicht gegenseitig aus, können vielmehr **nebeneinander** geltend gemacht werden, da die Zielrichtung beider Rechtsbehelfe jeweils eine andere ist: Während mit der Erinnerung die Unzulässigkeit bestimmter Vollstreckungsmaßnahmen wegen der Verletzung vollstreckungsrechtlicher Verfahrensvorschriften gerügt wird, zielt die Vollstreckungsgegenklage auf die Beseitigung der Vollstreckbarkeit des titulierten Anspruchs aus materiell-rechtlichen Gründen.

Demgegenüber scheidet eine Vollstreckungsgegenklage aus, wenn der Anwendungsbereich der **Abänderungsklage gemäß §§ 323, 323a ZPO** bzw. eines Abänderungantrages nach §§ 238 ff. FamFG eröffnet ist (vgl. BGH NJW 2005, 2313; BGH NJW 1984, 2826). Dies ist regelmäßig der Fall, wenn die ursprünglich angenommenen **anspruchsbegründenden** Voraussetzungen später weggefallen sind. Demgegenüber lässt § 767 ZPO den anspruchsbegründenden Tatbestand regelmäßig unberührt und hat rechtsvernichtende bzw. rechtshemmende Einwendungen zum Gegenstand (vgl. Schuschke/Walker/*Raebel* § 767 Rn. 6; Zöller/*Vollkommer* § 323 Rn. 15). Wenn sich deshalb die Umstände gewandelt haben, die sich von vorneherein als wandelbar darstellen und ein quantitatives Element enthalten, wie dies etwa bei der Änderung der Bedürftigkeit des Gläubigers oder der Leistungsfähigkeit des Schuldners im Zusammenhang mit einem Unterhaltsanspruch der Fall ist (vgl. BGH NJW-RR 1991, 1154), kann dies nur mit einem Antrag gem. § 238 FamFG – die Vorschrift ersetzt in familiengerichtlichen Streitigkeiten § 323 ZPO – geltend gemacht werden. Handelt es sich demgegenüber um scharf umrissene, punktuelle Ereignisse, wie dies etwa – neben den „normalen" Einwendungen wie Erfüllung, Aufrechnung etc. – bei dem Wegfall der Unterhaltspflicht des geschiedenen Ehegatten aufgrund einer Wiederheirat des früheren Ehegatten (§ 1586 Abs. 1 BGB) oder bei dem Wegfall des nachehelichen Trennungsunterhalts mit der rechtskräftigen Scheidung der Ehe der Fall ist (§ 1361 BGB), ist der Vollstreckungsgegenantrag gem. § 767 ZPO iVm § 120 Abs. 1 FamFG der richtige Rechtsbehelf des Schuldners (vgl. BGHZ 78, 130; sa Schuschke/Walker/*Raebel* § 767 Rn. 6; Zöller/*Herget* § 767 Rn. 2, jew. mwN). Ein praktisch besonders bedeutsamer Unterschied zwischen beiden Klagearten liegt darin begründet, dass eine erfolgreiche Abänderungsklage bzw. ein Abänderungsantrag gem. § 238 FamFG eine Abänderung nur für die Zeit ab Klageerhebung zur Folge hat (§ 323 Abs. 3 ZPO), während diese Beschränkung für die Vollstreckungsgegenklage nicht gilt (vgl. Zöller/*Vollkommer* § 323 Rn. 15).

Der Schuldner hat die **Wahl,** ob er sich mit seiner Einwendung gegen den in einem Urteil titulierten Anspruch mit der **Berufung oder** mit der **Vollstreckungsgegenklage** wehren möchte. Hat er aber Berufung eingelegt, fehlt für eine zusätzliche Klage gemäß § 767 ZPO das Rechtsschutzbedürfnis (vgl. Zöller/*Herget* § 767 Rn. 4 mwN).

Erlässt ein Notar eine Kostenrechnung gemäß § 19 Abs. 1 GNotKG, sind Einwendungen hiergegen im Rahmen des **speziellen Rechtsbehelfs** des Antrags auf gerichtliche Entscheidung (§ 127 Abs. 1 GNotKG) geltend zu machen. Eine Vollstreckungsgegenklage ist insoweit nicht statthaft (vgl. OLG Oldenburg MDR 1997, 384; Schuschke/Walker/*Raebel* § 767 Rn. 5).

Da die Vollstreckungsgegenklage nur die Vollstreckbarkeit des Titels beseitigt, jedoch keine Rechtskraftwirkung bezüglich des Nichtbestehens des titulierten Anspruchs entfaltet, sind entsprechende **Feststellungsklagen** des Schuldners auch **neben** der Klage gemäß **§ 767 ZPO möglich** (vgl. OLG Köln InVo 2008, 18 (19 f.); *Baumbach/Lauterbach/Albers/Hartmann* § 767 Rn. 6; Zöller/*Herget* § 767 Rn. 2 Stichwort „Feststellungsklage"). Zu denken ist insbesondere an eine Zwischenfeststellungsklage gemäß § 256 Abs. 2 ZPO.

Möchte der Schuldner Einwendungen gegen einen **Prozessvergleich** erheben, so fehlt für eine Vollstreckungsgegenklage das Rechtsschutzinteresse, wenn er die ursprüngliche Unwirksamkeit des Vergleichs (zB: Nichtigkeit gemäß den §§ 134, 138 BGB oder Nichtigkeit gem. § 142 Abs. 1 BGB wegen einer Anfechtung) geltend machen möchte. Wegen der Doppelnatur des Vergleichs als materiell-rechtlicher Vertrag und Prozessvertrag verhindert eine anfänglichen Unwirksamkeit der materiell-rechtlichen Vereinbarung auch die prozessbeendigende Wirkung der Prozesserklärungen. Der Schuldner hat deshalb als einfacheren Weg die Möglichkeit, das ursprüngliche Verfahren fortzusetzen (vgl. BGH NJW 1999, 2903; Thomas/Putzo/*Seiler* § 767 Rn. 15). Geht es demgegenüber um einen nachträglichen Wegfall des Vergleichs, der die prozessbeendigende Wirkung der Prozesshandlungserklärungen unangetastet lässt (insbesondere: Wegfall der Geschäftsgrundlage oder vertragliche Aufhebung), scheidet diese Möglichkeit aus, so dass eine Vollstreckungsgegenklage erhoben werden kann (vgl. BGHZ 41, 310; BGH NJW 1986, 1348 (1349); aA insoweit Zöller/*Stöber* § 794 Rn. 15a). Ebenso ist eine Klage gemäß § 767 ZPO möglich, wenn der Schuldner rechtshindernde Einwendungen lediglich **neben** rechtsvernichtenden oder rechtshemmenden Einwendungen geltend macht (vgl. BGH NJW 1967, 2014; BGH NJW 1977, 583).

Eine Vollstreckungsgegenklage kann mangels Rechtsschutzinteresses nicht mehr erhoben werden, wenn die Zwangsvollstreckung insgesamt beendet ist. Der Schuldner hat aber die Möglichkeit, mit einer Leistungsklage auf Herausgabe der Bereicherung oder auf Schadensersatz den Gläubiger mit der Begründung in Anspruch zu nehmen, er habe vollstreckt, obwohl ihm die titulierte Forderung nicht mehr zugestanden habe (sog. **verlängerte Vollstreckungsgegenklage**).

Während der Schuldner mit der Vollstreckungsgegenklage die Vollstreckbarkeit des Titels aufgrund von Einwendungen gegen den titulierten Anspruch ganz oder teilweise beseitigt haben möchte, geht es bei der sog. **prozessualen Gestaltungsklage analog § 767 ZPO** um die Geltendmachung der Unbestimmtheit des Vollstreckungstitels oder dessen Unwirksamkeit insbesondere aus materiell-rechtlichen Gründen.

Die auf **§ 826 BGB** gestützten Klage auf Unterlassung der Vollstreckung und Herausgabe des Titels greift insbesondere in den Fällen ein, in denen der Gläubiger den Titel vorsätzlich und sittenwidrig erwirkt hat und der Schuldner mit entsprechenden Einwendungen im Rahmen einer Vollstreckungsgegenklage gemäß § 767 Abs. 2 ZPO präkludiert wäre. Eine Konkurrenz zwischen beiden Klagen besteht deshalb grundsätzlich nicht (vgl. Schuschke/Walker/*Raebel* § 767 Rn. 8).

Möchte der Schuldner gegen einen in einem Arrest oder in einer einstweiligen Verfügung titulierten Anspruch materielle Einwendungen erheben, sind die Rechtsbehelfe des **Widerspruchs** (§§ 924, 936 ZPO) oder des **Aufhebungsverfahren** gemäß den §§ 927, 936 ZPO grundsätzlich gegenüber der Vollstreckungsgegenklage **vorrangig** (vgl. Zöller/*Herget* § 767 Rn. 7). Geht es um Einwendungen gegen eine Leistungsverfügung, können diese allerdings nach hM auch im Wege der Vollstreckungsgegenklage geltend gemacht werden (vgl. Thomas/Putzo/*Reichold* § 936 Rn. 15; Zöller/*Herget* § 767 Rn. 7).

Die **Nichtigkeits- bzw. Restitutionsklage** führt schließlich zu einer **Durchbrechung** der **Rechtskraft**, während dies bei der Vollstreckungsgegenklage wegen der Präklusionswirkung der §§ 767 Abs. 2, 796 Abs. 2 ZPO gerade nicht der Fall ist.

3. Nach der Rechtsprechung des Bundesgerichtshofs ist auch ein einzelner **Miterbe** gem. § 2039 S. 1 BGB für eine Vollstreckungsgegenklage gegen die Zwangsvollstreckung in ein Nachlassgrundstück **prozessführungsbefugt,** wenn damit ein zum Nachlass gehörender Anspruch durchgesetzt werden soll (vgl. BGH MDR 2006, 1291).

4. Da die Vollstreckungsgegenklage zum Rechtszug iSd § 172 Abs. 1 S. 2 ZPO gehört, **muss** die **Klage,** wenn sie sich gegen einen gerichtlich erstrittenen Titel (insbesondere: Urteil oder Prozessvergleich) richtet, **an** den **Prozessbevollmächtigten des Titelgläubigers zuge-**

stellt werden (vgl. Thomas/Putzo/*Hüßtege* § 172 Rn. 6; Zöller/*Stöber* § 172 Rn. 16). Andernfalls ist die Zustellung unwirksam. Aus diesem Grunde ist der Prozessbevollmächtigte des Gläubigers in diesen Fällen bereits im **Rubrum der Klageschrift** aufzuführen.

5. Gemäß § 253 Abs. 3 Alt. 1 ZPO soll die Klageschrift die Angabe des Streitwerts enthalten, wenn hiervon die Zuständigkeit des Gerichts abhängt und der Streitgegenstand nicht in einer bestimmten Geldsumme besteht (sog. **Zuständigkeitsstreitwert**). Dies ist bei der Vollstreckungsgegenklage in den Fällen des § 796 Abs. 3 ZPO (Vollstreckungsbescheid) und regelmäßig auch bei Vollstreckungsgegenklagen gegen vollstreckbare Urkunden der Fall (§ 797 Abs. 5 ZPO). Unabhängig davon ist eine Angabe des Streitwerts gemäß § 61 GKG für die Berechnung der Gerichtsgebühren erforderlich (**Gebührenstreitwert).**

Für die Bemessung der Streitwerte kommt es grundsätzlich auf den **Wert der titulierten Forderung ohne Zinsen und ohne Kosten** des Vorprozesses an (§§ 4 ZPO, 43 GKG). Nur wenn und soweit Zinsen oder Kosten mangels anhängig gemachten Hauptanspruchs zur Hauptforderung werden, sind sie bei der Streitwertbemessung zu berücksichtigen (vgl. OLG Stuttgart MDR 2007, 355). Für die Bewertung der **Hauptforderung** ist nach der Rechtsprechung des Bundesgerichtshofs (vgl. NJW-RR 2006, 1146) grundsätzlich der **Nennbetrag** des vollstreckbaren Hauptanspruchs **entscheidend.** Demgegenüber ist es unerheblich, ob die titulierte Forderung in Wahrheit ganz oder teilweise getilgt ist und ob dies ganz oder teilweise im Verlauf des Prozesses unstreitig wird. Eine **Ausnahme** gilt nur für den Fall, dass sich aus den **Anträgen** oder der **Klagebegründung** ergibt, dass die Zwangsvollstreckung nur wegen eines Teilbetrages oder eines Restbetrages für unzulässig erklärt werden soll (BGH Beschl. v. 6.4.2011 – IX ZR 113/08). Dies ist bei der Antragstellung zur Vermeidung von Kostennachteilen zu berücksichtigen. So wird dem Beklagten die Möglichkeit genommen, durch ein teilweises sofortiges Anerkenntnis eine für den Kläger nachteilige Kostenentscheidung (§ 93 ZPO) herbeizuführen.

Wenn der Kläger mit der Klage nicht die Zwangsvollstreckung insgesamt für unzulässig erklärt wissen möchte, sondern die Vollstreckung nur für eine bestimmte Zeit verhindern oder nur unter bestimmten Bedingungen zulassen möchte (→ Anm. 7), kann nicht die gesamte Vollstreckungsforderung für die Streitwertbemessung maßgeblich sein. Vielmehr ist in derartigen Fällen das Abwehrinteresse des Schuldners zu schätzen (vgl. Zöller/*Herget* § 3 Rn. 16 Stichwort „Vollstreckungsabwehrklage").

Wenn der Kläger die Klage nur **hilfsweise** auf die **Aufrechnung** mit einer bestrittenen Gegenforderung stützt, ist deren Wert streitwerterhöhend anzusetzen, wenn über sie entschieden wird (§ 45 Abs. 3 GKG). Dies beruht darauf, dass **§ 322 Abs. 2 ZPO** auch bei der Aufrechnung im Rahmen einer Vollstreckungsgegenklage **Anwendung** findet (vgl. BGHZ 48, 356 (357 ff.); BGH MDR 1995, 407; BGH Urt. v. 4.12.2014 – VII ZR 4/13, NJW 2015, 955 (959); sa Zöller/*Herget* § 3 Rn. 16 Stichwort „Aufrechnung").

Der Streitwert einer Vollstreckungsabwehrklage gegen eine Rechnungslegungsverpflichtung ist nach dem mit der Rechnungslegung verbundenen zeitlichen und finanziellen Aufwand zu bemessen (vgl. OLG Köln InVo 2008, 22).

Der Streitwert des mit einer Vollstreckungsgegenklage verbundenen Klageantrags auf Herausgabe eines Vollstreckungstitels kann bei der Bemessung des Streitwerts außer Betracht bleiben, wenn die Missbrauchsgefahr gering ist (vgl. BGH Beschl. v. 6.4.2011 – IX ZR 113/08).

6. Dieser Antrag setzt voraus, dass die erhobene Einwendung den titulierten Anspruch **vollständig** und endgültig zu Fall bringt. Typische Beispiele sind der Erfüllungseinwand oder die Aufrechnung mit einer Forderung in mindestens gleicher Höhe wie die Vollstreckungsforderung.

7. Die in dem **Antrag** zum Ausdruck gebrachte **Beschränkung** ist stets angezeigt, wenn sich der Kläger nur in Höhe eines bestimmten Betrages gegen die Zwangsvollstreckung zur Wehr setzen möchte, weil er beispielsweise nur zum Teil erfüllt oder nur gegen einen Teilbetrag die Aufrechnung erklärt hat.

8. Beruft sich der Kläger auf ein Gegenrecht, das ihn (nur) zur **Zurückbehaltung** berechtigt (vgl. etwa § 273 BGB), darf die Zwangsvollstreckung nur Zug um Zug gegen Erbringung der Gegenleistung durchgeführt werden (vgl. BGH NJW-RR 1997, 1272). Würde demgegenüber beantragt, die Zwangsvollstreckung aus dem Titel insgesamt für unzulässig zu erklären, müsste die Klage teilweise abgewiesen werden.

9. Wenn der Beklagte den der Verurteilung zugrundeliegenden Anspruch **gestundet** hat, darf der Anspruch bis zum Ablauf der Stundungszeit nicht durchgesetzt werden. Entsprechendes gilt in den Fällen, in denen der Beklagte im Rahmen einer sog. Vollstreckungsvereinbarung zugesagt hat, bis zu einem bestimmten Zeitpunkt auf die Vollstreckung zu verzichten. Dass Einwendungen aus Vollstreckungsvereinbarungen im Rahmen der Vollstreckungsgegenklage geltend zu machen sind, entspricht der ganz überwiegenden Auffassung in Rechtsprechung und Literatur (vgl. BGH MDR 1991, 668; Zöller/*Herget* § 767 Rn. 13 Stichwort „Vereinbarungen" mwN).

10. Beruft sich der Kläger darauf, dass **der Beklagte** nicht mehr zur Geltendmachung des titulierten Anspruchs berechtigt ist, weil er die Forderung abgetreten hat oder ein Gläubiger des Beklagten sich die Forderung hat pfänden und überweisen lassen, nimmt dies dem Vollstreckungstitel nicht insgesamt seine Vollstreckbarkeit. Die titulierte Forderung besteht noch, allerdings nicht mehr in der Person des Beklagten. Dem hat der Klageantrag Rechnung zu tragen.

11. Diesem Antrag liegt die Fallgestaltung zugrunde, dass ein Dritter die titulierte Verpflichtung mit schuldbefreiender Wirkung übernommen hat (vgl. Schuschke/Walker/*Raebel* § 767 Rn. 23). Dann ist eine Zwangsvollstreckung aus dem Titel **gegen den Kläger** als früheren Schuldner nicht mehr möglich. Ob eine Vollstreckung gegen den neuen Schuldner möglich ist, hängt von der – streitigen – Frage ab, ob im Falle einer befreienden Schuldübernahme eine Umschreibung des Titels gemäß § 727 ZPO auf den neuen Schuldner möglich ist (bejahend etwa Zöller/*Stöber* § 727 Rn. 16 iVm Zöller/*Vollkommer* § 325 Rn. 24).

12. Der Anspruch auf **Herausgabe des Vollstreckungstitels** ergibt sich aus einer analogen Anwendung des § 371 BGB (so BGH NJW 1994, 3225) bzw. des § 757 Abs. 1 ZPO (so OLG Nürnberg NJW 1965, 1867). Bedenken an der Zulässigkeit des Herausgabeantrages bestehen jedenfalls dann nicht, wenn er mit der Vollstreckungsgegenklage verbunden wird (vgl. BGH WM 1975, 1213). In der Sache hat der Herausgabeantrag Erfolg und sollte deshalb auch nur dann gestellt werden, wenn der Beklagte aus dem Titel **überhaupt nicht mehr vollstrecken kann.** Abzuweisen wäre der Herausgabeantrag deshalb, wenn der titulierte Anspruch mit der Vollstreckungsgegenklage nicht in vollem Umfang angegriffen oder die Vollstreckungsgegenklage zum Teil abgewiesen wird.

13. § 770 ZPO räumt dem Gericht die Möglichkeit ein, **vorläufige Anordnungen** iSd § 769 ZPO auch **über den Zeitpunkt des Urteilserlasses hinaus** bis zu dessen Rechtskraft zu erlassen. Auch wenn solche Anordnungen von Amts wegen getroffen werden können (vgl. *Baumbach/Lauterbach/Albers/Hartmann* § 770 Rn. 2; Zöller/*Herget* § 770 Rn. 1), erscheint eine gesonderte Antragstellung zweckmäßig. Der Erlass einer Anordnung gemäß § 770 ZPO ist für den Kläger einer Vollstreckungsgegenklage zum einen für den Fall der Klageabweisung sinnvoll, da andernfalls die Zwangsvollstreckung des Gläubigers uneingeschränkt fortgesetzt werden und eine eigene Entscheidung des Rechtsmittelgerichts möglicherweise zu spät kommen könnte. Aber auch für den Fall, dass das Gericht der Klage stattgibt und das Urteil lediglich gegen Sicherheitsleistung (§ 709 ZPO) vorläufig vollstreckbar ist, bietet eine Anordnung gemäß § 770 ZPO für den

Schuldner, der eine Sicherheitsleistung nicht aufbringen kann, die Möglichkeit, eine Einstellung der Zwangsvollstreckung auch ohne Sicherheitsleistung zu erreichen. Gemäß § 775 Nr. 2 ZPO ist nämlich eine einstweilige Anordnung sofort vollstreckbar. Zwar könnte der Kläger auch versuchen, gemäß § 710 ZPO eine Vollstreckbarkeit ohne Sicherheitsleistung zu erreichen. Hierfür genügt jedoch alleine die fehlende Möglichkeit, die Sicherheit aufzubringen, nicht. Vielmehr müssen zusätzliche Voraussetzungen (insbesondere: schwer zu ersetzender Nachteil) vorliegen, die deutlich schwieriger darzulegen sind als diejenigen des § 770 ZPO.

14. Der auf **§ 769 Abs. 1 ZPO** gestützte **Antrag** sollte stets gestellt werden, um zu verhindern, dass während des Prozesses durch eine Fortsetzung der Zwangsvollstreckung durch den Gläubiger vollendete Tatsachen geschaffen werden. Wichtig ist in diesem Zusammenhang, dass ein solcher Einstellungsbeschluss bei einer Forderungsvollstreckung auch Wirkungen für den Drittschuldner entfaltet, ohne dass es eines gesonderten Umsetzungsbeschlusses des Vollstreckungsgerichts bedürfte. Nach vorläufiger Einstellung der Zwangsvollstreckung darf der Drittschuldner nicht mehr an den Pfändungsgläubiger allein, sondern, solange der Pfändungs- und Überweisungsbeschluss besteht, nur noch an den Gläubiger (= Beklagten der Vollstreckungsgegenklage) und den Vollstreckungsschuldner gemeinsam leisten oder die geschuldete Leistung zugunsten beider hinterlegen (vgl. BGHZ 140, 253). Solange der Drittschuldner jedoch von einem Einstellungsbeschluss keine Kenntnis hat, wird er bei einer Zahlung an den Pfändungsgläubiger durch die entsprechend anwendbare Vorschrift des § 836 Abs. 2 ZPO geschützt (vgl. BGHZ 140, 253). Deshalb hat der Anwalt dafür Sorge zu tragen, dass der Einstellungsbeschluss (auch) dem Drittschuldner zugestellt wird.

Zu beachten ist des Weiteren, dass das Prozessgericht die einstweilige Anordnung nach wohl überwiegender Auffassung **schon mit der bloßen Anhängigkeit der Klage** erlassen kann. Zustellung der Klage und damit Rechtshängigkeit (vgl. §§ 253 Abs. 1, 261 Abs. 1 ZPO) sollen demgegenüber nicht erforderlich sein (vgl. Zöller/*Herget* § 769 Rn. 4 mwN). Da es insoweit aber auch Gegenstimmen gibt, die die Befürchtung äußern, der Schuldner könne durch die Nichteinzahlung der Gerichtskosten für die Klage die Zwangsvollstreckung schikanös verzögern (vgl. Schuschke/Walker/*Raebel* § 769 Rn. 2 mwN), sollte der Gerichtskostenvorschuss sicherheitshalber bereits mit der Klageeinreichung gezahlt werden, um derartige Befürchtungen von vorneherein zu zerstreuen.

Im Übrigen besteht in besonders eilbedürftigen Fällen gemäß **§ 769 Abs. 2 ZPO** die Möglichkeit, beim **Vollstreckungsgericht** einen Antrag auf Erlass einer einstweiligen Anordnung zu stellen (→ Form. P. VIII. 12).

15. Vgl. zu der Frage, welche prozessualen Anträge neben dem Antrag in der Hauptsache gestellt werden sollten, → Form. O. II. 7 Anm. 9.

16. Ein **Rechtsschutzinteresse** für die Erhebung der Vollstreckungsgegenklage besteht jedenfalls dann, wenn eine konkrete Vollstreckungsmaßnahme bevorsteht (vgl. Thomas/Putzo/*Seiler* § 767 Rn. 14) oder die Zwangsvollstreckung sogar bereits begonnen hat. Nach ganz überwiegender Auffassung kann jedoch eine Klage gemäß § 767 ZPO **schon dann** erhoben werden, **wenn** der **Vollstreckungstitel vorliegt.** Alleine die abstrakte Möglichkeit, dass aus dem Titel gegen den klagenden Schuldner einmal vollstreckt werden könnte, soll ausreichend sein (vgl. OLG Koblenz JurBüro 2004, 451; *Baumbach/Lauterbach/Albers/Hartmann* § 767 Rn. 39; Schuschke/Walker/*Raebel* § 767 Rn. 15). Um insoweit mögliche Prozessrisiken zu vermeiden, sollte der Schuldner den Gläubiger in den Fällen, in denen die Zwangsvollstreckung noch nicht konkret angedroht wurde, vor der Erhebung einer Vollstreckungsgegenklage ausdrücklich zur Herausgabe des Vollstreckungstitels auffordern und die Erhebung einer Vollstreckungsgegenklage androhen. Weigert sich der Gläubiger, dürften an dem Rechtsschutzinteresse keine Zweifel (mehr) bestehen. Tritt während des

Klageverfahrens eine vollständige Beendigung der Zwangsvollstreckung ein, entfällt zwar das Rechtsschutzinteresse für die Vollstreckungsgegenklage. Der Kläger hat jedoch die **Möglichkeit,** die **Klage** gemäß § 264 Nr. 3 ZPO **auf** eine sog. **verlängerte Vollstreckungsgegenklage umzustellen,** mit der Bereicherungs- bzw. Schadensersatzansprüche gegen den Gläubiger geltend gemacht werden können (vgl. BGH NJW 1980, 141). Die Einzelheiten einer isolierten verlängerten Vollstreckungsgegenklage werden im Zusammenhang mit dem → Form. P. VIII. 19 dargestellt.

17. Vgl. zu weiteren Einwendungen, aufgrund derer die Zwangsvollstreckung durch den Gläubiger insgesamt für unzulässig zu erklären ist, Schuschke/Walker/*Raebel* § 767 Rn. 23 mwN sowie Baumbach/Lauterbach/Albers/Hartmann § 767 Rn. 17 ff. mwN.

18. Weitere rechtshemmende Einwendungen werden bei Schuschke/Walker/*Raebel* § 767 Rn. 22 erörtert.

19. Die Präklusionsvorschrift des **§ 767 Abs. 2 ZPO** schließt in ihrem unmittelbaren Anwendungsbereich zum Schutz der Rechtskraft des **Urteils** alle Einwendungen aus, die der Schuldner bis zum Schluss der letzten mündlichen Verhandlung in der letzten Tatsacheninstanz theoretisch hätte geltend machen können. Damit kommen nur rechtsvernichtende (zB Erfüllung) und rechtshemmende Einwendungen (zB Zurückbehaltungsrechte) in Betracht, während der Schuldner mit **rechtshindernden Einwendungen** (zB Nichtigkeit gemäß den §§ 134, 138 BGB) stets präkludiert ist (vgl. BGH NJW 1996, 57; Schuschke/Walker/*Raebel* § 767 Rn. 21).

Möchte sich der Schuldner mit einem **Gestaltungsrecht** verteidigen (insbesondere: Aufrechnung, Rücktritt etc), kommt es nach der ständigen Rechtsprechung des Bundesgerichtshofs für die Frage der Präklusion entscheidend darauf an, ob der Schuldner bereits vor Schluss der mündlichen Verhandlung **objektiv** die **Möglichkeit** hatte, das Gestaltungsrecht **auszuüben.** Ist dies zu bejahen, hilft es dem Schuldner nicht, dass er das Gestaltungsrecht tatsächlich erst nach diesem Zeitpunkt ausgeübt hat (vgl. BGH NJW 2009, 1671; BGHZ 100, 222 (224); weitere Nachweise bei Schuschke/Walker/*Raebel* § 767 Rn. 33 auch zur Gegenauffassung). Wenn also beispielsweise die Aufrechnungslage bereits vor Schluss der mündlichen Verhandlung bestand, ist der Schuldner auch dann mit dem Aufrechnungseinwand gemäß § 767 Abs. 2 ZPO präkludiert, wenn er von der Aufrechnungsmöglichkeit erst nach diesem Zeitpunkt erfahren hat. Wegen der dargelegten engen Auslegung des § 767 Abs. 2 ZPO durch die Rechtsprechung ist dem Schuldner zu raten, seine Gegenforderung gegen den Gläubiger gesondert einzuklagen. Wie der Bundesgerichtshof (vgl. BGHZ 163, 339 = NJW 2005, 2926 mAnm *Beck* NJW 2006, 336) klargestellt hat, genügt es für die Annahme der Präklusion allerdings nicht, wenn der Schuldner die Aufrechnungslage lediglich hätte herbeiführen können.

Die dargelegten Grundsätze sind auch auf den Fall einer vom Mieter nach Abschluss des Vorprozesses erklärten **ordentlichen Kündigung** anzuwenden. Jedenfalls dann, wenn der Mieter im Vorprozess Einwendungen erhebt, die sich – wegen einer von ihm ausgesprochenen außerordentlichen Kündigung – gegen den Fortbestand des Mietverhältnisses richten, ist seine Einwendung einer später erklärten ordentlichen Kündigung gegenüber dem titulierten Anspruch nach § 767 Abs. 2 ZPO ausgeschlossen. Die hierdurch erfolgte Einschränkung der Freiheit des Mieters, den Zeitpunkt seines gesetzlichen Kündigungsrechts zu bestimmen, ist aufgrund des Zwecks des § 767 Abs. 2 ZPO gerechtfertigt (vgl. BGH NJW-RR 2006, 229). Auf der anderen Seite kann aber ein Vermieter auch noch nach Rechtskraft eines auf Rückzahlung einer Nebenkostenvorauszahlung gerichteten Klage des Mieters mit einer Abrechnung die Voraussetzung für die Fälligkeit der **Betriebskostenabrechnung** schaffen und den Anspruch des Mieters auf Rückzahlung der Vorauszahlungen damit nachträglich zu Fall bringen (vgl. BGH NJW-RR 2010, 1598 mAnm *Cziupka* JuS 2011, 418.

Die Problematik der **Präklusionswirkung bei der Geltendmachung von Gestaltungsrechten** stellt sich auch im Zusammenhang mit den praktisch besonders bedeutsamen verbraucherschützenden **Widerrufsrechten iSd § 361a BGB.** Vor Einführung dieser Vorschrift hatte der Bundesgerichtshof in einer Grundsatzentscheidung (vgl. BGHZ 131, 82 = NJW 1996, 57) die Vorgängervorschrift des § 1 Abs. 1 des Haustürwiderrufsgesetzes nicht als Gestaltungsrecht, sondern als rechtshindernde Einwendung qualifiziert und bereits **deshalb** einen späteren Widerruf der Präklusion gemäß § 767 Abs. 2 ZPO unterworfen. Durch die Neufassung des § 361a BGB hat der Gesetzgeber aber die gesamten verbraucherschützenden Widerrufsrechte in Anlehnung an den Rücktritt als Gestaltungsrechte ausgestaltet. Durch diese Einordnung als Gestaltungsrechte erhebt sich auch insoweit die Frage, ob es für die Frage der Präklusion iSd § 767 Abs. 2 ZPO auf die bloße – objektive – Möglichkeit des Widerrufs, oder aber auf die Gestaltungserklärung ankommt. Ob der Bundesgerichtshof auch nach der Neufassung des § 361a BGB für die verbraucherschützenden Widerrufsrechte an seiner strengen Auffassung festhält, lässt sich nicht sicher prognostizieren, zumal insoweit auch europarechtliche Vorgaben zu berücksichtigen sind (vgl. hierzu *Schwab* JZ 2006, 170 (175); siehe zu den möglichen Folgen der Neufassung des § 361a BGB auch *Schmidt* JuS 2000, 1096; *Fischer* VuR 2004, 322).

20. Handelt es sich bei dem Vollstreckungstitel um ein **Versäumnisurteil** oder um einen **Vollstreckungsbescheid,** sind die Sonderreglungen in den §§ 767 Abs. 2, 796 Abs. 2 ZPO zu beachten. Nach der Rechtsprechung des Bundesgerichtshofs kann die Vollstreckungsgegenklage aufgrund dieser Regelungen nur auf solche **Einwendungen** gestützt werden, **die** erst nach dem Ablauf der Einspruchsfrist entstanden sind (vgl. BGH NJW 1982, 1812; *Baumbach/Lauterbach/Albers/Hartmann* § 767 Rn. 56; Zöller/*Herget* § 767 Rn. 14) und deshalb **mit dem Einspruch nicht geltend gemacht werden konnten.** Dass sie im Zeitpunkt der Entscheidung über die Vollstreckungsgegenklage nicht mehr geltend gemacht werden **können,** schließt demgegenüber die Präklusion entgegen dem insoweit missverständlichen Wortlaut der §§ 767 Abs. 2, 796 Abs. 2 ZPO nicht aus (so aber Stein/Jonas/*Münzberg* § 767 Rn. 40).

21. Der Schuldner kann deshalb **bei notariellen Urkunden auch rechtshindernde Einwendungen** (zB Nichtigkeit des titulierten Anspruchs gemäß den §§ 134, 138 BGB) geltend machen. Zu beachten ist allerdings, dass die Präklusionsvorschrift des § 767 Abs. 3 ZPO uneingeschränkt Anwendung findet. In einer weiteren Vollstreckungsgegenklage ist der Schuldner deshalb mit solchen Einwendungen präkludiert, die er bereits in dem ersten Verfahren hätte geltend machen können (vgl. OLG Zweibrücken OLGR 1997, 110; Zöller/*Herget* § 767 Rn. 20).

22. Die Frage einer möglichen Präklusion stellt sich im Rahmen eines **Prozessvergleichs** allerdings nicht, wenn es sich um eine **rechtshindernde** oder **rechtsvernichtende Einwendung** dergestalt handelt, dass der Vergleich insgesamt rückwirkend vernichtet wird. In diesem Fällen ist nämlich eine **Vollstreckungsgegenklage** mangels Rechtsschutzinteresses **unzulässig,** weil der Schuldner die – einfachere – Möglichkeit hat, den ursprünglichen Rechtsstreit fortzusetzen (→ Anm. 2). Die fehlende Anwendbarkeit des § 767 Abs. 2 ZPO auf Prozessvergleiche ist deshalb praktisch nur relevant für sonstige Einwendungen des Schuldners, die – objektiv – bereits im Zeitpunkt des Vergleichsschlusses bestanden und die prozessbeendigende Wirkung des Vergleichs unangetastet lassen. So kann sich etwa ein Schuldner im Rahmen der Vollstreckungsgegenklage gegen einen Prozessvergleich grundsätzlich auch dann mit einer Aufrechnung verteidigen, wenn die Aufrechnung bereits im Zeitpunkt des Vergleichsschlusses möglich gewesen wäre. Etwas anderes gilt aber dann, wenn sich aus dem Vergleich ausdrücklich („Ausschluss aller gegenwärtigen wechselseitigen, bekannten und unbekannten Ansprüche") oder aufgrund einer Auslegung ergibt, dass der Schuldner derartige Einwendungen nicht mehr geltend machen kann.

23. Die **vorprozessuale Freigabeaufforderung** an den Beklagten soll verhindern, dass der Kläger wegen eines möglicherweise im Prozess von dem Beklagten abgegebenen Anerkenntnisses gemäß § 93 ZPO die Kosten des Rechtsstreits zu tragen hat.

24. Dass bereits aufgrund der von dem Kläger vorgelegten Unterlagen/Urkunden die Begründetheit der Vollstreckungsgegenklage feststeht, dürfte in der Praxis die Ausnahme sein. Im Regelfall kommt deshalb in den Fällen, in denen der Kläger zu Leistung einer Sicherheit in der Lage ist, nur eine **Einstellung gegen Sicherheitsleistung** in Betracht (vgl. auch *Stackmann* JuS 2006, 980 (982)). Da jedoch mit einem zu weit gestellten Einstellungsantrag keine Kostennachteile verbunden sind, ist es unschädlich, wenn der Kläger mit seinem Antrag auf Einstellung ohne Sicherheitsleistung nicht durchdringt.

25. Dass die zeitnahe Einzahlung des **Gerichtskostenvorschusses** wegen der erstrebten Entscheidung über den Antrag auf Einstellung der Zwangsvollstreckung zweckmäßig wenn nicht gar erforderlich ist, wurde bereits oben unter → Anm. 14 erläutert.

26. In der Praxis ist häufiger festzustellen, dass zwar regelmäßig die für die Zustellung der Klageschrift erforderlichen **Abschriften** (vgl. § 253 Abs. 5 S. 1 ZPO) beigefügt werden. Im weiteren Schriftverkehr bleibt jedoch die Vorschrift des § 133 Abs. 1 S. 1 ZPO, wonach auch die sonstigen Schriftsätze mit der erforderlichen Anzahl von Abschriften für den Gegner einzureichen sind, unbeachtet. Die hierdurch erforderlichen Rückfragen führen zu Verzögerungen, die auch und gerade im Zusammenhang mit einem vollstreckungsrechtlichen Rechtsbehelf vermieden werden sollten.

27. Kosten und Gebühren. Da die Vollstreckungsgegenklage kostenrechtlich keine Besonderheiten aufweist, kann hinsichtlich der anfallenden Gerichtsgebühren und der Anwaltsvergütung auf die Ausführungen → Form. P. VII. 1 Bezug genommen werden. Ergänzend ist darauf hinzuweisen, dass der Rechtsanwalt für die Tätigkeit in dem **Verfahren auf einstweilige Einstellung der Zwangsvollstreckung** keine besondere Vergütung erhält, weil dieses Verfahren zu dem Rechtszug gehört (§ 19 Abs. 1 S. 2 Nr. 11 RVG). Wenn allerdings – dies kommt allerdings in der Praxis, wenn überhaupt, nur selten vor – über den Einstellungsantrag eine gesonderte mündliche Verhandlung stattfindet, fallen eine 0,5 Verfahrensgebühr (Nr. 3328 VV RVG) sowie eine 0,5 Terminsgebühr (Nr. 3332 VV RVG) an.

28. Rechtsmittel. Gegen das Urteil, in dem über die Vollstreckungsgegenklage entschieden wird, ist unter den allgemeinen Voraussetzungen der §§ 511 ff. ZPO/§§ 64 ff. ArbGG das Rechtsmittel der **Berufung** möglich.

Demgegenüber ist die Entscheidung über den Antrag auf Erlass einer einstweiligen Anordnung gemäß **§ 769 Abs. 1 ZPO** grundsätzlich **unanfechtbar.** Dies folgt aus einer entsprechenden Anwendung des § 707 Abs. 2 S. 2 ZPO (vgl. grundlegend BGHZ 159, 14; ausdrücklich bestätigt in BGH InVo 2006, 146). Eine sofortige Beschwerde gegen eine Einstellungsentscheidung gemäß den §§ 793, 567 ff. ZPO verspricht demgemäß zukünftig keinen Erfolg mehr. Ebenso wenig kommt nach der mittlerweile gefestigten Rechtsprechung des Bundesgerichtshofs eine sog. außerordentliche Beschwerde wegen greifbarer Gesetzwidrigkeit in Betracht (vgl. hierzu grundlegend BGH NJW 2002, 1577; kritisch hierzu etwa Zöller/*Herget* § 708 Rn. 22; siehe auch die Anmerkungen → Form. Q. II. 3). Möglich bleibt eine Gehörsrüge gemäß § 321a ZPO/§ 78a ArbGG (→ Form. Q. II. 1), die allerdings nur bei einer Verletzung des Anspruchs der Parteien auf Gewährung des rechtlichen Gehörs gemäß Art. 103 Abs. 1 GG Erfolg verspricht. Da das Gericht aber seine Entscheidung jederzeit von Amts wegen ändern darf, sollte die Möglichkeit genutzt werden, jedenfalls bei einer Änderung des für die Entscheidung über den Einstellungsantrag maßgeblichen Sachverhalts einen Abänderungsantrag zu stellen (vgl. hierzu auch *Stackmann* JuS 2006, 980 (983)). Ob man diesen Antrag ausdrücklich als „Gegenvorstellung" (→ Form. Q. II. 2) bezeichnet, spielt keine Rolle.

29. Hinsichtlich der **Form** des Schriftsatzes (Unterschrift, elektronisches Dokument) wird verwiesen auf → Form. O. II. 1 Anm. 14.

10. Vollstreckungsgegenantrag (§ 767 ZPO iVm §§ 95 Abs. 1, 120 Abs. 1 FamFG)

An das

Familiengericht/Amtsgericht

in[1, 2] . . . . .

Vollstreckungsgegenantrag

des/der . . . . . [ladungsfähige Anschrift des Schuldners],

– Antragstellers –

Verfahrensbevollmächtigte: . . . . .

gegen

. . . . . [ladungsfähige Anschrift des Gläubigers],

– Antragsgegner –

Verfahrensbevollmächtigte: . . . . .,

Verfahrenswert: . . . . .

Namens und in Vollmacht des Antragstellers beantragen wir,

1. die Zwangsvollstreckung aus dem . . . . . [präzise Bezeichnung des Vollstreckungstitels] für unzulässig zu erklären.

   (Variante:
   die Zwangsvollstreckung aus dem . . . . . (präzise Bezeichnung des Vollstreckungstitels) in Höhe eines Betrages von . . . . . EUR für unzulässig zu erklären.)

   (Variante:
   die Zwangsvollstreckung aus dem . . . . . (präzise Bezeichnung des Vollstreckungstitels) nur Zug um Zug gegen . . . . . (genaue Darlegung der dem Antragsgegner obliegenden Leistung) für zulässig zu erklären.)

   (Variante:
   die Zwangsvollstreckung aus dem . . . . . (präzise Bezeichnung des Vollstreckungstitels) bis zum . . . . . (genaue Angabe des zulässigen Vollstreckungszeitpunktes)/ zurzeit (bei ungewissem Fristablauf) für unzulässig zu erklären.)

   (Variante:
   die Zwangsvollstreckung aus dem . . . . . (präzise Bezeichnung des Vollstreckungstitels) für den Antragsgegner für unzulässig zu erklären.)

   (Variante:
   die Zwangsvollstreckung aus dem . . . . . (präzise Bezeichnung des Vollstreckungstitels) gegen den Antragsteller für unzulässig zu erklären.)

2. *den Antraggegner zu verurteilen, die vollstreckbare Ausfertigung des ..... [präzise Bezeichnung des Vollstreckungstitels] an den Antragsteller herauszugeben.*
3. *gemäß den §§ 769, 770 ZPO anzuordnen, dass die Vollstreckung aus dem ..... [präzise Bezeichnung des Vollstreckungstitels] bis zur Rechtskraft dieses Beschlusses einstweilen ohne – hilfsweise gegen Sicherheitsleistung eingestellt wird/. .... [eventuelle Einschränkungen des Einstellungsantrages entsprechend dem Begehren gem. dem Antrag zu 1.].*

Vorab beantragen wir,

die Zwangsvollstreckung aus dem oben bezeichneten Vollstreckungstitel ohne – hilfsweise gegen – Sicherheitsleistung einstweilen bis zur Entscheidung des vorliegenden Verfahrens einzustellen/. .... [eventuelle Einschränkungen des Einstellungsantrages entsprechend dem Begehren in der Hauptsache].

Sofern das Gericht das schriftliche Vorverfahren anordnet, wird für den Fall der Fristversäumnis des Antragsgegners beantragt,

einen Versäumnisbeschluss ohne mündliche Verhandlung (§ 113 FamFG iVm § 331 Abs. 3 ZPO) zu erlassen.[3, 4, 5]

Begründung:

..... vgl. die Ausführungen in dem → Form. P. VIII. 9, die entsprechend gelten.

Anmerkungen

1. Aufgrund der Verweisungsvorschriften der §§ 95 Abs. 1, 120 Abs. 1 FamFG findet § 767 ZPO auch bei materiellrechtlichen Einwendungen gegen familienrechtliche Titel (Beschlüsse, Prozessvergleiche, notarielle Urkunden) und Titel aus anderen Verfahren der freiwilligen Gerichtsbarkeit Anwendung (vgl. zu der Geltendmachung von materiellen Gegenansprüchen gegenüber einer Betreuervergütung BGH Beschl. v. 11.4.2012 – XII ZB 459/10, NJW-RR 2012, 835). Allerdings ist keine „Klage" zu erheben, sondern ein „Antrag" zu stellen (vgl. § 113 Abs. 5 Nr. 2 FamFG), und die Parteien sind nicht als Kläger und Beklagter, sondern als Antragsteller und Antragsgegner zu bezeichnen (§ 113 Abs. 5 Nr. 3 und 4 FamFG). Inhaltlich ergeben sich jedoch zu der Vollstreckungsgegenklage keine Unterschiede.

2. Besonderheiten gelten auch bei der Frage des zuständigen Gerichts. Während es auf der Grundlage des bisherigen Rechts ganz herrschender Meinung (vgl. BGH FamRZ 2001, 1705; OLG Hamm FamRZ 2003, 104) entsprach, dass die Vorschrift des § 767 ZPO mit der dort normierten Zuständigkeit des Gerichts des Vorprozesses Vorrang vor **familienrechtlichen** Sondervorschriften des § 642 ZPO aF hatte, hat der Gesetzgeber nunmehr bezogen auf Unterhaltssachen in § 232 Abs. 2 FamFG ausdrücklich angeordnet, dass eine Zuständigkeit gem. § 232 Abs. 1 FamFG der ausschließlichen Zuständigkeit eines anderen Gerichts vorgeht (vgl. MüKoZPO/*Dötsch* § 232 FamFG Rn. 16; Musielak/Borth § 232 FamFG Rn. 10; an der bisherigen Auffassung festhaltend aber Musielak/*Lackmann* § 767 Rn. 17). Die Zuständigkeit des **Betreuungsgerichts** ist gegeben bei der Geltendmachung von materiellen Gegenansprüchen gegenüber einer Betreuervergütung.

3. Dies gilt nur für Ehe- und Familienstreitsachen. Auf anderer Verfahren der freiwilligen Gerichtsbarkeit ist § 113 FamFG nicht anwendbar.

4. Kosten und Gebühren/Rechtsmittel. Hinsichtlich der Kosten und Gebühren sowie der Rechtsmittel gegen die Entscheidung über den Vollstreckungsgegenantrag durch das Familiengericht gelten die Ausführungen → Form. N. II. 8 entsprechend.

5. Hinsichtlich der **Form** des Schriftsatzes (Unterschrift, elektronisches Dokument) wird verwiesen auf → Form. O. II. 1 Anm. 14.

11. Klage des Schuldners auf Feststellung des Nichtbestehens des titulierten Anspruchs

An das[1,]

Amtsgericht/(Familiengericht)[2]/Arbeitsgericht/Landgericht

in . . . . .

Klage[3]

des/der . . . . . [ladungsfähige Anschrift des Schuldners],

– Klägers –

Prozessbevollmächtigte: . . . . .

gegen

. . . . . [ladungsfähige Anschrift des Gläubigers],

– Beklagten –

Streitwert: . . . . .[4]

Namens und in Vollmacht des Klägers erheben wir Klage mit dem Antrag,

1. festzustellen, dass der in dem Urteil des . . . . . gerichts . . . . . vom . . . . . Az. . . . . ./in dem am . . . . . vor dem . . . . . gericht . . . . . geschlossenen Prozessvergleich/in der notariellen Urkunde des Notars . . . . . vom . . . . . UR-Nr.: . . . . ./in . . . . . [Angabe des sonstigen Vollstreckungstitels] zugunsten des Beklagten titulierte Anspruch auf . . . . . [exakte Angabe des Anspruchs] durch . . . . . [exakte Angabe des Erlöschensgrundes wie zB Zahlung, Aufrechnung, Rücktritt etc] erloschen ist.[5]
2. festzustellen, dass dem Beklagten aus dem zwischen den Parteien am . . . . . geschlossenen Vertrag keine Rechte zustehen (bei rechtshindernden Einwendungen wie zB § 134 BGB).[6]

Sofern das Gericht das schriftliche Vorverfahren anordnet, wird für den Fall der Fristversäumnis des Beklagten beantragt,[7]

ein Versäumnisurteil ohne mündliche Verhandlung (§ 331 Abs. 3 ZPO) zu erlassen.

Begründung:

Der Beklagte hat gegen den Kläger in einem Vorprozess vor dem . . . . . gericht . . . . . ein Urteil vom . . . . . erstritten [präzise Bezeichnung des Vollstreckungstitels]. Hiernach ist der Kläger verpflichtet, an den Beklagten . . . . . EUR zu zahlen/. . . . . [präzise Wiedergabe des sonstigen Titelinhalts].

(Variante:
. . . . . (Angabe des sonstigen Vollstreckungstitels nebst Titelinhalt).)

Ausweislich des beigefügten Schreibens vom ..... hat der Beklagte dem Kläger angedroht, aus dem Titel zu vollstrecken, wenn die Forderung nicht bis zum ..... erfüllt würde.

(Variante:
..... (konkrete Darlegung des sonstigen, derzeitigen Sachstandes des Vollstreckungsverfahrens).)

Mit der Klage begehrt der Kläger gem. § 256 Abs. 1 ZPO die Feststellung, dass ..... [Kurzwiedergabe des Klagebegehrens].

Dem Beklagten steht der titulierte Anspruch nicht zu, denn ..... [Darlegung des Erlöschensgrundes mit entsprechenden Beweisantritten].

Der Kläger ist auch nicht gehindert, die vorgenannten Einwendungen in dem vorliegenden Verfahren geltend zu machen.[8]

Eine Präklusion gemäß § 767 Abs. 2 ZPO scheidet aus, weil die Einwendung erst nach dem Schluss der mündlichen Verhandlung im Vorprozess entstanden ist. Denn .....

(Variante:
Die Präklusionsvorschrift des § 767 Abs. 2 ZPO findet vorliegend keine Anwendung, weil .....)

Der Beklagte ist durch Schreiben vom ..... unter Darlegung der vorgenannten Umstände aufgefordert worden, hinsichtlich der zu seinen Gunsten titulierten Ansprüche einen materiellen Verzicht zu erklären. Da hierauf keine Reaktion erfolgt ist/dies durch Schreiben vom ..... ausdrücklich abgelehnt worden ist, ist Klage geboten.

Wir haben heute einen Gerichtskostenvorschuss in Höhe von ..... EUR bei der Gerichtskasse ..... eingezahlt und bitten um unverzügliche Zustellung der Klageschrift. Hinsichtlich des Streitwerts haben wir den vollen Wert der streitgegenständlichen Forderung zugrundegelegt, weil es sich um eine negative Feststellungsklage handelt und deshalb der bei Feststellungsklagen sonst übliche Abschlag nicht gerechtfertigt ist (vgl. Zöller/*Greger* § 256 Rn. 30 mwN).

Beglaubigte und einfache Abschrift liegen an.

.....

Rechtsanwalt[9, 10]

Anmerkungen

1. Die **sachliche Zuständigkeit** richtet sich nach den **allgemeinen Regeln.** Je nach Höhe der titulierten Forderung ist deshalb im Regelfall das Amtsgericht (§ 23 Nr. 1 GVG: bis 5.000,– EUR) oder das Landgericht (§ 71 GVG: über 5.000,– EUR) für die Entscheidung über die Feststellungsklage zuständig, wenn nicht unabhängig vom Streitwert das Amtsgericht/Familiengericht oder das Arbeitsgericht nach den Regeln des § 2 ArbGG zur Entscheidung berufen ist. **Örtlich zuständig** dürfte jedenfalls das Gericht am **allgemeinen Gerichtsstand** des Beklagten, hier also des **Gläubigers** sein. Wenn man mit einer in der Literatur wohl überwiegend vertretenen Auffassung davon ausgeht, dass eine negative Feststellungsklage auch dort erhoben werden kann, wo die „umgekehrte" Leistungsklage zu erheben wäre (vgl. *Baumbach/Lauterbach/Albers/Hartmann* § 256 Rn. 41; Zöller/*Greger* § 256 Rn. 20), ist im Regelfall auch das Gericht am Wohnort des Klägers = Schuldners örtlich zuständig. Wird die Feststellungsklage von dem Schuldner im Zusammenhang mit einer erhobenen Vollstreckungsgegenklage als Zwischenfeststellungsklage gem. § 256 Abs. 2 ZPO in den Prozess eingeführt, entscheidet das gem. § 767 ZPO zuständige Gericht auch über die Zwischenfeststellungsklage.

2. Wenn es um einen familienrechtlichen, insbesondere unterhaltsrechtlichen Anspruch geht, ist der **negative Feststellungsantrag** – anstelle einer Klage (vgl. § 113 Abs. 5 Nr. 2 FamFG) – vor dem **Familiengericht** zu stellen.

3. Das **Interesse** des Schuldners, im Zusammenhang mit dem titulierten Anspruch anstelle oder neben einer Vollstreckungsgegenklage eine **negative Feststellungsklage** zu erheben, hängt mit der beschränkten Rechtskraft einer Vollstreckungsgegenklage zusammen. Wird einer Klage gem. § 767 ZPO stattgegeben, so steht (lediglich) fest, dass der mit Klage angegriffene Vollstreckungs**titel** nicht vollstreckbar ist. Demgegenüber erwächst die Entscheidung über das Bestehen der gegen den **titulierten Anspruch** erhobenen Einwendung grundsätzlich **nicht** in Rechtskraft (vgl. BGH FamRZ 1984, 878; BGH NJW-RR 1990, 48; sa Zöller/*Herget* § 767 Rn. 5 mwN). Eine Ausnahme hiervon wird von der Rechtsprechung nur in den Fällen gemacht, in denen die Vollstreckungsgegenklage auf eine Aufrechnung gestützt wird (BGHZ 48, 356 (358): entsprechende Anwendung des § 322 Abs. 2 ZPO). Ein **rechtskräftige Entscheidung über das Nichtbestehen des titulierten Anspruchs** kann der Schuldner deshalb nur mit einer Feststellungsklage erreichen. Über die Zulässigkeit einer derartigen Feststellungsklage besteht im Grundsatz kein Streit (vgl. *Baumbach/Lauterbach/Albers/Hartmann* § 767 Rn. 6; Zöller/*Herget* § 767 Rn. 2 Stichwort „Feststellungsklage"). In der Praxis wird sie häufig im Wege der Zwischenfeststellungsklage gem. § 256 Abs. 2 ZPO in dem Verfahren betreffend eine Vollstreckungsgegenklage in den Prozess eingeführt. Für diese Fallkonstellation gelten die nachfolgenden Ausführungen entsprechend.

Demgegenüber dürfte die Erhebung einer Feststellungsklage des Schuldners im Zusammenhang mit einer **Forderungsvollstreckung** nicht in Betracht kommen (→ Form. P. VIII. 25).

4. Obwohl es sich um eine Feststellungsklage handelt, ist der sonst bei Feststellungsklagen übliche **Abschlag** von rund 20 % bei der Bestimmung des **Streitwerts** einer negativen Feststellungsklage **nicht angezeigt** (vgl. nur Zöller/*Greger* § 256 Rn. 30 mwN).

5. Die (negative) Feststellungsklage darf **nicht** zu einer **Umgehung der Rechtskraft** bzw. der die Rechtskraft schützenden Vorschrift des **§ 767 Abs. 2 ZPO** führen (vgl. nur Zöller/*Herget* § 767 Rn. 2 Stichwort „Feststellungsklage"). Die genannte Bestimmung **ist** deshalb **entsprechend anzuwenden.** Dies bedeutet beispielsweise, dass der Schuldner keine Feststellungsklage mit dem Antrag „festzustellen, dass die titulierte Forderung durch die am . . . . . erklärte Aufrechnung erloschen ist", erheben kann, wenn er sich gegen ein **Urteil** wendet **und** die Aufrechnungslage bereits im Zeitpunkt der letzten mündlichen Verhandlung des Vorprozesses bestanden hat. Da der Schuldner mit diesem Einwand im Rahmen einer Vollstreckungsgegenklage präkludiert wäre (vgl. BGHZ 100, 222 (224)), gilt dies auch bei einer Feststellungsklage (BGH NJW 2009, 1671 unter Aufhebung der abweichenden Entscheidung des OLG Köln InVo 2008, 18). Aus diesem Grunde kann die Feststellungsklage auch nicht auf rechtshindernde Einwendungen (zB Nichtigkeit eines Vertrages gem. § 134 BGB) gestützt werden, wenn der Anspruch des Gläubigers in einem Urteil tituliert ist. Möglich ist demgegenüber der Einwand der nach Schluss der mündlichen Verhandlung im Vorprozess erfolgten Erfüllung oder der Einwand einer Aufrechnung bzw. eines Rücktritts, wenn die Aufrechnungslage oder die Rücktrittsvoraussetzungen erst nach Schluss der mündlichen Verhandlung im Vorprozess entstanden bzw. eingetreten sind.

6. Wenn und soweit keine der Rechtskraft fähige Entscheidung vorliegt und deshalb auch die Präklusionsnorm des **§ 767 Abs. 2 ZPO nicht eingreift,** kann die Unwirksamkeit des titulierten Anspruchs mit **allen denkbaren Einwendungen** geltend gemacht werden. Der Schuldner kann deshalb beispielsweise die Feststellung des Nichtbestehens eines in einer notariellen Urkunde (§ 794 Abs. 1 Nr. 5 ZPO) titulierten Anspruchs des Gläubigers mit der Begründung beantragen, der dem Anspruch zugrundeliegende Vertrag sei gem. § 138 BGB nichtig.

7. Vgl. zu der Frage, welche prozessualen Anträge neben dem Antrag in der Hauptsache gestellt werden sollten, → Form. O. II. 7 Anm. 9.

8. Wegen der Einzelheiten zu der Präklusionsvorschrift des § 767 Abs. 2 ZPO und ihres Anwendungsbereichs wird auf die Ausführungen im Zusammenhang mit dem Grundfall der Vollstreckungsgegenklage verwiesen (→ Form. P. VIII. 9).

9. **Kosten und Gebühren/Rechtsmittel.** Hinsichtlich der Kosten und Gebühren bzw. der gegen ein stattgebendes oder klageabweisendes Urteil bestehenden Rechtsmittel kann auf die Ausführungen → Form. P. VIII. 9 Bezug genommen werden.

10. Hinsichtlich der **Form** des Schriftsatzes (Unterschrift, elektronisches Dokument) wird verwiesen auf → Form. O. II. 1 Anm. 14.

12. Isolierter Einstellungsantrag beim Vollstreckungsgericht (§ 769 Abs. 2 ZPO)

An das

Amtsgericht – Vollstreckungsgericht –

in[1, 2] . . . . .

Antrag gem. § 769 Abs. 2 ZPO

In der Zwangsvollstreckungssache

des/der . . . . . [ladungsfähige Anschrift des Gläubigers],

– Gläubigers und Antragsgegners –

Verfahrensbevollmächtigte: . . . . .

gegen

. . . . . [ladungsfähige Anschrift des Schuldners],

– Schuldner und Antragsteller –

Verfahrensbevollmächtigte: . . . . .,

Namens und in Vollmacht des Schuldners beantragen wir,

die Zwangsvollstreckung des Gläubigers aus dem Urteil des . . . . . gerichts . . . . . vom . . . . . Az. . . . . . /. . . . . [präzise Angabe des sonstigen Vollstreckungstitels] ohne – hilfsweise gegen – Sicherheitsleistung einstweilen einzustellen.[3]

Begründung:

Die von dem Schuldner gemäß § 769 Abs. 2 ZPO begehrte vorläufige Einstellung der Zwangsvollstreckung beruht auf folgendem Sachverhalt:

Der Gläubiger hat gegen den Schuldner vor dem ..... gericht ..... ein Urteil vom ..... erstritten. Hiernach ist der Schuldner verpflichtet, an den Gläubiger ..... EUR zu zahlen/..... [präzise Wiedergabe des sonstigen Titelinhalts].

(Variante:
..... (präzise Bezeichnung des sonstigen Vollstreckungstitels).)

Im Auftrag des Gläubigers hat der Gerichtsvollzieher heute in der Wohnung des Schuldners ..... [Bezeichnung des Vollstreckungsgegenstandes] gepfändet und angekündigt, diese bereits am ..... versteigern zu wollen. Zur Glaubhaftmachung wird ..... vorgelegt.

(Variante:
..... (Schilderung des sonstigen aktuellen Standes des Vollstreckungsverfahrens mit entsprechender Glaubhaftmachung))

Der Gläubiger ist jedoch nicht zur Zwangsvollstreckung berechtigt, denn ..... Zur näheren Begründung wird auf die mit gleicher Post beim ..... gericht ..... eingereichte Vollstreckungsgegenklage verwiesen, von der anwaltlich beglaubigte Abschriften beigefügt werden.[4] Ergänzend wird zur Glaubhaftmachung auf die ebenfalls beigefügte eidesstattliche Versicherung des Schuldners verwiesen.

Der Schuldner ist auf die begehrte Einstellung durch das Vollstreckungsgericht angewiesen, weil eine Entscheidung des Prozessgerichts, des ..... gerichts ..... [Angabe des für die Klage gem. § 767 ZPO zuständigen Gerichts] vor der Durchführung der Versteigerung nicht mehr erreicht werden kann,[5] wie eine telefonische Nachfrage des Unterzeichners bei der zuständigen Geschäftsstelle des ..... gerichts ..... ergeben hat. Zur Glaubhaftmachung wird insoweit auf die anliegende eidesstattliche Versicherung des Unterzeichners verwiesen.

Damit die Versteigerung noch rechtzeitig gestoppt werden kann, wird das Gericht gebeten, den Unterzeichner von der Entscheidung vorab telefonisch zu unterrichten und eine Einstellungsentscheidung neben dem Unterzeichner auch dem Gerichtsvollzieher/..... (sonstiges Vollstreckungsorgan) unmittelbar per Telefax zukommen zu lassen.

Beglaubigte und einfache Abschrift liegen an.

.....

Rechtsanwalt[6, 7, 8]

Anmerkungen

1. Zu beachten ist, dass die Vorschrift nicht nur bei einer Vollstreckungsgegenklage iSd § 767 ZPO **anwendbar** ist, sondern **auch** (vgl. den Wortlaut des § 769 Abs. 1 und 2 ZPO) **bei einer Klauselgegenklage** des Schuldners gem. § 768 ZPO sowie – über die Verweisungsvorschriften der §§ 771 Abs. 3, 805 Abs. 4 S. 2 ZPO – auch bei der **Drittwiderspruchsklage** (§§ 771 ff. ZPO) und der **Klage auf vorzugsweise Befriedigung** (§ 805 ZPO).

2. Zuständiges Vollstreckungsgericht iSd § 769 Abs. 2 ZPO ist gemäß § 764 Abs. 2 ZPO das Amtsgericht, in dessen Bezirk das Vollstreckungsverfahren stattfindet. **Funktional** ist nicht der Richter **zuständig,** sondern gem. § 20 Nr. 17 RPflG der **Rechtspfleger.** Dies hat Auswirkungen auf die statthaften Rechtsbehelfe (vgl. → Anm. 7).

3. Das Vollstreckungsgericht kann zwar im Rahmen der Eilentscheidung auch eine Vollstreckungsmaßnahme – allerdings nur gegen Sicherheitsleistung – aufheben (vgl. § 769 Abs. 1 ZPO). Wegen des hiermit für den Gläubiger verbundenen Rangverlustes dürfte dies in der Praxis aber so gut wie nicht vorkommen.

4. Auch wenn die **Einreichung** der **Vollstreckungsgegenklage** nicht Voraussetzung für eine Einstellung der Zwangsvollstreckung gem. § 769 Abs. 2 ZPO ist (vgl. nur Zöller/*Herget* § 769 Rn. 12), ist das hier vorgeschlagene Vorgehen jedenfalls deshalb **zweckmäßig,** weil auch ohne gleichzeitige Erhebung der Vollstreckungsgegenklage deren Erfolgsaussicht von dem Schuldner dargelegt und die der Klage zugrundeliegenden Tatsachen glaubhaft gemacht werden müssten.

5. Zu **beachten** ist, **dass** gemäß § 769 Abs. 2 S. 2 ZPO die von dem Vollstreckungsgericht getroffene **Anordnung von selbst entfällt** und die Zwangsvollstreckung fortgesetzt werden kann (vgl. OLG Celle OLGR 1996, 214; Zöller/*Herget* § 769 Rn. 12), **wenn** der **Schuldner** es **versäumt,** binnen der in dem Anordnungsbeschluss normierten Frist eine **Bestätigung** der Anordnung **durch das Prozessgericht beizubringen.** Allerdings hindert der Fristablauf den Schuldner nicht, später einen eigenständigen neuen Antrag gem. § 769 Abs. 1 ZPO bei dem Prozessgericht zu stellen (vgl. Schuschke/Walker/*Raebel* § 769 Rn. 12).

6. Kosten und Gebühren. Das Verfahren vor dem **Vollstreckungsgericht** ist **gerichtsgebührenfrei;** lediglich die gerichtlichen Auslagen (insbesondere: Zustellungskosten gemäß Nr. 9002 KV GKG) sind zu erstatten.

Auch für die **Anwälte** fallen im Regelfall **keine** besonderen **Gebühren** an, weil das Verfahren zu dem Rechtszug gehört (§ 19 Abs. 1 S. 2 Nr. 11 RVG). Wenn allerdings – dies kommt allerdings in der Praxis, wenn überhaupt, nur selten vor – über den Einstellungsantrag eine gesonderte mündliche Verhandlung stattfindet, fallen eine 0,5 Verfahrensgebühr (Nr. 3328 VV RVG) sowie eine 0,5 Terminsgebühr (Nr. 3332 VV RVG) an.

Wenn und soweit Kosten angefallen sind, handelt es sich um solche des bereits anhängigen oder noch anhängig zu machenden Rechtsstreits in der Hauptsache, die von der Kostenentscheidung gem. den §§ 91 ff. ZPO mit erfasst werden (vgl. Schuschke/Walker/*Raebel* § 769 Rn. 13). Kommt es ausnahmsweise nicht zur Durchführung eines Rechtsstreits, so sind die Kosten des Einstellungsverfahrens solche der Zwangsvollstreckung und können von dem Gläubiger unter den Voraussetzungen des § 788 ZPO (Notwendigkeit) gegenüber dem Schuldner geltend gemacht werden.

7. Rechtsmittel. Gegen die Entscheidung des Rechtspflegers ist gemäß **§ 11 Abs. 2 RPflG** (nur) das Rechtsmittel der **befristeten** – gem. § 11 Abs. 4 RPflG gerichtsgebührenfreien – **Erinnerung** gegeben (→ Form. O. II. 4). Hierüber entscheidet endgültig der Amtsrichter (vgl. hierzu Schuschke/Walker/*Raebel* § 769 Rn. 15 mwN). Der Erinnerung kommt indes angesichts der Dringlichkeitszuständigkeit und der Auflage, binnen einer bestimmten Frist eine Entscheidung des Prozessgerichts beizubringen, keine große praktische Bedeutung zu.

8. Hinsichtlich der **Form** des Schriftsatzes (Unterschrift, elektronisches Dokument) wird verwiesen auf → Form. O. II. 1 Anm. 14.

13. Vollstreckungsgegenklage des Erben (§§ 785, 767 ZPO) mit Vollstreckungsschutzantrag

An das

Amtsgericht/(Familiengericht)[1]/Arbeitsgericht/Landgericht

in . . . . .

Vollstreckungsgegenklage (§§ 785, 767 ZPO)

des/der . . . . . [ladungsfähige Anschrift des Schuldners/Erben],

– Klägers –

Prozessbevollmächtigte: . . . . .

gegen

. . . . . [ladungsfähige Anschrift des Gläubigers],

– Beklagten –

Prozessbevollmächtigte: . . . . .,

Streitwert: . . . . . Revision

Namens und in Vollmacht des Klägers erheben wir Klage mit dem Antrag/mit den Anträgen,

1. die Zwangsvollstreckung aus dem Urteil des . . . . . gerichts . . . . . vom . . . . . Az. . . . . ./. . . . . [präzise Bezeichnung des sonstigen Vollstreckungstitels] in das nicht zum Nachlass des am . . . . . verstorbenen . . . . . [Name des Erblassers] gehörende Vermögen des Klägers für unzulässig zu erklären.[2]

   (Variante:
   die Zwangsvollstreckung aus dem Urteil des . . . . . gerichts . . . . . vom . . . . . Az. . . . . ./. . . . . (präzise Bezeichnung des sonstigen Vollstreckungstitels) in das nicht zum Nachlass des am . . . . . verstorbenen . . . . . (Name des Erblassers) gehörende Vermögen des Klägers und die am . . . . . erfolgte Pfändung des . . . . . (präzise Bezeichnung der von der Vollstreckung betroffenen Vermögensgegenstände) für unzulässig zu erklären.[3])

   (Variante:
   die Verwertung der aufgrund des Urteils des . . . . . gerichts . . . . . vom . . . . . Az. . . . . ./. . . . . (präzise Bezeichnung des sonstigen Vollstreckungstitels) gepfändeten . . . . . (präzise Bezeichnung der von der Vollstreckung betroffenen Vermögensgegenstände) bis zum . . . . . für unzulässig zu erklären.[4])

2. gemäß §§ 769, 770, 785 ZPO anzuordnen, dass die Vollstreckung aus dem . . . . . [präzise Bezeichnung des Vollstreckungstitels] in das nicht zum Nachlass des am . . . . . verstorbenen . . . . . [Name des Erblassers] gehörende Vermögen/in den am . . . . . gepfändeten . . . . . [präzise Bezeichnung der von der Vollstreckung betroffenen Vermögensgegenstände] bis zur Rechtskraft dieses Urteils einstweilen ohne – hilfsweise gegen – Sicherheitsleistung eingestellt wird.

   (Variante:
   gemäß §§ 769, 770, 785 ZPO anzuordnen, dass die Verwertung der oben bezeichneten Gegenstände im Wege der Zwangsvollstreckung aus dem . . . . . (präzise

Bezeichnung des Vollstreckungstitels) bis zur Rechtskraft dieses Urteils einstweilen ohne – hilfsweise gegen – Sicherheitsleistung eingestellt wird.)

Vorab beantragen wir,

die Zwangsvollstreckung aus dem ..... [präzise Bezeichnung des Vollstreckungstitels] in das nicht zum Nachlass des am ..... verstorbenen ..... [Name des Erblassers] gehörende Vermögen/in den am ..... gepfändeten ..... [präzise Bezeichnung der von der Vollstreckung betroffenen Vermögensgegenstände] einstweilen bis zur Entscheidung des vorliegenden Rechtsstreits einzustellen.

(Variante:
die Verwertung des oben bezeichneten Gegenstandes im Wege der Zwangsvollstreckung ohne – hilfsweise gegen – Sicherheitsleistung einstweilen bis zur Entscheidung des vorliegenden Rechtsstreits einzustellen.)

Sofern das Gericht das schriftliche Vorverfahren anordnet, wird für den Fall der Fristversäumnis des Beklagten beantragt,[5]

ein Versäumnisurteil ohne mündliche Verhandlung (§ 331 Abs. 3 ZPO) zu erlassen.

Begründung:

(Variante bei einem Titel gegen den Erblasser:

Der Kläger ist ausweislich des in der Anlage vorgelegten Erbscheins Alleinerbe/zusammen mit ..... (Name des/der Miterben) Erbe des am ..... verstorbenen ..... (Name des Erblassers). Der Beklagte hatte noch gegen den Erblasser ein – rechtskräftiges – Urteil des ..... gerichts ..... vom ..... erstritten. Hiernach ist der Erblasser verpflichtet, an den Beklagten ..... EUR zu zahlen[6]/..... (sonstiger Urteilsinhalt).)

(Variante:
..... (präzise Bezeichnung des sonstigen Vollstreckungstitel nebst Titelinhalts).)

Der Beklagte hat diesen Titel gemäß § 727 ZPO auf den Kläger als Rechtsnachfolger umschreiben und an den Kläger zustellen lassen und betreibt hieraus die Zwangsvollstreckung gegen den Kläger. Am ..... hat der Gerichtsvollzieher ..... in der Wohnung des Klägers folgende Gegenstände gepfändet: .....

(Variante:
Durch Beschluss vom ..... hat das Amtsgericht ..... die angebliche Forderung des Klägers gegen ..... (Bezeichnung des Drittschuldners) gepfändet und dem Beklagten zur Einziehung überwiesen.)

(Variante:
..... (Schilderung der sonstigen Vollstreckungshandlung).)

Die genannten Gegenstände fallen nicht in den Nachlass, sondern gehören zum Eigenvermögen des Klägers ..... [Darlegung des Erwerbstatbestandes mit entsprechenden Beweisantritten].

(Variante bei einem Titel gegen den Erben:

Der Kläger ist ausweislich des in der Anlage vorgelegten Erbscheins Alleinerbe/zusammen mit ..... (Name des/der Miterben) Erbe des am ..... verstorbenen ..... (Name des Erblassers). Der Beklagte hat gegen den Kläger (wegen einer Nachlassverbindlichkeit)[7] ein – rechtskräftiges – Urteil des ..... gerichts ..... vom ..... erstritten. Hiernach ist der Kläger verpflichtet, an den Beklagten ..... EUR zu zahlen/..... (sonstiger Urteilsinhalt). In dem Urteil ist auf entsprechende Einrede des Klägers diesem als Erbe die Beschränkung seiner Haftung auf den Nachlass des . . . . . (Name des Erblassers) ausdrücklich vorbehalten worden.[8])

(Variante:
. . . . . (präzise Bezeichnung des sonstigen Vollstreckungstitel nebst Titelinhalts).)

Der Beklagte betreibt aus diesem Titel die Zwangsvollstreckung gegen den Kläger. Am . . . . . hat der Gerichtsvollzieher . . . . . in der Wohnung des Klägers folgende Gegenstände gepfändet: . . . . .

(Variante:
Durch Beschluss vom . . . . . hat das Amtsgericht . . . . . die angebliche Forderung des Klägers gegen . . . . . (Bezeichnung des Drittschuldners) gepfändet und dem Beklagten zur Einziehung überwiesen.)

(Variante:
. . . . . (Schilderung der sonstigen Vollstreckungshandlung).)

Die genannten Gegenstände fallen nicht in den Nachlass, sondern gehören zum Eigenvermögen des Klägers . . . . . [Darlegung des Erwerbstatbestandes mit entsprechenden Beweisantritten].

[Ergänzend für beide Varianten:

Der Kläger wendet sich mit der Klage gegen diese Vollstreckung, weil seine Haftung insgesamt/zeitlich befristet auf den Nachlass beschränkt ist (§§ 785, 767 ZPO).)

Die Haftung des Klägers ist gemäß § 1975 BGB insgesamt auf den Nachlass beschränkt, weil durch Beschluss vom . . . . . die Nachlassverwaltung angeordnet/das Nachlassinsolvenzverfahren eröffnet worden ist. Da der Titel noch gegen den Erblasser ergangen ist/dem Kläger die beschränkte Erbenhaftung in dem Vollstreckungstitel vorbehalten worden ist und er auch nicht unbeschränkt haftet,[9] kann er sich hierauf gemäß den §§ 784, 780, 785 ZPO berufen.

(Variante:
Die beschränkte Haftung des Klägers ergibt sich aus den §§ 1990 bis 1992 BGB. Dass der Nachlass nicht einmal ausreicht, die Kosten einer Nachlassverwaltung oder des Nachlassinsolvenzverfahrens zu decken, folgt bereits daraus, dass das Nachlassgericht . . . . . durch Beschluss vom . . . . ./das Insolvenzgericht . . . . . durch Beschluss vom . . . . . die Anordnung der Nachlasspflegschaft/die Eröffnung des Insolvenzverfahrens mangels Masse abgelehnt hat. Diese Entscheidung ist auch für das Prozessgericht bindend (vgl. BGH NJW-RR 1989, 1226)./. . . . . (Darlegung der Voraussetzungen der §§ 1990 bis 1992 BGB). Da der Titel noch gegen den Erblasser ergangen ist/dem Kläger die beschränkte Erbenhaftung in dem Vollstreckungstitel vorbehalten worden ist und er auch nicht unbeschränkt haftet, kann er sich hierauf gemäß den §§ 784, 780, 785 ZPO berufen.[10])

(Variante:
Der Kläger kann die Zwangsvollstreckung in sein Privatvermögen gemäß § 2059 Abs. 1 S. 1 BGB als Miterbe verweigern, weil der Nachlass noch nicht auseinandergesetzt ist. Da der Titel noch gegen den Erblasser ergangen ist/dem Kläger die beschränkte Erbenhaftung in dem Vollstreckungstitel vorbehalten worden ist und er auch nicht unbeschränkt haftet, kann er sich hierauf gemäß den §§ 784, 780, 785 ZPO berufen.[11])

(Variante:
Der Kläger ist gemäß § 2014 BGB berechtigt, die Berichtigung der Forderung des Beklagten bis zum . . . . . zu verweigern. Denn . . . . . (Darlegung der Voraussetzungen der Dreimonatseinrede des § 2014 BGB)./Der Kläger ist gemäß § 2015 Abs. 1 BGB

berechtigt, die Berichtigung der Forderung des Beklagten bis zum ..... zu verweigern. Denn ..... (Darlegung der Voraussetzungen der Einrede des Aufgebotsverfahrens gem. § 2015 BGB). Da der Titel noch gegen den Erblasser ergangen ist/ dem Kläger die beschränkte Erbenhaftung in dem Vollstreckungstitel vorbehalten worden ist, ist die Zwangsvollstreckung gemäß den §§ 782, 785 ZPO wie aus dem Antrag ersichtlich zu beschränken.)

(Variante:
Der Kläger ist gemäß § 2014 BGB berechtigt, die Berichtigung der Forderung des Beklagten bis zum ..... zu verweigern. Denn ..... (Darlegung der Voraussetzungen der Dreimonatseinrede des § 2014 BGB)./Der Kläger ist gemäß § 2015 Abs. 1 BGB berechtigt, die Berichtigung der Forderung des Beklagten bis zum ..... zu verweigern. Denn ..... (Darlegung der Voraussetzungen der Einrede des Aufgebotsverfahrens gem. § 2015 BGB). Dass es sich bei der titulierten Forderung nicht um eine Nachlassverbindlichkeit, sondern um eine persönliche Schuld des Klägers gegenüber dem Beklagten handelt, steht der Klage nicht entgegen. Vielmehr kann der Kläger gemäß den §§ 783, 785 ZPO die Einrede auch gegenüber solchen Gläubigern geltend machen, die nicht Nachlassgläubiger sind. Eine unbeschränkte Haftung für die Nachlassverbindlichkeiten ist bislang noch nicht eingetreten.[12])

Der Kläger hat den Beklagten durch Schreiben vom ..... aufgefordert, die Zwangsvollstreckung einstellen zu lassen. Diesem Schreiben waren die maßgeblichen Unterlagen beigefügt, aus denen der Beklagte ohne weiteres entnehmen konnte, dass die Voraussetzungen für die von dem Kläger geltend gemachte Beschränkung seiner Haftung vorliegen. Da hierauf keine Reaktion erfolgt ist/dies durch Schreiben vom ..... abgelehnt worden ist, ist Klage geboten.

Der Erlass einer einstweiligen Anordnung ist gemäß §§ 785, 769 Abs. 1 ZPO angezeigt, um zu verhindern, dass der Kläger durch die Fortsetzung der Zwangsvollstreckung rechtlos gestellt wird. Die Erfolgsaussicht der Vollstreckungsgegenklage ergibt sich aus den vorangegangenen Ausführungen. Zur Glaubhaftmachung wird auf die vorgelegten Unterlagen sowie ergänzend auf die beigefügte eidesstattliche Versicherung des Klägers Bezug genommen. Da sich die Unzulässigkeit der Zwangsvollstreckung durch den Beklagten bereits aus den vorgelegten Unterlagen ergibt, ist die Zwangsvollstreckung ohne Sicherheitsleistung vorläufig einzustellen. Anders als § 707 Abs. 1 S. 2 ZPO setzt § 769 Abs. 1 ZPO für eine Einstellung ohne Sicherheitsleistung nicht voraus, dass der um Vollstreckungsschutz Nachsuchende – hier der Kläger – zur Sicherheitsleistung nicht in der Lage ist oder durch die Vollstreckung einen nicht zu ersetzenden Nachteil erleiden würde (vgl. Zöller/*Herget* § 769 Rn. 7 mwN).

(Variante:
Zu der Erbringung einer Sicherheit ist der Kläger nicht in der Lage, denn ..... (nähere Darlegung erforderlich).)

Zum Schutz des Klägers vor Rechtsnachteilen ist zudem gem. den §§ 785, 770, 769 Abs. 1 ZPO die Zwangsvollstreckung auch über den Zeitpunkt des Urteilserlasses hinaus bis zu dessen Rechtskraft einzustellen. Da der Kläger zur Sicherheitsleistung nicht in der Lage ist ..... [nähere Darlegung erforderlich], ein stattgebendes Urteil voraussichtlich aber nur gegen Sicherheitsleistung für vorläufig vollstreckbar erklärt wird, bestünde die Gefahr, dass der Beklagte trotz einer Verurteilung die Zwangsvollstreckung fortsetzen würde.

Wir haben heute auf der Grundlage eines Streitwerts in Höhe von ..... EUR einen Gerichtskostenvorschuss in Höhe von ..... EUR bei der Gerichtskasse ..... eingezahlt und bitten um unverzügliche Zustellung der Klageschrift.

Beglaubigte und einfache Abschrift liegen an.

.....

Rechtsanwalt[13, 14]

Anmerkungen

1. Wenn es sich um eine Entscheidung des **Familiengerichts** handelt, erhebt der Erbe keine Vollstreckungsgegenklage, sondern stellt vor dem Familiengericht einen Vollstreckungsgegenantrag. Die obigen Ausführungen zu → Form. P. VIII. 10 gelten entsprechend.

2. Auch wenn gegen den Schuldner (= Kläger der Vollstreckungsgegenklage) mit noch keiner konkreten Vollstreckungsmaßnahme begonnen wurde (zB Pfändung eines Gegenstandes durch den Gerichtsvollzieher), besteht nach überwiegender Auffassung für eine Klage des Erben mit dem Ziel der Beschränkung seiner Haftung auf den Nachlass bereits ein **Rechtsschutzinteresse** (vgl. Zöller/*Stöber* § 785 Rn. 3 mwN; Schuschke/Walker/*Raebel* § 785 Rn. 2). In diesen Fällen ist in der Praxis die hier vorgeschlagene Formulierung des Klageantrages üblich (vgl. Zöller/*Stöber* § 785 Rn. 3). Zu beachten ist aber, dass der Erbe Gefahr läuft, mit den Kosten des Rechtsstreits belastet zu werden, wenn der Gläubiger keinen Anlass zur Klage gegeben hatte und den Klageanspruch sofort anerkennt (§ 93 ZPO). **Vor Klagerhebung** sollte der Gläubiger deshalb um **Abgabe** einer **verbindlichen Erklärung** des Inhalts aufgefordert werden, dass eine Vollstreckung in das Eigenvermögen des Erben nicht erfolgen werde.

Gegenstand einer Klage gemäß den §§ 780 ff. ZPO können im Übrigen nicht nur Urteile, sondern – wegen der Verweisungsvorschrift des § 795 ZPO – auch sonstige Titel sein, insbesondere Prozessvergleiche oder notarielle Urkunden (vgl. BGH NJW 1991, 2839; Thomas/Putzo/*Seiler* § 780 Rn. 3).

3. Diese Formulierung des Klageantrages ist in den praktisch am häufigsten vorkommenden Fällen zu wählen, in denen die **Zwangsvollstreckung in konkrete Gegenstände** bereits begonnen hat und die **Haftung** des Erben **dauerhaft** (vgl. § 784 ZPO), und nicht nur zeitlich befristet (vgl. insoweit §§ 782, 783 ZPO) **auf** den **Nachlass beschränkt** ist (vgl. BGH FamRZ 1972, 449; Zöller/*Stöber* § 785 Rn. 2). Der Klageantrag hat sich an der Vorschrift des § 775 Nr. 1 ZPO zu orientieren, deshalb ist nicht die Aufhebung der konkreten Vollstreckungsmaßnahme, sondern die Unzulässigerklärung der Vollstreckungsmaßnahme zu beantragen (vgl. Thomas/Putzo/*Seiler* § 784 Rn. 1). Die Aufhebung der Vollstreckungsmaßnahme erfolgt bei Vorlage einer stattgebenden Entscheidung gemäß § 776 ZPO durch das jeweils zuständige Vollstreckungsorgan.

4. Die in § 782 ZPO aufgeführten **Einreden des Erben gemäß den §§ 2014, 2015 BGB** geben ihm (lediglich) das Recht, für die Dauer der in den §§ 2014, 2015 BGB aufgeführten Schutzfristen zu verlangen, dass die Zwangsvollstreckung auf Sicherungsmaßnahmen der Arrestvollziehung beschränkt wird. In § 783 ZPO wird angeordnet, dass der Erbe auch gegenüber seinen persönlichen Gläubigern die in § 782 ZPO aufgeführten Rechte geltend machen kann. Der Klageantrag muss den in §§ 782, 783 ZPO normierten Besonderheiten zur Vermeidung einer teilweisen Klageabweisung und hiermit verbundenen Kostennachteilen Rechnung tragen. **Unzulässig** sind **lediglich** (vgl. §§ 930–932 ZPO) solche Maßnahmen, die zu einer **Verwertung** führen (vgl. zu der Formulierung des Klageantrages auch Zöller/*Herget* § 782 Rn. 1 und § 783 Rn. 1). Zulässig sind demgegenüber Pfändungen von körperlichen Gegenständen und Forderungen oder die Eintragung einer Zwangshypothek. Gepfändetes Geld ist zu hinterlegen (§ 930 Abs. 2 ZPO).

5. Vgl. zu der Frage, welche prozessualen Anträge neben dem Antrag in der Hauptsache gestellt werden sollten, → Form. O. II. 7 Anm. 9.

6. Bei der Vollstreckung eines noch **gegen den Erblasser** erwirkten und auf den Erben gemäß § 727 ZPO als Rechtsnachfolger umgeschriebenen **Vollstreckungstitels** kann der Erbe die **Haftungsbeschränkung** mit der Vollstreckungsgegenklage gemäß den §§ 782 ff. ZPO **ohne Vorbehalt** geltend machen (vgl. nur Zöller/*Stöber* § 780 Rn. 9). Dies beruht darauf, dass der Erbe keine Möglichkeit hatte, sich die beschränkte Haftung vorzubehalten. Hatte die Zwangsvollstreckung schon begonnen, als der Erblasser noch lebte, darf die Vollstreckung **in den Nachlass** gemäß § 779 ZPO auch ohne Titelumschreibung fortgesetzt werden (vgl. Zöller/*Stöber* § 779 Rn. 5).

7. Im Falle des § 783 ZPO kommt auch ein Titel wegen einer **persönlicher Forderung** gegen den Erben in Betracht.

8. Vollstreckt der Nachlassgläubiger aufgrund eines **gegen den Erben** erlangten Vollstreckungstitels in dessen **Eigenvermögen,** kann der Erbe sich auf die **beschränkte Erbenhaftung** nur berufen, wenn sie ihm in dem Vollstreckungstitel **vorbehalten** worden ist (§ 780 Abs. 1 ZPO). In der Praxis wird der Vorbehalt auf entsprechende Einrede regelmäßig ohne Prüfung ausgesprochen, ob dem Erben die Haftungsbeschränkung überhaupt noch möglich ist. Zwar kann das Prozessgericht auch selbst sachlich über die Haftungsbeschränkung entscheiden (vgl. Zöller/*Stöber* § 780 Rn. 15). Hiervon wird jedoch nur selten Gebrauch gemacht. Zu beachten ist, dass **auch bei sonstigen Vollstreckungstiteln** die Haftungsbeschränkung **nur bei** einem entsprechenden **Vorbehalt** geltend gemacht werden kann (§§ 780, 794 Abs. 1, 795 ZPO). Ist gegen einen Erben ein Mahnbescheid oder ein **Vollstreckungsbescheid** ergangen, ist zur Erhaltung der Beschränkungsmöglichkeit Widerspruch bzw. **Einspruch** einzulegen. Auch bei dem Abschluss von Prozessvergleichen (vgl. hierzu BGH NJW 1991, 2839) oder der Errichtung notarieller Urkunden ist darauf zu achten, dass dem Erben die beschränkte Haftung ausdrücklich vorbehalten bleibt. Die bloße Bezeichnung als Erbe genügt hierfür nicht (vgl. Zöller/*Stöber* § 780 Rn. 6).

Schließlich ist aus anwaltlicher Vorsorge dafür Sorge zu tragen, dass die **Einrede** der beschränkten Erbenhaftung **bereits im ersten Rechtszug** erhoben wird. Im Berufungsverfahren vor dem Landgericht oder dem Oberlandesgericht unterfällt die – erstmalige – Erhebung der Einrede nach einer in der Rechtsprechung vertretenen Auffassung den strengen Zulässigkeitsvoraussetzungen des § 531 Abs. 2 ZPO, die nur selten vorliegen dürften (vgl. OLG Hamm OLGR 2006, 379; OLG Düsseldorf FamRZ 2004, 1222).

Kein Vorbehalt ist gemäß § 780 Abs. 2 ZPO erforderlich, wenn der Vollstreckungstitel gegen den Fiskus als gesetzlicher Erbe oder gegen den Nachlassverwalter, den Nachlasspfleger oder den verwaltenden Testamentsvollstrecke gerichtet ist. In diesem Fällen haftet der Schuldner in jedem Fall nur mit dem Nachlass (vgl. Zöller/*Stöber* § 780 Rn. 8).

9. Dass der Erbe für die Nachlassverbindlichkeiten unbeschränkt haftet und deshalb die Beschränkungsmöglichkeit gemäß § 784 Abs. 1 Hs. 2 ZPO ausgeschlossen ist, hat der Gläubiger darzulegen und zu beweisen. Die Möglichkeit der Haftungsbeschränkung gegenüber **allen Nachlassgläubigern** verliert der Erbe durch Versäumung der Inventarfrist (§ 1994 Abs. 1 S. 2 BGB) oder durch Inventaruntreue (§ 2005 BGB), gegenüber **einzelnen Nachlassgläubigern** durch Verweigerung der Abgabe der eidesstattlichen Versicherung (§ 2006 Abs. 3 BGB) oder durch Verzicht auf die Beschränkung (vgl. Zöller/*Stöber* § 780 Rn. 3).

Eine **weitere Verteidigungsmöglichkeit des Gläubigers** – neben dem Bestreiten der Voraussetzungen der Haftungsbeschränkungen und dem oben dargelegten Nachweis des Wegfalls der Beschränkungsmöglichkeit – besteht darin, darauf zu verweisen, dass der Erbe aus anderen Gründen dem Gläubiger den Vollstreckungsgegenstand zur Verfügung stellen muss. So mag der Erbe den Gegenstand von dem Erblasser anfechtbar erworben haben oder ebenfalls persönlich für die Nachlassverbindlichkeit haften (vgl. Schuschke/Walker/*Raebel* § 785 Rn. 4; LG Köln ZIP 1981, 1385). Auch wenn es sich bei der Klage gemäß § 785 ZPO um eine besondere Vollstreckungsgegenklage handelt, rechtfertigt es die **Nähe zur Drittwiderspruchsklage iSd § 771 ZPO,** dem Gläubiger die ihm insoweit gegen einen Dritten zustehenden Einwendungen im Rahmen einer Klage gemäß § 785 ZPO zuzugestehen (vgl. Schuschke/Walker/*Raebel* § 785 Rn. 4).

10. Es ist unstreitig, dass von den Vorschriften der §§ 780, 784, 785 ZPO **auch** die **sonstigen,** nicht ausdrücklich aufgeführten **Fälle der Beschränkung der Haftung des Erben** erfasst werden (vgl. nur Thomas/Putzo/*Seiler* § 780 Rn. 4 f., § 784 Rn. 2 f.; Zöller/*Stöber* § 780 Rn. 3, § 784 Rn. 2). Deshalb können und müssen (auch) die Beschränkungen der §§ 1990 ff. BGB sowie des § 2059 BGB (Miterbe) im Wege der Klage gemäß §§ 785, 767 ZPO geltend gemacht werden. Dies setzt grundsätzlich wiederum einen entsprechenden Vorbehalt der Haftungsbeschränkung in dem Vollstreckungstitel voraus (§ 780 Abs. 1 ZPO).

11. Vgl. zur analogen Anwendung der §§ 780, 784, 785 ZPO die Nachweise in → Anm. 10.

12. Da es einen Vorbehalt der beschränkten Erbenhaftung für einen **Eigengläubiger** des Erben naturgemäß nicht geben kann, setzt die Erhebung der Einreden gemäß den §§ 2014, 2015 BGB im Falle des § 783 ZPO (selbstverständlich) keinen entsprechenden Vorbehalt in dem Vollstreckungstitel gegen den Erben voraus.

13. Kosten und Gebühren/Rechtsmittel. Hinsichtlich der Kosten und Gebühren bzw. der gegen ein stattgebendes oder klageabweisendes Urteil bestehenden Rechtsmittel kann auf die Ausführungen zu → Form. P. VIII. 8 Bezug genommen werden.

14. Hinsichtlich der **Form** des Schriftsatzes (Unterschrift, elektronisches Dokument) wird verwiesen auf → Form. O. II. 1 Anm. 14.

14. Vollstreckungsgegenklage (§ 767 ZPO iVm § 10 UKlaG) mit Vollstreckungsschutzantrag

An das

Landgericht[1, 2]

in . . . . .

Vollstreckungsgegenklage

des/der . . . . . [ladungsfähige Anschrift des Verwenders der fraglichen Allgemeinen Geschäftsbedingung]

– Klägers –

Prozessbevollmächtigte: . . . . .

gegen

. . . . . [ladungsfähige Anschrift des Klägers im Vorprozess – vgl. §§ 3, 3a UKlaG],

– Beklagten –

Prozessbevollmächtigte: .....

Streitwert: .....[3]

Namens und in Vollmacht des Klägers erheben wir Klage mit dem Antrag/mit den Anträgen,

1. die Zwangsvollstreckung aus dem Urteil des Landgerichts ..... vom ...../aus dem vor dem Landgericht ..... am ..... zwischen den Parteien geschlossenen Prozessvergleich [präzise Bezeichnung des Vollstreckungstitels][4] für unzulässig zu erklären,
2. den Beklagten zu verurteilen, die vollstreckbare Ausfertigung des ..... [präzise Bezeichnung des Vollstreckungstitels] an den Kläger herauszugeben,
3. gemäß §§ 769, 770 ZPO anzuordnen, dass die Vollstreckung aus dem ..... [präzise Bezeichnung des Vollstreckungstitels] bis zur Rechtskraft dieses Urteils einstweilen ohne – hilfsweise gegen – Sicherheitsleistung eingestellt wird.

Vorab beantragen wir,

die Zwangsvollstreckung aus dem oben bezeichneten Vollstreckungstitel ohne – hilfsweise gegen – Sicherheitsleistung einstweilen bis zur Entscheidung des vorliegenden Rechtsstreits einzustellen.

Sofern das Gericht das schriftliche Vorverfahren anordnet, wird für den Fall der Fristversäumnis des Beklagten beantragt,[5]

ein Versäumnisurteil ohne mündliche Verhandlung (§ 331 Abs. 3 ZPO) zu erlassen.

Einer Entscheidung der Sache durch den Einzelrichter stehen keine Gründe entgegen.

(Variante:
Wegen der besonderen Schwierigkeit der Sache/grundsätzlichen Bedeutung eignet sich die Sache nicht für eine Entscheidung durch den Einzelrichter.)

Begründung:

Der Kläger ist durch Urteil des Landgerichts ..... vom ..... dazu verurteilt worden, es zu unterlassen, in seinen Allgemeinen Geschäftsbedingungen folgende Klausel zu verwenden .....

(Variante:
Der Kläger hat sich durch Prozessvergleich vom ..... dazu verpflichtet, in seinen Allgemeinen Geschäftsbedingungen folgende Klausel nicht mehr zu verwenden: .....)

Der Beklagte hat gegen den Kläger zwischenzeitlich die Zwangsvollstreckung eingeleitet/angedroht ..... [Darlegung der derzeitigen Standes des Vollstreckungsverfahrens].

Die Zwangsvollstreckung aus dem Unterlassungsurteil ist gemäß § 10 UKlaG iVm § 767 Abs. 1 ZPO unzulässig. Zwischenzeitlich hat nämlich der Bundesgerichtshof durch Urteil vom ...../der Gemeinsame Senat der Obersten Gerichtshöfe des Bundes durch Urteil vom ..... in einem anderen Rechtsstreit die Verwendung dieser Klausel nicht untersagt.[6] Da die Mitbewerber die Klausel verwenden, beeinträchtigt das titulierte Unterlassungsgebot den Geschäftsbetrieb des Klägers in unzumutbarer Weise ..... [nähere Darlegung erforderlich].[7]

Der Kläger ist auch nicht gem. § 767 Abs. 2 ZPO gehindert, die vorgenannten Einwendungen in dem vorliegenden Verfahren geltend zu machen. Die oben genannte höchstrichterliche Entscheidung ist erst nach Schluss der mündlichen Verhandlung im Erstprozess verkündet worden.[8]

Der Kläger hat den Beklagten durch Schreiben vom ..... aufgefordert, den Vollstreckungstitel herauszugeben/zu erklären, dass hieraus nicht vollstreckt wird. Diesem Schreiben waren die maßgeblichen Unterlagen beigefügt, aus denen der Beklagte ohne weiteres entnehmen konnte, dass die Zwangsvollstreckung unzulässig ist. Da hierauf keine Reaktion erfolgt ist/dies durch Schreiben vom ..... abgelehnt worden ist, ist Klage geboten.

Der Erlass einer einstweiligen Anordnung ist gemäß 769 Abs. 1 ZPO angezeigt, um zu verhindern, dass der Kläger durch die Fortsetzung der Zwangsvollstreckung rechtlos gestellt wird. Die Erfolgsaussicht der Vollstreckungsgegenklage ergibt sich aus den vorangegangenen Ausführungen. Zur Glaubhaftmachung wird auf die vorgelegten Unterlagen sowie ergänzend auf die beigefügte eidesstattliche Versicherung des Klägers Bezug genommen. Da sich die Unzulässigkeit der Zwangsvollstreckung durch den Beklagten bereits aus den vorgelegten Unterlagen ergibt, ist die Zwangsvollstreckung ohne Sicherheitsleistung vorläufig einzustellen. Anders als § 707 Abs. 1 S. 2 ZPO setzt § 769 Abs. 1 ZPO für eine Einstellung ohne Sicherheitsleistung nicht voraus, dass der um Vollstreckungsschutz Nachsuchende – hier der Kläger – zur Sicherheitsleistung nicht in der Lage ist oder durch die Vollstreckung einen nicht zu ersetzenden Nachteil erleiden würde (vgl. Zöller/*Herget* § 769 Rn. 7 mwN).

(Variante:
Zu der Erbringung einer Sicherheit ist der Kläger nicht in der Lage, denn .....
(nähere Darlegung erforderlich).)

Zum Schutz des Klägers vor Rechtsnachteilen ist zudem gem. den §§ 770, 769 Abs. 1 ZPO die Zwangsvollstreckung auch über den Zeitpunkt des Urteilserlasses hinaus bis zu dessen Rechtskraft einzustellen. Da der Kläger zur Sicherheitsleistung nicht in der Lage ist ..... [nähere Darlegung erforderlich], ein stattgebendes Urteil voraussichtlich aber nur gegen Sicherheitsleistung für vorläufig vollstreckbar erklärt wird, bestünde die Gefahr, dass der Beklagte trotz einer Verurteilung die Zwangsvollstreckung fortsetzen würde.

Wir haben heute einen Gerichtskostenvorschuss in Höhe von ..... EUR bei der Gerichtskasse ..... eingezahlt und bitten um unverzügliche Zustellung der Klageschrift. Als Streitwert haben wir einen geschätzten Betrag der Vollstreckungsforderung in Höhe von ..... EUR zugrundegelegt.

Beglaubigte und einfache Abschrift liegen an.

.....

Rechtsanwalt[9, 10]

Anmerkungen

1. Die **dogmatische Einordnung** der in § 10 UKlaG eingeräumten Klagemöglichkeit ist umstritten (vgl. Palandt/*Bassenge* UKlaG § 10 Rn. 1 mwN; Ulmer/Brandner/*Hensen* § 10 Rn. 1 ff.), für die praktische Anwendung jedoch **bedeutungslos**, da aufgrund der ausdrücklichen Verweisung auf § 767 ZPO die für die Vollstreckungsgegenklage bestehenden Vorschriften jedenfalls entsprechend anzuwenden sind.

2. Sachlich und örtlich **ausschließlich zuständig** für die Entscheidung über die Vollstreckungsgegenklage ist gemäß den §§ 767, 802 ZPO das **Prozessgericht erster Instanz.** Dies ist im Regelfall das gem. § 6 UKlaG für die Unterlassungsklage zuständige **Landgericht.** Zu beachten ist insoweit, dass die Bundesländer Bayern, Hessen, Mecklenburg-Vorpommern, und Nordrhein-Westfalen von der in § 6 Abs. 2 UKlaG eingeräumten

Möglichkeit Gebrauch gemacht haben, die Zuständigkeit auf bestimmte Landgerichte zu konzentrieren (vgl. die Nachweise bei Palandt/*Bassenge* UKlaG § 6 Rn. 7).

3. Der **Streitwert** bestimmt sich gem. § 3 ZPO nach billigem Ermessen. Zu bewerten ist der Wert der Vollstreckungsforderung (hier: Wert des titulierten Unterlassungsanspruchs). In der Praxis hat sich insoweit ein Regelstreitwert von 1.500,– EUR bis 5.000,– EUR je Klausel eingependelt (vgl. Palandt/*Bassenge* UKlaG § 5 Rn. 14 mwN).

4. Nach überwiegender Auffassung kann sich der Verwender mit der Vollstreckungsgegenklage nicht nur gegen ein gemäß den §§ 1, 9 UKlaG ergangenes **Unterlassungsurteil** zu Wehr setzen, sondern gemäß den §§ 794 Abs. 1 Nr. 1, 795, 767 Abs. 1 ZPO die in § 10 UKlaG aufgeführten Einwendungen **auch** einem gerichtlichen **Vergleich** entgegenhalten, soweit er Verwendungsverbote gem. § 1 UKlaG enthält (vgl. Palandt/*Bassenge* § 10 UKlaG Rn. 3 mwN). Demgegenüber gilt § 10 UKlaG unstreitig nicht für Urteile aus Rechtsstreitigkeiten zwischen dem Verwender und einem Kunden, in denen einen bestimmte AGB-Klausel für nichtig angesehen wurde (vgl. Schuschke/Walker/*Raebel* § 767 Rn. 47; Palandt/*Bassenge* UKlaG § 10 Rn. 3; sa OLG Köln WM 1992, 713 zu § 19 AGBG).

5. Vgl. zu der Frage, welche prozessualen Anträge neben dem Antrag in der Hauptsache gestellt werden sollten, → Form. O. II. 7 Anm. 9.

6. Ob sich der Verwender auch auf eine in einem **Individualprozess** ergangene abweichende höchstrichterliche Entscheidung berufen kann, ist streitig (bejahend etwa: Palandt/*Bassenge* UKlaG § 10 Rn. 4 mwN auch der Gegenauffassung).

7. In derartigen Fällen kann eine unzumutbare Beeinträchtigung des Verwenders in der Regel bejaht werden (vgl. Palandt/*Bassenge* UKlaG § 10 Rn. 5).

8. Vgl. zur Reichweite der **Präklusion gem. 767 Abs. 2 ZPO** nur Palandt/*Bassenge* UKlaG § 10 Rn. 5.

9. Kosten und Gebühren/Rechtsmittel. Hinsichtlich der Kosten und Gebühren bzw. der gegen das Urteil möglichen Rechtsmittel kann auf die Ausführungen zu → Form. P. VIII. 9 verwiesen werden.

10. Hinsichtlich der **Form** des Schriftsatzes (Unterschrift, elektronisches Dokument) wird verwiesen auf → Form. O. II. 1 Anm. 14.

15. Vollstreckungsgegenklage (§ 767 ZPO iVm § 79 BVerfGG) mit Vollstreckungsschutzantrag

An das

Amtsgericht/(Familiengericht)[1, 2]/Arbeitsgericht/Landgericht

in . . . . .

Vollstreckungsgegenklage

des/der . . . . . [ladungsfähige Anschrift des Schuldners],

– Klägers –

Prozessbevollmächtigte: . . . . .

gegen

..... [ladungsfähige Anschrift des Gläubigers],

– Beklagten –

Prozessbevollmächtigte: .....

Streitwert: .....

Namens und in Vollmacht des Klägers erheben wir Klage mit dem Antrag/mit den Anträgen,[3]

1. die Zwangsvollstreckung aus dem Urteil des ..... gerichts ..... vom ..... Az. ..... [präzise Bezeichnung des Vollstreckungstitels] für unzulässig zu erklären,
2. den Beklagten zu verurteilen, die vollstreckbare Ausfertigung des ..... [präzise Bezeichnung des Vollstreckungstitels] an den Kläger herauszugeben,
3. gemäß §§ 769, 770 ZPO anzuordnen, dass die Vollstreckung aus dem Urteil des ..... gerichts ..... vom ..... Az. ..... [präzise Bezeichnung des Vollstreckungstitels] bis zur Rechtskraft dieses Urteils einstweilen ohne – hilfsweise gegen – Sicherheitsleistung eingestellt wird.

Vorab beantragen wir,

die Zwangsvollstreckung aus dem oben genannten Urteil ohne – hilfsweise gegen – Sicherheitsleistung einstweilen bis zur Entscheidung des vorliegenden Rechtsstreits einzustellen.

Sofern das Gericht das schriftliche Vorverfahren anordnet, wird für den Fall der Fristversäumnis des Beklagten beantragt,[4]

ein Versäumnisurteil ohne mündliche Verhandlung (§ 331 Abs. 3 ZPO) zu erlassen.

Begründung:[5]

.....

Rechtsanwalt[6, 7]

Anmerkungen

1. Wenn das Urteil, aus dem der Gläubiger die Zwangsvollstreckung betreibt, auf einer Vorschrift beruht, die das Bundesverfassungsgericht später **für nichtig erklärt** hat, ist gemäß § 79 Abs. 2 S. 2 BVerfGG (bei einer Verfassungsbeschwerde: iVm § 95 Abs. 3 S. 3 BVerfGG) die Vollstreckung aus einer solchen Entscheidung unzulässig. Der Schuldner kann dies gemäß § 79 Abs. 2 S. 3 BVerfGG mit der Vollstreckungsgegenklage gemäß § 767 ZPO geltend machen.

Entgegen dem zu engen Wortlaut **gilt** das **Vollstreckungsverbot** des § 79 Abs. 2 S. 2 BVerfGG **auch** für die Fälle, in denen eine Entscheidung auf einer von dem Bundesverfassungsgericht mit dem Grundgesetz für **unvereinbar erklärten Norm** oder auf der **Auslegung** einer Norm beruht, die von Bundesverfassungsgericht für unvereinbar mit dem Grundgesetz erklärt worden ist. Auf derartige Fälle ist die Vorschrift des § 79 Abs. 2 BVerfGG analog anzuwenden (vgl. BVerfG FamRZ 2006, 253). Nach Ansicht des Bundesverfassungsgerichts (FamRZ 2006, 253 und FamRZ 2007, 337) können schließlich auch solche Entscheidungen nicht grundsätzlich von der analogen Anwendung des § 79 Abs. 2 BVerfGG und speziell seines S. 3 ausgenommen werden, durch welche die Zivilgerichte (lediglich) angehalten werden, bei der **Auslegung und Anwendung von Generalklauseln** und sonstigen auslegungsbedürftigen Regelungstatbeständen des bürgerlichen Rechts die jeweils einschlägigen Grundrechte interpretationsleitend zu berücksichtigen. Voraussetzung hierfür ist allerdings, dass das Bundesverfassungsgericht nicht nur die Verfehlung verfassungsrechtlicher Vorgaben der rechtlichen Subsumtion im Einzelfall beanstandet, sondern für die Auslegung des bürgerlichen Rechts über den Einzelfall hinausreichende Maßstäbe setzt, an welche die Zivilgerichte bei ihrer künftigen Rechtsprechung in gleichgelagerten Fällen ebenso gebunden sind, wie wenn das Bundesverfassungsgericht eine Rechtsvorschrift verfassungskonform in der Weise auslegt, dass es die verfassungswidrige Interpretationsmöglichkeit ausschließt.

Praktisch bedeutsam ist dies insbesondere für die sog. **Bürgschaftsentscheidung des Bundesverfassungsgerichts** (BVerfGE 89, 214). Anders als der Bundesgerichtshof (vgl. BGHZ 151, 316) ist das Bundesverfassungsgericht der Auffassung, dass sich ein Schuldner im Rahmen einer Vollstreckungsgegenklage auf diese Bürgschaftsentscheidung stützen kann (BVerfG FamRZ 2006, 253). Deshalb hat das Bundesverfassungsgericht die abweichende Entscheidung des Bundesgerichtshofs aufgehoben (kritisch dazu etwa *Joswig* FF 2006, 146). In der daraufhin gefassten Entscheidung hat der Bundesgerichtshof die Vollstreckungsgegenklage des Bürgen als begründet angesehen (vgl. BGH FamRZ 2006, 1024).

2. Wenn es sich um eine Entscheidung des **Familiengerichts** handelt, erhebt der Schuldner keine Vollstreckungsgegenklage, sondern stellt vor dem Familiengericht einen Vollstreckungsgegenantrag. Die obigen Ausführungen zu → Form. P. VIII. 10 gelten entsprechend.

3. Im Übrigen (Zuständigkeit etc) weist die auf § 79 BVerfGG gestützte Vollstreckungsgegenklage keine Besonderheiten auf. Die Ausführungen zu → Form. P. VIII. 9 gelten entsprechend.

4. Vgl. zu der Frage, welche prozessualen Anträge neben dem Antrag in der Hauptsache gestellt werden sollten, → Form. O. II. 7 Anm. 9.

5. Der Aufbau der Klagebegründung entspricht im Kern dem Grundfall der Vollstreckungsgegenklage gem. → Form. P. VIII. 9, wobei als Besonderheit die Voraussetzungen des § 79 BVerfGG darzulegen sind.

6. Kosten und Gebühren/Rechtsmittel. Hinsichtlich der Kosten und Gebühren bzw. der gegen ein stattgebendes oder klageabweisendes Urteil bestehenden Rechtsmittel kann auf die Ausführungen zu → Form. P. VIII. 9 Bezug genommen werden.

7. Hinsichtlich der **Form** des Schriftsatzes (Unterschrift, elektronisches Dokument) wird verwiesen auf → Form. O. II. 1 Anm. 14.

16. Vollstreckungsgegenklage bei fortgesetzter Gütergemeinschaft (§ 786 ZPO iVm § 1489 BGB) mit Vollstreckungsschutzantrag

An das

Amtsgericht/(Familiengericht)[1, 2]/Arbeitsgericht/Landgericht

in .....

Vollstreckungsgegenklage

des/der ..... [ladungsfähige Anschrift des Schuldners],

– Klägers –

Prozessbevollmächtigte: . . . . .

gegen

. . . . . [ladungsfähige Anschrift des Gläubigers],

– Beklagten –

Prozessbevollmächtigte: . . . . .

Streitwert: . . . . .

Namens und in Vollmacht des Klägers erheben wir Klage mit den Anträgen,

1. die Zwangsvollstreckung aus dem Urteil des . . . . . gerichts . . . . . vom . . . . . Az. . . . . ./. . . . . [präzise Bezeichnung des sonstigen Vollstreckungstitels] in das am . . . . . [Zeitpunkt des Todes des verstorbenen Ehegatten] nicht zum Gesamtgut der zwischen dem Kläger und . . . . . [Namen der Abkömmlinge, mit denen die Gütergemeinschaft fortgesetzt wird] fortgesetzten Gütergemeinschaft gehörende Vermögen des Klägers für unzulässig zu erklären.[3]

   (Variante:
   die Zwangsvollstreckung aus dem Urteil des . . . . . gerichts . . . . . vom . . . . . Az. . . . . ./. . . . . (präzise Bezeichnung des sonstigen Vollstreckungstitels) in das am . . . . . (Zeitpunkt des Todes des verstorbenen Ehegatten) nicht zum Gesamtgut der zwischen dem Kläger und . . . . . (Namen der Abkömmlinge, mit denen die Gütergemeinschaft fortgesetzt wird) fortgesetzten Gütergemeinschaft gehörende Vermögen des Klägers und die am . . . . . erfolgte Pfändung des . . . . . (präzise Bezeichnung der von der Vollstreckung betroffenen Vermögensgegenstände) für unzulässig zu erklären.[4])
   (Variante:
   die Verwertung der aufgrund des Urteils des . . . . . gerichts . . . . . vom . . . . . Az. . . . . ./. . . . . (präzise Bezeichnung des sonstigen Vollstreckungstitels) gepfändeten Gegenstände (präzise Bezeichnung der von der Vollstreckung betroffenen Vermögensgegenstände) bis zum . . . . . für unzulässig zu erklären.[5])

2. gemäß §§ 769, 770, 785 ZPO anzuordnen, dass die Vollstreckung aus dem . . . . . [präzise Bezeichnung des Vollstreckungstitels] in das am . . . . . [Zeitpunkt des Todes des verstorbenen Ehegatten] nicht zum Gesamtgut der zwischen dem Kläger und . . . . . [Namen der Abkömmlinge, mit denen die Gütergemeinschaft fortgesetzt wird] fortgesetzten Gütergemeinschaft gehörende Vermögen des Klägers/in die . . . . . [präzise Bezeichnung der von der Vollstreckung betroffenen Vermögensgegenstände] bis zur Rechtskraft dieses Urteils einstweilen ohne – hilfsweise gegen – Sicherheitsleistung eingestellt wird.

   (Variante:
   gemäß §§ 769, 770, 785 ZPO anzuordnen, dass die Verwertung der oben bezeichneten Gegenstände im Wege der Zwangsvollstreckung aus dem . . . . . (präzise Bezeichnung des Vollstreckungstitels) bis zur Rechtskraft dieses Urteils einstweilen ohne – hilfsweise gegen – Sicherheitsleistung eingestellt wird.)

Vorab beantragen wir,

die Zwangsvollstreckung aus dem og Vollstreckungstitel in das am . . . . . [Zeitpunkt des Todes des verstorbenen Ehegatten] nicht zum Gesamtgut der zwischen dem Kläger und . . . . . [Namen der Abkömmlinge, mit denen die Gütergemeinschaft fortgesetzt wird] fortgesetzten Gütergemeinschaft gehörende Vermögen des Klägers/in die . . . . . [präzise Bezeichnung der von der Vollstreckung betroffenen Vermögensgegenstände]

ohne – hilfsweise gegen – Sicherheitsleistung einstweilen bis zur Entscheidung des vorliegenden Rechtsstreits einzustellen.

(Variante:
die Verwertung des oben bezeichneten Gegenstandes im Wege der Zwangsvollstreckung ohne – hilfsweise gegen – Sicherheitsleistung einstweilen bis zur Entscheidung des vorliegenden Rechtsstreits einzustellen.)

Sofern das Gericht das schriftliche Vorverfahren anordnet, wird für den Fall der Fristversäumnis des Beklagten beantragt,[6]

ein Versäumnisurteil ohne mündliche Verhandlung (§ 331 Abs. 3 ZPO) zu erlassen.

Begründung:[7]

. . . . .

Rechtsanwalt[8, 9]

Anmerkungen

1. Wenn im Falle einer fortgesetzten Gütergemeinschaft (vgl. § 1483 Abs. 1 BGB) der **überlebende Ehegatte** für **Gesamtgutsverbindlichkeiten persönlich** nur wegen des Eintritts der fortgesetzten Gütergemeinschaft **haftet**, finden gemäß § 1489 Abs. 2 BGB die für die Haftung des Erben für die Nachlassverbindlichkeiten geltenden Vorschriften entsprechende Anwendung (vgl. hierzu Schuschke/Walker/*Raebel* § 786 Rn. 1). An die Stelle des Nachlasses tritt das **Gesamtgut** in dem **Bestande,** den es **zur Zeit des Eintritts der fortgesetzten Gütergemeinschaft** hatte (§ 1489 Abs. 2 Hs. 2 BGB). Der überlebende Ehegatte kann deshalb – vergleichbar mit einem Erben – seine **Haftung durch Gesamtgutsverwaltung** (entsprechend § 1981 BGB), die Eröffnung des **Insolvenzverfahrens** über das Gesamtgut (§ 332 InsO), die **Unzulänglichkeitseinreden** (§§ 1989 f. BGB) und die aufschiebenden Einreden gemäß den §§ 2014, 2015 BGB **beschränken.** In prozessualer Hinsicht können diese Beschränkungen aber nur im Wege der Vollstreckungsgegenklage gemäß den §§ 786, 785 ZPO geltend gemacht werden, wenn sich der überlebende Ehegatte die Beschränkung der Haftung hat vorbehalten lassen (§§ 786, 780 ZPO). Die Anmerkungen zu → Form. P. VIII. 13 gelten entsprechend.

§ 786 ZPO erklärt darüber hinaus auch für die in den **§§ 1480, 1504 BGB** im Zusammenhang mit einer Gütergemeinschaft in Betracht kommenden **Haftungsbeschränkungen** die §§ 780 Abs. 1, 781 und 785 ZPO für entsprechend anwendbar. Wenn das Gesamtgut nach Beendigung der ehelichen oder fortgesetzten Gütergemeinschaft geteilt wird, bevor eine Gesamtgutsverbindlichkeit berichtigt worden ist, haftet dem Gläubiger der Ehegatte oder der Abkömmling persönlich. Der Ehegatte (§ 1480 BGB) bzw. der Abkömmling (§ 1504 BGB) kann die Haftung aber auf die ihm zugeteilten Gegenstände beschränken, wenn die Haftungsbeschränkung in dem Titel vorbehalten ist. Geltend gemacht wird der Vorbehalt gemäß den §§ 786, 785 ZPO mit der Vollstreckungsgegenklage. Wegen der fehlenden praktischen Relevanz wird von der Darstellung weiterer Einzelheiten abgesehen.

2. Wenn es sich um eine Entscheidung des **Familiengerichts** handelt, erhebt der überlebende Ehegatte keine Vollstreckungsgegenklage, sondern stellt vor dem Familiengericht einen Vollstreckungsgegenantrag. Die obigen Ausführungen zu → Form. P. VIII. 10 gelten entsprechend.

3. Dieser Klageantrag betrifft den Fall, dass der Gläubiger noch keine konkreten Vollstreckungsmaßnahmen eingeleitet hat (→ Form. P. VIII. 13 Anm. 1).

4. Dieser Antrag ist in den praktisch am häufigsten vorkommenden Fällen zu wählen, in denen die **Zwangsvollstreckung in konkrete Gegenstände** bereits **begonnen** hat und die Haftung des überlebenden Ehegatten dauerhaft (vgl. §§ 786, 784 ZPO), und nicht nur zeitlich befristet (vgl. insoweit §§ 786, 782, 783 ZPO) auf das Gesamtgut in dem Bestande beschränkt ist, den es zur Zeit des Eintritts der fortgesetzten Gütergemeinschaft hatte.

5. Die in § 782 ZPO iVm § 786 ZPO aufgeführten **Einreden** des überlebenden Ehegatten gemäß den **§§ 2014, 2015 BGB iVm § 1489 Abs. 2 BGB** geben ihm (lediglich) das Recht, für die Dauer der in den §§ 2014, 2015 BGB aufgeführten Schutzfristen zu verlangen, dass die Zwangsvollstreckung auf **Sicherungsmaßnahmen der Arrestvollziehung beschränkt** wird.

6. Vgl. zu der Frage, welche prozessualen Anträge neben dem Antrag in der Hauptsache gestellt werden sollten, → Form. O. II. 7 Anm. 9.

7. Der Aufbau der Klagebegründung entspricht im Kern derjenigen einer Vollstreckungsgegenklage des Erben gem. den §§ 785, 767 ZPO entsprechend → Form. P. VIII. 13, wobei als Besonderheit die Voraussetzungen des § 1489 BGB darzulegen sind.

8. Kosten und Gebühren/Rechtsmittel. Hinsichtlich der Kosten und Gebühren bzw. der gegen ein stattgebendes oder klageabweisendes Urteil bestehenden Rechtsmittel kann auf die Ausführungen zu → Form. O. VIII. 9 Bezug genommen werden.

9. Hinsichtlich der **Form** des Schriftsatzes (Unterschrift, elektronisches Dokument) wird verwiesen auf → Form. O. II. 1 Anm. 14.

17. Vollstreckungsgegenklage (§ 786 ZPO iVm § 1629a BGB) zur Haftungsbeschränkung Minderjähriger mit Vollstreckungsschutzantrag

An das

Amtsgericht/(Familiengericht)[1, 2]/Arbeitsgericht/Landgericht

in .....

Vollstreckungsgegenklage

des/der ..... [ladungsfähige Anschrift des Schuldners],

– Klägers –

Prozessbevollmächtigte: .....

gegen

..... [ladungsfähige Anschrift des Gläubigers],

– Beklagten –

Prozessbevollmächtigte: .....

Streitwert: .....

Namens und in Vollmacht des Klägers erheben wir Klage mit dem Antrag/mit den Anträgen,

1. die Zwangsvollstreckung aus dem Urteil des . . . . . gerichts . . . . . vom . . . . . Az. . . . . ./. . . . . [präzise Bezeichnung des sonstigen Vollstreckungstitels] in das nicht bereits am . . . . . [Zeitpunkt der Volljährigkeit des Klägers] vorhandene Vermögen des Klägers für unzulässig zu erklären.[3]

(Variante:
die Zwangsvollstreckung aus dem Urteil des . . . . . gerichts . . . . . vom . . . . . Az. . . . . ./. . . . . (präzise Bezeichnung des sonstigen Vollstreckungstitels) in das nicht bereits am . . . . . (Zeitpunkt der Volljährigkeit des Klägers) vorhandene Vermögen des Klägers und die am . . . . . erfolgte Pfändung des . . . . . (präzise Bezeichnung der von der Vollstreckung betroffenen Vermögensgegenstände) für unzulässig zu erklären.[4])

2. gemäß §§ 769, 770, 785 ZPO anzuordnen, dass die Vollstreckung aus dem Urteil des . . . . . gerichts . . . . . vom . . . . . Az. . . . . ./. . . . . [präzise Bezeichnung des sonstigen Vollstreckungstitels] in das nicht bereits am . . . . . [Zeitpunkt der Volljährigkeit des Klägers] vorhandene Vermögen des Klägers/in die . . . . . [präzise Bezeichnung der von der Vollstreckung betroffenen Vermögensgegenstände] bis zur Rechtskraft dieses Urteils einstweilen ohne – hilfsweise gegen – Sicherheitsleistung eingestellt wird.

Vorab beantragen wir,

die Zwangsvollstreckung aus dem og Vollstreckungstitel in das nicht bereits am . . . . . [Zeitpunkt der Volljährigkeit des Klägers] vorhandene Vermögen des Klägers/in die . . . . . [präzise Bezeichnung der von der Vollstreckung betroffenen Vermögensgegenstände] ohne – hilfsweise gegen – Sicherheitsleistung einstweilen bis zur Entscheidung des vorliegenden Rechtsstreits einzustellen.

Sofern das Gericht das schriftliche Vorverfahren anordnet, wird für den Fall der Fristversäumnis des Beklagten beantragt,[5]

ein Versäumnisurteil ohne mündliche Verhandlung (§ 331 Abs. 3 ZPO) zu erlassen.

Begründung:[6]

. . . . .

Rechtsanwalt[7, 8]

Anmerkungen

1. Gemäß § 1629a BGB **beschränkt sich die Haftung eines Minderjährigen** für Verbindlichkeiten, die seine Eltern im Rahmen ihrer gesetzlichen Vertretungsmacht oder sonstige vertretungsberechtigte Personen im Rahmen ihrer Vertretungsmacht durch Rechtsgeschäft oder eine sonstige Handlung mit Wirkung für das Kind begründet haben oder die auf Grund eines während der Minderjährigkeit erfolgten Erwerbs von Todes wegen entstanden sind, **auf den Bestand des bei Eintritt der Volljährigkeit vorhandenen Vermögens des Kindes.** In § 1629 Abs. 1 S. 2 BGB werden die §§ 1990, 1991 BGB für anwendbar erklärt. In prozessualer Hinsicht verweist § 786 ZPO auf die Vorschriften der §§ 780 Abs. 1, 781 und 785 ZPO. Voraussetzung für eine hierauf gestützte Vollstreckungsgegenklage ist grundsätzlich ein entsprechender Vorbehalt der Haftungsbeschränkung in dem Vollstreckungstitel (§§ 786, 780 Abs. 1 ZPO). Nicht erforderlich ist ein solcher Vorbehalt allerdings, wenn der Titel gegen den Schuldner noch während dessen Minderjährigkeit erlangt wurde (vgl. *Behnke* NJW 1998, 3078 (3080)).

2. Wenn es sich um eine Entscheidung des **Familiengerichts** handelt, erhebt der Schuldner keine Vollstreckungsgegenklage, sondern stellt vor dem Familiengericht einen

Vollstreckungsgegenantrag. Die obigen Ausführungen zu → Form. P. VIII. 10 gelten entsprechend.

3. Dieser **Klageantrag** betrifft den Fall, dass der Gläubiger noch keine konkreten Vollstreckungsmaßnahmen eingeleitet hat (→ Form. P. VIII. 13 Anm. 1).

4. Dieser Antrag ist in den praktisch am häufigsten vorkommenden Fällen zu wählen, in denen die Zwangsvollstreckung in konkrete Gegenstände bereits begonnen hat (→ Form. P. VIII. 13 Anm. 3).

5. Vgl. zu der Frage, welche prozessualen Anträge neben dem Antrag in der Hauptsache gestellt werden sollten, → Form. O. II. 7 Anm. 9.

6. Der Aufbau der Klagebegründung entspricht im Kern derjenigen einer Vollstreckungsgegenklage des Erben gem. den §§ 785, 767 ZPO entsprechend → Form. P. VIII. 13, wobei als Besonderheit die Voraussetzungen des § 1629a BGB darzulegen sind.

7. Kosten und Gebühren/Rechtsmittel. Hinsichtlich der Kosten und Gebühren bzw. der gegen ein stattgebendes oder klageabweisendes Urteil bestehenden Rechtsmittel kann auf die Ausführungen zu → Form. P. VIII. 9 Bezug genommen werden.

8. Hinsichtlich der **Form** des Schriftsatzes (Unterschrift, elektronisches Dokument) wird verwiesen auf → Form. O. II. 1 Anm. 14.

18. Vollstreckungsgegenklage (§ 786 ZPO iVm § 2187 BGB) zur Haftungsbeschränkung des beschwerten Vermächtnisnehmers mit Vollstreckungsschutzantrag

An das

Amtsgericht/Landgericht

in .....

Vollstreckungsgegenklage

des/der ..... [ladungsfähige Anschrift des Schuldners],

– Klägers –

Prozessbevollmächtigte: .....

gegen

..... [ladungsfähige Anschrift des Gläubigers],

– Beklagten –

Prozessbevollmächtigte: .....

Streitwert: .....

Namens und in Vollmacht des Klägers erheben wir Klage mit dem Antrag/mit den Anträgen,

1. die Zwangsvollstreckung aus dem Urteil des ..... gerichts ..... vom ..... Az. ...../..... [präzise Bezeichnung des sonstigen Vollstreckungstitels] für unzulässig zu erklären, soweit sie sich nicht auf das dem Kläger durch letztwillige Verfügung vom

..... des ..... [Name des Erblassers] zugewandte Vermächtnis[1, 2]..... [präzise Beschreibung des Vermächtnisgegenstandes] beschränkt.[3]

(Variante:
die Zwangsvollstreckung aus dem Urteil des ..... gerichts ..... vom ..... Az. ...../..... (präzise Bezeichnung des sonstigen Vollstreckungstitels), soweit sie sich nicht auf das dem Kläger durch letztwillige Verfügung vom ..... des ..... (Name des Erblassers) zugewandte Vermächtnis ..... (präzise Beschreibung des Vermächtnisgegenstandes) beschränkt sowie die am ..... erfolgte Pfändung des ..... (präzise Bezeichnung der von der Vollstreckung betroffenen Vermögensgegenstände) für unzulässig zu erklären.[4])

2. gemäß §§ 769, 770, 785 ZPO anzuordnen, dass die Vollstreckung aus dem ..... [präzise Bezeichnung des Vollstreckungstitels], soweit sie sich nicht auf das dem Kläger durch letztwillige Verfügung vom ..... des ..... [Name des Erblassers] zugewandte Vermächtnis ..... [präzise Beschreibung des Vermächtnisgegenstandes] beschränkt/die Vollstreckung in ..... [präzise Bezeichnung der von der Vollstreckung betroffenen Vermögensgegenstände] bis zur Rechtskraft dieses Urteils einstweilen ohne – hilfsweise gegen – Sicherheitsleistung eingestellt wird.

Vorab beantragen wir,

die Zwangsvollstreckung aus dem og Vollstreckungstitel, soweit sie sich nicht auf das dem Kläger durch letztwillige Verfügung vom ..... des ..... [Name des Erblassers] zugewandte Vermächtnis ..... [präzise Beschreibung des Vermächtnisgegenstandes] beschränkt/in ..... [präzise Bezeichnung der von der Vollstreckung betroffenen Vermögensgegenstände] ohne – hilfsweise gegen – Sicherheitsleitung – einstweilen bis zur Entscheidung des vorliegenden Rechtsstreits einzustellen.

Sofern das Gericht das schriftliche Vorverfahren anordnet, wird für den Fall der Fristversäumnis des Beklagten beantragt,[5]

ein Versäumnisurteil ohne mündliche Verhandlung (§ 331 Abs. 3 ZPO) zu erlassen.

Begründung:[6]

.....

Rechtsanwalt[7, 8]

Anmerkungen

1. Gemäß § 2187 Abs. 1 BGB kann ein **Vermächtnisnehmer,** der **mit** einem (Unter-) **Vermächtnis** oder einer **Auflage beschwert** ist, die **Erfüllung** insoweit **verweigern,** als dasjenige, was er aus dem Vermächtnis erhält, zur Erfüllung nicht ausreicht. In prozessualer Hinsicht erklärt § 786 ZPO für die Geltendmachung dieser Haftungsbeschränkung die §§ 780 Abs. 1, 781 und 785 ZPO für anwendbar. Der Vermächtnisnehmer muss deshalb darauf achten, sich bei einer Titulierung der ihm obliegenden Verpflichtung die Haftungsbeschränkung vorzubehalten. Wird er ohne einen solchen Vorbehalt verurteilt, wird er im Rahmen der Vollstreckung mit seinem Einwand, nur beschränkt zu haften, nicht gehört (§§ 786, 780 Abs. 1 ZPO).

2. Wenn der Erbe das dem Kläger zugewandte Vermächtnis bereits erfüllt hat, beschränkt sich die Haftung des Klägers nicht auf die – erloschene – Forderung gem. § 2174 BGB, sondern auf das **Erlangte.**

3. Dieser Klageantrag betrifft den Fall, dass der Gläubiger noch keine konkreten Vollstreckungsmaßnahmen eingeleitet hat (→ Form. P. VIII. 13 Anm. 1).

4. Dieser Antrag ist in den praktisch am häufigsten vorkommenden Fällen zu wählen, in denen die Zwangsvollstreckung in konkrete Gegenstände bereits begonnen hat (→ Form. P. VIII. 13 Anm. 3).

5. Vgl. zu der Frage, welche prozessualen Anträge neben dem Antrag in der Hauptsache gestellt werden sollten, → Form. O. II. 7 Anm. 9.

6. Der Aufbau der Klagebegründung entspricht im Kern derjenigen einer Vollstreckungsgegenklage des Erben gem. den §§ 785, 767 ZPO entsprechend → Form. P. VIII. 13, wobei als Besonderheit die Voraussetzungen des § 2187 BGB darzulegen sind.

7. **Kosten und Gebühren/Rechtsmittel.** Hinsichtlich der Kosten und Gebühren bzw. der gegen ein stattgebendes oder klageabweisendes Urteil bestehenden Rechtsmittel kann auf die Ausführungen zu → Form. P. VIII. 9 Bezug genommen werden.

8. Hinsichtlich der **Form** des Schriftsatzes (Unterschrift, elektronisches Dokument) wird verwiesen auf → Form. O. II. 1 Anm. 14.

19. Verlängerte Vollstreckungsgegenklage (Schadensersatz- und/oder Bereicherungsklage)

An das[1, 2]

Amtsgericht/(Familiengericht)[3]/Arbeitsgericht/Landgericht

in . . . . .

Klage

des/der . . . . . [ladungsfähige Anschrift des Schuldners],

– Klägers –

Prozessbevollmächtigte: . . . . .

gegen

. . . . . [ladungsfähige Anschrift des Gläubigers],[4]

– Beklagten –

Streitwert: . . . . .

Namens und in Vollmacht des Klägers erheben wir Klage mit dem Antrag,

den Beklagten zu verurteilen, an den Kläger . . . . . EUR nebst Zinsen in Höhe von 5 Prozentpunkten über dem Basiszinssatz seit dem . . . . . zu zahlen.

Sofern das Gericht das schriftliche Vorverfahren anordnet, wird für den Fall der Fristversäumnis des Beklagten beantragt,[5]

ein Versäumnisurteil ohne mündliche Verhandlung (§ 331 Abs. 3 ZPO) zu erlassen.

Begründung:[6]

Der Beklagte hat gegen den Kläger ein Urteil des ..... gerichts ..... vom ..... Az. ..... erstritten. Hiernach war der Kläger verpflichtet, an den Beklagten ..... EUR zu zahlen/ ..... [sonstiger Urteilsinhalt].

(Variante:
..... (Darlegung eines sonstigen Vollstreckungstitels nebst Titelinhalts).)

Am ..... hat der Gerichtsvollzieher ..... während der Abwesenheit des Klägers dessen ..... [präzise Bezeichnung des Vollstreckungsgegenstandes] gepfändet.

(Variante:
Durch Beschluss vom ..... hat das Amtsgericht ..... die angebliche Forderung des Klägers gegen ..... [Bezeichnung des Drittschuldners] gepfändet und dem Beklagten zur Einziehung überwiesen.)
(Variante:
..... [Schilderung der sonstigen Vollstreckungshandlung].)

Nachdem der Kläger von der Pfändung erfahren hatte, forderte er den Beklagten durch Schreiben vom ..... auf, den ..... [Vollstreckungsgegenstand] freizugeben, weil die Forderung zwischenzeitlich beglichen worden sei. Dies hat der Beklagte indes mit der Begründung, er könne keinen Zahlungseingang feststellen, verweigert und die Zwangsvollstreckung fortgesetzt.

(Variante:
..... (Darlegung einer sonstigen materiellen Einwendung gegen den titulierten Anspruch).)

Zwischenzeitlich ist der ..... [Vollstreckungsgegenstand] von dem Gerichtsvollzieher versteigert und der Erlös in Höhe von ..... EUR abzüglich von Versteigerungskosten in Höhe von ..... EUR an den Beklagten ausgekehrt worden.

(Variante:
..... (Schilderung der sonstigen Vollstreckungshandlung des Gläubigers).)

(Variante für den Fall, dass der Kläger einen Schadensersatzanspruch geltend macht:

Der Beklagte ist verpflichtet, dem Kläger den Wert des versteigerten ..... zu erstatten, weil er aufgrund des Vollstreckungstitels nicht mehr zur Zwangsvollstreckung berechtigt war. Die Pflicht des Beklagten zum Schadensersatz folgt zum einen aus § 280 Abs. 1 BGB, weil der Beklagte seine Pflichten aus dem zwischen den Parteien bestehenden gesetzlichen Schuldverhältnis verletzt hat. Der Vollstreckungszugriff begründet zwischen dem Gläubiger und dem Schuldner eine gesetzliche Sonderbeziehung privatrechtlicher Art, die für den Vollstreckungsgläubiger Pflichten zu Wahrung der Interessen des Schuldners erzeugt (vgl. BGH NJW 1985, 3080 (3081); so auch Zöller/Stöber ZPO Vor § 704 Rn. 12a). Die Verletzung dieser Pflichten kann zu einem Schadensersatzanspruch aus dem Gesichtspunkt der Verletzung einer durch Schuldverhältnis begründeten Pflicht führen (vgl. BGH NJW 1985, 3080 (3081); Zöller/Stöber Vor § 704 Rn. 12a). So liegt der Fall hier: Der Beklagte hätte aufgrund des Hinweises des Klägers ohne weiteres feststellen können, dass die Forderung getilgt worden war/. .... (Darlegung sonstiger Einwendungen). Denn ..... (ist näher darzulegen). Hierbei muss sich der Beklagte das Verschulden der von ihm eingesetzten Mitarbeiter gemäß § 278 BGB zurechnen lassen (vgl. BGHZ 58, 207 (215) zu dem Parallelfall des gesetzlichen Schuldverhältnisses zwischen dem Gläubiger und einem von der Vollstreckung betroffenen Dritten).)

Unabhängig davon haftet der Beklagte wegen der Eigentumsverletzung auch wegen einer unerlaubten Handlung gemäß § 823 Abs. 1 BGB. Angesichts der Leichtfertigkeit seines Verhaltens kann er sich nicht darauf berufen, dass er sich zur Durchsetzung seiner Forderung eines von der Rechtsordnung gebilligten Verfahrens bedient hat, so dass wegen der verfahrensrechtlichen Legalität dieses Verfahrens zunächst eine Vermutung der Rechtmäßigkeit besteht (vgl. BGHZ 74, 9 (14 f.)). Diese Vermutung greift vorliegend gerade nicht.

Die Vorschrift des § 767 Abs. 2 ZPO steht dem mit der Klage geltend gemachten Schadensersatzanspruch nicht entgegen (vgl. zu dieser Frage BGHZ 83, 278 (280)). Auch im Rahmen einer Vollstreckungsgegenklage hätte sich der Kläger auf den erst nach Schluss der letzten mündlichen Tatsachenverhandlung im Vorprozess entstandenen Erfüllungseinwand berufen können.[7]

(Variante:
..... (Darlegung der sonstigen Gründe, warum § 767 Abs. 2 ZPO nicht eingreift).)

Der Höhe nach hat der Beklagte den vollen Wert der versteigerten Sache zu ersetzen, der sich auf einen Betrag in Höhe von ..... EUR beläuft. Dass dieser Wert höher als der von dem Beklagten erzielte Versteigerungserlös ist, steht der Ersatzpflicht des Beklagten nicht entgegen, da er den Kläger gemäß § 249 BGB so zu stellen hat, wie er ohne das pflichtwidrige Verhalten des Beklagten stünde. Aus diesem Grunde kommt auch ein Abzug der Versteigerungskosten nicht in Betracht.[8]

(Variante:
..... (Darlegung sonstiger Schadenspositionen))

(Variante für den Fall, dass der Kläger einen Bereicherungsanspruch geltend macht:

Der Beklagte muss die Klagesumme an den Kläger nach den Grundsätzen des Bereicherungsrechts (Eingriffskondiktion gem. § 812 Abs. 1 S. 1 Alt. 2 BGB) erstatten, weil er den Versteigerungserlös – abzüglich der Versteigerungskosten[9] – ohne Rechtsgrund auf Kosten des Klägers erlangt hat/. .... (Darlegung eines sonstigen Bereicherungsgegenstandes). Dem titulierten Anspruch stand nämliche die nachfolgend näher dargelegte, nicht präkludierte Einwendung entgegen, aufgrund derer der Kläger erfolgreich eine Vollstreckungsgegenklage erheben und die Zwangsvollstreckung hätte verhindern können (vgl. BGHZ 83, 278 (280); BGH NJW-RR 1988, 957). Entgegen der Auffassung des Beklagten hat die durch Schreiben vom ..... erklärte Aufrechnung die titulierte Forderung zum Erlöschen gebracht ..... (ist näher auszuführen).)

(Variante:
..... (Darlegung einer sonstigen, nicht präkludierten Einwendung).)

(Ergänzend für alle Varianten:

Der Zinsanspruch ist unter dem Gesichtspunkt des Verzuges gerechtfertigt, da der Beklagte die ihm durch Schreiben vom ..... gesetzte Zahlungsfrist nicht eingehalten hat.)

Wir haben heute einen Gerichtskostenvorschuss in Höhe von ..... EUR bei der Gerichtskasse ..... eingezahlt und bitten um unverzügliche Zustellung der Klageschrift.

Beglaubigte und einfache Abschrift liegen an.

.....

Rechtsanwalt[10, 11]

Anmerkungen

1. Wenn die **Zwangsvollstreckung** bereits **vollständig beendet** ist, etwa weil dem Gläubiger im Rahmen der Mobiliarvollstreckung der Versteigerungserlös ausgehändigt worden ist oder der Drittschuldner im Rahmen der Forderungsvollstreckung die gepfändete Forderung gegenüber dem Gläubiger beglichen hat, ist die materiellrechtliche Klage gemäß § 767 ZPO mangels Rechtsschutzinteresses unzulässig (vgl. *Baumbach/Lauterbach/Albers/Hartmann* § 767 Rn. 34). Der Schuldner hat in diesen Fällen nur noch die Möglichkeit, im Wege einer gesonderten Leistungsklage, die man auch als **verlängerte Vollstreckungsgegenklage** bezeichnet, wegen des Verlustes seines Rechts Ersatzansprüche (Schadensersatz- und/oder Bereicherungsansprüche) gegen den Vollstreckungsgläubiger geltend zu machen.

Erledigt sich das Vollstreckungsverfahren bereits **während eines anhängigen Klageverfahrens** gemäß § 767 ZPO, kann und sollte, um ein erneutes Anfallen der Gebühren durch eine neue Klage zu vermeiden, die hier besprochene Leistungsklage bereits in den anhängigen Prozess eingeführt und die Klage entsprechend umgestellt werden. Eine solche **Umstellung** gilt **gemäß § 264 Nr. 3 ZPO** nicht als eine Änderung der Klage und ist deshalb **unproblematisch** zulässig. Hinsichtlich der Zuständigkeit ist bei einer solchen Umstellung in den Fällen, in denen der Beklagte die örtliche und/oder die sachliche Zuständigkeit rügt, zu berücksichtigen, dass das für die Vollstreckungsgegenklage zuständige Gericht nach der Umstellung des Klageantrages jedenfalls gemäß § 261 Abs. 3 Nr. 2 ZPO auch für die verlängerte Vollstreckungsgegenklage zuständig bleibt (vgl. zur Reichweite des Grundsatzes der perpetuatio fori auch BGH NJW 2001, 2477). Im Übrigen gelten die nachfolgenden Ausführungen in gleicher Weise für eine isolierte Klage und eine Antragsumstellung im Rahmen einer bereits anhängigen Vollstreckungsgegenklage.

Von der hier behandelten verlängerten Vollstreckungsgegenklage, die dem Schuldner trotz Bestehenbleibens des Vollstreckungstitels – wenn auch nur sekundären – Rechtsschutz nach Abschluss des Vollstreckungsverfahrens bietet, ist der **Fall** zu unterscheiden, **dass** der **Vollstreckungstitel selbst aufgehoben wird,** nachdem der Gläubiger bereits vollstreckt hatte. Dies kann **Schadensersatz- oder Bereicherungsansprüche** des Vollstreckungsschuldners **gemäß § 717 Abs. 2 und 3 ZPO** begründen (→ Form. P. VIII. 3 und → Form. P. VIII. 4).

2. Hinsichtlich der sachlichen und örtlichen **Zuständigkeit** des anzurufenden Gerichts bestehen keine Besonderheiten, da es sich um eine normale Leistungsklage handelt. Die in den §§ 767, 796 Abs. 2, 797 Abs. 5 ZPO normierten ausschließlichen Gerichtsstände gelten deshalb nicht, vielmehr finden die **allgemeinen Vorschriften** der §§ 23, 71 GVG (sachliche Zuständigkeit) sowie der §§ 12 ff. ZPO (örtliche Zuständigkeit) Anwendung (vgl. nur Musielak/Voit/*Lackmann* § 767 Rn. 15). Möglich ist auch eine Zuständigkeit des Arbeitsgerichts.

3. Wenn das **Familiengericht** zuständig ist, erhebt der Schuldner keine Vollstreckungsgegenklage, sondern stellt vor dem Familiengericht einen der Klage entsprechenden Antrag. Die obigen Ausführungen zu → Form. O. II. 8 gelten entsprechend.

4. In Ausnahmefällen kommt auch eine persönliche **deliktische Haftung des** den Gläubiger vertretenden **Rechtsanwaltes** in Betracht (vgl. hierzu BGHZ 74, 9).

5. Vgl. zu der Frage, welche prozessualen Anträge neben dem Antrag in der Hauptsache gestellt werden sollten, → Form. O. II. 7 Anm. 9.

6. Die Begründung ist unterschiedlich, je nachdem, ob der Schuldner einen Schadensersatzanspruch oder einen Bereicherungsanspruch geltend macht.

7. Auch bei der Schadenersatzklage ist die **Präklusionswirkung des § 767 Abs. 2 ZPO** zu beachten. Dass der Schuldner die Vollstreckungsgegenklage noch rechtzeitig hätte erheben können, dies jedoch versäumt hat, kann dem Schadensersatzanspruch nicht anspruchsmindernd (§ 254 BGB) entgegen gehalten werden. Eine Pflicht zur Erhebung einer Vollstreckungsgegenklage besteht nicht. Es kommt deshalb auch **keine analoge Präklusion** gemäß § 767 Abs. 2 und 3 ZPO dergestalt in Betracht, dass materielle Ausgleichsansprüche nicht mehr auf Einwendungen gestützt werden könnten, die schon während des Vollstreckungsverfahrens bestanden und theoretisch mit der Vollstreckungsgegenklage hätten verfolgt werden können (vgl. Schuschke/Walker/*Raebel* § 767 Rn. 46; Stein/Jonas/*Münzberg* § 767 Rn. 55). **Wirtschaftlich** kann ein Unterbleiben einer Klage gemäß § 767 ZPO jedoch zum völligen Verlust für den Schuldner führen, wenn der Gläubiger nach der Durchführung der Vollstreckung insolvent wird und Schadensersatzansprüche deshalb nicht mehr durchsetzbar sind. Dies ist bei einer anwaltlichen Beratung des Schuldners zu berücksichtigen.

Wenn der Schuldner Vollstreckungsgegenklage erhoben hatte und diese abgewiesen worden war, steht fest, dass die Zwangsvollstreckung jedenfalls nicht aus den Gründen, die Gegenstand der Klage waren, unrechtmäßig und pflichtwidrig war. Hierauf kann deshalb auch eine Schadensersatzklage nicht mit Erfolg gestützt werden (vgl. Schuschke/Walker/*Raebel* § 767 Rn. 46 mwN).

8. Hinsichtlich der **Rechtsfolgen** ist ein **Schadensersatzanspruch** deshalb wesentlich **günstiger als** der nachfolgend erörterte **Bereicherungsanspruch.** Allerdings ist es für den Schuldner im Regelfall auch erheblich schwieriger, die Voraussetzungen eines Schadensersatzanspruches darzulegen bzw. zu beweisen.

9. Dass der Bereicherungsanspruch im Falle einer unberechtigten Zwangsvollstreckung durch den Gläubiger (nur) auf Zahlung des **Erlöses abzüglich der Vollstreckungskosten** gerichtet ist, entspricht der ständigen Rechtsprechung des Bundesgerichtshofs (vgl. BGHZ 32, 244; BGHZ 66, 150) und sollte deshalb zur Vermeidung einer teilweisen Klageabweisung bei der Antragstellung berücksichtigt werden. Dass sich ein Gericht der – vereinzelt gebliebenen – Gegenauffassung anschließen wird, wonach der Bruttoerlös beansprucht werden kann (vgl. Stein/Jonas/*Münzberg* § 771 Rn. 75 zu der Parallelproblematik bei Bereicherungsansprüchen eines von der Vollstreckung betroffenen Dritten), kann nicht erwartet werden.

10. Kosten und Gebühren/Rechtsmittel. Hinsichtlich der Kosten und Gebühren bzw. der gegen ein stattgebendes oder klageabweisendes Urteil bestehenden Rechtsmittel kann auf die Ausführungen zu → Form. P. VII. 1 verwiesen werden.

11. Hinsichtlich der **Form** des Schriftsatzes (Unterschrift, elektronisches Dokument) wird verwiesen auf → Form. O. II. 1 Anm. 14.

20. Prozessuale Gestaltungsklage (analog § 767 ZPO) mit Vollstreckungsschutzantrag

An das[1, 2]

Amtsgericht/(Familiengericht[3])/Arbeitsgericht/Landgericht

in .....

Prozessuale Gestaltungsklage analog § 767 ZPO

des/der ..... [ladungsfähige Anschrift des Schuldners],

– Klägers –

Prozessbevollmächtigte: .....

gegen

..... [ladungsfähige Anschrift des Gläubigers],

– Beklagten –

Prozessbevollmächtigte: .....

Streitwert: .....

Namens und in Vollmacht des Klägers erheben wir Klage mit dem Antrag/mit den Anträgen,

1. die Zwangsvollstreckung aus dem ..... [präzise Bezeichnung des Vollstreckungstitels] für unzulässig zu erklären,[4]
2. gemäß §§ 769, 770 ZPO anzuordnen, dass die Vollstreckung aus dem ..... [präzise Bezeichnung des Vollstreckungstitels] bis zur Rechtskraft dieses Urteils einstweilen ohne – hilfsweise gegen – Sicherheitsleistung eingestellt wird.

Vorab beantragen wir,

die Zwangsvollstreckung aus dem oben bezeichneten Vollstreckungstitel ohne – hilfsweise gegen – Sicherheitsleistung einstweilen bis zur Entscheidung des vorliegenden Rechtsstreits einzustellen.

Sofern das Gericht das schriftliche Vorverfahren anordnet, wird für den Fall der Fristversäumnis des Beklagten beantragt,[5]

ein Versäumnisurteil ohne mündliche Verhandlung (§ 331 Abs. 3 ZPO) zu erlassen.

Begründung:[6]

(Falls mit der Klage die Unbestimmtheit der in einem Versäumnisurteil titulierten Forderung geltend gemacht werden soll:

Der Beklagte hat gegen den Kläger in einem Vorprozess vor dem erkennenden Gericht ein – rechtskräftiges – Versäumnisurteil vom ..... erstritten (präzise Bezeichnung des Vollstreckungstitels). Hiernach ist der Kläger verpflichtet, an den Beklagten ..... EUR zu zahlen/. .... (Wiedergabe des sonstigen Titelinhalts). Ausweislich des beigefügten Schreibens des Gerichtsvollziehers .... betreibt der Beklagte aus dem genannten Titel die Zwangsvollstreckung/. .... (konkrete Darlegung des derzeitigen Sachstandes des Vollstreckungsverfahrens).)

Der Beklagte ist jedoch zur Zwangsvollstreckung aus dem Versäumnisurteil nicht berechtigt, weil nicht feststellbar ist, welche konkrete Forderung der Urteilssumme zugrunde liegt, so dass der Titel der materiellen Rechtskraft nicht fähig ist. Diese Unbestimmtheit des titulierten Anspruchs macht der Kläger vorliegend mit der prozessualen Gestaltungsklage analog § 767 ZPO (vgl. BGHZ 124, 164) geltend.

Der Kläger verkennt nicht, dass im Falle eines Versäumnisurteils, dem es an Tatbestand und Entscheidungsgründen fehlt, zur Bestimmung des Umfangs der Rechtskraft ergänzend auf das Klagevorbringen abgestellt werden kann (vgl. BGHZ 124, 164 = NJW 1994, 460). Auch dies führt zu keiner anderen Beurteilung. Der Beklagte hatte eine Teilklage erhoben, die sich aus mehreren Einzelansprüchen zusammensetzte, ohne dass erkennbar war, welcher Teil des Gesamtanspruchs Gegenstand der Klage sein sollte ..... [ist näher auszuführen]. Aus diesem Grunde ist auch nicht erkennbar, welche Einzelforderungen mit dem Urteil abgegolten sein sollten.

Dass der Kläger gegen das hiernach nicht der Rechtskraft fähige Urteil keinen Einspruch eingelegt hat, steht dem Erfolg seiner Klage nicht entgegen. Bei Vollstreckungstiteln, die – wie hier – der materiellen Rechtskraft nicht fähig sind, tritt eine Präklusion gemäß § 767 Abs. 2 ZPO nicht ein (BGHZ 124, 164 (172 f.)).

(Falls mit der Klage die auf materiell-rechtlichen Gründen beruhenden Unwirksamkeit einer notariellen Urkunde geltend gemacht werden soll:

Der Beklagte betreibt aus der Urkunde des Notars ..... vom ..... die Zwangsvollstreckung gegen den Kläger ..... (Darlegung des aktuellen Standes des Vollstreckungsverfahrens). In der genannten Urkunde hatte sich der Kläger wegen ..... (Darlegung der Forderung des Beklagten) der sofortigen Zwangsvollstreckung in sein gesamtes Vermögen unterworfen. Diese Unterwerfungsklausel ist jedoch aus folgenden, materiell-rechtlichen Gründen nichtig. Der Kläger ist berechtigt, die hieraus folgende Unwirksamkeit des Vollstreckungstitels im Wege der prozessualen Gestaltungsklage analog § 767 ZPO geltend zu machen (vgl. BGH NJW 2002, 138; BGH NJW 1999, 51).[7] Demgegenüber ist er nicht gehalten, den Weg der Klauselerinnerung gemäß § 732 ZPO zu wählen (vgl. BGH NJW-RR 2004, 1718; BGH NJOZ 2005, 3298).)

Die Unterwerfungserklärung verstößt gegen § 307 BGB, weil sie den Kläger als Besteller entgegen den Regeln des Werkvertragsrechts der Gefahr der Vorleistung aussetzt (vgl. BGH NJW 2002, 138). Denn .....

(Variante:
Die Unterwerfungserklärung ist wegen Verstoßes gegen § 134 BGB iVm §§ 3, 12 der Makler- und Bauträgerverordnung nichtig (vgl. BGH NJW 1999, 51). Denn .....)
(Variante:
Die Vollmacht, aufgrund derer die Unterwerfungserklärung des Klägers gegenüber dem Notar abgegeben wurde, ist wegen Verstoßes gegen § 3 RDG nichtig. Dem Kläger ist es auch nicht mit Rücksicht auf Treu und Glauben verwehrt, sich auf die hieraus folgende Unwirksamkeit des Vollstreckungstitels zu berufen (vgl. BGH InVo 2005, 368; BGH WM 2005, 72). Denn .....)

(Falls mit der Klage die Unbestimmtheit des Vollstreckungstitels geltend gemacht werden soll:

Die Parteien haben in einem Vorprozess vor dem erkennenden Gericht am ..... einen Prozessvergleich geschlossen. Hiernach hat sich der Kläger unter anderem verpflichtet, ... (Darlegung des Inhalts des Vollstreckungstitels).)

(Variante:
..... (Darlegung eines sonstigen Vollstreckungstitels nebst des Titelinhalts).)

Der Beklagte hat durch Schreiben vom ..... angekündigt, aus dem Prozessvergleich/ ..... (sonstiger Titel) die Zwangsvollstreckung betreiben zu wollen.

Der Kläger wendet sich mit seiner prozessualen Gestaltungsklage analog § 767 ZPO gegen diese Zwangsvollstreckung, weil der Vollstreckungstitel nicht hinreichend bestimmt ist (vgl. BGH NJW 2006, 695; OLG Köln NJW-RR 1999, 431; OLG Koblenz NJW-RR 2002, 1509).[8] Dass er die Unbestimmtheit auch mit einer Klauselerinnerung gem. § 732 ZPO geltend machen könnte, lässt sein Rechtsschutzinteresse für die hier erhobene Klage nicht entfallen (vgl. BGH NJW 2006, 695; BGH NJW-RR 2007, 1724 (1725)). Konkret ergibt sich vorliegend die Unbestimmtheit des Titels daraus, dass ..... [nähere Darlegung erforderlich].

(Ergänzend für alle Varianten:

Der Kläger hat den Beklagten durch Schreiben vom ..... aufgefordert, den Vollstreckungstitel herauszugeben/zu erklären, dass hieraus nicht vollstreckt wird. Diesem Schreiben waren die maßgeblichen Unterlagen beigefügt, aus denen der Beklagte ohne weiteres entnehmen konnte, dass die Zwangsvollstreckung unzulässig ist. Da hierauf keine Reaktion erfolgt ist/dies durch Schreiben vom ..... ausdrücklich abgelehnt worden ist, ist Klage geboten.)

Der Erlass einer einstweiligen Anordnung ist gemäß § 769 Abs. 1 ZPO analog angezeigt, um zu verhindern, dass der Kläger durch die Fortsetzung der Zwangsvollstreckung rechtlos gestellt wird. Die Erfolgsaussicht der prozessualen Gestaltungsklage analog § 767 ZPO ergibt sich aus den vorangegangenen Ausführungen. Zur Glaubhaftmachung wird auf die vorgelegten Unterlagen sowie ergänzend auf die beigefügte eidesstattliche Versicherung des Klägers Bezug genommen. Da sich die Unzulässigkeit der Zwangsvollstreckung durch den Beklagten bereits aus den vorgelegten Unterlagen ergibt, ist die Zwangsvollstreckung ohne Sicherheitsleistung vorläufig einzustellen. Anders als § 707 Abs. 1 S. 2 ZPO setzt § 769 Abs. 1 ZPO für eine Einstellung ohne Sicherheitsleistung nicht voraus, dass der um Vollstreckungsschutz Nachsuchende – hier der Kläger – zur Sicherheitsleistung nicht in der Lage ist oder durch die Vollstreckung einen nicht zu ersetzenden Nachteil erleiden würde (vgl. Zöller/*Herget* § 769 Rn. 7 mwN).

> *(Variante:*
> *Zu der Erbringung einer Sicherheit ist der Kläger nicht in der Lage, denn ..... (nähere Darlegung erforderlich).)*

Zum Schutz des Klägers vor Rechtsnachteilen ist zudem gem. den §§ 770, 769 Abs. 1 ZPO die Zwangsvollstreckung auch über den Zeitpunkt des Urteilserlasses hinaus bis zu dessen Rechtskraft einzustellen. Da der Kläger zur Sicherheitsleistung nicht in der Lage ist ..... [nähere Darlegung erforderlich], ein stattgebendes Urteil voraussichtlich aber nur gegen Sicherheitsleistung für vorläufig vollstreckbar erklärt wird, bestünde die Gefahr, dass der Beklagte trotz einer Verurteilung die Zwangsvollstreckung fortsetzen würde.

Wir haben heute einen Gerichtskostenvorschuss in Höhe von ..... EUR bei der Gerichtskasse ..... eingezahlt und bitten um unverzügliche Zustellung der Klageschrift. Als Streitwert haben wir den Wert der Vollstreckungsforderung zugrundegelegt.

Beglaubigte und einfache Abschrift liegen an.

.....

Rechtsanwalt[9, 10]

Anmerkungen

1. Bei der hier behandelten, sog. prozessualen Gestaltungsklage analog § 767 ZPO – zT wird sie auch als Titelgegenklage bezeichnet, vgl. BGH Urt. v. 19.12.2014 – V ZR 82/13, MDR 2015, 361 – geht es im **Unterschied zu** der Klage im unmittelbaren Anwendungsbereich des **§ 767 ZPO** nicht um Einwendungen gegen den titulierten Anspruch, sondern um die Geltendmachung der **Unbestimmtheit** der titulierten **Forderung** bzw. der **Unwirksamkeit** des **Vollstreckungstitels** selbst. Das **Klageziel** ist jedoch in beiden Fällen **identisch:** Die Zwangsvollstreckung aus einem Vollstreckungstitel soll für unzulässig erklärt werden. Wenn der Schuldner sowohl materiell-rechtliche Einwendungen gegen den titulierten Anspruch als auch Einwendungen gegen die Wirksamkeit des Vollstreckungstitels erheben möchte, bietet es sich an, beide Klagen im Wege der **objektiven Klagehäufung** gemäß § 260 ZPO zu verbinden (vgl. hierzu BGH NJW 1992, 2160 (2162); BGH InVo 2005, 368). Daneben ist es jedoch auch möglich, die prozessuale Gestaltungsklage analog § 767 ZPO isoliert zu erheben. Ihre Zulässigkeit hängt nicht davon ab, dass sie gemeinsam mit einer Vollstreckungsgegenklage erhoben wird (vgl. BGH NJW-RR 2007, 1724 (1725)). Die nachfolgenden Erläuterungen gelten für beide Fallkonstellationen in gleicher Weise.

2. Da die Klage auf eine entsprechende Anwendung der Vorschriften über die Vollstreckungsgegenklage gestützt wird (vgl. grundlegend dazu BGHZ 124, 164 = NJW 1994, 460), richtet sich auch die **Zuständigkeit des** zur Entscheidung berufenen **Gerichts analog** nach den Vorschriften der **Vollstreckungsgegenklage** in ihrem unmittelbaren Anwendungsbereich. Wenn Klagegegenstand ein Urteil oder ein Prozessvergleich ist, ist das Prozessgericht des ersten Rechtszuges zuständig. Bei notariellen Urkunden ist die besondere Zuständigkeitsbestimmung in § 797 Abs. 5 ZPO zu beachten. Wegen weiterer Einzelheiten kann auf die Anmerkungen zu dem Grundfall der Vollstreckungsgegenklage verwiesen werden (→ Form. P. VIII. 9).

3. Wenn das Familiengericht zuständig ist, muss der Schuldner anstelle einer Klage einen prozessualen Gestaltungsantrag analog § 767 ZPO erheben. Im Übrigen kann auf die Anmerkungen zu → Form. P. VIII. 10 verwiesen werden.

4. Der **Klageantrag entspricht** dem Klageantrag einer **Vollstreckungsgegenklage,** die die vollständige Unzulässigerklärung zum Ziel hat. Wenn eine Vollstreckungsgegenklage mit einer prozessualen Gestaltungsklage analog § 767 ZPO verbunden wird, wird zwar rein äußerlich nur ein Klageantrag gestellt. In der Klagebegründung ist jedoch eindeutig klarzustellen, dass es sich um **zwei** verschiedene Klagen handelt, über die unterschiedlich entschieden werden kann (instruktiv hierzu BGH InVo 2005, 368; sa jüngst BGH Urt. v. 19.12.2014 – V ZR 82/13, MDR 2015, 361). So ist es durchaus möglich, dass die Zwangsvollstreckung aus dem Vollstreckungstitel insgesamt – insoweit antragsgemäß – für unzulässig erklärt wird, weil die prozessuale Gestaltungsklage Erfolg hat, die Klage im übrigen aber abgewiesen wird, weil die mit der Vollstreckungsgegenklage gegen den titulierten Anspruch erhobenen materiell-rechtlichen Einwendungen nicht durchgreifen. Auch der umgekehrte Fall ist denkbar. In beiden Fällen hat der nur scheinbar in vollem Umfang erfolgreiche Kläger wegen des Teilunterliegens einen Teil der Kosten des Rechtsstreits zu tragen.

Wenn die Unterwerfungserklärung unwirksam und die Zwangsvollstreckung deshalb insgesamt endgültig unzulässig ist, kann analog § 371 BGB auch Herausgabe der vollstreckbaren Ausfertigung einer Urkunde mit einer Unterwerfungserklärung verlangt werden (BGH Urt. v. 19.12.2014 – V ZR 82/13, MDR 2015, 361).

5. Vgl. zu der Frage, welche prozessualen Anträge neben dem Antrag in der Hauptsache gestellt werden sollten, → Form. O. II. 7 Anm. 9.

6. Die Begründung der Klage ist unterschiedlich, je nachdem, welcher Einwand mit der prozessualen Gestaltungsklage analog § 767 ZPO geltend gemacht werden soll.

7. In der Literatur wird zum Teil (vgl. *Barnert* MDR 2004, 605) die Auffassung vertreten, die **Statthaftigkeit** der prozessualen Gestaltungsklage sei auf die Fälle zu beschränken, in denen Urteile wegen Unbestimmtheit der titulierten Forderung keiner materiellen Rechtskraft fähig sind. Der Hinweis auf eine Entscheidung des V. Zivilsenats des Bundesgerichtshofs (vgl. BGH NJW-RR 2004, 1135) erscheint allerdings zweifelhaft. In der zitierten Entscheidung hat der Bundesgerichtshof – lediglich – dargelegt, dass die Frage, ob sich aus dem Titel mit hinreichender Deutlichkeit der Vollstreckungsgläubiger ergibt, nicht Gegenstand einer prozessualen Gestaltungsklage analog § 767 ZPO sein könne. Demgegenüber finden sich in der Entscheidung keine Aussagen zu der hier interessierenden Problematik, ob die Unwirksamkeit eines Vollstreckungstitels aus **materiellen** Gründen analog § 767 ZPO geltend gemacht werden kann. Ebenso wenig ergibt sich aus den Entscheidung, dass der V. Zivilsenat von der Rechtsprechung des VII. Zivilsenats (BGH NJW 2002, 138) abweichen wollte.

8. Ob mit der prozessualen Gestaltungsklage analog § 767 ZPO **neben der Unbestimmtheit der titulierten Forderung** und der auf **materiell-rechtlichen Gründen beruhenden Unwirksamkeit** des Titels (siehe die in dem Formular aufgeführten Beispielsfälle) auch die **Unbestimmtheit des Titels als solche** geltend gemacht werden kann, ist noch nicht abschließend geklärt. Während dies in den Entscheidungen der Oberlandesgerichte Köln (NJW-RR 1999, 431) und Koblenz (NJW-RR 2002, 1509) angenommen wird, hat der V. Zivilsenat des Bundesgerichtshofs dies jedenfalls für den Fall verneint, dass sich die Unbestimmtheit auf die Person des Vollstreckungsgläubigers bezieht. Die Prüfung dieser Frage sei dem Klauselerteilungsverfahren vorbehalten (vgl. BGH NJW-RR 2004, 1135; siehe aber jetzt Urt. v. 19.12.2014 – V ZR 82/13, MDR 2015, 361 zu dem Verstoß gegen das Konkretisierungsgebot gemäß § 794 Abs. 1 Nr. 5 ZPO, der zur Unwirksamkeit der Unterwerfungserklärung führe und mit der prozessualen Gestaltungsklage analog § 767 ZPO geltend gemacht werden könne). Auf der anderen Seite geht der XII. Zivilsenat des Bundesgerichtshofs (vgl. BGH NJW 2006, 695) ohne weitere Problematisierung davon aus, dass die fehlende Vollstreckungsfähigkeit wegen mangelnder Bestimmtheit des Vollstreckungstitels mit der prozessualen Gestaltungsklage analog § 767 ZPO geltend gemacht werden kann. Entsprechendes gilt nach der Rechtsprechung des VII. Zivilsenats für die Wirkungslosigkeit eines Titels infolge eines Vergleichs (vgl. BGH NJW-RR 2007, 1724). Der XII. Zivilsenat (NJW 2006, 695) hat es nicht beanstandet, dass das Berufungsgericht die Vollstreckbarerklärung eines Anwaltsvergleichs, in dem sich ein Unterhaltsschuldner zur Zahlung von 800 DM „unter Anrechnung bereits gezahlter Beträge" verpflichtet und sich insoweit der sofortigen Zwangsvollstreckung unterworfen hatte, als nicht hinreichend bestimmt qualifiziert und eine Klage analog § 767 ZPO als statthaft angesehen hat. **Diese Entscheidung sollte** deshalb bei entsprechenden Klagen **auf jeden Fall zitiert werden.**

Die anders gelagerte Frage, ob beim Fehlen einer Unterwerfungsklausel eines von mehreren Schuldnern dieser gleichwohl eine Vollstreckungsgegenklage erheben kann, wird in einer Entscheidung des VIII. Zivilsenats des Bundesgerichtshofs erörtert (vgl. NJW-RR 1999, 1080).

9. Kosten und Gebühren/Rechtsmittel. Hinsichtlich der Kosten und Gebühren bzw. der Rechtsmittel bestehen keine Besonderheiten zum normalen Klageverfahren. Auf die entsprechenden Ausführungen zu → Form. P. VII. 1 wird verwiesen.

10. Hinsichtlich der **Form** des Schriftsatzes (Unterschrift, elektronisches Dokument) wird verwiesen auf → Form. O. II. 1 Anm. 14.

21. Klage wegen sittenwidriger Schädigung (§ 826 BGB)

An das[1]

Amtsgericht/(Familiengericht)[2]/Arbeitsgericht/Landgericht

in .....

Klage

des/der ..... [ladungsfähige Anschrift des Schuldners],

– Klägers –

Prozessbevollmächtigte: .....

gegen

..... [ladungsfähige Anschrift des Gläubigers],

– Beklagten –

Streitwert: .....

Namens und in Vollmacht des Klägers erheben wir Klage mit dem Antrag/mit den Anträgen,

1. den Beklagten zu verurteilen, es bei Meidung eines für jeden Fall der Zuwiderhandlung fälligen Ordnungsgeldes bis zu 250.000,– EUR, ersatzweise Ordnungshaft bis zu 6 Monaten oder Ordnungshaft bis zu 6 Monaten zu unterlassen, die Zwangsvollstreckung aus dem ..... [präzise Bezeichnung des Vollstreckungstitels] – evtl.: in Höhe eines Betrages von ..... EUR – gegen den Kläger zu betreiben,[3]

   (Variante:
   den Beklagten zu verurteilen, an den Kläger ..... EUR nebst Zinsen in Höhe von 5 Prozentpunkten über dem Basiszinssatz seit Klagezustellung zu zahlen,[4])
   (Variante:
   den Beklagten zu verurteilen, die aufgrund des Pfändungs- und Überweisungsbeschlusses des Amtsgerichts ..... vom ..... gepfändete und dem Beklagten zur Einziehung überwiesene Forderung des Klägers gegen ..... (Drittschuldner) freizugeben/den von dem Gerichtsvollzieher ..... am ..... gepfändeten ..... (Bezeichnung des Vollstreckungsgegenstandes) freizugeben/den an das ..... (Bezeichnung des Vollstreckungsgerichts) gerichteten Antrag vom ..... auf Erlass eines Pfändungs- und Überweisungsbeschlusses betreffend ..... (Bezeichnung der gepfändeten Forderung) zurückzunehmen/den an den Gerichtsvollzieher/an die Gerichtsvollzieherverteilungsstelle ..... gerichteten Antrag vom ..... auf Durchführung der Zwangsvollstreckung zurückzunehmen.[5])

2. den Beklagten zu verurteilen, die vollstreckbare Ausfertigung des in dem vorstehenden Antrag genannten Vollstreckungstitels an den Kläger herauszugeben.[6]

Vorab beantragen wir,

die Zwangsvollstreckung aus dem oben bezeichneten Vollstreckungstitel ohne – hilfsweise gegen – Sicherheitsleistung einstweilen bis zur Entscheidung des vorliegenden Rechtsstreits einzustellen.[7]

Sofern das Gericht das schriftliche Vorverfahren anordnet, wird für den Fall der Fristversäumnis des Beklagten beantragt,[8]

ein Versäumnisurteil ohne mündliche Verhandlung (§ 331 Abs. 3 ZPO) zu erlassen.

Begründung:

Der Kläger nimmt den Beklagten gem. § 826 BGB auf Unterlassung der Zwangsvollstreckung/auf Schadensersatz wegen der Zwangsvollstreckung aus dem Urteil des ..... gerichts ..... vom ..... Az. ...../aus dem Vollstreckungsbescheid des Amtsgerichts ..... vom ..... Az. ..... [präzise Bezeichnung des Vollstreckungstitels] in Anspruch. Aufgrund dieses Vollstreckungstitels ist der Kläger verpflichtet, an den Beklagten ..... EUR nebst Zinsen in Höhe von ..... zu zahlen/..... [sonstiger Titelinhalt]. Der Beklagte hat aus dem Titel die Zwangsvollstreckung betrieben ..... [Darlegung der konkreten Vollstreckungsmaßnahmen mit entsprechenden Beweisantritten].

(Variante:
Der Beklagte hat durch Schreiben vom ..... angedroht, aus dem genannten Titel die Zwangsvollstreckung zu betreiben, wenn der Kläger die titulierte Forderung nicht begleiche.)

Die von dem Beklagten durchgeführte/angedrohte Zwangsvollstreckung verstößt gegen die guten Sitten iSd § 826 BGB, so dass er zum Schadensersatz verpflichtet ist. Die von der Rechtsprechung insoweit aufgestellten Voraussetzungen (vgl. nur BGH NJW 1987, 3256) liegen sämtlich vor:

Der Titel ist objektiv unrichtig. Dem Beklagten steht der titulierte Anspruch nicht zu. Denn ..... [Darlegung der objektiven Unrichtigkeit des Titels].[9]
Der Beklagte wusste auch bereits im Zeitpunkt der Vollstreckung, dass der Titel materiell unrichtig war. Denn ..... [Darlegung der Kenntnis unter entsprechenden Beweisantritten].

(Variante:
Da der Kläger lediglich die Unterlassung der künftigen Vollstreckung durch den Beklagten begehrt, genügt es nach der ständigen Rechtsprechung des Bundesgerichtshofs, dass dem Beklagten die für den Anspruch gem. § 826 BGB erforderliche Kenntnis von der Unrichtigkeit des Titels spätestens durch das nunmehr zur Entscheidung berufene Gericht vermittelt wird (vgl. BGH NJW 1987, 3256 (3257)).[10]
Schließlich treten vorliegend zu der materiellen Unrichtigkeit und der Kenntnis des Beklagten hiervon folgende besondere Umstände hinzu, die die Vollstreckung als sittenwidrig erscheinen lassen. Der Beklagte hat den Vollstreckungstitel in sittenwidriger Weise erschlichen. Denn ..... [Darlegung der besonderen Umstände der Titelerschleichung mit entsprechenden Beweisantritten].[11])
(Variante:
Der Beklagte hat sich den Titel zwar nicht erschlichen, sittenwidrig ist jedoch das Ausnutzen des als unrichtig erkannten Titels. Es wäre unbillig und mit dem Anstandsgefühl aller billig und gerecht Denkenden nicht zu vereinbaren, wenn ihm erlaubt würde, aus dem Titel weiter zu vollstrecken bzw. die erzielten Vollstreckungserlöse zu behalten. Denn ..... (Darlegung der besonderen Umstände des sittenwidrigen Ausnutzens eines Vollstreckungstitels mit entsprechenden Beweisantritten).[12])

Der Kläger hat den Beklagten durch Schreiben vom ..... aufgefordert, den Vollstreckungstitel herauszugeben/zu erklären, dass nicht/nicht weiter vollstreckt wird. Diesem Schreiben waren die maßgeblichen Unterlagen beigefügt, aus denen der Beklagte ohne weiteres entnehmen konnte, dass die (weitere) Zwangsvollstreckung unzulässig ist. Da hierauf keine Reaktion erfolgt ist/dies durch Schreiben vom ..... ausdrücklich abgelehnt worden ist, ist Klage geboten.

Der Erlass einer einstweiligen Anordnung ist gemäß § 769 Abs. 1 ZPO in entsprechender Anwendung angezeigt, um zu verhindern, dass der Kläger durch die Fortsetzung der

Zwangsvollstreckung rechtlos gestellt wird. Die Erfolgsaussicht der auf § 826 BGB gestützten Klage ergibt sich aus den vorangegangenen Ausführungen. Zur Glaubhaftmachung wird auf die vorgelegten Unterlagen sowie ergänzend auf die beigefügte eidesstattliche Versicherung des Klägers Bezug genommen. Da sich die Unrechtmäßigkeit der Zwangsvollstreckung durch den Beklagten bereits aus den vorgelegten Unterlagen ergibt, ist die Zwangsvollstreckung ohne Sicherheitsleistung vorläufig einzustellen.

(Variante:
Zu einer Sicherheitsleistung ist der Kläger nicht in der Lage. Denn . . . . . (nähere Darlegung erforderlich).)

Bei dem gestellten Vollstreckungsschutzantrag geht der Kläger mit der überwiegenden Meinung in Rechtsprechung (vgl. OLG Karlsruhe FamRZ 1986, 1141; OLG Zweibrücken MDR 1992, 76) und Literatur (siehe etwa Zöller/*Herget* § 769 Rn. 1) davon aus, dass bei einer Klage gem. § 826 BGB vorläufiger Rechtsschutz gem. § 769 ZPO in entsprechender Anwendung gewährt wird. Sollte das Gericht dies anders sehen, wird um einen entsprechenden Hinweis gebeten, damit ein gesonderter Antrag auf Erlass einer einstweiligen Verfügung gestellt werden kann.

Wir haben heute einen Gerichtskostenvorschuss in Höhe von . . . . . EUR bei der Gerichtskasse . . . . . eingezahlt und bitten um unverzügliche Zustellung der Klageschrift.

Beglaubigte und einfache Abschrift liegen an.

. . . . .

Rechtsanwalt[13, 14]

Anmerkungen

1. Da es sich bei der auf § 826 BGB gestützten Klage um eine **allgemeine Leistungsklage** handelt, gelten für die Bestimmung des zuständigen Gerichts die **allgemeinen Vorschriften.** Die besonderen Gerichtsstände des 8. Buchs der ZPO (insbesondere: Zuständigkeit des Prozessgerichts gemäß § 767 ZPO) finden demgemäß keine Anwendung. Die **sachliche** Zuständigkeit hängt grundsätzlich vom Streitwert ab (§§ 23 Nr. 1, 71 GVG). Zu beachten ist allerdings, dass unabhängig vom Streitwert auch das Familiengericht zuständig sein kann, wenn der Titel einen familienrechtlichen Anspruch (zB Unterhaltsanspruch) zum Gegenstand hat (vgl. BGH NJW 1983, 2317; OLG Düsseldorf FamRZ 1985, 599). In Betracht kommt auch eine Zuständigkeit des Arbeitsgerichts (vgl. LAG Schleswig-Holstein NZA-RR 2005, 102).

Örtlich ist neben dem Gericht des allgemeinen Gerichtsstands des Gläubigers (**§ 13 ZPO**) auch das Gericht zuständig, in dessen Bezirk die unerlaubte Handlung begangen ist (**§ 32 ZPO**). Letzteres ist sowohl dort der Fall, wo die Zwangsvollstreckung durchgeführt wurde oder droht (vgl. Schuschke/Walker/*Raebel* Anh. § 767 Rn. 5) als auch an dem Ort, an dem der Titel von dem Gläubiger erwirkt worden ist (vgl. OLG Köln OLGR 2001, 226; OLG Hamm NJW-RR 1989, 305).

2. Ist die Zuständigkeit des **Familiengerichts** gegeben, muss der Schuldner seine Rechte durch Erhebung eines Schadensersatzantrages anstelle einer Schadensersatzklage geltend machen (vgl. § 111 Abs. 5 Nr. 2 FamFG). Inhaltlich ergeben sich aber gegenüber der Klage keine Unterschiede. Dies gilt auch in den Fällen, in denen ein Gericht der freiwilligen Gerichtsbarkeit zuständig ist.

3. Bereits aus der **Formulierung des Klageantrages** ergibt sich eindeutig, dass es sich bei der auf § 826 BGB gestützten Klage um eine **Leistungsklage** und **nicht** um eine mit

§ 767 ZPO vergleichbare **Gestaltungsklage** handelt. Durch ein stattgebendes Urteil soll nicht die Zwangsvollstreckung aus dem Vollstreckungstitel unter Wahrung der Rechtskraft (vgl. §§ 767 Abs. 2, 796 Abs. 2 ZPO) für unzulässig erklärt werden. Vielmehr werden dem Schuldner unter bewusster, wenn auch nur unter strengen Voraussetzungen zulässigen Durchbrechung der Rechtskraft gegen den Vollstreckungsgläubiger Unterlassungs- bzw. Schadensersatzansprüche zugebilligt. Nicht ausgeschlossen ist es allerdings, mit einer Klage gemäß § 826 BGB im Wege eines Hilfsantrages eine Vollstreckungsgegenklage für den Fall zu verbinden, dass das Gericht die Voraussetzungen des § 826 BGB nicht für gegeben erachtet. So mag der Schuldner eine – nach dem gemäß den §§ 767 Abs. 2, 796 Abs. 2 ZPO maßgeblichen Zeitpunkt entstandene – Gegenforderung haben, mit der er hilfsweise die Aufrechnung erklärt (vgl. zu einer derartigen Fallkonstellation BGH NJW 2005, 2991).

Praktische Bedeutung hat die Klage gemäß § 826 BGB im hier interessierenden Zusammenhang **nur bei Urteilen und Vollstreckungsbescheiden,** da sich nur bei diesen Titeln die Präklusionsproblematik stellt (§ 767 Abs. 2 und § 796 Abs. 2 ZPO). Geht es dagegen um nicht der Rechtskraft fähige Vollstreckungstitel (insbesondere: notarielle Urkunden und Prozessvergleiche), bietet bereits die Vollstreckungsgegenklage hinreichende Möglichkeiten, dem titulierten Anspruch einen Schadensersatzanspruch gemäß § 826 BGB als materielle Einwendung entgegenzuhalten. Im Hinblick auf eine möglicherweise erforderlich werdende Zwangsvollstreckung aus dem erstrebten Unterlassungstitel erscheint es **zweckmäßig,** bereits **im Klageantrag** die für eine Vollstreckung gemäß § 890 ZPO erforderliche, vorherige **Androhung** (vgl. § 890 Abs. 2 ZPO) **mit aufzunehmen.**

4. Wenn der Gläubiger den titulierten Betrag ganz oder teilweise bereits durch **abgeschlossene Vollstreckungsmaßnahmen** beigetrieben hat, hilft dem Schuldner die zukünftige Unterlassung der Zwangsvollstreckung nicht. Der Gläubiger hat aber aufgrund der unerlaubten Handlung im Wege der **Naturalrestitution** (§ 249 BGB) die Ergebnisse der bereits durchgeführten Zwangsvollstreckung durch Rückzahlung der vereinnahmten Beträge rückgängig zu machen. Wichtig ist in diesem Zusammenhang, dass die für eine Haftung gemäß § 826 BGB erforderliche Kenntnis des Gläubigers von der Unrichtigkeit des Titels in diesen Fällen bereits im **Zeitpunkt der Vollstreckung** vorgelegen haben muss. Soweit die Rechtsprechung es genügen lässt, dass dem Gläubiger die Kenntnis von der Unrichtigkeit des Titels erst durch die Entscheidung über den Anspruch aus § 826 BGB berufene Gericht vermittelt wird (vgl. BGHZ 101, 380 = NJW 1987, 3258), gilt dies nur für die Unterlassung einer **künftigen** Vollstreckung (vgl. Schuschke/Walker/*Raebel* Anh. § 767 Rn. 3).

5. Wenn der **Gläubiger** bestimmte Vollstreckungsmaßnahmen (zB Pfändung einer Forderung oder einer beweglichen Sache) ergriffen hat, die noch nicht vollständig abgeschlossen sind, ist er bei einem Erfolg der auf § 826 BGB gestützten Klage im Wege der Naturalrestitution (§ 249 BGB) **verpflichtet, aufgrund der Vollstreckung erlangte Rechtspositionen an den Schuldner freizugeben.** Dies ist bereits bei der Antragstellung zu berücksichtigen, da das jeweils zuständige Vollstreckungsorgan alleine aufgrund eines Urteils, wonach der Gläubiger die Zwangsvollstreckung zu unterlassen und/oder den Vollstreckungstitel an den Schuldner herauszugeben hat, die bereits getroffenen Vollstreckungsmaßregeln nicht gemäß den §§ 775 Nr. 1, 776 S. 1 ZPO aufheben muss. Es ist nämlich anerkannt, dass Urteile, die nach einer Leistungsklage des Schuldners auf Unterlassung der Zwangsvollstreckung oder auf Herausgabe des Titels gerichtet sind, keine gerichtlichen Entscheidungen iSd §§ 775 Nr. 1, 776 S. 1 ZPO sind (vgl. BGHZ 124, 164 (171) = NJW 1994, 460 (461); Zöller/*Stöber* § 775 Rn. 5 a). Sie lassen das frühere Urteil oder dessen Vollstreckbarkeit unberührt (BGHZ 124, 164 (171)). Da aber auch im Zwangsvollstreckungsverfahren der **Antragsgrundsatz** gilt, hat der Gläubiger jederzeit die Möglichkeit, die Beendigung des Verfahrens herbeizuführen (vgl. nur Zöller/*Stöber* Vor

§ 704 Rn. 19). Insbesondere wird das Zwangsvollstreckungsverfahren durch die **Rücknahme des Vollstreckungsauftrages** beendet. In diesem Fall muss das Vollstreckungsorgan bereits eingeleitete Zwangsvollstreckungsmaßnahmen ebenso aufheben wie im Falle des Vorliegens einer Entscheidung iSd §§ 775 S. 1, 776 ZPO (vgl. etwa § 111 Nr. 1 GVGA). Eine Aufhebung der Vollstreckungsmaßnahme hat auch dann zu erfolgen, wenn der Gläubiger die gepfändeten Gegenstände freigibt (vgl. § 111 Nr. 1 GVGA). Wenn die Klage gemäß § 826 BGB Erfolg hat, ist der Gläubiger verpflichtet, gegenüber dem Vollstreckungsorgan die zur Aufhebung der Vollstreckungsmaßnahmen erforderlichen Erklärungen abzugeben. Mit dem hier vorgeschlagenen Antrag ist der Schuldner bei einer Weigerung des Gläubigers hinreichend geschützt, weil mit Eintritt der Rechtskraft des stattgebenden Urteils die **Erklärungen des Gläubigers gemäß § 894 ZPO als abgegeben** gelten. Wenn der Schuldner deshalb das mit einem Rechtskraftvermerk versehene Urteil dem Vollstreckungsorgan vorlegt, sind die Vollstreckungsmaßnahmen in gleicher Weise aufzuheben, wie wenn der Gläubiger selbst diese Erklärungen abgegeben hätte.

6. Wenn sich der Schuldner mit der Klage – wie im Regelfall – gegen die künftige Vollstreckung aus dem Titel insgesamt wendet und der Titel noch nicht an den Schuldner zurückgegeben worden ist (§ 757 Abs. 1 ZPO), kann der Schuldner gemäß § 826 BGB (auch) **Herausgabe des Vollstreckungstitels** verlangen (vgl. Schuschke/Walker/*Raebel* Anh. § 767 Rn. 5 mwN). Dies kommt jedoch dann nicht in Betracht, wenn zugunsten des Gläubigers Ansprüche mit tituliert sind, die von dem Verdikt der Sittenwidrigkeit nicht erfasst werden und deren Erfüllung der Gläubiger von dem Schuldner verlangen kann. Praktische Bedeutung hat dies etwa in den Fällen sittenwidriger Darlehensverträge für die Bereicherungsansprüche des Darlehensgebers auf Rückzahlung des Nettokredits (vgl. BGH NJW-RR 1989, 622).

7. Es ist **streitig**, ob bei einer Klage gemäß § 826 BGB **vorläufiger Rechtsschutz gemäß § 769 ZPO** in analoger Anwendung gewährt werden kann. Dies wird in der Rechtsprechung etwa bejaht von dem OLG Karlsruhe (FamRZ 1982, 400 (401); OLG Karlsruhe FamRZ 1986, 1141) und von dem OLG Zweibrücken (MDR 1992, 76). Aus der Literatur kann etwa auf die diesen Entscheidungen zustimmende Kommentierung von Zöller/*Herget* § 769 Rn. 1 verwiesen werden. Demgegenüber verneint die jedenfalls in der Rechtsprechung wohl – entgegen der in dem Formular aus anwaltstaktischen Erwägungen gewählten Formulierung – tatsächlich überwiegende Auffassung das Vorliegen der Voraussetzungen einer Analogie und verweist den Schuldner auf die Möglichkeit, vorläufigen Rechtsschutz im Wege einer einstweiligen Verfügung gemäß den §§ 938 ff. ZPO zu erreichen (vgl. BGHZ 50, 115 (122); OLG Frankfurt NJW-RR 1992, 511; OLG Hamm MDR 1987, 505; OLG München NJW 1976, 1748; OLG Stuttgart NJW-RR 1998, 70; siehe aus der Literatur zustimmend *Baumbach/Lauterbach/Albers/Hartmann* § 769 Rn. 3; Thomas/Putzo/*Seiler* § 769 Rn. 2 a; Schuschke/Walker/*Raebel* § 796 Rn. 1). Die Entscheidung, ob ein Antrag gemäß § 769 ZPO oder aber neben der Klage ein – auch akten- und kostenmäßig gesondert zu behandelnder – Antrag auf Erlass einer einstweiligen Verfügung gestellt werden soll (→ Form. P. VIII. 22), sollte in der Praxis davon abhängig gemacht werden, ob in dem zuständigen Gerichtsbezirk eine ständige Rechtsprechung in der einen oder der anderen Richtung existiert (so auch *Peglau* MDR 1999, 400 (401)). Sollte dies nicht der Fall sein, kann zunächst ein Antrag gemäß § 769 ZPO gestellt werden mit der Bitte um einen Hinweis, falls das erkennende Gericht der Auffassung sein sollte, dass vorläufiger Rechtsschutz nur mit einer einstweiligen Verfügung zu erreichen sei. Demgegenüber ist der Vorschlag, in Zweifelsfällen als Hauptantrag einen Antrag auf Erlass einer einstweiligen Verfügung zu stellen und hilfsweise eine Anordnung analog § 769 ZPO zu beantragen (so *Peglau* MDR 1999, 400 (401)), nicht vorzugswürdig. Bei dieser Vorgehensweise würde der Schuldner das auch mit Kosten verbundene Risiko tragen, dass das angerufene Gericht § 769 ZPO für analog anwendbar hält und das Rechtsschutzinteresse für den Erlass einer einstweiligen Verfügung verneint.

8. Vgl. zu der Frage, welche prozessualen Anträge neben dem Antrag in der Hauptsache gestellt werden sollten, → Form. O. II. 7 Anm. 9.

9. Es muss **feststehen,** dass der **Titel materiell unrichtig** ist. Der Schuldner hat deshalb nicht die Möglichkeit, durch das Einbringen neuer Beweismittel einen anderen Sachverhalt zu beweisen als den, den das in dem Vorprozess entscheidende Gericht seinem Urteil zugrundegelegt hat. Der Schadensersatzprozess gem. § 826 BGB dient nicht der Wiederholung des alten Prozesses, um zu einem nach Auffassung des Klägers „richtigen" Ergebnis zu gelangen (vgl. Schuschke/Walker/*Raebel* Anh. § 767 Rn. 2). Auf der anderen Seite kommt es für die Frage der inhaltlichen Richtigkeit nicht darauf an, ob das damalige Gericht den Titel auch erlassen hätte, wenn es die heutigen Umstände schon gekannt hätte, sondern ob das jetzt über den Schadensersatzanspruch aus § 826 BGB entscheidende Gericht den titulierten Anspruch für gerechtfertigt hält (vgl. BGH NJW 1987, 3256 (3257); Schuschke/Walker/*Raebel* Anh. § 767 Rn. 2).

10. Vgl. zunächst → Anm. 4 mit der hierin aufgezeigten Differenzierung zwischen den unterschiedlichen Zielen einer Klage gem. § 826 BGB. Kommt es auf die **Kenntnis der Unrichtigkeit** bereits **zum Zeitpunkt der Vollstreckung** an, ergibt sich diese häufig aus der Art der geltend gemachten Forderung. So liegt der Fall etwa bei der Geltendmachung eines Honorars für Partnerschaftsvermittlung (vgl. LG Frankfurt NJW-RR 1995, 634; siehe zur Partnerschaftsvermittlung auch BGH NJW 1995, 2550).

11. Für die Annahme des **Erschleichen eines Titels** ist es **erforderlich, dass der Gläubiger** (= Beklagter der Klage gem. § 826 BGB) **gezielt auf den inhaltlich unrichtigen Titel hingearbeitet hat.** Dies ist etwa dann der Fall, wenn der Gläubiger eine persönliche (zB Krankheit) oder wirtschaftliche Notlage des Schuldners gezielt ausnutzt, um ein Versäumnisurteil zu erreichen, weil er in dieser Situation fest damit rechnet, der Schuldner werde gegebene Einwendungen (zB Verjährung) nicht geltend machen (vgl. Schuschke/Walker/*Raebel* Anh. § 767 Rn. 4). Von einem sittenwidrigen Erschleichen kann in der Regel auch dann ausgegangen werden, wenn der Gläubiger bewusst den Weg des Mahnverfahrens ohne materielle Schlüssigkeitsprüfung gewählt hat, weil er befürchten musste, im ordentlichen Verfahren mangels Schlüssigkeit zu unterliegen (vgl. BGH NJW 1987, 3256 (3258) zur Titulierung von Ansprüchen aus sittenwidrigen Ratenkreditverträgen; siehe auch BGH NJW 2005, 2991 zu den strengen Voraussetzungen einer Haftung des Zessionars einer gem. § 138 BGB nichtigen Forderung mit Anmerkung von *Stürner* ZZP 119, 219). Praktisch bedeutsam ist dies auch in den Fällen, in denen eine Bank einen Vollstreckungsbescheid gegen einen finanziell überforderten Bürgen erwirkt hat und die Bürgschaft nach der nunmehr gefestigten und den Banken bekannten Rechtsprechung des Bundesgerichtshofs gem. § 138 BGB nichtig wäre. Wenn allerdings der Titel bereits vor der Änderung der Rechtsprechung erwirkt wurde, scheidet ein sittenwidriges Erschleichen des Titels aus (sa BGH NJW 2002, 2940), nach der Rechtsprechung des Bundesverfassungsgerichts ist allerdings in derartigen Fällen § 79 Abs. 2 BVerfGG analog anzuwenden, so dass sich der Schuldner mit der Vollstreckungsgegenklage gegen die Zwangsvollstreckung wehren kann (vgl. BVerfG FamRZ 2006, 253 unter Aufhebung der Entscheidung des BGH NJW 2005, 2991 – siehe auch die daraufhin ergangene Entscheidung des BGH FamRZ 2006, 1024).

Zu beachten ist, dass nach der Rechtsprechung ein objektiv unrichtiges Urteil nicht über § 826 BGB korrigiert werden kann, wenn es auf **nachlässiger Prozessführung** beruht (vgl. BGH NJW-RR 1988, 957; BGH NJW 1996, 57 (59)). Diese Rechtsprechung darf aber nicht unbesehen auf die Erschleichung eines Vollstreckungsbescheids übertragen werden. Dass der Schuldner gegen den Vollstreckungsbescheid keinen Einspruch eingelegt hat, schließt die Anwendung des § 826 BGB nicht per se aus. Die zitierte Rechtsprechung beruht auf der Erkenntnis, dass Vollstreckungsbescheide gerade wegen der rechtlichen Unerfahrenheit oder Ungewandtheit des Schuldners unanfechtbar werden, der seine Rechte gegenüber einem rechts- und prozesskundigen Gegner nicht hinreichend wahrzunehmen weiß (vgl. OLG Hamm NJW-RR 1994, 1468). Das Schutzbedürfnis des Schuldners entfällt in derartigen Fällen nur dann, wenn er sich rechtskundig hat beraten lassen und trotz dieser Beratung den Vollstreckungsbescheid hat rechtskräftig werden lassen (vgl. BGH NJW 1987, 3259 (3260); OLG Hamm NJW-RR 1994, 1468).

12. Die Voraussetzungen für die **Ausnutzung eines als unrichtig erkannten Titels** sind besonders streng (BGH NJW 1999, 1257 (1258)). Bejaht worden sind sie beispielsweise bei einer Vollstreckung aus einen Anerkenntnisurteil, obwohl beide Parteien bei Abgabe des Anerkenntnisses übersehen haben, dass die Klageforderung bereits per Scheck beglichen war (vgl. OLG Celle MDR 1982, 408). Ein weiteres Beispiel stellt die Zwangsvollstreckung aus einem Unterhaltstitel durch einen Gläubiger dar, der verschwiegen hatte, dass er eine zum Wegfall des Unterhaltsanspruchs führende Erwerbstätigkeit aufgenommen hatte (vgl. BGH NJW 1986, 1751).

13. Kosten und Gebühren/Rechtsmittel. Hinsichtlich der Kosten und Gebühren bzw. der gegen ein stattgebendes oder klageabweisendes Urteil möglichen Rechtsmittel bestehen keine Besonderheiten. Die → Form. P. VII. 1 gelten entsprechend.

14. Hinsichtlich der **Form** des Schriftsatzes (Unterschrift, elektronisches Dokument) wird verwiesen auf → Form. O. II. 1 Anm. 14.

22. Einstweilige Verfügung zur Erlangung von Vollstreckungsschutz bei einer Klage (§ 826 BGB)

An das

Amtsgericht/Arbeitsgericht/Landgericht

in .....

Antrag auf Erlass einer einstweiligen Verfügung

des/der ..... [ladungsfähige Anschrift des Schuldners],

– Antragstellers –

Prozessbevollmächtigte: .....

gegen

..... [ladungsfähige Anschrift des Gläubigers],

– Antragsgegners –

Streitwert: .....[1, 2]

Namens und in Vollmacht des Antragstellers beantragen wir – wegen der Dringlichkeit der Angelegenheit ohne mündliche Verhandlung – den Erlass einer einstweiligen Verfügung mit folgendem Inhalt:

1. **der Antragsgegner hat die in seinem Besitz befindliche vollstreckbare Ausfertigung des Urteils des ..... gerichts ..... vom ..... Az. ...../den Vollstreckungsbescheid des Amtsgerichts ..... vom ..... an den Gerichtsvollzieher ....., hilfsweise einem vom Gericht zu bestimmenden Gerichtsvollzieher, als Verwahrer herauszugeben,**

2. dem Antragsgegner wird untersagt, die Zwangsvollstreckung aus dem Urteil des ..... gerichts ..... vom ..... Az. ...../aus dem Vollstreckungsbescheid des Amtsgerichts ..... vom ..... (weiter) zu betreiben,
3. dem Antragsgegner wird für jeden Fall der Zuwiderhandlung gegen die vorstehende Verpflichtung zu 2. ein Ordnungsgeld bis zu 250.000,– EUR, ersatzweise Ordnungshaft bis zu 6 Monaten oder Ordnungshaft bis zu 6 Monaten angedroht.

(Bei einem Antrag vor dem Landgericht:

Einer Entscheidung der Sache durch den Einzelrichter stehen keine Gründe entgegen.)

(Variante:
Wegen der besonderen Schwierigkeit der Sache/grundsätzlichen Bedeutung eignet sich die Sache nicht für eine Entscheidung durch den Einzelrichter.)

Begründung:

Der Antragsgegner betreibt gegen den Antragsteller aus dem Urteil des ..... gerichts ..... vom ..... Az. ...../aus dem Vollstreckungsbescheid des Amtsgerichts ..... vom ..... die Zwangsvollstreckung. Am ..... hat der Gerichtsvollzieher ..... in der Wohnung des Antragsgegners folgende Gegenstände gepfändet: .....

(Variante:
Durch Beschluss vom ..... hat das Amtsgericht ..... die angebliche Forderung des Antragstellers gegen ..... (Bezeichnung des Drittschuldners) gepfändet und dem Antragsgegner zur Einziehung überwiesen.)
(Variante:
..... (Schilderung der sonstigen Vollstreckungshandlung).)

Der Antragsteller hat vor dem erkennenden Gericht durch Schriftsatz vom ..... gestützt auf § 826 BGB den Antragsgegner auf Unterlassung der weiteren Zwangsvollstreckung in Anspruch genommen. Da das Gericht durch Verfügung vom ..... darauf hingewiesen hat, dass vorläufiger Rechtsschutz nur im Wege einer – gesondert zu beantragenden – einstweiligen Verfügung in Betracht komme, wird nunmehr gestützt auf die §§ 935, 940 ZPO ein entsprechender Antrag gestellt. Hinsichtlich des Verfügungsanspruchs erlauben wir uns, auf die Ausführungen in dem Klageverfahren Bezug zu nehmen. Der Verfügungsgrund folgt aus der Tatsache, dass der Antragsgegner auf entsprechende Anfrage durch Schreiben vom ..... mitgeteilt hat, er werde die Zwangsvollstreckung weiter betreiben.

Zur Glaubhaftmachung nehmen wir ergänzend auf die beigefügte eidesstattliche Versicherung des Antragstellers Bezug.

Rechtsanwalt[3, 4, 5]

Anmerkungen

1. Dieser Weg der Sicherung eines Anspruchs gemäß § 826 BGB sollte **nur dann** gewählt werden, **wenn** das mit der Klage angerufene Gericht mitgeteilt hat bzw. es der bekannten, ständigen Rechtsprechung des Gerichts entspricht, dass **eine vorläufige Einstellung der Zwangsvollstreckung analog § 769 ZPO nicht in Betracht** kommt. In diesem Fall bedarf es eines Hilfsantrages, gerichtet auf eine Entscheidung gemäß § 769 ZPO nicht (vgl. in diesem Sinne aber *Peglau* MDR 1999, 400 (401)). Wenn demgegenüber sofort mit dem Hauptantrag eine einstweilige Verfügung und hilfsweise eine Einstellung gemäß § 769 ZPO beantragt würde, birgt dies für den Schuldner Kostenrisiken, die bei der hier vorgeschlagenen Vorgehensweise vermieden werden können.

Ist die Zuständigkeit des **Familiengerichts** oder eines Gerichts der freiwilligen Gerichtsbarkeit gegeben, scheidet eine einstweilige Verfügung aus, allerdings kommt der Erlass einer einstweiligen Anordnung in Betracht (vgl. §§ 49 ff., 119 FamFG).

2. Der **Streitwert** einer einstweiligen Verfügung liegt wegen des bloßen Sicherungsinteresses regelmäßig unter dem Hauptsachestreitwert. Maßgeblich ist deshalb eine Bruchteilsbewertung. Üblich ist in der Praxis im Regelfall eine Bewertung mit **$^1/_3$ des Hauptsachewertes** (vgl. Zöller/*Herget* § 3 Stichwort „Einstweilige Verfügung" mwN).

3. Kosten und Gebühren. An **Gerichtskosten** fällt gem. Nr. 1410 KV GKG grundsätzlich eine 1,5 Verfahrensgebühr (im Arbeitsgerichtsprozess: 0,4 Gebühr gem. Nr. 8310 KV GKG) an, die sich bei einer Entscheidung durch Urteil gem. Nr. 1412 KV GKG auf 3,0 Gebühren erhöht (im Arbeitsgerichtsprozess: Erhöhung auf 2,0 Gebühren gem. Nr. 8311 KV GKG). Vgl. zu weiteren Einzelheiten Zöller/*Vollkommer* § 922 Rn. 20. Der **Rechtsanwalt** erhält die „normalen" Gebühren gem. Ziff. 3100 ff. VV RVG, also regelmäßig eine 1,3 Verfahrensgebühr (Nr. 3100 VV RVG) und im Falle einer mündlichen Verhandlung zusätzlich eine 1,2 Terminsgebühr gem. Nr. 3104 VV RVG (vgl. auch insoweit zu weiteren Einzelheiten Zöller/*Vollkommer* § 922 Rn. 20).

4. Rechtsmittel. Lehnt das Gericht den Erlass der einstweiligen Verfügung durch Beschluss ab, kann hiergegen **sofortige Beschwerde** gem. § 567 Abs. 1 Nr. 2 ZPO/§ 78 ArbGG eingelegt werden. Bei einer Zurückweisung durch Urteil ist das Rechtsmittel der Berufung eröffnet. Gibt das Gericht der einstweiligen Verfügung durch Beschluss statt, steht dem Antraggegner der Widerspruch gem. den §§ 924, 936 ZPO (ggf. iVm § 62 Abs. 2 S. 1 ArbGG) offen. Eine Stattgabe durch Urteil kann mit der Berufung angefochten werden.

5. Hinsichtlich der **Form** des Schriftsatzes (Unterschrift, elektronisches Dokument) wird verwiesen auf → Form. O. II. 1 Anm. 14.

23. Nichtigkeitsklage (§ 579 ZPO) mit Vollstreckungsschutzantrag

An das[1, 2]

Amtsgericht/(Familiengericht)[3]/Arbeitsgericht/Landgericht/Oberlandesgericht/ Landesarbeitsgericht/den Bundesgerichthof/das Bundesarbeitsgericht

in . . . . .

Nichtigkeitsklage[4]

des/der . . . . . [ladungsfähige Anschrift des Schuldners],

Nichtigkeitsklägers und Beklagten des Vorprozesses,

Prozessbevollmächtigte: . . . . .

gegen

. . . . . [ladungsfähige Anschrift des Gläubigers],

Nichtigkeitsbeklagten und Kläger des Vorprozesses,

Prozessbevollmächtigte des Vorprozesses: . . . . .[5]

Streitwert: . . . . .

Namens und in Vollmacht des Klägers erheben wir Klage mit den Anträgen[6]

1. das rechtskräftige Urteil des . . . . . gerichts . . . . . vom . . . . . Az. . . . . . aufzuheben,
2. die Klage abzuweisen.

Vorab beantragen wir,

die Zwangsvollstreckung aus dem oben bezeichneten Urteil ohne – hilfsweise gegen – Sicherheitsleistung einstweilen bis zur Entscheidung des vorliegenden Rechtsstreits einzustellen.

Begründung:

Der Beklagte hat gegen den Kläger in einem Vorprozess vor dem erkennenden Gericht/dem . . . . . gericht . . . . . ein – rechtskräftiges – Urteil vom . . . . . erstritten [präzise Bezeichnung des Vollstreckungstitels]. Hiernach ist der Kläger verpflichtet, an den Beklagten EUR . . . . . zu zahlen [präzise Wiedergabe des Titelinhalts]. Ausweislich des beigefügten Schreibens des Gerichtsvollziehers . . . . . betreibt der Beklagte aus dem genannten Titel die Zwangsvollstreckung.

(Variante:
. . . . . (konkrete Darlegung des derzeitigen Sachstandes eines sonstigen Vollstreckungsverfahrens mit entsprechenden Beweisantritten).)

Der Kläger wendet sich gegen dieses Urteil mit der Nichtigkeitsklage gem. § 579 ZPO. Es liegt der Nichtigkeitsgrund des . . . . . vor [Darlegung eines oder mehrerer Nichtigkeitsgründe gem. § 579 Abs. 1 Nr. 1 bis 4 ZPO mit entsprechenden Beweisantritten].

Der Kläger hatte keine Möglichkeit, die Nichtigkeit mittels eines Rechtsmittels geltend zu machen, denn . . . . . [besondere Darlegung nur in den Fällen des § 579 Abs. 1 Nr. 1 und 3 ZPO erforderlich, vgl. § 579 Abs. 2 ZPO].

Da der Kläger von dem oben näher dargelegten Nichtigkeitsgrund erst am . . . . . Kenntnis erlangt hat/das Urteil erst am . . . . . zugestellt worden ist (bei dem Nichtigkeitsgrund der nicht ordnungsgemäßen Vertretung, § 586 Abs. 3 ZPO), ist die einmonatige Klagefrist (§ 586 Abs. 1 ZPO) gewahrt. Zur Glaubhaftmachung (§ 589 Abs. 2 ZPO) wird insoweit auf die anliegende eidesstattliche Versicherung des Klägers Bezug genommen. Auch die fünfjährige Ausschlussfrist des § 586 Abs. 2 S. 2 ZPO ist noch nicht abgelaufen, da das vorangegangene Urteil erst seit dem . . . . . rechtskräftig ist.

(Variante:
Eine Ausschlussfrist besteht bei der Geltendmachung des Nichtigkeitsgrundes des § 579 Abs. 1 Nr. 4 ZPO nicht (§ 586 Abs. 3 ZPO).)

In der nach der beantragten Aufhebung des Urteils gebotenen erneuten Entscheidung und Verhandlung über den Klageantrag des (jetzigen) Beklagten wird dessen Klage abzuweisen sein. Zur Begründung wiederholt der Kläger seinen gesamten Vortrag aus dem Vorprozess einschließlich der dort genannten Beweismittel. Ergänzend wird auf Folgendes hingewiesen . . . . . [evtl. ergänzende Begründung des Klageabweisungsantrages].

Der Erlass einer einstweiligen Anordnung ist gemäß § 707 Abs. 1 ZPO angezeigt, um zu verhindern, dass der Kläger durch die Fortsetzung der Zwangsvollstreckung rechtlos gestellt wird. Zur Glaubhaftmachung wird auf die vorgelegten Unterlagen sowie ergänzend auf die beigefügte eidesstattliche Versicherung Bezug genommen.

Wir haben heute einen Gerichtskostenvorschuss in Höhe von . . . . . EUR bei der Gerichtskasse . . . . . eingezahlt und bitten um unverzügliche Zustellung der Klageschrift.

Als Streitwert haben wir den Wert der Klageforderung aus dem Vorprozess zugrunde gelegt.

Beglaubigte und einfache Abschrift liegen an.

. . . . .

Rechtsanwalt[7, 8, 9]

Anmerkungen

1. Bei der Wiederaufnahme des Verfahrens sind **zwei Klagearten** zu unterscheiden (vgl. § 578 Abs. 1 ZPO): Durch die **Nichtigkeitsklage** räumt das Gesetz den Parteien die Möglichkeit ein, die Rechtskraft des Urteils bei **schwersten Verfahrensfehlern** (nicht ordnungsgemäße Besetzung des Gerichts, siehe § 579 Abs. 1 Nr. 1–3 ZPO sowie nicht ordnungsgemäße Vertretung einer Partei, siehe § 579 Abs. 1 Nr. 4 ZPO) zu durchbrechen. Demgegenüber stützt sich die **Restitutionsklage** auf krasse **Mängel** der **Entscheidungsgrundlage** (vgl. § 580 ZPO, insbesondere: Verfälschung des Urteils durch eine Straftat, § 580 Nr. 1–5 ZPO oder Widerspruch zu einer später aufgefundenen Urkunde, § 580 Nr. 7b ZPO). Während die Nichtigkeitsgründe wie absolute Revisionsgründe wirken, sind die im Gesetz aufgeführten Restitutionsgründe nur dann erheblich, wenn das rechtskräftige Urteil hierauf beruht. Im Verhältnis zwischen beiden Klagen ist die Nichtigkeitsklage gegenüber der Restitutionsklage vorrangig (vgl. § 578 Abs. 2 ZPO). Im **Arbeitsgerichtsprozess** finden gem. § 79 ArbGG die zivilprozessualen Wiederaufnahmevorschriften **entsprechende Anwendung.** Allerdings kann die Nichtigkeitsklage gem. § 79 S. 2 ArbGG nicht auf Mängel des Verfahrens bei der Berufung der ehrenamtlichen Richter oder auf Umstände gestützt werden, die die Berufung eines ehrenamtlichen Richters in sein Amt ausschließen.

2. Gemäß § 584 Abs. 1 ZPO ist für die Nichtigkeitsklage (ebenso wie für die Restitutionsklage) grundsätzlich das Gericht **ausschließlich** zuständig, dessen rechtskräftiges Urteil angefochten wird. Zu beachten ist allerdings die Besonderheit, dass das Berufungsgericht allein zuständig ist, wenn es eines von mehreren angefochtenen Urteilen erlassen hat. Voraussetzung hierfür ist eine sachliche Entscheidung des Berufungsgerichts, die bei einer Verwerfung der Berufung als unzulässig nicht gegeben ist (vgl. Zöller/*Greger* § 584 Rn. 3). Hat das Revisionsgericht in der Sache selbst erkannt, ist es für sämtliche in § 579 ZPO aufgeführte Nichtigkeitsgründe zuständig, während bei einer Verwerfung der Revision als unzulässig oder bei einer – unter Aufhebung des vorinstanzlichen Urteils – erfolgten Zurückverweisung wiederum das Berufungsgericht zuständig ist (vgl. Zöller/*Greger* § 584 Rn. 3).

3. Gemäß § 118 FamFG gelten die Wiederaufnahmevorschriften (§§ 578 bis 591 ZPO) in Ehesachen und Familienstreitsachen entsprechend. Zu beachten ist allerdings, dass vor dem **Familiengericht** keine Nichtigkeits- oder Restitutionsklage, sondern ein Nichtigkeits- oder Restititutionsantrag zu stellen ist (§ 113 Abs. 5 Nr. 2 FamFG). Entsprechendes gilt gem. § 48 Abs. 2 FamFG iVm §§ 578 ff. ZPO bei der Zuständigkeit eines Gerichts der freiwilligen Gerichtsbarkeit.

4. Gemäß § 587 ZPO ist die Klage ausdrücklich **als Nichtigkeitsklage** zu bezeichnen.

5. Gemäß § 172 S. 2 ZPO hat in einem Wiederaufnahmeverfahren die Zustellung an den für den Rechtszug bestellten Prozessbevollmächtigten zu erfolgen, andernfalls ist die Zustellung unwirksam (vgl. Zöller/*Stöber* § 172 Rn. 23). Aus diesem Grunde ist der Prozessbevollmächtigte des Vorprozesses anzugeben.

6. Bereits aus der Formulierung der Anträge ist ersichtlich, dass das Wiederaufnahmeverfahren in mehreren – insgesamt **drei – Stufen** abläuft. Ob das Gericht über die nachfolgend erörterten Stufen jeweils gesondert (vgl. § 590 Abs. 2 ZPO) verhandelt, steht zwar in seinem Ermessen. Auch bei einer einheitlichen Verhandlung muss jedoch in sachlicher Hinsicht die Prüfungsreihenfolge eingehalten werden (vgl. Zöller/*Greger* § 590 Rn. 1):

Auf der **ersten Stufe** prüft das Gericht die **Zulässigkeit** der **Nichtigkeitsklage** (§ 589 Abs. 1 S. 2 ZPO). Wichtig ist in diesem Zusammenhang zunächst das Vorliegen eines rechtskräftigen Endurteils (§ 578 Abs. 1 ZPO) und die schlüssige Darlegung eines Nichtigkeitsgrundes (vgl. § 588 Abs. 1 Nr. 1 ZPO). Darüber hinaus ist in den Fällen des § 579 Nr. 1 ZPO (Gerichtsbesetzung) und des § 579 Abs. 1 Nr. 3 ZPO (Befangenheitsablehnung) zu begründen, warum die Nichtigkeit nicht mittels eines Rechtsmittels geltend gemacht werden konnte (sog. Subsidiarität der Nichtigkeitsklage gemäß § 579 Abs. 2 ZPO). Schließlich muss die Klagefrist von **einem Monat** (§ 586 Abs. 1 ZPO) eingehalten sein, die gemäß § 586 Abs. 2 S. 1 ZPO mit dem Tag beginnt, an dem die Partei von dem Anfechtungsgrund Kenntnis erhalten hat. Gemäß § 589 Abs. 2 ZPO sind die Tatsachen, aus denen sich die Einhaltung der Notfrist ergibt, glaubhaft zu machen. Ausgeschlossen ist die Nichtigkeitsklage nach Ablauf von **fünf Jahren** nach Rechtskraft des Urteils. Sonderreglungen gelten für die auf den Nichtigkeitsgrund des § 579 Abs. 1 Nr. 4 ZPO (nicht ordnungsgemäße Vertretung einer Partei) gestützte Nichtigkeitsklage. Die Monatsfrist beginnt hier mit der Zustellung des Urteils an die Partei und bei mangelnder Prozessfähigkeit mit der Zustellung an ihren gesetzlichen Vertreter (§ 586 Abs. 3 ZPO). Eine Ausschlussfrist besteht nicht.

Wenn das Gericht die Klage für unzulässig hält, wird es sie durch Prozessurteil als unzulässig abweisen. Andernfalls erklärt es entweder durch Zwischenurteil (§ 280 Abs. 2 ZPO) die Klage für zulässig oder geht zur nächsten Stufe über und erörtert die Zulässigkeit in den Gründen des Endurteils.

Auf der **zweiten Stufe** prüft das Gericht die **Begründetheit** der **Nichtigkeitsklage,** dh es geht um die Feststellung des Wiederaufnahmegrundes, hier des schlüssig dargelegten Nichtigkeitsgrundes iSd § 579 ZPO. Die Beweislast liegt beim Kläger. Zu beachten ist insoweit, dass die Parteiherrschaft in diesem Verfahrensstadium eingeschränkt ist, da die Prüfung des Wiederaufnahmegrundes von Amts wegen geschieht (vgl. Zöller/*Greger* § 585 Rn. 8 und § 578 Rn. 22). Bedeutsam ist dies etwa in den Fällen, in denen der Beklagte des Wiederaufnahmeverfahrens in der mündlichen Verhandlung betreffend den Wiederaufnahmegrund säumig ist. Die Geständnisfiktion des § 331 Abs. 1 S. 1 ZPO greift nicht ein (vgl. hierzu Stein/Jonas/*Grunsky* § 590 Rn. 18). Wenn das Gericht den Wiederaufnahmegrund nicht für beweisen hält, weist es die Wiederaufnahmeklage als unbegründet ab. Andernfalls hebt es entweder durch ein Zwischenurteil (§ 280 Abs. 2 ZPO) das angefochtene Urteil auf oder geht unmittelbar zur Neuverhandlung der Hauptsache über. In diesem Fall erfolgt die Aufhebung des angegriffenen Urteils und die Begründung hierfür erst zusammen mit dem Endurteil. Auf die Aufhebung zielt der Klageantrag zu 1) des Klageformulars.

Schließlich findet auf der **dritten** und letzten **Stufe** eine neue Verhandlung über die **Hauptsache** statt (§ 590 Abs. 1 ZPO). Das Gericht hat nunmehr über die Zulässigkeit und Begründetheit der **Klage des Vorprozesses** entsprechend den alten oder den nunmehr gestellten Anträgen neu zur Hauptsache zu entscheiden. Auch dies ist bereits bei der Stellung der Klageanträge (vgl. den Klageantrag zu 2. des Klageformulars) zu berücksichtigen (vgl. § 588 Abs. 1 Nr. 3 ZPO).

Hinsichtlich des Versäumnisverfahrens ist zu beachten, dass es für die Frage, ob § 330 ZPO (Versäumnisurteil gegen den Kläger) oder § 331 Abs. 1 ZPO (Versäumnisurteil gegen den Beklagten) Anwendung findet, auf die Parteirollen des Vorprozesses ankommt. Demgegenüber wäre es unrichtig, bei Säumnis des Wiederaufnahmebeklagten unabhängig von der Parteirolle im Vorprozess immer § 331 ZPO anzuwenden (vgl. Stein/Jonas/*Grunsky* § 590 Rn. 18).

7. Kosten und Gebühren. Da es sich bei dem Wiederaufnahmeverfahren gebührenrechtlich um eine neue Instanz handelt (vgl. BGH KostRspr. GKG § 27 Nr. 5), fallen an **Gerichtskosten** die Gebühren neu an. Wenn also das erstinstanzliche Gericht über die Wiederaufnahme entscheidet, fallen 3,0 Gerichtsgebühren gem. Nr. 1210 KV GKG an, bei der Zuständigkeit des Berufungsgerichts entstehen 4,0 Gebühren gem. Nr. 1220 KV GKG und bei der Zuständigkeit des Revisionsgerichts handelt es sich um 5,0 Gebühren gem. Nr. 1230 KV GKG. Im Arbeitsgerichtsprozess betragen die Gerichtskosten vor dem erstinstanzlichen Arbeitsgericht gem. Nr. 8210 KV GKG 2,0 Gebühren, vor dem Landesarbeitsgericht 3,2 Gebühren gem. Nr. 8220 KV GKG und vor dem Bundesarbeitsgericht 4,0 Gebühren gem. Nr. 8230 KV GKG. In familiengerichtlichen Verfahren sind die Regelungen des FamGKG zu beachten.

Auch bei der **Anwaltsvergütung** ist danach zu differenzieren, vor welchem Gericht das Wiederaufnahmeverfahren durchgeführt wird (vgl. Zöller/*Greger* § 578 Rn. 4 mwN auch der Gegenauffassung des OLG Nürnberg NJW-RR 1996, 512). Bei der Zuständigkeit des erstinstanzlichen Gerichts entstehen eine Verfahrensgebühr in Höhe von 1,3 (Nr. 3100 VV RVG) sowie eine Terminsgebühr in Höhe von 1,2 (Nr. 3104 VV RVG). Ist das Berufungsgericht zuständig, kann der Rechtsanwalt eine Verfahrensgebühr in Höhe von 1,6 (Nr. 3200 VV RVG) sowie eine Terminsgebühr in Höhe von 1,2 (Nr. 3202 VV RVG) beanspruchen. Wird das Wiederaufnahmeverfahren vor dem Revisionsgericht geführt, fallen eine Verfahrensgebühr in Höhe von 2,3 (Nr. 3208 VV RVG) sowie eine Terminsgebühr in Höhe von 1,5 (Nr. 3210 VV RVG) an. Hinzukommen – wie stets – eine Unkostenpauschale in Höhe von max. 20,– EUR (Nr. 7002 VVRVG) sowie die Umsatzsteuer von derzeit 19 % gem. VV 7008 RVG.

8. Rechtsmittel. Wenn das Wiederaufnahmegericht über die Stufen „Zulässigkeit der Klage“ und/oder „Vorliegen eines Wiederaufnahmegrundes“ gesondert durch **Zwischenurteil** entscheidet, kann dieses Urteil entsprechend § 280 Abs. 2 ZPO selbständig angefochten werden (vgl. BGH NJW 1993, 1928 (1929); Zöller/*Greger* § 591 Rn. 2). Im Übrigen tritt das neue Urteil an die Stelle des in dem früheren Verfahren in derselben Instanz erlassenen Urteils und unterliegt deshalb auch denselben Rechtsmitteln wie dieses (vgl. § 591 ZPO sowie Zöller/*Greger* § 591 Rn. 1). Wenn also das erstinstanzliche Gericht über die Wiederaufnahme entschieden hat, ist gegen das Urteil unter den allgemeinen Voraussetzungen der §§ 511 ff. ZPO/§§ 64 ff. ArbGG die Berufung möglich. Bei der Zuständigkeit des Berufungsgerichts kommt unter den Voraussetzungen der §§ 542 ff. ZPO/§§ 72 ff. ArbGG eine Revision oder eine Nichtzulassungsbeschwerde in Betracht, während gegen Entscheidungen des Revisionsgerichts – abgesehen von der Gehörsrüge gem. § 321a ZPO/§ 78a ArbGG – kein Rechtsmittel eröffnet ist. Bei familiengerichtlichen Verfahren sind die Rechtsmittel nach dem FamFG eröffnet (Beschwerde gem. §§ 58 ff., 117 FamFG bzw. Rechtsbeschwerde gem. §§ 70 ff. FamFG).

9. Hinsichtlich der **Form** des Schriftsatzes (Unterschrift, elektronisches Dokument) wird verwiesen auf → Form. O. II. 1 Anm. 14.

24. Restitutionsklage (§ 580 ZPO) mit Vollstreckungsschutzantrag

An das

Amtsgericht/Familiengericht[1, 2]/Arbeitsgericht/Landgericht/Oberlandesgericht/

Landesarbeitsgericht/den Bundesgerichthof/das Bundesarbeitsgericht

in . . . . .

Restitutionsklage

des/der . . . . . [ladungsfähige Anschrift des Schuldners],

– Restitutionsklägers und Beklagten des Vorprozesses –

Prozessbevollmächtigte: . . . . .

gegen

. . . . . [ladungsfähige Anschrift des Gläubigers],

– Restitutionsbeklagten und Kläger des Vorprozesses –

Prozessbevollmächtigte des Vorprozesses: . . . . .

Streitwert: . . . . .

Namens und in Vollmacht des Klägers erheben wir Klage mit den Anträgen,

1. das rechtskräftige Urteil des . . . . . gerichts . . . . . vom . . . . . Az. . . . . . aufzuheben,
2. die Klage abzuweisen.

Vorab beantragen wir,

die Zwangsvollstreckung aus dem oben bezeichneten Urteil ohne – hilfsweise gegen – Sicherheitsleistung einstweilen bis zur Entscheidung des vorliegenden Rechtsstreits einzustellen.

Begründung:

Der Beklagte hat gegen den Kläger in einem Vorprozess vor dem erkennenden Gericht/ . . . . . gericht . . . . . ein – rechtskräftiges – Urteil vom . . . . . erstritten [präzise Bezeichnung des Vollstreckungstitels]. Hiernach ist der Kläger verpflichtet, an den Beklagten . . . . . EUR zu zahlen [präzise Wiedergabe des Titelinhalts]. Ausweislich des beigefügten Schreibens des Gerichtsvollziehers . . . . . betreibt der Beklagte aus dem genannten Titel die Zwangsvollstreckung.

(Variante:
. . . . . (konkrete Darlegung des derzeitigen Sachstandes eines sonstigen Vollstreckungsverfahrens mit entsprechenden Beweisantritten).)

Der Kläger wendet sich gegen dieses Urteil mit der Restitutionsklage gem. § 580 ZPO. Es liegt der Restitutionsgrund des . . . . . vor [Darlegung eines oder mehrerer Restitutionsgründe einschließlich der Ursächlichkeit für die Entscheidung gem. § 580 Nr. 1 bis 8[3] ZPO mit entsprechenden Beweisantritten; in den Fällen des § 580 Nr. 1 bis 5 ZPO müssen zusätzlich die Voraussetzungen des § 581 ZPO vorgetragen werden, also im Regelfall: Vorlage des rechtskräftigen Strafurteils[4]].

Der Kläger hatte keine Möglichkeit (§ 582 ZPO), den oben näher dargelegten Restitutionsgrund in dem früheren Verfahren geltend zu machen. Denn ..... [Darlegung des fehlenden Verschuldens iSd § 582 ZPO].

Da der Kläger von dem oben näher dargelegten Restitutionsgrund erst am ..... Kenntnis erlangt hat, ist die einmonatige Klagefrist (§ 586 Abs. 1 ZPO) gewahrt. Zur Glaubhaftmachung (589 Abs. 2 ZPO) wird insoweit auf die anliegende eidesstattliche Versicherung des Klägers Bezug genommen. Auch die fünfjährige Ausschlussfrist des § 586 Abs. 2 S. 2 ZPO ist noch nicht abgelaufen, da das vorangegangene Urteil erst seit dem ..... rechtskräftig ist.

In der nach der beantragten Aufhebung des Urteils gebotenen erneuten Entscheidung und Verhandlung über den Klageantrag des (jetzigen) Beklagten wird dessen Klage abzuweisen sein. Zur Begründung wiederholt der Kläger seinen gesamten Vortrag aus dem Vorprozess einschließlich der dort genannten Beweismittel. Ergänzend wird auf Folgendes hingewiesen ..... [evtl. ergänzende Begründung des Klageabweisungsantrages].

Der Erlass einer einstweiligen Anordnung ist gemäß § 707 Abs. 1 ZPO angezeigt, um zu verhindern, dass der Kläger durch die Fortsetzung der Zwangsvollstreckung rechtlos gestellt wird. Zur Glaubhaftmachung wird auf die vorgelegten Unterlagen sowie ergänzend auf die beigefügte eidesstattliche Versicherung Bezug genommen.

Wir haben heute einen Gerichtskostenvorschuss in Höhe von ..... EUR bei der Gerichtskasse ..... eingezahlt und bitten um unverzügliche Zustellung der Klageschrift. Als Streitwert haben wir den Wert der Klageforderung aus dem Vorprozess zugrundegelegt.

Beglaubigte und einfache Abschrift liegen an.

.....

Rechtsanwalt[5, 6]

Anmerkungen

1. Für die **Restitutionsklage** gelten im Wesentlichen dieselben Vorschriften wie für die Nichtigkeitsklage, so dass auf die Ausführungen zu → Form. P. VIII. 23 Bezug genommen werden kann. Ein dort bereits angesprochener, auch praktisch bedeutsamer Unterschied besteht darin, dass bei der Restitutionsklage anders als bei der Nichtigkeitsklage eine **Kausalitätsprüfung erforderlich** ist. Die Klage hat nur dann Erfolg, wenn das rechtskräftige Urteil auf einem der Restitutionsgründe beruht (vgl. hierzu nur Zöller/*Greger* § 580 Rn. 5). Etwaige weitere Besonderheiten ergeben sich unmittelbar aus dem Formular.

2. Gemäß § 118 FamFG gelten die Wiederaufnahmevorschriften (§§ 578 bis 591 ZPO) in Ehesachen und Familienstreitsachen entsprechend. Zu beachten ist allerdings, dass vor dem **Familiengericht** keine Nichtigkeits- oder Restitutionsklage, sondern ein Nichtigkeits- oder Restititutionsantrag zu stellen ist (§ 113 Abs. 5 Nr. 2 FamFG). Entsprechendes gilt gem. § 48 Abs. 2 FamFG iVm §§ 578 ff. ZPO bei der Zuständigkeit eines Gerichts der freiwilligen Gerichtsbarkeit.

3. Eine Restitutionsklage ist gem. § 580 Nr. 8 ZPO auch dann möglich, wenn der Europäische Gerichtshof für Menschenrechte eine **Verletzung der EMRK** festgestellt hat und das Urteil auf dieser Verletzung beruht (vgl. hierzu Zöller/*Greger* § 580 Rn. 8; *Baumbach/Lauterbach/Albers/Hartmann* § 580 Rn. 27).

4. Wichtig ist, dass die – gem. § 581 ZPO grundsätzlich erforderliche – rechtskräftige Verurteilung alleine noch nicht genügt, um von der in § 580 Nr. 1 bis 5 ZPO geforderten Straftat ausgehen zu können. Da das **Zivilgericht** nicht an das Strafurteil gebunden ist, **muss** es vielmehr die **Straftat selbst feststellen** (vgl. grundlegend BGHZ 85, 32). Andererseits ist zu berücksichtigen, dass bei einer Schadensersatzklage gem. § 826 BGB wegen Urteilserschleichung (→ Form. P. VIII. 21) § 581 ZPO nicht entsprechend anzuwenden ist (vgl. BGHZ 50, 116), so dass das Erfordernis einer rechtskräftigen strafrechtlichen Verurteilung unterlaufen werden kann (vgl. Zöller/*Greger* § 581 Rn. 3 mwN).

5. Kosten und Gebühren/Rechtsmittel. Hinsichtlich der Kosten und Gebühren bzw. der Rechtsmittel kann in vollem Umfang auf die obigen Ausführungen zu → Form. P. VIII. 24 verwiesen werden, die entsprechend gelten.

6. Hinsichtlich der **Form** des Schriftsatzes (Unterschrift, elektronisches Dokument) wird verwiesen auf → Form. O. II. 1 Anm. 14.

25. Negative Feststellungsklage gegen den Gläubiger im Rahmen der Forderungsvollstreckung

Während der Drittschuldner unter bestimmten Voraussetzungen gegen den Gläubiger eine auf die Feststellung gerichtete Klage erheben kann, dass der Gläubiger aus einem Pfändungs- und Überweisungsbeschluss keine Rechte gegenüber dem Drittschuldner erworben hat (→ Form. P. IX. 12), dürfte eine negative Feststellungsklage des Schuldners im Rahmen der Forderungsvollstreckung aus rechtlichen bzw. tatsächlichen Gründen **nicht Erfolg versprechend** sein.

Ein **Feststellungsinteresse iSd § 256 Abs. 1 ZPO** käme von vorneherein nur dann in Betracht, wenn der Schuldner der Auffassung ist, dass er und nicht der pfändende Gläubiger von dem Drittschuldner Erfüllung der gepfändeten Forderung verlangen kann, dass er also im Verhältnis zu dem Gläubiger das bessere Recht an der Forderung hat, die er für sich in Anspruch nimmt. Demgegenüber könnte der Schuldner mit einer Feststellungsklage gegenüber dem Gläubiger nicht geltend machen, dass die Pfändung ins Leere gegangen sei, weil ein Dritter Inhaber der Forderung sei oder die Forderung bereits – etwa durch Zahlung des Drittschuldners – erloschen sei. In beiden Fällen stünden jedenfalls dem **Schuldner** gegen den Drittschuldner nach seinem eigenen Vorbringen **keine Ansprüche** mehr zu. An der Klärung der Rechtsverhältnisse zwischen einem Dritten und dem Gläubiger bzw. dem Gläubiger und dem Drittschuldner, die die Rechte des Schuldners nicht berühren, hat er jedenfalls kein rechtliches Interesse.

Möchte der Schuldner aber geltend machen, dass der Pfändungs- und Überweisungsbeschluss nichtig oder anfechtbar ist und **ihm deshalb** im Verhältnis zu dem Gläubiger **das bessere Recht** zustehe, dürfte auch eine hierauf gerichtete Klage **mangels Feststellungsinteresses** – allerdings unter einem anderen Gesichtspunkt – unzulässig sein. Eine entsprechende Feststellungsklage des Drittschuldners gegen den Gläubiger ist von dem Bundesgerichtshof mit der Begründung als **unzulässig** angesehen worden, dass der Drittschuldner die **einfachere** und kostengünstigere **Möglichkeit** habe, eine **Erinnerung gem. § 766 ZPO einzulegen** (vgl. BGHZ 69, 144 (147 f.)). Diese Grundsätze beanspruchen im Verhältnis des Schuldners zum Gläubiger in gleicher Weise Geltung.

Unabhängig davon dürfte in der **Praxis** ein **Drittschuldner** in den Fällen, in denen sich sowohl der Gläubiger als auch der Schuldner des besseren Rechts an der gepfändeten Forderung berühmen, **den Forderungsbetrag hinterlegen.** In diesem Fall können aber sowohl der Gläubiger als auch der Schuldner eine auf § 812 BGB gestützte Freigabeklage erheben (→ Form. P. VII. 4). Gegenüber dieser Leistungsklage tritt die – subsidiäre – Feststellungsklage zurück. Hinterlegt der Drittschuldner trotz mehrerer Forderungsprätendenten (Gläubiger und Schuldner) den Betrag nicht, kann der Schuldner unmittelbar gegen den Drittschuldner auf Leistung klagen und dem Gläubiger den Streit verkünden. Auch in diesem Fall besteht für eine Feststellungsklage gegen den Gläubiger kein Feststellungsinteresse. Schließlich wird der Gläubiger bei einer von ihm gegen den Drittschuldner erhobenen Einziehungsklage (→ Form. P. VII. 2) dem Schuldner schon zur Vermeidung von Regressansprüchen den Streit verkünden (vgl. § 841 ZPO), so dass auch in dieser Fallkonstellation zumindest kein praktisches Bedürfnis für eine Feststellungsklage des Schuldners gegen den Gläubiger gegeben ist.

Hält man trotz der aufgezeigten Bedenken gleichwohl eine **negative Feststellungsklage** des Schuldners gegen den Gläubiger im Rahmen der Forderungsvollstreckung für zulässig und zweckmäßig, kann hierzu das → Form. P. IX. 12 verwendet werden, das eine entsprechende Klage des Drittschuldners zum Gegenstand hat. Hierauf wird Bezug genommen.

IX. Materiell-rechtliche Rechtsbehelfe eines Dritten im Zusammenhang mit dem Vollstreckungsverfahren einschließlich der Klageerwiderung des Gläubigers

1. Drittwiderspruchsklage gemäß § 771 ZPO (Grundfall) mit Vollstreckungsschutzantrag

An das

Amtsgericht/(Familiengericht)/Landgericht[1]

in[2]. . . . .

Drittwiderspruchsklage

des/der . . . . . [ladungsfähige Anschrift des Dritten],[3]

– Klägers –

Prozessbevollmächtigte: . . . . .

gegen

. . . . . [ladungsfähige Anschrift des Gläubigers],

– Beklagten[4] –

Streitwert: . . . . .[5]

Namens und in Vollmacht des Klägers erheben wir Klage mit dem Antrag/mit den Anträgen,

1. die Zwangsvollstreckung des Beklagten aus dem Urteil des . . . . . gerichts . . . . ., Az. . . . . ./aus dem . . . . . [präzise Bezeichnung des sonstigen Vollstreckungstitels] in . . . . . [präzise Bezeichnung des Vollstreckungsgegenstandes] für unzulässig zu erklären,[6]
2. gemäß §§ 771 Abs. 3, 770, 769 ZPO anzuordnen, dass die Vollstreckung in . . . . . [Vollstreckungsgegenstand] bis zur Rechtskraft dieses Urteils einstweilen ohne – hilfsweise gegen – Sicherheitsleistung eingestellt wird.[7]

Vorab beantragen wir,

die Zwangsvollstreckung in den oben bezeichneten Gegenstand ohne – hilfsweise gegen – Sicherheitsleistung einstweilen bis zur Entscheidung des vorliegenden Rechtsstreits einzustellen.[8]

Sofern das Gericht das schriftliche Vorverfahren anordnet, wird für den Fall der Fristversäumnis des Beklagten beantragt,[9]

ein Versäumnisurteil ohne mündliche Verhandlung (§ 331 Abs. 3 ZPO) zu erlassen.

Begründung:

Der Beklagte betreibt gegen Herrn/Frau . . . . . [präzise Bezeichnung des Vollstreckungsschuldners] die Zwangsvollstreckung. Grundlage ist das Urteil des . . . . . gerichts . . . . .

vom . . . . ., Az. . . . . ., durch das der Schuldner verurteilt worden ist, an den Beklagten . . . . . EUR zu zahlen.

(Variante:
. . . . . (Wiedergabe des sonstigen Vollstreckungstitels nebst Inhalt))

(Variante bei der Zwangsvollvollstreckung in einen körperlichen Gegenstand:

Am . . . . . hat der Gerichtsvollzieher . . . . . in der Wohnung des Schuldners die im Klageantrag aufgeführten Gegenstände gepfändet.)

(Variante:
. . . . . (Schilderung der sonstigen Vollstreckungshandlung).)

Eine Versteigerung der Sachen ist noch nicht erfolgt . . . . . [Schilderung des sonstigen aktuellen Sachstandes des Vollstreckungsverfahrens].[10]

Der Kläger wendet sich gegen diese Zwangsvollstreckung mit der Drittwiderspruchsklage gemäß § 771 ZPO/§ 771 ZPO iVm §§ 794 Abs. 1, 795 ZPO.

Dem Kläger steht an den im Klageantrag genannten Sachen ein die Veräußerung hinderndes Recht[11] zu, weil sie in seinem Eigentum stehen. Denn . . . . . [Schilderung des dem Eigentumserwerb zugrundeliegenden Sachverhalts mit entsprechenden Beweisantritten].

(Variante:
Die in dem Klageantrag aufgeführten Gegenstände hat der Schuldner dem Kläger zu Sicherheit übereignet. Die der Sicherungsübereignung zugrundeliegenden Forderungen sind nur in Höhe von . . . . . EUR getilgt, so dass in Höhe von . . . . . EUR noch zu sichernde Ansprüche bestehen . . . . . (Schilderung des Sachverhalts mit entsprechenden Beweisantritten). Dass das Sicherungseigentum, so lange noch Forderungen – wie hier – zu sichern sind, ein Interventionsrecht gemäß § 771 ZPO und nicht nur ein Recht auf abgesonderte Befriedigung gemäß § 805 ZPO gewährt, ist in der Rechtsprechung anerkannt (vgl. nur BGHZ 80, 296 (299)).)

(Variante:
Der Schuldner hatte dem Kläger an den streitgegenständlichen Gegenständen ein vertragliches Pfandrecht gemäß den §§ 1204 ff. BGB eingeräumt./Die Gegenstände unterliegen dem Werkunternehmerpfandrecht (§ 647 BGB) des Klägers. Denn . . . . . [Schilderung des Sachverhalts mit entsprechenden Beweisantritten].[12])

(Variante:
Die Zwangsvollstreckung des Beklagten bezieht sich auf einen Gegenstand, den der Kläger dem Schuldner lediglich im Wege einer uneigennützigen Treuhand übertragen hatte und wirtschaftlich deshalb weiter dem Kläger zusteht. Denn . . . . . (Schilderung des Sachverhalts mit entsprechenden Beweisantritten).[13])

(Variante:
Der Kläger hat gegen den Schuldner einen schuldrechtlichen Herausgabeanspruch. Hintergrund ist ein Mietvertrag/Pachtvertrag/ein Leihverhältnis etc. Denn . . . . . (Schilderung des Sachverhalts mit entsprechenden Beweisantritten).[14])

(Variante:
Der Kläger ist Insolvenzverwalter über das Vermögen des Herrn/der Frau/der Firma . . . . ./Der Kläger hat gegen Herrn/Frau/die Firma . . . . . einen vollstreckbaren Titel auf Zahlung in Höhe von . . . . . Der Vermögensgegenstand, in den der Beklagte vollstreckt, stand zunächst im Eigentum des Insolvenzschuldners/des Herrn/der Frau/

der Firma ..... Durch Vereinbarung vom ..... hat der Insolvenzschuldner/Herr/ Frau/die Firma ..... den Vermögensgegenstand in anfechtbarer Weise gemäß den §§ 129 ff. InsO/gemäß den §§ 1 ff. AnfG auf den hiesigen Vollstreckungsschuldner übertragen ..... (Schilderung des Sachverhalts mit entsprechenden Beweisantritten). Der dem Kläger gegen den Vollstreckungsschuldner gemäß § 143 Abs. 1 InsO/gemäß § 11 AnfG zustehende Rückgewähranspruch berechtigt ihn zur Intervention gemäß § 771 ZPO (vgl. Zöller/Herget § 771 Rn. 14 Stichwort „Anfechtungsrecht" mwN).[15]*)*

(Variante:
..... (Darlegung sonstiger Rechte iSd § 771 ZPO).)

(Variante bei der Zwangsvollvollstreckung in eine Forderung:

Durch Beschluss vom ..... hat das Amtsgericht ..... die angebliche Forderung des Schuldners gegen ..... (Bezeichnung des Drittschuldners) gepfändet und dem Beklagten zur Einziehung überwiesen.)

(Variante:
..... (Schilderung der sonstigen Vollstreckungshandlung).)

Eine Zahlung durch den Drittschuldner ist noch nicht erfolgt./..... [Schilderung des sonstigen aktuellen Sachstandes des Vollstreckungsverfahrens].

Der Kläger wendet sich gegen diese Zwangsvollstreckung mit der Drittwiderspruchsklage gemäß § 771 ZPO/§ 771 ZPO iVm §§ 794 Abs. 1, 795 ZPO.

Dem Kläger steht an der in dem Klageantrag genannten Forderung ein die Veräußerung hinderndes Recht zu, weil nicht der Schuldner, sondern der Kläger Inhaber der von dem Beklagten gepfändeten Forderung ist. Denn ..... [Schilderung des Sachverhalts mit entsprechenden Beweisantritten].

(Variante:
Die Zwangsvollstreckung des Beklagten bezieht sich auf eine Forderung, die der Kläger dem Schuldner lediglich im Wege einer uneigennützigen Treuhand übertragen hatte und wirtschaftlich deshalb weiter dem Kläger zusteht. Denn ..... (Schilderung des Sachverhalts mit entsprechenden Beweisantritten).)

(Variante:
Der Kläger ist Insolvenzverwalter über das Vermögen des Herrn/der Frau/der Firma ...../Der Kläger hat gegen Herrn/Frau/die Firma ..... einen vollstreckbaren Titel auf Zahlung in Höhe von ..... Die Forderung, in die der Beklagte vollstreckt, stand zunächst dem Insolvenzschuldner/Herrn/Frau/der Firma ..... zu. Durch Vereinbarung vom ..... hat der Insolvenzschuldner/Herr/Frau/die Firma ..... die Forderung in anfechtbarer Weise gemäß den §§ 129 ff. InsO/gemäß den §§ 1 ff. AnfG auf den hiesigen Vollstreckungsschuldner übertragen ..... (Schilderung des Sachverhalts mit entsprechenden Beweisantritten). Der dem Kläger gegen den Vollstreckungsschuldner gemäß § 143 Abs. 1 InsO/gemäß § 11 AnfG zustehende Rückgewähranspruch berechtigt ihn zur Intervention gemäß § 771 ZPO (vgl. Zöller/Herget § 771 Rn. 14 Stichwort „Anfechtungsrecht" mwN).)

(Variante:
..... (Darlegung sonstiger Rechte iSd § 771 ZPO).)

(Ergänzend für alle Varianten:

Der Kläger hat den Beklagten durch Schreiben vom ..... aufgefordert, den Gegenstand/ die Forderung freizugeben. Diesem Schreiben waren die maßgeblichen Unterlagen beigefügt, aus denen der Beklagte ohne Weiteres entnehmen konnte, dass dem Kläger ein die Veräußerung hindernden Recht zustand. Da hierauf keine Reaktion erfolgt ist/dies durch Schreiben vom . . . . . ausdrücklich abgelehnt worden ist, ist Klage geboten.[16]

Der Erlass einer einstweiligen Anordnung ist gemäß den §§ 771 Abs. 3, 769 Abs. 1 ZPO angezeigt, um zu verhindern, dass der Kläger durch die Fortsetzung der Zwangsvollstreckung rechtlos gestellt wird. Die Erfolgsaussicht der Drittwiderspruchsklage ergibt sich aus den vorangegangenen Ausführungen. Zur Glaubhaftmachung wird auf die vorgelegten Unterlagen sowie ergänzend auf die beigefügte eidesstattliche Versicherung des Klägers Bezug genommen. Da sich die Unzulässigkeit der Zwangsvollstreckung durch den Beklagten bereits aus den vorgelegten Unterlagen ergibt, ist die Zwangsvollstreckung ohne Sicherheitsleistung vorläufig einzustellen. Anders als § 707 Abs. 1 S. 2 ZPO setzt § 769 Abs. 1 ZPO für eine Einstellung ohne Sicherheitsleistung nicht voraus, dass der um Vollstreckungsschutz Nachsuchende – hier der Kläger – zur Sicherheitsleistung nicht in der Lage ist oder durch die Vollstreckung einen nicht zu ersetzenden Nachteil erleiden würde (vgl. Zöller/*Herget* § 769 Rn. 7 mwN)[17])

(Variante:
Zu der Erbringung einer Sicherheit ist der Kläger nicht in der Lage, denn . . . . . (nähere Darlegung erforderlich).)

Zum Schutz des Klägers vor Rechtsnachteilen ist zudem gem. den §§ 771 Abs. 3, 770, 769 Abs. 1 ZPO die Zwangsvollstreckung auch über den Zeitpunkt des Urteilserlasses hinaus bis zu dessen Rechtskraft einzustellen. Da der Kläger zur Sicherheitsleistung nicht in der Lage ist . . . . . [nähere Darlegung erforderlich], ein stattgebendes Urteil voraussichtlich aber nur gegen Sicherheitsleistung für vorläufig vollstreckbar erklärt wird, bestünde die Gefahr, dass der Beklagte trotz einer Verurteilung die Zwangsvollstreckung fortsetzen würde.

Wir haben heute einen Gerichtskostenvorschuss in Höhe von . . . . . EUR bei der Gerichtskasse . . . . . eingezahlt und bitten um unverzügliche Zustellung der Klageschrift.[18] Hierbei haben wir einen – geschätzten – Wert des Vollstreckungsgegenstandes in Höhe von . . . . . EUR zugrundegelegt, der niedriger als die Vollstreckungsforderung und deshalb gemäß § 6 S. 2 ZPO für die Streitwertbemessung maßgeblich ist.

(Variante:
Hierbei haben wir den Wert der Vollstreckungsforderung zugrundegelegt, die niedriger als der – geschätzte – Wert des Vollstreckungsgegenstandes in Höhe von EUR . . . . . und deshalb gemäß § 6 S. 1 ZPO für die Streitwertbemessung maßgeblich ist.)

Beglaubigte und einfache Abschrift liegen an.

Rechtsanwalt[19, 20, 21]

Anmerkungen

1. Hinsichtlich der **sachlichen Zuständigkeit** für die Entscheidung über die Drittwiderspruchsklage ist weder in der Vorschrift des § 771 ZPO, die unmittelbar nur für die Zwangsvollstreckung aus Urteilen gilt, noch in den §§ 794 ff. ZPO für die dort genannten Vollstreckungstitel eine spezielle Regelung enthalten, so dass insoweit die **allgemeinen Vorschriften** Anwendung finden. Übersteigt der Streitwert den Betrag von 5.000,– EUR nicht, ist deshalb gemäß § 23 Nr. 1 GVG grundsätzlich das Amtsgericht zuständig, ansonsten das Landgericht (§ 71 Abs. 1 GVG). Unabhängig davon kann die sachliche Zuständigkeit auch durch eine Gerichtsstandsvereinbarung (§ 38 ZPO) oder durch rügelose Einlassung gemäß § 39 ZPO begründet werden. § 40 Abs. 2 Nr. 2 ZPO iVm § 802 ZPO steht dem nicht entgegen, da in § 771 ZPO nur die örtliche Zuständigkeit geregelt und nur diese ausschließlich ist.

Vor welchem Gericht der Gläubiger den Titel erstritten hat, ist für die sachliche Zuständigkeit nicht maßgeblich, weil der **titulierte Anspruch nicht Gegenstand der Drittwiderspruchsklage** ist. Auch wenn der Gläubiger aufgrund eines Urteils eines Familiengerichts (vgl. hierzu OLG Hamburg FamRZ 1984, 805; OLG Frankfurt FamRZ 1985, 403) oder eines Arbeitsgerichts vollstreckt, ist deshalb – je nach Streitwert – entweder das Amtsgericht oder das Landgericht zuständig (vgl. Zöller/*Herget* § 771 Rn. 8; sa LAG Berlin MDR 1989, 572 zur Unzuständigkeit der Arbeitsgerichte).

Ausnahmsweise kann allerdings das Amtsgericht als **Familiengericht** – unabhängig von der Höhe des Streitwertes – sachlich zuständig sein, wenn das Drittrecht im Familienrecht wurzelt. Dies ist etwa dann der Fall, wenn sich der Dritte auf das Übernahmerecht des § 1477 Abs. 2 BGB (vgl. BGH NJW 1985, 3066) oder die Missachtung des § 1365 BGB stützt (vgl. OLG München FamRZ 2000, 365; OLG Köln FamRZ 2000, 1167; OLG Köln Beschl. v. 6.3.2012 – 4 UF 156/11, MDR 2012, 1169). Allerdings ist in diesen Fällen das Drittrecht nicht im Wege einer Klage, sondern durch einen sog. **Drittwiderspruchsantrag** vor dem Familiengericht geltend zu machen (vgl. § 113 Abs. 5 Nr. 2 FamFG). Wegen der insoweit bestehenden Besonderheiten wird auf das → Form. P. IX. 8 verwiesen.

2. Nur hinsichtlich der **örtlichen Zuständigkeit** enthält § 771 ZPO eine gemäß § 802 ZPO ausschließliche Zuständigkeitsregelung, die aufgrund der Verweisungsnorm des § 795 ZPO nicht nur für die Zwangsvollstreckung aus Urteilen, sondern auch für die Zwangsvollstreckung aufgrund von Prozessvergleichen etc. (vgl. die in § 794 Abs. 1 Nr. 1 bis 5 ZPO aufgeführten sonstigen Titel) gilt. **Entscheidend** ist hiernach grundsätzlich, **in wessen Bezirk die Zwangsvollstreckung begonnen hat.** Dies ist beispielsweise bei der Mobiliarvollstreckung der Ort, in dem der Gerichtsvollzieher die Pfändung – bei der Anschlusspfändung kommt es auf den Ort der Hauptpfändung an (vgl. Zöller/*Herget* § 771 Rn. 8) – durchgeführt hat. Bei der Forderungs- und Rechtspfändung ist das Gericht des Ortes örtlich zuständig, an dem der Pfändungsbeschluss erlassen worden ist. Falls sich die Klage gegen eine Vorpfändung oder gegen eine Vollstreckung aufgrund eines Herausgabetitels richtet, bestimmt sich die örtliche Zuständigkeit nach dem künftigen Pfändungsgericht oder dem künftigen Ort der Herausgabevollstreckung.

3. Dritter iSd § 771 ZPO ist grundsätzlich ein **anderer als der Gläubiger oder der Schuldner.** In Ausnahmefällen kann allerdings auch der Schuldner zur Erhebung einer Drittwiderspruchsklage aktivlegitimiert sein. Dies gilt etwa für einen Erben (vgl. Zöller/*Stöber* § 778 Rn. 11), wenn bereits vor Annahme der Erbschaft Nachlassgläubiger in das persönliche Vermögen des Erben (§ 778 Abs. 1 ZPO) oder aber umgekehrt persönliche Gläubiger des Erben in den Nachlass vollstrecken (§ 778 Abs. 2 ZPO). Dritter ist auch der Testamentsvollstrecker, wenn Nachlassgläubiger in den Nachlass vollstrecken, ohne über einen gemäß § 748 ZPO gegen den Testamentsvollstrecker erforderlichen Titel zu verfügen (vgl. Zöller/*Stöber* § 748 Rn. 10) oder wenn Nachlassgläubiger in das persönliche Vermögen des Testamentsvollstreckers vollstrecken (vgl. Zöller/*Herget* § 771 Rn. 10).

4. Der Angabe eines Prozessbevollmächtigten des Beklagten (= Vollstreckungsgläubigers) im Rubrum der Klageschrift bedarf es grundsätzlich nicht. Da die Drittwiderspruchsklage – anders als etwa die Vollstreckungsgegenklage – nicht zum Rechtszug iSd § 172 Abs. 1 S. 2 ZPO gehört, **muss** die Klage **nicht an** den **Prozessbevollmächtigten des Titelgläubigers zugestellt werden** (vgl. Thomas/Putzo/*Hüßtege* § 172 Rn. 7; Zöller/*Stöber* § 172 Rn. 17 mwN). Dass sich die Vollmacht des Prozessbevollmächtigten des Gläubigers gemäß § 81 ZPO auch auf die Vertretung im Rahmen der Drittwiderspruchsklage erstreckt, rechtfertigt keine abweichende Beurteilung (vgl. Stein/Jonas/*Roth* § 172 Rn. 16 und Zöller/*Vollkommer* § 81 Rn. 4). Allerdings **kann** die Zustellung auch wirksam an ihn erfolgen (vgl. Thomas/Putzo/*Hüßtege* § 172 Rn. 7; siehe auch Zöller/*Herget* § 771 Rn. 16). Hintergrund für die von der Vollstreckungsgegenklage abweichende Zustellungsregelung ist im Wesentlichen der Umstand, dass nunmehr eine neue Partei auftritt, gegenüber der sich der Prozessbevollmächtigte des Gläubigers bislang noch nicht bestellt hatte (vgl. Stein/Jonas/*Roth* § 172 Rn. 16).

5. Gemäß § 253 Abs. 3 Alt. 1 ZPO soll die Klageschrift die Angabe des **Streitwerts** enthalten, wenn hiervon die Zuständigkeit des Gerichts abhängt und der Streitgegenstand nicht in einer bestimmten Geldsumme besteht (sog. Zuständigkeitsstreitwert). Dies ist bei der Drittwiderspruchsklage der Fall. Darüber hinaus ist eine Angabe des Streitwerts auch gemäß § 61 GKG für die Berechnung der Gerichtsgebühren erforderlich (Gebührenstreitwert). Für die Bemessung beider Streitwerte ist grundsätzlich die Vorschrift des § 6 ZPO (bzgl. des Gebührenstreitwerts iVm § 48 Abs. 1 S. 1 GKG) maßgeblich. Wenn die im Zeitpunkt der Klageerhebung noch offene (vgl. Schuschke/Walker/*Raebel* § 771 Rn. 52) Forderung (BGH Beschl. v. 7.2.2008 – IX ZR 69/05: ohne Zinsen und Kosten), wegen der die Zwangsvollstreckung betrieben wird, niedriger ist als der Wert des Vollstreckungsgegenstandes, entspricht der Streitwert der Höhe der Forderung (§ 6 S. 1 ZPO). Andernfalls kommt es auf den Wert des Vollstreckungsgegenstandes an (§ 6 S. 2 ZPO). **Entscheidend ist** also **der jeweils niedrigere Wert.**

6. Soweit in der Literatur zum Teil vorgeschlagen wird, – abweichend von der hier (im Anschluss an Schuschke/Walker/*Raebel* § 771 Rn. 12; Stein/Jonas/*Münzberg* § 771 Rn. 42) gewählten Formulierung – in dem **Klageantrag** die konkrete Vollstreckungsmaßnahme aufzunehmen (vgl. etwa Zöller/*Herget* § 771 Rn. 16; Thomas/Putzo/*Seiler* § 771 Rn. 7), handelt es sich um eine sachlich nicht gebotene Einschränkung des Klageantrages, die nicht hinreichend berücksichtigt, dass der konkrete Vollstreckungsakt lediglich der Anlass für die Drittwiderspruchsklage, nicht jedoch ihr Streitgegenstand ist. Eine Klage gemäß § 771 ZPO hat vielmehr eine gegenständliche Beschränkung der Vollstreckbarkeit des Titels zum Ziel (vgl. Stein/Jonas/*Münzberg* § 771 Rn. 42). Wird jedoch der Klageantrag in dem dargestellten Sinne auf bestimmte Vollstreckungsmaßnahmen beschränkt, ist das Gericht hieran gemäß § 308 Abs. 1 ZPO gebunden und darf die Zwangsvollstreckung in den Gegenstand nicht insgesamt für unzulässig erklären (vgl. Wieczorek/Schütze/*Salzmann* § 771 Rn. 10).

7. Durch den in § 771 Abs. 3 enthaltenen Verweis auf die Vorschrift des §§ 770 ZPO hat das Gericht die Möglichkeit, **vorläufige Anordnungen** iSd § 769 ZPO auch **über den Zeitpunkt des Urteilserlasses hinaus** bis zu dessen Rechtskraft zu erlassen. Auch wenn solche Anordnungen von Amts wegen getroffen werden können (vgl. Zöller/*Herget* § 770 Rn. 1), erscheint eine gesonderte Antragstellung zweckmäßig. Der Erlass einer Anordnung gemäß § 770 ZPO ist für den Kläger einer Drittwiderspruchsklage zum einen für den Fall der Klageabweisung sinnvoll, da andernfalls die Zwangsvollstreckung des Gläubigers nach Urteilserlass uneingeschränkt fortgesetzt werden und eine eigene Entscheidung des Rechtsmittelgerichts möglicherweise zu spät kommen könnte. Aber auch für den Fall, dass das Gericht der Klage stattgibt und das Urteil lediglich gegen Sicherheitsleistung (§ 709 ZPO) vorläufig vollstreckbar ist, bietet eine Anordnung gemäß § 770 ZPO für den Dritten, der eine Sicherheitsleistung nicht aufbringen kann, die Möglichkeit, eine Einstellung der Zwangsvollstreckung auch ohne Sicherheitsleistung zu erreichen. Gemäß § 775 Nr. 2 ZPO ist nämlich eine einstweilige Anordnung sofort vollstreckbar. Zwar könnte der Kläger auch versuchen, gemäß § 710 ZPO eine Vollstreckbarkeit ohne Sicherheitsleistung zu erreichen. Hierfür genügt jedoch alleine die fehlende Möglichkeit, die Sicherheit aufzubringen, nicht. Vielmehr müssen zusätzliche Voraussetzungen (insbesondere: schwer zu ersetzender Nachteil) vorliegen, die deutlich schwieriger darzulegen sind als diejenigen des § 770 ZPO.

8. Der auf die §§ 771 Abs. 3, 769 Abs. 1 ZPO gestützte Antrag sollte stets gestellt werden, um zu verhindern, dass während des Prozesses durch eine Fortsetzung der Zwangsvollstreckung durch den Gläubiger vollendete Tatsachen geschaffen werden. Wichtig ist in diesem Zusammenhang, dass ein solcher **Einstellungsbeschluss** bei einer Forderungsvollstreckung auch **Wirkungen für den Drittschuldner** entfaltet, ohne dass es eines gesonderten Umsetzungsbeschlusses des Vollstreckungsgerichts bedürfte (vgl. hierzu *Fink/Ellefret* MDR 1998, 1272). Nach vorläufiger Einstellung der Zwangsvollstreckung darf der Drittschuldner nicht mehr an den Pfändungsgläubiger allein, sondern, solange der Pfändungs- und Überweisungsbeschluss besteht, nur noch an den Gläubiger (= Beklagten der Drittwiderspruchsklage) und den Vollstreckungsschuldner gemeinsam leisten oder die geschuldete Leistung zugunsten beider hinterlegen (vgl. BGHZ 140, 253). Solange der Drittschuldner jedoch von einem Einstellungsbeschluss keine Kenntnis hat, wird er bei einer Zahlung an den Pfändungsgläubiger durch die entsprechend anwendbare Vorschrift des § 836 Abs. 2 ZPO geschützt (vgl. BGHZ 140, 253). Deshalb hat der Anwalt dafür Sorge zu tragen, dass der Einstellungsbeschluss (auch) dem Drittschuldner zugestellt wird.

Zu beachten ist des Weiteren, dass das Prozessgericht die einstweilige Anordnung nach wohl überwiegender Auffassung schon **mit der bloßen Anhängigkeit der Klage** – hieran fehlt es allerdings bei einem bloßen Prozesskostenhilfeantrag für eine beabsichtigte Klage (vgl. Zöller/*Herget* § 769 Rn. 4) – erlassen kann. Zustellung der Klage und damit Rechtshängigkeit (vgl. §§ 253 Abs. 1, 261 Abs. 1 ZPO) sollen demgegenüber nicht erforderlich sein (vgl. Zöller/*Herget* § 769 Rn. 4 mwN). Da es insoweit aber auch Gegenstimmen gibt, die die Befürchtung äußern, der Schuldner könne durch die Nichteinzahlung der Gerichtskosten für die Klage die Zwangsvollstreckung schikanös verzögern (vgl. Schuschke/Walker/*Raebel* § 769 Rn. 2 mwN), sollte der Gerichtskostenvorschuss sicherheitshalber bereits mit der Klageeinreichung gezahlt werden, um derartige Befürchtungen von vorneherein zu zerstreuen.

Im Übrigen besteht in besonders eilbedürftigen Fällen gemäß § 771 Abs. 3 ZPO iVm § 769 Abs. 2 ZPO die Möglichkeit, beim Vollstreckungsgericht einen Antrag auf Erlass einer einstweiligen Anordnung zu stellen. Insoweit kann auf die Ausführungen im Zusammenhang mit einem Antrag gemäß § 769 Abs. 2 ZPO Bezug genommen werden (→ Form. P. VIII. 12), die im Rahmen einer Drittwiderspruchsklage entsprechend gelten.

9. Vgl. zu der Frage, welche prozessualen Anträge neben dem Antrag in der Hauptsache gestellt werden sollten, → Form. O. II. 7 Anm. 9.

10. Die Schilderung des **aktuellen Sachstandes des Vollstreckungsverfahrens** ermöglicht dem Gericht die Prüfung, ob für die Drittwiderspruchsklage schon oder noch ein **Rechtsschutzinteresse** besteht. Dies ist grundsätzlich nur in der Zeit zwischen dem Vollstreckungsakt in den streitigen Gegenstand bis zur vollständigen Beendigung der Zwangsvollstreckung zu bejahen (vgl. hierzu nur Zöller/*Herget* § 771 Rn. 5 ff.). Bei einer Forderungsvollstreckung liegt eine derartige Beendigung nicht schon mit dem Erlass des Pfändungs- und Überweisungsbeschlusses vor. Vielmehr ist die – erst – zur Befriedigung des Pfändungsgläubigers führende Leistung des Drittschuldners noch Teil der Vollstreckung (vgl. BGHZ 140, 253; BGHZ 137, 193). Wenn während eines laufenden Klageverfahrens eine vollständige Beendigung des Vollstreckungsverfahrens (etwa durch Auskehrung des Versteigerungserlöses einer gepfändeten Sache an den beklagten Gläubiger) eintritt und die Klage damit unzulässig wird, kann der Kläger gemäß § 264 Nr. 3 ZPO von der Widerspruchsklage zur Leistungsklage auf Schadensersatz oder Bereicherungsausgleich übergehen (vgl. Schuschke/Walker/*Raebel* § 771 Rn. 13). Wenn die Zwangsvollstreckung bereits vor der beabsichtigten Klage gemäß § 771 ZPO beendet war, hat der Dritte nur die Möglichkeit, von vornherein eine derartige „verlängerte Drittwiderspruchsklage" zu erheben (→ Form. P. IX. 10).

Im Übrigen **genügt** für das Rechtsschutzbedürfnis bereits der **Anschein einer wirksamen Vollstreckungshandlung.** Insbesondere steht der Zulässigkeit einer Drittwiderspruchsklage gegen die Pfändung einer vermeintlichen Forderung des Schuldners gegen einen Drittschuldner nicht der Umstand entgegen, dass die gepfändete Forderung tatsächlich dem Dritten zusteht und deshalb die Pfändung des Gläubigers ins Leere gegangen ist. Alleine der Schein einer wirksamen Pfändung kann dazu führen, dass der Drittschuldner an den Gläubiger zahlt (vgl. BGH WM 1981, 648 (649)).

11. Welche **Rechte** zu einer Interventionsklage gemäß der – sprachlich missglückten – Vorschrift des **§ 771 ZPO** berechtigen, lässt sich nicht einheitlich, sondern nur im Einzelfall anhand einer umfangreichen Kasuistik beantworten. Die in der Praxis bedeutsamsten Fallgestaltungen für den Bereich der Mobiliar- und der Forderungsvollstreckung sind in dem Formular – ohne Anspruch auf Vollständigkeit – aufgeführt. Allen Fällen liegt der Grundgedanke zugrunde, dass der Gläubiger, der sich nur aus dem Vermögen seines Schuldners befriedigen darf, durch die Vollstreckung kein weitergehenden Rechte erwerben soll, als dem Schuldner selbst nach dem materiellen Recht zustehen (vgl. Schuschke/Walker/*Raebel* § 771 Rn. 15). Könnte der Dritte den Schuldner, würde dieser den Gegenstand veräußern wollen, hieran hindern, weil der Schuldner durch ein solches Verhalten widerrechtlich in den Rechtskreis des Dritten eingriffe, so soll der Dritte auch den Gläubiger seines Schuldners daran hindern können, den Gegenstand im Wege der Zwangsvollstreckung zu verwerten (vgl. BGHZ 55, 20). Hinsichtlich der **Darlegungs- und Beweislast** gelten die **allgemeinen Regeln.** Für das Vorliegen eines die Veräußerung hindernden Rechts ist deshalb in vollem Umfang der Kläger der Drittwiderspruchsklage darlegungs- und beweispflichtig (vgl. nur BGH NJW 1979, 42).

12. Die hier aufgeführten **Pfandrechte** sind mit dem Besitz verbunden und müssen von den besitzlosen Pfandrechten (zB Vermieterpfandrecht gemäß § 562 Abs. 1 BGB) unterschieden werden, die nur ein Recht zur vorzugsweisen Befriedigung gemäß § 805 ZPO gewähren.

13. Wenn beispielsweise ein Käufer eines Grundstücks den Kaufpreis auf ein Notaranderkonto einzahlt, kann er im Falle einer Vollstreckung in dieses Konto durch Gläubiger des Notars gemäß § 771 ZPO als **Treugeber** intervenieren. Demgegenüber steht dem Treuhänder einer uneigennützigen Treuhand bei einer Vollstreckung durch Gläubiger des Treugebers kein Interventionsrecht zu (vgl. BGHZ 11, 37, 42; *Baumbach/Lauterbach/Albers/Hartmann* § 771 Rn. 22 ff.; Thomas/Putzo/*Seiler* § 771 Rn. 19).

14. Anders als Herausgabeansprüche begründen rein schuldrechtliche **Verschaffungsansprüche** grundsätzlich **kein Recht iSd § 771 ZPO** (vgl. Schuschke/Walker/*Raebel* § 771 Rn. 30). Dass ein Dritter gegen den Schuldner beispielsweise aufgrund eines Kaufvertrages einen Anspruch auf Übereignung einer bestimmten Sache hat, ändert nichts daran, dass die Sache vor der Eigentumsübertragung rechtlich und wirtschaftlich noch dem Rechtskreis des Schuldners zugeordnet ist.

15. Die dargestellte Meinung entspricht der ganz herrschenden Auffassung in der Literatur (vgl. auch Thomas/Putzo/*Seiler* § 771 Rn. 22; Schuschke/Walker/*Raebel* § 771 Rn. 33 f.). Der Bundesgerichtshof hat in einer älteren Entscheidung, in der es allerdings nur um die Zuständigkeit ging, zwar den gegensätzlichen Standpunkt vertreten (vgl. BGH NJW 1990, 990 (992)). Es gibt jedoch keinen überzeugenden Grund, dem **Anfechtungs-**

recht des Insolvenzverwalters bzw. dem Anfechtungsrecht des die Anfechtung nach dem Anfechtungsgesetz erklärenden Gläubigers nicht den **Vorrang gegenüber einem Pfändungspfandrecht des Pfändungsgläubigers** des Anfechtungsgegners zu geben. Ungeachtet der konstruktiven Bedenken gebührt der anfechtbar weggegebene Gegenstand nach den Wertungen der Insolvenzordnung und des Anfechtungsgesetzes den Gläubigern des Schuldners und nicht denen des Anfechtungsgegners. Dies lässt sich ungeachtet der Frage, ob das Anfechtungsrecht ein die Veräußerung hinderndes Recht iSd § 771 Abs. 1 ZPO darstellt, auch **rein anfechtungsrechtlich** begründen (siehe hierzu HK/*Kreft* § 129 Rn. 67 ff.).

Von der Frage, ob ein Anfechtungsanspruch des Dritten gegen den **Schuldner** gemäß der Insolvenzordnung oder dem Anfechtungsgesetz ein die Veräußerung hinderndes Recht iSd § 771 ZPO begründet, ist die Frage zu unterscheiden, ob der **Dritte** den Vermögensgegenstand, auf den er als Kläger sein Interventionsrecht stützt, anfechtbar erworben hat und insoweit der Beklagte der Klage die Anfechtungseinrede entgegenhalten kann (vgl. dazu näher unten die Anm. zu → Form. P. IX. 11).

16. Die **vorprozessuale Freigabeaufforderung** an den Beklagten soll verhindern, dass der Kläger wegen eines möglicherweise im Prozess abgegebenen Anerkenntnisses gemäß § 93 ZPO die Kosten des Rechtsstreits zu tragen hat. Zu beachten ist insoweit allerdings, dass der Dritte sein die Veräußerung hinderndes Recht nicht nur behaupten, sondern gegenüber dem Gläubiger auch glaubhaft machen muss (vgl. Zöller/*Herget* § 771 Rn. 17). Anderenfalls hat der Gläubiger keine Veranlassung zur Klage iSd § 93 ZPO gegeben, so dass im Einzelfall auch ein erst nach Durchführung einer Beweisaufnahme abgegebenes Anerkenntnis noch zu der Kostenfolge des § 93 ZPO führen kann (vgl. Schuschke/Walker/*Raebel* § 771 Rn. 49 mwN).

17. Dass bereits aufgrund der von dem Kläger vorgelegten Unterlagen/Urkunden die Begründetheit der Drittwiderspruchsklage feststeht, dürfte in der Praxis die Ausnahme sein. Im **Regelfall** kommt deshalb in den Fällen, in denen der Dritte zu Leistung einer Sicherheit in der Lage ist, nur eine **Einstellung gegen Sicherheitsleistung** in Betracht (vgl. auch *Stackmann* JuS 2006, 980 (982)). Da jedoch mit einem zu weit gestellten Einstellungsantrag keine Kostennachteile verbunden sind, ist es unschädlich, wenn der Kläger mit seinem Antrag auf Einstellung ohne Sicherheitsleistung nicht durchdringt.

18. Dass die **zeitnahe Einzahlung des Gerichtskostenvorschusses** wegen der erstrebten Entscheidung über den Antrag auf Einstellung der Zwangsvollstreckung zweckmäßig, wenn nicht gar erforderlich ist, wurde bereits oben unter → Anm. 8 erläutert.

19. Kosten und Gebühren. Da die Drittwiderspruchsklage kostenrechtlich keine Besonderheiten aufweist, gelten die Ausführungen zu → Form. P. VII. 1 entsprechend. Ergänzend wird darauf hingewiesen, dass der Rechtsanwalt für die Tätigkeit des in dem Verfahren auf einstweilige Einstellung der Zwangsvollstreckung keine besondere Vergütung erhält, weil dieses Verfahren zu dem Rechtszug gehört (§ 19 Abs. 1 S. 2 Nr. 11 RVG). Wenn allerdings – dies kommt allerdings in der Praxis, wenn überhaupt, nur äußerst selten vor – über den Einstellungsantrag eine gesonderte mündliche Verhandlung stattfindet, fallen eine 0,5 Verfahrensgebühr (Nr. 3328 VV RVG) sowie eine 0,5 Terminsgebühr (Nr. 3332 VV RVG) an.

20. Rechtsmittel. Gegen das Urteil, in dem über die Drittwiderspruchsklage entschieden wird, ist unter den allgemeinen Voraussetzungen der § 511 ff. ZPO das Rechtsmittel der **Berufung** möglich. Demgegenüber ist die **Entscheidung über den Antrag auf Erlass einer einstweiligen Anordnung** gemäß den §§ 771 Abs. 3, 769 Abs. 1 ZPO grundsätzlich **unanfechtbar.** Dies folgt aus einer entsprechenden Anwendung des § 707 Abs. 2 S. 2 ZPO (vgl. BGHZ 159, 14). Möglich bleibt eine Gehörsrüge gemäß

§ 321a ZPO (→ Form. Q. II. 1), die allerdings nur bei einer Verletzung des Anspruchs der Parteien auf Gewährung des rechtlichen Gehörs gemäß Art. 103 Abs. 1 GG Aussicht auf Erfolg verspricht. Da das Gericht aber seine Entscheidung betreffend die Einstellung der Zwangsvollstreckung jederzeit von Amts wegen ändern darf, sollte die Möglichkeit genutzt werden, jedenfalls bei einer Änderung des für die Entscheidung über den Einstellungsantrag maßgeblichen Sachverhalts einen Abänderungsantrag zu stellen. Ob man diesen Antrag ausdrücklich als „Gegenvorstellung" (→ Form. Q. II. 2) bezeichnet, spielt keine Rolle.

21. Hinsichtlich der **Form** des Schriftsatzes (Unterschrift, elektronisches Dokument) wird verwiesen auf → Form. O. II. 1 Anm. 14.

2. Drittwiderspruchsklage (§ 771 ZPO) gegen eine Herausgabevollstreckung mit Vollstreckungsschutzantrag

An das

Amtsgericht/Landgericht

in . . . . .

Drittwiderspruchsklage

des/der . . . . . [ladungsfähige Anschrift des Dritten],

– Klägers –

Prozessbevollmächtigte: . . . . .

gegen

. . . . . [ladungsfähige Anschrift des Gläubigers],

– Beklagten –

Streitwert: . . . . .[1, 2]

Namens und in Vollmacht des Klägers erheben wir Klage mit dem Antrag/mit den Anträgen,

1. die Zwangsvollstreckung des Beklagten aus dem Urteil des . . . . . gerichts . . . . ., Az. . . . . ./aus dem . . . . . [präzise Bezeichnung des sonstigen Vollstreckungstitels] in . . . . . [präzise Bezeichnung des Vollstreckungsgegenstandes] für unzulässig zu erklären,
2. gemäß §§ 771 Abs. 3, 770, 769 ZPO anzuordnen, dass die Vollstreckung in . . . . . [Vollstreckungsgegenstand] bis zur Rechtskraft dieses Urteils einstweilen eingestellt wird.

Vorab beantragen wir,

die Zwangsvollstreckung in den oben bezeichneten Gegenstand ohne – hilfsweise gegen – Sicherheitsleistung einstweilen bis zur Entscheidung des vorliegenden Rechtsstreits einzustellen.

Sofern das Gericht das schriftliche Vorverfahren anordnet, wird für den Fall der Fristversäumnis des Beklagten beantragt,[3]

ein Versäumnisurteil ohne mündliche Verhandlung (§ 331 Abs. 3 ZPO) zu erlassen.

Begründung:

Der Beklagte hat gegen Herrn/Frau ..... [präzise Bezeichnung des Vollstreckungsschuldners] ein Urteil des ..... gerichts ..... vom ....., Az. ....., erstritten, wonach Herr/Frau ..... verurteilt worden ist, den Gegenstand ..... [präzise Bezeichnung des Vollstreckungsgegenstandes] an den Beklagten herauszugeben.

(Variante:
..... (Darlegung eines sonstigen Herausgabetitels).)

Dies hat der Kläger zufällig erfahren, als er .....[4]

Der Kläger wendet sich mit seiner Drittwiderspruchsklage gemäß § 771 ZPO/§ 771 ZPO iVm §§ 794 Abs. 1, 795 ZPO gegen die künftige Zwangsvollstreckung des Beklagten.

Dem Kläger steht an den im Klageantrag genannten Sachen ein die Veräußerung hinderndes Recht zu, weil sie in seinem Eigentum stehen ..... [Schilderung des dem Eigentumserwerb zugrundeliegenden Sachverhalts mit entsprechenden Beweisantritten].

(Variante:
..... (Schilderung eines sonstigen Interventionsrechts iSd § 771 ZPO).)

Der Kläger hat den Beklagten durch Schreiben vom ..... aufgefordert, den Gegenstand freizugeben. Diesem Schreiben waren die maßgeblichen Unterlagen beigefügt, aus denen der Beklagte ohne Weiteres entnehmen konnte, dass dem Kläger ein die Veräußerung hindernden Recht zustand. Da hierauf keine Reaktion erfolgt ist/dies durch Schreiben vom ..... ausdrücklich abgelehnt worden ist, ist Klage geboten.

Der Erlass einer einstweiligen Anordnung ist gemäß den §§ 771 Abs. 3, 769 Abs. 1 ZPO angezeigt, um zu verhindern, dass der Kläger durch die Fortsetzung der Zwangsvollstreckung rechtlos gestellt wird. Die Erfolgsaussicht der Drittwiderspruchsklage ergibt sich aus den vorangegangenen Ausführungen. Zur Glaubhaftmachung wird auf die vorgelegten Unterlagen sowie ergänzend auf die beigefügte eidesstattliche Versicherung des Klägers Bezug genommen. Da sich die Unzulässigkeit der Zwangsvollstreckung durch den Beklagten bereits aus den vorgelegten Unterlagen ergibt, ist die Zwangsvollstreckung ohne Sicherheitsleistung vorläufig einzustellen. Anders als § 707 Abs. 1 S. 2 ZPO setzt § 769 Abs. 1 ZPO für eine Einstellung ohne Sicherheitsleistung nicht voraus, dass der um Vollstreckungsschutz Nachsuchende – hier der Kläger – zur Sicherheitsleistung nicht in der Lage ist oder durch die Vollstreckung einen nicht zu ersetzenden Nachteil erleiden würde (vgl. Zöller/*Herget* § 769 Rn. 7 mwN).

(Variante:
Zu der Erbringung einer Sicherheit ist der Kläger nicht in der Lage, denn ..... (nähere Darlegung erforderlich).)

Zum Schutz des Klägers vor Rechtsnachteilen ist zudem gem. den §§ 771 Abs. 3, 770, 769 Abs. 1 ZPO die Zwangsvollstreckung auch über den Zeitpunkt des Urteilserlasses hinaus bis zu dessen Rechtskraft einzustellen. Da der Kläger zur Sicherheitsleistung nicht in der Lage ist ..... (nähere Darlegung erforderlich), ein stattgebendes Urteil voraussichtlich aber nur gegen Sicherheitsleistung für vorläufig vollstreckbar erklärt wird, bestünde die Gefahr, dass der Beklagte trotz einer Verurteilung die Zwangsvollstreckung fortsetzen würde.

Wir haben heute einen Gerichtskostenvorschuss in Höhe von ..... EUR bei der Gerichtskasse ..... eingezahlt und bitten um unverzügliche Zustellung der Klageschrift. Hierbei haben wir einen – geschätzten – Wert des Vollstreckungsgegenstandes in Höhe von ..... EUR zugrundegelegt.

Beglaubigte und einfache Abschrift liegen an.

.....

Rechtsanwalt[5, 6]

Anmerkungen

1. Mit der Drittwiderspruchsklage kann sich ein Dritter auch gegen die Zwangsvollstreckung aus einem **Herausgabetitel** wenden (§§ 883 ff. ZPO). Dies ist allgemein anerkannt (vgl. nur Schuschke/Walker/*Raebel* § 771 Rn. 2 mwN). Vollstreckungsbescheide und Kostenfestsetzungsbeschlüsse scheiden naturgemäß als taugliche Titel aus, weil sie auf die Zahlung einer bestimmten Geldsumme gerichtet sind und nicht eine Herausgabeverpflichtung zum Gegenstand haben können. Demgegenüber können Herausgabeansprüche **auch** in notariellen **Urkunden** § 794 Abs. 1 Nr. 5 ZPO) oder in **Prozessvergleichen** (§ 794 Abs. 1 Nr. 1 ZPO) tituliert werden.

2. Der **Streitwert** richtet sich stets nach dem Wert des Vollstreckungsgegenstandes (§ 6 ZPO). Der im Grundfall der Drittwiderspruchsklage erforderliche Vergleich zu dem Wert der Vollstreckungsforderung entfällt, da es sowohl dem Dritten als Kläger als auch dem Gläubiger (= Beklagten) auf den Besitz der Sache iSd § 6 ZPO ankommt.

3. Vgl. zu der Frage, welche prozessualen Anträge neben dem Antrag in der Hauptsache gestellt werden sollten, → Form. O. II. 7 Anm. 9.

4. Abweichend von dem Grundfall der Drittwiderspruchsklage ist eine Schilderung konkreter Vollstreckungsmaßnahmen bei Herausgabetiteln nicht möglich. Dies beruht auf der Besonderheit, dass für eine solche Klage ein **Rechtsschutzinteresse** nicht erst mit Beginn der Zwangsvollstreckung, sondern **bereits mit Titelerlass** besteht (vgl. *Baumbach/Lauterbach/Albers/Hartmann* § 771 Rn. 3; Schuschke/Walker/*Raebel* § 771 Rn. 11). Würde man demgegenüber verlangen, dass die Zwangsvollstreckung bereits begonnen hat, würde eine Klage gemäß § 771 ZPO zu spät kommen, da Beginn und Ende der Zwangsvollstreckung im Regelfall zeitlich zusammenfallen. Dies hätte nicht hinnehmbare Rechtsschutzlücken für den Dritten zur Folge.

Erfährt der Dritte erst nach der Herausgabe von der Vollstreckung, scheidet die Möglichkeit einer Drittwiderspruchsklage aus. Allerdings kann er nunmehr **materiellrechtliche Ansprüche** (zB Herausgabeanspruch gem. § 985 BGB) gegen den Kläger geltend machen. Da der Gerichtsvollzieher im Rahmen einer Vollstreckung gemäß § 883 ZPO die Sache an den Gläubiger lediglich herausgibt, nicht jedoch übereignet, verliert der Dritte durch diese Vollstreckungsart – anders als in den Fällen der Versteigerung einer durch den Gerichtsvollzieher gepfändete Sache – sein Eigentum an dem Vollstreckungsgegenstand nicht.

5. Kosten und Gebühren/Rechtsmittel. Hinsichtlich der Kosten und Gebühren bzw. der gegen das Urteil möglichen Rechtsmittel kann auf die Ausführungen zu → Form. P. VII. 1 sowie zu → Form. P. IX. 1 verwiesen werden.

6. Hinsichtlich der **Form** des Schriftsatzes (Unterschrift, elektronisches Dokument) wird verwiesen auf → Form. O. II. 1 Anm. 14.

3. Drittwiderspruchsklage verbunden mit einer Herausgabeklage gegen den Schuldner (§ 771 Abs. 2 ZPO) mit Vollstreckungsschutzantrag

An das

Amtsgericht/Landgericht

in . . . . .

Drittwiderspruchsklage und Klage[1]

des/der . . . . . [ladungsfähige Anschrift des Dritten],

Klägers,

Prozessbevollmächtigte: . . . . .
gegen

1 . . . . . [ladungsfähige Anschrift des Gläubigers],

Beklagten zu 1),

2 . . . . . [ladungsfähige Anschrift des Schuldners],

Beklagten zu 2),

Streitwert: . . . . .[2]
Namens und in Vollmacht des Klägers erheben wir Klage mit den Anträgen,

1. die Zwangsvollstreckung des Beklagten zu 1) aus dem Urteil des . . . . . gerichts . . . . ., Az. . . . . ./aus dem . . . . . [präzise Bezeichnung des sonstigen Vollstreckungstitels] in . . . . . [präzise Bezeichnung des Vollstreckungsgegenstandes] für unzulässig zu erklären,
2. den Beklagten zu 2) zu verurteilen, den . . . . . [präzise Bezeichnung des Vollstreckungsgegenstandes] an den Kläger herauszugeben,

   (Variante:
   festzustellen, dass nicht der Beklagte zu 2), sondern der Kläger Eigentümer des . . . . . (präzise Bezeichnung des Vollstreckungsgegenstandes) ist)
3. gemäß §§ 771 Abs. 3, 770, 769 ZPO anzuordnen, dass die Vollstreckung in . . . . . [Vollstreckungsgegenstand] bis zur Rechtskraft dieses Urteils einstweilen ohne – hilfsweise gegen – Sicherheitsleistung eingestellt wird.

Vorab beantragen wir,

die Zwangsvollstreckung in den oben bezeichneten Gegenstand ohne – hilfsweise gegen – Sicherheitsleistung einstweilen bis zur Entscheidung des vorliegenden Rechtsstreits einzustellen.

Sofern das Gericht das schriftliche Vorverfahren anordnet, wird für den Fall der Fristversäumnis der Beklagten beantragt,[3]

ein Versäumnisurteil ohne mündliche Verhandlung (§ 331 Abs. 3 ZPO) zu erlassen.

Begründung:

Der Beklagte zu 1) betreibt gegen den Beklagten zu 2) die Zwangsvollstreckung. Grundlage ist das Urteil des ..... gerichts ..... vom ....., Az. ....., durch das der Beklagte zu 2) verurteilt worden ist, an den Beklagten zu 1) ..... EUR zu zahlen.

(Variante:
..... (Wiedergabe des sonstigen Vollstreckungstitels nebst Inhalt).)

Am ..... hat der Gerichtsvollzieher ..... in der Wohnung des Beklagten zu 2) die im Klageantrag aufgeführten Gegenstände gepfändet.

(Variante:
..... (Schilderung der sonstigen Vollstreckungshandlung).)

Eine Versteigerung der Sachen ist noch nicht erfolgt./..... [Schilderung des sonstigen aktuellen Sachstandes des Vollstreckungsverfahrens].

Der Kläger wendet sich mit seiner Drittwiderspruchsklage gemäß § 771 ZPO/§ 771 ZPO iVm §§ 794 Abs. 1, 795 ZPO gegen diese Zwangsvollstreckung und nimmt zugleich gemäß § 771 Abs. 2 ZPO den Schuldner als Beklagten zu 2) auf Herausgabe in Anspruch.

Dem Kläger steht an den im Klageantrag genannten Sachen ein die Veräußerung hinderndes Rechts zu, weil ..... [Schilderung des Rechts iSd § 771 ZPO].

Der mit der Drittwiderspruchsklage gemäß § 771 Abs. 2 ZPO zulässigerweise verbundene Herausgabeantrag/Feststellungsantrag gegen den Schuldner als Beklagten zu 2) ist aufgrund folgender Erwägungen gerechtfertigt: ..... [Schilderung des maßgeblichen Sachverhalts mit entsprechenden Beweisantritten].

Der Kläger hat den Beklagten zu 1) durch Schreiben vom ..... aufgefordert, den Gegenstand freizugeben. Diesem Schreiben waren die maßgeblichen Unterlagen beigefügt, aus denen der Beklagte zu 1) ohne Weiteres entnehmen konnte, dass dem Kläger ein die Veräußerung hindernden Recht zustand. Da hierauf keine Reaktion erfolgt ist/dies durch Schreiben vom ..... ausdrücklich abgelehnt worden ist, ist Klage geboten. Da auch der Beklagte zu 2) das Recht des Klägers durch Schreiben vom ..... in Abrede gestellt hat, ist die Klage auch auf seine Person zu erstrecken.

Der Erlass einer einstweiligen Anordnung ist gemäß den §§ 771 Abs. 3, 769 Abs. 1 ZPO angezeigt, um zu verhindern, dass der Kläger durch die Fortsetzung der Zwangsvollstreckung rechtlos gestellt wird. Die Erfolgsaussicht der Drittwiderspruchsklage ergibt sich aus den vorangegangenen Ausführungen. Zur Glaubhaftmachung wird auf die vorgelegten Unterlagen sowie ergänzend auf die beigefügte eidesstattliche Versicherung des Klägers Bezug genommen. Da sich die Unzulässigkeit der Zwangsvollstreckung durch den Beklagten zu 1) bereits aus den vorgelegten Unterlagen ergibt, ist die Zwangsvollstreckung ohne Sicherheitsleistung vorläufig einzustellen. Anders als § 707 Abs. 1 S. 2 ZPO setzt § 769 Abs. 1 ZPO für eine Einstellung ohne Sicherheitsleistung nicht voraus, dass der um Vollstreckungsschutz Nachsuchende – hier der Kläger – zur Sicherheitsleistung nicht in der Lage ist oder durch die Vollstreckung einen nicht zu ersetzenden Nachteil erleiden würde (vgl. Zöller/*Herget* § 769 Rn. 7 mwN).

(Variante:
Zu der Erbringung einer Sicherheit ist der Kläger nicht in der Lage, denn .....
(nähere Darlegung erforderlich).)

Zum Schutz des Klägers vor Rechtsnachteilen ist zudem gem. den §§ 771 Abs. 3, 770, 769 Abs. 1 ZPO die Zwangsvollstreckung auch über den Zeitpunkt des Urteilserlasses hinaus bis zu dessen Rechtskraft einzustellen. Da der Kläger zur Sicherheitsleistung nicht in der Lage ist . . . . . [nähere Darlegung erforderlich], ein stattgebendes Urteil voraussichtlich aber nur gegen Sicherheitsleistung für vorläufig vollstreckbar erklärt wird, bestünde die Gefahr, dass der Beklagte zu 1) trotz einer Verurteilung die Zwangsvollstreckung fortsetzen würde.

Wir haben heute einen Gerichtskostenvorschuss in Höhe von . . . . . EUR bei der Gerichtskasse . . . . . eingezahlt und bitten um unverzügliche Zustellung der Klageschrift. Hierbei haben wir einen – geschätzten – Wert des Vollstreckungsgegenstandes in Höhe von . . . . . EUR zugrunde gelegt, der niedriger als die Vollstreckungsforderung und deshalb gemäß § 6 S. 2 ZPO für die Streitwertbemessung maßgeblich ist. Da der Herausgabeantrag gegen den Beklagten zu 2) bei der gebotenen wirtschaftlichen Betrachtungsweise auf dasselbe Interesse ausgerichtet ist, führt er nicht zu einer Streitwerterhöhung. Vielmehr greift insoweit das Additionsverbot wegen wirtschaftlicher Identität ein (vgl. hierzu nur Zöller/*Herget* § 5 Rn. 8 mwN).

(Variante:
Hierbei haben wir einen – geschätzten – Wert des Vollstreckungsgegenstandes in Höhe von . . . . . EUR zugrunde gelegt. Dieser ist zwar höher als die Vollstreckungsforderung und deshalb nicht für den Streitwert der Drittwiderspruchsklage maßgeblich (§ 6 S. 1 ZPO). Der Streitwert der zugleich erhobenen Herausgabeklage bestimmt sich jedoch nach dem Wert des Vollstreckungsgegenstandes. Im Übrigen besteht bis zur Höhe der Vollstreckungsforderung zwischen beiden Anträgen wirtschaftliche Identität, so dass eine Addition zu unterbleiben hat (vgl. hierzu nur Zöller/Herget § 5 Rn. 8 mwN).)

Beglaubigte und einfache Abschrift liegen an.

. . . . .

Rechtsanwalt[4, 5]

Anmerkungen

1. Es erscheint zweckmäßig, schon im Eingang der Klageschrift deutlich zu machen, dass es sich nicht „nur" um eine Drittwiderspruchsklage, sondern um eine **subjektive und objektive Klagehäufung** handelt. Bestreitet (auch) der **Schuldner** das Recht des Dritten, so kann der Dritte mit der Drittwiderspruchsklage die – materiell-rechtliche – Klage gegen den Schuldner auf Herausgabe bzw. auf Feststellung des Bestehens des Rechts verbinden. Gemäß § 771 Abs. 2 ZPO sind der Gläubiger und der Schuldner als (einfache) Streitgenossen anzusehen. Demgegenüber sind **materiellrechtliche Klagen gegen den Gläubiger,** etwa eine auf § 985 BGB gestützte Freigabeklage, nach Beginn und vor der vollständigen Beendigung der Zwangsvollstreckung wegen des Vorrangs der Drittwiderspruchsklage **unzulässig** (vgl. nur *Baumbach/Lauterbach/Albers/Hartmann* § 771 Rn. 5; Zöller/*Herget* § 771 Rn. 4). Auch darf § 771 Abs. 2 ZPO nicht dahingehend (miss-)verstanden werden, dass die Drittwiderspruchsklage auch gegen den Schuldner gerichtet werden kann; vielmehr können gegen ihn gleichzeitig nur materiell-rechtliche Ansprüche geltend gemacht werden (vgl. Musielak/Voit/*Lackmann* § 771 Rn. 34).

2. Für den **Streitwert** ist stets der **Wert des Vollstreckungsgegenstandes** maßgeblich. Der Umstand, dass der Kläger zugleich den Schuldner auf Herausgabe des Vollstreckungsgegenstandes in Anspruch nimmt, führt nicht zu einer Erhöhung (Verdopplung) des Streitwerts, weil insoweit wirtschaftlich Identität vorliegt – der Vollstreckungsgegenstand kann nur einmal „verteilt" werden (vgl. allgemein zu dem sog. Additionsverbot wegen wirtschaftlicher Identität Zöller/*Herget* § 5 Rn. 8 mwN). Wenn der Wert des Vollstreckungsgegenstandes höher ist als die Vollstreckungsforderung, ist zwar der Streitwert der Drittwiderspruchsklage auf den Wert der Vollstreckungsforderung gem. § 6 ZPO beschränkt. Der Streitwert der Herausgabeklage bestimmt sich jedoch nach dem (höheren) Wert des Vollstreckungsgegenstandes. Dieser ist dann auch für die gesamte Klage maßgeblich, weil nur bis zu Höhe der Vollstreckungsforderung wirtschaftliche Identität vorliegt.

Zu beachten ist, dass der **Erfolg der Drittwiderspruchsklage nicht zwingend** auch den **Erfolg der Herausgabeklage** gegen den Schuldner zur Folge haben muss (wenn beispielsweise bei einer auf das Eigentum gestützten Drittwiderspruchsklage dem Schuldner ein Recht zum Besitz an der Sache zusteht). Auch wenn die Klageverbindung den Streitwert nicht erhöht, wenn die Vollstreckungsforderung höher ist als der Wert des Vollstreckungsgegenstandes, hat das Gericht bei einem unterschiedlichen Erfolg von Drittwiderspruchs- und Herausgabeklage im Rahmen der **Kostenentscheidung** den „doppelten" Angriff des Klägers durch Bildung eines **fiktiven Streitwerts** und Anwendung der sog. Baumbach'schen Kostenformel zu berücksichtigen (vgl. allgemein hierzu nur Zöller/*Herget* § 100 Rn. 6 ff.).

3. Vgl. zu der Frage, welche prozessualen Anträge neben dem Antrag in der Hauptsache gestellt werden sollten, → Form. O. II. 7 Anm. 9.

4. Kosten und Gebühren/Rechtsmittel. Hinsichtlich der Kosten und Gebühren bzw. der gegen das Urteil möglichen Rechtsmittel kann auf die Ausführungen zu → Form. P. VII. 1 sowie zu → Form. P. IX. 1 verwiesen werden.

5. Hinsichtlich der **Form** des Schriftsatzes (Unterschrift, elektronisches Dokument) wird verwiesen auf → Form. O. II. 1 Anm. 14.

4. Drittwiderspruchsklage (§ 772 S. 2 ZPO) mit Vollstreckungsschutzantrag

An das

Amtsgericht/Landgericht

in . . . . .

Drittwiderspruchsklage

des/der . . . . . [ladungsfähige Anschrift des Dritten],

– Klägers –

Prozessbevollmächtigte: . . . . .

gegen

. . . . . [ladungsfähige Anschrift des Gläubigers],

– Beklagten –

Streitwert: . . . . .

Namens und in Vollmacht des Klägers erheben wir Klage mit dem Antrag/mit den Anträgen,[1]

1. die Veräußerung des ..... [präzise Beschreibung des beweglichen Vollstreckungsgegenstandes] im Wege der Zwangsvollstreckung durch den Gerichtsvollzieher (Az. .....) für unzulässig zu erklären,

   (Variante:
   die Veräußerung des Grundstücks ..... (präzise grundbuchrechtliche Bezeichnung des Grundstücks) im Wege der Zwangsvollstreckung durch das Amtsgericht ....., Az. ....., für unzulässig zu erklären,)

   (Variante:
   die Überweisung der am ..... durch das Amtsgericht ....., Az. ....., gepfändeten Forderung des ..... (Name des Schuldners) gegen ..... (Name des Drittschuldners) an den Beklagten zur Einziehung für unzulässig zu erklären,)
2. gemäß §§ 771 Abs. 3, 770, 769 ZPO anzuordnen, dass die Vollstreckung in ..... [Vollstreckungsgegenstand] bis zur Rechtskraft dieses Urteils einstweilen eingestellt wird.

Vorab beantragen wir,

die Zwangsvollstreckung in den oben bezeichneten Gegenstand ohne – hilfsweise gegen – Sicherheitsleistung einstweilen bis zur Entscheidung des vorliegenden Rechtsstreits einzustellen.

Sofern das Gericht das schriftliche Vorverfahren anordnet, wird für den Fall der Fristversäumnis des Beklagten beantragt,[2]

ein Versäumnisurteil ohne mündliche Verhandlung (§ 331 Abs. 3 ZPO) zu erlassen.

Begründung:

Der Beklagte betreibt gegen Herrn/Frau ..... [präzise Bezeichnung des Vollstreckungsschuldners] die Zwangsvollstreckung. Grundlage ist das Urteil des ..... gerichts ..... vom ....., Az. ....., durch das der Schuldner verurteilt worden ist, an den Beklagten ..... EUR zu zahlen.

(Variante:
..... (Wiedergabe des sonstigen Vollstreckungstitels nebst Inhalt).)

Am ..... hat der Gerichtsvollzieher ..... in der Wohnung des Schuldners die im Klageantrag aufgeführten Gegenstände gepfändet.

(Variante:
Durch Beschluss vom ..... hat das Amtsgericht ..... die angebliche Forderung des Schuldners gegen ..... (Bezeichnung des Drittschuldners) gepfändet und dem Beklagten zur Einziehung überwiesen.)

(Variante:
..... (Schilderung der sonstigen Vollstreckungshandlung).)

Eine Versteigerung der Sachen ist noch nicht erfolgt./Eine Zahlung durch den Drittschuldner ist noch nicht erfolgt./..... [Schilderung des sonstigen aktuellen Sachstandes des Vollstreckungsverfahrens].

Der Kläger wendet sich mit seiner Drittwiderspruchsklage gemäß den §§ 771, 772 S. 2 ZPO gegen diese Zwangsvollstreckung. Weil zu seinen Gunsten hinsichtlich des im Klageantrag bezeichneten Vermögensgegenstand ein relatives Veräußerungsverbot gemäß den §§ 135, 136 BGB erlassen worden ist, ist der Beklagte zu einer Verwertung nicht berechtigt.

Der Kläger hat gegen den Schuldner eine einstweilige Verfügung erstritten. Durch Beschluss des . . . . . gerichts . . . . . vom . . . . ., Az. . . . . ., ist dem Schuldner gemäß § 938 Abs. 2 ZPO untersagt worden, über den im Klageantrag bezeichneten Vermögensgegenstand zu verfügen.[3] Die einstweilige Verfügung ist durch Urteil des . . . . . gerichts . . . . . vom . . . . . bestätigt worden.

(Variante:
. . . . . (Darlegung eines sonstigen Veräußerungsverbotes gemäß den §§ 135, 136 BGB).[4])

Der Kläger hat den Beklagten durch Schreiben vom . . . . . aufgefordert, verbindlich zu erklären, dass er den Vermögensgegenstand nicht im Wege der Zwangsvollstreckung verwertet. Diesem Schreiben waren die maßgeblichen Unterlagen beigefügt, aus denen der Beklagte ohne Weiteres das Bestehen des dargelegten relativen Veräußerungsverbotes entnehmen konnte. Da hierauf keine Reaktion erfolgt ist/dies durch Schreiben vom . . . . . ausdrücklich abgelehnt worden ist, ist Klage geboten.

Der Erlass einer einstweiligen Anordnung ist gemäß den §§ 772, 771 Abs. 3, 769 Abs. 1 ZPO angezeigt, um zu verhindern, dass der Kläger durch die Fortsetzung der Zwangsvollstreckung rechtlos gestellt wird. Die Erfolgsaussicht der Drittwiderspruchsklage ergibt sich aus den vorangegangenen Ausführungen. Zur Glaubhaftmachung wird auf die vorgelegten Unterlagen sowie ergänzend auf die beigefügte eidesstattliche Versicherung des Klägers Bezug genommen. Da sich die Unzulässigkeit der Verwertung im Wege der Zwangsvollstreckung durch den Beklagten bereits aus den vorgelegten Unterlagen ergibt, ist die Zwangsvollstreckung ohne Sicherheitsleistung vorläufig einzustellen. Anders als § 707 Abs. 1 S. 2 ZPO setzt § 769 Abs. 1 ZPO für eine Einstellung ohne Sicherheitsleistung nicht voraus, dass der um Vollstreckungsschutz Nachsuchende – hier der Kläger – zur Sicherheitsleistung nicht in der Lage ist oder durch die Vollstreckung einen nicht zu ersetzenden Nachteil erleiden würde (vgl. Zöller/*Herget* § 769 Rn. 7 mwN).

(Variante:
Zu der Erbringung einer Sicherheit ist der Kläger nicht in der Lage, denn . . . . . (nähere Darlegung erforderlich).)

Zum Schutz des Klägers vor Rechtsnachteilen ist zudem gem. den §§ 771 Abs. 3, 770, 769 Abs. 1 ZPO die Zwangsvollstreckung auch über den Zeitpunkt des Urteilserlasses hinaus bis zu dessen Rechtskraft einzustellen. Da der Kläger zur Sicherheitsleistung nicht in der Lage ist . . . . . [nähere Darlegung erforderlich], ein stattgebendes Urteil voraussichtlich aber nur gegen Sicherheitsleistung für vorläufig vollstreckbar erklärt wird, bestünde die Gefahr, dass der Beklagte trotz einer Verurteilung die Zwangsvollstreckung fortsetzen würde.

Wir haben heute einen Gerichtskostenvorschuss in Höhe von . . . . . EUR bei der Gerichtskasse . . . . . eingezahlt und bitten um unverzügliche Zustellung der Klageschrift. Hierbei haben wir einen – geschätzten – Wert des Vollstreckungsgegenstandes in Höhe von . . . . . EUR zugrundegelegt, der niedriger als die Vollstreckungsforderung und deshalb gemäß § 6 S. 2 ZPO für die Streitwertbemessung maßgeblich ist.

(Variante:
Hierbei haben wir den Wert der Vollstreckungsforderung zugrundegelegt, die niedriger als der – geschätzte – Wert des Vollstreckungsgegenstandes in Höhe von . . . . . EUR und deshalb gemäß § 6 S. 1 ZPO für die Streitwertbemessung maßgeblich ist.)

Beglaubigte und einfache Abschrift liegen an.

. . . . .

Rechtsanwalt[5, 6, 7]

Anmerkungen

1. Bereits bei der Formulierung des **Klageantrages** ist der in § 772 S. 2 ZPO ausgesprochenen Besonderheit Rechnung zu tragen, dass der **Dritte nur die Verwertung verhindern** kann, **nicht** jedoch die **Zwangsvollstreckung** (insbesondere: die Pfändung) **insgesamt.** Soweit es um die Immobiliarvollstreckung geht, kann die Eintragung einer Sicherungshypothek sowie die Anordnung der Zwangsversteigerung und der Zwangsverwaltung nicht verhindert werden (vgl. Zöller/*Herget* § 772 Rn. 2). Eine auf eine vollständige Unzulässigkeitserklärung der Vollstreckungsmaßnahme gerichtete Klage müsste deshalb zu einer teilweisen Klageabweisung mit entsprechenden Kostenfolgen führen. Der materiell-rechtliche Hintergrund der Vorschrift ist der Umstand, dass die §§ 135, 136 BGB vor einer Übertragung eines Vermögensgegenstandes im Wege der Zwangsvollstreckung keinen Schutz bieten (vgl. Schuschke/Walker/*Raebel* § 772 Rn. 3). Diese Rechtsschutzlücke wird durch § 772 S. 2 ZPO geschlossen.

2. Vgl. zu der Frage, welche prozessualen Anträge neben dem Antrag in der Hauptsache gestellt werden sollten, → Form. O. II. 7 Anm. 9.

3. Die aufgrund einer einstweiligen Verfügung ergangenen Veräußerungsverbote stellen in der Praxis den Hauptanwendungsfall des § 772 S. 2 ZPO dar.

4. In Betracht kommen etwa die **relativen Verfügungsverbote der §§ 15, 98, 156 Abs. 1 VVG.** Zu beachten ist demgegenüber, dass die **im Rahmen der Pfändung** von Sachen, Forderungen und anderen Vermögensrechten sowie der Beschlagnahme von Grundstücken **ausgesprochenen Verfügungsverbote,** die ebenfalls unter § 136 BGB fallen, **nicht zu** einer **Klage** gemäß **§ 772 S. 2 ZPO berechtigen.** Das Gesetz lässt ausdrücklich die Mehrfachpfändung (§§ 826, 853 ZPO) bzw. den Beitritt zum Versteigerungsverfahren zu (§ 27 ZVG). Der Erstpfändende ist durch die Rangfolge entsprechend dem Prioritätsprinzip (§§ 804 Abs. 3 ZPO, 10 ZVG) und der Möglichkeit der Widerspruchsklage gemäß § 878 ZPO hinreichend geschützt (vgl. Schuschke/Walker/*Raebel* § 772 Rn. 2).

5. Kosten und Gebühren. Die Ausführungen zu dem Grundfall der Drittwiderspruchsklage (→ Form. P. IX. 1) gelten entsprechend.

6. Rechtsmittel. Insoweit kann zunächst auf die Ausführungen zu dem Grundfall der Drittwiderspruchsklage (→ Form. P. IX. 1) Bezug genommen werden. **Anstelle** einer **Drittwiderspruchsklage** kann der Dritte auch eine **Erinnerung** gemäß § 766 ZPO mit der Begründung erheben, das jeweils zuständige Vollstreckungsorgan habe die Ordnungsvorschrift des § 772 S. 1 ZPO nicht beachtet. Ob auch der Schuldner Erinnerung einlegen kann, ist streitig (vgl. *Baumbach/Lauterbach/Albers/Hartmann* § 772 Rn. 6; Zöller/*Herget* § 772 Rn. 3 mwN Schuschke/Walker/*Raebel* § 772 Rn. 5 mwN bejahend; OLG Hamburg MDR 1966, 515 verneinend). Der Gläubiger kann gemäß § 766 ZPO vorgehen, wenn das Vollstreckungsorgan die Verwertung unter Berufung auf die Vorschrift des § 772 ZPO ablehnt.

Problematisch ist, welche **Rechtsschutzmöglichkeiten** der **beklagte Gläubiger** hat, **wenn** der Drittwiderspruchsklage zwar stattgegeben wurde, das dieser Klage zugrundeliegende **Veräußerungsverbot** nach Rechtskraft des Urteils jedoch **aufgehoben** worden ist. So liegt der Fall etwa, wenn die einstweilige Verfügung mit dem hierin enthaltenen Veräußerungsverbot im weiteren Verlauf des von dem Dritten gegen den Schuldner geführten Rechtsstreit keinen Bestand hat. Damit der Gläubiger nicht rechtsschutzlos gestellt wird, kann er in entsprechender Anwendung des § 767 ZPO mit einer **Vollstreckungsabwehrklage** der Fortwirkung des Urteils gem. § 772 S. 2 ZPO entgegentreten (vgl. Zöller/*Herget* § 772 Rn. 3; *Schuschke/Walker/Raebel* § 772 Rn. 7 jeweils mwN)

7. Hinsichtlich der **Form** des Schriftsatzes (Unterschrift, elektronisches Dokument) wird verwiesen auf → Form. O. II. 1 Anm. 14.

5. Drittwiderspruchsklage (§ 773 ZPO) mit Vollstreckungsschutzantrag

An das

Amtsgericht/Landgericht

in .....

Drittwiderspruchsklage

des/der ..... [ladungsfähige Anschrift des Dritten],

– Klägers –

Prozessbevollmächtigte: .....

gegen

..... [ladungsfähige Anschrift des Gläubigers],

– Beklagten –

Streitwert: .....

Namens und in Vollmacht des Klägers erheben wir Klage mit dem Antrag/mit den Anträgen,[1]

1. die Veräußerung des ..... [präzise Beschreibung des beweglichen Vollstreckungsgegenstandes] im Wege der Zwangsvollstreckung durch den Gerichtsvollzieher [Az. .....] für unzulässig zu erklären,

   (Variante:
   die Veräußerung des Grundstücks ..... (präzise grundbuchrechtliche Bezeichnung des Grundstücks) im Wege der Zwangsvollstreckung durch das Amtsgericht ....., Az. ....., für unzulässig zu erklären,)

   (Variante:
   die Überweisung der am ..... durch das Amtsgericht ....., Az. ....., gepfändeten Forderung des ..... (Name des Schuldners) gegen ..... (Name des Drittschuldners) an den Beklagten zur Einziehung für unzulässig zu erklären,)

2. gemäß §§ 770, 769 ZPO anzuordnen, dass die Vollstreckung in ..... [Vollstreckungsgegenstand] bis zur Rechtskraft dieses Urteils einstweilen eingestellt wird.

Vorab beantragen wir,

die Zwangsvollstreckung in den oben bezeichneten Gegenstand ohne – hilfsweise gegen – Sicherheitsleistung einstweilen bis zur Entscheidung des vorliegenden Rechtsstreits einzustellen.

Sofern das Gericht das schriftliche Vorverfahren anordnet, wird für den Fall der Fristversäumnis des Beklagten beantragt,[2]

ein Versäumnisurteil ohne mündliche Verhandlung (§ 331 Abs. 3 ZPO) zu erlassen.

Begründung:

Der Beklagte betreibt gegen Herrn/Frau ..... [präzise Bezeichnung des Vollstreckungsschuldners] die Zwangsvollstreckung. Grundlage ist das Urteil des ..... gerichts ..... vom ....., Az. ....., durch das der Schuldner verurteilt worden ist, an den Beklagten ..... EUR zu zahlen.

(Variante:
..... (Wiedergabe des sonstigen Vollstreckungstitels nebst Inhalt).)

Am ..... hat der Gerichtsvollzieher ..... in der Wohnung des Schuldners die im Klageantrag aufgeführten Gegenstände gepfändet.

(Variante:
Durch Beschluss vom ..... hat das Amtsgericht ..... die angebliche Forderung des Schuldners gegen ..... (Bezeichnung des Drittschuldners) gepfändet und dem Beklagten zur Einziehung überwiesen.)

(Variante:
..... (Schilderung der sonstigen Vollstreckungshandlung).)

Eine Versteigerung der Sachen ist noch nicht erfolgt./Eine Zahlung durch den Drittschuldner ist noch nicht erfolgt./..... [Schilderung des sonstigen aktuellen Sachstandes des Vollstreckungsverfahrens].

Der Kläger wendet sich mit seiner Drittwiderspruchsklage gemäß den §§ 771, 773 S. 2 ZPO gegen diese Zwangsvollstreckung. Der in dem Klageantrag näher bezeichnete Vermögensgegenstand fällt in den Nachlass des am ..... verstorbenen ..... Denn ..... [Schilderung des Sachverhalts mit entsprechenden Beweisantritten]. Da der Schuldner lediglich die Stellung eines Vorerben erlangt hat und der Kläger aufgrund der letztwilligen Verfügung des Erblassers vom ..... als Nacherbe eingesetzt worden ist ..... [Schilderung des Sachverhalts mit entsprechenden Beweisantritten], würde die Verwertung des streitgegenständlichen Vermögensgegenstandes das Recht des Klägers iSd § 2115 S. 1 BGB vereiteln. Auf die Ausnahmevorschrift des § 2115 S. 2 BGB kann der Beklagte sich nicht berufen, da er weder Nachlassgläubiger ist, noch ein dingliches Recht an dem Nachlassgegenstand hat.[3]

Der Kläger hat den Beklagten durch Schreiben vom ..... aufgefordert, verbindlich zu erklären, dass er den Vermögensgegenstand nicht im Wege der Zwangsvollstreckung verwertet. Diesem Schreiben waren die maßgeblichen Unterlagen beigefügt, aus denen der Beklagte ohne Weiteres das Bestehen des Rechts des Klägers aus § 2115 S. 1 BGB entnehmen konnte. Da hierauf keine Reaktion erfolgt ist/dies durch Schreiben vom ..... ausdrücklich abgelehnt worden ist, ist Klage geboten.

Der Erlass einer einstweiligen Anordnung ist gemäß den §§ 772, 771 Abs. 3, 769 Abs. 1 ZPO angezeigt, um zu verhindern, dass der Kläger durch die Fortsetzung der Zwangsvollstreckung rechtlos gestellt wird. Die Erfolgsaussicht der Drittwiderspruchsklage ergibt sich aus den vorangegangenen Ausführungen. Zur Glaubhaftmachung wird auf die vorgelegten Unterlagen sowie ergänzend auf die beigefügte eidesstattliche Versicherung des Klägers Bezug genommen. Da sich die Unzulässigkeit der Verwertung im Wege der Zwangsvollstreckung durch den Beklagten bereits aus den vorgelegten Unterlagen ergibt, ist die Zwangsvollstreckung ohne Sicherheitsleistung vorläufig einzustellen. Anders als § 707 Abs. 1 S. 2 ZPO setzt § 769 Abs. 1 ZPO für eine Einstellung ohne Sicherheitsleistung nicht voraus, dass der um Vollstreckungsschutz Nachsuchende – hier der Kläger – zur Sicherheitsleistung nicht in der Lage ist oder durch die Vollstreckung einen nicht zu ersetzenden Nachteil erleiden würde (vgl. Zöller/*Herget* § 769 Rn. 7 mwN).

(Variante:
Zu der Erbringung einer Sicherheit ist der Kläger nicht in der Lage, denn . . . . .
(nähere Darlegung erforderlich).)

Zum Schutz des Klägers vor Rechtsnachteilen ist zudem gem. den §§ 771 Abs. 3, 770, 769 Abs. 1 ZPO die Zwangsvollstreckung auch über den Zeitpunkt des Urteilserlasses hinaus bis zu dessen Rechtskraft einzustellen. Da der Kläger zur Sicherheitsleistung nicht in der Lage ist . . . . . [nähere Darlegung erforderlich], ein stattgebendes Urteil voraussichtlich aber nur gegen Sicherheitsleistung für vorläufig vollstreckbar erklärt wird, bestünde die Gefahr, dass der Beklagte trotz einer Verurteilung die Zwangsvollstreckung fortsetzen würde.

Wir haben heute einen Gerichtskostenvorschuss in Höhe von . . . . . EUR bei der Gerichtskasse . . . . . eingezahlt und bitten um unverzügliche Zustellung der Klageschrift. Hierbei haben wir einen – geschätzten – Wert des Vollstreckungsgegenstandes in Höhe von . . . . . EUR zugrundegelegt, der niedriger als die Vollstreckungsforderung und deshalb gemäß § 6 S. 2 ZPO für die Streitwertbemessung maßgeblich ist.

(Variante:
Hierbei haben wir den Wert der Vollstreckungsforderung zugrundegelegt, die niedriger als der – geschätzte – Wert des Vollstreckungsgegenstandes in Höhe von . . . . . EUR und deshalb gemäß § 6 S. 1 ZPO für die Streitwertbemessung maßgeblich ist.)

Beglaubigte und einfache Abschrift liegen an.

. . . . .

Rechtsanwalt[4, 5, 6]

Anmerkungen

1. Auch bei der Formulierung des **Klageantrages** einer Klage gemäß § 773 ZPO ist – ebenso wie im Falle des § 772 ZPO – zu beachten, dass der Dritte **nur die Verwertung verhindern** kann, nicht jedoch die Zwangsvollstreckung (insbesondere: die Pfändung) insgesamt. Materiell-rechtlicher Hintergrund der Vorschrift ist der Umstand, dass der Nacherbe vor einer derartigen Übertragung eines Vermögensgegenstandes im Wege der Zwangsvollstreckung durch § 2115 BGB nicht geschützt wird (vgl. Schuschke/Walker/*Raebel* § 773 Rn. 1; Palandt/*Edenhofer* § 2115 Rn. 2).

2. Vgl. zu der Frage, welche prozessualen Anträge neben dem Antrag in der Hauptsache gestellt werden sollten, → Form. O. II. 7 Anm. 9.

3. Sehr instruktiv für die Erfolgsaussichten einer Klage gemäß § 773 S. 2 ZPO ist die **Grundsatzentscheidung** des Bundesgerichtshofs (**BGHZ 110, 176** = NJW 1990, 1237) sowie die in derselben Sache ergangene Folgeentscheidung in NJW 1993, 1582.

4. Kosten und Gebühren. Die Ausführungen zu dem Grundfall der Drittwiderspruchsklage (→ Form. P. IX. 1) gelten entsprechend.

5. Rechtsmittel. Insoweit kann zunächst auf die Ausführungen zu dem Grundfall der Drittwiderspruchsklage (→ Form. P. IX. 1) Bezug genommen werden.

Anstelle einer Drittwiderspruchsklage kann der **Dritte auch** eine **Erinnerung** gemäß § 766 ZPO mit der Begründung erheben, das jeweils zuständige Vollstreckungsorgan habe die Ordnungsvorschrift des § 773 S. 1 ZPO nicht beachtet. Ob auch der Schuldner Erinnerung einlegen kann, ist streitig (vgl. Zöller/*Herget* § 773 Rn. 3 iVm § 772 Rn. 3 mwN Schuschke/Walker/*Raebel* § 772 Rn. 5 mwN bejahend; OLG Hamburg MDR 1966, 515 verneinend).

Der Gläubiger kann gemäß § 766 ZPO vorgehen, wenn das Vollstreckungsorgan die Verwertung unter Berufung auf die Vorschrift des § 773 ZPO ablehnt.

Problematisch ist, welche **Rechtsschutzmöglichkeiten** der beklagte **Gläubiger** hat, **wenn** der Drittwiderspruchsklage zwar stattgegeben wurde, die **Nacherbschaft** jedoch noch **zu Lebzeiten des Vorerben endet.** So liegt der Fall etwa, wenn der Nacherbe vor dem Vorerben verstirbt und der Erblasser die Vererblichkeit der Nacherbschaft ausgeschlossen hatte (vgl. § 2108 Abs. 2 BGB). Damit der Gläubiger nicht rechtsschutzlos gestellt wird, kann er in entsprechender Anwendung des § 767 ZPO mit einer Vollstreckungsabwehrklage der Fortwirkung des Urteils gem. § 773 ZPO entgegentreten. Die Ausführungen zu → Form. P. IX. 4 zu der Schließung von Rechtsschutzlücken im Rahmen einer Klage gemäß § 772 ZPO (vgl. Zöller/*Herget* § 772 Rn. 3; Schuschke/Walker/*Raebel* § 772 Rn. 7 jeweils mwN) gelten entsprechend.

6. Hinsichtlich der **Form** des Schriftsatzes (Unterschrift, elektronisches Dokument) wird verwiesen auf → Form. O. II. 1 Anm. 14.

6. Drittwiderspruchsklage (§ 774 ZPO) mit Vollstreckungsschutzantrag

An das[1]

Amtsgericht/(Familiengericht)[2]/Landgericht

in . . . . .

Drittwiderspruchsklage

des/der . . . . . [ladungsfähige Anschrift des Dritten],

– Klägers –

Prozessbevollmächtigte: . . . . .

gegen

. . . . . [ladungsfähige Anschrift des Gläubigers],

– Beklagten –

Streitwert: . . . . .

Namens und in Vollmacht des Klägers erheben wir Klage mit dem Antrag/mit den Anträgen,

1. die Zwangsvollstreckung des Beklagten aus dem Urteil des . . . . . gerichts . . . . ., Az. . . . . ./aus dem . . . . . [präzise Bezeichnung des sonstigen Vollstreckungstitels] in . . . . . [präzise Bezeichnung des Vollstreckungsgegenstandes] für unzulässig zu erklären,
2. gemäß §§ 771 Abs. 3, 770, 769 ZPO anzuordnen, dass die Vollstreckung in . . . . . [Vollstreckungsgegenstand] bis zur Rechtskraft dieses Urteils einstweilen ohne – hilfsweise gegen – Sicherheitsleistung eingestellt wird.

Vorab beantragen wir,

die Zwangsvollstreckung in den oben bezeichneten Gegenstand ohne – hilfsweise gegen – Sicherheitsleistung einstweilen bis zur Entscheidung des vorliegenden Rechtsstreits einzustellen.

Sofern das Gericht das schriftliche Vorverfahren anordnet, wird für den Fall der Fristversäumnis des Beklagten beantragt,[3]

ein Versäumnisurteil ohne mündliche Verhandlung (§ 331 Abs. 3 ZPO) zu erlassen.

Begründung:

Der Kläger ist seit dem ..... mit Frau ..... verheiratet. Die Eheleute haben durch Ehevertrag vom ..... Gütergemeinschaft vereinbart. Die Verwaltung des Gesamtgutes obliegt dem Kläger/den Eheleuten gemeinschaftlich.[4] Die Ehefrau des Klägers betreibt in ..... (Ort) ein ..... [präzise Beschreibung des Erwerbsgeschäfts].

(Variante:
Wie der Kläger erst jetzt erfahren hat, betreibt seine Ehefrau in ..... (Ort) ein ..... (präzise Beschreibung des Erwerbsgeschäfts).)

Durch Urteil des ..... gerichts ..... vom ..... Az. ...../..... [präzise Bezeichnung des sonstigen Vollstreckungstitels] ist die Ehefrau des Klägers verurteilt worden, an den Beklagten ..... EUR zu zahlen. Aus diesem Titel betreibt der Beklagte unter Hinweis auf die Vorschrift des § 741 ZPO die Zwangsvollstreckung. Am ..... hat der Gerichtsvollzieher ..... in der Wohnung der Eheleute die im Klageantrag aufgeführten Gegenstände gepfändet.

(Variante:
Durch Beschluss vom ..... hat das Amtsgericht ..... die angebliche Forderung des Klägers und seiner Ehefrau gegen ..... (Bezeichnung des Drittschuldners) gepfändet und dem Beklagten zur Einziehung überwiesen.)

(Variante:
..... (Schilderung der sonstigen Vollstreckungshandlung).)

Eine Versteigerung der Sachen ist noch nicht erfolgt./Eine Zahlung durch den Drittschuldner ist noch nicht erfolgt./..... [Schilderung des sonstigen aktuellen Sachstandes des Vollstreckungsverfahrens].

Der Kläger wendet sich mit seiner Drittwiderspruchsklage gemäß den §§ 771, 774 ZPO gegen diese Zwangsvollstreckung. In Ansehung des Gesamtgutes ist das gegen die Ehefrau des Klägers ergangene Urteil dem Kläger gegenüber unwirksam.

Der Kläger hat zwar darin eingewilligt, dass seine Ehefrau ein selbstständiges Erwerbsgeschäft betreibt. Entgegen der von dem Beklagten in der Vorkorrespondenz vertretenen Auffassung handelt es sich bei der titulierten Forderung aber nicht um eine Geschäftsschuld, sondern um eine private Verbindlichkeit der Ehefrau des Klägers gegenüber dem Beklagten. Aus diesem Grunde greift die Vorschrift des § 1431 Abs. 1 BGB (bei Alleinverwaltung des Klägers)/des § 1456 Abs. 1 BGB (bei gemeinschaftlicher Verwaltung) nicht ein. Vielmehr käme eine Haftung des Gesamtguts gemäß § 1438 Abs. 1 BGB (bei Alleinverwaltung des Klägers)/gemäß § 1460 Abs. 1 BGB (bei gemeinschaftlicher Verwaltung) nur bei einer Zustimmung des Klägers zu dem von seiner Ehefrau getätigten Rechtsgeschäft in Betracht, an der es aber fehlt (vgl. insoweit auch BGHZ 83, 76 = NJW 1982, 1810).

(Variante:
Der Kläger hatte keine Kenntnis davon, dass eine Ehefrau ein selbständiges Erwerbsgeschäft betrieb und hatte deshalb hierin auch nicht eingewilligt (§ 1431 Abs. 1 und 2 BGB bei Alleinverwaltung des Klägers bzw. § 1456 Abs. 1 und 2 BGB bei gemeinschaftlicher Verwaltung). Eine Haftung des Gesamtguts gemäß § 1438 Abs. 1 BGB (bei Alleinverwaltung des Klägers) bzw. gemäß § 1460 Abs. 1 BGB (bei gemeinschaft-

licher Verwaltung) käme deshalb nur bei einer Zustimmung des Klägers zu dem von seiner Ehefrau konkret mit dem Beklagten getätigten Rechtsgeschäft in Betracht, an der es aber ebenfalls fehlt.)

(Variante:
Zu dem Zeitpunkt, in dem die von dem Beklagten gegen die Ehefrau des Klägers erhobene Klage rechtshängig wurde, war im Güterrechtsregister bereits der Einspruch des Klägers gegen den Betrieb des Erwerbsgeschäfts/der Widerruf der Einwilligung zum Betrieb des Erwerbsgeschäfts eingetragen. Dies kann der Kläger deshalb gem. § 1431 Abs. 3 BGB iVm § 1412 Abs. 1 BGB (bei Alleinverwaltung des Klägers)/gemäß § 1456 Abs. 3 BGB iVm § 1412 Abs. 1 BGB (bei gemeinschaftlicher Verwaltung) dem Beklagten entgegenhalten. Eine Haftung des Gesamtguts gemäß § 1438 Abs. 1 BGB (bei Alleinverwaltung des Klägers)/gemäß § 1460 Abs. 1 BGB (bei gemeinschaftlicher Verwaltung) käme deshalb nur bei einer Zustimmung des Klägers zu dem von seiner Ehefrau konkret mit dem Beklagten getätigten Rechtsgeschäft in Betracht, an der es aber ebenfalls fehlt.)

(Variante:
Zu dem Zeitpunkt, in dem die von dem Beklagten gegen die Ehefrau des Klägers erhobene Klage rechtshängig wurde, war dem Beklagten bekannt, dass der Kläger dem Betrieb des Erwerbsgeschäfts durch seine Ehefrau widersprochen/seine zunächst erteilte Einwilligung zum Betrieb des Erwerbsgeschäfts widerrufen hatte. Dies kann der Kläger deshalb gem. § 1431 Abs. 3 BGB iVm § 1412 Abs. 1 BGB (bei Alleinverwaltung des Klägers)/gemäß § 1456 Abs. 3 BGB iVm § 1412 Abs. 1 BGB (bei gemeinschaftlicher Verwaltung) dem Beklagten entgegenhalten. Eine Haftung des Gesamtguts gemäß § 1438 Abs. 1 BGB (bei Alleinverwaltung des Klägers)/gemäß § 1460 Abs. 1 BGB (bei gemeinschaftlicher Verwaltung) käme deshalb nur bei einer Zustimmung des Klägers zu dem von seiner Ehefrau konkret mit dem Beklagten getätigten Rechtsgeschäft in Betracht, an der es aber ebenfalls fehlt.)

Der Kläger hat den Beklagten durch Schreiben vom ..... aufgefordert, den Gegenstand freizugeben. Diesem Schreiben waren die maßgeblichen Unterlagen beigefügt, aus denen der Beklagte ohne Weiteres entnehmen konnte, dass der Vollstreckungsgegenstand nicht seinem Zugriff unterliegt. Da hierauf keine Reaktion erfolgt ist/dies durch Schreiben vom ..... ausdrücklich abgelehnt worden ist, ist Klage geboten.

Der Erlass einer einstweiligen Anordnung ist gemäß den §§ 772, 771 Abs. 3, 769 Abs. 1 ZPO angezeigt, um zu verhindern, dass der Kläger durch die Fortsetzung der Zwangsvollstreckung rechtlos gestellt wird. Die Erfolgsaussicht der Drittwiderspruchsklage ergibt sich aus den vorangegangenen Ausführungen. Zur Glaubhaftmachung wird auf die vorgelegten Unterlagen sowie ergänzend auf die beigefügte eidesstattliche Versicherung des Klägers Bezug genommen. Da sich die Unzulässigkeit der Verwertung im Wege der Zwangsvollstreckung durch den Beklagten bereits aus den vorlegten Unterlagen ergibt, ist die Zwangsvollstreckung ohne Sicherheitsleistung vorläufig einzustellen. Anders als § 707 Abs. 1 S. 2 ZPO setzt § 769 Abs. 1 ZPO für eine Einstellung ohne Sicherheitsleistung nicht voraus, dass der um Vollstreckungsschutz Nachsuchende – hier der Kläger – zur Sicherheitsleistung nicht in der Lage ist oder durch die Vollstreckung einen nicht zu ersetzenden Nachteil erleiden würde (vgl. Zöller/*Herget* § 769 Rn. 7 mwN).

(Variante:
Zu der Erbringung einer Sicherheit ist der Kläger nicht in der Lage, denn ..... (nähere Darlegung erforderlich).)

Zum Schutz des Klägers vor Rechtsnachteilen ist zudem gem. den §§ 771 Abs. 3, 770, 769 Abs. 1 ZPO die Zwangsvollstreckung auch über den Zeitpunkt des Urteilserlasses

hinaus bis zu dessen Rechtskraft einzustellen. Da der Kläger zur Sicherheitsleistung nicht in der Lage ist . . . . . [nähere Darlegung erforderlich], ein stattgebendes Urteil voraussichtlich aber nur gegen Sicherheitsleistung für vorläufig vollstreckbar erklärt wird, bestünde die Gefahr, dass der Beklagte trotz einer Verurteilung die Zwangsvollstreckung fortsetzen würde.

Wir haben heute einen Gerichtskostenvorschuss in Höhe von . . . . . EUR bei der Gerichtskasse . . . . . eingezahlt und bitten um unverzügliche Zustellung der Klageschrift. Hierbei haben wir einen – geschätzten – Wert des Vollstreckungsgegenstandes in Höhe von . . . . . EUR zugrundegelegt, der niedriger als die Vollstreckungsforderung und deshalb gemäß § 6 S. 2 ZPO für die Streitwertbemessung maßgeblich ist.

(Variante:
Hierbei haben wir den Wert der Vollstreckungsforderung zugrundegelegt, die niedriger als der – geschätzte – Wert des Vollstreckungsgegenstandes in Höhe von . . . . . EUR und deshalb gemäß § 6 S. 1 ZPO für die Streitwertbemessung maßgeblich ist.)

Beglaubigte und einfache Abschrift liegen an.

. . . . .

Rechtsanwalt[5, 6]

Anmerkungen

1. Hinsichtlich der **Zuständigkeit** gelten die zu → Form. P. IX. 1 dargelegten Regeln. Zu beachten ist, dass eine Drittwiderspruchsklage, mit der ein Ehegatte gemäß § 774 ZPO die Unzulässigkeit der Zwangsvollstreckung in das eheliche Gesamtgut geltend macht, jedenfalls dann keine Familiensache ist, wenn der Titel, aus dem der Beklagte die Zwangsvollstreckung betreibt, keine Familiensache betrifft (vgl. BGH MDR 1979, 386; *Baumbach/Lauterbach/Albers/Hartmann* § 774 Rn. 3; Zöller/*Herget* § 774 Rn. 1).

2. Ist die Zuständigkeit des **Familiengerichts** begründet, ist keine Klage, sondern ein Antrag zu stellen (vgl. § 113 Abs. 5 Nr. 2 FamFG). Im Übrigen gelten keine Besonderheiten.

3. Vgl. zu der Frage, welche prozessualen Anträge neben dem Antrag in der Hauptsache gestellt werden sollten, → Form. O. II. 7 Anm. 9.

4. Wenn einem Ehegatten die **Alleinverwaltung** obliegt, haftet das Gesamtgut für die aus dem Erwerbsgeschäft begründeten Verbindlichkeiten gemäß §§ 1437 Abs. 1, 1438 Abs. 1 BGB. Eine **Drittwiderspruchsklage** des nicht verwaltungsberechtigten Ehegatten **scheidet** in diesen Fällen von vorneherein **aus.**

5. Kosten und Gebühren/Rechtsmittel. Hinsichtlich der Kosten und Gebühren bzw. der gegen das Urteil möglichen Rechtsmittel kann auf die Ausführungen zu dem Grundfall der Drittwiderspruchsklage (→ Form. P. IX. 1) verwiesen werden. Ergänzend ist darauf hinzuweisen, dass **anstelle** einer **Drittwiderspruchsklage beide Ehegatten** mit der Behauptung, dass die Voraussetzungen des § 741 ZPO nicht erfüllt sind, **Erinnerung** gem. § 766 ZPO einlegen können (vgl. Zöller/*Stöber* § 741 Rn. 8).

6. Hinsichtlich der **Form** des Schriftsatzes (Unterschrift, elektronisches Dokument) wird verwiesen auf → Form. O. II. 1 Anm. 14.

7. Drittwiderspruchsklage (analog § 771 ZPO) bei einer Teilungsversteigerung gem. § 180 ZVG mit Vollstreckungsschutzantrag

An das

Amtsgericht/Landgericht

in .....

Drittwiderspruchsklage analog § 771 ZPO

des/der ..... [ladungsfähige Anschrift des der Teilungsversteigerung Widersprechende-n],

– Klägers –

Prozessbevollmächtigte: .....

gegen

..... [ladungsfähige Anschrift des die Teilungsversteigerung Betreibenden],

– Beklagten –

Streitwert: .....[1, 2]

Namens und in Vollmacht des Klägers erheben wir Klage mit dem Antrag/mit den Anträgen,

1. die von dem Beklagten betriebene Teilungsversteigerung des im Grundbuch von ..... eingetragenen Grundstücks ..... [präzise Bezeichnung des Grundstücks] zum Zwecke der Aufhebung der zwischen den Parteien bestehenden Erbengemeinschaft/Bruchteilsgemeinschaft/Gesellschaft bürgerlichen Rechts ..... [präzise Bezeichnung des Gemeinschaftsverhältnisses] für unzulässig zu erklären,
2. gemäß §§ 770, 769 ZPO in entsprechender Anwendung anzuordnen, dass die Teilungsversteigerung des oben bezeichneten Grundstücks bis zur Rechtskraft dieses Urteils einstweilen ohne – hilfsweise gegen – Sicherheitsleistung eingestellt wird.

Vorab beantragen wir,

die Teilungsversteigerung des oben bezeichneten Grundstücks ohne – hilfsweise gegen – Sicherheitsleistung einstweilen bis zur Entscheidung des vorliegenden Rechtsstreits einzustellen.

Sofern das Gericht das schriftliche Vorverfahren anordnet, wird für den Fall der Fristversäumnis des Beklagten beantragt,[3]

ein Versäumnisurteil ohne mündliche Verhandlung (§ 331 Abs. 3 ZPO) zu erlassen.

Begründung:

Die Parteien bilden als die einzigen Kinder der am ..... verstorbenen Frau ..... eine Erbengemeinschaft mit einem Erbanteil von je $^1/_2$/..... [andere Quote]. Die Erblasserin hat in einem Testament/Erbvertrag vom ..... festgelegt, dass das ihr gehörende, in Klageerhebung näher bezeichnete Hausgrundstück nicht veräußert werden soll. Der Beklagte hat gleichwohl mit Schriftsatz vom ..... beim Amtsgericht ..... Antrag auf Teilungsversteigerung des Grundstückes gestellt, wobei er der unzutreffenden Auffassung ist, das Testament sei nichtig. Diesem Antrag hat das Amtsgericht mit Beschluss vom .....

Az. . . . . . stattgeben, indem es die Zwangsversteigerung angeordnet hat. Zu einer Versteigerung ist es bislang allerdings noch nicht gekommen . . . . . [konkrete Schilderung des derzeitigen Standes des Versteigerungsverfahrens].

Der Kläger wendet sich mit seiner Drittwiderspruchsklage gemäß § 771 ZPO in entsprechender Anwendung (vgl. hierzu nur BGH WM 1985, 174) gegen diese Zwangsversteigerung. Entgegen der Auffassung der Beklagten hat die Erblasserin die Teilungsversteigerung durch ihr Testament vom . . . . . wirksam gemäß § 2044 Abs. 1 BGB ausgeschlossen. Das Testament ist wirksam . . . . . [ist näher auszuführen].

(Variante:

. . . . . (Darlegung sonstiger Gemeinschaftsverhältnisse iSd § 180 ZVG und entsprechender materieller Einwendungen gegen die Teilungsversteigerung[4]).)

Der Kläger hat den Beklagten durch Schreiben vom . . . . . aufgefordert, den Versteigerungsantrag zurückzunehmen. Diesem Schreiben waren die maßgeblichen Unterlagen beigefügt, aus denen der Beklagte ohne Weiteres entnehmen konnte, dass die Voraussetzungen für die Durchführung der Teilungsversteigerung nicht vorliegen. Da hierauf keine Reaktion erfolgt ist/dies durch Schreiben vom . . . . . ausdrücklich abgelehnt worden ist, ist Klage geboten.

Der Erlass einer einstweiligen Anordnung ist gemäß den §§ 771 Abs. 3, 769 Abs. 1 ZPO in entsprechender Anwendung (vgl. *Stöber* ZVG § 180 Anm. 9.8 iVm Einl. Anm. 31.2 E) angezeigt, um zu verhindern, dass der Kläger durch die Fortsetzung der Teilungsversteigerung rechtlos gestellt wird. Die Erfolgsaussicht der Drittwiderspruchsklage ergibt sich aus den vorangegangenen Ausführungen. Zur Glaubhaftmachung wird auf die vorgelegten Unterlagen sowie ergänzend auf die beigefügte eidesstattliche Versicherung des Klägers Bezug genommen. Da sich die Unzulässigkeit der Teilungsversteigerung durch den Beklagten bereits aus den vorgelegten Unterlagen ergibt, ist diese ohne Sicherheitsleistung vorläufig einzustellen. Anders als § 707 Abs. 1 S. 2 ZPO setzt § 769 Abs. 1 ZPO für eine Einstellung ohne Sicherheitsleistung nicht voraus, dass der um Vollstreckungsschutz Nachsuchende – hier der Kläger – zur Sicherheitsleistung nicht in der Lage ist oder durch die Vollstreckung – hier: durch die Versteigerung – einen nicht zu ersetzenden Nachteil erleiden würde (vgl. Zöller/*Herget* § 769 Rn. 7 mwN).

> *(Variante:*
> *Zu der Erbringung einer Sicherheit ist der Kläger nicht in der Lage, denn . . . . . (nähere Darlegung erforderlich).)*

Zum Schutz des Klägers vor Rechtsnachteilen ist zudem gem. den §§ 771 Abs. 3, 770, 769 Abs. 1 ZPO in ebenfalls entsprechender Anwendung die Teilungsversteigerung auch über den Zeitpunkt des Urteilserlasses hinaus bis zu dessen Rechtskraft einzustellen. Da der Kläger zur Sicherheitsleistung nicht in der Lage ist . . . . . [nähere Darlegung erforderlich], ein stattgebendes Urteil voraussichtlich aber nur gegen Sicherheitsleistung für vorläufig vollstreckbar erklärt wird, bestünde die Gefahr, dass der Beklagte trotz einer Verurteilung die Versteigerung fortsetzen würde.

Wir haben heute einen Gerichtskostenvorschuss in Höhe von . . . . . EUR bei der Gerichtskasse eingezahlt. Der hierbei zugrundegelegte Streitwert in Höhe von . . . . . EUR entspricht einem Bruchteil von 20 % des Verkehrswertes des Anteils des Klägers an dem Grundstück (vgl. OLG Celle OLGR 1994, 96).

Beglaubigte und einfache Abschrift liegen an.

. . . . .

Rechtsanwalt[5, 6]

Anmerkungen

1. Obwohl die **Teilungsversteigerung** gemäß § 180 ff. ZVG keine Zwangsvollstreckung im eigentlichen Sinne ist, wird sie gemäß § 180 Abs. 1 ZVG in prozessrechtlicher Hinsicht **wie eine Vollstreckungsversteigerung** behandelt. Dies rechtfertigt es, den widersprechenden Gemeinschaftsteilhaber, etwa einen Miterben, mit seinen sachlichen Einwendungen gegen die Teilungsversteigerung wie einen Dritten iSd § 771 ZPO zu behandeln (vgl. BGH WM 1985, 174; OLG Köln FamRZ 2000, 1167; *Stöber* § 180 Rn. 9.9).

Gegenstand eines Teilungsversteigerungsverfahrens kann auch das Grundstück einer Gesellschaft bürgerlichen Rechts (GbR) sein. Die Anerkennung der Rechtsfähigkeit der GbR ändert daran nichts. Die GbR selbst und die übrigen Gesellschafter können Einwände aus dem Gesellschaftsvertrag oder dem Gesellschaftsverhältnis gegen die Teilungsversteigerung im Wege der Widerspruchsklage analog § 771 ZPO geltend machen (BGH Beschl. v. 16.5.2013 – V ZB 198/12, BGHZ 197, 262 (270) = NJW-RR 2014, 149 (152)).

Wenn eine der Teilungsversteigerung entgegenstehende Verfügungsbeschränkung dem Vollstreckungsgericht bekannt ist, kann auch mit der Erinnerung gem. § 766 ZPO geltend gemacht werden, das Vollstreckungsgericht habe die §§ 180 Abs. 1, 28 Abs. 2 ZVG verletzt (vgl. BGH InVo 2007, 422 (423) zu einer Verfügungsbeschränkung gem. § 1365 Abs. 1 BGB).

2. Bei der Bemessung des **Streitwerts** besteht gegenüber dem Grundfall der Drittwiderspruchsklage im unmittelbaren Anwendungsbereich des § 771 ZPO eine **Besonderheit.** Die Vorschrift des **§ 6 ZPO** ist **nicht einschlägig.** Vielmehr kommt es entscheidend auf das – gemäß § 3 ZPO zu schätzende – Interesse des Klägers an der Aufrechterhaltung der Eigentümergemeinschaft an (vgl. BGH FamRZ 1991, 547; Schuschke/Walker/*Raebel* § 771 Rn. 52 mwN). In der Rechtsprechung wird insoweit ein **Bruchteil des Grundstückswertes** angesetzt (vgl. etwa OLG Karlsruhe FamRZ 2004, 1221; OLG Celle OLGR 1994, 96: 20 % des Verkehrswerts des Klägeranteils; sa Zöller/*Herget* § 3 ZPO Rn. 16 Stichwort „Teilungsversteigerung" mwN).

3. Vgl. zu der Frage, welche prozessualen Anträge neben dem Antrag in der Hauptsache gestellt werden sollten, → Form. O. II. 7 Anm. 9.

4. Vgl. zu weiteren Fallgestaltungen die Hinweise bei *Stöber* ZVG § 180 Rn. 9 ff.

5. Kosten und Gebühren/Rechtsmittel. Insoweit gelten gegenüber dem dargelegten Grundfall der Drittwiderspruchsklage (→ Form. P. IX. 1) keine Besonderheiten.

6. Hinsichtlich der **Form** des Schriftsatzes (Unterschrift, elektronisches Dokument) wird verwiesen auf → Form. O. II. 1 Anm. 14.

8. Drittwiderspruchsantrag (analog § 771 ZPO) bei einer Teilungsversteigerung gem. § 180 ZVG mit Vollstreckungsschutzantrag bei familienrechtlichen Einwendungen

An das

Familiengericht[1, 2]

in .....

Drittwiderspruchsantrag analog § 771 ZPO

des/der ..... [ladungsfähige Anschrift des der Teilungsversteigerung Widersprechende-n],

– Antragstellers –

Verfahrensbevollmächtigte: .....

gegen

..... [ladungsfähige Anschrift des die Teilungsversteigerung Betreibenden],

– Antragsgegner –

Verfahrenswert: .....

Namens und in Vollmacht des Antragstellers beantragen wir,

1. die von dem Antragegner betriebene Teilungsversteigerung des im Grundbuch von ..... eingetragenen Grundstücks ..... [präzise Bezeichnung des Grundstücks] zum Zwecke der Aufhebung der zwischen den Parteien bestehen- den Bruchteilsgemeinschaft/Gesellschaft bürgerlichen Rechts ..... [präzise Bezeichnung des Gemeinschaftsverhältnisses] für unzulässig zu erklären,
2. gemäß §§ 770, 769 ZPO in entsprechender Anwendung anzuordnen, dass die Teilungsversteigerung des oben bezeichneten Grundstücks bis zur Rechtskraft dieses Beschlusses einstweilen ohne – hilfsweise gegen – Sicherheitsleistung eingestellt wird.

Vorab beantragen wir,

die Teilungsversteigerung des oben bezeichneten Grundstücks ohne – hilfsweise gegen – Sicherheitsleistung einstweilen bis zur Entscheidung des vorliegenden Verfahrens einzustellen.

Sofern das Gericht das schriftliche Vorverfahren anordnet, wird für den Fall der Fristversäumnis des Antragsgegners beantragt,

einen Versäumnisbeschluss ohne mündliche Verhandlung (§ 113 Abs. 1 FamFG iVm 331 Abs. 3 ZPO) zu erlassen.

Begründung:

..... [Darlegung des Sachverhalts und der – güterrechtlichen – Gründe, die der Zwangsversteigerung entgegenstehen.]

.....

Rechtsanwalt[3, 4]

Anmerkungen

1. Vgl. zunächst die obigen Ausführungen zu → Form. P. IX. 7 zu der Anwendbarkeit des § 771 ZPO im Rahmen einer Teilungsversteigerung gem. § 180 ZVG.

2. Das **Familiengericht** ist für die Entscheidung über den Drittwiderspruchs**antrag** (vgl. § 113 Abs. 5 Nr. 2 FamFG) **zuständig,** wenn das der Versteigerung entgegengehaltene Recht im Familienrecht, insbesondere im **ehelichen Güterrecht** wurzelt. Dann handelt es sich um eine Familiensache iSd 261 FamFG. Dies ist insbesondere dann der Fall, wenn ein Ehegatte gegen die Teilungsversteigerung einwendet, es fehle an der gem. § 1365 Abs. 1 BGB erforderlichen Einwilligung (vgl. OLG Hamm FamRZ 1995, 1072; OLG Köln Beschl. v. 6.3.2012 – 4 UF 156/11, MDR 2012, 1169; *Stöber* ZVG § 180 Rn. 3.13; vgl. zu § 1365 Abs. 1 BGB auch BGH InVo 2007, 422). Insoweit ist aber zu beachten, dass das Zustimmungserfordernis des § 1365 Abs. 1 BGB entfällt, wenn der Güterstand aufgrund einer rechtskräftigen Scheidung beendet ist (vgl. OLG Hamm OLGR 2006, 691).

3. Kosten und Gebühren/Rechtsmittel. Insoweit kann auf die Ausführungen zu → Form. O. II. 8 verweisen werden, die entsprechend gelten.

4. Hinsichtlich der **Form** des Schriftsatzes (Unterschrift, elektronisches Dokument) wird verwiesen auf → Form. O. II. 1 Anm. 14. Die dortigen Ausführungen zum elektronischen Rechtsverkehr gelten entsprechend für § 14b FamFG.

9. Klage auf vorzugsweise Befriedigung (§ 805 ZPO) mit Vollstreckungsschutzantrag

An das[1]

Amtsgericht/Landgericht

in . . . . .

Vorzugsklage (§ 805 ZPO)

des/der . . . . . [ladungsfähige Anschrift des Dritten],

– Klägers –

Prozessbevollmächtigte: . . . . .

gegen

. . . . . [ladungsfähige Anschrift des Gläubigers],

– Beklagten,[2] –

Streitwert: . . . . .[3]

Namens und in Vollmacht des Klägers erheben wir Klage mit dem Antrag,

> **den Kläger aus dem Reinerlös der Verwertung des am . . . . . [Datum] von dem Gerichtsvollzieher . . . . . gepfändeten . . . . . [genaue Bezeichnung des Vollstreckungsgegenstandes] bis zum Betrag von . . . . . EUR [genau zu beziffernde Forderung des Klägers] vor dem Beklagten zu befriedigen.**

Vorab beantragen wir,

die Hinterlegung des Reinerlöses aus der Verwertung des vorgenannten Gegenstandes bis zu einer Höhe von ..... EUR bis zur Entscheidung des vorliegenden Rechtsstreits bei der Hinterlegungsstelle des Amtsgerichts ..... zugunsten der Parteien anzuordnen.[4]

Sofern das Gericht das schriftliche Vorverfahren anordnet, wird für den Fall der Fristversäumnis des Beklagten beantragt,[5]

ein Versäumnisurteil ohne mündliche Verhandlung (§ 331 Abs. 3 ZPO) zu erlassen.

Begründung

Der Beklagte betreibt gegen Herrn/Frau ..... [präzise Bezeichnung des Vollstreckungsschuldners] die Zwangsvollstreckung. Grundlage ist das Urteil des ..... gerichts ..... vom ....., Az. ....., durch das der Schuldner verurteilt worden ist, an den Beklagten ..... EUR zu zahlen.

(Variante:
..... (Wiedergabe des sonstigen Vollstreckungstitels nebst Inhalt))

Am ..... hat der Gerichtsvollzieher ..... in der Wohnung des Schuldners die im Klageantrag aufgeführten Gegenstände gepfändet./..... [präzise Beschreibung der sonstigen Vollstreckungshandlung]. Eine Versteigerungstermin ist bislang noch nicht angesetzt worden./Termin zur Versteigerung hat der Gerichtsvollzieher auf den ..... angesetzt.

Mit der Klage beansprucht der Kläger gemäß § 805 ZPO vorzugsweise Befriedigung aus dem Versteigerungserlös in Höhe eines Betrages von ..... EUR. Der Kläger hat nämlich in entsprechender Höhe eine Forderung gegen den Schuldner, die durch ein besitzloses Pfandrecht ..... [näher zu bezeichnen]/Vorzugsrecht im Sinne der genannten Vorschrift ..... [näher zu bezeichnen] gesichert wird, welches gegenüber dem Pfändungspfandrecht des Beklagten den Vorrang genießt.

Der Vermögensgegenstand unterlag bereits am Tage der Pfändung dem Vermieterpfandrecht (§ 562 BGB)/dem Verpächterpfandrecht (§ 583 Abs. 1 BGB)/dem Gastwirtspfandrecht (§ 704 BGB) des Klägers. Denn ..... [Darlegung der Voraussetzungen des jeweiligen Pfandrechts mit entsprechenden Beweisantritten].[6]

(Variante:
Dem Kläger steht wegen seiner Verwendungen, die er auf bereits vor der Pfändung zum Nutzen der Sache getätigt hat, ein Zurückbehaltungsrecht (§§ 1000 S. 1, 994 Abs. 1 BGB) zu. Denn ..... (nähere Darlegung des anspruchsbegründenden Sachverhalts mit entsprechenden Beweisantritten).)

(Variante:
Darlegung eines sonstigen Vorzugsrechts iSd § 805 Abs. 1 ZPO .....[7])

Der Kläger hat den Beklagten durch Schreiben vom ..... aufgefordert, der vorzugsweisen Befriedigung des Klägers zuzustimmen. Diesem Schreiben waren die maßgeblichen Unterlagen beigefügt, aus denen der Beklagte ohne Weiteres entnehmen konnte, dass dem Kläger an dem Erlös der Vorrang gebührt. Da hierauf keine Reaktion erfolgt ist/der Beklagte durch Schreiben vom ..... die vorzugsweise Befriedigung ausdrücklich abgelehnt hat, ist Klage geboten.

Der Hinterlegung des Erlöses ist gemäß § 805 Abs. 4 ZPO angezeigt, um zu verhindern, dass der Kläger durch die Fortsetzung der Zwangsvollstreckung rechtlos gestellt wird.

Zur Glaubhaftmachung wird auf die vorgelegten Unterlagen sowie ergänzend auf die beigefügte eidesstattliche Versicherung des Klägers Bezug genommen.

Wir haben heute einen Gerichtskostenvorschuss in Höhe von . . . . . EUR bei der Gerichtskasse . . . . . eingezahlt und bitten um unverzügliche Zustellung der Klageschrift. Hierbei haben wir einen – geschätzten – Wert des Vollstreckungsgegenstandes des Beklagten in Höhe von . . . . . EUR zugrundegelegt, der vorliegend für die Streitwertbemessung maßgeblich ist, weil er niedriger ist als die Vollstreckungsforderung und die Forderung des Klägers.

(Variante:
Hierbei haben wir die Vollstreckungsforderung des Beklagten zugrundegelegt, die vorliegend für die Streitwertbemessung maßgeblich ist, weil sie niedriger als die Forderung des Klägers und auch niedriger als der – geschätzte – Wert des Vollstreckungsgegenstandes in Höhe von . . . . . EUR ist.)

(Variante:
Hierbei haben wir die Forderung des Klägers zugrundegelegt, die vorliegend für die Streitwertbemessung maßgeblich ist, weil sie niedriger als die Vollstreckungsforderung des Beklagten und auch niedriger als der – geschätzte – Wert des Vollstreckungsgegenstandes in Höhe von . . . . . EUR ist.)

Beglaubigte und einfache Abschrift liegen an.

. . . . .

Rechtsanwalt[8, 9]

Anmerkungen

1. Im Unterschied zu der Drittwiderspruchsklage begründet § 805 Abs. 2 ZPO nicht nur für die **örtliche** Zuständigkeit, sondern auch für die **sachliche Zuständigkeit** einen **ausschließlichen Gerichtsstand** (§ 802 ZPO). Sachlich ist bei einem Streitwert bis 5.000,– EUR das Amtsgericht zuständig (§§ 805 Abs. 2, 764 Abs. 1 und 2 ZPO, 23 Nr. 1 GVG), bei einem darüber hinaus gehenden Streitwert das Landgericht. Örtlich ist das Gericht zuständig, in dessen Bezirk das Vollstreckungsverfahren stattgefunden hat (§ 805 Abs. 2 ZPO iVm § 764 Abs. 2 ZPO).

2. Ebenso wie im Falle des § 771 Abs. 1 ZPO der Dritte die Drittwiderspruchsklage **mit** einer – materiell-rechtlichen – **Klage gegen den Schuldner verbinden** kann (§ 771 Abs. 2 ZPO), ist auch in § 805 Abs. 3 ZPO die Möglichkeit einer derartigen Klageverbindung vorgesehen. Wegen der Einzelheiten kann insoweit auf die Ausführungen zu → Form. P. IX. 3 Bezug genommen werden.

3. Bei der Bestimmung des **Streitwerts** gilt die Vorschrift des § 6 ZPO sinngemäß. Zu vergleichen ist deshalb zunächst die Forderung des vorzugsberechtigten Klägers mit der Forderung des Beklagten. Die **jeweils geringere Forderung** ist für die Streitwertbemessung **entscheidend.** Wenn allerdings der Wert der gepfändeten Sache bzw. der Erlös noch geringer ist, richtet sich hiernach der Streitwert (vgl. Zöller/*Herget* § 3 Rn. 16 Stichwort „Vorzugsweise Befriedigung").

4. Wenn der Kläger sein Recht glaubhaft gemacht, **hat** das Gericht die Hinterlegung des Erlöses anzuordnen (§ 805 Abs. 4 S. 1 ZPO). Auch wenn hiernach eine einstweilige Anordnung **von Amts wegen** ergehen muss, sollte aus Gründen anwaltlicher Vorsorge ausdrücklich eine entsprechende Entscheidung des Gerichts beantragt werden.

5. Vgl. zu der Frage, welche prozessualen Anträge neben dem Antrag in der Hauptsache gestellt werden sollten, → Form. O. II. 7 Anm. 9.

6. Zu beachten ist, dass die Geltendmachung eines entstandenen besitzlosen **Pfandrechts** gegenüber dem vollstreckenden Gläubiger **in seinem Umfang beschränkt** sein kann. Dem muss bei der Klageerhebung zur Vermeidung einer teilweisen Klageabweisung Rechnung getragen werden. So kann beispielsweise das Vermieterpfandrecht gegenüber dem Pfändungspfandgläubiger nicht wegen der Miete für eine frühere Zeit als das letzte Jahr vor der Pfändung geltend gemacht werden (§ 562d BGB).

Neben den in dem Formular genannten und weiteren gesetzlichen besitzlosen Pfandrechten können auch mit dem Besitz verbundene vertragliche oder gesetzliche Pfandrechte der Klage zum Erfolg verhelfen. Da die **Vorzugsklage** iSd § 805 ZPO **gegenüber** der **Drittwiderspruchsklage ein Weniger** ist, kann sich derjenige, der zur Erhebung der Drittwiderspruchsklage berechtigt ist, mit der Klage auf vorzugsweise Befriedigung aus dem Erlös befriedigen (vgl. Zöller/*Stöber* § 805 Rn. 5).

Eine Klage gemäß § 805 ZPO scheidet allerdings aus, wenn mehrere Pfändungspfandgläubiger um den von dem Gerichtsvollzieher hinterlegten Erlös streiten. Insoweit steht als **speziellerer Rechtsbehelf** die Widerspruchsklage gemäß **§ 878 ZPO** zur Verfügung.

7. Zu den **Vorzugsrechten** zählen alle Rechte, die in der **Insolvenz** gemäß den §§ 50 f. InsO zur **Absonderung** berechtigen (vgl. zu weiteren Einzelheiten Zöller/*Stöber* § 805 Rn. 3 ff.). Erfolgreich ist eine hierauf gestützte Klage allerdings nur dann, wenn die Rechte im Rang dem Pfändungspfandrecht des vollstreckenden Gläubigers vorgehen. Entscheidend ist insoweit das in § 804 Abs. 3 ZPO normierte Prioritätsprinzip: „Wer zuerst kommt, mahlt zuerst".

8. Kosten und Gebühren/Rechtsmittel. Hinsichtlich der Kosten und Gebühren bzw. der gegen das Urteil möglichen Rechtsmittel kann auf die Ausführungen zu dem Grundfall der Drittwiderspruchsklage (→ Form. P. IX. 1) verwiesen werden.

9. Hinsichtlich der **Form** des Schriftsatzes (Unterschrift, elektronisches Dokument) wird verwiesen auf → Form. O. II. 1 Anm. 14.

10. Bereicherungs- und/oder Schadensersatzklage nach Beendigung der Zwangsvollstreckung („Verlängerte Drittwiderspruchsklage")

An das

Amtsgericht(Familiengericht)/Landgericht

in . . . . .[1, 2]

Klage

des/der . . . . . [ladungsfähige Anschrift des Dritten],

– Klägers –

Prozessbevollmächtigte: . . . . .

gegen

. . . . . [ladungsfähige Anschrift des Gläubigers],[3]

– Beklagten –

Streitwert: . . . . .

Namens und in Vollmacht des Klägers erheben wir Klage mit dem Antrag/mit den Anträgen,

den Beklagten zu verurteilen, an den Kläger . . . . . EUR nebst Zinsen in Höhe von 5 Prozentpunkten über dem Basiszinssatz seit dem . . . . . zu zahlen.

Sofern das Gericht das schriftliche Vorverfahren anordnet, wird für den Fall der Fristversäumnis des Beklagten beantragt,[4]

ein Versäumnisurteil ohne mündliche Verhandlung (§ 331 Abs. 3 ZPO) zu erlassen.

Begründung:

(Falls der Kläger Schadensersatz begehrt:

Der Beklagte hat gegen Herrn/Frau . . . . . (präzise Bezeichnung des Vollstreckungsschuldners) die Zwangsvollstreckung betrieben. Grundlage war das Urteil des . . . . . gerichts . . . . . vom . . . . ., Az. . . . . ., durch das der Schuldner verurteilt worden ist, an den Beklagten . . . . . EUR zu zahlen.)

(Variante:
. . . . . (Wiedergabe des sonstigen Vollstreckungstitels nebst Inhalt))

Am . . . . . hat der Gerichtsvollzieher . . . . . in der Wohnung des Schuldners . . . . . folgende Gegenstände gepfändet: . . . . .

(Variante:
Durch Beschluss vom . . . . . hat das Amtsgericht . . . . . die angebliche Forderung des Schuldners gegen . . . . . (Bezeichnung des Drittschuldners) gepfändet und dem Beklagten zur Einziehung überwiesen.)

(Variante:
. . . . . (Schilderung der sonstigen Vollstreckungshandlung).)

Nachdem der Kläger von der Pfändung erfahren hatte, forderte er den Beklagten durch Schreiben vom . . . . . auf, die Gegenstände freizugeben. Dies hat der Beklagte indes verweigert und die Zwangsvollstreckung fortgesetzt. Zwischenzeitlich ist der . . . . . von dem Gerichtsvollzieher versteigert und der Erlös in Höhe von . . . . . EUR abzüglich von Versteigerungskosten in Höhe von . . . . . EUR an den Beklagten als Gläubiger ausgekehrt worden.

(Variante:
. . . . . (Schilderung der sonstigen Vollstreckungshandlung des Gläubigers).)

Der Beklagte ist verpflichtet, dem Kläger den Wert des versteigerten . . . . . [Bezeichnung des Vollstreckungsgegenstandes] zu erstatten. Eigentümer war nämlich der Kläger und nicht der Schuldner, wie der Beklagte meint . . . . . [Darlegung des maßgeblichen Sachverhalts mit entsprechenden Beweisantritten]. Die Pflicht des Beklagten zum Schadensersatz folgt zum einen aus § 280 Abs. 1 BGB, weil der Beklagte seine Pflichten aus dem zwischen den Parteien bestehenden gesetzlichen Schuldverhältnis verletzt hat. Die Zwangsvollstreckung begründet eine als Schuldverhältnis zu bewertende rechtliche Sonderbeziehung zwischen dem Sacheigentümer und dem Vollstreckungsgläubiger, die diesen verpflichtet, Rechte, die Dritte an der gepfändeten Sache geltend machen, sorgfältig zu prüfen und Gegenstände freizugeben, bei denen der Nachweis, dass sie dem Dritten gehören, geführt ist (vgl. BGHZ 58, 207; BGHZ 74, 9; BGH NJW 1985, 3080). Gegen diese Pflicht hat der Beklagte verstoßen, weil . . . . . [ist näher auszuführen]. Hierbei muss sich der Beklagte das Verschulden der von ihm eingesetzten Mitarbeiter gemäß § 278 BGB zurechnen lassen (vgl. BGHZ 58, 215). Unabhängig davon haftet der Beklagte wegen der Eigentumsverletzung auch wegen einer unerlaubten Handlung gemäß § 823 Abs. 1 BGB.

Der Höhe nach hat der Beklagte den vollen Wert der versteigerten Sache zu ersetzen, der sich auf einen Betrag in Höhe von ..... EUR beläuft ..... [nähere Darlegung mit entsprechenden Beweisantritten erforderlich]. Dass dieser Wert höher als der von dem Beklagten erzielte Versteigerungserlös ist, steht der Ersatzpflicht des Beklagten nicht entgegen, da er den Kläger gemäß § 249 BGB so zu stellen hat, wie er ohne das pflichtwidrige Verhalten des Beklagten stünde.[5]

(Falls der Kläger einen Bereicherungsanspruch geltend macht:

Der Beklagte hat gegen Herrn/Frau ..... (präzise Bezeichnung des Vollstreckungsschuldners) die Zwangsvollstreckung betrieben. Grundlage war das Urteil des ..... gerichts ..... vom ....., Az. ....., durch das der Schuldner verurteilt worden ist, an den Beklagten ..... EUR zu zahlen.)

(Variante:
..... (Wiedergabe des sonstigen Vollstreckungstitels nebst Inhalt)

Am ..... hat der Gerichtsvollzieher ..... in der Wohnung des Schuldners ..... folgende Gegenstände gepfändet: .....

(Variante:
Durch Beschluss vom ..... hat das Amtsgericht ..... die angebliche Forderung des Schuldners gegen ..... (Bezeichnung des Drittschuldners) gepfändet und dem Beklagten zur Einziehung überwiesen.)

(Variante:
..... (Schilderung der sonstigen Vollstreckungshandlung).)

Nach der Durchführung der Versteigerung hat der Gerichtsvollzieher an den Beklagten nach Abzug der unmittelbar einbehaltenen Vollstreckungskosten einen verbleibenden Versteigerungserlös in Höhe von ..... EUR ausgekehrt.

(Variante:
..... (Schilderung der sonstigen Vollstreckungshandlung des Gläubigers).)

Von dem gesamten Vollstreckungsverfahren hat der Kläger erst erfahren, als .....

Der Beklagte muss die Klagesumme an den Kläger nach den Grundsätzen des Bereicherungsrechts (Eingriffskondiktion gem. § 812 Abs. 1 S. 1 Alt. 2 BGB)[6] erstatten, weil er den Versteigerungserlös – abzüglich der Versteigerungskosten[7] – ohne Rechtsgrund auf Kosten des Klägers erlangt hat. Die versteigerte Sache stand nicht im Eigentum des Schuldners, sondern im Eigentum des Klägers. Denn .....

(Variante:
..... (Darlegung eines sonstigen Rechts des Klägers iSd der §§ 771, 805 ZPO).[8])

Ein gegenüber dem Kläger vorrangiges Recht steht dem Beklagten nicht zu.[9]

(Ergänzend für alle Varianten:

Der Zinsanspruch ist unter dem Gesichtspunkt des Verzuges gerechtfertigt, da der Beklagte die ihm durch Schreiben vom ..... gesetzte Zahlungsfrist nicht eingehalten hat.

Wir haben heute einen Gerichtskostenvorschuss in Höhe von ..... EUR bei der Gerichtskasse ..... eingezahlt und bitten um unverzügliche Zustellung der Klageschrift.)

Beglaubigte und einfache Abschrift liegen an.

.....

Rechtsanwalt[10, 11]

Anmerkungen

1. Wenn die **Zwangsvollstreckung** bereits **vollständig beendet** ist, etwa weil dem Gläubiger im Rahmen der Mobiliarvollstreckung der Versteigerungserlös ausgehändigt worden ist oder der Drittschuldner im Rahmen der Forderungsvollstreckung die gepfändete Forderung gegenüber dem Gläubiger beglichen hat, sind die materiellrechtlichen Klagen gemäß den §§ 771, 805 ZPO mangels Rechtsschutzinteresses unzulässig. Der Dritte hat in diesen Fällen nur noch die Möglichkeit, im Wege einer gesonderten Leistungsklage, die man in Anlehnung an die verlängerte Vollstreckungsgegenklage (→ Form. P. VIII. 19) auch als **verlängerte Drittwiderspruchsklage** bzw. Vorzugsklage bezeichnen kann, wegen des Verlustes seines Rechts Ersatzansprüche insbesondere gegen den Vollstreckungsgläubiger geltend zu machen. Erledigt sich das Vollstreckungsverfahren bereits während eines anhängigen Klageverfahrens gemäß den §§ 771, 805 ZPO kann und sollte, um ein erneutes Anfallen der Gebühren durch eine neue Klage zu vermeiden, die hier besprochene Leistungsklage bereits in den anhängigen Prozess eingeführt und die Klage entsprechend umgestellt werden. Eine solche Umstellung gilt gemäß § 264 Nr. 3 ZPO nicht als eine Änderung der Klage und ist deshalb unproblematisch zulässig. Schließlich ist auch an eine objektive Klagehäufung einer Drittwiderspruchsklage und einer Schadenersatzklage in den Fällen zu denken, in denen zwar das Vollstreckungsverfahren noch nicht beendet ist, jedoch bereits feststeht, dass der gepfändete Gegenstand während der Inbesitznahme durch den Gerichtsvollzieher einen Schaden erlitten hat. Beruht dies **auch** auf einem Fehlverhalten des Gerichtsvollziehers, können der Gläubiger und die Anstellungskörperschaft des Gerichtsvollziehers im Wege der subjektiven Klagehäufung als Streitgenossen in Anspruch genommen werden.

2. Hinsichtlich der sachlichen und örtlichen **Zuständigkeit** des anzurufenden Gerichts bestehen **keine Besonderheiten,** da es sich um eine normale Leistungsklage handelt. Die in den §§ 771, 805 ZPO normierten ausschließlichen Gerichtsstände gelten deshalb nicht, vielmehr finden die allgemeinen Vorschriften der §§ 23, 71 GVG (sachliche Zuständigkeit) sowie der §§ 12 ff. ZPO (örtliche Zuständigkeit) Anwendung. Ist die Zuständigkeit des **Familiengerichts** begründet, ist keine Klage zu erheben, sondern gem. § 113 Abs. 5 Nr. 2 FamFG ein entsprechender **Antrag beim Familiengerichts** einzureichen. Inhaltlich bestehen jedoch gegenüber der hier besprochenen Klage keine Unterschiede.

3. Erfolgversprechend ist in der Regel nur eine Klage gegen den die Zwangsvollstreckung betreibenden **Gläubiger.** Demgegenüber haftet der **Ersteigerer** der Sache nur unter den strengen Voraussetzungen des **§ 826 BGB** (vgl. Schuschke/Walker/*Raebel* Anh. zu § 771 Rn. 15). Mögliche Ansprüche gegen den Schuldner dürften regelmäßig aus wirtschaftlichen Gründen nicht zu realisieren sein. Zu erwägen ist jedoch eine Amtshaftungsklage gemäß § 839 BGB iVm Art. 34 GG gegen die Anstellungskörperschaft des Vollstreckungsorgans, wenn das Vollstreckungsorgan, insbesondere der Gerichtsvollzieher im Rahmen der Vollstreckung seine Amtspflichten gegenüber dem Dritten schuldhaft verletzt hat. Als Beispiel kann der Fall dienen, dass der Gerichtsvollzieher Sachen gepfändet hat, die offensichtlich nicht im Eigentum des Schuldners standen (vgl. BGH BB 1957, 163; Schuschke/Walker/*Raebel* Anh. zu § 771 Rn. 16). Nach der Rechtsprechung des BGH besteht auch eine Amtspflicht des Gerichtsvollziehers, einer ein die Veräußerung hinderndes Recht iSd § 771 ZPO geltend machender Dritten über eine Anschlusspfändung zu unterrichten (vgl. BGH InVo 2007, 512). Zu erwägen ist auch eine Haftung des Staates wegen der Verletzung der Pflichten aus einem öffentlich-rechtlichen Verwahrungsverhältnis hinsichtlich der von dem Gerichtsvollzieher beschlagnahmten Gegenstände in entsprechender Anwendung des § 688 BGB (vgl. hierzu etwa Palandt/*Sprau* § 688 Rn. 13; sa BGHZ 142, 77). Eine solche Klage könnte mit einer Schadensersatzklage gegen den die Zwangsvollstreckung betreibenden Gläubiger verbunden wären, wobei der Gläubiger und die Anstellungskörperschaft des Vollstreckungsorgans als Gesamtschuldner in Anspruch zu nehmen wären.

4. Vgl. zu der Frage, welche prozessualen Anträge neben dem Antrag in der Hauptsache gestellt werden sollten, → Form. O. II. 7 Anm. 9.

5. Hinsichtlich der **Rechtsfolgen** ist ein **Schadensersatzanspruch** deshalb wesentlich **günstiger als** der nachfolgend erörterte **Bereicherungsanspruch.** Allerdings ist es für den Dritten im Regelfall auch erheblich schwieriger, die Voraussetzungen eines Schadensersatzanspruches darzulegen bzw. zu beweisen.

6. Ein Bereicherungsanspruch gemäß **§ 816 Abs. 1 BGB scheidet aus,** weil die Auskehr des Erlöses durch den Gerichtsvollzieher an den Gläubiger keine privatrechtliche Verfügung, sondern ein staatlicher Hoheitsakt ist (vgl. BGHZ 55, 20 (30)). Eine Bereicherungshaftung des Gläubigers gemäß § 816 Abs. 2 BGB kommt allerdings bei der Forderungsvollstreckung in Betracht, wenn der Drittschuldner in Unkenntnis einer vor der Pfändung erfolgten Abtretung gemäß den §§ 408 Abs. 2, 407 Abs. 1 BGB mit schuldbefreiender Wirkung an den Gläubiger gezahlt hat.

7. Dass der Bereicherungsanspruch (nur) auf Zahlung des **Erlöses abzüglich der Vollstreckungskosten** gerichtet ist, entspricht der ständigen Rechtsprechung des Bundesgerichtshofs (vgl. BGHZ 32, 244; BGHZ 66, 150) und sollte deshalb zur Vermeidung einer teilweisen Klageabweisung bei der Antragstellung berücksichtigt werden. Dass sich ein Gericht der – vereinzelt gebliebenen – Gegenauffassung anschließen wird, wonach der Dritte den Bruttoerlös beanspruchen kann (vgl. Stein/Jonas/*Münzberg* § 771 Rn. 75), kann nicht erwartet werden.

8. Nicht aus dem Blick zu verlieren ist der Umstand, dass nicht nur die Rechte iSd § 771 ZPO, sondern **auch** durch eine Versteigerung vereitelte **Rechte iSd § 805 ZPO** einen **Bereicherungsanspruch** begründen können (vgl. hierzu etwa RGZ 119, 269).

9. Zu beachten ist, dass der Beklagte nicht nur der Drittwiderspruchsklage (siehe zur Klageerwiderung bei einer Drittwiderspruchsklage → Form. P. IX. 11), sondern auch dem Schadensersatz- bzw. Bereicherungsanspruch im Rahmen der „verlängerten Drittwiderspruchsklage" entgegenhalten kann, dass der Dritte trotz seines Rechts an dem Vollstreckungsgegenstand zur Duldung der Zwangsvollstreckung (zB aufgrund des anfechtbaren Erwerbs nach dem AnfG) verpflichtet war. In Fällen dieser Art steht dem Bereicherungsanspruch jedenfalls der **Einwand unzulässiger Rechtsausübung** entgegen (vgl. BGH NJW 1987, 1880; sa OLG Celle BB 1962, 1178; Schuschke/Walker/*Raebel* Anh. zu § 771 Rn. 5).

10. Kosten und Gebühren/Rechtsmittel. Hinsichtlich der Kosten und Gebühren bzw. der gegen ein stattgebendes oder klageabweisendes Urteil bestehenden Rechtsmittel kann auf die Ausführungen zu → Form. P. VII. 1 Bezug genommen werden.

11. Hinsichtlich der **Form** des Schriftsatzes (Unterschrift, elektronisches Dokument) wird verwiesen auf → Form. O. II. 1 Anm. 14.

11. Klageerwiderung des Gläubigers bei einer Klage gem. § 771 ZPO/ § 805 ZPO

An das

Amtsgericht/Landgericht

in .....

In dem Rechtsstreit

..... Name des Dritten (Klägers) ./. .... Name des Gläubigers (Beklagten)

Az. .....

bestellen wir uns für den Beklagten und werden beantragen,[1]

die Klage abzuweisen.

Außerdem beantragen wir,

den Antrag des Klägers auf einstweilige Einstellung der Zwangsvollstreckung zurückzuweisen.

Begründung:[2]

Die Klage hat aus mehreren voneinander unabhängigen Gründen keine Aussicht auf Erfolg.[3]

Der Beklagte ist der Auffassung, dass die Klage selbst dann unbegründet ist, wenn man den Sachvortrag des Klägers in tatsächlicher Hinsicht als zutreffend unterstellt. Das von dem Kläger für sich in Anspruch genommene Recht stellt nämlich kein die Veräußerung hinderndes Recht iSd § 771 ZPO dar ..... [ist näher auszuführen]/kein Recht iSd § 805 ZPO dar. Denn ..... [ist näher auszuführen].

(Variante:
Der Sachvortrag des Klägers zu dem von ihm behaupteten Rechtserwerb wird bestritten. Richtig ist vielmehr, dass ..... (nähere Darlegung des Sachverhalts mit entsprechenden Beweisantritten).)

(Variante:
Der von dem Kläger behauptete Rechtserwerb ist gemäß § 138 Abs. 1 BGB wegen Sittenwidrigkeit nichtig, weil .....[4]
Der Kläger ist gemäß § 9 AnfG zur Duldung der Zwangsvollstreckung verpflichtet, weil er sein Recht durch ein anfechtbares Rechtsgeschäft erhalten hat (Darlegung der Anfechtungsvoraussetzungen gem. §§ 1 ff. AnfG).[5]*)*

(Variante:
Die Erhebung der Klage ist treuwidrig (§ 242 BGB), weil der Kläger materiell-rechtlich selbst für die titulierte Forderung haftet. Diese Haftung folgt aus den §§ 128, 161 Abs. 2 HGB (persönlich haftende Gesellschafter)/aus § 765 Abs. 1 BGB (Bürge)/aus der gesamtschuldnerischen Mithaftung des Klägers für die titulierte Forderung.[6]*)*

(Variante:
Der Beklagte hat gegenüber dem Kläger das bessere Recht. Die dem Kläger von dem Schuldner zu Sicherheit übereigneten Gegenstände unterfielen bereits im Zeitpunkt der Sicherungsübereignung dem Vermieterpfandrecht des Beklagten (§ 562 Abs. 1 BGB), das deshalb den Vorrang genießt.[7]*)*

Da entsprechend den obigen Ausführungen die Klage keine Aussicht auf Erfolg hat, ist auch der Antrag des Klägers auf Erlass einer einstweiligen Anordnung zurückzuweisen. Zur Glaubhaftmachung der von dem Beklagten vorgetragenen Tatsachen wird auf die vorgelegten Unterlagen sowie ergänzend auf die beigefügte eidesstattliche Versicherung des Beklagten Bezug genommen.[8]

Beglaubigte und einfache Abschrift liegen an.

.....

Rechtsanwalt[9, 10]

Anmerkungen

1. Das **Muster einer Klageerwiderung** mit den hierin dargelegten Einwendungen des Gläubigers kann grundsätzlich gleichermaßen für den Beklagten einer **Drittwiderspruchsklage** und den Beklagten einer **Vorzugsklage** herangezogen werden. Den Einwendungen kommt darüber hinaus auch Bedeutung im Rahmen einer von dem Dritten nach Beendigung der Zwangsvollstreckung erhobenen **Schadensersatz- bzw. Bereicherungsklage** zu (→ Form. P. IX. 10). Wenn nämlich der Dritte trotz seines Rechts an dem Vollstreckungsgegenstand zur Duldung der Zwangsvollstreckung verpflichtet war (zB aufgrund des anfechtbaren Erwerbs nach dem AnfG), steht einem Schadensersatz- oder Bereicherungsanspruch jedenfalls der Einwand unzulässiger Rechtsausübung entgegen (vgl. BGH NJW 1987, 1880; sa OLG Celle BB 1962, 1178; Schuschke/Walker/*Raebel* Anh. zu § 771 Rn. 5).

2. Gemäß § 277 Abs. 1 S. 2 ZPO soll die Klageerwiderung eine Äußerung dazu enthalten, ob einer Entscheidung der Sache durch den **Einzelrichter** Gründe entgegenstehen.

3. Welche **Einwendungen der Beklagte** geltend machen kann, hängt von dem jeweiligen Einzelfall ab. Folgende Möglichkeiten sind denkbar: Das von dem Kläger für sich in Anspruch genommene Recht kann uU bereits aus Rechtsgründen der Klage nicht zum Erfolg verhelfen. Der Beklagte kann den Sachvortrag des Klägers in tatsächlicher Hinsicht in Abrede stellen oder eigenständige Unwirksamkeitsgründe darlegen. Schließlich kann er Gegenrechte geltend machen, die das Vorgehen des Klägers als treuwidrig erscheinen lassen. Die verschiedenen Varianten sind in dem Formular aufgeführt.

4. Zu beachten ist, dass **alleine** der **Einwand**, die Übertragung des Vermögensgegenstandes habe nur den **Zweck** gehabt, die **Gläubiger** des Schuldners zu **benachteiligen,** ohne Hinzutreten weiterer Umstände die **Annahme** der **Sittenwidrigkeit** noch **nicht rechtfertigt.** Insoweit enthält das Anfechtungsgesetz spezielle Regelungen (vgl. BGHZ 53, 174 (180); siehe auch BGH NJW 2000, 3138 (3139)).

5. Die Voraussetzungen nach dem **Anfechtungsgesetz** sind in dem → Form. P. VII. 6 näher dargelegt.

6. Vgl. zu weiteren Einzelheiten *Baumbach/Lauterbach/Albers/Hartmann* § 771 Rn. 10 sowie Schuschke/Walker/*Raebel* § 771 Rn. 37 bis 46.

7. Vgl. hierzu etwa OLG Düsseldorf InVo 1999, 354. Weitere Fälle, in denen der **Gläubiger** gegenüber dem Kläger der Drittwiderspruchsklage **das bessere Recht** hat, werden bei *Schuschke/Walker* § 771 Rn. 38 erörtert.

8. Durch die Vorlage einer **eigenen** – aussagekräftigen – **eidesstattlichen Versicherung** kann der **Beklagte** häufig erreichen, dass das Gericht das Vorbringen des Klägers als nicht hinreichend glaubhaft (§§ 771 Abs. 3, 769 Abs. 1 S. 2 ZPO bzw. § 805 Abs. 4 S. 1 ZPO) ansieht und den Einstellungsantrag ablehnt. Dies ist regelmäßig der Fall, wenn sich widersprechende eidesstattliche Versicherungen vorliegen, ohne dass erkennbar ist, welche von beiden die höhere Richtigkeitsgewähr bietet (vgl. hierzu auch *Stackmann* JuS 2006, 980 (982)).

9. Gebühren. Hinsichtlich der dem Rechtsanwalt des Beklagten zustehenden **Anwaltsgebühren** kann auf die Ausführungen zu dem Grundfall der Drittwiderspruchsklage (→ Form. P. IX. 1) verwiesen werden.

10. Hinsichtlich der **Form** des Schriftsatzes (Unterschrift, elektronisches Dokument) wird verwiesen auf → Form. O. II. 1 Anm. 14.

12. Negative Feststellungsklage des Drittschuldners gegen den Gläubiger im Rahmen der Forderungsvollstreckung

An das[1, 2]

Amtsgericht/(Familiengericht)[3]/Arbeitsgericht/Landgericht

in . . . . .

Klage

des/der . . . . . [ladungsfähige Anschrift des Drittschuldners],

– Klägers –

Prozessbevollmächtigte: . . . . .

gegen

. . . . . [ladungsfähige Anschrift des Gläubigers],

– Beklagten –

Streitwert: . . . . .[4]

Namens und in Vollmacht des Klägers erheben wir Klage mit dem Antrag,

> **festzustellen, dass dem Beklagten aufgrund des Pfändungs- und Überweisungsbeschlusses des Amtsgerichts . . . . . vom . . . . . Az. . . . . . gegen den Kläger keine Rechte zustehen.[5]**

Sofern das Gericht das schriftliche Vorverfahren anordnet, wird für den Fall der Fristversäumnis des Beklagten beantragt,[6]

> **ein Versäumnisurteil ohne mündliche Verhandlung (§ 331 Abs. 3 ZPO) zu erlassen.**

Begründung:

Dem Beklagten steht gegen . . . . . [Name des Vollstreckungsschuldners] aufgrund des – in Kopie anliegenden – rechtskräftigen Urteils des . . . . . gerichts . . . . . vom . . . . . Az. . . . . ./. . . . . [Angabe des sonstigen Vollstreckungstitels] eine titulierte Forderung in Höhe von . . . . . EUR nebst Zinsen in Höhe von . . . . . zu. Da der Schuldner in der Folgezeit keine Zahlungen leistete, betrieb der Beklagte die Zwangsvollstreckung und

erwirkte unter dem . . . . . einen – ebenfalls in Kopie anliegenden – Pfändungs- und Überweisungsbeschluss des Amtsgerichts . . . . ., Az. . . . . ., mit welchem ein (angeblicher) Anspruch des Schuldners gegen den Kläger auf Zahlung von . . . . . EUR/. . . . . [sonstige präzise Bezeichnung Anspruchs] gepfändet und dem Beklagten zur Einziehung überwiesen wurde. Der Beschluss ist dem Kläger am . . . . . zugestellt worden. Obwohl der Kläger den Beklagten bereits in der Drittschuldnererklärung vom . . . . . – Kopie liegt an –, darauf hingewiesen hatte, dass . . . . . [Angabe der Gründe für die Nichterfüllung durch den Kläger], hat der Beklagte durch Schreiben vom . . . . . von dem Kläger Erfüllung der streitgegenständlichen Forderung verlangt. Eine Einziehungsklage hat der Beklagte bislang nicht erhoben. Auf die Ankündigung des Klägers in dem Schreiben vom . . . . ., eine negative Feststellungsklage gegen den Beklagten zu erheben, falls er nicht bis zum . . . . . verbindlich erkläre, gegen den Kläger keine Rechte aus dem Pfändungs- und Überweisungsbeschluss herzuleiten und auf etwaig hierdurch erworbene Rechte gem. § 843 ZPO zu verzichten,[7] ist keine Reaktion erfolgt/hat der Beklagte seine Zahlungsaufforderung wiederholt/. . . . . [Darlegung der sonstigen Reaktion des Beklagten].

Mit der vorliegenden, auf § 256 Abs. 1 ZPO gestützten und wegen des vorprozessualen Verhaltens des Beklagten zulässigen Klage begehrt der Kläger die Feststellung, dass dem Beklagten aus dem o.g. Pfändungs- und Überweisungsbeschluss keine Ansprüche gegen den Kläger zustehen.[8]

Die Pfändung ist ins Leere gegangen, weil auch in der Person des Schuldners zu keinem Zeitpunkt ein Anspruch gegen den Kläger auf Zahlung von . . . . . EUR oder: . . . . . [Wiedergabe des sonstigen Anspruchs] entstanden ist. Denn . . . . .

(Variante:
Der Kläger hatte die dem Beklagten zur Einziehung überwiesene Forderung bereits am . . . . . und damit noch vor der am . . . . . erfolgten Zustellung des Pfändungs- und Überweisungsbeschlusses erfüllt . . . . . (Darlegung der die Erfüllung begründenden Tatsachen mit entsprechenden Beweisantritten).)

(Variante:
Der Kläger hat die dem Beklagten zur Einziehung überwiesene Forderung am . . . . . erfüllt. Dies kann der Kläger dem Beklagten gem. § 407 BGB in entsprechender Anwendung (vgl. BGHZ 86, 337 (339)) entgegenhalten, obwohl die Zustellung des Pfändungs- und Überweisungsbeschlusses bereits zuvor, nämlich am . . . . . erfolgt war. Hiervon hatte der Kläger im Zeitpunkt der Erfüllung nämlich keine Kenntnis, weil die Zustellung durch Niederlegung einer Nachricht in den Briefkasten des Klägers während einer Dienstreise erfolgt war. Als der Kläger das zugestellte Schriftstück bei dem Postamt abholte und damit erstmals von der Pfändung bzw. Überweisung der Forderung auf den Beklagten erfuhr, war die Zahlung an den Schuldner bereits erfolgt./. . . . . [Darlegung der sonstigen Umstände, die die Anwendung des § 407 BGB analog rechtfertigen nebst entsprechenden Beweisantritten].)

(Variante:
Der Schuldner hatte die streitgegenständliche Forderung bereits am . . . . . und damit noch vor der am . . . . . erfolgten Zustellung des Pfändungs- und Überweisungsbeschlusses an den Kläger an den . . . . . (Name des Zessionars) abgetreten, so dass dem Beklagten an der Forderung keine Rechte zustehen . . . . . (konkrete Darlegung der maßgeblichen Tatsachen mit entsprechenden Beweisantritten).)

(Variante:
. . . . . (Darlegung der sonstigen Gründe, die der Geltendmachung der (angeblichen) Forderung durch den Gläubiger entgegenstehen).)

Wir haben heute auf der Grundlage des bei einer negativen Feststellungsklage als Streitwert anzusetzenden vollen Werts der streitgegenständlichen Forderung, die geringer ist als die Vollstreckungsforderung, einen Gerichtskostenvorschuss in Höhe von . . . . . EUR bei der Gerichtskasse . . . . . eingezahlt und bitten um unverzügliche Zustellung der Klageschrift.

(Variante:
Wir haben heute auf der Grundlage des bei einer negativen Feststellungsklage als Streitwert anzusetzenden vollen Werts der Vollstreckungsforderung, die geringer ist als die streitgegenständlichen Forderung, einen Gerichtskostenvorschuss in Höhe von . . . . . EUR bei der Gerichtskasse . . . . . eingezahlt und bitten um unverzügliche Zustellung der Klageschrift.)

Beglaubigte und einfache Abschrift liegen an.

. . . . .

Rechtsanwalt[9, 10]

Anmerkungen

1. Die hier erörterte **negative Feststellungsklage** des Drittschuldners gegen den Gläubiger mit dem Ziel, das Nichtbestehen der von dem Gläubiger aufgrund des Pfändungs- und Überweisungsbeschlusses geltend gemachten Forderung feststellen zu lassen, ist gleichsam die **Kehrseite** zu der **Einziehungsklage** (→ Form. P. VII. 2). Wenn der Gläubiger eine Einziehungsklage erhebt, wäre eine solche negative Feststellungsklage des Drittschuldners – auch als Widerklage – aus einem doppelten Grunde unzulässig: Zum einen läge bereits eine anderweitige Rechtshängigkeit (§ 261 Abs. 3 Nr. 1 ZPO) vor (vgl. BGH NJW 1989, 2064), zum anderen fehlte es auch an dem Feststellungsinteresse (§ 256 Abs. 1 ZPO). Es gibt jedoch auch die Situation, dass sich der Gläubiger aufgrund der zu seinen Gunsten gepfändeten und überwiesenen (angeblichen) Forderung gegenüber dem Drittschuldner eines entsprechenden Anspruchs berühmt, von der Erhebung einer Einziehungsklage aber dennoch absieht. In diesen Fällen muss der Drittschuldner eine prozessuale Möglichkeit haben, das Rechtsverhältnis zu dem Gläubiger gerichtlich klären zu lassen. Dies geschieht durch eine negative Feststellungsklage. Eine Drittwiderspruchsklage (§ 771 ZPO) kann der Drittschuldner demgegenüber nicht erheben, da er sich nicht auf ein eigenes, die Veräußerung hinderndes Recht an der Forderung beruft, sondern nur die Zahlungspflicht gegenüber dem Gläubiger in Abrede stellt.

Der **Vollstreckungsgläubiger kann** auf die negative Feststellungsklage seinerseits **mit der Einziehungsklage** – auch in Gestalt einer Widerklage – **reagieren.** Dies ist ohne weiteres zulässig. Auch wenn der den Streitgegenstand bildende prozessuale Anspruch bereits mit der negativen Feststellungsklage rechtshängig gemacht worden ist, steht § 261 Abs. 3 Nr. 1 ZPO der Zulässigkeit der Leistungsklage nicht entgegen, weil diese auf die Titulierung des Anspruchs gerichtet ist und damit über das vom Kläger der negativen Feststellungsklage verfolgte Ziel einer bloßen Feststellung des streitigen Rechtsverhältnisses hinausgeht (vgl. BGH NJW 1989, 2064).

Zu beachten ist aber, dass die Feststellungsklage nicht schon automatisch mit Erhebung der Leistungs-(wider)klage des Gläubigers mangels Rechtsschutzinteresses unzulässig wird (vgl. BGHZ 99, 340; BGH NJW 1994, 3107 (3108)). Dies ist grundsätzlich erst dann der Fall, wenn über den Leistungsantrag des Gläubigers mündlich verhandelt worden ist und der Antrag gem. § 269 Abs. 1 ZPO von ihm nicht mehr einseitig zurückgenommen werden kann und hierüber deshalb in der Sache zu entscheiden ist (vgl. BGHZ 165, 305 = NJW 2006, 366). Etwas anderes gilt nach der Rechtsprechung des

Bundesgerichtshofs nur dann, wenn der Feststellungsrechtsstreit im Gegensatz zu dem Leistungsantrag schon entscheidungsreif ist (vgl. BGHZ 99, 340 (341 f.); BGHZ 165, 305). Ergeht im weiteren Verlauf des Rechtsstreits jedoch eine Entscheidung zu dem Leistungsbegehren, wird die negative Feststellungsklage in jedem Fall unzulässig (vgl. BGHZ 165, 305). Will der Drittschuldner einer Abweisung seiner negativen Feststellungsklage durch Prozessurteil entgehen, muss er den Feststellungsrechtsstreit in der Hauptsache für erledigt erklären (vgl. BGH NJW 1984, 1556; BGH NJW 1973, 1500; sa Zöller/*Greger* § 256 Rn. 7d).

2. Ebenso wie die Einziehungsklage gelten auch für ihr Gegenstück der hier erörterten negativen Feststellungsklage hinsichtlich der Frage, welches Gericht für die Entscheidung **zuständig** ist, die **allgemeinen Vorschriften.** Die Ausführungen in → Form. P. VII. 2 Anm. 1 mit dem Hinweis auf die Maßgeblichkeit der gepfändeten Forderung gelten entsprechend. In Betracht kommt deshalb auch eine Zuständigkeit des Arbeitsgerichts.

3. Möglich ist auch die Zuständigkeit des **Familiengerichts**, wenn die gepfändete (angebliche) Forderung eine familienrechtliche Grundlage hat. Der Drittschuldner kann in diesem Fall allerdings keine negative Feststellungsklage erheben. Vielmehr ist das Rechtsschutzbegehren in Gestalt eines sog. negativen Feststellungsantrages (vgl. § 113 Abs. 5 Nr. 2 FamFG) in das Verfahren vor dem Familiengericht einzuführen.

4. Anders als bei der positiven Feststellungsklage ist bei einer negativen Feststellungsklage der **Streitwert** in der Regel identisch mit dem Wert des Anspruchs, dessen Nichtbestehen der Kläger festgestellt wissen möchte. Ein prozentualer Abschlag ist deshalb nicht zu machen (vgl. BGH NJW 1970, 2025; Zöller/*Herget* § 3 Rn. 16 Stichwort „Feststellungsklagen“).

5. Bereits in der Formulierung des Klageantrages sollte deutlich zum Ausdruck gebracht werden, dass die Klage auf eine **materiell-rechtliche Feststellung** des **Nichtbestehens** der gepfändeten **Forderung** gerichtet ist. Demgegenüber könnte ein Antrag auf Feststellung der Unwirksamkeit des Pfändungs- und Überweisungsbeschlusses zu dem Missverständnis verleiten, dass mit der Klage **formelle** Wirksamkeitsbedenken geltend gemacht werden sollen. Nach der Rechtsprechung des Bundesgerichtshofs stellt aber die Erinnerung gem. § 766 ZPO, mit der – auch – der Drittschuldner etwa den formellen Einwand der nicht hinreichenden Bestimmtheit der zu pfändenden Forderung geltend machen kann, gegenüber einer Feststellungsklage einen einfacheren und billigeren Weg dar. Eine hierauf gestützte Feststellungsklage wäre deshalb mangels Rechtsschutzinteresses als unzulässig abzuweisen (vgl. grundlegend BGHZ 69, 144 (147 f.)). Bislang hat der Bundesgerichtshof diese Auffassung noch nicht aufgegeben. Insoweit muss aber die weitere Entwicklung sorgfältig beobachtet werden, da der Bundesgerichtshof in anderen Bereichen, in denen es um eine ähnliche Abgrenzung zwischen formellen und materiellen Rechtsbehelfen geht, dem Schuldner ausdrücklich ein Wahlrecht eingeräumt hat. Dies gilt namentlich für eine prozessuale Gestaltungsklage analog § 767 ZPO (→ Form. P. VIII. 20) und eine Klauselerinnerung gem. § 732 ZPO (vgl. BGH NJW-RR 2004, 1718).

6. Vgl. zu der Frage, welche prozessualen Anträge neben dem Antrag in der Hauptsache gestellt werden sollten, die → Form. O. II. 7 Anm. 9.

7. Nach der Rechtsprechung des Bundesgerichtshofs besteht ein **Rechtsschutzinteresse** des Drittschuldners für eine negative Feststellungsklage erst dann, **wenn** er gegen den Gläubiger **erfolglos gem. §§ 840, 843 ZPO vorgegangen** ist (BGHZ 69, 144 (150) = NJW 1977, 1881 mit insoweit kritischer Anmerkung von *Reinel* NJW 1978, 272). Selbst man diese Entscheidung in der Begründung nicht für überzeugend erachtet (zu Recht kritisch insoweit auch Stein/Jonas/*Münzberg* § 829 Rn. 120), ist eine entsprechendes Vorgehen des Drittschuldners jedenfalls deshalb geboten, um dem Gläubiger die Möglichkeit eines sofortigen Anerkenntnisses mit der für ihn günstigen Kostenfolge des § 93 ZPO zu nehmen (vgl. hierzu auch *Reinel* NJW 1978, 272).

8. Dass der Drittschuldner Kläger und der Vollstreckungsgläubiger Beklagter ist, bedeutet nicht, dass der Drittschuldner für das Nichtbestehen des von dem Beklagten für sich in Anspruch genommenen Rechts die volle Darlegungs- und Beweislast trüge. Vielmehr **ändert** der **Umstand, dass** die **negative Feststellungsklage** die **Parteirollen umkehrt, nichts** an der **üblichen Verteilung der Darlegungs- und Beweislast** (vgl. BGH NJW 1977, 1637 (1638); BGH NJW 1983, 2032; siehe auch *Baumbach/Lauterbach/Albers/Hartmann* § 256 Rn. 47; Zöller/*Greger* § 256 Rn. 18 mwN). Der Vollstreckungsgläubiger muss deshalb beispielsweise trotz seiner Stellung als Beklagter darlegen und notfalls beweisen, dass in der Person des Schuldners überhaupt ein Anspruch gegen den Drittschuldner (= Kläger) entstanden ist. Demgegenüber obliegen die Darlegung und der Beweis des Erfüllungseinwandes auch bei der negativen Feststellungsklage dem klagenden Drittschuldner.

9. Kosten und Gebühren/Rechtsmittel. Hinsichtlich der Kosten und Gebühren bzw. der gegen ein stattgebendes oder klageabweisendes Urteil bestehenden Rechtsmittel kann auf die Ausführungen zu → Form. P. VII. 1 Bezug genommen werden.

10. Hinsichtlich der **Form** des Schriftsatzes (Unterschrift, elektronisches Dokument) wird verwiesen auf → Form. O. II. 1 Anm. 14.

Q. Sonstige (außerordentliche) Rechtsbehelfe

I. Vorbemerkungen

In dem folgenden Abschnitt werden Rechtsschutzmöglichkeiten vorgestellt, die sich nicht – jedenfalls nicht ohne weiteres – in die hier zugrundegelegte Systematik der Rechtsbehelfe einordnen lassen, vielmehr sowohl im Klauselverfahren als auch im Vollstreckungs- bzw. Erkenntnisverfahren in die anwaltlichen Überlegungen mit einbezogen werden müssen, wenn die herkömmlichen Rechtsbehelfe ausscheiden bzw. ausgeschöpft sind. Sie werden hier deshalb als außerordentliche Rechtsbehelfe bezeichnet. Praktisch bedeutsam ist insbesondere die Gehörsrüge (vgl. zB § 321a ZPO).

II. Rechtsbehelfe

1. Gehörsrüge (§ 321a ZPO/§ 44 FamFG/§ 81 Abs. 3 GBO iVm § 44 FamFG/§ 78a ArbGG) mit Vollstreckungsschutzantrag

An das

Amtsgericht/Familiengericht/Arbeitsgericht/Landgericht/Oberlandesgericht/ Landesarbeitsgericht/den Bundesgerichtshof/das Bundesarbeitsgericht[1, 2]

in . . . . ./

In dem Rechtsstreit/In dem Klauselerteilungsverfahren/In der Zwangsvollstreckungssache

des/der . . . . . [ladungsfähige Anschrift des Gläubigers],

Gläubigers/. . . . . [Angabe der jeweiligen Verfahrensstellung],

Verfahrensbevollmächtigte: . . . . .[3]

gegen

. . . . . [ladungsfähige Anschrift des Schuldners],

Schuldner/. . . . . [Angabe der jeweiligen Verfahrensstellung],

Verfahrensbevollmächtigte: . . . . .

Namens und in Vollmacht des Gläubiger/Schuldners legen wir gegen das Urteil des . . . . . gerichts . . . . . vom . . . . . Az. . . . . ./gegen den Beschluss des . . . . . gerichts vom . . . . . Az. . . . . ., dem Gläubiger/Schuldner zugestellt am . . . . . ,

Gehörsrüge gem. § 321a ZPO/§ 44 FamFG/§ 44 FamFG iVm § 81 Abs. 3 GBO/§ 84 GNotKG/§ 131 GNotKG/§ 78a ArbGG

ein und beantragen,[4]

1. das Verfahren/den Prozess fortzuführen
das Urteil/den Beschluss des . . . . . gerichts . . . . . vom . . . . . Az. . . . . . aufzuheben und . . . . . [Wiederholung des ursprünglichen Antrages].

Vorab beantragen wir [bei einer Gehörsrüge des Schuldners],

die Zwangsvollstreckung aus dem Urteil . . . . ./aus dem Prozessvergleich . . . . ./aus der notariellen Urkunde . . . . ./. . . . . [konkrete Bezeichnung des sonstigen Vollstreckungstitels] bis zur Entscheidung über die . . . . . [Angabe des ursprünglichen Rechtsschutzbegehrens] ohne – hilfsweise gegen – Sicherheitsleistung einstweilen einzustellen.

Begründung:

Der Gläubiger/der Schuldner wendet sich mit der Gehörsrüge gem. § 321a ZPO/§ 44 FamFG/§ 44 FamFG iVm § 81 Abs. 3 GBO/§ 84 GNotKG/§ 131 GNotKG/§ 78a ArbGG gegen . . . . . (präzise Angabe der mit einem Rechtsbehelf nicht mehr anfechtbaren Entscheidung). Die zweiwöchige Rügefrist ist gewahrt, weil der Gläubiger/der Schuldner erst mit der am . . . . . erfolgten Zustellung des Urteils/des Beschlusses vom . . . . . von der Gehörsverletzung Kenntnis erlangt hat.[5] Ein Rechtsmittel oder ein anderer Rechtsbehelf ist gegen das Urteil/den Beschluss nicht gegeben, weil . . . . . (kurzer Hinweis auf den Grund der Unanfechtbarkeit, zB Nichtzulassung der Rechtsbeschwerde gem. § 574 Abs. 1 Nr. 2 ZPO).[6]

Die entscheidungserhebliche Gehörsverletzung[7] ergibt sich aus folgenden Umständen:

Art. 103 Abs. 1 GG verpflichtet das Gericht, das Vorbringen der Parteien zur Kenntnis zu nehmen und bei seiner Entscheidung in Erwägung zu ziehen (BVerfGE 60, 247 (249); BVerfGE 83, 24 (35)). Gegen diese Pflicht hat das Gericht verstoßen. Der Rügeführer hat durch Schriftsatz vom . . . . . vorgetragen, dass . . . . . Wie sich aus den Gründen des Beschlusses/des Urteils ergibt, hat das Gericht die Ausführungen in dem Schriftsatz nicht in seine Überlegungen mit einbezogen. Dies beruht offensichtlich darauf, dass der Schriftsatz ausweislich des Eingangsstempels bereits am . . . . . und damit innerhalb der vom Gericht gesetzten Äußerungsfrist bei Gericht eingegangen ist, von der Geschäftsstelle jedoch nicht rechtzeitig vorgelegt worden ist. Dass den entscheidenden Richtern insoweit kein Schuldvorwurf gemacht werden kann, vermag an dem Vorliegen der – verschuldensunabhängigen (vgl. BVerfG NJW 1998, 2044 (2045)) – Gehörsverletzung nichts zu ändern. Diese ist auch entscheidungserheblich. Hätte das Gericht den Schriftsatz zur Kenntnis genommen, hätte es zumindest nicht ohne Beweisaufnahme zum Nachteil des Rügeführers entscheiden können. Denn . . . . . (nähere Darlegung der Entscheidungserheblichkeit).

(Variante:

Gem. Art. 103 Abs. 1 GG ist das Gericht gehalten, Beweisanträge nicht aus Gründen unberücksichtigt zu lassen, die im Prozessrecht keine Stütze finden (vgl. BVerfG NJW 1986, 833; BVerfG NJW-RR 2004, 1150). Unter Berücksichtigung dieser Grundsätze hätte das Gericht dem von dem Rügeführer im Schriftsatz vom . . . . . angebotenen Beweis nachgehen müssen. Denn . . . . . Die Gehörsverletzung ist auch entscheidungserheblich. Hätte das Gericht den Beweis erhoben, hätte sich im Rahmen der Beweisaufnahme die Richtigkeit des Vorbringens des Rügeführers ergeben. Deshalb hätte seinem Antrag stattgegeben werden müssen.)

> *(Variante:*
> *Wenn das Gericht – wie hier – erhebliche Beweisanträge übergangen hat, beruht das Urteil stets auf der Gehörsverletzung, da nicht ausgeschlossen kann, dass das Urteil bei Durchführung der Beweisaufnahme anders ausgefallen wäre (vgl. BVerfGE 53, 223; BVerfGE 60, 250 (252)).)*

(Variante:

Die mit der Gehörsrüge angegriffene Entscheidung stellt sich als mit Art. 103 Abs. 1 GG nicht vereinbare Überraschungsentscheidung dar. Nach der ständigen Rechtsprechung des Bundesverfassungsgerichts darf das Gericht ohne vorherigen Hinweis nicht Anforderungen an den Sachvortrag stellen oder auf rechtliche Gesichtspunkte abstellen, mit denen auch eine gewissenhafte und kundige Partei nach dem bisherigen Prozessverlauf nicht zu rechnen braucht (vgl. BVerfGE 84, 188 (190); BVerfGE 86, 144). So liegt aber der Fall hier: . . . . . (nähere Darlegung des Verfahrensablaufs, aus dem sich die Gehörsverletzung ergibt). Die Gehörsverletzung ist auch entscheidungserheblich. Wenn das Gericht dem Rügeführer vor Erlass der Entscheidung den gebotenen Hinweis erteilt hätte, hätte er ergänzend Folgendes vorgetragen: . . . . . Unter Berücksichtigung dieses Vorbringens wäre eine Entscheidung zum Nachteil des Rügeführers zumindest nicht ohne vorherige Durchführung einer Beweisaufnahme möglich gewesen.)

(Variante:
Unter Berücksichtigung dieser – unstreitigen – Umstände hätte das Gericht nach den von dem Rügeführer gestellten Anträgen entscheiden müssen. Denn . . . . .)

(Variante:

. . . . . (Darlegung einer sonstigen Gehörsverletzung)[8])

(Ergänzend für den Fall einer Gehörsrüge des Schuldners:

Die Einstellung der Zwangsvollstreckung ist gem. § 707 Abs. 1 S. 1 ZPO geboten, um zu verhindern, dass der Schuldner durch die Fortsetzung der Zwangsvollstreckung rechtlos gestellt wird. Die Erfolgsaussicht der Gehörsrüge ergibt sich aus den vorangegangenen Ausführungen. Zur Glaubhaftmachung wird auf die vorgelegten Unterlagen sowie ergänzend auf die beigefügte eidesstattliche Versicherung des Schuldners Bezug genommen. Eine Sicherheitsleistung ist nicht festzusetzen, weil der Schuldner zu einer Sicherheitsleistung nicht in der Lage ist und die Vollstreckung einen nicht zu ersetzenden Nachteil bringen würde (§ 707 Abs. 1 S. 2 ZPO). Denn . . . . . (nähere Darlegung erforderlich). Hilfsweise ist die Zwangsvollstreckung gegen Sicherheitsleistung einzustellen.)

(Variante:
. . . . . (Darlegungen zu den Voraussetzungen einer einstweiligen Anordnung in familiengerichtlichen Streitigkeiten oder in Verfahren der freiwilligen Gerichtsbarkeit insbesondere gem. §§ 49, 119 FamFG/76 GBO)

Einfache und beglaubige Abschrift liegen an.

. . . . .

Rechtsanwalt[9, 10, 11]

Anmerkungen

1. **Hintergrund** der aktuellen Fassungen der §§ 321a ZPO, 44 FamFG, § 81 Abs. 3 GBO, §§ 84, 131 GNotKG und § 78a ArbGG ist der Beschluss des **Plenums des Bundesverfassungsgerichts** vom **30.4.2003** (BVerfGE 107, 395 = NJW 2003, 1924). Hiernach begründet der Justizgewährungsanspruch eine Pflicht des Gesetzgebers, gegenüber jeder Verletzung des Anspruchs auf rechtliches Gehör, gleich in welcher Instanz er unterlaufen ist, fachgerichtlichen Rechtschutz durch förmliche, in der geschriebenen Rechtsordnung geregelte Rechtsbehelfe zu gewährleisten (vgl. zur Entstehungsgeschichte auch Zöller/*Vollkommer* § 321a Rn. 1 mwN; *Huber* JuS 2005, 109 (110)). Durch das sog. **Anhörungsrügegesetz** vom 9.12.2004 (BGBl. I 3220 ff.) sollten die Vorgaben des Bundesverfassungsgerichts umgesetzt werden. Bei als solche unanfechtbaren Entscheidungen wird dem Ausgangsgericht (iudex a quo) im Falle einer entscheidungserheblichen Gehörsverletzung eine Abhilfemöglichkeit eingeräumt. Neben der Änderung des § 321a ZPO hat der Gesetzgeber auch in andere Verfahrensordnungen entsprechende Vorschriften eingefügt (vgl. die Aufzählung bei *Rensen* MDR 2005, 181 (184) sowie *Huber* JuS 2005, 109 (111 ff.)). Im Zusammenhang mit dem Vollstreckungsverfahren sind insoweit insbesondere die Vorschrift des § 44 FamFG und die Verweisungsvorschrift des § 81 Abs. 3 GBO (Anordnung der entsprechenden Anwendbarkeit des § 44 FamFG im Grundbuchbeschwerdeverfahren) zu nennen. Praktische Bedeutung erlangt die Gehörsrüge im Verfahren der freiwilligen Gerichtsbarkeit im hier interessierenden Zusammenhang etwa bei einer Entscheidung über eine Rechtsbeschwerde gem. §§ 54 Abs. 2 BeurkG, 70 ff. FamFG im Klauselerteilungsverfahren (→ Form. O. II. 6) oder bei einer Entscheidung über eine Grundbuchbeschwerde gem. § 71 GBO (→ Form. P. VI. 1), wenn das zur Entscheidung berufenen Oberlandesgericht die Rechtsbeschwerde nicht zulässt. Im Arbeitsgerichtsprozess ist die Gehörsrüge in § 78a ArbGG geregelt (vgl. hierzu ErfK/*Koch* ArbGG § 78a Rn. 1 ff.).

Hinzuweisen ist schließlich auf die Vorschrift des **§ 544 Abs. 7 ZPO,** die ebenfalls durch das Anhörungsrügegesetz in die ZPO eingefügt worden ist. Bei einer entscheidungserheblichen Verletzung des Anspruchs auf rechtliches Gehör durch das Berufungsgericht hat der Bundesgerichtshof die Möglichkeit, auch ohne förmliche Durchführung des Revisionsverfahrens das angefochtene Urteil aufzuheben und den Rechtsstreit zur neuen Verhandlung und Entscheidung an das Berufungsgericht zurückzuverweisen. Hiervon macht der Bundesgerichtshof regelmäßig Gebrauch (vgl. BGH BGHReport 2005, 936 (939); Zöller/*Heßler* § 544 Rn. 19). Im Arbeitsgerichtsprozess wird dem Bundesarbeitsgericht eine entsprechende Aufhebungsbefugnis eingeräumt (vgl. **§ 72a Abs. 7 ArbGG**).

2. **Zuständig** für die Entscheidung über die Gehörsrüge ist das Gericht, dessen Entscheidung angegriffen wird (**iudex a quo**). Dort ist gem. § 321a Abs. 2 S. 3 ZPO und den Parallelvorschriften in den anderen Verfahrensordnungen auch die Rügeschrift einzulegen. Dies kann auch der Bundesgerichtshof (vgl. etwa BGH MDR 2006, 168) oder das Bundesarbeitsgericht sein.

Bei der Frage, in welcher **Besetzung** das Gericht über die Anhörungsrüge entscheidet, ist die Vorschrift des § 320 Abs. 4 S. 2 ZPO **nicht** entsprechend anwendbar (BGH MDR 2006, 168). Die über die Gehörsrüge entscheidenden Richter müssen deshalb nicht mit den Richtern identisch sein, die die angegriffene Entscheidung getroffen haben. Für die Mitwirkung an der Entscheidung über eine Anhörungsrüge gilt insoweit nichts anderes als für einen Berichtigungsbeschluss nach § 319 ZPO oder für eine Urteilsergänzung (vgl. BGH MDR 2006, 168).

3. Wenn es sich bei dem angerufenen Gericht um ein Gericht mit **Anwaltszwang** (§ 78 Abs. 1 ZPO/§ 114 FamFG/§ 11 Abs. 2 ArbGG) handelt, herrscht der Anwaltszwang auch für das Gehörsrügeverfahren (vgl. nur *Baumbach/Lauterbach/Albers/Hartmann* § 321a Rn. 26; Zöller/*Vollkommer* § 321a Rn. 13).

4. Die **Antragstellung** orientiert sich an dem in § 321a ZPO bzw. den Parallelvorschriften in den übrigen Verfahrensordnungen vorgesehenen Verfahrensablauf. Wenn die Anhörungsrüge begründet ist, hat dies im **Zivilprozess** und im **Arbeitsgerichtsprozess** der Sache nach die gleichen Wirkungen wie die eines zulässigen Einspruchs gegen ein Versäumnisurteil. Gem. § 321a Abs. 5 S. 1 und 2 ZPO bzw. § 78a Abs. 5 S. 1 und 2 ArbGG ist das Verfahren fortzuführen (siehe Antrag unter 1.) und in die Lage zurückzuversetzen, in der es vor Schluss der mündlichen Verhandlung befand. Im schriftlichen Verfahren (insbesondere: Beschwerdeverfahren) tritt an die Stelle des Schlusses der mündlichen Verhandlung der Zeitpunkt, bis zu dem Schriftsätze eingereicht werden können (§ 321a Abs. 5 S. 4 ZPO bzw. § 78a Abs. 5 S. 4 ArbGG). Anschließend hat das Gericht erneut über die ursprünglichen Anträge zu entscheiden. Rechtfertigt die Rüge eine andere Entscheidung in der Sache, ist die ursprüngliche Entscheidung – gegebenenfalls nach einer Beweisaufnahme – aufzuheben (§ 321a Abs. 5 S. 3 ZPO iVm § 343 ZPO bzw. § 78a Abs. 5 S. 3 ArbGG iVm § 343 ZPO) und entsprechend dem ursprünglichen Antrag des Rügeführers zu entscheiden (siehe Antrag unter 2. in dem Formular). Andernfalls wird die ursprüngliche Entscheidung, in der zum Nachteil des Rügeführers entschieden worden ist, aufrechterhalten.

In **Familiensachen** und in **Angelegenheiten der freiwilligen Gerichtsbarkeit** hat das Gericht bei einer begründeten Gehörsrüge das Verfahren fortzuführen, soweit dies aufgrund der Rüge geboten ist (§§ 44 Abs. 5 FamFG, 81 Abs. 3 GBO).

5. Für die für den Fristlauf geforderte **„Kenntnis"** iSd § 321a ZPO und der Parallelvorschriften in den anderen Verfahrensordnungen ist angesichts des eindeutigen Wortlauts das bloße „Kennenmüssen" nicht ausreichend (vgl. BAG NJW 2006, 2346 zu 78a Abs. 2 S. 1 ArbGG; s. auch BVerfG NJW 2007, 2242 (2244) mit zust. Anm. von *Schnabl*; *Baumbach/Lauterbach/Albers/Hartmann* § 321a Rn. 23; Zöller/*Vollkommer* § 321a Rn. 14; *Musielak* § 321a Rn. 9a; aA aber *Treber* NJW 2005, 97 (99)). Ob der Bundesgerichthof das Kennenmüssen ausreichen lässt, ist der Entscheidung vom 11.5.2006 (FamRZ 2006, 1029) zumindest nicht eindeutig zu entnehmen (aA *Rensen* MDR 2007, 695 (696), der die Entscheidung des BGH in diesem Sinne interpretiert). Wenn allerdings die Partei oder ihr Vertreter sich **bewusst** der **Kenntnis** einer Gerichtsentscheidung **verschließen**, steht dies der Kenntnis gleich. So liegt der Fall etwa, wenn der Prozessbevollmächtigte die Beschlussgründe nach Empfang der Entscheidung und erteiltem Empfangsbekenntnis bewusst nicht gelesen, sondern zunächst in Winterurlaub gefahren und erst nach Rückkehr Kenntnis vom Inhalt der Entscheidung und der Gehörsverletzung genommen hat (vgl. BVerfG NJW-RR 2010, 1215 (1216)). Unabhängig von der Kenntnis beginnt die einjährige, materiell-rechtlich zu verstehende Ausschlussfrist des § 321a Abs. 2 S. 2 ZPO bzw. der Parallelvorschriften stets mit der Bekanntgabe der angegriffenen Entscheidung zu laufen. Anders als die 2-Wochen-Frist ist diese Frist einer Wiedereinsetzung nicht zugänglich (vgl. Zöller/*Vollkommer* § 321a Rn. 14).

6. Zu beachten ist, dass die **Anhörungsrüge nicht statthaft** ist, **wenn** die **Nichtzulassungsbeschwerde** (§ 544 ZPO/§ 72a ArbGG) **zur Verfügung steht,** wenn es sich also um ein Urteil des Landesarbeitsgerichts (vgl. ErfK/*Koch* ArbGG § 78a Rn. 2) oder um eine zivilprozessuale Nichtfamiliensache handelt und der Wert der Beschwer 20.000,– EUR übersteigt (§ 26 Nr. 8 EGZPO). Dies beruht darauf, dass der Gesetzgeber bei einer Verletzung des rechtlichen Gehörs den Zulassungsrund des § 543 Abs. 2 Nr. 2 ZPO als gegeben ansieht (vgl. BT-Drs. 15/3706, unter Hinweis auf die Rechtsprechung des Bundesgerichtshofs in BGHZ 154, 288; BGHZ 162, 182; siehe auch *Treber* NJW 2005, 97 (98)). Vor diesem Hintergrund ist auch die Neufassung des § 544 Abs. 7 ZPO/§ 72a Abs. 7 ArbGG zu sehen (→ Anm. 1). Nicht statthaft ist die Gehörsrüge auch gegen unanfechtbare Entscheidungen über Ablehnungsgesuche wegen Besorgnis der Befangenheit (vgl. BGH NJW 2007, 3786).

7. In dem Formular werden beispielhaft typische Fälle aufgeführt, die **eindeutig** von der Vorschrift des § 321a ZPO bzw. den Parallelvorschriften der §§ 78a ArbGG, 44 FamFG und 81 Abs. 3 GBO erfasst werden, nämlich entscheidungserhebliche **Verletzungen** des verfassungsrechtlich verbürgten **Anspruchs auf rechtliches Gehör** gem. **Art. 103 Abs. 1** GG. Hingewiesen sei auf zwei Problembereiche, die noch nicht hinreichend geklärt sind:

Es ist streitig, ob mit einer Gehörsrüge gem. den Rügevorschriften **jede** – auch „nur" einfachrechtliche Verletzung des Anspruchs auf rechtliches Gehör geltend gemacht werden kann (so beispielsweise Zöller/*Vollkommer* § 321a Rn. 3a mwN), oder ob der Rechtsbehelf auf eine Verletzung der in Art. 103 Abs. 1 GG verfassungsrechtlich normierten Mindestgarantie beschränkt ist (so beispielsweise *Zuck* NJW 2005, 1226 (1228); *Rensen* MDR 2005, 181 (183)). Hintergrund der Kontroverse ist der Umstand, dass nicht jeder Verstoß gegen die umfangreichen zivilprozessualen Aufklärungs- und Hinweispflichten (§ 139 ZPO) und nicht jede einfach-rechtliche Falschanwendung von Präklusionsnormen zugleich eine Gehörsverletzung gem. Art. 103 Abs. 1 GG begründet (vgl. BVerfGE 67, 95; 84, 190; BVerfG NJW 1994, 849 für die Hinweispflichten und BVerfGE 75, 314; 89, 36 für die Präklusionsvorschriften). Da der Gesetzgeber mit der Änderung des § 321a ZPO und den og Parallelvorschriften nur die Vorgaben des Bundesverfassungsgerichts (BVerfGE 107, 395) umsetzen wollte (vgl. BT-Drs. 15/3706, 14) und sich das Bundesverfassungsgericht nur auf Art. 103 Abs. 1 GG bezogen hat, dürfte der in § 321a ZPO etc verwendete Begriff des Anspruchs auf rechtliches Gehör mit dem verfassungsrechtlichen Begriff identisch sein.

Daneben ist bislang **nicht hinreichend geklärt,** ob die Vorschrift des § 321a ZPO etc im Wege der **Analogie** auf **andere Verfahrensgrundrechte** ausgedehnt werden kann. Während dies zum Teil generell verneint wird (vgl. BGH NJW 2008, 2126 (2127); BFH NJW 2007, 2576; *Musielak* § 321a Rn. 6; Zöller/*Vollkommer* § 321a Rn. 3 mwN; *Rensen* MDR 2005, 181 (182); *Huber* JuS 2005, 109 (111); Keidel/*Meyer-Holz* § 44 Rn. 8), bejahen andere die Möglichkeit einer Analogie (vgl. OVG Lüneburg NJW 2006, 2506; bei einer Verletzung von Art. 101 Abs. 1 S. 2 GG „für möglich gehalten" in BGH NJW 2006, 1978; Thomas/Putzo/*Reichold* § 321a Rn. 18: „entsprechende Anwendung als fristgebundene Gegenvorstellung"). ZT wird auch eine Differenzierung erwogen (vgl. VGH Mannheim NJW 2005, 920: Ausschluss einer analogen Anwendung der Parallelvorschrift des § 152a VwGO jedenfalls auf Verstöße gegen das Willkürverbot, während eine analoge Anwendung auf Verstöße gegen Art. 101 Abs. 1 S. 2 GG für möglich gehalten wird).

Bei der Entscheidung wird zu berücksichtigen sein, dass sich die durch das **Anhörungsrügegesetz** neu geschaffenen Rechtsbehelfe nach dem eindeutig zum Ausdruck gebrachten Willen des Gesetzgebers **auf Verstöße gegen Art. 103 Abs. 1 GG beschränken** sollen. Eine Erstreckung auf andere Verfahrensgrundsätze – wie den Verstoß gegen den Grundsatz des gesetzlichen Richters (Art. 101 Abs. 1 S. 2 GG) oder das Willkürverbot (Art. 3 Abs. 1 GG) hat der Gesetzgeber ausdrücklich abgelehnt, denn das sei nicht Gegenstand des vom Bundesverfassungsgericht erteilten Gesetzgebungsauftrages (vgl. BT-Drs. 15/3706, 14; siehe auch BFH NJW 2007, 2576; *Desens* NJW 2006, 1243 (1244); *Huber* JuS 2005, 109 (111)). Aufgrund dieser bewussten Beschränkung des Gesetzgebers dürfte eine Analogie (vgl. allgemein zu den Voraussetzungen einer Analogie BGH NJW 2007, 992) bereits mangels Vorliegens einer planwidrigen Regelungslücke ausscheiden (vgl. *Rensen* MDR 2005, 181 (183)). Hiervon zu unterscheiden ist die Frage, ob die Verletzung anderer Verfahrensgrundrechte als Art. 103 Abs. 1 GG mit sog. außerordentlichen Rechtsbehelfen – etwa: außerordentliche Beschwerde wegen greifbarer Gesetzwidrigkeit – gerügt werden kann. (Nur) diese Möglichkeit soll nach der amtlichen Begründung des Anhörungsrügegesetzes nicht ausgeschlossen sein (vgl. BT-Drs. 15/3706, 15 f., 19). Solche – nicht geschriebenen – Rechtsbehelfe sind jedoch mit dem vom Bundesverfassungsgericht – neben dem Justizgewährleistungsanspruch – betonten Grundsatz der Rechtsmittelklarheit (vgl. BVerfGE 107, 395 (416 f.)) nicht in Einklang zu bringen (vgl. *Desens* NJW 2006, 1243 (1244); OLG Jena FGPrax 2006, 115 f. sowie die Erläuterungen → Form. Q. II. 3).

Die Frage der Analogie stellt sich allerdings von vorneherein nicht, wenn man der – sehr problematischen – Auffassung folgt, dass bei einem Verstoß gegen das objektive Willkürverbot außer einer Verletzung des Art. 3 Abs. 1 GG stets auch Art. 103 Abs. 1 GG verletzt sei. Dann wäre § 321a ZPO unmittelbar anwendbar. Wenn es sich um eine „unter keinem denkbaren Aspekt rechtlich vertretbare Entscheidung" handele – so die Argumentation –, habe das Gericht den Kern des Vorbringens der Parteien überhaupt nicht erfasst oder sie grob missverstanden (vgl. OLG Köln OLGR 2005, 406 (407); Zöller/*Vollkommer* § 321a Rn. 11; siehe auch BVerfG NJW 2004, 3551 zu einer offenkundig unrichtigen Rechtsanwendung bei Rechtsmittelformalien). Es ist jedoch nicht ausgeschlossen, dass ein Gericht sämtliches Vorbringen der Parteien umfänglich zur Kenntnis genommen und in seine Überlegungen mit einbezogen hat und gleichwohl eine objektiv willkürliche Entscheidung getroffen hat. In gleicher Weise gibt es auch Gehörsverletzungen, die die objektive Willkürgrenze nicht überschreiten. Ob ein Verstoß gegen das Willkürverbot mit einer Verletzung des Anspruchs auf rechtliches Gehör einhergeht, kann deshalb nicht generell, sondern nur anhand des jeweiligen Einzelfalles beurteilt werden (vgl. ausführlich hierzu mit umfänglicher Auswertung der Rechtsprechung des Bundesverfassungsgerichts *Kroppenberg* ZZP 116, 421 (425 ff.)).

8. Vgl. zu weiteren Fällen die Darstellung bei Zöller/*Vollkommer* § 321a Rn. 8 ff.

9. Kosten und Gebühren. Wenn die Rüge **in vollem Umfang** verworfen oder zurückgewiesen wird, fällt an **Gerichtsgebühren** unabhängig von dem Rechtszug eine Festgebühr in Höhe von 60,– EUR an (vgl. Nr. 1700 KV GKG betreffend § 321a ZPO bzw. Nr. 19200 KV GNotKG und Nr. 1800 KV FamGKG betreffend § 44 FamFG bzw. § 81 Abs. 3 GBO). In arbeitsgerichtlichen Verfahren beträgt die Festgebühr für das Rügeverfahren gem. Nr. 8500 KV GKG 50 EUR. Wenn die Rüge auch nur teilweise Erfolg hat, ist das Rügeverfahren – nach allen Verfahrensordnungen – ebenso gebührenfrei, wie wenn die Rüge zurückgenommen wird.

Der **Rechtsanwalt** erhält **keine gesonderte Vergütung, wenn er bereits** in dem **vorangegangenen Verfahren für den Rügeführer** bzw. dessen Gegner **tätig war.** Dies beruht darauf, dass das Rügeverfahren gem. § 19 Abs. 1 S. Nr. 5 RVG zum Rechtszug gehört. Beschränkt sich allerdings die Tätigkeit des Rechtsanwalts auf das Rügeverfahren, stehen ihm eine halbe Gebühr gem. Nr. 3300 VV RVG zu sowie eine weitere halbe Gebühr gem. Nr. 3332 VV RVG, wenn – ausnahmsweise – über die Rüge mündlich verhandelt worden ist. Zu beachten ist die Gebührenbegrenzung gem. § 15 Abs. 6 RVG. Hiernach erhält der Rechtsanwalt keine höheren Gebühren für das Rügeverfahren als der mit der gesamten Angelegenheit beauftragte (vgl. hierzu auch Zöller/*Vollkommer* § 321a Rn. 20). Der **Gegenstandswert der anwaltlichen Tätigkeit** bemisst sich gem. § 23 Abs. 2 S. 3 RVG iVm § 23 Abs. 2 S. 1 und 2 RVG iVm § 23 Abs. 3 S. 2 RVG nach dem Interesse des Rügeführers und ist regelmäßig mit dem Wert der Hauptsache identisch (vgl. Keidel/*Meyer-Holz* § 44 Rn. 75).

10. Rechtsmittel. Gem. § 321a Abs. 4 S. 3 ZPO/§ 78a Abs. 4 S. 4 ArbGG/§ 44a Abs. 4 S. 3 FamFG ist der Beschluss, durch den eine Gehörsrüge als unzulässig verworfen oder als unbegründet zurückgewiesen wird, **unanfechtbar.** Wenn die Zurückweisung der Gehörsrüge falsch war, weil der Anspruch auf rechtliches Gehör doch verletzt war, steht dem Rügeführer nur die **Verfassungsbeschwerde** offen (vgl. Zöller/*Vollkommer* § 321a Rn. 17 mwN). Unanfechtbar ist gem. § 707 Abs. 2 ZPO eine etwaige Entscheidung des Gerichts betreffend den Antrag des Schuldners auf einstweilige Einstellung der Zwangsvollstreckung.

11. Hinsichtlich der **Form** des Schriftsatzes (Unterschrift, elektronisches Dokument) wird verwiesen auf → Form. O. II. 1 Anm. 14.

2. Gegenvorstellung (zB gegen eine Entscheidung gem. § 769 ZPO)

An das[1, 2]

Amtsgericht/Familiengericht/Landgericht/Oberlandesgericht/Landesarbeitgericht/den Bundesgerichtshof/das Bundesarbeitsgericht

in . . . . .

In dem Rechtsstreit

des/der . . . . . [ladungsfähige Anschrift des Schuldners],

Klägers,

Prozessbevollmächtigte: . . . . .

gegen

. . . . . [ladungsfähige Anschrift des Gläubigers],

Beklagten,

Prozessbevollmächtigte: . . . . .

Namens und in Vollmacht des Klägers/Beklagten erheben wir gegen den Beschluss des Gerichts/der Kammer/des Senats . . . . . vom . . . . . Az. . . . . ., dem Kläger/Beklagten zugestellt am . . . . .[3]

Gegenvorstellung

und beantragen,

(Antrag des Beklagten:
den angegriffenen Beschluss abzuändern und den Antrag des Klägers auf einstweilige Einstellung der Zwangsvollstreckung zurückzuweisen.)
(Antrag des Klägers:
den angegriffenen Beschluss abzuändern und die Zwangsvollstreckung aus dem . . . . . (exakte Bezeichnung des jeweiligen Vollstreckungstitels) ohne – hilfsweise gegen – Sicherheitsleistung einstweilen bis zur Entscheidung des vorliegenden Rechtsstreits einzustellen.)

(Variante:
. . . . . (sonstiger Antrag).)

Begründung:

Durch den angegriffenen Beschluss hat das Gericht auf Antrag des Klägers die Zwangsvollstreckung aus . . . . . [konkrete Angabe des Vollstreckungstitels] vorläufig gem. § 769 ZPO eingestellt.

(Variante:

Durch den angegriffenen Beschluss hat das Gericht den auf § 769 ZPO gestützten Antrag des Klägers auf Einstellung der Zwangsvollstreckung mit der Begründung zurückgewiesen, dass . . . . .)

(Variante:

. . . . . (Sonstige Entscheidung des Gerichts)

Gegen diesen Beschluss wendet sich der Beklagte/der Kläger mit seiner Gegenvorstellung. Diese ist statthaft, weil das Gericht die Möglichkeit hat, eine gem. § 769 ZPO getroffene Entscheidung zu ändern (vgl. Zöller/Herget § 769 Rn. 10 mwN). Aufgrund folgender Umstände, die die Kläger/der Beklagte durch die beigefügte eidesstattliche Versicherung glaubhaft macht, steht nunmehr fest, dass die Voraussetzungen für die von dem Kläger begehrte vorläufige Einstellung der Zwangsvollstreckung vorliegen/nicht vorliegen: . . . . . (Darlegung der neuen tatsächlichen und/oder rechtlichen Aspekte, die eine abweichende Entscheidung rechtfertigen).)

(Variante:

. . . . . (Sonstige Rechtfertigung für die Gegenvorstellung))

Einfache und beglaubige Abschrift liegen an.

. . . . .

Rechtsanwalt[4, 5, 6]

Anmerkungen

1. Bei der **Gegenvorstellung** handelt es sich um einen **gesetzlich nicht geregelten Rechtsbehelf,** mit dessen Hilfe eine Korrektur unanfechtbarer Entscheidungen in derselben Instanz erreicht werden soll (vgl. Musielak/*Ball* § 567 Rn. 26). Gerade wegen der fehlenden Verankerung dieses Rechtsinstituts im Gesetz ist sein **Anwendungsbereich problematisch.** Nach der Rechtsprechung des Bundesverfassungsgerichts schließt es das Gebot der Rechtsmittelklarheit nämlich grundsätzlich aus, im Gesetz nicht vorgesehene Rechtsmittel zuzulassen (vgl. BVerfGE 107, 395 (416 f.) = NJW 2003, 1924 (1928 f.)). Wenn von Verfassungs wegen fachgerichtlicher Rechtsschutz gewährt werden muss, setzt dies eine Regelung durch den Gesetzgeber voraus. Vor diesem Hintergrund sind die Vorschriften der §§ 321a ZPO, 78a ArbGG, 44 FamFG und 81 Abs. 3 GBO zu sehen, durch die der Gesetzgeber den Gerichten eine Abhilfemöglichkeit eingeräumt hat, die allerdings in ihrem unmittelbaren Anwendungsbereich auf die Verletzung des Verfahrensgrundrechts des Art. 103 Abs. 1 GG beschränkt ist. Trotz vieler ungeklärter Fragen (vgl. Zöller/*Heßler* § 567 Rn. 22 ff.) lassen sich zur **Statthaftigkeit** einer Gegenvorstellung folgende Grundsätze festhalten, wobei sich eine kritiklose Übernahme der noch vor der Entscheidung des Bundesverfassungsgerichts ergangenen Rechtsprechung verbietet (vgl. BFH NJW 2008, 543):

Bereits vor der zitierten Entscheidung des Bundesverfassungsgerichts war weitgehend **anerkannt,** dass eine Abänderung solcher **Entscheidungen, die der materiellen Rechtskraft fähig** sind, im Wege der **Gegenvorstellung ausgeschlossen** ist. Dies gilt erst recht seit der genannten Entscheidung und der Einfügung bzw. Erweiterung des § 321a ZPO etc. Außerhalb des Anwendungsbereichs des § 321a ZPO bzw. der Parallelvorschriften in den anderen Verfahrensordnungen scheidet eine Abänderung derartiger Entscheidungen auf bloße Gegenvorstellung hin aus (vgl. BGH NJW 2004, 1531 zu der Unstatthaftigkeit einer Gegenvorstellung gegen die Ablehnung einer Nichtzulassungsbeschwerde durch das Revisionsgericht und OLG Köln NJW-RR 2005, 1227 zu der Unstatthaftigkeit einer Gegenvorstellung gegen einen Beschluss gem. § 522 Abs. 2 ZPO; siehe auch Musielak/*Ball* § 567 Rn. 27). Die einzig methodisch saubere und mit dem Gebot der Rechtsmittelklarheit zu vereinbarende Möglichkeit, die Abhilfebefugnisse der Gerichte in derartigen Fällen zu erweitern, bestünde in einer analogen Anwendung des § 321a ZPO etc auf andere Verfahrensverletzungen, die aber mangels Vorliegens einer planwidrigen Regelungslücke ausscheiden dürfte (→ Form. Q. II. 1 Anm. 5).

Wenn das **Gericht** auf der anderen Seite seine **Entscheidung von Amts wegen noch abändern kann,** haben die Parteien auch die Möglichkeit, eine derartige Änderung anzuregen. Eine solche **Anregung** stellt kein Rechtsmittel im Sinne der zitierten Rechtsprechung des Bundesverfassungsgerichts dar und **kann** deshalb **ohne Verstoß gegen das Gebot der Rechtsmittelklarheit auch durch eine als solche bezeichnete „Gegenvorstellung" erfolgen.** Praktisch bedeutsam sind insoweit beispielsweise gerichtliche Wertfestsetzungen, die gem. § 63 Abs. 3 S. 1 GKG von Amts wegen geändert und deshalb auch mit einer Gegenvorstellung angegriffen werden können (vgl. BGH AGS 2007, 99; vgl. auch OLG Bremen OLGR 2007, 922 zu der Statthaftigkeit einer Gegenvorstellung gegen eine Vorschussanforderung). Im Vollstreckungsverfahren von besonderer Bedeutung sind (stattgebende oder ablehnende) **Entscheidungen** der Gerichte **über Anträge auf vorläufige Einstellung der Zwangsvollstreckung** (vgl. etwa §§ 707 Abs. 1, 732 Abs. 2, 766 Abs. 1 S. 2, 769 Abs. 1, 771 Abs. 3 ZPO). Diese Entscheidungen können zwar nicht mit dem Rechtsmittel der Beschwerde angefochten werden (vgl. § 707 Abs. 2 S. 2 ZPO sowie zur analogen Anwendung der Vorschrift auf Entscheidungen gem. § 769 ZPO BGHZ 159, 14). Da das Gericht aber seine Entscheidung bis zur Hauptsacheentscheidung jederzeit von Amts wegen abändern kann (vgl. Zöller/*Herget* § 769 Rn. 10 mwN), haben die Parteien auch die Möglichkeit, eine derartige Änderung mit einer Gegenvorstellung anzuregen.

Im Unterschied zur Gehörsrüge ist die auf eine Gegenvorstellung gestützte Anregung nicht auf die Geltendmachung einer Verletzung von Art. 103 Abs. 1 GG beschränkt. Vielmehr kann die von der Einstellungsentscheidung beschwerte Partei sämtliche tatsächlichen und/oder rechtlichen Gesichtspunkte vorbringen, die das Gericht zu einer Änderung seiner Entscheidung veranlassen könnten. Die Erhebung einer Gehörsrüge bietet deshalb bei derartigen Einstellungsentscheidungen gegenüber einer Gegenvorstellung keinen Vorteil, sondern ist – im Gegenteil – noch mit einem Kostenrisiko verbunden. Während bei einer erfolglosen Gehörsrüge eine Festgebühr in Höhe von 60,– EUR bzw. 50,– EUR anfällt (vgl. Nr. 1700 bzw. 8500 KV GKG), ist die Gegenvorstellung gerichtsgebührenfrei.

Problematisch ist, ob eine Gegenvorstellung über den vorstehend dargestellten Bereich hinaus auch dann möglich ist, **wenn** das **Gericht** seine Entscheidung **zwar nicht mehr abändern darf,** diese **Entscheidung jedoch nicht der materiellen Rechtskraft fähig ist.** Würde man dies bejahen, würde man der Gegenvorstellung der Sache nach die Qualität eines förmlichen Rechtsbehelfs beimessen. Da die Gegenvorstellung aber nicht in der geschriebenen Rechtsordnung enthalten ist, dürfte eine solche Qualifizierung **nur schwer mit dem** von dem Bundesverfassungsgericht postulierten **Gebot der Rechtsmittelklarheit zu vereinbaren** sein (vgl. in diesem Sinne auch *Desens* NJW 2006, 1243 (1244); kritisch auch ErfK/*Koch* ArbGG § 60 Rn. 15a). Hiernach muss der Rechtssuchende aus der Rechtsordnung unmittelbar entnehmen können, ob und unter welchen Voraussetzungen er eine Entscheidung anfechten kann (vgl. BVerfGE 107, 395 (416 f.)). Dies ist bei praeter legem entwickelten außerordentlichen Rechtsbehelfen nicht der Fall. Insoweit gelten die Gesichtspunkte, die gegen die Zulässigkeit einer außerordentlichen Beschwerde angeführt werden (→ Form. Q. II. 3 sowie die Nachweise bei Zöller/*Heßler* Vor § 567 Rn. 6 ff.) in gleicher Weise auch für eine Gegenvorstellung mit Rechtsmittelqualität. Auch die Gegenvorstellung ist ein außerordentlicher Rechtsbehelf im Sinne der Plenumsentscheidung des Bundesverfassungsgerichts (vgl. *Kroppenberg* ZZP 116, 421 (444 f. und Fn. 169) mit dem zutreffenden Hinweis dass BVerfG NJW 2003, 1924 (1928) auf Abschnitt A. II.1 der Entscheidung verweist, wo die Gegenvorstellung als ein außerordentlicher Rechtsbehelf unter mehreren aufgeführt wird).

Auch der **Bundesgerichtshof** (V. Zivilsenat) hält eine **Gegenvorstellung nicht für statthaft, wenn** das **Gericht** wegen der Bindung des § 318 ZPO seine Entscheidung **nicht nachträglich abändern kann** (vgl. BGH Beschl. v. 5.10.2006 – V ZB 168/05, AGS 2007, 99 zu der Gegenvorstellung gegen eine Kostenentscheidung). Da auch das Beschwerdegericht seine letztinstanzliche Entscheidung über eine sofortige Beschwerde nicht abändern kann, scheidet auch insoweit eine Gegenvorstellung aus. Möglich ist vielmehr nur eine Gehörsrüge gem. § 321a ZPO, wenn und soweit der Anspruch auf rechtliches Gehör verletzt ist (vgl. OLG Köln OLGR 2005, 253; siehe aber auch BGH NJW-RR 2007, 1654 zu der Statthaftigkeit einer Gegenvorstellung bei einem Verstoß gegen das verfassungsrechtliche Gebot des gesetzlichen Richters durch die Versagung der Zulassung einer Rechtsbeschwerde, die auf einer entsprechenden Anwendung des § 321a ZPO beruhen soll).

Die dargelegte Differenzierung zwischen nicht mehr abänderbaren und noch abänderbaren Entscheidungen dürfte auch der Meinung des **Bundesverfassungsgerichts** entsprechen (BVerfGE 122, 190). Der Bundesfinanzhof hat aufgrund dieser Entscheidung die Vorlage an den Gemeinsamen Senat der obersten Gerichtshöfe des Bundes zur Frage der Statthaftigkeit einer Gegenvorstellung gegen einen Beschluss über einen Antrag auf Prozesskostenhilfe zurückgenommen (vgl. BFHE 225, 310).

In der **Literatur** wird allerdings zum Teil weitergehend die Auffassung vertreten, die **Bindungswirkung** nach § 318 ZPO – Entsprechendes muss konsequenterweise im Hinblick auf bindende Beschwerdeentscheidungen gelten – **hindere die Abänderung einer formell rechtskräftigen Entscheidung auf eine Gegenvorstellung nicht,** wenn die Entscheidung unter Verletzung von Verfahrensgrundrechten zu Stande gekommen sei (vgl. Musielak/*Ball* § 567 Rn. 27 unter Hinweis auf allerdings noch vor der grundlegenden Entscheidung des Bundesverfassungsgerichts BVerfGE 107, 395 ergangene Entscheidungen des Bundesgerichtshofs und des Bundesarbeitsgerichts; so wohl auch *Baumbach/Lauterbach/Albers/Hartmann* Grundz § 567 Rn. 6). Der Gegenvorstellung wird eine Auffangfunktion für die Rüge von Verfahrensverletzungen beigemessen, die von der Gehörsrüge inhaltlich nicht erfasst werden und nach Wegfall der außerordentlichen Beschwerde wegen greifbarer Gesetzwidrigkeit ansonsten nur noch mit der Verfassungsbeschwerde geltend gemacht werden könnten (vgl. *Huber* JuS 2005, 109 (113)). Insoweit ist aber zu beachten, dass – wie bereits ausgeführt – der Grundsatz der Rechtsmittelklarheit auch für die Frage der Zulässigkeit einer Gegenvorstellung Geltung beansprucht. Dass der verfassungsrechtliche Justizgewährleistungsanspruch eine fachgerichtliche Abhilfemöglichkeit auch außerhalb von Gehörsverletzungen gebietet, setzt den Grundsatz der Rechtsmittelklarheit ebenso wenig außer Kraft wie der Hinweis in der Begründung des Anhörungsrügegesetzes, dass außerordentliche Rechtsbehelfe wie die außerordentliche Beschwerde oder die Gegenvorstellung nicht ausgeschlossen sein sollen (vgl. BT-Drs. 15/3706, 14). Gefragt ist deshalb der **Gesetzgeber.** Er hat mit der in dem Anhörungsrügegesetz bewusst erfolgten Beschränkung der Abhilfemöglichkeiten auf Gehörsverletzungen keine verfassungskonformen Verfahrensordnungen geschaffen, die dem Grundsatz der Rechtsmittelklarheit genügen (vgl. *Desens* NJW 2006, 1243 (1244); kritsch zu der Beschränkung der Neuregelung auch Zöller/*Vollkommer* § 321a Rn. 1 aE: „unvollständig“ und „ergänzungsbedürftig“ und *Huber* Jus 2006, 109 (113) „misslich“; siehe zur Kritik auch *Kettinger* ZRP 2006, 152).

Nach der **Rechtslage vor der Entscheidung des Plenums des Bundesverfassungsgerichts** kam der Erhebung einer Gegenvorstellung auch Bedeutung für die Zulässigkeit einer Verfassungsbeschwerde zu. Zur Wahrung des Grundsatzes der Subsidiarität müssen grundsätzlich über eine Rechtswegeerschöpfung im engeren Sinne hinaus alle der Sache nach zur Verfügung stehenden prozessualen Möglichkeiten ergriffen werden, um eine Korrektur der geltend gemachten Verfassungsverletzungen zu erreichen. Dazu rechnete das Bundesverfassungsgericht auch Gegenvorstellungen (vgl. BVerfG NJW 1997, 46 (47); BVerfG NJW 2002, 3387). Hieran kann seit der Plenumsentscheidung bzw. seit dem Inkrafttreten des Anhörungsrügegesetzes (1.1.2005) nicht mehr festgehalten werden. In dem Beschluss vom 25.11.2008 (NJW 2009, 829) hat das Bundesverfassungsgericht ausdrücklich klargestellt, dass durch die Einlegung einer Gegenvorstellung und die darauf ergehende gerichtliche Entscheidung die Monatsfrist zur Einlegung und Begründung der Verfassungsbeschwerde nicht erneut in Lauf gesetzt wird. (vgl. auch *Desens* NJW 2006, 1243 (1245); vgl. aber auch *Rensen* MDR 2005, 181 (183), der dazu rät, „vorsorglich“ den in Betracht kommenden außerordentlichen Rechtsbehelf zu erheben).

2. **Über** die **Gegenvorstellung entscheidet** ebenso wie über eine Gehörsrüge der **iudex a quo,** also das Gericht, das die angegriffene Entscheidung erlassen hat.

3. Nach der wohl überwiegenden Auffassung in Rechtsprechung und Literatur ist die **Gegenvorstellung** aus Gründen der Rechtssicherheit **fristgebunden,** wobei in Anlehnung an die Regelung in § 321a ZPO eine **Frist von 2 Wochen** ab Kenntnis der die Erhebung der Gegenvorstellung veranlassenden Umstände, also regelmäßig ab Zustellung der angegriffenen Entscheidung als angemessen angesehen wird (vgl. OLG Dresden MDR 2006, 771; in diesem Sinne auch bereits BGH NJW 2002, 1577; *Baumbach/Lauterbach/Albers/*

Hartmann Grundz § 567 Rn. 8; kritisch aber Zöller/*Heßler* § 567 Rn. 22). Diese Frist sollte deshalb aus Gründen der anwaltlichen Vorsorge gewahrt werden.

Zu beachten ist aber, dass die dem Gericht eingeräumte Möglichkeit, eine Entscheidung von Amts wegen zu ändern, durch den Ablauf einer Einlegungsfrist für die Gegenvorstellung nicht verloren geht. Wenn beispielsweise im Rahmen einer Vollstreckungsgegenklage der Beklagte mehr als 2 Wochen nach Zustellung der Einstellungsentscheidung gem. § 769 ZPO hiergegen Gegenvorstellung erhebt, mag diese als verfristet zurückgewiesen werden. Dies hindert das Gericht aber nicht, die Ausführungen in dem verfristeten Schriftsatz zum Anlass für eine Aufhebung der Einstellungsentscheidung zu nehmen. Aus diesem Grunde kann es durchaus sinnvoll sein, eine Gegenvorstellung auch noch nach Ablauf der 2-Wochenfrist zu erheben, zumal hiermit keine Kostennachteile verbunden sind.

Wenn man – wie hier – die **Gegenvorstellung** ohnehin nur in den Fällen für statthaft hält, in denen das Gericht seine Entscheidung noch selbst abändern kann, ist deshalb eine Gegenvorstellung trotz der Fristgebundenheit jedenfalls **so lange zweckmäßig, wie die Abänderungsbefugnis des Gerichts besteht** (vgl. zB die 6-Monatsfrist des § 63 Abs. 3 S. 2 GKG für Änderungen der gerichtlichen Wertfestsetzung). Eine eigenständige Bedeutung kommt der Frist deshalb nur dann zu, wenn man die Gegenvorstellung auch in sonstigen Fällen für statthaft hält.

4. Kosten und Gebühren. Die Gegenvorstellung ist **gerichtsgebührenfrei.** Auch Rechtsanwaltskosten fallen in der Regel nicht an. Wenn der **Rechtsanwalt** allerdings ausschließlich mit der Geltendmachung einer Gegenvorstellung beauftragt wird, liegt ein Einzelauftrag vor, der mit einer 0,8 Gebühr gem. Nr. 3403 VV RVG vergütet wird (vgl. zu weiteren Einzelheiten Gerold/Schmidt/von Eicken/Madert/*Müller-Rabe* VV 3403 Rn. 14).

5. Rechtsmittel. Gegen die Entscheidung über die Gegenvorstellung ist kein Rechtsmittel eröffnet.

6. Hinsichtlich der **Form** des Schriftsatzes (Unterschrift, elektronisches Dokument) wird verwiesen auf → Form. O. II. 1 Anm. 14.

3. Außerordentliche Beschwerde wegen greifbarer Gesetzwidrigkeit

An das

Landgericht/Oberlandesgericht/Landesarbeitsgericht/

den Bundesgerichtshof/das Bundesarbeitsgericht[1, 2]

in . . . . .

In Sachen

des/der . . . . . [ladungsfähige Anschrift des Gläubigers],

Gläubigers/. . . . . [Angabe der jeweiligen Verfahrensstellung],

Verfahrensbevollmächtigte: . . . . .

gegen

. . . . . [ladungsfähige Anschrift des Schuldners],

Schuldner/. . . . . [Angabe der jeweiligen Verfahrensstellung],

Verfahrensbevollmächtigte: .....

Namens und in Vollmacht des Gläubigers/Schuldners legen wir gegen den Beschluss des ..... gerichts ..... vom ..... Az. ....., dem Gläubiger/Schuldner zugestellt am .....

außerordentliche Beschwerde wegen greifbarer Gesetzwidrigkeit

ein und beantragen,

den Beschluss des ..... gerichts ..... vom ..... Az. ..... aufzuheben und ..... [Wiederholung des ursprünglichen Antrages].

Begründung:

..... [Schilderung des Verfahrensablaufs einschließlich der angegriffenen Entscheidung].

Der Gläubiger/Schuldner wendet sich mit seiner außerordentlichen Beschwerde wegen greifbarer Gesetzwidrigkeit gegen diesen Beschluss. Dieser ist mit der geltenden Rechtsordnung schlechthin unvereinbar, weil er jeder gesetzlichen Grundlage entbehrt und inhaltlich dem Gesetz fremd ist (vgl. BGHZ 28, 349 (350); BGHZ 109, 41 (43); BGHZ 119, 372 (374); BGH NJW 1990, 1794 (1795); BGH NJW 1992, 983 (984)). Dies ergibt sich im Einzelnen aus Folgendem: .....

Einfache und beglaubige Abschrift liegen an.

.....

Rechtsanwalt[3, 4, 5]

Anmerkungen

1. Zwischenzeitlich kann jedenfalls in der **obergerichtlichen Rechtsprechung** weitgehend als **geklärt** (so ausdrücklich BVerfG 2. Kammer des Ersten Senats NJW 2007, 2538 (2539)) angesehen werden, **dass** eine **außerordentliche Beschwerde wegen greifbarer Gesetzwidrigkeit nicht (mehr) statthaft ist.** Nach der Rechtsprechung des Bundesgerichtshofs (vgl. grundlegend BGHZ 150, 133 (135); BGH NJW 2004, 2224 (2225)), der sich andere oberste Gerichtshöfe des Bundes (vgl. BVerwG NJW 2002, 2657; BFH NJW 2003, 919; BFH DB 2007, 955; BAG MDR 2006, 225; siehe auch BSG Beschl. v. 15.8.2005 – B 1 A 1/04 S und vom 7.4.2005 – B 1 KR 5/04 S) und die Oberlandesgerichte (vgl. OLG Celle FGPrax 2007, 296) angeschlossen haben, ist nach dem seit dem 1.1.2002 geltenden Recht eine solche außerordentliche Beschwerde nicht mehr gegeben. Eine solcher, nicht im geschriebenen Recht verankerter Rechtsbehelf, wäre auch **mit** dem vom Bundesverfassungsgericht betonten **Grundsatz der Rechtsmittelklarheit** (vgl. BVerfGE 107, 395 (416 f.)) **nicht zu vereinbaren** (so auch BGH BGHReport 2005, 392 (393)). Dass der Gesetzgeber ausweislich der amtlichen Begründung des Anhörungsrügegesetzes die Zulässigkeit einer außerordentlichen Beschwerde wegen greifbarer Gesetzwidrigkeit nicht ausschließen wollte (vgl. BT-Drs. 15/3706, 15 f.), vermag nichts daran zu ändern, dass es nach der zitierten Rechtsprechung des Bundesverfassungsgerichts dem Gesetzgeber obliegt, in den Verfahrensordnungen ein Rechtsschutzsystem zur Verfügung zu stellen, anhand dessen der Bürger messbar und vorhersehbar prüfen kann, ob und unter welchen Voraussetzungen der Rechtsbehelf zulässig ist. Der Gesetzgeber ist nicht befugt, die Bestimmung der Voraussetzungen und der Grenzen eines Rechtsbehelfs den Gerichten zu überlassen (vgl. OLG Jena FGPrax 2006, 115). Die fehlende Statthaftigkeit zeigt sich auch daran, dass das Bundesverfassungsgericht mittlerweile Verfassungsbeschwerden als verfristet ansieht, wenn ein Beschwerdeführer innerhalb der Monatsfrist des § 93 Abs. 1 S. 1 BVerfGG zunächst eine außerordentliche

Beschwerde einlegt und erst nach Zustellung der ablehnenden Entscheidung Verfassungsbeschwerde einlegt. Als „offensichtlich unzulässiges Rechtsmittel" ist es nicht geeignet, den Lauf (und Ablauf) der Frist für die Erhebung der Verfassungsbeschwerde zu beeinflussen (vgl. BVerfG NJW-RR 2007, 409 (410)).

In der Literatur gibt es allerdings trotz der oben aufgezeigten Rechtsprechung noch vereinzelt Stimmen, die eine außerordentliche Beschwerde für zulässig halten (vgl. etwa *Bloching/Kettinger* NJW 2005, 860 (861 ff.); *Vollkommer* NJW-Sonderheft BayObLG 2005, 64 (69 f.); *Schneider* MDR 2006, 969 (975) mwN in Fn. 102; zu Recht ablehnend aber *Baumbach/Lauterbach/Albers/Hartmann* § 567 Rn. 10).

2. Hält man entgegen der oben dargelegten Auffassung die außerordentliche Beschwerde für statthaft, ist bei der Prüfung der **Zuständigkeit** zu beachten, dass sich die Befugnis zur Überprüfung und Aufhebung der Entscheidung eines Gerichts wegen greifbarer Gesetzwidrigkeit – wenn überhaupt – mangels anderer gesetzlicher Regelung nur auf die **Über- und Unterordnung im Instanzenzug** gründen kann.

Hat das Landgericht erstinstanzlich in einem Vollstreckungsverfahren eine Entscheidung getroffen (zB gem. §§ 887, 888, 890 ZPO), entscheidet über Beschwerden das dem Landgericht insoweit übergeordnete Oberlandesgericht. Nach dem seit dem 1.1.2002 geltenden Recht ist dem **Landgericht** aber, wenn es **als Beschwerdegericht** im Zwangsvollstreckungs- oder Zwangsversteigerungsverfahren entschieden hat (zB über eine Beschwerde gegen eine Erinnerungsentscheidung des Amtsgerichts gem. § 766 ZPO), das Oberlandesgericht nicht mehr im Instanzenzug übergeordnet. Vielmehr führt der **Rechtsmittelzug vom Amtsgericht über das Landgericht zum Bundesgerichtshof** (§§ 567 Abs. 1, 574 Abs. 1, 793 ZPO, 72, 133 GVG). Eine Entscheidung, die das Landgericht als Beschwerdegericht getroffen hat, kann deshalb auch aus dem Grund, dass sie greifbar gesetzwidrig sei, nur von dem Bundesgerichtshof als dem im Instanzenzug nächst höheren Gericht aufgehoben werden, so dass eine Zuständigkeit des Oberlandesgerichts in diesem Fall nicht gegeben ist (vgl. OLG Köln OLGR 2003, 35).

3. Kosten und Gebühren. Anders als die Gegenvorstellung ist eine außerordentliche Beschwerde wegen greifbarer Gesetzwidrigkeit **nicht gerichtsgebührenfrei.** Vielmehr fallen die Gebühren gem. Nr. 2121 KV GKG (Festgebühr in Höhe von 30,– EUR) an, wenn das Rechtsmittel verworfen oder zurückgewiesen wird und das Vollstreckungsverfahren betrifft. Außerhalb des Zwangsvollstreckungsverfahrens fällt ein Festgebühr in Höhe von 60,– EUR gem. Nr. 1811 KV GKG an. Dies gilt grundsätzlich auch dann, wenn der Bundesgerichtshof über die außerordentliche Beschwerde entschieden hat. Die – höheren – Gebühren für eine sonstige Rechtsbeschwerde im Vollstreckungsverfahren gem. Nr. 2124 KV GKG (Festgebühr in Höhe von 60,– EUR) bzw. für eine sonstige Rechtsbeschwerde außerhalb des Vollstreckungsverfahrens gem. Nr. 1823 KV GKG (Festgebühr in Höhe von 180,– EUR) dürfen demgegenüber nicht erhoben werden, wenn und soweit – wie im Regelfall – die außerordentliche Beschwerde zum Bundesgerichtshof nicht als Rechtsbeschwerde zu werten ist (vgl. BGH BGHReport 2004, 1200 zu der Parallelfrage zu den früheren Vorschriften der Nr. 1954 bzw. 1957 KV GKG aF).

Auch der **Rechtsanwalt** erhält die **üblichen Gebühren für die Vertretung** eines Mandanten in einem **Beschwerdeverfahren,** also eine Beschwerdegebühr gem. Nr. 3500 VV RVG bzw. Nr. 3200 VV RVG sowie – falls es ausnahmsweise zu einer mündlichen Verhandlung kommt – zusätzlich eine Terminsgebühr gem. Nr. 3513 VV RVG bzw. Nr. 3202 VV RVG.

4. Rechtsmittel. Gegen die Entscheidung über die außerordentliche Beschwerde ist **kein Rechtsmittel** eröffnet.

5. Hinsichtlich der **Form** des Schriftsatzes (Unterschrift, elektronisches Dokument) wird verwiesen auf → Form. O. II. 1 Anm. 14.

4. (Außerordentliche) Untätigkeitsbeschwerde

An das

Landgericht/Oberlandesgericht/Landesarbeitsgericht/den Bundesgerichtshof Karlsruhe/ das Bundesarbeitsgericht[1, 2]

in . . . . ./

In Sachen

des/der . . . . . [ladungsfähige Anschrift des Gläubigers],

Gläubigers/. . . . . [Angabe der jeweiligen Verfahrensstellung],

Verfahrensbevollmächtigte: . . . . .

gegen

. . . . . [ladungsfähige Anschrift des Schuldners],

Schuldner/. . . . . [Angabe der jeweiligen Verfahrensstellung],

Verfahrensbevollmächtigte: . . . . .

Namens und in Vollmacht des Gläubiger/Schuldners erheben wir gegen das Verfahren des . . . . . gerichts . . . . . Az. . . . . .

Untätigkeitsbeschwerde

und beantragen,

das . . . . . gericht . . . . . anzuweisen, geeignete Maßnahmen zu ergreifen, die den Abschluss des Verfahrens in angemessener Zeit erwarten lassen.

Begründung:

. . . . . [Schilderung der aktuellen Verfahrenssituation].

Der Beschwerdeführer wendet sich mit seiner Untätigkeitsbeschwerde gegen die Verfahrensweise des . . . . . gerichts. Nach der Rechtsprechung (vgl. OLG Düsseldorf MDR 2008, 406; OLG Naumburg FamRZ 2007, 2090; KG FamRZ 2007, 2091; OLG München FGPrax 2008, 25; OLG Köln FGPrax 2007, 194; OVG Bremen DÖV 2010, 370) stellt die Untätigkeitsbeschwerde trotz der fehlenden ausdrücklichen Regelung ein statthaftes Rechtsmittel für den Fall dar, dass das dem Instanzgericht untergeordnete Gericht untätig ist.

Vorliegend ist die zwischenzeitlich eingetretene Verzögerung für den Beschwerdeführer nicht mehr hinnehmbar. Denn . . . . .

Einfache und beglaubige Abschrift liegen an.

. . . . .

Rechtsanwalt[3, 4, 5, 6]

Anmerkungen

1. Die außerordentliche **Untätigkeitsbeschwerde** ist **im** derzeit geltenden **Rechtsmittelrecht** zumindest **ausdrücklich nicht vorgesehen.** Wenn man gleichwohl auch eine Beschwerde – ohne Mitwirkung des Gesetzgebers – gegen eine Untätigkeit eines Gerichts eröffnen möchte, muss auf sog. allgemeine Erwägungen zurückgegriffen werden. Herkömmlicherweise wird insoweit geltend gemacht, es sei ein **Gebot der Rechtsstaatlichkeit,** in den Fällen der Untätigkeit eines Gerichts die Beschwerde zu eröffnen (vgl. etwa; *Schneider* MDR 2005, 430; siehe auch OLG Naumburg FamRZ 2006, 967; KG MDR 2005, 455; OVG Bremen DÖV 2010, 788; aA aber Musielak/*Ball* § 567 Rn. 14; ablehnend auch BVerwG NVwZ 2003, 869 und VGH Mannheim NVwZ 2003, 154 zu der Parallelproblematik in der Verwaltungsgerichtsbarkeit; BSG Beschl. v. 19.1.2010 – B 11 AL 13/09 C für die Sozialgerichtsbarkeit und BFH Beschl. v. 28.5.2009 – III B 73/09 für die Finanzgerichtsbarkeit). Damit handelt es sich aber ebenso wie im Falle der außerordentlichen Beschwerde wegen greifbarer Gesetzwidrigkeit um einen **ungeschriebenen Rechtsbehelf,** der **mit dem** vom Plenum des Bundesverfassungsgerichts betonten **Grundsatz der Rechtmittelklarheit** (vgl. BVerfGE 107, 395 (416 f.) sowie → Form. Q. II. 3 Anm. 1) **nicht zu vereinbaren** sein dürfte (vgl. auch EGMR NJW 2006, 2389 (2392); BVerfG NJW 2008, 503; siehe auch die Begründung der Bundesregierung zu dem Entwurf eines Gesetzes über den Rechtschutz bei überlangen Gerichtsverfahren und strafrechtlichen Ermittlungsverfahren- BT-Drs. 17/3801, 22, dazu näher sogleich unter 2. sowie → Form. Q.II. 5; für eine Zulässigkeit demgegenüber OLG Karlsruhe MDR 2007, 1393).

2. Die dargelegte **Problematik** der **fehlenden gesetzlichen Verankerung** der Untätigkeitsbeschwerde sollte ursprünglich durch den **Entwurf eines Untätigkeitsbeschwerdegesetzes** vom 8.8.2005 beseitigt werden (vgl. hierzu *Jakob* ZZP 119, 177; *Kroppenburg* ZZP 119, 177 und *Roller* DRiZ 2007, 82; abrufbar ua auf der Internetseite des Bundesgerichtshofs „www.bundesgerichtshof.de“ – dort unter dem link: Bibliothek – Gesetzesmaterialien – 15. Wahlperiode – Untätigkeitsbeschwerde in gerichtlichen Verfahren; → Form. P. II. 5 *Vorauflage*). Hierdurch sollte eine eigenständige Rechtsgrundlage für dieses Rechtsmittel im Gerichtsverfassungsgesetz geschaffen werden (§ 198 GVGE). Die Umsetzung dieses Entwurfs ist von dem EGMR ausdrücklich begrüßt worden (vgl. EGMR NJW 2006, 2389 (2394)). Der Entwurf ist jedoch nicht Gesetz geworden. Vielmehr hat der Gesetzgeber mit Wirkung vom 3.12.2011 ein **„Gesetz über den Rechtsschutz bei überlangen Gerichtsverfahren und strafrechtlichen Ermittlungsverfahren erlassen** (vgl. Gesetzesentwurf der Bundesregierung, BT-Drs. 17/3802). Die Einzelheiten werden in einem gesonderten Formular (→ Form. Q. II 5) dargelegt. Nach der Auffassung der Bundesregierung in dem Gesetzesentwurf soll nach der Einführung der sog. Verzögerungsrüge gem. § 198 Abs. 3 GVG eine außerordentliche Untätigkeitsbeschwerde nicht mehr zulässig sein (vgl. BT-Drs. 17/3802, S. 16; siehe auch Keidel/*Meyer-Holz* Anh. zu § 58 Rn. 90). Dies entspricht auch der Rechtsprechung des Bundesgerichtshofs (vgl. BGH NJW 2013, 385). In Teilen der Literatur wird aber auch nach Neufassung des § 198 GVG die Untätigkeitsbeschwerde als statthaft angesehen (MüKoZPO/*Zimmermann* GVG § 198 Rn. 3; *Baumbach/Lauterbach/Albers/Hartmann* S.567 Rn. 9).

3. Da die Untätigkeitsbeschwerde – wenn man sie überhaupt als statthaft ansieht – nur eröffnet sein soll, wenn der Rechtszug gegen die ergangene Entscheidung, deren Erlass unzumutbar hinausgezögert wird, eröffnet wäre (vgl. *Baumbach/Lauterbach/Albers/ Hartmann* § 567 Rn. 9), ist eine außerordentliche **Untätigkeitsbeschwerde** in den Verfahren von vorneherein **ausgeschlossen, in denen ein Rechtsmittel nicht gegeben ist.** Dies gilt beispielsweise für Revisions- und Rechtsbeschwerdeverfahren vor dem Bundesgerichtshof oder dem Bundesarbeitsgericht.

4. Kosten und Gebühren. Da es sich bei der Untätigkeitsbeschwerde um eine im GKG nicht besonders aufgeführte Beschwerde handelt, entsteht für den Beschwerdeführer im Falle der Verwerfung oder der Zurückweisung der Beschwerde im Vollstreckungsverfahren eine **Festgebühr** in Höhe von **30,– EUR** (vgl. Nr. 2121 KV GKG) bzw. – bei einer Untätigkeitsbeschwerde außerhalb des Zwangsvollstreckungsverfahrens – in Höhe von **60,– EUR** gem. Nr. 1811 KV GKG.

Auch der **Rechtsanwalt** erhält die **üblichen Gebühren** für die Vertretung eines Mandanten **in einem Beschwerdeverfahren,** also eine Beschwerdegebühr gem. Nr. 3500 VV RVG bzw. Nr. 3200 VV RVG sowie – falls es ausnahmsweise zu einer mündlichen Verhandlung kommt – zusätzlich eine Terminsgebühr gem. Nr. 3513 VV RVG bzw. Nr. 3202 VV RVG.

5. Rechtsmittel. Eine Anfechtung der Entscheidung über die außerordentliche Untätigkeitsbeschwerde findet nicht statt.

6. Hinsichtlich der **Form** des Schriftsatzes (Unterschrift, elektronisches Dokument) wird verwiesen auf → Form. O. II. 1 Anm. 14.

5. Verzögerungsrüge (§ 198 Abs. 3 S. 2 GVG)

An das

Amtsgericht/Familiengericht/Landgericht/Oberlandesgericht/Landesarbeitsgericht/den Bundesgerichtshof/das Bundesarbeitsgericht[1, 2]

in . . . . ./

In Sachen

des/der . . . . . [ladungsfähige Anschrift des Gläubigers],

Gläubigers/. . . . . [Angabe der jeweiligen Verfahrensstellung],

Verfahrensbevollmächtigte: . . . . .[3]

gegen

. . . . . [ladungsfähige Anschrift des Schuldners],

Schuldner/. . . . . [Angabe der jeweiligen Verfahrensstellung],

Verfahrensbevollmächtigte: . . . . .

Namens und in Vollmacht des Gläubiger/Schuldners erheben wir gegen das Verfahren des . . . . . gerichts . . . . . Az. . . . . .

Verzögerungsrüge gem. § 198 Abs. 3 GVG

und beantragen,

geeignete Maßnahmen zu treffen, die den Abschluss des Verfahrnes in angemessener Zeit erwarten lassen.

Begründung:[4]

. . . . . [Schilderung der aktuellen Verfahrenssituation].

Der Rügeführer wendet sich mit seiner Verzögerungsrüge gegen die Verfahrensweise des ..... gerichts.

Vorliegend ist die zwischenzeitlich eingetretene Verzögerung für den Rügeführer nicht mehr hinnehmbar. Denn .....

Einfache und beglaubige Abschrift liegen an.

.....

Rechtsanwalt[5, 6]

Anmerkungen

1. In dem **Gesetz über den Rechtsschutz bei überlangen Gerichtsverfahren und strafrechtlichen Ermittlungsverfahren** wird demjenigen, der infolge unangemessener Dauer eines Gerichtsverfahrens als Verfahrensbeteiligter einen Nachteil erleidet, ein **Entschädigungsanspruch** gegen den Staat eingeräumt (§ 198 Abs. 1 GVG). Für einen Nachteil, der nicht Vermögensnachteil ist, kommt eine regelmäßige Entschädigung in Höhe von 1.200,– EUR für jedes Jahr der Verzögerung in Betracht (§ 198 Abs. 2 GVG). Eine Entschädigung erhält der Verfahrensbeteiligte gem. § 198 Abs. 3 GVG allerdings nur, wenn er bei dem mit der Sache befassten Gericht die Dauer des Verfahrens gerügt hat (**Verzögerungsrüge**). Wie sich der Gesetzesbegründung entnehmen lässt, handelt es sich bei der Verzögerungsrüge um **keinen neuen Rechtsbehelf**. Vielmehr stellt die Verzögerungsrüge als Voraussetzung für einen Entschädigungsanspruch lediglich eine **Obliegenheit** dar. Eine Pflicht zur förmlichen Entscheidung besteht nach Auffassung der Bundesregierung nicht, so dass das Ausgangsverfahren durch die nunmehr gewählte „Entschädigungslösung" nicht zusätzlich verzögert werde (BT-Drs. 17/3802, 24). Die nunmehr getroffene Lösung soll auch den Anforderungen an einen wirksamen Rechtsbehelf gerecht werden, den der EGMR unter Hinweis auf Art. 6 Abs. 1 EMRK und Art. 13 EMRK bei überlanger Verfahrensdauer fordert. Es genüge, wenn der innerstaatliche Rechtsbehelf geeignet sei, entweder die befassten Gerichte zu einer schnelleren Entscheidungsfindung zu veranlassen (präventive Wirkung) oder dem Rechtssuchenden für die bereits entstandenen Verzögerungen eine angemessene Entschädigung – insbesondere auch für immaterielle Nachteile – zu gewähren (kompensatorische Wirkung). Die vorgesehene Entschädigungslösung greife den Gedanken der Prävention auf, indem als Voraussetzung für den Entschädigungsanspruch eine Verzögerungsrüge vorgesehen werde. Da Gerichte auf entsprechende Rügen mit Abhilfe reagieren könnten und in begründeten Fällen auch regelmäßig abhelfen würden, habe die Regelung eine konkret-präventive Beschleunigungswirkung. Eine Beschwerdemöglichkeit für den Fall der Nichtabhilfe sei nicht vorgesehen, um die Belastungen für die Praxis begrenzt zu halten (vgl. BT-Drs. 17/3802, 23).

Mit dem Gesetz und der hierin vorgesehenen Entschädigungsregelung möchte der Gesetzgeber das Rechtsschutzproblem bei überlanger Verfahrensdauer abschließend lösen. Der Rechtsschutz werde einheitlich und ausschließlich gewährt durch einen außerhalb des Ausgangsverfahrens zu verfolgenden Anspruch. Eine Regelungslücke als Analogievoraussetzung bestehe nach Inkrafttreten der Entschädigungsregelung grundsätzlich nicht mehr (BT-Drs. 17/3801, 24). Damit dürfte aber auch eine außerordentliche Untätigkeitsbeschwerde jedenfalls nach Inkrafttreten des Gesetzes nicht mehr statthaft sein (vgl. BGH NJW 2013, 385) und dem vom Bundesverfassungsgericht betonten Grundsatz der Rechtsmittelklarheit hinreichend Rechnung getragen werden. Eine hiervon zu unterscheidende Frage ist, ob die nunmehr gewählte Entschädigungsregelung auch den Vorgaben der EMRK entspricht. Hierüber wird gegebenenfalls der EGMR zu befinden haben.

2. Die Verzögerungsrüge ist bei dem mit der Sache befassten Gericht einzulegen (§ 198 Abs. 3 S. 1 GVG). Demgegenüber ist für die Geltendmachung des **Entschädigungsanspruchs** stets das **Oberlandesgericht** zuständig, in dessen Bezirk das streitgegenständliche Verfahren durchgeführt wurde (§ 201 Abs. 1 GVG in der seit dem 1.1.2012 geltenden Fassung).

3. Wenn in dem betroffenen Verfahren **Anwaltszwang** besteht, erstreckt er sich auch auf die Erhebung der Verzögerungsrüge (vgl. Keidel/*Meyer-Holz* Anh. zu § 58 Rn. 72).

4. Auch wenn eine **Begründung** zur Wirksamkeit der Verzögerungsrüge nicht erforderlich ist, vielmehr allein eine Erklärung genügt, aus der sich zweifelsfrei ergibt, dass der Beteiligte mit der Verfahrensdauer nicht einverstanden ist (vgl. Keidel/*Meyer-Holz* Anh. zu § 58 Rn. 71), sollte schon zur Eigenkontrolle auf eine nähere Begründung nicht verzichtet werden. Wenn es für die Verfahrensförderung auf Umstände ankommt, die noch nicht in das Verfahren eingeführt worden sind, muss die Rüge ohnehin gem. § 198 Abs. 3 S. 3 GVG hierauf hinweisen. Andernfalls werden sie von dem Entschädigungsgericht bei der Bestimmung der angemessenen Verfahrensdauer nicht berücksichtigt.

5. Kosten und Gebühren/Rechtsmittel. Da die Verzögerungsrüge eine Verfahrenshandlung während des laufenden Verfahrens und kein Rechtsbehelf ist, fallen hierfür keine gesonderten Kosten und Gebühren an. Auch steht kein förmliches Rechtsmittel zur Verfügung, wenn das Gericht keine prozessfördernde Maßnahme ergreift. Allerdings kann der Betroffene nach Erhebung einer erfolglosen Verzögerungsrüge und Wahrung der 6-Monatsfrist des § 198 Abs. 5 S. 1 GVG einen Entschädigungsprozess gem. § 198 Abs. 5 GVG anstrengen.

6. Hinsichtlich der **Form** des Schriftsatzes (Unterschrift, elektronisches Dokument) wird verwiesen auf → Form. O. II. 1 Anm. 14.

6. Verfassungsbeschwerde mit Antrag auf Erlass einer einstweilen Anordnung

An das

Bundesverfassungsgericht

in Karlsruhe

Verfassungsbeschwerde und Antrag auf Erlass einer einstweiligen Anordnung

des/der . . . . . [ladungsfähige Anschrift des Beschwerdeführers],

Beschwerdeführers,

Verfahrensbevollmächtigte: . . . . .[1, 2]

Namens und in Vollmacht des Beschwerdeführers erheben wir

gegen[3] das Urteil/den Beschluss des . . . . . gerichts . . . . . vom . . . . ., Az. . . . . .
(Fotokopie[4] liegt an)
gegen das Urteil/den Beschluss des . . . . . gerichts . . . . . vom . . . . ., Az. . . . . .
(Fotokopie liegt an)
gegen das Urteil/den Beschluss des . . . . . gerichts . . . . . vom . . . . ., Az. . . . . .
(Fotokopie liegt an)

Verfassungsbeschwerde.

Wir rügen die Verletzung des Art., ... GG, des Art., ... GG, ... [Angabe der als verletzt gerügten Grundrechte bzw. grundrechtsgleichen Rechte].[5]

Vorab beantragen wir,

im Wege der einstweiligen Anordnung gem. § 32 BVerfGG die Vollziehung des Urteils des . . . . . gerichts . . . . . vom . . . . . Az. . . . . ./des Beschlusses des . . . . . gerichts vom . . . . . Az. . . . . . bis zur Entscheidung über die Verfassungsbeschwerde auszusetzen.

Begründung:

Der Beschwerdeführer ist aufgrund des rechtskräftigen Urteils des . . . . . gerichts . . . . ./. . . . . [Angabe des sonstigen Vollstreckungstitels] verpflichtet, an . . . . . [Gläubiger] . . . . . EUR: nebst Zinsen in Höhe von . . . . . zu zahlen/. . . . . [Angabe des sonstigen Titelinhalts]. Der Gläubiger betreibt gegen den Beschwerdeführer aus diesem Titel die Zwangsvollstreckung . . . . . [konkrete Darlegung der von dem Gläubiger ergriffenen Vollstreckungsmaßnahmen]. Hiergegen hat der Beschwerdeführer folgende Rechtsbehelfe eingelegt, die allerdings sämtlich erfolglos waren: . . . . . [konkrete Darlegung der eingelegten Rechtsbehelfe und der hierauf ergangenen gerichtlichen Entscheidungen].

Mit der Verfassungsbeschwerde wendet sich der Beschwerdeführer gegen . . . . . [Angabe der angegriffenen Entscheidungen]. Die Verfassungsbeschwerde ist zulässig. Der Beschwerdeführer hat die Monatsfrist des § 93 Abs. 1 BVerfGG gewahrt und den Rechtsweg erschöpft (§ 90 Abs. 2 BVerfGG). Sonstige Rechtsbehelfe stehen ihm nicht zur Verfügung.[6]

Die Verfassungsbeschwerde ist auch begründet, weil der Beschwerdeführer durch die angegriffenen Entscheidungen in seinen Grundrechten aus . . . . . verletzt wird. Hierbei verkennt der Beschwerdeführer nicht, dass das Bundesverfassungsgericht bei einer Verfassungsbeschwerde gegen eine gerichtliche Entscheidung nur bei einer Verletzung von spezifischem Verfassungsrecht[7] eingreifen kann. Die Gestaltung des Verfahrens, die Feststellung und Würdigung des Tatbestandes, die Auslegung des einfachen Rechts und seine Anwendung auf den einzelnen Fall sind allein Sache der dafür allgemein zuständigen Gerichte und der Nachprüfung durch das Bundesverfassungsgericht entzogen. Spezifisches Verfassungsrecht wird aber dann verletzt, wenn Auslegungsfehler sichtbar werden, die auf einer grundsätzlich unrichtigen Anschauung von der Bedeutung eines Grundrechts, insbesondere vom Umfang seines Schutzbereichs beruhen und auch in ihrer materiellen Bedeutung für den konkreten Rechtsfall von einigem Gewicht sind (vgl. BVerfGE 18, 85 (92 f.)). So liegt der Fall aber hier.

(Falls ein Verletzung von Art 2 Abs. 2 S. 1 GG gerügt werden soll:

Das Grundrecht aus Art. 2 Abs. 2 S. 1 GG verpflichtet die Vollstreckungsgerichte, bei der Prüfung der Voraussetzungen des § 765a ZPO auch die Wertentscheidungen des Grundgesetzes und die dem Schuldner in der Zwangsvollstreckung gewährleisteten Grundrechte zu berücksichtigen. Dies kann es insbesondere erfordern, dass Beweisangeboten des Schuldners hinsichtlich seines Vorbringens, ihm drohten schwerwiegende Gesundheitsbeeinträchtigungen, besonders sorgfältig nachgegangen wird. Es ist Aufgabe der staatlichen Organe, Grundrechtsverletzungen nach Möglichkeit auszuschließen. Das Verfahren der Vollstreckungsgerichte ist so durchzuführen, dass den verfassungsrechtlichen Schutzpflichten Genüge getan wird (vgl. BVerfGE 52, 214 (219 ff.); BVerfG NZM 2005, 657 mwN).[8] Daran gemessen sind die angegriffenen Entscheidungen mit dem Grundrecht des Beschwerdeführers auf Leben und körperliche Unversehrtheit aus Art. 2 Abs. 2 S. 1 GG unvereinbar. Denn . . . . .)

(Falls eine Verletzung von Art. 14 GG gerügt werden soll:

In den angegriffenen Entscheidungen werden die aus Art. 14 Abs. 1 GG fließenden verfassungsrechtlichen Direktiven für das Vollstreckungsverfahren verkannt. Zum einen haben die Gerichte gegen ihre Verpflichtung zuwidergehandelt, dem Vollstreckungsschuldner effektiven Rechtsschutz gegen die unverhältnismäßige Verschleuderung seines Grundvermögens zu gewähren (vgl. BVerfGE 24, 367 (401); BVerfGE 51, 150 (156)).[9] *Dies ergibt sich daraus, dass . . . . . Zum anderen haben sie den Anspruch des Vollstreckungsschuldners auf ein faires Vollstreckungsverfahren außer Acht gelassen (vgl. BVerfGE 38, 105 (111); BVerfGE 49, 220 (225)). Dies folgt aus folgenden Umständen: . . . . .)*

(Variante: Rüge einer sonstigen Grundrechtsverletzung

. . . . . (Darlegung einer sonstigen Grundrechtsverletzung)

Es liegen auch die Annahmevoraussetzungen des § 93a BVerfGG vor.

Der Verfassungsbeschwerde kommt grundsätzliche Bedeutung iSd § 93a Abs. 2 lit. a BVerfGG zu. Denn . . . . . (Darlegung der grundsätzlichen Bedeutung).)

(Variante:

Die Annahme der Verfassungsbeschwerde ist zur Durchsetzung der von dem Beschwerdeführer als verletzt gerügten Grundrechte/grundrechtsgleichen Rechte angezeigt (§ 93a Abs. 2 lit. b BVerfGG). Dies setzt nach der Rechtsprechung des Bundesverfassungsgerichts voraus, dass die Grundrechtsverletzung besonderes Gewicht hat oder den Beschwerdeführer in existentieller Weise betrifft. Besonders gewichtig ist eine Grundrechtsverletzung, die auf eine generelle Vernachlässigung von Grundrechten hindeutet und oder wegen ihrer Wirkung geeignet ist, von der Ausübung von Grundrechten abzuhalten (vgl. BVerfG NVwZ 2002, 1230 (1231); BVerfG NJW 1994, 993). Diese Voraussetzungen sind vorliegend gegeben. Denn . . . . ./Der Beschwerdeführer wird durch die angegriffene Entscheidung in existentieller Weise betroffen. Denn . . . . .)

(Ergänzend für alle Varianten:

Der Antrag auf Erlass einer einstweiligen Anordnung ist gem. § 32 Abs. 1 BVerfGG zur Abwehr eines ansonsten bei dem Beschwerdeführer eintretenden schweren Nachteils geboten. Da die Verfassungsbeschwerde auf der Grundlage der obigen Ausführungen weder von vorneherein unzulässig noch offensichtlich unbegründet ist, bedarf es einer Folgenabwägung (vgl. BVerfGE 46, 1 (11)). Diese Abwägung fällt vorliegend zu Gunsten des Beschwerdeführers aus. Würde die einstweilige Anordnung nicht ergehen, könnte der Gläubiger die Vollstreckung weiter fortsetzen. Dies würde auf Seiten des Beschwerdeführers zu einem irreparablen Schaden führen. Denn . . . . . (nähere Darlegung erforderlich). Demgegenüber ist der Nachteil, der dem Gläubiger entsteht, wenn die einstweilige Anordnung ergeht, die Verfassungsbeschwerde aber erfolglos wäre, weniger gewichtig. Denn . . . . .)

Einfache und beglaubige Abschrift liegen an.

. . . . .

Rechtsanwalt[10, 11]

Anmerkungen

1. Die nachfolgenden Ausführungen sind bewusst knapp gehalten und wollen nur einen **Überblick** über die wichtigsten Gesichtspunkte bzw. Formalien geben, die bei einer Verfassungsbeschwerde im Zusammenhang mit einem Vollstreckungsverfahren unbedingt zu beachten bzw. einzuhalten sind. Da in der Praxis die Verfassungsbeschwerden im Regelfall von den Schuldnern eingelegt werden, um mit diesem letzten, außerordentlichen Rechtsbehelf die Durchführung der Zwangsvollstreckung doch noch zu verhindern, wird auch in dem Formular von einer Verfassungsbeschwerde des Schuldners ausgegangen. Die Ausführungen gelten aber für Verfassungsbeschwerden des Gläubigers oder eines sonstigen Beteiligten eines Vollstreckungsverfahrens entsprechend. Weitere **Einzelheiten** der Verfassungsbeschwerde sowie eines Antrags gem. § 32 BVerfGG werden ausführlich von *Zuck* **im Beck'schen Prozessformularbuch** erörtert (vgl. dort Abschnitt VI. Verfassungsrecht).

2. Da sich die Beteiligten gem. § 22 Abs. 1 S. 1 BVerfGG durch einen bei einem deutschen Gericht zugelassenen **Rechtsanwalt** oder einem **Lehrer** des Rechts **an** einer deutschen **Hochschule** lediglich **vertreten** lassen **können, nicht** jedoch **müssen,** besteht für die Einlegung der Verfassungsbeschwerde **kein Anwaltszwang.** Vertretungszwang gilt nur dann, wenn es – ausnahmsweise – zu einer mündlichen Verhandlung vor dem Bundesverfassungsgericht kommt (§ 22 Abs. 1 S. 2 BVerfGG).

3. Im Regelfall ist es geboten, **alle Entscheidungen** anzugreifen, die den Beschwerdeführer belasten. Allerdings lässt das Bundesverfassungsgericht dem Beschwerdeführer die Wahl, ob er sich nur gegen die letztinstanzliche Entscheidung wenden oder ob er auch die vorangegangenen Entscheidungen angreifen möchte (vgl. BVerfGE 19, 377 (389); BVerfGE 54, 53 (64 ff.)).

4. Nach ständiger Rechtsprechung des Bundesverfassungsgerichts (vgl. BVerfGE 88, 40 (45); BVerfG NJW 2005, 2140; siehe auch *Seyfarth* ZRP 2000, 272) ist eine Verfassungsbeschwerde mangels einer hinreichenden **Begründung** iSd §§ 23 Abs. 1 S. 2 Hs. 1, 92 BVerfGG unzulässig, wenn die **angegriffenen Entscheidungen** nicht innerhalb der einmonatigen Einlegungs- und Begründungsfrist des § 93 Abs. 1 BVerfGG selbst **vorgelegt** oder zumindest ihrem wesentlichen Inhalt nach mitgeteilt bzw. in einer Weise wiedergegeben worden sind, die eine Beurteilung erlaubt, ob die Entscheidung mit dem Grundgesetz in Einklang steht oder nicht. Dies setzt im Regelfall die Vorlage der angegriffenen Entscheidungen in Kopie voraus. Das selektive Zitieren von für verfehlt gehaltenen Entscheidungspassagen genügt demgemäß nicht den Begründungsanforderungen des § 92 BVerfGG. Das wörtliche Zitieren der gesamten Entscheidung(en) würde zwar genügen, erweist sich jedoch als unpraktisch. Zur Vermeidung von Regressfällen sollte das Kanzleipersonal generell angewiesen werden, bei einer Verfassungsbeschwerde stets die angegriffenen Entscheidungen in Kopie mitzuschicken bzw. – praktisch besonders bedeutsam – mit zufaxen. Nicht wenige Verfassungsbeschwerden scheitern daran, dass zwar innerhalb der Monatsfrist die Verfassungsbeschwerde beim Bundesverfassungsgericht per Telefax eingereicht wird, die angegriffenen Entscheidungen aber erst mit normaler Post abgeschickt werden und deshalb erst nach Fristablauf eingehen. Zur Eigenkontrolle ist der Hinweis auf die Vorlage der Entscheidungskopien bereits im Rubrum der Verfassungsbeschwerde aufzuführen.

5. Die Stellung eines **bestimmten Antrages** betreffend die Verfassungsbeschwerde ist **entbehrlich.** Gibt das Bundesverfassungsgericht der Verfassungsbeschwerde statt, stellt es fest, welche Vorschrift des Grundgesetzes durch die angegriffene Entscheidung verletzt ist (§ 95 Abs. 1 BVerfGG), hebt die Entscheidung(en) auf und verweist die Sache an ein zuständiges Gericht zurück (§ 95 Abs. 2 BVerfGG). Anstelle eines förmlichen Antrages werden in der Praxis nach der Angabe der angegriffenen Entscheidung(en) die Grundrechte bzw. grundrechtsgleichen Rechte bezeichnet, die der Beschwerdeführer als verletzt ansieht.

6. Rügt der Beschwerdeführer eine Verletzung des Anspruchs auf rechtliches Gehör (**Art. 103 Abs. 1 GG**), erfordert es der Grundsatz der sog. formellen Subsidiarität, dass er vor Einlegung der Verfassungsbeschwerde erfolglos versucht hat, den Verfassungsverstoß durch Erhebung der fachgerichtlichen Anhörungsrüge gemäß den jeweiligen gesetzlichen Bestimmungen (zB §§ 321a ZPO, 78a ArbGG) beheben zu lassen. Geschieht dies nicht, ist eine auf Art. 103 Abs. 1 GG gestützte Verfassungsbeschwerde unzulässig (vgl. *Zuck* NJW 2005, 1226 (1229); *Desens* NJW 2006, 1243 (1244 ff.) mit weiteren Differenzierungen). Demgegenüber dürfte es seit der Plenumsentscheidung des Bundesverfassungsgerichts (BVerfGE 107, 395 (416 f.); siehe auch BVerfG NJW 2007, 2538) und wegen des hierin betonten Grundsatzes der Rechtsmittelklarheit **nicht mehr erforderlich** sein, sog. **außerordentliche Rechtsbehelfe einzulegen,** die im geschriebenen Recht keine Grundlage haben (vgl. *Desens* NJW 2006, 1243 f.). Im Gegenteil: Wenn ein Beschwerdeführer vor Erhebung einer Verfassungsbeschwerde beispielsweise ein außerordentliches Rechtsmittel einlegt und erst innerhalb eines Monats nach Zurückweisung dieses Rechtsmittels Verfassungsbeschwerde erhebt, läuft er Gefahr, dass die Verfassungsbeschwerde als verfristet angesehen wird. Ein offensichtlich unzulässiges Rechtsmittel ist nicht geeignet, den Lauf und den Ablauf der Frist für die Erhebung der Verfassungsbeschwerde zu beeinflussen (vgl. BVerfG NJW-RR 2007, 409 (410)).

7. Das Bundesverfassungsgericht nimmt viele Verfassungsbeschwerden bereits deshalb nicht zu Entscheidung an, weil es eine **Verletzung von spezifischem Verfassungsrecht** als nicht hinreichend substantiiert dargelegt ansieht und die Verfassungsbeschwerde deshalb mangels hinreichender Begründung (§ 92 BVerfGG) schon unzulässig ist (vgl. hierzu *Kreuder* NJW 2001, 1243). Vor diesem Hintergrund ist es nicht zuletzt aus Gründen der Eigenkontrolle zweckmäßig, die Grenzen einer Überprüfung durch das Bundesverfassungsgericht aufzuzeigen und die Argumentation an diesen Kriterien auszurichten. So wird der Gefahr vorgebeugt, lediglich die einfachrechtlichen Einwendungen gegen die angegriffenen Entscheidungen in der Verfassungsbeschwerde zu wiederholen.

8. Vgl. zu der **Suizidproblematik** im Zusammenhang mit einer Zwangsräumung auch BGH NJW 2005, 1859; BGH NJW 2006, 508 und jüngst BGH Beschl. v. 12.11.2014 – V ZB 99/14, NJW-RR 2015, 393 sowie zur Kritik an der zum Teil sehr weitgehenden Rechtsprechung des Bundesverfassungsgerichts *Linke* NZM 2002, 205. Wie in der Praxis sowohl den Interessen des Gläubigers auch denen des Schuldners angemessen Rechnung getragen werden kann, wird anschaulich von *Schuschke* NJW 2006, 874 (875 f.) (siehe auch BGH NJW 2007, 3719) dargelegt.

9. Vgl. zu einer möglichen Verletzung von **Art. 14 GG** bei nicht hinreichenden Ermittlungen des Vollstreckungsgerichts zu der Bodenbeschaffenheit eines Grundstücks bei einem Altlastenverdacht BGH MDR 2007, 110 (111).

10. Kosten und Gebühren. Gem. § 34 Abs. 1 BVerfGG ist das Verfahren vor dem Bundesverfassungsgericht grundsätzlich **gerichtsgebührenfrei.** Zu beachten ist allerdings die in § 34 Abs. 2 BVerfGG dem Bundesverfassungsgericht eingeräumte Möglichkeit, dem Beschwerdeführer eine sog. **Missbrauchsgebühr in Höhe von maximal 2.600,– EUR** aufzuerlegen, wenn „die Einlegung der Verfassungsbeschwerde einen Missbrauch darstellt oder ein Antrag auf Erlass einer einstweiligen Anordnung missbräuchlich gestellt ist“. Hierauf sollte der Rechtsanwalt den Beschwerdeführer zur Vermeidung von Haftungsrisiken jedenfalls in den Fällen ausdrücklich hinweisen, in denen auch aus Sicht des Rechtsanwaltes eine Verfassungsbeschwerde nur ganz geringe Erfolgsaussichten hat.

Die **Vergütung des Rechtsanwaltes** bestimmt sich gem. § 37 Abs. 2 RVG nach „den Vorschriften im Teil 3 Abschnitt 2 Unterabschnitt 2 des Vergütungsverzeichnisses". Der Gesetzgeber behandelt hiernach das Verfassungsbeschwerdeverfahren vergütungsrechtlich wie ein Revisionsverfahren. Der Rechtsanwalt hat deshalb Anspruch auf eine 1,6 Verfahrensgebühr gem. Nr. 3206 VV RVG. Kommt es – ausnahmsweise – zu einer mündlichen Verhandlung, steht ihm zusätzlich eine 1,5 Terminsgebühr gem. Nr. 3210 VV RVG zu. Der Gegenstandswert der anwaltlichen Tätigkeit ist gem. § 37 Abs. 2 S. 2 RVG unter Berücksichtigung der in § 14 Abs. 1 RVG genannten Umstände nach billigem Ermessen zu bestimmen, beträgt aber mindestens 5.000,– EUR. Zu beachten ist insoweit, dass es nach der ständigen Rechtsprechung des Bundesverfassungsgerichts (vgl. BVerfGE 79, 365 (369); BVerfG NJW 2000, 1399) bei der Nichtannahme einer Verfassungsbeschwerde nicht gerechtfertigt ist, über den gesetzlichen Mindestwert hinauszugehen. In diesen Fällen besteht kein Rechtsschutzinteresse für die Festsetzung des Gegenstandswertes durch das Bundesverfassungsgericht.

11. Rechtsmittel. Gegen die Entscheidung des Bundesverfassungsgerichts ist **kein Rechtsmittel** eröffnet. Dies gilt auch im Verfahren betreffend den Erlass einer einstweiligen Anordnung (vgl. § 32 Abs. 3 S. 2 BVerfGG).

Nicht aus dem Blick zu verlieren ist allerdings die **Möglichkeit**, eine **Individualbeschwerde gem. Art. 34 EMRK** zu erheben. Zwar kann der EGMR eine Entscheidung des Bundesverfassungsgerichts nicht aufheben, weil ihm von der EMRK generell **keine sog. kassatorischen Befugnisse** eingeräumt sind (vgl. allgemein Zöller/*Geimer* Einl. Rn. 136). In Betracht kommt aber eine Verurteilung der Bundesrepublik Deutschland zu einer **Entschädigung gem. Art. 41 EMRK** wegen einer Konventionsverletzung durch das Bundesverfassungsgericht. So hat der EGMR beispielsweise bereits festgestellt, dass eine überlange Verfahrensdauer iSd Art. 6 EMRK auch auf einem unverhältnismäßig langen Verfahren vor dem Bundesverfassungsgericht beruhen kann (vgl. EGMR NJW 1997, 2809; siehe zur grundsätzlichen Anwendbarkeit von Art. 6 EMRK auf das Bundesverfassungsgericht auch EGMR NJW 2005, 2530). Entsprechendes gilt für eine Verletzung von Art. 8 EMRK (vgl. EGMR NJW 2004, 2647).

7. Dienstaufsichtsbeschwerde

An den/die[1, 2]

Direktor(in)/Präsidenten(in) des Amtsgerichts in .....

Direktor(in) des Arbeitsgerichts in .....

Präsidenten(in) des Landgerichts in .....

Präsidenten(in) des Oberlandesgerichts in .....

Präsidenten(in) des Landesarbeitsgerichts in .....

Präsidenten(in) des Bundesgerichtshofs in Karlsruhe

Präsidenten(in) des Bundesarbeitsgerichts in Erfurt

Sehr geehrte(r) Frau/Herr Direktor(in) Präsident(in),

namens und in Vollmacht des von uns vertretenen ..... [Name des Mandanten] erheben wir gegen das Verhalten des Urkundsbeamten der Geschäftsstelle ...../des Gerichtsvollziehers ...../des Richters ..... [konkrete Amtsbezeichnung der handelnden Person] in dem Verfahren ....., Az. ..... [präzise Beschreibung des jeweiligen Verfahrens]

Dienstaufsichtsbeschwerde.

..... [Schilderung des Fehlverhaltens des jeweiligen Bediensteten]. Dieses Verhalten ist mit den Dienstpflichten eines ..... nicht zu vereinbaren. Denn .....

Über das von Ihnen Veranlasste bitte ich mich zu informieren.[3]

Mit freundlichen Grüßen

.....

Rechtsanwalt[4, 5]

Anmerkungen

1. Im Unterschied zu den bislang erörterten Rechtsschutzmöglichkeiten zielt die Dienstaufsichtsbeschwerde, deren **Rechtsgrundlage das allgemeine Petitionsrecht** aus Art. 17 GG darstellt (vgl. *Becker-Kavan* DÖD 2000, 273), grundsätzlich nicht auf eine inhaltliche Überprüfung der Sachentscheidung eines Klauselorgans, Vollstreckungsorgans oder eines Gerichts. Vielmehr geht es im Rahmen der sog. **persönlichen Dienstaufsichtsbeschwerde** um die Einhaltung der allgemeinen **Dienstpflichten,** die jeden Beamten oder Richter treffen. Angesprochen sind beispielsweise der Umgangston, die Umgangsformen oder die Beachtung der Geheimhaltungspflichten und der datenschutzrechtlichen Regelungen (vgl. Schuschke/Walker/*Raebel* § 766 Rn. 17).

Demgegenüber scheidet eine **sachliche Dienstaufsichtsbeschwerde,** die auf eine Änderung der Sachentscheidung zielt (vgl. näher zur Abgrenzung der sachlichen von der persönlichen Dienstaufsichtsbeschwerde *Becker-Kavan* DÖD 2000, 273), jedenfalls insoweit aus, als das jeweils handelnde Organ mit **sachlicher Unabhängigkeit** ausgestattet ist, wie dies bei richterlichen Entscheidungen gem. Art. 97 GG und bei Entscheidungen des Rechtspflegers (§ 9 RPflG) der Fall ist. Der Dienstvorgesetzte des Richters kann deshalb gem. § 26 Abs. 2 DRiG dem Richter nur die ordnungswidrige Art der Ausführung eines Amtsgeschäfts vorhalten und zu ordnungsgemäßer, unverzögerter Erledigung der Amtsgeschäfte ermahnen. Praktische Bedeutung hat vor diesem Hintergrund die Dienstaufsichtsbeschwerde speziell gegen Richter derzeit noch insbesondere in den Fällen, in denen sich eine Partei gegen eine **Untätigkeit** des Richters wenden möchte.

Wenn demgegenüber das handelnde Organ nicht mit einer sachlichen Unabhängigkeit ausgestattet ist, kommt auch eine inhaltlich Weisung des Dienstvorgesetzten in Betracht. Dies bezieht sich insbesondere auf die Person des **Gerichtsvollziehers,** der trotz einer gewissen Eigenverantwortlichkeit im Grundsatz weisungsbefugt ist. Es ist allerdings noch nicht hinreichend geklärt, ob der Dienstvorgesetzte des Gerichtsvollziehers auch in Bezug auf eine **konkrete Vollstreckungssache** eine Weisung erteilen kann oder ob er in inhaltlicher Sicht auf generelle Weisungen beschränkt ist (ausdrücklich offen gelassen von BVerwGE 65, 260; siehe zu den Befugnissen des Dienstvorgesetzten auch VG Würzburg Beschl. v. 3.5.2002 – W 1 S 02.297). Fest stehen dürfte allerdings, dass der Dienstvorgesetzte bereits im dem Vollstreckungsverfahren erworbene Rechte nicht antasten darf (vgl. Schuschke/Walker/*Raebel* § 766 Rn. 17).

Eine Dienstaufsichtsbeschwerde führt in den seltensten Fällen zu dem gewünschten Erfolg (vgl. zu möglichen Gründen *Thieme* DÖD 2001, 77 (78)). Sie ist zwar **form- und fristlos,** im Regelfall aber auch **fruchtlos/zwecklos** (vgl. *Thieme* DÖD 2001, 77; etwas weniger pessimistisch *Becker-Kavan* DÖD 2000, 273 (278)). Im Übrigen hat ein Beschwerdeführer zwar ein Recht darauf, dass seine Beschwerde beschieden wird. Ein Anspruch auf Darlegung der Gründe für den Beschwerdebescheid besteht jedoch nicht (vgl. BVerfGE 2, 225 (230); aA *Becker-Kavan* DÖD 2000, 273 (275) mwN zum Meinungsstand). Generell sollte **von der Erhebung einer Dienstaufsichtsbeschwerde** nicht nur wegen der eingeschränkten Einflussmöglichkeiten des Dienstvorgesetzten und der geringen Erfolgsaussichten **zurückhaltend Gebrauch** gemacht werden. Zum einen lässt sich in psychologischer Hinsicht nicht völlig ausschließen, dass der von der Dienstaufsichtsbeschwerde betroffene Amtsträger im weiteren Verlauf des Vollstreckungsverfahrens gegenüber dem Eingabeführer negativ eingestellt ist, ohne dass schon die Voraussetzungen einer Befangenheit vorliegen. Das sollte auch bei der Wortwahl berücksichtigt werden. Zum anderen führt die Einlegung der Dienstaufsichtsbeschwerde schon durch die hiermit verbundene Aktenanforderung zu Verzögerungen, die zumindest dann nicht im Sinne des Mandanten sein kann, wenn es sich hierbei um den die Vollstreckung betreibenden Gläubiger handelt.

2. Die Dienstaufsichtsbeschwerde ist **an den jeweiligen Dienstvorgesetzten zu** richten. Geht es beispielsweise um ein Verhalten eines Richters am Landgericht, ist der Präsident des Landgerichts der richtige Ansprechpartner, über Dienstaufsichtsbeschwerden gegen Richter des Oberlandesgerichts entscheidet der Präsident des Oberlandesgerichts.

3. Vgl. zu der nach der Rechtsprechung des Bundesverfassungsgerichts nur eingeschränkten Bescheidungspflicht des Dienstvorgesetzten → Anm. 1.

4. Kosten und Gebühren. Gerichtliche Gebühren fallen für den Eingabeführer **nicht** an. Der **Rechtsanwalt** erhält für die Einlegung einer Dienstaufsichtsbeschwerde eine **Geschäftsgebühr** gem. Nr. 2400 VV RVG, also eine Gebühr von 0,5 bis 2,5, wobei eine Gebühr von mehr als 1,3 nur gefordert werden kann, wenn die Tätigkeit umfangreich oder schwierig war.

5. Rechtsmittel. Gegen die – in der Praxis zumindest bei Dienstaufsichtsbeschwerden gegen Richter dem Regelfall entsprechende – Mitteilung des Dienstvorgesetzten, „es sei dienstaufsichtsrechtlich nichts zu veranlassen“, gibt es zwar **kein förmliches Rechtsmittel.** Möglich ist es jedoch, gegen die Mitteilung des Dienstvorgesetzten „weitere Dienstaufsichtsbeschwerde“ bei dem nächsthöheren Dienstvorgesetzten einzulegen. Letztlich kann auf diese Weise auch eine Stellungnahme des obersten Dienstvorgesetzten – der Justizministerin oder des Justizministers – erreicht werden. Die Erfolgsaussichten derartiger weitere Dienstaufsichtsbeschwerden sind allerdings ähnlich gering wie Eingaben an den unmittelbaren Dienstvorgesetzten (vgl. zu möglichen Gründen *Thieme* DÖD 2001, 77 (78)).

R. Vollstreckungsverfahren mit Auslandsbezug

I. Vorbemerkungen

1. **Vollstreckungsrecht** ist öffentliches Recht, mit dem der Staat seine Hoheitsorgane zur Durchsetzung zivilrechtlicher Titel zur Verfügung stellt. Deshalb entfalten Urteile grundsätzlich nur Wirkung in den Grenzen des Staates, in dem sie erlassen worden sind mit der Folge, dass die Anerkennung und Eröffnung einer inländischen Vollstreckungsmöglichkeit für ausländische Titel einer besonderen Regelung bedarf. Ihnen muss – so ein Standardsatz – die Vollstreckbarkeit im Inland originär verliehen werden (vgl. etwa BGH NJW 1986, 1440). Als Weg hierfür sieht die ZPO die Durchführung eines normalen kontradiktorischen Erkenntnisverfahrens im Rahmen einer Vollstreckbarkeitsklage gem. den §§ 722, 723 ZPO am allgemeinen Gerichtsstand des Schuldners nach Rechtskraft des ausländischen Urteils vor. Große praktische Bedeutung hat diese Klage, die es einem zahlungsunwilligen Schuldner ermöglicht, rechtzeitig die Dispositionen zu treffen, die eine spätere Vollstreckung ins Leere laufen lassen, nicht. Sie ist inzwischen aufgrund von Staatsverträgen, internationalen Übereinkommen und last not least aufgrund von unmittelbar geltendem EU-Recht zunächst durch ein einfacher zu handhabendes und in erster Instanz nur einseitiges Klauselverfahren ohne rechtliches Gehör für den Schuldner, also mit Überrumpelungseffekt ersetzt worden.

2. Erheblichen Einfluss auf die grenzüberschreitende Vollstreckung hat in den letzten Jahren die **Entwicklung auf europäischer Ebene** erlangt. Gem. Art. 61 lit. c, 65 lit. a EGV in der Fassung des Vertrags von Amsterdam v. 2.10.1997 konnte der Europäische Rat im Bereich der justiziellen Zusammenarbeit in Zivilsachen Maßnahmen erlassen. Hierzu gehörte u. a. die Verbesserung und Vereinfachung der Anerkennung und Vollstreckung gerichtlicher Entscheidungen in Zivil- und Handelssachen. Mit Inkrafttreten des Vertrages von Lissabon am 1.9.2009 ist der Katalog der Maßnahmen, die der europäische Gesetzgeber im Bereich der justiziellen Zusammenarbeit in Zivilsachen erlassen kann, in Art. 81 AEUV neu gefasst und präzisiert worden.

Von den Kompetenzen aus Art. 61 lit. c, 65 lit. a EGV bzw. nunmehr Art. 81 AEUV ist in relativ großen Umfang Gebrauch gemacht worden. Ein erster Schritt erfolgte im familienrechtlichen Bereich. Unter Hinweis darauf, dass Schwierigkeiten bei der Erhebung familienrechtlicher Klagen und insbesondere bei der grenzüberschreitenden Anerkennung und Vollstreckung familienrechtlicher Entscheidungen ein ernsthaftes Hindernis für den freien Personenverkehr in der EU darstellten, erging am 29.5.2000 die EuEheVO (Brüssel II). Für den Bereich des Zivilprozesses ist auf der Grundlage des EuGVÜ, der alle damaligen Mitgliedstaaten beigetreten waren, mit der am 1.3.2002 in Kraft getretenen Brüssel-I-VO (EuGVVO) das Verfahren über die Anerkennung und Vollstreckung gerichtlicher Entscheidungen in Zivil- und Handelssachen modifiziert und teilweise vereinfacht worden.

Entsprechend den Schlussfolgerungen des Europäischen Rates in seiner Sitzung vom 15. und 16.10.1999 in Tampere (auszugsweise abgedruckt in NJW 2000, 1925) hatten der Rat und die Europäische Kommission am 24.11.2000 ein Maßnahmenprogramm zur Umsetzung des Grundsatzes der gegenseitigen Anerkennung gerichtlicher Entscheidungen in Zivil- und Handelssachen beschlossen, das die **Abschaffung des Exequaturverfahrens** für unbestrittene Forderungen vorsah, und zwar als eine der Prioritäten der Gemeinschaft, weil die rasche Beitreibung ausstehender Forderungen eine absolute Notwendigkeit für den Handel sei (ABl. 2001 C 12, 1). Diese Arbeiten hatten zunächst mit der EuVTVO v. 21.4.2004

Art. 61 lit. c, 65 lit. a EGV einen ersten Abschluss gefunden (vgl. näher zur Entstehungsgeschichte *Stein* IPRax 2004, 181; *Wagner* IPRax 2002, 75 u. IPRax 2005, 189), die es bei bestimmten Titeln ermöglicht, aufgrund einer im Urteilsstaat erteilten Bestätigung in einem anderen Mitgliedsstaat die Zwangsvollstreckung zu betreiben. Der eingangs dargestellte Grundsatz, dass Urteile nur Wirkung innerhalb des Staates entfalten, in dem sie ergangen sind, gilt daher auf europäischer Ebene nicht mehr.

Der mit der EuVTVO erfolgte Systemwechsel ist etwa zeitgleich auf den familienrechtlichen Bereich ausgedehnt worden. Die EuEheVO v. 29.5.2000 (Brüssel-II) ist durch diejenige v. 27.11.2003 (Brüssel-IIa) ersetzt worden, die zwar weiterhin ein Vollstreckbarkeitsverfahren vorsieht, indes für Entscheidungen über das Umgangsrecht und die Kindesrückgabe eine unmittelbare Vollstreckbarkeit einer im Ursprungsmitgliedstaat ergangenen Entscheidung aufgrund einer dort erfolgten Bestätigung im Vollstreckungsmitgliedstaat ermöglicht.

Ausgedehnt wurde die unmittelbare Vollstreckbarkeit der in einem Mitgliedstaat ergangenen Entscheidungen danach auf Titel, die in einem neu geschaffenen europäischen Mahnverfahren ergangen sind sowie auf Titel über geringfügige Forderungen (Nettohauptforderungen bis 2.000,– EUR) unabhängig davon, ob sie im streitigen oder unstreitigen Verfahren ergangen sind.

Seit dem 18.6.2011 sind aufgrund der EuUnterhaltsVO Unterhaltstitel aus dem Anwendungsbereich der Brüssel-I-VO und der EuVTVO herausgelöst und außer bei Titeln aus Großbritannien und Dänemark auch dann in einem anderen Mitgliedstaat unmittelbar vollstreckbar, wenn sie in einem streitigen Verfahren ergangen sind.

Die Lücke, die sich daraus ergibt, dass nach deren Art. 1 Abs. 2 lit. a die Brüssel-I-VO nicht auf das Erbrecht anwendbar war (jetzt Art. 1 Abs. 2 lit. f Brüssel-Ia-VO) wurde durch die Verordnung (EU) Nr. 650/2012 des Europäischen Parlaments und des Rates vom 4.7.2012 über die Zuständigkeit, das anzuwendende Recht, die Anerkennung und Vollstreckung von Entscheidungen und die Annahme und Vollstreckung öffentlicher Urkunden in Erbsachen sowie zur Einführung eines Europäischen Nachlasszeugnisses – EU-ErbrechtsVO – geschlossen. Diese Verordnung, die in ihren wesentlichen Teilen am 17.8.2015 in Kraft getreten ist und die sowohl für Verfahren der streitigen wie auch der freiwilligen Gerichtsbarkeit anzuwenden ist, enthält in ihren Art. 39–58 ein Anerkennungs- und Vollstreckungskonzept, das auf demjenigen der EuGVVO beruht.

Ein – vorläufiger – Abschluss des Maßnahmenprogramms zur gegenseitigen Anerkennung gerichtlicher Entscheidungen innerhalb der EU erfolgte mit der Verordnung über die gerichtliche Zuständigkeit und die Anerkennung und Vollstreckung gerichtlicher Entscheidungen in Zivil- und Handelssachen vom 12.12.2012 (Brüssel-Ia-VO oder EuGVVO 2012). Sie gilt ab dem 10.1.2015 und ersetzt von diesem Zeitpunkt an die Verordnung Nr. 44/2001. Im Anwendungsbereich der Brüssel-Ia-VO entfällt das Vollstreckbarkeitsverfahren für alle Urteile aus gerichtlichen Verfahren, die ab dem 10.1.2015 eingeleitet und für gerichtliche Vergleiche und öffentliche Urkunden, die nach diesem Zeitpunkt geschaffen worden sind.

Flankierend zu den verschiedenen Rechtsakten der EU zur Durchsetzung von Titeln aus einem Mitgliedstaat in einem anderen wird demnächst ein Gläubiger eine unmittelbare Zugriffsmöglichkeit auf Konten des Schuldners in einem anderen Mitgliedstaat haben. Ab dem 18.1.2017 wird die Verordnung Nr. 655/2014 vom 15.5.2014 zur Einführung eines Verfahrens für einen Beschluss zur vorläufigen Kontenpfändung anwendbar sein. Sie gilt in allen Zivil- und Handelssachen mit einem in Art. 2 aufgeführten Katalog von Ausnahmen (Güterstände, Testaments- und Erbrecht, Forderungen aus Insolvenzverfahren, soziale Sicherheit, Schiedsgerichtsbarkeit). Der durch die Verordnung eingeführte Pfändungsbeschluss soll es einem Gläubiger ermöglichen, seine Forderung in einem einseitigen Verfahren vor dem Gericht der Hauptsache ohne Anhörung des Schuldners schon während oder gar vor dem Hauptsacheverfahren durch einen Zugriff auf Konten in anderen Mitgliedstaaten zu sichern.

3. Die in der Praxis wichtigsten **Rechtsgrundlagen** für die Durchsetzung ausländischer Titel im Inland sind zusammengefasst folgende:

- **unmittelbar geltendes sekundäres Gemeinschaftsrecht:**
  - die Verordnung (EG) Nr. 44/2000 des Rates v. 22.12.2000 über die gerichtliche Zuständigkeit und die Anerkennung und Vollstreckung von Entscheidungen in Zivil- und Handelssachen – **Brüssel-I-VO** – **EuGVVO** – (ABl. L 12, 1 v. 16.1.2001, zuletzt geändert durch die VO (EG) Nr. 1496/2002 der Kommission – ABl. L 225, 13 v. 22.8.2002),
  - die Verordnungen (EG) Nr. 1347/2000 v. 29.5.2000 – **Brüssel-II-VO** – **EuEheVo 2000** – (ABl. L 160, 19 v. 30.6.2000) und Nr. 2201/2003 v. 27.11.2003 – **Brüssel-II a-VO** – **EuEheVo 2003** – (ABl. L 338, 15 v. 23.12.2003) über die Zuständigkeit und die Anerkennung und Vollstreckung von Entscheidungen in Ehesachen und in Verfahren betreffend die elterliche Verantwortung,
  - die Verordnung (EG) Nr. 805/2004 des Europäischen Parlaments und des Rates v. 21.4.2004 zur Einführung eines europäischen Vollstreckungstitels für unbestrittene Forderungen – **EuVTVO** – (ABl. L 143, 15 v. 30.4.2004),
  - die Verordnung (EG) Nr. 1896/2006 des europäischen Parlaments und des Rates v. 12.12.2006 zur Einführung eines Europäischen Mahnverfahrens – **EuMahnVO** – (ABl. L 399, 1 v. 30.12.2006),
  - die Verordnung (EG) Nr. 861/2007 des europäischen Parlaments v. 11.7.2007 zur Einführung eines Europäischen Verfahrens für geringwertige Forderungen – **EuBagatellVO** – (AB L 199, 1 v. 31.7.2007),
  - die Verordnung (EG) Nr. 4/2009 des Rates vom 18.12.2008 über die Zuständigkeit, das anzuwendende Recht, die Anerkennung und Vollstreckung von Entscheidungen und die Zusammenarbeit in Unterhaltssachen – **EuUnterhaltsVO** – (ABl. L 7, 1 v. 10.1.2009) in Verbindung mit dem hierin in Bezug genommenen Haager Protokoll vom 23.11.2007 über das auf Unterhaltspflichten anzuwendende Recht gem. dem Beschluss des Rates vom 30.11.2009 (ABl. L 331, 17 v. 16.12.2009),
  - die Verordnung (EU) Nr. 650/2012 des Europäischen Parlaments und des Rates vom 4.7.2012 über die Zuständigkeit, das anzuwendende Recht, die Anerkennung und die Vollstreckung von Entscheidungen und die Annahme und Vollstreckung öffentlicher Urkunden in Erbsachen sowie zur Einführung eines Europäischen Nachlasszeugnisses – **EUErbVO** – (ABl. L 201, 107 v. 27.2.2012 iVm der Durchführungsverordnung (EU) Nr. 1329/2014 der Kommission vom 9.12.2014 zur Festlegung der Formblätter (ABl. L 359, 30 v. 16.12.2014).
  - Verordnung (EU) Nr. 1215/2012 des Europäischen Parlaments und des Rates vom 12.12.2012 über die gerichtliche Zuständigkeit und die Anerkennung und Vollstreckung von Entscheidungen in Zivil- und Handelssachen – **Brüssel-Ia-VO** – **EuGVVO 2012** – (ABl. L 351, 1 v. 20.12.2012).
  - die Verordnung (EU) Nr. 655/2014 des Europäischen Parlaments und des Rates vom 15.5.2014 zur Einführung eines Verfahrens für einen **Europäischen Beschluss zur vorläufigen Kontenpfändung** im Hinblick auf die Erleichterung der grenzüberschreitenden Eintreibung von Forderungen in Zivil- und Handelssachen – **EuKoPfVO** – (ABl. L 189, 59 v. 27.6.2014).
- **multilaterale Verträge:**
  - das Brüsseler Übereinkommen über die gerichtliche Zuständigkeit und die Vollstreckung gerichtlicher Entscheidungen in Zivil- und Handelssachen v. 27.9.1968 – **EuGVÜ** – (letzte Fassung BGBl. 1998 II 1411),
  - das Lugano- Übereinkommen über die gerichtliche Zuständigkeit und die Vollstreckung gerichtlicher Entscheidungen in Zivil- und Handelssachen v. 16.9.1988 – **LugÜ** – (BGBl. 1993 II 266),

  - das Haager Übereinkommen über die Anerkennung und Vollstreckung von Unterhaltsentscheidungen v. 2.10.1973 – **HUVÜ 1973** – (BGBl. 1986 II 826),
  - das Haager Übereinkommen über die Anerkennung und Vollstreckung von Entscheidungen auf dem Gebiet der Unterhaltspflicht gegenüber Kindern v. 15.4.1958 – **HUVÜ 1958** – (BGBl. 1961 II 1006),
  - das New Yorker UN-Übereinkommen über die Geltendmachung von Unterhaltsansprüchen im Ausland v. 20.6.1956 – **UNUÜ 1956** – (BGBl. 1959 II 149),
  - das Haager Zivilprozessübereinkommen v. 1.3.1954 – **HZPrÜbk** – (BGBl. 1958 II 575),
  - das New Yorker UN-Übereinkommen über die Anerkennung und Vollstreckung ausländischer Schiedssprüche – **UNSchÜ** – v. 10.6.1958 (BGBl. 1961 II 122),
  - das Europäische Übereinkommen über die internationale Handelsschiedgerichtsbarkeit v. 21.4.1961- **EuSchÜ** – (BGBl. 1964 II 426),
- **Abkommen der Europäischen Gemeinschaft**
  - das Abkommen vom 19.10.2005 zwischen der Europäischen Gemeinschaft und dem Königreich Dänemark über die gerichtliche Zuständigkeit und die Anerkennung und Vollstreckung von Entscheidungen in Zivil- und Handelssachen (ABl. L 299, 62), mit dem die Anwendbarkeit der Brüssel-I-VO vertraglich auf Dänemark erstreckt wurde,
  - das Übereinkommen vom 30.10.2007 über die gerichtliche Zuständigkeit und die Anerkennung und Vollstreckung in Zivil- und Handelssachen – **LugÜ 2007** – (ABl. L 339, 1), zwischen der Europäischen Gemeinschaft sowie Island, Norwegen und der Schweiz mit dem im Wesentlichen die Vorschriften der Brüssel-I-VO im Verhältnis zu den verbliebenen Vertragsstaaten des LugÜ übernommen wurden,
  - das noch nicht in Kraft getretene Haager Übereinkommen vom 23.11.2007 über die internationale Geltendmachung der Unterhaltsansprüche von Kindern und anderen Familienangehörigen – **HUVÜ 2007** – (ABI. L 192, 51) und das Haager Protokoll über das auf Unterhaltspflichten anzuwendende Recht – **Haager Protokoll** – (ABI. L 331, 19 vom 16.12.2009),
- **bilaterale Verträge:**
  - der **deutsch-israelische Vertrag** v. 20.7.1977 (BGBl. 1980 II 925),
  - der **deutsch-tunesische Vertrag** v. 19.7.1966 (BGBl. 1969 II 890),
  - der **deutsch-türkische Vertrag** v. 28.5.1929 (RGBl. 1930 II 2) mit Wiederinkraftsetzung v. 29.5.1952 (BGBl. 1952 II 608),

Daneben gibt es im europäischen Rechts- und Wirtschaftsraum verschiedene bilaterale Verträge, die jeweils mit Inkrafttreten des EuGVÜ bzw. des entsprechenden Beitrittsabkommens, des LugÜ und der Brüssel-I-VO ersetzt worden sind. Sie sind damit nur noch für ältere Titel maßgeblich oder für Titel aus solchen Materien, die vom Anwendungsbereich der Übereinkommen bzw. Verordnungen auf europäischer Ebene ausgenommen sind (zB Erbrecht), haben also praktisch keine nennenswerte Relevanz mehr.

- **autonomes deutsches Recht:**

  §§ 722, 723 ZPO iVm § 328 ZPO,

4. Zu den internationalen Übereinkommen und den bilateralen Verträgen gab es in der Vergangenheit gesonderte **Ausführungsgesetze,** die sich immer mehr anglichen. Anlässlich des Verfahrens zur Ratifizierung des deutsch-spanischen Vertrages vom 14.11.1983 wurde für diesen Vertrag, für internationale Übereinkommen sowie für künftige Anerkennungs- und Vollstreckungsverträge mit dem Gesetz zur Ausführung zwischenstaatlicher Anerkennungs- und Vollstreckungsverträge in Zivil- und Handelssachen vom (**AVAG 1988**) ein einheitliches Ausführungsgesetz geschaffen. Im Zusammenhang mit der Brüssel-II-VO (EuEheVO 2000) – und der Brüssel-I-VO wurde es durch das AVAG vom 19.2.2001 ersetzt (**AVAG 2001**, im Folgenden nur noch **AVAG** – BGBl. I 288, 436, neugefasst durch Bekanntmachung vom 3.12.2009 – BGBl. I 3830, in der Folgezeit mehrfach geändert).

Dessen Anwendungsbereich ist in § 1 AVAG umschrieben und es enthält ergänzend die nationalen Vorschriften über den Ablauf des Anerkennungs- und Vollstreckbarkeitsverfahrens. Dies gilt indes bezüglich der EuGVVO wegen des Rechtsprechung des EuGH, dass unmittelbar geltende europäische Rechtsnormen aus Gründen der Rechtsklarheit nicht in nationalen Vorschriften wiederholt werden dürfen (EuGHE 1985, 1057 (1074), nur in eingeschränkten Umfang (§ 55 AVAG)

Nach Erlass der Brüssel-IIa-VO (EuEheVO 2003) wurde mit dem Gesetz zum internationalen Familienrecht vom 26.1.2005 – **IntFamRVG** – (BGBl. I 162) für den familienrechtlichen Bereich ein einheitliches Ausführungsgesetz geschaffen und dieser Teil unter Aufhebung der §§ 50–54 aus dem AVAG herausgelöst.

Die Durchführungsbestimmungen zu der seit dem 18.6.2011 geltenden EuUnterhaltsVO finden sich in dem am gleichen Tag in Kraft getretenen Gesetz zur Geltendmachung von Unterhaltsansprüchen im Verkehr mit ausländischen Staaten vom 23.5.2011 – Auslandsunterhaltsgesetz – **AUG** – (BGBl. I 898).

Eine gesonderte Regelung erfolgte auch wegen der Ausführungsbestimmungen zur EuErbVO, nämlich im Gesetz zum Internationalen Erbrecht und zur Änderung von Vorschriften zum Erbschein sowie zur Änderung sonstiger Vorschriften vom 29.6.2015 – **IntErbRVG** – (BGBl. I 1042).

Soweit auf europäischer Ebene zivilprozessuale Titel unmittelbar in anderen Mitgliedstaaten vollstreckbar sind, erübrigen sich systembedingt gesonderte Ausführungsgesetze. Allerdings war hierfür eine Änderung bzw. Ergänzung der ZPO erforderlich. Die Durchführungsbestimmungen finden sich nunmehr in den

- §§ 1079–1086 ZPO für die EuVTVO,
- §§ 1087–1096 ZPO für die EuMahnVO,
- §§ 1097–1109 ZPO für die EuBagatellVO
- §§ 1110–1117 ZPO für die Brüssel-Ia-VO .

Die Durchführungsbestimmungen zum Europäischen Beschluss zur vorläufigen Kontenpfändung werden nach dem Regierungsentwurf eines Gesetzes zur Durchführung der Verordnung (EU) Nr. 655/2014 sowie zur Änderung sonstiger zivilprozessualer Vorschriften (EuKoPfVODG) vom 18.12.1915 ihren Standort ebenfalls in der ZPO, nämlich im Wesentlichen in neu zu schaffenden §§ 946–958 ZPO finden (BR-Drs. 633/15).

II. Vollstreckungsverfahren nach der Verordnung (EU) Nr. 1215/ 2012 des Europäischen Parlaments und des Rates vom 12.12.2012 über die gerichtliche Zuständigkeit und die Anerkennung und Vollstreckung von Entscheidungen in Zivil- und Handelssachen

1. Antrag an das Vollstreckungsorgan auf Vollstreckung einer Entscheidung, eines Vergleichs oder einer öffentlichen Urkunde (Art. 41, 42 Brüssel-Ia-VO iVm den Anlagen I und II des Anhangs)

An das

Amtsgericht .....

– Gerichtsvollzieherverteilerstelle –

In der Zwangsvollstreckungssache

des/der .....

Gläubiger/in,

Verfahrensbevollmächtigte: Rechtsanwälte .....

gegen

.....

Schuldner/in,

wird beantragt,

die sich aus der beigefügten Forderungsaufstellung ergebenden Vollstreckungsforderung im Wege der Zwangsvollstreckung nebst Kosten dieses Auftrags einzuziehen.[1, 2, 3, 4, 5, 6, 12]

Hierzu werden überreicht.

- eine Ausfertigung des vollstreckbaren Urteils des ..... gerichts in .....,[8]

(Variante:

- *eine Ausfertigung des vor dem .....gericht in ..... geschlossenen vollstreckbaren Vergleichs,)*[7]
- eine Ausfertigung der vor de ..... in ..... errichteten vollstreckbaren Urkunde,[7]
- einen von der zuständigen Behörde in ..... unter Verwendung des Formblattes gem. Anhang I/Anhang II zur Brüssel-Ia-VO erstellten Auszug des Titels,[8, 10, 14]
- die im Antrag bezeichnete Forderungsaufstellung vom .....,
- .....[10]

Das Formblatt/und der Titel ist/sind dem/der Schuldner/in bisher nicht zugestellt. Es wird gebeten, diese/s gem. Art. 43 Abs. 1 Brüssel-I-a-VO vorab, also vor Beginn der ersten Vollstreckungshandlung zuzustellen.[11]

Der Gläubiger ist mit einer Einziehung von Teilbeträgen nach § 802b Abs. 2 ZPO sowie dem Aufschub der Verwertung nach § 813a ZPO, gegebenenfalls über gesetzliche Fristen hinaus einverstanden/nicht einverstanden.

Das Einverständnis gilt nur, wenn und solange andere Gläubiger gegen den Schuldner nicht vollstrecken oder ebenfalls mit Teilzahlungen nach § 802b Abs. 2 ZPO ihr Einverständnis erklärt haben.

Für den Fall, dass Verwertungsaufschub gewährt wird und der Schuldner dann mit einer Rate ganz oder teilweise in Verzug gerät, ist der Gläubiger bzgl. eines erneuten Aufschubs der Verwertung einverstanden/nicht einverstanden/zunächst zu unterrichten.

Der Gläubiger erteilt hiermit folgende weiteren Anweisungen:

- Erlass eines vorläufigen Zahlungsverbots gem. § 845 ZPO gegen den Drittschuldner, sofern pfändbare Forderungen bekannt sind oder bekannt werden sowie unmittelbare Mitteilung an den Unterzeichner.
- Vornahme einer vorläufigen Austauschpfändung nach § 811b ZPO, sofern eine Austauschpfändung nach § 811a ZPO in Betracht kommt.
- Wegnahme von Sparbüchern, Lebensversicherungspolicen und weiterer Legitimationspapiere (§ 156 GVGA).
- Übersendung eines Vollstreckungsprotokolls nach § 760 ZPO.

Es wird gebeten, eingezogene Beträge auf folgendes Konto ..... zu überweisen. Auf die Geldempfangsvollmacht anbei wird verwiesen.

Sollte ein örtlicher Zuständigkeitsmangel vorliegen, wird um formlose Weiterleitung an das zuständige Gericht und entsprechende Mitteilung an den Unterzeichner gebeten.

Das Formblatt ist so abgefasst, dass sich hieraus nach Auffassung des Unterzeichners die für die Durchführung des Vollstreckungsauftrags notwendigen Informationen auch ohne Kenntnis der ..... Sprache ohne weiteres erschließen. Falls gleichwohl eine Übersetzung/ Transliteration des Formblatts benötigt wird, wird um Nachricht gebeten.[9]

Ich beauftrage Sie, die Zwangsvollstreckung je nach Verlauf stufenweise wie folgt durchzuführen: .....

.....

Rechtsanwalt[13]

Anmerkungen

1. Die grenzüberschreitende Vollstreckung innerhalb der EU richtete sich bisher nach der Brüssel-I-VO und setzte damit voraus, dass dem Titel aus einem anderen Mitgliedstaat im Wege eines gesonderten Vollstreckbarkeitsverfahrens im Vollstreckungsstaat Wirkung verliehen wurde. Nur bei „unbestrittenen" Forderungen iSd EuVTVO (→ Form. R. III), bei Forderungen, die nach der EuMahnVO tituliert waren (→ Form. R. IV), Forderungen, die im Verfahren nach der EuBagatellVO durchgesetzt worden waren (→ Form. R. V), sowie Unterhaltstiteln außer solchen aus Dänemark und Großbritannien (→ Form. R. XI. 1 bis → Form. R. XI. 5), hatte schon bisher ein Gläubiger die Möglichkeit zur unmittelbaren Vollstreckung in einem anderen Mitgliedstaat der EU. Ab dem **10.1.2015** hat sich dies geändert. Seit diesem Tag gilt die Verordnung (EU) Nr. 1215/ 2012 des Europäischen Parlaments und des Rates über die gerichtliche Zuständigkeit und die Anerkennung und Vollstreckung von Entscheidungen in Zivil- und Handelssachen – **Brüssel-Ia-VO** – vom 12.12.2012 (ABl. L 351, 1 v. 20.12.2012; auch bezeichnet als

„EuGVVO 2012", „EuGVVO 2015", „EuGVVO Neu" oder einfach, so zB im *Thomas/ Putzo* – wegen der noch einige Jahre andauernden Übergangszeit wenig unterscheidungsfähig – wie ihr Vorläufer nur als „EuGVVO").

Die ebenfalls am 10.1.2015 in Kraft getretenen deutschen **Durchführungsbestimmungen** haben ihren Standort anders als diejenigen zu ihrem Vorläufer systematisch richtig nicht im AVAG, sondern im elften Buch der ZPO in den Vorschriften über die justizielle Zusammenarbeit in Europa gefunden, das um einen 7. Abschnitt mit den §§ 1110–1117 ergänzt wurde.

2. Die Brüssel-Ia-VO hat ihre **Rechtsgrundlage** in Art. 67 Abs. 4 und Art. 82 Abs. 2 lit. a, c, e AEUV und sieht ua eine **Abschaffung des Exequaturverfahrens** und deren Ersetzung durch **Kontrollmechanismen im Vollstreckungsstaat** vor. Damit wurde gegenüber dem bisherigen Recht mit dem Zwischenschritt des Vollstreckbarkeitsverfahrens die Durchsetzung eines Titels in einem anderen Mitgliedstaat deutlich erleichtert und letztlich ein „**umgekehrtes Verfahren**" geschaffen. Die Vollstreckbarkeit eines in einem Mitgliedstaat erwirkten Titels besteht in allen anderen Mitgliedstaaten von vornherein wie ein Titel aus dem Vollstreckungsstaat und braucht nicht erst bei den Gerichten dieses Staates erwirkt werden (*Pohl* IPRax 2013, 109 (112); *v. Hein* RIW 2013, 97 (109)). Es ist stattdessen Sache des Schuldners aktiv zu werden, wenn er die Vollstreckbarkeit der Entscheidung beseitigen will (dazu → Form. R. II. 3).

3. In sachlicher Hinsicht ist die Brüssel-Ia-VO anwendbar auf alle Zivil- und Handelssachen, soweit sie nicht in dem Ausnahmekatalog des Art. 1 Abs. 2 ausdrücklich ausgeschlossen sind, wie dies etwa bei Personenstandsachen (einschließlich Ehesachen), Statusklagen oder Betreuungssachen der Fall ist. Gesetzliche Unterhaltspflichten, bei denen die grenzüberschreitende Durchsetzung inzwischen ihre Grundlage in der EuUnterhaltsVO hat, sind von dem Ausnahmekatalog ebenfalls erfasst. Wegen der ebenfalls ausgenommenen Erbsachen gilt seit dem 17.8.2015 die EuErbVO (→ Form. R. XVIII).

4. Zeitlich gilt die Verordnung gem. den Art. 66 Abs. 2, 81 für solche Klagen und öffentliche Urkunden, die seit dem 10.1.2015 erhoben bzw. errichtet worden sind. Entsprechendes gilt für gerichtliche Vergleiche, die ab diesem Zeitpunkt geschlossen und gebilligt worden sind. Die Brüssel-I-VO ist gem. Art. 80 seit dem 10.1.2015 aufgehoben. Jedoch gilt sie gem. Art. 66 Abs. 2 Brüssel-Ia-VO weiterhin für Titel in ihrem Anwendungsbereich und zwar

- für Entscheidungen, die in gerichtlichen Verfahren ergangen sind, die vor dem 10.1.2015 eingeleitet wurden,
- für vor diesem Zeitpunkt förmlich errichtete oder eingetragene öffentliche Urkunden,
- sowie für vor diesem Zeitpunkt gebilligte oder geschlossene gerichtliche Vergleiche.

Der **Begriff der Klageerhebung** ist in Art. 32 autonom dahin definiert, dass hierfür – anders als nach deutschem Recht – die Einreichung der Klage bei Gericht oder bei der für die Zustellung zuständigen Stelle ausreicht.

5. Wie die bisherige Brüssel-I-VO gilt die neue Verordnung **in allen Mitgliedstaaten der EU**. Maßgeblich für den territorialen Geltungsbereich der Brüssel-I-VO ist Art. 355 (zu Ausnahmen zB für die britischen Kanalinseln oder überseeische Gebiete von Mitgliedsländern siehe Thomas/Putzo/*Hüßtege* Vor EuGVVO Rn. 17; Rauscher/*Staudinger* Einl. Brüssel I-VO Rn. 16–18). Dänemark, dem es aufgrund des Abkommens vom 19.10.2005 (→ Form. R. VI. 1 Anm. 1) freigestellt ist, sich an Änderungen der Brüssel-I-VO zu beteiligen, hat der Kommission mit Schreiben vom 20.12.2012 mitgeteilt, dass es die Brüssel-Ia-VO innerstaatlich umsetzen wird (ABl 2013 L 79, 4).

6. Nach Art. 41 Abs. 1 ist für die Vollstreckung einer Entscheidung aus einem anderen Mitgliedstaat das Recht des Vollstreckungsstaates maßgeblich und ein in einem anderen Mitgliedstaat ergangener Titel wird zu den gleichen Bedingungen vollstreckt wie ein inländischer Titel. Es gelten daher die nationalen Vorschriften des Vollstreckungsrechts, allerdings mit Vorrang etwaiger Regelungen in der Verordnung. In Deutschland gelten die Vorschriften über **Vollstreckungsvoraussetzungen** einschließlich des § 750 ZPO, der allerdings durch die Sonderregelung des Art. 43 Abs. 1 teilweise verdrängt wird, über **Vollstreckungshindernisse**, die **Erinnerung nach § 766 ZPO** gegen die Art und Weise der Zwangsvollstreckung, die Gewährung von **Vollstreckungsschutz nach § 765a ZPO** sowie über die **Rechtsmittel des 8. Buches der ZPO** einschließlich der **Vollstreckungsabwehrklage**, wie durch § 1117 ZPO klargestellt wird. Darauf beruht das vorstehende Form., das dem eines sonstigen Vollstreckungsauftrags an den Gerichtsvollzieher für die Vollstreckung in das bewegliche Vermögen wegen einer Geldforderung nachgebildet ist (→ Form. G. I. 1).

Einer **Vollstreckungsklausel** bedarf es nicht (klarstellend § 1112 ZPO). Diese wird durch die im Ursprungsstaat ausgestellte **Bescheinigung nach Art. 53, Brüssel-Ia-VO** ersetzt, in der Bestand und Vollstreckbarkeit der Entscheidung dokumentiert sind. Mit ihr sollen die Gerichte in dem Staat, in dem die Entscheidung vollstreckt werden soll, in die Lage versetzt werden zu überprüfen,

- ob es sich überhaupt um eine gerichtliche Entschließung handelt, die in den Anwendungsbereich der Brüssel-Ia-VO fällt,
- ob diese eine Entscheidung iSd Art. 2 lit. a Brüssel-Ia-VO darstellt,
- ob sie im Ursprungsstaat vollstreckbar ist,
- und welchen vollstreckungsfähigen Inhalt sie hat.

Wegen der vorzulegenden Bescheinigung (**Anhang I**) hat der deutsche Gesetzgeber auch von einer gesonderten Regelung für den Fall, dass die Vollstreckung von einer Sicherheitsleistung durch den Gläubiger abhängt, abgesehen; denn er sieht wegen der hierin nach Ziffer 4.4 vorzunehmenden Eintragungen mit alternativen Antworten zu der Frage, ob die Entscheidungen im Ursprungsmitgliedstaat vollstreckbar ist, ohne dass weitere Bedingungen erfüllt sein müssen, einen tauglichen Nachweis iSd § 751 Abs. 2 ZPO.

7. **Öffentliche Urkunden** und **gerichtliche Vergleiche** sind gem. den Art. 58, 59 Brüssel-Ia-VO in gleicher Weise unmittelbar in einem anderen Mitgliedstaat vollstreckbar wie Entscheidungen. Bei ihnen ist jedoch gem. Art. 60 Brüssel-Ia-VO die gesonderte Bescheinigung nach **Anhang II** vorzulegen. Für alle drei Titelformen (Entscheidung, öffentliche Urkunde, gerichtlicher Vergleich) enthält **Art. 2 Brüssel-Ia-VO** in den lit. a–c **Legaldefinitionen.** Dabei wurde in lit. a S. 2 und 3 klargestellt, dass entsprechend der Rspr. des EuGH zum EuGVÜ (EuGH Urt. v. 21.5.1980 – Rs 125/79, EuGHE 1980, 1553 = IPRax 1981, 95) nur solche einstweiligen Maßnahmen in einem anderen Mitgliedstaat anerkannt und vollstreckt werden können, bei denen das Gericht auch in der Hauptsache zuständig gewesen wäre und die in einem kontradiktorischen Verfahren ergangen sind, es sei denn, dass die Maßnahme dem Schuldner vor der Vollstreckung zugestellt wurde, er also zuvor rechtliches Gehör erhalten hatte. Ein ohne mündliche Verhandlung angeordneter deutscher Arrest ist hiernach in einem anderen Mitgliedstaat nur vollstreckbar, wenn der Gläubiger diesen zuvor dem Schuldner nach § 922 Abs. 2 ZPO zugestellt und damit die Möglichkeit eröffnet hatte, Widerspruch einzulegen (vgl. zu dieser Problematik und zur Abgrenzung von einstweiligen Maßnahmen nur aufgrund nationaler Zuständigkeitsregeln ohne Hauptsachzuständigkeit iSd Art. 35 Brüssel-Ia-VO Schuschke/Walker/*Jennissen* Art. 35 Brüssel-Ia-VO Rn. 2 ff.).

8. Um das Verfahren möglichst einfach zu gestalten, sind die Anforderungen an die vorzulegenden Urkunden in Art. 42 Brüssel-Ia-VO gering. Im Normalfall der Vollstreckung einer in der Hauptsache ergangenen Entscheidung bedarf es gem. Art. 42 Abs. 1 nur der Vorlage

a) einer Ausfertigung der Entscheidung, die vollen Beweis für deren Echtheit und deren Inhalt erbringt, so dass die bloße Vorlage eienr Abschrift oder Kopie nicht reicht (Thomas/Putzo/*Hüßtege* EuGVVO Art. 42 Rn. 2; Schuschke/Walker/*Jennissen* Brüssel-Ia-VO Art. 37 Rn. 4),
b) die Bescheinigung nach Art. 53.

Da mit einem Vollstreckungsauftrag eine konkrete Maßnahme sowie unter Umständen die Beitreibung von Zinsen und Kosten begehrt wird, hat die **Bescheinigung** gem. Art. 42 Abs. 1 lit. b Brüssel-Ia-VO bestimmte **Mindestangaben** zu enthalten, nämlich neben der Bestätigung der Vollstreckbarkeit einen Auszug aus der Entscheidung sowie Ausführungen zu erstattungsfähigen Kosten und zur Berechnung der Zinsen, die in verschiedenen Mitgliedstaaten nur zB als „gesetzliche Zinsen" ausgeurteilt werden. Die Bescheinigung nach Art. 53 iVm Anhang I ist so gestaltet, dass ihr wesentlicher Inhalt von der zuständigen Stelle im ersuchten Staat unter Umständen auch dann erschlossen werden kann, wenn die Sprache, in der sie ausgestellt ist, nicht verstanden wird. Das angerufene Vollstreckungsorgan kann zwar nach Art. 42 Abs. 3 Brüssel-Ia-VO eine Übersetzung der Bescheinigung anfordern, braucht dies aber nicht. Hierdurch wird das Verfahren deutlich vereinfacht.

9. Eine Übersetzung der Entscheidung selbst anstelle einer Übersetzung der Bescheinigung kann/darf gem. Art. 42 Abs. 4 nur angefordert werden, wenn die ersuchte Stelle das Verfahren ohne eine solche Übersetzung nicht fortsetzen kann. Die Notwendigkeit hierfür dürfte sich allenfalls dann ergeben, wenn das Formblatt um individuelle Zusätze ergänzt worden ist. Wegen dieses klar zum Ausdruck gebrachten Willens des europäischen Normgebers, die Anforderung einer Übersetzung auf das Notwendigste zu beschränken, dürfte der zu anderen EU-Verordnungen vertretenen gegenteiligen Ansicht, die wegen § 184 GVG und zur Sicherung ordnungsgemäßer Tätigkeit der ersuchten Stellen stets eine Übersetzung verlangt, der Boden entzogen sein (Schuschke/Walker/*Jennissen* ZPO § 1083 Rn. 1). Eine ggf. beizubringende Übersetzung ist gem. Art. 57 Abs. 3 Brüssel-Ia-VO in deutscher Sprache abzufassen und von einer Person zu erstellen, der in einem Mitgliedsstaat hierzu befugt ist.

10. **Besondere Nachweispflichten** gelten für den Fall, dass eine **einstweilige Maßnahme**, also eine gerichtliche Entscheidung vollstreckt werden soll, die einem deutschen Arrest oder einer einstweiligen Verfügung entspricht. Für diesen Fall ist in der Bescheinigung nach Art. 53 Abs. 2 neben der Vollstreckbarkeit auch zu bestätigen, dass das Gericht in der Hauptsache zuständig ist. Für den Fall, dass die Maßnahme ohne vorheriges rechtliches Gehör des Antragsgegners ergangen ist, ist auch ein Nachweis beizubringen, dass die Entscheidung zugestellt worden ist. Dies beruht darauf, dass nur für diesen Fall, einstweilige Maßnahmen in einem anderen Mitgliedstaat vollstreckbar sind (→ Anm. 7). Das Formular, dem die Vollstreckung einer Entscheidung in der Hauptsache zugrundeliegt, um es nicht zu überfrachten, ist ggf. bei der Auflistung der mit dem Vollstreckungsauftrag eingereichten Urkunden um den Zustellungsnachweis zu ergänzen. Ferner ist vor der Erteilung des Vollstreckungsauftrags darauf zu achten, dass in der Bescheinigung nach Art. 53 die für einstweilige Maßnahmen vorgesehene Rubrik 4.6.2 mit Unterrubriken vollständig ausgefüllt ist. Ggf. ist wegen einer Ergänzung an das Ursprungsgericht heranzutreten.

11. Zu beachten ist schließlich, dass gem. Art. 43 Abs. 1 S. 1 Brüssel-Ia-VO die Bescheinigung nach Art. 53 dem Schuldner vor der ersten Vollstreckungsmaßnahme zugestellt sein muss. Ihr ist gem. S. 2 ggf. auch die Entscheidung selbst beizufügen, sofern diese nicht bereits zuvor zugestellt war.

12. Abgesehen von den vorzulegenden Urkunden und der notwendigen vorherigen Zustellung der Bescheinigung ergeben sich mithin keine Besonderheiten gegenüber Vollstreckungsaufträgen aufgrund nationaler Titel. Durch Art. 40 Brüssel-Ia-VO ist zudem klargestellt, dass das Bestehen eines vollstreckbaren Titels dem Gläubiger die Möglichkeit gibt, die im Vollstreckungsstaat zur Verfügung stehenden **Sicherungsmaßnahmen** zu veranlassen. In Deutschland kommen hierfür die Vorpfändung nach § 845 ZPO sowie die in § 721a ZPO vorgesehenen Maßnahmen, also die Pfändung beweglichen Vermögens und die Eintragung einer Sicherungshypothek oder die Anordnung und Vollziehung eines Arrestes in Betracht.

13. Kosten und Gebühren. Wie bei sonstigen Vollstreckungsaufträgen aufgrund von nationalen Titeln.

14. Anhang. Amtliche Formulare.

Anhang I [1]
Bescheinigung über eine Entscheidung in Zivil- und Handelssachen

Artikel 53 der Verordnung (EU) Nr. 1215/2012 des Europäischen Parlaments und des Rates über die gerichtliche Zuständigkeit und die Anerkennung und Vollstreckung von Entscheidungen in Zivil- und Handelssachen

1.
Ursprungsgericht:
1.1.
Bezeichnung:
1.2.
Anschrift:
1.2.1.
Straße und Hausnummer/Postfach:
1.2.2.
PLZ und Ort:
1.2.3.
Mitgliedstaat:
AT ☐ BE ☐ BG ☐ CY ☐ CZ ☐ DK☐ DE ☐ EE ☐ EL ☐ ES ☐ FI ☐ FR ☐ HR☐ HU ☐ IE ☐ IT ☐ LT ☐ LU ☐ LV ☐ MT ☐ NL ☐ PL ☐ PT ☐ RO ☐ SE ☐ SI ☐ SK ☐ UK ☐
1.3.
Telefon:
1.4.
Fax:
1.5.
E-Mail (falls verfügbar):
2.
Kläger*1:
2.1.
Name, Vorname/Name der Firma oder Organisation:
2.2.
Identifizierungsnummer (falls vorhanden und falls verfügbar):
2.3.
Geburtsdatum (TT/MM/JJJJ) und Geburtsort oder, bei juristischen Personen, Datum der Gründung/Erlangung der Rechtsfähigkeit/Registrierung (falls relevant und falls verfügbar):
2.4.
Anschrift:
2.4.1.
Straße und Hausnummer/Postfach:
2.4.2.
PLZ und Ort:
2.4.3.
Land:
AT ☐ BE ☐ BG ☐ CY ☐ CZ ☐ DK ☐ DE ☐ EE ☐ EL ☐ ES ☐ FI ☐ FR ☐ HR☐ HU ☐ IE ☐ IT ☐ LT ☐ LU ☐ LV ☐ MT ☐ NL ☐ PL ☐ PT ☐ RO ☐ SE ☐ SI ☐ SK ☐ UK ☐ Sonstige (bitte angeben (ISO-Code)) ☐

2.5.
E-Mail (falls verfügbar):
3.
Beklagte(r)*2:
3.1.
Name, Vorname/Name der Firma oder Organisation:
3.2.
Identifizierungsnummer (falls vorhanden und falls verfügbar):
3.3.
Geburtsdatum (TT/MM/JJJJ) und Geburtsort oder, bei juristischen Personen, Datum der Gründung/Erlangung der Rechtsfähigkeit/Registrierung (falls relevant und falls verfügbar):
3.4.
Anschrift:
3.4.1.
Straße und Hausnummer/Postfach:
3.4.2.
PLZ und Ort:
3.4.3.
Land:
AT ☐ BE ☐ BG ☐ CY ☐ CZ ☐ DK☐ DE ☐ EE ☐ EL ☐ ES ☐ FI ☐ FR ☐HR ☐ HU ☐ IE ☐ IT ☐ LT ☐ LU ☐ LV ☐ MT ☐ NL ☐ PL ☐ PT ☐ RO ☐ SE ☐ SI ☐ SK ☐ UK ☐ Sonstige (bitte angeben (ISO-Code)) ☐
3.5.
E-Mail (falls verfügbar):
4.
Entscheidung:
4.1.
Datum (TT/MM/JJJJ) der Entscheidung:
4.2.
Aktenzeichen der Entscheidung:
4.3.
Ist die Entscheidung ergangen, ohne dass sich der Beklagte auf das Verfahren eingelassen hat?:
4.3.1.
☐ Nein
4.3.2.
☐ Ja (bitte das Datum (TT/MM/JJJJ) angeben, zu dem das verfahrenseinleitende Schriftstück oder ein gleichwertiges Schriftstück dem Beklagten zugestellt wurde):
4.4.
Die Entscheidung ist im Ursprungsmitgliedstaat vollstreckbar, ohne dass weitere Bedingungen erfüllt sein müssen:
4.4.1.
☐ Ja (bitte gegebenenfalls das Datum (TT/MM/JJJJ) angeben, zu dem die Entscheidung für vollstreckbar erklärt wurde):
4.4.2.
☐ Ja, aber nur gegenüber folgender/folgenden Person(en) (bitte angeben):
4.4.3.
☐ Ja, aber nur für einen Teil/Teile der Entscheidung (bitte angeben):
4.4.4.
☐ Die Entscheidung enthält keine vollstreckbare Verpflichtung.
4.5.
War die Entscheidung dem/den Beklagten zum Zeitpunkt der Ausstellung der Bescheinigung bereits zugestellt worden?:
4.5.1.
☐ Ja (bitte das Datum der Zustellung (TT/MM/JJJJ) angeben, falls bekannt):
4.5.1.1.
Die Entscheidung wurde in der/den folgenden Sprache(n) zugestellt:
BG ☐ ES ☐ CS ☐ DK☐ DE ☐ ET ☐ EL ☐ EN ☐ FR ☐ HR☐ GA ☐ IT ☐ LV ☐ LT ☐ HU ☐ MT ☐ NL ☐ PL ☐ PT ☐ RO ☐ SK ☐ SL ☐ FI ☐ SV ☐ Sonstige (bitte angeben (ISO-Code)) ☐

4.5.2.
☐ Dem Gericht nicht bekannt.
4.6.
Tenor der Entscheidung und zugesprochene Zinszahlung:
4.6.1.
Entscheidung über eine Geldforderung*3:
4.6.1.1.
Kurzdarstellung des Streitgegenstands:
4.6.1.2.
Das Gericht hat:
...... (Name, Vorname(n)/Name der Firma oder Organisation)*4:
angewiesen, eine Zahlung zu leisten an:
...... (Name, Vorname(n)/Name der Firma oder Organisation)
4.6.1.2.1.
Wurde mehr als eine Person bezeichnet, die für den Anspruch haftet, kann jede der bezeichneten Personen für den gesamten Betrag in Anspruch genommen werden:
4.6.1.2.1.1.
☐ Ja
4.6.1.2.1.2.
☐ Nein
4.6.1.3.
Währung:
☐ Euro (EUR) ☐ bulgarischer Lew (BGN) ☐ tschechische Krone (CZK) ☐ dänische Krone (DKK) ☐ kroatische Kuna (HRK) ☐ ungarischer Forint (HUF) ☐ polnischer Zloty (PLN) ☐ Pfund Sterling (GBP) ☐ rumänischer Leu (RON) ☐ schwedische Krone (SEK) ☐ Sonstige (bitte angeben (ISO-Code)):
4.6.1.4.
Hauptforderung:
4.6.1.4.1.
☐ Einmalzahlung
4.6.1.4.2.
☐ Ratenzahlung*5

Fälligkeit (TT/MM/JJJJ)	Betrag
.....	.....
.....	.....

4.6.1.4.3.
☐ Regelmäßige Zahlung
4.6.1.4.3.1.
☐ Täglich
4.6.1.4.3.2.
☐ Wöchentlich
4.6.1.4.3.3.
☐ Sonstige (bitte Häufigkeit angeben):
4.6.1.4.3.4.
Ab Datum (TT/MM/JJJJ) oder Ereignis:
4.6.1.4.3.5.
Falls zutreffend, bis (Datum (TT/MM/JJJJ) oder Ereignis):
4.6.1.5.
Zinsen (falls zutreffend):
4.6.1.5.1.
Zinsen:
4.6.1.5.1.1.
☐ Nicht in der Entscheidung angegeben
4.6.1.5.1.2.
☐ Ja, in der Entscheidung folgendermaßen angegeben:

4.6.1.5.1.2.1.
Betrag:
oder:
4.6.1.5.1.2.2.
Zinssatz: . . . . . . %
4.6.1.5.1.2.3.
Zinsen sind fällig ab . . . . . . (Datum (TT/MM/JJJJ) oder Ereignis) bis . . . . . . (Datum (TT/MM/JJJJ) oder Ereignis)*6
4.6.1.5.2.
☐ Gesetzliche Zinsen (falls zutreffend), zu berechnen gemäß (bitte entsprechendes Gesetz angeben):
4.6.1.5.2.1.
Zinsen sind fällig ab . . . . . . (Datum (TT/MM/JJJJ) oder Ereignis) bis . . . . . . (Datum (TT/MM/JJJJ) oder Ereignis)*6
4.6.1.5.3.
☐ Kapitalisierung der Zinsen (falls zutreffend, bitte angeben):
4.6.2.
Entscheidung über die Anordnung einer einstweiligen Maßnahme, einschließlich Sicherungsmaßnahme:
4.6.2.1.
Kurzdarstellung des Streitgegenstands und der angeordneten Maßnahme:
4.6.2.2.
Die Maßnahme wurde von einem Gericht angeordnet, das in der Hauptsache zuständig ist
4.6.2.2.1.
☐ Ja
4.6.3.
Sonstige Entscheidungsarten:
4.6.3.1.
Kurzdarstellung des Streitgegenstands und der Entscheidung des Gerichts:
4.7.
Kosten*7 :
4.7.1.
Währung:
☐ Euro (EUR) ☐ bulgarischer Lew (BGN) ☐ tschechische Krone (CZK) ☐ dänische Krone (DKK) ☐ kroatische Kuna (HRK) ☐ ungarischer Forint (HUF) ☐ polnischer Zloty (PLN) ☐ Pfund Sterling (GBP) ☐ rumänischer Leu (RON) ☐ schwedische Krone (SEK) ☐ Sonstige (bitte angeben (ISO-Code)):
4.7.2.
Dem/den folgenden Schuldner(n) wurden die Kosten aufgegeben:
4.7.2.1.
Name, Vorname/Name der Firma oder Organisation:*8
4.7.2.2.
Wurden mehr als einer Person die Kosten aufgegeben, kann jede der bezeichneten Personen für den gesamten Betrag in Anspruch genommen werden:
4.7.2.2.1.
☐ Ja
4.7.2.2.2.
☐ Nein
4.7.3.
Folgende Kosten werden geltend gemacht:*9 :
4.7.3.1.
☐ Die Kosten wurden in der Entscheidung in Form eines Gesamtbetrags festgesetzt (bitte Betrag angeben):
4.7.3.2.
☐ Die Kosten wurden in der Entscheidung in Form eines Prozentsatzes der Gesamtkosten festgesetzt (bitte Prozentsatz der Gesamtkosten angeben):

4.7.3.3.
☐ Die Haftung für die Kosten wurde in der Entscheidung festgelegt, und es handelt sich um folgende Beträge:
4.7.3.3.1.
☐ Gerichtsgebühren:
4.7.3.3.2.
☐ Rechtsanwaltsgebühren:
4.7.3.3.3.
☐ Zustellungskosten:
4.7.3.3.4.
☐ Sonstige Kosten:
4.7.3.4.
☐ Sonstige (bitte angeben):
4.7.4.
Zinsen auf Kosten:
4.7.4.1.
☐ Nicht zutreffend
4.7.4.2.
☐ In der Entscheidung angegebene Zinsen
4.7.4.2.1.
☐ Betrag:
oder
4.7.4.2.2.
☐ Zinssatz: . . . . . . %
4.7.4.2.2.1.
Zinsen sind fällig ab . . . . . . (Datum (TT/MM/JJJJ) oder Ereignis) bis . . . . . . (Datum (TT/MM/JJJJ) oder Ereignis)*6
4.7.4.3.
☐ Gesetzliche Zinsen (falls zutreffend), zu berechnen gemäß (bitte entsprechendes Gesetz angeben):
4.7.4.3.1.
Zinsen sind fällig ab . . . . . . (Datum (TT/MM/JJJJ) oder Ereignis) bis . . . . . . (Datum (TT/MM/JJJJ) oder Ereignis)*6
4.7.4.4.
☐ Kapitalisierung der Zinsen (falls zutreffend, bitte angeben):
Geschehen zu: . . . . . .
Unterschrift und/oder Dienstsiegel des Ursprungsgerichts:

---

[1] Anh. I neu gef. mWv 26.2.2015 durch VO v. 26.11.2014 (ABl. 2015 L 54, 1).

*1 [Amtl. Anm.:] Betrifft die Entscheidung mehr als einen Kläger, sind die betreffenden Angaben für sämtliche Kläger einzutragen.

*2 [Amtl. Anm.:] Betrifft die Entscheidung mehr als einen Beklagten, sind die betreffenden Angaben für sämtliche Beklagten einzutragen.

*3 [Amtl. Anm.:] Betrifft die Entscheidung allein eine Kostenfeststellung im Zusammenhang mit einem Anspruch, der Gegenstand einer vorherigen Entscheidung war, ist Ziffer 4.6.1 nicht auszufüllen und zu Ziffer 4.7 überzugehen.

*4 [Amtl. Anm.:] Wurde mehr als eine Person angewiesen, eine Zahlung zu leisten, sind die betreffenden Angaben für sämtliche Personen einzutragen.

*5 [Amtl. Anm.:] Es sind die betreffenden Angaben für die einzelnen Ratenzahlungen einzutragen.

*6 [Amtl. Anm.:] Bei mehr als einem Zinszeitraum sind die betreffenden Angaben für sämtliche Zinszeiträume einzutragen.

*7 [Amtl. Anm.:] Dieser Punkt betrifft auch Fälle, in denen die Kosten in einer gesonderten Entscheidung zugesprochen werden.

*8 [Amtl. Anm.:] Bei mehr als einer Person sind die betreffenden Angaben für sämtliche Personen einzutragen.

*9 [Amtl. Anm.:] Falls mehrere Personen für die Kosten in Anspruch genommen werden können, ist die Aufschlüsselung für jede Person gesondert einzutragen

Anhang II [1]
Bescheinigung über eine öffentliche Urkunde/einen gerichtlichen Vergleich*1 in einer Zivil- oder Handelssache

Artikel 60 der Verordnung (EU) Nr. 1215/2012 des Europäischen Parlaments und des Rates über die gerichtliche Zuständigkeit und die Anerkennung und Vollstreckung von Entscheidungen in Zivil- und Handelssachen

1.
Gericht oder sonst befugte Stelle, das/die die Bescheinigung ausstellt

1.1.
Bezeichnung:

1.2.
Anschrift:

1.2.1.
Straße und Hausnummer/Postfach:

1.2.2.
PLZ und Ort:

1.2.3.
Mitgliedstaat:

AT ☐ BE ☐ BG ☐ CY ☐ CZ ☐ DK ☐ DE ☐ EE ☐ EL ☐ ES ☐ FI ☐ FR ☐ HR ☐ HU ☐ IE ☐ IT ☐ LT ☐ LU ☐ LV ☐ MT ☐ NL ☐ PL ☐ PT ☐ RO ☐ SE ☐ SI ☐ SK ☐ UK ☐

1.3.
Telefon:

1.4.
Fax:

1.5.
E-Mail (falls verfügbar):

2.
Öffentliche Urkunde

2.1.
Stelle, die die öffentliche Urkunde errichtet hat (wenn dies eine andere Stelle als diejenige ist, die die Bescheinigung ausstellt)

2.1.1.
Name und Bezeichnung dieser Stelle:

2.1.2.
Anschrift:

2.2.
Datum (TT/MM/JJJJ), zu dem die öffentliche Urkunde durch die unter Ziffer 2.1 genannte Stelle errichtet wurde:

2.3.
Nummer der öffentlichen Urkunde (falls zutreffend):

2.4.
Datum (TT/MM/JJJJ), zu dem die öffentliche Urkunde in dem Ursprungsmitgliedstaat eingetragen wurde (nur auszufüllen, wenn das Datum der Eintragung für die Rechtswirkung der Urkunde maßgeblich ist und dieses Datum ein anderes als das unter Ziffer 2.2 angegebene Datum ist):

2.4.1.
Nummer der Eintragung (falls zutreffend):

3.
Gerichtlicher Vergleich

3.1.
Gericht, das den gerichtlichen Vergleich gebilligt hat oder vor dem der gerichtliche Vergleich geschlossen wurde (wenn dies ein anderes Gericht als dasjenige ist, das die Bescheinigung ausstellt)

3.1.1.
Bezeichnung des Gerichts:

3.1.2.
Anschrift:

3.2.
Datum (TT/MM/JJJJ) des gerichtlichen Vergleichs:

3.3.
Aktenzeichen des gerichtlichen Vergleichs:
4.
Parteien der öffentlichen Urkunde/des gerichtlichen Vergleichs:
4.1.
Name(n) des/der Gläubiger(s) (Name, Vorname(n)/Name der Firma oder Organisation)*2 :
4.1.1.
Identifizierungsnummer (falls vorhanden und falls verfügbar):
4.1.2.
Geburtsdatum (TT/MM/JJJJ) und Geburtsort oder, bei juristischen Personen, Datum der Gründung/Erlangung der Rechtsfähigkeit/Registrierung (falls relevant und falls verfügbar):
4.2.
Name(n) des/der Schuldner(s) (Name, Vorname(n)/Name der Firma oder Organisation)*3 :
4.2.1.
Identifizierungsnummer (falls vorhanden und falls verfügbar):
4.2.2.
Geburtsdatum (TT/MM/JJJJ) und Geburtsort oder, bei juristischen Personen, Datum der Gründung/Erlangung der Rechtsfähigkeit/Registrierung (falls relevant und falls verfügbar):
4.3.
Ggf. Name der anderen Parteien (Name, Vorname(n)/Name der Firma oder Organisation)*4 :
4.3.1.
Identifizierungsnummer (falls vorhanden und falls verfügbar):
4.3.2.
Geburtsdatum (TT/MM/JJJJ) und Geburtsort oder, bei juristischen Personen, Datum der Gründung/Erlangung der Rechtsfähigkeit/Registrierung (falls relevant und falls verfügbar):
5.
Vollstreckbarkeit der öffentlichen Urkunde/des gerichtlichen Vergleichs im Ursprungsmitgliedstaat
5.1.
Die öffentliche Urkunde/der gerichtliche Vergleich ist im Ursprungsmitgliedstaat vollstreckbar:
5.1.1.
☐ Ja
5.2.
Inhalt der öffentlichen Urkunde/des gerichtlichen Vergleichs und Zinsen
5.2.1
Öffentliche Urkunde/gerichtlicher Vergleich über eine Geldforderung
5.2.1.1.
Kurzdarstellung des Gegenstands:
5.2.1.2.
Gemäß der öffentlichen Urkunde/dem gerichtlichen Vergleich muss:
...... (Name, Vorname(n)/Name der Firma oder Organisation)*5
eine Zahlung leisten an:
...... (Name, Vorname(n)/Name der Firma oder Organisation)
5.2.1.2.1.
Wurde mehr als eine Person bezeichnet, die für den Anspruch haftet, kann jede der bezeichneten Personen für den gesamten Betrag in Anspruch genommen werden:
5.2.1.2.1.1.
☐ Ja
5.2.1.2.1.2.
☐ Nein
5.2.1.3.
Währung:
☐ Euro (EUR) ☐ bulgarischer Lew (BGN) ☐ tschechische Krone (CZK) ☐ dänische Krone (DKK) ☐ kroatische Kuna (HRK) ☐ ungarischer Forint (HUF) ☐ polnischer Zloty (PLN) ☐ Pfund Sterling (GBP) ☐ rumänischer Leu (RON) ☐ schwedische Krone (SEK) ☐ Sonstige (bitte angeben (ISO-Code)):
5.2.1.4.
Hauptforderung:

5.2.1.4.1.
☐ Einmalzahlung
5.2.1.4.2.
☐ Ratenzahlung*6

Fälligkeit (TT/MM/JJJJ)	Betrag
.....	.....
.....	.....

5.2.1.4.3.
☐ Regelmäßige Zahlung
5.2.1.4.3.1.
☐ Täglich
5.2.1.4.3.2.
☐ Wöchentlich
5.2.1.4.3.3.
☐ Sonstige (bitte Häufigkeit angeben):
5.2.1.4.3.4.
Ab (Datum (TT/MM/JJJJ) oder Ereignis):
5.2.1.4.3.5.
Gegebenenfalls bis ......(Datum (TT/MM/JJJJ) oder Ereignis)
5.2.1.5.
Zinsen (falls zutreffend)
5.2.1.5.1.
Zinsen:
5.2.1.5.1.1.
☐ Nicht in der öffentlichen Urkunde/dem gerichtlichen Vergleich angegeben
5.2.1.5.1.2.
☐ Ja, in der öffentlichen Urkunde/dem gerichtlichen Vergleich folgendermaßen angegeben:
5.2.1.5.1.2.1.
Betrag:
oder
5.2.1.5.1.2.2.
Zinssatz ...... %
5.2.1.5.1.2.3.
Zinsen sind fällig ab ...... (Datum (TT/MM/JJJJ) oder Ereignis) bis ...... (Datum (TT/MM/JJJJ) oder Ereignis)*7
5.2.1.5.2.
☐ Gesetzliche Zinsen (falls zutreffend), zu berechnen gemäß (bitte entsprechendes Gesetz angeben):
5.2.1.5.2.1.
Zinsen sind fällig ab ...... (Datum (TT/MM/JJJJ) oder Ereignis) bis ...... (Datum (TT/MM/JJJJ) oder Ereignis)*7
5.2.1.5.3.
☐ Kapitalisierung der Zinsen (falls zutreffend, bitte angeben):
5.2.2.
Öffentliche Urkunde/gerichtlicher Vergleich über eine nichtmonetäre vollstreckbare Verpflichtung:
5.2.2.1.
Kurzdarstellung der vollstreckbaren Verpflichtung
5.2.2.2.
Die unter Ziffer 5.2.2.1 genannte Verpflichtung ist vollstreckbar gegen die folgende(n) Person(en) *8 (Name, Vorname(n)/Name der Firma oder Organisation):
Geschehen zu: ......
Stempel und/oder Unterschrift des Gerichts oder zuständigen Behörde[2] , welche die Bescheinigung ausstellt:

[1] Anh. II neu gef. mWv 26.2.2015 durch VO v. 26.11.2014 (ABl. 2015 L 54, 1).

*1 [Amtl. Anm.:] Unzutreffendes in der gesamten Bescheinigung jeweils streichen.
*2 [Amtl. Anm.:] Bei mehreren Gläubigern sind die betreffenden Angaben für sämtliche Gläubiger einzutragen.
*3 [Amtl. Anm.:] Bei mehreren Schuldnern sind die betreffenden Angaben für sämtliche Schuldner einzutragen.
*4 [Amtl. Anm.:] Ggf. sind die betreffenden Angaben für sämtliche anderen Parteien einzutragen.
*5 [Amtl. Anm.:] Wurde mehr als eine Person angewiesen, eine Zahlung zu leisten, sind die betreffenden Angaben für sämtliche Personen einzutragen.
*6 [Amtl. Anm.:] Es sind die betreffenden Angaben für die einzelnen Ratenzahlungen einzutragen.
*7 [Amtl. Anm.:] Bei mehr als einem Zinszeitraum sind die betreffenden Angaben für sämtliche Zinszeiträume einzutragen.
*8 [Amtl. Anm.:] Bei mehr als einer Person sind die betreffenden Angaben für sämtliche Personen einzutragen.
[2] Richtig wohl: „der zuständigen Behörde".

2. Antrag auf Anpassung eines ausländischen Titels an nationales Vollstreckungsrecht

An das

. . . . .gericht

in . . . . .

In der Zwangsvollstreckungssache

des/der . . . . .

Gläubiger/in,

Verfahrensbevollmächtigte: Rechtsanwälte . . . . .

gegen

. . . . .

Schuldner/in,

überreichen wir[4]

- eine Ausfertigung des vollstreckbaren Urteils des . . . . . gerichts in . . . . .,

(Variante:

- *eine Ausfertigung des vor dem . . . . .gericht in . . . . . geschlossenen vollstreckbaren Vergleichs,)*
- eine Ausfertigung der vor dem . . . . . in . . . . . errichteten vollstreckbaren Urkunde,
- einen von der zuständigen Behörde in . . . . . unter Verwendung des Formblattes gem. Anhang I/Anhang II zur Brüssel-Ia-VO erstellten Auszug des Titels,
- Nachweise über die Zustellung des Titels und des Formblattes,
- eine Übersetzung/Transliteration des Titels durch den hierzu in . . . . . befugten Übersetzer . . . . ..

Wir beantragen,[1, 2, 3, 5, 6]

1. den Titel dahingehend anzupassen, dass er auf Vornahme einer unvertretbaren Handlung iSd § 888 ZPO ergeht,
2. sodann gegen den Schuldner zur Erzwingung der geschuldeten Handlung ein Zwangsgeld von bis zu 25.000,00 EUR und für den Fall, dass dieses nicht beigetreiben werden kann, ersatzweise Zwangshaft von bis zu sechs Monaten festzusetzen,

Gründe

Mit dem überreichten Titel ist der Schuldner verurteilt worden/hat der Schuldner sich verpflichtet, ...[Wiedergabe des Tenors des ausländischen Titels in deutscher Sprache]

Für eine solche Verpflichtung gibt es im deutschen Recht keine Entsprechung. Es geht letztlich darum, dass der Schuldner . . . . .[möglichst genaue Umschreibung der Verpflichtung]. Damit ähnelt die Verpflichtung der Vornahme einer unvertretbaren Handlung iSd § 888 ZPO und der Titel ist gem. Art. 54 Brüssel-Ia-VO entsprechend anzupassen.

Da es für die Auslegung und die notwendige Anpassung des Titels an deutsches Vollstreckungsrecht auf Details auch in den Gründen der Entscheidung ankommen kann, ist vorsorglich auch dessen Übersetzung beigefügt.

Nach erfolgter Anpassung ist der/die Schuldnerin durch ein empfindliches Zwangsgeld dazu anzuhalten, endlich seiner Verpflichtung nachzukommen, zu deren Erfüllung er sich bisher. trotz wiederholter Aufforderungen hartnäckig geweigert hat. Hierzu wird vorgetragen: . . . . .

Streitwert (geschätzt: . . . . . EUR

Abschriften für den/die Schuldner/in sind beigefügt (ohne die ihm/ihr bekannten Anlagen)

. . . . .

Rechtsanwalt[7]

Anmerkungen

1. Bei Entscheidungen aus anderen Mitgliedstaaten kann sich ergeben, dass sie den deutschen Anforderungen an die Bestimmtheit eines Titels nicht entsprechen, etwa wegen der Koppelung an einen Index oder einen anderen Bemessungsmaßstab bzw. zum Zinsanspruch bei der Zuerkennung „gesetzlicher" oder „gerichtlicher" Zinsen". Um ausländischen Entscheidungen trotz der nach deutschem Verständnis fehlenden hinreichenden Bestimmtheit Geltung zu verschaffen, besteht im herkömmlichen Exequaturverfahren die Möglichkeit einer nachträglichen Konkretisierung (→ Form. R. VI. 1 Anm. 5). Diese Möglichkeit entfällt indes dann, wenn unmittelbar aus dem ausländischen Titel vollstreckt werden kann. Für Unterhaltstitel, die ohne Vollstreckbarkeitsverfahren in einem anderen Mitgliedstaat der EU vollstreckbar sind, also für alle Titel außer solchen aus Großbritannien und Dänemark (→ Form. R. XI. 1 Anm. 7), sieht § 34 AUG deshalb ein gesondertes Verfahren vor dem Familiengericht zur Bestimmung des vollstreckungsfähigen Inhalts eines ausländischen Titels vor (→ Form. R. XI. 2). Eine derartige **konkretisierende Auslegung** ist im Anwendungsbereich der Brüssel-Ia-VO den Vollstreckungsorganen vorbehalten. Diese haben also eigenständig dessen vollstreckungsfähigen Inhalt festzustellen (vgl. Schuschke/Walker/*Jennissen* Brüssel-Ia-VO Art. 54 Rn. 1). Dabei ist es Sache des Gläubigers, dem Vollstreckungsorgan die für die konkretisierende Auslegung erforderlichen Faktoren und Nachweise beizubringen , zB zu Indices, die für den Umfang der Verpflichtung entscheidend sind und sich nicht bereits aus der Bescheinigung nach Art. 53 ergeben (vgl. *Gössl* NJW 2014, 3479 [3481]).

2. Art. 54 Abs. 1 Brüssel-Ia-VO regelt den weitergehenden Fall der **Titulierung einer im Vollstreckungsstaat unbekannten Maßnahme oder Anordnung,** und zwar auf der Grundlage einer Entscheidung des EuGH. Dieser hatte sich mit der Frage zu befassen, welche Folgen es hat, wenn ein Titel mit dem Recht im Vollstreckungsstaat nicht kompatibel ist, weil er eine nach dem dortigen Recht nicht bekannte Maßnahme (Zwangsgeld wegen der Verletzung einer Gemeinschaftsmarke) enthält. Hierzu hat er entschieden, dass das mit der Maßnahme verfolgte Ziel von dem zuständigen Gericht im Vollstreckungsstaat zu erreichen ist, „indem es die einschlägigen Bestimmungen des innerstaatlichen Rechts dieses Staates, die der Befolgung dieses Verbots in gleichwertigere Weise zu gewährleisten vermögen, heranzieht" (EuGH Urt. v.12.4.2011 – C 239/09, EuZW 2011, 686 – DHL Express SAS/Chronopost SA). Eine derartige Fallkonstellation ist von Art. 54 erfasst und damit die Rechtsprechung des EuGH in diesem Punkt kodifiziert (*v. Hein* RIW 2013, 97 [110]).

Anzupassen ist **nach Möglichkeit** an Maßnahmen oder Anordnungen des Vollstreckungsstaats, **die mit vergleichbaren Wirkungen verbunden sind und die ähnliche Ziele und Interessen erfolgen.** Hierbei dürfen allerdings keine weitergehenden Wirkungen als die im Ursprungsstaat vorgesehenen entstehen (zu Grenzen der Anpassung, etwa bei dinglichen Rechten Thomas/Putzo/*Hüßtege* EuGVVO Art. 54 Rn. 2).

3. Für die Art und Weise der Anpassung ist nach Erwägungsgrund 28 zur Brüssel-Ia-VO das Recht des Vollstreckungsstaates maßgeblich. Der deutsche Gesetzgeber hat keinen Anlass gesehen, hierfür besondere Zuständigkeitsregeln zu schaffen. Vielmehr bleibt die Anpassung **den jeweils mit einem Auftrag befassten Vollstreckungsorganen** überlassen, da mit der Anpassung keine Abänderung des Titels verbunden ist, sondern es letztlich um die Ermittlung des vollstreckungsfähigen Inhalts der Entscheidung geht (BT-Drs. 18/823, 22). Die Pflicht zur Anpassung trifft daher jedes Vollstreckungsorgan. Das vorliegende Form. mit einem Antrag an das Prozessgericht wegen einer Handlungsvollstreckung nach § 888 ZPO ist daher nur beispielhaft, kann aber mit kleinen Änderungen auch auf Anträge an andere Vollsteckungsorgane herangezogen werden.

4. Die in dem Form. vorgesehene Vorlage einer **Übersetzung des Titels** ist nicht zwingend, da eine solche nach Art. 54 Abs. 3 Brüssel-Ia-VO von dem Vollstreckungsorgan nur verlangt werden „kann". Sie sollte jedoch zur Verfahrensbeschleunigung bei fremdsprachigen Titeln, bei denen wegen der Auslegungsprobleme idR mit einer Vorlageanforderung zu rechnen ist, jedoch schon mit dem Antrag erfolgen. Wegen der im Übrigen mit dem Vollstreckungsantrag vorzulegenden Unterlagen wird auf das → Form. R. II. 1 Anm. 8 verwiesen.

5. Lässt sich der vollstreckungsfähige Inhalt einer ausländischen Entscheidung nicht durch Auslegung ermitteln und ist auch keine Anpassung nach Art. 54 möglich, ist der Antrag zurückzuweisen.

6. Rechtsbehelfe und Rechtsmittel: In § 1114 ZPO ist wegen der Anwendbarkeit des Rechts des Vollstreckungsstaates für die Anpassung nur die in Art. 54 Abs. 2 Brüssel-Ia-VO vorgesehene Anfechtungsmöglichkeit **für beide Parteien** geregelt, und zwar konsequent und zutreffend in der Weise, dass für die Parteien die allgemeinen Rechtsbehelfsmöglichkeiten des Vollstreckungsrechts entsprechend anzuwenden sind, also

- bei Maßnahmen des Gerichtsvollziehers oder des Vollstreckungsgerichts, die Erinnerung nach § 766 ZPO,

- bei Entscheidungen des Vollstreckungsgerichts oder Vollstreckungsmaßnahmen die sofortige Beschwerde nach § 793 ZPO,
- bei Vollstreckungsmaßnahmen des Grundbuchamtes die Grundbuchbeschwerde nach § 71 GBO.

Problematisch und umstritten ist es, ob für einen Gläubiger neben dem Antrag nach Art. 54 iVm den Rechtsbehelfsmöglichkeiten des § 1114 ZPO auch die im inländischen Vollstreckungsrecht zulässige **Klage gem. § 256 ZPO auf Feststellung eines bestimmten Titelinhaltes** (→ Form. P. VII. 1) zulässig ist Dies dürfte zu bejahen sein (*Gössl* NJW 2014, 3479 (3482)). Die gegenteilige Ansicht lehnt die Zulässigkeit unter Bezugnahme auf Rechtsprechung des BGH zum Vollstreckbarkeitsverfahren nach dem EuGVÜ ab, weil ein nach deutschen Maßstäben – zB wegen Unbestimmtheit – nicht vollstreckbarer Titel gegen den nationalen ordre public gem. Art. 45 Nr. 1 Brüssel-Ia-VO verstoße (so Thomas/Putzo/*Hüßtege* EuGVVO Art. 39 Rn. 5). Diese Auffassung ist indes mit der Neukonzeption der Brüssel-Ia-VO nicht vereinbar, nach der Entscheidungen aus einem anderen Mitgliedstaat gem. Art. 41 wie inländische zu behandeln und die Vollstreckungshindernisse des Art. 45 nur auf Antrag des Schuldners zu beachten sind (Schuschke/Walker/*Jennissen* Brüssel-Ia-VO Art. 39 Rn. 2).

7. **Kosten und Gebühren**: diejenigen der jeweiligen Vollstreckungsmaßnahme.

3. Antrag des Schuldners auf Versagung der Vollstreckung wegen Verstoßes gegen den ordre public/fehlendem rechtlichen Gehör bei einer Säumnisentscheidung/Urteilskollision mit Vollstreckungsschutzanträgen

An das

Landgericht

– Zivilkammer –[2, 5, 6, 7]

in . . . . .

In dem Vollstreckungsverfahren

des/der . . . . . [ladungsfähige Anschrift des Antragstellers],

– Schuldner/in und Antragsteller/in–

– Verfahrensbevollmächtigte: Rechtsanwälte . . . . . –

gegen

. . . . . [ladungsfähige Anschrift des Antragsgegners],

– Gläubiger/in und Antragsgegner/in –

– Verfahrensbevollmächtigter: Rechtsanwälte . . . . . –

bestellen wir uns Vollmacht versichernd für den/die Schuldner/in

Wir überreichen[4]

1. Ausfertigung des Urteils/Beschlusses des . . . . .gerichts in . . . . . – . . . . . [Aktenzeichen] –
2. Übersetzung/Transliteration der Entscheidung des hierzu in . . . . . ermächtigten Übersetzers . . . . .

und beantragen,

- die Vollstreckung aus dieser Entscheidung zu versagen,[1]

sowie vorab für die Dauer des Verfahrens[8]

die Vollstreckung auszusetzen,
hilfsweise
die Vollstreckung von einer Sicherheitsleistung abhängig zu machen
äußerst hilfsweise
die Vollstreckung auf Sicherungsmaßnahmen zu beschränken,

Gründe:

Mit der überreichten Entscheidung ist der/die Schuldner/in verurteilt worden, ... [Tenor der Entscheidung in deutscher Sprache].

Der/Die Gläubiger/in betreibt hieraus die Zwangsvollstreckung und hat . . . . .[Kennzeichnung der Vollstreckungsmaßnahme].

(Alternativ

Der/Die Gläubiger/in hat angekündigt, hieraus die Zwangsvollstreckung zu betreiben).

Die Vollstreckung dieses Urteils/Beschlusses ist zu versagen; denn

es/er verstößt offensichtlich gegen die deutsche öffentliche Ordnung, insbesondere gegen das Rechtsstaatsprinzip und Art., ... GG[3]

. . . . . (Einzelfallbezogene Gründe)

dem/der Antragsteller/in ist das verfahrenseinleitende Schriftstück nicht wirksam zugestellt worden. Sie hat von dem gegen sie ergangenen Urteil/Beschluss erst mit der Zustellung der landgerichtlichen Entscheidung erfahren. Deshalb war es ihr auch nicht möglich, innerhalb der nach der . . . . . ZPO bestehenden Frist von . . . . . das/den nach dortigem Recht statthaften Rechtsmittel/Rechtsbehelf des/der . . . . . einzulegen.[3]

Wie zwischenzeitliche Recherchen des/der Antragsteller/in ergeben haben, ... (Einzelfallbezogene Gründe) .

(Variante:

Es/er ist unvereinbar mit dem in der Anlage beigefügten Urteil des . . . . . gerichts in . . . . . zwischen den Parteien umgekehrten Rubrums
. . . . . (Einzelfallbezogene Gründe))[8]

Aus den vorstehenden Ausführungen folgt, dass der Antrag in der Hauptsache hohe Erfolgsaussicht hat und daher dem/der Antragsteller/in antragsgemäß Vollstreckungsschutz zu gewähren ist.

(Alternativ:

Zudem wird dem/der Antragsteller/in durch eine bedingungslose Vollstreckung ein nicht wiedergutzumachender Schaden entstehen; denn. . . . . (Einzelfallbezogene Gründe))

Es wird gebeten, über die Schutzanträge vorab zu entscheiden und dem/der Antragsgegner/in wegen des Überraschungseffekts zuvor keine Gelegenheit zur Äußerung/nur eine Äußerungsfrist von wenigen Tagen zu gewähren.

Streitwert: . . . . .[9, 10]

Abschriften für den/die Antragsgegner/in sind beigefügt.

.....

Rechtsanwalt[11]

Anmerkungen

1. Im Vollstreckbarkeitsverfahren herkömmlicher Art nach den Art. 38 ff. Brüssel-I-VO waren infolge der Bezugnahme in Art. 41 die Anerkennungs- und Vollstreckbarkeitsversagungsgründe der Art. 34, 35 Brüssel-I-VO die zentralen Schutzvorschriften für den Schuldner. Diese **Versagungsgründe** sind nunmehr unter einer Erweiterung gegenüber dem früheren Art. 35 Brüssel-I-VO in **Art. 45 Brüssel-Ia-VO** zusammengefasst. Zusammen mit der Möglichkeit für den Schuldner die Versagungsgründe im Verfahren nach den Art. 46 ff. Brüssel-Ia-VO im Vollstreckungsmitgliedstaat geltend zu machen, bilden sie die Grundlage für das „**umgekehrte Verfahren.** Gleichzeitig wird ihm die Möglichkeit eröffnet, praktisch die gleiche gerichtliche Kontrolle wie im Exequaturverfahren herkömmlicher Art zu erlangen, und zwar im Vollstreckungsstaat. Er ist deswegen anders als bei Überprüfungsanträgen nach der EuVTVO (→ Form. R. III. 4), der EuMahnVO (→ Form. R. IV. 1 Anm. 4) und der EuBagatellVO (→ Form. V. 1 Anm. 5) nicht nur auf Schutz durch eine Art Selbstkontrolle der Gerichte im Ursprungsstaat angewiesen.

2. Wegen der Anerkennung einer Entscheidung aus dem Ursprungsstaat in anderen Mitgliedstaaten ipso jure werden mit der Berufung auf Versagungsgründe Ausnahmetatbestände geltend gemacht. Es besteht also ein Regel-Ausnahme-Verhältnis mit der Folge, dass die Beweislast bzw. **Feststellungslast** für einen der Gründe des Art. 45 Abs. 1 grundsätzlich beim Schuldner liegt (BGH Beschl. v. 18.9.2001 – IX ZB 104/00, NJW-RR 2002, 1151). Es ist somit zwar Sache des Schuldners Tatsachen für einen etwaigen Versagungsgrund aufzuzeigen. Das sodann mit der Sache befasste Gericht hat jedoch daraufhin den Sachverhalt einschließlich der beigebrachten Unterlagen, zB anhand der Bescheinigung nach Art. 53 umfassend **von Amts wegen aber ohne Amtsermittlungspflicht** zu prüfen (EuGH Urt. v. 6.9.2012 – C-619/19, EuZW 2012, 912 mAnm *Bach* zum Versagungsgrund des Art. 34 Nr. 2 Brüssel-I-VO – nunmehr Art. 45 Abs. 1 lit.b Brüssel-Ia-VO; BGH Beschl. v. 12.12.2007 – XII ZB 240/05, EuZW 2008, 251; Beschl. v.10.9.2015 – IX ZB 39/13, N/W 2016, 160). Für eine eventuell notwendig werdende Beweisaufnahme gelten nicht die strengen Beweisregeln der §§ 355 ff. ZPO. Vielmehr ist auch ohne Zustimmung der Parteien nach § 284 ZPO der **Freibeweis** möglich. Dadurch wird das Gericht aber nur bei der Gewinnung von Beweismitteln und im Beweisverfahren freier gestellt. Dagegen werden die Anforderungen an das Beweismaß nicht verringert. Entscheidungserhebliche Tatsachen müssen also auch im Freibeweisverfahren zur vollen richterlichen Überzeugung bewiesen werden (BGH Beschl. v. 28.11.2007 – XII ZB 217/05, NJW 2008, 1531 mit zust. Anm. *Geimer* LMK 2008, 253019). Verbleiben nach Ausschöpfung aller Tatsachen und Erhebung angebotener Beweise Zweifel, geht dies zulasten des Schuldners.

3. Das Form. bezieht sich auf die Hinderungsgründe des Art. 45 Abs. 1 lit. a–d Brüssel-Ia-VO (Verstoß gegen den ordre public, Gehörsverletzung bei einer Säumnisentscheidung, Titelkollision). Es sind dies die „klassischen“ Versagungsgründe internationaler Übereinkommen sowie des früheren Art. 34 Brüssel-I-VO, des Art. 24 Abs. 1 EuUnterhaltsVO und nunmehr auch des Art. 40 EuErbVO. Auf die Ausführungen in den → Form. R. VI. 2 Anm. 3 ff., → Form. R. VI. 3 Anm. 1, → Form. R. XI. 7 Anm. 3f., kann daher verwiesen werden.

4. Für die Formalien eines **Antrags auf Versagung der Vollstreckung** gem. Art. 46, 47 Brüssel-Ia-VO gelten **europarechtlich nur wenige Vorgaben.** Der Schuldner hat gem. Art. 47 Abs. 3 Brüssel-Ia-VO nämlich nur eine Ausfertigung der Entscheidung und ggf. eine Übersetzung bzw. Transliteration vorzulegen. Eine bloße Kopie oder Abschrift reicht also nicht. Von der Vorlage kann nach Abs. 4 aber auch abgesehen werden, nämlich dann, wenn das Gericht dies für unzumutbar hält. Stattdessen kann es ggf. dem Gläubiger eine entsprechende Auflage machen. Ob und inwieweit das Gericht von dem damit eingeräumten Ermessen Gebrauch macht, dürfte primär davon abhängen, inwieweit der Schuldner, der den Antrag persönlich stellen kann (→ Anm. 5) mit gerichtlichen Abläufen vertraut ist (Schuschke/Walker/*Jennissen* Brüssel-Ia-VO Art. 47 Rn. 18). Auch die Höhe etwaiger Übersetzungskosten kann ggf. eine Rolle spielen (Thomas/Putzo/*Hüßtege* EuGVVO Art. 47 Rn. 4). Im Übrigen ist gem. Art. 47 Abs. 2 Brüssel-Ia-VO für den Versagungsantrag und für das gerichtliche Verfahren das **Recht des Vollstreckungsstaats** maßgeblich, als für hier gestellte Anträge deutsches Recht.

5. Nach § 1115 Abs. 3 ZPO kann der Versagungsantrag zur Gewährleistung einer effektiven Verteidigung des Schuldners und zur Entlastung des Verfahrens von Förmlichkeiten, insbesondere vom Anwaltszwang nach § 78 ZPO schriftlich oder zu Protokoll der Geschäftsstelle gestellt werden.

§ 1115 Abs. 1 ZPO ordnet für Versagungsanträge eine ausschließliche **sachliche Zuständigkeit** des Landgerichts an. **Örtlich** ist nach Abs. 2 das Landgericht ausschließlich zuständig, in dessen Bezirk der Schuldner seinen Wohn- bzw. Firmensitz hat oder – in Ermangelung eines solchen – in dessen Bezirk vollstreckt wird bzw. werden soll. **Funktionell** besteht wegen der Vergleichbarkeit mit dem Vollstreckbarkeitsverfahren herkömmlicher Art entsprechend der Konzeption des § 3 Abs. 3 AVAG eine Entscheidungskompetenz des **Vorsitzenden einer Zivilkammer.** Dieser ist eigenständiges Organ und nicht Einzelrichter iSd §§ 348, 348a ZPO. Im Fall seiner Verhinderung entscheidet sein geschäftsplanmäßiger Vertreter.

6. Die Entscheidung ergeht durch einen zu begründenden **Beschluss** in einem **kontradiktorischen Verfahren mit freigestellter mündlicher Verhandlung.** § 1115 Abs. 4 S. 2 ZPO sieht eine Pflicht des Gerichts zur Anhörung des Gläubigers vor. Gleichwohl wird von dessen Beteiligung dann abgesehen werden können, wenn der Antrag unzulässig oder erkennbar nicht begründet ist. Dadurch werden schützenswerte Interessen des Gläubigers nicht verletzt.

Da **Anordnung einer mündlichen Verhandlung** dürfte nur dann zweckmäßig sein, wenn der Sachverhalt durch Anhörung der Parteien, bzw. durch Zeugen- oder Parteivernehmung aufzuklären ist. Für diesen Fall bedarf es einer anwaltlichen Vertretung der Parteien gem. § 78 Abs. 1 ZPO. Die Möglichkeit, den Antrag zu Protokoll der Geschäftsstelle zu erklären, befreit nur für diese Prozesshandlung, nicht aber für die dem Anwaltszwang unterliegende mündliche Verhandlung vor dem Landgericht (Thomas/Putzo/*Hüßtege* § 78 Rn. 14). Eine etwaige fehlende Vertretung bleibt jedoch idR ohne verfahrensrechtliche Folgen, da eine Säumnisentscheidung entsprechend § 330 ZPO in einem Beschlussverfahren nicht statthaft ist (BGH Beschl. v. 23.2.2006 – III ZB 50/05, NJW 2007, 772 für die Vollstreckbarkeitserklärung eines Schiedsspruchs nach § 1025 Abs. 4 iVm §§ 1061–1065 ZPO).

Anders als noch im Vollstreckbarkeitsverfahren herkömmlicher Art erster Instanz hat der mit der Sache befasste Vorsitzende der Zivilkammer auf der Grundlage des Vorbringens des Antragstellers, also ohne Amtsermittlung den Sachverhalt, zu etwaigen Versagungsgründen von Amts wegen aufzuklären, vorgelegte Urkunden, insbesondere die Bescheinigung nach Art. 53 kritisch zu hinterfragen und angebotenen Beweisen zu erheblichen Tatsachen nachzugehen (→ Anm. 2) Gegenüber der bisher lediglich formalen Prüfung nach Art. 41 Brüssel-I-VO, die sich gerade nicht auf etwaige Vollstreckbarkeitsversagungsgründe erstreckte, ist daher diejenige nach neuem Recht wesentlich komplexer und entspricht derjenigen im bisherigen Beschwerdeverfahren vor dem OLG nach Art. 44 f. Brüssel-I-VO iVm § 13 AVAG.

7. Im Fall eines erfolglosen Antrags ist dieser zurückzuweisen. Bei einer positiven Entscheidung ist die Zwangsvollstreckung aus der genau bezeichneten Entscheidung für unzulässig zu erklären. Betrifft der angenommene Versagungsgrund nur einen Teil der Entscheidung, ist die Unzulässigkeit ebenfalls mit genauer Bezeichnung auf diesen Teil zu beschränken. Auch dürfte es zur Vermeidung von Rangverlusten für den Gläubiger zulässig und in vielen Fällen auch empfehlenswert sein, den Beschluss über die Unzulässigkeit der Zwangsvollstreckung aus der Entscheidung mit einem **Rechtskraftvorbehalt** zu versehen (Schuschke/Walker/*Jennissen* ZPO § 1115 Rn. 8).

8. Vorläufiger Vollstreckungsschutz: Um zu verhindern, dass bis zur Entscheidung über den Versagungsantrag die Vollstreckung weiter betrieben wird, kann der Schuldner gem. Art. 44 Abs. 1 lit. a – c Brüssel-Ia-VO bei dem mit dem Hauptantrag befassten Gericht als vorläufige Schutzmaßnahmen – zweckmäßigerweise in einem Haupt- und Hilfsverhältnis beginnend mit dem weitestgehenden Antrag nach lit.. c – beantragen, dass das Vollstreckungsverfahren ausgesetzt, auf Sicherungsmaßnahmen beschränkt oder die Vollstreckung von einer Sicherheitsleistung abhängig gemacht wird. Die entsprechenden Schutzmaßnahmen gelten nur für die Dauer des Verfahrens über den Versagungsantrag.

Die Entscheidung über Vollstreckungsschutzanträge erfolgt gem. § 1115 Abs. 6 S. 1 ZPO im Wege einer **einstweiligen Anordnung**. Diese liegt im pflichtgemäßen **Ermessen** des mit dem Versagungsantrag befassten Gerichts. Ermessensmaßstäbe sind dabei eine Prognose zur Erfolgsaussicht des Versagungsantrags sowie die Wahrscheinlichkeit, dass eine bedingungslose Vollstreckung zu einem nicht wiedergutzumachenden Schaden führt. Anders als bei den europäischen Rechtsinstrumenten mit einer Überprüfungsmöglichkeit im Ursprungsstaat, bei denen eine Aussetzung nur „unter außergewöhnlichen Umständen" in Betracht kommt, ist das Ermessen des mit dem Versagungsantrag befassten Gerichts nicht gebunden. Es kann daher relativ frei entscheiden, welche der drei Schutzmaßnahmen es in der jeweiligen Verfahrenssituation für gerechtfertigt hält.

9. Der Streitwert ist wie bei den zu Vollstreckbarkeitsverfahren herkömmlicher Art geltenden Grundsätzen nach der vollstreckbaren Hauptforderung zuzüglich der im Ursprungsmitgliedstaat mit ausgeurteilten bezifferten Kosten ohne sonstige Kosten und ohne Zinsen zu bemessen (→ Form. R. VI. 1 Anm. 9).

10. Kosten und Gebühren

Es handelt sich um ein kontradiktorisches Verfahren, das ähnlich ausgestaltet ist wie das Vollstreckungsverfahren vor dem Prozessgericht bei der Handlungs- und Unterlassungsvollstreckung nach den §§ 887–890 ZPO. Entsprechend § 891 Abs. 1 S. 3 ZPO hat daher eine **Kostenentscheidung** nach den allgemeinen Grundsätzen der §§ 91 ff. ZPO zu ergehen (Schuschke/Walker/*Jennissen* Brüssel-Ia-VO Art. 47 Rn. 15; **aA** Thomas/Putzo/*Hüßtege* § 1115 Rn. 3 und EuGVVO Art. 47 Rn. 9: Es gilt § 788 ZPO). Bei einer **Rücknahme** des Antrags ist § 269 Abs. 3 ZPO anzuwenden. Falls übereinstimmende Erledigungserklärungen vorliegen, hat eine Kostenentscheidung nach billigem Ermessen entsprechend § 91a ZPO zu ergehen.

Die Vergleichbarkeit des Antragsverfahrens mit dem Vollstreckbarkeitsverfahren herkömmlicher Art und dem hierdurch entstehenden gerichtlichen Prüfungsaufwand hat den Gesetzgeber veranlasst, hierfür in Ergänzung des Nr. 1510 KV GKG (→ Form. R. VI. 1 Anm. 10) ebenfalls eine Gebühr von 240,– EUR anzusetzen (BT-Drs. 18/823, 26). Diese ermäßigt sich gem. Nr. 1511 KV GKG auf 90,– EUR bei Rücknahme vor der mündlichen Verhandlung bzw. dann, wenn eine Verhandlung nicht stattfindet, bevor eine Entscheidung auf die Geschäftsstelle gelangt. Der Anwalt erhält eine 1,3 Verfahrensgebühr und ggf. weitere Gebühren gem. Nr. 3100 ff. VV RVG.

11. Rechtsmittel

Die Entscheidung über den **Vollstreckungsschutzantrag** ist gem. § 1116 Abs. 6 S. 2 ZPO **unanfechtbar.** Trotz der Unanfechtbarkeit ist – ebenso wie bei Entscheidungen nach § 707 ZPO – jederzeit eine Abänderung oder Aufhebung der einstweiligen Anordnung möglich. Deshalb kann in Eilfällen von der grundsätzlich notwendigen Gewährung rechtlichen Gehörs für den Gläubiger zunächst abgesehen werden, sofern dieses unverzüglich nachgeholt wird.

Gegen die **Entscheidung in der Hauptsache** können beide Parteien gem. Art. 49 Brüssel-Ia-VO iVm § 1115 Abs. 5 S. 1 ZPO **sofortige Beschwerde** einlegen. Die **Beschwerdefrist** beträgt allerdings wegen der grenzüberschreitenden Prozesssituation abweichend von § 569 Abs. 1 S. 1 ZPO **einen Monat** und wird nur durch Zustellung in Gang gesetzt, also auch dann, wenn der Beschluss aufgrund mündlicher Verhandlung ergangen und nach § 329 Abs. 1 verkündet worden ist. Beschwerdegericht ist das OLG. Gegen dessen Entscheidung ist gem. Art. 50 Brüssel-Ia-VO iVm § 1115 Abs. 5 S. 2 ZPO auch ohne Zulassung durch das Beschwerdegericht die **Rechtsbeschwerde** zum BGH statthaft.

4. Antrag auf Versagung der Zwangsvollstreckung wegen Unzuständigkeit des Ursprungsgerichts mit Vollstreckungsschutzanträgen

An das

Landgericht

– Zivilkammer –[1, 2, 3, 6]

in . . . . .

In dem Vollstreckungsverfahren

des/der . . . . . [ladungsfähige Anschrift des Antragstellers],

– Schuldner/in –

– Verfahrensbevollmächtigte: Rechtsanwälte . . . . . –

gegen

. . . . . [ladungsfähige Anschrift des Antragsgegners],

– Gläubiger/in –

– Verfahrensbevollmächtigter: Rechtsanwälte . . . . . –

bestellen wir uns Vollmacht versichernd für den/die Schuldner/in

Wir überreichen

1. Ausfertigung des Urteils/Beschlusses des . . . . . gerichts in . . . . . – . . . . . [Aktenzeichen] –
2. Übersetzung/Transliteration der Entscheidung des hierzu in . . . . ermächtigten Übersetzers . . . . .

und beantragen,

die Vollstreckung aus dieser Entscheidung zu versagen,

sowie für die Dauer des Verfahrens

die Vollstreckung auszusetzen,
hilfsweise
die Vollstreckung von einer Sicherheitsleistung abhängig zu machen
äußerst hilfsweise
die Vollstreckung auf Sicherungsmaßnahmen zu beschränken.

Gründe:

Mit der überreichten Entscheidung ist der/die Schuldner/in verurteilt worden, ... [Tenor der Entscheidung in deutscher Sprache].

Der/Die Gläubiger/in betreibt hieraus die Zwangsvollstreckung und hat . . . . .[Kennzeichnung der Vollstreckungsmaßnahme].

(Alternativ

Der/Die Gläubiger/in hat angekündigt, hieraus die Zwangsvollstreckung zu betreiben).

Die Vollstreckung dieses Urteils/Beschlusses ist zu versagen. Das Ursprungsgericht war nicht zuständig; denn

es handelt sich um eine Versicherungssache iSd Art. 10 ff. Brüssel-Ia-VO mit der Folge, dass der/die Schuldner/in und Versicherungsnehmer/in nur vor deutschen Gerichten hätte verklagt werden können[4]

. . . . . [Einzelfallbezogene Gründe]

die Klageforderung betrifft . . . . . Den entsprechenden Vertrag hatte der/die Schuldner/in und Beklagte des Ursprungsverfahrens nicht für berufliche oder gewerbliche Zwecke geschlossen mit der Folge, dass die Klage wirksam nur am Verbrauchergerichtsstand des Art. 18 Abs. 2 Brüssel-Ia-VO 2007, also an seinem/ihrem Wohnort hätte erhoben werden können.[4]

. . . . .[Einzelfallbezogene Gründe]

es handelt sich um eine arbeitsrechtliche Streitigkeit, bei der der/die Schuldner/in und Beklagte des Ursprungsverfahrens als Arbeitnehmer/in des Gläubigers/der Gläubigerin nur an seinem/ihrem Wohnort in Deutschland hätte verklagt werden können.[4]
. . . . . (Einzelfallbezogene Gründe)

es handelt sich um eine . . . . .sache, für die eine ausschließliche Zuständigkeit deutscher Gerichte gem. Art. 24 Ziff. . . . . . Brüssel-Ia-VO bestand.[5]

. . . . .[Einzelfallbezogene Gründe]

Aus den vorstehenden Ausführungen folgt, dass der Antrag in der Hauptsache hohe Erfolgsaussicht hat und daher dem/der Antragsteller/in antragsgemäß Vollstreckungsschutz zu gewähren ist.

(Alternativ:

Zudem wird dem/der Antragsteller/in durch eine bedingungslose Vollstreckung ein nicht wiedergutzumachender Schaden entstehen; denn. . . . . [Einzelfallbezogene Gründe])

Es wird gebeten, über die Schutzanträge vorab zu entscheiden und dem/der Antragsteller/in wegen des Überraschungseffekts zuvor keine Gelegenheit zur Äußerung/nur eine Äußerungsfrist von wenigen Tagen zu gewähren.

Streitwert: . . . . .[6]

Abschriften für den/die Antragstelle/in sind beigefügt.

. . . . .

Rechtsanwalt

Anmerkungen

1. Das Formular betrifft in den verschiedenen Varianten die Versagungsgründe des Art. 45 Abs. 1 lit. e Brüssel-Ia-VO.

2. Nach Art. 45 Abs. 3 Brüssel-Ia-VO findet grundsätzlich keine Überprüfung der internationalen Zuständigkeit des Ursprungsgerichts statt. Dabei ist auch klargestellt wird, dass eine solche auch nicht im Rahmen einer ordre public-Kontrolle erfolgen darf. Das Gericht des Anerkennungsstaates ist daher unabhängig davon, ob die Bejahung der Zuständigkeit des Erstgerichts zutreffend war oder nicht, hieran gebunden. Eine ausnahmsweise Überprüfung der Zuständigkeit ist daher nur in den in Abs. 1 lit. e aufgelisteten Fällen möglich. Abs. 1 lit. e hat seinen Vorläufer in Art. 35 Abs. 1 Brüssel-I-VO. Gegenüber dieser Vorschrift wurde der Anwendungsbereich zum Schutz von Parteien mit struktureller Unterlegenheit noch ausgeweitet, weil nunmehr auch Verfahren nach Abschnitt 5 des Kapitels 2, also Streitigkeiten aus individuellen Arbeitsverträgen mit einbezogen worden sind. Im Rahmen der Neufassung wurde ein weiterer Streitpunkt beseitigt. Zu Art. 35 Brüssel-I-VO war es nämlich problematisch und streitig, ob entgegen deren Wortlaut die Norm im Wege einer teleologischen Reduktion dahingehend ausgelegt werden konnte, dass sich nur die strukturell unterlegene Partei auf das Anerkennungshindernis berufen kann (vgl. die Übersicht zum Meinungsstand bei Schuschke/Walker/*Jennissen* Brüssel-Ia-VO Art. 45 Rn. 15). Die Neuregelung stellt dies klar und erstreckt das Anerkennungshindernis auf Fälle, in denen der Beklagte Versicherungsnehmer, Versicherter, Begünstigter des Versicherungsvertrags, Geschädigter, Verbraucher oder Arbeitnehmer ist.

3. Wegen der Feststellung der Tatsachen, die zur Begründung der in Art. 45 Abs. 1 Brüssel-Ia-VO aufgelisteten Zuständigkeiten notwendig sind, wird durch Abs. 2 eine Bindung des Anerkennungsgerichts angeordnet, die sich aber nicht auf die aus diesen Tatsachen gezogenen rechtlichen Schlussfolgerungen erstreckt. Ansonsten gilt die Bindung uneingeschränkt, insbesondere für an sich anerkennungsfreundliche Tatsachen und auch für neue Tatsachen, die im Verfahren des Ursprungsgerichts bereits hätten geltend gemacht werden können (Thomas/Putzo/*Hüßtege* EuGVVO Art. 45 Rn. 31 mwN).

4. Zu beachten ist, dass in **Versicherungs- und Verbrauchersachen sowie bei Streitigkeiten aus individuellen Arbeitsverträgen** eine **rügelose Einlassung** möglich ist. Infolge dieser Einlassung hat das zuständige Gericht entschieden und der Schuldner kann sich nicht auf einen Versagungsgrund berufen (EuGH Urt. v. 20.5.2010 – C 111/09, EuZW 2010, 678 = IPRax 2011, 548 mAnm *Staudinger*). Dies kann allerdings dann nicht gelten, wenn das Ursprungsgericht in derartigen Verfahren den Beklagten entgegen Art. 26 Abs. 2 Brüssel-Ia-VO nicht über sein Recht, die Unzuständigkeit des angerufenen Gerichts zu rügen, und über die Folgen einer Einlassung oder Nichteinlassung belehrt hat (so die ganz überwiegende Meinung, siehe die Nachweise bei Rauscher/*Leible* Brüssel I-VO Art. 35 Rn. 8).

5. Ein etwaiger **Verstoß gegen eine ausschließliche Zuständigkeit** nach dem 6. Abschnitt des Kapitels II (Art. 24) ist von einem angerufenen Gericht stets **von Amts** wegen zu beachten. Eine Verletzung begründet daher konsequenterweise ein Anerkennungshindernis.

6. Im Übrigen gelten für den auf einen der Gründe des Art. 45 Abs. 1 lit. e gestützten Versagungsantrag die gleichen Grundsätze wie im → Form. R. II. 3.

5. Antrag des Schuldners an das wegen eines Versagungsantrags angerufene Gericht auf Aussetzung des Verfahrens wegen eines Rechtsmittels im Ursprungsstaat

An das

Landgericht

– Zivilkammer –[1, 3]

in .....

An das

Oberlandesgericht

– Zivilsenat –[1, 3]

in .....

In Sachen

.....,/, ...

– ..... [Aktenzeichen] –

beantragen wir,

das Verfahren gem. Art. 51 Brüssel-Ia-VO auszusetzen.[2]

Gründe:

Der/Die Schuldner/in hat inzwischen im Ursprungsstaat das dort statthafte Rechtsmittel/ den dort statthaften Rechtsbehelf des/der ..... eingelegt.

Beweis: Anliegender Schriftsatz seiner/ihrer dortigen Verfahrensbevollmächtigten ..... nebst Eingangsbestätigung/Eingangsvermerk des ..... gerichts in ...... und Übersetzung

Dieses Rechtsmittel hat hohe Aussicht auf Erfolg, so dass der/die Gläubiger/in daran zu hindern ist, weiter zu vollstrecken. Dies ergibt sich aus Folgendem:

..... [Einzelfallbezogene Gründe]

Zur weiteren Begründung beziehe ich mich auf den Schriftsatz der ..... Kollegen .....

Abschriften für den/die Gläubiger/in sind beigefügt.

(Alternativ

Überreicht werden ferner Auszüge mit den zitierten Vorschriften des ..... [ausländisches Gesetz] nebst Übersetzungen)

.....

Rechtsanwalt[4]

Anmerkungen

1. Das mit einem Vollstreckbarkeitsversagungsantrag befasste Gericht (vgl. → Form. R. II. 3 und → Form. R. II. 4) kann gem. Art. 51 Abs. 1 S. 1 Brüssel-Ia-VO auf **Antrag des Schuldners** das Verfahren auszusetzen, wenn gegen die Entscheidung im Ursprungsmitgliedstaat ein ordentlicher Rechtsbehelf eingelegt oder die Rechtsmittelfrist noch nicht verstrichen ist. Den **Begriff des ordentlichen Rechtsbehelfs** hat der EuGH dahingehend definiert, dass es ein solcher sei, der zur Aufhebung oder Abänderung der zu vollstreckenden Entscheidung führen könne, sofern dieser Rechtsbehelf innerhalb einer gesetzlichen Frist einzulegen ist, die mit Erlass der Entscheidung beginnt (EuGH Urt. v. 22.11.1977 – Rs 43/77, EuGHE 1977, 2175). Hierzu kann in Verfahren des einstweiligen Rechtsschutzes auch die Einleitung des Hauptsacheverfahrens gehören, etwa wenn das Gericht aus Gründen der Verfahrensbeschleunigung keinen eigenen Rechtsbehelf zulässt (BGH Beschl. v. 12.6.1986 – IX ZB 95/85, RIW 1986, 813) oder eine kraft Gesetzes nicht anfechtbare vorläufige Verurteilung erfolgt (OLG Stuttgart Beschl. v. 15.5.1997 – 5 W 4/97ob, NJW-RR 1998, 280). Rechtsbehelfe, die einer deutschen Wiederaufnahmeklage entsprechen, zählen hierzu indes nicht (OLG Karlsruhe Beschl. v. 29.1.1986 – 11 W 41/85, RIW 1986, 467 für einen franz. „recours en revision"; OLG Köln Beschl v. 14.7.2003 – 16 W 12/03, OLGR 2003, 294 für eine polnische Wiederaufnahmeklage).

Die **Sonderregelung** für Großbritannien, Irland und Zypern in Art. 51 Abs. 2 Brüssel-Ia-VO beruht darauf, dass die Differenzierung zwischen einem ordentlichen und einem außerordentlichen Rechtsbehelf in den common law Staaten unbekannt ist. Die Aussetzungsmöglichkeit besteht daher bei jedem der in diesen Ländern statthaften Rechtsbehelfe.

2. Die Entscheidung über den Aussetzungsantrag steht im **Ermessen** des Gerichts. Die **Ermessensmaßstäbe** werden – auch in der Rechtsprechung der OLG zu der Parallelnorm des früheren Art. 46 Brüssel-I-VO – nicht immer einheitlich beurteilt. Teilweise wird hierzu auf die Erfolgsaussicht des Rechtsmittels im Ursprungsmitgliedstaat abgestellt (zB OLG Saarbrücken Beschl. v. 24.11.1997 – 5 W 282/97, RIW 1998, 632; OLG Düsseldorf Beschl. v. 13.11.1996 – 3 W 347/96, NJW-RR 1007, 572). Den wegen des Verbots der Nachprüfung der ausländischen Entscheidung in der Sache richtigen Weg haben der EuGH und ihm folgend der BGH vorgegeben. Hiernach kann ein Aussetzungsantrag nur auf solche Gründe gestützt werden, die der Schuldner vor dem Gericht des Ursprungsstaates noch nicht geltend machen konnte (EuGH Urt. v. 4.10.1991 – Rs 183/90, EuGHE I 1991, 4743; BGH Beschl. v. 21.4.1994 – IX ZB 8/94, NJW 1994, 2156). Gleichwohl und unabhängig hiervon sollte gerade wegen der weitverbreiteten Auffassung, dass generell auf die Erfolgsaussicht des Rechtsmittels abzustellen ist, eine möglichst detaillierte Darlegung der Gründe erfolgen, aus denen diese hergeleitet wird.

3. **Zuständig** zur Entscheidung über einen Aussetzungsantrag sind gem. Art. 51 Abs. 1 S. 1 Brüssel-Ia-VO iVm § 1115 ZPO entweder der Vorsitzende der Zivilkammer des Landgerichts, der mit dem Versagungsantrag befasst ist, das OLG als Beschwerdegericht und ggf. der BGH als Rechtsbeschwerdegericht. **Die Entscheidung ist nicht anfechtbar** (BGH Beschl. v. 21.4.1994 – IX ZB 8/94, NJW 1994, 2156). Jedoch können die in der Hauptsache angerufenen Rechtsmittelinstanzen Entscheidungen der Vorinstanz über einen Aufhebungsantrag aufheben oder abändern.

4. **Kosten und Gebühren**: Gericht: keine; Anwalt ebenfalls keine wegen § 19 Abs. 1 S. 1 RVG.

6. Antrag des Schuldners auf Aussetzung der Zwangsvollstreckung wegen Wegfalls oder Beschränkung der Vollstreckbarkeit im Ursprungsstaat

An das

. . . . . gericht[1, 7]

in . . . . .

Herrn/Frau

Ober/Gerichtsvollzieher/in[1]

. . . . .

In Sachen/der Zwangsvollstreckungssache

. . . . ./ . . . . .

– . . . . . [Aktenzeichen] –

bestellen wir uns für den/die Schuldner/in und beantragen,[2, 3, 4, 5]

die Zwangsvollstreckung/das Vollstreckungsverfahren einzustellen
(Alternativ:
und die bereits erfolgte Pfändung des/der . . . . . aufzuheben.)

Gründe:

Der/Die Schuldner/in hat inzwischen im Ursprungsstaat das dort statthafte Rechtsmittel des/der . . . . . eingelegt.

Dies führt nach Art. . . . . . der . . . . . ZPO, dazu, dass die Entscheidung im Ursprungsstaat vorläufig nicht vollstreckbar ist.

Beweis: 1. Anliegender Schriftsatz seiner/ihrer dortigen Verfahrensbevollmächtigten . . . . . nebst Eingangsbestätigung/Eingangsvermerk des . . . . . gerichts in . . . . . und Übersetzung
2. Auszug aus der . . . . . ZPO nebst Übersetzung
3. Vorsorglich Einholung eines Rechtsgutachtens nach § 293 ZPO.

Das . . . . .gericht in . . . . . hat daraufhin die Vollstreckung aus der ergangenen Entscheidung ausgesetzt/aufgehoben/eingestellt/bis zur Entscheidung über das eingelegte Rechtsmittel einstweilen eingestellt.

Beweis: Anliegender Beschluss vom . . . . . nebst Übersetzung.

Das . . . . .gericht in . . . . . hat daraufhin die Vollstreckung aus der ergangenen Entscheidung von einer Sicherheitsleistung des Gläubigers/der Gläubigerin in Höhe von . . . . .EUR/[andere Währung] abhängig gemacht.

Beweis: Anliegender Beschluss vom . . . . . nebst Übersetzung.

Abschriften für den/die Gläubiger/in sind beigefügt.

. . . . .

Rechtsanwalt[6, 7]

Anmerkungen

1. In Ergänzung zu den Vollstreckungsschutzmöglichkeiten des Art. 44 Abs. 1 Brüssel-Ia-VO im Rahmen eines Versagungsantrags des Schuldners (→ Form. R. II. 3 Anm. 8) gewähren dessen Abs. 2 sowie § 1116 ZPO weiteren Vollstreckungsschutz. Voraussetzung ist ein **Antrag des Schuldners**, der an das mit der Sache befasste **Vollstreckungsorgan** zu richten ist.

Von Art. 44 Brüssel-Ia-VO ist der Fall erfasst, dass der Titel – vorläufig – seine Vollstreckbarkeit verloren hat, weil diese im Ursprungsstaat ausgesetzt worden ist. § 1116 ZPO regelt zusätzlich den Fall, dass der Titel im Ursprungstaat seine Vollstreckbarkeit verloren hat oder diese beschränkt worden ist, zB durch eine zeitweilige Einstellung oder die Anordnung einer Sicherheitsleistung. Für beide Fälle sieht § 1116 ZPO entsprechend der für den Europäischen Vollstreckungstitel in § 1085 ZPO und für die Unterhaltsvollstreckung ohne Exequatur nach der EuUnterhaltsVO in § 32 AUG getroffenen Regelungen eine entsprechende Anwendung der §§ 775, 776 vor.

2. Einschlägig sind zunächst die in § 1116 S. 1 ZPO genannten **Einstellungsmöglichkeiten** nach § 775 Nr. 1 und Nr. 2. Im Fall des Nachweises, dass der ausländische Titel aufgehoben oder nicht mehr vollstreckbar ist, sind bereits getroffene Zwangsvollstreckungsmaßnahmen gem. § 776 S. 1 aufzuheben. Bei einer bloßen Beschränkung der Zwangsvollstreckung, etwa im Fall einer nur zeitweiligen Aussetzung oder der Anordnung einer Sicherheitsleistung greift § 776 S. 2 ein mit der Folge, dass die Maßnahmen bestehen bleiben. Die Abgrenzung kann im Einzelfall schwierig sein, weil es von der jeweiligen nationalen Prozessordnung im Ursprungsmitgliedstaat abhängt, welchen Wirkungen beschränkende Entscheidungen auf bereits getroffene Vollstreckungsmaßnahmen zukommen (BT-Drs. 18/823, 23).

3. Aus der sprachlichen Fassung des § 1116 S. 1 ZPO („auch dann") folgt, dass wie bei der Parallelvorschrift des § 1085 ZPO die **unmittelbare Anwendung des § 775 ZPO** unberührt bleibt. In Betracht kommen daher die Fälle der Nr. 3–5, also der Beibringung von Nachweisen für eine Sicherheitsleistung, für eine Befriedigung des Gläubigers oder eine von ihm bewilligte Stundung (HK-ZV/*Stürner* ZPO § 1085 Rn. 2; Musielak/*Lackmann* § 1085 Rn. 1; MüKoZPO/*Adolphsen* § 1085 Rn. 3).

4. Art. 44 Abs. 2 Brüssel-Ia-VO regelt nicht, welche **Nachweise** der Schuldner beibringen muss, um eine Aussetzung der Zwangsvollstreckung zu erreichen. Der nationale Gesetzgeber konnte daher die Anforderungen für den Nachweis frei regeln. § 1116 S. 1 sieht hierzu die Vorlage der Entscheidung aus dem Ursprungsmitgliedstaat über die Nichtvollstreckbarkeit oder über die Beschränkung der Vollstreckbarkeit vor. Anders als nach § 4 AVAG wird dabei nicht die Vorlage einer Ausfertigung der Entscheidung verlangt. Die Einreichung einer Urkunde, welche hinreichend sicher die Gewähr dafür bietet, dass sie von einem Gericht des Ursprungsmitgliedstaates stammt, dürfte ausreichen.

5. Eine **Übersetzung der Entscheidung**, auf die der Antrag nach § 1116 S. 1 gestützt ist, braucht nach S. 2 nur auf Verlangen des Vollstreckungsorgans eingereicht zu werden. Die Vorlage ist also nicht zwingend. Dadurch soll der Prüfungsaufwand für die Vollstreckungsorgane möglichst gering gehalten werden (BT-Drs. 18/823, 23). Die Vorlage sollte jedoch zur Ermöglichung einer hinreichend sicheren Entscheidungsgrundlage, immer dann verlangt werden, wenn das Vollstreckungsorgan die Sprache des Ursprungsmitgliedstaates nicht sicher beherrscht.

6. **Kosten und Gebühren.** Gericht: keine; Anwalt ebenfalls keine wegen § 19 Abs. 1 S. 1 RVG.

7. Rechtsmittel bzw. Rechtsbehelfe: wie bei § 775 ZPO, also je nach Art der Entschließung und Vollstreckungsorgan Erinnerung nach § 766, sofortige Beschwerde gem. § 793 oder Grundbuchbeschwerde gem. § 71 GBO.

7. Vollstreckungsabwehrklage gegen einen nach der Brüssel-Ia-VO vollstreckbaren Titel aus einem anderen Mitgliedstaat

An das Landgericht

Zivilkammer/Kammer für Handelssachen[2, 3]

in .....

An das

Amtsgericht[2, 3]

in .....

In dem Vollstreckungsverfahren

des/der ..... [ladungsfähige Anschrift des Schuldners],

– Klägers/Klägerin –

– Prozessbevollmächtigte: Rechtsanwälte ..... –

gegen

.....[ladungsfähige Anschrift des Gläubigers],

– Beklagte/n –

– Prozessbevollmächtigte: Rechtsanwälte ..... –

bestellen wir uns Vollmacht versichernd für den Kläger/die Klägerin und erheben Klage mit den Anträgen

> die Zwangsvollstreckung aus dem Urteil/Beschluss des .....gerichts in ..... /der öffentlichen Urkunde/des Vergleichs vom ..... – .....[Aktenzeichen] – für unzulässig zu erklären,[1]
> gem. den §§ 769, 770 ZPO anzuordnen, dass die Vollstreckung aus diesem Titel bis zur Rechtskraft dieses Urteils ohne, hilfsweise gegen Sicherheitsleistung eingestellt wird.

Vorab beantragen wir,

> die Zwangsvollstreckung aus dem Titel ohne, hilfsweise gegen Sicherheitsleistung bis zur Entscheidung des vorliegenden Rechtsstreits einzustellen.

Sofern das Gericht das schriftliche Vorverfahren anordnet, wird für den Fall der Fristversäumnis des Beklagten beantragt,

> das Versäumnisurteil ohne mündliche Verhandlung (§ 331 Abs. 3 ZPO) zu erlassen.

Einer Entscheidung durch den Einzelrichter stehen Gründe nicht entgegen.

(Variante:

> *Wegen der besonderen Schwierigkeit/grundsätzlichen Bedeutung der Sache eignet sie sich nicht für eine Entscheidung durch den Einzelrichter.)*

Gründe:

Durch das/den in der Anlage nebst Übersetzung beigefügte/n Urteil/Beschluss des . . . . . gerichts in . . . . . ist der/die Kläger/in zur Zahlung von . . . . . EUR/. . . . .[andere Währung] nebst . . . . . % Zinsen seit dem . . . . . verurteilt worden.

Mit gerichtlichem Vergleich vom . . . . ./öffentlicher Urkunde vom . . . . . hat sich der/die Kläger/in zur Zahlung von . . . . . EUR/. . . . .[andere Währung] nebst . . . . . % Zinsen seit dem . . . . . verpflichtet.

Aus diesem Titel kann und darf indes nicht mehr vollstreckt werden, weil die ihm zugrunde liegende Forderung erloschen ist.

. . . . .

[einzelfallbezogene Gründe, zB: Unmittelbar nach Zustellung des Urteils hat der/die Kläger/in am . . . . . einen Teilbetrag von . . . . . EUR/[andere Währung] an den/die Beklagte/n überwiesen.]

Beweis: anliegende beglaubigte Kopie des Überweisungsauftrags

Wegen des Restbetrags hat der/die Kläger/in mit Schreiben vom gleichen Tag, das dem/der Beklagten vorab per Fax übermittelt worden ist, die Aufrechnung mit einer Gegenforderung in gleicher Höhe erklärt.[5]

Beweis: anliegende Abschrift des Schreibens vom . . . . . nebst Faxsendevermerk

Der Gegenforderung liegt folgender Sachverhalt zugrunde:

. . . . .

Die vorgetragenen Einwendungen sind erst nach Erlass der Entscheidung im Ursprungsmitgliedstaat entstanden und sind daher nunmehr zu berücksichtigen.[4]

Da aus einem gerichtlichen Vergleich/einer öffentliche Urkunde vollstreckt wird/werden soll, ist der/die Kläger/in mit den vorgetragenen Einwendungen nicht präkludiert (§ 1117 Abs. 2 ZPO).[4]

Die Zuständigkeit des angerufenen Gerichts folgt aus Art. 24 Brüssel-Ia-VO iVm §§ 1117 Abs. 1, 1086 Abs. 1 ZPO.

Abschriften für den/die Beklagte/n sind beigefügt.

Streitwert: . . . . .[8]

. . . . .

Rechtsanwalt[6, 7, 9]

Anmerkungen

1. Problematisch ist es, ob die Vollstreckungsabwehrklage nach § 767 ZPO zum Vollstreckungsverfahren gehört, für das gem. Art. 41 Abs. 1 S. 1 Brüssel-Ia-VO das Recht des Vollstreckungsstaats maßgeblich ist. Der nationale Gesetzgeber hat dies in der Vergangenheit in Einklang mit der überwiegenden Meinung zunächst für das Verfahren nach der EuVTVO in § 1086 ZPO und sodann durch die Anordnung einer entsprechenden Anwendung dieser Norm in § 1096 Abs. 2 ZPO für Einwendungen gegen den in einem Europäischen Zahlungsbefehl titulierten Anspruch und in § 1109 Abs. 2 ZPO für das Verfahren nach der EuBagatellVO zu Recht bejaht und die Vollstreckungsabwehrklage zugelassen.

In konsequenter Fortsetzung dieser Linie hat er in § 1117 Abs. 1 ZPO durch die Anordnung einer entsprechende Anwendung des § 1086 Abs. 1 ZPO auch gegen ausländische Titel, die nach der Brüssel-Ia-VO unmittelbar vollstreckbar sind, die Möglichkeit der Erhebung einer Vollstreckungsabwehrklage eröffnet (zustimmend Thomas/Putzo/*Hüßtege* § 1117 Rn. 1).

2. Die **sachliche Zuständigkeit** des Land- oder Amtsgericht folgt aus den allgemeinen Regeln der §§ 23, 71, 96 GVG. **Örtlich** ist gem. § 1117 Abs. 1 ZPO iVm § 1086 ZPO das Gericht zuständig, an dem der Schuldner seinen Wohn- oder Firmensitz hat, sowie für Personen ohne inländischen Wohnsitz das Gericht, in dessen Bezirk vollstreckt werden soll oder vollstreckt worden ist.

3. Zweifelhaft ist allerdings **die internationale Zuständigkeit deutscher Gerichte** für eine Vollstreckungsabwehrklage gegen die Zulässigkeit der Zwangsvollstreckung aus einem Titel eines anderen Mitgliedstaates. Ein Teil der Lit. meint, dass die Klage nur vor den Gerichten des Ursprungsmitgliedstaates erhoben werden könne. Nach zutreffender Auffassung erfasst die in Art. 24 Nr. 5 Brüssel-Ia-VO normierte ausschließliche Zuständigkeit in Zwangsvollstreckungssachen jedoch auch diejenige für Vollstreckungsabwehrklagen, so dass am Ort der Zwangsvollstreckung, also für Titel die hier für vollstreckbar erklärt worden sind, in Deutschland geklagt werden kann (vgl. zB BGH Beschl. v. 3.4.2014 – IX ZB 88/12, NJW 2014, 2798; OLG Köln Urt. v. 21.11.2012 – 16 U 126/11, BeckRS 2013, 05770 = IPRax 2015, 158 mAnm *Bittmann* S. 129; vgl. die weiteren Nachweise zum Meinungsstand bei Schuschke/Walker/*Jennissen* Brüssel-Ia-VO Art. 24 Rn. 4). Auch der EuGH führt in seiner Entscheidung Prism Investments (Urt. v. 13.10.2011 – C 139/10, NJW 2011, 3506 = EuZW 2011, 869 mAnm *Bach* S. 871) unter Bezugnahme auf frühere Entscheidungen zum EuGVÜ ausdrücklich aus, dass nach einer Vollstreckbarerklärung und damit nach einer Integration der ausländischen Entscheidung in die Rechtsordnung eines Mitgliedstaates „die Rechtsvorschriften dieses Mitgliedstaats über die Zwangsvollstreckung ebenso wie für Entscheidungen, die von nationalen Gerichten erlassen wurden" gelten (EuGH Urt. v. 13.10.2011 – C 139/10, NJW 2011, 3506 = EuZW 2011, 869 unter Nr. 40 der Gründe). Zu diesen nationalen Rechtsvorschriften des Zwangsvollstreckungsrecht gehört aber gerade auch die Vollstreckungsabwehrklage (aA *Bach* EuZW 2011, 871 in der Anm. zu EuGH).

4. Dem Verbot der Überprüfung der ausländischen Entscheidung in der Sache (révision au fond) aus Art. 51 Brüssel-Ia-VO ist dadurch Rechnung getragen, das nach § 795 S. 1 ZPO für **gerichtliche Entscheidungen** die **Präklusionsvorschrift** des § 767 Abs. 2 ZPO entsprechend anzuwenden ist. Mit der nur entsprechenden Anwendung soll sichergestellt werden, dass Besonderheiten des ausländischen Erkenntnisverfahrens Rechnung getragen werden kann. Es wird für die Präklusion maßgeblich darauf ankommen, ob die mit der Vollstreckungsabwehrklage vorgebrachten Einwendungen erst nach dem Zeitpunkt entstanden sind, zu dem sie im Verfahren vor dem Ursprungsstaat spätestens hätten geltend gemacht werden können (BT-Drs. 18/823, 23).

Bei gerichtlichen Vergleichen und öffentlichen Urkunden gilt gem. § 1117 Abs. 2 ZPO die Präklusionsnorm des § 767 ZPO nicht. Deshalb können auch vorher entstandene Einwendungen geltend gemacht werden. Dies ist europarechtswidrig und steht in Widerspruch zu § 1086 Abs. 2 ZPO, wonach bei Vollstreckungsabwehrklagen gegen Vergleiche oder öffentliche Urkunden, die nach der EuVTVO als Europäischer Vollstreckungstitel bestätigt worden sind, die Präklusionsnorm des § 767 Abs. 2 ZPO entsprechend anzuwenden ist (näher Schuschke/Walker/*Jennissen* § 1086 Rn. 6 f. u. § 1117 Rn. 5).

Den beiden Varianten in dem vorstehenden Form. liegt unabhängig von dieser Kritik die gesetzliche Regelung zugrunde.

5. Wegen der weiteren Voraussetzungen für eine Vollstreckungsgenklage ist zu berücksichtigen, dass der Einwand des Erlöschens der titulierten Forderung wegen einer **Aufrechnung** nur wegen einer solchen Gegenforderung möglich ist, für deren selbständige Geltendmachung die Gerichte des Vollstreckungsstaates nach den Art. 5–24 Brüssel-I-VO zuständig wären (BGH Beschl. v. 3.4.2014 – IX ZB 88/12, NJW 2014, 2798; Prütting/Gehrlein/*Pfeiffer* EuGVO Art. 22 Rn. 5; Schuschke/Walker/*Jennissen* Brüssel-Ia-VO Art. 24 Rn. 4; *Bach* EuZW 2011, 872). Ist dies nicht der Fall, verbleibt dem Schuldner nur die Möglichkeit, das Erlöschen der titulierten Forderung infolge einer Aufrechnung mit einer im Ursprungsmitgliedstaat ggf. zulässigen Klage geltend zu machen.

Ansonsten gelten für die Klage die in → Form. P. VIII. 9 dargestellten Grundsätze für eine Vollstreckungsabwehrklage gegen einen nationalen Titel.

6. Rechtsändernde Tatsachen können schließlich nach allgemeiner Meinung nur im Rahmen einer Abänderungsklage gem. § 323 ZPO, die auch gegen einen in Deutschland für vollstreckbar erklärten ausländischen Titel statthaft ist, geltend gemacht werden. Voraussetzung hierfür ist allerdings, dass für eine entsprechende Klage überhaupt eine internationale Zuständigkeit deutscher Gerichte nach Art. 5 bis 24 Brüssel-Ia-VO besteht (BGH Beschl. v. 14.3.2007 – XII ZB 174/04, NJW 2007, 3433 = FamRZ 2007, 989).

7. Zweifelhaft ist die Zulässigkeit einer **Klage aus § 826 BGB** gegen die Vollstreckung in Deutschland aus einer Entscheidung eines anderen Mitgliedstaates. Hierfür dürften gem. Art. 7 Nr. 2 Brüssel-Ia-VO deutsche Gerichte zuständig sein. Jedenfalls dann, wenn der Schuldner seinen gewöhnlichen Aufenthalt in Deutschland hat, tritt in Deutschland die durch das ausländische Urteil geschaffene Vermögensgefährdung ein mit der Folge, dass dort der Erfolgsort iSd Art 4 Abs. 1 der VO (EG) Nr. 864/2007 (Rom II) liegt und daher deutsche Sachnormen anwendbar sind. Wegen des Verbots der Überprüfung der ausländischen Entscheidung in der Sache gem. Art. 51 Brüssel-Ia-VO dürfte die Klage aber nur dann zulässig sein, wenn sie auf Umständen beruht, die erst nach der Erlass des Titels oder der Bestätigung im Ursprungsmitgliedstaat zutage getreten sind, also etwa die unerlaubte Handlung aus einer sittenwidrigen Ausnutzung des nachträglich für unrichtig erkannten Titels hergeleitet wird (vgl. Geimer/Schütze/*Hilbig* EuVTVO Art. 20 Rn. 50; Schuschke/Walker/*Jennissen* § 1086 Rn. 8 u. § 1117 Rn. 6 jeweils mit Nachweisen zum Meinungsstand).

8. Streitwert: Wert der vollstreckbaren Hauptforderung zuzüglich der im Ursprungsmitgliedstaat mit ausgeurteilten bezifferten Kosten ohne sonstige Kosten und ohne Zinsen zu bemessen (→ Form. R. VI. 1 Anm. 9).

9. Kosten und Gebühren. → Form. P. VIII. 9.

III. Verfahren nach der Verordnung (EG) Nr. 805/2004 des Europäischen Parlaments und des Rates vom 21.4.2004 zur Einführung eines Europäischen Vollstreckungstitels – EuVTVO

1. Antrag des Gläubigers auf Erteilung einer Bestätigung als Europäischer Vollstreckungstitel

An das

. . . . . gericht[1–19]

in . . . . .

(alternativ:

Herrn/Frau Notar/in . . . . .)

In Sachen

. . . . . ./. . . . . .

beantragen wir,

zu dem Versäumnisurteil/Anerkenntnisurteil/Vergleich vom . . . . . – . . . . . – [Aktenzeichen]

(Variante:

zu der Zahlungsverpflichtung des Schuldners gem. Nr., ... der vollstreckbaren notariellen Urkunde – UR-Nr. . . . . . vom . . . . .)

die Bestätigung als Europäischer Vollstreckungstitel zu erteilen.

. . . . .

Rechtsanwalt

Anmerkungen

1. Die EuVTVO gilt mit Ausnahme Dänemarks, das sich aus Verfassungsgründen nicht an den Maßnahmen zur justiziellen Zusammenarbeit in Zivilsachen beteiligt, für alle **Mitgliedsländer der EU** einschließlich der erst nach ihrem Erlass am 1.5.2004 und 1.1.2007 beigetretenen ost- und südeuropäischen Staaten, für die auch die vor dem Beitritt erlassenen Rechtsakte verbindlich sind. Die EuVTVO ist am 21.1.2005 in Kraft getreten und findet Anwendung auf gerichtliche Entscheidungen, die seit diesem Zeitpunkt ergangen sind, bzw. auf gerichtliche Vergleiche und öffentliche Urkunden, die seitdem geschlossen bzw. errichtet worden sind. Das Verfahren zur Bestätigung der Titel als Europäischer Vollstreckungstitel ist seit dem 21.10.2005 möglich. Seit diesem Tag gilt auch das deutsche Durchführungsgesetz.

2. Der **sachliche Anwendungsbereich** der EuVTVO ist trotz einer teilweise abgeänderten sprachlichen Fassung deckungsgleich mit dem der Brüssel-Ia-VO. Sie gilt in allen Zivil- und Handelssachen, soweit sie nicht in dem Katalog des Art. 2 Abs. 2 EuVTVO ausdrücklich ausgeschlossen sind, wie dies etwa bei Personenstandssachen (einschließlich Ehesachen), Statusklagen, Betreuungssachen oder Erbschaftsangelegenheiten der Fall ist. In der bisherigen Praxis der Vollstreckbarkeitserklärung nach der Brüssel-Ia-VO spielten vor allem Unterhaltsentscheidungen aus einem anderen Mitgliedstaat eine große Rolle. Derartige Entscheidungen gehören nicht zu den ansonsten ausgenommenen „Personenstandssachen" und sind damit grundsätzlich einer Bestätigung als Europäischem Vollstreckungstitel zugänglich (vgl. Art. 4 Nr. 3 lit. b EuVTVO). Schwierigkeiten kann allerdings die Abgrenzung von Unterhaltsentscheidungen zu den vom Anwendungsbereich der EuVTVO ausgeschlossenen güterrechtlichen Entscheidungen bereiten. Abzustellen ist auf den Zweck der Entscheidung. Wenn mit ihr der Unterhalt eines bedürftigen Ehegatten gesichert werden soll oder wenn die Bedürfnisse und die Mittel beider Eheleute bei seiner Festsetzung berücksichtigt werden, hat sie eine Unterhaltspflicht zum Gegenstand. Sollen indes nur die Güter zwischen den Ehegatten aufgeteilt werden, betrifft sie den ehelichen Güterstand und kann nicht nach der EuVTVO vollstreckt werden. Dient eine Entscheidung beiden Zwecken zugleich, so ist eine teilweise Vollstreckbarerklärung des unterhaltsrechtlichen Teils möglich, wenn aus ihr klar hervorgeht, auf welchen Zweck sich die jeweilige Teilleistung bezieht (so EuGH Urt. v. 6.3.1980 – Rs 56/79, EuGHE 1980, 731; EuGH Urt. v. 27.2.1997 – C 220/95, EuZW 97, 242 = EuGHE 1997 I 1147; jeweils zu den gleich gelagerten Problemen beim EuGVÜ).

Allerdings ist der Anwendungsbereich der EuVTVO in **Unterhaltssachen** inzwischen nur noch eingeschränkt. Die EuUnterhaltsVO verdrängt nämlich seit ihrem Inkrafttreten, also seit dem 18.6.2011 weitgehend die EuVTVO. Sie bleibt gem. Art. 68 Abs. 2 EuUnterhaltsVO nur noch für solche Europäische Vollstreckungstitel über Unterhaltspflichten anwendbar, die in einem nicht durch das Haager Protokoll von 2007 gebundenen Mitgliedstaat ergangen sind. Dies ist wegen der fehlenden Geltung der EuVTVO im Verhältnis zu Dänemark (→ Anm. 1) nur Großbritannien (Geimer/Schütze/*Arnold* EuVTVO Art. 2 Rn. 9).

Zu beachten ist, dass die EuVTVO in ihrem Anwendungsbereich die Brüssel-I-VO nicht ersetzt. Einem Gläubiger ist es freigestellt, ob er eine Bestätigung als Europäischer Vollstreckungstitel beantragt oder das Anerkennungs- und Vollstreckungsverfahren nach der Brüssel-I-VO betreibt (Art. 27 EuVTVO und Erwägungsgrund 20). Entsprechendes gilt für das Vollstreckungsverfahren nach der **Brüssel-Ia-VO**. Im Einklang mit der hM in der Literatur verneint jedoch der BGH ein Rechtschutzinteresse für einen Antrag auf Vollstreckbarerklärung nach Art. 38 ff. für den Fall, dass der Gläubiger bereits über einen Europäischen Vollstreckungstitel verfügt (BGH NJW-RR 2010, 521 mit weiteren Nachweisen). Diese Auffassung erscheint zweifelhaft. Art. 27 erlaubt ausdrücklich, dass der Gläubiger beide Verfahren parallel betreibt und er kann sich daher das aussuchen, das sich für ihn als das schnellere oder sonst effektivere erweist (*Hess* EuZPR 2010, 555). Eine Einschränkung dieses Wahlrechts durch nationale prozessuale Grundsätze, welche die Zulässigkeit des europäischen Verfahrens einschränken, dürfte daher nicht gerechtfertigt sein. Jedenfalls hätte der BGH dies nicht ohne Vorlage an den EuGH gem. Art. 267 AEUV so judizieren dürfen (*Pfeiffer* LMK 2010, 303291; eingehend zu der Problematik und zu verschiedenen Fallkonstellationen Geimer/Schütze/*Zenker* EuVTVO Art. 27 Rn. 3–9). Erst Recht kann es einem Gläubiger nicht verwehrt werden, neben einem Vorgehen nach der EuVTVO seinen Titel unmittelbar nach den Art. EuGVVO 2012 durchzusetzen.

3. Einer Bestätigung als Europäischem Vollstreckungstitel zugänglich sind gem. Art. 3 Abs. 1 EuVTVO Entscheidungen, gerichtliche Vergleiche und öffentliche Urkunden über unbestrittene Forderungen. Über die jeweiligen Merkmale enthält die VO weitgehend autonome Legaldefinitionen. Im Einzelnen:

Gem. Art. 4 Nr. 1 EuVTVO ist **„Entscheidung"** jede von einem Gericht eines Mitgliedstaats erlassene Entscheidung ohne Rücksicht auf ihre Bezeichnung wie Urteil, Beschluss, Zahlungsbefehl oder Vollstreckungsbescheid einschließlich eines Kostenfestsetzungsbeschlusses. Damit sind neben Urteilen in Deutschland die Titel des § 794 Abs. 1 Nr. 2 ZPO (Kostenfestsetzungsbeschlüsse), § 794 Abs. 1 Nr. 2 lit. a ZPO (Kindesunterhaltsbeschlüsse), § 794 Abs. 1 Nr. 3 ZPO (zB Zwangsgeldbeschlüsse nach § 888 ZPO) und § 794 Abs. 1 Nr. 4 ZPO (Vollstreckungsbescheide) vom Prinzip her einer Bestätigung zugänglich, soweit sie „unbestrittene Forderungen" enthalten, wie dies bei Vollstreckungsbescheiden regelmäßig der Fall sein wird. Ein Kostenfestsetzungsbeschluss, der erlassen worden ist, nachdem der Kostenschuldner sich innerhalb einer vom Rechtspfleger gesetzten Frist nicht geäußert hat, könnte an sich als Europäischer Vollstreckungstitel bestätigt werden, und zwar auch dann, wenn die Voraussetzungen hierfür bei der Hauptsacheentscheidung nebst Kostengrundentscheidung nicht vorliegen (OLG Stuttgart NJW-RR 2007, 1583; letzteres ist strittig, vgl. zum Meinungsstand Geimer/Schütze/*Hilbig* EuVTVO Art. 7 Rn. 11–17). Umstritten ist es, ob Ordnungsgeldbeschlüsse gem. 890 ZPO, bei denen die Mittel bei der Vollstreckung dem Justizfiskus zufließen, eine Zivil- und Handelssache iSd Art. 2 Abs. 1 S. 1 darstellen. Dies hat der BGH mit der zutreffenden Begründung bejaht, dass ihr Ursprung in einer zivilrechtlichen Auseinandersetzung über einen von dem Gläubiger geltend gemachten Verstoß gegen einen Unterlassungstitel liege (BGH Beschl. v. 25.3.2010 - I ZB 116/08, NJW 2010, 1883 Rn. 11 ff.).

Allerdings ist für in Deutschland ergangene **Kostenfestsetzungsbeschlüsse oder im Verfahren nach den §§ 887 ff. ZPO ergangene Beschlüsse** eine Bestätigung als Europäischer Vollstreckungstitel derzeit nicht möglich, weil der Gesetzgeber zwar für das Urteilsverfahren durch Ergänzungen der §§ 215, 276 Abs. 2 und 338 ZPO sowie durch Neufassung des § 499 ZPO die nach Art. 17 EuVTVO erforderliche Belehrungen (→ Anm. 13) vorgesehen hat, es jedoch versäumt hat, die Belehrungspflicht auch auf das Beschlussverfahren zu erstrecken (BGH Beschl. v. 25.3.2010 - I ZB 116/08, NJW 2010, 1883 Rn. 22; BGH NJW 2012, 858 Rn. 15; OLG Stuttgart Beschl. v. 3.6.2008 - 8 W 223/08, NJW-RR 2009, 934; *Bittmann* Rpfleger 2009, 934 u. IPRax 2012, 62; Rauscher/*Pabst* EG-VollstrTitelVO Art. 7 Rn. 23; aA *H. Roth* IPRax 2008, 235).

Entscheidungen gleichgestellt sind gerichtliche oder gerichtlich gebilligte **Vergleiche**, also in Deutschland die vor einem Gericht – nicht unbedingt vor einem Richter, sondern im Rahmen der übertragenen Zuständigkeiten auch vor einem Rechtspfleger – protokollierten Titel des § 794 Nr. 1 ZPO einschließlich der Vergleiche, deren Zustandekommen und Inhalt das Gericht gem. § 278 Abs. 6 ZPO nach einem schriftlichen Vergleichsvorschlag der Parteien oder der schriftlichen Annahme eines gerichtlichen Vergleichsvorschlags bestätigt (*Rellermeyer* Rpfleger 2005, 389 (392)).

Einer Bestätigung zugänglich ist gem. Art. 4 Nr. 3 EuVTVO schließlich ein Schriftstück, das von einer Behörde oder einer anderen von dem Ursprungsmitgliedstaat hierzu ermächtigten Stelle als **öffentliche Urkunde** aufgenommen oder registriert worden ist. Dazu können auch Beurkundungen vor einer Verwaltungsbehörde zählen. Dies waren zB bis zum Inkrafttreten der EuUnterhaltsVO die beim Jugendamt beurkundeten Erklärungen nach § 59 Abs. 1 S. 1 Nr. 3, 4 SGB VIII, die nunmehr nur noch nach der EuUnterhaltsVO unmittelbar vollstreckbar sind.

Zweifelhaft ist die Einordnung der **Anwaltsvergleiche,** die nach gerichtlicher oder notarieller Vollstreckbarerklärung einen in Deutschland zur Zwangsvollstreckung geeigneten Titel darstellen können (§§ 796a–796c ZPO). Bei ihnen wird zu differenzieren sein. In der Vollstreckbarerklärung durch das Gericht dürfte die gerichtliche Billigung eines Vergleichs iSd Art. 24 EuVTVO liegen, während der von einem Notar in Verwahrung genommene und für vollstreckbar erklärte Anwaltsvergleich als öffentliche Urkunde iSd Art. 25 einer Bestätigung zugänglich sein dürfte (so die überwiegende Meinung, vgl. näher Schuschke/Walker/*Jennissen* EuVTVO Art. 4 Rn. 6).

4. Auch der Begriff der **„Forderung"** ist autonom definiert, und zwar dahingehend, dass hiervon nur Forderungen auf Zahlung einer bestimmten Geldsumme erfasst sind, die fällig sind oder deren Fälligkeitsdatum in der Entscheidung, dem gerichtlichen Vergleich oder der öffentlichen Urkunde angegeben ist. Dies ist auch bei Titeln auf Zahlung wiederkehrender Leistungen der Fall. Nicht erfasst sind dagegen Titel, bei denen ein Abhängigkeitsverhältnis zu einer anderen Leistung besteht, etwa Zug um Zug-Verurteilungen (*Kropholler* EuVTVO Art. 4 Rn. 5; *Wagner* IPRax 2005, 189 (192); aA *Rellermeyer* Rpfleger 2005, 389 (399)). Einer Bestätigung zugänglich sind jedoch gem. Art. 8 EuVTVO Verurteilungen zu Zahlungen, die ohne Abhängigkeitsverhältnis gleichzeitig mit einer anderen Verurteilung ausgesprochen werden, etwa ein Versäumnisurteil auf Räumung einer Wohnung und Zahlung des rückständigen Mietzinses. Hier kann nach einem Umzug des Schuldners in ein anderes Mitgliedsland der Zahlungstitel als Europäischer Vollstreckungstitel durchgesetzt werden. In Betracht kommen auch Unterhaltsentscheidungen in einem Verbundurteil oder – was nach deutschem Recht nicht möglich aber bei Entscheidungen aus anderen Mitgliedstaaten nicht selten ist – eine Entscheidung, in der neben einer keiner Bestätigung zugänglichen Entscheidung in der Hauptsache, etwa einer Klageabweisung für die andere Partei ein Kostenerstattungsanspruch beziffert wird (*Wagner* IPRax 2005, 189 (196)).

Probleme kann auch die Durchsetzung von **Zinsansprüchen** bereiten. In manchen Mitgliedssaaten wurden bisher normalerweise nur „gesetzliche Zinsen" entweder ab einem bestimmten Datum oder gar nur als „gerichtliche Zinsen" ohne Angabe eines bestimmten Datums zugesprochen. Derartige Titel sind nach deutschem Verständnis nicht hinreichend bestimmt und deshalb im Vollstreckbarkeitsverfahren herkömmlicher Art im Vollstreckungsstaat zu konkretisieren (→ Form. R. V. 1 Anm. 4). Hier wird wohl in den Staaten, die eine entsprechende Antrags- und Tenorierungspraxis haben, eine Umstellung erfolgen müssen; denn nach Art. 16 lit. c EuVTVO sind bei einer Zinsforderung der Zinssatz und der Zinszeitraum bereits im verfahrenseinleitenden Schriftstück anzugeben, es sei denn das Recht des Ursprungsmitgliedstaates sieht eine automatische Anrechnung von Zinsen vor. In diesem Fall hat dann aber die Konkretisierung spätestens in der Bestätigung, also ebenfalls noch im Ursprungsmitgliedstaat zu erfolgen. In den amtlichen Formularen gemäß den Anhängen I, II, III und V zur EuVTVO ist nämlich vorgesehen, dass der Zinssatz in „. . . . . %" oder in „. . . . . % über dem Basiszins der EZB" sowie der Zeitpunkt der Fälligkeit der Zinsen anzugeben ist.

5. Art. 3 Abs. 1 EuVTVO enthält zwei unterschiedliche Gruppen **„unbestrittener Forderungen"**, nämlich die aktiv und die passiv unbestrittenen, die dadurch gekennzeichnet sind, dass das Schutzbedürfnis für den Schuldner unterschiedlich ist (so die plastische Differenzierung von *Rauscher* Rn. 52–54).

Die erste Gruppe, die **aktiv unbestrittenen Forderungen** des Art. 3 Abs. 1 lit. a und d EuVTVO erfasst die Fälle, in denen der Schuldner durch eigenes Tätig werden (Anerkenntnis im gerichtlichen Verfahren, Mitwirken an einem Vergleich, Übernahme einer Verbindlichkeit in einer öffentlichen Urkunde) die Forderung selbst ausdrücklich unstreitig gestellt hat. In derartigen Fällen ist er nicht schutzbedürftig und die noch zu erörternden Mindeststandards der Art. 12 ff. EuVTVO für die Bestätigung als Europäischer Vollstreckungstitel gelten nicht. Zu berücksichtigen ist aber, dass die Forderung sowohl dem Grunde wie auch der Höhe nach unstreitig sein muss (Erwägungsgrund Nr. 5).

Besondere Brisanz gewinnt die EuVTVO dadurch, dass sie sich auch auf **passiv unbestrittene Forderungen** erstreckt, also auch die Fälle erfasst, in denen ein Schuldner entweder von Anfang an einer Forderung nicht widersprochen hat (Art. 3 Abs. 1 lit. b) oder nach einem ursprünglichen Widerspruch zu einem späteren Zeitpunkt säumig geblieben ist (Art. 3 Abs. 1 c), was wegen der möglichen Vielzahl von Ursachen für die Säumnis des Schuldners gerade bei grenzüberschreitenden gerichtlichen Verfahren in der Literatur zum Teil sehr kritisch gesehen wird (zB *Stadler* IPRax 2004, 2 (5)).

6. Zu den **von Anfang an unbestritten gebliebenen Forderungen** des Art. 3 Abs. 1 lit. b EuVTVO zählen zB deutsche Vollstreckungsbescheide sowie die Urteile, die darauf beruhen, dass der Beklagte zu keinem Zeitpunkt prozessual beachtlich die Forderung bestritten hat. Unwidersprochen geblieben ist eine Forderung auch dann, wenn der Schuldner nicht zur Gerichtsverhandlung erschienen oder einer Aufforderung des Gerichts zur schriftlichen Verteidigungsanzeige nicht nachgekommen war (Erwägungsgrund Nr. 6). Damit sind in Deutschland auch die nach schriftlichem Vorverfahren ergehenden Versäumnisurteile des § 331 Abs. 3 ZPO einer Bestätigung als Europäischer Vollstreckungstitel zugänglich (*Hüßtege* S. 121). Wegen der Beachtlichkeit eines Widerspruchs verweist Art. 3 Abs. 1 lit. b EuVTVO auf die „maßgeblichen Verfahrensvorschriften des Ursprungsmitgliedstaats, also auf das jeweilige nationale Recht. Dies hat die Folge, dass in Deutschland etwa im Falle einer Säumnis im früheren ersten Termin ein vorheriger schriftsätzlicher Klageabweisungsantrag oder im Verfahren vor den Landgerichten das Erscheinen der nicht anwaltlich vertretenen Partei unbeachtlich ist. Auf anfänglicher Säumnis beruhend ist auch ein Urteil nach § 341 ZPO, mit dem ein Einspruch gegen ein Versäumnisurteil als unzulässig verworfen wird; denn die Verwerfung impliziert, dass der an sich gegen ein Versäumnisurteil statthafte Einspruch eben nicht in einer nach deutschem Prozessrecht beachtlichen Art und Weise eingelegt worden ist.

Ein bloßes Bestreiten der Zuständigkeit des angerufenen Gerichts ohne eine – zumindest hilfsweise – Einlassung zur Sache reicht ebenfalls nicht. Ist dagegen eine nach der jeweiligen nationalen Prozessordnung formal beachtliche Einlassung zur Sache erfolgt, kommt es auf deren Inhalt nicht an. Auch eine materiell-rechtlich offensichtlich unbegründete Verteidigung, etwa die Berufung auf eine fehlende Zahlungsfähigkeit steht einer Bestätigung entgegen (*Rauscher* Rn. 55, 58).

7. Von der Alternative der **„nicht mehr bestrittenen Forderungen“** erfasst sind die Fälle, in denen der Beklagte nach ursprünglich prozessual beachtlichem Bestreiten im Verlaufe des weiteren Verfahrens säumig bleibt. Dies sind nach deutschem Prozessrecht folgende Fälle eines Versäumnisurteils:

- Nach einem den Erlass eines Vollstreckungsbescheids hindernden Widerspruch gegen einen Mahnbescheid bleibt der Beklagte im streitigen Verfahren säumig;
- nach einer rechtzeitigen Anzeige der Verteidigungsabsicht im schriftlichen Vorverfahren bleibt der Beklagte im Haupttermin säumig;
- nach einer prozessual beachtlichen Verteidigung im ersten Termin bleibt der Beklagte in einem späteren Termin säumig;
- nach einem zulässigen Einspruch gegen ein Versäumnisurteil ergeht wegen Säumnis im Einspruchstermin ein zweites Versäumnisurteil gem. § 345 ZPO.

Nicht auf der Zugeständnisfiktion des Art. 3 Abs. 1 lit. c EuVTVO beruhend, ist dagegen eine **Entscheidung nach Lage der Akten** gem. § 331a ZPO bei Säumnis des Beklagten in einem späteren Termin unter Einbeziehung seines Verteidigungsvorbringens und ggf. Würdigung erhobener Beweise (*Rauscher* Rn. 60).

8. Die zu bestätigende Entscheidung braucht nicht rechtskräftig zu sein. Es reicht die bloße **Vollstreckbarkeit** mit der Folge, dass auch vorläufig vollstreckbare Titel einer Bestätigung zugänglich sind.

9. Eine Verletzung von **Zuständigkeitsvorschriften** steht einer Vollstreckung in einem anderen Mitgliedstaat grundsätzlich nicht entgegen. Entsprechend der Regelung in Art. 35 Brüssel-I-VO können jedoch gem. Art. 6 Abs. 1 lit. b EuVTVO Entscheidungen, und zwar alle einschließlich der Anerkenntnisurteile nur als Europäische Vollstreckungstitel bestätigt werden, wenn die Zuständigkeitsregeln des Kapitels II, Abschnitt 3 (Versicherungssachen) und Abschnitt 6 (ausschließliche Zuständigkeiten) der Brüssel-I-VO eingehalten sind. Diese Ausnahme gilt gem. Art. 24 Abs. 3 und Art. 25 Abs. 3 EuVTVO nicht für Vergleiche und öffentliche Urkunden. Einzige Voraussetzung für eine Bestätigung ist bei ihnen die Vollstreckbarkeit im Ursprungsmitgliedstaat, also in Deutschland die Erfüllung der Voraussetzungen des § 794 Abs. 1 Nr. 1, 4 lit. b, 5 ZPO.

10. Durch die Verordnung wurde ein eigenständiges System des **Verbraucherschutzes** geschaffen. Gem. Art. 6 lit. d EuVTVO kann eine Säumnisentscheidung gegen einen Verbraucher als Schuldner über eine Geldforderung die einen Vertrag betrifft, den er zu einem nicht beruflichen oder nicht gewerblichen Zweck geschlossen hat, nur dann als Europäischer Vollstreckungstitel bestätigt werden, wenn die Entscheidung in dem Land ergangen ist, in dem er seinen Wohnsitz hat. Wegen des Zwecks der Norm, strukturelle Ungleichheit zu beseitigen, gilt dies aber nur für Verträge eines Verbrauchers mit einem beruflich oder gewerbsmäßig Handelnden. Verträge zwischen zwei Verbrauchern fallen nicht darunter (EuGH Urt. v. 5.12.2013 – C-508/12, NJW 2014, 841; → Form. R. IV. 1 Anm. 2). Der Begriff des Wohnsitzes wiederum richtet sich nach dem jeweiligen nationalen Recht.

11. Fehler bei der grenzüberschreitenden **Zustellung,** die dazu führen können, dass ein Schuldner unverschuldet keine Kenntnis von der Einleitung eines gerichtlichen Verfahrens erhielt, waren in der Vergangenheit eines der Hauptprobleme im Rahmen des Vollstreckbarkeitsverfahrens (vgl. etwa die Fallkonstellationen BayObLG Beschl. v. 11.10.1999 – 1z BR 44/99, FamRZ 2000, 1170; OLG Düsseldorf Beschl. v. 8.11.2000 – 3 W 353/00, NJOZ 2001, 737 = InVo 2001, 145; OLG Köln Beschl. v. 3.1.2003 – 16 W 42/02, NJOZ 2005, 1178 = IPRspr. 2003, Nr. 179, 587). Mit der EuVTVO wird versucht, einerseits durch ein autonomes und von den nationalen Rechtsordnungen losgelöstes Zustellsystem mögliche Fehlerquellen zu minimieren, anderseits berechtigten Interessen des Gläubigers, der – soweit Zustellungen nach nationalem Recht nicht im Parteibetrieb erfolgen, sondern von den Gerichten veranlasst werden – für etwaige Fehler nicht verantwortlich ist, dadurch Rechnung zu tragen, dass eine Heilungsmöglichkeit normiert wird. Fehlerquellen sollen dadurch ausgeschaltet werden, dass zunächst alle Formen fiktiver Zustellungen ausgeschlossen werden, die nach einigen nationalen Rechtsordnungen möglich sind, zB die deutsche öffentliche Zustellung oder die französische remise au parquet (Erwägungsgrund 13; EuGH Urt. v. 15. 3. 2012 – C-292/10, EuZW 2012, 381 mAnm *Bach*; *Stadler* IPRax 2004, 2 (6)). Zudem soll eine Bestätigung als Europäischer Vollstreckungstitel nur dann erfolgen, wenn unabhängig von den nach nationalem Recht bzw. der EGZustellVO möglichen Zustellarten bestimmte in den Art. 13, 14 EuVTVO statuierte Formen eingehalten wurden, die es nach Auffassung des Verordnungsgeber wegen einer persönlichen Übergabe als sicher oder aufgrund bestimmter Formen der Ersatzzustellung als in hohem Maße wahrscheinlich erscheinen lassen, dass der Schuldner das zuzustellende Schriftstück auch erhalten hat (Erwägungsgrund 14; krit. hierzu *Hüßtege* S. 137; *Stadler* RIW 2004, 801). In Deutschland entsprechen die §§ 166 ff. ZPO abgesehen von dem bereits genannten Sonderfall der öffentlichem Zustellung den Standards der EuVTVO, weswegen im Rahmen des EG-Vollstreckungstitel-Durchführungsgesetzes kein Änderungsbedarf gesehen wurde.

12. Weitere **Mindeststandards** sind in Art. 16 EuVTVO enthalten. Sie betreffen den Inhalt des verfahrenseinleitenden Schriftstücks, um sicherzustellen, dass der Schuldner weiß, wogegen er sich zu verteidigen hat. Es sind dies Namen und Anschrift der Parteien, die Höhe der Forderung, Zinssatz und Zinszeitraum, es sei denn nach dem Recht des Ursprungsmitgliedstaats erfolgt eine automatische Anrechnung eines gesetzlichen Zinssatzes sowie die Bezeichnung des Forderungsgrundes. Diesen Anforderungen entspricht der Mahnantrag des § 690 ZPO. Dagegen dürfte im Falle eines unbezifferten Schmerzensgeldantrags die Höhe der Forderung nicht hinreichend bezeichnet sein (*Rauscher* Rn. 139). In Fällen mit potentieller Auslandsberührung, sollte ein Anwalt daher überlegen, ob nicht besser ein beziffeter Betrag in einem realistischen Bereich eingeklagt und ggf. ein Kostenrisiko für den Mandanten in Kauf genommen wird.

13. Schließlich bedarf es gem. Art. 17 EuVTVO bei verfahrenseinleitenden Schriftstücken und bei allen Ladungen einer deutlichen **Belehrung** über die nach der jeweiligen Verfahrensordnung einzuhaltenden Formalien für ein wirksames Bestreiten der Forderung sowie über die Konsequenzen des Nichtbestreitens oder des Nichterscheinens. Diesen Anforderungen genügte das deutsche Recht bisher nur für das Mahnverfahren (vgl. § 692 ZPO iVm den Vordrucken nach § 703c ZPO). Durch Ergänzungen der §§ 215, 276 Abs. 2 und § 338 ZPO sowie durch Neufassung des § 499 ZPO aufgrund des Durchführungsgesetzes sind nunmehr für das Urteilsverfahren die gesetzlichen Voraussetzungen dafür geschaffen, dass alle deutschen Säumnisentscheidungen als Europäischer Vollstreckungstitel bestätigt werden können. Wegen des **Kostenfestsetzungsverfahrens** nach §§ 104 ff. ZPO oder wegen der im Verfahren nach den §§ 887 ZPO ergangenen Titel des § 794 Abs. 1 Nr. 3 ZPO hat der Gesetzgeber jedoch die erforderlichen Belehrungen versäumt mit der Folge, dass derartige Entscheidungen einer Bestätigung nicht zugänglich sind (→ Anm. 3).

14. Eine **Verletzung der Mindeststandards,** etwa der Zustellvorschriften der Art. 13, 14 EuVTVO steht gem. Art. 18 Abs. 2 EuVTVO einer Bestätigung dann nicht entgegen, wenn durch das Verhalten des Schuldners im gerichtlichen Verfahren nachgewiesen ist, dass er das zuzustellende Schriftstück so rechtzeitig persönlich bekommen hat, dass er Vorkehrungen für seine Verteidigung treffen konnte. Das wäre etwa dann der Fall, wenn der Schuldner frühzeitig vor einem Verhandlungstermin schriftlich auf die Klagegründe eingeht, aber im Termin säumig bleibt. Nach Erlass einer Säumnisentscheidung kann eine **Heilung** dadurch eintreten, dass der Schuldner weiter untätig bleibt. Dies setzt gem. Art. 18 Abs. 1 EuVTVO voraus, dass

- ihm die Säumnisentscheidung unter Beachtung der Art. 13, 14 EuVTVO zugestellt wurde,
- er die Möglichkeit zu einem Rechtsbehelf hatte, der eine umfassende Überprüfung der Entscheidung ermöglicht, und er über die Formalien dieses Rechtsbehelfs belehrt wurde,
- er es gleichwohl versäumt hat einen der einschlägigen Verfahrensordnung entsprechenden Rechtsbehelf einzulegen.

Der Einspruch gem. § 342 ZPO ist ein solcher umfassender Rechtsbehelf, der bei ordnungsgemäßer Belehrung nach § 338 S. 2 ZPO nach Versäumung der Einspruchsfrist die Heilung eines Zustellfehlers ermöglicht.

15. Wegen der Risiken eines vereinfachten Bestätigungsverfahrens im Ursprungsmitgliedstaat gegen einen Schuldner, der die ebenfalls nach dem Recht gerade dieses Ursprungsmitgliedstaat zu beachtenden Formalien für eine rechtserhebliche Verteidigung nicht beachtet hat, hat der Verordnungsgeber in Art. 19 EuVTVO eine Art „**Notbremse**" gezogen. Hiernach kann eine Säumnisentscheidung nur dann bestätigt werden, wenn dem Schuldner für den Fall einer Ersatzzustellung, einer nicht rechtzeitigen Zustellung oder eines unverschuldeten Unvermögens des Schuldners der Forderung zu widersprechen, ein Rechtsbehelf eingeräumt wird. Ein Mitgliedstaat wird zwar nicht verpflichtet, einen derartigen Rechtsbehelf für Fälle unverschuldeter Säumnis zu schaffen. Nur, wenn er dies nicht tut, sind Säumnisentscheidungen nicht einer Bestätigung zugänglich. Für deutsche Säumnisentscheidungen wird es insoweit keine Probleme geben, weil die Vorschriften über die **Wiedereinsetzung** in den vorigen Stand gem. den §§ 233 ff. BGB den Vorgaben des Art. 19 EuVTVO entsprechen (BR-Drs. 88/05, 15).

16. Formelle Voraussetzung für die Bestätigung als Europäischer Vollstreckungstitel ist gem. Art. 6 Abs. 1, 24 Abs. 1, 25 EuVTVO iVm § 1079 ZPO ein **Antrag,** der – auch schon mit der Klageschrift (*Wagner* NJW 2005, 1157) – an das Gericht, die Behörde oder den Notar zu richten ist, dem die Erteilung einer vollstreckbaren Ausfertigung der Entscheidung, des Vergleichs oder der öffentlichen Urkunde obliegt. Dies kann ggf. auch das Rechtsmittelgericht sein. Funktionell zuständig sind der Rechtspfleger (§ 20 Nr. 11 RPflG), der verwahrende Notar und bei den Jugendämtern der Mitarbeiter, dem die Beurkundung der Verpflichtungserklärung übertragen ist (§ 60 S. 3 Nr. 1 SGB VIII). Diese haben zu prüfen, ob die Voraussetzungen für eine Bestätigung als Europäischer Vollstreckungstitel vorliegen, und zwar eigenständig und ohne Bindung an die Feststellungen des Ursprungsgerichts, zB zur Einhaltung der Zustellvorschriften (*Rauscher* Rn. 92). Ein Gleichlauf mit dem innerstaatlichen Verfahren für die Erteilung einer vollstreckbaren Ausfertigung wird dadurch hergestellt, dass entsprechend der in § 724 ZPO für die Klausel vorgesehenen Regelung die Bestätigung gem. § 1080 Abs. 1 ZPO ohne Anhörung des Schuldners ergeht. Abweichend vom Klauselverfahren ist jedoch die Bestätigung dem Schuldner von Amts wegen zuzustellen.

17. Liegen die Voraussetzungen für eine Bestätigung als Europäische Vollstreckungstitel vor, so wird diese – je nach der Art des Titels – **auf einem europaeinheitlichen Formular** gem. nachstehend abgedruckten Anhängen I bis III erteilt. Diese Formulare enthalten in standardisierter Form die für die Vollstreckung erforderlichen Angaben und sind so gestaltet, dass ein mit dem Aufbau vertrauter Leser auch ohne Kenntnis der fremden Sprache in die Lage versetzt werden soll, die jeweiligen Eintragungen zu verstehen.

18. Kosten und Gebühren. Für die Ausstellung der Bestätigung fällt eine gem. § 22 Abs. 3 GKG von dem Antragsteller zu erhebende Festgebühr von 20,– EUR gem. Nr. 1513 KV GKG an, während die anwaltliche Tätigkeit grundsätzlich nicht gesondert zu vergüten ist (§ 19 Abs. 1 S. 2 Nr. 9 RVG). Nur dann, wenn das Mandat des Anwalts sich auf die Erwirkung einer Bestätigung beschränkt, erhält er die 0,3 Gebühren nach Nr. 3309, 3310 VV RVG für die Tätigkeit in der Zwangsvollstreckung.

Wenn der Notar für die Erteilung der Bestätigung zuständig ist, beträgt die Festgebühr gem. Nr. 23805 KV GNotKG ebenfalls 20,00 Euro. Kostenschuldner ist auch hier der Antragsteller (§ 29 Nr. 1 GNotKG).

19. Anhang: Amtliche Formulare.

Anhang I. Bestätigung als europäischer Vollstreckungstitel – Entscheidung

1.	Ursprungsmitgliedstaat:	Belgien ☐ Tschechische Republik ☐ Deutschland ☐ Estland ☐ Griechenland ☐
		Spanien ☐ Frankreich ☐ Irland ☐ Italien ☐ Zypern ☐ Lettland ☐
		Litauen ☐ Luxemburg ☐ Ungarn ☐ Malta ☐ Niederlande ☐
		Österreich ☐ Polen ☐ Portugal ☐ Slowakei ☐ Slowenien ☐ Finnland ☐
		Schweden ☐ Vereinigtes Königreich ☐
2.	Gericht, das die Bestätigung ausgestellt hat	
2.1	Bezeichnung:	
2.2	Anschrift:	
2.3	Tel./Fax/E-Mail:	
3.	Falls abweichend, Gericht, das die Entscheidung erlassen hat	
3.1	Bezeichnung:	
3.2	Anschrift:	
3.3	Tel./Fax/E-Mail:	

4.	Entscheidung								
4.1	Datum:								
4.2	Aktenzeichen:								
4.3	Parteien								
4.3.1	Name(n) und Anschrift(en) des/der Gläubiger(s):								
4.3.2	Name(n) und Anschrift(en) des/der Schuldner(s):								
5.	Geldforderung laut Bestätigung								
5.1	Betrag:								
5.1.1	Währung:	Euro	☐	Zypern-Pfund	☐	tschechische Krone	☐	estnische Krone	☐
		Pfund Sterling	☐	Forint	☐	Litas	☐	Lats	☐
		maltesische Lira	☐	Zloty	☐	schwedische Krone	☐	slowakische Krone	☐
		Tolar	☐						
		andere Währung (bitte angeben)	☐	. . . . .					
5.1.2	Falls sich die Geldforderung auf eine wiederkehrende Leistung bezieht								
5.1.2.1	Höhe jeder Rate:								
5.1.2.2	Fälligkeit der ersten Rate:								
5.1.2.3	Fälligkeit der nachfolgenden Raten:								
	wöchentlich ☐ monatlich ☐ andere Zeitabstände (bitte angeben) ☐								
5.1.2.4	Laufzeit der Forderung								
5.1.2.4.1	Derzeit unbestimmt ☐ oder								
5.1.2.4.2	Fälligkeit der letzten Rate:								
5.2	Zinsen								
5.2.1	Zinssatz								
5.2.1.1	. . . . . oder								
5.2.1.2	. . . . . über dem Basissatz der EZB[2]								
5.2.1.3	Anderer Wert (bitte angeben):								
5.2.2	Fälligkeit der Zinsen:								
5.3	Höhe der zu ersetzenden Kosten, falls in der Entscheidung angegeben:								
6.	Die Entscheidung ist im Ursprungsmitgliedstaat vollstreckbar ☐								
7.	Gegen die Entscheidung kann noch ein Rechtsmittel eingelegt werden								
	Ja ☐				Nein ☐				
8.	Gegenstand der Entscheidung ist eine unbestrittene Forderung im Sinne von Artikel 3 Absatz 1 ☐								

9.	Die Entscheidung steht im Einklang mit Artikel 6 Absatz 1 Buchstabe b ☐	
10.	Die Entscheidung betrifft Verbrauchersachen	
	Ja ☐	Nein ☐
10.1	Wenn ja:	
	Der Schuldner ist der Verbraucher	
	Ja ☐	Nein ☐
10.2	Wenn ja:	
	Der Schuldner hat seinen Wohnsitz im Ursprungsmitgliedstaat (im Sinne von Artikel 59 der Verordnung (EG) Nr. 44/2001) ☐	
11.	Zustellung des verfahrenseinleitenden Schriftstücks nach Maßgabe von Kapitel III, sofern anwendbar	
	Ja ☐	Nein ☐
11.1	Die Zustellung ist gemäß Artikel 13 erfolgt ☐	
	oder die Zustellung ist gemäß Artikel 14 erfolgt ☐	
	oder der Schuldner hat das Schriftstück nachweislich im Sinne von Artikel 18 Absatz 2 erhalten ☐	
11.2	Ordnungsgemäße Unterrichtung	
	Der Schuldner wurde nach Maßgabe der Artikel 16 und 17 unterrichtet ☐	
12.	Zustellung von Ladungen, sofern anwendbar	
	Ja ☐	Nein ☐
12.1	Die Zustellung ist gemäß Artikel 13 erfolgt ☐	
	oder die Zustellung ist gemäß Artikel 14 erfolgt ☐	
	oder der Schuldner hat die Ladung nachweislich im Sinne von Artikel 18 Absatz 2 erhalten ☐	
12.2	Ordnungsgemäße Unterrichtung	
	Der Schuldner wurde nach Maßgabe des Artikels 17 unterrichtet ☐	
13.	Heilung von Verfahrensmängeln infolge der Nichteinhaltung der Mindestvorschriften gemäß Artikel 18 Absatz 1	
13.1	Die Entscheidung wurde gemäß Artikel 13 zugestellt ☐	
	oder die Entscheidung wurde gemäß Artikel 14 zugestellt ☐	
	oder der Schuldner hat die Entscheidung nachweislich im Sinne von Artikel 18 Absatz 2 erhalten ☐	
13.2	Ordnungsgemäße Unterrichtung	
	Der Schuldner wurde nach Maßgabe des Artikels 18 Absatz 1 Buchstabe b unterrichtet ☐	
13.3	Der Schuldner hatte die Möglichkeit, einen Rechtsbehelf gegen die Entscheidung einzulegen	
	Ja ☐	Nein ☐
13.4	Der Schuldner hat keinen Rechtsbehelf gemäß den einschlägigen Verfahrensvorschriften eingelegt	
	Ja ☐	Nein ☐

Geschehen zu ..... am	
	.....
	Unterschrift und/oder Stempel

[2] [Amtl. Anm.:] Von der Europäischen Zentralbank auf ihre Hauptrefinanzierungsoperationen angewendeter Zinssatz.

Anhang II. Bestätigung als europäischer Vollstreckungstitel – gerichtlicher Vergleich

1.	Ursprungsmitgliedstaat:	Belgien ☐ Tschechische Republik ☐ Deutschland ☐ Estland ☐ Griechenland ☐							
		Spanien ☐ Frankreich ☐ Irland ☐ Italien ☐ Zypern ☐ Lettland ☐							
		Litauen ☐ Luxemburg ☐ Ungarn ☐ Malta ☐ Niederlande ☐							
		Österreich ☐ Polen ☐ Portugal ☐ Slowakei ☐ Slowenien ☐ Finnland ☐							
		Schweden ☐ Vereinigtes Königreich ☐							
2.	Gericht, das die Bestätigung ausgestellt hat								
2.1[2]	Bezeichnung:								
2.2	Anschrift:								
2.3	Tel./Fax/E-Mail:								
3.	Falls abweichend. Gericht, das den Vergleich gebilligt hat oder vor dem er geschlossen wurde								
3.1	Bezeichnung:								
3.2	Anschrift:								
3.3	Tel./Fax/E-Mail:								
4.	Gerichtlicher Vergleich								
4.1	Datum:								
4.2	Aktenzeichen:								
4.3	Parteien								
4.3.1	Name(n) und Anschrift(en) des/der Gläubiger(s):								
4.3.2	Name(n) und Anschrift(en) des/der Schuldner(s):								
5.	Geldforderung laut Bestätigung								
5.1	Betrag:								
5.1.1	Währung:	Euro	☐	Zypern-Pfund	☐	tschechische Krone	☐	estnische Krone	☐
		Pfund Sterling	☐	Forint	☐	Litas	☐	Lats	☐
		maltesische Lira	☐	Zloty	☐	schwedische Krone	☐	slowakische Krone	☐

		Tolar	☐	
		andere Währung (bitte angeben)	☐	
5.1.2	Falls sich die Geldforderung auf eine wiederkehrende Leistung bezieht			
5.1.2.1	Höhe jeder Rate:			
5.1.2.2	Fälligkeit der ersten Rate:			
5.1.2.3	Fälligkeit der nachfolgenden Raten:			
	wöchentlich ☐ monatlich ☐ andere Zeitabstände (bitte angeben) ☐			
5.1.2.4	Laufzeit der Forderung			
5.1.2.4.1	Derzeit unbestimmt ☐ oder			
5.1.2.4.2	Fälligkeit der letzten Rate:			
5.2	Zinsen			
5.2.1	Zinssatz			
5.2.1.1	. . . . . oder			
5.2.1.2	. . . . . über dem Basissatz der EZB[3]			
5.2.1.3	Anderer Wert (bitte angeben):			
5.2.2	Fälligkeit der Zinsen:			
5.3	Höhe der zu ersetzenden Kosten, falls im gerichtlichen Vergleich angegeben:			
6.	Der gerichtliche Vergleich ist im Ursprungsmitgliedstaat vollstreckbar ☐			

Geschehen zu . . . . . am	
	. . . . .
	Unterschrift und/oder Stempel

[2] **Zählung amtlich.**

3[**Amtl. Anm.:**] Von der Europäischen Zentralbank auf ihre Hauptrefinanzierungsoperationen angewendeter Zinssatz.

Anhang III. Bestätigung als europäischer Vollstreckungstitel – öffentliche Urkunde

1.	Ursprungsmitgliedstaat:	Belgien ☐ Tschechische Republik ☐ Deutschland ☐ Estland ☐ Griechenland ☐
		Spanien ☐ Frankreich ☐ Irland ☐ Italien ☐ Zypern ☐ Lettland ☐
		Litauen ☐ Luxemburg ☐ Ungarn ☐ Malta ☐ Niederlande ☐
		Österreich ☐ Polen ☐ Portugal ☐ Slowakei ☐ Slowenien ☐ Finnland ☐
		Schweden ☐ Vereinigtes Königreich ☐
2.	Gericht/befugte Stelle, das/die die Bestätigung ausgestellt hat	
2.1[2]	Bezeichnung:	

2.2	Anschrift:								
2.3	Tel./Fax/E-Mail:								
3.	Falls abweichend. Gericht/befugte Stelle, das/die die öffentliche Urkunde aufgenommen oder registriert hat								
3.1	Bezeichnung:								
3.2	Anschrift:								
3.3	Tel./Fax/E-Mail:								
4.	Öffentliche Urkunde								
4.1	Datum:								
4.2	Aktenzeichen:								
4.3	Parteien								
4.3.1	Name(n) und Anschrift(en) des/der Gläubiger(s):								
4.3.2	Name(n) und Anschrift(en) des/der Schuldner(s):								
5.	Geldforderung laut Bestätigung								
5.1	Betrag:								
5.1.1	Währung:	Euro	☐	Zypern-Pfund	☐	tschechische Krone	☐	estnische Krone	☐
		Pfund Sterling	☐	Forint	☐	Litas	☐	Lats	☐
		maltesische Lira	☐	Zloty	☐	schwedische Krone	☐	slowakische Krone	☐
		Tolar	☐						
		andere Währung (bitte angeben)	☐	. . . . .					
5.1.2	Falls sich die Geldforderung auf eine wiederkehrende Leistung bezieht								
5.1.2.1	Höhe jeder Rate:								
5.1.2.2	Fälligkeit der ersten Rate:								
5.1.2.3	Fälligkeit der nachfolgenden Raten:								
	wöchentlich ☐ monatlich ☐ andere Zeitabstände (bitte angeben) ☐								
5.1.2.4	Laufzeit der Forderung								
5.1.2.4.1	Derzeit unbestimmt ☐ oder								
5.1.2.4.2	Fälligkeit der letzten Rate:								
5.2	Zinsen								
5.2.1	Zinssatz								
5.2.1.1	. . . . . oder								
5.2.1.2	. . . . . über dem Basissatz der EZB[2]								
5.2.1.3	Anderer Wert (bitte angeben):								

5.2.2	Fälligkeit der Zinsen:
5.3	Höhe der zu ersetzenden Kosten, falls in der öffentlichen Urkunde angegeben:
6.	Die öffentliche Urkunde ist im Ursprungsmitgliedstaat vollstreckbar ☐
Geschehen zu ..... am	
	.....
	Unterschrift und/oder Stempel

[2] [Amtl. Anm.:] Von der Europäischen Zentralbank auf ihre Hauptrefinanzierungsoperationen angewendeter Zinssatz.

2. Antrag des Gläubigers auf Erteilung einer Ersatzbestätigung als Europäischer Vollstreckungstitel infolge eines Rechtsbehelfs

An das
..... gericht[1, 2, 3, 5]
in .....

In Sachen

..../. ......

– .....– (Aktenzeichen)

beantragen wir,

zu dem Versäumnisurteil vom .....

eine Ersatzbestätigung zu erteilen, nachdem der Einspruch des/der Beklagten gegen das Versäumnisurteil durch Urteil vom ..... zurückgewiesen worden ist.

.....

Rechtsanwalt[4]

Anmerkungen

1. Art. 3 Abs. 2 EuVTVO bestimmt, dass die Verordnung auch für Entscheidungen gilt, die nach Anfechtung von bestätigten Titeln ergangen sind. Für Rechtsmittelentscheidungen ist gem. Art. 6 Abs. 3 EuVTVO iVm dem Formblatt Anhang V eine eigene Bestätigung, die „Ersatzbestätigung", vorgesehen, die an die Stelle der ursprünglichen Bestätigung tritt und diese gem. Abschnitt B. des Formblatts ersetzt. Voraussetzung für deren Erteilung sind ein jederzeit möglicher Antrag sowie die – zumindest vorläufige – Vollstreckbarkeit der Rechtsmittelentscheidung. Zuständig ist auch für die Ersatzbestätigung gem. § 1079 ZPO iVm § 20 Nr. 11 RPflG der Rechtspfleger des Gerichts, dem die Erteilung einer vollstreckbaren Ausfertigung obliegt.

2. Streitig ist die Auslegung des Art. 6 Abs. 3 EuVTVO. Während teilweise die Auffassung vertreten wird, dass hiervon nur die Fälle erfasst seien, in denen die Rechtsbehelfs- oder Rechtsmittelentscheidung darauf beruht, dass entweder der eingelegte Rechtsbehelf nicht zulässig war oder der Anfechtende erneut säumig geblieben ist (*Rauscher* Rn. 60, 76; *Rellermeyer* S. 396), soll sie nach wohl zutreffender Meinung auch für Sachentscheidungen nach streitiger Verhandlung über eine Anfechtung des ursprünglichen Titels gelten (Hk-Zwangsvollstreckung/*Stürner* EuVTVO Art. 6 Rn. 13; *Geimer*/Schütze/*Hilbig* EuVTVO Art. 6 Rn. 70; *Coester-Waltjen* JURA 2005, 394; *Wagner* IPRax 2005, 189).

3. Wenn der Beklagte und Berufungsbeklagten, der nach streitigem Verfahren in erster Instanz obsiegt hat, im Verhandlungstermin des Berufungsverfahrens säumig bleibt und gegen ihn ein die Klage stattgebendes Versäumnisurteil gem. den §§ 525, 331 ZPO ergeht, handelt es sich um den typischen Fall einer nicht mehr bestrittenen Forderung, die vom Berufungsgericht tituliert wird. Einer Bestätigung der Entscheidung als Europäischer Vollstreckungstitel steht daher nichts entgegen. Anders dürfte dagegen der Fall zu beurteilen sein, dass die Berufung des in erster Instanz durch streitiges Urteil zur Zahlung verurteilten Beklagten und Berufungsklägers wegen Nichterscheinens in der Berufungsverhandlung durch Versäumnisurteil nach § 539 Abs. 1 ZPO zurückgewiesen wird. In diesem Fall bleibt das Urteil erster Instanz Vollstreckungstitel. Dieses ist aber ein streitiges und daher einer Bestätigung als Europäischer Vollstreckungstitel nicht zugänglich (*Kropholler* EuVTVO Art. 3 Rn. 9).

4. Kosten und Gebühren. Wie vorhergehendes → Form. R. III. 1.

5. Anhang: Amtliches Formular. Ist der Antrag begründet, ergeht die Ersatzbestätigung auf folgendem amtlichen Formular:

Anhang V. Ersatzbestätigung als europäischer Vollstreckungstitel infolge eines Rechtsbehelfs

(Artikel 6 Absatz 3)

A.	Gegen folgende(n), als Europäischer Vollstreckungstitel bestätigte(n) Entscheidung/gerichtlichen Vergleich/öffentliche Urkunde[2] wurde ein Rechtsbehelf eingelegt:	
1.	Ursprungsmitgliedstaat:	Belgien ☐ Tschechische Republik ☐ Deutschland ☐ Estland ☐ Griechenland ☐ Spanien ☐ Frankreich ☐ Irland ☐ Italien ☐ Zypern ☐ Lettland ☐ Litauen ☐ Luxemburg ☐ Ungarn ☐ Malta ☐ Niederlande ☐ Österreich ☐ Polen ☐ Portugal ☐ Slowakei ☐ Slowenien ☐ Finnland ☐ Schweden ☐ Vereinigtes Königreich ☐
2.	Gericht/befugte Stelle, das/die die Bestätigung ausgestellt hat	
2.1	Bezeichnung:	
2.2	Anschrift:	
2.3	Tel./Fax/E-Mail:	
3.	Falls abweichend.	
		Gericht, das die Entscheidung erlassen hat[3] Gericht, von dem der gerichtliche Vergleich gebilligt bzw. vor dem er geschlossen wurde[4] Gericht/befugte Stelle, das/die die öffentliche Urkunde aufgenommen oder registriert hat[5]

3.1	Bezeichnung:								
3.2	Anschrift:								
3.3	Tel./Fax/E-Mail:								
4.	Entscheidung/gerichtlicher Vergleich/öffentliche Urkunde								
4.1	Datum:								
4.2	Aktenzeichen:								
4.3	Parteien								
4.3.1	Name(n) und Anschrift(en) des/der Gläubiger(s):								
4.3.2	Name(n) und Anschrift(en) des/der Schuldner(s):								
B.	Auf diesen Rechtsbehelf hin ist folgende Entscheidung ergangen, die hiermit als Europäischer Vollstreckungstitel bestätigt wird, der den ursprünglichen Europäischen Vollstreckungstitel ersetzt								
1.	Gericht								
1.1	Bezeichnung:								
1.2	Anschrift:								
1.3	Tel./Fax/E-Mail:								
2.	Entscheidung								
2.1	Datum:								
2.2	Aktenzeichen:								
3.	Geldforderung laut Bestätigung								
3.1	Betrag:								
3.1.1	Währung:	Euro	☐	Zypern-Pfund	☐	tschechische Krone	☐	estnische Krone	☐
		Pfund Sterling	☐	Forint	☐	Litas	☐	Lats	☐
		maltesische Lira	☐	Zloty	☐	schwedische Krone	☐	slowakische Krone	☐
		Tolar	☐						
		andere Währung (bitte angeben)	☐	. . . . .					
3.1.2	Falls sich die Geldforderung auf eine wiederkehrende Leistung bezieht								
3.1.2.1	Höhe jeder Rate:								
3.1.2.2	Fälligkeit der ersten Rate:								
3.1.2.3	Fälligkeit der nachfolgenden Raten:								
	wöchentlich ☐ monatlich ☐ andere Zeitabstände (bitte angeben) ☐								
3.1.2.4	Laufzeit der Forderung								
3.1.2.4.1	Derzeit unbestimmt ☐ oder								
3.1.2.4.2	Fälligkeit der letzten Rate:								

3.2	Zinsen	
3.2.1	Zinssatz	
3.2.1.1	..... oder	
3.2.1.2	..... über dem Basissatz der EZB[2]	
3.2.1.3	Anderer Wert (bitte angeben):	
3.2.2	Fälligkeit der Zinsen:	
3.3	Höhe der zu ersetzenden Kosten, falls in der Entscheidung angegeben:	
4.	Die Entscheidung ist im Ursprungsmitgliedstaat vollstreckbar ☐	
5.	Gegen die Entscheidung können noch weitere Rechtsbehelfe eingelegt werden	
	Ja ☐	Nein ☐
6.	Die Entscheidung steht im Einklang mit Artikel 6 Absatz 1 Buchstabe b ☐	
7.	Die Entscheidung betrifft Verbrauchersachen	
	Ja ☐	Nein ☐
7.1	Wenn ja:	
	Der Schuldner ist der Verbraucher	
	Ja ☐	Nein ☐
7.2	Wenn ja:	
	Der Schuldner hat seinen Wohnsitz im Ursprungsmitgliedstaat im Sinne von Artikel 59 der Verordnung (EG) Nr. 44/2001 ☐	
8.	Zum Zeitpunkt der Entscheidung nach Einlegung des Rechtsbehelfs ist die Forderung unbestritten im Sinne des Artikels 3 Absatz 1 Buchstaben b oder c	
	Ja ☐	Nein ☐
	Wenn ja:	
8.1	Zustellung des Rechtsbehelfs einleitenden Schriftstücks	
	Hat der Schuldner Rechtsbehelf eingelegt?	
	Ja ☐	Nein ☐
	Wenn ja:	
8.1.1	Die Zustellung ist gemäß Artikel 13 erfolgt ☐	
	oder die Zustellung ist gemäß Artikel 14 erfolgt ☐	
	oder der Schuldner hat das Schriftstück nachweislich im Sinne von Artikel 18 Absatz 2 erhalten ☐	
8.1.2	Ordnungsgemäße Unterrichtung	
	Der Schuldner wurde nach Maßgabe der Artikel 16 und 17 unterrichtet ☐	
8.2	Zustellung von Ladungen, sofern anwendbar	
	Ja ☐	Nein ☐
8.2.1	Die Zustellung ist gemäß Artikel 13 erfolgt ☐	
	oder die Zustellung ist gemäß Artikel 14 erfolgt ☐	
	oder der Schuldner hat die Ladung nachweislich im Sinne von Artikel 18 Absatz 2 erhalten ☐	

8.2.2	Ordnungsgemäße Unterrichtung	
	Der Schuldner wurde nach Maßgabe des Artikels 17 unterrichtet ☐	
8.3	Heilung von Verfahrensmängeln infolge der Nichteinhaltung der Mindestvorschriften gemäß Artikel 18 Absatz 1	
8.3.1	Die Entscheidung wurde gemäß Artikel 13 zugestellt ☐	
	oder die Entscheidung wurde gemäß Artikel 14 zugestellt ☐	
	oder der Schuldner hat die Entscheidung nachweislich im Sinne von Artikel 18 Absatz 2 erhalten ☐	
8.3.2	Ordnungsgemäße Unterrichtung	
	Der Schuldner wurde nach Maßgabe des Artikels 18 Absatz 1 Buchstabe b unterrichtet ☐	
Geschehen zu . . . . . am		
		. . . . .
		Unterschrift und/oder Stempel

[2] [Amtl. Anm.:] Unzutreffendes streichen.
[3] [Amtl. Anm.:] Unzutreffendes streichen.
[4] [Amtl. Anm.:] Unzutreffendes streichen.
[5] [Amtl. Anm.:] Unzutreffendes streichen.
[6] [Amtl. Anm.:] Unzutreffendes streichen.

3. Antrag des Schuldners auf Erteilung einer Bescheinigung über die Aussetzung oder Einschränkung der Vollstreckbarkeit

An das

. . . . . gericht[1, 2, 3]

in . . . . .

In Sachen

. . . . . ./. . . . . .

– . . . . .– [Aktenzeichen]

beantragen wir,

zu dem Versäumnisurteil vom . . . . .

eine Bescheinigung gem. Art. 6 Abs. 2 EuVTVO über die Aussetzung der Zwangsvollstreckung zu erteilen,

nachdem mit Beschluss vom . . . . . die Zwangsvollstreckung aus dem Versäumnisurteil ohne Sicherheitsleistung einstweilen eingestellt worden ist.

Abschriften für den/die Gläubiger/in sind beigefügt.

. . . . .

Rechtsanwalt[4, 5]

Anmerkungen

1. Durch Art. 6 Abs. 2 EuVTVO wird für den Schuldner die Möglichkeit eröffnet, einen Nachweis zu erlangen, der nach Erteilung einer Bestätigung als Europäischer Vollstreckungstitel inzwischen eingetretenen Veränderungen der Vollstreckbarkeit im Ursprungsmitgliedstaat Rechnung trägt, etwa infolge einer Aussetzung der Vollstreckung, also nach der Terminologie der ZPO einer Einstellung oder der Anordnung einer Sicherheitsleistung. Voraussetzung hierfür ist ein an das Ursprungsgericht zu richtender und jederzeit möglicher Antrag des Schuldners.

2. In Deutschland haben die Rechtspfleger der Gerichte, die Notare und Behörden, die für die Erteilung einer vollstreckbaren Ausfertigung zuständig sind, die Bescheinigung zu erteilen (§ 1079 ZPO iVm § 20 Nr. 11 RPflG). Im Falle einer Vollstreckung von Europäischen Vollstreckungstiteln aus anderen Mitgliedstaaten wird der Schuldner durch eine solche Bescheinigung in die Lage versetzt, die Einstellung oder Beschränkung der Zwangsvollstreckung gem. § 775 ZPO und die Aufhebung gem. § 776 ZPO zu erwirken (§ 1085 ZPO).

3. Dem Gläubiger ist nach allgemeinen prozessualen Regeln rechtliches Gehör zu gewähren. Ferner ist § 1080 Abs. 2 ZPO anwendbar. Beiden Parteien steht daher ggf. das Rechtsmittel der sofortigen Beschwerde bzw. der Beschwerde nach § 54 BeurkG zu (amtliche Begründung BR-Drs. 88/05, 24).

4. Kosten und Gebühren. → Form. R. III. 1 Anm. 18.

5. Anhang: Amtliches Formular.
Ist der Antrag begründet, erfolgt die Bescheinigung auf folgendem amtlichen Formular:

Anhang IV. Bestätigung über die Aussetzung oder Einschränkung der Vollstreckbarkeit

(Artikel 6 Absatz 2)

1.	Ursprungsmitgliedstaat:	Belgien ☐ Tschechische Republik ☐ Deutschland ☐ Estland ☐ Griechenland ☐
		Spanien ☐ Frankreich ☐ Irland ☐ Italien ☐ Zypern ☐ Lettland ☐
		Litauen ☐ Luxemburg ☐ Ungarn ☐ Malta ☐ Niederlande ☐
		Österreich ☐ Polen ☐ Portugal ☐ Slowakei ☐ Slowenien ☐ Finnland ☐
		Schweden ☐ Vereinigtes Königreich ☐
2.	Gericht/befugte Stelle, das/die die Bestätigung ausgestellt hat	
2.1	Bezeichnung:	
2.2	Anschrift:	
2.3	Tel./Fax/E-Mail:	
3.	Falls abweichend.	
	–	Gericht, das die Entscheidung erlassen hat[2]
	–	Gericht, von dem der gerichtliche Vergleich gebilligt bzw. vor dem er geschlossen wurde[3]
	–	Gericht/befugte Stelle, das/die die öffentliche Urkunde aufgenommen oder registriert hat[4]

3.1	Bezeichnung:								
3.2	Anschrift:								
3.3	Tel./Fax/E-Mail:								
4.	Entscheidung/gerichtlicher Vergleich/öffentliche Urkunde[5]								
4.1	Datum:								
4.2	Aktenzeichen:								
4.3	Parteien								
4.3.1	Name(n) und Anschrift(en) des/der Gläubiger(s):								
4.3.2	Name(n) und Anschrift(en) des/der Schuldner(s):								
5.	Die Entscheidung/der gerichtliche Vergleich/die öffentliche Urkunde[6] wurde als Europäischer Vollstreckungstitel bestätigt, jedoch								
5.1	ist die Entscheidung/der gerichtliche Vergleich/die öffentliche Urkunde[7] nicht mehr vollstreckbar ☐								
5.2	ist die Vollstreckung einstweilig								
5.2.1	ausgesetzt ☐								
5.2.2	auf Sicherungsmaßnahmen beschränkt ☐								
5.2.3	von der Leistung einer Sicherheit abhängig gemacht, die noch aussteht ☐								
5.2.3.1	Höhe der Sicherheit:								
5.2.3.2	Währung:	Euro	☐	Zypern-Pfund	☐	tschechische Krone	☐	estnische Krone	☐
		Pfund Sterling	☐	Forint	☐	Litas	☐	Lats	☐
		maltesische Lira	☐	Zloty	☐	schwedische Krone	☐	slowakische Krone	☐
		Tolar	☐						
		andere Währung (bitte angeben)	☐						
5.2.4	Sonstiges (bitte angeben) ☐								
Geschehen zu . . . . . am									
				. . . . .					
				Unterschrift und/oder Stempel					

[2] **[Amtl. Anm.:]** Unzutreffendes streichen.
[3] **[Amtl. Anm.:]** Unzutreffendes streichen.
[4] **[Amtl. Anm.:]** Unzutreffendes streichen.
[5] **[Amtl. Anm.:]** Unzutreffendes streichen.
[6] **[Amtl. Anm.:]** Unzutreffendes streichen.
[7] **[Amtl. Anm.:]** Unzutreffendes streichen.

4. Antrag auf Berichtigung oder Widerruf der Bestätigung als Europäischer Vollstreckungstitel gem. amtlichem Formular

Amtliches Formular

Anhang VI. Antrag auf Berichtigung oder Widerruf der Bestätigung als europäischer Vollstreckungstitel[1]

(Artikel 10 Absatz 3)

1.	Ursprungsmitgliedstaat:	Belgien ☐ Tschechische Republik ☐ Deutschland ☐ Estland ☐ Griechenland ☐
		Spanien ☐ Frankreich ☐ Irland ☐ Italien ☐ Zypern ☐ Lettland ☐
		Litauen ☐ Luxemburg ☐ Ungarn ☐ Malta ☐ Niederlande ☐
		Österreich ☐ Polen ☐ Portugal ☐ Slowakei ☐ Slowenien ☐ Finnland ☐
		Schweden ☐ Vereinigtes Königreich ☐
2.	Gericht/befugte Stelle, das/die die Bestätigung ausgestellt hat	
2.1	Bezeichnung:	
2.2	Anschrift:	
2.3	Tel./Fax/E-Mail:	
3.	Falls abweichend.	
	–	Gericht, das die Entscheidung erlassen hat[2]
	–	Gericht, von dem der gerichtliche Vergleich gebilligt bzw. vor dem er geschlossen wurde[3]
	–	Gericht/befugte Stelle, das/die die öffentliche Urkunde aufgenommen oder registriert hat[4]
3.1	Bezeichnung:	
3.2	Anschrift:	
3.3	Tel./Fax/E-Mail:	
4.	Entscheidung/gerichtlicher Vergleich/öffentliche Urkunde[5]	
4.1	Datum:	
4.2	Aktenzeichen:	
4.3	Parteien	
4.3.1	Name(n) und Anschrift(en) des/der Gläubiger(s):	
4.3.2	Name(n) und Anschrift(en) des/der Schuldner(s):	

5.	MUSS BERICHTIGT WERDEN, da aufgrund eines materiellen Fehlers der Europäische Vollstreckungstitel und die zugrunde liegende Entscheidung/der zugrunde liegende gerichtliche Vergleich/die zugrunde liegende öffentliche Urkunde folgende Abweichung aufweisen (bitte darlegen) □ .....
6.	MUSS WIDERRUFEN WERDEN, da
6.1	die bestätigte Entscheidung einen Verbrauchervertrag betrifft, jedoch in einem Mitgliedstaat ergangen ist, in dem der Verbraucher keinen Wohnsitz im Sinne von Artikel 59 der Verordnung (EG) Nr. 44/2001 hat □
6.2	die Bestätigung als Europäischer Vollstreckungstitel aus einem anderem Grund eindeutig zu Unrecht erteilt wurde (bitte darlegen) □ .....
Geschehen zu ..... am	
	.....
	Unterschrift und/oder Stempel[6, 7]

[1] Anh. VI neu gef. mWv 24.11.2005 durch VO v. 16.11.2005 (ABl. L 300, 6).

[2][Amtl. Anm.:] Unzutreffendes streichen.

[3][Amtl. Anm.:] Unzutreffendes streichen.

[4][Amtl. Anm.:] Unzutreffendes streichen.

Anmerkungen

1. Die EuVTVO enthält keine Regelungen für etwaige **Rechtsbehelfe des Gläubigers** im Falle der Zurückweisung seines Bestätigungsantrags. Es blieb deshalb Raum für nationale Regelungen. Hierzu hat der deutsche Gesetzgeber in § 1080 Abs. 2 ZPO eine sachgerechte Regelung getroffen, nämlich für den Fall einer Zurückweisung des Antrags die entsprechende Anwendung der Vorschriften über die Anfechtung der Entscheidung über die Erteilung einer Vollstreckungsklausel angeordnet. Der Gläubiger kann also mit der befristeten Erinnerung gem. § 573 Abs. 1 ZPO eine Entscheidung des Gerichts beantragen und hiergegen für den Fall einer Zuständigkeit des erstinstanzlichen Gerichts gem. § 573 Abs. 1 iVm §§ 567 ff. ZPO sofortige Beschwerde einlegen.

2. Dagegen ist gem. Art. 10 Abs. 4 EuVTVO gegen die Ausstellung der Bestätigung für den **Schuldner kein Rechtsbehelf** möglich. Er steht sich also deutlich schlechter als nach innerstaatlichen Recht, das ihm mit der Klauselerinnerung nach § 732 ZPO und ggf. der sofortigen Beschwerde sowie der Rechtsbeschwerde umfassenden Rechtsschutz ermöglicht. Gem. Art. 10 Abs. 1 EuVTVO kann allerdings durch einen Antrag beim Ursprungsgericht eine Berichtigung oder ein Widerruf der Bestätigung beantragt werden. Für das Verfahren über diese Anträge ist gem. Art. 10 Abs. 2 EuVTVO das Recht des Ursprungsmitgliedstaates maßgeblich.

3. Die **Berichtigung** nach Art. 10 Abs. 1 lit. a EuVTVO ist dann möglich, wenn Bestätigung und Titel „aufgrund eines materiellen Fehlers voneinander abweichen". Erfasst hiervon sind Fälle, in denen Angaben aus dem Titel, etwa infolge falscher Schreibweise des Namens oder der Anschrift der Parteien unzutreffend in die Bestätigung übertragen wurden (BR-Drs. 88/05, 24). Das Antragsrecht steht sowohl dem Gläubiger wie auch dem Schuldner zu.

4. Größerer praktischer Bedeutung dürfte dem **Widerruf** nach Art. 10 Abs. 1 lit. b EuVTVO zukommen. Dieser kann dann eingelegt werden, wenn die Bestätigung „eindeutig zu Unrecht erteilt wurde". Für einen typischen Fall eines solchen Verstoßes bietet das amtliche Formular gem. Anlage VI eine Auslegungshilfe. Dort ist nämlich unter 6.6.1 der Fall einer Entscheidung über eine Verbrauchersache im Nichtwohnsitzstaat des Verbrauchers als ggf. anzukreuzende Alternative für einen Widerrufsgrund vorgegeben. Generell wird man vor diesem Hintergrund sagen müssen, dass zweifelsfrei feststehende Verstöße gegen die Voraussetzungen für die Erteilung einer Bestätigung letztlich einen Widerrufsantrag zum Erfolg verhelfen können (*Wagner* IPRax 2005, 189 (197)). Da aber etwaige Verstöße „eindeutig" sein müssen, besteht bei dem mit dem Antrag befassten Organ des Ursprungsmitgliedstaates viel Interpretationsspielraum, so dass sich die Erfolgsaussicht eines Antrages vor einer in absehbarer Zeit kaum zu erwartenden Klärung durch den EuGH kaum zuverlässig einschätzen lässt.

5. Gem. Art. 10 Abs. 2 iVm § 1081 ZPO sind die **Anträge in Deutschland** an die Stelle zu richten, die die Bestätigung ausgestellt hat, und zwar ein Berichtigungsantrag unbefristet und ein Widerrufsantrag bei Inlandsaufenthalt innerhalb einer Notfrist von einem Monat bzw. bei Zustellung der Bestätigung im Ausland von zwei Monaten. Der Widerrufsantrag ist zu begründen (§ 1081 Abs. 2 S. 4 ZPO). Es entscheidet das jeweilige Gericht, wiederum gem. § 20 Nr. 11 RPflG mit funktioneller Zuständigkeit des Rechtspflegers. Dies gilt gem. § 1081 Abs. 1 S. 2 ZPO auch dann, wenn die Bestätigung von einem Notar erteilt worden ist, und zwar hat das für seinen Bezirk zuständige Amtsgericht über die Anträge zu befinden. Das abgedruckte amtliche **Formular gem. Anlage** V kann, aber muss nicht für den Antrag verwendet werden.

6. Für die **Anfechtung der Entscheidung** über einen Berichtigungs- oder Widerrufsantrag ordnet § 1081 Abs. 3 ZPO eine entsprechende Anwendung des § 319 Abs. 3 ZPO an mit der Folge, dass bei der Ablehnung für den Schuldner nur die befristete Rechtspflegererinnerung gem. § 11 Abs. 2 RPflG eröffnet ist bzw. dann, wenn der Richter ausnahmsweise selbst, etwa aufgrund einer Vorlage nach § 5 Abs. 2 RPflG entschieden hat, keine weitere Rechtsschutzmöglichkeit besteht. Demgegenüber ist bei einer stattgebenden Entscheidung für den Gläubiger ggf. die sofortige Beschwerde gem. § 11 Abs. 1 RPflG iVm §§ 567 ff. ZPO eröffnet (BGH Beschl. v. 21.7.2011 – I ZB 71/09, NJW 2012, 858; krit. wegen der Ungleichbehandlung Geimer/Schütze/*Hilbig* EuVTVO Art. 10 Rn. 49; Schuschke/Walker/*Jennissen* § 1081 Rn. 5).

7. Kosten und Gebühren. Gericht: keine; Anwalt: § 19 Abs. 1 S. 2 Nr. 9 RVG.

5. Antrag auf Aussetzung oder nachträgliche Beschränkung der Vollstreckbarkeit

An das

Amtsgericht

– Vollstreckungsgericht[1, 2, 3] –

in . . . . .

In Sachen

des . . . . ., [ladungsfähige Anschrift des Gläubigers],

Gläubiger/in,

– Verfahrensbevollmächtigte: Rechtsanwälte ….. –

gegen

….. [ladungsfähige Anschrift des Schuldners],

Schuldner/in,

– Verfahrensbevollmächtigter: Rechtsanwälte ….. –

bestellen wir uns ordnungsgemäße Bevollmächtigung versichernd für den Schuldner/die Schuldnerin und beantragen,

die Zwangsvollstreckung aus dem als Europäischer Vollstreckungstitel bestätigten Urteil des ….. gerichts in ….. vom ….. – [Aktenzeichen] – auszusetzen,
hilfsweise
von einer in das Ermessen des Gerichts gestellten Sicherheitsleistung abhängig zu machen,
äußerst hilfsweise
auf Sicherungsmaßnahmen zu beschränken.

Gründe:

Gegen den/die Schuldner/in ist die im Antrag bezeichnete Entscheidung des ….. gerichts ergangen, nachdem sie im Termin zur mündlichen Verhandlung vom ….. säumig geblieben war.

Beweis: beglaubigte Kopien des Urteils vom ….. und der Bestätigung als Europäische Vollstreckungstitel

Gegen dieses ihm/ihr am ….. zugestellte Urteil hat der/die Schuldner/in durch ihre am Ursprungsgericht zugelassenen Verfahrensbevollmächtigten, die Kollegen ….. innerhalb der dortigen gesetzlichen Frist von ….. das Rechtsmittel des ….. eingelegt.

Beweis: beglaubigte Kopien des Schriftsatzes nebst Übersetzung

Die Zwangsvollstreckung ist gem. Art. 23 EuVTVO iVm § 1084 Abs. 3 ZPO auszusetzen, weil der/die Gläubiger/in in seiner Klage dem Ursprungsgericht wahrheitswidrig vorgespiegelt hat, dass ….., sich also den Titel erschlichen hat. Dies ergibt sich aus Folgendem:

…..

Für den Fall, dass das Gericht gleichwohl meint, dass die vorstehenden Umstände keine Aussetzung rechtfertigen, werden die Hilfsanträge gestellt, und zwar primär derjenige auf Anordnung einer Sicherheitsleistung. Die Antragsgegnerin muss nämlich befürchten, dass sie nach der zu erwartenden Aufhebung des Titels im Ursprungsmitgliedstaat einen etwaigen von dem Antragsteller beigetriebenen Betrag nicht wieder zurückerlangen kann, weil …..

Abschriften für den/die Gläubigerin sind beigefügt.

…..

Rechtsanwalt[4, 5, 6]

Anmerkungen

1. Die Zwangsvollstreckung aus einem Europäischen Vollstreckungstitel hat gem. Art. 20 Abs. 1, 21 Abs. 1 EuVTVO nach dem Recht des Vollstreckungsmitgliedstaats zu erfolgen, und zwar unter den gleichen Bedingungen wie eine dort ergangene Entscheidung.

Dem Gericht oder der sonst zuständigen Stelle im Vollstreckungsmitgliedstaat sind gem. Art. 20 Abs. 2 EuVTVO iVm § 1083 ZPO vorzulegen:

- eine Ausfertigung der Entscheidung,
- eine Ausfertigung der Bestätigung,
- ggf. eine Transkription oder eine Übersetzung der Bestätigung in die deutsche Sprache, die von einer in einem Mitgliedstaat befugten Person beglaubigt ist.

Der Titel selbst ist hiernach immer nur in der Sprache, in der er ergangen ist, einzureichen. Dies beruht darauf, dass sich alle für die Vollstreckung notwendigen Daten aus der Bestätigung ergeben sollen. Transkriptionen, etwa aus der griechischen bzw. für bulgarische Titel aus der kyrillischen Schrift oder Übersetzungen sind deswegen auch nur wegen der Bestätigung beizubringen. Die Notwendigkeit hierfür dürfte sich allerdings nur dann ergeben, wenn das Formblatt um individuelle Zusätze ergänzt worden ist (LG München II Beschl. v. 19.1.2010 – 6 T 6032/09, JurBüro 2011, 382; hM in der Lit., siehe die Nachweise bei Geimer/Schütze/*Hilbig* EuVTVO Art. 20 Rn. 12 f.).

2. Unbeschadet des Grundsatzes, dass sich die Zwangsvollstreckung nach dem Recht des Vollstreckungsmitgliedstaats richtet, gibt die EuVTVO dem Schuldner in beschränktem Umfang eigene **Rechtsbehelfe.** So kann er in dem – wohl seltenen – Fall einer „Titelkollision“ beim Vollstreckungsmitgliedstaat gem. Art. 21 Abs. 1 EuVTVO einen Antrag auf Verweigerung der Zwangsvollstreckung stellen. Wenn der Schuldner den Rechtsbehelf nach Art. 19 EuVTVO oder einen sonstigen nach dem Recht des Ursprungsmitgliedstaats zulässigen Rechtsbehelf eingelegt bzw. dort einen Berichtigungs- oder Widerrufsantrag gestellt hat, kann gem. Art. 23 EuVTVO im Vollstreckungsmitgliedstaat, die Vollstreckung auf Sicherungsmaßnahmen beschränkt, von einer Sicherheitsleistung abhängig gemacht oder „unter außergewöhnlichen Umständen“ ausgesetzt werden. Problematisch ist es, ob auch außerordentliche Rechtsbehelfe, etwa eine nach dem Recht des Ursprungsmitgliedstaats statthafte Verfassungsbeschwerde oder ein Wiederaufnahmeantrag eine Anordnung nach Art. 23 EuVTVO rechtfertigt. Dies dürfte zu bejahen sein, weil für ähnlich gelagerte vorläufige Schutzmaßnahmen gem. Art. 46 Brüssel-I-VO ein „ordentlicher Rechtsbehelf“ eingelegt sein muss, während nach Art. 23 EuVTVO ein nicht näher eingegrenzter bloßer „Rechtsbehelf“ genügt (weitergehend Teile der Lit. zB *Rauscher* Rn. 178; Geimer/Schütze/*Hilbig* EuVTVO Art. 23 Rn. 14 wonach auch eine Individualbeschwerde nach Art. 34 EMRK ein solcher Rechtsbehelf ist; dagegen *Wagner* IPRax 2005, 189; Zöller/*Geimer* EuVTVO Art. 23 Rn. 2).

3. Für Anträge auf **Verweigerung, Aussetzung oder Beschränkung der Vollstreckung** gem. den Art. 21 und 23 EuVTVO ist in § 1084 ZPO eine ausschließliche Zuständigkeit des Amtsgerichts als Vollstreckungsgericht angeordnet. Wegen der örtlichen Zuständigkeit gelten die Vorschriften des 8. Buches der ZPO entsprechend. Funktionell zuständig ist der Richter des Amtsgerichts, weil dem Gesetzgeber wegen der ggf. zu prüfenden „Titelkollision“ eine Übertragung auf den Rechtspfleger nicht angemessen erschien (BR-Drs. 88/05, 28). Bei Anträgen auf Verweigerung sind gem. § 1084 Abs. 2 ZPO einstweilige Anordnungen entsprechend §§ 769 Abs. 1, Abs. 2, 770 ZPO möglich. Der Beschluss in der Hauptsache ist mit der sofortigen Beschwerde anfechtbar. Über Anträge auf Aussetzung oder Beschränkung der Vollstreckung gem. Art. 23 EuVTVO kann gem. § 1084 Abs. 3 ZPO nur im Wege einer – ebenfalls nicht anfechtbaren – einstweiligen Anordnung entschieden werden. Diese wird mit der Entscheidung in der Hauptsache im Ursprungsmitgliedstaat hinfällig (BR-Drs. 88/05, 28). Schließlich wird in § 1085 ZPO eine entsprechende Anwendung der §§ 775, 776 ZPO für den Fall der Vorlage einer Bestätigung über die Nichtvollstreckbarkeit oder über die Beschränkung der Vollstreckbarkeit gem. Art. 6 Abs. 2 EuVTVO angeordnet.

4. Wegen der **Vollstreckungsabwehrklage** hat sich der deutsche Gesetzgeber gegen Stimmen in der Literatur auf den Standpunkt gestellt, dass sie als Regelung des 8. Buches der ZPO zu dem gem. Art. 20 Abs. 1 EuVTVO unberührt gebliebenen nationalen Vollstreckungsverfahren gehöre (BR-Drs. 88/05, 29; dem folgend OLG Köln Urt. v. 21.11.2012 – 16 U 126/11, IPRax 2015, 129 mAnm *Bittmann* ablehnend zB *Hess* IPRax 2004, 493; siehe auch die Übersichten zum Meinungsstand bei Schuschke/Walker/*Jennissen* § 1086 Rn. 1). Er hat deswegen in § 1086 ZPO für Klagen nach § 767 ZPO eine örtliche Zuständigkeit am Wohn- bzw. Firmensitz des Schuldners bzw. bei Schuldnern, die im Inland keinen Sitz haben, bzw. am Ort der Zwangsvollstreckungsmaßnahme bestimmt. Wegen des strikten Verbots der Überprüfung der Entscheidung oder der Bestätigung in der Sache kam er indes nicht umhin, durch § 1086 Abs. 2 ZPO die Präklusionsnorm des § 767 Abs. 2 ZPO auch auf gerichtliche Vergleiche und vollstreckbare Urkunden für anwendbar zu erklären. Damit ist die „paradoxe" (*Leible/Lehmann* NotBZ 2004, 453) und verfassungsrechtlich nicht unproblematische Situation entstanden, dass es einem Gläubiger nunmehr möglich ist, einen in einem anderen Mitgliedstaat als Europäischer Vollstreckungstitel bestätigten Vergleich oder eine entsprechende öffentliche Urkunde nicht lediglich zu den „gleichen", sondern zu besseren Bedingungen zu vollstrecken, als einen hier ergangener Titel.

5. Zweifelhaft ist die Zulässigkeit einer **Klage aus § 826 BGB** gegen die Zwangsvollstreckung aus einem Europäischen Vollstreckungstitel. Bei einer Vollstreckung in Deutschland dürften gem. Art. 7 Nr. 2 **Brüssel-Ia-VO** deutsche Gerichte zuständig sein. Jedenfalls dann, wenn der Schuldner seinen gewöhnlichen Aufenthalt in Deutschland hat, tritt in Deutschland die durch das ausländische Urteil geschaffene Vermögensgefährdung ein mit der Folge, dass dort der Erfolgsort iSd Art 4 Abs. 1 der VO (EG) Nr. 864/2007 (Rom II) liegt und daher deutsche Sachnormen anwendbar sind. Wegen des Verbots der Überprüfung der ausländischen Entscheidung in der Sache gem. Art. 21 Abs. 2 EUVTVO dürfte die Klage aber nur dann zulässig sein, wenn sie auf Umständen beruht, die erst nach der Erlass des Titels oder der Bestätigung im Ursprungsmitgliedstaat zutage getreten sind, also etwa die unerlaubte Handlung aus einer sittenwidrigen Ausnutzung des nachträglich für unrichtig erkannten Titels hergeleitet wird (vgl. Geimer/Schütze/*Hilbig* EuVTVO Art. 20 Rn. 50; Schuschke/Walker/*Jennissen* § 1086 Rn. 8 jeweils mit Nachweisen zum Meinungsstand).

6. Kosten und Gebühren. Es fällt eine Festgebühr von 30,– EUR gemäß Nr. 2119 KV GKG an. Kostenschuldner sind der Antragsteller (§ 22 Abs. 3 GKG) und der Entscheidungsschuldner (§ 29 Nr. 1 GKG). Für den Rechtsanwalt ist das Verfahren nach § 1084 ZPO eine besondere Angelegenheit (§ 18 Nr. 6 RVG). Er erhält die 0,3 Verfahrens- und ggf. Terminsgebühr für die Tätigkeit im Zwangsvollstreckungsverfahren (Nr. 3309, 3310 VV RVG).

6. Antrag auf Verweigerung der Vollstreckung

An das

Amtsgericht

– Vollstreckungsgericht –

in . . . . .

In Sachen

des . . . . . [ladungsfähige Anschrift des Gläubigers],

– Gläubiger/in –

– Verfahrensbevollmächtigte: Rechtsanwälte . . . . . –

gegen

. . . . . [ladungsfähige Anschrift des Schuldners],

– Schuldner/in –

– Verfahrensbevollmächtigter: Rechtsanwälte . . . . . –

bestellen wir uns ordnungsgemäße Bevollmächtigung versichernd für den/die Schuldner/in und beantragen,

die Zwangsvollstreckung aus dem als Europäischer Vollstreckungstitel bestätigten Urteil des . . . . . gerichts in . . . . . vom . . . . . – [Aktenzeichen] – zu verweigern,
vorab,
im Wege der einstweiligen Anordnung die Zwangsvollstreckung aus dem vorbezeichneten Titel einstweilen einzustellen sowie die am . . . . . durch den Gerichtsvollzieher . . . . . ausgebrachte Pfändung des . . . . . aufzuheben.

Gründe:

Gegen den/die Schuldner/in ist die im Antrag bezeichnete Entscheidung des . . . . . gerichts ergangen, nachdem er/sie im Termin zur mündlichen Verhandlung vom . . . . . säumig geblieben war.

Von der Existenz des Titels und der Bestätigung hat der/die Schuldner/in erstmals erfahren, als am . . . . . Herr Gerichtsvollzieher . . . . . bei ihr erschien, um die Mobiliarvollstreckung zu betreiben. Die Gründe für die fehlende Beteiligung des Schuldners/der Schuldnerin am Ursprungsverfahren sind ihr derzeit noch unbekannt. Er/Sie ist bemüht, hierzu Näheres über die von ihr am Sitz des Ursprungsgerichts beauftragten Rechtsanwälte . . . . . zu erfahren. Möglicherweise liegt die Ursache darin, dass . . . . .

Der gesamte Vorgang überrascht sehr; denn der/die Gläubiger/in hatte bereits einmal versucht, die Forderung, die Gegenstand des Europäischen Vollstreckungstitels ist, gerichtlich durchzusetzen, und zwar seinerzeit in Deutschland. Dies ist aber misslungen; denn mit Urteil des Landgerichts . . . . . vom . . . . . ist die Klage rechtskräftig abgewiesen worden. Ein Vergleich beider Urteile macht deutlich, dass sie sich auf die gleiche Forderung beziehen.

Im Hinblick darauf, dass Herr Gerichtsvollzieher . . . . . bei seiner Vorsprache in der Wohnung des Schuldners/der Schuldnerin einen . . . . . gepfändet hat und angesichts des Verhaltens des Gläubigers weitere Vollstreckungsmaßnahmen zu besorgen sind, sind die beantragten Maßnahmen bis zur Entscheidung in der Hauptsache geboten.

Zum Beweis bzw. zur Glaubhaftmachung der Anordnungsanträge sind beigefügt:

1. Europäische Vollstreckungstitel mit Bestätigung einschließlich Übersetzung,
2. Urteil des Landgerichts . . . . . vom . . . . . nebst Rechtskraftvermerk
3. Pfändungsprotokoll des Gerichtsvollziehers . . . . .
4. Eidesstattliche Versicherung des Schuldners vom . . . . .

Abschriften für den Gläubiger sind beigefügt.

. . . . .

Rechtsanwalt

Anmerkungen

→ Form. R. III Anm. 5 und wegen der Gebühren die dortige Anmerkung.

IV. Verfahren nach der Verordnung (EG) Nr. 1896/2006 des Europäischen Parlaments und des Rates vom 12.12.2006 zur Einführung eines Europäischen Mahnverfahrens – EuMahnVO

1. Antrag auf Aussetzung oder nachträgliche Beschränkung der Vollstreckbarkeit

An das
Amtsgericht

– Vollstreckungsgericht –

in .....

In Sachen

des ..... [ladungsfähige Anschrift des Gläubigers],

– Gläubiger/in –

– Verfahrensbevollmächtigte: Rechtsanwälte ..... –

gegen

..... [ladungsfähige Anschrift des Schuldners],

– Schuldner/in –

– Verfahrensbevollmächtigter: Rechtsanwälte ..... –

bestellen wir uns ordnungsgemäße Bevollmächtigung versichernd für den/die Schuldner/in und beantragen,[1, 2]

die Zwangsvollstreckung aus dem vollstreckbaren Europäischen Zahlungsbefehl des ..... gerichts in ..... vom ..... – [Aktenzeichen] – auszusetzen,
hilfsweise
von einer in das Ermessen des Gerichts gestellten Sicherheitsleistung abhängig zu machen,
äußerst hilfsweise
auf Sicherungsmaßnahmen zu beschränken.

Gründe:[3, 4, 5]

Gegen den/die Schuldner/in ist der im Antrag bezeichnete vollstreckbare Europäische Zahlungsbefehl ergangen, nachdem sie die 30-tägige Einspruchsfrist des Art. 16 Abs. 2 EuMahnVO versäumt hatte.

Beweis: beglaubigte Kopien des Europäischen Zahlungsbefehls und der Vollstreckbarerklärung

Gegen den Europäischen Zahlungsbefehl hat der/die Schuldner/in beim Ursprungsgericht eine Überprüfung gem. Art. 20 EuMahnVO beantragt, weil ihr der Zahlungsbefehl am ..... im Wege der Ersatzzustellung durch Hinterlegung im Briefkasten ihrer Wohnung zugestellt worden ist. Von dieser Zustellung hat der/die Schuldner/in aus folgenden Gründen unverschuldet keine Kenntnis erlangt:

.....

Als der/die Schuldner/in den Zahlungsbefehl am ..... dort vorfand, war die Einspruchsfrist bereits abgelaufen. Daraufhin blieb ihm/ihr nur der Weg eines Antrags auf ausnahmsweise Überprüfung gem. § 20 EuMahnVO, den er/sie durch seine/ihre im Ursprungsmitgliedsland zugelassenen Verfahrensbevollmächtigten, die Kollegen ..... innerhalb der gesetzlichen Frist eingelegt hat.

Beweis: beglaubigte Kopien des Schriftsatzes nebst Übersetzung

Die Zwangsvollstreckung ist gem. Art. 23 EuMahnVO auszusetzen, weil der/die Gläubigerin in seiner Antrag die Formularfrage, ob es sich um eine Forderung aus einem Verbrauchervertrag handele, wahrheitswidrig verneint und sich hierdurch die Zuständigkeit der Gerichte seines Heimatlandes erschlichen hat .....[*nähere Ausführungen*]

Für den Fall, dass das Gericht gleichwohl meint, dass die vorstehenden Umstände keine Aussetzung rechtfertigen, werden die Hilfsanträge gestellt, und zwar primär derjenige auf Anordnung einer Sicherheitsleistung. Der/Die Schuldner/in muss nämlich befürchten, dass er/sie nach der zu erwartenden Aufhebung des Titels im Ursprungsmitgliedstaat einen etwaigen beigetriebenen Betrag nicht wieder zurückerlangen kann, weil .....

Abschriften für den/die Gläubiger/in sind beigefügt.

.....

Rechtsanwalt[6]

Anmerkungen

1. Auf europäischer Ebene gilt seit dem 12.12.2008 die Verordnung (EG) Nr. 1896/2006 des europäischen Parlaments und des Rates vom 12.12.2006 zur Einführung eines Europäischen Mahnverfahrens – **EuMahnVO** – (ABl. 2006 L 399, 1). Mit diesem Verfahren sollen auf europäischer Ebene unbestrittene Geldforderungen schneller durchgesetzt und Verfahrenskosten verringert werden. Ferner werden in der Verordnung nach dem Muster der EuVTVO Mindestvorschriften festgelegt, bei deren Einhaltung die Zwischenverfahren im Vollstreckungsmitgliedstaat, die bisher für die Anerkennung und Vollstreckung erforderlich waren, entfallen. Es stellt lediglich eine fakultative und zusätzliche Alternative zu nationalen Mahnverfahren dar (Erwägungsgrund 10), so dass einem Gläubiger in Deutschland weiterhin das herkömmliche Auslandsmahnverfahren gem. § 688 Abs. 3 ZPO iVm § 32 Abs. 1 AVAG offen steht (*Sujeki* NJW 2007, 1622). Es ist in grenzüberschreitenden Zivil- und Handelssachen anzuwenden, ohne dass es auf die Art der Gerichtsbarkeit ankommt. „Grenzüberschreitend" ist gem. Art. 3 Abs. 1 EuMahnVO eine Rechtssache dann, wenn mindestens eine der Parteien ihren Wohnsitz oder gewöhnlichen Aufenthalt in einem anderen Mitgliedstaat als dem des befassten Gerichts hat. Dänemark ist wie bei der EuVTVO vom Geltungsbereich der Verordnung ausgenommen. Sie ist gem. Art. 2 nicht anzuwenden auf Steuer- und Zollsachen, verwaltungsrechtliche Angelegenheiten sowie Staatshaftungsansprüche. Von der Anwendung ausgeschlossen sind auch

- die ehelichen Güterstände,
- Konkurse, Verfahren im Zusammenhang mit dem Abwickeln zahlungsunfähiger Unternehmen oder anderer juristischer Personen, gerichtliche Vergleiche, Vergleiche und ähnliche Verfahren,
- die soziale Sicherheit,

- Ansprüche aus außervertraglichen Schuldverhältnissen, soweit diese nicht Gegenstand einer Vereinbarung zwischen den Parteien oder eines Schuldanerkenntnisses sind, oder diese sich nicht auf bezifferte Schuldbeträge beziehen, die sich aus gemeinsamem Eigentum an unbeweglichen Sachen ergeben.

2. Der Antrag ist unter Verwendung eines Formblatts entweder in **Papierform** oder auf dem in dem jeweiligen Mitgliedsland zulässigen **elektronischem Weg** zu stellen. Betrifft die Forderung einen Vertrag, den ein Verbraucher zu einem Zweck geschlossen hat, der nicht der beruflichen oder gewerblichen Tätigkeit dieser Person zugerechnet werden kann, und ist der Verbraucher Antragsgegner, so sind nur die Gerichte des Mitgliedstaats ausschließlich zuständig, in welchem der Antragsgegner seinen Wohnsitz hat (Art. 6 Abs. 2 EuMahnVO iVm Art. 59 Brüssel-I-VO). Wegen des Zwecks der Norm, strukturelle Ungleichheit zu beseitigen, gilt dies aber nur für Verträge eines Verbrauchers mit einem beruflich oder gewerbsmäßig Handelnden. Verträge zwischen zwei Verbrauchern fallen nicht darunter, wie der EuGH zu der gleich gelagerten Norm des Art. 6 Abs. 1 lit. d EuVTVO entschieden hat (EuGH Urt. v. 5.12.2013 – C-508/12, NJW 2014, 841; → Form. R. II. 1 Anm. 10). Im Übrigen enthält Art. 6 Abs. 1 EuMahnVO wegen der internationalen Zuständigkeit eine allgemeine Verweisung auf die Zuständigkeitsvorschriften der Brüssel-I-VO. Dagegen ist die sachliche, örtliche und funktionelle Zuständigkeit nicht geregelt und deren Bestimmung den Mitgliedstaaten vorbehalten. Die gerichtliche Prüfung hat sich nicht nur auf die in der Verordnung vorgesehenen Formalien für den Antrag zu beschränken, sondern sich auch darauf zu erstrecken, ob die Forderung „begründet erscheint" (Art. 8). Dies dürfte dahin zu verstehen sein, dass sowohl eine bloße Plausibilitäts- wie auch eine Schlüssigkeitsprüfung möglich ist (*Sujecki* NJW 2007, 1622 (1624)) bzw. „zumindest auch" eine Plausibilitätsprüfung zu erfolgen hat (Thomas/Putzo/*Hüßtege* EuMVVO Art. 8 Rn. 2 mit Nachweisen zum Meinungsstand; aA *Hess* EuZPR S. 564 u. *Schlosser* Art. 8 EuMahnVO Rn. 1 ff.: Prüfung auf innere Stimmigkeit bzw. limitierte Schlüssigkeits- und Plausibilitätsprüfung nach österreichischem Vorbild; enger *Leible/Freitag* S. 94: Prüfung ausschließlich auf gravierende und aus dem Antrag selbst ohne weiteres erkennbare Mängel). Falls der Antrag nicht offensichtlich unbegründet oder unzulässig ist, hat das Gericht vor einer Zurückweisung dem Antragsteller unter Fristsetzung auf hierfür vorgesehenen Formblättern die Möglichkeit einzuräumen, seine Angaben zu ergänzen oder zu ändern. Gegen die – ebenfalls auf einem Formblatt – zu begründende Zurückweisung kann kein Rechtsmittel eingelegt werden. Die Zurückweisung des Antrags hindert den Antragsteller jedoch nicht, die Forderung mittels eines neuen Antrags auf Erlass eines Europäischen Zahlungsbefehls oder eines anderen Verfahrens nach dem Recht eines Mitgliedstaats geltend zu machen.

3. Sind **die Voraussetzungen für einen Antrag** auf Erlass eines Europäischen Zahlungsbefehls erfüllt, so erlässt das Gericht diesen so bald wie möglich, in der Regel binnen dreißig Tagen nach Einreichung des entsprechenden Antrags. Hierin wird der Antragsgegner darüber belehrt, dass er entweder den Forderungsbetrag an den Antragsteller zahlen oder gegen den Europäischen Zahlungsbefehl bei dem Ursprungsgericht Einspruch einlegen kann. Die Einspruchsfrist beträgt dreißig Tage ab dem Zeitpunkt der Zustellung des Zahlungsbefehls an den Antragsgegner. Für die Zustellung enthalten die Art. 13, 14 Mindestschutzvorschriften, die denjenigen der Art. 13, 14 EuVTVO entsprechen (→ Form. R. II. 1 Anm. 11).

Legt der Antragsgegner Einspruch gegen den Europäischen Zahlungsbefehl ein, so wird das Verfahren vor dem zuständigen Gericht des Ursprungsmitgliedstaats nach dem entsprechenden nationalen Zivilprozessrecht weitergeführt, es sei denn der Antragsteller hat beantragt, das Verfahren in einem solchen Falls zu beenden. Nach Ablauf der Einspruchsfrist von dreißig Tagen ist der Antragsgegner nach der Verordnung berechtigt, bei dem Ursprungsgericht eine Überprüfung des Europäischen Zahlungsbefehls unter den in Art. 20 EuMahnVO umschriebenen Fällen eines fehlenden Verschuldens an der Fristversäumnis oder einem Erlass des Zahlungsbefehls „offensichtlich zu Unrecht" zu beantragen. Weist das Gericht einen solchen Antrag des Antragsgegners, der einem **Wiedereinsetzungsgesuch** nach deutschem Recht entspricht (*Hess/Bittmann* IPRax 2008, 305 (309)), zurück, bleibt der Europäische Zahlungsbefehl in Kraft. Entscheidet das Gericht hingegen, dass die Überprüfung gerechtfertigt ist, so wird der Europäische Zahlungsbefehl für nichtig erklärt. Wenn kein Einspruch eingelegt wird, erklärt das Ursprungsgericht gem. Art. 18 EuMahnVO den Zahlungsbefehl – ebenfalls unter Verwendung eines Formblatts – für vollstreckbar. In Art. 19 EuMahnVO wird klargestellt, dass mit der Verordnung das Exequaturverfahren abgeschafft, dh der Europäische Zahlungsbefehl in den anderen Mitgliedstaaten anerkannt und vollstreckt wird, ohne dass es dort einer Vollstreckbarerklärung bedarf und ohne dass seine Anerkennung angefochten werden kann.

Nach umstrittener Ansicht des EuGH findet das Überprüfungsverfahren nach Art. 20 EuMahnVO wegen seines Ausnahmecharakters in dem hierin nicht aufgeführten Fall, dass die Zustellung des Europäischen Zahlungsbefehls nicht gem. den Mindestvorschriften der Art. 13–15 erfolgt ist, keine Anwendung. Vielmehr beginne in einem solchen Fall die Einspruchsfrist des Art. 16 nicht zu laufen und die Vollstreckbarerklärung durch das Ursprungsgericht nach Art. 18 sei ungültig. Der Antragsgegner müsse allerdings die Möglichkeit haben, diesen Fehler im Vollstreckungsverfahren geltend zu machen und zwar, da dieser Fall in der EuMahnVO nicht geregelt sei, nach den gem. Art. 26 ergänzend geltenden nationalen Rechtsvorschriften (EuGH Urt. v. 4.9.2014 – C-119/13 und C 120/13, EuZW 2014, 916 mit ablehnenden Anm. *Sujeki* S. 917, und *Hess/Raffelsieper*/PRax 2015, 401 die, wie zuvor das vorlegende AG Wedding und Stimmen in der deutschen Literatur, zB Thomas/Putzo/*Hüßtege* EuMVVO Art. 13 Rn. 4 einer – zumindest entsprechenden – Anwendung des Art. 20 den Vorzug geben). Auf der Grundlage der Rspr. des EuGH kommen daher in Deutschland die Erinnerung nach § 766 ZPO (→ Form. P. III. 1 und → Form. P. III. 2) und die Rechtsmittel der Zwangsvollstreckung, also die sofortige Beschwerde nach § 793 ZPO bzw. die befristete Rechtspflegererinnerung (→ Form. P. III. 5, → Form. P. III. 6 und → Form. P. III. 7) sowie die Grundbuchbeschwerde nach § 71 GBO (→ Form. P. VI. 1). Das in Deutschland nach § 1087 ZPO für das gesamte Verfahren bis zum Erlass des Zahlungsbefehls ausschließlich zuständige AG Wedding (mit funktionaler Zuständigkeit des Rechtspflegers gem. § 20 Nr.7 RPflG) lehnt auch diese Möglichkeiten ab. Es nimmt stattdessen eine analoge Anwendung der Klauselerinnerung nach den §§ 732, 1093 ZPO, 11 Abs.1 RPflG an (AG Wedding Bschl. v. 22.10.2014 – 70b (17/14, 1 PRax 2015, 420 mAnm *Hess/Raffelsieper* S. 401).

4. Die **Zwangsvollstreckung aus einem Europäischen Zahlungsbefehl** hat gem. Art. 21 Abs. 1 EuMahnVO nach dem Recht des Vollstreckungsmitgliedstaats zu erfolgen, und zwar unter den gleichen Bedingungen wie eine dort ergangene Entscheidung. Dem Gericht oder der sonst zuständigen Stelle im Vollstreckungsmitgliedstaat sind gem. Art. 20 Abs. 2 EuMahnVO vorzulegen:

- eine Ausfertigung des vom Ursprungsgericht für vollstreckbar erklärten Europäischen Zahlungsbefehls
- ggf. eine Übersetzung der Bestätigung in die Sprache des Vollstreckungsmitgliedstaates, die von einer in einem Mitgliedstaat befugten Person beglaubigt ist.

Unbeschadet des Grundsatzes, dass sich die Zwangsvollstreckung nach dem Recht des Vollstreckungsmitgliedstaats richtet, gibt die EuMahnVO dem Schuldner nach dem Muster der EuVTVO in den Art. 22 und 23 in beschränktem Umfang eigene Rechtsbehelfe, nämlich die Möglichkeit, im Vollstreckungsmitgliedstaat im Falle einer „Titelkollision" einen Antrag auf Verweigerung der Vollstreckung zu stellen. Wenn er im Ursprungsmitgliedstaat einen Überprüfungsantrag gem. Art. 20 EuMahnVO gestellt hat, kann zudem im Vollstreckungsmitgliedstaat auf Antrag die Vollstreckung auf Sicherungsmaßnahmen beschränkt, von einer Sicherheitsleistung abhängig gemacht oder „unter außergewöhnlichen Umständen" ausgesetzt werden. Für einen solchen Antrag gilt das zur EuVTVO Ausgeführte entsprechend (→ Form. R. II. 5 Anm. 2, 3).

5. Die **deutschen Durchführungsbestimmungen** (→ Form. R. I Anm. 4) sehen für Anträge nach den Art. 22, 23 EuMahnVO entsprechend den bereits für die EuVTVO getroffenen Regelungen eine ausschließliche Zuständigkeit des Amtsgerichts als Vollstreckungsgericht vor (§ 1096 iVm § 1084 ZPO). Darauf beruhen die vorstehende → Form. R. III. 1 für einen Aussetzungsantrag und das nachstehende → Form. R. III. 2. für einen – eher seltenen – Verweigerungsantrag.

6. Kosten und Gebühren. Es fällt eine Festgebühr von 30,– EUR gemäß Nr. 2119 KV GKG an. Kostenschuldner sind der Antragsteller (§ 22 Abs. 3 GKG) und der Entscheidungsschuldner (§ 29 Nr. 1 GKG). Für den Rechtsanwalt ist das Verfahren nach § 1096 iVm 1084 ZPO eine besondere Angelegenheit (§ 18 Nr. 6 RVG). Er erhält die 0,3 Verfahrens- und ggf. Terminsgebühr für die Tätigkeit im Zwangsvollstreckungsverfahren (Nr. 3309, 3310 VV RVG).

2. Antrag auf Verweigerung der Vollstreckung aus einem vollstreckbaren Europäischen Zahlungsbefehl

An das Amtsgericht

– Vollstreckungsgericht –

in . . . . .

In Sachen

des . . . . . [ladungsfähige Anschrift des Gläubigers],

– Gläubiger/in –

– Verfahrensbevollmächtigte: Rechtsanwälte . . . . . –

gegen

. . . . . [ladungsfähige Anschrift des Schuldners],

– Schuldner/in –

– Verfahrensbevollmächtigter: Rechtsanwälte . . . . . –

bestellen wir uns ordnungsgemäße Bevollmächtigung versichernd für den/die Schuldnerin und beantragen,

> **die Zwangsvollstreckung aus dem Europäischen Zahlungsbefehl des . . . . . gerichts in . . . . . vom . . . . . – [Aktenzeichen] – zu verweigern,**
> **vorab,**
> **im Wege der einstweiligen Anordnung die Zwangsvollstreckung aus dem vorbezeichneten Titel einstweilen einzustellen sowie die am . . . . . durch den Gerichtsvollzieher . . . . . ausgebrachte Pfändung des . . . . . aufzuheben.**

Gründe:

Gegen den/die Schuldnerin ist der im Antrag bezeichnete Europäische Zahlungsbefehl ergangen, nachdem er/sie die 30-tägige Einspruchsfrist des Art. 16 Abs. 2 EuMahnVO versäumt hatte.

Von der Existenz des Titels und der Bestätigung hat der/die Schuldner/in erstmals erfahren, als am ..... Herr Gerichtsvollzieher ..... bei ihm/ihr erschien, um die Mobiliarvollstreckung zu betreiben. Die Gründe für die fehlende Beteiligung am Ursprungsverfahren sind ihm/ihr derzeit noch unbekannt. Er/Sie ist bemüht, hierzu Näheres über die von ihr am Sitz des Ursprungsgerichts beauftragten Rechtsanwälte ..... zu erfahren. Möglicherweise liegt die Ursache darin, dass ihm/ihr gerichtliche Schriftstücke unter der in der Entscheidung und der Bestätigung genannten Anschrift zugestellt worden sind. Unter dieser Anschrift wohnt er/sie aber bereits seit ..... Jahren nicht mehr.

Der gesamte Vorgang überrascht sehr; denn der Gläubiger hatte bereits einmal versucht, die Forderung, die Gegenstand des Europäischen Vollstreckungstitels ist, gerichtlich durchzusetzen, und zwar seinerzeit in Deutschland. Dies ist aber misslungen; denn mit Urteil des Landgerichts ..... vom ..... ist die Klage rechtskräftig abgewiesen worden. Ein Vergleich beider Entscheidungen macht deutlich, dass sie sich auf die gleiche Forderung beziehen.

Im Hinblick darauf, dass Herr Gerichtsvollzieher ..... bei seiner Vorsprache in der Wohnung der Antragsgegnerin einen ..... gepfändet hat und angesichts des Verhaltens des Gläubigers weitere Vollstreckungsmaßnahmen zu besorgen sind, sind die beantragten Maßnahmen bis zur Entscheidung in der Hauptsache geboten.

Zum Beweis bzw. zur Glaubhaftmachung der Anordnungsanträge sind beigefügt:

1. beglaubigte Kopien des Europäischen Zahlungsbefehls und der Vollstreckbarerklärung,
2. Urteil des Landgerichts ..... vom ..... nebst Rechtskraftvermerk
3. Pfändungsprotokoll des Gerichtsvollziehers .....
4. Eidesstattliche Versicherung des/der Schuldner/in vom .....

Abschriften für den Gläubiger sind beigefügt.

.....

Rechtsanwalt

Anmerkungen

→ Form. R. IV. 1 Anm. 4 auch wegen der Kosten und Gebühren.

V. Verfahren nach der Verordnung (EG) Nr. 867/2007 des Europäischen Parlaments und des Rates vom 11.7.2007 zur Einführung eines Europäischen Verfahrens für geringfügige Forderungen – EuBagatellVO

1. Antrag des Gläubigers auf Erteilung einer Bestätigung der Vollstreckbarkeit

An das

Amtsgericht[1, 2, 3, 4, 5, 6, 7, 9]

in . . . . .

In Sachen

. . . . . . / . . . . . .

– . . . . . – [Aktenzeichen]

beantragen wir,

zu dem Urteil vom . . . . .

die Bestätigung der Vollstreckbarkeit gem. Art. 20 Abs. 2 EuBagatellVO zu erteilen.

. . . . .

Rechtsanwalt[8]

Anmerkungen

1. Auf der Grundlage eines Vorschlags der Europäischen Kommission vom 15.3.2005 (KOM [2005] 87) ist am **11.7.2007** die Verordnung des europäischen Rates und des Parlaments zur Einführung eines europäischen Verfahrens für geringwertige Forderungen verabschiedet worden (siehe zu Einzelheiten des Verfahrens, *Mayer/Lindemann* BRAK-Mitt. 2006, 207). Diese Verordnung, auch als **„Small-Claims-Verordnung"** bezeichnet, ist nach Verkündung im Amtsblatt der EU seit dem 1.8.2007 in Kraft (ABl. 2007 L 1999, 1) und in ihren für die juristische Praxis relevanten Teilen ab dem 1.1.2009 anwendbar. Damit hat ein gesondertes vereinfachtes Verfahren auf europäischer Ebene Eingang in die zivilprozessuale Praxis gefunden, und zwar auch mit Ausstrahlungen auf das Vollstreckungsverfahren.

2. Nach § 495a ZPO ist vor den Amtsgerichten in Verfahren mit einem Streitwert bis 600,– EUR ein **vereinfachtes Verfahren** möglich, bei dem das Gericht die Verfahrensweise nach billigem Ermessen bestimmt und nur auf Antrag mündlich zu verhandeln ist. Ähnliche vereinfachte Verfahrensweisen haben andere Staaten ebenfalls eingeführt, wobei allerdings die Wertgrenze schwankt zwischen den 600,– EUR des § 495a ZPO in Deutschland und ca. 7.120,– EUR (5.000 Pfund) in England und Wales (näher *Mayer/Lindemann* BRAK-Mitt. 2006, 207 (208)). Mit der „Small-Claims-Verordnung" sollen Hindernisse für ein schnelles Urteil mit geringen Kosten in grenzüberschreitenden Fällen beseitigt werden. Zugleich soll durch die Schaffung gleicher Bedingungen für Gläubiger und Schuldner in der gesamten EU Wettbewerbsverzerrungen begegnet sowie die Anerkennung und Vollstreckung von Urteilen aus anderen Mitgliedsländern erleichtert werden (Erwägungsgründe 7 und 8).

3. Die Verordnung ist gem. deren Art. 2 anwendbar in grenzüberschreitenden Zivil- und Handelssachen, ohne dass es auf die Art der Gerichtsbarkeit ankommt. Voraussetzung ist dabei, dass der Streitwert der Klage ohne Zinsen, Kosten und Auslagen bei Eingang der Klage **2.000,– EUR** nicht überschreitet, und zwar – wie Art. 5 Abs. 5 zu entnehmen ist – unabhängig davon, ob die Klage auf eine Geldzahlung gerichtet ist oder nicht. Zur Erhöhung der Akzeptanz des Verfahrens soll nach einem **Reformvorschlag**, auf den sich inzwischen die Kommission und das Europäische Parlament geeinigt haben und der nur noch formell zu billigen ist, deren Anwendungsbereich auf Ansprüche **bis zu einem Wert von 5.000,00 EUR** ausgeweitet werden, eine Verbesserung der elektronischen Kommunikation erfolgen und eine Verpflichtung der Gerichte vorgesehen werden, für mündliche Verhandlungen und Beweisaufnahmen Telefon- und Videokonferenzen oder andere Telekommunikationsmittel zu nutzen (COM [2013] 794 final v. 19.1.2013; siehe auch *Sujecki* ZRP 2014, 84 und Pressemitteilung des EU-Parlaments v. 7.10.2015, EuZV 2015, 773).

Grenzüberschreitend" ist gem. Art. 3 Abs. 1 EuBagatellVO eine Rechtssache dann, wenn mindestens eine der Parteien ihren Wohnsitz oder gewöhnlichen Aufenthalt iSd Art. 59, 60 Brüssel-I-VO in einem anderen Mitgliedstaat als dem des befassten Gerichts hat. Dänemark ist wie bei der EuVTVO und der EuMahnVO vom Geltungsbereich der Verordnung ausgenommen. Sie ist gem. Art. 2 Abs. 1 S. 2 nicht anzuwenden auf Steuer- und Zollsachen, verwaltungsrechtliche Angelegenheiten sowie Staatshaftungsansprüche. Von der Anwendung ausgeschlossen sind unter Erweiterung der Kataloge in den anderen Verordnungen, insbesondere der Brüssel-I-VO und der EuVTVO auch das Unterhaltsrecht, das Arbeitsrecht, die Miete oder Pacht unbeweglicher Sachen, mit Ausnahme von Klagen wegen Geldforderungen sowie die Verletzung der Privatsphäre oder der Persönlichkeitsrechte, einschließlich der Verletzung der Ehre.

4. Das Verfahren nach der „Small-Claims-Verordnung" soll alternativ zu innerstaatlichen Verfahrensweisen angeboten werden (Art. 1 S. 1 EuBagatellVO). Die Klage ist unter Verwendung eines Formblatts entweder in **Papierform** oder auf dem in dem jeweiligen Mitgliedsland zulässigen **elektronischen Weg** einzureichen. Wenn das Gericht der Meinung ist, dass die Klage nicht in den Anwendungsbereich der Verordnung fällt und die Klage auf einen entsprechenden Hinweis hin nicht zurückgenommen wird, hat das Gericht mit ihr wie eine solche im normalen Klageverfahren des jeweiligen Mitgliedstaates zu verfahren (Art. 4 Abs. 1, 3 EuBagatellVO).

Ist die „Small-Claims-Verordnung" anwendbar, ist das sich an die Klage anschließende Verfahren grundsätzlich schriftlich abzuwickeln, und zwar ohne Anwaltszwang sowie unter weiterer Verwendung von Formblättern auch für die Klageerwiderung und eine etwaige Widerklage. Die Anordnung einer mündlichen Verhandlung – gegebenenfalls per Videokonferenz – steht im Ermessen des Gerichts, das aber die Ablehnung eines entsprechenden Antrags einer Partei schriftlich zu begründen hat. Eine Rüge des Beklagten, dass der Wert einer nicht lediglich auf eine Geldforderung gerichteten Klage die Bagatellgrenze von 2.000,– EUR (demnächst 5.000,– EUR) übersteige, hat das Gericht durch nicht anfechtbaren Beschluss zu bescheiden (Art. 5 EuBagatellVO). Weitere Grundsätze für das Erkenntnisverfahren enthalten die Art. 6 bis 14, 16, 17, 19 EuBagatellVO.

5. Nach Art. 15 Abs. 1 EuBagatellVO ist ein im Verfahren nach der Verordnung ergangenes Urteil, das auch dann zu ergehen hat, wenn der Beklagte bzw. Widerbeklagte sich innerhalb der Klageerwiderungsfrist von 30 Tagen nicht geäußert hat, ungeachtet eines möglichen Rechtsmittels **ohne Sicherheitsleitung** vollstreckbar. Jedoch hat der Säumige – wie nach Art. 19 EuVTVO und Art. 20 EuMahnVO – in den in Art. 18 EuBagatellVO umschriebenen Fällen eines fehlenden Verschuldens an der Einhaltung der Erwiderungsfrist die Möglichkeit, beim Ursprungsgericht eine Überprüfung des Urteils zu beantragen. Weist das Gericht den Antrag zurück, bleibt das Urteil in Kraft. Entscheidet das Gericht hingegen, dass die Überprüfung gerechtfertigt ist, so ist es nichtig. Rechtsmittel gegen ergangene Urteile richten sich gem. Art. 19 EuBagatellVO nach nationalem Recht.

6. In Art. 20 EuBagatellVO wird klargestellt, dass mit der Verordnung das **Exequaturverfahren abgeschafft ist,** dh ein im Verfahren nach der „Small-Claims-Verordnung" ergangenes Urteil wird in den anderen Mitgliedstaaten anerkannt und vollstreckt, ohne dass es dort einer Vollstreckbarerklärung bedarf und ohne dass seine Anerkennung angefochten werden kann. Als Grundlage für die Vollstreckung in anderen Mitgliedstaaten stellt das Ursprungsgericht auf Antrag des Gläubigers eine Bestätigung aus. Das vorstehende Formular enthält einen solchen Antrag. Die Bestätigung erfolgt sodann auf dem amtlichen Formblatt gem. Anhang IV der EuBagatellVO. Ihr sind die Einzelheiten zu den Parteien und dem Inhalt des Urteils in standardisierter und damit uU auch ohne entsprechende Sprachkenntnisse verständlicher Form zu entnehmen.

7. Die **Zwangsvollstreckung** aus einem Urteil nach der „Small-Claims-Verordnung" hat gem. Art. 21 Abs. 1 EuBagatellVO nach dem Recht des Vollstreckungsmitgliedstaats zu erfolgen, und zwar unter den gleichen Bedingungen wie eine dort ergangene Entscheidung. Dem Gericht oder der sonst zuständigen Stelle im Vollstreckungsmitgliedstaat sind gem. Art. 20 Abs. 2 EuBagatellVO vorzulegen:

- eine Ausfertigung des Urteils,
- eine Ausfertigung der Bestätigung gem. Art. 20 EuBagatellVO iVm dem nachstehend abgedruckten Formblatt gem. Anhang IV der EuBagatellVO,
- falls erforderlich eine Übersetzung der Bestätigung in eine Amtssprache des Vollstreckungsmitgliedstaates bzw. in eine dort zugelassene Verfahrenssprache, die von einer in einem Mitgliedstaat befugten Person erstellt worden ist.

8. Kosten und Gebühren. Die Bestätigung der Vollstreckbarkeit ist gem. Art. 20 Abs. 2 EuBagatellVO **kostenfrei** zu erteilen, so dass Gerichtskosten nicht erhoben werden dürfen. Auch die anwaltliche Tätigkeit ist grundsätzlich nicht gesondert zu vergüten (§ 19 Abs. 1 S. 2 Nr. 9 RVG). Nur dann, wenn das Mandat des Anwalts sich auf die Erwirkung einer Bestätigung beschränkt, erhält er die 0,3 Gebühren nach Nr. 3309, 3310 VV RVG für die Tätigkeit in der Zwangsvollstreckung.

9. Anhang: Amtliches Formular.

Anhang IV

EUROPÄISCHES VERFAHREN FÜR GERINGFÜGIGE FORDERUNGEN FORMBLATT D BESTÄTIGUNG EINES IM EUROPÄISCHEN VERFAHREN FÜR GERINGFÜGIGE FORDERUNGEN ERGANGENEN URTEILS (Artikel 20 Absatz 2 der Verordnung (EG) Nr. 867/2007 des Europäischen Parlaments und des Rates zur Einführung eines europäischen Verfahrens für geringfügige Forderungen) vom Gericht auszufüllen	
1.	Gericht
1.1	Bezeichnung: . . . . .
1.2	Straße und Hausnummer/Postfach: . . . . .
1.3	PLZ und Ort: . . . . .
1.4	Staat: . . . . .

2.	Kläger
2.1	Name, Vorname/Name der Firma oder Organisation: . . . . .
2.2	Straße und Hausnummer/Postfach: . . . . .
2.3	PLZ und Ort: . . . . .
2.4	Staat: . . . . .
2.5	Telefon(*): . . . . .
2.6	E-Mail(*): . . . . .
2.7	ggf. Vertreter des Klägers und Kontaktadresse*: . . . . .
2.8	Sonstige Angaben(*): . . . . .
3.	Beklagter
3.1	Name, Vorname/Name der Firma oder Organisation: . . . . .
3.2	Straße und Hausnummer/Postfach: . . . . .
3.3	PLZ und Ort: . . . . .
3.4	Staat: . . . . .
3.5	Telefon(*): . . . . .
3.6	E-Mail(*): . . . . .
3.7	ggf. Vertreter des Beklagten und Kontaktadresse*: . . . . .
3.8	Sonstige Angaben(*): . . . . .
4.	Urteil
4.1	Datum: . . . . .
4.2	Aktenzeichen: . . . . .
4.3	Inhalt des Urteils:
4.3.1	Das Gericht hat . . . . . verurteilt, an . . . . . zu zahlen
	1. Hauptforderung: . . . . .
	2. Zinsen: . . . . .
	3. Kosten: . . . . .
4.3.2.	Das Gericht hat . . . . . verurteilt, ... zu . . . . .

[Wenn das Urteil von einem Berufungsgericht erlassen wurde oder bei Überprüfung eines Urteils Dieses Urteil hat Vorrang vor dem am . . . . ./. . . . ./. . . . . unter dem Aktenzeichen . . . . . ergangenen Urteil und der dazu etwaig ausgestellten Bestätigung.]
DIESES URTEIL WIRD IN EINEM ANDEREN MITGLIEDSTAAT ANERKANNT UND VOLLSTRECKT, OHNE DASS ES EINER VOLLSTRECKBARERKLÄRUNG BEDARF UND OHNE DASS SEINE ANERKENNUNG ANGEFOCHTEN WERDEN KANN.
Ort:
Datum: . . . . ./. . . . ./. . . . .
Unterschrift und/oder Stempel:
. . . . .
(*) fakultativ

2. Antrag auf Aussetzung oder nachträgliche Beschränkung der Vollstreckbarkeit nach Einlegung eines Rechtsmittels im Ursprungsmitgliedstaat

An das

Amtsgericht

– Vollstreckungsgericht[1, 2] –

in . . . . .

In Sachen

des . . . . . [ladungsfähige Anschrift des Gläubigers],

Gläubiger/in,

– Verfahrensbevollmächtigte: Rechtsanwälte . . . . . –

gegen

. . . . . [ladungsfähige Anschrift des Schuldners],

Schuldner/in,

– Verfahrensbevollmächtigter: Rechtsanwälte . . . . .

bestellen wir uns ordnungsgemäße Bevollmächtigung versichernd für den/die Schuldner/in und beantragen,

die Zwangsvollstreckung aus dem Urteil des . . . . . gerichts in . . . . . vom . . . . . – . . . . .– [Aktenzeichen] auszusetzen,
hilfsweise
von einer in das Ermessen des Gerichts gestellten Sicherheitsleistung abhängig zu machen,
äußerst hilfsweise
auf Sicherungsmaßnahmen zu beschränken.

Gründe:

Gegen den/die Schuldner/in ist im Verfahren nach der Verordnung zur Einführung eines europäischen Verfahrens für geringfügige Forderungen das im Antrag bezeichnete Urteil ergangen, nachdem er/sie die 30-tägige Klageerwiderungsfrist des Art. 5 Abs. 3 der Verordnung versäumt hatte.

Beweis: beglaubigte Kopien des Urteils und der Bestätigung der Vollstreckbarkeit

Gegen das Urteil hat der/die Schuldner/in im Ursprungsmitgliedstaat durch die Rechtsanwälte . . . . . das dort statthafte ordentliche Rechtsmittel der . . . . . einlegen lassen.

Beweis: beglaubigte Kopien des Schriftsatzes der Kollegen . . . . . nebst Übersetzung

Die Zwangsvollstreckung ist gem. Art. 23 EuBagatellVO auszusetzen, weil der/die Schuldner/in aufgrund außergewöhnlicher Umstände daran gehindert war, die Klageerwiderungsfrist einzuhalten. Er/Sie war nämlich . . . . . [einzelfallbezogene Gründe]

Beweis: 1. anliegende eidesstattliche Versicherung de . . . . .

2 . . . . .

Auch hat das im Ursprungsmitgliedstaat eingelegte Rechtsmittel eine hohe Erfolgsaussicht; denn .....

Für den Fall, dass das Gericht gleichwohl meint, dass die vorstehenden Umstände keine Aussetzung rechtfertigen, werden die Hilfsanträge gestellt, und zwar primär derjenige auf Anordnung einer Sicherheitsleistung. Der/Die Schuldner/in muss nämlich befürchten, dass sie nach der zu erwartenden Aufhebung des Titels im Ursprungsmitgliedstaat einen etwaigen von der/dem Gläubiger/in beigetriebenen Betrag nicht wieder zurückerlangen kann, weil .....

Abschriften für den/die Gläubiger/in sind beigefügt.

.....

Rechtsanwalt[3]

Anmerkungen

1. Unbeschadet des Grundsatzes, dass sich die Zwangsvollstreckung nach dem Recht des Vollstreckungsmitgliedstaats richtet (→ Form. R. IV. 1 Anm. 7), gibt die „Small-Claims-Verordnung" dem Schuldner nach dem Muster der EuVTVO in den Art. 22 und 23 in beschränktem Umfang eigene Rechtsbehelfe, nämlich die Möglichkeit, im Vollstreckungsmitgliedstaat im Falle einer „Titelkollision" einen Antrag auf Ablehnung der Vollstreckung zu stellen. Wenn er im Ursprungsmitgliedstaat ein Rechtsmittel eingelegt hat bzw. die Einlegung eines Rechtsmittels noch möglich ist oder er einen Überprüfungsantrag gem. Art. 18 EuBagatellVO gestellt hat, kann zudem im Vollstreckungsmitgliedstaat auf Antrag die Vollstreckung auf Sicherungsmaßnahmen beschränkt, von einer Sicherheitsleistung abhängig gemacht oder „unter außergewöhnlichen Umständen" ausgesetzt werden. Auf einem solchen **Antrag auf Aussetzung bzw. Beschränkung der Vollstreckung** beruht das vorstehende Formular. Die deutschen Durchführungsbestimmungen sehen wie bei der EuMahnVO (→ Form. R. IV. 1 Anm. 5) eine ausschließliche Zuständigkeit des Amtsgerichts als Vollstreckungsgericht vor (§ 1109 iVm § 1084 ZPO).

2. Wegen des eher seltenen Falles einer „Titelkollision" wird auf ein Formularmuster für einen Antrag auf **Ablehnung der Vollstreckung** verzichtet. Da trotz des terminologischen Unterschieds in der Bezeichnung der Art des Rechtsbehelfs die Voraussetzungen gleich sind, kann insoweit mit Modifikationen wegen der Art des Titels auf die → Form. R. III. 6 und → Form. R. IV. 2 zu den Anträgen auf Verweigerung der Vollstreckung nach Art. 21 EuVTVO und Art. 22 EuMahnVO zurückgegriffen werden.

3. Kosten und Gebühren. Es fällt eine Festgebühr von 30,– EUR gemäß Nr. 2119 KV GKG an. Kostenschuldner sind der Antragsteller (§ 22 Abs. 3 GKG) und der Entscheidungsschuldner (§ 29 Nr. 1 GKG). Für den Rechtsanwalt ist das Verfahren nach § 11109 iVm 1084 ZPO eine besondere Angelegenheit (§ 18 Nr. 6 RVG). Er erhält die 0,3 Verfahrens- und ggf. Terminsgebühr für die Tätigkeit im Zwangsvollstreckungsverfahren (Nr. 3309, 3310 VV RVG).

VI. Vollstreckbarkeitsverfahren nach der Verordnung (EG) Nr. 44/2001 des Rates vom 22.12.2000 über die gerichtliche Zuständigkeit und die Anerkennung und Vollstreckung von Entscheidungen in Zivil- und Handelssachen – Brüssel-I-VO bzw. EuGVVO – und nach dem Übereinkommen vom 30.10.2007 zwischen der Europäischen Gemeinschaft sowie Island, Norwegen und der Schweiz über die gerichtliche Zuständigkeit und die Anerkennung und Vollstreckung in Zivil- und Handelssachen – LugÜ 2007

1. Antrag auf Vollstreckbarerklärung einer Entscheidung, eines Vergleichs oder einer öffentlichen Urkunde

An das

Landgericht

– Zivilkammer[1, 2, 6]

. . . . .

Herrn/Frau

Notar/in[1, 2, 6]

. . . . .

In Sachen

des/der . . . . . [ladungsfähige Anschrift des Antragstellers],

– Antragssteller/in –

gegen

. . . . . [ladungsfähige Anschrift des Antragsgegners],

– Antragsgegner/in –

bestellen wir uns ordnungsgemäße Bevollmächtigung versichernd für den/die Antragsteller/in und überreichen in der Anlage

1. Ausfertigung des Urteils/Beschlusses des . . . . . Gerichts in . . . . . vom . . . . ., – . . . . . [Aktenzeichen] – nebst beglaubigter Übersetzung (Anlagen 1 und 2),
2. Bescheinigung gem. Art. 54 Brüssel-I-VO/LugÜ 2007 (Anlage 3).,[4, 12]

1. *Ausfertigung des am . . . . . vor dem . . . . . Gericht in . . . . . geschlossenen/vom dem Gericht in . . . . . genehmigten Vergleichs vom . . . . ., – . . . . . [Aktenzeichen] – nebst beglaubigter Übersetzung (Anlagen 1 und 2)*
2. *Bescheinigung gem. Art. 54 und 58 Brüssel-I-VO/LugÜ 2007 (Anlage 3).*[4, 12]

1. Ausfertigung der Urkunde des Notars . . . . ./des . . . . . [Bezeichnung der Urkundsperson/Behörde] vom . . . . . nebst beglaubigter Übersetzung (Anlagen 1 und 2),

2. Bescheinigung gem. Art. 57 Abs. 4 Brüssel-I-VO/LugÜ 2007 (Anlage 3).[4, 12]

Wir beantragen,

dieses Urteil/diesen Beschluss/diesen Vergleich/diese Urkunde wegen der Verurteilung/ Verpflichtung des Antragsgegners zur Zahlung von ..... EUR/..... [*andere Währung*] nebst gerichtlichen Zinsen und ..... EUR gerichtlicher Kosten sowie wegen weiterer ..... EUR/.......... [andere Währung] bisheriger Zustell- und Vollstreckungskosten für vollstreckbar zu erklären und mit der Vollstreckungsklausel zu versehen.[3, 7]

Gerichtliche Zinsen sind gem. Art.,..... ab Zustellung der Klage geschuldet, also ab dem ....., wie dem Formblatt gem. Art. 54 Brüssel-I-VO/LugÜ 2007 entnommen werden kann. Die Höhe der Zinsen beläuft sich gem. Art.,..... iVm den ..... vom ..... und vom ..... ab dem ..... auf ..... % und ab dem ..... auf ..... %. Um entsprechende Konkretisierung wird gebeten.[5]

Dem/Der Antragsteller/in sind gem. den in den Anlagen 4 bis 7 bisher durch Zustellungen und Vollstreckungsversuche Kosten in Höhe von ..... EUR/.......... [andere Währung] entstanden. Diese Kosten können nach Art.,..... der ..... Zivilprozessordnung ohne gesonderte Titulierung zusammen mit dem vollstreckbaren Hauptanspruch beigetrieben werden.[5]

(alternativ:

Ferner wird beantragt,

dem/der Antragsteller/in unter Beiordnung des Unterzeichners Prozesskostenhilfe zu bewilligen.

Hierzu überreichen wir

Entscheidung des ....., mit der dem/der Antragsteller/in im Ursprungsverfahren Verfahrenskostenhilfe/Prozesskostenhilfe/unentgeltliche Befreiung von Kosten und Gebühren bewilligt worden ist.[8])

Streitwert: ..... EUR[9]

Abschriften für den/die Antragsgegner/in sind beigefügt.

.....

Rechtsanwalt[10, 11]

Anmerkungen

1. Die mit Wirkung ab dem 10.1.2015 durch die Brüssel-Ia-VO ersetzte Brüssel-I-VO lehnt sich weitgehend an das EuGVÜ an. Sie ist aufgrund der Verordnungskompetenz des Art. 65 EGV in der Fassung des Amsterdamer Vertrages vom 2.10.1997 erlassen worden und galt als sekundäres Gemeinschaftsrecht unmittelbar in allen Mitgliedstaaten der EU einschließlich der inzwischen beigetretenen Länder mit Ausnahme Dänemarks. Ihr kommt in der Praxis der grenzüberschreitenden Vollstreckung derzeit noch die größte Bedeutung zu. Sie ist zwar durch Art. 80 Brüssel-Ia-VO an sich aufgehoben. Jedoch gilt sie gem. Art. 66 Abs. 2 Brüssel-Ia-VO weiterhin für Titel in ihrem Anwendungsbereich, und zwar

- für Entscheidungen in gerichtlichen Verfahren, die vor dem 10.1.2015 eingeleitet worden sind,
- für vor diesem Zeitpunkt förmlich errichtete oder eingetragene öffentliche Urkunden,
- sowie für vor diesem Zeitpunkt gebilligte oder geschlossene gerichtliche Vergleiche.

Neben ihrer unmittelbaren Geltung ist ihr Anwendungsbereich staatsvertraglich erweitert worden. So gilt sie aufgrund eines mit der EG geschlossenen Übereinkommens vom 19.10.2005 ab dem 1.7.2007 im Verhältnis zu Dänemark (ABl. 2005 L 300, 55 sowie Bekanntmachung über das Inkrafttreten im ABl. L 94, 70 vom 4.4.2007). Ferner hat die EG mit den Vertragsstaaten des LugÜ, die nach dem Beitritt der übrigen Staaten zur EG noch verblieben sind, nämlich **Island, Norwegen** und der **Schweiz** das Übereinkommen vom 30.10.2007 über die gerichtliche Zuständigkeit und die Anerkennung und Vollstreckung in Zivil- und Handelssachen – **LugÜ 2007** – (ABl. L 339, 1) geschlossen, mit dem im Wesentlichen die Vorschriften der Brüssel-I-VO auch im Verhältnis zu diesen Staaten übernommen wurden. Das LugÜ 2007 ist im Verhältnis zu Norwegen seit dem 1.1.2010, zur Schweiz seit dem 1.1.2011 und zu Island seit dem 1.5.2011 in Kraft getreten (ABl. 2010 L 140, 1 u. ABl. 2011 L 138, 1).

Die Brüssel-I-VO ist in sachlicher Hinsicht anwendbar auf alle **Zivil- und Handelssachen** mit einem Ausnahmekatalog in Art. 1 Abs. 2 Brüssel-I-VO, der demjenigen der EuVTVO entspricht. (→ Form. R. III. 1 Anm. 2). Sie gilt, soweit sie nach dem Inkrafttreten der Brüssel-Ia-VO noch anwendbar ist, gem. den Art. 66 Abs. 1, 76 für solche Klagen und öffentliche Urkunden, die nach deren Inkrafttreten am 1.3.2002 erhoben bzw. errichtet worden sind. Unter bestimmten Voraussetzungen reicht es gem. Art. 66 Abs. 2 aber auch aus, dass nur die gerichtliche Entscheidung nach dem Inkrafttreten der Verordnung erlassen worden ist; insbesondere ist dies dann der Fall, wenn die Klage zu einem Zeitpunkt eingereicht wurde, zu dem der jeweilige Mitgliedstaat bereits dem EuGVÜ oder dem LugÜ beigetreten war. Der Begriff der Klageerhebung ist in Art. 30 Brüssel-I-VO autonom dahin definiert, dass hierfür – anders als nach deutschem Recht – die Einreichung der Klage bei Gericht oder bei der für die Zustellung zuständigen Stelle ausreicht.

2. Die Verordnung eröffnet eine Vollstreckungsmöglichkeit für im Ursprungsstaat vollstreckbare gerichtliche **Entscheidungen** (Art. 32 Brüssel-I-VO), **öffentliche Urkunden** (Art. 57 Brüssel-I-VO) und **Prozessvergleiche** (Art. 58 Brüssel-I-VO). „Entscheidungen" sind dabei nur solche gerichtliche Entschließungen, die entweder nach einem kontradiktorischen Verfahren ergangen sind oder deren Vollstreckbarkeit erst dann eintritt, wenn der Schuldner innerhalb einer vorgegebenen Frist von der Möglichkeit der Einlegung eines Rechtsmittels oder Rechtsbehelfs keinen Gebrauch macht. Dies hatte der EuGH für den vom Sinngehalt her gleichen Art. 25 EuGVÜ entschieden und ist vom BGH unter Ablehnung gegenteiliger Äußerungen in der Literatur auch zu Art. 32 Brüssel-I-VO bekräftigt worden (BGH Beschl. v. 21.12.2006 – IX ZB 150/05, NJW-RR 2007, 1573; aA Teile der Lit. zB Zöller/*Geimer/Schütze* EuGVVO Art. 32 Rn. 35). Auf der gleichen Linie wie die Rspr. des EuGH liegt die Neukonzeption in Art. 2 lit. a. Brüssel-Ia-VO. In dessen UAbs. 2 ist in S. 1 bestimmt, dass auch einstweilige Maßnahmen einschließlich Sicherungsmaßnahmen, die von einem nach der Verordnung in der Hauptsache zuständigen Gericht angeordnet wurden, Entscheidungen darstellen. S. 2 enthält dann die Ausnahme, dass hierzu keine solchen vorläufigen Maßnahmen gehören, die ohne Vorladung des Beklagten angeordnet worden sind, es sei denn, dass ihm die Entschließung vor der Vollstreckung zugestellt wurde. Auch hiernach ist mithin die Durchsetzung eines Titels in einem anderen Mitgliedstaat der EU nur möglich, wenn dem Schuldner – spätestens mit der Zustellung vor der Vollstreckung – rechtliches Gehör gewährt worden war.

3. Als Grundregel bestimmt Art. 33 Abs. 1 Brüssel-I-VO, dass die in einem Mitgliedstaat ergangenen Entscheidungen in den anderen Mitgliedstaaten anzuerkennen sind, ohne dass es eines besonderen Verfahrens bedarf. In den Art. 34, 35 Brüssel-I-VO werden lediglich verschiedene Anerkennungs- und Vollstreckbarkeitserklärungshindernisse aufgeführt, die zudem – anders als noch im Verfahren nach dem EuGVÜ – der Vollstreckbarerklärung nicht entgegenstehen, sondern ggf. erst im Beschwerdeverfahren vom Schuldner geltend zu machen sind. In Art. 41 Brüssel-I-VO ist nämlich bestimmt, dass nach Erfüllung der

Förmlichkeiten des Art 53 Brüssel-I-VO die ausländische Entscheidung unverzüglich für vollstreckbar zu erklären ist, und zwar ohne dass eine Prüfung nach den Art. 34, 35 erfolgt. Damit verfolgt der Verordnungsgeber das Ziel, das Verfahren „rasch und effizient" zu gestalten (Nr. 17 der Erwägungsgründe).

4. Eingeleitet wird das Verfahren gem. Art. 40 Abs. 1 Brüssel-I-VO iVm § 4 Abs. 2 AVAG durch einen schriftlich oder zu Protokoll des Gerichts einzureichenden Antrag, für den kein Anwaltszwang besteht. Bei den zu erfüllenden **Förmlichkeiten** handelt es sich zum einen um die Vorlage einer Ausfertigung des Titels, der für vollstreckbar erklärt werden soll. Zum anderen ist bei gerichtlichen Entscheidungen oder Vergleichen das Formblatt gem. Anlage V zur Verordnung einzureichen, das auf Antrag von dem Gericht des Ursprungsstaates ausgestellt wird und die wesentlichen Verfahrensdaten enthält. Für öffentliche Urkunden gibt es das gesonderte Formular gem. Anhang VI zur Brüssel-I-VO. Beide Formulare sind so standardisiert und so aufgebaut, dass auch der mit der Sprache des Ursprungsstaates nicht vertraute Leser im Vollstreckungsstaat sie im Normalfall ohne Übersetzung entschlüsseln kann. Beglaubigte Übersetzungen der einzureichenden Urkunden sind deshalb nur auf Verlangen des Gerichts vorzulegen (Art. 55 Abs. 2 Brüssel-I-VO). Fehlt die Bescheinigung, kann das Gericht entweder eine Frist zur Vorlage bestimmen, sich mit einer gleichwertigen Urkunde begnügen oder sogar ganz von einer Beibringung absehen (Art. 55 Abs. 1 Brüssel-I-VO). Letzteres kann zB in Betracht kommen, wenn kein Fall einer Säumnisentscheidung vorliegt und sich alle Daten einschließlich eines Ausspruchs bzw. einer Erklärung zur Vollstreckbarkeit aus der vorgelegten Entscheidung ergeben. Anders als noch nach Art. 47 Nr. 1 EuGVÜ/LugÜ bedarf es um des Überraschungseffekts willen keines Nachweises der Zustellung der Entscheidung im Ursprungsstaat. Die Zustellung ist daher insgesamt entbehrlich, wenn sie im Ursprungsstaat keine Vollstreckbarkeitsbedingung ist (Schuschke/Walker/*Jennissen* Brüssel-I-VO Art. 53 ff. Rn. 4).

5. Probleme kann es aber gleichwohl noch geben, etwa dann, wenn der Titel nicht insgesamt ziffernmäßig bestimmt ist, zB zum Zinsanspruch oder bei Geldleistungen, bei denen eine Anknüpfung an einen ausländischen Index erfolgt. In all diesen Fällen eines nach deutschem Verständnis nicht hinreichend bestimmten und daher nicht zur Vollstreckung geeigneten Titels, kann das deutsche Exequaturgericht den Antrag nicht einfach zurückweisen, sondern hat der ausländischen Entscheidung nach Möglichkeit Geltung zu verschaffen. Er hat deshalb das maßgebliche ausländische Recht bzw. die einschlägigen Indices zu ermitteln und anschließend den Tenor entsprechend zu konkretisieren, allerdings nur, soweit die Grundlagen für die Berechnung leicht und sicher feststellbar sind (BGH Beschl. v. 5.4.1999 – IX ZB 68/89, NJW 1990, 3084; BGH Beschl. v. 4.3.1993 – IX ZB 55/92, NJW 1993, 1801). Diese Ermittlung wird in der Regel dadurch geschehen, dass dem Gläubiger eine Auflage zur nachvollziehbaren Darlegung der ausländischen Rechtsgrundlage gemacht wird. Im Rahmen der dem Gericht gem. § 293 ZPO obliegenden Pflicht zur Amtsermittlung des ausländischen Rechts kann es nämlich die Mitwirkung des Gläubigers in Anspruch nehmen (BGH Beschl. v. 4.3.1993 – IX ZB 55/92, NJW 1993, 1801). Die mit den entsprechenden Auflagen verbundene zeitliche Verzögerung kann wegen der in der Regel notwendigen Rückfragen bei ausländischen Kontaktpersonen beträchtlich sein. Ähnliches gilt, wenn der Gläubiger wegen solcher Verfahrenskosten vollstrecken will, die in der ausländischen Entscheidung nicht betragsmäßig ausgewiesen sind oder die durch Vollstreckungsversuche im Ursprungsstaat entstanden sind. Grundsätzlich kann auch insoweit eine Vollstreckbarkeitserklärung erfolgen, aber nur dann, wenn nach dem maßgeblichen ausländischen Recht eine Beitreibung auch ohne gesonderten Titel zusammen mit dem Vollstreckungstitel möglich ist, es also eine dem § 788 Abs. 1 ZPO entsprechende Regelung gibt (OLG Köln Beschl. v. 1.12.1999 – 3 W 54/99, BeckRS 1999, 30085085 = InVo 2000, 289).

In den Fällen, in denen die Grundlagen für die Konkretisierung des Titels nicht leicht und sicher feststellbar sind, etwa wegen der Notwendigkeit einer Beweiserhebung oder weil sich nicht klären lässt, welche Rechtsordnung das ausländische Gericht überhaupt seiner Entscheidung zugrunde gelegt hat (OLG Köln Beschl. v. 15. 9. 2004 - 16 W 27/04, NJW-RR 2005, 932), bzw. weil der Gläubiger seiner Mitwirkungsobliegenheit nicht bzw. nicht hinreichend nachkommt, hat das Gericht den Antrag zurückzuweisen, allerdings nur wegen des unbestimmten Teils des Titels. Wegen des unproblematischen Teils, also zB wegen des Basisbetrags einer Rente oder wegen der Hauptforderung ohne Zinsen hat dagegen eine Vollstreckbarkeitserklärung zu erfolgen. Der Gläubiger hat es daher selbst in der Hand, bei in Deutschland nicht ohne weiteres vollstreckbaren Titeln den zu erwartenden Problemen dadurch zu begegnen, dass er den Inhalt der einschlägigen ausländischen Normen bereits in seinem Antrag nachvollziehbar und verifizierbar darlegt.

6. Zur Entscheidung über den Antrag ist gem. Art. 39 Abs. 1 Brüssel-I-VO iVm Anhang I zur Brüssel-I-VO der Vorsitzende einer „Kammer" des Landgerichts berufen. Hiermit dürfte der **Vorsitzende einer Zivilkammer** – und nicht einer Kammer für Handelssachen – gemeint sein (mit dieser Tendenz OLG Köln Beschl. v. 25.6.2004 – 16 W 21/04, NJOZ 2004, 3367 = InVo 2004, 472). Öffentliche Urkunden können gem. dem Anhang II zur Brüssel-I-VO iVm § 55 Abs. 2 AVAG auch durch einen Notar für vollstreckbar erklärt werden. Der Gläubiger hat also bei Urkunden ein Wahlrecht, ob er seinen Antrag an das Landgericht richtet oder diesen bei einem Notar stellt.

Die **örtliche Zuständigkeit** folgt aus Art. 39 Abs. 2 Brüssel-I-VO. Hiernach ist der Wohnsitz des Schuldners oder der Ort maßgeblich, an dem die Zwangsvollstreckung durchgeführt werden soll. Anders noch als nach Art. 31 Abs. 2 EuGVÜ/LugÜ, mit einer nur subsidiären Geltung des Gerichtsstands des Vollstreckungsortes für den Fall, dass der Schuldner im Vollstreckungsstaat keinen Wohnsitz hatte, sind nunmehr nach dem klaren Wortlaut der Regelungen beide Zuständigkeiten gleichberechtigt und der Gläubiger hat auch in diesem Punkt ein Wahlrecht (*Schlosser* Brüssel-I-VO Art. 39 Rn. 2; aA MüKoZPO/*Gottwald* Brüssel-I-VO Art. 39 Rn. 10: weiterhin nur subsidiäre Geltung des Vollstreckungsortes).

Da sich Art. 39 Brüssel-I-VO nicht nur auf Anträge an das Gericht, sondern auch an eine nach dem Anhang II „sonst befugte Stelle" bezieht, ist im Falle einer **Vollstreckbarerklärung durch einen Notar** nicht jeder Notar, sondern nur derjenige, der seinen Amtssitz am Wohnort des Schuldners oder am Vollstreckungsort hat, zuständig (*Fleischhauer* MittBayNot 2002, 15).

7. Hält das Gericht den Antrag für begründet, erklärt es durch Beschluss die Entscheidung für vollstreckbar, und zwar – wie bereits zuvor nach Art. 34 Abs. 1 EuGVÜ/LugÜ – gem. Art. 41 S. 2 Brüssel-I-VO **in einem nur einseitigen Verfahren ohne Anhörung des Schuldners.** Damit gilt letztlich nichts anderes als bei einer Klausel zu einem deutschen Titel, bei der der Schuldner gem. § 730 ZPO für den Normalfall einer einfachen Klausel ebenfalls nicht anzuhören und rechtliches Gehör erst im Rechtsbehelfs- bzw. Rechtsmittelverfahren zu gewähren ist. Bei der Fassung des Beschlusses gibt es für die Fälle, in denen der ausländische Titel zu modifizieren ist, etwa wegen zwischenzeitlicher Teilzahlungen oder im Hinblick auf notwendige Konkretisierungen keine festen Regeln. Entscheidend ist es alleine, dass sich hinterher aus der Vollstreckbarerklärung selbst für die Vollstreckungsorgane eindeutig und zweifelsfrei der Umfang der Vollstreckbarkeit des Titels in Deutschland entnehmen lässt. Auf der Grundlage der Anordnung des Vorsitzenden hat der Urkundsbeamte der Geschäftsstelle gem. § 9 AVAG die Klausel zu erteilen. Die Anordnung, eine Abschrift des mit der Klausel versehenen Titels und ggf. eine Übersetzung sind dem Schuldner gem. § 10 Abs. 1 AVAG von Amts wegen zuzustellen.

8. Prozesskostenhilfe: Gem. Art. 50 Brüssel-I-VO ist einer Partei, der im Ursprungsstaat im Erkenntnisverfahren Prozesskostenhilfe oder Kosten- und Gebührenbefreiung bewilligt worden ist, auch für das Vollstreckbarkeitsverfahren Prozesskostenhilfe zu gewähren. Eine (erneute) Prüfung der Erfolgsaussicht erfolgt also nicht. Auch bedarf es keiner (erneuten) Darlegung der persönlichen und wirtschaftlichen Verhältnisse des Antragstellers.

9. Der **Streitwert** für das Verfahren ist nach der vollstreckbaren Hauptforderung zuzüglich der im Ursprungsmitgliedstaat mit ausgeurteilten bezifferten Kosten ohne sonstige Kosten und ohne Zinsen zu bemessen (BGH Beschl. v. 8.10.1956 – II ZR 305/55, Rpfleger 1957, 15; OLG Köln Beschl. v. 8.6.1994 – 16 W 29/94, OLGR 1994, 236). Soweit der Titel auf eine ausländische Währung lautet, ist gem. § 40 GKG der Wechselkurs bei Eingang des Antrags bzw. in der Rechtsmittelinstanz bei Eingang des Rechtsmittels maßgeblich (BGH Beschl. v. 13.1.2010 – XII ZB 12/05, FamRZ 2010, 365).

10. Kosten und Gebühren. Gericht: Festgebühr von 240,– EUR gem. Nr. 1510 KV GKG mit Ermäßigung auf 90,– EUR gem. Nr. 1511 KV GKG bei Rücknahme vor der mündlichen Verhandlung bzw. dann, wenn eine Verhandlung nicht stattfindet, bevor eine Entscheidung auf die Geschäftsstelle gelangt; Anwalt: 1,3 Verfahrensgebühr und ggf. weitere Gebühren gem. Nr. 3100 ff. VV RVG.

11. Rechtsmittel: Beschwerde gem. Art. 43 Abs. 2, 5 Brüssel-I-VO iVm dem Anhang III der Brüssel-I-VO; → Form. R. VI. 2, → Form. R. VI. 3, → Form. R. VI. 4.

12. Anhang: Amtliche Formulare. Die im Normalfall beizubringenden Bescheinigungen gem. Art. 54 Brüssel-I-VO für Entscheidungen und gerichtliche Vergleiche sowie gem. Art. 57 Abs. 3 für öffentliche Urkunden werden auf Antrag nach folgenden Mustern ausgestellt:

Anhang V. Bescheinigung nach den Artikeln 54 und 58 der Verordnung betreffend gerichtliche Entscheidungen und Prozessvergleiche

(Deutsch, alemán, allemand, tedesco, ...)

1 Ursprungsmitgliedstaat

2 Gericht oder sonst befugte Stelle, das/die die vorliegende Bescheinigung ausgestellt hat

2.1 Name . . . . .

2.2 Anschrift . . . . .

2.3 Tel./Fax/E-Mail . . . . .

3 Gericht, das die Entscheidung erlassen hat/vor dem der Prozessvergleich geschlossen wurde*(*)

3.1 Bezeichnung des Gerichts . . . . .

3.2 Gerichtsort . . . . .

4 Entscheidung/Prozessvergleich*(*)

4.1 Datum . . . . .

4.2 Aktenzeichen . . . . .

4.3 Die Parteien der Entscheidung/des Prozessvergleichs*(*)

4.3.1 Name(n) des (der) Kläger(s) . . . . .

4.3.2 Name(n) des (der) Beklagten . . . . .

4.3.3 gegebenenfalls Name(n) (der) anderen(r) Partei(en) . . . . .

4.4 Datum der Zustellung des verfahrenseinleitenden Schriftstücks, wenn die Entscheidung in einem Verfahren erging, auf das sich der Beklagte nicht eingelassen hat . . . . .

4.5 Wortlaut des Urteilsspruchs/des Prozessvergleichs*(*) in der Anlage zu dieser Bescheinigung

5 Namen der Parteien, denen Prozesskostenhilfe gewährt wurde . . . . .

Die Entscheidung/der Prozessvergleich*(*) ist im Ursprungsmitgliedstaat vollstreckbar (Artikel 38 und 58 der Verordnung) gegen:

Name:	.....
	Geschehen zu ..... am .....
	Unterschrift und/oder Dienstsiegel .....

*(*)[Amtl. Anm.:] Nichtzutreffendes streichen.

Anhang VI. Bescheinigung nach Artikel 57 Abs. 4 der Verordnung betreffend öffentliche Urkunden

(Deutsch, alemán, allemand, tedesco, ...)

1 Ursprungsmitgliedstaat

2 Befugte Stelle, die die vorliegende Bescheinigung ausgestellt hat

2.1 Name .....

2.2 Anschrift .....

2.3 Tel./Fax/E-Mail .....

3 Befugte Stelle, aufgrund deren Mitwirkung eine öffentliche Urkunde vorliegt

3.1 Stelle, die an der Aufnahme der öffentlichen Urkunde beteiligt war (falls zutreffend)

3.1.1 Name und Bezeichnung dieser Stelle .....

3.1.2 Sitz dieser Stelle .....

3.2 Stelle, die die öffentliche Urkunde registriert hat (falls zutreffend)

3.2.1 Art,der Stelle .....

3.2.2 Sitz dieser Stelle .....

4 Öffentliche Urkunde

4.1 Bezeichnung der Urkunde .....

4.2 Datum .....

4.2.1 an dem die Urkunde aufgenommen wurde .....

4.2.2 falls abweichend: an dem die Urkunde registriert wurde .....

4.3 Aktenzeichen .....

4.4 Die Parteien der Urkunde

4.4.1 Name des Gläubigers .....

4.4.2 Name des Schuldners .....

5 Wortlaut der vollstreckbaren Verpflichtung in der Anlage zu dieser Bescheinigung

Die öffentliche Urkunde ist im Ursprungsmitgliedstaat gegen den Schuldner vollstreckbar (Artikel 57 Absatz 1 der Verordnung)

	Geschehen zu ..... am .....
	Unterschrift und/oder Dienstsiegel .....

2. Beschwerde gegen eine Vollstreckbarkeitserklärung wegen nicht hinreichender Verteidigungsmöglichkeit im Ursprungsmitgliedstaat bei Säumnis des Schuldners

An das

Oberlandesgericht[1, 2]

– Zivilsenat –

in . . . . .

In dem Vollstreckbarkeitsverfahren

des/der . . . . . [ladungsfähige Anschrift des Antragstellers],

– Antragsteller/in und Beschwerdegegner/in –

– Verfahrensbevollmächtigte: Rechtsanwälte . . . . . –

gegen

. . . . . [ladungsfähige Anschrift des Antragsgegners],

– Antragsgegner/in und Beschwerdeführer/in –

– Verfahrensbevollmächtigte: Rechtsanwälte . . . . . –

bestellen wir uns Vollmacht versichernd für den/die Antragsgegner/in und legen in deren Namen gegen den am . . . . . zugestellten Beschluss des/der Vorsitzenden der . . . . . Zivilkammer des Landgerichts . . . . . vom . . . . . – . . . . . [Aktenzeichen] –

Beschwerde

ein.

Wir beantragen,

unter Aufhebung des angefochtenen Beschlusses den Vollstreckbarkeitsantrag zurückzuweisen.

Gründe:[3, 4, 5]

Die Antragsgegnerin hatte zusammen mit ihrem Ehemann eine Wohnung im Hause des Antragstellers in . . . . . angemietet. Mit Urteil des . . . . . gerichts in . . . . . ist sie zur Räumung der Wohnung und zur Zahlung rückständiger Miete in Höhe von . . . . .EUR/ . . . . .[andere Währung] nebst Zinsen von . . . . . % seit dem . . . . . verurteilt worden. Dieses Urteil hat der/die Vorsitzende der . . . . . Zivilkammer des Landgerichts in dem angefochtenen Beschluss wegen des Zahlungsanspruchs für vollstreckbar erklärt.

Der Beschluss ist aufzuheben. Der Vollstreckbarerklärung steht Art. 34 Nr. 2 Brüssel-I-VO entgegen. Der Antragsgegnerin ist das verfahrenseinleitende Schriftstück nämlich nicht wirksam zugestellt worden. Sie hat von dem gegen sie ergangenen Urteil erst mit der Zustellung der landgerichtlichen Entscheidung erfahren.

Wie zwischenzeitliche Recherchen der Antragsgegnerin ergeben haben, sind ihr seinerzeit die Klage nebst Ladung unter der Anschrift der Mietwohnung zugestellt worden, und zwar sind die Schriftstücke im Wege der auch nach . . . . . Recht ähnlich wie in Deutschland möglichen Ersatzzustellung ihrem Ehemann übergeben worden, der ihr dies allerdings nicht mitgeteilt hat. Sie selbst hatte sich zu diesem Zeitpunkt bereits seit etwa sechs Monaten nicht mehr dort aufgehalten, weil sie sich von ihrem Ehemann getrennt hatte und zurück zu ihren Eltern nach Deutschland gezogen war.

Beweis: 1. Abmeldebescheinigung der Gemeinde ..... nebst Übersetzung
2. Meldebescheinigung der Stadt .....
3. Zeugnis der Eheleute .....

Seit der Trennung bewohnte der Ehemann der Antragsgegnerin, der nach den im Innenverhältnis getroffenen Vereinbarungen auch alleine die Miete zahlen sollte, zusammen mit seiner neuen Lebensgefährtin das Objekt.

Beweis: Zeugnis des Herrn ..... und der Frau ....., beide wohnhaft .....

Das Urteil des ..... gerichts ist ebenfalls unter der früheren Anschrift zugestellt worden, und zwar am ..... mit der Folge, dass die nach ..... Recht bestehende Frist von ..... für die Einlegung eines Rechtsmittels inzwischen ebenfalls abgelaufen ist.

Beweis für den Fall des Bestreitens: noch nachzureichender Auszug aus der ..... ZPO

Die ohne jegliches rechtliche Gehör für die Antragsgegnerin ergangene Säumnisentscheidung verstößt zugleich gegen den ordre public iSd Art. 34 Nr. 1 Brüssel-I-VO, so dass die Vollstreckbarerklärung auch aus diesem Grund keinen Bestand haben kann.

Streitwert: .....[6]

Abschriften für den Antragsteller sind beigefügt.

.....

Rechtsanwalt[7, 8]

Anmerkungen

1. Gegen die Vollstreckbarkeitserklärung des Vorsitzenden der Zivilkammer ist die **Beschwerde** zulässig. Diese ist gem. Art. 43 Abs. 2, 5 Brüssel-I-VO iVm dem Anhang III der Brüssel-I-VO für in Deutschland wohnende Schuldner innerhalb einer Frist von einem Monat und bei einem solchen mit (Wohn-)Sitz im Ausland innerhalb von zwei Monaten ab Zustellung der Vollstreckbarerklärung bei dem OLG einzulegen. Dagegen ist eine Beschwerde des Gläubigers im Falle der Ablehnung des Antrags unbefristet möglich. Ergänzend bestimmt § 11 Abs. 2 AVAG, dass die Zulässigkeit der Beschwerde nicht dadurch berührt wird, dass sie statt bei dem Beschwerdegericht bei dem Gericht des ersten Rechtszugs eingelegt wird. Mit dieser Norm will der deutsche Gesetzgeber der Gefahr begegnen, dass ein Schuldner, der nicht weiß, dass abweichend von § 569 Abs. 1 ZPO die Beschwerde nur beim OLG eingereicht werden kann, seine Rechte verliert (BT-Drs. 11/351, 22). Deren Wirksamkeit ist allerdings im Hinblick darauf, dass die Form der Einlegung in der Brüssel-I-VO selbst geregelt ist, sehr zweifelhaft. Unabhängig hiervon ist das Vertrauen desjenigen, der entsprechend der – möglicherweise unwirksamen – nationalen gesetzlichen Regelung sein Rechtsmittel bei dem Landgericht eingelegt hat, schützenswert mit der Folge, dass sein Rechtsmittel in Anwendung des auch europarechtlich verankerten Meistbegünstigungsgrundsatzes auch dann als rechtzeitig eingelegt zu behandeln ist, wenn die Akte erst nach Ablauf der Rechtsmittelfrist bei dem OLG eingeht (OLG Köln Beschl. v. 17.3.2004 – 16 W 2/04, GRUR-RR 2005, 34 = InVo 2004, 473). Die Möglichkeit der Fristwahrung durch Einreichung bei dem Ausgangsgericht ändert aber nichts daran, dass nur das OLG über die Beschwerde zu entscheiden hat. Eine Abhilfebefugnis des Vorsitzenden der Zivilkammer des Landgerichts entsprechend § 572 ZPO besteht daher nicht (BT-Drs. 11/351, 22; OLG Köln Beschl. v. 25.6.2004 – 16 W 21/04, IHR 2005, 217 = InVo 2004, 472).

Zu beachten ist, dass vor Ablauf der Beschwerdefrist und vor der Entscheidung des OLGs gem. Art. 47 Abs. 2, 3 Brüssel-I-VO nur die **Sicherungsvollstreckung** betrieben werden kann.

2. Eingelegt werden kann die Beschwerde gem. § 11 Abs. 1 S. 1 AVAG **schriftlich oder zu Protokoll der Geschäftsstelle.** Der Vertretung durch einen Rechtsanwalt vor dem OLG bedarf es gem. Art. 43 Abs. 2 Brüssel-I-VO iVm § 13 Abs. 2 AVAG, § 78 Abs. 5 ZPO nur dann, wenn eine mündliche Verhandlung angeordnet wird. Letzteres wird nur selten erforderlich sein, etwa dann, wenn der Sachverhalt durch persönliche Anhörung der Parteien oder durch Vernehmung von Zeugen aufzuklären ist. Im Rahmen des Beschwerdeverfahrens vor dem OLG wird das bisher nur einseitige Verfahren erstmals kontradiktorisch, wie in Art. 43 Abs. 3 Brüssel-I-VO ausdrücklich bestimmt ist. Der Prüfungsumfang für das OLG ist allerdings durch Art. 45 Brüssel-I-VO begrenzt, wonach die ausländische Entscheidung keinesfalls in der Sache nachgeprüft werden darf und die Vollstreckbarerklärung nur aus **einem der Hinderungsgründe der Art. 34, 35 Brüssel-I-VO** versagt werden kann.

3. Der in der Praxis häufigste Einwand des Schuldners, dem häufig nicht bewusst ist, dass aus einem Titel aus einem anderen Mitgliedstaat relativ leicht der Zugriff auf inländisches Vermögen erfolgen kann, geht dahin, dass dieser in einem nicht ordnungsgemäßen Verfahren ergangen sei, also gegen den verfahrensrechtlichen **ordre public des Art. 34 Nr. 1 Brüssel-I-VO** verstoße. Da dieser Einwand nur bei „offensichtlichen“ Verstößen durchgreift, ist dieser nach stRspr. des EuGH eng auszulegen und führt nur in selten gelagerten Ausnahmefällen zum Erfolg (zuletzt EuGH Urt. v. 16.7.2015 – C-681/13, EuZW 2015, 713 Rn. 41, 44). Zudem ist eine Partei gehalten, einen möglichen Verstoß gegen den ordre public durch Ausschöpfung aller Rechtsbehelfe abzuwenden, die nach dem Recht des Ursprungsmitgliedstaates eröffnet sind. Unterlässt sie dies, hat das Gericht des Vollstreckungsstaates dies bei der Prüfung eines etwaigen Verstoßes gegen den ordre public zu berücksichtigen (EuGH Urt. v. 16.7.2015 – C-681/13, EuZW 2015, 713 Rn. 64 mit zustimmender Anm. *Dietz* S. 717). Die Vollstreckbarerklärung kann insbesondere nicht schon deshalb versagt werden, weil die ausländische Entscheidung in einem Verfahren erlassen worden ist, das von zwingenden Vorschriften des nationalen Prozessrechts abweicht. Ein Versagungsgrund besteht vielmehr nur dann, wenn das Urteil des ausländischen Gerichts auf einem Verfahren beruht, das von den Grundprinzipien des nationalen Verfahrensrechts in einem solchen Maße abweicht, dass es nicht als in einem geordneten, rechtsstaatlichen Verfahren ergangen angesehen werden kann, also fundamentale Verstöße vorliegen (BGH Beschl v. 21.3.1990 – XII ZB 71/89, NJW 1990, 2201; BGH Beschl. v. 10.9.2015 – IX ZB 39/13, NJW 2016, 160).

4. Besondere Bedeutung kam vor Inkrafttreten der Brüssel-I-VO der ordnungsgemäßen Zustellung des verfahrenseinleitenden Schriftstücks zu. Fehler hierbei führten gem. Art. 27 Nr. 2 EuGVÜ/LugÜ dazu, dass im Falle einer **Säumnisentscheidung** deren Anerkennung zwingend zu versagen war, und zwar nach der Rechtsprechung des EuGH auch dann, wenn der Schuldner es unterlassen hatte, ein Rechtsmittel einzulegen, obwohl er die Möglichkeit hierzu hatte (EuGH Urt. v. 3.7.1990 – C-305/88, EuZW 1990, 352; EuGH Urt. v. 12.11.1992 – C-123/91, EuZW 1993, 39). In bewusster Abkehr von dieser Rechtsprechung, die in der Literatur zum Teil heftig kritisiert worden war (insbes. *Geimer* NJW 1973, 2139), ist in **Art. 34 Nr. 2 Brüssel-I-VO** nunmehr vorgesehen, dass der Schuldner sich auf einen Zustellungsmangel nicht mehr berufen kann, wenn er die Einlegung eines Rechtsmittels unterlassen hatte (anders im Verhältnis zur Schweiz bei der Vollstreckbarerklärung nach dem LugÜ 2007, da sie insoweit mit Bundesbeschluss vom 9.12.2009 – abrufbar unter http://www.admin.ch/ch/d/as/2010/5601.pdf – einen Vorbehalt erklärt hat). Letzteres setzt wiederum voraus, dass der Schuldner von dem Versäumnisurteil durch eine Zustellung Kenntnis erlangt hat, die ihm eine rechtzeitige Verteidigung ermöglichte (EuGH Urt. v. 14.12.2006 – C-283/05, EuZW 2007, 156). Ferner bedarf es nicht mehr der für die Beschwerdegerichte oftmals schwierigen und diffizilen Prüfung, ob das verfahrenseinleitende Schriftstück nach dem Recht des Urteilsstaates ordnungsgemäß zugestellt worden war. Die Anerkennung ist nur noch dann zu versagen, wenn das Schriftstück nicht so rechtzeitig und nicht in einer Weise zugestellt worden ist, dass der Schuldner sich ordnungsgemäß verteidigen konnte. Es kommt mithin nicht mehr darauf an, ob die Zustellung nach dem Recht des Urteilsstaates ordnungsgemäß war, sondern nur noch, ob sie so erfolgt ist, dass tatsächlich eine Verteidigungsmöglichkeit bestand (BGH Beschl. v. 9.11.2006 – IX ZB 23/06, NJW-RR 2007, 638; BGH Beschl. v. 12.12.2007 – XII ZB 240/05, NJW-RR 2008, 586).

5. Bei öffentlichen Urkunden oder gerichtlichen Vergleichen kann die Vollstreckbarkeit gem. Art. 57, 58 Brüssel-I-VO nur dann versagt oder aufgehoben werden, wenn die Zwangsvollstreckung hieraus offensichtlich gegen den nationalen ordre public verstoßen würde. Die weiteren Hinderungsgründe der Art. 34, 35 Brüssel-I-VO gelten nicht.

6. Streitwert: → Form. R. VI. 1 Anm. 8.

7. Kosten und Gebühren: Gericht: Festgebühr von 360,– EUR Nr. 1520 KV GKG mit Ermäßigung auf 90,– EUR gem. Nr. 1521 KV GKG bei Rücknahme vor Begründung und 180,– EUR gem. Nr. 1522 bei Rücknahme vor der mündlichen Verhandlung bzw. dann, wenn eine Verhandlung nicht stattfindet, bevor eine Entscheidung auf die Geschäftsstelle gelangt; Anwalt: 1,6 Verfahrensgebühr und ggf. weitere Gebühren gem. Nr. 3200 ff. VV RVG u. Vor 3.2.1 Nr. 3 VV RVG.

8. Rechtsmittel: Rechtsbeschwerde gem. Art. 44 Brüssel-I-VO; → Form. R. VI. 4 Anm. 7

3. Auf sonstige Versagungsgründe (Art. 34 Nrn. 1, 3, 4; Art. 35 Brüssel-I-VO/LugÜ 2007) gestützte Beschwerde des Schuldners gegen eine Vollstreckbarkeitserklärung

An das

Oberlandesgericht

– Zivilsenat –[1]

in . . . . .

In dem Vollstreckbarkeitsverfahren

des/der . . . . . [ladungsfähige Anschrift des Antragstellers],

– Antragsteller/in und Beschwerdegegner/in –

– Verfahrensbevollmächtigte: Rechtsanwälte . . . . . –

gegen

. . . . . [ladungsfähige Anschrift des Antragsgegners],

– Antragsgegner/in und Beschwerdeführer/in –

– Verfahrensbevollmächtigte: Rechtsanwälte . . . . . –

bestellen wir uns Vollmacht versichernd für den die Antragsgegner/in und legen gegen den am . . . . . zugestellten Beschluss des/der Vorsitzenden der . . . . . Zivilkammer des Landgerichts . . . . . vom . . . . . – . . . . . [Aktenzeichen] –

Beschwerde

ein.

Wir beantragen,

unter Aufhebung des angefochtenen Beschlusses den Vollstreckbarkeitsantrag zurückzuweisen,

Gründe:

Mit dem für vollstreckbar erklärten Urteil des . . . . . gerichts in . . . . . ist der/die Antragsgegner/in zur Zahlung von . . . . . EUR/. . . . .[andere Währung] nebst . . . . . % Zinsen seit dem . . . . . verurteilt worden. Dieses Urteil kann in Deutschland nicht für vollstreckbar erklärt werden; denn

es verstößt offensichtlich gegen die deutsche öffentliche Ordnung, insbesondere gegen das Rechtsstaatsprinzip und Art.,. . . . . GG[1]

. . . . . (Einzelfallbezogene Gründe)

(Variante:

es ist unvereinbar mit dem in der Anlage beigefügten Urteil des . . . . . gerichts in . . . . . zwischen den Parteien umgekehrten Rubrums
. . . . . (Einzelfallbezogene Gründe)[1])

(Variante:

das . . . . . gericht war nicht zuständig.
Es handelt sich um eine . . . . . sache, für die eine ausschließliche Zuständigkeit deutscher Gerichte gem. Art. 22 Ziff. . . . . . Brüssel-I-VO/LugÜ 2007 bestand[2]
. . . . . (Einzelfallbezogene Gründe))

(Alternative:
Es handelt sich um eine Versicherungssache iSd Art. 8 ff. Brüssel-I-VO/LugÜ 2007 mit der Folge, dass der/die Antragsgegner/in nur vor deutschen Gerichten hätte verklagt werden können[2]
. . . . . (Einzelfallbezogene Gründe))

(Alternative:
Die Klageforderung betrifft . . . . . Den entsprechenden Vertrag hatte der/die Antragsgegner/in nicht für berufliche oder gewerbliche Zwecke geschlossen mit der Folge, dass die Klage wirksam nur am Verbrauchergerichtsstand der Art. 15 Abs. 1a, 16 Abs. 2 Brüssel-I-VO/LugÜ 2007, also am Wohnort des Antragsgegners/der Antragsgegnerin hätte erhoben werden können[2]
. . . . . (Einzelfallbezogene Gründe))

Streitwert: . . . . .[3]

Abschriften für den/die Antragstelle/in sind beigefügt.

. . . . .

Rechtsanwalt[4, 5]

Anmerkungen

1. Die Variante a) des vorstehenden Formulars bezieht sich auf den in der Praxis zwar häufigen, aber nur selten durchgreifenden Fall eines **offensichtlichen Verstoßes gegen den nationalen ordre public** gem. Art. 34 Nr. 1 Brüssel-I-VO (→ Form. R. VI. 2 Anm. 3). Fälle einer Urteilskollision, also des Eingreifens der Versagungsgründe des Art. 34 Nr. 3 u. 4 Brüssel-I-VO entsprechend der Variante b) dürften kaum auftreten. Zu dem Versagungsgrund der Nr. 4. hat der EuGH auf Vorlage des BGH entschieden, dass, von der Norm unvereinbare Entscheidungen, die von Gerichten ein und desselben Mitgliedstaates erlassen wurden, nicht erfasst sind (EuGH Urt. v. 26.9.2013 – C-157/12, NJW 2014, 203).

2. Die weiteren Varianten beziehen sich auf die **Versagungsgründe des Art. 35 Brüssel-I-VO**, nämlich die Nichtbeachtung ausschließlicher ausländischer Gerichtsstände nach Art. 22 Brüssel-I-VO und der in den Art. 8–17 Brüssel-I-VO vorgesehenen Zuständigkeit in Versicherungs- und Verbrauchersachen. Auf letztere kann sich nach überwiegender Meinung, die nunmehr auch in der Neufasssung (Art. 45 Abs. 1 Buchst. e Brüssel-Ia-VO) kodifiziert ist, nur der sozial schwächere, also der Versicherungsnehmer bzw. Verbraucher berufen (Schuschke/Walker/*Jennissen* Brüssel-I-VO Art. 35 Rn. 4 mit Übersicht zum Meinungsstand). Eine rügelose Einlassung, die nach Art. 24 Brüssel-I-VO auch in Versicherungs- oder Verbrauchersachen möglich ist, ist allerdings zu beachten.

Im Falle einer Geltendmachung eines entsprechenden Hinderungsgrundes ist zu berücksichtigen, dass gem. Art. 35 Abs. 2 Brüssel-I-VO das Gericht im Vollstreckungsmitgliedstaat an die tatsächlichen Feststellungen gebunden ist, aus denen das Gericht im Ursprungsmitgliedstaat seine Zuständigkeit hergeleitet hat. Außerhalb der in Art. 35 Abs. 1 Brüssel-I-VO enumerativ aufgeführten Fälle steht eine Verletzung von Zuständigkeitsvorschriften einer Vollstreckbarerklärung nicht entgegen.

3. Streitwert: → Form. R. VI. 1 Anm. 8.

4. Kosten und Gebühren: Gericht: Festgebühr von 360,– EUR gem. Nr. 1520 KV GKG mit Ermäßigung auf 90,– EUR gem. Nr. 1521 KV GKG bei Rücknahme vor Begründung und 180,– EUR gem. Nr. 1522 KV GKG bei Rücknahme vor der mündlichen Verhandlung bzw. dann, wenn eine Verhandlung nicht stattfindet, bevor eine Entscheidung auf die Geschäftsstelle gelangt; Anwalt: 1,6 Verfahrensgebühr und ggf. weitere Gebühren gem. Nr. 3200 ff. VV RVG u. Vor. 3.2.1 Nr. 3 VV RVG.

5. Rechtsmittel: Rechtsbeschwerde gem. Art. 44 Brüssel-I-VO; → Form. R. VI. 4 Anm. 7

4. Beschwerde des Schuldners bei Einlegung eines Rechtsmittels im Ursprungsmitgliedstaat mit Hilfsanträgen auf Aussetzung und Sicherheitsleistung

An das

Oberlandesgericht[1, 2, 3, 4]

– Zivilsenat –

in . . . . .

In dem Vollstreckbarkeitsverfahren

Des/der . . . . . [ladungsfähige Anschrift des Antragstellers],

– Antragsteller/in und Beschwerdegegner/in –

– Verfahrensbevollmächtigte: Rechtsanwälte . . . . . –

gegen

. . . . .[ladungsfähige Anschrift des Antragsgegners],

– Antragsgegner/in und Beschwerdeführer/in –

– Verfahrensbevollmächtigte: Rechtsanwälte . . . . . –

bestellen wir uns Vollmacht versichernd für den/die Antragsgegner/in und legen gegen den am . . . . . zugestellten Beschluss des/der Vorsitzenden der . . . . . Zivilkammer des Landgerichts . . . . . vom . . . . . – . . . . .[Aktenzeichen] –

Beschwerde

ein.

Wir beantragen,

unter Aufhebung des angefochtenen Beschlusses den Vollstreckbarkeitsantrag zurückzuweisen,

hilfsweise

das Verfahren auszusetzen,

äußerst hilfsweise,

die Zwangsvollstreckung aus dem Beschluss des/der Vorsitzenden der . . . . . Zivilkammer von einer Sicherheitsleistung abhängig zu machen.

Gründe:

Das für vollstreckbar erklärte Urteil des . . . . .gerichts in . . . . . ist ergangen, weil der/die Antragsgegner/in im Termin zur mündlichen Verhandlung vom . . . . . säumig geblieben war. Der Grund für die Säumnis des/der Antragsgegners/in lag darin, dass ihm/ihr das verfahrenseinleitende Schriftstück nebst Ladung erst am . . . . . und damit erst 5 Tage vor dem Termin zugestellt worden ist. Dem/Der Antragsgegner/in, die/der der . . . . . Sprache nicht mächtig ist, war es innerhalb dieser kurzen Zeit nicht möglich, für eine ordnungsgemäße Vertretung durch einen am Gerichtsort zugelassenen Rechtsanwalt Sorge zu tragen. Der/Die Antragsgegner/in hat inzwischen den nach . . . . . Recht gegen die

Säumnisentscheidung zulässigen Rechtsbehelf des . . . . . eingelegt. Termin zur mündlichen Verhandlung hierüber steht an am . . . . .

Der Zulässigkeit der Vollstreckbarkeitserklärung steht Art. 34 Nr. 2 Brüssel-I-VO/LugÜ 2007 entgegen. Zwar mögen nach . . . . . Prozessrecht die gesetzlichen Voraussetzungen für den Erlass einer Säumnisentscheidung vorgelegen haben, weil die hierfür maßgeblichen Fristen bereits mit der parallel veranlassten, aber zeitlich früher erfolgten Niederlegung der Ladung bei der Staatsanwaltschaft nach dem in . . . . . geltenden System der remise au parquet in Gang gesetzt worden sind. Im Rahmen des Art. 34 Nr. 2 Brüssel-I-VO/LugÜ 2007 kommt es indes nur darauf an, wann die Antragsgegnerin tatsächlich das verfahrenseinleitende Schriftstück erhalten hat.

Für den Fall, dass das Gericht gleichwohl von einer hinreichenden Verteidigungsmöglichkeit des Antragsgegners/der Antragsgegnerin ausgeht, werden vorsorglich die Hilfsanträge gestellt und auf folgenden Sachverhalt gestützt:

. . . . .

[zB: Dem Urteil des . . . . .gerichts liegt eine Kaufpreisforderung der Antragstellerin an die Antragsgegnerin aus einer Lieferung von . . . . . zugrunde. Die Forderung besteht jedoch nicht, weil die Ware völlig unbrauchbar war und die Antragsgegnerin daher berechtigterweise gem. Art . . . . .des auf den grenzüberschreitenden Kauf anwendbaren UN-Kaufrechtsabkommens die Aufhebung des Vertrags erklärt hat.

Die Ware ist am . . . . . geliefert worden. Bei einer stichprobenartigen Überprüfung wurde sodann festgestellt, dass fast alle untersuchten Teile nicht brauchbar waren, weil . . . . .

Beweis: 1. Zeugnis des Herrn . . . . .
2. Sachverständigengutachten

Den nicht vertragsgemäßen Zustand der Ware hat der nachbenannte Zeuge . . . . . dem deutsch sprechenden Ansprechpartner . . . . . bei dem/der Antragsteller/in bereits am Tag nach der Lieferung sowohl telefonisch wie auch per Fax mitgeteilt und zugleich eine Frist zur Nachlieferung einwandfreier Ware bis zum . . . . . gesetzt.

Beweis: 1. Lieferschein vom . . . . .
2. Fax vom . . . . . nebst Sendebericht
3. Zeugnis des Herrn . . . . .

Da der/die Antragsteller/in die gesetzte Frist fruchtlos verstreichen ließ, hat der Unterzeichner namens des Antragsgegners/der Antragsgegnerin unter dem . . . . . die Aufhebung des Kaufvertrags erklärt.

Beweis: Schreiben des Unterzeichners vom . . . . .

Zur weiteren Begründung der Hilfsanträge beziehe ich mich auf den nebst Übersetzung beigefügten Schriftsatz der . . . . . Kollegen . . . . . an das . . . . .gericht in . . . . .

. . . . .

Die vorstehenden Ausführungen machen deutlich, dass die Rechtsverteidigung des Antragsgegners/der Antragsgegnerin gegen die Säumnisentscheidung . . . . . voraussichtlich Erfolg haben wird hat mit der Folge, dass das Verfahren gem. Art. 46 Abs. 1 Brüssel-I-VO/LugÜ 2007 auszusetzen, zumindest die Vollstreckung gem. Art. 46 Abs. 3 Brüssel-I-VO/LugÜ 2007 von einer Sicherheitsleistung abhängig zu machen ist.

Streitwert: . . . . .[5]

Abschriften für den/die Antragstellerin sind beigefügt.

.....

Rechtsanwalt[6, 7]

Anmerkungen

1. Neben den „normalen" Entscheidungsalternativen einer – ggf. teilweisen – Stattgabe oder Zurückweisung der Beschwerde hat das OLG dann, wenn gegen die Entscheidung im Ursprungsmitgliedstaat ein ordentlicher Rechtsbehelf eingelegt oder die Rechtsmittelfrist noch nicht verstrichen ist, gem. Art. 46 Abs. 1, 3 Brüssel-I-VO auf Antrag auch die Möglichkeit, das Verfahren auszusetzen oder die Zwangsvollstreckung von einer Sicherheitsleistung abhängig zu machen. Den **Begriff des ordentlichen Rechtsbehelfs** hat der EuGH dahingehend definiert, dass es ein solcher sei, der zur Aufhebung oder Abänderung der zu vollstreckenden Entscheidung führen könne, sofern dieser Rechtsbehelf innerhalb einer gesetzlichen Frist einzulegen ist, die mit Erlass der Entscheidung beginnt (EuGH Urt. v. 22.11.1977 – Rs 43/77, EuGHE 1977, 2175). Hierzu kann in Verfahren des einstweiligen Rechtsschutzes auch die Einleitung des Hauptsacheverfahrens gehören, etwa wenn das Gericht aus Gründen der Verfahrensbeschleunigung keinen eigenen Rechtsbehelf zulässt (BGH Beschl. v. 12.6.1986 – IX ZB 95/85, RIW 1986, 813) oder eine kraft Gesetzes nicht anfechtbare vorläufige Verurteilung erfolgt (OLG Stuttgart Beschl. v. 15.5.1997 – 5 W 4/97ob, NJW-RR 1998, 280). Rechtsbehelfe, die einer deutschen Wiederaufnahmeklage entsprechen, zählen hierzu indes nicht (OLG Karlsruhe Beschl. v. 29.1.1986 – 11 W 41/85, RIW 1986, 467 für einen franz. „recours en revision"; OLG Köln Beschl v. 14.7.2003 – 16 W 12/03, OLGR 2003, 294 für eine polnische Wiederaufnahmeklage).

2. Die Voraussetzungen für eine **Aussetzung** werden – auch in der Rechtsprechung der OLG – nicht immer einheitlich beurteilt. Teilweise wird hierzu auf die Erfolgsaussicht des Rechtsmittels im Ursprungsmitgliedstaat abgestellt (zB OLG Saarbrücken Beschl. v. 24.11.1997 – 5 W 282/97, RIW 1998, 632; OLG Düsseldorf Beschl. v. 13.11.1996 – 3 W 347/96, NJW-RR 1007, 572). Den wegen des Verbots der Nachprüfung der ausländischen Entscheidung in der Sache richtigen Weg haben der EuGH und ihm folgend der BGH vorgegeben. Hiernach kann ein Aussetzungsantrag nur auf solche Gründe gestützt werden, die der Schuldner vor dem Gericht des Ursprungsstaates noch nicht geltend machen konnte (EuGH Urt. v. 4.10.1991 – Rs 183/90, EuGHE 1991 I 4743; BGH Beschl. v. 21.4.1994 – IX ZB 8/94, NJW 1994, 2156).

3. Anders ist es indes bei der Anordnung einer **Sicherheitsleistung.** Hierdurch wird dem ausländischen Titel die Vollstreckbarkeit im Inland nicht vorübergehend genommen, sondern die Durchsetzung des Anspruchs lediglich von einer zusätzlichen Voraussetzung, abhängig gemacht. Deshalb ist bei der Entscheidung hierüber auf alle Umstände des Falles einschließlich einer Prognose zur Erfolgsaussicht des ausländischen Rechtsbehelfs abzustellen, sofern die Parteien dem Gericht hierfür hinreichende Beurteilungsgrundlagen vortragen (BGH Beschl. v. 21.4.1994 – IX ZB 8/94, NJW 1994, 2156).

4. Im Falle der **Ablehnung des Vollstreckbarkeitsantrags** steht dem Gläubiger gem. Art. 43 Abs. 1 iVm der Anlage III zur Brüssel-I-VO ebenfalls die Beschwerde zu, die allerdings nicht an eine Frist gebunden ist.

Wenn der Vorsitzende der Zivilkammer den Antrag zu Unrecht zurückgewiesen hat, wird teilweise die Auffassung vertreten, dass das OLG die Sache ohne Anhörung des Schuldners entsprechend § 572 Abs. 3 ZPO zurückverweisen könne (OLG Düsseldorf Beschl. v. 7.4.2003 – 3 W 91/03, IPRax 2004, 251; Zöller/*Geimer* EuGVVO Art. 43 Rn. 3). Hintergrund dieser Auffassung ist der Gedanke, dem Gläubiger, dessen Antrag zu

Unrecht abgelehnt worden ist, den Überraschungseffekt zu wahren. Sie steht indes in Widerspruch zu Art. 43 Abs. 3 Brüssel-I-VO, in dem unmissverständlich bestimmt ist, dass über den Rechtsbehelf nach den Vorschriften entschieden wird, die für Verfahren mit beiderseitigem rechtlichem Gehör gelten. Ein nur einseitiges Verfahren ohne Anhörung des Schuldners vor dem Rechtsmittelgericht ist hiernach nicht möglich. Zu der inhaltlich gleichen Regelung in Art. 40 Abs. 2 EuGVÜ hat der EuGH bereits entschieden, dass es von der streitigen Natur des Verfahrens vor dem Rechtsmittelgericht keine Ausnahme gibt (EuGH v. 7.12.1984 – Rs 178/83, EuGHE 1984, 3033). Ggf. kann der Gläubiger, wenn er einen Arrest- oder Verfügungsgrund glaubhaft machen kann, einen dinglichen Arrest oder eine einstweilige Verfügung beantragen (*Schlosser* Art. 43 Rn. 21; *Mankowski* IPRax 2004, 220).

5. Streitwert: → Form. R. VI. 1 Anm. 8 .

6. Kosten und Gebühren: → Form. R. VI. 2 Anm. 7

7. Rechtsmittel: Gegen die Entscheidungen des OLG über die Beschwerde, sei es des Schuldners, sei es des Gläubigers ist gem. Art. 44 Brüssel-I-VO iVm der Anlage IV zur Brüssel-I-VO iVm § 15 AVAG auch ohne besondere Zulassung die **Rechtsbeschwerde** nach Maßgabe des § 574 Abs. 1 Nr. 1, Abs. 2 ZPO zum BGH statthaft. Ihre Zulässigkeit hängt also davon ab, ob die Rechtssache grundsätzliche Bedeutung hat oder eine Entscheidung hierüber zur Fortbildung des Rechts bzw. der Sicherung einer einheitlichen Rechtsprechung dient. Da sie eine „normale" Rechtsbeschwerde ist, kann sie zulässigerweise nur durch einen beim BGH zugelassenen Rechtsanwalt eingelegt werden (BGH Beschl. v. 21.3.2002 – IX ZB 18/02, NJW 2002, 2181). Nicht anfechtbar sind allerdings Entscheidungen des OLG nach Art. 46 Abs. 1, 3 Brüssel-I-VO über die Aussetzung bzw. Anordnung einer Sicherheitsleitung (BGH Beschl. v. 21.4.1994 – IX ZB 8/94, NJW 1994, 2156). Wenn aber das OLG die Vollstreckbarkeit bejaht hat, ist der BGH seinerseits befugt, entsprechende Anordnungen zu treffen.

5. Vollstreckungsabwehrklage des Schuldners, gestützt auf ein Erlöschen der nach der Brüssel-I-VO oder dem LugÜ 2007 für vollstreckbar erklärten Forderung

An das Landgericht

– Zivilkammer –[2, 3]

in . . . . .

An das

Amtsgericht

– Familiengericht –[2, 3]

in . . . . .

In dem Vollstreckungsverfahren

des/der . . . . . [ladungsfähige Anschrift des Schuldners],

– Klägers/Klägerin –

– Prozessbevollmächtigte: Rechtsanwälte . . . . . –

gegen

. . . . [ladungsfähige Anschrift des Gläubigers],

– Beklagte/n –

– Prozessbevollmächtigte: Rechtsanwälte . . . . . –

bestellen wir uns Vollmacht versichernd für den Kläger/die Klägerin und erheben Klage mit den Anträgen

die Zwangsvollstreckung aus dem Beschluss des/der Vorsitzenden der . . . . . Zivilkammer des Landgerichts . . . . ./Amtsgerichts – Familiengerichts vom . . . . . – . . . . . [Aktenzeichen] – für unzulässig zu erklären,[1, 5]
gem. den §§ 769, 770 ZPO anzuordnen, dass die Vollstreckung aus diesem Beschluss bis zur Rechtskraft dieses Urteils ohne, hilfsweise gegen Sicherheitsleistung eingestellt wird.

Vorab beantragen wir,

die Zwangsvollstreckung aus dem oben bezeichneten Beschluss ohne, hilfsweise gegen Sicherheitsleistung bis zur Entscheidung des vorliegenden Rechtsstreits einzustellen.

Sofern das Gericht das schriftliche Vorverfahren anordnet, wird für den Fall der Fristversäumnis des Beklagten beantragt,

das Versäumnisurteil ohne mündliche Verhandlung (§ 331 Abs. 3 ZPO) zu erlassen.

Einer Entscheidung durch den Einzelrichter stehen Gründe nicht entgegen.

(Variante:

Wegen der besonderen Schwierigkeit/grundsätzlichen Bedeutung der Sache eignet sie sich nicht für eine Entscheidung durch den Einzelrichter.)

Gründe:

Durch Urteil des . . . . .gerichts in . . . . . ist der Kläger/die Klägerin zur Zahlung von . . . . . EUR/. . . . .[andere Währung] nebst . . . . . % Zinsen seit dem . . . . . verurteilt worden Dieses Urteil hat der/die Vorsitzende der Zivilkammer des Landgerichts . . . . ./das Amtsgericht – Familiengericht – in . . . . . mit dem im Antrag zu 1. bezeichneten Beschluss für vollstreckbar erklärt. Aus diesem Beschluss kann und darf indes nicht mehr vollstreckt werden, weil die titulierte Forderung erloschen ist.

. . . . .

[einzelfallbezogene Gründe, zB: Unmittelbar nach Zustellung des Urteils hat der/die Kläger/in am . . . . . einen Teilbetrag von . . . . . EUR/[andere Währung] an den Beklagten überwiesen.]

Beweis: anliegende beglaubigte Kopie des Überweisungsauftrags

Wegen des Restbetrags hat der/die Klägerin mit Schreiben vom gleichen Tag, das dem/der Beklagten vorab per Fax übermittelt worden ist, die Aufrechnung mit einer Gegenforderung in gleicher Höhe erklärt.[4]

Beweis: anliegende Abschrift des Schreibens vom . . . . . nebst Faxsendevermerk

Der Gegenforderung liegt folgender Sachverhalt zugrunde:

. . . . .]

Die Zuständigkeit des angerufenen Gerichts folgt aus Art. 22 Nr. 5 Brüssel-I-VO/LugÜ 2007 iVm § 56 Abs. 2 AVAG.

Streitwert: .....[6]

Abschriften für den/die Beklagte/n sind beigefügt.

.....

Rechtsanwalt[7]

Anmerkungen

1. Nach § 12 Abs. 1 AVAG aF konnte der Schuldner mit seiner Beschwerde auch **Einwendungen materiell rechtlicher Art** gegen den titulierten Anspruch geltend machen, soweit sie nach Erlass der ausländischen Entscheidung entstanden waren. Letztlich musste er dies sogar, weil er ansonsten mit einer grundsätzlich statthaften Vollstreckungsabwehrklage gem. § 14 Abs. 1 Nr. 1. und 2. AVAG präkludiert gewesen wäre. Gem. § 55 Abs. 1 AVAG in der Fassung des Gesetzes vom 20.2.2013 (BGBl. I 273) gilt § 12 jedoch nicht mehr im Verfahren nach der Brüssel-I-VO. Damit hat der Gesetzgeber auf das Urteil des EuGH vom 13.10.2011 – C 139/10, NJW 2011, 3506 = EuZW 2011, 869 – Prism Investement – mAnm *Bach* S. 871 reagiert, wonach im Vollstreckbarkeitsverfahren nach den Art. 38 ff. Brüssel-I-VO der Erfüllungseinwand nicht geltend gemacht werden kann. Ein Schuldner kann daher materiell-rechtliche Einwendungen nur durch eine Vollstreckungsabwehrklage nach § 56 AVAG iVm § 767 ZPO verfolgen. Dies soll selbst dann gelten, wenn diese unstreitig oder rechtskräftig festgestellt sind. Daneben bleibt dem Schuldner die Möglichkeit, liquide Erfüllungstatbestände gegenüber den Vollstreckungsorganen geltend zu machen und die Einstellung sowie ggf. die Aufhebung von Vollstreckungsmaßnahmen nach den §§ 775, 776 ZPO zu erwirken.

Entsprechendes gilt für das Vollstreckbarkeitsverfahren nach dem **LugÜ 2007**. Nach § 55 Abs. 1 AVAG in der seit dem 10.1.2015 geltenden Fassung findet auch hier § 12 AVAG keine Anwendung.

2. **Sachlich zuständig** für die Entscheidung über die Vollstreckungsabwehrklage ist nach § 56 Abs. 2 S. 1 AVAG normalerweise das Gericht, das über den Antrag auf Erteilung der Vollstreckungsklausel entschieden hat, also das Landgericht. Soweit sich das Vollstreckbarkeitsverfahren für Unterhaltsforderungen ausnahmsweise noch nach dem AVAG und nicht nach dem AUG richtet, besteht gem. § 56 Abs. 2 S. 2 AVAG eine Zuständigkeit des Familiengerichts.

3. Zweifelhaft ist **die internationale Zuständigkeit deutscher Gerichte** für eine Vollstreckungsabwehrklage. Ein Teil der Lit. meint, dass die Klage nur vor den Gerichten des Ursprungsmitgliedstaates erhoben werden könne. Nach zutreffender Auffassung erfasst die in Art. 22 Nr. 5 Brüssel-I-VO (jetzt Art. 24 Nr. 5 Brüssel-Ia-VO) normierte ausschließliche Zuständigkeit in Zwangsvollstreckungssachen jedoch auch diejenige für Vollstreckungsabwehrklagen, so dass am Ort der Zwangsvollstreckung, also für Titel die hier für vollstreckbar erklärt worden sind, in Deutschland geklagt werden kann (näher → Form. R. II. 7 Anm. 3).

4. Wegen der weiteren Voraussetzungen für eine Vollstreckungsgenklage ist zu berücksichtigen, dass der Einwand des Erlöschens der titulierten Forderung wegen einer **Aufrechnung** nur wegen einer solchen Gegenforderung möglich ist, für deren selbständige Geltendmachung die Gerichte des Vollstreckungsstaates nach den Art. 5 bis 24 Brüssel-I-VO zuständig wären (→ Form. R. II. 7 Anm. 5). Ist dies nicht der Fall, verbleibt dem

Schuldner nur die Möglichkeit, das Erlöschen der titulierten Forderung infolge einer Aufrechnung mit einer im Ursprungsmitgliedstaat ggf. zulässigen Klage geltend zu machen. Bei einem Obsiegen hätte er sodann die Möglichkeit, die Aufhebung der Vollstreckbarkeitserklärung nach § 27 AVAG zu beantragen (→ Form. R. VI. 7).

Ansonsten gelten für die Klage die in → Form. P. VIII. 9 dargestellten Grundsätze für eine Vollstreckungsabwehrklage gegen einen nationalen Titel.

5. Rechtsändernde Tatsachen können schließlich nach allgemeiner Meinung nur im Rahmen einer Abänderungsklage gem. § 323 ZPO, die auch gegen einen in Deutschland für vollstreckbar erklärten ausländischen Titel statthaft ist, geltend gemacht werden. Voraussetzung hierfür ist allerdings, dass für eine entsprechende Klage überhaupt eine internationale Zuständigkeit deutscher Gerichte nach Art. 5 bis 24 Brüssel-I-VO besteht (BGH Beschl. v. 14.3.2007 – XII ZB 174/04, NJW 2007, 3433 = FamRZ 2007, 989).

6. Streitwert: Wert der vollstreckbaren Hauptforderung zuzüglich der im Ursprungsmitgliedstaat mit ausgeurteilten bezifferten Kosten ohne sonstige Kosten und ohne Zinsen zu bemessen (→ Form. R. VI. 1 Anm. 9).

7. Kosten und Gebühren: → Form. P. VII. 1.

6. Antrag des Gläubigers auf unbeschränkte Fortsetzung der Zwangsvollstreckung (§§ 23, 24 AVAG)

An das

Landgericht

– Zivilkammer –[1]

in . . . . .

An das

Oberlandesgericht

– Zivilsenat –[4]

in . . . . .

Herrn/Frau

Notar/in[4]

. . . . .

In Sachen

. . . . . ./. . . . . .

– . . . . . [Aktenzeichen] –

beantragen wir für den/die Antragsteller/in, ein Zeugnis über die unbeschränkte Fortsetzung der durch Beschluss vom . . . . . zugelassenen Zwangsvollstreckung zu erteilen, nachdem

der/die Antragsgegner/in innerhalb der nunmehr abgelaufenen Beschwerdefrist kein Rechtsmittel eingelegt hat,[1]

(Variante:

das Oberlandesgericht ..... die Beschwerde des Antragsgegners/der Antragsgegnerin inzwischen zurückgewiesen und keine Anordnung zur weiteren Beschränkung der Zwangsvollstreckung getroffen hat,)[2]

(Variante:

der Bundesgerichtshof die von dem Oberlandesgericht getroffene Anordnung, dass die Zwangsvollstreckung bis zur Entscheidung über die Rechtsbeschwerde nur gegen Sicherheitsleistung erfolgen könne, aufgehoben hat,)[3]

(Variante:

der Bundesgerichtshof das Urteil vom ..... zur Zwangsvollstreckung zugelassen hat.)[1]

Beglaubigte Abschriften für den die Antragsgegner/in sind beigefügt.

.....

Rechtsanwalt[5]

Anmerkungen

1. Wie bereits ausgeführt (→ Form. R. VI. 2 Anm. 1) findet gem. Art. 47 Abs. 3 Brüssel-I-VO bis zum Ablauf der Beschwerdefrist bzw. bis zur Entscheidung des OLG über eine Beschwerde des Schuldners nur die Sicherungsvollstreckung statt. Um dem Gläubiger nach Ablauf der Frist bzw. nach Zurückweisung der Beschwerde einen Nachweis gegenüber den Vollstreckungsorganen zu ermöglichen, ist ihm gem. § 23 AVAG auf Antrag ein **Zeugnis über die uneingeschränkte Fortführung der Zwangsvollstreckung** zu erteilen.

2. Der Schuldner, der Beschwerde eingelegt hat, hat zwar keine Möglichkeit vor dem OLG für die Dauer des Beschwerdeverfahrens Vollstreckungsschutzanträge zu stellen, wofür wegen der ohnehin zunächst nur möglichen Sicherungsvollstreckung kein Bedürfnis besteht (OLG Köln Beschl. v. 17.5.2002 – 16 W 13/02, IPRax 2003, 354). Indes kann er gem. § 22 Abs. 2 AVAG beantragen, dass das OLG bis zum Ablauf der Frist zur Einlegung der Rechtsbeschwerde oder bis zur Entscheidung über dieses Rechtsmittel die Vollstreckung weiter auf Sicherungsmittel beschränkt oder von einer Sicherheitsleistung abhängig macht.

3. Nach Einlegung der Rechtsbeschwerde ist nach § 22 Abs. 3 AVAG nur noch der BGH für Schutzanträge zuständig (OLG Köln Beschl. v. 16.11.2014 – 16 W 7/13, BeckRS 2014, 22828). Er kann seinerseits eine zuvor ergangene Anordnung des OLG ändern oder aufheben sowie auf Antrag des Schuldners ebenfalls Anordnungen nach Abs. 2 erlassen. Entsprechend seiner Rspr. zu § 712 ZPO verlangt der BGH allerdings, dass „grundsätzlich" schon während des Beschwerdeverfahrens beim OLG ein Antrag nach § 22 Abs. 2 AVAG gestellt wird. Unterlässt der Schuldner dies, riskiert er daher, dass sein Antrag schon aus diesem Grund zurückgewiesen wird. Zudem kommt eine positive Bescheidung des Antrags nach § 22 Abs. 3 S. 1 iVm Abs. 2 AVAG nur dann in Betracht, wenn die Rechtsbeschwerde auch Aussicht auf Erfolg hat (BGH Beschl. v. 17.6.2009 – XII ZB 82/09, NJW-RR 2009, 1300 = FamRZ 2009, 1402 mit kritischer Anm. *Hau)*

4. Für den Fall, dass die Klausel von dem Urkundsbeamten der Geschäftsstelle des OLGs erteilt worden ist (vgl. hierzu § 13 Abs. 4 AVAG), ist der Antrag auf unbeschränkte Fortsetzung der Zwangsvollstreckung gem. Art. 24 AVAG dorthin zu richten. Für diesen Fall ist das Zeugnis zu erteilen, wenn bis zum Ablauf der Rechtsbeschwerdefrist kein

Rechtsmittel eingelegt worden ist, wenn der BGH eine Beschränkung der Zwangsvollstreckung durch das OLG aufgehoben oder er die Rechtsbeschwerde des Schuldners zurückgewiesen hat.

Hat ein Notar gem. Art. 55 Abs. 3 Brüssel-I-VO eine öffentliche Urkunde für vollstreckbar erklärt, ist dieser für die Erteilung des Zeugnisses zuständig (siehe zur Parallelnorm des § 19 IntErbRVG: BT-Drs. 18/4291, 45).

5. **Kosten und Gebühren.** Gericht: keine; Anwalt ebenfalls keine wegen § 19 Abs. 1 S. 1 RVG.

7. Antrag des Schuldners auf Aufhebung oder Änderung des Vollstreckbarkeitsbeschlusses (§ 27 AVAG)

An das

Landgericht

– Zivilkammer –[1, 2]

in . . . . .

. . . . . ./. . . . . .

– . . . . . – [Aktenzeichen]

bestellen wir uns Vollmacht versichernd für den/die Antragsgegner/in und beantragen,

den Beschluss des/der Vorsitzenden der Kammer vom . . . . .

aufzuheben,

(Variante:

dahingehend abzuändern, dass der/die Antragsgegner/in nur noch zur Zahlung von . . . . . EUR/. . . . .[andere Währung] nebst Zinsen in Höhe von . . . . . % seit dem . . . . . verpflichtet ist,)

(Variante:

dahingehend abzuändern, dass die Vollstreckung nur gegen eine von dem/der Antragsteller/in beizubringende Sicherheitsleistung von . . . . . EUR/. . . . .[andere Währung] erfolgen kann,)

(Variante:

dahingehend abzuändern, dass der/die Antragsgegner/in die Vollstreckung gegen eine Sicherheitsleistung von . . . . . EUR/. . . . .[andere Währung] abwenden kann,)

vorab im Wege einer einstweiligen Anordnung

die Zwangsvollstreckung einstweilen einzustellen und die am . . . . . ausgebrachte Pfändung . . . . . ohne Sicherheitsleistung, hilfsweise gegen Sicherheitsleistung aufzuheben.

Gründe:

Durch den im Antrag genannten Beschluss ist das Urteil des . . . . .gerichts . . . . . vom . . . . . in . . . . . – [*Aktenzeichen*] – bestandskräftig für vollstreckbar erklärt worden. Auf

den von dem/der Antragsgegner/in bei dem Ursprungsgericht eingelegten Rechtsbehelf/ Rechtsmittel des ..... hat das ..... gericht mit Urteil/Beschluss vom .....

das Urteil vom ..... aufgehoben,

(Variante:

dahingehend abgeändert, dass der/die Antragsgegner/in nur noch zur Zahlung von ..... EUR/.....[andere Währung] nebst Zinsen in Höhe von ..... % seit dem verpflichtet ist,)

(Variante:

dahingehend abgeändert, dass die Vollstreckung nur gegen eine von dem/der Antragsteller/in beizubringenden Sicherheitsleistung von ..... EUR/.....[andere Währung] erfolgen kann,)

(Variante:

dahingehend abgeändert, dass der/die Antragsgegner/in die Vollstreckung gegen eine Sicherheitsleistung von ..... EUR/.....[andere Währung] abwenden kann.)

Beweis: anliegende Ausfertigung des Urteils/Beschlusses vom ..... nebst beglaubigter Übersetzung

Gleichwohl betreibt der/die Antragsteller/in die Zwangsvollstreckung uneingeschränkt weiter und hat am ..... gepfändet.

Beweis: anliegende beglaubigte Kopie des .....

Die Vollstreckbarerklärung ist demzufolge gem. Art. 27 Abs. 1 AVAG

ebenfalls aufzuheben,

(Variante:

der Veränderung der Vollstreckbarkeit des ausländischen Titels anzupassen.)

Die unverzügliche Einstellung der Zwangsvollstreckung unter Aufhebung der Pfändung ist geboten, zumal ein Schadensersatzanspruch des Antragsgegners/der Antragsgegnerin aus § 28 AVAG kaum durchsetzbar sein dürfte; denn .....

Angesichts der urkundlich belegten Aufhebung/Änderung des ausländischen Titels ist es angezeigt, die Pfändung auch ohne Sicherheitsleistung aufzuheben.

Streitwert: .....[3]

Abschriften für den Antragsteller sind beigefügt.

.....

Rechtsanwalt[4, 5]

Anmerkungen

1. Dem Gläubiger steht mit dem Vollstreckbarkeitsverfahren ein einfaches Verfahren zur Verfügung, um die Voraussetzungen für die Durchsetzung eines ausländischen Titels im Inland zu schaffen. Umgekehrt soll der Schuldner in den Fällen, in denen er etwaige Veränderungen in der Vollstreckbarkeit des ausländischen Titels nicht mehr mit Rechtsmitteln im Vollstreckbarkeitsverfahren geltend machen kann, in einem einfachen Verfahren eine Aufhebung bzw. Anpassung der Vollstreckbarkeitserklärung an eine Aufhebung oder Einschränkung der Vollstreckbarkeit des ausländischen Titels erwirken können. (amtliche Begründung zu dem früheren § 29 AVAG 1988, BT-Drs. 11/351, 28). Den Weg hierzu eröffnet § 27 AVAG.

2. Ausschließlich zuständig für den Aufhebungs- oder Änderungsantrag ist gem. § 27 Abs. 2 AVAG das Gericht, das in erster Instanz über den Vollstreckbarkeitsantrag entschieden hat, also gem. Art. 39 Brüssel-I-VO iVm dem Anhang II der Vorsitzende einer Zivilkammer des Landgerichts (näher Schuschke/Walker/*Jennissen* AVAG § 27 Rn. 3). Bei internationalen Abkommen bzw. zwischenstaatlichen Verträgen, die gem. § 1 AVAG in dessen Anwendungsbereich fallen, gilt entsprechendes (§ 3 AVAG). Der Vorsitzende der Zivilkammer entscheidet nach freigestellter mündlicher Verhandlung, hat jedoch zuvor den Gläubiger zu hören (§ 27 Abs. 3 AVAG). Eilmaßnahmen in entsprechender Anwendung der §§ 769, 770 ZPO sind möglich, einschließlich der in dem vorstehenden Formular in erster Linie begehrten Aufhebung von Vollstreckungsmaßnahmen ohne Sicherheitsleistung (§ 27 Abs. 5 AVAG).

3. Streitwert: → Form. R. VI. 1 Anm. 8 .

4. Kosten und Gebühren. Gericht: Festgebühr von 240,– EUR gem. Nr. 1510 KV GKG mit Ermäßigung auf 90,– EUR gem. Nr. 1511 KV GKG bei Rücknahme vor der mündlichen Verhandlung bzw. dann, wenn eine Verhandlung nicht stattfindet, bevor eine Entscheidung auf die Geschäftsstelle gelangt; Anwalt: 1,3 Verfahrensgebühr und ggf. weitere Gebühren gem. Nr. 3100 ff. VV RVG.

5. Rechtsmittel. Die Entscheidung des Vorsitzenden der Zivilkammer ist für beide Parteien mit der Beschwerde anfechtbar, für die eine entsprechende Anwendung der §§ 569–577 ZPO angeordnet ist. Dies bedingt zugleich, dass eine Entscheidung über eine etwaige Abhilfe gem. § 572 ZPO zu ergehen hat und auch im Beschwerdeverfahren einstweiligen Maßnahmen gem. § 570 ZPO möglich sind.

VII. Vollstreckbarkeitserklärungsverfahren nach dem Brüsseler- und nach dem Lugano-Übereinkommen über die gerichtliche Zuständigkeit und die Vollstreckung von Entscheidungen in Zivil- und Handelssachen (EuGVÜ und LugÜ)

1. Antrag auf Vollstreckbarerklärung einer Entscheidung, eines Vergleichs oder einer öffentlichen Urkunde

An das

Landgericht

– Zivilkammer –[1, 2, 3]

in . . . . .

In Sachen

der . . . . . [ladungsfähige Anschrift des Antragstellers],

– Antragssteller/in –

gegen

. . . . .[ladungsfähige Anschrift des Antragsgegners],

– Antragsgegner/in –

bestellen wir uns ordnungsgemäße Bevollmächtigung versichernd für den/die Antragsteller/in und überreichen in der Anlage

Ausfertigung des Urteils des . . . . .gerichts . . . . . in . . . . . vom . . . . ., – . . . . . [Aktenzeichen] – nebst beglaubigter Übersetzung und Zustellnachweis

und beantragen,

das Urteil wegen der titulierten Beträge sowie wegen weiterer . . . . . EUR bisheriger Zustell- und Vollstreckungskosten für vollstreckbar zu erklären und mit der Vollstreckungsklausel zu versehen.

Streitwert: . . . . .[4]

Abschriften für den Antragsgegner sind beigefügt.

. . . . .

Rechtsanwalt[5, 6]

Anmerkungen

1. Auf der Grundlage von Art. 230 EWGV (= Art. 293 EGV) wurde am 27.9.1968 zwischen den sechs Gründungsmitglieder der EWG (Belgien, Deutschland, Frankreich, Italien, Luxemburg, Niederlande) das „Brüsseler Übereinkommen über die gerichtliche Zuständigkeit und die Vollstreckung gerichtlicher Entscheidungen in Zivil- und Handelssachen“ (EuGVÜ) nebst einem Zusatzprotokoll unterzeichnet. Das Übereinkommen ist am

1.2.1973 in Kraft getreten (ABl. 1972 L 299; BGBl. II 774). Anlässlich des Beitritts neuer Mitgliedsländer, erfolgten jeweils Neufassungen des Übereinkommens mit zum Teil weit reichenden Änderungen (vgl. näher *Geimer*/Schütze Einl. Rn. 31–36). Das Übereinkommen, das lange Jahre die Rechtsentwicklung in Europa maßgeblich geprägt hat, ist inzwischen **nur noch für „Alttitel" von Bedeutung,** da es ab dem 1.3.2002 für alle Mitgliedsländer mit Ausnahme Dänemarks durch die Brüssel-I-VO ersetzt worden ist und mit Dänemark mit Wirkung ab dem 1.7.2007 staatsvertraglich die Geltung der Brüssel-I-VO vereinbart worden ist (→ Form. R. VI. 1 Anm. 1).

2. Am 16.9.1988 wurde von den Vertretern der damaligen Mitgliedsländer der EWG und der EFTA (Finnland, Island, Norwegen, Österreich, Schweden, Schweiz) das „Parallelabkommen zum EuGVÜ, das „Lugano-Übereinkommen über die gerichtliche Zuständigkeit und die Vollstreckung gerichtlicher Entscheidungen in Zivil- und Handelssachen" (**LugÜ**) unterzeichnet (BGBl. 1994 II 2658). Diesem Übereinkommen, das im Sinne einer weiteren europäischen Rechtsvereinheitlichung mit Modifikationen im Wesentlichen die Regelungen des EuGVÜ übernimmt, ist später noch Polen beigetreten. Nach dem Beitritt der übrigen Vertragsstaaten zur EU hat es heute **Bedeutung** nur noch im Verhältnis zu **Island, Norwegen** und der **Schweiz.** Auch dieses Übereinkommen ist ersetzt worden, nämlich durch das Übereinkommen mit der Europäischen Gemeinschaft vom 30.10.2007 über die gerichtliche Zuständigkeit und die Anerkennung und Vollstreckung in Zivil- und Handelssachen – **LugÜ 2007** – (ABl. L 339, 1), mit dem im Wesentlichen die Vorschriften der Brüssel-I-VO im Verhältnis zu den verbliebenen Vertragsstaaten des LugÜ übernommen wurden. Das Übereinkommen ist im Verhältnis zu Norwegen seit dem 1.1.2010, zur Schweiz seit dem 1.1.2011 und zu Island seit dem 1.5.2011 in Kraft getreten (ABl. 2010 L 140, 1 u. ABl. 2011 L 138, 1). Für ältere Titel gilt weiter das LugÜ vom 16.9.1988.

3. Inhaltlich baut die Brüssel-I-VO auf dem EuGVÜ auf. Das Verfahren zur Vollstreckbarerklärung ist daher weitgehend mit dem nach der Brüssel-I-VO identisch. Auf → Form. R. VI. 1 kann daher verwiesen werden. Allerdings sind im Interesse einer zügigen und effektiven Vollstreckung einige Erleichterungen im Verfahrensablauf erfolgt; insbesondere sind etwaige Anerkennungs- und Vollstreckbarkeitsversagungsgründe nach dem EuGVÜ bereits im erstinstanzlichen Verfahren vor dem Vorsitzenden der Zivilkammer zu prüfen, während sie nach der Brüssel-I-VO zur Disposition des Schuldners stehen und nur noch im Beschwerdeverfahren vor dem OLG beachtlich sein können (→ Form. R. VI. 1 Anm. 2 und → Form. R. VI. 2 Anm. 4). Auch bedarf es nicht mehr der Beibringung des in dem oben genannten Formular aufgeführten Nachweises über die Zustellung des ausländischen Urteils.

4. Streitwert: Wie → Form. R. VI. 1 Anm. 8

5. Kosten und Gebühren: → Form. R. VI. 1 Anm. 9 .

6. Rechtsmittel: Beschwerde → Form. R. VI. 2 Anm. 1

2. Beschwerde gegen eine auf Säumnis des Beklagten beruhende Vollstreckbarkeitserklärung wegen nicht hinreichender Verteidigungsmöglichkeit im Urteilsstaat (Art. 27 Nr. 2 LugÜ)

An das

Oberlandesgericht

– Zivilsenat –[1, 2, 3, 4]

in . . . . .

In dem Vollstreckbarkeitsverfahren

des . . . . . [ladungsfähige Anschrift des Antragstellers],

– Antragsteller/in und Beschwerdegegner/in –

– Verfahrensbevollmächtigte: Rechtsanwälte . . . . . –

gegen

. . . . .[ladungsfähige Anschrift des Antragsgegners],

– Antragsgegner/in und Beschwerdeführer/in –

– Verfahrensbevollmächtigter: Rechtsanwälte . . . . . –

bestellen wir uns Vollmacht versichernd für den/die Antragsgegner/in und legen gegen den am . . . . . zugestellten Beschluss des/der Vorsitzenden der . . . . . Zivilkammer des Landgerichts . . . . . vom . . . . . – . . . . . [Aktenzeichen] –

Beschwerde

ein.

Wir beantragen,

unter Aufhebung des angefochtenen Beschlusses den Vollstreckbarkeitsantrag zurückzuweisen,

Gründe:

Durch Urteil des . . . . .gerichts in . . . . . ist der/die Antragsgegnerin zur Zahlung von . . . . . EUR nebst . . . . . Zinsen seit dem verurteilt worden, nachdem er/sie im Termin zur mündlichen Verhandlung säumig geblieben war. Dieses Urteil hat das Landgericht mit dem angefochtenen Beschluss für vollstreckbar erklärt. Die Vollstreckbarerklärung durfte indes nicht ergehen, weil im Ausgangsverfahren das mit einer Ladung verbundene verfahrenseinleitende Schriftstück entgegen Art. 27 Nr. 2 LugÜ nicht so rechtzeitig zugestellt worden ist, dass der/die Antragsgegner/in sich verteidigen konnte.

Das Ausgangsgericht hatte Termin zur mündlichen Verhandlung bestimmt auf den . . . . . Die Ladung hierzu nebst Klageschrift und Übersetzungen ist dem/der Antragsgegner/in indes erst am . . . . . und damit erst eine Woche vor dem Termin per Einschreiben mit Rückschein zugestellt worden.

Beweis: anliegende beglaubigte Kopien der vorgenannten Urkunden

Der/Die Antragsgegner/in ist der . . . . . Sprache nicht mächtig und er/sie kannte auch keine deutschsprachigen Rechtsanwälten, die am Ausgangsgericht zugelassen und ggf. für eine kurzfristige telefonische oder schriftliche Information zur Verfügung gestanden hätten. Er/Sie hatte daher keine Möglichkeit, innerhalb der ihr nur zur Verfügung stehenden Frist von einer Woche für eine ordnungsgemäße Verteidigung Sorge zu tragen.

Streitwert: . . . . .[5]

Abschriften für den/die Antragsteller/in sind beigefügt.

. . . . .

Rechtsanwalt[6, 7]

Anmerkungen

1. Gegen die Entscheidung des Vorsitzenden der Zivilkammer stehen sowohl dem Gläubiger (im Falle der Zurückweisung) wie auch dem Schuldner (im Falle der Vollstreckbarerklärung) gem. § 11 AVAG iVm Art. 36, 40 EuGVÜ/LugÜ die **Beschwerde zum OLG** zu; diejenige des Gläubigers ist unbefristet, diejenige des Schuldners bei Wohnsitz im Inland binnen 1 Monats und bei einem Wohnsitz im Ausland innerhalb einer vom Gericht ggf. gem. § 10 Abs. 2, 11 Abs. 3 AVAG bestimmten längeren Frist einzulegen. Ansonsten ergeben sich zum Gang des Beschwerdeverfahrens keine Besonderheiten zu demjenigen nach der Brüssel-I-VO (→ Form. R. VI. 2) .

2. Das vorstehende Formular bezieht sich auf den Versagungsgrund des **Art. 27 Nr. 2 EuGVÜ/LugÜ.** Dieser ist – anders als dessen Entsprechung in Art. 34 Nr. 2 Brüssel-I-VO – nach der Rechtsprechung des EuGH und des BGH dahin auszulegen, dass die Vollstreckbarkeitserklärung auch dann zwingend zu versagen ist, wenn der Schuldner es unterlassen hatte, ein Rechtsmittel gegen eine Säumnisentscheidung einzulegen, obwohl er die Möglichkeit hierzu hatte (→ Form. R. VI. 2 Anm. 4). Ferner impliziert das Erfordernis der „ordnungsgemäßen" Zustellung in Art. 27 Nr. 2 EuGVÜ/LugÜ, dass der Exequaturrichter sich mit ihm in der Regel nicht vertrauten ausländischen Zustellvorschriften zu befassen hat bzw. sich eine entsprechende Kenntnis durch Anfragen bei Verfahrensbeteiligten oÄ, notfalls – jedenfalls im Beschwerdeverfahren – durch Einholung eines Rechtsgutachtens gem. § 293 ZPO erst vermitteln lassen muss.

3. Eine **Säumnisentscheidung** in Sachen, in denen noch das EuGVÜ oder das LugÜ anwendbar sind, ist also schon dann nicht in Deutschland durchsetzbar, wenn entweder die Verteidigung durch eine nicht rechtzeitige Zustellung beeinträchtigt oder die Zustellung zwar formal fehlerhaft war, aber der Fehler den Schuldner nicht in seinen Verteidigungsmöglichkeiten beeinträchtigte. In beiden Fällen schadet dem Schuldner zudem die Nichteinlegung eines ihm möglichen Rechtsbehelfs gegen Säumnisentscheidung nicht EuGH Urt. v. 3.7.1990 – C-305/88, EuZW 1990, 352; EuGH Urt. v. 12.11.1992 – C-123/91, EuZW 1993, 39. Dies kann, vor allem in Fällen einer ausschließlichen Zuständigkeit im Urteilsstaat, zB in Mietsachen für den Gläubiger die missliche Folge haben, das eine ihm rechtskräftig zuerkannte Forderung praktisch wertlos wird (siehe zB die Kritik an der Rspr. des EuGH in Zöller/*Geimer* EuGVVO Art. 34 Rn. 26 und *Geimer/Schütze* Art. 34 VO (EG) Nr. 44/2001 Rn. 73–84 u. 91–100; dem folgend OLG Köln Beschl. v. 6.12.2002 – 16W 12/02, IPRax 2004, 115; dagegen wiederum die in der gleichen Sache ergangene Rechtsbeschwerdeentscheidung BGH Beschl. v. 20.1.2005 IX ZB 154/01, NJOZ 2005, 1301 = InVo 2005, 427 sowie BGH Beschl. v. 22.7.2004 IX ZB 2/03 = NJW 2004, 3189).

4. Bei dem – zur Wahrung rechtlichen Gehörs selbstverständlichen – Erfordernis der **rechtzeitigen Zustellung** ist auf den Zeitraum abzustellen, der dem Beklagten tatsächlich zur Verfügung stand, um vor dem Gericht des Urteilsstaates den Erlass einer Säumnisentscheidung zu verhindern (EuGH Urt. v. 16.6.1981 – Rs 166/80, EuGHE 1981, 1593). Dieser Zeitraum ist anhand der Umstände des Einzelfalles sowie unter Abwägung der schützenswerten Interessen des Gläubigers und des Schuldners zu ermitteln (BGH Beschl. v. 28.11.2007 – XII ZB 217/05, NJW 2008, 1531). Zusammenfassend wird man als Faustformel sagen können, dass drei Wochen, in der Regel reichen und 1 Woche in der Regel (aber nicht ausnahmslos) zu kurz ist (vgl. OLG Köln Beschl. v. 5.9.2002 – 16 W 11/01, ZMR 2002, 348: 1 Woche in einer Mietsache bei einem im Urteilsstaat wohnenden Beklagten reicht; weitere Bsp. bei Rauscher/*Leible* Brüssel I-VO Art. 34 Rn. 35).

5. Streitwert: Wie → Form. R. VI. 1 Anm. 8.

6. Kosten und Gebühren. → Form. R. VI. 2 Anm. 7.

7. Rechtsmittel: Rechtsbeschwerde gem. § 15 AVAG; → Form. R. VI. 4 Anm. 7.

VIII. Vollstreckbarkeitserklärungsverfahren nach dem Haager Zivilprozessübereinkommen

1. Antrag auf Vollstreckbarerklärung einer Kostenentscheidung

An das Amtsgericht[1, 2]

in .....

In dem Vollstreckbarkeitsverfahren

der ..... [ladungsfähige Anschrift des Antragstellers],

– Antragsteller/in –

– Verfahrensbevollmächtigte: Rechtsanwälte ..... –

gegen

..... [ladungsfähige Anschrift des Antragsgegners],

– Antragsgegner/in –

bestellen wir uns ordnungsgemäße Bevollmächtigung versichernd für den/die Antragsteller/in und beantragen,

die Kostenentscheidung in dem Urteil/Beschluss des ..... gerichts in ..... vom ..... – ..... [Aktenzeichen] – gem. Art. 18 des Haager Zivilprozessübereinkommens für vollstreckbar zu erklären.

Hierzu überreichen wir mit jeweils 2 Abschriften in der Anlage[2]

1. eine vollstreckbare Ausfertigung des Titels,
2. Rechtskraftnachweis,
3. beglaubigte Übersetzungen der beiden Urkunden.

Abschriften für den/die Antragsgegner/in sind beigefügt.

.....

Rechtsanwalt[3]

Anmerkungen

1. Das Zivilprozessübereinkommen vom 1.3.1954 – HZPrÜbk – (BGBl. 1958 II 575) ermöglicht in Verbindung mit dem Ausführungsgesetz vom 18.12.1958 (BGBl. 1958 I 939) die Vollstreckung von rechtskräftigen Kostenentscheidungen, allerdings nur in beschränktem Umfang. Gem. Art. 18 HZPrÜbk muss es sich nämlich um eine Kostenentscheidung handeln, die gegen einen Ausländer ohne Wohnsitz im Urteilsstaat ergangen ist, der dort als Kläger oder Nebenintervenient aufgetreten, aber nach den Gesetzen des Urteilsstaates von einer Sicherheitsleistung für die Kosten befreit war. Voraussetzung ist eine betragsmäßige Festsetzung der Kosten, in Deutschland wegen außergerichtlicher Kosten durch einen Kostenfestsetzungsbeschluss gem. §§ 104 ff. ZPO und wegen der Gerichtskosten durch einen solchen nach § 8 AusfG iVm § 21 Abs. 1 Nr. 3 RPflG. Der

Antrag ist normalerweise auf diplomatischem Wege einzureichen. Im Verhältnis zu Belgien, Frankreich, Italien, Niederlande, Norwegen Österreich, Schweiz und Türkei kann er jedoch aufgrund von Zusatzabkommen unmittelbar von der obsiegenden Partei gestellt werden. Soweit die Vertragsstaaten zugleich Mitgliedsländer der EU oder Vertragsstaaten des EuGVÜ/LugÜ sind, hat der Gläubiger wegen Art. 71 Brüssel-I-VO/LugÜ 2007 bzw. Art. 57 EuGVÜ/LugÜ ein Wahlrecht, nach welcher Rechtsgrundlage er vorgeht (vgl. zum Ganzen Steinert/Theede/*Knop* Rn. 327–331 mit einer Auflistung der übrigen derzeitigen Vertragsstaaten). Im Zweifel dürfte sich dabei ein Vollstreckbarkeitsverfahren nach der Brüssel-I-VO bzw. dem EuGVÜ/LugÜ empfehlen, da hiermit sowohl die anwaltliche wie auch die gerichtliche Praxis eher vertraut und damit die Fehleranfälligkeit geringer ist. Der Vorteil bei einem Vorgehen nach dem HZPrÜbk besteht darin, dass das Verfahren nach Art. 18 Abs. 1 kostenfrei ist.

2. Dem Antrag sind die in dem Formular genannten Urkunden beizufügen. Zuständig zur Entscheidung ist gem. § 4 Abs. 2 AusfG das Amtsgericht, an dem der Schuldner seinen allgemeinen Gerichtsstand hat bzw. in Ermangelung eines solchen das Amtsgericht, in dessen Bezirk sich Vermögen des Schuldners befindet oder die Zwangsvollstreckung durchgeführt werden soll. Die Entscheidung über den Antrag ergeht gem. Art. 19 HZPrÜbk iVm § 4 AusfG ohne mündliche Verhandlung und ohne Anhörung der Parteien. Sie ist gem. § 6 Abs. 1 AusfG nach Maßgabe der §§ 567 ff. ZPO mit der Beschwerde und im Falle der Zulassung durch das Beschwerdegericht mit der Rechtsbeschwerde gem. § 574 ZPO anfechtbar.

3. Kosten und Gebühren. Gericht: Keine gem. Art. 18 HZPrÜbk; Anwalt: 1,3 Verfahrensgebühr und ggf. weitere Gebühren gem. Nr. 3100 ff. VV RVG.

IX. Vollstreckbarkeitserklärungsverfahren nach zweiseitigen internationalen Verträgen

1. Antrag auf Vollstreckbarerklärung am Beispiel des deutsch – israelischen Vertrags vom 20.7.1977

An das

Landgericht

– Zivilkammer –[1, 2, 3]

in . . . . .

In dem Vollstreckbarkeitsverfahren

des . . . . . [ladungsfähige Anschrift des Antragstellers],

– Antragsteller/in –

– Verfahrensbevollmächtigte: Rechtsanwälte . . . . . –

gegen

. . . . .[ladungsfähige Anschrift des Antragsgegners],

– Antragsgegner/in –

bestellen wir uns ordnungsgemäße Bevollmächtigung versichernd für den/die Antragsteller/in und beantragen,

> das Urteil des . . . . .gerichts vom . . . . . – . . . . .[Aktenzeichen] – gem. Art. 10 des Vertrages zwischen der Bundesrepublik Deutschland und dem Staat Israel über die gegenseitige Anerkennung und Vollstreckung gerichtlicher Entscheidungen in Zivil- und Handelssachen vom 20.7.1977 (BGBl. 1980 II 926) für vollstreckbar zu erklären.

Entsprechend Art. 15 des Vertrages werden mit jeweils 2 Abschriften überreicht:

1. vom Gericht in . . . . . hergestellte beglaubigte Abschrift des Urteils
2. Nachweise über die Zustellung, die Vollstreckbarkeit und die Rechtskraft des Urteils
3. beglaubigte Übersetzungen der Urkunden

Streitwert: . . . . .[4]

. . . . .

Rechtsanwalt[5, 6]

Anmerkungen

1. Der am 1.1.1981 in Kraft getretene deutsch-israelische Vertrag regelt die Anerkennung und Vollstreckung gerichtlicher **Entscheidungen** der streitigen und freiwilligen Gerichtsbarkeit einschließlich gerichtlicher **Vergleiche**. Ausgenommen sind Entscheidungen der freiwilligen Gerichtsbarkeit, die in einem nur einseitigen Verfahren ergangen sind sowie die in Art. 4 aufgeführten Rechtsgebiete, zB Ehesachen einschließlich des Ehegüterrechts, Erbrecht, Konkurs- und Vergleichsverfahren. Voraussetzung für die Anerkennung ist gem. Art. 3 grundsätzlich die Rechtskraft der Entscheidung. Hiervon ausgenommen sind jedoch gem. Art. 20 Entscheidungen in Unterhaltssachen, die bereits vor Rechtskraft für vollstreckbar erklärt werden können.

In Art. 5 und 6 sind enumerativ Anerkennungsversagungsgründe aufgeführt, die weitgehend denen der Art. 34, 35 Brüssel-I-VO entsprechen. Für den Antrag auf Zulassung der Zwangsvollstreckung sind die in Art. 15 genannten Urkunden beizubringen. Die im Regelfall einzureichenden sind in dem vorstehenden Formular aufgeführt. Falls es sich um ein **Versäumnisurteil** handelt, ist zusätzlich ein Nachweis beizubringen, dass die Klage oder ein sonstiges das Verfahren einleitende Schriftstück nach dem Recht des Entscheidungsstaates zugestellt worden ist, also die Zustellung ordnungsgemäß war. Bei Vergleichen, zu denen auch Vereinbarungen zwischen den Parteien, etwa Scheidungsverträge gehören, die von einem Gericht bestätigt worden sind (OLG Köln Beschl. v. 27.10.1999 – 16 W 19/99, InVo 2000, 289), entfällt gem. Art. 19 naturgemäß ein Rechtskraftnachweis. Problematisch ist es, ob Entscheidungen von Gerichten im Westjordanland, also dem von der palästinensischen Autonomieregierung verwalteten Gebiet vom deutsch-israelischen Vertrag erfasst sind (bejahend OLG München Beschl. v. 20.12.1999 – 26 AR 103/99, FamRZ 2000, 1172).

2. In Deutschland richtet sich das **Verfahren nach dem AVAG** (§ 1 Abs. 1 Nr. 1d) mit Sonderregelungen in §§ 45–49 AVAG. Im Hinblick darauf, dass der für die Entscheidung zuständige Vorsitzende der Zivilkammer den Gesetzestext nicht unbedingt greifbar hat, empfiehlt es sich – wie im Formular geschehen – bereits im Antrag die Quelle im Bundesgesetzblatt zu nennen. Abgedruckt ist der Vertrag bei Geimer/Schütze/*Pirrung* Bd. 3 B. II; online ist der Text abrufbar unter „www.gesetze-im-internet.de/bundesrecht/vollstrvtr_isr/gesamt.pdf."

3. Im Rahmen eines Auftrags zur Durchsetzung eines Titels, der einem **sonstigen bilateralen Abkommen,** zB dem deutsch-tunesischen Vertrag unterliegen kann, empfiehlt es sich, ähnlich wie in den vorstehenden Anmerkungen vorzugehen, also zu prüfen, ob der Titel von dem Abkommen erfasst oder ausgenommen ist (zB Ehesache, Arreste oÄ), ob Rechtskraft notwendig ist und welche Nachweise für den Vollstreckbarkeitsantrag beizubringen sind. Schließlich ist im Vorfeld zu klären, ob sich das Verfahren in Deutschland nach dem AVAG richtet (siehe den Katalog in § 1 Abs. 1 Nr. 1) oder ob ein sonstiges Ausführungsgesetz einschlägig ist. Hiervon kann es abhängen, welches Gericht für die Vollstreckbarerklärung zuständig ist.

4. Streitwert: Wie → Form. R. VI. 1 Anm. 8.

5. Kosten und Gebühren: Wie → Form. R. VI. 1 Anm. 9.

6. Rechtsmittel. Gegen die Entscheidung des Vorsitzenden der Zivilkammer stehen sowohl dem Gläubiger (im Falle der Zurückweisung) wie auch dem Schuldner (im Falle der Vollstreckbarerklärung) gem. § 11 iVm § 45 AVAG die **Beschwerde zum OLG** zu; diejenige des Gläubigers ist unbefristet, diejenige des Schuldners bei Wohnsitz im Inland binnen 1 Monats und bei einem Wohnsitz im Ausland innerhalb einer vom Gericht ggf. gem. § 10 Abs. 2, 11 Abs. 3 AVAG bestimmten längeren Frist einzulegen. Ansonsten ergeben sich zum Gang des Beschwerdeverfahrens keine Besonderheiten zu demjenigen nach der Brüssel-I-VO (→ Form. R. VI. 2). Gegen die Entscheidung des OLG ist gem. § 15 iVm § 48 AVAG die Rechtsbeschwerde statthaft.

X. Vollstreckbarkeitsklage gem. §§ 722, 723 ZPO

1. Vollstreckbarkeitsklage gem. §§ 722, 723 ZPO

An das

. . . . . gericht[1, 2]

in . . . . .

Klage

des . . . . . [ladungsfähige Anschrift des Klägers],

– Kläger/in –

– Prozessbevollmächtigte: Rechtsanwälte . . . . . –

gegen

. . . . . [ladungsfähige Anschrift des Beklagten],

– Beklagte/r –

– Verfahrensbevollmächtigter: Rechtsanwälte . . . . . –

wegen Vollstreckbarerklärung eines ausländischen Urteils gem. §§ 722, 723 ZPO

bestellen wir uns Vollmacht versichernd für den/die Kläger/in und beantragen,

> die Zwangsvollstreckung aus dem Urteil/Beschluss des . . . . .gerichts vom . . . . . – [Aktenzeichen] – in . . . . . mit der Maßgabe zuzulassen, dass die zu vollstreckende Urteilsformel wir folgt lautet:
> „Der/Die Beklagte wird verurteilt, an den/die Kläger/in . . . . . nebst . . . . . % Zinsen seit dem . . . . . zu zahlen.“[3, 4, 5]

Sofern das Gericht das schriftliche Vorverfahren anordnet, wird für den Fall der Fristversäumnis des/der Beklagten beantragt, das Versäumnisurteil ohne mündliche Verhandlung (§ 331 Abs. 3 ZPO) zu erlassen.

(Im Verfahren vor dem Landgericht:

Einer Entscheidung durch den Einzelrichter stehen Gründe nicht entgegen.)

(Variante:

> *Wegen der besonderen Schwierigkeit/grundsätzlichen Bedeutung der Sache eignet sie sich nicht für eine Entscheidung durch den Einzelrichter.)*

Gründe:

Durch das im Antrag bezeichnete Urteil (Anlage 1) wurde der/die Beklagte verurteilt, an den/die Kläger/in . . . . . nebst gesetzlichen Zinsen seit Zustellung der Klage zu zahlen. Die Zustellung erfolgte am . . . . . Die ausgeurteilten gesetzlichen Zinsen für den hier interessierenden Zeitraum in . . . . . belaufen sich auf . . . . . %.

Beweis: 1. Zustellnachweis (Anlage 2)
2. Auszüge aus dem ..... Zivilgesetzbuch und der Verordnung des ..... vom ..... nebst Übersetzungen (Anlage 3)

Rechtskraft des Urteils ist am ..... eingetreten.

Beweis: Rechtskraftbescheinigung nebst Übersetzung (Anlage 4)

Die Zuständigkeit des angerufenen Gerichts folgt daraus, dass der/die Beklagte im Gerichtsbezirk wohnt/ihren Firmensitz hat

dem/der Beklagten ein Grundstücks in ....., also im Gerichtsbezirk gehört.

Beweis: Grundbuchauszug (Anlage 5)

Die titulierte Hauptforderung von ..... beläuft sich auf umgerechnet ..... EUR. Der Gerichtskostenvorschuss mit einem entsprechenden Wert wird nach Bekanntgabe des Aktenzeichens eingezahlt werden.[6]

Abschriften zum Zwecke der Zustellung sind beigefügt.

.....

Rechtsanwalt[7]

Anmerkungen

1. Das Klageverfahren nach den §§ 722, 723 ZPO ist nur dann anwendbar, wenn nicht aufgrund von EU-Recht sowie multi- oder bilateraler Abkommen gesonderte Regelungen bestehen. Sein **Anwendungsbereich** ist dadurch weiter eingeschränkt, dass die §§ 722, 723 ZPO nur für Urteile und andere gerichtliche Entscheidungen wie Kostenfestsetzungsbeschlüsse oder Vollstreckungsbescheide gelten, also nicht für Vergleiche, notarielle Urkunden und sonstige nach den ausländischen Rechtsordnungen möglichen Titel (Schuschke/Walker/*Jennissen* § 722 Rn. 1). Alleiniges Ziel der Klage ist es, dem ausländischen Titel in Deutschland die Vollstreckbarkeit zu verleihen. Streitgegenstand ist nicht der vom ausländischen Gericht zugesprochene Anspruch, sondern die Zulässigkeit der inländischen Zwangsvollstreckung. Für eine Leistungsklage aus dem ursprünglichen Anspruch kann dann ein Rechtsschutzbedürfnis bestehen, wenn die Anerkennungsvoraussetzungen zweifelhaft sind. In einem solchen Fall ist auch eine Verbindung von Vollstreckungs- und Leistungsklage im Eventualverhältnis möglich (Thomas/Putzo/*Seiler* § 723 Rn. 6).

2. Ausschließlich zuständig für die nach allgemeinen Regeln zu erhebende Klage ist gem. §§ 802, 722 Abs. 2 ZPO das **Amts- oder Landgericht,** in dessen Bezirk der Beklagte seinen allgemeinen Gerichtsstand hat, oder in Ermangelung eines solchen der Gerichtsstand des § 23 ZPO. Die Zuständigkeit des Amts- oder Landgerichts gilt auch für eine Vollstreckungsklage aus einem arbeitsgerichtlichen Urteil (Zöller/*Geimer* § 722 Rn. 51). In Familiensachen hat das Familiengericht zu entscheiden (BGH Beschl. v. 13.7.1983 – IVb ZB 31/83, BGHZ 88, 113 = NJW 1983, 2775). Ein Rechtsschutzbedürfnis für die Klage besteht nur dann, wenn die ausländische Entscheidung einen vollstreckungsfähigen Inhalt hat, insbesondere hinreichend bestimmt ist. Allerdings gilt auch hier der Grundsatz, dass dem ausländischen Titel nach Möglichkeit durch Konkretisierung Geltung zu verschaffen ist, soweit die hierfür erforderlichen Umstände sicher und zweifelsfrei feststellbar sind (Schuschke/Walker/*Jennissen* § 722 Rn. 5; → Form. R. V. 1 Anm. 4).

3. Eine sachliche **Nachprüfung** des ausländischen Urteils findet gem. § 723 Abs. 1 ZPO nicht statt. Vielmehr ist das ausländische Urteil gem. § 723 Abs. 2 ZPO für vollstreckbar zu erklären, wenn es nach dem dortigen Recht Rechtskraft erlangt hat und wenn keiner der Anerkennungsversagungsgründe des § 328 ZPO eingreift. Dies sind

- eine Unzuständigkeit des ausländischen Gerichts nach deutschen Gesetzen,
- eine nicht ordnungsgemäße oder nicht rechtzeitige Zustellung des verfahrenseinleitenden Schriftstücks bei Versäumnisentscheidungen,
- eine Unvereinbarkeit des ausländischen Urteils mit einem in Deutschland ergangenen oder einem früher ergangenen, in Deutschland anzuerkennenden ausländischen Urteil,
- eine entgegenstehende anderweitige Rechtshängigkeit wegen eines früher in Deutschland anhängig gewordenen Verfahrens,
- ein offensichtlicher Verstoß gegen den deutschen ordre public, insbesondere eine Unvereinbarkeit mit den Grundrechten,
- keine Verbürgung der Gegenseitigkeit.

4. Gegenüber der Vollstreckungsklage kann der Beklagte **rechtsvernichtende oder rechtshemmende Einwendungen** materiell rechtlicher Art erheben, soweit sie nach dem insoweit maßgeblichen ausländischen Recht, zB wegen einer der Präklusionsnorm des § 767 Abs. 2 ZPO entsprechenden Regelung im dortigen Verfahren nicht mehr geltend gemacht werden konnten (Zöller/*Geimer* § 722 Rn. 80). Der Beklagte muss dies sogar tun, weil er ansonsten mit einer späteren Vollstreckungsabwehrklage, die auf diese Einwendungen gestützt ist, gem. § 767 Abs. 3 ZPO präkludiert wäre (Schuschke/Walker/*Jennissen* § 723 Rn. 4). Anders ist es indes bei **rechtsändernden Einwendungen.** Bei diesen verbleibt dem Beklagten nur der Weg einer Abänderungsklage nach § 323 ZPO (KG Beschl. v. 1.8.1990 – 24 W 3718/90, NJW 1991, 644).

5. In dem **Vollstreckungsurteil** findet im Falle der – teilweisen – Begründetheit eine Umrechnung des auf eine ausländische Währung lautenden Betrages nicht statt (BGH Urt. v. 29.5.1980 – II ZR 99/79, NJW 1980, 2017). Es ist nach den allgemeinen Regeln der §§ 708 ff. ZPO für vorläufig vollstreckbar zu erklären und mit der Berufung bzw. ggf. der Revision bzw. Nichtzulassungsbeschwerde anfechtbar. Das Vollstreckungsurteil selbst und nicht etwa die ausländische Entscheidung ist Titel im vollstreckungsrechtlichen Sinne. Deshalb gehört der Nachweis seiner Zustellung gem. § 750 ZPO zu den Voraussetzungen für eine Zwangsvollstreckung im Inland, die nach allgemeinen Regeln erfolgt (Schuschke/Walker/*Jennissen* § 723 Rn. 7).

6. Streitwert: → Form. R. VI. 1 Anm. 9.

7. Kosten und Gebühren: → Form. R. VI. 1 Anm. 10.

XI. Vollstreckung von Unterhaltsentscheidungen nach der Verordnung (EG) Nr. 4/2009 des Rates vom 18.12.2008 über die Zuständigkeit, das anzuwendende Recht, die Anerkennung und Vollstreckung von Entscheidungen und die Zusammenarbeit in Unterhaltssachen (EUUnterhaltsVO)

1. Antrag an das Vollstreckungsorgan auf Vollstreckung einer Entscheidung, eines Vergleichs oder einer öffentlichen Urkunde gem. Art. 20, 48 EuUnterhaltsVO iVm den Anlagen I und III des Anhangs

An das

Amtsgericht .....

– Gerichtsvollzieherverteilerstelle[1, 2, 3, 4, 5, 6, 7, 8, 9, 11] –

In der Zwangsvollstreckungssache

des/der .....

Gläubiger/in,

Verfahrensbevollmächtigte: Rechtsanwälte .....

gegen

.....

Schuldner/in,

wird beantragt,

die sich aus der beigefügten Forderungsaufstellung ergebenden Vollstreckungsforderung im Wege der Zwangsvollstreckung nebst Kosten dieses Auftrags einzuziehen.

Hierzu werden überreicht:

- eine Ausfertigung des vollstreckbaren Urteils/Beschlusses des ..... gerichts in .....,

(Variante:

- *eine Ausfertigung des vor dem .....gericht in ..... geschlossenen vollstreckbaren Vergleichs,)*
- eine Ausfertigung der vor de ..... in ..... errichteten vollstreckbaren Urkunde,
- einen von der zuständigen Behörde in ..... unter Verwendung des Formblattes gem. Anhang I/Anhang III zur EuUnterhaltsVO erstellten Auszug des Titels,
- die im Antrag bezeichnete Forderungsaufstellung vom .....,

(alternativ:

- *eine Transkript/Übersetzung des Formblatts gem. b) in die deutsche Sprache, die von einem Übersetzer erstellt ist, der hierzu von dem Präsidenten des Landgerichts in ..... ermächtigt ist/der in ..... nach den dortigen Vorschriften zur Erstellung derartiger Urkunden befugt ist,).*

Der Gläubiger ist mit einer Einziehung von Teilbeträgen nach § 802b Abs. 2 ZPO sowie dem Aufschub der Verwertung nach § 813a ZPO, gegebenenfalls über gesetzliche Fristen hinaus einverstanden/nicht einverstanden.

Das Einverständnis gilt nur, wenn und solange andere Gläubiger gegen den Schuldner nicht vollstrecken oder ebenfalls mit Teilzahlungen nach § 802b Abs. 2 ZPO ihr Einverständnis erklärt haben.

Für den Fall, dass Verwertungsaufschub gewährt wird und der Schuldner dann mit einer Rate ganz oder teilweise in Verzug gerät, ist der Gläubiger bzgl. eines erneuten Aufschubs der Verwertung einverstanden/nicht einverstanden/zunächst zu unterrichten.

Der Gläubiger erteilt hiermit folgende weiteren Anweisungen:

- Erlass eines vorläufigen Zahlungsverbots gem. § 845 ZPO gegen den Drittschuldner, sofern pfändbare Forderungen bekannt sind oder bekannt werden sowie unmittelbare Mitteilung an den Unterzeichner.
- Vornahme einer vorläufigen Austauschpfändung nach § 811b ZPO, sofern eine Austauschpfändung nach § 811a ZPO in Betracht kommt.
- Wegnahme von Sparbüchern, Lebensversicherungspolicen und weiterer Legitimationspapiere (§ 156 GVGA).
- Übersendung eines Vollstreckungsprotokolls nach § 760 ZPO.

Es wird gebeten, eingezogene Beträge auf folgendes Konto ..... zu überweisen. Auf die Geldempfangsvollmacht anbei wird verwiesen.

Sollte ein örtlicher Zuständigkeitsmangel vorliegen, wird um formlose Weiterleitung an das zuständige Gericht und entsprechende Mitteilung an den Unterzeichner gebeten.

Ich beauftrage Sie, die Zwangsvollstreckung je nach Verlauf stufenweise wie folgt durchzuführen: .....

.....

Rechtsanwalt[10]

Anmerkungen

1. Die grenzüberschreitende Unterhaltsvollstreckung innerhalb der EU richtete sich bisher nach der Brüssel-I-VO. Bei Säumnisentscheidungen, Anerkennungsurteilen, Vergleichen und vollstreckbaren Urkunden war zudem eine Bestätigung als Europäischer Vollstreckungstitel nach der EuVTVO möglich. Daneben konnte im Verhältnis zu einzelnen Staaten auch die Anerkennung und Vollstreckung nach dem Haager Übereinkommen vom 2.10.1973 über die Anerkennung und Vollstreckung von Unterhaltsentscheidungen – HUÜ 1973 – bzw. dem Übereinkommens vom 15.4.1958 über die Anerkennung und Vollstreckung von Entscheidungen auf dem Gebiet der Unterhaltspflicht gegenüber Kindern – HUÜ 1958 – erfolgen (ein umfassender Überblick über die durch Europarecht, völkerrechtliche Verträge und nationales Recht getroffenen Regelungen zur Unterhaltsvollstreckung mit einem Abdruck und einer teilweisen Kommentierung der einschlägigen Verordnungen und Abkommen, insbesondere auch des HUVÜ 1973 sowie des UNUÜ 1956 findet sich bei Prütting/Helms/*Hau* Anh. 1 zu § 110).

2. Ab dem 18.6.2011 gilt ein eigenständiges Regelwerk nämlich die Verordnung (EG) Nr. 4/2009 des Rates vom 18. Dezember 2008 über die Zuständigkeit, das anwendbare Recht, die Anerkennung und Vollstreckung von Entscheidungen und die Zusammenarbeit in Unterhaltssachen – **EuUnterhaltsVO** – (ABl. 2009 L 7, 1). Diese Verordnung ist aufgrund Art. 65 EGV (jetzt Art. 81 AEUV) erlassen und verdrängt nach ihrem Art. 68 in Unterhaltssachen die Brüssel-I-VO ganz sowie die EuVTVO in allen Mitgliedstaaten mit Ausnahme von Großbritannien, das nicht an das Haager Protokoll über das in Unterhaltssachen vom 23.11.2007 anzuwendende Recht gebunden ist.

3. Die ebenfalls am 18.6.2011 in Kraft getretenen deutschen Durchführungsbestimmungen zu der EuUnterhaltsVO haben ihren Standort weder im AVAG, noch im elften Buch der ZPO, noch in den Vorschriften über die internationale Vollstreckung des FamFG, sondern im Gesetz zur Geltendmachung von Unterhaltsansprüchen im Verkehr mit ausländischen Staaten – **Auslandsunterhaltsgesetz – AUG** –, das aus diesem Anlass neu gefasst und am 18.6.2011 in Kraft getreten ist (BGBl. 2011 I 898).

4. Ziel der EuUnterhaltsVO ist es, die Stellung von Unterhaltsgläubigern zu verbessern (*Gruber* IPRax 2010, 128 (129)). Die Verordnung ist nicht isoliert zu sehen, sondern steht im Zusammenhang mit dem Haager Übereinkommen vom 23.11.2007 über die internationale Geltendmachung der Unterhaltsansprüche von Kindern und anderen Familienangehörigen – **HUÜ 2007** – (deutschsprachige Übersetzung unter www.hcch.net/upload/text38d.pdf) sowie dem Haager Protokoll über das auf Unterhaltspflichten anzuwendende Recht – **Haager Protokoll**– (ABl. 2009 L 331, 19; Text und Kommentierung bei *Rauscher*, EuZPR/EuIPR, Bearbeitung 2010). Durch sie soll ein geschlossenes rechtliches System für die Geltendmachung von Unterhalt in Fällen mit grenzüberschreitendem Bezug gebildet werden (*Boele-Woelki/Mom* FPR 2010, 485). Die Anwendung von internationalen Übereinkommen und Vereinbarungen, etwa des HUVÜ 1973 wird zwar nach Art. 69 Abs. 1 durch die Verordnung nicht berührt; indes hat nach Abs. 2 im Verhältnis der Mitgliedstaaten zueinander die Verordnung Vorrang.

Für Entscheidungen, die **ab dem 18.6.2011** ergangen sind, ist mithin innerhalb der EU die Anerkennung und Vollstreckung von Unterhaltsentscheidungen nicht mehr nach dem HUVÜ 1973 sondern **nur noch nach der EuUnterhaltsVO** möglich.

Das **HUÜ 2007** sieht in den Art. 19–31 ein Vollstreckbarkeitsverfahren nach dem Muster der Brüssel-I-VO vor. Dieses von der EU für alle Mitgliedstaaten mit Ausnahme Dänemarks geschlossene Übereinkommen (ABl. 2011 L 192, 51) ist inzwischen auch von Drittstaaten Albanien, Bosnien-Herzegowina, Norwegen und der Ukraine ratifiziert und nach Hinterlegung der Ratifikationsurkunde durch die EU (siehe ABl. 2014 L 113, 1) seit dem 1.8.2014 in Kraft und gilt seit diesem Zeitpunkt auch im Verhältnis zwischen Deutschland und diesen Drittstaaten (Thomas/Putzo/*Hüßtege* EuUnterhaltsVO Vor Art. 1 Rn. 9a; *Wagner* NJW 2014, 1862 (1864)). Zeitgleich wurde mit Bekanntmachung vom 2.7.2014 (BGBl. 2014 I 887) das deutsche Durchführungsgesetz zum HUÜ 2007 vom 20.2.2013 (BGBl. 2013 I 273), das im Wesentlichen Änderungen des AUG vorsieht, in Kraft gesetzt. Eine aktuelle Liste der Vertragsstaaten findet sich auf der Internetseite der Haager Konferenz unter „hcch.net >Conventions > Status table".

5. Gem. Art. 1 Abs. 1 gilt die EuUnterhaltsVO **in sachlicher Hinsicht** für alle Unterhaltspflichten, die auf einem Familien-, Verwandschafts- oder eherechtlichen Verhältnis oder auf Schwägerschaft beruhen. Ihr Anwendungsbereich ist aber – wie in Erwägungsgrund 45 deutlich gemacht wird – grundsätzlich beschränkt auf **grenzüberschreitende Fälle**, also Rechtssachen, bei denen mindestens eine der Parteien ihren Wohnsitz oder gewöhnlichen Aufenthalt in einem anderen Mitgliedstaat als dem des befassten Gerichts hat. Allerdings wurde mit dem für den Fall einer Säumnisentscheidung durch Art. 19 eröffneten Nachprüfungsantrag ein europarechtlich einheitlicher Rechtsbehelf geschaffen, der weder voraussetzt, dass die Unterhaltssache einen grenzüberschreitenden Bezug aufweist noch dass die Vollstreckung in einem anderen Mitgliedstaat bevorsteht (Rauscher/*Andrae/Schimrick* EG-UntVO Art. 19 Rn. 7). Ähnliches gilt für den in Deutschland wegen der §§ 704, 708 ff. ZPO nicht einschlägigen Art. 39 EuUnterhaltsVO, in dem angeordnet ist, dass das Ursprungsgericht eine Entscheidung ungeachtet eines etwaigen Rechtsbehelfs auch dann für vorläufig vollstreckbar erklären kann, wenn das innerstaatliche Gericht dies nicht vorsieht.

6. **Räumlich** findet die EuUnterhaltsVO jedenfalls in ihren wesentlichen Teilen innerhalb der gesamten EU Anwendung (wegen der verschiedenen Inseln und Territorien außerhalb der 27 Mutterstaaten siehe Thomas/Putzo/*Hüßtege* Vor EuUntVO Art. 1 Rn. 14). Dänemark, das an der justiziellen Zusammenarbeit in Zivilsachen aus Verfassungsgründen nicht teilnimmt, hat gem. dem Abkommen vom 10.10.2005 mit der EG erklärt, dass es die mit der EuUnterhaltsVO vorgenommenen Änderungen der Brüssel-I-VO umsetzen will. Damit gilt die Verordnung mit Ausnahme der Regelungen des Art. 15 über das anzuwendende Recht und der Art. 49 ff. über die Zusammenarbeit der zentralen Behörden weitgehend auch im Verhältnis zu Dänemark (zu Einzelheiten siehe BR-Drs. 854/10, 49).

7. Die Verordnung stellt für die Anerkennung und Vollstreckung von Titeln (Entscheidungen, Vergleiche und öffentlichen Urkunden) nach Art. 16 zwei unterschiedliche Regelungssysteme zur Verfügung, nämlich zum einen für Entscheidungen aus Staaten, die durch das Haager Protokoll von 2007 gebunden sind, die **unmittelbare Vollstreckung** und zum anderen für die nicht hieran gebundenen Mitgliedstaaten Großbritannien und Dänemark das **Exequaturverfahren herkömmlicher Art**. Letzteres gilt gem. Art. 75 Abs. 2a allerdings auch im Verhältnis zu allen Mitgliedstaaten für solche Titel, die vor dem 18.6.2011 ergangen sind und deren Anerkennung und Vollstreckung danach beantragt wird.

Wegen der Frage, welches Verfahren eingreift, kommt es nur darauf an, aus, welchem Staat der Titel stammt. Mithin ist nur für Titel aus Großbritannien und Dänemark das Vollstreckbarkeitsverfahren herkömmlicher Art notwendig, während umgekehrt Titel aus anderen Mitgliedstaaten, etwa aus Deutschland in Großbritannien und Dänemark unmittelbar vollstreckbar sind (vgl. HK-ZV/*Garber* EuUntVO Art. 16 Rn. 2; Prütting/Helms/*Hau* Anh. 3 § 110 Rn. 111; *Gruber* IPRax 2010, 128 (138)).

8. Die Anerkennung und Vollstreckung von Titeln aus einem Mitgliedstaat, der durch das Haager Protokoll von 2007 gebunden ist. richtet sich nach Abschnitt 1 (Art. 17–22 EuUnterhaltsVO). Hiernach sind vollstreckbare Entscheidungen, **in einem anderen Mitgliedstaat unmittelbar vollstreckbar**. Entsprechendes gilt gem. Art. 48 EuUnterhaltsVO für gerichtliche Vergleiche oder öffentliche Urkunden, also zB Unterhaltsvereinbarungen bzw. -verpflichtungen vor einer Verwaltungsbehörde, etwa die beim Jugendamt beurkundeten Erklärungen nach § 59 Abs. 1 S. 1 Nr. 3, 4 SGB VIII. Das Zwischenverfahren der Vollstreckbarerklärung ist nach Art. 17 Abs. 2 EuUnterhaltsVO nicht mehr erforderlich. Ebenso wenig bedarf es – anders als nach der EuVTVO – einer Bestätigung als Vollstreckungstitel. **Damit sind Unterhaltsentscheidungen in gleicher Weise vollstreckbar wie nationale Titel.** Darauf beruht das vorstehende Form. das dem eines sonstigen Vollstreckungsauftrags an den Gerichtsvollzieher für die Vollstreckung in das bewegliche Vermögen wegen einer Geldforderung nachgebildet ist (→ Form. G. I. 1).

Vorzulegen sind nur die in Art. 20 EuUnterhaltsVO aufgelisteten und in dem vorstehenden Formular unter a) bis c) aufgeführten Urkunden. Insbesondere können gem. Art. 20 Abs. 2 EuUnterhaltsVO außer für den Fall eines Rechtsmittels die Vollstreckungsorgane nur noch **Übersetzungen** des mit dem Vollstreckungsantrag einzureichenden Formblatts nach **Anhang I** (für Entscheidungen oder gerichtliche Vergleiche) oder **Anhang III** (für öffentliche Urkunden) verlangen, nicht aber der zu vollstreckenden Entscheidung. Dies erspart Zeit und Geld und erhöht die Effizienz der Vollsteckungsmaßnahme.

Gem. Art. 20 Abs. 3 EuUnterhaltsVO ist die Übersetzung von einer Person zu erstellen, die hierzu in irgendeinem Mitgliedstaat der EU ermächtigt ist. In Art. 30 Abs. 3 AUG ist hierzu für die Vollstreckung in Deutschland ergänzend bestimmt, dass die Übersetzung in die deutsche Sprache zu erfolgen hat.

9. Abgesehen von den vorzulegenden Urkunden ergeben sich mithin keine Besonderheiten gegenüber Vollstreckungsaufträgen aufgrund nationaler Titel. Durch Art. 18 EuUnterhaltsVO ist zudem klargestellt, dass das Bestehen eines vollstreckbaren Titels dem Unterhaltsgläubiger die Möglichkeit gibt, die im Vollstreckungsstaat zur Verfügung stehenden **Sicherungsmaßnahmen** zu veranlassen. In Deutschland kommen hierfür die Vorpfändung nach § 845 ZPO sowie die in § 721a ZPO vorgesehenen Maßnahmen, also die Pfändung beweglichen Vermögens und die Eintragung einer Sicherungshypothek oder die Anordnung und Vollziehung eines Arrestes in Betracht.

10. Kosten und Gebühren. Wie bei sonstigen Vollstreckungsaufträgen aufgrund von nationalen Titeln.

Gem. Art. 47 Abs. 2 EuUnterhaltsVO iVm § 23 AUG ist allerdings einer Partei, der im Ursprungsmitgliedstaat im Erkenntnisverfahren Verfahrenskostenhilfe bewilligt worden ist, auch für Verfahren der Anerkennung, Vollstreckbarerklärung und **Vollstreckung Verfahrenskostenhilfe zu bewilligen** (→ Form. R. XI. 6 Anm. 6).

11. Anhang: Amtliche Formulare.

Anhang I

Auszug auf einer Entscheidung/einem gerichtlichen Vergleich in Unterhaltssachen, die/der keinem Anerkennungs- und Vollstreckbarerklärungsverfahren unterliegt					
(Artikel 20 und Artikel 48 der Verordnung (EG) Nr. 4/2009 des Rates vom 18. Dezember 2008 über die Zuständigkeit, das anwendbare Recht, die Anerkennung und Vollstreckung von Entscheidungen und die Zusammenarbeit in Unterhaltssachen[1])					
WICHTIG					
Vom Ursprungsgericht auszufertigen					
Nur auszufertigen, wenn die Entscheidung oder der gerichtliche Vergleich im Ursprungsmitgliedstaat vollstreckbar ist					
Es sind nur die Angaben zu machen, die in der Entscheidung oder in dem gerichtlichen Vergleich stehen oder die dem Ursprungsgericht mitgeteilt wurden					
1.	Art des Schriftstücks				
	☐	Entscheidung	☐	Gerichtlicher Vergleich	
	Datum und Aktenzeichen:				
	Die Entscheidung/der gerichtliche Vergleich wird in einem anderen Mitgliedstaat anerkannt und kann dort vollstreckt werden, ohne dass die Anerkennung angefochten werden kann und ohne dass es einer Vollstreckbarerklärung bedarf (Artikel 17 und 48 der Verordnung (EG) Nr. 4/2009).				
2.	Ursprungsgericht				
2.1.	Bezeichnung:				
2.2.	Anschrift:				
2.2.1.	Straße und Hausnummer/Postfach:				
2.2.2.	PLZ und Ort:				
2.2.3.	Mitgliedstaat				
	☐ Belgien ☐ Bulgarien ☐ Tschechische Republik ☐ Deutschland ☐ Estland ☐ Irland ☐ Griechenland ☐ Spanien ☐ Frankreich ☐ Italien ☐ Zypern ☐ Lettland ☐ Litauen ☐ Luxemburg ☐ Ungarn ☐ Malta ☐ Niederlande ☐ Österreich ☐ Polen ☐ Portugal ☐ Rumänien ☐ Slowenien ☐ Slowakei ☐ Finnland ☐ Schweden				

2.3.	Telefon/Fax/E-Mail:			
3.	Antragsteller[2] [3]			
3.1.	*Person* A			
3.1.1.	Name und Vorname(n):			
3.1.2.	Geburtsdatum (TT/MM/JJJJ) und Geburtsort:			
3.1.3.	Kennnummer oder Sozialversicherungsnummer:			
3.1.4.	Anschrift:			
3.1.4.1.	Straße und Hausnummer/Postfach:			
3.1.4.2.	PLZ und Ort:			
3.1.4.3.	Land:			
3.1.5.	Die Person hat			
3.1.5.1.	Prozesskostenhilfe erhalten:			
	☐	Ja	☐	Nein
3.1.5.2.	Kosten- und Gebührenbefreiung erhalten:			
	☐	Ja	☐	Nein
3.1.5.3.	ein unentgeltliches Verfahren vor einer in Anhang X der Verordnung (EG) Nr. 4/2009 aufgeführten Verwaltungsbehörde in Anspruch nehmen können:			
	☐	Ja	☐	Nein
3.2.	*Person B*			
3.2.1.	Name und Vorname(n):			
3.2.2.	Geburtsdatum (TT/MM/JJJJ) und Geburtsort:			
3.2.3.	Kennnummer oder Sozialversicherungsnummer:			
3.2.4.	Anschrift:			
3.2.4.1.	Straße und Hausnummer/Postfach:			
3.2.4.2.	PLZ und Ort:			
3.2.4.3.	Land:			
3.2.5.	Die Person hat			
3.2.5.1.	Prozesskostenhilfe erhalten:			
	☐	Ja	☐	Nein
3.2.5.2.	Kosten- und Gebührenbefreiung erhalten:			
	☐	Ja	☐	Nein
3.2.5.3.	ein unentgeltliches Verfahren vor einer in Anhang X der Verordnung (EG) Nr. 4/2009 aufgeführten Verwaltungsbehörde in Anspruch nehmen können:			
	☐	Ja	☐	Nein
3.3.	*Person C*			
3.3.1.	Name und Vorname(n):			
3.3.2.	Geburtsdatum (TT/MM/JJJJ) und Geburtsort:			
3.3.3.	Kennnummer oder Sozialversicherungsnummer:			
3.3.4.	Anschrift:			

3.3.4.1.	Straße und Hausnummer/Postfach:			
3.3.4.2.	PLZ und Ort:			
3.3.4.3.	Land:			
3.3.5.	Die Person hat			
3.3.5.1.	Prozesskostenhilfe erhalten:			
	☐	Ja	☐	Nein
3.3.5.2.	Kosten- und Gebührenbefreiung erhalten:			
	☐	Ja	☐	Nein
3.3.5.3.	ein unentgeltliches Verfahren vor einer in Anhang X der Verordnung (EG) Nr. 4/ 2009 aufgeführten Verwaltungsbehörde in Anspruch nehmen können:			
	☐	Ja	☐	Nein
4.	Antragsgegner [4] [5]			
4.1.	*Person A*			
4.1.1.	Name und Vorname(n):			
4.1.2.	Geburtsdatum (TT/MM/JJJJ) und Geburtsort:			
4.1.3.	Kennnummer oder Sozialversicherungsnummer:			
4.1.4.	Anschrift:			
4.1.4.1.	Straße und Hausnummer/Postfach:			
4.1.4.2.	PLZ und Ort:			
4.1.4.3.	Land:			
4.1.5.	Die Person hat			
4.1.5.1.	Prozesskostenhilfe erhalten:			
	☐	Ja	☐	Nein
4.1.5.2.	Kosten- und Gebührenbefreiung erhalten:			
	☐	Ja	☐	Nein
4.1.5.3.	ein unentgeltliches Verfahren vor einer in Anhang X der Verordnung (EG) Nr. 4/ 2009 aufgeführten Verwaltungsbehörde in Anspruch nehmen können:			
	☐	Ja	☐	Nein
4.2.	*Person* B			
4.2.1.	Name und Vorname(n):			
4.2.2.	Geburtsdatum (TT/MM/JJJJ) und Geburtsort:			
4.2.3.	Kennnummer oder Sozialversicherungsnummer:			
4.2.4.	Anschrift:			
4.2.4.1.	Straße und Hausnummer/Postfach:			
4.2.4.2.	PLZ und Ort:			
4.2.4.3.	Land:			
4.2.5.	Die Person hat			
4.2.5.1.	Prozesskostenhilfe erhalten:			
	☐	Ja	☐	Nein

4.2.5.2.	Kosten- und Gebührenbefreiung erhalten:	
	☐ Ja	☐ Nein
4.2.5.3.	ein unentgeltliches Verfahren vor einer in Anhang X der Verordnung (EG) Nr. 4/ 2009 aufgeführten Verwaltungsbehörde in Anspruch nehmen können:	
	☐ Ja	☐ Nein
4.3.	*Person* C	
4.3.1.	Name und Vorname(n):	
4.3.2.	Geburtsdatum (TT/MM/JJJJ) und Geburtsort:	
4.3.3.	Kennnummer oder Sozialversicherungsnummer:	
4.3.4.	Anschrift:	
4.3.4.1.	Straße und Hausnummer/Postfach:	
4.3.4.2.	PLZ und Ort:	
4.3.4.3.	Land:	
4.3.5.	Die Person hat	
4.3.5.1.	Prozesskostenhilfe erhalten:	
	☐ Ja	☐ Nein
4.3.5.2.	Kosten- und Gebührenbefreiung erhalten:	
	☐ Ja	☐ Nein
4.3.5.3.	ein unentgeltliches Verfahren vor einer in Anhang X der Verordnung (EG) Nr. 4/ 2009 aufgeführten Verwaltungsbehörde in Anspruch nehmen können:	
	☐ Ja	☐ Nein
5.	Tenor der Entscheidung/Inhalt des gerichtlichen Vergleichs	
5.1.	*Währung*	
	☐ Euro (EUR) ☐ Bulgarischer Lev (BGN) ☐ Tschechische Krone (CZK) ☐ Estnische Krone (EEK) ☐ Ungarischer Forint (HUF) ☐ Litauischer Litas (LTL) ☐ Lettischer Lats (LVL) ☐ Polnischer Zloty (PLN) ☐ Rumänischer Leu (RON) ☐ Schwedische Krone (SEK) ☐ Sonstige (ISO-Code angeben):	
5.2.	*Unterhaltsforderung*[6]	
5.2.1.	*Unterhaltsforderung A*	
5.2.1.1.	Die Unterhaltsforderung ist zu zahlen	
	von	**(Name und Vorname(n))**
	an . . . . . (Name und Vorname(n) der Person, an die die Zahlung tatsächlich zu leisten ist)	
	Person, der Unterhalt zusteht:	
	. . . . .	**(Name und Vorname(n))**
5.2.1.2.	☐ Einmalzahlung	
	Gegebenenfalls abgedeckter Zeitraum:	
	. . . . .	
	(Von (TT/MM/JJJJ) bis (TT/MM/JJJJ) oder Ereignis)	
	Fälligkeitstag:	**(TT/MM/JJJJ)**

	Betrag:		
5.2.1.3.	☐	Ratenzahlung	
	Zahlungsfrist (TT/MM/JJJJ)		**Betrag**
	. . . . .		. . . . .
	. . . . .		. . . . .
	. . . . .		. . . . .
	. . . . .		. . . . .
5.2.1.4.	☐	Zahlungen in regelmäßigen Abständen	
		☐	Wöchentlich
		☐	Monatlich
		☐	Sonstige (regelmäßige Abstände angeben): . . . . .
	Betrag:		
	Ab dem:		(TT/MM/JJJJ)
	Fälligkeitstag:		
	☐	Gegebenenfalls bis (Datum (TT/MM/JJJJ) oder Ereignis):	
	Bei einer Indexierung der Unterhaltsforderung bitte die Modalitäten für die Berechnung dieser Indexierung angeben:		
	. . . . .		
	Indexierung gilt ab dem:		(TT/MM/JJJJ)
5.2.1.5.	☐	Rückwirkend zu zahlender Betrag	
	Abgedeckter Zeitraum:		((TT/MM/JJJJ) bis (TT/MM/JJJJ))
	Betrag:		
	Zahlungsart:		
	. . . . .		
	. . . . .		
5.2.1.6.	☐	Zinsen (falls in der Entscheidung/dem gerichtlichen Vergleich angegeben)	
	Fallen für die Unterhaltsforderung Zinsen an, bitte den Zinssatz angeben:		
	Zinsen fällig ab dem:		(TT/MM/JJJJ)
5.2.1.7.	☐	Sachleistungen (bitte angeben):	
	. . . . .		
	. . . . .		
	. . . . .		
5.2.1.8.	☐	Sonstige Zahlungsart (bitte angeben):	
	. . . . .		
	. . . . .		
	. . . . .		
5.2.2.	*Unterhaltsforderung B*		
5.2.2.1.	Die Unterhaltsforderung ist zu zahlen		
	von		**(Name und Vorname(n))**

	an . . . . . (Name und Vorname(n) der Person, an die die Zahlung tatsächlich zu leisten ist)	
	Person, der Unterhalt zusteht:	
	. . . . .	**(Name und Vorname(n))**
5.2.2.2.	☐	Einmalzahlung
	Gegebenenfalls abgedeckter Zeitraum:	
	. . . . .	
	(Von (TT/MM/JJJJ) bis (TT/MM/JJJJ) oder Ereignis)	
	Fälligkeitstag:	(TT/MM/JJJJ)
	Betrag:	
5.2.2.3.	☐	Ratenzahlung
	Zahlungsfrist (TT/MM/JJJJ)	**Betrag**
	. . . . .	. . . . .
	. . . . .	. . . . .
	. . . . .	. . . . .
	. . . . .	. . . . .
5.2.2.4.	☐	Zahlungen in regelmäßigen Abständen
	☐	Wöchentlich
	☐	Monatlich
	☐	Sonstige (regelmäßige Abstände angeben): . . . . .
	Betrag:	
	Ab dem:	(TT/MM/JJJJ)
	Fälligkeitstag:	
	☐	Gegebenenfalls bis (Datum (TT/MM/JJJJ) oder Ereignis): . . . . .
	Bei einer Indexierung der Unterhaltsforderung bitte die Modalitäten für die Berechnung dieser Indexierung angeben:	
	Indexierung gilt ab dem:	(TT/MM/JJJJ)
5.2.2.5.	☐	Rückwirkend zu zahlender Betrag
	Abgedeckter Zeitraum:	((TT/MM/JJJJ) bis (TT/MM/JJJJ))
	Betrag:	
	Zahlungsart:	
	. . . . .	
	. . . . .	
5.2.2.6.	☐	Zinsen (falls in der Entscheidung/dem gerichtlichen Vergleich angegeben)
	Fallen für die Unterhaltsforderung Zinsen an, bitte den Zinssatz angeben:	
	Zinsen fällig ab dem:	(TT/MM/JJJJ)
5.2.2.7.	☐	Sachleistungen (bitte angeben): . . . . .
	. . . . .	
	. . . . .	

	.....		
5.2.2.8.	☐	Sonstige Zahlungsart (bitte angeben):	
	.....		
	.....		
	.....		
5.2.3.	*Unterhaltsforderung C*		
5.2.3.1.	Die Unterhaltsforderung ist zu zahlen		
	von		**(Name und Vorname(n))**
	an ..... (Name und Vorname(n) der Person, an die die Zahlung tatsächlich zu leisten ist)		
	Person, der Unterhalt zusteht:		
	.....		**(Name und Vorname(n))**
5.2.3.2.	☐	Einmalzahlung	
	Gegebenenfalls abgedeckter Zeitraum:		
	.....		
	(Von (TT/MM/JJJJ) bis (TT/MM/JJJJ) oder Ereignis)		
	Fälligkeitstag:		**(TT/MM/JJJJ)**
	Betrag:		
5.2.3.3.	☐	Ratenzahlung	
	Zahlungsfrist (TT/MM/JJJJ)		**Betrag**
	.....		.....
	.....		.....
	.....		.....
	.....		.....
5.2.3.4.	☐	Zahlungen in regelmäßigen Abständen	
		☐	Wöchentlich
		☐	Monatlich
		☐	Sonstige (regelmäßige Abstände angeben): .....
	Betrag:		
	Ab dem:		**(TT/MM/JJJJ)**
	Fälligkeitstag:		
	☐	Gegebenenfalls bis (Datum (TT/MM/JJJJ) oder Ereignis):	
	.....		
	Bei einer Indexierung der Unterhaltsforderung bitte die Modalitäten für die Berechnung dieser Indexierung angeben:		
	Indexierung gilt ab dem:		**(TT/MM/JJJJ)**
5.2.3.5.	☐	Rückwirkend zu zahlender Betrag	
	Abgedeckter Zeitraum:		**((TT/MM/JJJJ) bis (TT/MM/JJJJ))**
	Betrag:		

	Zahlungsart:	
	. . . . .	
	. . . . .	
5.2.3.6.	☐	Zinsen (falls in der Entscheidung/dem gerichtlichen Vergleich angegeben)
	Fallen für die Unterhaltsforderung Zinsen an, bitte den Zinssatz angeben:	
	Zinsen fällig ab dem:	(TT/MM/JJJJ)
5.2.3.7.	☐	Sachleistungen (bitte angeben): . . . . .
	. . . . .	
	. . . . .	
	. . . . .	
5.2.3.8.	☐	Sonstige Zahlungsart (bitte angeben): . . . . .
	. . . . .	
	. . . . .	
	. . . . .	
5.3.	*Gebühren und Kosten*	
	Laut Entscheidung/gerichtlichem Vergleich hat	
	. . . . .	(Name und Vorname(n))
	den Betrag von	
	an	(Name und Vorname(n)) zu zahlen.

Falls weitere Blätter beigefügt wurden, Zahl der Blätter:		
Geschehen zu . . . . . am	(TT/MM/JJJJ)	
Unterschrift und/oder Dienstsiegel des Ursprungsgerichts:		
. . . . .		

[1] **[Amtl. Anm.:]** ABl. 2009 L 7, 1.

[2] **[Amtl. Anm.:]** Sind die Parteien in der Entscheidung/dem gerichtlichen Vergleich nicht als Antragsteller oder Antragsgegner ausgewiesen, so sind sie unterschiedslos als Antragsteller oder Antragsgegner anzugeben.

[3] **[Amtl. Anm.:]** Betrifft die Entscheidung/der gerichtliche Vergleich mehr als drei Antragsteller oder drei Antragsgegner, so ist ein weiteres Blatt beizufügen.

[4] **[Amtl. Anm.:]** Sind die Parteien in der Entscheidung/dem gerichtlichen Vergleich nicht als Antragsteller oder Antragsgegner ausgewiesen, so sind sie unterschiedslos als Antragsteller oder Antragsgegner anzugeben.

[5] **[Amtl. Anm.:]** Betrifft die Entscheidung/der gerichtliche Vergleich mehr als drei Antragsteller oder drei Antragsgegner, so ist ein weiteres Blatt beizufügen.

[6] **[Amtl. Anm.:]** Betrifft die Entscheidung/der gerichtliche Vergleich mehr als drei Antragsteller oder drei Antragsgegner, so ist ein weiteres Blatt beizufügen.

Anhang III

Auszug aus einer öffentlichen Urkunde betreffend Unterhaltsverpflichtungen, die keinem Anerkennungs- und Vollstreckbarerklärungsverfahren unterliegt	
(Artikel 48 der Verordnung (EG) Nr. 4/2009 des Rates vom 18. Dezember 2008 über die Zuständigkeit, das anwendbare Recht, die Anerkennung und Vollstreckung von Entscheidungen und die Zusammenarbeit auf dem Gebiet der Unterhaltspflichten[1])	
WICHTIG	
Von der zuständigen Behörde des Ursprungsmitgliedstaats auszufertigen	
Nur auszufertigen, wenn die öffentliche Urkunde im Ursprungsmitgliedstaat vollstreckbar ist	
Es sind nur die Angaben zu machen, die in der öffentlichen Urkunde stehen oder die der zuständigen Behörde mitgeteilt wurden	
1.	Datum und Aktenzeichen der öffentlichen Urkunde: . . . . . .
	Die öffentliche Urkunde wird in einem anderen Mitgliedstaat anerkannt und ist dort vollstreckbar, ohne dass die Anerkennung angefochten werden kann und ohne dass es einer Vollstreckbarerklärung bedarf (Artikel 48 der Verordnung (EG) Nr. 4/2009)
2.	Art der öffentlichen Urkunde
2.1.	☐ Urkunde, erstellt oder eingetragen am: . . . . . (TT/MM/JJJJ)
	☐ Vereinbarung, abgeschlossen oder beglaubigt am: . . . . . (TT/MM/JJJJ)
2.2.	Zuständige Behörde/Stelle:
2.2.1.	Bezeichnung: . . . . .
2.2.2.	Anschrift:
2.2.2.1	Straße und Hausnummer/Postfach: . . . . .
2.2.2.2	PLZ und Ort: . . . . .
2.2.2.3	Mitgliedstaat
	☐ Belgien ☐ Bulgarien ☐ Tschechische Republik ☐ Deutschland ☐ Estland ☐ Irland ☐ Griechenland ☐ Spanien ☐ Frankreich ☐ Italien ☐ Zypern ☐ Lettland ☐ Litauen ☐ Luxemburg ☐ Ungarn ☐ Malta ☐ Niederlande ☐ Österreich ☐ Polen ☐ Portugal ☐ Rumänien ☐ Slowenien ☐ Slowakei ☐ Finnland ☐ Schweden
2.2.3.	Telefon/Fax/E-Mail . . . . .
3.	Berechtigte Personen[2]
3.1.	*Person A*
3.1.1.	Name und Vorname(n): . . . . .
3.1.2.	Geburtsdatum (TT/MM/JJJJ) und Geburtsort: . . . . .
3.1.3.	Kennnummer oder Sozialversicherungsnummer: . . . . .
3.1.4.	Anschrift:
3.1.4.1.	Straße und Hausnummer/Postfach: . . . . .
3.1.4.2.	PLZ und Ort: . . . . .
3.1.4.3.	Land: . . . . .
3.2.	*Person B*
3.2.1.	Name und Vorname(n): . . . . .

3.2.2.	Geburtsdatum (TT/MM/JJJJ) und Geburtsort: . . . . .
3.2.3.	Kennnummer oder Sozialversicherungsnummer: . . . . .
3.2.4.	Anschrift:
3.2.4.1.	Straße und Hausnummer/Postfach: . . . . .
3.2.4.2.	PLZ und Ort: . . . . .
3.2.4.3.	Land: . . . . .
3.3.	*Person C*
3.3.1.	Name und Vorname(n): . . . . .
3.3.2.	Geburtsdatum (TT/MM/JJJJ) und Geburtsort: . . . . .
3.3.3.	Kennnummer oder Sozialversicherungsnummer: . . . . .
3.3.4.	Anschrift:
3.3.4.1.	Straße und Hausnummer/Postfach: . . . . .
3.3.4.2.	PLZ und Ort: . . . . .
3.3.4.3.	Land: . . . . .
4.	Verpflichtete Person(en)[3]
4.1.	*Person* A
4.1.1.	Name und Vorname(n): . . . . .
4.1.2.	Geburtsdatum (TT/MM/JJJJ) und Geburtsort: . . . . .
4.1.3.	Kennnummer oder Sozialversicherungsnummer: . . . . .
4.1.4.	Anschrift:
4.1.4.1.	Straße und Hausnummer/Postfach: . . . . .
4.1.4.2.	PLZ und Ort: . . . . .
4.1.4.3.	Land: . . . . .
4.2.	*Person* B
4.2.1.	Name und Vorname(n): . . . . .
4.2.2.	Geburtsdatum (TT/MM/JJJJ) und Geburtsort: . . . . .
4.2.3.	Kennnummer oder Sozialversicherungsnummer: . . . . .
4.2.4.	Anschrift:
4.2.4.1.	Straße und Hausnummer/Postfach: . . . . .
4.2.4.2.	PLZ und Ort: . . . . .
4.2.4.3.	Land: . . . . .
4.3.	*Person* C
4.3.1.	Name und Vorname(n): . . . . .
4.3.2.	Geburtsdatum (TT/MM/JJJJ) und Geburtsort: . . . . .
4.3.3.	Kennnummer oder Sozialversicherungsnummer: . . . . .
4.3.4.	Anschrift:
4.3.4.1.	Straße und Hausnummer/Postfach: . . . . .
4.3.4.2.	PLZ und Ort: . . . . .

4.3.4.3.	Land:		
5.	Inhalt der öffentlichen Urkunde		
5.1.	*Währung*		
	☐ Euro (EUR) ☐ Bulgarischer Lev (BGN) ☐ Tschechische Krone (CZK) ☐ Estnische Krone (EEK) ☐ Ungarischer Forint (HUF) ☐ Litauischer Litas (LTL) ☐ Lettischer Lats (LVL) ☐ Polnischer Zloty (PLN) ☐ Rumänischer Leu (RON) ☐ Schwedische Krone (SEK) ☐ Sonstige (ISO-Code angeben):		
5.2.	*Unterhaltsforderung*[4]		
5.2.1.	*Unterhaltsforderung A*		
5.2.1.1.	Die Unterhaltsforderung ist zu zahlen		
	von		**(Name und Vorname(n))**
	an . . . . . (Name und Vorname(n) der Person, an die die Zahlung tatsächlich zu leisten ist)		
	Person, der Unterhalt zusteht:		
	. . . . .		**(Name und Vorname(n))**
5.2.1.2.	☐	Einmalzahlung	
	Gegebenenfalls abgedeckter Zeitraum:		
	. . . . .		
	(Von (TT/MM/JJJJ) bis (TT/MM/JJJJ) oder Ereignis)		
	Fälligkeitstag:		(TT/MM/JJJJ)
	Betrag:		
5.2.1.3.	☐	Ratenzahlung	
	Zahlungsfrist (TT/MM/JJJJ)		**Betrag**
	. . . . .		. . . . .
	. . . . .		. . . . .
	. . . . .		. . . . .
	. . . . .		. . . . .
5.2.1.4.	☐	Zahlungen in regelmäßigen Abständen	
		☐	Wöchentlich
		☐	Monatlich
		☐	Sonstige (regelmäßige Abstände angeben): . . . . .
	Betrag:		
	Ab dem:		(TT/MM/JJJJ)
	Fälligkeitstag:		
	☐	Gegebenenfalls bis (Datum (TT/MM/JJJJ) oder Ereignis):	
	. . . . .		
	Bei einer Indexierung der Unterhaltsforderung bitte die Modalitäten für die Berechnung dieser Indexierung angeben:		
	. . . . .		

	Indexierung gilt ab dem:		(TT/MM/JJJJ)
5.2.1.5.	☐	Rückwirkend zu zahlender Betrag	
	Abgedeckter Zeitraum:		((TT/MM/JJJJ) bis (TT/MM/JJJJ))
	Betrag:		
	Zahlungsart:		
	. . . . .		
	. . . . .		
5.2.1.6.	☐	Zinsen (falls in der öffentlichen Urkunde angegeben)	
	Fallen für die Unterhaltsforderung Zinsen an, bitte den Zinssatz angeben:		
	Zinsen fällig ab dem:		(TT/MM/JJJJ)
5.2.1.7.	☐	Sachleistungen (bitte angeben):	
	. . . . .		
	. . . . .		
	. . . . .		
5.2.1.8.	☐	Sonstige Zahlungsart (bitte angeben):	
	. . . . .		
	. . . . .		
	. . . . .		
5.2.2.	*Unterhaltsforderung B*		
5.2.2.1.	Die Unterhaltsforderung ist zu zahlen		
	von		(Name und Vorname(n))
	an . . . . . (Name und Vorname(n) der Person, an die die Zahlung tatsächlich zu leisten ist)		
	Person, der Unterhalt zusteht:		
	. . . . .		(Name und Vorname(n))
5.2.2.2.	☐	Einmalzahlung	
	Gegebenenfalls abgedeckter Zeitraum:		
	. . . . .		
	(Von (TT/MM/JJJJ) bis (TT/MM/JJJJ) oder Ereignis)		
	Fälligkeitstag:		(TT/MM/JJJJ)
	Betrag:		
5.2.2.3.	☐	Ratenzahlung	
	Zahlungsfrist (TT/MM/JJJJ)		Betrag
	. . . . .		. . . . .
	. . . . .		. . . . .
	. . . . .		. . . . .
	. . . . .		. . . . .
5.2.2.4	☐	Zahlungen in regelmäßigen Abständen	

		☐	Wöchentlich
		☐	Monatlich
		☐	Sonstige (regelmäßige Abstände angeben): . . . . .
	Betrag:		
	Ab dem:		(TT/MM/JJJJ)
	Fälligkeitstag:		
	☐	Gegebenenfalls bis (Datum (TT/MM/JJJJ) oder Ereignis):	
	. . . . .		
	Bei einer Indexierung der Unterhaltsforderung bitte die Modalitäten für die Berechnung dieser Indexierung angeben:		
	. . . . .		
	Indexierung gilt ab dem:		(TT/MM/JJJJ)
5.2.2.5.	☐	Rückwirkend zu zahlender Betrag	
	Abgedeckter Zeitraum:		((TT/MM/JJJJ) bis (TT/MM/JJJJ))
	Betrag:		
	Zahlungsart:		
	. . . . .		
	. . . . .		
5.2.2.6.	☐	Zinsen (falls in der öffentlichen Urkunde angegeben)	
	Fallen für die Unterhaltsforderung Zinsen an, bitte den Zinssatz angeben:		
	Zinsen fällig ab dem:		(TT/MM/JJJJ)
5.2.2.7.	☐	Sachleistungen (bitte angeben):	
	. . . . .		
	. . . . .		
	. . . . .		
5.2.2.8.	☐	Sonstige Zahlungsart (bitte angeben):	
	. . . . .		
	. . . . .		
	. . . . .		
5.2.3.	*Unterhaltsforderung C*		
5.2.3.1.	Die Unterhaltsforderung ist zu zahlen		
	von		(Name und Vorname(n))
	an . . . . . (Name und Vorname(n) der Person, an die die Zahlung tatsächlich zu leisten ist)		
	Person, der Unterhalt zusteht:		
	. . . . .		(Name und Vorname(n))
5.2.3.2.	☐	Einmalzahlung	
	Gegebenenfalls abgedeckter Zeitraum:		

	. . . . .		
	(Von (TT/MM/JJJJ) bis (TT/MM/JJJJ) oder Ereignis)		
	Fälligkeitstag:		(TT/MM/JJJJ)
	Betrag:		
5.2.3.3.	☐	Ratenzahlung	
	Zahlungsfrist (TT/MM/JJJJ)		**Betrag**
	. . . . .		. . . . .
	. . . . .		. . . . .
	. . . . .		. . . . .
	. . . . .		. . . . .
5.2.3.4.	☐	Zahlungen in regelmäßigen Abständen	
		☐	Wöchentlich
		☐	Monatlich
		☐	Sonstige (regelmäßige Abstände angeben): . . . . .
	Betrag:		
	Ab dem:		(TT/MM/JJJJ)
	Fälligkeitstag:		
	☐	Gegebenenfalls bis (Datum (TT/MM/JJJJ) oder Ereignis):	
	. . . . .		
	Bei einer Indexierung der Unterhaltsforderung bitte die Modalitäten für die Berechnung dieser Indexierung angeben:		
	Indexierung gilt ab dem:		(TT/MM/JJJJ)
5.2.3.5.	☐	Rückwirkend zu zahlender Betrag	
	Abgedeckter Zeitraum:		((TT/MM/JJJJ) bis (TT/MM/JJJJ))
	Betrag:		
	Zahlungsart:		
	. . . . .		
	. . . . .		
5.2.3.6.	☐	Zinsen (falls in der öffentlichen Urkunde angegeben)	
	Fallen für die Unterhaltsforderung Zinsen an, bitte den Zinssatz angeben:		
	Zinsen fällig ab dem:		(TT/MM/JJJJ)
5.2.3.7.	☐	Sachleistungen (bitte angeben):	
	. . . . .		
	. . . . .		
	. . . . .		
5.2.3.8.	☐	Sonstige Zahlungsart (bitte angeben):	
	. . . . .		

	. . . . .
	. . . . .
5.3.	*Kosten*
	Laut öffentlicher Urkunde hat
	. . . . . (Name und Vorname(n))
	den Betrag von . . . . .
	an . . . . . (Name und Vorname(n)) zu zahlen.
Falls weitere Blätter beigefügt wurden, Zahl der Blätter:	
Geschehen zu . . . . . am . . . . . (TT/MM/JJJJ)	
Unterschrift und/oder Dienstsiegel des Ursprungsgerichts:	
. . . . .	

[1][**Amtl. Anm.**:] ABl. 2009 L 7, 1.
[2][**Amtl. Anm.**:] Betrifft die öffentliche Urkunde mehr als drei Antragsteller oder drei Antragsgegner, so ist ein weiteres Blatt beizufügen.
[3][**Amtl. Anm.**:] Betrifft die öffentliche Urkunde mehr als drei Antragsteller oder drei Antragsgegner, so ist ein weiteres Blatt beizufügen.
[4][**Amtl. Anm.**:] Betrifft die öffentliche Urkunde mehr als drei Antragsteller oder drei Antragsgegner, so ist ein weiteres Blatt beizufügen.

2. Antrag des Gläubigers auf Bestimmung des vollstreckungsfähigen Inhalts eines ausländischen Titels

An das
Amtsgericht
– Familiengericht –[1, 2]
in . . . . .

In Sachen

des . . . . . [ladungsfähige Anschrift der Gläubigerin],

– Gläubigerin –

– Verfahrensbevollmächtigter: Rechtsanwalt . . . . . –

gegen

. . . . .[ladungsfähige Anschrift des Schuldners],

– Schuldner –

überreichen wir

eine Ausfertigung des vollstreckbaren Urteils des . . . . . gerichts in . . . . ., nebst Übersetzung

(Variante:

eine Ausfertigung des vor dem . . . . .gericht in . . . . . geschlossenen vollsteckbaren Vergleichs,)

(Variante:

eine Ausfertigung der vor dem . . . . . in . . . . . errichteten vollstreckbaren Urkunde,
einen von der zuständigen Behörde in . . . . . unter Verwendung des Formblattes gem. Anhang I/Anhang III zur EuUnterhaltsVO erstellten Auszug des Titels nebst Übersetzung)

und beantragen,

den vollstreckungsfähigen Inhalt des vorgenannten Titels zu bestimmen.[3]

(alternativ:

sowie

der Gläubigerin unter Beiordnung des Unterzeichners Verfahrenskostenhilfe zu bewilligen.)[4]

Gründe:

Die Gläubigerin hat gegen den Schuldner den im Antrag bezeichneten vollstreckbaren Unterhaltstitel erwirkt, nach dem ein monatlicher Unterhalt zu zahlen ist, dessen Höhe sich nach . . . . . [Wiedergabe des Titelinhalts] bestimmt. Ein Versuch, aufgrund dieses Titels die Gehaltsansprüche des Schuldners gegen seinen Arbeitgeber zu pfänden und sich zur Einziehung überweisen zu lassen, scheiterte. Das Vollstreckungsgericht hat den Antrag nämlich mit der Begründung zurückgewiesen, weder aus dem Titel selbst, noch aus dem beigefügten Auszug gem. dem Formblatt nach Anhang I/III zur EuUnterhaltsVO ergebe sich, was genau geschuldet sei. Der Titel sei daher nicht hinreichend bestimmt und daher nicht zur Vollstreckung geeignet.

Beweis: anliegende beglaubigte Kopie des Beschlusses des Amtsgerichts . . . . . vom . . . . . [Aktenzeichen]

Die Gläubigerin kann sich dieser Rechtsauffassung nicht verschließen und hat deshalb kein Rechtsmittel eingelegt. Der Titel dürfte in der Tat nach deutschem Verständnis nicht hinreichend bestimmt sein. Eine Konkretisierung gem. § 34 AUG ist daher geboten.

Der in dem Titel genannte Maßstab ermittelt sich nach den im Ursprungsmitgliedstaat geltenden Grundsätzen wie folgt:

. . . . . [möglichst genaue Beschreibung der Kriterien für die Höhe des Unterhalts]

Beweis: 1. anliegendes Informationsschreiben der Rechtsanwälte aus . . . . . vom . . . . .
2. Auszug aus . . . . . nebst Übersetzung.

Mit einer Entscheidung ohne mündliche Verhandlung ist die Gläubigerin einverstanden/nicht einverstanden.

(alternativ:

Der Gläubigerin ist im Ausgangsverfahren durch das Gericht des Ursprungsmitgliedstaates Verfahrenskostenhilfe/Prozesskostenhilfe/Kosten- und Gebührenbefreiung unter Beiordnung eines Rechtsanwalts gewährt worden. Ihr ist deshalb auch für das vor-

liegende Verfahren Verfahrenskostenhilfe zu bewilligen und ihr der Unterzeichner beizuordnen.)

Abschriften für den Schuldner sind beigefügt.

. . . .

Rechtsanwalt[5, 6]

Anmerkungen

1. Bei Entscheidungen aus anderen Mitgliedstaaten kann sich ergeben, dass sie den deutschen Anforderungen an die Bestimmtheit eines Titels nicht entsprechen, etwa wegen der Koppelung an einen Index oder einen anderen Bemessungsmaßstab bzw. zum Zinsanspruch bei der Zuerkennung „gesetzlicher" oder „gerichtlicher" Zinsen". Ähnliches gilt umgekehrt, falls aus einem deutschen dynamisierten Unterhaltstitel vollstreckt wird, bei dem der Unterhalt gem. § 1612a BGB als Prozentsatz des Mindestunterhalts festgesetzt ist. Hierzu sieht § 245 FamFG eine nachträgliche Bezifferung vor.

Um ausländischen Entscheidungen trotz der nach deutschem Verständnis fehlenden hinreichenden Bestimmtheit Geltung zu verschaffen, besteht im herkömmlichen Exequaturverfahren die Möglichkeit einer nachträglichen Konkretisierung (→ Form. R. VI. 1 Anm. 5). Diese Möglichkeit entfällt indes dann, wenn unmittelbar aus dem ausländischen Titel vollstreckt werden kann. Zur Lösung des Problems sind in den Anlagen zur EuUnterhaltsVO Rubriken zur Angabe des Zinssatzes bzw. für Bemessungsmaßstäbe von Indices vorgesehen. Diese reichen aber nicht immer, zB bei der Anknüpfung an einen anderen Maßstab, etwa an eine bestimmte Gehaltsgruppe (instruktiv OLG Köln Beschl. v. 27.6.2011 – 16 W 3/11, BeckRS 2011, 18418 = FamRZ 2012, 384: keine Vollstreckungseignung eines ukrainischen Titels auf Zahlung „eines Viertels aller Arten von Arbeitslohn"). Auch sind die Anhänge der Verordnungen zur europäischen justiziellen Zusammenarbeit nicht immer korrekt ausgefüllt. Um trotz des Fortfalls des Zwischenverfahrens Problemen bei der Vollstreckung zu begegnen, kann der Unterhaltsgläubiger gem. § 34 AUG die **Bestimmung des vollstreckungsfähigen Inhalts einer Entscheidung** beantragen.

2. Zuständig für die Konkretisierung ist nicht das Vollstreckungsgericht, sondern gem. §§ 34 Abs. 1 S. 2, 35 Abs. 1 AUG das auch für Vollstreckbarkeitsverfahren herkömmlicher Art zuständige **„zentrale" Amtsgericht – Familiengericht – am Sitz des OLG** bzw. das durch Rechtsverordnung eines Landes nach § 35 Abs. 2 AUG bestimmte andere Amtsgericht. Damit soll dem Umstand Rechnung getragen werden, dass die Vollstreckungsorgane mit der Ermittlung ausländischen Rechts und der Bewertung ergänzender ausländischer Urkunden außergewöhnlich belastet wären. Auch soll durch die Konkretisierung des Titels in einem gerichtlichen Verfahren der Gefahr einer unterschiedlichen Auslegung des Titels durch Vollstreckungsorgane begegnet werden (BR-Drs. 854/10, 76). Der Konkretisierungsantrag, kann gem. § 34 Abs. 2 AUG auch zu Protokoll der Geschäftsstelle erklärt werden. Daher ist gem. § 114 Abs. 4 Nr. 6 FamFG eine anwaltliche Vertretung nicht erforderlich. Eine Entscheidung ist gem. § 34 Abs. 2 S. 2 AUG auch ohne mündliche Verhandlung möglich. Dem Schuldner ist gem. § 34 Abs. 2 S. 3 AUG zuvor rechtliches Gehör zu gewähren.

3. Nach § 34 Abs. 3 AUG kann der Gläubiger aus dem Konkretisierungsbeschluss vollstrecken, ohne dass es einer Klausel bedarf. Damit soll dem Umstand Rechnung getragen werden, dass vollstreckbare Entscheidungen aus den Mitgliedstaaten, die an das Haager Protokoll 2007 gebunden sind, also allen Staaten außer Großbritannien und Dänemark, grundsätzlich gemeinschaftsweit ohne Klausel vollstreckbar sind (BR-Drs. 854/10, 77). Sinn und Zweck des Verfahrens nach § 34 AUG ist es nicht, den ohnehin europaweit vollstreckbaren ausländischen Titel zu ändern, sondern nur ihm in Deutschland die Wirkung zu verschaffen, die ihm ohnehin schon zukommt (BR-Drs. 854/10, 76).

4. **Verfahrenskostenhilfe**: Gem. Art. 47 Abs. 2 EuUnterhaltsVO iVm § 23 AUG ist einer Partei, der im Ursprungsmitgliedstaat im Erkenntnisverfahren Verfahrenskostenhilfe bewilligt worden ist, auch für Verfahren der Anerkennung, Vollstreckbarerklärung und Vollstreckung Verfahrenskostenhilfe zu bewilligen. Eine (erneute) Prüfung der Erfolgsaussicht erfolgt also nicht. Auch bedarf es keiner (erneuten) Darlegung der persönlichen und wirtschaftlichen Verhältnisse des Antragstellers.

5. **Kosten und Gebühren.** Gericht: Festgebühr von 60,– EUR gem. Nr. 1713 KV FamGKG; Anwalt: wohl 1,3 Verfahrensgebühr und ggf. weitere Gebühren gem. Nr. 3100 ff. VV RVG.

6. **Rechtsmittel.** Gegen die Entscheidung des Gerichts ist gem. § 34 Abs. 4 AUG die befristete Beschwerde nach den §§ 58 ff. FamFG statthaft, allerdings abweichend von § 61 FamFG nicht von einem Beschwerdewert abhängig.

3. Antrag des Unterhaltsschuldners auf Einstellung der Zwangsvollstreckung wegen eines im Ursprungsmitgliedstaat eingelegten Rechtsmittels oder Rechtsbehelfs

An das

Amtsgericht

– Familiengericht –[2]

in .....

In Sachen

des ..... [ladungsfähige Anschrift der Gläubigerin],

– Gläubigerin –

– Verfahrensbevollmächtigter: Bundesamt für Justiz, Adenauerallee 99–103, 53113 Bonn –[5]

gegen

.....[ladungsfähige Anschrift des Schuldners],

– Schuldner –

– Verfahrensbevollmächtigte: Rechtsanwälte ..... –

bestellen wir uns ordnungsgemäße Bevollmächtigung versichernd für den Schuldner und beantragen,

die Zwangsvollstreckung aus dem Urteil/Beschluss des ..... gerichts in ..... vom ..... – ..... [Aktenzeichen] – bis zur Entscheidung des Ursprungsgerichts über das dort von dem Schuldner eingelegte Rechtsmittel de ..... einstweilen einzustellen.[1, 2]

(Variante:

auf laufenden Unterhalt von monatlich ..... EUR/andere Währung/und rückständigen Unterhalt von ..... EUR/andere Währung zu beschränken.)

Gründe:

Die Gläubigerin betreibt aus dem im Antrag bezeichneten Urteil/Beschluss, mit dem der Schuldner zur Zahlung von monatlich ..... EUR/[sonstige Währung eines EU-Mitgliedstaates] laufenden Unterhalts/und rückständigen Unterhalts von ..... verpflichtet worden ist, in Deutschland die Zwangsvollstreckung und hat aufgrund dieses Titels das Arbeitseinkommen des Schuldners pfänden und sich zur Einziehung überweisen lassen.

Die Unterhaltsansprüche sind nicht/nur zum Teil gerechtfertigt. Der Schuldner hat deswegen gegen die am ..... zugestellte Entscheidung innerhalb der Rechtsmittelfrist von ..... im Ursprungsmitgliedstaat das dort statthafte Rechtmittel de ..... eingelegt. Wegen der Statthaftigkeit des Rechtsmittels und der dabei einzuhaltenden Formalien wird auf den anliegenden Auszug aus der ..... Zivilprozessordnung verwiesen.

Die unverzügliche Einstellung der Zwangsvollstreckung ist geboten, weil dem Schuldner ansonsten ein nicht zu ersetzender Nachteil droht. Der Schuldner wird nämlich bei einer weiteren Vollstreckung die beigetriebenen Beträge auf Dauer verlieren. Die Gläubigerin ist vermögenslos. Sie war nie berufstätig und es ist abzusehen, dass sie auch in Zukunft keine Arbeit aufnehmen wird. Über sonstige Einkünfte verfügt sie nicht.[3]

Auch hat das Rechtsmittel eine hohe Aussicht auf Erfolg, wie der ebenfalls beigefügten Rechtsmittelbegründung zu entnehmen ist.[4]

Zur Glaubhaftmachung werden überreicht:

1. Urteil/Beschluss des Gerichts vom ..... einschließlich Übersetzung und Zustellnachweis
2. Pfändungs- und Überweisungsbeschluss vom .....
3. Rechtsmittelschrift der Rechtsanwälte ..... nebst Übersetzung
4. Nachricht des Ursprungsgerichts über den Eingang des Rechtsmittels nebst Übersetzung
5. Rechtsmittelbegründung der Rechtsanwälte ..... nebst Übersetzung
6. Auszug aus der ..... Zivilprozessordnung nebst Übersetzung
7. .....

Abschriften für die Gläubigerin sind beigefügt.

.....

Rechtsanwalt[6]

Anmerkungen

1. Die Durchsetzung eines Unterhaltstitels in einem anderen Mitgliedstaat setzt nur dessen Vollstreckbarkeit, nicht aber dessen Rechtskraft voraus. Für den Fall, dass im Ursprungsmitgliedstaat ein Rechtsmittel oder ein Rechtsbehelf eingelegt worden ist, kann deswegen im Vollstreckungsstaat ein Bedürfnis nach einer einstweiligen Einstellung der Zwangsvollstreckung bestehen. Die EuUnterhaltsVO eröffnet in § 21 Abs. 3 nur die Möglichkeit zur Aussetzung, falls das Verfahren bereits im Ursprungsstaat ausgesetzt ist. Dieser und die weiteren in Art. 21 Abs. 2 und 3 EuUnterhaltsVO geregelten Rechtsbehelfe sind indes nicht abschließend. Daneben verbleiben daher auch nach innerstaatlichem Recht statthafte Einstellungsmöglichkeiten, sofern sie mit denen nach der Verordnung nicht unvereinbar sind, wie sich aus Art. 21 Abs. 1 EuUnterhaltsVO ergibt (vgl. auch Erwägungsgrund 30 der EuUnterhaltsVO).

2. Nach nationalem Recht kann ein Schuldner in Unterhaltssachen gem. § 120 FamFG und den §§ 707, 719 ZPO die einstweilige Einstellung oder Beschränkung der Zwangsvollstreckung beantragen, wenn er ein Wiedereinsetzungsgesuch gestellt oder gegen eine

Entscheidung ein Rechtsmittel bzw. im Falle der Säumnis einen Einspruch eingelegt hat. Da ein solcher Fall in Art. 21 Abs. 2 und 3 EuUnterhaltsVO nicht geregelt ist, wird dem Schuldner auch bei der Vollstreckung aus Entscheidungen aus anderen Mitgliedstaaten durch § 33 AUG die Möglichkeit eröffnet, bei dem in § 35 Abs. 1, 2 AUG bezeichneten **„zentralen" Familiengericht die vorläufige Einstellung oder Beschränkung der Zwangsvollstreckung** nach den §§ 707, 719 ZPO iVm § 120 Abs. 2, 3 FamFG zu beantragen (vgl. BR-Drs. 854/10, 75). In Betracht kommt dabei nur eine Einstellung ohne Sicherheitsleistung; eine solche gegen Sicherheitsleistung ist nach § 120 FamFG dagegen nicht möglich (OLG Bremen Beschl. v. 21.9.2010 – 4 UF 94/10, FamRZ 2011, 322; Keidel/*Weber* § 120 Rn. 12, 14a; Prütting/Helms/*Hau* § 120 Rn. 8).

3. Voraussetzung für die Einstellung oder Beschränkung der Zwangsvollstreckung ist es gem. § 120 Abs. 2 S. 2 FamFG, dass der Schuldner glaubhaft macht, dass die Vollstreckung ihm **einen nicht zu ersetzenden Nachteil** bringt. Dies kann insbesondere dann der Fall sein, wenn im Falle einer Aufhebung oder Abänderung des Titels im Ursprungsmitgliedstaat der Unterhaltsgläubiger im Hinblick auf seine finanziellen Verhältnisse voraussichtlich auf Dauer nicht in der Lage sein wird, die beigetriebenen Geldbeträge zurückzuzahlen (BGH Beschl. v. 30.1.2007 – X ZR 147/06, NJW-RR 2007, 1138; Keidel/*Weber* § 120 Rn. 17).

4. Im Rahmen der **Ermessensentscheidung**, ob vorläufig einzustellen ist, spielt auch die Frage der Erfolgsaussicht des im Ursprungsmitgliedstaat eingelegten Rechtsbehelfs bzw. Rechtsmittels eine maßgebliche Rolle. Mit dem Einstellungsantrag sollte daher regelmäßig auch die dortige Begründung vorgelegt werden (BR-Drs. 854/10, 75), und zwar ggf. einschließlich einer Übersetzung bzw. – für Titel aus Bulgarien oder Griechenland – einer Transkription in die deutsche Sprache. Um den Vortrag nachvollziehbar zu machen, empfiehlt es sich, bereits mit dem Antrag dem Gericht durch Vorlage eines entsprechenden Auszugs aus der ausländischen Verfahrensordnung die erforderliche Kenntnis von der Zulässigkeit des Rechtsmittels bzw. Rechtsbehelfs im Ursprungsmitgliedstaat zu vermitteln.

5. Zentrale Behörde für die gerichtliche und außergerichtliche Geltendmachung von Unterhaltsansprüchen in Zusammenarbeit mit den zuständigen ausländischen Behörden war bereits in der Vergangenheit das im Rubrum des vorstehenden Form. als Verfahrensbevollmächtigter der Gläubigerin aufgeführte Bundesamt für Justiz. Es hat demzufolge bereits in Vollstreckbarkeitsverfahren herkömmlicher Art nach der Brüssel-I-VO oder dem HUVÜ 1973 regelmäßig ausländische Unterhaltsgläubiger vertreten. Seine Zuständigkeit ist nunmehr in den §§ 4, 5 AUG geregelt.

6. Kosten und Gebühren. Gericht: keine; Anwalt: 0,3 Vollstreckungsgebühr und ggf. 0,3 Terminsgebühr gem. Nr. 3309, 3310 VV RVG.

4. Antrag des Unterhaltsschuldners auf Verweigerung der Vollstreckung wegen Vollstreckungsverjährung oder einer Titelkollision

An das

Amtsgericht

– Vollstreckungsgericht –[1, 5]

in . . . . .

In Sachen

der . . . . . [ladungsfähige Anschrift der Gläubigerin],

– Gläubigerin –

– Verfahrensbevollmächtigte: Rechtsanwälte . . . . . –

gegen

. . . . .[ladungsfähige Anschrift des Schuldners],

– Schuldner –

– Verfahrensbevollmächtigte: Rechtsanwälte . . . . . –

bestellen wir uns ordnungsgemäße Bevollmächtigung versichernd für den Schuldner und beantragen,

die Zwangsvollstreckung aus
dem Urteil/Beschluss des . . . . . gerichts in . . . . . vom . . . . . – . . . . . [Aktenzeichen] –

(Variante:

dem vor dem . . . . .gericht in abgeschlossenen gerichtlichen Vergleich vom . . . . . – . . . . . [Aktenzeichen] –)

(Variante:

der vor Notar/[sonstige Stelle] errichteten öffentlichen Urkunde Nr., ... vom . . . . .

zu verweigern,[2]*)*

vorab,

im Wege der einstweiligen Anordnung die Zwangsvollstreckung aus dem vorbezeichneten Titel einstweilen einzustellen sowie die am . . . . . durch den Gerichtsvollzieher . . . . . ausgebrachte Pfändung des . . . . . aufzuheben.

Gründe:

Die Gläubigerin betreibt aus dem im Antrag bezeichneten Titel, mit dem der Schuldner zur Zahlung von monatlich . . . . . EUR/*[sonstige Währung eines EU-Mitgliedstaates]* laufenden Unterhalts/und rückständigen Unterhalts von . . . . . verpflichtet worden ist, in Deutschland die Zwangsvollstreckung und hat aufgrund dieses Titels durch Herrn Obergerichtsvollzieher . . . . pfänden lassen.

Die Vollstreckung aus dem Titel ist – teilweise – zu verweigern, weil die titulierten Ansprüche wegen des laufenden Unterhalts bis einschließlich . . . . . verjährt sind.[3]

Der nach dem Titel geschuldete laufende monatliche Unterhalt von . . . . . EUR unterliegt in Deutschland gem. §§ 195, 197 Abs. 2 BGB der regelmäßigen Verjährungsfrist von drei Jahren. Dies hat die Folge, dass wegen der bis zum . . . . . geschuldeten Beträge Verjährung eingetreten wäre. Allerdings ist die Verjährungsfrist im Ursprungsstaat mit . . . . . Jahren deutlich länger.

Beweis: Anliegender Auszug aus dem . . . . . gesetzbuch nebst Übersetzung

Auch nach dieser gem. Art. 21 Abs. 2 letzter Hs. EuUnterhaltsVO maßgeblichen längeren Verjährungsfrist ist wegen der bis zum . . . . . geschuldeten Beträge Verjährung eingetreten mit der Folge, dass insoweit die Vollstreckung zu verweigern ist.

Falls dem Gericht der überreichte Auszug für die Beurteilung der verjährungsrechtlichen Rechtslage in . . . . . nicht ausreicht, mag es ggf. gem. § 293 ZPO von Amts wegen ein Rechtsgutachten einholen.

(Variante:

Die Vollstreckung aus dem Titel ist zu verweigern; denn es ist unvereinbar mit dem in der Anlage beigefügten Urteil des . . . . .gerichts in . . . . .[4]

. . . . .*[einzelfallbezogene Gründe])*

Der Erlass einer einstweiligen Anordnung ist gem. § 31 Abs. 2 S. 3 AUG iVm § 769 ZPO geboten, um zu vermeiden, dass der Schuldner rechtlos gestellt wird. Insbesondere droht dem Schuldner der Verlust des gepfändeten . . . . ., da Versteigerungstermin auf den . . . . . anberaumt ist.

Zur Glaubhaftmachung wird hierzu ergänzend auf die anliegende Ankündigung des Obergerichtsvollziehers . . . . . vom . . . . . Bezug genommen.

Abschriften für die Gläubigerin sind beigefügt.

. . . . .

Rechtsanwalt[6, 7]

Anmerkungen

1. Eine Überprüfung der Entscheidung aus dem Ursprungsmitgliedstaat ist nach Art. 42 EuUnterhaltsVO untersagt. Auch findet eine ordre public – Kontrolle im Verfahren der unmittelbaren Vollstreckung nach den Art. 17 ff. EuUnterhaltsVO nicht statt, und zwar bewusst (vgl. Prütting/Helms/*Hau* Anh. § 110 Rn. 105). Im Vollstreckungsmitgliedstaat stehen dem Unterhaltsschuldner nur die Rechtsbehelfe des Art. 21 EuUnterhaltsVO zur Verfügung. Da die Vollstreckbarkeit derjenigen eines nationalen Titels entspricht, gelten zunächst die Rechtsbehelfe des nationalen Vollstreckungsrechts, wie durch Art. 21 Abs. 1 EuUnterhaltsVO klargestellt wird, also etwa die **Erinnerung nach § 766 ZPO** und die **sofortige Beschwerde gem. § 793 ZPO**, jeweils iVm § 120 Abs. 1 FamFG. Hierzu rechnet der deutsche Gesetzgeber – anders als Teile der Lit. zu anderen Verordnungen im Rahmen der justiziellen Zusammenarbeit in Zivilsachen – nach § 66 AUG mit Recht auch **Vollstreckungsabwehrverfahren.**

Problematisch ist allerdings die internationale Zuständigkeit deutscher Gerichte (§ 66 Abs. 3 AUG regelt nur die örtliche Zuständigkeit). Diese folgt aus **Art. 3 EuUnterhaltsVO,** allerdings mit der Begrenzung des **Art. 8 Abs. 1 EuUnterhaltsVO,** wonach der Verpflichtete, also der Unterhaltsschuldner solange, wie der Unterhaltsgläubiger noch seinen gewöhnlichen Aufenthalt im Urteilsstaat hat, in keinem anderen Mitgliedstaat ein Verfahren einleiten kann. Damit dürfte die deutsche internationale Zuständigkeit für Vollstreckungsabwehrverfahren von Unterhaltsschuldnern, die in Deutschland wohnen und sich hier gegen die Durchsetzung eines Titels aus einem anderen Mitgliedstaat wenden wollen, häufig fehlen.

Streitig und bisher nicht geklärt, ist allerdings die Frage, ob Art. 8 EuUnterhaltsVO überhaupt auf Vollstreckungsabwehranträge anwendbar ist oder nur Abänderungsverfahren erfasst (bejahend mit Recht Zöller/*Geimer* EuUnterhVO Art. 8 Rn. 4, Prütting/Helms/*Hau* FamFG § 110 Anh. 3 Rn. 68, verneinend Geimer/Schütze/*Reuß* IntRechtsverkehr Bd. 2 Art. 8 VO (EG) 4/2009 Rn 7 jeweils mit weiteren Nachweisen). Jedenfalls kann die schon zuvor umstrittene Erwägung des deutschen Gesetzgebers zu § 66 AUG, dass die internationale Zuständigkeit deutscher Gerichte aus dem ausschließlichen Gerichtsstand für

Zwangsvollstreckungssachen gem. Art. 22 Nr. 5 Brüssel-I-VO folge, weil die Brüssel-I-VO durch die EuUnterhaltsVO nicht abgeändert, sondern nur wegen der unterhaltsrechtlichen Regelungen ergänzt werde (BR-Drs. 854/10, 82), seit Inkrafttreten der Brüssel-Ia-VO am 10.01.2015 nicht mehr greifen. Denn nunmehr sind Unterhaltssachen gem. Art. 1 Abs. 2 lit. e Brüssel-Ia-VO ausdrücklich von deren Anwendungsbereich ausgenommen. Die internationale Zuständigkeit kann sich mithin nur noch aus den Art. 3 ff. EuUnterhaltsVO selbst ergeben. Diese wird idR bei einem in einem anderen Mitgliedstaat wohnenden Unterhaltsberechtigten und Antragsgegner eines Vollstreckungsgegenantrags fehlen. Wie im Verfahren nach der Brüssel-I-VO oder der Brüssel-Ia-VO sind Vollstreckungsgegenanträge zwar möglich; anders als dort fehlt es aber in der EuUnterhaltsVO an einer Norm, welche die Zuständigkeit deutscher Gerichte begründet.

Besteht – ausnahmsweise – eine internationale Zuständigkeit deutscher Gerichte, ergeben sich für Vollstreckungsabwehranträge gem. § 66 AUG iVm. §§ 767 ZPO, 120 FamFG gegen Titel, die unmittelbar vollstreckt werden können, keine Besonderheiten gegenüber entsprechenden Anträgen gegen nationale Unterhaltstitel (zu Abwehranträgen im Falle eines für vollstreckbar erklärten Titels → Form. R. XI. 10).

2. Daneben bestehen die autonomen Rechtsbehelfe des Art. 21 Abs. 2 und 3 EuUnterhaltsVO. Es sind dies die **Anträge auf Verweigerung der Vollstreckung** wegen inzwischen eingetretener Verjährung nach dem Recht entweder des Ursprungs- oder des Vollstreckungsmitgliedstaates mit einer Maßgeblichkeit der längeren Frist oder wegen einer Titelkollision. Ferner besteht die Möglichkeit einer **Aussetzung des Vollstreckungsverfahrens**, wenn im Ursprungsmitgliedstaat ein Antrag auf Nachprüfung nach Art. 19 gestellt oder dort das Verfahren ausgesetzt ist.

3. Wegen der **Vollstreckungsverjährung** braucht der Schuldner anders als bei nationalen Titeln keine Vollstreckungsgegenklage gem. § 767 ZPO zu erheben, sondern kann sich des vereinfachten Verfahrens nach Art. 21 Abs. 2 EuUnterhaltsVO bedienen (BR-Drs. 854/10). Eine Vollstreckungsgegenklage dürfte sogar unzulässig sein, da innerstaatliche Rechtsbehelfe gem. Art. 21 Abs. 1 EuUnterhaltsVO nicht statthaft sind, soweit diejenigen des Art. 21 Abs. 2 und 3 EuUnterhaltsVO eingreifen.

4. Der in Art. 21 Abs. 2 EuUnterhaltsVO weiter geregelte Fall einer **Titelkollision** wird selten praktisch werden, zumal im 3. Unterabsatz klargestellt wird, dass hiervon Entscheidungen, mit denen eine frühere Unterhaltsentscheidung wegen veränderter Umstände abgeändert werden, nicht hiervon erfasst sind. Allerdings ist der Wortlaut der Verordnung im 2. Unterabsatz des Art. 21 Abs. 2 EuUnterhaltsVO unklar, weil das Vollstreckungsgericht – abweichend von dem im 1. Unterabsatz geregelten Fall der Verjährung und abweichend zB von der Regelung in Art. 21 Abs. 1 EuVTVO – in Fällen einer Titelkollision die Vollstreckung verweigern „kann". Dies deutet darauf hin, dass dem Vollstreckungsgericht ein Ermessen zustehen könnte. Auch spielt es nach dem Wortlaut der Verordnung und ebenfalls anders als zB nach Art. 21 Abs. 1 EuVTVO keine Rolle, welche der beiden kollidierenden Entscheidungen zeitlich früher ergangen ist. Beides ist für Fälle einer Titelkollision kaum nachzuvollziehen (siehe auch Prütting/Helms/*Hau* Anh. § 110 Rn. 106).

5. Der Antrag ist gem. § 31 Abs. 1 S. 1 AUG an das **Vollstreckungsgericht** zu richten. Örtlich zuständig ist gem. § 31 Abs. 1 S. 2 AUG das in § 764 Abs. 2 ZPO bezeichnete Gericht. Die Entscheidung ist nicht dem Rechtspfleger übertragen, sondern **dem Richter vorbehalten** (BR-Drs. 854/10, 74). Gem. § 31 Abs. 2 S. 3 AUG kann das Gericht bis zu seiner Entscheidung **einstweilige Anordnungen nach § 769 Abs. 1, 2 ZPO** treffen.

6. Kosten und Gebühren. Gericht: Festgebühr von 30,– EUR gem. Nr. 2119 KV GKG; Anwalt: 0,3 Vollstreckungsgebühr und ggf. 0,3 Terminsgebühr gem. Nr. 3309, 3310 VV RVG.

7. Rechtsmittel. Die Endentscheidung ist mit der sofortigen Beschwerde nach § 793 ZPO anfechtbar.

5. Antrag des Unterhaltsschuldners auf Aussetzung der Vollstreckung wegen eines im Ursprungsmitgliedstaat gestellten Fortsetzungsantrags

An das

Amtsgericht

– Vollstreckungsgericht –[1, 2, 3, 5]

in . . . . .

In Sachen

der . . . . . [ladungsfähige Anschrift der Gläubigerin],

– Gläubigerin –

– Verfahrensbevollmächtigter: Bundesamt für Justiz, Adenauerallee 99–103, 53113 Bonn –

gegen

. . . . .[ladungsfähige Anschrift des Schuldners],

– Schuldner –

– Verfahrensbevollmächtigte: Rechtsanwälte . . . . . –

bestellen wir uns für den Schuldner und beantragen,

die Zwangsvollstreckung aus dem Urteil/Beschluss des . . . . . gerichts in . . . . . vom . . . . . – . . . . .[Aktenzeichen] – bis zur Entscheidung des Ursprungsgerichts über den dort von dem Schuldner gestellten Fortsetzungsantrag nach Art. 19 EuUnterhaltsVO auszusetzen.[4]

(Variante:

auf laufenden Unterhalt von monatlich . . . . . EUR/[andere Währung]/und rückständigen Unterhalt von . . . . . EUR/[andere Währung] zu beschränken.)

Gründe:[6]

Die Gläubigerin betreibt aus dem im Antrag bezeichneten Urteil/Beschluss, mit dem der Schuldner zur Zahlung von monatlich . . . . . EUR/[andere Währung eines EU-Mitgliedstaates] laufenden Unterhalts/und rückständigen Unterhalts von . . . . . verpflichtet worden ist, in Deutschland die Zwangsvollstreckung und hat aufgrund diese Titels das Arbeitseinkommen des Schuldners pfänden und sich zur Einziehung überweisen lassen.

Bei dem Titel des Ursprungsgerichts handelt es sich um eine Säumnisentscheidung, die ergangen war, weil der Schuldner im Termin zur mündlichen Verhandlung vom . . . . . säumig geblieben war. Diese Säumnis war indes unverschuldet, weil dem Schuldner, der weder der . . . . . Sprache mächtig ist, noch am Sitz des Ursprungsgerichts zugelassene Rechtsanwälte kannte, die Klageschrift nebst Ladung zum Termin erst eine Woche vorher zugestellt worden war.

In der Folgezeit hat er sich bemüht, einen am Ursprungsgericht zugelassenen Rechtsanwalt mit seiner Verteidigung auf die Klage zu beauftragen. Bevor ihm dies gelungen war, wurde ihm die ergangene Entscheidung zugestellt. An der Einlegung des ihm hiergegen nach dem Recht des Ursprungsmitgliedstaates eröffneten Rechtsmittel de . . . . . innerhalb der gesetzlichen Frist von . . . . . Wochen/Monat(en) war er jedoch unverschuldet gehindert; denn

. . . . . [Darlegung von einzelfallbezogenen Umständen, die ein Verschulden ausschließen].

Erst ab dem . . . . . war der Schuldner wieder in der Lage für seine Rechtsverteidigung Sorge zu tragen. Da zu diesem Zeitpunkt die Rechtsmittelfrist bereits abgelaufen war, haben die von ihm beauftragen Rechtsanwälte bei dem Ursprungsgericht einen Antrag nach Art. 19 EuUnterhaltsVO auf Fortsetzung des Verfahrens gestellt, dem zu entnehmen ist, dass die geltend gemachten Unterhaltsansprüche nicht/nur zum Teil gerechtfertigt sind. Der Fortsetzungsantrag ist am . . . . . bei dem Ursprungsgericht eingegangen.

Zur Glaubhaftmachung werden überreicht:

1. Bescheinigung über die Zustellung der Klage und der Ladung
2. Urteil/Beschluss des Gerichts vom . . . . . einschließlich Übersetzung
3. Bescheinigung über die Zustellung des Urteils/Beschlusses
4. Pfändungs- und Überweisungsbeschluss vom . . . . .
5. Fortsetzungsantrag nebst Übersetzung
6. Nachricht des Ursprungsgerichts über den Eingang des Fortsetzungsantrags nebst Übersetzung
7. Eidesstattliche Versicherung des Schuldners vom . . . . .
8. Eidesstattliche Versicherung des . . . . . vom
. . . . .

Abschriften für die Gläubigerin sind beigefügt.

. . . . .

Rechtsanwalt[7]

Anmerkungen

1. Mindestvorschriften zum Verfahren sind trotz fehlender Angleichung der Rechtssysteme in der EU nicht vorgesehen mit der Folge, dass der Schuldner bei Verfahrensverstößen auf Rechtsbehelfe im Ursprungsmitgliedstaat und im Vollstreckungsstaat angewiesen ist.

Eine Verletzung rechtlichen Gehörs kann der Schuldner, der sich auf das Verfahren nicht eingelassen hat, mit dem **Nachprüfungsantrag beim Ursprungsgericht nach Art. 19 EuUnterhaltsVO** geltend machen. Dieser autonome europarechtliche Rechtsbehelf steht ihm auch in Fällen zu, in denen das Verfahren zunächst noch keinen Bezug zu einem anderen Mitgliedstaat hat („potentiell grenzüberschreitender Sachverhalt", so *Gsell/Netzer* IPRax 2010, 403). Der Antrag kann zum einen darauf gestützt werden, dass dem Schuldner das verfahrenseinleitende Schriftstück oder ein gleichwertiges Schriftstück nicht rechtzeitig und in einer Weise zugestellt worden ist, dass er sich verteidigen konnte. In dieser Alternative entspricht er – allerdings mit der Maßgabe, dass der Antrag beim Ursprungsgericht zu stellen ist – dem Anerkennungsversagungsgrund des Art. 34 Nr. 2 EuGVVO. Auf die hierzu entwickelten Grundsätze kann daher Bezug genommen werden (→ Form. R. VI. 3 Anm. 4). Zum anderen hat eine Nachprüfung zu erfolgen, wenn der Schuldner aufgrund höherer Gewalt oder aufgrund außergewöhnlicher Umstände ohne eigenes Verschulden nicht in der

Lage war, Einspruch gegen die Unterhaltsforderung zu erheben. Dieser Nachprüfungsgrund, der Art. 19 Abs. 1b EuVTVO nachgebildet ist, bezieht sich mithin auf Umstände, die nach der Zustellung des verfahrenseinleitenden Schriftstücks entstanden sind. Höhere Gewalt betrifft Umstände außerhalb der Sphäre des Schuldners, etwa das Nichterscheinen zu einem Termin infolge eines Naturereignisses oder etwa ein Feststecken in einem liegen gebliebenen Zug bzw. mit dem Auto im Stau trotz rechtzeitigen Fahrtantritts. Sonstige besondere Umstände können dagegen auch aus dem Einflussbereich des Schuldners kommen, zB eine plötzliche schwere Erkrankung. Die **Beweislast** für den geltend gemachten Nachprüfungsgrund liegt beim Schuldner Rauscher/*Andrae/Schimrick* EG-UntVO Art. 19 Rn. 18–20).

2. In beiden Alternativen scheitert der Antrag allerdings dann, wenn der Schuldner es unterlassen hat, einen ihm möglichen Rechtsbehelf, etwa in Deutschland einen Einspruch gegen einen Säumnisbeschluss nach den §§ 112, 113 FamFG, 338 ff. ZPO einzulegen. Die Rechtsfolgen der Entscheidung über den Antrag auf Nachprüfung sind in Art. 19 Abs. 3 EuUnterhaltsVO geregelt, nämlich entweder dessen Zurückweisung oder die Nichtigkeitserklärung der Ursprungsentscheidung, deren verjährungsunterbrechende Wirkung aber erhalten bleibt. Auch wird klargestellt, dass der ursprünglich eingeklagte Unterhalt rückwirkend weiter geltend gemacht werden kann.

3. Für **Unterhaltstitel aus Deutschland**, aus denen ggf. in einem anderen Mitgliedstaat vollstreckt werden soll, wird der Nachprüfungsantrag nach Art. 19 EuUnterhaltsVO keine nennenswerte Rolle spielen; denn dem Schuldner steht neben dem Einspruch gegen den Versäumnisbeschluss in Fällen unverschuldeter Fristversäumnis die Möglichkeit der **Wiedereinsetzung in den vorigen Stand** gem. den §§ 233 ff. ZPO zu (BR-Drs. 854/10, 84; Prütting/Helms/*Hau* Anh. § 110 Rn. 98). Von der Darstellung eines entsprechenden Form. kann daher abgesehen werden.

4. Größerem Gewicht kommt dagegen Rechtsschutzmöglichkeiten des Schuldners für den Fall zu, dass aus einem ausländischem Titel, zu dem im Ursprungsmitgliedsstaat ein Nachprüfungsantrag gestellt worden ist, in Deutschland vollstreckt werden soll. Für diesen Fall eröffnet Art. 21 Abs. 3 S. 1 EuUnterhaltsVO die Möglichkeit, im Vollstreckungsstaat zu beantragen, die **Zwangsvollstreckung ganz oder teilweise auszusetzen.**

5. Der Antrag ist gem. § 31 Abs. 1 S. 1 AUG an das **Vollstreckungsgericht** zu richten. Örtlich zuständig ist gem. § 31 Abs. 1 S. 2 AUG das in § 764 Abs. 2 ZPO bezeichnete Gericht. Da es sich um eine nur vorläufige Maßnahme handelt, entscheidet das Gericht gem. § 31 Abs. 3 AUG im Wege einer **nicht anfechtbaren einstweiligen Anordnung.** Die Entscheidung ist nicht dem Rechtspfleger übertragen, sondern **dem Richter vorbehalten** (BR-Drs. 854/10, 74.).

6. Um dem Vollstreckungsgericht eine sachgerechte Ausübung des eingeräumten Ermessens zu ermöglichen, sollte eine nachvollziehbare Darlegung der Voraussetzungen des Art. 19 EuUnterhaltsVO erfolgen, also wie in dem vorstehenden Form. mit der Berufung auf eine nicht rechtzeitige Zustellung des verfahrenseinleitenden Schriftstücks (siehe zu den Fristen → Form. R. VII. 2 Anm. 4) und auf die unverschuldete Nichteinlegung eines Rechtsbehelfs.

7. Kosten und Gebühren. Gericht: Festgebühr von 30,– EUR gem. Nr. 2119 KV GKG; Anwalt: 0,3 Vollstreckungsgebühr und ggf. 0,3 Terminsgebühr gem. Nr. 3309, 3310 VV RVG.

6. Antrag auf Vollstreckbarerklärung einer Entscheidung eines Vergleichs oder einer öffentlichen Urkunde gem. Art. 28, 48, 75 Abs. 2 EuUnterhaltsVO iVm den Anlagen II und IV des Anhangs

An das

Amtsgericht

– Familiengericht –[1, 2, 3]

in .....

Herrn/Frau

Notar/in[2]

in .....

In Sachen

der ..... [ladungsfähige Anschrift des Antragstellers],

– Antragssteller/in –

– Verfahrensbevollmächtigte: Rechtsanwälte ..... –

gegen

.....[ladungsfähige Anschrift des Antragsgegners],

– Antragsgegner/in –

bestellen wir uns ordnungsgemäße Bevollmächtigung versichernd für die Antragstellerin und überreichen in der Anlage

eine Ausfertigung des vollstreckbaren Urteils des ..... gerichts in .....,

(Variante:

eine Ausfertigung des vor dem .....gericht in ..... geschlossenen vollsteckbaren Vergleichs,)

(Variante

eine Ausfertigung der vor de ..... in ..... errichteten vollstreckbaren Urkunde, einen von der zuständigen Behörde in ..... unter Verwendung des Formblattes gem. Anhang I I/Anhang IV zur EuUnterhaltsVO erstellten Auszug des Titels,)[10]

(alternativ:

eine Transkript/Übersetzung des Formblatts gem. b) in die deutsche Sprache, die von einem Übersetzer erstellt ist, der hierzu von dem Präsidenten des ..... gerichts in ..... ermächtigt ist/der in ..... nach den dortigen Vorschriften zur Erstellung derartiger Urkunden befugt ist,)

(alternativ:

a) *Nachweise über die bisher entstandenen Kosten nebst Übersetzung.)*

Wir beantragen,

den vorgenannten Titel wegen der Verurteilung des Antragsgegners zur Zahlung von laufendem Unterhalt von . . . . . EUR//[andere Währung] und rückständigem Unterhalt von . . . . . EUR/[andere Währung] nebst . . . . . % Zinsen ab dem . . . . ./gesetzlichen Zinsen und . . . . . EUR gerichtlicher Kosten sowie wegen weiterer . . . . . EUR/*[andere Währung]* bisheriger Zustell- und Vollstreckungskosten für vollstreckbar zu erklären und mit der Vollstreckungsklausel zu versehen.[4, 5]

(Variante:

Aufgrund der in dem Titel enthaltenen Anknüpfung des laufenden Unterhalts an den . . . . . Index beträgt dieser
ab dem . . . . . bis zum . . . . . EUR/andere Währung,
ab dem . . . . . bis zum . . . . ., ... EUR/andere Währung
ab dem . . . . . EUR/andere Währung.
Die Formel für die Berechnung der Indexierung findet sich unter 5.2.1.4 des beigefügten Formblattes.)

(Variante:

Die nach dem Titel geschuldeten gesetzlichen Zinsen belaufen sich gem. Ziffer 5.2.1.6 des Formblattes auf
. . . . . % ab dem . . . . . bis zum . . . . .,
. . . . . % ab dem . . . . . bis zum . . . . .,
. . . . . % ab dem . . . . .)

Dem Antragsteller sind gem. den beigefügten Nachweisen bisher durch Zustellungen und Vollstreckungsversuche Kosten in Höhe von . . . . . EUR entstanden. Diese Kosten können nach Art., ... der . . . . . Zivilprozessordnung ohne gesonderte Titulierung zusammen mit dem vollstreckbaren Hauptanspruch beigetrieben werden.

(alternativ:

Ferner wird beantragt,

der Antragstellerin unter Beiordnung des Unterzeichners Verfahrenskostenhilfe zu bewilligen.[6]

Der Gläubigerin ist im Ausgangsverfahren durch das Gericht des Ursprungsmitgliedstaates Verfahrenskostenhilfe/Prozesskostenhilfe/Kosten- und Gebührenbefreiung unter Beiordnung eines Rechtsanwalts gewährt worden. Ihr ist deshalb auch für das vorliegende Verfahren Verfahrenskostenhilfe zu bewilligen und ihr der Unterzeichner beizuordnen.)

Wert des Verfahrens: . . . . .[7]

Abschriften für den Antragsgegner sind beigefügt.

. . . . .

Rechtsanwalt[8, 9]

Anmerkungen

1. Wegen des Anwendungsbereichs der EuUnterhaltsVO sowie wegen der hierzu geltenden Grundsätze wird auf das → Form. R. XI. 1 Bezug genommen.

Soweit in Unterhaltssachen noch ein Exequaturverfahren herkömmlicher Art notwendig ist, finden sich in den Art. 23–38 EuUnterhaltsVO Regelungen, die inhaltlich im

Wesentlichen denen der Brüssel-I-VO entsprechen. Die in dem → Form. R. VI. 1 dargestellten Grundsätze gelten daher entsprechend.

Ein derartiges Vollstreckbarkeitsverfahren herkömmlicher Art findet nur noch statt bei **Titeln aus Dänemark und Großbritannien** (**nicht aber umgekehrt!**) und bei Titeln aus den übrigen Mitgliedsländern der EU, die **vor dem 18.6.2011** ergangen sind, aus denen aber erst danach in einem anderen Mitgliedsland vollstreckt werden soll (siehe zB OLG München Beschl. v. 12.01.2012 – 12 UF 48/12, BeckRS 2012, 01683 = FamRZ 2012, 1512).

Die inhaltlichen Anforderungen an den Vollstreckbarkeitsantrag ergeben sich aus Art. 28 EuUnterhaltsVO. Vorzulegen ist zunächst eine **Ausfertigung des Titels**, welche die für ihre Beweiskraft erforderlichen Voraussetzungen erfüllt. Die Einreichung einer beglaubigten Abschrift reicht nicht. Ferner bedarf es bei Entscheidungen und gerichtlichen Vergleichen der Vorlage des Formblattes gem. Anhang II und bei öffentlichen Urkunden des Formblattes gem. Anhang IV, die beide nachstehend abgedruckt sind. Eine Übersetzung bzw. Transkription ist nur wegen des Formblattes beizubringen. Wegen des Titels selbst darf gem. Art. 28 Abs. 2 EuUnterhaltsVO eine solche erst bei der Einlegung eines Rechtsmittels gefordert werden.

Den Problemen einer fehlenden Vollstreckungseignung des Titels wegen nicht hinreichender Bestimmtheit (→ Form. R. VI. 1 Anm. 5) soll dadurch begegnet werden, dass in dem Formblatt der Berechnungsmaßstab für einen etwaigen Index, nach dem der Unterhalt bemessen ist, sowie der Zinssatz und der Fälligkeitszeitpunkt für zugesprochene „gesetzliche" oder „gerichtliche" Zinsen anzugeben ist, die in verschiedenen Mitgliedsländern ausgeurteilt werden.

Fehlt das Formblatt, kann das Gericht entweder eine Frist zur Vorlage bestimmen, sich mit einer gleichwertigen Urkunde begnügen oder sogar ganz von einer Beibringung absehen (Art. 29 EuUnterhaltsVO). Letzteres kann zB in Betracht kommen, wenn kein Fall einer Säumnisentscheidung vorliegt und sich alle Daten einschließlich eines Ausspruchs bzw. einer Erklärung zur Vollstreckbarkeit aus der vorgelegten Entscheidung ergeben.

Um des Überraschungseffekts willen bedarf es keines Nachweises der Zustellung der Entscheidung im Ursprungsstaat. Die Zustellung ist daher insgesamt entbehrlich, wenn sie im Ursprungsstaat keine Vollstreckbarkeitsbedingung ist (→ Form. R. VI. 1 Anm. 4).

2. Wegen der deutschen Durchführungsbestimmungen sind die Vorschriften des AVAG inhaltsgleich in das AUG aufgenommen worden. Allerdings ist nach § 35 Abs. 1 AUG in erster Instanz nicht der Vorsitzende einer Zivilkammer des Landgerichts, sondern ein Familiengericht, nämlich das **„zentrale" Amtsgericht am Sitz des Oberlandesgerichts** zuständig. Nach § 35 Abs. 2 AUG können die Landesregierungen durch Rechtsverordnung ein anderes Amtsgericht – auch für den Bezirk mehrerer Oberlandesgerichte – bestimmen. Für das Beschwerdeverfahren verbleibt es nach § 43 Abs. 1 AUG bei einer Zuständigkeit des Oberlandesgerichts. Notarielle Urkunden können gem. § 35 Abs. 3 Ziff. 1 AUG auch von einem **Notar** für vollstreckbar erklärt werden. Der Gläubiger hat also bei Urkunden ein Wahlrecht, ob er seinen Antrag an das Landgericht richtet oder diesen bei einem Notar stellt.

3. Die **örtliche Zuständigkeit** folgt aus Art. 27 Abs. 2 EuUnterhaltsVO. Hiernach ist der Wohnsitz des Schuldners oder der Ort maßgeblich, an dem die Zwangsvollstreckung durchgeführt werden soll. Anders noch als nach Art. 31 Abs. 2 EuGVÜ/LugÜ mit einer nur subsidiären Geltung des Gerichtsstands des Vollstreckungsortes für den Fall, dass der Schuldner im Vollstreckungsstaat keinen Wohnsitz hatte, sind nunmehr nach dem klaren Wortlaut der Regelungen beide Zuständigkeiten gleichberechtigt und der

Gläubiger hat auch in diesem Punkt ein Wahlrecht. Bei der Vollstreckbarerklärung durch einen Notar, dürfte nicht jeder Notar, sondern nur derjenige, der seinen Amtssitz am Wohnort des Schuldners oder am Vollstreckungsort hat, zuständig sein (→ Form. R. VI. 1 Anm. 6).

4. Hält das Gericht den Antrag für begründet, erklärt es durch Beschluss die Entscheidung für vollstreckbar, und zwar wie in den sonstigen Vollstreckbarkeitsverfahren herkömmlicher Art nach der Brüssel-I-VO oder völkerrechtlichen Verträgen iVm dem AVAG gem. Art. 30 EuUnterhaltsVO **in einem nur einseitigen Verfahren ohne Anhörung des Schuldners.** Damit gilt letztlich nichts anderes als bei einer Klausel zu einem deutschen Titel, bei der der Schuldner gem. § 730 ZPO für den Normalfall einer einfachen Klausel ebenfalls nicht anzuhören und rechtliches Gehör erst im Rechtsbehelfs- bzw. Rechtsmittelverfahren zu gewähren ist. Bei der Fassung des Beschlusses gibt es für die Fälle, in denen der ausländische Titel zu modifizieren ist, etwa wegen zwischenzeitlicher Teilzahlungen oder im Hinblick auf notwendige Konkretisierungen keine festen Regeln. Entscheidend ist es alleine, dass sich hinterher aus der Vollstreckbarerklärung selbst für die Vollstreckungsorgane eindeutig und zweifelsfrei der Umfang der Vollstreckbarkeit des Titels in Deutschland entnehmen lässt.

5. Auf der Grundlage der Anordnung des Vorsitzenden hat der Urkundsbeamte der Geschäftsstelle gem. § 41 AUG die **Klausel** zu erteilen. Die Anordnung, eine Abschrift des mit der Klausel versehenen Titels und ggf. eine Übersetzung sind dem Schuldner gem. § 42 AUG von Amts wegen zuzustellen.

6. Verfahrenskostenhilfe: Gem. Art. 47 Abs. 2 EuUnterhaltsVO iVm § 23 AUG ist einer Partei, der im Ursprungsmitgliedstaat im Erkenntnisverfahren Verfahrenskostenhilfe bewilligt worden ist, auch für Verfahren der Anerkennung, Vollstreckbarerklärung und Vollstreckung Verfahrenskostenhilfe zu bewilligen. Eine (erneute) Prüfung der Erfolgsaussicht erfolgt also nicht. Auch bedarf es keiner (erneuten) Darlegung der persönlichen und wirtschaftlichen Verhältnisse des Antragstellers.

7. Der **Verfahrenswert** für das Vollstreckbarkeitsverfahren ist nach der vollstreckbaren Hauptforderung (Jahresbetrag gem. § 51 FamGKG und etwaige Rückstände) zuzüglich der im Ursprungsmitgliedstaat mit ausgeurteilten bezifferten Kosten ohne sonstige Kosten und ohne Zinsen zu bemessen (BGH Beschl. v. 8.10.1956 – II ZR 305/55, Rpfleger 1957, 15; OLG Köln Beschl. v. 8.6.1994 – 16 W 29/94, OLGReport 1994, 236). **Unterhaltsrückstände** aus der Zeit nach Erlass der ausländischen Entscheidung sind dem Streitwert nicht hinzuzurechnen (BGH Beschl. v. 19.11.2008 – XII ZB 195/07, NJW-RR 2009, 651). Soweit der Titel auf eine ausländische Währung lautet, ist gem. § 40 GKG der Wechselkurs bei Eingang des Antrags bzw. in der Rechtsmittelinstanz bei Eingang des Rechtsmittels maßgeblich (BGH Beschl. v. 13.1.2010 – XII ZB 12/05, NJOZ 2010, 2521 = FamRZ 2010, 365).

8. Kosten und Gebühren. Gericht: Festgebühr von 240,– EUR gem. Nr. 1710 KV FamGKG mit Ermäßigung auf 90,– EUR gem. Nr. 1715 KV FamGKG bei Rücknahme vor Ablauf des Tages, an dem die Endentscheidung ohne vorherige Bekanntgabe durch Vorlesen der Endentscheidung der Geschäftsstelle übermittelt wird; Anwalt: 1,3 Verfahrensgebühr und ggf. weitere Gebühren gem. Nr. 3100 ff. VV RVG.

9. Rechtsmittel: Beschwerde, → Form. R. XI. 7 u. → Form. R. XI. 8

10. Anhang: Amtliche Formulare.

Anhang II

Auszug aus einer Entscheidung/einem gerichtlichen Vergleich in Unterhaltssachen, die/der einem Anerkennungs- und Vollstreckbarerklärungsverfahren unterliegt				
(Artikel 28 und Artikel 75 Absatz 2 der Verordnung (EG) Nr. 4/2009 des Rates vom 18. Dezember 2008 über die Zuständigkeit, das anwendbare Recht, die Anerkennung und Vollstreckung von Entscheidungen und die Zusammenarbeit in Unterhaltssachen[1])				
WICHTIG				
Vom Ursprungsgericht auszufertigen				
Nur auszufertigen, wenn die Entscheidung oder der gerichtliche Vergleich im Ursprungsmitgliedstaat vollstreckbar ist				
Es sind nur die Angaben zu machen, die in der Entscheidung oder in dem gerichtlichen Vergleich stehen oder die dem Ursprungsgericht mitgeteilt wurden				
1.	Art des Schriftstücks			
	☐	Entscheidung	☐	Gerichtlicher Vergleich
	Datum und Aktenzeichen:			
2.	Ursprungsgericht			
2.1.	Bezeichnung:			
2.2.	Anschrift:			
2.2.1.	Straße und Hausnummer/Postfach:			
2.2.2.	PLZ und Ort:			
2.2.3.	Mitgliedstaat			
	☐ Belgien ☐ Bulgarien ☐ Tschechische Republik ☐ Deutschland ☐ Estland ☐ Irland ☐ Griechenland ☐ Spanien ☐ Frankreich ☐ Italien ☐ Zypern ☐ Lettland ☐ Litauen ☐ Luxemburg ☐ Ungarn ☐ Malta ☐ Niederlande ☐ Österreich ☐ Polen ☐ Portugal ☐ Rumänien ☐ Slowenien ☐ Slowakei ☐ Finnland ☐ Schweden			
2.3.	Telefon/Fax/E-Mail			
3.	Antragsteller[2 3]			
3.1.	*Person A*			
3.1.1.	Name und Vorname(n):			
3.1.2.	Geburtsdatum (TT/MM/JJJJ) und Geburtsort:			
3.1.3.	Kennnummer oder Sozialversicherungsnummer:			
3.1.4.	Anschrift:			
3.1.4.1.	Straße und Hausnummer/Postfach:			
3.1.4.2.	PLZ und Ort:			
3.1.4.3.	Land:			
3.1.5.	Die Person hat			
3.1.5.1.	Prozesskostenhilfe erhalten:			
	☐	Ja	☐	Nein
3.1.5.2.	Kosten- und Gebührenbefreiung erhalten:			
	☐	Ja	☐	Nein

3.1.5.3.	ein unentgeltliches Verfahren vor einer in Anhang X der Verordnung (EG) Nr. 4/2009 aufgeführten Verwaltungsbehörde in Anspruch nehmen können:			
	☐	Ja	☐	Nein
3.2.	*Person B*			
3.2.1.	Name und Vorname(n):			
3.2.2.	Geburtsdatum (TT/MM/JJJJ) und Geburtsort:			
3.2.3.	Kennnummer oder Sozialversicherungsnummer:			
3.2.4.	Anschrift:			
3.2.4.1.	Straße und Hausnummer/Postfach:			
3.2.4.2.	PLZ und Ort:			
3.2.4.3.	Land:			
3.2.5.	Die Person hat			
3.2.5.1.	Prozesskostenhilfe erhalten:			
	☐	Ja	☐	Nein
3.2.5.2.	Kosten- und Gebührenbefreiung erhalten:			
	☐	Ja	☐	Nein
3.2.5.3.	ein unentgeltliches Verfahren vor einer in Anhang X der Verordnung (EG) Nr. 4/2009 aufgeführten Verwaltungsbehörde in Anspruch nehmen können:			
	☐	Ja	☐	Nein
3.3.	*Person C*			
3.3.1	Name und Vorname(n):			
3.3.2.	Geburtsdatum (TT/MM/JJJJ) und Geburtsort:			
3.3.3	Kennnummer oder Sozialversicherungsnummer:			
3.3.4.	Anschrift:			
3.3.4.1	Straße und Hausnummer/Postfach:			
3.3.4.2.	PLZ und Ort:			
3.3.4.3	Land:			
3.3.5.	Die Person hat			
3.3.5.1.	Prozesskostenhilfe erhalten:			
	☐	Ja	☐	Nein
3.3.5.2.	Kosten- und Gebührenbefreiung erhalten:			
	☐	Ja	☐	Nein
3.3.5.3.	ein unentgeltliches Verfahren vor einer in Anhang X der Verordnung (EG) Nr. 4/2009 aufgeführten Verwaltungsbehörde in Anspruch nehmen können:			
	☐	Ja	☐	Nein
4.	Antragsgegner[4 5]			
4.1.	*Person A*			
4.1.1.	Name und Vorname(n):			
4.1.2.	Geburtsdatum (TT/MM/JJJJ) und Geburtsort:			

4.1.3.	Kennnummer oder Sozialversicherungsnummer:			
4.1.4.	Anschrift:			
4.1.4.1.	Straße und Hausnummer/Postfach:			
4.1.4.2.	PLZ und Ort:			
4.1.4.3.	Land:			
4.1.5.	Die Person hat			
4.1.5.1.	Prozesskostenhilfe erhalten:			
	☐	Ja	☐	Nein
4.1.5.2.	Kosten- und Gebührenbefreiung erhalten:			
	☐	Ja	☐	Nein
4.1.5.3.	ein unentgeltliches Verfahren vor einer in Anhang X der Verordnung (EG) Nr. 4/ 2009 aufgeführten Verwaltungsbehörde in Anspruch nehmen können:			
	☐	Ja	☐	Nein
4.2.	*Person B*			
4.2.1.	Name und Vorname(n):			
4.2.2.	Geburtsdatum (TT/MM/JJJJ) und Geburtsort:			
4.2.3.	Kennnummer oder Sozialversicherungsnummer:			
4.2.4.	Anschrift:			
4.2.4.1.	Straße und Hausnummer/Postfach:			
4.2.4.2.	PLZ und Ort:			
4.2.4.3.	Land:			
4.2.5.	Die Person hat			
4.2.5.1.	Prozesskostenhilfe erhalten:			
	☐	Ja	☐	Nein
4.2.5.2.	Kosten- und Gebührenbefreiung erhalten:			
	☐	Ja	☐	Nein
4.2.5.3.	ein unentgeltliches Verfahren vor einer in Anhang X der Verordnung (EG) Nr. 4/ 2009 aufgeführten Verwaltungsbehörde in Anspruch nehmen können:			
	☐	Ja	☐	Nein
4.3.	*Person C*			
4.3.1.	Name und Vorname(n):			
4.3.2.	Geburtsdatum (TT/MM/JJJJ) und Geburtsort:			
4.3.3.	Kennnummer oder Sozialversicherungsnummer:			
4.3.4.	Anschrift:			
4.3.4.1.	Straße und Hausnummer/Postfach:			
4.3.4.2.	PLZ und Ort:			
4.3.4.3.	Land:			
4.3.5.	Die Person hat			
4.3.5.1.	Prozesskostenhilfe erhalten:			

	☐	Ja	☐	Nein
4.3.5.2.	Kosten- und Gebührenbefreiung erhalten:			
	☐	Ja	☐	Nein
4.3.5.3.	ein unentgeltliches Verfahren vor einer in Anhang X der Verordnung (EG) Nr. 4/ 2009 aufgeführten Verwaltungsbehörde in Anspruch nehmen können:			
	☐	Ja	☐	Nein
5.	Tenor der Entscheidung/Inhalt des gerichtlichen Vergleichs			
5.1.	*Währung*			
	☐ Euro (EUR) ☐ Bulgarischer Lev (BGN) ☐ Tschechische Krone (CZK) ☐ Estnische Krone (EEK) ☐ Ungarischer Forint (HUF) ☐ Litauischer Litas (LTL) ☐ Lettischer Lats (LVL) ☐ Polnischer Zloty (PLN) ☐ Rumänischer Leu (RON) ☐ Schwedische Krone (SEK) ☐ Sonstige (ISO-Code angeben):			
5.2.	*Unterhaltsforderung*[6]			
5.2.1.	*Unterhaltsforderung A*			
5.2.1.1.	Die Unterhaltsforderung ist zu zahlen			
	von	**(Name und Vorname(n))**		
	an . . . . . (Name und Vorname(n) der Person, an die die Zahlung tatsächlich zu leisten ist)			
	Person, der Unterhalt zusteht:			
	. . . . .	**(Name und Vorname(n))**		
5.2.1.2.	☐	Einmalzahlung		
	Gegebenenfalls abgedeckter Zeitraum:			
	. . . . .			
	(Von (TT/MM/JJJJ) bis (TT/MM/JJJJ) oder Ereignis)			
	Fälligkeitstag:	**(TT/MM/JJJJ)**		
	Betrag:			
5.2.1.3.	☐	Ratenzahlung		
	Zahlungsfrist (TT/MM/JJJJ)	**Betrag**		
	. . . . .	. . . . .		
	. . . . .	. . . . .		
	. . . . .	. . . . .		
	. . . . .	. . . . .		
5.2.1.4.	☐	Zahlungen in regelmäßigen Abständen		
		☐	Wöchentlich	
		☐	Monatlich	
		☐	Sonstige (regelmäßige Abstände angeben):	
	Betrag:			
	Ab dem:	**(TT/MM/JJJJ)**		
	Fälligkeitstag:			
	☐	Gegebenenfalls bis (Datum (TT/MM/JJJJ) oder Ereignis):		

	.....		
	Bei einer Indexierung der Unterhaltsforderung bitte die Modalitäten für die Berechnung dieser Indexierung angeben:		
	.....		
	Indexierung gilt ab dem:		(TT/MM/JJJJ)
5.2.1.5.	☐	Rückwirkend zu zahlender Betrag	
	Abgedeckter Zeitraum:		((TT/MM/JJJJ) bis (TT/MM/JJJJ))
	Betrag:		
	Zahlungsart:		
	.....		
	.....		
5.2.1.6.	☐	Zinsen (falls in der Entscheidung/dem gerichtlichen Vergleich angegeben)	
	Fallen für die Unterhaltsforderung Zinsen an, bitte den Zinssatz angeben:		
	Zinsen fällig ab dem:		(TT/MM/JJJJ)
5.2.1.7.	☐	Sachleistungen (bitte angeben):	
	.....		
	.....		
	.....		
5.2.1.8.	☐	Sonstige Zahlungsart (bitte angeben):	
	.....		
	.....		
	.....		
5.2.2.	*Unterhaltsforderung B*		
5.2.2.1.	Die Unterhaltsforderung ist zu zahlen		
	von		**(Name und Vorname(n))**
	an ..... (Name und Vorname(n) der Person, an die die Zahlung tatsächlich zu leisten ist)		
	Person, der Unterhalt zusteht:		
	.....		**(Name und Vorname(n))**
5.2.2.2.	☐	Einmalzahlung	
	Gegebenenfalls abgedeckter Zeitraum:		
	.....		
	(Von (TT/MM/JJJJ) bis (TT/MM/JJJJ) oder Ereignis)		
	Fälligkeitstag:		(TT/MM/JJJJ)
	Betrag:		
5.2.2.3.	☐	Ratenzahlung	
	Zahlungsfrist (TT/MM/JJJJ)		**Betrag**
	.....		.....
	.....		.....

	. . . . .		. . . . .
	. . . . .		. . . . .
5.2.2.4.	☐	Zahlungen in regelmäßigen Abständen	
		☐	Wöchentlich
		☐	Monatlich
		☐	Sonstige (regelmäßige Abstände angeben): . . . . .
	Betrag:		
	Ab dem:		(TT/MM/JJJJ)
	Fälligkeitstag:		
	☐	Gegebenenfalls bis (Datum (TT/MM/JJJJ) oder Ereignis):	
	. . . . .		
	Bei einer Indexierung der Unterhaltsforderung bitte die Modalitäten für die Berechnung dieser Indexierung angeben:		
	Indexierung gilt ab dem		(TT/MM/JJJJ)
5.2.2.5.	☐	Rückwirkend zu zahlender Betrag	
	Abgedeckter Zeitraum:		((TT/MM/JJJJ) bis (TT/MM/JJJJ))
	Betrag:		
	Zahlungsart:		
	. . . . .		
	. . . . .		
5.2.2.6.	☐	Zinsen (falls in der Entscheidung/dem gerichtlichen Vergleich angegeben)	
	Fallen für die Unterhaltsforderung Zinsen an, bitte den Zinssatz angeben:		
	Zinsen fällig ab dem:		(TT/MM/JJJJ)
5.2.2.7.	☐	Sachleistungen (bitte angeben):	
	. . . . .		
	. . . . .		
	. . . . .		
5.2.2.8.	☐	Sonstige Zahlungsart (bitte angeben):	
	. . . . .		
	. . . . .		
	. . . . .		
5.2.3.	*Unterhaltsforderung C*		
5.2.3.1.	Die Unterhaltsforderung ist zu zahlen		
	von		(Name und Vorname(n)
	an . . . . . (Name und Vorname(n) der Person, an die die Zahlung tatsächlich zu leisten ist)		
	Person, der Unterhalt zusteht:		
	. . . . .		(Name und Vorname(n)
5.2.3.2.	☐	Einmalzahlung	

	Gegebenenfalls abgedeckter Zeitraum:		
	. . . . .		
	(Von (TT/MM/JJJJ) bis (TT/MM/JJJJ) oder Ereignis)		
	Fälligkeitstag:		(TT/MM/JJJJ)
	Betrag:		
5.2.3.3.	☐	Ratenzahlung	
	Zahlungsfrist (TT/MM/JJJJ)		**Betrag**
	. . . . .		. . . . .
	. . . . .		. . . . .
	. . . . .		. . . . .
	. . . . .		. . . . .
5.2.3.4.	☐	Zahlungen in regelmäßigen Abständen	
		☐	Wöchentlich
		☐	Monatlich
		☐	Sonstige (regelmäßige Abstände angeben): . . . . .
	Betrag:		
	Ab dem:		
	Fälligkeitstag:		
	☐	Gegebenenfalls bis (Datum (TT/MM/JJJJ) oder Ereignis):	
	. . . . .		
	Bei einer Indexierung der Unterhaltsforderung bitte die Modalitäten für die Berechnung dieser Indexierung angeben:		
	Indexierung gilt ab dem:		(TT/MM/JJJJ)
5.2.3.5.	☐	Rückwirkend zu zahlender Betrag	
	Abgedeckter Zeitraum:		((TT/MM/JJJJ) bis (TT/MM/JJJJ))
	Betrag:		
	Zahlungsart:		
	. . . . .		
	. . . . .		
5.2.3.6.	☐	Zinsen (falls in der Entscheidung/dem gerichtlichen Vergleich angegeben)	
	Fallen für die Unterhaltsforderung Zinsen an, bitte den Zinssatz angeben:		
	Zinsen fällig ab dem:		(TT/MM/JJJJ)
5.2.3.7.	☐	Sachleistungen (bitte angeben):	
	. . . . .		
	. . . . .		
	. . . . .		
5.2.3.8.	☐	Sonstige Zahlungsart (bitte angeben):	
	. . . . .		
	. . . . .		

	.....	
5.3.	*Gebühren und Kosten*	
	Laut Entscheidung/gerichtlichem Vergleich hat	
	.....	(Name und Vorname(n))
	den Betrag von	
	an	(Name und Vorname(n)) zu zahlen.
Falls weitere Blätter beigefügt wurden, Zahl der Blätter:		
Geschehen zu ..... am		(TT/MM/JJJJ)
Unterschrift und/oder Dienstsiegel des Ursprungsgerichts:		
.....		

[1][Amtl. Anm.:] ABl. 2009 L 7, 1.
[2][Amtl. Anm.:] Sind die Parteien in der Entscheidung/dem gerichtlichen Vergleich nicht als Antragsteller oder Antragsgegner ausgewiesen, so sind sie unterschiedslos als Antragsteller oder Antragsgegner anzugeben.
[3][Amtl. Anm.:] Betrifft die Entscheidung/der gerichtliche Vergleich mehr als drei Antragsteller oder drei Antragsgegner, so ist ein weiteres Blatt beizufügen.
[4][Amtl. Anm.:] Sind die Parteien in der Entscheidung/dem gerichtlichen Vergleich nicht als Antragsteller oder Antragsgegner ausgewiesen, so sind sie unterschiedslos als Antragsteller oder Antragsgegner anzugeben.
[5][Amtl. Anm.:] Betrifft die Entscheidung/der gerichtliche Vergleich mehr als drei Antragsteller oder drei Antragsgegner, so ist ein weiteres Blatt beizufügen.
[6][Amtl. Anm.:] Betrifft die Entscheidung/der gerichtliche Vergleich mehr als drei Antragsteller oder drei Antragsgegner, so ist ein weiteres Blatt beizufügen.

Anhang IV

Auszug aus einer öffentlichen Urkunde betreffend Unterhaltsverpflichtungen, die einem Anerkennungs- und Vollstreckbarerklärungsverfahren unterliegt		
(Artikel 48 und Artikel 75 Absatz 2 der Verordnung (EG) Nr. 4/2009 des Rates vom 18. Dezember 2008 über die Zuständigkeit, das anwendbare Recht, die Anerkennung und Vollstreckung von Entscheidungen und die Zusammenarbeit in Unterhaltssachen[1])		
WICHTIG		
Von der zuständigen Behörde des Ursprungsmitgliedstaats auszufertigen		
Nur auszufertigen, wenn die öffentliche Urkunde im Ursprungsmitgliedstaat vollstreckbar ist		
Es sind nur die Angaben zu machen, die in der öffentlichen Urkunde stehen oder die der zuständigen		
Behörde mitgeteilt wurden		
1.	Datum und Aktenzeichen der öffentlichen Urkunde:	
2.	Art der öffentlichen Urkunde	
2.1.	☐ Urkunde, erstellt oder eingetragen am:	(TT/MM/JJJJ)
	☐ Vereinbarung, abgeschlossen oder beglaubigt am:	(TT/MM/JJJJ)
2.2.	Zuständige Behörde/Stelle:	

2.2.1.	Bezeichnung: . . . . .
2.2.2.	Anschrift:
2.2.2.1.	Straße und Hausnummer/Postfach: . . . . .
2.2.2.2.	PLZ und Ort: . . . . .
2.2.2.3.	Mitgliedstaat
	☐ Belgien ☐ Bulgarien ☐ Tschechische Republik ☐ Deutschland ☐ Estland ☐ Irland ☐ Griechenland ☐ Spanien ☐ Frankreich ☐ Italien ☐ Zypern ☐ Lettland ☐ Litauen ☐ Luxemburg ☐ Ungarn ☐ Malta ☐ Niederlande ☐ Österreich ☐ Polen ☐ Portugal ☐ Rumänien ☐ Slowenien ☐ Slowakei ☐ Finnland ☐ Schweden
2.2.3.	Telefon/Fax/E-Mail: . . . . .
3.	Berechtigte Personen[2]
3.1.	*Person* A
3.1.1.	Name und Vorname(n): . . . . .
3.1.2.	Geburtsdatum (TT/MM/JJJJ) und Geburtsort: . . . . .
3.1.3.	Kennnummer oder Sozialversicherungsnummer: . . . . .
3.1.4.	Anschrift:
3.1.4.1.	Straße und Hausnummer/Postfach: . . . . .
3.1.4.2.	PLZ und Ort: . . . . .
3.1.4.3.	Land: . . . . .
3.2.	*Person* B
3.2.1.	Name und Vorname(n): . . . . .
3.2.2.	Geburtsdatum (TT/MM/JJJJ) und Geburtsort: . . . . .
3.2.3.	Kennnummer oder Sozialversicherungsnummer: . . . . .
3.2.4.	Anschrift:
3.2.4.1.	Straße und Hausnummer/Postfach: . . . . .
3.2.4.2.	PLZ und Ort: . . . . .
3.2.4.3.	Land: . . . . .
3.3.	*Person C*
3.3.1.	Name und Vorname(n): . . . . .
3.3.2.	Geburtsdatum (TT/MM/JJJJ) und Geburtsort: . . . . .
3.3.3.	Kennnummer oder Sozialversicherungsnummer: . . . . .
3.3.4.	Anschrift:
3.3.4.1.	Straße und Hausnummer/Postfach: . . . . .
3.3.4.2.	PLZ und Ort: . . . . .
3.3.4.3.	Land: . . . . .
4.	Verpflichtete Person(en)[3]
4.1.	*Person A*
4.1.1.	Name und Vorname(n): . . . . .
4.1.2.	Geburtsdatum (TT/MM/JJJJ) und Geburtsort: . . . . .

4.1.3.	Kennnummer oder Sozialversicherungsnummer:		
4.1.4.	Anschrift:		
4.1.4.1.	Straße und Hausnummer/Postfach:		
4.1.4.2.	PLZ und Ort:		
4.1.4.3.	Land:		
4.2.	*Person B*		
4.2.1.	Name und Vorname(n):		
4.2.2.	Geburtsdatum (TT/MM/JJJJ) und Geburtsort:		
4.2.3.	Kennnummer oder Sozialversicherungsnummer:		
4.2.4.	Anschrift:		
4.2.4.1.	Straße und Hausnummer/Postfach:		
4.2.4.2.	PLZ und Ort:		
4.2.4.3.	Land:		
4.3.	*Person C*		
4.3.1.	Name und Vorname(n):		
4.3.2.	Geburtsdatum (TT/MM/JJJJ) und Geburtsort:		
4.3.3.	Kennnummer oder Sozialversicherungsnummer:		
4.3.4.	Anschrift:		
4.3.4.1.	Straße und Hausnummer/Postfach:		
4.3.4.2.	PLZ und Ort:		
4.3.4.3.	Land:		
5.	Inhalt der öffentlichen Urkunde		
5.1.	*Währung*		
	☐ Euro (EUR) ☐ Bulgarischer Lev (BGN) ☐ Tschechische Krone (CZK) ☐ Estnische Krone (EEK) ☐ Ungarischer Forint (HUF) ☐ Litauischer Litas (LTL) ☐ Lettischer Lats (LVL) ☐ Polnischer Zloty (PLN) ☐ Rumänischer Leu (RON) ☐ Schwedische Krone (SEK) ☐ Sonstige (ISO-Code angeben):		
5.2.	*Unterhaltsforderung*[4]		
5.2.1.	*Unterhaltsforderung A*		
5.2.1.1.	Die Unterhaltsforderung ist zu zahlen		
	von		**(Name und Vorname(n))**
	an . . . . . (Name und Vorname(n) der Person, an die die Zahlung tatsächlich zu leisten ist)		
	Person, der Unterhalt zusteht:		
	. . . . .		**(Name und Vorname(n))**
5.2.1.2.		☐	Einmalzahlung
	Gegebenenfalls abgedeckter Zeitraum:		
	. . . . .		
	(Von (TT/MM/JJJJ) bis (TT/MM/JJJJ) oder Ereignis)		
	Fälligkeitstag:		**(TT/MM/JJJJ)**

	Betrag:		
5.2.1.3.		☐	Ratenzahlung
	Zahlungsfrist (TT/MM/JJJJ)		Betrag
	. . . . .		. . . . .
	. . . . .		. . . . .
	. . . . .		. . . . .
	. . . . .		. . . . .
5.2.1.4.		☐	Zahlungen in regelmäßigen Abständen
		☐	Wöchentlich
		☐	Monatlich
		☐	Sonstige (regelmäßige Abstände angeben): . . . . .
	Betrag:		
	Ab dem:		(TT/MM/JJJJ)
	Fälligkeitstag:		
		☐	Gegebenenfalls bis (Datum (TT/MM/JJJJ) oder Ereignis):
	. . . . .		
	Bei einer Indexierung der Unterhaltsforderung bitte die Modalitäten für die Berechnung dieser Indexierung angeben:		
	. . . . .		
	Indexierung gilt ab dem:		(TT/MM/JJJJ)
5.2.1.5.		☐	Rückwirkend zu zahlender Betrag
	Abgedeckter Zeitraum:		((TT/MM/JJJJ) bis (TT/MM/JJJJ))
	Betrag:		
	Zahlungsart:		
	. . . . .		
	. . . . .		
5.2.1.6.		☐	Zinsen (falls in der öffentlichen Urkunde angegeben)
	Fallen für die Unterhaltsforderung Zinsen an, bitte den Zinssatz angeben:		
	. . . . .		
	Zinsen fällig ab dem:		(TT/MM/JJJJ)
5.2.1.7.		☐	Sachleistungen (bitte angeben): . . . . .
	. . . . .		
	. . . . .		
	. . . . .		
5.2.1.8.		☐	Sonstige Zahlungsart (bitte angeben): . . . . .

	.....	
	.....	
	.....	
5.2.2.	*Unterhaltsforderung B*	
5.2.2.1.	Die Unterhaltsforderung ist zu zahlen	
	von	**(Name und Vorname(n))**
	an ..... (Name und Vorname(n) der Person, an die die Zahlung tatsächlich zu leisten ist)	
	Person, der Unterhalt zusteht:	
	.....	**(Name und Vorname(n))**
5.2.2.2.	☐	Einmalzahlung
	Gegebenenfalls abgedeckter Zeitraum:	
	.....	
	(Von (TT/MM/JJJJ) bis (TT/MM/JJJJ) oder Ereignis)	
	Fälligkeitstag:	(TT/MM/JJJJ)
	Betrag:	
5.2.2.3.	☐	Ratenzahlung
	Zahlungsfrist (TT/MM/JJJJ)	**Betrag**
	.....	.....
	.....	.....
	.....	.....
	.....	.....
5.2.2.4.	☐	Zahlungen in regelmäßigen Abständen
	☐	Wöchentlich
	☐	Monatlich
	☐	Sonstige (regelmäßige Abstände angeben): .....
	Betrag:	
	Ab dem:	(TT/MM/JJJJ)
	Fälligkeitstag:	
	☐	Gegebenenfalls bis (Datum (TT/MM/JJJJ) oder Ereignis):
	.....	
	Bei einer Indexierung der Unterhaltsforderung bitte die Modalitäten für die Berechnung dieser Indexierung angeben:	
	Indexierung gilt ab dem:	(TT/MM/JJJJ)
5.2.2.5.	☐	Rückwirkend zu zahlender Betrag
	Abgedeckter Zeitraum:	((TT/MM/JJJJ) bis (TT/MM/JJJJ))
	Betrag:	

	Zahlungsart:	
	. . . . .	
	. . . . .	
5.2.2.6.	☐	Zinsen (falls in der Entscheidung/dem gerichtlichen Vergleich angegeben)
	Fallen für die Unterhaltsforderung Zinsen an, bitte den Zinssatz angeben:	
	Zinsen fällig ab dem:	(TT/MM/JJJJ)
5.2.2.7.	☐	Sachleistungen (bitte angeben): . . . . .
	. . . . .	
	. . . . .	
	. . . . .	
5.2.2.8.	☐	Sonstige Zahlungsart (bitte angeben): . . . . .
	. . . . .	
	. . . . .	
	. . . . .	
5.2.3.	*Unterhaltsforderung C*	
5.2.3.1.	Die Unterhaltsforderung ist zu zahlen	
	von	**(Name und Vorname(n))**
	an . . . . . (Name und Vorname(n) der Person, an die die Zahlung tatsächlich zu leisten ist)	
	Person, der Unterhalt zusteht:	
	. . . . .	**(Name und Vorname(n))**
5.2.3.2.	☐	Einmalzahlung
	Gegebenenfalls abgedeckter Zeitraum:	
	. . . . .	
	(Von (TT/MM/JJJJ) bis (TT/MM/JJJJ) oder Ereignis)	
	Fälligkeitstag:	(TT/MM/JJJJ)
	Betrag:	
5.2.3.3.	☐	Ratenzahlung
	Zahlungsfrist (TT/MM/JJJJ)	**Betrag**
	. . . . .	. . . . .
	. . . . .	. . . . .
	. . . . .	. . . . .
	. . . . .	. . . . .
5.2.3.4.	☐	Zahlungen in regelmäßigen Abständen
	☐	Wöchentlich
	☐	Monatlich

		☐	Sonstige (regelmäßige Abstände angeben): . . . . .
	Betrag:		
	Ab dem:		(TT/MM/JJJJ)
	Fälligkeitstag:		
		☐	Gegebenenfalls bis (Datum (TT/MM/JJJJ) oder Ereignis):
	. . . . .		
	Bei einer Indexierung der Unterhaltsforderung bitte die Modalitäten für die Berechnung dieser Indexierung angeben:		
	. . . . .		
	Indexierung gilt ab dem:		(TT/MM/JJJJ)
5.2.3.5.		☐	Rückwirkend zu zahlender Betrag
	Abgedeckter Zeitraum:		((TT/MM/JJJJ) bis (TT/MM/JJJJ))
	Betrag:		
	Zahlungsart:		
	. . . . .		
	. . . . .		
5.2.3.6.		☐	Zinsen (falls in der öffentlichen Urkunde angegeben)
	Fallen für die Unterhaltsforderung Zinsen an, bitte den Zinssatz angeben:		
	Zinsen fällig ab dem:		(TT/MM/JJJJ)
5.2.3.7.		☐	Sachleistungen (bitte angeben): . . . . .
	. . . . .		
	. . . . .		
	. . . . .		
5.2.3.8.		☐	Sonstige Zahlungsart (bitte angeben): . . . . .
	. . . . .		
	. . . . .		
	. . . . .		
5.3.	*Kosten*		
	Laut öffentlicher Urkunde hat		
	. . . . .		(Name und Vorname(n))
	den Betrag von		
	an		(Name und Vorname(n)) zu zahlen.
Falls weitere Blätter beigefügt wurden, Zahl der Blätter:			
Geschehen zu . . . . . am			(TT/MM/JJJJ)

Unterschrift und/oder Dienstsiegel des Ursprungsgerichts:
.....

[1][Amtl. Anm.:] ABl. 2009 L 7, 1.
[2][Amtl. Anm.:] Betrifft die öffentliche Urkunde mehr als drei Antragsteller oder drei Antragsgegner, so ist ein weiteres Blatt beizufügen.
[3][Amtl. Anm.:] Betrifft die öffentliche Urkunde mehr als drei Antragsteller oder drei Antragsgegner, so ist ein weiteres Blatt beizufügen.
[4][Amtl. Anm.:] Betrifft die öffentliche Urkunde mehr als drei Antragsteller oder drei Antragsgegner, so ist ein weiteres Blatt beizufügen.

7. Beschwerde gegen eine Vollstreckbarkeitserklärung wegen nicht hinreichender Verteidigungsmöglichkeit im Ursprungsmitgliedsstaat bei Säumnis des Schuldners

An das

Amtsgericht

– Familiengericht –[1, 2]

in .....

In dem Vollstreckbarkeitsverfahren

des/der ..... [ladungsfähige Anschrift des Antragstellers],

– Antragsteller/in und Beschwerdegegner/in –

– Verfahrensbevollmächtigte: Rechtsanwälte ..... –

gegen

.....[ladungsfähige Anschrift des Antragsgegners],

– Antragsgegner/in und Beschwerdeführer/in –

– Verfahrensbevollmächtigte: Rechtsanwälte ..... –

bestellen wir uns Vollmacht versichernd für den Antragsgegner und legen in dessen Namen gegen den am ..... zugestellten Beschluss vom ..... – ..... [Aktenzeichen] –

Beschwerde

ein.

Wir beantragen,

unter Aufhebung des angefochtenen Beschlusses den Vollstreckbarkeitsantrag zurückzuweisen.

Gründe:[3, 4]

Der Antragsgegner ist durch Urteil/Beschluss des ..... gerichts in ..... verpflichtet worden, an die Antragstellerin monatlich ..... EUR/[andere Währung eines EU-Mitgliedstaates] laufenden Unterhalts/und rückständigen Unterhalts von ..... zu zahlen. Diese Entscheidung ist mit dem angefochtenen Beschluss für vollstreckbar erklärt worden.

Bei dem Titel des Ursprungsgerichts handelt es sich um eine Säumnisentscheidung, die ergangen war, weil der Antragsgegner im Termin zur mündlichen Verhandlung vom ..... säumig geblieben war. Diese Säumnis war indes unverschuldet, weil dem Antragsgegner, der weder der ..... Sprache mächtig ist, noch am Sitz des Ursprungsgerichts zugelassene Rechtsanwälte kannte, die Klageschrift nebst Ladung zum Termin erst eine Woche vorher zugestellt worden war.

Beweis: Anliegender Zustellnachweis

In der Folgezeit hat der Antragsgegner sich bemüht, einen am Ursprungsgericht zugelassenen Rechtsanwalt mit seiner Verteidigung auf die Klage zu beauftragen. Bevor ihm dies gelungen war, wurde ihm die ergangene Entscheidung zugestellt. An der Einlegung des ihm hiergegen nach dem Recht des Ursprungsmitgliedstaates eröffneten Rechtsmittel der ..... innerhalb der gesetzlichen Frist von ..... Wochen/Monat(en) war er jedoch unverschuldet gehindert; denn ..... [Darlegung von Umständen, die ein Verschulden ausschließen sowie Beweisantritte hierzu].

Erst ab dem ..... war der Antragsgegner wieder in der Lage für seine Rechtsverteidigung Sorge zu tragen.

Beweis: .....

Zu diesem Zeitpunkt war die Rechtsmittelfrist bereits abgelaufen. Weitere Rechtsbehelfe stehen dem Antragsgegner im Ursprungsmitgliedstaat nicht zur Verfügung.

Beweis für den Fall des Bestreitens: nachzureichender Auszug aus der ..... Zivilprozessordnung

Der Beschluss ist aufzuheben. Der Vollstreckbarerklärung steht Art. 24 S. 1b EuUnterhaltsVO entgegen. Der Antragsgegnerin ist das verfahrenseinleitende Schriftstück nämlich nicht so rechtzeitig zugestellt worden, dass er sich verteidigen konnte. Auch war der Antragsgegner aus den dargelegten Gründen nicht möglich, ein Rechtsmittel gegen die Säumnisentscheidung einzulegen.

Die ohne jegliches rechtliche Gehör für die Antragsgegnerin ergangene Säumnisentscheidung verstößt zugleich gegen den ordre public iSd Art. 24 S. 1a EuUnterhaltsVO, so dass die Vollstreckbarerklärung auch aus diesem Grund keinen Bestand haben kann.

Wert des Verfahrens: .....[5]

Abschriften für den Antragsteller sind beigefügt.

.....

Rechtsanwalt[6, 7]

Anmerkungen

1. Gegen die Vollstreckbarkeitserklärung des Familiengerichts ist die **Beschwerde** zulässig. Diese ist gem. Art. 32 Abs. 5 EuUnterhaltsVO für in Deutschland wohnende Schuldner innerhalb einer **Frist von 30 Tagen** (nicht einem Monat!) und bei einem solchen mit Wohnsitz im Ausland innerhalb von 45 Tagen ab Zustellung der Vollstreckbarerklärung einzulegen. Dagegen ist eine Beschwerde des Gläubigers im Falle der Ablehnung des Antrags unbefristet möglich. Ergänzend bestimmt § 43 Abs. 2 und 3 AUG, dass das Rechtsmittel bei dem Ausgangsgericht, also dem Familiengericht einzulegen ist und die Wertgrenze von 600,– EUR des § 61 FamFG nicht gilt.

Zu beachten ist auch, dass vor Ablauf der Beschwerdefrist und vor der Entscheidung des OLGs gem. Art. 36 Abs. 3 EuUnterhaltsVO nur die **Sicherungsvollstreckung** betrieben werden kann.

2. Eingelegt werden kann die Beschwerde gem. § 43 Abs. 2 AUG **schriftlich oder zu Protokoll der Geschäftsstelle.** Der Vertretung durch einen Rechtsanwalt bedarf es daher gem. § 114 Abs. 4 Nr. 6 FamFG, § 78 Abs. 5 ZPO nicht. Diese ist – wie nach dem AVAG – erst dann erforderlich, wenn eine mündliche Verhandlung angeordnet wird (siehe BR-Drs. 854/10, 80). Letzteres wird selten erforderlich sein, etwa dann, wenn der Sachverhalt durch persönliche Anhörung der Parteien oder durch Vernehmung von Zeugen aufzuklären ist. Im Rahmen des Beschwerdeverfahrens vor dem OLG wird das bisher nur einseitige Verfahren erstmals kontradiktorisch, wie in Art. 32 Abs. 3 EuUnterhaltsVO iVm § 45 Abs. 1 S. 2 AUG ausdrücklich bestimmt ist. Der Prüfungsumfang für das OLG ist allerdings durch Art. 34 Abs. 1, 42 EuUnterhaltsVO begrenzt, wonach die ausländische Entscheidung keinesfalls in der Sache nachgeprüft werden darf und eine Überprüfung nur im Hinblick auf die **Hinderungsgründe der Art. 24 EuUnterhaltsVO** möglich ist.

3. Der in der Praxis häufigste Einwand des Schuldners, dem häufig nicht bewusst ist, dass aus einem Titel aus einem anderen Mitgliedstaat relativ leicht der Zugriff auf inländisches Vermögen erfolgen kann, geht dahin, dass dieser in einem nicht ordnungsgemäßen Verfahren ergangen sei, also gegen den verfahrensrechtlichen **ordre public des Art. 24 S. 1a EuUnterhaltsVO** verstoße. Da dieser Einwand nur bei „offensichtlichen" Verstößen durchgreift, führt er nur in selten gelagerten Ausnahmefällen zum Erfolg. Die Vollstreckbarerklärung kann insbesondere nicht schon deshalb versagt werden, weil die ausländische Entscheidung in einem Verfahren erlassen worden ist, das von zwingenden Vorschriften des deutschen Prozessrechts abweicht. Ein Versagungsgrund besteht vielmehr nur dann, wenn das Urteil des ausländischen Gerichts auf einem Verfahren beruht, das von den Grundprinzipien des deutschen Verfahrensrechts in einem solchen Maße abweicht, dass es nicht als in einem geordneten, rechtsstaatlichen Verfahren ergangen angesehen werden kann, also fundamentale Verstöße vorliegen (BGH Beschl v. 21.3.1990 – XII ZB 71/89, NJW 1990, 2201; BGH Beschl. v. 10.9.2015 – IX ZB 39/13, NJW 2016, 160).

4. Eine Fehlerquelle und zugleich Ursache für eine nicht rechtzeitige Verteidigung eines Beklagten auf ein Verfahren können gerade im grenzüberschreitenden Rechtsverkehr Fehler bei der Zustellung sein. Deshalb ist – wie in Art. 34 Nr. 2 Brüssel-I-VO – in Art. 24 S. 1b EuUnterhaltsVO bestimmt, dass die Anerkennung einer **Säumnisentscheidung** dann zu versagen ist, wenn das verfahrenseinleitende Schriftstück nicht so rechtzeitig und nicht in einer Weise zugestellt worden ist, dass der Schuldner sich ordnungsgemäß verteidigen konnte. Es kommt mithin – anders als noch nach Art. 27 Nr. 2 EuGVÜ/LugÜ – nicht darauf an, ob die Zustellung nach dem Recht des Urteilsstaates ordnungsgemäß war, sondern nur noch, ob sie so erfolgt ist, dass tatsächlich eine Verteidigungsmöglichkeit bestand (BGH Beschl. v. 9.11.2006 – IX ZB 23/06, NJW-RR 2007, 638; BGH Beschl. v. 12.12.2007 – XII ZB 240/05, NJW-RR 2008, 586). Auch kann der Schuldner sich auf einen Zustellungsmangel nicht mehr berufen, wenn er die Einlegung eines Rechtsmittels unterlassen hatte, obwohl er die Möglichkeit dazu hatte. Letzteres setzt wiederum voraus, dass der Schuldner von dem Versäumnisurteil durch eine Zustellung Kenntnis erlangt hat, die ihm eine rechtzeitige Verteidigung ermöglichte (EuGH Urt. v. 14.12.2006 – C-283/05, EuZW 2007, 156).

Wegen der Rechtzeitigkeit der Zustellung kommt es auf die Umstände an. Im Regelfall wird man dem Beklagten gerade wegen der manchmal schwierigen Organisation der Rechtsverteidigung im Ausland eine Frist von drei Wochen zubilligen müssen. Im Einzelfall, insbesondere wenn er selbst im Urteilsstaat wohnt, kann allerdings auch eine Frist von einer Woche reichen (siehe zu den Fristen → Form. R. VII. 2 Anm. 4). Die Nichteinlegung eines Rechtsmittels kann einem Schuldner dann nicht vorgehalten wenden, wenn diese unverschuldet war. Insofern gelten die gleichen Maßstäbe wie bei § 233 ZPO.

5. Verfahrenswert: Wie → Form. R. XI. 6 Anm. 6.

6. Kosten und Gebühren. Gericht: Festgebühr von 360,– EUR Nr. 1720 KV FamGKG mit Ermäßigung auf 90,– EUR gem. Nr. 1721 KV GKG bei Rücknahme vor Begründung und 180,– EUR gem. Nr. 1722 bei Rücknahme vor Ablauf des Tages, an dem die Endentscheidung ohne vorherige Bekanntgabe durch Vorlesen der Endentscheidung der Geschäftsstelle übermittelt wird; Anwalt: 1,6 Verfahrensgebühr und ggf. weitere Gebühren gem. Nr. 3200 ff. VV RVG u. Vor 3.2.1 Nr. 3 VV RVG.

7. Rechtsmittel. Gegen die Entscheidung des Oberlandesgerichts ist für beide Parteien gem. Art. 33 EuUnterhaltsVO iVm §§ 46 ff. AUG, 71 ff. FamFG die **Rechtsbeschwerde zum BGH** statthaft.

8. Auf sonstige Versagungsgründe (Art. 24 S. 1a, 1c und 1d EuUnterhaltsVO) gestützte Beschwerde des Schuldners gegen eine Vollstreckbarkeitserklärung

An das

Amtsgericht

– Familiengericht –[1]

in . . . . .

In dem Vollstreckbarkeitsverfahren

des . . . . . [ladungsfähige Anschrift des Antragstellers],

– Antragsteller/in und Beschwerdegegner/in –

– Verfahrensbevollmächtigte: Rechtsanwälte . . . . . –

gegen

. . . . .[ladungsfähige Anschrift des Antragsgegners],

– Antragsgegner/in und Beschwerdeführer/in –

– Verfahrensbevollmächtigter: Rechtsanwälte . . . . . –

bestellen wir uns Vollmacht versichernd für den Antragsgegner und legen in dessen Namen gegen den am . . . . . zugestellten Beschluss des Familiengericht . . . . . vom . . . . . – . . . . . [Aktenzeichen] –

Beschwerde

ein.

Wir beantragen,

unter Aufhebung des angefochtenen Beschlusses den Vollstreckbarkeitsantrag zurückzuweisen,

Gründe:

Mit dem für vollstreckbar erklärten Urteil des . . . . .gerichts in . . . . . ist die Antragsgegnerin zur Zahlung monatlichen Unterhalts von . . . . . EUR/[andere Währung] nebst . . . . . Zinsen seit dem . . . . . verurteilt worden. Dieses Urteil kann in Deutschland nicht für vollstreckbar erklärt werden; denn

a) es verstößt offensichtlich gegen die deutsche öffentliche Ordnung, insbesondere gegen das Rechtsstaatsprinzip und Art., ... GG. [Es sollten nähere Ausführungen zur Begründung des ordre public-Verstoßes folgen.]

(Variante:

b) es ist unvereinbar mit dem in der Anlage beigefügten Urteil des . . . . . gerichts in . . . . . zwischen den Parteien umgekehrten Rubrums . . . . .)

Wert des Verfahrens: . . . . .[2]

Abschriften für den Antragsteller sind beigefügt.

. . . . .

Rechtsanwalt[3, 4]

Anmerkungen

1. Die Variante a) bezieht sich auf den in der Praxis zwar häufigen, aber nur selten durchgreifenden Fall eines offensichtlichen Verstoßes gegen den nationalen ordre public gem. Art. 24 S. 1a EuUnterhaltsVO (vgl. dazu näher → Form. R. XI. 7 Anm. 3). Fälle einer Urteilskollision, also des Eingreifens der Versagungsgründe des Art. 24 S. 1c und d EuUnterhaltsVO entsprechend der Variante b) dürften selten sein.

S. 1d entspricht Art. 34 Nr. 4 Brüssel-I-VO. Hierzu hat der EuGH entschieden, dass dieser Versagungsgrund auf unvereinbare Entscheidungen aus demselben Mitgliedstaat weder unmittelbar noch analog anwendbar ist (EuGH Urt. v. 26.9.2013 – C 157/12, NJW 2014, 203).

2. Verfahrenswert: → Form. R. XI. 7 Anm. 6.

3. Kosten und Gebühren: Wie → Form. R. XI. 7 Anm. 7.

4. Rechtsmittel: Rechtsbeschwerde wie → Form. R. XI. 7 Anm. 8.

9. Antrag des Schuldners gem. Art. 35 EuUnterhaltsVO auf Aussetzung des Beschwerdeverfahrens bei einstweiliger Einstellung der Entscheidung im Ursprungsmitgliedstaat aufgrund eines dort eingelegten Rechtsmittels

An das

Oberlandesgericht

– Familiensenat –[1, 2]

in . . . . .

In dem Vollstreckbarkeitsverfahren

. . . . ./. . . . .

– . . . . . [Aktenzeichen] –

nehme ich Bezug auf die Beschwerde vom . . . . .

Im Ursprungsmitgliedstaat hat das . . . . .gericht inzwischen aufgrund des von dem Antragsgegner eingelegten Rechtsmittels die Vollstreckung der Entscheidung einstweilen eingestellt.

Beweis: Anliegender Einstellungsbeschluss nebst Übersetzung

Ich beantrage daher gem. Art. 35 EuUnterhaltsVO die Aussetzung des Verfahrens.

Abschriften für die Antragstellerin sind beigefügt.

. . . . .

Rechtsanwalt[3]

Anmerkungen

1. Anders als nach Art. 46 Brüssel-I-VO/LugÜ 2007 eröffnet die bloße Einlegung eines Rechtsmittels im Ursprungsmitgliedstaat für den Schuldner noch nicht die Möglichkeit, im Vollstreckungsstaat eine Aussetzung des Beschwerdeverfahrens zu erwirken. Dies ist nach Art. 35 EuUnterhaltsVO vielmehr erst dann der Fall, wenn das mit dem Rechtsmittel im Ursprungsmitgliedstaat befasste Gericht dort die **Vollstreckung vorläufig eingestellt** hat. Ebenfalls abweichend von Art. 46 Brüssel-I-VO/LugÜ 2007 ist dem Beschwerdegericht allerdings bei einem Aussetzungsantrag kein Ermessen eingeräumt. Vielmehr hat die **Aussetzung zwingend** zu erfolgen (Prütting/Helms/*Hau* § 110 Anh. 3 Rn. 147). Die in Art. 46 Abs. 3 Brüssel-I-VO weiter vorgesehene Möglichkeit der Anordnung einer Sicherheitsleistung entfällt wegen der ohnehin zwingenden Aussetzung (Geimer/Schütze/*Hilbig* IntRechtsverkehr VO (EG) 4/2009 Art. 35 Rn. 3; Rauscher/*Andrae/Schimrick* EG-UntVO Vor Art. 23 ff. Rn. 14).

2. Die **Pflicht zur Aussetzung** trifft gem. Art. 35 EuUnterhVO auch den BGH, wenn bei ihm im Rahmen einer Rechtsbeschwerde gem. Art. 33 EuUnterhaltsVO iVm §§ 46 ff. AUG, 71 ff. FamFG ein entsprechender Antrag gestellt wird.

3. **Kosten und Gebühren.** Gericht: keine; Anwalt ebenfalls keine wegen § 19 Abs. 1 S. 1 RVG.

10. Vollstreckungsabwehrklage des Schuldners, gestützt auf ein Erlöschen der nach den Art. 23 ff. EuUnterhaltsVO für vollstreckbar erklärten Forderung

An das

Amtsgericht

– Familiengericht[1, 2]

in . . . . .

In dem Vollstreckungsverfahren

des . . . . . [ladungsfähige Anschrift des Schuldners],

– Antragstellers –

– Verfahrensbevollmächtigte: Rechtsanwälte . . . . . –

gegen

. . . . .[ladungsfähige Anschrift des Gläubigers],

– Antragsgegnerin –

– Verfahrensbevollmächtigte: Rechtsanwälte . . . . . –

bestellen wir uns Vollmacht versichernd für den Antragsteller und erheben Klage mit den Anträgen

1. die Zwangsvollstreckung aus dem Beschluss des erkennenden Gerichts vom . . . . . – . . . . .[Aktenzeichen] – für unzulässig zu erklären,
2. gem. den §§ 769, 770 ZPO anzuordnen, dass die Vollstreckung aus dem Beschluss des Familiengericht . . . . . vom . . . . . bis zur Rechtskraft dieses Beschlusses ohne, hilfsweise gegen Sicherheitsleistung eingestellt wird.

Vorab beantragen wir,

die Zwangsvollstreckung aus dem oben bezeichneten Beschluss ohne, hilfsweise gegen Sicherheitsleistung bis zur Entscheidung des vorliegenden Verfahrens einzustellen.

Sofern das Gericht das schriftliche Vorverfahren anordnet, wird für den Fall der Fristversäumnis des Beklagten beantragt, das Versäumnisurteil ohne mündliche Verhandlung (§ 331 Abs. 3 ZPO) zu erlassen.

Gründe:

Durch Urteil/Beschluss des . . . . .gerichts in . . . . .

Durch den am . . . . . von/vor dem . . . . . gericht in . . . . . genehmigten/geschlossenen Vergleich

Durch die am . . . . . vor/dem Notar/. . . . . [Behörde des Ursprungsstaats] errichtete öffentliche Urkunde

ist der Antragsteller zur Zahlung monatlichen Unterhalts von . . . . . EUR/. . . . . [andere Währung] sowie rückständigen Unterhalts von . . . . . EUR/. . . . . [andere Währung] nebst . . . . . % Zinsen seit dem . . . . . verpflichtet. Dieses Urteil/diesen Vergleich/diese Urkunde hat das erkennende Gericht mit dem im Antrag zu 1. bezeichneten Beschluss für vollstreckbar erklärt. Aus diesem Beschluss kann und darf indes nicht mehr vollstreckt werden, weil die titulierte Forderung erloschen ist . . . . . [Darlegung der Gründe für das Erlöschen bzw. sonstige materiell rechtliche Einwendungen nebst Beweisantritten]

Da die vorgenannten Einwendungen erst nach Erlass des ausländischen Urteils entstanden sind, sind diese im vorliegenden Verfahren zu berücksichtigen (§ 66 Abs. 1 S. 2 AUG).

(Variante:[3]

Mit den vorgenannten Einwendungen ist der Antragsteller nicht präkludiert, da dem Vollstreckbarkeitsbeschluss des erkennenden Gerichts ein gerichtlicher Vergleich/eine öffentliche Urkunde zugrunde liegt (§ 66 Abs. 1 S. 1 AUG).)

Die internationale Zuständigkeit des angerufenen Gerichts folgt daraus, dass die Antragsgegnerin inzwischen wieder in Deutschland wohnt (Art. 3 lit. a EuUnterhaltsVO). Örtlich ist das angerufene Gericht zuständig, weil es das ausländische Gericht für vollstreckbar erklärt hat (§ 66 Abs. 3 AUG).

Abschriften für die Antragsgegnerin sind beigefügt.

.....

Rechtsanwalt[4]

Anmerkungen

1. Nach § 44 AUG aF konnte der Unterhaltsschuldner mit seiner Beschwerde gegen einen Vollstreckbarkeitsbeschluss auch Einwendungen materiell rechtlicher Art gegen den titulierten Anspruch geltend machen, soweit sie nach Erlass der ausländischen Entscheidung entstanden sind. Letztlich musste er dies sogar, weil er ansonsten mit einem grundsätzlich statthaften Vollstreckungsabwehrantrag gem. § 66 Abs. 2 AUG präkludiert gewesen wäre. Diese Normen waren jedoch europarechtswidrig. Der EuGH hat mit Urteil vom 13.10.2011 – C 139/10, NJW 2011, 3506 = EuZW 2011, 869 mAnm *Bach* S. 871 entschieden, dass im – vergleichbaren – Vollstreckbarkeitsverfahren nach den Art. 38 ff. Brüssel-I-VO der Erfüllungseinwand nicht geltend gemacht werden kann. Darauf hat der nationale Gesetzgeber reagiert und mit Gesetz vom 20.2.2013 (BGBl. I 273) ua § 44 AUG ersatzlos gestrichen sowie § 66 AUG der Entscheidung des EuGH angepasst. Ein Schuldner kann daher materiell-rechtliche Einwendungen nur durch einen Vollstreckungsabwehrantrag nach § 66 AUG iVm §§ 767 ZPO, 120 FamFG verfolgen. Ein solcher gehört nach zutreffender Auffassung zu den nationalen Rechtsvorschriften des Zwangsvollstreckungsrechts (näher → Form. R. VI. 5 Anm. 4), die gem. Art. 21 Abs. 1 EuUnterhaltsVO anwendbar sind, da sie mit deren Abs. 2 und 3 nicht konkurrieren (→ Form. R. XI. 4 Anm. 1).

2. Problematisch ist allerdings die **internationale Zuständigkeit deutscher Gerichte** (§ 66 Abs. 3 AUG regelt nur die örtliche Zuständigkeit). Diese folgt aus Art. 3 EuUnterhaltsVO, allerdings mit der Begrenzung des Art. 8 Abs. 1 EuUnterhaltsVO, wonach der Verpflichtete, also der Unterhaltsschuldner solange, wie der Unterhaltsgläubiger noch seinen gewöhnlichen Aufenthalt im Urteilsstaat hat, in keinem anderen Mitgliedstaat ein Verfahren einleiten kann. Damit dürfte die deutsche internationale Zuständigkeit für Vollstreckungsabwehranträgen von Unterhaltsschuldnern, die in Deutschland wohnen und sich hier gegen die Durchsetzung eines Titels aus einem anderen Mitgliedstaat wenden wollen, häufig fehlen.

Streitig und bisher nicht geklärt, ist allerdings die Frage, ob Art. 8 EuUnterhaltsVO überhaupt auf Vollstreckungsabwehranträge anwendbar ist oder nur Abänderungsverfahren erfasst (bejahend mit Recht Zöller/*Geimer* EuUnterhVO Art. 8 Rn. 4; Prütting/Helms/*Hau* FamFG § 110 Anh. 3 Rn. 68; verneinend Geimer/Schütze/*Reuß* IntRechtsverkehr Bd. 2 Art. 8 VO [EG] 4/2009 Rn. 7 jeweils mit weiteren Nachweisen). Jedenfalls kann die schon zuvor umstrittene Erwägung des deutschen Gesetzgebers zu § 66 AUG, dass die internationale Zuständigkeit deutscher Gerichte aus dem ausschließlichen Gerichtsstand für Zwangsvollstreckungssachen gem. Art. 22 Nr. 5 Brüssel-I-VO folge, weil die Brüssel-I-VO durch die EuUnterhaltsVO nicht abgeändert, sondern nur wegen der unterhaltsrechtlichen Regelungen ergänzt werde (BR-Drucks. 854/10, 82), seit Inkrafttreten der Brüssel-Ia-VO am 10.1.2015 nicht mehr greifen. Denn nunmehr sind Unterhaltssachen gem. Art. 1 Abs. 2 lit. e Brüssel-Ia-VO ausdrücklich von deren Anwendungsbereich ausgenommen. Die internationale Zuständigkeit kann sich mithin nur noch aus den Art. 3 ff. EuUnterhaltsVO selbst ergeben. Diese wird idR bei einem in einem anderen Mitgliedstaat wohnenden

Unterhaltsberechtigten und Antragsgegner eines Vollstreckungsgegenantrags fehlen. Wie im Verfahren nach der Brüssel-I-VO oder der Brüssel-Ia-VO sind Vollstreckungsgegenanträge zwar möglich; anders als dort fehlt es aber in der EuUnterhaltsVO an einer Norm, welche die Zuständigkeit deutscher Gerichte begründet.

3. § 66 Abs. 1 AUG sieht in dessen Satz 2 entgegen dem ursprünglichen Regierungsentwurf der Neuregelung (BT-Drs. 17/100492 u. BT-Drs. 17/11885) nur eine **Präklusion** vor, wenn der Vollstreckbarerklärung eine gerichtliche Entscheidung zugrunde liegt. Bei gerichtlichen Vergleichen und öffentlichen Urkunden können in Anlehnung an die nationalen Regelungen auch vorher entstandene Einwendungen geltend gemacht werden. Dies ist europarechtswidrig und steht in Widerspruch zu § 1086 Abs. 2 ZPO, wonach bei Vollstreckungsabwehrklagen gegen Vergleiche oder öffentliche Urkunden, die nach der EuVTVO als Europäischer Vollstreckungstitel bestätigt worden sind, die Präklusionsnorm des § 767 Abs. 2 ZPO entsprechend anzuwenden ist (näher Schuschke/Walker/*Jennissen* § 1086 Rn. 6 f. u. § 1117 Rn. 5).

Den beiden Varianten in dem vorstehenden Formular liegt unabhängig von dieser Kritik die gesetzliche Regelung in § 66 Abs. 1 AUG zugrunde.

4. Kosten und Gebühren: → Form. P. VIII. 8.

11. Antrag des Unterhaltsgläubigers auf unbeschränkte Fortsetzung der Zwangsvollstreckung

An das

Amtsgericht

– Familiengericht–[1]

in . . . . .

An das

Oberlandesgericht

– Familiensenat – [4]

in . . . . .

Herrn/Frau

Notar/in [4]

. . . . .

In Sachen

. . . . ./. . . . . .

– . . . . . [Aktenzeichen] –

beantragen wir für den Antragsteller, ein Zeugnis über die unbeschränkte Fortsetzung der durch Beschluss vom . . . . . zugelassenen Zwangsvollstreckung zu erteilen, nachdem

die Antragsgegnerin innerhalb der nunmehr abgelaufenen Beschwerdefrist kein Rechtsmittel eingelegt hat,[1]

(Variante:

das Oberlandesgericht ..... die Beschwerde der Antragsgegnerin inzwischen zurückgewiesen und keine Anordnung zur weiteren Beschränkung der Zwangsvollstreckung getroffen hat,)[2]

(Variante:

der Bundesgerichtshof die von dem Oberlandesgericht getroffene Anordnung, dass die Zwangsvollstreckung bis zur Entscheidung über die Rechtsbeschwerde nur gegen Sicherheitsleistung erfolgen könne, aufgehoben hat,)[3]

(Variante:

der Bundesgerichtshof das Urteil/den Beschluss vom ..... zur Zwangsvollstreckung zugelassen hat.)[1]

Beglaubigte Abschriften für die Antragsgegnerin sind beigefügt.

.....

Rechtsanwalt[5]

Anmerkungen

1. Wie bereits ausgeführt (→ Form. R. XI. 7 Anm. 1) findet gem. Art. 36 Abs. 3 EuUnterhaltsVO bis zum Ablauf der Beschwerdefrist bzw. bis zur Entscheidung des OLG über eine Beschwerde des Schuldners nur die Sicherungsvollstreckung statt. Insoweit gelten die gleichen Grundsätze wie im Anwendungsbereich des AVAG (→ Form. R. VI. 6). Um dem Gläubiger nach Ablauf der Frist bzw. nach Zurückweisung der Beschwerde einen Nachweis gegenüber den Vollstreckungsorganen zu ermöglichen, ist ihm gem. § 53 Abs. 2 AUG auf Antrag ein **Zeugnis über die uneingeschränkte Fortführung der Zwangsvollstreckung** zu erteilen.

2. Der Schuldner, der Beschwerde eingelegt hat, hat zwar keine Möglichkeit vor dem OLG für die Dauer des Beschwerdeverfahrens Vollstreckungsschutzanträge zu stellen, wofür wegen der ohnehin zunächst nur möglichen Sicherungsvollstreckung kein Bedürfnis besteht (OLG Köln IPRax 2003, 354 zum AVAG). Indes kann er gem. § 52 Abs. 2 AUG beantragen, dass das OLG bis zum Ablauf der Frist zur Einlegung der Rechtsbeschwerde oder bis zur Entscheidung über dieses Rechtsmittel die Vollstreckung weiter auf Sicherungsmittel beschränkt oder von einer Sicherheitsleistung abhängig macht.

3. Nach Einlegung der Rechtsbeschwerde ist nach § 52 Abs. 3 AUG nur noch der BGH für Schutzanträge zuständig (OLG Köln Beschl. v. 16.11.2014 – 16 W 7/13, BeckRS 2014, 22828 zum AVAG). Er kann seinerseits eine zuvor ergangene Anordnung des OLG ändern oder aufheben sowie auf Antrag des Schuldners ebenfalls Anordnungen nach Abs. 2 erlassen. Entsprechend seiner Rspr. zu § 712 ZPO verlangt der BGH allerdings, dass „grundsätzlich" schon während des Beschwerdeverfahrens beim OLG ein Antrag nach § 52 Abs. 2 AUG gestellt wird. Unterlässt der Schuldner dies, riskiert er daher, dass sein Antrag schon aus diesem Grund zurückgewiesen wird. Zudem kommt eine positive Bescheidung des Antrags nach § 52 Abs. 3 S. 1 iVm Abs. 2 AUG nur dann in Betracht, wenn die Rechtsbeschwerde auch Aussicht auf Erfolg hat (BGH Beschl. v. 17.6.2009 – XII ZB 82/09, NJW-RR 2009, 1300 = FamRZ 2009, 1402 zum AVAG mit kritischer Anm. *Hau)*

4. Für den Fall, dass die Klausel von dem Urkundsbeamten der Geschäftsstelle des OLGs erteilt worden ist (vgl. hierzu § 45 Abs. 4 AUG), ist der Antrag auf unbeschränkte

Fortsetzung der Zwangsvollstreckung gem. § 54 AUG dorthin zu richten. Für diesen Fall ist das Zeugnis zu erteilen, wenn bis zum Ablauf der Rechtsbeschwerdefrist kein Rechtsmittel eingelegt worden ist, wenn der BGH eine Beschränkung der Zwangsvollstreckung durch das OLG aufgehoben oder er die Rechtsbeschwerde des Schuldners zurückgewiesen hat.

Hat ein Notar gem. § 35 Abs. 3 eine öffentliche Urkunde für vollstreckbar erklärt, ist dieser für die Erteilung des Zeugnisses zuständig(siehe zu den Parallelnormen im AVAG und dem IntErbRVG Zöller/*Geimer* AVAG § 23 Rn. 1 u. BT-Drs. 18/4201, 13).

5. **Kosten und Gebühren.** Gericht: keine; Anwalt ebenfalls keine wegen § 19 Abs. 1 S. 1 RVG.

12. Antrag des Unterhaltsschuldners auf Aufhebung oder Änderung des Vollstreckbarkeitsbeschlusses

An das

Amtsgericht

– Familiengericht –[1, 2]

in . . . . .

In Sachen

. . . . . ./. . . . . .

– . . . . . – [Aktenzeichen]

bestellen wir uns Vollmacht versichernd für den Antragsgegner und beantragen,

den Beschluss vom . . . . .

aufzuheben,

(Variante:

dahingehend abzuändern, dass der Antragsgegner nur noch zur Zahlung von . . . . . EUR/. . . . .[andere Währung] nebst Zinsen in Höhe von . . . . . % seit dem . . . . . verpflichtet ist,)

(Variante:

dahingehend abzuändern, dass die Vollstreckung nur gegen eine von dem Antragsteller beizubringende Sicherheitsleistung von . . . . . EUR erfolgen kann,)

(Variante:

dahingehend abzuändern, dass der Antragsgegner die Vollstreckung gegen eine Sicherheitsleistung von . . . . . EUR abwenden kann,)

vorab im Wege einer einstweiligen Anordnung

die Zwangsvollstreckung einstweilen einzustellen und die am . . . . . ausgebrachte Pfändung . . . . . ohne Sicherheitsleistung, hilfsweise gegen Sicherheitsleistung aufzuheben.

Gründe:

Durch den im Antrag genannten Beschluss ist das Urteil/der Beschluss des . . . . .gerichts . . . . . vom . . . . . in . . . . . – [Aktenzeichen] – bestandskräftig für vollstreckbar erklärt worden. Auf den von dem Schuldner bei dem Ursprungsgericht eingelegten Rechtsbehelf/ Rechtsmittel des . . . . . hat das . . . . . gericht mit Urteil/Beschluss vom . . . . .

das Urteil/den Beschluss vom . . . . . aufgehoben,

(Variante:

dahingehend abgeändert, dass der Antragsgegner nur noch zur Zahlung von . . . . . EUR/. . . . . [andere Währung] nebst Zinsen in Höhe von . . . . .% seit dem verpflichtet ist,)

(Variante:

dahingehend abgeändert, dass die Vollstreckung nur gegen eine von dem Antragsteller beizubringende Sicherheitsleistung von . . . . . EUR/[andere Währung] erfolgen kann,)

(Variante:

dahingehend abgeändert, dass der Antragsgegner die Vollstreckung gegen eine Sicherheitsleistung von . . . . . EUR/[andere Währung] abwenden kann.)

Beweis: anliegende Ausfertigung des Urteils/Beschlusses vom . . . . . nebst beglaubigter Übersetzung

Gleichwohl betreibt der Gläubiger die Zwangsvollstreckung uneingeschränkt weiter und hat am . . . . . gepfändet.

Beweis: anliegende beglaubigte Kopie des . . . . .

Die Vollstreckbarerklärung ist demzufolge gem. § 67 AUG

ebenfalls aufzuheben,

(Variante:

der Veränderung der Vollstreckbarkeit des ausländischen Titels anzupassen.)

Die unverzügliche Einstellung der Zwangsvollstreckung unter Aufhebung der Pfändung ist geboten, zumal ein Schadensersatzanspruch des Antragsgegner aus § 69 AUG kaum durchsetzbar sein dürfte; denn . . . . .

Angesichts der urkundlich belegten Aufhebung/Änderung des ausländischen Titels ist es angezeigt, die Pfändung auch ohne Sicherheitsleistung aufzuheben.

Streitwert: . . . . .[3]

Abschriften für den Antragsteller sind beigefügt.

. . . . .

Rechtsanwalt [4, 5]

Anmerkungen

1. Dem Gläubiger steht mit dem Vollstreckbarkeitsverfahren ein einfaches Verfahren zur Verfügung, um die Voraussetzungen für die Durchsetzung eines ausländischen Titels im Inland zu schaffen. Umgekehrt soll der Schuldner in den Fällen, in denen er etwaige Veränderungen in der Vollstreckbarkeit des ausländischen Titels nicht mehr mit Rechtsmitteln im Vollstreckbarkeitsverfahren geltend machen kann, in einem einfachen Verfahren eine Aufhebung bzw. Anpassung der Vollstreckbarkeitserklärung an eine Aufhebung oder Einschränkung der Vollstreckbarkeit des ausländischen Titels erwirken können (amtliche Begründung zu dem früheren § 29 AVAG 1988, BT-Drs. 11/351, 28). Den Weg hierzu eröffnet § 67 AUG.

2. Ausschließlich zuständig für den Aufhebungs- oder Änderungsantrag ist gem. § 67Abs. 2 AUG das Gericht, das in erster Instanz über den Vollstreckbarkeitsantrag entschieden hat, also das **Familiengericht** Es entscheidet nach freigestellter mündlicher Verhandlung, hat jedoch zuvor den Gläubiger zu hören (§ 67 Abs. 3 AUG). Eilmaßnahmen in entsprechender Anwendung der §§ 769, 770 ZPO sind möglich, einschließlich der in dem vorstehenden Formular in erster Linie begehrten Aufhebung von Vollstreckungsmaßnahmen ohne Sicherheitsleistung (§ 67 Abs. 5 AUG).

3. Verfahrenswert: → Form. R. XI. 6 Anm. 7.

4. Kosten und Gebühren. Gericht: Festgebühr von 240,– EUR gem. Nr. 1710 KV FamGKG mit Ermäßigung auf 90,– EUR gem. Nr. 1715 KV FamGKG bei Rücknahme vor Ablauf des Tages, an dem die Endentscheidung ohne vorherige Bekanntgabe durch Vorlesen der Endentscheidung der Geschäftsstelle übermittelt wird; Anwalt: 1,3 Verfahrensgebühr und ggf. weitere Gebühren gem. Nr. 3100 ff. VV RVG.

5. Rechtsmittel. Die Entscheidung des Vorsitzenden der Zivilkammer ist für beide Parteien mit der Beschwerde anfechtbar, für die eine entsprechende Anwendung der §§ 569–577 ZPO angeordnet ist. Dies bedingt zugleich, dass eine Entscheidung über eine etwaige Abhilfe gem. § 572 ZPO zu ergehen hat und auch im Beschwerdeverfahren einstweiligen Maßnahmen gem. § 570 ZPO möglich sind.

XII. Vollstreckung von Unterhaltsentscheidungen nach dem Haager Übereinkommen von 2007

1. Antrag auf Vollstreckbarerklärung einer Unterhaltsentscheidung oder -vereinbarung

An das

Amtsgericht

– Familiengericht –[1, 2, 3, 4, 6]

in . . . . .

In Sachen

der . . . . . [ladungsfähige Anschrift des Antragstellers],

– Antragssteller/in –

– Verfahrensbevollmächtigte: Rechtsanwälte . . . . . –

gegen

. . . . .[ladungsfähige Anschrift des Antragsgegners],

– Antragsgegner/in –

bestellen wir uns ordnungsgemäße Bevollmächtigung versichernd für die Antragstellerin und überreichen in der Anlage mit beglaubigten Übersetzungen[7, 8]

eine Ausfertigung des vollstreckbaren Urteils des . . . . . gerichts in . . . . ., nebst Nachweis, dass die Entscheidung in . . . . . [Ursprungsstaat] vollstreckbar ist,

(Variante

eine Ausfertigung des/der am . . . . . vor dem/der . . . . . [Verwaltungsbehörde] geschlossenen/genehmigten Vergleichs/Vereinbarung nebst Nachweis, dass die Voraussetzungen des Art. 19 Abs. 3 HUÜ 2007 für eine Gleichstellung mit einer Entscheidung vorliegen,)

(Variante

eine Ausfertigung der Unterhaltsvereinbarung vom . . . . . nebst Nachweis, dass diese Entscheidung in . . . . . [Ursprungsstaat] wie eine Entscheidung vollstreckbar ist,)

(alternativ:

Ein Nachweis, dass der im Ursprungsstaat säumig gebliebene Antragsgegner am . . . . vom Verfahren benachrichtigt worden ist und Gelegenheit hatte, gehört zu werden)
(Variante
am . . . . . von der Entscheidung benachrichtigt worden ist und die Möglichkeit hatte, diese mit dem Rechtsbehelf/Rechtsmittel des/der . . . . . anzufechten.)

(alternativ:

Berechnung vom . . . . . über die Höhe der Zahlungsrückstände.)

(alternativ:

Entscheidung des . . . ., mit der dem/der Antragsteller/in im Ursprungsverfahren Verfahrenskostenhilfe/Prozesskostenhilfe/unentgeltliche Befreiung von Kosten und Gebühren bewilligt worden ist.)

Wir beantragen,[5]

den vorgenannten Titel wegen der Verurteilung des Antragsgegners zur Zahlung von laufendem Unterhalt von . . . . . [andere Währung] und rückständigem Unterhalt von . . . . . [andere Währung] nebst . . . . . % Zinsen ab dem . . . . ./gesetzlichen Zinsen und . . . . . [andere Währung] gerichtlicher Kosten sowie wegen weiterer . . . . . [andere Währung] bisheriger Zustell- und Vollstreckungskosten für vollstreckbar zu erklären und mit der Vollstreckungsklausel zu versehen.

(alternativ:

Ferner wird beantragt,

der Antragstellerin unter Beiordnung des Unterzeichners Verfahrenskostenhilfe zu bewilligen.[9])

(Variante:

Aufgrund der in dem Titel enthaltenen Anknüpfung des laufenden Unterhalts an den . . . . . Index beträgt dieser
ab dem . . . . . bis zum . . . . . [andere Währung]
ab dem . . . . . bis zum . . . . ., ... [andere Währung]
ab dem . . . . . [andere Währung].
Die Formel für die Berechnung der Indexierung findet sich in dem ebenfalls nebst beglaubigter Übersetzung beigefügten Auszug aus dem/der . . . . . (Bezeichnung der ausländischen Rechtsgrundlage für die Indexierung).)

(Variante:

Die Höhe der titulierten gesetzlichen Zinsen beträgt gem. dem weiter beigefügten Nachweis/Auszug aus dem/der der in dem Titel enthaltenen Anknüpfung des laufenden Unterhalts an den . . . . (Bezeichnung der ausländischen Rechtsgrundlage für die Zinshöhe)
ab dem . . . . . bis zum . . . . . [andere Währung]
ab dem . . . . . bis zum . . . . ., ... [andere Währung]
ab dem . . . . . [andere Währung].)

Dem Antragsteller sind gem. den beigefügten Nachweisen bisher durch Zustellungen und Vollstreckungsversuche Kosten in Höhe von . . . . . EUR entstanden. Diese Kosten können nach Art., ... der . . . . . Zivilprozessordnung ohne gesonderte Titulierung zusammen mit dem vollstreckbaren Hauptanspruch beigetrieben werden.

Wert des Verfahrens: . . . . .[10]

Abschriften für den Antragsgegner sind beigefügt.

. . . . .

Rechtsanwalt[11, 12]

Anmerkungen

1. Am 23.11.2007 haben sich auf der Haager Konferenz für Internationale Privatrecht (HCCH) 50 Staaten auf eine neue Unterhaltskonvention, das Haager Übereinkommen über die internationale Geltendmachung der Unterhaltsansprüche von Kindern und anderen Familienangehörigen – **HUÜ 2007** – (deutschsprachige Übersetzung unter www.hcch.net/upload/text38d.pdf; Text auch bei Prütting/Helms/*Hau* § 110 Anh. 6) sowie auf das Haager Protokoll über das auf Unterhaltspflichten anzuwendende Recht – **Haager Protokoll**– (ABl. 2009 L 331, 19; Text und Kommentierung bei *Rauscher*, EuZPR/EuIPR, Bearbeitung 2010) geeinigt. Die Ziele des Übereinkommens sind in dessen Art. 1 genannt, nämlich

- die Schaffung eines umfassenden Systems der Zusammenarbeit zwischen den Behörden der Vertragsstaaten,
- die Einführung der Möglichkeit, Anträge zur Herbeiführung von Unterhaltsentscheidungen zu stellen,
- die Sicherstellung der Anerkennung und Vollstreckung von Unterhaltsentscheidungen,
- die Schaffung von wirksamen Maßnahmen im Hinblick auf die zügige Vollstreckung von Unterhaltsentscheidungen.

2. Das von der **EU für alle Mitgliedstaaten** mit Ausnahme Dänemarks geschlossene HUÜ 2007 (ABl. 2011 L 192, 51) ist inzwischen auch von den **Drittstaaten Albanien, Bosnien-Herzegowina, Norwegen** und der **Ukraine** ratifiziert und nach Hinterlegung der Ratifikationsurkunde durch die EU (siehe ABl. 2014, L 113, 1) **seit dem 1.8.2014 in Kraft.** Es gilt seit diesem Zeitpunkt auch im Verhältnis zwischen Deutschland und den Drittstaaten (Thomas/Putzo/*Hüßtege* EuUnterhaltsVO Vor Art. 1 Rn. 9a; *Wagner* NJW 2014, 1862 (1864)). Zeitgleich wurde mit Bekanntmachung vom 2.7.2014 (BGBl. I 887) das deutsche Durchführungsgesetz zum HUÜ 2007 vom 20.2.2013 (BGBl. 2013 I 273), das im Wesentlichen Änderungen des AUG vorsieht, in Kraft gesetzt. Ein Inkrafttreten im Verhältnis zu weiteren Staaten ist zu erwarten. So haben Burkina Faso und die USA das Übereinkommen gezeichnet, aber noch nicht ratifiziert. Eine aktuelle Liste der Vertragsstaaten findet sich auf der Internetseite der Haager Konferenz unter www.hcch.net/index_de.php?act=conventions.status2&cid=131.

3. Gem. Art. 1 Abs. 1 lit. a und b gilt das HUÜ **in sachlicher Hinsicht** für **Unterhaltspflichten aus einer Eltern-Kind-Beziehung** gegenüber einer Person, die das 21. Lebensjahr noch nicht vollendet hat, sowie für die Anerkennung und Vollstreckung einer Entscheidung über **Unterhaltspflichten zwischen Ehegatten und früheren Ehegatten,** wenn der Antrag mit einem solchen zu Gunsten einem Berechtigten unter 21 Jahren verknüpft wird, also für verbundene Anträge eines Elternteils und eines Kindes. Isolierte Titel eines Ehegatten gegen den (früheren) anderen können nach Abs. 1 lit. c ebenfalls anerkannt und vollstreckt werden. Jedoch gelten die Kap. II. und III, welche die Zusammenarbeit auf Verwaltungsebene durch Zentrale Behörden regeln und es einem Berechtigten ermöglichen Anträge über die Zentrale Behörde eines andern Staates zu stellen, in diesem Fall nicht. Gerade mit der Möglichkeit die länderübergreifende Dienste der Zentralen Behörden in Anspruch zu nehmen, in der ein Schwerpunkt des Übereinkommens liegt, wird die Durchsetzung von Unterhaltsansprüchen in einem anderen Staat erheblich erleichtert. In Deutschland ist Zentrale Behörde das Bundesamt für Justiz (§ 4 Abs. 1 AUG).

4. Anwendbar ist das HUÜ 2007 **für Mitgliedstaaten der EU nur im Verhältnis zu Drittstaaten**; denn nach Art. 69 Abs. 2 EuUnterhaltsVO hat diese Verordnung im Verhältnis der Mitgliedstaaten untereinander Vorrang gegenüber internationalen Übereinkommen und Vereinbarungen (→ Form. R. XI. 1 Anm. 4). Es gilt daher derzeit im

Verhältnis zu Albanien, Bosnien und Herzegowina, Norwegen und der Ukraine. Da Norwegen zugleich Vertragsstaat des LugÜ 2007 ist, hat ein Unterhaltsgläubiger wegen Art. 67 Abs. 5 S. 2 LugÜ die Wahl, ob er das Vollstreckbarkeitsverfahren nach diesem Übereinkommen oder nach dem HUÜ 2007 betreibt (zum Verfahren nach dem LuGÜ 2007 → Form. R. VI. 1 bis → Form. R. VI. 7).

5. Das HUÜ 2007 sieht in den Art. 19–31 ein in erster Instanz einseitiges und erst im Beschwerdeverfahren kontradiktorisches **Vollstreckbarkeitsverfahren** nach dem Muster der Brüssel-I-VO vor, das auch in der EuUnterhaltsVO, soweit es ein Vollstreckbarkeitsverfahren vorsieht, also bei Titeln aus Großbritannien und Dänemark seinen Niederschlag gefunden hat. Die → Form. R. XI. 7, →Form. R. XI. 8, →Form. R. XI. 9 und → Form. R. XI. 11 können daher für Beschwerden bzw. weitere Verfahrensanträge entsprechend herangezogen werden.

6. Die deutschen Durchführungsbestimmungen ergeben sich aus dem AUG (§ 1 Abs. 1 Ziff. 1 lit. a AUG). In erster Instanz ist für Vollstreckbarkeitsanträge daher gem. § 35 Abs. 1 AUG das **„zentrale" Amtsgericht am Sitz des Oberlandesgerichts,** in dessen Bezirk sich der Schuldner gewöhnlich aufhält oder die Zwangsvollstreckung durchgeführt werden soll, **örtlich und sachlich zuständig.** Nach § 35 Abs. 2 AUG können die Landesregierungen durch Rechtsverordnung ein anderes Amtsgericht – auch für den Bezirk mehrerer Oberlandesgerichte – bestimmen. Für das Beschwerdeverfahren verbleibt es nach § 43 Abs. 1 AUG bei einer Zuständigkeit des Oberlandesgerichts. Notarielle Urkunden können gem. § 35 Abs. 3 Ziff. 2 AUG auch von einem **Notar** für vollstreckbar erklärt werden. Der Gläubiger hat also bei Urkunden ein Wahlrecht, ob er seinen Antrag an das Landgericht richtet oder diesen bei einem Notar stellt.

7. Das Übereinkommen unterscheidet zwischen der Vollstreckbarerklärung von „**Entscheidungen**", wozu gem. Art. 19 Abs. 1 HUÜ 2007 auch **Vergleiche oder Vereinbarungen** zählen, die vor einem Gericht oder einer Verwaltungsbehörde geschlossen oder von ihnen genehmigt worden sind, sowie von „**Unterhaltsvereinbarungen**" iSd Art. 30 HUÜ 2007, die im Ursprungsstaat vollstreckbar sind. Vollstreckbar sind dabei ua auch solche Entscheidungen, die eine automatische Anpassung durch Indexierung vorsehen.

Für das Vollstreckbarkeitsverfahren ist gem. Art. 23 Abs. 1 HUÜ 2007 grds. das Recht des Vollstreckungsstaates maßgeblich. Das Übereinkommen gibt hierzu nur wenige Vorgaben. Diese betreffen zunächst die Gründe, aus denen die Vollstreckung versagt werden kann. Diese **Versagungsgründe** sind in Art. 23 HUÜ mit Modifikationen nach dem Muster anderer Übereinkommen aufgelistet (Verstoß gegen den ordre public; Entscheidung als Ergebnis betrügerischer Machenschaften im Verfahren, Titelkollisionen und Gehörsverletzungen bei Säumnisentscheidungen). Anders als bei Verfahren nach der EuUnterhaltsVO, der Brüssel-I-VO oder dem LugÜ 2007 ist ein etwaiger Versagungsgrund allerdings **schon in erster Instanz** zu prüfen, etwa weil sich aus den vom Gläubiger eingereichten Unterlagen Anhaltspunkte für eine Gehörsverletzung bei einer Säumnisentscheidung ergeben. In Parallele zu den genannten EU-Verordnungen und dem LugÜ 2007 wird in den Art. 27 und 28 HUÜ 2007 eine Bindung des Exequaturgerichts an die tatsächlichen Feststellungen des Gerichts oder der Verwaltungsbehörde im Ursprungsstaat angeordnet sowie ein Verbot der Überprüfung der Entscheidung in der Sache ausgesprochen.

8. Die inhaltlichen Anforderungen an einen Antrag auf Vollstreckbarerklärung einer **„Entscheidung"**, also auch von gerichtlichen oder behördlichen Vergleichen und Vereinbarungen ergeben sich aus Art. 25 Abs. 1 HUÜ 2007. Vorzulegen sind

a) die vollständige Entscheidung,
b) ein Nachweis, dass die Entscheidung im Ursprungsstaat vollstreckbar ist sowie bei Entscheidungen einer Verwaltungsbehörde ein Nachweis, dass die Voraussetzungen des Art. 19 Abs. 3 HUÜ 2007 erfüllt sind, nämlich die Entscheidung vor einem

Gericht angefochten bzw. vor einem Gericht nachgeprüft werden konnte und ihr vergleichbare Kraft und Wirkung zukommt, wie einer gerichtlichen Entscheidung,

c) bei einer Säumnisentscheidung entweder ein Nachweis, dass der Schuldner ordnungsgemäß vom Verfahren benachrichtigt worden ist oder ein Nachweis, dass er ordnungsgemäß von der Entscheidung von der Entscheidung benachrichtigt worden ist und er die Möglichkeit hatte diese anzufechten oder ein Rechtsmittel hiergegen einzulegen, ihm also entweder vorher oder nachträglich rechtliches Gehör gewährt wurde,

d) ggf. unter Angabe des Datums eine Berechnung der Zahlungsrückstände,

e) im Falle einer automatischen Anpassung der Entscheidung an einen Index eine Darstellung der Grundlagen für die Berechnung des einschlägigen Index.

f) ggf. ein Nachweis über den Umfang der Gewährung einer „juristischen Unterstützung" also von Verfahrenskostenhilfe im Ursprungsstaat.

Bei „**Unterhaltsvereinbarungen**" bedarf es gem. Art. 30 Abs. 3 HUÜ 2007 nur der Vorlage der vollständigen Vereinbarung sowie eines Nachweises, dass diese im Ursprungsstaat wie eine Entscheidung vollstreckbar ist. Ggf. sind allen Anträgen gem. Art. 36 AUG Übersetzungen beizufügen, deren Richtigkeit von einer Person bestätigt worden ist, der hierzu in einem Vertragsstaat des Übereinkommens befugt ist, also idR im Ursprungsstaat oder in Deutschland befugt ist. Den Anforderungen der Art. 25 Abs. 1, 30 Abs. 3 HUÜ 2007 wurde mit den verschiedenen Varianten in dem vorstehenden Form. Rechnung getragen.

9. **Verfahrenskostenhilfe**: Gem. Art. 17 lit. b HUÜ 2007 iVm § 23 AUG ist einer Partei, der im Ursprungsstaat im Erkenntnisverfahren „juristische Unterstützung", also Verfahrenskostenhilfe bewilligt worden ist, auch für Verfahren der Anerkennung, Vollstreckbarerklärung und Vollstreckung Verfahrenskostenhilfe zu bewilligen. Eine (erneute) Prüfung der Erfolgsaussicht erfolgt also nicht. Auch bedarf es keiner (erneuten) Darlegung der persönlichen und wirtschaftlichen Verhältnisse des Antragstellers.

10. Der **Verfahrenswert** für das Vollstreckbarkeitsverfahren ist nach der vollstreckbaren Hauptforderung (Jahresbetrag gem. § 51 FamGKG und etwaige Rückstände) zuzüglich der im Ursprungsmitgliedstaat mit ausgeurteilten bezifferten Kosten ohne sonstige Kosten und ohne Zinsen zu bemessen (BGH Beschl. v. 8.10.1956 – II ZR 305/55, Rpfleger 1957, 15; OLG Köln Beschl. v. 8.6.1994 – 16 W 29/94, OLGReport 1994, 236). **Unterhaltsrückstände** aus der Zeit nach Erlass der ausländischen Entscheidung sind dem Streitwert nicht hinzuzurechnen (BGH Beschl. v. 19.11.2008 – XII ZB 195/07, NJW-RR 2009, 651). Soweit der Titel auf eine ausländische Währung lautet, ist gem. § 40 GKG der Wechselkurs bei Eingang des Antrags bzw. in der Rechtsmittelinstanz bei Eingang des Rechtsmittels maßgeblich (BGH Beschl. v. 13.1.2010 – XII ZB 12/05, NJOZ 2010, 2521 = FamRZ 2010, 365).

11. **Kosten und Gebühren:** Gericht: Festgebühr von 240,– EUR gem. Nr. 1710 KV FamGKG mit Ermäßigung auf 90,– EUR gem. Nr. 1715 KV FamGKG bei Rücknahme vor Ablauf des Tages, an dem die Endentscheidung ohne vorherige Bekanntgabe durch Vorlesen der Endentscheidung der Geschäftsstelle übermittelt wird; Anwalt: 1,3 Verfahrensgebühr und ggf. weitere Gebühren gem. Nr. 3100 ff. VV RVG.

12. **Rechtsmittel**: Beschwerde, → Form. R. XII. 2

2. Beschwerde des Schuldners, gestützt auf ein Erlöschen der titulierten Forderung

An das

Amtsgericht

– Familiengericht –[2]

in .....

In dem Vollstreckbarkeitsverfahren

der ..... [ladungsfähige Anschrift des Antragstellers],

– Antragsteller/in und Beschwerdegegner/in –

– Verfahrensbevollmächtigter: Bundesamt für Justiz, Adenauerallee 99–103, 53113 Bonn –

gegen

.....[ladungsfähige Anschrift des Antragsgegners],

– Antragsgegner/in und Beschwerdeführer/in –

– Verfahrensbevollmächtigter: Rechtsanwälte ..... –

bestellen wir uns Vollmacht versichernd für den Antragsgegner und legen in dessen Namen gegen den am ..... zugestellten Beschluss vom ..... [Aktenzeichen] .....

Beschwerde[1, 3, 4]

ein.

Wir beantragen,

unter Aufhebung des angefochtenen Beschlusses den Vollstreckbarkeitsantrag zurückzuweisen,

(Variante:

unter teilweiser Aufhebung des angefochtenen Beschlusses den Vollstreckbarkeitsantrag bezüglich eines rückständigen Unterhalts von ..... (Währung) – alternativ – und wegen des laufenden Unterhalts zurückzuweisen.)

Gründe:

Durch Urteil des .....gerichts in ..... ist der Antragsgegner zur Zahlung von ..... (Währung) nebst ..... Zinsen seit dem verurteilt worden Dieses Urteil hat das Familiengericht mit dem angefochtenen Beschluss für vollstreckbar erklärt. Aus dem Urteil des .....gerichts kann und darf indes nicht mehr – in vollem Umfang – vollstreckt werden, weil die titulierte Forderung – teilweise – erloschen ist.

Der Antragsgegner hat nämlich regelmäßige Zahlungen auf den titulierten Unterhalt geleistet, wie sich aus folgendem Sachverhalt ergibt:

.....

Wert des Verfahrens: .....[5]

Abschriften für den Antragsteller sind beigefügt.

.....

Rechtsanwalt[6, 7]

Anmerkungen

1. Gem. Art. 23 Abs. 5 HUÜ 2007 iVm § 43 AUG ist gegen die Vollstreckbarerklärung des Familiengerichts die Beschwerde statthaft. Anders als im Vollstreckbarkeitsverfahren nach der Brüssel-I-VO, dem LugÜ 2007 und der EuUnterhaltsVO (→ Form. R. VI. 5 und → Form. R. XI. 10) kann der Schuldner im Falle einer **Vollstreckbarerklärung eines Titels aufgrund internationaler Übereinkommen** gem. § 59a AUG mit seiner Beschwerde auch Einwendungen materiell-rechtlicher Art geltend machen, bei Entscheidungen gem. Abs. 1 allerdings nur solche, die erst nach deren Erlass entstanden sind. Bei der Vollstreckbarerklärung von Vergleichen oder öffentlichen Urkunden ist er dagegen gem. Abs. 2 auch mit früher entstandenen Einwendungen nicht präkludiert. Als Folge der Regelung in § 59 AUG ist in § 66 Abs. 2 AUG weiter bestimmt, dass ein Vollstreckungsgegenantrag gem. § 120 FamFG iVm § 767 ZPO nur auf solche Einwendungen gestützt werden kann, die entweder erst nach Ablauf der Beschwerdefrist oder im Falle der Einlegung einer Beschwerde erst nach Beendigung des Beschwerdeverfahrens entstanden sind. Zur Vermeidung einer derartigen Präklusion ist ein Schuldner daher gehalten, ihm bekannte Einwendungen mit seiner Beschwerde geltend zu machen.

2. Die Beschwerde ist gem. Art. 23 Abs. 6 HUÜ 2007 iVm § 60a AUG **innerhalb von 30 Tagen (nicht innerhalb eines Monats!)** nach Bekanntgabe bzw. bei einem Rechtsmittelführer, der im **Ausland** wohnt, innerhalb von **60 Tagen** einzulegen. Beschwerdegericht ist gem. § 43 Abs. 1 AUG das OLG; einzureichen ist das Rechtsmittel indes bei dem Familiengericht, das den ausländischen Titel für vollstreckbar erklärt hat. Die Wertgrenze von 600,– EUR des § 61 FamFG gilt gem. § 43 Abs. 3 AUG nicht.

3. Die Entschließung des deutschen Gesetzgebers, einen Unterhaltsschuldner anzuhalten zur Vermeidung einer Präklusion materiell-rechtliche Einwendungen mit der Beschwerde geltend zu machen, ist zwar nicht unproblematisch, da auch die internationalen Übereinkommen ähnlich wie die EU-Verordnungen ein Verbot der Nachprüfung der ausländischen Entscheidung in der Sache enthalten, so zB Art. 28 HUÜ 2007 und Art. 12 HUVÜ 1973. Jedenfalls wegen des Beschwerdeverfahrens nach dem HUÜ unterliegt dies indes keinen Bedenken, da Art. 23 Abs. 8 HUÜ 2007 es ausdrücklich ermöglicht, eine Anfechtung oder ein Rechtsmittel auf die „Erfüllung" einer fälligen Zahlung zu stützen. Zu diesem autonom auszulegenden Begriff dürften neben einer Erfüllung iSd § 362 BGB auch sonstige Erlöschenstatbestände gehören, die Aufrechnung indes nur, wenn hierfür deutsche Gerichte auch international zuständig sind (→ Form. R. VI. 5 Anm. 5).

4. Im Übrigen ergeben sich die Gründe, auf die eine Beschwerde gestützt werden kann, aus Art. 23 Abs. 7 HUÜ 2007, zu denen im Wesentlichen die Anerkennungs- und Vollstreckbarkeitsversagungsgründe des Art. 20 HUÜ gehören. Wegen einer hierauf gestützten Beschwerde kann mit Anpassung der einschlägigen Normen auf die → Form. R. XI. 7 und → Form. R. XI. 8 zurückgegriffen werden.

5. Verfahrenswert: Wie → Form. R. XII. 1 Anm. 10.

6. Kosten und Gebühren: Gericht: Festgebühr von 360,– EUR Nr. 1720 KV FamGKG mit Ermäßigung auf 90,– EUR gem. Nr. 1721 KV GKG bei Rücknahme vor Begründung und 180,– EUR gem. Nr. 1722 bei Rücknahme vor Ablauf des Tages, an dem die Endentscheidung ohne vorherige Bekanntgabe durch Vorlesen der Endentscheidung der Geschäftsstelle übermittelt wird; Anwalt: 1,6 Verfahrensgebühr und ggf. weitere Gebühren gem. Nr. 3200 ff. VV RVG u. Vor 3.2.1 Nr. 3 VV RVG.

7. Rechtsmittel: Gegen die Entscheidung des Oberlandesgerichts ist für beide Parteien gem. Art. 23 Abs. 10 HUÜ 2007, §§ 46 ff. AUG, 71 ff. FamFG die **Rechtsbeschwerde zum BGH** statthaft.

XIII. Vollstreckung von Unterhaltsentscheidungen nach dem Haager Übereinkommen von 1973

1. Antrag auf Vollstreckbarerklärung einer Unterhaltsentscheidung

An das

Amtsgericht

–Familiengericht–[1, 2, 4]

in . . . . .

In dem Vollstreckbarkeitsverfahren

des . . . . . [ladungsfähige Anschrift des Antragstellers],

– Antragsteller/in –

– Verfahrensbevollmächtigte: Rechtsanwälte . . . . . –

gegen

. . . . .[ladungsfähige Anschrift des Antragsgegners],

– Antragsgegner/in –

bestellen wir uns ordnungsgemäße Bevollmächtigung versichernd für die Antragstellerin und beantragen,

das Urteil des . . . . . in . . . . . vom . . . . . – [Aktenzeichen] – gem. Art. 4 des HUVÜ 1973 für vollstreckbar zu erklären und mit der Vollstreckungsklausel zu versehen,

(Alternativ
der Antragstellerin Verfahrenskostenhilfe unter Beiordnung des Unterzeichners zu bewilligen.)

Hierzu überreichen wir,[3]

1. eine Ausfertigung des Urteils nebst Vermerk über die vorläufige Vollstreckbarkeit,
2. Nachweis über die am . . . . . erfolgte Zustellung des verfahrenseinleitenden Schriftstücks an den Antragsgegner,
3. beglaubigte Abschrift der Entscheidung vom . . . . . , mit dem der Antragstellerin im Ausgangsverfahren Verfahrenskostenhilfe gewährt wurde,
4. beglaubigte Übersetzungen der Urkunden.

Wert des Verfahrens: . . . . .[5]

2 Abschriften des Antrags und der Anlagen für den Antragsgegner sind beigefügt.

. . . . .

Rechtsanwalt[6, 7]

Anmerkungen

1. In der bisherigen gerichtlichen Praxis bildet für Unterhaltsforderungen aus Titeln außerhalb der EU die Vollstreckbarerklärung nach dem Haager Übereinkommen über die Anerkennung und Vollstreckung von Unterhaltsentscheidungen vom 2.10.1973 – **HUVÜ 1973** – (BGBl. 1986 II 826) iVm dem AUG eine maßgebliche Rolle, zumal es im Zusammenhang zu sehen ist mit dem New Yorker UN-Übereinkommen über die Geltendmachung von Unterhaltsansprüchen im Ausland vom 20.6.1956 – **UNUÜ 1956** – (BGBl. 195, II 149). Letzteres ermöglicht die kostengünstige Geltendmachung von Unterhaltsansprüchen in den Vertragsstaaten über hierin vorgesehene Stellen (in Deutschland: Bundesamt für Justiz für aus dem Ausland eingehende Ersuchen; nach Landesrecht bestimmte Stellen für ausgehende Ersuchen zur Geltendmachung von Ansprüchen im Ausland). Seit dem 1.8.2014 ist indes ein „moderneres" Instrument, das HUÜ 2007 in Kraft, das die grenzüberschreitende Durchsetzung von Unterhaltsansprüchen im Verhältnis zwischen Deutschland und Drittstaaten außerhalb der EU weiter erleichtert (dazu → Form. R. XII. 1).

2. Derzeitige Vertragsstaaten der HUVÜ 1973 sind außer Deutschland und weiteren Mitgliedstaaten der EU die Drittstaaten Andorra, Australien, Norwegen, die Türkei und die Ukraine. Eine aktuelle Liste der Vertragsstaaten findet sich auf der Internetseite der Haager Konferenz unter www.hcch.net/index_de.php?act=conventions.status&cid=38.

Zu beachten ist, dass die EuUnterhaltsVO gem. deren Art. 69 Abs. 2 für das Verhältnis der Mitgliedstaaten untereinander völkerrechtliche Vereinbarungen der einzelnen Staaten, also auch das HUVÜ 1973 verdrängt. Dies gilt allerdings nicht im Verhältnis zum LugÜ 2007, da dieses von der EG selbst und nicht von den einzelnen Mitgliedstaaten abgeschlossen wurde (Prütting/Helms/*Hau* Anh. § 110 Rn. 181). Norwegen und die Ukraine haben inzwischen auch das HUÜ 2007 ratifiziert mit der Folge, dass dieses gem. Art. 48 HUÜ 2007 Vorrang hat, gegenüber früheren Übereinkommen. Praktische Bedeutung für die Durchsetzung von Unterhaltstiteln in Deutschland hat das HUVÜ 1973 daher anwendbar nur noch für **Titel aus Andorra, Australien, der Schweiz und der Türkei.** Ein Gläubiger aus einem Vertragsstaat, der zugleich Vertragsstaat des LugÜ 2007 ist, also aus der Schweiz, hat zudem ein Wahlrecht, nach welchem Regelwerk er vorgehen will (→ Form. R. XI. 1 Anm. 7).

3. Das HUVÜ 1973 regelt die Anerkennung und Vollstreckung von rechtskräftigen oder zumindest vorläufig vollstreckbaren **Unterhaltsentscheidungen** (Art. 1, 4), von **Vergleichen** (Art. 21) und von **öffentlichen Urkunden** (Art. 25). Im Verhältnis zu den Vertragsparteien ersetzt es seinen Vorläufer, das HUVÜ 1958 (siehe dazu das nachstehende → Form. R. XIV. 1).

Mit dem Antrag sind gem. Art. 17 HUVÜ 1973 vorzulegen,

- eine vollständige mit der Urschrift übereinstimmende Ausfertigung der Entscheidung,
- ein Nachweis der Rechtskraft oder der (vorläufigen) Vollstreckbarkeit im Ursprungsstaat,
- bei einer Säumnisentscheidung der Nachweis, dass das verfahrenseinleitende Schriftstück mit den wesentlichen Klagegründen nach dem Recht des Ursprungsstaates ordnungsgemäß zugestellt worden ist,
- ggf. ein Nachweis über die Gewährung von Prozesskostenhilfe oder Befreiung von den Verfahrenskosten im Ursprungsstaat, deren Wirkungen gem. Art. 15 HUVÜ 1973 auf das Inland erstreckt werden, und zwar einschließlich des eigentlichen Zwangsvollstreckungsverfahren (MüKoHUVÜ 1973/*Gottwald* Art. 15 Rn. 1),
- beglaubigte Übersetzungen der vorgenannten Urkunden.

4. Das Verfahren im Übrigen richtet sich gem. Art. 13 HUVÜ 1973 nach dem Recht des Vertragsstaats. In Deutschland gilt gem. dessen § 1 Abs. 1 Nr. 2 lit. b das AUG. Der

Antrag ist gem. § 35 AUG an das zentrale Amtsgericht am Sitz des Oberlandesgerichts (→ Form. XI. 6 Anm. 2) zu richten, in dessen Bezirk der Unterhaltsschuldner wohnt oder in dem die Zwangsvollstreckung durchgeführt werde soll. Etwaige Anerkennungsversagungsgründe sind wie im Verfahren nach dem HUÜ 2007 (→ Form. XII. 1 Anm. 7) bereits im erstinstanzlichen Vollstreckbarkeitsverfahren zu prüfen. Als solche kommen in Betracht:

- Die Entscheidung stammt nicht von der im Ursprungsstaat zuständigen Behörde (Art. 7, 8).
- Die Entscheidung verstößt offensichtlich gegen den ordre public oder ist das Ergebnis betrügerischer Machenschaften (Art. 5 Nr. 2).
- Es besteht eine frühere anderweitige Rechtshängigkeit (Art. 5 Nr. 3).
- Die Entscheidung ist mit einer anderen anerkennungsfähigen Entscheidung zwischen den Parteien unvereinbar (Art. 5 Nr. 4).
- Bei Säumnisentscheidungen, wenn das verfahrenseinleitende Schriftstück nicht mit den wesentlichen Klagegründen oder nicht ordnungsgemäß zugestellt worden ist und die säumige Partei keine nach den Umständen ausreichende Frist für eine Verteidigung hatte (Art. 6).

5. Verfahrenswert: Wie → Form. R. XII. 1 Anm. 10.

6. Kosten und Gebühren: → Form. R. XII. 1 Anm. 11.

7. Rechtsmittel. Gegen die Entscheidung des Familiengerichts stehen sowohl dem Gläubiger (im Falle der Zurückweisung) wie auch dem Schuldner (im Falle der Vollstreckbarerklärung) gem. §§ 43, 59 Abs. 1, 2 AUG die **Beschwerde zum OLG** zu; diejenige des Gläubigers ist unbefristet, diejenige des Schuldners bei Wohnsitz im Inland binnen 1 Monats und bei einer Zustellung im Ausland innerhalb einer Frist von 2 Monaten einzulegen. Ansonsten ergeben sich zum Gang des Beschwerdeverfahrens keine Besonderheiten zu demjenigen nach dem HUÜ 2007 (→ Form. R. XII. 2).

XIV. Vollstreckung von Unterhaltsentscheidungen nach dem Haager Übereinkommen von 1958

1. Antrag auf Vollstreckbarerklärung

An das

Amtsgericht

– Familiengericht –[3]

in . . . . .

In dem Vollstreckbarkeitsverfahren

des . . . . . [ladungsfähige Anschrift des Antragstellers],

– Antragsteller/in –

– Verfahrensbevollmächtigte: Rechtsanwälte . . . . . –

gegen

. . . . .[ladungsfähige Anschrift des Antragsgegners],

– Antragsgegner/in –

bestellen wir uns ordnungsgemäße Bevollmächtigung versichernd für die Antragstellerin und beantragen,

das Urteil des . . . . . in . . . . . vom . . . . . – [Aktenzeichen] – gem. Art. 2 des HUVÜ 1958 für vollstreckbar zu erklären und mit der Vollstreckungsklausel zu versehen,[1]

Hierzu überreichen wir,[2]

1. eine Ausfertigung des Urteils nebst Vermerk über die vorläufige Vollstreckbarkeit, Nachweis über die am . . . . . erfolgte Zustellung der Ladung des Antragsgegner zum Termin vom . . . . .,
2. beglaubigte Übersetzungen der Urkunden

Wert des Verfahrens: . . . . .[4]

2 Abschriften des Antrags und der Anlagen für den Antragsgegner sind beigefügt.

. . . . .

Rechtsanwalt[5]

Anmerkungen

1. Das Haager Übereinkommen über die Anerkennung und Vollstreckung von Entscheidungen auf dem Gebiet der Unterhaltspflicht gegenüber Kindern vom 15.4.1958 – HUVÜ 1958 (BGBl. 1961 II 1005) hat nur einen begrenzten Anwendungsbereich. Es betrifft nur vollstreckbare – nicht unbedingt rechtskräftige – Entscheidungen, also keine Vergleiche und öffentliche Urkunden über die Unterhaltspflicht gegenüber unverheirateten Kindern unter 21 Jahren und gilt nur gegenüber den Vertragsstaaten, die seinem Nachfolger, dem HUVÜ 1973 nicht beigetreten sind. Es ist daher nur noch im Verhältnis zu Belgien, Liechtenstein, Österreich, Surinam und Ungarn anwendbar. Da die EuUnterhaltsVO gem. deren Art. 69 Abs. 2 für das Verhältnis der Mitgliedstaaten untereinander völkerrechtliche Vereinbarungen der einzelnen Staaten, also auch das HUVÜ 1958 verdrängt (→ Form. R. XI. 1 Anm. 2), hat das Übereinkommen daher letztlich nur noch Bedeutung für **Titel aus Liechtenstein und Surinam.**

2. Dem Vollstreckbarkeitsantrag sind gem. Art. 4 HUVÜ 1958 beizufügen,
- eine Ausfertigung der Entscheidung,
- ein Nachweis der Vollstreckbarkeit im Ursprungsstaat,
- bei einer Säumnisentscheidung ein Nachweis der das Verfahren einleitenden Ladung und der ordnungsgemäßen Zustellung der Ladung.

3. Das Verfahren richtet sich nicht nach dem AUG, sondern nach einem eigenen Ausführungsgesetz vom 18.7.1961 (BGBl. 1961 I 1033). Zuständig für die Vollstreckbarerklärung ist gem. § 1 des AusfG das Amtsgericht des Ortes, an dem der Schuldner seinen allgemeinen Gerichtsstand hat, beim Fehlen eines solchen des Ortes, in dem sich Vermögen des Schuldners befindet oder die Zwangsvollstreckung betrieben werde soll. Für das Verfahren über den Antrag gelten gem. § 2 AusfG die für die Vollstreckbarkeitserklärung von ausländischen Schiedssprüchen maßgeblichen Vorschriften der §§ 1063, 1064 entsprechend (→ Form. R. IX Anm. 4). Gem. § 2 AusfG iVm § 1065 ZPO ist gegen die Entscheidung des Amtsgerichts die sofortige Beschwerde zum OLG und gegen dessen Entscheidung die Rechtsbeschwerde zum BGH statthaft.

4. Streitwert: Wie → Form. R. XII. 1 Anm. 10.

5. Kosten und Gebühren: → Form. R. XII. 1 Anm. 11.

XV. Vollstreckung nach der Verordnung (EG) Nr. 2201/2003 über die Zuständigkeit und die Anerkennung und Vollstreckung von Entscheidungen in Ehesachen und in Verfahren betreffend die elterliche Verantwortung vom 27.11.2003 – Brüssel-IIa-VO bzw. EuEheVO

1. Antrag auf Vollstreckbarerklärung einer Entscheidung, eines Vergleichs oder einer öffentlichen Urkunde

An das

Amtsgericht

– Familiengericht –[1, 2, 3, 4]

in .....

In Sachen

der ..... [ladungsfähige Anschrift der Antragstellerin],

– Antragssteller/in –

– Verfahrensbevollmächtigte: .....

gegen

.....[ladungsfähige Anschrift des Antragsgegners],

– Antragsgegner/in –

bestellen wir uns ordnungsgemäße Bevollmächtigung versichernd für die Antragstellerin und beantragen,

das Urteil des ..... gerichts vom ..... in ..... – ..... [Aktenzeichen] –

(Variante:

den Beschluss des ..... gerichts vom ..... in ..... – ..... [Aktenzeichen] –)

(Variante:

die öffentliche Urkunde des ..... vom ..... in .....)

(Variante:

die Parteivereinbarung vom .....
gem. § 31 Brüssel-IIa-VO für vollstreckbar zu erklären und mit der Vollstreckungsklausel zu versehen.[5, 6, 7]*)*

Hierzu überreichen wir zunächst,

a) eine Ausfertigung des .....
b) Bescheinigung gem. Art. 39 Brüssel-IIa-VO

(Evtl. bei Varianten 1. u. 2.: Da die Entscheidung im Versäumnisverfahren ergangen ist werden weiter vorgelegt,)

(Alternative:

- *Nachweis über die Zustellung des verfahrenseinleitenden Schriftstücks)*

(Alternative:

Erklärung des Antragsgegners vom . . . . ., in der er sich uneingeschränkt mit der Entscheidung vom . . . . . einverstanden erklärt.)

Übersetzungen der Anlagen werden nachgereicht, falls das Gericht dies für erforderlich hält.

2 Abschriften des Antrags und der Anlagen für den Antragsgegner sind ebenfalls beigefügt.

. . . . .

Rechtsanwalt[8, 9]

Amtliche Formulare

Anhang I. Bescheinigung gemäß Artikel 39 über Entscheidungen in Ehesachen

1. Ursprungsmitgliedstaat[1]
2. Ausstellendes Gericht oder ausstellende Behörde
   - 2.1 Bezeichnung
   - 2.2 Anschrift
   - 2.3 Telefon/Fax/E-Mail
3. Angaben zur Ehe
   - 3.1 Ehefrau
     - 3.1.1 Name, Vornamen
     - 3.1.2 Anschrift
     - 3.1.3 Staat und Ort der Geburt
     - 3.1.4 Geburtsdatum
   - 3.2 Ehemann
     - 3.2.1 Name, Vornamen
     - 3.2.2 Anschrift
     - 3.2.3 Staat und Ort der Geburt
     - 3.2.4 Geburtsdatum
   - 3.3 Staat, Ort (soweit bekannt) und Datum der Eheschließung
     - 3.3.1 Staat der Eheschließung
     - 3.3.2 Ort der Eheschließung (soweit bekannt)
     - 3.3.3 Datum der Eheschließung
     - 3.3.4
4. Gericht, das die Entscheidung erlassen hat
   - 4.1 Bezeichnung des Gerichts

4.2 Gerichtsort

5. Entscheidung

5.1 Datum

5.2 Aktenzeichen

5.3 Art der Entscheidung

5.3.1 Scheidung

5.3.2 Ungültigerklärung der Ehe

5.3.3 Trennung ohne Auflösung des Ehebandes

5.4 Erging die Entscheidung im Versäumnisverfahren?

5.4.1 Nein

5.4.2 Ja[2]

6. Namen der Parteien, denen Prozesskostenhilfe gewährt wurde

7. Können gegen die Entscheidung nach dem Recht des Ursprungsmitgliedstaats weitere Rechtsbehelfe eingelegt werden?

7.1 Nein

7.2 Ja

8. Datum der Rechtswirksamkeit in dem Mitgliedstaat, in dem die Entscheidung erging

8.1 Scheidung

8.2 Trennung ohne Auflösung des Ehebandes

Geschehen zu ..... am .....

Unterschrift und/oder Dienstsiegel

---

[1][Amtl. Anm.:] Verordnung (EG) Nr. 2201/2003 des Rates vom 27. November 2003 über die Zuständigkeit und Anerkennung und Vollstreckung von Entscheidungen in Ehesachen und in Verfahren betreffend die elterliche Verantwortung und zur Aufhebung der Verordnung (EG) Nr. 1347/2000.

[2][Amtl. Anm.:] Die in Artikel 37 Absatz 2 genannten Urkunden sind vorzulegen.

Anhang II. Bescheinigung gemäß Artikel 39 über Entscheidungen über die elterliche Verantwortung

1. Ursprungsmitgliedstaat

2. Ausstellendes Gericht oder ausstellende Behörde[1]

2.1 Bezeichnung

2.2 Anschrift

2.3 Telefon/Fax/E-Mail

3. Träger eines Umgangsrechts

3.1 Name, Vornamen

3.2 Anschrift

3.3 Geburtsdatum und -ort (soweit bekannt)

4. Träger der elterlichen Verantwortung, die nicht in Nummer 3 genannt sind[2]

4.1 4.1.1 Name, Vornamen

4.1.2 Anschrift

4.1.3 Geburtsdatum und -ort (soweit bekannt)

4.2 4.2.1 Name, Vornamen

4.2.2 Anschrift

4.2.3 Geburtsdatum und -ort (soweit bekannt)

4.3 4.3.1 Name, Vornamen

4.3.2 Anschrift

4.3.3 Geburtsdatum und -ort (soweit bekannt)

5. Gericht, das die Entscheidung erlassen hat

5.1 Bezeichnung des Gerichts

5.2 Gerichtsort

6. Entscheidung

6.1 Datum

6.2 Aktenzeichen

6.3 Erging die Entscheidung im Versäumnisverfahren?

6.3.1 Nein

6.3.2 Ja[3]

7. Kinder, für die die Entscheidung gilt[4]

7.1 Name, Vornamen und Geburtsdatum

7.2 Name, Vornamen und Geburtsdatum

7.3 Name, Vornamen und Geburtsdatum

7.4 Name, Vornamen und Geburtsdatum

8. Namen der Parteien, denen Prozesskostenhilfe gewährt wurde[5]

9. Bescheinigung über die Vollstreckbarkeit und Zustellung

9.1 Ist die Entscheidung nach dem Recht des Ursprungsmitgliedstaats vollstreckbar?

9.1.1 Ja

9.1.2 Nein

9.2 Ist die Entscheidung der Partei, gegen die vollstreckt werden soll, zugestellt worden?

9.1.1 Ja

9.2.1.1 Name, Vornamen der Partei

9.2.1.2 Anschrift

9.2.1.3 Datum der Zustellung

9.2.2 Nein

10 Besondere Angaben zu Entscheidungen über das Umgangsrecht, wenn die Vollstreckbarkeitserklärung gemäß Artikel 28 beantragt wird. Diese Möglichkeit ist in Artikel 40 Absatz 2 vorgesehen:[6, 7, 8, 9]

10.1 Modalitäten der Ausübung des Umgangsrechts (soweit in der Entscheidung angegeben)

10.1.1. Datum, Uhrzeit

10.1.1.1. Beginn

10.1.1.2 Ende

10.1.2 Ort

10.1.3 Besondere Pflichten des Trägers der elterlichen Verantwortung

10.1.4 Besondere Pflichten des Umgangsberechtigten

10.1.5 Etwaige Beschränkungen des Umgangsrechts

11 Besondere Angaben zu Entscheidungen über die Rückgabe von Kindern, wenn die Vollstreckbarkeitserklärung gemäß Artikel 28 beantragt wird. Diese Möglichkeit ist in Artikel 40 Absatz 2 vorgesehen:

11.1 In der Entscheidung wird die Rückgabe der Kinder angeordnet.

11.2 Rückgabeberechtigter (soweit in der Entscheidung angegeben)

11.2.1 Name, Vornamen

11.2.2 Anschrift

Geschehen zu ..... am .....

Unterschrift und/oder Dienstsiegel

---

[1] [Amtl. Anm.:] VO (EG) Nr. 2201/2003 des Rates vom 27.11.2003 über die Zuständigkeit und Anerkennung und Vollstreckung von Entscheidungen in Ehesachen und in Verfahren betreffend die elterliche Verantwortung und zur Aufhebung der VO (EG) Nr. 1347/2000.

[2][Amtl. Anm.:] Im Fall des gemeinsamen Sorgerechts kann die in Nummer 3 genannte Person auch in Nummer 4 genannt werden.

[3][Amtl. Anm.:] Die in Artikel 37 Absatz 2 genannten Urkunden sind vorzulegen.

[4][Amtl. Anm.:] Gilt die Entscheidung für mehr als vier Kinder, ist ein weiteres Formblatt zu verwenden.

Anmerkungen

1. Die Verordnung (EG) Nr. 2201/2003 über die Zuständigkeit und die Anerkennung und Vollstreckung von Entscheidungen in Ehesachen und in Verfahren betreffend die elterliche Verantwortung vom 27.11.2003 – Brüssel-IIa-VO – (ABl. L 338, 1) gilt mit Ausnahme Dänemarks, das sich aus Verfassungsgründen nicht an den Maßnahmen zur justiziellen Zusammenarbeit in Zivilsachen beteiligt, für alle Mitgliedsländer der EU einschließlich der erst nach ihrem Erlass am 1.5.2004 und 1.1.2007 beigetretenen ost- und südeuropäischen Staaten, für die auch die vor dem Beitritt erlassenen Rechtsakte verbindlich sind. Anwendbar ist sie gem. Art. 72 seit dem 1.3.2005 und ersetzt für alle ab diesem Zeitpunkt eingeleiteten Verfahren die VO (EG) Nr. 1347/2000 vom 29.5.2000 („Brüssel II"). Der **sachliche Anwendungsbereich** ist im Katalog des Art. 1 Brüssel-IIa-VO umschrieben und umfasst mit Ausnahme der von der EuUnterhaltsVO erfassten Unterhaltssachen im Wesentlichen die in Deutschland den Familiengerichten zugewiesenen Verfahren und einen Teil der Vormundschaftssachen.

2. Die Brüssel-IIa-VO enthält im Kapitel III (Art. 21–52) Vorschriften über die Anerkennung und Vollstreckung von vollstreckbaren **Entscheidungen** eines Mitgliedsstaates **über die elterliche Verantwortung für ein Kind** in einem anderen Mitgliedstaat. Entscheidungen gleichgestellt sind gem. Art. 46 im Ursprungsmitgliedsstaat vollstreckbare öffentliche Urkunden und Parteivereinbarungen. Das Erfordernis der Vollstreckbarkeit führt dazu, dass Entscheidungen rechtsgestaltender Art, zB solche über die Zuweisung der elterlichen Sorge keinen vollstreckungsfähigen Inhalt haben. Für eine Vollstreckung in Betracht kommen daher nur **Umgangsregelungen,** Titel über die **Herausgabe eines Kindes, Rückführungsentscheidungen** sowie wegen § 49 Brüssel-IIa-VO **Kostenentscheidungen** bzw. Kostenfestsetzungsbeschlüsse in allen in den Anwendungsbereich der Verordnung fallenden Verfahren einschließlich der Ehesachen (vgl. BGH Beschl. v. 22.6.2005 – XII ZB 186/03, NJW 2005, 3424; Rauscher/*Rauscher* Brüssel II a-VO Art. 28 Rn. 4–8). Auch die Vollstreckung eines in einem Mitgliedstaat verhängten Zwangsgelds, das die Beachtung eines Umgangsrechts bezweckt, in einem anderen Mitgliedstaat richtet sich nicht nach der Brüssel-I-VO, sondern wie die Grundentscheidung nach der Brüssel-IIa-VO. Sie ist nur zulässig, wenn die Höhe des Zwangsgelds durch das Umgangsgericht endgültig festgesetzt ist (EuGH Beschl. v. 9.9.2015 – C4/14, NJW 2016, 226). **Einstweilige Maßnahmen** sind nur dann von den Vorschriften über die Anerkennung und Vollstreckung der Art. 21 ff. Brüssel-IIa-VO erfasst, wenn sie auf die regulären, auch für das Hauptsacheverfahren geltenden Zuständigkeitsgründe der Art. 8 ff. Brüssel-IIa-VO gestützt sind. Maßnahmen nach Art. 20 Brüssel-IIa-VO entfalten dagegen nur territoriale Wirkungen für das Land, in dem sie erlassen worden sind, und können nicht in einem anderen Mitgliedstaat anerkannt und vollstreckt werden (EuGH Urt. v. 15.7.2010 – C 256/09, NJW 2010, 2861 = FamRZ 2010, 1521 mAnm *Helms* FamRZ 2011, 546 u. *Schulz* FamRBint 2010, 82; nachfolgend BGH Beschl. v. 9.2.2011 – XII ZB 182/08, NJW 2011, 1521 Rn. 19 = IPRax 2011, 386 mAnm *Pirrung* IPRax 2011, 351).

Die Brüssel-IIa-VO kennt zwei unterschiedliche Verfahrensarten zur Durchsetzung von Entscheidungen über die elterliche Verantwortung, nämlich zum einen das herkömmliche Verfahren der Vollstreckbarerklärung des ausländischen Titels (dazu das vorstehende Formular) und – nach Wahl des Berechtigten – die unmittelbare Vollstreckung von Entscheidungen über das Umgangsrecht und Anordnungen zur Rückgabe des Kindes (dazu das nächste → Form. R. XV. 2).

3. Das **Verfahren der Vollstreckbarkeitserklärung** gem. den Art. 28 ff. Brüssel-IIa-VO entspricht in den Grundzügen demjenigen nach den Art. 38 ff. Brüssel-I-VO. Die deutschen Ausführungsbestimmungen, die noch zur Vorgängerin, der „Brüssel II"-VO, im AVAG enthalten waren, sind dort herausgelöst worden und in dem neuen Internationalen Familienverfahrensgesetz vom 26.1.2005 – **IntFamRVG** – (BGBl. I 162) geregelt. Eingeleitet wird das Verfahren gem. Art. 28 Brüssel-IIa-VO iVm § 18 IntFamRVG durch einen schriftlich oder zu Protokoll des Gerichts einzureichenden Antrag, für den kein Anwaltszwang besteht. Die Förmlichkeiten für den Antrag ergeben sich aus den Art. 30 Abs. 3, 37, 39 iVm Art. 46 Brüssel-IIa-VO. Hiernach sind einzureichen:

- eine Ausfertigung der Entscheidung, der öffentlichen Urkunde oder Parteivereinbarung,
- eine Bescheinigung nach Art. 39 Brüssel-IIa-VO iVm einem der oben abgedruckten Formblätter gem. Anhang I (Ehesachen) oder II (elterliche Verantwortung),

- bei einer Säumnisentscheidung ein Nachweis über die Zustellung des verfahrenseinleitenden Schriftstücks oder eine Erklärung des Antragsgegners, in der er sich eindeutig mit der Entscheidung einverstanden erklärt.

Der Vorlage von beglaubigten Übersetzungen bedarf es nur auf Verlangen des Gerichts (Art. 38 Abs. 2 Brüssel-IIa-VO).

4. **Zuständig für Vollstreckbarkeitsanträge** ist in erster Instanz gem. § 12 IntFamRVG das **„zentrale" Familiengericht am Sitz des Oberlandesgerichts.** mit einer Ermächtigung für die Landesjustizverwaltungen die Zuständigkeit einem anderen Familiengericht zuzuweisen oder dem Familiengericht am Sitz eines von mehreren Oberlandesgerichten in dem jeweiligen Bundesland zu übertragen. Die örtliche Zuständigkeit bestimmt sich gem. Art. 29 Brüssel-IIa-VO nach dem Aufenthaltsort des Vollstreckungsgegners oder des Kindes, hilfsweise nach dem Ort der Vollstreckung. Nach dem Muster der Brüssel-I-VO ist das Verfahren in erster Instanz einseitig ausgestaltet, dh weder der Verpflichtete noch das Kind werden angehört (Art. 31 Abs. 1 Brüssel-IIa-VO). Allerdings sind **Vollstreckbarkeitsversagungsgründe** anders als nach der Brüssel-I-VO (→ Form. R. VI. 2 Anm. 2) nicht erst im Beschwerdeverfahren, sondern **bereits in erster Instanz** zu prüfen. Die Versagungsgründe sind unterschiedlich, je nachdem, ob es sich um eine Entscheidung über eine Ehescheidung, Trennung oder Ungültigkeitserklärung einer Ehe oder um eine Entscheidung über die elterliche Verantwortung handelt.

5. Bei einer **Entscheidung in Ehesachen,** die nur im Kostenpunkt vollstreckbar ist (→ Anm. 2), sind die Anerkennungs- und Vollstreckbarkeitsversagungsgründe in Art. 22 Brüssel-IIa-VO aufgelistet. Es sind dies:

- ein offensichtlicher Verstoß gegen den ordre public,
- wenn bei fehlender Einlassung des Antragsgegners die Zustellung des verfahrenseinleitenden Schriftstücks nicht in einer Weise oder nicht so rechtzeitig erfolgt ist, dass er sich verteidigen konnte, es sei denn, dass er mit der Entscheidung eindeutig einverstanden ist,
- eine entgegenstehende inländische Entscheidung,
- eine entgegenstehende **frühere** und im Inland anerkennungsfähige Entscheidung aus einem anderen Mitgliedstaat oder einem Drittstaat.

6. Bei einer **Entscheidung über die elterliche Verantwortung** kommen nach Art. 23 Brüssel-IIa-VO folgende Versagungsgründe in Betracht:

- ein unter Berücksichtigung des Kindeswohls offensichtlicher Verstoß gegen den ordre public,
- der Erlass der Entscheidung ohne Anhörung des Kindes – außer in dringenden Fällen – unter Verletzung wesentlicher Verfahrensvorschriften des Vollstreckungsstaates, also für die Vollstreckung in Deutschland deutscher Verfahrensgarantien,
- wenn bei fehlender Einlassung des Antragsgegners die Zustellung des verfahrenseinleitenden Schriftstücks nicht in einer Weise oder nicht so rechtzeitig erfolgt ist, dass er sich verteidigen konnte, es sei denn, dass er mit der Entscheidung eindeutig einverstanden ist,
- für den Fall, dass eine Person dies beantragt, dass die Entscheidung in ihre elterliche Verantwortung eingreift und sie nicht angehört worden ist,
- eine entgegenstehende inländische Entscheidung,
- eine entgegenstehende **spätere** und im Inland anerkennungsfähige Entscheidung aus einem anderen Mitgliedstaat oder einem Drittstaat.

Die Zuständigkeit des Gerichts des Ursprungsmitgliedstaates darf in beiden Konstellationen nicht überprüft werden, und zwar auch nicht, wie ausdrücklich klargestellt wird, im Rahmen einer ordre public Überprüfung (Art. 24 Brüssel-IIa-VO).

7. Hält das Gericht den Antrag für begründet, erklärt es gem. Art. 31 Brüssel-IIa-VO iVm § 20 IntFamRVG durch **Beschluss** die Entscheidung für vollstreckbar. Der Beschluss wird erst mit Rechtskraft wirksam; hierauf ist in der Entscheidung hinzuweisen (§ 22 IntFamRVG). Dem Antragsgegner sind gem. Art. 33 Abs. 5 Brüssel-IIa-VO, § 21 Abs. 1 IntFamRVG eine beglaubigte Abschrift des Beschlusses, des noch nicht mit der Klausel versehenen Titels und gegebenenfalls seiner Übersetzung sowie der vorgelegten Urkunden zuzustellen. Der Antragsteller erhält gem. § 21 Abs. 2 IntFamRVG ebenfalls eine Beschlussabschrift sowie nach bewirkter Zustellung an den Antragsgegner eine Bescheinigung hierüber. Auf der Grundlage der Anordnung des Vorsitzenden hat der Urkundsbeamte der Geschäftsstelle gem. § 23 IntFamRVG die Klausel zu erteilen und diese entweder auf die Ausfertigung des Titels zu setzen oder mit ihm zu verbinden. Die mit der Klausel versehene Ausfertigung des Titels darf dem Antragsteller gem. § 21 Abs. 2 S. 2 IntFamRVG erst übermittelt werden, wenn der Beschluss wirksam, also rechtskräftig geworden ist. Ein ablehnende Entscheidung wird dem Antragsgegner ebenfalls zur Kenntnis gegeben, und zwar gem. § 21 Abs. 1 S. 2 IntFamRVG durch formlose Mitteilung.

Bei Verfahren, welche die Vollstreckbarerklärung von Titeln über die elterliche Verantwortung zum Gegenstand haben, sind gem. § 21 IntFamRVG Zustellungen auch zu bewirken an den gesetzlichen Vertreter des Kindes, an das Kind selbst, wenn es über 14 Jahre alt ist, und an das Jugendamt. Ist die für vollstreckbar erklärte Maßnahme auf eine Unterbringung gerichtet, hat eine Bekanntgabe auch gegenüber dem Leiter der Einrichtung oder der Pflegefamilie zu erfolgen, in der das Kind untergebracht ist (§ 21 Abs. 4 IntFamRVG).

8. Kosten und Gebühren: Im Rahmen eines Antrags in erster Instanz entsteht gem. Nr. 1710 KV FamGKG eine gerichtliche Festgebühr von 240,– EUR mit Ermäßigung auf 90,– EUR gem. Nr. 1715 KV FamGKG bei Rücknahme vor Ablauf des Tages, an dem die Endentscheidung ohne vorherige Bekanntgabe durch Vorlesen der Endentscheidung der Geschäftsstelle übermittelt wird. Der Anwalt erhält die 1,3 Verfahrensgebühr und ggf. weitere Gebühren gem. Nr. 3100 ff. VV RVG.

Für das Beschwerdeverfahren fallen eine gerichtliche Festgebühr von 360,– EUR Nr. 1720 KV FamGKG mit Ermäßigung auf 90,– EUR gem. Nr. 1721 KV GKG bei Rücknahme vor Begründung und 180,– EUR gem. Nr. 1722 bei Rücknahme vor Ablauf des Tages, an dem die Endentscheidung ohne vorherige Bekanntgabe durch Vorlesen der Endentscheidung der Geschäftsstelle übermittelt wird; Anwalt: 1,6 Verfahrensgebühr und ggf. weitere Gebühren gem. Nr. 3200 ff. VV RVG u. Vor 3.2.1 Nr. 3 VV RVG.

9. Rechtsmittel. Anfechtbar ist der Beschluss des Familiengerichts durch **Beschwerde zum Oberlandesgericht,** wobei die Zulässigkeit des Rechtsmittels durch Einreichung bei dem Gericht erster Instanz nicht berührt wird (Art. 33 Abs. 1, 2 Brüssel-IIa-VO iVm § 24 Abs. 1, 2 IntFamRVG. Beschwerdeberechtigt dürften alle Personen sein, denen der Beschluss nach § 21 IntFamRVG zuzustellen war (*Gruber* FamRZ 2005, 1603 (1608)). Im Falle der Ablehnung des Antrags ist das Rechtsmittel unbefristet möglich. Richtet sich die Beschwerde gegen die Vollstreckbarkeitserklärung beträgt gem. § 24 Abs. 3 IntFamRVG die **Beschwerdefrist** 1 Monat für Personen im Inland und 2 Monate für Personen mit Wohnsitz im Ausland, also auch für Drittstaatler. Das dürfte europarechtswidrig sein, weil. Art. 33 Abs. 5 Brüssel-IIa-VO die verlängerte Frist nur für Personen mit Wohnsitz in einem anderen Mitgliedsland vorsieht (*Gruber* FamRZ 2005, 1603 (1608)). Einem Drittstaatler kann aber unabhängig von der Wirksamkeit der Zweimonatsfrist durch die Ausschöpfung der Frist kein Nachteil erwachsen (vgl. zu dem ähnlichen Problem der Einlegungsart für die Beschwerde nach Art. 43 Abs. 2 Brüssel-I-VO und § 11 Abs. 2 AVAG, → Form. R. VI. 2 Anm. 1). Wegen des Verbots der Nachprüfung der Ursprungsentscheidung in der Sache (Art. 31 Abs. 3 Brüssel-IIa-VO) kann die Beschwerde nur auf einen der Versagungsgründe der Art. 22–24 Brüssel-IIa-VO gestützt werden. Zusätzlich ermöglicht § 25 IntFamRVG bei einem Titel über Verfahrenskosten die

Geltendmachung materiell-rechtlicher Einwendungen, die erst nach Erlass des Titels entstanden sind. Für die Einlegung der Beschwerde könnte auf die entsprechend abgeänderten Muster für die Beschwerde nach der Brüssel-I-VO zurückgegriffen werden (→ Form. R. V. 2, →Form. R. V. 3, → Form. R. V. 4, → Form. R. V. 5).

Gegen die Entscheidung des OLG ist gem. §§ 28 ff. IntFamRVG die **Rechtsbeschwerde** zum BGH statthaft.

2. Zwangsvollstreckungsauftrag wegen einer Entscheidung über das Umgangsrecht oder über die Kindesrückgabe

An das

Amtsgericht

– Familiengericht/Oberlandesgericht (Familiensenat)[6]

in . . . . .

In Sachen

der . . . . .,

– Antragssteller/in –

– Verfahrensbevollmächtigte: . . . . .

gegen

. . . . .

– Antragsgegner/in –

bestellen wir uns ordnungsgemäße Bevollmächtigung versichernd für die Antragstellerin und beantragen,

Vollstreckungsmaßnahmen gem. § 44 IntFamRVG[1, 5, 7] zur Durchsetzung

1. der Umgangsentscheidung[2]

(Variante:

1. der Rückführungsentscheidung[3]
des . . . . . gerichts vom . . . . . in . . . . . – . . . . . [Aktenzeichen] – zu erlassen.

Hierzu überreichen wir

eine Ausfertigung des . . . . .),

(Variante 1:

- *Bescheinigung gem. Art. 41 Brüssel-IIa-VO[2, 4]*
- *beglaubigte Übersetzung der Modalitäten der Ausübung des Umgangsrechts gem. Nr. 12. der Bescheinigung)*

(Variante 2:

- *Bescheinigung gem. Art. 42 Brüssel-IIa-VO (zu 2.)[3, 4]*
- *beglaubigte Übersetzung der zum Schutz des Kindes nach Rückkehr getroffenen Maßnahmen gem. Nr. 14 der Bescheinigung (zu 2.))*

Gründe:

Durch die im Antrag genannte vollstreckbare Entscheidung ist der Antragsgegner verpflichtet worden, ...

Seiner Verpflichtung kommt er trotz vielfältiger telefonischer und schriftlicher Aufforderungen sowohl durch die Antragstellerin wie auch durch den Unterzeichner nicht nach.

Beweis: 1. anliegende Kopien der Schreiben vom . . . . . und . . . . .
2. Anhörung der Antragstellerin
3. Zeugnis des Unterzeichners

Es ist daher geboten, den Antragsgegner mit empfindlichen gerichtlichen Ordnungsmaßnahmen von seinem Verhalten, das dem Kindeswohl zuwiderläuft, abzubringen.

2 Abschriften des Antrags und der Anlagen für den Antragsgegner sind ebenfalls beigefügt.

. . . . .

Rechtsanwalt

Amtliche Formulare

Anhang III. Bescheinigung gemäß Artikel 41 Absatz 1 über Entscheidungen über das Umgangsrecht

1. Ursprungsmitgliedstaat[1]

2. Ausstellendes Gericht oder ausstellende Behörde

 2.1 Bezeichnung

 2.2. Anschrift

 2.3 Telefon/Fax/E-Mail

3. Träger eines Umgangsrechts

 3.1 Name, Vornamen

 3.2 Anschrift

 3.3 Geburtsdatum und -ort (soweit bekannt)

4. Träger der elterlichen Verantwortung, die nicht in Nummer 3 genannt sind[2, 3]

 4.1 4.1.1 Name, Vornamen

 4.1.2 Anschrift

 4.1.3 Geburtsdatum und -ort (soweit bekannt)

 4.2 4.2.1 Name, Vornamen

 4.2.2 Anschrift

 4.2.3 Geburtsdatum und -ort (soweit bekannt)

 4.3 Andere

 4.3.1 Name, Vornamen

 4.3.2 Anschrift

 4.3.3 Geburtsdatum und -ort (soweit bekannt)

5. Gericht, das die Entscheidung erlassen hat

5.1 Bezeichnung des Gerichts

5.2 Gerichtsort

6. Entscheidung

6.1 Datum

6.2 Aktenzeichen

7. Kinder, für die die Entscheidung gilt[4]

7.1 Name, Vornamen und Geburtsdatum

7.2 Name, Vornamen und Geburtsdatum

7.3 Name, Vornamen und Geburtsdatum

7.4 Name, Vornamen und Geburtsdatum

8. Ist die Entscheidung im Ursprungsmitgliedstaats vollstreckbar?

8.1 Ja

8.2 Nein

9. Im Fall des Versäumnisverfahrens wurde das verfahrenseinleitende Schriftstück oder ein gleichwertiges Schriftstück der säumigen Person so rechtzeitig und in einer Weise zugestellt, dass sie sich verteidigen konnte, oder, falls es nicht unter Einhaltung dieser Bedingungen zugestellt wurde, wurde festgestellt, dass sie mit der Entscheidung eindeutig einverstanden ist.

10. Alle betroffenen Parteien hatten Gelegenheit, gehört zu werden.

11. Die Kinder hatten die Möglichkeit, gehört zu werden, sofern eine Anhörung nicht aufgrund ihres Alters oder ihres Reifegrads unangebracht erschien.

12. Modalitäten der Ausübung des Umgangsrechts (soweit in der Entscheidung angegeben)

12.1 Datum, Uhrzeit

12.1.1 Beginn

12.1.2 Ende

12.2 Datum, Uhrzeit

12.3 Besondere Pflichten des Trägers der elterlichen Verantwortung

12.4 Besondere Pflichten des Umgangsberechtigten

12.5 Etwaige Beschränkungen des Umgangsrechts

13. Namen der Parteien, denen Prozesskostenhilfe gewährt wurde

Geschehen zu ..... am .....

Unterschrift und/oder Dienstsiegel

---

[1][Amtl. Anm.:] VO (EG) Nr. 2201/2003 des Rates vom 27.11.2003 über die Zuständigkeit und Anerkennung und Vollstreckung von Entscheidungen in Ehesachen und in Verfahren betreffend die elterliche Verantwortung und zur Aufhebung der VO (EG) Nr. 1347/2000.

[2] [Amtl. Anm.:] Im Fall des gemeinsamen Sorgerechts kann die in Nummer 3 genannte Person auch in Nummer 4 genannt werden.

3 [Amtl. Anm.:] Das Feld ankreuzen, das der Person entspricht, gegenüber der die Entscheidung zu vollstrecken ist.

4 [Amtl. Anm.:] Gilt die Entscheidung für mehr als vier Kinder, ist ein weiteres Formblatt zu verwenden.

Anhang IV. Bescheinigung gemäß Artikel 42 Absatz 1 über Entscheidungen über die Rückgabe des Kindes

1. Ursprungsmitgliedstaat[1]

2. Ausstellendes Gericht oder ausstellende Behörde

 2.1 Bezeichnung

 2.2. Anschrift

 2.3 Telefon/Fax/E-Mail

3. Rückgabeberechtigter (soweit in der Entscheidung angegeben)

 3.1 Name, Vornamen

 3.2 Anschrift

 3.3 Geburtsdatum und -ort (soweit bekannt)

4. Träger der elterlichen Verantwortung[2]

 4.1 Mutter

  4.1.1 Name, Vornamen

  4.1.2 Anschrift

  4.1.3 Geburtsdatum und -ort (soweit bekannt)

 4.2 Vater

  4.2.1 Name, Vornamen

  4.2.2 Anschrift

  4.2.3 Geburtsdatum und -ort (soweit bekannt)

 4.3 Andere

  4.3.1 Name, Vornamen

  4.3.2 Anschrift

  4.3.3 Geburtsdatum und -ort (soweit bekannt)

5. Beklagte Partei (soweit bekannt)

 5.1 Name, Vornamen

 5.2 Anschrift (soweit bekannt)

6. Gericht, das die Entscheidung erlassen hat

 6.1 Bezeichnung des Gerichts

 6.2 Gerichtsort

7. Entscheidung

 7.1 Datum

 7.2 Aktenzeichen

8. Kinder, für die die Entscheidung gilt[3]

8.1 Name, Vornamen und Geburtsdatum

8.2 Name, Vornamen und Geburtsdatum

8.3 Name, Vornamen und Geburtsdatum

8.4 Name, Vornamen und Geburtsdatum

9. In der Entscheidung wird die Rückgabe des Kindes angeordnet.[4, 5, 6, 7]

10. Ist die Entscheidung im Ursprungsmitgliedstaats vollstreckbar?

10.1 Ja

10.2 Nein

11. Die Kinder hatten die Möglichkeit, gehört zu werden, sofern eine Anhörung nicht aufgrund ihres Alters oder ihres Reifegrads unangebracht erschien.

12. Die Parteien hatten die Möglichkeit, gehört zu werden.

13. In der Entscheidung wird die Rückgabe der Kinder angeordnet, und das Gericht hat in seinem Urteil die Gründe und Beweismittel berücksichtigt, auf die sich die nach Artikel 13 des Haager Übereinkommens vom 25. Oktober 1980 über die zivilrechtlichen Aspekte internationaler Kindesentführung ergangene Entscheidung stützt.

14. Gegebenenfalls die Einzelheiten der Maßnahmen, die von Gerichten oder Behörden ergriffen wurden, um den Schutz des Kindes nach seiner Rückkehr in den Mitgliedstaat seines gewöhnlichen Aufenthalts sicherzustellen

15. Namen der Parteien, denen Prozesskostenhilfe gewährt wurde

Geschehen zu ..... am .....

Unterschrift und/oder Dienstsiegel

---

[1] [Amtl. Anm.:] Verordnung (EG) Nr. 2201/2003 des Rates vom 27. November 2003 über die Zuständigkeit und Anerkennung und Vollstreckung von Entscheidungen in Ehesachen und in Verfahren betreffend die elterliche Verantwortung und zur Aufhebung der Verordnung (EG) Nr. 1347/2000.

[2] [Amtl. Anm.:] Dieser Punkt ist fakultativ.

[3] [Amtl. Anm.:] Gilt die Entscheidung für mehr als vier Kinder, ist ein weiteres Formblatt zu verwenden.

Anmerkungen

1. Umgangsentscheidungen und Entscheidungen über die Rückgabe eines Kindes nach Art. 11 VIII Brüssel-IIa-VO iVm dem Haager Übereinkommen über die zivilrechtlichen Aspekte internationaler Kindesentführung vom 25.10.1980 – HKÜ – (→ Form. R. XV. 1) können nach Wahl des Berechtigten statt über eine vorherige Vollstreckbarerklärung auch unmittelbar in einem anderen Mitgliedsland vollstreckt werden. Voraussetzung hierfür ist, dass dem Berechtigten eine Bescheinigung nach Art. 41, 42 Brüssel-IIa-VO erteilt wird.

2. Eine **Bescheinigung** gem. Art. 41 Brüssel-IIa-VO **zum Umgangsrecht** setzt voraus, dass

- bei fehlender Einlassung des Antragsgegners die Zustellung des verfahrenseinleitenden Schriftstücks so rechtzeitig und in einer Weise erfolgt ist, dass er sich verteidigen konnte, es sei denn, dass er mit der Entscheidung eindeutig einverstanden ist,
- alle betroffenen Parteien Gelegenheit hatten, gehört zu werden,
- das Kind Gelegenheit hatte, gehört zu werden, sofern eine Anhörung nicht aufgrund seines Alters oder seines Reifegrads unangebracht erschien.

3. Die **Bescheinigung** gem. Art. 42 Brüssel-IIa-VO **zu einer Rückgabeentscheidung** wird erteilt, wenn
- das Kind Gelegenheit hatte, gehört zu werden, sofern eine Anhörung nicht aufgrund seines Alters oder seines Reifegrads unangebracht erschien,
- die Parteien Gelegenheit hatten, gehört zu werden,
- das Gericht beim Erlass seiner Entscheidung die Gründe und Beweismittel berücksichtigt hat, die der nach Art. 13 HKÜ ergangenen Entscheidung zugrunde liegen.

Nach dem ein Bezug genommenen Art. 13 HKÜ ist eine Ablehnung der Rückführung eines Kindes möglich, wenn sich die Person, Behörde oder sonstige Stelle, die sich der Rückgabe widersetzt, nachweist, dass der Sorgeberechtigte das Sorgerecht tatsächlich nicht ausübt, dem Verbringen oder Zurückhalten zugestimmt oder genehmigt hat, die Rückgabe das Kindeswohl schwerwiegend beeinträchtigt oder das urteilsfähige Kind sich der Rückgabe widersetzt.

4. Die **Erteilung der Bescheinigungen** nach Art. 41, 42 Brüssel-IIa-VO erfolgt im Ursprungsmitgliedstaat durch den Richter auf einem der oben mit dem Antrag abgedruckten Formblätter in der Sprache, in der die Entscheidung abgefasst ist, und zwar grundsätzlich von Amts wegen. Wenn der grenzüberschreitende Bezug erst nach Verkündung erkannt wird, wird bei Umgangsentscheidungen die Bescheinigung nachträglich auf Antrag ausgestellt (Art. 41 Abs. 3 Brüssel-IIa-VO). Gegen die Erteilung der Bescheinigung steht dem Verpflichteten kein Rechtsmittel, sondern gem. Art. 43 Brüssel-IIa-VO nur ein Berichtigungsanspruch zu, dessen Voraussetzungen sich nach nationalem Recht richten. In Deutschland ist hierzu gem. Art. 49 IntFamRVG die entsprechende Anwendung des § 319 ZPO angeordnet.

Die Gerichte und Vollstreckungsorgane im Vollstreckungsstaat sind an die im Ursprungsstaat ausgestellte Bescheinigung nach Art. 42 Brüssel-IIa-VO gebunden, und zwar selbst dann, wenn sie nach deren Ansicht auf einem gravierenden Grundrechtsverstoß beruht und daher zu Unrecht erteilt worden ist (EuGH Urt. v. 22.12.2010 – C – 491/10, NJOZ 2011, 529 = FamRZ 2011, 355 mAnm *Schulz*).

5. In Deutschland erfolgt die **Vollstreckung von Umgangs- oder Rückführungsentscheidungen** aus anderen Mitgliedstaaten nicht im Wege der für entsprechende nationale Titel möglichen Zwangsmittel gem. §§ 88 ff. FamFG, sondern nach **§ 44 IntFamRVG.** Dieser sieht Ordnungsgeld, ggf. Ordnungshaft vor. Ferner kann unter den Voraussetzungen des § 44 Abs. 3 IntFamRVG notfalls Gewalt angewendet werden. Auch sind gem. § 15 IntFamRVG einstweilige Anordnungen, insbesondere zur Sicherung des Aufenthaltsortes des Kindes während des Verfahrens oder einer Vereitelung oder Erschwerung der Rückgabe möglich. In Betracht kommen z. B. Meldepflichten, Hinterlegung von Pässen oder die Unterrichtung von Grenzschutzbehörden an den Schengen-Außengrenzen (*Dutta/Scherpe* FamRZ 2006, 901 (905)).

6. Zuständig ist in erster Instanz gem. §§ 12 IntFamRVG grundsätzlich **das „zentrale" Familiengericht** am Sitz des Oberlandesgerichts, in dessen Bezirk sich der Antragsgegner oder das Kind aufhalten, hilfsweise am Ort der Vollstreckung (→ Form. R. XV. 1 Anm. 4). Wenn allerdings das Oberlandesgericht die Anordnung für vollstreckbar erklärt, erlassen oder bestätigt hat, ist es auch für die Anordnung von Vollstreckungsmaßnahmen zuständig (§ 44 Abs. 2 IntFamRVG). Für eine Vollstreckungsanordnung bedarf es weiter einer schuldhaften Zuwiderhandlung des verpflichteten Elternteils, was ggf. gem. § 26 FamFG von Amts wegen aufzuklären und festzustellen ist (*Völker* jurisPR-FamR 7/2007). Deshalb sind in dem Antragsmuster auch Darlegungen zum Verschulden des Antragsgegners nebst Beweis- bzw. Aufklärungsanregungen enthalten.

Wegen der Bekanntgabe des Beschlusses des Familiengerichts, dem Zeitpunkt seiner Wirksamkeit und möglichen Rechtsmitteln wird auf → Form. R. XV. 1 Anm. 7–9

7. Kosten und Gebühren. Für die Ausstellung einer Bescheinigung ist gem. Nr. 1711 KV FamGKG eine Gerichtsgebühr von 15,– EUR zu erheben. Für den Anwalt, der die Partei im Ausgangsprozess vertreten oder mit der Zwangsvollstreckung beauftragt ist, fällt wegen § 19 Abs. 1 S. 2 Nr. 9 RVG keine Gebühr an. Für einen Einzelauftrag erhält er die 0,3-Gebühr des § 15 Abs. 6 RVG iVm Nr. 3404 VV RVG.

Im Rahmen eines Antrags in erster Instanz entsteht gem. Nr. 1710 KV FamGKG eine gerichtliche Festgebühr von EUR 240,– mit Ermäßigung auf 90,– EUR gem. Nr. 1715 KV FamGKG bei Rücknahme vor Ablauf des Tages, an dem die Endentscheidung ohne vorherige Bekanntgabe durch Vorlesen der Endentscheidung der Geschäftsstelle übermittelt wird. Der Anwalt erhält die 1,3 Verfahrensgebühr und ggf. weitere Gebühren gem. Nr. 3100 ff. VV RVG. Für das Beschwerdeverfahren fallen eine gerichtliche Festgebühr von 360,– EUR Nr. 1720 KV FamGKG mit Ermäßigung auf 90,– EUR gem. Nr. 1721 KV GKG bei Rücknahme vor Begründung und 180,– EUR gem. Nr. 1722 bei Rücknahme vor Ablauf des Tages, an dem die Endentscheidung ohne vorherige Bekanntgabe durch Vorlesen der Endentscheidung der Geschäftsstelle übermittelt wird; Anwalt: 1,6 Verfahrensgebühr und ggf. weitere Gebühren gem. Nr. 3200 ff. VV RVG u. Vor 3.2.1 Nr. 3 VV RVG.

XVI. Vollstreckbarerklärung nach dem Europäischen Sorgerechtsübereinkommen (ESRÜbk)

1. Antrag auf Vollstreckbarerklärung einer Sorgerechtsentscheidung

An das

Amtsgericht

– Familiengericht –[3]

in . . . . . .

In Sachen

der . . . . . .,

– Antragssteller/in –

– Verfahrensbevollmächtigte: . . . . . .

gegen

. . . . . .

– Antragsgegner/in –

bestellen wir uns ordnungsgemäße Bevollmächtigung versichernd für die Antragstellerin und beantragen,

1. das Urteil

(Variante:

2. den Beschluss
des . . . . . . gerichts vom . . . . . . in . . . . . . – . . . . . . [Aktenzeichen] – gem. Art. 11 des Europäischen Sorgerechtsübereinkommens für vollstreckbar zu erklären und mit der Vollstreckungsklausel zu versehen.[1, 2, 4, 5, 6]*)*

Hierzu überreichen wir,

- eine Ausfertigung der Entscheidung
- Nachweis der Vollstreckbarkeit der Entscheidung im Ursprungsstaat
- beglaubigte Übersetzungen beider Schriftstücke.

(Variante:

Da der Antragsgegner sich im dem Verfahren vor dem Ausgangsgericht nicht eingelassen hat, wird weiter vorgelegt,

- *Nachweis über die Zustellung des verfahrenseinleitenden Schriftstücks nebst beglaubigter Übersetzung)*

Das Kind befindet sich zurzeit bei dem Antragsgegner. Er hat sich bisher geweigert, seinen gerichtlich angeordneten Verpflichtungen nachzukommen. Falls er diese Haltung nach Zustellung der Vollstreckbarerklärung beibehält, soll er nach Eintritt der Rechtskraft durch Ordnungsmaßnahmen gem. § 44 IntFamRVG hierzu angehalten werden.

2 Abschriften des Antrags und der Anlagen für den Antragsgegner sind ebenfalls beigefügt.

. . . . . .

Rechtsanwalt[7, 8]

Anmerkungen

1. Mit dem Europäischen Übereinkommen vom 20.3.1980 über die Anerkennung und Vollstreckung von Entscheidungen über das Sorgerecht für Kinder und die Wiederherstellung des Sorgeverhältnisses – **ESRÜbk** – (BGBl. 1990 II 220) soll nach dessen einleitenden Erwägungsgründen das Problem der wachsenden Zahl von unzulässigen Verbringungen von Kindern über die Grenze gelöst und geeignete Vorkehrungen zur Wiederherstellung willkürlich unterbrochener Sorgeverhältnisse getroffen werden. Der Text des Übereinkommens sowie eine Liste der Vertragsstaaten mit einer Kennzeichnung der Vorbehalte einzelner Staaten sind auf der Internetseite des Bundesamtes für Justiz zu finden (http://www.bundesjustizamt.de >Themen >Bürgerdienste>Internationales Sorgerecht). Soweit Vertragsstaaten zugleich Mitgliedsstaaten der EU sind, hat die EuEheVO Vorrang. Innerhalb der EU gilt das ESRÜbk daher nur im Verhältnis zu Dänemark sowie für „Altfälle“ in den übrigen Mitgliedsstaaten. Von dem Übereinkommen erfasst sind Entscheidungen eines Gerichts oder einer Verwaltungsbehörde, die die Personensorge eines Kindes bis zum vollendeten 16. Lebensjahr betreffen, und zwar einschließlich des Aufenthaltsbestimmungsrechts und des Umgangsrechts (Art. 1 lit. b, lit. c; 11 Abs. 1 ESRÜbk). Regelungsgegenstand des Übereinkommens ist die Anerkennung und Vollstreckung der aus einem anderen Vertragsstaat stammenden Entscheidungen.

2. Wer in einem Vertragsstaat eine Entscheidung über die Personensorge erwirkt hat und diese in einem anderen Vertragsstaat durchsetzen will, kann einen Antrag an die **Zentrale Behörde** eines beliebigen Staates stellen, in der Regel an den Staat seines Aufenthaltsortes. Von dort wird er unverzüglich an die Zentrale Behörde des Vollstreckungsstaates weitergeleitet. In Deutschland ist dies gem. § 3 Abs. 1 IntFamRVG das **Bundesamt für Justiz.** Der Antrag kann aber auch – wie im Formular vorgesehen – unmittelbar bei der für die Vollstreckbarkeitserklärung zuständigen Stelle eingereicht werden (Art. 10 Abs. 2 ESRÜbk).

3. Zu richten ist der **Antrag an das „zentrale“ Familiengericht** am Sitz des Oberlandesgerichts, in dessen Bezirk sich der Antragsgegner oder das Kind aufhalten, beim Fehlen der Voraussetzungen der Ort, an dem das Bedürfnis für eine Fürsorgemaßnahme besteht, äußerst hilfsweise das im Bezirk des Kammergerichts zur Entscheidung berufene Gericht (§ 10 Abs. 1 IntFamRVG). Dem Antrag sind gem. Art. 13 ESRÜbk beizufügen:

- eine Ausfertigung der Entscheidung, der öffentlichen Urkunde oder Parteivereinbarung,
- gegebenenfalls ein Nachweis zur Vollstreckbarkeit der Entscheidung im Ursprungsstaat,
- bei einer Säumnisentscheidung ein Nachweis über die ordnungsgemäße Zustellung des verfahrenseinleitenden Schriftstücks oder eine Erklärung des Antragsgegners, in der er sich eindeutig mit der Entscheidung einverstanden erklärt,
- gegebenenfalls Übersetzungen der genannten Urkunden.

Ferner soll der Antrag nach Möglichkeit Angaben über den (wahrscheinlichen) Aufenthaltsort des Kindes und Vorschläge dazu enthalten, wie das Sorgeverhältnis zu dem Kind wieder hergestellt werden soll. Das Familiengericht kann die ausländische Entscheidung nicht auf inhaltliche Richtigkeit, sondern nur auf etwaige Vollstreckbarkeitsversagungsgründe überprüfen.

4. Bei einer Rückführungsentscheidung kommen die Versagungsgründe des Art. 9 ESRÜbk sowie – aufgrund eines Vorbehalts Deutschlands – des Art. 10 Abs. 1 lit. a und b ESRÜbk in Betracht,

- wenn bei einer Säumnisentscheidung des Antragsgegners die Zustellung des verfahrenseinleitenden Schriftstücks nicht in einer Weise oder nicht so rechtzeitig erfolgt ist, dass er sich verteidigen konnte, es sei denn, dass er dem Antragsteller im Ursprungsstaat seinen Aufenthaltsort verheimlicht hätte,
- wenn bei einer Säumnisentscheidung die Zuständigkeit des Ursprungsgericht nicht auf den gewöhnlichen Aufenthalt des Antragsgegners oder den letzten gemeinsamen und für ein Elternteil noch andauernden Aufenthalt oder den letzten gewöhnlichen Aufenthalt des Kindes gestützt war,
- wenn die Entscheidung unvereinbar ist mit einer vor dem Verbringen im Vollstreckungsstaat vollstreckbar gewordenen Sorgerechtsentscheidung, es sei denn das Kind hat während des Jahres vor der Entführung seinen Aufenthalt im Ursprungsstaat gehabt,
- wenn die Entscheidung unvereinbar ist mit den inländischen Grundwerten des Familien- und Kindschaftsrechts, insbesondere – wie in § 19 IntFamRVG das Übereinkommen interpretierend ausgeführt wird – den Grundrechten des Kindes oder eines Sorgeberechtigten,
- wenn die Entscheidung aufgrund veränderter Verhältnisse offensichtlich nicht mehr dem Kindeswohl entspricht.

5. Für sonstige vollstreckbare Personensorgeentscheidungen, also Umgangsentscheidungen ist die Vollstreckbarkeitserklärung gem. Art. 10 Abs. 1 lit. c und d ESRÜbk **zusätzlich** zu den vorstehend aufgelisteten Gründen zu versagen,

- wenn bei Einleitung des Verfahrens im Ursprungsstaat das Kind die Staatsangehörigkeit des Vollstreckungsstaates, dort seinen gewöhnlichen Aufenthalt und in Bezug auf beide Merkmale keine Beziehung zum Ursprungsstaat hatte, also weder dessen Nationalität besaß, noch dort wohnte,
- wenn bei Einleitung des Verfahrens im Ursprungsstaat das Kind zwar Doppelstaatler war, jedoch seinen gewöhnlichen Aufenthalt nur im Vollstreckungsstaat hatte,
- wenn die Entscheidung unvereinbar ist mit einer vor dem Vollstreckbarkeitsantrag eingeleiteten anderen Entscheidung im Vollstreckungsstaat oder einem Drittstaat und die Versagung der Vollstreckung dem Wohl des Kindes entspricht.

6. Das Familiengericht entscheidet gem. § 14 Nr. 2 IntFamRVG in einer Familiensache der freiwilligen Gerichtsbarkeit. Es hat daher beide Elternteile und das Kind nach Maßgabe des FamFG anzuhören. Ferner hat es gem. Art. 15 Abs. 1 ESRÜbk vor einer Versagung der Vollstreckung wegen veränderter Verhältnisse aus Gründen des Kindeswohls (Art. 10 Abs. 1 lit. b ESRÜbk) soweit möglich die Meinung des Kindes festzustellen und ggf. weitere Ermittlungen durchzuführen. Letzteres ist in Deutschland ohnehin bei allen zu treffenden Entscheidungen schon wegen der Amtsermittlungspflicht des Familiengerichts aus § 26 FamFG zu beachten.

7. Kosten und Gebühren. Im Rahmen eines Antrags in erster Instanz entsteht gem. Nr. 1710 KV FamGKG eine gerichtliche Festgebühr von 240,– EUR mit Ermäßigung auf 90,– EUR gem. Nr. 1715 KV FamGKG bei Rücknahme vor Ablauf des Tages, an dem die Endentscheidung ohne vorherige Bekanntgabe durch Vorlesen der Endentscheidung der Geschäftsstelle übermittelt wird. Der Anwalt erhält die 1,3 Verfahrensgebühr und ggf. weitere Gebühren gem. Nr. 3100 ff. VV RVG.

Für das Beschwerdeverfahren fallen eine gerichtliche Festgebühr von 360,– EUR Nr. 1720 KV FamGKG mit Ermäßigung auf 90,– EUR gem. Nr. 1721 KV GKG bei Rücknahme vor Begründung und 180,– EUR gem. Nr. 1722 bei Rücknahme vor

Ablauf des Tages, an dem die Endentscheidung ohne vorherige Bekanntgabe durch Vorlesen der Endentscheidung der Geschäftsstelle übermittelt wird; Anwalt: 1,6 Verfahrensgebühr und ggf. weitere Gebühren gem. Nr. 3200 ff. VV RVG u. Vor 3.2.1 Nr. 3 VV RVG.

8. Bekanntgabe/Rechtsmittel. Wegen der **Bekanntmachung** der Entscheidung, des Zeitpunkts der **Wirksamkeit** und der in Betracht kommenden **Rechtsmittel** wird auf → Form. R. XV. 1 Anm. 7 und 9 verwiesen.

XVII. Rückgabe eines Kindes nach dem Haager Übereinkommen über die zivilrechtlichen Aspekte internationaler Kindesentführung – HKÜ

1. Antrag an die zentrale Behörde (Bundesamt für Justiz) um Unterstützung wegen der Rückgabe eines Kindes nach Art. 8 HKÜ

An das

Bundesamt für Justiz[2,]

– zentrale Behörde –

Adenauerallee 99–103

53113 Bonn

namens und mit Vollmacht der . . . . . . begehren wir

die Rückführung des Kindes . . . . . .,

Die Personalien der Beteiligten spezifizieren wir gem. Art. 8 HKÜ wie folgt:

1. Antragstellerin (Mutter des Kindes)

Name: . . . . . .

Vorname: . . . . . .

Geb.-Datum: . . . . . .

Geb.-Ort: . . . . . .

Staatsangehörigkeit:

Beruf: . . . . . .

gewöhnlicher Aufenthaltsort: . . . . . .

Nummer des Personalausweises: . . . . . .

2. Kind

Name: . . . . . .

Vorname: . . . . . .

Geb.-Datum: . . . . . .

Geb.-Ort: . . . . . .

Staatsangehörigkeit: . . . . . .

gewöhnlicher Aufenthaltsort vor dem Verbringen: . . . . . .

3. Antragsgegner (Vater des Kindes)

Name: . . . . . .

Vorname: . . . . . .

Geb.-Datum: . . . . . .

Geb.-Ort: . . . . . .

Staatsangehörigkeit: . . . . . .

Beruf: . . . . . .

gewöhnlicher Aufenthaltsort: . . . . . .

vermutlicher Aufenthaltsort: . . . . . .

Nr. des Personalausweises oder Reisepasses: unbekannt/. . . . . .

Gründe:[1, 3]

Der Antragstellerin ist durch Beschluss des Amtsgerichts – Familiengerichts – in . . . . . . vom . . . . . . – [Aktenzeichen] – die alleinige Sorge über das aus ihrer Ehe mit dem Antragsgegner hervorgegangene Kind . . . . . übertragen worden. Der Antragsgegner, der sich dieser Entscheidung widersetzt hatte, hat das Kind am . . . . . wegen einer für das betreffende Wochenende vereinbarten Umgangsregelung bei der Antragstellerin abgeholt und ist seitdem mit dem Kind verschwunden. Die von ihm in . . . . . . angemietete Wohnung hatte der Antragsgegner nach Angaben des Vermieters bereits zuvor gekündigt und steht inzwischen leer.

In der Vermutung, dass der Antragsgegner sich mit dem von ihm entführten Kind in sein Heimatland . . . . . abgesetzt hat, hat die Antragstellerin durch gezielte Recherchen, insbesondere bei Bekannten des Antragsgegners, zu denen sie noch gute Beziehungen unterhält, in Erfahrung gebracht, dass er sich mit dem Kind aller Wahrscheinlichkeit nach in der Stadt . . . . ., in der sein Bruder . . . . . . wohnt, aufhält. Dort wurde er jedenfalls mehrfach mit dem Kind gesehen. Die Anschrift des Bruders konnte leider bisher noch nicht ermittelt werden.

Das entführte Kind . . . . . . ist ca. . . . . . . groß, hat . . . . . . Haare, ... Augen und . . . . . .

Es wird gebeten, das für eine unverzügliche Rückführung des Kindes Erforderliche zu veranlassen.

Beigefügt sind:

1. Vollmacht der Antragstellerin,
   Ausfertigung des Beschlusses des Familiengerichts . . . . . . vom . . . . . .,
2. . . . . . . Fotos des Kindes aus dem letzten halben Jahr vor der Entführung,
   anwaltlich beglaubigte und wegen des Namens und der Anschrift des Absenders vom Unterzeichner zum Schutz des Informanten geschwärzte Kopie des Schreibens vom . . . . . . über Beobachtungen in der Stadt . . . . . . nebst Übersetzung.

. . . . . .

Rechtsanwalt

Anmerkungen

1. Ziel des Haager Übereinkommens über die zivilrechtlichen Aspekte internationaler Kindesentführung vom 25.10.1980 – HKÜ – (BGBl. 1991 II 329) ist es möglichst schnell die sofortige Rückgabe widerrechtlich verbrachter oder zurückgehaltener Kinder zur Wiederherstellung der ursprünglichen Verhältnisse sicherzustellen und zu gewährleisten, dass das in einem Vertragsstaat bestehende Sorge- und Umgangsrecht in den anderen Vertragsstaaten tatsächlich beachtet wird (Art. 1 HKÜ). Der Text des Übereinkommens sowie eine Liste der Vertragsstaaten mit einer Kennzeichnung der Vorbehalte einzelner Staaten ist auf der Internetseite des Bundesamtes für Justiz zu finden (http://www.bundesjustizamt.de >Themen >Bürgerdienste >Internationales Sorgerecht).

2. Für die Durchführung des Übereinkommens kommt den **zentralen Behörden** eine maßgebliche Bedeutung zu. In Deutschland ist dies – wie bei dem in dem vorstehenden Formular behandelten ESRÜbk – das **Bundesamt für Justiz.** Bei ausländischen Rückführungsentscheidungen trifft das Bundesamt für Justiz – ggf. unter Einschaltung polizeilicher Behörden – zunächst alle erforderlichen Maßnahmen zur Ermittlung des Aufenthaltsortes des Kindes (Art. 7 Abs. 2 lit. a HKÜ iVm § 7 IntFamRVG). Ist das Kind in Deutschland lokalisiert und weigert sich der Entführer, das Kind freiwillig zurückzuführen, leitet das Bundesamt für Justiz das gerichtliche Rückführungsverfahren ein (Art. 7 Abs. 2 lit. f HKÜ iVm § 6 Abs. 2 S. 1 IntFamRVG). Es ist dabei Verfahrensbevollmächtigter des Sorgeberechtigten und kann selbst Unterbevollmächtigte bestellen (§ 6 Abs. 2 S. 2 IntFamRVG). Hierzu werden in der Regel mit Rückführungsfällen vertraute Rechtsanwälte herangezogen (vgl. hierzu und zum weiteren Ablauf des Verfahrens in Deutschland *Dutta/Scherpe* FamRZ 2006, 901 (902)).

3. Das vorstehende Formular behandelt den umgekehrten Fall der **Durchsetzung einer deutschen Rückführungsentscheidung** im Ausland. Gem. Art. 29, 30 HKÜ können Sorgerechtsinhaber sich zwar unmittelbar an die in anderen Vertragsstaaten für die Rückführungsentscheidung zuständigen Stellen (Gerichte oder Verwaltungsbehörden) wenden. Der Weg über das Bundesamt für Justiz dürfte jedoch wegen des dort vorhandenen „know how" vorzuziehen sein. Neben den im Formular dargestellten Angaben sind folgende Voraussetzungen zu beachten:

- Das Kind darf das 16. Lebensjahr noch nicht vollendet haben (Art. 4 S. 2 HKÜ).
- Das Kind muss seinen gewöhnlichen Aufenthalt unmittelbar vor der Entführung in Deutschland gehabt haben (Art. 3 Abs. 1 lit. a HKÜ).
- Der Antragsteller muss im Zeitpunkt der Entführung oder des Zurückhaltens zumindest ein Mitsorgerecht gehabt und es bis zu diesem Zeitpunkt auch tatsächlich ausgeübt haben (Art. 3 lit. b HKÜ).
- Der Antrag muss so schnell wie möglich gestellt werden, spätestens jedoch so rechtzeitig, dass er noch vor Ablauf eines Jahres nach der Entführung oder dem Zurückhalten bei dem zuständigen Gericht im Zufluchtsstaat eingereicht werden kann (Art. 12 Abs. 1 HKÜ). Ansonsten kann der Entführer durch den Nachweis, dass das Kind sich in seine neue Umgebung eingelebt hat, eine Rückführung verhindern (Art. 12 Abs. 2 HKÜ).
- Das Übereinkommen muss zur Zeit der Entführung zwischen Deutschland und dem jeweiligen Staat in Kraft gewesen sein (Art. 35 Abs. 1 HKÜ).

Entspricht der Antrag den gesetzlichen Voraussetzungen, wird er gem. Art. 9 HKÜ vom Bundesamt für Justiz an die Zentrale Behörde des Vertragsstaates weitergeleitet, in den das Kind entführt worden ist, Artikel 9 HKÜ. Auf der Internetseite des Bundesamt für Justiz (→ Anm. 1) finden sich weitere Informationen sowie Formulare zum Download in verschiedenen Sprachen.

XVIII. Vollstreckbarkeitsverfahren nach der Verordnung (EU) des Europäischen Parlaments und des Rates über die Zuständigkeit, das anzuwendende Recht, die Anerkennung und Vollstreckung von Entscheidungen und die Annahme und Vollstreckung öffentlicher Urkunden in Erbsachen sowie zur Einführung eines Europäischen Nachlasszeugnisses vom 4.7.2012 – EuErbVO

1. Antrag auf Vollstreckbarerklärung einer Entscheidung/eines Vergleichs/einer öffentlichen Urkunde in einer Erbsache

An das

Landgericht

– Zivilkammer –[8]

in . . . . . .

Herrn/Frau

Notar/in[8]

in . . . . . .

In Sachen

des/der . . . . . . [ladungsfähige Anschrift des Antragstellers],

– Antragssteller/in –

gegen

. . . . . . [ladungsfähige Anschrift des Antragsgegners],

– Antragsgegner/in –

bestellen wir uns ordnungsgemäße Bevollmächtigung versichernd für die Antragstellerin und überreichen in der Anlage[7, 13]

1. Ausfertigung des Urteils des . . . . . . Gerichts in . . . . . . vom . . . . . ., – . . . . . . [Aktenzeichen] – nebst beglaubigter Übersetzung (Anlagen 1 und 2),
2. Bescheinigung über eine Entscheidung in einer Erbsache (Anlage 3)

1. Ausfertigung der Urkunde des Notars . . . . . ./des . . . . . . [Bezeichnung der Urkundsperson/Behörde] vom . . . . . . nebst beglaubigter Übersetzung (Anlagen 1 und 2),
2. Bescheinigung über eine öffentliche Urkunde in einer Erbsache (Anlage 3)

1. Ausfertigung des am . . . . . . vor dem . . . . . . Gericht in . . . . . . geschlossenen/vom dem Gericht in . . . . . . genehmigten Vergleichs vom . . . . . ., – . . . . . .[Aktenzeichen] – nebst beglaubigter Übersetzung (Anlagen 1 und 2)
2. Bescheinigung über einen Vergleich in einer Erbsache (Anlage 3).

Wir beantragen,

dieses Urteil/diese Urkunde/diesen Vergleich wegen der Verurteilung des Antragsgegners zur Zahlung von ...... EUR/...... [andere Währung] nebst gerichtlichen Zinsen und ...... EUR/............ [andere Währung] gerichtlicher Kosten sowie wegen weiterer ...... EUR bisheriger Zustell- und Vollstreckungskosten für vollstreckbar zu erklären und mit der Vollstreckungsklausel zu versehen.[1, 2, 3, 4, 5, 6]

(alternativ:

Gerichtliche/gesetzliche Zinsen sind gem. Art., ... ab Zustellung der Klage geschuldet, also ab dem ......, wie dem beigefügten Formblatt entnommen werden kann.)

(alternativ:

Die Höhe der Zinsen beläuft sich gem. Art., ... vom ...... und vom ...... ab dem ...... auf ...... % und ab dem ...... auf ...... %. Um entsprechende Konkretisierung wird gebeten.)

(alternativ:

Dem Antragsteller sind gem. den in den Anlagen 4 bis 7 bisher durch Zustellungen und Vollstreckungsversuche Kosten in Höhe von ...... EUR/...... [andere Währung] entstanden. Diese Kosten können nach Art., ... der ...... Zivilprozessordnung ohne gesonderte Titulierung zusammen mit dem vollstreckbaren Hauptanspruch beigetrieben werden.)

Ferner wird beantragt,

dem/der Antragsteller/in unter Beiordnung des Unterzeichners Prozesskostenhilfe zu bewilligen.

Hierzu überreichen wir

Entscheidung des ......, mit der dem/der Antragsteller/in im Ursprungsverfahren Verfahrenskostenhilfe/Prozesskostenhilfe/unentgeltliche Befreiung von Kosten und Gebühren bewilligt worden ist.[9]

Streitwert: ...... EUR[10]

Abschriften für den Antragsgegner sind beigefügt.

......

Rechtsanwalt[11, 12]

Anmerkungen

1. Das Erbrecht war in allen bisherigen Rechtsinstrumenten der EU ausgespart (Art. 1 Abs. 2 lit. f Brüssel-I-VO, Art. 1 Abs. 2 lit. a Brüssel-I-VO, Art. 2 Abs. 2 lit. a EuVTVO, Art. 2 Abs. 2 lit. a EuMahnVO, Art. 2 Abs. 2 lit. b EuBagatellVO). Die grenzüberschreitende Vollstreckung von Titeln in Erbsachen war daher nur nach den bilateralen Übereinkommen zwischen den einzelnen EU-Staaten bzw. bei deren Fehlen oder fehlender Anwendbarkeit nach den nationalen Vollstreckbarkeitsverfahren möglich, also in Deutschland im Wege einer Vollstreckbarkeitsklage nach den §§ 722, 723 ZPO (→ Form. R. X. 1).

Ab dem 17.8.2015 gilt ein eigenständiges Regelwerk nämlich die Verordnung (EU) Nr. 650/2012 des Europäischen Parlaments und des Rates über die Zuständigkeit, das anzuwendende Recht, die Anerkennung und Vollstreckung von Entscheidungen und die

Annahme und Vollstreckung öffentlicher Urkunden in Erbsachen sowie zur Einführung eines Europäischen Nachlasszeugnisses – **EuErbVO** – vom 4.7.2012 (ABl. L 201, 107). Die Verordnung soll sich auf alle zivilrechtlichen Aspekte der Rechtsnachfolge von Todes wegen erstrecken, und zwar auf jede Form des Übergangs von Vermögenswerten, Rechten und Pflichten von Todes wegen, sei es im Wege der gewillkürten Erbfolge durch eine Verfügung von Todes wegen oder im Wege der gesetzlichen Erbfolge (Erwägungsgrund 9). Dies gilt unabhängig davon, ob es sich um Verfahren der streitigen oder freiwilligen Gerichtsbarkeit handelt (BT-Drs. 18/4201, 44). Ihr Regelungsbereich im Einzelnen ergibt sich bereits aus den im Namen aufgeführten vier Bereichen und umfasst damit ua der Anerkennung und Vollstreckung von Titeln aus einem anderen Mitgliedstaat. Wegen der Erstellung von Bescheinigungen und Formblättern zur Durchführung der Verordnung, ua für das Vollstreckbarkeitsverfahren sieht Art. 80 EuErbVO eine Ermächtigung an die Kommission für Durchführungsrechtsakte vor. Hiervon hat sie mit der DurchführungsVO (EU) Nr. 1329/2014 der Kommission vom 9.12.2014 Gebrauch gemacht (ABl. L 359, 30; berichtigt ABl. 2015 L 195, 49).

2. Die **ebenfalls am 17.8.2015 in Kraft getretenen deutschen Durchführungsbestimmungen** haben ihren Standort nicht – was systematisch richtiger gewesen wäre – im AVAG, sondern zur Vermeidung einer Rechtszersplitterung (BT-Drs. 18/4201, 18) in einem eigenständigen Regelungswerk, dem Internationalen Erbrechtsverfahrensgesetz – **IntErbRVG** – vom 29.6.2015 (BGBl. 2015 I 1042).

3. Zeitlich sind die Verordnung sowie die nationalen Durchführungsbestimmungen auf **alle Erbfälle** anwendbar, die **ab dem 17.8.2015** eintreten (Art. 83 Abs. 1, 84 Abs. 2 EuErbVO, Art. 22 Abs. 1 des Gesetzes zum Internationalen Erbrecht und zur Änderung von Vorschriften zum Erbschein sowie zur Änderung sonstiger Vorschriften vom 29.6.2015 (BGBl. 2015 I 1042 [1060]).

4. Räumlich gilt die EuErbVO in allen EU-Ländern **mit Ausnahme von Dänemark, Großbritannien und Irland** (Erwägungsgründe 82 und 83; wegen der verschiedenen Inseln und Territorien außerhalb der beteiligten Mutterstaaten siehe Thomas/Putzo/*Hüßtege* EuErbVO Vor. Art. 1 Rn. 8).

5. Die Verordnung sieht anders als sonstige neuere Rechtsakte der EU keine unmittelbare Vollstreckungsverfahren von Titeln eines Mitgliedstaates in einem anderen vor, sondern ein **Vollstreckbarkeitsverfahren herkömmlicher Art nach dem Muster der Brüssel-I-VO**. Der einzige inhaltliche Unterschied liegt darin, dass nach Art. 46 Abs. 2 EuErbVO vom Antragsteller im Gegensatz zu Art. 40 Abs. 2 Brüssel-I-VO, aber im Einklang mit der Neuregelung in Art. 47 Abs. 4 Brüssel-Ia-VO keine inländische Postanschrift oder die Mittelung eines Zustellungsbevollmächtigten verlangt werden kann (vgl. *Simon/Buschbaum* NJW 2012, 2393 [2397]). Sie eröffnet eine Vollstreckungsmöglichkeit für im Ursprungsstaat vollstreckbare gerichtliche **Entscheidungen** (Art. 43 EuErbVO), **öffentliche Urkunden** (Art. 60 EuErbVO) und **Prozessvergleiche** (Art. 61 EuErbVO). Die Legaldefinitionen dieser Begriffe finden sich in Art. 3 Abs. 1 lit. g–i EuErbVO.

6. Als Grundregel bestimmt Art. 39 Abs. 1 EuErbVO, dass die in einem Mitgliedstaat ergangenen Entscheidungen in den anderen Mitgliedstaaten anzuerkennen sind, ohne dass es eines besonderen Verfahrens bedarf. In Art. 40 EuErbVO werden lediglich verschiedene Anerkennungs- und Vollstreckbarkeitserklärungshindernisse aufgeführt, die zudem der Vollstreckbarerklärung nicht entgegenstehen, sondern ggf. erst im Beschwerdeverfahren vom Schuldner geltend zu machen sind. In Art. 48 EuErbVO ist nämlich bestimmt, dass nach Erfüllung der Förmlichkeiten des Art 53 Brüssel-I-VO die ausländische Entscheidung unverzüglich für vollstreckbar zu erklären ist, und zwar ohne dass eine Prüfung nach Art. 40 erfolgt.

7. Eingeleitet wird das Verfahren gem. Art. 46 Abs. 3, 60 Abs. 1, 61 Abs. 1 EuErbVO iVm § 4 Abs. 2 IntErbRVG durch einen schriftlich oder zu Protokoll des Gerichts einzureichenden Antrag, für den kein Anwaltszwang besteht. Bei den zu erfüllenden **Förmlichkeiten** handelt es sich zum einen um die Vorlage einer Ausfertigung des Titels, der für vollstreckbar erklärt werden soll. Zum anderen ist bei gerichtlichen Entscheidungen das Formblatt gem. Anhang I der DurchführungsVO (EU) Nr. 1329/2014, die „Bescheinigung über eine Entscheidung in einer Erbsache" zur Verordnung einzureichen, das auf Antrag von dem Gericht des Ursprungsstaates ausgestellt wird und die wesentlichen Verfahrensdaten enthält. Für öffentliche Urkunden gibt es das gesonderte Formular „Bescheinigung über eine öffentliche Urkunde in einer Erbsache" gem. Anhang II der DurchführungsVO (EU) Nr. 1329/2014 und für Vergleiche das Formular „Bescheinigung über einen Vergleich in einer Erbsache" gem. deren Anhang III. Die Formulare sind so standardisiert und so aufgebaut, dass auch der mit der Sprache des Ursprungsstaates nicht vertraute Leser im Vollstreckungsstaat sie im Normalfall ohne Übersetzung entschlüsseln kann. Beglaubigte Übersetzungen der einzureichenden Urkunden sind deshalb nur auf Verlangen des Gerichts vorzulegen (Art. 47 EuErbVO). Fehlt die Bescheinigung, kann das Gericht entweder eine Frist zur Vorlage bestimmen, sich mit einer gleichwertigen Urkunde begnügen oder sogar ganz von einer Beibringung absehen (Art. 47 Abs. 1 EuErbVO). Letzteres kann zB in Betracht kommen, wenn kein Fall einer Säumnisentscheidung vorliegt und sich alle Daten einschließlich eines Ausspruchs bzw. einer Erklärung zur Vollstreckbarkeit aus der vorgelegten Entscheidung ergeben. Um des Überraschungseffekts willen bedarf es keines Nachweises der Zustellung der Entscheidung im Ursprungsstaat. Die Zustellung ist daher insgesamt entbehrlich, wenn sie im Ursprungsstaat keine Vollstreckbarkeitsbedingung ist (Schuschke/Walker/*Jennissen* Brüssel-I-VO Art. 53 ff. Rn. 4.

Probleme kann es aber gleichwohl noch geben, etwa dann, wenn der Titel nicht insgesamt ziffernmäßig bestimmt ist, zB zum Zinsanspruch oder bei Geldleistungen, bei denen eine Anknüpfung an einen ausländischen Index erfolgt. In all diesen Fällen eines nach deutschem Verständnis nicht hinreichend bestimmten und daher nicht zur Vollstreckung geeigneten Titels, kann das deutsche Exequaturgericht den Antrag nicht einfach zurückweisen, sondern hat der ausländischen Entscheidung nach Möglichkeit durch eine Konkretisierung Geltung zu verschaffen (näher → Form. R. VI. 1 Anm. 5).

8. Für die Vollstreckbarerklärung ausländischer Titel in Deutschland besteht gem. Art. 78 Abs. 1 lit. a EuErbVO iVm § 3 Abs. 1 IntErbRVG eine **ausschließliche sachliche Zuständigkeit des Landgerichts** mit einer funktionellen Zuständigkeit des **Vorsitzenden einer Zivilkammer**. Die **örtliche Zuständigkeit** folgt aus Art. 45 Abs. 2 EuErbVO. Hiernach ist der Wohnsitz des Schuldners oder der Ort maßgeblich, an dem die Zwangsvollstreckung durchgeführt werden soll. Eine notarielle Urkunde kann gem. § 3 Abs. 4 S. 1 IntErbRVG auch von einem **Notar** für vollstreckbar erklärt werden. Da hierfür gem. Abs. 4 S. 2 die Vorschriften für ein gerichtliches Verfahren sinngemäß gelten, ist nicht jeder Notar, sondern nur derjenige zuständig, der seinen Amtssitz am Wohnort des Schuldners oder am Vollstreckungsort hat. Der Gläubiger hat also bei Urkunden ein Wahlrecht, ob er seinen Antrag an das Landgericht richtet oder diesen bei einem Notar stellt.

Hält das Gericht den Antrag für begründet, erklärt es durch Beschluss die Entscheidung für vollstreckbar, und zwar gem. Art. 48 EuErbVO **in einem nur einseitigen Verfahren ohne Anhörung des Schuldners** und ohne Prüfung von etwaigen Vollstreckbarkeitsversagungsgründen.

9. Prozesskostenhilfe: Gem. Art. 56 EuErbVO ist einer Partei, der im Ursprungsstaat im Erkenntnisverfahren Prozesskostenhilfe oder Kosten- und Gebührenbefreiung bewilligt worden ist, auch für das Vollstreckbarkeitsverfahren Prozesskostenhilfe zu gewähren. Eine (erneute) Prüfung der Erfolgsaussicht erfolgt also nicht. Auch bedarf es keiner (erneuten) Darlegung der persönlichen und wirtschaftlichen Verhältnisse des Antragstellers.

10. Der **Streitwert** für das Verfahren ist nach der vollstreckbaren Hauptforderung zuzüglich der im Ursprungsmitgliedstaat mit ausgeurteilten bezifferten Kosten ohne sonstige Kosten und ohne Zinsen zu bemessen (BGH Beschl. v. 8.10.1956 – II ZR 305/55, Rpfleger 1957, 15; OLG Köln Beschl. v. 8.6.1994 – 16 W 29/94, OLGR 1994, 236). Soweit der Titel auf eine ausländische Währung lautet, ist gem. § 40 GKG der Wechselkurs bei Eingang des Antrags bzw. in der Rechtsmittelinstanz bei Eingang des Rechtsmittels maßgeblich (BGH Beschl. v. 13.1.2010 – XII ZB 12/05, FamRZ 2010, 365).

11. Kosten und Gebühren.
Gericht: Festgebühr von 240,– EUR gem. Nr. 1510 KV GKG mit Ermäßigung auf 90,– EUR gem. Nr. 1511 KV GKG bei Rücknahme vor der mündlichen Verhandlung bzw. dann, wenn eine Verhandlung nicht stattfindet, bevor eine Entscheidung auf die Geschäftsstelle gelangt; Anwalt: 1,3 Verfahrensgebühr und ggf. weitere Gebühren gem. Nr. 3100 ff. VV RVG.

12. Rechtsmittel Gegen die Entscheidung des Vorsitzenden der Zivilkammer kann jede Partei gem. Art. 50 EuErbVO iVm §§ 10 ff. IntErbRVG **Beschwerde** einlegen (→ Form. R. XVIII. 2).

13. Anhang: Amtliche Formulare. Die im Normalfall beizubringenden Bescheinigungen gem. den Abhängen I bis III der DurchführungsVO (EU) Nr. 1329/2014 werden auf Antrag nach folgenden Mustern ausgestellt:

Anhang 1 Formblatt I

BESCHEINIGUNG über eine Entscheidung in einer Erbsache (Artikel 46 Absatz 3 Buchstabe b der Verordnung (EU) Nr. 650/2012 des Europäischen Parlaments und des Rates über die Zuständigkeit, das anzuwendende Recht, die Anerkennung und Vollstreckung von Entscheidungen und die Annahme und Vollstreckung öffentlicher Urkunden in Erbsachen sowie zur Einführung eines Europäischen Nachlasszeugnisses*1))

1. **Ursprungsmitgliedstaat***)

☐ Belgien ☐ Bulgarien ☐ Tschechische Republik ☐ Deutschland ☐ Estland ☐ Griechenland ☐ Spanien ☐ Frankreich ☐ Kroatien ☐ Italien ☐ Zypern ☐ Lettland ☐ Litauen ☐ Luxemburg ☐ Ungarn ☐ Malta ☐ Niederlande ☐ Österreich ☐ Polen ☐ Portugal ☐ Rumänien ☐ Slowenien ☐ Slowakei ☐ Finnland ☐ Schweden

2. **Gericht oder zuständige Behörde, das/die die vorliegende Bescheinigung ausgestellt hat**

2.1. Name und Bezeichnung des Gerichts bzw. der Behörde*): ......
2.2. Anschrift
2.2.1. Straße und Hausnummer/Postfach*): ......
......
2.2.2. Ort und Postleitzahl*): ......
2.3. Telefon*): ......
2.4. Fax ......
2.5. E-Mail: ......
2.6. Sonstige relevante Informationen (bitte angeben): ......
......
......

3. **Gericht*2), das die Entscheidung erlassen hat (NUR auszufüllen, falls abweichend von der unter 2. genannten Behörde)**

3.1. Name und Bezeichnung des Gerichts*): ......
3.2. Anschrift
3.2.1. Straße und Hausnummer/Postfach*): ......
......
3.2.2. Ort und Postleitzahl*): ......
3.3. Telefon*): ......
3.4. Fax ......
3.5. E-Mail: ......

4. **Entscheidung**

4.1. Datum (TT.MM.JJJJ) der Entscheidung*): ......
4.2. Aktenzeichen der Entscheidung*): ......

4.3. Parteien der Entscheidung*3)

4.3.1. *Partei A*
4.3.1. Name und Vorname(n) oder Name der Organisation*): ......
......

4.3.1.2. Geburtsdatum (TT.MM.JJJJ) und -ort bzw., im Falle einer Organisation, Datum (TT.MM.JJJJ) und Ort der Registrierung sowie Bezeichnung des Registers/der Registerbehörde: ......

4.3.1.3. Identifikationsnummer*4)
4.3.1.3.1. Identitätsnummer: ......
4.3.1.3.2. Sozialversicherungsnummer: ......
4.3.1.3.3. Registriernummer: ......
4.3.1.3.4. Sonstige (bitte angeben): ......

4.3.1.4. Anschrift
4.3.1.4.1. Straße und Hausnummer/Postfach: ......
......
......
4.3.1.4.2. Ort und Postleitzahl: ......
4.3.1.4.3. Land ☐ Belgien ☐ Bulgarien ☐ Tschechische Republik ☐ Deutschland ☐ Estland ☐ Griechenland ☐ Spanien ☐ Frankreich ☐ Kroatien ☐ Italien ☐ Zypern ☐ Lettland ☐ Litauen ☐ Luxemburg ☐ Ungarn ☐ Malta ☐ Niederlande ☐ Österreich ☐ Polen ☐ Portugal ☐ Rumänien ☐ Slowenien ☐ Slowakei ☐ Finnland ☐ Schweden ☐ Sonstiges (bitte ISO-Code angeben): ......

4.3.1.5. E-Mail:
......

4.3.1.6. Rolle im Verfahren*)
4.3.1.6.1. ☐ Kläger
4.3.1.6.2. ☐ Beklagter
4.3.1.6.3. ☐ Sonstige (bitte angeben): ......

4.3.1.7. Rechtsstellung in der Erbsache (Sie können gegebenenfalls mehr als ein Kästchen ankreuzen)*)

4.3.1.7.1. ☐ Erbe

4.3.1.7.2. ☐ Vermächtnisnehmer

4.3.1.7.3. ☐ Testamentsvollstrecker

4.3.1.7.4. ☐ Verwalter

4.3.1.7.5. ☐ Sonstiges (bitte angeben): . . . . . .

4.3.2. *Partei B*

4.3.2.1. Name und Vorname(n) oder Name der Organisation*): . . . . . .

. . . . . .

4.3.2.2. Geburtsdatum (TT.MM.JJJJ) und -ort bzw., im Falle einer Organisation, Datum (TT.MM.JJJJ) und Ort der Registrierung sowie Bezeichnung des Registers/der Registerbehörde: . . . . . .

4.3.2.3. Identifikationsnummer*4)

4.3.2.3.1. Identitätsnummer: . . . . . .

4.3.2.3.2. Sozialversicherungsnummer: . . . . . .

4.3.2.3.3. Registriernummer: . . . . . .

4.3.2.3.4. Sonstige (bitte angeben): . . . . . .

4.3.2.4. Anschrift

4.3.2.4.1. Straße und Hausnummer/Postfach: . . . . . .

. . . . . .

. . . . . .

4.3.2.4.2. Ort und Postleitzahl: . . . . . .

4.3.2.4.3. Land ☐ Belgien ☐ Bulgarien ☐ Tschechische Republik ☐ Deutschland ☐ Estland ☐ Griechenland ☐ Spanien ☐ Frankreich ☐ Kroatien ☐ Italien ☐ Zypern ☐ Lettland ☐ Litauen ☐ Luxemburg ☐ Ungarn ☐ Malta ☐ Niederlande ☐ Österreich ☐ Polen ☐ Portugal ☐ Rumänien ☐ Slowenien ☐ Slowakei ☐ Finnland ☐ Schweden ☐ Sonstiges (bitte ISO-Code angeben): . . . . . .

4.3.2.5. E-Mail: . . . . . .

4.3.2.6. Rolle im Verfahren*)

4.3.2.6.1. ☐ Kläger

4.3.2.6.2. ☐ Beklagter

4.3.2.6.3. ☐ Sonstige (bitte angeben): . . . . . .

4.3.2.7. Rechtsstellung in der Erbsache (Sie können gegebenenfalls mehr als ein Kästchen ankreuzen)*)

4.3.2.7.1. ☐ Erbe

4.3.2.7.2. ☐ Vermächtnisnehmer

4.3.2.7.3. ☐ Testamentsvollstrecker

4.3.2.7.4. ☐ Verwalter

4.3.2.7.5. ☐ Sonstige (bitte angeben): . . . . . .

4.4. Die Entscheidung ist in einem Versäumnisurteil ergangen*)

4.4.1. ☐ Ja (bitte das Datum (TT.MM.JJJJ) angeben, zu dem der betroffenen Partei das verfahrenseinleitende Schriftstück oder ein gleichwertiges Schriftstück zugestellt wurde): . . . . . .

4.4.2. ☐ Nein

4.5. Wird die Eintragung in ein öffentliches Register beantragt?
4.5.1. ☐ Ja
4.5.2. ☐ Nein

4.6. Wenn JA (4.5.1): Gegen die Entscheidung kann kein ordentlicher Rechtsbehelf mehr eingelegt werden, einschließlich Rechtsbehelfen beim Gericht letzter Instanz:
4.6.1. ☐ Ja
4.6.2. ☐ Nein

5. **Vollstreckbarkeit der Entscheidung**

5.1. Wird die Bescheinigung zum Zwecke der Vollstreckung der Entscheidung in einem anderen Mitgliedstaat beantragt?*)
5.1.1. ☐ Ja
5.1.2. ☐ Nein
5.1.3. ☐ Nicht bekannt

5.2. Wenn JA (5.1.1): Die Entscheidung ist im Ursprungsmitgliedstaat vollstreckbar, ohne dass weitere Bedingungen erfüllt werden müssen*)
5.2.1. ☐ Ja (bitte vollstreckbare Verpflichtung(en) angeben): . . . . . .
. . . . . .
. . . . . .
. . . . . .
. . . . . .
. . . . . .
. . . . . .
5.2.2. ☐ Ja, aber nur in Bezug auf einen Teil/Teile der Entscheidung (bitte vollstreckbare Verpflichtung(en) angeben):
. . . . . .
. . . . . .
. . . . . .
. . . . . .
. . . . . .
5.2.3. Die Verpflichtung(en) ist/sind gegen folgende Person(en) vollstreckbar
5.2.3.1. ☐ Partei A
5.2.3.2. ☐ Partei B
5.2.3.3. ☐ Sonstige (bitte angeben): . . . . . .

6. **Zinsen**

6.1. Wird eine Zinsrückerstattung beantragt?*)
6.1.1. ☐ Ja
6.1.2. ☐ Nein

6.2. Wenn JA (6.1.1)*)

6.2.1. Zinsen
6.2.1.1. ☐ Nicht in der Entscheidung festgelegt
6.2.1.2. ☐ Ja, folgendermaßen in der Entscheidung festgelegt

6.2.1.2.1. Zinsen fällig ab: . . . . . . (Datum (TT.MM.JJJJ) oder Ereignis) bis: . . . . . . (Datum (TT.MM.JJJJ) oder Ereignis)[*5)]

6.2.1.2.2. ☐ Erstattungsbetrag: . . . . . .

6.2.1.2.3. ☐ Methode zur Zinsberechnung

6.2.1.2.3.1. ☐ Zinssatz: . . . . . . %

6.2.1.2.3.2. ☐ Zinssatz: . . . . . . % über Referenzzinssatz (der EZB oder der nationalen Zentralbank: . . . . . .)
gültig ab: . . . . . . (Datum (TT.MM.JJJJ) oder Ereignis)

6.2.2. Gesetzliche Zinsen, zu berechnen gemäß (bitte entsprechendes Gesetz angeben):
. . . . . .
. . . . . .
. . . . . .
. . . . . .
. . . . . .

6.2.2.1. Zinsen fällig ab: . . . . . . (Datum (TT.MM.JJJJ) oder Ereignis) bis: . . . . . . (Datum (TT.MM.JJJJ) oder Ereignis)[*5)]

6.2.2.2. Methode zur Zinsberechnung

6.2.2.2.1. ☐ Zinssatz: . . . . . . %

6.2.2.2.2. ☐ Zinssatz: . . . . . . % über Referenzzinssatz (der EZB oder der nationalen Zentralbank: . . . . . .)
gültig ab: . . . . . . (Datum (TT.MM.JJJJ) oder Ereignis)

6.2.2.2.2.1. ☐ Erster Tag des jeweiligen Halbjahres, in dem der Schuldner im Verzug ist

6.2.2.2.2.2. ☐ Sonstiges Ereignis (bitte angeben): . . . . . .

6.2.3. Kapitalisierung der Zinsen (bitte angeben): . . . . . .
. . . . . .
. . . . . .
. . . . . .
. . . . . .
. . . . . .
. . . . . .
. . . . . .

6.2.4. Währung
☐ Euro (EUR) ☐ Lew (BGN)
☐ Tschechische Krone (CZK) ☐ Kuna (HRK)
☐ Forint (HUF) ☐ Zloty (PLN)
☐ Rumänischer Leu (RON) ☐ Krone (SEK)
☐ Sonstige (bitte ISO-Code angeben)): . . . . . .

7. **Kosten und Gebühren**

7.1. Folgenden Parteien wurde vollständige oder teilweise Prozesskostenhilfe gewährt

7.1.1. ☐ Partei A

7.1.2. ☐ Partei B

7.1.3. ☐ Sonstige Partei (bitte angeben): . . . . . .

7.2. Folgenden Parteien wurde Kosten- oder Gebührenbefreiung gewährt

7.2.1. ☐ Partei A

7.2.2. ☐ Partei B

7.2.3. ☐ Sonstige Partei (bitte angeben): . . . . . .

7.3. Wird eine Kosten- oder Gebührenrückerstattung beantragt?*)

7.3.1. ☐ Ja*6)

7.3.2. ☐ Nein

7.4. Wenn JA (7.3.1): Folgende Person(en), gegen die die Vollstreckung beantragt wird, trägt/tragen die Kosten oder Gebühren*)

7.4.1. ☐ Partei A

7.4.2. ☐ Partei B

7.4.3. ☐ Sonstige Partei (bitte angeben): . . . . . .

7.4.4. ☐ Wenn mehr als eine Person die Kosten oder Gebühren zu tragen hat, darf jede von ihnen für den gesamten Betrag in Anspruch genommen werden?

7.4.4.1. ☐ Ja

7.4.4.2. ☐ Nein

7.5. Wenn JA (7.3.1): Für folgende Kosten oder Gebühren wird eine Rückerstattung beantragt (falls mehrere Personen in Anspruch genommen werden können, fügen Sie bitte die notwendige Aufschlüsselung für jede Person gesondert bei)*)

7.5.1. ☐ Die Kosten oder Gebühren wurden in der Entscheidung in Form eines Gesamtbetrags festgelegt (bitte Betrag angeben): . . . . . .
. . . . . .

7.5.2. ☐ Die Kosten oder Gebühren wurden in der Entscheidung in Form eines Prozentsatzes der Gesamtkosten festgelegt (bitte Prozentsatz der Gesamtkosten angeben): . . . . . . %.

7.5.3. ☐ Die Übernahme der Kosten oder Gebühren wurde in der Entscheidung geregelt. Es handelt sich um folgende Beträge:

7.5.3.1. ☐ Gerichtsgebühren: . . . . . .

7.5.3.2. ☐ Rechtsanwaltsgebühren: . . . . . .

7.5.3.3. ☐ Zustellungskosten: . . . . . .

7.5.3.4. ☐ Sonstige (bitte angeben): . . . . . .

7.5.4. ☐ Sonstige (bitte angeben): . . . . . .
. . . . . .
. . . . . .

7.6. Wenn JA (7.3.1)*)

7.6.1. Zinsen auf Kosten oder Gebühren

7.6.1.1. ☐ Nicht in der Entscheidung festgelegt

7.6.1.2. ☐ Ja, folgendermaßen in der Entscheidung festgelegt

7.6.1.2.1. Zinsen fällig ab: . . . . . . (Datum (TT.MM.JJJJ) oder Ereignis) bis: . . . . . . (Datum (TT.MM.JJJJ) oder Ereignis)*5)

7.6.1.2.2. ☐ Erstattungsbetrag: . . . . . .

7.6.1.2.3. ☐ Methode zur Zinsberechnung

7.6.1.2.3.1. ☐ Zinssatz: . . . . . . %

7.6.1.2.3.2. ☐ Zinssatz: . . . . . .% über Referenzzinssatz (der EZB oder der nationalen Zentralbank: . . . . . .)
gültig ab: . . . . . . (Datum (TT.MM.JJJJ) oder Ereignis)

7.6.2. Gesetzliche Zinsen, zu berechnen gemäß (bitte entsprechendes Gesetz angeben):
. . . . . .
. . . . . .
. . . . . .
. . . . . .
. . . . . .

7.6.2.1. Zinsen fällig ab: . . . . . . (Datum (TT.MM.JJJJ) oder Ereignis)
bis: . . . . . . (Datum (TT.MM.JJJJ) oder Ereignis)*5)

7.6.2.2. Methode zur Zinsberechnung

7.6.2.2.1. ☐ Zinssatz: . . . . . . %

7.6.2.2.2. ☐ Zinssatz: . . . . . . % über Referenzzinssatz (der EZB oder der nationalen Zentralbank . . . . . .)
gültig ab: . . . . . . (Datum (TT.MM.JJJJ) oder Ereignis)

7.6.3. Kapitalisierung der Zinsen (bitte angeben): . . . . . .
. . . . . .
. . . . . .
. . . . . .
. . . . . .

7.6.4. Währung
☐ Euro (EUR) ☐ Lew (BGN)
☐ Tschechische Krone (CZK) ☐ Kuna (HRK)
☐ Forint (HUF) ☐ Zloty (PLN)
☐ Rumänischer Leu (RON) ☐ Krone (SEK)
☐ Sonstige (bitte ISO-Code angeben)): . . . . . .

Falls weitere Blätter beigefügt wurden, Gesamtzahl der Blätter*) : . . . . . . Ort*) : . . . . . . Datum*) : . . . . . . (TT.MM.JJJJ) Stempel und/oder Unterschrift des ausstellenden Gerichts oder der zuständigen ausstellenden Behörde*): . . . . . .

. . . . . .

. . . . . .

*)**[Amtl. Anm.:]** Obligatorische Angaben.
*1)**[Amtl. Anm.:]** ABl. L 201 vom 27. 7. 2012, S. 107.
*2)**[Amtl. Anm.:]** Gemäß Artikel 3 Absatz 2 der Verordnung (EU) Nr. 650/2012 umfasst der Begriff „Gericht“ unter bestimmten Bedingungen neben gerichtlichen auch andere Behörden sowie Angehörige von Rechtsberufen mit Zuständigkeiten in Erbsachen, die gerichtliche Funktionen ausüben oder in Ausübung einer Befugnisübertragung durch ein Gericht oder unter der Aufsicht eines Gerichts handeln. Die Liste dieser anderen Behörden und Angehörigen von Rechtsberufen wird im *Amtsblatt der Europäischen Union* veröffentlicht.
*3)**[Amtl. Anm.:]** Betrifft die Entscheidung mehr als zwei Parteien, fügen Sie bitte ein weiteres Blatt bei.
*4)**[Amtl. Anm.:]** Bitte geben Sie gegebenenfalls die relevanteste Nummer an.
*5)**[Amtl. Anm.:]** Sie können gegebenenfalls mehrere Zeiträume angeben.
*6)**[Amtl. Anm.:]** Dieser Punkt umfasst auch Fälle, in denen ein gesonderter Kostenfestsetzungsbeschluss ergangen ist.

Anhang 2 Formblatt II

BESCHEINIGUNG über eine öffentliche Urkunde in einer Erbsache (Artikel 59 Absatz 1 und Artikel 60 Absatz 2 der Verordnung (EU) Nr. 650/2012 des Europäischen Parlaments und des Rates über die Zuständigkeit, das anzuwendende Recht, die Anerkennung und Vollstreckung von Entscheidungen und die Annahme und Vollstreckung öffentlicher Urkunden in Erbsachen sowie zur Einführung eines Europäischen Nachlasszeugnisse*[1])

1. **Ursprungsmitgliedstaat***)

☐ Belgien ☐ Bulgarien ☐ Tschechische Republik ☐ Deutschland ☐ Estland ☐ Griechenland ☐ Spanien ☐ Frankreich ☐ Kroatien ☐ Italien ☐ Zypern ☐ Lettland ☐ Litauen ☐ Luxemburg ☐ Ungarn ☐ Malta ☐ Niederlande ☐ Österreich ☐ Polen ☐ Portugal ☐ Rumänien ☐ Slowenien ☐ Slowakei ☐ Finnland ☐ Schweden

2. **Behörde, die die öffentliche Urkunde errichtet hat und die Bescheinigung ausstellt**

2.1. Name und Bezeichnung der Behörde*): ......
2.2. Anschrift
2.2.1. Straße und Hausnummer/Postfach*): ......
......
......
2.2.2. Ort und Postleitzahl*): ......
2.3. Telefon*): ......
2.4. Fax ......
2.5. E-Mail: ......
2.6. Sonstige relevante Informationen (bitte angeben): ......
......

3. **Öffentliche Urkunde**

3.1. Datum (TT.MM.JJJJ) der Errichtung der öffentlichen Urkunde*): ......

3.2. Aktenzeichen der öffentlichen Urkunde: ......

3.3. Datum (TT.MM.JJJJ), zu dem die öffentliche Urkunde
3.3.1. im Register des Ursprungsmitgliedstaats registriert wurde ...... ODER
3.3.2. beim Register des Ursprungsmitgliedstaats hinterlegt wurde ......
(3.3.1 oder 3.3.2 sind NUR auszufüllen, falls abweichend von dem unter 3.1 angegebenen Datum und falls das Datum der Registrierung/Hinterlegung beim Register für die Rechtswirkung der Urkunde maßgebend ist)
3.3.3. Aktenzeichen im Register: ......
3.4. Parteien der öffentlichen Urkunde*[2]
3.4.1. ***Partei A***
3.4.1.1. Name und Vorname(n) oder Name der Organisation*): ......
......

3.4.1.2. Geburtsdatum (TT.MM.JJJJ) und -ort bzw., im Falle einer Organisation, Datum (TT. MM.JJJJ) und Ort der Registrierung sowie Bezeichnung des Registers/der Registerbehörde: ......

3.4.1.3. Identifikationsnummer*[3]
3.4.1.3.1. Identitätsnummer: ......
3.4.1.3.2. Sozialversicherungsnummer: ......
3.4.1.3.3. Registriernummer: ......
3.4.1.3.4. Sonstige (bitte angeben): ......

3.4.1.4. Anschrift

3.4.1.4.1. Straße und Hausnummer/Postfach: . . . . . .
. . . . . .
. . . . . .
3.4.1.4.2. Ort und Postleitzahl: . . . . . .
3.4.1.4.3. Land ☐ Belgien ☐ Bulgarien ☐ Tschechische Republik ☐ Deutschland ☐ Estland ☐ Griechenland ☐ Spanien ☐ Frankreich ☐ Kroatien ☐ Italien ☐ Zypern ☐ Lettland ☐ Litauen ☐ Luxemburg ☐ Ungarn ☐ Malta ☐ Niederlande ☐ Österreich ☐ Polen ☐ Portugal ☐ Rumänien ☐ Slowenien ☐ Slowakei ☐ Finnland ☐ Schweden ☐ Sonstiges (bitte ISO-Code angeben): . . . . . .

3.4.1.5. Rechtsstellung der Partei A (Sie können gegebenenfalls mehr als ein Kästchen ankreuzen)[*]
3.4.1.5.1. ☐ Erbe
3.4.1.5.2. ☐ Vermächtnisnehmer
3.4.1.5.3. ☐ Testamentsvollstrecker
3.4.1.5.4. ☐ Verwalter
3.4.1.5.5. ☐ Erblasser
3.4.1.5.6. ☐ Sonstige (bitte ausführen): . . . . . .

3.4.2. *Partei B*
3.4.2.1. Name und Vorname(n) oder Name der Organisation[*]: . . . . . .
. . . . . .

3.4.2.2. Geburtsdatum (TT.MM.JJJJ) und -ort bzw., im Falle einer Organisation, Datum (TT. MM.JJJJ) und Ort der Registrierung sowie Bezeichnung des Registers/der Registerbehörde: . . . . . .
3.4.2.3. Identifikationsnummer
3.4.2.3.1. Identitätsnummer[*3)]: . . . . . .
3.4.2.3.2. Sozialversicherungsnummer: . . . . . .
3.4.2.3.3. Registriernummer: . . . . . .
3.4.2.3.4. Sonstige (bitte angeben): . . . . . .
3.4.2.4. Anschrift
3.4.2.4.1. Straße und Hausnummer/Postfach: . . . . . .
. . . . . .
3.4.2.4.2. Ort und Postleitzahl: . . . . . .
3.4.2.4.3. Land ☐ Belgien ☐ Bulgarien ☐ Tschechische Republik ☐ Deutschland ☐ Estland ☐ Griechenland ☐ Spanien ☐ Frankreich ☐ Kroatien ☐ Italien ☐ Zypern ☐ Lettland ☐ Litauen ☐ Luxemburg ☐ Ungarn ☐ Malta ☐ Niederlande ☐ Österreich ☐ Polen ☐ Portugal ☐ Rumänien ☐ Slowenien ☐ Slowakei ☐ Finnland ☐ Schweden ☐ Sonstiges (bitte ISO-Code angeben): . . . . . .

3.4.2.5. Rechtsstellung der Partei B (Sie können gegebenenfalls mehr als ein Kästchen ankreuzen[*])
3.4.2.5.1. ☐ Erbe
3.4.2.5.2. ☐ Vermächtnisnehmer
3.4.2.5.3. ☐ Testamentsvollstrecker
3.4.2.5.4. ☐ Verwalter
3.4.2.5.5. ☐ Erblasser
3.4.2.5.6. ☐ Sonstige (bitte ausführen): . . . . . .

4. **Annahme der öffentlichen Urkunde (Artikel 59 der Verordnung (EU) Nr. 650/2012)**

4.1. Wird die Annahme der öffentlichen Urkunde beantragt?[*]
4.1.1. ☐ Ja
4.1.2. ☐ Nein

4.2. *Authentizität der öffentlichen Urkunde ([*]falls JA (4.1.1.))*

4.2.1. ☐ Nach den Rechtsvorschriften des Ursprungsmitgliedstaats hat die öffentliche Urkunde im Vergleich zu anderen Schriftstücken eine besondere Beweiskraft*).
4.2.1.1. Die besondere Beweiskraft betrifft folgende Punkte:*)
4.2.1.1.1. ☐ das Datum der Errichtung der öffentlichen Urkunde
4.2.1.1.2. ☐ den Ort der Errichtung der öffentlichen Urkunde
4.2.1.1.3. ☐ die Echtheit der Unterschriften der Parteien der öffentlichen Urkunde
4.2.1.1.4. ☐ den Inhalt der Erklärungen der Parteien
4.2.1.1.5. ☐ die Tatsachen, die in Anwesenheit der Behörde bestätigt wurden
4.2.1.1.6. ☐ die Handlungen, die die Behörde ausgeführt hat
4.2.1.1.7. ☐ Sonstiges (bitte ausführen): ......
......
......
......

4.2.2. Nach den Rechtsvorschriften des Ursprungsmitgliedstaats verliert die öffentliche Urkunde ihre besondere Beweiskraft aufgrund (bitte angeben, falls zutreffend):
4.2.2.1. ☐ einer richterlichen Entscheidung, die ergangen ist in einem
4.2.2.1.1. ☐ ordentlichen Gerichtsverfahren

4.2.2.1.2. ☐ besonderen Gerichtsverfahren, das für diesen Zweck von Rechts wegen vorgesehen ist (bitte Bezeichnung und/oder betreffende Rechtsgrundlagen angeben): ......
......
......

4.2.2.2. ☐ Sonstiges (bitte ausführen): ......
......
4.2.3. ☐ Nach Kenntnis der Behörde wurden im Ursprungsmitgliedstaat keine Einwände bezüglich der Authentizität der öffentlichen Urkunde erhoben*).
4.3. *In der öffentlichen Urkunde beurkundete Rechtsgeschäfte und -verhältnisse (*)falls JA (4.1.1))*

4.3.1. Nach Kenntnis der Behörde*):
4.3.1.1. ☐ wurden keine Einwände bezüglich der beurkundeten Rechtsgeschäfte und/oder -verhältnisse erhoben
4.3.1.2. ☐ wurden Einwände bezüglich einiger Aspekte der beurkundeten Rechtsgeschäfte und/oder -verhältnisse erhoben, die nicht in dieser Bescheinigung berücksichtigt sind (bitte angeben):
......
......
......
......

4.3.2. ☐ Sonstige relevante Informationen (bitte angeben): ......
......
......
......
......

5. **Sonstige Angaben**

5.1. Die öffentliche Urkunde stellt im Ursprungsmitgliedstaat ein gültiges Schriftstück zum Zwecke der Eintragung von Rechten an beweglichen oder unbeweglichen Vermögensgegenständen in ein Register dar*4).
5.1.1. ☐ Ja (bitte ausführen): ......
......
......
......

5.1.2. ☐ Nein

6. **Vollstreckbarkeit der öffentlichen Urkunde** (Artikel 60 der Verordnung (EU) Nr. 650/2012)

6.1. Wird die Vollstreckbarkeit der öffentlichen Urkunde beantragt?[*)]
6.1.1. ☐ Ja
6.1.2. ☐ Nein

6.2. Wenn JA (6.1.1): Ist die öffentliche Urkunde im Ursprungsmitgliedstaat vollstreckbar, ohne dass weitere Bedingungen erfüllt werden müssen?[*)]
6.2.1. ☐ Ja (bitte vollstreckbare Verpflichtung(en) angeben): . . . . . .
. . . . . .
. . . . . .
. . . . . .
6.2.2. ☐ Ja, aber nur in Bezug auf einen Teil/Teile der öffentlichen Urkunde (bitte vollstreckbare Verpflichtung(en) angeben): . . . . . .
. . . . . .
. . . . . .
. . . . . .

6.2.3. ☐ Die Verpflichtung(en) ist/sind gegen folgende Person(en) vollstreckbar:[*)]
6.2.3.1. ☐ Partei A
6.2.3.2. ☐ Partei B
6.2.3.3. Sonstige (bitte angeben): . . . . . .
. . . . . .
. . . . . .

7. Zinsen

7.1. Wird eine Zinsrückerstattung beantragt?[*)]
7.1.1. ☐ Ja
7.1.2. ☐ Nein

7.2. Wenn JA (7.1.1):[*)]
7.2.1. Zinsen
7.2.1.1. ☐ Nicht in der öffentlichen Urkunde festgelegt
7.2.1.2. ☐ Ja, folgendermaßen in der öffentlichen Urkunde festgelegt
7.2.1.2.1. Zinsen fällig ab: . . . . . . (Datum (TT.MM.JJJJ) oder Ereignis)
bis: . . . . . . (Datum (TT.MM.JJJJ) oder Ereignis)[*5)]
7.2.1.2.2. ☐ Erstattungsbetrag: . . . . . .
7.2.1.2.3. ☐ Methode zur Zinsberechnung
7.2.1.2.3.1 ☐ Zinssatz: . . . . . . %
7.2.1.2.3.2 ☐ Zinssatz: . . . . . . % über Referenzzinssatz (der EZB/der nationalen Zentralbank: . . . . . .)
gültig ab: . . . . . . (Datum (TT.MM.JJJJ) oder Ereignis)

7.2.2. Gesetzliche Zinsen, zu berechnen gemäß (bitte entsprechendes Gesetz angeben):
. . . . . .
. . . . . .
. . . . . .
. . . . . .
7.2.2.1. Zinsen fällig ab: . . . . . . (Datum (TT.MM.JJJJ) oder Ereignis)
bis: . . . . . . (Datum (TT.MM.JJJJ) oder Ereignis)[*5)]
7.2.2.2. Methode zur Zinsberechnung
7.2.2.2.1. ☐ Zinssatz: . . . . . . %

7.2.2.2.2. ☐ Zinssatz: . . . . . . % über Referenzzinssatz (der EZB/der nationalen Zentralbank: . . . . . .)
gültig ab: . . . . . . (Datum (TT.MM.JJJJ) oder Ereignis)

7.2.3. Kapitalisierung der Zinsen (bitte angeben): . . . . . .
. . . . . .

......
......

7.2.4. Währung
☐ Euro (EUR) ☐ Lew (BGN)
☐ Tschechische Krone (CZK) ☐ Kuna (HRK)
☐ Forint (HUF) ☐ Zloty (PLN)
☐ Rumänischer Leu (RON) ☐ Krone (SEK)
☐ Sonstige (bitte ISO-Code angeben)): ......

Falls weitere Blätter beigefügt wurden, Gesamtzahl der Blätter[*]**: ......**
Ort[*]**: ...... Datum**[*]**: ...... (TT.MM.JJJJ)**
Stempel und/oder Unterschrift der Ausstellungsbehörde[*]**: ......**
......
......

[*] **[Amtl. Anm.:]** Obligatorische Angaben.
[*1] **[Amtl. Anm.:]** ABl. L 201 vom 27.7.2012, S. 107.
[*2] **[Amtl. Anm.:]** Betrifft die öffentliche Urkunde mehr als zwei Parteien, fügen Sie bitte ein weiteres Blatt bei.
[*3] **[Amtl. Anm.:]** Bitte geben Sie gegebenenfalls die relevanteste Nummer an.
[*4] **[Amtl. Anm.:]** Die Eintragung eines Rechts an beweglichen oder unbeweglichen Vermögensgegenständen in ein Register unterliegt dem Recht des Mitgliedstaats, in dem das Register geführt wird.
[*5] **[Amtl. Anm.:]** Stempel und/oder Unterschrift der Ausstellungsbehörde.

Anhang 3 Formblatt III

BESCHEINIGUNG über einen gerichtlichen Vergleich in einer Erbsache (Artikel 61 Absatz 2 der Verordnung (EU) Nr. 650/2012 des Europäischen Parlaments und des Rates über die Zuständigkeit, das anzuwendende Recht, die Anerkennung und Vollstreckung von Entscheidungen und die Annahme und Vollstreckung öffentlicher Urkunden in Erbsachen sowie zur Einführung eines Europäischen Nachlasszeugnisse[*1])

1. **Ursprungsmitgliedstaat**[*]

☐ Belgien ☐ Bulgarien ☐ Tschechische Republik ☐ Deutschland ☐ Estland ☐ Griechenland ☐ Spanien ☐ Frankreich ☐ Kroatien ☐ Italien ☐ Zypern ☐ Lettland ☐ Litauen ☐ Luxemburg ☐ Ungarn ☐ Malta ☐ Niederlande ☐ Österreich ☐ Polen ☐ Portugal ☐ Rumänien ☐ Slowenien ☐ Slowakei ☐ Finnland ☐ Schweden

2. **Gericht, das den Vergleich gebilligt hat bzw. vor dem der Vergleich geschlossen wurde und das die Bescheinigung ausstellt**

2.1. Name und Bezeichnung des Gerichts[*2)*]: ......
2.2. Anschrift
2.2.1. Straße und Hausnummer/Postfach[*]: ......
......
......
2.2.2. Ort und Postleitzahl[*]: ......
2.3. Telefon[*]: ......
2.4. Fax ......
2.5. E-Mail: ......
2.6. Sonstige relevante Informationen (bitte angeben): ......
......
......

3. **Gerichtlicher Vergleich**

3.1. Datum (TT.MM.JJJJ) des gerichtlichen Vergleichs*): ......

3.2. Aktenzeichen des gerichtlichen Vergleichs*)

3.3. Parteien des gerichtlichen Vergleichs*3): ......

3.3.1. ***Partei A***
3.3.1.1. Name und Vorname(n) oder Name der Organisation*): ......
......

3.3.1.2. Geburtsdatum (TT.MM.JJJJ) und -ort bzw., im Falle einer Organisation, Datum (TT.MM.JJJJ) und Ort der Registrierung sowie Bezeichnung des Registers/der Registerbehörde: ......
3.3.1.3. Identifikationsnummer*4)
3.3.1.3.1. Identitätsnummer: ......
3.3.1.3.2. Sozialversicherungsnummer: ......
3.3.1.3.3. Registriernummer: ......
3.3.1.3.4. Sonstige (bitte angeben): ......

3.3.1.4. Anschrift
3.3.1.4.1. Straße und Hausnummer/Postfach: ......
......
3.3.1.4.2. Ort und Postleitzahl: ......
3.3.1.4.3. Land:
☐ Belgien ☐ Bulgarien ☐ Tschechische Republik ☐ Deutschland ☐ Estland ☐ Griechenland ☐ Spanien ☐ Frankreich ☐ Kroatien ☐ Italien ☐ Zypern ☐ Lettland ☐ Litauen ☐ Luxemburg ☐ Ungarn ☐ Malta ☐ Niederlande ☐ Österreich ☐ Polen ☐ Portugal ☐ Rumänien ☐ Slowenien ☐ Slowakei ☐ Finnland ☐ Schweden ☐ Sonstiges (bitte ISO-Code angeben): ......

3.3.1.5. E-Mail: ......

3.3.1.6. Rolle im Verfahren*)
3.3.1.6.1. ☐ Kläger
3.3.1.6.2. ☐ Beklagter
3.3.1.6.3. ☐ Sonstige (bitte angeben): ......

3.3.1.7. Rechtsstellung in der Erbsache (Sie können gegebenenfalls mehr als ein Kästchen ankreuzen)*)
3.3.1.7.1. ☐ Erbe
3.3.1.7.2. ☐ Vermächtnisnehmer
3.3.1.7.3. ☐ Testamentsvollstrecker
3.3.1.7.4. ☐ Verwalter
3.3.1.7.5. ☐ Sonstige (bitte angeben): ......

3.3.2. ***Partei B***
3.3.2.1. Name und Vorname(n) oder Name der Organisation*): ......
......

3.3.2.2. Geburtsdatum (TT.MM.JJJJ) und -ort bzw., im Falle einer Organisation, Datum (TT.MM.JJJJ) und Ort der Registrierung sowie Bezeichnung des Registers/der Registerbehörde: ......
3.3.2.3. Identifikationsnummer*4)
3.3.2.3.1. Identitätsnummer: ......
3.3.2.3.2. Sozialversicherungsnummer: ......
3.3.2.3.3. Registriernummer: ......
3.3.2.3.4. Sonstige (bitte angeben): ......

3.3.2.4. Anschrift

3.3.2.4.1. Straße und Hausnummer/Postfach: ......
......

3.3.2.4.2. Ort und Postleitzahl: ......

3.3.2.4.3. Land
☐ Belgien ☐ Bulgarien ☐ Tschechische Republik ☐ Deutschland ☐ Estland ☐ Griechenland ☐ Spanien ☐ Frankreich ☐ Kroatien ☐ Italien ☐ Zypern ☐ Lettland ☐ Litauen ☐ Luxemburg ☐ Ungarn ☐ Malta ☐ Niederlande ☐ Österreich ☐ Polen ☐ Portugal ☐ Rumänien ☐ Slowenien ☐ Slowakei ☐ Finnland ☐ Schweden
☐ Sonstiges (bitte ISO-Code angeben): ......

3.3.2.5. E-Mail: ......

3.3.2.6. Rolle im Verfahren[*)]

3.3.2.6.1. ☐ Kläger

3.3.2.6.2. ☐ Beklagter

3.3.2.6.3. ☐ Sonstige (bitte angeben): ......

3.3.2.7. Rechtsstellung in der Erbsache (Sie können gegebenenfalls mehr als ein Kästchen ankreuzen)[*)]

3.3.2.7.1. ☐ Erbe

3.3.2.7.2. ☐ Vermächtnisnehmer

3.3.2.7.3. ☐ Testamentsvollstrecker

3.3.2.7.4. ☐ Verwalter

3.3.2.7.5. ☐ Sonstige (bitte angeben): ......
......

4. **Vollstreckbarkeit des gerichtlichen Vergleichs**

4.1. Ist der gerichtliche Vergleich im Ursprungsmitgliedstaat vollstreckbar, ohne dass weitere Bedingungen erfüllt werden müssen?[*)]

4.1.1. ☐ Ja (bitte vollstreckbare Verpflichtung(en) angeben): ......
......
......
......

4.1.2. ☐ Ja, aber nur in Bezug auf einen Teil/Teile des gerichtlichen Vergleichs (bitte vollstreckbare Verpflichtung(en) angeben): ......
......
......
......

4.2. Die Verpflichtung ist gegen folgende Person(en) vollstreckbar[*)]

4.2.1. ☐ Partei A

4.2.2. ☐ Partei B

4.2.3. ☐ Sonstige (bitte angeben): ......
......

5. **Zinsen**

5.1. Wird eine Zinsrückerstattung beantragt?[*)]

5.1.1. ☐ Ja

5.1.2. ☐ Nein

5.2. Wenn JA (5.1.1):[*)]

5.2.1. Zinsen

5.2.1.1. ☐ Nicht im gerichtlichen Vergleich festgelegt

5.2.1.2. ☐ Ja, folgendermaßen im gerichtlichen Vergleich festgelegt

5.2.1.2.1. Zinsen fällig ab: ...... (Datum (TT.MM.JJJJ) oder Ereignis)
bis: ...... (Datum (TT.MM.JJJJ) oder Ereignis)[*5)]

5.2.1.2.2. ☐ Erstattungsbetrag: ......

5.2.1.2.3. ☐ Methode zur Zinsberechnung
5.2.1.2.3.1. ☐ Zinssatz: . . . . . . %
5.2.1.2.3.2. ☐ Zinssatz: . . . . . . % über Referenzzinssatz (der EZB/der nationalen Zentralbank: . . . . . .)
gültig ab: . . . . . . (Datum (TT.MM.JJJJ) oder Ereignis)

5.2.2. Gesetzliche Zinsen, zu berechnen gemäß (bitte entsprechendes Gesetz angeben):
. . . . . .
. . . . . .
. . . . . .
. . . . . .

5.2.2.1. Zinsen fällig ab: . . . . . . (Datum (TT.MM.JJJJ) oder Ereignis)
bis: . . . . . . (Datum (TT.MM.JJJJ) oder Ereignis)[*5)]
5.2.2.2. Methode zur Zinsberechnung
5.2.2.2.1. ☐ Zinssatz: . . . . . . %
5.2.2.2.2. ☐ Zinssatz: . . . . . . % über Referenzzinssatz (der EZB/der nationalen Zentralbank: . . . . . .)
gültig ab: . . . . . . (Datum (TT.MM.JJJJ) oder Ereignis)

5.2.3. Kapitalisierung der Zinsen (bitte angeben): . . . . . .
. . . . . .
. . . . . .
. . . . . .

5.2.4. Währung
☐ Euro (EUR) ☐ Lew (BGN)
☐ Tschechische Krone (CZK) ☐ Kuna (HRK)
☐ Forint (HUF) ☐ Zloty (PLN)
☐ Rumänischer Leu (RON) ☐ Krone (SEK)
☐ Sonstige (bitte ISO-Code angeben): . . . . . .

Falls weitere Blätter beigefügt wurden, Gesamtzahl der Blätter[*)]: . . . . . .

Ort[*)]: . . . . . . Datum[*)]: . . . . . . (TT.MM.JJJJ)

Stempel und/oder Unterschrift des ausstellenden Gerichts[*)]: . . . . . .
. . . . . .

[*)]**[Amtl. Anm.:]** Obligatorische Angaben.
[*1)]**[Amtl. Anm.:]** ABl. L 201 vom 27.7.2012, S. 107.
[*2)]**[Amtl. Anm.:]** Gemäß Artikel 2 der Verordnung (EU) Nr. 650/2012 umfasst der Begriff „Gericht" unter bestimmten Bedingungen neben gerichtlichen auch andere Behörden sowie Angehörige von Rechtsberufen mit Zuständigkeiten in Erbsachen, die gerichtliche Funktionen ausüben oder in Ausübung einer Befugnisübertragung durch ein Gericht oder unter der Aufsicht eines Gerichts handeln. Die Liste dieser anderen Behörden und Angehörigen von Rechtsberufen wird im *Amtsblatt der Europäischen Union* veröffentlicht.
[*3)]**[Amtl. Anm.:]** Betrifft der gerichtliche Vergleich mehr als zwei Parteien, fügen Sie bitte ein weiteres Blatt bei.
[*4)]**[Amtl. Anm.:]** Bitte gegebenenfalls die relevanteste Nummer angeben.
[*5)]**[Amtl. Anm.:]** Sie können gegebenenfalls mehrere Zeiträume angeben.

2. Beschwerde des Schuldners wegen eines der Versagungsgründe des Art. 40 EuErbVO

An das

Landgericht

– Zivilkammer –[2]

in . . . . .

In dem Vollstreckbarkeitsverfahren

des/der . . . . . [ladungsfähige Anschrift des Antragstellers],

– Antragsteller/in und Beschwerdegegner/in –

– Verfahrensbevollmächtigte: Rechtsanwälte . . . . . –

gegen

. . . . . [ladungsfähige Anschrift des Antragsgegners],

– Antragsgegner/in und Beschwerdeführer/in –

– Verfahrensbevollmächtigter: Rechtsanwälte . . . . . –

bestellen wir uns Vollmacht versichernd für die Antragsgegnerin und legen in deren Namen gegen den am . . . . . zugestellten Beschluss des/der Vorsitzenden der Kammer . . . . . vom . . . . . – . . . . . [Aktenzeichen] –

Beschwerde[1]

ein.

Wir beantragen,

unter Aufhebung des angefochtenen Beschlusses den Vollstreckbarkeitsantrag zurückzuweisen,

Gründe:

Mit dem für vollstreckbar erklärten Urteil des . . . . . gerichts in . . . . . ist die Antragsgegnerin zur Zahlung von . . . . . EUR/. . . . . [andere Währung] nebst . . . . . % Zinsen seit dem . . . . . verurteilt worden. Dieses Urteil kann in Deutschland nicht für vollstreckbar erklärt werden. Der Beschluss ist aufzuheben; denn

es verstößt offensichtlich gegen die deutsche öffentliche Ordnung, insbesondere gegen das Rechtsstaatsprinzip und Art., ... GG[3, 4]

. . . . . [Einzelfallbezogene Gründe]

(Variante:

Der Antragsgegnerin ist das verfahrenseinleitende Schriftstück nicht wirksam zugestellt worden. Sie hat von dem gegen sie ergangenen Urteil erst mit der Zustellung der landgerichtlichen Entscheidung erfahren. Deshalb war es ihr auch nicht möglich, innerhalb der nach der . . . . . ZPO bestehenden Frist von . . . . . das/den nach dortigem Recht statthaften Rechtsmittel/Rechtsbehelf des/der . . . . . einzulegen.[3, 4]

Wie zwischenzeitliche Recherchen der Antragsgegnerin ergeben haben, ... (Einzelfallbezogene Gründe).)

(Variante:

***es ist unvereinbar mit dem in der Anlage beigefügten Urteil des ..... gerichts in ..... zwischen den Parteien umgekehrten Rubrums*[3, 4]**

..... (Einzelfallbezogene Gründe))

Streitwert: .....[5, 6]

Abschriften für den/die Antragsteller/in sind beigefügt.

.....

Rechtsanwalt[6, 7]

Anmerkungen

1. Gegen die Vollstreckbarkeitserklärung des Vorsitzenden der Zivilkammer ist die **Beschwerde** zulässig. Diese ist gem. Art. 50 EuErbVO für in Deutschland wohnende Schuldner innerhalb einer **Frist von 30 Tagen (nicht einem Monat!)** und bei einem solchen mit Wohnsitz im Ausland innerhalb von 60 Tagen ab Zustellung der Vollstreckbarerklärung einzulegen. Dagegen ist eine Beschwerde des Gläubigers im Falle der Ablehnung des Antrags unbefristet möglich.

2. Beschwerdegericht ist das OLG; einzulegen ist das Rechtsmittel jedoch bei dem Ausgangsgericht, also dem Landgericht (§ 10 Abs. 1, Abs. 2 S. 1 IntErbRVG). Eingelegt werden kann die Beschwerde gem. § 10 Abs. 2 AUG **schriftlich oder zu Protokoll der Geschäftsstelle des Landgerichts.** Der Vertretung durch einen Rechtsanwalt bedarf es daher gem. § 78 Abs. 5 ZPO nicht. Diese ist – wie nach dem AVAG – erst dann erforderlich, wenn eine mündliche Verhandlung angeordnet wird. Letzteres wird selten erforderlich sein, etwa dann, wenn der Sachverhalt durch persönliche Anhörung der Parteien oder durch Vernehmung von Zeugen aufzuklären ist. Im Rahmen des Beschwerdeverfahrens vor dem OLG wird das bisher nur einseitige Verfahren erstmals kontradiktorisch, wie in Art. 50 Abs. 3 EuErbVO iVm § 10 Abs. 1 S. 2 IntErbRVG ausdrücklich bestimmt ist. Der Prüfungsumfang für das OLG ist allerdings durch Art. 52 EuErbVO begrenzt, wonach die Vollstreckbarerklärung nur aus einem der in Art. 40 aufgeführten **Hinderungsgründe** versagt werden kann.

3. Die Hinderungsgründe wegen denen die Anerkennung und Vollstreckung versagt werden kann, sind in Art. 40 EuErbVO aufgelistet sind und entsprechen denen des Art. 34 Brüssel-I-VO sowie des Art. 24 Abs. 1 EuUnterhaltsVO. Es sind dies

a) ein **offensichtlicher** Verstoß gegen den ordre public des Vollstreckungsstaates,
b) eine nicht rechtzeitige und die Verteidigungsmöglichkeit des Schuldners beeinträchtigende Zustellung des verfahrenseinleitenden Schriftstücks bei einer **Säumnisentscheidung**, die aber unschädlich ist, wenn er die Möglichkeit zur Anfechtung nicht wahrgenommen hat,
c) die Unvereinbarkeit mit einer Entscheidung aus dem Urteilsstaat,
d) die Unvereinbarkeit mit einer **früheren** Entscheidung aus einem anderen Mitgliedstaat oder einem Drittstaat, sofern die frühere Entscheidung im Vollstreckungsstaat anerkennungsfähig ist.

Es gelten daher die in den → Form. R. VI. 2 Anm. 3 ff., → Form. R. VI. 3 Anm. 1 sowie → Form. R. XI. 2 Anm. 3 f. dargestellten Grundsätze.

4. Wegen Art. 52 EuErbVO können materiell rechtliche Einwendungen gegen den titulierten Anspruch wie bei den Vollstreckbarkeitsverfahren nach der Brüssel-I-VO und der EuUnterhaltsVO nicht geltend gemacht werden. In weiterer Parallele hierzu besteht nach § 23 IntErbRVG für derartige Einwendungen die Möglichkeit zur Erhebung einer **Vollstreckungsabwehrklage**, bei denen der Schuldner mit seinen Einwendungen bei öffentlichen Urkunden und Vergleichen nicht präkludiert und bei gerichtlichen Entscheidungen mit solchen präkludiert ist, die vor dem Erlass der ausländischen Entscheidung entstanden sind.

Die → Form. R. VI. 5 oder → Form. R. XI. 10 können daher unter Austausch der zitierten Normen ggf. herangezogen werden.

5. Streitwert: wie → Form. R. XVIII. 1 Anm. 10

6. Kosten und Gebühren: Gericht: Festgebühr von 360,– EUR gem. Nr. 1520 KV GKG mit Ermäßigung auf 90,– EUR gem. Nr. 1521 KV GKG bei Rücknahme vor Begründung und 180,– EUR gem. Nr. 1522 KV GKG bei Rücknahme vor der mündlichen Verhandlung bzw. dann, wenn eine Verhandlung nicht stattfindet, bevor eine Entscheidung auf die Geschäftsstelle gelangt; Anwalt: 1,6 Verfahrensgebühr und ggf. weitere Gebühren gem. Nr. 3200 ff. VV RVG u. Vor 3.2.1 Nr. 3 VV RVG.

7. Rechtsmittel. Gegen die Entscheidungen des OLG über die Beschwerde, sei es des Schuldners, sei es des Gläubigers ist gem. Art. 50 iVm § 12 Abs. 1 IntErbRVG auch ohne besondere Zulassung die **Rechtsbeschwerde** nach Maßgabe des § 574 Abs. 1 Nr. 1, Abs. 2 ZPO zum BGH statthaft.

3. Antrag des Schuldners auf Aussetzung des Beschwerdeverfahrens nach Einlegung eines Rechtsmittels im Ursprungsstaat

An das

Oberlandesgericht

– Zivilsenat –[2]

in . . . . .

In dem Vollstreckbarkeitsverfahren

. . . . .,/, ...

– . . . . . [Aktenzeichen] –

nehme ich Bezug auf die Beschwerde vom . . . . .

Im Ursprungsmitgliedstaat hat der/die Schuldner/in inzwischen das dort statthafte Rechtsmittel des/der . . . . . eingelegt.[1]

Dies führt nach Art. . . . . . der . . . . . ZPO, dazu, dass die Entscheidung im Ursprungsstaat vorläufig nicht vollstreckbar ist.

Beweis:
1. Anliegender Schriftsatz seiner/ihrer dortigen Verfahrensbevollmächtigten . . . . . nebst Eingangsbestätigung/Eingangsvermerk des . . . . . gerichts in . . . . .. und Übersetzung
2. Auszug aus der . . . . . ZPO nebst Übersetzung
3. Vorsorglich Einholung eines Rechtsgutachtens nach § 293 ZPO.

Das . . . . .gericht in . . . . . hat daraufhin die Vollstreckung aus der ergangenen Entscheidung bis zur Entscheidung über das eingelegte Rechtsmittel einstweilen eingestellt.

Beweis: Anliegender Einstellungsbeschluss vom . . . . . nebst Übersetzung.

Ich beantrage daher gem. Art. 53 EuErbVO die Aussetzung des Verfahrens.

Abschriften für den/die Gläubiger/in sind beigefügt.

. . . . .

Rechtsanwalt[3]

Anmerkungen

1. Anders als nach Art. 46 Brüssel-I-VO/LugÜ 2007 eröffnet die bloße Einlegung eines Rechtsbehelfs im Ursprungsmitgliedstaat für den Schuldner noch nicht die Möglichkeit, im Vollstreckungsstaat eine Aussetzung des Beschwerdeverfahrens zu erwirken. Dies ist nach Art. 53 EuErbVO vielmehr erst dann der Fall, wenn wegen des **Rechtsbehelfs im Ursprungsmitgliedstaat vorläufig nicht vollstreckbar** ist. Erfasst und mit den Varianten berücksichtigt sind damit sowohl der Fall eines Fortfalls der Vollstreckbarkeit kraft Gesetzes wie auch der Fall einer gerichtlichen Entscheidung aufgrund derer der Titel vorläufig nicht vollstreckbar ist. Ebenfalls abweichend von Art. 46 Brüssel-I-VO/LugÜ 2007 ist dem Beschwerdegericht bei einem Aussetzungsantrag **kein Ermessen** eingeräumt. Vielmehr hat die Aussetzung zwingend zu erfolgen. Damit entspricht die Regelung letztlich derjenigen in Art. 35 EuUnterhaltsVO (näher → Form. R. XI. 9 Anm. 1).

2. Die **Pflicht zur Aussetzung** trifft gem. Art. 53 EuErbVO auch den BGH, wenn bei ihm im Rahmen einer Rechtsbeschwerde gem. Art. 52 EuErbVO iVm §§ 12 ff. IntErbRVG ein entsprechender Antrag gestellt wird.

3. Kosten und Gebühren. Gericht: keine; Anwalt ebenfalls keine wegen § 19 Abs. 1 S. 1 RVG.

4. Antrag des Gläubigers auf unbeschränkte Fortsetzung der Zwangsvollstreckung

An das

Landgericht

– Zivilkammer –[1]

in . . . . .

An das

Oberlandesgericht

– Zivilsenat –[4]

in . . . . .

Herrn/Frau

Notar/in[4]

. . . . .

In Sachen

....../......

–..... [Aktenzeichen] –

beantragen wir für den Antragsteller ein Zeugnis über die unbeschränkte Fortsetzung der durch Beschluss vom ..... zugelassenen Zwangsvollstreckung zu erteilen, nachdem[1, 2, 3]

die Antragsgegnerin innerhalb der nunmehr abgelaufenen Beschwerdefrist kein Rechtsmittel eingelegt hat,

(Variante:

das Oberlandesgericht ..... die Beschwerde der Antragsgegnerin inzwischen zurückgewiesen und keine Anordnung zur weiteren Beschränkung der Zwangsvollstreckung getroffen hat,)

(Variante:

der Bundesgerichtshof die von dem Oberlandesgericht getroffene Anordnung, dass die Zwangsvollstreckung bis zur Entscheidung über die Rechtsbeschwerde nur gegen Sicherheitsleistung erfolgen könne, aufgehoben hat,)

(Variante:

der Bundesgerichtshof das Urteil vom ..... zur Zwangsvollstreckung zugelassen hat.)

Beglaubigte Abschriften für die Antragsgegnerin sind beigefügt.

.....

Rechtsanwalt[5]

Anmerkungen

1. Gem. Art. 54 Abs. 3 EuErbVO findet bis zum Ablauf der Beschwerdefrist bzw. bis zur Entscheidung des OLG über eine Beschwerde des Schuldners nur die Sicherungsvollstreckung statt. Um dem Gläubiger nach Ablauf der Frist bzw. nach Zurückweisung der Beschwerde einen Nachweis gegenüber den Vollstreckungsorganen zu ermöglichen, ist ihm gem. §§ 19, 20 IntErbRVG auf Antrag ein **Zeugnis über die uneingeschränkte Fortführung der Zwangsvollstreckung** zu erteilen.

2. Der Schuldner, der Beschwerde eingelegt hat, hat zwar keine Möglichkeit vor dem OLG für die Dauer des Beschwerdeverfahrens Vollstreckungsschutzanträge zu stellen, wofür wegen der ohnehin zunächst nur möglichen Sicherungsvollstreckung kein Bedürfnis besteht (OLG Köln Beschl. v. 17.5.2002 – 16 W 13/02, IPRax 2003, 354 zum AVAG). Indes kann er gem. § 18 Abs. 2 IntErbRVG beantragen, dass das OLG bis zum Ablauf der Frist zur Einlegung der Rechtsbeschwerde oder bis zur Entscheidung über dieses Rechtsmittel die Vollstreckung weiter auf Sicherungsmittel beschränkt oder von einer Sicherheitsleistung abhängig macht.

3. Nach Einlegung der Rechtsbeschwerde ist nach § 18 Abs. 3 IntErbRVG nur noch der BGH für Schutzanträge zuständig (OLG Köln Beschl. v. 16.11.2014 – 16 W 7/13, BeckRS 2014, 22828 zum AVAG). Er kann seinerseits eine zuvor ergangene Anordnung des OLG ändern oder aufheben sowie auf Antrag des Schuldners ebenfalls Anordnungen nach Abs. 2 erlassen. Wegen weiterer Voraussetzungen für einen erfolgreichen Schutzantrag wird auf das → Form. R. VI. 6 Anm. 3 verwiesen.

4. Für den Fall, dass die Klausel von dem Urkundsbeamten der Geschäftsstelle des OLGs erteilt worden ist (vgl. hierzu § 11 Abs. 4 IntErbRVG), ist der Antrag auf unbeschränkte Fortsetzung der Zwangsvollstreckung gem. Art. 20 IntErbRVG dorthin zu richten. Für diesen Fall ist das Zeugnis zu erteilen, wenn bis zum Ablauf der Rechtsbeschwerdefrist kein Rechtsmittel eingelegt worden ist, wenn der BGH eine Beschränkung der Zwangsvollstreckung durch das OLG aufgehoben oder er die Rechtsbeschwerde des Schuldners zurückgewiesen hat.

Hat ein **Notar** gem. Art. 55 Abs. 3 Brüssel-I-VO eine öffentliche Urkunde für vollstreckbar erklärt, ist dieser für die Erteilung des Zeugnisses zuständig (BT-Drs. 18/4291, 45.

5. Kosten und Gebühren. → Form. R. VIII. 3 Anm. 3.

5. Antrag des Schuldners auf Aufhebung oder Änderung des Vollstreckbarkeitsbeschlusses

An das

Landgericht
– Zivilkammer –[1, 2, 5]

in . . . . .

In Sachen

. . . . . ./. . . . . .

– . . . . . – [Aktenzeichen]

bestellen wir uns Vollmacht versichernd für den Antragsgegner und beantragen,

den Beschluss des Vorsitzenden der Kammer vom . . . . .

aufzuheben,

(Variante:

dahingehend abzuändern, dass der Antragsgegner nur noch zur Zahlung von . . . . . EUR/. . . . .[andere Währung] nebst Zinsen in Höhe von . . . . . % seit dem . . . . . verpflichtet ist,)

(Variante:

dahingehend abzuändern, dass die Vollstreckung nur gegen eine von dem Antragsteller beizubringende Sicherheitsleistung von . . . . . EUR erfolgen kann,)

(Variante:

dahingehend abzuändern, dass der Antragsgegner die Vollstreckung gegen eine Sicherheitsleistung von . . . . . EUR abwenden kann,)

vorab im Wege einer einstweiligen Anordnung

die Zwangsvollstreckung einstweilen einzustellen und die am . . . . . ausgebrachte Pfändung . . . . . ohne Sicherheitsleistung, hilfsweise gegen Sicherheitsleistung aufzuheben.

Gründe:

Durch den im Antrag genannten Beschluss ist das Urteil des . . . . .gerichts . . . . . vom . . . . . in . . . . . – [Aktenzeichen] – bestandskräftig für vollstreckbar erklärt worden. Auf den von dem Schuldner bei dem Ursprungsgericht eingelegten Rechtsbehelf/Rechtsmittel des . . . . . hat das . . . . . gericht mit Urteil/Beschluss vom . . . . .

das Urteil vom . . . . . aufgehoben,

(Variante:

dahingehend abgeändert, dass der Antragsgegner nur noch zur Zahlung von . . . . . EUR/. . . . . [andere Währung] nebst Zinsen in Höhe von . . . . .% seit dem verpflichtet ist,)

(Variante:

dahingehend abgeändert, dass die Vollstreckung nur gegen eine von dem Antragsteller beizubringende Sicherheitsleistung von . . . . . EUR/[andere Währung] erfolgen kann,)

(Variante:

dahingehend abgeändert, dass der Antragsgegner die Vollstreckung gegen eine Sicherheitsleistung von . . . . . EUR/[andere Währung] abwenden kann.)

Beweis: anliegende Ausfertigung des Urteils/Beschlusses vom . . . . . nebst beglaubigter Übersetzung

Gleichwohl betreibt der Gläubiger die Zwangsvollstreckung uneingeschränkt weiter und hat am . . . . . gepfändet.

Beweis: anliegende beglaubigte Kopie des . . . . .

Die Vollstreckbarerklärung ist demzufolge gem. § 24 Abs. 1 IntErbRVG

ebenfalls aufzuheben,

(Variante:

der Veränderung der Vollstreckbarkeit des ausländischen Titels anzupassen.)

Die unverzügliche Einstellung der Zwangsvollstreckung unter Aufhebung der Pfändung ist geboten, zumal ein Schadensersatzanspruch des Antragsgegner aus § 26 IntErbRVG kaum durchsetzbar sein dürfte; denn . . . . .

Angesichts der urkundlich belegten Aufhebung/Änderung des ausländischen Titels ist es angezeigt, die Pfändung auch ohne Sicherheitsleistung aufzuheben.

Streitwert: . . . . .[3]

Abschriften für den Antragsteller sind beigefügt.

. . . . .

Rechtsanwalt[4, 5]

Anmerkungen

1. Dem Gläubiger steht mit dem Vollstreckbarkeitsverfahren ein einfaches Verfahren zur Verfügung, um die Voraussetzungen für die Durchsetzung eines ausländischen Titels im Inland zu schaffen. Umgekehrt soll der Schuldner in den Fällen, in denen er etwaige Veränderungen in der Vollstreckbarkeit des ausländischen Titels nicht mehr mit Rechtsmitteln im Vollstreckbarkeitsverfahren geltend machen kann, in einem einfachen Verfahren eine Aufhebung bzw. Anpassung der Vollstreckbarkeitserklärung an eine Aufhebung oder Einschränkung der Vollstreckbarkeit des ausländischen Titels erwirken können (amtliche Begründung zu dem früheren § 29 AVAG 1988, BT-Drs. 11/351, 28). Den Weg hierzu eröffnet § 24 IntErbRVG.

2. **Ausschließlich zuständig** für den Aufhebungs- oder Änderungsantrag ist gem. § 24 Abs. 2 IntErbRVG das Gericht, das in erster Instanz über den Vollstreckbarkeitsantrag entschieden hat, also gem. § 3 Abs. 1, 3 IntErbRVG der Vorsitzende einer Zivilkammer des Landgerichts (näher Schuschke/Walker/*Jennissen* AVAG § 27 Rn. 3). Der Vorsitzende der Zivilkammer entscheidet nach freigestellter mündlicher Verhandlung, hat jedoch zuvor den Gläubiger zu hören (§ 24 Abs. 3 IntErbRVG). Eilmaßnahmen in entsprechender Anwendung der §§ 769, 770 ZPO sind möglich, einschließlich der in dem vorstehenden Formular in erster Linie begehrten Aufhebung von Vollstreckungsmaßnahmen ohne Sicherheitsleistung (§ 24 Abs. 5 IntErbRVG).

3. **Streitwert:** Wie → Form. R. XVIII. 1 Anm. 1.

4. **Kosten und Gebühren**. Gericht: Festgebühr von 240,– EUR gem. Nr. 1510 KV GKG mit Ermäßigung auf 90,– EUR gem. Nr. 1511 KV GKG bei Rücknahme vor der mündlichen Verhandlung bzw. dann, wenn eine Verhandlung nicht stattfindet, bevor eine Entscheidung auf die Geschäftsstelle gelangt; Anwalt: 1,3 Verfahrensgebühr und ggf. weitere Gebühren gem. Nr. 3100 ff. VV RVG.

5. **Rechtsmittel**. Die Entscheidung des Vorsitzenden der Zivilkammer ist für beide Parteien mit der Beschwerde anfechtbar, für die eine entsprechende Anwendung der §§ 569–577 ZPO angeordnet ist. Dies bedingt zugleich, dass eine Entscheidung über eine etwaige Abhilfe gem. § 572 ZPO zu ergehen hat und auch im Beschwerdeverfahren einstweiligen Maßnahmen gem. § 570 ZPO möglich sind.

XIX. Vollstreckbarerklärung von Schiedssprüchen

1. Antrag an das OLG auf Vollstreckbarerklärung eines Schiedsspruchs nach dem UN-Schiedsübereinkommen

An das
Oberlandesgericht
– Zivilsenat –[3, 11]
in . . . . .

In Sachen

der Firma . . . . . [ladungsfähige Anschrift der Antragstellerin],

– Antragstellerin –

– Verfahrensbevollmächtigte:

gegen

die Firma . . . . . [ladungsfähige Anschrift der Antragsgegnerin],

– Antragsgegnerin –

bestellen wir uns Vollmacht versichernd für die Antragstellerin und beantragen, den am . . . . . vor dem Schiedsgericht in . . . . ., bestehend aus den Schiedsrichtern . . . . ., erlassenen Schiedsspruch für vollstreckbar zu erklären.

Der zu vollstreckende Schiedsspruch lautet:

. . . . .

Gründe:[1, 2, 4, 5, 6, 7, 8]

Die Parteien hatten im Rahmen ihrer Vertragsbeziehung über die regelmäßige Belieferung der Antragsgegnerin mit . . . . . schriftlich vereinbart, alle Streitigkeiten aus dieser Beziehung durch ein Schiedsgericht entscheiden zu lassen, das aus . . . . . bestehen sollte.

Das entsprechend der Vereinbarung zusammengesetzte Schiedsgericht hat am . . . . . den im Antrag bezeichneten Schiedsspruch erlassen.

Beweis: anwaltlich beglaubigte Abschrift des Schiedsspruchs vom . . . . .

Dieser Schiedsspruch ist nach den für das Schiedsverfahren maßgeblichen . . . . . Recht verbindlich geworden und nicht mehr abänderbar.

Die Zuständigkeit des angerufenen Gerichts folgt daraus, dass

- es in dem Schiedsvertrag bezeichnet worden ist,
- die Antragsgegnerin in . . . . ., also im Bezirk des Oberlandesgerichts ihren Firmensitz hat,
- die Antragsgegnerin Eigentümerin eines Grundstücks in . . . . ., also im Bezirk des Oberlandesgerichts ist.

Zur Beschleunigung des Verfahrens werden weiter eine anwaltlich beglaubigte Abschrift der Schiedsvereinbarung sowie Übersetzungen der Vereinbarung und des Schiedsspruchs vorgelegt.

Abschriften des Antrags und der Übersetzungen sind ebenfalls beigefügt. Die übrigen Urkunden sind der Antragsgegnerin bekannt.

Wert: . . . . .[9]

. . . . .

Rechtsanwalt[10, 11]

Anmerkungen

1. Die Vollstreckbarerklärung ausländischer Schiedssprüche erfolgt gem. §§ 1025 Abs. 4, 1061 Abs. 1 S. 1 ZPO allgemein nach dem New Yorker Übereinkommen über die Anerkennung und Vollstreckung ausländischer Schiedssprüche vom 10.6.1958 – **UN-Übereinkommen** – (BGBl. 1961 II 122). Dies bedeutet, dass die Regeln des UN-Übereinkommen auch im Verhältnis zu den Staaten anwendbar sind, die nicht Vertragsstaaten sind (Zöller/*Geimer* § 1061 Rn. 1). Soweit andere multi- oder bilaterale Übereinkommen nicht durch das UN-Übereinkommen mit seinem weit gefassten Anwendungsbereich gegenstandslos geworden sind, bleiben sie nach § 1061 Abs. 1 S. 1 anwendbar. Insoweit gilt das aus Art. 7 Abs. 1 UN-Übereinkommen folgende **Meistbegünstigungsprinzip.** Hiernach ist das anerkennungsfreundlichere Regelwerk oder auch das anerkennungsfreundlichere bzw. weniger formstrenge nationale Recht des Schiedsvertrags anzuwenden (BGH Beschl. v. 25.9.2003 – III ZB 68/02, NJW-RR 2004, 1504; BGH Beschl. v. 21.9.2005 – III ZB 18/05, NJW 2005, 3499; zu in Betracht kommenden Abkommen siehe die Auflistung bei Thomas/Putzo/*Reichold* § 1061 Rn. 8 ff.).

2. Der **Anwendungsbereich** des Vollstreckbarkeitsverfahrens nach § 1061 Abs. 1 ZPO bezieht sich gem. Art. 1 Abs. 2, Art. 2 Abs. 1 UN-Übereinkommen auf alle vertraglichen und nicht vertraglichen Streitigkeiten aus einem bestimmten Rechtsverhältnis, sofern der Gegenstand des Streits durch ein Schiedsgericht – sei es ein im Einzelfall bestelltes, sei es ein ständiges – entschieden werde kann. Eine Vollstreckbarkeit des Schiedsspruchs ist nicht Voraussetzung für das Verfahren nach § 1061 ZPO. Vielmehr kann es sich nach hM auch auf abweisende, feststellende und gestaltende Schiedssprüche beziehen; denn die Vollstreckbarerklärung diene nicht nur dazu, die Zwangsvollstreckung zu ermöglichen; sie solle den Spruch auch gegen die Geltendmachung von Aufhebungsgründen sichern (BGH Beschl. v. 30.3.2005 – III ZB 78/05, NJW-RR 2006, 995; Schwab/*Walter* Kap. 26 Rn. 7; *Schütze* Rn. 272; aA Musielak/Voit § 1061 Rn. 2; Zöller/*Geimer* § 1061 Rn. 18: Nach den Regeln der §§ 1061 ff. zu behandelnder Antrag auf Feststellung der Wirkungserstreckung des Schiedsspruchs auf das Inland).

3. Zu richten ist der **Antrag** gem. § 1062 Abs. 1 Hs. 1, Abs. 2 ZPO an das Oberlandesgericht, das entweder im Schiedsvertrag bezeichnet ist oder in dem der Antragsgegner seinen Sitz bzw. gewöhnlichen Aufenthalt hat oder in dem sich vollstreckbares Vermögen des Antragsgegners befindet. Hilfsweise besteht eine Zuständigkeit des Kammergerichts. Mit dem Antrag ist gem. § 1064 Abs. 1 ZPO lediglich der Schiedsspruch im Original oder in beglaubigter Abschrift vorzulegen, wobei die Beglaubigung auch durch den für das Vollstreckbarkeitsverfahren bevollmächtigten Rechtsanwalt vorgenommen werden kann. Damit sind die zu beachtenden Förmlichkeiten deutlich geringer als nach Art. 4 UN-Übereinkommen, wonach auch die Urschrift oder eine beglaubigte Abschrift der Schiedsvereinbarung und Übersetzungen der Urkunden beizubringen sind. In Anwendung des Günstigkeitsprinzip ist indes wegen der erleichterten nationalen Förmlichkeiten deren Vorlage für die Zulässigkeit des Antrags nicht erforderlich (BGH Beschl. v. 25.9.2003 – III ZB 68/02, NJW-RR 2004, 1504). Deren Vorlage kann nur nach allgemeinen zivilprozessualen Grundsätzen angeordnet werden, etwa wegen der Schiedsvereinbarung gem. § 142 Abs. 1 ZPO, wenn deren Inhalt für die Entscheidung von Bedeutung ist oder wegen einer Übersetzung gem. § 142 Abs. 3 ZPO, wenn dies wegen nicht hinreichende Sprachkenntnis erforderlich ist (Musielak/Voit § 1061 Rn. 11; Steinert/Theede/*Knop* Kap. B. III. Rn. 433).

4. Das Oberlandesgericht entscheidet gem. § 1063 Abs. 1 ZPO in einem **Beschlussverfahren** mit freigestellter mündlicher Verhandlung. Allerdings ist eine Verhandlung gem. Abs. 2 anzuordnen, wenn Aufhebungsgründe geltend gemacht werden. Wenn dies der Fall ist, besteht gem. Abs. 4 Anwaltszwang. Allerdings ist bei einer etwaigen nicht ordnungsgemäßen anwaltlichen Vertretung und damit Säumnis des Antragstellers eine (entsprechende) Anwendung des § 330 ZPO nicht möglich mit der Folge, dass das Oberlandesgericht nicht an einer (streitigen) Sachentscheidung gehindert ist (BGH Beschl. v. 23.2.2006 – III ZB 50/05, NJW 2007, 772; aA für den Fall notwendiger mündlicher Verhandlung Zöller/*Geimer* § 1063 Rn. 8). Vorab kann der Vorsitzende des Zivilsenats – auch ohne Gewährung rechtlichen Gehörs für den Antragsgegner (Thomas/Putzo/*Reichold* § 1063 Rn. 2) – vorläufige Anordnungen treffen, insbesondere die Sicherungsvollstreckung aus dem Schiedsspruch zulassen, die der Gegner seinerseits durch Sicherheitsleitung abwenden kann (§ 1063 Abs. 2 S. 2 ZPO).

5. Eine Überprüfung des ausländischen Schiedsspruchs in der Sache ist nicht möglich. Vielmehr darf die Anerkennung und Vollstreckbarkeitserklärung nur aus einem der **Versagungsgründe** des Art. 5 UN-Übereinkommen versagt werden. Dabei ist zu differenzieren zwischen den nur „auf Antrag“, also auf Rüge des Gegners zu beachtenden Versagungsgründen des Abs. 1 und den von Amts wegen zu berücksichtigenden des Abs. 2 (Schwab/*Walter* Kap. 56 Rn. 4).

6. Bei den **Versagungsgründe,** die **auf Rüge** gem. Art. 5 Abs. 1 lit. a–e UN-Übereinkommen zu prüfen sind, handelt es sich um:

- das Fehlen einer gültigen Schiedsvereinbarung entweder wegen subjektiver Schiedsunfähigkeit einer Partei oder wegen einer Unwirksamkeit des Schiedsspruchs nach dem vereinbarten Recht oder hilfsweise dem Recht des Landes, in dem der Schiedsspruch ergangen ist,
- eine Verletzung rechtlichen Gehörs wegen fehlender oder nicht hinreichender Unterrichtung über die Bestellung der Schiedsrichter bzw. das Verfahren oder einer auf einem sonstigen Grund beruhenden Verhinderung in der Geltendmachung von Angriffs- oder Verteidigungsmitteln, wobei dieser Grund mit einem von Amts wegen zu beachtenden ordre public Verstoß gem. Abs. 2 zusammenfallen kann,
- eine Kompetenzüberschreitung des Schiedsgerichts infolge einer Entscheidung auch über einen nicht unter die Vereinbarung fallenden Streitgegenstand mit der Folge, dass bei einer möglichen Trennung nur der unwirksame Teil nicht für vollstreckbar erklärt werden kann,
- Fehler bei der Bildung des Schiedsgerichts oder des Verfahrens, weil die Art und Weise durch die Parteivereinbarung, hilfsweise dem Recht des Schiedsverfahrens nicht gedeckt war,
- das Fehlen der Verbindlichkeit des Schiedsspruchs oder dessen Aufhebung bzw. eine einstweilige Hemmung aufgrund Entscheidungen der zuständigen Stelle in dem Land, in dem er ergangen ist.

Ob der Antragsgegner ggf. mit einem nur auf Rüge beachtlichen Versagungsgrund **präkludiert** ist, wenn er es unterlassen hat, von einer fristgebundenen Möglichkeit der Anrufung staatlicher Gerichte des Landes, in welchem der Schiedsspruch ergangen ist oder dessen Recht er unterstellt ist, Gebrauch zu machen, ist streitig, dürfte aber zu bejahen sein (Musielak/Voit § 1061 Rn. 20 mit Übersicht zum Meinungsstand).

7. Die **von Amts wegen zu beachtenden Versagungsgründe** des Art. 5 Abs. 2 UN-Übereinkommen sind:

- Fehlende Schiedsfähigkeit des Streitgegenstandes nach dem Recht des Vollstreckbarkeitsstaates (siehe § 1030 Abs. 1 ZPO: Schiedsfähig ist jeder vermögensrechtliche Anspruch und ein nicht vermögensrechtlicher Anspruch dann, wenn über den Streitgegenstand ein Vergleich geschlossen werden kann),
- ein offensichtlicher Verstoß gegen den ordre public, also ein Verstoß gegen wesentliche Grundsätze des deutschen Rechts, insbesondere eine offensichtliche Unvereinbarkeit mit den Grundrechten.

8. Schließlich bleibt dem Antragsgegner die Möglichkeit, im Vollstreckbarkeitsverfahren **Einwendungen materiell-rechtlicher Art** iSd § 767 ZPO geltend zu machen, die nach Erlass des Schiedsspruchs entstanden sind und die nicht ihrerseits der Zuständigkeit eines Schiedsgerichts unterliegen (BGH Urt. v. 12.7.1990 – III ZR 174/89, NJW 1990, 3210; BGH Beschl. v. 8.11.2007 – III ZB 95/06, NJW-RR 2008, 659). Zulässig ist zB der Einwand, der Antragsteller sei infolge einer Abtretung nicht zur Durchsetzung des Anspruchs befugt (BGH Beschl. v. 29.1.2015 – V ZR 93/14, BeckRS 2015, 05736 mAnm *Elzer* FD-ZVR 2015, 369107). Zulässig ist auch die Aufrechnung mit einer bestrittenen Gegenforderung, und zwar unter Umständen auch dann, wenn die Gegenforderung bereits vor Abschluss des Schiedsverfahrens entstanden ist. Dies ist dann der Fall, wenn der Schuldner zwar vor dem Schiedsgericht den Aufrechnungseinwand erhoben, das Schiedsgericht es jedoch abgelehnt hat, über die Gegenforderung zu entscheiden, etwa weil es sich nicht als zuständig angesehen hat. Entsprechendes gilt, wenn der Schuldner zwar nicht vor dem Schiedsgericht aufgerechnet hat, es aber feststeht, dass auch bei einer Aufrechnung das Schiedsgericht hierüber nicht entschieden hätte (BGH Beschl. v. 18.12.2013 – III ZB 92/12, NJW-RR 2014, 953 Rn. 5).

9. Streitwert: Wert der Hauptsache ohne Zinsen und Kosten (OLG München Beschl. v. 22.7.2008 – 34 Sch 10/08, SchiedsVZ 2009, 68).

10. Kosten und Gebühren. 2 Gerichtsgebühren gem. Nr. 1620 KV GKG nach dem Wert der Hauptsache ohne Zinsen und Kosten (Thomas/Putzo/*Reichold* § 1063 Rn. 5); 1,3 Verfahrensgebühr und ggf. weitere Gebühren gem. Nr. 3100 ff. VV RVG für den Anwalt.

11. Rechtsmittel. Unter den Voraussetzungen des § 574 Abs. 1 Nr. 1, Abs. 2 ZPO, also bei Zulassung durch den Bundesgerichtshof wegen grundsätzlicher Bedeutung oder zur Fortbildung des Rechts bzw. Sicherung einer einheitlichen Rechtsprechung ist die **Rechtsbeschwerde** statthaft. Diese kann auch darauf gestützt werden, dass die Entscheidung des Oberlandesgerichts auf einer Verletzung eines Staatsvertrags beruht (§ 1065 ZPO).

XX. Vorläufige Kontenpfändung nach der Verordnung (EU) Nr. 655/2014 – EuKoPfVO –

1. Inkrafttreten. Am 15.5.2014 ist die Verordnung (EU) Nr. 655/2014 des Europäischen Parlaments und des Rates zur Einführung eines Verfahrens für einen Europäischen Beschluss zur vorläufigen Kontenpfändung im Hinblick auf die Erleichterung der grenzüberschreitenden Eintreibung von Forderungen in Zivil- und Handelssachen – **EuKoPfVO** – (ABl. L 189, 59) verabschiedet worden. Gem. deren Art. 54 tritt sie am **18.1.2017** in Kraft,

2. Geltungsbereich. Die Verordnung ist gestützt auf Art. 81 Abs. 2 AEUV und gilt **räumlich** in allen Mitgliedstaaten der EU mit Ausnahme von Großbritannien und Dänemark, die sich an dem Regelwerk nicht beteiligen (Erwägungsgründe 50 u. 51). Ihr **sachlicher** Anwendungsbereich ist gem. Art. 2 EuKoPfVO identisch mit dem der Brüssel-Ia-VO. Sie ist mithin in allen Zivil- und Handelssachen mit den in Abs. 2 aufgeführten Ausnahmen (eheliches Güterrecht; Erbrecht, Insolvenzrecht, Recht der sozialen Sicherheit; Schiedsgerichtsbarkeit) anwendbar, allerdings beschränkt auf **grenzüberschreitende Sachverhalte**, bei denen sich entweder das mit dem Antrag befasste Gericht oder der Wohnsitz des Gläubigers in einem anderen Mitgliedstaat befinden als das zu pfändende Konto (Art. 3 EuKoPfVO iVm Erwägungsgrund 10). Der Wohnsitz des Schuldners spielt dabei keine Rolle (*Fawzy* DGVZ 2015, 141 [142]).

3. Zweck. Die EuKoPfVO soll einem Gläubiger eine **fakultative Möglichkeit** eröffnen, ihm neben nationalen Instrumenten zur Sicherung von Ansprüchen einen vorläufigen Zugriff auf Schuldnervermögen zu verschaffen. Es steht ihm daher frei, ob er von nationalen Sicherungsinstrumenten Gebrauch macht oder er einen Beschluss über eine vorläufige Kontenpfändung erwirkt (Art. 1 Abs. 2 EuKoPfVO iVm Erwägungsgrund 6; Verordnungsvorschlag KOM [2011] 445, 5). Vergleichbares nationales Sicherungsinstrument ist in Deutschland der dingliche Arrest nach den §§ 916 ff. ZPO iVm einem Kontenpfändungsbeschluss nach § 829 ff. ZPO. Im Gegensatz zu diesem zweistufigen deutschen Verfahren, bei dem zu differenzieren ist zwischen der Anordnung des Arrestes nach den §§ 916 ff. ZPO und dessen Vollziehung aufgrund eines gesonderten Antrags nach den §§ 928–930 ZPO durch einen Pfändungsbeschluss, sieht die EuKoPfVO den Erlass eines einheitlichen Beschlusses zur vorläufigen Pfändung von Bankkonten vor, aufgrund dessen die kontenführende Bank tätig werden muss und die Pfändungsanordnung gem. den Art. 23 ff. EuKoPfVO auszuführen, also ein etwaiges Guthaben „einzufrieren" hat.

4. Zugriffsobjekt. Nur Guthaben auf „**Bankkonten**" bzw. „**Konten**" können gepfändet werden. Dies sind nach der Legaldefinition des Art. 4 Nr. 1 EuKoPfVO Konten, die im Namen des Schuldners oder in fremdem Namen für den Schuldner bei einer Bank geführt werden und auf denen Gelder gutgeschrieben sind. Damit sind nur „klassische Bankkonten" erfasst, während sämtliche anderen Finanzinstrumente wie Wertpapiere, Geldmarktinstrumente, Optionsgeschäfte und Finanzderivate von dem Anwendungsbereich der Verordnung ausgenommen sind (Erwägungsgrund 9; *Fawzy* DGVZ 2015, 141 [142]). Nicht pfändbar sind gem. Art. 2 Abs. 2 und 3 EuKoPfVO ferner nach dem Recht des Vollstreckungsstaates unpfändbare Konten, Konten im Zusammenhang mit dem Betrieb von Abrechnungssystemen oder Zentralbankkonten.

5. Standardformulare. Für das Verfahren besteht nach Art. 41 EuKoPfVO **kein Anwaltszwang.** Ferner soll seine praktische Anwendung weitgehend durch Standardformulare formalisiert werden. Diese sind allerdings zur Erleichterung einer späteren Abänderung sowie zur Anpassung an technologische Entwicklungen auf digitaler Ebene nicht bereits in der Verordnung selbst enthalten, sondern im Wege von Durchführungsrechtsakten *noch durch die Kommission zu erstellen* (Art. 51 EuKoPfVO iVm Erwägungsgründen 40 – 43).

6. Durchführungsbestimmungen. Die notwendigen nationalen Durchführungsbestimmungen sollen nach dem Regierungsentwurf eines Gesetzes zur Durchführung der Verordnung (EU) Nr. 655/2014 sowie zur Änderung sonstiger zivilprozessualer Vorschriften (**EuKoPfVODG**) vom 18.12.2015 wegen der Sachnähe zum Arrest und zum Zwangsvollstreckungsrecht zutreffend in einem neuen 6. Abschnitt des 8. Buches der ZPO in den §§ 946–958 ZPO-E angesiedelt werden (BR-Drs. 633/15).

7. Verfahrensvoraussetzungen und Zuständigkeit. Nach Art. 5 EuKoPfVO kann ein Gläubiger einen Beschluss zur vorläufigen Kontenpfändung in folgenden Situationen erwirken:

- Vor Einleitung eines Hauptsacheverfahrens.
- Im Verlaufe eines gerichtlichen Verfahrens in der Hauptsache.
- Nachdem er eine gerichtliche Entscheidung, einen Vergleich oder eine öffentliche Urkunde erwirkt hat, mit der bzw. dem der Schuldner zur Zahlung verpflichtet ist.

In den Fällen, in denen der Gläubiger noch keinen Titel erlangt hat, sind gem. Art. 6 Abs. 1 EuKoPfVO die Gerichte des Mitgliedstaates **international zuständig**, die nach den einschlägigen Zuständigkeitsvorschriften, also im Wesentlichen nach der Brüssel-Ia-VO in der Hauptsache zuständig sind. Allerdings besteht bei Klagen gegen einen **Verbraucher** gem. Art. 6 Abs. 2 EuKoPfVO eine ausschließliche Zuständigkeit der Gerichte des Mitgliedstaates, in dem der Schuldner seinen Wohnsitz hat. Liegt bereits ein Titel vor, sind gem. Art. 6 Abs. 3 und 4 EuKoPfVO die Gerichte des Mitgliedstaates zuständig, in denen die Entscheidung ergangen, der Vergleich geschlossen bzw. genehmigt oder die öffentliche Urkunde errichtet worden ist.

§ 946 Abs. 1 S. 1 ZPO-E sieht in Ergänzung hierzu auch auf nationaler Ebene eine dem § 919 Alt. 1 und § 930 Abs. 1 S. 3 ZPO entsprechende Zuständigkeit des Gerichts der Hauptsache vor. Diese ist wegen § 802 ZPO eine ausschließliche. Von der Anordnung einer Zuständigkeit des Amtsgerichts entsprechend § 919 Alt. 2. ZPO soll abgesehen werden, um der Gefahr widersprechender Bedeutung bei grenzüberschreitenden Sachverhalten zu begegnen. Zudem wird wegen der Art des Verfahrens die praktische Bedeutung einer solchen Zuständigkeit als gering eingeschätzt (BR-Drs. 633/15, 42).

8. Inhalt des Antrags. Die Anforderungen an einen Antrag auf Erlass eines Beschlusses zur vorläufigen Kontenpfändung ergeben sich aus den Art. 7, 8 EuKoPfVO. Sie sind nach Art. 8 Abs. 1 unter Verwendung eines der – derzeit noch nicht vorliegenden – Formulare einzureichen und haben die in Abs. 2 lit. a bis o aufgelisteten Angaben zu enthalten. Die für eine Entscheidung, also für die Beurteilung der Erfolgsaussicht notwendigen Unterlagen sowie ein etwaiger bereits ergangener Titel sind beizufügen. Dabei ist jede nach dem jeweiligen nationalen Recht zulässige Art der Einreichung einschließlich der Nutzung elektronischer Kommunikationswege möglich (Abs. 3, 4).

Maßgebliche Bedeutung kommt zudem Art. 7 EuKoPfVO zu. Nach dessen Abs. 1 hat der Gläubiger hinreichende **Beweismittel für sein Sicherungsinteresse** vorzulegen, also dafür dass eine tatsächliche Gefahr besteht, dass ohne die vorläufige Kontenpfändung die spätere Vollstreckung unmöglich oder sehr erschwert wird. Für den Fall, dass der Gläubiger noch keinen Titel erwirkt hat, hat er nach Abs. 2 zusätzlich Beweismittel für die hinreichend Erfolgsaussicht seines Begehrens in der Hauptsache beizubringen. Dabei können auch noch nicht fällige Forderungen Gegenstand eines Antrags sein (Erwägungsgrund 12). Ein Vollbeweis von Anspruch und Grund wird nicht verlangt, sondern ein Wahrscheinlichkeitsgrad, der der Glaubhaftmachung von Arrestgrund sowie Arrestanspruch im nationalen Recht entspricht (BR-Drs. 633/15, 43).

Während sich die Glaubhaftmachung des geltend gemachte Anspruch, sofern sie nicht ohnehin wegen eines bereits erlangten Titels entbehrlich ist, in der Regel aus vorgelegten Urkunden ergeben kann oder gerade nicht herleiten lässt, mit der Folge, dass der Antrag zurückzuweisen ist, kann die **Glaubhaftmachung des Sicherungsinteresses**, also nach deutscher Terminologie des „Arrestgrundes“ wegen der zu treffenden Prognose und unterschiedlicher nationaler Anforderungen an Sicherungsverfahren Probleme bereiten (*Fawzy* DGVZ 2015, 141 [143]). Erwägungsgrund 14 gibt hierzu Interpretationshilfen, nämlich dass sich das Sicherungsinteresse zB ergeben kann aus dem Verhalten des Schuldners im Zusammenhang mit der Abwicklung der zu sichernden Forderung, aus einer vorangegangenen Streitigkeit zwischen den Parteien, der Kredithistorie des Schuldners, der Art seiner Vermögenswerte oder aller neueren Handlungen des Schuldners im Zusammenhang mit seinen Vermögenswerten. Berücksichtigt werden kann auch, ob Kontoabhebungen und Ausgaben des Schuldners für seine Familie oder für Geschäftszwecke im Rahmen des Üblichen legen oder nicht. **Das bloße Bestreiten der Forderung, das Vorhandensein mehrerer Gläubiger oder eine schlechte bzw. sich verschlechternde Vermögenslage reichen indes nicht.**

9. Gerichtliches Verfahren. Für den Fall, dass das Gericht vorgelegte Beweismittel nicht für ausreichend erachtet, kann es nach Art. 9 EuKoPfVO entweder den Gläubiger zur Vorlage weiterer Urkunden auffordern, sofern das nationale Recht dies zulässt oder jede andere nach nationalem Recht geeignete Beweiserhebung vornehmen, zB eine mündliche Anhörung des Gläubigers oder die Vernehmung von ihm benannter Zeugen ggf. mittel Videokonferenz oder einer anderen Kommunikationstechnologie. Dabei ist allerdings zu beachten, dass zur Sicherung der Effektivität der Maßnahme nach Art. 11 EuKoPfVO ein striktes **Verbot der Unterrichtung des Schuldners** von dem Antrag gilt. Wegen dieses Verbots soll in Abweichung zum Arrestverfahren gem. § 947 ZPO-E eine Anhörung des Gläubigers und eine Vernehmung von ihm benannter Zeugen nicht zulässig sein, sich der Gläubiger aber im übrigen wie im Arrestverfahren aller Beweismittel einschließlich der Versicherung an Eides statt bedienen können, sofern die Beweiserhebung sofort erfolgen kann (BR-Drs. 633/15, 43).

10. Zusatzantrag auf Einholung von Konteninformationen. Häufig kennt ein Gläubiger nicht die Bankverbindungen seines Schuldners und er wird wegen des Bankgeheimnisses in der Regel nicht die Möglichkeit haben, diese in Erfahrung zu bringen. Außerhalb des angelsächsischen Rechtskreises steht diese Möglichkeit auch in anderen Mitgliedsländern – wenn überhaupt – nur Vollstreckungsorganen zur Verfügung (näher *Fawzy* DGVZ 2015, 141 [144]). Nach Art. 14 Abs. 1, 2 EuKoPfVO kann ein Gläubiger daher den Antrag auf Erlass eines Beschlusses zur vorläufigen Kontenpfändung mit einem Antrag verbinden, den Vollstreckungsmitgliedstaat um Einholung von Informationen über die Kontenverbindungen zu ersuchen. In seinem Antrag hat der Gläubiger näher zu begründen, warum der Schuldner seiner Auffassung nach ein oder mehrere Konten bei einer Bank in einem bestimmten Mitgliedstaat unterhält und dabei alle ihm bekannten Informationen über den Schuldner und die eventuelle Kontoverbindung offenzulegen. Das Gericht prüft den Antrag im Wege eines Zwischenverfahrens und hat ihn ggf. abzulehnen. Wenn es ihn für begründet hält, hat es ihn vor Erlass des Pfändungsbeschlusses gem. Art. 14 Abs. 3 EuKoPfVO an die **Auskunftsbehörde des Vollstreckungsstaates** weiterzuleiten. In § 948 Abs. 1 ZPO-E ist das **Bundesamt für Justiz** als die für Deutschland zuständige Behörde bestimmt. Dieses kann nach § 948 Abs. 2 ZPO-E zum Zwecke der Erlangung von Kontoinformationen das Bundeszentralamt für Steuern ersuchen, bei den Kreditinstituten, die in § 93 Abs. 1. AO bezeichneten Daten abzurufen.

Aus Gründen des Schuldnerschutzes kann ein Antrag auf Einholung der Konteninformationen allerdings erst dann gestellt werden, wenn bereits ein **vollstreckbarer Zahlungstitel** ergangen ist. Unter eng umrissenen weiteren Voraussetzungen (pfändbarer Betrag von erheblicher Höhe, Dringlichkeit wegen drohende Gefährdung einer späteren Vollstreckung mit drohender Verschlechterung der finanziellen Lage des Gläubigers) kann es aus ausreichend sein, dass zwar ein Titel vorliegt, dieser aber noch nicht vollstreckbar ist (kritisch zu der Einengung auf diese beiden Konstellationen *Fawzy* DGVZ 2015, 141 [144]).

11. Entscheidung des Gerichts und Sicherheitsleistung des Gläubigers. Das Gericht hat gem. Art. 17–19 innerhalb genau bezeichneter kurzer Fristen (5 Tage bei einem Titel in der Hauptsache, 10 Tage ohne Titel, jeweils ab Einreichung des – ggf. vervollständigten – Antrags) zu entscheiden, und zwar, wenn es ihn für begründet hält, auf einem **Formblatt,** das aus einem Teil A und einem Teil B jeweils mit einem Katalog von vorgegebenen Rubriken besteht. Falls der Gläubiger noch keinen Titel erwirkt hat, hat das Gericht gem. Art. 12 Abs. 1 EuKoPfVO vor Erlass des Pfändungsbeschlusses den Gläubiger grundsätzlich aufzufordern, eine ausreichende **Sicherheitsleistung** zu erbringen. Ausnahmsweise kann es hiervon absehen, wenn es die Erbringung der Sicherheitsleistung für „unangemessen" hält. Ist bereits ein Titel erwirkt, steht nach Abs. 2 die Anforderung einer Sicherheitsleistung im Ermessen des Gerichts.

12. Frist zur Einleitung des Hauptsacheverfahrens. Falls der Gläubiger noch kein Verfahren in der Hauptsache eingeleitet hat, hat er dies gem. Art. 10 EuKoPfVO innerhalb von 30 Tagen nach Eingang seines Sicherungsantrags bzw. – falls der Ablauf dieser Frist später endet – innerhalb von 12 Tagen nach Erlass des Kontenpfändungsbeschlusses nachzuholen. Ist bei Fristablauf noch kein Beschluss ergangen, endet das Verfahren; ein bereits ergangener Beschlusses ist zu widerrufen, und zwar, wenn im gleichen Mitgliedstaat zu vollstrecken ist, nach dessen Recht und ansonsten auf einem der noch zu erstellenden **Formblätter.**

§ 949 Abs. 1 ZPO-E sieht für den **Widerruf** eine Entscheidung im Beschlusswege vor (zur Anfechtung → Anm. 15). Als zuständige Stelle für den Empfang eines Widerrufs aus einem anderen Mitgliedstaat ist in Abs. 2 das Amtsgericht bestimmt, in dessen Bezirk die Vollstreckung stattgefunden hat oder stattfinden soll. Dieses hat das Formblatt der betroffenen Bank oder Sparkasse zuzustellen.

13. Vollziehung des Beschlusses. Nach Art. 32 EuKoPfVO hat ein zugestellter Beschluss zur vorläufigen Kontenpfändung den gleichen Rang wie ein gleichwertiger nationaler Beschluss, also in Deutschland wie ein Arrest. Die vorläufige Pfändung, die gem. Art. 30 EuKoPfVO auch Gemeinschafts- oder Treuhandkonten erfassen kann, wenn das nationale Recht des Vollstreckungsstaates dies zulässt, bleibt nach Art. 20 EuKoPfVO so lange wirksam bis

- der Beschluss widerrufen wird,
- die Vollstreckung beendet ist
- oder eine Vollstreckungsmaßnahme in das eingefrorenen Guthaben aufgrund des in der Hauptsache erwirkten Titels wirksam wird.

Die Art der **Vollstreckung** ist zum Teil mit Verweisung auf nationales Recht des Vollstreckungsmitgliedstaates in den Art. 23 ff. EuKoPfVO geregelt. Dabei ist zu differenzieren. Soll die Vollstreckung im gleichen Mitgliedstaat erfolgen, was wegen des notwendigen grenzüberschreitenden Sachverhalts voraussetzt, dass der Gläubiger seinen Wohn- oder Firmensitz in einem anderen Mitgliedstaat als dem Vollstreckungsstaat hat, richtet sie sich gem. Art. 23 Abs. 1, 5 EuKoPfVO nach den einschlägigen nationalen Regeln. Für eine Vollstreckung in einem anderen Mitgliedstaat sieht Abs. 3 eine Übermittlung von Teil A des Formblattes des Pfändungsbeschlusses zusammen mit einem Blanko-Standardformblatt für die Drittschuldnererklärung an die zuständige Behörde des Vollstreckungsstaates vor, wobei es sich nationalem Recht richtet, ob das Gericht des Ursprungsstaates selbst übermittelt oder dies dem Gläubiger überlassen ist. Damit soll gewährleistet werden, dass Banken die Beschlüsse über ihr bekannte Stellen erhalten und die zuständige Behörde etwaige nach nationalem Recht von Amts wegen zu beachtende Pfändungsfreigrenzen berücksichtigen kann (Verordnungsvorschlag KOM [2011] 445, 8).

Art. 24 EuKoPfVO enthält Anweisungen an die Bank zur Ausführung eines Beschlusses zur vorläufigen Kontenpfändung, wozu iVm Art. 31 EuKoPfVO auch die Beachtung nationaler Pfändungsschutzvorschriften gehört. Ferner hat sie gem. Art. 25 unverzüglich die **Drittschuldnererklärung** zu übermitteln. Für eine Nichterfüllung ihrer Pflichten haftet sie gem. Art. 26 EuKoPfVO nach dem Recht des Vollstreckungsstaates.

Der Gläubiger seinerseits hat gem. Art. 27 EuKoPfVO sicherzustellen, dass **keine Überpfändung** erfolgt und ggf. bis zum Ende des dritten Arbeitstages nach Eingang der Drittschuldnererklärung unter Verwendung eines Formblattes auf dem schnellstmöglichen Weg einen Antrag auf Freigabe überschüssiger Beträge an die zuständige Behörde des Vollstreckungsstaates zu übermitteln. Er haftet im Übrigen dem Schuldner nach Art. 13 EuKoPfVO für etwaige schuldhaft verursachte Schäden. Die Beweislast für einen **Schadensersatzanspruch** liegt nach Abs. 1 S. 2 zwar beim Schuldner. Jedoch wird in bestimmten in Abs. 2 aufgelisteten Fällen ein Verschulden des Gläubigers vermutet, ua gem. lit. b wenn er die Freigabe überpfändeter Beträge unterlassen hat. Nach Art. 13 Abs. 3 EuKoPfVO können die Mitgliedsländer auch andere Haftungsgründe bzw. -arten oder andere Regeln der Beweislast für eine Haftung des Gläubigers in ihrem nationalen Recht beibehalten oder aufnehmen. Hiervon wird der deutsche Gesetzgeber voraussichtlich Gebrauch machen; denn nach § 957 ZPO-E soll der Gläubiger für den Fall, dass die tatsächlichen oder rechtlichen Voraussetzungen für den Erlass eines Pfändungsbeschlusses nicht vorlagen, nach dem Vorbild des § 945 ZPO verschuldensunabhängig haften.

Ergänzend sieht **§ 950 ZPO-E** eine subsidiäre Geltung der Vorschriften des 8. Buches über die Zwangsvollstreckung vor. Ferner wird auf § 930 Abs. 1 S. 2 ZPO Bezug genommen, wodurch klargestellt ist, dass der Beschluss zur vorläufigen Kontenpfändung in Umsetzung des Art. 32 EuKoPfVO den gleichen Rang und die gleiche Wirkung wie ein Arrestpfandrecht hat. Die allgemeine Bezugnahme auf das 8. Buch der ZPO gewährleistet die in Art. 31 EuKoPfVO vorgegebene Anwendung des § 850k ZPO (Pfändungsschutzkonto) sowie die durch Art. 39 EuKoPfVO eröffnete Möglichkeit eines Dritten zur Erhebung einer Drittwiderspruchsklage nach § 771 ZPO (BR-Drs. 633/15, 45).

Im Falle der **Inlandsvollstreckung** eines von einem ausländischem Gläubiger erwirkten inländischen Pfändungsbeschlusses hat gem. § 951 Abs. 1 S. 1 ZPO-E nach dem Vorbild des § 829 Abs. 2 S. 1 ZPO eine Zustellung durch den Gläubiger an die Bank oder Sparkasse im Wege der Parteizustellung gem. §§ 191 ff. ZPO zu erfolgen. Eine Parteizustellung ist auch dann vorgesehen, wenn ein in Deutschland erwirkter Beschluss in einem anderen Mitgliedstaat vollstreckt werden, also eine **Auslandsvollstreckung** erfolgen soll. Art. 23 Abs. 3 UAbs. 2 EuKoPfVO überlässt es den Mitgliedstaaten zu bestimmen, ob die Übermittlung an die zuständige Behörde des Vollstreckungsstaates durch das erlassende Gericht oder den Gläubiger erfolgt. § 951 Abs. 1 S. 2 ZPO-E sieht hierzu in konsequenter Anwendung der sonstigen nationalen Grundsätze eine Zustellung durch den Gläubiger an die ausländische Behörde vor (kritisch hierzu wegen der oft fehlenden Vertrautheit eines Gläubigers bzw. seines Vertreters mit der Zustellung nach der EuZustVO und der Unwägbarkeiten einer Auslandszustellung *Fawzy* DGVZ 2015, 141 (145)).

Soll ein **in einem anderen Mitgliedstaat erwirkter Beschluss** zur vorläufigen Kontenpfändung in Deutschland vollstreckt werden, ist nach § 952 Abs. 1 Nr. 1 ZPO-E das **Amtsgericht** als Vollstreckungsgericht am Sitz der betroffenen Bank zuständige Behörde iSd Art. 23 Abs. 1 UAbs. 1 EuKoPfVO. Dieses hat nach Abs. 2 Nr. 1 der in dem Pfändungsbeschluss bezeichneten Drittschuldnerin die Entscheidung zuzustellen. Ferner ist es nach Abs. 2 Nr. 2 zuständig für die Zustellung einer Freigabeerklärung des Gläubigers an die Bank. Funktionell soll nach dem neu zu fassenden § 20 Abs. 1 Nr. 17 RPflG jeweils der Rechtspfleger zuständig sein.

14. Schuldnerschutz. Der Schuldner, der bis zur Pfändung seines Kontos nichts von dem Verfahren erfährt und zur Wahrung des Überraschungseffekts auch nichts erfahren soll (Art. 11 EuKoPfVO iVm Erwägungsgrund 15) wird schon während dieses einseitigen Verfahrens durch Sicherungen im Verfahren geschützt, wie die Anordnung einer Sicherheitsleistung für den Gläubiger (→ Anm. 11), die Frist zur Erhebung der Klage in der Hauptsache (→ Anm. 12) und die Schadensersatzpflicht des Gläubigers (→ Anm. 13; Abs. 4). Ferner soll er zumindest nachträglich die Möglichkeit erhalten, den Beschluss zur vorläufigen Kontenpfändung sowohl aus inhaltlichen als auch aus verfahrensrechtlichen

Gründen anzufechten (Verordnungsvorschlag KOM [2011] 445, 10). Die Grundlage hierfür schafft die **unverzügliche Unterrichtung des Schuldners**, dem neben dem Beschluss alle im Verfahren des Ursprungsmitgliedstaates eingereichten Schriftstücke sowie nach Möglichkeit auch im Verfahren entstandene Schriftstücke (zB Protokolle von Anhörungen) zu übermitteln sind (Erwägungsgrund 31). Gem. Art. 28 Abs. 1, 5 EuKoPfVO sind dem Schuldner – ggf. unter Beifügung einer Übersetzung oder Transliteration – daher folgende Urkunden zuzustellen:

- Der vollständige Beschluss zur vorläufigen Pfändung,
- die Drittschuldnererklärung der Bank,
- der Antrag des Gläubigers auf Erlass des Beschlusses,
- alle weiteren von dem Gläubiger zur Erwirkung des Beschlusses vorgelegten Schriftstücke.

Diese Schriftstücke sind gem. Art. 28 Abs. 3 UAbs. 1 EuKoPfVO in den Fällen, in denen der Schuldner seinen Wohnsitz nicht im Ursprungsmitgliedstaat hat, also nicht in dem Staat wohnt, der den Beschluss erlassen hat, **binnen 3 Tagen** ab Zugang der Drittschuldnererklärung an die zuständige Behörde des Wohnsitzstaates zu übermitteln. Diese hat unverzüglich die erforderlichen Maßnahmen für eine Zustellung an den Schuldner zu treffen. Zuständig für die Übermittlung ist – je nach nationalem Recht – entweder das erlassende Gericht oder der Gläubiger. Für in Deutschland erlassene Beschlüsse ist hierzu in § 951 Abs. 2 ZPO-E vorgesehen, dass das Ursprungsgericht die Zustellung zu veranlassen hat, dass diese als Parteizustellung iSd § 191 ZPO gilt und der Gläubiger erforderliche Übersetzungen oder Transliterationen vor der Zustellung bereitzustellen hat.

Ist der Wohnsitzstaat des Schuldners zugleich Vollstreckungsstaat hat die zuständige Behörde, die die Zustellung eines im Ausland erlassenen Beschlusses an die Drittschuldnerin veranlasst hatte, also in Deutschland das Amtsgericht, gem. Art. 23 Abs. 3 UAbs. 2 EuKoPfVO iVm § 952 Ab. 1 Nr. 2 ZPO-E ebenfalls binnen 3 Tagen nach Zugang der Drittschuldnererklärung die Zustellung an den Schuldner zu veranlassen.

15. Rechtsbehelfe des Gläubigers. Ist ein Antrag auf Erlass einer vorläufigen Kontenpfändung ganz oder teilweise abgelehnt worden, so kann der Gläubiger hiergegen nach Art. 21 EuKoPfVO **innerhalb von 30 Tagen** einen Rechtsbehelf einlegen. Für den Fall, dass der Antrag ganz abgelehnt wurde, gilt nach Abs. 3 auch für das Rechtsbehelfsverfahren das **Verbot der Anhörung des Schuldners.**

In § 953 Abs. 1 ZPO-E ist für inländische Verfahren ergänzend bestimmt, dass gegen die Ablehnung eines Antrags auf Erlass eines Beschlusses über die vorläufige Kontenpfändung oder der Widerruf einer Kontopfändung des Schuldners durch das Gericht des ersten Rechtszugs die **sofortige Beschwerde** eröffnet ist. Damit ist für Entscheidungen, in denen das Berufungsgericht als Gericht der Hauptsache den Erlass eines Beschlusses zur vorläufigen Kontenpfändung abgelehnt hatte, ein Rechtsmittel nicht möglich, da die Voraussetzungen des § 567 ZPO nicht vorliegen und eine Rechtsbeschwerde zum BGH wegen § 574 Abs. 1 S. 1 ZPO iVm § 542 Abs. 2 ZPO wegen des nur vorläufige Verfahrens als nicht statthaft angesehen wird (BR-Drs. 633/15, 47). Gleichwohl verbleibt dem Gläubiger noch ein durch Art. 21 EuKoPfVO geforderter Rechtsbehelf, nämlich die **Anhörungsrüge** nach § 321a ZPO, in deren Rahmen ggf. der Schuldner entgegen § 321a Abs. 3 ZPO ebenfalls nicht anzuhören ist (BR-Drs. 633/15, 47). Die europarechtliche Norm des Art. 23 Abs. 3 EuKoPfVO hat insofern Vorrang. Auch für den Antrag nach § 321a ZPO soll die Frist 30 Tage betragen.

16. Rechtsbehelfe des Schuldners. Dem Schuldner stehen in den Art. 33–35 EuKoPfVO verschiedene Rechtsbehelfe zur Verfügung, die gem. Art. 36 EuKoPfVO alle auf einem der noch zu erstellenden **Formblätter** einzulegen sind.

- Nach Art. 33 Abs. 1 EuKoPfVO hat das **Ursprungsgericht** in den unter lit. a–g enumerativ aufgeführten Fällen auf Antrag des Schuldners der **Beschluss zur vorläufigen Pfändung aus inhaltlichen oder Gründen oder aufgrund von Verfahrensmängeln zu**

widerrufen oder abzuändern; die Heilung bestimmter Verfahrensmängel (keine Zustellung des Beschlusses und der sonstigen Unterlagen binnen 14 Tagen nach der Kontenpfändung; keine Beifügung von erforderlichen Übersetzungen oder Transkriptionen) ist allerdings unter den Voraussetzungen der Abs. 3 und 4 möglich.

- Art. 33 Abs. 2 EuKoPfVO ermöglicht dem Schuldner eine Überprüfung der Entscheidung über die von dem Gläubiger beizubringende **Sicherheitsleistung** (→ Anm. 11). Auf diesen Antrag hin kann das **Ursprungsgericht** ggf. dem Gläubiger eine neue Frist zur Erbringung einer – zusätzlichen – Sicherheit setzen und für den Fall, dass diese nicht erbracht wird, den Pfändungsbeschluss widerrufen oder abändern.
- Nach Art. 34 Abs. 1 lit. a EuKoPfVO hat das zuständige Gericht bzw. die zuständige Behörde des **Vollstreckungsstaates** auf Antrag des Schuldners im Falle einer Nichtberücksichtigung oder einer fehlerhaften Berechnung von **Pfändungsfreibeträgen** die vorläufige Pfändung einzuschränken.
- Die vorläufige Pfändung ist von dem Gericht bzw. der Behörde des **Vollstreckungsstaates** in den in Art. 34 Abs. 1 lit. b EuKoPfVO zu beenden, wenn das gepfändete Konto nach Art. 2 Abs. 2, 3 EuKoPfVO nicht nach der Verordnung pfändbar ist (→ Anm. 4), die Vollstreckung im Vollstreckungsstaat verweigert wurde, die Vollstreckbarkeit der gerichtlichen Entscheidung über die zu sichernde Hauptsacheforderung im Ursprungsstaat ausgesetzt wurde oder bestimmte Verfahrensfehler iSd Art. 33 EuKoPfVO vorliegen.
- Auf Antrag des Schuldners hat das zuständige Gericht des Vollstreckungsstaates gem. Art. 34 Abs. 2 EuKoPfVO bei einem offensichtlichen Widerspruch gegen den **ordre public** dieses Staates (dazu → Form. R. VI. 2 Anm. 3) die Vollstreckung zu beenden.
- Auf Antrag einer der Parteien oder von Amts wegen kann das **Ursprungsgericht** gem. Art. 35 Abs. 1, 2 EuKoPfVO den Beschluss **wegen veränderter Umstände** abändern oder widerrufen.
- Auf gemeinsamen Antrag des Gläubigers und des Schuldners kann das zuständige Gericht bzw. die zuständige Behörde des **Vollstreckungsstaates** gem. Art. 35 Abs. 1, 2 EuKoPfVO wegen einer **Einigung** der Parteien die Vollstreckung des Pfändungsbeschlusses einschränken oder beenden.

Art. 36 EuKoPfVO enthält Vorschriften über das Verfahren im Rahmen eines der Rechtsbehelfe der Art. 34 bis 35 sowie eine Pflicht des mit dem Antrag befassten Gerichts zur unverzüglichen Entscheidung, die nicht später als 21 Tage nach Zugang aller relevanten Informationen ergehen dar. Diese Entscheidung ist nach Abs. 5 sofort vollstreckbar, sofern sie einen Widerruf oder eine Abänderung des Pfändungsbeschlusses enthält bzw. eine Beendigung der Vollstreckung anordnet. Alle Entscheidungen gem. den Art. 33 bis 35 EuKoPfVO sind gem. Art. 37 EuKoPfVO mit einem **Rechtsmittel** anfechtbar, und zwar ebenfalls auf einem **Formblatt.**

Die **Durchführungsbestimmungen** zu den Rechtsbehelfen nach Art. 33 bis 34 EuKoPfVO finden sich in § 954 ZPO-E. Gem. Abs. 1 ist bei Anträgen nach Art. 33 ebenso wie beim Arrest nach § 924 ZPO das Gericht zuständig, das den Beschluss zur vorläufigen Kontenpfändung erlassen hat. Abs. 2 S. 1 eröffnet eine Zuständigkeit des Vollstreckungsgerichts für Einwendungen des Schuldners nach Art. 34 EuKoPfVO gegen die Vollziehung eines Pfändungsbeschlusses im Inland. Falls mit dem Antrag eine fehlende oder fehlerhafte Berücksichtigung von Pfändungsfreibeträgen gerügt wird, gelten nach Abs. 2 S. 2 die §§ 850k Abs. 4 und 850l ZPO entsprechend. Sofern ein Rechtsbehelf nach Art. 35 EuKoPfVO im Vollstreckungsstaat eingelegt wird, hat nach Abs. 3 S. 1 ebenfalls das Vollstreckungsgericht zu entscheiden. Im Falle der Anrufung des Ursprungsgerichts durch eine der Parteien nach Art. 35 EuKoPfVO entscheidet dieses nach Abs. 3 S. 2 durch Beschluss.

Gem. § 956 ZPO-E. ist gegen die Entscheidung des Vollstreckungsgerichts die innerhalb einer **Notfrist von einem Monat** einzulegende **sofortige Beschwerde** eröffnet. Dies gilt gem. Abs. 1 S. 2 auch für Entscheidungen des Ursprungsgerichts als Gericht des ersten Rechtszugs. Sofern der Pfändungsbeschluss durch das Berufungsgericht erlassen wurde, soll **kein Rechtsmittel** gegen dessen Entscheidung über den Rechtsbehelf des Schuldners statthaft sein, sondern nur die **Anhörungsrüge** nach § 321a ZPO (BR-Drs. 633/15, 48). Dies ist europarechtlich bedenklich, da Art. 37 EuKoPfVO anders als der in der Begründung des Entwurfs in Bezug genommene Art. 21 EuKoPfVO den Parteien nicht lediglich eine „Rechtsbehelf" zur Verfügung stellt (→ Anm. 15), sondern ein „Rechtsmittel", ihr also die Möglichkeit einräumt, eine Entscheidung durch die nächst höhere Instanz zu erwirken, was bei der Anhörungsrüge gerade nicht der Fall ist.

17. Sonstige Rechtsschutzmöglichkeiten. Gem. Art. 35 Abs. 4 EuKoPfVO kann der **Gläubiger** dann, wenn Pfändungsfreibeträge bereits im Rahmen einer anderweitigen Kontenpfändung berücksichtigt worden sind, bei dem zuständigen Gericht bzw. der zuständigen Behörde des Vollstreckungsstaats eine **Anpassung des Pfändungsfreibetrages** beantragen. Auch über einen solchen Antrag hat in Deutschland das Vollstreckungsgericht gem. § 954 Abs. 3 ZPO-E mit dem nach § 956 Abs. 1 ZPO-E eröffneten Rechtsmittel der sofortigen Beschwerde zu entscheiden.

Der **Schuldner** kann gem. Art. 38 EuKoPfVO die Freigabe des eingefrorenen Guthabens bzw. die Beendigung der Vollstreckung dadurch bewirken, dass er seinerseits entweder gegenüber dem Ursprungsgericht oder der zuständigen Stelle im Vollstreckungsstaat eine **Sicherheitsleistung** nachweist, die der Höhe nach mindestens der Forderung des Gläubigers entspricht. §§ 955 ZPO-E sieht für den Fall, dass in Deutschland vollstreckt wird, eine Zuständigkeit des Vollstreckungsgerichts vor. Sowohl für die Entscheidung des Vollstreckungsgerichts wie auch für eine solche des Ursprungsgerichts richtet sich die Anfechtungsmöglichkeit wieder nach § 956 ZPO-E.

Sachverzeichnis

Die fett gesetzten Großbuchstaben, römischsen und arabischen Zahlen beziehen sich auf die Systematik der Formulare; die nachfolgenden mageren Zahlen kennzeichnen die betreffende Anmerkung.